KODEX

DES ÖSTERREICHISCHEN RECHTS

Herausgeber: Univ.-Prof. Dr. Werner Doralt

Redaktion: Dr. Veronika Doralt

STUDIENAUSGABE

ARBEITSRECHT

Linde

KODEX

DES ÖSTERREICHISCHEN RECHTS

VERFASSUNGSRECHT
EU-VERFASSUNGSRECHT
VÖLKERRECHT
EINFÜHRUNGSGESETZE ABGB UND B-VG
PARLAMENTSRECHT
BÜRGERLICHES RECHT
FAMILIENRECHT
UNTERNEHMENSRECHT
ZIVILGERICHTLICHES VERFAHREN
INTERNATIONALES PRIVATRECHT
WIRTSCHAFTSPRIVATRECHT
SCHIEDSVERFAHREN
STRAFRECHT
IT-STRAFRECHT
LEGAL TECH
IP-/IT-RECHT
GERICHTSORGANISATION
ANWALTS- UND GERICHTSTARIFE
NOTARIATSRECHT
JUSTIZGESETZE
WOHNUNGSGESETZE
FINANZMARKTRECHT
VERSICHERUNGSRECHT
WIRTSCHAFTSGESETZE
UWG
TELEKOMMUNIKATION
KARTELLRECHT
VERGABEGESETZE
COMPLIANCE FÜR UNTERNEHMEN
GLÜCKSSPIEL- UND WETTRECHT
ARBEITSRECHT
EU-ARBEITSRECHT
ARBEITNEHMERSCHUTZ
SOZIALVERSICHERUNG
SOZIALVERSICHERUNG DURCHFÜHRUNGSVORSCHRIFTEN
PERSONALVERRECHNUNG
STEUERGESETZE
STEUER-ERLÄSSE
EStG-RICHTLINIENKOMMENTAR
LSt-RICHTLINIENKOMMENTAR
KStG-RICHTLINIENKOMMENTAR
UmgrStG-RICHTLINIENKOMMENTAR
UStG-RICHTLINIENKOMMENTAR
GebG-RICHTLINIENKOMMENTAR
DOPPELBESTEUERUNGSABKOMMEN
VERRECHNUNGSPREISE
FINANZPOLIZEI
ZOLLRECHT UND VERBRAUCHSTEUERN
RECHNUNGSLEGUNG UND PRÜFUNG
INTERNATIONALE RECHNUNGSLEGUNG
VERBRAUCHERRECHT
VERKEHRSRECHT
WEHRRECHT
ÄRZTERECHT
KRANKENANSTALTENGESETZE
VETERINÄRRECHT
GESUNDHEITSBERUFE
UMWELTRECHT
EU-UMWELTRECHT
WASSERRECHT
ABFALLRECHT UND ÖKO-AUDIT
CHEMIKALIENRECHT
EU-CHEMIKALIENRECHT
LEBENSMITTELRECHT
SCHULGESETZE
UNIVERSITÄTSRECHT
ASYL- UND FREMDENRECHT
BESONDERES VERWALTUNGSRECHT
VERWALTUNGSVERFAHRENSGESETZE
INNERE VERWALTUNG
POLIZEIRECHT
LANDESRECHT TIROL
LANDESRECHT VORARLBERG
BAURECHT TIROL

ISBN 978-3-7073-4774-6
LINDE VERLAG Ges. m. b. H., 1210 Wien, Scheydgasse 24
Telefon: 01/24 630 Serie, Telefax: 01/24 630-23 DW

Satz und Layout: Linde Verlag Ges. m. b. H.

Druck und Bindung: Hans Jentzsch & Co. Ges. m. b. H., 1210 Wien, Scheydgasse 31

Vorwort

Sehr geehrte Frau Kollegin, sehr geehrter Herr Kollege,

mit der Studienausgabe Arbeitsrecht im Rahmen der KODEX-Reihe kommen wir dem Wunsch nach, Ihnen eine gekürzte und besonders preiswerte Ausgabe des KODEX Arbeitsrecht für das Studium an den Universitäten zu bieten.

Auch die Studienausgabe hat selbstverständlich die Qualität der seit vielen Jahren erfolgreichen KODEX-Reihe, von Experten ihres Faches bearbeitet, mit den entsprechenden Novellenausweisen und umfangreichen Stichwortverzeichnissen, wie es für Sie gerade im Studium und bei Prüfungen wichtig ist. Im Unterschied zu anderen Gesetzessammlungen verschafft Ihnen die für den KODEX markante Griffleiste einen raschen Überblick über den gesamten Inhalt des Bandes; zudem finden Sie mit Hilfe der Griffleiste tatsachlich jedes Gesetz auf einen Griff.

Auch die Studienausgabe enthält alle wichtigen arbeitsrechtlichen Gesetze; nicht aufgenommen sind nur besondere berufsspezifische und solche Gesetze, die für Sie im Studium keine oder nur geringe Bedeutung haben. Sollten Sie auch diese Gesetze benötigen, dann verwenden Sie bitte die Standard-Ausgabe des KODEX Arbeitsrecht, die Sie mit Hörerschein ebenfalls vergünstigt beziehen können.

Auch für die Studienausgabe ist eine App-Version verfügbar. Jeder Kodex-Band hat einen Code, mit dem Sie den Inhalt in Ihre App laden können. Nutzen Sie diesen Vorteil einer digitalen Bibliothek mit vollem Lesekomfort und in bewährter KODEX-Qualität.

Viel Freude bei Ihrer Arbeit mit dem KODEX, viel Freude bei Ihrem Studium.

em.o.Univ.-Prof. Dr. Werner Doralt
Herausgeber

Inhaltsverzeichnis

1. Allgemeines bürgerliches Gesetzbuch (Auszug)

Allgemeines bürgerliches Gesetzbuch für die gesammten deutschen Erbländer der Oesterreichischen Monarchie

StF: JGS Nr. 946/1811

Letzte Novellierung: BGBl. I Nr. 145/2022

GLIEDERUNG

STICHWORTVERZEICHNIS

I. Aus dem Charakter der Persönlichkeit.
Angeborne Rechte.

§ 16. Jeder Mensch hat angeborne, schon durch die Vernunft einleuchtende Rechte, und ist daher als eine Person zu betrachten. Sclaverey oder Leibeigenschaft, und die Ausübung einer darauf sich beziehenden Macht, wird in diesen Ländern nicht gestattet.

Gesetzliche Vertretung des Kindes

§ 167. (1) Sind beide Eltern mit der Obsorge betraut, so ist jeder Elternteil für sich allein berechtigt und verpflichtet, das Kind zu vertreten; seine Vertretungshandlung ist selbst dann rechtswirksam, wenn der andere Elternteil mit ihr nicht einverstanden ist.

(2) Vertretungshandlungen und Einwilligungen eines Elternteils, die die Änderung des Vornamens oder des Familiennamens, den Eintritt in eine Kirche oder Religionsgesellschaft und den Austritt aus einer solchen, die Übergabe in fremde Pflege, den Erwerb einer Staatsangehörigkeit oder den Verzicht auf eine solche, die vorzeitige Lösung eines Lehr-, Ausbildungs- oder Dienstvertrags und die Anerkennung der Vaterschaft zu einem unehelichen Kind betreffen, bedürfen zu ihrer Rechtswirksamkeit der Zustimmung des anderen obsorgebetrauten Elternteils. Dies gilt nicht für die Entgegennahme von Willenserklärungen und Zustellstücken.

(3) Vertretungshandlungen und Einwilligungen eines Elternteils in Vermögensangelegenheiten bedürfen zu ihrer Rechtswirksamkeit der Zustimmung des anderen obsorgebetrauten Elternteils und der Genehmigung des Gerichtes, sofern die Vermögensangelegenheit nicht zum ordentlichen Wirtschaftsbetrieb gehört. Unter dieser Voraussetzung gehören dazu besonders die Veräußerung oder Belastung von Liegenschaften, die Gründung, der, auch erbrechtliche, Erwerb, die Umwandlung, Veräußerung oder Auflösung sowie die Änderung des Gegenstandes eines Unternehmens, der, auch erbrechtliche, Eintritt in eine oder die Umwandlung einer Gesellschaft oder Genossenschaft, der Verzicht auf ein Erbrecht, die unbedingte Annahme oder die Ausschlagung einer Erbschaft, die Annahme einer mit Belastungen verbundenen Schenkung oder die Ablehnung eines Schenkungsanbots, die Anlegung von Geld mit Ausnahme der in den §§ 216 und 217 geregelten Arten sowie die Erhebung einer Klage und alle verfahrensrechtlichen Verfügungen, die den Verfahrensgegenstand an sich betreffen. Dies gilt nicht für die Entgegennahme von Willenserklärungen und Zustellstücken.

§ 168. Bedarf ein Rechtsgeschäft der Einwilligung des gesetzlichen Vertreters, der Zustimmung des anderen Elternteils oder der Genehmigung des Pflegschaftsgerichts, so ist bei deren Fehlen das volljährig gewordene Kind nur dann daraus wirksam verpflichtet, wenn es schriftlich erklärt, diese Verpflichtungen als rechtswirksam anzuerkennen. Fordert der Gläubiger den volljährig Gewordenen auf, sich nach dem ersten Satz zu erklären, so hat er ihm dafür eine angemessene Frist zu setzen.

§ 169. (1) In zivilgerichtlichen Verfahren ist nur ein obsorgebetrauter Elternteil allein zur Vertretung des Kindes berechtigt; solange sich die Eltern nicht auf den anderen Elternteil einigen oder das Gericht nach § 181 diesen oder einen Dritten als Vertreter bestimmt, ist Vertreter derjenige Elternteil, der die erste Verfahrenshandlung setzt.

(2) Die nach § 167 erforderliche Zustimmung des anderen Elternteils und Genehmigung des Gerichtes gelten für das ganze Verfahren.

Handlungsfähigkeit des Kindes

§ 170. (1) Ein minderjähriges Kind kann ohne ausdrückliche oder stillschweigende Einwilligung seines gesetzlichen Vertreters rechtsgeschäftlich weder verfügen noch sich verpflichten.

(2) Nach erreichter Mündigkeit kann es jedoch über Sachen, die ihm zur freien Verfügung überlassen worden sind, und über sein Einkommen aus eigenem Erwerb so weit verfügen und sich verpflichten, als dadurch nicht die Befriedigung seiner Lebensbedürfnisse gefährdet wird.

(3) Schließt ein minderjähriges Kind ein Rechtsgeschäft, das von Minderjährigen seines Alters üblicherweise geschlossen wird und eine geringfügige Angelegenheit des täglichen Lebens betrifft, so wird dieses Rechtsgeschäft, auch wenn die Voraussetzungen des Abs. 2 nicht vorliegen, mit der Erfüllung der das Kind treffenden Pflichten rückwirkend rechtswirksam.

§ 171. Soweit nicht anderes bestimmt ist, kann sich ein mündiges minderjähriges Kind selbständig durch Vertrag zu Dienstleistungen verpflichten, ausgenommen zu Dienstleistungen auf Grund eines Lehr- oder sonstigen Ausbildungsvertrags. Der gesetzliche Vertreter des Kindes kann das durch den Vertrag begründete Rechtsverhältnis aus wichtigen Gründen vorzeitig lösen.

§ 172. Hat das entscheidungsfähige Kind seine Meinung über seine Ausbildung den Eltern erfolglos vorgetragen, so kann es das Gericht anrufen. Dieses hat nach sorgfältiger Abwägung der von den Eltern und dem Kind angeführten Gründe die zum Wohl des Kindes angemessenen Verfügungen zu treffen.

II. Arten der Einschränkung
1. Bedingung

§ 696. Eine Bedingung ist ein ungewisses Ereignis, von dem ein Recht abhängig gemacht wird. Die Bedingung ist bejahend oder verneinend, je nachdem, ob sie sich auf den Eintritt oder Nichteintritt des Ereignisses bezieht. Sie ist aufschiebend, wenn das zugedachte Recht erst nach ihrer

Erfüllung wirksam wird, und auflösend, wenn das zugedachte Recht bei ihrem Eintritt verloren geht.

Zweyter Theil.

Zweyte Abtheilung.

Von den persönlichen Sachenrechten.

Siebzehntes Hauptstück.

Von Verträgen und Rechtsgeschäften überhaupt.

Grund der persönlichen Sachenrechte.

§ 859. Die persönlichen Sachenrechte, vermöge welcher eine Person einer andern zu einer Leistung verbunden ist, gründen sich unmittelbar auf ein Gesetz; oder auf ein Rechtsgeschäft; oder auf eine erlittene Beschädigung.

Auslobung

§ 860. Die nicht an bestimmte Personen gerichtete Zusage einer Belohnung für eine Leistung oder einen Erfolg (Auslobung) wird durch die öffentliche Bekanntmachung verbindlich. Eine Auslobung, die eine Preisbewerbung zum Gegenstande hat, ist nur gültig, wenn in der Bekanntmachung eine Frist für die Bewerbung bestimmt ist.

§ 860a. Bis zur Vollendung der Leistung kann die Auslobung in derselben Form, in welcher sie bekannt gemacht war, oder einer gleich wirksamen Form, oder durch besondere Mitteilung widerrufen werden, wenn anders darauf in der Bekanntmachung nicht ausdrücklich oder durch Bestimmung einer Frist verzichtet ist. Der Widerruf ist aber unwirksam gegenüber demjenigen, der die Leistung im Hinblick auf die Auslobung vollbracht hat, wenn er dartut, daß der Widerruf ihm zu dieser Zeit ohne sein Verschulden nicht bekannt geworden war.

§ 860b. Ist die Leistung von mehreren Personen vollbracht worden, so gebührt, falls nicht aus der Auslobung ein anderer Wille hervorgeht, die Belohnung demjenigen, der die Leistung zuerst vollbracht hat, und bei gleichzeitiger Vollendung allen zu gleichen Theilen.

Abschließung des Vertrages.

§ 861. Wer sich erkläret, daß er jemanden sein Recht übertragen, das heißt, daß er ihm etwas gestatten, etwas geben, daß er für ihn etwas thun, oder seinetwegen etwas unterlassen wolle, macht ein Versprechen; nimmt aber der Andere das Versprechen gültig an, so kommt durch den übereinstimmenden Willen beyder Theile ein Vertrag zu Stande. So lange die Unterhandlungen dauern, und das Versprechen noch nicht gemacht, oder weder zum voraus, noch nachher angenommen ist, entsteht kein Vertrag.

§ 862. Das Versprechen (Antrag) muß innerhalb der vom Antragsteller bestimmten Frist angenommen werden. In Ermanglung einer solchen muß der einem Anwesenden oder mittels Fernsprechers von Person zu Person gemachte Antrag sogleich, der sonst einem Abwesenden gemachte Antrag längstens bis zu dem Zeitpunkte angenommen werden, in welchem der Antragsteller unter der Voraussetzung, daß sein Antrag rechtzeitig angekommen sei, bei rechtzeitiger und ordnungsmäßiger Absendung der Antwort deren Eintreffen erwarten darf; widrigenfalls ist der Antrag erloschen. Vor Ablauf der Annahmefrist kann der Antrag nicht zurückgenommen werden. Er erlischt auch nicht, wenn ein Teil während der Annahmefrist stirbt oder handlungsunfähig wird, sofern nicht ein anderer Wille des Antragstellers aus den Umständen hervorgeht.

§ 862a. Als rechtzeitig gilt die Annahme, wenn die Erklärung innerhalb der Annahmefrist dem Antragsteller zugekommen ist. Trotz ihrer Verspätung kommt jedoch der Vertrag zustande, wenn der Antragsteller erkennen mußte, daß die Annahmeerklärung rechtzeitig abgesendet wurde, und gleichwohl seinen Rücktritt dem andern nicht unverzüglich anzeigt.

§ 863. (1) Man kann seinen Willen nicht nur ausdrücklich durch Worte und allgemein angenommene Zeichen; sondern auch stillschweigend durch solche Handlungen erklären, welche mit Überlegung aller Umstände keinen vernünftigen Grund, daran zu zweifeln, übrig lassen.

(2) In bezug auf die Bedeutung und Wirkung von Handlungen und Unterlassungen ist auf die im redlichen Verkehr geltenden Gewohnheiten und Gebräuche Rücksicht zu nehmen.

§ 864. (1) Ist eine ausdrückliche Erklärung der Annahme nach der Natur des Geschäftes oder der Verkehrssitte nicht zu erwarten, so kommt der Vertrag zustande, wenn dem Antrag innerhalb der hierfür bestimmten oder den Umständen angemessenen Frist tatsächlich entsprochen worden ist.

(2) Das Behalten, Verwenden oder Verbrauchen einer Sache, die dem Empfänger ohne seine Veranlassung übersandt worden ist, gilt nicht als Annahme eines Antrags. Der Empfänger ist nicht verpflichtet, die Sache zu verwahren oder zurückzuleiten, er darf sich ihrer auch entledigen. Muß ihm jedoch nach den Umständen auffallen, daß die Sache irrtümlich an ihn gelangt ist, so hat er in angemessener Frist dies dem Absender mitzuteilen oder die Sache an den Absender zurückzuleiten.

§ 864a. Bestimmungen ungewöhnlichen Inhaltes in Allgemeinen Geschäftsbedingungen oder Vertragsformblättern, die ein Vertragsteil verwendet hat, werden nicht Vertragsbestandteil, wenn sie dem anderen Teil nachteilig sind und er mit ihnen auch nach den Umständen, vor allem nach dem äußeren Erscheinungsbild der Urkunde, nicht zu rechnen brauchte; es sei denn, der eine Vertragsteil hat den anderen besonders darauf hingewiesen.

Erfordernisse eines gültigen Vertrages:

1) Fähigkeiten der Personen.

§ 865. (1) Geschäftsfähigkeit ist die Fähigkeit einer Person, sich durch eigenes Handeln rechtsgeschäftlich zu berechtigen und zu verpflichten. Sie setzt voraus, dass die Person entscheidungsfähig ist und wird bei Volljährigen vermutet; bei Minderjährigen sind die §§ 170 und 171, bei Volljährigen ist der § 242 Abs. 2 zu beachten.

(2) Ein bloß zu ihrem Vorteil gemachtes Versprechen kann jede Person annehmen.

(3) Rechtsgeschäftliches Handeln von nicht geschäftsfähigen Volljährigen ist zur Gänze unwirksam, es sei denn, sie haben für das betreffende Rechtsgeschäft einen vertretungsbefugten Vorsorgebevollmächtigten oder Erwachsenenvertreter. In diesem Fall ist das rechtsgeschäftliche Handeln mit Genehmigung des Vertreters und gegebenenfalls auch des Gerichts wirksam. Abs. 2 und § 242 Abs. 3 bleiben unberührt.

(4) Rechtsgeschäftliches Handeln von Minderjährigen unter sieben Jahren ist zur Gänze unwirksam. Bei anderen Minderjährigen ist das rechtsgeschäftliche Handeln mit Genehmigung ihres Vertreters und gegebenenfalls auch des Gerichts wirksam. Abs. 2 sowie die §§ 170 und 171 bleiben unberührt.

(5) Bis die nach Abs. 3 und 4 erforderlichen Genehmigungen erteilt werden, ist der andere Teil an seine Vertragserklärung gebunden, er kann aber für die Erteilung der Genehmigung durch den Vertreter eine angemessene Frist setzen.

§ 867. Was zur Gültigkeit eines Vertrages mit einer unter der besondern Vorsorge der öffentlichen Verwaltung stehenden Gemeinde, (§. 27) oder ihren einzelnen Gliedern und Stellvertretern erfordert werde, ist aus der Verfassung derselben und den politischen Gesetzen zu entnehmen (§ 290).

2) Wahre Einwilligung.

§ 869. Die Einwilligung in einen Vertrag muß frey, ernstlich, bestimmt und verständlich erkläret werden. Ist die Erklärung unverständlich; ganz unbestimmt; oder erfolgt die Annahme unter andern Bestimmungen, als unter welchen das Versprechen geschehen ist; so entsteht kein Vertrag. Wer sich, um einen Andern zu bevortheilen, undeutlicher Ausdrücke bedient, oder eine Scheinhandlung unternimmt, leistet Genugthuung.

§ 870. Wer von dem anderen Teile durch List oder durch ungerechte und gegründete Furcht (§ 55) zu einem Vertrage veranlaßt worden, ist ihn zu halten nicht verbunden.

§ 871. (1) War ein Teil über den Inhalt der von ihm abgegebenen oder dem anderen zugegangenen Erklärung in einem Irrtum befangen, der die Hauptsache oder eine wesentliche Beschaffenheit derselben betrifft, worauf die Absicht vorzüglich gerichtet und erklärt wurde, so entsteht für ihn keine Verbindlichkeit, falls der Irrtum durch den anderen veranlaßt war, oder diesem aus den Umständen offenbar auffallen mußte oder noch rechtzeitig aufgeklärt wurde.

(2) Ein Irrtum eines Teiles über einen Umstand, über den ihn der andere nach geltenden Rechtsvorschriften aufzuklären gehabt hätte, gilt immer als Irrtum über den Inhalt des Vertrages und nicht bloß als solcher über den Bewegungsgrund oder den Endzweck (§ 901).

§ 872. Betrifft aber der Irrthum weder die Hauptsache, noch eine wesentliche Beschaffenheit derselben, sondern einen Nebenumstand; so bleibt der Vertrag, in so fern beyde Theile in den Hauptgegenstand gewilliget, und den Nebenumstand nicht als vorzügliche Absicht erkläret haben, noch immer gültig: allein dem Irregeführten ist von dem Urheber des Irrthumes die angemessene Vergütung zu leisten.

§ 873. Eben diese Grundsätze sind auch auf den Irrthum in der Person desjenigen, welchem ein Versprechen gemacht worden ist, anzuwenden; in so fern ohne den Irrthum der Vertrag entweder gar nicht, oder doch nicht auf solche Art errichtet worden wäre. Als Irrtum in der Person gilt jedenfalls der Irrtum über das Vorhandensein einer erforderlichen verwaltungsrechtlichen Befugnis zur Erbringung der Leistung.

§ 874. In jedem Falle muß derjenige, welcher einen Vertrag durch List oder ungerechte Furcht bewirket hat, für die nachtheiligen Folgen Genugthuung leisten.

§ 875. Ist einer der Vertragschließenden von einem Dritten durch List oder durch ungerechte und gegründete Furcht zu einem Vertrage bewogen; oder zu einer irrtümlichen Erklärung veranlaßt worden; so ist der Vertrag gültig. Nur in dem Falle, daß der andere Teil an der Handlung des Dritten teilnahm oder von derselben offenbar wissen mußte, kommen die §§ 870 bis 874 zur Anwendung.

§ 876. Die vorstehenden Bestimmungen (§§ 869 bis 875) finden entsprechende Anwendung auf sonstige Willenserklärungen, welche einer anderen Person gegenüber abzugeben sind.

§ 877. Wer die Aufhebung eines Vertrages aus Mangel der Einwilligung verlangt, muß dagegen auch alles zurückstellen, was er aus einem solchen Vertrage zu seinem Vortheile erhalten hat.

3. Möglichkeit und Erlaubtheit

§ 878. Was geradezu unmöglich ist, kann nicht Gegenstand eines gültigen Vertrages werden. Ist Mögliches und Unmögliches zugleich bedungen, so bleibt der Vertrag in ersterem Teile gültig, wenn anders aus dem Vertrage nicht hervorgeht, daß kein Punkt von dem anderen abgesondert werden könne. Wer bei Abschließung des Vertrages die Unmöglichkeit kannte oder kennen mußte, hat dem anderen Teile, falls von diesem nicht dasselbe gilt, den Schaden zu ersetzen, den er durch das Vertrauen auf die Gültigkeit des Vertrages erlitten hat.

§ 879. (1) Ein Vertrag, der gegen ein gesetzliches Verbot oder gegen die guten Sitten verstößt, ist nichtig.

(2) Insbesondere sind folgende Verträge nichtig:

1. wenn etwas für die Unterhandlung eines Ehevertrages bedungen wird;
1a. wenn etwas für die Vermittlung einer medizinisch unterstützten Fortpflanzung bedungen wird;
2. wenn ein Rechtsfreund eine ihm anvertraute Streitsache ganz

oder teilweise an sich löst oder sich einen bestimmten Teil des Betrages versprechen läßt, der der Partei zuerkannt wird;

3. wenn eine Erbschaft oder ein Vermächtnis, die man von einer dritten Person erhofft, noch bei Lebzeiten derselben veräußert wird;
4. wenn jemand den Leichtsinn, die Zwangslage, Verstandesschwäche, Unerfahrenheit oder Gemütsaufregung eines anderen dadurch ausbeutet, daß er sich oder einem Dritten für eine Leistung eine Gegenleistung versprechen oder gewähren läßt, deren Vermögenswert zu dem Werte der Leistung in auffallendem Mißverhältnisse steht.

(3) Eine in Allgemeinen Geschäftsbedingungen oder Vertragsformblättern enthaltene Vertragsbestimmung, die nicht eine der beiderseitigen Hauptleistungen festlegt, ist jedenfalls nichtig, wenn sie unter Berücksichtigung aller Umstände des Falles einen Teil gröblich benachteiligt.

§ 880. Wird der Gegenstand, worüber ein Vertrag geschlossen worden, vor dessen Uebergabe dem Verkehre entzogen; so ist es eben so viel, als wenn man den Vertrag nicht geschlossen hätte.

§ 880a. Hat jemand einem andern eine Leistung eines Dritten versprochen, so gilt dies als Zusage seiner Verwendung bei dem Dritten; ist er aber für den Erfolg eingestanden, so haftet er für volle Genugtuung, wenn die Leistung des Dritten ausbleibt.

Verträge zugunsten Dritter

§ 881. (1) Hat sich jemand eine Leistung an einen Dritten versprechen lassen, so kann er fordern, daß an den Dritten geleistet werde.

(2) Ob und in welchem Zeitpunkt auch der Dritte unmittelbar das Recht erwirbt, vom Versprechenden Erfüllung zu fordern, ist aus der Vereinbarung und der Natur und dem Zwecke des Vertrages zu beurteilen. Im Zweifel erwirbt der Dritte dieses Recht, wenn die Leistung hauptsächlich ihm zum Vorteile gereichen soll.

(3) Das Recht auf die bei einer Gutsabtretung vom Übernehmer zugunsten eines Dritten versprochenen Leistungen gilt mangels anderer Vereinbarung dem Dritten als mit der Übergabe des Gutes erworben.

§ 882. (1) Weist der Dritte das aus dem Vertrag erworbene Recht zurück, so gilt das Recht als nicht erworben.

(2) Einwendungen aus dem Vertrage stehen dem Versprechenden auch gegen den Dritten zu.

Form der Verträge.

§ 883. Ein Vertrag kann mündlich oder schriftlich; vor Gerichte oder außerhalb desselben; mit oder ohne Zeugen errichtet werden. Diese Verschiedenheit der Form macht, außer den im Gesetze bestimmten Fällen, in Ansehung der Verbindlichkeit keinen Unterschied.

§ 884. Haben die Parteien für einen Vertrag die Anwendung einer bestimmten Form vorbehalten, so wird vermutet, daß sie vor Erfüllung dieser Form nicht gebunden sein wollen.

§ 885. Ist zwar noch nicht die förmliche Urkunde, aber doch ein Aufsatz über die Hauptpunkte errichtet und von den Parteien unterfertigt worden (Punktation), so gründet auch schon ein solcher Aufsatz diejenigen Rechte und Verbindlichkeiten, welche darin ausgedrückt sind.

§ 886. Ein Vertrag, für den Gesetz oder Parteiwille Schriftlichkeit bestimmt, kommt durch die Unterschrift der Parteien oder, falls sie des Schreibens unkundig oder wegen Gebrechens unfähig sind, durch Beisetzung ihres gerichtlich oder notariell beglaubigten Handzeichens oder Beisetzung des Handzeichens vor zwei Zeugen, deren einer den Namen der Partei unterfertigt, zustande. Der schriftliche Abschluß des Vertrages wird durch gerichtliche oder notarielle Beurkundung ersetzt. Eine Nachbildung der eigenhändigen Unterschrift auf mechanischem Wege ist nur da genügend, wo sie im Geschäftsverkehr üblich ist.

3) Zeit, Ort und Art der Erfüllung;

§ 902. (1) Eine durch Vertrag oder Gesetz bestimmte Frist ist vorbehaltlich anderer Festsetzung so zu berechnen, daß bei einer nach Tagen bestimmten Frist der Tag nicht mitgezählt wird, in welchen das Ereignis fällt, von dem der Fristenlauf beginnt.

(2) Das Ende einer nach Wochen, Monaten oder Jahren bestimmten Frist fällt auf denjenigen Tag der letzten Woche oder des letzten Monats, welcher nach seiner Benennung oder Zahl dem Tage des Ereignisses entspricht, mit dem der Lauf der Frist beginnt, wenn aber dieser Tag in dem letzten Monat fehlt, auf den letzten Tag dieses Monats.

(3) Unter einem halben Monate sind fünfzehn Tage zu verstehen, unter die Mitte eines Monats der fünfzehnte dieses Monats.

§ 903. Ein Recht, dessen Erwerbung an einen bestimmten Tag gebunden ist, wird mit dem Anfang dieses Tages erworben. Die Rechtsfolgen der Nichterfüllung einer Verbindlichkeit oder eines Versäumnisses treten erst mit dem Ablauf des letzten Tages der Frist ein. Fällt der für die Abgabe einer Erklärung oder für eine Leistung bestimmte letzte Tag auf einen Sonntag oder anerkannten Feiertag, so tritt an dessen Stelle, vorbehaltlich gegenteiliger Vereinbarung, der nächstfolgende Werktag.

§ 905. (1) Kann der Erfüllungsort weder aus der Verabredung noch aus der Natur oder dem Zwecke des Geschäftes bestimmt werden, so ist an dem Orte zu leisten, wo der Schuldner zur Zeit des Vertragsabschlusses seinen Wohnsitz hatte, oder, wenn die Verbindlichkeit im Betriebe des gewerblichen oder geschäftlichen Unternehmens des Schuldners entstand, am Orte der Niederlassung. Für das Maß und das Gewicht ist der Ort der Erfüllung maßgeblich.

(2) Aus der Übernahme der Kosten der Versendung durch den Schuldner allein folgt noch nicht, dass der Ort, an den die Versendung zu erfolgen hat, für den Schuldner als Erfüllungsort zu gelten hat.

(3) Die Gefahr für eine mit Willen des Gläubigers an einen anderen Ort als den Erfüllungsort übersendete Sache geht mit dem Zeitpunkt der Übergabe (§ 429) an den Gläubiger über.

Auslegungsregeln bey Verträgen.

§ 914. Bei Auslegung von Verträgen ist nicht an dem buchstäblichen Sinne des Ausdrucks zu haften, sondern die Absicht der Parteien zu erforschen und der Vertrag so zu verstehen, wie es der Übung des redlichen Verkehrs entspricht.

§ 915. Bey einseitig verbindlichen Verträgen wird im Zweifel angenommen, daß sich der Verpflichtete eher die geringere als die schwerere Last auflegen wollte; bey zweyseitig verbindlichen wird eine undeutliche Aeußerung zum Nachtheile desjenigen erkläret, der sich derselben bedienet hat (§. 869).

§ 916. (1) Eine Willenserklärung, die einem anderen gegenüber mit dessen Einverständnis zum Schein abgegeben wird, ist nichtig. Soll dadurch ein anderes Geschäft verborgen werden, so ist dieses nach seiner wahren Beschaffenheit zu beurteilen.

(2) Einem Dritten, der im Vertrauen auf die Erklärung Rechte erworben hat, kann die Einrede des Scheingeschäftes nicht entgegengesetzt werden.

Allgemeine Bestimmungen über entgeltliche Verträge und Geschäfte

§ 917. Bei einem entgeltlichen Vertrage werden entweder Sachen mit Sachen, oder Handlungen, worunter auch die Unterlassungen gehören, mit Handlungen, oder endlich Sachen mit Handlungen und Handlungen mit Sachen vergolten.

§ 917a. Ist zum Schutz eines Vertragspartners gesetzlich bestimmt, daß kein höheres oder kein niedrigeres als ein bestimmtes Entgelt vereinbart werden darf, so ist eine Entgeltvereinbarung soweit unwirksam, als sie dieses Höchstmaß beziehungsweise dieses Mindestmaß unterschreitet. Im zweiten Fall gilt das festgelegte Mindestentgelt als vereinbart.

§ 918. (1) Wenn ein entgeltlicher Vertrag von einem Teil entweder nicht zur gehörigen Zeit, am gehörigen Ort oder auf die bedungene Weise erfüllt wird, kann der andere entweder Erfüllung und Schadenersatz wegen der Verspätung begehren oder unter Festsetzung einer angemessenen Frist zur Nachholung den Rücktritt vom Vertrag erklären.

(2) Ist die Erfüllung für beide Seiten teilbar, so kann wegen Verzögerung einer Teilleistung der Rücktritt nur hinsichtlich der einzelnen oder auch aller noch ausstehenden Teilleistungen erklärt werden.

§ 919. Ist die Erfüllung zu einer festbestimmten Zeit oder binnen einer festbestimmten Frist bei sonstigem Rücktritt bedungen, so muß der Rücktrittsberechtigte, wenn er auf der Erfüllung bestehen will, das nach Ablauf der Zeit dem andern ohne Verzug anzeigen; unterläßt er dies, so kann er später nicht mehr auf der Erfüllung bestehen. Dasselbe gilt, wenn die Natur des Geschäftes oder der dem Verpflichteten bekannte Zweck der Leistung entnehmen läßt, daß die verspätete Leistung oder, im Falle der Verspätung einer Teilleistung, die noch übrigen Leistungen für den Empfänger kein Interesse haben.

§ 920. Wird die Erfüllung durch Verschulden des Verpflichteten oder einen von ihm zu vertretenden Zufall vereitelt, so kann der andere Teil entweder Schadenersatz wegen Nichterfüllung fordern oder vom Vertrage zurücktreten. Bei teilweiser Vereitlung steht ihm der Rücktritt zu, falls die Natur des Geschäftes oder der dem Verpflichteten bekannte Zweck der Leistung entnehmen läßt, daß die teilweise Erfüllung für ihn kein Interesse hat.

§ 921. Der Rücktritt vom Vertrage läßt den Anspruch auf Ersatz des durch verschuldete Nichterfüllung verursachten Schadens unberührt. Das bereits empfangene Entgelt ist auf solche Art zurückzustellen oder zu vergüten, daß kein Teil aus dem Schaden des anderen Gewinn zieht.

des Gewaltgebers;

§ 1014. Der Gewaltgeber ist verbunden, dem Gewalthaber allen zur Besorgung des Geschäftes nothwendig oder nützlich gemachten Aufwand, selbst bey fehlgeschlagenem Erfolge, zu ersetzen, und ihm auf Verlangen zur Bestreitung der baren Auslagen auch einen angemessenen Vorschuß zu leisten; er muß ferner allen durch sein Verschulden entstandenen, oder mit der Erfüllung des Auftrages verbundenen Schaden vergüten.

Sechs u. zwanzigstes Hauptstück.
Von Verträgen über Dienstleistungen
Dienst- und Werkvertrag.

§ 1151. (1) Wenn jemand sich auf eine gewisse Zeit zur Dienstleistung für einen anderen verpflichtet, so entsteht ein Dienstvertrag; wenn jemand die Herstellung eines Werkes gegen Entgelt übernimmt, ein Werkvertrag.

(2) Insoweit damit eine Geschäftsbesorgung (§ 1002) verbunden ist, müssen auch die Vorschriften über den Bevollmächtigungsvertrag beobachtet werden.

§ 1152. Ist im Vertrage kein Entgelt bestimmt und auch nicht Unentgeltlichkeit vereinbart, so gilt ein angemessenes Entgelt als bedungen.

1. Dienstvertrag.

§ 1153. Wenn sich aus dem Dienstvertrage oder aus den Umständen nichts anderes ergibt, hat der Dienstnehmer die Dienste in eigener Person zu leisten und ist der Anspruch auf die Dienste nicht übertragbar. Soweit über Art und Umfang der Dienste nichts vereinbart ist, sind die den Umständen nach angemessenen Dienste zu leisten.

Anspruch auf das Entgelt.

§ 1154. (1) Wenn nichts anderes vereinbart oder bei Diensten der betreffenden Art üblich ist, ist das Entgelt nach Leistung der Dienste zu entrichten.

(2) Ist das Entgelt nach Monaten oder kürzeren Zeiträumen bemessen, so ist es am Schlusse des einzelnen Zeitraumes; ist es nach längeren Zeiträumen bemessen, am Schlusse eines jeden Kalendermonats zu entrichten. Ein nach Stunden, nach Stück oder Einzelleistungen bemessenes Entgelt ist für die schon vollendeten Leistungen am Schlusse einer jeden Kalenderwoche, wenn es sich jedoch um Dienste höherer Art handelt, am Schlusse eines jeden Kalendermonats zu entrichten.

(3) In jedem Falle wird das bereits verdiente Entgelt mit der Beendigung des Dienstverhältnisses fällig.

§ 1154a. Der nach Stück oder Einzelleistungen entlohnte Dienstnehmer kann einen den geleisteten Diensten und seinen Auslagen entsprechenden Vorschuß vor Fälligkeit des Entgelts verlangen.

§ 1154b. (1) Der Dienstnehmer behält seinen Anspruch auf das Entgelt, wenn er nach Antritt des Dienstes durch Krankheit oder Unglücksfall an der Dienstleistung verhindert ist, ohne dies vorsätzlich oder durch grobe Fahrlässigkeit verschuldet zu haben, bis zur Dauer von sechs Wochen. Der Anspruch auf das Entgelt erhöht sich auf die Dauer von acht Wochen, wenn das Dienstverhältnis fünf Jahre, von zehn Wochen, wenn es 15 Jahre und von zwölf Wochen, wenn es 25 Jahre ununterbrochen gedauert hat. Durch jeweils weitere vier Wochen behält der Dienstnehmer den Anspruch auf das halbe Entgelt.

(2) Bei wiederholter Dienstverhinderung durch Krankheit (Unglücksfall) innerhalb eines Arbeitsjahres besteht ein Anspruch auf Fortzahlung des Entgelts nur insoweit, als die Dauer des Anspruchs gemäß Abs. 1 noch nicht erschöpft ist.

(3) Wird ein Dienstnehmer durch Arbeitsunfall oder Berufskrankheit im Sinne der Vorschriften über die gesetzliche Unfallversicherung an der Leistung seiner Dienste verhindert, ohne dass er die Verhinderung vorsätzlich oder durch grobe Fahrlässigkeit herbeigeführt hat, so behält er seinen Anspruch auf das Entgelt ohne Rücksicht auf andere Zeiten einer Dienstverhinderung bis zur Dauer von acht Wochen. Der Anspruch auf das Entgelt erhöht sich auf die Dauer von zehn Wochen, wenn das Dienstverhältnis 15 Jahre ununterbrochen gedauert hat. Bei wiederholten Dienstverhinderungen, die im unmittelbaren ursächlichen Zusammenhang mit einem Arbeitsunfall oder einer Berufskrankheit stehen, besteht ein Anspruch auf Fortzahlung des Entgelts innerhalb eines Dienstjahres nur insoweit, als die Dauer des Anspruchs nach dem ersten oder zweiten Satz noch nicht erschöpft ist. Ist ein Dienstnehmer gleichzeitig bei mehreren Dienstgebern beschäftigt, so entsteht ein Anspruch nach diesem Absatz nur gegenüber jenem Dienstgeber, bei dem die Dienstverhinderung im Sinne dieses Absatzes eingetreten ist; gegenüber den anderen Dienstgebern entstehen Ansprüche nach Abs. 1.

(4) Kur- und Erholungsaufenthalte, Aufenthalte in Heil- und Pflegeanstalten, Rehabilitationszentren und Rekonvaleszentenheimen, die wegen eines Arbeitsunfalles oder einer Berufskrankheit von einem Träger der Sozialversicherung, dem Bundesministerium für soziale Sicherheit und Generationen gemäß § 12 Abs. 4 Opferfürsorgegesetz, einem Bundesamt für Soziales und Behindertenwesen oder einer Landesregierung auf Grund eines Behindertengesetzes auf deren Rechnung bewilligt oder angeordnet werden, sind einer Dienstverhinderung gemäß Abs. 3 gleichzuhalten.

(5) Der Dienstnehmer behält ferner den Anspruch auf das Entgelt, wenn er durch andere wichtige, seine Person betreffende Gründe ohne sein Verschulden während einer verhältnismäßig kurzen Zeit an der Dienstleistung verhindert wird.

(6) Ist der Dienstnehmer nach Antritt des Dienstverhältnisses wegen eines Einsatzes als freiwilliges Mitglied einer Katastrophenhilfsorganisation, eines Rettungsdienstes oder einer freiwilligen Feuerwehr bei einem Großschadensereignis nach § 3 Z 2 lit. b des Katastrophenfondsgesetzes, BGBl. Nr. 201/1996 oder als Mitglied eines Bergrettungsdienstes an der Dienstleistung verhindert, so hat er unbeschadet seiner Ansprüche nach Abs. 5 einen Anspruch auf Fortzahlung des Entgelts, wenn das Ausmaß und die Lage der Dienstfreistellung mit dem Dienstgeber vereinbart wird.

§ 1155. (1) Auch für Dienstleistungen, die nicht zustande gekommen sind, gebührt dem Dienstnehmer das Entgelt, wenn er zur Leistung bereit war und durch Umstände, die auf Seite des Dienstgebers liegen, daran verhindert worden ist; er muß sich jedoch anrechnen, was er infolge Unterbleibens der Dienstleistung erspart oder durch anderweitige Verwendung erworben oder zu erwerben absichtlich versäumt hat.

(2) Wurde er infolge solcher Umstände durch Zeitverlust bei der Dienstleistung verkürzt, so gebührt ihm angemessene Entschädigung.

(Anm.: Abs. 3 und 4 mit Ablauf des 31.12.2020 außer Kraft getreten)

Erlöschen der Ansprüche.

§ 1156. Die dem Dienstgeber nach § 1154b obliegenden Verpflichtungen erlöschen, wenn das Dienstverhältnis infolge Ablaufes der Zeit, für die es eingegangen wurde, oder infolge einer früheren Kündigung oder einer Entlassung endet, die nicht durch die Erkrankung oder sonstige die Person des Dienstnehmers betreffende wichtige Gründe im Sinne des § 1154b verursacht ist. Wird der Dienstnehmer wegen der Verhinderung entlassen oder wird ihm während der Verhinderung gekündigt, so bleibt die dadurch herbeigeführte Beendigung des Dienstverhältnisses in Ansehung der bezeichneten Ansprüche außer Betracht.

Fürsorgepflicht des Dienstgebers.

§ 1157. (1) Der Dienstgeber hat die Dienstleistungen so zu regeln und bezüglich der von ihm beizustellenden oder beigestellten Räume und Gerätschaften auf seine Kosten dafür zu sorgen, daß Leben und Gesundheit des Dienstnehmers, soweit es nach der Natur der Dienstleistung möglich ist, geschützt werden.

(2) Ist der Dienstnehmer in die Hausgemeinschaft des Dienstgebers aufgenommen, so hat dieser in Ansehung des Wohn- und Schlafraumes, der Verpflegung sowie der Arbeits- und Erholungszeit die mit Rücksicht auf Gesundheit, Sittlichkeit und Religion des Dienstnehmers erforderlichen Anordnungen zu treffen.

Endigung des Dienstverhältnisses.

§ 1158. (1) Das Dienstverhältnis endet mit dem Ablaufe der Zeit, für die es eingegangen wurde.

(2) Ein auf Probe oder nur für die Zeit eines vorübergehenden Bedarfes vereinbartes Dienstverhältnis kann während des ersten Monates von beiden Teilen jederzeit gelöst werden.

(3) Ein für die Lebenszeit einer Person oder für länger als fünf Jahre vereinbartes Dienstverhältnis kann von dem Dienstnehmer nach Ablauf von fünf Jahren unter Einhaltung einer Kündigungsfrist von sechs Monaten gelöst werden.

(Anm.: Abs. 4 aufgehoben durch Art. 6 Z 2, BGBl. I Nr. 153/2017)

Kündigung

§ 1159. (1) Ist das Dienstverhältnis ohne Zeitbestimmung eingegangen oder fortgesetzt worden, so kann es durch Kündigung nach folgenden Bestimmungen gelöst werden.

(2) Mangels einer für den Dienstnehmer günstigeren Vereinbarung kann der Dienstgeber das Dienstverhältnis mit Ablauf eines jeden Kalendervierteljahres durch vorgängige Kündigung lösen. Die Kündigungsfrist beträgt sechs Wochen und erhöht sich nach dem vollendeten zweiten Dienstjahr auf zwei Monate, nach dem vollendeten fünften Dienstjahr auf drei, nach dem vollendeten fünfzehnten Dienstjahr auf vier und nach dem vollendeten fünfundzwanzigsten Dienstjahr auf fünf Monate. Durch Kollektivvertrag können für Branchen, in denen Saisonbetriebe im Sinne des § 53 Abs. 6 des Arbeitsverfassungsgesetzes, BGBl. Nr. 22/1974 überwiegen, abweichende Regelungen festgelegt werden.

(3) Die Kündigungsfrist kann durch Vereinbarung nicht unter die im Absatz 2 bestimmte Dauer herabgesetzt werden; jedoch kann vereinbart werden, dass die Kündigungsfrist am Fünfzehnten oder am Letzten des Kalendermonats endigt.

(4) Mangels einer für ihn günstigeren Vereinbarung kann der Dienstnehmer das Dienstverhältnis mit dem letzten Tage eines Kalendermonats unter Einhaltung einer einmonatigen Kündigungsfrist lösen. Diese Kündigungsfrist kann durch Vereinbarung bis zu einem halben Jahr ausgedehnt werden; doch darf die vom Dienstgeber einzuhaltende Frist nicht kürzer sein als die mit dem Dienstnehmer vereinbarte Kündigungsfrist. Durch Kollektivvertrag können für Branchen, in denen Saisonbetriebe im Sinne des § 53 Abs. 6 des Arbeitsverfassungsgesetzes, BGBl. Nr. 22/1974 überwiegen, abweichende Regelungen festgelegt werden.

(5) Ist das Dienstverhältnis nur für die Zeit eines vorübergehenden Bedarfes vereinbart, so kann es während des ersten Monats von beiden Teilen jederzeit unter Einhaltung einer einwöchigen Kündigungsfrist gelöst werden.

Freizeit während der Kündigungsfrist

§ 1160. (1) Bei Kündigung durch den Dienstgeber ist dem Dienstnehmer während der Kündigungsfrist auf sein Verlangen wöchentlich mindestens ein Fünftel der regelmäßigen wöchentlichen Arbeitszeit ohne Schmälerung des Entgelts freizugeben.

(2) Ansprüche nach Abs. 1 bestehen nicht, wenn der Dienstnehmer einen Anspruch auf eine Pension aus der gesetzlichen Pensionsversicherung hat, sofern eine Bescheinigung über die vorläufige Krankenversicherung vom Pensionsversicherungsträger ausgestellt wurde.

(3) Durch Kollektivvertrag können abweichende Regelungen getroffen werden.

Insolvenzverfahren

§ 1161. Welche Wirkungen die Eröffnung des Insolvenzverfahrens über das Vermögen des Dienstgebers auf das Dienstverhältnis hat, bestimmt die Insolvenzordnung.

Vorzeitige Auflösung.

§ 1162. Das Dienstverhältnis kann, wenn es für bestimmte Zeit eingegangen wurde, vor Ablauf dieser Zeit, sonst aber ohne Einhaltung einer Kündigungsfrist von jedem Teile aus wichtigen Gründen gelöst werden.

§ 1162a. Wenn der Dienstnehmer ohne wichtigen Grund vorzeitig austritt, kann der Dienstgeber entweder dessen Wiedereintritt zur Dienstleistung nebst Schadenersatz oder Schadenersatz wegen Nichterfüllung des Vertrages verlangen. Wird der Dienstnehmer wegen eines Verschuldens vorzeitig entlassen, so hat er Schadenersatz wegen Nichterfüllung des Vertrages zu leisten. Für die schon bewirkten Leistungen, deren Entgelt noch nicht fällig ist, steht dem Dienstnehmer ein Anspruch auf den entsprechenden Teil des Entgelts nur insoweit zu, als sie nicht durch die vorzeitige Auflösung des Dienstverhältnisses für den Dienstgeber ihren Wert ganz oder zum größten Teil eingebüßt haben.

§ 1162b. Wenn der Dienstgeber den Dienstnehmer ohne wichtigen Grund vorzeitig entläßt oder wenn ihn ein Verschulden an dem vorzeitigen Austritte des Dienstnehmers trifft, behält dieser, unbeschadet weitergehenden Schadenersatzes, seine vertragsgemäßen Ansprüche auf das Entgelt für den Zeitraum, der bis zur Beendigung des Dienstverhältnisses durch Ablauf der Vertragszeit oder durch ordnungsmäßige Kündigung hätte verstreichen müssen, unter Anrechnung dessen, was er infolge des Unterbleibens der Dienstleistung erspart oder durch anderweitige Verwendung erworben oder zu erwerben absichtlich versäumt hat. Soweit jedoch der oben genannte Zeitraum drei Monate nicht übersteigt, kann der Dienstnehmer das ganze für diese Zeit gebührende Entgelt ohne Abzug sofort fordern.

§ 1162c. Trifft beide Teile ein Verschulden an der vorzeitigen Lösung des Dienstverhältnisses, so hat der Richter nach freiem Ermessen zu entscheiden, ob und in welcher Höhe ein Ersatz gebührt.

§ 1162d. Ansprüche wegen vorzeitigen Austrittes oder vorzeitiger Entlassung im Sinne der §§ 1162a und 1162b müssen bei sonstigem Ausschlusse binnen sechs Monaten nach Ablauf des Tages, an dem sie erhoben werden konnten, gerichtlich geltend gemacht werden.

Zeugnis.

§ 1163. (1) Bei Beendigung des Dienstverhältnisses ist dem Dienstnehmer auf sein Verlangen ein schriftliches Zeugnis über die Dauer und Art der Dienstleistung auszustellen. Verlangt der Dienstnehmer während der Dauer des Dienstverhältnisses ein Zeugnis, so ist ihm ein solches auf seine Kosten auszustellen. Eintragungen und Anmerkungen im Zeugnisse, durch die dem Dienstnehmer die Erlangung einer neuen Stellung erschwert wird, sind unzulässig.

(2) Zeugnisse des Dienstnehmers, die sich in Verwahrung des Dienstgebers befinden, sind dem Dienstnehmer auf Verlangen jederzeit auszufolgen.

Zwingende Vorschriften

§ 1164. (1) Die Berechtigungen des Dienstnehmers, die sich aus den Bestimmungen der §§ 1154 Abs. 3, § 1154b, 1156 bis 1159b, 1160 und 1162a bis 1163 ergeben, können durch den Dienstvertrag oder durch Normen der kollektiven Rechtsgestaltung nicht aufgehoben oder beschränkt werden.

(2) Die §§ 1154b, 1156 und 1164 in der Fassung des Bundesgesetzes BGBl. I Nr. 44/2000 sind auf Dienstverhinderungen anzuwenden, die in nach dem 31. Dezember 2000 begonnenen Arbeitsjahren eingetreten sind.

(3) Die verlängerte Anspruchsdauer nach § 1154b Abs. 1 in der Fassung des Bundesgesetzes BGBl. I Nr. 44/2000 bewirkt keine Verlängerung einer in Normen der kollektiven Rechtsgestaltung oder Dienstverträgen vorgesehenen längeren Anspruchsdauer. Sehen Normen der kollektiven Rechtsgestaltung oder Dienstverträge einen zusätzlichen Anspruch im Anschluss an den Anspruch nach § 1154b Abs. 1 vor, wird die Gesamtdauer der Ansprüche nicht verlängert.

(4) Im Zeitpunkt des Inkrafttretens des Bundesgesetzes BGBl. I Nr. 44/2000 für die Dienstnehmer günstigere Regelungen in Dienstverträgen oder in Normen der kollektiven Rechtsgestaltung werden durch die Neuregelung des Bundesgesetzes BGBl. I Nr. 44/2000 nicht berührt.

Dienstzettel für das freie Dienstverhältnis

§ 1164a. (1) Liegt ein freies Dienstverhältnis (§ 4 Abs. 4 Allgemeines Sozialversicherungsgesetz, BGBl. Nr. 189/1955, in der jeweils geltenden Fassung) vor, so hat der Dienstgeber dem freien Dienstnehmer unverzüglich nach dessen Beginn eine schriftliche Aufzeichnung über die wesentlichen Rechte und Pflichten aus dem freien Dienstvertrag (Dienstzettel) auszuhändigen. Solche Aufzeichnungen sind von Stempel- und unmittelbaren Gebühren befreit. Der Dienstzettel hat folgende Angaben zu enthalten:

1. Name und Anschrift des Dienstgebers,
2. Name und Anschrift des freien Dienstnehmers,
3. Beginn des freien Dienstverhältnisses,
4. bei freien Dienstverhältnissen auf bestimmte Zeit das Ende des freien Dienstverhältnisses,

5. Dauer der Kündigungsfrist, Kündigungstermin,
6. vorgesehene Tätigkeit,
7. Entgelt, Fälligkeit des Entgelts.

(2) Hat der freie Dienstnehmer seine Tätigkeit länger als einen Monat im Ausland zu verrichten, so hat der vor der Aufnahme der Auslandstätigkeit auszuhändigende Dienstzettel oder schriftliche freie Dienstvertrag zusätzlich folgende Angaben zu enthalten:

1. voraussichtliche Dauer der Auslandstätigkeit,
2. Währung, in der das Entgelt auszuzahlen ist, sofern es nicht in Euro auszuzahlen ist,
3. allenfalls Bedingungen für die Rückführung nach Österreich und
4. allfällige zusätzliche Vergütung für die Auslandstätigkeit.

(3) Keine Verpflichtung zur Aushändigung eines Dienstzettels besteht, wenn

1. die Dauer des freien Dienstverhältnisses höchstens einen Monat beträgt oder
2. ein schriftlicher freier Dienstvertrag ausgehändigt wurde, der alle in Abs. 1 und 2 genannten Angaben enthält, oder
3. bei Auslandstätigkeit die in Abs. 2 genannten Angaben in anderen schriftlichen Unterlagen enthalten sind.

(4) Jede Änderung der Angaben gemäß Abs. 1 und 2 ist dem freien Dienstnehmer unverzüglich, spätestens jedoch einen Monat nach ihrer Wirksamkeit schriftlich mitzuteilen, es sei denn, die Änderung erfolgte durch Änderung von Gesetzen.

(5) Hat das freie Dienstverhältnis bereits am 1. Juli 2004 bestanden, so ist dem freien Dienstnehmer auf sein Verlangen binnen zwei Monaten ein Dienstzettel gemäß Abs. 1 auszuhändigen. Eine solche Verpflichtung des Dienstgebers besteht nicht, wenn ein früher ausgestellter Dienstzettel oder ein schriftlicher Vertrag über das freie Dienstverhältnis alle nach diesem Bundesgesetz erforderlichen Angaben enthält.

(6) Die Bestimmungen der Abs. 1 bis 5 können durch den freien Dienstvertrag weder aufgehoben noch beschränkt werden.

Dreyßigstes Hauptstück.

Von dem Rechte des Schadensersatzes und der Genugthuung.

Schade.

§ 1293. Schade heißt jeder Nachtheil, welcher jemanden an Vermögen, Rechten oder seiner Person zugefüget worden ist. Davon unterscheidet sich der Entgang des Gewinnes, den jemand nach dem gewöhnlichen Laufe der Dinge zu erwarten hat.

Quellen der Beschädigung.

§ 1294. Der Schade entspringt entweder aus einer widerrechtlichen Handlung, oder Unterlassung eines Anderen; oder aus einem Zufalle. Die widerrechtliche Beschädigung wird entweder willkührlich, oder unwillkührlich zugefügt. Die willkührliche Beschädigung aber gründet sich theils in einer bösen Absicht, wenn der Schade mit Wissen und Willen; theils in einem Versehen, wenn er aus schuldbarer Unwissenheit, oder aus Mangel der gehörigen Aufmerksamkeit, oder des gehörigen Fleißes verursachet worden ist. Beydes wird ein Verschulden genannt.

Von der Verbindlichkeit zum Schadenersatze:

1) von dem Schaden aus Verschulden;

§ 1295. (1) Jedermann ist berechtigt, von dem Beschädiger den Ersatz des Schadens, welchen dieser ihm aus Verschulden zugefügt hat, zu fordern; der Schaden mag durch Übertretung einer Vertragspflicht oder ohne Beziehung auf einen Vertrag verursacht worden sein.

(2) Auch wer in einer gegen die guten Sitten verstoßenden Weise absichtlich Schaden zufügt, ist dafür verantwortlich, jedoch falls dies in Ausübung eines Rechtes geschah, nur dann, wenn die Ausübung des Rechtes offenbar den Zweck hatte, den anderen zu schädigen.

§ 1296. Im Zweifel gilt die Vermuthung, daß ein Schade ohne Verschulden eines Anderen entstanden sey.

§ 1297. Es wird aber auch vermuthet, daß jeder welcher den Verstandesgebrauch besitzt, eines solchen Grades des Fleißes und der Aufmerksamkeit fähig sey, welcher bey gewöhnlichen Fähigkeiten angewendet werden kann. Wer bey Handlungen, woraus eine Verkürzung der Rechte eines Anderen entsteht, diesen Grad des Fleißes oder der Aufmerksamkeit unterläßt, macht sich eines Versehens schuldig.

§ 1298. Wer vorgibt, daß er an der Erfüllung seiner vertragsmäßigen oder gesetzlichen Verbindlichkeit ohne sein Verschulden verhindert worden sey, dem liegt der Beweis ob. Soweit er auf Grund vertraglicher Vereinbarung nur für grobe Fahrlässigkeit haftet, muß er auch beweisen, daß es an dieser Voraussetzung fehlt.

insbesondere: a) der Sachverständigen;

§ 1299. Wer sich zu einem Amte, zu einer Kunst, zu einem Gewerbe oder Handwerke öffentlich bekennet; oder wer ohne Noth freywillig ein Geschäft übernimmt, dessen Ausführung eigene Kunstkenntnisse, oder einen nicht gewöhnlichen Fleiß erfordert, gibt dadurch zu erkennen, daß er sich den nothwendigen Fleiß und die erforderlichen, nicht gewöhnlichen Kenntnisse zutraue; er muß daher den Mangel derselben vertreten. Hat aber derjenige, welcher ihm das Geschäft überließ, die Unerfahrenheit desselben gewußt; oder, bey gewöhnlicher Aufmerksamkeit wissen können; so fällt zugleich dem Letzteren ein Versehen zur Last.

§ 1300. Ein Sachverständiger ist auch dann verantwortlich, wenn er gegen Belohnung in Angelegenheiten seiner Kunst oder Wissenschaft aus Versehen einen nachtheiligen Rath ertheilet. Außer diesem Falle haftet ein Rathgeber nur für den Schaden, welchen er wissentlich durch Ertheilung des Rathes dem Anderen verursachet hat.

oder b) mehrere Theilnehmer;

§ 1301. Für einen widerrechtlich zugefügten Schaden können mehrere Personen verantwortlich werden, indem sie gemeinschaftlich, unmittelbarer oder mittelbarer Weise, durch Verleiten, Drohen, Befehlen, Helfen, Verhehlen u. dgl.; oder, auch nur durch Unterlassung der besonderen Verbindlichkeit, das Uebel zu verhindern, dazu beygetragen haben.

§ 1302. In einem solchen Falle verantwortet, wenn die Beschädigung in einem Versehen gegründet ist, und die Antheile sich bestimmen lassen, jeder nur den durch sein Versehen verursachten Schaden. Wenn aber der Schade vorsätzlich zugefügt worden ist; oder, wenn die Antheile der Einzelnen an der Beschädigung sich nicht bestimmen lassen, so haften Alle für Einen, und Einer für Alle; doch bleibt demjenigen, welcher den Schaden ersetzt hat, der Rückersatz gegen die Uebrigen vorbehalten.

§ 1303. In wie weit mehrere Mitschuldner bloß aus der unterlassenen Erfüllung ihrer Verbindlichkeit zu haften haben, ist aus der Beschaffenheit des Vertrages zu beurtheilen.

§ 1304. Wenn bey einer Beschädigung zugleich ein Verschulden von Seite des Beschädigten eintritt; so trägt er mit dem Beschädiger den Schaden verhältnißmäßig; und, wenn sich das Verhältniß nicht bestimmen läßt, zu gleichen Theilen.

2) aus dem Gebrauche des Rechtes;

§ 1305. Wer von seinem Rechte innerhalb der rechtlichen Schranken (§ 1295, Absatz 2) Gebrauch macht, hat den für einen anderen daraus entspringenden Nachteil nicht zu verantworten.

3. aus einer schuldlosen oder unwillkührlichen Handlung;

§ 1306. Den Schaden, welchen jemand ohne Verschulden oder durch eine unwillkührliche Handlung verursachet hat, ist er in der Regel zu ersetzen nicht schuldig.

§ 1306a. Wenn jemand im Notstand einen Schaden verursacht, um eine unmittelbar drohende Gefahr von sich oder anderen abzuwenden, hat der Richter unter Erwägung, ob der Beschädigte die Abwehr aus Rücksicht auf die dem anderen drohende Gefahr unterlassen hat, sowie des Verhältnisses der Größe der Beschädigung zu dieser Gefahr oder endlich des Vermögens des Beschädigers und des Beschädigten zu erkennen, ob und in welchem Umfange der Schaden zu ersetzen ist.

§ 1307. Wenn sich jemand aus eigenem Verschulden in einen Zustand der Sinnesverwirrung oder in einen Notstand versetzt hat, so ist auch der in demselben verursachte Schade seinem Verschulden zuzuschreiben. Eben dieses gilt auch von einem Dritten, der durch sein Verschulden diese Lage bei dem Beschädiger veranlaßt hat.

§ 1308. Wenn Personen, die den Gebrauch der Vernunft nicht haben, oder Unmündige jemanden beschädigen, der durch irgendein Verschulden hierzu selbst Veranlassung gegeben hat, so kann er keinen Ersatz ansprechen.

§ 1309. Außer diesem Falle gebührt ihm der Ersatz von denjenigen Personen, denen der Schade wegen Vernachlässigung der ihnen über solche Personen anvertrauten Obsorge beygemessen werden kann.

§ 1310. Kann der Beschädigte auf solche Art den Ersatz nicht erhalten, so soll der Richter mit Erwägung des Umstandes, ob dem Beschädiger, ungeachtet er gewöhnlich seines Verstandes nicht mächtig ist, in dem bestimmten Falle nicht dennoch ein Verschulden zur Last liege; oder, ob der Beschädigte aus Schonung des Beschädigers die Vertheidigung unterlassen habe; oder endlich, mit Rücksicht auf das Vermögen des Beschädigers und des Beschädigten, auf den ganzen Ersatz, oder doch einen billigen Theil desselben erkennen.

4. durch Zufall;

§ 1311. Der bloße Zufall trifft denjenigen, in dessen Vermögen oder Person er sich ereignet. Hat aber jemand den Zufall durch ein Verschulden veranlaßt; hat er ein Gesetz, das den zufälligen Beschädigungen vorzubeugen sucht, übertreten; oder sich ohne Noth in fremde Geschäfte gemengt, so haftet er für allen Nachtheil, welcher außer dem nicht erfolgt wäre.

§ 1312. Wer in einem Nothfalle jemanden einen Dienst geleistet hat, dem wird der Schade, welchen er nicht verhüthet hat, nicht zugerechnet; es wäre denn, daß er einen Anderen, der noch mehr geleistet haben würde, durch seine Schuld daran verhindert hätte. Aber auch in diesem Falle kann er den sicher verschafften Nutzen gegen den verursachten Schaden in Rechnung bringen.

5) durch fremde Handlungen;

§ 1313. Für fremde, widerrechtliche Handlungen, woran jemand keinen Theil genommen hat, ist er in der Regel auch nicht verantwortlich. Selbst in den Fällen, wo die Gesetze das Gegentheil anordnen, bleibt ihm der Rückersatz gegen den Schuldtragenden vorbehalten.

§ 1313a. Wer einem andern zu einer Leistung verpflichtet ist, haftet ihm für das Verschulden seines gesetzlichen Vertreters sowie der Personen, deren er sich zur Erfüllung bedient, wie für sein eigenes.

§ 1314. Wer eine Dienstperson ohne Zeugnis aufnimmt oder wissentlich eine durch ihre Leibes-

oder Gemütsbeschaffenheit gefährliche Person im Dienste behält oder ihr Aufenthalt gibt, haftet dem Hausherrn und den Hausgenossen für den Ersatz des durch die gefährliche Beschaffenheit dieser Personen verursachten Schadens.

§ 1315. Überhaupt haftet derjenige, welcher sich einer untüchtigen oder wissentlich einer gefährlichen Person zur Besorgung seiner Angelegenheiten bedient, für den Schaden, den sie in dieser Eigenschaft einem Dritten zufügt.

Insbesondere

1) bey Verletzungen an dem Körper;

§ 1325. Wer jemanden an seinem Körper verletzt, bestreitet die Heilungskosten des Verletzten; ersetzet ihm den entgangenen, oder wenn der Beschädigte zum Erwerb unfähig wird, auch den künftig entgehenden Verdienst und bezahlt ihm auf Verlangen überdieß ein den erhobenen Umständen angemessenes Schmerzengeld.

§ 1326. Ist die verletzte Person durch die Mißhandlung verunstaltet worden; so muß, zumahl wenn sie weiblichen Geschlechtes ist, in so fern auf diesen Umstand Rücksicht genommen werden, als ihr besseres Fortkommen dadurch verhindert werden kann.

§ 1327. Erfolgt aus einer körperlichen Verletzung der Tod, so müssen nicht nur alle Kosten, sondern auch den Hinterbliebenen, für deren Unterhalt der Getötete nach dem Gesetze zu sorgen hatte, das, was ihnen dadurch entgangen ist, ersetzt werden.

1a. an der geschlechtlichen Selbstbestimmung

§ 1328. Wer jemanden durch eine strafbare Handlung oder sonst durch Hinterlist, Drohung oder Ausnutzung eines Abhängigkeits- oder Autoritätsverhältnisses zur Beiwohnung oder sonst zu geschlechtlichen Handlungen mißbraucht, hat ihm den erlittenen Schaden und den entgangenen Gewinn zu ersetzen sowie eine angemessene Entschädigung für die erlittene Beeinträchtigung zu leisten.

1b. am Recht auf Wahrung der Privatsphäre

§ 1328a. (1) Wer rechtswidrig und schuldhaft in die Privatsphäre eines Menschen eingreift oder Umstände aus der Privatsphäre eines Menschen offenbart oder verwertet, hat ihm den dadurch entstandenen Schaden zu ersetzen. Bei erheblichen Verletzungen der Privatsphäre, etwa wenn Umstände daraus in einer Weise verwertet werden, die geeignet ist, den Menschen in der Öffentlichkeit bloßzustellen, umfasst der Ersatzanspruch auch eine Entschädigung für die erlittene persönliche Beeinträchtigung.

(2) Abs. 1 ist nicht anzuwenden, sofern eine Verletzung der Privatsphäre nach besonderen Bestimmungen zu beurteilen ist. Die Verantwortung für Verletzungen der Privatsphäre durch Medien richtet sich bei Dazwischentreten eines medienrechtlich Verantwortlichen allein nach den Bestimmungen des Mediengesetzes, BGBl. Nr. 314/1981, in der jeweils geltenden Fassung.

2) an der persönlichen Freyheit;

§ 1329. Wer jemanden durch gewaltsame Entführung, durch Privatgefangennehmung oder vorsätzlich durch einen widerrechtlichen Arrest seiner Freiheit beraubt, ist verpflichtet, dem Verletzten die vorige Freiheit zu verschaffen und volle Genugtuung zu leisten. Kann er ihm die Freiheit nicht mehr verschaffen, so muß er den Hinterbliebenen, wie bei der Tötung, Ersatz leisten.

3) an der Ehre;

§ 1330. (1) Wenn jemandem durch Ehrenbeleidigung ein wirklicher Schade oder Entgang des Gewinnes verursacht worden ist, so ist er berechtigt, den Ersatz zu fordern.

(2) Dies gilt auch, wenn jemand Tatsachen verbreitet, die den Kredit, den Erwerb oder das Fortkommen eines anderen gefährden und deren Unwahrheit er kannte oder kennen mußte. In diesem Falle kann auch der Widerruf und die Veröffentlichung desselben verlangt werden. Für eine nicht öffentlich vorgebrachte Mitteilung, deren Unwahrheit der Mitteilende nicht kennt, haftet er nicht, wenn er oder der Empfänger der Mitteilung an ihr ein berechtigtes Interesse hatte.

4) an dem Vermögen.

§ 1331. Wird jemand an seinem Vermögen vorsätzlich oder durch auffallende Sorglosigkeit eines Anderen beschädiget; so ist er auch den entgangenen Gewinn, und, wen der Schade vermittelst einer durch ein Strafgesetz verbothenen Handlung oder aus Muthwillen und Schadenfreude verursachet worden ist, den Werth der besonderen Vorliebe zu fordern berechtiget.

§ 1332. Der Schade, welcher aus einem minderen Grade des Versehens oder der Nachlässigkeit verursachet worden ist, wird nach dem gemeinen Werthe, den die Sache zur Zeit der Beschädigung hatte, ersetzet.

2) Vergleich.

§ 1380. Ein Neuerungsvertrag, durch welchen streitige, oder zweifelhafte Rechte dergestalt bestimmt werden, daß jede Partey sich wechselseitig etwas zu geben, zu thun, oder zu unterlassen verbindet, heißt Vergleich. Der Vergleich gehört zu den zweyseitig verbindlichen Verträgen, und wird nach eben denselben Grundsätzen beurtheilet.

§ 1384. Vergleiche über Gesetzübertretungen sind nur in Hinsicht auf die Privat-Genugthuung gültig; die gesetzmäßige Untersuchung und Bestrafung kann dadurch bloß dann abgewendet werden, wenn die Uebertretungen von der Art sind, daß die Behörde nur auf Verlangen der Parteyen ihr Amt zu handeln angewiesen ist.

Zahlung einer Nichtschuld.

§ 1431. Wenn jemanden aus einem Irrthume, wäre es auch ein Rechtsirrthum, eine Sache oder eine Handlung geleistet worden, wozu er gegen den Leistenden kein Recht hat; so kann in der Regel im ersten Falle die Sache zurückgefordert, im zweyten aber ein dem verschafften Nutzen angemessener Lohn verlangt werden.

§ 1432. Doch können Zahlungen einer verjährten, oder einer solchen Schuld, welche nur aus Mangel der Förmlichkeiten ungültig ist, oder zu deren Eintreibung das Gesetz bloß das Klagerecht versagt, eben so wenig zurückgefordert werden, als wenn jemand eine Zahlung leistet, von der er weiß, daß er sie nicht schuldig ist.

§ 1433. Diese Vorschrift (§ 1432) kann aber auf den Fall, in dem eine minderjährige, eine nicht geschäftsfähige volljährige oder eine andere Person bezahlt hat, die nicht frei über ihr Eigentum verfügen kann, nicht angewendet werden.

§ 1434. Die Zurückstellung des Bezahlten kann auch dann begehret werden, wenn die Schuldforderung auf was immer für eine Art noch ungewiß ist; oder wenn sie noch von der Erfüllung einer beygesetzten Bedingung abhängt. Die Bezahlung einer richtigen und unbedingten Schuld kann aber deßwegen nicht zurückgefordert werden, weil die Zahlungsfrist noch nicht verfallen ist.

§ 1435. Auch Sachen, die als eine wahre Schuldigkeit gegeben worden sind, kann der Geber von dem Empfänger zurück fordern, wenn der rechtliche Grund, sie zu behalten, aufgehört hat.

§ 1436. War jemand verbunden, aus zwey Sachen nur Eine nach seiner Willkühr zu geben, und hat er aus Irrthum beyde gegeben; so hängt es von ihm ab, die eine oder die andere zurück zu fordern.

§ 1437. Der Empfänger einer bezahlten Nichtschuld wird als ein redlicher oder unredlicher Besitzer angesehen, je nachdem er den Irrthum des Gebers gewußt hat, oder aus den Umständen vermuthen mußte, oder nicht. Von einem minderjährigen oder nicht geschäftsfähigen volljährigen Empfänger kann der Geber das irrtümlich Bezahlte (§ 1431) nur insoweit zurückfordern, als es beim Empfänger wirklich vorhanden oder zum Nutzen des Empfängers verwendet worden ist.

2) Compensation.

§ 1438. Wenn Forderungen gegenseitig zusammentreffen, die richtig, gleichartig, und so beschaffen sind, daß eine Sache, die dem Einen als Gläubiger gebührt, von diesem auch als Schuldner dem Andern entrichtet werden kann; so entsteht, in so weit die Forderungen sich gegen einander ausgleichen, eine gegenseitige Aufhebung der Verbindlichkeiten (Compensation), welche schon für sich die gegenseitige Zahlung bewirket.

§ 1439. Zwischen einer richtigen und nicht richtigen, so wie zwischen einer fälligen und noch nicht fälligen Forderung findet die Compensation nicht Statt. In wie fern gegen eine Insolvenzmasse die Compensation Statt finde, wird in der Insolvenzordnung bestimmt.

§ 1440. Ebenso lassen sich Forderungen, welche ungleichartige oder bestimmte und unbestimmte Sachen zum Gegenstande haben, gegeneinander nicht aufheben. Eigenmächtig oder listig entzogene, entlehnte, in Verwahrung oder in Bestand genommene Stücke sind überhaupt kein Gegenstand der Zurückbehaltung oder der Kompensation.

§ 1441. Ein Schuldner kann seinem Gläubiger dasjenige nicht in Aufrechnung bringen, was dieser einem Dritten und der Dritte dem Schuldner zu zahlen hat. Selbst eine Summe, die jemand an eine Staats-Casse zu fordern hat, kann gegen eine Zahlung, die er an eine andere Staats-Casse leisten muß, nicht abgerechnet werden.

§ 1442. Wenn eine Forderung allmählich auf mehrere übertragen wird; so kann der Schuldner zwar die Forderung, welche er zur Zeit der Abtretung an den ersten Inhaber derselben hatte, so wie auch jene, die ihm gegen den letzten Inhaber zusteht, in Abrechnung bringen; nicht aber auch diejenige, welche ihm an einen der Zwischeninhaber zustand.

§ 1443. Gegen eine den öffentlichen Büchern einverleibte Forderung kann die Einwendung der Compensation einem Cessionar nur dann entgegen gesetzt werden, wenn die Gegenforderung ebenfalls und zwar bey der Forderung selbst eingetragen, oder dem Cessionar bey Uebernehmung der letztern bekannt gemacht worden ist.

3) Entsagung.

§ 1444. In allen Fällen, in welchen der Gläubiger berechtiget ist, sich seines Rechtes zu begeben, kann er demselben auch zum Vortheile seines Schuldners entsagen, und hierdurch die Verbindlichkeit des Schuldners aufheben.

4) Vereinigung.

§ 1445. So oft auf was immer für eine Art das Recht mit der Verbindlichkeit in Einer Person vereiniget wird, erlöschen beyde; außer, wenn es dem Gläubiger noch frey steht, eine Absonderung seiner Rechte zu verlangen, (§§. 802 und 812), oder wenn Verhältnisse von ganz verschiedener Art eintreten. Daher wird durch die Nachfolge des Schuldners in die Verlassenschaft seines Gläubigers in den Rechten der Erbschaftsgläubiger, der Miterben oder Vermächtnisnehmer, und durch die Beerbung des Schuldners und Bürgen in den Rechten des Gläubigers nichts geändert.

§ 1446. Rechte und Verbindlichkeiten, welche den öffentlichen Büchern einverleibt sind, werden durch die Vereinigung nicht aufgehoben, bis die Löschung aus den öffentlichen Büchern erfolgt ist (§ 526). Bis dahin kann das eingetragene Pfandrecht vom Eigentümer oder im Wege der

Zwangsvollstreckung auf einen Dritten übertragen werden (§§ 469 bis 470).

5) Untergang der Sache.

§ 1447. Der zufällige gänzliche Untergang einer bestimmten Sache hebt alle Verbindlichkeit, selbst die, den Werth derselben zu vergüten, auf. Dieser Grundsatz gilt auch für diejenigen Fälle, in welchen die Erfüllung der Verbindlichkeit, oder die Zahlung einer Schuld durch einen andern Zufall unmöglich wird. In jedem Falle muß aber der Schuldner das, was er um die Verbindlichkeit in Erfüllung zu bringen, erhalten hat, zwar gleich einem redlichen Besitzer, jedoch auf solche Art zurückstellen oder vergüten, daß er aus dem Schaden des Andern keinen Gewinn zieht.

6) Tod.

§ 1448. Durch den Tod erlöschen nur solche Rechte und Verbindlichkeiten, welche auf die Person eingeschränkt sind, oder die bloß persönliche Handlungen des Verstorbenen betreffen.

7) Verlauf der Zeit.

§ 1449. Rechte und Verbindlichkeiten erlöschen auch durch den Verlauf der Zeit, worauf sie durch einen letzten Willen, Vertrag, richterlichen Ausspruch, oder durch das Gesetz beschränkt sind. Auf welche Art sie durch die von dem Gesetze bestimmte Verjährung aufgehoben werden, wird in dem folgenden Hauptstücke festgesetzt.

Viertes Hauptstück.
Von der Verjährung und Ersitzung.
Verjährung.

§ 1451. Die Verjährung ist der Verlust eines Rechtes, welches während der von dem Gesetze bestimmten Zeit nicht ausgeübt worden ist.

Besondere Verjährungszeit

§ 1486. In drei Jahren sind verjährt: die Forderungen

1. für Lieferung von Sachen oder Ausführung von Arbeiten oder sonstige Leistungen in einem gewerblichen, kaufmännischen oder sonstigen geschäftlichen Betriebe;
2. für Lieferung land- und forstwirtschaftlicher Erzeugnisse in einem Betriebe der Land- und Forstwirtschaft;
3. für die Übernahme zur Beköstigung, Pflege, Heilung, zur Erziehung oder zum Unterricht durch Personen, die sich damit befassen, oder in Anstalten, die diesem Zwecke dienen;
4. von Miet- und Pachtzinsen;
5. der Dienstnehmer wegen des Entgelts und des Auslagenersatzes aus den Dienstverträgen von Hilfsarbeitern, Taglöhnern, Dienstboten und allen Privatbediensteten, sowie der Dienstgeber wegen der auf solche Forderungen gewährten Vorschüsse;
6. der Ärzte, Tierärzte, Hebammen, der Privatlehrer, der Rechtsanwälte, Notare, Patentanwälte und aller anderen zur Besorgung gewisser Angelegenheiten öffentlich bestellten Personen wegen Entlohnung ihrer Leistungen und Ersatzes ihrer Auslagen, sowie der Parteien wegen der Vorschüsse an diese Personen;
7. von Ausstattungen.

Hemmung der Verjährung.

§ 1494. (1) Ist eine volljährige Person aufgrund einer psychischen Krankheit oder einer vergleichbaren Beeinträchtigung ihrer Entscheidungsfähigkeit an der Durchsetzung ihrer Rechte gehindert, so beginnt die Ersitzungs- oder Verjährungszeit erst zu laufen, wenn sie die Entscheidungsfähigkeit wieder erlangt oder ein gesetzlicher Vertreter die Rechte wahrnehmen kann.

(2) Gegen eine minderjährige Person beginnt die Ersitzungs- und Verjährungszeit so lange nicht zu laufen, als sie keinen gesetzlichen Vertreter hat oder ihr gesetzlicher Vertreter an der Wahrnehmung ihrer Rechte gehindert ist. Unabhängig davon beginnt die Frist nach § 1489 Satz 2 zweiter Fall vor Vollendung des achtzehnten Lebensjahres des Geschädigten nicht zu laufen.

(3) Die einmal angefangene Ersitzungs- oder Verjährungszeit läuft zwar fort; sie kann aber nie früher als zwei Jahre nach Wegfall der Hindernisse enden.

§ 1495. Auch zwischen Ehegatten oder eingetragenen Partnern sowie zwischen gesetzlichen Vertretern (§ 1034) und den von ihnen Vertretenen kann, solange die Ehe, die eingetragene Partnerschaft oder das Vertretungsverhältnis andauert, die Ersitzung oder Verjährung weder anfangen noch fortgesetzt werden. Das gilt nicht für die Ansprüche eines Ehegatten oder eines eingetragenen Partners auf Abgeltung der Mitwirkung im Erwerb des anderen Teils, doch wird die Verjährung so lange gehemmt, als zwischen den Ehegatten oder eingetragenen Partnern ein gerichtliches Verfahren zur Entscheidung über einen Anspruch auf Abgeltung anhängig ist und gehörig fortgesetzt wird.

§ 1496. Durch Abwesenheit in Civil- oder Kriegsdiensten, oder durch gänzlichen Stillstand der Rechtspflege, z. B. in Pest- oder Kriegszeiten, wird nicht nur der Anfang, sondern so lange dieses Hinderniß dauert, auch die Fortsetzung der Ersitzung oder Verjährung gehemmet.

Unterbrechung der Verjährung.

§ 1497. Die Ersitzung sowohl, als die Verjährung wird unterbrochen, wenn derjenige, welcher sich auf dieselbe berufen will, vor dem Verlaufe der Verjährungszeit entweder ausdrücklich oder stillschweigend das Recht des Andern anerkannt hat; oder wenn er von dem Berechtigten belangt, und die Klage gehörig fortgesetzt wird. Wird aber die Klage durch einen rechtskräftigen Spruch für unstatthaft erklärt; so ist die Verjährung für ununterbrochen zu halten.

§ 1501. Auf die Verjährung ist, ohne Einwendung der Parteyen, von Amts wegen kein Bedacht zu nehmen.

Entsagung oder Verlängerung der Verjährung.

§ 1502. Der Verjährung kann weder im voraus entsagt, noch kann eine längere Verjährungsfrist, als durch die Gesetze bestimmt ist, bedungen werden.

Fünftes Hauptstück
Inkrafttreten und Übergangsbestimmungen ab 1. Februar 2013

§ 1503. (1) Für das Inkrafttreten des Kindschafts- und Namensrechts-Änderungsgesetzes 2013, BGBl. I 15/2013, gilt Folgendes:

1. Das Kindschafts- und Namensrechts-Änderungsgesetzes 2013 tritt, soweit im Folgenden nichts anderes bestimmt ist, mit 1. Februar 2013 in Kraft.
2. Die §§ 93 bis 93c in der Fassung dieses Bundesgesetzes sind auf Ehegatten anzuwenden, die die Ehe nach dem 31. März 2013 schließen.
3. Die §§ 148 Abs. 3 und 152 in der Fassung dieses Bundesgesetzes sind auf zu gerichtlichem Protokoll erklärte Zustimmungen entsprechend anzuwenden.
4. Die §§ 155 bis 157 in der Fassung dieses Bundesgesetzes sind auf Kinder anzuwenden, deren Geburt oder Annahme an Kindesstatt nach dem 31. März 2013 beurkundet wird. § 139 in der Fassung des NamRÄG 1995, BGBl. Nr. 25/1995, ist auf Kinder anzuwenden, deren Geburt vor dem 1. April 2013 beurkundet wird.
5. Ehegatten, die die Ehe vor dem 1. April 2013 geschlossen haben, können ihre Namen ab dem 1. September 2013 nach den Regeln dieses Bundesgesetzes bestimmen. Gleichermaßen können für Kinder, deren Geburt oder Annahme an Kindesstatt vor diesem Zeitpunkt beurkundet worden ist, die Namen ab dem 1. September 2013 nach den Regeln dieses Bundesgesetzes bestimmt werden.
6. Unbeschadet der Z 6 sind die §§ 93 Abs. 2 und 155 Abs. 2 in der Fassung dieses Bundesgesetzes anzuwenden, wenn die Änderung des Familiennamens des Ehegatten oder der Eltern oder eines Elternteils nach dem 31. März 2013 beurkundet wird.
7. Rechte und Pflichten zum Gebrauch eines Namens, die auf Grund eines vor dem 1. April 2013 erfolgten namensrechtlich bedeutsamen Ereignisses erworben oder entstanden sind, bleiben unberührt.
8. § 142 samt Überschrift in der Fassung dieses Bundesgesetzes ist, außer in vor dem auf die Kundmachung folgenden Tag anhängig gemachten gerichtlichen Verfahren auch auf Anerkenntnisse anzuwenden, die vor dem Inkrafttreten des § 142 erklärt worden sind. § 142 tritt mit dem auf die Kundmachung dieses Bundesgesetzes im Bundesgesetzblatt folgenden Tag in Kraft.
9. Verordnungen zur Durchführung dieses Bundesgesetzes können ab dem auf die Kundmachung im Bundesgesetzblatt folgenden Tag an erlassen werden; sie treten frühestens mit 1. Februar 2013 in Kraft.

(2) 1. Die §§ 905, 907a, 1417 und 1420 in der Fassung des Zahlungsverzugsgesetzes, BGBl. I Nr. 50/2013, sowie die Änderung der Paragraphenbezeichnung des bisherigen § 905a in § 907b und des bisherigen § 905b in § 905a durch dieses Bundesgesetz treten mit 16. März 2013 in Kraft. Die genannten Bestimmungen sind in der Fassung des Zahlungsverzugsgesetzes auf Rechtsverhältnisse anzuwenden, die ab dem 16. März 2013 begründet werden. Auf Rechtsverhältnisse, die vor dem 16. März 2013 begründet wurden, sind die bisherigen Bestimmungen weiter anzuwenden; wenn solche früher begründeten Rechtsverhältnisse jedoch wiederholte Geldleistungen vorsehen, gelten die neuen Bestimmungen für diejenigen Zahlungen, die ab dem 16. März 2013 fällig werden.

2. § 1100 in der Fassung des Zahlungsverzugsgesetzes, BGBl. I Nr. 50/2013, tritt mit 16. März 2013 in Kraft und ist in dieser Fassung auch auf Verträge anzuwenden, die vor diesem Zeitpunkt geschlossen wurden.

(3) §§ 197, 199 und 201 in der Fassung des Adoptionsrechts-Änderungsgesetzes 2013, BGBl. I Nr. 179/2013, treten mit 1. August 2013 in Kraft. Sie sind in dieser Fassung auch auf Annahmen an Kindes statt anzuwenden, bei denen der schriftliche Vertrag vor dem 31. Juli 2013 geschlossen wurde.

(4) Die §§ 429, 905 und 1420 in der Fassung des Verbraucherrechte-Richtlinie-Umsetzungsgesetzes, BGBl. I Nr. 33/2014, treten mit 13. Juni 2014 in Kraft.

(5) Für das Inkrafttreten des GesbR-Reformgesetzes, BGBl. I Nr. 83/2014, gilt Folgendes:

1. § 826 und die§§ 1175 bis 1216e in der Fassung des GesbR-Reformgesetzes treten mit 1. Jänner 2015 in Kraft. Soweit im Folgenden nichts anderes bestimmt ist, sind auf Sachverhalte, die sich vor diesem Zeitpunkt ereignet haben, die bisher geltenden Bestimmungen des 27. Hauptstücks des zweiten Teils weiter anzuwenden.

2. Unbeschadet des Vorrangs gesellschaftsvertraglicher Vereinbarungen (§ 1181 in der Fassung des GesbR-Reformgesetzes) gelten die §§ 1182 bis 1196, die §§ 1203 bis 1205, die §§ 1208 bis 1211, § 1213 und § 1214 Abs. 1 in der Fassung des GesbR-Reformgesetzes ab 1. Juli 2016 für Gesellschaften bürgerlichen Rechts, die vor dem 1. Jänner 2015 gebildet wurden, wenn bis zum Ablauf des 30. Juni 2016 keiner der Gesellschafter gegenüber den übrigen Gesellschaftern erklärt, die Anwendung des zuvor geltenden Rechts beibehalten zu wollen.
3. Ab 1. Jänner 2022 gelten die §§ 1182 bis 1196, die §§ 1203 bis 1205, die §§ 1208 bis 1211, § 1213 und § 1214 Abs. 1 in der Fassung des GesbR-Reformgesetzes unbeschadet des Vorrangs gesellschaftsvertraglicher Vereinbarungen (§ 1181 in der Fassung des GesbR-Reformgesetzes) jedenfalls auch für Gesellschaften bürgerlichen Rechts, die vor dem 1. Jänner 2015 gebildet wurden.

(6) §§ 144 und 145 Abs. 1 in der Fassung des Fortpflanzungsmedizinrechts-Änderungsgesetzes 2015, BGBl. I Nr. 35/2015, treten mit 1. Jänner 2015 in Kraft und sind auf ab dem 1. Jänner 2015 geborene und im Wege medizinisch unterstützter Fortpflanzung gezeugte Kinder anzuwenden.

(7) Für das Inkrafttreten des Erbrechts-Änderungsgesetzes 2015, BGBl. I Nr. 87/2015 (ErbRÄG 2015), gilt Folgendes:

1. Die §§ 199, 233, 269, 308, 531 bis 543, 546 bis 560, 563 bis 572, 575 bis 591, 601 bis 617, 647 bis 654, 656 bis 667, 672 bis 678, 681 bis 699, 701 bis 703, 705 bis 719, 721 bis 749, 750 Abs. 1, die §§ 751 bis 792, 797 bis 809, die Überschriften vor § 810, die §§ 811 bis 817, 819 bis 821, 823, 824, 1205, 1249, 1251 bis 1254, 1278 bis 1283, 1462, 1487 und 1487a samt Überschriften in der Fassung des ErbRÄG 2015 und der Entfall der §§ 544, 545, 561, 562, 573, 594 bis 597, 646, 655, 668, 679, 680, 700, 704, 720, 793 bis 796, 818, 822, 951, 952, 956, 1248, 1250 und 1266 letzter Satz samt Überschriften treten mit 1. Jänner 2017 in Kraft.
2. Soweit im Folgenden nichts anderes bestimmt ist, sind die nach Z 1 mit 1. Jänner 2017 in Kraft tretenden Bestimmungen anzuwenden, wenn der Verstorbene nach dem 31. Dezember 2016 verstorben ist.
3. § 551 Abs. 1 in der Fassung des ErbRÄG 2015 ist auf nach dem 31. Dezember 2016 vorgenommene Aufhebungen von Erbverzichten anzuwenden.
4. a) Anordnungen der Gerichte nach § 568 in der bis 31. Dezember 2016 geltenden Fassung, wonach eine Person unter Sachwalterschaft nur mündlich vor Gericht oder Notar testieren kann, verlieren mit 1. Jänner 2017 ihre Gültigkeit.
   b) Gleiches gilt insoweit für die vor dem 1. Jänner 2005 erlassenen gerichtlichen Beschlüsse über die Bestellung eines Sachwalters, mit denen die Einschränkung der Testierfreiheit der behinderten Person verbunden war. Art. IV § 8 Familien- und Erbrechts-Änderungsgesetz 2004, BGBl. I Nr. 58/2004, wird mit Ablauf des 31. Dezember 2016 aufgehoben.
   c) Die auf Grundlage der in lit. a und b genannten Bestimmungen errichteten letztwilligen Verfügungen bleiben aufrecht.
5. Die §§ 577 bis 591 und 603 in der Fassung des ErbRÄG 2015 sind auf letztwillige Verfügungen und Schenkungen auf den Todesfall anzuwenden, die nach dem 31. Dezember 2016 errichtet wurden.
6. § 750 Abs. 2 in der Fassung des ErbRÄG 2015 tritt mit 17. August 2015 in Kraft und ist anzuwenden, wenn der Verstorbene an oder nach diesem Tag gestorben ist.
7. Die §§ 752 und 753 sowie § 785 in der Fassung des ErbRÄG 2015 sind auf nach dem 31. Dezember 2016 vorgenommene Anrechnungsvereinbarungen und Anrechnungsaufhebungen anzuwenden.
8. Die §§ 797 bis 809, 811 bis 817, 819 bis 821, 823, 824 in der Fassung des ErbRÄG 2015 sind anzuwenden, wenn das Verlassenschaftsverfahren nach dem 31. Dezember 2016 anhängig gemacht worden ist.
9. § 1487a in der Fassung des ErbRÄG 2015 ist ab dem 1. Jänner 2017 auf das Recht, eine Erklärung des letzten Willens umzustoßen, den Geldpflichtteil zu fordern, letztwillige Bedingungen oder Belastungen von Zuwendungen anzufechten, nach erfolgter Einantwortung ein besseres oder gleichwertiges Recht geltend zu machen, den Geschenknehmer wegen Verkürzung des Pflichtteils in Anspruch zu nehmen oder sonstige Rechte aus einem Geschäft von Todes wegen zu fordern, anzuwenden, wenn dieses Recht am 1. Jänner 2017 nach dem bis dahin geltenden Recht nicht bereits verjährt ist. Der Lauf der in § 1487a vorgesehenen kenntnisabhängigen Frist beginnt in solchen Fällen mit dem 1. Jänner 2017.

(8) § 1209 in der Fassung des Bundesgesetzes BGBl. I Nr. 43/2016 tritt mit 1. Juli 2016 in Kraft Abs. 5 ist auch auf dessen nunmehrige Fassung anzuwenden.

(9) Für das Inkrafttreten des 2. Erwachsenenschutz-Gesetzes, BGBl. I Nr. 59/2017 (2. ErwSchG), gilt Folgendes:

1. Die §§ 21, 24, 141, 146, 147 Abs. 1 bis 3, 153, 154, 156, 158, 164, 172, 173, 176, 191, 192, 194 bis 196 Abs. 1 Z 1 und Abs. 2, 200 bis 202,

205, 207 zweiter Satz, 213 bis 216, 218, 220 bis 224, 228 bis 230, 239 bis 284, 310, 865, 1034, 1421, 1433, 1437, 1454, 1494 und 1495 samt Überschriften und die Überschriften vor §§ 142, 217, 218 und 219 in der Fassung des 2. ErwSchG sowie der Entfall des § 175 und der §§ 284a bis 284h samt Überschriften treten mit 1. Juli 2018 in Kraft.

2. Die §§ 147 Abs. 4, 149, 181, 185, 188, 196 Abs. 1 Z 4, 207 erster Satz bis 212 und 225 in der Fassung des Art. 1 Z 8 treten mit dem auf die Kundmachung dieses Bundesgesetzes folgenden Tag in Kraft.
3. Die §§ 705, 752, 758 und 1445 in der Fassung des 2. ErwSchG treten mit 2. 1. 2017 in Kraft; Abs. 7 in der Fassung des Erbrechts-Änderungsgesetzes 2015, BGBl. I Nr. 87/2015, bleibt ansonsten unberührt.
4. Soweit im Folgenden nichts anderes bestimmt ist, sind die nach Z 1 mit 1. Juli 2018 in Kraft tretenden Bestimmungen auf Sachverhalte anzuwenden, die sich nach dem 30. Juni 2018 ereignen oder über diesen Zeitpunkt hinaus andauern.
5. Die §§ 158 und 207 in der Fassung des 2. ErwSchG sind auf die Ausübung und Betrauung mit der Obsorge nach dem 30. Juni 2018 anzuwenden.
6. Die §§ 164, 214 bis 224 sowie 228 und 229 in der Fassung des 2. ErwSchG sind nach dem 30. Juni 2018 auf die Verwaltung von Vermögen anzuwenden.
7. Die Aufhebung des § 175 in der Fassung des 2. ErwSchG ist auch in gerichtlichen Verfahren anzuwenden, die am 1. Juli 2018 noch anhängig sind; Anordnungen der Gerichte nach § 175 in der bis 30. Juni 2018 geltenden Fassung verlieren mit 1. Juli 2018 ihre Gültigkeit.
8. Die §§ 252 bis 256 in der Fassung des 2. ErwSchG sind auf medizinische Behandlungen, Sterilisationen und Forschungen anzuwenden, die nach dem 30. Juni 2018 begonnen oder abgebrochen werden. § 257 in der Fassung des 2. ErwSchG ist anzuwenden, wenn die Wohnortänderung nach dem 30. Juni 2018 erfolgt.
9. Bei der Auswahl des gerichtlichen Erwachsenenvertreters ist auf Sachwalterverfügungen im Sinn des § 279 Abs. 1 in der bis zum 2. ErwSchG geltenden Fassung auch nach dem 30. Juni 2018 Bedacht zu nehmen.
10. Sachwalter, die vor dem 1. Juli 2018 bestellt wurden, sind nach dem 30. Juni 2018 gerichtliche Erwachsenenvertreter. Für sie gelten die Vorschriften des sechsten Hauptstücks des ersten Teils in der Fassung des 2. ErwSchG, soweit in den Z 11 bis 14 nichts anderes bestimmt ist.
11. Die §§ 274 und 275 in der Fassung des 2. ErwSchG sind – außer in einem Erneuerungsverfahren nach Z 14 – auf gerichtliche Erwachsenenvertreter im Sinn der Z 10 nicht anzuwenden.
12. Bis zum 30. Juni 2019 besteht im Fall einer gerichtlichen Erwachsenenvertretung im Sinn der Z 10 auch ohne gerichtliche Anordnung im gesamten Wirkungsbereich des ehemaligen Sachwalters und nunmehrigen gerichtlichen Erwachsenenvertreters ein Genehmigungsvorbehalt im Sinn des § 242 Abs. 2 in der Fassung des 2. ErwSchG. Nach dem 30. Juni 2019 besteht für Personen, für die vor dem 1. Juli 2018 ein Sachwalter bestellt worden ist, nur ein Genehmigungsvorbehalt, wenn und soweit er gerichtlich angeordnet wird.
13. Stellen gerichtliche Erwachsenenvertreter im Sinn der Z 10 nach dem 30. Juni 2018 einen Antrag auf Gewährung von Entgelt, Entschädigung oder Aufwandersatz, so ist dieser Anspruch nach § 276 in der Fassung des 2. ErwSchG zu beurteilen, wenn zumindest die Hälfte des Abrechnungszeitraumes nach dem 30. Juni 2018 liegt. Liegt mehr als die Hälfte des Abrechnungszeitraumes vor dem 30. Juni 2018, so ist § 276 in der Fassung bis zum 30. Juni 2018 anzuwenden.
14. Das Gericht hat nach dem 30. Juni 2018 unter sinngemäßer Anwendung des § 278 Abs. 3 in der bis zum 2. ErwSchG geltenden Fassung für alle gerichtlichen Erwachsenenvertretungen im Sinn der Z 10 von Amts wegen ein Erneuerungsverfahren einzuleiten. Eine gerichtliche Erwachsenenvertretung im Sinn der Z 10 endet jedenfalls mit 1. Jänner 2024, es sei denn, es wurde davor ein Erneuerungsverfahren eingeleitet; diesfalls bleibt die Erwachsenenvertretung bis zur rechtskräftigen Entscheidung über die Erneuerung aufrecht.
15. Vorsorgevollmachten, die vor dem 1. Juli 2018 wirksam errichtet worden sind, behalten ihre Gültigkeit. Der Eintritt des Vorsorgefalls kann für diese nach dem 30. Juni 2018 nur nach Maßgabe des § 263 in der Fassung des 2. ErwSchG im Österreichischen Zentralen Vertretungsverzeichnis eingetragen werden. Auf solche Vorsorgevollmachten sind die Vorschriften des sechsten Hauptstücks des ersten Teils in der Fassung des 2. ErwSchG anzuwenden. Vorsorgevollmachten, deren Wirksamwerden vor dem 1. Juli 2018 im Österreichischen Zentralen Vertretungsverzeichnis registriert wurden, sind so zu behandeln, als wäre die Registrierung nach diesem Zeitpunkt erfolgt.
16. Als gesetzlicher Erwachsenenvertreter kommt eine Person nicht in Betracht, gegen die sich ein vor dem 1. Juli 2018 im Österreichischen Vertretungsverzeichnis eingetragener Widerspruch gegen die Vertretungsbefugnis nächster Angehöriger richtet. Personen, die in vor dem 1. Juli 2018 errichteten Sachwalterverfügungen genannt wurden, gelten nicht als nächste

Angehörige im Sinn des § 268 Abs. 2 letzter Fall in der Fassung des 2. ErwSchG.

17. Vertretungsbefugnisse nächster Angehöriger, die vor dem 1. Juli 2018 registriert worden sind, bleiben bestehen und enden spätestens mit Ablauf des 30. Juni 2021. Auf solche Angehörigenvertretungen sind nach dem 30. Juni 2018 weiterhin die §§ 284b bis 284e in der bis zum 2. ErwSchG geltenden Fassung sowie zusätzlich § 246 Abs. 3 in der Fassung des 2. ErwSchG anzuwenden.
18. Die §§ 277 bis 284 in der Fassung des 2. ErwSchG sind anzuwenden, wenn ein Kurator nach dem 30. Juni 2018 bestellt wird.
19. Kuratoren, die vor dem 1. Juli 2018 bestellt worden sind, bleiben wirksam bestellt. Auf ihre Rechte und Pflichten sind nach dem 30. Juni 2018 die §§ 281 bis 284 in der Fassung des 2. ErwSchG anzuwenden. Z 13 gilt sinngemäß.
20. Die §§ 1494 und 1495 in der Fassung des 2. ErwSchG sind anzuwenden, wenn eine Ersitzungs- und Verjährungszeit am 1. Juli 2018 noch nicht geendet hat oder nach dem 30. Juni 2018 zu laufen beginnt.

(10) § 1164 Abs. 1 in der Fassung des Bundesgesetzes, BGBl. I Nr. 153/2017, tritt mit 1. Juli 2018 in Kraft. Mit Ablauf des 30. Juni 2018 tritt § 1154b Abs. 6 außer Kraft. § 1159 in der Fassung des Bundesgesetzes, BGBl. I Nr. 153/2017, tritt mit 1. Jänner 2021 in Kraft und ist auf Beendigungen anzuwenden, die nach dem 31. Dezember 2020 ausgesprochen werden. Mit diesem Zeitpunkt treten auch § 1158 Abs. 4 und § 1159a bis § 1159c dieses Bundesgesetzes sowie § 77 der Gewerbeordnung 1859, RGBl. Nr. 227/1859, außer Kraft. Sie sind jedoch weiterhin auf Beendigungen anzuwenden, die vor dem 1. Jänner 2021 ausgesprochen wurden.

(11) §§ 165, 214, 249, 256 und 588 in der Fassung des Bundesgesetzes BGBl. I Nr. 58/2018, treten mit 1. August 2018 in Kraft.

(12) § 1320 in der Fassung des Bundesgesetzes BGBl. I Nr. 69/2019 tritt mit dem der Kundmachung folgenden Tag in Kraft. Die Bestimmung ist in dieser Fassung auf schädigende Ereignisse anzuwenden, die nach diesem Zeitpunkt eintreten. Der Bundesminister für Verfassung, Reformen, Deregulierung und Justiz hat dem Nationalrat drei Jahre nach dem Inkrafttreten dieser Regelung einen Bericht über deren Auswirkungen vorzulegen.

(13) Die §§ 1154b Abs. 6 und 1164 in der Fassung des Bundesgesetzes BGBl. I Nr. 74/2019 treten mit 1. September 2019 in Kraft.

(14) § 211 Abs. 2 in der Fassung des Gewaltschutzgesetzes 2019, BGBl. I Nr. 105/2019, tritt mit dem der Kundmachung folgenden Tag in Kraft. § 1494 Abs. 2 in der Fassung dieses Bundesgesetzes tritt mit 01.01.2020 in Kraft und ist auf alle Schadenersatzansprüche anzuwenden, die zu diesem Zeitpunkt noch nicht verjährt sind.

(15) § 1155 Abs. 3 und 4 in der Fassung des Bundesgesetzes BGBl. I Nr. 16/2020 treten rückwirkend mit dem 15. März 2020 in Kraft und mit 31. Dezember 2020 außer Kraft.

(16) Abweichend von Abs. 10 tritt § 1159 in der Fassung des Bundesgesetzes BGBl. I Nr. 153/2017 mit 1. Juli 2021 in Kraft und ist auf Beendigungen anzuwenden, die nach dem 30. Juni 2021 ausgesprochen werden. Mit diesem Zeitpunkt treten auch § 1158 Abs. 4 und § 1159a bis § 1159c dieses Bundesgesetzes sowie § 77 der Gewerbeordnung 1859, RGBl. Nr. 227/1859, außer Kraft. Sie sind jedoch weiterhin auf Beendigungen anzuwenden, die vor dem 1. Juli 2021 ausgesprochen wurden. Dies gilt auch für die Verlängerung der Kündigungsfristen in den Landarbeitsordnungen der Bundesländer und in Vorarlberg im Land- und Forstarbeitsgesetz, die zum Zeitpunkt des Inkrafttretens dieses Bundesgesetzes in Kraft sind, soweit in diesen die Änderung der Kündigungsfristen durch das Bundesgesetz BGBl. I Nr. 153/2017 nachvollzogen wurde.

(17) § 17a, § 20 und § 1328a Abs. 2 in der Fassung des Bundesgesetzes BGBl. I Nr. 148/2020 treten mit 1. Jänner 2021 in Kraft. § 20 Abs. 2 und § 1328a Abs. 2 sind auf Fälle anzuwenden, in denen die verletzende Handlung nach dem 31. Dezember 2020 gesetzt wurde.

(18) § 211, § 1214 Abs. 1 und 2, § 1216a Abs. 2 und § 1216b Abs. 2 in der Fassung des Bundesgesetzes Gesamtreform des Exekutionsrechts – GREx, BGBl. I Nr. 86/2021, treten mit 1. Juli 2021 in Kraft. § 1212 tritt mit Ablauf des 30. Juni 2021 außer Kraft.

(19) Abweichend von Abs. 15 tritt § 1159 in der Fassung des Bundesgesetzes, BGBl. I Nr. 153/2017, mit 1. Oktober 2021 in Kraft und ist auf Beendigungen anzuwenden, die nach dem 30. September 2021 ausgesprochen werden. Mit diesem Zeitpunkt treten auch § 1158 Abs. 4 und § 1159a bis § 1159c dieses Bundesgesetzes sowie § 77 der Gewerbeordnung 1859, RGBl. Nr. 227/1859, außer Kraft. Sie sind jedoch weiterhin auf Beendigungen anzuwenden, die vor dem 1. Oktober 2021 ausgesprochen wurden.

(20) Die §§ 932, 933 samt Überschrift, 933b samt Überschrift und 1503 in der Fassung des Bundesgesetzes BGBl. I Nr. 175/2021 treten mit 1. Jänner 2022 in Kraft und sind in dieser Fassung auf Verträge anzuwenden, die nach dem 31. Dezember 2021 geschlossen werden.

2. Arbeitslosenversicherungsgesetz 1977 (Auszug)

Arbeitslosenversicherungsgesetz 1977
StF: BGBl. Nr. 609/1977
Letzte Novellierung: BGBl. I Nr. 174/2022

GLIEDERUNG

Artikel I
Umfang der Versicherung

§ 1. (1) Für den Fall der Arbeitslosigkeit versichert (arbeitslosenversichert) sind

a) Dienstnehmer, die bei einem oder mehreren Dienstgebern beschäftigt sind,
b) Lehrlinge,
c) Heimarbeiter,
d) Personen, die zum Zwecke der vorgeschriebenen Ausbildung für den künftigen, abgeschlossene Hochschulbildung erfordernden Beruf nach Abschluß dieser Hochschulbildung beschäftigt sind, wenn die Ausbildung nicht im Rahmen eines Dienst- oder Lehrverhältnisses erfolgt, jedoch mit Ausnahme der Volontäre, die kein Entgelt beziehen,
e) Personen, die österreichische Staatsbürger oder diesen gleichzustellen sind (wie Staatsangehörige eines Mitgliedstaates des Abkommens über den Europäischen Wirtschaftsraum oder der Schweiz) und gemäß dem Entwicklungshelfergesetz, BGBl. Nr. 574/1983, von einer Entwicklungshilfeorganisation im Rahmen der Entwicklungshilfe als Entwicklungshelfer oder Experten beschäftigt oder ausgebildet werden,
f) selbständige Pecher, das sind Personen, die, ohne auf Grund eines Dienst- oder Lehrverhältnisses beschäftigt zu sein, durch Gewinnung von Harzprodukten in fremden Wäldern eine saisonmäßig wiederkehrende Erwerbstätigkeit ausüben, sofern sie dieser Erwerbstätigkeit in der Regel ohne Zuhilfenahme familienfremder Arbeitskräfte nachgehen,
g) Personen, die an einem Verwaltungspraktikum im Sinne des Abschnittes Ia des Vertragsbedienstetengesetzes 1948, BGBl. Nr. 86, teilnehmen,
h) Personen, die in einem Ausbildungsverhältnis zur Evangelischen Kirche A. B. oder zur Evangelischen Kirche H. B. stehen (Lehrvikare und Pfarramtskandidaten), sowie nicht definitiv bestellt geistliche Amtsträger dieser Kirchen,

soweit sie in der Krankenversicherung auf Grund gesetzlicher Vorschriften pflichtversichert sind oder Anspruch auf Leistungen einer Krankenfürsorgeanstalt haben und nicht nach Maßgabe der folgenden Bestimmungen versicherungsfrei sind.

(2) Ausgenommen von der Arbeitslosenversicherungspflicht sind

a) Personen, die die allgemeine Schulpflicht noch nicht beendet haben, sowie Personen, die der allgemeinen Schulpflicht nicht unterliegen oder von ihr befreit sind, bis zum 1. Juli des Kalenderjahres, in dem sie das 15. Lebensjahr vollenden;
b) Dienstnehmer, die in einem öffentlich-rechtlichen Dienstverhältnis zum Bund, zu einem Land, einem Gemeindeverband oder einer Gemeinde sowie zu einem von diesen Körperschaften verwalteten Betrieb, einer solchen Unternehmung, Anstalt, Stiftung oder einem solchen Fonds stehen, sofern sie gemäß § 5 Abs. 1 Z 3, 3a lit. b, 3b lit. b, 4 und 12 des Allgemeinen Sozialversicherungsgesetzes von der Vollversicherung nach § 4 des Allgemeinen Sozialversicherungsgesetzes ausgenommen sind;
c) Personen, die nach § 2 Abs. 1 Z 2 des Bauern-Sozialversicherungsgesetzes, BGBl. Nr. 559/1978, pflichtversichert sind;
d) Dienstnehmer, Heimarbeiter und selbständige Pecher, die nach der Höhe des Entgelts geringfügig beschäftigt sind;
e) Personen, denen eine im § 22 Abs. 1 genannte Leistung zuerkannt wurde oder welche die Anspruchsvoraussetzungen für eine im § 22 Abs. 1 genannte Leistung, ausgenommen die Korridorpension, erfüllen, oder die jenes Lebensalter, das ein Jahr nach dem gesetzlichen Mindestalter für eine Korridorpension liegt, vollendet haben, ab dem Beginn des folgenden Kalendermonats;
f) Teilnehmerinnen und Teilnehmer am Freiwilligen Sozialjahr, am Freiwilligen Umweltschutzjahr, am Gedenkdienst oder am Friedens- und Sozialdienst im Ausland nach dem Freiwilligengesetz, BGBl. I Nr. 17/2012, hinsichtlich

dieser gemäß § 4 Abs. 1 Z 11 ASVG versicherten Tätigkeit;

g) Teilnehmerinnen und Teilnehmer am Integrationsjahr nach dem Freiwilligengesetz, BGBl. I Nr. 17/2012, hinsichtlich dieser gemäß § 8 Abs. 1 Z 4a ASVG versicherten Tätigkeit.

(3) Die Versicherungsfreiheit nach Abs. 2 ist bei Dienstnehmern, die bei demselben Dienstgeber zu versicherungspflichtiger und versicherungsfreier Beschäftigung herangezogen werden, nur dann gegeben, wenn sie überwiegend in versicherungsfreier Beschäftigung tätig sind.

(4) Bei der Beurteilung der Frage, ob eine Beschäftigung als geringfügig gilt, ist § 5 Abs. 2 ASVG sinngemäß anzuwenden. Eine Beschäftigung als Hausbesorger im Sinne des Hausbesorgergesetzes, BGBl. Nr. 16/1970, gilt jedoch dann als geringfügig, wenn das Entgelt die im § 5 Abs. 2 ASVG angeführten Beträge nicht überschreitet.

(5) Abs. 4 erster Satz gilt sinngemäß für Heimarbeiter und selbständige Pecher.

(6) Für Beginn und Ende der Arbeitslosenversicherungspflicht gelten die §§ 10 und 11 des Allgemeinen Sozialversicherungsgesetzes.

(7) Abs. 1 (Arbeitslosenversicherungspflicht) ist auf Eisenbahnbedienstete, für deren arbeitsrechtliche Ansprüche der Bund haftet und die unkündbar sind, ab 1. Jänner 2000 anzuwenden.

(8) Freie Dienstnehmer im Sinne des § 4 Abs. 4 des Allgemeinen Sozialversicherungsgesetzes (ASVG), BGBl. Nr. 189/1955, sind Dienstnehmern gleich gestellt.

§ 2. Für die Versicherung der in Heimarbeit beschäftigten Personen gilt § 1 Abs. 1 nur insoweit, als nicht durch Verordnung abweichende, die Eigenart dieser Beschäftigungsverhältnisse berücksichtigende Bestimmungen getroffen werden. Diese können sich auf die Meldungen, den Beginn und das Ende der Versicherungspflicht, die Berechnung, Einhebung und Einzahlung der Versicherungsbeiträge sowie auf die Voraussetzungen des Anspruches auf die Versicherungsleistungen beziehen. (BGBl. Nr. 17/1962, Art. I Z 7; BGBl. Nr. 289/1976, Art. I Z 2)

Abschnitt 1
Arbeitslosengeld
Voraussetzungen des Anspruches

§ 7. (1) Anspruch auf Arbeitslosengeld hat, wer

1. der Arbeitsvermittlung zur Verfügung steht,
2. die Anwartschaft erfüllt und
3. die Bezugsdauer noch nicht erschöpft hat.

(2) Der Arbeitsvermittlung steht zur Verfügung, wer eine Beschäftigung aufnehmen kann und darf (Abs. 3) und arbeitsfähig (§ 8), arbeitswillig (§ 9) und arbeitslos (§ 12) ist.

(3) Eine Beschäftigung aufnehmen kann und darf eine Person,

1. die sich zur Aufnahme und Ausübung einer auf dem Arbeitsmarkt üblicherweise angebotenen, den gesetzlichen und kollektivvertraglichen Vorschriften entsprechenden zumutbaren versicherungspflichtigen Beschäftigung bereithält,
2. die sich berechtigt im Bundesgebiet aufhält, um eine unselbständige Beschäftigung aufzunehmen und auszuüben sowie, wenn ihr eine unselbständige Beschäftigung nur nach Erteilung einer Beschäftigungsbewilligung gestattet ist, keine dieser gemäß § 4 Abs. 1 Z 3 des Ausländerbeschäftigungsgesetzes, BGBl. Nr. 218/1975, entgegenstehenden wichtigen Gründe wie insbesondere wiederholte Verstöße infolge Ausübung einer Beschäftigung ohne Beschäftigungsbewilligung während der letzten zwölf Monate vorliegen.

(Anm.: Z 3 aufgehoben durch BGBl. I Nr. 25/2011)

(4) Von der Voraussetzung der Arbeitsfähigkeit ist für eine Bezugsdauer von längstens 78 Wochen abzusehen, wenn Arbeitslose berufliche Maßnahmen der Rehabilitation beendet haben und die Anwartschaft danach ohne Berücksichtigung von Zeiten, die vor Ende dieser Maßnahmen liegen, erfüllen sowie weder eine Leistung aus dem Versicherungsfall der geminderten Arbeitsfähigkeit oder der Erwerbsunfähigkeit beziehen noch die Anspruchsvoraussetzungen für eine derartige Leistung erfüllen.

(5) Die Voraussetzungen des Abs. 3 Z 1 liegen

1. während der Teilnahme am Freiwilligen Sozialjahr, am Freiwilligen Umweltschutzjahr, am Gedenkdienst und am Friedens- und Sozialdienst im Ausland nach dem Freiwilligengesetz nicht vor;
2. während des Bezuges von Kinderbetreuungsgeld nur dann vor, wenn das Kind von einer anderen geeigneten Person oder in einer geeigneten Einrichtung betreut wird;
3. während einer Absonderung gemäß § 7 oder § 17 des Epidemiegesetzes 1950, BGBl. Nr. 186/1950, vor.

(6) Personen, die gemäß § 5 AuslBG befristet beschäftigt sind, halten sich nach Beendigung ihrer Beschäftigung nicht berechtigt im Bundesgebiet auf, um eine unselbständige Beschäftigung aufzunehmen und auszuüben.

(7) Als auf dem Arbeitsmarkt üblicherweise angebotene, den gesetzlichen und kollektivvertraglichen Voraussetzungen entsprechende Beschäftigung gilt ein Arbeitsverhältnis mit einer wöchentlichen Normalarbeitszeit von mindestens 20 Stunden. Personen mit Betreuungsverpflichtungen für Kinder bis zum vollendeten zehnten Lebensjahr oder behinderte Kinder, für die nachweislich keine längere Betreuungsmöglichkeit besteht, erfüllen die Voraussetzung des Abs. 3 Z 1 auch dann, wenn sie sich für ein Arbeitsverhältnis mit einer

wöchentlichen Normalarbeitszeit von mindestens 16 Stunden bereithalten.

(8) Eine Person, die eine die Gesamtdauer von drei Monaten nicht überschreitende Ausbildung gemäß § 12 Abs. 4 macht oder an Maßnahmen der Nach- und Umschulung sowie zur Wiedereingliederung in den Arbeitsmarkt im Auftrag des Arbeitsmarktservice gemäß § 12 Abs. 5 teilnimmt, erfüllt die Voraussetzung des Abs. 3 Z 1 auch dann, wenn sie sich auf Grund der Ausbildung nur in einem geringeren als dem im Abs. 7 festgelegten zeitlichen Ausmaß für ein Arbeitsverhältnis bereithält. Die übrigen Voraussetzungen, insbesondere auch die Arbeitswilligkeit, müssen jedenfalls gegeben sein.

Arbeitsfähigkeit

§ 8. (1) Arbeitsfähig ist, wer nicht invalid und nicht berufsunfähig im Sinne des ASVG ist. Arbeitsfähig ist jedenfalls nicht, wer eine Leistung aus dem Versicherungsfall der geminderten Arbeitsfähigkeit oder der Erwerbsunfähigkeit bezieht. Arbeitsfähig ist weiters nicht, wer die Anspruchsvoraussetzungen für eine derartige Leistung erfüllt.

(2) Arbeitslose sind, wenn sich Zweifel über ihre Arbeitsfähigkeit ergeben oder zu klären ist, ob bestimmte Tätigkeiten ihre Gesundheit gefährden können, verpflichtet, sich ärztlich untersuchen zu lassen. Die Untersuchung der Arbeitsfähigkeit hat an einer vom Kompetenzzentrum Begutachtung der Pensionsversicherungsanstalt festgelegten Stelle stattzufinden. Die Untersuchung, ob bestimmte Tätigkeiten die Gesundheit einer bestimmten Person gefährden können, hat durch einen geeigneten Arzt oder eine geeignete ärztliche Einrichtung zu erfolgen. Wenn eine ärztliche Untersuchung nicht bereits eingeleitet ist, hat die regionale Geschäftsstelle bei Zweifeln über die Arbeitsfähigkeit oder über die Gesundheitsgefährdung eine entsprechende Untersuchung anzuordnen. Wer sich weigert, einer derartigen Anordnung Folge zu leisten, erhält für die Dauer der Weigerung kein Arbeitslosengeld.

(3) Das Arbeitsmarktservice hat Bescheide der Pensionsversicherungsträger und Gutachten des Kompetenzzentrums Begutachtung der Pensionsversicherungsanstalt zur Beurteilung der Arbeitsfähigkeit anzuerkennen und seiner weiteren Tätigkeit zu Grunde zu legen.

(4) Auf Personen, die der Verpflichtung zur ärztlichen Untersuchung gemäß Abs. 2 Folge leisten, sind § 7 Abs. 3 Z 1, Abs. 5, Abs. 7 und Abs. 8, § 9 und § 10 sowie Abs. 1 bis zum Vorliegen des Gutachtens zur Beurteilung der Arbeitsfähigkeit, längstens jedoch außer bei Vorliegen besonderer Gründe für drei Monate, nicht anzuwenden. Wenn auf Grund des Gutachtens anzunehmen ist, dass Arbeitsfähigkeit nicht vorliegt, so verlängert sich dieser Zeitraum bis zur bescheidmäßigen Feststellung des Pensionsversicherungsträgers, ob berufliche Maßnahmen der Rehabilitation zweckmäßig und zumutbar sind.

Arbeitswilligkeit

§ 9. (1) Arbeitswillig ist, wer bereit ist, eine durch die regionale Geschäftsstelle oder einen vom Arbeitsmarktservice beauftragten, die Arbeitsvermittlung im Einklang mit den Vorschriften der §§ 2 bis 7 des Arbeitsmarktförderungsgesetzes (AMFG), BGBl. Nr. 31/1969, durchführenden Dienstleister vermittelte zumutbare Beschäftigung in einem Arbeitsverhältnis als Dienstnehmer im Sinn des § 4 Abs. 2 ASVG anzunehmen, sich zum Zwecke beruflicher Ausbildung nach- oder umschulen zu lassen, an einer Maßnahme zur Wiedereingliederung in den Arbeitsmarkt teilzunehmen, von einer sonst sich bietenden Arbeitsmöglichkeit Gebrauch zu machen und von sich aus alle gebotenen Anstrengungen zur Erlangung einer Beschäftigung zu unternehmen, soweit dies entsprechend den persönlichen Fähigkeiten zumutbar ist.

(2) Eine Beschäftigung ist zumutbar, wenn sie den körperlichen Fähigkeiten der arbeitslosen Person angemessen ist, ihre Gesundheit und Sittlichkeit nicht gefährdet, angemessen entlohnt ist, in einem nicht von Streik oder Aussperrung betroffenen Betrieb erfolgen soll, in angemessener Zeit erreichbar ist oder eine entsprechende Unterkunft am Arbeitsort zur Verfügung steht sowie gesetzliche Betreuungsverpflichtungen eingehalten werden können. Als angemessene Entlohnung gilt grundsätzlich eine zumindest den jeweils anzuwendenden Normen der kollektiven Rechtsgestaltung entsprechende Entlohnung. Die zumutbare tägliche Wegzeit für Hin- und Rückweg beträgt jedenfalls eineinhalb Stunden und bei einer Vollzeitbeschäftigung jedenfalls zwei Stunden. Wesentlich darüber liegende Wegzeiten sind nur unter besonderen Umständen, insbesondere wenn am Wohnort lebende Personen üblicher Weise eine längere Wegzeit zum Arbeitsplatz zurückzulegen haben oder besonders günstige Arbeitsbedingungen geboten werden, zumutbar.

(3) In den ersten 100 Tagen des Bezuges von Arbeitslosengeld auf Grund einer neu erworbenen Anwartschaft ist eine Vermittlung in eine nicht dem bisherigen Tätigkeitsbereich entsprechende Tätigkeit nicht zumutbar, wenn dadurch eine künftige Beschäftigung im bisherigen Beruf wesentlich erschwert wird. In den ersten 120 Tagen des Bezuges von Arbeitslosengeld auf Grund einer neu erworbenen Anwartschaft ist eine Beschäftigung in einem anderen Beruf oder eine Teilzeitbeschäftigung nur zumutbar, wenn das sozialversicherungspflichtige Entgelt mindestens 80 vH des der letzten Bemessungsgrundlage für das Arbeitslosengeld entsprechenden Entgelts beträgt. In

der restlichen Zeit des Bezuges von Arbeitslosengeld ist eine Beschäftigung in einem anderen Beruf oder eine Teilzeitbeschäftigung nur zumutbar, wenn das sozialversicherungspflichtige Entgelt mindestens 75 vH des der letzten Bemessungsgrundlage für das Arbeitslosengeld entsprechenden Entgelts beträgt. Entfällt im maßgeblichen Bemessungszeitraum mindestens die Hälfte der Beschäftigungszeiten auf Teilzeitbeschäftigungen mit weniger als 75 vH der Normalarbeitszeit, so ist während des Bezuges von Arbeitslosengeld eine Beschäftigung in einem anderen Beruf oder eine Teilzeitbeschäftigung nur zumutbar, wenn das sozialversicherungspflichtige Entgelt mindestens die Höhe des der letzten Bemessungsgrundlage für das Arbeitslosengeld entsprechenden Entgelts erreicht. Der besondere Entgeltschutz nach Teilzeitbeschäftigungen gilt jedoch nur, wenn die arbeitslose Person dem Arbeitsmarktservice Umfang und Ausmaß der Teilzeitbeschäftigungen durch Vorlage von Bestätigungen ehemaliger Arbeitgeber nachgewiesen hat. Ist die Erbringung eines solchen Nachweises mit zumutbaren Bemühungen nicht möglich, so genügt die Glaubhaftmachung.

(4) Zumutbar ist eine von der regionalen Geschäftsstelle vermittelte Beschäftigung auch dann, wenn eine Wiedereinstellungszusage von einem früheren Arbeitgeber erteilt wurde oder sich die arbeitslose Person schon zur Aufnahme einer Beschäftigung in Zukunft verpflichtet hat (Einstellungsvereinbarung).

(5) Die arbeitslose Person ist zum Ersatz eines allfälligen Schadens, der aus der Nichterfüllung der Einstellungsvereinbarung wegen Antritt einer anderen Beschäftigung entstanden ist, nicht verpflichtet. Sie soll jedoch dem früheren Arbeitgeber ihr Abstandnehmen vom Wiederantritt der Beschäftigung vor dem Wiederantrittstermin bekannt geben. Ansprüche aus einem früheren Arbeitsverhältnis, auf die die arbeitslose Person anlässlich der Beendigung nur wegen der erteilten Wiedereinstellungszusage oder nur wegen der geschlossenen Wiedereinstellungsvereinbarung verzichtet hat, leben wieder auf, wenn sie dem früheren Arbeitgeber ihr Abstandnehmen vom Wiederantritt der Beschäftigung vor dem Wiederantrittstermin bekannt gibt.

(6) Wenn in Folge eines Wiedereinstellungsvertrages oder einer Wiedereinstellungszusage Ansprüche aus dem beendeten Arbeitsverhältnis nicht oder nicht zur Gänze erfüllt worden sind, so werden diese spätestens zu jenem Zeitpunkt fällig, zu dem die arbeitslose Person ihre Beschäftigung gemäß dem Wiedereinstellungsvertrag (der Wiedereinstellungszusage) hätte aufnehmen müssen, sofern durch Gesetz nicht anderes bestimmt ist. Verjährungs- und Verfallfristen verlängern sich um den Zeitraum zwischen Beendigung des Arbeitsverhältnisses und dem vereinbarten Zeitpunkt der Wiederaufnahme der Beschäftigung.

(7) Als Beschäftigung gilt, unbeschadet der erforderlichen Beurteilung der Zumutbarkeit im Einzelfall, auch ein der Wiedereingliederung in den Arbeitsmarkt dienendes Arbeitsverhältnis im Rahmen eines Sozialökonomischen Betriebes (SÖB) oder eines Gemeinnützigen Beschäftigungsprojektes (GBP), soweit dieses den arbeitsrechtlichen Vorschriften und den in den Richtlinien des Verwaltungsrates geregelten Qualitätsstandards entspricht. Im Rahmen dieser Qualitätsstandards ist jedenfalls die gegebenenfalls erforderliche sozialpädagogische Betreuung, die Zielsetzung der mit dem Arbeitsverhältnis verbundenen theoretischen und praktischen Ausbildung sowie im Falle der Arbeitskräfteüberlassung das zulässige Ausmaß überlassungsfreier Zeiten und die Verwendung überlassungsfreier Zeiten zu Ausbildungs- und Betreuungszwecken festzulegen.

(8) Wenn im Zuge von Maßnahmen des Arbeitsmarktservice Arbeitserprobungen stattfinden, so haben diese Arbeitserprobungen den in den Richtlinien des Verwaltungsrates geregelten Qualitätsstandards zu entsprechen. Arbeitserprobungen dürfen nur zur Überprüfung vorhandener oder im Rahmen der Maßnahme erworbener Kenntnisse und Fertigkeiten sowie der Einsatzmöglichkeiten in einem Betrieb eingesetzt werden und eine diesen Zielen angemessene Dauer nicht überschreiten. Bei Maßnahmen zur Wiedereingliederung in den Arbeitsmarkt hat das Arbeitsmarktservice der arbeitslosen Person die Gründe anzugeben, die eine Teilnahme an einer derartigen Maßnahme als zur Verbesserung der Wiederbeschäftigungschancen notwendig oder nützlich erscheinen lassen, so weit diese nicht auf Grund der vorliegenden Umstände wie insbesondere einer längeren Arbeitslosigkeit in Verbindung mit bestimmten bereits zB im Betreuungsplan (§ 38c AMSG) erörterten Problemlagen, die einer erfolgreichen Arbeitsaufnahme entgegen stehen, als bekannt angenommen werden können. Eine Maßnahme zur Wiedereingliederung kann auch auf die persönliche Unterstützung bei der Arbeitssuche abzielen.

Arbeitslosigkeit

§ 12. (1) Arbeitslos ist, wer

1. eine (unselbständige oder selbständige) Erwerbstätigkeit (Beschäftigung) beendet hat,
2. nicht mehr der Pflichtversicherung in der Pensionsversicherung unterliegt oder dieser ausschließlich auf Grund eines Einheitswertes, der kein Einkommen über der Geringfügigkeitsgrenze erwarten lässt, unterliegt oder auf Grund des Weiterbestehens der Pflichtversicherung für den Zeitraum, für den Kündigungsentschädigung gebührt oder eine Ersatzleistung für Urlaubsentgelt oder eine Urlaubsabfindung gewährt wird (§ 16 Abs. 1 lit. k und l), unterliegt und

3. keine neue oder weitere (unselbständige oder selbständige) Erwerbstätigkeit (Beschäftigung) ausübt.

(2) Ein selbständiger Pecher gilt in der Zeit der saisonmäßigen Erwerbsmöglichkeit, das ist vom dritten Montag im März bis einschließlich dritten Sonntag im November eines jeden Jahres, nicht als arbeitslos. In der übrigen Zeit des Jahres gilt der selbständige Pecher als arbeitslos, wenn er keine andere Beschäftigung gefunden hat.

(2a) Für selbständig Erwerbstätige, die ihre Erwerbstätigkeit eingestellt haben, schadet die Pflichtversicherung in der Pensionsversicherung in den Monaten März 2020 bis 31. März 2022 nicht.

(3) Als arbeitslos im Sinne der Abs. 1 und 2 gilt insbesondere nicht:

a) wer in einem Dienstverhältnis steht;
b) wer selbständig erwerbstätig ist;
c) wer ein Urlaubsentgelt nach dem Bauarbeiter-Urlaubsgesetz 1972, BGBl. Nr. 414, in der jeweils geltenden Fassung bezieht, in der Zeit, für die das Urlaubsentgelt gebührt;
d) wer, ohne in einem Dienstverhältnis zu stehen, im Betrieb des Ehegatten, der Ehegattin, des eingetragenen Partners, der eingetragenen Partnerin, des Lebensgefährten, der Lebensgefährtin, eines Elternteils oder eines Kindes tätig ist;
e) wer eine Freiheitsstrafe verbüßt oder auf behördliche Anordnung in anderer Weise angehalten wird;
f) wer in einer Schule oder einem geregelten Lehrgang – so als ordentlicher Hörer einer Hochschule, als Schüler einer Fachschule oder einer mittleren Lehranstalt – ausgebildet wird oder, ohne daß ein Dienstverhältnis vorliegt, sich einer praktischen Ausbildung unterzieht;
g) ein Lehrbeauftragter in den Semester- und Sommerferien;
h) wer beim selben Dienstgeber eine Beschäftigung aufnimmt, deren Entgelt die im § 5 Abs. 2 ASVG angeführten Beträge nicht übersteigt, es sei denn, daß zwischen der vorhergehenden Beschäftigung und der neuen geringfügigen Beschäftigung ein Zeitraum von mindestens einem Monat gelegen ist.

(4) Abweichend von Abs. 3 lit. f gilt während einer Ausbildung als arbeitslos, wer eine die Gesamtdauer von drei Monaten innerhalb eines Zeitraumes von zwölf Monaten nicht überschreitende Ausbildung macht oder die Voraussetzungen des § 14 Abs. 1 erster Satz mit der Maßgabe erfüllt, dass diese ohne Rahmenfristerstreckung durch die Heranziehung von Ausbildungszeiten gemäß § 15 Abs. 1 Z 4 erfüllt werden und für die erstmalige Inanspruchnahme des Arbeitslosengeldes während der Ausbildung gelten. Bei wiederholter Inanspruchnahme während einer Ausbildung genügt die Erfüllung der Voraussetzungen des § 14.

(5) Die Teilnahme an Maßnahmen der Nach- und Umschulung sowie zur Wiedereingliederung in den Arbeitsmarkt, die im Auftrag des Arbeitsmarktservice erfolgt, gilt nicht als Beschäftigung im Sinne des Abs. 1.

(6) Als arbeitslos gilt jedoch,

a) wer aus einer oder mehreren Beschäftigungen ein Entgelt erzielt, das die im § 5 Abs. 2 ASVG angeführten Beträge nicht übersteigt, wobei bei einer Beschäftigung als Hausbesorger im Sinne des Hausbesorgergesetzes, BGBl. Nr. 16/1970, der Entgeltwert für die Dienstwohnung und der pauschalierte Ersatz für Materialkosten unberücksichtigt bleiben;
b) wer einen land- oder forstwirtschaftlichen Betrieb auf eigene Rechnung und Gefahr führt, wenn 3 vH des Einheitswertes die jeweils für einen Kalendermonat geltende Geringfügigkeitsgrenze gemäß § 5 Abs. 2 ASVG nicht übersteigen;
c) wer auf andere Art selbständig erwerbstätig ist bzw. selbständig arbeitet und daraus ein Einkommen gemäß § 36a erzielt oder im Zeitraum der selbständigen Erwerbstätigkeit bzw. der selbständigen Arbeit einen Umsatz gemäß § 36b erzielt, wenn weder das Einkommen zuzüglich Sozialversicherungsbeiträge, die als Werbungskosten geltend gemacht wurden, noch 11,1 vH des Umsatzes die im § 5 Abs. 2 ASVG angeführten Beträge übersteigt;
d) wer, ohne in einem Dienstverhältnis zu stehen, im Betrieb des Ehegatten, der Ehegattin, des eingetragenen Partners, der eingetragenen Partnerin, des Lebensgefährten, der Lebensgefährtin, eines Elternteils oder eines Kindes tätig ist, sofern das Entgelt aus dieser Tätigkeit, würde sie von einem Dienstnehmer ausgeübt, die im § 5 Abs. 2 ASVG angeführten Beträge nicht übersteigen würde;
e) wer als geschäftsführender Gesellschafter aus dieser Tätigkeit ein Einkommen gemäß § 36a oder einen Umsatz gemäß § 36b erzielt, wenn weder das Einkommen zuzüglich Sozialversicherungsbeiträge, die als Werbungskosten geltend gemacht wurden, noch 11,1 vH des auf Grund seiner Anteile aliquotierten Umsatzes der Gesellschaft die im § 5 Abs. 2 ASVG angeführten Beträge übersteigt;
f) wer im Rahmen des Vollzuges einer Strafe durch Anhaltung im elektronisch überwachten Hausarrest gemäß § 156b Abs. 1 des Strafvollzugsgesetzes oder im Rahmen einer Untersuchungshaft durch Hausarrest nach § 173a der Strafprozessordnung 1975 an einer Maßnahme gemäß Abs. 5 teilnimmt;
g) wer auf Grund einer öffentlichen Funktion eine Aufwandsentschädigung, deren Höhe den Richtsatz gemäß § 293 Abs. 1 lit. a sublit. bb ASVG zuzüglich der jeweils zu entrichtenden Kranken- und Pensionsversicherungsbeiträge nicht übersteigt, erhält.

(7) Unbeschadet des Abs. 3 lit. a gilt als arbeitslos auch eine Frau während einer Karenz nach dem Mutterschutzgesetz 1979, BGBl. Nr. 221, oder vergleichbaren Vorschriften und ein Mann während einer Karenz nach dem Väter-Karenzgesetz, BGBl. Nr. 651/1989, oder vergleichbaren Vorschriften, wenn das Kind, das Anlass für die Gewährung der Karenz war, gestorben ist oder nicht mehr im gemeinsamen Haushalt lebt und der Dienstgeber einer vorzeitigen Beendigung der Karenz nicht zugestimmt hat, und zwar so lange, als während der restlichen Dauer der Karenz kein Dienstverhältnis mit einem anderen Dienstgeber besteht.

(8) Ebenso gilt als arbeitslos, wer auf Grund eines allenfalls auch ungerechtfertigten Ausspruches über die Lösung seines einen Kündigungs- oder Entlassungsschutz genießenden Dienstverhältnisses nicht beschäftigt wird, und zwar bis zu dem Zeitpunkt, in dem durch die zuständige Behörde das allfällige Weiterbestehen des Beschäftigungsverhältnisses rechtskräftig entschieden oder vor der zuständigen Behörde ein Vergleich geschlossen wurde.

(Anm.: Abs. 9 aufgehoben durch BGBl. I Nr. 128/2003

Abs. 10 aufgehoben durch BGBl. I Nr. 148/1998

Abs. 11 aufgehoben durch BGBl. Nr. 297/1995)

3. Arbeitsmarktförderungsgesetz (Auszug)

Bundesgesetz vom 12. Dezember 1968 betreffend die Arbeitsmarktförderung
StF: BGBl. Nr. 31/1969
Letzte Novellierung: BGBl. I Nr. 106/2022

GLIEDERUNG

Abschnitt 2
Arbeitsvermittlung

Begriff

§ 2. (1) Arbeitsvermittlung im Sinne dieses Bundesgesetzes ist jede Tätigkeit, die darauf gerichtet ist, Arbeitsuchende mit Arbeitgebern (Dienstgebern) zur Begründung von Arbeitsverhältnissen (Dienstverhältnissen) oder mit Auftraggebern (Zwischenmeistern, Mittelspersonen) zur Begründung von Heimarbeitsverhältnissen im Sinne des Heimarbeitsgesetzes 1960, BGBl. Nr. 105/1961, zusammenzuführen, es sei denn, dass diese Tätigkeit nur gelegentlich und unentgeltlich oder auf Einzelfälle beschränkt ausgeübt wird. Unter den Begriff Arbeitsvermittlung fällt auch die Vermittlung von Arbeitsuchenden und von Au-pair-Kräften von Österreich in das Ausland und vom Ausland nach Österreich.

(2) Unentgeltlich im Sinne des Abs. 1 ist die Tätigkeit der Arbeitsvermittlung, wenn sie nicht auf Gewinn gerichtet ist und ohne sonstigen wirtschaftlichen Nutzen ausgeübt wird.

(3) Als Tätigkeit im Sinne des Abs. 1 gilt auch die Veröffentlichung und Verbreitung von Stellenangeboten und Stellengesuchen, es sei denn, dass diese nicht der Hauptzweck ist.

(4) Als Tätigkeit im Sinne des Abs. 1 gilt auch die Überlassung von Arbeitskräften zur Arbeitsleistung an Dritte, sofern der Überlasser nicht die Pflichten des Arbeitgebers trägt.

(5) Jede auf Arbeitsvermittlung gerichtete Tätigkeit, die den Vorschriften dieses Bundesgesetzes widerspricht, ist untersagt.

Grundsätze

§ 3. Für die Arbeitsvermittlung gelten insbesondere nachstehende Grundsätze:

1. Die Inanspruchnahme der Arbeitsvermittlung ist freiwillig.
2. Niemand kann gezwungen werden, eine angebotene Arbeit anzunehmen – die Bestimmungen des Arbeitslosenversicherungsgesetzes 1977, BGBl. Nr. 609, werden dadurch nicht berührt.
3. Niemand kann gezwungen werden, eine angebotene Arbeitskraft einzustellen.
4. Die Arbeitsvermittlung hat dahin zu wirken, dass Arbeitsuchenden offene Stellen nachgewiesen werden und Arbeitgeber die angeforderten Arbeitskräfte erhalten können.
5. Die Arbeitsvermittlung ist unparteiisch durchzuführen.
6. Bei der Arbeitsvermittlung sind die Fähigkeiten, Wünsche, die psychische und physische Eignung und die sozialen Verhältnisse der Arbeitsuchenden einerseits sowie die Wünsche der Arbeitgeber und die Erfordernisse des Arbeitsplatzes andererseits zu berücksichtigen.
7. Arbeitsuchende dürfen nur zu Arbeiten vermittelt werden, die ihren körperlichen Fähigkeiten angemessen sind, ihre Gesundheit und Sittlichkeit nicht gefährden und angemessen entlohnt sind, wobei als angemessen eine Entlohnung dann gilt, wenn sie den jeweils anzuwendenden gesetzlichen und kollektivvertraglichen Bestimmungen entspricht.
8. Zu einer der Feststellung der Eignung des Arbeitsuchenden vorausgehenden psychologischen oder ärztlichen Untersuchung bedarf es der Zustimmung der Arbeitsuchenden, bei Minderjährigen auch der Erziehungsberechtigten.
9. Ein Rechtsanspruch auf Vermittlung eines bestimmten Arbeitsplatzes oder einer bestimmten Arbeitskraft besteht nicht.
10. Die Vermittlung in einen von Streik oder Aussperrung betroffenen Betrieb sowie die Vermittlung von streikenden oder ausgesperrten Dienstnehmern ist unzulässig.

Berechtigung zur Arbeitsvermittlung

§ 4. (1) Arbeitsvermittlung darf unter Beachtung der Bestimmungen dieses Bundesgesetzes ausgeübt werden

1. vom Arbeitsmarktservice,
2. von gesetzlichen Interessenvertretungen und kollektivvertragsfähigen Berufsvereinigungen,
3. von gemeinnützigen Einrichtungen,

4. von Inhabern einer Gewerbeberechtigung für das Gewerbe der Arbeitsvermittler oder, soweit ausschließlich Führungskräfte vermittelt werden, der Unternehmensberater einschließlich der Unternehmensorganisatoren.

(2) Die Gewerbebehörden und der Bundesminister für Arbeit, Soziales und Konsumentenschutz sowie die vom Bundesminister für Arbeit, Soziales und Konsumentenschutz beauftragten Unternehmen und Einrichtungen sind berechtigt, Auskünfte über die Durchführung der Arbeitsvermittlung und Einsicht in die Unterlagen zu verlangen. Bei Bedarf nach regelmäßigen Informationen zum Zweck der Arbeitsmarktbeobachtung kann der Bundesminister für Arbeit, Soziales und Konsumentenschutz durch Verordnung festlegen, dass bis zu zweimal jährlich bestimmte Eckdaten der Vermittlungstätigkeit mitzuteilen sind. Diese Verpflichtung kann abhängig vom Umfang der Vermittlungstätigkeit unterschiedlich festgelegt werden.

(3) Die beabsichtigte Aufnahme der Vermittlungstätigkeit durch gemeinnützige Einrichtungen ist dem Bundesminister für Arbeit, Soziales und Konsumentenschutz anzuzeigen. Die Anzeige hat die Statuten und Angaben zur beabsichtigten Vermittlungstätigkeit zu enthalten.

(4) Der Bundesminister für Arbeit, Soziales und Konsumentenschutz kann den gemeinnützigen Einrichtungen Auflagen zur Sicherstellung der Einhaltung der Bestimmungen dieses Bundesgesetzes erteilen.

(5) Der Bundesminister für Arbeit, Soziales und Konsumentenschutz hat einer gemeinnützigen Einrichtung die Vermittlungstätigkeit zu untersagen, wenn sie diese nicht unentgeltlich im Sinne des § 2 Abs. 2 ausgeübt hat oder wiederholt oder in grober Weise gegen die Vorschriften dieses Bundesgesetzes verstoßen hat. Der Bundesminister für Arbeit, Soziales und Konsumentenschutz hat einer gemeinnützigen Einrichtung die Vermittlungstätigkeit auch zu untersagen, wenn auf Grund bestimmter Tatsachen angenommen werden muss, dass die Vermittlungstätigkeit nicht unentgeltlich ausgeübt werden wird oder wiederholt oder in grober Weise gegen die Vorschriften dieses Bundesgesetzes verstoßen werden wird.

(6) Der Arbeitsvermittler darf nur jene offenen Stellen anbieten, über deren Anforderungen er Auskunft geben kann. Hat der Arbeitsvermittler falsche oder fehlerhafte Angaben gemacht oder Daten über Arbeitsuchende weitergegeben, die er nicht weitergeben darf, hat er den Arbeitsuchenden für den dadurch entstandenen Schaden Ersatz zu leisten.

(7) Der Arbeitsvermittler muss über angemessene Geschäftsräume verfügen. Die Berechtigung zur Arbeitsvermittlung ist den Kunden in geeigneter Weise mitzuteilen.

(Anm.: Abs. 8 aufgehoben durch Art. 2 Z 1, BGBl. I Nr. 106/2022)

Durchführung der Arbeitsvermittlung

§ 5. (1) Die Arbeitsvermittlung ist von den Berechtigten gemäß § 4 Abs. 1 Z 1 bis 3 unentgeltlich durchzuführen.

(2) Inhaber einer Gewerbeberechtigung für das Gewerbe der Arbeitsvermittler oder einer Gewerbeberechtigung für das Gewerbe der Unternehmensberater einschließlich der Unternehmensorganisatoren, die zur Ausübung der auf den Personenkreis der Führungskräfte eingeschränkten Arbeitsvermittlung berechtigt sind, haben die Arbeitsvermittlung für die Arbeitsuchenden, soweit es sich nicht um Künstler oder Sportler handelt, unentgeltlich durchzuführen.

(3) Bei der Vermittlung von Künstlern und Sportlern darf ein Vermittlungsentgelt verlangt oder entgegengenommen werden, wenn der Arbeitsvertrag durch die Vermittlungstätigkeit zulässig zustande gekommen ist. Das bei der Vermittlung von Künstlern und Sportlern von den Arbeitnehmern (Arbeitnehmerinnen) zu leistende Vermittlungsentgelt muss in einem angemessenen Verhältnis zu den für diesen Arbeitnehmer (diese Arbeitnehmerin) getätigten Vermittlungsaufwendungen stehen und darf eine Obergrenze von 10 vH des gesamten Bruttoarbeitsentgelts nicht übersteigen.

(4) Alleinvermittlungsaufträge sind nur zulässig, soweit eine sachliche Rechtfertigung hiefür besteht.

(5) Zur Durchführung der Arbeitsvermittlung sind in dem hiefür erforderlichen Ausmaß insbesondere zu erstellen und zu führen:

1. Vormerkungen über die Arbeitsuchenden, ihre berufliche Befähigung und Erfahrung sowie über die angestrebte Beschäftigung,
2. Vormerkungen über Aufträge zur Besetzung offener Stellen oder Ausbildungsstellen, über die Voraussetzungen, unter denen sie besetzt werden sollen, und über die Arbeitsbedingungen,
3. Unterlagen über Betriebe.

Mitwirkung der Dienstgeber

§ 45a. (1) Die Arbeitgeber haben die nach dem Standort des Betriebes zuständige regionale Geschäftsstelle des Arbeitsmarktservice durch schriftliche Anzeige zu verständigen, wenn sie beabsichtigen, Arbeitsverhältnisse

1. von mindestens fünf Arbeitnehmern in Betrieben mit in der Regel mehr als 20 und weniger als 100 Beschäftigten oder
2. von mindestens fünf vH der Arbeitnehmer in Betrieben mit 100 bis 600 Beschäftigten oder
3. von mindestens 30 Arbeitnehmern in Betrieben mit in der Regel mehr als 600 Beschäftigten oder

4. von mindestens fünf Arbeitnehmern, die das 50. Lebensjahr vollendet haben,

innerhalb eines Zeitraumes von 30 Tagen aufzulösen.

(2) Die Anzeige gemäß Abs. 1 ist mindestens 30 Tage vor der ersten Erklärung der Auflösung eines Arbeitsverhältnisses zu erstatten. Diese Frist kann durch Kollektivvertrag verlängert werden. Die Verpflichtung zur Anzeige gemäß Abs. 1 besteht auch bei Insolvenz und ist im Falle des Konkurses vom Masseverwalter zu erfüllen, wenn die Anzeige nicht bereits vor Konkurseröffnung erstattet wurde. Abs. 1 Z 4 ist nicht anzuwenden, wenn die Auflösung der Arbeitsverhältnisse ausschließlich auf die Beendigung der Saison bei Saisonbetrieben zurückzuführen ist.

(3) Die Anzeige nach Abs. 1 hat Angaben über die Gründe für die beabsichtigte Auflösung der Arbeitsverhältnisse und den Zeitraum, in dem diese vorgenommen werden soll, die Zahl und die Verwendung der regelmäßig beschäftigten Arbeitnehmer, die Zahl und die Verwendung der von der beabsichtigten Auflösung der Arbeitsverhältnisse voraussichtlich betroffenen Arbeitnehmer, das Alter, das Geschlecht, die Qualifikationen und die Beschäftigungsdauer der voraussichtlich betroffenen Arbeitnehmer, weitere für die Auswahl der betroffenen Arbeitnehmer maßgebliche Kriterien sowie die flankierenden sozialen Maßnahmen zu enthalten. Gleichzeitig ist die Konsultation des Betriebsrates gemäß § 109 Abs. 1 Z 1a und Abs. 1a des Arbeitsverfassungsgesetzes, BGBl. Nr. 22/1974, in der jeweils geltenden Fassung, nachzuweisen.

(4) Eine Durchschrift der Anzeige ist vom Arbeitgeber gleichzeitig dem Betriebsrat zu übermitteln. Die Verpflichtungen des Arbeitgebers gemäß § 105 des Arbeitsverfassungsgesetzes und vergleichbaren anderen österreichischen Rechtsvorschriften bleiben unberührt. Besteht kein Betriebsrat, ist die Durchschrift der Anzeige gleichzeitig den voraussichtlich betroffenen Arbeitnehmern zu übermitteln.

(5) Kündigungen, die eine Auflösung von Arbeitsverhältnissen im Sinne des Abs. 1 bezwecken, sind rechtsunwirksam, wenn sie

1. vor Einlagen der im Abs. 1 genannten Anzeige bei der regionalen Geschäftsstelle des Arbeitsmarktservice

oder

2. nach Einlagen der Anzeige bei der regionalen Geschäftsstelle des Arbeitsmarktservice innerhalb der gemäß Abs. 2 festgesetzten Frist ohne vorherige Zustimmung der Landesgeschäftsstelle gemäß Abs. 8

ausgesprochen werden.

(6) Das Arbeitsmarktservice hat innerhalb der Frist des Abs. 2 unverzüglich alle im Zusammenhang mit der beabsichtigten Auflösung von Arbeitsverhältnissen notwendigen Beratungen durchzuführen, denen insbesondere der Arbeitgeber, der Betriebsrat und die für den jeweiligen Wirtschaftszweig in Betracht kommenden gesetzlichen Interessenvertretungen und kollektivvertragsfähigen freiwilligen Berufsvereinigungen der Arbeitgeber und der Arbeitnehmer beizuziehen sind. Außerdem sind das Landesdirektorium und der Regionalbeirat von solchen Beratungen rechtzeitig zu verständigen. Das Arbeitsmarktservice hat überdies das zuständige Bundesamt für Soziales und Behindertenwesen von der Anzeige gemäß Abs. 1 in geeigneter Weise zu verständigen.

(7) Bei den Beratungen gemäß Abs. 6 ist vom Arbeitsmarktservice auf einen weitestmöglichen Einsatz aller in Betracht kommenden Förderungsmaßnahmen nach diesem Bundesgesetz und nach dem Arbeitslosenversicherungsgesetz 1977, BGBl. Nr. 609, in der jeweils geltenden Fassung, besonders Bedacht zu nehmen. Die zuständige regionale Geschäftsstelle des Arbeitsmarktservice hat vor allem auch darauf hinzuwirken, daß eine Beschäftigung der betroffenen älteren Arbeitnehmer (Abs. 1 Z 4) im bisherigen oder in einem anderen Betrieb ermöglicht wird.

(8) Die Landesgeschäftsstelle des Arbeitsmarktservice kann nach Anhörung des Landesdirektoriums die Zustimmung zum Ausspruch der Kündigung vor Ablauf der Frist des Abs. 2 erteilen, wenn hiefür vom Arbeitgeber wichtige wirtschaftliche Gründe, wie zum Beispiel der Abschluß einer Betriebsvereinbarung im Sinne des § 97 Abs. 1 Z 4 in Verbindung mit § 109 Abs. 1 Z 1 des Arbeitsverfassungsgesetzes (Sozialplan), nachgewiesen werden. Dabei ist auch zu berücksichtigen, ob dem Arbeitgeber die fristgerechte Anzeige der beabsichtigten Kündigung möglich oder zumutbar war. Die Landesgeschäftsstelle des Arbeitsmarktservice hat den Verwaltungsausschuß unverzüglich zum ehestens Zeitpunkt einzuberufen. Den Beratungen können erforderlichenfalls Experten beigezogen werden. Von der Zustimmung der Landesgeschäftsstelle des Arbeitsmarktservice ist der Arbeitgeber zu verständigen. Wird die Zustimmung nicht erteilt, so ist darüber ein Bescheid zu erlassen.

4. Arbeitsmarktservicegesetz (Auszug)

Bundesgesetz über das Arbeitsmarktservice
StF: BGBl. Nr. 313/1994
Letzte Novellierung: BGBl. I Nr. 229/2022

GLIEDERUNG

1. TEIL
Organisation
1. HAUPTSTÜCK
Allgemeines
Arbeitsmarktservice

§ 1. (1) Die Durchführung der Arbeitsmarktpolitik des Bundes obliegt dem „Arbeitsmarktservice". Das Arbeitsmarktservice ist ein Dienstleistungsunternehmen des öffentlichen Rechts mit eigener Rechtspersönlichkeit.

(2) Das Arbeitsmarktservice ist in eine Bundesorganisation, in Landesorganisationen für jedes Bundesland und innerhalb der Bundesländer in regionale Organisationen gegliedert.

(3) Die Bundesorganisation führt die Bezeichnung „Arbeitsmarktservice Österreich".

(4) Die Landesorganisationen führen die Bezeichnung „Arbeitsmarktservice" unter Hinzufügung des Namens des jeweiligen Bundeslandes.

(5) Die regionalen Organisationen führen die Bezeichnung „Arbeitsmarktservice" unter Hinzufügung des Namens der Gemeinde (erforderlichenfalls mit einem der Unterscheidbarkeit dienendem Zusatz), in der sie eingerichtet sind.

3. Abschnitt
Besondere Vorschriften für Beihilfen zur Beschäftigungssicherung
Beihilfen zum Solidaritätsprämienmodell

§ 37a. (1) Ist Zweck der Beihilfe an den Arbeitgeber, die (Wieder)eingliederung in den Arbeitsmarkt (§ 34 Abs. 2 Z 3) oder die Aufrechterhaltung einer Beschäftigung (§ 34 Abs. 2 Z 4) durch eine Vereinbarung im Sinne des § 13 des Arbeitsvertragsrechts-Anpassungsgesetzes (AVRAG), BGBl. Nr. 459/1993, oder gleichartiger bundes- oder landesgesetzlicher Regelungen zu ermöglichen, ist sicherzustellen, daß

1. der Arbeitgeber einen Lohnausgleich im Ausmaß der Hälfte des entfallenden Entgelts gewährt und die Sozialversicherungsbeiträge entsprechend der Beitragsgrundlage vor der Herabsetzung der Normalarbeitszeit entrichtet,
2. als Ersatzarbeitskräfte Personen eingestellt werden, die
   a) vor der Einstellung Arbeitslosengeld oder Notstandshilfe bezogen haben oder
   b) aus einer überbetrieblichen Lehrausbildung in ein betriebliches Lehrverhältnis übernommen werden und
3. auch bei einer Herabsetzung der Normalarbeitszeit für zwei Jahre oder länger der Berechnung einer zustehenden Abfertigung die frühere Arbeitszeit vor der Herabsetzung der Normalarbeitszeit zugrunde gelegt wird.

(2) In den Richtlinien gemäß § 34 Abs. 7 ist insbesondere auch festzulegen

1. in welchem Durchrechnungszeitraum und in welchem Ausmaß das Gesamtarbeitszeitvolumen der vom Solidaritätsprämienmodell erfaßten Arbeitnehmer einschließlich der eingestellten Ersatzarbeitskräfte mit dem Gesamtarbeitszeitvolumen der bereits bisher beschäftigten Arbeitnehmer vor Herabsetzung der Normalarbeitszeit übereinstimmen muß,
2. unter welchen besonderen arbeitsmarktpolitischen Voraussetzungen der längstens zweijährige Beihilfenzeitraum bis zu einer Gesamtdauer von längstens drei Jahren verlängert werden kann,
3. in welcher Höhe die Beihilfe gewährt werden kann, wobei auch der zusätzliche Aufwand für Dienstnehmer- und Dienstgeberbeiträge zur Arbeitslosen-, Kranken-, Unfall- und Pensionsversicherung zu berücksichtigen ist, sowie
4. in welcher Form und in welchen Zeiträumen die Erreichung des Beihilfenzwecks überprüft wird.

(3) Die Richtlinien bedürfen der Zustimmung des Bundesministers für Arbeit, Gesundheit und Soziales im Einvernehmen mit dem Bundesminister für Finanzen.

Beihilfen bei Kurzarbeit

§ 37b.[a)] (1) Kurzarbeitsbeihilfen können Arbeitgebern gewährt werden, die zur Vermeidung von Arbeitslosigkeit Kurzarbeit für Arbeitnehmer durchführen, wenn

1. der Betrieb durch vorüber gehende nicht saisonbedingte wirtschaftliche Schwierigkeiten betroffen ist,
2. die regionale Geschäftsstelle des Arbeitsmarktservice rechtzeitig verständigt wurde und in einer zwischen dem Arbeitsmarktservice und dem Arbeitgeber erfolgenden Beratung, der vom Arbeitsmarktservice der Betriebsrat und die gemäß Z 3 in Betracht kommenden kollektivvertragsfähigen Körperschaften der Arbeitgeber und der Arbeitnehmer beizuziehen sind, keine andere Lösungsmöglichkeit für die bestehenden Beschäftigungsschwierigkeiten gefunden wurde und
3. zwischen den für den Wirtschaftszweig in Betracht kommenden kollektivvertragsfähigen Körperschaften der Arbeitgeber und der Arbeitnehmer unabhängig vom Bestehen eines Betriebsrates Vereinbarungen über die Leistung einer Entschädigung während der Kurzarbeit (Kurzarbeitsunterstützung) und die näheren Bedingungen der Kurzarbeit sowie die Aufrechterhaltung des Beschäftigtenstandes getroffen werden.

(2) Die Vereinbarung gemäß Abs. 1 Z 3 muss auf bestimmte Zeit abgeschlossen werden. Durch die Vereinbarung muss zumindest hinsichtlich des von der Kurzarbeit erfassten Beschäftigtenstandes sichergestellt sein, dass während der Kurzarbeit und in einem allenfalls darüber hinaus zusätzlich vereinbarten Zeitraum nach deren Beendigung der Beschäftigtenstand aufrechterhalten wird, es sei denn, dass die regionale Organisation des Arbeitsmarktservice in besonderen Fällen eine Ausnahme bewilligt. Von der Kurzarbeit betroffenen Arbeitnehmern muss für die entfallenden Arbeitsstunden wegen der vorgesehenen Kurzarbeitsbeihilfe eine Kurzarbeitsunterstützung zumindest in der Höhe jenes Anteiles des Arbeitslosengeldes, der der Verringerung der Normalarbeitszeit entspricht, gewährt werden. Bei Naturkatastrophen oder vergleichbaren Schadensereignissen, von denen nur einzelne Unternehmen betroffen sind, kann der Abschluss einer Vereinbarung entfallen.

(3) Die Kurzarbeitsbeihilfe dient dem teilweisen Ersatz der zusätzlichen Aufwendungen für die Kurzarbeitsunterstützung sowie für die Beiträge zur Sozialversicherung und zur betrieblichen Mitarbeitervorsorge. Die Beihilfe gebührt in der Höhe der anteiligen Aufwendungen, die der Arbeitslosenversicherung im Falle der Arbeitslosigkeit für Arbeitslosengeld zuzüglich der Beiträge zur Krankenversicherung und zur Pensionsversicherung entstünden. Ab dem fünften Monat erhöht sich die Beihilfe um die auf Grund der besonderen Beitragsgrundlage erhöhten Aufwendungen des Dienstgebers für die Beiträge zur Sozialversicherung. Für die Abgeltung der anteiligen Aufwendungen können Pauschalsätze festgelegt werden. Ein Wechsel von der Kurzarbeitsbeihilfe zur Qualifizierungsbeihilfe ist nach Maßgabe der Richtlinien gemäß Abs. 4 möglich.

(4) Der Verwaltungsrat hat auf Vorschlag des Vorstandes eine Richtlinie über die näheren Voraussetzungen für die Gewährung von Kurzarbeitsbeihilfen unter Beachtung der maßgeblichen rechtlichen Vorschriften festzulegen. In der Richtlinie sind insbesondere Mindest- und Höchstdauer sowie Voraussetzungen für die Verlängerung der Beihilfengewährung, Mindest- und Höchstanteil des Arbeitszeitausfalles, Personenkreis, Höhe der Beihilfe, Beschäftigungsverpflichtung gemäß Abs. 2, Bedingungen für ein Absehen von einer Vereinbarung der Kollektivvertragspartner bei Katastrophen gemäß Abs. 2 sowie das Verhältnis zu anderen Beihilfen und Unterstützungsleistungen zu regeln. Die Dauer der Beihilfengewährung darf zunächst sechs Monate nicht übersteigen. Verlängerungen bis zu einer Gesamtdauer des Beihilfenbezuges von 24 Monaten, bei Vorliegen besonderer Umstände auch darüber hinaus, sind zulässig. Der Arbeitszeitausfall darf im Durchschnitt des Zeitraums, für den die Beihilfe oder deren Verlängerung bewilligt wurde, nicht unter zehn Prozent und nicht über 90 Prozent der gesetzlich oder kollektivvertraglich festgelegten oder, bei Teilzeitbeschäftigten, der vereinbarten Normalarbeitszeit betragen. Die Richtlinie bedarf der Bestätigung des Bundesministers für Arbeit im Einvernehmen mit der Bundesministerin für Digitalisierung und Wirtschaftsstandort sowie dem Bundesminister für Finanzen.

(5) Die Kurzarbeitsunterstützung gilt für die Lohnsteuer als steuerpflichtiger Lohn und für sonstige Abgaben und Beihilfen auf Grund bundesgesetzlicher Vorschriften als Entgelt. Während der Dauer der Kurzarbeit richten sich die Beiträge und die Leistungen der Sozialversicherung nach der letzten Beitragsgrundlage vor Eintritt der Kurzarbeit, wenn diese höher ist als die aktuelle Beitragsgrundlage. Die auf den Arbeitnehmer entfallenden Sozialversicherungsbeiträge sowie sonstige auf den Arbeitnehmer entfallende Beiträge auf Grund bundes- oder landesgesetzlicher Vorschriften zwischen dieser erhöhten Beitragsgrundlage und der aktuellen Beitragsgrundlage trägt der Arbeitgeber allein. Der Arbeitnehmerbeitragsanteil zur Arbeitslosenversicherung richtet sich nach § 2a Abs. 7 des Arbeitsmarktpolitik-Finanzierungsgesetzes (AMPFG), BGBl. Nr. 315/1994. § 12 Abs. 2 des Bauarbeiter-Schlechtwetterentschädigungsgesetzes

(BSchEG), BGBl. Nr. 129/1957, bleibt davon unberührt. Eine Kommunalsteuer hat der Arbeitgeber für die Kurzarbeitsunterstützung nicht zu entrichten.

(6) Soweit in der Vereinbarung gemäß Abs. 1 Z 3 ein Mindestnettoentgelt entsprechend einer in der Richtlinie gemäß Abs. 4 gewährleisteten Nettoersatzrate zugesagt wird, erfüllt der Arbeitgeber Vereinbarung und Richtlinie jedenfalls dann, wenn den betroffenen Arbeitnehmern während der Kurzarbeit das verminderte Bruttoentgelt geleistet wird, das für das jeweils vor Kurzarbeit gebührende Bruttoentgelt analog zu den Pauschalsätzen des AMS – auch oberhalb der Höchstbeitragsgrundlage – zu ermitteln ist. Die zu gewährleistende Mindestentgeltgarantie kann sich entweder auf das Gesamtentgelt oder auf die durch die Kurzarbeitsbeihilfe unterstützten Ausfallsstunden beziehen. Sie kann sich auf einzelne Monate oder eine Durchschnittsbetrachtung während des Kurzarbeitszeitraums beziehen. Monatlich ist jedenfalls jenes Mindestbruttoentgelt zu leisten, das sich aus der Kurzarbeits-Mindestbruttoentgelt-Tabelle ergibt. Die Kurzarbeits-Mindestbruttoentgelt-Tabelle hat eine Abstufung der Beträge in Schritten von jeweils fünf Euro zu enthalten. Die Kurzarbeits-Mindestbruttoentgelt-Tabelle ist vom Bundesminister für Arbeit auf der Homepage des Bundesministeriums für Arbeit kundzumachen.

(7) Die Richtlinie gemäß Abs. 4 kann für von nicht saisonbedingten wirtschaftlichen Schwierigkeiten betroffene Betriebe bis Ende Juni 2023 eine von Abs. 3 abweichende Beihilfenhöhe vorsehen, wobei die Beihilfensumme gegenüber der bis 30. Juni 2021 geltenden Beihilfenhöhe pauschal um 15 Prozent zu vermindern ist.

(8) Die Nichterfüllung der Voraussetzung eines vollentlohnten Kalendermonats vor Beginn der Kurzarbeit ist kein Rückforderungstatbestand, soweit die Kurzarbeit im Zeitraum vom 1. März bis 31. Mai 2020 begonnen hat.

(Anm.: Abs. 9 mit Ablauf des 31.3.2022 außer Kraft getreten)

[a] Tritt mit Ablauf des 31. Mai 2023 außer Kraft.

Beihilfen bei Kurzarbeit

§ 37b.[a] (1) Kurzarbeitsbeihilfen können Arbeitgebern gewährt werden, die zur Vermeidung von Arbeitslosigkeit Kurzarbeit für Arbeitnehmer durchführen, wenn

1. der Betrieb durch vorüber gehende nicht saisonbedingte wirtschaftliche Schwierigkeiten betroffen ist,
2. die regionale Geschäftsstelle des Arbeitsmarktservice rechtzeitig verständigt wurde und in einer zwischen dem Arbeitsmarktservice und dem Arbeitgeber erfolgenden Beratung, der vom Arbeitsmarktservice der Betriebsrat und die gemäß Z 3 in Betracht kommenden kollektivvertragsfähigen Körperschaften der Arbeitgeber und der Arbeitnehmer beizuziehen sind, keine andere Lösungsmöglichkeit für die bestehenden Beschäftigungsschwierigkeiten gefunden wurde und
3. zwischen den für den Wirtschaftszweig in Betracht kommenden kollektivvertragsfähigen Körperschaften der Arbeitgeber und der Arbeitnehmer unabhängig vom Bestehen eines Betriebsrates Vereinbarungen über die Leistung einer Entschädigung während der Kurzarbeit (Kurzarbeitsunterstützung) und die näheren Bedingungen der Kurzarbeit sowie die Aufrechterhaltung des Beschäftigtenstandes getroffen werden.

(2) Die Vereinbarung gemäß Abs. 1 Z 3 muss auf bestimmte Zeit abgeschlossen werden. Durch die Vereinbarung muss zumindest hinsichtlich des von der Kurzarbeit erfassten Beschäftigtenstandes sichergestellt sein, dass während der Kurzarbeit und in einem allenfalls darüber hinaus zusätzlich vereinbarten Zeitraum nach deren Beendigung der Beschäftigtenstand aufrechterhalten wird, es sei denn, dass die regionale Organisation des Arbeitsmarktservice in besonderen Fällen eine Ausnahme bewilligt. Von der Kurzarbeit betroffenen Arbeitnehmern muss für die entfallenden Arbeitsstunden wegen der vorgesehenen Kurzarbeitsbeihilfe eine Kurzarbeitsunterstützung zumindest in der Höhe jenes Anteiles des Arbeitslosengeldes, der der Verringerung der Normalarbeitszeit entspricht, gewährt werden. Bei Naturkatastrophen oder vergleichbaren Schadensereignissen, von denen nur einzelne Unternehmen betroffen sind, kann der Abschluss einer Vereinbarung entfallen.

(3) Die Kurzarbeitsbeihilfe dient dem teilweisen Ersatz der zusätzlichen Aufwendungen für die Kurzarbeitsunterstützung sowie für die Beiträge zur Sozialversicherung und zur betrieblichen Mitarbeitervorsorge. Die Beihilfe gebührt in der Höhe der anteiligen Aufwendungen, die der Arbeitslosenversicherung im Falle der Arbeitslosigkeit für Arbeitslosengeld zuzüglich der Beiträge zur Krankenversicherung und zur Pensionsversicherung entstünden. Ab dem fünften Monat erhöht sich die Beihilfe um die auf Grund der besonderen Beitragsgrundlage erhöhten Aufwendungen des Dienstgebers für die Beiträge zur Sozialversicherung. Für die Abgeltung der anteiligen Aufwendungen können Pauschalsätze festgelegt werden. Ein Wechsel von der Kurzarbeitsbeihilfe zur Qualifizierungsbeihilfe ist nach Maßgabe der Richtlinien gemäß Abs. 4 möglich.

(4) Der Verwaltungsrat hat auf Vorschlag des Vorstandes eine Richtlinie über die näheren Voraussetzungen für die Gewährung von Kurzarbeitsbeihilfen unter Beachtung der maßgeblichen rechtlichen Vorschriften fest-

zulegen. In der Richtlinie sind insbesondere Mindest- und Höchstdauer sowie Voraussetzungen für die Verlängerung der Beihilfengewährung, Mindest- und Höchstanteil des Arbeitszeitausfalles, Personenkreis, Höhe der Beihilfe, Beschäftigungsverpflichtung gemäß Abs. 2, Bedingungen für ein Absehen von einer Vereinbarung der Kollektivvertragspartner bei Katastrophen gemäß Abs. 2 sowie das Verhältnis zu anderen Beihilfen und Unterstützungsleistungen zu regeln. Die Dauer der Beihilfengewährung darf zunächst sechs Monate nicht übersteigen. Verlängerungen bis zu einer Gesamtdauer des Beihilfenbezuges von 24 Monaten, bei Vorliegen besonderer Umstände auch darüber hinaus, sind zulässig. Der Arbeitszeitausfall darf im Durchschnitt des Zeitraums, für den die Beihilfe oder deren Verlängerung bewilligt wurde, nicht unter zehn Prozent und nicht über 90 Prozent der gesetzlich oder kollektivvertraglich festgelegten oder, bei Teilzeitbeschäftigten, der vereinbarten Normalarbeitszeit betragen. Die Richtlinie bedarf der Bestätigung des Bundesministers für Arbeit im Einvernehmen mit der Bundesministerin für Digitalisierung und Wirtschaftsstandort sowie dem Bundesminister für Finanzen.

(5) Die Kurzarbeitsunterstützung gilt für die Lohnsteuer als steuerpflichtiger Lohn und für sonstige Abgaben und Beihilfen auf Grund bundesgesetzlicher Vorschriften als Entgelt. Während der Dauer der Kurzarbeit richten sich die Beiträge und die Leistungen der Sozialversicherung nach der letzten Beitragsgrundlage vor Eintritt der Kurzarbeit, wenn diese höher ist als die aktuelle Beitragsgrundlage. Die auf den Arbeitnehmer entfallenden Sozialversicherungsbeiträge sowie sonstige auf den Arbeitnehmer entfallende Beiträge auf Grund bundes- oder landesgesetzlicher Vorschriften zwischen dieser erhöhten Beitragsgrundlage und der aktuellen Beitragsgrundlage trägt der Arbeitgeber allein. Der Arbeitnehmerbeitragsanteil zur Arbeitslosenversicherung richtet sich nach § 2a Abs. 7 des Arbeitsmarktpolitik-Finanzierungsgesetzes (AMPFG), BGBl. Nr. 315/1994. § 12 Abs. 2 des Bauarbeiter-Schlechtwetterentschädigungsgesetzes (BSchEG), BGBl. Nr. 129/1957, bleibt davon unberührt. Eine Kommunalsteuer hat der Arbeitgeber für die Kurzarbeitsunterstützung nicht zu entrichten.

(6) Soweit in der Vereinbarung gemäß Abs. 1 Z 3 ein Mindestnettoentgelt entsprechend einer in der Richtlinie gemäß Abs. 4 gewährleisteten Nettoersatzrate zugesagt wird, erfüllt der Arbeitgeber Vereinbarung und Richtlinie jedenfalls dann, wenn den betroffenen Arbeitnehmern während der Kurzarbeit das verminderte Bruttoentgelt geleistet wird, das für das jeweils vor Kurzarbeit gebührende Bruttoentgelt analog zu den Pauschalsätzen des AMS – auch oberhalb der Höchstbeitragsgrundlage – zu ermitteln ist. Die zu gewährleistende Mindestentgeltgarantie kann sich entweder auf das Gesamtentgelt oder auf die durch die Kurzarbeitsbeihilfe unterstützten Ausfallsstunden beziehen. Sie kann sich auf einzelne Monate oder eine Durchschnittsbetrachtung während des Kurzarbeitszeitraums beziehen. Monatlich ist jedenfalls jenes Mindestbruttoentgelt zu leisten, das sich aus der Kurzarbeits-Mindestbruttoentgelt-Tabelle ergibt. Die Kurzarbeits-Mindestbruttoentgelt-Tabelle hat eine Abstufung der Beträge in Schritten von jeweils fünf Euro zu enthalten. Die Kurzarbeits-Mindestbruttoentgelt-Tabelle ist vom Bundesminister für Arbeit auf der Homepage des Bundesministeriums für Arbeit kundzumachen.

(7) Die Richtlinie gemäß Abs. 4 kann für von nicht saisonbedingten wirtschaftlichen Schwierigkeiten betroffene Betriebe bis Ende Juni 2023 eine von Abs. 3 abweichende Beihilfenhöhe vorsehen, wobei die Beihilfensumme gegenüber der bis 30. Juni 2021 geltenden Beihilfenhöhe pauschal um 15 Prozent zu vermindern ist.

(Anm.: Abs. 8 mit Ablauf des 31.5.2023 außer Kraft getreten)

(Anm.: Abs. 9 mit Ablauf des 31.3.2022 außer Kraft getreten)

[a] Tritt mit 1. Juni 2023 in Kraft.

Beihilfen bei Kurzarbeit mit Qualifizierung

§ 37c. (1) Qualifizierungsbeihilfen können Arbeitgebern gewährt werden, die zur Vermeidung von Arbeitslosigkeit im Rahmen von Kurzarbeit Qualifizierungsmaßnahmen für Arbeitnehmer durchführen, wenn

1. der Betrieb durch vorüber gehende nicht saisonbedingte wirtschaftliche Schwierigkeiten betroffen ist,
2. die regionale Geschäftsstelle des Arbeitsmarktservice rechtzeitig verständigt wurde und in einer zwischen dem Arbeitsmarktservice und dem Arbeitgeber erfolgenden Beratung, der vom Arbeitsmarktservice der Betriebsrat und die gemäß Z 3 in Betracht kommenden kollektivvertragsfähigen Körperschaften der Arbeitgeber und der Arbeitnehmer beizuziehen sind, Einvernehmen über das Ausbildungskonzept erzielt wurde und
3. zwischen den für den Wirtschaftszweig in Betracht kommenden kollektivvertragsfähigen Körperschaften der Arbeitgeber und der Arbeitnehmer unabhängig vom Bestehen eines Betriebsrates Vereinbarungen über die Leistung einer Entschädigung während der Qualifizierungsmaßnahmen unter Berücksichtigung der Inanspruchnahme durch die Qualifizierung

(Qualifizierungsunterstützung) und die nähere Ausgestaltung der Qualifizierungsmaßnahmen sowie die Aufrechterhaltung des Beschäftigtenstandes getroffen werden.

(2) Die Vereinbarung gemäß Abs. 1 Z 3 muss auf bestimmte Zeit abgeschlossen werden. Durch die Vereinbarung muss hinsichtlich des Beschäftigtenstandes sichergestellt sein, dass während der Qualifizierungsmaßnahmen und in einem allenfalls darüber hinaus zusätzlich vereinbarten Zeitraum nach deren Beendigung der Beschäftigtenstand aufrechterhalten wird, es sei denn, dass die regionale Organisation des Arbeitsmarktservice in besonderen Fällen eine Ausnahme bewilligt. Von Qualifizierungsmaßnahmen betroffenen Arbeitnehmern muss für die entfallenden Arbeitsstunden wegen der vorgesehenen Qualifizierungsbeihilfe eine Qualifizierungsunterstützung zumindest in der Höhe jenes Anteiles des Arbeitslosengeldes, der der Verringerung der Normalarbeitszeit entspricht, zuzüglich einer Abgeltung der Inanspruchnahme durch die Qualifizierung gewährt werden. Bei Naturkatastrophen oder vergleichbaren Schadensereignissen, von denen nur einzelne Unternehmen betroffen sind, kann der Abschluss einer Vereinbarung entfallen.

(3) Die Qualifizierungsmaßnahmen müssen arbeitsmarktpolitisch sinnvoll sein und allgemein anerkannten Qualitätsstandards entsprechen. Die Qualifizierungsmaßnahmen müssen daher Qualifikationen vermitteln, die die Chancen der betroffenen Personen auf eine nachhaltige Beschäftigung erhöhen und von geeigneten Ausbildnern oder Maßnahmenträgern durchgeführt werden.

(4) Die Qualifizierungsbeihilfe dient dem teilweisen Ersatz der zusätzlichen Aufwendungen für die Qualifizierungsunterstützung sowie für die Beiträge zur Sozialversicherung und zur betrieblichen Mitarbeitervorsorge. Die Beihilfe gebührt in der Höhe der anteiligen Aufwendungen, die der Arbeitslosenversicherung im Falle der Arbeitslosigkeit für Arbeitslosengeld und Schulungsmaßnahmen zuzüglich der Beiträge zur Krankenversicherung, zur Pensionsversicherung und zur Unfallversicherung entstünden. Die Beihilfe erhöht sich um die auf Grund der besonderen Beitragsgrundlage erhöhten Aufwendungen des Dienstgebers für die Beiträge zur Sozialversicherung. Für die Abgeltung der anteiligen Aufwendungen können Pauschalsätze festgelegt werden. Ein Wechsel von der Qualifizierungsbeihilfe zur Kurzarbeitsbeihilfe ist nach Maßgabe der Richtlinien gemäß Abs. 6 möglich.

(5) Die gleichzeitige Gewährung anderer Beihilfen, insbesondere auch zur Förderung von sonstigen Qualifizierungsmaßnahmen für Beschäftigte, ist zulässig, soweit die Richtlinie gemäß Abs. 6 dies vorsieht und die dafür erforderlichen Voraussetzungen erfüllt sind.

(6) Der Verwaltungsrat hat auf Vorschlag des Vorstandes eine Richtlinie über die näheren Voraussetzungen für die Gewährung von Qualifizierungsbeihilfen unter Beachtung der maßgeblichen rechtlichen Vorschriften festzulegen. In der Richtlinie sind insbesondere Mindest- und Höchstdauer sowie Voraussetzungen für die Verlängerung der Beihilfengewährung, Mindest- und Höchstanteil des Arbeitszeitausfalles, Personenkreis, Höhe der Beihilfe, Beschäftigungsverpflichtung gemäß Abs. 2, Mindeststandards für Schulungsmaßnahmen, Bedingungen für ein Absehen von einer Vereinbarung der Kollektivvertragspartner bei Katastrophen gemäß Abs. 2 sowie das Verhältnis zu anderen Beihilfen und Unterstützungsleistungen zu regeln. Die Dauer der Beihilfengewährung darf zunächst sechs Monate nicht übersteigen. Verlängerungen bis zu einer Gesamtdauer des Beihilfenbezuges von 24 Monaten, bei Vorliegen besonderer Umstände auch darüber hinaus, sind zulässig. Der Arbeitszeitausfall darf im Durchschnitt des Zeitraums, für den die Beihilfe oder deren Verlängerung bewilligt wurde, nicht unter zehn Prozent und nicht über 90 Prozent der gesetzlich oder kollektivvertraglich festgelegten oder, bei Teilzeitbeschäftigten, der vereinbarten Normalarbeitszeit betragen. Die Richtlinie bedarf der Bestätigung des Bundesministers für Arbeit im Einvernehmen mit der Bundesministerin für Digitalisierung und Wirtschaftsstandort sowie dem Bundesminister für Finanzen.

(7) Die Qualifizierungsunterstützung gilt für die Lohnsteuer als steuerpflichtiger Lohn und für sonstige Abgaben und Beihilfen auf Grund bundesgesetzlicher Vorschriften als Entgelt. Während des Bezuges der Qualifizierungsunterstützung richten sich die Beiträge und die Leistungen der Sozialversicherung nach der letzten Beitragsgrundlage vor Beginn der Qualifizierungsmaßnahme, wenn diese höher ist als die aktuelle Beitragsgrundlage.

(8) Eine Kommunalsteuer hat der Arbeitgeber für die Qualifizierungsunterstützung nicht zu entrichten.

5. Angestelltengesetz

Bundesgesetz vom 11. Mai 1921 über den Dienstvertrag der Privatangestellten
StF: BGBl. Nr. 292/1921
Letzte Novellierung: BGBl. I Nr. 74/2019

GLIEDERUNG

STICHWORTVERZEICHNIS

Artikel I

An dem Tage, an dem dieses Gesetz in Wirksamkeit tritt, erlischt die Wirksamkeit des Gesetzes vom 16. Jänner 1910, RGBl. Nr. 20, über den Dienstvertrag der Handlungsgehilfen und anderer Dienstnehmer in ähnlicher Stellung (Handlungsgehilfengesetz) sowie die Wirksamkeit der Verordnung vom 22. März 1921, BGBl. Nr. 187, über die Beschränkung der Kündigung bestimmter Dienstverhältnisse. Gleichzeitig treten die §§ 201, 202, 203, 205 und 208 des allgemeinen Berggesetzes vom 23. Mai 1854, RGBl. Nr. 146, soweit sie sich auf Angestellte beziehen, außer Kraft.

Anwendungsgebiet des Gesetzes

§ 1. (1) Dieses Bundesgesetz gilt für das Dienstverhältnis von Personen, die im Geschäftsbetrieb eines Kaufmannes vorwiegend zur Leistung kaufmännischer (Handlungsgehilfen) oder höherer, nicht kaufmännischer Dienste oder zu Kanzleiarbeiten angestellt sind.

(2) Bei einem Kaufmann angestellte Personen, die nur ausnahmsweise zu kaufmännischen Diensten verwendet werden, sowie Personen, die vorwiegend untergeordnete Verrichtungen leisten, sind nicht als Handlungsgehilfen anzusehen.

§ 2. (1) Dieses Bundesgesetz findet ferner Anwendung auf das Dienstverhältnis von Personen, die vorwiegend zur Leistungen kaufmännischer oder höherer, nicht kaufmännischer Dienste oder zu Kanzleiarbeiten im Geschäftsbetrieb von Unternehmungen, Anstalten oder sonstigen Dienstgebern der nachstehenden Art angestellt sind:

1. In Unternehmungen jeder Art, auf welche die Gewerbeordnung Anwendung findet, ferner in Vereinen und Stiftungen jeder Art;
2. in Kreditanstalten, Sparkassen, Vorschußkassen, Erwerbs- und Wirtschaftsgenossenschaften, Versatz-, Versorgungs- und Rentenanstalten, Krankenkassen, registrierten Hilfskassen, Versicherungsanstalten jeder Art, gleichviel, ob sie private Versicherungsgeschäfte betreiben oder den Zwecken der öffentlichrechtlichen Versicherung dienen, sowie in Verbänden der genannten Anstalten;
3. in der Schriftleitung, Verwaltung oder dem Verschleiß einer periodischen Druckschrift;
4. in Kanzleien der Rechtsanwälte, Notare und Patentanwälte;
5. bei Zivilingenieuren, nicht autorisierten Architekten und Zivilgeometern;
6. in Tabaktrafiken und Lottokollekturen;
7. bei Handelsmaklern, Privatgeschäftsvermittlungen und Auskunftsbüros;
8. bei Ärzten, Zahntechnikern, in Privatheil- und -pflegeanstalten und in privaten Unterrichtsanstalten;
9. im Bergbau auf vorbehaltene Mineralien einschließlich der auf Grund der Bergwerksverleihung (§ 131 des allgemeinen Berggesetzes vom 23. Mai 1854, RGBl. Nr. 146) errichteten Werksanlagen.

(2) Nach Anhörung der Körperschaften, denen die Vertretung der in Betracht kommenden Interessen obliegt, kann mit Genehmigung des Hauptausschusses durch Verordnung die Anwendung dieses Gesetzes auch auf Angestellte bei anderen Dienstgebern ausgedehnt werden.

§ 3. Wird eine Unternehmung der in den §§ 1 oder 2 bezeichneten Art von einem öffentlichen Fonds, von einem Lande, von einem Bezirk oder von einer Gemeinde betrieben, so unterliegen die in diesen Unternehmungen vorwiegend zu kaufmännischen oder zu höheren, nicht kaufmännischen Diensten oder zu Kanzleiarbeiten verwendeten Personen den Bestimmungen dieses Gesetzes nur dann, wenn ihr Dienstverhältnis auf einem privatrechtlichen Vertrage beruht.

§ 4. Das Dienstverhältnis der als Beamte oder Bedienstete des Bundes, einer Bundesanstalt oder eines vom Bund verwalteten Fonds angestellten Personen wird durch die Bestimmungen dieses Gesetzes nicht berührt.

§ 5. Die Bestimmungen dieses Gesetzes finden keine Anwendung auf Lehrlinge im Sinne der

Gewerbeordnung, ferner auf Angestellte der Seeschiffahrt sowie auf Angestellte in land- und forstwirtschaftlichen Betrieben, sofern letztere nicht Handlungsgehilfen sind.

Inhalt des Dienstvertrages

§ 6. (1) Art und Umfang der Dienstleistungen sowie das dafür gebührende Entgelt (Geld- und Naturalbezüge) werden mangels Vereinbarung durch den für die betreffende Art der Unternehmung bestehenden Ortsgebrauch bestimmt. In Ermangelung eines solchen sind die den Umständen nach angemessenen Dienste und ein ebensolches Entgelt zu leisten.

(2) Die Überlassung von Wohnräumen, die Beistellung von Beheizung und Beleuchtung an Angestellte sowie deren Verköstigung auf Rechnung des Entgeltes kann von den beteiligten Bundesministerien nach Anhörung der Körperschaften, denen die Vertretung der in Betracht kommenden Interessen obliegt, durch Verordnung für Unternehmungen bestimmter Art oder für den Bereich bestimmter Orte verboten werden.

(3) Dem Angestellten ist bei Abschluß des Dienstvertrages vom Dienstgeber eine schriftliche Aufzeichnung über die wesentlichen Rechte und Pflichten aus dem Dienstvertrag auszuhändigen, auf die die Vorschriften des § 2 des Arbeitsvertragsrechts-Anpassungsgesetzes (AVRAG), BGBl. Nr. 459/1993, in der jeweils geltenden Fassung anzuwenden sind.

Konkurrenzverbot

§ 7. (1) Die im § 1 bezeichneten Angestellten dürfen ohne Bewilligung des Dienstgebers weder ein selbständiges kaufmännisches Unternehmen betreiben noch in dem Geschäftszweige des Dienstgebers für eigene oder fremde Rechnung Handelsgeschäfte machen.

(2) Übertritt der Angestellte diese Vorschrift, so kann der Dienstgeber Ersatz des verursachten Schadens fordern oder statt dessen verlangen, daß die für Rechnung des Angestellten gemachten Geschäfte als für seine Rechnung geschlossen angesehen werden. Bezüglich der für fremde Rechnung geschlossenen Geschäfte kann er die Herausgabe der hiefür bezogenen Vergütung oder Abtretung des Anspruches auf Vergütung begehren.

(3) Die Ansprüche des Dienstgebers erlöschen in drei Monaten von dem Zeitpunkt an, in dem er Kenntnis von dem Abschlusse des Geschäftes erlangt hat, jedenfalls aber in fünf Jahren von dem Abschlusse des Geschäftes an.

(4) Angestellten, die bei den im § 2, Z 5, bezeichneten Dienstgebern angestellt sind, ist untersagt, ohne Einwilligung des Dienstgebers Aufträge, die in das Gebiet der geschäftlichen Tätigkeit des Dienstgebers fallen, auf eigene oder fremde Rechnung zu übernehmen, sofern dadurch das geschäftliche Interesse des Dienstgebers beeinträchtigt wird; ferner ist ihnen untersagt, ohne Einwilligung des Dienstgebers gleichzeitig mit diesem an einem und demselben Wettbewerbe teilzunehmen. Übertritt der Angestellte diese Vorschrift, so kann der Dienstgeber Ersatz des verursachten Schadens fordern. Die Bestimmungen des vorhergehenden Absatzes sind sinngemäß anzuwenden.

Anspruch bei Dienstverhinderung

§ 8. (1) Ist ein Angestellter nach Antritt des Dienstverhältnisses durch Krankheit oder Unglücksfall an der Leistung seiner Dienste verhindert, ohne dass er die Verhinderung vorsätzlich oder durch grobe Fahrlässigkeit herbeigeführt hat, so behält er seinen Anspruch auf das Entgelt bis zur Dauer von sechs Wochen. Der Anspruch auf das Entgelt beträgt, wenn das Dienstverhältnis ein Jahr gedauert hat, jedenfalls acht Wochen; es erhöht sich auf die Dauer von zehn Wochen, wenn es fünfzehn Jahre, und auf zwölf Wochen, wenn es fünfundzwanzig Jahre ununterbrochen gedauert hat. Durch je weitere vier Wochen behält der Angestellte den Anspruch auf das halbe Entgelt.

(2) Bei wiederholter Dienstverhinderung durch Krankheit (Unglücksfall) innerhalb eines Arbeitsjahres besteht ein Anspruch auf Fortzahlung des Entgelts nur insoweit, als die Dauer des Anspruches gemäß Abs. 1 noch nicht erschöpft ist.

(2a) Wird ein Angestellter durch Arbeitsunfall oder Berufskrankheit im Sinne der Vorschriften über die gesetzliche Unfallversicherung an der Leistung seiner Arbeit verhindert, ohne dass er die Verhinderung vorsätzlich oder durch grobe Fahrlässigkeit herbeigeführt hat, so behält er seinen Anspruch auf das Entgelt ohne Rücksicht auf andere Zeiten einer Dienstverhinderung bis zur Dauer von acht Wochen. Der Anspruch auf das Entgelt erhöht sich auf die Dauer von zehn Wochen, wenn das Dienstverhältnis 15 Jahre ununterbrochen gedauert hat. Bei wiederholten Dienstverhinderungen, die im unmittelbaren ursächlichen Zusammenhang mit einem Arbeitsunfall oder einer Berufskrankheit stehen, besteht ein Anspruch auf Fortzahlung des Entgelts innerhalb eines Arbeitsjahres nur insoweit, als die Dauer des Anspruches nach dem ersten oder zweiten Satz noch nicht erschöpft ist. Ist ein Angestellter gleichzeitig bei mehreren Dienstgebern beschäftigt, so entsteht ein Anspruch nach diesem Absatz nur gegenüber jenem Dienstgeber, bei dem die Dienstverhinderung im Sinne dieses Absatzes eingetreten ist; gegenüber den anderen Dienstgebern entstehen Ansprüche nach Abs. 1.

(3) Der Angestellte behält ferner den Anspruch auf das Entgelt, wenn er durch andere wichtige, seine Person betreffende Gründe ohne sein Verschulden während einer verhältnismäßig kurzen Zeit an der Leistung seiner Dienste verhindert wird.

(3a) Ist ein Angestellter nach Antritt des Dienstverhältnisses wegen eines Einsatzes als freiwilliges Mitglied einer Katastrophenhilfsorganisation, eines Rettungsdienstes oder einer freiwilligen Feuerwehr bei einem Großschadensereignis nach § 3 Z 2 lit. b des Katastrophenfondsgesetzes, BGBl. Nr. 201/1996 oder als Mitglied eines Bergrettungsdienstes an der Dienstleistung verhindert, so hat er unbeschadet seiner Ansprüche nach Abs. 3 einen Anspruch auf Fortzahlung des Entgelts, wenn das Ausmaß und die Lage der Dienstfreistellung mit dem Dienstgeber vereinbart wird.

(4) Weibliche Angestellte behalten den Anspruch auf das Entgelt während sechs Wochen nach ihrer Niederkunft. Erkranken sie, so gelten vom Zeitpunkt der Niederkunft die Bestimmungen des Abs. 1. Die Ansprüche nach dem ersten und zweiten Satz bestehen nicht für Zeiten, während derer ein Anspruch auf Wochengeld oder Krankengeld nach dem Allgemeinen Sozialversicherungsgesetz, BGBl. Nr. 189/1955 besteht. Ebenso bestehen diese Ansprüche nicht, wenn sich die Angestellte vor dem Beschäftigungsverbot nach § 3 Abs. 1 oder Abs. 3 des Mutterschutzgesetzes 1979 (MSchG), BGBl. Nr. 221/1979, in einer Karenz nach dem MSchG oder einer mit dem Dienstgeber zur Kinderbetreuung vereinbarten Karenz befindet. Ein Anspruch auf einen Zuschuss des Dienstgebers zum Krankengeld wird hierdurch nicht berührt.

(5) Gegen Vorweisung eines ärztlichen Zeugnisses, daß ihre Niederkunft voraussichtlich innerhalb sechs Wochen stattfinden wird, können weibliche Angestellte die Arbeit einstellen. Erkrankt die Angestellte während dieser Frist, so gelten vom Tage der Erkrankung die Bestimmungen des Absatz 1.

(6) Nach der Niederkunft haben sie, wenn sie ihre Kinder selbst stillen, während der Arbeitszeit Anspruch auf zwei halbstündige Stillpausen täglich.

(7) Beträge, die der Angestellte für die Zeit der Verhinderung auf Grund einer öffentlichrechtlichen Versicherung bezieht, dürfen auf die Geldbezüge nicht angerechnet werden.

(8) Der Angestellte ist verpflichtet, ohne Verzug die Dienstverhinderung dem Dienstgeber anzuzeigen und auf Verlangen des Dienstgebers, das nach angemessener Zeit wiederholt werden kann, eine Bestätigung der zuständigen Krankenkasse oder eines Amts- oder Gemeindearztes über Ursache und Dauer der Arbeitsunfähigkeit vorzulegen. Kommt der Angestellte diesen Verpflichtungen nicht nach, so verliert er für die Dauer der Säumnis den Anspruch auf das Entgelt.

(9) Durch Kollektivvertrag oder durch Betriebsvereinbarung im Sinne des § 97 Abs. 1 Z 21 Arbeitsverfassungsgesetz (ArbVG) kann vereinbart werden, dass sich der Anspruch auf Entgeltfortzahlung nicht nach dem Arbeitsjahr, sondern nach dem Kalenderjahr richtet. Solche Vereinbarungen können vorsehen, dass

a) Dienstnehmer, die während des Kalenderjahres eintreten, Anspruch auf Entgeltfortzahlung nur bis zur Hälfte der in Abs. 1 und 2a genannten Dauer haben, sofern die Dauer des Arbeitsverhältnisses im Kalenderjahr des Eintritts weniger als sechs Monate beträgt;
b) der jeweils höhere Anspruch nach Abs. 1 zweiter Satz und Abs. 2a zweiter Satz erstmals in jenem Kalenderjahr gebührt, in das der überwiegende Teil des Arbeitsjahres fällt;
c) die Ansprüche der im Zeitpunkt der Umstellung im Betrieb beschäftigten Dienstnehmer für den Umstellungszeitraum (Beginn des Arbeitsjahres bis Ende des folgenden Kalenderjahres) gesondert berechnet werden. Jedenfalls muss für den Umstellungszeitraum dem Dienstnehmer ein voller Anspruch und ein zusätzlicher aliquoter Anspruch entsprechend der Dauer des Arbeitsjahres im Kalenderjahr vor der Umstellung abzüglich jener Zeiten, für die bereits Entgeltfortzahlung wegen Arbeitsverhinderung wegen Krankheit (Unglücksfall) gewährt wurde, zustehen.

§ 9. (1) Wird der Angestellte während einer Dienstverhinderung gemäß § 8 Abs. 1 bis 2a gekündigt, ohne wichtigen Grund vorzeitig entlassen oder trifft den Dienstgeber ein Verschulden an dem vorzeitigen Austritt des Angestellten, so bleibt der Anspruch auf Fortzahlung des Entgelts für die nach diesem Bundesgesetz vorgesehene Dauer bestehen, wenngleich das Dienstverhältnis früher endet. Der Anspruch auf Entgeltfortzahlung bleibt auch bestehen, wenn das Dienstverhältnis während einer Dienstverhinderung gemäß § 8 Abs. 1 bis 2a oder im Hinblick auf eine Dienstverhinderung gemäß § 8 Abs. 1 bis 2a einvernehmlich beendet wird.

(2) Weibliche Angestellte dürfen wegen der durch ihre Schwangerschaft (§ 8, Absatz 5) oder ihre Niederkunft verursachten Dienstverhinderung nicht entlassen werden. Wird das Dienstverhältnis vom Dienstgeber innerhalb sechs Wochen vor oder innerhalb sechs Wochen nach der Niederkunft gekündigt, so endigt es in keinem Falle vor Ablauf von acht Wochen nach der Niederkunft.

(3) Die Ansprüche des Angestellten auf Fortbezug des Entgeltes (§ 8) erlöschen mit der Beendigung des Dienstverhältnisses, wenn dieses infolge Ablaufes der Zeit, für die es eingegangen wurde, oder infolge einer früheren Kündigung aufgelöst wird. Das gleiche gilt, wenn der Angestellte aus einem anderen Grunde als wegen der durch Erkrankung oder Unglücksfall verursachten Dienstverhinderung entlassen wird.

Provision

§ 10. (1) Ist bedungen, daß der Angestellte für Geschäfte, die von ihm geschlossen oder vermittelt werden, Provision erhalten soll, so gebührt ihm mangels Vereinbarung die für den betreffenden Geschäftszweig am Orte der Niederlassung, für die er tätig ist, übliche Provision.

(2) Hat ein Angestellter, der nur mit der Vermittlung von Geschäften betraut ist, ein Geschäft im Namen des Dienstgebers mit dem Dritten abgeschlossen, so gilt es als vom Dienstgeber genehmigt, wenn dieser nicht ohne Verzug, nachdem er vom Abschluß des Geschäftes Kenntnis erhalten hat, dem Dritten erklärt, daß er das Geschäft ablehne.

(3) Bei Verkaufsgeschäften gilt mangels Vereinbarung der Anspruch des Angestellten auf Provision als erworben, wenn eine Zahlung eingeht, und zwar nur nach dem Verhältnis des eingegangenen Betrages, bei anderen Geschäften mit dem Abschlusse des Geschäftes.

(4) Die Abrechnung über die zu zahlenden Provisionen findet mangels Vereinbarung mit Ende jedes Kalendervierteljahres, wenn aber das Dienstverhältnis vor Ablauf eines Kalendervierteljahres gelöst wird, mit dem Dienstaustritte statt.

(5) Der Angestellte kann, unbeschadet des nach anderen gesetzlichen Vorschriften bestehenden Rechtes auf Vorlegung der Bücher, die Mitteilung eines Buchauszuges über die durch seine Tätigkeit zustande gekommenen Geschäfte verlangen.

§ 11. (1) Dem Angestellten gebührt im Zweifel die Provision auch für solche Geschäfte, die ohne seine unmittelbare Mitwirkung während der Dauer des Dienstverhältnisses zwischen der ihm zugewiesenen oder von ihm zugeführten Kundschaft und dem Dienstgeber zustande gekommen sind.

(2) Ist der Angestellte ausdrücklich für einen bestimmten Bezirk als alleiniger Vertreter des Dienstgebers bestellt, so gebührt ihm mangels Vereinbarung die Provision auch für solche Geschäfte, die ohne seine Mitwirkung während der Dauer des Dienstverhältnisses durch den Dienstgeber oder für diesen in dem Bezirke abgeschlossen worden sind.

(3) Ist die Ausführung eines vom Angestellten oder durch dessen Vermittlung abgeschlossenen Geschäftes oder die Gegenleistung des Dritten, mit dem das Geschäft abgeschlossen worden ist, infolge Verhaltens des Dienstgebers ganz oder teilweise unterblieben, ohne daß hiefür wichtige Gründe in der Person des Dritten vorlagen, so kann der Angestellte die volle Provision verlangen.

(4) Nachlässe, die der Dienstgeber dem Dritten gewährt hat, dürfen mangels Vereinbarung oder mangels eines abweichenden für den betreffenden Geschäftszweig bestehenden Gebrauches bei Berechnung der Provision nur dann abgezogen werden, wenn sie bei Abschluß des Geschäftes vereinbart worden sind.

§ 12. Wenn der Angestellte vom Dienstgeber vertragswidrig verhindert wird, Provisionen oder Taggelder (Diäten) in dem vereinbarten oder in dem nach den getroffenen Vereinbarungen zu erwartenden Umfang zu verdienen, so gebührt ihm eine angemessene Entschädigung.

§ 13. (1) Ein mit dem Abschlusse oder der Vermittlung von Geschäften betrauter Angestellter darf vom Tage des Dienstantrittes ohne Einwilligung des Dienstgebers von dem Dritten, mit dem er für den Dienstgeber Geschäfte abschließt oder vermittelt, eine Provision oder eine sonstige Belohnung nicht annehmen.

(2) Der Dienstgeber kann, unbeschadet allfälliger weiterer Schadenersatzansprüche, vom Angestellten die Herausgabe der unrechtmäßig empfangenen Provision oder Belohnung verlangen.

(3) Dieser Anspruch des Dienstgebers erlischt innerhalb dreier Monate nach Kenntnis des pflichtwidrigen Verhaltens, jedenfalls aber in drei Jahren vom Entstehen des Anspruches an.

Gewinnbeteiligung

§ 14. (1) Ist bedungen, daß das Entgelt ganz oder zum Teil in einem Anteil an dem Gewinn aus allen oder aus bestimmten Geschäften besteht oder daß der Gewinn in anderer Art für die Höhe des Entgeltes maßgebend sein soll, so findet mangels Vereinbarung die Abrechnung für das abgelaufene Geschäftsjahr auf Grund der Bilanz statt.

(2) Der Angestellte kann die Einsicht der Bücher verlangen, soweit dies zur Prüfung der Richtigkeit der Abrechnung erforderlich ist.

Zahlungsfrist

§ 15. Die Zahlung des dem Angestellten zukommenden fortlaufenden Gehaltes hat spätestens am Fünfzehnten und am Letzten eines jeden Monats in zwei annähernd gleichen Beträgen zu erfolgen. Die Zahlung für den Schluß eines jeden Kalendermonats kann vereinbart werden.

Remuneration

§ 16. Falls der Angestellte Anspruch auf eine periodische Remuneration oder auf eine andere besondere Entlohnung hat, gebührt sie ihm, wenngleich das Dienstverhältnis vor Fälligkeit des Anspruches gelöst wird, in dem Betrage, der dem Verhältnisse zwischen der Dienstperiode, für die die Entlohnung gewährt wird, und der zurückgelegten Dienstzeit entspricht.

Urlaub

§ 17. Dem Angestellten gebührt in jedem Dienstjahr ein ununterbrochener Urlaub, auf den die Vorschriften des Art I Abschnitt 1 des Bundesgesetzes vom 7. Juli 1976 betreffend die Vereinheitlichung des Urlaubsrechtes und die Einführung einer Pflegefreistellung, BGBl. Nr. 390, anzuwenden sind.

Fürsorgepflicht

§ 18. (1) Der Dienstgeber ist verpflichtet, auf seine Kosten alle Einrichtungen bezüglich der Arbeitsräume und Gerätschaften herzustellen und zu erhalten, die mit Rücksicht auf die Beschaffenheit der Dienstleistung zum Schutze des Lebens und der Gesundheit der Angestellten erforderlich sind.

(2) Wenn dem Angestellten vom Dienstgeber Wohnräume überlassen werden, dürfen zu diesem Zwecke keine gesundheitsschädlichen Räumlichkeiten verwendet werden.

(3) Der Dienstgeber hat dafür zu sorgen, daß, soweit es die Art der Beschäftigung zuläßt, die Arbeitsräume während der Arbeitszeit licht, rein und staubfrei gehalten werden, daß sie im Winter geheizt und ausreichende Sitzplätze zur Benutzung für die Angestellten in den Arbeitspausen vorhanden sind.

(4) Der Dienstgeber hat jene Maßnahmen zur Wahrung der Sittlichkeit zu treffen, die durch das Alter und Geschlecht der Angestellten geboten sind.

Endigung des Dienstverhältnisses durch Ablauf der Zeit

§ 19. (1) Das Dienstverhältnis endet mit dem Ablaufe der Zeit, für die es eingegangen wurde.

(2) Ein Dienstverhältnis auf Probe kann nur für die Höchstdauer eines Monats vereinbart und während dieser Zeit von jedem Vertragsteil jederzeit gelöst werden.

Kündigung

§ 20. (1) Ist das Dienstverhältnis ohne Zeitbestimmung eingegangen oder fortgesetzt worden, so kann es durch Kündigung nach folgenden Bestimmungen gelöst werden.

(2) Mangels einer für den Angestellten günstigeren Vereinbarung kann der Dienstgeber das Dienstverhältnis mit Ablauf eines jeden Kalendervierteljahres durch vorgängige Kündigung lösen. Die Kündigungsfrist beträgt sechs Wochen und erhöht sich nach dem vollendeten zweiten Dienstjahr auf zwei Monate, nach dem vollendeten fünften Dienstjahr auf drei, nach dem vollendeten fünfzehnten Dienstjahr auf vier und nach dem vollendeten fünfundzwanzigsten Dienstjahr auf fünf Monate.

(3) Die Kündigungsfrist kann durch Vereinbarung nicht unter die im Abs. 2 bestimmte Dauer herabgesetzt werden; jedoch kann vereinbart werden, daß die Kündigungsfrist am Fünfzehnten oder am Letzten eines Kalendermonats endigt.

(4) Mangels einer für ihn günstigeren Vereinbarung kann der Angestellte das Dienstverhältnis mit dem letzten Tage eines Kalendermonats unter Einhaltung einer einmonatigen Kündigungsfrist lösen. Diese Kündigungsfrist kann durch Vereinbarung bis zu einem halben Jahr ausgedehnt werden; doch darf die vom Dienstgeber einzuhaltende Frist nicht kürzer sein als die mit dem Angestellten vereinbarte Kündigungsfrist.

(5) Ist das Dienstverhältnis nur für die Zeit eines vorübergehenden Bedarfes vereinbart, so kann es während des ersten Monats von beiden Teilen jederzeit unter Einhaltung einer einwöchigen Kündigungsfrist gelöst werden.

§ 21. Ein für die Lebenszeit einer Person oder für länger als fünf Jahre vereinbartes Dienstverhältnis kann von dem Angestellten nach Ablauf von fünf Jahren unter Einhaltung einer Kündigungsfrist von sechs Monaten gekündigt werden.

Freizeit während der Kündigungsfrist

§ 22. (1) Bei Kündigung durch den Dienstgeber ist dem Angestellten während der Kündigungsfrist auf sein Verlangen wöchentlich mindestens ein Fünftel der regelmäßigen wöchentlichen Arbeitszeit ohne Schmälerung des Entgelts freizugeben.

(2) Ansprüche nach Abs. 1 bestehen nicht, wenn der Angestellte einen Anspruch auf eine Pension aus der gesetzlichen Pensionsversicherung hat, sofern eine Bescheinigung über die vorläufige Krankenversicherung vom Pensionsversicherungsträger ausgestellt wurde.

(3) Durch Kollektivvertrag können abweichende Regelungen getroffen werden.

Abfertigung

§ 23. (1) Hat das Dienstverhältnis ununterbrochen drei Jahre gedauert, so gebührt dem Angestellten bei Auflösung des Dienstverhältnisses eine Abfertigung. Diese beträgt das Zweifache des dem Angestellten für den letzten Monat des Dienstverhältnisses gebührenden Entgeltes und erhöht sich nach fünf Dienstjahren auf das Dreifache, nach zehn Dienstjahren auf das Vierfache, nach fünfzehn Dienstjahren auf das Sechsfache, nach zwanzig Dienstjahren auf das Neunfache und nach fünfundzwanzig Dienstjahren auf das Zwölffache des monatlichen Entgeltes. Alle Zeiten, die der Angestellte in unmittelbar vorausgegangenen Dienstverhältnissen als Arbeiter oder Lehrling zum selben Dienstgeber zurückgelegt hat, sind für die Abfertigung zu berücksichtigen; Zeiten eines Lehrverhältnisses jedoch nur dann, wenn das Dienstverhältnis einschließlich der Lehrzeit mindestens sieben Jahre ununterbrochen gedauert hat. Zeiten eines Lehrverhältnisses allein begründen keinen Abfertigungsanspruch.

(1a) Bei der Berechnung der Abfertigung ist eine geringfügige Beschäftigung nach § 7b Abs. 1 Väter-Karenzgesetz (VKG), BGBl. Nr. 651/1989, § 15e Abs. 1 Mutterschutzgesetz 1989, BGBl. Nr. 221 (MSchG), oder gleichartigen österreichischen Rechtsvorschriften nicht zu berücksichtigen.

(2) Im Falle der Auflösung eines Unternehmens entfällt die Verpflichtung zur Gewährung einer Abfertigung ganz oder teilweise dann, wenn sich die persönliche Wirtschaftslage des Dienstgebers derart verschlechtert hat, daß ihm die Erfüllung dieser Verpflichtung zum Teil oder zur Gänze billigerweise nicht zugemutet werden kann.

(3) Wird ein Unternehmen an einen anderen übertragen, so besteht ein Anspruch auf Abfertigung nicht, wenn der Angestellte die Fortsetzung des Dienstverhältnisses ablehnt, obwohl ihm der Erwerber die Fortsetzung des Dienstverhältnisses unter den bisherigen Bedingungen angeboten und sich verpflichtet hat, die bei seinem Vorgänger geleistete Dienstzeit als bei ihm selbst verbracht zu betrachten.

(4) Die Abfertigung wird, soweit sie den Betrag des Dreifachen des Monatsentgeltes nicht übersteigt, mit der Auflösung des Dienstverhältnisses fällig; der Rest kann vom vierten Monat an in monatlichen im voraus zahlbaren Teilbeträgen abgestattet werden.

(5) Beträge, die der Dienstnehmer auf Grund einer öffentlich-rechtlichen Versicherung bezieht, dürfen in die Abfertigung nur insoweit eingerechnet werden, als sie die gesetzlichen Mindestleistungen übersteigen.

(6) Wird das Dienstverhältnis durch den Tod des Angestellten aufgelöst, so beträgt die Abfertigung nur die Hälfte des im Abs. 1 bezeichneten Betrages und gebührt nur den gesetzlichen Erben, zu deren Erhaltung der Erblasser gesetzlich verpflichtet war.

(7) Der Anspruch auf Abfertigung besteht, vorbehaltlich des § 23a, nicht, wenn der Angestellte kündigt, wenn er ohne wichtigen Grund vorzeitig austritt oder wenn ihn ein Verschulden an der vorzeitigen Entlassung trifft.

(8) Wird das Dienstverhältnis während einer Teilzeitbeschäftigung nach MSchG oder VKG infolge Kündigung durch den Arbeitgeber, unverschuldete Entlassung, begründeten Austritt oder einvernehmlich beendet, so ist bei Ermittlung des Entgelts (Abs. 1) die frühere Normalarbeitszeit des Angestellten zugrunde zu legen.

§ 23a. (1) Der Anspruch auf Abfertigung besteht auch dann, wenn das Dienstverhältnis

1. mindestens zehn Jahre ununterbrochen gedauert hat und

a) bei Männern nach Vollendung des 65. Lebensjahres, bei Frauen nach Vollendung des 60. Lebensjahres oder

b) wegen Inanspruchnahme der vorzeitigen Alterspension bei langer Versicherungsdauer aus einer gesetzlichen Pensionsversicherung oder

c) wegen Inanspruchnahme einer Alterspension aus der gesetzlichen Pensionsversicherung nach § 4 Abs. 2 Allgemeines Pensionsgesetz (APG), BGBl. I Nr. 143/2004, oder

d) wegen Inanspruchnahme einer Alterspension nach § 4 Abs. 3 APG oder

2. wegen Inanspruchnahme einer Pension aus einem Versicherungsfall der geminderten Arbeitsfähigkeit aus einer gesetzlichen Pensionsversicherung oder

3. wegen Feststellung einer voraussichtlich mindestens sechs Monate andauernden Berufsunfähigkeit oder Invalidität durch den Versicherungsträger gemäß § 367 Abs. 4 ASVG

4. im Fall der Arbeitsverhinderung gemäß § 8 Abs. 1, 2 und 2a oder § 2 EFZG nach Ende des Anspruchs auf Entgeltfortzahlung und nach Beendigung des Krankengeldanspruches gemäß § 138 ASVG während eines anhängigen Leistungsstreitverfahrens gemäß § 354 ASVG über Berufsunfähigkeit (§ 273 ASVG) oder Invalidität (§ 255 ASVG)

durch Kündigung seitens des Dienstnehmers endet.

(Anm.: Abs. 1a aufgehoben durch Art. 36 Z 4, BGBl. I Nr. 100/2018)

(2) Eine nach Abs. 1 gebührende Abfertigung kann in gleichen monatlichen Teilbeträgen gezahlt werden. Die Zahlung beginnt mit dem auf das Ende des Dienstverhältnisses folgenden Monatsersten. Eine Rate darf die Hälfte des der Bemessung der Abfertigung zugrundeliegenden Monatsentgeltes nicht unterschreiten.

(3) Weiblichen Angestellten gebührt – sofern das Dienstverhältnis ununterbrochen fünf Jahre gedauert hat – die Hälfte der nach § 23 Abs. 1 zustehenden Abfertigung, höchstens jedoch das Dreifache des monatlichen Entgelts, wenn sie

1. nach der Geburt eines lebenden Kindes innerhalb der Schutzfrist (§ 5 Abs. 1 des Mutterschutzgesetzes 1979, BGBl. Nr. 221) oder

2. nach der Annahme eines Kindes, welches das zweite Lebensjahr noch nicht vollendet hat, an Kindes Statt (§ 15c Abs. 1 Z 1 MSchG) oder nach Übernahme eines solchen Kindes in unentgeltliche Pflege (§ 15c Abs. 1 Z 2 MSchG) innerhalb von acht Wochen

ihren vorzeitigen Austritt aus dem Arbeitsverhältnis erklären. Bei Inanspruchnahme einer Karenz nach dem MSchG ist der Austritt spätestens drei Monate vor Ende der Karenz zu erklären; bei Inanspruchnahme einer Karenz von weniger als drei Monaten ist der Austritt spätestens zwei Monate vor Ende der Karenz zu erklären. Zeiten geringfügiger Beschäftigungen nach § 15e Abs. 1 MSchG bleiben für den Abfertigungsanspruch außer Betracht.

(4) Abs. 3 gilt auch für männliche Angestellte, sofern sie eine Karenz nach dem VKG oder gleichartigen österreichischen Rechtsvorschriften in Anspruch nehmen und ihren vorzeitigen Austritt aus dem Arbeitsverhältnis spätestens drei Monate vor Ende der Karenz erklären. Wird jedoch eine Karenz von weniger als drei Monaten in Anspruch genommen, ist der Austritt spätestens zwei Monate vor Ende der Karenz zu erklären.

(4a) Eine Abfertigung nach Abs. 3 und 4 gebührt auch dann, wenn das Dienstverhältnis während einer Teilzeitbeschäftigung gemäß MSchG oder VKG durch Kündigung seitens des Dienstnehmers endet. Bei Berechnung des für die Höhe der Abfertigung maßgeblichen Monatsentgeltes ist vom Durchschnitt der in den letzten fünf Jahren geleisteten Arbeitszeit unter Außerachtlassung der Zeiten einer Karenz gemäß VKG oder MSchG auszugehen.

(5) Ein Abfertigungsanspruch gebührt nicht, wenn der männliche Arbeitnehmer seinen Austritt im Sinne des Abs. 4 erklärt, nachdem der gemeinsame Haushalt mit dem Kind aufgehoben oder die überwiegende Betreuung des Kindes beendet wurde.

(6) Im Sinne des § 23 zulässige Vereinbarungen, die eine Anrechnung der Versorgungsleistungen auf Abfertigungsansprüche oder bei Zahlung einer Versorgungsleistung den gänzlichen oder teilweisen Wegfall der Abfertigung vorsehen, gelten auch für Abfertigungsansprüche nach den Abs. 1, 3 und 4. Bei Anwendung des Abs. 2 ruhen jedoch solche Versorgungsleistungen nur für die Monate, für die die Abfertigung gebührt.

(7) Im übrigen gilt der § 23 sinngemäß.

Tod des Angestellten

§ 24. (1) Stirbt ein Angestellter, dem vom Dienstgeber auf Grund des Dienstvertrages Wohnräume überlassen werden, so ist die Wohnung, wenn der Angestellte einen eigenen Haushalt führte, binnen einem Monat, sonst binnen vierzehn Tagen nach dessen Tode zu räumen.

(2) Sind die Angehörigen des verstorbenen Angestellten, die mit ihm im gemeinsamen Haushalte gelebt haben, durch die Räumung binnen der Frist des Absatzes 1 der Gefahr der Obdachlosigkeit ausgesetzt, so kann das Bezirksgericht, in dessen Sprengel die Wohnung liegt, eine Verlängerung der Räumungsfrist um höchstens zwei Monate bewilligen. Nur unter besonders berücksichtigungswerten Umständen darf eine weitere Verlängerung um höchstens einen Monat bewilligt werden.

(3) Der Dienstgeber kann jedoch die sofortige Räumung eines Teiles der Wohnung verlangen, soweit dies zur Unterbringung des Nachfolgers und seiner Einrichtung erforderlich ist.

Vorzeitige Auflösung

§ 25. Das Dienstverhältnis kann, wenn es für bestimmte Zeit eingegangen wurde, vor Ablauf dieser Zeit, sonst aber ohne Einhaltung einer Kündigungsfrist von jedem Teile aus wichtigen Gründen gelöst werden.

§ 26. Als ein wichtiger Grund, der den Angestellten zum vorzeitigen Austritte berechtigt, ist insbesondere anzusehen:

1. Wenn der Angestellte zur Fortsetzung seiner Dienstleistung unfähig wird oder diese ohne Schaden für seine Gesundheit oder Sittlichkeit nicht fortsetzen kann;
2. wenn der Dienstgeber das dem Angestellten zukommende Entgelt ungebührlich schmälert oder vorenthält, ihn bei Naturalabzügen durch Gewährung ungesunder oder unzureichender Kost oder ungesunder Wohnung benachteiligt oder andere wesentliche Vertragsbestimmungen verletzt;
3. wenn der Dienstgeber den ihm zum Schutze des Lebens, der Gesundheit oder der Sittlichkeit des Angestellten gesetzlich obliegenden Verpflichtungen nachzukommen verweigert;
4. wenn der Dienstgeber sich Tätlichkeiten, Verletzungen der Sittlichkeit oder erhebliche Ehrverletzungen gegen den Angestellten oder dessen Angehörige zuschulden kommen läßt oder es verweigert, den Angestellten gegen solche Handlungen eines Mitbediensteten oder eines Angehörigen des Dienstgebers zu schützen.

§ 27. Als ein wichtiger Grund, der den Dienstgeber zur vorzeitigen Entlassung berechtigt, ist insbesondere anzusehen:

1. wenn der Angestellte im Dienste untreu ist, sich in seiner Tätigkeit ohne Wissen oder Willen des Dienstgebers von dritten Personen unberechtigte Vorteile zuwenden läßt, insbesondere entgegen der Bestimmung des § 13 eine Provision oder eine sonstige Belohnung annimmt, oder wenn er sich einer Handlung schuldig macht, die ihn des Vertrauens des Dienstgebers unwürdig erscheinen läßt;
2. wenn der Angestellte unfähig ist, die versprochenen oder die den Umständen nach angemessenen Dienste (§ 6) zu leisten;
3. wenn einer der im § 1 bezeichneten Angestellten ohne Einwilligung des Dienstgebers ein selbständiges kaufmännisches Unternehmen betreibt oder im Geschäftszweige des Dienstgebers für eigene oder fremde Rechnung Handelsgeschäfte macht oder wenn ein Angestellter den in § 7, Absatz 4, bezeichneten Verboten zuwiderhandelt;
4. wenn der Angestellte ohne einen rechtmäßigen Hinderungsgrund während einer den Umständen nach erheblichen Zeit die Dienstleistung unterläßt oder sich beharrlich weigert, seine Dienste zu leisten oder sich den durch den Gegenstand der Dienstleistung gerechtfertigten Anordnungen des Dienstgebers zu fügen, oder wenn er andere Bedienstete zum Ungehorsam gegen den Dienstgeber zu verleiten sucht;
5. wenn der Angestellte durch eine längere Freiheitsstrafe oder durch Abwesenheit während einer den Umständen nach erheblichen Zeit, ausgenommen wegen Krankheit oder Unglücksfalls, an der Verrichtung seiner Dienste gehindert ist;
6. wenn der Angestellte sich Tätlichkeiten, Verletzungen der Sittlichkeit oder erhebliche Ehrverletzungen gegen den Dienstgeber, dessen Stellvertreter, deren Angehörige oder gegen Mitbedienstete zuschulden kommen läßt.

§ 28. (1) Wenn der Angestellte ohne wichtigen Grund vorzeitig austritt oder wenn ihn ein Verschulden an der vorzeitigen Entlassung trifft, steht dem Dienstgeber der Anspruch auf Ersatz des ihm verursachten Schadens zu.

(2) Für die schon bewirkten Leistungen, deren Entgelt noch nicht fällig ist, steht dem Angestellten ein Anspruch auf den entsprechenden Teil des Entgeltes nur insoweit zu, als sie nicht durch die vorzeitige Auflösung des Dienstverhältnisses für den Dienstgeber ihren Wert ganz oder zum größten Teil eingebüßt haben.

§ 29. (1) Wenn der Dienstgeber den Angestellten ohne wichtigen Grund vorzeitig entläßt oder wenn ihn ein Verschulden an dem vorzeitigen Austritt des Angestellten trifft, behält dieser, unbeschadet weitergehenden Schadenersatzes, seine vertragsmäßigen Ansprüche auf das Entgelt für den Zeitraum, der bis zur Beendigung des Dienstverhältnisses durch Ablauf der bestimmten Vertragszeit oder durch ordnungsmäßige Kündigung durch den Dienstgeber hätte verstreichen müssen, unter Einrechnung dessen, was er infolge des Unterbleibens der Dienstleistung erspart oder durch anderweitige Verwendung erworben oder zu erwerben absichtlich versäumt hat.

(2) Soweit der im Absatz 1 genannte Zeitraum drei Monate nicht übersteigt, kann der Angestellte das ganze für diese Zeit gebührende Entgelt ohne Abzug sofort, den Rest zur vereinbarten oder gesetzlichen (§ 15) Zeit fordern. Der Anspruch auf die dem Angestellten gebührende Abfertigung (§§ 23 und 23a) bleibt unberührt.

§ 30. (1) Ist der Angestellte unter der ausdrücklichen Bedingung aufgenommen, daß er den Dienst genau an einem festbestimmten Tage anzutreten hat, so kann der Dienstgeber vom Vertrage zurücktreten, wenn der Angestellte, aus welchem Grund immer, den Dienst an dem bestimmten Tage nicht antritt.

(2) Außer diesem Falle kann der Dienstgeber vor Antritt des Dienstes vom Vertrage zurücktreten, wenn der Angestellte, ohne durch ein unabwendbares Hindernis gehindert zu sein, den Dienst an dem vereinbarten Tage nicht antritt oder wenn sich infolge eines unabwendbaren Hindernisses der Dienstantritt um mehr als vierzehn Tage verzögert. Das gleiche gilt, wenn ein Grund vorliegt, der den Dienstgeber zur vorzeitigen Entlassung des Angestellten berechtigt.

(3) Der Angestellte kann vor Antritt des Dienstes vom Vertrage zurücktreten, wenn ein Grund vorliegt, der ihn zum vorzeitigen Austritt aus dem Dienstverhältnisse berechtigt. Das gleiche gilt, wenn sich der Dienstantritt infolge Verschuldens des Dienstgebers oder infolge eines diesen treffenden Zufalles um mehr als vierzehn Tage verzögert. Tritt der Angestellte im letzteren Fall ungeachtet der Verzögerung den Dienst an, so gebührt ihm das Entgelt von dem Tage an, an dem der Dienst hätte angetreten werden sollen.

(4) Wird vor Antritt des Dienstes über das Vermögen des Dienstgebers das Insolvenzverfahren eröffnet, so kann sowohl der Masseverwalter, im Sanierungsverfahren mit Eigenverwaltung der Dienstgeber mit Zustimmung des Sanierungsverwalters, als auch der Angestellte vom Vertrag zurücktreten.

§ 31. (1) Ist der Dienstgeber ohne wichtigen Grund vom Vertrage zurückgetreten oder hat er durch sein schuldbares Verhalten dem Angestellten zum Rücktritte begründeten Anlaß gegeben, so hat er dem Angestellten das Entgelt zu ersetzen, das diesem für den Zeitraum gebührt, der bei ordnungsmäßiger Kündigung durch den Dienstgeber vom Tage des Dienstantrittes bis zur Beendigung des Dienstverhältnisses hätte verstreichen müssen. Wenn das Dienstverhältnis auf bestimmte Zeit eingegangen wurde, hat der Dienstgeber dem Angestellten, falls die vereinbarte Dienstdauer drei Monate nicht übersteigt, das für die ganze Dauer entfallende Entgelt, falls die vereinbarte Dienstdauer dagegen drei Monate übersteigt, den für drei Monate entfallenden Teilbetrag des Entgeltes zu ersetzen. Allfällige weitere Schadenersatzansprüche werden durch die vorstehenden Bestimmungen nicht berührt.

(2) Die gleichen Ansprüche stehen dem Angestellten zu, wenn der Masseverwalter oder der Dienstgeber mit Zustimmung des Sanierungsverwalters vom Vertrag zurückgetreten ist.

(3) Ist der Angestellte ohne wichtigen Grund vom Vertrage zurückgetreten oder hat er durch sein schuldbares Verhalten dem Dienstgeber zum Rücktritt begründeten Anlaß gegeben, so kann der Dienstgeber Schadenersatz verlangen.

§ 32. Trifft beide Teile ein Verschulden an dem Rücktritt oder der vorzeitigen Lösung des Dienstverhältnisses, so hat der Richter nach freiem Ermessen zu entscheiden, ob und in welcher Höhe ein Ersatz gebührt.

Frist zur Geltendmachung der Ansprüche

§ 34. (1) Ersatzansprüche wegen vorzeitigen Austrittes oder vorzeitiger Entlassung im Sinne der §§ 28 und 29, ferner Ersatzansprüche wegen Rücktrittes vom Vertrage im Sinne des § 31 müssen bei sonstigem Ausschlusse binnen sechs Monaten gerichtlich geltend gemacht werden.

(2) Die Frist beginnt bei Ansprüchen der erstgenannten Art mit dem Ablaufe des Tages, an dem der Austritt oder die Entlassung stattfand, bei Ansprüchen der letztgenannten Art mit dem Ablaufe des Tages, an dem der Dienstantritt hätte erfolgen sollen.

Konkurrenzklausel

§ 36. (1) Eine Vereinbarung, durch die der Angestellte für die Zeit nach der Beendigung des

Dienstverhältnisses in seiner Erwerbstätigkeit beschränkt wird (Konkurrenzklausel), ist nur insoweit wirksam, als:

1. der Angestellte im Zeitpunkt des Abschlusses der Vereinbarung nicht minderjährig ist;
2. sich die Beschränkung auf die Tätigkeit des Angestellten in dem Geschäftszweig des Dienstgebers bezieht und den Zeitraum eines Jahres nicht übersteigt; und
3. die Beschränkung nicht nach Gegenstand, Zeit oder Ort und im Verhältnis zu dem geschäftlichen Interesse, das der Dienstgeber an ihrer Einhaltung hat, eine unbillige Erschwerung des Fortkommens des Angestellten enthält.

(2) Eine Vereinbarung nach Abs. 1 ist unwirksam, wenn sie im Rahmen eines Dienstverhältnisses getroffen wird, bei dem das für den letzten Monat des Dienstverhältnisses gebührende Entgelt das Zwanzigfache der Höchstbeitragsgrundlage nach § 45 ASVG nicht übersteigt. Allfällige Sonderzahlungen sind bei der Ermittlung des Entgelts im Sinne des ersten Satzes außer Acht zu lassen.

§ 37. (1) Hat der Dienstgeber durch schuldbares Verhalten dem Angestellten begründeten Anlaß zum vorzeitigen Austritt oder zur Kündigung des Dienstverhältnisses gegeben, so kann er die durch die Konkurrenzklausel begründeten Rechte gegen den Angestellten nicht geltend machen.

(2) Das gleiche gilt, wenn der Dienstgeber das Dienstverhältnis löst, es sei denn, daß der Angestellte durch schuldbares Verhalten hiezu begründeten Anlaß gegeben oder daß der Dienstgeber bei der Auflösung des Dienstverhältnisses erklärt hat, während der Dauer der Beschränkung dem Angestellten das ihm zuletzt zukommende Entgelt zu leisten.

(3) Eine für den Fall des Zuwiderhandelns gegen die Konkurrenzklausel vereinbarte Konventionalstrafe ist nur insoweit wirksam, als diese das Sechsfache des für den letzten Monat des Dienstverhältnisses gebührenden Nettomonatsentgelts nicht übersteigt. Allfällige Sonderzahlungen sind bei der Berechnung des Nettoentgelts im Sinne des ersten Satzes außer Acht zu lassen. Hat der/die Angestellte für den Fall des Zuwiderhandelns gegen die Konkurrenzklausel eine Konventionalstrafe versprochen, so kann der/die Dienstgeber/in nur die verwirkte Konventionalstrafe verlangen. Der Anspruch auf Erfüllung oder auf Ersatz eines weiteren Schadens ist ausgeschlossen.

Konventionalstrafen

§ 38. Konventionalstrafen unterliegen dem richterlichen Mäßigungsrechte.

Zeugnis

§ 39. (1) Der Dienstgeber ist verpflichtet, bei Beendigung des Dienstverhältnisses dem Angestellten auf Verlangen ein schriftliches Zeugnis über die Dauer und die Art der Dienstleistung auszustellen. Eintragungen und Anmerkungen im Zeugnisse, durch die dem Angestellten die Erlangung einer neuen Stelle erschwert wird, sind unzulässig.

(2) Verlangt der Angestellte während der Dauer des Dienstverhältnisses ein Zeugnis, so ist ihm ein solches auf seine Kosten auszustellen.

(3) Zeugnisse des Angestellten, die sich in der Verwahrung des Dienstgebers befinden, sind ihm auf Verlangen jederzeit auszufolgen.

§ 40. Die Rechte, die dem Angestellten auf Grund der Bestimmungen der §§ 6 Abs. 3, 8, 9, 10 letzter Absatz, 12, 14 Abs. 2, 15, 16, 17, 17a, 18, 19 Abs. 2, 20 Abs. 2 bis 5, 21 bis 24, 29, 30 Abs. 2 bis 4, 31 Abs. 1, 34, 35, 37 bis 39 zustehen, können durch den Dienstvertrag weder aufgehoben noch beschränkt werden.

§ 41. Für Streitigkeiten aus den in diesem Gesetz geregelten Dienstverhältnissen sind die Gewerbegerichte zuständig.

§ 42. (1) Insoweit dieses Gesetz nichts anderes bestimmt, finden die Vorschriften des allgemeinen bürgerlichen Rechts über den Dienstvertrag auf die in diesem Gesetz geregelten Dienstverhältnisse Anwendung.

(2) Desgleichen bleiben, insoweit dieses Gesetz nicht etwas anderes bestimmt, die Vorschriften der Gewerbeordnung mit Ausnahme der §§ 72, 77 und 84, für die in diesem Gesetze geregelten Dienstverhältnisse, auf welche die Gewerbeordnung Anwendung findet, aufrecht.

(3) Die §§ 23 und 23a sind auf Dienstverhältnisse, deren vertraglich vereinbarter Beginn nach dem 31. Dezember 2002 liegt, nicht mehr anzuwenden, soweit nicht durch Verordnung gemäß § 46 Abs. 1 letzter Satz des Betrieblichen Mitarbeitervorsorgegesetzes (BMVG), BGBl. I Nr. 100/2002, etwas anderes angeordnet wird. Sie sind jedoch weiterhin auf Dienstverhältnisse anzuwenden, deren vertraglich vereinbarter Beginn vor dem 1. Jänner 2003 oder dem durch Verordnung festgelegten Zeitpunkt liegt. Soweit eine Vereinbarung gemäß § 47 Abs. 1 und 3 BMVG erfolgt, sind diese Bestimmungen bis zum In-Kraft-Treten dieser Vereinbarung anzuwenden.

(4) § 5 in der Fassung des Bundesgesetzes BGBl. I Nr. 138/2003 tritt mit 1. Jänner 2004 in Kraft und gilt für Arbeitsverhältnisse, deren vertraglich vereinbarter Beginn nach dem 31. Dezember 2003 liegt.

Artikel II

(1) Dieses Bundesgesetz findet auch auf das Dienstverhältnis von Personen Anwendung, die vorwiegend zur Leistung kaufmännischer oder höherer, nicht kaufmännischer Dienste oder zu Kanzleiarbeiten bei Wirtschaftstreuhändern angestellt sind. § 7 Abs. 4 mit Ausnahme der Bestimmungen über die Teilnahme an einem Wettbewerb ist auf diese Dienstverhältnisse sinngemäß anzuwenden.

(2) Dieses Bundesgesetz findet ferner auf die auf einem privatrechtlichen Vertrag beruhenden Dienstverhältnisse von Personen Anwendung, die zur Leistung kaufmännischer oder höherer, nicht kaufmännischer Dienste oder zu Kanzleiarbeiten bei einem durch Bundesgesetz errichteten Fonds mit Rechtspersönlichkeit angestellt sind. Ausgenommen sind Dienstverhältnisse, auf die das Vertragsbedienstetengesetz gemäß § 1 Abs. 2 VBG sinngemäß anzuwenden ist.

Artikel VII

Unberührt bleiben:

1. Die Bestimmungen des Journalistengesetzes vom 11. Februar 1920, StGBl. Nr. 88, sofern sie für die Redakteure (Schriftleiter) günstiger sind als die Bestimmungen dieses Gesetzes.

(Anm.: Z 2 gegenstandslos)

Artikel X

(1) Dieses Gesetz tritt am 1. Juli 1921 in Wirksamkeit. Es findet auf die an diesem Tage bestehenden Dienstverhältnisse auch dann Anwendung, wenn die Kündigung nach Kundmachung des Gesetzes erfolgt ist.

(2) 1. § 1 Abs. 1, § 2 Abs. 1, § 20 Abs. 1 und Art II dieses Bundesgesetzes in der Fassung des Bundesgesetzes BGBl. Nr. 833/1992 treten mit 1. Jänner 1993 in Kraft.

2. § 16 und § 23a Abs. 1, 1a und 2 in der Fassung des Bundesgesetzes BGBl. Nr. 335/1993 treten mit 1. Juli 1993 in Kraft.
3. § 6 Abs. 3 und § 40 dieses Bundesgesetzes in der Fassung des Bundesgesetzes BGBl. Nr. 459/1993 treten gleichzeitig mit dem Abkommen über den Europäischen Wirtschaftsraum in Kraft.
4. § 22 dieses Bundesgesetzes in der Fassung des Bundesgesetzes BGBl. Nr. 502/1993 tritt mit 1. August 1993 in Kraft.
5. § 22 in der Fassung des Bundesgesetzes BGBl. I Nr. 44/2000 tritt mit 1. Jänner 2001 in Kraft.
6. § 36 in der Fassung des Bundesgesetzes BGBl. I Nr. 98/2001 tritt mit 1. Jänner 2002 in Kraft.
7. § 42 Abs. 3 in der Fassung des Bundesgesetzes BGBl. I Nr. 100/2002 tritt mit 1. Juli 2002 in Kraft.
8. § 23 Abs. 1a und 8 und § 23a Abs. 3, 4 und 4a in der Fassung des Bundesgesetzes BGBl. I Nr. 64/2004 treten mit 1. Juli 2004 in Kraft.
9. § 23a Abs. 1 in der Fassung des Bundesgesetzes BGBl. I Nr. 143/2004 tritt mit 1. Jänner 2005 in Kraft.
10. § 36 samt Überschrift in der Fassung des Bundesgesetzes BGBl. I Nr. 35/2006 tritt mit dem der Kundmachung folgenden Tag in Kraft und gilt für nach dem In-Kraft-Treten dieses Bundesgesetzes neu abgeschlossene Vereinbarungen über eine Konkurrenzklausel.
11. Die §§ 30 Abs. 4 und 31 Abs. 2 in der Fassung des Bundesgesetzes BGBl. I Nr. 58/2010 treten mit 1. August 2010 in Kraft.
12. Die §§ 8 Abs. 4 und 23a Abs. 1 Z 3 und 4 in der Fassung des Bundesgesetzes BGBl. I Nr. 152/2015 treten mit 1. Jänner 2016 in Kraft.
13. Die §§ 36 Abs. 2 und 37 Abs. 3 der Fassung des Bundesgesetzes BGBl. I Nr. 152/2015 treten mit dem der Kundmachung dieses Bundesgesetzes folgenden Tag in Kraft und gelten für nach dem Inkrafttreten neu abgeschlossene Vereinbarungen über eine Konkurrenzklausel.
14. § 8 Abs. 1 bis 2a und 9 in der Fassung des Bundesgesetzes BGBl. I Nr. 153/2017, treten mit 1. Juli 2018 in Kraft und sind auf Dienstverhinderungen anzuwenden, die in nach dem 30. Juni 2018 begonnenen Arbeitsjahren eingetreten sind. Für zu diesem Zeitpunkt laufende Dienstverhinderungen gilt § 8 Abs. 1 bis 2a in der Fassung des Bundesgesetzes BGBl. I Nr. 153/2017 ab Beginn dieses Arbeitsjahres.
15. § 9 Abs. 1 in der Fassung des Bundesgesetzes, BGBl. I Nr. 153/2017, tritt mit 1. Juli 2018 in Kraft und ist auf einvernehmliche Beendigungen von Dienstverhältnissen während einer Dienstverhinderung gemäß § 8 Abs. 1 bis 2a oder im Hinblick auf eine Dienstverhinderung gemäß § 8 Abs. 1 bis 2a anzuwenden, die eine Auflösung des Dienstverhältnisses nach dem 30. Juni 2018 bewirken.
16. § 20 Abs. 1 in der Fassung des Bundesgesetzes, BGBl. I Nr. 153/2017, tritt mit 1. Jänner 2018 in Kraft und ist auf Beendigungen anzuwenden, die nach dem 31. Dezember 2017 ausgesprochen werden.
17. Normen der kollektiven Rechtsgestaltung, die für Dienstnehmer günstigere Regelungen auf Entgeltfortzahlung als nach § 8 Abs. 1 in der Fassung des Bundesgesetzes BGBl. I Nr. 153/2017 vorsehen, bleiben aufrecht.
18. Sehen Normen der kollektiven Rechtsgestaltung für Dienstnehmer günstigere Regelungen zur Entgeltfortzahlung als nach § 8 Abs. 2 in der Fassung vor den Änderungen durch das BGBl. I Nr. 153/2017 vor, gilt für die erfassten Dienstnehmer § 8 Abs. 2 bis zu einer Neuregelung weiterhin in der Fassung vor den Änderungen durch das BGBl. I Nr. 153/2017.
19. § 8 Abs. 3a in der Fassung des Bundesgesetzes BGBl. I Nr. 74/2019 tritt mit 1. September 2019 in Kraft.

Artikel XI

Mit der Vollziehung dieses Bundesgesetzes ist der Bundesminister für Wirtschaft und Arbeit betraut.

6. Antiterrorgesetz

Bundesgesetz vom 5. April 1930 zum Schutz der Arbeits- und der Versammlungsfreiheit.
StF: BGBl. Nr. 113/1930
Letzte Novellierung: BGBl. Nr. 422/1974

STICHWORTVERZEICHNIS

§ 1. (1) Bestimmungen in kollektiven Arbeitsverträgen und anderen Gesamtvereinbarungen zwischen Arbeitgebern und Arbeitnehmern sind nichtig, wenn sie unmittelbar oder mittelbar

a) bewirken sollen, daß in einem Betrieb nur Angehörige einer bestimmten Berufsvereinigung oder anderen freiwilligen Vereinigungen beschäftigt werden;
b) verhindern sollen, daß in einem Betrieb Personen beschäftigt werden, die keiner Berufsvereinigung oder die einer bestimmten Berufsvereinigung oder anderen freiwilligen Vereinigung angehören.

(2) Die Bestimmung des Absatzes 1 findet auf Vereinbarungen, die sich auf land- und forstwirtschaftliche Arbeiter beziehen, nicht unmittelbar Anwendung, gilt aber als grundsätzliche Vorschrift, deren Ausführung der Landesgesetzgebung obliegt (Artikel 12, Absatz 1, Z 4, des Bundesverfassungsgesetzes in der Fassung von 1929), auch für solche Vereinbarungen.

§ 2. (1) Dem Arbeitgeber ist es untersagt, Vereins- oder Parteibeiträge von dem dem Arbeitnehmer gebührenden Entgelt abzuziehen oder bei der Auszahlung des Entgeltes in Empfang zu nehmen. Diesem Verbot unterliegen nicht Beiträge für kollektivvertragsfähige Berufsvereinigungen, Beiträge und Spenden für Wohlfahrtseinrichtungen in einem Betrieb, die Zwecken der Versorgung, der Hilfeleistung in Notfällen und Notständen, der Beihilfe für Urlaub und der Entschädigung für den Verdienstentgang an arbeitsfreien Tagen gewidmet und ausschließlich für Personen, die dem Betrieb angehören oder angehört haben oder für deren Familienmitglieder bestimmt sind, sofern die Leistungen dieser Wohlfahrtseinrichtungen den angeführten Personen ohne Unterschied ihrer Zugehörigkeit zu einer bestimmten politischen Partei oder Berufsvereinigung nach gleichen Grundsätzen gewährt werden. Sofern es sich nicht um satzungsgemäß geregelte Wohlfahrtseinrichtungen oder um Beiträge an kollektivvertragsfähige Berufsvereinigungen handelt, hat jeder Betriebsangehörige das Recht, in die Verwaltung oder Verrechnung dieser Abzüge und Spenden Einsicht zu nehmen.

(2) Beiträge zu kollektivvertragsfähigen Berufsvereinigungen dürfen vom Arbeitgeber nur insoweit vom Entgelt des Arbeitnehmers abgezogen oder in Empfang genommen werden, als dies ausdrücklich zwischen dem Arbeitgeber und dem Arbeitnehmer vereinbart wird. Diese Vereinbarung kann vierteljährlich schriftlich gekündigt werden.

(3) Vereinbarungen, die den Bestimmungen der Abs. 1 oder 2 widersprechen oder eine über die in den Abs. 1 und 2 hinausgehende Mitwirkung des Arbeitgebers bei der Entrichtung der im ersten Satz des Abs. 1 dieses Paragraphen genannten Leistungen bezwecken, sind nichtig. Der Arbeitnehmer kann Beiträge, die entgegen den Bestimmungen der Abs. 1 und 2 abgezogen oder in Empfang genommen worden sind, vom Arbeitgeber binnen drei Jahren zurückfordern.

(4) Die in den Abs. 1 und 2 genannten, vom Arbeitgeber abgezogenen oder in Empfang genommenen Beiträge und Spenden stellen ein ihm anvertrautes Gut dar.

(5) Als Arbeitnehmer im Sinne des Abs. 1 sind auch die Angestellten des Bundes sowie die im § 2 lit. b des Lehrerdienstrechts-Kompetenzgesetzes, BGBl. Nr. 88/1948, genannten Lehrer anzusehen, selbst wenn sie mit behördlichen Aufgaben betraut sind.

(6) Gemäß Artikel 12 Absatz 1 Ziffer 4 und Artikel 12 Absatz 1 Ziffer 9 des Bundes-Verfassungsgesetzes in der Fassung von 1929 gelten die Bestimmungen der Abs. 1, 2 und 3 als grundsätzliche Vorschriften, deren Ausführung der Landesgesetzgebung obliegt, für land- und forstwirtschaftliche Arbeiter und für Angestellte der Länder, die behördliche Aufgaben zu besorgen haben.

(Anm.: § 3 Änderung des Gesetzes über die Errichtung von Einigungsämtern und über kollektive Arbeitsverträge, StGBl. Nr. 16/1920)

§ 4. (1) Wer in der Absicht, zu bewirken, daß in einem Betrieb nur Angehörige einer bestimmten Berufsvereinigung oder anderen freiwilligen Vereinigung oder nur Arbeitnehmer, die keiner Berufsvereinigung angehören, beschäftigt werden, oder in der Absicht zu verhindern, daß in einem Betrieb Personen beschäftigt werden, die keiner Berufsvereinigung oder die einer bestimmten Berufsvereinigung oder anderen freiwilligen Vereinigung angehören, Arbeitgeber oder Arbeitnehmer, an der Ausführung ihres freien Entschlusses, Arbeit zu geben oder zu nehmen, durch Mittel der Einschüchterung oder Gewalt hindert, wird, sofern die Handlung nicht nach einer anderen Bestimmung strenger strafbar ist, wegen gerichtlich strafbarer Handlungen, die mit mehr als sechsmonatiger Freiheitsstrafe bedroht sind, mit Ausnahme jener strafbaren Handlungen, die nur vorsätzlich begangen werden können und mit mehr als einjähriger Freiheitsstrafe bedroht sind mit Freiheitsstrafe bis zu sechs Monaten oder mit Geldstrafe bis zu 360 Tagessätzen bestraft.

(2) Ebenso wird bestraft, wer einen Arbeitnehmer durch Mittel der Einschüchterung oder Gewalt nötigt, einer Berufsvereinigung oder anderen freiwilligen Vereinigung beizutreten oder aus einer solchen auszutreten.

(Anm.: § 6 Änderung des Gesetzes betreffend strafrechtliche Bestimmungen zum Schutze der Wahl- und Versammlungsfreiheit, RGBl. Nr. 17/1907)

§ 7. (1) Die Bestimmungen des § 2, Absatz 1 und 2, treten, soweit sie unmittelbar anwendbar sind, am 1. August 1930, die übrigen unmittelbar anwendbaren Vorschriften dieses Gesetzes am achten der Kundmachung des Gesetzes folgenden Tage in Kraft.

(2) Die Frist für die Erlassung der Ausführungsgesetze der Länder zu § 1, Absatz 2, und § 2, Absatz 3 und 4, dieses Gesetzes wird mit sechs Monaten festgesetzt. Der Beginn der Wirksamkeit der Ausführungsgesetze ist in allen Bundesländern mit 1. Jänner 1931 festzusetzen.

(3) Die Bestimmungen des § 1 und des § 2, Absatz 2, sind auch auf Vereinbarungen anzuwenden, die vor Beginn der Wirksamkeit der angeführten Bestimmungen oder – soweit sie nur als grundsätzliche Vorschriften gelten – vor Beginn der Wirksamkeit der Ausführungsgesetze abgeschlossen worden sind.

(Anm.: Abs. 4 betrifft StGBl. Nr. 16/1920)

§ 8. Mit der Vollziehung der unmittelbar anwendbaren Vorschriften dieses Bundesgesetzes und mit der Wahrnehmung der Rechte des Bundes (Artikel 15 Absatz 8 des Bundes-Verfassungsgesetzes in der Fassung von 1929) in den Angelegenheiten des § 1 Abs. 2 und des § 2 Abs. 6 dieses Bundesgesetzes ist die Bundesregierung betraut.

7. Ausbildungspflichtgesetz

Bundesgesetz, mit dem die Verpflichtung zu Bildung oder Ausbildung für Jugendliche geregelt wird

StF: BGBl. I Nr. 62/2016

Letzte Novellierung: BGBl. I Nr. 164/2020

GLIEDERUNG

Inhalt

STICHWORTVERZEICHNIS

Inhalt

§ 1. (1) Dieses Bundesgesetz regelt die Verpflichtung zu einer Bildung oder Ausbildung für Jugendliche, welche die allgemeine Schulpflicht erfüllt haben (Ausbildungspflicht).

(2) Schulen im Sinne dieses Bundesgesetzes sind Schulen im Sinne der Artikel 14 und 14a B-VG. Berufliche Ausbildungen im Sinne dieses Bundesgesetzes sind betriebliche und überbetriebliche Ausbildungen nach dem Berufsausbildungsgesetz (BAG), BGBl. Nr. 142/1969, nach dem Land- und forstwirtschaftlichen Berufsausbildungsgesetz (LFBAG), BGBl. Nr. 298/1990, oder Ausbildungen nach gesundheitsrechtlichen Vorschriften.

Zweck

§ 2. (1) Zweck dieses Bundesgesetzes ist, den Jugendlichen durch eine Bildung oder Ausbildung eine Qualifikation zu ermöglichen, welche die Chancen auf eine nachhaltige und umfassende Teilhabe am wirtschaftlichen und gesellschaftlichen Leben erhöht und den zunehmenden Qualifizierungsanforderungen der Wirtschaft entspricht. Dies soll durch verstärkte Präventionsmaßnahmen zur Verhinderung von Schul- und Ausbildungsabbruch in den Bereichen der Bildungspolitik, Wirtschaftspolitik, Arbeitsmarktpolitik, Jugendpolitik und durch den sukzessiven Aufbau eines lückenlosen Ausbildungsangebotes erreicht werden.

(2) Durch abgestimmte Maßnahmen in den in Abs. 1 angeführten Politikbereichen sind die Jugendlichen bestmöglich zu unterstützen.

Geltungsbereich

§ 3. Die Ausbildungspflicht betrifft Jugendliche bis zur Vollendung des 18. Lebensjahres, die die allgemeine Schulpflicht erfüllt haben und sich nicht nur vorübergehend in Österreich aufhalten.

Ausbildungspflicht

§ 4. (1) Die Erziehungsberechtigten sind verpflichtet, dafür zu sorgen, dass Jugendliche, die die allgemeine Schulpflicht erfüllt haben, bis zur Vollendung des 18. Lebensjahres einer Bildungs- oder Ausbildungsmaßnahme oder einer auf diese vorbereitenden Maßnahme nachgehen. Die Ausbildungspflicht endet vor Vollendung des 18. Lebensjahres, wenn nach Erfüllung der allgemeinen Schulpflicht eine mindestens zweijährige (berufsbildende) mittlere Schule, eine Lehrausbildung nach dem BAG oder nach dem LFBAG, eine gesundheitsberufliche Ausbildung von mindestens 2500 Stunden nach gesundheitsrechtlichen Vorschriften oder eine Teilqualifizierung gemäß § 8b Abs. 2 (auch in Verbindung mit § 8c) BAG oder gemäß § 11b LFBAG erfolgreich abgeschlossen wurde.

(2) Die Ausbildungspflicht kann insbesondere erfüllt werden durch

1. einen gültigen Lehr- oder Ausbildungsvertrag nach dem BAG oder nach dem LFBAG,
2. eine Ausbildung nach gesundheitsrechtlichen Vorschriften,
3. den Besuch weiterführender Schulen wie den Besuch einer allgemein bildenden höheren oder berufsbildenden mittleren oder höheren Schule,
4. den Besuch von auf schulische Externistenprüfungen oder auf einzelne Ausbildungen vorbereitenden Kursen, zB Lehrgänge zur Vorbereitung auf die Pflichtschulabschlussprüfung, oder Berufsausbildungsmaßnahmen,
5. die Teilnahme an arbeitsmarktpolitischen Maßnahmen,
6. die Teilnahme an einer Maßnahme für Jugendliche mit Assistenzbedarf (§ 10a Abs. 3 des Behinderteneinstellungsgesetzes – BEinstG, BGBl. Nr. 22/1970), die deren persönliche Leistungsfähigkeit erhöht und deren Integration in den Arbeitsmarkt erleichtert,
7. eine nach Abs. 3 zulässige Beschäftigung.

(3) Die Erfüllung der Ausbildungspflicht gemäß Abs. 2 Z 5 bis 7 setzt voraus, dass eine derartige Maßnahme oder Beschäftigung mit einem Perspektiven- oder Betreuungsplan, der gemäß § 14 Abs. 2 vom Arbeitsmarktservice (AMS) oder vom Sozialministeriumservice (SMS) oder in deren Auftrag erstellt wurde, vereinbar ist. Für die Erstellung von Perspektiven- und Betreuungsplänen sind Grundsätze festzulegen; vor deren Erlassung oder Änderung ist der Beirat (§ 10 Abs. 3) anzuhören.

(4) Ausbildungsfreie Zeiträume von bis zu vier Monaten innerhalb von zwölf Kalendermonaten stellen keine Verletzung der Ausbildungspflicht dar. Dasselbe gilt für Zeiträume (Wartezeiten), in denen trotz Bereitschaft der Jugendlichen oder Teilnahme am Verfahren gemäß § 14 keine Ausbildungsmaßnahmen bereitgestellt werden können.

Arbeitsverhältnisse

§ 5. (1) Außerhalb ausbildungsfreier Zeiträume nach § 4 Abs. 4 erfüllen Jugendliche, die keine Schule besuchen, die Ausbildungspflicht mit einem Arbeitsverhältnis nur dann, wenn die im Rahmen dieses Arbeitsverhältnisses ausgeübte Beschäftigung von einem aktuellen Perspektiven- oder Betreuungsplan umfasst ist.

(2) Für Jugendliche, die sich in einer Beschäftigung befinden, ist vom SMS zu prüfen, ob die Beschäftigung die Ausbildungspflicht verletzt. Diese Prüfung hat ausgehend von den Anmeldungen nach § 33 des Allgemeinen Sozialversicherungsgesetzes (ASVG), BGBl. Nr. 189/1955, anhand der vom Dachverband der Sozialversicherungsträger (Dachverband) elektronisch bereitgestellten Daten zu erfolgen. Jugendliche, deren Beschäftigung dieser Prüfung zufolge nicht von einem aktuellen Perspektiven- oder Betreuungsplan umfasst

ist, sowie deren Eltern oder sonstige Erziehungsberechtigte sind zu einem Beratungsgespräch einzuladen, um einen aktuellen Perspektiven- oder Betreuungsplan zu erstellen. Leistet der oder die Jugendliche der Einladung keine Folge, hat die Einladung schriftlich mit dem Hinweis zu erfolgen, dass die Teilnahme am Beratungsgespräch verpflichtend ist und bei Unvereinbarkeit der Beschäftigung mit einem bestehenden Perspektiven- oder Betreuungsplan sowie bei Fehlen eines derartigen Betreuungsplans die Ausbildungspflicht verletzt wird. Die Einladung samt Hinweis ist auch dem Arbeitgeber oder der Arbeitgeberin des oder der Jugendlichen zur Information zu übermitteln.

(3) Eine Verletzung der Ausbildungspflicht liegt vor, wenn

1. der oder die Jugendliche trotz wiederholter Einladung zu einem Beratungsgespräch zur Erstellung eines aktuellen Perspektiven- oder Betreuungsplans nicht erschienen ist oder
2. die Beschäftigung des oder der Jugendlichen im Rahmen des Arbeitsverhältnisses keine Beschäftigung darstellt, die mit dem für den Jugendlichen oder die Jugendliche erstellten aktuellen Perspektiven- oder Betreuungsplan vereinbar ist.

(4) Das SMS hat das Vorliegen der Voraussetzungen nach Abs. 3 Z 1 oder Z 2 dem oder der Jugendlichen, dessen oder deren Eltern oder sonstigen Erziehungsberechtigten sowie dessen oder deren Arbeitgeber oder Arbeitgeberin schriftlich mitzuteilen.

Auswirkungen der Verletzung der Ausbildungspflicht auf den Arbeitsvertrag

§ 6. Jugendliche, deren Beschäftigung gemäß § 5 Abs. 3 Z 2 die Ausbildungspflicht verletzt, haben das Recht, das Arbeitsverhältnis vorzeitig ohne Einhaltung gesetzlicher oder kollektivvertraglicher Kündigungsfristen und –termine zu beenden. Die übrigen Ansprüche aus dem Arbeitsvertrag bleiben unberührt.

Ruhen der Ausbildungspflicht

§ 7. Die Ausbildungspflicht ruht insbesondere für Zeiträume, in denen Jugendliche

1. Kinderbetreuungsgeld beziehen;
2. an einem Freiwilligen Sozialjahr, einem Freiwilligen Umweltjahr, einem Gedenk-, Friedens- und Sozialdienst im Ausland oder einem Freiwilligen Integrationsjahr nach den Abschnitten 2, 3, 4 und 4a des Freiwilligengesetzes, BGBl. I Nr. 17/2012, teilnehmen;
3. an einem Europäischen Freiwilligendienst nach der Verordnung (EU) Nr. 1288/2013 zur Einrichtung von „Erasmus+“, ABl. Nr. L 347 vom 20.12.2013 S. 50, teilnehmen;
4. einen Präsenz-, Ausbildungs- oder Zivildienst leisten oder
5. aus berücksichtigungswürdigen Gründen keine dem § 4 entsprechende Ausbildung absolvieren können.

Zuständigkeit

§ 8. (1) Das SMS hat die erforderlichen institutionellen Maßnahmen zur Umsetzung der Ausbildungspflicht zu setzen sowie die Bürogeschäfte für die Steuerungsgruppe und den Beirat zu führen.

(2) Das SMS kann sich bei der (nicht hoheitlichen) Aufgabenerfüllung Dritter (Dienstleister) bedienen.

(3) Das SMS hat auf seiner Homepage im Internet die gemäß § 11 Abs. 6 Z 2 kundgemachte Liste jener Berufs- und Ausbildungsmaßnahmen zur Verfügung zu stellen, deren Absolvierung oder erfolgreicher Abschluss die bestehende Ausbildungspflicht erfüllt.

(4) Auf Antrag der Erziehungsberechtigten hat das SMS mit Bescheid festzustellen, ob eine Maßnahme oder eine Beschäftigung im Einzelfall die Ausbildungspflicht gemäß § 4 Abs. 2 erfüllt. Dabei ist insbesondere darauf Bedacht zu nehmen, ob die Maßnahme oder Beschäftigung die arbeitsmarktbezogenen Chancen der Jugendlichen verbessern kann.

(5) Das SMS hat Hinweisen auf Verletzungen der Ausbildungspflicht nachzugehen, eine eingehende Überprüfung zu veranlassen und wenn diese ergibt, dass eine den Erziehungsberechtigten vorwerfbare Verletzung der Ausbildungspflicht vorliegt, eine Anzeige an die zuständige Bezirksverwaltungsbehörde zu erstatten.

Koordinierungsstellen

§ 9. Das SMS kann für das Bundesgebiet und für jedes Bundesland jeweils eine Koordinierungsstelle einrichten und hat deren Bestehen, Aufgaben und Kontaktdaten den betroffenen Jugendlichen, Erziehungsberechtigten, Schulen, Erwachsenenbildungseinrichtungen, Lehrlingsstellen, Lehr- und Ausbildungsbetrieben und anderen relevanten Institutionen in geeigneter Weise zur Kenntnis zu bringen.

Steuerungsgruppe und Beirat

§ 10. (1) Zur Weiterentwicklung und Qualitätssicherung der Ausbildungspflicht werden eine Steuerungsgruppe und ein Beirat eingerichtet.

(2) Die Steuerungsgruppe beim Bundesministerium für Arbeit, Soziales und Konsumentenschutz besteht aus je einem Mitglied der folgenden Bundesministerien:

1. Bundesministerium für Arbeit, Soziales und Konsumentenschutz,
2. Bundesministerium für Wissenschaft, Forschung und Wirtschaft,
3. Bundesministerium für Bildung und Frauen,
4. Bundesministerium für Familien und Jugend,
5. Bundesministerium für Gesundheit,
6. Bundesministerium für Land- und Forstwirtschaft, Umwelt und Wasserwirtschaft.

(3) Der Beirat beim SMS besteht aus je einem Mitglied der folgenden Institutionen:

1. Sozialministeriumservice,
2. Bundesarbeitskammer,
3. Wirtschaftskammer Österreich,
4. Österreichischer Gewerkschaftsbund,
5. Landwirtschaftskammer Österreich,
6. Österreichischer Landarbeiterkammertag,
7. Vereinigung der österreichischen Industrie,
8. Verbindungsstelle der Bundesländer,
9. Städte- und Gemeindebund,
10. Arbeitsmarktservice,
11. Bundesjugendvertretung,
12. Österreichische Arbeitsgemeinschaft für Rehabilitation.

(4) Die in den Abs. 2 und 3 genannten Institutionen sind berechtigt, je ein Mitglied und für jedes Mitglied ein stellvertretendes Mitglied zu entsenden.

(5) Die Mitglieder und stellvertretenden Mitglieder der Steuerungsgruppe sowie des Beirates haben ihr Amt gewissenhaft und unparteiisch auszuüben. Die (stellvertretende) Mitgliedschaft begründet keine gesonderten Entgeltansprüche.

Organisation und Aufgaben von Steuerungsgruppe und Beirat

§ 11. (1) Den Vorsitz in der Steuerungsgruppe führt der Vertreter (die Vertreterin) des Bundesministeriums für Arbeit, Soziales und Konsumentenschutz.

(2) Die Funktionsdauer der Steuerungsgruppe beträgt jeweils vier Jahre. Nach Ablauf der Funktionsdauer hat die alte Steuerungsgruppe die Geschäfte so lange weiterzuführen, bis die neue Steuerungsgruppe zusammentritt. Die Zeit der Weiterführung der Geschäfte durch die alte Steuerungsgruppe wird auf die vierjährige Funktionsdauer der neuen Steuerungsgruppe angerechnet.

(3) Die Mitglieder und stellvertretenden Mitglieder der Steuerungsgruppe können ihren Verzicht auf die Mitgliedschaft in der Steuerungsgruppe erklären. Weiters kann der Bundesminister für Arbeit, Soziales und Konsumentenschutz auf Antrag der entsendenden Institution oder bei grober Pflichtverletzung ein Mitglied (stellvertretendes Mitglied) der Steuerungsgruppe vor Ablauf der Funktionsdauer abberufen. Bei Ausscheiden eines Mitglieds (stellvertretenden Mitglieds) haben die entsendenden Institutionen das Recht, für die verbleibende Zeit der vierjährigen Funktionsdauer ein anderes Mitglied (Ersatzmitglied) zu entsenden.

(4) Die Steuerungsgruppe ist bei Anwesenheit von mehr als der Hälfte der stimmberechtigten Mitglieder beschlussfähig. Beschlüsse der Steuerungsgruppe bedürfen der Einstimmigkeit. Die Geschäftsordnung wird von der Steuerungsgruppe beschlossen und bedarf der Genehmigung des Bundesministers für Arbeit, Soziales und Konsumentenschutz.

(5) Die Steuerungsgruppe kann zur Erfüllung ihrer Aufgaben fachlich geeignete Personen anhören oder beiziehen.

(6) Die Steuerungsgruppe hat folgende Aufgaben:

1. Erstellung und Beschluss einer Geschäftsordnung.
2. Vorschlag einer Liste von Bildungs- und Ausbildungsmaßnahmen (Arten von Ausbildungen), deren Absolvierung die Ausbildungspflicht erfüllt. Die Liste ist zumindest halbjährlich auf erforderliche Änderungen zu überprüfen und bei Bedarf zu ändern. Die Liste ist von der Bundesministerin für Arbeit, Familie und Jugend zu genehmigen und kundzumachen.
3. Berichterstattung an den Bundesminister für Arbeit, Soziales und Konsumentenschutz über die Umsetzung der Ausbildungspflicht, die Tätigkeit der Koordinierungsstellen, vorhandene Problemlagen und Folgewirkungen der Ausbildungspflicht. Der Bericht ist zumindest einmal jährlich vorzulegen.
4. Laufende Beobachtung der Umsetzung und Wirkung sowie darauf basierend Abstimmung und gegebenenfalls Entwicklung von Programmen, Projekten und Maßnahmen innerhalb der einzelnen Ressorts sowie ressortübergreifend im Sinne akkordierten Vorgehens zur Verfolgung der Zielsetzungen gemäß § 2.

(7) Das SMS hat der Steuerungsgruppe auf deren Verlangen vorhandene Informationen und Unterlagen, die zur Erfüllung ihrer Aufgaben erforderlich sind, zur Verfügung zu stellen.

(8) Der Beirat hat beratende Funktion. Er ist vor wesentlichen Entscheidungen (insbesondere gemäß Abs. 6 Z 2 und 3 sowie § 4 Abs. 3) anzuhören. Berichte (Evaluierungen, Controlling) über die Tätigkeit der Koordinierungsstellen sind dem Beirat zur Kenntnis zu bringen. Der Beirat kann auf Vorschlag des SMS eine Geschäftsordnung beschließen.

Aufgaben der Koordinierungsstellen

§ 12. (1) Aufgabe jeder Koordinierungsstelle ist insbesondere die Koordinierung der Unterstützung von Jugendlichen bei der Berufsfindung und bei der Aufnahme in Ausbildungsmaßnahmen, um längere ausbildungsfreie Zeiträume, insbesondere nach Ausbildungsabbrüchen, zu vermeiden.

(2) Die Koordinierungsstellen haben dafür zu sorgen, dass Jugendliche, die ihre Schulpflicht erfüllt haben und keine Schule oder berufliche Ausbildung besuchen, sowie deren Eltern oder sonstige Erziehungsberechtigte zielgerichtet beraten und betreut werden. Sie haben sich dabei vorhandener fachlich geeigneter Unterstützungsstrukturen von bestehenden Beratungs- und Betreuungseinrichtungen zu bedienen.

(3) Die Koordinierungsstellen haben insbesondere mit den Erziehungsberechtigten, Trägern der Kinder- und Jugendhilfe, Jugendeinrichtungen, Schulen, Erwachsenenbildungseinrichtungen, Lehrlingsstellen, Lehr- und Ausbildungsbetrieben und sonstigen Trägern von Ausbildungsmaßnahmen sowie dem AMS und dem SMS zusammenzuarbeiten.

Meldeverpflichtungen

§ 13. (1) Die Erziehungsberechtigten haben die Koordinierungsstelle zu verständigen, wenn Jugendliche (§ 3) nicht innerhalb von vier Monaten nach Beendigung oder vorzeitiger Beendigung eines Schulbesuches oder einer beruflichen Ausbildung eine Bildungs- oder Ausbildungsmaßnahme begonnen haben. Die Verständigung hat umgehend, spätestens binnen zwei Wochen nach Ablauf des Viermonatszeitraums, zu erfolgen.

(2) Um zu gewährleisten, dass Jugendliche, die eine schulische oder berufliche Ausbildung (vorzeitig) beendet haben oder aus der Betreuung des AMS oder des SMS ausgeschieden sind, erfasst werden können, haben Schulen, Lehrlingsstellen, AMS, Dachverband, SMS und die nicht vom AMS oder SMS beauftragten Träger von Ausbildungsmaßnahmen folgende Daten aller Zu- und Abgänge in und aus der Ausbildung oder Betreuung von nicht mehr schulpflichtigen Jugendlichen (ab oder nach Beendigung der Schulpflicht) an die Bundesanstalt Statistik Österreich zu übermitteln:

1. das Geburtsdatum,
2. das Geschlecht,
3. die Staatsangehörigkeit,
4. die Anschrift am Heimatort und, sofern zusätzlich vorhanden, des der Bildungseinrichtung nächst gelegenen Wohnsitzes sofern dieser in Österreich liegt (Zustelladresse) entsprechend den Angaben der Erziehungsberechtigten oder der Jugendlichen,
5. das Beginndatum der jeweiligen Ausbildung unter Angabe deren Bezeichnung sowie der Schulformenkennzahl und
6. das Beendigungsdatum und die Beendigungsform der jeweiligen Ausbildung unter Angabe der Bezeichnung der beendeten Ausbildung sowie der Schulformenkennzahl.

Die Schulen, die Lehrlingsstellen und die nicht vom AMS oder SMS beauftragten Träger von Ausbildungsmaßnahmen haben die Daten unter Verwendung des verschlüsselten bereichsspezifischen Personenkennzeichens „Amtliche Statistik" (vbPK–AS) und des verschlüsselten bereichsspezifischen Personenkennzeichens „Zur Person" (vbPK–ZP) oder der Sozialversicherungsnummer, wenn die bereichsspezifischen Personenkennzeichen nicht vorliegen, zu übermitteln. Die Bundesanstalt Statistik Österreich hat nach Eingang der Daten die Sozialversicherungsnummer durch das bereichspezifische Personenkennzeichen „Amtliche Statistik" (bPK-AS) und das verschlüsselte bereichspezifische Personenkennzeichen „Zur Person" (vbPK-ZP) zu ersetzen. Die Bundesanstalt Statistik Österreich hat zu diesem Zweck die Sozialversicherungsnummer an den Dachverband zu übermitteln. Dieser hat zu den betreffenden Sozialversicherungsnummern die verschlüsselten bPK-AS (vbPK-AS) und vbPK-ZP innerhalb von zwei Wochen rückzuübermitteln. Die Bundesanstalt Statistik Österreich hat in der Folge die erhaltenen bPK mit den Daten der entsprechenden Personen zu verknüpfen und die Sozialversicherungsnummern unverzüglich zu löschen. Das AMS, der Dachverband sowie das SMS übermitteln die Daten mit dem vbPK-AS sowie dem vbPK-ZP.

(3) Die gemäß Abs. 2 verpflichteten Institutionen sind zur Verarbeitung der im Abs. 2 genannten personenbezogenen Daten sowie im Fall der zur Übermittlung verpflichteten Institutionen zur Verarbeitung des Namens der Jugendlichen und deren Erziehungsberechtigten im Sinne des Datenschutzgesetzes 2000, BGBl. I Nr. 165/1999, ermächtigt.

(4) Die Übermittlung der Daten gemäß Abs. 2 hat jeweils zu den Stichtagen 1. März, 10. Juni und 10. November jedes Kalenderjahres (längstens binnen sieben Werktagen) zu erfolgen. Liegen zwischen den Stichtagen keine Zu- oder Abgänge vor, so hat eine Leermeldung zu erfolgen. Die Übermittlung der Daten der Schulen gemäß Abs. 2 hat ausschließlich in einem von der Bundesanstalt Statistik Österreich vorgegebenen Datenformat mittels dem von der Bundesanstalt Statistik Österreich bereitgestellten Webservice oder der bereitgestellten Portalapplikation zu erfolgen. Jede Datenlieferung der Schulen hat unter Verwendung der Schulkennzahl alle für den jeweiligen Stichtag relevanten Zu- und Abgänge zu enthalten. Die zur Einhaltung der Meldepflicht durch die Schulen erforderlichen Vorkehrungen hat der jeweilige Schulerhalter zu treffen.

(5) Für jene indirekt personenbezogenen Daten, für die binnen vier Monaten nach einem Abgang weder ein Zugang in einer Schule, einer Lehrstelle oder einer Ausbildungsmaßnahme eines nicht vom AMS oder SMS beauftragten Trägers noch eine Betreuung des AMS oder des SMS gemeldet wurde, hat die Bundesanstalt Statistik Österreich das vbPK-ZP verknüpft mit den Daten gemäß Abs. 2 dem SMS zu übermitteln. Das SMS erhält über das vbPK-ZP aus dem Zentralen Melderegister innerhalb von zwei Wochen den Personenbezug und informiert die nach dem Wohnsitz zuständige Koordinierungsstelle zur weiteren Kontaktaufnahme.

(6) Das AMS und das SMS dürfen die gemäß Abs. 2 erfassten Daten unter Verwendung des Namens von Jugendlichen, die aus deren Betreuung ausscheiden, und deren Erziehungsberechtigten

zusätzlich auch direkt einer Koordinierungsstelle übermitteln, damit rascher ein Verfahren nach § 14 eingeleitet werden kann.

(7) Die Bundesanstalt Statistik Österreich handelt in der Durchführung des § 13 als gesetzlicher Auftragsverarbeiter für das SMS. Sie darf dem SMS jedoch Daten ausschließlich unter den Voraussetzungen des Abs. 5 übermitteln. Die Bundesanstalt Statistik Österreich erbringt ihre Leistungen nach dieser Bestimmung gegen Kostenersatz gemäß § 32 Abs. 4 Z 2 des Bundesstatistikgesetzes 2000, BGBl I Nr. 163/1999.

Verfahren bei Nichterfüllung der Ausbildungspflicht

§ 14. (1) Die Jugendlichen und die Erziehungsberechtigten sind über ihre Verantwortung zur Erfüllung der Ausbildungspflicht aufzuklären. Wird die Ausbildungspflicht ohne Vorliegen eines zulässigen Ausnahmegrundes nicht erfüllt, hat eine Koordinierungsstelle dafür zu sorgen, dass eine geeignete Einrichtung mit den Jugendlichen und deren Eltern oder sonstigen Erziehungsberechtigten Kontakt aufnimmt und die weitere Vorgangsweise abklärt.

(2) In den Fällen des § 4 Abs. 2 Z 5 bis 7 und ansonsten bei Bedarf ist zur Gewährleistung der bestmöglichen Ausbildung ein auf die Bedürfnisse der jeweiligen Jugendlichen abgestimmter Perspektiven- und Betreuungsplan zu erstellen. Diese Aufgabe obliegt abhängig von der Zielgruppe dem AMS oder dem SMS und kann von diesen an Beratungs- oder Betreuungseinrichtungen übertragen werden. Bei der Erstellung des Perspektiven- und Betreuungsplans ist zu erörtern, ob die Möglichkeit besteht, dass der Schulbesuch oder eine Lehre fortgesetzt oder neu aufgenommen werden kann, oder, wenn dies nicht möglich ist, in welcher Weise die Ausbildungspflicht erfüllt werden kann. Dies hat – soweit erforderlich oder zweckmäßig – in Zusammenarbeit mit in Betracht kommenden Schulen, Erwachsenenbildungseinrichtungen, Lehr- und Ausbildungsbetrieben, Lehrlingsstellen, Trägern der Kinder- und Jugendhilfe, Jugendeinrichtungen und sonstigen Beratungs- und Betreuungseinrichtungen zu erfolgen. Die Schulen haben im Rahmen der Erstellung des Perspektiven- und Betreuungsplanes ihre Unterstützung zu leisten und soweit dies zweckmäßig ist, die Wiederaufnahme oder Fortsetzung eines Schulbesuches zu ermöglichen. Die Lehrlingsstellen haben bei der Umsetzung des Perspektiven- und Betreuungsplanes ihre Unterstützung zu leisten und, soweit dies zweckmäßig ist, die Wiederaufnahme oder Fortsetzung einer Lehrausbildung zu ermöglichen.

Datenverarbeitungen

§ 15. (1) Das SMS und die Koordinierungsstellen sind zur Verarbeitung von personenbezogenen Daten im Sinne des Datenschutzgesetzes, BGBl. I Nr. 165/1999, insoweit ermächtigt, als diese zur Erfüllung der gesetzlichen Aufgaben eine wesentliche Voraussetzung sind. Eine gegenseitige Offenlegung der Daten ist zulässig. Die in Frage kommenden Datenarten sind:

1. Stammdaten der Jugendlichen:
   a) Namen (Vornamen, Familiennamen),
   b) Sozialversicherungsnummer und Geburtsdatum,
   c) Geschlecht,
   d) Staatsangehörigkeit und Aufenthaltsberechtigungen,
   e) Adresse des Wohnsitzes oder Aufenthaltsortes,
   f) Telefonnummer,
   g) E-Mail-Adresse,
   h) sonstige Kontaktmöglichkeiten,
2. Daten über Bildung, Ausbildung und Beruf der Jugendlichen:
   a) Schulbildung,
   b) außerschulische Bildung,
   c) berufliche Ausbildung,
   d) Ausbildungswünsche,
   e) Berufswünsche,
   f) berufliche Tätigkeiten,
   g) beruflich verwertbare Fähigkeiten und Fertigkeiten,
   h) sonstige persönliche Umstände, die die berufliche Verwendung berühren,
   i) Umstände des Nichtzustandekommens oder der vorzeitigen Beendigung von Ausbildungen oder des Ruhens der Ausbildungspflicht,
3. Daten über Betreuungsverläufe der Jugendlichen:
   a) Pläne und Ergebnisse der Betreuung,
   b) Hindernisse, welche die Betreuung erschweren oder verhindern,
4. Stammdaten der Eltern oder sonstigen Erziehungsberechtigten:
   a) Namen (Vornamen, Familiennamen),
   b) Sozialversicherungsnummer und Geburtsdatum,
   c) Geschlecht,
   d) Staatsangehörigkeit und Aufenthaltsberechtigungen,
   e) Adresse des Wohnsitzes oder Aufenthaltsortes,
   f) Telefonnummer,
   g) E-Mail-Adresse,
   h) sonstige Kontaktmöglichkeiten,
5. Daten betreffend die Wahrnehmung der Ausbildungspflicht durch die Eltern oder sonstigen Erziehungsberechtigten:
   a) Ergebnisse der Kontaktaufnahmen und Beratungen,
   b) Verfahren wegen Nichterfüllung der Ausbildungspflicht.

(2) Die vom SMS oder von einer Koordinierungsstelle verarbeiteten Daten gemäß Abs. 1 dürfen Behörden, Gerichten, Trägern der Sozialversicherung, Trägern der Kinder- und Jugendhilfe, Jugendhilfeeinrichtungen, Schulen, Lehrlingsstellen, dem AMS und der Bundesanstalt Statistik Österreich im Wege der automationsunterstützten Datenverarbeitung offengelegt werden, soweit diese Daten im konkreten Einzelfall für die Vollziehung der jeweiligen Aufgaben eine wesentliche Voraussetzung bilden. Die Behörden, Gerichte, Träger der Sozialversicherung, Träger der Kinder- und Jugendhilfe, Jugendhilfeeinrichtungen, Schulen, Lehrlingsstellen und das AMS dürfen von ihnen verarbeitete Daten gemäß Abs. 1 dem SMS oder einer Koordinierungsstelle im Wege der automationsunterstützten Datenverarbeitung offenlegen, soweit diese Daten im konkreten Einzelfall für die Vollziehung der diesen übertragenen Aufgaben eine wesentliche Voraussetzung bilden.

(3) Die vom SMS oder von einer Koordinierungsstelle verarbeiteten Daten gemäß Abs. 1 dürfen Erwachsenenbildungseinrichtungen, Betrieben und Trägern von Ausbildungsmaßnahmen offengelegt werden, soweit die entsprechenden Daten im konkreten Einzelfall für die Erfüllung der jeweiligen Aufgaben erforderlich sind. Einem Betrieb dürfen nur Daten gemäß Abs. 1 Z 1 lit. a bis h, Z 2 lit. a bis h sowie Z 4 lit. a und lit. e bis h, jeweils ausschließlich im Zusammenhang mit Ausbildungen oder Beschäftigungen im betreffenden Betrieb, offengelegt werden.

(4) Die Mitarbeiterinnen und Mitarbeiter des SMS und der Koordinierungsstellen sind unbeschadet anderer gesetzlicher Bestimmungen zur Verschwiegenheit über alle ihnen aus ihrer dienstlichen Tätigkeit bekannt gewordenen Tatsachen verpflichtet. Die Verpflichtung zur Verschwiegenheit bleibt auch nach Beendigung des Dienstverhältnisses aufrecht. Dies gilt gleichermaßen für Mitarbeiterinnen und Mitarbeiter jener Institutionen und Einrichtungen, denen im Rahmen der Beratung oder des Case Managements personenbezogene Daten bekannt werden.

(5) Das SMS und die Koordinierungsstellen dürfen die von ihnen verarbeiteten Daten gemäß Abs. 1 an einen beauftragten Rechtsträger im Wege der automationsunterstützten Datenverarbeitung überlassen, soweit die entsprechenden Daten eine unabdingbare Voraussetzung für die Erfüllung eines zur Beurteilung der Erfüllung der Aufgaben und der Wirksamkeit der Regelungen und Maßnahmen nach diesem Bundesgesetz erteilten Auftrages bilden.

(6) Sämtliche vom SMS und von den Koordinierungsstellen verarbeiteten personenbezogenen Daten sind, sobald sie nicht mehr benötigt werden, spätestens aber drei Jahre nach Beendigung der Beratungsleistung oder des Case Managements, zu löschen.

Statistische und wissenschaftliche Untersuchungen

§ 16. (1) Die Bundesanstalt Statistik Österreich erstellt die Statistiken nach den Bestimmungen des Bundesstatistikgesetzes 2000 und kann dafür – soweit erforderlich – die Daten gemäß § 13 Abs. 2 und § 15 Abs. 1 Z 2, 3 und 5 mit den statistischen Daten ihres Verfügungsbereichs unter Verwendung des bPK-AS anreichern und für die Erstellung weiterführender Statistiken verwenden.

(2) Andere Behörden dürfen die nach ihren gesetzlichen Vorschriften verarbeiteten Daten des eigenen staatlichen Tätigkeitsbereichs, verknüpft mit dem verschlüsselten bPK-AS, an die Bundesanstalt Statistik Österreich zum Zweck der Zusammenführung mit den Daten gemäß Abs. 1 und der nachfolgenden wissenschaftlichen oder statistischen Auswertung übermitteln. Eine Rückübermittlung zusammengeführter indirekt personenbezogener Daten oder die Rückführung auf einen direkten Personenbezug darf nicht erfolgen. Die Bundesanstalt Statistik Österreich erstellt die wissenschaftlichen oder statistischen Auswertungen nach Beauftragung durch den Bundesminister für Arbeit, Soziales und Konsumentenschutz.

(3) Die Bundesanstalt Statistik Österreich erbringt aufgrund einer vertraglichen Beauftragung ihre Leistungen nach Abs. 1 und 2 gegen Kostenersatz gemäß § 32 Abs. 4 Z 2 des Bundesstatistikgesetzes 2000.

Verwaltungsstrafen bei Nichterfüllung der Ausbildungspflicht

§ 17. Wer als Erziehungsberechtigte oder als Erziehungsberechtigter die Ausbildungspflicht gemäß § 4 schuldhaft verletzt, ist von der Bezirksverwaltungsbehörde mit einer Geldstrafe von € 100 bis € 500, im Wiederholungsfall von € 200 bis € 1 000 zu bestrafen. Leichte Fahrlässigkeit ist nicht strafbar.

Sprachliche Gleichbehandlung

§ 18. Soweit in diesem Bundesgesetz personenbezogene Bezeichnungen angeführt sind, beziehen sie sich auf Frauen und Männer in gleicher Weise.

Verweisungen

§ 19. Soweit in diesem Gesetz auf andere Bundesgesetze verwiesen wird, sind diese in ihrer jeweils geltenden Fassung anzuwenden.

Vollziehung

§ 20. (1) Mit der Vollziehung dieses Bundesgesetzes ist, soweit die Abs. 2 bis 4 nicht anderes bestimmen, der Bundesminister für Arbeit, Soziales und Konsumentenschutz betraut.

(2) Betreffend die Meldeverpflichtungen von Lehrlingsstellen und Trägern überbetrieblicher Berufsausbildung gemäß § 13 Abs. 2 ist der Bundesminister für Wissenschaft, Forschung und Wirtschaft mit der Vollziehung betraut.

(3) Betreffend die Meldeverpflichtungen von Schulen gemäß § 13 Abs. 2 ist, soweit es sich um Bundesschulen, ausgenommen land- und forstwirtschaftliche Bundesschulen, handelt, die Bundesministerin für Bildung und Frauen mit der Vollziehung betraut.

(4) Betreffend die Meldeverpflichtungen von Schulen gemäß § 13 Abs. 2 ist, soweit es sich um land- und forstwirtschaftliche Bundesschulen handelt, der Bundesminister für Land- und Forstwirtschaft, Umwelt und Wasserwirtschaft mit der Vollziehung betraut.

Inkrafttreten

§ 21. (1) Dieses Bundesgesetz tritt, mit Ausnahme der §§ 4, 13 und 17, mit 1. August 2016 in Kraft und gilt in Bezug auf Jugendliche, die frühestens mit Ende des Schuljahres 2016/2017 ihre allgemeine Schulpflicht erfüllt haben. Vorbereitungshandlungen zur Durchführung dieses Bundesgesetzes, einschließlich des Abschlusses entsprechender Vereinbarungen und Verträge, können bereits ab dem Tag nach der Kundmachung dieses Bundesgesetzes begonnen werden.

(2) § 4 tritt mit 1. Juli 2017 in Kraft.

(3) § 13 tritt mit 1. Juli 2017, hinsichtlich der Pflichtschulen mit 1. Juli 2018, in Kraft.

(4) § 17 tritt auf Grund der Tatsache, dass erst ab diesem Zeitpunkt ein ausreichendes Unterstützungsangebot für das Verfahren bei Nichterfüllung der Ausbildungspflicht (§ 14) bereit gestellt werden kann, mit 1. Juli 2018 in Kraft und gilt für Sachverhalte, die sich nach dem 30. Juni 2018 ereignet haben.

(5) § 13 Abs. 7 und § 15 Abs. 1 bis 3 in der Fassung des Materien-Datenschutz-Anpassungsgesetzes 2018, BGBl. I Nr. 32/2018, treten mit 25. Mai 2018 in Kraft.

(6) § 5 Abs. 2 und § 13 Abs. 2 in der Fassung des Bundesgesetzes BGBl. I Nr. 100/2018 treten mit 1. Jänner 2020 in Kraft.

(7) § 8 Abs. 3, § 11 Abs. 6 Z 2 sowie § 13 Abs. 2 und Abs. 4 in der Fassung des Bundesgesetzes BGBl. I Nr. 164/2020 treten mit 1. Jänner 2021 in Kraft.

8. Arbeitsplatz-Sicherungsgesetz 1991

Bundesgesetz über die Sicherung des Arbeitsplatzes für zum Präsenz- oder Ausbildungsdienst einberufene oder zum Zivildienst zugewiesene Arbeitnehmer

StF: BGBl. Nr. 683/1991 idF BGBl. Nr. 163/1993

Letzte Novellierung: BGBl. I Nr. 78/2021

GLIEDERUNG

STICHWORTVERZEICHNIS

ABSCHNITT I
Geltungsbereich

§ 1. (1) Dieses Bundesgesetz gilt für

1. Arbeitnehmer, deren Arbeitsverhältnis auf einem privatrechtlichen Vertrag beruht,
2. Bedienstete, die in einem öffentlich-rechtlichen Dienstverhältnis zum Bund stehen,
3. Bedienstete, deren Dienstrecht gemäß Art. 14 Abs. 2 oder Art. 14a Abs. 3 lit. b B-VG vom Bund gesetzlich zu regeln ist, und
4. Heimarbeiter, auf die das Heimarbeitsgesetz 1960, BGBl. Nr. 105/1961, anzuwenden ist.

(2) Ausgenommen sind Arbeitnehmer, die in einem Arbeitsverhältnis zu einem Land, einem Gemeindeverband oder einer Gemeinde stehen.

(3) **(Verfassungsbestimmung)** Dieses Bundesgesetz gilt für Arbeiter einschließlich der Lehrlinge im Sinne des Landarbeitsgesetzes 2021, BGBl. I Nr. 78/2021,.

Sonderbestimmungen

§ 2. Abschnitt II dieses Bundesgesetzes gilt

1. für Bedienstete, die in einem in § 19 genannten Dienstverhältnis stehen, sinngemäß mit den im Abschnitt III vorgesehenen Abweichungen,
2. für Arbeiter im Sinne des Landarbeitsgesetzes 2021 mit den im Abschnitt IV vorgesehenen Abweichungen.

Begriffsbestimmungen

§ 3. (1) Präsenzdienst im Sinne dieses Bundesgesetzes ist der Präsenzdienst gemäß § 19 des Wehrgesetzes 2001 (WG 2001), BGBl. I Nr. 146.

(2) Ausbildungsdienst im Sinne dieses Bundesgesetzes ist der Ausbildungsdienst gemäß den §§ 37 bis 38b WG 2001.

(3) Zivildienst im Sinne dieses Bundesgesetzes ist der ordentliche und der außerordentliche Zivildienst von Zivildienstpflichtigen gemäß § 6a des Zivildienstgesetzes, BGBl. Nr. 679/1986.

ABSCHNITT II
Aufrechterhaltung bestehender Arbeitsverhältnisse

§ 4. Das Arbeitsverhältnis bleibt durch die Einberufung (Zuweisung) zum Präsenz- oder Ausbildungs- oder Zivildienst unberührt. Während der Zeit des Präsenz- oder Ausbildungs- oder Zivildienstes ruhen die Arbeitspflicht des Arbeitnehmers und die Entgeltzahlungspflicht des Arbeitgebers, soweit nicht anderes bestimmt ist.

Mitteilungspflichten

§ 5. (1) Der Arbeitnehmer, der zum Präsenz- oder Ausbildungs- oder Zivildienst einberufen (zugewiesen) wird, hat dem Arbeitgeber hievon unverzüglich nach Erlassung des Einberufungsbefehles, nach der allgemeinen Bekanntmachung der Einberufung oder nach Zustellung des Zuweisungsbescheides Mitteilung zu machen. Der Arbeitnehmer hat dem Arbeitgeber jede Veränderung des bei Antritt des Präsenz- oder Ausbildungs- oder Zivildienstes bekannten Zeitausmaßes des Präsenz- oder Ausbildungs- oder Zivildienst unverzüglich bekanntzugeben. Das gleiche gilt bei Entfall des Präsenz- oder Ausbildungs- oder Zivildienst.

(2) Ist der Arbeitnehmer aus Gründen, die nicht von ihm zu vertreten sind, an der Mitteilung gehindert, so hat er sie nach Wegfall des Hinderungsgrundes unverzüglich nachzuholen.

Fristenhemmung

§ 6. (1) Durch die Leistung des Präsenz- oder Ausbildungs- oder Zivildienst wird der Lauf folgender Fristen gehemmt:

1. Fristen für die Geltendmachung von Ansprüchen aus dem Arbeitsverhältnis, die auf Gesetz, Normen der kollektiven Rechtsgestaltung oder Einzelvertrag beruhen,
2. die Frist für die Weiterverwendung von ausgelernten Lehrlingen gemäß § 18 des Berufsausbildungsgesetzes, BGBl. Nr. 142/1969, gemäß § 63 Abs. 4 des Land- und Forstarbeiter-Dienstrechtsgesetzes, BGBl. Nr. 280/1980, oder eine durch Kollektivvertrag festgelegte längere Frist sowie
3. die Kündigungsfrist bei Kündigung durch den Arbeitgeber, die im Zeitpunkt der Erlassung des Einberufungsbefehles, der allgemeinen Bekanntmachung der Einberufung oder der Zustellung des Zuweisungsbescheides bereits läuft, wenn der Arbeitnehmer seiner Mitteilungspflicht gemäß § 5 Abs. 1 spätestens innerhalb von 14 Tagen oder unverzüglich nach Wegfall eines über diese Frist hinaus andauernden Hinderungsgrundes nachkommt.

(2) Eine Hemmung der Kündigungsfrist gemäß Abs. 1 Z 3 tritt nicht ein, wenn das Gericht auf Grund einer Klage des Arbeitgebers das Vorliegen eines der in § 14 Abs. 1 Z 1 genannten Gründe feststellt.

(3) Die Hemmung beginnt mit dem Tag, für den der Arbeitnehmer zur Leistung des Präsenz- oder Ausbildungs- oder Zivildienstes einberufen (zugewiesen) ist und endet mit dem Tag der Entlassung aus dem Präsenz- oder Ausbildungs- oder Zivildienst, bei einem Präsenzdienst als Zeitsoldat gemäß § 23 WG 2001 mit dem Ende des Kündigungs- und Entlassungsschutzes gemäß § 13 Abs. 1.

Wiederantritt der Arbeit

§ 7. (1) Tritt der Arbeitnehmer aus seinem Verschulden die Arbeit nicht innerhalb von sechs Werktagen nach seiner Entlassung aus dem Präsenz- oder Ausbildungs- oder Zivildienst an, so stellt dies einen Entlassungsgrund im Sinne des § 15 Z 2 dar. Über Verlangen hat der Arbeitnehmer dem Arbeitgeber Einsicht in die Entlassungsbescheinigung zu geben.

(2) Ist der Arbeitnehmer am rechtzeitigen Wiederantritt der Arbeit aus Gründen, die nicht von ihm zu vertreten sind, gehindert, so hat er dies dem Arbeitgeber unter Angabe des Grundes ab Kenntnis unverzüglich bekanntzugeben. Nach Wegfall des Hinderungsgrundes ist die Arbeit am nächstfolgenden Tag, an dem im Betrieb gearbeitet wird, anzutreten.

(3) Ansprüche auf Fortzahlung des Entgelts des Arbeitnehmers bei Unterbleiben der Arbeitsleistung stehen auch dann zu, wenn der Arbeitnehmer aus den Gründen des Abs. 2 nach Entlassung aus dem Präsenz- oder Ausbildungs- oder Zivildienst die Arbeit nicht antreten kann.

Anrechnungsbestimmungen

§ 8. Soweit sich Ansprüche eines Arbeitnehmers nach der Dauer der Dienstzeit richten, sind Zeiten

1. des Präsenzdienstes gemäß § 19 Abs. 1 Z 1 bis 3 und 5 bis 7 WG 2001,
2. des Wehrdienstes als Zeitsoldat gemäß § 19 Abs. 1 Z 4 WG 2001 bis zu zwölf Monaten,
3. des Ausbildungsdienstes und
4. des Zivildienstes,

während derer das Arbeitsverhältnis bestanden hat, auf die Dauer der Dienstzeit anzurechnen.

Urlaub

§ 9. (1) Fallen in ein Urlaubsjahr Zeiten eines Präsenz- oder Ausbildungs- oder Zivildienstes, so gebührt der Urlaub – soweit Abs. 2 nicht anderes bestimmt – in dem Ausmaß, das dem um die Dauer des Präsenz- oder Ausbildungs- oder Zivildienstes verkürzten Urlaubsjahr entspricht. Ergeben sich bei der Berechnung des Urlaubsausmaßes Teile von Werktagen, so sind diese auf ganze Werktage aufzurunden.

(2) Fällt in ein Urlaubsjahr eine kurzfristige Einberufung zum Präsenz- oder Ausbildungs- oder Zivildienst, so tritt eine Verkürzung des Urlaubsanspruches nur dann ein, wenn die Zeit dieser Einberufung im Urlaubsjahr 30 Tage übersteigt. Mehrere derartige Einberufungen innerhalb des Urlaubsjahres sind zusammenzurechnen. Abs. 1 zweiter Satz gilt sinngemäß.

(3) Erstreckt sich der Präsenz- oder Ausbildungs- oder Zivildienst eines Lehrers ganz oder zum Teil auf die Hauptferien, so hat er unmittelbar nach Beendigung des Präsenz- oder Ausbildungs- oder Zivildienstes Anspruch auf Erholungsurlaub bis zu dem Ausmaß, das einem vergleichbaren Arbeitnehmer gemäß Abs. 1 und 2 zusteht. Auf diesen Urlaubsanspruch sind jene Teile der Hauptferien, in denen kein Präsenz- oder Ausbildungs- oder Zivildienst geleistet wird, anzurechnen.

Sonstige Bezüge

§ 10. Der Arbeitnehmer behält den Anspruch auf sonstige, insbesondere einmalige Bezüge im Sinne des § 67 Abs. 1 des Einkommensteuergesetzes 1988, BGBl. Nr. 400, in den Kalenderjahren, in denen er den Präsenz- oder Ausbildungs- oder Zivildienst antritt oder beendet, in dem Ausmaß, das dem um die Dauer des Präsenz- oder Ausbildungs- oder Zivildienstes verkürzten Kalenderjahr entspricht.

Werks(Dienst)wohnung

§ 11. (1) Vereinbarungen über die Gewährung einer Werks(Dienst)wohnung, die vom Einberufenen (Zugewiesenen) oder seinen Familienangehörigen weiter benötigt wird, bleiben durch die Einberufung (Zuweisung) zum Präsenz- oder Ausbildungs- oder Zivildienst solange unberührt, als das Arbeitsverhältnis besteht, bei einem Präsenzdienst als Zeitsoldat gemäß § 23 WG 2001 bis zum Ende des Kündigungs- und Entlassungsschutzes gemäß § 13 Abs. 1.

(2) Eine abweichende Vereinbarung über die Werks(Dienst)wohnung während des aufrechten Arbeitsverhältnisses bedarf zu ihrer Gültigkeit der Schriftform. Dieser Vereinbarung muß überdies eine Bescheinigung des Gerichts (§ 92 des Arbeits- und Sozialgerichtsgesetzes (ASGG), BGBl. Nr. 104/1985) oder einer gesetzlichen Interessenvertretung der Arbeitnehmer beigeschlossen sein, aus der hervorgeht, daß der Arbeitnehmer über Abs. 1 belehrt worden ist.

Kündigungs- und Entlassungsschutz

Grundsätze

§ 12. (1) Arbeitnehmer, die zum Präsenz- oder Ausbildungs- oder Zivildienst einberufen (zugewiesen) sind, dürfen vom Zeitpunkt der Mitteilung über die Erlassung des Einberufungsbefehles, der allgemeinen Bekanntmachung der Einberufung oder der Zustellung des Zuweisungsbescheides an bis zu dem in § 13 genannten Tag weder gekündigt noch entlassen werden, soweit nicht anderes bestimmt ist.

(2) Hat der Arbeitgeber in Unkenntnis über die bereits erfolgte Einberufung (Zuweisung) zum Präsenz- oder Ausbildungs- oder Zivildienst innerhalb einer Frist von 14 Tagen ab der Erlassung des Einberufungsbefehles oder der allgemeinen Bekanntmachung der Einberufung oder der Zustellung des Zuweisungsbescheides eine Kündigung oder Entlassung ausgesprochen, so ist diese rechtsunwirksam, wenn der Arbeitnehmer seiner Mitteilungspflicht (§ 5) binnen drei Arbeitstagen nach Zugang der Beendigungserklärung nachkommt. Ist der Arbeitnehmer durch einen Hinderungsgrund gemäß § 5 Abs. 2 über die Frist von 14 Tagen hinaus an der Mitteilung verhindert, so ist die Kündigung oder Entlassung rechtsunwirksam, wenn der Arbeitnehmer unverzüglich nach Wegfall dieses Hinderungsgrundes unter Vorlage des Einberufungsbefehles oder der Beurkundung eines mündlich erlassenen Einberufungsbefehles oder des Zuweisungsbescheides oder unter Hinweis auf die erfolgte allgemeine Bekanntmachung der Einberufung seiner Mitteilungspflicht nachkommt.

(3) Die Kündigung oder Entlassung ist rechtswirksam, wenn vor ihrem Ausspruch die Zustimmung des Gerichts eingeholt wurde. Die Zustimmung ist nicht erforderlich, wenn der Betrieb stillgelegt wurde und eine Weiterbeschäftigung des Arbeitnehmers in einem anderen Betrieb des Unternehmens nicht möglich ist.

(4) Der Arbeitgeber hat gleichzeitig mit der Einbringung der Klage den Betriebsrat zu verständigen.

(5) Eine entgegen den Bestimmungen der Abs. 1 bis 4 ausgesprochene Kündigung oder Entlassung ist rechtsunwirksam.

(6) Die Kündigung oder Entlassung ist nur zulässig, wenn sie unverzüglich nach der Entscheidung des Gerichts ausgesprochen wird.

(7) Für Arbeitnehmer, die unter den Kündigungs- und Entlassungsschutz nach diesem Bundesgesetz fallen, gelten die §§ 105 bis 107 des Arbeitsverfassungsgesetzes, BGBl. Nr. 22/1974, nicht. Für Arbeitnehmer, auf die die §§ 120 bis 122 des Arbeitsverfassungsgesetzes anzuwenden sind, gilt der Kündigungs- und Entlassungsschutz nach diesem Bundesgesetz nicht. Weiters gilt für Arbeitnehmer, auf die die §§ 10 und 12 des Mutterschutzgesetzes 1979, BGBl. Nr. 221, oder § 7 des Väter-Karenzgesetzes, BGBl. Nr. 651/1989, anzuwenden sind, der Kündigungs- und Entlassungsschutz nach diesem Bundesgesetz nicht.

Ende des Kündigungs- und Entlassungsschutzes

§ 13. (1) Der Kündigungs- und Entlassungsschutz endet:

1. bei einem Präsenz- oder Ausbildungs- oder Zivildienst, der kürzer als zwei Monate dauert, nach einem Zeitraum im Ausmaß der halben Dauer dieses Präsenz- oder Ausbildungs- oder Zivildienstes nach dessen Beendigung;
2. bei einem Präsenzdienst als Zeitsoldat gemäß § 23 WG 2001, der ununterbrochen länger als vier Jahre dauert, nach vier Jahren ab dessen Antritt;
3. bei einem Ausbildungsdienst, der erst nach vollständiger Leistung des Grundwehrdienstes angetreten wird, einen Monat nach Beendigung des Ausbildungsdienstes, spätestens jedoch einen Monat nach Ablauf des zwölften Monats des Ausbildungsdienstes;
4. in allen übrigen Fällen einen Monat nach Beendigung des Präsenz- oder Ausbildungs- oder Zivildienstes.

(2) Ergeben sich bei Berechnung der Frist gemäß Abs. 1 Z 1 Teile von Tagen, so sind diese auf ganze Tage aufzurunden.

Zustimmung zur Kündigung

§ 14. (1) Das Gericht darf die Zustimmung zur Kündigung nur erteilen, wenn

1. der Arbeitgeber den Arbeitnehmer
   a) wegen der bevorstehenden Stillegung des Betriebes oder
   b) wegen der bevorstehenden oder schon durchgeführten Einschränkung des Betriebes oder
   c) wegen der bevorstehenden oder schon durchgeführten Stillegung einer Betriebsabteilung

   trotz dessen Verlangen an einem anderen Arbeitsplatz im Betrieb oder in einem anderen Betrieb des Unternehmens nicht ohne erheblichen Schaden weiterbeschäftigen kann, oder
2. der Arbeitnehmer auf Grund einer Erkrankung oder eines Unglücksfalles unfähig wird, die vereinbarte Arbeit zu leisten, sofern eine Wiederherstellung seiner Arbeitsfähigkeit nicht zu erwarten ist und dem Arbeitgeber die Weiterbeschäftigung oder die Erbringung einer anderen Arbeitsleistung durch den Arbeitnehmer, zu deren Verrichtung sich dieser bereit erklärt hat, nicht zugemutet werden kann, oder
3. sich der Arbeitnehmer in der Tagsatzung zur mündlichen Streitverhandlung nach Rechtsbelehrung durch den Vorsitzenden über den Kündigungsschutz nach diesem Bundesgesetz mit der Kündigung einverstanden erklärt.

(2) Wurde ein Arbeitnehmer wegen eines in Abs. 1 Z 1 genannten Grundes gekündigt und entfällt dieser Grund während des Zeitraumes des Kündigungsschutzes, so ist diese Kündigung rechtsunwirksam, wenn der Arbeitnehmer innerhalb von 14 Tagen nach Verständigung durch den Arbeitgeber oder 14 Tagen nach Kenntnis über

den Wegfall des Kündigungsgrundes dem Arbeitgeber mitteilt, daß er das frühere Arbeitsverhältnis fortsetzen will.

Zustimmung zur Entlassung

§ 15. Das Gericht darf die Zustimmung zur Entlassung nur erteilen, wenn der Arbeitnehmer

1. den Arbeitgeber absichtlich über Umstände, die für den Vertragsabschluß oder den Vollzug des in Aussicht genommenen Arbeitsverhältnisses wesentlich sind, in Irrtum versetzt hat,
2. die Arbeitspflicht schuldhaft gröblich verletzt, insbesondere wenn er ohne einen rechtmäßigen Hinderungsgrund während einer den Umständen nach erheblichen Zeit die Arbeitsleistung unterläßt,
3. im Dienst untreu ist oder sich in seiner Tätigkeit ohne Wissen des Arbeitgebers von dritten Personen unberechtigt Vorteile zuwenden läßt,
4. ein Geschäfts- oder Betriebsgeheimnis verrät oder ohne Einwilligung des Arbeitgebers ein der Verwendung im Betrieb abträgliches Nebengeschäft betreibt,
5. sich Tätlichkeiten oder erhebliche Ehrverletzungen gegen den Arbeitgeber, dessen im Betrieb tätige oder anwesende Familienangehörige oder Arbeitnehmer des Betriebes zuschulden kommen läßt,
6. sich einer gerichtlich strafbaren Handlung, die nur vorsätzlich begangen werden kann und mit einer mehr als einjährigen Freiheitsstrafe bedroht ist, oder mit Bereicherungsvorsatz einer anderen gerichtlich strafbaren Handlung schuldig macht.

Einvernehmliche Auflösung

§ 16. Eine einvernehmliche Auflösung des Arbeitsverhältnisses während der Dauer des Kündigungs- und Entlassungsschutzes bedarf zu ihrer Gültigkeit der Schriftform. Dieser Vereinbarung muß überdies eine Bescheinigung des Gerichts (§ 92 des Arbeits- und Sozialgerichtsgesetzes) oder einer gesetzlichen Interessenvertretung der Arbeitnehmer beigeschlossen sein, aus der hervorgeht, daß der Arbeitnehmer über den Kündigungs- und Entlassungsschutz nach diesem Bundesgesetz belehrt wurde.

Verfahren

§ 17. Im Verfahren vor Gericht ist der Arbeitnehmer Partei.

Heimarbeiter

§ 18. (1) Heimarbeiter dürfen von dem im § 12 Abs. 1 genannten Zeitpunkt bis zum Antritt des Präsenz- oder Ausbildungs- oder Zivildienst und nach dessen Beendigung während der im § 13 angeführten Zeiträume bei der Ausgabe von Heimarbeit im Vergleich zu anderen Heimarbeitern desselben Auftraggebers nicht benachteiligt werden.

(2) Heimarbeiter, die entgegen Abs. 1 bei der Ausgabe von Heimarbeit benachteiligt worden sind, haben Anspruch auf Leistung des dadurch entgangenen Entgelts. Der Berechnung der Höhe des Entgelts ist das Entgelt zugrunde zu legen, das der Heimarbeiter im Durchschnitt der letzten 13 Wochen vor dem im § 12 Abs. 1 genannten Zeitpunkt erzielt hat oder das ihm bei Bestehen eines Heimarbeitsvertrages oder eines Heimarbeitstarifes gebührt hätte.

(3) Wird ein Heimarbeiter zum Präsenz- oder Ausbildungs- oder Zivildienst einberufen (zugewiesen), so ist das ihm gebührende Entgelt vor Antritt des Präsenz- oder Ausbildungs- oder Zivildienstes abzurechnen und auszuzahlen.

ABSCHNITT III

Sonderbestimmungen für Bedienstete des öffentlichen Dienstes

§ 19. Abschnitt II gilt sinngemäß mit den in den §§ 20 bis 23 enthaltenen Abweichungen für Bedienstete, die in

1. einem Dienstverhältnis zum Bund,
2. einem Dienstverhältnis gemäß Art. 14 Abs. 2 B-VG,
3. einem Dienstverhältnis gemäß Art. 14a Abs. 3 lit. b B-VG oder
4. einem Dienstverhältnis zu einer Stiftung, einer Anstalt oder einem Fonds gemäß § 1 Abs. 2 des Vertragsbedienstetengesetzes 1948

stehen.

Abweichende Regelungen

§ 20. (1) Auf Bedienstete, die nicht unter den II. Teil des Arbeitsverfassungsgesetzes fallen, sind die §§ 6 Abs. 2, 7 Abs. 2, 12 Abs. 3 bis 7 und die §§ 14 und 17 nicht anzuwenden.

(2) Tritt ein Bediensteter gemäß Abs. 1 aus seinem Verschulden den Dienst nicht innerhalb von sechs Werktagen nach seiner Entlassung aus dem Präsenz- oder Ausbildungs- oder Zivildienst an, so stellt dies einen Entlassungsgrund dar. Dies gilt nicht für Bedienstete, die einem Disziplinarrecht unterliegen.

(3) Auf Bedienstete gemäß Abs. 1 ist § 11 Abs. 2 mit der Maßgabe anzuwenden, daß eine Belehrung auch von der Personalvertretung vorgenommen werden kann.

(4) § 16 ist auf öffentlich-rechtlich Bedienstete nicht anzuwenden. Eine einvernehmliche Auflösung des Dienstverhältnisses eines sonstigen Bediensteten während der Dauer des Kündigungsschutzes ist nur dann rechtswirksam, wenn sie schriftlich vereinbart wurde. Dieser Vereinbarung muß eine Bescheinigung eines Gerichtes (§ 92 ASGG), der Personalvertretung oder des Betriebsrates beigeschlossen sein, aus der hervorgeht, daß der Dienstnehmer über den Kündigungsschutz nach diesem Bundesgesetz belehrt wurde.

(5) Der Lauf einer Frist, innerhalb der eine Kündigung des Dienstverhältnisses ohne Angabe von Gründen möglich ist, wird während der Dauer des

Kündigungs- und Entlassungsschutzes (§§ 12 und 13) gehemmt. Diese Hemmung tritt jedoch nicht ein, wenn zu Beginn des Kündigungs- und Entlassungsschutzes bereits zwei Drittel dieser Frist verstrichen sind.

(6) Die Ableistung des Präsenzdienstes als Zeitsoldat in einem vier Jahre übersteigenden Ausmaß stellt bei kündbaren Bediensteten einen Kündigungsgrund dar.

(7) Die Ableistung des Präsenzdienstes als Zeitsoldat berechtigt den Dienstgeber, abweichend von § 11 einem Bediensteten die ihm überlassene Dienstwohnung zu entziehen.

Definitivstellung

§ 21. (1) Während der Dauer des Kündigungs- und Entlassungsschutzes (§§ 12 und 13) bis zum Ablauf von vier Monaten nach dessen Ende kann ein Rechtsanspruch auf die Umwandlung eines kündbaren Dienstverhältnisses in ein unkündbares (definitives) Dienstverhältnis nicht erworben werden.

(2) Die Definitivstellung nach Ablauf der im Abs. 1 genannten Frist wirkt auf den Zeitpunkt zurück, in dem sie ohne die Aufschiebung nach Abs. 1 erfolgt wäre.

Urlaub für Lehrer

§ 22. (1) Für Lehrer gilt § 9 Abs. 3 mit der Maßgabe, daß Anspruch auf Erholungsurlaub bis zu dem Ausmaß gebührt, das einem vergleichbaren Beamten der allgemeinen Verwaltung unter Berücksichtigung des § 9 Abs. 1 und 2 zusteht.

(2) Bei der Anwendung des Abs. 1 ist für die Berechnung des Urlaubsausmaßes an Stelle des Kalenderjahres das Schuljahr heranzuziehen. Erhöht sich das gesetzlich festgelegte Urlaubsausmaß der Beamten der allgemeinen Verwaltung während des Schuljahres, so gilt diese Erhöhung auch für Lehrer.

Entlassung

§ 23. (1) § 15 ist nicht anzuwenden, wenn die Entlassung des Bediensteten durch das rechtskräftige Erkenntnis einer auf Grund gesetzlicher oder anderer dienstrechtlicher Vorschriften gebildeten Disziplinarkommission (Disziplinargericht) verfügt wird oder das Dienstverhältnis kraft Gesetzes erlischt.

(2) Unbeschadet der in § 15 angeführten Entlassungsgründe kann das Gericht die Zustimmung zur Entlassung erteilen, wenn sich nachträglich herausstellt, daß der Vertragsbedienstete die Aufnahme in das Dienstverhältnis durch unwahre Angaben, ungültige Urkunden oder durch Verschweigen von Umständen erschlichen hat, die seine Aufnahme nach den Bestimmungen des Vertragsbedienstetengesetzes 1948, BGBl. Nr. 86, ausgeschlossen hätte.

ABSCHNITT IV
Sonderbestimmungen für Arbeitnehmer im Sinne des Landarbeitsgesetzes 2021

§ 24. (1) § 12 Abs. 7 gilt mit der Maßgabe, dass an Stelle des Zitates „§§ 105 bis 107 des Arbeitsverfassungsgesetzes, BGBl. Nr. 22/1974“, das Zitat „§§ 354 bis 356 des Landarbeitsgesetzes 2021“, anstelle des Zitates „§§ 120 bis 122 des Arbeitsverfassungsgesetzes“ das Zitat „§§ 367 und 368 des Landarbeitsgesetzes 2021“, anstelle des Zitates „§§ 10 und 12 des Mutterschutzgesetzes 1979, BGBl. Nr. 221“ das Zitat „§§ 177 und 179 des Landarbeitsgesetzes 2021“ und anstelle des Zitates „§ 7 des Väter-Karenzgesetzes, BGBl. Nr. 651/1989“ das Zitat „§ 40 des Landarbeitsgesetzes 2021“ treten.

(2) § 6 Abs. 1 Z 2 gilt mit der Maßgabe, dass anstelle des Zitates „§ 18 des Berufsausbildungsgesetzes, BGBl. Nr. 142/1969“ das Zitat „§ 266 Abs. 7 des Landarbeitsgesetzes 2021“ tritt.

ABSCHNITT V
Gemeinsame Vorschriften und Schlußbestimmungen

Unabdingbarkeit

§ 25. Die Rechte, die dem Arbeitnehmer auf Grund dieses Bundesgesetzes zustehen, können durch Arbeitsvertrag oder Normen der kollektiven Rechtsgestaltung weder aufgehoben noch beschränkt werden.

Weitergelten von Regelungen

§ 26. Im Zeitpunkt des Inkrafttretens dieses Bundesgesetzes bestehende, für den Arbeitnehmer günstigere Regelungen in Arbeitsverträgen oder Normen der kollektiven Rechtsgestaltung werden durch dieses Bundesgesetz nicht berührt.

Übergangsbestimmungen

§ 27. (1) Bis zum Zeitpunkt des Inkrafttretens dieses Bundesgesetzes bereits geleistete Zeiten gemäß § 27 Abs. 3 Z 3 und 7 des Wehrgesetzes 1990, während deren das Arbeitsverhältnis bestanden hat, sind für Ansprüche eines Arbeitnehmers, die sich nach der Dauer der Dienstzeit richten, anzurechnen.

(2) § 9 gilt erstmals für jenes Urlaubsjahr, das ab dem Inkrafttreten dieses Bundesgesetzes beginnt.

(3) Der Kündigungs- und Entlassungsschutz endet bei einem Präsenzdienst als Zeitsoldat gemäß § 32 des Wehrgesetzes 1990, der im Zeitpunkt des Inkrafttretens dieses Bundesgesetzes bereits angetreten wurde, mit dem Ende des Verpflichtungszeitraumes, längstens jedoch nach vier Jahren nach Inkrafttreten dieses Bundesgesetzes.

Aufhebung von Rechtsvorschriften

§ 28. Mit Inkrafttreten dieses Bundesgesetzes treten für Arbeitnehmer, für die dieses Bundesgesetz zur Anwendung kommt, außer Kraft:

1. das Arbeitsplatz-Sicherungsgesetz, BGBl. Nr. 154/1956;
2. § 35 des Zivildienstgesetzes.

Verweisungen

§ 28a. Soweit in diesem Bundesgesetz auf andere Bundesgesetze verwiesen wird, sind diese in der jeweils geltenden Fassung anzuwenden.

Personenbezogene Ausdrücke

§ 28b. Die in diesem Bundesgesetz verwendeten personenbezogenen Ausdrücke betreffen, soweit dies inhaltlich in Betracht kommt, Frauen und Männer gleichermaßen.

Wirksamkeit und Vollziehung

§ 29. (1) Dieses Bundesgesetz tritt am 1. Jänner 1992 in Kraft.

(1a) Die Änderung des Titels, § 3, § 4, § 5 Abs. 1, § 6 Abs. 1 und 3, § 7 Abs. 1 und 3, § 8, § 9, § 10, § 11 Abs. 1, § 12 Abs. 1, 2 und 7, § 13 Abs. 1, § 18 Abs. 1 und 3, § 20 Abs. 2 sowie § 28a und § 28b, jeweils samt Überschrift, in der Fassung des Bundesgesetzes BGBl. I Nr. 30/1998 treten mit 1. Jänner 1998 in Kraft.

(1b) Die §§ 3 Abs. 1 und 2, 5 Abs. 1, 6 Abs. 1 und 3, 8, 9 Abs. 2, 11 Abs. 1, 12 Abs. 1, 2 und 7, 13 Abs. 1 und 24 Abs. 3, jeweils in der Fassung des Bundesgesetzes BGBl. I Nr. 137/2003, treten mit 1. Jänner 2004 in Kraft.

(1c) § 3 Abs. 2 und 3 sowie § 13 Abs. 1 in der Fassung des Bundesgesetzes BGBl. I Nr. 56/2005, treten mit 1. Juli 2005 in Kraft.

(1d) § 24 Abs. 2 in der Fassung des Bundesgesetzes BGBl. I Nr. 71/2013 tritt mit 1. Jänner 2014 in Kraft.

(1e) § 1 Abs. 3, § 2 Z 2 und § 24 in der Fassung des Bundesgesetzes BGBl. I Nr. 78/2021 treten mit 1. Juli 2021 in Kraft.

(2) Mit der Vollziehung dieses Bundesgesetzes sind – hinsichtlich des § 28 Z 2 im Einvernehmen mit dem Bundesminister für Inneres – betraut

1. für Dienstverhältnisse zum Bund die Bundesministerin bzw. der Bundesminister für Kunst, Kultur, öffentlichen Dienst und Sport; in Angelegenheiten, die nur den Wirkungsbereich eines Bundesministers betreffen, dieser Bundesminister;
2. für Dienstverhältnisse der Lehrer gemäß Art. 14a Abs. 2 lit. a bis d B-VG die Bundesministerin bzw. der Bundesminister für Landwirtschaft, Regionen und Tourismus im Einvernehmen mit der Bundesministerin bzw. dem Bundesminister für Kunst, Kultur, öffentlichen Dienst und Sport;
3. a) für Dienstverhältnisse der Lehrer für öffentliche Pflichtschulen (Art. 14 Abs. 2 B-VG),
   b) für Dienstverhältnisse der Lehrer für öffentliche land- und forstwirtschaftliche Berufs- und Fachschulen und Erzieher für öffentliche Schülerheime, die ausschließlich oder vorwiegend für Schüler der öffentlichen land- und forstwirtschaftlichen Berufs- und Fachschulen bestimmt sind (Art. 14 a Abs. 3 lit. b B-VG),
   c) für Arbeitsverhältnisse, die dem Landarbeitsgesetz 2021 unterliegen, das Land;

(Anm.: *lit d aufgehoben durch Art. 8 Z 2BGBl. I Nr. 126/2017)*

4. im Übrigen die Bundesministerin bzw. der Bundesminister für Arbeit.

9. Arbeiter-Abfertigungsgesetz

Bundesgesetz vom 23. Feber 1979, mit dem Abfertigungsansprüche für Arbeiter geschaffen sowie das Angestelltengesetz, das Gutsangestelltengesetz, das Vertragsbedienstetengesetz und das Insolvenz-Entgeltsicherungsgesetz geändert werden

StF: BGBl. Nr. 107/1979

Letzte Novellierung: BGBl. I Nr. 100/2018

GLIEDERUNG

STICHWORTVERZEICHNIS

ARTIKEL I
Abfertigung für Arbeiter
Geltungsbereich

§ 1. (1) Dieses Bundesgesetz gilt für alle Arbeitsverhältnisse, die auf einem privatrechtlichen Vertrag beruhen.

(2) Ausgenommen sind Arbeitsverhältnisse

1. der land- und forstwirtschaftlichen Arbeiter, auf die das Landarbeitsgesetz, BGBl. Nr. 140/1948, anzuwenden ist;
2. zu einem Land, einem Gemeindeverband oder einer Gemeinde;
3. zum Bund

sowie Beschäftigungsverhältnisse, für die das Heimarbeitsgesetz 1960, BGBl. Nr. 105/1961, gilt.

(3) Ausgenommen sind ferner Arbeitsverhältnisse, auf die

1. das Angestelltengesetz, BGBl. Nr. 292/1921,
2. das Gutsangestelltengesetz, BGBl. Nr. 538/1923,
3. das Journalistengesetz, BGBl. Nr. 88/1920,
4. das Hausgehilfen- und Hausangestelltengesetz, BGBl. Nr. 235/1962,
5. das Bauarbeiter-Urlaubs- und Abfertigungsgesetz (BUAG), BGBl. Nr. 414/1972, in der jeweils geltenden Fassung

in der jeweils geltenden Fassung anzuwenden ist.

(4) Im Regelungsbereich des Kollektivvertrages gemäß § 13 Abs. 6 des Bundesforstegesetzes, BGBl. Nr. 793/1996, sind die Bestimmungen dieses Bundesgesetzes nicht anzuwenden.

Abfertigung

§ 2. (1) Dem Arbeitnehmer gebührt eine Abfertigung, wenn das Arbeitsverhältnis aufgelöst wird. Auf diese Abfertigung sind die §§ 23 und 23a des Angestelltengesetzes, BGBl. Nr. 292/1921, in der jeweils geltenden Fassung, anzuwenden.

(2) Arbeitnehmern und Arbeitnehmerinnen von Eisenbahnen im Sinne des § 1 Z 1 und 2 des Eisenbahngesetzes 1957, BGBl. Nr. 60, die in der zusätzlichen Pensionsversicherung des Pensionsinstitutes für Verkehr und öffentliche Einrichtungen versichert sind, werden zusätzliche Pensionsleistungen, die über die aus der gesetzlichen Pensi-

onsversicherung gebührenden Leistungen hinausgehen, in die Abfertigung eingerechnet. Davon abweichend werden Arbeitnehmern und Arbeitnehmerinnen von Eisenbahnen im Sinne des § 1 Z 1 und 2 des Eisenbahngesetzes 1957 zusätzliche Pensionsleistungen

1. ab 1. Jänner 2014 aus Anwartschaften gemäß § 481 ASVG,
2. ab 1. Jänner 2021 aus auf Beitragsleistungen der Arbeitgeber/innen beruhenden Anwartschaften gemäß § 481 ASVG,

die über die aus der gesetzlichen Pensionsversicherung gebührenden Leistungen hinausgehen, in die Abfertigung eingerechnet.

(3) Arbeitnehmer in Arbeitskräfteüberlassungsbetrieben (§ 2 Abs. 2 lit. h BUAG) oder in Mischbetrieben (§ 3 BUAG), die während der Dauer des Arbeitsverhältnisses zu Beschäftigungen herangezogen werden, die für den Sachbereich der Abfertigungsregelungen abwechselnd dem Geltungsbereich dieses Bundesgesetzes und dem des BUAG unterliegen, haben unbeschadet der Häufigkeit des Wechsels und der Dauer der Beschäftigungen nach ununterbrochener dreijähriger Dauer des Arbeitsverhältnisses bei dessen Auflösung Anspruch auf Abfertigung nach Maßgabe der Bestimmungen dieses Bundesgesetzes. Dem Arbeitnehmer gebührt von der unter Berücksichtigung der Gesamtdauer des Arbeitsverhältnisses zustehenden Abfertigung der Anteil, der dem Verhältnis der im Geltungsbereich dieses Bundesgesetzes zurückgelegten Beschäftigungszeiten zur Gesamtdauer des Arbeitsverhältnisses entspricht. § 13a Abs. 1a und § 13c Abs. 5 letzter Satz BUAG sind sinngemäß anzuwenden.

Unabdingbarkeit

§ 3. Die Rechte, die dem Arbeitnehmer auf Grund des § 2 zustehen, können durch Arbeitsvertrag oder Normen der kollektiven Rechtsgestaltung weder aufgehoben noch beschränkt werden.

Inkrafttreten

§ 4. § 1 Abs. 1 dieses Bundesgesetzes in der Fassung des Bundesgesetzes BGBl. Nr. 833/1992 tritt mit 1. Jänner 1993 in Kraft.

ARTIKEL VII

Schluß- und Übergangsbestimmungen

(1) Dieses Bundesgesetz tritt am 1. Juli 1979 in Kraft.

(2) Die nach Art. I § 2 gebührenden Abfertigungsansprüche treten in Etappen in Kraft und betragen:

10%	wenn das Arbeitsverhältnis spätestens mit 31. Dezember 1979,
20%	wenn das Arbeitsverhältnis innerhalb des Zeitraumes vom 1. Jänner 1980 bis 31. Dezember 1980,
40%	wenn das Arbeitsverhältnis innerhalb des Zeitraumes vom 1. Jänner 1981 bis 31. Dezember 1981,
60%	wenn das Arbeitsverhältnis innerhalb des Zeitraumes vom 1. Jänner 1982 bis 31. Dezember 1982,
80%	wenn das Arbeitsverhältnis innerhalb des Zeitraumes vom 1. Jänner 1983 bis 31. Dezember 1983 und
100%	wenn das Arbeitsverhältnis ab dem 1. Jänner 1984 endet.

(2a) § 2 Abs. 1 in der Fassung des Bundesgesetzes BGBl. Nr. 335/1993 tritt mit 1. Juli 1993 in Kraft. § 2 Abs. 1 ist auf Arbeitsverhältnisse, deren vertraglich vereinbarter Beginn nach dem 31. Dezember 2002 liegt, nicht mehr anzuwenden, soweit nicht durch Verordnung gemäß § 46 Abs. 1 letzter Satz des Betrieblichen Mitarbeitervorsorgegesetzes (BMVG), BGBl. I Nr. 100/2002, etwas anderes angeordnet wird. § 2 Abs. 1 ist jedoch weiterhin auf Arbeitsverhältnisse anzuwenden, deren vertraglich vereinbarter Beginn vor dem 1. Jänner 2003 oder dem durch Verordnung festgelegten Zeitpunkt liegt. Soweit eine Vereinbarung gemäß § 47 Abs. 1 und 3 BMVG erfolgt, sind diese Bestimmungen bis zum In-Kraft-Treten dieser Vereinbarung anzuwenden.

(2b) § 1 Abs. 4 und Art. VII Abs. 2a in der Fassung des Bundesgesetzes BGBl. I Nr. 100/2002 treten mit 1. Juli 2002 in Kraft.

(2c) § 2 Abs. 2 in der Fassung des Bundesgesetzes BGBl. I Nr. 139/2013 tritt mit 1. Jänner 2014 in Kraft.

(2d) § 2 Abs. 3 in der Fassung des Bundesgesetzes BGBl. I Nr. 72/2016 tritt mit dem der Kundmachung folgenden Tag in Kraft.

(3) Dienstzeiten im Sinne des § 23 Abs. 1 dritter Satz Angestelltengesetz und des § 22 Abs. 1 dritter Satz Gutsangestelltengesetz sind für die Abfertigung nicht zu berücksichtigen, wenn der Angestellte für diese Zeiten eine Abfertigung bereits erhalten hat.

(4) Endet ein dem Angestelltengesetz oder Gutsangestelltengesetz unterliegendes Dienstverhältnis zwischen dem 1. Juli 1979 und dem 31. Dezember 1983 und sind bei Berechnung der Abfertigung Dienstzeiten als Arbeiter (Lehrling) zu berücksichtigen (§ 23 Abs. 1 dritter Satz Angestelltengesetz bzw. § 22 Abs. 1 dritter Satz Guts-

angestelltengesetz), so gebührt die aufgrund der Angestellten (Gutsangestellten)Dienstzeit zustehende Abfertigung in vollem Ausmaß, der durch die Berücksichtigung von Dienstzeiten im Sinne des § 23 Abs. 1 dritter Satz Angestelltengesetz (§ 22 Abs. 1 dritter Satz Gutsangestelltengesetz) sich ergebende Mehranspruch nach Maßgabe des Abs. 2.

(5) Kollektivverträge, Arbeits(Dienst)Ordnungen oder Arbeitsverträge, die den Anspruch auf Abfertigung für die Arbeitnehmer günstiger regeln, bleiben insoweit unberührt.

(6) Mit der Vollziehung dieses Bundesgesetzes sind betraut:

1. Hinsichtlich des Art. IV die Bundesregierung, in Angelegeneheiten jedoch, die nur ein Bundesministerium betreffen, der zuständige Bundesminister.
2. Hinsichtlich der übrigen Bestimmungen der Bundesminister für soziale Verwaltung.

10. Arbeitsverfassungsgesetz

Bundesgesetz vom 14. Dezember 1973 betreffend die Arbeitsverfassung

StF: BGBl. Nr. 22/1974

Letzte Novellierung: BGBl. I Nr. 115/2022

GLIEDERUNG

STICHWORTVERZEICHNIS

I. TEIL

Kollektive Rechtsgestaltung

Geltungsbereich

§ 1. (1) Die Bestimmungen des I. Teiles gelten – soweit im folgenden nicht anderes bestimmt ist – für Arbeitsverhältnisse aller Art, die auf einem privatrechtlichen Vertrag beruhen.

(2) Ausgenommen von den Bestimmungen des 1. bis 4. Hauptstückes sind

1. Arbeitsverhältnisse der land- und forstwirtschaftlichen Arbeiter, auf die Abschnitt 3 des Art. I des Landarbeitsgesetzes 1984, BGBl. Nr. 287, Anwendung findet;
2. Arbeitsverhältnisse, die dem Heimarbeitsgesetz 1960, BGBl. Nr. 105/1961, unterliegen;
3. Arbeitsverhältnisse zum Bund, zu den Ländern, Gemeindeverbänden und Gemeinden sowie zu den von diesen Gebietskörperschaften verwalteten Betrieben, Unternehmungen, Anstalten, Stiftungen und Fonds, für die auf Grund eines Gesetzes Vorschriften Anwendung finden, die den wesentlichen Inhalt des Arbeitsvertrages zwingend festlegen.

(3) Die Bestimmungen des 5. Hauptstückes gelten nur für Betriebe, die den Bestimmungen des II. Teiles unterliegen.

1. HAUPTSTÜCK

KOLLEKTIVVERTRAG

Begriff und Inhalt

§ 2. (1) Kollektivverträge sind Vereinbarungen, die zwischen kollektivvertragsfähigen Körperschaften der Arbeitgeber einerseits und der Arbeitnehmer andererseits schriftlich abgeschlossen werden.

(2) Durch Kollektivverträge können geregelt werden:

1. Die Rechtsbeziehungen zwischen den Kollektivvertragsparteien;
2. die gegenseitigen aus dem Arbeitsverhältnis entspringenden Rechte und Pflichten der Arbeitgeber und der Arbeitnehmer;
3. die Änderung kollektivvertraglicher Rechtsansprüche gemäß Z 2 der aus dem Arbeitsverhältnis ausgeschiedenen Arbeitnehmer;
4. Maßnahmen im Sinne des § 97 Abs. 1 Z 4;
5. Art und Umfang der Mitwirkungsbefugnisse der Arbeitnehmerschaft bei Durchführung von Maßnahmen gemäß Z 4 und von Maßnahmen im Sinne des § 97 Abs. 1 Z 9;
6. gemeinsame Einrichtungen der Kollektivvertragsparteien;
7. sonstige Angelegenheiten, deren Regelung durch Gesetz dem Kollektivvertrag übertragen wird.

Verhältnis zu anderen Rechtsquellen

§ 3. (1) Die Bestimmungen in Kollektivverträgen können, soweit sie die Rechtsverhältnisse zwischen Arbeitgebern und Arbeitnehmern regeln, durch Betriebsvereinbarung oder Arbeitsvertrag weder aufgehoben noch beschränkt werden. Sondervereinbarungen sind, sofern sie der Kollektivvertrag nicht ausschließt, nur gültig, soweit sie für den Arbeitnehmer günstiger sind oder Angelegenheiten betreffen, die im Kollektivvertrag nicht geregelt sind.

(2) Bei der Prüfung, ob eine Sondervereinbarung im Sinne des Abs. 1 günstiger ist als der Kollektivvertrag, sind jene Bestimmungen zusammenzufassen und gegenüberzustellen, die in einem rechtlichen und sachlichen Zusammenhang stehen.

Kollektivvertragsfähigkeit

§ 4. (1) Kollektivvertragsfähig sind gesetzliche Interessenvertretungen der Arbeitgeber und der Arbeitnehmer, denen unmittelbar oder mittelbar die Aufgabe obliegt, auf die Regelung von Arbeitsbedingungen hinzuwirken und deren Willensbildung in der Vertretung der Arbeitgeber- oder der Arbeitnehmerinteressen gegenüber der anderen Seite unabhängig ist.

(2) Kollektivvertragsfähig sind die auf freiwilliger Mitgliedschaft beruhenden Berufsvereinigungen der Arbeitgeber und der Arbeitnehmer, welche

1. sich nach ihren Statuten zur Aufgabe stellen, die Arbeitsbedingungen innerhalb ihres Wirkungsbereiches zu regeln;
2. in ihrer auf Vertretung der Arbeitgeber- oder der Arbeitnehmerinteressen gerichteten Zielsetzung in einem größeren fachlichen und räumlichen Wirkungsbereich tätig werden;
3. vermöge der Zahl der Mitglieder und des Umfanges der Tätigkeit eine maßgebende wirtschaftliche Bedeutung haben;
4. in der Vertretung der Arbeitgeber- oder der Arbeitnehmerinteressen gegenüber der anderen Seite unabhängig sind.

(3) Für Arbeitsverhältnisse zu Vereinen, die vermöge der Zahl ihrer Mitglieder, des Umfanges ihrer Tätigkeit und der Zahl ihrer Arbeitnehmer eine maßgebende Bedeutung haben, sind diese selbst kollektivvertragsfähig, soweit sie nicht für Arbeitsverhältnisse bestimmter Betriebs- oder Verwaltungsbereiche einer kollektivvertragsfähigen Körperschaft der Arbeitgeber angehören.

Zuerkennung und Aberkennung der Kollektivvertragsfähigkeit

§ 5. (1) Die Kollektivvertragsfähigkeit im Sinne des § 4 Abs. 2 und 3 ist auf Antrag nach Anhörung der zuständigen gesetzlichen Interessenvertretungen durch das Bundeseinigungsamt zuzuerkennen.

(2) Die Entscheidung über die Zuerkennung der Kollektivvertragsfähigkeit ist im „Amtsblatt zur Wiener Zeitung" kundzumachen und dem Bundesministerium für soziale Verwaltung sowie jedem für Arbeits- und Sozialrechtssachen zuständigen

Gerichtshof zur Kenntnis zu bringen. Die Kosten der Kundmachung hat die freiwillige Berufsvereinigung (der Verein), der (dem) die Kollektivvertragsfähigkeit zuerkannt wurde, zu tragen.

(3) Die Kollektivvertragsfähigkeit ist durch das Bundeseinigungsamt von Amts wegen oder auf Antrag einer kollektivvertragsfähigen Berufsvereinigung oder einer gesetzlichen Interessenvertretung abzuerkennen, wenn die Voraussetzungen des § 4 Abs. 2 oder 3 nicht mehr gegeben sind; die Bestimmungen des Abs. 2 sind sinngemäß anzuwenden.

Vorrang der freiwilligen Berufsvereinigung

§ 6. Wird einer freiwilligen Berufsvereinigung die Kollektivvertragsfähigkeit gemäß § 5 Abs. 1 zuerkannt und schließt diese einen Kollektivvertrag ab, so verliert die in Betracht kommende gesetzliche Interessenvertretung hinsichtlich der Mitglieder der Berufsvereinigung die Kollektivvertragsfähigkeit für die Dauer der Geltung und für den Geltungsbereich des von der Berufsvereinigung abgeschlossenen Kollektivvertrages.

Kollektivvertragsfähigkeit juristischer Personen öffentlichen Rechts

§ 7. Für Arbeitsverhältnisse zu juristischen Personen öffentlichen Rechts, die den Vorschriften dieses Hauptstückes unterliegen, sind diese selbst kollektivvertragsfähig, soweit sie nicht für Arbeitsverhältnisse bestimmter Betriebs- oder Verwaltungsbereiche einer anderen kollektivvertragsfähigen Körperschaft angehören.

Kollektivvertragsangehörigkeit

§ 8. Kollektivvertragsangehörig sind, sofern der Kollektivvertrag nicht anderes bestimmt, innerhalb seines räumlichen, fachlichen und persönlichen Geltungsbereiches

1. die Arbeitgeber und die Arbeitnehmer, die zur Zeit des Abschlusses des Kollektivvertrages Mitglieder der am Kollektivvertrag beteiligten Parteien waren oder später werden;
2. die Arbeitgeber, auf die der Betrieb oder ein Teil des Betriebes eines der in Z 1 bezeichneten Arbeitgeber übergeht;
3. die Arbeitgeber, die im Rahmen eines verbundenen Gewerbes fachübergreifende Leistungen erbringen, hinsichtlich der Kollektivverträge in den ausgeübten Wirtschaftsbereichen, in denen keine Kollektivvertragsangehörigkeit nach Z 1 oder 2 besteht.

Fachlicher Geltungsbereich

§ 9. (1) Verfügt ein mehrfach kollektivvertragsangehöriger Arbeitgeber über zwei oder mehrere Betriebe, so findet auf die Arbeitnehmer der jeweilige dem Betrieb in fachlicher und örtlicher Beziehung entsprechende Kollektivvertrag Anwendung.

(2) Die Regelung des Abs. 1 findet sinngemäß Anwendung, wenn es sich um Haupt- und Nebenbetriebe oder um organisatorisch und fachlich abgegrenzte Betriebsabteilungen handelt.

(3) Liegt eine organisatorische Trennung in Haupt- und Nebenbetriebe oder eine organisatorische Abgrenzung in Betriebsabteilungen nicht vor, so findet jener Kollektivvertrag Anwendung, welcher für den fachlichen Wirtschaftsbereich gilt, der für den Betrieb die maßgebliche wirtschaftliche Bedeutung hat; durch Betriebsvereinbarung kann festgestellt werden, welcher fachliche Wirtschaftsbereich für den Betrieb die maßgebliche wirtschaftliche Bedeutung hat.

(4) Liegt weder eine organisatorische Trennung, eine organisatorische Abgrenzung noch die maßgebliche wirtschaftliche Bedeutung eines fachlichen Wirtschaftsbereiches im Sinne des Abs. 3 vor, so findet der Kollektivvertrag jenes fachlichen Wirtschaftsbereiches Anwendung, dessen Geltungsbereich unbeschadet der Verhältnisse im Betrieb die größere Anzahl von Arbeitnehmern erfaßt.

Persönlicher Geltungsbereich

§ 10. (1) Wird ein Arbeitnehmer in zwei oder mehreren Betrieben eines Arbeitgebers oder in organisatorisch abgegrenzten Betriebsabteilungen beschäftigt, für die verschiedene Kollektivverträge gelten, so findet auf ihn jener Kollektivvertrag Anwendung, der seiner überwiegend ausgeübten Beschäftigung entspricht.

(2) Liegt eine überwiegende Beschäftigung im Sinne des Abs. 1 nicht vor, so findet jener Kollektivvertrag Anwendung, dessen Geltungsbereich unbeschadet der Verhältnisse im Betrieb die größere Zahl von Arbeitnehmern des fachlichen Wirtschaftsbereiches erfaßt.

Normwirkung

§ 11. (1) Die Bestimmungen des Kollektivvertrages sind, soweit sie nicht die Rechtsbeziehungen zwischen den Kollektivvertragsparteien regeln, innerhalb seines fachlichen, räumlichen und persönlichen Geltungsbereiches unmittelbar rechtsverbindlich.

(2) Enthält der Kollektivvertrag keine Vorschrift über seinen Wirksamkeitsbeginn, so beginnt seine Wirkung mit dem auf die Kundmachung im „Amtsblatt zur Wiener Zeitung“ folgenden Tag.

Außenseiterwirkung

§ 12. (1) Die Rechtswirkungen des Kollektivvertrages treten auch für Arbeitnehmer eines kollektivvertragsangehörigen Arbeitgebers ein, die nicht kollektivvertragsangehörig sind (Außenseiter).

(2) Die gemäß Abs. 1 eingetretenen Rechtswirkungen werden durch einen späteren Kollektivvertrag für dessen Geltungsbereich aufgehoben.

Nachwirkung

§ 13. Die Rechtswirkungen des Kollektivvertrages bleiben nach seinem Erlöschen für Arbeitsverhältnisse, die unmittelbar vor seinem Erlöschen durch ihn erfaßt waren, so lange aufrecht, als für diese Arbeitsverhältnisse nicht ein neuer Kollektivvertrag wirksam oder mit den betroffenen Arbeitnehmern nicht eine neue Einzelvereinbarung abgeschlossen wird.

Hinterlegung und Kundmachung des Kollektivvertrages

§ 14. (1) Jeder Kollektivvertrag ist nach seinem Abschluß unverzüglich von den daran beteiligten kollektivvertragsfähigen Körperschaften der Arbeitnehmer in zwei, bei Kollektivverträgen für Arbeitnehmer in der Land- und Forstwirtschaft, soweit auf sie dieses Bundesgesetz Anwendung findet, in drei gleichlautenden Ausfertigungen, die von den vertragschließenden Parteien ordnungsgemäß gezeichnet sein müssen, beim Bundesministerium für soziale Verwaltung mit gleichzeitiger Angabe der Anschriften der vertragschließenden Parteien zu hinterlegen.

(2) Auch die im § 4 bezeichneten kollektivvertragsfähigen Körperschaften der Arbeitgeber sowie die juristischen Personen öffentlichen Rechts (§ 7) sind berechtigt, die von ihnen abgeschlossenen Kollektivverträge beim Bundesministerium für soziale Verwaltung zu hinterlegen.

(3) Das Bundesministerium für soziale Verwaltung hat innerhalb einer Woche nach der Hinterlegung die Kundmachung des Abschlusses des Kollektivvertrages durch Einschaltung im „Amtsblatt zur Wiener Zeitung" zu veranlassen. Die Kosten der Kundmachung sind von den vertragschließenden Parteien zu gleichen Teilen zu tragen.

(4) Nach erfolgter Kundmachung im „Amtsblatt zur Wiener Zeitung" (Abs. 3) hat das Bundesministerium für soziale Verwaltung dem Hinterleger eine Ausfertigung des Kollektivvertrages mit der Bestätigung der durchgeführten Hinterlegung und Bekanntgabe der Zahl, unter der der Kollektivvertrag im Register für Kollektivverträge eingetragen und im Kataster eingereiht wurde sowie des Tages der Kundmachung im „Amtsblatt zur Wiener Zeitung" zurückzustellen. Bei Kollektivverträgen für Arbeitnehmer in der Land- und Forstwirtschaft, auf die dieses Bundesgesetz Anwendung findet, ist eine Ausfertigung mit Bekanntgabe des Datums der Kundmachung im „Amtsblatt zur Wiener Zeitung" dem Bundesministerium für Land- und Forstwirtschaft vorzulegen. Eine Ausfertigung ist dem Kataster der Kollektivverträge einzuverleiben. Das Bundesministerium für soziale Verwaltung hat jedem für Arbeits- und Sozialrechtssachen zuständigen Gerichtshof eine Ausfertigung des Kollektivvertrages, mit Angabe des Datums seiner Kundmachung im „Amtsblatt zur Wiener Zeitung" und der Zahl, unter der der Kollektivvertrag im Register eingetragen und im Kataster des Bundesministeriums für soziale Verwaltung eingereiht wurde, unverzüglich zu übermitteln.

(5) Der Hinterleger eines Kollektivvertrages hat innerhalb von zwei Wochen nach Einlangen der Bestätigung des Bundesministeriums für soziale Verwaltung über die Hinterlegung des Kollektivvertrages je eine Ausfertigung desselben dem Österreichischen Statistischen Zentralamt in Wien, den nach dem Geltungsbereich des Kollektivvertrages in Betracht kommenden gesetzlichen Interessenvertretungen der Arbeitgeber und der Arbeitnehmer, sofern diese nicht selbst vertragschließende Parteien sind, zu übermitteln. Diese Ausfertigungen sind mit der Zahl, unter der der Kollektivvertrag vom Bundesministerium für soziale Verwaltung im Register für Kollektivverträge eingetragen und im Kataster eingereiht wurde und mit dem Datum der Kundmachung im „Amtsblatt zur Wiener Zeitung" zu versehen. Auf diesen Exemplaren kann die Zeichnung der vertragschließenden Parteien auf mechanischem Wege wiedergegeben werden.

Auflegung des Kollektivvertrages im Betrieb

§ 15. Jeder kollektivvertragsangehörige Arbeitgeber hat den Kollektivvertrag binnen drei Tagen nach dem Tage der Kundmachung (§ 14 Abs. 3) im Betrieb in einem für alle Arbeitnehmer zugänglichen Raume aufzulegen und darauf in einer Betriebskundmachung hinzuweisen.

Verlängerung und Abänderung von Kollektivverträgen

§ 16. Die Bestimmungen der §§ 14 und 15 sind auf die Verlängerung und Abänderung von Kollektivverträgen sinngemäß anzuwenden.

Geltungsdauer des Kollektivvertrages

§ 17. (1) Enthält der Kollektivvertrag keine Vorschrift über seine Geltungsdauer, so kann er nach Ablauf eines Jahres von jeder vertragschließenden Partei unter Einhaltung einer Frist von mindestens drei Monaten zum Letzten eines Kalendermonats gekündigt werden. Die Kündigung bedarf zu ihrer Rechtswirksamkeit der schriftlichen Form und hat durch eingeschriebenen Brief zu erfolgen.

(2) Eine Kündigung gemäß Abs. 1 ist von der Partei, die die Kündigung vorgenommen hat, dem Bundesministerium für soziale Verwaltung innerhalb von drei Tagen nach Ablauf der Kündigungsfrist anzuzeigen. Auch die andere Kollektivvertragspartei ist berechtigt, diese Anzeige zu erstatten. Führen andere nicht aus dem Text des Kollektivvertrages ersichtliche Gründe zu seinem Erlöschen, so sind der Zeitpunkt und der Grund des Erlöschens von den Kollektivvertragsparteien dem Bundesministerium für soziale Verwaltung unverzüglich anzuzeigen.

(3) Wird einer freiwillige Berufsvereinigung gemäß § 5 Abs. 3 die Kollektivvertragsfähigkeit aberkannt, so erlöschen die von dieser Berufsvereinigung abgeschlossenen Kollektivverträge mit dem Tage, an dem die gemäß § 5 Abs. 3 ergangene Entscheidung des Bundeseinigungsamtes im „Amtsblatt zur Wiener Zeitung" kundgemacht wird. Im Falle des § 6 erlischt ein von der gesetzlichen Interessenvertretung abgeschlossener Kollektivvertrag für die Mitglieder der freiwilligen Berufsvereinigung mit dem Tage, an dem ein von dieser Berufsvereinigung abgeschlossener Kollektivvertrag in Wirksamkeit tritt. Dieser Umstand ist von der freiwilligen Berufsvereinigung dem Bundesministerium für soziale Verwaltung unverzüglich anzuzeigen.

(4) Das Bundesministerium für soziale Verwaltung hat innerhalb einer Woche nach dem Einlagen der Anzeige nach Abs. 2 eine Kundmachung darüber im „Amtsblatt zur Wiener Zeitung" zu veranlassen. Die Kosten der Kundmachung sind von den Kollektivvertragsparteien zu gleichen Teilen zu tragen. Im Falle des Abs. 3 erster Satz ist diese Kundmachung innerhalb einer Woche nach dem Erlöschen des Kollektivvertrages, im Falle des Abs. 3 zweiter Satz innerhalb einer Woche nach der Anzeige, vom Bundesministerium für soziale Verwaltung zu veranlassen.

(5) Das Bundesministerium für soziale Verwaltung hat auf der im Kataster hinterlegten Ausfertigung des Kollektivvertrages den Inhalt der Kundmachung nach Abs. 4 mit Angabe des Datums der Kundmachung im „Amtsblatt zur Wiener Zeitung" zu vermerken. Wurde dem Bundesministerium für Land- und Forstwirtschaft gemäß § 14 Abs. 4 eine Ausfertigung des Kollektivvertrages übermittelt, so ist diesem der Inhalt der Kundmachung nach Abs. 4 mit Angabe des Datums der Kundmachung im „Amtsblatt zur Wiener Zeitung" mitzuteilen. Die gleiche Mitteilung ist an jeden für Arbeits- und Sozialrechtssachen zuständigen Gerichtshof zu richten.

(6) In den in Abs. 2 angeführten Fällen hat der Hinterleger den Inhalt und das Datum der Kundmachung im „Amtsblatt zur Wiener Zeitung" den in § 14 Abs. 5 bezeichneten Stellen innerhalb von zwei Wochen nach der Kundmachung mitzuteilen; in den in Abs. 3 angeführten Fällen obliegt diese Mitteilung dem Bundesministerium für soziale Verwaltung.

2. HAUPTSTÜCK
DIE ERKLÄRUNG VON KOLLEKTIVVERTRÄGEN ZUR SATZUNG

Begriff und Voraussetzungen

§ 18. (1) Das Bundeseinigungsamt hat auf Antrag einer kollektivvertragsfähigen Körperschaft, die Partei eines Kollektivvertrages ist, bei Vorliegen der in Abs. 3 angeführten Voraussetzungen diesem Kollektivvertrag durch Erklärung zur Satzung auch außerhalb seines räumlichen, fachlichen und persönlichen Geltungsbereiches rechtsverbindliche Wirkung zuzuerkennen. Die in der Erklärung als rechtsverbindlich bezeichneten Bestimmungen des Kollektivvertrages bilden die Satzung.

(2) Gegenstand des Antrages auf Erklärung eines Kollektivvertrages zur Satzung können alle oder auch einzelne Bestimmungen des Kollektivvertrages sein, die für die ihm unterliegenden Arbeitsverhältnisse rechtsverbindlich sind, doch dürfen einzelne Bestimmungen nicht aus einem unmittelbaren rechtlichen und sachlichen Zusammenhang gelöst werden.

(3) Ein Kollektivvertrag oder ein Teil eines solchen darf nur zur Satzung erklärt werden, wenn
1. der zu satzende Kollektivvertrag gehörig kundgemacht ist und in Geltung steht;
2. der zu satzende Kollektivvertrag oder der Teil eines solchen überwiegende Bedeutung erlangt hat;
3. die von der Satzung zu erfassenden Arbeitsverhältnisse im Verhältnis zu jenen, die dem Kollektivvertrag unterliegen, im wesentlichen gleichartig sind;
4. die von der Satzung zu erfassenden Arbeitsverhältnisse unbeschadet des Abs. 4 nicht schon durch einen Kollektivvertrag erfaßt sind.

(4) Kollektivverträge, die sich auf die Regelung einzelner Arbeitsbedingungen beschränken und deren Wirkungsbereich sich fachlich auf die überwiegende Anzahl der Wirtschaftszweige und räumlich auf das ganze Bundesgebiet erstreckt, stehen der Erklärung eines Kollektivvertrages zur Satzung nicht entgegen.

(5) Kollektivverträge im Sinne des Abs. 4 können auch dann zur Satzung erklärt werden, wenn die Voraussetzungen des Abs. 3 Z 3 nicht vorliegen.

(6) Kollektivverträge, die von einem kollektivvertragsfähigen Verein (§ 4 Abs. 3) abgeschlossen wurden, können nicht zur Satzung erklärt werden.

Rechtswirkungen

§ 19. (1) Die Bestimmungen der gehörig kundgemachten Satzung sind innerhalb ihres räumlichen, fachlichen und persönlichen Geltungsbereiches unmittelbar rechtsverbindlich. § 3 und § 11 Abs. 2 sind sinngemäß anzuwenden.

(2) Kollektivverträge setzen für ihren Geltungsbereich eine bestehende Satzung außer Kraft. Dies gilt nicht für Kollektivverträge im Sinne des § 18 Abs. 4.

Verfahren

§ 20. (1) Das Verfahren auf Erklärung eines Kollektivvertrages zur Satzung wird auf Antrag eines gemäß § 18 Abs. 1 Berechtigten eingeleitet. Der Antrag ist schriftlich unter Beischluß dieses Kollektivvertrages zu stellen.

(2) Vor Erklärung eines Kollektivvertrages zur Satzung ist allen von ihr betroffenen kollektivvertragsfähigen Körperschaften der Arbeitgeber und der Arbeitnehmer Gelegenheit zu schriftlicher Stellungnahme sowie zur Äußerung in einer mündlichen Verhandlung zu geben.

(3) Die Erklärung eines Kollektivvertrages zur Satzung hat ohne unnötigen Aufschub zu erfolgen. In der Erklärung zur Satzung sind der Inhalt, der Geltungsbereich, der Beginn der Wirksamkeit und die Geltungsdauer der Satzung festzusetzen.

(4) Die Vorschriften der Abs. 1 bis 3 sind auch auf das Verfahren wegen Änderung oder Aufhebung einer Satzung anzuwenden.

(Anm.: Abs. 5 aufgehoben durch Art. I Z 6, BGBl. Nr. 563/1986)

Kundmachung und Veröffentlichung der Satzung

§ 21. (1) Die Erklärung eines Kollektivvertrages zur Satzung ist im Bundesgesetzblatt II kundzumachen. Die Satzung ist einem Kataster einzuverleiben.

(2) Das Bundeseinigungsamt hat dem Bundesministerium für Arbeit, Soziales und Konsumentenschutz und jedem für Arbeits- und Sozialrechtssachen zuständigen Gerichtshof eine Ausfertigung der Satzung (Satzungserklärung und Wortlaut der Satzung) mit Angabe der Nummer und des Datums der Kundmachung im Bundesgesetzblatt II und der Katasterzahl zu übermitteln sowie das Erlöschen einer Satzung bekannt zu geben.

3. HAUPTSTÜCK
DER MINDESTLOHNTARIF
Begriff und Voraussetzungen

§ 22. (1) Das Bundeseinigungsamt hat auf Antrag einer kollektivvertragsfähigen Körperschaft der Arbeitnehmer bei Vorliegen der im Abs. 3 angeführten Voraussetzungen Mindestentgelte und Mindestbeträge für den Ersatz von Auslagen festzusetzen. Die in der Erklärung festgesetzten Mindestentgelte und Mindestbeträge für den Ersatz von Auslagen werden als Mindestlohntarif bezeichnet.

(Anm.: Abs. 2 aufgehoben durch BGBl. I Nr. 111/2010)

(3) Ein Mindestlohntarif darf nur für Gruppen von Arbeitnehmern festgesetzt werden, für die ein Kollektivvertrag nicht abgeschlossen werden kann,

1. weil kollektivvertragsfähige Körperschaften auf Arbeitgeberseite nicht bestehen und
2. sofern eine Regelung von Mindestentgelten und Mindestbeträgen für den Ersatz von Auslagen durch die Erklärung eines Kollektivvertrages zur Satzung nicht erfolgt ist.

Bemessung des Mindestentgeltes

§ 23. Bei Festsetzung von Mindestentgelten und Mindestbeträgen für den Ersatz von Auslagen ist insbesondere auf deren Angemessenheit und die Entgeltbemessung in verwandten Wirtschaftszweigen Bedacht zu nehmen. Liegen Mindestentgelte unter dem Mindestentgeltniveau in verwandten Wirtschaftszweigen, so ist bei der Neufestsetzung von Mindestentgelten überdies auf dieses Entgeltniveau Bedacht zu nehmen.

Rechtswirkungen

§ 24. (1) Die Bestimmungen des gehörig kundgemachten Mindestlohntarifes sind innerhalb seines räumlichen, fachlichen und persönlichen Geltungsbereiches unmittelbar rechtsverbindlich.

(2) Die Bestimmungen des Mindestlohntarifes können durch Betriebsvereinbarung oder Arbeitsvertrag weder aufgehoben noch beschränkt werden. Sondervereinbarungen sind nur gültig, soweit sie für den Arbeitnehmer günstiger sind oder Ansprüche betreffen, die im Mindestlohntarif nicht geregelt sind. § 3 Abs. 2 und § 11 Abs. 2 sind sinngemäß anzuwenden.

(3) Kollektivverträge und Satzungen setzen für ihren Geltungsbereich einen bestehenden Mindestlohntarif außer Kraft. Ausgenommen von dieser Rechtswirkung sind Kollektivverträge im Sinne des § 18 Abs. 4 und Satzungen auf Grund solcher Kollektivverträge.

(4) Die Rechtswirkungen des Mindestlohntarifes bleiben nach seinem Erlöschen für Arbeitsverhältnisse, die unmittelbar vor seinem Erlöschen durch ihn erfaßt waren, so lange aufrecht, als für diese Arbeitsverhältnisse nicht ein neuer Mindestlohntarif, ein Kollektivvertrag oder eine Satzung wirksam oder mit den betreffenden Arbeitnehmern eine neue Einzelvereinbarung abgeschlossen wird.

Verfahren

§ 25. (1) Das Bundeseinigungsamt darf einen Mindestlohntarif nur für den Bereich eines oder mehrerer Bundesländer oder für das gesamte Bundesgebiet festsetzen.

(2) Das Verfahren zur Festsetzung eines Mindestlohntarifes wird auf Antrag eines gemäß § 22 Abs. 1 Berechtigten eingeleitet. Der Antrag ist schriftlich zu stellen und hat die zur Beurteilung der Notwendigkeit der Festsetzung eines Mindestlohntarifes erforderlichen Angaben sowie einen Vorschlag über die Höhe der festzusetzenden Mindestentgelte und Mindestbeträge für den Ersatz von Auslagen zu enthalten.

(3) Das Bundeseinigungsamt hat vor der Festsetzung die nach dem räumlichen Geltungsbereich des beantragten Mindestlohntarifes örtlich zuständigen Landeshauptmänner zu hören.

(4) Die Festsetzung eines Mindestlohntarifes hat ohne unnötigen Aufschub zu erfolgen. Im Mindestlohntarif sind die Mindestentgelte und Mindestbeträge für den Ersatz von Auslagen, der Geltungsbereich und der Beginn der Wirksamkeit des Mindestlohntarifes festzusetzen.

(5) Die Vorschriften der Abs. 1 bis 4 sind auch auf das Verfahren wegen Abänderung oder Aufhebung eines Mindestlohntarifes anzuwenden.

(6) § 21 ist sinngemäß anzuwenden. Eine Abschrift des Mindestlohntarifes ist den örtlich zuständigen Landeshauptmännern (Abs. 3) zu übermitteln.

4. HAUPTSTÜCK
FESTSETZUNG DES LEHRLINGSEINKOMMENS

Begriff und Voraussetzungen

§ 26. (1) Das Bundeseinigungsamt hat auf Antrag einer kollektivvertragsfähigen Körperschaft das Lehrlingseinkommen festzusetzen, wenn für den betreffenden Wirtschaftszweig kein Kollektivvertrag wirksam ist.

(2) Kollektivverträge im Sinne des § 18 Abs. 4 stehen der Festsetzung eines Lehrlingseinkommens nicht entgegen.

(3) Bei Festsetzung der Höhe des Lehrlingseinkommens ist auf die für gleiche, verwandte oder ähnliche Lehrberufe geltenden Regelungen, sofern solche nicht bestehen, auf den Ortsgebrauch Bedacht zu nehmen.

Verfahren

§ 27. (1) Das Verfahren zur Festsetzung eines Lehrlingseinkommens wird auf Antrag eines gemäß § 26 Abs. 1 Berechtigten eingeleitet. Der Antrag ist schriftlich einzubringen und hat die zur Beurteilung der Notwendigkeit der Festsetzung erforderlichen Angaben sowie einen Vorschlag über die Höhe des festzusetzenden Lehrlingseinkommens zu enthalten. § 25 Abs. 4 ist sinngemäß anzuwenden.

(2) Die Festsetzung des Lehrlingseinkommens ist im Bundesgesetzblatt II kundzumachen. Die Festsetzung des Lehrlingseinkommens ist einem Kataster einzuverleiben.

(3) Abs. 1 und 2 sind auf das Verfahren wegen Abänderung oder Aufhebung des festgesetzten Lehrlingseinkommens sinngemäß anzuwenden.

(4) § 21 Abs. 2 ist sinngemäß anzuwenden.

Rechtswirkungen

§ 28. (1) Das gehörig kundgemachte Lehrlingseinkommen ist innerhalb seines räumlichen, fachlichen und persönlichen Geltungsbereiches unmittelbar rechtsverbindlich.

(2) Das festgesetzte Lehrlingseinkommen kann durch Betriebs- oder Einzelvereinbarung weder aufgehoben noch beschränkt werden. Sondervereinbarungen über das Lehrlingseinkommen sind nur gültig, soweit sie für den Lehrling günstiger sind.

(3) Kollektivverträge setzen für ihren Geltungsbereich ein festgesetztes Lehrlingseinkommen außer Kraft; Satzungen nur dann, wenn sie das Lehrlingseinkommen regeln.

Ausgenommen von dieser Rechtswirkung sind Kollektivverträge im Sinne des § 18 Abs. 4. § 24 Abs. 4 ist sinngemäß anzuwenden.

5. HAUPTSTÜCK
DIE BETRIEBSVEREINBARUNG

Begriff

§ 29. Betriebsvereinbarungen sind schriftliche Vereinbarungen, die vom Betriebsinhaber einerseits und dem Betriebsrat (Betriebsausschuß, Zentralbetriebsrat, Konzernvertretung) andererseits in Angelegenheiten abgeschlossen werden, deren Regelung durch Gesetz oder Kollektivvertrag der Betriebsvereinbarung vorbehalten ist.

Wirksamkeitsbeginn

§ 30. (1) Betriebsvereinbarungen sind vom Betriebsinhaber oder vom Betriebsrat im Betrieb aufzulegen oder an sichtbarer für alle Arbeitnehmer zugänglicher Stelle anzuschlagen.

(2) Enthält die Betriebsvereinbarung keine Bestimmung über ihren Wirksamkeitsbeginn, so tritt ihre Wirkung mit dem auf den Tag der Unterzeichnung folgenden Tag ein.

(3) Nach Wirksamwerden der Betriebsvereinbarung ist vom Betriebsinhaber den für den Betrieb zuständigen gesetzlichen Interessenvertretungen der Arbeitgeber und der Arbeitnehmer je eine Ausfertigung der Betriebsvereinbarung zu übermitteln.

Rechtswirkungen

§ 31. (1) Die Bestimmungen der Betriebsvereinbarung sind, soweit sie nicht die Rechtsbeziehungen zwischen den Vertragsparteien regeln, innerhalb ihres Geltungsbereiches unmittelbar rechtsverbindlich.

(2) Betriebsvereinbarungen gelten für Heimarbeiter nur, wenn und insoweit diese ausdrücklich in den Geltungsbereich der Betriebsvereinbarung einbezogen sind.

(3) Die Bestimmungen in Betriebsvereinbarungen können durch Einzelvereinbarung weder aufgehoben noch beschränkt werden. Einzelvereinbarungen sind nur gültig, soweit sie für den Arbeitnehmer günstiger sind oder Angelegenheiten betreffen, die durch Betriebsvereinbarungen nicht geregelt sind. § 3 Abs. 2 ist sinngemäß anzuwenden.

(4) Die Geltung von Betriebsvereinbarungen wird durch den Übergang des Betriebes auf einen anderen Betriebsinhaber nicht berührt.

(5) Die Geltung von Betriebsvereinbarungen bleibt für Betriebsteile unberührt, die rechtlich verselbständigt werden.

(6) Die Geltung von Betriebsvereinbarungen bleibt für Arbeitnehmer von Betrieben oder Betriebsteilen unberührt, die mit einem anderen Betrieb oder Betriebsteil so zusammengeschlossen werden, daß ein neuer Betrieb im Sinne des § 34 entsteht.

(7) Die Geltung von Betriebsvereinbarungen bleibt für Arbeitnehmer von Betrieben oder Betriebsteilen, die von einem anderen Betrieb aufgenommen werden, insoweit unberührt, als sie Angelegenheiten betreffen, die von den Betriebsvereinbarungen des aufnehmenden Betriebes nicht geregelt werden. Betriebsvereinbarungen im Sinne des § 97 Abs. 1 Z 18, Z 18a oder Z 18b können für die von einer solchen Maßnahme betroffenen Arbeitnehmer vom Betriebsinhaber des aufzunehmenden Betriebes oder Betriebsteiles unter Einhaltung einer einmonatigen Kündigungsfrist gekündigt werden.

Geltungsdauer von Betriebsvereinbarungen

§ 32. (1) Betriebsvereinbarungen können, soweit sie keine Vorschriften über ihre Geltungsdauer enthalten und Abs. 2 nicht anderes bestimmt, von jedem der Vertragspartner unter Einhaltung einer Frist von drei Monaten zum Letzten eines Kalendermonats schriftlich gekündigt werden.

(2) In Angelegenheiten, in denen das Gesetz bei Nichtzustandekommen einer Einigung über den Abschluß, die Abänderung und Aufhebung einer Betriebsvereinbarung die Anrufung der Schlichtungsstelle zuläßt, können Betriebsvereinbarungen nicht gekündigt werden.

(3) Die Rechtswirkungen der Betriebsvereinbarung enden mit ihrem Erlöschen. Ist eine Betriebsvereinbarung durch Kündigung erloschen, so bleiben ihre Rechtswirkungen für Arbeitsverhältnisse, die unmittelbar vor ihrem Erlöschen durch sie erfaßt waren, so lange aufrecht, als für diese Arbeitsverhältnisse nicht eine neue Betriebsvereinbarung wirksam oder mit den betroffenen Arbeitnehmern nicht eine neue Einzelvereinbarung abgeschlossen wird. Eine solche Einzelvereinbarung kann zum Nachteil des Arbeitnehmers im Falle der Kündigung einer Betriebsvereinbarung nach dem Übergang, der rechtlichen Verselbständigung, dem Zusammenschluß oder der Aufnahme eines Betriebes oder Betriebsteiles (§ 31 Abs. 4 bis 7) nicht vor Ablauf eines Jahres nach dem Übergang, der Verselbständigung, dem Zusammenschluß oder der Aufnahme abgeschlossen werden.

(4) Die Beendigung der Betriebsvereinbarung ist entsprechend der Vorschrift des § 30 Abs. 1 im Betrieb kundzumachen. Der Betriebsinhaber hat die im § 30 Abs. 3 genannten Stellen vom Erlöschen der Betriebsvereinbarung zu verständigen.

II. TEIL
Betriebsverfassung
1. HAUPTSTÜCK
ALLGEMEINE BESTIMMUNGEN
Geltungsbereich

§ 33. (1) Die Bestimmungen des II. Teiles gelten für Betriebe aller Art.

(2) Unter die Bestimmungen des II. Teiles fallen nicht

1. die Betriebe der Land- und Forstwirtschaft, sofern sie nicht Betriebe des Bundes, der Länder, der Gemeindeverbände oder der Gemeinden sind;
2. die Behörden, Ämter und sonstigen Verwaltungsstellen des Bundes, der Länder, Gemeindeverbände und Gemeinden;

(Anm.: Z 3 aufgehoben durch BGBl. I Nr. 138/2003)

4. die öffentlichen Unterrichts- und Erziehungsanstalten, sofern für sie die Bestimmungen des Bundes-Personalvertretungsgesetzes, BGBl. Nr. 133/1967, gelten;
5. die privaten Haushalte.

Betriebsbegriff

§ 34. (1) Als Betrieb gilt jede Arbeitsstätte, die eine organisatorische Einheit bildet, innerhalb der eine physische oder juristische Person oder eine Personengemeinschaft mit technischen oder immateriellen Mitteln die Erzielung bestimmter Arbeitsergebnisse fortgesetzt verfolgt, ohne Rücksicht darauf, ob Erwerbsabsicht besteht oder nicht.

(2) Das Gericht hat auf Grund einer Klage festzustellen, ob ein Betrieb im Sinne des Abs. 1 vorliegt. Das Urteil des Gerichtes hat so lange bindende Wirkung, als sich nicht die Voraussetzungen, die für das Urteil maßgebend waren, wesentlich geändert haben und dies in einem neuerlichen Verfahren festgestellt wird.

(3) Zur Klage im Sinne des Abs. 2 sind bei Vorliegen eines rechtlichen Interesses der Betriebsinhaber, der Betriebsrat, mindestens so viele wahlberechtigte Arbeitnehmer als Betriebsratsmitglieder zu wählen wären, sowie die zuständige freiwillige Berufsvereinigung und die gesetzliche Interessenvertretung der Arbeitnehmer berechtigt. Jeder im Betrieb bestehende Wahlvorstand ist im Verfahren parteifähig.

Gleichstellung

§ 35. (1) Das Gericht hat auf Grund einer Klage eine Arbeitsstätte, in der dauernd mehr als 50 Arbeitnehmer beschäftigt sind und die nicht alle Merkmale eines Betriebes gemäß § 34 Abs. 1 aufweist, einem selbständigen Betrieb gleichzustellen, wenn sie räumlich vom Hauptbetrieb weit entfernt ist und hinsichtlich Aufgabenbereich und Organisation eine Eigenständigkeit besitzt, die der eines Betriebes nahekommt.

(2) Das Gericht hat die Gleichstellung auf Grund einer Klage für beendet zu erklären, wenn die Voraussetzungen des Abs. 1 nicht mehr gegeben sind.

(3) Zur Klage gemäß Abs. 1 und 2 sind der Betriebsrat, mindestens soviele Arbeitnehmer, als Betriebsratsmitglieder zu wählen wären, die zuständige freiwillige Berufsvereinigung und die gesetzliche Interessenvertretung der Arbeitnehmer berechtigt; zur Klage gemäß Abs. 2 ist auch der Betriebsinhaber berechtigt.

Arbeitnehmerbegriff

§ 36. (1) Arbeitnehmer im Sinne des II. Teiles sind alle im Rahmen eines Betriebes beschäftigten Personen einschließlich der Lehrlinge und der Heimarbeiter ohne Unterschied des Alters.

(2) Als Arbeitnehmer gelten nicht:

1. In Betrieben einer juristischen Person, die Mitglieder des Organs, das zur gesetzlichen Vertretung der juristischen Person berufen ist;

(Anm.: Z 2 aufgehoben durch BGBl. Nr. 47/1979);

3. leitende Angestellte, denen maßgebender Einfluß auf die Führung des Betriebes zusteht;
4. Personen, die vorwiegend zur ihrer Erziehung, Behandlung, Heilung oder Wiedereingliederung beschäftigt werden, sofern sie nicht auf Grund eines Arbeitsvertrages beschäftigt sind;
5. Personen, die im Vollzug einer verwaltungsbehördlichen oder gerichtlichen Verwahrungshaft, Untersuchungshaft, Freiheitsstrafe oder freiheitsentziehenden vorbeugenden Maßnahme beschäftigt werden;
6. Personen, deren Beschäftigung vorwiegend durch religiöse, karitative oder soziale Motive bestimmt ist, sofern sie nicht auf Grund eines Arbeitsvertrages beschäftigt sind;
7. Personen, die zu Schulungs- und Ausbildungszwecken kurzfristig beschäftigt werden.

Rechte des einzelnen Arbeitnehmers

§ 37. (1) Die Arbeitnehmer dürfen in der Ausübung ihrer betriebsverfassungsrechtlichen Befugnisse nicht beschränkt und aus diesem Grunde nicht benachteiligt werden.

(2) Die Arbeitnehmer können Anfragen, Wünsche, Beschwerden, Anzeigen oder Anregungen beim Betriebsrat, bei jedem seiner Mitglieder und beim Betriebsinhaber vorbringen.

(3) Die sich aus dem Arbeitsverhältnis ergebenden Informations-, Interventions-, Überwachungs-, Anhörungs- und Beratungsrechte des einzelnen Arbeitnehmers gegenüber dem Betriebsinhaber und die entsprechenden Pflichten des Betriebsinhabers werden durch den II. Teil dieses Bundesgesetzes nicht berührt.

Aufgaben

§ 38. Die Organe der Arbeitnehmerschaft des Betriebes haben die Aufgabe, die wirtschaftlichen, sozialen, gesundheitlichen und kulturellen Interessen der Arbeitnehmer im Betrieb wahrzunehmen und zu fördern.

Grundsätze der Interessenvertretung

§ 39. (1) Ziel der Bestimmungen über die Betriebsverfassung und deren Anwendung ist die Herbeiführung eines Interessenausgleiches zum Wohl der Arbeitnehmer und des Betriebes.

(2) Die Organe der Arbeitnehmerschaft des Betriebes sollen bei Verwirklichung ihrer Interessenvertretungsaufgabe im Einvernehmen mit den zuständigen kollektivvertragsfähigen Körperschaften der Arbeitnehmer vorgehen.

(3) Die Organe der Arbeitnehmerschaft haben ihre Tätigkeit tunlichst ohne Störung des Betriebes zu vollziehen. Sie sind nicht befugt, in die Führung und den Gang des Betriebes durch selbständige Anordnungen einzugreifen.

(4) Die Organe der Arbeitnehmerschaft können zu ihrer Beratung in allen Angelegenheiten die zuständige freiwillige Berufsvereinigung oder gesetzliche Interessenvertretung der Arbeitnehmer beiziehen. Den Vertretern der zuständigen freiwilligen Berufsvereinigung und der gesetzlichen Interessenvertretung der Arbeitnehmer ist in diesen Fällen, oder soweit dies zur Ausübung der ihnen durch dieses Bundesgesetz eingeräumten Befugnisse sonst erforderlich ist, nach Unterrichtung des Betriebsinhabers oder seines Vertreters Zugang zum Betrieb zu gewähren. Abs. 3 und § 115 Abs. 4 sind sinngemäß anzuwenden.

(5) Die den zuständigen freiwilligen Berufsvereinigungen der Arbeitgeber und der Arbeitnehmer eingeräumten Befugnisse kommen nur jenen freiwilligen Berufsvereinigungen zu, denen gemäß § 5 Kollektivvertragsfähigkeit zuerkannt wurde.

2. HAUPTSTÜCK
ORGANISATIONSRECHT

Organe der Arbeitnehmerschaft

§ 40. (1) In jedem Betrieb, in dem dauernd mindestens fünf stimmberechtigte (§ 49 Abs. 1) Arbeitnehmer beschäftigt werden, sind nach Maßgabe der folgenden Bestimmungen von der Arbeitnehmerschaft Organe zu bilden. Bei der Berechnung dieser Zahl haben Heimarbeiter und die gemäß § 53 Abs. 3 Z 1 vom passiven Wahlrecht zum Betriebsrat ausgeschlossenen Familienangehörigen des Betriebsinhabers außer Betracht zu bleiben.

(2) Erfüllt sowohl die Gruppe der Arbeiter als auch die Gruppe der Angestellten (§ 41 Abs. 3) die Voraussetzungen des Abs. 1, so sind folgende Organe zu bilden:

1. Die Betriebshauptversammlung;
2. die Gruppenversammlungen der Arbeiter und der Angestellten;
3. die Wahlvorstände für die Betriebsratswahl;

4. die Betriebsräte der Arbeiter und der Angestellten;
5. der Betriebsausschuß;
6. die Rechnungsprüfer.

(3) Erfüllt nur eine Gruppe die Voraussetzungen des Abs. 1, erfüllen sie beide Gruppen nur in ihrer Gesamtheit oder beschließen die Gruppenversammlungen in getrennten Abstimmungen die Bildung eines gemeinsamen Betriebsrates, so sind folgende Organe zu bilden:

1. Die Betriebsversammlung;
2. der Wahlvorstand für die Betriebsratswahl;
3. der Betriebsrat;
4. die Rechnungsprüfer.

(4) Wenn ein Unternehmen mehrere Betriebe umfaßt, die eine wirtschaftliche Einheit bilden und vom Unternehmen zentral verwaltet werden, so sind folgende Organe zu bilden:

1. Der Wahlvorstand für die Zentralbetriebsratswahl;
2. der Zentralbetriebsrat;
3. die Betriebsräteversammlung;
4. die Rechnungsprüfer.

(4a) In Konzernen im Sinne des § 15 des Aktiengesetzes 1965 oder des § 115 des Gesetzes über Gesellschaften mit beschränkter Haftung kann eine Konzernvertretung gebildet werden (§ 88a).

(4b) In Unternehmen bzw. Unternehmensgruppen im Sinne des V. Teiles ist nach Maßgabe des V. Teiles ein besonderes Verhandlungsgremium einzusetzen sowie ein Europäischer Betriebsrat zu errichten oder ein Verfahren zur Unterrichtung und Anhörung der Arbeitnehmer zu schaffen.

(4c) In den Unternehmen im Sinne des VI. Teiles ist nach Maßgabe des VI. Teiles ein besonderes Verhandlungsgremium einzusetzen sowie ein SE-Betriebsrat zu errichten oder ein anderes Verfahren zur Beteiligung der Arbeitnehmer zu schaffen.

(4d) In den Unternehmen im Sinne des VII. Teiles ist nach Maßgabe des VII. Teiles ein besonderes Verhandlungsgremium einzusetzen sowie ein SCE-Betriebsrat zu errichten oder ein anderes Verfahren zur Beteiligung der Arbeitnehmer zu schaffen.

(4e) In den Unternehmen im Sinne des VIII. Teiles ist nach Maßgabe des VIII. Teiles ein besonderes Verhandlungsgremium oder ein besonderes Entsendungsgremium einzusetzen.

(5) Unbeschadet der Bestimmungen der Abs. 1 bis 4a sind in Betrieben, in denen dauernd mindestens fünf jugendliche Arbeitnehmer (§ 123 Abs. 3) beschäftigt sind, nach den Bestimmungen des fünften Hauptstückes Jugendvertretungen zu errichten.

Abschnitt 1
Die Betriebs(Gruppen-, Betriebshaupt)versammlung
Zusammensetzung und Gruppenzugehörigkeit

§ 41. (1) Die Betriebs(Betriebshaupt)versammlung besteht aus der Gesamtheit der Arbeitnehmer des Betriebes.

(2) Die Gruppenversammlung der Arbeiter besteht aus den Arbeitnehmern, die der Gruppe der Arbeiter, die Gruppenversammlung der Angestellten besteht aus den Arbeitnehmern, die der Gruppe der Angestellten angehören.

(3) Für die Gruppenzugehörigkeit ist die auf Gesetz beruhende arbeitsvertragliche Stellung der Arbeitnehmer maßgebend. Zur Gruppe der Angestellten gehören ferner Arbeitnehmer, die mit dem Arbeitgeber die Anwendung des Angestelltengesetzes sowie des Angestelltenkollektivvertrages, der auf den Betrieb Anwendung findet, zuzüglich einer Einstufung in die Gehaltsordnung dieses Kollektivvertrages unwiderruflich vereinbart haben. Lehrlinge, die zu Angestelltentätigkeiten ausgebildet werden, zählen zur Gruppe der Angestellten, die übrigen Lehrlinge zur Gruppe der Arbeiter.

(4) Betriebsratsmitglieder gelten als Angehörige jener Arbeitnehmergruppe, die sie gewählt hat.

Aufgaben der Betriebs(Gruppen-, Betriebshaupt)versammlung

§ 42. (1) Der Betriebs(Gruppen)versammlung obliegt:

1. Behandlung von Berichten des Betriebsrates und der Rechnungsprüfer;
2. Wahl des Wahlvorstandes für die Betriebsratswahl;
3. Beschlußfassung über die Einhebung und die Höhe einer Betriebsratsumlage sowie über die Art und Weise der Auflösung des Betriebsratsfonds;
4. Beschlußfassung über die Enthebung des Betriebsrates;
5. Beschlußfassung über die Enthebung des Wahlvorstandes für die Betriebsratswahl;
6. Wahl der Rechnungsprüfer;
7. Beschlußfassung über die Enthebung der Rechnungsprüfer;
8. Beschlußfassung über eine Fortsetzung der Funktion des Betriebsrates nach Wiederaufnahme des Betriebes.

(2) Der Gruppenversammlung obliegt überdies die Enthebung eines Betriebsratsmitgliedes gemäß § 64 Abs. 1 Z 4 sowie die Beschlußfassung über die Errichtung eines gemeinsamen Betriebsrates gemäß § 40 Abs. 3.

(3) Der Betriebshauptversammlung obliegt die Behandlung von Berichten des Betriebsausschusses.

Ordentliche und außerordentliche Versammlungen

§ 43. (1) Die Betriebs(Gruppen)versammlung hat mindestens einmal in jedem Kalenderhalbjahr, die Betriebshauptversammlung mindestens einmal in jedem Kalenderjahr stattzufinden.

(2) Eine Betriebs(Gruppen-, Betriebshaupt)versammlung hat außerdem binnen zwei Wochen stattzufinden, wenn mehr als ein Drittel der in der betreffenden Versammlung stimmberechtigten Arbeitnehmer oder ein Drittel der Betriebsratsmitglieder, im Falle der Betriebshauptversammlung auch dann, wenn einer der beiden Betriebsräte dies verlangt.

Teilversammlungen

§ 44. (1) Wenn nach Zahl der Arbeitnehmer, Arbeitsweise oder Art des Betriebes die Abhaltung von Betriebs(Gruppen-, Betriebshaupt)versammlungen oder die Teilnahme der Arbeitnehmer an diesen nicht oder nur schwer möglich ist, können Betriebs(Gruppen-, Betriebshaupt)versammlungen in Form von Teilversammlungen durchgeführt werden. Die Entscheidung über die Abhaltung von Teilversammlungen obliegt dem Betriebsrat (Betriebsausschuß).

(2) Für die Ermittlung von Abstimmungsergebnissen in den Angelegenheiten des § 42 ist die Gesamtheit der in den einzelnen Teilversammlungen abgegebenen Stimmen maßgebend.

Einberufung

§ 45. (1) Die Betriebs(Gruppen)versammlung ist vom Betriebsrat, die Betriebshauptversammlung vom Betriebsausschuß einzuberufen.

(2) Besteht kein Betriebsrat (Betriebsausschuß) oder ist er vorübergehend funktionsunfähig, so sind zur Einberufung berechtigt:

1. Der an Lebensjahren älteste Arbeitnehmer oder mindestens so viele Arbeitnehmer, als Betriebsratsmitglieder zu wählen sind;
2. in Betrieben, in denen dauernd mindestens 20 Arbeitnehmer beschäftigt sind, eine zuständige freiwillige Berufsvereinigung oder die gesetzliche Interessenvertretung der Arbeitnehmer, wenn die nach Z 1 zur Einberufung Berechtigten trotz Aufforderung die Einberufung innerhalb von zwei Wochen nicht vornehmen.

(3) Die Einberufung der Betriebs(Gruppen-, Betriebshaupt)versammlung hat unter gleichzeitiger Bekanntgabe der Tagesordnung zu erfolgen.

Vorsitz

§ 46. Die Vorsitzführung obliegt dem Vorsitzenden des Betriebsrates (Betriebsausschusses), in den Fällen des § 45 Abs. 2 dem Einberufer; dieser kann die Vorsitzführung einem Stellvertreter aus dem Kreise der stimmberechtigten Arbeitnehmer übertragen.

Zeitpunkt und Ort der Versammlungen

§ 47. (1) Wenn es dem Betriebsinhaber unter Berücksichtigung der betrieblichen Verhältnisse zumutbar ist, können Betriebs(Gruppen-, Betriebshaupt)versammlungen während der Arbeitszeit abgehalten werden. Wird die Versammlung während der Arbeitszeit abgehalten, entsteht den Arbeitnehmern für den erforderlichen Zeitraum ein Anspruch auf Arbeitsfreistellung. Ansprüche der Arbeitnehmer auf Fortzahlung des Entgeltes für diesen Zeitraum können, soweit dies nicht im Kollektivvertrag geregelt ist, durch Betriebsvereinbarung geregelt werden. Dies gilt auch für die Vergütung von Fahrtkosten.

(2) Die Betriebs-(Gruppen-, Betriebshaupt)versammlung kann im Betrieb oder außerhalb desselben stattfinden. Findet die Versammlung innerhalb des Betriebes statt, hat der Betriebsinhaber nach Tunlichkeit die erforderlichen Räumlichkeiten zur Verfügung zu stellen.

Teilnahme des Betriebsinhabers und der überbetrieblichen Interessenvertretungen

§ 48. Die Betriebs-(Gruppen-, Betriebshaupt)versammlungen sind nicht öffentlich. Jede zuständige freiwillige Berufsvereinigung und die zuständige gesetzliche Interessenvertretung der Arbeitnehmer sind berechtigt, zu allen Betriebsversammlungen Vertreter zu entsenden. Der Betriebsinhaber oder sein Vertretern im Betrieb kann auf Einladung der Einberufer an der Betriebsversammlung teilnehmen. Der Zeitpunkt und die Tagesordnung sind rechtzeitig schriftlich mitzuteilen.

Stimmberechtigung und Beschlußfassung

§ 49. (1) In der Betriebs(Gruppen-, Betriebshaupt)versammlung ist jeder betriebs(gruppen)zugehörige Arbeitnehmer ohne Unterschied der Staatsbürgerschaft stimmberechtigt, der das 16. Lebensjahr vollendet hat und am Tage der Betriebsversammlung im Betrieb beschäftigt ist.

(2) Zur Beschlußfassung ist die Anwesenheit von mindestens der Hälfte der stimmberechtigten Arbeitnehmer erforderlich. Die Beschlüsse werden mit einfacher Mehrheit der abgegebenen Stimmen gefaßt. Beschlüsse über die Enthebung des Betriebsrates (§ 42 Abs. 1 Z 4) oder eines Betriebsratsmitgliedes (§ 42 Abs. 2) bedürfen der Mehrheit von zwei Drittel der abgegebenen Stimmen. Beschlüsse über die Bildung eines gemeinsamen Betriebsrates im Sinne des § 40 Abs. 3 bedürfen der Mehrheit von zwei Drittel der für die Wahl des jeweiligen Gruppenbetriebsrates aktiv Wahlberechtigten. Abstimmungen über die Bildung eines gemeinsamen Betriebsrates im Sinne des § 40 Abs. 3 und über Enthebungen haben geheim zu erfolgen.

(3) Ist bei Beginn der Betriebsversammlung weniger als die Hälfte der stimmberechtigten Arbeitnehmer anwesend, so ist eine halbe Stunde zuzuwarten; nach Ablauf dieser Zeit ist die Betriebsversammlung ohne Rücksicht auf die Zahl der anwesenden stimmberechtigten Arbeitnehmer beschlußfähig. Diese Bestimmung gilt nicht in den Fällen der §§ 40 Abs. 3 und 42 Abs. 1 Z 3, 4 und 8. Wurde eine Betriebsversammlung gemäß § 45 Abs. 2 Z 2 von einer freiwilligen Berufsvereinigung oder gesetzlichen Interessenvertretung der Arbeitnehmer einberufen, so kann die Wahl des Wahlvorstandes nur vorgenommen werden, wenn mindestens ein Drittel der stimmberechtigten Arbeitnehmer anwesend ist. Die Enthebung des Wahlvorstandes gemäß § 42 Abs. 1 Z 5 kann nur vorgenommen werden, wenn mindestens ein Drittel der stimmberechtigten Arbeitnehmer anwesend ist.

Abschnitt 2
Betriebsrat
Zahl der Betriebsratsmitglieder

§ 50. (1) Der Betriebsrat besteht in Betrieben (Arbeitnehmergruppen) mit fünf bis neun Arbeitnehmern aus einer Person, mit zehn bis neunzehn Arbeitnehmern aus zwei Mitgliedern, mit zwanzig bis fünfzig Arbeitnehmern aus drei Mitgliedern, mit einundfünfzig bis hundert Arbeitnehmern aus vier Mitgliedern. In Betrieben (Arbeitnehmergruppen) mit mehr als hundert Arbeitnehmern erhöht sich für je weitere hundert Arbeitnehmer, in Betrieben mit mehr als tausend Arbeitnehmern für je weitere vierhundert Arbeitnehmer die Zahl der Mitglieder des Betriebsrates um ein Mitglied. Bruchteile von hundert bzw. vierhundert werden für voll gerechnet.

(2) Die Zahl der Mitglieder eines Betriebsrates bestimmt sich nach der Zahl der am Tage der Betriebsversammlung zur Wahl des Wahlvorstandes im Betrieb beschäftigten Arbeitnehmer. Eine spätere Änderung der Zahl der Arbeitnehmer ist auf die Zahl der Mitglieder des Betriebsrates ohne Einfluß.

(3) Im Betriebsrat sollen Arbeitnehmerinnen und Arbeitnehmer entsprechend ihrem zahlenmäßigen Verhältnis vertreten sein.

Wahlgrundsätze

§ 51. (1) Die Mitglieder des Betriebsrates werden auf Grund des gleichen, unmittelbaren und geheimen Wahlrechtes gewählt. Die Wahl hat durch persönliche Stimmabgabe oder in den Fällen des § 56 Abs. 3 durch briefliche Stimmabgabe im Postwege zu erfolgen.

(2) Die Wahlen sind nach den Grundsätzen des Verhältniswahlrechtes durchzuführen. Die Berechnung der auf die zugelassenen Wahlvorschläge entfallenden Mitglieder des Betriebsrates hat nach dem System von d'Hondt zu erfolgen. Die Wahlzahl ist in Dezimalzahlen zu errechnen. Haben nach dieser Berechnung mehrere Wahlvorschläge den gleichen Anspruch auf eine Mitgliedsstelle, so entscheidet das Los.

(3) Wird nur ein Wahlvorschlag eingebracht, so sind die Betriebsratsmitglieder mit einfacher Mehrheit der abgegebenen Stimmen zu wählen.

Aktives Wahlrecht

§ 52. (1) Wahlberechtigt sind alle Arbeitnehmer ohne Unterschied der Staatsbürgerschaft, die am Tage der Betriebsversammlung zur Wahl des Wahlvorstandes das 16. Lebensjahr vollendet haben und an diesem Tag und am Tag der Wahl im Rahmen des Betriebes beschäftigt sind.

(2) Werden getrennte Betriebsräte gewählt, ist für die Wahlberechtigung Gruppenzugehörigkeit (§ 41 Abs. 2 bis 4) erforderlich.

Passives Wahlrecht

§ 53. (1) Wählbar sind alle Arbeitnehmer, die
1. am Tag der Ausschreibung der Wahl das 18. Lebensjahr vollendet haben und
2. seit mindestens sechs Monaten im Rahmen des Betriebes oder des Unternehmens, dem der Betrieb angehört, beschäftigt sind.

(2) Bei getrennten Wahlen sind auch Angehörige der anderen Arbeitnehmergruppe wählbar.

(3) Nicht wählbar sind:
1. Der Ehegatte oder eingetragene Partner des Betriebsinhabers und Personen, die mit dem Betriebsinhaber bis zum zweiten Grad verwandt oder verschwägert sind oder zu ihm im Verhältnis von Wahl- oder Pflegekind, Wahl- oder Pflegeeltern sowie Mündel oder Vormund stehen;
2. in Betrieben einer juristischen Person die Ehegatten oder eingetragenen Partner von Mitgliedern des Organs, das zur gesetzlichen Vertretung der juristischen Person berufen ist, sowie Personen, die mit Mitgliedern eines solchen Vertretungsorgans im ersten Grad verwandt oder verschwägert sind;
3. Heimarbeiter.

(4) Sind mindestens vier Betriebsratsmitglieder zu wählen, sind auch Vorstandsmitglieder und Angestellte einer zuständigen freiwilligen Berufsvereinigung der Arbeitnehmer wählbar. Mindestens drei Viertel der Betriebsratsmitglieder müssen Arbeitnehmer des Betriebes sein. Ein Vorstandsmitglied oder Angestellter einer zuständigen freiwilligen Berufsvereinigung der Arbeitnehmer kann gleichzeitig nur einem Betriebsrat angehören.

(5) In neuerrichteten Betrieben und in Saisonbetrieben sind auch Arbeitnehmer wählbar, die noch nicht sechs Monate im Betrieb oder Unternehmen beschäftigt sind.

(6) Als Saisonbetriebe gelten Betriebe, die ihrer Art nach nur zu bestimmten Jahreszeiten arbeiten

oder die regelmäßig zu gewissen Zeiten des Jahres erheblich verstärkt arbeiten.

Berufung des Wahlvorstandes

§ 54. (1) Zur Vorbereitung und Durchführung der Wahl des Betriebsrates hat die Betriebs(Gruppen)versammlung einen Wahlvorstand (Ersatzmitglieder) zu bestellen. In Betrieben, in denen ein Betriebsrat besteht, ist der Wahlvorstand so rechtzeitig zu bestellen, daß der neugewählte Betriebsrat bei Unterbleiben einer Wahlanfechtung spätestens unmittelbar nach Ablauf der Tätigkeitsdauer des abtretenden Betriebsrates seine Konstituierung vornehmen kann.

(2) Wird die Nichtigkeit einer Wahl festgestellt oder die Tätigkeitsdauer des Betriebsrates vorzeitig beendet, ist unverzüglich ein Wahlvorstand zu bestellen.

(3) Der Wahlvorstand besteht aus drei Mitgliedern. In den Wahlvorstand können als Mitglieder wahlberechtigte Arbeitnehmer, in Betrieben, in denen dauernd mindestens 20 Arbeitnehmer beschäftigt sind, auch Vorstandsmitglieder oder Angestellte einer zuständigen freiwilligen Berufsvereinigung oder gesetzlichen Interessenvertretung der Arbeitnehmer berufen werden. Mindestens zwei Mitglieder des Wahlvorstandes müssen Arbeitnehmer des Betriebes sein.

(4) Die Wahl des Wahlvorstandes erfolgt durch Handerheben der wahlberechtigten Arbeitnehmer in der Betriebs(Gruppen)versammlung. Die Betriebs(Gruppen)versammlung kann auch beschließen, die Wahl des Wahlvorstandes mittels Stimmzettels vorzunehmen. Als gewählt gelten die Kandidaten jenes Vorschlages, der die meisten Stimmen auf sich vereint. Bei Stimmengleichheit entscheidet das Los. Wird nur ein Vorschlag erstattet, so gelten ohne eine Abstimmung die Kandidaten dieses Vorschlages als gewählt.

(5) In neuerrichteten Betrieben hat zur Vorbereitung und Durchführung der erstmaligen Wahl eines Betriebsrates die Betriebs(Gruppen)versammlung die Bestellung des Wahlvorstandes binnen vier Wochen nach dem Tage der Aufnahme des Betriebes vorzunehmen.

Vorbereitung zur Wahl

§ 55. (1) Der Wahlvorstand hat nach seiner Bestellung die Wahl unverzüglich vorzubereiten und innerhalb von vier Wochen durchzuführen. Für die Mitglieder des Wahlvorstandes gelten die §§ 115 und 116 sinngemäß.

(2) Der Wahlvorstand hat die Wählerliste zu verfassen und sie zur Einsicht der Wahlberechtigten im Betrieb aufzulegen. Er hat ferner die Wahl in Form einer Wahlkundmachung auszuschreiben, über die gegen die Wählerliste vorgebrachten Einwendungen und darüber zu entscheiden, welche Wahlberechtigten zur brieflichen Stimmabgabe berechtigt sind. Er hat die Wahlvorschläge entgegenzunehmen und über ihre Zulassung zu entscheiden.

(3) Der Betriebsinhaber hat dem Wahlvorstand die zur Durchführung der Wahl erforderlichen Verzeichnisse der Arbeitnehmer rechtzeitig zur Verfügung zu stellen.

(4) Die Wahlvorschläge sind schriftlich beim Wahlvorstand einzubringen. Sie sind in Betrieben (Arbeitnehmergruppen) mit weniger als 101 Arbeitnehmern nur dann gültig eingebracht, wenn sie von mindestens doppelt so vielen wahlberechtigten Arbeitnehmern durch Unterschrift unterstützt werden, wie Betriebsratsmitglieder zu wählen sind. In Betrieben (Arbeitnehmergruppen) ab 101 Arbeitnehmern ist für je weitere 100 Arbeitnehmer, in Betrieben (Arbeitnehmergruppen) ab 1001 Arbeitnehmern für je weitere 400 Arbeitnehmer je eine weitere Unterschrift erforderlich. Unterschriften von Wahlwerbern werden auf die erforderliche Zahl von Unterstützungsunterschriften nur bis zur Hälfte dieser Zahl angerechnet. Ist diese Hälftezahl keine ganze Zahl, so ist die nächstniedrigere ganze Zahl heranzuziehen. Unterschriften unter Wahlvorschlägen können nach Überreichung nicht mehr zurückgezogen werden. Der Wahlvorstand hat die zugelassenen Wahlvorschläge zur Einsicht im Betrieb aufzulegen.

(4a) Bei Erstellung der Wahlvorschläge soll auf eine angemessene Vertretung der Arbeitnehmerinnen und der Arbeitnehmer Bedacht genommen werden.

(5) Kommt der Wahlvorstand den im Abs. 1 genannten Verpflichtungen binnen acht Wochen nicht oder nur unzureichend nach, so ist er von der Betriebs(Gruppen)versammlung zu entheben. In diesem Fall kann jeder Arbeitnehmer des Betriebes, die zuständige freiwillige Berufsvereinigung oder gesetzliche Interessenvertretung der Arbeitnehmer die Betriebs(Gruppen)versammlung einberufen. Diese hat zugleich einen neuen Wahlvorstand zu bestellen.

Durchführung der Wahl

§ 56. (1) Der Wahlvorstand hat die Wahlhandlung zu leiten und das Wahlergebnis festzustellen.

(2) Jeder Wahlberechtigte hat eine Stimme. Die Wahl hat mittels eines vom Wahlvorstand aufzulegenden einheitlichen Stimmzettels zu erfolgen. Das Wahlrecht ist unbeschadet der Bestimmungen des Abs. 3 persönlich auszuüben.

(3) Wahlberechtigte, die wegen Urlaubs, Karenzurlaubs, Leistung des Präsenz- oder Ausbildungs- oder Zivildienstes oder Krankheit am Wahltag an der Leistung der Dienste oder infolge Ausübung ihres Berufes oder aus anderen wichtigen, ihre Person betreffenden Gründen an der persönlichen Stimmabgabe verhindert sind, haben das Recht auf briefliche Stimmabgabe; diese hat im Postweg zu erfolgen.

(4) In Betrieben (Arbeitnehmergruppen), in denen erstmals ein Betriebsrat gewählt werden soll oder in denen nicht mehr als 150 Arbeitnehmer wahlberechtigt sind, kann der Wahlvorstand beschließen, keinen einheitlichen Stimmzettel aufzulegen. Eine erstmalige Betriebsratswahl liegt dann vor, wenn im selben Betrieb für dieselbe Arbeitnehmergruppe im Zeitraum von sechs Monaten vor der Wahl des Wahlvorstandes kein funktionsfähiger Betriebsrat bestanden hat.

Mitteilung des Wahlergebnisses

§ 57. Das Ergebnis der Wahl ist im Betrieb kundzumachen und dem Betriebsinhaber, dem nach dem Standort des Betriebes zuständigen Arbeitsinspektorat, den zuständigen freiwilligen Berufsvereinigungen und der zuständigen gesetzlichen Interessenvertretung der Arbeitnehmer mitzuteilen.

Vereinfachtes Wahlverfahren

§ 58. Unbeschadet der Bestimmungen des § 51 Abs. 1 gilt in Betrieben (Arbeitnehmergruppen), in denen bis zu zwei Betriebsratsmitglieder zu wählen sind, folgendes:

1. Die Betriebsratsmitglieder und die Ersatzmitglieder werden mit Mehrheit der abgegebenen Stimmen gewählt;
2. der Wahlvorstand besteht aus einem wahlberechtigten Arbeitnehmer;
3. es bedarf keiner Einreihung von Wahlvorschlägen im Sinne des § 55 Abs. 4. Wurden solche Wahlvorschläge nicht eingebracht, so ist für jedes Betriebsratsmitglied und für jedes Ersatzmitglied ein gesonderter Wahlgang durchzuführen;
4. erreicht keiner der Wahlvorschläge (Wahlwerber) die Mehrheit, so ist ein zweiter Wahlgang durchzuführen. Im zweiten Wahlgang können gültige Stimmen nur für die beiden Wahlvorschläge (Wahlwerber) abgegeben werden, die im ersten Wahlgang die meisten Stimmen erhalten haben. Bei Stimmengleichheit entscheidet das Los.

Anfechtung

§ 59. (1) Die einzelnen Wahlberechtigten und jede wahlwerbende Gruppe sind berechtigt, binnen Monatsfrist vom Tage der Mitteilung des Wahlergebnisses an gerechnet, die Wahl beim Gericht anzufechten, wenn wesentliche Bestimmungen des Wahlverfahrens oder leitende Grundsätze des Wahlrechtes verletzt wurden und hiedurch das Wahlergebnis beeinflußt werden konnte. Ein Anfechtungsgrund liegt auch dann vor, wenn einheitliche Stimmzettel nicht aufgelegt werden, obgleich der Wahlvorstand einen Beschluß im Sinne des § 56 Abs. 4 nicht gefaßt hat. Ein Anfechtungsgrund liegt jedoch nicht vor, wenn trotz eines aufgelegten einheitlichen Stimmzettels Wahlberechtigte mittels anderer Stimmzettel wählen.

(2) Die in Abs. 1 genannten Anfechtungsberechtigten sowie der Betriebsinhaber sind berechtigt, binnen Monatsfrist vom Tage der Mitteilung des Wahlergebnisses an gerechnet, die Wahl beim Gericht anzufechten, wenn die Wahl ihrer Art oder ihrem Umfang nach oder mangels Vorliegens eines Betriebes nicht durchzuführen gewesen wäre.

Nichtigkeit

§ 60. Die Nichtigkeit der Wahl kann bei Vorliegen eines rechtlichen Interesses jederzeit auch durch Klage auf Feststellung beim Gericht geltend gemacht werden. Das Urteil des Gerichtes über die Nichtigkeit der Wahl hat bindende Wirkung.

Tätigkeitsdauer des Betriebsrates

§ 61. (1) Die Tätigkeitsdauer des Betriebsrates beträgt fünf Jahre. Sie beginnt mit dem Tage der Konstituierung oder mit Ablauf der Tätigkeitsdauer des früheren Betriebsrates, wenn die Konstituierung vor diesem Zeitpunkt erfolgte.

(2) Erklärt das Gericht die Wahl eines Betriebsrates auf Grund einer Anfechtung nach § 59 Abs. 1 oder 2 für ungültig, so führt – vorbehaltlich des Abs. 2a – der frühere Betriebsrat die laufenden Geschäfte bis zur Konstituierung des neu gewählten Betriebsrates, höchstens jedoch bis zum Ablauf von drei Monaten, ab dem Tag der Ungültigkeitserklärung gerechnet, weiter. Dies gilt nicht, wenn die Tätigkeitsdauer des früheren Betriebsrates gemäß § 62 vorzeitig geendet hat.

(2a) Erklärt ein erstes Urteil eines Gerichts erster Instanz die Wahl eines Betriebsrates auf Grund einer Anfechtung nach § 59 Abs. 1 für ungültig, so hat der Betriebsrat seine Tätigkeit bis zur rechtskräftigen Entscheidung über die Anfechtungsklage, längstens aber bis zum Ablauf der fünfjährigen Tätigkeitsdauer (Abs. 1) fortzusetzen, es sei denn, es wird ein neuer Betriebsrat gewählt. Für die Einberufung der Betriebs(Gruppen-, Betriebshaupt)versammlung zur Wahl des Wahlvorstandes gelten die Bestimmungen des § 45 Abs. 2. Wird ein neuer Betriebsrat gewählt, so endet die Fortsetzungsbefugnis des Betriebsrates, dessen Wahl angefochten worden ist, mit der Konstituierung des neu gewählten Betriebsrates.

(3) Die nach Beginn der Tätigkeitsdauer (Abs. 1) gesetzten Rechtshandlungen eines Betriebsrates werden in ihrer Gültigkeit durch die zufolge einer Wahlanfechtung nachträglich erfolgte Aufhebung der Betriebsratswahl nicht berührt.

Vorzeitige Beendigung der Tätigkeitsdauer

§ 62. Vor Ablauf des im § 61 Abs. 1 bezeichneten Zeitraumes endet die Tätigkeitsdauer des Betriebsrates, wenn

1. der Betrieb dauernd eingestellt wird;
2. der Betriebsrat dauernd funktionsunfähig wird, insbesondere wenn die Zahl der Mitglieder unter die Hälfte der im § 50 Abs. 1 festgesetzten Mitgliederzahl sinkt;

3. die Betriebs(Gruppen)versammlung die Enthebung des Betriebsrates beschließt;
4. der Betriebsrat seinen Rücktritt beschließt;
5. das Gericht die Wahl für ungültig erklärt;
6. das Gericht die Gleichstellung der Arbeitsstätte gemäß § 35 Abs. 2 für beendet erklärt;
7. der Betriebsrat im Hinblick auf die durch ein erstes Urteil eines Gerichtes erster Instanz ausgesprochene Ungültigkeitserklärung der Wahl des zuvor gewählten Betriebsrates gewählt, die erhobene Anfechtungsklage schließlich aber rechtskräftig abgewiesen worden ist und die Tätigkeitsdauer des zuvor gewählten Betriebsrates noch nicht gemäß § 61 Abs. 1 beendet ist.

Verlängerung der Partei- und Prozeßfähigkeit

§ 62a. Endet die Tätigkeitsdauer des Betriebsrates nach den §§ 61 und 62 Z 1 und 2 während eines Verfahrens vor Gericht oder einer Verwaltungsbehörde, in dem der Betriebsrat Partei ist, so besteht seine Partei- und Prozeßfähigkeit in bezug auf dieses Verfahren bis zu dessen Abschluß, längstens jedoch bis zur Konstituierung eines neuen Betriebsrates, weiter. Dies gilt auch im Falle der Ergreifung eines außerordentlichen Rechtsmittels. Im Falle des § 62 Z 5 besteht die Partei- und Prozeßfähigkeit des Betriebsrates, dessen Wahl angefochten worden ist, in bezug auf dieses gerichtliche Verfahren bis zu dessen Abschluß weiter.

Beibehaltung des Zuständigkeitsbereiches

§ 62b. (1) Werden Betriebsteile rechtlich verselbständigt, so bleibt der Betriebsrat für diese verselbständigten Teile bis zur Neuwahl eines Betriebsrates in diesen Teilen, längstens aber bis zum Ablauf von vier Monaten nach der organisatorischen Verselbständigung zur Vertretung der Interessen der Arbeitnehmer im Sinne dieses Bundesgesetzes zuständig, sofern die Zuständigkeit nicht ohnehin wegen des Weiterbestehens einer organisatorischen Einheit (§ 34) im bisherigen Umfang fortdauert. Die vorübergehende Beibehaltung des Zuständigkeitsbereiches gilt nicht, wenn in einem verselbständigten Betriebsteil ein Betriebsrat nicht zu errichten ist.

(2) Der Beginn der Frist für die vorübergehende Beibehaltung des Zuständigkeitsbereiches kann durch Betriebsvereinbarung festgelegt werden. Die Frist für die vorübergehende Beibehaltung des Zuständigkeitsbereiches kann über die Dauer von vier Monaten hinaus durch Betriebsvereinbarung bis zum Ablauf der Tätigkeitsdauer des Betriebsrates (§ 61 Abs. 1) verlängert werden.

(3) Führt die rechtliche Verselbständigung von Betriebsteilen zur dauernden Einstellung des Betriebes oder zum Ausscheiden von Betriebsratsmitgliedern aus dem Betrieb, so treten für die Dauer der vorübergehenden Beibehaltung des Zuständigkeitsbereiches abweichend von § 62 Z 1 die Beendigung der Tätigkeitsdauer des Betriebsrates und abweichend von § 64 Abs. 1 Z 3 das Erlöschen der Mitgliedschaft zum Betriebsrat nicht ein.

§ 62c. (1) Werden Betriebe oder Betriebsteile zu einem neuen Betrieb im Sinne des § 34 zusammengeschlossen, so bilden die Betriebsräte (Betriebsausschüsse) bis zur Neuwahl eines Betriebsrates, längstens aber bis zum Ablauf eines Jahres nach dem Zusammenschluß, ein Organ der Arbeitnehmerschaft (einheitlicher Betriebsrat). Der einheitliche Betriebsrat hat sich unter sinngemäßer Anwendung des § 66 unverzüglich zu konstituieren, wobei die Einberufung durch den Vorsitzenden eines der Betriebsräte (Betriebsausschüsse) zu erfolgen hat; im Falle mehrerer Einberufungen gilt die Einberufung des Vorsitzenden jenes Betriebsrates (Betriebsausschusses), der die größere Zahl von Arbeitnehmern vertritt. Für die Tätigkeitsdauer und die Geschäftsführung des einheitlichen Betriebsrates sowie für die Mitgliedschaft zum einheitlichen Betriebsrat und den Eintritt von Ersatzmitgliedern sind im übrigen die für den Betriebsrat geltenden Bestimmungen anzuwenden.

(2) § 62b Abs. 2 erster Satz und Abs. 3 gelten sinngemäß.

Fortsetzung der Tätigkeitsdauer

§ 63. Nach Wiederaufnahme eines eingeschränkten oder stillgelegten Betriebes kann die Betriebs(Gruppen)versammlung an Stelle von Neuwahlen die Fortsetzung der Tätigkeit des früheren Betriebsrates bis zur Beendigung seiner ursprünglichen Tätigkeitsdauer beschließen, sofern

1. die Zahl der im Betrieb verbliebenen und der wiedereingestellten ehemaligen Betriebsratsmitglieder (Ersatzmitglieder) mindestens die Hälfte der Zahl der ursprünglichen Betriebsratsmandate erreicht und
2. am Tage der Beschlußfassung über die Fortsetzung der Tätigkeitsdauer des Betriebsrates mindestens halb so viele betriebs(gruppen)zugehörige Arbeitnehmer beschäftigt sind, als am Tage der Wahlausschreibung für die Wahl des Betriebsrates, dessen Tätigkeitsdauer verlängert werden soll, beschäftigt waren.

Beginn und Erlöschen der Mitgliedschaft

§ 64. (1) Die Mitgliedschaft zum Betriebsrat beginnt mit Annahme der Wahl und erlischt, wenn

1. die Tätigkeitsdauer des Betriebsrates endet;
2. das Mitglied zurücktritt;
3. das Mitglied aus dem Betrieb ausscheidet;
4. die Arbeitnehmergruppe, die das Mitglied in den Betriebsrat gewählt hat, dieses wegen Verlustes der Zugehörigkeit zu dieser Gruppe binnen vier Wochen enthebt.

(2) Die Mitgliedschaft zum Betriebsrat erlischt für Mitglieder, die gemäß § 53 Abs. 4 gewählt wurden, auch mit Beendigung einer Funktion oder Anstellung bei der zuständigen freiwilligen Berufsvereinigung der Arbeitnehmer.

(3) Die Mitgliedschaft aller Mitglieder des Betriebsrates erlischt, wenn die Konstituierung des Betriebsrates nicht innerhalb von sechs Wochen nach Ablauf der im § 66 Abs. 1 gesetzten Frist erfolgt.

(4) Die Mitgliedschaft zum Betriebsrat ist vom Gericht auf Grund einer Klage abzuerkennen, wenn das Mitglied die Wählbarkeit nicht oder nicht mehr besitzt. Zur Klage sind der Betriebsrat, jedes Betriebsratsmitglied und der Betriebsinhaber berechtigt.

Ersatzmitglieder

§ 65. (1) Im Falle des Erlöschens der Mitgliedschaft oder der Verhinderung eines Betriebsratsmitgliedes tritt ein Ersatzmitglied an dessen Stelle. Dies gilt nicht bei Erlöschen der Mitgliedschaft aller Betriebsratsmitglieder gemäß § 64 Abs. 3.

(2) Ersatzmitglieder sind die auf einem Wahlvorschlag den gewählten Mitgliedern des Betriebsrates folgenden Wahlwerber. Die Reihenfolge des Nachrückens der Ersatzmitglieder wird durch die Reihung auf dem Wahlvorschlag bestimmt. Verzichtet ein Ersatzmitglied auf das Nachrücken, so verbleibt es weiterhin als Ersatzmitglied auf dem Wahlvorschlag in der ursprünglichen Reihung.

(3) Wurde der Betriebsrat ohne Erstellung von Wahlvorschlägen mit einfacher Mehrheit der abgegebenen Stimmen gewählt (§ 58 Z 3), so tritt das Ersatzmitglied mit der höchsten Stimmenzahl an die Stelle des ausgeschiedenen oder verhinderten Mitgliedes. Bei gleicher Stimmenzahl entscheidet das Los.

Konstituierung des Betriebsrates

§ 66. (1) Das an Lebensjahren älteste Mitglied des Betriebsrates hat nach Durchführung der Betriebsratswahl die Einberufung der gewählten Mitglieder zur Wahl der Organe des Betriebsrates (konstituierende Sitzung) binnen zwei Wochen vorzunehmen. Die Einberufung hat die konstituierende Sitzung innerhalb von sechs Wochen nach Durchführung der Betriebsratswahl vorzusehen. Kommt das älteste Mitglied dieser Pflicht nicht nach, so kann jedes Mitglied des Betriebsrates, das an erster Stelle eines Wahlvorschlages zu diesem Betriebsrat gereiht war, die Einberufung vornehmen. Im Falle mehrerer Einberufungen gilt die Einberufung desjenigen Betriebsratsmitgliedes, das auf dem Wahlvorschlag mit der größeren Anzahl der gültigen Stimmen gewählt wurde.

(2) In der konstituierenden Sitzung hat der Einberufer bis zur erfolgten Wahl des Vorsitzenden den Vorsitz zu führen.

(3) Die Betriebsratsmitglieder haben aus ihrer Mitte mit Mehrheit der abgegebenen Stimmen den Vorsitzenden, einen oder mehrere Stellvertreter und, falls erforderlich, weitere Funktionäre zu wählen. Besteht ein Betriebsratsfonds, ist ein Kassaverwalter zu wählen. Die Wahl der Betriebsratsfunktionäre erfolgt für die Tätigkeitsdauer des Betriebsrates.

(4) Vor Ablauf der Tätigkeitsdauer des Betriebsrates ist eine Neuwahl eines Funktionärs vorzunehmen, wenn

1. die Mehrheit der Betriebsratsmitglieder die Enthebung eines Funktionärs beschließt;
2. ein Funktionär seine Funktion zurücklegt;
3. die Mitgliedschaft eines Funktionärs zum Betriebsrat erlischt.

(5) Besteht der Betriebsrat aus Vertretern beider Arbeitnehmergruppen, so dürfen der Vorsitzende und sein Stellvertreter nicht der gleichen Gruppe angehören.

(6) Bei Stimmengleichheit gilt jenes für die Vorsitzendenstelle vorgeschlagene Betriebsratsmitglied als gewählt, das auf jenem Wahlvorschlag kandidiert hat, der bei der Betriebsratswahl die meisten Stimmen auf sich vereinigt hat. Liegt auch hier Stimmengleichheit vor, so entscheidet das Los. In diesem Fall ist der Vorsitzendestellvertreter jener wahlwerbenden Gruppe zu entnehmen, die auf Grund des Losentscheides nicht den Vorsitzenden stellt. Im Falle der Stimmengleichheit bei der Wahl der übrigen Funktionäre findet § 68 Abs. 2 sinngemäß Anwendung.

(7) Besteht ein Betriebsrat aus zwei Mitgliedern, so wird mangels Einigung dasjenige Vorsitzender, das bei der Wahl die meisten Stimmen auf sich vereinigt hat. Bei Stimmengleichheit entscheidet das Los. Wurden die Betriebsratsmitglieder auf einem Wahlvorschlag gewählt, so wird mangels Einigung das an erster Stelle gereihte Mitglied Vorsitzender.

(8) Der Vorsitzende hat unmittelbar nach Beendigung der konstituierenden Sitzung das Ergebnis der Wahl der Betriebsratsfunktionäre sowie die Reihenfolge der Ersatzmitglieder dem Betriebsinhaber, der zuständigen freiwilligen Berufsvereinigung und der zuständigen gesetzlichen Interessenvertretung der Arbeitnehmer sowie dem zuständigen Arbeitsinspektorat anzuzeigen und im Betrieb durch Anschlag kundzumachen.

Sitzungen des Betriebsrates

§ 67. (1) Die Sitzungen des Betriebsrates sind vom Vorsitzenden, bei dessen Verhinderung vom Stellvertreter mindestens einmal im Monat einzuberufen und zu leiten. Die Mitglieder des Betriebsrates sind rechtzeitig unter Bekanntgabe der Tagesordnung zu laden. Besteht im Betrieb ein Jugendvertrauensrat oder ist eine Behindertenvertrauensperson gewählt, so sind diese gleichzeitig einzuladen.

(2) Der Vorsitzende hat den Betriebsrat binnen zwei Wochen einzuberufen, wenn es ein Drittel der Betriebsratsmitglieder, mindestens jedoch zwei Mitglieder verlangen.

(3) Kommt der Vorsitzende seinen Verpflichtungen gemäß Abs. 1 oder 2 nicht nach, so hat das Gericht auf Antrag der gemäß Abs. 2 Berechtigten die Sitzung anzuordnen. Hiebei ist § 92 Abs. 2 des Arbeits- und Sozialgerichtsgesetzes – ASGG, BGBl. Nr. 104/1985, sinngemäß anzuwenden. Gegen den Beschluß des Gerichts erster Instanz ist ein Rechtsmittel unzulässig.

(4) Die Sitzungen des Betriebsrates sind nicht öffentlich. Der Betriebsrat kann bei Erledigung bestimmter Aufgaben auch Personen, die nicht dem Betriebsrat angehören, beratend zuziehen.

Beschlußfassung

§ 68. (1) Der Betriebsrat ist beschlußfähig, wenn mindestens die Hälfte der Mitglieder anwesend ist.

(2) Die Beschlüsse werden, soweit in diesem Bundesgesetz oder in der Geschäftsordnung (§ 70) keine strengeren Erfordernisse festgesetzt sind, mit Mehrheit der abgegebenen Stimmen gefaßt. Bei Stimmengleichheit ist die Meinung angenommen, für die der Vorsitzende gestimmt hat. Beschlüsse über die Zustimmung des Betriebsrates zur Kündigung oder Entlassung eines Arbeitnehmers bedürfen der Mehrheit von zwei Drittel der abgegebenen Stimmen. Besteht ein Betriebsrat nur aus zwei Mitgliedern, kommt ein Beschluß nur bei Übereinstimmung beider Mitglieder zustande.

(3) Der Beschluß über den Rücktritt des Betriebsrates bedarf der Mehrheit der Stimmen aller Betriebsratsmitglieder.

(4) Beschlüsse durch schriftliche Stimmabgabe sind nur zulässig, wenn kein Mitglied des Betriebsrates diesem Verfahren widerspricht. Dasselbe gilt für fernmündliche oder andere vergleichbare Formen der Beschlussfassung. Der Vorsitzende hat für die Dokumentierung der Beschlussfassung zu sorgen.

Übertragung von Aufgaben

§ 69. (1) Der Betriebsrat kann im Einzelfall die Durchführung einzelner seiner Befugnisse einem oder mehreren seiner Mitglieder übertragen.

(2) Der Betriebsrat kann im Einzelfalle die Vorbereitung und Durchführung seiner Beschlüsse einem Ausschuß übertragen. Einem Ausschuß sollen insbesondere die Vorbereitung und Durchführung von Beschlüssen in den Angelegenheiten der Gleichbehandlung, der Frauenförderung, der Wahrnehmung der Interessen von Arbeitnehmerinnen und Arbeitnehmern mit Familienpflichten sowie der Maßnahmen gegen sexuelle Belästigung übertragen werden.

(3) Der Betriebsrat kann in der Geschäftsordnung einem Ausschuß in bestimmten Angelegenheiten die Vorbereitung und Durchführung seiner Beschlüsse übertragen. Im übrigen gilt Abs. 2 zweiter Satz.

(4) In Betrieben (Arbeitnehmergruppen) mit mehr als tausend Arbeitnehmern kann der Betriebsrat in der Geschäftsordnung geschäftsführende Ausschüsse zur selbständigen Beschlußfassung in bestimmten Angelegenheiten errichten. In solchen Ausschüssen muß jede wahlwerbende Gruppe, die ein Mitglied des Betriebsrates stellt, vertreten sein. Die Beschlüsse in diesen Ausschüssen haben einhellig zu erfolgen. Kommt ein Beschluß nicht zustande, entscheidet der Betriebsrat. Das Recht auf Abschluß von Betriebsvereinbarungen und die Wahrnehmung der wirtschaftlichen Mitwirkungsrechte gemäß §§ 108 bis 112 kann den geschäftsführenden Ausschüssen nicht übertragen werden.

(5) Für die Sitzungen der Ausschüsse gemäß Abs. 2 bis 4 ist § 67 Abs. 4 sinngemäß anzuwenden. Die Mitglieder des Betriebsrates haben das Recht, an allen Ausschußsitzungen als Beobachter teilzunehmen.

Autonome Geschäftsordnung

§ 70. Der Betriebsrat kann mit Mehrheit von zwei Drittel seiner Mitglieder eine Geschäftsordnung beschließen. Die Geschäftsordnung kann insbesondere regeln:

1. Die Errichtung, Zusammensetzung und Geschäftsführung von Ausschüssen im Sinne des § 69 Abs. 3 und 4;
2. die Bezeichnung der Angelegenheiten, in denen geschäftsführenden Ausschüssen das Recht auf selbständige Beschlußfassung zukommt;
3. die Festlegung von Art und Umfang der Vertretungsmacht der Vorsitzenden von geschäftsführenden Ausschüssen;
4. die Zahl der Stellvertreter des Betriebsratsvorsitzenden und die Reihenfolge der Stellvertretung.

Vertretung nach außen

§ 71. Vertreter des Betriebsrates gegenüber dem Betriebsinhaber und nach außen ist der Vorsitzende, bei dessen Verhinderung der Stellvertreter. Der Betriebsrat kann in Einzelfällen auch andere seiner Mitglieder und in Angelegenheiten, zu deren Behandlung ein geschäftsführender Ausschuß (§ 69 Abs. 4) errichtet wurde, den Vorsitzenden dieses Ausschusses mit der Vertretung nach außen beauftragen. Die Reihenfolge der Stellvertretungen und eine besondere Regelung der Vertretungsbefugnisse sind dem Betriebsinhaber umgehend mitzuteilen und erlangen erst mit der Verständigung Rechtswirksamkeit.

Beistellung von Sacherfordernissen

§ 72. Dem Betriebsrat und dem Wahlvorstand sind zur ordnungsgemäßen Erfüllung ihrer Aufgaben Räumlichkeiten, Kanzlei- und Geschäftserfordernisse sowie sonstige Sacherfordernisse in einem der Größe des Betriebes und den Bedürfnissen des Betriebsrates (Wahlvorstandes) angemessenen Ausmaß vom Betriebsinhaber unentgeltlich zur Verfügung zu stellen. Desgleichen hat der Betriebsinhaber unentgeltlich für die Instandhaltung der bereitgestellten Räume und Gegenstände zu sorgen.

Abschnitt 3

Betriebsratsfonds

Betriebsratsumlage

§ 73. (1) Zur Deckung der Kosten der Geschäftsführung des Betriebsrates und der Konzernvertretung sowie zur Errichtung und Erhaltung von Wohlfahrtseinrichtungen und zur Durchführung von Wohlfahrtsmaßnahmen zugunsten der Arbeitnehmerschaft und der ehemaligen Arbeitnehmer des Betriebes kann von den Arbeitnehmern eine Betriebsratsumlage eingehoben werden. Sie darf höchstens ein halbes Prozent des Bruttoarbeitsentgelts betragen.

(2) Die Einhebung und Höhe der Betriebsratsumlage beschließt auf Antrag des Betriebsrates die Betriebs(Gruppen)versammlung; zur Beschlußfassung ist die Anwesenheit von mindestens der Hälfte der stimmberechtigten Arbeitnehmer erforderlich.

(3) Die Umlagen sind vom Arbeitgeber vom Arbeitsentgelt einzubehalten und bei jeder Lohn(Gehalts)auszahlung an den Betriebsratsfonds abzuführen.

Betriebsratsfonds

§ 74. (1) Die Eingänge aus der Betriebsratsumlage sowie sonstige für die im § 73 Abs. 1 bezeichneten Zwecke bestimmten Vermögenschaften bilden den mit Rechtspersönlichkeit ausgestatteten Betriebsratsfonds.

(2) Die Verwaltung des Betriebsratsfonds obliegt dem Betriebsrat. Vertreter des Betriebsratsfonds ist der Vorsitzende des Betriebsrates, bei seiner Verhinderung dessen Stellvertreter.

(3) Die Mittel des Betriebsratsfonds dürfen nur zu den in § 73 Abs. 1 bezeichneten Zwecken verwendet werden.

(4) Wird ein Betriebsratsfonds errichtet, hat die Betriebs(Gruppen)versammlung eine Regelung über die Verwaltung und Vertretung des Betriebsratsfonds bei zeitweiligem Fehlen eines ordentlichen Verwaltungs- und Vertretungsorgans zu beschließen. Ein solcher Beschluß hat die notwendige Verwaltungstätigkeit zu umschreiben, die Höchstdauer der vertretungsweisen Verwaltung und das vorgesehene Vertretungs- und Verwaltungsorgan zu bestimmen.

(5) Hat die Betriebsversammlung einen Beschluß im Sinne des Abs. 4 nicht gefaßt, so obliegt die interimistische Vertretung und Verwaltung des Betriebsratsfonds für die Dauer der Funktionsunfähigkeit des Betriebsrates dem ältesten Rechnungsprüfer, bei Fehlen funktionsfähiger Rechnungsprüfer der zuständigen gesetzlichen Interessenvertretung der Arbeitnehmer. Der älteste Rechnungsprüfer oder die zuständige gesetzliche Interessenvertretung können eine Betriebs(Gruppen)versammlung einberufen, die durch Beschluß eine andere Person (Personengruppe) mit der interimistischen Vertretung und Verwaltung beauftragen kann. Die interimistische Vertretung und Verwaltung hat sich auf die Besorgung laufender Angelegenheiten zu beschränken. Der Betriebsratsfonds ist von der zuständigen gesetzlichen Interessenvertretung der Arbeitnehmer aufzulösen, wenn sich nicht innerhalb eines Jahres ein funktionsfähiger Betriebsrat konstituiert.

(6) Die Revision der Rechtmäßigkeit der Gebarung und der Verwendung der Mittel des Betriebsratsfonds obliegt der zuständigen gesetzlichen Interessenvertretung der Arbeitnehmer.

(7) Der Betriebsratsfonds ist aufzulösen, wenn der Betrieb dauernd eingestellt wird. Die nähere Regelung ist durch Beschluß der Betriebs(Gruppen)versammlung bei Errichtung des Betriebsratsfonds zu treffen. Spätere Beschlüsse sind gültig, wenn sie mindestens ein Jahr vor der dauernden Betriebseinstellung gefaßt wurden oder in angemessener Weise bei der Verwendung des Fondsvermögens auch jene Arbeitnehmer berücksichtigen, die innerhalb eines Jahres vor der Betriebseinstellung ausgeschieden sind.

(8) Wird wegen Wegfalls der Voraussetzungen für das Bestehen getrennter Betriebsräte ein gemeinsamer Betriebsrat gewählt, so verschmelzen die bestehenden Betriebsratsfonds zu einem einheitlichen Fonds. Dies gilt sinngemäß auch für den Fall des Zusammenschlusses von Betrieben. Werden infolge Wegfalls der Voraussetzungen für das Bestehen eines gemeinsamen Betriebsrates getrennte Betriebsräte gewählt, so zerfällt der Betriebsratsfonds in getrennte Fonds für jede Arbeitnehmergruppe. Das Vermögen ist nach dem Verhältnis der Zahlen der gruppenangehörigen Arbeitnehmer auf die getrennten Betriebsratsfonds aufzuteilen.

(9) Wird auf Grund von Beschlüssen der Arbeitnehmergruppen ein gemeinsamer Betriebsrat (§ 40 Abs. 3) errichtet, ist die Verwendung der bestehenden Betriebsratsfonds durch Beschluß der jeweils zuständigen Betriebs(Gruppen)versammlung zu regeln.

(10) Durch übereinstimmende Beschlüsse der Gruppenversammlungen kann beschlossen werden, daß bei getrennten Betriebsräten der Arbeiter

und Angestellten ein Betriebsratsfonds für beide Gruppen errichtet wird, der vom Betriebsausschuß zu verwalten ist. Die Beschlüsse können während der Tätigkeitsdauer nicht mehr rückgängig gemacht werden. Abs. 8 und 9 sind sinngemäß anzuwenden.

(11) Werden Betriebsteile rechtlich verselbständigt, so ist das Fondsvermögen auf die Fonds jener Betriebsräte, die nach Abschluß dieser Maßnahmen in den Teilen des früher zusammengehörigen Betriebes errichtet sind, verhältnismäßig aufzuteilen, wobei das Verhältnis der Beschäftigungszahl vor der Verselbständigung zu den Beschäftigtenzahlen am Tag der handelsrechtlichen Wirksamkeit der Maßnahmen zu beachten ist. Erfolgt die Konstituierung eines Betriebsrates nicht spätestens sechs Monate nach Ablauf der Fristen gemäß § 62b, so erlischt der Anspruch der Belegschaft in diesem Betriebsteil auf einen Anteil der Mittel des Betriebsratsfonds zugunsten der Belegschaften, die einen Betriebsrat errichtet haben.

(12) Die zuständige gesetzliche Interessenvertretung der Arbeitnehmer ist von Beschlüssen gemäß Abs. 7, 9 und 10 sowie Maßnahmen gemäß Abs. 8 und 11 zu verständigen. Sie hat die Durchführung der Auflösung, der Zusammenlegung und Trennung von Betriebsratsfonds, die interimistische Verwaltung (Abs. 5) – soweit sie nicht von der zuständigen gesetzlichen Interessenvertretung der Arbeitnehmer selbst durchgeführt wird – sowie die Vermögensteilung gemäß Abs. 11 zu überwachen.

(13) Die Durchführung der Auflösung und der Vermögensübertragung bei Zusammenlegung und Trennung obliegt der zuständigen gesetzlichen Interessenvertretung der Arbeitnehmer, wenn

1. ein Beschluß der zuständigen Betriebs(Gruppen)versammlung fehlt;
2. der Beschluß nicht den im § 73 Abs. 1 geforderten Verwendungszweck vorsieht oder
3. der Beschluß undurchführbar geworden ist.

(14) Ein nach Durchführung der Auflösung verbleibender Vermögensüberschuß ist von der zuständigen gesetzlichen Interessenvertretung der Arbeitnehmer für Wohlfahrtsmaßnahmen oder Wohlfahrtseinrichtungen der Arbeitnehmer zu verwenden.

Rechnungsprüfer

§ 75. (1) Zur Überprüfung der Verwaltung und Gebarung des Betriebsratsfonds hat die Betriebs(Gruppen)versammlung aus ihrer Mitte mit Mehrheit der abgegebenen Stimmen, einen in Betrieben (Arbeitnehmergruppen) mit mehr als 20 Arbeitnehmern zwei Rechnungsprüfer (Stellvertreter) zu wählen. Diese dürfen dem Betriebsrat nicht angehören. § 58 Z 4 ist sinngemäß anzuwenden. Die erstmalige Wahl der Rechnungsprüfer hat anläßlich der Beschlußfassung über die Einhebung eine Betriebsratsumlage zu erfolgen.

(2) Die Tätigkeit der Rechnungsprüfer (Stellvertreter) dauert fünf Jahre, es sei denn, die Wahl gemäß Abs. 3 und 4 findet vor ihrem Ablauf statt. Die Wiederwahl ist zulässig.

(3) In Betrieben (Arbeitnehmergruppen), in denen mehr als zwei Betriebsratsmitglieder zu wählen sind, kann die Betriebs(Gruppen)versammlung anläßlich der Wahl des Wahlvorstandes (§ 54) beschließen, die Wahl der Rechnungsprüfer zugleich mit der Wahl des Betriebsrates durchzuführen.

(4) Liegt ein Beschluß im Sinne des Abs. 3 vor, so hat der Wahlvorstand auch die Wahl der Rechnungsprüfer vorzubereiten und durchzuführen. Die Wahlkundmachung (§ 55 Abs. 2) hat auch die Ausschreibung der Wahl der Rechnungsprüfer zu enthalten. Auf die Vorschläge für die Wahl der Rechnungsprüfer ist § 55 Abs. 4 sinngemäß anzuwenden. Die Wahl des Betriebsrates und der Rechnungsprüfer kann mittels gemeinsamen Stimmzettels erfolgen. § 58 Z 4 ist sinngemäß anzuwenden.

Abschnitt 4
Betriebsausschuß
Voraussetzung und Errichtung

§ 76. (1) In Betrieben, in denen getrennte Betriebsräte für die Gruppen der Arbeiter und der Angestellten bestehen, bildet die Gesamtheit der Mitglieder beider Betriebsräte zur Wahrnehmung gemeinsamer Angelegenheiten den Betriebsausschuß.

(2) Die Sitzung zur Wahl des Vorsitzenden des Betriebsausschusses und dessen Stellvertreters ist von den Vorsitzenden der Betriebsräte gemeinsam einzuberufen. Kommt es innerhalb von zwei Wochen zu keiner Einigung, kann ein Vorsitzender allein die Einberufung vornehmen. Für die Wahl ist die Anwesenheit von mindestens der Hälfte der Mitglieder jedes Betriebsrates erforderlich.

(3) Bis zur Wahl des Vorsitzenden des Betriebsausschusses führt jener Betriebsratsvorsitzende den Vorsitz, der die größere Arbeitnehmergruppe repräsentiert. Der Vorsitzende des Betriebsausschusses und dessen Stellvertreter werden aus der Mitte der Mitglieder beider Betriebsräte mit Mehrheit der abgegebenen Stimmen gewählt. Der Stellvertreter ist aus der Mitte der Mitglieder jenes Betriebsrates zu wählen, dem der Vorsitzende als Mitglied nicht angehört. § 58 Z 4 ist sinngemäß anzuwenden.

(4) In Betrieben, in denen für jede Gruppe nur je ein Betriebsratsmitglied zu wählen ist, gilt mangels Einigung jener als Vorsitzender des Betriebsausschusses, der die größere Arbeitnehmergruppe repräsentiert. Bei gleicher Gruppenstärke entscheidet das Los.

(5) Der Vorsitzende des Betriebsausschusses und dessen Stellvertreter sind neu zu wählen, sobald einer der beiden Betriebsräte sich nach Neuwahl konstituiert hat.

Geschäftsführung

§ 77. (1) Auf die Geschäftsführung des Betriebsausschusses sind, soweit im folgenden nichts anderes bestimmt wird, die §§ 67 Abs. 1, 3 und 4, 68, 69 Abs. 1, 2 und 3, 70 Z 1 und 4, 71 und 72 sinngemäß anzuwenden.

(2) Der Vorsitzende hat den Betriebsausschuß binnen zwei Wochen einzuberufen, wenn mehr als ein Drittel der Betriebsratsmitglieder des Betriebes oder ein Betriebsrat dies verlangt.

(3) Werden bei einer Abstimmung sämtliche anwesenden Betriebsratsmitglieder einer Gruppe überstimmt, bedarf es in einer zweiten Abstimmung der Mehrheit von zwei Drittel der abgegebenen Stimmen. Ist für jede Gruppe nur ein Betriebsratsmitglied zu wählen, bedarf es für das Zustandekommen eines Beschlusses der Übereinstimmung beider Betriebsratsmitglieder.

Abschnitt 5
Betriebsräteversammlung
Zusammensetzung und Geschäftsführung

§ 78. (1) Die Gesamtheit der Mitglieder der im Unternehmen bestellten Betriebsräte bildet die Betriebsräteversammlung. Die Betriebsräteversammlung ist mindestens einmal in jedem Kalenderjahr vom Zentralbetriebsrat einzuberufen. Den Vorsitz führt der Vorsitzende des Zentralbetriebsrates, bei dessen Verhinderung sein Stellvertreter.

(2) Zur Beschlußfassung über die Fortsetzung der Tätigkeitsdauer (§ 82 Abs. 4) und über die Enthebung des Zentralbetriebsrates (Abs. 4) kann die Betriebsräteversammlung von jedem Betriebsrat einberufen werden. In diesem Falle führt der Vorsitzende des einberufenden Betriebsrates den Vorsitz.

(3) Zur Beschlußfassung ist die Anwesenheit von mindestens der Hälfte aller Betriebsratsmitglieder des Unternehmens erforderlich. Die Beschlüsse werden mit einfacher Mehrheit der abgegebenen Stimmen gefaßt.

(4) Für eine Beschlußfassung über die Enthebung des Zentralbetriebsrates ist die Anwesenheit von drei Viertel aller Betriebsratsmitglieder des Unternehmens und eine Mehrheit von zwei Drittel der abgegebenen Stimmen erforderlich. Jedem Betriebsratsmitglied kommen so viele Stimmen zu, als der Zahl der bei der letzten Betriebsratswahl wahlberechtigten Arbeitnehmer, geteilt durch die Anzahl der Gewählten, entspricht. Die Abstimmung über die Enthebung hat mittels Stimmzettels und geheim zu erfolgen.

(5) Sind bei Beginn der Betriebsräteversammlung weniger als die Hälfte der Betriebsratsmitglieder des Unternehmens anwesend, so ist eine halbe Stunde zuzuwarten; nach Ablauf dieser Zeit ist die Betriebsräteversammlung ohne Rücksicht auf die Zahl der anwesenden Betriebsratsmitglieder beschlußfähig. Diese Bestimmung gilt nicht im Falle der Enthebung des Zentralbetriebsrates. Im übrigen sind die Bestimmungen der §§ 47 Abs. 2 und 48 sinngemäß anzuwenden.

Aufgaben

§ 79. Der Betriebsräteversammlung obliegt:

1. Behandlung von Berichten des Zentralbetriebsrates und der Rechnungsprüfer für den Zentralbetriebsratsfonds;
2. Beschlußfassung über die Einhebung und Höhe der Zentralbetriebsratsumlage;
3. Wahl und Enthebung der Rechnungsprüfer für den Zentralbetriebsratsfonds;
4. Beschlußfassung über die Enthebung des Zentralbetriebsrates;
5. Beschlußfassung über die Fortsetzung der Tätigkeitsdauer des Zentralbetriebsrates (§ 82 Abs. 4).

Abschnitt 6
Zentralbetriebsrat
Zusammensetzung

§ 80. (1) Der Zentralbetriebsrat besteht in Unternehmen bis zu tausend Arbeitnehmern aus vier Mitgliedern. Die Zahl der Mitglieder erhöht sich für je weitere fünfhundert Arbeitnehmer, in Unternehmen mit mehr als fünftausend Arbeitnehmern für je weitere tausend Arbeitnehmer um jeweils ein Mitglied. Bruchteile von fünfhundert und tausend werden für voll gerechnet. § 50 Abs. 2 ist sinngemäß anzuwenden.

(2) Im Zentralbetriebsrat sollen Arbeitnehmerinnen und Arbeitnehmer entsprechend ihrem zahlenmäßigen Verhältnis vertreten sein.

Berufung

§ 81. (1) Die Mitglieder des Zentralbetriebsrates werden von der Gesamtheit der Mitglieder der im Unternehmen errichteten Betriebsräte aus ihrer Mitte nach den Grundsätzen des Verhältniswahlrechtes (§ 51 Abs. 2) geheim gewählt. Jedem wahlberechtigten Betriebsratsmitglied kommen so viele Stimmen zu, als der Zahl der bei der letzten Betriebsratswahl wahlberechtigten Arbeitnehmer, geteilt durch die Anzahl der Gewählten, entspricht.

(2) Die Wahl hat mittels Stimmzettels, und zwar durch persönliche Stimmabgabe oder durch briefliche Stimmabgabe im Postwege zu erfolgen.

(3) Bei Erstellung der Wahlvorschläge soll auf eine angemessene Vertretung der Arbeitnehmerinnen und der Arbeitnehmer, der Gruppen der Arbeiter und Angestellten und der einzelnen Betriebe des Unternehmens im Zentralbetriebsrat Bedacht genommen werden.

(4) Der Wahlvorstand besteht aus mindestens drei Betriebsratsmitgliedern. Jeder im Unternehmen bestehende Betriebsrat hat eines seiner Mitglieder in den Wahlvorstand zu entsenden. Die Zahl der Mitglieder des Wahlvorstandes kann mit Zustimmung aller im Unternehmen bestellten Betriebsräte bis auf drei herabgesetzt werden. Bestehen in den Betrieben des Unternehmens nur zwei Betriebsräte, so sind zwei Mitglieder des Wahlvorstandes vom Betriebsrat des nach der Zahl der Arbeitnehmer größeren Betriebes zu entsenden. Der Wahlvorstand hat nach seiner Bestellung die Wahl unverzüglich vorzubereiten und innerhalb von vier Wochen durchzuführen.

(5) Auf die Berufung des Zentralbetriebsrates sind die Vorschriften der §§ 51 Abs. 3, 54 Abs. 2, 56 Abs. 1, 57, 59 und 60 sinngemäß anzuwenden.

Tätigkeitsdauer

§ 82. (1) Die Tätigkeitsdauer des Zentralbetriebsrates beträgt fünf Jahre. § 61 Abs. 1 zweiter Satz und Abs. 2 sind sinngemäß anzuwenden.

(2) Vor Ablauf der im Abs. 1 bezeichneten Zeit endet die Tätigkeit des Zentralbetriebsrates, wenn

1. das Unternehmen aufgelöst wird;
2. dem Unternehmen nur mehr ein Betrieb angehört;
3. die Zahl der Mitglieder unter drei sinkt;
4. die Betriebsräteversammlung die Enthebung des Zentralbetriebsrates beschließt;
5. der Zentralbetriebsrat den Rücktritt beschließt;
6. das Gericht die Wahl für ungültig erklärt.

(3) die Mitgliedschaft zum Zentralbetriebsrat erlischt, wenn

1. die Tätigkeitsdauer des Zentralbetriebsrates endet;
2. das Mitglied zurücktritt;
3. die Mitgliedschaft zum Betriebsrat erlischt.

(4) Hat in einem Unternehmen die Tätigkeit des Zentralbetriebsrates deshalb geendet, weil durch vorübergehende Stillegung von Betrieben dem Unternehmen nur mehr ein Betrieb angehört oder die Zahl der Mitglieder des Zentralbetriebsrates unter drei gesunken ist und wird in der Folge in wenigstens einem dieser stillgelegten Betriebe die Tätigkeit wiederaufgenommen, so können die Mitglieder der Betriebsräte des Unternehmens die Fortsetzung der Tätigkeit des Zentralbetriebsrates bis zur Beendigung seiner ursprünglichen Tätigkeitsdauer beschließen, wenn

1. in dem Betrieb, der seine Tätigkeit wiederaufgenommen hat, ein Beschluß zur Fortsetzung der Tätigkeitsdauer des Betriebsrates (§ 63) gefaßt wurde und
2. die Zahl der im Unternehmen verbliebenen und wiedereingestellten ehemaligen Mitglieder (Ersatzmitglieder) des Zentralbetriebsrates mindestens die Hälfte der Zahl der ursprünglichen Zentralbetriebsratsmandate erreicht.

(5) Für den Eintritt von Ersatzmitgliedern ist § 65 sinngemäß anzuwenden. Enthält der Wahlvorschlag, dem das ausgeschiedene oder verhinderte Mitglied angehört, kein für ein Nachrücken in Frage kommendes Ersatzmitglied, so entsendet die wahlwerbende Gruppe ein anderes Betriebsratsmitglied in den Zentralbetriebsrat.

(6) Die Bestimmungen über die Verlängerung der Partei- und Prozeßfähigkeit des Betriebsrates (§ 62a) und über die Beibehaltung des Zuständigkeitsbereiches (§§ 62b und 62c) sind sinngemäß anzuwenden.

Geschäftsführung

§ 83. Auf die Geschäftsführung des Zentralbetriebsrates sind die Vorschriften der §§ 66 Abs. 1 bis 4, 6 und 8, 67, 68, 69 Abs. 1 bis 3 und 5, 70 Z 1 und 4 und 71 sinngemäß anzuwenden. Die Errichtung geschäftsführender Ausschüsse durch Geschäftsordnung (§ 69 Abs. 4) ist nicht zulässig.

Aufwand

§ 84. (1) Räumlichkeiten, Kanzlei- und Geschäftserfordernisse sowie sonstige Sacherfordernisse für den Zentralbetriebsrat sind in sinngemäßer Anwendung des § 72 vom Betriebsinhaber zur Verfügung zu stellen.

(2) Die den einzelnen Mitgliedern des Zentralbetriebsrates in Ausübung ihrer Tätigkeit erwachsenen Barauslagen sind aus dem Zentralbetriebsratsfonds, ist ein solcher nicht errichtet, aus dem Betriebsratsfonds des Betriebes, der das Mitglied in den Zentralbetriebsrat entsendet hat, zu entrichten.

Zentralbetriebsratsumlage

§ 85. (1) Zur Deckung der Kosten der Geschäftsführung des Zentralbetriebsrates und der Konzernvertretung sowie zur Errichtung und Erhaltung von Wohlfahrtseinrichtungen zugunsten der Arbeitnehmerschaft und der ehemaligen Arbeitnehmer des Unternehmens kann eine Zentralbetriebsratsumlage eingehoben werden. Sie darf höchstens zehn Prozent der Betriebsratsumlage betragen.

(2) Einhebung und Höhe der Zentralbetriebsratsumlage beschließt auf Antrag des Zentralbetriebsrates oder eines Betriebsrates die Betriebsräteversammlung. Die Zentralbetriebsratsumlage ist aus den in den einzelnen Betrieben des Unternehmens eingehobenen Betriebsratsumlagen zu entrichten.

(3) Der Arbeitgeber hat die Zentralbetriebsratsumlage von der einbehaltenen Betriebsratsumlage in Abzug zu bringen und unmittelbar an den Zentralbetriebsratsfonds abzuführen.

Zentralbetriebsratsfonds

§ 86. Die Eingänge aus der Zentralbetriebsratsumlage sowie sonstige für die im § 85 Abs. 1 bezeichneten Zwecke bestimmte Vermögenschaften bilden den mit Rechtspersönlichkeit ausgestatteten Zentralbetriebsratsfonds, der vom Zentralbetriebsrat verwaltet wird. Die Mittel des Zentralbetriebsratsfonds dürfen nur zu den im § 85 Abs. 1 bezeichneten Zwecken verwendet werden.

Verwaltung und Auflösung des Zentralbetriebsratsfonds

§ 87. Der Zentralbetriebsratsfonds ist aufzulösen, wenn die Voraussetzungen für die Errichtung eines Zentralbetriebsrates dauernd weggefallen sind. In diesem Fall ist das Vermögen auf jene Betriebsratsfonds des Unternehmens, aus deren Betriebsratsumlage Beiträge zum Zentralbetriebsratsfonds geleistet wurden, aufzuteilen. Die Aufteilung erfolgt nach dem Verhältnis der Zahlen der zu den einzelnen Betriebsratsfonds beitragspflichtigen Arbeitnehmer. § 74 Abs. 2, 4 bis 6 und 12 sind sinngemäß anzuwenden.

Rechnungsprüfer für den Zentralbetriebsratsfonds

§ 88. (1) Zur Überprüfung der Verwaltung und Gebarung des Zentralbetriebsratsfonds hat die Betriebsräteversammlung aus ihrer Mitte mit Mehrheit der abgegebenen Stimmen zwei Rechnungsprüfer (Stellvertreter) zu wählen. Diese dürfen dem Zentralbetriebsrat nicht angehören. § 58 Z 4 ist sinngemäß anzuwenden. Die erstmalige Wahl der Rechnungsprüfer hat anläßlich der Beschlußfassung über die Einhebung einer Zentralbetriebsratsumlage zu erfolgen.

(2) Die Tätigkeit der Rechnungsprüfer (Stellvertreter) dauert fünf Jahre. Wiederwahl ist zulässig.

Abschnitt 7
Konzernvertretung
Errichtung

§ 88a. (1) In einem Konzern im Sinne des § 15 des Aktiengesetzes 1965 oder des § 115 des Gesetzes über Gesellschaften mit beschränkter Haftung, in dem in mehr als einem Unternehmen Betriebsräte bestehen, kann eine Konzernvertretung zur Vertretung der gemeinsamen Interessen der in diesem Konzern beschäftigten Arbeitnehmer errichtet werden. Die Konzernvertretung wird mit Zustimmung von mindestens zwei Dritteln der Zentralbetriebsräte errichtet, die zusammen mehr als die Hälfte der im Konzern beschäftigten Arbeitnehmer repräsentieren. Bei der Ermittlung der Zahl der im Konzern beschäftigten Arbeitnehmer sind jeweils die Zahlen der bei den letzten Zentralbetriebsratswahlen im Unternehmen beschäftigten Arbeitnehmer (§ 80) zugrunde zu legen.

(2) Die Versammlung der Zentralbetriebsratsvorsitzenden im Konzern hat durch Beschluß festzustellen, daß die gemäß Abs. 1 erforderliche Zustimmung zur Errichtung der Konzernvertretung erteilt wurde.

(3) Die Versammlung der Zentralbetriebsratsvorsitzenden wird von einem Zentralbetriebsratsvorsitzenden einberufen. Diesem obliegt die Leitung der Versammlung.

(4) Sodann hat sie nach Maßgabe des Abs. 6 die Zahl der jeweiligen Delegierten und Ersatzdelegierten durch Beschluß festzustellen. Die Zentralbetriebsratsvorsitzenden haben bis zu einem vom Einberufer festgesetzten Termin die Delegierten (Ersatzdelegierten) bekanntzugeben.

(5) Die in Abs. 2 bis 4 vorgesehene Errichtung und Beschickung der Konzernvertretung kann auch in einem schriftlichen Verfahren durchgeführt werden.

(6) Die Konzernvertretung besteht aus je zwei Delegierten und der erforderlichen Zahl von Ersatzdelegierten jedes im Konzern errichteten Zentralbetriebsrates, sofern er nicht mehr als 500 Arbeitnehmer vertritt. Die Zahl der Delegierten erhöht sich für je weitere 500 von einem Zentralbetriebsrat vertretene Arbeitnehmer um jeweils einen Delegierten. Bruchteile von 500 werden für voll gerechnet. Für die Berechnung der Zahl der Arbeitnehmer ist Abs. 1 letzter Satz sinngemäß anzuwenden. Die Entsendungsberechtigung liegt innerhalb des Zentralbetriebsrates bei der jeweils nach dem d'Hondtschen System an die Reihe kommenden wahlwerbenden Gruppe. Auf eine angemessene Vertretung der Gruppen der Arbeiter und der Angestellten, der einzelnen Betriebe sowie der Arbeitnehmerinnen und der Arbeitnehmer soll Bedacht genommen werden.

(7) Kommen während der Tätigkeitsdauer der Konzernvertretung neue Unternehmen in den Konzern, so sind die dort errichteten Zentralbetriebsräte berechtigt, die entsprechende Zahl von Delegierten in die Konzernvertretung zu entsenden. Scheiden während der Tätigkeitsdauer Unternehmen aus dem Konzern aus, so endet die Mitgliedschaft der aus diesen Unternehmen entsendeten Delegierten. Dies gilt auch, wenn sich nachträglich herausstellt, daß bei der Errichtung Unternehmen, die nicht zum Konzern gehören, berücksichtigt worden sind oder Unternehmen, die zum Konzern gehören, nicht berücksichtigt worden sind.

(8) Ist in einem Konzernunternehmen ein Zentralbetriebsrat nicht zu errichten, so nimmt der Betriebsausschuß oder dessen Vorsitzender die Aufgaben nach Abs. 1 bis 7 wahr; besteht kein Betriebsausschuß, so nimmt der Betriebsrat oder dessen Vorsitzender die Aufgaben nach Abs. 1 bis 7 wahr.

(9) Für die Auflösung der Konzernvertretung gelten die Abs. 1 bis 3 und 5 sinngemäß.

(10) Bestehen in einem Konzern im Sinne des § 15 des Aktiengesetzes 1965 oder des § 115 des Gesetzes über Gesellschaften mit beschränkter

Haftung Teilkonzerne, so nehmen aus den Teilkonzernen die in diesen errichteten Konzernvertretungen an der Errichtung der Konzernvertretung unter sinngemäßer Anwendung der Abs. 1 bis 7 und 9 teil.

Konstituierung, Geschäftsführung, Tätigkeitsdauer

§ 88b. (1) Der Einberufer der Versammlung der Zentralbetriebsratsvorsitzenden hat die gemäß § 88a Abs. 4 bekanntgegebenen Delegierten zur konstituierenden Sitzung der Konzernvertretung einzuladen und diese bis zur Wahl des Vorsitzenden der Konzernvertretung zu leiten.

(2) Die Delegierten haben aus ihrer Mitte mit einfacher Mehrheit der abgegebenen Stimmen einen Vorsitzenden und einen oder mehrere Stellvertreter zu wählen. Die Wahl ist gültig, wenn zumindest die Hälfte der Delegierten (§ 88a Abs. 6) anwesend ist.

(3) Der Vorsitzende vertritt die Konzernvertretung nach außen. Er hat mindestens einmal im Jahr die Konzernvertretung zu einer Sitzung einzuberufen; darüber hinaus auch, wenn dies von mindestens einem Viertel der Delegierten verlangt wird.

(4) Die Konzernvertretung kann mit Mehrheit von zwei Dritteln ihrer Delegierten eine Geschäftsordnung beschließen. Die Geschäftsordnung kann insbesondere regeln:

1. die Errichtung, Zusammensetzung und Geschäftsführung eines Leitungsausschusses und allenfalls – bei entsprechender Größe der Konzernvertretung oder des Leitungsausschusses – eines Präsidiums;
2. die Bezeichnung der Angelegenheiten, in denen dem Präsidium oder dem Leitungsausschuß das Recht auf selbständige Beschlußfassung, allenfalls nach Rahmenvorgaben der Konzernvertretung, zukommt;
3. die Festlegung von Art und Umfang der Vertretungsmacht der Vorsitzenden (Stellvertreter) des Präsidiums oder Leitungsausschusses;
4. die Beiziehung anderer Betriebsratsmitglieder, die nicht Mitglieder der Konzernvertretung sind, mit beratender Stimme in Angelegenheiten, die die Arbeitnehmer des betreffenden Betriebes berühren.

(5) Die Tätigkeitsdauer der Konzernvertretung beträgt fünf Jahre.

§ 61 Abs. 1 zweiter Satz und Abs. 2 sind sinngemäß anzuwenden. Sie wird vorzeitig beendet

1. durch die Auflösung des Konzerns,
2. durch einen Auflösungsbeschluß im Sinne des § 88a Abs. 9,
3. durch die Funktionsunfähigkeit von so vielen Zentralbetriebsräten (Betriebsausschüssen, Betriebsräten), daß nicht mehr mehr als die Hälfte der Arbeitnehmer im Konzern repräsentiert ist,
4. wenn dies die Konzernvertretung mit einer Mehrheit von zwei Dritteln ihrer Delegierten beschließt oder
5. wenn das Gericht die Errichtung oder den Beschluß gemäß § 88a Abs. 4 für ungültig erklärt; die Klage ist spätestens einen Monat nach Konstituierung der Konzernvertretung einzubringen.

(6) Die Mitgliedschaft zur Konzernvertretung beginnt mit der Bekanntgabe des Delegierungsbeschlusses (Abs. 7 und § 88a Abs. 6); sie erlischt, wenn

1. die Tätigkeitsdauer der Konzernvertretung endet,
2. die Mitgliedschaft zum Zentralbetriebsrat (Betriebsrat) erlischt,
3. das Mitglied zurücktritt oder abberufen wird.

(7) Spätestens drei Monate vor Ablauf der Tätigkeitsdauer hat eine vom Vorsitzenden einzuberufende Versammlung der Zentralbetriebsratsvorsitzenden die Zahl der jeweiligen Delegierten und Ersatzdelegierten (§ 88a Abs. 6) für die nächste Tätigkeitsdauer mit Beschluß zu bestimmen. § 88a Abs. 5 gilt sinngemäß. Der Vorsitzende hat die binnen festzusetzender Frist bekanntzugebenden Delegierten zur konstituierenden Sitzung der Konzernvertretung einzuberufen und diese bis zur Neuwahl des Vorsitzenden zu leiten.

(8) Die Errichtung der Konzernvertretung, die Konstituierung, die Zusammensetzung und allfällige Änderungen der Zusammensetzung, die Geschäftsordnung sowie allfällige Änderungen der Tätigkeitsdauer sind jedem im Konzern bestehenden Unternehmen schriftlich zur Kenntnis zu bringen.

(9) Im übrigen gelten für die Konzernvertretung die §§ 62a, 65 Abs. 1, 68 und 72 sinngemäß.

3. HAUPTSTÜCK
BEFUGNISSE DER ARBEITNEHMERSCHAFT

Abschnitt 1
Allgemeine Befugnisse

Überwachung

§ 89. Der Betriebsrat hat das Recht, die Einhaltung der die Arbeitnehmer des Betriebes betreffenden Rechtsvorschriften zu überwachen. Insbesondere stehen ihm folgende Befugnisse zu:

1. Der Betriebsrat ist berechtigt, in die vom Betrieb geführten Aufzeichnungen über die Bezüge der Arbeitnehmer und die zur Berechnung dieser Bezüge erforderlichen Unterlagen Einsicht zu nehmen, sie zu überprüfen und die Auszahlung zu kontrollieren. Dies gilt auch für andere die Arbeitnehmer betreffenden Aufzeichnungen, deren Führung durch Rechtsvorschriften vorgesehen ist;

2. der Betriebsrat hat die Einhaltung der für den Betrieb geltenden Kollektivverträge, der Betriebsvereinbarungen und sonstiger arbeitsrechtlicher Vereinbarungen zu überwachen. Er hat darauf zu achten, daß die für den Betrieb geltenden Kollektivverträge im Betrieb aufgelegt (§ 15) und die Betriebsvereinbarungen angeschlagen oder aufgelegt (§ 30 Abs. 1) werden. Das gleiche gilt für Rechtsvorschriften, deren Auflage oder Aushang im Betrieb in anderen Gesetzen vorgeschrieben ist;
3. der Betriebsrat hat die Durchführung und Einhaltung der Vorschriften über den Arbeitnehmerschutz, über die Sozialversicherung, über eine allfällige betriebliche Altersversorgung einschließlich der Wertpapierdeckung für Pensionszusagen (§ 11 Betriebspensionsgesetz, BGBl. Nr. 282/1990, in der jeweils geltenden Fassung) sowie über die Berufsausbildung zu überwachen. Zu diesem Zweck kann der Betriebsrat die betrieblichen Räumlichkeiten, Anlagen und Arbeitsplätze besichtigen. Der Betriebsinhaber hat den Betriebsrat von jedem Arbeitsunfall unverzüglich in Kenntnis zu setzen. Betriebsbesichtigungen im Zuge behördlicher Verfahren, durch die Interessen der Arbeitnehmerschaft (§ 38) des Betriebes (Unternehmens) berührt werden, sowie Betriebsbesichtigungen, die von den zur Überwachung der Arbeitnehmerschutzvorschriften berufenen Organen oder die mit deren Beteiligung durchgeführt werden, ist der Betriebsrat beizuziehen. Der Betriebsinhaber hat den Betriebsrat von einer anberaumten Verhandlung sowie von der Ankunft eines behördlichen Organs in diesen Fällen unverzüglich zu verständigen;
4. werden im Betrieb Personalakten geführt, so ist dem Betriebsrat bei Einverständnis des Arbeitnehmers Einsicht in dessen Personalakten zu gewähren.

Intervention

§ 90. (1) Der Betriebsrat hat das Recht, in allen Angelegenheiten, die die Interessen der Arbeitnehmer berühren, beim Betriebsinhaber und erforderlichenfalls bei den zuständigen Stellen außerhalb des Betriebes entsprechende Maßnahmen zu beantragen und die Beseitigung von Mängeln zu verlangen. Insbesondere ist der Betriebsrat berechtigt,

1. Maßnahmen zur Einhaltung und Durchführung der die Arbeitnehmer des Betriebes betreffenden Rechtsvorschriften (§ 89) zu beantragen;
2. Vorschläge zur Verbesserung der Arbeitsbedingungen, der betrieblichen Ausbildung, zur Verhütung von Unfällen und Berufskrankheiten sowie zur menschengerechten Arbeitsgestaltung zu erstatten;
3. sonstige Maßnahmen zugunsten der Arbeitnehmer des Betriebes zu beantragen.

(2) Der Betriebsinhaber ist verpflichtet, den Betriebsrat auf dessen Verlangen in allen Angelegenheiten, die die Interessen der Arbeitnehmer des Betriebes berühren, anzuhören.

Allgemeine Information

§ 91. (1) Der Betriebsinhaber ist verpflichtet, dem Betriebsrat über alle Angelegenheiten, welche die wirtschaftlichen, sozialen, gesundheitlichen oder kulturellen Interessen der Arbeitnehmer des Betriebes berühren, Auskunft zu erteilen.

(2) Der Betriebsinhaber hat dem Betriebsrat Mitteilung zu machen, welche Arten von personenbezogenen Arbeitnehmerdaten er automationsunterstützt aufzeichnet und welche Verarbeitungen und Übermittlungen er vorsieht. Dem Betriebsrat ist auf Verlangen die Überprüfung der Grundlagen für die Verarbeitung und Übermittlung zu ermöglichen. Sofern sich nicht aus § 89 oder anderen Rechtsvorschriften ein unbeschränktes Einsichtsrecht des Betriebsrates ergibt, ist zur Einsicht in die Daten einzelner Arbeitnehmer deren Zustimmung erforderlich.

(3) Wurde eine Betriebsvereinbarung gemäß § 97 Abs. 1 Z 18a abgeschlossen, so hat der Betriebsinhaber dem Betriebsrat den Prüfbericht oder dessen Kurzfassung (§ 21 Abs. 6 Pensionskassengesetz) und den Rechenschaftsbericht (§ 30 Abs. 5 Pensionskassengesetz) unverzüglich nach Einlagen von der Pensionskasse zu übermitteln.

Beratung

§ 92. (1) Der Betriebsinhaber ist verpflichtet, mit dem Betriebsrat mindestens vierteljährlich und auf Verlangen des Betriebsrates monatlich gemeinsame Beratungen über laufende Angelegenheiten, allgemeine Grundsätze der Betriebsführung in sozialer, personeller, wirtschaftlicher und technischer Hinsicht sowie über die Gestaltung der Arbeitsbeziehungen abzuhalten und ihn dabei über wichtige Angelegenheiten zu informieren. Dem Betriebsrat sind auf Verlangen die zur Beratung erforderlichen Unterlagen auszuhändigen.

(2) Betriebsrat und Betriebsinhaber sind berechtigt, an ihre zuständigen kollektivvertragsfähigen Körperschaften das Ersuchen zu richten, einen Vertreter zur Teilnahme an diesen Beratungen zu entsenden, sofern über Betriebsänderungen oder ähnlich wichtige Angelegenheiten, die erhebliche Auswirkung auf die Arbeitnehmer des Betriebes haben, beraten werden soll. Betriebsinhaber und Betriebsrat haben einander gegenseitig rechtzeitig Mitteilung zu machen, um dem anderen Teil die Beiziehung seiner Interessenvertretung zu ermöglichen.

Arbeitsschutz

§ 92a. (1) Der Betriebsinhaber hat den Betriebsrat in allen Angelegenheiten der Sicherheit und des Gesundheitsschutzes rechtzeitig anzuhören und mit ihm darüber zu beraten. Der Betriebsinhaber ist insbesondere verpflichtet,

1. den Betriebsrat bei der Planung und Einführung neuer Technologien zu den Auswirkungen zu hören, die die Auswahl der Arbeitsmittel oder Arbeitsstoffe, die Gestaltung der Arbeitsbedingungen und die Einwirkung der Umwelt auf den Arbeitsplatz für die Sicherheit und Gesundheit der Arbeitnehmer haben,
2. den Betriebsrat bei der Auswahl der persönlichen Schutzausrüstung zu beteiligen,
3. den Betriebsrat bei der Ermittlung und Beurteilung der Gefahren und der Festlegung der Maßnahmen sowie bei der Planung und Organisation der Unterweisung zu beteiligen.

(2) Der Betriebsinhaber ist verpflichtet,

1. dem Betriebsrat Zugang zu den Sicherheits- und Gesundheitsschutzdokumenten sowie zu den Aufzeichnungen und Berichten über Arbeitsunfälle zu gewähren,
2. dem Betriebsrat die Unterlagen betreffend die Erkenntnisse auf dem Gebiet der Arbeitsgestaltung zur Verfügung zu stellen,
3. dem Betriebsrat die Ergebnisse von Messungen und Untersuchungen betreffend gefährliche Arbeitsstoffe und Lärm sowie die Ergebnisse sonstiger Messungen und Untersuchungen, die mit dem Arbeitnehmerschutz in Zusammenhang stehen, zur Verfügung zu stellen,
4. dem Betriebsrat die Aufzeichnungen betreffend Arbeitsstoffe und Lärm zur Verfügung zu stellen,
5. den Betriebsrat über Grenzwertüberschreitungen sowie deren Ursachen und über die getroffenen Maßnahmen unverzüglich zu informieren,
6. den Betriebsrat über Auflagen, Vorschreibungen, Bewilligungen und behördliche Informationen auf dem Gebiet des Arbeitnehmerschutzes zu informieren und zu den Informationen, die sich aus den Schutzmaßnahmen und Maßnahmen zur Gefahrenverhütung ergeben, im Voraus anzuhören,
7. den Betriebsrat zu den Informationen über die Gefahren für Sicherheit und Gesundheit sowie über Schutzmaßnahmen und Maßnahmen zur Gefahrenverhütung im Allgemeinen und für die einzelnen Arten von Arbeitsplätzen bzw. Aufgabenbereichen im Voraus anzuhören,
8. den Betriebsrat zur Information der Arbeitgeber von betriebsfremden Arbeitnehmern über die in Z 7 genannten Punkte sowie über die für Erste Hilfe, Brandbekämpfung und Evakuierung gesetzten Maßnahmen, im Voraus anzuhören.

(3) Der Betriebsinhaber hat mit dem Betriebsrat über die beabsichtigte Bestellung oder Abberufung von Sicherheitsfachkräften, Arbeitsmedizinern sowie von Personen zu beraten, die für die Erste Hilfe, die Brandbekämpfung und Evakuierung zuständig sind weiters über die beabsichtigte Beiziehung eines arbeitsmedizinischen Fachdienstes,, außer wenn die beabsichtigte Maßnahme im Arbeitsschutzausschuß behandelt wird. Der Betriebsrat hat das Recht, das Arbeitsinspektorat zu den Beratungen beizuziehen. Eine ohne Beratung mit dem Betriebsrat oder Behandlung im Arbeitsschutzausschuß vorgenommene Bestellung von Sicherheitsfachkräften und Arbeitsmedizinern ist rechtsunwirksam.

(4) Der Betriebsrat kann seine Befugnisse nach Abs. 1 Z 1 bis 3 an die im Betrieb bestellten Sicherheitsvertrauenspersonen delegieren. Für die Beschlußfassung gilt § 68. Der Beschluß ist den Sicherheitsvertrauenspersonen sowie dem Betriebsinhaber unverzüglich mitzuteilen und wird erst mit deren Verständigung rechtswirksam.

(5) Für die Beschlußfassung über die Entsendung von Arbeitnehmervertretern in den Arbeitsschutzausschuß und in den zentralen Arbeitsschutzausschuß gilt § 68.

Betriebliche Frauenförderung sowie Maßnahmen zur besseren Vereinbarkeit von Betreuungspflichten und Beruf

§ 92b. (1) Der Betriebsinhaber hat mit dem Betriebsrat im Rahmen der Beratung nach § 92 Maßnahmen der betrieblichen Frauenförderung bzw. der Vereinbarkeit von Betreuungspflichten und Beruf zu beraten. Solche Maßnahmen betreffen insbesondere die Einstellungspraxis, Maßnahmen der Aus- und Weiterbildung und den beruflichen Aufstieg, die auf den Abbau einer bestehenden Unterrepräsentation der Frauen an der Gesamtzahl der Beschäftigten bzw. an bestimmten Funktionen oder auf den Abbau einer sonst bestehenden Benachteiligung abzielen, sowie Maßnahmen, die auf eine bessere Vereinbarkeit der beruflichen Tätigkeit mit Familien- und sonstigen Betreuungspflichten der Arbeitnehmerinnen und Arbeitnehmer abzielen.

(2) Der Betriebsrat hat das Recht, Vorschläge in diesen Angelegenheiten zu erstatten und Maßnahmen zu beantragen. Der Betriebsinhaber ist verpflichtet, mit dem Betriebsrat über dessen Vorschläge und Anträge zu beraten.

(3) Maßnahmen der betrieblichen Frauenförderung sowie Maßnahmen zur besseren Vereinbarkeit von Betreuungspflichten und Beruf können in einer Betriebsvereinbarung geregelt werden.

Errichtung und Verwaltung von Wohlfahrtseinrichtungen der Arbeitnehmer

§ 93. Der Betriebsrat ist berechtigt, zugunsten der Arbeitnehmer und ihrer Familienangehörigen Unterstützungseinrichtungen sowie sonstige Wohlfahrtseinrichtungen zu errichten und ausschließlich zu verwalten.

Abschnitt 2
Mitwirkung in sozialen Angelegenheiten
Mitwirkung in Angelegenheiten der betrieblichen Berufsausbildung und Schulung

§ 94. (1) Der Betriebsinhaber hat den Betriebsrat über geplante Maßnahmen der betrieblichen Berufsausbildung sowie der betrieblichen Schulung und Umschulung zum ehestmöglichen Zeitpunkt in Kenntnis zu setzen.

(2) Der Betriebsrat hat das Recht, Vorschläge in Angelegenheiten der betrieblichen Berufsausbildung, Schulung und Umschulung zu erstatten und Maßnahmen zu beantragen. Der Betriebsinhaber ist verpflichtet, mit dem Betriebsrat über dessen Vorschläge und Anträge zu beraten.

(3) Der Betriebsrat hat das Recht, an der Planung und Durchführung der betrieblichen Berufsausbildung sowie betrieblicher Schulungs- und Umschulungsmaßnahmen mitzuwirken. Art und Umfang der Mitwirkung können durch Betriebsvereinbarung geregelt werden.

(4) Der Betriebsrat hat das Recht, an den Verhandlungen zwischen dem Betriebsinhaber und den Dienststellen der Arbeitsmarktverwaltung über Maßnahme der betrieblichen Schulung, Umschulung und Berufsausbildung teilzunehmen. Zeitpunkt und Gegenstand der Beratungen sind ihm rechtzeitig mitzuteilen. Gleiches gilt, wenn investive Förderungen nach dem Arbeitsmarktförderungsgesetz, BGBl. Nr. 31/1969, gewährt oder betriebliche Schulungsmaßnahmen in solche umgewandelt werden sollen.

(5) Der Betriebsrat ist berechtigt, sich an allen behördlichen Besichtigungen zu beteiligen, welche die Planung und Durchführung der betrieblichen Berufsausbildung berühren.

(6) Der Betriebsrat hat das Recht, an der Verwaltung von betriebs- und unternehmenseigenen Schulungs- und Bildungseinrichtungen teilzunehmen. Art und Umfang der Teilnahme sind durch Betriebsvereinbarung zu regeln. Kommt zwischen Betriebsinhaber und Betriebsrat über den Abschluß, die Abänderung oder Aufhebung einer solchen Betriebsvereinbarung eine Einigung nicht zustande, entscheidet auf Antrag eines der Streitteile die Schlichtungsstelle.

(7) Die Errichtung, Ausgestaltung und Auflösung von betriebs- und unternehmenseigenen Schulungs- und Bildungseinrichtungen können durch Betriebsvereinbarung geregelt werden.

(8) Der Betriebsrat kann die Auflösung einer betriebs- oder unternehmenseigenen Schulungs- oder Bildungseinrichtung binnen vier Wochen beim Gericht anfechten, wenn sie den in einer Betriebsvereinbarung vorgesehenen Auflösungsgründen widerspricht oder, wenn solche Regelungen nicht bestehen, unter Abwägung der Interessen der Arbeitnehmer und des Betriebes nicht gerechtfertigt ist.

Mitwirkung an betrieblichen Wohlfahrtseinrichtungen

§ 95. (1) Der Betriebsrat hat das Recht, an der Verwaltung von betriebs- und unternehmenseigenen Wohlfahrtseinrichtungen teilzunehmen. Art und Umfang der Teilnahme sind durch Betriebsvereinbarung zu regeln. Kommt zwischen Betriebsinhaber und Betriebsrat über den Abschluß, die Abänderung oder Aufhebung einer solchen Betriebsvereinbarung eine Einigung nicht zustande, entscheidet auf Antrag eines der Streitteile die Schlichtungsstelle.

(2) Die Errichtung, Ausgestaltung und Auflösung betriebs- und unternehmenseigener Wohlfahrtseinrichtungen können durch Betriebsvereinbarung geregelt werden.

(3) Der Betriebsrat kann die Auflösung einer betriebs- oder unternehmenseigenen Wohlfahrtseinrichtung binnen vier Wochen beim Gericht anfechten, wenn

1. die Auflösung der Wohlfahrtseinrichtung den in einer Betriebsvereinbarung vorgesehenen Auflösungsgründen widerspricht, oder
2. eine Betriebsvereinbarung über Gründe, die den Betriebsinhaber zur Auflösung einer Wohlfahrtseinrichtung berechtigen, nicht besteht, der Betriebsratsfonds (Zentralbetriebsratsfonds) oder die Arbeitnehmer zum Errichtungs- und Erhaltungsaufwand der Wohlfahrtseinrichtung erheblich beigetragen haben und die Auflösung unter Abwägung der Interessen der Arbeitnehmer und des Betriebes nicht gerechtfertigt ist.

Zustimmungspflichtige Maßnahmen

§ 96. (1) Folgende Maßnahmen des Betriebsinhabers bedürfen zu ihrer Rechtswirksamkeit der Zustimmung des Betriebsrates:

1. Die Einführung einer betrieblichen Disziplinarordnung;
2. die Einführung von Personalfragebögen, sofern in diesen nicht bloß die allgemeinen Angaben zur Person und Angaben über die fachlichen Voraussetzungen für die beabsichtigte Verwendung des Arbeitnehmers enthalten sind;
3. die Einführung von Kontrollmaßnahmen und technischen Systemen zur Kontrolle der Arbeitnehmer, sofern diese Maßnahmen (Systeme) die Menschenwürde berühren;
4. insoweit eine Regelung durch Kollektivvertrag oder Satzung nicht besteht, die Einführung und die Regelung von Akkord-, Stück- und Gedinglöhnen sowie akkordähnlichen Prämien und Entgelten – mit Ausnahme der Heimarbeitsentgelte –, die auf statistischen Verfahren, Datenerfassungsverfahren, Kleinstzeitverfahren oder ähnlichen Entgeltfindungsmethoden

ArbVG

beruhen, sowie der maßgeblichen Grundsätze (Systeme und Methoden) für die Ermittlung und Berechnung dieser Löhne bzw. Entgelte.

(2) Betriebsvereinbarungen in den Angelegenheiten des Abs. 1 können, soweit sie keine Vorschriften über ihre Geltungsdauer enthalten, von jedem der Vertragspartner jederzeit ohne Einhaltung einer Frist schriftlich gekündigt werden. § 32 Abs. 3 zweiter Satz ist nicht anzuwenden.

Ersetzbare Zustimmung

§ 96a. (1) Folgende Maßnahmen des Betriebsinhabers bedürfen zu ihrer Rechtswirksamkeit der Zustimmung des Betriebsrates:

1. Die Einführung von Systemen zur automationsunterstützten Ermittlung, Verarbeitung und Übermittlung von personenbezogenen Daten des Arbeitnehmers, die über die Ermittlung von allgemeinen Angaben zur Person und fachlichen Voraussetzungen hinausgehen. Eine Zustimmung ist nicht erforderlich, soweit die tatsächliche oder vorgesehene Verwendung dieser Daten über die Erfüllung von Verpflichtungen nicht hinausgeht, die sich aus Gesetz, Normen der kollektiven Rechtsgestaltung oder Arbeitsvertrag ergeben;
2. die Einführung von Systemen zur Beurteilung von Arbeitnehmern des Betriebes, sofern mit diesen Daten erhoben werden, die nicht durch die betriebliche Verwendung gerechtfertigt sind.

(2) Die Zustimmung des Betriebsrates gemäß Abs. 1 kann durch Entscheidung der Schlichtungsstelle ersetzt werden. Im übrigen gelten §§ 32 und 97 Abs. 2 singgemäß.

(3) Durch die Abs. 1 und 2 werden die sich aus § 96 ergebenden Zustimmungsrechte des Betriebsrates nicht berührt.

Betriebsvereinbarungen

§ 97. (1) Betriebsvereinbarungen im Sinne des § 29 können in folgenden Angelegenheiten abgeschlossen werden:

1. Allgemeine Ordnungsvorschriften, die das Verhalten der Arbeitnehmer im Betrieb regeln;

1a. Grundsätze der betrieblichen Beschäftigung von Arbeitnehmern, die im Rahmen einer Arbeitskräfteüberlassung tätig sind;

1b. Auswahl der Mitarbeitervorsorgekasse (MV-Kasse) nach dem Betrieblichen Mitarbeitervorsorgegesetz – BMVG, BGBl. I Nr. 100/2002;

2. generelle Festsetzung des Beginns und Endes der täglichen Arbeitszeit, der Dauer und Lage der Arbeitspausen und der Verteilung der Arbeitszeit auf die einzelnen Wochentage;

3. Art und Weise der Abrechnung und insbesondere Zeit und Ort der Auszahlung der Bezüge;

4. Maßnahmen zur Verhinderung, Beseitigung oder Milderung der Folgen einer Betriebsänderung im Sinne des § 109 Abs. 1 Z 1 bis 6, sofern diese wesentliche Nachteile für alle oder erhebliche Teile der Arbeitnehmerschaft mit sich bringt;

5. Art und Umfang der Teilnahme des Betriebsrates an der Verwaltung von betriebs- und unternehmenseigenen Schulungs-, Bildungs- und Wohlfahrtseinrichtungen;

6. Maßnahmen zur zweckentsprechenden Benützung von Betriebseinrichtungen und Betriebsmitteln;

6a. Maßnahmen zur Verhinderung, Beseitigung, Milderung oder zum Ausgleich von Belastungen der Arbeitnehmer durch Arbeiten im Sinne des Art. VII des Nachtschwerarbeitsgesetzes (NSchG), BGBl. Nr. 354/1981, einschließlich der Verhütung von Unfällen und Berufskrankheiten.

7. Richtlinien für die Vergabe von Werkwohnungen;

8. Maßnahmen und Einrichtungen zur Verhütung von Unfällen und Berufskrankheiten sowie Maßnahmen zum Schutz der Gesundheit der Arbeitnehmer;

9. Maßnahmen zur menschengerechten Arbeitsgestaltung;

10. Grundsätze betreffend den Verbrauch des Erholungsurlaubes;

11. Entgeltfortzahlungsansprüche für den zur Teilnahme an Betriebs(Gruppen-, Betriebshaupt)versammlungen erforderlichen Zeitraum und damit im Zusammenhang stehende Fahrtkostenvergütungen;

12. Erstattung von Auslagen und Aufwendungen sowie Regelung von Aufwandsentschädigungen;

13. Anordnung der vorübergehenden Verkürzung oder Verlängerung der Arbeitszeit;

14. betriebliches Vorschlagswesen;

15. Gewährung von Zuwendungen aus besonderen betrieblichen Anlässen;

16. Systeme der Gewinnbeteiligung sowie die Einführung von leistungs- und erfolgsbezogenen Prämien und Entgelten nicht nur für einzelne Arbeitnehmer, soweit diese Prämien und Entgelte nicht unter § 96 Abs. 1 Z 4 fallen;

17. Maßnahmen zur Sicherung der von den Arbeitnehmern eingebrachten Gegenstände;

18. betriebliche Pensions- und Ruhegeldleistungen, ausgenommen jene nach Z 18a;

18a. Errichtung von und Beitritt zu Pensionskassen, Verpflichtungen des Arbeitgebers und Rechte der Anwartschafts- und Leistungsberechtigten, die sich daraus ergeben, Art und Weise der Zahlung und Grundsätze über die Höhe jener Beiträge, zu deren Entrichtung sich der Arbeitnehmer verpflichtet, Mitwirkung der Anwartschafts- und Leistungsberechtigten an der Verwaltung von Pensionskassen, Auflösung von und Austritt aus Pensionskassen und die sich daraus ergebenden Rechtsfolgen;

18b. Abschluss einer betrieblichen Kollektivversicherung, Verpflichtungen des Arbeitgebers und Rechte der Versicherten, die sich daraus ergeben, Art und Weise der Zahlung und Grundsätze über die Höhe jener Prämien, zu deren Entrichtung sich der Arbeitnehmer verpflichtet, Mitwirkung der Versicherten, Beendigung des Versicherungsvertrages und die sich daraus ergebenden Rechtsfolgen;

19. Art und Umfang der Mitwirkung des Betriebsrates an der Planung und Durchführung von Maßnahmen der betrieblichen Berufsausbildung
und betrieblicher Schulungs- und Bildungseinrichtungen sowie die Errichtung, Ausgestaltung und Auflösung von betriebs- und unternehmenseigenen Schulungs-, Bildungs- und Wohlfahrtseinrichtungen;

20. betriebliches Beschwerdewesen;

21. Rechtsstellung der Arbeitnehmer bei Krankheit und Unfall;

22. Kündigungsfristen und Gründe zur vorzeitigen Beendigung des Arbeitsverhältnisses;

23. Feststellung der maßgeblichen wirtschaftlichen Bedeutung eines fachlichen Wirtschaftsbereiches für den Betrieb im Sinne des § 9 Abs. 3;

23a. Festlegung des Beginns und Verlängerung der Frist für die vorübergehende Beibehaltung des Zuständigkeitsbereiches (§ 62b);

24. Maßnahmen im Sinne der §§ 96 Abs. 1 und 96a Abs. 1;

25. Maßnahmen der betrieblichen Frauenförderung (Frauenförderpläne) sowie Maßnahmen zur besseren Vereinbarkeit von Betreuungspflichten und Beruf;

26. Festlegung von Rahmenbedingungen für die in § 47 Abs. 3 BMVG vorgesehene Übertrittsmöglichkeit in das Abfertigungsrecht nach dem BMVG;

27. Festlegung von Rahmenbedingungen für Arbeit im Homeoffice.

(2) Kommt in den in Abs. 1 Z 1 bis 6 und 6a bezeichneten Angelegenheiten zwischen Betriebsinhaber und Betriebsrat über den Abschluß, die Abänderung oder Aufhebung einer solchen Betriebsvereinbarung eine Einigung nicht zustande, so entscheidet – insoweit eine Regelung durch Kollektivvertrag oder Satzung nicht vorliegt – auf Antrag eines der Streitteile die Schlichtungsstelle.

(3) In Betrieben, in denen dauernd nicht mehr als 50 Arbeitnehmer beschäftigt werden, ist die Bestimmung des Abs. 1 Z 7, in Betrieben, in denen dauernd weniger als 20 Arbeitnehmer beschäftigt werden, auch die Bestimmung des Abs. 1 Z 4 nicht anzuwenden.

(4) Die Kündigung von Betriebsvereinbarungen gemäß Abs. 1 Z 18a oder 18b ist nur hinsichtlich jener Arbeitsverhältnisse wirksam, die nach dem Kündigungstermin begründet werden.

Abschnitt 3

Mitwirkung in personellen Angelegenheiten

Personelles Informationsrecht

§ 98. Der Betriebsinhaber hat den Betriebsrat über den künftigen Bedarf an Arbeitnehmern und die im Zusammenhang damit in Aussicht genommenen personellen Maßnahmen rechtzeitig zu unterrichten.

Mitwirkung bei der Einstellung von Arbeitnehmern

§ 99. (1) Der Betriebsrat kann dem Betriebsinhaber jederzeit die Ausschreibung eines zu besetzenden Arbeitsplatzes vorschlagen.

(2) Sobald dem Betriebsinhaber die Zahl der aufzunehmenden Arbeitnehmer, deren geplante Verwendung und die in Aussicht genommenen Arbeitsplätze bekannt sind, hat er den Betriebsrat jener Gruppe, welcher die Einzustellenden angehören würden, darüber zu informieren.

(3) Hat der Betriebsrat im Zusammenhang mit der Information nach Abs. 2 eine besondere Information (Beratung) über einzelne Einstellungen verlangt, hat der Betriebsinhaber eine besondere Information (Beratung) vor der Einstellung durchzuführen. Das gleiche gilt, wenn eine Information nach Abs. 2 nicht stattgefunden hat. Wenn bei Durchführung einer Beratung die Entscheidung über die Einstellung nicht rechtzeitig erfolgen könnte, ist die Beratung nach erfolgter Einstellung durchzuführen.

(4) Jede erfolgte Einstellung eines Arbeitnehmers ist dem Betriebsrat unverzüglich mitzuteilen. Diese Mitteilung hat Angaben über die vorgesehene Verwendung und Einstufung des Arbeitnehmers, den Lohn oder Gehalt sowie eine allfällige vereinbarte Probezeit oder Befristung des Arbeitsverhältnisses zu enthalten.

(5) Der Betriebsrat ist vor der beabsichtigten Aufnahme der Beschäftigung von überlassenen Arbeitskräften zu informieren; auf Verlangen ist eine Beratung durchzuführen. Von der Aufnahme einer solchen Beschäftigung ist der Betriebsrat unverzüglich in Kenntnis zu setzen. Auf Verlangen ist ihm mitzuteilen, welche Vereinbarungen hinsichtlich des zeitlichen Arbeitseinsatzes der überlassenen Arbeitskräfte und hinsichtlich der Vergütung für die Überlassung mit dem Überlasser getroffen wurden. Die §§ 89 bis 92b sind sinngemäß anzuwenden.

Mitwirkung bei der Festsetzung von Leistungsentgelten im Einzelfall

§ 100. Entgelte der in § 96 Abs. 1 Z 4 bezeichneten Art für einzelne Arbeitnehmer oder einzelne Arbeiten, die generell nicht vereinbart werden können, bedürfen, wenn zwischen Betriebsinhaber und Arbeitnehmer eine Einigung nicht zustandekommt, zu ihrer rechtswirksamen Festsetzung der Zustimmung des Betriebsrates.

Mitwirkung bei Versetzungen

§ 101. Die dauernde Einreihung eines Arbeitnehmers auf einen anderen Arbeitsplatz ist dem Betriebsrat unverzüglich mitzuteilen; auf Verlangen ist darüber zu beraten. Eine dauernde Einreihung liegt nicht vor, wenn sie für einen Zeitraum von voraussichtlich weniger als 13 Wochen erfolgt. Ist mit der Einreihung auf einen anderen Arbeitsplatz eine Verschlechterung der Entgelt- oder sonstigen Arbeitsbedingungen verbunden, so bedarf sie zu ihrer Rechtswirksamkeit der Zustimmung des Betriebsrates. Erteilt der Betriebsrat die Zustimmung nicht, so kann sie durch Urteil des Gerichts ersetzt werden. Das Gericht hat die Zustimmung zu erteilen, wenn die Versetzung sachlich gerechtfertigt ist.

Mitwirkung bei Verhängung von Disziplinarmaßnahmen

§ 102. Der Betriebsrat hat an der Aufrechterhaltung der Disziplin im Betrieb mitzuwirken. Die Verhängung von Disziplinarmaßnahmen im Einzelfall ist nur zulässig, wenn sie in einem Kollektivvertrag oder in einer Betriebsvereinbarung (§ 96 Abs. 1 Z 1) vorgesehen ist; sie bedarf, sofern darüber nicht eine mit Zustimmung des Betriebsrates eingerichtete Stelle entscheidet, der Zustimmung des Betriebsrates.

Mitwirkung bei der Vergabe von Werkwohnungen

§ 103. Der Betriebsinhaber hat die beabsichtigte Vergabe einer Werkwohnung an einen Arbeitnehmer dem Betriebsrat ehestmöglich mitzuteilen und über Verlangen des Betriebsrates mit diesem zu beraten.

Mitwirkung bei Beförderungen

§ 104. (1) Der Betriebsinhaber hat die beabsichtigte Beförderung eines Arbeitnehmers dem Betriebsrat ehestmöglich mitzuteilen und über Verlangen des Betriebsrates mit diesem zu beraten. Während dieser Beratung ist eine ihrem Zweck angemessene Vertraulichkeit zu wahren.

(2) Unter Beförderung im Sinne des Abs. 1 ist jede Anhebung der Verwendung im Betrieb zu verstehen, die mit einer Höherreihung im Entlohnungsschema oder ansonsten mit einer Erhöhung des Entgeltes verbunden ist.

Mitwirkung bei einvernehmlichen Lösungen

§ 104a. (1) Verlangt der Arbeitnehmer vor der Vereinbarung einer einvernehmlichen Auflösung des Arbeitsverhältnisses gegenüber dem Betriebsinhaber nachweislich, sich mit dem Betriebsrat zu beraten, so kann innerhalb von zwei Arbeitstagen nach diesem Verlangen eine einvernehmliche Lösung rechtswirksam nicht vereinbart werden.

(2) Die Rechtsunwirksamkeit einer entgegen Abs. 1 getroffenen Vereinbarung ist innerhalb einer Woche nach Ablauf der Frist gemäß Abs. 1 schriftlich geltend zu machen. Eine gerichtliche Geltendmachung hat innerhalb von drei Monaten nach Ablauf der Frist gemäß Abs. 1 zu erfolgen.

Anfechtung von Kündigungen

§ 105. (1) Der Betriebsinhaber hat vor jeder Kündigung eines Arbeitnehmers den Betriebsrat zu verständigen, der innerhalb einer Woche hierzu Stellung nehmen kann.

(2) Der Betriebsinhaber hat auf Verlangen des Betriebsrates mit diesem innerhalb der Frist zur Stellungnahme über die Kündigung zu beraten. Eine vor Ablauf dieser Frist ausgesprochene Kündigung ist rechtsunwirksam, es sei denn, dass der Betriebsrat eine Stellungnahme bereits abgegeben hat.

(3) Die Kündigung kann beim Gericht angefochten werden, wenn

1. die Kündigung
   a) wegen des Beitrittes oder der Mitgliedschaft des Arbeitnehmers zu Gewerkschaften;
   b) wegen seiner Tätigkeit in Gewerkschaften;
   c) wegen Einberufung der Betriebsversammlung durch den Arbeitnehmer;
   d) wegen seiner Tätigkeit als Mitglied des Wahlvorstandes, einer Wahlkommission oder als Wahlzeuge;
   e) wegen seiner Bewerbung um eine Mitgliedschaft zum Betriebsrat oder wegen einer früheren Tätigkeit im Betriebsrat;
   f) wegen seiner Tätigkeit als Mitglied der Schlichtungsstelle;
   g) wegen seiner Tätigkeit als Sicherheitsvertrauensperson, Sicherheitsfachkraft oder Arbeitsmediziner, als arbeitsmedizinischer Fachdienst oder als Fach- oder Hilfspersonal von Sicherheitsfachkräften oder Arbeitsmedizinern;
   h) wegen der bevorstehenden Einberufung des Arbeitneh-
   mers zum Präsenz- oder Ausbildungsdienst oder Zuweisung zum Zivildienst (§ 12 Arbeitsplatzsicherungsgesetz 1991, BGBl. Nr. 683);
   i) wegen der offenbar nicht unberechtigten Geltendmachung vom Arbeitgeber in Frage gestellter Ansprüche aus dem Arbeitsverhältnis durch den Arbeitnehmer;
   j) wegen seiner Tätigkeit als Sprecher gemäß § 177 Abs. 1

   erfolgt ist oder
2. die Kündigung sozial ungerechtfertigt und der gekündigte Arbeitnehmer bereits sechs Monate im Betrieb oder Unternehmen, dem der

Betrieb angehört, beschäftigt ist. Sozial ungerechtfertigt ist eine Kündigung, die wesentliche Interessen des Arbeitnehmers beeinträchtigt, es sei denn, der Betriebsinhaber erbringt den Nachweis, dass die Kündigung

a) durch Umstände, die in der Person des Arbeitnehmers gelegen sind und die betrieblichen Interessen nachteilig berühren oder
b) durch betriebliche Erfordernisse, die einer Weiterbeschäftigung des Arbeitnehmers entgegenstehen,

begründet ist.

(3a) Umstände gemäß Abs. 3 Z 2 lit. a, die ihre Ursache in einer langjährigen Beschäftigung als Nachtschwerarbeiter (Art. VII NSchG) haben, dürfen zur Rechtfertigung der Kündigung nicht herangezogen werden, wenn der Arbeitnehmer ohne erheblichen Schaden für den Betrieb weiter beschäftigt werden kann.

(3b) Umstände gemäß Abs. 3 Z 2 lit. a, die ihre Ursache in einem höheren Lebensalter eines Arbeitnehmers haben, der im Betrieb oder Unternehmen, dem der Betrieb angehört, langjährig beschäftigt ist, dürfen zur Rechtfertigung der Kündigung des älteren Arbeitnehmers nur dann herangezogen werden, wenn durch die Weiterbeschäftigung betriebliche Interessen erheblich nachteilig berührt werden. Bei älteren Arbeitnehmern sind sowohl bei der Prüfung, ob eine Kündigung sozial ungerechtfertigt ist, als auch beim Vergleich sozialer Gesichtspunkte der Umstand einer vieljährigen ununterbrochenen Beschäftigungszeit im Betrieb oder Unternehmen, dem der Betrieb angehört, sowie die wegen des höheren Lebensalters zu erwartenden Schwierigkeiten bei der Wiedereingliederung in den Arbeitsprozess besonders zu berücksichtigen. Dies gilt nicht für Arbeitnehmer, die zum Zeitpunkt ihrer Einstellung das 50. Lebensjahr vollendet haben.

(3c) Hat der Betriebsrat gegen eine Kündigung gemäß Abs. 3 Z 2 lit. b ausdrücklich Widerspruch erhoben, so ist die Kündigung des Arbeitnehmers sozial ungerechtfertigt, wenn ein Vergleich sozialer Gesichtspunkte für den Gekündigten eine größere soziale Härte als für andere Arbeitnehmer des gleichen Betriebes und derselben Tätigkeitssparte, deren Arbeit der Gekündigte zu leisten fähig und willens ist, ergibt.

(4) Der Betriebsinhaber hat den Betriebsrat vom Ausspruch der Kündigung zu verständigen. Der Betriebsrat kann auf Verlangen des gekündigten Arbeitnehmers binnen einer Woche nach Verständigung vom Ausspruch der Kündigung diese beim Gericht anfechten, wenn er der Kündigungsabsicht ausdrücklich widersprochen hat. Kommt der Betriebsrat dem Verlangen des Arbeitnehmers nicht nach, so kann dieser innerhalb von zwei Wochen nach Ablauf der für den Betriebsrat geltenden Frist die Kündigung selbst beim Gericht anfechten. Hat der Betriebsrat innerhalb der Frist des Abs. 1 keine Stellungnahme abgegeben, so kann der Arbeitnehmer innerhalb von zwei Wochen nach Zugang der Kündigung diese beim Gericht selbst anfechten; in diesem Fall ist ein Vergleich sozialer Gesichtspunkte im Sinne des Abs. 3c nicht vorzunehmen. Nimmt der Betriebsrat die Anfechtungsklage ohne Zustimmung des gekündigten Arbeitnehmers zurück, so tritt die Wirkung der Klagsrücknahme erst ein, wenn der vom Gericht hiervon verständigte Arbeitnehmer nicht innerhalb von 14 Tagen ab Verständigung in den Rechtsstreit eintritt. Hat der Betriebsrat der beabsichtigten Kündigung innerhalb der in Abs. 1 genannten Frist ausdrücklich zugestimmt, so kann der Arbeitnehmer innerhalb von zwei Wochen nach Zugang der Kündigung diese beim Gericht anfechten, soweit Abs. 6 nicht anderes bestimmt.

(4a) Bringt der Arbeitnehmer die Anfechtungsklage innerhalb offener Frist bei einem örtlich unzuständigen Gericht ein, so gilt die Klage damit als rechtzeitig eingebracht.

(5) Insoweit sich der Kläger im Zuge des Verfahrens auf einen Anfechtungsgrund im Sinne des Abs. 3 Z 1 beruft, hat er diesen glaubhaft zu machen. Die Anfechtungsklage ist abzuweisen, wenn bei Abwägung aller Umstände eine höhere Wahrscheinlichkeit dafür spricht, dass ein anderes vom Arbeitgeber glaubhaft gemachtes Motiv für die Kündigung ausschlaggebend war.

(6) Hat der Betriebsrat der beabsichtigten Kündigung innerhalb der in Abs. 1 genannten Frist ausdrücklich zugestimmt, so kann die Kündigung gemäß Abs. 3 Z 2 nicht angefochten werden.

(7) Gibt das Gericht der Anfechtungsklage statt, so ist die Kündigung rechtsunwirksam.

Anfechtung von Entlassungen

§ 106. (1) Der Betriebsinhaber hat den Betriebsrat von jeder Entlassung eines Arbeitnehmers unverzüglich zu verständigen und innerhalb von drei Arbeitstagen nach erfolgter Verständigung auf Verlangen des Betriebsrates mit diesem die Entlassung zu beraten.

(2) Die Entlassung kann beim Gericht angefochten werden, wenn ein Anfechtungsgrund im Sinne des § 105 Abs. 3 vorliegt und der betreffende Arbeitnehmer keinen Entlassungsgrund gesetzt hat. Die Entlassung kann nicht angefochten werden, wenn ein Anfechtungsgrund im Sinne des § 105 Abs. 3 Z 2 vorliegt und der Betriebsrat der Entlassung innerhalb der in Abs. 1 genannten Frist ausdrücklich zugestimmt hat. § 105 Abs. 4 bis 7 ist sinngemäß anzuwenden.

Anfechtung durch den Arbeitnehmer

§ 107. In Betrieben, in denen Betriebsräte zu errichten sind, solche aber nicht bestehen, kann der betroffene Arbeitnehmer binnen zwei Wochen nach Zugang der Kündigung oder der Entlassung diese beim Gericht anfechten. § 105 Abs. 4a ist anzuwenden.

Abschnitt 4
Mitwirkung in wirtschaftlichen Angelegenheiten
Wirtschaftliche Informations-, Interventions- und Beratungsrechte

§ 108. (1) Der Betriebsinhaber hat den Betriebsrat über die wirtschaftliche Lage einschließlich der finanziellen Lage des Betriebes sowie über deren voraussichtlicher Entwicklung, über die Art und den Umfang der Erzeugung, den Auftragsstand, den mengen- und wertmäßigen Absatz, die Investitionsvorhaben sowie über sonstige geplante Maßnahmen zur Hebung der Wirtschaftlichkeit des Betriebes zu informieren; auf Verlangen des Betriebsrates ist mit ihm über diese Information zu beraten. Der Betriebsrat ist berufen, insbesondere im Zusammenhang mit der Erstellung von Wirtschaftsplänen (Erzeugung-, Investitions-, Absatz-, Personal- und anderen Plänen) dem Betriebsinhaber Anregungen und Vorschläge zu erstatten, mit dem Ziele, zum allgemeinen wirtschaftlichen Nutzen und im Interesse des Betriebes und der Arbeitnehmer die Wirtschaftlichkeit und Leistungsfähigkeit des Betriebes zu fördern. Dem Betriebsrat sind auf Verlangen die erforderlichen Unterlagen zur Verfügung zu stellen. Der Betriebsinhaber hat den Betriebsrat von der schriftlichen Anzeige gemäß § 45a Arbeitsmarktförderungsgesetz, BGBl. Nr. 31/1969, in der jeweils geltenden Fassung, an das zuständige Arbeitsamt unverzüglich in Kenntnis zu setzen.

(2) In Konzernen im Sinne des § 15 des Aktiengesetzes 1965 bzw. des § 115 des Gesetzes über Gesellschaften mit beschränkter Haftung hat der Betriebsinhaber dem Betriebsrat auch über alle geplanten und in Durchführung begriffenen Maßnahmen seitens des herrschenden Unternehmens bzw. gegenüber den abhängigen Unternehmen, sofern es sich um Betriebsänderungen oder ähnlich wichtige Angelegenheiten, die erhebliche Auswirkungen auf die Arbeitnehmer des Betriebes haben, handelt, auf Verlangen des Betriebsrates Aufschluß zu geben und mit ihm darüber zu beraten.

(2a) Die Informations- und Beratungspflicht des Betriebsinhabers gemäß Abs. 1 und 2 gilt insbesondere auch für die Fälle des Überganges, der rechtlichen Verselbständigung, des Zusammenschlusses oder der Aufnahme von Betrieben oder Betriebsteilen. Die Information hat zu einem Zeitpunkt, in einer Weise und in einer inhaltlichen Ausgestaltung zu erfolgen, die dem Zweck angemessen sind und es dem Betriebsrat ermöglichen, die möglichen Auswirkungen der geplanten Maßnahme eingehend zu bewerten und eine Stellungnahme zu der geplanten Maßnahme abzugeben; auf Verlangen des Betriebsrates hat der Betriebsinhaber mit ihm eine Beratung über die geplante Maßnahme durchzuführen. Insbesondere hat die Information

1. den Grund für diese Maßnahme;
2. die sich daraus ergebenden rechtlichen, wirtschaftlichen und sozialen Folgen für die Arbeitnehmer;
3. die hinsichtlich der Arbeitnehmer in Aussicht genommenen Maßnahmen

zu umfassen.

(3) In Handelsbetrieben, Banken und Versicherungsunternehmen, in denen dauernd mindestens 30 Arbeitnehmer beschäftigt sind, in sonstigen Betrieben, in denen dauernd mindestens 70 Arbeitnehmer beschäftigt sind, sowie in Industrie- und Bergbaubetrieben hat der Betriebsinhaber dem Betriebsrat jährlich, spätestens einen Monat nach der Erstellung eine Abschrift des Jahresabschlusses und des Anhangs mit Ausnahme der Angaben des § 239 Abs. 1 Z 2 bis 4 Unternehmensgesetzbuch (UGB) für das vergangene Geschäftsjahr zu übermitteln. Geschieht dies nicht innerhalb von sechs Monaten nach dem Ende des Geschäftsjahres, so ist dem Betriebsrat durch Vorlage eines Zwischenabschlusses oder anderer geeigneter Unterlagen vorläufig Aufschluß über die wirtschaftliche und finanzielle Lage des Betriebes zu geben. Dem Betriebsrat sind die erforderlichen Erläuterungen und Aufklärungen zu geben.

(4) Ist im Konzern nach den §§ 244 ff. UGB, ein Konzernabschluß zu erstellen, so ist der Konzernabschluß samt Konzernanhang einschließlich der erforderlichen Erläuterungen und Aufklärungen spätestens einen Monat nach der Erstellung dem Betriebsrat zu übermitteln.

Mitwirkung bei Betriebsänderungen

§ 109. (1) Der Betriebsinhaber ist verpflichtet, den Betriebsrat von geplanten Betriebsänderungen zu einem Zeitpunkt, in einer Weise und in einer inhaltlichen Ausgestaltung zu informieren, die es dem Betriebsrat ermöglichen, die möglichen Auswirkungen der geplanten Maßnahme eingehend zu bewerten und eine Stellungnahme zu der geplanten Maßnahme abzugeben; auf Verlangen des Betriebsrates hat der Betriebsinhaber mit ihm eine Beratung über deren Gestaltung durchzuführen. Als Betriebsänderungen gelten insbesondere

1. die Einschränkung oder Stillegung des ganzen Betriebes oder von Betriebsteilen;

1a. die Auflösung von Arbeitsverhältnissen, die eine Meldepflicht nach § 45a Abs. 1 Z 1 bis 3 Arbeitsmarktförderungsgesetz, BGBl. Nr. 31/1969, in der jeweils geltenden Fassung, auslöst,

2. die Verlegung des ganzen Betriebes oder von Betriebsteilen;
3. der Zusammenschluß mit anderen Betrieben;
4. Änderungen des Betriebszwecks, der Betriebsanlagen, der Arbeits- und Betriebsorganisation sowie der Filialorganisation;
5. die Einführung neuer Arbeitsmethoden;

6. die Einführung von Rationalisierungs- und Automatisierungsmaßnahmen von erheblicher Bedeutung;
7. Änderungen der Rechtsform oder der Eigentumsverhältnisse an dem Betrieb.

(1a) Im Falle einer geplanten Betriebsänderung nach Abs. 1 Z 1a hat die Information nach Abs. 1 erster Satz jedenfalls zu umfassen

1. die Gründe für die Maßnahme,
2. die Zahl und die Verwendung der voraussichtlich betroffenen Arbeitnehmer, deren Qualifikation und Beschäftigungsdauer sowie die Kriterien für die Auswahl dieser Arbeitnehmer,
3. die Zahl und die Verwendung der regelmäßig beschäftigten Arbeitnehmer,
4. den Zeitraum, in dem die geplante Maßnahme verwirklicht werden soll,
5. allfällige zur Vermeidung nachteiliger Folgen für die betroffenen Arbeitnehmer geplante Begleitmaßnahmen.

Die Information nach Z 1 bis 4 hat schriftlich zu erfolgen. Die Informations- und Beratungspflicht trifft den Betriebsinhaber auch dann, wenn die geplante Maßnahme von einem herrschenden Unternehmen veranlaßt wird. Unbeschadet des § 92 Abs. 2 kann der Betriebsrat der Beratung Sachverständige beiziehen.

(2) Der Betriebsrat kann Vorschläge aus Verhinderung, Beseitigung oder Milderung von für die Arbeitnehmer nachteiligen Folgen von Maßnahmen gemäß Abs. 1 erstatten; hiebei hat der Betriebsrat auch auf die wirtschaftlichen Notwendigkeiten des Betriebes Bedacht zu nehmen.

(3) Bringt eine Betriebsänderung im Sinne des Abs. 1 Z 1 bis 6 wesentliche Nachteile für alle oder erhebliche Teile der Arbeitnehmerschaft mit sich, so können in Betrieben, in denen dauernd mindestens 20 Arbeitnehmer beschäftigt sind, Maßnahmen zur Verhinderung, Beseitigung oder Milderung dieser Folgen durch Betriebsvereinbarung geregelt werden. Sind mit einer solchen Betriebsänderung Kündigungen von Arbeitnehmern verbunden, so soll die Betriebsvereinbarung auf die Interessen von älteren Arbeitnehmern besonders Bedacht nehmen. Kommt zwischen Betriebsinhaber und Betriebsrat über den Abschluß, die Abänderung oder Aufhebung einer solchen Betriebsvereinbarung eine Einigung nicht zustande, so entscheidet – insoweit eine Regelung durch Kollektivvertrag oder Satzung nicht vorliegt – auf Antrag eines der Streitteile die Schlichtungsstelle. Bei der Entscheidung der Schlichtungsstelle ist eine allfällige verspätete oder mangelhafte Information des Betriebsrates (Abs. 1) bei der Festsetzung der Maßnahmen zugunsten der Arbeitnehmer in der Weise zu berücksichtigen, daß Nachteile, die die Arbeitnehmer durch die verspätete oder mangelhafte Information erleiden, zusätzlich abzugelten sind.

Mitwirkung im Aufsichtsrat

§ 110. (1) In Unternehmen, die in der Rechtsform einer Aktiengesellschaft geführt werden, entsendet der Zentralbetriebsrat oder, sofern nur ein Betrieb besteht, der Betriebsrat aus dem Kreise der Betriebsratsmitglieder, denen das aktive Wahlrecht zum Betriebsrat zusteht, für je zwei nach dem Aktiengesetz 1965, BGBl. Nr. 98/1965, oder der Satzung zu bestellende Aufsichtsratsmitglieder einen Arbeitnehmervertreter in den Aufsichtsrat. Ist die Zahl der nach dem Aktiengesetz 1965 oder der Satzung zu bestellenden Aufsichtsratsmitglieder eine ungerade, ist ein weiterer Arbeitnehmervertreter zu entsenden.

(2) Die Mitglieder des Zentralbetriebsrates (Betriebsrates), die auf dem Vorschlag einer wahlwerbenden Gruppe gewählt wurden, haben das Recht, durch Mehrheitsbeschluß Arbeitnehmervertreter für die Entsendung in den Aufsichtsrat zu nominieren, sowie ihre Abberufung zu verlangen. Dieses Recht steht für so viele Arbeitnehmervertreter zu, wie es dem Verhältnis der Zahl der vorschlagsberechtigten Personen zur Gesamtzahl der Mitglieder des Zentralbetriebsrates (Betriebsrates) entspricht. Listenkoppelung ist zulässig. Bei Erstellung der Nominierungsvorschläge soll auf eine angemessene Vertretung der Gruppe der Arbeiter und Angestellten und der einzelnen Betriebe des Unternehmens Bedacht genommen werden. Der Zentralbetriebsrat (Betriebsrat) ist bei Entsendung und Abberufung der Arbeitnehmervertreter an die Vorschläge der zur Nominierung berechtigten Mitglieder gebunden. Soweit vom Vorschlagsrecht nicht innerhalb von drei Monaten Gebrauch gemacht wird, entsendet der Zentralbetriebsrat (Betriebsrat) die restlichen Arbeitnehmervertreter durch Mehrheitsbeschluß in den Aufsichtsrat.

(2a) In börsenotierten Unternehmen sowie in Unternehmen, in denen dauernd mehr als 1 000 Arbeitnehmer beschäftigt sind, gilt Abs. 1 mit der Maßgabe, dass unter den in den Aufsichtsrat entsandten Arbeitnehmervertretern jedes der beiden Geschlechter im Ausmaß von mindestens 30 Prozent vertreten sein muss, sofern mindestens drei Arbeitnehmervertreter in den Aufsichtsrat zu entsenden sind und die Belegschaft zu mindestens 20 Prozent aus Arbeitnehmerinnen bzw. Arbeitnehmern besteht.

(2b) In Unternehmen gemäß Abs. 2a ist das Nominierungsrecht gemäß Abs. 2 in der Weise auszuüben, dass dadurch die Entsendung beider Geschlechter im Ausmaß von jeweils mindestens 30 Prozent gewährleistet ist. Wenn die wahlwerbenden Gruppen von ihrem Vorschlagsrecht nicht in dieser Weise Gebrauch machen, bleiben jene Sitze, die zunächst zu besetzen sind und aus denen die Nichterreichung des Mindestanteils von

30 Prozent Arbeitnehmerinnen bzw. Arbeitnehmern im Aufsichtsrat folgt, bis zur Erstattung eines gesetzmäßigen Vorschlages unbesetzt; es sei denn, der Mindestanteil ist gemäß § 86 Abs. 9 AktG erfüllt (Gesamtbetrachtung). Eine Nachnominierung auf die frei bleibenden Sitze zur Erfüllung des Mindestanteils ist jederzeit möglich.

(2c) Bei der Berechnung des Mindestanteilsgebots ist auf volle Personenzahlen zu runden; aufzurunden ist, wenn der errechnete Mindestanteil eine Dezimalstelle von zumindest fünf aufweist.

(2d) In Unternehmen gemäß Abs. 2a kann die Nominierung von Arbeitnehmervertretern für die Entsendung in den Aufsichtsrat abweichend von dem Verfahren gemäß Abs. 2 erfolgen, sofern der Zentralbetriebsrat (Betriebsrat) einen entsprechenden einvernehmlichen Beschluss fasst und dabei der Mindestanteil der zu entsendenden Arbeitnehmerinnen bzw. Arbeitnehmer gemäß Abs. 2a gewahrt bleibt.

(3) Die Arbeitnehmervertreter im Aufsichtsrat üben ihre Funktion ehrenamtlich aus; sie haben Anspruch auf Ersatz der angemessenen Barauslagen. Auf sie finden die Bestimmungen der §§ 86 Abs. 1, 87, 90 Abs. 1 zweiter Satz und Abs. 2 und 98 des Aktiengesetzes 1965, BGBl. Nr. 98/1965, keine Anwendung. § 95 Abs. 2 erster Satz Aktiengesetz 1965 findet mit der Maßgabe Anwendung, daß auch zwei Arbeitnehmervertreter im Aufsichtsrat jederzeit vom Vorstand einen Bericht über die Angelegenheiten der Gesellschaft einschließlich ihrer Beziehungen zu Konzernunternehmen verlangen können. Ein Beschluß des Aufsichtsrates über die Bestellung und Abberufung von Mitgliedern des Vorstandes bedarf, abgesehen von den allgemeinen Beschlußerfordernissen des Aktiengesetzes, zu seiner Wirksamkeit der Zustimmung der Mehrheit der nach dem Aktiengesetz 1965 oder der Satzung bestellten Mitglieder. Das gleiche gilt für die Wahl des Aufsichtsratsvorsitzenden und seines ersten Stellvertreters. Im übrigen haben die Arbeitnehmervertreter im Aufsichtsrat gleiche Rechte und Pflichten wie nach dem Aktiengesetz 1965 oder der Satzung bestellte Aufsichtsratsmitglieder. Ihre Mitgliedschaft endet mit der Mitgliedschaft zum Betriebsrat oder mit der Abberufung durch die entsendende Stelle. Die Arbeitnehmervertreter im Aufsichtsrat sind vom Zentralbetriebsrat abzuberufen und neu zu entsenden, wenn sich die Zahl der von der Hauptversammlung gewählten Aufsichtsratsmitglieder ändert.

(4) Die Arbeitnehmervertreter im Aufsichtsrat haben das Recht, für Ausschüsse des Aufsichtsrates Mitglieder mit Sitz und Stimme nach dem in Abs. 1 festgelegten Verhältnis namhaft zu machen. Dies gilt nicht für Ausschüsse, die die Beziehungen zwischen der Gesellschaft und Mitgliedern des Vorstandes behandeln.

(5) Die Abs. 1 bis 4 über die Vertretung der Arbeitnehmer im Aufsichtsrat von Aktiengesellschaften sind sinngemäß anzuwenden auf:

1. Gesellschaften mit beschränkter Haftung,
2. Versicherungsvereine auf Gegenseitigkeit,
3. die Österreichische Postsparkasse,
4. Genossenschaften, die dauernd mindestens 40 Arbeitnehmer beschäftigen, sowie
5. Sparkassen im Sinne des Sparkassengesetzes, BGBl. Nr. 64/1979, in der jeweils geltenden Fassung.

(6) An der Entsendung von Arbeitnehmervertretern in den Aufsichtsrat einer Aktiengesellschaft (Gesellschaft mit beschränkter Haftung, Genossenschaft), die

1. Aktiengesellschaften,
2. aufsichtsratspflichtige Gesellschaften mit beschränkter Haftung,
3. Gesellschaften mit beschränkter Haftung im Sinne des § 29 Abs. 2 Z 1 GmbHG,
4. aufsichtsratspflichtige Genossenschaften,
5. Europäische Gesellschaften,
6. Europäische Genossenschaften

einheitlich leitet (§ 15 Abs. 1 Aktiengesetz 1965) oder auf Grund einer unmittelbaren Beteiligung von mehr als 50 Prozent beherrscht, nehmen der Zentralbetriebsrat (Betriebsrat) des herrschenden Unternehmens und die Gesamtheit der Mitglieder aller in den beherrschten Unternehmen (Z 1 bis 4) bestellten Betriebsräte teil, sofern das herrschende Unternehmen höchstens halb so viele Arbeitnehmer beschäftigt als alle beherrschten Unternehmen zusammen. Der Zentralbetriebsrat (Betriebsrat) des herrschenden Unternehmens entsendet unter sinngemäßer Anwendung der Abs. 2a bis 2d so viele Arbeitnehmervertreter, als dem Verhältnis der Zahl der im herrschenden Unternehmen beschäftigten Arbeitnehmer zur Zahl der in den beherrschten Unternehmen beschäftigten Arbeitnehmer entspricht, mindestens jedoch einen Arbeitnehmervertreter. Dieses Recht des Zentralbetriebsrates (Betriebsrates) des herrschenden Unternehmens, unabhängig vom Verhältnis der Zahl der im herrschenden Unternehmen beschäftigten Arbeitnehmer zur Zahl der in den beherrschten Unternehmen beschäftigten Arbeitnehmer einen Arbeitnehmervertreter zu entsenden, entfällt, wenn sich die Tätigkeit des herrschenden Unternehmens auf die Verwaltung von Unternehmensanteilen der beherrschten Unternehmen beschränkt. Die übrigen Arbeitnehmervertreter im Aufsichtsrat sind von der Gesamtheit der in den beherrschten Unternehmen (Z 1 bis 4) bestellten Betriebsräte aus dem Kreis der Betriebsratsmitglieder, denen das aktive Wahlrecht zum Betriebsrat zusteht, nach den Grundsätzen des Verhältniswahlrechtes geheim zu wählen; auf diese Wahl sind die Bestimmungen der §§ 51 Abs. 3, 54 Abs. 2, 56 Abs. 1, 57, 59, 60, 62 Z 2 bis 5, 64 Abs. 1 Z 1 bis 3 und Abs. 4, 65 Abs. 1 erster Satz und Abs. 2, 78 Abs. 4, 81 Abs. 1 zweiter

Satz, Abs. 2 und Abs. 4 sowie 82 Abs. 1 erster Satz sinngemäß anzuwenden. Dieser Absatz gilt nicht für Banken (§ 1 Bankwesengesetz, BGBl. Nr. 532/1993) und Versicherungsunternehmungen.

(6a) Abs. 6 gilt auch für herrschende Unternehmen, in denen kein Betriebsrat zu errichten ist, wenn deren Tätigkeit sich nicht nur auf die Verwaltung von Unternehmensanteilen der beherrschten Unternehmen beschränkt. Die Arbeitnehmervertreter im Aufsichtsrat sind von der Gesamtheit der in den beherrschten Unternehmen bestellten Betriebsräte nach Maßgabe der Bestimmungen des Abs. 6 vorletzter Satz zu wählen.

(6b) Ist in einem Konzern im Sinne der Abs. 6 und 6a eine Konzernvertretung (§ 88a) errichtet, so hat diese die Arbeitnehmervertreter in den Aufsichtsrat des herrschenden Unternehmens zu entsenden. Die aus dem Zentralbetriebsrat (Betriebsrat) des herrschenden Unternehmens stammenden Konzernvertretungsmitglieder haben das Recht, so viele Arbeitnehmervertreter vorzuschlagen, wie dem Verhältnis der Zahl der im herrschenden Unternehmen beschäftigten Arbeitnehmer zur Zahl der in den beherrschten Unternehmen beschäftigten Arbeitnehmer entspricht, mindestens jedoch einen Arbeitnehmervertreter. Abs. 6 dritter Satz ist sinngemäß anzuwenden. Die übrigen Arbeitnehmervertreter werden von den aus den Zentralbetriebsräten (Betriebsräten) der beherrschten Unternehmen stammenden Konzernvertretungsmitgliedern vorgeschlagen. Für die Ausübung des Vorschlagsrechts innerhalb der jeweiligen Gruppe der Konzernvertretungsmitglieder gilt Abs. 2 bis 2d sinngemäß.

(7) Ist in einer Gesellschaft mit beschränkter Haftung, die persönlich haftender Gesellschafter in einer Kommanditgesellschaft ist, nach Gesetz oder Gesellschaftsvertrag ein Aufsichtsrat zu bestellen, so sind die Arbeitnehmervertreter im Aufsichtsrat der Gesellschaft mit beschränkter Haftung von der Gesamtheit der Mitglieder aller in den Unternehmen der Gesellschaft mit beschränkter Haftung und der Kommanditgesellschaft errichteten Betriebsräte aus dem Kreise der Betriebsratsmitglied, denen das aktive Wahlrecht zum Betriebsrat zusteht, nach den Grundsätzen des Verhältniswahlrechtes geheim zu wählen. Die Bestimmungen der §§ 51 Abs. 3, 54 Abs. 2, 56 Abs. 1, 57, 59, 60, 62 Z 2 bis 5, 64 Abs. 1, Z 1 bis 3 und Abs. 4, 65 Abs. 1 erster Satz und Abs. 2, 78 Abs. 4, 81 Abs. 1 zweiter Satz, Abs. 2 und Abs. 4 sowie 82 Abs. 1 erster Satz sind sinngemäß anzuwenden.

(8) Die Mitwirkung von Arbeitnehmern im Stiftungsrat des Österreichischen Rundfunks richtet sich nach den Bestimmungen des ORF-Gesetzes.

(Anm.: Abs. 9 aufgehoben durch Art. IV Abs. 1, BGBl. Nr. 321/1987)

Einspruch gegen die Wirtschaftsführung

§ 111. (1) In Betrieben, in denen dauernd mehr als 200 Arbeitnehmer beschäftigt sind, kann der Betriebsrat

1. gegen Betriebsänderungen (§ 109 Abs. 1) oder
2. gegen andere wirtschaftliche Maßnahmen, sofern sie wesentliche Nachteile für die Arbeitnehmer mit sich bringen,

binnen drei Tagen ab Kenntnisnahme beim Betriebsinhaber Einspruch erheben. Diese Bestimmung gilt sinngemäß für Unternehmen der in § 40 Abs. 4 bezeichneten Art, wenn die Zahl der im Unternehmen beschäftigten Arbeitnehmer dauernd mehr als 400 beträgt und von der wirtschaftlichen Maßnahme mehr als 200 Arbeitnehmer betroffen sind.

(2) Richtet sich der Einspruch des Betriebsrates gegen eine geplante Betriebsstillegung, so hat er für einen Zeitraum von längstens vier Wochen vom Tage der Mitteilung des Betriebsinhabers an den Betriebsrat gerechnet, aufschiebende Wirkung.

(3) Kommt zwischen Betriebsinhaber und Betriebsrat binnen einer Woche ab Erhebung des Einspruches eine Einigung nicht zustande, so kann über einen binnen weiterer drei Tage von einem der Streitteile zu stellenden Antrag eine von den zuständigen kollektivvertragsfähigen Körperschaften der Arbeitgeber und Arbeitnehmer paritätisch besetzte Schlichtungskommission Schlichtungsverhandlungen einleiten.

(4) Die Schlichtungskommission hat zwischen den Streitteilen zu vermitteln und auf eine Vereinbarung der Streitteile zwecks Beilegung der Streitigkeit hinzuwirken. Die Schlichtungskommission kann zur Beilegung der Streitigkeiten einen Schiedsspruch nur fällen, wenn die beiden Streitteile vorher die schriftliche Erklärung abgeben, daß sie sich dem Schiedsspruch unterwerfen.

(5) Schiedssprüche sowie vor der Schlichtungskommission abgeschlossene Schriftliche Vereinbarungen gelten als Betriebsvereinbarungen im Sinne des § 29.

Staatliche Wirtschaftskommission

§ 112. (1) In Betrieben, in denen dauernd mehr als 400 Arbeitnehmer beschäftigt sind, kann der Betriebsrat gegen Maßnahmen im Sinne des § 111 Abs. 1

1. binnen einer weiteren Woche einen Einspruch bei der Staatlichen Wirtschaftskommission erheben, wenn innerhalb von zwei Wochen ab Antragstellung bei der Schlichtungskommission eine Einigung oder ein Schiedsspruch nicht zustande kommt, oder

2. wenn eine Schlichtungskommission im Sinne des § 111 Abs. 3 nicht errichtet ist und zwischen Betriebsrat und Betriebsinhaber binnen einer Woche ab Erhebung des Einspruches gemäß § 111 Abs. 1 eine Einigung nicht zustande kommt, binnen einer weiteren Woche über den Österreichischen Gewerkschaftsbund einen Einspruch bei der Staatlichen Wirtschaftskommission erheben, wenn es sich um eine Angelegenheit von gesamtwirtschaftlicher Bedeutung handelt. Diese Bestimmungen gelten sinngemäß für Unternehmen der in § 40 Abs. 4 bezeichneten Art, wenn die Zahl der im Unternehmen beschäftigten Arbeitnehmer dauernd mehr als 400 beträgt und von der wirtschaftlichen Maßnahme mehr als 200 Arbeitnehmer betroffen sind.

(2) Die Staatliche Wirtschaftskommission hat zwischen Betriebsrat und Betriebsinhaber zu vermitteln und zum Zwecke des Interessenausgleichs Vorschläge zur Beilegung der Streitfragen zu erstatten.

(3) Kommt eine Einigung nicht zustande, hat der Betriebsinhaber der Staatlichen Wirtschaftskommission alle zur Behandlung des Einspruchs notwendigen und die ihm bezeichneten Unterlagen zu übermitteln. Die Staatliche Wirtschaftskommission hat in Form eines Gutachtens festzustellen, ob der Einspruch berechtigt ist.

(4) Für die in der Anlage zu § 2 des Bundesministeriengesetzes 1973, BGBl. Nr. 389, Teil 2 A Z 11 genannten Betriebe und Unternehmungen ist beim Bundeskanzleramt unter dem Vorsitz des Bundeskanzlers oder eines von ihm bestellten Vertreters, für die nach der Anlage zu § 2 des Bundesministeriengesetzes 1973, Teil 2 M in die Kompetenz des Bundesministeriums für Verkehr fallenden Betriebe und Unternehmungen ist beim Bundesministerium für Verkehr, für die übrigen Betriebe und Unternehmungen ist beim Bundesministerium für Handel, Gewerbe und Industrie unter dem Vorsitz des zuständigen Bundesministers oder eines von ihm bestellten Vertreters eine Staatliche Wirtschaftskommission zu errichten. Die übrigen Mitglieder der beim Bundeskanzleramt, beim Bundesministerium für Verkehr und Bundesministerium für Handel, Gewerbe und Industrie errichteten Wirtschaftskommission werden in gleicher Anzahl von der Wirtschaftskammer Österreich und von der Bundeskammer für Arbeiter und Angestellte entsendet.

Abschnitt 5
Organzuständigkeit
Kompetenzabgrenzung

§ 113. (1) Die der Arbeitnehmerschaft zustehenden Befugnisse werden, soweit nicht anderes bestimmt ist, durch Betriebsräte ausgeübt.

(2) In Betrieben, in denen ein Betriebsausschuß errichtet ist, werden vom Betriebsausschuß folgende Befugnisse ausgeübt:

1. Beratungsrecht (§ 92);
2. wirtschaftliche Informations- und Interventionsrechte (§ 108);
3. Mitwirkung in wirtschaftlichen Angelegenheiten gemäß §§ 109 bis 112;
4. Abschluß, Änderung und Aufhebung von Betriebsvereinbarungen, deren Geltungsbereich alle im Betriebsausschuß vertretenen Arbeitnehmergruppen erfaßt;
5. soweit die Interessen aller im Betriebsausschuß vertretenen Arbeitnehmergruppen betroffen sind
   a) Überwachung der Einhaltung der die Arbeitnehmer betreffenden Vorschriften (§ 89);
   b) Recht auf Intervention (§ 90);
   c) allgemeines Informationsrecht (§ 91);
   d) Mitwirkung in Arbeitsschutzangelegenheiten (§ 92a);
   e) Mitwirkung an betriebs- und unternehmenseigenen Schulungs-, Bildungs- und Wohlfahrtseinrichtungen (§§ 94 und 95);
6. Entsendung von Arbeitnehmervertretern in das besondere Verhandlungsgremium (§§ 179, 180) und in den Europäischen Betriebsrat (§ 193);
7. Mitwirkung an den Unterrichtungs- und Anhörungsverfahren gemäß den nach den §§ 189, 190 oder 206 abgeschlossenen Vereinbarungen;
8. Entsendung von Arbeitnehmervertretern in das besondere Verhandlungsgremium (§§ 217, 218), in den SE-Betriebsrat (§ 234) und in den Aufsichts- oder Verwaltungsrat der Europäischen Gesellschaft (§ 247);
9. Mitwirkung an den Unterrichtungs- und Anhörungsverfahren gemäß den nach den §§ 230 oder 231 abgeschlossenen Vereinbarungen;
10. Entsendung von Arbeitnehmervertretern in das besondere Verhandlungsgremium (§ 257 iVm §§ 217, 218), in den SCE-Betriebsrat (§ 257 iVm § 234) und in den Aufsichts- oder Verwaltungsrat der Europäischen Genossenschaft (§ 257 iVm § 247);
11. Mitwirkung an den Unterrichtungs- und Anhörungsverfahren gemäß den nach § 257 iVm den §§ 230 oder 231 abgeschlossenen Vereinbarungen;
12. Entsendung von Arbeitnehmervertretern in das besondere Verhandlungsgremium (§ 260 iVm §§ 217, 218) oder in das besondere Entsendungsgremium (§ 261 iVm §§ 217, 218) und in den Aufsichts- oder Verwaltungsrat der aus der grenzüberschreitenden Verschmelzung hervorgegangenen Gesellschaft (§ 260 bzw. § 261 iVm § 247).

Befugnisse in Angelegenheiten, die ausschließlich die Interessen einer im Betriebsausschuß nicht vertretenen Arbeitnehmergruppe betreffen, können vom Betriebsausschuß nicht ausgeübt werden.

(3) In Betrieben, in denen ein gemeinsamer Betriebsrat (§ 40 Abs. 3) errichtet ist, werden von diesem sowohl die Befugnisse gemäß Abs. 1 als auch jene gemäß Abs. 2 ausgeübt.

(4) In Unternehmen, in denen ein Zentralbetriebsrat zu errichten ist, werden folgende Befugnisse von diesem ausgeübt:

1. Mitwirkung in wirtschaftlichen Angelegenheiten gemäß §§ 110 bis 112;
2. soweit sie nicht nur die Interessen der Arbeitnehmerschaft eines Betriebes berühren
   a) Recht auf Intervention (§ 90);
   b) allgemeines Informationsrecht (§ 91);
   c) Beratungsrecht (§ 92);
   d) Mitwirkung in Arbeitsschutzangelegenheiten (§ 92a);
   e) Mitwirkung an betriebs- und unternehmenseigenen Schulungs-, Bildungs- und Wohlfahrtseinrichtungen (§§ 94 und 95);
   f) wirtschaftliche Informations- und Interventionsrechte (§ 108);
   g) Mitwirkung bei Betriebsänderungen gemäß § 109.
3. Wahrnehmung der Rechte gemäß § 89 Z 3 hinsichtlich geplanter und in Bau befindlicher Betriebsstätten des Unternehmens, für die noch kein Betriebsrat zuständig ist;
4. Entsendung von Arbeitnehmervertretern in das besondere Verhandlungsgremium (§§ 179, 180) und in den Europäischen Betriebsrat (§ 193);
5. Mitwirkung an den Unterrichtungs- und Anhörungsverfahren gemäß den nach den §§ 189, 190 oder 206 abgeschlossenen Vereinbarungen;
6. Abschluss von Betriebsvereinbarungen nach § 97 Abs. 1 Z 1b;
7. Entsendung von Arbeitnehmervertretern in das besondere Verhandlungsgremium (§§ 217, 218), in den SE-Betriebsrat (§ 234) und in den Aufsichts- oder Verwaltungsrat der Europäischen Gesellschaft (§ 247);
8. Mitwirkung an den Unterrichtungs- und Anhörungsverfahren gemäß den nach den §§ 230 oder 231 abgeschlossenen Vereinbarungen;
9. Entsendung von Arbeitnehmervertretern in das besondere Verhandlungsgremium (§ 257 iVm §§ 217, 218), in den SCE-Betriebsrat (§ 257 iVm § 234) und in den Aufsichts- oder Verwaltungsrat der Europäischen Genossenschaft (§ 257 iVm § 247);
10. Mitwirkung an den Unterrichtungs- und Anhörungsverfahren gemäß den nach § 257 iVm den §§ 230 oder 231 abgeschlossenen Vereinbarungen;
11. Entsendung von Arbeitnehmervertretern in das besondere Verhandlungsgremium (§ 260 iVm §§ 217, 218) oder in das besondere Entsendungsgremium (§ 261 iVm §§ 217, 218) und in den Aufsichts- oder Verwaltungsrat der aus der grenzüberschreitenden Verschmelzung hervorgegangenen Gesellschaft (§ 260 bzw. § 261 iVm § 247).

(5) In Konzernen, in denen eine Konzernvertretung errichtet ist, werden folgende Befugnisse von dieser ausgeübt:

1. Entsendung von Arbeitnehmervertretern in den Aufsichtsrat gemäß § 110 Abs. 6b;
2. soweit die Interessen der Arbeitnehmerschaft von mehr als einem Unternehmen im Konzern betroffen sind:
   a) Recht auf Intervention (§ 90);
   b) allgemeines Informationsrecht (§ 91);
   c) Beratungsrecht (§ 92);
   d) Mitwirkung an konzerneigenen Maßnahmen in Zusammenhang mit Schulungs-, Bildungs- und Wohlfahrtseinrichtungen (§§ 94 und 95);
3. soweit die Interessen der Arbeitnehmer mehr als eines Unternehmens im Konzern betroffen sind und eine einheitliche Vorgangsweise, insbesondere durch Konzernrichtlinien, erfolgt:
   a) wirtschaftliche Informations- und Interventionsrechte (§ 108);
   b) Mitwirkung an Betriebsänderungen gemäß § 109, mit der Maßgabe, daß § 109 Abs. 3 nur bei Betriebsänderungen im Sinne des § 109 Abs. 1 Z 1 bis 4 anzuwenden ist;
4. Wahrnehmung der Rechte gemäß § 89 Z 3 hinsichtlich geplanter und im Bau befindlicher Betriebsstätten eines Unternehmens im Konzern, für das noch kein anderes Organ der Arbeitnehmerschaft zuständig ist;
5. Entsendung von Arbeitnehmervertretern in das besondere Verhandlungsgremium (§§ 179, 180) und in den Europäischen Betriebsrat (§ 193);
6. Mitwirkung an den Unterrichtungs- und Anhörungsverfahren gemäß den nach den §§ 189, 190 oder 206 abgeschlossenen Vereinbarungen;
7. Entsendung von Arbeitnehmervertretern in das besondere Verhandlungsgremium (§§ 217, 218), in den SE-Betriebsrat (§ 234) und in den Aufsichts- oder Verwaltungsrat der Europäischen Gesellschaft (§ 247);
8. Mitwirkung an den Unterrichtungs- und Anhörungsverfahren gemäß den nach den §§ 230 oder 231 abgeschlossenen Vereinbarungen;
9. Entsendung von Arbeitnehmervertretern in das besondere Verhandlungsgremium (§ 257 iVm §§ 217, 218), in den SCE-Betriebsrat (§ 257 iVm § 234) und in den Aufsichts- oder Verwaltungsrat der Europäischen Genossenschaft (§ 257 iVm § 247);
10. Mitwirkung an den Unterrichtungs- und Anhörungsverfahren gemäß den nach § 257 iVm den §§ 230 oder 231 abgeschlossenen Vereinbarungen;

11. Entsendung von Arbeitnehmervertretern in das besondere Verhandlungsgremium (§ 260 iVm §§ 217, 218) oder in das besondere Entsendungsgremium (§ 261 iVm §§ 217, 218) und in den Aufsichts- oder Verwaltungsrat der aus der grenzüberschreitenden Verschmelzung hervorgegangenen Gesellschaft (§ 260 bzw. § 261 iVm § 247).

Beratungs- und Informationsrechte der Konzernvertretung richten sich an die Konzernleitung bzw. an die Unternehmensleitung des in Österreich herrschenden Unternehmens. Von der Konzernvertretung abgeschlossene Betriebsvereinbarungen sind für jene Unternehmen verbindlich, deren Leitung der Vereinbarungen beigetreten sind.

Kompetenzübertragung

§ 114. (1) Der Betriebsrat und der Betriebsausschuß können dem Zentralbetriebsrat mit dessen Zustimmung die Ausübung ihrer Befugnisse für einzelne Fälle oder für bestimmte Angelegenheiten übertragen. Die Übertragung kann jederzeit, hinsichtlich in Behandlung stehender Angelegenheiten jedoch nur aus wichtigem Grund, widerrufen werden.

(2) In Angelegenheiten nach §§ 96, 96a und 97, die die Interessen der Arbeitnehmer mehr als eines Unternehmens betreffen und in denen eine einheitliche Vorgangsweise des Konzerns, insbesondere durch Konzernrichtlinien, erfolgt, kann der Zentralbetriebsrat der Konzernvertretung mit deren Zustimmung die Ausübung seiner eigenen und ihm übertragenen Befugnisse übertragen, soweit derartige Angelegenheiten nicht ohnedies gemäß § 113 Abs. 5 in die Zuständigkeit der Konzernvertretung fallen. Besteht kein Zentralbetriebsrat, so kann der Betriebsrat (Betriebsausschuß) eine derartige Kompetenzübertragung vornehmen. Die Übertragung kann gemäß Abs. 1 widerrufen werden.

(3) Die Konzernvertretung kann übertragene Befugnisse nur ausüben, wenn eine Kompetenzübertragung durch zumindest zwei Zentralbetriebsräte (Betriebsausschüsse, Betriebsräte) erfolgt ist.

(4) Beschlüsse im Sinne der Abs. 1 und 2 sind dem Betriebsinhaber umgehend mitzuteilen und erlangen erst mit der Verständigung Rechtswirksamkeit.

4. HAUPTSTÜCK
RECHTSSTELLUNG DER MITGLIEDER DES BETRIEBSRATES

Grundsätze der Mandatsausübung, Verschwiegenheitspflicht

§ 115. (1) Das Mandat des Betriebsratsmitgliedes ist ein Ehrenamt, das, soweit im folgenden nicht anderes bestimmt wird, neben den Berufspflichten auszuüben ist. Für erwachsene Barauslagen gebührt den Mitgliedern des Betriebsrates Ersatz aus dem Betriebsratsfonds.

(2) Die Mitglieder des Betriebsrates sind bei Ausübung ihrer Tätigkeit an keinerlei Weisungen gebunden. Sie sind nur der Betriebs(Gruppen)versammlung verantwortlich.

(3) Die Mitglieder des Betriebsrates dürfen in der Ausübung ihrer Tätigkeit nicht beschränkt und wegen dieser, insbesondere hinsichtlich des Entgelts, der Aufstiegsmöglichkeiten und betrieblicher Schulungs- und Umschulungsmaßnahmen, nicht benachteiligt werden. Das Beschränkungs- und Benachteiligungsverbot gilt auch hinsichtlich der Versetzung eines Betriebsratsmitgliedes.

(4) Die Mitglieder und Ersatzmitglieder des Betriebsrates sind verpflichtet, über alle in Ausübung ihres Amtes bekanntgewordenen Geschäfts- und Betriebsgeheimnisse, insbesondere über die ihnen als geheim bezeichneten technischen Einrichtungen, Verfahren und Eigentümlichkeiten des Betriebes Verschwiegenheit zu bewahren. Werden im Zuge der Mitwirkung in personellen Angelegenheiten Mitgliedern des Betriebsrates persönliche Verhältnisse oder Angelegenheiten der Arbeitnehmer bekannt, die ihrer Bedeutung oder ihrem Inhalt nach einer vertraulichen Behandlung bedürfen, so haben sie hierüber Verschwiegenheit zu bewahren.

Freizeitgewährung

§ 116. Den Mitgliedern des Betriebsrates ist, unbeschadet einer Bildungsfreistellung nach § 118, die zur Erfüllung ihrer Obliegenheiten erforderliche Freizeit unter Fortzahlung des Entgeltes zu gewähren.

Freistellung

§ 117. (1) Auf Antrag des Betriebsrates sind in Betrieben mit mehr als 150 Arbeitnehmern ein, in Betrieben mit mehr als 700 Arbeitnehmern zwei und in Betrieben mit mehr als 3 000 Arbeitnehmern drei Mitglieder des Betriebsrates und für je weitere dreitausend Arbeitnehmer ein weiteres Mitglied des Betriebsrates von der Arbeitsleistung unter Fortzahlung des Entgeltes freizustellen.

(2) In Betrieben, in denen getrennte Betriebsräte der Arbeiter und der Angestellten zu wählen sind, gelten die in Abs. 1 angeführten Zahlen für die betreffenden Arbeitnehmergruppen.

(3) Sind in Betrieben eines Unternehmens, in denen eine Freistellung von Betriebsratsmitgliedern gemäß Abs. 1 und 2 nicht möglich ist, mehr als 400 Arbeitnehmer beschäftigt, so ist auf Antrag des Zentralbetriebsrates ein Mitglied desselben unter Fortzahlung des Entgeltes von der Arbeitsleistung freizustellen.

(Anm.: Abs. 4 aufgehoben durch BGBl. I Nr. 101/2010)

(5) Sind in einem Konzern im Sinne des § 15 des Aktiengesetzes 1965 oder des § 115 des Gesetzes über Gesellschaften mit beschränkter Haftung, in dem eine Freistellung von Betriebsratsmitgliedern gemäß Abs. 1 bis 3 nicht möglich

ist, mehr als 400 Arbeitnehmer beschäftigt, und ist eine Konzernvertretung gemäß § 88a errichtet, so kann die Konzernvertretung beschließen, daß ein in der Konzernvertretung vertretener Betriebsrat (Zentralbetriebsrat) für eines seiner Mitglieder die Freistellung von der Arbeitsleistung unter Fortzahlung des Entgelts in Anspruch nehmen kann. Der Beschluß der Konzernvertretung und der Freistellungsantrag des Betriebsrates (Zentralbetriebsrates) sind der Konzernleitung und dem Betriebsinhaber des Betriebes, in dem das freizustellende Betriebsratsmitglied beschäftigt ist, zu übermitteln.

(6) Sinkt im Zuge einer rechtlichen Verselbständigung (§ 62b) die Anzahl der Arbeitnehmer unter die für den Freistellungsanspruch gemäß Abs. 1 bis 3 erforderliche Anzahl, so bleibt die Freistellung bis zum Ablauf der Tätigkeitsdauer des Betriebsrates, dem der Freigestellte angehört, aufrecht. Die Freistellung endet jedoch, wenn ein Betriebsratsmitglied gemäß Abs. 5 freigestellt wird.

Bildungsfreistellung

§ 118. (1) Jedes Mitglied des Betriebsrates hat Anspruch auf Freistellung von der Arbeitsleistung zur Teilnahme an Schulungs- und Bildungsveranstaltungen bis zum Höchstausmaß von drei Wochen und drei Arbeitstagen innerhalb einer Funktionsperiode unter Fortzahlung des Entgeltes; in Betrieben, in denen dauernd weniger als 20 Arbeitnehmer beschäftigt sind, hat jedes Mitglied des Betriebsrates Anspruch auf eine solche Freistellung gegen Entfall des Entgeltes.

(2) Die Dauer der Freistellung kann in Ausnahmefällen bei Vorliegen eines Interesses an einer besonderen Ausbildung bis zu fünf Wochen ausgedehnt werden.

(3) Die Schulungs- und Bildungsveranstaltungen müssen von kollektivvertragsfähigen Körperschaften der Arbeitnehmer oder der Arbeitgeber veranstaltet sein oder von diesen übereinstimmend als geeignet anerkannt werden und vornehmlich die Vermittlung von Kenntnissen zum Gegenstand haben, die der Ausübung der Funktion als Mitglied des Betriebsrates dienen.

(4) Der Betriebsrat hat den Betriebsinhaber mindestens vier Wochen vor Beginn des Zeitraumes, für den die Freistellung beabsichtigt ist, in Kenntnis zu setzen. Der Zeitpunkt der Freistellung ist im Einvernehmen zwischen Betriebsinhaber und Betriebsrat festzusetzen, wobei die Erfordernisse des Betriebes einerseits und die Interessen des Betriebsrates und des Betriebsratsmitgliedes andererseits zu berücksichtigen sind. Im Streitfall entscheidet das Gericht.

(5) Betriebsratsmitglieder, die in der laufenden Funktionsperiode bereits nach § 119 freigestellt worden sind, haben während dieser Funktionsperiode keinen Anspruch auf Freistellung gemäß Abs. 1 und 2.

(6) Rückt ein Ersatzmitglied des Betriebsrates in das Mandat eines Mitgliedes des Betriebsrates dauernd nach, so hat es nur insoweit einen Anspruch gemäß Abs. 1 und 2, als das ausgeschiedene Mitglied noch keine Bildungsfreistellung in Anspruch genommen hat. Im Falle des Ausscheidens eines Betriebsratsmitglieds im Zuge einer Betriebsänderung hat das nachrückende Ersatzmitglied einen Anspruch jedenfalls in dem Ausmaß, als es dem Verhältnis der noch offenen zur gesamten Tätigkeitsdauer des Betriebsrats entspricht, sofern sich nicht nach dem ersten Satz ein größerer Anspruch ergibt.

Erweiterte Bildungsfreistellung

§ 119. (1) In Betrieben mit mehr als zweihundert Arbeitnehmern ist neben der Bildungsfreistellung gemäß § 118 auf Antrag des Betriebsrates ein weiteres Betriebsratsmitglied für die Teilnahme an Schulungs- und Bildungsveranstaltungen bis zum Höchstausmaß eines Jahres gegen Entfall des Entgeltes von der Arbeitsleistung freizustellen. §§ 117 Abs. 2 und 4 sowie 118 Abs. 3 und 4 sind sinngemäß anzuwenden.

(2) In Dienstjahren, in die Zeiten einer Bildungsfreistellung gemäß Abs. 1 fallen, gebühren der Urlaub im vollen Ausmaß, das Urlaubsentgelt jedoch in dem Ausmaß, das dem um die Dauer einer Bildungsfreistellung verkürzten Dienstjahr entspricht.

(3) Der Arbeitnehmer behält in Kalenderjahren, in die Zeiten einer Bildungsfreistellung gemäß Abs. 1 fallen, den Anspruch auf sonstige, insbesondere einmalige Bezüge im Sinne des § 67 Abs. 1 des Einkommensteuergesetzes 1972, BGBl. Nr. 440/1972, in dem Ausmaß, das dem um die Dauer der Bildungsfreistellung verkürzten Kalenderjahr entspricht.

(4) Soweit sich Ansprüche eines Arbeitnehmers nach der Dauer der Dienstzeit richten, sind Zeiten einer Bildungsfreistellung gemäß Abs. 1, während der das Arbeitsverhältnis bestanden hat, auf die Dauer der Dienstzeit anzurechnen.

Kündigungs- und Entlassungsschutz

§ 120. (1) Ein Mitglied des Betriebsrates darf bei sonstiger Rechtsunwirksamkeit nur nach vorheriger Zustimmung des Gerichts gekündigt oder entlassen werden. Das Gericht hat bei seiner Entscheidung den sich aus § 115 Abs. 3 ergebenden Schutz der Betriebsratsmitglieder wahrzunehmen. In den Fällen der §§ 121 Z 3 und 122 Abs. 1 Z 3 erster Satzteil, Z 4 erster Satzteil und Z 5 hat das Gericht die Klage auf Zustimmung zur Kündigung oder Entlassung eines Betriebsratsmitgliedes abzuweisen, wenn sie sich auf ein Verhalten des Betriebsratsmitgliedes stützt, das von diesem in Ausübung des Mandates gesetzt wurde und unter Abwägung aller Umstände entschuldbar war.

(2) Im Verfahren nach Abs. 1 ist das Betriebsratsmitglied Partei.

(3) Der sich aus den §§ 120 bis 122 ergebende Schutz beginnt mit dem Zeitpunkt der Annahme der Wahl durch das Betriebsratsmitglied und endet drei Monate nach Erlöschen der Mitgliedschaft zum Betriebsrat, im Falle der dauernden Einstellung des Betriebes mit Ablauf der Tätigkeitsdauer des Betriebsrates.

(4) Die §§ 120 bis 122 gelten sinngemäß für

1. Ersatzmitglieder, die an der Mandatsausübung verhinderte Betriebsratsmitglieder durch mindestens zwei Wochen ununterbrochen vertreten haben, bis zum Ablauf von drei Monaten nach Beendigung dieser Tätigkeit, sofern der Betriebsinhaber vom Beginn und Ende der Vertretung ohne unnötigen Aufschub in Kenntnis gesetzt wurde;
2. Mitglieder von Wahlvorständen und Wahlwerber vom Zeitpunkt ihrer Bestellung bzw. Bewerbung bis zum Ablauf der Frist zur Anfechtung der Wahl. Der Schutz des Wahlwerbers beginnt mit dem Zeitpunkt, in dem nach der Bestellung des Wahlvorstandes seine Absicht, auf einem Wahlvorschlag zu kandidieren, offenkundig wird. Scheint der Wahlwerber auf keinem Wahlvorschlag auf, so endet sein Kündigungs- und Entlassungsschutz bereits mit Ende der Einreichungsfrist für Wahlvorschläge.
3. Mitglieder eines Betriebsrates, der nach Beendigung seiner Tätigkeitsdauer die Geschäfte weiterführt (§ 61 Abs. 2) bis zum Ablauf von drei Monaten nach Beendigung dieser Tätigkeit.

Kündigungsschutz

§ 121. Das Gericht darf einer Kündigung unter Bedachtnahme auf die Bestimmungen des § 120 nur zustimmen, wenn

1. der Betriebsinhaber im Falle einer dauernden Einstellung oder Einschränkung des Betriebes oder der Stillegung einzelner Betriebsabteilungen den Nachweis erbringt, daß er das betroffene Betriebsratsmitglied trotz dessen Verlangens an einem anderen Arbeitsplatz im Betrieb oder in einem anderen Betrieb des Unternehmens ohne erheblichen Schaden nicht weiterbeschäftigen kann;
2. das Betriebsratsmitglied unfähig wird, die im Arbeitsvertrag vereinbarte Arbeit zu leisten, sofern in absehbarer Zeit eine Wiederherstellung seiner Arbeitsfähigkeit nicht zu erwarten ist und dem Betriebsinhaber die Weiterbeschäftigung oder die Erbringung einer anderen Arbeitsleistung durch das Betriebsratsmitglied, zu deren Verrichtung sich dieses bereit erklärt hat, nicht zugemutet werden kann;
3. das Betriebsratsmitglied die ihm auf Grund des Arbeitsverhältnisses obliegenden Pflichten beharrlich verletzt und dem Betriebsinhaber die Weiterbeschäftigung aus Gründen der Arbeitsdisziplin nicht zugemutet werden kann.

Entlassungsschutz

§ 122. (1) Das Gericht darf unter Bedachtnahme auf die Bestimmungen des § 120 einer Entlassung nur zustimmen, wenn das Betriebsratsmitglied

1. absichtlich den Betriebsinhaber über Umstände, die für den Vertragsabschluß oder den Vollzug des in Aussicht genommenen Arbeitsverhältnisses wesentlich sind, in Irrtum versetzt hat;
2. sich einer mit Vorsatz begangenen, mit mehr als einjähriger Freiheitsstrafe bedrohten oder einer mit Bereicherungsvorsatz begangenen gerichtlich strafbaren Handlung schuldig machte, sofern die Verfolgung von Amts wegen oder auf Antrag des Betriebsinhabers zu erfolgen hat;
3. im Dienste untreu ist oder sich in seiner Tätigkeit ohne Wissen des Betriebsinhabers von dritten Personen unberechtigt Vorteile zuwenden läßt;
4. ein Geschäfts- oder Betriebsgeheimnis verrät oder ohne Einwilligung des Betriebsinhabers ein der Verwendung im Betrieb abträgliches Nebengeschäft betreibt;
5. sich Tätlichkeiten oder erhebliche Ehrverletzungen gegen den Betriebsinhaber, dessen im Betrieb tätige oder anwesende Familienangehörige oder Arbeitnehmer des Betriebes zuschulden kommen läßt, sofern durch dieses Verhalten eine sinnvolle Zusammenarbeit zwischen Betriebsratsmitglied und Betriebsinhaber nicht mehr zu erwarten ist.

(2) Das Gericht darf der Entlassung nicht zustimmen, wenn nach den besonderen Umständen des Falles dem Betriebsinhaber die Weiterbeschäftigung des Betriebsratsmitgliedes zumutbar ist.

(3) In den Fällen des Abs. 1 Z 2 und 5 kann die Entlassung des Betriebsratsmitgliedes gegen nachträgliche Einholung der Zustimmung des Gerichts ausgesprochen werden. Weist das Gericht die Klage auf Zustimmung zur Entlassung ab, so ist sie rechtsunwirksam.

5. HAUPTSTÜCK
JUGENDVERTRETUNG
Organe

§ 123. (1) In jedem Betrieb, in dem dauernd mindestens fünf jugendliche Arbeitnehmer beschäftigt werden, sind folgende Organe zu bilden:

1. Die Jugendversammlung;
2. der Wahlvorstand für die Wahl des Jugendvertrauensrates;
3. der Jugendvertrauensrat.

Bei der Berechnung dieser Zahl ist § 40 Abs. 1 zweiter Satz sinngemäß anzuwenden.

(2) Umfaßt ein Unternehmen mehrere Betriebe, die eine wirtschaftliche Einheit bilden und vom Unternehmen zentral verwaltet werden, so sind folgende Organe zu bilden:

1. Der Wahlvorstand für die Wahl des Zentraljugendvertrauensrates;
2. der Zentraljugendvertrauensrat;
3. die Jugendvertrauensräteversammlung.

(3) Jugendliche Arbeitnehmer im Sinne dieses Hauptstückes sind Arbeitnehmer einschließlich Heimarbeiter, die das 18. Lebensjahr noch nicht vollendet haben, sowie Lehrlinge, die das 21. Lebensjahr noch nicht vollendet haben.

(4) In Konzernen im Sinne des § 15 des Aktiengesetzes 1965 oder des § 115 des Gesetzes über Gesellschaften mit beschränkter Haftung kann eine Konzernjugendvertretung gebildet werden (§ 131f).

Abschnitt 1
Jugendversammlung

§ 124. (1) Die Jugendversammlung besteht aus der Gesamtheit der jugendlichen Arbeitnehmer des Betriebes und der Mitglieder des Jugendvertrauensrates, die nicht jugendliche Arbeitnehmer sind.

(2) Der Jugendversammlung obliegt:

1. Behandlung von Berichten des Jugendvertrauensrates;
2. Wahl des Wahlvorstandes für die Wahl des Jugendvertrauensrates;
3. Beschlußfassung über die Enthebung des Jugendvertrauensrates.

(3) Die Jugendversammlung ist vom Jugendvertrauensrat mindestens einmal in jedem Kalenderhalbjahr einzuberufen.

(4) Besteht kein Jugendvertrauensrat oder ist er funktionsunfähig, so sind zur Einberufung berechtigt

1. der an Lebensjahren älteste stimmberechtigte jugendliche Arbeitnehmer;
2. sofern Betriebsräte errichtet sind, jeder Betriebsrat;
3. jede zuständige freiwillige Berufsvereinigung oder gesetzliche Interessenvertretung der Arbeitnehmer.

(5) Jeder im Betrieb bestehende Betriebsrat ist berechtigt, durch mindestens einen Vertreter mit beratender Stimme an der Jugendversammlung teilzunehmen.

(6) In der Jugendversammlung sind alle jugendlichen Arbeitnehmer (§ 123 Abs. 3), sowie die Mitglieder des Jugendvertrauensrates, die nicht jugendliche Arbeitnehmer sind, stimmberechtigt, sofern sie am Tag der Jugendversammlung im Betrieb beschäftigt sind.

(7) Im übrigen sind auf die Einberufung und Durchführung der Jugendversammlung die Bestimmungen der §§ 43 Abs. 2, 45 Abs. 3, 46 bis 48 sowie 49 Abs. 2 erster und zweiter Satz, und Abs. 3 sinngemäß anzuwenden.

Abschnitt 2
Jugendvertrauensrat
Zahl der Jugendvertrauensratsmitglieder

§ 125. (1) Der Jugendvertrauensrat besteht, soweit Abs. 2 nicht anderes bestimmt, in Betrieben mit 5 bis 10 jugendlichen Arbeitnehmern aus einer Person (Jugendvertreter), in Betrieben mit 11 bis 30 jugendlichen Arbeitnehmern aus zwei Mitgliedern, in Betrieben mit 31 bis 50 jugendlichen Arbeitnehmern aus drei Mitgliedern, in Betrieben mit 51 bis 100 jugendlichen Arbeitnehmern aus vier Mitgliedern. In Betrieben mit mehr als 100 jugendlichen Arbeitnehmern erhöht sich für je weitere hundert jugendliche Arbeitnehmer die Zahl der Mitglieder um eines. In Betrieben mit mehr als 1 000 jugendlichen Arbeitnehmern erhöht sich die Zahl der Mitglieder für je weitere 500 jugendliche Arbeitnehmer um eines. Bruchteile von hundert bzw. fünfhundert werden für voll gerechnet.

(2) In Betrieben, in denen sowohl der Gruppe der Arbeiter als auch der Gruppe der Angestellten dauernd mindestens fünf jugendliche Arbeitnehmer angehören, besteht der Jugendvertrauensrat aus von den jugendlichen Arbeitnehmern jeder Gruppe getrennt zu wählenden Mitgliedern. Die Zahl der zu wählenden Mitglieder ergibt sich aus der getrennten Anwendung der Zahlengrenzen des Abs. 1 auf die Zahl der jugendlichen Gruppenangehörigen (§ 41 Abs. 3).

(3) Die Zahl der zu wählenden Mitglieder des Jugendvertrauensrates richtet sich nach der Zahl der jugendlichen Arbeitnehmer am Tag der Wahlausschreibung. Eine spätere Änderung der Zahl der jugendlichen Arbeitnehmer ist auf die Anzahl der Mitglieder des Jugendvertrauensrates ohne Einfluß. § 65 ist sinngemäß anzuwenden.

(4) Im Jugendvertrauensrat sollen jugendliche Arbeitnehmerinnen und Arbeitnehmer entsprechend ihrem zahlenmäßigen Verhältnis vertreten sein.

Vorbereitung und Durchführung der Wahl des Jugendvertrauensrates

§ 126. (1) Die Tätigkeitsdauer des Jugendvertrauensrates beträgt zwei Jahre. Sie beginnt mit dem Tage der Konstituierung oder mit Ablauf der Tätigkeitsdauer des früheren Jugendvertrauensrates, wenn die Konstituierung vor diesem Zeitpunkt erfolgte.

(2) Zur Durchführung der Wahl des Jugendvertrauensrates hat die Jugendversammlung einen Wahlvorstand zu bestellen.

(3) Der Wahlvorstand besteht aus zwei Arbeitnehmern, die wahlberechtigt (Abs. 4) oder wählbar (Abs. 5) sein müssen, und einem vom Betriebsrat – bei getrennten Betriebsräten vom Betriebsausschuß – entsandten Betriebsratsmitglied.

Besteht im Betrieb kein Betriebsrat oder macht er von seinem Entsendungsrecht nicht oder nicht rechtzeitig Gebrauch, so besteht der Wahlvorstand aus drei wahlberechtigten oder wählbaren Arbeitnehmern; in diesem Falle können auch Vorstandsmitglieder oder Angestellte einer zuständigen freiwilligen Berufsvereinigung oder gesetzlichen Interessenvertretung der Arbeitnehmer in den Wahlvorstand berufen werden. Mindestens zwei Mitglieder des Wahlvorstandes müssen Arbeitnehmer des Betriebes sein. In Betrieben, in denen gemäß § 125 Abs. 2 getrennt zu wählen ist, haben dem Wahlvorstand je ein wahlberechtigter oder wählbarer Arbeitnehmer aus der Gruppe der Arbeiter und aus der Gruppe der Angestellten anzugehören.

(4) Wahlberechtigt sind alle jugendlichen Arbeitnehmer des Betriebes, die am Tag der Wahlausschreibung sowie am Tag der Wahl im Betrieb beschäftigt sind.

(5) Wählbar sind alle Arbeitnehmer, die

1. am Tag der Wahlausschreibung das 23. Lebensjahr noch nicht vollendet haben und
2. am Tag der Wahl seit mindestens sechs Monaten im Betrieb beschäftigt sind.

(6) Für die getrennte Wahl des Jugendvertrauensrates gemäß § 125 Abs. 2 sind nach der Gruppe der Arbeiter und der Gruppe der Angestellten getrennte Wahlvorschläge einzubringen. Die Wahl ist jedoch am selben Ort und zur gleichen Zeit durchzuführen.

(7) Auf die Durchführung und Anfechtung der Wahl des Jugendvertrauensrates sind die Bestimmungen der §§ 51, 53 Abs. 2, 3, 5 und 6, 54 Abs. 1, 2, 4 und 5, 55 bis 57, 59 und 60 sinngemäß anzuwenden. Zur Anfechtung der Wahl ist auch jeder im Betrieb bestehende Betriebsrat berechtigt.

Beendigung der Tätigkeitsdauer

§ 127. (1) Die Tätigkeit des Jugendvertrauensrates endet mit Ablauf der Zeit, für die er gewählt wurde (§ 126 Abs. 1).

(2) Für die vorzeitige Beendigung der Tätigkeitsdauer sind die Vorschriften des § 62 sinngemäß anzuwenden.

(3) Die Mitgliedschaft zum Jugendvertrauensrat erlischt, wenn das Mitglied des Jugendvertrauensrates eine Wahl zum Mitglied des Betriebsrates annimmt. Im übrigen sind für das Erlöschen der Mitgliedschaft zum Jugendvertrauensrat die Bestimmungen des § 64 Abs. 1 und 3 sinngemäß anzuwenden.

(4) Die Mitgliedschaft zum Jugendvertrauensrat ist vom Gericht abzuerkennen, wenn das Mitglied des Jugendvertrauensrates, abgesehen von der Vollendung des 21. Lebensjahres, die Wählbarkeit nicht oder nicht mehr besitzt. Zur Klage sind der Betriebsrat, der Jugendvertrauensrat, jedes Mitglied des Jugendvertrauensrates und der Betriebsinhaber berechtigt.

Geschäftsführung des Jugendvertrauensrates

§ 128. (1) Auf die Geschäftsführung des Jugendvertrauensrates sind, sofern dieser aus mindestens drei Mitgliedern besteht, die Bestimmungen der §§ 66 Abs. 1, 2, 3 erster und dritter Satz, 4 bis 6 und 8, 67 Abs. 1, 2 und 4, 68 Abs. 1, 2 erster und zweiter Satz und Abs. 3, 70 erster Satz sowie 72 sinngemäß anzuwenden.

(2) Besteht der Jugendvertrauensrat aus zwei Mitgliedern, so haben sie, soweit sie nicht die Geschäfte untereinander aufteilen, ihre Aufgaben gemeinsam durchzuführen. §§ 66 Abs. 7 und 68 Abs. 2 vierter Satz sind sinngemäß anzuwenden.

(3) Vertreter des Jugendvertrauensrates gegenüber dem Betriebsinhaber und nach außen ist der Vorsitzende, bei dessen Verhinderung der Stellvertreter, es sei denn, der Jugendvertrauensrat beschließt im Einzelfall etwas anderes.

(4) Zu den Sitzungen des Jugendvertrauensrates ist jeder im Betrieb bestehende Betriebsrat einzuladen. Der Betriebsrat ist berechtigt, an den Sitzungen des Jugendvertrauensrates durch einen Vertreter mit beratender Stimme teilzunehmen. Zu den Sitzungen jedes im Betrieb bestehenden Betriebsrates und des Betriebsausschusses ist der Jugendvertrauensrat einzuladen. Der Jugendvertrauensrat ist berechtigt, an den Sitzungen des Betriebsrates und des Betriebsausschusses durch einen Vertreter mit beratender Stimme teilzunehmen.

(5) Die Beschlüsse des Jugendvertrauensrates sind jedem im Betrieb bestehenden Betriebsrat zur Kenntnis zu bringen. Der Betriebsrat hat über Beschlüsse des Jugendvertrauensrates und über Angelegenheiten der jugendlichen Arbeitnehmer in Anwesenheit des Jugendvertrauensrates oder von diesem entsendeter Mitglieder zu beraten.

(6) In Betrieben, in denen getrennte Betriebsräte bestehen, und die Mitglieder des Jugendvertrauensrates gemäß § 125 Abs. 2 getrennt gewählt wurden, ist bei der Entsendung von Mitgliedern zu den Beratungen eines Betriebsrates gemäß Abs. 4 oder 5 auf die Gruppenzugehörigkeit dieser Mitglieder Bedacht zu nehmen.

Aufgaben und Befugnisse des Jugendvertrauensrates

§ 129. (1) Der Jugendvertrauensrat ist berufen, die wirtschaftlichen, sozialen, gesundheitlichen und kulturellen Interessen der jugendlichen Arbeitnehmer des Betriebes wahrzunehmen. Besteht im Betrieb ein Betriebsrat, so hat der Jugendvertrauensrat, sofern Abs. 3 nicht anderes bestimmt, seine Aufgaben im Einvernehmen mit dem Betriebsrat wahrzunehmen. § 39 ist sinngemäß anzuwenden.

(2) In Erfüllung dieser Aufgabe hat der Jugendvertrauensrat den Betriebsrat zu beraten und zu unterstützen, der seinerseits verpflichtet ist, dem Jugendvertrauensrat bei der Wahrnehmung der besonderen Belange der jugendlichen Arbeitnehmer beizustehen.

(3) In Wahrnehmung der Interessen der jugendlichen Arbeitnehmer ist der Jugendvertrauensrat insbesondere berufen:

1. Bei allen Angelegenheiten, die die Interessen der jugendlichen Arbeitnehmer des Betriebes betreffen, beim Betriebsrat und, sofern ein solcher nicht besteht, beim Betriebsinhaber entsprechende Maßnahmen zu beantragen und auf die Beseitigung von Mängeln hinzuwirken;
2. darüber zu wachen, daß die Vorschriften, die für das Arbeitsverhältnis jugendlicher Arbeitnehmer gelten, eingehalten werden, und über wahrgenommene Mängel dem Betriebsrat, dem Betriebsinhaber und erforderlichenfalls den zum Schutz jugendlicher Arbeitnehmer eingerichteten Stellen Mitteilung zu machen und auf Beseitigung dieser Mängel hinzuwirken;
3. an den Unterweisungen gemäß § 24 des Bundesgesetzes über die Beschäftigung von Kindern und Jugendlichen 1987, BGBl. Nr. 599, durch ein Mitglied teilzunehmen;
4. Vorschläge in Fragen der Berufsausbildung und der beruflichen Weiterbildung jugendlicher Arbeitnehmer zu erstatten;
5. an den Beratungen zwischen Betriebsrat (Betriebsausschuß) und Betriebsinhaber (§§ 92, 94 Abs. 2 letzter Satz und Abs. 4, 109 Abs. 1) durch ein Mitglied teilzunehmen;
6. an den Sitzungen des Betriebsrates (Betriebsausschusses) mit beratender Stimme teilzunehmen (§ 128 Abs. 4 und 5).

(4) Der Betriebsrat und der Betriebsinhaber sind verpflichtet, dem Jugendvertrauensrat die zur Erfüllung seiner Aufgaben erforderlichen Auskünfte zu erteilen.

Rechtsstellung der Mitglieder des Jugendvertrauensrates

§ 130. (1) Hinsichtlich der persönlichen Rechte und Pflichten der Mitglieder des Jugendvertrauensrates sind die Bestimmungen der §§ 115 Abs. 1 erster Satz, Abs. 2 bis 4, 116, 120 Abs. 1 bis 3, 121 und 122, hinsichtlich der Ersatzmitglieder, Mitglieder des Wahlvorstandes und Wahlwerber auch jene des § 120 Abs. 4 Z 1 und 2 sinngemäß anzuwenden. Das Gericht darf der Entlassung eines Mitgliedes oder Ersatzmitgliedes des Jugendvertrauensrates, eines Mitgliedes des Wahlvorstandes oder eines Wahlwerbers, sofern diese Personen Lehrlinge im Sinne des Berufsausbildungsgesetzes sind, auch aus den im § 15 Abs. 3 lit. c und f des Berufsausbildungsgesetzes, BGBl. Nr. 142/1969, genannten Gründen zustimmen.

(2) Der Ablauf der gesetzlichen oder einer kollektivvertraglichen Frist nach § 18 des Berufsausbildungsgesetzes, BGBl. Nr. 142/1969, wird durch die Bewerbung um die Bestellung zum Mitglied des Jugendvertrauensrates, durch die Bestellung zum Mitglied des Wahlvorstandes und durch die Wahl zum Mitglied des Jugendvertrauensrates gehemmt. Die Hemmung dauert für Mitglieder des Wahlvorstandes und für Wahlwerber vom Zeitpunkt ihrer Bestellung bzw. Bewerbung bis zum Ablauf der Frist zur Anfechtung der Wahl, für Mitglieder des Jugendvertrauensrates vom Zeitpunkt der Annahme der Wahl bis zum Ablauf der jeweiligen Tätigkeitsdauer. Auf Grund einer Klage des Betriebsinhabers kann das Gericht einer vorzeitigen Auflösung des Arbeitsverhältnisses auch zustimmen, wenn ein Tatbestand im Sinne des § 121 verwirklicht wurde.

(3) Für die Teilnahme an Schulungs- und Bildungsveranstaltungen im Sinne des § 118 Abs. 3 hat jedes Mitglied des Jugendvertrauensrates Anspruch auf Freistellung von der Arbeitsleistung unter Fortzahlung des Entgeltes bis zur Dauer von zwei Wochen innerhalb einer Funktionsperiode. § 118 Abs. 4 und 6 ist sinngemäß anzuwenden.

(4) Die Kündigung eines Arbeitnehmers kann gemäß § 105 auch mit der Begründung angefochten werden, daß der Grund zur Kündigung

1. in seiner früheren Tätigkeit als Mitglied des Jugendvertrauensrates,
2. in seiner Bewerbung um die Bestellung zum Mitglied des Jugendvertrauensrates oder
3. in seiner Tätigkeit als Mitglied des Wahlvorstandes gelegen ist.

Rechtsausübung durch Minderjährige

§ 131. Die Ausübung von Rechten und die Übernahme von Pflichten nach den Bestimmungen dieses Hauptstückes bedürfen zu ihrer Rechtsgültigkeit nicht der Einwilligung des gesetzlichen Vertreters.

Abschnitt 3
Jugendvertrauensräteversammlung
Zusammensetzung, Geschäftsführung und Aufgaben

§ 131a. (1) Die Gesamtheit der Mitglieder der im Unternehmen bestellten Jugendvertrauensräte bildet die Jugendvertrauensräteversammlung. Sie ist mindestens einmal in jedem Kalenderjahr vom Zentraljugendvertrauensrat einzuberufen. Den Vorsitz führt der Vorsitzende des Zentraljugendvertrauensrates, bei dessen Verhinderung sein Stellvertreter.

(2) Besteht kein Zentraljugendvertrauensrat oder ist er vorübergehend funktionsunfähig, so sind zur Einberufung berechtigt:

1. Das an Lebensjahren älteste Jugendvertrauensratsmitglied;
2. der Zentralbetriebsrat.

(3) Auf die Geschäftsführung ist § 78 Abs. 2 bis 5 sinngemäß anzuwenden. Jeder im Unternehmen bestehende Betriebsrat ist berechtigt, durch mindestens einen Vertreter mit beratender Stimme an der Jugendvertrauensräteversammlung teilzunehmen.

(4) Der Jugendvertrauensräteversammlung obliegt die Behandlung von Berichten des Zentraljugendvertrauensrates und die Beschlußfassung über seine Enthebung.

Abschnitt 4

Zentraljugendvertrauensrat

Zusammensetzung und Berufung

§ 131b. (1) Der Zentraljugendvertrauensrat besteht in Unternehmen bis zu 250 jugendlichen Arbeitnehmern aus vier Mitgliedern, in Unternehmen mit 251 bis 500 jugendlichen Arbeitnehmern aus fünf Mitgliedern und in Unternehmen mit mehr als 500 jugendlichen Arbeitnehmern aus sechs Mitgliedern.

(2) Die Mitglieder des Zentraljugendvertrauensrates werden von der Gesamtheit der Mitglieder der im Unternehmen errichteten Jugendvertrauensräte aus ihrer Mitte nach den Grundsätzen des Verhältniswahlrechtes (§ 51 Abs. 2) geheim gewählt. Im übrigen findet § 81 sinngemäß Anwendung mit der Maßgabe, daß der Wahlvorstand aus mindestens zwei Jugendvertrauensratsmitgliedern und einem Zentralbetriebsratsmitglied besteht.

(3) Übersteigt im Unternehmen die Zahl der Betriebe, in denen Jugendvertrauensräte errichtet sind, die Höchstzahl der Mitglieder im Zentraljugendvertrauensrat, so kann dieser für jeden nicht durch ein Mitglied im Zentraljugendvertrauensrat vertretenen Betrieb die Berufung eines weiteren Mitgliedes beschließen. Die Zahl dieser weiteren Mitglieder darf vier nicht überschreiten; sie sind von den Jugendvertrauensräten dieser im Zentraljugendvertrauensrat nicht vertretenen Betriebe zu nominieren.

(4) Im Zentraljugendvertrauensrat sollen jugendliche Arbeitnehmerinnen und Arbeitnehmer entsprechend ihrem zahlenmäßigen Verhältnis vertreten sein.

Tätigkeitsdauer

§ 131c. Die Tätigkeitsdauer des Zentraljugendvertrauensrates beträgt zwei Jahre. Im übrigen findet § 82 sinngemäß Anwendung.

Aufgaben und Befugnisse

§ 131d. (1) Der Zentraljugendvertrauensrat ist berufen, die wirtschaftlichen, sozialen, gesundheitlichen und kulturellen Interessen der jugendlichen Arbeitnehmer wahrzunehmen. Besteht im Unternehmen ein Zentralbetriebsrat, so hat der Zentraljugendvertrauensrat, sofern nicht anders bestimmt, seine Aufgaben im Einvernehmen mit dem Zentralbetriebsrat wahrzunehmen.

§ 39 ist sinngemäß anzuwenden.

(2) In Erfüllung der Aufgaben nach Abs. 1 hat der Zentraljugendvertrauensrat den Zentralbetriebsrat zu beraten und zu unterstützen, der seinerseits verpflichtet ist, dem Zentraljugendvertrauensrat bei der Wahrnehmung der besonderen Belange der jugendlichen Arbeitnehmer beizustehen.

(3) In Wahrnehmung der Interessen der jugendlichen Arbeitnehmer ist der Zentraljugendvertrauensrat berufen,

1. bei allen Angelegenheiten, die die gemeinsamen Interessen der jugendlichen Arbeitnehmer des Unternehmens betreffen, beim Zentralbetriebsrat und, sofern ein solcher nicht besteht, bei der Unternehmensführung entsprechende Maßnahmen zu beantragen und auf die Beseitigung von Mängeln hinzuwirken;
2. Vorschläge in Fragen der Berufsausbildung und der beruflichen Weiterbildung jugendlicher Arbeitnehmer zu erstatten, soweit solche Maßnahmen mehr als einen Betrieb betreffen;
3. an den Sitzungen des Zentralbetriebsrates mit beratender Stimme teilzunehmen.

(4) Der Zentralbetriebsrat und die Unternehmensführung sind verpflichtet, dem Zentraljugendvertrauensrat die zur Erfüllung seiner Aufgaben erforderlichen Auskünfte zu erteilen.

Geschäftsführung

§ 131e. (1) Vertreter des Zentraljugendvertrauensrates gegenüber der Unternehmensführung und nach außen ist der Vorsitzende, bei dessen Verhinderung dessen Stellvertreter, es sei denn, der Zentraljugendvertrauensrat beschließt im Einzelfall etwas anderes.

(2) Zu den Sitzungen des Zentraljugendvertrauensrates ist der Zentralbetriebsrat einzuladen. Der Zentralbetriebsrat ist berechtigt, an den Sitzungen des Zentraljugendvertrauensrates durch einen Vertreter mit beratender Stimme teilzunehmen. Zu den Sitzungen des Zentralbetriebsrates ist der Zentraljugendvertrauensrat einzuladen. Der Zentraljugendvertrauensrat ist berechtigt, an den Sitzungen des Zentralbetriebsrates durch einen Vertreten mit beratender Stimme teilzunehmen.

(3) Die Beschlüsse des Zentraljugendvertrauensrates sind dem Zentralbetriebsrat zur Kenntnis zu bringen. Der Zentralbetriebsrat hat über Beschlüsse des Zentraljugendvertrauensrates und über Angelegenheiten der jugendlichen Arbeitnehmer in Anwesenheit des Zentraljugendvertrauensrates oder von diesem entsendeter Mitglieder zu beraten.

(4) Im übrigen finden die §§ 83 und 84 sinngemäß Anwendung.

Konzernjugendvertretung

§ 131f. (1) Sind in einem Konzern im Sinne des § 15 des Aktiengesetzes 1965 oder des § 115 des Gesetzes über Gesellschaften mit beschränkter

Haftung in mehr als einem Unternehmen Jugendvertrauensräte errichtet, so kann eine Konzernjugendvertretung zur Wahrnehmung der gemeinsamen wirtschaftlichen, sozialen, gesundheitlichen und kulturellen Interessen der in der Konzernjugendvertretung vertretenen jugendlichen Arbeitnehmer gebildet werden, für die §§ 88a und 88b sinngemäß gelten.

(2) Besteht im Konzern eine Konzernvertretung, so hat die Konzernjugendvertretung ihre Aufgaben im Einvernehmen mit dieser wahrzunehmen. § 131d Abs. 2, 3 und 4 gilt sinngemäß.

6. HAUPTSTÜCK VORSCHRIFTEN FÜR EINZELNE BETRIEBSARTEN

Betriebe mit besonderer Zweckbestimmung und Verwaltungsstellen juristischer Personen des öffentlichen Rechts

§ 132. (1) Auf Unternehmen und Betriebe, die unmittelbar politischen, koalitionspolitischen, konfessionellen, wissenschaftlichen, erzieherischen oder karitativen Zwecken dienen, ferner auf Verwaltungsstellen von juristischen Personen öffentlichen Rechts und der Österreichischen Nationalbank sind die §§ 110 bis 112 nicht anzuwenden. §§ 108 und 109 Abs. 1 und 2 sind anzuwenden, soweit nicht die besondere Zweckbestimmung betroffen ist. § 109 ist jedenfalls anzuwenden, soweit es sich um Betriebsänderungen im Sinne des § 109 Abs. 1 Z 1a, 5 und 6 handelt.

(2) Auf Unternehmen und Betriebe, die unmittelbar Zwecken der Berichterstattung oder Meinungsäußerung dienen, sind die §§ 108 bis 112 insoweit nicht anzuwenden, als es sich um Angelegenheiten handelt, die die politische Richtung dieser Unternehmen und Betriebe beeinflussen. § 109 ist jedenfalls anzuwenden, soweit es sich um Betriebsänderungen im Sinne des § 109 Abs. 1 Z 1a, 5 und 6 handelt.

§ 99 Abs. 3 ist hinsichtlich der Einstellung von Journalisten im Sinne des Journalistengesetzes, StGBl. Nr. 88/1920, insoweit nicht anzuwenden, als diese Einstellung die politische Richtung dieses Unternehmens oder Betriebes beeinflußt.

(3) Auf den Österreichischen Rundfunk sind die §§ 111 und 112 nicht, § 110 nach Maßgabe des Rundfunkgesetzes anzuwenden.

(4) Auf Unternehmen und Betriebe, die konfessionellen Zwecken einer gesetzlich anerkannten Kirche oder Religionsgesellschaft dienen, sind die Bestimmungen des II. Teiles nicht anzuwenden, soweit die Eigenart des Unternehmens oder des Betriebes dem entgegensteht. Jedenfalls sind die Bestimmungen über Betriebsvereinbarungen in den Angelegenheiten des § 96 Abs. 1 Z 1, 2 und 4 sowie die §§ 108 bis 112 nicht anzuwenden auf Betriebe und Verwaltungsstellen, die der Ordnung der inneren Angelegenheiten der gesetzlich anerkannten Kirchen und Religionsgesellschaften dienen, ausgenommen jedoch § 109, soweit es sich um Betriebsänderungen im Sinne des § 109 Abs. 1 Z 1a, 5 und 6 handelt.

Theaterunternehmen

§ 133. (1) Auf Theaterunternehmen im Sinne des § 1 Abs. 2 des Theaterarbeitsgesetzes (TAG), BGBl. I Nr. 100/2010, sind die Bestimmungen des II. Teiles anzuwenden, soweit sich im folgenden nicht anderes ergibt.

(2) Beschäftigt ein Theaterunternehmen mehr als 50 dem TAG unterliegende Arbeitnehmer, so sind für diese Personen getrennte Betriebsräte des darstellenden und des nichtdarstellenden Personals zu wählen, wenn jede dieser Gruppen mindestens 20 Arbeitnehmer umfaßt. Innerhalb dieser Gruppen sind die Bestimmungen über getrennte Betriebsräte der Arbeiter und Angestellten nicht anzuwenden. In Betrieben, in denen getrennte Betriebsräte des darstellenden und des nichtdarstellenden Personals bestehen, bilden diese mit den sonst im Betrieb bestehenden Betriebsräten den Betriebsausschuß; die §§ 76 und 77 sind sinngemäß anzuwenden.

(3) In Betrieben, in denen berufsüblich Arbeitsverhältnisse mit künstlerischem Personal jeweils nur auf bestimmte Dauer abgeschlossen werden, endet das Arbeitsverhältnis eines Betriebsratsmitgliedes, wenn es dem künstlerischen Personal angehört, ohne seine Zustimmung nicht vor Ablauf der Spielzeit, innerhalb der die Tätigkeitsdauer des Betriebsrates endet. Die Bestimmungen der §§ 62, 64 sowie 120 bis 122 bleiben unberührt.

(4) Werden Bühnenarbeitsverträge im Sinne des § 27 TAG nicht verlängert, so ist der Betriebsrat hiervon bis spätestens eine Woche vor Absendung der Benachrichtigung von der Nichtverlängerung zu verständigen. Der/Die Theaterunternehmer/in hat auf Verlangen des Betriebsrates mit diesem innerhalb der Frist zur Stellungnahme über die Nichtverlängerung des Bühnenarbeitsvertrages zu beraten. Eine vor Ablauf dieser Frist ausgesprochene Nichtverlängerung ist rechtsunwirksam, es sei denn, dass der Betriebsrat eine Stellungnahme bereits abgegeben hat.

(5) § 99 Abs. 2 und 3 sind auf die Einstellung von am Theater solistisch tätigen Mitgliedern sowie auf die Einstellung von Arbeitnehmern, die vorübergehend zu dem Zweck eingestellt werden, um den Ausfall einer Vorstellung zu verhindern, bezüglich der vorherigen Information und Beratung nicht anzuwenden.

(6) Im übrigen sind in Theaterunternehmen die Bestimmungen der §§ 40 Abs. 4, 78 bis 88 und 110 bis 112 nicht anzuwenden. § 109 Abs. 3 zweiter Satz ist nur insoweit anzuwenden, als es sich um Betriebsänderungen im Sinne des § 109

Abs. 1 Z 5 und 6 handelt und hiedurch künstlerische Belange nicht betroffen werden.

Betriebe des Österreichischen Rundfunks

§ 133a. In Betrieben des Österreichischen Rundfunks, in denen Arbeitsverhältnisse mit journalistischen und programmgestaltenden Mitarbeitern gemäß § 32 Abs. 5 des ORF-Gesetzes jeweils nur auf bestimmte Dauer abgeschlossen werden, endet ein solches Arbeitsverhältnis eines Betriebsratsmitgliedes, das diesem Personenkreis angehört, ohne seine Zustimmung nicht vor Ablauf der Tätigkeitsdauer des Betriebsrates. Die Bestimmungen der §§ 62, 64 sowie 120 bis 122 bleiben unberührt.

Unternehmen und Betriebe des öffentlichen Personen-, Güter- und Nachrichtenverkehrs

§ 134. (1) Arbeitsstätten von

1. Straßenbahn- und Obusunternehmungen im Sinne des § 5 Eisenbahngesetz 1957, BGBl. Nr. 60, mit Ausnahme jener in Städten mit mehr als 500.000 Einwohnern,
2. Seilbahnunternehmen im Sinne des § 2 Seilbahngesetz 2003, BGBl. I Nr. 103,
3. Kraftfahrlinienunternehmen im Sinne des § 1 Abs. 1 Kraftfahrliniengesetz (KfLG), BGBl. I Nr. 203/1999,

gelten in ihrer Gesamtheit als ein Betrieb im Sinne des § 34 Abs. 1; Arbeitsstätten solcher Unternehmungen, die neben einem Hauptbetrieb bestehen, gelten jedoch als Betrieb, wenn sie die Voraussetzungen des § 34 Abs. 1 erfüllen, vom Hauptbetrieb räumlich weit entfernt sind und hinsichtlich Aufgabenbereich und Organisation Eigenständigkeit besitzen. § 35 ist auf diese Arbeitsstätten nicht anzuwenden.

(2) Arbeitsstätten von Schifffahrtsunternehmen im Sinne des Schifffahrtsgesetzes, BGBl. I Nr. 62/1997 sowie im Sinne der §§ 3 und 7 ff. des Seeschifffahrtsgesetzes, BGBl. Nr. 174/1981 (Schiffe, die die österreichische Flagge führen) gelten in ihrer Gesamtheit als ein Betrieb im Sinne des § 34 Abs. 1. § 35 ist auf diese Arbeitsstätten nicht anzuwenden.

(3) Arbeitsstätten von Luftverkehrsunternehmen im Sinne der §§ 101 ff. des Luftfahrtgesetzes, BGBl. Nr. 253/1957, gelten in ihrer Gesamtheit als ein Betrieb im Sinne des § 34 Abs. 1. § 35 ist auf diese Arbeitsstätten nicht anzuwenden.

(4) Senderanlagen von Unternehmen des Rundfunk- und Fernsehrundfunkverkehrs gelten nicht als Betriebe im Sinne des § 34 Abs. 1. § 35 ist auf sie nicht anzuwenden.

(5) Beschäftigt ein Schiffahrts- oder Flugunternehmen dauernd mindestens fünf Arbeitnehmer ganz oder überwiegend im Schiffs- oder Flugdienst, so kann für diese Arbeitnehmergruppe ein eigener Betriebsrat gewählt werden. In diesem Falle sind innerhalb dieser Gruppe die Bestimmungen über getrennte Betriebsräte der Arbeiter und der Angestellten nicht anzuwenden. In Betrieben, in denen ein Betriebsrat für die im Schiffs- und Flugdienst beschäftigten Arbeitnehmer besteht, bildet er mit den sonst im Betrieb bestehenden Betriebsräten den Betriebsausschuß; die §§ 76 und 77 sind sinngemäß anzuwenden.

Land- und forstwirtschaftliche Betriebe des Bundes, der Länder, der Gemeindeverbände und der Gemeinden

§ 134a. (1) Auf land- und forstwirtschaftliche Betriebe des Bundes, der Länder, der Gemeindeverbände und der Gemeinden sind die Bestimmungen des II. Teiles dieses Bundesgesetzes anzuwenden, soweit im folgenden nicht anderes bestimmt wird.

(2) § 35 Abs. 1 findet mit der Maßgabe Anwendung, daß Arbeitsstätten, in denen dauernd mehr als 10 Arbeitnehmer beschäftigt sind, einem selbständigen Betrieb gleichgestellt werden können.

(3) § 85 Abs. 1 findet mit der Maßgabe Anwendung, daß die Zentralbetriebsratsumlage höchstens 30 Prozent der Betriebsratsumlage betragen darf.

(4) § 97 Abs. 3 findet mit der Maßgabe Anwendung, daß die Bestimmung des § 97 Abs. 1 Z 7 in Betrieben, in denen dauernd nicht mehr als 35 Arbeitnehmer beschäftigt werden, nicht anzuwenden ist.

(5) Sind die Betriebe eines land- und forstwirtschaftlichen Unternehmens des Bundes auf mehrere Bundesländer verteilt, so findet § 117 Abs. 3 mit der Maßgabe Anwendung, daß für jedes Bundesland, in dem die Zahl der in den Betrieben dieses Unternehmens beschäftigten Arbeitnehmer 400 übersteigt, auf Antrag des Zentralbetriebsrates ein Mitglied desselben oder ein Betriebsratsmitglied aus einem dieser Betriebe unter Fortzahlung des Entgelts von der Arbeitsleistung freizustellen ist.

Gemeinsam verwaltete Häuser

§ 134b. (1) Werden Häuser eines Hauseigentümers gemeinsam verwaltet, so bilden diese Häuser einen Betrieb im Sinne des § 34 Abs. 1. Die vom Hauseigentümer in diesen Häusern beschäftigten Hausbesorger sowie die für diese Häuser beschäftigten Hausbetreuer sind im Sinne des § 36 Arbeitnehmer dieses Betriebes. Werden in diesem Betrieb dauernd mindestens 20 Hausbesorger und Hausbetreuer beschäftigt, so ist von diesen ein eigener Betriebsrat zu errichten. Hinsichtlich der Hausbetreuer bleibt § 40 unberührt.

(2) Die sich aus der Bestellung eines Betriebsrates ergebenden Kosten treffen alle Häuser im

Sinne des Abs. 1 zu gleichen Teilen. Diese Kosten gelten als Beitrag für die Hausbesorgerarbeiten gemäß § 23 des Mietrechtsgesetzes, BGBl. Nr. 520/1981.

III. TEIL
Behörden und Verfahren
1. HAUPTSTÜCK
BUNDESEINIGUNGSAMT UND SCHLICHTUNGSSTELLEN
Abschnitt 1
Bundeseinigungsamt
Errichtung und Zusammensetzung

§ 141. (1) Beim Bundesministerium für soziale Verwaltung ist ein Bundeseinigungsamt zu errichten. Sein Wirkungsbereich erstreckt sich auf das ganze Bundesgebiet. Das Bundeseinigungsamt besteht aus einem Vorsitzenden und nach Bedarf aus einem oder mehreren Stellvertretern sowie aus der erforderlichen Zahl von Mitgliedern, die aus den Gruppen der Arbeitgeber und der Arbeitnehmer bestellt werden.

(2) Der Vorsitzende und seine Stellvertreter werden vom Bundesminister für soziale Verwaltung nach Anhörung der Wirtschaftskammer Österreich und der Bundeskammer für Arbeiter und Angestellte für unbestimmte Zeit und auf Widerruf ernannt. Sie haben, wenn sie nicht schon als öffentlich Bedienstete zur unparteiischen und gewissenhaften Ausübung der Amtspflichten verpflichtet wurden, dieses Gelöbnis vor dem Bundesminister für soziale Verwaltung zu leisten.

(3) Die Mitglieder werden vom Bundesminister für soziale Verwaltung auf Grund von Vorschlägen bestellt, die von der Wirtschaftskammer Österreich für die Mitglieder aus dem Kreise der Arbeitgeber und von der Bundeskammer für Arbeiter und Angestellte für die Mitglieder aus dem Kreise der Arbeitnehmer erstattet werden; soweit es sich um Personengruppen handelt, die nicht diesen gesetzlichen Interessenvertretungen angehören, obliegt die Erstattung der Vorschläge den zuständigen Kammern oder, wenn solche nicht bestehen, den sonstigen Interessenvertretungen der Arbeitgeber einerseits und der Arbeitnehmer andererseits. Wird das Vorschlagsrecht nicht binnen zwei Monaten nach Aufforderung ausgeübt, so ist der Bundesminister für soziale Verwaltung bei der Bestellung an Vorschläge nicht gebunden.

(4) Hinsichtlich der Erfordernisse der Bestellung der Mitglieder ist § 24 ASGG sinngemäß anzuwenden.

(5) Die Mitglieder werden für eine Amtsdauer von fünf Jahren bestellt. Sie haben vor Antritt ihres Amtes dem Vorsitzenden durch Handschlag gewissenhafte und unparteiische Ausübung des Amtes zu geloben. Das Amt von Mitgliedern, die innerhalb der allgemeinen fünfjährigen Amtsdauer bestellt wurden, endet mit deren Ablauf. Die infolge des Ablaufs der Amtsdauer ausscheidenden Mitglieder haben ihr Amt bis zur Wiederbesetzung auszuüben. Wiederbestellung ist zulässig.

(6) Der Bundesminister für soziale Verwaltung hat ein Mitglied seines Amtes zu entheben, wenn ein gesetzliches Hindernis (Abs. 4) bekannt wird oder wenn es ohne genügende Entschuldigung die Pflichten seines Amtes wiederholt vernachlässigt. Ein Mitglied ist auch dann zu entheben, wenn in seiner Berufstätigkeit eine solche Änderung eintritt, daß es nicht mehr geeignet erscheint, die Interessen der Berufsgruppe wahrzunehmen, zu deren Vertretung es bestellt wurde oder wenn es selbst um seine Amtsenthebung ersucht.

Verhandlung und Beschlußfassung

§ 142. (1) Das Bundeseinigungsamt verhandelt und entscheidet in Senaten, die vom Vorsitzenden tunlichst unter Bedachtnahme auf den Verhandlungsgegenstand und erforderlichenfalls auf regionale Gesichtspunkte gebildet werden.

(2) Ein Senat des Bundeseinigungsamtes ist verhandlungs- und beschlußfähig, wenn außer dem Vorsitzenden oder dessen Stellvertreter je zwei Mitglieder aus der Gruppe der Arbeitgeber und der Arbeitnehmer anwesend sind.

(3) Sind die Mitglieder einer Gruppe in der Überzahl, so haben in dieser Gruppe die dem Alter nach jüngsten Mitglieder, soweit sie überzählig sind, kein Stimmrecht. Die Beschlüsse werden mit einfacher Mehrheit der Stimmberechtigten gefaßt; der Vorsitzende gibt seine Stimme als letzter ab. Der Vorsitzende darf sich der Stimme nicht enthalten.

(4) Das Bundeseinigungsamt kann zu den Verhandlungen Sachverständige und Auskunftspersonen beiziehen.

Abschnitt 2
Schlichtungsstelle
Errichtung und Zusammensetzung

§ 144. (1) Zur Entscheidung von Streitigkeiten über den Abschluß, die Änderung oder die Aufhebung von Betriebsvereinbarungen in Angelegenheiten, in welchen das Gesetz die Entscheidung durch Schlichtungsstellen vorsieht, ist auf Antrag eines der Streitteile eine Schlichtungsstelle zu errichten. Die Schlichtungsstelle ist am Sitz des mit Arbeits- und Sozialrechtssachen in erster Instanz befaßten Gerichtshofes, in dessen Sprengel der Betrieb liegt, zu errichten. Bei Streitigkeiten über den Abschluß, die Änderung oder Aufhebung von Betriebsvereinbarungen, deren Geltungsbereich Betriebe umfaßt, die in zwei oder mehreren Sprengeln liegen, ist der Sitz des Unternehmens, dem die Betriebe angehören, maßgebend. Durch Vereinbarung der Streitteile kann die Schlichtungsstelle am Sitz eines anderen mit

Arbeits- und Sozialrechtssachen in erster Instanz befaßten Gerichtshofes errichtet werden. Ein Antrag auf Entscheidung einer Streitigkeit durch die Schlichtungsstelle ist an den Präsidenten des in Betracht kommenden Gerichtshofes zu richten.

(2) Die Schlichtungsstelle besteht aus einem Vorsitzenden und vier Beisitzern. Der Vorsitzende ist vom Präsidenten des Gerichtshofes auf einvernehmlichen Antrag der Streitteile zu bestellen. Kommt eine Einigung der Streitteile auf die Person des Vorsitzenden innerhalb von zwei Wochen ab Antragstellung (Abs. 1) nicht zustande, so ist er auf Antrag eines der Streitteile vom Präsidenten des Gerichtshofes zu bestellen. Die Bestellung hat aus dem Kreise der Berufsrichter zu erfolgen, die bei dem Gerichtshof mit Arbeits- und Sozialrechtssachen befaßt sind. Sie bedarf der Zustimmung des zu Bestellenden.

(2a) Der Vorsitzende und die Beisitzer der Schlichtungsstelle sind weisungsfrei. Der Bundesminister für Arbeit, Soziales und Konsumentenschutz kann die Mitglieder der Schlichtungsstelle jederzeit aus wichtigem Grund abberufen. Der Bundesminister für Arbeit, Soziales und Konsumentenschutz ist berechtigt, sich über alle Gegenstände der Geschäftsführung der Schlichtungsstelle zu unterrichten.

(3) Jeder der Streitteile hat zwei Beisitzer namhaft zu machen, davon einen aus einer Beisitzerliste; der zweite Beisitzer soll aus dem Kreise der im Betrieb Beschäftigten namhaft gemacht werden. Hat einer der Streitteile binnen zwei Wochen ab Antragstellung (Abs. 1) die Nominierung der Beisitzer nicht vorgenommen, so hat der Präsident des in Betracht kommenden Gerichtshofes sie aus der Liste der Beisitzer jener Gruppe (Arbeitgeber oder Arbeitnehmer), welcher der Säumige angehört, zu bestellen.

(4) Die Streitteile haben die Einigung auf die Person des Vorsitzenden und die Nominierung der Beisitzer dem Präsidenten des in Betracht kommenden Gerichtshofes mitzuteilen, der den Vorsitzenden der Schlichtungsstelle und die Beisitzer unverzüglich zu bestellen hat.

Beisitzerliste

§ 145. (1) Der Bundesminister für soziale Verwaltung hat auf Grund von Vorschlägen eine Liste der Beisitzer aus dem Kreise der Arbeitgeber und eine Liste der Beisitzer aus dem Kreise der Arbeitnehmer zu erstellen. Bei Erstattung der Vorschläge und Erstellung der Listen ist auf die fachliche Qualifikation der Beisitzer und auf regionale Gesichtspunkte entsprechend Bedacht zu nehmen.

(2) Die Vorschläge für die Liste der Beisitzer aus dem Kreise der Arbeitgeber sind von der Wirtschaftskammer Österreich, jene für die Liste der Beisitzer aus dem Kreise der Arbeitnehmer von der Bundeskammer für Arbeiter und Angestellte zu erstatten, wobei die Bundeskammer auf Vorschläge der Landeskammern und die Bundeskammer für Arbeiter und Angestellte auf Vorschläge der Arbeiterkammern Bedacht zu nehmen haben.

(2a) Die Aufnahme von Personen in eine der im Abs. 1 genannten Listen erfolgt für eine Amtsdauer von fünf Jahren. Das Amt von Beisitzern, die innerhalb der allgemeinen fünfjährigen Amtsdauer in die Liste aufgenommen werden, endet mit deren Ablauf. Die infolge des Ablaufs der Amtsdauer ausscheidenden Beisitzer haben ihr Amt bis zur Nachbesetzung auszuüben. Eine neuerliche Aufnahme von ausgeschiedenen Beisitzern ist zulässig.

(3) Hinsichtlich der Erfordernisse zur Aufnahme von Personen in eine der in Abs. 1 genannten Listen ist § 24 ASGG sinngemäß anzuwenden. Der Bundesminister für soziale Verwaltung kann die Aufnahme einer vorgeschlagenen Person in eine Liste nur verweigern, wenn ein gesetzliches Hindernis vorliegt.

(4) Die Aufnahme von Personen in eine der im Abs. 1 genannten Listen, die Ablehnung der Aufnahme einer vorgeschlagenen Person sowie die Streichung einer Person aus einer Liste vor Ablauf der Amtsdauer hat mit Bescheid zu erfolgen. § 141 Abs. 6 ist sinngemäß anzuwenden.

(5) Ausfertigungen der Beisitzerlisten sind den mit Arbeits- und Sozialrechtssachen in erster Instanz befaßten Gerichtshöfen (§ 144 Abs. 1), der Wirtschaftskammer Österreich und der Bundeskammer für Arbeiter und Angestellte sowie binnen zwei Wochen ab Stellung eines Antrages auf Entscheidung der Schlichtungsstelle den Streitteilen zu übermitteln; dies gilt sinngemäß auch für Änderungen derselben.

(6) Die in Abs. 1 genannten Listen können bei den mit Arbeits- und Sozialrechtssachen in erster Instanz befaßten Gerichtshöfen (§ 144 Abs. 1) während der Amtsstunden von jedermann eingesehen werden.

Verhandlung und Beschlußfassung

§ 146. (1) Die Schlichtungsstelle ist – soweit im folgenden nichts anderes bestimmt wird – verhandlungs- und beschlußfähig, wenn sowohl der Vorsitzende als auch von jedem der Streitteile zwei Beisitzer anwesend sind. Wurde eine Verhandlung der Schlichtungsstelle bereits einmal vertagt, weil ein Beisitzer ohne rechtmäßigen Hinderungsgrund nicht erschienen ist, und ist in der fortgesetzten Verhandlung abermals derselbe oder ein anderer von der gleichen Partei namhaft gemachter Beisitzer unentschuldigt nicht erschienen, so wird die Verhandlung und Entscheidung nicht gehindert, sofern der Vorsitzende und mindestens ein Beisitzer anwesend sind. Bei der Beschlußfassung hat sich der Vorsitzende zunächst der Stimme zu enthalten; kommt eine Stimmenmehrheit nicht zustande, so nimmt der Vorsitzende nach weiterer Beratung an der erneuten Beschlußfassung teil. Er gibt seine Stimme als letzter ab. Stimmenthaltung ist unzulässig.

(2) Die Schlichtungsstelle hat die Entscheidung möglichst rasch innerhalb der durch die Anträge der Parteien bestimmten Grenzen und unter Abwägung der Interessen des Betriebes einerseits und der Belegschaft andererseits zu fällen. Sie ist dabei an das übereinstimmende Vorbringen und die übereinstimmenden Anträge der Streitteile gebunden. Die Entscheidung gilt als Betriebsvereinbarung. Gegen die Entscheidung der Schlichtungsstelle kann Beschwerde an das Bundesverwaltungsgericht erhoben werden.

(2a) Über Angelegenheiten gemäß § 97 Abs. 1 Z 2 in Verbindung mit einer kollektivvertraglichen Ausdehnung des Durchrechnungszeitraumes gemäß § 4 Abs. 6 Arbeitszeitgesetz, BGBl. Nr. 461/1969, in der jeweils geltenden Fassung, hat die Schlichtungsstelle binnen vier Wochen zu entscheiden.

(3) Auf das Verfahren vor der Schlichtungsstelle sind im übrigen die für das Verfahren vor dem Bundeseinigungsamt geltenden Vorschriften anzuwenden. § 7 Abs. 1 AVG ist nur auf die aus einer Beisitzerliste namhaft gemachten Beisitzer anzuwenden. § 40 Abs. 1 AVG ist mit der Maßgabe anzuwenden, daß auf einvernehmlichen Antrag der Streitteile die Verhandlungen im Betrieb stattzufinden haben.

(Anm.: Abs. 4 aufgehoben durch Art. I Z 43 lit. c, BGBl. Nr. 563/1986)

Abschnitt 3
Gemeinsame Bestimmungen
Geschäftsführung

§ 147. Die Leitung des Bundeseinigungsamtes obliegt, sofern nicht die Beschlußfassung Senaten vorbehalten ist, dem Vorsitzenden. Im Verhinderungsfall leitet der Stellvertreter des Vorsitzenden das Amt. Mit der Führung der laufenden Geschäfte und der Vorbereitung der Verhandlungen unter der Leitung des Vorsitzenden können Bedienstete des Bundesministeriums für soziale Verwaltung betraut werden. Die Kanzleigeschäfte des Bundeseinigungsamtes sind von Bediensteten aus dem Personalstand des Bundesministeriums für soziale Verwaltung, die der Schlichtungsstelle von Bediensteten aus dem Personalstand des jeweils zuständigen mit Arbeits- und Sozialrechtssachen in erster Instanz befaßten Gerichtshofes (§ 144 Abs. 1) zu besorgen.

Gebühren- und Aufwandsentschädigungen

§ 148. (1) Die Mitglieder des Bundeseinigungsamtes üben ihre Tätigkeit ehrenamtlich aus.

(2) Der Vorsitzende, dessen Stellvertreter sowie die Mitglieder des Bundeseinigungsamtes, ferner die Vorsitzenden und Beisitzer der Schlichtungsstellen, die im öffentlichen Dienst stehen, erhalten Reisegebühren nach den für sie geltenden Vorschriften; die übrigen Vorsitzenden (Stellvertreter), Mitglieder und Beisitzer haben Anspruch auf Ersatz der notwendigen Reise- und Aufenthaltskosten sowie auf die Entschädigung für Zeitversäumnis nach den Bestimmungen und Tarifen, die für Schöffen nach dem Gebührenanspruchsgesetz, BGBl. Nr. 136/1975, gelten.

(3) Der Vorsitzende des Bundeseinigungsamtes, dessen Stellvertreter sowie die Vorsitzenden und Beisitzer der Schlichtungsstellen erhalten eine Aufwandsentschädigung, deren Höhe vom Bundesminister für soziale Verwaltung festgesetzt wird. Die Vorsitzenden und Beisitzer der Schlichtungsstelle erhalten Aufwandsentschädigungen nur nach Maßgabe ihrer tatsächlichen Inanspruchnahme.

(4) Die mit der Geschäftsführung des Bundeseinigungsamtes betrauten Bediensteten sowie das Kanzlei- und Schreibpersonal des Bundeseinigungsamtes und der Schlichtungsstellen erhalten für die Ausübung ihrer Funktionen eine Aufwandsentschädigung, deren Höhe vom Bundesminister für soziale Verwaltung im Einvernehmen mit dem Bundesminister für Finanzen festgesetzt wird.

(5) Hinsichtlich der Geltendmachung, der Bestimmung und Zahlung der Gebühr nach dem Gebührenanspruchsgesetz finden die Bestimmungen des Gebührenanspruchsgesetzes sinngemäß mit der Maßgabe Anwendung, daß der Vorsitzende des Bundeseinigungsamtes, bezüglich der Schlichtungsstellen der Präsident des Gerichtshofes, einen geeigneten Bediensteten dieses Amtes mit der Bestimmung der Gebühr beauftragt und daß gegen die Bestimmung der Gebühr die Beschwerde an den Vorsitzenden des Bundeseinigungsamtes (Präsidenten des Gerichtshofes) zulässig ist. Handelt es sich um eine Beschwerde des Vorsitzenden des Bundeseinigungsamtes, so entscheidet hierüber der Stellvertreter des Vorsitzenden.

Einsichtnahme

§ 149. Die vom Bundeseinigungsamt beschlossenen Mindestlohntarife, Satzungen und Lehrlingseinkommen und die beim Bundesministerium für soziale Verwaltung hinterlegten Kollektivverträge können während der Amtsstunden von jedermann eingesehen werden.

Gebührenfreiheit

§ 150. (1) Die im Verfahren vor dem Bundeseinigungsamt und den Schlichtungsstellen erforderlichen Schriften und Amtshandlungen sind von den Stempelgebühren und den Bundesverwaltungsabgaben befreit.

(2) Barauslagen gemäß § 76 Abs. 1 AVG, die im Verfahren vor dem Bundeseinigungsamt und

vor der Schlichtungsstelle erwachsen, sind von Amts wegen zu tragen.

Amtshilfe

§ 151. Alle Behörden, die gesetzlichen Interessenvertretungen der Arbeitgeber und der Arbeitnehmer sowie der Träger der Sozialversicherung haben das Bundeseinigungsamt und die Schlichtungsstellen bei Erfüllung ihrer Aufgaben zu unterstützten.

Mitwirkung bei Verhandlungen über Kollektivverträge

§ 153. Das Bundeseinigungsamt ist berufen, bei den Verhandlungen über den Abschluß oder die Änderung von Kollektivverträgen mitzuwirken, wenn ein Antrag von einer der beteiligten Vertragsparteien gestellt wird.

Kollektivvertragsstreitigkeiten

§ 154. (1) Bei Streitigkeiten über den Abschluß oder die Änderung eines Kollektivvertrages hat das Bundeseinigungsamt über Antrag einer der am Streit beteiligten Parteien Einigungsverhandlungen einzuleiten.

(2) Das Bundeseinigungsamt hat zwischen den Streitteilen zu vermitteln und auf eine Vereinbarung der Streitteile zwecks Beilegung der Streitigkeit hinzuwirken.

(3) Schriftliche Vereinbarungen im Sinne des Abs. 2 gelten als Kollektivverträge.

Schiedssprüche

§ 155. Das Bundeseinigungsamt kann zur Beilegung von Streitigkeiten gemäß § 154 einen Schiedsspruch nur fällen, wenn die Streitteile vorher eine schriftliche Erklärung abgeben, daß sie sich dem Schiedsspruch unterwerfen. Schiedssprüche gelten als Kollektivverträge.

Sonstige Zuständigkeiten des Bundeseinigungsamtes

§ 158. (1) Das Bundeseinigungsamt ist weiters berufen

1. zur Entscheidung über die Zuerkennung und Aberkennung der Kollektivvertragsfähigkeit gemäß § 5;
2. auf Ersuchen eines Gerichts oder einer Verwaltungsbehörde ein Gutachten über die Auslegung eines Kollektivvertrages abzugeben;
3. nach Maßgabe der Bestimmungen des 2. und 3. Hauptstückes des I. Teiles dieses Bundesgesetzes Kollektivverträge zur Satzung zu erklären und Mindestlohntarife festzusetzen sowie dieselben abzuändern oder aufzuheben;
4. zur Festsetzung, Abänderung und Aufhebung von Lehrlingseinkommen nach Maßgabe der Bestimmungen des 4. Hauptstückes des I. Teiles dieses Bundesgesetzes;
5. einen Kataster der von ihm beschlossenen Satzungen, Mindestlohntarife und Lehrlingseinkommen zu führen.

(2) Gegen einen Bescheid des Bundeseinigungsamtes kann Beschwerde an das Bundesverwaltungsgericht erhoben werden.

Zuständigkeit der Schlichtungsstelle

§ 159. In allen Angelegenheiten, in denen das Gesetz bei Nichtzustandekommen einer Einigung über den Abschluß, die Aufhebung oder die Abänderung einer Betriebsvereinbarung die Anrufung der Schlichtungsstelle zuläßt, hat diese zwischen den Streitteilen zu vermitteln, Vorschläge zur Beilegung der Streitfragen zu erstatten und auf eine Vereinbarung der Streitteile hinzuwirken; falls erforderlich, hat sie eine Entscheidung zu fällen.

IV. TEIL

Schluß- und Übergangsbestimmungen

Strafbestimmungen

§ 160. (1) Zuwiderhandlungen gegen die Bestimmungen der §§ 15, 55 Abs. 3, 89 Z 3, 99 Abs. 3, 4 und 5, 103, 104 Abs. 1, 108 Abs. 3, 109 Abs. 1 Z 1a und Abs. 1a, 115 Abs. 4 und 117 Abs. 1 bis 4 und der hiezu erlassenen Durchführungsbestimmungen sind, sofern die Tat nach anderen Gesetzen nicht einer strengeren Strafe unterliegt, von der Bezirksverwaltungsbehörde mit einer Geldstrafe bis zu 2 180 Euro zu ahnden.

(2) Verwaltungsübertretungen nach Abs. 1 sind nur zu verfolgen und zu bestrafen, wenn im Falle

1. des § 55 Abs. 3 der Wahlvorstand,
2. der §§ 15, 89 Z 3, 99 Abs. 3, 4 und 5, 103, 104 Abs. 1 und 117 Abs. 1 bis 4 der Betriebsrat,
3. des § 108 Abs. 3 oder des § 109 Abs. 1 Z 1a und Abs. 1a das gemäß § 113 zuständige Organ der Arbeitnehmerschaft und,
4. des § 115 Abs. 4 der Betriebsinhaber

binnen sechs Wochen ab Kenntnis von der Übertretung und der Person des Täters, bei der zuständigen Bezirksverwaltungsbehörde einen Strafantrag stellt (Privatankläger).

(3) Auf das Strafverfahren ist § 56 Abs. 2 bis 4 des Verwaltungsstrafgesetzes 1991, BGBl. Nr. 52, anzuwenden.

Vorbehalt weiterer Vorschriften

§ 161. (1) Der Bundesminister für soziale Verwaltung hat durch Verordnung insbesondere näher zu regeln:

1. die Vorbereitung und Durchführung der Wahl zum Betriebsrat, Zentralbetriebsrat und Jugendvertrauensrat;
2. die Bestellung und Tätigkeit von Wahlkommissionen und Wahlzeugen;
3. die Geschäftsführung der Betriebs(Gruppen-, Betriebshaupt)versammlung, des Betriebsrates, des Betriebsausschusses, der Betriebsräteversammlung, des Zentralbetriebsrates, der Jugendversammlung und des Jugendvertrauensrates;

4. Die Errichtung, Verschmelzung, Trennung, Auflösung und Verwaltung des Betriebsrats(Zentralbetriebsrats)fonds, die Revision seiner Gebarung sowie Rechte und Pflichten der Revisionsorgane;
5. die Wahl der Rechnungsprüfer und ihre Geschäftsführung;
6. die Geschäftsführung des Bundeseinigungsamtes;
7. im Einvernehmen mit dem Bundesminister für Justiz die Errichtung und Geschäftsführung der Schlichtungsstellen.

(2) Der Bundeskanzler hat im Einvernehmen mit dem Bundesminister für soziale Verwaltung die Berufung der Mitglieder, die Zusammensetzung und die Geschäftsführung der Staatlichen Wirtschaftskommission beim Bundeskanzleramt durch Verordnung näher zu regeln.

(3) Der Bundesminister für Verkehr hat im Einvernehmen mit dem Bundesminister für soziale Verwaltung die Berufung der Mitglieder, die Zusammensetzung und die Geschäftsführung der Staatlichen Wirtschaftskommission beim Bundesministerium für Verkehr durch Verordnung näher zu regeln.

(4) Der Bundesminister für Handel, Gewerbe und Industrie hat im Einvernehmen mit dem Bundesminister für soziale Verwaltung die Berufung der Mitglieder, die Zusammensetzung und die Geschäftsführung der Staatlichen Wirtschaftskommission beim Bundesministerium für Handel, Gewerbe und Industrie durch Verordnung näher zu regeln.

Außerkrafttreten von Vorschriften

§ 162. (1) Mit dem Inkrafttreten dieses Bundesgesetzes verlieren
1. § 200 Allgemeines Berggesetz, RGBGl. Nr. 146/1854;
2. das Kollektivvertragsgesetz, BGBl. Nr. 76/1947;
3. das Betriebsrätegesetz, BGBl. Nr. 97/1947;
4. das Mindestlohntarifgesetz, BGBl. Nr. 156/1951;
5. § 17 Abs. 2 und 3 Berufsausbildungsgesetz, BGBl. Nr. 142/1969;
6. das Jugendvertrauensrätegesetz, BGBl. Nr. 287/1972;

in der bis zum Inkrafttreten dieses Bundesgesetzes geltenden Fassung ihre Wirksamkeit.

(2) Soweit in anderen Bundesgesetzen auf die durch dieses Bundesgesetz aufgehobenen Vorschriften verwiesen wird, treten an deren Stelle die entsprechenden Bestimmungen dieses Bundesgesetzes.

Weitergelten von Gesetzen

§ 163. (1) Für Dienststellen im Sinne des Bundes-Personalvertretungsgesetzes, BGBl. Nr. 133/1967, die bis zum Zeitpunkt des Inkrafttretens dieses Bundesgesetzes unter den Geltungsbereich des Artikels III des Kollektivvertragsgesetzes, BGBl. Nr. 76/1947, fallen, bleibt dieser weiter in Kraft.

(2) Für nicht land- und forstwirtschaftliche Betriebe, die von einer Gemeinde unmittelbar geführt werden (Regiebetriebe), bleibt das Betriebsrätegesetz, BGBl. Nr. 97/1947, bis zum 30. Juni 1976 in Kraft. Bis zu diesem Zeitpunkt sind die Bestimmungen des II. Teiles auf solche Betriebe nicht anzuwenden.

Weitergelten sonstiger Vorschriften

§ 164. (1) Der Bestand und die Wirksamkeit der im Zeitpunkt des Inkrafttretens dieses Bundesgesetzes geltenden Kollektivverträge, Satzungen, Mindestlohntarife und Lehrlingseinkommen werden durch das Inkrafttreten dieses Bundesgesetzes nicht berührt.

(2) Die innerhalb des Geltungsbereiches des II. Teiles dieses Bundesgesetzes im Zeitpunkt seines Inkrafttretens geltenden Arbeitsordnungen und Betriebsvereinbarungen bleiben in ihrem gesamten Regelungsumfang mit den bisherigen Rechtswirkungen so lange und insoweit aufrecht, als sie nicht durch Betriebsvereinbarungen im Sinne des 5. Hauptstückes des I. Teiles dieses Bundesgesetzes ersetzt oder aufgehoben werden. Dies gilt sinngemäß auch für Dienstordnungen nach § 200 Allgemeines Berggesetz, RGBl. Nr. 146/1854. Sofern zwischen Betriebsrat und Betriebsinhaber eine Einigung über die Aufhebung einer Arbeitsordnung (Dienstordnung) nicht zustande kommt, kann diese über Antrag des Betriebsinhabers oder des Betriebsrates von der Schlichtungsstelle aufgehoben werden. § 146 Abs. 2 ist sinngemäß anzuwenden.

(3) Die auf Grund des § 45 des Kollektivvertragsgesetzes in Geltung stehenden Tarifordnungen werden durch das Inkrafttreten dieses Bundesgesetzes in ihrer Rechtswirksamkeit nicht berührt.

Weiterbestehen der Kollektivvertragsfähigkeit

§ 165. Eine im Zeitpunkt des Inkrafttretens dieses Bundesgesetzes bereits zuerkannte Kollektivvertragsfähigkeit von auf freiwilliger Mitgliedschaft beruhenden Berufsvereinigungen der Arbeitgeber und der Arbeitnehmer bleibt so lange aufrecht, als nicht auf Grund der Bestimmungen des I. Teiles dieses Bundesgesetzes eine gegenteilige Entscheidung erfolgt.

Fristenberechnung

§ 169. Für die Berechnung und den Lauf der in diesem Bundesgesetz festgesetzten Fristen gelten die Bestimmungen der §§ 32 und 33 des Allgemeinen Verwaltungsverfahrensgesetzes 1991, BGBl. Nr. 51.

Bestimmungen in Zusammenhang mit COVID-19

§ 170. (1) Die Tätigkeitsdauer von Organen der betrieblichen Interessenvertretung nach diesem Gesetz sowie der Behindertenvertrauenspersonen nach § 22a BEinstG, die im Zeitraum von 16. März 2020 bis 31. Oktober 2020 endet, verlängert sich bis zur Konstituierung eines entsprechenden Organs der betrieblichen Interessenvertretung, das nach dem 31. Oktober 2020 unter Einhaltung der dafür vorgesehenen Fristen gewählt worden ist.

(2) Der Fortlauf einer am 16. März 2020 laufenden oder nach diesem Tag zu laufen beginnenden Frist nach §§ 105 Abs. 4 oder 107 wird bis 30. April 2020 gehemmt.

(3) Betriebsvereinbarungen nach § 97 Abs. 1 Z 13 in Zusammenhang mit der Corona-Kurzarbeit können auch Regelungen zum Verbrauch des Urlaubs, ausgenommen Urlaub aus dem laufenden Urlaubsjahr, und von Zeitguthaben treffen.

(4) Die Regelungen der Abs. 1 bis 3 gelten sinngemäß für Arbeitnehmer, die den Landarbeitsordnungen der Bundesländer und in Vorarlberg dem Land- und Forstarbeitsgesetz sowie dem Land- und Forstarbeiter-Dienstrechtsgesetz BGBl. Nr. 280/1980 unterliegen, die zum Zeitpunkt des Gesetzes in Kraft sind.

V. Teil
Europäische Betriebsverfassung
1. Hauptstück
Allgemeine Bestimmungen

Geltungsbereich

§ 171. (1) Die Bestimmungen des V. Teiles gelten für

1. Unternehmen, die
   a) unter den II. Teil fallen, deren
   b) zentrale Leitung im Inland liegt und die
   c) mindestens 1 000 Arbeitnehmer in den Mitgliedstaaten und
   d) jeweils mindestens 150 Arbeitnehmer davon in mindestens zwei Mitgliedstaaten beschäftigen;
2. Unternehmensgruppen im Sinne des § 176, die
   a) unter den II. Teil fallen, deren
   b) zentrale Leitung im Inland liegt und die
   c) mindestens 1 000 Arbeitnehmer in den Mitgliedstaaten und
   d) jeweils mindestens 150 Arbeitnehmer davon in mindestens zwei der Unternehmensgruppe angehörenden Unternehmen in verschiedenen Mitgliedstaaten beschäftigen.

(2) Mitgliedstaaten im Sinne des V. Teiles sind die Mitgliedstaaten der Europäischen Union sowie die anderen Vertragsparteien des Abkommens über den Europäischen Wirtschaftsraum.

(3) Unter zentraler Leitung im Sinne des V. Teiles ist die zentrale Leitung des Unternehmens bzw., im Falle einer Unternehmensgruppe, die zentrale Leitung des herrschenden Unternehmens zu verstehen.

(4) Liegt die zentrale Leitung nicht in einem Mitgliedstaat, gilt

1. die Leitung des als Vertreter benannten Betriebes oder Unternehmens im Inland oder, in Ermangelung eines solchen,
2. die Leitung des Betriebes oder Unternehmens im Inland, in dem verglichen mit den anderen in den Mitgliedstaaten liegenden Betrieben des Unternehmens oder Unternehmen der Unternehmensgruppe die meisten Arbeitnehmer beschäftigt sind, als zentrale Leitung im Sinne von Abs. 3.

(5) Für die Ermittlung der gemäß Abs. 1 maßgebenden Arbeitnehmerzahl ist jeweils die Zahl der im Durchschnitt während der letzten zwei Jahre, gerechnet ab dem Antrag der Arbeitnehmer oder ihrer Vertreter oder des Vorschlages der zentralen Leitung gemäß § 177 Abs. 1, beschäftigten Arbeitnehmer (§ 36) zu berücksichtigen.

§ 40 Abs. 1 letzter Satz ist anzuwenden.

(6) Die Befugnisse und Zuständigkeiten des Europäischen Betriebsrates und die Verfahren zur Unterrichtung und Anhörung der Arbeitnehmer erstrecken sich auf alle dem Unternehmen bzw. der Unternehmensgruppe im Sinne des V. Teiles angehörenden Betriebe und Unternehmen mit Sitz in den Mitgliedstaaten. In der Vereinbarung gemäß den §§ 189 oder 190 kann ein größerer Geltungsbereich vorgesehen werden.

§ 172. Für die Ermittlung der Zahl der im Inland beschäftigten Arbeitnehmer (§ 171 Abs. 5), die Pflichten der inländischen örtlichen Unternehmensleitung gemäß den §§ 177 Abs. 2 und 3 und 206 Abs. 2, die Entsendung der österreichischen Mitglieder in das besondere Verhandlungsgremium (§§ 179, 180) bzw. in den Europäischen Betriebsrat (§ 193), die Beendigung ihrer Mitgliedschaft zum besonderen Verhandlungsgremium gemäß § 185 Abs. 2 Z 2 bis 4 und 6 bzw. zum Europäischen Betriebsrat gemäß § 196 Abs. 4 Z 2 bis 4 und 6, die für sie geltende Verschwiegenheitspflicht (§ 204) und die für sie geltenden Schutzbestimmungen (§ 205 Abs. 1) sowie das Recht auf Bildungsfreistellung (§ 205 Abs. 2) gelten die Bestimmungen des V. Teiles auch dann, wenn die zentrale Leitung nicht im Inland liegt.

Organe der Arbeitnehmerschaft

§ 173. (1) In den Unternehmen und Unternehmensgruppen, die die Voraussetzungen des § 171

Abs. 1 erfüllen, ist nach Maßgabe der Bestimmungen des V. Teiles ein besonderes Verhandlungsgremium einzusetzen sowie ein Europäischer Betriebsrat zu errichten oder ein Verfahren zur Unterrichtung und Anhörung der Arbeitnehmer zu schaffen.

(2) Unter Unterrichtung im Sinne des V. Teiles ist die Übermittlung von Informationen durch den Arbeitgeber an die Arbeitnehmervertreter, um ihnen Gelegenheit zur Kenntnisnahme und Prüfung der behandelten Frage zu geben, zu verstehen. Die Unterrichtung hat zu einem Zeitpunkt, in einer Weise und in einer inhaltlichen Ausgestaltung zu erfolgen, die dem Zweck angemessen sind und es den Arbeitnehmervertretern ermöglichen, die möglichen Auswirkungen eingehend zu bewerten und gegebenenfalls Anhörungen mit dem zuständigen Organ des Unternehmens oder der Unternehmensgruppe vorzubereiten.

(3) Unter Anhörung im Sinne des V. Teiles ist die Einrichtung eines Dialogs und der Meinungsaustausch zwischen den Arbeitnehmervertretern und der zentralen Leitung oder einer anderen, geeigneteren Leitungsebene zu einem Zeitpunkt, in einer Weise und in einer inhaltlichen Ausgestaltung zu verstehen, die es den Arbeitnehmervertretern auf der Grundlage der erhaltenen Informationen ermöglichen, unbeschadet der Zuständigkeit der Unternehmensleitung innerhalb einer angemessenen Frist zu den vorgeschlagene Maßnahmen eine Stellungnahme abzugeben, die innerhalb des Unternehmens oder der Unternehmensgruppe berücksichtigt werden kann.

(4) Die Unterrichtung und Anhörung der Arbeitnehmer erfolgen auf der je nach behandeltem Thema relevanten Leitungs- und Vertretungsebene. Die Zuständigkeit des Europäischen Betriebsrats und der Geltungsbereich des Verfahrens zur Unterrichtung und Anhörung beschränken sich auf länderübergreifende Angelegenheiten.

(5) Länderübergreifende Angelegenheiten sind solche, die das gemeinschaftsweit operierende Unternehmen oder die Unternehmensgruppe insgesamt oder mindestens zwei Betriebe oder Unternehmen der Unternehmensgruppe in mindestens zwei Mitgliedstaaten betreffen. Zur Feststellung des länderübergreifenden Charakters einer Angelegenheit sind sowohl der Umfang ihrer möglichen Auswirkungen als auch die betroffene Leitungs- und Vertretungsebene zu berücksichtigen. Länderübergreifend sind ungeachtet der Zahl der betroffenen Mitgliedstaaten jedenfalls jene Angelegenheiten, die für die europäischen Arbeitnehmer hinsichtlich der Reichweite ihrer möglichen Auswirkungen von Belang sind oder die die Verlagerung von Tätigkeiten zwischen Mitgliedstaaten betreffen.

Pflichten der zentralen Leitung

§ 174. (1) Die zentrale Leitung hat

1. die für die Einsetzung eines besonderen Verhandlungsgremiums sowie
2. die für die Errichtung eines Europäischen Betriebsrates oder die Schaffung eines Verfahrens zur Unterrichtung und Anhörung der Arbeitnehmer

notwendigen Voraussetzungen zu schaffen und die erforderlichen Mittel bereitzustellen.

(2) Jede Leitung eines zu einer Unternehmensgruppe gehörenden Unternehmens sowie die zentrale Leitung sind dafür verantwortlich, die für die Aufnahme von Verhandlungen erforderlichen Informationen zu erheben und an die Parteien, auf die die Richtlinie Anwendung findet, sowie an die übrigen Unternehmensleitungen weiterzuleiten. Dies betrifft insbesondere die Informationen über

1. die Struktur des Unternehmens oder der Unternehmensgruppe,
2. die Zahl der in den Betrieben des Unternehmens bzw. in den Betrieben und Unternehmen der Unternehmensgruppe jeweils beschäftigten Arbeitnehmer,
3. die Zahl der in den einzelnen Mitgliedstaaten beschäftigten Arbeitnehmer,
4. die Gesamtzahl der im Unternehmen bzw. in der Unternehmensgruppe beschäftigten Arbeitnehmer,
5. die Identität der zur Vertretung der Arbeitnehmer in den Betrieben des Unternehmens bzw. in den Betrieben und Unternehmen der Unternehmensgruppe errichteten Organe und die Zahl der von diesen Organen jeweils vertretenen Arbeitnehmer.

Grundsätze der Zusammenarbeit

§ 175. Die Organe der Arbeitnehmerschaft (§ 173 Abs. 1) und die zentrale Leitung haben mit dem Willen zur Verständigung unter Beachtung ihrer jeweiligen Rechte und gegenseitigen Verpflichtungen zusammenzuarbeiten.

Begriff der Unternehmensgruppe

§ 176. (1) Als Unternehmensgruppe im Sinne des V. Teiles gilt jede Gruppe von Unternehmen, die aus einem herrschenden und den von diesem abhängigen Unternehmen besteht.

(2) Als herrschendes Unternehmen gilt ein Unternehmen, das auf Grund von Eigentum, finanzieller Beteiligung oder sonstiger Bestimmungen, die die Tätigkeit des Unternehmens regeln, einen beherrschenden Einfluß auf ein anderes Unternehmen ausüben kann.

(3) Die Fähigkeit, einen beherrschenden Einfluß auszuüben, gilt bis zum Beweis des Gegenteils als gegeben, wenn ein Unternehmen in bezug auf ein anderes Unternehmen direkt oder indirekt

1. mehr als die Hälfte der Mitglieder des Verwaltungs-, Leitungs- oder Aufsichtsorgans des anderen Unternehmens bestellen kann oder

2. über die Mehrheit der mit den Anteilen am anderen Unternehmen verbundenen Stimmrechte verfügt oder
3. die Mehrheit des gezeichneten Kapitals dieses Unternehmens besitzt.

(4) Wenn mehrere Unternehmen einer Unternehmensgruppe die in Abs. 3 genannten Kriterien erfüllen, so gilt das Unternehmen, das das in Abs. 3 Z 1 genannte Kriterium erfüllt, als herrschendes Unternehmen. Wenn keines der Unternehmen das in Abs. 3 Z 1 genannte Kriterium erfüllt, so gilt das Unternehmen, das das in Abs. 3 Z 2 genannte Kriterium erfüllt, als herrschendes Unternehmen, wenn auch keines der Unternehmen das in Abs. 3 Z 2 genannte Kriterium erfüllt, so gilt das Unternehmen, das das in Abs. 3 Z 3 genannte Kriterium erfüllt, als herrschendes Unternehmen.

(5) Den Stimm- und Ernennungsrechten des herrschenden Unternehmens sind die Rechte aller abhängigen Unternehmen sowie aller natürlichen und juristischen Personen, die zwar in eigenem Namen, aber für Rechnung des herrschenden oder eines anderen abhängigen Unternehmens handeln, hinzuzurechnen.

(6) Ein beherrschender Einfluss liegt nicht vor, soweit Kreditinstitute, sonstige Finanzinstitute oder Versicherungs- und Beteiligungsgesellschaften im Sinne des Art. 3 Abs. 5 lit. a oder c der Verordnung (EG) Nr. 139/2004 über die Kontrolle von Unternehmenszusammenschlüssen Anteile an einem anderen Unternehmen halten.

(7) Ein beherrschender Einfluss ist nicht allein schon aufgrund der Tatsache gegeben, dass eine beauftragte Person ihre Funktionen gemäß den für die Liquidation, das Insolvenzverfahren oder ein ähnliches Verfahren geltenden Bestimmungen ausübt.

(8) Maßgebend für die Feststellung, ob ein Unternehmen ein herrschendes Unternehmen ist, ist das Recht des Mitgliedstaates, in dem das Unternehmen seinen Sitz hat. Wenn das herrschende Unternehmen nicht in einem Mitgliedstaat ansässig ist, so kommt das Recht jenes Mitgliedstaates zur Anwendung, in dem das als Vertreter benannte Unternehmen oder, in Ermangelung eines solchen, in dem das Unternehmen, das die höchste Anzahl von Arbeitnehmern in den Mitgliedstaaten aufweist, liegt.

(9) Abs. 2 und 3 sind nicht anzuwenden, wenn ein Unternehmen, das dem Recht eines anderen Mitgliedstaates unterliegt, nach diesem Recht als herrschendes Unternehmen gilt, weil es ein vorrangiges Kriterium im Sinne des Abs. 4 erfüllt oder den Beweis erbringt, daß es in sonstiger Weise einen beherrschenden Einfluß ausüben kann.

(10) Wenn eine Unternehmensgruppe andere Unternehmensgruppen im Sinne von § 171 Abs. 1 Z 2 umfaßt, ist der Europäische Betriebsrat auf der Ebene des die übergeordnete Unternehmensgruppe beherrschenden Unternehmens zu errichten.

2. Hauptstück
Besonderes Verhandlungsgremium
Errichtung und Zusammensetzung

§ 177. (1) Das besondere Verhandlungsgremium ist auf Grund eines schriftlichen Antrages von mindestens 100 Arbeitnehmern oder ihrer Vertreter aus mindestens zwei Betrieben oder Unternehmen in mindestens zwei verschiedenen Mitgliedstaaten oder auf Grund eines an die in den Betrieben des Unternehmens bzw. Unternehmen der Unternehmensgruppe bestehenden Organe der Arbeitnehmerschaft gerichteten Vorschlages der zentralen Leitung zu errichten. Wird der Antrag von mindestens 100 Arbeitnehmern gestellt, so gilt der Erstunterzeichnete als Sprecher, sofern nicht ausdrücklich ein Sprecher bezeichnet wird.

(2) Der Antrag gemäß Abs. 1 kann bei der zentralen Leitung oder der örtlichen Unternehmensleitung (Leitung eines Betriebes oder Unternehmens in einem Mitgliedstaat) eingebracht werden. Die örtliche Unternehmensleitung hat den Antrag unverzüglich an die zentrale Leitung weiterzuleiten.

(3) Die gemäß Abs. 1 zur Antragstellung Berechtigten haben das Recht, im Zusammenhang mit der Prüfung, ob ein solcher Antrag überhaupt gestellt werden kann (§ 171 Abs. 1), von der zentralen Leitung oder der örtlichen Unternehmensleitung die Bekanntgabe der Zahl der in den Betrieben bzw. Unternehmen Beschäftigten zu verlangen. Sie haben weiters das Recht, von der zentralen Leitung oder der örtlichen Unternehmensleitung Auskunft darüber zu verlangen, ob bereits ein Antrag auf Errichtung eines besonderen Verhandlungsgremiums vorliegt. Die örtliche Unternehmensleitung ist verpflichtet, die erforderlichen Informationen und Unterlagen bei der zentralen Leitung einzuholen.

§ 178. (1) Für jeden Anteil an in einem Mitgliedstaat beschäftigten Arbeitnehmern, der 10% der Gesamtzahl der in allen Mitgliedstaaten beschäftigten Arbeitnehmer des Unternehmens bzw. der Unternehmensgruppe oder einen Bruchteil davon beträgt, ist ein Mitglied aus diesem Mitgliedstaat in das besondere Verhandlungsgremium zu entsenden.

(2) Zusätzlich können den Verhandlungen Arbeitnehmervertreter aus Nichtmitgliedstaaten beigezogen werden, sofern zentrale Leitung und besonderes Verhandlungsgremium dies vereinbaren.

Entsendung der Mitglieder

§ 179. (1) Die in das besondere Verhandlungsgremium zu entsendenden österreichischen Mitglieder werden durch Beschluß des gemäß § 180 zur Entsendung berechtigten Organs der Arbeitnehmerschaft aus dem Kreis der Betriebsratsmitglieder ernannt. Anstelle eines Betriebsratsmitgliedes kann auch ein Funktionär oder Arbeitnehmer der zuständigen freiwilligen Berufsvereinigung oder gesetzlichen Interessenvertretung der Arbeitnehmer ernannt werden.

(2) Zur Beschlußfassung ist die Anwesenheit von mindestens der Hälfte der Mitglieder erforderlich. Die Beschlüsse werden mit einfacher Mehrheit gefaßt.

(3) Auf eine angemessene Vertretung der Gruppen der Arbeiter und der Angestellten, der einzelnen Betriebe und Unternehmen sowie der Arbeitnehmerinnen und der Arbeitnehmer soll Bedacht genommen werden.

§ 180. (1) In Betrieben erfolgt die Entsendung durch Beschluß des Betriebsausschusses. Besteht kein Betriebsausschuß, so nimmt diese Aufgabe der Betriebsrat wahr. Bestehen mehrere Betriebsausschüsse (Betriebsräte), die nicht zum selben Unternehmen im Inland gehören, so ist vom Vorsitzenden des Betriebsausschusses (Betriebsrates) des nach der Zahl der wahlberechtigten Arbeitnehmer größten inländischen Betriebes eine Versammlung der Mitglieder der in den Betrieben bestellten Betriebsausschüsse (Betriebsräte) einzuberufen, der die Beschlußfassung über die Entsendung obliegt.

(2) In Unternehmen sind die in das besondere Verhandlungsgremium zu entsendenden Mitglieder durch Beschluß des Zentralbetriebsrates zu benennen. Ist in einem Unternehmen ein Zentralbetriebsrat nicht errichtet, so ist Abs. 1 sinngemäß anzuwenden. Bestehen mehrere Zentralbetriebsräte, so ist vom Vorsitzenden des Zentralbetriebsrates des nach der Zahl der wahlberechtigten Arbeitnehmer größten inländischen Unternehmens eine Versammlung der Mitglieder der in den Unternehmen bestellten Zentralbetriebsräte einzuberufen, der die Beschlußfassung über die Entsendung obliegt. Besteht neben einem oder mehreren Zentralbetriebsräten noch mindestens ein in keinem Zentralbetriebsrat vertretener Betriebsausschuß (Betriebsrat), sind die Betriebsratsvorsitzenden und ihre Stellvertreter zu dieser Sitzung einzuladen; sie gelten insoweit als Zentralbetriebsratsmitglieder.

(3) In Unternehmensgruppen sind die in das besondere Verhandlungsgremium zu entsendenden Mitglieder durch Beschluß der Konzernvertretung zu ernennen. Ist eine Konzernvertretung nicht errichtet, so ist Abs. 2 anzuwenden. Ist auch kein Zentralbetriebsrat zu errichten, so ist Abs. 1 anzuwenden. Besteht neben der Konzernvertretung noch ein von ihr nicht vertretener Zentralbetriebsrat (Betriebsausschuß, Betriebsrat), sind die Zentralbetriebsrats(Betriebsrats)vorsitzenden und ihre Stellvertreter zu dieser Sitzung einzuladen; diese gelten insoweit als Mitglieder der Konzernvertretung.

(3a) Wenn in keinem österreichischen Betrieb des Unternehmens bzw. der Unternehmensgruppe ein Betriebsrat errichtet ist, erfolgt die Entsendung durch die zuständige gesetzliche Interessenvertretung der Arbeitnehmer.

(4) Die Bekanntgabe der benannten Mitglieder des besonderen Verhandlungsgremiums an die zentrale Leitung und die örtlichen Unternehmensleitungen hat unverzüglich zu erfolgen.

Konstituierung

§ 181. (1) Die zentrale Leitung hat unverzüglich nach der Bekanntgabe der benannten Mitglieder des besonderen Verhandlungsgremiums zu dessen konstituierender Sitzung einzuladen.

(2) Die Mitglieder des besonderen Verhandlungsgremiums können aus ihrer Mitte einen Vorsitzenden und einen oder mehrere Stellvertreter wählen. Das besondere Verhandlungsgremium gibt sich eine Geschäftsordnung.

(3) Das besondere Verhandlungsgremium hat die zentrale Leitung sowie die örtlichen Unternehmensleitungen unverzüglich über das Ende der konstituierenden Sitzung sowie das Ergebnis der Wahl gemäß Abs. 2 zu unterrichten.

(4) Unverzüglich nach der Mitteilung gemäß Abs. 3 hat die zentrale Leitung eine Sitzung mit dem besonderen Verhandlungsgremium einzuberufen, um eine Vereinbarung nach § 187 abzuschließen. Sie hat die örtlichen Unternehmensleitungen hievon in Kenntnis zu setzen.

(5) Die zentrale Leitung hat die Zusammensetzung des besonderen Verhandlungsgremiums und den Beginn der Verhandlungen den zuständigen europäischen Arbeitnehmer- und Arbeitgeberverbänden sowie der zuständigen österreichischen gesetzlichen Interessenvertretung der Arbeitnehmer unverzüglich nach der Einberufung der Sitzung mit dem besonderen Verhandlungsgremium gemäß Abs. 4 mitzuteilen.

Sitzungen

§ 182. (1) Das besondere Verhandlungsgremium hat das Recht, vor und nach jeder Verhandlung mit der zentralen Leitung zu einer Sitzung zusammenzutreten.

(2) Das besondere Verhandlungsgremium kann sich bei den Verhandlungen mit der zentralen Leitung durch Sachverständige seiner Wahl unterstützen lassen. Die Sachverständigen haben das Recht, auf Wunsch des besonderen Verhandlungsgremiums mit beratender Funktion an den Verhandlungen mit der zentralen Leitung teilzunehmen.

(3) Unter Sachverständigen im Sinn des Abs. 2 sind insbesondere auch Vertreter der zuständigen europäischen Arbeitnehmerverbände zu verstehen.

Beschlußfassung

§ 183. (1) Das besondere Verhandlungsgremium ist beschlußfähig, wenn mindestens die Hälfte der Mitglieder anwesend ist.

(2) Die Beschlüsse werden, soweit in diesem Bundesgesetz keine strengeren Erfordernisse festgesetzt sind, mit einfacher Mehrheit der abgegebenen Stimmen gefaßt.

Tätigkeitsdauer

§ 184. (1) Die Tätigkeitsdauer des besonderen Verhandlungsgremiums beginnt mit dem Tage der Konstituierung.

(2) Die Tätigkeitsdauer des besonderen Verhandlungsgremiums endet

1. wenn das Unternehmen bzw. die Unternehmensgruppe die Voraussetzungen des § 171 Abs. 1 nicht mehr erfüllt;
2. wenn das besondere Verhandlungsgremium einen Beschluß gemäß § 188 Abs. 1 faßt;
3. wenn das Gericht die Errichtung (§ 177 Abs. 1) für ungültig erklärt; die Klage ist spätestens einen Monat nach Konstituierung des besonderen Verhandlungsgremiums einzubringen;
4. mit dem Abschluß einer Vereinbarung gemäß den §§ 189 oder 190, sofern in der Vereinbarung nichts anderes bestimmt wird;
5. in den Fällen des § 191 Abs. 1 Z 1 bis 3.

Beginn und Erlöschen der Mitgliedschaft

§ 185. (1) Die Mitgliedschaft zum besonderen Verhandlungsgremium beginnt mit der Bekanntgabe des Entsendungsbeschlusses (§ 180 Abs. 4).

(2) Die Mitgliedschaft zum besonderen Verhandlungsgremium endet, wenn

1. die Tätigkeitsdauer des besonderen Verhandlungsgremiums endet;
2. die Mitgliedschaft zum Betriebsrat bzw. die Tätigkeit bei der zuständigen freiwilligen Berufsvereinigung oder gesetzlichen Interessenvertretung der Arbeitnehmer endet;
3. das Mitglied zurücktritt;
4. das Organ der Arbeitnehmerschaft, das das Mitglied in das besondere Verhandlungsgremium entsendet hat, dieses abberuft;
5. der Betrieb bzw. das Unternehmen, dem das Mitglied angehört, aus dem Unternehmen bzw. der Unternehmensgruppe ausscheidet;
6. wenn das Gericht den Entsendungsbeschluß (§ 179 Abs. 1) für ungültig erklärt; die Klage ist spätestens einen Monat nach Konstituierung des besonderen Verhandlungsgremiums einzubringen.

(3) In den Fällen des Abs. 2 Z 2 bis 6 können nach Maßgabe der §§ 179 und 180 neue Mitglieder in das besondere Verhandlungsgremium entsendet werden.

Beistellung von Sacherfordernissen, Kostentragung

§ 186. (1) Dem besonderen Verhandlungsgremium sind zur ordnungsgemäßen Erfüllung seiner Aufgaben Sacherfordernisse in einem der Größe des Unternehmens bzw. der Unternehmensgruppe und den Bedürfnissen des besonderen Verhandlungsgremiums angemessenen Ausmaß von der zentralen Leitung unentgeltlich zur Verfügung zu stellen.

(2) Die für die ordnungsgemäße Erfüllung der Aufgaben erforderlichen Verwaltungsausgaben des besonderen Verhandlungsgremiums, insbesondere die für die Veranstaltung der Sitzungen und jeweils vorbereitenden und nachbereitenden Sitzungen anfallenden Kosten einschließlich der Dolmetschkosten und der Kosten für jedenfalls einen Sachverständigen sowie die Aufenthalts- und Reisekosten für die Mitglieder des besonderen Verhandlungsgremiums und für jedenfalls einen Sachverständigen sind von der zentralen Leitung zu tragen.

Aufgaben des besonderen Verhandlungsgremiums

§ 187. Das besondere Verhandlungsgremium hat die Aufgabe, mit der zentralen Leitung eine schriftliche Vereinbarung über die Errichtung eines Europäischen Betriebsrates oder über die Durchführungsmodalitäten eines Verfahrens zur Unterrichtung und Anhörung der Arbeitnehmer abzuschließen.

Beschluß über die Beendigung der Verhandlungen

§ 188. (1) Das besondere Verhandlungsgremium kann mit mindestens zwei Dritteln seiner Stimmen beschließen, keine Verhandlungen zum Abschluß einer Vereinbarung im Sinne von § 187 zu eröffnen oder die bereits eröffneten Verhandlungen zu beenden.

(2) Ein neuer Antrag auf Einberufung des besonderen Verhandlungsgremiums kann frühestens zwei Jahre nach dem Beschluss gemäß Abs. 1 gestellt werden, es sei denn, zentrale Leitung und besonderes Verhandlungsgremium setzen eine kürzere Frist fest.

(3) Wenn das besondere Verhandlungsgremium einen Beschluß im Sinne von Abs. 1 faßt, finden die Bestimmungen des 3. Hauptstückes keine Anwendung.

Vereinbarung über einen Europäischen Betriebsrat

§ 189. Wenn besonderes Verhandlungsgremium und zentrale Leitung die Errichtung eines Europäischen Betriebsrates vereinbaren, haben sie in dieser Vereinbarung jedenfalls

1. die von der Vereinbarung erfaßten Betriebe und Unternehmen, einschließlich der in den Nichtmitgliedstaaten liegenden Betriebe bzw. Unternehmen, sofern diese in den Geltungsbereich einbezogen werden;

2. die Zusammensetzung des Europäischen Betriebsrates, die Anzahl der Mitglieder, die Sitzverteilung – wobei so weit wie möglich eine ausgewogene Vertretung der Arbeitnehmer nach Tätigkeit, Arbeitnehmerkategorien und Geschlecht berücksichtigt werden soll – und die Mandatsdauer einschließlich der Auswirkungen von erheblichen Änderungen der Zahl der im Unternehmen bzw. in der Unternehmensgruppe Beschäftigten;
3. die Befugnisse und das Unterrichtungs- und Anhörungsverfahren des Europäischen Betriebsrats sowie die Modalitäten für die Abstimmung zwischen der Unterrichtung und Anhörung des Europäischen Betriebsrats und der einzelstaatlichen Arbeitnehmervertretungen, wobei sicherzustellen ist, dass die Mitwirkungsrechte der einzelstaatlichen Arbeitnehmervertretungen nicht geschmälert werden;
4. den Ort, die Häufigkeit und die Dauer der Sitzungen des Europäischen Betriebsrates;
5. gegebenenfalls die Zusammensetzung, die Modalitäten für die Bestellung, die Befugnisse und die Sitzungsmodalitäten des innerhalb des Europäischen Betriebsrates eingesetzten engeren Ausschusses;
6. die für den Europäischen Betriebsrat bereitzustellenden finanziellen und materiellen Mittel sowie
7. das Datum des Inkrafttretens der Vereinbarung und ihre Laufzeit, die Modalitäten für die Änderung oder Kündigung der Vereinbarung und gegebenenfalls die Fälle, in denen eine Neuaushandlung erfolgt und das dabei anzuwendende Verfahren, insbesondere auch im Fall von Änderungen der Struktur des Unternehmens oder der Unternehmensgruppe

festzulegen.

Vereinbarung über ein Verfahren zur Unterrichtung und Anhörung der Arbeitnehmer

§ 190. (1) Wenn besonderes Verhandlungsgremium und zentrale Leitung die Schaffung eines oder mehrerer Verfahren zur Unterrichtung und Anhörung der Arbeitnehmer vereinbaren, haben sie in dieser Vereinbarung jedenfalls festzulegen, unter welchen Voraussetzungen die Arbeitnehmervertreter das Recht haben, zu einem Meinungsaustausch über die ihnen übermittelten Informationen zusammenzutreten.

(2) Die Vereinbarung hat außerdem die Verpflichtung der zentralen Leitung näher zu regeln, die Arbeitnehmervertreter insbesondere über alle länderübergreifenden Angelegenheiten zu informieren, die erhebliche Auswirkungen auf die Interessen der Arbeitnehmerschaft haben.

3. Hauptstück
Europäischer Betriebsrat kraft Gesetzes
Errichtung

§ 191. (1) Wenn
1. zentrale Leitung und besonderes Verhandlungsgremium einen entsprechenden Beschluß fassen oder
2. die zentrale Leitung die Aufnahme von Verhandlungen verweigert oder nicht binnen sechs Monaten nach dem ersten Antrag gemäß § 177 Abs. 1 aufnimmt oder
3. binnen drei Jahren nach diesem Antrag oder dem Vorschlag der zentralen Leitung gemäß § 177 Abs. 1 keine Vereinbarung gemäß den §§ 189 oder 190 zustandekommt und das besondere Verhandlungsgremium keinen Beschluß gemäß § 188 Abs. 1 gefaßt hat,

ist ein Europäischer Betriebsrat nach den Bestimmungen dieses Hauptstückes zu errichten.

(2) Sofern in den Vereinbarungen gemäß den §§ 189 oder 190 nichts anderes bestimmt ist, gelten die Bestimmungen dieses Hauptstückes nicht für diese Vereinbarungen.

Zusammensetzung

§ 192. Für jeden Anteil an in einem Mitgliedstaat beschäftigten Arbeitnehmern, der 10% der Gesamtzahl der in allen Mitgliedstaaten beschäftigten Arbeitnehmer des Unternehmens bzw. der Unternehmensgruppe oder einen Bruchteil davon beträgt, ist ein Mitglied aus diesem Mitgliedstaat in den Europäischen Betriebsrat zu entsenden. § 178 Abs. 2 ist sinngemäß anzuwenden.

Entsendung der Mitglieder

§ 193. Die Entsendung der österreichischen Mitglieder des Europäischen Betriebsrates erfolgt gemäß den §§ 179 und 180; dies jedoch mit der Maßgabe, daß die Entsendung von Vertretern der zuständigen freiwilligen Berufsvereinigung oder gesetzlichen Interessenvertretung nur zulässig ist, sofern diese Betriebsratsmitglieder gemäß § 53 Abs. 4 sind.

Konstituierung, Geschäftsführung, Geschäftsordnung, Sitzungen, Beschlußfassung

§ 194. (1) Die Einladung zur konstituierenden Sitzung des Europäischen Betriebsrates erfolgt gemäß § 181 Abs. 1. Die Mitglieder des Europäischen Betriebsrates haben aus ihrer Mitte einen Vorsitzenden und einen oder mehrere Stellvertreter zu wählen. Der Vorsitzende hat die zentrale Leitung sowie die örtlichen Unternehmensleitungen unverzüglich über das Ende der konstituierenden Sitzung sowie das Ergebnis dieser Wahl zu unterrichten.

(2) Vertreter des Europäischen Betriebsrates gegenüber der zentralen Leitung und nach außen ist, sofern in der Geschäftsordnung (Abs. 3) nicht

anderes bestimmt ist, der Vorsitzende, bei dessen Verhinderung der Stellvertreter. Der Europäische Betriebsrat kann in Einzelfällen auch andere seiner Mitglieder mit der Vertretung nach außen beauftragen.

(3) Der Europäische Betriebsrat beschließt mit der Mehrheit der Stimmen seiner Mitglieder eine Geschäftsordnung. Die Geschäftsordnung kann insbesondere regeln:

1. Die Zusammensetzung und Geschäftsführung des engeren Ausschusses gemäß § 195;
2. die Bezeichnung der Angelegenheiten, in denen dem engeren Ausschuß das Recht auf selbständige Beschlußfassung zukommt;
3. die Festlegung von Art und Umfang der Vertretungsmacht des Vorsitzenden des engeren Ausschusses.

(4) Der Europäische Betriebsrat hat das Recht, vor und nach jeder Sitzung mit der zentralen Leitung (§ 199) zu einer Sitzung zusammenzutreten. Im übrigen gilt für die Sitzungen des Europäischen Betriebsrates § 182 Abs. 2, für seine Beschlußfassung § 183.

Engerer Ausschuss

§ 195. Der Europäische Betriebsrat hat aus seiner Mitte einen engeren Ausschuss zu wählen, der aus einem Vorsitzenden und höchstens vier weiteren Mitgliedern bestehen darf. Der engere Ausschuss führt die laufenden Geschäfte des Europäischen Betriebsrates; er hat sich eine Geschäftsordnung zu geben. Für den engeren Ausschuss gilt § 194 Abs. 4.

Tätigkeitsdauer, Dauer der Mitgliedschaft

§ 196. (1) Die Tätigkeitsdauer des Europäischen Betriebsrates beträgt fünf Jahre. Sie beginnt mit dem Tage der Konstituierung oder mit Ablauf der Tätigkeitsdauer des früheren Europäischen Betriebsrates, wenn die Konstituierung vor diesem Zeitpunkt erfolgte.

(2) Die Tätigkeitsdauer des Europäischen Betriebsrates endet

1. wenn das Unternehmen bzw. die Unternehmensgruppe die Voraussetzungen des § 171 Abs. 1 nicht mehr erfüllt;
2. wenn der Europäische Betriebsrat seinen Rücktritt beschließt;
3. wenn das Gericht die Errichtung (§ 191 Abs. 1) für ungültig erklärt; die Klage ist spätestens einen Monat nach Konstituierung des Europäischen Betriebsrates einzubringen;
4. wenn der Europäische Betriebsrat und die zentrale Leitung eine Vereinbarung nach den §§ 189 oder 190 abschließen.

(3) Die Mitgliedschaft zum Europäischen Betriebsrat beginnt mit der Bekanntgabe des Entsendungsbeschlusses (§ 193).

(4) Die Mitgliedschaft zum Europäischen Betriebsrat endet, wenn

1. die Tätigkeitsdauer des Europäischen Betriebsrates endet;
2. die Mitgliedschaft zum Betriebsrat endet;
3. das Mitglied zurücktritt;
4. das Organ der Arbeitnehmerschaft, das das Mitglied in den Europäischen Betriebsrat entsendet hat, dieses abberuft;
5. der Betrieb bzw. das Unternehmen, dem das Mitglied angehört, aus dem Unternehmen bzw. der Unternehmensgruppe ausscheidet;
6. das Gericht den Entsendungsbeschluß (§ 193) für ungültig erklärt; die Klage ist spätestens einen Monat nach Konstituierung des Europäischen Betriebsrates einzubringen.

(5) In den Fällen des Abs. 4 Z 2 bis 6 ist § 185 Abs. 3 anzuwenden.

Beistellung von Sacherfordernissen, Kostentragung

§ 197. Die im Zusammenhang mit der Tätigkeit des Europäischen Betriebsrates und des engeren Ausschusses anfallenden Kosten sind gemäß § 186 von der zentralen Leitung zu tragen.

Befugnisse des Europäischen Betriebsrates

§ 198. (1) Der Europäische Betriebsrat hat das Recht, über Angelegenheiten, die die wirtschaftlichen, sozialen, gesundheitlichen und kulturellen Interessen der Arbeitnehmer mindestens zweier zum Unternehmen gehörender Betriebe oder mindestens zweier zur Unternehmensgruppe gehörender Unternehmen in verschiedenen Mitgliedstaaten betreffen, unterrichtet und angehört zu werden.

(2) Bei Unternehmen bzw. Unternehmensgruppen, deren zentrale Leitung nicht in einem Mitgliedstaat ansässig ist (§ 171 Abs. 4), beschränkt sich das Unterrichtungs- und Anhörungsrecht des Europäischen Betriebsrates auf die Angelegenheiten im Sinne des Abs. 1, die mindestens zwei zum Unternehmen gehörende Betriebe oder mindestens zwei zur Unternehmensgruppe gehörende Unternehmen in den Mitgliedstaaten betreffen.

§ 199. (1) Der Europäische Betriebsrat hat, unbeschadet der gemäß § 200 bestehenden Befugnisse sowie unbeschadet abweichender Vereinbarungen mit der zentralen Leitung, das Recht, einmal jährlich mit der zentralen Leitung, zum Zweck der Unterrichtung und Anhörung, auf der Grundlage eines von der zentralen Leitung vorgelegten Berichtes über die Entwicklung der Geschäftslage und die Perspektiven des Unternehmens bzw. der Unternehmensgruppe zusammenzutreten. Die örtlichen Unternehmensleitungen werden hievon in Kenntnis gesetzt.

(2) Die Unterrichtung bezieht sich insbesondere auf die Struktur, die wirtschaftliche und finanzielle Situation sowie die voraussichtliche Entwicklung der Geschäfts-, Produktions- und Absatzlage des Unternehmens oder der Unternehmensgruppe. Die Unterrichtung und Anhörung bezieht sich insbesondere auf die Beschäftigungslage und ihre

voraussichtliche Entwicklung, auf die Investitionen, auf grundlegende Änderungen der Organisation, auf die Einführung neuer Arbeits- und Fertigungsverfahren, auf Verlagerungen der Produktion, auf Fusionen, Verkleinerungen oder Schließungen von Unternehmen, Betrieben oder wichtigen Teilen davon sowie auf Massenentlassungen.

(3) Die Anhörung (§ 173 Abs. 3) hat zu einem Zeitpunkt, in einer Weise und in einer inhaltlichen Ausgestaltung zu erfolgen, die es den Arbeitnehmervertretern auf der Grundlage der erhaltenen Informationen ermöglicht, unbeschadet der Zuständigkeit der Unternehmensleitung innerhalb einer angemessenen Frist zu den vorgeschlagenen Maßnahmen eine Stellungnahme abzugeben und eine mit Gründen versehene Antwort auf ihre Stellungnahme zu erhalten.

Befugnisse des engeren Ausschusses

§ 200. (1) Treten außergewöhnliche Umstände ein, die erhebliche Auswirkungen auf die Interessen der Arbeitnehmer haben, insbesondere bei Verlegung oder Schließung von Unternehmen oder Betrieben oder bei Massenentlassungen, so hat der engere Ausschuß das Recht, ehestmöglich darüber unterrichtet zu werden. Er hat das Recht, auf Antrag mit der zentralen Leitung oder anderen, geeigneteren, mit Entscheidungsbefugnissen ausgestatteten Leitungsebenen innerhalb des Unternehmens bzw. der Unternehmensgruppe zusammenzutreten, um hinsichtlich der Maßnahmen mit erheblichen Auswirkungen auf die Interessen der Arbeitnehmer unterrichtet und angehört zu werden. Falls ein engerer Ausschuß nicht errichtet ist, ist dieses Recht vom Europäischen Betriebsrat wahrzunehmen.

(2) An der Sitzung mit dem engeren Ausschuß dürfen auch die Mitglieder des Europäischen Betriebsrates teilnehmen, die von den Betrieben bzw. Unternehmen entsendet worden sind, die unmittelbar von diesen Maßnahmen betroffen sind.

(3) Die Sitzung zur Unterrichtung und Anhörung erfolgt unverzüglich auf der Grundlage eines Berichtes der zentralen Leitung oder einer anderen geeigneten Leitungsebene innerhalb des Unternehmens bzw. der Unternehmensgruppe, zu dem der Europäische Betriebsrat binnen einer angemessenen Frist seine Stellungnahme abgeben kann. Diese Sitzung läßt die Vorrechte der zentralen Leitung unberührt.

4. Hauptstück
Sonstige Bestimmungen

Beschluß über die Aufnahme von Verhandlungen

§ 201. (1) Der Europäische Betriebsrat hat fünf Jahre nach seiner konstituierenden Sitzung einen Beschluß darüber zu fassen, ob eine Vereinbarung gemäß den §§ 189 oder 190 ausgehandelt werden soll oder ob die Bestimmungen dieses Hauptstückes weiterhin anzuwenden sind.

(2) Wenn der Europäische Betriebsrat den Beschluß faßt, eine solche Vereinbarung auszuhandeln, so finden die §§ 187, 189 und 190 mit der Maßgabe Anwendung, daß anstelle des besonderen Verhandlungsgremiums der Europäische Betriebsrat diese Vereinbarung aushandelt.

Unternehmen mit besonderer Zweckbestimmung

§ 202. (1) Auf Unternehmen, die unmittelbar den in § 132 Abs. 2 genannten Zwecken dienen, sind die §§ 199 und 200 insoweit nicht anzuwenden, als es sich um Angelegenheiten handelt, die die politische Richtung dieser Unternehmen beeinflussen.

(2) Die §§ 199 und 200 sind auf Unternehmen im Sinne des Abs. 1 aber jedenfalls anzuwenden, soweit sich die Unterrichtung auf grundlegende Änderungen der Organisation, auf die Einführung neuer Arbeits- und Fertigungsverfahren oder auf Massenentlassungen bezieht. § 199 Abs. 2 ist auf Unternehmen im Sinne des Abs. 1 jedenfalls anzuwenden, soweit sich die Unterrichtung auf die Struktur des Unternehmens sowie seine wirtschaftliche und finanzielle Situation bezieht.

Unterrichtung der örtlichen Arbeitnehmervertreter

§ 203. (1) Unbeschadet des § 204 haben die Mitglieder des Europäischen Betriebsrates die Arbeitnehmervertreter der Betriebe bzw. Unternehmen oder, in Ermangelung solcher Vertreter, die Belegschaft insgesamt über Inhalt und Ergebnisse der gemäß den Bestimmungen dieses Hauptstückes durchgeführten Unterrichtung und Anhörung zu informieren.

(2) Die zur Erfüllung seiner Aufgaben gemäß Abs. 1 erforderlichen Mittel sind dem Europäischen Betriebsrat von der zentralen Leitung zur Verfügung zu stellen. Dem Europäischen Betriebsrat ist nach Unterrichtung der örtlichen Betriebs- bzw. Unternehmensleitung Zutritt zu den Betrieben bzw. Unternehmen zu gewähren.

Wesentliche Änderungen der Struktur des Unternehmens oder der Unternehmensgruppe

§ 203a. (1) Im Fall wesentlicher Änderungen der Struktur des Unternehmens bzw. der Unternehmensgruppe hat die zentrale Leitung von sich aus oder auf schriftlichen Antrag von mindestens 100 Arbeitnehmern oder ihrer Vertreter in mindestens zwei Betrieben oder Unternehmen in mindestens zwei verschiedenen Mitgliedstaaten Verhandlungen zum Abschluss einer Vereinbarung gemäß § 187 aufzunehmen, sofern entsprechende Bestimmungen in den geltenden Vereinbarungen fehlen oder Widersprüche zwischen zwei oder mehreren geltenden Vereinbarungen bestehen. Für die

Errichtung und Zusammensetzung des besonderen Verhandlungsgremiums gelten die §§ 177 und 178, wobei dem besonderen Verhandlungsgremium zusätzlich mindestens drei Mitglieder jedes bestehenden Europäischen Betriebsrates angehören müssen. Im Übrigen gelten für die Verhandlungen die Bestimmungen des 2. Hauptstückes.

(2) Als wesentliche Änderungen gelten insbesondere der Erwerb, die Stilllegung, Einschränkung oder Verlegung von Unternehmen oder Betrieben sowie der Zusammenschluss mit anderen Unternehmensgruppen, Unternehmen oder Betrieben, sofern diese erheblichen Einfluss auf die Gesamtstruktur des Unternehmens bzw. der Unternehmensgruppe haben, sowie erhebliche Änderungen der Zahl der im Unternehmen bzw. in der Unternehmensgruppe Beschäftigten.

(3) Während der Dauer der Verhandlungen erfolgt die Wahrnehmung der Aufgaben durch den bestehenden Europäischen Betriebsrat bzw. die bestehenden Europäischen Betriebsräte entsprechend der in den Unternehmen bzw. in den Unternehmensgruppen geltenden Vereinbarungen.

(4) Wenn innerhalb des für die Verhandlungen vorgesehenen Zeitraumes (§ 191 Abs. 1 Z 3) keine Vereinbarung zustande gekommen ist, finden die Bestimmungen des 3. Hauptstückes mit der Maßgabe Anwendung, dass sich der Umfang der Beteiligungsrechte der Arbeitnehmer nach der Struktur des Unternehmens bzw. der Unternehmensgruppe im Zeitpunkt des Scheiterns der Verhandlungen bestimmt. Soweit in einer bisher geltenden Vereinbarung eine im Vergleich zu den Bestimmungen des 3. Hauptstückes günstigere Regelung bestanden hat, bestimmt sich der Umfang der Beteiligungsrechte der Arbeitnehmer nach dieser Vereinbarung.

Verschwiegenheitspflicht

§ 204. (1) Auf die Mitglieder des besonderen Verhandlungsgremiums und des Europäischen Betriebsrates und auf die sie unterstützenden Sachverständigen sowie auf die Arbeitnehmervertreter, die bei einem Unterrichtungs- und Anhörungsverfahren gemäß § 190 mitwirken, ist § 115 Abs. 4 mit der Maßgabe anzuwenden, daß die sich aus dieser Bestimmung ergebende Verpflichtung auch nach dem Ablauf des Mandates weiterbesteht.

(2) Die Verpflichtung gemäß Abs. 1 gilt nicht gegenüber den örtlichen Arbeitnehmervertretern, wenn diese auf Grund einer Vereinbarung (§§ 189, 190) oder nach § 203 über den Inhalt der Unterrichtungen und die Ergebnisse der Anhörungen zu unterrichten sind.

Rechte der Arbeitnehmervertreter

§ 205. (1) Hinsichtlich der persönlichen Rechte und Pflichten der österreichischen Mitglieder des besonderen Verhandlungsgremiums und des Europäischen Betriebsrates, der Arbeitnehmervertreter, die an einem Unterrichtungs- und Anhörungsverfahren gemäß § 190 mitwirken, sowie des Sprechers gemäß § 177 Abs. 1 sind die Bestimmungen der §§ 115 Abs. 1 erster Satz, Abs. 2 erster Satz und 3, 116 sowie 120 bis 122 anzuwenden.

(2) Unbeschadet des § 118 hat jedes österreichische Mitglied des besonderen Verhandlungsgremiums sowie des Europäischen Betriebsrates Anspruch auf Freistellung von der Arbeitsleistung zur Teilnahme an den für die Wahrnehmung seiner Vertretungsaufgaben in einem internationalen Umfeld erforderlichen Schulungs- und Bildungsveranstaltungen unter Fortzahlung des Entgeltes.

5. Hauptstück

Schluß- und Übergangsbestimmungen

Geltende Vereinbarungen

§ 206. (1) Die Bestimmungen des V. Teiles gelten nicht für Unternehmen bzw. Unternehmensgruppen, in denen vor dem 22. September 1996 eine für alle im Unternehmen bzw. in der Unternehmensgruppe in den Mitgliedstaaten beschäftigten Arbeitnehmer geltende Vereinbarung abgeschlossen wurde, die eine länderübergreifende Unterrichtung und Anhörung der Arbeitnehmer vorsieht.

(2) Die zentrale Leitung ist verpflichtet, den Abschluß sowie den vollen Wortlaut der Vereinbarung allen im Unternehmen bzw. in der Unternehmensgruppe bestehenden Arbeitnehmervertretungen bis spätestens drei Monate nach dem in Abs. 1 genannten Zeitpunkt zur Kenntnis zu bringen. Die örtlichen Unternehmensleitungen sind verpflichtet, die Vereinbarung binnen drei Tagen nach diesem Zeitpunkt im Betrieb in einem für alle Arbeitnehmer zugänglichen Raum aufzulegen oder in sonst geeigneter Form kundzumachen.

(3) Wenn eine Vereinbarung gemäß Abs. 1 nicht für alle im Unternehmen bzw. in der Unternehmensgruppe in den Mitgliedstaaten beschäftigten Arbeitnehmer gilt, können die Parteien deren Einbeziehung innerhalb einer Frist von sechs Monaten gerechnet ab dem in Abs. 1 genannten Stichtag nachholen. Für die Einbeziehung ist die Zustimmung der Mehrheit der Vertreter der betroffenen Arbeitnehmer erforderlich.

(4) Vereinbarungen gemäß Abs. 1, die unter Beteiligung von Arbeitnehmervertretern aus Drittstaaten abgeschlossen wurden, sind gültig.

(5) Wenn eine Vereinbarung gemäß Abs. 1 befristet abgeschlossen wurde, können die Parteien nach Fristablauf ihre weitere Anwendbarkeit beschließen. Andernfalls finden die Bestimmungen des V. Teiles Anwendung.

(6) Auf die Arbeitnehmervertreter, die an einem Unterrichtungs- und Anhörungsverfahren gemäß Abs. 1 mitwirken, ist § 205 anzuwenden.

(7) Die Bestimmungen des V. Teiles gelten nicht für Unternehmen bzw. Unternehmensgruppen,

1. die erst im Zeitpunkt des Inkrafttretens des § 171 Abs. 2 in der Fassung dieses Bundesgesetzes in den Geltungsbereich des V. Teiles fallen, und
2. in denen vor dem 15. Dezember 1999 eine für alle im Unternehmen bzw. in der Unternehmensgruppe in den Mitgliedstaaten beschäftigten Arbeitnehmer geltende Vereinbarung abgeschlossen wurde, die eine länderübergreifende Unterrichtung und Anhörung der Arbeitnehmer vorsieht.

(8) Auf Vereinbarungen gemäß Abs. 7 sind die Abs. 2 bis 6 anzuwenden, wobei an die Stelle des in Abs. 1 genannten Stichtages der in Abs. 7 genannte Stichtag tritt.

(9) Die Bestimmungen des V. Teiles mit Ausnahme der §§ 173 Abs. 2 bis 5 und 203a gelten nicht für Unternehmen bzw. Unternehmensgruppen,

1. in denen eine Vereinbarung gemäß den Abs. 1 oder 7 abgeschlossen wurde, oder
2. in denen zwischen dem 5. Juni 2009 und dem 5. Juni 2011 eine Vereinbarung abgeschlossen oder überarbeitet wurde, die eine länderübergreifende Unterrichtung und Anhörung der Arbeitnehmer vorsieht; auf solche Vereinbarungen sind auch nach dem 5. Juni 2011 die Bestimmungen des V. Hauptstückes in der am 5. Juni 2011 geltenden Fassung anzuwenden.

Strafbestimmungen

§ 207. (1) Wer den Bestimmungen der §§ 174, 177 Abs. 2 und 3, 181 Abs. 1 und 4, 190 Abs. 2, 204 Abs. 1 und 206 Abs. 2 zuwiderhandelt, begeht, sofern die Tat nicht den Tatbestand einer in die Zuständigkeit der Gerichte fallenden strafbaren Handlung bildet oder nach anderen Verwaltungsstrafbestimmungen mit strengerer Strafe bedroht ist, eine Verwaltungsübertretung und ist von der Bezirksverwaltungsbehörde mit einer Geldstrafe von bis zu 20 000 Euro, im Wiederholungsfall von bis zu 40 000 Euro zu bestrafen.

(2) Verwaltungsübertretungen nach Abs. 1 sind nur zu verfolgen und zu bestrafen, wenn im Falle

1. der §§ 174 Abs. 1 Z 1 und Abs. 2, 181 Abs. 1 und 206 Abs. 2 die im Unternehmen bzw. in der Unternehmensgruppe bestehenden Arbeitnehmervertretungen,
2. des § 177 Abs. 2 und 3 die gemäß § 177 Abs. 1 zur Antragstellung berechtigten Arbeitnehmer bzw. Arbeitnehmervertreter,
3. der §§ 174 Abs. 1 Z 2 und 181 Abs. 4 das besondere Verhandlungsgremium,
4. des § 190 Abs. 2 die nach der Vereinbarung gemäß § 190 Abs. 1 zuständige Arbeitnehmervertretung,
5. des § 204 Abs. 1 die zentrale Leitung

binnen sechs Wochen ab Kenntnis von der Übertretung und der Person des Täters bei der zuständigen Bezirksverwaltungsbehörde einen Strafantrag stellt (Privatankläger).

(3) Auf das Strafverfahren ist § 56 Abs. 2 bis 4 des Verwaltungsstrafgesetzes 1991, BGBl. Nr. 52, anzuwenden.

VI. Teil
Beteiligung der Arbeitnehmer in der Europäischen Gesellschaft
1. Hauptstück
Allgemeine Bestimmungen

Geltungsbereich

§ 208. Die Bestimmungen des VI. Teiles gelten für Unternehmen, die unter den II. Teil fallen und nach der in der Verordnung (EG) Nr. 2157/2001 vom 8. Oktober 2001 über das Statut der Europäischen Gesellschaft (SE) vorgesehenen Rechtsform gegründet oder geführt werden und ihren Sitz im Inland haben oder haben werden.

§ 209. Für die Pflicht der beteiligten Gesellschaften im Inland zur Zusammenarbeit mit den Organen der Arbeitnehmerschaft gemäß § 214 Z 1, die Pflicht zur Bekanntgabe der Informationen gemäß § 215 Abs. 3, die Ermittlung der Zahl der im Inland beschäftigten Arbeitnehmer (§ 215 Abs. 4), die Entsendung der österreichischen Mitglieder in das besondere Verhandlungsgremium (§§ 217, 218), in den SE-Betriebsrat (§ 234) und in den Aufsichts- oder Verwaltungsrat der Europäischen Gesellschaft (§ 247), die Beendigung ihrer Mitgliedschaft zum besonderen Verhandlungsgremium (§ 223 Abs. 2), zum SE-Betriebsrat (§ 237 Abs. 5) und im Aufsichts- oder Verwaltungsrat der Europäischen Gesellschaft (§ 247 Abs. 4) sowie die für sie geltende Verschwiegenheitspflicht (§ 250) und die für sie geltenden Schutzbestimmungen (§ 251) gelten die Bestimmungen des VI. Teiles auch dann, wenn der Sitz der Europäischen Gesellschaft nicht im Inland liegt oder liegen wird.

Begriffsbestimmungen

§ 210. (1) Unter beteiligten Gesellschaften im Sinne des VI. Teiles sind die unmittelbar an der Gründung einer Europäischen Gesellschaft beteiligten Unternehmen zu verstehen. Dies sind im Falle der

1. Verschmelzung die zu verschmelzenden Unternehmen;
2. Gründung einer Holdinggesellschaft die diese gründenden Unternehmen;
3. Gründung einer Tochtergesellschaft die diese gründenden Unternehmen;
4. Umwandlung das umzuwandelnde Unternehmen.

(2) Unter Tochtergesellschaft im Sinne des VI. Teiles ist ein Unternehmen zu verstehen, auf das ein anderes Unternehmen einen beherrschenden Einfluss im Sinne des § 176 ausübt.

(3) Unter betroffener Tochtergesellschaft ist eine Tochtergesellschaft einer beteiligten Gesellschaft zu verstehen, die bei der Gründung einer Europäischen Gesellschaft zu deren Tochtergesellschaft werden soll.

(4) Unter betroffenem Betrieb ist ein Betrieb einer beteiligten Gesellschaft zu verstehen, der bei der Gründung einer Europäischen Gesellschaft zu deren Betrieb werden soll.

Organe der Arbeitnehmerschaft

§ 211. In den Unternehmen, die die Voraussetzungen des § 208 erfüllen, ist nach Maßgabe der Bestimmungen des VI. Teiles ein besonderes Verhandlungsgremium einzusetzen sowie ein SE-Betriebsrat zu errichten oder ein anderes Verfahren zur Beteiligung der Arbeitnehmer zu schaffen.

Beteiligung der Arbeitnehmer

§ 212. (1) Das Recht der Arbeitnehmer auf Beteiligung in der Europäischen Gesellschaft umfasst alle Verfahren, durch die die Arbeitnehmervertreter auf die Beschlussfassung in der Europäischen Gesellschaft Einfluss nehmen können. Insbesondere beinhaltet das Recht der Arbeitnehmer auf Beteiligung das Recht auf Unterrichtung, das Recht auf Anhörung und, nach Maßgabe der Bestimmungen des VI. Teiles, das Recht auf Mitbestimmung.

(2) Unter Unterrichtung im Sinne des VI. Teiles ist die Unterrichtung des Organs zur Vertretung der Arbeitnehmer oder der Arbeitnehmervertreter durch das zuständige Organ der Europäischen Gesellschaft über alle Angelegenheiten zu verstehen, die diese selbst oder eine ihrer Tochtergesellschaften oder einen ihrer Betriebe in einem anderen Mitgliedstaat betreffen oder die über die Befugnisse der Entscheidungsorgane auf der Ebene des einzelnen Mitgliedstaates hinausgehen. Zeitpunkt, Form und Inhalt der Unterrichtung müssen den Arbeitnehmervertretern eine eingehende Prüfung der möglichen Auswirkungen und gegebenenfalls die Vorbereitung von Anhörungen mit dem zuständigen Organ der Europäischen Gesellschaft ermöglichen.

(3) Unter Anhörung im Sinn des VI. Teiles ist der Meinungsaustausch und die Einrichtung eines Dialogs zwischen dem Organ zur Vertretung der Arbeitnehmer oder den Arbeitnehmervertretern und dem zuständigen Organ der Europäischen Gesellschaft zu verstehen. Zeitpunkt, Form und Inhalt der Anhörung müssen den Arbeitnehmervertretern auf der Grundlage der erfolgten Unterrichtung eine Stellungnahme zu den geplanten Maßnahmen des zuständigen Organs ermöglichen, die im Rahmen des Entscheidungsprozesses innerhalb der Europäischen Gesellschaft berücksichtigt werden kann.

(4) Unter Mitbestimmung im Sinn des VI. Teiles ist die Einflussnahme des Organs zur Vertretung der Arbeitnehmer oder der Arbeitnehmervertreter auf alle Angelegenheiten der Europäischen Gesellschaft durch die Wahrnehmung des Rechts zu verstehen, einen Teil der Mitglieder des Aufsichts- oder des Verwaltungsrates der Europäischen Gesellschaft zu wählen oder zu bestellen oder einen Teil oder alle Mitglieder des Aufsichts- oder Verwaltungsrates der Europäischen Gesellschaft zu empfehlen oder abzulehnen.

Pflichten der Leitungs- und Verwaltungsorgane

§ 213. Die jeweils zuständigen Leitungs- oder Verwaltungsorgane der beteiligten Gesellschaften haben

1. die für die Einsetzung eines besonderen Verhandlungsgremiums sowie
2. die für die Errichtung eines SE-Betriebsrates oder die Schaffung eines Verfahrens zur Unterrichtung und Anhörung der Arbeitnehmer

notwendigen Voraussetzungen zu schaffen und die erforderlichen Mittel bereit zu stellen.

Grundsätze der Zusammenarbeit

§ 214. Die Organe der Arbeitnehmerschaft (§ 211) und die jeweils zuständigen Leitungs- und Verwaltungsorgane

1. der beteiligten Gesellschaften bzw.
2. der Europäischen Gesellschaft

haben mit dem Willen zur Verständigung unter Beachtung ihrer jeweiligen Rechte und gegenseitigen Verpflichtungen zusammenzuarbeiten.

2. Hauptstück

Besonderes Verhandlungsgremium

Aufforderung zur Errichtung

§ 215. (1) Das besondere Verhandlungsgremium ist auf Grund einer schriftlichen Aufforderung der zuständigen Leitungs- oder Verwaltungsorgane der beteiligten Gesellschaften an die Vertreter der Arbeitnehmer oder an die Arbeitnehmer – nach Maßgabe des jeweils anzuwendenden Rechts – in diesen Gesellschaften sowie in den betroffenen Tochtergesellschaften und betroffenen Betrieben zu errichten.

(2) Die Aufforderung gemäß Abs. 1 hat unmittelbar nach der Offenlegung des Verschmelzungsplanes oder des Gründungsplanes für eine Holdinggesellschaft oder nach der Vereinbarung eines Planes zur Gründung einer Tochtergesellschaft oder zur Umwandlung in eine Europäische Gesellschaft zu erfolgen.

(3) Der Aufforderung gemäß Abs. 1 sind Informationen anzuschließen über

1. die geplante Gründung der Europäischen Gesellschaft und den Verfahrensverlauf bis zu deren Eintragung,
2. die Identität und Struktur der beteiligten Gesellschaften einschließlich deren Tochtergesellschaften und Betriebe, der betroffenen Tochtergesellschaften und der betroffenen Betriebe, jeweils einschließlich deren Verteilung auf die Mitgliedstaaten,
3. die Zahl der in diesen Gesellschaften und Betrieben jeweils beschäftigten Arbeitnehmer und die Gesamtzahl der in den beteiligten Gesellschaften, betroffenen Tochtergesellschaften und betroffenen Betriebe beschäftigten Arbeitnehmer,
4. die Identität der zur Vertretung der Arbeitnehmer in diesen Gesellschaften und Betrieben errichteten Organe sowie die Zahl der von diesen Organen jeweils vertretenen Arbeitnehmer,
5. die Identität jener beteiligten Gesellschaften, in denen ein System der Mitbestimmung existiert, und jeweils die Zahl der von einem System der Mitbestimmung erfassten Arbeitnehmer; wenn nicht alle Arbeitnehmer einer beteiligten Gesellschaft von einem System der Mitbestimmung erfasst sind, auch das Verhältnis der von einem System der Mitbestimmung erfassten Arbeitnehmer zur jeweiligen Gesamtzahl der Arbeitnehmer,
6. den Termin der konstituierenden Sitzung des besonderen Verhandlungsgremiums.

(4) Für die Ermittlung der Zahl der beschäftigten Arbeitnehmer ist der Zeitpunkt der Aufforderung gemäß Abs. 1 maßgebend.

(5) Die zuständige freiwillige Berufsvereinigung der Arbeitnehmer ist von der Aufforderung gemäß Abs. 1 durch das für die Entsendung zuständige Organ der Arbeitnehmerschaft zu verständigen.

Zusammensetzung

§ 216. (1) Für jeden Anteil an in einem Mitgliedstaat beschäftigten Arbeitnehmern, der 10% der Gesamtzahl der in allen Mitgliedstaaten beschäftigten Arbeitnehmer der beteiligten Gesellschaften, betroffenen Tochtergesellschaften und betroffenen Betriebe oder einen Bruchteil davon beträgt, ist ein Mitglied aus diesem Mitgliedstaat in das besondere Verhandlungsgremium zu entsenden.

(2) Im Fall einer im Wege der Verschmelzung gegründeten Europäischen Gesellschaft sind aus jedem Mitgliedstaat so viele weitere zusätzliche Mitglieder in das besondere Verhandlungsgremium zu entsenden, wie erforderlich sind, um zu gewährleisten, dass jede beteiligte Gesellschaft, die Arbeitnehmer in dem betreffenden Mitgliedstaat beschäftigt und die als Folge der Eintragung der Europäischen Gesellschaft als eigene Rechtsperson erlöschen wird, in dem besonderen Verhandlungsgremium durch mindestens ein Mitglied vertreten ist.

(3) Soweit bereits durch die Anwendung des Abs. 1 in Verbindung mit dem jeweils anzuwendenden Recht die Vertretung dieser beteiligten Gesellschaften im besonderen Verhandlungsgremium durch Mitglieder gewährleistet ist, die Arbeitnehmer dieser beteiligten Gesellschaften sind oder ausschließlich von den Arbeitnehmern dieser beteiligten Gesellschaften gewählt oder sonst bestimmt worden sind, sind keine weiteren zusätzlichen Mitglieder gemäß Abs. 2 zu entsenden.

(4) Die Zahl dieser zusätzlichen Mitglieder darf 20% der sich aus Abs. 1 ergebenden Mitgliederzahl nicht überschreiten. Übersteigt die Zahl dieser beteiligten Gesellschaften die Zahl der zu entsendenden zusätzlichen Mitglieder, so werden diese zusätzlichen Mitglieder den beteiligten Gesellschaften in verschiedenen Mitgliedstaaten nach der Zahl der bei ihnen beschäftigten Arbeitnehmer in absteigender Reihenfolge zugeteilt.

(5) Treten während der Tätigkeitsdauer des besonderen Verhandlungsgremiums solche Änderungen in der Struktur oder Arbeitnehmerzahl der beteiligten Gesellschaften, der betroffenen Tochtergesellschaften und der betroffenen Betriebe ein, dass sich die Zusammensetzung des besonderen Verhandlungsgremiums gemäß Abs. 1 bis 4 ändern würde, so ist das besondere Verhandlungsgremium entsprechend neu zusammenzusetzen. Informationen über solche Änderungen haben die zuständigen Leitungs- und Verwaltungsorgane der beteiligten Gesellschaften unverzüglich an das besondere Verhandlungsgremium und an die Vertreter der Arbeitnehmer oder an die Arbeitnehmer – nach Maßgabe des jeweils anzuwendenden Rechts – in den beteiligten Gesellschaften sowie in den betroffenen Tochtergesellschaften und betroffenen Betrieben, die bisher nicht im besonderen Verhandlungsgremium vertreten waren, zu richten.

Entsendung der Mitglieder

§ 217. (1) Die in das besondere Verhandlungsgremium zu entsendenden österreichischen Mitglieder werden durch Beschluss des gemäß § 218 zur Entsendung berechtigten Organs der Arbeitnehmerschaft aus dem Kreis der Betriebsratsmitglieder ernannt. Anstelle eines Betriebsratsmitgliedes kann auch ein Funktionär oder Arbeitnehmer der zuständigen freiwilligen Berufsvereinigung der Arbeitnehmer ernannt werden.

(2) Im Fall, dass mehrere österreichische Mitglieder in das besondere Verhandlungsgremium zu entsenden sind, hat das gemäß § 218 zur Entsendung berechtigte Organ zugleich mit dem Entsendungsbeschluss auch Beschluss darüber zu fassen, wie viele Arbeitnehmer von einem entsendeten Mitglied jeweils vertreten werden. Dabei ist darauf Bedacht zu nehmen, dass alle in Österreich beschäftigten Arbeitnehmer von einem solchen Mitglied vertreten werden.

(3) Bei der Entsendung soll nach Maßgabe der Anzahl der den österreichischen Arbeitnehmervertretern zustehenden Sitze darauf Bedacht genommen werden, dass jede beteiligte Gesellschaft durch mindestens ein Mitglied im besonderen Verhandlungsgremium vertreten ist.

(4) Zur Beschlussfassung ist die Anwesenheit von mindestens der Hälfte der Mitglieder erforderlich. Die Beschlüsse werden mit den Stimmen jener Mitglieder gefasst, die zusammen mehr als die Hälfte der in der Unternehmensgruppe, in den Unternehmen und in den Betrieben beschäftigten Arbeitnehmer vertreten. Bei der Ermittlung der Zahl der in der Unternehmensgruppe, in den Unternehmen und in den Betrieben beschäftigten Arbeitnehmer sind die der Aufforderung zur Errichtung des besonderen Verhandlungsgremiums gemäß den §§ 215 Abs. 3 Z 3 und 4 und 216 Abs. 5 anzuschließenden Informationen zugrunde zu legen.

(5) Auf eine angemessene Vertretung der Gruppen der Arbeiter und der Angestellten sowie der Arbeitnehmerinnen und Arbeitnehmer soll Bedacht genommen werden.

§ 218. (1) In Betrieben erfolgt die Entsendung durch Beschluss des Betriebsausschusses. Besteht kein Betriebsausschuss, so nimmt diese Aufgabe der Betriebsrat wahr. Bestehen mehrere Betriebsausschüsse (Betriebsräte), die nicht zum selben Unternehmen gehören, so ist vom Vorsitzenden des Betriebsausschusses (Betriebsrates) des nach der Zahl der wahlberechtigten Arbeitnehmer größten inländischen Betriebes eine Versammlung der in den Betrieben bestellten Betriebsausschüsse (Betriebsräte) einzuberufen, der die Beschlussfassung über die Entsendung obliegt.

(2) In Unternehmen sind die in das besondere Verhandlungsgremium zu entsendenden Mitglieder durch Beschluss des Zentralbetriebsrates zu benennen. Ist in einem Unternehmen ein Zentralbetriebsrat nicht errichtet, so ist Abs. 1 sinngemäß anzuwenden. Bestehen mehrere Zentralbetriebsräte, so ist vom Vorsitzenden des Zentralbetriebsrates des nach der Zahl der wahlberechtigten Arbeitnehmer größten inländischen Unternehmens eine Versammlung der Mitglieder der in den Unternehmen bestellten Zentralbetriebsräte einzuberufen, der die Beschlussfassung über die Entsendung obliegt. Besteht neben einem oder mehreren Zentralbetriebsräten noch mindestens ein in keinem Zentralbetriebsrat vertretener Betriebsausschuss (Betriebsrat), sind die Betriebsratsvorsitzenden und ihre Stellvertreter zu dieser Sitzung einzuladen; sie gelten insoweit als Zentralbetriebsratsmitglieder.

(3) In Unternehmensgruppen sind die in das besondere Verhandlungsgremium zu entsendenden Mitglieder durch Beschluss der Konzernvertretung zu ernennen. Ist eine Konzernvertretung nicht errichtet, so ist Abs. 2 anzuwenden. Ist auch kein Zentralbetriebsrat errichtet, so ist Abs. 1 anzuwenden. Besteht neben der Konzernvertretung noch ein von ihr nicht vertretener Zentralbetriebsrat (Betriebsausschuss, Betriebsrat), sind die Zentralbetriebsrats(Betriebsrats)vorsitzenden und ihre Stellvertreter zu dieser Sitzung einzuladen; diese gelten insoweit als Mitglieder der Konzernvertretung.

(4) Die Bekanntgabe der benannten Mitglieder des besonderen Verhandlungsgremiums an das zuständige Leitungs- oder Verwaltungsorgan der beteiligten Gesellschaften hat unverzüglich zu erfolgen.

Konstituierung

§ 219. (1) Das zuständige Leitungs- oder Verwaltungsorgan der beteiligten Gesellschaften hat unverzüglich nach der Bekanntgabe der benannten Mitglieder des besonderen Verhandlungsgremiums zu dessen konstituierender Sitzung einzuladen.

(2) Die Mitglieder des besonderen Verhandlungsgremiums haben aus ihrer Mitte einen Vorsitzenden und einen oder mehrere Stellvertreter zu wählen. Das besondere Verhandlungsgremium gibt sich eine Geschäftsordnung.

(3) Das besondere Verhandlungsgremium hat das zuständige Leitungs- oder Verwaltungsorgan der beteiligten Gesellschaften unverzüglich über das Ende der konstituierenden Sitzung sowie das Ergebnis der Wahl zu unterrichten.

(4) Unverzüglich nach dieser Mitteilung hat das zuständige Leitungs- oder Verwaltungsorgan der beteiligten Gesellschaften eine Sitzung mit dem besonderen Verhandlungsgremium einzuberufen, um eine Vereinbarung nach § 225 abzuschließen.

Sitzungen

§ 220. (1) Das besondere Verhandlungsgremium hat das Recht vor jeder Sitzung mit dem zuständigen Leitungs- oder Verwaltungsorgan der beteiligten Gesellschaften zu einer vorbereitenden Sitzung zusammenzutreten.

(2) Das besondere Verhandlungsgremium kann sich bei den Verhandlungen mit dem zuständigen Leitungs- oder Verwaltungsorgan der beteiligten Gesellschaften durch Sachverständige seiner Wahl unterstützen lassen. Diese Sachverständigen können auf Wunsch des besonderen Verhandlungsgremiums den Verhandlungen in beratender Funktion beigezogen werden.

Beschlussfassung

§ 221. (1) Die Beschlüsse werden, soweit in diesem Bundesgesetz keine strengeren Erfordernisse festgesetzt sind, mit einfacher Mehrheit der Stimmen gefasst, sofern diese Mehrheit auch die einfache Mehrheit der Arbeitnehmer vertritt.

(2) Das besondere Verhandlungsgremium kann mit mindestens zwei Drittel seiner Stimmen, die

mindestens zwei Drittel der Arbeitnehmer in mindestens zwei Mitgliedstaaten vertreten, den Abschluss einer Vereinbarung beschließen, die eine Minderung der Mitbestimmungsrechte der Arbeitnehmer zur Folge hat. Eine solche Mehrheit ist jedoch nur dann erforderlich, wenn sich die Mitbestimmung im Fall einer Europäischen Gesellschaft, die

1. durch Verschmelzung gegründet werden soll, auf mindestens 25% der Gesamtzahl der Arbeitnehmer der beteiligten Gesellschaften erstreckt;
2. als Holdinggesellschaft oder als Tochtergesellschaft gegründet werden soll, auf mindestens 50% der Gesamtzahl der Arbeitnehmer der beteiligten Gesellschaften erstreckt.

(3) Im Fall einer Europäischen Gesellschaft, die durch Umwandlung gegründet werden soll, kann ein Beschluss gemäß Abs. 2 nicht gefasst werden.

(4) Unter einer Minderung der Mitbestimmungsrechte im Sinne des Abs. 2 ist jedenfalls die Verringerung des Anteils der nach einem der Verfahren gemäß § 212 Abs. 4 bestimmten Mitglieder des Aufsichts- oder Verwaltungsrats der Europäischen Gesellschaft gegenüber dem höchsten in den beteiligten Gesellschaften geltenden Anteil an Arbeitnehmervertretern in einem Aufsichts- oder Verwaltungsorgan zu verstehen.

Tätigkeitsdauer

§ 222. (1) Die Tätigkeitsdauer des besonderen Verhandlungsgremiums beginnt mit dem Tag der Konstituierung.

(2) Die Tätigkeitsdauer des besonderen Verhandlungsgremiums endet,

1. wenn das besondere Verhandlungsgremium einen Beschluss gemäß § 227 Abs. 1 fasst;
2. wenn das Gericht die Errichtung (§ 215 Abs. 1) für ungültig erklärt; die Klage ist spätestens einen Monat nach Konstituierung des besonderen Verhandlungsgremiums einzubringen;
3. mit dem Abschluss einer Vereinbarung gemäß den §§ 230 oder 231, sofern in der Vereinbarung nichts anderes bestimmt ist;
4. im Fall des § 232 Abs. 1 Z 1;
5. wenn innerhalb des gemäß § 226 maßgeblichen Zeitraumes keine Vereinbarung gemäß den §§ 230 oder 231 zustande gekommen ist.

Beginn und Erlöschen der Mitgliedschaft

§ 223. (1) Die Mitgliedschaft zum besonderen Verhandlungsgremium beginnt mit der Bekanntgabe des Entsendungsbeschlusses (§ 218 Abs. 4).

(2) Die Mitgliedschaft zum besonderen Verhandlungsgremium endet, wenn

1. die Tätigkeitsdauer des besonderen Verhandlungsgremiums endet;
2. das Mitglied zurücktritt;
3. das Organ der Arbeitnehmerschaft, das das Mitglied in das besondere Verhandlungsgremium entsendet hat, dieses abberuft, wobei dieses jedenfalls dann abzuberufen ist, wenn seine Mitgliedschaft zum Betriebsrat bzw. seine Tätigkeit bei der zuständigen freiwilligen Berufsvereinigung der Arbeitnehmer endet;
4. der Betrieb bzw. das Unternehmen, dem das Mitglied angehört, aus der an der Gründung der Europäischen Gesellschaft beteiligten Gesellschaft bzw. Unternehmensgruppe oder aus der betroffenen Tochtergesellschaft ausscheidet;
5. das Gericht den Entsendungsbeschluss (§ 217 Abs. 1) für ungültig erklärt; die Klage ist spätestens einen Monat nach Konstituierung des besonderen Verhandlungsgremiums einzubringen.

(3) In den Fällen des Abs. 2 Z 2 bis 5 sind nach Maßgabe der §§ 217 und 218 neue Mitglieder in das besondere Verhandlungsgremium zu entsenden.

Kostentragung

§ 224. (1) Dem besonderen Verhandlungsgremium sind zur ordnungsgemäßen Erfüllung seiner Aufgaben Sacherfordernisse in einem der Größe der Europäischen Gesellschaft und den Bedürfnissen des besonderen Verhandlungsgremiums angemessenen Ausmaß vom zuständigen Leitungs- oder Verwaltungsorgan der beteiligten Gesellschaften unentgeltlich zur Verfügung zu stellen.

(2) Die für die ordnungsgemäße Erfüllung der Aufgaben erforderlichen Verwaltungsausgaben des besonderen Verhandlungsgremiums, insbesondere die für die Veranstaltung der Sitzungen und jeweils vorbereitenden Sitzungen anfallenden Kosten einschließlich der Dolmetschkosten und der Kosten für jedenfalls einen Sachverständigen sowie die Aufenthalts- und Reisekosten für die Mitglieder des besonderen Verhandlungsgremiums sind von den beteiligten Gesellschaften zu tragen.

Aufgaben des besonderen Verhandlungsgremiums

§ 225. (1) Das besondere Verhandlungsgremium hat die Aufgabe, mit dem zuständigen Organ der beteiligten Gesellschaften in einer schriftlichen Vereinbarung die Beteiligung der Arbeitnehmer in der Europäischen Gesellschaft festzulegen.

(2) Zu diesem Zweck hat das zuständige Organ der beteiligten Gesellschaften das besondere Verhandlungsgremium unmittelbar nach dessen Konstituierung über das Vorhaben der Gründung einer Europäischen Gesellschaft und das geplante Verfahren bis zu deren Eintragung zu unterrichten.

Dauer der Verhandlungen

§ 226. (1) Die Verhandlungen zum Abschluss einer Vereinbarung gemäß den §§ 230 oder 231 sind binnen sechs Monaten ab der Konstituierung des besonderen Verhandlungsgremiums abzuschließen.

(2) Das besondere Verhandlungsgremium und das zuständige Organ der beteiligten Gesellschaften können einvernehmlich beschließen, die Verhandlungen zum Abschluss einer Vereinbarung gemäß den §§ 230 oder 231 bis zur Dauer eines Jahres ab dem in Abs. 1 genannten Zeitpunkt fortzusetzen.

Beschluss über die Beendigung der Verhandlungen

§ 227. (1) Das besondere Verhandlungsgremium kann mit mindestens zwei Dritteln seiner Stimmen, die mindestens zwei Drittel der Arbeitnehmer in mindestens zwei Mitgliedstaaten vertreten, beschließen, keine Verhandlungen zum Abschluss einer Vereinbarung im Sinne des § 226 Abs. 1 zu eröffnen oder die bereits eröffneten Verhandlungen abzubrechen.

(2) Im Fall einer Europäischen Gesellschaft, die durch Umwandlung gegründet werden soll, kann das besondere Verhandlungsgremium einen Beschluss im Sinne des Abs. 1 nicht fassen, wenn in der umzuwandelnden Gesellschaft Vorschriften über die Mitbestimmung bestehen.

(3) Das besondere Verhandlungsgremium ist auf schriftlichen Antrag von mindestens 10% der Arbeitnehmer der Europäischen Gesellschaft, ihrer Tochtergesellschaften und Betriebe oder von deren Vertretern frühestens zwei Jahre nach dem Beschluss gemäß Abs. 1 wieder einzuberufen, es sei denn, das besondere Verhandlungsgremium und das zuständige Organ der Europäischen Gesellschaft setzen eine kürzere Frist fest. Für die Verhandlungen treffen die Europäische Gesellschaft bzw. deren zuständiges Organ alle Pflichten, die bei Verhandlungen im Zusammenhang mit der Gründung einer Europäischen Gesellschaft den beteiligten Gesellschaften bzw. deren zuständigen Organen obliegen.

(4) Im Fall eines Beschlusses gemäß Abs. 1 oder wenn innerhalb des für die gemäß Abs. 3 eingeleiteten Verhandlungen vorgesehenen Zeitraumes (§ 226) keine Vereinbarung zustande gekommen ist, finden die Bestimmungen des 3. Hauptstückes keine Anwendung.

Strukturänderungen

§ 228. (1) Das besondere Verhandlungsgremium ist

1. auf Grund einer schriftlichen Aufforderung des zuständigen Organs der Europäischen Gesellschaft oder
2. auf schriftlichen Antrag von mindestens 10% der Arbeitnehmer der Europäischen Gesellschaft, ihrer Tochtergesellschaften und Betriebe oder von deren Vertretern oder
3. auf schriftlichen Antrag des SE-Betriebsrates (§ 243 Abs. 1 Z 2)

einzuberufen, sofern wesentliche Änderungen der Struktur der Europäischen Gesellschaft stattfinden, die die Interessen der Arbeitnehmer in Bezug auf ihre Beteiligungsrechte betreffen.

(2) Als wesentliche Änderungen der Struktur der Europäischen Gesellschaft gelten insbesondere die Verlegung des Sitzes der Europäischen Gesellschaft, der Wechsel des Verwaltungssystems der Europäischen Gesellschaft, die Stilllegung, Einschränkung oder Verlegung von Unternehmen oder Betrieben der Europäischen Gesellschaft, der Zusammenschluss von Betrieben oder Unternehmen der Europäischen Gesellschaft sowie der Erwerb wesentlicher Beteiligungen an anderen Unternehmen durch die Europäische Gesellschaft, sofern diese erheblichen Einfluss auf die Gesamtstruktur der Europäischen Gesellschaft haben, sowie erhebliche Änderungen der Zahl der in der Europäischen Gesellschaft und ihren Tochtergesellschaften Beschäftigten.

(3) Für die Verhandlungen zum Abschluss einer Vereinbarung gemäß den §§ 230 oder 231 ist das besondere Verhandlungsgremium bzw. der SE-Betriebsrat entsprechend den Änderungen der Struktur oder der Arbeitnehmerzahl der Europäischen Gesellschaft, ihrer Tochtergesellschaften und Betriebe neu zusammenzusetzen (§§ 216 Abs. 5, 233 Abs. 2). Für die Verhandlungen treffen die Europäische Gesellschaft bzw. deren zuständiges Organ alle Pflichten, die bei Verhandlungen im Zusammenhang mit der Gründung einer Europäischen Gesellschaft den beteiligten Gesellschaften bzw. deren zuständigen Organen obliegen.

(4) Sofern eine geltende Vereinbarung gemäß den §§ 230 oder 231 eine Regelung über die Voraussetzungen und das Verfahren zu ihrer Neuaushandlung enthält, ist nach dieser vorzugehen, soweit sie den Anforderungen der Abs. 1 bis 3 entspricht.

(5) Wenn innerhalb des für die Verhandlungen vorgesehenen Zeitraumes (§ 226) keine Vereinbarung zustande gekommen ist, finden die Bestimmungen des 3. Hauptstückes mit der Maßgabe Anwendung, dass sich der Umfang der Beteiligungsrechte der Arbeitnehmer nach der Struktur der Europäischen Gesellschaft, ihrer Tochtergesellschaften und Betriebe im Zeitpunkt des Scheiterns der Verhandlungen bestimmt.

Verfahrensmissbrauch

§ 229. (1) Eine Europäische Gesellschaft darf nicht dazu missbraucht werden, Arbeitnehmern Beteiligungsrechte zu entziehen oder vorzuenthalten. Missbrauch ist insbesondere dann anzunehmen, wenn Änderungen der Struktur der Europäischen Gesellschaft stattfinden, die geeignet sind, Arbeitnehmern Beteiligungsrechte zu entziehen oder vorzuenthalten. Im Fall des Vorliegens einer solchen Änderung sind Neuverhandlungen nach den Bestimmungen des § 228 durchzuführen.

(2) Als Änderungen im Sinn des Abs. 1 gelten bis zum Beweis des Gegenteils alle Änderungen der Struktur der Europäischen Gesellschaft im Sinne des § 228, sofern diese innerhalb eines Jahres nach deren Eintragung erfolgen.

Vereinbarung über die Beteiligung der Arbeitnehmer in der Europäischen Gesellschaft

§ 230. (1) Wenn das besondere Verhandlungsgremium und das zuständige Organ der beteiligten Gesellschaften eine Vereinbarung über die Beteiligung der Arbeitnehmer in der Europäischen Gesellschaft abschließen, haben sie in dieser Vereinbarung jedenfalls

1. die von der Vereinbarung erfasste Europäische Gesellschaft, ihre Tochtergesellschaften und Betriebe;
2. die Zusammensetzung des SE-Betriebsrates, die Anzahl der Mitglieder, die Sitzverteilung und die Mandatsdauer einschließlich der Auswirkungen von wesentlichen Änderungen der Struktur der Europäischen Gesellschaft sowie von erheblichen Änderungen der Zahl der in der Europäischen Gesellschaft und ihren Tochtergesellschaften Beschäftigten (§ 228 Abs. 2);
3. die Befugnisse und das Verfahren zur Unterrichtung und Anhörung des SE-Betriebsrates;
4. die Häufigkeit der Sitzungen des SE-Betriebsrates;
5. die für den SE-Betriebsrat bereit zu stellenden finanziellen und materiellen Mittel;
6. den Zeitpunkt des In-Kraft-Tretens der Vereinbarung und ihre Laufzeit, die Fälle, in denen diese Vereinbarung neu ausgehandelt werden sollte, und das bei ihrer Neuaushandlung anzuwendende Verfahren

festzulegen.

(2) Falls die Parteien beschließen, ein Verfahren der Mitbestimmung einzuführen, haben sie in dieser Vereinbarung jedenfalls

1. die Zahl der Mitglieder des Aufsichts- oder Verwaltungsrates, die die Arbeitnehmer wählen oder bestellen können oder deren Bestellung sie empfehlen oder ablehnen können;
2. die Verfahren, nach denen die Arbeitnehmer diese Mitglieder wählen oder bestellen oder deren Bestellung empfehlen oder ablehnen können sowie
3. die Rechte dieser Mitglieder

festzulegen.

(3) Im Fall einer Europäischen Gesellschaft, die durch Umwandlung gegründet werden soll, müssen in der Vereinbarung die Rechte der Arbeitnehmer auf Unterrichtung, Anhörung und Mitbestimmung zumindest in dem Ausmaß gewährleistet werden, wie sie in der umzuwandelnden Gesellschaft bestehen.

Vereinbarung über ein Verfahren zur Unterrichtung und Anhörung der Arbeitnehmer

§ 231. (1) Wenn das besondere Verhandlungsgremium und das zuständige Organ der beteiligten Gesellschaften die Schaffung eines oder mehrerer Verfahren zur Unterrichtung und Anhörung der Arbeitnehmer vereinbaren, haben sie in dieser Vereinbarung jedenfalls

1. die von der Vereinbarung erfasste Europäische Gesellschaft, ihre Tochtergesellschaften und Betriebe;
2. die Auswirkungen von wesentlichen Änderungen der Struktur der Europäischen Gesellschaft sowie von erheblichen Änderungen der Zahl der in der Europäischen Gesellschaft und ihren Tochtergesellschaften Beschäftigten (§ 228 Abs. 2);
3. die Befugnisse und das Verfahren zur Unterrichtung und Anhörung der Arbeitnehmervertreter;
4. die Voraussetzungen, unter denen die Arbeitnehmervertreter das Recht haben, zu einem Meinungsaustausch über die ihnen übermittelten Informationen zusammenzutreten;
5. die für die Arbeitnehmervertreter bereit zu stellenden finanziellen und materiellen Mittel;
6. den Zeitpunkt des In-Kraft-Tretens der Vereinbarung und ihre Laufzeit, die Fälle, in denen diese Vereinbarung neu ausgehandelt werden sollte, und das bei ihrer Neuaushandlung anzuwendende Verfahren

festzulegen.

(2) Die Vereinbarung hat außerdem die Verpflichtung des zuständigen Organs der Europäischen Gesellschaft näher zu regeln, die Arbeitnehmervertreter insbesondere über alle Angelegenheiten zu informieren, die die Europäische Gesellschaft selbst oder ihre Tochtergesellschaften und Betriebe in einem anderen Mitgliedstaat betreffen oder die über die Befugnisse der Entscheidungsorgane auf der Ebene des einzelnen Mitgliedstaates hinausgehen.

(3) § 230 Abs. 3 ist anzuwenden.

3. Hauptstück
Beteiligung der Arbeitnehmer in der Europäischen Gesellschaft kraft Gesetzes

1. Abschnitt
SE-Betriebsrat kraft Gesetzes

Errichtung

§ 232. (1) Wenn

1. die zuständigen Organe der beteiligten Gesellschaften und das besondere Verhandlungsgremium dies vereinbaren oder

2. innerhalb des gemäß § 226 für die Verhandlungen bestimmten Zeitraumes keine Vereinbarung gemäß den §§ 230 oder 231 zustande gekommen ist und das besondere Verhandlungsgremium keinen Beschluss gemäß § 227 Abs. 1 gefasst hat,

ist ein SE-Betriebsrat nach den Bestimmungen dieses Hauptstückes zu errichten.

(2) Sofern in den Vereinbarungen gemäß den §§ 230 oder 231 nichts anderes bestimmt ist, gelten die Bestimmungen dieses Hauptstückes nicht für diese Vereinbarungen.

Zusammensetzung

§ 233. (1) Für jeden Anteil an in einem Mitgliedstaat beschäftigten Arbeitnehmern, der 10% der Gesamtzahl der in allen Mitgliedstaaten beschäftigten Arbeitnehmer der Europäischen Gesellschaft, ihrer Tochtergesellschaften und Betriebe oder einen Bruchteil davon beträgt, ist ein Mitglied aus diesem Mitgliedstaat in den SE-Betriebsrat zu entsenden. § 215 Abs. 3 bis 5 sind anzuwenden.

(2) Treten währen der Tätigkeitsdauer des SE-Betriebsrates solche Änderungen in der Struktur oder Arbeitnehmerzahl der Europäischen Gesellschaft, ihrer Tochtergesellschaften und Betriebe ein, dass sich die Zusammensetzung des SE-Betriebsrates gemäß Abs. 1 ändern würde, so ist der SE-Betriebsrat entsprechend neu zusammenzusetzen. § 216 Abs. 5 ist anzuwenden.

Entsendung

§ 234. (1) Die Entsendung der österreichischen Mitglieder des SE-Betriebsrates erfolgt gemäß den §§ 217 und 218; dies jedoch mit der Maßgabe, dass die Entsendung von Vertretern der zuständigen freiwilligen Berufsvereinigung nur zulässig ist, sofern diese Betriebsratsmitglieder gemäß § 53 Abs. 4 sind.

(2) § 218 Abs. 4 ist mit der Maßgabe anzuwenden, dass die Bekanntgabe der benannten Mitglieder des SE-Betriebsrates an das zuständige Organ der Europäischen Gesellschaft zu erfolgen hat.

Konstituierung, Geschäftsführung, Geschäftsordnung, Sitzungen, Beschlussfassung

§ 235. (1) Der Vorstand oder Verwaltungsrat der Europäischen Gesellschaft hat unverzüglich nach der Bekanntgabe der benannten Mitglieder des SE-Betriebsrates zu dessen konstituierender Sitzung einzuladen. Kommt der Vorstand oder Verwaltungsrat der Europäischen Gesellschaft dieser Pflicht nicht nach, so kann jedes Mitglied des SE-Betriebsrates die Einladung vornehmen. Die Mitglieder des SE-Betriebsrates haben aus ihrer Mitte einen Vorsitzenden und einen oder mehrere Stellvertreter zu wählen. Der Vorsitzende hat den Vorstand oder Verwaltungsrat der Europäischen Gesellschaft unverzüglich über das Ende der konstituierenden Sitzung sowie das Ergebnis dieser Wahl zu unterrichten.

(2) Vertreter des SE-Betriebsrates gegenüber der Europäischen Gesellschaft und nach außen ist, sofern in der Geschäftsordnung (Abs. 3) nichts anderes bestimmt ist, der Vorsitzende, bei dessen Verhinderung der Stellvertreter. Der SE-Betriebsrat kann in Einzelfällen auch andere seiner Mitglieder mit der Vertretung nach außen beauftragen.

(3) Der SE-Betriebsrat beschließt mit der Mehrheit der Stimmen seiner Mitglieder eine Geschäftsordnung. Diese kann insbesondere regeln:

1. die Errichtung, Zusammensetzung und Geschäftsführung des engeren Ausschusses gemäß § 236;
2. die Bezeichnung der Angelegenheiten, in denen dem engeren Ausschuss das Recht auf selbständige Beschlussfassung zukommt;
3. die Festlegung von Art und Umfang der Vertretungsmacht des Vorsitzenden des engeren Ausschusses.

(4) Der SE-Betriebsrat hat das Recht, vor jeder Sitzung mit dem Vorstand oder Verwaltungsrat der Europäischen Gesellschaft (§ 240) zu einer vorbereitenden Sitzung zusammenzutreten. Der SE-Betriebsrat kann sich durch Sachverständige seiner Wahl unterstützen lassen. Der SE-Betriebsrat ist beschlussfähig, wenn mindestens die Hälfte seiner Mitglieder anwesend ist. Die Beschlüsse werden mit einfacher Mehrheit der abgegebenen Stimmen gefasst.

Engerer Ausschuss

§ 236. Sofern es die Zahl seiner Mitglieder rechtfertigt, hat der SE-Betriebsrat aus seiner Mitte einen engeren Ausschuss zu wählen, der aus einem Vorsitzenden und höchstens zwei weiteren Mitgliedern bestehen darf. Der engere Ausschuss führt die laufenden Geschäfte des SE-Betriebsrates; für ihn gilt § 235 Abs. 4 mit der Maßgabe, dass der engere Ausschuss in den Fällen des § 241 Abs. 2 das Recht hat, auch in der dort festgelegten Zusammensetzung zu der vorbereitenden Sitzung zusammenzutreten.

Tätigkeitsdauer, Dauer der Mitgliedschaft

§ 237. (1) Die Tätigkeitsdauer des SE-Betriebsrates beträgt fünf Jahre. Sie beginnt mit dem Tag der Konstituierung oder mit Ablauf der Tätigkeitsdauer des früheren SE-Betriebsrates, wenn die Konstituierung vor diesem Zeitpunkt erfolgte.

(2) Vor Ablauf des im Abs. 1 bezeichneten Zeitraumes endet die Tätigkeitsdauer des SE-Betriebsrates, wenn

1. die Löschung der Europäischen Gesellschaft ins Firmenbuch eingetragen wird;
2. der SE-Betriebsrat durch Mehrheitsbeschluss seinen Rücktritt beschließt;

3. das Gericht die Errichtung des SE-Betriebsrates (§ 232 Abs. 1) für ungültig erklärt; die Klage ist spätestens einen Monat nach Konstituierung des Europäischen Betriebsrates einzubringen;
4. der SE-Betriebsrat und das zuständige Organ der Europäischen Gesellschaft eine Vereinbarung nach den §§ 230 oder 231 abschließen.

(3) In den Fällen des Abs. 2 Z 2 und 3 ist unter Anwendung der §§ 233 und 234 ein neuer SE-Betriebsrat zu bilden.

(4) Die Mitgliedschaft zum SE-Betriebsrat beginnt mit der Bekanntgabe des Entsendungsbeschlusses (§ 234).

(5) Die Mitgliedschaft zum SE-Betriebsrat endet, wenn

1. die Tätigkeitsdauer des SE-Betriebsrates endet;
2. das Mitglied zurücktritt;
3. das Organ der Arbeitnehmerschaft, das das Mitglied in den SE-Betriebsrat entsendet hat, dieses abberuft, wobei dieses jedenfalls dann abzuberufen ist, wenn seine Mitgliedschaft zum Betriebsrat endet;
4. der Betrieb bzw. das Unternehmen, dem das Mitglied angehört aus der Europäischen Gesellschaft ausscheidet;
5. das Gericht den Entsendungsbeschluss (§ 234) für ungültig erklärt; die Klage ist spätestens einen Monat nach Konstituierung des SE-Betriebsrates einzubringen.

(6) In den Fällen des Abs. 4 Z 2 bis 5 ist § 223 Abs. 3 anzuwenden.

Beistellung von Sacherfordernissen, Kostentragung

§ 238. Die im Zusammenhang mit der Tätigkeit des SE-Betriebsrates und des engeren Ausschusses anfallenden Kosten sind gemäß § 224 von der Europäischen Gesellschaft zu tragen.

2. Abschnitt

Befugnisse des SE-Betriebsrates und des engeren Ausschusses

Unterrichtung und Anhörung

§ 239. Der SE-Betriebsrat hat das Recht, über Angelegenheiten, die die wirtschaftlichen, sozialen, gesundheitlichen und kulturellen Interessen der Arbeitnehmer der Europäischen Gesellschaft selbst oder einer ihrer Tochtergesellschaften oder einen ihrer Betriebe in einem anderen Mitgliedstaat betreffen, oder über die Befugnisse der Entscheidungsorgane auf der Ebene des einzelnen Mitgliedstaates hinausgehen, unterrichtet und angehört zu werden.

§ 240. (1) Der SE-Betriebsrat hat, unbeschadet der gemäß § 241 bestehenden Befugnisse sowie unbeschadet abweichender Vereinbarungen mit dem Vorstand oder Verwaltungsrat der Europäischen Gesellschaft, das Recht, einmal jährlich mit dem zuständigen Organ der Europäischen Gesellschaft, zum Zweck der Unterrichtung und Anhörung, auf der Grundlage regelmäßig vom zuständigen Organ der Europäischen Gesellschaft vorgelegter Berichte über die Entwicklung der Geschäftslage und die Perspektiven der Europäischen Gesellschaft zusammenzutreten. Die örtlichen Geschäftsleitungen werden hiervon in Kenntnis gesetzt.

(2) Die Unterrichtung und Anhörung bezieht sich insbesondere auf die Struktur der Europäischen Gesellschaft, ihre wirtschaftliche und finanzielle Situation, die voraussichtliche Entwicklung der Geschäfts-, Produktions- und Absatzlage, auf die Beschäftigungslage und ihre voraussichtliche Entwicklung, auf die Investitionen, auf grundlegende Änderungen der Organisation, auf die Einführung neuer Arbeits- und Fertigungsverfahren, auf Verlagerungen der Produktion, auf Fusionen, Verkleinerungen oder Schließungen von Unternehmen, Betrieben oder wichtigen Teilen dieser Einheiten und auf Massenentlassungen.

(3) Das zuständige Organ der Europäischen Gesellschaft übermittelt dem SE-Betriebsrat die Tagesordnung aller Sitzungen des Vorstandes und des Aufsichtsrates oder des Verwaltungsrates sowie Kopien aller Unterlagen, die der Hauptversammlung der Aktionäre unterbreitet werden.

§ 241. (1) Treten außergewöhnliche Umstände ein, die erhebliche Auswirkungen auf die Interessen der Arbeitnehmer haben, insbesondere bei Verlegungen, Verlagerungen, Schließung von Unternehmen oder Betrieben oder bei Massenentlassungen, hat der SE-Betriebsrat das Recht, ehest möglich darüber unterrichtet zu werden. Der SE-Betriebsrat oder – wenn der SE-Betriebsrat dies, insbesondere im Hinblick auf die Dringlichkeit der Angelegenheit, beschließt – der engere Ausschuss hat das Recht, auf Antrag mit dem zuständigen Organ der Europäischen Gesellschaft oder den Vertretern einer geeigneteren mit eigenen Entscheidungsbefugnissen ausgestatteten Leitungsebene innerhalb der Europäischen Gesellschaft zusammenzutreten, um hinsichtlich der Maßnahmen mit erheblichen Auswirkungen auf die Interessen der Arbeitnehmer unterrichtet und angehört zu werden. Diese Sitzung lässt die Vorrechte des zuständigen Organs der Europäischen Gesellschaft unberührt.

(2) An einer Sitzung mit dem engeren Ausschuss dürfen auch die Mitglieder des SE-Betriebsrates teilnehmen, die von diesen Maßnahmen unmittelbar betroffene Arbeitnehmer vertreten.

(3) Wenn das zuständige Organ der Europäischen Gesellschaft beschließt, nicht im Einklang mit der vom SE-Betriebsrat abgegebenen Stellungnahme zu handeln, hat der SE-Betriebsrat das Recht, ein weiteres Mal mit dem zuständigen

Organ der Europäischen Gesellschaft zusammenzutreffen, um eine Einigung herbeizuführen.

Unterrichtung der örtlichen Arbeitnehmervertreter

§ 242. Unbeschadet des § 250 haben die Mitglieder des SE-Betriebsrates die Arbeitnehmervertreter der Europäischen Gesellschaft, ihrer Tochtergesellschaften und Betriebe über Inhalt und Ergebnisse der gemäß den Bestimmungen dieses Abschnittes durchgeführten Unterrichtung und Anhörung zu informieren.

Beschluss über die Aufnahme von Verhandlungen

§ 243. (1) Der SE-Betriebsrat hat

1. fünf Jahre nach seiner konstituierenden Sitzung oder
2. im Fall wesentlicher Änderungen der Struktur der Europäischen Gesellschaft (§ 228 Abs. 2) unverzüglich

einen Beschluss darüber zu fassen, ob eine Vereinbarung nach den §§ 230 oder 231 ausgehandelt werden soll oder ob die Bestimmungen dieses Hauptstückes weiterhin anzuwenden sind.

(2) Wenn der SE-Betriebsrat den Beschluss fasst, eine solche Vereinbarung auszuhandeln, so finden die §§ 225, 230 und 231 mit der Maßgabe Anwendung, dass anstelle des besonderen Verhandlungsgremiums der SE-Betriebsrat diese Vereinbarung aushandelt. Wenn innerhalb des für die Verhandlungen vorgesehenen Zeitraumes (§ 226) keine Vereinbarung zustande gekommen ist, finden die Bestimmungen dieses Hauptstückes weiterhin Anwendung.

3. Abschnitt
Mitbestimmung kraft Gesetzes

Anwendbarkeit

§ 244. (1) Die Bestimmungen dieses Hauptstückes über die Mitbestimmung der Arbeitnehmer kommen zur Anwendung, wenn

1. die zuständigen Organe der beteiligten Gesellschaften und das besondere Verhandlungsgremium dies vereinbaren oder
2. innerhalb des gemäß § 226 für die Verhandlungen bestimmten Zeitraumes keine Vereinbarung gemäß den §§ 230 oder 231 zustande gekommen ist und das besondere Verhandlungsgremium keinen Beschluss gemäß § 227 Abs. 1 gefasst hat.

(2) Die Bestimmungen dieses Hauptstückes über die Mitbestimmung der Arbeitnehmer kommen im Fall einer Europäischen Gesellschaft, die

1. durch Umwandlung gegründet werden soll, nur dann zur Anwendung, wenn in der umzuwandelnden Gesellschaft Vorschriften über die Mitbestimmung bestanden haben;
2. durch Verschmelzung gegründet werden soll, nur dann zur Anwendung, wenn
   a) in mindestens einer der beteiligten Gesellschaften Mitbestimmung besteht und sich auf mindestens 25% der Gesamtzahl der Arbeitnehmer aller beteiligten Gesellschaften erstreckt oder
   b) in mindestens einer der beteiligten Gesellschaften Mitbestimmung besteht und sich auf weniger als 25% der Gesamtzahl der Arbeitnehmer aller beteiligten Gesellschaften erstreckt, sofern das besondere Verhandlungsgremium einen entsprechenden Beschluss fasst;
3. durch Errichtung einer Holdinggesellschaft oder einer Tochtergesellschaft gegründet werden soll, nur dann zur Anwendung, wenn
   a) in mindestens einer der beteiligten Gesellschaften Mitbestimmung besteht und sich auf mindestens 50% der Gesamtzahl der Arbeitnehmer aller beteiligten Gesellschaften erstreckt oder
   b) in mindestens einer der beteiligten Gesellschaften Mitbestimmung besteht und sich auf weniger als 50% der Gesamtzahl der Arbeitnehmer aller beteiligten Gesellschaften erstreckt, sofern das besondere Verhandlungsgremium einen entsprechenden Beschluss fasst.

(3) Wenn in den beteiligten Gesellschaften mehr als eine Form der Mitbestimmung besteht, so hat das besondere Verhandlungsgremium zu beschließen, welche von ihnen in der Europäischen Gesellschaft eingeführt wird.

(4) Das besondere Verhandlungsgremium hat das jeweils zuständige Organ der beteiligten Gesellschaften über die von ihm gemäß den Abs. 2 und 3 gefassten Beschlüssen zu unterrichten.

(5) Wenn das besondere Verhandlungsgremium keinen Beschluss gemäß Abs. 3 fasst, findet die Form der Mitbestimmung Anwendung, die sich auf die höchste Zahl der in den beteiligten Gesellschaften beschäftigten Arbeitnehmer erstreckt.

Recht auf Mitbestimmung

§ 245. (1) Die in der Europäischen Gesellschaft, ihren Tochtergesellschaften und Betrieben bestehenden Organe zur Vertretung der Arbeitnehmer oder die Arbeitnehmervertreter haben das Recht, einen Teil der Mitglieder des Aufsichts- oder Verwaltungsrates der Europäischen Gesellschaft zu wählen oder zu bestellen oder deren Bestellung zu empfehlen oder abzulehnen. Die Anzahl dieser Mitglieder bestimmt sich nach dem höchsten maßgeblichen Anteil der Arbeitnehmervertreter im Aufsichts- oder Verwaltungsorgan in den beteiligten Gesellschaften vor der Eintragung der Europäischen Gesellschaft.

(2) Im Fall einer Europäischen Gesellschaft, die durch Umwandlung gegründet werden soll, finden die für die umzuwandelnde Gesellschaft geltenden Bestimmungen über die Mitbestimmung der

Arbeitnehmer nach Maßgabe der §§ 246 bis 248 Anwendung.

Verteilung der Sitze im Aufsichts- oder Verwaltungsrat

§ 246. (1) Der SE-Betriebsrat entscheidet über die Verteilung der Sitze im Aufsichts- oder Verwaltungsrat der Europäischen Gesellschaft auf die Arbeitnehmervertreter aus verschiedenen Mitgliedstaaten entsprechend den jeweiligen Anteilen der in den einzelnen Mitgliedstaaten beschäftigten Arbeitnehmer der Europäischen Gesellschaft, ihrer Tochtergesellschaften und Betriebe.

(2) Wenn auf diese Weise mehrere Sitze Arbeitnehmervertretern aus demselben Mitgliedstaat zufallen und zugleich Arbeitnehmer aus einem oder mehreren Mitgliedstaaten unberücksichtigt bleiben würden, hat der SE-Betriebsrat eine neuerliche Verteilung der Sitze gemäß Abs. 1 vorzunehmen, wobei ein Sitz nicht in die Verteilung einzubeziehen ist. Dieser Sitz ist einem Arbeitnehmervertreter aus einem der nicht repräsentierten Mitgliedstaaten zuzuweisen. Dabei ist so vorzugehen, dass dieser Sitz den Arbeitnehmervertretern aus dem Mitgliedstaat, in dem die Europäische Gesellschaft ihren Sitz haben wird, zuzuweisen ist. Kommt diesem Mitgliedstaat ein Sitz im Aufsichts- oder Verwaltungsrat bereits gemäß Abs. 1 zu, so ist dieser Sitz den Arbeitnehmervertretern aus dem bisher unberücksichtigten Mitgliedstaat zuzuweisen, in dem der höchste Anteil an Arbeitnehmern beschäftigt ist.

(3) Wenn sich die Zahl der vom zuständigen Organ der Europäischen Gesellschaft bestellten Mitglieder des Aufsichts- oder Verwaltungsrates ändert, hat der SE-Betriebsrat über die Verteilung der Sitze der Arbeitnehmervertreter unter Beachtung der in den Abs. 1 und 2 normierten Grundsätze neu zu entscheiden, indem er überzählige Arbeitnehmervertreter abberuft bzw. zusätzliche Sitze auf die Arbeitnehmervertreter aus den jeweiligen Mitgliedstaaten verteilt.

Entsendung der Mitglieder

§ 247. (1) Die Entsendung der österreichischen Mitglieder in den Aufsichts- oder Verwaltungsrat der Europäischen Gesellschaft erfolgt nach Maßgabe des Beschlusses des SE-Betriebsrates über die Verteilung der Sitze gemäß § 234.

(1a) Bei der Entsendung der österreichischen Mitglieder in den Aufsichts- oder Verwaltungsrat der Europäischen Gesellschaft ist § 110 Abs. 2a bis 2d sinngemäß anzuwenden.

(2) Die Entsendung von Mitgliedern aus Mitgliedstaaten, die eine Entsendung durch das zuständige nationale Organ der Arbeitnehmerschaft nicht vorsehen, in den Aufsichts- oder Verwaltungsrat Europäischer Gesellschaften mit Sitz im Inland hat durch den SE-Betriebsrat zu erfolgen.

(3) Die Bekanntgabe der in den Aufsichts- oder Verwaltungsrat der Europäischen Gesellschaft entsendeten Mitglieder hat an den SE-Betriebsrat sowie an das zuständige Organ der Europäischen Gesellschaft zu erfolgen.

(4) Die Mitgliedschaft der österreichischen Vertreter im Aufsichts- oder Verwaltungsrat der Europäischen Gesellschaft beginnt mit der Bekanntgabe des Entsendungsbeschlusses (Abs. 2) und endet in den Fällen des § 237 Abs. 5 Z 2 bis 5 sowie im Fall des § 246 Abs. 3.

Rechte der Arbeitnehmervertreter im Aufsichts- oder Verwaltungsrat

§ 248. (1) Für die Beschlussfassung über die Bestellung und Abberufung von Mitgliedern des Vorstandes, die Wahl des Aufsichtsratsvorsitzenden und seines ersten Stellvertreters, über die Wahl und Abberufung des Verwaltungsratsvorsitzenden und seines ersten Stellvertreters sowie über die Bestellung und Abberufung geschäftsführender Direktoren gilt § 110 Abs. 3 vierter und fünfter Satz. Im Übrigen haben die Arbeitnehmervertreter im Aufsichts- oder Verwaltungsrat die gleichen Rechte, einschließlich des Stimmrechts, und Pflichten wie die vom zuständigen Organ oder durch die Satzung der Europäischen Gesellschaft bestellten Mitglieder.

(2) Für das Recht der Arbeitnehmervertreter auf Sitz und Stimme in Ausschüssen des Aufsichts- oder des Verwaltungsrates gilt § 110 Abs. 4 mit der Maßgabe, dass das Recht der Arbeitnehmervertreter auf Sitz und Stimme nicht für Ausschüsse des Verwaltungsrates gilt, die die Beziehungen zwischen der Gesellschaft und den geschäftsführenden Direktoren regeln, ausgenommen Beschlüsse über die Bestellung und Abberufung von geschäftsführenden Direktoren sowie über die Einräumung von Optionen auf Aktien der Gesellschaft.

4. Abschnitt
Europäische Gesellschaften mit besonderer Zweckbestimmung

§ 249. (1) Auf Europäische Gesellschaften, die unmittelbar den in § 132 Abs. 2 genannten Zwecken dienen, sind die §§ 240 und 241 sowie die Bestimmungen des 3. Abschnittes dieses Hauptstückes insoweit nicht anzuwenden, als es sich um Angelegenheiten handelt, die die politische Richtung dieser Unternehmen beeinflussen.

(2) Die §§ 240 und 241 sind auf Unternehmen im Sinne des Abs. 1 aber jedenfalls anzuwenden, soweit sich die Unterrichtung auf grundlegende Änderungen der Organisation, auf die Einführung neuer Arbeits- und Fertigungsverfahren oder auf Massenentlassungen bezieht. § 240 Abs. 2 ist auf Unternehmen im Sinne der Abs. 1 jedenfalls anzuwenden, soweit sich die Unterrichtung auf die Struktur des Unternehmens sowie seine wirtschaftliche und finanzielle Situation bezieht.

4. Hauptstück
Rechtsstellung der Arbeitnehmervertreter
Verschwiegenheitspflicht

§ 250. (1) Auf die Mitglieder des besonderen Verhandlungsgremiums und des SE-Betriebsrates und auf die sie unterstützenden Sachverständigen sowie auf die Arbeitnehmervertreter, die bei einem Unterrichtungs- und Anhörungsverfahren gemäß § 231 mitwirken, ist § 115 Abs. 4 mit der Maßgabe anzuwenden, dass die sich aus dieser Bestimmung ergebende Verpflichtung auch nach dem Ablauf des Mandates weiter besteht.

(2) Die Verpflichtung gemäß Abs. 1 gilt nicht gegenüber den örtlichen Arbeitnehmervertretern, wenn diese auf Grund einer Vereinbarung (§§ 230, 231) oder nach § 242 über den Inhalt der Unterrichtungen und Ergebnisse der Anhörungen zu unterrichten sind.

Rechte der Arbeitnehmervertreter

§ 251. (1) Hinsichtlich der persönlichen Rechte und Pflichten der österreichischen Mitglieder des besonderen Verhandlungsgremiums und des SE-Betriebsrates, der Arbeitnehmervertreter, die an einem Unterrichtungs- und Anhörungsverfahren gemäß § 231 mitwirken, sowie der Arbeitnehmervertreter im Aufsichts- oder Verwaltungsrat der Europäischen Gesellschaft, sind, soweit diese Beschäftigte der Europäischen Gesellschaft, ihrer Tochtergesellschaften oder Betriebe oder einer der beteiligten Gesellschaften oder der betroffenen Tochtergesellschaften sind, die Bestimmungen der §§ 115 Abs. 2 erster Satz und Abs. 3, 116 sowie 120 bis 122 anzuwenden.

(2) Unbeschadet des § 118 Abs. 1 hat jedes österreichische Mitglied des SE-Betriebsrates Anspruch auf Freistellung von der Arbeitsleistung zur Teilnahme an Schulungs- und Bildungsveranstaltungen bis zum Höchstausmaß von einer Woche innerhalb einer Funktionsperiode unter Fortzahlung des Entgeltes.

5. Hauptstück
Schluss- und Übergangsbestimmungen
Verhältnis zu anderen Bestimmungen

§ 252. (1) Europäische Gesellschaften und deren Tochtergesellschaften, die Unternehmen oder Unternehmensgruppen im Sinne von § 171 sind, unterliegen nicht den Bestimmungen des V. Teils dieses Bundesgesetzes, es sei denn,

1. die Europäischen Gesellschaften und deren Tochtergesellschaften sind nur Teil eines Unternehmens oder einer Unternehmensgruppe im Sinne von § 171 oder
2. das besondere Verhandlungsgremium fasst einen Beschluss im Sinne des § 227 Abs. 1.

(2) § 110 findet auf Europäische Gesellschaften keine Anwendung, soweit in diesem Teil nichts anderes bestimmt ist. § 110 findet jedoch auf im Inland gelegene Tochtergesellschaften der Europäischen Gesellschaft Anwendung.

(3) Im Übrigen bleiben die Bestimmungen des II. Teiles von den Bestimmungen dieses Teiles unberührt.

(4) Die Organe der Arbeitnehmerschaft in den beteiligten Gesellschaften im Inland, deren Rechtspersönlichkeit mit der Eintragung der Europäischen Gesellschaft erlischt, bestehen auch nach deren Eintragung fort. Der Vorstand oder Verwaltungsrat der Europäischen Gesellschaft hat sicherzustellen, dass diese Organe die Befugnisse der Arbeitnehmerschaft gemäß den Bestimmungen des 3. und 5. Hauptstückes des II. Teiles weiterhin wahrnehmen können.

(5) Auf die nach den Bestimmungen dieses Teiles in den Verwaltungsrat einer Europäischen Gesellschaft entsendeten Arbeitnehmervertreter finden jene Bestimmungen in Aufsichtsgesetzen keine Anwendung, die für Mitglieder des Verwaltungsrates eine besondere fachliche Eignung, besondere Qualifikationserfordernisse oder ähnliche Voraussetzungen vorschreiben, es sei denn, die Arbeitnehmervertreter werden gemäß § 59 Abs. 1 des SE-Gesetzes, BGBl. I Nr. 67/2004, zu geschäftsführenden Direktoren des Verwaltungsrates bestellt.

Strafbestimmungen

§ 253. (1) Wer den Bestimmungen der §§ 213 Z 1 und 2, 215 Abs. 3, 216 Abs. 5, 219 Abs. 1 und 4, 225 Abs. 2, 227 Abs. 3, 228 Abs. 3, 231 Abs. 2, 235 Abs. 1, 250 Abs. 1 und 252 Abs. 4 zuwiderhandelt, begeht, sofern die Tat nicht den Tatbestand einer in die Zuständigkeit der Gerichte fallenden strafbaren Handlung bildet oder nach anderen Verwaltungsstrafbestimmungen mit strengerer Strafe bedroht ist, eine Verwaltungsübertretung und ist von der Bezirksverwaltungsbehörde mit einer Geldstrafe bis zu 2 180 Euro zu bestrafen.

(2) Verwaltungsübertretungen nach Abs. 1 sind nur zu verfolgen und zu bestrafen, wenn im Falle

1. der §§ 213 Z 1 und 2, 215 Abs. 3, 216 Abs. 5, 219 Abs. 1, 227 Abs. 3, 228 Abs. 3, 235 Abs. 1 und 252 Abs. 4 die in den beteiligten Gesellschaften, betroffenen Tochtergesellschaften, betroffenen Betrieben oder der Europäischen Gesellschaft bestehenden Arbeitnehmervertretungen;
2. der §§ 219 Abs. 4 und 225 Abs. 2 das besondere Verhandlungsgremium;
3. des § 231 Abs. 2 die nach der Vereinbarung gemäß § 231 Abs. 1 zuständige Arbeitnehmervertretung;

4. des § 250 Abs. 1 das zuständige Leitungs- oder Verwaltungsorgan der beteiligten Gesellschaften, betroffenen Tochtergesellschaften, betroffenen Betrieben oder der Vorstand oder Verwaltungsrat der Europäischen Gesellschaft

binnen sechs Wochen ab Kenntnis von der Übertretung und der Person des Täters bei der zuständigen Bezirksverwaltungsbehörde einen Strafantrag stellt (Privatankläger).

(3) Auf das Strafverfahren ist § 56 Abs. 2 bis 4 des Verwaltungsstrafgesetzes 1991, BGBl. Nr. 52, anzuwenden.

VII. Teil

Beteiligung der Arbeitnehmer in der Europäischen Genossenschaft

Geltungsbereich

§ 254. (1) Die Bestimmungen des VII. Teiles gelten für Unternehmen, die unter den II. Teil fallen und nach der in der Verordnung (EG) Nr. 1435/2003 vom 22. Juli 2003 über das Statut der Europäischen Genossenschaft (SCE) vorgesehenen Rechtsform

1. durch Neugründung, an der mindestens zwei nach dem Recht eines Mitgliedstaates gegründete juristische Personen, die dem Recht mindestens zweier verschiedener Mitgliedstaaten unterliegen sowie allenfalls eine oder mehrere natürliche Personen beteiligt sind, oder
2. durch Verschmelzung von Genossenschaften, die nach dem Recht eines Mitgliedstaates gegründet worden sind und ihren Sitz sowie ihre Hauptverwaltung in einem Mitgliedstaat haben, sofern mindestens zwei von ihnen dem Recht verschiedener Mitgliedstaaten unterliegen, oder
3. durch Umwandlung einer Genossenschaft, die nach dem Recht eines Mitgliedstaates gegründet worden ist und ihren Sitz sowie ihre Hauptverwaltung in einem Mitgliedstaat hat, sofern sie seit mindestens zwei Jahren eine dem Recht eines anderen Mitgliedstaates unterliegende Tochtergesellschaft oder Niederlassung hat,

gegründet oder geführt werden und ihren Sitz im Inland haben oder haben werden.

(2) Die Bestimmungen des VII. Teiles gelten weiters für Unternehmen, die unter den II. Teil fallen und nach der in der Verordnung (EG) Nr. 1435/2003 vom 22. Juli 2003 über das Statut der Europäischen Genossenschaft (SCE) vorgesehenen Rechtsform

1. ausschließlich von natürlichen Personen oder
2. von einer einzigen nach dem Recht eines Mitgliedstaates gegründeten juristischen Person und von natürlichen Personen

gegründet oder geführt werden und ihren Sitz im Inland haben oder haben werden, sofern diese in mindestens zwei Mitgliedstaaten insgesamt mindestens 50 Arbeitnehmer beschäftigen.

(3) Die Bestimmungen des VII. Teiles gelten weiters für Unternehmen, die unter den II. Teil fallen und nach der in der Verordnung (EG) Nr. 1435/2003 vom 22. Juli 2003 über das Statut der Europäischen Genossenschaft (SCE) vorgesehenen Rechtsform

1. ausschließlich von natürlichen Personen oder
2. von einer einzigen nach dem Recht eines Mitgliedstaates gegründeten juristischen Person und von natürlichen Personen

gegründet worden sind, ihren Sitz im Inland haben und insgesamt weniger als 50 Arbeitnehmer oder in nur einem Mitgliedstaat 50 oder mehr Arbeitnehmer beschäftigen, sofern nach deren Eintragung mindestens ein Drittel der Gesamtzahl der Arbeitnehmer der Europäischen Genossenschaft und ihrer Tochtergesellschaften und Betriebe in mindestens zwei verschiedenen Mitgliedstaaten einen entsprechenden Antrag stellt oder die Gesamtzahl von 50 Arbeitnehmern in mindestens zwei Mitgliedstaaten erreicht oder überschritten wird. In diesem Fall sind die Bestimmungen des VII. Teiles mit der Maßgabe anzuwenden, dass die Europäische Genossenschaft an Stelle der beteiligten juristischen Personen und die Tochtergesellschaften und Betriebe der Europäischen Genossenschaft an Stelle der betroffenen Tochtergesellschaften und Betriebe treten.

(4) Wenn an der Gründung einer Europäischen Genossenschaft natürliche Personen beteiligt sind, so sind die Bestimmungen des VII. Teiles mit der Maßgabe anzuwenden, dass alle für die beteiligten juristischen Personen geltenden Regelungen in gleicher Weise auch für die beteiligten natürlichen Personen gelten.

Begriffsbestimmungen

§ 255. (1) Unter beteiligten juristischen Personen im Sinne des VII. Teiles sind die unmittelbar an der Gründung einer Europäischen Genossenschaft beteiligten Unternehmen zu verstehen. Dies sind im Falle der

1. Neugründung die daran beteiligten Unternehmen;
2. Verschmelzung die zu verschmelzenden Genossenschaften;
3. Umwandlung die umzuwandelnde Genossenschaft.

(2) Unter Tochtergesellschaft einer beteiligten juristischen Person oder einer Europäischen Genossenschaft im Sinne des VII. Teiles ist ein Unternehmen zu verstehen, auf das die betreffende juristische Person oder die betreffende Europäische Genossenschaft einen beherrschenden Einfluss im Sinne des § 176 ausübt.

(3) Unter betroffener Tochtergesellschaft ist eine Tochtergesellschaft einer beteiligten juristischen Person zu verstehen, die bei der Gründung einer Europäischen Genossenschaft zu deren Tochtergesellschaft werden soll.

(4) Unter betroffenem Betrieb ist ein Betrieb einer beteiligten juristischen Person zu verstehen, der bei der Gründung einer Europäischen Genossenschaft zu deren Betrieb werden soll.

Organe der Arbeitnehmerschaft

§ 256. In den Unternehmen, die die Voraussetzungen des § 254 erfüllen, ist nach Maßgabe der Bestimmungen des VII. Teiles ein besonderes Verhandlungsgremium einzusetzen sowie ein SCE-Betriebsrat zu errichten oder ein anderes Verfahren zur Beteiligung der Arbeitnehmer zu schaffen.

Anwendbarkeit der Bestimmungen des VI. Teiles

§ 257. (1) Im Übrigen gelten die Bestimmungen des VI. Teiles mit der Maßgabe, dass an die Stelle der beteiligten Gesellschaften die beteiligten juristischen Personen, an die Stelle der Europäischen Gesellschaft die Europäische Genossenschaft und an die Stelle des SE-Betriebsrates der SCE-Betriebsrat tritt.

(2) § 215 Abs. 2 gilt mit der Maßgabe, dass die Aufforderung zur Errichtung des besonderen Verhandlungsgremiums

1. im Fall der Neugründung einer Europäischen Genossenschaft gemäß § 254 Abs. 1 Z 1 oder Abs. 2 mindestens vier Wochen vor Unterzeichnung der Satzung,
2. im Fall einer gemäß § 254 Abs. 3 gegründeten Europäischen Genossenschaft unmittelbar nachdem mindestens ein Drittel der Gesamtzahl der Arbeitnehmer der Europäischen Genossenschaft und ihrer Tochtergesellschaften und Betriebe in mindestens zwei verschiedenen Mitgliedstaaten einen entsprechenden Antrag gestellt hat oder die Gesamtzahl von 50 Arbeitnehmern in mindestens zwei Mitgliedstaaten erreicht oder überschritten wird,

zu erfolgen hat.

(3) § 221 Abs. 2 Z 2 gilt mit der Maßgabe, dass der Abschluss einer Vereinbarung, die eine Minderung der Mitbestimmungsrechte der Arbeitnehmer zur Folge hat, nur dann der Mehrheit von zwei Drittel der Stimmen des besonderen Verhandlungsgremiums, die mindestens zwei Drittel der Arbeitnehmer in mindestens zwei Mitgliedstaaten vertreten, bedarf, wenn sich die Mitbestimmung im Fall einer Europäischen Genossenschaft, die gemäß § 254 Abs. 1 Z 1, Abs. 2 oder Abs. 3 gegründet werden soll, auf mindestens 50% der Gesamtzahl der Arbeitnehmer der beteiligten juristischen Personen erstreckt.

(4) Die Bestimmungen des 3. Abschnittes des 3. Hauptstückes des VI. Teiles über die Mitbestimmung der Arbeitnehmer kommen im Fall einer Europäischen Genossenschaft, die gemäß § 254 Abs. 1 Z 1, Abs. 2 oder Abs. 3 gegründet werden soll, nur dann zur Anwendung, wenn

1. in mindestens einer der beteiligten juristischen Personen Mitbestimmung besteht und sich auf mindestens 50% der Gesamtzahl der Arbeitnehmer aller beteiligten juristischen Personen erstreckt oder
2. in mindestens einer der beteiligten juristischen Personen Mitbestimmung besteht und sich auf weniger als 50% der Gesamtzahl der Arbeitnehmer aller beteiligten juristischen Personen erstreckt, sofern das besondere Verhandlungsgremium einen entsprechenden Beschluss fasst.

(5) § 252 Abs. 2 zweiter Satz ist mit der Maßgabe anzuwenden, dass § 110 auch auf jene Europäischen Genossenschaften Anwendung findet, die gemäß § 254 den Bestimmungen des VII. Teiles nicht unterliegen.

(6) Wird der Sitz einer Europäischen Genossenschaft, in der Vorschriften über die Mitbestimmung bestehen, die aber den Bestimmungen des VII. Teiles nicht unterliegt, ins Inland verlegt, so ist den Arbeitnehmern weiterhin zumindest dasselbe Niveau an Mitbestimmungsrechten zu gewährleisten.

(7) Auf die nach den Bestimmungen dieses Teiles in den Verwaltungsrat einer Europäischen Genossenschaft entsendeten Arbeitnehmervertreter finden jene Bestimmungen in Aufsichtsgesetzen keine Anwendung, die für Mitglieder des Verwaltungsrates eine besondere fachliche Eignung, besondere Qualifikationserfordernisse oder ähnliche Voraussetzungen vorschreiben, es sei denn die Arbeitnehmervertreter werden gemäß § 25 Abs. 1 des SCE-Gesetzes, BGBl. I Nr. 104/2006, zu geschäftsführenden Direktoren des Verwaltungsrates bestimmt.

VIII. Teil
Mitbestimmung der Arbeitnehmer bei einer grenzüberschreitenden Verschmelzung von Kapitalgesellschaften

Geltungsbereich

§ 258. (1) Die Bestimmungen dieses Teiles gelten für Unternehmen, die unter den II. Teil fallen, aus einer grenzüberschreitenden Verschmelzung von Kapitalgesellschaften hervorgehen oder hervorgehen sollen und ihren Sitz im Inland haben oder haben werden, wenn

1. in den sechs Monaten vor der Veröffentlichung des Verschmelzungsplanes mindestens eine der an der Verschmelzung beteiligten Gesellschaften durchschnittlich mehr als 500 Arbeitnehmer beschäftigt und in dieser Gesellschaft ein System der Mitbestimmung im Sinne des § 212 Abs. 4 besteht, oder
2. das österreichische Recht für die aus der grenzüberschreitenden Verschmelzung hervorgehende Gesellschaft nicht mindestens den gleichen Umfang an Mitbestimmungsrechten der

Arbeitnehmer vorsieht, wie er in den jeweiligen an der Verschmelzung beteiligten Gesellschaften bestanden hat, oder
3. das österreichische Recht für die aus der grenzüberschreitenden Verschmelzung hervorgehende Gesellschaft für Arbeitnehmer in Betrieben dieser Gesellschaft, die sich in anderen Mitgliedstaaten befinden, nicht den gleichen Anspruch auf Mitbestimmung der Arbeitnehmer vorsieht, wie er den Arbeitnehmern in Österreich gewährt wird.

(2) Der Umfang der Mitbestimmungsrechte der Arbeitnehmer im Sinne des Abs. 1 Z 2 bemisst sich nach dem Anteil der Arbeitnehmervertreter im Verwaltungs- oder Aufsichtsorgan oder in dessen Ausschüssen oder im Leitungsgremium, das für die Ergebniseinheiten einer Gesellschaft zuständig ist.

(3) Im Fall einer grenzüberschreitenden Verschmelzung durch Aufnahme gelten die Bestimmungen des VI. Teiles, sofern an der Verschmelzung eine Europäische Gesellschaft als aufnehmende Gesellschaft beteiligt ist. In allen übrigen von Abs. 1 Z 1 bis 3 nicht erfassten Fällen einer grenzüberschreitenden Verschmelzung bleibt § 110 von den Bestimmungen dieses Teiles unberührt.

Begriffsbestimmungen

§ 259. (1) Unter beteiligten Gesellschaften im Sinne dieses Teiles sind die an einer grenzüberschreitenden Verschmelzung beteiligten Kapitalgesellschaften zu verstehen.

(2) Unter Tochtergesellschaft einer beteiligten Gesellschaft im Sinne dieses Teiles ist ein Unternehmen zu verstehen, auf das die betreffende Gesellschaft einen beherrschenden Einfluss im Sinne des § 176 ausübt.

(3) Unter betroffener Tochtergesellschaft ist eine Tochtergesellschaft einer beteiligten Gesellschaft zu verstehen, die zur Tochtergesellschaft der aus der grenzüberschreitenden Verschmelzung hervorgehenden Gesellschaft werden soll.

(4) Unter betroffenem Betrieb ist ein Betrieb einer beteiligten Gesellschaft zu verstehen, der zum Betrieb der aus der grenzüberschreitenden Verschmelzung hervorgehenden Gesellschaft werden soll.

Anwendbarkeit der Bestimmungen über die Beteiligung der Arbeitnehmer in der Europäischen Gesellschaft

§ 260. (1) Im Übrigen gelten für Unternehmen im Sinne des § 258 die Bestimmungen des VI. Teiles über die Beteiligung der Arbeitnehmer in der Europäischen Gesellschaft, soweit sich diese auf das Recht auf Mitbestimmung beziehen, mit der Maßgabe, dass in jenen Fällen, in denen in diesen Bestimmungen nach der Art der Gründung der Europäischen Gesellschaft unterschieden wird, die für den Fall der Gründung durch Verschmelzung geltende Rechtsvorschrift anzuwenden ist.

(2) Wenn innerhalb des gemäß § 226 für die Verhandlungen bestimmten Zeitraumes keine Vereinbarung über die Mitbestimmung der Arbeitnehmer zustande gekommen ist, sind die §§ 246 und 247 mit der Maßgabe anzuwenden, dass das besondere Verhandlungsgremium an die Stelle des SE-Betriebsrates tritt.

(3) Wenn das besondere Verhandlungsgremium einen Beschluss gemäß § 227 Abs. 1 fasst, so sind auf die aus der grenzüberschreitenden Verschmelzung hervorgehende Gesellschaft die Bestimmungen des VI. Teiles anzuwenden, sofern es sich um eine Verschmelzung durch Aufnahme handelt und an der Verschmelzung eine Europäische Gesellschaft als aufnehmende Gesellschaft beteiligt ist. In allen übrigen Fällen ist auf die aus der grenzüberschreitenden Verschmelzung hervorgehende Gesellschaft § 110 anzuwenden. § 227 Abs. 3 und 4 ist nicht anzuwenden.

(4) § 244 Abs. 2 Z 2 gilt mit der Maßgabe, dass an die Stelle des in dieser Bestimmung festgelegten Anteiles von mindestens 25% der Gesamtzahl der Arbeitnehmer aller beteiligten Gesellschaften der Anteil von mindestens einem Drittel der Gesamtzahl der Arbeitnehmer aller beteiligten Gesellschaften tritt.

(5) § 251 Abs. 2 kommt für österreichische Arbeitnehmervertreter im Aufsichts- oder Verwaltungsrat der aus der grenzüberschreitenden Verschmelzung hervorgehenden Gesellschaft zur Anwendung, sofern diese Gesellschaft Betriebe in mindestens zwei Mitgliedstaaten hat und soweit die österreichischen Arbeitnehmervertreter keinen Anspruch gemäß dieser Bestimmung als Mitglieder des SE-Betriebsrates haben.

Anwendung der Bestimmungen über die Mitbestimmung kraft Gesetzes ohne Verhandlungen

§ 261. (1) Die zuständigen Leitungs- und Verwaltungsorgane der beteiligten Gesellschaften können beschließen, keine Verhandlungen gemäß § 260 in Verbindung mit den Bestimmungen des 2. Hauptstückes des VI. Teiles zu führen. Wird ein solcher Beschluss gefasst, so gelten in der aus der grenzüberschreitenden Verschmelzung hervorgehenden Gesellschaft die Bestimmungen über die Mitbestimmung kraft Gesetzes gemäß dem 3. Abschnitt des 3. Hauptstückes des VI. Teiles mit Ausnahme des § 244.

(2) Die zuständigen Leitungs- und Verwaltungsorgane haben die Arbeitnehmervertreter oder die Arbeitnehmer – nach Maßgabe des anzuwendenden Rechtes – der beteiligten Gesellschaften von einem Beschluss nach Abs. 1 erster Satz unverzüglich zu informieren und auf das Erfordernis der Errichtung eines besonderen Entsendungsgremiums hinzuweisen. Im Übrigen gilt § 215 Abs. 3 Z 2 bis

5 sowie Abs. 4 und 5 sinngemäß mit der Maßgabe, dass an die Stelle des besonderen Verhandlungsgremiums das besondere Entsendungsgremium tritt.

(3) Das besondere Entsendungsgremium ist unter sinngemäßer Anwendung der Bestimmungen über das besondere Verhandlungsgremium (§ 216 Abs. 1) zu errichten. Die Entsendung der österreichischen Mitglieder in das besondere Entsendungsgremium erfolgt gemäß § 217.

(4) Die Einladung zur konstituierenden Sitzung des besonderen Entsendungsgremiums kann durch jedes seiner Mitglieder erfolgen. Im Fall mehrerer Einberufungen ist die Einberufung jenes Mitgliedes maßgeblich, das die größere Zahl an Arbeitnehmern vertritt.

(5) Das besondere Entsendungsgremium hat die Aufgabe, über die Verteilung der Sitze im Aufsichts- oder Verwaltungsrat der aus der grenzüberschreitenden Verschmelzung hervorgehenden Gesellschaft auf die Arbeitnehmervertreter aus verschiedenen Mitgliedstaaten der in den einzelnen Mitgliedstaaten beschäftigten Arbeitnehmer dieser Gesellschaft, ihrer Tochtergesellschaften und Betriebe gemäß § 246 zu entscheiden. Die Entsendung der österreichischen Arbeitnehmervertreter erfolgt gemäß § 247. Soweit über die Besetzung der anderen Mitgliedstaaten gemäß dem ersten Satz zugewiesenen Sitze in diesen Mitgliedstaaten keine Regelung getroffen ist, bestimmt das besondere Entsendungsgremium die Entsendung der Arbeitnehmervertreter.

(6) Tritt in der Struktur oder der Arbeitnehmerzahl der aus der grenzüberschreitenden Verschmelzung hervorgehenden Gesellschaft eine solche Änderung ein, dass diese gegenüber der ersten Beschlussfassung gemäß Abs. 4 eine andere Verteilung der Sitze im Aufsichts- oder Verwaltungsrat oder gegebenenfalls eine andere Entsendung der österreichischen Arbeitnehmervertreter bedingt hätte, so hat das besondere Entsendungsgremium über die Verteilung der Sitze im Aufsichts- oder Verwaltungsrat gemäß § 246 und gegebenenfalls über die Entsendung der österreichischen Arbeitnehmervertreter gemäß § 247 unter Berücksichtigung der eingetretenen Änderung neu zu entscheiden.

(7) Für das besondere Entsendungsgremium gelten im Übrigen die Bestimmungen der §§ 219 Abs. 2, 220 Abs. 2, 221 Abs. 1, 224, 250 und 251 Abs. 1.

Weitere Anwendbarkeit bestehender Systeme der Mitbestimmung im Fall nachfolgender innerstaatlicher Verschmelzungen

§ 262. Wenn die aus der grenzüberschreitenden Verschmelzung hervorgehende Gesellschaft in der Folge mit einer Gesellschaft mit Sitz in Österreich verschmolzen wird, gilt, sofern es sich nicht um einen Fall des § 258 Abs. 3 erster Satz handelt, für die aus dieser Verschmelzung hervorgehende Gesellschaft § 110, es sei denn, dass dessen Anwendung zu einer Minderung der Mitbestimmungsrechte gemäß § 221 Abs. 4 führen würde. In diesem Fall gelten für diese Gesellschaft für eine Dauer von fünf Jahren nach Wirksamwerden der grenzüberschreitenden Verschmelzung jene Mitbestimmungsregelungen weiter, die bisher für die aus der grenzüberschreitenden Verschmelzung hervorgegangene Gesellschaft maßgeblich waren.

Verweisungen

§ 263. Soweit in diesem Bundesgesetz auf andere Bundesgesetze verwiesen wird, sind diese in der jeweils geltenden Fassung anzuwenden.

IX. Teil

Wirksamkeitsbeginn und Vollziehung

§ 264. (1) § 167 dieses Bundesgesetzes tritt mit Ablauf des Tages der Kundmachung, die übrigen Bestimmungen dieses Bundesgesetzes treten mit 1. Juli 1974 in Kraft. §§ 23, 50 Abs. 3, 55 Abs. 4a, 69 Abs. 2 und Abs. 3, 80 Abs. 2, 81 Abs. 3, 88a Abs. 2 letzter Satz, 97 Abs. 1 Z 25, 125 Abs. 4 und 131b Abs. 4 dieses Bundesgesetzes in der Fassung des Bundesgesetzes BGBl. Nr. 833/1992 treten mit 1. Jänner 1993 in Kraft.

(1a) Die §§ 97 Abs. 1 Z 6a und 105 Abs. 3 Z 2, in der Fassung des Bundesgesetzes BGBl. Nr. 473/1992 treten mit 1. Jänner 1993 in Kraft.

(1b) § 105 Abs. 3 Z 2 und § 109 Abs. 3 in der Fassung des Bundesgesetzes BGBl. Nr. 502/1993 treten mit 1. August 1993 in Kraft.

(2) Mit der Vollziehung dieses Bundesgesetzes sind hinsichtlich

1. § 162 Abs. 1 Z 1 und § 164 Abs. 2 zweiter Satz der Bundesminister für Handel, Gewerbe und Industrie,
2. § 136 Abs. 2 zweiter und dritter Satz der Bundesminister für Justiz,
3. § 112 Abs. 4 in Verbindung mit § 161 Abs. 2 der Bundeskanzler im Einvernehmen mit dem Bundesminister für soziale Verwaltung,
4. § 112 Abs. 4 in Verbindung mit § 161 Abs. 3 der Bundesminister für Verkehr im Einvernehmen mit dem Bundesminister für soziale Verwaltung,
5. § 112 Abs. 4 in Verbindung mit § 161 Abs. 4 der Bundesminister für Handel, Gewerbe und Industrie im Einvernehmen mit dem Bundesminister für soziale Verwaltung,
6. § 134b Abs. 2 erster Satz der Bundesminister für soziale Verwaltung im Einvernehmen mit dem Bundesminister für Justiz,
7. § 134b Abs. 2 zweiter Satz der Bundesminister für Justiz,
8. § 136 Abs. 2 erster Satz der Bundesminister für Justiz im Einvernehmen mit dem Bundesminister für soziale Verwaltung,

9. § 148 Abs. 4 der Bundesminister für soziale Verwaltung im Einvernehmen mit dem Bundesminister für Finanzen,
10. § 144 Abs. 2, 3 und 4, § 145 Abs. 6, § 147 letzter Satz und § 148 Abs. 5 hinsichtlich der Aufgaben des Präsidenten des Gerichtshofes und der Kanzleibediensteten, der Bundesminister für Justiz,
11. aller übrigen Bestimmungen der Bundesminister für soziale Verwaltung betraut.

(3) Verordnungen auf Grund der Bestimmungen dieses Bundesgesetzes können bereits von dem seiner Kundmachung folgenden Tag an erlassen werden. Diese Verordnungen dürfen frühestens mit dem im Abs. 1 bezeichneten Zeitpunkt in Kraft gesetzt werden.

(4) § 8 Z 2, § 29, § 31 Abs. 5, 6 und 7, § 32 Abs. 3, § 40 Abs. 4a, § 52 Abs. 1 erster Satz, § 62b Abs. 1 letzter Satz, § 62c, § 73 Abs. 1, § 74, § 82 Abs. 6, § 85 Abs. 1, §§ 88a und 88b, § 108 Abs. 2a und 4, § 109 Abs. 3, § 110 Abs. 6, 6a und 6b, § 113 Abs. 5, § 114 Abs. 2 und 3, § 117 Abs. 5, § 118 Abs. 6, § 123 Abs. 4, § 131f sowie § 170 in der Fassung des Bundesgesetzes BGBl. Nr. 460/1993 treten mit 1. Juli 1993 in Kraft. § 53 Abs. 1, § 108 Abs. 1 letzter Satz, § 109 Abs. 1 Z 1a und Abs. 1a, § 126 Abs. 5, § 132 Abs. 1 letzter Satz, Abs. 2 zweiter Satz und Abs. 4 letzter Satz, sowie § 160 Abs. 1 und Abs. 2 Z 3 treten gleichzeitig mit dem Abkommen über den Europäischen Wirtschaftsraum *) in Kraft.

(5) §§ 92a, 105 Abs. 3 Z 1 lit. g, 113 Abs. 2 Z 5 und Abs. 4 Z 2 in der Fassung des Bundesgesetzes BGBl. Nr. 450/1994 treten mit 1. Jänner 1995 in Kraft. § 99a tritt mit Ablauf des 31. Dezember 1994 außer Kraft.

(6) § 146 Abs. 2a in der Fassung des Bundesgesetzes BGBl. Nr. 417/1996 tritt mit 1. August 1996 in Kraft und ist auf Verfahren vor der Schlichtungsstelle anzuwenden, deren Errichtung nach dem 31. Juli 1996 beantragt worden ist.

(7) § 1 Abs. 2 Z 1, § 21 Abs. 1 erster Satz, § 49 Abs. 1 erster Satz, § 62c Abs. 1, § 70 Z 4, § 105 Abs. 3 Z 1 lit. h, § 110 Abs. 6b, § 112 Abs. 4, § 129 Abs. 3 Z 3, § 141 Abs. 2 und 3, § 145 Abs. 2 und 5, § 160 Abs. 3 und § 169 in der Fassung des Bundesgesetzes BGBl. Nr. 601/1996 treten mit 1. Oktober 1996 in Kraft. Die §§ 166 bis 168 treten mit Ablauf des 30. September 1996 außer Kraft. § 40 Abs. 4b, § 105 Abs. 3 Z 1 lit. j, § 113 Abs. 2 Z 6 und 7, Abs. 4 Z 4 und 5, Abs. 5 Z 5 und 6 sowie die Bestimmungen des V. Teiles in der Fassung des Bundesgesetzes BGBl. Nr. 601/1996 treten mit 22. September 1996 in Kraft.

(8) § 89 Z 3 erster Satz in der Fassung des Bundesgesetzes BGBl. Nr. 754/1996 tritt mit 1. Jänner 1997 in Kraft.

(9) Die §§ 56 Abs. 3 und 105 Abs. 3 Z 1 lit. h in der Fassung des Bundesgesetzes BGBl. I Nr. 30/1998 treten mit 1. Jänner 1998 in Kraft.

(10) Die §§ 171 Abs. 2 und 206 Abs. 7 und 8 in der Fassung des Bundesgesetzes BGBl. I Nr. 14/2000 treten mit 15. Dezember 1999 in Kraft.

(11) § 110 Abs. 8 und § 133a in der Fassung des Bundesgesetzes BGBl. I Nr. 83/2001 treten mit 1. Jänner 2002 in Kraft.

(12) § 160 Abs. 1 und § 207 Abs. 1 in der Fassung des Bundesgesetzes BGBl. I Nr. 98/2001 treten mit 1. Jänner 2002 in Kraft.

(13) § 97 Abs. 1 Z 1b und Z 26 sowie § 113 Abs. 4 Z 6 in der Fassung des Bundesgesetzes BGBl. I Nr. 100/2002 treten mit 1. Juli 2002 in Kraft.

(14) § 105 Abs. 3 Z 2 in der Fassung des Bundesgesetzes BGBl. I Nr. 71/2003 tritt mit 1. Jänner 2004 in Kraft und gilt für Arbeitnehmer, die nach dem 31. Dezember 2003 eingestellt wurden.

(15) § 33 in der Fassung des Bundesgesetzes BGBl. I Nr. 138/2003 tritt mit 1. Jänner 2004 in Kraft.

(16) § 40 Abs. 4c, § 110 Abs. 6, § 113 Abs. 2 Z 8 und 9, Abs. 4 Z 7 und 8, Abs. 5 Z 7 und 8 sowie die Bestimmungen des VI. Teiles in der Fassung des Bundesgesetzes BGBl. I Nr. 82/2004 treten mit 8. Oktober 2004 in Kraft.

(17) Die §§ 31 Abs. 7 und 97 Abs. 1 Z 18b und Abs. 4 in der Fassung des Bundesgesetzes BGBl. I Nr. 8/2005 treten mit 23. September 2005 in Kraft.

(18) § 40 Abs. 4d, § 110 Abs. 6, § 113 Abs. 2 Z 10 und 11, Abs. 4 Z 9 und 10, Abs. 5 Z 9 und 10, § 134 Abs. 1 Z 2 und 4 und Abs. 2 und 3, § 248 Abs. 1 erster Satz, die Bestimmungen des VII. Teiles sowie § 258 in der Fassung des Bundesgesetzes BGBl. I Nr. 104/2006 treten mit 18. August 2006 in Kraft. § 134 Abs. 1 Z 3 tritt mit Ablauf des 17. August 2006 außer Kraft. § 108 Abs. 3 und 4 in der Fassung des Bundesgesetzes BGBl. I Nr. 104/2006 tritt mit 1. Jänner 2007 in Kraft.

(19) § 40 Abs. 4e, § 113 Abs. 2 Z 12, Abs. 4 Z 11, Abs. 5 Z 11, § 134 Abs. 1 Z 3, § 230 Abs. 2 Z 2 sowie die Bestimmungen des VIII. Teiles in der Fassung des Bundesgesetzes BGBl. I Nr. 77/2007 treten mit 15. Dezember 2007 in Kraft.

(20) §§ 21 Abs. 1 und 27 Abs. 2 in der Fassung des Bundesgesetzes BGBl. I Nr. 74/2009 treten mit 1. August 2009 in Kraft.

(21) § 53 Abs. 3 in der Fassung des Bundesgesetzes BGBl. I Nr. 135/2009 tritt mit 1. Jänner 2010 in Kraft.

(22) § 176 Abs. 7 in der Fassung des Bundesgesetzes BGBl. I Nr. 58/2010 tritt mit 1. August 2010 in Kraft.

(23) §§ 21 Abs. 2, 49 Abs. 3, 50 Abs. 2 erster Satz, 53 Abs. 1, 55 Abs. 5, 67 Abs. 1, 68 Abs. 4, 96 Abs. 1 Z 4, 97 Abs. 1 Z 16, 105, 107, 108 Abs. 2a zweiter und dritter Satz, 109 Abs. 1 erster Satz, 115 Abs. 3 erster Satz, 123 Abs. 3, 125 Abs. 3 erster Satz, 126 Abs. 4 und 5, 144 Abs. 2a und 146 Abs. 2a in der Fassung des Bundesgesetzes BGBl. I Nr. 101/2010 treten mit 1. Jänner 2011 in Kraft. Die §§ 49 Abs. 1 letzter Satz, 52 Abs. 1 letzter Satz, 117 Abs. 4 und 124 Abs. 6 letzter Satz treten mit Ablauf des 31. Dezember 2010 außer Kraft. §§ 172, 173 Abs. 2 bis 5, 174, 176 Abs. 6, 178, 180 Abs. 3a, 181 Abs. 5, 182, 186 Abs. 2, 188 Abs. 2, 189 Z 2 und 3 sowie Z 5 bis 7, 192, 194 Abs. 3 Z 1 und Abs. 4 erster Satz, 195, 199 Abs. 2 und 3, 201 bis 203a, 204 Abs. 2, 205, 206 Abs. 9 und 207 Abs. 1 und 2 sowie die Überschrift des 4. Hauptstückes in der Fassung des Bundesgesetzes BGBl. I Nr. 101/2010 treten mit 6. Juni 2011 in Kraft. Die Überschrift des 4. Hauptstückes tritt mit Ablauf des 5. Juni 2011 außer Kraft.

(24) Die Verlängerung der Frist für die Anfechtung von Kündigungen gemäß § 105 Abs. 4 und § 107 in der Fassung des Bundesgesetzes BGBl. I Nr. 101/2010 gilt für Kündigungen, die nach dem 31. Dezember 2010 zugehen.

(25) § 133 Abs. 1, Abs. 2 und 4 in der Fassung des Bundesgesetzes BGBl. I Nr. 100/2010 treten mit 1. Jänner 2011 in Kraft.

(26) § 22 Abs. 2 tritt mit 1. Juli 2011 außer Kraft.

(27) § 99 Abs. 5 in der Fassung des Bundesgesetzes BGBl. I Nr. 98/2012 tritt mit 1. Jänner 2013 in Kraft.

(28) § 114 Abs. 1 und 2 in der Fassung des Bundesgesetzes BGBl. I Nr. 67/2013 tritt mit 1. Juli 2013 in Kraft.

(29) §§ 144 Abs. 2a, 146 Abs. 2 und 158 Abs. 2 in der Fassung des Bundesgesetzes BGBl. I Nr. 71/2013 treten mit 1. Jänner 2014 in Kraft.

(30) Die §§ 61 Abs. 1 erster Satz und Abs. 2a, 75 Abs. 2, 82 Abs. 1 erster Satz, 88 Abs. 2, 88b Abs. 5 erster Satz, 118 Abs. 1, 196 Abs. 1 erster Satz, 201 Abs. 1, 237 Abs. 1 erster Satz und 243 Abs. 1 Z 1 in der Fassung des Bundesgesetzes BGBl. I Nr. 12/2017 treten mit 1. Jänner 2017 in Kraft und gelten für Organe der Arbeitnehmerschaft, deren Konstituierung nach dem 31. Dezember 2016 erfolgt.

(31) § 105 Abs. 3b letzter Satz in der Fassung des Bundesgesetzes BGBl. I Nr. 37/2017 gilt für Arbeitnehmer, die nach dem 30. Juni 2017 eingestellt werden.

(32) §§ 110 Abs. 1, 2a bis 2d, 6 und 6b sowie § 247 Abs. 1a in der Fassung des Bundesgesetzes BGBl. I Nr. 104/2017 treten mit 1. Jänner 2018 in Kraft und gelten für die Entsendungen von Arbeitnehmervertretern durch Organe der Arbeitnehmerschaft, deren Wahl nach dem 31. Dezember 2017 erfolgt.

(33) § 170 in der Fassung des Bundesgesetzes BGBl. I Nr. 16/2020 tritt mit dem der Kundmachung folgenden Tag in Kraft. Dauert die COVID-19 Krisensituation über den 30. April 2020 hinaus an, so hat die Bundesministerin für Arbeit, Familie und Jugend durch Verordnung den in § 170 Abs. 2 festgesetzten Endtermin 30. April 2020 zu verlängern, nicht jedoch über den 31. Dezember 2020 hinaus.

(34) § 170 Abs. 1 und § 264 Abs. 33 in der Fassung des Bundesgesetzes BGBl. I Nr. 23/2020 treten mit dem der Kundmachung folgenden Tag in Kraft. Dauert die COVID-19 Krisensituation über den 31. Oktober 2020 hinaus an, so hat die Bundesministerin für Arbeit, Familie und Jugend durch Verordnung den in § 170 Abs. 1 festgesetzten Endtermin 31. Oktober 2020 zu verlängern, nicht jedoch über den 31. Dezember 2020 hinaus.

(35) §§ 26 Abs. 1 bis 3, 27 Abs. 1 bis 3, 28 Abs. 1 bis 3, 49 Abs. 1, § 52 Abs. 1, 149, 158 Abs. 1 Z 4 und 5 sowie 164 Abs. 1 in der Fassung des Bundesgesetzes BGBl. I Nr. 170/2020 treten mit 1. Jänner 2021 in Kraft.

(36) § 97 Abs. 1 Z 27 in der Fassung des Bundesgesetzes BGBl. I Nr. 61/2021 tritt mit 1. April 2021 in Kraft.

(37) § 92a Abs. 3 und § 105 Abs. 3 Z 1 lit. g) in der Fassung des Bundesgesetzes BGBl. I Nr. 115/2022 treten mit 1. Juli 2022 in Kraft.

---

*) Die Kundmachung des Abkommens und seines Inkrafttretens wird zu einem späteren Zeitpunkt erfolgen

Artikel 1

(Anm.: aus BGBl. I Nr. 8/2005, zu den §§ 31 und 97, BGBl. Nr. 22/1974)

Durch dieses Bundesgesetz wird die Richtlinie 2003/41/EG des Europäischen Parlaments und des Rates vom 3. Juni 2003 über die Tätigkeiten und die Beaufsichtigung von Einrichtungen der betrieblichen Altersversorgung (ABl. Nr. L 235 vom 23. September 2003, S 10) in Österreichisches Recht umgesetzt.

Artikel II

Ersetzung eines Begriffs

(Anm.: aus BGBl. Nr. 394/1986, zu BGBl. Nr. 22/1974)

In den §§ 46, 66, 67, 68, 71, 74, 76, 77, 78, 128, 131a und 131e des Arbeitsverfassungsgesetzes wird der Begriff „Obmann",, durch den Begriff „Vorsitzender" ersetzt. Wird eine Frau in diese Funktion gewählt, so trägt sie die Bezeichnung „Vorsitzende".

7. Hauptstück
Schluss- und Übergangsbestimmungen
Artikel 79
Inkrafttreten und Übergangsbestimmungen

(Anm.:aus BGBl. I Nr. 135/2009, zu § 53, BGBl. Nr. 22/1974)

(1) Art. 2 (Änderung des Allgemeinen Bürgerlichen Gesetzbuchs), Art. 3 (Änderung des Ehegesetzes), Art. 4 (Änderung des Fortpflanzungsmedizingesetzes), Art. 6 (Änderung der Jurisdiktionsnorm), Art. 7 (Änderung des Strafgesetzbuches), Art. 27 (Änderung des Einkommensteuergesetzes 1988), Art. 28 (Änderung des Körperschaftsteu-

ergesetzes 1988), Art. 29 (Änderung des Umsatzsteuergesetzes 1994), Art. 30 (Änderung des Bewertungsgesetzes 1955), Art. 31 (Änderung des Gebührengesetzes 1957), Art. 33 (Änderung der Bundesabgabenordnung), Art. 34 (Änderung des Alkoholsteuergesetzes), Art. 61 (Änderung des Ärztegesetzes 1998), Art. 62 (Änderung des Gehaltskassengesetzes 2002), Art. 63 (Änderung des Apothekengesetzes), Art. 72 (Änderung des Studienförderungsgesetzes), Art. 76 (Änderung des Entwicklungshelfergesetzes), Art. 77 (Änderung des Bundesgesetzes über Aufgaben und Organisation des auswärtigen Dienstes – Statut) und Art. 78 (Bundesgesetz über die Einräumung von Privilegien und Immunitäten an internationale Organisationen) treten mit 1. Jänner 2010 in Kraft.

(2) Die durch dieses Bundesgesetz geänderten Strafbestimmungen sind in Strafsachen nicht anzuwenden, in denen vor ihrem Inkrafttreten das Urteil in erster Instanz gefällt worden ist. Nach Aufhebung eines Urteils infolge Nichtigkeitsbeschwerde, Berufung, Wiederaufnahme oder Erneuerung des Strafverfahrens oder infolge eines Einspruches ist jedoch im Sinne der §§ 1 und 61 StGB vorzugehen.

11. Arbeitsruhegesetz

Bundesgesetz vom 3. Feber 1983 über die wöchentliche Ruhezeit und die Arbeitsruhe an Feiertagen
StF: BGBl. Nr. 144/1983
Letzte Novellierung: BGBl. I Nr. 58/2022

GLIEDERUNG

STICHWORTVERZEICHNIS

1. ABSCHNITT
Geltungsbereich

§ 1. (1) Dieses Bundesgesetz gilt für Arbeitnehmer aller Art, soweit im folgenden nicht anderes bestimmt wird.

(2) Ausgenommen sind:

1. Arbeitnehmer, die in einem Arbeitsverhältnis zu einer Gebietskörperschaft oder zu einem Gemeindeverband stehen, soweit sie nicht
   a) in Betrieben eines Landes, einer Gemeinde oder eines Gemeindeverbandes beschäftigt sind,
   b) in Betrieben des Bundes beschäftigt sind;
2. Arbeitnehmer von Kraftfahrlinienunternehmungen im Sinne des Kraftfahrliniengesetzes (KfLG), BGBl. I Nr. 203/1999, soweit für diese Arbeitnehmer zwingende dienstrechtliche Vorschriften über die wöchentliche Ruhezeit gelten;
3. nahe Angehörige der Arbeitgeberin bzw. des Arbeitgebers (Eltern, volljährige Kinder, im gemeinsamen Haushalt lebende Ehegattin oder Ehegatte, eingetragene Partnerin oder Partner, sowie Lebensgefährtin oder Lebensgefährte, wenn seit mindestens drei Jahren ein gemeinsamer Haushalt besteht), deren gesamte Arbeitszeit auf Grund der besonderen Merkmale der Tätigkeit
   a) nicht gemessen oder im Voraus festgelegt wird, oder
   b) von diesen Arbeitnehmerinnen bzw. Arbeitnehmern hinsichtlich Lage und Dauer selbst festgelegt werden kann;
4. Lehr- und Erziehungskräfte an Unterrichts- und Erziehungsanstalten, soweit sie nicht bereits unter Z 1 fallen;
5. leitende Angestellte oder sonstige Arbeitnehmerinnen und Arbeitnehmer, denen maßgebliche selbständige Entscheidungsbefugnis übertragen ist und deren gesamte Arbeitszeit auf Grund der besonderen Merkmale der Tätigkeit
   a) nicht gemessen oder im Voraus festgelegt wird, oder
   b) von diesen Arbeitnehmerinnen bzw. Arbeitnehmern hinsichtlich Lage und Dauer selbst festgelegt werden kann;
6. Arbeitnehmer, für die folgende Vorschriften gelten:
   a) das Hausbesorgergesetz, BGBl. Nr. 16/1970;
   b) das Hausgehilfen- und Hausangestelltengesetz, BGBl. Nr. 235/1962;
   c) das Bundesgesetz über die Beschäftigung von Kindern und Jugendlichen 1987, BGBl. Nr. 599;
   d) das Landarbeitsgesetz 2021, BGBl. I Nr. 78/2021;
   e) das Seeschifffahrtsgesetz, BGBl. Nr. 174/1981, soweit für diese Arbeitnehmer kollektivvertragliche Regelungen entsprechend § 4 des Anhanges der Richtlinie 1999/63/EG gelten;
7. Arbeitnehmer, die dem Bäckereiarbeiter/innengesetz 1996, BGBl. Nr. 410/1996, unterliegen;
8. Arbeitnehmer, die in Theaterunternehmen im Sinne des § 1 Abs. 2 des Theaterarbeitsgesetzes (TAG), BGBl. I Nr. 100/2010, beschäftigt sind;
9. Heimarbeiter, auf die das Heimarbeitsgesetz 1960, BGBl. Nr. 105/1961, anzuwenden ist.

(3) Auf Arbeitnehmer gesetzlich anerkannter Kirchen und Religionsgesellschaften, die nicht in Betrieben beschäftigt sind, findet dieses Gesetz Anwendung, wenn keine gleichwertige interne Regelung besteht.

2. ABSCHNITT
Wochenendruhe, Wochenruhe, Ersatzruhe und Feiertagsruhe
Begriff der Ruhezeit

§ 2. (1) Im Sinne dieses Bundesgesetzes ist

1. Wochenendruhe eine ununterbrochene Ruhezeit von 36 Stunden, in die der Sonntag fällt (§ 3);
2. Wochenruhe eine ununterbrochene Ruhezeit von 36 Stunden in der Kalenderwoche (§ 4);
3. wöchentliche Ruhezeit sowohl die Wochenendruhe als auch die Wochenruhe;
4. Ersatzruhe eine ununterbrochene Ruhezeit, die als Abgeltung für die während der wöchentlichen Ruhezeit geleistete Arbeit zusteht (§ 6);
5. Feiertagsruhe eine ununterbrochene Ruhezeit von 24 Stunden, die frühestens um 0 Uhr und spätestens um 6 Uhr des gesetzlichen Feiertages beginnt (§ 7).

(2) Während der Wochenend- und Feiertagsruhe darf im Rahmen der §§ 10 bis 18 nur die unumgänglich notwendige Anzahl von Arbeitnehmern beschäftigt werden.

(3) Soweit in diesem Bundesgesetz personenbezogene Bezeichnungen noch nicht geschlechtsneutral formuliert sind, gilt die gewählte Form für beide Geschlechter.

Wochenendruhe

§ 3. (1) Der Arbeitnehmer hat in jeder Kalenderwoche Anspruch auf eine ununterbrochene Ruhezeit von 36 Stunden, in die der Sonntag zu fallen hat (Wochenendruhe). Während dieser Zeit darf der Arbeitnehmer nur beschäftigt werden, wenn dies auf Grund der §§ 2 Abs. 2, 10 bis 18 zulässig ist.

(2) Die Wochenendruhe hat für alle Arbeitnehmer spätestens Samstag um 13 Uhr, für Arbeitnehmer, die mit unbedingt notwendigen Abschluß-, Reinigungs-, Instandhaltungs- oder Instandsetzungsarbeiten beschäftigt sind, spätestens Samstag um 15 Uhr zu beginnen.

(2a) Bei nicht durchlaufender mehrschichtiger Arbeitsweise hat die Wochenendruhe spätestens Samstag um 24 Uhr zu beginnen.

(3) In Betrieben mit einer werktags durchlaufenden mehrschichtigen Arbeitsweise hat die Wochenendruhe spätestens mit Ende der Nachtschicht zum Sonntag zu beginnen und darf frühestens mit Beginn der Nachtschicht zum Montag enden.

(4) Wird in Verbindung mit Feiertagen eingearbeitet und die ausfallende Arbeitszeit auf die Werktage der die Ausfallstage einschließenden Wochen verteilt (§ 4 Abs. 2 und 3 des Arbeitszeitgesetzes, BGBl. Nr. 461/1969), so kann der Beginn der Wochenendruhe im Einarbeitungszeitraum bis spätestens Samstag 18 Uhr aufgeschoben werden.

Wochenruhe

§ 4. Der Arbeitnehmer, der nach der für ihn geltenden Arbeitszeiteinteilung während der Zeit der Wochenendruhe beschäftigt wird, hat in jeder Kalenderwoche an Stelle der Wochenendruhe Anspruch auf eine ununterbrochene Ruhezeit von 36 Stunden (Wochenruhe). Die Wochenruhe hat einen ganzen Wochentag einzuschließen.

Abweichende Regelung der wöchentlichen Ruhezeit

§ 5. (1) Zur Ermöglichung der Schichtarbeit kann im Schichtplan die wöchentliche Ruhezeit abweichend von den §§ 3 und 4 geregelt werden.

(2) Das Ausmaß der wöchentlichen Ruhezeit kann in den Fällen des Abs. 1 bis auf 24 Stunden gekürzt werden. In einem Durchrechnungszeitraum von vier Wochen muß dem Arbeitnehmer jedoch eine durchschnittliche wöchentliche Ruhezeit von 36 Stunden gesichert sein. Zur Berechnung dürfen nur mindestens 24stündige Ruhezeiten herangezogen werden.

(3) Die Bundesministerin bzw. der Bundesminister für Arbeit kann auf Antrag des Arbeitgebers nach Anhörung der gesetzlichen Interessenvertretungen der Arbeitgeber und Arbeitnehmer abweichend von Abs. 2 Schichtpläne zulassen. Sie können die wöchentliche Ruhezeit von mindestens 24 Stunden unterschreiten oder den vierwöchigen Durchrechnungszeitraum überschreiten, wenn dies aus wichtigen Gründen erforderlich und mit den Interessen der Arbeitnehmer vereinbar ist. Solche Schichtpläne können befristet werden.

(4) Die Bundesministerin bzw. der Bundesminister für Arbeit hat Ausnahmen gemäß Abs. 3 von Amts wegen oder auf Antrag einer der gesetzlichen Interessenvertretungen der Arbeitgeber oder Arbeitnehmer, des Arbeitgebers oder von Organen der Arbeitnehmerschaft des Betriebes abzuändern oder zu widerrufen, wenn die Voraussetzungen des Abs. 3 nicht mehr vorliegen.

(5) Für Arbeitnehmer, die auf im öffentlichen Interesse betriebenen Großbaustellen oder auf Baustellen der Wildbach- und Lawinenverbauung in Gebirgsregionen beschäftigt sind, kann durch Kollektivvertrag die wöchentliche Ruhezeit abweichend von den §§ 3 und 4 geregelt werden. Die wöchentliche Ruhezeit kann für einzelne Wochen gekürzt werden oder zur Gänze entfallen, wenn in einem vierwöchigen Durchrechnungszeitraum eine durchschnittliche wöchentliche Ruhezeit von 36 Stunden gesichert ist. Abs. 2 dritter Satz gilt sinngemäß.

(6) Für Arbeitnehmer, die bei der Herstellung oder beim Vertrieb von Tageszeitungen und Montagfrühblättern beschäftigt sind, kann durch Kollektivvertrag die wöchentliche Ruhezeit abweichend von den §§ 3 und 4 geregelt werden. Die wöchentliche Ruhezeit kann bis auf 24 Stunden gekürzt werden, wenn in einem vierwöchigen Durchrechnungszeitraum eine durchschnittliche wöchentliche Ruhezeit von 36 Stunden gesichert ist. Abs. 2 dritter Satz gilt sinngemäß.

Ersatzruhe

§ 6. (1) Der Arbeitnehmer, der während seiner wöchentlichen Ruhezeit (§ 2 Abs. 1 Z 3) beschäftigt wird, hat in der folgenden Arbeitswoche Anspruch auf Ersatzruhe, die auf seine Wochenarbeitszeit anzurechnen ist. Die Ersatzruhe ist im Ausmaß der während der wöchentlichen Ruhezeit geleisteten Arbeit zu gewähren, die innerhalb von 36 Stunden vor dem Arbeitsbeginn in der nächsten Arbeitswoche erbracht wurde.

(2) Während der Ersatzruhe nach Abs. 1 dürfen Arbeitnehmer nur im Rahmen der §§ 11 oder 14 beschäftigt werden.

(3) Wird ein Arbeitnehmer während der Ersatzruhe gemäß Abs. 1 beschäftigt, so ist diese Ersatzruhe im entsprechenden Ausmaß zu einer anderen, einvernehmlich festgesetzten Zeit nachzuholen.

(4) Während der Ersatzruhe nach Abs. 3 dürfen Arbeitnehmer nur zur Abwendung einer unmittelbaren Gefahr für die Sicherheit des Lebens oder für die Gesundheit von Menschen oder bei Notstand beschäftigt werden. Hiefür gebührt keine weitere Ersatzruhe.

(5) Die Ersatzruhe hat unmittelbar vor dem Beginn der folgenden wöchentlichen Ruhezeit zu liegen, soweit vor Antritt der Arbeit, für die Ersatzruhe gebührt, nicht anderes vereinbart wurde.

Rufbereitschaft

§ 6a. Rufbereitschaft außerhalb der Arbeitszeit darf nur während zwei wöchentlicher Ruhezeiten pro Monat vereinbart werden.

Feiertagsruhe

§ 7. (1) Der Arbeitnehmer hat an Feiertagen Anspruch auf eine ununterbrochene Ruhezeit von mindestens 24 Stunden, die frühestens um 0 Uhr und spätestens um 6 Uhr des Feiertages beginnen muß.

(2) Feiertage im Sinne dieses Bundesgesetzes sind:
1. Jänner (Neujahr), 6. Jänner (Heilige Drei Könige), Ostermontag, 1. Mai (Staatsfeiertag), Christi Himmelfahrt, Pfingstmontag, Fronleichnam, 15. August (Mariä Himmelfahrt), 26. Oktober (Nationalfeiertag), 1. November (Allerheiligen), 8. Dezember (Mariä Empfängnis), 25. Dezember (Weihnachten), 26. Dezember (Stephanstag).

(Anm.: Abs. 3 aufgehoben durch Art. 1 Z 2, BGBl. I Nr. 22/2019)

(4) Feiertage dürfen auf die wöchentliche Ruhezeit nur angerechnet werden, soweit sie in die Zeit der wöchentlichen Ruhezeit fallen.

(5) In Betrieben mit einer werktags durchlaufenden mehrschichtigen Arbeitsweise hat die Feiertagsruhe spätestens mit Ende der Nachtschicht zum Feiertag zu beginnen und darf frühestens mit Beginn der Nachtschicht zum nächsten Werktag enden.

(6) Ist für die Normalarbeitszeit (§ 3 Arbeitszeitgesetz) an Feiertagen Zeitausgleich vereinbart, so muß dieser mindestens einen Kalendertag oder 36 Stunden umfassen.

(7) Fällt ein Feiertag auf einen Sonntag, so sind die §§ 3 bis 5 anzuwenden.

Einseitiger Urlaubsantritt („persönlicher Feiertag“)

§ 7a. (1) Der Arbeitnehmer kann den Zeitpunkt des Antritts eines Tages des ihm zustehenden Urlaubs einmal pro Urlaubsjahr einseitig bestimmen. Der Arbeitnehmer hat den Zeitpunkt spätestens drei Monate im Vorhinein schriftlich bekannt zu geben.

(2) Es steht dem Arbeitnehmer frei, auf Ersuchen des Arbeitgebers den bekannt gegebenen Urlaubstag nicht anzutreten. In diesem Fall hat der Arbeitnehmer weiterhin Anspruch auf diesen Urlaubstag. Weiters hat er für den bekannt gegebenen Tag außer dem Urlaubsentgelt Anspruch auf das für die geleistete Arbeit gebührende Entgelt, insgesamt daher das doppelte Entgelt, womit das Recht gemäß Abs. 1 erster Satz konsumiert ist.

(3) Abweichend von § 1 Abs. 2 Z 2 bis 9 gilt diese Bestimmung auch für diese Personen.

Freizeit zur Erfüllung der religiösen Pflichten

§ 8. (1) Der Arbeitnehmer, der während der Wochenend- oder Feiertagsruhe beschäftigt wird, hat auf Verlangen Anspruch auf die zur Erfüllung seiner religiösen Pflichten notwendige Freizeit, wenn diese Pflichten nicht außerhalb der Arbeitszeit erfüllt werden können und die Freistellung von der Arbeit mit den Erfordernissen des Betriebes vereinbar ist.

(2) Der Arbeitnehmer hat diesen Anspruch bei Vereinbarung der Wochenend- oder Feiertagsarbeit, spätestens jedoch zwei Tage vorher, bei späterer Vereinbarung sofort, dem Arbeitgeber gegenüber geltend zu machen.

Entgelt für Feiertage und Ersatzruhe

§ 9. (1) Der Arbeitnehmer behält für die infolge eines Feiertages oder der Ersatzruhe (§ 6) ausgefallene Arbeit seinen Anspruch auf Entgelt.

(2) Dem Arbeitnehmer gebührt jenes Entgelt, das er erhalten hätte, wenn die Arbeit nicht aus den im Abs. 1 genannten Gründen ausgefallen wäre.

(3) Bei Akkord-, Stück- oder Gedinglöhnen, akkordähnlichen oder sonstigen leistungsbezogenen Prämien oder Entgelten ist das fortzuzahlende Entgelt nach dem Durchschnitt der letzten 13 voll gearbeiteten Wochen unter Ausscheidung nur ausnahmsweise geleisteter Arbeiten zu berechnen. Hat der Arbeitnehmer nach Antritt des Arbeitsverhältnisses noch keine 13 Wochen voll gearbeitet, so ist das Entgelt nach dem Durchschnitt der seit Antritt des Arbeitsverhältnisses voll gearbeiteten Zeiten zu berechnen.

(4) Durch Kollektivvertrag im Sinne des § 18 Abs. 4 Arbeitsverfassungsgesetz (ArbVG), BGBl. Nr. 22/1974, kann geregelt werden, welche Leistungen des Arbeitgebers als Entgelt anzusehen sind. Die Berechnungsart für die Ermittlung der Höhe des Entgeltes kann durch Kollektivvertrag abweichend von Abs. 2 und 3 geregelt werden.

(5) Der Arbeitnehmer, der während der Feiertagsruhe beschäftigt wird, hat außer dem Entgelt nach Abs. 1 Anspruch auf das für die geleistete Arbeit gebührende Entgelt, es sei denn, es wird Zeitausgleich im Sinne des § 7 Abs. 6 vereinbart.

3. ABSCHNITT
Ausnahmen von der Wochenend- und Feiertagsruhe

Ausnahmen für bestimmte Tätigkeiten

§ 10. Während der Wochenend- und Feiertagsruhe dürfen Arbeitnehmer nur beschäftigt werden mit:

1. der Reinigung, Instandhaltung oder Instandsetzung, soweit sich solche Arbeiten während des regelmäßigen Arbeitsablaufes nicht ohne Unterbrechung oder erhebliche Störung ausführen lassen und infolge ihres Umfanges nicht bis spätestens Samstag 15 Uhr abgeschlossen werden können;
2. der Bewachung oder Wartung von Betriebsanlagen einschließlich Bergbauanlagen oder Wartung von Tieren;
3. Arbeiten, die dem Brandschutz dienen;
4. der gesundheitlichen Betreuung oder Versorgung mit Speisen und Getränken derjenigen Arbeitnehmer, die auf Grund der Ausnahmebestimmungen dieses Bundesgesetzes während

ARG

der Wochenend- oder Feiertagsruhe beschäftigt werden dürfen;
5. der Beförderung der während der Wochenend- oder Feiertagsruhe beschäftigten Arbeitnehmer zu und von der Arbeitsstelle;
6. der Be- und Entlüftung, Beheizung oder Kühlung der Arbeitsräume;
7. Umbauarbeiten an Betriebsanlagen einschließlich Bergbauanlagen, wenn diese aus technischen Gründen nur während des Betriebsstillstandes durchgeführt werden können und ein Betriebsstillstand außerhalb der Ruhezeiten mit einem erheblichen Schaden verbunden wäre;
8. der Betreuung, Beaufsichtigung und Versorgung mit Speisen und Getränken in Internaten und Heimen, wenn diese Internate und Heime auch während der Wochenend- oder Feiertagsruhe betrieben werden.

Reisezeit

§ 10a. Verläßt der Arbeitnehmer über Auftrag des Arbeitgebers vorübergehend seinen Dienstort (Arbeitsstätte), um an anderen Orten seine Arbeitsleistung zu erbringen, ist eine Reisebewegung während der Wochenend- und Feiertagsruhe zulässig, wenn diese zur Erreichung des Reiseziels notwendig oder im Interesse des Arbeitnehmers gelegen ist.

Ausnahmen in außergewöhnlichen Fällen

§ 11. (1) Während der Wochenend- und Feiertagsruhe dürfen Arbeitnehmer in außergewöhnlichen Fällen mit vorübergehenden und unaufschiebbaren Arbeiten beschäftigt werden, soweit diese
1. zur Abwendung einer unmittelbaren Gefahr für die Sicherheit des Lebens oder die Gesundheit von Menschen oder bei Notstand sofort vorzunehmen sind oder
2. zur Behebung einer Betriebsstörung oder zur Verhütung des Verderbens von Gütern oder eines sonstigen unverhältnismäßigen wirtschaftlichen Schadens erforderlich sind, wenn unvorhergesehene und nicht zu verhindernde Gründe vorliegen und andere zumutbare Maßnahmen zu diesem Zweck nicht möglich sind.

(2) Der Arbeitgeber hat die in Abs. 1 angeführten Arbeiten dem Arbeitsinspektorat binnen zehn Tagen nach Beginn der Arbeiten schriftlich anzuzeigen. Die Anzeige hat die Gründe für die Arbeiten sowie die Anzahl der zur Arbeitsleistung benötigten Arbeitnehmer zu enthalten.

(3) Zur Sicherstellung der nach Abs. 1 notwendigen Arbeiten können Bereitschaftsdienste oder Rufbereitschaften eingerichtet werden.

(4) Der Arbeitgeber hat die Einrichtung von Bereitschaftsdiensten im Sinne des Abs. 3 unter Angabe von Gründen und der erforderlichen Anzahl der Arbeitnehmer dem Arbeitsinspektorat vorher schriftlich anzuzeigen. Entfallen die Gründe, die für die Einrichtung maßgebend waren, so hat er dies binnen zehn Tagen dem Arbeitsinspektorat schriftlich anzuzeigen.

Ausnahmen durch Verordnung für bestimmte Tätigkeiten

§ 12. (1) Durch Verordnung sind für Arbeitnehmer in bestimmten Betrieben Ausnahmen von der Wochenend- und Feiertagsruhe für Arbeiten zuzulassen, wenn diese
1. zur Befriedigung dringender Lebensbedürfnisse notwendig sind;
2. im Hinblick auf während der Wochenend- oder Feiertagsruhe hervortretende Freizeit- und Erholungsbedürfnisse und Erfordernisse des Fremdenverkehrs notwendig sind;
3. zur Bewältigung des Verkehrs notwendig sind;
4. aus technologischen Gründen einen ununterbrochenen Fortgang erfordern;
5. im Bergbau aus technologischen oder naturbedingten Gründen oder aus Gründen der Sicherheit einen ununterbrochenen Fortgang erfordern;
6. wegen der Gefahr des Mißlingens von Arbeitserzeugnissen nicht aufgeschoben werden können, soweit diese Gefahr nicht durch andere Maßnahmen abgewendet werden kann oder
7. wegen der Gefahr des raschen Verderbens von Rohstoffen nicht aufgeschoben werden können und nach der Art des Betriebes auf einen bestimmten Zeitraum beschränkt sind.

(2) Soweit dies nach der Art der Tätigkeit zweckmäßig ist, hat die Verordnung die nach Abs. 1 zulässigen Arbeiten einzeln anzuführen und das für die Durchführung notwendige Zeitausmaß festzulegen. Arbeiten, die im unmittelbaren Zusammenhang mit den nach Abs. 1 zulässigen Arbeiten stehen oder ohne die diese nicht durchführbar wären, sind zuzulassen, soweit sie nicht vor oder nach der Wochenend- oder Feiertagsruhe vorgenommen werden können.

(Anm.: Abs. 3 aufgehoben durch Art. 4 Z 3, BGBl. I Nr. 126/2017)

Ausnahmen durch Kollektivvertrag

§ 12a. (1) Der Kollektivvertrag kann weitere Ausnahmen von der Wochenend- und Feiertagsruhe zulassen, wenn dies zur Verhinderung eines wirtschaftlichen Nachteils sowie zur Sicherung der Beschäftigung erforderlich ist.

(2) Soweit dies nach der Art der Tätigkeit zweckmäßig ist, hat der Kollektivvertrag die nach Abs. 1 zulässigen Arbeiten einzeln anzuführen und das für die Durchführung notwendige Zeitausmaß festzulegen.

Vorübergehend auftretender besonderer Arbeitsbedarf

§ 12b. (1) Bei vorübergehend auftretendem besonderem Arbeitsbedarf können durch Betriebsvereinbarung Ausnahmen von der Wochenend-

und Feiertagsruhe an vier Wochenenden oder Feiertagen pro Arbeitnehmerin bzw. Arbeitnehmer und Jahr zugelassen werden. Eine Ausnahme von der Wochenendruhe kann nicht an vier auf einander folgenden Wochenenden erfolgen.

(2) Für Verkaufstätigkeiten nach dem Öffnungszeitengesetz gilt Abs. 1 nicht.

(3) In
Betrieben ohne Betriebsrat kann Wochenend- und Feiertagsarbeit nach Abs. 1 und 2 schriftlich mit den einzelnen Arbeitnehmerinnen und Arbeitnehmern vereinbart werden. In diesem Fall steht es den Arbeitnehmerinnen und Arbeitnehmern frei, solche Wochenend- und Feiertagsarbeit ohne Angabe von Gründen abzulehnen. Sie dürfen deswegen nicht benachteiligt werden, insbesondere hinsichtlich des Entgelts, der Aufstiegsmöglichkeiten und der Versetzung. Werden Arbeitnehmerinnen und Arbeitnehmer deswegen gekündigt, können sie die Kündigung innerhalb einer Frist von zwei Wochen bei Gericht anfechten. § 105 Abs. 5 ArbVG gilt sinngemäß.

(4) Die Betriebsvereinbarung bzw. die schriftliche Einzelvereinbarung muss, sofern sie für wiederkehrende Ereignisse abgeschlossen wird, den Anlass umschreiben.

Ausnahmen durch Verordnung des Landeshauptmannes

§ 13. (1) Der Landeshauptmann kann neben den gemäß § 12 Abs. 1 und 2 zulässigen Ausnahmen nach Anhörung der zuständigen gesetzlichen Interessenvertretungen der Arbeitgeber und Arbeitnehmer durch Verordnung weitere Ausnahmen zulassen, wenn

1. nicht bereits eine Ausnahme im Sinne dieses Bundesgesetzes, insbesondere durch den Ausnahmenkatalog gemäß § 12 Abs. 1, für den zu regelnden Bereich besteht und
2. ein außergewöhnlicher regionaler Bedarf für Versorgungsleistungen gegeben ist.

(2) Verordnungen im Sinne des Abs. 1 haben den örtlichen Geltungsbereich, die Tätigkeiten, die Zeiträume und das maximale Zeitausmaß, während dem die Beschäftigung von Arbeitnehmern zulässig ist, genau zu bezeichnen. Arbeiten, die im unmittelbaren Zusammenhang mit den nach Abs. 1 zulässigen Arbeiten stehen oder ohne die diese nicht durchführbar wären, sind zuzulassen, soweit sie nicht vor oder nach der Wochenend- oder Feiertagsruhe vorgenommen werden können.

(3) Verordnungen gemäß Abs. 1 sind der Bundesministerin bzw. dem Bundesminister für Arbeit jeweils zur Kenntnis zu bringen.

(4) Abs. 1 bis 3 gelten nicht für Verkaufstätigkeiten nach dem Öffnungszeitengesetz 2003, BGBl. I Nr. 48/2003.

Sonderregelung für den 8. Dezember

§ 13a. Die Beschäftigung von Arbeitnehmern am 8. Dezember in Verkaufsstellen gemäß § 1 Abs. 1 und 3 des Öffnungszeitengesetzes 2003 ist zulässig, wenn der 8. Dezember auf einen Werktag fällt. Der Arbeitnehmer hat das Recht, die Beschäftigung am 8. Dezember auch ohne Angabe von Gründen abzulehnen. Kein Arbeitnehmer darf wegen der Weigerung, am 8. Dezember der Beschäftigung nachzugehen, benachteiligt werden.

Ausnahmen durch Verordnung im öffentlichen Interesse

§ 14. Durch Verordnung sind Ausnahmen von der Wochenend- oder Feiertagsruhe für die Arbeitnehmer bestimmter Betriebe zuzulassen, wenn es das öffentliche Interesse infolge besonders schwerwiegender Umstände erfordert.

Ausnahmen in Einzelfällen

§ 15. (1) Die Bundesministerin bzw. der Bundesminister für Arbeit hat auf Antrag des Arbeitgebers nach Anhörung der gesetzlichen Interessenvertretungen der Arbeitgeber und Arbeitnehmer für bestimmte Arbeitnehmer eines Betriebes eine Ausnahme von der Wochenend- und Feiertagsruhe zuzulassen, wenn dies im Einzelfall infolge der Neuerrichtung oder Änderung einer Betriebsanlage oder der Einführung eines neuen Verfahrens aus den im § 12 Abs. 1 Z 4, 6 und 7 genannten Gründen erforderlich ist.

(2) Die Bundesministerin bzw. der Bundesminister für Arbeit hat auf Antrag des Arbeitgebers nach Anhörung der gesetzlichen Interessenvertretungen der Arbeitgeber und Arbeitnehmer für bestimmte Arbeitnehmer eines Bergbaubetriebes eine Ausnahme von den Bestimmungen der Wochenend- und Feiertagsruhe zuzulassen, wenn dies

1. infolge der Neuerrichtung oder Änderung einer Bergbauanlage oder der Einführung eines neuen Verfahrens aus technologischen Gründen,
2. infolge von Betriebsunterbrechungen durch außergewöhnliche Ereignisse,
3. durch besondere Witterungseinflüsse bis zum Ausgleich entstandener Folgen,
4. zur Überbrückung von Versorgungsengpässen oder
5. unverzüglich zur Sicherstellung der Versorgung mit mineralischen Rohstoffen

erforderlich ist.

4. ABSCHNITT

Sonderbestimmungen für Märkte und Messen

Märkte und marktähnliche Veranstaltungen

§ 16. Finden Märkte oder marktähnliche Veranstaltungen [§§ 286 bis 294 der Gewerbeordnung 1994 (GewO 1994), BGBl. Nr. 194] auf Grund gewerberechtlicher Bewilligung während der Wochenend- oder Feiertagsruhe statt, so ist die Beschäftigung von Arbeitnehmern nur im örtlich und zeitlich bewilligten Rahmen dieser Veranstaltung und im unbedingt notwendigen Ausmaß zulässig.

Messen und messeähnliche Veranstaltungen

§ 17. (1) Werden Messen oder messeähnliche Veranstaltungen durchgeführt, dürfen Arbeitnehmer auch während der Wochenend- und Feiertagsruhe mit Arbeiten beschäftigt werden, die

1. innerhalb der letzten zwei Wochen vor Beginn zur Vorbereitung der Veranstaltung, wie zum Aufbau der Ausstellungseinrichtung und zur Anlieferung des Messegutes,
2. zur Durchführung der Veranstaltung,
3. zur Betreuung und Beratung der Besucher,
4. zur Erfüllung der Aufgaben als Beauftragter

der beruflich berührten Besucherkreise oder

5. für den Abbau und Abtransport des Messegutes, der Ausstellungseinrichtungen und sonstigen Abschlußarbeiten

notwendig sind. In den Fällen der Z 1, 4 und 5 ist die Beschäftigung von Arbeitnehmern während der Wochenend- und Feiertagsruhe jedoch nur dann zulässig, wenn diese Arbeiten nicht durch zumutbare organisatorische Maßnahmen außerhalb der Ruhezeiten möglich sind. In den Fällen der Z 2 und 3 ist die Beschäftigung von Arbeitnehmern während der Wochenend- und Feiertagsruhe – unbeschadet der notwendigen Vor- und Abschlußarbeiten – nur in der Zeit zwischen 9 Uhr und 18 Uhr, während der Sommerzeit gemäß dem Zeitzählungsgesetz, BGBl. Nr. 78/1976 (https://www.ris.bka.gv.at/Dokumente/BgblPdf/1976_78_0/1976_78_0.pdf), wahlweise auch in der Zeit zwischen 10 Uhr und 19 Uhr zulässig.

(2) Werbe- und Verkaufsveranstaltungen gelten als Messen oder messeähnliche Veranstaltungen, wenn sie die Voraussetzungen der Abs. 3 bis 6 erfüllen.

(3) Als Messe im Sinne des Abs. 1 ist eine zeitlich begrenzte, im allgemeinen regelmäßig wiederkehrende Veranstaltung zu verstehen, in deren Rahmen eine Vielzahl von Ausstellern ein umfassendes Angebot eines oder mehrerer Wirtschaftszweige ausstellt und überwiegend nach Muster vor allem an gewerbliche Wiederverkäufer, gewerbliche Verbraucher oder Großabnehmer vertreibt (Fachmesse).

(4) Als Messe im Sinne des Abs. 1 ist auch eine im allgemeinen regelmäßig wiederkehrende, jedoch höchstens zweimal im Jahr stattfindende Veranstaltung in der Dauer von mindestens drei und höchstens zehn aufeinanderfolgenden Tagen anzusehen, in deren Rahmen eine Vielzahl von Ausstellern ein umfassendes Angebot eines oder mehrerer Wirtschaftszweige ausstellt und sowohl an gewerbliche Wiederverkäufer, gewerbliche Verbraucher oder Großabnehmer als auch an Letztverbraucher vertreibt (Publikumsmesse).

(5) Als messeähnliche Veranstaltungen im Sinne des Abs. 1 gelten auch Veranstaltungen, die nur einmal oder jedenfalls ohne Regelmäßigkeit durchgeführt werden oder die die wirtschaftliche Leistungsfähigkeit von bestimmten Gewerbezweigen oder Regionen darstellen sollen (Handwerksausstellungen, Leistungsschauen und dergleichen), bei welchen der Informationszweck gegenüber der Absicht des Warenvertriebes überwiegt.

(6) Als Messen oder messeähnliche Veranstaltungen gelten Veranstaltungen jedoch nur dann, wenn infolge der großen Zahl der Aussteller und Besucher die Organisation der Durchführung von den Ausstellern nicht selbst bewältigt werden kann und die Veranstaltungen außerhalb jener Betriebsstätten durchgeführt werden, in denen der normale Geschäftsbetrieb der Aussteller stattfindet.

(Anm.: Abs. 7 aufgehoben durch Art. 4 Z 4, BGBl. I Nr. 126/2017)

Verkaufsstellen in Bahnhöfen und Autobusbahnhöfen, auf Flughäfen und Schiffslandeplätzen, Zollfreiläden

§ 18. (1) Für den Verkauf von Lebensmitteln, Reiseandenken und notwendigem Reisebedarf (Reiselektüre, Schreibmaterialien, Blumen, Reise-Toiletteartikel, Filme und dergleichen) und Artikeln des Trafiksortiments dürfen Arbeitnehmer auch während der Wochenend- und Feiertagsruhe in Verkaufsstellen in Bahnhöfen und Autobusbahnhöfen, auf Flughäfen und an Schiffslandeplätzen beschäftigt werden. Die dem Verkauf dieser Waren gewidmete Fläche darf pro Verkaufsstelle 80 Quadratmeter nicht übersteigen, soweit nicht auf Grund einer Verordnung gemäß § 7 Z 1 des Öffnungszeitengesetzes 2003 oder auf Grund des § 12 Abs. 3 letzter Satz des Öffnungszeitengesetzes 2003 ein größeres Ausmaß zulässig ist. Als Verkaufsstelle im Sinne dieser Bestimmung ist eine Verkaufsstelle nur dann anzusehen, wenn sie ausschließlich durch die betreffende Verkehrseinrichtung zugänglich ist.

(2) Für den Verkauf des Sortiments von Zollfreiläden auf Flughäfen dürfen Arbeitnehmer auch während der Wochenend- und Feiertagsruhe beschäftigt werden.

5. ABSCHNITT
Sonderbestimmungen
Sonderbestimmungen für Arbeitnehmer in Verkehrsbetrieben

§ 19. (1) Für Arbeitnehmer

1. in Verkehrsbetrieben im Sinne des
a) Kraftfahrliniengesetzes (KfLG),
b) Gelegenheitsverkehrsgesetzes 1996, BGBl. Nr. 112,
c) Eisenbahngesetzes 1957, BGBl. Nr. 60,
d) Seilbahngesetzes 2003, BGBl. I Nr. 103,
e) Schifffahrtsgesetzes, BGBl. I Nr. 62/1997,
f) Seeschifffahrtsgesetzes,
2. in Schlaf-, Liege- und Speisewagenunternehmungen im Rahmen des fahrenden Betriebes der Eisenbahnen,
3. die in Unternehmen nach dem Luftfahrtgesetz, BGBl. Nr. 253/1957, oder dem Flughafen-Bodenabfertigungsgesetz, BGBl. I Nr. 97/1998, als Flughafenpersonal oder als Flugsicherungspersonal beschäftigt sind,

kann durch Kollektivvertrag die wöchentliche Ruhezeit und die Ruhezeit an Feiertagen abweichend von den §§ 3, 4 und 7 geregelt werden, soweit diese Arbeitnehmer nicht gemäß § 1 Abs. 2 Z 2 vom Geltungsbereich ausgenommen sind.

(2)

1. Die wöchentliche Ruhezeit darf in einzelnen Wochen 36 Stunden unterschreiten oder ganz unterbleiben, wenn in einem kollektivvertraglich festgelegten Zeitraum eine durchschnittliche Ruhezeit von 36 Stunden erreicht wird. Zur Berechnung dürfen nur mindestens 24stündige Ruhezeiten herangezogen werden.
2. Die Lage der Ersatzruhe kann abweichend von § 6 festgelegt werden.
3. In Fällen des besonderen Bedarfes kann zur Aufrechterhaltung des Verkehrs durch Betriebe im Sinne des Abs. 1 eine finanzielle Abgeltung der Ersatzruhe vorgesehen werden.

(3) In Betrieben von Gebietskörperschaften können dienstrechtliche Vorschriften, die den wesentlichen Inhalt des Arbeitsverhältnisses zwingend festlegen, Regelungen im Sinne der Abs. 1 und 2 treffen.

(3a) Soweit in diesem Bundesgesetz

1. auf den EU-Teilabschnitt FTL verwiesen wird, ist dies ein Verweis auf den Teilabschnitt FTL im Anhang III der Verordnung (EU) Nr. 965/2012, zur Festlegung technischer Vorschriften und von Verwaltungsverfahren in Bezug auf den Flugbetrieb gemäß der Verordnung (EG) Nr. 216/2008 des Europäischen Parlaments und des Rates, ABl. Nr. L 296 vom 25.10.2012, S. 1, in der jeweils geltenden Fassung;
2. auf den EU-Teilabschnitt Q verwiesen wird, ist dies ein Verweis auf den Teilabschnitt Q im Anhang III der Verordnung (EG) Nr. 3922/91 des Rates vom 16. Dezember 1991 zur Harmonisierung der technischen Vorschriften und der Verwaltungsverfahren in der Zivilluftfahrt, ABl. Nr. L 373 vom 31.12.1991, S. 4, in der jeweils geltenden Fassung.

(4) Dem fliegenden Personal von Luftfahrtunternehmen sind zu gewähren:

1. bei Flügen gemäß Art. 8 Z 1 der Verordnung (EU) Nr. 965/2012 mindestens wöchentliche Ruhezeiten im Sinne der Bestimmungen des EU-Teilabschnittes FTL einschließlich österreichischer Durchführungsvorschriften,
2. bei Flügen gemäß Art. 8 Z 2 der Verordnung (EU) Nr. 965/2012 mindestens wöchentliche Ruhezeiten im Sinne der Bestimmungen des EU-Teilabschnittes Q einschließlich österreichischer Durchführungsvorschriften,
3. bei allen Flügen jedenfalls in einem Durchrechnungszeitraum von einem Kalenderjahr pro Kalendermonat durchschnittlich mindestens acht, in jedem Kalendermonat jedoch mindestens sieben arbeitsfreie Kalendertage am Wohnsitzort. Arbeitsfreie Kalendertage sind den Arbeitnehmern und Arbeitnehmerinnen zehn Tage im Voraus bekannt zu geben. Fallen diese in eine wöchentliche Ruhezeit, sind sie anzurechnen.

(5) Auf Arbeitnehmer gemäß Abs. 4, für die kollektivvertragliche Regelungen über die wöchentliche Ruhezeit gelten, sind die Abschnitte 2 bis 4 dieses Bundesgesetzes nicht anzuwenden.

(6) Für Arbeitnehmerinnen und Arbeitnehmer im Schiffsdienst von Binnenschifffahrtsunternehmen darf der Kollektivvertrag bei einer Durchrechnung der wöchentlichen Ruhezeit gemäß Abs. 2 Z 1 einen Durchrechnungszeitraum von mehr als einem Monat nur zulassen, wenn er nicht mehr als 31 aufeinander folgende Arbeitstage zulässt und die Mindestanzahl von aufeinander folgenden Ruhetagen im unmittelbaren Anschluss an aufeinander folgende geleistete Arbeitstage wie folgt bestimmt:

1. vom 1. bis zum 10. aufeinander folgenden Arbeitstag: je 0,2 Ruhetage pro aufeinander folgendem Arbeitstag;
2. vom 11. bis zum 20. aufeinander folgenden Arbeitstag: je 0,3 Ruhetage pro aufeinander folgendem Arbeitstag;
3. vom 21. bis zum 31. aufeinander folgenden Arbeitstag: je 0,4 Ruhetage pro aufeinander folgendem Arbeitstag.

Anteilige Ruhetage werden in dieser Berechnung der Mindestanzahl von aufeinander folgenden Ruhetagen addiert und nur in ganzen Tagen abgegolten.

Sonderbestimmungen für das grenzüberschreitend eingesetzte Zugpersonal

§ 19a. Für Arbeitnehmer gemäß § 18f Abs. 1 Z 3 AZG ist § 19 mit Ausnahme von Abs. 2 Z 2 und 3 nicht anzuwenden. Diese haben statt dessen Anspruch auf die Gewährung einer 36stündigen wöchentlichen Ruhezeit pro Kalenderwoche. Darüber hinaus haben sie Anspruch

1. auf die Verlängerung von zwölf wöchentlichen Ruhezeiten pro Jahr auf 60 Stunden, die den Samstag und den Sonntag umfassen müssen,
2. auf die Verlängerung von zwölf weiteren wöchentlichen Ruhezeiten pro Jahr auf 60 Stunden, die nicht den Samstag und den Sonntag umfassen müssen, sowie
3. auf 28 weitere 24stündige Ruhezeiten.

Sonderbestimmungen für bestimmte Arbeitnehmer in öffentlichen Apotheken und Anstaltsapotheken

§ 21. (1) Für angestellte Apothekenleiterinnen bzw. Apothekenleiter und andere allgemein berufsberechtigte Apothekerinnen und Apotheker in öffentlichen Apotheken oder Anstaltsapotheken kann durch Kollektivvertrag die wöchentliche Ruhezeit und die Ruhezeit an Feiertagen abweichend von den §§ 3, 4 und 7 geregelt werden.

(2)

1. Die wöchentliche Ruhezeit darf in einzelnen Wochen 36 Stunden unterschreiten oder ganz unterbleiben, wenn in einem kollektivvertraglich festgelegten Zeitraum eine durchschnittliche Ruhezeit von 36 Stunden erreicht wird. Zur Berechnung dürfen nur mindestens 24stündige Ruhezeiten herangezogen werden.
2. Die Lage der Ersatzruhe kann abweichend von § 6 festgelegt werden.

(Anm.: Z 3 aufgehoben durch Art. 2 Z 2, BGBl. I Nr. 127/2017)

(3) Bei Arbeitsleistungen in Apotheken, die ununterbrochenen Bereitschaftsdienst in Rufererreichbarkeit gemäß § 8 Abs. 3 des Apothekengesetzes, RGBl. Nr. 5/1907 versehen, darf Ruferreichbarkeit nur während zwei wöchentlichen Ruhezeiten pro Monat vereinbart werden. Der Kollektivvertrag kann zulassen, daß Ruferreichbarkeit innerhalb eines Zeitraumes von drei Monaten während sechs wöchentlichen Ruhezeiten vereinbart werden kann. Diese Bestimmung gilt nicht für Vertreter von alleinarbeitenden Apothekenleitern.

(4) In Betrieben von Gebietskörperschaften können dienstrechtliche Vorschriften, die den wesentlichen Inhalt des Arbeitsverhältnisses zwingend regeln, Regelungen im Sinne der Abs. 1 bis 3 treffen.

Sonderbestimmungen für Arbeitnehmer in Betrieben des Bewachungsgewerbes

§ 22. (1) Für Arbeitnehmer in Betrieben des Bewachungsgewerbes im Sinne des § 129 Abs. 4 GewO 1994 kann durch Kollektivvertrag die wöchentliche Ruhezeit und die Ruhezeit an Feiertagen abweichend von den §§ 3, 4 und 7 geregelt werden.

(2)

1. Die wöchentliche Ruhezeit darf in einzelnen Wochen 36 Stunden unterschreiten oder ganz unterbleiben, wenn in einem kollektivvertraglich festgelegten Zeitraum eine durchschnittliche Ruhezeit von 36 Stunden erreicht wird. Zur Berechnung dürfen nur mindestens 24stündige Ruhezeiten herangezogen werden.
2. Die Lage der Ersatzruhe kann abweichend von § 6 festgelegt werden.
3. Zur Aufrechterhaltung der ordnungsgemäßen Bewachung kann eine finanzielle Abgeltung der Ersatzruhe vorgesehen werden.

Abschnitt 5a

Lenker bestimmter Kraftfahrzeuge

§ 22a. (1) Auf die Beschäftigung von Lenkern von Kraftfahrzeugen, die unter die Verordnung (EG) Nr. 561/2006 über die Harmonisierung bestimmter Sozialvorschriften im Straßenverkehr, ABl. Nr. L 102 vom 11.04.2006 S. 1, fallen, sind die §§ 2 bis 5 und 19 nicht anzuwenden, soweit diese auf die Dauer der wöchentlichen Ruhezeit Bezug nehmen. Für diese Lenker gelten Vorschriften über die wöchentliche Ruhezeit nach Maßgabe dieser Verordnung auch auf Fahrtstrecken, die nicht unter Art. 2 Abs. 2 dieser Verordnung fallen.

(2) Für den Kraftfahrlinienverkehr mit einer Linienstrecke von nicht mehr als 50 km sind die §§ 2 bis 5 und 19, soweit sie auf die Dauer der wöchentlichen Ruhezeit Bezug nehmen, dann nicht anzuwenden, wenn durch Kollektivvertrag oder Betriebsvereinbarung

1. eine Verlängerung der täglichen Lenkzeit auf mehr als zweimal wöchentlich neun Stunden zugelassen wurde (§ 14a Abs. 1 AZG) oder
2. eine Verlängerung der wöchentlichen Lenkzeit zugelassen wurde (§ 14a Abs. 2 AZG).

In diesem Fall gelten stattdessen die §§ 22b und 22c.

Wöchentliche Ruhezeit

§ 22b. (1) Der Lenker hat in jeder Woche Anspruch auf eine ununterbrochene wöchentliche Ruhezeit von mindestens 45 Stunden. Diese wöchentliche Ruhezeit kann auf 36 zusammenhängende Stunden verkürzt werden. Durch Kollektivvertrag kann zugelassen werden, daß die wöchentliche Ruhezeit außerhalb des Standortes des Fahrzeuges oder des Heimatortes des Lenkers auf 24 zusammenhängende Stunden verkürzt wird. Jede Verkürzung ist durch eine zusammenhängende Ruhezeit auszugleichen, die vor Ende der auf die betreffende Woche folgenden dritten Woche zu nehmen ist. Diese als Ausgleich zustehende Ruhezeit ist zusammen mit einer anderen mindestens achtstündigen Ruhezeit zu gewähren, und zwar über Verlangen des Lenkers am Aufenthaltsort des Fahrzeugs oder am Heimatort des Lenkers.

(2) Eine wöchentliche Ruhezeit, die in einer Woche beginnt und in die darauffolgende Woche reicht, kann auch der zweiten Woche zugerechnet werden.

(3) Zwischen zwei wöchentlichen Ruhezeiten dürfen höchstens sechs Tage liegen. Durch Kollektivvertrag kann zugelassen werden, daß im grenzüberschreitenden Personenverkehr mit Ausnahme des Linienverkehrs zwischen zwei wöchentlichen Ruhezeiten höchstens zwölf Tage liegen dürfen und die wöchentlichen Ruhezeiten in einem Durchrechnungszeitraum von zwei Wochen spätestens am Ende der zweiten Woche zusammen gewährt werden.

Abweichungen

§ 22c. Im Falle des § 22a Abs. 2 kann der Lenker, wenn es mit der Sicherheit im Straßenverkehr vereinbar ist, um einen geeigneten Halteplatz zu erreichen, von § 22b abweichen, soweit dies erforderlich ist, um die Sicherheit der Fahrgäste, des Fahrzeugs oder seiner Ladung zu gewährleisten. Art und Grund der Abweichung sind zu vermerken

1. auf dem Schaublatt, wenn das Fahrzeug mit einem analogen Fahrtenschreiber im Sinne von Art. 2 Abs. 2 lit. g der Verordnung (EU) Nr. 165/2014, über den Fahrtenschreiber im Straßenverkehr, ABl. Nr. L 60 vom 28.2.2014 S. 1, in der jeweils geltenden Fassung, ausgerüstet ist,
2. auf dem Ausdruck des Kontrollgeräts, wenn das Fahrzeug mit einem digitalen Fahrtenschreiber im Sinne von Art. 2 Abs. 2 lit. h der Verordnung (EU) Nr. 165/2014, ausgerüstet ist,
3. im Arbeitszeitplan in den Fällen des Art. 16 Abs. 1 der Verordnung (EG) Nr. 561/2006,
4. in den Arbeitszeitaufzeichnungen in den übrigen Fällen.

Informationspflichten

§ 22d. Der Dienstzettel gemäß § 2 Abs. 2 Arbeitsvertragsrechts-Anpassungsgesetz (AVRAG), BGBl. Nr. 459/1993, hat neben allen dort genannten Angaben auch einen Hinweis auf die für die Lenkerin/den Lenker geltenden Vorschriften zur wöchentlichen Ruhezeit und Feiertagsruhe sowie auf die Möglichkeiten zur Einsichtnahme zu enthalten.

Schadenersatz- und Regressansprüche

§ 22e. Bei Schadenersatz- und Regressansprüchen zwischen Arbeitgebern und Lenkern gelten als Grund für die Minderung oder den gänzlichen Ausschluss von Ersatz- oder Regressansprüchen im Sinne des § 2 Abs. 2 Z 4 und 5 des Dienstnehmerhaftpflichtgesetzes, BGBl. Nr. 80/1965,

1. ein Verstoß des Arbeitgebers gegen die Informationspflicht gemäß § 22d, oder
2. ein Verstoß gegen die Bestimmungen über die wöchentliche Ruhezeit,

es sei denn, dass diese Verstöße auf den Eintritt des Schadens oder die Schadenshöhe keinen Einfluss haben konnten.

Abschnitt 5b
Sonderbestimmungen für Arbeitnehmer in Verkaufsstellen und bestimmten Dienstleistungsbetrieben

§ 22f. (1) Arbeitnehmer in Verkaufsstellen gemäß § 1 des Öffnungszeitengesetzes 2003 dürfen an Samstagen nach 13 Uhr beschäftigt werden, soweit die jeweils geltenden Öffnungszeitenvorschriften das Offenhalten dieser Verkaufsstellen zulassen. Mit Arbeiten gemäß § 3 Abs. 2 dürfen Arbeitnehmer höchstens eine weitere Stunde beschäftigt werden.

(2) Arbeitnehmer in Betriebseinrichtungen von Dienstleistungsbetrieben, die mit Betriebseinrichtungen gemäß § 1 Öffnungszeitengesetz 2003 vergleichbar sind, dürfen an Samstagen bis 18 Uhr, mit Arbeiten gemäß § 3 Abs. 2 bis 19 Uhr beschäftigt werden, soweit nicht durch Verordnung nach §§ 12 oder 13 oder Kollektivvertrag nach § 12a weiter gehende Ausnahmen zugelassen sind.

(3) Der Kollektivvertrag kann Sonderbestimmungen für die Beschäftigung von Arbeitnehmern nach Abs. 1 und 2 festsetzen.

(4) Abs. 1 und 3 gelten auch für Tätigkeiten gemäß § 9 des Öffnungszeitengesetzes 2003.

6. ABSCHNITT
Allgemeine Vorschriften

Aushang der Ruhezeitenregelung

§ 24. Der Arbeitgeber hat an einer für die Arbeitnehmer des Betriebes leicht zugänglichen Stelle einen Aushang über den Beginn und das Ende der wöchentlichen Ruhezeit gut sichtbar anzubringen oder den Arbeitnehmern mittels eines sonstigen Datenträgers samt Ablesevorrichtung, durch geeignete elektronische Datenverarbeitung oder durch geeignete Telekommunikationsmittel zugänglich zu machen.

Aufzeichnungen und Auskunftspflicht

§ 25. (1) Der Arbeitgeber hat zur Überwachung der Einhaltung der Ruhezeiten Aufzeichnungen über Ort, Dauer und Art der Beschäftigung aller während der Wochenend-, Wochen-, Ersatz- oder Feiertagsruhe beschäftigten Arbeitnehmer sowie über die gemäß § 6 gewährte Ersatzruhe zu führen. Bei schriftlich festgehaltener fixer Arbeitszeiteinteilung ist § 26 Abs. 5a des Arbeitszeitgesetzes anzuwenden.

(2) Der Arbeitgeber hat der Arbeitsinspektion und ihren Organen die erforderlichen Auskünfte zu erteilen und auf Verlangen die gemäß Abs. 1

zu führenden Aufzeichnungen zur Einsicht vorzulegen.

Sonderbestimmungen für die Schifffahrt

§ 25a. (1) Dienstpläne und Arbeitszeitaufzeichnungen im Sinne der §§ 24 und 25 sind für die an Bord beschäftigten Arbeitnehmer an Bord der Schiffe im Sinne des Schifffahrtsgesetzes und des Seeschifffahrtsgesetzes anzubringen bzw. zu führen. Dies gilt jedoch nicht für Fahrzeuge, die nur dem Remork im Sinne des § 2 Z 30 Schifffahrtsgesetz in Häfen dienen.

(2) An Bord von Schiffen, die unter das Seeschifffahrtsgesetz fallen, sind die Unterlagen gemäß Abs. 1 überdies in den Arbeitssprachen und in Englisch anzubringen bzw. zu führen und haben den Standardmustern der Anhänge I und II der Richtlinie 1999/95/EG zu entsprechen. Eine schriftlich vom Arbeitgeber und vom Arbeitnehmer bestätigte Kopie der Arbeitszeitaufzeichnung ist dem Arbeitnehmer auszuhändigen.

Behördenzuständigkeit und Verfahrensvorschriften

§ 26. (1) Die nach diesem Bundesgesetz den Arbeitsinspektoraten zustehenden Aufgaben und Befugnisse sind in den vom Wirkungsbereich der Arbeitsinspektion ausgenommenen Betrieben von den zur Wahrung des Arbeitnehmerschutzes sonst berufenen Behörden wahrzunehmen.

(2) Die den Arbeitsinspektoraten nach diesem Bundesgesetz zustehenden Aufgaben und Befugnisse, die sich über den Wirkungsbereich eines Arbeitsinspektorates hinaus erstrecken, sind von der Bundesministerin bzw. vom Bundesminister für Arbeit wahrzunehmen.

(3) Anzeigen gemäß § 11 Abs. 2 und 4 sind von Stempel- und Rechtsgebühren des Bundes befreit.

Strafbestimmungen

§ 27. (1) Arbeitgeber, die den §§ 3, 4, 5 Abs. 1 und 2, §§ 6, 6a, 7, 8 und 9 Abs. 1 bis 3 und 5 oder den §§ 10 bis 22b, 22c zweiter Satz, 22f sowie 24 bis 25a zuwiderhandeln, sind, sofern die Tat nicht nach anderen Vorschriften einer strengeren Strafe unterliegt, von der Bezirksverwaltungsbehörde mit einer Geldstrafe von 72 Euro bis 2 180 Euro, im Wiederholungsfall von 145 Euro bis 2 180 Euro zu bestrafen.

(2) Ebenso sind Arbeitgeberinnen bzw. Arbeitgeber zu bestrafen, die die wöchentliche Ruhezeit gemäß Art. 8 Abs. 6 bis 8a der Verordnung (EG) Nr. 561/2006 nicht gewähren oder die Aufzeichnungspflichten gemäß Art. 12 dieser Verordnung verletzen.

(2a) Ebenso sind Arbeitgeberinnen und Arbeitgeber zu bestrafen, die in Bezug auf wöchentliche Ruhezeiten den Bestimmungen der EU-Teilabschnitte FTL oder Q einschließlich österreichischer Durchführungsvorschriften zuwiderhandeln.

(2b) Abweichend von Abs. 1 sind Arbeitgeber, sofern die Tat nicht nach anderen Vorschriften einer strengeren Strafe unterliegt, von der Bezirksverwaltungsbehörde im Wiederholungsfall mit einer Geldstrafe von 218 Euro bis 3 600 Euro zu bestrafen, wenn die wöchentliche Ruhezeit weniger als 24 Stunden betragen hat, soweit nicht eine kürzere Ruhezeit zulässig ist.

(2c) Sind Übertretungen gemäß Abs. 2 nach Anhang III der Richtlinie 2006/22/EG als

1. leichte Übertretungen eingestuft oder in diesem Anhang nicht erwähnt, sind die Arbeitgeberinnen und Arbeitgeber mit einer Geldstrafe von 72 Euro bis 1 815 Euro, im Wiederholungsfall von 145 Euro bis 1 815 Euro;
2. schwerwiegende Übertretungen eingestuft, sind die Arbeitgeberinnen und Arbeitgeber mit einer Geldstrafe von 200 Euro bis 2 180 Euro, im Wiederholungsfall von 250 Euro bis 3 600 Euro;
3. sehr schwerwiegende Übertretungen eingestuft, sind die Arbeitgeberinnen und Arbeitgeber mit einer Geldstrafe von 300 Euro bis 2 180 Euro, im Wiederholungsfall von 350 Euro bis 3 600 Euro,

zu bestrafen.

(3) Besteht bei einer Bezirksverwaltungsbehörde der Verdacht einer Zuwiderhandlung durch ein Organ einer Gebietskörperschaft, so hat die Behörde, wenn es sich um ein Organ des Bundes oder eines Landes handelt, eine Anzeige an das oberste Organ, welchem das der Zuwiderhandlung verdächtigte Organ untersteht, in allen anderen Fällen aber eine Anzeige an die Aufsichtsbehörde zu erstatten.

(4) Im Falle des § 22a Abs. 1 zweiter Satz genügt abweichend von § 44a Z 2 des Verwaltungsstrafgesetzes 1991 (VStG), BGBl. Nr. 52, als Angabe der verletzten Verwaltungsvorschrift die Angabe des entsprechenden Gebotes oder Verbotes der Verordnung (EG) Nr. 561/2006.

(5) Wurden Verwaltungsübertretungen nach den Abs. 1 und 2 nicht im Inland begangen, gelten sie an jenem Ort begangen, an dem sie festgestellt wurden.

Weitergelten von Regelungen

§ 28. (1) Bei Inkrafttreten dieses Bundesgesetzes bestehende für die Arbeitnehmer günstigere Regelungen in Kollektivverträgen, Arbeits-(Dienst–)Ordnungen, Betriebsvereinbarungen oder Arbeitsverträgen werden durch dieses Bundesgesetz nicht berührt.

(2) Bei Inkrafttreten dieses Bundesgesetzes bestehende Bestimmungen in Kollektivverträgen in Angelegenheiten, die durch Kollektivvertrag abweichend geregelt werden können, gelten als solche abweichende Regelungen. Bestehende kollektivvertragliche Ansprüche können auf Ansprüche gemäß § 19 Abs. 2 Z 3, § 20 Abs. 2 Z 3, § 21,

Abs. 2 Z 3 und § 22 Abs. 2 Z 3 nur insoweit angerechnet werden, als dadurch die Belastung der Arbeit während der wöchentlichen Ruhezeit nicht aber Mehrarbeit oder andere Arbeitserschwernisse abgegolten werden.

(3) Bestehende kollektivvertragliche Ansprüche können auf Ansprüche gemäß § 9 Abs. 5 nur insoweit angerechnet werden, als dadurch die Belastung der Feiertagsarbeit nicht aber Mehrarbeit oder andere Arbeitserschwernisse abgegolten werden.

7. ABSCHNITT
Übergangs- und Schlußbestimmungen
Außerkrafttreten von Ausnahmegenehmigungen

§ 29. Bescheide, mit Ausnahme der Strafbescheide, die auf Grund von Vorschriften erlassen worden sind, die durch dieses Bundesgesetz außer Kraft gesetzt werden, verlieren spätestens mit Ablauf von sechs Monaten nach Inkrafttreten dieses Bundesgesetzes ihre Wirksamkeit, wenn nicht innerhalb dieser Frist um eine Ausnahmegenehmigung nach diesem Bundesgesetz angesucht wird.

Anhängige Verfahren

§ 30. (1) Auf die im Zeitpunkt des Inkrafttretens dieses Bundesgesetzes anhängigen Verwaltungsverfahren ist an Stelle der aufgehobenen Vorschriften dieses Bundesgesetz anzuwenden.

(2) Die Bestimmungen dieses Bundesgesetzes sind auch auf strafbare Handlungen oder Unterlassungen anzuwenden, die vor seinem Inkrafttreten begangen worden sind, sofern diese dadurch nicht einer strengeren Strafe unterliegen als nach den bisher geltenden Vorschriften.

Aufhebung von Rechtsvorschriften

§ 31. (1) Mit Inkrafttreten dieses Bundesgesetzes treten außer Kraft:

1. Das Gesetz vom 28. Juli 1902, RGBl. Nr. 156, betreffend die Regelung des Arbeitsverhältnisses der bei Regiebauten von Eisenbahnen und in den Hilfsanstalten derselben verwendeten Arbeiter, in der Fassung des Gesetzes StGBl. Nr. 42/1919 und der Bundesgesetze BGBl. Nr. 191/1928, 50/1948 und 234/1972;
2. § 3
des Privat-Kraftwagenführergesetzes, BGBl. Nr. 359/1928, in der Fassung der Bundesgesetze BGBl. Nr. 174/1946, 50/1948, 313/1964, 317/1971 und 390/1976;
3. Artikel VI des Angestelltengesetzes, BGBl. Nr. 292/1921, in der Fassung der Bundesgesetze BGBl. Nr. 229/1937, 174/1946, 159/1947, 108/1958, 253/1959, 292/1971, 317/1971, 418/1975, 390/1976 und 107/1979;
4. die Verordnung des Justizministers im Einvernehmen mit dem Minister des Inneren und dem Leiter des Handelsministeriums vom 30. Juni 1911, RGBl. Nr. 129, über die Einhaltung der Sonn- und Feiertagsruhe in den Kanzleien der Rechtsanwälte und Notare, in der Fassung des Gesetzes StGBl. Nr. 95/1919 und der Vollzugsanweisung StGBl. Nr. 124/1920;
5. die Vollzugsanweisung des Staatsamtes für Handel und Gewerbe, Industrie und Bauten im Einvernehmen mit den beteiligten Staatsämtern vom 24. Juni 1919, StGBl. Nr. 326, über die Sonntagsruhe in den Kanzleien der Patentanwälte;
6. die Verordnung des Bundesministers für Handel und Verkehr vom 6. April 1933, BGBl. Nr. 166, betreffend die Bewilligung von Ausnahmen von der Feiertagsruhe für den Bergbau;
7. das Gesetz vom 16. Jänner 1895, RGBl. Nr. 21, betreffend die Regelung der Sonn- und Feiertagsruhe im Gewerbebetriebe, in der Fassung der Gesetze RGBl. Nr. 125/1905 und StGBl. Nr. 282/1919 sowie der Bundesgesetze BGBl. II Nr. 421/1934, BGBl. Nr. 548/1935, 194/1947 und 156/1958 hinsichtlich seiner arbeitsrechtlichen Bestimmungen;
8. das Gesetz vom 15. Mai 1919, StGBl. Nr. 282, über die Mindestruhezeit, den Ladenschluß und die Sonntagsruhe in Handelsgewerben und anderen Betrieben, in der Fassung des Bundesgesetze BGBl. Nr. 50/1974;
9. § 2 Abs. 1 Z 2, 4, 6 und 7 und § 5 des Feiertagsruhegesetzes 1957, BGBl. Nr. 153, in der Fassung des Bundesgesetzes BGBl. Nr. 264/1967;
10. die §§ 9, 10 und 12 Abs. 1 des Bergarbeitergesetzes, StGBl. Nr. 406/1919, in der Fassung des Bundesgesetzes BGBl. Nr. 190/1928, der Verordnung BGBl. Nr. 209/1933 und des Bundesgesetzes BGBl. Nr. 50/1948;
11. die Verordnung des Bundesministers für soziale Verwaltung im Einvernehmen mit den Bundesministern für Handels und Verkehr und für Unterricht vom 26. Juni 1933, BGBl. Nr. 261, betreffend Ausnahmen von der Arbeitsruhe an Feiertagen (Ruhe- und Festtagen);
12. die Verordnung der Bundesregierung vom 28. Juni 1933, BGBl. Nr. 262, betreffend Ausnahmen von der Arbeitsruhe an Feiertagen (Ruhe- und Festtagen) in der Fassung des Bundesgesetzes BGBl. Nr. 455/1937;
13. die Verordnung des Handelsministers im Einvernehmen mit dem Minister des Inneren und dem Minister für Kultus und Unterricht vom 24. April 1895, RGBl. Nr. 58, womit in Durchführung des Gesetzes vom 16. Jänner 1895, RGBl. Nr. 21, betreffend die Regelung der Sonn- und Feiertagsruhe im Gewerbebetriebe, die gewerbliche Arbeit an Sonntagen bei einzelnen Kategorien von Gewerben gestattet

wird, in der Fassung der Verordnungen RGBl. Nr. 125/1895, 97/1897, 76/1898, 35/1904, 99/1904, 97/1906, 186/1912, 208/1913, BGBl. Nr. 98/1924, 44/1926, 313/1927, 156/1929, 403/1935, 273/1959 und 369/1967;

14. die Verordnung des Handelsministeriums, des Ministeriums für Inneres, des Ministeriums für Kultus und Unterricht, des Finanzministeriums und des Ministeriums für Landesverteidigung im Einvernehmen mit dem k. u. k. Reichskriegsministerium vom 18. Jänner 1897 betreffend die Einhaltung der Sonntagsruhe beim Pulververschleiße, RGBl. Nr. 26;
15. die Verordnungen der Landeshauptleute, die auf Grund des § 7 der Durchführungsverordnung zum Sonntagsruhegesetz, RGBl. Nr. 58/1895, erlassen wurden;
16. § 376 Z 47 Abs. 2 lit. b bis d der GewO 1973, BGBl. Nr. 50/1974;
17. Verordnung des Landeshauptmannes von Wien vom 18. Feber 1982, LGBl. Nr. 10, betreffend Ausnahmen von der Sonn- und Feiertagsruhe im Gewerbe der Blumenbinder in Verkaufsstellen auf Bahnhöfen.

(2) Mit Inkrafttreten dieses Bundesgesetzes treten für Arbeitnehmer, die unter den Geltungsbereich dieses Bundesgesetzes fallen, folgende Rechtsvorschriften außer Kraft:

1. das Feiertagsruhegesetz 1957, BGBl. Nr. 153, in der Fassung des Bundesgesetzes BGBl. Nr. 264/1967;
2. die Verordnung des Staatsamtes für soziale Verwaltung vom 29. Oktober 1945, StGBl. Nr. 212, über die Lohnzahlung an Feiertagen, in der Fassung des Bundesgesetzes BGBl. Nr. 105/1961;
3. § 12 Abs. 3 und 4 des Arbeitszeitgesetzes, BGBl. Nr. 461/1969, in der Fassung der Bundesgesetze BGBl. Nr. 238/1971, 2/1975 und 354/1981.

(3) Mit Inkrafttreten der Änderungen durch das Bundesgesetz BGBl. I Nr. 5/1997 tritt Abschnitt XVII Z 1 der Arbeitsruhegesetz-Verordnung, BGBl. Nr. 149/1984, außer Kraft.

Weitergelten von Rechtsvorschriften

§ 32. (1) Verordnungen, die der Landeshauptmann auf Grund des § 1 Artikel VII oder IX des Gesetzes vom 16. Jänner 1895, RGBl. Nr. 21, betreffend die Regelung der Sonn- und Feiertagsruhe im Gewerbebetriebe, in der Fassung der Gesetze RGBl. Nr. 125/1905, StGBl. Nr. 282/1919 und BGBl. II Nr. 421/1934, BGBl. Nr. 548/1935, 194/1947 und 156/1958 erlassen hat und welche die Beschäftigung von Arbeitnehmern während der Wochenend- und Feiertagsruhe zulassen, gelten nach Inkrafttreten dieses Bundesgesetzes als bundesgesetzliche Regelung. Sie treten mit Neuerlassung der Verordnung des Landeshauptmannes, spätestens jedoch 18 Monate nach Inkrafttreten dieses Bundesgesetzes außer Kraft.

(2) Verordnungen, die der Landeshauptmann vor dem In-Kraft-Treten des Öffnungszeitengesetzes 2003 auf Grund des § 13 Abs. 1 erlassen hat und welche die Beschäftigung von Arbeitnehmern an Samstagen nach 18 Uhr, an Sonntagen und an Feiertagen in Verkaufsstellen gemäß § 1 Abs. 1 bis 3 des Öffnungszeitengesetzes 1991, BGBl. Nr. 50/1992, regeln, gelten nach dem In-Kraft-Treten des Öffnungszeitengesetzes 2003 als Verordnungen gemäß § 5 Abs. 2 bis 4 des Öffnungszeitengesetzes 2003.

Verweisungen

§ 32a. Soweit in diesem Bundesgesetz auf andere Bundesgesetze verwiesen wird, sind diese in ihrer jeweils geltenden Fassung anzuwenden.

Bezugnahme auf Richtlinien

§ 32b. Durch dieses Bundesgesetz werden folgende Richtlinien der Europäischen Union umgesetzt:

1. Richtlinie 2003/88/EG des Rates vom 4. November 2003 über bestimmte Aspekte der Arbeitszeitgestaltung (ABl. Nr. L 299 vom 18.11.2003 S. 9);
2. Richtlinie 97/81/EG des Rates vom 15. Dezember 1997 zu der von UNICE, CEEP und EGB geschlossenen Rahmenvereinbarung über Teilzeitarbeit (ABl. Nr. L 14 vom 20.01.1998 S. 9);
3. Richtlinie 1999/63/EG des Rates vom 21. Juni 1999 zu der vom Verband der Reeder in der Europäischen Gemeinschaft (European Community Shipowners' Association ECSA) und dem Verband der Verkehrsgewerkschaften in der Europäischen Union (Federation of Transport Workers' Unions in the European Union FST) getroffenen Vereinbarung über die Regelung der Arbeitszeit von Seeleuten 2000 (ABl. Nr. L 167 vom 02.07.1999 S. 33);
4. Richtlinie 1999/95/EG des Europäischen Parlaments und des Rates zur Durchsetzung der Arbeitszeitregelung für Seeleute an Bord von Schiffen, die Gemeinschaftshäfen anlaufen, vom 13. Dezember 1999 (ABl. Nr. L 14 vom 20.01.2000 S. 29);
5. Richtlinie 2000/79/EG des Rates vom 27. November 2000 über die Durchführung der von der Vereinigung Europäischer Fluggesellschaften (AEA), der Europäischen Transportarbeiter-Föderation (ETF), der European Cockpit Association (ECA), der European Regions Airline Association (ERA) und der International Air Carrier Association (IACA) geschlossenen Europäischen Vereinbarung über die Arbeitszeitorganisation für das fliegende Personal der Zivilluftfahrt (ABl. Nr. L 302 vom 01.12.2000 S. 57);
6. Richtlinie 2002/15/EG des Europäischen Parlaments und des Rates vom 11. März 2002

zur Regelung der Arbeitszeit von Personen, die Fahrtätigkeiten im Bereich des Straßentransportes ausüben (ABl. Nr. L 80 vom 23.03.2002 S. 35);

7. Richtlinie 2005/47/EG des Europäischen Parlaments und des Rates vom 18. Juli 2005 betreffend die Vereinbarung zwischen der Gemeinschaft der Europäischen Bahnen (CER) und der Europäischen Transportarbeiter-Föderation (ETF) über bestimmte Aspekte der Einsatzbedingungen des fahrenden Personals im interoperablen grenzüberschreitenden Verkehr im Eisenbahnsektor (ABl. Nr. L 195 vom 27.07.2005, S. 15);
8. Richtlinie 2006/22/EG des Europäischen Parlaments und des Rates vom 15. März 2006 über die Mindestbedingungen für die Durchführung der Verordnungen (EWG) Nr. 3820/85 und (EWG) Nr. 3821/85 des Rates über Sozialvorschriften für Tätigkeiten im Kraftverkehr sowie zur Aufhebung der Richtlinie 88/599/EWG des Rates, ABl. Nr. L 102 vom 11.4.2006 S. 35, in der Fassung der Richtlinie (EU) Nr. 2020/1057 vom 15. Juli 2020, ABl. Nr. L 249 vom 31.07.2020 S. 49;
9. Richtlinie 2014/112/EU zur Durchführung der von der Europäischen Binnenschifffahrts Union (EBU), der Europäischen Schifferorganisation (ESO) und der Europäischen Transportarbeiter-Föderation (ETF) geschlossenen Europäischen Vereinbarung über die Regelung bestimmter Aspekte der Arbeitszeitgestaltung in der Binnenschifffahrt, ABl. Nr. L 367 vom 23.12.2014 S. 86.

Inkrafttreten

§ 33. (1) Dieses Bundesgesetz tritt mit 1. Juli 1984 in Kraft.

(2) Verordnungen auf Grund dieses Bundesgesetzes können bereits von dem seiner Kundmachung folgenden Tag an erlassen werden. Diese Verordnungen dürfen frühestens mit dem im Abs. 1 bezeichneten Tag in Kraft gesetzt werden.

Inkrafttreten von Novellen

§ 33a. (1) § 17 Abs. 1 letzter Satz in der Fassung des Bundesgesetzes BGBl. Nr. 158/1991 tritt mit 31. März 1991 in Kraft.

(2) Abschnitt 5a (§§ 22a bis 22c) sowie die §§ 27 Abs. 1, 1a, 3 und 4 und 32a, in der Fassung des Bundesgesetzes, BGBl. Nr. 446/1994, treten mit 1. Juli 1994 in Kraft.

(3) § 13a in der Fassung des Bundesgesetzes BGBl. Nr. 804/1995 tritt mit 1. Dezember 1995 in Kraft. Mit diesem Tag tritt auch § 7a außer Kraft.

(4) § 1 Abs. 2 Z 7 in der Fassung des Bundesgesetzes BGBl. Nr. 410/1996 tritt mit 1. Juli 1996 in Kraft.

(5) § 3 Abs. 4, § 6a, § 10a, § 12a, § 22a Abs. 1a, § 27 Abs. 1 und § 32a in der Fassung des Bundesgesetzes, BGBl. I Nr. 46/1997, treten mit 1. Mai 1997 in Kraft.

(6) § 21 Abs. 1, 3 und 4 und § 27 Abs. 1 in der Fassung des Bundesgesetzes BGBl. I Nr. 88/1999 treten mit 1. Jänner 2000 in Kraft.

(7) § 27 Abs. 1 in der Fassung des Bundesgesetzes BGBl. I Nr. 98/2001 tritt mit 1. Jänner 2002 in Kraft.

(8) Die §§ 13, 13a, 18 Abs. 1, 19 Abs. 1 lit. f, 22 Abs. 1, 22d, 23, 24, 27 Abs. 1 und 32 in der Fassung des Bundesgesetzes BGBl. I Nr. 48/2003 treten gleichzeitig mit dem Öffnungszeitengesetz 2003 in Kraft.

(9) § 1 Abs. 2 Z 2, 3 und 6 lit. e, § 19 Abs. 1, § 25a sowie § 32b in der Fassung des Bundesgesetzes BGBl. I Nr. 30/2004 treten mit 1. Mai 2004 in Kraft.

(10) Die §§ 7 Abs. 3, 19 Abs. 4 und 5 sowie 32b Z 5 in der Fassung des Bundesgesetzes BGBl. I Nr. 159/2004 treten mit 1. Jänner 2005 in Kraft. Gleichzeitig tritt § 1 Abs. 2 Z 3 außer Kraft.

(11) § 22c in der Fassung des Bundesgesetzes BGBl. I Nr. 175/2004 tritt mit 5. Mai 2005 in Kraft.

(12) Die §§ 22a, 22c bis 22f, 27, 32b Z 1 und 6 sowie 34 Abs. 2 in der Fassung des Bundesgesetzes BGBl. I Nr. 138/2006 treten mit 11. April 2007 in Kraft.

(13) § 3 Abs. 2a und § 27 Abs. 1, 2 und 2a in der Fassung des Bundesgesetzes BGBl. I Nr. 61/2007 treten mit 1. Jänner 2008 in Kraft.

(14) § 19 Abs. 3a und 4, § 19a sowie § 32b in der Fassung des Bundesgesetzes BGBl. I Nr. 124/2008 treten am 16. Juli 2008 in Kraft. § 27 Abs. 2a und 2b tritt mit dem der Kundmachung folgenden Tag in Kraft.

(15) § 2 Abs. 3, § 27 Abs. 2, 2b und 2c sowie § 32b Z 7 und 8, in der Fassung des Bundesgesetzes BGBl. I Nr. 149/2009, treten mit 1. Jänner 2010 in Kraft.

(16) Der Entfall des § 20 samt Überschrift durch das Bundesgesetz BGBl. I Nr. 93/2010 tritt mit 1. November 2010 in Kraft.

(17) § 1 Abs. 2 Z 8 in der Fassung des Bundesgesetzes BGBl. I. Nr. 100/2010 tritt mit 1. Jänner 2011 in Kraft.

(18) § 34 Abs. 1 Z 2 in der Fassung vor dem 2. Stabilitätsgesetz 2012, BGBl. I Nr. 35/2012, tritt mit Ablauf des 30. Juni 2012 außer Kraft.

(19) § 26 und § 34 in der Fassung des Bundesgesetzes BGBl. I Nr. 71/2013 treten mit 1. Jänner 2014 in Kraft.

(20) § 25 Abs. 1 in der Fassung des Bundesgesetzes BGBl. I Nr. 91/2014 tritt mit 1. Jänner 2015 in Kraft.

(21) § 22c Z 1 und 2 und § 34 Abs. 2 in der Fassung des Bundesgesetzes BGBl. I Nr. 91/2014 treten am Tag des Inkrafttretens der Durchführungsrechtsakte der Kommission der Europäischen Union gemäß Art. 4 Abs. 8, 6 Abs. 5, 11 Abs. 1, 12 Abs. 7, 14, 21 Abs. 3, 22 Abs. 5, 31 Abs. 5 sowie 39 Abs. 3 der Verordnung (EU) Nr. 165/2014 in Kraft, frühestens jedoch mit 2. März 2016. Der/die Bundesminister/in für Arbeit, Soziales, Gesundheit und Konsumentenschutz *(Anm. 1)* hat den Zeitpunkt des Inkrafttretens der genannten Durchführungsrechtsakte im Bundesgesetzblatt I kundzumachen. *(Anm.: vgl. K, BGBl. I Nr. 42/2016)*

(22) § 19 Abs. 3a und 4 sowie § 27 Abs. 2a in der Fassung BGBl. I Nr. 152/2015 treten mit 18. Februar 2016 in Kraft.

(23) § 19 Abs. 6 und § 32b Z 8 und 9 in der Fassung des Bundesgesetzes BGBl. I Nr. 114/2016 treten mit 1. Jänner 2017 in Kraft.

(24) § 22d in der Fassung des Deregulierungsgesetzes 2017, BGBl. I Nr. 40/2017, tritt mit 1. Juli 2017 in Kraft. § 23 samt Überschrift tritt mit Ablauf des 30. Juni 2017 außer Kraft.

(25) § 10, § 11 Abs. 2 und 4, § 25 Abs. 1 sowie § 26 Abs. 3 in der Fassung des Bundesgesetzes BGBl. I Nr. 126/2017 treten mit 1. August 2017 in Kraft. Mit diesem Zeitpunkt treten § 12 Abs. 3 und § 17 Abs. 7 außer Kraft.

(26) § 21 Abs. 1 in der Fassung des Bundesgesetzes BGBl. I Nr. 127/2017 tritt mit 1. Jänner 2018 in Kraft; gleichzeitig tritt § 21 Abs. 2 Z 3 außer Kraft.

(27) § 1 Abs. 2 Z 3 und 5 sowie § 12b in der Fassung des Bundesgesetzes BGBl. I Nr. 53/2018 treten mit 1. September 2018 in Kraft.

(28) Bestimmungen in Normen der kollektiven Rechtsgestaltung, die nur für Arbeitnehmer, die den evangelischen Kirchen AB und HB, der Altkatholischen Kirche oder der Evangelisch-methodistischen Kirche angehören, Sonderregelungen für den Karfreitag vorsehen, sind unwirksam und künftig unzulässig. Dies gilt auch für Arbeitnehmer gemäß § 1 Abs. 2.

(29) Binnen drei Monaten nach Inkrafttreten dieses Bundesgesetzes kann der Arbeitnehmer einen Zeitpunkt für den Urlaubsantritt wählen, ohne die Frist gemäß § 7a einzuhalten. In diesem Fall hat der Arbeitnehmer den Zeitpunkt des Urlaubsantrittes frühestmöglich, spätestens aber zwei Wochen vor diesem Zeitpunkt dem Arbeitgeber bekannt zu geben.

(30) § 1 Abs. 2 Z 6 lit. d, § 5 Abs. 3 und 4, § 9 Abs. 4, § 12b Abs. 3, § 13 Abs. 3, § 15 Abs. 1 und 2, § 26 Abs. 2, § 27 Abs. 2 und 5, § 32b Z 8 sowie § 34, in der Fassung BGBl. I Nr. 58/2022, treten mit 1. Juni 2022 in Kraft. Gleichzeitig tritt § 27 Abs. 6 außer Kraft.

(__________

*Anm. 1: Art. 1 Z 1 der Novelle BGBl. I Nr. 22/2019 lautet: „In § 5 Abs. 3 und 4, § 13 Abs. 3, § 15 Abs. 1 und 2, § 33a Abs. 21 sowie § 34 Abs. 1 Z 3 und 4 wird der Ausdruck „**d**er Bundesminister für Arbeit, Soziales und Konsumentenschutz“ jeweils durch den Ausdruck „**d**er/die Bundesminister/in für Arbeit, Soziales, Gesundheit und Konsumentenschutz“, ... ersetzt.“. Richtig wäre für § 33 Abs. 21: „... wird der Ausdruck „**D**er Bundesminister für Arbeit, Soziales und Konsumentenschutz“ jeweils durch den Ausdruck „**D**er/die Bundesminister/in für Arbeit, Soziales, Gesundheit und Konsumentenschutz“, ... ersetzt.“.)*

Vollziehung

§ 34. (1) Mit der Vollziehung dieses Bundesgesetzes sind betraut:

1. die Bundesministerin bzw. der Bundesminister für Kunst, Kultur, öffentlichen Dienst und Sport im Einvernehmen mit der Bundesministerin bzw. dem Bundesminister für Arbeit hinsichtlich der Arbeitnehmerinnen und Arbeitnehmer in Betrieben des Bundes; soweit finanzielle Angelegenheiten berührt sind, auch im Einvernehmen mit der Bundesministerin bzw. dem Bundesminister für Finanzen;
2. die Bundesministerin bzw. der Bundesminister für Finanzen hinsichtlich des § 26 Abs. 3;
3. die Bundesministerin bzw. der Bundesminister für Arbeit im Einvernehmen mit der Bundesministerin bzw. dem Bundesminister für Kunst, Kultur, öffentlichen Dienst und Sport hinsichtlich der Arbeitnehmerinnen und Arbeitnehmer in Betrieben der Länder, Gemeinden und Gemeindeverbände, soweit finanzielle Angelegenheiten berührt sind, auch im Einvernehmen mit der Bundesministerin bzw. dem Bundesminister für Finanzen;
4. die Bundesministerin bzw. der Bundesminister für Arbeit hinsichtlich aller anderen Arbeitnehmerinnen und Arbeitnehmer.

(2) Die in Abs. 1 Z 1 und 4 genannten Bundesministerinnen bzw. Bundesminister sind auch mit der
Vollziehung der Verordnung (EG) Nr. 561/2006 und der Verordnung (EU) Nr. 165/2014 betraut.

12. ArbeitnehmerInnenschutzgesetz (Auszug)

Bundesgesetz über Sicherheit und Gesundheitsschutz bei der Arbeit

StF: BGBl. Nr. 450/1994 idF BGBl. Nr. 457/1995

Letzte Novellierung: BGBl. I Nr. 115/2022

GLIEDERUNG

1. Abschnitt

Allgemeine Bestimmungen

Geltungsbereich

§ 1. (1) Dieses Bundesgesetz gilt für die Beschäftigung von Arbeitnehmern.

(2) Dieses Bundesgesetz gilt nicht für die Beschäftigung von

1. Arbeitnehmern der Länder, Gemeinden und Gemeindeverbände, die nicht in Betrieben beschäftigt sind;
2. Arbeitnehmern des Bundes in Dienststellen, auf die das Bundes-Bedienstetenschutzgesetz, BGBl. I Nr. 70/1999, anzuwenden ist;
3. Arbeitnehmern in land- und forstwirtschaftlichen Betrieben im Sinne des Landarbeitsgesetzes 1984, BGBl. Nr. 287;
4. Hausgehilfen und Hausangestellten in privaten Haushalten;
5. Heimarbeitern im Sinne des Heimarbeitsgesetzes 1960, BGBl. Nr. 105/1961.

(Anm.: Abs. 3 aufgehoben durch BGBl. I Nr. 38/1999)

Begriffsbestimmungen

§ 2. (1) Arbeitnehmer im Sinne dieses Bundesgesetzes sind alle Personen, die im Rahmen eines Beschäftigungs- oder Ausbildungsverhältnisses tätig sind. Geistliche Amtsträger gesetzlich anerkannter Kirchen und Religionsgesellschaften sind keine Arbeitnehmer im Sinne dieses Bundesgesetzes. Arbeitgeber im Sinne dieses Bundesgesetzes ist jede natürliche oder juristische Person oder eingetragene Personengesellschaft, die als Vertragspartei des Beschäftigungs- oder Ausbildungsverhältnisses mit dem Arbeitnehmer die Verantwortung für das Unternehmen oder den Betrieb trägt.

(2) Belegschaftsorgane im Sinne dieses Bundesgesetzes sind die nach dem Arbeitsverfassungsgesetz, BGBl. Nr. 22/1974, errichteten Organe der Arbeitnehmerschaft sowie die nach bundes- oder landesgesetzlichen Vorschriften oder nach sonstigen Vorschriften errichteten Organe der Personalvertretung.

(3) Arbeitsstätten im Sinne dieses Bundesgesetzes sind Arbeitsstätten in Gebäuden und Arbeitsstätten im Freien. Mehrere auf einem Betriebsgelände gelegene oder sonst im räumlichen Zusammenhang stehende Gebäude eines Arbeitgebers zählen zusammen als eine Arbeitsstätte. Baustellen im Sinne dieses Bundesgesetzes sind zeitlich begrenzte oder ortsveränderliche Baustellen, an denen Hoch- und Tiefbauarbeiten durchgeführt werden. Dazu zählen insbesondere folgende Arbeiten: Aushub, Erdarbeiten, Bauarbeiten im engeren Sinne, Errichtung und Abbau von Fertigbauelementen, Einrichtung oder Ausstattung, Umbau, Renovierung, Reparatur, Abbauarbeiten, Abbrucharbeiten, Wartung, Instandhaltungs-, Maler- und Reinigungsarbeiten, Sanierung. Auswärtige Arbeitsstellen im Sinne dieses Bundesgesetzes sind alle Orte außerhalb von Arbeitsstätten, an denen andere Arbeiten als Bauarbeiten durchgeführt werden insbesondere auch die Stellen in Verkehrsmitteln, auf denen Arbeiten ausgeführt werden.

(4) Arbeitsplatz im Sinne dieses Bundesgesetzes ist der räumliche Bereich, in dem sich Arbeitnehmer bei der von ihnen auszuübenden Tätigkeit aufhalten.

(5) Arbeitsmittel im Sinne dieses Bundesgesetzes sind alle Maschinen, Apparate, Werkzeuge, Geräte und Anlagen, die zur Benutzung durch Arbeitnehmer vorgesehen sind. Zu den Arbeitsmitteln gehören insbesondere auch Beförderungsmittel zur Beförderung von Personen oder Gütern, Aufzüge, Leitern, Gerüste, Dampfkessel, Druckbehälter, Feuerungsanlagen, Behälter, Silos, Förderleitungen, kraftbetriebene Türen und Tore sowie Hub-, Kipp- und Rolltore.

(6) Arbeitsstoffe im Sinne dieses Bundesgesetzes sind alle Stoffe, Gemische (Zubereitungen) und biologischen Agenzien, die bei der Arbeit verwendet werden. Als „Verwenden" gilt auch das Gewinnen, Erzeugen, Anfallen, Entstehen, Gebrauchen, Verbrauchen, Bearbeiten, Verarbeiten, Abfüllen, Umfüllen, Mischen, Beseitigen, Lagern, Aufbewahren, Bereithalten zur Verwendung und das innerbetriebliche Befördern.

(7) Unter Gefahrenverhütung im Sinne dieses Bundesgesetzes sind sämtliche Regelungen und Maßnahmen zu verstehen, die zur Vermeidung oder Verringerung arbeitsbedingter Gefahren vorgesehen sind. Unter Gefahren im Sinne dieses Bundesgesetzes sind arbeitsbedingte physische und psychische Belastungen zu verstehen, die zu Fehlbeanspruchungen führen.

(7a) Unter Gesundheit im Sinne dieses Bundesgesetzes ist physische und psychische Gesundheit zu verstehen.

(8) Stand der Technik im Sinne dieses Bundesgesetzes ist der auf einschlägigen wissenschaftlichen Erkenntnissen beruhende Entwicklungsstand fortschrittlicher technologischer Verfahren, Einrichtungen und Betriebsweisen, deren Funktionstüchtigkeit erprobt und erwiesen ist. Bei der Bestimmung des Standes der Technik sind insbesondere vergleichbare Verfahren, Einrichtungen und Betriebsweisen heranzuziehen.

(9) Soweit in diesem Bundesgesetz personenbezogene Bezeichnungen noch nicht geschlechtsneutral formuliert sind, gilt die gewählte Form für beide Geschlechter.

Allgemeine Pflichten der Arbeitgeber

§ 3. (1) Arbeitgeber sind verpflichtet, für Sicherheit und Gesundheitsschutz der Arbeitnehmer in Bezug auf alle Aspekte, die die Arbeit betreffen, zu sorgen. Die Kosten dafür dürfen auf keinen Fall zu Lasten der Arbeitnehmer gehen. Arbeitgeber haben die zum Schutz des Lebens, der Gesundheit sowie der Integrität und Würde erforderlichen Maßnahmen zu treffen, einschließlich der Maßnahmen zur Verhütung arbeitsbedingter Gefahren, zur Information und zur Unterweisung sowie der Bereitstellung einer geeigneten Organisation und der erforderlichen Mittel.

(2) Arbeitgeber haben sich unter Berücksichtigung der bestehenden Gefahren über den neuesten Stand der Technik und der Erkenntnisse auf dem Gebiet der Arbeitsgestaltung entsprechend zu informieren.

(3) Arbeitgeber sind verpflichtet, durch geeignete Maßnahmen und Anweisungen zu ermöglichen, daß die Arbeitnehmer bei ernster, unmittelbarer und nicht vermeidbarer Gefahr

1. ihre Tätigkeit einstellen,
2. sich durch sofortiges Verlassen des Arbeitsplatzes in Sicherheit bringen und
3. außer in begründeten Ausnahmefällen ihre Arbeit nicht wieder aufnehmen, solange eine ernste und unmittelbare Gefahr besteht.

(4) Arbeitgeber haben durch Anweisungen und sonstige geeignete Maßnahmen dafür zu sorgen, daß Arbeitnehmer bei ernster und unmittelbarer Gefahr für die eigene Sicherheit oder für die Sicherheit anderer Personen in der Lage sind, selbst die erforderlichen Maßnahmen zur Verringerung oder Beseitigung der Gefahr zu treffen, wenn sie

die zuständigen Vorgesetzten oder die sonst zuständigen Personen nicht erreichen. Bei diesen Vorkehrungen sind die Kenntnisse der Arbeitnehmer und die ihnen zur Verfügung stehenden technischen Mittel zu berücksichtigen.

(5) Arbeitgeber, die selbst eine Tätigkeit in Arbeitsstätten oder auf Baustellen oder auf auswärtigen Arbeitsstellen ausüben, haben sich so zu verhalten, daß sie die dort beschäftigten Arbeitnehmer nicht gefährden.

(6) Für eine Arbeitsstätte, Baustelle oder auswärtige Arbeitsstelle, in/auf der der Arbeitgeber nicht im notwendigen Umfang selbst anwesend ist, ist eine geeignete Person zu beauftragen, die auf die Durchführung und Einhaltung der notwendigen Schutzmaßnahmen zu achten hat.

(7) Arbeitgeber haben für eine geeignete Sicherheits- und Gesundheitsschutzkennzeichnung zu sorgen, wenn Gefahren für Sicherheit oder Gesundheit der Arbeitnehmer nicht durch sonstige technische und organisatorische Maßnahmen vermieden oder ausreichend begrenzt werden können.

Ermittlung und Beurteilung der Gefahren Festlegung von Maßnahmen (Arbeitsplatzevaluierung)

§ 4. (1) Arbeitgeber sind verpflichtet, die für die Sicherheit und Gesundheit der Arbeitnehmer bestehenden Gefahren zu ermitteln und zu beurteilen. Dabei sind die Grundsätze der Gefahrenverhütung gemäß § 7 anzuwenden. Insbesondere sind dabei zu berücksichtigen:

1. die Gestaltung und die Einrichtung der Arbeitsstätte,
2. die Gestaltung und der Einsatz von Arbeitsmitteln,
3. die Verwendung von Arbeitsstoffen,
4. die Gestaltung der Arbeitsplätze,
5. die Gestaltung der Arbeitsverfahren und Arbeitsvorgänge und deren Zusammenwirken,
6. die Gestaltung der Arbeitsaufgaben und die Art der Tätigkeiten, der Arbeitsumgebung, der Arbeitsabläufe sowie der Arbeitsorganisation und
7. der Stand der Ausbildung und Unterweisung der Arbeitnehmer.

(2) Bei der Ermittlung und Beurteilung der Gefahren sind auch besonders gefährdete oder schutzbedürftige Arbeitnehmer sowie die Eignung der Arbeitnehmer im Hinblick auf Konstitution, Körperkräfte, Alter und Qualifikation (§ 6 Abs. 1) zu berücksichtigen. Insbesondere ist zu ermitteln und zu beurteilen, Inwieweit sich an bestimmten Arbeitsplätzen oder bei bestimmten Arbeitsvorgängen spezifische Gefahren für Arbeitnehmer ergeben können, für die ein besonderer Personenschutz besteht.

(3) Auf Grundlage der Ermittlung und Beurteilung der Gefahren gemäß Abs. 1 und 2 sind die durchzuführenden Maßnahmen zur Gefahrenverhütung festzulegen. Dabei sind auch Vorkehrungen für absehbare Betriebsstörungen und für Not- und Rettungsmaßnahmen zu treffen. Diese Maßnahmen müssen in alle Tätigkeiten und auf allen Führungsebenen einbezogen werden. Schutzmaßnahmen müssen soweit wie möglich auch bei menschlichem Fehlverhalten wirksam sein.

(4) Die Ermittlung und Beurteilung der Gefahren ist erforderlichenfalls zu überprüfen und sich ändernden Gegebenheiten anzupassen. Die festgelegten Maßnahmen sind auf ihre Wirksamkeit zu überprüfen und erforderlichenfalls anzupassen, dabei ist eine Verbesserung der Arbeitsbedingungen anzustreben.

(5) Eine Überprüfung und erforderlichenfalls eine Anpassung im Sinne des Abs. 4 hat insbesondere zu erfolgen:

1. nach Unfällen,
2. bei Auftreten von Erkrankungen, wenn der begründete Verdacht besteht, daß sie arbeitsbedingt sind,

2a. nach Zwischenfällen mit erhöhter arbeitsbedingter psychischer Fehlbeanspruchung,

3. bei sonstigen Umständen oder Ereignissen, die auf eine Gefahr für Sicherheit oder Gesundheit der Arbeitnehmer schließen lassen,
4. bei Einführung neuer Arbeitsmittel, Arbeitsstoffe oder Arbeitsverfahren,
5. bei neuen Erkenntnissen im Sinne des § 3 Abs. 2 und
6. auf begründetes Verlangen des Arbeitsinspektorates.

(6) Bei der Ermittlung und Beurteilung der Gefahren und der Festlegung der Maßnahmen sind erforderlichenfalls geeignete Fachleute heranzuziehen. Mit der Ermittlung und Beurteilung der Gefahren können auch die Sicherheitsfachkräfte und Arbeitsmediziner sowie sonstige geeignete Fachleute, wie Chemiker, Toxikologen, Ergonomen, insbesondere jedoch Arbeitspsychologen, beauftragt werden.

Sicherheits- und Gesundheitsschutzdokumente

§ 5. Arbeitgeber sind verpflichtet, in einer der Anzahl der Beschäftigten und den Gefahren entsprechenden Weise die Ergebnisse der Ermittlung und Beurteilung der Gefahren sowie die durchzuführenden Maßnahmen zur Gefahrenverhütung schriftlich festzuhalten (Sicherheits- und Gesundheitsschutzdokumente). Soweit dies aus Gründen der Gefahrenverhütung erforderlich ist, ist diese Dokumentation arbeitsplatzbezogen vorzunehmen.

Einsatz der Arbeitnehmer

§ 6. (1) Arbeitgeber haben bei der Übertragung von Aufgaben an Arbeitnehmer deren Eignung in Bezug auf Sicherheit und Gesundheit zu berücksichtigen. Dabei ist insbesondere auf Konstitution und Körperkräfte, Alter und Qualifikation Rücksicht zu nehmen.

(2) Arbeitgeber haben durch geeignete Maßnahmen dafür zu sorgen, daß nur jene Arbeitnehmer Zugang zu Bereichen mit erheblichen oder spezifischen Gefahren haben, die zuvor ausreichende Anweisungen erhalten haben.

(3) Arbeitnehmer, von denen dem Arbeitgeber bekannt ist, dass sie auf Grund ihrer gesundheitlichen Verfassung bei bestimmten Arbeiten einer besonderen Gefahr ausgesetzt wären oder andere Arbeitnehmer gefährden könnten, dürfen mit Arbeiten dieser Art nicht beschäftigt werden. Dies gilt insbesondere für Anfallsleiden, Krämpfe, zeitweilige Bewußtseinstrübungen, Beeinträchtigungen des Seh- oder Hörvermögens und schwere Depressionszustände.

(4) Arbeitnehmerinnen dürfen mit Arbeiten, die infolge ihrer Art für Frauen eine spezifische Gefahr bewirken können, nicht oder nur unter Bedingungen oder Einschränkungen beschäftigt werden, die geeignet sind, diese besondere Gefahr zu vermeiden.

(5) Bei Beschäftigung von behinderten Arbeitnehmern ist auf deren körperlichen und geistigen Zustand jede mögliche Rücksicht zu nehmen. Das Arbeitsinspektorat hat ihre Beschäftigung mit Arbeiten, die für sie auf Grund ihres körperlichen oder geistigen Zustandes eine Gefahr bewirken können, durch Bescheid zu untersagen oder von bestimmten Bedingungen abhängig zu machen.

Grundsätze der Gefahrenverhütung

§ 7. Arbeitgeber haben bei der Gestaltung der Arbeitsstätten, Arbeitsplätze und Arbeitsvorgänge, bei der Auswahl und Verwendung von Arbeitsmitteln und Arbeitsstoffen, beim Einsatz der Arbeitnehmer sowie bei allen Maßnahmen zum Schutz der Arbeitnehmer folgende allgemeine Grundsätze der Gefahrenverhütung umzusetzen:

1. Vermeidung von Risiken;
2. Abschätzung nicht vermeidbarer Risiken;
3. Gefahrenbekämpfung an der Quelle;
4. Berücksichtigung des Faktors „Mensch" bei der Arbeit, insbesondere bei der Gestaltung von Arbeitsplätzen sowie bei der Auswahl von Arbeitsmitteln und Arbeits- und Fertigungsverfahren, vor allem im Hinblick auf eine Erleichterung bei eintöniger Arbeit und bei maschinenbestimmtem Arbeitsrhythmus sowie auf eine Abschwächung ihrer gesundheitsschädigenden Auswirkungen;

4a. Berücksichtigung der Gestaltung der Arbeitsaufgaben und Art der Tätigkeiten, der Arbeitsumgebung, der Arbeitsabläufe und Arbeitsorganisation;

5. Berücksichtigung des Standes der Technik;
6. Ausschaltung oder Verringerung von Gefahrenmomenten;
7. Planung der Gefahrenverhütung mit dem Ziel einer kohärenten Verknüpfung von Technik, Tätigkeiten und Aufgaben, Arbeitsorganisation, Arbeitsabläufen, Arbeitsbedingungen, Arbeitsumgebung, sozialen Beziehungen und Einfluß der Umwelt auf den Arbeitsplatz;
8. Vorrang des kollektiven Gefahrenschutzes vor individuellem Gefahrenschutz;
9. Erteilung geeigneter Anweisungen an die Arbeitnehmer.

Bestellung von Sicherheitsvertrauenspersonen

§ 10. (1) Arbeitgeber haben nach Maßgabe der Abs. 2 bis 6 Sicherheitsvertrauenspersonen in ausreichender Anzahl zu bestellen. Die Mindestanzahl der Sicherheitsvertrauenspersonen ist unter Berücksichtigung der Anzahl der Arbeitnehmer festzulegen. Sicherheitsvertrauenspersonen sind Arbeitnehmervertreter/innen mit einer besonderen Funktion bei der Sicherheit und beim Gesundheitsschutz der Arbeitnehmer/innen.

(2) Für Betriebe im Sinne des § 34 des Arbeitsverfassungsgesetzes sowie gleichgestellte Arbeitsstätten im Sinne des § 35 des Arbeitsverfassungsgesetzes, für die Belegschaftsorgane bestehen, gilt folgendes:

1. Sicherheitsvertrauenspersonen sind zu bestellen, wenn in einem Betrieb regelmäßig mehr als 10 Arbeitnehmer beschäftigt werden.

(Anm.: Z 2 aufgehoben durch BGBl. I Nr. 159/2001)

3. Die Bestellung bedarf der Zustimmung der zuständigen Belegschaftsorgane. Dies gilt auch dann, wenn ein Betriebsratsmitglied die Aufgaben einer Sicherheitsvertrauensperson übernimmt.
4. Für einzelne zum Betrieb gehörende Arbeitsstätten, Baustellen und auswärtige Arbeitsstellen ist eine gesonderte Bestellung von Sicherheitsvertrauenspersonen zulässig, wenn dies auf Grund der betrieblichen Verhältnisse zweckmäßig ist. Für jene Arbeitsstätten des Betriebes, in denen regelmäßig mehr als 50 Arbeitnehmer beschäftigt werden, muß eine gesonderte Bestellung von Sicherheitsvertrauenspersonen erfolgen.

(3) Abs. 2 gilt sinngemäß für jene nicht unter den II. Teil des Arbeitsverfassungsgesetzes fallenden Betriebe, in denen Organe der Personalvertretung nach bundes- oder landesgesetzlichen Vorschriften bestehen.

(4) Für Arbeitsstätten, Baustellen und auswärtige Arbeitsstellen, für die keine Belegschaftsorgane im Sinne des Abs. 2 und 3 bestehen, gilt folgendes:

1. Für Arbeitsstätten, in denen regelmäßig mehr als 10 Arbeitnehmer beschäftigt werden, sind Sicherheitsvertrauenspersonen zu bestellen.

Die auf Baustellen und auswärtigen Arbeitsstellen beschäftigten Arbeitnehmer sind einzurechnen.

2. Über die beabsichtigte Bestellung sind alle Arbeitnehmer schriftlich zu informieren. Wenn mindestens ein Drittel der Arbeitnehmer binnen vier Wochen gegen die beabsichtigte Bestellung schriftlich Einwände erhebt, muß eine andere Person bestellt werden.
3. Die gesonderte Bestellung von Sicherheitsvertrauenspersonen für einzelne Baustellen und auswärtige Arbeitsstellen ist zulässig.

(5) Die Bestellung von Sicherheitsvertrauenspersonen hat auf die Dauer von vier Jahren zu erfolgen. Eine vorzeitige Abberufung von Sicherheitsvertrauenspersonen hat bei Betrieben im Sinne der Abs. 2 und 3 auf Verlangen der zuständigen Belegschaftsorgane, im Fall des Abs. 4 auf Verlangen von mindestens einem Drittel der Arbeitnehmer zu erfolgen.

(6) Als Sicherheitsvertrauenspersonen dürfen nur Arbeitnehmer/innen bestellt werden. Sie müssen die für ihre Aufgaben notwendigen persönlichen und fachlichen Voraussetzungen erfüllen. Arbeitgeber haben den Sicherheitsvertrauenspersonen unter Bedachtnahme auf die betrieblichen Belange Gelegenheit zu geben, die für ihre Tätigkeit erforderlichen näheren Fachkenntnisse zu erwerben und zu erweitern.

(7) Arbeitgeber haben sicherzustellen, daß den Sicherheitsvertrauenspersonen die zur Erfüllung ihrer Aufgaben erforderliche Zeit unter Anrechnung auf ihre Arbeitszeit zur Verfügung steht. Den Sicherheitsvertrauenspersonen sind die für die Erfüllung ihrer Aufgaben erforderlichen Behelfe und Mittel zur Verfügung zu stellen. Die Sicherheitsvertrauenspersonen sind angemessen zu unterweisen.

(8) Arbeitgeber sind verpflichtet, die Namen der Sicherheitsvertrauenspersonen dem Arbeitsinspektorat schriftlich mitzuteilen. Das Arbeitsinspektorat hat diese Mitteilungen den zuständigen gesetzlichen Interessenvertretungen der Arbeitnehmer zur Kenntnis zu bringen.

(9) Die Bestellung von Sicherheitsvertrauenspersonen berührt nicht die Verantwortlichkeit des Arbeitgebers für die Einhaltung der Arbeitnehmerschutzvorschriften. Den Sicherheitsvertrauenspersonen kann die Verantwortlichkeit für die Einhaltung von Arbeitnehmerschutzvorschriften nicht rechtswirksam übertragen werden. §§ 15 und 130 Abs. 4 gelten auch für Sicherheitsvertrauenspersonen.

(10) Sicherheitsfachkräfte oder Arbeitsmediziner/innen dürfen, sofern sie Arbeitnehmer/innen sind, gleichzeitig auch als Sicherheitsvertrauenspersonen bestellt sein.

Aufgaben und Beteiligung der Sicherheitsvertrauenspersonen

§ 11. (1) Die Sicherheitsvertrauenspersonen haben in allen Fragen der Sicherheit und des Gesundheitsschutzes

1. die Arbeitnehmer zu informieren, zu beraten und zu unterstützen,
2. die Belegschaftsorgane zu informieren, zu beraten und zu unterstützen und mit ihnen zusammenzuarbeiten,
3. in Abstimmung mit den Belegschaftsorganen die Interessen der Arbeitnehmer gegenüber den Arbeitgebern, den zuständigen Behörden und sonstigen Stellen zu vertreten,
4. die Arbeitgeber bei der Durchführung des Arbeitnehmerschutzes zu beraten,
5. auf das Vorhandensein der entsprechenden Einrichtungen und Vorkehrungen zu achten und die Arbeitgeber über bestehende Mängel zu informieren,
6. auf die Anwendung der gebotenen Schutzmaßnahmen zu achten,
7. mit den Sicherheitsfachkräften und den Arbeitsmedizinern zusammenzuarbeiten.

(2) Die Sicherheitsvertrauenspersonen sind bei Ausübung ihrer in diesem Bundesgesetz geregelten Aufgaben an keinerlei Weisungen gebunden.

(3) Die Sicherheitsvertrauenspersonen sind berechtigt, in allen Fragen der Sicherheit und des Gesundheitsschutzes bei den Arbeitgebern sowie bei den dafür zuständigen Stellen die notwendigen Maßnahmen zu verlangen, Vorschläge für die Verbesserung der Arbeitsbedingungen zu erstatten und die Beseitigung von Mängeln zu verlangen.

(4) Arbeitgeber sind verpflichtet, die Sicherheitsvertrauenspersonen in allen Angelegenheiten der Sicherheit und des Gesundheitsschutzes anzuhören.

(5) Die Sicherheitsvertrauenspersonen sind zur etwaigen Hinzuziehung externer Präventivdienste im Voraus zu hören und vor der Bestellung und Abberufung von Sicherheitsfachkräften, von Arbeitsmedizinern sowie von für die Erste Hilfe, die Brandbekämpfung und Evakuierung zuständigen Personen und von der etwaigen Beiziehung eines arbeitsmedizinischen Fachdienstes zu informieren. Die beabsichtigte Bestellung oder Abberufung ist mit den Sicherheitsvertrauenspersonen zu beraten, außer wenn Belegschaftsorgane errichtet sind oder wenn die Bestellung oder Abberufung im Arbeitsschutzausschuß behandelt wird.

(6) Wenn keine Belegschaftsorgane errichtet sind, sind die Arbeitgeber verpflichtet,

1. die Sicherheitsvertrauenspersonen bei der Planung und Einführung neuer Technologien zu den Auswirkungen zu hören, die die Auswahl

der Arbeitsmittel oder Arbeitsstoffe, die Gestaltung der Arbeitsbedingungen und die Einwirkung der Umwelt auf den Arbeitsplatz für die Sicherheit und Gesundheit der Arbeitnehmer haben,
2. die Sicherheitsvertrauenspersonen bei der Auswahl der persönlichen Schutzausrüstung zu beteiligen und
3. die Sicherheitsvertrauenspersonen bei der Ermittlung und Beurteilung der Gefahren und der Festlegung der Maßnahmen sowie bei der Planung und Organisation der Unterweisung zu beteiligen.

(7) Arbeitgeber sind verpflichtet,
1. den Sicherheitsvertrauenspersonen Zugang zu den Sicherheits- und Gesundheitsschutzdokumenten sowie zu den Aufzeichnungen und Berichten über Arbeitsunfälle zu gewähren;
2. den Sicherheitsvertrauenspersonen folgende Unterlagen zur Verfügung zu stellen:
a) die Unterlagen betreffend die Erkenntnisse gemäß § 3 Abs. 2,
b) die Ergebnisse von Messungen betreffend gefährliche Arbeitsstoffe und Lärm sowie sonstiger Messungen und Untersuchungen, die mit dem Arbeitnehmerschutz im Zusammenhang stehen, und
c) die Aufzeichnungen betreffend Arbeitsstoffe und Lärm;
3. die Sicherheitsvertrauenspersonen über Grenzwertüberschreitungen sowie deren Ursachen und über die getroffenen Maßnahmen unverzüglich zu informieren,
4. die Sicherheitsvertrauenspersonen über Auflagen, Vorschreibungen, Bewilligungen und behördliche Informationen auf dem Gebiet des Arbeitnehmerschutzes zu informieren und zu den Informationen, die sich aus den Schutzmaßnahmen und Maßnahmen zur Gefahrenverhütung ergeben, im Voraus anzuhören,
5. die Sicherheitsvertrauenspersonen zu den Informationen über die Gefahren für Sicherheit und Gesundheit sowie über Schutzmaßnahmen und Maßnahmen zur Gefahrenverhütung im Allgemeinen und für die einzelnen Arten von Arbeitsplätzen bzw. Aufgabenbereichen im Voraus anzuhören,
6. die Sicherheitsvertrauenspersonen zur Information der Arbeitgeber von betriebsfremden Arbeitnehmern über die in Z 5 genannten Punkte sowie über die für Erste Hilfe, Brandbekämpfung und Evakuierung gesetzten Maßnahmen, im Voraus anzuhören.

(8) Werden auf Baustellen Arbeitnehmer mehrerer Arbeitgeber beschäftigt, hat bei der Anhörung und Beteiligung der Sicherheitsvertrauenspersonen eine angemessene Abstimmung zwischen diesen Arbeitgebern zu erfolgen, wenn dies angesichts des Ausmaßes des Risikos und des Umfanges der Baustelle erforderlich erscheint.

2. Abschnitt
Arbeitsstätten und Baustellen
Anwendungsbereich

§ 19. (1) Arbeitsstätten sind
1. alle Gebäude und sonstigen baulichen Anlagen sowie Teile von Gebäuden oder sonstigen baulichen Anlagen, in denen Arbeitsplätze eingerichtet sind oder eingerichtet werden sollen oder zu denen Arbeitnehmer im Rahmen ihrer Arbeit Zugang haben (Arbeitsstätten in Gebäuden), sowie
2. alle Orte auf einem Betriebsgelände, zu denen Arbeitnehmer im Rahmen ihrer Arbeit Zugang haben (Arbeitsstätten im Freien).

(2) Als Arbeitsstätten im Sinne des Abs. 1 Z 1 gelten auch Wohnwagen, Container und sonstige ähnliche Einrichtungen, sowie Tragluftbauten, die zur Nutzung für Arbeitsplätze vorgesehen sind.

(3) Die §§ 20 bis 28 gelten nicht für
1. Gebäude und sonstige bauliche Anlagen, die dem Gottesdienst gesetzlich anerkannter Kirchen und Religionsgesellschaften gewidmet sind,
2. Felder, Wälder und sonstige Flächen, die zu einem land- und forstwirtschaftlichen Betrieb gehören und außerhalb seiner verbauten Fläche liegen.

Allgemeine Bestimmungen über Arbeitsstätten und Baustellen

§ 20. (1) Arbeitgeber sind verpflichtet, Arbeitsstätten und Baustellen entsprechend den Vorschriften dieses Bundesgesetzes sowie den dazu erlassenen Verordnungen und entsprechend den für sie geltenden behördlichen Vorschreibungen einzurichten und zu betreiben.

(2) Befinden sich in einer Arbeitsstätte oder auf einer Baustelle Gefahrenbereiche, in denen Absturzgefahr für die Arbeitnehmer oder die Gefahr des Herabfallens von Gegenständen besteht, so müssen diese Bereiche nach Möglichkeit mit Vorrichtungen ausgestattet sein, die unbefugte Arbeitnehmer am Betreten dieser Bereiche hindern. Dies gilt auch für sonstige Bereiche, in denen besondere Gefahren bestehen, insbesondere durch elektrische Spannung, radioaktive Stoffe, ionisierende oder nichtionisierende Strahlung oder durch Lärm oder sonstige physikalische Einwirkungen. Gefahrenbereiche müssen gut sichtbar und dauerhaft gekennzeichnet sein.

(3) Elektrische Anlagen müssen so geplant und installiert sein, daß von ihnen keine Brand- oder Explosionsgefahr ausgeht und daß Arbeitnehmer bei direktem oder indirektem Kontakt angemessen vor Unfallgefahren geschützt sind.

(4) Der Verkehr innerhalb der Arbeitsstätten und auf den Baustellen ist so abzuwickeln, daß Sicherheit und Gesundheit der Arbeitnehmer nicht gefährdet werden. Die der Verkehrssicherheit

dienenden Vorschriften der Straßenverkehrsordnung 1960, BGBl. Nr. 159, sind sinngemäß anzuwenden, soweit nicht betriebliche Notwendigkeiten eine Abweichung erfordern. Solche Abweichungen sind in der Arbeitsstätte oder auf der Baustelle entsprechend bekanntzumachen.

(5) Lagerungen sind in einer Weise vorzunehmen, daß Gefahren für Sicherheit oder Gesundheit der Arbeitnehmer nach Möglichkeit vermieden werden, wobei insbesondere die Beschaffenheit und die allfällige besondere Gefährlichkeit der gelagerten Gegenstände zu berücksichtigen sind.

(6) Arbeitsstätten und Baustellen, in/auf denen Arbeitnehmer bei Ausfall der künstlichen Beleuchtung in besonderem Maß Gefahren ausgesetzt sind, müssen mit einer ausreichenden Sicherheitsbeleuchtung ausgestattet sein.

(7) Arbeitgeber/innen haben dafür zu sorgen, dass auf Arbeitsstätten im Bergbau die erforderlichen Kommunikations–, Warn- und Alarmsysteme vorhanden sind, damit im Bedarfsfall unverzüglich Hilfs-, Evakuierungs- und Rettungsmaßnahmen eingeleitet werden können.

Arbeitsstätten in Gebäuden

§ 21. (1) Arbeitsstätten in Gebäuden müssen eine der Nutzungsart entsprechende Konstruktion und Festigkeit aufweisen.

(2) Arbeitsstätten in Gebäuden müssen möglichst ausreichend Tageslicht erhalten und mit Einrichtungen für eine der Sicherheit und dem Gesundheitsschutz der Arbeitnehmer angemessene künstliche Beleuchtung ausgestattet sein.

(3) Ausgänge und Verkehrswege müssen so angelegt und beschaffen sein, daß sie je nach ihrem Bestimmungszweck leicht und sicher begangen oder befahren werden können. Anzahl, Anordnung, Abmessungen und Beschaffenheit der Ausgänge, der Verkehrswege, der Türen und der Tore müssen der Art, der Nutzung und der Lage der Räume entsprechen. Ausgänge, Verkehrswege, Türen und Tore müssen so angelegt sein, daß in der Nähe beschäftigte Arbeitnehmer nicht gefährdet werden können.

(4) Es muß dafür vorgesorgt werden, daß alle Arbeitsplätze bei Gefahr von den Arbeitnehmern schnell und sicher verlassen werden können. Anzahl, Anordnung, Abmessungen und Beschaffenheit der Fluchtwege und der Notausgänge müssen der höchstmöglichen Anzahl der darauf angewiesenen Personen sowie der Nutzung der Einrichtung und den Abmessungen der Arbeitsstätte angemessen sein. Die Verkehrswege zu Fluchtwegen und Notausgängen sowie die Fluchtwege und Notausgänge selbst müssen freigehalten werden, damit sie jederzeit benutzt werden können. Fluchtwege und Notausgänge müssen gut sichtbar und dauerhaft gekennzeichnet sein.

(5) Arbeitsstätten in Gebäuden sind gegebenenfalls behindertengerecht zu gestalten. Dies gilt insbesondere für Ausgänge, Verkehrswege, Türen und Tore und sanitäre Vorkehrungen, die von behinderten Arbeitnehmern benutzt werden.

(6) Wird ein Gebäude nur zum Teil für Arbeitsstätten genutzt, gilt Abs. 3 nur für jene Ausgänge, Verkehrswege, Türen und Tore, die von den Arbeitnehmern benützt werden.

Arbeitsräume

§ 22. (1) Arbeitsräume sind jene Räume, in denen mindestens ein ständiger Arbeitsplatz eingerichtet ist.

(2) Arbeitsräume müssen für den Aufenthalt von Menschen geeignet sein und unter Berücksichtigung der Arbeitsvorgänge und Arbeitsbedingungen den Erfordernissen des Schutzes des Lebens und der Gesundheit der Arbeitnehmer entsprechen.

(3) In Arbeitsräumen muß unter Berücksichtigung der Arbeitsvorgänge und der körperlichen Belastung der Arbeitnehmer ausreichend gesundheitlich zuträgliche Atemluft vorhanden sein und müssen raumklimatische Verhältnisse herrschen, die dem menschlichen Organismus angemessen sind.

(4) Bei der Konstruktion und Einrichtung der Arbeitsräume ist dafür zu sorgen, daß Lärm, elektrostatische Aufladung, üble Gerüche, Erschütterungen, schädliche Strahlungen, Nässe und Feuchtigkeit nach Möglichkeit vermieden werden.

(5) Arbeitsräume müssen eine ausreichende Grundfläche und Höhe sowie einen ausreichenden Luftraum aufweisen, sodaß die Arbeitnehmer ohne Beeinträchtigung ihrer Sicherheit, ihrer Gesundheit und ihres Wohlbefindens ihre Arbeit verrichten können.

(6) Soweit die Zweckbestimmung der Räume und die Art der Arbeitsvorgänge dies zulassen, müssen Arbeitsräume ausreichend natürlich belichtet sein und eine Sichtverbindung mit dem Freien aufweisen. Bei der Anordnung der Arbeitsplätze ist auf die Lage der Belichtungsflächen und der Sichtverbindung Bedacht zu nehmen.

(7) Arbeitsräume müssen erforderlichenfalls während der Arbeitszeit unter Berücksichtigung der Arbeitsvorgänge entsprechend künstlich beleuchtet sein.

(8) Die Fußböden der Arbeitsräume dürfen keine Unebenheiten, Löcher oder gefährlichen Neigungen aufweisen. Sie müssen befestigt, trittsicher und rutschfest sein. Sie müssen im Bereich der ortsgebundenen Arbeitsplätze eine ausreichende Wärmeisolierung aufweisen, sofern dies nicht aus arbeitstechnischen Gründen ausgeschlossen ist.

Sonstige Betriebsräume

§ 23. (1) Sonstige Betriebsräume sind jene Räume, in denen zwar kein ständiger Arbeitsplatz eingerichtet ist, aber vorübergehend Arbeiten verrichtet werden.

(2) Sonstige Betriebsräume müssen für den Aufenthalt von Menschen geeignet sein und unter Berücksichtigung der Arbeitsvorgänge und Arbeitsbedingungen den Erfordernissen des Schutzes des Lebens und der Gesundheit der Arbeitnehmer entsprechen.

(3) Soweit dies die Nutzung und die Zweckbestimmung der Räume zulassen, muß in sonstigen Betriebsräumen unter Berücksichtigung der Arbeitsvorgänge und der körperlichen Belastung der Arbeitnehmer ausreichend gesundheitlich zuträgliche Atemluft vorhanden sein und müssen raumklimatische Verhältnisse herrschen, die dem menschlichen Organismus angemessen sind.

(4) Sonstige Betriebsräume müssen erforderlichenfalls während der Zeit, in der Arbeiten durchgeführt werden, unter Berücksichtigung der Arbeitsvorgänge entsprechend künstlich beleuchtet sein.

(5) Die Fußböden der sonstigen Betriebsräume dürfen keine Unebenheiten, Löcher oder gefährlichen Neigungen aufweisen. Sie müssen fest, trittsicher und rutschfest sein.

Arbeitsstätten im Freien und Baustellen

§ 24. (1) Arbeitsstätten im Freien und Baustellen müssen während der Arbeitszeit ausreichend künstlich beleuchtet werden, wenn das Tageslicht nicht ausreicht.

(2) Auf Arbeitsstätten im Freien und auf Baustellen sind geeignete Maßnahmen zu treffen, damit die Arbeitnehmer bei Gefahr rasch ihren Arbeitsplatz verlassen können und ihnen rasch Hilfe geleistet werden kann.

(3) Verkehrswege und sonstige Stellen oder Einrichtungen im Freien, die von den Arbeitnehmern im Rahmen ihrer Tätigkeit benutzt oder betreten werden müssen, sind so zu gestalten und zu erhalten, daß sie je nach ihrem Bestimmungszweck sicher begangen oder befahren werden können und daß in der Nähe beschäftigte Arbeitnehmer nicht gefährdet werden.

(4) Für Gebäude auf Baustellen, in denen Arbeitsplätze eingerichtet sind, gilt § 21 Abs. 1 bis 5. Für Räume auf Baustellen, in denen ständige Arbeitsplätze eingerichtet sind, wie Büros und Werkstätten, gilt § 22 Abs. 2 bis 7 und Abs. 8 erster und zweiter Satz. Für Räume auf Baustellen, in denen zwar keine ständigen Arbeitsplätze eingerichtet sind, in denen aber vorübergehend Arbeiten verrichtet werden, gilt § 23 Abs. 1 bis 5.

Brandschutz und Explosionsschutz

§ 25. (1) Arbeitgeber müssen geeignete Vorkehrungen treffen, um das Entstehen eines Brandes und im Falle eines Brandes eine Gefährdung des Lebens und der Gesundheit der Arbeitnehmer zu vermeiden.

(2) Arbeitgeber müssen geeignete Maßnahmen treffen, die zur Brandbekämpfung und Evakuierung der Arbeitnehmer erforderlich sind.

(3) Es müssen ausreichende und geeignete Feuerlöscheinrichtungen und erforderlichenfalls Brandmelder und Alarmanlagen vorhanden sein. Die Feuerlöscheinrichtungen müssen gut sichtbar und dauerhaft gekennzeichnet sein.

(4) Arbeitgeber haben Personen zu bestellen, die für die Brandbekämpfung und Evakuierung der Arbeitnehmer zuständig sind. Eine ausreichende Anzahl von Arbeitnehmern muß mit der Handhabung der Feuerlöscheinrichtungen vertraut sein.

(Anm.: Abs. 5 aufgehoben durch BGBl. I Nr. 94/2014)

(6) Arbeitgeber müssen geeignete Vorkehrungen treffen, um Explosionen zu verhindern und die Folgen einer Explosion zu begrenzen.

(7) Arbeitsstätten müssen erforderlichenfalls mit Blitzschutzanlagen versehen sein.

(8) Bei Vorkehrungen und Maßnahmen gemäß Abs. 1 bis 7 sind die Art der Arbeitsvorgänge und Arbeitsverfahren, die Art und Menge der vorhandenen Arbeitsstoffe, die vorhandenen Einrichtungen und Arbeitsmittel, die Lage, Abmessungen und Nutzung der Arbeitsstätte sowie die höchstmögliche Anzahl der anwesenden Personen zu berücksichtigen.

(9) Für Baustellen gelten Abs. 1 bis 4, 6 und 8 mit der Maßgabe, daß auch die Lage und die räumliche Ausdehnung der Baustelle sowie allfällige Unterkünfte und Behelfsbauten besonders zu berücksichtigen sind.

Erste Hilfe

§ 26. (1) Arbeitgeber müssen geeignete Vorkehrungen treffen, damit Arbeitnehmern bei Verletzungen oder plötzlichen Erkrankungen Erste Hilfe geleistet werden kann.

(2) Es müssen ausreichende und geeignete Mittel und Einrichtungen für die Erste Hilfe samt Anleitungen vorhanden sein. Die Aufbewahrungsstellen der für die Erste Hilfe notwendigen Mittel und Einrichtungen müssen gut erreichbar sein sowie gut sichtbar und dauerhaft gekennzeichnet sein.

(3) Es sind in ausreichender Anzahl Personen zu bestellen, die für die Erste Hilfe zuständig sind. Diese Personen müssen über eine ausreichende Ausbildung für die Erste Hilfe verfügen. Es ist dafür zu sorgen, daß während der Betriebszeit entsprechend der Anzahl der in der Arbeitsstätte anwesenden Arbeitnehmer für die Erste Hilfe zuständige Personen in ausreichender Anzahl anwesend sind.

(4) Für die Erste Hilfe müssen Sanitätsräume vorgesehen sein, wenn in einer Arbeitsstätte regelmäßig mehr als 250 Arbeitnehmer beschäftigt werden oder wenn es wegen der besonderen Verhältnisse für eine rasche und wirksame Erste Hilfe erforderlich ist. Sanitätsräume müssen mit den erforderlichen Einrichtungen und Mitteln ausgestattet und leicht zugänglich sein. Sie müssen gut sichtbar und dauerhaft gekennzeichnet sein.

(5) Bei Vorkehrungen und Maßnahmen gemäß Abs. 1 bis 4 sind die Art der Arbeitsvorgänge und Arbeitsverfahren, die Art und Menge der vorhandenen Arbeitsstoffe, die vorhandenen Einrichtungen und Arbeitsmittel, das Unfallrisiko, die Lage, Abmessungen und Nutzung der Arbeitsstätte sowie die Anzahl der in der Arbeitsstätte beschäftigten Arbeitnehmer zu berücksichtigen.

(6) Für Baustellen gelten Abs. 1, 2 und 5 mit der Maßgabe, daß auch die Lage und die räumliche Ausdehnung der Baustelle besonders zu berücksichtigen sind, sowie Abs. 3. Sanitätsräume oder vergleichbare Einrichtungen sind vorzusehen, wenn dies auf Grund der Lage der Baustelle und der Anzahl der auf der Baustelle beschäftigten Arbeitnehmer notwendig ist. Für diese Sanitätseinrichtungen gilt Abs. 4 zweiter und dritter Satz.

Sanitäre Vorkehrungen in Arbeitsstätten

§ 27. (1) Den Arbeitnehmern sind in ausreichender Anzahl geeignete Waschgelegenheiten mit hygienisch einwandfreiem, fließendem und nach Möglichkeit warmem Wasser, Reinigungsmittel sowie geeignete Mittel zum Abtrocknen zur Verfügung zu stellen. Waschräume sind zur Verfügung zu stellen, wenn

1. von einem Arbeitgeber in einer Arbeitsstätte regelmäßig mehr als zwölf Arbeitnehmer beschäftigt werden, oder
2. die Art der Arbeitsvorgänge, hygienische oder gesundheitliche Gründe dies erfordern.

(2) Sind nach Abs. 1 Waschräume einzurichten, so hat eine Trennung nach Geschlecht zu erfolgen, wenn jedem Geschlecht mindestens fünf Arbeitnehmer angehören. Sind gemeinsame Waschgelegenheiten und Waschräume für Arbeitnehmer und Arbeitnehmerinnen eingerichtet, ist eine nach Geschlecht getrennte Benutzung sicherzustellen.

(3) Den Arbeitnehmern sind in der Nähe der Arbeitsplätze, der Aufenthaltsräume, der Umkleideräume und der Waschgelegenheiten oder Waschräume in ausreichender Anzahl geeignete Toiletten zur Verfügung zu stellen. In Vorräumen von Toiletten muß eine Waschgelegenheit vorhanden sein, sofern sich nicht in unmittelbarer Nähe der Toiletten eine Waschgelegenheit befindet. Werden in einer Arbeitsstätte regelmäßig mindestens fünf Arbeitnehmer und mindestens fünf Arbeitnehmerinnen beschäftigt, so hat bei den Toiletten eine Trennung nach Geschlecht zu erfolgen.

(4) Jedem Arbeitnehmer ist ein versperrbarer Kleiderkasten oder eine sonstige geeignete versperrbare Einrichtung zur Aufbewahrung der Privatkleidung und Arbeitskleidung sowie sonstiger Gegenstände, die üblicherweise zur Arbeitsstätte mitgenommen werden, zur Verfügung zu stellen. Erforderlichenfalls ist dafür vorzusorgen, daß die Straßenkleidung von der Arbeits- und Schutzkleidung getrennt verwahrt werden kann. Den Arbeitnehmern sind geeignete Umkleideräume zur Verfügung zu stellen, wenn

1. in einer Arbeitsstätte regelmäßig mehr als zwölf Arbeitnehmer beschäftigt werden, die bei ihrer Tätigkeit besondere Arbeitskleidung oder Schutzkleidung tragen, oder
2. aus hygienischen, gesundheitlichen oder sittlichen Gründen gesonderte Umkleideräume erforderlich sind.

(5) Sind nach Abs. 4 Umkleideräume einzurichten, so hat eine Trennung nach Geschlecht zu erfolgen, wenn jedem Geschlecht mindestens fünf Arbeitnehmer angehören. Sind gemeinsame Umkleideräume für Arbeitnehmer und Arbeitnehmerinnen eingerichtet, ist eine nach Geschlecht getrennte Benutzung sicherzustellen.

(6) Waschräume müssen in der Nähe der Arbeitsplätze gelegen sein, soweit nicht gesonderte Waschgelegenheiten in der Nähe der Arbeitsplätze zur Verfügung stehen. Waschräume und Umkleideräume müssen untereinander leicht erreichbar sein.

(7) Waschräume, Toiletten und Umkleideräume müssen entsprechend ihrer Zweckbestimmung und der Anzahl der Arbeitnehmer bemessen und ausgestattet sein, den hygienischen Anforderungen entsprechen, eine angemessene Raumtemperatur aufweisen sowie ausreichend be- und entlüftet, belichtet oder beleuchtet sein.

(8) Der Verpflichtung zur Einrichtung von Waschräumen, Toiletten und Umkleideräumen kann auch in der Weise entsprochen werden, daß mehrere Arbeitgeber gemeinsam für ihre Arbeitnehmer Waschräume, Toiletten und Umkleideräume zur Verfügung stellen. In diesem Fall müssen die Waschräume, Toiletten und Umkleideräume hinsichtlich ihrer Lage, ihrer Anzahl, ihrer Bemessung und ihrer Ausstattung den Anforderungen nach Abs. 1 bis 7 unter Zugrundelegung der Gesamtzahl aller Arbeitnehmer entsprechen.

(9) Den Arbeitnehmern ist Trinkwasser oder ein anderes gesundheitlich einwandfreies, alkoholfreies Getränk zur Verfügung zu stellen.

Sozialeinrichtungen in Arbeitsstätten

§ 28. (1) Den Arbeitnehmern sind für den Aufenthalt während der Arbeitspausen geeignete Aufenthaltsräume zur Verfügung zu stellen, wenn

1. Sicherheits- oder Gesundheitsgründe dies erfordern, insbesondere wegen der Art der ausgeübten Tätigkeit, der Verwendung gefährlicher Arbeitsstoffe, der Lärmeinwirkung, Erschütterungen oder sonstigen gesundheitsgefährdenden Einwirkungen sowie bei längerdauernden Arbeiten im Freien, oder
2. ein Arbeitgeber in einer Arbeitsstätte regelmäßig mehr als zwölf Arbeitnehmer beschäftigt.

(2) Den Arbeitnehmern sind in den Aufenthaltsräumen, wenn solche nicht bestehen, an sonstigen geeigneten Plätzen, Sitzgelegenheiten mit Rückenlehne und Tische in ausreichender Anzahl zur Einnahme der Mahlzeiten sowie Einrichtungen zum Wärmen und zum Kühlen von mitgebrachten Speisen und Getränken zur Verfügung zu stellen.

(3) Für jene Arbeitnehmer, in deren Arbeitszeit regelmäßig und in erheblichem Umfang Zeiten der Arbeitsbereitschaft fallen, sind geeignete Bereitschaftsräume zur Verfügung zu stellen, wenn

1. sie sich während der Zeiten der Arbeitsbereitschaft nicht in Aufenthaltsräumen oder anderen geeigneten Räumen aufhalten dürfen und
2. Gesundheits- oder Sicherheitsgründe die Einrichtung von Bereitschaftsräumen erfordern.

(4) Aufenthaltsräume und Bereitschaftsräume müssen leicht erreichbar sein.

(5) Aufenthaltsräume und Bereitschaftsräume müssen entsprechend ihrer Zweckbestimmung und der Anzahl der Arbeitnehmer bemessen und ausgestattet sein, den hygienischen Anforderungen entsprechen, angemessene raumklimatische Verhältnisse aufweisen, ausreichend be- und entlüftet, belichtet oder beleuchtet und gegen Lärm, Erschütterungen und sonstige gesundheitsgefährdende Einwirkungen geschützt sein.

(6) Der Verpflichtung Aufenthaltsräume zur Verfügung zu stellen, kann auch in der Weise entsprochen werden, daß mehrere Arbeitgeber gemeinsam für ihre Arbeitnehmer Aufenthaltsräume zur Verfügung stellen. In diesem Fall müssen die Aufenthaltsräume hinsichtlich ihrer Lage, ihrer Anzahl, ihrer Bemessung und ihrer Ausstattung den Anforderungen nach Abs. 1, 2, 4 und 5 unter Zugrundelegung der Gesamtzahl aller Arbeitnehmer entsprechen.

(7) Räume, die den Arbeitnehmern vom Arbeitgeber zu Wohnzwecken oder zur Nächtigung zur Verfügung gestellt werden, müssen entsprechend ihrer Zweckbestimmung bemessen und ausgestattet sein, den hygienischen Anforderungen entsprechen, angemessene raumklimatische Verhältnisse aufweisen, ausreichend be- und entlüftet, belichtet und beleuchtbar sein. Den Arbeitnehmern müssen geeignete Duschen, Waschgelegenheiten und Toiletten zur Verfügung stehen.

(8) Abs. 7 gilt nicht für Werks- und Dienstwohnungen.

Sanitäre Vorkehrungen und Sozialeinrichtungen auf Baustellen

§ 29. (1) Den Arbeitnehmern ist Trinkwasser oder ein anderes gesundheitlich einwandfreies, alkoholfreies Getränk zur Verfügung zu stellen.

(2) Den Arbeitnehmern müssen im gebotenen Umfang entsprechende Waschgelegenheiten oder Waschräume, Toiletten, Aufenthaltsräume, Kleiderkästen oder sonstige geeignete Einrichtungen, Umkleidemöglichkeiten und Unterkünfte zur Verfügung stehen, soweit dies unter Berücksichtigung der Lage der Baustelle, der örtlichen Gegebenheiten, der Art und Dauer der Tätigkeiten und der Anzahl der Arbeitnehmer erforderlich ist.

(3) Der Verpflichtung zur Einrichtung von Waschräumen, Toiletten, Aufenthaltsräumen und Unterkünften kann auch in der Weise entsprochen werden, daß mehrere Arbeitgeber gemeinsam für ihre Arbeitnehmer solche Einrichtungen zur Verfügung stellen. In diesem Fall müssen diese Einrichtungen hinsichtlich ihrer Lage, ihrer Anzahl, ihrer Bemessung und ihrer Ausstattung der Gesamtzahl aller Arbeitnehmer entsprechen.

Nichtraucher/innenschutz

§ 30. (1) Arbeitgeber/innen haben dafür zu sorgen, dass nicht rauchende Arbeitnehmer/innen vor den Einwirkungen von Tabakrauch am Arbeitsplatz geschützt sind, soweit dies nach der Art des Betriebes möglich ist.

(2) In Arbeitsstätten in Gebäuden ist das Rauchen für Arbeitgeber/innen und Arbeitnehmer/innen verboten, sofern Nichtraucher/innen in der Arbeitsstätte beschäftigt werden.

(3) Ist eine ausreichende Zahl von Räumlichkeiten in der Arbeitsstätte vorhanden, kann der/die Arbeitgeber/in abweichend von Abs. 2 einzelne Räume einrichten, in denen das Rauchen gestattet ist, sofern es sich nicht um Arbeitsräume handelt und gewährleistet ist, dass der Tabakrauch nicht in die mit Rauchverbot belegten Bereiche der Arbeitsstätte dringt und das Rauchverbot dadurch nicht umgangen wird. Aufenthalts-, Bereitschafts-, Sanitäts- und Umkleideräume dürfen nicht als Raucher/innenräume eingerichtet werden.

(4) Abs. 1 bis 3 gelten auch für die Verwendung von verwandten Erzeugnissen und Wasserpfeifen im Sinn des Tabak- und Nichtraucherinnen- bzw. Nichtraucherschutzgesetzes – TNRSG, BGBl. Nr. 431/1995.

Schwimmkörper, schwimmende Anlagen und Geräte, Verkehrsmittel

§ 31. (1) Einrichtungen auf Schwimmkörpern, schwimmenden Anlagen und Geräten im Sinne des § 2 Schifffahrtsgesetzes, BGBl. I Nr. 62/1997 die zur Nutzung für Arbeitsplätze vorgesehen sind, und den Arbeitsstätten im Sinne des § 19 Abs. 1 vergleichbar sind, sind den §§ 20 bis 24 entsprechend einzurichten und zu betreiben, soweit dies nach der Art und Zweckbestimmung dieser Einrichtungen möglich und zum Schutz der Arbeitnehmer erforderlich ist. In diesen Einrichtungen sind die erforderlichen Vorkehrungen zum Brandschutz und Explosionsschutz, für die Erste Hilfe sowie für das rasche und sichere Verlassen dieser Einrichtungen im Notfall zu treffen und die erforderlichen Mittel bereitzustellen. Dabei sind die Art, Größe und Zweckbestimmung der Einrichtung, die Ausstattung, die Art und Menge der vorhandenen Arbeitsstoffe oder der transportierten Güter und Stoffe, die Arbeitsmittel sowie die größtmögliche Anzahl der anwesenden Personen zu berücksichtigen.

(2) Abs. 1 gilt auch für Einrichtungen in Verkehrsmitteln zum Transport auf dem Luftweg, dem Wasserweg, im Straßenbahn- oder Eisenbahnverkehr.

(3) In Einrichtungen gemäß Abs. 1 und 2, falls dies nicht möglich ist, in deren Nähe oder an sonstigen geeigneten Plätzen, sind den Arbeitnehmern geeignete Waschgelegenheiten oder Waschräume, Toiletten, Kleiderkästen und Umkleideräume sowie für den Aufenthalt während der Arbeitspausen, der Bereitschaftszeiten und gegebenenfalls auch der Ruhezeiten Sozialeinrichtungen zur Verfügung zu stellen. Auf diese Einrichtungen sind §§ 27 und 28 sinngemäß mit der Maßgabe anzuwenden, daß die Anzahl der Arbeitnehmer, die Art und Dauer der Arbeitsvorgänge, die Arbeitsbedingungen sowie Art und Zweckbestimmung der Einrichtung zu berücksichtigen sind. Den Arbeitnehmern ist Trinkwasser oder ein anderes gesundheitlich einwandfreies, alkoholfreies Getränk zur Verfügung zu stellen.

(4) In Einrichtungen gemäß Abs. 1 und 2 ist für den Schutz der Nichtraucher vor den Einwirkungen von Tabakrauch zu sorgen.

(5) Einrichtungen nach Abs. 1 und 2 sind gegebenenfalls behindertengerecht zu gestalten, soweit die Art und Zweckbestimmung der Einrichtung dem nicht entgegenstehen.

Verordnungen über Arbeitsstätten und Baustellen

§ 32. (1) Der Bundesminister für Arbeit, Soziales und Konsumentenschutz hat in Durchführung des 2. Abschnittes durch Verordnung näher zu regeln:

1. die behindertengerechte Gestaltung von Arbeitsstätten in Gebäuden,
2. die Bestellung von für Brandbekämpfung und Evakuierung zuständigen Personen und
3. die Bereitschaftsräume.

(2) Der Bundesminister für Arbeit, Soziales und Konsumentenschutz kann durch Verordnung nähere Durchführungsbestimmungen zu § 31 erlassen.

Bildschirmarbeitsplätze

§ 67. (1) Bildschirmgerät im Sinne dieser Bestimmung ist eine Baueinheit mit einem Bildschirm zur Darstellung alphanumerischer Zeichen oder zur Grafikdarstellung, ungeachtet des Darstellungsverfahrens. Bildschirmarbeitsplätze im Sinne dieser Bestimmung sind Arbeitsplätze, bei denen das Bildschirmgerät und die Dateneingabetastatur oder sonstige Steuerungseinheit sowie gegebenenfalls ein Informationsträger eine funktionale Einheit bilden.

(2) Arbeitgeber sind verpflichtet, Bildschirmarbeitsplätze ergonomisch zu gestalten. Es dürfen nur Bildschirmgeräte, Eingabe- oder Datenerfassungsvorrichtungen sowie Zusatzgeräte verwendet werden, die dem Stand der Technik und den ergonomischen Anforderungen entsprechen. Es sind geeignete Arbeitstische bzw. Arbeitsflächen und Sitzgelegenheiten zur Verfügung zu stellen.

(3) Bildschirmarbeitsplätze sind so zu bemessen und einzurichten, daß ausreichend Platz vorhanden ist, um wechselnde Arbeitshaltungen und –bewegungen zu ermöglichen. Es ist für eine geeignete Beleuchtung und dafür zu sorgen, daß eine Reflexion und eine Blendung vermieden werden.

(4) Auf tragbare Datenverarbeitungsgeräte ist Abs. 2 und 3 anzuwenden, wenn sie regelmäßig am Arbeitsplatz eingesetzt werden.

(5) Bei den nachstehend angeführten Einrichtungen bzw. Geräten sind die nach der Art oder Zweckbestimmung der Einrichtung oder der Art der Arbeitsvorgänge erforderlichen Abweichungen von Abs. 2 und 3 zulässig:

1. Fahrer- und Bedienungsstände von Fahrzeugen und Maschinen,
2. Datenverarbeitungsanlagen an Bord eines Verkehrsmittels,
3. Datenverarbeitungsanlagen, die hauptsächlich zur Benutzung durch die Öffentlichkeit bestimmt sind,
4. Rechenmaschinen, Registrierkassen und Geräte mit einer kleinen Daten- oder Meßwertanzeigevorrichtung, die zur direkten Benutzung des Gerätes erforderlich ist, und
5. Display-Schreibmaschinen.

(6) Abs. 1, 2 mit Ausnahme des letzten Satzes und 4 gelten auch für die vom Arbeitgeber den Arbeitnehmern zur Erbringung von Arbeitsleistungen außerhalb der Arbeitsstätte zur Verfügung gestellten Bildschirmgeräte, Eingabe- oder Datenerfassungsvorrichtungen sowie Zusatzgeräte, Arbeitstische bzw. Arbeitsflächen und Sitzgelegenheiten.

Besondere Maßnahmen bei Bildschirmarbeit

§ 68. (1) Im Rahmen der Ermittlung und Beurteilung der Gefahren ist auch auf die mögliche Beeinträchtigung des Sehvermögens sowie auf physische und psychische Belastungen besonders Bedacht zu nehmen. Auf Grundlage dieser Ermittlung und Beurteilung sind zweckdienliche Maßnahmen zur Ausschaltung der festgestellten Gefahren zu treffen, wobei das allfällige Zusammenwirken der festgestellten Gefahren zu berücksichtigen ist.

(2) Bei der Konzipierung, Auswahl, Einführung und Änderung der Software sowie bei der Gestaltung von Tätigkeiten, bei denen Bildschirmgeräte zum Einsatz kommen, haben die Arbeitgeber folgende Faktoren zu berücksichtigen:

1. Die Software muß der auszuführenden Tätigkeit angepaßt sein.

2. Die Software muß benutzerfreundlich sein und gegebenenfalls dem Kenntnis- und Erfahrungsstand der Benutzer angepaßt werden können.
3. Die Systeme müssen den Arbeitnehmern Angaben über dic jeweiligen Abläufe bieten.
4. Die Systeme müssen die Information in einem Format und in einem Tempo anzeigen, das den Benutzern angepaßt ist.
5. Die Grundsätze der Ergonomie sind insbesondere auf die Verarbeitung von Informationen durch den Menschen anzuwenden.

(3) Bei Beschäftigung von Arbeitnehmern, die bei einem nicht unwesentlichen Teil ihrer normalen Arbeit ein Bildschirmgerät benutzen, gilt folgendes:

1. Die Arbeitgeber haben die Tätigkeit so zu organisieren, daß die tägliche Arbeit an Bildschirmgeräten regelmäßig durch Pausen oder durch andere Tätigkeiten unterbrochen wird, die die Belastung durch Bildschirmarbeit verringern.
2. Die Arbeitnehmer haben das Recht auf eine Untersuchung der Augen und des Sehvermögens, und zwar vor Aufnahme der Tätigkeit, sowie anschließend in regelmäßigen Abständen und weiters bei Auftreten von Sehbeschwerden, die auf die Bildschirmarbeit zurückgeführt werden können.
3. Die Arbeitnehmer haben das Recht auf eine augenärztliche Untersuchung, wenn sich dies auf Grund der Ergebnisse der Untersuchung nach Z 2 als erforderlich erweist.
4. Den Arbeitnehmern sind spezielle Sehhilfen zur Verfügung zu stellen, wenn die Ergebnisse der Untersuchungen nach Z 2 und 3 ergeben, daß diese notwendig sind.

(4) Maßnahmen nach Abs. 3 Z 2 bis 4 dürfen in keinem Fall zu einer finanziellen Mehrbelastung der Arbeitnehmer führen.

(5) Auf tragbare Datenverarbeitungsgeräte, die nicht regelmäßig am Arbeitsplatz eingesetzt werden, ist Abs. 2 nicht anzuwenden.

(6) Auf die in § 67 Abs. 5 angeführten Einrichtungen bzw. Geräte ist Abs. 2 nur anzuwenden, soweit die Art oder Zweckbestimmung der Einrichtung oder die Art der Arbeitsvorgänge dem nicht entgegenstehen. Auf die in § 67 Abs. 5 Z 1 und 2 angeführten Fahrer- und Bedienungsstände von Fahrzeugen und Datenverarbeitungsanlagen an Bord eines Verkehrsmittels ist Abs. 3 Z 1 nur anzuwenden, soweit die Art oder Zweckbestimmung der Einrichtung oder die Art der Arbeitsvorgänge dem nicht entgegenstehen.

(7) Abs. 2 gilt auch für Bildschirmarbeit außerhalb der Arbeitsstätte.

Persönliche Schutzausrüstung

§ 69. (1) Als persönliche Schutzausrüstung gilt jede Ausrüstung, die dazu bestimmt ist, von den Arbeitnehmern benutzt oder getragen zu werden, um sich gegen eine Gefahr für ihre Sicherheit oder Gesundheit bei der Arbeit zu schützen, sowie jede mit demselben Ziel verwendete Zusatzausrüstung.

(2) Persönliche Schutzausrüstungen sind von den Arbeitgebern auf ihre Kosten zur Verfügung zu stellen, wenn Gefahren nicht durch kollektive technische Schutzmaßnahmen oder durch arbeitsorganisatorische Maßnahmen vermieden oder ausreichend begrenzt werden können.

(3) Arbeitnehmer sind verpflichtet, die persönlichen Schutzausrüstungen zu benutzen. Arbeitgeber dürfen ein dem widersprechendes Verhalten der Arbeitnehmer nicht dulden.

(4) Persönliche Schutzausrüstungen dürfen, außer in besonderen Ausnahmefällen, nur für jene Zwecke und unter jenen Bedingungen eingesetzt werden, für die sie nach den Angaben des Herstellers oder des Inverkehrbringers bestimmt sind.

(5) Persönliche Schutzausrüstungen müssen für den persönlichen Gebrauch durch einen Arbeitnehmer bestimmt sein. Erfordern die Umstände eine Benutzung durch verschiedene Personen, so sind entsprechende Maßnahmen zu treffen, damit sich dadurch für die verschiedenen Benutzer keine Gesundheits- und Hygieneprobleme ergeben.

(6) Arbeitgeber haben durch geeignete Lagerung und ausreichende Reinigungs-, Wartungs-, Reparatur- und Ersatzmaßnahmen ein gutes Funktionieren der persönlichen Schutzausrüstung und einwandfreie hygienische Bedingungen zu gewährleisten. Dabei sind insbesondere die Verwenderinformationen der Hersteller und Inverkehrbringer zu berücksichtigen.

(Anm.: Abs. 7 aufgehoben durch BGBl. I Nr. 60/2015)

Auswahl der persönlichen Schutzausrüstung

§ 70. (1) Arbeitgeber dürfen nur solche persönliche Schutzausrüstungen zur Verfügung stellen, die

1. hinsichtlich ihrer Konzeption und Konstruktion den für das Inverkehrbringen geltenden Sicherheits- und Gesundheitsanforderungen entsprechen,
2. Schutz gegenüber den zu verhütenden Gefahren bieten, ohne selbst eine größere Gefahr mit sich zu bringen,
3. für die am Arbeitsplatz gegebenen Bedingungen geeignet sind,
4. den ergonomischen Anforderungen und den gesundheitlichen Erfordernissen des Arbeitnehmers Rechnung tragen sowie
5. dem Träger, allenfalls nach erforderlicher Anpassung, passen.

(2) Zu den Bedingungen im Sinne des Abs. 1 Z 3 zählen die Dauer ihres Einsatzes, das Risiko, die Häufigkeit der Exposition gegenüber diesem Risiko, die spezifischen Merkmale des Arbeitsplatzes der einzelnen Arbeitnehmer und die Leistungswerte der persönlichen Schutzausrüstung.

(3) Werden von Arbeitgebern persönliche Schutzausrüstungen erworben, die nach den für sie geltenden Rechtsvorschriften gekennzeichnet sind, können Arbeitgeber, die über keine anderen Erkenntnisse verfügen, davon ausgehen, daß diese persönlichen Schutzausrüstungen hinsichtlich Konstruktion, Bau und weiterer Schutzmaßnahmen den für sie im Zeitpunkt des Inverkehrbringens geltenden Rechtsvorschriften über Sicherheits- und Gesundheitsanforderungen entsprechen.

(4) Machen verschiedene Gefahren den gleichzeitigen Einsatz mehrerer persönlicher Schutzausrüstungen notwendig, so müssen diese Ausrüstungen aufeinander abgestimmt und muß ihre Schutzwirkung gegenüber den betreffenden Gefahren gewährleistet sein.

(5) Vor der Auswahl der persönlichen Schutzausrüstung müssen die Arbeitgeber eine Bewertung der von ihnen vorgesehenen persönlichen Schutzausrüstung vornehmen, um festzustellen, ob sie den in Abs. 1, 2 und 4 genannten Anforderungen entspricht. Die Bewertung hat zu umfassen:

1. die Untersuchung und Abwägung derjenigen Gefahren, die anderweitig nicht vermieden oder ausreichend begrenzt werden können,
2. die Definition der Eigenschaften, die persönliche Schutzausrüstungen aufweisen müssen, damit sie einen Schutz gegenüber diesen Gefahren bieten, wobei eventuelle Gefahrenquellen, die die persönliche Schutzausrüstung selbst darstellen oder bewirken kann, zu berücksichtigen sind, und
3. die Bewertung der Eigenschaften der entsprechenden verfügbaren persönlichen Schutzausrüstungen im Vergleich mit den unter Z 2 genannten Eigenschaften.

(6) Die Bewertung ist bei Änderung der für die Bewertung maßgeblichen Kriterien zu wiederholen. Arbeitgeber sind verpflichtet, diese Bewertung sowie die Grundlagen für die Bewertung dem Arbeitsinspektorat auf Verlangen zur Verfügung zu stellen.

Arbeitskleidung

§ 71. (1) Die Arbeitskleidung muß den Erfordernissen der Tätigkeit entsprechen und so beschaffen sein, daß durch die Kleidung keine Gefährdung der Sicherheit und Gesundheit bewirkt wird.

(2) Wenn die Art der Tätigkeit zum Schutz der Arbeitnehmer eine bestimmte Arbeitskleidung erfordert oder wenn die Arbeitskleidung durch gesundheitsgefährdende oder ekelerregende Arbeitsstoffe verunreinigt wird, sind die Arbeitgeber verpflichtet, auf ihre Kosten den Arbeitnehmern geeignete Arbeitskleidung zur Verfügung zu stellen und für eine ausreichende Reinigung dieser Arbeitskleidung zu sorgen.

7. Abschnitt
Präventivdienste

Bestellung von Sicherheitsfachkräften

§ 73. (1) Arbeitgeber haben Sicherheitsfachkräfte (Fachkräfte für Arbeitssicherheit) zu bestellen. Diese Verpflichtung ist gemäß folgender Z 1 oder, wenn ein Arbeitgeber nicht über entsprechend fachkundiges Personal verfügt, gemäß folgender Z 2 oder 3 zu erfüllen:

1. durch Beschäftigung von Sicherheitsfachkräften im Rahmen eines Arbeitsverhältnisses (betriebseigene Sicherheitsfachkräfte),
2. durch Inanspruchnahme externer Sicherheitsfachkräfte oder
3. durch Inanspruchnahme eines sicherheitstechnischen Zentrums.

(2) Als Sicherheitsfachkräfte dürfen nur Personen bestellt werden, die die erforderlichen Fachkenntnisse gemäß § 74 nachweisen.

(3) Sicherheitsfachkräfte sind bei Anwendung ihrer Fachkunde weisungsfrei.

(4) Arbeitgeber sind verpflichtet, den Sicherheitsfachkräften das für die Durchführung ihrer Aufgaben notwendige Hilfspersonal sowie die erforderlichen Räume, Ausstattung und Mittel zur Verfügung zu stellen.

(5) Bei Inanspruchnahme eines sicherheitstechnischen Zentrums entfällt die Verpflichtung der Arbeitgeber zur Beistellung des Hilfspersonals, der Ausstattung und der Mittel. Bei Inanspruchnahme externer Sicherheitsfachkräfte entfällt diese Verpflichtung der Arbeitgeber insoweit, als die externen Sicherheitsfachkräfte nachweislich das erforderliche Hilfspersonal, die erforderliche Ausstattung und die erforderlichen Mittel beistellen.

Fachkenntnisse der Sicherheitsfachkräfte

§ 74. (1) Die erforderlichen Fachkenntnisse sind durch ein Zeugnis über den erfolgreichen Abschluß einer vom Bundesminister für Arbeit, Soziales und Konsumentenschutz anerkannten Fachausbildung nachzuweisen.

(2) Eine Fachausbildung ist auf Antrag anzuerkennen, wenn

1. nach dem vorgelegten Ausbildungsplan davon auszugehen ist, daß sie die Auszubildenden in die Lage versetzt, die Aufgaben einer Sicherheitsfachkraft zu erfüllen und das dafür notwendige Wissen auf dem Gebiet der Arbeitssicherheit und Kenntnisse über die maßgeblichen Arbeitnehmerschutzvorschriften vermittelt und

2. die Ausbildungseinrichtung über die zur Erreichung des Ausbildungszieles erforderliche Ausstattung, Lehrmittel und Lehrkräfte verfügt.

(3) Die Anerkennung ist unter Vorschreibung von Auflagen zu erteilen, wenn dies zur Gewährleistung einer ordnungsgemäßen Ausbildung im Hinblick auf Abs. 2 Z 2 und Abs. 4 erforderlich ist. Die Anerkennung ist zu widerrufen, wenn die ordnungsgemäße Ausbildung nicht mehr gewährleistet ist.

(4) Zur Fachausbildung sind nur Personen zuzulassen, die über ausreichende Grundkenntnisse auf technischem Gebiet und ausreichende betriebliche Erfahrungen verfügen. Personen, die diese Grundkenntnisse nicht durch den erfolgreichen Abschluß einer geeigneten Ausbildung nachweisen, dürfen erst nach erfolgreicher Ablegung einer Aufnahmeprüfung zur Fachausbildung zugelassen werden.

Sicherheitstechnische Zentren

§ 75. (1) Für den Betrieb eines sicherheitstechnischen Zentrums im Sinne dieses Bundesgesetzes müssen folgende Voraussetzungen erfüllt sein:

1. Die sicherheitstechnische Leitung des Zentrums muß einer Sicherheitsfachkraft übertragen sein, die die erforderlichen Fachkenntnisse nachweist und die sicherheitstechnische Betreuung hauptberuflich ausübt.
2. Im Zentrum müssen weitere Sicherheitsfachkräfte beschäftigt werden, die die erforderlichen Fachkenntnisse nachweisen, sodaß gewährleistet ist, daß das Zentrum regelmäßig eine sicherheitstechnische Betreuung im Ausmaß von mindestens 70 Stunden wöchentlich ausüben kann, wobei auf dieses Ausmaß nur die Einsatzzeit von Sicherheitsfachkräften anzurechnen ist, die regelmäßig mindestens acht Stunden wöchentlich beschäftigt werden.
3. Im Zentrum muß das erforderliche Fach- und Hilfspersonal beschäftigt werden.
4. Im Zentrum müssen die für eine ordnungsgemäße sicherheitstechnische Betreuung erforderlichen Einrichtungen, Geräte und Mittel vorhanden sein.

(2) Der Betreiber eines sicherheitstechnischen Zentrums hat dem Bundesminister für Arbeit, Soziales und Konsumentenschutz zu melden:

1. spätestens vier Wochen vor Aufnahme des Betriebes eines Zentrums: Zeitpunkt der beabsichtigten Inbetriebnahme, Bezeichnung des Zentrums, Name des Leiters, Anschrift und Telefonnummer des Zentrums,
2. nach Aufnahme des Betriebes: allfällige Änderungen der Angaben nach Z 1,
3. die allfällige Beendigung der Tätigkeit des Zentrums.

(3) Das zuständige Arbeitsinspektorat hat auf Grund der Meldung nach Abs. 2 Z 1 unverzüglich zu überprüfen, ob die Voraussetzungen nach Abs. 1 vorliegen. Ergibt die Überprüfung, daß die Voraussetzungen nach Abs. 1 nicht erfüllt sind, hat das Arbeitsinspektorat den Betreiber schriftlich zur Behebung der Mängel vor Aufnahme des Betriebes des Zentrums aufzufordern. Wird ein sicherheitstechnisches Zentrum betrieben, ohne die Voraussetzungen nach Abs. 1 zu erfüllen, hat das Arbeitsinspektorat Strafanzeige an die zuständige Verwaltungsstrafbehörde zu erstatten. § 9 Abs. 4 und 5 sowie §§ 11 und 13 des Arbeitsinspektionsgesetzes 1993, BGBl. Nr. 27, gelten sinngemäß. Das Arbeitsinspektorat hat den zuständigen gesetzlichen Interessenvertretungen der Arbeitgeber und der Arbeitnehmer

1. Gelegenheit zu geben, an der Überprüfung teilzunehmen,
2. gegebenenfalls eine Kopie der Aufforderung zur Behebung der Mängel zu übermitteln und
3. mitzuteilen, ob die Voraussetzungen nach Abs. 1 vorliegen oder ob Strafanzeige erstattet wurde.

(4) Der Bundesminister für Arbeit, Soziales und Konsumentenschutz hat jährlich eine Liste der sicherheitstechnischen Zentren zu erstellen und sie im Internet zu veröffentlichen. Diese Liste hat zu enthalten: Namen der Betreiber, Namen der Leiter, Anschriften, Telefonnummern und Bezeichnung der Zentren. In diese Liste sind alle sicherheitstechnischen Zentren aufzunehmen, bei denen die Prüfung gemäß Abs. 3 ergeben hat, daß sie die Voraussetzungen nach Abs. 1 erfüllen. Erfolgt eine rechtskräftige Bestrafung im Sinne des § 130 Abs. 6 Z 1, so ist das betreffende Zentrum aus der Liste zu streichen.

Aufgaben, Information und Beiziehung der Sicherheitsfachkräfte

§ 76. (1) Sicherheitsfachkräfte haben die Aufgabe, die Arbeitgeber, die Arbeitnehmer, die Sicherheitsvertrauenspersonen und die Belegschaftsorgane auf dem Gebiet der Arbeitssicherheit und der menschengerechten Arbeitsgestaltung zu beraten und die Arbeitgeber bei der Erfüllung ihrer Pflichten auf diesen Gebieten zu unterstützen.

(2) Arbeitgeber haben den Sicherheitsfachkräften alle zur Erfüllung ihrer Aufgaben erforderlichen Informationen und Unterlagen zur Verfügung zu stellen, insbesondere betreffend die Sicherheits- und Gesundheitsschutzdokumente, Aufzeichnungen und Berichte über Arbeitsunfälle, die Ergebnisse von Messungen betreffend gefährliche Arbeitsstoffe und Lärm sowie von sonstigen für die Sicherheit und den Gesundheitsschutz maßgeblichen Messungen und Untersuchungen. Die Sicherheitsfachkräfte sind gesondert zu informieren, wenn Arbeitnehmer aufgenommen werden

oder wenn Arbeitnehmer auf Grund einer Überlassung gemäß § 9 beschäftigt werden, soweit dies zur Erfüllung ihrer Aufgaben erforderlich ist.

(3) Arbeitgeber haben die Sicherheitsfachkräfte und erforderlichenfalls weitere geeignete Fachleute hinzuzuziehen:

1. in allen Fragen der Arbeitssicherheit einschließlich der Unfallverhütung,
2. bei der Planung von Arbeitsstätten,
3. bei der Beschaffung oder Änderung von Arbeitsmitteln,
4. bei der Einführung oder Änderung von Arbeitsverfahren und bei der Einführung von Arbeitsstoffen,
5. bei der Erprobung und Auswahl von persönlichen Schutzausrüstungen,
6. in arbeitsphysiologischen, arbeitspsychologischen und sonstigen ergonomischen sowie arbeitshygienischen Fragen, insbesondere der Gestaltung der Arbeitsplätze und des Arbeitsablaufes,
7. bei der Organisation des Brandschutzes und von Maßnahmen zur Evakuierung,
8. bei der Ermittlung und Beurteilung der Gefahren,
9. bei der Festlegung von Maßnahmen zur Gefahrenverhütung,
10. bei der Organisation der Unterweisung und bei der Erstellung von Betriebsanweisungen und
11. bei Verwaltungsverfahren im Sinne des 8. Abschnittes.

(4) Arbeitgeber haben dafür zu sorgen, daß die Sicherheitsfachkräfte

1. den Arbeitnehmern, den Sicherheitsvertrauenspersonen und den Belegschaftsorganen auf Verlangen die erforderlichen Auskünfte erteilen,
2. die Arbeitnehmer und die Sicherheitsvertrauenspersonen beraten, und
3. die Belegschaftsorgane auf Verlangen beraten.

Tätigkeiten der Sicherheitsfachkräfte

§ 77. In die Präventionszeit der Sicherheitsfachkräfte darf nur die für folgende Tätigkeiten aufgewendete Zeit eingerechnet werden:

1. die Beratung und Unterstützung des Arbeitgebers in Angelegenheiten gemäß § 76 Abs. 3,
2. die Beratung der Arbeitnehmer, der Sicherheitsvertrauenspersonen und der Belegschaftsorgane in Angelegenheiten der Arbeitssicherheit und der menschengerechten Arbeitsgestaltung,
3. die Besichtigung der Arbeitsstätten, Baustellen und auswärtigen Arbeitsstellen sowie die Teilnahme an Besichtigungen durch das Arbeitsinspektorat,
4. die Ermittlung und Untersuchung der Ursachen von Arbeitsunfällen und arbeitsbedingten Erkrankungen sowie die Auswertung dieser Ermittlungen und Untersuchungen,

4a. die nach den Arbeitnehmerschutzvorschriften erforderliche Ermittlung und Beurteilung der Gefahren und Festlegung von Maßnahmen samt Dokumentation im Sicherheits- und Gesundheitsschutzdokument sowie deren Überprüfung und Anpassung, 5. die Weiterbildung bis zum Höchstausmaß von 15% der für sie festgelegten jährlichen Präventionszeit,

6. die Tätigkeit im Rahmen des Arbeitsschutzausschusses und des zentralen Arbeitsschutzausschusses,
7. die Dokumentation der Tätigkeit und der Ergebnisse von Untersuchungen sowie die Erstellung von Berichten und Programmen auf dem Gebiet der Arbeitssicherheit und der Arbeitsgestaltung und
8. die Koordination der Tätigkeit mehrerer Sicherheitsfachkräfte.

Bestellung von Arbeitsmedizinern

§ 79. (1) Arbeitgeber haben Arbeitsmediziner zu bestellen. Diese Verpflichtung ist gemäß folgender Z 1 oder, wenn ein Arbeitgeber nicht über entsprechend fachkundiges Personal verfügt, gemäß folgender Z 2 oder 3 zu erfüllen:

1. durch Beschäftigung von geeigneten Ärzten im Rahmen eines Arbeitsverhältnisses (betriebseigene Arbeitsmediziner),
2. durch Inanspruchnahme externer Arbeitsmediziner oder
3. durch Inanspruchnahme eines arbeitsmedizinischen Zentrums.

(2) Als Arbeitsmediziner dürfen nur Personen bestellt werden, die zur selbständigen Ausübung des ärztlichen Berufes im Sinne des Ärztegesetzes 1998, BGBl. I Nr. 169/1998, berechtigt sind und eine vom Bundesminister für Gesundheit anerkannte arbeitsmedizinische Ausbildung gemäß § 38 des Ärztegesetzes 1998 absolviert haben.

(3) Die Bestimmungen des Ärztegesetzes 1998 bleiben unberührt.

(4) Arbeitgeber sind verpflichtet, das für die arbeitsmedizinische Betreuung notwendige Fach- und Hilfspersonal zu beschäftigen.

(5) Arbeitgeber sind verpflichtet, für die notwendige Fortbildung des von ihnen beschäftigten Fachpersonals während der Arbeitszeit zu sorgen.

(6) Arbeitgeber sind verpflichtet, die für die arbeitsmedizinische Betreuung notwendigen Räume, Ausstattung und Mittel zur Verfügung zu stellen.

(7) Bei Inanspruchnahme eines arbeitsmedizinischen Zentrums entfällt die Verpflichtung der Arbeitgeber zur Beschäftigung von Fach- und Hilfspersonal und zur Bereitstellung der notwendigen Ausstattung und Mittel. Bei Inanspruchnahme externer Arbeitsmediziner entfällt diese Verpflichtung der Arbeitgeber insoweit, als diese Arbeitsmediziner nachweislich das notwendige

Fach- und Hilfspersonal und die notwendige Ausstattung und die notwendigen Mittel beistellen.

Arbeitsmedizinische Zentren

§ 80. (1) Für den Betrieb eines arbeitsmedizinischen Zentrums im Sinne dieses Bundesgesetzes müssen folgende Voraussetzungen erfüllt sein:

1. Die ärztliche Leitung des Zentrums muß einem Arzt übertragen sein, der über die erforderliche Ausbildung verfügt und die arbeitsmedizinische Betreuung hauptberuflich ausübt.
2. Im Zentrum müssen weitere Ärzte beschäftigt werden, die über die erforderliche Ausbildung verfügen, sodaß gewährleistet ist, daß das Zentrum regelmäßig eine arbeitsmedizinische Betreuung im Ausmaß von mindestens 70 Stunden wöchentlich ausüben kann, wobei auf dieses Ausmaß nur die Einsatzzeit von Ärzten anzurechnen ist, die regelmäßig mindestens acht Stunden wöchentlich beschäftigt werden.
3. Im Zentrum muß das erforderliche Fach- und Hilfspersonal beschäftigt werden.
4. Im Zentrum müssen die für eine ordnungsgemäße arbeitsmedizinische Betreuung erforderlichen Einrichtungen, Geräte und Mittel vorhanden sein.

(2) Der Betreiber eines arbeitsmedizinischen Zentrums hat dem Bundesminister für Arbeit, Soziales und Konsumentenschutz zu melden:

1. spätestens vier Wochen vor Aufnahme des Betriebes eines Zentrums: Zeitpunkt der beabsichtigten Inbetriebnahme, Bezeichnung des Zentrums, Name des Leiters, Anschrift und Telefonnummer des Zentrums,
2. nach Aufnahme des Betriebes: allfällige Änderungen der Angaben nach Z 1,
3. die allfällige Beendigung der Tätigkeit des Zentrums.

(3) Das zuständige Arbeitsinspektorat hat auf Grund der Meldung nach Abs. 2 Z 1 unverzüglich zu überprüfen, ob die Voraussetzungen nach Abs. 1 vorliegen. Ergibt die Überprüfung, daß die Voraussetzungen nach Abs. 1 nicht erfüllt sind, hat das Arbeitsinspektorat den Betreiber schriftlich zur Behebung der Mängel vor Aufnahme des Betriebes des Zentrums aufzufordern. Wird ein arbeitsmedizinisches Zentrum betrieben, ohne die Voraussetzungen nach Abs. 1 zu erfüllen, hat das Arbeitsinspektorat Strafanzeige wegen Übertretung im Sinne des § 130 Abs. 6 Z 2 an die zuständige Verwaltungsstrafbehörde zu erstatten. § 9 Abs. 4 und 5 sowie §§ 11 und 13 des Arbeitsinspektionsgesetzes 1993, BGBl. Nr. 27/1993, gelten sinngemäß. Das Arbeitsinspektorat hat den zuständigen gesetzlichen Interessenvertretungen der Arbeitgeber und der Arbeitnehmer sowie der Österreichischen Ärztekammer

1. Gelegenheit zu geben, an der Überprüfung teilzunehmen,
2. gegebenenfalls eine Kopie der Aufforderung zur Behebung der Mängel zu übermitteln und
3. mitzuteilen, ob die Voraussetzungen vorliegen oder ob Strafanzeige erstattet wurde.

(4) Der Bundesminister für Arbeit, Soziales und Konsumentenschutz hat jährlich eine Liste der arbeitsmedizinischen Zentren zu erstellen und sie im Internet zu veröffentlichen. Diese Liste hat zu enthalten: Namen der Betreiber, Namen der Leiter, Anschriften, Telefonnummern und Bezeichnung der Zentren. In diese Liste sind alle arbeitsmedizinischen Zentren aufzunehmen, die eine Meldung nach Abs. 2 Z 1 erstattet haben und bei denen die Prüfung gemäß Abs. 3 ergeben hat, daß sie die Voraussetzungen nach Abs. 1 erfüllen. Erfolgt eine rechtskräftige Bestrafung im Sinne des § 130 Abs. 6 Z 2, so ist das betreffende Zentrum aus der Liste zu streichen.

Aufgaben, Information und Beiziehung der Arbeitsmediziner

§ 81. (1) Arbeitsmediziner haben die Aufgabe, die Arbeitgeber, die Arbeitnehmer, die Sicherheitsvertrauenspersonen und die Belegschaftsorgane auf dem Gebiet des Gesundheitsschutzes, der auf die Arbeitsbedingungen bezogenen Gesundheitsförderung und der menschengerechten Arbeitsgestaltung zu beraten und die Arbeitgeber bei der Erfüllung ihrer Pflichten auf diesen Gebieten zu unterstützen.

(2) Arbeitgeber haben den Arbeitsmedizinern alle zur Erfüllung ihrer Aufgaben erforderlichen Informationen und Unterlagen zur Verfügung zu stellen, insbesondere betreffend die Sicherheits- und Gesundheitsschutzdokumente, Aufzeichnungen und Berichte über Arbeitsunfälle, die Ergebnisse von Messungen betreffend gefährliche Arbeitsstoffe und Lärm sowie von sonstigen für die Sicherheit und den Gesundheitsschutz maßgeblichen Messungen und Untersuchungen. Arbeitsmediziner sind gesondert zu informieren, wenn Arbeitnehmer aufgenommen werden, oder wenn Arbeitnehmer auf Grund einer Überlassung gemäß § 9 beschäftigt werden, soweit dies zur Erfüllung ihrer Aufgaben erforderlich ist.

(3) Arbeitgeber haben die Arbeitsmediziner und erforderlichenfalls weitere geeignete Fachleute hinzuzuziehen:

1. in allen Fragen der Erhaltung und Förderung der Gesundheit am Arbeitsplatz und der Verhinderung arbeitsbedingter Erkrankungen,
2. bei der Planung von Arbeitsstätten,
3. bei der Beschaffung oder Änderung von Arbeitsmitteln,
4. bei der Einführung oder Änderung von Arbeitsverfahren und der Einführung von Arbeitsstoffen,
5. bei der Erprobung und Auswahl von persönlichen Schutzausrüstungen,

6. in arbeitsphysiologischen, arbeitspsychologischen und sonstigen ergonomischen sowie arbeitshygienischen Fragen, insbesondere des Arbeitsrhythmus, der Arbeitszeit- und Pausenregelung, der Gestaltung der Arbeitsplätze und des Arbeitsablaufes,
7. bei der Organisation der Ersten Hilfe,
8. in Fragen des Arbeitsplatzwechsels sowie der Eingliederung und Wiedereingliederung Behinderter in den Arbeitsprozeß,
9. bei der Ermittlung und Beurteilung der Gefahren,
10. bei der Festlegung von Maßnahmen zur Gefahrenverhütung,
11. bei der Organisation der Unterweisung und bei der Erstellung von Betriebsanweisungen und
12. bei Verwaltungsverfahren im Sinne des 8. Abschnittes.

(4) Arbeitgeber haben dafür zu sorgen, daß die Arbeitsmediziner

1. den Arbeitnehmern, den Sicherheitsvertrauenspersonen und den Belegschaftsorganen auf Verlangen die erforderlichen Auskünfte erteilen, soweit dem nicht die ärztliche Verschwiegenheitspflicht entgegensteht,
2. die Arbeitnehmer und die Sicherheitsvertrauenspersonen beraten, und
3. die Belegschaftsorgane auf Verlangen beraten.

(5) Arbeitgeber haben dafür zu sorgen, daß alle Arbeitnehmer sich auf Wunsch einer regelmäßigen geeigneten Überwachung der Gesundheit je nach den Gefahren für ihre Sicherheit und Gesundheit am Arbeitsplatz durch die Arbeitsmediziner unterziehen können. Die Regelungen über besondere Eignungs- und Folgeuntersuchungen bleiben unberührt.

Tätigkeiten der Arbeitsmediziner

§ 82. In die Präventionszeit der Arbeitsmediziner darf nur die für folgende Tätigkeiten aufgewendete Zeit eingerechnet werden:

1. die Beratung und Unterstützung des Arbeitgebers in den Angelegenheiten gemäß § 81 Abs. 3,
2. die Beratung der Arbeitnehmer, der Sicherheitsvertrauenspersonen und der Belegschaftsorgane in Angelegenheiten des Gesundheitsschutzes, der auf die Arbeitsbedingungen bezogenen Gesundheitsförderung und der menschengerechten Arbeitsgestaltung,
3. die Besichtigung der Arbeitsstätten, Baustellen und auswärtigen Arbeitsstellen sowie die Teilnahme an Besichtigungen durch das Arbeitsinspektorat,
4. die Ermittlung und Untersuchung der Ursachen von arbeitsbedingten Erkrankungen und Gesundheitsgefahren sowie die Auswertung dieser Ermittlungen und Untersuchungen,

4a. die nach den Arbeitnehmerschutzvorschriften erforderliche Ermittlung und Beurteilung der Gefahren und Festlegung von Maßnahmen samt Dokumentation im Sicherheits- und Gesundheitsschutzdokument sowie deren Überprüfung und Anpassung,

5. die arbeitsmedizinische Untersuchung von Arbeitnehmern bis zum Höchstausmaß von 20% der für sie festgelegten jährlichen Präventionszeit,
6. die Durchführung von Schutzimpfungen, die mit der Tätigkeit der Arbeitnehmer im Zusammenhang stehen,
7. die Weiterbildung bis zum Höchstausmaß von 15% der für sie festgelegten jährlichen Präventionszeit,
8. die Tätigkeit im Rahmen des Arbeitsschutzausschusses und des zentralen Arbeitsschutzausschusses,
9. die Dokumentation der Tätigkeit und der Ergebnisse von Untersuchungen sowie die Erstellung von Berichten und Programmen auf dem Gebiet des Gesundheitsschutzes und der Gesundheitsförderung und
10. die Koordination der Tätigkeit mehrerer Arbeitsmediziner.

Präventionszeit

§ 82a. (1) Sofern § 77a nicht anderes bestimmt, sind Sicherheitsfachkräfte und Arbeitsmediziner mindestens im Ausmaß der im Folgenden für sie festgelegten Präventionszeit zu beschäftigen.

(2) Die Präventionszeit pro Kalenderjahr beträgt

1. für Arbeitnehmer an Büroarbeitsplätzen sowie an Arbeitsplätzen mit Büroarbeitsplätzen vergleichbaren Gefährdungen und Belastungen (geringe körperliche Belastung): 1,2 Stunden pro Arbeitnehmer,
2. für Arbeitnehmer an sonstigen Arbeitsplätzen: 1,5 Stunden pro Arbeitnehmer.

Bei der Berechnung der jährlichen Präventionszeit für die jeweilige Arbeitsstätte sind Teile von Stunden unterhalb von 0,5 auf ganze Stunden abzurunden und ab 0,5 auf ganze Stunden aufzurunden. Eine Neuberechnung der jährlichen Präventionszeit im laufenden Kalenderjahr hat erst bei Änderungen der der Berechnung zugrunde gelegten Arbeitnehmerzahl um mehr als 5 vH zu erfolgen.

(3) Für jeden Arbeitnehmer, der mindestens 50-mal im Kalenderjahr Nachtarbeit im Sinne des Art. VII Abs. 1 des Nachtschwerarbeitsgesetzes, BGBl. I Nr. 354/1981, leistet, erhöht sich die jährliche Präventionszeit um je 0,5 Stunden pro Kalenderjahr.

(4) Das Ausmaß der Präventionszeit pro Kalenderjahr richtet sich nach der Anzahl der Arbeitnehmer, die in einer Arbeitsstätte von einem Arbeitgeber beschäftigt werden. Die auf Baustellen und auswärtigen Arbeitsstellen beschäftigten Arbeitnehmer sind einzurechnen. Dies gilt nicht für

Arbeitnehmer auf Baustellen, für die eine gesonderte, diesem Bundesgesetz entsprechende Präventivdienstbetreuung eingerichtet ist. Teilzeitbeschäftigte Arbeitnehmer sind entsprechend dem Umfang ihrer Beschäftigung anteilsmäßig einzurechnen. In Arbeitsstätten mit saisonal bedingt wechselnder Arbeitnehmerzahl richtet sich die jährliche Präventionszeit nach der vorhersehbaren durchschnittlichen Arbeitnehmerzahl pro Jahr.

(5) Der Arbeitgeber hat pro Kalenderjahr die Sicherheitsfachkräfte im Ausmaß von mindestens 40 vH und die Arbeitsmediziner im Ausmaß von mindestens 35 vH der gemäß Abs. 2 und 3 ermittelten Präventionszeit zu beschäftigen. Zumindest im Ausmaß der restlichen 25 vH der jährlichen Präventionszeit hat der Arbeitgeber je nach der in der Arbeitsstätte gegebenen Gefährdungs- und Belastungssituation gemäß § 76 Abs. 3 bzw. § 81 Abs. 3 beizuziehende sonstige geeignete Fachleute, wie Chemiker, Toxikologen, Ergonomen, insbesondere jedoch Arbeitspsychologen, oder die Sicherheitsfachkräfte und/oder die Arbeitsmediziner zu beschäftigen.

(6) Die Präventionszeit der Sicherheitsfachkräfte sowie die Präventionszeit der Arbeitsmediziner ist unter Berücksichtigung der betrieblichen Verhältnisse auf das Kalenderjahr aufzuteilen. Jeder Teil muss jeweils mindestens zwei Stunden betragen.

(7) Die Präventionszeit der Sicherheitsfachkräfte kann auf mehrere Sicherheitsfachkräfte, die Präventionszeit der Arbeitsmediziner kann auf mehrere Arbeitsmediziner aufgeteilt werden, wenn dies aus organisatorischen oder fachlichen Gründen zweckmäßig ist.

13. Arbeits- und Sozialgerichtsgesetz (Auszug)

Bundesgesetz vom 7. März 1985 über die Arbeits- und Sozialgerichtsbarkeit
StF: BGBl. Nr. 104/1985 idF BGBl. Nr. 612/1986
Letzte Novellierung: BGBl. I Nr. 61/2022

GLIEDERUNG

ASGG

STICHWORTVERZEICHNIS

ERSTES HAUPTSTÜCK
Einrichtung der Arbeits- und Sozialgerichtsbarkeit

§ 1. Dieses Bundesgesetz ist auf Arbeitsrechtssachen nach § 50 und Sozialrechtssachen nach § 65 anzuwenden, soweit nichts anderes angeordnet ist.

§ 2. (1) Zur Entscheidung über Arbeits- und Sozialrechtssachen sind die ordentlichen Gerichte berufen; soweit nichts anderes angeordnet ist, sind die für die Gerichtsbarkeit in bürgerlichen Rechtssachen geltenden Vorschriften anzuwenden.

(2) In Wien wird ein Gerichtshof erster Instanz errichtet, der die Bezeichnung „Arbeits- und Sozialgericht Wien" führt.

(3) Der Sprengel des Arbeits- und Sozialgerichts Wien umfaßt das Gebiet des Sprengels des Landesgerichts für Zivilrechtssachen Wien.

(4) Soweit nichts anderes angeordnet ist, sind die Vorschriften für die Landesgerichte auch auf das Arbeits- und Sozialgericht Wien anzuwenden.

ZWEITES HAUPTSTÜCK
I. Abschnitt – Zuständigkeit
1. Sachliche Zuständigkeit

§ 3. In erster Instanz sind die Landesgerichte, für den Sprengel des Landesgerichts für Zivilrechtssachen Wien das Arbeits- und Sozialgericht Wien zur Entscheidung in Arbeits- und Sozialrechtssachen zuständig.

2. Örtliche Zuständigkeiten
1. Unterabschnitt – Arbeitsrechtssachen

§ 4. (1) Für die im § 50 Abs. 1 genannten Rechtsstreitigkeiten ist nach Wahl des Klägers örtlich zuständig

1. in den Fällen der Z 1 bis 3 auch das Gericht, in dessen Sprengel
   a) der Arbeitnehmer seinen Wohnsitz oder gewöhnlichen Aufenthalt während des Arbeitsverhältnisses hat oder wo er ihn im Zeitpunkt der Beendigung des Arbeitsverhältnisses hatte,
   b) das Unternehmen seinen Sitz hat,
   c) regelmäßig wenigstens ein Teil der Arbeit zu leisten ist oder, sofern das Arbeitsverhältnis beendet ist, zuletzt zu leisten war,
   d) das Entgelt zu zahlen ist oder, sofern das Arbeitsverhältnis beendet ist, zuletzt zu zahlen war oder
   e) bei grenzüberschreitender Entsendung oder Arbeits-
   kräfteüberlassung aus EWR-Mitgliedstaaten die Arbeit zu leisten ist oder war hinsichtlich der sich aus dem Arbeitsverhältnis während der Dauer der Arbeitsleistung in Österreich ergebenden Ansprüche;
2. in den Fällen der Z 4 nur das Gericht, in dessen Sprengel
   a) die juristische Person ihren Sitz hat,
   b) die Ruhegenüsse oder sonstigen Leistungen auszuzahlen sind oder
   c) der Kläger seinen Wohnsitz oder gewöhnlichen Aufenthalt hat;
3. in den Fällen der Z 5 bis 7 nur das Gericht, in dessen Sprengel
   a) die Bauarbeiter-Urlaubs- und Abfertigungskasse, die Gehaltskasse, die Betriebliche Vorsorgekasse (BV-Kasse) oder der gleichartige Leistungsträger ihren Sitz oder
   b) der Kläger seinen Wohnsitz oder gewöhnlichen Aufenthalt hat;
4. in den Fällen der Z 8 nur das Gericht, in dessen Sprengel
   a) die Österreichische Gesundheitskasse ihren Sitz oder
   b) der Arbeitnehmer seinen Wohnsitz oder gewöhnlichen Aufenthalt hat.

(2) Das Wahlrecht des Klägers nach Abs. 1 besteht auch in den Fällen, in denen die Rechtsstreitigkeit von einer im § 52 genannten Person geführt wird.

§ 5. (1) Für die im § 50 Abs. 2 genannten Rechtsstreitigkeiten, die sich auf den Zentralbetriebsrat oder den Zentralbetriebsratsfonds beziehen, ist nur das Gericht örtlich zuständig, in dessen Sprengel das Unternehmen seinen Sitz hat.

(2) Sonst ist für die im § 50 Abs. 2 genannten Rechtsstreitigkeiten nur das Gericht örtlich zuständig, in dessen Sprengel sich der Betrieb befindet, auf den sich die Rechtsstreitigkeit bezieht.

§ 5a. Für Rechtsstreitigkeiten, die sich auf die Konzernvertretung (§§ 88a, 88b ArbVG) beziehen, sind nur die Gerichte örtlich zuständig, in deren Sprengel ein Unternehmen des Konzerns seinen Sitz hat.

§ 5b. (1) Für Rechtsstreitigkeiten, die sich auf das besondere Verhandlungsgremium (§§ 177 bis 188 ArbVG), auf den Europäischen Betriebsrat (§§ 189 und 191 bis 203 ArbVG), auf das Verfahren zur Unterrichtung und Anhörung der Arbeitnehmer (§ 190 ArbVG) oder auf Vereinbarungen gemäß § 206 ArbVG beziehen, sind nur die Gerichte örtlich zuständig, in deren Sprengel ein Unternehmen seinen Sitz hat. Hat kein Unternehmen seinen Sitz in Österreich, so sind nur die Gerichte örtlich zuständig, in deren Sprengel sich ein Betrieb befindet.

(2) Die inländische Gerichtsbarkeit für die im Abs. 1 genannten Rechtsstreitigkeiten ist nur dann gegeben, wenn

1. die zentrale Leitung (§ 171 Abs. 3 oder 4 ArbVG) im Inland liegt oder
2. es sich um Angelegenheiten nach § 172 ArbVG handelt.

§ 5c. (1) Für Rechtsstreitigkeiten, die sich auf das besondere Verhandlungsgremium (§§ 215 bis 229 ArbVG), auf den SE-Betriebsrat (§§ 230, 232 bis 243 und 249 ArbVG), auf das Verfahren zur Unterrichtung und Anhörung der Arbeitnehmer (§ 231 ArbVG) oder auf die Mitbestimmung gemäß den §§ 244 bis 248 ArbVG beziehen, ist nur das Gericht örtlich zuständig, in dessen Sprengel die Europäische Gesellschaft ihren Sitz hat oder haben soll. Für Rechtsstreitigkeiten, die sich auf § 209 ArbVG beziehen, ist nur das Gericht örtlich zuständig, in dessen Sprengel die beteiligte Gesellschaft ihren Sitz hat oder hatte.

(2) Die inländische Gerichtsbarkeit für die im Abs. 1 genannten Rechtsstreitigkeiten ist nur dann gegeben, wenn

1. die Europäische Gesellschaft ihren Sitz im Inland hat oder haben soll oder
2. es sich um Angelegenheiten nach § 209 ArbVG handelt.

§ 5d. (1) Für Rechtsstreitigkeiten, die sich auf das besondere Verhandlungsgremium, auf den SCE-Betriebsrat, auf das Verfahren zur Unterrichtung und Anhörung der Arbeitnehmer sowie auf die Mitbestimmung gemäß den Bestimmungen des VII. Teiles des Arbeitsverfassungsgesetzes, BGBl. Nr. 22/1974, oder auf gleichartige österreichische Rechtsvorschriften beziehen, ist nur das Gericht örtlich zuständig, in dessen Sprengel die Europäische Genossenschaft ihren Sitz hat oder haben soll.

(2) Die inländische Gerichtsbarkeit für die im Abs. 1 genannten Rechtsstreitigkeiten ist nur dann gegeben, wenn

1. die Europäische Genossenschaft ihren Sitz im Inland hat oder haben soll oder
2. es sich um Angelegenheiten handelt, für die die Bestimmungen des VII. Teiles des ArbVG gemäß § 257 Abs. 1 in Verbindung mit § 209 ArbVG auch dann gelten, wenn der Sitz der Europäischen Gesellschaft nicht im Inland liegt oder liegen wird.

§ 5e. (1) Für Rechtsstreitigkeiten, die sich auf das besondere Verhandlungsgremium oder das besondere Entsendungsgremium sowie auf die Mitbestimmung gemäß den Bestimmungen des VIII. Teiles des ArbVG oder auf gleichartige österreichische Rechtsvorschriften beziehen, ist nur das Gericht örtlich zuständig, in dessen Sprengel die aus der grenzüberschreitenden Verschmelzung hervorgehende Gesellschaft ihren Sitz hat oder haben soll. Für Rechtsstreitigkeiten, die sich auf § 260 Abs. 1 in Verbindung mit § 209 ArbVG beziehen, ist nur das Gericht örtlich zuständig, in dessen Sprengel die beteiligte Gesellschaft ihren Sitz hat oder hatte.

(2) Die inländische Gerichtsbarkeit für die im Abs. 1 genannten Rechtsstreitigkeiten ist nur dann gegeben, wenn

1. die aus der grenzüberschreitenden Verschmelzung hervorgehende Gesellschaft ihren Sitz im Inland hat oder haben soll oder
2. es sich um Angelegenheiten handelt, für die die Bestimmungen des VIII. Teiles des ArbVG gemäß § 260 Abs. 1 in Verbindung mit § 209 ArbVG auch dann gelten, wenn der Sitz der aus der grenzüberschreitenden Verschmelzung hervorgehenden Gesellschaft nicht im Inland liegt oder liegen wird.

§ 6. Ist im Inland keiner der in den §§ 4 und 5 genannten Gerichtsstände gegeben, so ist auch das Gericht örtlich zuständig, in dessen Sprengel sich eine Zweigniederlassung des Unternehmens befindet.

2. Unterabschnitt – Sozialrechtssachen

§ 7. (1) Für die im § 65 Abs. 1 Z 1, 2, 4 bis 6 und 8 genannten Rechtsstreitigkeiten ist nur das Gericht örtlich zuständig, in dessen Sprengel der Wohnsitz oder gewöhnliche Aufenthalt des Versicherten liegt.

(2) Hat der Versicherte keinen Wohnsitz oder gewöhnlichen Aufenthalt im Inland, so sind in nachstehender Reihenfolge nur folgende Gerichte örtlich zuständig:

Bei einem Wohnsitz oder gewöhnlichen Aufenthalt des Versicherten

1. in der Bundesrepublik Deutschland das Landesgericht Innsbruck sowie nach der Wahl des Versicherten auch die Landesgerichte Feldkirch, Linz und Salzburg,
2. in Liechtenstein oder der Schweiz das Landesgericht Feldkirch,
3. in Italien das Landesgericht Innsbruck sowie nach der Wahl des Versicherten auch das Landesgericht Klagenfurt,
4. in Bosnien-Herzegowina, der Ehemaligen jugoslawischen Republik Mazedonien, Kroatien oder Slowenien das Landesgericht für Zivilrechtssachen Graz oder
5. in einem anderen Land oder bei Fehlen eines Wohnsitzes oder gewöhnlichen Aufenthalts das Gericht, in dessen Sprengel der Sitz des Beklagten liegt.

(3) Verlegt der Versicherte während des Verfahrens, jedoch vor Schluß der mündlichen Streitverhandlung erster Instanz seinen Wohnsitz (gewöhnlichen Aufenthalt), sodaß nach den Abs. 1 oder 2 ein anderes als das angerufene Gericht zuständig wäre, so geht, wenn der Versicherte dies geltend macht (§ 38 Abs. 3), die Zuständigkeit auf das Gericht des neuen Wohnsitzes (gewöhnlichen Aufenthalts) über.

(4) Für die im § 65 Abs. 1 Z 3 genannten Rechtsstreitigkeiten ist nur das Gericht örtlich zuständig, in dessen Sprengel der Sitz des Klägers liegt. Für die im § 65 Abs. 1 Z 7 genannten

Rechtsstreitigkeiten ist nur das Gericht zuständig, in dessen Sprengel sich der Sitz des Gerichtes erster Instanz befindet, das über die Eröffnung des Insolvenzverfahrens oder in einer Angelegenheit nach dem § 1 Abs. 1 Z 1 bis 6 des Insolvenz-Entgeltsicherungsgesetzes (IESG), einen Beschluß gefaßt oder ein Urteil nach dem § 1a Abs. 1 IESG erlassen hat; hat ein ausländisches Gericht eine dieser Entscheidungen getroffen, die auf Grund von völkerrechtlichen Verträgen im Inland anerkannt wird, ist nur das Arbeits- und Sozialgericht Wien zuständig.

3. Gerichtsstand des Zusammenhanges

§ 8. (1) Wenn bei einem nach den §§ 4 bis 6 zuständigen Gericht eine Arbeitsrechtssache anhängig ist oder gleichzeitig anhängig gemacht wird, so kann, wenn mindestens eine Person in beiden Rechtsstreitigkeiten Partei ist, bei demselben Gericht – ohne Rücksicht auf die §§ 4 bis 6 – ein damit im tatsächlichen oder rechtlichen Zusammenhang stehender Anspruch nach § 50 eingeklagt werden.

(2) Unter diesen Voraussetzungen kann bei dem im Abs. 1 bezeichneten Gericht auch ein anderer zivilrechtlicher Anspruch zwischen einem Arbeitgeber und einem Arbeitnehmer, zwischen einem Arbeitgeber und einem Dritten oder einem Arbeitnehmer und einem Dritten eingeklagt werden, sofern für die Geltendmachung dieses Anspruchs nicht eine ausschließliche Zuständigkeit eines anderen Gerichts gegeben ist, die auch durch eine Parteienvereinbarung nicht geändert werden könnte.

4. Zuständigkeits- und Schiedsgerichtsvereinbarungen

§ 9. (1) In Arbeits- und Sozialrechtssachen kann durch Parteienvereinbarung die sachliche Zuständigkeit nicht, die örtliche Zuständigkeit nur für einen bestimmten einzelnen Rechtsstreit der im § 50 Abs. 1 Z 1 bis 3 genannten Art sowie für besondere Feststellungsverfahren nach § 54 Abs. 1 geändert werden.

(1a) Eine Parteienvereinbarung der inländischen Gerichtsbarkeit in Sozialrechtssachen ist unwirksam, in Arbeitsrechtssachen ist sie nur für bereits entstandene Streitigkeiten wirksam.

(2) Eine Vereinbarung der Parteien, wonach ein Rechtsstreit durch einen oder mehrere Schiedsrichter entschieden werden soll, ist in Arbeitsrechtssachen nach § 50 Abs. 2 und in Sozialrechtssachen unwirksam; in Arbeitsrechtssachen nach § 50 Abs. 1 ist eine solche Vereinbarung außer für Geschäftsführer und Vorstandsmitglieder einer Kapitalgesellschaft nur für bereits entstandene Streitigkeiten wirksam.

(3) Die Abs. 1, 1a und 2 sind insoweit zur Gänze oder zum Teil nicht anzuwenden, als nach Völkerrecht oder besonderen gesetzlichen Anordnungen ausdrücklich anderes bestimmt ist.

II. Abschnitt – Besondere Organisationsbestimmungen

Ausübung der Arbeits- und Sozialgerichtsbarkeit

§ 10. (1) Soweit nichts anderes angeordnet ist, wird die Arbeits- und Sozialgerichtsbarkeit in Senaten ausgeübt.

(2) Die Senate sind aus Richtern und fachkundigen Laienrichtern zusammenzusetzen; ein Richter hat den Vorsitz zu führen.

Zusammensetzung der Senate und die allgemeinen Aufgaben des Vorsitzenden

§ 11. (1) Die Senate der Landesgerichte haben sich aus einem Richter und zwei fachkundigen Laienrichtern, die Senate der Oberlandesgerichte und die einfachen Senate des Obersten Gerichtshofs (§ 6 des Bundesgesetzes über den Obersten Gerichtshof, BGBl. Nr. 328/1968) aus drei Richtern und zwei fachkundigen Laienrichtern zusammenzusetzen.

(2) Der Dreiersenat des Obersten Gerichtshofs hat sich ausschließlich aus drei Richtern, der verstärkte Senat aus sieben Richtern und vier fachkundigen Laienrichtern (§§ 7 und 8 des Bundesgesetzes über den Obersten Gerichtshof) zusammenzusetzen.

(3) Der § 7a Abs. 1 und 2 JN, RGBl. Nr. 111/1895, ist nicht anzuwenden; die sonstigen Bestimmungen über die Aufgaben des Vorsitzenden bleiben unberührt.

(4) Über die Ablehnung eines Richters oder fachkundigen Laienrichters haben die Landesgerichte, die Oberlandesgerichte und der Oberste Gerichtshof durch Senate zu entscheiden, die sich aus drei Richtern zusammensetzen.

Gegenstand der Arbeitsrechtssachen

§ 50. (1) Arbeitsrechtssachen sind bürgerliche Rechtsstreitigkeiten

1. zwischen Arbeitgebern und Arbeitnehmern im Zusammenhang mit dem Arbeitsverhältnis oder mit dessen Anbahnung;
2. zwischen Arbeitgebern oder Arbeitnehmern und Mitgliedern der Organe der Arbeitnehmerschaft im Zusammenhang mit deren Organtätigkeit sowie zwischen Arbeitgebern oder Arbeitnehmern und dem Betriebsratsfonds, soweit es sich nicht um Rechtsstreitigkeiten nach Abs. 2 handelt;
3. zwischen Arbeitnehmern im Zusammenhang mit der gemeinsamen Arbeit;
4. zwischen juristischen Personen, die zur Gewährung von Ruhegenüssen, Versorgungsgenüssen oder ähnlichen einem früheren Arbeitsverhältnis entspringenden Leistungen errichtet und keine Sozialversicherungsträger sind, und Personen, die solche Leistungen beanspruchen;

5. über Ansprüche nach dem Bauarbeiter-Urlaubsgesetz 1972, BGBl. Nr. 414, zwischen der Urlaubskasse und Arbeitgebern oder Arbeitnehmern mit Ausnahme des im § 25 des Bauarbeiter-Urlaubsgesetzes 1972 geregelten Verfahrens;
5a. Über Ansprüche nach dem Bauarbeiter-Schlechtwetterentschädigungsgesetz, BGBl. Nr. 129/1957, in der jeweils geltenden Fassung, zwischen der Urlaubs- und Abfertigungskasse und Arbeitgebern;
6. über Ansprüche gegen die Gehaltskasse auf Zahlung der nach dem Gehaltskassengesetz 1959, BGBl. Nr. 254, gebührenden Bezüge;
7. zwischen Arbeitnehmern und der Mitarbeitervorsorgekasse (MV-Kasse) oder gleichartigen Leistungsträgern im Zusammenhang mit gesetzlichen Abfertigungsansprüchen;
8. zwischen Arbeitnehmern und der Österreichischen Gesundheitskasse über Entgeltansprüche aus der Einlösung von Dienstleistungsschecks nach dem Dienstleistungsscheckgesetz, BGBl. I Nr. 45/2005;
9. zwischen Arbeitnehmern und Personen, die aufgrund der §§ 8 bis 10 des Lohn- und Sozialdumping-Bekämpfungsgesetzes, BGBl. I Nr. 44/2016, für Entgeltansprüche haften.

(2) Ferner sind Arbeitsrechtssachen Streitigkeiten über Rechte oder Rechtsverhältnisse, die sich aus dem II., V., VI., VII. oder VIII. Teil des ArbVG (betriebsverfassungsrechtliche Streitigkeiten), oder aus gleichartigen österreichischen Rechtsvorschriften ergeben.

Besondere Feststellungsverfahren

§ 54. (1) In Arbeitsrechtssachen nach § 50 Abs. 1 können die parteifähigen Organe der Arbeitnehmerschaft im Rahmen ihres Wirkungsbereiches sowie der jeweilige Arbeitgeber auf Feststellung des Bestehens oder Nichtbestehens von Rechten oder Rechtsverhältnissen, die mindestens drei Arbeitnehmer ihres Betriebes oder Unternehmens betreffen, klagen oder geklagt werden. Es ist jedoch ohne Belang, wenn sich nach der Streitanhängigkeit die Zahl der betroffenen Arbeitnehmer des Betriebs oder Unternehmens auf einen Arbeitnehmer verringert oder die Strittigkeit des Rechts oder Rechtsverhältnisses zwar nicht mehr einen Arbeitnehmer des Betriebs oder Unternehmens, wohl aber zumindest noch einen zwischenweilig aus dem Betrieb oder Unternehmen ausgeschiedenen Arbeitnehmer betrifft.

(2) Kollektivvertragsfähige Körperschaften der Arbeitgeber und der Arbeitnehmer (§§ 4 bis 7 ArbVG) können im Rahmen ihres Wirkungsbereichs gegen eine kollektivvertragsfähige Körperschaft der Arbeitnehmer beziehungsweise der Arbeitgeber beim Obersten Gerichtshof einen Antrag auf Feststellung des Bestehens oder Nichtbestehens von Rechten oder Rechtsverhältnissen anbringen, die einen von namentlich bestimmten Personen unabhängigen Sachverhalt betreffen. Der Antrag muß eine Rechtsfrage des materiellen Rechts auf dem Gebiet der Arbeitsrechtssachen nach § 50 zum Gegenstand haben, die für mindestens drei Arbeitgeber oder Arbeitnehmer von Bedeutung ist.

(3) Der Antrag ist dem vom Antragsteller zu bezeichnenden Antragsgegner mit dem Auftrag zuzustellen, hiezu binnen vier Wochen Stellung zu nehmen. Innerhalb dieser Frist können auch andere kollektivvertragsfähige Körperschaften der Arbeitgeber oder der Arbeitnehmer im Rahmen ihres Wirkungsbereichs zu dem Antrag Stellung nehmen.

(4) Der Oberste Gerichtshof hat über den Feststellungsantrag auf der Grundlage des darin angegebenen Sachverhalts durch den einfachen Senat (§ 11 Abs. 1) zu entscheiden. Die Entscheidung ist allen kollektivvertragsfähigen Körperschaften zuzustellen, die sich am Verfahren beteiligt haben.

(5) Feststellungsklagen nach Abs. 1 und Anträge nach Abs. 2 können auch dann erhoben werden, wenn der Berechtigte eine Leistungsklage erheben könnte. Für die Dauer des Verfahrens über eine solche Feststellungsklage oder einen solchen Antrag sind alle Fristen zur Geltendmachung des Anspruchs des Berechtigten gehemmt. Nach Beendigung des Verfahrens steht dem Berechtigten zur Erhebung der Leistungsklage zumindest noch eine Frist von drei Monaten offen; war die ursprüngliche Frist kürzer, so steht dem Berechtigten nur diese offen. Der Beendigung steht das Ruhen des Verfahrens gleich.

Wirkungen von Entscheidungen

§ 61. (1) Die rechtzeitige Erhebung der Berufung gegen das erste Urteil des Gerichts erster Instanz hemmt nur den Eintritt der Rechtskraft, nicht jedoch den Eintritt der Verbindlichkeit der Feststellung, den der Rechtsgestaltungswirkung oder den der Vollstreckbarkeit in Rechtsstreitigkeiten

1. über den Fortbestand des Arbeitsverhältnisses und daraus abgeleitete Ansprüche auf das rückständige laufende Arbeitsentgelt;
2. über Ansprüche auf das bei Beendigung des Arbeitsverhältnisses rückständige laufende Arbeitsentgelt, soweit nicht nach Abs. 4 anderes angeordnet ist;
3. über die Herausgabe der dem Arbeitnehmer bei Auflösung des Arbeitsverhältnisses auszufolgenden Arbeitspapiere und herauszugebenden Gegenstände;
4. über die Zurückstellung der dem Arbeitnehmer vom Arbeitgeber zur Ausübung der Arbeit zur Verfügung gestellten Gegenstände;
5. nach § 50 Abs. 2.

ASGG

(2) Das im Abs. 1 genannte Urteil wirkt, auch wenn es inzwischen aufgehoben oder durch ein anderes Urteil ersetzt worden ist, bis zur Beendigung des Verfahrens weiter, soweit die Parteien nichts anderes vereinbaren oder nicht nach Abs. 4 anderes angeordnet ist. Urteile nach Abs. 1 Z 1 oder 2 wirken unbeschadet eines allfälligen Rückzahlungsanspruchs.

(3) Die Abs. 1 und 2 gelten nicht in besonderen Feststellungsverfahren nach § 54 Abs. 1.

(4) In Rechtsstreitigkeiten nach Abs. 1 Z 2 ist die Hemmung der Vollstreckbarkeit zur Gänze oder teilweise zu verfügen, wenn

1. dies beantragt wird und es die soziale Lage des Arbeitnehmers zuläßt; hiebei ist insbesondere zu berücksichtigen, inwieweit sein laufendes Einkommen dem bisherigen laufenden Arbeitsentgelt im wesentlichen gleich ist und er zum Ausgleich für das fehlende rückständige Arbeitsentgelt Verpflichtungen eingehen mußte, die seine Lebensführung erheblich beeinträchtigen, oder
2. der Arbeitnehmer schriftlich oder zu Protokoll erklärt hat, auf diese Vollstreckbarkeit zu verzichten.

(5) Für die Entscheidung über einen Antrag nach Abs. 4 Z 1 genügt es, daß das Bestehen oder Nichtbestehen der erforderlichen Voraussetzungen glaubhaft gemacht wird; notwendig erscheinende ergänzende Bescheinigungsmittel hat das Gericht von Amts wegen aufzunehmen; dies erforderlichenfalls auch nach Schluß der Verhandlung, wobei sie in diesem Fall vom Vorsitzenden aufzunehmen sind; der § 183 Abs. 1 und 3 ZPO ist singgemäß anzuwenden; die §§ 134 Z 3 und 183 Abs. 2 ZPO gelten nicht.

(6) Der Antrag nach Abs. 4 Z 1 ist vor Schluß der Verhandlung zu stellen; die Entscheidung über die Hemmung der Vollstreckbarkeit auf Grund eines solchen Antrags oder eines Verzichts des Arbeitnehmers nach Abs. 4 Z 2 ist in das Urteil aufzunehmen; wird es mündlich verkündet, so kann sie der Ausfertigung des Urteils vorbehalten werden; gegen die Entscheidung über die Hemmung der Vollstreckbarkeit ist kein Rechtsmittel zulässig.

(7) Die Abs. 1 bis 6 gelten auch für Rechtsverhältnisse, in denen auch nur eine Partei eine den Arbeitgebern oder Arbeitnehmern gleichgestellte Person (§ 51 Abs. 2 und 3) ist.

14. Allgemeines Sozialversicherungsgesetz (Auszug)

Bundesgesetz vom 9. September 1955 über die Allgemeine Sozialversicherung
StF: BGBl. Nr. 189/1955 idF BGBl. Nr. 18/1956
Letzte Novellierung: BGBl. I Nr. 236/2022

GLIEDERUNG

ASVG

STICHWORTVERZEICHNIS

ERSTER TEIL
Allgemeine Bestimmungen
ABSCHNITT I
Geltungsbereich
Geltungsbereich im allgemeinen

§ 1. Dieses Bundesgesetz regelt die Allgemeine Sozialversicherung im Inland beschäftigter Personen einschließlich der den Dienstnehmern nach Maßgabe dieses Bundesgesetzes gleichgestellten selbständig Erwerbstätigen und die Krankenversicherung der Pensionisten aus der Allgemeinen Sozialversicherung.

Umfang der Allgemeinen Sozialversicherung

§ 2. (1) Die Allgemeine Sozialversicherung umfaßt die Krankenversicherung, die Unfallversicherung und die Pensionsversicherung mit Ausnahme der im Abs. 2 bezeichneten Sonderversicherungen. Die Pensionsversicherung gliedert sich in folgende Zweige: Pensionsversicherung der Arbeiter, Pensionsversicherung der Angestellten, knappschaftliche Pensionsversicherung.

(2) Für die nachstehend bezeichneten Sonderversicherungen gelten die Vorschriften dieses Bundesgesetzes nur so weit, als dies in den Vorschriften über diese Sonderversicherungen oder in diesem Bundesgesetz angeordnet ist:

1. Kranken- und Unfallversicherung öffentlich Bediensteter,
2. Kranken-, Unfall- und Pensionsversicherung der Bauern,
3. Gewerbliche Selbständigen-Kranken- und Pensionsversicherung,
4. Krankenversicherung der Bezieher von Leistungen aus der Arbeitslosenversicherung,
5. Krankenversicherung der Kriegshinterbliebenen,
6. Krankenversicherung der Hinterbliebenen nach dem Heeresversorgungsgesetz,
7. Kranken-, Unfall- und Pensionsversicherung der in beruflicher Ausbildung stehenden Beschädigten nach dem Kriegsopferversorgungsgesetz 1957,
8. Kranken-, Unfall- und Pensionsversicherung der in beruflicher Ausbildung stehenden Beschädigten nach dem Heeresversorgungsgesetz,
9. Krankenversicherung der Empfänger der Sonderunterstützung nach dem Mutterschutzgesetz 1979,
10. Krankenversicherung der Bezieher von Sonderunterstützung nach dem Bundesgesetz über die Gewährung einer Sonderunterstützung an Personen, die in bestimmten, von Betriebseinschränkung oder Betriebsstillegung betroffenen Betrieben beschäftigt waren (Sonderunterstützungsgesetz),
11. Krankenversicherung der Bezieher von Überbrückungshilfe, Karenzhilfe oder erweiterter Überbrückungshilfe nach dem Bundesgesetz über die Gewährung von Überbrückungshilfen an ehemalige Bundesbedienstete,
12. Kranken-, Unfall- und Pensionsversicherung der Beihilfenempfänger nach dem Arbeitsmarktservicegesetz, BGBl. Nr. 313/1994,

(Anm.: Z 13 und 14 aufgehoben)

(Anm.: Z 15 aufgehoben durch Art. 1 Z 1, BGBl. I Nr. 100/2018)

Umfang des Leistungsrechtes der Pensionsversicherung

§ 2a. (1) Auf Personen, die erstmals nach dem 31. Dezember 2004 in der Pensionsversicherung nach diesem oder einem anderen Bundesgesetz pflichtversichert sind, ist der Vierte Teil nur so weit anzuwenden, als das Allgemeine Pensionsgesetz (APG), BGBl. Nr. 142/2004, nichts anderes bestimmt.

(2) Auf Personen, die nach dem 31. Dezember 1954 geboren sind und bis zum Ablauf des 31. Dezember 2004 mindestens einen Versicherungsmonat nach diesem oder einem anderen Bundesgesetz erworben haben, sind die Bestimmungen des

Vierten und Zehnten Teiles nur so weit anzuwenden, als das APG nichts anderes bestimmt.

Beschäftigung im Inland; Beschäftigungsort

§ 3. (1) Als im Inland beschäftigt gelten unselbständig Erwerbstätige, deren Beschäftigungsort (Abs. 4) im Inland gelegen ist, selbständig Erwerbstätige, wenn der Sitz ihres Betriebes im Inland gelegen ist.

(2) Als im Inland beschäftigt gelten auch

a) Dienstnehmer, die dem fahrenden Personal einer dem internationalen Verkehr auf Flüssen oder Seen dienenden Schiffahrtsunternehmung angehören, wenn sie ihren Wohnsitz im Inland haben oder – ohne im Ausland einen Wohnsitz zu haben – auf dem Schiffe, auf dem sie beschäftigt sind, wohnen und die Schiffahrtsunternehmung im Inland ihren Sitz oder eine Zweigniederlassung hat, ferner Dienstnehmer österreichischer Staatsangehörigkeit, die der Besatzung eines die österreichische Flagge führenden Seeschiffes angehören;
b) Dienstnehmer einer dem öffentlichen Verkehr dienenden Eisenbahn, ihrer Eigenbetriebe und ihrer Hilfsanstalten, die auf im Ausland liegenden Anschlußstrecken oder Grenzbahnhöfen tätig sind;
c) Dienstnehmer, die dem fliegenden Personal einer dem internationalen Verkehr dienenden Luftschiffahrtsunternehmung angehören, wenn sie ihren Wohnsitz im Inland haben und die Luftschiffahrtsunternehmung im Inland ihren Sitz hat;
d) Dienstnehmer, deren Dienstgeber den Sitz in Österreich haben und die ins Ausland entsendet werden, sofern ihre Beschäftigung im Ausland die Dauer von fünf Jahren nicht übersteigt; das Bundesministerium für Arbeit, Gesundheit und Soziales kann, wenn die Art der Beschäftigung es begründet, diese Frist entsprechend verlängern;
e) die nach § 4 Abs. 1 Z 9 und 11 Versicherten für die Dauer ihrer Beschäftigung im Ausland;
f) DienstnehmerInnen, die bei einer österreichischen Berufsvertretungsbehörde im Ausland oder bei Mitgliedern einer solchen Behörde im Ausland beschäftigt sind, sofern sie von den Vorschriften über soziale Sicherheit des Empfangsstaates befreit sind und nicht bereits der lit. d unterliegen.

(3) Als im Inland beschäftigt gelten unbeschadet und unvorgreiflich einer anderen zwischenstaatlichen Regelung insbesondere nicht die Dienstnehmer inländischer Betriebe für die Zeit ihrer dauernden Beschäftigung im Ausland, die ausschließlich für den Dienst im Ausland bestellten Reisenden, die ihren Wohnsitz im Ausland haben, und Dienstnehmer, die sich in Begleitung eines Dienstgebers, der im Inland keinen Wohnsitz hat, nur vorübergehend im Inland aufhalten. Die Dienstnehmer eines ausländischen Betriebes, der im Inland keine Betriebsstätte (Niederlassung, Geschäftsstelle, Niederlage) unterhält, gelten nur dann als im Inland beschäftigt, wenn sie ihre Beschäftigung (Tätigkeit) von einem im Inland gelegenen Wohnsitz aus ausüben und sie nicht auf Grund dieser Beschäftigung einem System der sozialen Sicherheit im Ausland unterliegen. Als im Inland beschäftigt gelten auch Personen, die gemäß § 16 des Arbeitskräfteüberlassungsgesetzes, BGBl. Nr. 196/1988, bei einem inländischen Betrieb beschäftigt werden. Personen gemäß § 4 Abs. 4, die für einen ausländischen Betrieb, der im Inland keine Betriebsstätte (Niederlassung, Geschäftsstelle, Niederlage) unterhält, tätig sind, gelten nur dann als im Inland beschäftigt, wenn sie ihre Beschäftigung (Tätigkeit) von einem im Inland gelegenen Wohnsitz oder einer im Inland gelegenen Arbeitsstätte (Kanzlei, Büro) aus ausüben.

(4) Beschäftigungsort ist der Ort, an dem die Beschäftigung ausgeübt wird. Wird eine Beschäftigung abwechselnd an verschiedenen Orten ausgeübt, aber von einer festen Arbeitsstätte aus, so gilt diese als Beschäftigungsort. Wird eine Beschäftigung ohne feste Arbeitsstätte ausgeübt, so gilt der Wohnsitz des/der Versicherten als Beschäftigungsort. Der Beschäftigungsort von Hausgehilf/inn/en, die beim Dienstgeber/bei der Dienstgeberin wohnen, ist der Wohnsitz des Dienstgebers/der Dienstgeberin. Hat der Dienstgeber/die Dienstgeberin mehrere Wohnsitze, so ist der Wohnsitz maßgebend, an dem der Dienstgeber/die Dienstgeberin den überwiegenden Teil des Jahres verbringt.

Sprachliche Gleichbehandlung

§ 3a. Soweit im folgenden personenbezogene Bezeichnungen nur in männlicher Form angeführt sind, beziehen sie sich auf Frauen und Männer in gleicher Weise. Bei der Anwendung auf bestimmte Personen ist die jeweils geschlechtsspezifische Form zu verwenden.

Umsetzung von Unionsrecht

§ 3b. Durch dieses Bundesgesetz werden umgesetzt:

1. die Richtlinie 89/105/EWG betreffend die Transparenz von Maßnahmen zur Regelung der Preisfestsetzung bei Arzneimitteln für den menschlichen Gebrauch und ihre Einbeziehung in die staatlichen Krankenversicherungssysteme, ABl. Nr. L 40 vom 11.02.1989 S. 8;
2. die Richtlinie 2005/36/EG über die Anerkennung von Berufsqualifikationen, ABl. Nr. L 255 vom 30.09.2005 S. 22, zuletzt geändert durch die Richtlinie 2013/55/EU, ABl. Nr. L 354 vom 28.12.2013 S. 132;
3. die Richtlinie 2011/24/EU über die Ausübung der Patientenrechte in der grenzüberschreitenden Gesundheitsversorgung, ABl. Nr. L 88 vom 04.04.2011 S. 45;

4. die Richtlinie 79/7/EWG zur schrittweisen Verwirklichung des Grundsatzes der Gleichbehandlung von Männern und Frauen im Bereich der sozialen Sicherheit, ABl. Nr. L 6 vom 10.01.1979 S. 24;
5. die Richtlinie 96/34/EG zu der von UNICE, CEEP und EGB geschlossenen Rahmenvereinbarung über Elternurlaub, ABl. Nr. L 145 vom 19.06.1996 S. 4, aufgehoben durch die Richtlinie 2010/18/EU, ABl. Nr. L 68 vom 18.03.2010 S. 13;
6. die Richtlinie 2000/43/EG zur Anwendung des Gleichbehandlungsgrundsatzes ohne Unterschied der Rasse oder der ethnischen Herkunft, ABl. Nr. L 180 vom 19.07.2000 S. 22;
7. die Richtlinie 2003/109/EG betreffend die Rechtsstellung der langfristig aufenthaltsberechtigten Drittstaatsangehörigen, ABl. Nr. L 16 vom 23.01.2004 S. 44, in der Fassung der Richtlinie 2011/51/EU, ABl. Nr. L 132 vom 19.05.2011 S. 1;
8. die Richtlinie 2004/38/EG über das Recht der Unionsbürger und ihrer Familienangehörigen, sich im Hoheitsgebiet der Mitgliedstaaten frei zu bewegen und aufzuhalten, zur Änderung der Verordnung (EWG) Nr. 1612/68 und zur Aufhebung der Richtlinien 64/221/EWG, 68/360/EWG, 72/194/EWG, 73/148/EWG, 75/34/EWG, 75/35/EWG, 90/364/EWG, 90/365/EWG und 93/96/EWG, ABl. Nr. L 158 vom 30.04.2004 S. 77, zuletzt berichtigt durch ABl. Nr. L 204 vom 04.08.2007 S. 28;
9. die Richtlinie 2005/71/EG über ein besonderes Zulassungsverfahren für Drittstaatsangehörige zum Zwecke der wissenschaftlichen Forschung, ABl. Nr. L 289 vom 03.11.2005 S. 15;
10. die Richtlinie 2009/50/EG über die Bedingungen und den Aufenthalt von Drittstaatsangehörigen zur Ausübung einer hochqualifizierten Beschäftigung, ABl. Nr. L 155 vom 18.06.2009 S. 17;
11. die Richtlinie 2011/98/EU über ein einheitliches Verfahren zur Beantragung einer kombinierten Erlaubnis für Drittstaatsangehörige, sich im Hoheitsgebiet eines Mitgliedstaats aufzuhalten und zu arbeiten, sowie über ein gemeinsames Bündel von Rechten für Drittstaatsarbeitnehmer, die sich rechtmäßig in einem Mitgliedstaat aufhalten, ABl. Nr. L 343 vom 23.12.2011 S. 1;
11a. die Richtlinie 2014/36/EU über die Bedingungen für die Einreise und den Aufenthalt von Drittstaatsangehörigen zwecks Beschäftigung als Saisonarbeitnehmer, ABl. Nr. L 94 vom 28.03.2014 S. 375;
12. die Richtlinie 2014/66/EU über die Bedingungen für die Einreise und den Aufenthalt von Drittstaatsangehörigen im Rahmen eines unternehmensinternen Transfers, ABl. Nr. L 157 vom 27.05.2014 S. 1.

ABSCHNITT II
Umfang der Versicherung
1. Unterabschnitt
Pflichtversicherung
Vollversicherung

§ 4. (1) In der Kranken-, Unfall- und Pensionsversicherung sind auf Grund dieses Bundesgesetzes versichert (vollversichert), wenn die betreffende Beschäftigung weder gemäß den §§ 5 und 6 von der Vollversicherung ausgenommen ist, noch nach § 7 nur eine Teilversicherung begründet:

1. die bei einem oder mehreren Dienstgebern beschäftigten Dienstnehmer;
2. die in einem Lehrverhältnis stehenden Personen (Lehrlinge);
3. die im Betrieb der Eltern, Großeltern, Wahl- oder Stiefeltern ohne Entgelt regelmäßig beschäftigten Kinder, Enkel, Wahl- oder Stiefkinder, die das 17. Lebensjahr vollendet haben und keiner anderen Erwerbstätigkeit hauptberuflich nachgehen, alle diese, soweit es sich nicht um eine Beschäftigung in einem land- oder forstwirtschaftlichen oder gleichgestellten Betrieb (§ 27 Abs. 2) handelt;
4. die zum Zwecke der vorgeschriebenen Ausbildung für den künftigen, abgeschlossene Hochschulbildung erfordernden Beruf nach Abschluß dieser Hochschulbildung beschäftigten Personen, wenn die Ausbildung nicht im Rahmen eines Dienst- oder Lehrverhältnisses erfolgt, jedoch mit Ausnahme der Volontäre;
5. Schülerinnen/Schüler an Schulen für Gesundheits- und Krankenpflege und Auszubildende in Lehrgängen nach dem Gesundheits- und Krankenpflegegesetz (GuKG), BGBl. I Nr. 108/1997, Schülerinnen/Schüler und Auszubildende in Schulen und Lehrgängen nach dem Medizinische Assistenzberufe-Gesetz (MABG), BGBl. I Nr. 89/2012, sowie Studierende an einer medizinisch-technischen Akademie nach dem MTD-Gesetz, BGBl. Nr. 460/1992;
6. Vorstandsmitglieder (Geschäftsleiter) von Aktiengesellschaften, Sparkassen, Landeshypothekenbanken sowie Versicherungsvereinen auf Gegenseitigkeit und hauptberufliche Vorstandsmitglieder (Geschäftsleiter) von Kreditgenossenschaften, alle diese, soweit sie auf Grund ihrer Tätigkeit als Vorstandsmitglied (GeschäftsleiterIn) nicht schon nach Z 1 in Verbindung mit Abs. 2 pflichtversichert sind;
7. die Heimarbeiter und die diesen nach den jeweiligen gesetzlichen Vorschriften über die Heimarbeit arbeitsrechtlich gleichgestellten Personen;
8. Personen, denen im Rahmen beruflicher Maßnahmen der Rehabilitation nach den §§ 198 oder 303 berufliche Ausbildung gewährt wird, wenn die Ausbildung nicht auf Grund eines Dienst- oder Lehrverhältnisses erfolgt;

9. Fachkräfte der Entwicklungshilfe nach § 2 des Entwicklungshelfergesetzes, BGBl. Nr. 574/1983;
10. Personen, die an einer Eignungsausbildung im Sinne der §§ 2b bis 2d des Vertragsbedienstetengesetzes 1948, BGBl. Nr. 86, teilnehmen;
11. die Teilnehmer/innen des Freiwilligen Sozialjahres, des Freiwilligen Umweltschutzjahres, des Gedenkdienstes oder des Friedens- und Sozialdienstes im Ausland nach dem Freiwilligengesetz, BGBl. I Nr. 17/2012;
12. Personen, die eine Geldleistung gemäß § 4 des Militärberufsförderungsgesetzes, BGBl. Nr. 524/1994, beziehen;
13. geistliche Amtsträger der Evangelischen Kirchen AB und HB hinsichtlich der Seelsorgetätigkeit und der sonstigen Tätigkeit, die sie in Erfüllung ihrer geistlichen Verpflichtung ausüben, zum Beispiel des Religionsunterrichtes, ferner Lehrvikare, Pfarramtskandidaten, Diakonissen und die Mitglieder der evangelischen Kirchenleitung, letztere soweit sie nicht ehrenamtlich tätig sind;
14. die den Dienstnehmern im Sinne des Abs. 4 gleichgestellten Personen.

(2) Dienstnehmer im Sinne dieses Bundesgesetzes ist, wer in einem Verhältnis persönlicher und wirtschaftlicher Abhängigkeit gegen Entgelt beschäftigt wird; hiezu gehören auch Personen, bei deren Beschäftigung die Merkmale persönlicher und wirtschaftlicher Abhängigkeit gegenüber den Merkmalen selbständiger Ausübung der Erwerbstätigkeit überwiegen. Als Dienstnehmer gelten jedenfalls Personen, die mit Dienstleistungsscheck nach dem Dienstleistungsscheckgesetz (DLSG), BGBl. I Nr. 45/2005, entlohnt werden. Als Dienstnehmer gilt jedenfalls auch, wer nach § 47 Abs. 1 in Verbindung mit Abs. 2 EStG 1988 lohnsteuerpflichtig ist, es sei denn, es handelt sich um

1. Bezieher von Einkünften nach § 25 Abs. 1 Z 4 lit. a oder b EStG 1988 oder
2. Bezieher von Einkünften nach § 25 Abs. 1 Z 4 lit. c EStG 1988, die in einem öffentlich-rechtlichen Verhältnis zu einer Gebietskörperschaft stehen oder
3. Bezieher/innen von Geld- oder Sachleistungen nach dem Freiwilligengesetz.

(Anm.: Abs. 3 aufgehoben durch BGBl. I Nr. 139/1997)

(4) Den Dienstnehmern stehen im Sinne dieses Bundesgesetzes Personen gleich, die sich auf Grund freier Dienstverträge auf bestimmte oder unbestimmte Zeit zur Erbringung von Dienstleistungen verpflichten, und zwar für

1. einen Dienstgeber im Rahmen seines Geschäftsbetriebes, seiner Gewerbeberechtigung, seiner berufsrechtlichen Befugnis (Unternehmen, Betrieb usw.) oder seines statutenmäßigen Wirkungsbereiches (Vereinsziel usw.), mit Ausnahme der bäuerlichen Nachbarschaftshilfe,
2. eine Gebietskörperschaft oder eine sonstige juristische Person des öffentlichen Rechts bzw. die von ihnen verwalteten Betriebe, Anstalten, Stiftungen oder Fonds (im Rahmen einer Teilrechtsfähigkeit),

wenn sie aus dieser Tätigkeit ein Entgelt beziehen, die Dienstleistungen im wesentlichen persönlich erbringen und über keine wesentlichen eigenen Betriebsmittel verfügen; es sei denn,

a) dass sie auf Grund dieser Tätigkeit bereits nach § 2 Abs. 1 Z 1 bis 3 GSVG oder § 2 Abs. 1 BSVG oder nach § 2 Abs. 1 und 2 FSVG versichert sind oder
b) dass es sich bei dieser Tätigkeit um eine (Neben–)Tätigkeit nach § 19 Abs. 1 Z 1 lit. f B-KUVG handelt oder
c) dass eine selbständige Tätigkeit, die die Zugehörigkeit zu einer der Kammern der freien Berufe begründet, ausgeübt wird oder
d) dass es sich um eine Tätigkeit als Kunstschaffender, insbesondere als Künstler im Sinne des § 2 Abs. 1 des Künstler-Sozialversicherungsfondsgesetzes, handelt.

(Anm.: Abs. 5 aufgehoben durch BGBl. I Nr. 39/1997)

(6) Eine Pflichtversicherung gemäß Abs. 1 schließt für dieselbe Tätigkeit (Leistung) eine Pflichtversicherung gemäß Abs. 4 aus.

(Anm.: Abs. 7 aufgehoben durch BGBl. I Nr. 39/1997)

Ausnahmen von der Vollversicherung

§ 5. (1) Von der Vollversicherung nach § 4 sind – unbeschadet einer nach § 7 oder nach § 8 eintretenden Teilversicherung – ausgenommen:

1. Die Kinder, Enkel, Wahlkinder, Stiefkinder und Schwiegerkinder eines selbständigen Landwirtes im Sinne des § 2 Abs. 1 Z 1 des Bauern-Sozialversicherungsgesetzes, wenn sie hauptberuflich in dessen land(forst)wirtschaftlichem Betrieb beschäftigt sind;
2. Dienstnehmer und ihnen gemäß § 4 Abs. 4 gleichgestellte Personen, ferner Heimarbeiter und ihnen gleichgestellte Personen sowie die im § 4 Abs. 1 Z 6 genannten Personen, wenn das ihnen aus einem oder mehreren Beschäftigungsverhältnissen im Kalendermonat gebührende Entgelt den Betrag gemäß Abs. 2 nicht übersteigt (geringfügig beschäftigte Personen);
3. a) Dienstnehmer hinsichtlich einer Beschäftigung in einem öffentlich-rechtlichen oder unkündbaren privatrechtlichen Dienstverhältnis zum Bund, zu einem Bundesland, einem Bezirk oder einer Gemeinde sowie zu von diesen Körperschaften verwalteten Betrieben, Anstalten, Stiftungen oder Fonds, ferner die dauernd

angestellten Dienstnehmer der gesetzlich anerkannten Religionsgesellschaften und die dauernd angestellten Dienstnehmer und die Vorstandsmitglieder der Salzburger Sparkasse sowie deren Rechtsnachfolger, alle diese, wenn

aa) ihnen aus ihrem Dienstverhältnis die Anwartschaft auf Ruhe- und Versorgungsgenüsse, die den Leistungen der betreffenden Unfall- und Pensionsversicherung gleichwertig sind – im Falle des Vorbereitungsdienstes spätestens mit Ablauf dieses Dienstes – zusteht und

bb) sie im Erkrankungsfalle Anspruch auf Weiterzahlung ihrer Dienstbezüge durch mindestens sechs Monate haben;

b) nicht schon unter lit. a fallende Dienstnehmer hinsichtlich einer Beschäftigung in einem Dienstverhältnis, das die Krankenversicherung nach den Vorschriften über die Krankenversicherung öffentlich Bediensteter bei der Versicherungsanstalt öffentlich Bediensteter, Eisenbahnen und Bergbau begründet, wenn ihnen aus ihrem Dienstverhältnis die Anwartschaft auf Ruhe- und Versorgungsgenüsse, die den Leistungen der betreffenden Unfall- und Pensionsversicherung gleichwertig sind – im Falle des Vorbereitungsdienstes spätestens mit Ablauf dieses Dienstes – zusteht;

c) nicht schon unter lit. a und b fallende Dienstnehmer hinsichtlich einer Beschäftigung in einem Dienstverhältnis (Beschäftigungsverhältnis), das die Krankenversicherung nach den Vorschriften über die Krankenversicherung öffentlich Bediensteter bei der Versicherungsanstalt öffentlich Bediensteter, Eisenbahnen und Bergbau begründet;

3a. Bedienstete des Bundes,

a) deren Dienstverhältnis gemäß dem Vertragsbedienstetengesetz 1948 nach Ablauf des 31. Dezember 1998 begründet wird oder

b) auf deren öffentlich-rechtliches Dienstverhältnis gemäß § 136b Abs. 4 des Beamten-Dienstrechtsgesetzes 1979 die für Vertragsbedienstete des Bundes geltenden besoldungs- und sozialversicherungsrechtlichen Vorschriften anzuwenden sind;

3b. Bedienstete der Länder, Gemeindeverbände und Gemeinden,

a) deren auf einer dem Vertragsbedienstetengesetz 1948 gleichartigen landesgesetzlichen Regelung beruhendes Dienstverhältnis nach Ablauf des 31. Dezember 2000 begründet wird oder

b) auf deren öffentlich-rechtliches Dienstverhältnis nach einer dem § 136b Abs. 4 BDG 1979 gleichartigen landesgesetzlichen Regelung die für Vertragsbedienstete geltenden besoldungs- und sozialversicherungsrechtlichen Vorschriften anzuwenden sind;

3c. die zur Fremdsprachenassistenz nach § 3a des Lehrbeauftrag-
tengesetzes, BGBl. Nr. 656/1987, bestellten Personen;

4. Universitäts(Hochschul)assistenten, soweit sie nicht unter Z 3 fallen, und die Angestellten des Dorotheums, soweit sie im pragmatischen Dienstverhältnis stehen oder der vom Vorstand des Dorotheums erlassenen und vom Kuratorium genehmigten Dienstordnung unterliegen;

5. die ArbeitnehmerInnen der Universitäten nach dem Universitätsgesetz 2002, BGBl. I Nr. 120;

6. die ständigen Arbeiter des Hauptmünzamtes, die den Bestimmungen über die Ruhe- und Versorgungsgenüsse der Münzarbeiterschaft sowie deren Hinterbliebenen unterstellt sind;

7. Priester der Katholischen Kirche hinsichtlich der Seelsorgetätigkeit und der sonstigen Tätigkeit, die sie in Erfüllung ihrer geistlichen Verpflichtung ausüben, zum Beispiel des Religionsunterrichtes, ferner Angehörige der Orden und Kongregationen der Katholischen Kirche sowie der Anstalten der Evangelischen Diakonie, alle diese Personen, wenn sie nicht in einem Dienstverhältnis zu einer anderen Körperschaft (Person) als ihrer Kirche bzw. deren Einrichtungen (Orden, Kongregation, Anstalt der Evangelischen Diakonie) stehen;

8. Notariatskandidaten/Notariatskandidatinnen hinsichtlich einer Beschäftigung, welche die Einbeziehung in die Vorsorge nach dem Notarversorgungsgesetz begründet, sowie Rechtsanwaltsanwärter/innen;

9. (freie) Dienstnehmer/innen und Lehrlinge, die einem Betrieb, für den zum 31. Dezember 2019 eine Betriebskrankenkasse errichtet war, zugehörig sind, wenn und solange sie im Erkrankungsfall gegenüber einer auf Betriebsvereinbarung beruhenden betrieblichen Gesundheitseinrichtung nach den §§ 5a und 5b Anspruch auf Leistungen haben, die den Leistungen nach diesem Bundesgesetz gleichartig oder zumindest annähernd gleichwertig sind;

10. den Heimarbeitern nach den jeweiligen gesetzlichen Vorschriften über die Heimarbeit gleichgestellte Zwischenmeister (Stückmeister), die als solche in der Gewerblichen Selbständigenkrankenversicherung versichert sind;

11. Präsenz- oder Ausbildungsdienst Leistende nach dem Wehrgesetz 2001, BGBl. I Nr. 146;

12. in einem befristeten öffentlich-rechtlichen Dienstverhältnis ohne Pensionsanwartschaft zu einem Land (zur Gemeinde Wien) stehende Mitglieder eines Landesverwaltungsgerichtes, wenn sie zum Zweck der Ausübung dieser Mitgliedschaft in einem pensionsversicherungsfreien Dienstverhältnis gegen Entfall der Bezüge beurlaubt sind (Karenzurlaub) und die Zeit dieses Karenzurlaubes für den Ruhegenuß wirksam ist;

(Anm.: Z 13 aufgehoben durch Art. 2 Z 2, BGBl. I Nr. 66/2017)

14. Rechtsanwälte hinsichtlich einer Beschäftigung, die die Teilnahme an der Versorgungseinrichtung einer Rechtsanwaltskammer begründet;
15. die nach § 2 Abs. 1 Z 3 FSVG pflichtversicherten ZiviltechnikerInnen;
16. Personen in einem Ausbildungsverhältnis nach § 4 Abs. 1 Z 5, wenn
 a) sie nach § 8 Abs. 1 Z 2 lit. b in der Pensionsversicherung teilversichert sind,
 b) ihre Ausbildung im Rahmen eines der Vollversicherung unterliegenden Dienstverhältnisses nach §§ 25 oder 26g MABG durchgeführt wird oder
 c) sie ihre Ausbildung zu einem Pflegeassistenzberuf (§ 82 GuKG) an einer Schule im Sinne des Schulorganisationsgesetzes, BGBl. Nr. 242/1962, oder an einer Privatschule im Sinne des Privatschulgesetzes, BGBl. Nr. 244/1962, absolvieren;
17. die nach § 2 Abs. 2a Z 3 FSVG pflichtversicherten Ärzte und Ärztinnen.
18. die Zusteller/innen von Zeitungen und sonstigen Druckwerken;
19. die Arbeitnehmer/innen nach dem GeoSphere Austria-Gesetz (GSAG), BGBl. I Nr. 60/2022.

(2) Ein Beschäftigungsverhältnis gilt als geringfügig, wenn daraus im Kalendermonat kein höheres Entgelt als 425,70 € *(Anm. 1)* gebührt. An die Stelle dieses Betrages tritt ab Beginn jedes Beitragsjahres (§ 242 Abs. 10) der unter Bedachtnahme auf § 108 Abs. 6 mit der jeweiligen Aufwertungszahl (§ 108a Abs. 1) vervielfachte Betrag.

(3) Kein geringfügiges Beschäftigungsverhältnis liegt vor, wenn

1. das im Kalendermonat gebührende Entgelt den in Abs. 2 genannten Betrag nur deshalb nicht übersteigt, weil infolge Arbeitsmangels im Betrieb die sonst übliche Zahl von Arbeitsstunden nicht erreicht wird (Kurzarbeit) oder die für mindestens einen Monat oder auf unbestimmte Zeit vereinbarte Beschäftigung im Lauf des betreffenden Kalendermonates begonnen oder geendet hat oder unterbrochen wurde;
2. es sich um eine Beschäftigung als HausbesorgerIn nach dem Hausbesorgergesetz, BGBl. Nr. 16/1970, handelt, außer während der Zeit eines Beschäftigungsverbotes nach den §§ 3 und 5 des Mutterschutzgesetzes 1979 (MSchG), BGBl. Nr. 221/1979, oder einer Karenz nach dem MSchG oder dem Väter-Karenzgesetz (VKG), BGBl. Nr. 651/1989, oder bei Anspruch auf Wochengeld.

(______________

Anm. 1: gemäß BGBl. II Nr. 459/2022 für 2023: 500,91 €)

Betriebsvereinbarung zur Errichtung einer betrieblichen Gesundheitseinrichtung

§ 5a. Eine Betriebsvereinbarung zur Errichtung einer von betrieblichen Gesundheitseinrichtungen anstelle von bestehenden Betriebskrankenkassen kann insbesondere Regelungen zum Kreis der Anspruchsberechtigten und zum Versicherungs-, Melde-, Beitrags- und Leistungsrecht enthalten. Anspruchsberechtigte können (freie) Dienstnehmer/innen, Lehrlinge, aus dem Dienstverhältnis ausgeschiedene (freie) Dienstnehmer/innen, Lehrlinge und deren Angehörige sein. Eine solche Betriebsvereinbarung kann auch eine Verpflichtung zur Beitragsleistung für Dienstgeber und die Personen nach dem zweiten Satz enthalten.

Errichtung und Feststellung der Gleichartigkeit einer betrieblichen Gesundheitseinrichtung

§ 5b. (1) Zur Errichtung, Ausgestaltung und Auflösung einer von betrieblichen Gesundheitseinrichtungen anstelle von bestehenden Betriebskrankenkassen ist mit dem Betriebsrat eine Betriebsvereinbarung im Sinne des § 5a abzuschließen. Die betriebliche Gesundheitseinrichtung ist mit eigener Rechtspersönlichkeit einzurichten. Die Betriebsvereinbarung hat grundsätzliche Regelungen zum Kreis der Anspruchsberechtigten (wie (ehemalige) Arbeitnehmer, Familienangehörige) sowie zum Leistungs- und Beitragsrecht vorzusehen. § 113 ArbVG ist sinngemäß anzuwenden.

(2) Der Antrag auf Ausnahme aus der Krankenversicherung ist durch den Betriebsunternehmer nach Abschluss einer Betriebsvereinbarung bis längstens 30. September 2019 zu stellen. Die Feststellung der Gleichartigkeit oder annähernden Gleichwertigkeit im Sinne des § 5 Abs. 1 Z 9 hat in Folge durch Verordnung der Bundesministerin für Arbeit, Soziales, Gesundheit und Konsumentenschutz zu erfolgen. Für die Beurteilung sind neben den leistungsrechtlichen auch die beitrags- und versicherungsrechtlichen Bestimmungen dieses Bundesgesetzes maßgeblich. Die Ausnahme ist durch Verordnung zu beenden, wenn wesentliche Änderungen der Sach- oder Rechtslage eingetreten sind, die die Gleichartigkeit oder annähernde Gleichwertigkeit nicht mehr gewährleisten. Die Gesundheitseinrichtung ist verpflichtet, dem Bundesministerium für Arbeit, Soziales, Gesundheit und Konsumentenschutz die für die Beurteilung der Ausnahme aus der Krankenversicherung relevanten Unterlagen vorzulegen.

§ 6. Die Gleichwertigkeit der Anwartschaft auf Ruhe- und Versorgungsgenüsse mit den Leistungen der Pensions- oder Unfallversicherung im Sinne des § 5 Abs. 1 Z 3 ist als gegeben anzunehmen, wenn die Anwartschaft auf bundesgesetzlicher oder einer der bundesgesetzlichen Regelung gleichartigen landesgesetzlichen Regelung beruht. Andernfalls entscheidet das Bundesministerium für soziale Verwaltung über die Gleichwertigkeit, wobei die Gesamtansprüche mit Rücksicht auf den besonderen Personenkreis nach Billigkeit zu veranschlagen sind. Die Gleichwertigkeit ist jedenfalls nicht gegeben, wenn auf die vom Dienstgeber zugesicherten Ruhe- und Versorgungsgenüsse nach den hiefür maßgebenden dienstrechtlichen Bestimmungen Leistungen aus der Pensions- beziehungsweise Unfallversicherung anzurechnen sind.

Teilversicherung von im § 4 genannten Personen

§ 7. Nur in den nachstehend angeführten Versicherungen sind von den im § 4 genannten Personen auf Grund dieses Bundesgesetzes versichert (teilversichert):

1. in der Kranken- und Unfallversicherung hinsichtlich der nachstehend bezeichneten Beschäftigungsverhältnisse:

a) die ständigen Arbeiter der „Austria Tabakwerke A. G.“, die dem für diese Arbeiter geltenden Provisionsstatut unterstellt sind;

b) die angelobten Arbeiter der „Österreichischen Staatsdruckerei“, die der für diese Arbeiter geltenden Vorschrift über die Ruhe- und Versorgungsgenüsse in der jeweils geltenden Fassung unterstellt sind;

c) Personen, die bei der Post- und Telegraphenverwaltung in einem vertraglichen Dienstverhältnis stehen und Teilnehmer am ehemaligen Provisionsfonds für Postboten und ihre Hinterbliebenen, BGBl. Nr. 375/1926, waren, sofern sie in die Provisionsanwartschaft des Bundes rückübernommen wurden;

d) die provisionsberechtigten ständigen Forstarbeiter der Österreichischen Bundesforste;

e) die RechtsanwaltsanwärterInnen und die angestellten Rechtsanwälte/Rechtsanwältinnen, ausgenommen GesellschafterInnen-GeschäftsführerInnen einer Rechtsanwaltsgesellschaft mit beschränkter Haftung sowie Rechtsanwälte/Rechtsanwältinnen, die einer Versorgungseinrichtung nach § 50 Abs. 4 der Rechtsanwaltsordnung angehören;

(Anm.: lit. f aufgehoben durch Art. 2 Z 3, BGBl. I Nr. 66/2017)

g) die angestellten Geschäftsführer von Ziviltechnikergesellschaften im Sinne des Ziviltechnikerkammergesetzes 1993.

2. in der Unfall- und Pensionsversicherung

(Anm.: lit. a aufgehoben durch Art. 1 Z 10, BGBl. I Nr. 100/2018)

b) die gemäß § 5 Abs. 1 Z 10 von der Vollversicherung ausgenommenen Zwischenmeister (Stückmeister);

c) die nach § 5 Abs. 1 Z 9 von der Vollversicherung ausgenommenen Personen;

3. in der Unfallversicherung hinsichtlich der nachstehend bezeichneten Tätigkeiten (Beschäftigungsverhältnisse):

a) die im § 5 Abs. 1 Z 2 von der Vollversicherung ausgenommenen Beschäftigten;

(Anm.: lit. b aufgehoben durch Art. 1 Z 12, BGBl. I Nr. 100/2018)

c) die öffentlichen Verwalter, soweit sie unmittelbar vor ihrer Bestellung zu öffentlichen Verwaltern ausschließlich selbständig erwerbstätig gewesen sind;

d) *Aufgehoben.*

4. in der Pensionsversicherung, wenn das ihnen aus einem oder mehreren Beschäftigungsverhältnissen im Sinne der lit. a bis p im Kalendermonat gebührende Entgelt den im § 5 Abs. 2 genannten Betrag übersteigt

a) die Vertragsbediensteten des Bundes, deren Dienstverhältnis gemäß dem Vertragsbedienstetengesetz 1948 nach Ablauf des 31. Dezember 1998 begründet wird;

(Anm.: lit. b aufgehoben durch BGBl. I Nr. 62/2010)

c) Bedienstete der Länder, Gemeindeverbände und Gemeinden,

aa) deren auf einer dem Vertragsbedienstetengesetz 1948 gleichartigen landesgesetzlichen Regelung beruhendes Dienstverhältnis nach Ablauf des 31. Dezember 2000 begründet wird oder

bb) auf deren öffentlich-rechtliches Dienstverhältnis nach einer dem § 136b Abs. 4 BDG 1979 gleichartigen landesgesetzlichen Regelung die für Vertragsbedienstete geltenden besoldungs- und sozialversicherungsrechtlichen Vorschriften anzuwenden sind;

cc) deren Dienstverhältnis auf dem Landesvertragslehrpersonengesetz 1966 (LVG), BGBl. Nr. 172/1966, mit Ausnahme der Lehrer/innen des Bundeslandes Wien, oder auf dem Land- und forstwirtschaftlichen Landesvertragslehrpersonengesetz (LLVG), BGBl. Nr. 244/1969, beruht und nach Ablauf des 31. Dezember 2000 begründet wird;

d) die Bediensteten der Versicherungsanstalt öffentlich Bediensteter, Eisenbahnen und Bergbau;

e) die ArbeitnehmerInnen der Universitäten nach dem Universitätsgesetz 2002;

f. Dienstnehmer hinsichtlich einer Beschäftigung in einem Dienstverhältnis zu einer der im § 5 Abs. 1 Z 3 lit. a bezeichneten Gebietskörperschaften sowie von solchen Körperschaften verwalteten Betrieben, Anstalten, Stiftungen und Fonds oder zu einem anderen Dienstgeber – ausgenommen die unkündbaren Bediensteten der Versicherungsanstalt öffentlich Bediensteter, Eisenbahnen und Bergbau sowie die Mitglieder von unabhängigen Verwaltungssenaten gemäß § 5 Abs. 1 Z 12 –, wenn

aa. sie in dieser Beschäftigung nach den Vorschriften über die Krankenversicherung öffentlich Bediensteter versichert sind oder wenn ihnen durch eine eigene Krankenfürsorgeeinrichtung des Dienstgebers mindestens die Leistungen der Krankenversicherung öffentlich Bediensteter gesichert sind und
bb. ihnen aus ihrem Dienstverhältnis keine Anwartschaft auf Ruhe- und Versorgungsgenüsse im Sinne des § 5 Abs. 1 Z 3 lit. b und des § 6 zusteht;

g. die bei Eisenbahnen im Sinne des 1. Teiles des Eisenbahngesetzes 1957, BGBl. Nr. 60, Beschäftigten, soweit diese Eisenbahnen – unabhängig von der Rechtsform des Betriebes bzw. Unternehmens – dem öffentlichen Verkehr dienen und Personen oder Sachgüter befördern;

h. Beschäftigte von Schlaf- und Speisewagenbetrieben;

i. Beschäftigte in einem Betrieb, an dem ein Unternehmen im Sinne der lit. f oder lit. g zu mehr als 25% beteiligt ist oder auf maßgebliche Aufgaben der Geschäftsführung wesentlichen Einfluss hat, und zwar unabhängig von der Rechtsform dieses Betriebes; umfasst sind sowohl Eigenbetriebe als auch solche Hilfseinrichtungen, die dem Bau, Betrieb und Verkehr dienen und in einer organisatorischen oder rechtlichen sowie funktionalen Verbindung zum Eisenbahnunternehmen stehen;

j. am 31. Dezember 2003 bei den Österreichischen Bundesbahnen beschäftigte Dienstnehmer/innen, auch wenn ihre Dienstverhältnisse nach dem 31. Dezember 2003 infolge eines (auch mehrmaligen) Betriebsüberganges auf ein anderes Unternehmen übergehen oder solange sie bei einem der in Art. I des Bundesbahnstrukturgesetzes 2003 genannten Unternehmen oder einer Rechtsnachfolgerin eines dieser Unternehmen oder bei einem Unternehmen, das durch Maßnahmen der Umgründung im Rahmen des bestehenden Gesellschaftsrechts aus einer der Gesellschaften hervorgegangen ist, beschäftigt sind;

k. in knappschaftlichen Betrieben (§ 15 Abs. 2 und 3) Beschäftigte;

l. nach § 15 Abs. 4 zur knappschaftlichen Pensionsversicherung gehörende Personen;

m. Beschäftigte jener Betriebe, für deren Beschäftigte die Betriebskrankenkasse Pengg am 31. Dezember 2001 die Pflichtversicherung in der Krankenversicherung durchgeführt hat;

n. die Bediensteten der WIENER LINIEN GmbH & Co KG sowie die dieser Gesellschaft zur Dienstleistung zugewiesenen, in einem bis 31. Dezember 2000 durch Vertrag begründeten Dienstverhältnis zur Gemeinde Wien stehenden Beschäftigten;

o. Lehrlinge und Dienstnehmer/innen nach § 4 Abs. 4, sofern sie nach den Vorschriften über die Krankenversicherung öffentlich Bediensteter bei der Versicherungsanstalt öffentlich Bediensteter, Eisenbahnen und Bergbau versichert sind

p) die Arbeitnehmer/innen nach dem GSAG.

Sonstige Teilversicherung

§ 8. (1) Nur in den nachstehend angeführten Versicherungen sind überdies auf Grund dieses Bundesgesetzes versichert (teilversichert):

1. in der Krankenversicherung

a) die Bezieher einer Pension aus der Pensionsversicherung nach diesem Bundesgesetz und die Bezieher von Übergangsgeld gemäß § 306, wenn die Pension gemäß § 86 Abs. 3 Z 2 letzter Satz nicht angefallen ist und sie nicht gemäß § 4 Abs. 1 Z 8 versichert sind, mit Ausnahme

aa) der im § 1 Abs. 1 Z 18 B-KUVG genannten Personen und

bb) der nach § 4 B-KUVG versicherten Personen, soweit ihre Pension nach diesem Bundesgesetz einen Bestandteil des Ruhe(Versorgungs)bezuges bildet, der von einer im § 4 zweiter Satz B-KUVG genannten Einrichtung gewährt wird;

cc) der Personen, die einem Betrieb, für den zum 31. Dezember 2019 eine Betriebskrankenkasse errichtet war, zugehörig waren, wenn und solange sie im Erkrankungsfall gegenüber einer auf Betriebsvereinbarung beruhenden betrieblichen Gesundheitseinrichtung nach den §§ 5a und 5b Anspruch auf Leistungen haben, die den Leistungen nach diesem Bundesgesetz gleichartig oder zumindest annähernd gleichwertig sind;

b) die Bezieher einer laufenden Geldleistung aus der zusätzlichen Pensionsversicherung bei den im § 479 genannten Instituten, sofern sie nicht bereits nach lit. a versichert sind,

c) Per-
sonen, die aufgrund des Wehrgesetzes 2001 Präsenz- oder Ausbildungsdienst leisten – ausgenommen die in lit. e genannten Personen – soweit sie nicht nach diesem oder einem anderen Bundesgesetz in der Krankenversicherung pflichtversichert sind,

d) die BezieherInnen von Rehabilitationsgeld (§ 143a) mit Ausnahme der im § 1 Abs. 1 Z 17 bis 19 und 21 bis 23 B–KUVG genannten Personen,

e) Ausbildungsdienst Leistende nach dem Wehrgesetz 2001 ab dem 13. Monat des Ausbildungsdienstes,

f) BezieherInnen von Kinderbetreuungsgeld nach dem Kinderbetreuungsgeldgesetz (KBGG), BGBl. I Nr. 103/2001, wenn nach § 28 KBGG ein Krankenversicherungsträger nach diesem Bundesgesetz zuständig ist,

g) Bezieher von Familienzeitbonus nach dem Familienzeitbonusgesetz (FamZeitbG), BGBl. I Nr. 53/2016, wenn nach § 4 FamZeitbG ein Krankenversicherungsträger nach diesem Bundesgesetz zuständig ist,

die unter lit. a, b und d genannten Personen jedoch nur, wenn und solange sie sich ständig im Inland aufhalten;

2. in der Pensionsversicherung

a) Personen, die Wochengeld beziehen oder deren Anspruch auf Wochengeld ruht;

b) Personen, die eine Geldleistung nach dem Arbeitslosenversicherungsgesetz 1977 (AlVG), BGBl. Nr. 609, nach dem Sonderunterstützungsgesetz (SUG), BGBl. Nr. 642/1973, oder nach dem Überbrückungshilfengesetz (ÜHG), BGBl. Nr. 174/1963, oder eine Beihilfe zur Deckung des Lebensunterhaltes nach dem Arbeitsmarktservicegesetz (AMSG), BGBl. Nr. 313/1994, rechtmäßig beziehen, wenn sie nicht nach § 4 Abs. 1 Z 8 pflichtversichert sind, oder Notstandshilfe oder erweiterte Überbrückungshilfe ausschließlich wegen Anrechnung des Einkommens des Partners oder der Partnerin nicht beziehen oder deren Anspruch auf Arbeitslosengeld ausschließlich nach § 16 Abs. 1 lit. l AlVG ruht;

c) die BezieherInnen von Krankengeld, Rehabilitationsgeld und Wiedereingliederungsgeld;

d) Personen, die nach dem Wehrgesetz 2001

aa) Präsenz- oder Ausbildungsdienst leisten, ausgenommen die in sublit. bb genannten Personen,

bb) Ausbildungsdienst leisten, ab dem 13. Monat des Ausbildungsdienstes,

wenn sie zuletzt nach diesem Bundesgesetz pensionsversichert oder noch nicht pensionsversichert waren;

e) Personen, die auf Grund des Zivildienstgesetzes ordentlichen oder außerordentlichen Zivildienst leisten, wenn sie zuletzt nach diesem Bundesgesetz pensionsversichert oder noch nicht pensionsversichert waren;

f) Personen, die Übergangsgeld nach diesem Bundesgesetz beziehen, wenn sie nicht nach § 4 Abs. 1 Z 8 pflichtversichert sind;

g) Personen, die ihr Kind (§ 227a Abs. 2) in den ersten 48 Kalendermonaten nach der Geburt oder im Fall einer Mehrlingsgeburt ihre Kinder in den ersten 60 Kalendermonaten nach der Geburt tatsächlich und überwiegend im Sinne des § 227a Abs. 4 bis 6 im Inland erziehen, wenn sie zuletzt nach diesem Bundesgesetz pensionsversichert oder noch nicht pensionsversichert waren;

h) die Wissenschaftlichen (Künstlerischen) MitarbeiterInnen (in Ausbildung) nach § 6 des Bundesgesetzes über die Abgeltung von wissenschaftlichen und künstlerischen Tätigkeiten an Universitäten und Universitäten der Künste, BGBl. Nr. 463/1974;

i) die zur Fremdsprachenassistenz nach § 3a des Lehrbeauftragtengesetzes bestellten Personen;

j) pflegeteilzeitbeschäftigte Personen, die ein aliquotes Pflegekarenzgeld nach § 21c des Bundespflegegeldgesetzes beziehen, wenn sie auf Grund des Dienstverhältnisses, in dem Pflegeteilzeit vereinbart wurde, der Pflichtversicherung in der Pensionsversicherung unterliegen;

k) die Bezieher des Familienzeitbonus nach dem Familienzeitbonusgesetz, wenn sie zuletzt nach diesem Bundesgesetz pensionsversichert oder noch nicht pensionsversichert waren;

3. in der Unfallversicherung hinsichtlich der nachstehend bezeichneten Tätigkeiten (Beschäftigungsverhältnisse):

a) alle selbständig Erwerbstätigen, die

– Mitglieder einer Wirtschaftskammer oder
– in der Kranken- oder Pensionsversicherung gemäß § 2 Abs. 1 Z 4 GSVG pflichtversichert oder
– in der Krankenversicherung gemäß § 3 Abs. 1 Z 2 GSVG pflichtversichert

sind; ferner die Gesellschafter/Gesellschafterinnen einer offenen Gesellschaft, die unbeschränkt haftenden Gesellschafter/Gesellschafterinnen einer Kommanditgesellschaft und die zu Geschäftsführern bestellten Gesellschafter einer Gesellschaft mit beschränkter Haftung, sofern diese Gesellschaften Mitglieder einer Kammer der gewerblichen Wirtschaft sind;

(Anm.: lit. b aufgehoben durch BGBl. I Nr. 101/2007)

c) die Teilnehmer an Umschulungs-, Nachschulungs- und sonstigen beruflichen Ausbildungslehrgängen der Gebietskörperschaften, des Arbeitsmarktservice, des Bundesamtes für Soziales und Behindertenwesen, der Sozialversicherungsträger sowie der gesetzlichen beruflichen Vertretungen der Dienstgeber und Dienstnehmer, soweit die Schulung nicht im Rahmen eines Dienst- oder Lehrverhältnisses durchgeführt wird, sowie die Lehrenden bei solchen Lehrgängen, desgleichen die Volontäre, ferner Personen, die in einer Einrichtung untergebracht sind, die der medizinischen Rehabilitation oder Gesundheitsvorsorge dient;

d) Angehörige der Orden und Kongregationen der Katholischen Kirche sowie der Anstalten der Evangelischen Diakonie in ihrer Tätigkeit in einem land(forst)wirtschaftlichen Betrieb ihres Ordens, ihrer Kongregation bzw. ihrer Anstalt;

e. die Versicherungsvertreter/innen in den Verwaltungskörpern der Sozialversicherungsträger – ausgenommen die Verwaltungskörper der Versicherungsanstalt öffentlich Bediensteter, Eisenbahnen und Bergbau – und des Dachverbandes in Ausübung der ihnen auf Grund ihrer Funktion obliegenden Pflichten;

(Anm.: lit. f aufgehoben durch BGBl. I Nr. 139/1997)

g) Einzelorgane und Mitglieder von Kollektivorganen der gesetzlichen beruflichen Vertretungen sowie der kollektivvertragsfähigen Berufsvereinigungen der Dienstnehmer und der Dienstgeber, der Landwirtschaftskammern, der Kammer der Wirtschaftstreuhänder, des Österreichischen Hebammengremiums, des Tiroler Skilehrerverbandes, des Salzburger Berufs-Schi- und Snowboardlehrerverbandes, des Vorarlberger Schilehrerverbandes, der Tierärztekammer und der Österreichischen Zahnärztekammer, die aufgrund der diese Vertretung regelnden Vorschriften bzw. aufgrund des Statuts der Berufsvereinigung gewählt oder sonst bestellt sind, in Ausübung der ihnen aufgrund ihrer Funktion obliegenden Pflichten, soweit nicht eine landesgesetzliche Regelung über Unfallfürsorge besteht;

h) Schüler an Schulen im Sinne des Schulorganisationsgesetzes, BGBl. Nr. 242/1962, an Schulen zur Ausbildung von Leibeserziehern und Sportlehrern im Sinne des Bundesgesetzes BGBl. Nr. 140/1974, an Privatschulen im Sinne des Privatschulgesetzes, BGBl. Nr. 244/1962, an land- und forstwirtschaftlichen Schulen im Sinne des Land- und forstwirtschaftlichen Bundesschulgesetzes, BGBl. Nr. 175/1966, an Forstfachschulen im Sinne des Forstgesetzes 1975, BGBl. Nr. 440, an land- und forstwirtschaftlichen Berufsschulen im Sinne des Bundesgesetzes betreffend die Grundsätze für land- und forstwirtschaftliche Berufsschulen, BGBl. Nr. 319/1975, an land- und forstwirtschaftlichen Fachschulen im Sinne des Bundesgesetzes betreffend die Grundsätze für land- und forstwirtschaftliche Fachschulen, BGBl. Nr. 320/1975, sowie an land- und forstwirtschaftlichen Privatschulen im Sinne des land- und forstwirtschaftlichen Privatschulgesetzes, BGBl. Nr. 318/1975;

i) Personen im Sinne des § 3 Abs. 1 Z 1 bis 7 und 9 und des § 4 des Studienförderungsgesetzes 1992, BGBl. Nr. 305, die im Rahmen des für die betreffende Studienart vorgeschriebenen normalen Studienganges inskribiert (zum Studium zugelassen) sind, Hörer (Lehrgangsteilnehmer) der Diplomatischen Akademie in Wien sowie Personen, die zur Studienberechtigungsprüfung im Sinne des Studienberechtigungsgesetzes, BGBl. Nr. 292/1985, zugelassen sind, und Personen, die sich auf Prüfungen zwecks Zulassung zu einem Fachhochschul-Studiengang vorbereiten und zwecks Vorbereitung auf diese Prüfungen Kurse bzw. Lehrgänge an Universitäten, Hochschulen, Einrichtungen der Erwachsenenbildung, privaten Werkmeisterschulen mit Öffentlichkeitsrecht, Einrichtungen, die Fachhochschul-Studiengänge durchführen, oder staatlich organisierte Lehrgänge besuchen; zum Studien(Lehr)gang zählt auch ein angemessener Zeitraum für die Vorbereitung auf die Ablegung der entsprechenden Abschlußprüfungen und auf die Erwerbung eines akademischen Grades;

j) Mitglieder (Ersatzmitglieder) der Bundesförderungs- und –prüfungskommission nach § 8 des Bundesministeriengesetzes 1973, BGBl. Nr. 389, der Kommission nach § 7 des Landwirtschaftsgesetzes, BGBl. Nr. 299/1976, des Beirates nach § 12 des Bundesgesetzes über das land- und forstwirtschaftliche Betriebsinformationssystem, BGBl. Nr. 448/1980, und der amtlichen Weinkostkommissionen nach § 57 des Weingesetzes 1999, BGBl. I Nr. 141, in Ausübung ihrer Funktion, soweit sie nicht aufgrund anderer bundesgesetzlicher Bestimmungen unfallversichert sind;

k) fachkundige und fachmännische Laienrichter/Laienrichterinnen *(Anm. 1)* in der ordentlichen Gerichtsbarkeit, an den Verwaltungsgerichten sowie am Bundesfinanzgericht, sowie Schöffen und Geschworene in Ausübung dieser Tätigkeit und bei der Teilnahme an Schulungen (Informationsveranstaltungen) für diese Tätigkeit;

l) Kinder, die im letzten Jahr vor Schulpflicht eine institutionelle Kinderbetreuungseinrichtung im Sinne des Art. 3 Z 1 der Vereinbarung gemäß Art. 15a B-VG über die Einführung der halbtägigen kostenlosen und verpflichtenden frühen Förderung in institutionellen Kinderbetreuungseinrichtungen, BGBl. I Nr. 99/2009, im Ausmaß von 16 Stunden oder mehr besuchen;

m) die in den von den Ländern anerkannten Einrichtungen der Beschäftigungstherapie tätigen Personen mit Behinderung;

4. in der Kranken- und Unfallversicherung Zivildienstleistende im Sinne des Zivildienstgesetzes, BGBl. Nr. 187/1974;

4a. in der Kranken- und Unfallversicherung die Teilnehmer/Teilnehmerinnen am Freiwilligen Integrationsjahr nach dem Freiwilligengesetz (FreiwG), BGBl. I Nr. 17/2012; Pflichtversicherung in der Krankenversicherung tritt nur ein, wenn die Teilnehmer/Teilnehmerinnen nicht auf Grund anderer gesetzlicher Bestimmungen oder der Verordnung nach § 9 in diesem Versicherungszweig versichert sind.

5. in der Kranken- und Pensionsversicherung die BezieherInnen eines Überbrückungsgeldes nach § 13l des Bauarbeiter–Urlaubs- und Abfertigungsgesetzes.

(1a) Abs. 1 Z 2 lit. d, e und g ist nicht auf Personen in einem pensionsversicherungsfreien Dienstverhältnis (§ 308 Abs. 2) anzuwenden, die

1. nach dem 31. Dezember 1954 geboren sind und vor dem 1. Jänner 2005 in das pensionsversicherungsfreie Dienstverhältnis aufgenommen wurden;
2. nach dem 31. Dezember 2004 oder nach § 136b des Beamten–Dienstrechtsgesetzes 1979 in das pensionsversicherungsfreie Dienstverhältnis aufgenommen wurden.

(1b) Abs. 1 Z 1 lit. g und Z 2 lit. k ist nicht auf Personen anzuwenden, deren Pflichtversicherung nach § 11 Abs. 3 lit. b weiter besteht.

(2) Die Bestimmungen des Abs. 1 Z 3 lit. a finden keine Anwendung

a) auf die nach § 4 Abs. 1 Z 7 und § 7 Z 2 lit. b versicherten, den Heimarbeitern nach den jeweiligen gesetzlichen Vorschriften über die Heimarbeit gleichgestellten Zwischenmeister (Stückmeister), sofern ihre Kammermitgliedschaft ausschließlich auf der ihrer Tätigkeit als Zwischenmeister (Stückmeister) zugrunde liegenden Gewerbeberechtigung beruht;

(Anm.: lit. b aufgehoben durch BGBl. I Nr. 139/1997)

c) auf Verpächter von Betrieben für die Dauer der Verpachtung sowie auf Personen, die das Ruhen ihres Gewerbebetriebes angezeigt haben, für die Dauer des Ruhens;
d) auf Personen, die das 15. Lebensjahr noch nicht vollendet haben;
e) auf Personen, die auf Grund der im Abs. 1 Z 3 lit. a genannten Tätigkeit bereits nach § 4 Abs. 1 Z 1 der Vollversicherung oder nach § 7 Z 3 lit. a der Teilversicherung in der Unfallversicherung unterliegen.

(3) Eine Pflichtversicherung nach Abs. 1 Z 1 lit. a bleibt auch für die Dauer einer Versagung nach § 307b aufrecht.

(4) Abs. 1 Z 3 lit. c ist nicht auf Personen anzuwenden, die als Volontäre an einem Programm der Europäischen Union zur Förderung der Mobilität junger Menschen teilnehmen.

(Anm.: Abs. 5 aufgehoben durch BGBl. Nr. 684/1978)

(6) Schüler an berufsbildenden Schulen sind nur dann gemäß Abs. 1 Z 3 lit. h pflichtversichert, wenn sie nicht bereits auf Grund eines Lehr- oder Ausbildungsverhältnisses (§ 4 Abs. 1 Z 2 oder 4) bzw. gemäß Abs. 1 Z 3 lit. c oder gemäß § 4 Abs. 1 Z 8 dieses Bundesgesetzes bzw. gemäß § 3 Abs. 1 Z 2 des Bauern-Sozialversicherungsgesetzes pflichtversichert sind.

(____________________

Anm. 1: Soweit auf den Begriff „fachmännischer Laienrichter" in der jeweiligen grammatikalischen Form Bezug genommen wird, tritt mit Wirkung vom 1. Mai 2022 an dessen Stelle der Begriff „fachkundiger Laienrichter" in der jeweiligen grammatikalisch richtigen Form (vgl. § 123 Abs. 2 Z 3 JN).)

Einbeziehung in die Krankenversicherung im Verordnungsweg

§ 9. Das Bundesministerium für Arbeit und Soziales kann nach Anhörung der in Betracht kommenden Interessenvertretungen und des Dachverbandes Gruppen von Personen, die keinem Erwerbe nachgehen oder als Grenzgänger in einem benachbarten Staat unselbständig erwerbstätig sind und einer gesetzlichen Pflichtversicherung für den Fall der Krankheit nicht unterliegen, aber eines Versicherungsschutzes bedürfen, durch Verordnung in die Krankenversicherung nach diesem Bundesgesetz einbeziehen, wenn der Einbeziehung nicht öffentliche Rücksichten vom Gesichtspunkt der Sozialversicherung entgegenstehen. Die Verordnung bedarf der Zustimmung des Hauptausschusses des Nationalrates.

Beginn der Pflichtversicherung

§ 10. (1) Die Pflichtversicherung der Dienstnehmer, der Personen hinsichtlich einer geringfügigen Beschäftigung nach § 5 Abs. 2, der in § 4 Abs. 4 bezeichneten Personen, ferner der gemäß § 4 Abs. 1 Z 9, 10 und 13 Pflichtversicherten, der gemäß § 4 Abs. 1 Z 3 pflichtversicherten, nicht als Dienstnehmer beschäftigten Personen, der in einem Lehr- oder Ausbildungsverhältnis stehenden Personen, der Personen, denen eine Leistung der beruflichen Ausbildung gewährt wird, sowie der Heimarbeiter und der diesen gleichgestellten Personen beginnt unabhängig von der Erstattung einer Anmeldung mit dem Tag des Beginnes der Beschäftigung bzw. des Lehr- oder Ausbildungsverhältnisses. Für das Ausscheiden aus einem öffentlich-rechtlichen Dienstverhältnis, ohne daß dem Ausgeschiedenen ein Ruhegenuß und seinen Hinterbliebenen ein Versorgungsgenuß aus dem Dienstverhältnis zusteht, gilt hinsichtlich des Beginnes der Pflichtversicherung nach diesem Bundesgesetz die Bestimmung des § 11 Abs. 5 entsprechend.

(1a) Abweichend von Abs. 1 beginnt die Pflichtversicherung der im § 4 Abs. 4 bezeichneten Personen im Fall der Erlassung eines Bescheides gemäß § 410 Abs. 1 Z 8 mit dem Tag der Erlassung dieses Bescheides.

(2) Die Pflichtversicherung der selbständig Erwerbstätigen (§ 8 Abs. 1 Z 3 lit. a) beginnt mit dem Tag der Aufnahme der pflichtversicherten Tätigkeit, bei den nach § 2 Abs. 1 Z 4 GSVG oder nach § 3 Abs. 1 Z 2 GSVG pflichtversicherten Personen mit dem Tag, an dem die Pflichtversicherung in der Kranken- bzw. Pensionsversicherung

nach dem GSVG beginnt. Die Pflichtversicherung der fachkundigen Laienrichter und der fachmännischen Laienrichter (Anm. 1) sowie der Schöffen und Geschworenen (§ 8 Abs. 1 Z 3 lit. k), der Teilnehmer an Umschulungs-, Nachschulungs- und sonstigen Ausbildungslehrgängen sowie der Lehrenden bei solchen Lehrgängen und der Volontäre (§ 8 Abs. 1 Z 3 lit. c) sowie der Mitglieder der Organe der gesetzlichen beruflichen Vertretungen und der kollektivvertragsfähigen Berufsvereinigungen der Dienstnehmer und Dienstgeber (§ 8 Abs. 1 Z 3 lit. g) beginnt mit dem Tag der Aufnahme der versicherungspflichtigen Tätigkeit.

(3) Die Pflichtversicherung der Vorstandsmitglieder (Geschäftsleiter), der Versicherungsvertreter und der Beiratsmitglieder (§ 8 Abs. 1 Z 3 lit. e) sowie der im § 8 Abs. 1 Z 3 lit. j genannten Personen beginnt mit der Erteilung der amtlichen Bewilligung zur Ausübung der versicherungspflichtigen Tätigkeit bzw. der Bestellung zum öffentlichen Verwalter, Vorstandsmitglied (Geschäftsleiter), Versicherungsvertreter, Kommissions- oder Beiratsmitglied. .

(4) Die Pflichtversicherung der Angehörigen der Orden und Kongregationen der Katholischen Kirche sowie der Anstalten der Evangelischen Diakonie (§ 8 Abs. 1 Z 3 lit. d) beginnt mit dem Tage der Aufnahme der versicherungspflichtigen Tätigkeit.

(5) Die Pflichtversicherung der in den §§ 4 Abs. 1 Z 11 und 12 und 8 Abs. 1 Z 1 lit. c und e, Z 3 lit. h, i und l sowie Z 4 bezeichneten Personen und der Personen, die in einer Einrichtung untergebracht sind, die der Rehabilitation, Gesundheitsvorsorge oder Beschäftigungstherapie dient (§ 8 Abs. 1 Z 3 lit. c und m), und die Krankenversicherung der nach § 9 einbezogenen Personen beginnt mit dem Eintritt des Tatbestandes, der den Grund der Versicherung bildet. Das Nähere hinsichtlich der Krankenversicherung der nach § 9 einbezogenen Personen wird durch die Verordnung über die Einbeziehung geregelt.

(5a) Die Pflichtversicherung der im § 8 Abs. 1 Z 1 lit. d bezeichneten Personen beginnt mit dem Tag, ab dem das Rehabilitationsgeld (§ 143a) gebührt.

(5b) Die Pflichtversicherung der im § 8 Abs. 1 Z 5 bezeichneten Personen beginnt mit dem Tag, ab dem das Überbrückungsgeld gebührt.

(5c) Die Pflichtversicherung der im § 8 Abs. 1 Z 4a bezeichneten Personen beginnt mit dem Beginn des Freiwilligen Integrationsjahres.

(6) Die Krankenversicherung der Pensionisten (§ 8 Abs. 1 Z 1 lit. a, b und d) beginnt mit dem Tage des Anfalls der Pension, die Krankenversicherung der Übergangsgeldbezieher (§ 8 Abs. 1 Z 1 lit. a) beginnt mit dem Tage, ab dem das Übergangsgeld gebührt.

(6a) Die Krankenversicherung der KinderbetreuungsgeldbezieherInnen (§ 8 Abs. 1 Z 1 lit. f) beginnt mit dem Tag, ab dem das Kinderbetreuungsgeld gebührt oder nur deshalb nicht gebührt, weil der Anspruch nach § 6 Abs. 1 Z 1 KBGG ruht. Die Krankenversicherung der Familienzeitbonusbezieher (§ 8 Abs. 1 Z 1 lit. g) beginnt mit dem Tag, ab dem der Familienzeitbonus gebührt.

(6b) Die Pensionsversicherung nach § 8 Abs. 1 Z 2 beginnt

1. bei den in lit. a genannten Personen mit dem Tag, ab dem Wochengeld bezogen wird;
2. bei den in lit. b genannten Personen mit dem Tag, ab dem die Geldleistung bezogen wird oder die Notstandshilfe ausschließlich wegen Anrechnung des Einkommens des Partners/der Partnerin nicht bezogen wird;
3. bei den in lit. c genannten Personen mit dem Tag, ab dem Krankengeld oder Rehabilitationsgeld oder Wiedereingliederungsgeld bezogen wird;
4. bei den in lit. d genannten Personen mit dem Tag, an dem der Präsenz- oder Ausbildungsdienst angetreten wird;
5. bei den in lit. e genannten Personen mit dem Tag, an dem der Zivildienst angetreten wird;
6. bei den in lit. f genannten Personen mit dem Tag, ab dem Übergangsgeld bezogen wird;
7. bei den in lit. g genannten Personen
   a) mit dem der Geburt des Kindes folgenden Kalendermonat,
   b) mit dem Kalendermonat, in dem die Annahme an Kindes Statt oder die Übernahme der unentgeltlichen Pflege erfolgt;
8. bei den in lit. h genannten Personen mit dem Eintritt des Tatbestandes, der den Grund der Versicherung bildet;
9. bei den in lit. j genannten Personen mit dem Tag, ab dem das aliquote Pflegekarenzgeld bezogen wird;
10. bei den in lit. k genannten Personen mit dem Tag, ab dem der Familienzeitbonus bezogen wird.

(7) Wurde ein Antrag auf Zuerkennung einer Pension gestellt, deren Bezug die Krankenversicherung nach § 8 Abs. 1 Z 1 lit. a, b oder d dieses Bundesgesetzes oder nach § 1 Abs. 1 Z 18 B-KUVG begründet, so hat der in Betracht kommende Pensionsversicherungsträger bzw. Träger der zusätzlichen Pensionsversicherung zu prüfen, ob die Zuerkennung der Pension wahrscheinlich ist. Trifft dies zu, so hat er eine Bescheinigung darüber auszustellen, daß die Krankenversicherung vorläufig mit dem Tage des voraussichtlichen Pensionsanfalles beginnt. Eine solche Bescheinigung ist mit der gleichen Rechtswirkung und unter der gleichen Voraussetzung auch auszustellen, wenn der Pensionswerber ein Verfahren in Sozialrechtssachen anhängig gemacht hat. Die Bescheinigung

ist sowohl dem Antragsteller als auch dem zuständigen Träger der Krankenversicherung zuzustellen. Die Ausstellung oder die Ablehnung der Bescheinigung kann durch ein Rechtsmittel nicht angefochten werden.

(______________

Anm. 1: Soweit auf den Begriff „fachmännischer Laienrichter" in der jeweiligen grammatikalischen Form Bezug genommen wird, tritt mit Wirkung vom 1. Mai 2022 an dessen Stelle der Begriff „fachkundiger Laienrichter" in der jeweiligen grammatikalisch richtigen Form (vgl. § 123 Abs. 2 Z 3 JN).)

Ende der Pflichtversicherung

§ 11. (1) Die Pflichtversicherung der im § 10 Abs. 1 bezeichneten Personen erlischt, soweit in den Abs. 2 bis 6 nichts anderes bestimmt wird, mit dem Ende des Beschäftigungs-, Lehr- oder Ausbildungsverhältnisses. Fällt jedoch der Zeitpunkt, an dem der Anspruch auf Entgelt endet, nicht mit dem Zeitpunkt des Endes des Beschäftigungsverhältnisses zusammen, so erlischt die Pflichtversicherung mit dem Ende des Entgeltanspruches.

(2) Wird ein gerichtlicher oder außergerichtlicher Vergleich über den dem Dienstnehmer nach Beendigung des Dienstverhältnisses gebührenden Arbeitslohn oder Gehalt abgeschlossen, so verlängert sich die Pflichtversicherung um den Zeitraum, der durch den Vergleichsbetrag (Pauschbetrag) nach Ausscheidung allfälliger, gemäß § 49 nicht zum Entgelt im Sinne dieses Bundesgesetzes gehörender Bezüge, gemessen an den vor dem Austritt aus der Beschäftigung gebührenden Bezügen, gedeckt ist. Die Pflichtversicherung besteht weiter für die Zeit des Bezuges einer Ersatzleistung für Urlaubsentgelt (Urlaubsabfindung, Urlaubsentschädigung) sowie für die Zeit des Bezuges einer Kündigungsentschädigung. Die zum Zeitpunkt der Beendigung des Dienstverhältnisses fällig werdende pauschalierte Kündigungsentschädigung ist auf den entsprechenden Zeitraum der Kündigungsfrist umzulegen. Gebühren sowohl eine Kündigungsentschädigung als auch eine Ersatzleistung für Urlaubsentgelt (Urlaubsabfindung, Urlaubsentschädigung), so ist zur Bestimmung des maßgeblichen Zeitraumes zunächst die Kündigungsentschädigung heranzuziehen und im Anschluss daran die Ersatzleistung für Urlaubsentgelt (Urlaubsabfindung, Urlaubsentschädigung). Wird Urlaubsabfindung nach dem Bauarbeiter-Urlaubs- und Abfertigungsgesetz gewährt, so ist für die Versicherung die Österreichische Gesundheitskasse zuständig. Die Versicherung beginnt mit dem achten Tag, der auf die Zahlbarstellung durch die Bauarbeiter-Urlaubs- und Abfertigungskasse folgt. Wird Urlaubsersatzleistung nach dem Bauarbeiter-Urlaubs- und Abfertigungsgesetz ausgezahlt, so ist für die Versicherung die Österreichische Gesundheitskasse zuständig. Der Dienstgeberanteil (§ 51) ist von der Bauarbeiter-Urlaubs- und Abfertigungskasse zu entrichten.

(2a) Die Pflichtversicherung besteht für die Zeit des Bezuges einer Winterfeiertagsvergütung (§ 13 j des Bauarbeiter-Urlaubs- und Abfertigungsgesetzes); sofern die Winterfeiertagsvergütung nicht gemeinsam mit dem Urlaubsentgelt ausbezahlt wird, gelten im übrigen die Bestimmungen wie für die Urlaubsabfindung nach dem Bauarbeiter-Urlaubs- und Abfertigungsgesetz.

(3) Die Pflichtversicherung besteht, wenn das Beschäftigungsverhältnis nicht früher beendet wird, weiter

a) für die Zeit einer Arbeitsunterbrechung infolge Urlaubes ohne Entgeltzahlung, sofern dieser Urlaub die Dauer eines Monates nicht überschreitet und es sich dabei nicht um eine Unterbrechung der Erwerbsausübung zum Zwecke der Inanspruchnahme einer Familienzeit nach dem FamZeitbG handelt,
b) für die Zeit einer Arbeitsunterbrechung infolge eines Frühkarenzurlaubes nach § 29o VBG oder nach gleichartigen landesgesetzlichen Regelungen,
c) für die Zeit einer Arbeitsunterbrechung infolge Heranziehung zum Dienst als Schöffe oder Geschworner sowie als Vertrauensperson in den im Geschwornen- und Schöffenlistengesetz zur Bildung der Ur- und Jahreslisten berufenen Kommissionen nach dem Bundesgesetz vom 13. Juni 1946, BGBl. Nr. 135, in der jeweils geltenden Fassung,
d) für die Zeit einer Arbeitsunterbrechung auf Grund einer Maßnahme nach den §§ 7, 11, 17, 20, 22 oder 24 des Epidemiegesetzes 1950, BGBl. Nr. 186, und für die Dauer der Verhängung einer Sperre wegen Maul- und Klauenseuche nach dem Tierseuchengesetz, RGBl. Nr. 177/1909;
e) für die Zeit einer Arbeitsunterbrechung infolge Teilnahme an Schulungs- und Bildungsveranstaltungen im Rahmen der besonderen Vorschriften über die erweiterte Bildungsfreistellung.

(4) Treten bei Fortbestand des Beschäftigungsverhältnisses die Voraussetzungen für die Ausnahme von der Vollversicherung nach § 5 ein, so endet die Pflichtversicherung, soweit nicht Abs. 5 anderes bestimmt, mit dem Ende des laufenden Beitragszeitraumes, tritt aber der Ausnahmegrund am ersten Tag eines Beitragszeitraumes ein, mit dem Ablauf des vorhergehenden Beitragszeitraumes.

(5) Die Aufnahme in ein öffentlich-rechtliches Dienstverhältnis wird hinsichtlich der Pflichtversicherung mit dem Tage des Dienstantrittes wirksam.

(6) Treten bei Fortbestand des Beschäftigungsverhältnisses, das die Vollversicherung begründet, die Voraussetzungen für die Teilversicherung nach § 7 ein, so gelten bezüglich des Endes der Vollversicherung die Bestimmungen des Abs. 4 entsprechend.

(7) Die Pflichtversicherung der im § 10 Abs. 1 bezeichneten Personen erlischt auch mit der rechtskräftigen Feststellung eines Scheinunternehmens,

1. wenn sie der Aufforderung zum persönlichen Erscheinen beim Versicherungsträger nach § 43 Abs. 4 nicht oder nicht rechtzeitig nachkommen;
2. wenn sie nicht glaubhaft machen können, dass sie tatsächlich Arbeitsleistungen verrichtet haben.

§ 12. (1) Die Pflichtversicherung der in § 10 Abs. 2 bezeichneten Personen erlischt mit dem Letzten des Kalendermonats, in dem die die Pflichtversicherung begründende Tätigkeit aufgegeben wird, bei den nach § 2 Abs. 1 Z 4 GSVG oder nach § 3 Abs. 1 Z 2 GSVG pflichtversicherten Personen mit dem Tag, an dem die Pflichtversicherung in der Kranken- bzw. Pensionsversicherung endet.

(2) Die Pflichtversicherung der im § 10 Abs. 3 bezeichneten Personen endet mit der Entziehung der amtlichen Bewilligung zur Ausübung der versicherungspflichtigen Tätigkeit, mit der Enthebung als öffentlicher Verwalter bzw. mit dem Ausscheiden des Vorstandsmitgliedes (Geschäftsleiters), Kommissions- oder Beiratsmitgliedes bzw. mit dem Ende der Funktionsausübung eines Versicherungsvertreters.

(3) Die Pflichtversicherung der im § 10 Abs. 4 bezeichneten Personen erlischt mit dem Ende der die Pflichtversicherung begründenden Tätigkeit.

(4) Die Pflichtversicherung der im § 10 Abs. 5 bezeichneten Personen endet mit dem Wegfall des für die Versicherung maßgebenden Tatbestandes. § 10 Abs. 5 letzter Satz gilt entsprechend.

(4a) Die Pflichtversicherung der im § 10 Abs. 5a bezeichneten Personen erlischt mit dem Wegfall des Rehabilitationsgeldes (§ 143a).

(4b) Die Pflichtversicherung der im § 10 Abs. 5b bezeichneten Personen endet mit dem Wegfall des Überbrückungsgeldes.

(4c) Die Pflichtversicherung der im § 8 Abs. 1 Z 4a bezeichneten Personen endet mit dem Ende des Freiwilligen Integrationsjahres.

(5) Die Krankenversicherung der Pensionisten und der Übergangsgeldbezieher (§ 10 Abs. 6) endet mit dem Ablauf des Kalendermonates, für den letztmalig die Pension oder das Übergangsgeld im Inland ausgezahlt wird. Die vorläufige Krankenversicherung (§ 10 Abs. 7) endet spätestens mit der Zustellung des abweisenden Pensionsbescheides bzw. mit der rechtskräftigen Beendigung des Leistungsstreitverfahrens.

(5a) Die Krankenversicherung der im § 10 Abs. 6a bezeichneten Personen endet mit Ablauf des Kalendertages, für den letztmalig Kinderbetreuungsgeld oder Familienzeitbonus gebührt.

(5b) Die Pensionsversicherung der im § 10 Abs. 6b bezeichneten Personen endet mit dem Wegfall des für die Versicherung maßgeblichen Tatbestandes, wobei sich das Ende der Pensionsversicherung nach § 8 Abs. 1 Z 2 lit. g nach den Bestimmungen des § 227a Abs. 3 richtet.

(6) Mit dem Antritt des Präsenz- oder Ausbildungsdienstes auf Grund des Wehrgesetzes 2001 endet die Pflichtversicherung in der Unfall- und Pensionsversicherung mit Ausnahme der Unfallversicherung der im § 8 Abs. 1 Z 3 lit. a bezeichneten Personen und mit Ausnahme der Pensionsversicherung nach § 8 Abs. 1 Z 2 lit. d.

(7) Die Pflichtversicherung von Personen, die mit Dienstleistungsscheck entlohnt werden, endet bezüglich dieses Beschäftigungsverhältnisses mit Ablauf des Kalendermonates, für den ein Dienstleistungsscheck bei der Österreichischen Gesundheitskasse eingelöst wurde.

Entgelt

§ 49. (1) Unter Entgelt sind die Geld- und Sachbezüge zu verstehen, auf die der pflichtversicherte Dienstnehmer (Lehrling) aus dem Dienst(Lehr)verhältnis Anspruch hat oder die er darüber hinaus auf Grund des Dienst(Lehr)verhältnisses vom Dienstgeber oder von einem Dritten erhält.

(2) Sonderzahlungen, das sind Bezüge im Sinne des Abs. 1, die in größeren Zeiträumen als den Beitragszeiträumen gewährt werden, wie zum Beispiel ein 13. oder 14. Monatsbezug, Weihnachts- oder Urlaubsgeld, Gewinnanteile oder Bilanzgeld, sind als Entgelt nur nach Maßgabe der Bestimmungen des § 54 und der sonstigen Bestimmungen dieses Bundesgesetzes, in denen die Sonderzahlungen ausdrücklich erfaßt werden, zu berücksichtigen.

(3) Als Entgelt im Sinne des Abs. 1 und 2 gelten nicht:

1. Vergütungen des Dienstgebers an den Dienstnehmer (Lehrling), durch welche die durch dienstliche Verrichtungen für den Dienstgeber veranlaßten Aufwendungen des Dienstnehmers abgegolten werden (Auslagenersatz); hiezu gehören insbesondere Beträge, die den Dienstnehmern (Lehrlingen) als Fahrtkostenvergütungen einschließlich der Vergütungen für Wochenend(Familien)heimfahrten, Tages- und Nächtigungsgelder gezahlt werden, soweit sie nach § 26 des Einkommensteuergesetzes 1988, BGBl. Nr. 400, nicht der Einkommensteuer(Lohnsteuer)pflicht unterliegen.

§ 26 des Einkommensteuergesetzes 1988 ist sinngemäß auch auf Vergütungen, die Versicherten nach § 4 Abs. 4 gezahlt werden, anzuwenden. Unter Tages- und Nächtigungsgelder fallen auch Vergütungen für den bei Arbeiten außerhalb des Betriebes oder mangels zumutbarer täglicher Rückkehrmöglichkeit an den ständigen Wohnort (Familienwohnsitz) verbundenen Mehraufwand, wie Bauzulagen, Trennungsgelder, Übernachtungsgelder, Zehrgelder, Entfernungszulagen, Aufwandsentschädigungen, Stör- und Außerhauszulagen uä.; sowie Tages- und Nächtigungsgelder nach § 3 Abs. 1 Z 16b des Einkommensteuergesetzes 1988;

2. Schmutzzulagen, soweit sie nach § 68 Abs. 1, 5 und 7 des Einkommensteuergesetzes 1988 nicht der Einkommensteuer(Lohnsteuer)pflicht unterliegen;

(Anm.: Z 3 aufgehoben durch BGBl. I Nr. 118/2015)

4. Umzugskostenvergütungen, soweit sie nach § 26 des Einkommensteuergesetzes 1988 nicht der Einkommensteuer(Lohnsteuer)pflicht unterliegen;
5. der Wert der Reinigung der Arbeitskleidung sowie der Wert der unentgeltlich überlassenen Arbeitskleidung, wenn es sich um typische Berufskleidung handelt;

(Anm.: Z 6 aufgehoben durch BGBl. I Nr. 118/2015)

7. Vergütungen, die aus Anlaß der Beendigung des Dienst(Lehr)verhältnisses gewährt werden, wie zum Beispiel Abfertigungen, Abgangsentschädigungen, Übergangsgelder;

(Anm.: Z 8 aufgehoben durch BGBl. I Nr. 118/2015)

9. Zuschüsse des Dienstgebers, die für die Zeit des Anspruches auf laufende Geldleistungen aus der Krankenversicherung gewährt werden, sofern diese Zuschüsse weniger als 50 v. H. der vollen Geld- und Sachbezüge vor dem Eintritt des Versicherungsfalles, wenn aber die Bezüge auf Grund gesetzlicher oder kollektivvertraglicher Regelungen nach dem Eintritt des Versicherungsfalles erhöht werden, weniger als 50 v. H. der erhöhten Bezüge betragen;

(Anm.: Z 10 aufgehoben durch BGBl. I Nr. 118/2015)

11. freiwillige soziale Zuwendungen, das sind
   a) Zuwendungen des Dienstgebers an den Betriebsratsfonds, weiters Zuwendungen zur Beseitigung von Katastrophenschäden, insbesondere Hochwasser-, Erdrutsch-, Vermurungs- und Lawinenschäden,
   b) Zuwendungen des Dienstgebers für zielgerichtete, wirkungsorientierte, vom Leistungsangebot der gesetzlichen Krankenversicherung erfasste Gesundheitsförderung (Salutogenese) und Prävention sowie Impfungen, soweit diese Zuwendungen an alle DienstnehmerInnen oder bestimmte Gruppen seiner DienstnehmerInnen gewährt werden,
   c) Zuwendungen des Dienstgebers für das Begräbnis des Dienstnehmers/der Dienstnehmerin oder dessen/deren (Ehe-)Partners/(Ehe-)Partnerin oder dessen/deren Kinder im Sinne des § 106 EStG 1988,
   d) Zuschüsse des Dienstgebers für die Betreuung von Kindern bis höchstens 1 000 € pro Kind und Kalenderjahr, die der Dienstgeber allen Dienstnehmer/inne/n oder bestimmten Gruppen seiner DienstnehmerInnen gewährt, wenn die weiteren Voraussetzungen nach Abs. 9 vorliegen;
12. freie oder verbilligte Mahlzeiten, die der Dienstgeber an nicht in seinen Haushalt aufgenommene Dienstnehmer/innen zur Verköstigung am Arbeitsplatz freiwillig gewährt; Gutscheine gelten bis zu einem Wert von 8 Euro pro Arbeitstag nicht als Entgelt, wenn sie nur zur Konsumation von Mahlzeiten eingelöst werden können, die von einer Gaststätte oder einem Lieferservice zubereitet bzw. geliefert werden; können Gutscheine zur Bezahlung von Lebensmitteln verwendet werden, die nicht sofort konsumiert werden müssen, so gelten sie bis zu einem Wert von 2 Euro pro Arbeitstag nicht als Entgelt;
13. Getränke, die der Dienstgeber zum Verbrauch im Betrieb unentgeltlich oder verbilligt abgibt;

(Anm.: Z 14 und 15 aufgehoben durch BGBl. I Nr. 118/2015)

16. die Benützung von Einrichtungen und Anlagen, die der Dienstgeber allen Dienstnehmern oder bestimmten Gruppen seiner Dienstnehmer zur Verfügung stellt (zum Beispiel Erholungs- und Kurheime, Kindergärten, Betriebsbibliotheken, Sportanlagen, betriebsärztlicher Dienst);
17. die Teilnahme an Betriebsveranstaltungen (zum Beispiel Betriebsausflüge, kulturelle Veranstaltungen, Betriebsfeiern) bis zur Höhe von 365 € jährlich und die hiebei empfangenen Sachzuwendungen bis zur Höhe von 186 € jährlich sowie aus Anlass eines DienstnehmerInnenjubiläums oder eines Firmenjubiläums gewährte Sachzuwendungen bis zur Höhe von 186 € jährlich;
18. a) Aufwendungen des Dienstgebers für die Zukunftsicherung seiner Dienstnehmer, soweit diese Aufwendungen für alle Dienstnehmer oder bestimmte Gruppen seiner Dienstnehmer getätigt werden oder dem Betriebsratsfonds zufließen und für den einzelnen Dienstnehmer 300 € jährlich nicht übersteigen;

b) Beiträge, die DienstgeberInnen für ihre (freien) DienstnehmerInnen im Sinne des § 2 Z 1 des Betriebspensionsgesetzes oder im Sinne der §§ 6 und 7 BMSVG oder vergleichbarer österreichischer Rechtsvorschriften leisten, soweit diese Beiträge nach § 4 Abs. 4 Z 1 lit. c oder Z 2 lit. a EStG 1988 oder nach § 26 Z 7 EStG 1988 nicht der Einkommen(Lohn)steuerpflicht unterliegen;
c) der Vorteil aus der unentgeltlichen oder verbilligten Abgabe von Beteiligungen am Unternehmen des Dienstgebers oder an mit diesem verbundenen Konzernunternehmen, soweit dieser Vorteil nach § 3 Abs. 1 Z 15 lit. b EStG 1988 einkommensteuerbefreit ist;
d) der Vorteil aus der unentgeltlichen oder verbilligten Abgabe von Aktien an Arbeitgebergesellschaften nach § 4d Abs. 5 Z 1 EStG 1988 durch diese selbst oder durch eine Mitarbeiterbeteiligungsstiftung nach § 4d Abs. 4 EStG 1988 bis zu einem Betrag von 4 500 € jährlich, soweit dieser Vorteil nach § 3 Abs. 1 Z 15 lit. c EStG 1988 einkommensteuerbefreit ist;
e) der Vorteil aus der unentgeltlichen oder verbilligten treuhändigen Verwahrung und Verwaltung von Aktien durch eine Mitarbeiterbeteiligungsstiftung nach § 4d Abs. 4 EStG 1988 für ihre Begünstigten;
f) der Vorteil aus Zuwendungen einer Belegschaftsbeteiligungsstiftung im Sinne des § 4d Abs. 3 EStG 1988, die nach § 26 Z 8 EStG 1988 nicht zu den Einkünften aus nichtselbständiger Arbeit gehören und nach § 27 Abs. 5 Z 7 EStG 1988 als Einkünfte aus der Überlassung von Kapital im Sinne von § 27 Abs. 2 EStG 1988 gelten.

19. Zinsenersparnisse bei zinsverbilligten oder unverzinslichen Dienstgeberdarlehen, soweit das Darlehen 7 300 € nicht übersteigt;
20. die Beförderung der Dienstnehmer zwischen Wohnung und Arbeitsstätte auf Kosten des Dienstgebers sowie der Ersatz der tatsächlichen Kosten für Fahrten des Dienstnehmers zwischen Wohnung und Arbeitsstätte mit Massenbeförderungsmitteln oder die durch den Dienstgeber für seine Dienstnehmer/innen übernommenen Kosten der Wochen-, Monats- oder Jahreskarte für ein Massenbeförderungsmittel, wenn die Karte zumindest am Wohn- oder Arbeitsort gültig ist;
21. in dem an freigestellte Mitglieder des Betriebsrates sowie an Dienstnehmer im Krankheitsfalle fortgezahlten Entgelt enthaltene Zulagen, Zuschläge und Entschädigungen, die nach den Z 1 bis 20 nicht als Entgelt gelten;
22. das Teilentgelt, das Lehrlingen vom Lehrberechtigten nach § 17a des Berufsausbildungsgesetzes, BGBl. Nr. 142/1969, in der Fassung des Art. IV Z 2 des Entgeltfortzahlungsgesetzes, BGBl. Nr. 399/1974, zu leisten ist;
23. Beträge, die vom Dienstgeber im betrieblichen Interesse für die Ausbildung oder Fortbildung des Dienstnehmers aufgewendet werden; unter den Begriff Ausbildungskosten fallen nicht Vergütungen für die Lehr- und Anlernausbildung;

(Anm.: Z 24 und 25 aufgehoben durch BGBl. I Nr. 118/2015)

26. Entgelte der Ärzte für die Behandlung von Pfleglingen der Sonderklasse (einschließlich ambulatorischer Behandlung), soweit diese Entgelte nicht von einer Krankenanstalt im eigenen Namen vereinnahmt werden;

26a. Entgelte für die Tätigkeit als Notarzt/Notärztin im landesgesetzlich geregelten Rettungsdienst, sofern diese Tätigkeit weder den Hauptberuf noch die Hauptquelle der Einnahmen bildet;

27. für Au-pair-Kräfte nach Abs. 8 neben dem Wert der vollen freien Station samt Verpflegung jene Beträge, die der Dienstgeber für ihren privaten Krankenversicherungsschutz und für ihre Teilnahme an Sprachkursen und kulturellen Veranstaltungen aufwendet;
28. pauschale Reiseaufwandsentschädigungen, die Sportvereine (Sportverbände) an SportlerInnen oder Schieds(wettkampf)richterInnen oder SportbetreuerInnen (z. B. TrainerInnen, Masseure und Masseurinnen) leisten, und zwar bis zu 120 € pro Einsatztag, höchstens aber 720 € pro Kalendermonat der Tätigkeit, sofern diese nicht den Hauptberuf und die Hauptquelle der Einnahmen bildet und Steuerfreiheit nach § 3 Abs. 1 Z 16c zweiter Satz EStG 1988 zusteht;
29. der geldwerte Vorteil nach § 50 Abs. 3 aus dem kostenlosen oder verbilligten Bezug von Waren oder Dienstleistungen, die der Dienstgeber oder ein mit dem Dienstgeber verbundenes Konzernunternehmen im allgemeinen Geschäftsverkehr anbietet (MitarbeiterInnenrabatt), wenn

a) der MitarbeiterInnenrabatt allen oder bestimmten Gruppen von Dienstnehmer/inne/n eingeräumt wird,
b) die kostenlos oder verbilligt bezogenen Waren oder Dienstleistungen von den Dienstnehmer/inne/n weder verkauft noch zur Einkünfteerzielung verwendet und nur in einer solchen Menge gewährt werden, die einen Verkauf oder eine Einkünfteerzielung tatsächlich ausschließen, und
c) der MitarbeiterInnenrabatt im Einzelfall 20% nicht übersteigt oder – soweit dies nicht zur Anwendung kommt – der Gesamtbetrag der MitarbeiterInnenrabatte 1 000 Euro im Kalenderjahr nicht übersteigt.

30. steuerfreie Zulagen und Bonuszahlungen nach § 124b Z 350 lit. a sowie steuerfreie Teuerungsprämien nach § 124b Z 408 lit. a und b EStG 1988;
31. der Wert der digitalen Arbeitsmittel, die Dienstgeber/innen ihren Dienstnehmer/inne/n für die berufliche Tätigkeit unentgeltlich überlassen, und ein Homeoffice-Pauschale, wenn und soweit dieses nach § 26 Z 9 lit. a EStG 1988 nicht zu den Einkünften aus nichtselbständiger Arbeit gehört;
32. steuerfreie Zuschüsse oder sonstige Leistungen nach § 3 Abs. 1 Z 38 lit. a dritter Teilstrich und lit. c EStG 1988.

(4) Der Dachverband kann, wenn dies zur Wahrung einer einheitlichen Beurteilung der Beitragspflicht bzw. Beitragsfreiheit von Bezügen dient, nach Anhörung der Interessenvertretungen der Dienstnehmer und Dienstgeber feststellen, ob und inwieweit Bezüge im Sinne des Abs. 3 Z 1, 2, 6 oder 11 nicht als Entgelt im Sinne des Abs. 1 gelten. Die Feststellung hat auch das Ausmaß (Höchstausmaß) der Bezüge bzw. Bezugsteile zu enthalten, das nicht als Entgelt im Sinne des Abs. 1 gilt. Derartige Feststellungen sind im Internet zu verlautbaren und für alle Sozialversicherungsträger und Behörden verbindlich. Die Feststellungen sind rückwirkend ab dem Wirksamkeitsbeginn der zugrundeliegenden Regelungen im Sinne des Abs. 3 vorzunehmen.

(5) Die Bestimmungen der Abs. 1 bis 4 sind auf den Arbeitsverdienst der im § 44 Abs. 1 Z 4 bezeichneten Personen sinngemäß anzuwenden. Die besonderen Lohnzuschläge (Unkostenzuschläge) gelten jedoch bei den Heimarbeitern, soweit sie 10 v. H. des Entgelts nicht übersteigen, bei den den Heimarbeitern arbeitsrechtlich gleichgestellten Personen (Zwischenmeister, Stückmeister), soweit sie 25 v. H. des Entgelts nicht übersteigen, nicht als Entgelt im Sinne der Abs. 1 und 2. Bei den Zwischenmeistern (Stückmeistern) gelten ferner die Beträge, die von diesen Personen an die in ihrem Betrieb beschäftigten Dienstnehmer und Heimarbeiter als Arbeitslohn gezahlt werden, ferner die Dienstgeberanteile am Sozialversicherungsbeitrag (Arbeitslosenversicherungsbeitrag), der Dienstgeberanteil am Wohnbauförderungsbeitrag, der Dienstgeberbeitrag nach den besonderen Vorschriften über den Familienlastenausgleich und der Entgeltfortzahlungsbeitrag nach dem Entgeltfortzahlungsgesetz nicht als Entgelt im Sinne der Abs. 1 und 2. Über das im zweiten Satz bestimmte Ausmaß hinaus werden besondere Lohnzuschläge (Unkostenzuschläge) nur dann als nicht zum Entgelt gehörend anerkannt, wenn und insoweit sich der Grund von Nachweisungen im Einzelfall bei sinngemäßer Anwendung des Abs. 3 als gerechtfertigt erweist.

(6) Die Versicherungsträger, die Verwaltungsbehörden, das Bundesverwaltungsgericht und die Landesverwaltungsgerichte sind an rechtskräftige Entscheidungen der Gerichte, in denen Entgeltansprüche des Dienstnehmers (Lehrlings) festgestellt werden, gebunden. Dieser Bindung steht die Rechtskraft der Beitragsvorschreibung nicht entgegen. Diese Bindung tritt nicht ein, wenn der gerichtlichen Entscheidung kein streitiges Verfahren vorangegangen ist oder ein Anerkenntnisurteil gefällt oder ein gerichtlicher Vergleich geschlossen wurde. Die Gerichte erster Instanz haben je eine Ausfertigung der rechtskräftigen Entscheidungen über Entgeltansprüche von Dienstnehmern (Lehrlingen) binnen vier Wochen ab Rechtskraft an die Österreichische Gesundheitskasse zu übersenden; gleiches gilt für gerichtliche Vergleiche über die genannten Ansprüche.

(7) Der Bundesminister für Arbeit, Gesundheit und Soziales kann nach Anhörung des Dachverbandes und der Interessenvertretungen der Dienstnehmer und der Dienstgeber für folgende Gruppen von Dienstnehmern und ihnen gleichgestellte Personen gemäß § 4 Abs. 4 feststellen, ob und inwieweit pauschalierte Aufwandsentschädigungen nicht als Entgelt im Sinne des Abs. 1 gelten, sofern die jeweilige Tätigkeit nicht den Hauptberuf und die Hauptquelle der Einnahmen bildet:

1. im Sport- und Kulturbereich Beschäftigte;
2. Lehrende an Einrichtungen, die
   a) vorwiegend Erwachsenenbildung im Sinne des § 1 Abs. 2 des Bundesgesetzes über die Förderung der Erwachsenenbildung und des Volksbüchereiwesens aus Bundesmitteln, BGBl. Nr. 171/1973, betreiben;
   b) vom Arbeitsmarktservice mit der Erbringung von Dienstleistungen betraut sind, hinsichtlich dieser Dienstleistungen;

   die in der Kundmachung BGBl. II Nr. 228/2001 genannten Einrichtungen einschließlich ihrer Institutionen gelten jedenfalls als Einrichtungen nach lit. a;
3. Beschäftigte, die in Unternehmen, die mindestens wöchentlich erscheinende periodische Druckwerke, die auf Grund ihres Inhaltes über den Kreis der reinen Fachpresse hinausreichen sowie vorwiegend der politischen, allgemeinen, wirtschaftlichen und kulturellen Information und Meinungsbildung dienen und weder Kundenzeitschriften noch Presseorgane von Interessenvertretungen sein dürfen, herstellen oder vertreiben, diese periodischen Druckwerke vertreiben oder zustellen.

(8) Au-pair-Kräfte im Sinne des Abs. 3 Z 27 sind Personen, die

– mindestens 18 und höchstens 28 Jahre alt und keine österreichischen StaatsbürgerInnen sind,
– sich zum Zweck einer Au-pair-Tätigkeit, die der Vervollkommnung der Kenntnisse der deutschen Sprache und dem Kennenlernen der österreichischen Kultur dient, in Österreich aufhalten,

- eine dem Hausgehilfen- und Hausangestelltengesetz unterliegende und höchstens zwölf Monate dauernde Beschäftigung im Haushalt einer Gastfamilie ausüben,
- in die Hausgemeinschaft aufgenommen sind und
- im Rahmen ihres Beschäftigungsverhältnisses Kinder der Gastfamilie betreuen.

Sofern § 1 Z 10 der Ausländerbeschäftigungsverordnung, BGBl. Nr. 609/1990, anzuwenden ist, muss eine entsprechende Anzeigebestätigung des Arbeitsmarktservice und erforderlichenfalls eine gültige Aufenthaltsbewilligung vorliegen.

(9) Die weiteren Voraussetzungen für die Ausnahme der Zuschüsse nach Abs. 3 Z 11 lit. d vom Entgelt liegen vor, wenn

1. die Betreuung ein Kind im Sinne des § 106 Abs. 1 EStG 1988 betrifft, für das dem Dienstnehmer/der Dienstnehmerin selbst der Kinderabsetzbetrag (§ 33 Abs. 3 EStG 1988) für mehr als sechs Monate im Kalenderjahr zusteht;
2. das Kind zu Beginn des Kalenderjahres das zehnte Lebensjahr noch nicht vollendet hat;
3. die Betreuung in einer öffentlichen institutionellen Kinderbetreuungseinrichtung oder in einer privaten institutionellen Kinderbetreuungseinrichtung erfolgt, die den landesgesetzlichen Vorschriften über Kinderbetreuungseinrichtungen entspricht, oder durch eine pädagogisch qualifizierte Person, ausgenommen haushaltszugehörige Angehörige;
4. der Zuschuss direkt an die Betreuungsperson, direkt an die Kinderbetreuungseinrichtung oder in Form von Gutscheinen geleistet wird, die nur bei institutionellen Kinderbetreuungseinrichtungen eingelöst werden können;
5. der Dienstnehmer/die Dienstnehmerin dem Dienstgeber unter Anführung der Versicherungsnummer (§ 30c Abs. 1 Z 1) oder der Kennnummer der Europäischen Krankenversicherungskarte (§ 31a Abs. 7) des Kindes erklärt, dass die Voraussetzungen für einen Zuschuss vorliegen und er/sie selbst von keinem anderen Dienstgeber einen Zuschuss für dieses Kind erhält. Der Dienstgeber hat die Erklärung des Dienstnehmers/der Dienstnehmerin zum Lohnkonto (§ 76 EStG 1988) zu nehmen. Änderungen der Verhältnisse muss der Dienstnehmer/die Dienstnehmerin dem Dienstgeber innerhalb eines Monats melden. Ab dem Zeitpunkt dieser Meldung hat der Dienstgeber die geänderten Verhältnisse zu berücksichtigen.

Zuschüsse an die Dienstgeber/innen

§ 53b. (1) Den Dienstgeber/inne/n können Zuschüsse aus Mitteln der Unfallversicherung zur teilweisen Vergütung des Aufwandes für die Entgeltfortzahlung einschließlich allfälliger Sonderzahlungen im Sinne des § 3 EFZG oder vergleichbarer österreichischer Rechtsvorschriften an bei der Allgemeinen Unfallversicherungsanstalt unfallversicherte Dienstnehmer/innen geleistet werden.

(2) Abs. 1 ist so anzuwenden, dass die Zuschüsse gebühren

1. nur jenen Dienstgeber/inne/n, die in ihrem Unternehmen durchschnittlich nicht mehr als 50 Dienstnehmer/innen beschäftigen, wobei der Ermittlung des Durchschnitts das Jahr vor Beginn der jeweiligen Entgeltfortzahlung zu Grund zu legen ist; dabei sind auch Zeiträume zu berücksichtigen, in denen vorübergehend keine Dienstnehmer/innen beschäftigt wurden;
2. in der Höhe von 50% des entsprechenden fortgezahlten Entgelts einschließlich allfälliger Sonderzahlungen unter Beachtung der eineinhalbfachen Höchstbeitragsgrundlage (§ 108 Abs. 3);
3. bei Arbeitsverhinderung
   a) durch Krankheit ab dem elften Tag der Entgeltfortzahlung bis höchstens sechs Wochen je Arbeitsjahr (Kalenderjahr), sofern die der Entgeltfortzahlung zugrunde liegende Arbeitsunfähigkeit länger als zehn aufeinanderfolgende Tage gedauert hat;
   b) nach Unfällen ab dem ersten Tag der Entgeltfortzahlung bis höchstens sechs Wochen je Arbeitsjahr (Kalenderjahr), sofern die der Entgeltfortzahlung zugrunde liegende Arbeitsunfähigkeit länger als drei aufeinanderfolgende Tage gedauert hat.

(2a) Für Dienstgeber/innen, die in ihrem Unternehmen durchschnittlich nicht mehr als zehn Dienstnehmer/innen beschäftigen, ist Abs. 2 mit der Maßgabe anzuwenden, dass die Zuschüsse in der Höhe von 75% gebühren.

(3) Den Dienstgeber/inne/n nach den Abs. 2 und 2a ist in den Fällen des § 176 Abs. 1 Z 7 lit. a sowie nach Maßgabe des zweiten Satzes in den Fällen des § 7 Abs. 3 APSG aus Mitteln der Unfallversicherung auch die Differenz zwischen dem Zuschuss zur Entgeltfortzahlung (Abs. 1 und 2 Z 3 lit. b) und dem Aufwand für die Entgeltfortzahlung einschließlich allfälliger Sonderzahlungen im Sinne des § 3 EFZG oder vergleichbarer österreichischer Rechtsvorschriften für bei der Allgemeinen Unfallversicherungsanstalt unfallversicherte Dienstnehmer/innen zu vergüten. Diese Vergütung gebührt den Dienstgeber/inne/n in Fällen der Arbeitsunfähigkeit nach § 7 Abs. 3 APSG auf Grund von Unfällen, die während eines Einsatzes im Rahmen des Katastrophenschutzes und der Katastrophenhilfe geschehen sind.

(4) Das Bundesministerium für Inneres hat dem jeweiligen Unfallversicherungsträger jene Kosten der Differenzvergütung nach Abs. 3 zu ersetzen, die für die Fälle des § 176 Abs. 1 Z 7 lit. a und der Entlassung aus dem Zivildienst nach § 7 Abs. 3 APSG im Sinne des Abs. 3 zweiter Satz entstanden sind.

ASVG

(5) Das Bundesministerium für Landesverteidigung und Sport hat dem jeweiligen Unfallversicherungsträger die Kosten der Differenzvergütung nach Abs. 3 zu ersetzen, die aus der Entlassung aus dem Präsenz- oder Ausbildungsdienst nach § 7 Abs. 3 APSG im Sinne des Abs. 3 zweiter Satz entstanden sind.

(6) Näheres über die Gewährung der Zuschüsse und der Differenzvergütung sowie deren Abwicklung ist durch Verordnung der Bundesministerin für Gesundheit im Einvernehmen mit dem Bundesminister für Wissenschaft, Forschung und Wirtschaft festzusetzen.

Heilbehelfe

§ 137. (1) Brillen, orthopädische Schuheinlagen, Bruchbänder und sonstige notwendige Heilbehelfe sind dem Versicherten für sich und seine Angehörigen in einfacher und zweckentsprechender Ausführung nach Maßgabe der folgenden Bestimmungen zu gewähren.

(2) Die Kosten der Heilbehelfe werden vom Versicherungsträger nur dann übernommen, wenn sie höher sind als 20% der Höchstbeitragsgrundlage (§ 108 Abs. 3). 10% der Kosten, gerundet auf Cent, mindestens jedoch 20% der Höchstbeitragsgrundlage, sind vom Versicherten zu tragen.

(2a) Die Kosten für Brillen und Kontaktlinsen werden vom Versicherungsträger nur dann übernommen, wenn sie höher sind als 60% der Höchstbeitragsgrundlage (§ 108 Abs. 3); bei Leistungen für Angehörige nach § 123 Abs. 2 Z 2 bis 6 und Abs. 4 ist Abs. 2 anzuwenden. 10% der Kosten, gerundet auf Cent, mindestens jedoch 60% der Höchstbeitragsgrundlage (20% der Höchstbeitragsgrundlage bei Leistungen für Angehörige nach § 123 Abs. 2 Z 2 bis 6 und Abs. 4), sind vom Versicherten/von der Versicherten zu tragen. Die Kosten für Dreistärkengläser (Gleitsicht- und Trifokalgläser) werden nicht übernommen.

(3) Abs. 2 gilt nicht für ständig benötigte Heilbehelfe, die nur einmal oder nur kurzfristig verwendet werden können und daher in der Regel mindestens einmal im Monat erneuert werden müssen. 10 vH der Kosten für solche Heilbehelfe sind vom Versicherten zu tragen.

(4) Der Versicherungsträger hat auch die sonst vom Versicherten gemäß Abs. 2 und 2a jeweils erster Satz zu tragenden Kosten bzw. den sonst vom Versicherten gemäß Abs. 2 und 2a jeweils zweiter Satz oder Abs. 3 zweiter Satz zu tragenden Kostenanteil zu übernehmen:

a) bei Versicherten (Angehörigen), die das 15. Lebensjahr noch nicht vollendet haben bzw. für die ohne Rücksicht auf das Lebensalter Anspruch auf die erhöhte Familienbeihilfe im Sinne des § 8 Abs. 4 bis 7 des Familienlastenausgleichsgesetzes 1967, BGBl. Nr. 376, besteht und
b) bei Vorliegen einer besonderen sozialen Schutzbedürftigkeit des Versicherten im Sinne des § 136 Abs. 5.

(5) Das Ausmaß der vom Versicherungsträger zu übernehmenden Kosten darf einen durch die Satzung festzusetzenden Höchstbetrag nicht übersteigen; die Satzung kann diesen Höchstbetrag einheitlich oder für bestimmte Arten von Heilbehelfen in unterschiedlicher Höhe, höchstens jedoch mit dem 10fachen der Höchstbeitragsgrundlage (§ 108 Abs. 3) festsetzen. In den Fällen des Abs. 3 gilt der Höchstbetrag für den Monatsbedarf.

(6) Die Krankenordnung kann eine Gebrauchsdauer für Heilbehelfe festsetzen. Die Gebrauchsdauer darf für Brillen drei Jahre nicht unterschreiten.

(7) Der Versicherungsträger hat auch die Kosten der Instandsetzung notwendiger Heilbehelfe zu übernehmen, wenn eine Instandsetzung zweckentsprechend ist. Die Abs. 2, 4 und 5 gelten entsprechend.

(8) Heilbehelfe, die nur vorübergehend gebraucht werden und die nach ihrer Art ohne gesundheitliche Gefahr von mehreren Personen benützt werden können, können auch leihweise entweder vom Versicherungsträger selbst oder durch Vertragspartner für Rechnung des Versicherungsträgers durch Übernahme der Leihgebühr zur Verfügung gestellt werden. Wird ein solcher Heilbehelf nicht vom Versicherungsträger oder von einem Vertragspartner entliehen, kann für die angefallenen Leihgebühren ein Kostenersatz bis zur Höhe des mit den Vertragspartnern vereinbarten Tarifes geleistet werden. Abs. 2 gilt in diesen Fällen nicht.

(9) Für die Übernahme von Reise(Fahrt)- bzw. Transportkosten, die im Zusammenhang mit der körpergerechten Anpassung von Heilbehelfen erwachsen, gilt § 135 Abs. 4 und 5 entsprechend.

3. UNTERABSCHNITT
Krankengeld
Anspruchsberechtigung

§ 138. (1) Pflichtversicherte, sowie aus der Pflichtversicherung ausgeschiedene nach § 122 Anspruchsberechtigte, diese jedoch nur bei Eintritt des Versicherungsfalles innerhalb der ersten drei Wochen dieser Anspruchsberechtigung, haben aus dem Versicherungsfall der Arbeitsunfähigkeit infolge Krankheit vom vierten Tag der Arbeitsunfähigkeit an Anspruch auf Krankengeld. § 122 Abs. 2 Z 2 letzter Satz ist nicht anzuwenden.

(2) Vom Anspruch auf Krankengeld sind ausgeschlossen:

a) Lehrlinge ohne Entgelt,
b) die gemäß § 4 Abs. 1 Z 3 pflichtversicherten, nicht als Dienstnehmer beschäftigten Personen sowie die gemäß § 4 Abs. 1 Z 4 und 5

und gemäß § 7 Z 1 lit. e pflichtversicherten, in Ausbildung stehenden Personen ohne Bezüge;
c) in der Krankenversicherung der Pensionisten Bezieher einer Pension aus der Pensionsversicherung gemäß § 8 Abs. 1 Z 1;
d) gemäß § 9 in die Krankenversicherung einbezogene Personen;
e) die nach § 4 Abs. 1 Z 11 und § 8 Abs. 1 Z 4a pflichtversicherten Personen;
f) die nach § 8 Abs. 1 Z 1 lit. d Teilversicherten;
g) die nach § 8 Abs. 1 Z 1 lit. f Teilversicherten;
h) die nach § 8 Abs. 1 Z 5 Teilversicherten;
i) die nach § 8 Abs. 1 Z 1 lit. g Teilversicherten.

(Anm.: lit. j aufgehoben durch Art. 1 Z 5, BGBl. I Nr. 54/2018)

(3) Nach Abs. 1 Anspruchsberechtigte, die Pflichtmitglieder der Tierärztekammern und die der Österreichischen Zahnärztekammer angehörenden Dentisten/Dentistinnen haben den Beginn der Arbeitsunfähigkeit infolge Krankheit dem Versicherungsträger innerhalb einer Woche zu melden. Die Meldung der Arbeitsunfähigkeit durch den behandelnden Arzt oder durch eine Krankenanstalt ist der Meldung durch den Anspruchsberechtigten gleichzuhalten.

Dauer des Krankengeldanspruches

§ 139. (1) Krankengeldanspruch besteht für ein und denselben Versicherungsfall bis zur Dauer von 26 Wochen, auch wenn während dieser Zeit zu der Krankheit, die die Arbeitsunfähigkeit zuerst verursachte, eine neue Krankheit hinzugetreten ist. Wenn der (die) Anspruchsberechtigte innerhalb der letzten zwölf Monate vor dem Eintritt des Versicherungsfalles mindestens sechs Monate in der Krankenversicherung versichert war, verlängert sich für diese Personen, ausgenommen für die nach § 122 Abs. 2 Z 2 und 3 Anspruchsberechtigten, die Dauer auf bis zu 52 Wochen.

(2) Durch die Satzung kann die Höchstdauer des Krankengeldanspruches bis auf 78 Wochen erhöht werden.

(2a) Personen in einem aufrechten Dienstverhältnis, bei denen die Höchstdauer ihres Krankengeldanspruches abgelaufen ist, die einen ablehnenden Bescheid des Pensionsversicherungsträgers über eine beantragte Invaliditäts- oder Berufsunfähigkeitspension erhalten haben und keinen Anspruch auf Rehabilitationsgeld haben, ist Krankengeld in der zuletzt bezogenen Höhe ab dessen Antragstellung beim Krankenversicherungsträger und längstens bis zur rechtskräftigen Beendigung des Verfahrens vor den ordentlichen Gerichten zu gewähren, jedoch nur solange die Arbeitsunfähigkeit infolge Krankheit andauert. Wird die Pension rückwirkend zuerkannt, so ist dieses für denselben Zeitraum vom Krankenversicherungsträger geleistete Krankengeld von den Pensionsversicherungsträgern zu ersetzen.

(2b) Durch die Satzung kann Personen, bei denen die Höchstdauer ihres Krankengeldanspruches abgelaufen und noch kein neuer Krankengeldanspruch entstanden ist, für die Dauer notwendiger, unaufschiebbarer stationärer Aufenthalte (Krankenhaus- sowie Rehabilitationsaufenthalte im Anschlussheilverfahren) ein Krankengeld in der zuletzt bezogenen Höhe gewährt werden.

(3) Entsteht nach Wegfall des Krankengeldanspruches vor Ablauf der Höchstdauer neuerlich, und zwar innerhalb von 13 Wochen, infolge der Krankheit, für die der weggefallene Krankengeldanspruch bestanden hat, ein Anspruch auf Krankengeld, so werden die Anspruchszeiten für diese Krankheitsfälle zur Feststellung der Höchstdauer zusammengerechnet; die neuerliche mit Arbeitsunfähigkeit verbundene Erkrankung gilt als Fortsetzung der vorausgegangenen Erkrankung. Für Bezieher/innen einer Leistung nach dem AlVG, dem ÜHG und dem AMSG gebührt das Krankengeld auch diesfalls erst ab dem vierten Tag der Arbeitsunfähigkeit infolge Krankheit.

(4) Ist mit dem Wegfall des Krankengeldanspruches die Höchstdauer abgelaufen, so kann ein neuer Anspruch auf Krankengeld infolge der Krankheit, für die der weggefallene Krankengeldanspruch bestanden hat, erst wieder entstehen, wenn der Erkrankte in der Zwischenzeit durch mindestens 13 Wochen in einer den Anspruch auf Krankengeld eröffnenden gesetzlichen Krankenversicherung oder durch mindestens 52 Wochen in einer sonstigen gesetzlichen Krankenversicherung versichert war. Liegen Zeiten einer den Anspruch auf Krankengeld eröffnenden gesetzlichen Krankenversicherung und einer sonstigen gesetzlichen Krankenversicherung vor, so entsteht ein neuer Anspruch, wenn die Zusammenrechnung dieser Zeiten 13 Wochen ergibt, wobei Zeiten einer sonstigen gesetzlichen Krankenversicherung mit einem Viertel der tatsächlich zurückgelegten Dauer zu berücksichtigen sind.

(5) Die Dauer des Anspruches auf Krankengeld gemäß Abs. 1 erster Satz wird durch das Entstehen eines Anspruches auf Pension aus dem Versicherungsfall des Alters oder aus einem Versicherungsfall der geminderten Arbeitsfähigkeit oder eine Versehrtenrente aus der Unfallversicherung nicht berührt.

(6) Der Krankenversicherungsträger ist verpflichtet, die versicherte Person sechs Wochen vor Ablauf der Höchstdauer des Krankengeldanspruches über den bevorstehenden Wegfall dieses Anspruches und die sozialversicherungsrechtlichen Möglichkeiten in der Folge zu informieren. Gleichzeitig hat er eine Abschrift dieser Informati-

on dem zuständigen Pensionsversicherungsträger zu übermitteln.

Anrechnung von Zeiten auf die Höchstdauer des Krankengeldanspruches

§ 140. Zeiten, für die der Anspruch auf Krankengeld gemäß § 89 oder gemäß § 143 Abs. 1 Z 1, Z 3 zweiter Halbsatz und Z 4 sowie Abs. 6 ruht, sind auf die Höchstdauer gemäß § 139 anzurechnen.

Höhe des Krankengeldes

§ 141. (1) Als gesetzliche Mindestleistung wird das Krankengeld im Ausmaß von 50 v. H. der Bemessungsgrundlage für den Kalendertag gewährt.

(2) Ab dem 43. Tag einer mit Arbeitsunfähigkeit verbundenen Erkrankung erhöht sich das Krankengeld auf 60 v. H. der Bemessungsgrundlage für den Kalendertag.

(3) Als satzungsmäßige Mehrleistung kann das Krankengeld von einem durch die Satzung zu bestimmenden Zeitpunkt an erhöht werden, wenn der Versicherte Angehörige im Sinne des § 123 Abs. 2, 4, 7 oder 8 hat, die sich gewöhnlich im Inland aufhalten; eine Erhöhung gebührt nicht für einen Angehörigen, der aus selbständiger oder unselbständiger Erwerbstätigkeit, aus einem Lehr- oder Ausbildungsverhältnis oder auf Grund des Bezuges von Geldleistungen aus der Sozialversicherung ausgenommen von Einkünften, die wegen des besonderen körperlichen Zustandes gewährt werden, ein Einkommen von mehr als 355,01 € *(Anm. 1)* monatlich bezieht. An die Stelle dieses Betrages tritt ab 1. Jänner eines jeden Jahres der unter Bedachtnahme auf § 108 Abs. 6 mit der jeweiligen Aufwertungszahl (§ 108a Abs. 1) vervielfachte Betrag.

(4) Das Gesamtausmaß des erhöhten Krankengeldes darf 75 v. H. der Bemessungsgrundlage nicht übersteigen.

(5) Abweichend von den Abs. 1 bis 4 gebührt das Krankengeld den gemäß § 19a Abs. 6 als Pflichtversicherte geltenden Selbstversicherten im Ausmaß von 106,39 € *(Anm. 2)* für den Kalendermonat. Für den Kalendertag gebührt der dreißigste Teil dieses Betrages. An die Stelle des Betrages von 106,39 € *(Anm. 2)* tritt ab 1. Jänner eines jeden Jahres der unter Bedachtnahme auf § 108 Abs. 6 mit der jeweiligen Aufwertungszahl (§ 108a Abs. 1) vervielfachte Betrag.

(

Anm. 1: gemäß BGBl. II Nr. 391/2016 für 2017: 510,21 €

gemäß BGBl. II Nr. 339/2017 für 2018: 525,01 €

gemäß BGBl. II Nr. 329/2018 für 2019: 535,51 €

gemäß BGBl. II Nr. 348/2019 für 2020: 552,11 €

gemäß BGBl. II Nr. 576/2020 für 2021: 570,33 €

gemäß BGBl. II Nr. 590/2021 für 2022: 582,31 €

gemäß BGBl. II Nr. 459/2022 für 2023: 600,36 €

Anm. 2: für 2017: 152,89 €

für 2018: 157,32 €

für 2019: 160,47 €

für 2020: 165,44 €

für 2021: 170,90 €

für 2022: 174,49 €

für 2023: 179,90 €)

Versagung des Krankengeldes

§ 142. (1) Das Krankengeld gebührt nicht für die Dauer der Arbeitsunfähigkeit infolge einer Krankheit,

1. die sich der (die) Versicherte durch schuldhafte Beteiligung an einem Raufhandel zugezogen hat, sofern er (sie) nach § 91 StGB rechtskräftig verurteilt wurde, oder
2. die sich als unmittelbare Folge von Trunkenheit oder Missbrauch von Suchtgiften erweist.

(2) In den Fällen des Abs. 1 gebührt den im Inland wohnenden bedürftigen Angehörigen in der im § 123 aufgezählten Reihenfolge, wenn ihr Unterhalt mangels anderweitiger Versorgung vorwiegend vom Versicherten bestritten wurde und sie an der Ursache der Versagung nicht schuldhaft beteiligt waren, die Hälfte des Krankengeldes, das dem Versicherten gebührt hätte.

Ruhen des Krankengeldanspruches

§ 143. (1) Der Anspruch auf Krankengeld ruht:

1. solange die Arbeitsunfähigkeit dem Versicherungsträger nicht gemeldet ist;

(Anm.: Z 2 aufgehoben durch BGBl. Nr. 676/1991)

3. solange der Versicherte auf Grund gesetzlicher oder vertraglicher Bestimmungen Anspruch auf Weiterleistung von mehr als 50 v. H. der vollen Geld- und Sachbezüge (§ 49 Abs. 1) vor dem Eintritt der Arbeitsunfähigkeit hat; besteht ein Anspruch auf Weiterleistung von 50 v. H. dieser Bezüge, so ruht das Krankengeld zur Hälfte; Folgeprovisionen gelten nicht als weitergeleistete Bezüge;
4. solange dem Versicherten ein Übergangsgeld (§§ 199 oder 306) gewährt wird;
5. solange der Versicherte Zivildienst im Sinne des Zivildienstgesetzes leistet;
6. solange der/die Versicherte Ausbildungsdienst nach dem Wehrgesetz 2001 leistet, ab dem 13. Monat des Ausbildungsdienstes;
7. solange dem/der Versicherten Pflegekarenzgeld nach § 21c des Bundespflegegeldgesetzes gewährt wird, in der Höhe des Pflegekarenzgeldes nach § 21c des Bundespflegegeldgesetzes;
8. solange dem/der Versicherten ein Wiedereingliederungsgeld (§ 143d) gebührt.

(2) Das Ruhen nach Abs. 1 Z 1 tritt nicht ein, wenn die Arbeitsunfähigkeit innerhalb einer Woche nach Beginn gemeldet wird. In Fällen, in denen die persönlichen Verhältnisse des Anspruchsberechtigten oder das Vorliegen besonderer Gründe für die nicht rechtzeitige Meldung der Arbeitsunfähigkeit es gerechtfertigt erscheinen lassen, ist das Krankengeld auch für die zurückliegende Zeit zu gewähren.

(Anm.: Abs. 3 aufgehoben durch BGBl. Nr. 676/1991)

(4) Besteht ein mehrfacher Anspruch auf Krankengeld, so ist Abs. 1 Z 3 nur auf die Versicherung anzuwenden, die auf einem Beschäftigungsverhältnis beruht, aus dem der Versicherte Anspruch auf Fortbezug von mindestens 50 v. H. der vollen Geld- und Sachbezüge (§ 49 Abs. 1) hat.

(5) Das Ruhen nach Abs. 1 Z 3 tritt nicht ein

a) während des Bezuges des Teilentgeltes, das Lehrlingen vom Lehrherrn nach § 17a des Berufsausbildungsgesetzes, BGBl. Nr. 142/1969, in der Fassung des Art. IV Z 2 des Entgeltfortzahlungsgesetzes, BGBl. Nr. 399/1974, zu leisten ist,
b) während des Bezuges des bei Dienstverhinderung gebührenden Entgeltes aus dem Dienstverhältnis eines Hausbesorgers im Sinne des § 14 Abs. 3 des Hausbesorgergesetzes.

In den Fällen des Abs. 1 Z 3 hat eine Erhöhung der Geld- und Sachbezüge, die nach dem Beginn der Arbeitsunfähigkeit auf Grund gesetzlicher oder kollektivvertraglicher Regelungen eintritt, außer Betracht zu bleiben.

(6) Der Versicherungsträger kann verfügen, daß das Krankengeld auf Dauer oder für eine bestimmte Zeit zur Gänze oder teilweise ruht, wenn der Versicherte

1. einer Ladung zum Kontrollarzt ohne wichtigen Grund nicht Folge leistet oder
2. trotz Vorliegens der Voraussetzungen des § 144 Abs. 2 die Anstaltspflege ablehnt oder
3. wiederholt Bestimmungen der Krankenordnung oder Anordnungen des behandelnden Arztes verletzt hat,

in allen diesen Fällen, wenn der Versicherte vorher auf die Folgen seines Verhaltens schriftlich hingewiesen worden ist.

3a. Unterabschnitt
Rehabilitationsgeld

§ 143a. (1) Personen, für die auf Antrag bescheidmäßig festgestellt wurde, dass die Anspruchsvoraussetzungen nach § 255b (§ 273b, § 280b) erfüllt sind, haben ab dem Stichtag (§ 223 Abs. 2) für die Dauer der vorübergehenden Invalidität (Berufsunfähigkeit) Anspruch auf Rehabilitationsgeld. Das weitere Vorliegen der vorübergehenden Invalidität (Berufsunfähigkeit) ist vom Krankenversicherungsträger jeweils bei Bedarf, jedenfalls aber nach Ablauf eines Jahres nach der Zuerkennung des Rehabilitationsgeldes oder der letzten Begutachtung, im Rahmen des Case Managements zu überprüfen, und zwar unter Inanspruchnahme des Kompetenzzentrums Begutachtung (§ 307g). Die Feststellung, ob Anspruch auf Rehabilitationsgeld besteht (§ 255b, § 273b, § 280b), sowie dessen Entziehung (§ 99) erfolgt durch Bescheid des Pensionsversicherungsträgers.

(2) Das Rehabilitationsgeld gebührt im Ausmaß des Krankengeldes nach § 141 Abs. 1 und ab dem 43. Tag im Ausmaß des erhöhten Krankengeldes nach § 141 Abs. 2, das aus der letzten eine Pflichtversicherung in der Krankenversicherung nach diesem Bundesgesetz oder nach dem B–KUVG begründende Erwerbstätigkeit gebührt hätte, wobei bei Vorliegen von unmittelbar vorangehenden Zeiten des Krankengeldanspruches die nach § 141 Abs. 2 ermittelten Tage anzurechnen sind. Zeiten des Bezuges von Wiedereingliederungsgeld sind bei der Berechnung nicht zu berücksichtigen. Jedenfalls gebührt es jedoch in der Höhe des Richtsatzes nach § 293 Abs. 1 lit. a sublit. bb. Die Erhöhung bis zu diesem Richtsatz ist nur zu gewähren, so lange die das Rehabilitationsgeld beziehende Person ihren rechtmäßigen, gewöhnlichen Aufenthalt im Inland hat.

(3) Trifft der Anspruch auf Rehabilitationsgeld mit einem Anspruch auf Entgeltfortzahlung aus einer für die Bemessung des Rehabilitationsgeldes maßgeblichen Erwerbstätigkeit zusammen, so ist § 143 Abs. 1 Z 3 sinngemäß anzuwenden. Trifft der Anspruch auf Rehabilitationsgeld mit einem Anspruch auf Krankengeld aus einer für die Bemessung des Rehabilitationsgeldes maßgeblichen Erwerbstätigkeit zusammen, so ruht der Anspruch auf Krankengeld. Zeiten, für die der Anspruch auf Krankengeld auf Grund des Rehabilitationsgeldbezuges ruht, sind auf die Höchstdauer nach § 139 nicht anzurechnen.

(4) Trifft der Anspruch auf Rehabilitationsgeld mit einem Anspruch auf Erwerbseinkommen, das den Betrag nach § 5 Abs. 2 übersteigt, zusammen, so gebührt ein Teilrehabilitationsgeld, dessen Höhe sinngemäß nach § 254 Abs. 7 zu bestimmen ist. Resultieren aus dieser Erwerbstätigkeit Ansprüche auf Entgeltfortzahlung oder Krankengeld, so sind Abs. 3 erster und zweiter Satz nicht anzuwenden.

(5) Vereitelt oder verzögert die zu rehabilitierende Person die im Rahmen des Case Managements vorgesehenen Abläufe oder Maßnahmen, indem sie ihren Mitwirkungsverpflichtungen wiederholt nicht nachkommt, so kann der Krankenversicherungsträger verfügen, dass das Rehabilitationsgeld auf Dauer oder für eine bestimmte Zeit zur Gänze oder teilweise ruht, wenn die versicher-

te Person vorher auf die Folgen ihres Verhaltens schriftlich hingewiesen worden ist.

Case Management

§ 143b. Die Krankenversicherungsträger haben die nach § 8 Abs. 1 Z 1 lit. d pflichtversicherten Personen umfassend zu unterstützen, um einen dem Stand der medizinischen Wissenschaft entsprechenden Behandlungsprozess für den Übergang zwischen einer Krankenbehandlung und der Rehabilitation zur Wiederherstellung der Arbeitsfähigkeit sicherzustellen und für einen optimalen Ablauf der notwendigen Versorgungsschritte zu sorgen. In diesem Rahmen ist die versicherte Person während der Krankenbehandlung sowie der medizinischen Rehabilitation zur Wiederherstellung der Arbeitsfähigkeit bei der Koordinierung der weiter zu setzenden Schritte zu unterstützen und dahingehend zu begleiten, dass nach einer entsprechenden Bedarfserhebung ein individueller Versorgungsplan erstellt und durch die einzelnen LeistungserbringerInnen umgesetzt wird. Im Rahmen des Case Managements ist darauf Bedacht zu nehmen, dass sich die Versicherten regelmäßigen Begutachtungen im Kompetenzzentrum nach § 307g unterziehen. Die Krankenversicherungsträger haben sich hiebei mit dem Arbeitsmarktservice und dem zuständigen Pensionsversicherungsträger rechtzeitig abzustimmen. Der Pensionsversicherungsträger kann eine Begutachtung im Kompetenzzentrum Begutachtung unter Einbindung des Case Managements verlangen.

Kostenersatz

§ 143c. (1) Die Pensionsversicherungsträger haben für BezieherInnen von Rehabilitationsgeld (§ 143a und vergleichbare landesgesetzliche Regelungen) den Krankenversicherungsträgern und – soweit es sich um Vertragsbedienstete handelt – den Krankenfürsorgeeinrichtungen nach § 2 Abs. 1 Z 2 B–KUVG die ausgewiesenen tatsächlichen Kosten für das Rehabilitationsgeld sowie die anteiligen Verwaltungskosten zu ersetzen.

(2) Die für den Kostenersatz gegenüber den Trägern der Krankenversicherung erforderlichen Mittel sind von den Pensionsversicherungsträgern an den Dachverband zu überweisen. Der Dachverband hat den überwiesenen Betrag auf die Träger der Krankenversicherung im Verhältnis ihres Kostenaufwandes für diesen Personenkreis aufzuteilen. Zur Ermittlung des Kostenersatzes hat der Krankenversicherungsträger eine eigene Kostenstelle zu führen. Der Aufwandersatz hat quartalsmäßig jeweils bis zum Ende des Folgemonats nach entsprechender Rechnungslegung zu erfolgen.

(3) Der Kostenersatz gegenüber den Krankenfürsorgeeinrichtungen ist von den Pensionsversicherungsträgern nach entsprechender Rechnungslegung durch die Krankenfürsorgeeinrichtungen quartalsmäßig jeweils bis zum Ende des Folgemonats vorzunehmen.

(4) Die Pensionsversicherungsträger haben an die Krankenversicherungsträger und die Krankenfürsorgeeinrichtungen einen pauschalen Krankenversicherungsbeitrag in der Höhe von 7,65 % der Aufwendungen für das Rehabilitationsgeld zu entrichten.

Pflege in einer Krankenanstalt

§ 161. (1) Für die Entbindung ist Pflege in einer Krankenanstalt längstens für zehn Tage zu gewähren; die Bestimmungen der §§ 145 und 148 bis 150 sind hiebei entsprechend anzuwenden. Wenn es der Zustand der Wöchnerin oder die Entfernung ihres Wohnortes erfordert, sind auch die Beförderungskosten in die und aus der Anstalt zu übernehmen.

(2) Zeiten einer Pflege nach Abs. 1 sind auf die Höchstdauer des Krankengeldanspruches (§ 139) nicht anzurechnen.

Wochengeld

§ 162. (1) Weiblichen Versicherten gebührt für die letzten acht Wochen vor der voraussichtlichen Entbindung, für den Tag der Entbindung und für die ersten acht Wochen nach der Entbindung ein tägliches Wochengeld. Weibliche Versicherte nach Frühgeburten, Mehrlingsgeburten oder Kaiserschnittentbindungen erhalten das Wochengeld nach der Entbindung durch zwölf Wochen. Über die vorstehenden Fristen vor und nach der Entbindung hinaus gebührt das Wochengeld ferner für jenen Zeitraum, während dessen Dienstnehmerinnen und Bezieherinnen einer Leistung nach dem AlVG oder KBGG im Einzelfall bei Dienstnehmerinnen nach § 4 Abs. 2 auf Grund eines fachärztlichen, arbeitsinspektionsärztlichen oder amtsärztlichen, bei Dienstnehmerinnen nach § 4 Abs. 4 auf Grund eines fachärztlichen oder amtsärztlichen Zeugnisses nachgewiesen wird, dass das Leben oder die Gesundheit von Mutter oder Kind bei Fortdauer der Beschäftigung oder Aufnahme einer Beschäftigung gefährdet wäre. Dienstnehmerinnen nach § 4 Abs. 2 und 4 haben weiters für den Zeitraum eines Beschäftigungsverbotes für werdende Mütter nach § 13a Abs. 5 Tabakgesetz Anspruch auf Wochengeld.

(2) Die Achtwochenfrist vor der voraussichtlichen Entbindung gemäß Abs. 1 wird auf Grund eines ärztlichen Zeugnisses berechnet. Erfolgt die Entbindung zu einem anderen als dem vom Arzt angenommenen Zeitpunkt, so verkürzt oder verlängert sich die im Abs. 1 vorgesehene Frist vor der Entbindung entsprechend. Die Frist nach der Entbindung verlängert sich jedoch in jedem Falle bis zu dem Zeitpunkt, in dem das Beschäftigungsverbot nach den Vorschriften des Mutterschutzrechtes endet.

(3) Das Wochengeld gebührt in der Höhe des auf den Kalendertag entfallenden Teiles des durchschnittlichen in den letzten 13 Wochen (bei Versicherten, deren Arbeitsverdienst nach Kalendermonaten bemessen oder abgerechnet wird, in den

letzten drei Kalendermonaten) vor dem Eintritt des Versicherungsfalles der Mutterschaft gebührenden Arbeitsverdienstes, vermindert um die gesetzlichen Abzüge; die auf diesen Zeitraum entfallenden Sonderzahlungen sind nach Maßgabe des Abs. 4 zu berücksichtigen. Für Dienstnehmerinnen nach § 4 Abs. 4 ist das tägliche Nettoeinkommen unter Zugrundelegung des im ersten Satz genannten Arbeitsverdienstes nach § 21 Abs. 3 zweiter Satz AlVG zu berechnen. Wurde von Versicherten, deren Arbeitsverdienst nach Kalendermonaten bemessen oder abgerechnet wird, lediglich im Kalendermonat des Eintrittes des Versicherungsfalles der Mutterschaft ein Arbeitsverdienst erzielt, so gilt dieser für die Ermittlung des durchschnittlichen in den letzten drei Kalendermonaten gebührenden Arbeitsverdienstes als im letzten vollen Kalendermonat vor dem Eintritt des Versicherungsfalles erzielt. Fallen in den für die Ermittlung des durchschnittlichen Arbeitsverdienstes maßgebenden Zeitraum auch Zeiten des Bezuges einer Leistung nach dem KBGG oder nach dem Arbeitslosenversicherungsgesetz 1977, so gilt für diese Zeiten als Arbeitsverdienst jenes Wochengeld, das auf Grund des Abs. 3a Z 2 in Verbindung mit Abs. 5 Z 3 oder auf Grund des Arbeitslosenversicherungsgesetzes 1977 beim Eintritt des Versicherungsfalles der Mutterschaft während des Leistungsbezuges gebührt hätte. Bei Versicherten, deren Lehrverhältnis während des genannten Zeitraumes geendet hat, ist, wenn es für die Versicherte günstiger ist, für die Ermittlung der Höhe des Wochengeldes der Arbeitsverdienst im letzten Beitragszeitraum, vermindert um die gesetzlichen Abzüge, heranzuziehen. Fallen in den für die Ermittlung des durchschnittlichen Arbeitsverdienstes maßgebenden Zeitraum

a) Zeiten der im § 11 Abs. 3 bezeichneten Art,
b) Zeiten, während derer die Versicherte infolge Krankheit, eines mutterschutzrechtlichen Beschäftigungsverbotes oder Kurzarbeit nicht das volle Entgelt bezogen hat,
c) Zeiten, während deren die Versicherte nach den §§ 14a, 14b, 14c, oder 14d AVRAG oder einer gleichartigen Regelung zum Zwecke der Sterbebegleitung eines (einer) nahen Verwandten, der Begleitung eines schwersterkrankten Kindes oder der Pflege eines/einer nahen Angehörigen (Pflegekarenz) nicht das volle oder kein Arbeitsentgelt bezogen hat oder
d) Zeiten, in denen Wiedereingliederungsgeld bezogen wurde,

so bleiben diese Zeiten bei der Ermittlung des durchschnittlichen Arbeitsverdienstes außer Betracht. Liegen in dem maßgebenden Zeitraum nur Zeiten der in lit. a, b, c oder d bezeichneten Art vor, so verlängert sich der maßgebende Zeitraum um diese Zeiten; diese Zeiten bleiben bei der Berechnung des durchschnittlichen Arbeitsverdienstes außer Betracht. In den Fällen des § 122 Abs. 3 erster Satz sind, wenn dies für die Versicherte günstiger ist, für die Ermittlung der Höhe des Wochengeldes nicht die letzten 13 Wochen bzw. drei Kalendermonate vor dem Eintritt des Versicherungsfalles der Mutterschaft heranzuziehen, sondern die letzten 13 Wochen bzw. drei Kalendermonate vor dem Ende der Pflichtversicherung oder vor dem Ende des Dienstverhältnisses.

(3a) Abweichend von Abs. 3 gebührt das Wochengeld

1. den nach § 19a Abs. 6 als Pflichtversicherte geltenden Selbstversicherten in der Höhe von 6,83 € *(Anm. 1)* täglich;
2. den Bezieherinnen von Kinderbetreuungsgeld in der Höhe des gebührenden, täglichen Kinderbetreuungsgeldes; § 122 Abs. 3 ist nicht anzuwenden, soweit es sich um Geldleistungen (Wochengeld) handelt.

(Anm.: Z 3 aufgehoben durch BGBl. I Nr. 53/2016)

An die Stelle des in der Z 1 genannten Betrages tritt ab 1. Jänner eines jeden Jahres der unter Bedachtnahme auf § 108 Abs. 6 mit dem jeweiligen Anpassungsfaktor (§ 108f) vervielfachte Betrag.

(4) Die auf die letzten 13 Wochen bzw. auf die letzten drei Kalendermonate entfallenden Sonderzahlungen sind bei der Bemessung des Wochengeldes in der Weise zu berücksichtigen, daß der nach Abs. 3 ermittelte Netto-Arbeitsverdienst um einen durch die Satzung des Versicherungsträgers allgemein festzusetzenden Hundertsatz erhöht wird; der Hundertsatz kann einheitlich oder gesondert für bestimmte Gruppen von Versicherten unter Bedachtnahme auf den Durchschnittswert der Sonderzahlungen festgesetzt werden.

(5) Vom Anspruch auf Wochengeld sind ausgeschlossen:

1. Pflichtversicherte, die nach § 138 Abs. 2 lit. a bis e und h vom Anspruch auf Krankengeld ausgeschlossen sind,
2. Selbstversicherte (§ 16),
3. Teilversicherte nach § 8 Abs. 1 Z 1 lit. f außer jene, die aufgrund der dem Kinderbetreuungsgeld-Bezug zugrundeliegenden Entbindung Anspruch auf Wochengeld hatten oder deren Kinderbetreuungsgeld-Bezug eine Inpflegenahme oder Adoption zu Grunde liegt und denen Wochengeld gebührt hätte, wenn an Stelle der Inpflegenahme oder Adoption eine Entbindung stattgefunden hätte.

(———————

Anm. 1: gemäß BGBl. II Nr. 329/2018 für 2019: 9,30 €

gemäß BGBl. II Nr. 348/2019 für 2020: 9,47 €

gemäß BGBl. II Nr. 576/2020 für 2021: 9,61 €

gemäß BGBl. II Nr. 590/2021 für 2022: 9,78 €

gemäß BGBl. II Nr. 459/2022 für 2023: 10,35 €)

ASVG

Zusammentreffen von Ansprüchen auf Wochengeld, Krankengeld und Wiedereingliederungsgeld

§ 165. (1) Trifft ein Anspruch auf Wochengeld mit einem Anspruch auf Krankengeld oder einem Anspruch auf Wiedereingliederungsgeld zusammen, so gebührt nur das Wochengeld.

(2) Die Dauer des Wochengeldanspruches wird auf die Höchstdauer des Krankengeldanspruches nicht angerechnet.

Ruhen des Wochengeldes

§ 166. (1) Der Anspruch auf Wochengeld ruht,

(Anm.: Z 1 aufgehoben durch BGBl. Nr. 676/1991)

2. solange die Versicherte auf Grund gesetzlicher oder vertraglicher Bestimmungen Anspruch auf Fortbezug von mehr als 50 v. H. der vollen Geld- und Sachbezüge (§ 49 Abs. 1) hat; besteht ein Anspruch auf Weiterleistung von 50 v. H. dieser Bezüge; so ruht das Wochengeld zur Hälfte. Urlaubsentschädigungen, Urlaubsabfindungen und Kündigungsentschädigungen gemäß § 11 Abs. 2 gelten nicht als weitergeleistete Bezüge. § 143 Abs. 1 Z 3 letzter Satz und Abs. 5 gelten entsprechend.
3. solange die Versicherte während des Anspruches auf Wochengeld eine Erwerbstätigkeit ausübt, in der Höhe des aus dieser Erwerbstätigkeit erzielten Einkommens;
4. solange der Versicherten Pflegekarenzgeld nach § 21c des Bundespflegegeldgesetzes gewährt wird, in der Höhe des Pflegekarenzgeldes nach § 21c des Bundespflegegeldgesetzes.

(2) Zeiten, für die der Anspruch auf Wochengeld gemäß Abs. 1 Z 2 zur Gänze ruht, werden auf die Höchstdauer des Anspruches auf Wochengeld nicht angerechnet.

(Anm.: Abs. 3 aufgehoben durch BGBl. Nr. 676/1991)

Eintritt des Versicherungsfalles

§ 174. Der Versicherungsfall gilt als eingetreten:

1. bei Arbeitsunfällen mit dem Unfallereignis;
2. bei Berufskrankheiten mit dem Beginn der Krankheit (§ 120 Abs. 1 Z 1) oder, wenn dies für den Versicherten günstiger ist, mit dem Beginn der Minderung der Erwerbsfähigkeit (§ 203).

Arbeitsunfall

§ 175. (1) Arbeitsunfälle sind Unfälle, die sich im örtlichen, zeitlichen und ursächlichen Zusammenhang mit der die Versicherung begründenden Beschäftigung ereignen.

(1a) Arbeitsunfälle sind auch Unfälle, die sich im zeitlichen und ursächlichen Zusammenhang mit der die Versicherung begründenden Beschäftigung in der Wohnung (Homeoffice) ereignen.

(1b) Die Wohnung nach Abs. 1a gilt für den Anwendungsbereich dieses Bundesgesetzes als Arbeitsstätte im Sinne des Abs. 2 Z 1 und 2 sowie 5 bis 8 und 10.

(2) Arbeitsunfälle sind auch Unfälle, die sich ereignen:

1. auf einem mit der Beschäftigung nach Abs. 1 zusammenhängenden Weg zur oder von der Arbeits- oder Ausbildungsstätte; hat der Versicherte wegen der Entfernung seines ständigen Aufenthaltsortes von der Arbeits(Ausbildungs)stätte auf dieser oder in ihrer Nähe eine Unterkunft, so wird die Versicherung des Weges von oder nach dem ständigen Aufenthaltsort nicht ausgeschlossen;
2. auf einem Weg von der Arbeits- oder Ausbildungsstätte oder der Wohnung zu einer Untersuchungs- oder Behandlungsstelle (wie freiberuflich tätiger Arzt, Ambulatorium, Krankenanstalt) zur Inanspruchnahme ärztlicher Hilfe (§ 135), Zahnbehandlung (§ 153) oder der Durchführung einer Vorsorge(Gesunden)untersuchung (§ 132b) und anschließend auf dem Weg zurück zur Arbeits(Ausbildungs)stätte oder zur Wohnung, sofern dem Dienstgeber oder einer sonst zur Entgegennahme von solchen Mitteilungen befugten Person der Arztbesuch vor Antritt des Weges bekanntgegeben wurde, ferner auf dem Weg von der Arbeits- oder Ausbildungsstätte oder von der Wohnung zu einer Untersuchungsstelle, wenn sich der Versicherte der Untersuchung auf Grund einer gesetzlichen Vorschrift oder einer Anordnung des Versicherungsträgers oder des Dienstgebers unterziehen muß und anschließend auf dem Weg zurück zur Arbeits(Ausbildungs)stätte oder zur Wohnung;
3. bei häuslichen oder anderen Tätigkeiten, zu denen der Versicherte durch den Dienstgeber oder dessen Beauftragten herangezogen wird;
4. bei häuslichen und anderen Tätigkeiten des Versicherten im Zusammenhang mit der Gewinnung und Verarbeitung von Produkten, die ihm vom Dienstgeber als Sachbezüge gewährt werden;
5. bei einer mit der Beschäftigung zusammenhängenden Verwahrung, Beförderung, Instandhaltung und Erneuerung des Arbeitsgerätes, auch wenn dieses vom Versicherten beigestellt wird;
6. bei einer mit der Beschäftigung zusammenhängenden Inanspruchnahme von gesetzlichen beruflichen Vertretungen oder Berufsvereinigungen;
7. auf einem Weg von der Arbeits- oder Ausbildungsstätte, den der Versicherte zurücklegt, um während der Arbeitszeit, einschließlich der in der Arbeitszeit liegenden gesetzlichen sowie kollektivvertraglich oder betrieblich vereinbarten Arbeitspausen, in der Nähe der Arbeits- oder Ausbildungsstätte oder in seiner Wohnung lebenswichtige persönliche Bedürfnisse zu befriedigen, anschließend

auf dem Weg zurück zur Arbeits- oder Ausbildungsstätte sowie bei dieser Befriedigung der lebensnotwendigen Bedürfnisse, sofern sie in der Nähe der Arbeits- oder Ausbildungsstätte, jedoch außerhalb der Wohnung des Versicherten erfolgt;

8. auf einem mit der unbaren Überweisung des Entgelts zusammenhängenden Weg von der Arbeits- oder Ausbildungsstätte oder der Wohnung zu einem Geldinstitut zum Zweck der Behebung des Entgelts und anschließend auf dem Weg zurück zur Arbeits- oder Ausbildungsstätte oder zur Wohnung;
9. auf einem Weg zur oder von der Arbeits- oder Ausbildungsstätte, der im Rahmen einer Fahrgemeinschaft von Betriebsangehörigen oder Versicherten zurückgelegt worden ist, die sich auf einem in der Z 1 genannten Weg befinden;
10. auf einem Weg eines (einer) Versicherten zur oder von der Arbeits- oder Ausbildungsstätte (Z 1) mit dem Zweck, ein Kind zu einer Kinderbetreuungseinrichtung, zur Tagesbetreuung, in fremde Obhut oder zu einer Schule zu bringen oder von dort abzuholen, sofern ihm/ihr für das Kind eine Aufsichtspflicht zukommt.

(3) In einem land- oder forstwirtschaftlichen Betrieb gelten als Arbeitsunfälle auch Unfälle, die sich ereignen:

1. bei der Arbeit im Haushalt des Betriebsinhabers oder der Dienstnehmer, wenn der Haushalt dem Betrieb wesentlich dient;
2. bei der Arbeit in der Land- oder Forstwirtschaft und im Haushalt der ständig im Betrieb beschäftigten Dienstnehmer, die als Entgelt vom Betriebsinhaber Grundstücke oder sonstige Betriebsmittel zur eigenen land(forst)wirtschaftlichen Erzeugung erhalten und aus dieser Erzeugung einen wesentlichen Teil ihres Unterhaltes bestreiten;
3. Aufgehoben.
4. bei Arbeiten, die im Zusammenhang mit der Errichtung, dem Umbau und der Reparatur von Gebäuden, die dem land(forst)wirtschaftlichen Betrieb dienen, verrichtet werden, sowie bei Arbeiten im Rahmen der Nachbarschaftshilfe für einen anderen land(forst)wirtschaftlichen Betrieb.

(4) In der Unfallversicherung nach § 8 Abs. 1 Z 3 lit. h, i und l sind Arbeitsunfälle Unfälle, die sich im örtlichen, zeitlichen und ursächlichen Zusammenhang mit der die Versicherung begründenden Schul(Universitäts)ausbildung oder dem die Versicherung begründenden Besuch einer institutionellen Kinderbetreuungseinrichtung ereignen. Abs. 2 Z 1, 2, 5, 6, 7 und 9 sowie Abs. 6 sind entsprechend anzuwenden.

(5) In der Unfallversicherung gemäß § 8 Abs. 1 Z 3 lit. h und i gelten als Arbeitsunfälle auch Unfälle, die sich ereignen:

1. bei der Teilnahme an Schulveranstaltungen, schulbezogenen Veranstaltungen sowie individuellen Berufs(bildungs)orientierungen nach den §§ 13, 13a und 13b des Schulunterrichtsgesetzes, BGBl. Nr. 472/1986;
2. bei der Ausübung einer im Rahmen des Lehrplanes bzw. der Studienordnung vorgeschriebenen oder üblichen praktischen Tätigkeit;
3. bei der Absolvierung einer individuellen Berufsorientierung ohne Eingliederung in den Arbeitsprozess im Ausmaß von höchstens 15 Tagen pro Betrieb und Kalenderjahr außerhalb der Unterrichtszeiten und der im § 13b SchUG geregelten Veranstaltungen, sofern es sich um Schüler/Schülerinnen im oder nach dem achten Schuljahr handelt und von der/dem Erziehungsberechtigten eine Zustimmung vorliegt.

(6) Verbotswidriges Handeln schließt die Annahme eines Arbeitsunfalles nicht aus.

Arbeitsunfällen gleichgestellte Unfälle

§ 176. (1) Den Arbeitsunfällen sind Unfälle gleichgestellt, die sich bei nachstehenden Tätigkeiten ereignen:

1. als Teilnehmer der Betriebs(Gruppen-, Betriebshaupt)versammlung sowie der Jugendversammlung oder als Mitglied des Betriebsrates (Jugendvertrauensrates) oder als Behindertenvertrauensperson sowie als Mitglied eines Wahlvorstandes im Sinne des Arbeitsverfassungsgesetzes, BGBl. Nr. 22/1974, oder des Landarbeitsgesetzes 1984, BGBl. Nr. 287, ferner als in demselben Betrieb Beschäftigter bei der Mitwirkung an der Besorgung von Aufgaben des Betriebsrates (Jugendvertrauensrates) im Auftrag oder über Ersuchen eines Mitgliedes des Betriebsrates (Jugendvertrauensrates) sowie als Teilnehmer an einer Schulungs- und Bildungsveranstaltung, wenn die Teilnahmeberechtigung auf dem Arbeitsverfassungsgesetz (Behinderteneinstellungsgesetz) beruht; das gleiche gilt sinngemäß bei gemäß § 1 Abs. 2 Z 3 des Arbeitsverfassungsgesetzes vom Geltungsbereich der Bestimmungen dieses Bundesgesetzes ausgenommenen Arbeitsverhältnissen im Rahmen der auf sie anzuwendenden Vorschriften über die Personalvertretung;
2. bei der Rettung eines Menschen aus tatsächlicher oder vermuteter Lebensgefahr oder dem Versuch einer solchen Rettung, bei Herbeiholung eines Arztes oder eines Sanitäters im Sinne des Sanitätergesetzes oder einer Hebamme zu einer dringenden Hilfeleistung, bei der Suche nach vermißten Personen, bei der Hilfeleistung in sonstigen Unglücksfällen oder allgemeiner Gefahr oder Not, bei der Herbeiholung eines Seelsorgers zu einem in Lebensgefahr befindlichen Erkrankten oder Verunglückten, bei der Blutspende oder der Organspende nach

dem OTPG oder bei angemessener Unterstützung der Amtshandlung eines Sicherheitsorganes, in allen diesen Fällen jedoch nur, wenn der Unglücksfall nicht durch den Retter/die Retterin vorsätzlich herbeigeführt wurde und wenn nicht nach anderen unfallversicherungs- oder unfallfürsorgerechtlichen Bestimmungen ein Leistungsanspruch besteht;

3. bei Tätigkeiten, die vorübergehend auf Grund gesetzlicher Verpflichtung oder im Auftrage oder mit ausdrücklicher Zustimmung der zuständigen Verwaltungsbehörde zur Sicherung, Überwachung, Förderung oder Erhaltung der land- oder forstwirtschaftlichen Erzeugung oder der Erzeugnisse, Baulichkeiten oder sonstiger Betriebseinrichtungen ausgeübt werden;
4. Hand- und Zugdienste (Robot) sowie sonstige Arbeitsleistungen, wenn sie auf Grund gesetzlicher oder statutarischer Verpflichtung oder auf Grund alten Herkommens erbracht werden;
5. beim Besuch beruflicher Schulungs(Fortbildungs)kurse, soweit dieser Besuch geeignet ist, das berufliche Fortkommen des Versicherten zu fördern, ferner bei der Teilnahme an Lehrabschlußprüfungen, an Ausbilderprüfungen gemäß § 29a des Berufsausbildungsgesetzes, BGBl. Nr. 142/1969, sowie Meisterprüfungen und sonstigen Befähigungs- und Konzessionsprüfungen, deren Ablegung eine Voraussetzung für die selbständige Erwerbstätigkeit ist, die die Mitgliedschaft nach § 1 Abs. 2 des Wirtschaftskammergesetzes 1998, BGBl. I Nr. 103, begründet oder bei der Teilnahme an Prüfungen im Bereich der Land- und Forstwirtschaft, die mit der Ausübung dieser Erwerbstätigkeit in Zusammenhang stehen, und an beruflichen Wettbewerbsveranstaltungen einer Interessenvertretung der Dienstnehmer oder Dienstgeber;
6. bei einer betrieblichen Tätigkeit, wie sie sonst ein nach § 4 Versicherter ausübt, auch wenn dies nur vorübergehend geschieht;
7.

a) in Ausübung der den Mitgliedern von freiwilligen Feuerwehren (Feuerwehrverbänden), freiwilligen Wasserwehren, des Österreichischen Roten Kreuzes, der freiwilligen Rettungsgesellschaften, der Rettungsflugwacht, des Österreichischen Bergrettungsdienstes, der Österreichischen Wasser-Rettung, der Lawinenwarnkommissionen, der Österreichischen Rettungshunde-Brigade und der Strahlenspür- und –meßtrupps im Rahmen der Ausbildung, der Übungen und des Einsatzfalles obliegenden Pflichten sowie bei Tätigkeiten von freiwilligen Helfern dieser Organisationen und der Pflichtfeuerwehren im Einsatzfall bzw. bei derartigen Tätigkeiten von bei diesen Organisationen ehrenamtlich tätigen Sanitätern im Sinne des § 14 Abs. 1 Z 1 des Sanitätergesetzes, BGBl. I Nr. 30/2002; des weiteren bei Tätigkeiten im Rahmen organisierter Rettungsdienste im Einsatzfall, sofern diese Organisationen nach ihrer Zweckbestimmung auf Einsätze zur Leistung erster ärztlicher Hilfe in Notfällen im Inland ausgerichtet sind und sie die Erzielung eines Gewinnes nicht bezwecken;
b) bei Tätigkeiten, die die Mitglieder der in lit. a genannten Organisationen darüber hinaus im Rahmen ihres gesetzlichen oder satzungsmäßigen Wirkungsbereiches ausüben, wenn sie für diese Tätigkeiten keine Bezüge erhalten, in die Zusatzversicherung in der Unfallversicherung einbezogen sind und einen Antrag gemäß § 22a Abs. 4 erster Satz stellen;

8. bei der Inanspruchnahme von Leistungen nach dem Arbeitslosenversicherungsgesetz 1977, BGBl. Nr. 609, dem Arbeitsmarktförderungsgesetz, BGBl. Nr. 31/1969, dem Kinderbetreuungsgeldgesetz, BGBl. I Nr. 103/2001, dem Familienzeitbonusgesetz, BGBl. I Nr. 53/2016, oder dem Arbeitsmarktservicegesetz, BGBl. Nr. 313/1994, sowie in den Fällen, in denen Personen auf Veranlassung des Arbeitsmarktservice eine Arbeits- oder Ausbildungsstelle aufsuchen oder sich einer Eignungsuntersuchung oder Eignungsprüfung unterziehen;
9. bei der Ausübung des Wahlrechtes zu einer gesetzlichen beruflichen Vertretung bzw. Betriebsvertretung;
10. in Ausübung der den mit der Sicherung des Schulweges betrauten Personen im Sinne des § 97a der Straßenverkehrsordnung 1960 obliegenden Pflichten;
11. bei Tätigkeiten im Rahmen der Schülermitverwaltung bzw. der Schulgemeinschaftsausschüsse im Sinne der §§ 58, 59, 64 und 65 des Schulunterrichtsgesetzes, BGBl. Nr. 472/1986, sowie im Rahmen der überschulischen Schülervertretung im Sinne des Schülervertretungengesetzes, BGBl. Nr. 284/1990;
12. bei Tätigkeiten in den Organen der Österreichischen Hochschülerschaft im Sinne des Hochschülerschaftsgesetzes 1998, BGBl. I Nr. 22/1999;
13. bei der Teilnahme an Lehrabschlußprüfungen, an Ausbilderprüfungen gemäß § 29a des Berufsausbildungsgesetzes, sowie Meisterprüfungen und sonstigen Befähigungs- und Konzessionsprüfungen, deren Ablegung eine Voraussetzung für die selbständige Erwerbstätigkeit ist, die die Mitgliedschaft nach § 1 Abs. 2 des Wirtschaftskammergesetzes 1998 begründet, oder bei der Teilnahme an Prüfungen im Bereich der Land- und Forstwirtschaft, die mit der Ausübung dieser Erwerbstätigkeit in Zusammenhang stehen, im Bereich der Land- und Forstwirtschaft, sofern die Teilnahme an

diesen Prüfungen nicht in den Anwendungsbereich der Z 5 oder 8 fällt.

(2) Wird durch eine im Abs. 1 angeführte Tätigkeit eine in der Anlage 1 zu diesem Bundesgesetz bezeichnete Krankheit verursacht, so ist sie unter den dort angeführten Voraussetzungen den Berufskrankheiten (§ 177) gleichzustellen.

(3) Den im Sinne des Abs. 1 Z 2, 3, 6 bis 8, 10 und 13 tätig werdenden Personen werden die Leistungen der Unfallversicherung aus einem bei dieser Tätigkeit eingetretenen Unfall auch gewährt, wenn sie nicht unfallversichert sind. Dies gilt auch bei Unfällen im Zusammenhang mit dem Besuch beruflicher Schulungs(Fortbildungs)kurse im Sinne des Abs. 1 Z 5 während einer Karenz nach dem MSchG oder nach dem Väter-Karenzgesetz, BGBl. Nr. 651/1989, soweit nicht Anspruch nach § 7 Abs. 3 B-KUVG besteht.

(4) Ein Unfall, der sich bei der Rettung eines Menschen aus tatsächlicher oder vermuteter Lebensgefahr oder dem Versuch einer solchen Rettung ereignet hat, gilt auch dann als den Arbeitsunfällen gleichgestellt, wenn sich der Unfall im Gebiet eines Nachbarstaates der Republik Österreich ereignet hat und die tätig werdende Person österreichischer Staatsbürger ist, die ihren Wohnsitz im Inland hat.

(5) § 175 Abs. 2 Z 1 und Abs. 6 sind entsprechend anzuwenden.

Berufskrankheiten

§ 177. (1) Als Berufskrankheiten gelten die in der Anlage 1 zu diesem Bundesgesetz bezeichneten Krankheiten unter den dort angeführten Voraussetzungen, wenn sie durch Ausübung der die Versicherung begründenden Beschäftigung in einem in Spalte 3 der Anlage bezeichneten Unternehmen verursacht sind. Hautkrankheiten gelten nur dann als Berufskrankheiten, wenn und solange sie zur Aufgabe schädigender Tätigkeiten zwingen. Dies gilt nicht, wenn die Hautkrankheit eine Erscheinungsform einer Allgemeinerkrankung ist, die durch Aufnahme einer oder mehrerer der in der Anlage 1 angeführten schädigenden Stoffe in den Körper verursacht wurde.

(2) Eine Krankheit, die ihrer Art nach nicht in Anlage 1 zu diesem Bundesgesetz enthalten ist, gilt im Einzelfall als Berufskrankheit, wenn der Träger der Unfallversicherung auf Grund gesicherter wissenschaftlicher Erkenntnisse feststellt, daß diese Krankheit ausschließlich oder überwiegend durch die Verwendung schädigender Stoffe oder Strahlen bei einer vom Versicherten ausgeübten Beschäftigung entstanden ist; diese Feststellung bedarf zu ihrer Wirksamkeit der Zustimmung des Bundesministers für Arbeit, Gesundheit und Soziales.

(3) In der Unfallversicherung der nach § 8 Abs. 1 Z 3 lit. h, i und l Teilversicherten stehen die Schul(Universitäts)ausbildung, der Besuch einer institutionellen Kinderbetreuungseinrichtung im letzten Jahr vor Schulpflicht (§ 175 Abs. 4) und die in § 175 Abs. 5 und § 176 Abs. 1 Z 11 und 12 angeführten Tätigkeiten einer Beschäftigung im Sinne der Abs. 1 und 2 gleich.

ABSCHNITT III

Bevorschussung von Pensionen aus der Pensionsversicherung und des Übergangsgeldes aus den Mitteln der Arbeitslosenversicherung

§ 331. Hinsichtlich der Bevorschussung der Pensionen aus der Pensionsversicherung bzw. des Übergangsgeldes aus der Pensions- oder Unfallversicherung aus den Mitteln der Arbeitslosenversicherung, der Rückerstattung solcher Leistungen an die regionale Geschäftsstelle des Arbeitsmarktservice und der Anrechnung auf die nachzuzahlenden Pensionsbeträge gelten die einschlägigen Vorschriften des Arbeitslosenversicherungsgesetzes 1977, in der jeweils geltenden Fassung.

ABSCHNITT IV

Schadenersatz und Haftung

Übergang von Schadenersatzansprüchen auf die Versicherungsträger

§ 332. (1) Können Personen, denen nach den Bestimmungen dieses Bundesgesetzes Leistungen zustehen oder für die als Angehörige gemäß § 123 Leistungen zu gewähren sind, den Ersatz des Schadens, der ihnen durch den Versicherungsfall erwachsen ist, auf Grund anderer gesetzlicher Vorschriften beanspruchen, geht der Anspruch auf den Versicherungsträger insoweit über, als dieser Leistungen zu erbringen hat. Der Anspruch umfaßt auch die Aufwendungen des Landesgesundheitsfonds, die nach § 148 Z 2 von der Krankenanstalt in Rechnung gestellt werden. Der Versicherungsträger hat dem Landesgesundheitsfonds jenen Teil der Regreßeinnahmen, der nicht durch Mittel der Sozialversicherung gemäß § 447f Abs. 1 gedeckt ist, abzüglich eines anteilsmäßigen Verwaltungskostenersatzes für die Geltendmachung, zu überweisen. Ansprüche auf Schmerzengeld gehen auf den Versicherungsträger nicht über.

(1a) Bei Leistung von Rehabilitationsgeld gilt der für die leistungsbeziehende Person sachlich zuständige Träger der Pensionsversicherung als leistungserbringender Versicherungsträger.

(2) Der Versicherungsträger kann Ersatzbeträge, die der Ersatzpflichtige dem Versicherten (Angehörigen) oder seinen Hinterbliebenen in Unkenntnis des Überganges des Anspruches gemäß Abs. 1 geleistet hat, auf die nach diesem Bundesgesetz zustehenden Leistungsansprüche ganz oder zum Teil anrechnen. Soweit hienach Ersatzbeträge angerechnet werden, erlischt der nach Abs. 1 auf den Versicherungsträger übergegangene Ersatzanspruch gegen den Ersatzpflichtigen.

(3) Ein Schadenersatzanspruch nach § 333 geht auf den Versicherungsträger nicht über.

(4) § 328 ist auf Ersatzansprüche für Krankenbehandlung (§§ 133 bis 137) oder für Unfallheilbehandlung (§§ 135 bis 137 in Verbindung mit § 189) entsprechend anzuwenden.

(5) Der Versicherungsträger kann einen im Sinne der Abs. 1 bis 4 auf ihn übergegangenen Schadenersatzanspruch gegen einen Dienstnehmer, der im Zeitpunkt des schädigenden Ereignisses in demselben Betrieb wie der Verletzte oder Getötete beschäftigt war, nur geltend machen, wenn

a) der Dienstnehmer den Versicherungsfall vorsätzlich oder grob fahrlässig verursacht hat oder
b) der Versicherungsfall durch ein Verkehrsmittel verursacht wurde, für dessen Betrieb auf Grund gesetzlicher Vorschrift eine erhöhte Haftpflicht besteht.

In den Fällen der lit. b kann der Versicherungsträger den Schadenersatzanspruch unbeschadet der Bestimmungen des § 336 über das Zusammentreffen von Schadenersatzansprüchen verschiedener Versicherungsträger und den Vorrang eines gerichtlich festgestellten Schmerzengeldanspruches nur bis zur Höhe der aus einer bestehenden Haftpflichtversicherung zur Verfügung stehenden Versicherungssumme geltend machen, es sei denn, daß der Versicherungsfall durch den Dienstnehmer vorsätzlich oder grob fahrlässig verursacht worden ist.

(6) Abs. 5 gilt entsprechend für Schadenersatzansprüche gegen einen Schüler im Sinne des § 8 Abs. 1 Z 3 lit. h, sofern dieser im Zeitpunkt des Eintrittes des schädigenden Ereignisses dieselbe Schule besucht hat wie der Verletzte oder Getötete.

Einschränkung der Schadenersatzpflicht des Dienstgebers gegenüber dem Dienstnehmer bei Arbeitsunfällen (Berufskrankheiten)

§ 333. (1) Der Dienstgeber ist dem Versicherten zum Ersatz des Schadens, der diesem durch eine Verletzung am Körper infolge eines Arbeitsunfalles oder durch eine Berufskrankheit entstanden ist, nur verpflichtet, wenn er den Arbeitsunfall (die Berufskrankheit) vorsätzlich verursacht hat. Diese Einschränkung gilt auch gegenüber den Hinterbliebenen des Versicherten, wenn dessen Tod auf die körperliche Verletzung infolge des Arbeitsunfalles oder auf die Berufskrankheit zurückzuführen ist.

(2) Hat der Dienstgeber den Arbeitsunfall (die Berufskrankheit) vorsätzlich verursacht, so vermindert sich der Schadenersatzanspruch des Versicherten oder seiner Hinterbliebenen um die Leistungen aus der gesetzlichen Unfallversicherung.

(3) Die Bestimmungen der Abs. 1 und 2 sind, unbeschadet der Bestimmungen des § 477, nicht anzuwenden, wenn der Arbeitsunfall durch ein Verkehrsmittel eingetreten ist, für dessen Betrieb auf Grund gesetzlicher Vorschrift eine erhöhte Haftpflicht besteht. Der Dienstgeber haftet nur bis zur Höhe der aus einer bestehenden Haftpflichtversicherung zur Verfügung stehenden Versicherungssumme, es sei denn, daß der Versicherungsfall durch den Dienstgeber vorsätzlich verursacht worden ist.

(4) Die Bestimmungen der Abs. 1 und 2 gelten auch für Ersatzansprüche Versicherter und ihrer Hinterbliebenen gegen gesetzliche oder bevollmächtigte Vertreter des Unternehmers und gegen Aufseher im Betrieb.

Beitragsrechtliche Erleichterungen für Dienstgeber/innen auf Grund der Coronavirus-Pandemie

§ 733. (1) Für die mit Betretungsverbot belegten Unternehmungen nach der Verordnung BGBl. II Nr. 96/2020 in der jeweils geltenden Fassung und für die nach § 20 des Epidemiegesetzes 1950, BGBl. Nr. 186/1950, in Verbindung mit der Verordnung BGBl. II Nr. 74/2020 von Betriebsbeschränkungen oder Schließungen betroffenen Unternehmen sind die Beiträge für die Beitragszeiträume Februar, März und April 2020 verzugszinsenfrei zu stunden.

(2) Für nicht von Abs. 1 erfasste Unternehmungen können die Beiträge für die Beitragszeiträume Februar, März und April 2020 auf Antrag verzugszinsenfrei gestundet werden, wenn glaubhaft gemacht wird, dass diese Beiträge wegen der Coronavirus-Pandemie aus Gründen der Unternehmensliquidität nicht entrichtet werden können.

(3) In den Kalendermonaten März, April und Mai 2020 sind

1. bereits fällige Beiträge abweichend von § 64 nicht einzutreiben;
2. keine Insolvenzanträge nach der Insolvenzordnung (§ 65) wegen der Nichtentrichtung bereits fälliger Beiträge zu stellen.

(4) In den Kalendermonaten März, April und Mai 2020 sind abweichend von § 114 Abs. 1 Z 2 bis 6 keine Säumniszuschläge vorzuschreiben.

(5) Für Unternehmungen nach Abs. 1 sind für die Beitragszeiträume Februar, März und April 2020 die von den Dienstgeber/inne/n zu entrichtenden Beiträge nach dem Betrieblichen Mitarbeiter- und Selbständigenvorsorgegesetz (BMSVG), BGBl. I Nr. 100/2002, oder nach den Landarbeitsordnungen, in Vorarlberg nach dem Land- und Forstarbeitsgesetz, verzugszinsenfrei zu stunden. Für nicht von Abs. 1 erfasste Unternehmungen können die von den Dienstgeber/inne/n zu entrichtenden Beiträge im Sinne des ersten Satzes verzugszinsenfrei gestundet werden, wenn glaubhaft gemacht wird, dass diese Beiträge wegen der Coronavirus-Pandemie aus Gründen der Unternehmensliquidität nicht entrichtet werden können.

(6) Die Abs. 1 bis 5 sind auch auf den von § 30a B-KUVG erfassten Personenkreis anzuwenden.

(7) Die nach den Abs. 1, 2 und 5 gestundeten verzugszinsenfreien Beiträge sind spätestens am 30. Juni 2021 einzuzahlen. Wird glaubhaft gemacht, dass diese Beiträge teilweise oder zur Gänze wegen der Coronavirus-Pandemie aus Gründen der Unternehmensliquidität zu diesem Zeitpunkt nicht entrichtet werden können, so können für die noch nicht entrichteten Beiträge dem Dienstgeber auf Antrag angemessene Ratenzahlungen bis längstens 30. September 2022 gewährt werden. Die Dreitagesfrist nach § 59 Abs. 1 findet Anwendung.

(8) Für Beiträge für die Beitragszeiträume Mai bis Dezember 2020 können dem Dienstgeber auf Antrag bis zu drei Monaten Stundungen und bis längstens Dezember 2021 Ratenzahlungen gewährt werden, wenn glaubhaft gemacht wird, dass diese Beiträge wegen der Coronavirus-Pandemie aus Gründen der Unternehmensliquidität nicht entrichtet werden können.

(8a) Die Beiträge, für die nach Abs. 8 Stundungen und Ratenzahlungen gewährt wurden, sind abweichend von diesen bereits getroffenen Vereinbarungen spätestens am 30. Juni 2021 einzuzahlen. Wird glaubhaft gemacht, dass diese Beiträge teilweise oder zur Gänze wegen der Coronavirus-Pandemie aus Gründen der Unternehmensliquidität zu diesem Zeitpunkt nicht entrichtet werden können, so können für die noch nicht entrichteten Beiträge dem Dienstgeber auf Antrag angemessene Ratenzahlungen bis längstens 30. September 2022 gewährt werden. Die Dreitagesfrist nach § 59 Abs. 1 findet Anwendung. Es steht dem Dienstgeber frei, bislang nach Abs. 8 gewährte Stundungen und Ratenvereinbarungen unverändert aufrecht zu belassen.

(8b) Für Beiträge für die Beitragszeiträume Jänner bis Mai 2021 können dem Dienstgeber auf Antrag Stundungen bis zum 30. Juni 2021 gewährt werden, wenn glaubhaft gemacht wird, dass diese Beiträge wegen der Coronavirus-Pandemie aus Gründen der Unternehmensliquidität nicht entrichtet werden können. Aus denselben Gründen können für die zu diesem Zeitpunkt noch nicht entrichteten Beiträge für die genannten Beitragszeiträume dem Dienstgeber auf Antrag angemessene Ratenzahlungen bis längstens 30. September 2022 gewährt werden. Die Dreitagesfrist nach § 59 Abs. 1 findet Anwendung.

(8c) Beiträge für die Beitragszeiträume November und Dezember 2021 sind dem Dienstgeber bis zum 31. Jänner 2022 zu stunden, wenn glaubhaft gemacht wird, dass diese Beiträge wegen der Coronavirus-Pandemie aus Gründen der Unternehmensliquidität nicht entrichtet werden können. Die Dreitagesfrist nach § 59 Abs. 1 findet Anwendung.

(8d) Wurden im Zeitraum vom 1. Juli 2021 bis zum 30. September 2022 bereits 40% der ursprünglichen Beitragsschuld beglichen, so können bis längstens 30. Juni 2024 unter folgenden Voraussetzungen Raten gewährt werden:

1. Gegenstand des Antrages auf Ratenzahlung sind Beiträge, für die bereits bis 30. September 2022 ein Ratenzahlungsmodell gewährt worden ist, die aber in diesem Ratenzahlungszeitraum nicht vollständig entrichtet werden konnten.
2. Im Ratenzahlungszeitraum bis 30. September 2022 ist kein Terminverlust eingetreten.
3. Der Antrag ist bis zum 30. September 2022 einzubringen.
4. Der Ratenzahlungszeitraum beträgt längstens 21 Monate.
5. Der Antragsteller hat glaubhaft zu machen, dass er den zum 30. September 2022 verbliebenen Beitragsrückstand zusätzlich zu den zu entrichtenden Beiträgen innerhalb des beantragten Ratenzahlungszeitraumes entrichten kann.

(9) Beiträge, für die der Dienstgeber auf Grund von Kurzarbeit, Freistellung nach § 735 oder Absonderung nach § 7 des Epidemiegesetzes 1950 einen Anspruch auf Beihilfe, Erstattung oder Vergütung durch den Bund oder das Arbeitsmarktservice hat, sind verzugszinsenfrei bis zum 15. des auf die Beihilfen-, Erstattungs- oder Vergütungsauszahlung zweitfolgenden Kalendermonates einzuzahlen. Die Dreitagesfrist nach § 59 Abs. 1 ist anzuwenden. Die Abs. 7 bis 8d gelten nicht für diese Beiträge.*(Anm. 1)*

(10) Die Abs. 7 bis 9 gelten auch für die nach dem BMSVG oder nach den Landarbeitsordnungen, in Vorarlberg nach dem Land- und Forstarbeitsgesetz, zu entrichtenden Beiträge.

(11) Die während der Stundungs- sowie der Teil- und Ratenzahlungszeiträume nach den Abs. 7 bis 8c geleisteten Zahlungen können weder nach der Insolvenzordnung, RGBl. Nr. 337/1914, noch nach der Anfechtungsordnung, RGBl. Nr. 337/1914, angefochten werden.

(12) Abweichend von § 13a Abs. 2 IESG schuldet der Insolvenz-Entgelt-Fonds für die Beitragszeiträume Februar 2020 bis Mai 2021 dem zur Beitragseinhebung zuständigen Krankenversicherungsträger Dienstnehmerbeitragsanteile für nach § 733 gestundete Beiträge oder offene Ratenzahlungen, soweit diese bis längstens vier Jahre vor der Eröffnung des Insolvenzverfahrens bzw. vor jenen Zeitpunkten, die dieser nach § 1 Abs. 1 IESG gleichgestellt sind, rückständig sind. Mit Eröffnung eines Insolvenzverfahrens oder Abweisung mangels kostendeckenden Vermögens sind durch Stundung oder Ratenzahlungen noch offene Beiträge sofort zu zahlen. Vom Insolvenz-Entgelt-Fonds können die offenen Beiträge in diesen Fällen auch im Rahmen einer Jahresabrechnung gezahlt werden.

(13) Für Meldeverstöße nach § 114 Abs. 1 Z 2 bis 6 im Zeitraum von 1. Juni bis zum 31. August 2020 sind keine Säumniszuschläge vorzuschreiben.

(14) Die Abs. 7 bis 13 sind auch auf den von § 30a B-KUVG erfassten Personenkreis anzuwenden.

(Anm.: Abs. 15 aufgehoben durch Art. 1 Z 11, BGBl. I Nr. 158/2020 (Anm. 2)*)*

(______________________

Anm. 1: Die Novelle BGBl. I Nr. 158/2020 wurde berücksichtigt.

Anm. 2: Art. 1 Z 7 des Sozialversicherungs-Änderungsgesetzes 2020, BGBl. I Nr. 28/2021 lautet: „Dem § 733 wird folgender Abs. 15 angefügt:...“. Die Änderung tritt rückwirkend mit 1.6.2020 in Kraft. Allerdings wurde Abs. 15 in der Fassung des Sozialversicherungs-Änderungsgesetzes 2020 bereits mit Ablauf des 31.5.2020 durch das 2. Sozialversicherungs-Änderungsgesetzes 2020, BGBl. I Nr. 158/2020 aufgehoben.)

Schlussbestimmungen zu Art. 45 des Bundesgesetzes BGBl. I Nr. 23/2020

§ 734. § 175 Abs. 1a und 1b in der Fassung des Bundesgesetzes BGBl. I Nr. 23/2020 tritt rückwirkend mit 11. März 2020 in Kraft und mit Ablauf des 31. März 2021 (Anm. 1) außer Kraft. Die Regelung ist auf jene Versicherungsfälle anzuwenden, die ab dem 11. März 2020 eingetreten sind.

(______________________

Anm. 1: Art. 1 Z 8 der Novelle BGBl. I Nr. 28/2021 lautet: „..., der Ausdruck „31. Dezember 2020“ wird durch den Ausdruck „31. März 2021“ ersetzt ...“. Die Anweisung konnte nicht durchgeführt werden.)

COVID-19-Risiko-Attest

§ 735. (1) Der Dachverband hat einen Dienstnehmer, eine geringfügig beschäftigte Person oder einen Lehrling (im Folgenden: betroffene Person) über seine Zuordnung zur COVID-19-Risikogruppe zu informieren. Die Definition dieser allgemeinen Risikogruppe, die insbesondere schwere Erkrankungen zu berücksichtigen hat und sich aus medizinischen Erkenntnissen und wenn möglich aus der Einnahme von Arzneimitteln herleitet, ist durch Verordnung des Bundesministers für Soziales, Gesundheit, Pflege und Konsumentenschutz im Einvernehmen mit der Bundesministerin für Arbeit, Familie und Jugend auf Grundlage der Empfehlung einer Expertengruppe, die das Bundesministerium für Soziales, Gesundheit, Pflege und Konsumentenschutz und das Bundesministerium für Arbeit, Familie und Jugend einrichten, festzulegen. Der Expertengruppe gehören jeweils drei Experten des Bundesministeriums für Soziales, Gesundheit, Pflege und Konsumentenschutz, des Dachverbandes und der Österreichischen Ärztekammer sowie ein Experte des Bundesministeriums für Arbeit, Familie und Jugend an. Die Verordnung kann rückwirkend mit dem Tag der Kundmachung dieses Bundesgesetzes in Kraft treten.

(2) Der die betroffene Person behandelnde Arzt hat auf der Grundlage der Definition der COVID-19-Risikogruppe nach Abs. 1 die individuelle Risikosituation der betroffenen Person zu beurteilen und ein Attest ohne Angabe von Diagnosen über die Zugehörigkeit oder Nichtzugehörigkeit zur Risikogruppe auszustellen (positives oder negatives COVID-19-Risiko-Attest). Die Ausstellung eines positiven COVID-19-Risiko-Attests über die Zugehörigkeit zur Risikogruppe ist nur zulässig, sofern

1. bei der betroffenen Person trotz drei Impfungen gemäß Impfschema für immunsupprimierte Personen mit einem zentral zugelassenen Impfstoff gegen COVID-19 medizinische Gründe vorliegen, die einen schweren Krankheitsverlauf von COVID-19 annehmen lassen oder
2. die betroffene Person aus medizinischen Gründen nicht gegen COVID-19 geimpft und mittels Antikörperpräparaten nicht ausreichend geschützt werden kann.

(2a) Der Krankenversicherungsträger hat jedem behandelnden Arzt für die erstmalige Ausstellung des COVID-19-Risiko-Attests nach Abs. 2 ein pauschales Honorar in Höhe von 50 Euro zu bezahlen. Für ein nach dem 30. Juni 2021 ausgestelltes Folgeattest hat dieser ein pauschales Honorar in Höhe von 20 Euro zu bezahlen. Zuzahlungen der betroffenen Person sind unzulässig. Hat die betroffene Person allerdings mehr als einen Arzt aufgesucht, so ist der Krankenversicherungsträger berechtigt, den 50 Euro bzw. den 20 Euro übersteigenden Betrag des ausbezahlten Honorars von der betroffenen Person zurückzufordern. Der Bund hat dem Krankenversicherungsträger die ausgewiesenen tatsächlichen Kosten für das Honorar aus dem COVID-19-Krisenbewältigungsfonds zu ersetzen. Eine Kostentragung des Bundes über den 30. Juni 2023 hinaus ist ausgeschlossen.

(3) Legt eine betroffene Person ihrem Dienstgeber dieses COVID-19-Risiko-Attest vor, so hat sie Anspruch auf Freistellung von der Arbeitsleistung und Fortzahlung des Entgelts, außer

1. die betroffene Person kann ihre Arbeitsleistung in der Wohnung erbringen (Homeoffice) oder
2. die Bedingungen für die Erbringung ihrer Arbeitsleistung in der Arbeitsstätte können durch geeignete Maßnahmen so gestaltet werden, dass eine Ansteckung mit COVID-19 mit größtmöglicher Sicherheit ausgeschlossen ist; dabei sind auch Maßnahmen für den Arbeitsweg mit einzubeziehen.

Die Freistellung kann bis längstens 31. Mai 2020 dauern. Dauert die COVID-19-Krisensituation über den 31. Mai 2020 hinaus an, so hat die Bundesministerin für Arbeit, Familie und Jugend im Einvernehmen mit dem Bundesminister für Soziales, Gesundheit, Pflege und Konsumentenschutz durch Verordnung den Zeitraum, in dem eine Freistellung möglich ist, zu verlängern, längstens jedoch bis zum 30. Juni 2021 *(Anm. 2)*. Eine Kündigung, die wegen der Inanspruchnahme der Dienstfreistellung ausgesprochen wird, kann bei Gericht angefochten werden. *(Anm. 1)*

(3a) Ab dem 1. Juli 2021 kann der Bundesminister für Arbeit im Einvernehmen mit dem Bundesminister für Soziales, Gesundheit, Pflege und Konsumentenschutz durch Verordnung Zeiträume bis längstens 14. Dezember 2021 festlegen, in denen eine Freistellung nach Abs. 3 möglich ist, wenn dies aufgrund der epidemiologischen Gesamtsituation erforderlich ist.

(3b) Ab dem 15. Dezember 2021 kann der Bundesminister für Arbeit im Einvernehmen mit dem Bundesminister für Soziales, Gesundheit, Pflege und Konsumentenschutz durch Verordnung Zeiträume bis längstens 30. Juni 2023 festlegen, in denen eine Freistellung nach Abs. 3 möglich ist, wenn dies aufgrund der epidemiologischen Gesamtsituation erforderlich ist. Ab diesem Zeitpunkt dürfen nur mehr Personen nach Abs. 2 Z 1 und 2 freigestellt werden.

(3c) Auf Verlangen des Dienstgebers hat die betroffene Person das durch den behandelnden Arzt ausgestellte COVID-19-Risiko-Attest durch ein amtsärztliches Zeugnis oder den chef- und kontrollärztlichen Dienst des Krankenversicherungsträgers bestätigen zu lassen. Wird diesem Verlangen nicht innerhalb von zwei Wochen nachgekommen, so endet der Anspruch auf Freistellung nach Abs. 3.

(3d) COVID-19-Risikoatteste, die vor dem 3. Dezember 2021 ausgestellt wurden, verlieren mit Ablauf des 14. Dezember 2021 ihre Gültigkeit. Wird eine Verordnung nach Abs. 3b erlassen, so besteht in den darin festgelegten Zeiträumen Anspruch auf Freistellung von der Arbeitsleistung und Fortzahlung des Entgelts nach Abs. 3, sofern die betroffene Person ihrem Dienstgeber ein nach dem 2. Dezember 2021 ausgestelltes COVID-19-Risikoattest vorlegt und die Maßnahmen nach Abs. 3 Z 1 und 2 nicht möglich sind.

(Anm.: Abs. 3e aufgehoben durch Art. 7 Z 5, BGBl. I Nr. 108/2022)

(4) Der Dienstgeber hat Anspruch auf Erstattung des an den Dienstnehmer, die geringfügig beschäftigte Person bzw. den Lehrling zu leistenden Entgelts, der für diesen Zeitraum abzuführenden Steuern und Abgaben sowie der zu entrichtenden Sozialversicherungsbeiträge, Arbeitslosenversicherungsbeiträge und sonstigen Beiträge durch den Krankenversicherungsträger, unabhängig davon, von welcher Stelle diese einzuheben bzw. an welche Stelle diese abzuführen sind. Von diesem Erstattungsanspruch sind politische Parteien und sonstige juristische Personen öffentlichen Rechts, ausgenommen jene, die wesentliche Teile ihrer Kosten über Leistungsentgelte finanzieren und am Wirtschaftsleben teilnehmen, ausgeschlossen. Der Antrag auf Ersatz ist spätestens sechs Wochen nach dem Ende der Freistellung unter Vorlage der entsprechenden Nachweise beim Krankenversicherungsträger einzubringen. Der Bund hat dem Krankenversicherungsträger die daraus resultierenden Aufwendungen aus dem COVID-19 Krisenbewältigungsfonds zu ersetzen.

(4a) Für Dienstnehmer, die den Landarbeitsordnungen der Bundesländer und in Vorarlberg dem Land- und Forstarbeitsgesetz unterliegen, die zum Zeitpunkt des Inkrafttretens dieses Bundesgesetzes in Kraft sind, bzw. die ab 1. Juli 2021 dem Landarbeitsgesetz 2021, BGBl. I Nr. 78/2021, unterliegen, ist Abs. 4 so anzuwenden, dass an die Stelle des Krankenversicherungsträgers das Land tritt.

(5) Die Abs. 2 bis 4 finden keine Anwendung auf Bedienstete der Länder, Gemeindeverbände und Gemeinden sowie auf Bedienstete, auf deren Dienstverhältnis § 29p VBG anzuwenden ist.

(6) Mit der Vollziehung dieser Bestimmung ist in Bezug auf Abs. 3 bis 3c der Bundesminister für Arbeit im Einvernehmen mit dem Bundesminister für Soziales, Gesundheit, Pflege und Konsumentenschutz, im Übrigen der Bundesminister für Soziales, Gesundheit, Pflege und Konsumentenschutz alleine betraut. Der Dachverband und der Krankenversicherungsträger sind im übertragenen Wirkungsbereich unter Bindung an die Weisungen dieser obersten Organe tätig. Soweit für Arbeitnehmer nach Art. 11 B-VG die Vollziehung dem Land zukommt, ist die Landesregierung betraut.

(

Anm. 1: Freistellung verlängert

gemäß BGBl. II Nr. 230/2020 bis zum Ablauf des 30.6.2020

gemäß BGBl. II Nr. 284/2020 bis zum Ablauf des 31.7.2020

gemäß BGBl. II Nr. 345/2020 bis zum Ablauf des 31.8.2020

gemäß BGBl. II Nr. 375/2020 bis zum Ablauf des 31.12.2020

gemäß BGBl. II Nr. 609/2020 bis zum Ablauf des 31.3.2021

gemäß BGBl. II Nr. 127/2021 bis zum Ablauf des 31.5.2021

gemäß BGBl. II Nr. 225/2021 bis zum Ablauf des 30.6.2021

gemäß BGBl. II Nr. 474/2021 bis zum Ablauf des 14.12.2021

gemäß BGBl. II Nr. 538/2021 bis zum Ablauf des 31.3.2022

gemäß BGBl. II Nr. 126/2022 bis zum Ablauf des 31.5.2022

gemäß BGBl. II Nr. 200/2022 bis zum Ablauf des 30.6.2022

gemäß BGBl. II Nr. 293/2022 bis zum Ablauf des 31.10.2022

gemäß BGBl. II Nr. 396/2022 bis zum Ablauf des 31.12.2022

gemäß BGBl. II Nr. 506/2022 bis zum Ablauf des 30.4.2023

Anm. 2: Art. 1 Z 9 der Novelle BGBl. I Nr. 28/2021 lautet: „In den §§ 735 Abs. 2a und 3 sowie 736 Abs. 2 und 5 bis 8 wird der Ausdruck „31. Dezember 2020" jeweils durch den Ausdruck „30. Juni 2021" ersetzt.". Die Anweisung konnte nicht durchgeführt werden.)

Schlussbestimmungen zu Art. 1 des Bundesgesetzes BGBl. I Nr. 31/2020

§ 736. (1) § 733 Abs. 5 letzter Satz in der Fassung des Bundesgesetzes BGBl. I Nr. 31/2020 tritt rückwirkend mit Ablauf des 22. März 2020 außer Kraft.

(2) Können Einsatztage im Sinne des § 49 Abs. 3 Z 28 aufgrund der COVID-19-Krise nicht stattfinden und werden pauschale Reiseaufwandsentschädigungen weiter gewährt, können diese bis längstens 30. Juni 2021*(Anm. 1)* gemäß § 49 Abs. 3 Z 28 nicht als Entgelt behandelt werden, sofern für diese Steuerfreiheit nach § 124b Z 352 EStG 1988 zusteht.

(3) Kann ein Antrag auf Leistungen aus dem Versicherungsfall der geminderten Arbeitsfähigkeit mangels Begutachtung auf Grund bestehender Einschränkungen im Zusammenhang mit der COVID-19-Pandemie seitens der Pensionsversicherungsträger bzw. ein entsprechendes Verfahren vor den Arbeits- und Sozialgerichten derzeit nicht entschieden werden, ist dem Leistungsbezieher/der Leistungsbezieherin die zuletzt bezogene, zeitlich befristete Leistung aus der Kranken- oder Pensionsversicherung weiter zu gewähren. Dasselbe gilt für die Weitergewährung von Rehabilitationsgeld. Der Weiterbezug der bisherigen Leistung kann für die Dauer der COVID-19-Pandemie bis längstens 31. Mai 2020 erfolgen. Dauert die COVID-19-Krisensituation über den 31. Mai 2020 hinaus an, so kann der Bundesminister für Soziales, Gesundheit, Pflege und Konsumentenschutz durch Verordnung den Zeitraum des Weiterbezuges bis längstens 31. Dezember 2020 verlängern.*(Anm. 2)*

(4) Die ausgewiesenen tatsächlichen Kosten für das Krankengeld nach Abs. 3, das nach der bis zur Kundmachung dieses Bundesgesetzes geltenden Rechtslage vom Krankenversicherungsträger nicht zu gewähren wäre, sind dem Krankenversicherungsträger vom Bund aus dem COVID-19 Krisenbewältigungsfonds zu ersetzen. Eine Kostentragung des Bundes über den 31. Dezember 2020 hinaus ist ausgeschlossen.

(5) Über die Bestimmung des § 122 hinaus sind Leistungen aus dem Versicherungsfall der Krankheit sowie Leistungen der chirurgischen und konservierenden Zahnbehandlung auch zu gewähren, wenn die Erkrankung bis längstens 31. Mai 2020 eintritt. Dauert die COVID-19-Krisensituation über den 31. Mai 2020 hinaus an, so kann der Bundesminister für Soziales, Gesundheit, Pflege und Konsumentenschutz durch Verordnung den Zeitraum bis längstens 30. Juni 2021*(Anm. 1)* verlängern.*(Anm.2)*

(6) Die auf Grund des Abs. 5 ausgewiesenen tatsächlichen Kosten sind dem Krankenversicherungsträger vom Bund aus dem COVID-19 Krisenbewältigungsfonds zu ersetzen. Eine Kostentragung des Bundes über den 30. Juni 2021*(Anm. 1)* hinaus ist ausgeschlossen.

(7) Abweichend von § 16 Abs. 6 Z 2 schadet rückwirkend ab dem 11. März 2020 die Nichtentrichtung von Beiträgen zur Selbstversicherung in der Krankenversicherung durch Personen nach § 16 Abs. 2 für die Dauer der COVID-19-Pandemie, längstens jedoch bis zum 30. September 2021, dem Bestand dieser Selbstversicherung nicht. Abweichend von § 76 Abs. 1 Z 2 lit. b bleibt für denselben Zeitraum eine Überschreitung der Anspruchsdauer auf Studienbeihilfe für die Studienrichtung um das Sommersemester 2021 außer Betracht.

(8) Abweichend von den §§ 123 Abs. 4 Z 1 und 252 Abs. 2 Z 1 besteht rückwirkend ab dem 11. März 2020 für die Dauer der COVID-19-Pandemie, längstens jedoch bis zum 30. September 2021, die Anspruchsberechtigung für Kinder und Enkel längstens bis zum 27. Lebensjahr und sechs Monaten.

(9) § 32 APG gilt auch für Zeiträume im Jahr 2022.

(10) Die Rahmenfrist von 240 Kalendermonaten nach § 607 Abs. 14 dieses Bundesgesetzes und nach § 4 Abs. 3 Z 1 APG verlängert sich um die Monate der Kurzarbeit wegen der COVID19Pandemie, wenn diese Monate keine Schwerarbeitsmonate sind.

(____________

Anm. 1: Art. 1 Z 9 der Novelle BGBl. I Nr. 28/2021 lautet: „In den §§ 735 Abs. 2a und 3 sowie 736 Abs. 2 und 5 bis 8 wird der Ausdruck „31. Dezember 2020" jeweils durch den Ausdruck „30. Juni 2021" ersetzt.". Die Anweisung konnte nicht durchgeführt werden.

Anm. 2: gemäß BGBl. II Nr. 244/2020 Zeitraum bis 30.6.2020 verlängert)

Schlussbestimmungen zu Art. 3 des Bundesgesetzes BGBl. I Nr. 54/2020

§ 737. (1) § 41a Abs. 1 und 2 in der Fassung des Bundesgesetzes BGBl. I Nr. 104/2019 tritt nicht in Kraft.

(2) Die §§ 41a und 49 Abs. 3 Z 12 in der Fassung des Bundesgesetzes BGBl. I Nr. 54/2020 treten mit 1. Juli 2020 in Kraft.

(3) § 735 Abs. 2a in der Fassung der Z 1c in der Fassung des Bundesgesetzes BGBl. I Nr. 54/2020 tritt rückwirkend mit 6. Mai 2020 in Kraft und mit Ablauf des 31. Mai 2020 außer Kraft. § 735 Abs. 2a in der Fassung der Z 1c ist auf Beurteilungen der individuellen Risikosituation bzw. COVID-19-Risiko-Atteste anzuwenden, die ab 6. Mai 2020 bis längstens 31. Mai 2020 durchgeführt bzw. ausgestellt werden.

(4) § 735 Abs. 4 erster Satz in der Fassung des Bundesgesetzes BGBl. I Nr. 54/2020 tritt rückwirkend mit 6. Mai 2020 in Kraft.

(5) § 735 Abs. 2 erster Satz in der Fassung des Bundesgesetzes BGBl. I Nr. 54/2020 tritt mit 1. Juni 2020 in Kraft.

(6) § 735 Abs. 2a in der Fassung der Z 1d in der Fassung des Bundesgesetzes BGBl. I Nr. 54/2020 tritt mit 1. Juni 2020 in Kraft und ist auf COVID-19-Risiko-Atteste anzuwenden, die ab diesem Zeitpunkt ausgestellt werden.

15. Arbeitskräfteüberlassungsgesetz

Bundesgesetz vom 23. März 1988, mit dem die Überlassung von Arbeitskräften geregelt wird

StF: BGBl. Nr. 196/1988

Letzte Novellierung: BGBl. I Nr. 111/2022

GLIEDERUNG

STICHWORTVERZEICHNIS

Abschnitt I
Allgemeine Bestimmungen
Geltungsbereich

§ 1. (1) Dieses Bundesgesetz gilt für die Beschäftigung von Arbeitskräften, die zur Arbeitsleistung an Dritte überlassen werden.

(2) Ausgenommen vom Geltungsbereich der Abschnitte II bis V dieses Bundesgesetzes ist

1. die Überlassung von Arbeitskräften durch den Bund, ein Land, eine Gemeinde oder einen Gemeindeverband und
2. die Überlassung von Arbeitern, die dem Landarbeitsgesetz 2021 (LAG 2021), BGBl. I Nr. 78/2021, unterliegen.

(2a) Auf die Überlassung von Angestellten, die dem Landarbeitsgesetz 2021 unterliegen, sind nicht anzuwenden:

1. § 6,
2. § 10 Abs. 3 hinsichtlich der Arbeitszeit.

(3) Ausgenommen vom Geltungsbereich der §§ 10 bis 16a dieses Bundesgesetzes ist die Über-

lassung von Arbeitskräften zwischen inländischen Unternehmen, wenn eine der folgenden Voraussetzungen vorliegt:

1. die vorübergehende Überlassung von Arbeitskräften an Beschäftiger, welche die gleiche Erwerbstätigkeit wie der Überlasser ausüben, unter der Voraussetzung, dass der Charakter des Betriebes des Überlassers gewahrt bleibt, bis zur Höchstdauer von sechs Monaten im Kalenderjahr, wobei auch die Zeiten nacheinander folgender Überlassungen verschiedener Arbeitskräfte zusammenzuzählen sind (§ 135 Abs. 2 Z 1 der Gewerbeordnung 1994, BGBl. Nr. 194);
2. die Überlassung von Arbeitskräften durch Erzeuger, Verkäufer oder Vermieter von technischen Anlagen oder Maschinen, wenn
   a) zur Inbetriebnahme, Wartung oder Reparatur von technischen Anlagen oder Maschinen oder
   b) zur Einschulung von Arbeitnehmern des Beschäftigers

   die überlassenen Arbeitskräfte als Fachkräfte erforderlich sind und der Wert der Sachleistung überwiegt (§ 135 Abs. 2 Z 2 der Gewerbeordnung 1994);
3. die Überlassung von Arbeitskräften innerhalb einer Arbeitsgemeinschaft oder bei der betrieblichen Zusammenarbeit
   a) zur Erfüllung gemeinsam übernommener Aufträge oder
   b) zum Zwecke des Erfahrungsaustausches, der Forschung und Entwicklung, der Ausbildung, der Betriebsberatung oder der Überwachung oder
   c) in Form einer Kanzlei- oder Praxisgemeinschaft (§ 135 Abs. 2 Z 3 der Gewerbeordnung 1994);
4. die vorübergehende Überlassung von Arbeitskräften zwischen Konzernunternehmen innerhalb eines Konzerns im Sinne des § 15 des Aktiengesetzes 1965, BGBl. Nr. 98, und des § 115 des Gesetzes über Gesellschaften mit beschränkter Haftung, RGBl. Nr. 58/1906, sofern der Sitz und der Betriebsstandort beider Konzernunternehmen innerhalb des Bundesgebietes liegt und die Überlassung nicht zum Betriebszweck des überlassenden Unternehmens gehört.

(4) Ausgenommen vom Geltungsbereich der §§ 10 bis 16a dieses Bundesgesetzes ist weiters

1. die Überlassung von Arbeitskräften im Rahmen eines öffentlichen oder von öffentlichen Stellen geförderten spezifischen beruflichen Ausbildungs-, Eingliederungs- und Umschulungsprogramms und
2. die Überlassung von Arbeitskräften im Rahmen der Entwicklungshilfe nach dem Entwicklungshelfergesetz, BGBl. I Nr. 574/1983.

(4a) Abschnitt V dieses Bundesgesetzes gilt nur für die Überlassung von Arbeitskräften im Sinne des § 94 Z 72 der Gewerbeordnung 1994 sowie entsprechende Überlassungen aus dem Ausland.

(5) Dieses Bundesgesetz gilt unbeschadet des auf das Arbeitsverhältnis sonst anzuwendenden Rechts auch für aus der Europäischen Union (EU), dem Europäischen Wirtschaftsraum (EWR) oder aus Drittstaaten überlassene Arbeitskräfte. Die Überlassung von Arbeitskräften aus der Schweiz ist wie die Überlassung aus dem EWR zu behandeln.

Zweck

§ 2. (1) Das Arbeitskräfteüberlassungsgesetz bezweckt

1. den Schutz der überlassenen Arbeitskräfte, insbesondere in arbeitsvertraglichen, arbeitnehmerschutz- und sozialversicherungsrechtlichen Angelegenheiten, und
2. die Regelung der Arbeitskräfteüberlassung zur Vermeidung arbeitsmarktpolitisch nachteiliger Entwicklungen.

(2) Für jede Überlassung von Arbeitskräften gilt, daß keine Arbeitskraft ohne ihre ausdrückliche Zustimmung überlassen werden darf.

(3) Durch den Einsatz überlassener Arbeitskräfte darf für die Arbeitnehmer im Beschäftigerbetrieb keine Beeinträchtigung der Lohn- und Arbeitsbedingungen und keine Gefährdung der Arbeitsplätze bewirkt werden.

Begriffsbestimmungen

§ 3. (1) Überlassung von Arbeitskräften ist die Zurverfügungstellung von Arbeitskräften zur Arbeitsleistung an Dritte.

(2) Überlasser ist, wer Arbeitskräfte zur Arbeitsleistung an Dritte vertraglich verpflichtet.

(3) Beschäftiger ist, wer Arbeitskräfte eines Überlassers zur Arbeitsleistung für betriebseigene Aufgaben einsetzt.

(4) Arbeitskräfte sind Arbeitnehmer und arbeitnehmerähnliche Personen. Arbeitnehmerähnlich sind Personen, die, ohne in einem Arbeitsverhältnis zu stehen, im Auftrag und für Rechnung bestimmter Personen Arbeit leisten und wirtschaftlich unselbständig sind.

Beurteilungsmaßstab

§ 4. (1) Für die Beurteilung, ob eine Überlassung von Arbeitskräften vorliegt, ist der wahre wirtschaftliche Gehalt und nicht die äußere Erscheinungsform des Sachverhaltes maßgebend.

(2) Arbeitskräfteüberlassung liegt insbesondere auch vor, wenn die Arbeitskräfte ihre Arbeitsleistung im Betrieb des Werkbestellers in Erfüllung von Werkverträgen erbringen, aber

1. kein von den Produkten, Dienstleistungen und Zwischenergebnissen des Werkbestellers abweichendes, unterscheidbares und dem Werkunternehmer zurechenbares Werk herstellen oder an dessen Herstellung mitwirken oder
2. die Arbeit nicht vorwiegend mit Material und Werkzeug des Werkunternehmers leisten oder
3. organisatorisch in den Betrieb des Werkbestellers eingegliedert sind und dessen Dienst- und Fachaufsicht unterstehen oder
4. der Werkunternehmer nicht für den Erfolg der Werkleistung haftet.

Abschnitt II
Allgemeine Grundsätze
Arbeitgeberpflichten

§ 5. (1) Die Pflichten des Arbeitgebers, insbesondere im Sinne der sozialversicherungsrechtlichen Vorschriften, werden durch die Überlassung nicht berührt. Der Beschäftiger hat den Überlasser über die Leistung von Nachtschwerarbeit im Sinne des Art. VII des Nachtschwerarbeitsgesetzes (NSchG), BGBl. Nr. 354/1981 und von Schwerarbeit im Sinne der §§ 1 bis 3 der Schwerarbeitsverordnung, BGBl. II Nr. 104/2006, zu informieren, damit dieser die Meldeverpflichtungen betreffend Nachtschwerarbeit gemäß Artikel VIII NSchG sowie von Schwerarbeitszeiten gemäß § 5 der Schwerarbeitsverordnung erfüllen kann. Der Überlasser hat die überlassene Arbeitskraft von erstatteten Meldungen schriftlich in Kenntnis zu setzen.

(2) Als Beschäftigungsort (§ 30 des Allgemeinen Sozialversicherungsgesetzes, BGBl. Nr. 189/1955) gilt

1. bei einem inländischen Überlasser der Standort des Betriebes des Überlassers und
2. bei einem ausländischen Überlasser der Standort des Betriebes des Beschäftigers.

Arbeitnehmerschutz

§ 6. (1) Für die Dauer der Beschäftigung im Betrieb des Beschäftigers gilt der Beschäftiger als Arbeitgeber im Sinne der Arbeitnehmerschutzvorschriften.

(2) Der Überlasser hat den Beschäftiger auf alle für die Einhaltung des persönlichen Arbeitsschutzes, insbesondere des Arbeitszeitschutzes und des besonderen Personenschutzes maßgeblichen Umstände hinzuweisen.

(3) Für die Dauer der Beschäftigung im Betrieb des Beschäftigers obliegen die Fürsorgepflichten des Arbeitgebers auch dem Beschäftiger.

(4) Der Überlasser ist verpflichtet, die Überlassung unverzüglich zu beenden, sobald er weiß oder wissen muß, daß der Beschäftiger trotz Aufforderung die Arbeitnehmerschutz- oder die Fürsorgepflichten nicht einhält.

Gleichbehandlung und Diskriminierungsverbote

§ 6a. (1) Hinsichtlich der Beschäftigung im Betrieb des Beschäftigers gilt auch der Beschäftiger als Arbeitgeber der überlassenen Arbeitskräfte im Sinne der Gleichbehandlungsvorschriften und Diskriminierungsverbote, die für vergleichbare Arbeitnehmer des Beschäftigers gelten.

(2) Abs. 1 gilt insbesondere für die Auswahl der überlassenen Arbeitskräfte und die sonstigen Arbeitsbedingungen, zu denen auch die Beendigung einer Überlassung zählt.

(3) Der Überlasser ist verpflichtet, für angemessene Abhilfe zu sorgen, sobald er weiß oder wissen muss, dass der Beschäftiger während der Dauer der Beschäftigung die Gleichbehandlungsvorschriften oder Diskriminierungsverbote nicht einhält.

(4) Führt eine Diskriminierung zu einer Beendigung der Überlassung, so kann eine in diesem Zusammenhang erfolgte Beendigung oder Nichtverlängerung des Arbeitsverhältnisses im Sinne der §§ 12 Abs. 7 und 26 Abs. 7 des Gleichbehandlungsgesetzes (GlBG), BGBl. I Nr. 66/2004, und gleichartiger gesetzlicher Bestimmungen angefochten und Schadenersatz gefordert werden, als wäre die Beendigung oder Nichtverlängerung des Arbeitsverhältnisses auf Grund der Diskriminierung erfolgt.

(5) Der Überlasser hat gegen den Beschäftiger Anspruch auf Ersatz aller aus den Abs. 3 und 4 resultierenden Aufwendungen.

Haftungsbeschränkung

§ 7. (1) Das Dienstnehmerhaftpflichtgesetz, BGBl. Nr. 80/1965, und das Organhaftpflichtgesetz, BGBl. Nr. 181/1967, gelten sowohl zwischen dem Überlasser und der überlassenen Arbeitskraft als auch zwischen dem Beschäftiger und der überlassenen Arbeitskraft.

(2) § 332 Abs. 5 und § 333 des Allgemeinen Sozialversicherungsgesetzes (ASVG) gelten auch für die überlassenen Arbeitskräfte.

Vereinbarungen zum Nachteil der Arbeitskraft

§ 8. (1) Ansprüche, die der überlassenen Arbeitskraft nach dem Arbeitskräfteüberlassungsgesetz oder nach anderen zwingenden Rechtsvorschriften zustehen, können vertraglich nicht ausgeschlossen werden.

(2) Vereinbarungen zwischen dem Überlasser und dem Beschäftiger, die der Umgehung gesetzli-

cher Bestimmungen zum Schutz der Arbeitskraft dienen, sind verboten.

Streik und Aussperrung

§ 9. Die Überlassung von Arbeitskräften in Betriebe, die von Streik oder Aussperrung betroffen sind, ist verboten.

Abschnitt III
Besondere Bestimmungen

Ansprüche der Arbeitskraft

§ 10. (1) Die Arbeitskraft hat Anspruch auf ein angemessenes, ortsübliches Entgelt, das mindestens einmal monatlich auszuzahlen und schriftlich abzurechnen ist. Normen der kollektiven Rechtsgestaltung, denen der Überlasser unterworfen ist, bleiben unberührt. Bei der Beurteilung der Angemessenheit ist für die Dauer der Überlassung auf das im Beschäftigerbetrieb vergleichbaren Arbeitnehmern für vergleichbare Tätigkeiten zu zahlende kollektivvertragliche oder gesetzlich festgelegte Entgelt Bedacht zu nehmen. Darüber hinaus ist auf die im Beschäftigerbetrieb für vergleichbare Arbeitnehmer mit vergleichbaren Tätigkeiten geltenden sonstigen verbindlichen Bestimmungen allgemeiner Art Bedacht zu nehmen, es sei denn, es gelten ein Kollektivvertrag, dem der Überlasser unterworfen ist, sowie eine kollektivvertragliche, durch Verordnung festgelegte oder gesetzliche Regelung des Entgelts im Beschäftigerbetrieb.

(1a) Werden Arbeitnehmer für mehr als vier Jahre an einen Beschäftiger, der seinen Arbeitnehmern eine Leistungszusage im Sinne des § 2 Z 1 des Betriebspensionsgesetzes (BPG), BGBl. Nr. 282/1990, erteilt hat, überlassen, so gilt der Beschäftiger nach Ablauf des vierten Jahres ab diesem Zeitpunkt für die weitere Dauer der Überlassung als Arbeitgeber der überlassenen Arbeitnehmer im Sinne des BPG, sofern nicht eine gleichwertige Vereinbarung des Überlassers für die überlassenen Arbeitnehmer besteht. Der Beschäftiger hat jedenfalls nach Ablauf des vierten Jahres für die überlassenen Arbeitnehmer nach Maßgabe der für seine Arbeitnehmer geltenden Leistungszusage – ungeachtet einer allfällig vereinbarten Wartezeit – für die weitere Dauer der Überlassung Beiträge in eine Pensionskasse oder Prämien in eine betriebliche Kollektivversicherung zu leisten. Bei Beendigung der Überlassung kann der überlassene Arbeitnehmer über den zu diesem Zeitpunkt gebührenden fiktiven Unverfallbarkeitsbetrag nach Maßgabe der §§ 5 oder 6c BPG verfügen, sofern ein hinsichtlich der Dauer der Beschäftigung vergleichbarer Arbeitnehmer des Beschäftigers nach Maßgabe der für ihn geltenden Leistungszusage zu diesem Zeitpunkt über einen Unverfallbarkeitsbetrag verfügen könnte. Der fiktive Unverfallbarkeitsbetrag berechnet sich nach denselben Rechenregeln, die der Berechnung des Unverfallbarkeitsbetrages nach den Vorschriften des BPG bei Beendigung des Arbeitsverhältnisses zu Grunde zu legen sind.

(2) Ist die Arbeitskraft nachweislich zur Leistung bereit und kann sie nicht oder nur unter dem vereinbarten Ausmaß beschäftigt werden, gebührt das Entgelt auf Basis der vereinbarten Arbeitszeit. War das tatsächliche Beschäftigungsausmaß der Arbeitskraft während der letzten 13 Wochen überwiegend höher als die vereinbarte Arbeitszeit, so gebührt durch 14 Tage Entgelt nach dem Durchschnitt der letzten 13 Wochen. Dies gilt nicht, wenn für die Dauer eines von vornherein mit einem bestimmten Kalendertag befristeten Beschäftigungsverhältnisses mit dem Arbeitnehmer eine längere als die ursprünglich vorgesehene Arbeitszeit vereinbart wird.

(3) Während der Überlassung gelten für die überlassene Arbeitskraft die im Beschäftigerbetrieb für vergleichbare Arbeitnehmer gültigen gesetzlichen, kollektivvertraglichen sowie sonstigen im Beschäftigerbetrieb geltenden verbindlichen Bestimmungen allgemeiner Art, die sich auf Aspekte der Arbeitszeit und des Urlaubs beziehen.

AÜG

(4) Die Vergleichbarkeit ist nach der Art der Tätigkeit und der Dauer der Beschäftigung im Betrieb des Beschäftigers sowie der Qualifikation der Arbeitskraft für diese Tätigkeit zu beurteilen.

(5) Bei Kündigung des Vertrages zwischen Arbeitskraft und Überlasser ist eine Kündigungsfrist von 14 Tagen einzuhalten, sofern nicht durch Gesetz, Normen der kollektiven Rechtsgestaltung oder Arbeitsvertrag eine längere Frist festgesetzt ist. Durch Kollektivvertrag können von § 1159 des Allgemeinen bürgerlichen Gesetzbuches (ABGB), JGS Nr. 946/1811, abweichende Regelungen festgelegt werden.

(6) Der Beschäftiger hat der überlassenen Arbeitskraft Zugang zu den Wohlfahrtseinrichtungen und -maßnahmen in seinem Betrieb unter den gleichen Bedingungen wie seinen eigenen Arbeitskräften zu gewähren, es sei denn, eine unterschiedliche Behandlung ist aus sachlichen Gründen gerechtfertigt. Zu den Wohlfahrtseinrichtungen und -maßnahmen zählen insbesondere Kinderbetreuungseinrichtungen, Gemeinschaftsverpflegung und Beförderungsmittel.

Vertragliche Vereinbarungen

§ 11. (1) Der Überlasser darf eine Arbeitskraft an einen Dritten nur nach Abschluss einer ausdrücklichen Vereinbarung überlassen, die unabhängig von der einzelnen Überlassung insbesondere folgende Bedingungen zwingend festzulegen hat:

1. Namen und Anschrift des Überlassers;
2. Namen und Anschrift der Arbeitskraft;
3. Beginn des Vertragsverhältnisses;
4. bei Vertragsverhältnissen auf bestimmte Zeit das Ende des Vertragsverhältnisses und die Gründe für die Befristung;

5. Dauer der Kündigungsfrist, Kündigungstermin;
6. Bundesländer oder Staaten, in denen die überlassene Arbeitskraft beschäftigt werden soll;
7. allfällige Einstufung in ein generelles Schema;
8. vorgesehene Verwendung, voraussichtliche Art der Arbeitsleistung;
9. Anfangsbezug (Grundgehalt oder -lohn, weitere Entgeltbestandteile wie zB Sonderzahlungen), Fälligkeit des Entgelts;
10. Ausmaß des jährlichen Erholungsurlaubes;
11. vereinbarte tägliche oder wöchentliche Normalarbeitszeit;
12. Bezeichnung der auf das Vertragsverhältnis allenfalls anzuwendenden Normen der kollektiven Rechtsgestaltung (Kollektivvertrag, Betriebsvereinbarung) und Hinweis auf den Raum im Betrieb, in dem diese zur Einsichtnahme aufliegen;
13. Namen und Anschrift der Betrieblichen Vorsorgekasse (BV-Kasse) des Arbeitnehmers oder für Arbeitnehmer, die dem BUAG unterliegen, Anschrift der Bauarbeiter-Urlaubs- und Abfertigungskasse.

(2) Verboten sind insbesondere Vereinbarungen und Bedingungen, welche
1. den Anspruch auf Entgelt auf die Dauer der Beschäftigung im Betrieb des Beschäftigers einschränken;
2. die Arbeitszeit wesentlich unter dem Durchschnitt des zu erwartenden Beschäftigungsausmaßes festsetzen oder ein geringeres Ausmaß der Arbeitszeit für überlassungsfreie Zeiten festlegen;
3. bei vereinbarter Teilzeitbeschäftigung dem Arbeitgeber das Recht zur Anordnung von regelmäßiger Mehrarbeit einräumen;
4. das Vertragsverhältnis ohne sachliche Rechtfertigung befristen;
5. die Verfalls- oder Verjährungsvorschriften verkürzen;
6. die überlassene Arbeitskraft für die Zeit nach dem Ende des Vertragsverhältnisses zum Überlasser, insbesondere durch Konventionalstrafen, Reugelder oder Einstellungsverbote, in ihrer Erwerbstätigkeit beschränken;
7. die überlassene Arbeitskraft zur Zahlung eines Entgelts im Gegenzug zur Überlassung oder in dem Fall, dass eine überlassene Arbeitskraft nach Beendigung der Überlassung mit dem ehemaligen Beschäftiger ein Arbeitsverhältnis eingeht, verpflichten;
8. entgegen § 10 Abs. 6 den Zugang der überlassenen Arbeitskraft zu den Wohlfahrtseinrichtungen oder -maßnahmen des Beschäftigerbetriebes beschränken.

(3) Vereinbarungen, die sonstige Konventionalstrafen oder Reugelder vorsehen, sind nur insoweit zulässig, als sie nicht nach Gegenstand, Zeit oder Ort und im Verhältnis zu dem geschäftlichen Interesse, das der Überlasser an der Einhaltung der jeweiligen vertraglichen Verpflichtungen hat, eine unbillige finanzielle Belastung der überlassenen Arbeitskraft bewirken.

(4) Über die Vereinbarung ist der Arbeitskraft unverzüglich nach Beginn des Vertragsverhältnisses ein Dienstzettel auszustellen, der die in Abs. 1 genannten Angaben enthalten muss.

(5) Verweigert der Überlasser die Ausstellung des Dienstzettels, ist die Arbeitskraft nicht verpflichtet, der Überlassung Folge zu leisten. Ein Dienstzettel ist dann nicht auszustellen, wenn eine schriftliche Vereinbarung ausgehändigt wurde, die alle genannten Angaben enthält. Jede Änderung der Angaben ist der Arbeitskraft unverzüglich, spätestens jedoch einen Monat nach ihrem Wirksamkeitsbeginn, schriftlich mitzuteilen, soweit nicht § 12 anzuwenden ist. Der Dienstzettel ist von Stempel- und Rechtsgebühren des Bundes befreit.

(6) Hat die Arbeitskraft die Tätigkeit im Ausland zu verrichten, so hat der vor der Aufnahme der Auslandstätigkeit auszuhändigende Dienstzettel oder die schriftliche Vereinbarung zusätzlich folgende Angaben zu enthalten:
1. den Ort und die voraussichtliche Dauer der Auslandstätigkeit,
2. die Währung, in der das Entgelt auszuzahlen ist, sofern es nicht in Euro auszuzahlen ist,
3. eine allfällige zusätzliche Vergütung für die Auslandstätigkeit,
4. allfällige Bedingungen für die Rückführung nach Österreich.

Mitteilungspflichten

§ 12. (1) Der Überlasser ist verpflichtet, der Arbeitskraft vor jeder Beschäftigung in einem anderen Betrieb die für die Überlassung wesentlichen Umstände mitzuteilen und ehestmöglich schriftlich zu bestätigen, insbesondere
1. den Beschäftiger,
2. den für vergleichbare Arbeitnehmer für vergleichbare Tätigkeiten im Beschäftigerbetrieb anzuwendenden Kollektivvertrag und die Einstufung in denselben,
3. die Normalarbeitszeit und deren voraussichtliche Lage im Betrieb des Beschäftigers,
4. das für die Dauer der Überlassung gebührende Entgelt und Aufwandsentschädigungen, wobei Grundgehalt oder -lohn, Zulagen, Zuschläge und Sonderzahlungen jeweils getrennt auszuweisen sind,
5. die Art der zu verrichtenden Arbeit,
6. die voraussichtliche Dauer der Überlassung,
7. den genauen Zeitpunkt des Arbeitsantritts,
8. den genauen Ort der Arbeitsaufnahme,
9. gegebenenfalls die Tatsache, dass auch Arbeiten außerhalb der Betriebsstätte zu verrichten sind.

Für die Informationspflichten im Zusammenhang mit Sicherheit und Gesundheitsschutz bei der Arbeit gilt § 9 Abs. 4 des ArbeitnehmerInnenschutzgesetzes (ASchG), BGBl. Nr. 450/1994.

(2) Bei Endigung der Gewerbeberechtigung hat der Überlasser unverzüglich jede überlassene Arbeitskraft und jeden Beschäftiger nachweislich schriftlich zu informieren.

(3) Der Beschäftiger von grenzüberschreitend überlassenen Arbeitskräften ist verpflichtet, in Wahrnehmung der ihm obliegenden Fürsorgepflichten die überlassenen Arbeitskräfte jeweils über die maßgeblichen, insbesondere die im Abs. 1 Z 1 bis 9 angeführten, Umstände der Beschäftigung nachweislich zu informieren.

(4) Der Beschäftiger hat die überlassene Arbeitskraft über offene Stellen in seinem Betrieb, die besetzt werden sollen, zu informieren. Die Information hat durch allgemeine Bekanntgabe an geeigneter, der überlassenen Arbeitskraft zugänglicher, Stelle im Beschäftigerbetrieb zu erfolgen.

(5) Der Überlasser und der Beschäftiger sind verpflichtet, in geeigneter Weise den Zugang von überlassenen Arbeitskräften zu Aus- und Weiterbildungsmaßnahmen in ihren Betrieben zu fördern, um deren berufliche Entwicklung und Chancen auf dem Arbeitsmarkt zu unterstützen.

(6) Der Überlasser ist verpflichtet, der überlassenen Arbeitskraft das Ende der Überlassung an den Beschäftiger mindestens vierzehn Tage vor deren Ende mitzuteilen, wenn die Überlassung an den Beschäftiger zumindest drei Monate dauert und das Ende der Überlassung nicht auf objektiv unvorhersehbare Ereignisse zurückzuführen ist.

Informationspflichten des Beschäftigers

§ 12a. (1) Der Beschäftiger ist verpflichtet, den Überlasser über die für die Überlassung wesentlichen Umstände vor deren Beginn in Kenntnis zu setzen, insbesondere über die benötigte Qualifikation der überlassenen Arbeitskraft und die damit verbundene kollektivvertragliche Einstufung in den im Beschäftigerbetrieb für vergleichbare Arbeitnehmer für vergleichbare Tätigkeiten anzuwendenden Kollektivvertrag sowie über die im Beschäftigerbetrieb geltenden wesentlichen Arbeits- und Beschäftigungsbedingungen, welche in verbindlichen Bestimmungen allgemeiner Art festgelegt sind und sich auf Aspekte der Arbeitszeit und des Urlaubs beziehen. Gleiches gilt im Fall des § 10 Abs. 1 letzter Satz auch für verbindliche Bestimmungen allgemeiner Art das Entgelt betreffend.

(2) Der Beschäftiger von grenzüberschreitend nach Österreich überlassenen Arbeitskräften hat deren Arbeitgeber über die für diese geltenden gesetzlichen arbeitsrechtlichen Regelungen und die für deren Entlohnung geltenden kollektivvertraglichen Bestimmungen zu informieren.

(3) Der Beschäftiger hat die Entsendung oder Überlassung einer überlassenen Arbeitskraft in einen anderen Mitgliedstaat der Europäischen Union, einen anderen Vertragsstaat des Abkommens über den Europäischen Wirtschaftsraum oder die Schweiz davor dem Überlasser mitzuteilen.

Aufzeichnungen

§ 13. (1) Der Überlasser hat ab Aufnahme der Überlassungstätigkeit laufend Aufzeichnungen über die Überlassung von Arbeitskräften zu führen.

(2) Die Aufzeichnungen haben zu enthalten:

1. Vor- und Familiennamen, Sozialversicherungsnummer, Geburtsdatum, Geschlecht und Staatsangehörigkeit sowie Art der Verwendung (Arbeiter oder Angestellte) der überlassenen Arbeitskräfte,
2. Namen und Anschrift der Beschäftiger sowie deren Umsatzsteueridentifikationsnummer und deren gesetzliche Interessenvertretung, bei Zugehörigkeit zu einer Wirtschaftskammer auch den zuständigen Fachverband der Wirtschaftskammer Österreich, mangels einer gesetzlichen Interessenvertretung jene freiwillige Berufsvereinigung, die den Kollektivvertrag abgeschlossen hat, der oder dessen Satzung für vergleichbare Arbeitnehmer des Beschäftigers wirksam ist (Berufsvereinigung),
3. Beginn und Ende der Überlassungen für jede überlassene Arbeitskraft.

(3) Der Überlasser hat die Aufzeichnungen gemäß Abs. 2 sowie die Ausfertigungen der Dienstzettel gemäß § 11 Abs. 4 und der Mitteilungen gemäß § 12 bis zum Ablauf von fünf Jahren nach der letzten Eintragung aufzubewahren.

(4) Der Überlasser hat dem vom Bundesminister für Arbeit, Soziales und Konsumentenschutz beauftragten Dienstleister auf elektronischem Weg in einem leicht verarbeitbaren Format jährlich mit Ende Juli für das jeweils vorangegangene Jahr folgende Daten zu übermitteln:

1. Vor- und Familiennamen, Geburtsdatum, Geschlecht, Staatsangehörigkeit und Arbeiter- oder Angestelltenverhältnis der von ihm beschäftigten überlassenen Arbeitskräfte und
2. je beschäftigter Arbeitskraft jeweils Beginn und Ende der einzelnen Überlassungen sowie

a) Namen und Anschrift des Beschäftigers sowie dessen Umsatzsteueridentifikationsnummer und
b) bei Zugehörigkeit des Beschäftigers zu einer Wirtschaftskammer den jeweiligen Fachverband oder
c) bei Nichtzugehörigkeit des Beschäftigers zu einer Wirtschaftskammer die sonstige gesetzliche Interessenvertretung oder die Berufsvereinigung und deren allfällige fachliche Untergliederung, der der Beschäftiger angehört, und

AÜG

3. das Bundesland (bei Überlassungen außerhalb Österreichs den Staat), in dem der Betrieb des Beschäftigers liegt.

(5) Werden die Daten gemäß Abs. 4 nicht innerhalb von zwei Monaten ab Fälligkeit vollständig übermittelt, gilt dies als Nichtmeldung im Sinne des § 22 Abs. 1 Z 3 lit. c.

(6) Der Bundesminister für Arbeit, Soziales und Konsumentenschutz kann geeignete Unternehmen und Einrichtungen mit der Durchführung, Überprüfung und Auswertung der Erhebung gemäß Abs. 4 beauftragen. Datenschutzrechtlicher Auftraggeber bei derartigen Aufträgen ist der Bundesminister für Arbeit, Soziales und Konsumentenschutz. Der direkte Personenbezug (Vor- und Familiennamen, Geburtsmonat und -tag) ist vom Bundesminister für Arbeit, Soziales und Konsumentenschutz oder vom beauftragten Dienstleister unmittelbar nach Erzeugung und Zuordnung des bereichsspezifischen Personenkennzeichens zu löschen.

(7) Der Bundesminister für Arbeit, Soziales und Konsumentenschutz hat jährlich eine Statistik zur Arbeitskräfteüberlassung zu erstellen. Darüber hinaus dürfen Verlaufsstatistiken erstellt werden.

1. In der jährlichen Statistik zur Arbeitskräfteüberlassung sind folgende Daten zu veröffentlichen:
a) Gesamtzahl der unselbständig Beschäftigten;
b) Anzahl der Überlasser, geordnet nach Bundesländern (bei ausländischen Überlassern nach Staaten);
c) Anzahl der Beschäftiger, geordnet nach Bundesländern (Staaten) und nach deren fachlicher Zugehörigkeit,
d) Anzahl der im Inland und der aus dem Ausland überlassenen Arbeitskräfte, gegliedert nach Arbeitern, Angestellten, Geschlecht, Staatsangehörigkeit, dem Bundesland (Staat), in dem die überlassene Arbeitskraft beschäftigt wird, und der jeweiligen fachlichen Zugehörigkeit des Beschäftigers;
e) Dauer der jeweiligen Überlassungen (bis zu einem Monat, ein bis drei Monate, drei bis sechs Monate, sechs bis zwölf Monate, zwölf bis 36 Monate und über 36 Monate) sowie
f) Durchschnittliche Anzahl und Dauer der Dienstverhältnisse.

2. Für den Zweck der Erstellung von Verlaufsstatistiken überlassener Arbeitskräfte darf der Bundesminister für Arbeit, Soziales und Konsumentenschutz zusätzlich die selbst ermittelten Daten gemäß § 25 Abs. 1 des Arbeitsmarktservicegesetzes (AMSG), BGBl. Nr. 313/1994, ausgenommen Gesundheitsdaten gemäß § 25 Abs. 1 Z 4 AMSG, und die vom Dachverband der Sozialversicherungsträger (Dachverband) gemäß § 25 Abs. 2 AMSG übermittelten Daten indirekt personenbezogen (bPK) verwenden. Der indirekte Personenbezug ist zu beseitigen, sobald er für die statistische oder wissenschaftliche Arbeit nicht mehr benötigt wird. Soweit dies für mehrjährige Verlaufsstatistiken und -analysen erforderlich ist, darf der indirekte Personenbezug (bPK) verschlüsselt bis zu 30 Jahre aufbewahrt werden. Die Wiederherstellung eines direkten Personenbezuges ist in jedem Fall unzulässig.

(8) Der Beschäftiger von aus dem EWR überlassenen Arbeitskräften hat Aufzeichnungen gemäß Abs. 2 Z 1 und 3 sowie über die jeweiligen Überlasser (insbesondere Namen und Sitz) zu führen, diese Aufzeichnungen sowie Ausfertigungen der Mitteilungen gemäß § 12 Abs. 3 bis zum Ablauf von fünf Jahren nach der letzten Eintragung aufzubewahren und die Verpflichtungen gemäß Abs. 4 zu erfüllen, wobei an Stelle der fachlichen Zugehörigkeit des Beschäftigers und des Bundeslandes, in dem der Beschäftigerbetrieb liegt, der Staat, in dem der Überlasser seinen Sitz hat, anzugeben ist.

(9) Der Bundesminister für Arbeit, Soziales und Konsumentenschutz kann, wenn ein Bedarf nach zeitnäherer Ermittlung der Daten besteht, nach Anhörung der gesetzlichen Interessenvertretungen durch Verordnung eine häufigere Übermittlung der Daten gemäß Abs. 4 anordnen.

Bürgschaft

§ 14. (1) Der Beschäftiger haftet für die gesamten der überlassenen Arbeitskraft für die Beschäftigung in seinem Betrieb zustehenden Entgeltansprüche und die entsprechenden Dienstgeber- und Dienstnehmerbeiträge zur Sozialversicherung sowie für die Lohnzuschläge nach dem BUAG als Bürge (§ 1355 des ABGB). Die Haftung reduziert sich anteilig um Dienstgeber- und Dienstnehmerbeiträge zur Sozialversicherung, die der Beschäftiger bereits gemäß § 67a Abs. 3 Z 2 ASVG an das Dienstleistungszentrum überwiesen hat, insoweit der Beschäftiger die Tätigkeit der überlassenen Arbeitskraft im Rahmen des jeweiligen Auftrages sowie die Höhe der auf die überlassene Arbeitskraft während dieser Tätigkeit entfallenden Beitragsleistung nachweist.

(2) Hat der Beschäftiger seine Verpflichtungen aus der Überlassung bereits dem Überlasser nachweislich erfüllt, haftet er nur als Ausfallsbürge (§ 1356 des ABGB).

(3) Bei Insolvenz des Überlassers entfällt die Haftung des Beschäftigers als Bürge, wenn die überlassene Arbeitskraft Anspruch auf Insolvenz-Entgelt nach dem Insolvenz-Entgeltsicherungsgesetz, BGBl. Nr. 324/1977, hat, soweit dadurch die Befriedigung der in Abs. 1 erwähnten Ansprüche tatsächlich gewährleistet ist.

Abschnitt IV
Gemeinsame Bestimmungen
Verordnungsermächtigung

§ 15. (1) Der Bundesminister für Arbeit, Soziales und Konsumentenschutz kann nach Anhörung der gesetzlichen Interessenvertretungen und der kollektivvertragsfähigen Berufsvereinigungen der Arbeitgeber und der Arbeitnehmer durch Verordnung festlegen, dass für den Bereich bestimmter gesetzlicher Interessenvertretungen oder Berufsvereinigungen oder deren Untergliederungen

1. die Beschäftigung von überlassenen Arbeitskräften im Betrieb eines Beschäftigers nur bis zu einem bestimmten Anteil
   a) der unselbständig Beschäftigten,
   b) der Arbeiter oder
   c) der Angestellten

   des Betriebes zulässig ist;
2. die zulässige Dauer der Beschäftigung von überlassenen Arbeitskräften im Betrieb eines Beschäftigers beschränkt wird;
3. die Überlassung von Arbeitskräften von Österreich in bestimmte Staaten zulässig ist.

(2) Voraussetzung für die Erlassung einer Verordnung gemäß Abs. 1 Z 1 und 2 ist, daß in dem von der Verordnung erfaßten Bereich der Anteil der überlassenen Arbeitskräfte mehr als ein Zehntel der Gesamtzahl der unselbständig Beschäftigten, der Arbeiter oder der Angestellten beträgt.

(3) Voraussetzung für die Erlassung einer Verordnung gemäß Abs. 1 Z 3 ist, daß der Schutz der Arbeitskräfte gewährleistet ist und arbeitsmarktliche, volkswirtschaftliche oder andere wichtige öffentliche Interessen dafür sprechen.

(4) Die gesetzlichen Interessenvertretungen und die kollektivvertragsfähigen Berufsvereinigungen der Arbeitgeber und der Arbeitnehmer sind berechtigt, die Erlassung einer Verordnung gemäß Abs. 1 anzuregen.

Grenzüberschreitende Überlassung

§ 16. (1) Die Überlassung von Arbeitskräften von Österreich in das Ausland ist nur zulässig, wenn eine Verordnung gemäß § 15 Abs. 1 Z 3 besteht oder ausnahmsweise eine Bewilligung gemäß Abs. 2 erteilt wurde.

(2) Die Bewilligung der Überlassung von Arbeitskräften von Österreich in das Ausland kann auf Antrag des Überlassers erteilt werden, wenn keine arbeitsmarktlichen oder volkswirtschaftlichen Gründe dagegen sprechen und der Schutz der Arbeitskräfte nicht gefährdet ist.

(3) Die Überlassung von Arbeitskräften vom Ausland nach Österreich ist nur zulässig, wenn ausnahmsweise eine Bewilligung gemäß Abs. 4 erteilt wurde.

(4) Die Bewilligung der Überlassung von Arbeitskräften vom Ausland nach Österreich kann auf Antrag des Beschäftigers erteilt werden, wenn

1. die Beschäftigung besonders qualifizierter Fachkräfte aus arbeitsmarktlichen und volkswirtschaftlichen Gründen unumgänglich notwendig ist,
2. diese Arbeitskräfte ausschließlich im Wege der Überlassung aus dem Ausland verfügbar sind und
3. deren Beschäftigung keine Gefährdung der Lohn- und Arbeitsbedingungen inländischer Arbeitnehmer bewirkt.

(5) Die Bewilligung nach Abs. 4 darf nicht erteilt werden, wenn der Beschäftiger

1. gegen die Vorschriften des Arbeitskräfteüberlassungsgesetzes verstoßen hat oder
2. unzulässige Arbeitsvermittlung betrieben hat oder
3. Verpflichtungen eines Arbeitgebers, die sich aus dem Arbeitsrecht einschließlich des Arbeitnehmerschutzes oder dem Sozialversicherungsrecht ergeben, erheblich verletzt hat.

(6) Die Bewilligung nach Abs. 4 ist jeweils nur für eine bestimmte Anzahl von Arbeitskräften und nur für einen bestimmten Zeitraum zu erteilen.

(7) Die Bewilligung nach Abs. 4 ist zu widerrufen, wenn die für die Erteilung wesentlichen Voraussetzungen nicht mehr vorliegen.

Grenzüberschreitende Überlassung im Europäischen Wirtschaftsraum

§ 16a. Auf Überlassungen innerhalb des Europäischen Wirtschaftsraumes (EWR) ist § 16 nicht anzuwenden.

Meldepflichten

§ 17. (1) Der Überlasser, der gemäß § 135 Abs. 2 Z 1 der Gewerbeordnung 1994 (GewO) kein reglementiertes Gewerbe gemäß § 94 Z 72 GewO ausübt, hat die Überlassung von Arbeitskräften spätestens bis zum Ablauf des auf die erstmalige Überlassung folgenden Monates der zuständigen Gewerbebehörde zu melden.

(Anm.: Abs. 2 bis 7 aufgehoben durch BGBl. I Nr. 44/2016)

Untersagung

§ 18. (1) Die Überlassung von Arbeitskräften durch Überlasser, die gemäß § 135 Abs. 2 GewO kein reglementiertes Gewerbe gemäß § 94 Z 72 GewO ausüben, ist zu untersagen, wenn der Überlasser die ihm auf Grund des Arbeitskräfteüberlassungsgesetzes obliegenden Verpflichtungen, insbesondere gegenüber einer Arbeitskraft, erheblich oder wiederholt verletzt hat und trotz schriftlicher Androhung der Untersagung neuerlich verletzt.

(2) Die Verträge zwischen dem Überlasser und den überlassenen Arbeitskräften werden durch die

Untersagung der Überlassung von Arbeitskräften nicht berührt. Die Untersagung bildet jedoch für die überlassenen Arbeitskräfte binnen drei Monaten ab Kenntnis einen wichtigen, vom Überlasser verschuldeten Grund zur vorzeitigen Vertragsauflösung.

Zuständigkeit und Verfahren

§ 19. (1) Der Antrag auf Erteilung der Bewilligung der grenzüberschreitenden Überlassung von Arbeitskräften von Österreich in das Ausland gemäß § 16 Abs. 2 oder vom Ausland nach Österreich gemäß § 16 Abs. 4 ist bei der zuständigen Gewerbebehörde einzubringen.

(2) Über diese Anträge sowie über den Widerruf der Bewilligung und über die Untersagung der Überlassung von Arbeitskräften entscheidet die zuständige Gewerbebehörde nach Anhörung der gesetzlichen Interessenvertretungen und der kollektivvertragsfähigen Berufsvereinigungen der Arbeitgeber und der Arbeitnehmer sowie im Falle der Untersagung der Überlassung von Arbeitskräften überdies des zuständigen Arbeitsinspektorates oder der sonst zur Wahrnehmung des Arbeitnehmerschutzes zuständigen Behörde.

Überwachung und Auskunftspflicht

§ 20. (1) Der Bundesminister für Arbeit, Soziales und Konsumentenschutz, die Zentrale Koordinationsstelle für die Kontrolle der illegalen Beschäftigung, das Amt für Betrugsbekämpfung und die Gewerbebehörden sowie hinsichtlich der dem Arbeitnehmerschutz dienenden Bestimmungen die Arbeitsinspektorate und die sonst zur Wahrnehmung des Arbeitnehmerschutzes berufenen Behörden und hinsichtlich der sozialversicherungsrechtlichen Bestimmungen die Träger der Sozialversicherung sind zuständig, die Einhaltung der Vorschriften dieses Bundesgesetzes zu überwachen.

(2) Die Überlasser und die Beschäftiger von Arbeitskräften haben den im Abs. 1 genannten zuständigen Behörden und Sozialversicherungsträgern auf deren Verlangen

1. alle für eine Überprüfung erforderlichen Auskünfte zu erteilen,
2. die hiefür benötigten Unterlagen zur Einsicht vorzulegen und
3. die Anfertigung vollständiger oder auszugsweiser Abschriften oder Ablichtungen der Unterlagen zu gestatten.

(3) Die Überlasser und die Beschäftiger haben den Organen der im Abs. 1 genannten zuständigen Behörden und Sozialversicherungsträgern Zutritt zum Betrieb und Einsicht in alle die Arbeitskräfteüberlassung betreffenden Unterlagen zu gewähren.

(4) Die Verpflichtungen gemäß Abs. 2 und 3 bestehen auch gegenüber vom Bundesminister für Arbeit, Soziales und Konsumentenschutz gemäß § 13 Abs. 6 beauftragten Unternehmen und Einrichtungen.

Amtshilfe

§ 21. (1) Alle Behörden und alle öffentlich-rechtlichen Körperschaften, insbesondere die gesetzlichen Interessenvertretungen der Arbeitgeber und der Arbeitnehmer und die Träger der Sozialversicherung, haben im Rahmen ihres Wirkungsbereiches den Bundesminister für Arbeit, Soziales und Konsumentenschutz, die Gewerbebehörden, die Arbeitsinspektorate und die sonst zur Wahrnehmung des Arbeitnehmerschutzes berufenen Behörden bei der Erfüllung ihrer Aufgaben nach dem Arbeitskräfteüberlassungsgesetz zu unterstützen.

(2) Diese Unterstützung besteht insbesondere auch darin, daß sie den in Abs. 1 genannten zuständigen Behörden

1. den Namen, die Geburtsdaten, die Anschrift, das Geschlecht, die Staatsbürgerschaft, den Beschäftigungsort, die Arbeits- und Vertragsbedingungen sowie die Pensions-, Unfall- und Krankenversicherungsdaten der überlassenen Arbeitskraft,
2. den Namen, die Geburtsdaten, die Anschrift, den Betriebsgegenstand und den Sitz des Betriebes des Überlassers und
3. den Namen, die Geburtsdaten, die Anschrift, die gesetzliche Interessenvertretung, den Fachverband oder die Berufsvereinigung sowie deren allfällige fachliche Untergliederungen und den Sitz des Betriebes des Beschäftigers

übermitteln.

Strafbestimmungen

§ 22. (1) Sofern die Tat nicht den Tatbestand einer in die Zuständigkeit der Gerichte fallenden strafbaren Handlung bildet, begeht eine Verwaltungsübertretung und ist von der Bezirksverwaltungsbehörde zu bestrafen

1. mit Geldstrafe von 1 000 € bis zu 5 000 €, im Wiederholungsfall von 2 000 € bis zu 10 000 €, wer

a) als Überlasser oder Beschäftiger gesetzwidrige Vereinbarungen trifft (§§ 8 und 11 Abs. 2) und deren Einhaltung verlangt,
b) Arbeitskräfte in von Streik oder Aussperrung betroffene Betriebe überlässt (§ 9),
c) als Überlasser oder Beschäftiger an einer unzulässigen grenzüberschreitenden Überlassung (§ 16) beteiligt ist,
d) trotz Untersagung der Überlassungstätigkeit (§ 18) Arbeitskräfte überlässt;

(Anm.: Z 2 aufgehoben durch BGBl. I Nr. 44/2016)

3. mit Geldstrafe bis zu 1 000 €, im Wiederholungsfall von 500 € bis zu 2 000 €, wer

a) eine Arbeitskraft ohne Ausstellung eines Dienstzettels, der den Vorschriften des § 11 entspricht, überlässt,
b) die Mitteilungspflichten (§ 12 Abs. 1 bis 5 und § 12a) nicht einhält, wenn dadurch die Gefahr eines Schadens für die Arbeitskraft besteht,
c) die gemäß § 13 zu führenden Aufzeichnungen oder die zu übermittelnden statistischen Daten nicht oder mangelhaft vorlegt,
d) die Erstattung der Meldung gemäß § 17 Abs. 1 unterlässt;

4. mit Geldstrafe bis zu 1 000 €, im Wiederholungsfall von 500 € bis zu 2 000 €, wer als Überlasser oder Beschäftiger den zur Überwachung berufenen Behörden und Trägern der Sozialversicherung auf deren Aufforderung
a) die für die Überprüfung der Einhaltung der Bestimmungen des Arbeitskräfteüberlassungsgesetzes erforderlichen Auskünfte nicht erteilt (§ 20 Abs. 2 Z 1),
b) die für diese Überprüfung benötigten Unterlagen nicht zur Einsicht vorlegt (§ 20 Abs. 2 Z 2),
c) die Anfertigung von Abschriften, Auszügen oder Ablichtungen dieser Unterlagen verwehrt (§ 20 Abs. 2 Z 3),
d) den Zutritt zum Betrieb oder die Einsicht in die die Arbeitskräfteüberlassung betreffenden Unterlagen verwehrt (§ 20 Abs. 3).

(2) Bei der Bemessung der Höhe der Geldstrafe nach Abs. 1 ist insbesondere auf den durch die Überlassung erzielten Ertrag oder sonstigen wirtschaftlichen Vorteil Bedacht zu nehmen.

(3) Die Eingänge aus den gemäß Abs. 1 verhängten Geldstrafen fließen dem Arbeitsmarktservice zu.

(4) Bei grenzüberschreitender Arbeitskräfteüberlassung gilt die Verwaltungsübertretung als in jenem Sprengel der Bezirksverwaltungsbehörde begangen, in dem der Arbeits(Einsatz)ort der nach Österreich überlassenen Arbeitnehmer/innen liegt, bei wechselnden Arbeits(Einsatz)orten am Ort der Kontrolle.

(5) Das Amt für Betrugsbekämpfung und dessen Organe haben Parteistellung in Verwaltungsstrafverfahren nach Abs. 1 und können gegen den Bescheid einer Verwaltungsbehörde Beschwerde beim Verwaltungsgericht und gegen das Erkenntnis oder den Beschluss eines Verwaltungsgerichts Revision beim Verwaltungsgerichtshof erheben.

Abschnitt V

Sozial- und Weiterbildungsfonds

§ 22a. (1) Zum Zweck der Unterstützung überlassener Arbeitnehmer wird ein Sozial- und Weiterbildungsfonds (Fonds) mit Rechtspersönlichkeit in Wien eingerichtet. Der Wirkungsbereich des Fonds erstreckt sich auf das gesamte Bundesgebiet. Dem Fonds fließen Beiträge gemäß § 22d zu.

(2) Die Verwaltung des Fonds obliegt dessen Organen. Die Entsendung von fachlich geeigneten Mitgliedern in die Organe obliegt auf Seiten der Arbeitgeber dem Fachverband der gewerblichen Dienstleister und auf Seiten der Arbeitnehmer den Vertretern der die jeweiligen Kollektivverträge für die überlassenen Arbeiter und für die überlassenen Angestellten abschließenden Gewerkschaften.

(3) Die Aufsicht über den Fonds obliegt dem Bundesminister für Arbeit, Soziales und Konsumentenschutz.

Organe

§ 22b. (1) Die Organe des Fonds sind der Vorstand und der Kontrollausschuss.

(2) Der Vorstand besteht aus sechs Mitgliedern, davon drei Vertreter der Arbeitgeber und drei Vertreter der Arbeitnehmer, von denen zwei von der den Kollektivvertrag für die überlassenen Arbeiter und einer von der den Kollektivvertrag für die überlassenen Angestellten abschließenden Gewerkschaft zu entsenden sind. Für jedes Mitglied ist ein Ersatzmitglied zu entsenden.

(3) Der Kontrollausschuss besteht aus vier Mitgliedern, davon je zwei Vertreter der Arbeitgeber und der Arbeitnehmer. Für jedes Mitglied ist ein Ersatzmitglied zu entsenden.

(4 Die nach Abs. 2 iVm § 22a Abs. 2 entsandten Mitglieder (Ersatzmitglieder) des Vorstandes und des Kontrollausschusses werden vom Bundesminister für Arbeit, Soziales und Konsumentenschutz für eine Funktionsperiode von jeweils vier Jahren bestellt. Scheidet ein Mitglied (Ersatzmitglied) vorzeitig aus, so ist für die restliche Funktionsperiode ein Mitglied (Ersatzmitglied) zu bestellen.

(5) Die Mitglieder des Vorstandes und des Kontrollausschusses wählen jeweils aus ihrer Mitte einen Vorsitzenden, einen Stellvertreter und einen Schriftführer. In der konstituierenden Sitzung führt das an Lebensjahren älteste Mitglied der Arbeitnehmerseite den Vorsitz. Die Mitgliedschaft im Vorstand ist unvereinbar mit einer Mitgliedschaft im Kontrollausschuss. Der Vorsitzende des Vorstandes ist der gesetzliche Vertreter des Fonds unter Beachtung der Beschlüsse des Vorstandes.

(6) Die Mitglieder des Vorstandes und die Mitglieder des Kontrollausschusses haben ihr Amt gewissenhaft und ehrenamtlich auszuüben. Sie unterliegen dabei der Amtsverschwiegenheit.

(7) Der Vorstand führt die Geschäfte. Er hat für jedes Kalenderjahr einen Jahresvoranschlag und den Rechnungsabschluss zu erstellen. Er hat die Leistungen des Fonds unter Bedachtnahme auf die zu erwartenden Einnahmen und Ausgaben festzulegen. Er hat mit Zustimmung des Kontrollausschusses eine Geschäftsordnung zu erlassen.

(8) Der Kontrollausschuss hat die Tätigkeit des Vorstandes laufend zu überwachen, insbesondere die Einhaltung der gesetzlichen und kollektivvertraglichen Regelungen und die zweckgemäße sparsame Verwendung der Mittel zu überprüfen. Wahrnehmungen und Missstände sind umgehend dem Vorstand zu berichten. Einmal jährlich ist ein Prüfbericht zu erstellen.

(9) Vorstand und Kontrollausschuss fassen ihre Beschlüsse mit einfacher Mehrheit der Stimmen. Bei Stimmengleichheit entscheidet der Vorsitzende. Für die Beschlussfassung der Geschäftsordnung ist eine Zweidrittel-Mehrheit erforderlich. In der Geschäftsordnung können weitere Angelegenheiten festgelegt werden, in denen eine Zweidrittel-Mehrheit erforderlich ist.

Aufgaben

§ 22c. (1) Aufgabe des Fonds ist es, (ehemalige) Arbeitnehmer von Überlassungsbetrieben bei der Verstetigung ihrer Arbeitsverhältnisse, (Zusatz-)Qualifizierung und Verbesserung ihrer Chancen am Arbeitsmarkt sowie auch während Zeiten der Arbeitslosigkeit im Sinne des § 12 des Arbeitslosenversicherungsgesetzes 1977 (AlVG) zu unterstützen.

(2) Zur Erfüllung dieser Aufgabe kann der Fonds folgende Leistungen erbringen:

1. Zuschüsse an (ehemalige) Arbeitnehmer,
2. Leistungen zur Finanzierung von Weiterbildungsmaßnahmen,
3. Leistungen an Überlasser zur Verlängerung der Beschäftigungsdauer beim Überlasser.

(3) Auf Leistungen des Fonds besteht kein Rechtsanspruch. Die Zuschüsse und sonstigen Leistungen sind kein Entgelt im Sinne des § 49 ASVG; für sie gilt weiters § 3 Abs. 1 Z 3 lit. a EStG 1988.

(4) Die näheren Bestimmungen über Art, Höhe, Dauer, Gewährung und Rückforderbarkeit der Leistungen hat der Vorstand mit Zustimmung des Kontrollausschusses schriftlich festzulegen. Die Leistungen des Fonds haben anhand von standardisierten und leicht administrierbaren Kriterien zu erfolgen.

(5) Der Fonds kann mit Beschluss des Vorstandes auch einen Dienstleister mit der Abwicklung seiner Leistungen betrauen. Soweit ein Dienstleister betraut wird, vertritt dieser den Fonds im Rahmen des übertragenen Tätigkeitsbereiches nach außen und ist dieser vor dem Beschluss über die Leistungen iSd Abs. 4 anzuhören. Wesentliche Änderungen hinsichtlich des Aufwandes der Abwicklung berechtigen den Dienstleister, den geschlossenen Vertrag vorzeitig zu beenden, sofern dieser nicht angepasst wird.

(6) Der Dachverband hat dem Fonds und einem von diesem beauftragten Dienstleister für die Abwicklung der Leistungen folgende Daten auf elektronischem Weg zur Verfügung zu stellen:

1. Namen und Geburtsdatum jener arbeitslos vorgemerkten Personen, die vor ihrer Vormerkung bei einem Arbeitskräfteüberlasser im Sinne des § 94 Z 72 GewO beschäftigt waren;
2. Namen des Arbeitskräfteüberlassers, zu dem das Arbeitsverhältnis bestand;
3. Beendigungsdatum und Dauer dieses Arbeitsverhältnisses und in den letzten zwölf Monaten vorangegangener Arbeitsverhältnisse zu Arbeitskräfteüberlassern;
4. Dauer der Vormerkung als arbeitslos;
5. Höhe der von den jeweiligen Überlassern gemäß § 22d geleisteten Beiträge zum Fonds und allenfalls bestehende Beitragsrückstände.

(7) Dem Dachverband sind die aus der Datenbereitstellung entstehenden Aufwendungen aus Mitteln des Fonds zu erstatten. Der Fonds oder ein von diesem beauftragter Dienstleister darf die vom Hauptverband bereitgestellten Daten nur insoweit verwenden, als diese für die Prüfung, ob die Voraussetzungen für die Gewährung eines Zuschusses vorliegen, erforderlich sind.

(8) Die Zentrale Koordinationsstelle für die Kontrolle der illegalen Beschäftigung nach dem Ausländerbeschäftigungsgesetz und dem Lohn- und Sozialdumping-Bekämpfungsgesetz des Amtes für Betrugsbekämpfung (Zentrale Koordinationsstelle) hat dem Fonds oder einem von diesem beauftragten Dienstleister für die Einhebung von Beiträgen nach § 22d Abs. 2 und 4 und für die Erbringung von Leistungen für vom Ausland überlassene Arbeitnehmer die Daten gemäß § 17 Abs. 3 zur Verfügung zu stellen.

Aufbringung der Mittel

§ 22d. (1) Die Überlasser haben für die von ihnen zum Zweck der Überlassung an Dritte beschäftigten Arbeitnehmer einen Beitrag an den Fonds zu entrichten. Der Beitragssatz beträgt im Jahr 2013 0,25 vH, im Jahr 2014 0,35 vH, im Jahr 2015 0,6 vH, im Jahr 2016 und im ersten Quartal 2017 0,8 vH, und ab dem zweiten Quartal 2017 0,35 vH der Beitragsgrundlage. Die Beitragsgrundlage ist die nach dem Allgemeinen Sozialversicherungsgesetz (ASVG), BGBl. Nr. 189/1955, geltende allgemeine Beitragsgrundlage bis zur Höhe der gemäß § 45 ASVG festgelegten Höchstbeitragsgrundlage. Von Sonderzahlungen (§ 49 Abs. 2 ASVG) sind Sonderbeiträge an den Fonds mit dem jeweils gleichen Hundertsatz zu entrichten.

(2) Die Beiträge gemäß Abs. 1 sind auch von Überlassern ohne Sitz in Österreich für nach Österreich überlassene Arbeitnehmer an den Fonds zu entrichten. Beitragsgrundlage ist das Entgelt des Arbeitnehmers (§ 17 Abs. 3 Z 5), jedoch höchstens bis zu einem Betrag, der der gemäß § 45 ASVG festgelegten Höchstbeitragsgrundlage entspricht.

(3) Für die Einhebung der Beiträge und Sonderbeiträge gemäß Abs. 1 gelten die Vorschriften der gesetzlichen Krankenversicherung über den Abzug des Versicherungsbeitrages vom Entgelt. Die Beiträge sind zusammen mit den Beiträgen zur Sozialversicherung vom zuständigen Sozialversicherungsträger einzuheben und an den Fonds weiterzuleiten.

(4) Die Beiträge für vom Ausland überlassene Arbeitnehmer, die nicht der Sozialversicherungspflicht in Österreich unterliegen, sind vom Überlasser an den Fonds zu entrichten. Der Fonds kann mit der Beitragseinhebung einen Dienstleister beauftragen. Kommt der Überlasser der Verpflichtung zur Beitragsentrichtung nicht nach, hat der Fonds bzw. der Dienstleister die offenen Beiträge im Gerichtsweg einzuklagen. Zuständiges Gericht ist das Arbeits- und Sozialgericht Wien.

(5) Die zuständigen Sozialversicherungsträger sind berechtigt, als Abgeltung für deren Aufwendungen eine Vergütung von den eingehobenen (überwiesenen) Beiträgen (Sonderbeiträgen) in Höhe von 0,5 vH einzubehalten.

(6) Die einem Dienstleister (§ 22c Abs. 5) aus der Einhebung der Beiträge nach Abs. 4 und aus der Abwicklung der übertragenen Tätigkeiten entstehenden Aufwendungen sind aus Mitteln des Fonds nach folgenden Grundsätzen zu erstatten: Aufwendungen für vom Dienstleister beauftragte Leistungen sind nach Anfall zu ersetzen. Für die Erbringung von Leistungen durch den Dienstleister gebührt diesem eine einmalige Vergütung für die Ersteinrichtung sowie eine jährliche Vergütung, die durch Verordnung des Bundesministers für Arbeit, Soziales und Konsumentenschutz nach Anhörung des Fonds und des Dienstleisters festzulegen sind. Diese Vergütungen unterliegen nicht der Umsatzsteuer.

(7) Vom Bund nach Maßgabe des § 6a des Arbeitsmarktpolitik-Finanzierungsgesetzes (AMPFG), BGBl. Nr. 315/1994, an den Fonds überwiesene Mittel sind für Zwecke der Weiterbildung zu verwenden und können bis Ende 2016 auch für andere Aufgaben des Fonds verwendet werden.

(8) Der Fonds kann auch von Dritten Beiträge zur Erfüllung seiner Aufgaben einnehmen.

(9) Die Pflicht zur Entrichtung von Beiträgen nach Abs. 1 und 2 ruht, wenn und soweit gemäß § 10 Abs. 1 letzter Satz die im Beschäftigerbetrieb geltenden sonstigen verbindlichen Bestimmungen allgemeiner Art anzuwenden sind.

Aufsicht

§ 22e. (1) Die Aufsicht des Bundesministers für Arbeit, Soziales und Konsumentenschutz erstreckt sich auf die Einhaltung der Gesetze und Verordnungen sowie die Gebarung des Fonds unter Beachtung der Grundsätze der Sparsamkeit, Wirtschaftlichkeit und Zweckmäßigkeit.

(2) Der Vorstand ist verpflichtet dem Bundesminister für Arbeit, Soziales und Konsumentenschutz auf Verlangen alle für die Wahrnehmung der Aufsicht erforderlichen Auskünfte zu geben und die erforderlichen Unterlagen zur Verfügung zu stellen.

(3) Der Bundesminister für Arbeit, Soziales und Konsumentenschutz oder ein von ihm damit betrauter Vertreter ist berechtigt, an den Sitzungen der Organe des Fonds teilzunehmen.

Auflösung des Fonds

§ 22f. (1) Der Bundesminister für Arbeit, Soziales und Konsumentenschutz hat den Fonds nach Anhörung der gesetzlichen Interessenvertretungen aufzulösen, wenn

1. kein Fondsvermögen mehr vorhanden ist,
2. das Fondsvermögen zur Erfüllung des Fondszweckes nicht hinreichend ist und eine Zuführung zusätzlicher Mittel nicht in Betracht kommt, oder
3. der Zweck des Fonds nicht erreicht wird.

(2) Das bei Auflösung noch vorhandene Fondsvermögen ist auf die den Beitrag gemäß § 22d zahlenden Überlasser anteilsmäßig aufzuteilen oder – sofern eine Aufteilung unwirtschaftlich wäre – der entsprechenden kollektivvertragsfähigen Körperschaft der Arbeitgeber zu übertragen.

Strafbestimmung

§ 22g. (1) Sofern die Tat nicht den Tatbestand einer in die Zuständigkeit der Gerichte fallenden strafbaren Handlung bildet, begeht eine Verwaltungsübertretung und ist von der Bezirksverwaltungsbehörde mit Geldstrafe von 1 000 € bis zu 5 000 €, im Wiederholungsfall von 2 000 € bis zu 10 000 € zu bestrafen, wer als Überlasser die Beiträge an den Fonds nach § 22d Abs. 1 und Abs. 2 nicht entrichtet, es sei denn dass diese Verpflichtung gemäß § 22d Abs. 9 ruht.

(2) Bei grenzüberschreitender Überlassung gilt die Verwaltungsübertretung als in dem Sprengel der Bezirksverwaltungsbehörde begangen, in dem der Arbeits(Einsatz)ort der nach Österreich entsandten Arbeitnehmer liegt, bei wechselnden Arbeits(Einsatz)orten am Ort der Kontrolle.

Abschnitt VI
Schlussbestimmungen

In-Kraft-Treten

§ 23. (1) Dieses Bundesgesetz tritt mit 1. Juli 1988 in Kraft.

(2) § 1 Abs. 4 in der Fassung des Bundesgesetzes BGBl. Nr. 460/1993 tritt mit 1. Juli 1993 in Kraft.

(3) Die §§ 1 Abs. 3, 13 Abs. 4 und 5, 15, 17, 18 Abs. 1, 19 Abs. 1 bis 3, 20 Abs. 1, 21 Abs. 1 und 22 Abs. 3 in der Fassung des Bundesgesetzes BGBl. Nr. 314/1994 treten mit 1. Juli 1994 in Kraft. Bis zum In-Kraft-Treten des § 5

Z 1 lit. b des Bundessozialämtergesetzes (Art. 33 des Arbeitsmarktservice-Begleitgesetzes, BGBl. Nr. 314/1994) obliegen die Aufgaben und Befugnisse der Bundesämter für Soziales und Behindertenwesen den jeweiligen Landesgeschäftsstellen des Arbeitsmarktservice.

(4) Die §§ 1, 10a, 12a, 13, 16a und 17 in der Fassung des Bundesgesetzes BGBl. I Nr. 120/1999 treten mit 1. Oktober 1999 in Kraft und sind auf Sachverhalte anzuwenden, die sich nach dem 30. September 1999 ereignen.

(5) § 11 Abs. 4 in der Fassung des Bundesgesetzes BGBl. I Nr. 44/2000 tritt mit 1. Juli 2000 in Kraft.

(6) § 22 Abs. 1 in der Fassung des Bundesgesetzes BGBl. I Nr. 136/2001 tritt mit 1. Jänner 2002 in Kraft.

(7) Die §§ 6, 13, 15, 17, 19, 20 und 21 in der Fassung des Konjunkturbelebungsgesetzes 2002, BGBl. I Nr. 68, treten mit 1. Juli 2002 in Kraft.

(8) Die §§ 1 Abs. 3, 13 Abs. 2 Z 2, 17 Abs. 1, 18 Abs. 1 sowie die §§ 24 bis 26 in der Fassung des Bundesgesetzes BGBl. I Nr. 111/2002, treten mit dem auf die Kundmachung dieses Bundesgesetzes folgenden Monatsersten in Kraft.

(9) § 10 Abs. 1 und 3 in der Fassung des Bundesgesetzes BGBl. I Nr. 104/2005 treten mit 1. August 2005 in Kraft.

(10) § 17 Abs. 3 in der Fassung des Bundesgesetzes BGBl. I Nr. 104/2005 tritt mit 1. September 2005 in Kraft.

(11) § 14 Abs. 3 in der Fassung des Bundesgesetzes BGBl. I Nr. 82/2008 tritt mit 1. Juli 2008 in Kraft.

(12) § 14 Abs. 1 in der Fassung des Bundesgesetzes BGBl. I Nr. 70/2009 tritt mit 1. August 2009 in Kraft.

(13) § 1, § 17 und § 20 Abs. 1 in der Fassung des Bundesgesetzes BGBl. I Nr. 24/2011 treten mit 1. Mai 2011 in Kraft.

(14) § 26 Z 3 in der Fassung des 2. Stabilitätsgesetzes 2012, BGBl. I Nr. 35/2012, tritt mit 1. Juli 2012 in Kraft; gleichzeitig tritt § 26 Z 2 außer Kraft.

(15) § 1 Abs. 2, Abs. 2a, Abs. 4a und Abs. 5, § 5 Abs. 1, § 6a samt Überschrift, § 7 Abs. 2, § 10 Abs. 1, Abs. 3 und Abs. 6, § 10a samt Überschrift, § 11, § 12, § 12a, § 14 Abs. 1, § 15 Abs. 1, die Überschrift vor § 17, § 17 Abs. 3 bis Abs. 5 und Abs. 7, § 18, § 20 Abs. 1 und Abs. 4, § 21 Abs. 1 und Abs. 2 Z 3, § 26 sowie Abschnitt V und VI in der Fassung des Bundesgesetzes BGBl. I Nr. 98/2012 treten mit 1. Jänner 2013 in Kraft. Die Entsendung und Bestellung der Organmitglieder sowie die Konstituierung der Organe des Sozial- und Weiterbildungsfonds mit Wirkung zum 1. Jänner 2013 kann bereits ab dem auf die Kundmachung des Bundesgesetzes BGBl. I Nr. 98/2012 folgenden Tag erfolgen. Die Verpflichtung zur Beitragsleistung gemäß § 22d Abs. 1 und 2 tritt hinsichtlich überlassener Arbeiter mit 1. Jänner 2013 und hinsichtlich überlassener Angestellter mit 1. Jänner 2017 in Kraft.

(16) § 22 in der Fassung des Bundesgesetzes BGBl. I Nr. 98/2012 tritt mit 1. Jänner 2013 in Kraft und ist auf Sachverhalte, die sich nach Ablauf des 31. Dezember 2012 ereignen, anzuwenden. Auf Sachverhalte, die sich vor Ablauf des 31. Dezember 2012 ereignet haben, ist § 22 weiterhin in der Fassung vor dem Inkrafttreten dieses Bundesgesetzes anzuwenden.

(17) § 10 Abs. 1a und § 13 in der Fassung des Bundesgesetzes BGBl. I Nr. 98/2012 treten mit 1. Jänner 2014 in Kraft.

(18) § 22a Abs. 1 und § 22c Abs. 1 in der Fassung des Bundesgesetzes BGBl. I Nr. 94/2014 treten rückwirkend mit 1. Jänner 2014 in Kraft.

(19) § 13 Abs. 2 Z 2 und Abs. 4 Z 2, § 17 Abs. 2 bis 4, 6 und 7, § 22c Abs. 6 und § 22d Abs. 4 in der Fassung des Bundesgesetzes BGBl. I Nr. 94/2014 treten mit 1. Jänner 2015 in Kraft.

(20) § 22 Abs. 1 Z 2 und Abs. 5 in der Fassung des Bundesgesetzes BGBl. I Nr. 94/2014 tritt mit 1. Jänner 2015 in Kraft und ist auf Sachverhalte, die sich nach Ablauf des 31. Dezember 2014 ereignen, anzuwenden.

(21) § 22 Abs. 5 in der Fassung des Bundesgesetzes BGBl. I Nr. 44/2016 tritt mit 1. Jänner 2017 in Kraft.

(22) § 22d Abs. 1 in der Fassung des Bundesgesetzes BGBl. I Nr. 38/2017 tritt mit 1. April 2017 in Kraft.

(23) § 13 Abs. 7 Z 2 und § 22c Abs. 6 und Abs. 7 in der Fassung des Bundesgesetzes BGBl. I Nr. 100/2018 treten mit 1. Jänner 2020 in Kraft.

(24) § 22d Abs. 1 in der Fassung des Bundesgesetzblattes BGBl. I Nr. 21/2019 tritt mit 1. April 2019 in Kraft.

(24) *(Anm.: richtig: (25))* § 20 Abs. 1 und 3, § 22 Abs. 5 und § 22c Abs. 8, jeweils in der Fassung des Bundesgesetzes BGBl. I Nr. 104/2019, treten mit 1. Juli 2020 in Kraft.

(26) § 10 Abs. 5 in der Fassung des Bundesgesetzes BGBl. I Nr. 132/2021 tritt mit dem Tag in Kraft, mit dem die Änderung des § 1159 ABGB, JGS Nr. 946/1811 in der Fassung des Bundesgesetzes BGBl. I Nr. 153/2017 in Kraft tritt.

(27) Die §§ 1 Abs. 2 Z 2, 1 Abs. 2a, 12a in der Fassung des Bundesgesetzes BGBl. I Nr. 174/2021 treten mit 1. September 2021 in Kraft und sind auf Sachverhalte anzuwenden, die sich nach dem 31. August 2021 ereignen. § 12a in der Fassung des Bundesgesetzes BGBl. I Nr. 174/2021 gilt nicht für Arbeitnehmer im Sinne des § 1 Abs. 9 LSD–BG.

(28) § 12a in der Fassung des Bundesgesetzes BGBl. I Nr. 174/2021 gilt ab dem Inkrafttreten des Bundesgesetzes BGBl. I Nr. 111/2022 auch

für Arbeitnehmer im Sinne des § 1 Abs. 9 LSD-BG.

Außerkrafttreten

§ 23a. (1) § 10a samt Überschrift in der in der Fassung vor dem Bundesgesetz BGBl. I Nr. 44/2016 tritt mit Ablauf des 31. Dezember 2016 außer Kraft.

(2) § 17 Abs. 2 bis 7 und § 22 Abs. 1 Z 2 in der Fassung vor dem Bundesgesetz BGBl. I Nr. 44/2016 treten mit Ablauf des 31. Dezember 2016 mit der Maßgabe außer Kraft, dass diese Bestimmungen auf Sachverhalte weiter Anwendung finden, die sich vor dem 1. Jänner 2017 ereignet haben.

Sprachliche Gleichbehandlung

§ 24. Soweit in diesem Bundesgesetz personenbezogene Bezeichnungen nur in männlicher Form angeführt sind, beziehen sie sich auf Frauen und Männer in gleicher Weise.

Verweisungen

§ 25. Soweit in diesem Bundesgesetz auf Bestimmungen anderer Bundesgesetze ohne Bezugnahme auf eine bestimmte Fassung verwiesen wird, sind diese in ihrer jeweils geltenden Fassung anzuwenden.

Vollziehung

§ 26. Mit der Vollziehung dieses Bundesgesetzes sind betraut:

1. hinsichtlich des § 7 Abs. 1 in Bezug auf das Dienstnehmerhaftpflichtgesetz der Bundesminister für Justiz;
2. hinsichtlich der übrigen Bestimmungen der Bundesminister für Arbeit, Soziales und Konsumentenschutz.

16. Ausländerbeschäftigungsgesetz

Bundesgesetz vom 20. März 1975, mit dem die Beschäftigung von Ausländern geregelt wird
StF: BGBl. Nr. 218/1975
Letzte Novellierung: BGBl. I Nr. 168/2022

GLIEDERUNG

STICHWORTVERZEICHNIS

Abschnitt I
Allgemeine Bestimmungen
Geltungsbereich

§ 1. (1) Dieses Bundesgesetz regelt die Beschäftigung von Ausländern (§ 2) im Bundesgebiet.

(2) Die Bestimmungen dieses Bundesgesetzes sind nicht anzuwenden auf

a) Ausländer, denen der Status eines Asylberechtigten (§ 3 des Asylgesetzes 2005 – AsylG 2005, BGBl. I Nr. 100/2005) oder der Status eines subsidiär Schutzberechtigten (§ 8 AsylG 2005) zuerkannt wurde;
b) Ausländer hinsichtlich ihrer wissenschaftlichen, pädagogischen, kulturellen und sozialen Tätigkeiten an Unterrichtsanstalten oder an Instituten wissenschaftlichen, kulturellen oder sozialen Charakters, die auf Grund eines zwischenstaatlichen Kulturabkommens errichtet wurden;
c) Ausländer hinsichtlich ihrer Tätigkeiten in diplomatischen oder berufskonsularischen Vertretungen oder Vertretungen bei Internationalen Organisationen einschließlich der Bediensteten dieser Ausländer und Ausländer hinsichtlich ihrer Tätigkeiten als Angestellte Internationaler Einrichtungen oder Internationaler Nichtregierungsorganisationen einschließlich Quasi-Internationaler Organisationen im Sinne des Amtssitzgesetzes, BGBl. I Nr. 54/2021, die Vorrechte und Befreiungen genießen.
d) Ausländer hinsichtlich ihrer seelsorgerischen Tätigkeiten im Rahmen von gesetzlich anerkannten Kirchen und Religionsgesellschaften;
e) Ausländer hinsichtlich ihrer Tätigkeit als Besatzungsmitglieder (§ 4 der Schiffsbesatzungsverordnung, BGBl. II Nr. 518/2004) in der grenzüberschreitenden See- und Binnenschifffahrt;
f) besondere Führungskräfte (§ 2 Abs. 5a), ihre Ehegatten und Kinder sowie ihre ausländischen Bediensteten, die seit mindestens einem Jahr in einem direkten und rechtmäßigen Arbeitsverhältnis zur besonderen Führungskraft stehen und deren Weiterbeschäftigung unter Einhaltung der geltenden Lohn- und Arbeitsbedingungen sowie der sozialversicherungsrechtlichen Vorschriften zur Unterstützung der Führungskraft erforderlich ist;
g) Ausländer hinsichtlich ihrer Tätigkeiten als Berichterstatter für ausländische Medien in Wort, Ton und Bild für die Dauer ihrer Akkreditierung als Auslandskorrespondenten beim Bundeskanzleramt sowie Ausländer hinsichtlich ihrer für die Erfüllung der Aufgaben dieser Berichterstatter unbedingt erforderlichen Tätigkeiten für die Dauer ihrer Notifikation beim Bundeskanzleramt;
(h) Ausländer hinsichtlich ihrer Tätigkeit als Forscher gemäß § 2 Abs. 17 sowie deren Ehegatten und Kinder;
i) Ausländer in öffentlichen und privaten Einrichtungen und Unternehmen hinsichtlich ih-

rer wissenschaftlichen Tätigkeit in der Forschung und Lehre, in der Entwicklung und der Erschließung der Künste sowie in der Lehre der Kunst und deren Ehegatten und Kinder;
j) Ausländer hinsichtlich ihrer Tätigkeit im Rahmen von Aus- und Weiterbildungs- oder Forschungsprogrammen der Europäischen Union;

(Anm.: lit. k aufgehoben durch BGBl. I Nr. 78/1997)

l) Ausländer, die aufgrund eines Rechtsaktes der Europäischen Union Arbeitnehmerfreizügigkeit genießen;
m) Ehegatten und minderjährige ledige Kinder (einschließlich Adoptiv- und Stiefkinder) österreichischer Staatsbürger, die zur Niederlassung nach dem Niederlassungs- und Aufenthaltsgesetz (NAG), BGBl. I Nr. 100/2005, berechtigt sind.

(3) Zwischenstaatliche Vereinbarungen über die Beschäftigung von Ausländern werden durch die Bestimmungen dieses Bundesgesetzes nicht berührt.

(4) Der Bundesminister für Arbeit, Gesundheit und Soziales kann nach Anhörung des Ausländerausschusses (§ 22) durch Verordnung weitere Ausnahmen vom Geltungsbereich dieses Bundesgesetzes festlegen, sofern es sich um Personengruppen handelt, deren Beschäftigung die allgemeine Lage und Entwicklung des Arbeitsmarktes unter besonderer Berücksichtigung der Schutzinteressen der betroffenen inländischen Arbeitnehmer zuläßt.

(Anm.: Abs. 5 aufgehoben durch BGBl. I Nr. 25/2011)

Begriffsbestimmungen

§ 2. (1) Als Ausländer im Sinne dieses Bundesgesetzes gilt, wer nicht die österreichische Staatsbürgerschaft besitzt.

(2) Als Beschäftigung gilt die Verwendung
a) in einem Arbeitsverhältnis,
b) in einem arbeitnehmerähnlichen Verhältnis,
c) in einem Ausbildungsverhältnis, einschließlich der Tätigkeiten nach § 3 Abs. 5,
d) nach den Bestimmungen des § 18 oder
e) überlassener Arbeitskräfte im Sinne des § 3 Abs. 1 und 4 des Arbeitskräfteüberlassungsgesetzes, BGBl. Nr. 196/1988, und des § 5a Abs. 1 des Landarbeitsgesetzes 1984, BGBl. Nr. 287.

(3) Den Arbeitgebern gleichzuhalten sind
a) in den Fällen eines arbeitnehmerähnlichen Beschäftigungsverhältnisses (Abs. 2 lit. b) der Vertragspartner,
b) in den Fällen des Abs. 2 lit. c und d der Inhaber des Betriebes, in dem der Ausländer beschäftigt wird, sofern nicht lit. d gilt, oder der Veranstalter,
c) in den Fällen des Abs. 2 lit. e auch der Beschäftiger im Sinne des § 3 Abs. 3 des Arbeitskräfteüberlassungsgesetzes und des § 5a Abs. 3 des Landarbeitsgesetzes 1984,
d) der ausländische Dienstleistungserbringer, dem eine EU-Entsendebestätigung nach Maßgabe des § 18 Abs. 12 auszustellen ist und
e) der Inhaber der Niederlassung, die einen unternehmensintern transferierten Arbeitnehmer (§ 2 Abs. 13) beschäftigt.

(4) Für die Beurteilung, ob eine Beschäftigung im Sinne des Abs. 2 vorliegt, ist der wahre wirtschaftliche Gehalt und nicht die äußere Erscheinungsform des Sachverhaltes maßgebend. Eine Beschäftigung im Sinne des Abs. 2 liegt insbesondere auch dann vor, wenn
1. ein Gesellschafter einer Personengesellschaft zur Erreichung des gemeinsamen Gesellschaftszweckes oder
2. ein Gesellschafter einer Gesellschaft mit beschränkter Haftung mit einem Geschäftsanteil von weniger als 25%

Arbeitsleistungen für die Gesellschaft erbringt, die typischerweise in einem Arbeitsverhältnis geleistet werden, es sei denn, die regionale Geschäftsstelle des Arbeitsmarktservice stellt auf Antrag binnen drei Monaten fest, daß ein wesentlicher Einfluß auf die Geschäftsführung der Gesellschaft durch den Gesellschafter tatsächlich persönlich ausgeübt wird. Den Nachweis hiefür hat der Antragsteller zu erbringen. Nach Ablauf dieser Frist darf die Tätigkeit auch ohne den erforderlichen Feststellungsbescheid aufgenommen werden. Wird der Antrag nach Ablauf der Frist abgewiesen, ist die bereits begonnene Tätigkeit umgehend, spätestens jedoch binnen einer Woche nach Zustellung des Bescheides, zu beenden.

(Anm.: Abs. 5 aufgehoben durch BGBl. I Nr. 25/2011)

(5a) Als besondere Führungskräfte gelten Ausländer, die leitende Positionen auf der Vorstands- oder Geschäftsleitungsebene in international tätigen Konzernen oder Unternehmen innehaben oder international anerkannte Forscher sind und deren Beschäftigung der Erschließung oder dem Ausbau nachhaltiger Wirtschaftsbeziehungen oder der Schaffung oder Sicherung qualifizierter Arbeitsplätze im Bundesgebiet dient und die eine monatliche Bruttoentlohnung von durchwegs mindestens 120 vH der Höchstbeitragsgrundlage gemäß § 108 Abs. 3 des Allgemeinen Sozialversicherungsgesetzes (ASVG) zuzüglich Sonderzahlungen erhalten.

(6) EWR-Bürger sind Ausländer, die Staatsangehörige einer Vertragspartei des Abkommens über den Europäischen Wirtschaftsraum (EWR-Abkommen) sind.

(7) Grenzgänger sind Ausländer, die ihren Wohnsitz in einem Nachbarstaat haben, in den

sie täglich zurückkehren, und die sich zur Ausübung einer Erwerbstätigkeit in einem unmittelbar an diesen Staat grenzenden politischen Bezirk in Österreich oder in den Freistädten Eisenstadt oder Rust aufhalten.

(Anm.: Abs. 8 aufgehoben durch BGBl. I Nr. 72/2013)

(9) Drittstaaten sind Staaten, die nicht Vertragspartei des EWR-Abkommens sind. Drittstaatsangehörige sind Ausländer, die nicht EWR-Bürger sind.

(Anm.: Abs. 10 aufgehoben durch Art. 1 Z 2, BGBl. I Nr. 66/2017)

(11) Für Kinder sind, soweit in diesem Bundesgesetz nicht anderes bestimmt ist, die jeweiligen Altersgrenzen gemäß § 2 Abs. 1 Z 9 und Abs. 4 NAG und § 52 Abs. 1 Z 2 NAG heranzuziehen.

(12) Die Bestimmungen dieses Bundesgesetzes, die sich auf Ehegatten beziehen, gelten für eingetragene Partner nach dem Eingetragene Partnerschaft-Gesetz – EPG, BGBl. I Nr. 135/2009, sinngemäß.

(13) Als unternehmensintern transferierte Arbeitnehmer gelten Ausländer, die von ihrem ausländischen Arbeitgeber mit Sitz außerhalb der Europäischen Union während ihres Arbeitsverhältnisses

1. als Führungskraft, die die aufnehmende Niederlassung oder eine Abteilung oder Unterabteilung dieser Niederlassung leitet und hauptsächlich unter der allgemeinen Aufsicht des Leitungsorgans oder der Anteilseigner oder gleichwertiger Personen des transferierenden Unternehmens, der transferierenden Unternehmensgruppe oder der aufnehmenden Niederlassung steht oder von ihnen allgemeine Weisungen erhält, oder
2. als Spezialist, der über unerlässliche Spezialkenntnisse für die Tätigkeitsbereiche, die Verfahren oder die Verwaltung der aufnehmenden Niederlassung und über ein hohes Qualifikationsniveau für bestimmte Arbeiten oder Tätigkeiten mit spezifischen technischen Kenntnissen, einschließlich einer angemessenen Berufserfahrung, verfügt, oder
3. als Trainee mit einem Hochschulabschluss, der in seiner beruflichen Entwicklung gefördert wird oder sich branchenspezifisch, technisch oder methodisch fortbildet,

in eine oder mehrere Niederlassungen, die zum gleichen Unternehmen oder zur gleichen Unternehmensgruppe gehören und ihren Sitz im Bundesgebiet haben, vorübergehend abgestellt und dort entsprechend tätig werden. Ausländer, die von Arbeitsvermittlern, Arbeitskräfteüberlassern oder sonstigen Unternehmen, die Arbeitnehmer zur Arbeit unter der Aufsicht und Leitung eines anderen Unternehmens zur Verfügung stellen, abgestellt werden, gelten nicht als unternehmensintern transferierte Arbeitnehmer.

(14) Als Volontäre gelten Ausländer, die ausschließlich zum Zwecke der Erweiterung und Anwendung von Kenntnissen zum Erwerb von Fertigkeiten für die Praxis ohne Arbeitspflicht und ohne Entgeltanspruch bis zu drei Monaten im Kalenderjahr beschäftigt werden und dabei keine Hilfsarbeiten, einfache angelernte Tätigkeiten oder Arbeiten auf Baustellen verrichten.

(15) Als Ferial- oder Berufspraktikanten gelten Schüler, die eine im Rahmen eines geregelten Lehr- oder Studienganges an einer inländischen Bildungseinrichtung mit Öffentlichkeitsrecht vorgeschriebene Tätigkeit verrichten.

(16) Als Praktikanten im Sinne der Richtlinie (EU) 2016/801 über die Bedingungen für die Einreise und den Aufenthalt von Drittstaatsangehörigen zu Forschungs- oder Studienzwecken, zur Absolvierung eines Praktikums, zur Teilnahme an einem Freiwilligendienst, Schüleraustauschprogrammen oder Bildungsvorhaben und zur Ausübung einer Au-pair-Tätigkeit (im Folgenden: Forscher- und Studenten-Richtlinie), ABl. Nr. L 132 vom 21.05.2016 S. 21 gelten Ausländer, die in einem Drittstaat ein Studium absolvieren, das zu einem Hochschulabschluss führt, oder vor nicht mehr als zwei Jahren einen Hochschulabschluss erlangt haben und im Rahmen einer Vereinbarung eines studienbezogenen Praktikums mit einer aufnehmenden Einrichtung auf entsprechendem Qualifikationsniveau für die Dauer von 91 bis 180 Tagen beschäftigt werden, um sich Wissen, praktische Kenntnisse und Erfahrungen in einem beruflichen Umfeld anzueignen.

(17) Als Forscher im Sinne der Forscher- und Studenten-Richtlinie gelten Ausländer, die über einen Doktorgrad oder einen geeigneten Hochschulabschluss, der diesen den Zugang zu Doktoratsprogrammen ermöglicht, verfügen und im Rahmen einer Forschungseinrichtung eine wissenschaftliche Tätigkeit verrichten, für die normalerweise ein solcher Abschluss erforderlich ist.

Voraussetzungen für die Beschäftigung von Ausländern

§ 3. (1) Ein Arbeitgeber darf, soweit in diesem Bundesgesetz nicht anderes bestimmt ist, einen Ausländer nur beschäftigen, wenn ihm für diesen eine Beschäftigungsbewilligung oder Entsendebewilligung erteilt oder eine Anzeigebestätigung ausgestellt wurde oder wenn der Ausländer eine für diese Beschäftigung gültige „Rot-Weiß-Rot – Karte", „Blaue Karte EU, Aufenthaltsbewilligung als unternehmensintern transferierter Arbeitnehmer („ICT"), Aufenthaltsbewilligung als mobiler unternehmensintern transferierter Arbeitnehmer („mobile ICT"), Aufenthaltsbewilligung „Familiengemeinschaft" mit Zugang zum Arbeitsmarkt (§ 20f Abs. 4)" oder „Niederlassungsbewilligung – Künstler" oder eine „Rot-Weiß-Rot – Karte plus", eine „Aufenthaltsberechtigung plus", einen Befreiungsschein (§ 4c) oder einen Aufenthaltstitel „Familienangehöriger" oder „Daueraufenthalt – EU" besitzt.

(2) Ein Ausländer darf, soweit in diesem Bundesgesetz nicht anderes bestimmt ist, eine Beschäftigung nur antreten und ausüben, wenn für ihn eine Beschäftigungsbewilligung oder Entsendebewilligung erteilt oder eine Anzeigebestätigung ausgestellt wurde oder wenn er eine für diese Beschäftigung gültige „Rot-Weiß-Rot – Karte", „Blaue Karte EU, Aufenthaltsbewilligung als unternehmensintern transferierter Arbeitnehmer („ICT"), Aufenthaltsbewilligung als mobiler unternehmensintern transferierter Arbeitnehmer („mobile ICT"), Aufenthaltsbewilligung „Familiengemeinschaft" mit Zugang zum Arbeitsmarkt (§ 20f Abs. 4)" oder „Niederlassungsbewilligung – Künstler" oder eine „Rot-Weiß-Rot – Karte plus", eine „Aufenthaltsberechtigung plus", einen Befreiungsschein (§ 4c) oder einen Aufenthaltstitel „Familienangehöriger" oder „Daueraufenthalt – EU" besitzt.

(3) Bei Eintritt eines anderen Arbeitgebers in das Rechtsverhältnis nach § 2 Abs. 2 durch Übergang des Betriebes oder Änderung der Rechtsform gilt bei sonst unverändertem Fortbestand der Voraussetzungen die Beschäftigungsbewilligung als dem neuen Arbeitgeber erteilt. Auch eine für die Beschäftigung gültige „Rot-Weiß-Rot – Karte", „Blaue Karte EU, Aufenthaltsbewilligung als unternehmensintern transferierter Arbeitnehmer („ICT"), Aufenthaltsbewilligung als mobiler unternehmensintern transferierter Arbeitnehmer („mobile ICT"), Aufenthaltsbewilligung „Familiengemeinschaft" mit Zugang zum Arbeitsmarkt (§ 20f Abs. 4)" oder „Niederlassungsbewilligung – Künstler" berechtigt bei sonst unverändertem Fortbestand der Voraussetzungen zu einer Beschäftigung beim neuen Arbeitgeber.

(4) Ausländer, die Konzert- oder Bühnenkünstler oder Angehörige der Berufsgruppen Artisten, Film-, Rundfunk- und Fernsehschaffende oder Musiker sind, dürfen

a) einen Tag oder
b) acht Wochen im Rahmen einer künstlerischen Gesamtproduktion zur Sicherung eines Konzerts, einer Veranstaltung, einer Vorstellung, einer laufenden Filmproduktion, einer Rundfunk- oder Fernsehlivesendung

ohne Beschäftigungsbewilligung beschäftigt werden. Die Beschäftigung ist vom Veranstalter bzw. Produzenten am Tag der Arbeitsaufnahme der zuständigen regionalen Geschäftsstelle des Arbeitsmarktservice anzuzeigen.

(5) Ausländer, die als Volontäre (§ 2 Abs. 14), Ferial- oder Berufspraktikanten (§ 2 Abs. 15) oder Praktikanten (§ 2 Abs. 16) beschäftigt werden, bedürfen keiner Beschäftigungsbewilligung. Die Beschäftigung ist vom Inhaber des Betriebs, in dem der/die AusländerIn beschäftigt wird, spätestens drei Wochen vor Beginn der zuständigen regionalen Geschäftsstelle des Arbeitsmarktservice und der Zentralen Koordinationsstelle für die Kontrolle der illegalen Beschäftigung nach dem Ausländerbeschäftigungsgesetz und dem Lohn- und Sozialdumping-Bekämpfungsgesetz des Amtes für Betrugsbekämpfung anzuzeigen. Die zuständige regionale Geschäftsstelle des Arbeitsmarktservice hat binnen zweier Wochen eine Anzeigebestätigung auszustellen. Nach Ablauf dieser Frist darf die Beschäftigung aber auch vor Ausstellung der Anzeigebestätigung aufgenommen werden. Bei einer allfälligen Ablehnung der Anzeigebestätigung nach Ablauf dieser Frist ist die bereits begonnene Beschäftigung umgehend, spätestens jedoch binnen einer Woche nach Zustellung der Ablehnung, zu beenden. Die Anzeigebestätigung ist nur auszustellen, wenn die Gewähr gegeben ist, dass der wahre wirtschaftliche Gehalt der beabsichtigten Beschäftigung dem eines Volontariates (§ 2 Abs. 14) oder eines Praktikums (§ 2 Abs. 15 oder 16) entspricht.

(6) Der Arbeitgeber hat die ihm nach diesem Bundesgesetz erteilten Bewilligungen oder Bestätigungen im Betrieb, der Ausländer die ihm nach diesem Bundesgesetz und nach dem NAG erteilten Bewilligungen oder Bestätigungen an seiner Arbeitsstelle zur Einsichtnahme bereitzuhalten.

(7) Ein Arbeitgeber darf einen Ausländer, auf den zum Zeitpunkt der Beschäftigungsaufnahme die Bestimmungen dieses Bundesgesetzes nicht anzuwenden waren, auch nach dem Wegfall der dafür maßgeblichen persönlichen Umstände des Ausländers bis zum Ende des Beschäftigungsverhältnisses weiter beschäftigen.

(8) Die regionale Geschäftsstelle des Arbeitsmarktservice hat Ausländern, die gemäß § 1 Abs. 2 oder aufgrund einer Verordnung gemäß § 1 Abs. 4 vom Geltungsbereich dieses Bundesgesetzes ausgenommen sind, auf deren Antrag eine Bestätigung darüber auszustellen.

(9) Die Beschäftigung eines Volontärs gemäß Abs. 5 kann auf bis zu zwölf Monate verlängert werden, wenn

a) der Volontär über eine Ausbildung verfügt, die einer österreichischen Reifeprüfung entspricht, und
b) die Ausbildung in Österreich zu einer beruflichen Qualifikation führen soll, die diesem Niveau entspricht, und
c) die Beschäftigung durch ein international tätiges Unternehmen erfolgt und
d) die Beschäftigung zur Sicherung des österreichischen Betriebsstandortes im Hinblick auf die Erschließung neuer Absatzgebiete oder Wirtschaftsstandorte im Herkunftsstaat des Volontärs notwendig ist und
e) vor Aufnahme der Beschäftigung ein betriebliches Schulungsprogramm vorgelegt wird, welches die zur Erreichung der in lit. b genannten

Ziele erforderlichen Maßnahmen, die Dauer und den konkreten Einsatzort der einzelnen Programmschritte anführt, und

f) ein Nachweis des ausbildungsadäquaten Einsatzes im Herkunftsstaat nach Abschluß des Schulungsprogrammes erbracht wird und

g) eine Gefährdung der Beschäftigung und der Lohn- und Arbeitsbedingungen der übrigen im Unternehmen Beschäftigten ausgeschlossen ist und

h) eine Erklärung über die Verständigung des Betriebsrates oder der Personalvertretung von der Beschäftigung des Volontärs vorliegt.

(10) Die Anzeigebestätigung gemäß Abs. 5 ist zu widerrufen, wenn der Antragsteller anläßlich der Anzeige des Volontariates oder des Ferial- oder Berufspraktikums über wesentliche Tatsachen wissentlich falsche Angaben gemacht oder solche Tatsachen verschwiegen hat oder wenn der Ausländer Tätigkeiten verrichtet, die nicht einem Volontariat gemäß Abs. 5 oder Abs. 9 oder dem von der Bildungseinrichtung vorgeschriebenen Ferial- oder Berufspraktikum entsprechen.

Abschnitt II
Beschäftigungsbewilligung
Voraussetzungen

§ 4.[a)] (1) Einem Arbeitgeber ist auf Antrag eine Beschäftigungsbewilligung für den im Antrag angegebenen Ausländer zu erteilen, wenn die Lage und Entwicklung des Arbeitsmarktes die Beschäftigung zulässt (Arbeitsmarktprüfung), wichtige öffentliche und gesamtwirtschaftliche Interessen nicht entgegenstehen und

1. der Ausländer über ein Aufenthaltsrecht nach dem NAG oder dem Fremdenpolizeigesetz 2005 (FPG), BGBl. I Nr. 100, verfügt, das die Ausübung einer Beschäftigung nicht ausschließt, oder seit drei Monaten zum Asylverfahren zugelassen ist und über einen faktischen Abschiebeschutz oder ein Aufenthaltsrecht gemäß den §§ 12 oder 13 AsylG 2005 verfügt oder über ein Aufenthaltsrecht gemäß § 54 Abs. 1 Z 2 oder 3 AsylG 2005 verfügt oder gemäß § 46a FPG geduldet ist und zuletzt gemäß § 1 Abs. 2 lit. a vom Anwendungsbereich dieses Bundesgesetzes ausgenommen war,
2. die Gewähr gegeben erscheint, dass der Arbeitgeber die Lohn- und Arbeitsbedingungen einschließlich der sozialversicherungsrechtlichen Vorschriften einhält,
3. keine wichtigen Gründe in der Person des Ausländers vorliegen, wie wiederholte Verstöße infolge Ausübung einer Beschäftigung ohne Beschäftigungsbewilligung während der letzten zwölf Monate,
4. die Beschäftigung, soweit in diesem Bundesgesetz nicht anderes bestimmt ist, nicht bereits begonnen hat,
5. der Arbeitgeber während der letzten zwölf Monate vor der Antragseinbringung nicht wiederholt Ausländer entgegen den Bestimmungen dieses Bundesgesetzes beschäftigt hat,
6. die Vereinbarung über die beabsichtigte Beschäftigung (§ 2 Abs. 2) nicht aufgrund einer gemäß dem Arbeitsmarktförderungsgesetz, BGBl. Nr. 31/1969, unerlaubten Arbeitsvermittlung zustande gekommen ist und der Arbeitgeber dies wusste oder hätte wissen müssen,
7. der Arbeitgeber den Ausländer auf einem Arbeitsplatz seines Betriebes beschäftigen wird, wobei eine Zurverfügungstellung des Ausländers an Dritte unbeschadet des § 6 Abs. 2 nicht als Beschäftigung im eigenen Betrieb gilt,
8. die Erklärung über die Verständigung des Betriebsrates oder der Personalvertretung von der beabsichtigten Einstellung des Ausländers vorliegt,
9. der Arbeitgeber nicht hinsichtlich des antragsgegenständlichen oder eines vergleichbaren Arbeitsplatzes innerhalb von sechs Monaten vor oder im Zuge der Antragstellung

a) einen Arbeitnehmer, der das 50. Lebensjahr vollendet hat, gekündigt hat oder

b) die Einstellung eines für den konkreten Arbeitsplatz geeigneten Arbeitnehmers, der das 50. Lebensjahr vollendet hat, abgelehnt hat,

es sei denn, er macht glaubhaft, dass die Kündigung oder die Ablehnung der Einstellung nicht aufgrund des Alters des Arbeitnehmers erfolgt ist,

10. der Arbeitgeber im Fall der Beschäftigung eines Ausländers gemäß § 5 während der letzten zwölf Monate vor der Antragseinbringung nicht wiederholt Ausländern eine nicht ortsübliche Unterkunft zur Verfügung gestellt hat und
11. der Arbeitgeber im Fall der Beschäftigung eines Ausländers gemäß § 5 bestätigt, dass dem Ausländer für die beabsichtigte Dauer der Beschäftigung eine ortsübliche Unterkunft zur Verfügung stehen wird und, sofern die Unterkunft vom oder über den Arbeitgeber zur Verfügung gestellt wird, die Miete nicht automatisch vom Lohn abgezogen wird.

(2) Einem Arbeitgeber ist auf Antrag eine Beschäftigungsbewilligung für den im Antrag angegebenen ausländischen Lehrling zu erteilen, wenn die Lage auf dem Lehrstellenmarkt dies zulässt (Arbeitsmarktprüfung), keine wichtigen Gründe hinsichtlich der Lage und Entwicklung des übrigen Arbeitsmarktes entgegenstehen und die Voraussetzungen des Abs. 1 Z 1 bis 9 vorliegen.

(3) Die Beschäftigungsbewilligung darf dem Arbeitgeber bei Erfüllung der allgemeinen Voraussetzungen gemäß Abs. 1 und 2 nur erteilt werden, wenn

1. der Regionalbeirat die Erteilung einhellig befürwortet oder

AuslBG

(Anm.: Z 2 bis 4 aufgehoben durch BGBl. I Nr. 72/2013)

5. der Ausländer gemäß § 5 befristet beschäftigt werden soll oder
6. der Ausländer über eine Aufenthaltsbewilligung als Schüler (§ 63 NAG) oder Student (§ 64 Abs. 1 und 4 NAG) verfügt oder Inhaber eines gültigen Aufenthaltstitels „Student" eines anderen Mitgliedstaates der Europäischen Union ist und im Rahmen eines Unions- oder multilateralen Programms mit Mobilitätsmaßnahmen oder einer Vereinbarung zwischen zwei oder mehreren Hochschuleinrichtungen einen Teil des Studiums in einer inländischen Hochschuleinrichtung absolviert oder
7. der Ausländer Betriebsentsandter ist (§ 18) oder

(Anm.: Z 8 aufgehoben durch Art. 1 Z 8, BGBl. I Nr. 66/2017)

9. der Ausländer gemäß § 57 AsylG 2005 besonderen Schutz genießt oder
10. für den Ausländer eine Bewilligung zur grenzüberschreitenden Überlassung gemäß § 16 Abs. 4 AÜG bzw. § 40a Abs. 2 des Landarbeitsgesetzes 1984 vorliegt oder, sofern eine solche Bewilligung gemäß § 16a AÜG bzw. § 40a Abs. 6 des Landarbeitsgesetzes 1984 nicht erforderlich ist, die Voraussetzungen des § 16 Abs. 4 Z 1 bis 3 AÜG bzw. § 40a Abs. 2 Z 1 bis 3 des Landarbeitsgesetzes 1984 sinngemäß vorliegen oder
11. der Ausländer auf Grund allgemein anerkannter Regeln des Völkerrechts oder zwischenstaatlicher Vereinbarungen zu einer Beschäftigung zuzulassen ist oder
12. der Ausländer Anspruch auf Leistungen nach dem Arbeitslosenversicherungsgesetz 1977 (AlVG), BGBl. Nr. 609, hat oder
13. der Ausländer nicht länger als sechs Monate als Künstler (§14) beschäftigt werden soll oder
14. der Ausländer einer Personengruppe gemäß einer Verordnung nach Abs. 4 angehört.

(4) Der Bundesminister für Arbeit, Soziales und Konsumentenschutz kann durch Verordnung festlegen, dass für weitere Personengruppen, an deren Beschäftigung öffentliche oder gesamtwirtschaftliche Interessen bestehen, Beschäftigungsbewilligungen erteilt werden dürfen. Die Verordnung kann eine bestimmte Geltungsdauer der Beschäftigungsbewilligungen, einen Höchstrahmen für einzelne Gruppen und – sofern es die Lage und Entwicklung des Arbeitsmarktes zulässt – den Entfall der Arbeitsmarktprüfung im Einzelfall vorsehen.

(5) Bei Vorliegen einer Bewilligung zur grenzüberschreitenden Überlassung gemäß § 16 Abs. 4 des Arbeitskräfteüberlassungsgesetzes oder gemäß § 40a Abs. 2 des Landarbeitsgesetzes 1984 entfallen die Arbeitsmarktprüfung nach Abs. 1 und die Anhörung des Regionalbeirates.

(6) Bei der Beschäftigung eines Gesellschafters gemäß § 2 Abs. 4 gilt Abs. 1 Z 2 nur dann als erfüllt, wenn die Beschäftigung die Lohn- und Arbeitsbedingungen inländischer Arbeitnehmer nicht gefährdet. Eine Gefährdung ist anzunehmen, wenn die Einkünfte des Gesellschafters, beginnend mit der Aufnahme seiner Tätigkeit, unter dem ortsüblichen Entgelt inländischer Arbeitnehmer liegen, die eine vergleichbare Tätigkeit ausüben.

(7) Die Arbeitsmarktprüfung gemäß Abs. 1 und 2 entfällt bei

(Anm.: Z 1 aufgehoben durch Art. 1 Z 9, BGBl. I Nr. 66/2017)

2. Schülern und Studenten (Abs. 3 Z 6) für eine Beschäftigung, die 20 Wochenstunden nicht überschreitet,
3. Studienabsolventen (§ 12b Z 2),
4. Fachkräften hinsichtlich einer Beschäftigung in einem in der Fachkräfteverordnung (§ 13) festgelegten Mangelberuf,
5. Ausländern, die besonderen Schutz genießen (Abs. 3 Z 9) und
6. registrierten befristet beschäftigten Ausländern im Sinne des § 5 Abs. 6a und Abs. 7.

(8) Von Abs. 1 Z 3 und 5 kann nach Anhörung des Regionalbeirates abgesehen werden, wenn berücksichtigungswürdige Gründe, wie zB ein geringer Grad des Verschuldens oder eine kurze Dauer des Verstoßes vorliegen und der Arbeitgeber glaubhaft macht, dass er konkrete technische, organisatorische oder personelle Maßnahmen getroffen hat, um weitere Verstöße zu verhindern.

[a)] Tritt mit Ablauf des 30. Juni 2023 außer Kraft.

Abschnitt II
Beschäftigungsbewilligung
Voraussetzungen

§ 4.[a)] (1) Einem Arbeitgeber ist auf Antrag eine Beschäftigungsbewilligung für den im Antrag angegebenen Ausländer zu erteilen, wenn die Lage und Entwicklung des Arbeitsmarktes die Beschäftigung zulässt (Arbeitsmarktprüfung), wichtige öffentliche und gesamtwirtschaftliche Interessen nicht entgegenstehen und

1. der Ausländer über ein Aufenthaltsrecht nach dem NAG oder dem Fremdenpolizeigesetz 2005 (FPG), BGBl. I Nr. 100, verfügt, das die Ausübung einer Beschäftigung nicht ausschließt, oder seit drei Monaten zum Asylverfahren zugelassen ist und über einen faktischen Abschiebeschutz oder ein Aufenthaltsrecht gemäß den §§ 12 oder 13 AsylG 2005 verfügt oder über ein Aufenthaltsrecht gemäß § 54 Abs. 1 Z 2 oder 3 AsylG 2005 verfügt oder gemäß § 46a FPG geduldet ist und zuletzt gemäß § 1 Abs. 2 lit. a vom Anwendungsbereich dieses Bundesgesetzes ausgenommen war,

2. die Gewähr gegeben erscheint, dass der Arbeitgeber die Lohn- und Arbeitsbedingungen einschließlich der sozialversicherungsrechtlichen Vorschriften einhält,
3. keine wichtigen Gründe in der Person des Ausländers vorliegen, wie wiederholte Verstöße infolge Ausübung einer Beschäftigung ohne Beschäftigungsbewilligung während der letzten zwölf Monate,
4. die Beschäftigung, soweit in diesem Bundesgesetz nicht anderes bestimmt ist, nicht bereits begonnen hat,
5. der Arbeitgeber während der letzten zwölf Monate vor der Antragseinbringung nicht wiederholt Ausländer entgegen den Bestimmungen dieses Bundesgesetzes beschäftigt hat,
6. die Vereinbarung über die beabsichtigte Beschäftigung (§ 2 Abs. 2) nicht aufgrund einer gemäß dem Arbeitsmarktförderungsgesetz, BGBl. Nr. 31/1969, unerlaubten Arbeitsvermittlung zustande gekommen ist und der Arbeitgeber dies wusste oder hätte wissen müssen,
7. der Arbeitgeber den Ausländer auf einem Arbeitsplatz seines Betriebes beschäftigen wird, wobei eine Zurverfügungstellung des Ausländers an Dritte unbeschadet des § 6 Abs. 2 nicht als Beschäftigung im eigenen Betrieb gilt,
8. die Erklärung über die Verständigung des Betriebsrates oder der Personalvertretung von der beabsichtigten Einstellung des Ausländers vorliegt,
9. der Arbeitgeber nicht hinsichtlich des antragsgegenständlichen oder eines vergleichbaren Arbeitsplatzes innerhalb von sechs Monaten vor oder im Zuge der Antragstellung
   a) einen Arbeitnehmer, der das 50. Lebensjahr vollendet hat, gekündigt hat oder
   b) die Einstellung eines für den konkreten Arbeitsplatz geeigneten Arbeitnehmers, der das 50. Lebensjahr vollendet hat, abgelehnt hat,

   es sei denn, er macht glaubhaft, dass die Kündigung oder die Ablehnung der Einstellung nicht aufgrund des Alters des Arbeitnehmers erfolgt ist,
10. der Arbeitgeber im Fall der Beschäftigung eines Ausländers gemäß § 5 während der letzten zwölf Monate vor der Antragseinbringung nicht wiederholt Ausländern eine nicht ortsübliche Unterkunft zur Verfügung gestellt hat und
11. der Arbeitgeber im Fall der Beschäftigung eines Ausländers gemäß § 5 bestätigt, dass dem Ausländer für die beabsichtigte Dauer der Beschäftigung eine ortsübliche Unterkunft zur Verfügung stehen wird und, sofern die Unterkunft vom oder über den Arbeitgeber zur Verfügung gestellt wird, die Miete nicht automatisch vom Lohn abgezogen wird.

(2) Einem Arbeitgeber ist auf Antrag eine Beschäftigungsbewilligung für den im Antrag angegebenen ausländischen Lehrling zu erteilen, wenn die Lage auf dem Lehrstellenmarkt dies zulässt (Arbeitsmarktprüfung), keine wichtigen Gründe hinsichtlich der Lage und Entwicklung des übrigen Arbeitsmarktes entgegenstehen und die Voraussetzungen des Abs. 1 Z 1 bis 9 vorliegen.

(Anm.: Abs. 3 aufgehoben durch VfGH, BGBl. I Nr. 1/2022)

(4) Der Bundesminister für Arbeit, Soziales und Konsumentenschutz kann durch Verordnung festlegen, dass für weitere Personengruppen, an deren Beschäftigung öffentliche oder gesamtwirtschaftliche Interessen bestehen, Beschäftigungsbewilligungen erteilt werden dürfen. Die Verordnung kann eine bestimmte Geltungsdauer der Beschäftigungsbewilligungen, einen Höchstrahmen für einzelne Gruppen und – sofern es die Lage und Entwicklung des Arbeitsmarktes zulässt – den Entfall der Arbeitsmarktprüfung im Einzelfall vorsehen.

(5) Bei Vorliegen einer Bewilligung zur grenzüberschreitenden Überlassung gemäß § 16 Abs. 4 des Arbeitskräfteüberlassungsgesetzes oder gemäß § 40a Abs. 2 des Landarbeitsgesetzes 1984 entfallen die Arbeitsmarktprüfung nach Abs. 1 und die Anhörung des Regionalbeirates.

(6) Bei der Beschäftigung eines Gesellschafters gemäß § 2 Abs. 4 gilt Abs. 1 Z 2 nur dann als erfüllt, wenn die Beschäftigung die Lohn- und Arbeitsbedingungen inländischer Arbeitnehmer nicht gefährdet. Eine Gefährdung ist anzunehmen, wenn die Einkünfte des Gesellschafters, beginnend mit der Aufnahme seiner Tätigkeit, unter dem ortsüblichen Entgelt inländischer Arbeitnehmer liegen, die eine vergleichbare Tätigkeit ausüben.

(7) Die Arbeitsmarktprüfung gemäß Abs. 1 und 2 entfällt bei

(Anm.: Z 1 aufgehoben durch Art. 1 Z 9, BGBl. I Nr. 66/2017)

2. Schülern und Studenten (Abs. 3 Z 6) für eine Beschäftigung, die 20 Wochenstunden nicht überschreitet,
3. Studienabsolventen (§ 12b Z 2),
4. Fachkräften hinsichtlich einer Beschäftigung in einem in der Fachkräfteverordnung (§ 13) festgelegten Mangelberuf,
5. Ausländern, die besonderen Schutz genießen (Abs. 3 Z 9) und
6. registrierten befristet beschäftigten Ausländern im Sinne des § 5 Abs. 6a und Abs. 7.

(8) Von Abs. 1 Z 3 und 5 kann nach Anhörung des Regionalbeirates abgesehen werden,

wenn berücksichtigungswürdige Gründe, wie zB ein geringer Grad des Verschuldens oder eine kurze Dauer des Verstoßes vorliegen und der Arbeitgeber glaubhaft macht, dass er konkrete technische, organisatorische oder personelle Maßnahmen getroffen hat, um weitere Verstöße zu verhindern.

a) Tritt mit 1. Juli 2023 in Kraft.

Projektmitarbeiter

§ 4a. Einem Arbeitgeber ist für einen Ausländer, der nicht länger als sechs Monate als Spezialist (§ 2 Abs. 13 Z 2) im Rahmen eines Projekts vorübergehend beschäftigt werden soll, auf Antrag eine Beschäftigungsbewilligung für die Dauer des Projekts zu erteilen, wenn die allgemeinen Voraussetzungen gemäß § 4 Abs. 1 erfüllt sind.

Prüfung der Arbeitsmarktlage

§ 4b. (1) Die Lage und Entwicklung des Arbeitsmarktes (§ 4 Abs. 1) lässt die Erteilung einer Beschäftigungsbewilligung zu, wenn für die vom beantragten Ausländer zu besetzende offene Stelle weder ein Inländer noch ein am Arbeitsmarkt verfügbarer Ausländer zur Verfügung steht, der bereit und fähig ist, die beantragte Beschäftigung zu den gesetzlich zulässigen Bedingungen auszuüben. Unter den verfügbaren Ausländern sind jene mit Anspruch auf Leistungen aus der Arbeitslosenversicherung, EWR-Bürger, Schweizer, türkische Assoziationsarbeitnehmer (§ 4c) und Ausländer mit unbeschränktem Arbeitsmarktzugang (§ 17) zu bevorzugen. Der Prüfung ist das im Antrag auf Beschäftigungsbewilligung angegebene Anforderungsprofil, das in den betrieblichen Notwendigkeiten eine Deckung finden muss, zu Grunde zu legen. Den Nachweis über die zur Ausübung der Beschäftigung erforderliche Ausbildung oder sonstige besondere Qualifikationen hat der Arbeitgeber zu erbringen.

(2) Die Prüfung gemäß Abs. 1 entfällt, wenn dem Arbeitgeber eine Sicherungsbescheinigung für den beantragten Ausländer ausgestellt wurde.

(3) Bei der Zulassung von Ehegatten und minderjährigen Kindern von Ausländern gemäß § 18a zu einer Beschäftigung ist die Prüfung gemäß Abs. 1 auf die Verfügbarkeit von Inländern und EWR-Bürgern zu beschränken.

Türkische Staatsangehörige

§ 4c. (1) Für türkische Staatsangehörige ist eine Beschäftigungsbewilligung von Amts wegen zu erteilen oder zu verlängern, wenn sie die Voraussetzungen nach Art. 6 Abs. 1 erster und zweiter Unterabsatz oder nach Art. 7 erster Unterabsatz oder nach Art. 7 letzter Satz oder nach Artikel 9 des Beschlusses des Assoziationsrates EWG-Türkei – ARB – Nr. 1/1980 erfüllen.

(2) Türkischen Staatsangehörigen ist von Amts wegen ein Befreiungsschein auszustellen oder zu verlängern, wenn sie die Voraussetzungen nach Art. 6 Abs. 1 dritter Unterabsatz oder nach Art. 7 zweiter Unterabsatz des ARB Nr. 1/1980 erfüllen. Der Befreiungsschein berechtigt zur Aufnahme einer Beschäftigung im gesamten Bundesgebiet und ist jeweils für fünf Jahre auszustellen. Der Befreiungsschein ist zu widerrufen, wenn der Ausländer im Antrag über wesentliche Tatsachen wissentlich falsche Angaben gemacht oder solche Tatsachen verschwiegen hat.

(3) Die Rechte türkischer Staatsangehöriger auf Grund der sonstigen Bestimmungen dieses Bundesgesetzes bleiben unberührt. Für die Verfahrenszuständigkeit und die Durchführung der Verfahren gemäß Abs. 1 und 2 gelten, soweit dem nicht Bestimmungen des ARB Nr. 1/1980 entgegenstehen, die Bestimmungen dieses Bundesgesetzes.

Saisonarbeitskräfte und ErntehelferInnen

§ 5. (1) Der Bundesminister für Arbeit, Soziales und Konsumentenschutz kann im Falle eines vorübergehenden zusätzlichen Arbeitskräftebedarfs, der weder aus dem im Inland verfügbaren Arbeitskräftepotenzial noch mit EWR-BürgerInnen, SchweizerInnen und gemäß Abs. 6a und 7 registrierten AusländerInnen abgedeckt werden kann, durch Verordnung zahlenmäßige Kontingente

1. für eine zeitlich befristete Zulassung ausländischer Saisonarbeitskräfte in einem bestimmten Wirtschaftszweig, in einer bestimmten Berufsgruppe oder Region oder
2. für die kurzfristige Zulassung ausländischer ErntehelferInnen

festlegen. Er hat dabei die allgemeine Lage und Entwicklung des Arbeitsmarktes, insbesondere im betreffenden Teilarbeitsmarkt, zu berücksichtigen.

(2) Die Länder und die Interessenvertretungen der ArbeitgeberInnen und der ArbeitnehmerInnen auf Landesebene sind vor der Festlegung von Kontingenten gemäß Abs. 1 anzuhören.

(3) Im Rahmen von Kontingenten gemäß Abs. 1 Z 1 werden Saisonarbeitskräfte mittels Beschäftigungsbewilligungen (§ 4) für eine befristete Saisonbeschäftigung zugelassen. Die zulässige Höchstdauer der Beschäftigungsbewilligungen wird in der jeweiligen Verordnung geregelt, darf jedoch die Dauer von sechs Monaten nicht überschreiten. Innerhalb eines Zeitraumes von 12 Monaten dürfen für ein und dieselbe Saisonarbeitskraft Beschäftigungsbewilligungen für eine Gesamtdauer von längstens neun Monaten erteilt oder verlängert werden.

(4) Für Saisonarbeitskräfte, die bereits in den vergangenen drei Jahren im Rahmen von Kontingenten für den Wirtschaftszweig Land- und Forstwirtschaft beschäftigt waren, dürfen neuerliche Beschäftigungsbewilligungen in diesem Wirtschaftszweig für eine Gesamtdauer von bis zu neun Monaten erteilt oder verlängert werden.

(5) Im Rahmen von Kontingenten gemäß Abs. 1 Z 2 werden ErntehelferInnen mittels Beschäftigungsbewilligungen (§ 4) für eine kurzfristige, einen Zeitraum von sechs Wochen nicht überschreitende, Beschäftigung zugelassen.

(6) Im Rahmen von Kontingenten gemäß Abs. 3 bis 5 erteilte oder verlängerte Beschäftigungsbewilligungen binden für ihre jeweilige Geltungsdauer einen Kontingentplatz. Nach Ablauf der Geltungsdauer der Beschäftigungsbewilligung kann der Kontingentplatz mit einer neuen Beschäftigungsbewilligung belegt werden. Für Saisonarbeitskräfte, die bereits im Rahmen eines Kontingents bewilligt beschäftigt sind, dürfen weitere Beschäftigungsbewilligungen bis zur zulässigen Höchstdauer nach Maßgabe der Abs. 3 bis 5 ungeachtet eines freien Kontingentplatzes erteilt werden. Saisonarbeitskräfte, die bereits zum Aufenthalt im Bundesgebiet berechtigt sind oder mindestens einmal in den vorangegangenen fünf Jahren als Saisonarbeitskraft oder ErntehelferIn im Rahmen eines Kontingents gemäß Abs. 1 Z 1 oder 2 beschäftigt waren, sind bevorzugt zu bewilligen.

(6a) Beschäftigungsbewilligungen für Saisonarbeitskräfte, die in den vorangegangenen fünf Kalenderjahren in zumindest drei Kalenderjahren im selben Wirtschaftszweig jeweils mindestens drei Monate im Rahmen von Kontingenten gemäß Abs. 1 Z 1 in der Fassung des Bundesgesetzes BGBl. I Nr. 54/2021 befristet beschäftigt waren und sich bei den regionalen Geschäftsstellen des Arbeitsmarktservice für eine weitere Beschäftigung in diesem Wirtschaftszweig registrieren lassen, können in diesem Wirtschaftszweig außerhalb von Kontingenten gemäß Abs. 1 Z 1 erteilt werden und sind nicht auf Kontingente anzurechnen. Für die zulässige Höchstdauer der Beschäftigungsbewilligungen gelten Abs. 3 und 4. Die Arbeitsmarktprüfung im Einzelfall entfällt (§ 4 Abs. 7 Z 6).

(7) Beschäftigungsbewilligungen für Saisonarbeitskräfte, die in den Kalenderjahren 2006 bis 2010 im selben Wirtschaftszweig jeweils mindestens vier Monate im Rahmen von Kontingenten gemäß § 5 Abs. 1 Z 1 in der Fassung des Bundesgesetzes BGBl. I Nr. 135/2009 befristet beschäftigt waren und sich bis 30. April 2012 bei den regionalen Geschäftsstellen des Arbeitsmarktservice für eine weitere Beschäftigung in diesem Wirtschaftszweig registrieren haben lassen, können außerhalb von Kontingenten gemäß Abs. 1 Z 1 nach Maßgabe der Abs. 3 und 4 erteilt werden und sind nicht auf Kontingente anzurechnen. Die Arbeitsmarktprüfung im Einzelfall entfällt (§ 4 Abs. 7 Z 6).

(8) Die Prüfung des Aufenthaltsrechts gemäß § 4 Abs. 1 Z 1 und das Verfahren gemäß § 11 entfallen, wenn die Beschäftigungsbewilligung im Rahmen von Kontingenten gemäß Abs. 1 Z 1 oder Z 2 beantragt wurde und die Saisonarbeitskraft oder der/die ErntehelferIn der Visumpflicht gemäß § 24 Abs. 1 Z 3 FPG unterliegt. Die Aufnahme der Beschäftigung ist jedoch erst nach Erteilung eines Visums nach Maßgabe des § 24 Abs. 1 Z 3 FPG erlaubt.

(9) Die zuständige regionale Geschäftsstelle des Arbeitsmarktservice hat Anträge auf Beschäftigungsbewilligungen für AusländerInnen, die über ein Visum C mit mehrjähriger Gültigkeitsdauer verfügen, der örtlich zuständigen Landespolizeidirektion vor der Entscheidung zur Kenntnis zu bringen (§ 24 Abs. 5 FPG).

(10) Die Landesgeschäftsstellen haben ihre Landesdirektorien und die Interessenvertretungen der Land- und Forstwirtschaft auf Anfrage über die Auslastung der im Bereich der Geschäftsstelle festgelegten Kontingente und über die gemäß Abs. 6a und 7 zugelassenen Arbeitskräfte (Stammsaisoniers) zu informieren.

Geltungsbereich

§ 6. (1) Die Beschäftigungsbewilligung ist für einen Arbeitsplatz zu erteilen und gilt für das gesamte Bundesgebiet. Der Arbeitsplatz ist durch die berufliche Tätigkeit und den in der Beschäftigungsbewilligung bezeichneten Arbeitgeber bestimmt.

(2) Eine Änderung der Beschäftigungsbewilligung ist nicht erforderlich, wenn der Ausländer für eine verhältnismäßig kurze, eine Woche nicht übersteigende Zeit auf einem anderen Arbeitsplatz beschäftigt wird. Für einen längeren Zeitraum ist eine neue Beschäftigungsbewilligung erforderlich.

(Anm.: Abs. 3 aufgehoben durch BGBl. I Nr. 72/2013)

Geltungsdauer

§ 7. (1) Die Beschäftigungsbewilligung ist zu befristen; sie darf jeweils längstens für die Dauer eines Jahres erteilt werden.

(2) Für die Beschäftigung auf Arbeitsplätzen in Betrieben, die ihrer Art nach nur zu bestimmten Jahreszeiten arbeiten oder die regelmäßig zu gewissen Zeiten des Jahres erheblich verstärkt arbeiten (Saisonbetrieb), ist die Beschäftigungsbewilligung jeweils nur für die nach der Art der Beschäftigung erforderliche Dauer zu erteilen.

(3) Beschäftigungsbewilligungen, die im Rahmen von Kontingenten gemäß § 5 erteilt werden, dürfen die in der jeweiligen Verordnung festgelegte Geltungsdauer nicht überschreiten.

(4) Lehrlingen ist die Beschäftigungsbewilligung für die Dauer der Lehrzeit und der gesetzlichen oder kollektivvertraglichen Verpflichtung zur Weiterverwendung zu erteilen.

(5) § 11 des Mutterschutzgesetzes 1979, BGBl. Nr. 221, und § 7 Abs. 2 des Väter-Karenzgesetzes, BGBl. Nr. 651/1989 bleiben unberührt.

(6) Die Beschäftigungsbewilligung erlischt

1. mit Beendigung der Beschäftigung des Ausländers;
2. wenn binnen sechs Wochen nach Laufzeitbeginn der Beschäftigungsbewilligung eine Beschäftigung nicht aufgenommen wird.

(7) Wird ein Antrag auf Verlängerung einer Beschäftigungsbewilligung oder auf Ausstellung eines Befreiungsscheines vor Ablauf der Beschäftigungsbewilligung eingebracht, so gilt diese bis zur rechtskräftigen Entscheidung über den Antrag als verlängert.

(8) Liegen die Voraussetzungen für die Verlängerung einer Beschäftigungsbewilligung nicht vor, so treten die Wirkungen der Nichtverlängerung erst mit jenem Zeitpunkt ein, der sich aus den die Rechte des Ausländers sichernden gesetzlichen Bestimmungen und Normen der kollektiven Rechtsgestaltung ergibt.

Auflagen

§ 8. (1) Die Beschäftigungsbewilligung ist mit der Auflage zu verbinden, daß der Ausländer nicht zu schlechteren Lohn- und Arbeitsbedingungen beschäftigt wird, als sie für die Mehrzahl der bezüglich der Leistung und Qualifikation vergleichbaren inländischen Arbeitnehmer des Betriebes gelten.

(Anm.: Abs. 2 aufgehoben durch BGBl. I Nr. 25/2011)

(3) Die Beschäftigungsbewilligung kann, sofern es im Hinblick auf die Lage und Entwicklung des Arbeitsmarktes oder wichtige öffentliche oder gesamtwirtschaftliche Interessen zweckdienlich ist, mit weiteren Auflagen, insbesondere zur Durchführung und Unterstützung von Maßnahmen arbeitsmarktpolitischer oder berufsfördernder Art, verbunden werden.

Widerruf

§ 9. (1) Die Beschäftigungsbewilligung ist zu widerrufen, wenn der Antragsteller im Antrag auf Erteilung der Beschäftigungsbewilligung über wesentliche Tatsachen wissentlich falsche Angaben gemacht oder solche Tatsachen verschwiegen hat. Im Fall der Beschäftigung einer Saisonarbeitskraft oder eines Erntehelfers (§ 5) ist die Beschäftigungsbewilligung auch dann zu widerrufen, wenn die vom oder über den Arbeitgeber zur Verfügung gestellte Unterkunft entgegen § 4 Abs. 1 Z 11 nicht ortsüblich ist und der Arbeitgeber nicht binnen einer Frist von zwei Wochen eine ortsübliche Unterkunft zur Verfügung gestellt hat.

(2) Die Beschäftigungsbewilligung kann widerrufen werden, wenn

a) sich die Voraussetzungen, unter denen sie erteilt wurde (§ 4 Abs. 1 bis 3), wesentlich geändert haben oder die im Sinne des § 4 Abs. 1 erklärten Umstände nicht mehr zutreffen,
b) sonstige wichtige Gründe in der Person des Ausländers vorliegen oder
c) die bei ihrer Erteilung festgesetzten Auflagen (§ 8) nicht erfüllt werden.

(Anm.: Abs. 3 aufgehoben durch BGBl. I Nr. 25/2011)

(4) Bei Widerruf der Beschäftigungsbewilligung gilt § 7 Abs. 8 sinngemäß.

(5) Die Absätze 1 bis 4 gelten für den Widerruf der Entsendebewilligung (§ 18) sinngemäß.

Streik und Aussperrung

§ 10. Für die Beschäftigung auf Arbeitsplätzen in einem von Streik oder Aussperrung betroffenen Betrieb dürfen Beschäftigungsbewilligungen nicht erteilt werden.

Sicherungsbescheinigung

§ 11. (1) Beabsichtigt ein Arbeitgeber einen Ausländer zu beschäftigen, der über kein Aufenthaltsrecht gemäß § 4 Abs. 1 Z 1 verfügt, so ist ihm auf Antrag eine Sicherungsbescheinigung auszustellen, wenn alle sonstigen Voraussetzungen für die Erteilung einer Beschäftigungsbewilligung (§ 4) erfüllt sind und, sofern der Ausländer quotenpflichtig (§ 12 NAG) zugelassen werden soll, ein Quoten- bzw. Kontingentplatz vorhanden ist. Für die Zulassung von Schlüsselkräften und Fachkräften (§§ 12 bis 12c) und von länger als sechs Monate beschäftigten Künstlern (§ 14) gilt das Zulassungsverfahren gemäß § 20d.

(2) Die Sicherungsbescheinigung dient zur Vorlage bei der Vertretungsbehörde im Ausland bzw. bei der nach dem NAG zuständigen Behörde und hat den Namen und die Anschrift des Arbeitgebers, den Namen, das Geburtsdatum, die Staatsangehörigkeit, die Wohnadresse und die vorgesehene berufliche Tätigkeit des Ausländers sowie die beabsichtigte Dauer der Beschäftigungsbewilligung zu enthalten. Die regionale Geschäftsstelle des Arbeitsmarktservice hat die zuständigen Vertretungsbehörden regelmäßig über die Ausstellung von Sicherungsbescheinigungen unter Angabe der genannten Daten in Kenntnis zu setzen.

(3) Die Geltungsdauer der Sicherungsbescheinigung ist mit längstens 26 Wochen zu befristen. Dabei ist auf die voraussichtliche Dauer der Einreise und Aufenthaltsnahme des Ausländers Bedacht zu nehmen. Wurde die Sicherungsbescheinigung für eine kürzere Geltungsdauer ausgestellt, ist eine Verlängerung bis zur Gesamtdauer von 26 Wochen zulässig. In begründeten Fällen ist eine Verlängerung bis zu einer Gesamtdauer von 36 Wochen zulässig.

(4) Wird dem Antrag nicht oder nicht zur Gänze stattgegeben, ist darüber mit Bescheid abzusprechen.

(5) Die Sicherungsbescheinigung kann widerrufen werden, wenn sich die Umstände, unter denen sie erteilt wurde, wesentlich geändert haben.

(Anm.: Abs. 6 aufgehoben durch BGBl. I Nr. 72/2013)

Abschnitt III
Zulassung zur dauerhaften Beschäftigung
Besonders Hochqualifizierte

§ 12. Besonders hochqualifizierte Ausländer, welche die erforderliche Mindestpunkteanzahl für die in **Anlage A** angeführten Kriterien erreichen, werden zu einer Beschäftigung als Schlüsselkraft zugelassen, wenn die beabsichtigte Beschäftigung ihrer Qualifikation und den sonstigen für die Erreichung der Mindestpunkteanzahl maßgeblichen Kriterien entspricht und sinngemäß die Voraussetzungen des § 4 Abs. 1 mit Ausnahme der Z 1 erfüllt sind. Die Arbeitsmarktprüfung im Einzelfall entfällt.

Fachkräfte in Mangelberufen

§ 12a. Ausländer werden in einem in der Fachkräfteverordnung (§ 13) festgelegten Mangelberuf zu einer Beschäftigung als Fachkraft zugelassen, wenn sie
1. eine einschlägige abgeschlossene Berufsausbildung nachweisen können,
2. die erforderliche Mindestpunkteanzahl für die in Anlage B angeführten Kriterien erreichen,
3. für die beabsichtigte Beschäftigung das ihnen nach Gesetz, Verordnung oder Kollektivvertrag zustehende Mindestentgelt zuzüglich einer betriebsüblichen Überzahlung erhalten und

sinngemäß die Voraussetzungen des § 4 Abs. 1 mit Ausnahme der Z 1 erfüllt sind. Die Arbeitsmarktprüfung im Einzelfall entfällt.

Sonstige Schlüsselkräfte und Studienabsolventen

§ 12b. Ausländer werden zu einer Beschäftigung als Schlüsselkraft zugelassen, wenn sie
1. die erforderliche Mindestpunkteanzahl für die in Anlage C angeführten Kriterien erreichen und für die beabsichtigte Beschäftigung ein monatliches Bruttoentgelt erhalten, das mindestens 50 vH der monatlichen Höchstbeitragsgrundlage gemäß § 108 Abs. 3 des Allgemeinen Sozialversicherungsgesetzes (ASVG), BGBl. Nr. 189/1955, zuzüglich Sonderzahlungen beträgt, oder
2. ein Diplomstudium zumindest ab dem zweiten Studienabschnitt bzw. ein Bachelorstudium, ein Masterstudium oder ein (PhD-)Doktoratsstudium an einer inländischen Universität, Fachhochschule oder akkreditierten Privatuniversität absolviert und erfolgreich abgeschlossen haben und für die beabsichtigte Beschäftigung, die ihrem Ausbildungsniveau zu entsprechen hat, ein monatliches Bruttoentgelt erhalten, das mindestens dem ortsüblichen Entgelt inländischer Studienabsolventen mit einer vergleichbaren Tätigkeit und Berufserfahrung entspricht,

und sinngemäß die Voraussetzungen des § 4 Abs. 1 mit Ausnahme der Z 1 erfüllt sind. Bei Studienabsolventen gemäß Z 2 entfällt die Arbeitsmarktprüfung im Einzelfall.

Blaue Karte EU

§ 12c. (1) Ausländer werden zu einer Beschäftigung als Schlüsselkraft zugelassen, wenn sie über einen Abschluss eines Studiums an einer tertiären Bildungseinrichtung mit dreijähriger Mindestdauer verfügen, für eine dieser Ausbildung entsprechende Beschäftigung ein Bruttojahresgehalt erhalten, das dem Einfachen des von der Bundesanstalt „Statistik Österreich" zuletzt veröffentlichten durchschnittlichen österreichischen Bruttojahresgehalts von Vollzeitbeschäftigten entspricht, sinngemäß die Voraussetzungen des § 4 Abs. 1 mit Ausnahme der Z 1 erfüllt sind und im Falle einer Beschäftigung in einem reglementierten Beruf die einschlägige Berufszugangsberechtigung nachgewiesen wird. Der Bundesminister für Arbeit und Wirtschaft kann im Falle einer überdurchschnittlich steigenden Lohnentwicklung oder im Falle einer ungünstigen Entwicklung des Arbeitsmarktes das erforderliche Bruttojahresgehalt durch Verordnung bis zum Eineinhalbfachen erhöhen.

(2) Abweichend von Abs. 1 werden Ausländer auch ohne Abschluss eines Studiums zu einer Beschäftigung als Schlüsselkraft zugelassen, wenn sie als Führungskräfte, akademische oder vergleichbare Fachkräfte in der Informations- und Kommunikationstechnologie unter die Berufsgruppen 133 oder 25 der ISCO–08–Klassifikationsliste laut Anhang der Empfehlung 2009/824/EG über die Verwendung der Internationalen Standardklassifikation der Berufe (ISCO–08), ABl. Nr. L 292 vom 10.11.2009 S. 31 einzuordnen sind und eine mindestens dreijährige einschlägige Berufserfahrung nachweisen, deren Niveau mit einem Hochschulabschluss mit dreijähriger Mindeststudiendauer vergleichbar ist und die innerhalb der dem Antrag auf eine „Blaue Karte EU" vorausgegangenen sieben Jahre erworben wurde.

(3) Für Ausländer, die eine gültige „Blaue Karte EU" eines anderen Mitgliedstaates der Europäischen Union innehaben, ist zur Ausübung einer geschäftlichen Tätigkeit im Bundesgebiet für eine Dauer von 90 Tagen innerhalb eines Zeitraumes von 180 Tagen keine Entsendebewilligung oder Beschäftigungsbewilligung erforderlich, wenn die Tätigkeit in direktem Zusammenhang mit den geschäftlichen Interessen ihres in dem anderen Mitgliedstaat ansässigen Arbeitgebers und ihren beruflichen Pflichten im Rahmen ihres Beschäftigungsverhältnisses zu dem Arbeitgeber steht.

(4) Als geschäftliche Tätigkeiten im Sinne des Abs. 3 gelten die Teilnahme an internen oder externen Geschäftssitzungen, an Konferenzen oder Seminaren, an Verhandlungen über Geschäftsabschlüsse, Verkaufs- oder Vermarktungstätigkeiten,

die Sondierung von Geschäftsmöglichkeiten oder die Teilnahme an Schulungen.

(5) Handelt es sich beim Antragsteller um einen Inhaber einer „Rot-Weiß-Rot – Karte“ als besonders Hochqualifizierter (§ 12), als sonstige Schlüsselkraft oder als Studienabsolvent (§ 12b) entfällt die Arbeitsmarktprüfung gemäß § 4b, wenn die Beschäftigung beim selben Arbeitgeber fortgesetzt wird.

Stammmitarbeiter

§ 12d. Ausländer werden zu einer Beschäftigung als Stammmitarbeiter zugelassen, wenn

1. sie in den vorangegangenen zwei Kalenderjahren jeweils mindestens sieben Monate als registrierte Stammsaisoniers gemäß § 5 Abs. 6a oder 7 im selben Wirtschaftszweig beschäftigt waren,
2. sie Deutschkenntnisse zur selbständigen Sprachverwendung auf dem Sprachniveau A2 gemäß dem Gemeinsamen Europäischen Referenzrahmen für Sprachen nachweisen,
3. der Arbeitgeber ein unbefristetes Arbeitsverhältnis in Aussicht stellt und
4. singgemäß die Voraussetzungen des § 4 Abs. 1 mit Ausnahme der Z 1 erfüllt sind, wobei die Arbeitsmarktprüfung im Einzelfall entfällt.

Fachkräfteverordnung

§ 13. (1) Die Bundesministerin für Arbeit, Soziales, Gesundheit und Konsumentenschutz legt im Falle eines längerfristigen Arbeitskräftebedarfs, der aus dem im Inland verfügbaren Arbeitskräftepotenzial nicht abgedeckt werden kann, zur Sicherung des Wirtschafts- und Beschäftigungsstandortes im Einvernehmen mit der Bundesministerin für Digitalisierung und Wirtschaftsstandort durch Verordnung für das nächstfolgende Kalenderjahr Mangelberufe fest, in denen Ausländer als Fachkräfte gemäß § 12a für eine Beschäftigung im gesamten Bundesgebiet oder in bestimmten Bundesländern zugelassen werden können. Als Mangelberufe kommen Berufe in Betracht, für die bundesweit oder in bestimmten Bundesländern pro gemeldeter offener Stelle höchstens 1,5 Arbeitsuchende vorgemerkt (Stellenandrangsziffer) sind. Berufe mit einer Stellenandrangsziffer bis zu 1,8 können berücksichtigt werden, wenn weitere objektivierbare Mangelindikatoren, insbesondere eine erhöhte Ausbildungsaktivität der Betriebe festgestellt werden oder der betreffende Beschäftigungszweig eine überdurchschnittlich steigende Lohnentwicklung aufweist. Die von Arbeitskräfteüberlassern gemäß § 3 Abs. 2 AÜG gemeldeten offenen Stellen sind bei der Ermittlung der Stellenandrangsziffer gesondert auszuweisen.

(2) Ein vom Verwaltungsrat des Arbeitsmarktservice Österreich gemäß den Bestimmungen des Arbeitsmarktservicegesetzes, BGBl. I Nr. 313/1994, einzurichtender Ausschuss kann nach Maßgabe des Abs. 1 einvernehmlich Vorschläge für die Festlegung von Mangelberufen erstatten. Wird kein Einvernehmen erzielt, können die Vertreter der Arbeitnehmer und der Arbeitgeber gesonderte Vorschläge erstatten.

(3) In der Verordnung gemäß Abs. 1 können unter Bedachtnahme auf die Lage und Entwicklung des Arbeitsmarktes Höchstzahlen festgelegt werden. Diese gelten für die Zulassung von Fachkräften in Mangelberufen, die ausschließlich für bestimmte Bundesländer festgelegt wurden.

(4) Unbeschadet der Regelungen des § 12 kann die Bundesministerin für Arbeit, Soziales, Gesundheit und Konsumentenschutz im Einvernehmen mit der Bundesministerin für Digitalisierung und Wirtschaftsstandort darüber hinaus im Falle eines anhaltend dringenden Bedarfs an Arbeitskräften in besonders hochqualifizierten Beschäftigungsbereichen durch Verordnung für das nächstfolgende Kalenderjahr festlegen, dass Ausländer mit bestimmten tertiären Ausbildungen in diesen Beschäftigungsbereichen als besonders Hochqualifizierte nach Maßgabe des § 12 und der Anlage A zugelassen werden können, wobei die erforderliche Mindestpunkteanzahl um 5 Punkte herabgesetzt wird.

Ausländische Künstler

§ 14. (1) Ausländer, deren unselbständige Tätigkeit überwiegend durch Aufgaben der künstlerischen Gestaltung bestimmt ist, werden zu einer Beschäftigung als Künstler zugelassen, wenn die Voraussetzungen des § 4 Abs. 1 mit Ausnahme des Abs. 1 Z 1 vorliegen. Bei Fehlen einer dieser Voraussetzungen darf die Zulassung nur versagt werden, wenn die Beeinträchtigung der durch dieses Bundesgesetz geschützten öffentlichen Interessen unverhältnismäßig schwerer wiegt als die Beeinträchtigung der Freiheit der Kunst des Ausländers.

(2) Bei der Abwägung gemäß Abs. 1 ist insbesondere darauf Bedacht zu nehmen, dass durch die Versagung der Zulassung dem Ausländer eine zumutbare Ausübung der Kunst im Ergebnis nicht unmöglich gemacht wird. Dabei darf weder ein Urteil über den Wert der künstlerischen Tätigkeit noch über die künstlerische Qualität des Künstlers maßgebend sein.

(3) Bei begründeten Zweifeln hat der Ausländer oder sein Arbeitgeber die beabsichtigte Ausübung einer künstlerischen Tätigkeit glaubhaft zu machen.

Abschnitt IIIa

Unbeschränkter Zugang zum Arbeitsmarkt

Niedergelassene Ausländer

§ 15. (1) Ausländern, die im Besitz einer „Niederlassungsbewilligung“ oder einer „Niederlassungsbewilligung – Angehöriger“ sind, wird im Rahmen eines Zweckänderungsverfahrens zur Erteilung einer „Rot-Weiß-Rot – Karte plus“

unbeschränkter Arbeitsmarktzugang eingeräumt (§ 17), wenn sie

1. seit zwei Jahren rechtmäßig im Bundesgebiet niedergelassen und fortgeschritten integriert sind oder
2. im Besitz einer gültigen Arbeitserlaubnis oder eines gültigen Befreiungsscheines sind oder
3. Ehegatte, eingetragener Partner oder minderjähriges lediges Kind (einschließlich Stief- und Adoptivkind) eines Ausländers gemäß Z 1 oder 2 und bereits zwölf Monate rechtmäßig im Bundesgebiet niedergelassen sind.

(2) Als fortgeschritten integriert im Sinne des Abs. 1 Z 1 gelten Personen, die bereits erlaubt im Bundesgebiet beschäftigt waren oder deren Zulassung zu einer Beschäftigung im Hinblick auf ihre besondere soziale und familiäre Verankerung in Österreich geboten ist. Dazu gehören insbesondere nachgezogene Familienangehörige, die das Modul I der Integrationsvereinbarung erfüllt haben. Bei Opfern familiärer Gewalt kann vom Erfordernis einer zweijährigen rechtmäßigen Niederlassung abgesehen werden, wenn die Aufnahme einer Beschäftigung zur Sicherung einer selbständigen Lebensführung geboten ist.

Unbeschränkter Zugang zum Arbeitsmarkt

§ 17. Ausländer, die über

1. eine „Rot-Weiß-Rot – Karte plus" (§ 41a NAG) oder
2. einen Aufenthaltstitel „Familienangehöriger" (§ 47 NAG) oder „Daueraufenthalt – EU" (§ 45 NAG) oder
3. eine „Aufenthaltsberechtigung – plus" (§ 54 Abs. 1 Z 1 AsylG 2005)

verfügen, sind zur Ausübung einer Beschäftigung im gesamten Bundesgebiet berechtigt.

Abschnitt IV
Entsendung, Überlassung und Unternehmenstransfer

Betriebsentsendung und grenzüberschreitende Arbeitskräfteüberlassung

§ 18. (1) Ausländer, die von einem ausländischen Arbeitgeber ohne einen im Bundesgebiet vorhandenen Betriebssitz im Inland beschäftigt werden, bedürfen, soweit im folgenden nicht anderes bestimmt ist, einer Beschäftigungsbewilligung. Dauern diese Arbeiten nicht länger als sechs Monate, bedürfen Ausländer einer Entsendebewilligung, welche längstens für die Dauer von vier Monaten erteilt werden darf.

(2) Für Ausländer nach Abs. 1, die ausschließlich im Zusammenhang mit kurzfristigen Arbeitsleistungen, für die ihrer Art nach inländische Arbeitskräfte nicht herangezogen werden, wie geschäftliche Besprechungen, Besuche von Messeveranstaltungen und Kongressen und dergleichen, beschäftigt werden, ist eine Beschäftigungsbewilligung oder Entsendebewilligung nicht erforderlich.

(3) Für Ausländer, die

1. von ihrem ausländischen Arbeitgeber im Rahmen eines Joint Venture und auf der Grundlage eines betrieblichen Schulungsprogramms nicht länger als sechs Monate zur betrieblichen Einschulung in einen Betrieb mit Betriebssitz im Bundesgebiet oder
2. im Rahmen eines international tätigen Konzerns auf Basis eines qualifizierten konzerninternen Aus- und Weiterbildungsprogramms von einem ausländischen Konzernunternehmen nicht länger als 50 Wochen in das Headquarter im Bundesgebiet oder
3. von ihrem international tätigen Dienstgeber als der Unternehmensleitung zugeteilte qualifizierte Mitarbeiter, die zur innerbetrieblichen Aus- oder Weiterbildung (Führungskräftenachwuchs) und zu Rotationen im Hinblick auf den Dienstort verpflichtet sind, nicht länger als 24 Monate in eine zum gleichen Unternehmen oder zur gleichen Unternehmensgruppe gehörende Niederlassung im Bundesgebiet

entsandt werden, ist keine Entsendebewilligung oder Beschäftigungsbewilligung erforderlich. Die Schulungs- bzw. Aus- und Weiterbildungsmaßnahme ist spätestens zwei Wochen vor Beginn vom Inhaber des inländischen Schulungsbetriebes (Z 1), vom Headquarter (Z 2) bzw. von der inländischen Niederlassung (Z 3) der zuständigen regionalen Geschäftsstelle des Arbeitsmarktservice unter Nachweis des Joint Venture-Vertrages und des Schulungsprogramms bzw. des Aus- und Weiterbildungsprogramms, in dem Zielsetzungen, Maßnahmen und Dauer der Schulung bzw. Ausbildung angegeben sind, anzuzeigen. Die regionale Geschäftsstelle hat binnen zwei Wochen eine Anzeigebestätigung auszustellen. Die Einschulung bzw. Aus- und Weiterbildung darf erst nach Vorliegen der Anzeigebestätigung begonnen werden.

(3a) Für Ausländer, die als Vertreter repräsentativer ausländischer Interessenvertretungen im Rahmen ihres Arbeitsverhältnisses in das Bundesgebiet abgestellt werden und deren Arbeitsvertrag Rotationen im Hinblick auf den Dienstort vorsieht, gilt Abs. 3 mit der Maßgabe, dass die aufnehmende Niederlassung der zuständigen regionalen Geschäftsstelle des Arbeitsmarktservice die Beschäftigung unter Nachweis des Arbeitsvertrags und des Abordnungsschreibens anzuzeigen hat.

(4) Dauert die im Abs. 1 genannte Beschäftigung länger als vier Monate, so ist eine Beschäftigungsbewilligung erforderlich. Der Antrag auf Erteilung der Beschäftigungsbewilligung ist jedenfalls noch vor Ablauf des vierten Monates nach Aufnahme der Arbeitsleistung vom Inhaber des Betriebes, in dem der Ausländer beschäftigt wird,

AuslBG

bei der zuständigen regionalen Geschäftsstelle des Arbeitsmarktservice einzubringen. Im Falle der Ablehnung der Beschäftigungsbewilligung ist die Beschäftigung spätestens zwei Wochen nach Zustellung der Entscheidung zu beenden.

(5) Für Ausländer nach Abs. 1, die im Rahmen zwischenstaatlicher Kulturabkommen beschäftigt werden, ist eine Entsendebewilligung nicht erforderlich. Die Beschäftigung ist von der Einrichtung, in der die Arbeitsleistungen erbracht werden, bzw. vom Veranstalter spätestens am Tage der Arbeitsaufnahme der zuständigen regionalen Geschäftsstelle des Arbeitsmarktservice anzuzeigen.

(6) Für Ausländer nach Abs. 1, die bei Ensemblegastspielen im Theater beschäftigt werden, ist eine Entsendebewilligung nicht erforderlich, wenn die Beschäftigung nicht länger als eine Woche dauert. Die Beschäftigung ist vom Veranstalter spätestens am Tage der Arbeitsaufnahme der zuständigen regionalen Geschäftsstelle des Arbeitsmarktservice anzuzeigen.

(7) Dauert die Beschäftigung nach Abs. 6 länger als eine Woche, so ist der Antrag auf Erteilung der Entsendebewilligung ab Kenntnis dieses Umstandes, jedenfalls jedoch vor Ablauf einer Woche nach Aufnahme der Beschäftigung, vom Veranstalter bei der zuständigen regionalen Geschäftsstelle des Arbeitsmarktservice einzubringen.

(8) Bei Erteilung einer Entsendebewilligung oder einer Beschäftigungsbewilligung für einen betriebsentsandten Ausländer kann für den Fall, daß es sich um Arbeitsleistungen handelt, die von Inländern nicht erbracht werden können, von der Prüfung, ob die Lage und Entwicklung des Arbeitsmarktes die Beschäftigung zuläßt, abgesehen werden.

(9) Die Dauer der Arbeitsleistungen bzw. der Beschäftigung ist unabhängig von der Dauer des Einsatzes des einzelnen Ausländers bei diesen Arbeitsleistungen bzw. Beschäftigungen festzustellen.

(10) Die Lohn- und Arbeitsbedingungen gemäß § 4 Abs. 1 Z 2 und § 8 Abs. 1 sind als erfüllt anzusehen, wenn die Beschäftigung keine Gefährdung der Lohn- und Arbeitsbedingungen der inländischen Arbeitnehmer mit sich bringt.

(11) Für Arbeiten, die im Bundesgebiet üblicherweise von Betrieben der Wirtschaftsklassen Hoch- und Tiefbau, Bauinstallation, sonstiges Baugewerbe und Vermietung von Baumaschinen und Baugeräten mit Bedienungspersonal gemäß der Systematik der ÖNACE erbracht werden, kann eine Entsendebewilligung nicht erteilt werden.

(12) Für Ausländer, die von einem Unternehmen mit Betriebssitz in einem anderen Mitgliedstaat des Europäischen Wirtschaftsraumes zur Erbringung einer vorübergehenden Arbeitsleistung nach Österreich entsandt oder überlassen werden, ist keine Beschäftigungsbewilligung oder Entsendebewilligung erforderlich, wenn

1. sie ordnungsgemäß zu einer Beschäftigung im Staat des Betriebssitzes über die Dauer der Entsendung oder Überlassung nach Österreich hinaus zugelassen und beim entsendenden Unternehmen rechtmäßig beschäftigt sind,
2. die österreichischen Lohn- und Arbeitsbedingungen gemäß § 3 Abs. 3 bis 6, § 4 Abs. 2 bis 5 und § 5 des Lohn- und Sozialdumping-Bekämpfungsgesetzes (LSD-BG), BGBl. Nr. 44/2016, im Fall der Überlassung gemäß § 10 AÜG, § 3 Abs. 4, § 4 Abs. 2 und 5 und § 6 LSD-BG sowie die sozialversicherungsrechtlichen Bestimmungen eingehalten werden und
3. im Fall der Überlassung kein Untersagungsgrund gemäß § 18 Abs. 1 AÜG vorliegt.

Die Zentrale Koordinationsstelle für die Kontrolle der illegalen Beschäftigung nach dem Ausländerbeschäftigungsgesetz und dem Lohn- und Sozialdumping-Bekämpfungsgesetz des Amtes für Betrugsbekämpfung (Zentrale Koordinationsstelle) hat die Meldung über die Beschäftigung betriebsentsandter oder überlassener Ausländer gemäß § 19 Abs. 2 bis 4 LSD-BG unverzüglich der zuständigen regionalen Geschäftsstelle des Arbeitsmarktservice zu übermitteln. Die regionale Geschäftsstelle des Arbeitsmarktservice hat binnen zwei Wochen ab Einlangen der Meldung dem Unternehmen und dem Auftraggeber oder Beschäftiger, der die Arbeitsleistungen in Anspruch nimmt, das Vorliegen der Voraussetzungen zu bestätigen (EU-Entsendebestätigung bzw. EU-Überlassungsbestätigung) oder bei Nichtvorliegen die Entsendung oder Überlassung zu untersagen. Unbeschadet der Meldepflicht gemäß § 19 Abs. 2 bis 4 LSD-BG sowie sonstiger Pflichten nach dem AÜG, darf die Beschäftigung bei Vorliegen der Voraussetzungen auch ohne EU-Entsendebestätigung bzw. EU-Überlassungsbestätigung begonnen werden.

(13) Abs. 12 gilt sinngemäß für unternehmensintern transferierte Ausländer (§ 2 Abs. 13), die bereits einen gültigen Aufenthaltstitel für unternehmensintern transferierte Arbeitnehmer mit dem Vermerk „ICT“ eines anderen Mitgliedstaates der Europäischen Union innehaben und bis zu 90 Tage innerhalb eines Zeitraums von 180 Tagen in eine oder mehrere Niederlassungen des gleichen Unternehmens oder der gleichen Unternehmensgruppe mit Sitz im Bundesgebiet vorübergehend abgestellt und dort entsprechend tätig werden. Bei Vorliegen der Voraussetzungen ist eine EU-Entsendebestätigung auszustellen. Bei Nichtvorliegen der Voraussetzungen ist die Entsendung zu untersagen und die zuständige Behörde des Mitgliedstaats, der einen Aufenthaltstitel für unternehmensintern transferierte Arbeitnehmer mit

dem Vermerk „ICT" ausgestellt hat, von der Untersagung zu verständigen.

Unternehmensintern transferierte AusländerInnen

§ 18a. (1) AusländerInnen werden zu einer Beschäftigung als unternehmensintern transferierte ArbeitnehmerInnen (§ 2 Abs. 13) zugelassen, wenn

1. sie unmittelbar vor dem Zeitpunkt des Transfers

a) als Führungskraft oder SpezialistIn mindestens neun Monate ohne Unterbrechung oder

b) als Trainee mindestens sechs Monate ohne Unterbrechung

in dem gleichen Unternehmen oder der gleichen Unternehmensgruppe beschäftigt waren, im Bundesgebiet in dieser Eigenschaft beschäftigt werden und nachweislich über die erforderliche berufliche Qualifikation und Erfahrung bzw. als Trainee über einen Hochschulabschluss verfügen,

2. ein Arbeitsvertrag mit dem/der ausländischen ArbeitgeberIn und erforderlichenfalls ein Abordnungsschreiben samt dem Nachweis, dass der/die AusländerIn nach Beendigung seines/ihres unternehmensinternen Transfers in eine Niederlassung zurückkehren kann, die dem gleichen Unternehmen oder der gleichen Unternehmensgruppe angehört und in einem Drittstaat ansässig ist, vorliegt,
3. die österreichischen Lohn- und Arbeitsbedingungen gemäß § 3 Abs. 3 bis 6, § 4 Abs. 2 bis 5 und § 5 LSD-BG, sowie die sozialversicherungsrechtlichen Vorschriften eingehalten werden,
4. sie auf einem Arbeitsplatz in der Niederlassung, die nicht von Streik oder Aussperrung betroffen ist, beschäftigt werden, wobei eine Zurverfügungstellung des Ausländers/der Ausländerin an Dritte unbeschadet der Einsatzmöglichkeit bei KundInnen der aufnehmenden Niederlassung zwecks Durchführung von Werkverträgen nicht als Beschäftigung in der Niederlassung gilt,
5. im Fall der Ausübung eines reglementierten Berufs die dafür geltenden Voraussetzungen erfüllt sind,
6. das Unternehmen der aufnehmenden Niederlassung während der letzten zwölf Monate vor der Antragstellung nicht wiederholt AusländerInnen entgegen den Bestimmungen dieses Bundesgesetzes oder § 29 LSD-BG beschäftigt hat,
7. die aufnehmende Niederlassung nicht hauptsächlich zum Zwecke gegründet worden ist, die Einreise von unternehmensintern transferierten ArbeitnehmerInnen zu erleichtern und
8. das Unternehmen des Arbeitgebers/der Arbeitgeberin mit Betriebssitz im Ausland oder die aufnehmende Niederlassung eine echte Geschäftstätigkeit ausübt und sich der/die ArbeitgeberIn oder die aufnehmende Niederlassung nicht nach den für seinen bzw. ihren Betriebssitz geltenden Insolvenzgesetzen in Abwicklung befindet oder abgewickelt worden ist.

(2) Abs. 1 gilt mit Ausnahme der Z 1 auch für unternehmensintern transferierte AusländerInnen, die InhaberInnen eines gültigen Aufenthaltstitels für unternehmensintern transferierte ArbeitnehmerInnen („ICT") eines anderen Mitgliedstaates der Europäischen Union sind und in eine Niederlassung des gleichen Unternehmens oder der gleichen Unternehmensgruppe mit Betriebssitz im Bundesgebiet vorübergehend abgestellt und dort entsprechend tätig werden.

(3) Der Bundesminister für Arbeit, Soziales und Konsumentenschutz kann durch Verordnung zahlenmäßige Kontingente für die Beschäftigung unternehmensintern transferierter ArbeitnehmerInnen festlegen. Er hat dabei auf die Aufnahmefähigkeit des inländischen Arbeitsmarktes und die Sicherung der Wettbewerbsfähigkeit inländischer Unternehmen Bedacht zu nehmen.

Abschnitt V

Verfahren

Anträge nach Abschnitt II und IV

§ 19. (1) Der Antrag auf Ausstellung einer Sicherungsbescheinigung oder Anzeigebestätigung bzw. Erteilung einer Beschäftigungsbewilligung oder Entsendebewilligung ist unbeschadet der Abs. 2 und 3 und des § 18 vom Arbeitgeber bei der regionalen Geschäftsstelle des Arbeitsmarktservice einzubringen, in deren Sprengel der in Aussicht genommene Beschäftigungsort liegt, bei wechselndem Beschäftigungsort bei der nach dem Sitz des Betriebes, im Falle der Entsendung bei der für den ersten Arbeitseinsatz örtlich oder fachlich zuständigen regionalen Geschäftsstelle des Arbeitsmarktservice.

(2) Wird der Ausländer über den im § 6 Abs. 2 genannten Zeitraum hinaus im Betrieb eines anderen Arbeitgebers beschäftigt, ist die Beschäftigungsbewilligung oder Entsendebewilligung von diesem Arbeitgeber zu beantragen.

(3) Ist kein Arbeitgeber im Bundesgebiet vorhanden, ist der Antrag nach Abs. 1 für den Fall, daß eine Person im Sinne des § 2 Abs. 3 vorhanden ist, von dieser, in allen anderen Fällen vom Ausländer zu beantragen. Der Antrag ist bei der regionalen Geschäftsstelle des Arbeitsmarktservice einzubringen, in deren Sprengel die Arbeitsleistungen bzw. Beschäftigungen erbracht werden.

(4) Der Antrag auf Ausstellung eines Befreiungsscheines ist vom Ausländer bei der nach seinem Wohnsitz, in Ermangelung eines solchen bei der nach seinem gewöhnlichen Aufenthalt zuständigen regionalen Geschäftsstelle des Arbeitsmarktservice einzubringen.

(5) Der Antrag auf Ausstellung einer Sicherungsbescheinigung ist vor der Einreise des Ausländers, der Antrag auf Erteilung einer Beschäftigungsbewilligung oder Entsendebewilligung vor Aufnahme der Beschäftigung einzubringen. Der Antrag auf Verlängerung einer Beschäftigungsbewilligung oder eines Befreiungsscheines ist vor Ablauf der jeweiligen Geltungsdauer einzubringen.

(6) Wurde eine Sicherungsbescheinigung ausgestellt, sind die für die Erteilung der Beschäftigungsbewilligung erforderlichen Voraussetzungen bereits vor Einbringung des Antrages auf Erteilung der Beschäftigungsbewilligung zu prüfen.

(7) Bei einer Vermittlung durch die regionale Geschäftsstelle des Arbeitsmarktservice ist bei Vorliegen der Voraussetzungen von Amts wegen die Beschäftigungsbewilligung zu erteilen oder der Befreiungsschein auszustellen.

(8) Bei Anträgen, die auf geringfügige Änderungen des Inhaltes oder die Verlängerung einer Sicherungsbescheinigung, einer Beschäftigungsbewilligung oder eines Befreiungsscheines gerichtet sind, kann sich die Prüfung der Voraussetzungen auf jene beschränken, die sich ändern.

(9) Anträge gemäß Abs. 1, 2, 3, 4, 5 und 8 sind unter Verwendung der bei den Geschäftsstellen des Arbeitsmarktservice aufliegenden Antragsformulare schriftlich einzubringen.

(10) Die fachliche Zuständigkeit der Geschäftsstellen des Arbeitsmarktservice richtet sich nach der Arbeitsmarktsprengelverordnung, BGBl. Nr. 928/1994, in der jeweils geltenden Fassung.

Entscheidung

§ 20. (1) Über Anträge gemäß § 19, über den Widerruf einer Sicherungsbescheinigung, Beschäftigungsbewilligung oder Entsendebewilligung oder eines Befreiungsscheines und über die Untersagung der Beschäftigung gemäß § 18 Abs. 12 entscheidet die nach § 19 Abs. 1, 3 und 4 zuständige regionale Geschäftsstelle des Arbeitsmarktservice.

(2) Soweit in diesem Bundesgesetz nicht anderes bestimmt ist, ist vor Entscheidungen und vor der Ausstellung von Bestätigungen gemäß § 18 Abs. 12 und 13 der Regionalbeirat anzuhören. Eine allfällige Äußerung im Rahmen der Anhörung ist binnen einer Woche abzugeben. Der Regionalbeirat kann festlegen, dass die Ausstellung von Sicherungsbescheinigungen und von Bestätigungen gemäß § 18 Abs. 12 und 13 sowie die Erteilung von Beschäftigungsbewilligungen und Entsendebewilligungen insbesondere bei Vorliegen einer bestimmten Arbeitsmarktlage oder bestimmter persönlicher Umstände der Ausländer als befürwortet gelten. Eine derartige Festlegung ist nur zulässig, wenn sie von einem Mitglied des Regionalbeirates oder des Landesdirektoriums angeregt wird und arbeitsmarktpolitischen Interessen nicht entgegensteht.

(3) Eine Bescheidausfertigung über die Beschäftigungsbewilligung bzw. über den Widerruf einer solchen ist auch dem Ausländer unabhängig von seiner Stellung im Verfahren (§ 21) zuzustellen. Gleiches gilt für die Anzeigebestätigung gemäß § 3 Abs. 5 und für die Entsendebewilligung nach § 18. Die Ausfertigung der Beschäftigungsbewilligung für den Ausländer hat Angaben über die in Aussicht gestellte Entlohnung zu enthalten.

(4) Die Ausfertigungen der nach diesem Bundesgesetz vorgesehenen Bescheide und Bescheinigungen, die im Wege elektronischer Datenverarbeitungsanlagen oder in einem ähnlichen Verfahren hergestellt werden, bedürfen weder einer Unterschrift noch einer Beglaubigung.

Verfahrensdauer

§ 20a. Über Anträge auf Beschäftigungsbewilligungen und Sicherungsbescheinigungen ist von der regionalen Geschäftsstelle des Arbeitsmarktservice binnen sechs Wochen zu entscheiden.

Vorläufige Berechtigung zur Beschäftigungsaufnahme

§ 20b. (1) Wird dem Antragsteller die Entscheidung über den Antrag auf Beschäftigungsbewilligung nicht innerhalb der im § 20a genannten Frist zugestellt, kann der Arbeitgeber den Ausländer beschäftigen und hat Anspruch auf eine diesbezügliche Bescheinigung, es sei denn, daß diese Frist durch eine Mitteilung der regionalen Geschäftsstelle des Arbeitsmarktservice an den Arbeitgeber wegen einer durch diesen verursachten Verzögerung gehemmt wird. Diese Berechtigung zur Beschäftigungsaufnahme endet mit der Zustellung der Entscheidung, frühestens jedoch vier Wochen nach diesem Zeitpunkt.

(2) Die zuständige regionale Geschäftsstelle des Arbeitsmarktservice hat dem Arbeitgeber zu bescheinigen, daß die Voraussetzungen für eine Arbeitsaufnahme nach Abs. 1 gegeben sind.

(3) Der Ausländer, dessen Arbeitsverhältnis wegen Ablehnung des Antrages auf Beschäftigungsbewilligung endet, hat Anspruch auf Schadenersatz wie auf Grund eines berechtigten vorzeitigen Austritts, sofern die Ablehnung aus Gründen erfolgte, die auf einem Verschulden des Arbeitgebers beruhen.

(4) Die Berechtigung gemäß Abs. 1 entsteht nur, wenn der Ausländer rechtmäßig im Bundesgebiet niedergelassen ist.

Aufenthaltsvisum zur Arbeitsuche für besonders Hochqualifizierte

§ 20c. (1) Die Landesgeschäftsstelle des Arbeitsmarktservice Wien (Zentrale Ansprechstelle) hat vor Erteilung eines Aufenthaltsvisums zur Arbeitsuche die gemäß § 24a FPG vorgelegten Dokumente zu prüfen und der Vertretungsbehörde mitzuteilen, ob der Antragsteller die Voraussetzungen des § 12 iVm **Anlage A** erfüllt.

Zulassungsverfahren für „Rot-Weiß-Rot – Karte“, „Blaue Karte EU“ und „Niederlassungsbewilligung – Künstler“

§ 20d. (1) Besonders Hochqualifizierte, Fachkräfte, sonstige Schlüsselkräfte, Studienabsolventen und Stammmitarbeiter haben den Antrag auf eine „Rot-Weiß-Rot – Karte“, Schlüsselkräfte gemäß § 12c den Antrag auf eine „Blaue Karte EU“ und ausländische Künstler den Antrag auf eine „Niederlassungsbewilligung – Künstler“ gemeinsam mit einer schriftlichen Erklärung des Arbeitgebers, die im Antrag angegebenen Beschäftigungsbedingungen einzuhalten, bei der nach dem NAG zuständigen Behörde einzubringen. Der Antrag kann für den Ausländer und bei gleichzeitiger Antragstellung auch für dessen Familienangehörige (§ 2 Abs. 1 Z 9 NAG) vom beabsichtigten Arbeitgeber im Inland eingebracht werden. Die nach dem NAG zuständige Behörde hat den Antrag, sofern er nicht gemäß § 41 Abs. 3 Z 1 oder 2 NAG zurück- oder abzuweisen ist, unverzüglich an die nach dem Betriebssitz des Arbeitgebers zuständige regionale Geschäftsstelle des Arbeitsmarktservice zur Prüfung der jeweiligen Zulassungsvoraussetzungen zu übermitteln. Die regionale Geschäftsstelle hat in den Fällen der Z 3 und 5 die Arbeitsmarktprüfung zügig und bedarfsgerecht durchzuführen, in allen Fällen den Regionalbeirat anzuhören und binnen vier Wochen der nach dem NAG zuständigen Behörde – je nach Antrag – schriftlich zu bestätigen, dass die Voraussetzungen für die Zulassung

1. als besonders Hochqualifizierter gemäß § 12,
2. als Fachkraft gemäß § 12a,
3. als Schlüsselkraft gemäß § 12b Z 1,
4. als Schlüsselkraft gemäß § 12b Z 2 (Studienabsolvent),
5. als Schlüsselkraft gemäß § 12c (Anwärter auf eine „Blaue Karte EU“),
6. als Stammmitarbeiter gemäß § 12d oder
7. als Künstler gemäß § 14

erfüllt sind. Die Frist von vier Wochen verkürzt sich in den Fällen des § 50a Abs. 1 NAG auf 15 Tage. Die nach dem NAG zuständige Behörde hat die regionale Geschäftsstelle über die Erteilung des jeweiligen Aufenthaltstitels unter Angabe der Geltungsdauer zu verständigen. Bei Nichtvorliegen der Voraussetzungen hat die regionale Geschäftsstelle die Zulassung zu versagen und den diesbezüglichen Bescheid unverzüglich der nach dem NAG zuständigen Behörde zur Zustellung an den Arbeitgeber und den Ausländer zu übermitteln.

(2) Die Zulassung gemäß Abs. 1 gilt für die Beschäftigung bei dem im Antrag angegebenen Arbeitgeber im gesamten Bundesgebiet. Die regionale Geschäftsstelle des Arbeitsmarktservice hat unverzüglich nach Beginn der Beschäftigung die Anmeldung zur Sozialversicherung zu überprüfen. Entspricht diese nicht den für die Zulassung maßgeblichen Voraussetzungen, ist die nach dem NAG zuständige Behörde zu verständigen (§ 28 Abs. 6 NAG). Bei einem Arbeitgeberwechsel vor Erteilung einer „Rot-Weiß-Rot – Karte plus“ (§ 41a NAG) ist Abs. 1 sinngemäß anzuwenden.

(2a) Für Inhaber einer „Blauen Karte EU“ sind die Abs. 1 und 2 bei einem Arbeitgeberwechsel mit der Maßgabe anzuwenden, dass nach einer Beschäftigung von zwölf Monaten die Arbeitsmarktprüfung entfällt und die beantragte neue Beschäftigung sofort vorläufig aufgenommen werden kann. Liegt noch keine zwölfmonatige Beschäftigung vor, kann der Inhaber der „Blauen Karte EU“ nach Ablauf einer Frist von 30 Tagen ab Antragstellung die beantragte neue Beschäftigung vorläufig aufnehmen. Dies gilt auch für Anträge gemäß § 50a Abs. 1 NAG. Die Frist kann durch eine Mitteilung der regionalen Geschäftsstelle des Arbeitsmarktservice an den Antragsteller gehemmt werden, wenn die Prüfung durch den Antragsteller verzögert wurde.

(3) Die Zulassung für eine Beschäftigung auf Arbeitsplätzen in einem von Streik oder Aussperrung betroffenen Betrieb oder in hauptsächlich zum Zwecke der Erleichterung der Einreise von Drittstaatsangehörigen gegründeten oder geführten Unternehmen ist zu versagen.

(4) Für die Zulassung von selbständigen Schlüsselkräften gilt § 24.

(5) Abweichend von Abs. 2 erster Satz ist die Beschäftigung von Fachkräften gemäß § 12a, die in einem Mangelberuf für bestimmte Bundesländer zugelassen werden, auf Betriebsstätten des Arbeitgebers in diesem Bundesland beschränkt. Die Erbringung von Arbeitsleistungen auf auswärtigen Arbeitsstellen iSd § 2 Abs. 3 des Arbeitsinspektionsgesetzes 1993 (ArbIG), BGBl. 27/1993 *(Anm.: richtig: BGBl. Nr. 27/1993)* ist zulässig.

(6) Die zum Nachweis von Deutsch- oder Englischkenntnissen vorgelegten Sprachdiplome und Kurszeugnisse dürfen nicht älter als fünf Jahre sein. Für die Prüfung des monatlichen Bruttoentgelts gemäß § 12b und des Zulassungskriteriums Alter in den **Anlagen A bis D** ist der Zeitpunkt der Antragstellung maßgeblich.

(7) Die regionale Geschäftsstelle des Arbeitsmarktservice hat Inhabern einer „Blauen Karte EU“ vor einer Mitteilung an die Aufenthaltsbehörde, dass die Voraussetzungen für die „Blaue Karte EU“ nicht mehr erfüllt sind, eine Frist von zumindest sechs Monaten einzuräumen, innerhalb der sie zur Arbeitssuche berechtigt sind und einen

Antrag auf eine neue „Blaue Karte EU" oder einer „Rot-Weiß-Rot – Karte" stellen können.

(8) Ausländer, denen nach Maßgabe der Abs. 1 oder 2 eine „Blaue Karte EU", eine „Rot-Weiß-Rot – Karte" oder „Niederlassungsbewilligung – Künstler" ausgestellt wurde, sind auch zur Ausübung einer selbständigen Erwerbstätigkeit berechtigt, wenn diese der Beschäftigung des Ausländers untergeordnet ist und alle gesetzlichen Erfordernisse für deren Ausübung erfüllt sind.

Rot-Weiß-Rot – Karte plus

§ 20e. (1) Vor Erteilung einer „Rot-Weiß-Rot – Karte plus" (§ 41a Abs. 1, 2 und 7, § 47 Abs. 4, § 56 Abs. 3 NAG) hat im Falle der Z 1 die nach dem Wohnsitz des Ausländers oder der Ausländerin, im Falle der Z 2 oder 3 die nach dem Betriebssitz des Arbeitgebers oder der Arbeitgeberin zuständige regionale Geschäftsstelle des Arbeitsmarktservice der nach dem NAG zuständigen Behörde zu bestätigen, dass der Ausländer oder die Ausländerin

1. die Voraussetzungen gemäß § 15 erfüllt oder
2. als InhaberIn einer „Rot-Weiß-Rot – Karte" innerhalb der letzten 24 Monate 21 Monate unter den für die Zulassung maßgeblichen Voraussetzungen beschäftigt war oder
3. als InhaberIn einer „Blauen Karte – EU" innerhalb der letzten 24 Monate 21 Monate unter den für die Zulassung maßgeblichen Voraussetzungen beschäftigt war.

Im Falle der Z 1 ist vor der Bestätigung der Regionalbeirat anzuhören.

(2) Als Beschäftigung im Sinne des Abs. 1 Z 2 und 3 gelten auch Zeiten

1. eines Erholungsurlaubes,
2. des Wochengeldbezugs,
3. einer Karenz nach dem Mutterschutzgesetz 1979 – MSchG, BGBl. Nr. 221, dem Väter-Karenzgesetz – VKG, BGBl. Nr. 651/1989, oder dem Landarbeitsgesetz 1984,
4. einer Bildungskarenz gemäß § 11 AVRAG,
5. eines sonstigen, für eine verhältnismäßig kurze Dauer vereinbarten Karenzurlaubes und
6. einer Krankheit, für deren Dauer das Entgeltfortzahlungsgesetz – EFZG, BGBl. Nr. 399/1974, das Angestelltengesetz, BGBl. Nr. 1921, oder § 1154b des Allgemeinen bürgerlichen Gesetzbuches (ABGB), JGS Nr. 946/1811, gilt.

(3) Die zuständige regionale Geschäftsstelle hat bei Nichtvorliegen der Voraussetzungen gemäß Abs. 1 Z 1, 2 oder 3 die Bestätigung mit Bescheid zu versagen und diesen unverzüglich der nach dem NAG zuständigen Behörde zur Zustellung an den Ausländer oder die Ausländerin zu übermitteln.

Zulassungsverfahren für unternehmensintern transferierte ArbeitnehmerInnen und deren Familienangehörige

§ 20f. (1) Unternehmensintern transferierte AusländerInnen haben den Antrag auf eine Aufenthaltsbewilligung als unternehmensintern transferierter Arbeitnehmer (ICT) gemeinsam mit einer schriftlichen Erklärung des Inhabers/der Inhaberin der aufnehmenden Niederlassung, die im Antrag angegebenen Beschäftigungsbedingungen einzuhalten, bei der nach dem NAG zuständigen Behörde einzubringen. Der Antrag kann auch vom Inhaber/von der Inhaberin der aufnehmenden Niederlassung für den/die AusländerIn im Inland eingebracht werden. Die nach dem NAG zuständige Behörde hat den Antrag, sofern er nicht gemäß § 58 Abs. 2 Z 1 oder 2 NAG zurück- oder abzuweisen ist, unverzüglich an die nach dem Betriebssitz der aufnehmenden Niederlassung zuständige regionale Geschäftsstelle des Arbeitsmarktservice zur Prüfung der Zulassungsvoraussetzungen zu übermitteln. Die regionale Geschäftsstelle hat binnen vier Wochen der nach dem NAG zuständigen Behörde schriftlich zu bestätigen, dass die Voraussetzungen für die Zulassung als unternehmensintern transferierte/r ArbeitnehmerIn gemäß § 18a Abs. 1 erfüllt sind. Die nach dem NAG zuständige Behörde hat die regionale Geschäftsstelle über die Erteilung des jeweiligen Aufenthaltstitels unter Angabe der Geltungsdauer zu verständigen. Bei Nichtvorliegen der Voraussetzungen hat die regionale Geschäftsstelle die Zulassung mit Bescheid zu versagen und diesen unverzüglich der nach dem NAG zuständigen Behörde zur Zustellung an die aufnehmende Niederlassung und den/die AusländerIn zu übermitteln.

(2) Das Verfahren gemäß Abs. 1 ist für unternehmensintern transferierte AusländerInnen, die bereits einen gültigen Aufenthaltstitel für unternehmensintern transferierte ArbeitnehmerInnen eines anderen Mitgliedstaates der Europäischen Union innehaben und länger als 90 Tage in das Bundesgebiet vorübergehend abgestellt werden und dort tätig zu werden beabsichtigen, mit der Maßgabe anzuwenden, dass der Antrag auf eine Aufenthaltsbewilligung als mobiler unternehmensintern transferierter Arbeitnehmer („mobile ICT") samt den erforderlichen Unterlagen spätestens 20 Tage vor Beginn der beabsichtigten Beschäftigung im Bundesgebiet oder vor Ablauf der EU-Entsendebestätigung gemäß § 18 Abs. 13 bei der nach dem NAG zuständigen Behörde einzubringen ist. Bei verspäteter oder unvollständiger Antragstellung beginnt diese Frist ab dem Tag des Einlangens des Antrags samt den erforderlichen Unterlagen bei der nach dem NAG zuständigen Behörde zu laufen. Wird innerhalb dieser Frist trotz Vorliegens aller Unterlagen eine Entscheidung der regionalen Geschäftsstelle oder der nach

dem NAG zuständigen Behörde nicht zugestellt, darf die Beschäftigung bei Vorliegen der Voraussetzungen gemäß § 18a Abs. 2 auch ohne Aufenthaltsbewilligung als mobiler unternehmensintern transferierter Arbeitnehmer („mobile ICT“) vorläufig begonnen werden.

(3) Die Zulassung gemäß Abs. 1 und 2 gilt für die jeweils genehmigte Beschäftigung als Führungskraft, SpezialistIn oder Trainee bei der oder den im Antrag angegebenen aufnehmenden Niederlassung oder Niederlassungen. Die Tätigkeit der Arbeitskraft an Standorten von KundInnen der inländischen Niederlassung im Rahmen von Werkverträgen und innerhalb des Bundesgebiets ist von der Zulassung umfasst. Die regionale Geschäftsstelle des Arbeitsmarktservice hat unverzüglich nach Beginn der Beschäftigung die Anmeldung zur Sozialversicherung zu überprüfen. Entspricht diese nicht den für die Zulassung maßgeblichen Voraussetzungen, ist die nach dem NAG zuständige Behörde zu verständigen (§ 28 Abs. 6 NAG).

(4) Für Anträge von Familienangehörigen eines/einer unternehmensintern transferierten Ausländers/Ausländerin (§ 18a Abs. 1 oder 2) auf Erteilung einer Aufenthaltsbewilligung „Familiengemeinschaft“ gemäß § 69 Abs. 3 NAG gilt das Verfahren nach § 20d sinngemäß, sofern dieser Aufenthaltstitel dem/der Familienangehörigen Zugang zum Arbeitsmarkt gewähren soll. Die in diesen Anträgen genannten Familienangehörigen erhalten mit dem Aufenthaltstitel Zugang zum Arbeitsmarkt, wenn sinngemäß die Voraussetzungen des § 4 Abs. 1 mit Ausnahme der Z 1 und 9 erfüllt sind. Für die Arbeitsmarktprüfung gilt § 4b Abs. 3. Die Anhörung des Regionalbeirats entfällt.

Rechtsmittel

§ 20g. (1) Über Beschwerden gegen Bescheide der regionalen Geschäftsstellen des Arbeitsmarktservice entscheidet das Bundesverwaltungsgericht spätestens drei Monate nach deren Einlangen durch einen Senat, dem zwei fachkundige Laienrichter, je einer aus dem Kreis der Arbeitgeber und aus dem Kreis der Arbeitnehmer, angehören.

(2) Die fachkundigen Laienrichter und Ersatzrichter haben über besondere Kenntnisse des Arbeitsmarktes und des Ausländerbeschäftigungsrechts zu verfügen und sind von der Bundesarbeitskammer und der Wirtschaftskammer Österreich in erforderlicher Anzahl vorzuschlagen.

(3) Die zuständige regionale Geschäftsstelle kann den angefochtenen Bescheid binnen zehn Wochen nach Einlangen der Beschwerde aufheben, abändern oder die Beschwerde zurück- oder abweisen (Beschwerdevorentscheidung).

(4) Beschwerden gegen den Widerruf einer Sicherungsbescheinigung, einer Beschäftigungsbewilligung, einer Entsendebewilligung oder eines Befreiungsscheines haben keine aufschiebende Wirkung. Beschwerden gegen den Widerruf einer Beschäftigungsbewilligung kann aufschiebende Wirkung zuerkannt werden.

(5)

Im Übrigen gelten die Bestimmungen des Verwaltungsgerichtsverfahrensgesetzes – VwGVG, BGBl. I Nr. 33/2013.

(6) Wird gegen ein Erkenntnis oder einen Beschluss des Bundesverwaltungsgerichtes Revision erhoben, hat die regionale Geschäftsstelle des Arbeitsmarktservice das Verfahren bis zur Entscheidung des Verwaltungsgerichtshofes auszusetzen.

Servicestelle für die Rot-Weiß-Rot – Karte

§ 20h. (1) Die im Bundesministerium für Arbeit und Wirtschaft eingerichtete Austrian Business Agency österreichische Industrieansiedlungs- und WirtschaftswerbungsgmbH (ABA) hat eine zentrale Anlaufstelle zur Beratung von Unternehmen bei der Einstellung von internationalen Fachkräften, insbesondere im Zusammenhang mit Betriebsansiedelungen in Österreich, einzurichten und mit einem flächendeckenden Unterstützungsangebot folgende Aufgaben wahrzunehmen:

1. Basisinformationen über die grundlegenden Rechtsvorschriften zur Erlangung der Rot-Weiß-Rot – Karte und der Blauen Karte EU;
2. Mehrsprachige und digital unterstützte Information und Beratung von Unternehmen über das Verfahren nach Z 1;
3. Anleitung der Antragsteller bei der Einbringung von Anträgen nach Z 1;
4. Begleitung der Antragsteller bei den einzelnen Verfahrensschritten in Verfahren nach Z 1.

(2) Die ABA kann die beratenen Unternehmen auch in anderen Verfahren zur Erlangung von Berechtigungen nach diesem Bundesgesetz, insbesondere von Beschäftigungsbewilligungen für Projektmitarbeiter (§ 4a), unterstützen.

(3) Zur Erfüllung der Aufgaben gemäß Abs. 1 ist die ABA berechtigt, bei den jeweils zuständigen Behörden Informationen über den Stand der betreuten Verfahren, über noch einzubringende Unterlagen und über die voraussichtliche Dauer der Verfahren zu erhalten und Einsicht in die Verfahrensakten zu nehmen.

(4) Die ABA erfüllt ihre Aufgaben gemäß Abs. 1 bis 3 gemeinnützig im Sinne der §§ 34 und 35 des Bundesgesetzes über allgemeine Bestimmungen und das Verfahren für die von den Abgabenbehörden des Bundes, der Länder und Gemeinden verwalteten Abgaben (Bundesabgabenordnung – BAO), BGBl. Nr. 194/1961.

Stellung des Ausländers im Verfahren

§ 21. Der Ausländer hat in allen Verfahren, in denen seine persönlichen Umstände maßgeblich für die Entscheidung sind, sowie in jenen Fällen, in denen keine Person im Sinne des § 2 Abs. 3

vorhanden ist, Parteistellung. In allen anderen Verfahren hat der Ausländer die Stellung eines Beteiligten.

Ausländerausschuß

§ 22. (1) Der Ausländerausschuss ist neben den in diesem Bundesgesetz vorgesehenen auch in allen sonstigen Angelegenheiten der Ausländerbeschäftigung von grundsätzlicher Bedeutung einschließlich der internationalen Angelegenheiten der Arbeitsmigration und des EU-Migrationsrechts anzuhören.

(2) Der Ausländerausschuß ist ein Ausschuß des Verwaltungsrates des Arbeitsmarktservice, dem je zwei Vertreter der Bundeskammer für Arbeiter und Angestellte, des Österreichischen Gewerkschaftsbundes und der Bundeskammer der gewerblichen Wirtschaft sowie je ein Vertreter der Vereinigung Österreichischer Industrieller und der Präsidentenkonferenz der Landwirtschaftskammern Österreichs angehören.

Ausländerausschüsse der Landesdirektorien

§ 23. (1) Die Ausländerausschüsse der Landesdirektorien haben, abgesehen von den ihnen nach anderen gesetzlichen Vorschriften übertragenen Aufgaben, bei der Erfüllung der den Landesgeschäftsstellen des Arbeitsmarktservice obliegenden Aufgaben, soweit dies in diesem Bundesgesetz vorgesehen ist, mitzuwirken.

(2) Dem Ausländerausschuß des Landesdirektoriums des Arbeitsmarktservice müssen aus dem Stande der Arbeitgebervertreter zwei Mitglieder auf Grund eines Vorschlages der Kammer der gewerblichen Wirtschaft und aus dem Stande der Arbeitnehmervertreter zwei Mitglieder auf Grund eines Vorschlages der Kammer für Arbeiter und Angestellte angehören.

Abschnitt VI
Gemeinsame Bestimmungen

Gutachten für selbständige Schlüsselkräfte und Start-up-GründerInnen

§ 24. (1) AusländerInnen werden als selbständige Schlüsselkräfte zugelassen, wenn ihre beabsichtigte Erwerbstätigkeit insbesondere hinsichtlich des damit verbundenen Transfers von Investitionskapital in der Höhe von mindestens € 100.000 oder der Schaffung von neuen oder Sicherung von bestehenden Arbeitsplätzen von gesamtwirtschaftlichem Nutzen ist oder zumindest eine Bedeutung für eine Region hat.

(2) AusländerInnen werden als Start-up-GründerInnen zugelassen, wenn sie

1. die erforderliche Mindestpunkteanzahl für die in Anlage D angeführten Kriterien erreichen,
2. im Rahmen eines neu zu gründenden Unternehmens innovative Produkte, Dienstleistungen, Verfahren oder Technologien entwickeln und in den Markt einführen,
3. dazu einen schlüssigen Businessplan für die Gründung und den Betrieb des Unternehmens vorlegen,
4. wesentlichen Einfluss auf die Geschäftsführung des geplanten Unternehmens tatsächlich persönlich ausüben und
5. Kapital für das zu gründende Unternehmen in der Höhe von mindestens € 30.000, davon zumindest die Hälfte Eigenkapital, nachweisen.

(3) Für AusländerInnen nach Abs. 1 oder Abs. 2 hat die nach dem beabsichtigten Betriebssitz zuständige Landesgeschäftsstelle des Arbeitsmarktservice binnen drei Wochen das im aufenthaltsrechtlichen Zulassungsverfahren gemäß § 41 NAG erforderliche Gutachten über das Vorliegen der jeweiligen Voraussetzungen nach Abs. 1 oder Abs. 2 unter Anhörung des Landesdirektoriums zu erstellen.

(4) AusländerInnen nach Abs. 2 wird im Rahmen eines Zweckänderungsverfahrens zur Erteilung einer „Rot-Weiß-Rot – Karte plus“ nach Maßgabe der §§ 41 Abs. 5 und 41a Abs. 7a NAG ein unbeschränkter Arbeitsmarktzugang eingeräumt (§ 17), wenn sie im gegründeten Unternehmen

1. mindestens zwei Vollzeitarbeitskräfte beschäftigen,
2. wesentlichen Einfluss auf die Geschäftsführung des Unternehmens tatsächlich persönlich ausüben,
3. entweder einen Jahresumsatz von zumindest € 200.000 erreicht haben oder sich eine weitere Finanzierung von zumindest € 100.000 sichern konnten und
4. ein innovatives Produkt oder eine innovative Dienstleistung auch tatsächlich anbieten oder entwickeln

und die nach dem Betriebssitz des Ausländers oder der Ausländerin zuständige Landesgeschäftsstelle des Arbeitsmarktservice, nach Anhörung des Landesdirektoriums, der nach dem NAG zuständigen Behörde in Form eines schriftlichen Gutachtens bestätigt, dass der Ausländer oder die Ausländerin diese Voraussetzungen erfüllt.

(5) Liegen die Voraussetzungen gem. Abs. 4 nicht vor, teilt die zuständige Landesgeschäftsstelle des Arbeitsmarktservice, nach Anhörung des Landesdirektoriums, der nach dem NAG zuständigen Behörde in Form eines schriftlichen Gutachtens mit, dass der Ausländer oder die Ausländerin die Voraussetzungen gemäß Abs. 4 nicht erfüllt.

Verhältnis zur Aufenthaltsberechtigung

§ 25. Die Sicherungsbescheinigung, die Beschäftigungsbewilligung oder Entsendebewilligung und eine nach diesem Bundesgesetz ausgestellte Anzeigebestätigung enthebt den Ausländer nicht der Verpflichtung, den jeweils geltenden

Vorschriften über die Einreise und den Aufenthalt von Ausländern nachzukommen.

Überwachung, Auskunfts- und Meldepflicht

§ 26. (1) Die Arbeitgeber sind verpflichtet, den Landesgeschäftsstellen des Arbeitsmarktservice und den regionalen Geschäftsstellen des Arbeitsmarktservice sowie den Trägern der Krankenversicherung und dem Amt für Betrugsbekämpfung auf deren Verlangen Anzahl und Namen der im Betrieb beschäftigten Ausländer bekanntzugeben. Die Arbeitgeber und Ausländer sind verpflichtet, den vorerwähnten Behörden und Trägern der Krankenversicherung sowie dem Bundesverwaltungsgericht die zur Durchführung dieses Bundesgesetzes notwendigen Auskünfte zu erteilen und in die erforderlichen Unterlagen Einsicht zu gewähren. Die Arbeitgeber haben dafür zu sorgen, daß bei ihrer Abwesenheit von der Betriebsstätte oder Arbeitsstelle eine dort anwesende Person den genannten Behörden und Rechtsträgern die erforderlichen Auskünfte erteilt und Einsicht in die erforderlichen Unterlagen gewährt.

(2) Die in Abs. 1 genannten Behörden und Organe des Amtes für Betrugsbekämpfung sowie die Organe der Träger der Krankenversicherung sind zur Durchführung ihrer Aufgaben berechtigt, die Betriebsstätten, Betriebsräume und auswärtigen Arbeitsstätten sowie die Aufenthaltsräume der Arbeitnehmer zu betreten und Wege zu befahren, auch wenn dies sonst der Allgemeinheit untersagt ist.

(3) Die Organe der in Abs. 1 genannten Behörden sowie der Träger der Krankenversicherung haben bei Betreten des Betriebes den Arbeitgeber, in jenen Fällen, in denen der Arbeitgeber Arbeitsleistungen bei einem Auftraggeber erbringen läßt, auch diesen, oder deren Bevollmächtigte und den Betriebsrat von ihrer Anwesenheit zu verständigen; hiedurch darf der Beginn der Betriebskontrolle nicht unnötig verzögert werden. Vor Beginn der Betriebskontrolle ist in Betrieben, die der Aufsicht der Bergbehörden unterliegen, jedenfalls der Bergbauberechtigte oder ein von ihm namhaft gemachter Vertreter zu verständigen. Auf Verlangen haben sich die einschreitenden Organe durch einen Dienstausweis auszuweisen. Dem Arbeitgeber, dessen Auftraggeber oder deren Bevollmächtigen sowie dem Betriebsrat steht es frei, die einschreitenden Organe bei der Amtshandlung im Betrieb zu begleiten; auf Verlangen der einschreitenden Organe sind der Arbeitgeber, dessen Auftraggeber oder deren Bevollmächtigte hiezu verpflichtet. Die Betriebskontrolle hat tunlichst ohne Störung des Betriebsablaufes zu erfolgen.

(4) Die Organe des Amtes für Betrugsbekämpfung sind im Rahmen ihrer Kontrolltätigkeit nach diesem Bundesgesetz befugt, die Identität von Personen festzustellen sowie Fahrzeuge und sonstige Beförderungsmittel anzuhalten und zu überprüfen, wenn Grund zur Annahme besteht, dass es sich bei diesen Personen um ausländische Arbeitskräfte handelt, die beschäftigt werden oder zu Arbeitsleistungen herangezogen werden. Die Organe des Amtes für Betrugsbekämpfung sind, wenn wegen Gefahr im Verzug das Einschreiten von Organen des öffentlichen Sicherheitsdienstes nicht abgewartet werden kann, auch ermächtigt, Ausländer für die Fremdenpolizeibehörde festzunehmen, wenn Grund zur Annahme besteht, dass diese Ausländer im Bundesgebiet eine Erwerbstätigkeit ausüben oder ausüben wollen, ohne dazu berechtigt zu sein, und sich nicht rechtmäßig im Bundesgebiet aufhalten. Den Organen des Amtes für Betrugsbekämpfung kommen dabei die im § 35 VStG geregelten Befugnisse der Organe des öffentlichen Sicherheitsdienstes zu. Die Ausländer sind in geeigneter Weise über ihre Ansprüche gemäß § 29 und die Möglichkeiten der Geltendmachung zu informieren und unverzüglich der Fremdenpolizeibehörde oder der nächstgelegenen Sicherheitsdienststelle zu übergeben.

(4a) Die Feststellung der Identität ist das Erfassen der Namen, des Geburtsdatums und der Wohnanschrift eines Menschen in dessen Anwesenheit. Sie hat mit der vom Anlass gebotenen Verlässlichkeit zu erfolgen. Menschen, deren Identität festgestellt werden soll, sind hievon in Kenntnis zu setzen. Jeder Betroffene ist verpflichtet, an der Feststellung seiner Identität mitzuwirken und die unmittelbare Durchsetzung der Identitätsfeststellung zu dulden.

(5) Der Arbeitgeber hat der zuständigen regionalen Geschäftsstelle des Arbeitsmarktservice innerhalb von drei Tagen Beginn und Ende der Beschäftigung von Ausländern, die diesem Bundesgesetz unterliegen und über keinen Aufenthaltstitel „Daueraufenthalt – EU" verfügen, zu melden.

(6) Ein Unternehmen, welches die Erbringung einer Leistung an ein anderes Unternehmen ganz oder teilweise weitergibt, hat das beauftragte Unternehmen vor Beginn der Beschäftigung aufzufordern, binnen einer Woche die nach diesem Bundesgesetz erforderlichen Berechtigungen für die beschäftigten Ausländer nachzuweisen. Kommt das beauftragte Unternehmen dieser Aufforderung nicht fristgerecht nach, hat das Auftrag gebende Unternehmen umgehend die Zentrale Koordinationsstelle zu verständigen.

Rechtshilfe und Verständigungspflicht

§ 27. (1) Alle Behörden und Ämter, die Bauarbeiter-Urlaubs- und Abfertigungskasse, die Träger der Sozialversicherung und der Dachverband der Sozialversicherungsträger (Dachverband) haben im Rahmen ihres Wirkungsbereiches das Amt für Betrugsbekämpfung, die Geschäftsstellen des Arbeitsmarktservice und das Bundesverwaltungsgericht bei der Erfüllung ihrer Aufgaben nach diesem Bundesgesetz zu unterstützen. Die Träger der Sozialversicherung und der Dachverband sind verpflichtet, gespeicherte

Daten über die Versicherungszeiten auf automationsunterstütztem Weg der zentralen Koordinationsstelle den Geschäftsstellen des Arbeitsmarktservice und dem Bundesverwaltungsgericht zu übermitteln, die für diese Stellen eine wesentliche Voraussetzung zur Durchführung ihrer Aufgaben nach diesem Bundesgesetz bilden.

(2) Die Geschäftsstellen des Arbeitsmarktservice und das Amt für Betrugsbekämpfung haben die zuständigen Behörden zu verständigen, wenn sie im Rahmen ihrer Tätigkeit zu dem begründeten Verdacht gelangen, dass eine Übertretung arbeitsrechtlicher, sozialversicherungsrechtlicher, gesundheits- und umweltschutzrechtlicher, abgabenrechtlicher oder gewerberechtlicher Vorschriften vorliegt.

(3) Die Organe des öffentlichen Sicherheitsdienstes haben den nach diesem Bundesgesetz zuständigen Behörden und Organen über deren Ersuchen zur Sicherung der Ausübung der Überwachungsbefugnisse im Rahmen ihres gesetzmäßigen Wirkungsbereiches Hilfe zu leisten.

(4) Die Geschäftsstellen des Arbeitsmarktservice haben den für die Erfüllung der Aufgaben nach dem NAG und dem FPG zuständigen Behörden die Erteilung von Beschäftigungsbewilligungen und hinsichtlich der im Rahmen von Kontingenten gemäß § 5 beschäftigten Ausländer zusätzlich die vom Arbeitgeber gemeldete Beendigung der Beschäftigung (§ 26 Abs. 5) sowie den Landespolizeidirektionen den rechtskräftigen Widerruf einer Beschäftigungsbewilligung (§ 9 Abs. 1) mitzuteilen.

(5) Gelangen Behörden, Träger der Sozialversicherung, der Dachverband oder Geschäftsstellen des Arbeitsmarktservice im Rahmen ihrer Tätigkeit zu dem begründeten Verdacht, daß eine Übertretung nach diesem Bundesgesetz vorliegt, so sind sie verpflichtet, die zuständigen Geschäftsstellen des Arbeitsmarktservice und das Amt für Betrugsbekämpfung zu verständigen.

(Anm.: Abs. 6 aufgehoben durch Art. 2 Z 1, BGBl. I Nr. 73/2022)

Datenübermittlung

§ 27a. (1) Die Geschäftsstellen des Arbeitsmarktservice sind verpflichtet, der zentralen Koordinationsstelle und dem Bundesverwaltungsgericht alle zur Wahrnehmung der in den §§ 26, 27 und 28a AuslBG übertragenen Aufgaben notwendigen persönlichen, auf das Arbeits- und Beschäftigungsverhältnis bezogenen Daten von ausländischen Arbeitnehmern und deren Arbeitgebern automationsunterstützt in einer für die zentrale Koordinationsstelle und das Bundesverwaltungsgericht technisch geeigneten Form kostenlos zu übermitteln.

(2) Die zentrale Koordinationsstelle ist verpflichtet, den Geschäftsstellen des Arbeitsmarktservice und dem Bundesverwaltungsgericht alle zur Wahrnehmung der nach diesem Bundesgesetz übertragenen Aufgaben notwendigen Daten, die sie im Rahmen von Kontrollen oder bei der Führung der zentralen Verwaltungsstrafevidenz erhoben hat, in einer für das Arbeitsmarktservice und das Bundesverwaltungsgericht technisch geeigneten Form zur Verfügung zu stellen.

(3) Die nach dem NAG zuständige Behörde hat der Landesgeschäftsstelle des Arbeitsmarktservice zur Erfüllung der ihr gemäß § 30 Abs. 2 des Arbeitsmarktservicegesetzes – AMSG, BGBl. Nr. 313/1994, obliegenden Aufgaben jeweils bis zum 15. eines Monats folgende Daten automationsunterstützt in einer für das Arbeitsmarktservice technisch geeigneten Form kostenlos zu übermitteln:

1. Namen, Geburtsdatum, Geschlecht und Staatsangehörigkeit aller Ausländer, die im Vormonat eine „Rot-Weiß-Rot – Karte", eine „Blaue Karte EU", eine „Rot-Weiß-Rot – Karte plus", eine „Niederlassungsbewilligung – Künstler" gemäß § 43a NAG, einen Aufenthaltstitel „Familienangehöriger" oder „Daueraufenthalt – EU" oder eine Aufenthaltskarte oder Daueraufenthaltskarte für Angehörige eines EWR-Bürgers oder eine Aufenthaltsbewilligung als unternehmensintern transferierter Arbeitnehmer (*"ICT„*) oder eine Aufenthaltsbewilligung als mobiler unternehmensintern transferierter Arbeitnehmer (*"mobile ICT„*) oder eine Aufenthaltsbewilligung „Familiengemeinschaft" gemäß § 69 Abs. 3 NAG mit Zugang zum Arbeitsmarkt erhalten haben und
2. die Geltungsdauer des Aufenthaltstitels.

Strafbestimmungen

§ 28. (1) Sofern die Tat nicht den Tatbestand einer in die Zuständigkeit der Gerichte fallenden strafbaren Handlung bildet (§ 28c), begeht eine Verwaltungsübertretung und ist von der Bezirksverwaltungsbehörde zu bestrafen,

1. wer

a) entgegen § 3 einen Ausländer beschäftigt, für den weder eine Beschäftigungsbewilligung erteilt noch eine Anzeigebestätigung ausgestellt wurde oder der keine für diese Beschäftigung gültige „Rot-Weiß-Rot – Karte", „Blaue Karte EU, Aufenthaltsbewilligung als unternehmensintern transferierter Arbeitnehmer („ICT"), Aufenthaltsbewilligung als mobiler unternehmensintern transferierter Arbeitnehmer („mobile ICT"), Aufenthaltsbewilligung „Familiengemeinschaft" mit Zugang zum Arbeitsmarkt (§ 20f Abs. 4)" oder „Niederlassungsbewilligung – Künstler" oder keine „Rot-Weiß-Rot – Karte plus", keine „Aufenthaltsberechtigung plus", keinen Befreiungsschein (§ 4c) oder keinen Aufenthaltstitel „Familienangehöriger" oder „Daueraufenthalt – EU" besitzt, oder

b) entgegen § 18 die Arbeitsleistungen eines Ausländers, der von einem ausländischen Arbeitgeber ohne einen im Bundesgebiet vorhandenen Betriebssitz im Inland beschäftigt wird, in Anspruch nimmt, ohne dass für den Ausländer eine Beschäftigungsbewilligung oder eine Entsendebewilligung erteilt oder eine Anzeigebestätigung ausgestellt wurde,

(Anm.: lit. c aufgehoben durch Art. 1 Z 2, BGBl. I Nr. 98/2020)

bei unberechtigter Beschäftigung von höchstens drei Ausländern für jeden unberechtigt beschäftigten Ausländer mit Geldstrafe von 1 000 Euro bis 10 000 Euro, im Falle der erstmaligen und weiteren Wiederholung von 2 000 Euro bis 20 000 Euro, bei unberechtigter Beschäftigung von mehr als drei Ausländern für jeden unberechtigt beschäftigten Ausländer mit Geldstrafe von 2 000 Euro bis 20 000 Euro, im Falle der erstmaligen und weiteren Wiederholung von 4 000 Euro bis 50 000 Euro;

2. wer

a) entgegen § 3 Abs. 4 einen Ausländer beschäftigt, ohne die Beschäftigung der zuständigen regionalen Geschäftsstelle des Arbeitsmarktservice anzuzeigen, oder
b) entgegen § 18 Abs. 5 oder 6 die Arbeitsleistungen eines Ausländers in Anspruch nimmt, ohne die Beschäftigung der zuständigen regionalen Geschäftsstelle des Arbeitsmarktservice rechtzeitig anzuzeigen, oder
c) seinen Verpflichtungen gemäß § 26 Abs. 1 nicht nachkommt oder
d) entgegen § 26 Abs. 2 den im § 26 Abs. 1 genannten Behörden und Rechtsträgern den Zutritt zu den Betriebsstätten, Betriebsräumen, auswärtigen Arbeitsstellen und Aufenthaltsräumen der Arbeitnehmer oder das Befahren von Privatstraßen nicht gewährt, oder
e) entgegen § 26 Abs. 3 die Durchführung der Amtshandlung beeinträchtigt oder
f) entgegen dem § 26 Abs. 4 oder 4a die Durchführung der Amtshandlungen beeinträchtigt,

mit Geldstrafe von 150 Euro bis 5 000 Euro, im Fall der lit. c bis f mit Geldstrafe von 2 500 Euro bis 8 000 Euro;

3. wer

a) entgegen § 3 Abs. 6 einen Ausländer beschäftigt, ohne die ihm nach diesem Bundesgesetz erteilten Bewilligungen oder Bestätigungen im Betrieb zur Einsichtnahme bereitzuhalten, oder
b) die im § 26 Abs. 5 vorgesehenen Meldungen nicht erstattet,

mit Geldstrafe bis 2 000 Euro;

4. wer

a) entgegen § 18 Abs. 12 oder 13 als Unternehmen mit Betriebssitz in einem anderen Mitgliedstaat des Europäischen Wirtschaftsraumes einen Ausländer im Inland beschäftigt oder
b) entgegen § 18 Abs. 12 oder 13 die Arbeitsleistungen eines Ausländers, der von einem Unternehmen mit Betriebssitz in einem anderen Mitgliedstaat des Europäischen Wirtschaftsraumes zur Arbeitsleistung nach Österreich entsandt, überlassen oder im Rahmen eines unternehmensinternen Transfers vorübergehend abgestellt wird, in Anspruch nimmt,

obwohl § 18 Abs. 12 Z 1 oder 2, im Fall der Überlassung zusätzlich Z 3, nicht erfüllt ist und – im Fall der lit. b – auch keine EU-Entsendebestätigung oder EU-Überlassungsbestätigung ausgestellt wurde, bei unberechtigter Beschäftigung von höchstens drei Ausländern für jeden unberechtigt beschäftigten Ausländer mit Geldstrafe von 1 000 Euro bis 10 000 Euro, im Falle der erstmaligen und weiteren Wiederholung von 2 000 Euro bis 20 000 Euro, bei unberechtigter Beschäftigung von mehr als drei Ausländern für jeden unberechtigt beschäftigten Ausländer mit Geldstrafe von 2 000 Euro bis 20 000 Euro, im Falle der erstmaligen und weiteren Wiederholung von 4 000 Euro bis 50 000 Euro.

(Anm.: Z 5 aufgehoben durch Art. 1 Z 3, BGBl. I Nr. 98/2020)

(Anm.: Abs. 2 aufgehoben durch BGBl. I Nr. 113/2015)

(3) Die Eingänge aus den gemäß Abs. 1 verhängten Geldstrafen fließen dem Arbeitsmarktservice zu.

(4) Abs. 1 ist nicht anzuwenden, wenn die Zuwiderhandlung vom Organ einer Gebietskörperschaft begangen worden ist. Besteht bei einer Bezirksverwaltungsbehörde der Verdacht einer Zuwiderhandlung durch ein solches Organ, so hat sie, wenn es sich um ein Organ des Bundes oder eines Landes handelt, eine Anzeige an das oberste Organ, dem das der Zuwiderhandlung verdächtige Organ untersteht (Art. 20 Abs. 1 erster Satz B-VG), zu erstatten, in allen anderen Fällen aber an die Aufsichtsbehörde.

(5) Die Bezirksverwaltungsbehörde hat bei Übertretungen nach Abs. 1 Z 1 die unberechtigte Beschäftigung eines Ausländers zu schlechteren Lohn- und Arbeitsbedingungen als sie die jeweils anzuwendenden Normen der kollektiven Rechtsgestaltung vorsehen, bei der Strafbemessung als besonders erschwerend zu berücksichtigen.

(6) Ein Unternehmen, welches die Erbringung einer Leistung an ein anderes Unternehmen ganz oder teilweise weitergibt, ist neben dem beauftragten Unternehmen gemäß Abs. 1 Z 1 zu bestrafen, wenn es

1. die Übertretung des von ihm unmittelbar beauftragten oder – im Fall der Auftragsweitergabe – jedes weiteren beauftragten Unternehmens bei der Auftragserfüllung wissentlich geduldet hat, oder
2. seiner Verpflichtung gemäß § 26 Abs. 6 nicht nachgekommen ist.

(7) Wird ein Ausländer in Betriebsräumen, an Arbeitsplätzen oder auf auswärtigen Arbeitsstellen eines Unternehmens angetroffen, die im allgemeinen Betriebsfremden nicht zugänglich sind, ist das Vorliegen einer nach diesem Bundesgesetz unberechtigten Beschäftigung von der Bezirksverwaltungsbehörde ohne weiteres anzunehmen, wenn der Beschäftiger nicht glaubhaft macht, daß eine unberechtigte Beschäftigung nicht vorliegt.

(8) In den Fällen der Betriebsentsendung, der grenzüberschreitenden Überlassung oder des unternehmensinternen Transfers gilt die Verwaltungsübertretung als in dem Sprengel der Bezirksverwaltungsbehörde begangen, in dem der Arbeits(Einsatz)ort der nach Österreich entsandten, überlassenen oder unternehmensintern transferierten Arbeitnehmer liegt, bei wechselnden Arbeits(Einsatz)orten am Ort der Kontrolle.

Beteiligung am Verwaltungsstrafverfahren und Bestellung von verantwortlichen Beauftragten

§ 28a. (1) Das Amt für Betrugsbekämpfung hat in Verwaltungsstrafverfahren nach § 28 Abs. 1 Z 1, 4 und 5, nach § 28 Abs. 1 Z 2 lit. c bis f dann, wenn die Übertretung die Überwachung der Einhaltung der Bestimmungen dieses Bundesgesetzes durch das Amt für Betrugsbekämpfung betrifft, Parteistellung und ist berechtigt, Beschwerden gegen Bescheide sowie Einspruch gegen Strafverfügungen zu erheben. Der Bundesminister für Arbeit, Soziales und Konsumentenschutz und der Bundesminister für Finanzen sind berechtigt, gegen Entscheidungen der Verwaltungsgerichte der Länder Revision an den Verwaltungsgerichtshof zu erheben. Die Verwaltungsgerichte der Länder haben Ausfertigungen solcher Entscheidungen unverzüglich dem Bundesministerium für Arbeit, Soziales und Konsumentenschutz zu übermitteln.

(2) Stellt das Amt für Betrugsbekämpfung eine Übertretung fest, die nach
1. § 28 Abs. 1 Z 1, 4 und 5
2. § 28 Abs. 1 Z 2 lit. c bis f

zu bestrafen ist, hat das Amt für Betrugsbekämpfung Strafanzeige an die zuständige Verwaltungsstrafbehörde zu erstatten, im Fall der Z 2 nur dann, wenn die Übertretung die Überwachung der Einhaltung der Bestimmungen dieses Bundesgesetzes durch das Amt für Betrugsbekämpfung betrifft. Mit der Anzeige ist ein bestimmtes Strafausmaß zu beantragen.

(3) Die Bestellung von verantwortlichen Beauftragten gemäß § 9 Abs. 2 und 3 des Verwaltungsstrafgesetzes 1991 – VStG, BGBl. Nr. 52, in der jeweils geltenden Fassung, für die Einhaltung dieses Bundesgesetzes wird erst rechtswirksam, nachdem bei der Zentralen Koordinationsstelle eine schriftliche Mitteilung über die Bestellung samt einem Nachweis der Zustimmung des Bestellten eingelangt ist. Dies gilt nicht für die Bestellung von verantwortlichen Beauftragten auf Verlangen der Behörde gemäß § 9 Abs. 2 VStG.

(4) Der Arbeitgeber hat den Widerruf der Bestellung und das Ausscheiden von verantwortlichen Beauftragten nach Abs. 3 der Zentralen Koordinationsstelle im Amt für Betrugsbekämpfung unverzüglich schriftlich mitzuteilen.

Zentrale Verwaltungsstrafevidenz

§ 28b. (1) Das Amt für Betrugsbekämpfung hat öffentlichen Auftraggebern für die Zwecke der Auftragsvergabe auf Verlangen binnen zwei Wochen Auskunft darüber zu geben, ob dem im Auskunftsersuchen genannten Unternehmen (Bewerber, Bieter, Subunternehmer) eine rechtskräftige Bestrafung gemäß § 28 Abs. 1 Z 1 zuzurechnen ist. In dieser Auskunft ist entweder die Anzahl der nach Abs. 2 zu berücksichtigenden Bestrafungen einschließlich der maßgeblichen Daten der Strafbescheide (Strafbehörde, Aktenzahl, Entscheidungs- und Rechtskraftdatum, Name und Geburtsdatum des Bestraften, Tatzeit, Zahl der beschäftigten Ausländer, verhängte Geldstrafen) anzugeben oder festzustellen, daß keine zu berücksichtigende Bestrafung vorliegt.

(2) Eine Bestrafung gemäß § 28 Abs. 1 Z 1 ist dem im Auskunftsersuchen genannten Unternehmen zuzurechnen, wenn diese Bestrafung entweder gegen den Bewerber, Bieter oder Subunternehmer selbst oder gegen ein verantwortliches Organ (§ 9 Abs. 1 VStG) oder einen verantwortlichen Beauftragten (§ 9 Abs. 2 oder 3 VStG) rechtskräftig verhängt wurde. Die erste registrierte rechtskräftige Bestrafung ist dabei nicht zu berücksichtigen. Die zweite Bestrafung ist nach Ablauf eines Jahres nach Eintritt der Rechtskraft, jede weitere jeweils nach Ablauf von zwei Jahren nach Eintritt der Rechtskraft nicht mehr zu berücksichtigen. Rechtskräftige Bestrafungen wegen unberechtigter Beschäftigung mehrerer Ausländer zählen als eine Bestrafung, wenn diese Ausländer gleichzeitig oder in zeitlichem Zusammenhang am selben Ort beschäftigt wurden.

(3) Für Zwecke der Erteilung von Auskünften nach Abs. 1 und § 30 Abs. 3 sowie für Zwecke der Beurteilung der Bewilligungsvoraussetzungen nach § 4 Abs. 1 Z 4 und 5 hat das Amt für Betrugsbekämpfung eine zentrale Evidenz verwaltungsbehördlicher Strafverfahren gemäß § 28 Abs. 1 Z 1 zu führen. Diese kann automationsunterstützt geführt werden.

(4) Die Verwaltungsstrafbehörden und die Verwaltungsgerichte der Länder haben Ausfertigungen rechtskräftiger Entscheidungen, die sie in Strafverfahren gemäß § 28 Abs. 1 Z 1 erlassen haben, unverzüglich dem Amt für Betrugsbekämpfung zu übermitteln. Desgleichen haben sie Ausfertigungen rechtskräftiger Entscheidungen, mit denen eine Strafe gemäß § 28 Abs. 1 Z 1 gegen verantwortliche Beauftragte im Sinne des § 9 Abs. 2 letzter Satz und 3 VStG verhängt wurde, jenem Unternehmen zuzustellen, dem diese Bestrafung gemäß Abs. 2 zuzurechnen ist. In die Entscheidung ist ein Hinweis darauf aufzunehmen, dass mit der rechtskräftigen Bestrafung die Eintragung des Beschuldigten und jenes Unternehmens, dem die Bestrafung zuzurechnen ist, in die Verwaltungsstrafevidenz verbunden ist.

(5) Das Amt für Betrugsbekämpfung hat Unternehmen, die sich um öffentliche Aufträge im Ausland bewerben, auf Antrag mitzuteilen, ob ihnen rechtskräftige Bestrafungen gemäß § 28 Abs. 1 Z 1 zuzurechnen sind. In der Auskunft gemäß § 30b Abs. 3 sind die Anzahl der rechtskräftigen Bestrafungen gemäß § 28 Abs. 1 Z 1 und der jeweils betroffenen Ausländer anzugeben. Gemäß § 55 Abs. 1 VStG getilgte Bestrafungen sind nicht mehr zu berücksichtigen.

(6) Abs. 4 gilt sinngemäß auch für Bestrafungen gemäß § 28 Abs. 6.

Gerichtlich strafbare Handlungen

§ 28c. (1) Wer entgegen § 3 Abs. 1 gleichzeitig eine größere Zahl von Ausländern ohne Aufenthaltsrecht im Bundesgebiet oder einen minderjährigen Ausländer ohne Aufenthaltsrecht im Bundesgebiet beschäftigt, ist vom Gericht mit Freiheitsstrafe bis zu sechs Monaten oder mit Geldstrafe bis zu 360 Tagessätzen zu bestrafen.

(2) Mit Freiheitsstrafe bis zu zwei Jahren ist zu bestrafen, wer entgegen § 3 Abs. 1

1. einen Ausländer ohne Aufenthaltsrecht im Bundesgebiet unter besonders ausbeuterischen Arbeitsbedingungen,
2. einen Ausländer ohne Aufenthaltsrecht im Bundesgebiet, von dem er weiß, dass er ein Opfer von Menschenhandel (§ 104a StGB) ist, unter Nutzung seiner unter Zwang erbrachten Arbeiten oder Leistungen oder
3. eine größere Zahl von Ausländern ohne Aufenthaltsrecht im Bundesgebiet länger als einen Monat

beschäftigt.

(3) Der unerlaubt beschäftigte Ausländer ist nicht als Beitragstäter (§ 12 dritter Fall des Strafgesetzbuches – StGB, BGBl. Nr. 60/1974) zu bestrafen.

(4) Die Abs. 1 und 2 sind nicht anzuwenden, sofern die Tat nach anderen Bestimmungen mit gleicher oder strengerer Strafe bedroht ist.

(5) Die Staatsanwaltschaft kann bei der Verfolgung von Straftaten nach § 28c die Hilfe des Amtes für Betrugsbekämpfung und seiner Organe in Anspruch nehmen.

(6) Die im Abs. 5 genannten Organe sind im Rahmen ihrer Aufgaben verpflichtet, Ermittlungen zu jedem ihnen zur Kenntnis gelangten Anfangsverdacht betreffend Straftaten nach § 28c zu führen. In diesem Umfang werden sie im Dienste der Strafrechtspflege (Art. 10 Abs. 1 Z 6 B–VG) tätig und haben die in der Strafprozessordnung den Sicherheitsbehörden zukommenden Aufgaben und Befugnisse unter sinngemäßer Anwendung des § 196 Abs. 4 des Finanzstrafgesetzes, BGBl. Nr. 129/1958, wahrzunehmen.

Ansprüche des Ausländers

§ 29. (1) Ausländer, die entgegen den Vorschriften dieses Bundesgesetzes ohne Beschäftigungsbewilligung beschäftigt werden, haben gegenüber dem sie beschäftigenden Betriebsinhaber für die Dauer der Beschäftigung die gleichen Ansprüche wie auf Grund eines gültigen Arbeitsvertrages und Anspruch auf Ersatz der Kosten einer Auslandsüberweisung des Entgelts. Die unerlaubte Beschäftigung gilt als zumindest drei Monate ausgeübt, sofern der Arbeitgeber oder der Ausländer nicht anderes nachweisen.

(2) Beruht das Fehlen der Beschäftigungsbewilligung jedoch auf einem Verschulden des Betriebsinhabers, dann ist der Ausländer auch bezüglich der Ansprüche aus der Beendigung des Beschäftigungsverhältnisses so zu stellen, als ob er auf Grund eines gültigen Arbeitsvertrages beschäftigt gewesen wäre. Auf die Bestimmungen des besonderen Kündigungs- und Entlassungsschutzes ist jedoch nicht Bedacht zu nehmen.

(3) Der Ausländer, dessen Arbeitsverhältnis wegen Wegfalls der Beschäftigungsbewilligung endet, hat Anspruch auf Schadenersatz wie auf Grund eines berechtigten vorzeitigen Austritts, wenn der Wegfall der Beschäftigungsbewilligung auf einem Verschulden des Arbeitgebers beruht. Bei Bemessung des Schadenersatzanspruches ist auf die Bestimmungen des besonderen Kündigungs- und Entlassungsschutzes jedoch nicht Bedacht zu nehmen.

Haftung des Auftraggebers

§ 29a. Ein Unternehmen, welches die Erbringung einer Leistung an ein anderes Unternehmen ganz oder teilweise weitergibt und Übertretungen eines mit der Erbringung dieser Leistung beauftragten Unternehmens gemäß § 28 Abs. 1 Z 1 wissentlich duldet oder seiner Verpflichtung gemäß § 26 Abs. 6 nicht nachkommt, haftet gemäß § 1356 des Allgemeinen bürgerlichen Gesetzbuches (ABGB), JGS Nr. 946/1811, als Ausfallsbürge für Ansprüche auf das Entgelt der zur Erbringung der Leistung eingesetzten Ausländer, das diesen für ihre Tätigkeit im Rahmen der vereinbarten Leistung gebührt, und auf Ersatz der Kosten für eine Auslandsüberweisung des Entgelts.

Untersagung der Beschäftigung

§ 30. (1) Die Bezirksverwaltungsbehörde kann dem Arbeitgeber auf Antrag der nach dem Betriebssitz zuständigen Landesgeschäftsstelle des Arbeitsmarktservice, dem Amt für Betrugsbekämpfung oder der sonst zur Wahrnehmung des Arbeitnehmerschutzes berufenen Behörde die Beschäftigung von Ausländern für die Dauer von längstens einem Jahr untersagen, wenn der Arbeitgeber innerhalb der letzten zwei Jahre vom Zeitpunkt der Antragstellung zurückgerechnet mindestens dreimal gemäß § 28 Abs. 1 Z 1 rechtskräftig bestraft wurde. Vor der Untersagung sind die in Betracht kommenden gesetzlichen Interessenvertretungen der Arbeitgeber und der Arbeitnehmer anzuhören. Im Untersagungsverfahren hat das Amt für Betrugsbekämpfung Parteistellung und ist berechtigt, Beschwerden gegen Bescheide zu erheben. Der Bundesminister für Arbeit, Soziales und Konsumentenschutz ist berechtigt, gegen Entscheidungen der Verwaltungsgerichte der Länder Revision an den Verwaltungsgerichtshof zu erheben. Die zuständigen Behörden haben Ausfertigungen solcher Entscheidungen unverzüglich dem Bundesminister für Arbeit, Soziales und Konsumentenschutz zu übermitteln.

(2) Die zum Zeitpunkt der Untersagung nach diesem Bundesgesetz erlaubte laufende Beschäftigung von Ausländern sowie die Beschäftigungsaufnahme von Ausländern mit einem gültigen Befreiungsschein werden von einer Untersagung nicht berührt.

(3) Den Bezirksverwaltungsbehörden sind die über den Arbeitgeber in der zentralen Verwaltungsstrafevidenz (§ 28b) gespeicherten und für die Untersagung relevanten Daten über rechtskräftige Bestrafungen gemäß § 28 Abs. 1 Z 1 zur Verfügung zu stellen.

Einleitung des Verfahrens zur Entziehung der Gewerbeberechtigung

§ 30a. Das Amt für Betrugsbekämpfung kann die Entziehung der Gewerbeberechtigung wegen wiederholter unerlaubter Beschäftigung von Ausländern beantragen. Das Amt für Betrugsbekämpfung hat im Verfahren Parteistellung und ist berechtigt, Beschwerden gegen Bescheide zu erheben. Der Bundesminister für Arbeit, Soziales und Konsumentenschutz ist berechtigt, gegen Entscheidungen der Verwaltungsgerichte der Länder Revision an den Verwaltungsgerichtshof zu erheben. Die zuständigen Behörden haben Ausfertigungen solcher Entscheidungen unverzüglich dem Bundesminister für Arbeit, Soziales und Konsumentenschutz zu übermitteln.

Ausschluss und Rückzahlung von öffentlichen Förderungen

§ 30b. (1) Ein Unternehmen kann bis zu einer Dauer von drei Jahren von Förderungen aus Mitteln des Bundes einschließlich der vom Bund verwalteten Mittel der Europäischen Union ausgeschlossen werden, wenn die Förderung jeweils einen Betrag von 5 000 Euro übersteigt und das Unternehmen zum Zeitpunkt der Antragstellung wiederholt wegen unerlaubter Beschäftigung von mehr als drei Ausländern rechtskräftig bestraft wurde. Zudem hat es derartige in den letzten sechs Monaten bezogene Förderungen ab Rechtskraft der wiederholten Bestrafung binnen drei Monaten jener Stelle zurückzuerstatten, welche die Förderung gewährt hat.

(2) Von einem Ausschluss und einer Rückzahlung gemäß Abs. 1 ist abzusehen, wenn das Unternehmen glaubhaft macht, dass es konkrete technische, organisatorische oder personelle Maßnahmen getroffen hat, die geeignet sind, das nochmalige Setzen einer solchen strafbaren Handlungen zu verhindern. Als derartige Maßnahmen gelten insbesondere

1. die Einführung eines qualitativ hochwertigen Berichts- und Kontrollwesens,
2. die Einschaltung eines Organs der inneren Revision zur regelmäßigen Überprüfung der Einhaltung der maßgeblichen Vorschriften,
3. die Einführung von internen Haftungs- und Schadenersatzregelungen zur Einhaltung der maßgeblichen Vorschriften.

(3) Die Stelle, die über ein Förderansuchen gemäß Abs. 1 entscheidet, hat vor der Bewilligung des Ansuchens eine Auskunft aus der Zentralen Verwaltungsstrafevidenz (§ 28b Abs. 5) einzuholen.

Abschnitt VIII
Übergangsbestimmungen

§ 32. (1) Die Nichtanrechnung von Beschäftigungszeiten gemäß dem zweiten Satz des § 14a Abs. 1 gilt nicht für Beschäftigungsverhältnisse, die vor dem 1. Juni 1996 aufgenommen wurden.

(2) Die vom Arbeitsmarktservice in unmittelbarer Anwendung des ARB Nr. 1/1980 ausgestellten Feststellungsbescheide verlieren mit 1. Jänner 1999 ihre Gültigkeit. Sie sind bis zu diesem Zeitpunkt auf die Höchstzahlen nach diesem Bundesgesetz anzurechnen. Auf Grund eines Feststellungsbescheides vor dem 1. Jänner 1999 eingegangene Arbeitsverhältnisse bleiben unberührt.

(3) Die Nichtanrechnung von Beschäftigungszeiten als Künstler gemäß § 14a Abs. 1 Z 5 gilt nicht für Beschäftigungsverhältnisse, die vor dem 1. Jänner 1998 eingegangen wurden.

(4) Der Bundesminister für Wirtschaft und Arbeit hat dem Bundesminister für Finanzen die auf der Grundlage des § 28b in seinen vor dem In-Kraft-Treten des Bundesgesetzes BGBl. I Nr. 68/2002 geltenden Fassungen evident gehaltenen Daten, Bescheide und sonstige Erledigungen zum Zweck der Erteilung von Auskünften nach § 28b Abs. 1 und § 30 Abs. 3 sowie zum Zweck der Beurteilung der Bewilligungsvoraussetzungen nach § 4 Abs. 3 Z 11 und 12 spätestens mit In-Kraft-Treten dieses Bundesgesetzes in automationsunterstützter Form zur Verfügung zu stellen.

(5) Zugleich mit der Übertragung der Aufgaben nach diesem Bundesgesetz an den Bundesminister für Finanzen gehen die für die Besorgung dieser Aufgaben vorgesehenen Planstellen aus dem Planstellenbereich des Bundesministeriums für Wirtschaft und Arbeit in den Planstellenbereich des Bundesministers für Finanzen über. Bedienstete, die ausschließlich oder überwiegend Aufgaben besorgen, die ab 1. Juli 2002 in den Wirkungsbereich des Bundesministeriums für Finanzen fallen, sind in den Planstellenbereich des Bundesministeriums für Finanzen zu übernehmen. Der Bundesminister für Wirtschaft und Arbeit hat nach Anhörung des zuständigen Zentralausschusses mit Bescheid festzustellen, welche Beamten des Bundesministeriums für Wirtschaft und Arbeit (Zentralleitung und Arbeitsinspektorate) ausschließlich oder überwiegend Aufgaben besorgen, die ab 1. Juli 2002 in den Wirkungsbereich des Bundesministeriums für Finanzen fallen. Für vertraglich Bedienstete tritt an die Stelle des Bescheides eine Dienstgebererklärung.

(6) Befreiungsscheine, die vor dem 1. Jänner 2003 nach diesem Bundesgesetz ausgestellt wurden, bleiben bis zum Ablauf ihrer jeweiligen Geltungsdauer gültig.

(7) Verordnungen, die vor dem 1. Jänner 2003 auf Grund des § 9 FrG erlassen wurden, gelten als Verordnungen gemäß § 5 weiter.

(8) Beschäftigungsbewilligungen, die vor dem 1. Jänner 2003 gemäß § 9 FrG erteilt wurden, sind Beschäftigungsbewilligungen gemäß § 5 gleichzuhalten.

(9) § 1 Abs. 2 lit. l und § 18 Abs. 12 bis 16 gelten ab dem 1. Juni 2004 sinngemäß auch für Staatsangehörige der Schweizerischen Eidgenossenschaft und für Arbeitgeber mit Betriebssitz in der Schweizerischen Eidgenossenschaft.

(10) Verordnungen, die vor In-Kraft-Treten des Bundesgesetzes BGBl. I Nr. 25/2011 aufgrund des § 12a Abs. 2 erlassen wurden, gelten als Verordnungen gemäß § 14 Abs. 3 weiter.

(11) Vor Inkrafttreten des Bundesgesetzes BGBl. I Nr. 72/2013 ausgestellte Arbeitserlaubnisse und Befreiungsscheine bleiben bis zum Ablauf ihrer jeweiligen Geltungsdauer gültig.

(12) Verordnungen, die vor Inkrafttreten des Bundesgesetzes BGBl. I Nr. 72/2013 aufgrund des § 14 Abs. 3 erlassen wurden, gelten als Verordnungen gemäß § 4 Abs. 4 weiter.

Schlußbestimmungen

Aufhebung von Rechtsvorschriften

§ 33. Mit dem Inkrafttreten dieses Bundesgesetzes treten die Verordnung über ausländische Arbeitnehmer vom 23. Jänner 1933, deutsches RGBl. I S. 26, und die hiezu ergangenen Durchführungsvorschriften sowie die Bestimmung des § 258 des Gesetzes über Arbeitsvermittlung und Arbeitslosenversicherung vom 16. Juli 1927, deutsches RGBl. I S. 187, außer Kraft.

Verweisungen

§ 33a. Soweit in diesem Bundesgesetz auf Bestimmungen anderer Bundesgesetze verwiesen wird, sind diese in ihrer jeweils geltenden Fassung anzuwenden.

Sprachliche Gleichbehandlung

§ 33b. Soweit in diesem Bundesgesetz auf natürliche Personen bezogene Bezeichnungen nur in männlicher Form angeführt sind, beziehen sie sich auf Frauen und Männer in gleicher Weise. Bei der Anwendung der Bezeichnung auf bestimmte natürliche Personen ist die jeweils geschlechtsspezifische Form zu verwenden.

Wirksamkeitsbeginn

§ 34. (1) § 32 Abs. 1 tritt mit 1. August 1990, die übrigen Bestimmungen *(Anm.: in der Fassung des Bundesgesetzes BGBl. Nr. 450/1990)* treten mit 1. Oktober 1990 in Kraft.

(2) Verordnungen und Bescheide auf Grund dieses Bundesgesetzes *(Anm.: BGBl. Nr. 450/1990)* können bereits von dem seiner Kundmachung folgenden Tag an erlassen werden; sie dürfen jedoch erst mit dem im Abs. 1 bezeichneten Zeitpunkt in Kraft treten.

(3) § 27 Abs. 4 in der Fassung des Bundesgesetzes BGBl. Nr. 501/1993 tritt mit 1. Juli 1993 in Kraft.

(4) § 4 Abs. 3 Z 7, § 26 Abs. 5, § 28 Abs. 1 Z 4 lit. c *(Anm.: in der Fassung des Bundesgesetzes BGBl. Nr. 684/1991)* treten mit Ablauf des 31. Dezember 1992 außer Kraft.

(5) § 1 Abs. 2 lit. l, § 3 Abs. 7, § 14a Abs. 1 und 3, § 15 Abs. 1, 3 und 4, § 15a Abs. 3 und § 16 Abs. 1 in der Fassung des Bundesgesetzes BGBl. Nr. 475/1992 treten gleichzeitig mit dem Abkommen über den Europäischen Wirtschaftsraum in Kraft.

(6) § 4 Abs. 3 Z 7, § 4b, § 20b Abs. 4, § 27 Abs. 4 und § 31a in der Fassung des Bundesgesetzes BGBl. Nr. 475/1992 treten mit 1. Juli 1993 in Kraft.

(7) § 4 Abs. 3 Z 15, § 14d Abs. 1, § 26 Abs. 5 und § 28 Abs. 1 Z 4 lit. c in der Fassung des Bundesgesetzes BGBl. Nr. 19/1993 treten mit 1. Jänner 1993 in Kraft.

(Anm.: Abs. 8 aufgehoben durch Art. III Z 4, BGBl. Nr. 502/1993)

(9) § 28b in der Fassung des Bundesgesetzes BGBl. Nr. 463/1993 tritt mit 1. Juli 1993 in Kraft.

(10) § 1 Abs. 2 lit. m in der Fassung des Bundesgesetzes BGBl. Nr. 501/1993 tritt gleichzeitig mit dem EWR-Abkommen *) in Kraft.

(11) § 2 Abs. 4 und § 4 Abs. 10 in der Fassung des Bundesgesetzes BGBl. Nr. 502/1993 treten mit 1. August 1993 in Kraft.

(12) § 4 Abs. 3 Z 16 in der Fassung des Bundesgesetzes BGBl. Nr. 502/1993 tritt mit 1. August 1993 in Kraft und ist auf Sachverhalte anzuwenden, die sich nach dem 1. August 1993 ereignen.

(13) Die §§ 2 Abs. 4, 3 Abs. 3, 4 und 5, 4 Abs. 6 Z 1 und Abs. 9, 4b Abs. 2 Z 2, 5 Abs. 3, 6 Abs. 1 und 3, 8 Abs. 2, 14 Abs. 2, 14d Abs. 1 und 2, 14f Abs. 3, 15 Abs. 4, 16 Abs. 3, 18 Abs. 3, 4, 5, 6 und 7, 19 Abs. 1, 3, 4 und 7, 20, 20a, 20b, 22, 23, 26 Abs. 1 und 5, 27, 28 Abs. 1 Z 2 und Abs. 3, 28a, 30 und 30a in der Fassung des Bundesgesetzes BGBl. Nr. 314/1994 treten mit 1. Juli 1994 in Kraft. Bis zum Inkrafttreten einer entsprechenden Verordnung des Bundesministers für Arbeit und Soziales gemäß § 74 Abs. 1 des Arbeitsmarktservicegesetzes, BGBl. Nr. 313/1994, obliegen die Aufgaben und Befugnisse der Arbeitsinspektorate und des Bundesministers für Arbeit und Soziales gemäß §§ 28a, 30 und 30a den jeweiligen Landesgeschäftsstellen des Arbeitsmarktservice und die Aufgaben und Befugnisse der Arbeitsinspektorate gemäß §§ 26, 27 und 28 den jeweiligen regionalen Geschäftsstellen des Arbeitsmarktservice.

(14) § 18 Abs. 14 in der Fassung des Bundesgesetzes BGBl. Nr. 450/1994 tritt mit 1. Juli 1994 in Kraft.

(15) § 1 Abs. 2 lit. e und l, § 14a Abs. 2 und 3, § 27 Abs. 2 und 5, § 27a, § 28 Abs. 1 Z 1 letzter Halbsatz, § 28 Abs. 1 Z 2 lit. d und f, § 28 Abs. 1 Z 2 letzter Halbsatz, § 28 Abs. 5 bis 7, § 28a und § 28b sowie § 30a in der Fassung des Bundesgesetzes BGBl. Nr. 895/1995 treten mit 1. Jänner 1996 in Kraft.

(16) § 1 Abs. 2 lit. f, § 2 Abs. 2 lit. c, § 3 Abs. 1, 2, 5, 6 und 8, § 9 Abs. 5, § 13b Abs. 2, § 18 Abs. 1 und Abs. 3 bis 8 sowie 11 bis 14 *(Anm.: in der Aufzählung fehlt die Überschrift zu § 18)*, § 19 Abs. 1, 2 und 5, § 20 Abs. 1 und 6, § 25, § 28 Abs. 1 Z 1 lit. a und b sowie § 28 Abs. 1 Z 2 lit. a und b in der Fassung des Bundesgesetzes BGBl. Nr. 895/1995 treten mit 1. Juni 1996 in Kraft.

(17) § 1 Abs. 2 lit. l, § 3 Abs. 5, § 4 Abs. 6 Z 4 und Abs. 11, § 4b Abs. 2, § 14a Abs. 1, § 18 Abs. 2 und 11, § 20 Abs. 5, § 27 Abs. 5, § 28a Abs. 1, § 31a und § 32 in der Fassung des Bundesgesetzes BGBl. Nr. 201/1996 treten mit 2. Juni 1996 in Kraft.

(18) § 28b in der Fassung des Bundesgesetzes BGBl. Nr. 776/1996 tritt mit 1. Jänner 1997 in Kraft.

(19) § 1 Abs. 2 und 4, § 2 Abs. 3 lit. b, c und d, § 3 Abs. 1, 2, 3, 5, 6, 9 und 10, § 4 Abs. 3, 4, 5, 6 und 11, § 4b Abs. 1, 3 und 4, § 4c, § 5, § 11 Abs. 3, § 12, § 12a Abs. 3, § 13b Abs. 1 und 2, § 14a Abs. 1 Z 3, 4 und 5, § 18 Abs. 3, 4 und 12 bis 16, § 19 Abs. 9, § 20 Abs. 2, § 20a, § 20b Abs. 4, § 24, § 27 Abs. 4, § 27a Abs. 2, § 28 Abs. 1 Z 1, 2, 4 und 5 sowie Abs. 6, § 32 und § 35 in der Fassung des Bundesgesetzes BGBl. I Nr. 78/1997 treten mit 1. Jänner 1998 in Kraft.

(20) Die §§ 4b Abs. 1 Z 9, 11 Abs. 2, 18 Abs. 13 Z 2, 26 Abs. 1 und 4, 28 Abs. 1 Z 2 lit. c und f und 28b in der Fassung des Bundesgesetzes BGBl. I Nr. 120/1999 treten mit 1. Jänner 2000 in Kraft und sind auf Sachverhalte anzuwenden, die sich nach dem 31. Dezember 1999 ereignen.

(21) § 28 Abs. 1 in der Fassung des Bundesgesetzes BGBl. I Nr. 136/2001 tritt mit 1. Jänner 2002 in Kraft.

(22) Die §§ 3 Abs. 5, 14c, 26 Abs. 1 bis 4a, 27 Abs. 1, 2, 4 und 5 samt Überschrift, 27a, 28 Abs. 1, 28a Abs. 1 bis 4, 28b Abs. 1, 3 und 4, 30 Abs. 1, 30a, 32 Abs. 4 und 5 sowie § 35 in der Fassung des Bundesgesetzes BGBl. I Nr. 68/2002 treten mit 1. Juli 2002 in Kraft.

(23) Die §§ 1 Abs. 2 lit. a, l und m und Abs. 5, 2 Abs. 5 bis 9, 3 Abs. 1, 2, 4 und 8, 4 Abs. 3 und 5 bis 8, 4b, 5, 7 Abs. 3 und 5, 11 Abs. 1 und 6, 12, 12a Abs. 3, 13, 13a, 13b, 14, 14a Abs. 1 Z 3 und 4, 15, 15a, 17, 18, 19 Abs. 10, 24, 26 Abs. 5, 27a Abs. 3, 28 Abs. 1, 32 Abs. 6 bis 8, 33b, und 35 Z 5 sowie die Abschnittsbezeichnungen IIa, IIb, IIc und IIIa in der Fassung des Bundesgesetzes BGBl. I Nr. 126/2002 treten mit 1. Jänner 2003 in Kraft und sind auf Sachverhalte anzuwenden, die sich nach dem 31. Dezember 2002 ereignen.

(24) Die §§ 1 Abs. 2 lit. f, 2 Abs. 5a und 4 Abs. 6 Z 4a in der Fassung des Bundesgesetzes BGBl. I Nr. 133/2003 treten mit 1. Jänner 2004 in Kraft und sind auf Sachverhalte anzuwenden, die sich nach dem 31. Dezember 2003 ereignen.

(25) Die §§ 4 Abs. 3 Z 7, 4b, 5 Abs. 3, 18 Abs. 12, 28 Abs. 1 und 32a in der Fassung des Bundesgesetzes BGBl. I Nr. 28/2004 treten mit 1. Mai 2004 in Kraft und sind auf Sachverhalte anzuwenden, die sich nach dem 30. April 2004 ereignen.

(26) § 32 Abs. 9 in der Fassung des Bundesgesetzes BGBl. I Nr. 28/2004 tritt mit 1. Juni 2004 in Kraft.

(27) § 18 Abs. 3 in der Fassung des Bundesgesetzes BGBl. I Nr. 136/2004 tritt mit 1. Jänner 2005 in Kraft und ist auf Sachverhalte anzuwenden, die sich nach dem 31. Dezember 2004 ereignen.

(28) Die §§ 1 Abs. 2 lit. a, i, l und m und Abs. 5, 2 Abs. 2 lit. b, 4 und 10, 3 Abs. 1, 2 und 8, 4 Abs. 3 Z 7, Abs. 6 Z 4a und Abs. 8, 5 Abs. 1, 1a und 5a *(Anm.: § 5 Abs. 5a von Novelle nicht betroffen)*, 8 Abs. 2, 11 Abs. 1 und 2, 12 Abs. 3, 4, 5, 6, 8, 9 und 10, 12a Abs. 3, 14a Abs. 1 und 1a, 14e Abs. 1

Z 2, 15 Abs. 1, 4 und 6, 15a, 17, 18 Abs. 12 bis 16, 20b Abs. 4, 24, 26 Abs. 4, 27 Abs. 4, 27a Abs. 3, 28 Abs. 1 Z 1 lit. a und Z 5 lit. a und b und 32a Abs. 1, 6 und 7 in der Fassung des Bundesgesetzes BGBl. I Nr. 101/2005 treten mit 1. Jänner 2006 in Kraft.

(29) § 27 Abs. 6 in der Fassung des Bundesgesetzes BGBl. I Nr. 104/2005 tritt mit 1. September 2005 in Kraft.

(30) § 26, § 28, § 28a, § 30, § 30a und § 35 in der Fassung des Bundesgesetzes BGBl. I Nr. 103/2005 treten mit 1. Jänner 2006 in Kraft.

(31) § 1 Abs. 5 und § 5 Abs. 1, 1a und 5a in der Fassung des Bundesgesetzes BGBl. I Nr. 157/2005 treten mit 1. Jänner 2006 in Kraft.

(32) § 32a Abs. 10 in der Fassung des Bundesgesetzes BGBl. I Nr. 85/2006 tritt gleichzeitig mit dem Wirksamwerden des Beitritts der Republik Bulgarien bzw. des Beitritts Rumäniens zur Europäischen Union auf Grund des EU-Beitrittsvertrages vom 25. April 2005 (ABl. Nr. L 157 vom 21. Juni 2005) in Kraft.

(33) § 28a Abs. 1 und Abs. 2 Z 1 in der Fassung des Bundesgesetzes BGBl. I Nr. 99/2006 tritt mit 1. Jänner 2007 in Kraft.

(34) Die §§ 1 Abs. 2 lit. a, e, f und i, 2 Abs. 3 lit. d und Abs. 11, 4 Abs. 3 Z 7 und Abs. 8, 5 Abs. 3, 3a, 4 und 5, 13 Abs. 2, 15 Abs. 3, 18 Abs. 12, 26 Abs. 5, 27 Abs. 4, § 28 Abs. 1 Z 5 und § 31 in der Fassung des Bundesgesetzes BGBl. I Nr. 78/2007 treten mit 1. Jänner 2008 in Kraft und sind auf Sachverhalte anzuwenden, die sich nach dem 31. Dezember 2007 ereignen. Die §§ 4 Abs. 3 Z 15, 14d und 28 Abs. 1 Z 3 treten mit Ablauf des 31. Dezember 2007 außer Kraft.

(35) Die §§ 28 Abs. 1 Z 1 lit. c und d, 32a Abs. 7a und 35 Z 5 und 6 in der Fassung des Bundesgesetzes BGBl. I Nr. 91/2009 treten mit 1. September 2009 in Kraft und sind auf Sachverhalte anzuwenden, die sich nach dem 31. August 2009 ereignen.

(36) § 4 Abs. 3 Z 7 in der Fassung des Bundesgesetzes BGBl. I Nr. 120/2009 tritt mit 1. Jänner 2010 in Kraft.

(37) § 2 Abs. 12 in der Fassung des Bundesgesetzes BGBl. I Nr. 135/2009 tritt mit 1. Jänner 2010 in Kraft.

(38) Die §§ 1 Abs. 2 lit. l und m, 2 Abs. 3 lit. a, 3 Abs. 1, 2, 6 und 8, 4, 4b Abs. 1, 9 Abs. 2 lit. a, 11 Abs. 1, 2, 5 und 6, 15 Abs. 6, 17, 20 Abs. 2, 22 Abs. 1, 26 Abs. 4 bis 6, 27a Abs. 3, 28 Abs. 1 Z 1 lit. a und d und Abs. 6, 28b Abs. 3, 5 und 6, 28c samt Überschrift, 29 Abs. 1, 29a samt Überschrift, 30b samt Überschrift und 35 sowie der Abschnitt IIa samt Überschrift und den Anlagen A, B und C in der Fassung des Bundesgesetzes BGBl. I Nr. 25/2011 treten mit 1. Juli 2011 in Kraft. Die §§ 5 samt Überschrift, 32 Abs. 10 und 32a sowie der Abschnitt IIb in der Fassung des Bundesgesetzes BGBl. I Nr. 25/2011 treten mit 1. Mai 2011 in Kraft. Die §§ 1 Abs. 5, 2 Abs. 5, 8 Abs. 2 und 9 Abs. 3 in der Fassung des Bundesgesetzes BGBl. I Nr. 135/2009 treten mit 30. Juni 2011 außer Kraft.

(39) Verordnungen gemäß § 13 in der Fassung des Bundesgesetzes BGBl. I Nr. 25/2011 dürfen nicht vor dem 1. Jänner 2012 erlassen werden und nicht vor dem 1. Mai 2012 in Kraft treten. Unbeschadet des § 13 Abs. 1 dürfen mit der erstmalig erlassenen Verordnung Mangelberufe auch für das Kalenderjahr 2012 festgelegt werden.

(40) Die Registrierung von befristet beschäftigten Ausländern gemäß § 5 Abs. 1 in der Fassung des Bundesgesetzes BGBl. I Nr. 25/2011 ist bereits ab dem der Kundmachung dieses Bundesgesetzes folgenden Tag zulässig.

(41) Die §§ 2 Abs. 2 lit. e und Abs. 3 lit. c und 4 Abs. 3 Z 10 und Abs. 5 in der Fassung des Bundesgesetzes BGBl. I Nr. 98/2012 treten mit 1. Jänner 2013 in Kraft.

(42) Die §§ 3 Abs. 1 bis 3, 4 Abs. 1 Z 1, Abs. 3 Z 9 bis 14 und Abs. 4 und 5, 4b, 4c Abs. 2, 6 Abs. 1, 7 Abs. 4 und 7, 11 Abs. 1, 12, 14 samt Überschrift, 15 samt Überschrift, 17, 18 Abs. 10, 19 Abs. 1, 4, 5, 7 und 8 samt Überschrift, 20 samt Überschrift, 20a, 20b Abs. 1 und 2, 20c samt Überschrift, 20d samt Überschrift, 20e samt Überschrift, 20f samt Überschrift, 25, 26 Abs. 1 und 5, 27a Abs. 1 bis 3, 28 Abs. 1, 28a Abs. 1 und 2, 28b Abs. 1 und 4, 28c, 30 Abs. 1, 30a, 32 Abs. 11 und 12, 32a Abs. 2, 5 und 9 und 35 Z 1 und 2 sowie Abschnitt III samt Überschrift in der Fassung des Bundesgesetzes BGBl. I Nr. 72/2013 treten mit 1. Jänner 2014 in Kraft. Die §§ 2 Abs. 8, 4 Abs. 3 Z 2, 3 und 4, 4a samt Überschrift, 6 Abs. 3 und die Abschnitte IIb, IIc, III und VII samt Überschrift in der Fassung des Bundesgesetzes BGBl. I Nr. 98/2012 sowie § 12d samt Überschrift in der Fassung des Bundesgesetzes BGBl. I Nr. 72/2013 treten mit Ablauf des 31. Dezember 2013 außer Kraft.

(43) Eine Verordnung gemäß § 4 Abs. 4 in der Fassung dieses Bundesgesetzes kann bereits ab dem der Kundmachung des Bundesgesetzes BGBl. I Nr. 72/2013 folgenden Tag erlassen werden; sie darf jedoch frühestens mit 1. Jänner 2014 in Kraft gesetzt werden.

(44) § 2 Abs. 3, 11 und 13, § 3 Abs. 1, 2 und 3, § 4 Abs. 1, Abs. 3 Z 6 und Abs. 7 Z 2 und Z 6, § 4b Abs. 3, § 5 samt Überschrift, § 9 Abs. 1, § 11 Abs. 1, die Anlage B, § 12b Z 2, die Überschrift des § 18, § 18 Abs. 3, 3a, 12 und 13, § 18a samt Überschrift, § 20 Abs. 2, § 20b Abs. 4, § 20d Abs. 1, § 20e Abs. 1 und 3, § 20f samt Überschrift, § 20g, § 24 samt Überschrift sowie Anlage D, § 27 Abs. 4, § 27a Abs. 3 Z 1, § 28 Abs. 1 und 8, § 32a Abs. 11a und § 35 Z 1 in der Fassung des Bundesgesetzes BGBl. I Nr. 66/2017 treten mit 1. Oktober 2017 in Kraft und sind auf Sachverhalte anzuwenden, die sich nach dem 30. September 2017 ereignen. § 2 Abs. 10 und § 4 Abs. 3 Z 8,

Abs. 7 Z 1 und die Überschrift des Abschnitts IV treten mit Ablauf des 30. September 2017 außer Kraft. Verordnungen gemäß § 5 Abs. 1 können bereits ab dem auf die Kundmachung dieses Bundesgesetzes folgenden Tag erlassen werden; sie dürfen jedoch frühestens mit 1. Oktober 2017 in Kraft gesetzt werden.

(45) § 1 Abs. 2 lit. h, § 2 Abs. 14 bis 17, § 3 Abs. 5 sowie § 4 Abs. 3 Z 6 und Abs. 7 Z 2 in der Fassung des Bundesgesetzes BGBl. I Nr. 56/2018 treten mit 1. September 2018 in Kraft und sind auf Sachverhalte anzuwenden, die sich nach dem 31. August 2018 ereignen.

(46) § 12b Z 1, § 13 Abs. 1,3 und 4, § 20d Abs. 5, § 27a Abs. 3 Z 1 und die Anlagen A, B, C und D in der Fassung des Bundesgesetzes BGBl. I Nr. 94/2018 treten mit 1. Jänner 2019 in Kraft und sind auf Sachverhalte anzuwenden, die sich nach dem 31. Dezember 2018 ereignen.

(47) § 27 Abs. 1 und Abs. 5 in der Fassung des Bundesgesetzes BGBl. I Nr. 100/2018 tritt mit 1. Jänner 2020 in Kraft.

(48) § 32b samt Überschrift in der Fassung des Brexit-Begleitgesetzes 2019, BGBl. I Nr. 25/2019, tritt mit dem Zeitpunkt des Wirksamwerdens des Austritts des Vereinigten Königreichs Großbritannien und Nordirland aus der Europäischen Union unter der Bedingung in Kraft, dass der Austritt ohne Austrittsabkommen gemäß Art. 50 Abs. 2 EUV erfolgt.

(49) § 3 Abs. 5, § 18 Abs. 12, § 26, § 27 Abs. 1 und 5, § 27a Abs. 1 und 2, § 28a, § 28b, § 30 Abs. 1, § 30a, § 32a Abs. 8 und § 35 Z 3, jeweils in der Fassung des Bundesgesetzes BGBl. I Nr. 104/2019, treten mit 1. Juli 2020 in Kraft.

(50) § 32c in der Fassung des Bundesgesetzes BGBl. I Nr. 23/2020 tritt mit dem der Kundmachung folgenden Tag in Kraft und mit Ablauf des 30. Juni 2020 außer Kraft. Dauert die COVID-19-Krisensituation über diesen Zeitpunkt hinaus an, so ist die Bundesministerin für Arbeit, Familie und Jugend ermächtigt, das Außerkrafttreten durch Verordnung um jeweils zwei Monate, nicht jedoch über den 31. Dezember 2020 hinaus, zu verschieben.

(51) Die §§ 5 Abs. 4, 28 Abs. 1 Z 1 lit. b und Z 4 sowie 35 Z 4 in der Fassung des Bundesgesetzes BGBl. I Nr. 98/2020 treten mit 1. Juli 2020 in Kraft. Die §§ 28 Abs. 1 Z 1 lit. c und Z 5 sowie 32a samt Überschrift treten mit Ablauf des 30. Juni 2020 außer Kraft. Die für Staatsangehörige der Republik Kroatien und für Arbeitgeber mit Betriebssitz in diesem Mitgliedstaat nach diesem Bundesgesetz erteilten Berechtigungen oder Bestätigungen zur Arbeitsaufnahme verlieren mit Ablauf des 30. Juni 2020 ihre Gültigkeit.

(52) § 1 Abs. 2 lit. c in der Fassung des Bundesgesetzes BGBl. I Nr. 54/2021 tritt mit 1. Mai 2021 in Kraft.

(53) § 4 Abs. 7 Z 6 und § 5 Abs. 1, 6a und 10 in der Fassung des Bundesgesetzes BGBl. I Nr. 217/2021 treten mit 1. Jänner 2022 in Kraft.

(54) § 27 Abs. 6 in der Fassung des Bundesgesetzes BGBl. I Nr. 73/2022 tritt mit Ablauf des Tages der Kundmachung des Bundesgesetzes BGBl. I Nr. 73/2022 außer Kraft.

(55) § 3 Abs. 4, § 4a samt Überschrift, § 5 Abs. 6a und 7, § 12b Z 1 und 2, § 12c Abs. 1 bis 6, § 12d samt Überschrift, § 20d Abs. 1, 2a, 3, 6, 7 und 8, § 20h samt Überschrift, § 24 Abs. 2 Z 5, § 28a Abs. 4 und § 28c Abs. 5 und 6 sowie die Überschriften zu Abschnitt III, Abschnitt IIIa, Abschnitt IV und § 20d und die Anlagen A, B, C und D in der Fassung des Bundesgesetzes BGBl. I Nr. 106/2022 treten mit 1. Oktober 2022 in Kraft. § 28c Abs. 5 und 6 ist auch auf strafbare Handlungen anwendbar, die vor dessen Inkrafttreten begangen wurden.

(56) § 4 Abs. 8 in der Fassung des Bundesgesetzes BGBl. I Nr. 168/2022 tritt mit Ablauf des Tages der Kundmachung in Kraft.

---

*) Die Kundmachung des Abkommens und seines Inkrafttretens wird zu einem späteren Zeitpunkt erfolgen.

Vollziehung

§ 35. Mit der Vollziehung dieses Bundesgesetzes sind betraut:

1. hinsichtlich des § 1 Abs. 2 lit. g und hinsichtlich des § 20g, soweit das Bundesverwaltungsgericht betroffen ist, der Bundeskanzler;
2. hinsichtlich der §§ 20d und 20e, soweit die NAG-Behörden betroffen sind, und hinsichtlich der §§ 27 Abs. 3 und 27a Abs. 3 der Bundesminister für Inneres;
3. hinsichtlich der §§ 3, 26, 27, 27a, 28a, 28b, 30, 30a und 30b, soweit der Bundesminister für Finanzen als Abgabenbehörde, das Amt für Betrugsbekämpfung oder deren Organe betroffen sind, der Bundesminister für Finanzen;
4. hinsichtlich der §§ 28c und 29a die Bundesministerin für Justiz;
5. hinsichtlich aller übrigen Bestimmungen der Bundesminister für Arbeit, Soziales und Konsumentenschutz.

Anlage A

Zulassungskriterien für besonders Hochqualifizierte gemäß § 12

Kriterien	Punkte
Besondere Qualifikationen bzw. Fähigkeiten	**maximal anrechenbare Punkte: 40**
Abschluss eines Studiums an einer tertiären Bildungseinrichtung mit vierjähriger Mindestdauer	20
– im Fachgebiet Mathematik, Informatik, Naturwissenschaften oder Technik (MINT-Fächer).	30
– mit Habilitation oder gleichwertiger Qualifikation (z. B. PhD)	40
Letztjähriges Bruttojahresgehalt in einer Führungsposition eines börsennotierten Unternehmens oder eines Unternehmens, für dessen Aktivitäten bzw. Geschäftsfeld eine positive Stellungnahme der zuständigen Außenhandelsstelle vorliegt:	
50 000 bis 60 000 Euro 60 000 bis 70 000 Euro über 70 000 Euro	20 25 30
Forschungs- oder Innovationstätigkeit (Patentanmeldungen, Publikationen)	20
Auszeichnungen (anerkannte Preisträgerschaft)	20
Berufserfahrung (ausbildungsadäquat oder in Führungsposition)	**maximal anrechenbare Punkte: 20**
Berufserfahrung (pro Halbjahr) sechsmonatige Berufserfahrung in Österreich	1 10
Sprachkenntnisse	**maximal anrechenbare Punkte: 10**
Deutsch- oder Englischkenntnisse zur elementaren Sprachverwendung auf einfachstem Niveau (A 1) oder zur vertieften elementaren Sprachverwendung (A 2)	 5 10
Alter	**maximal anrechenbare Punkte: 20**
bis 35 Jahre bis 40 Jahre bis 45 Jahre	20 15 10
Studium in Österreich	**maximal anrechenbare Punkte: 10**
zweiter Studienabschnitt bzw. Hälfte der vorgeschriebenen ECTS-Anrechnungspunkte	5
gesamtes Diplom- oder Bachelor- und Masterstudium	10

Summe der maximal anrechenbaren Punkte	**100**
erforderliche Mindestpunkteanzahl	**70**

Anlage B

Zulassungskriterien für Fachkräfte in Mangelberufen gemäß § 12a

Kriterien	Punkte
Qualifikation	maximal anrechenbare Punkte: 30
abgeschlossene Berufsausbildung im Mangelberuf	30
ausbildungsadäquate Berufserfahrung	maximal anrechenbare Punkte: 20
Berufserfahrung (pro Halbjahr) Berufserfahrung in Österreich (pro Halbjahr)	1 2
Sprachkenntnisse Deutsch	maximal anrechenbare Punkte: 15
Deutschkenntnisse zur elementaren Sprachverwendung auf einfachstem Niveau (A 1) Deutschkenntnisse zur vertieften elementaren Sprachverwendung (A 2) Deutschkenntnisse zur selbständigen Sprachverwendung (B 1)	5 10 15
Sprachkenntnisse Englisch	maximal anrechenbare Punkte: 10
Englischkenntnisse zur vertieften elementaren Sprachverwendung (A 2) Englischkenntnisse zur selbständigen Sprachverwendung (B 1)	5 10
Alter	maximal anrechenbare Punkte: 15
bis 30 Jahre bis 40 Jahre bis 50 Jahre	15 10 5
Summe der maximal anrechenbaren Punkte Zusatzpunkte für Englischkenntnisse, sofern die vorherrschende Unternehmenssprache Englisch ist	90 5
erforderliche Mindestpunkteanzahl	55

AuslBG

Anlage C

Zulassungskriterien für sonstige Schlüsselkräfte gemäß § 12b Z 1

Kriterien	Punkte
Qualifikation	**maximal anrechenbare Punkte: 30**
abgeschlossene Berufsausbildung oder spezielle Kenntnisse oder Fertigkeiten in beabsichtigter Beschäftigung	20
allgemeine Universitätsreife im Sinne des § 64 Abs. 1 des Universitätsgesetzes 2002, BGBl. I Nr. 120	25
Abschluss eines Studiums an einer tertiären Bildungseinrichtung mit dreijähriger Mindestdauer	30
Berufserfahrung	**maximal anrechenbare Punkte: 20**
Berufserfahrung (pro Halbjahr) Berufserfahrung in Österreich (pro Halbjahr)	1 2
Sprachkenntnisse Deutsch	**maximal anrechenbare Punkte: 15**
Deutschkenntnisse zur elementaren Sprachverwendung auf einfachstem Niveau (A 1) Deutschkenntnisse zur vertieften elementaren Sprachverwendung (A 2) Deutschkenntnisse zur selbständigen Sprachverwendung (B 1)	5 10 15
Sprachkenntnisse Englisch	**maximal anrechenbare Punkte: 10**
Englischkenntnisse zur vertieften elementaren Sprachverwendung (A 2) Englischkenntnisse zur selbständigen Sprachverwendung (B 1)	5 10
Alter	**maximal anrechenbare Punkte: 15**
bis 30 Jahre bis 40 Jahre	15 10
Summe der maximal anrechenbaren Punkte Zusatzpunkte für Profisportler/innen und Profisporttrainer/innen Zusatzpunkte für Englischkenntnisse, sofern die vorherrschende Unternehmenssprache Englisch ist	**90** 20 5
erforderliche Mindestpunkteanzahl	**55**

Anlage D

Zulassungskriterien für Start-up-GründerInnen gemäß § 24 Abs. 2

Kriterien	**Punkte**
Qualifikation	maximal anrechenbare Punkte: 30
Abgeschlossene Berufsausbildung oder spezielle Kenntnisse oder Fertigkeiten in beabsichtigter Tätigkeit	20
Abschluss eines Studiums an einer tertiären Bildungseinrichtung mit zumindest dreijähriger Mindestdauer	20
Abschluss eines Diplom-, Bachelor-, Master- oder Doktoratsstudiums oder einer Berufsausbildung in Österreich	30
Berufserfahrung	maximal anrechenbare Punkte: 10
Berufserfahrung (pro Halbjahr)	1
Sprachkenntnisse	maximal anrechenbare Punkte: 15
Deutschkenntnisse zur vertieften elementaren Sprachverwendung (A 2)	5
Deutschkenntnisse zur selbständigen oder zur vertieften selbständigen Sprachverwendung (B 1 oder B 2)	10
Englischkenntnisse zur vertieften selbständigen Sprachverwendung (B 2)	10
Deutschkenntnisse zur kompetenten Sprachverwendung (C 1)	15
Zusatzpunkte	maximal anrechenbare Punkte: 30
Zusätzliches nachgewiesenes Kapital in der Höhe von mindestens € 50.000	10
Aufnahme in einem Gründerzentrum oder Förderung durch eine Start-up-Förderstelle in Österreich	10
Alter bis 35 Jahre	10
Summe der maximal anrechenbaren Punkte:	85
erforderliche Mindestpunkteanzahl:	50

Artikel 16
Austrittszeitpunkt

(Anm.: aus BGBl. I Nr. 25/2019, zu § 34, BGBl. Nr. 218/1975)

Erfolgt der Austritt des Vereinigten Königreichs Großbritannien und Nordirland aus der Europäischen Union ohne Austrittsabkommen gemäß Art. 50 Abs. 2 EUV, so hat der Bundeskanzler den Zeitpunkt des Wirksamwerdens des Austritts im Bundesgesetzblatt kundzumachen.

Artikel II
Übergangsbestimmungen

(Anm.: aus BGBl. Nr. 231/1988, zu BGBl. Nr. 218/1975)

(1) Einem jugendlichen Ausländer bis zur Vollendung des 19. Lebensjahres ist eine Beschäftigungsbewilligung ohne Prüfung der Voraussetzungen des § 4 Abs. 1, 2 und 6 zu erteilen, wenn

1. nicht außergewöhnliche Verhältnisse auf lokalen Arbeitsmärkten entgegenstehen,

2. sich der jugendliche Ausländer zum Zeitpunkt des Inkrafttretens dieser Bestimmung seit mindestens drei Jahren rechtmäßig im Bundesgebiet aufhält und
3. sich wenigstens ein Elternteil seit mindestens fünf Jahren rechtmäßig im Bundesgebiet aufhält.

§ 15 Abs. 4 gilt sinngemäß.

(2) Nach Vollendung des 19. Lebensjahres des Ausländers ist Abs. 1 weiterhin anzuwenden, wenn der Ausländer bereits vorher die Voraussetzungen des Abs. 1 erfüllt hat und sich mit Ausnahme von jeweils höchstens drei Monaten im Kalenderjahr ununterbrochen rechtmäßig im Bundesgebiet aufhält. § 15 Abs. 5 gilt sinngemäß.

(3) Anträge auf Ausstellung eines Befreiungsscheines, die in der Zeit zwischen der Verlautbarung im Bundesgesetzblatt und dem Inkrafttreten dieses Bundesgesetzes gestellt werden, gelten als im Zeitpunkt des Inkrafttretens eingebracht, es sei denn, es besteht nach der bis dahin geltenden Rechtslage ein Anspruch auf Ausstellung eines Befreiungsscheines.

7. Hauptstück
Schluss- und Übergangsbestimmungen
Artikel 79
Inkrafttreten und Übergangsbestimmungen

(Anm.: aus BGBl. I Nr. 135/2009, zu § 2, BGBl. Nr. 218/1975)

(1) Art. 2 (Änderung des Allgemeinen Bürgerlichen Gesetzbuchs), Art. 3 (Änderung des Ehegesetzes), Art. 4 (Änderung des Fortpflanzungsmedizingesetzes), Art. 6 (Änderung der Jurisdiktionsnorm), Art. 7 (Änderung des Strafgesetzbuches), Art. 27 (Änderung des Einkommensteuergesetzes 1988), Art. 28 (Änderung des Körperschaftsteu-
ergesetzes 1988), Art. 29 (Änderung des Umsatzsteuergesetzes 1994), Art. 30 (Änderung des Bewertungsgesetzes 1955), Art. 31 (Änderung des Gebührengesetzes 1957), Art. 33 (Änderung der Bundesabgabenordnung), Art. 34 (Änderung des Alkoholsteuergesetzes), Art. 61 (Änderung des Ärztegesetzes 1998), Art. 62 (Änderung des Gehaltskassengesetzes 2002), Art. 63 (Änderung des Apothekengesetzes), Art. 72 (Änderung des Studienförderungsgesetzes), Art. 76 (Änderung des Entwicklungshelfergesetzes), Art. 77 (Änderung des Bundesgesetzes über Aufgaben und Organisation des auswärtigen Dienstes – Statut) und Art. 78 (Bundesgesetz über die Einräumung von Privilegien und Immunitäten an internationale Organisationen) treten mit 1. Jänner 2010 in Kraft.

(2) Die durch dieses Bundesgesetz geänderten Strafbestimmungen sind in Strafsachen nicht anzuwenden, in denen vor ihrem Inkrafttreten das Urteil in erster Instanz gefällt worden ist. Nach Aufhebung eines Urteils infolge Nichtigkeitsbeschwerde, Berufung, Wiederaufnahme oder Erneuerung des Strafverfahrens oder infolge eines Einspruches ist jedoch im Sinne der §§ 1 und 61 StGB vorzugehen.

17. Arbeitsvertragsrechts-Anpassungsgesetz

Arbeitsvertragsrechts-Anpassungsgesetz – AVRAG
StF: BGBl. Nr. 459/1993
Letzte Novellierung: BGBl. I Nr. 230/2022

GLIEDERUNG

AVRAG

STICHWORTVERZEICHNIS

Geltungsbereich

§ 1. (1) Dieses Bundesgesetz gilt für Arbeitsverhältnisse, die auf einem privatrechtlichen Vertrag beruhen.

(2) Ausgenommen sind Arbeitsverhältnisse

1. zu Ländern, Gemeindeverbänden und Gemeinden;
2. der land- und forstwirtschaftlichen Arbeiter im Sinne des Landarbeitsgesetzes 1984, BGBl. Nr. 287;
3. zum Bund, auf die dienstrechtliche Vorschriften anzuwenden sind, welche den Inhalt der Arbeitsverhältnisse zwingend regeln;
4. zu Stiftungen, Anstalten oder Fonds, auf die das Vertragsbedienstetengesetz 1948 (VBG), BGBl. Nr. 86, gemäß § 1 Abs. 2 VBG sinngemäß anzuwenden ist.

(3) Dieses Bundesgesetz gilt nicht für Beschäftigungsverhältnisse, auf die das Heimarbeitsgesetz 1960, BGBl. Nr. 105/1961, anzuwenden ist.

(4) Auf Arbeitsverhältnisse, für die das Hausgehilfen- und Hausangestelltengesetz (HGHAG), BGBl. Nr. 235/1962, gilt, finden die §§ 2, 2c, 2d, 11 bis 14b, für Hausgehilfen und Hausangestellte von physischen Personen finden auch die §§ 3 bis 6 keine Anwendung.

Schriftliche Aufzeichnung des Inhalts des Arbeitsvertrages

§ 2. (1) Der Arbeitgeber hat dem Arbeitnehmer unverzüglich nach Beginn des Arbeitsverhältnisses eine schriftliche Aufzeichnung über die wesentlichen Rechte und Pflichten aus dem Arbeitsvertrag (Dienstzettel) auszuhändigen. Solche Aufzeichnungen sind von Stempel- und unmittelbaren Gebühren befreit.

(2) Der Dienstzettel hat folgende Angaben zu enthalten:

1. Name und Anschrift des Arbeitgebers,
2. Name und Anschrift des Arbeitnehmers,
3. Beginn des Arbeitsverhältnisses,
4. bei Arbeitsverhältnissen auf bestimmte Zeit das Ende des Arbeitsverhältnisses,
5. Dauer der Kündigungsfrist, Kündigungstermin,
6. gewöhnlicher Arbeits(Einsatz)ort, erforderlichenfalls Hinweis auf wechselnde Arbeits(Einsatz)orte,
7. allfällige Einstufung in ein generelles Schema,
8. vorgesehene Verwendung,
9. die betragsmäßige Höhe des Grundgehalts oder -lohns, weitere Entgeltbestandteile wie z. B. Sonderzahlungen, Fälligkeit des Entgelts,
10. Ausmaß des jährlichen Erholungsurlaubes,
11. vereinbarte tägliche oder wöchentliche Normalarbeitszeit des Arbeitnehmers, sofern es sich nicht um Arbeitsverhältnisse handelt, auf die das Hausbesorgergesetz, BGBl. Nr. 16/1970, anzuwenden ist, und
12. Bezeichnung der auf den Arbeitsvertrag allenfalls anzuwendenden Normen der kollektiven Rechtsgestaltung (Kollektivvertrag, Satzung, Mindestlohntarif, festgesetzte Lehrlingsentschädigung, Betriebsvereinbarung) und Hinweis auf den Raum im Betrieb, in dem diese zur Einsichtnahme aufliegen,
13. Name und Anschrift der Betrieblichen Vorsorgekasse (BV-Kasse) des Arbeitnehmers oder für Arbeitnehmer, die dem Bauarbeiter-Urlaubs- und Abfertigungsgesetz (BUAG), BGBl. Nr. 414/1972, unterliegen, Name und Anschrift der Bauarbeiter-Urlaubs- und Abfertigungskasse.

(3) Hat der Arbeitnehmer seine Tätigkeit länger als einen Monat im Ausland zu verrichten, so hat der vor der Aufnahme der Auslandstätigkeit auszuhändigende Dienstzettel oder schriftliche Arbeitsvertrag zusätzlich folgende Angaben zu enthalten:

1. voraussichtliche Dauer der Auslandstätigkeit,
2. Währung, in der das Entgelt auszuzahlen ist, sofern es nicht in Euro auszuzahlen ist,

3. allenfalls Bedingungen für die Rückführung nach Österreich und
4. allfällige zusätzliche Vergütung für die Auslandstätigkeit.

(4) Keine Verpflichtung zur Aushändigung eines Dienstzettels besteht, wenn
1. die Dauer des Arbeitsverhältnisses höchstens einen Monat beträgt oder
2. ein schriftlicher Arbeitsvertrag ausgehändigt wurde, der alle in Abs. 2 und 3 genannten Angaben enthält, oder
3. bei Auslandstätigkeit die in Abs. 3 genannten Angaben in anderen schriftlichen Unterlagen enthalten sind.

(5) Die Angaben gemäß Abs. 2 Z 5, 6, 9 (ausgenommen die Angaben zum Grundgehalt oder -lohn), 10 und 11 und Abs. 3 Z 2 bis 4 können auch durch Verweisung auf die für das Arbeitsverhältnis geltenden Bestimmungen in Gesetzen oder in Normen der kollektiven Rechtsgestaltung oder in betriebsüblich angewendeten Reiserichtlinien erfolgen.

(6) Jede Änderung der Angaben gemäß Abs. 2 und 3 ist dem Arbeitnehmer unverzüglich, spätestens jedoch einen Monat nach ihrer Wirksamkeit schriftlich mitzuteilen, es sei denn, die Änderung
1. erfolgte durch Änderung von Gesetzen oder Normen der kollektiven Rechtsgestaltung, auf die gemäß Abs. 5 verwiesen wurde oder die den Grundgehalt oder -lohn betreffen oder
2. ergibt sich unmittelbar aus der dienstzeitabhängigen
Vorrückung in der selben Verwendungs- oder Berufsgruppe der anzuwendenden Norm der kollektiven Rechtsgestaltung.

(7) Hat das Arbeitsverhältnis bereits bei Inkrafttreten dieses Bundesgesetzes bestanden, so ist dem Arbeitnehmer auf sein Verlangen binnen zwei Monaten ein Dienstzettel gemäß Abs. 1 bis 3 auszuhändigen. Eine solche Verpflichtung des Arbeitgebers besteht nicht, wenn ein früher ausgestellter Dienstzettel oder ein schriftlicher Arbeitsvertrag alle nach diesem Bundesgesetz erforderlichen Angaben enthält.

(8) § 2 gilt nicht für Arbeitsverhältnisse, auf die § 11 des Arbeitskräfteüberlassungsgesetzes (AÜG), BGBl. Nr. 196/1988, anzuwenden ist.

§ 2a. Vorteile aus Beteiligungen am Unternehmen des Arbeitgebers oder mit diesem verbundenen Konzernunternehmen und Optionen auf den Erwerb von Arbeitgeberaktien sind nicht in die Bemessungsgrundlagen für Entgeltfortzahlungsansprüche und Beendigungsansprüche einzubeziehen.

§ 2b. (1) Arbeitnehmer mit einem auf bestimmte Zeit abgeschlossenen Arbeitsverhältnis dürfen gegenüber Arbeitnehmern mit einem auf unbestimmte Zeit abgeschlossenen Arbeitsverhältnis nicht benachteiligt werden, es sei denn, sachliche Gründe rechtfertigen eine unterschiedliche Behandlung.

(2) Der Arbeitgeber hat Arbeitnehmer mit einem auf bestimmte Zeit abgeschlossenen Arbeitsverhältnis über im Unternehmen oder Betrieb frei werdende Arbeitsverhältnisse auf unbestimmte Zeit zu informieren. Die Information kann durch allgemeine Bekanntgabe an einer geeigneten, für den Arbeitnehmer leicht zugänglichen Stelle im Unternehmen oder Betrieb erfolgen.

Konkurrenzklausel

§ 2c. (1) Eine Vereinbarung, durch die der/die Arbeitnehmer/in, auf dessen/deren Arbeitsverhältnis das Angestelltengesetz (AngG), BGBl. Nr. 292/1921, nicht anzuwenden ist, für die Zeit nach der Beendigung des Arbeitsverhältnisses in der Erwerbstätigkeit beschränkt wird (Konkurrenzklausel), ist nur insoweit wirksam, als:
1. der/die Arbeitnehmer/in im Zeitpunkt des Abschlusses der Vereinbarung nicht minderjährig ist;
2. sich die Beschränkung auf die Tätigkeit des Arbeitnehmers oder der Arbeitnehmerin in dem Geschäftszweig des Arbeitgebers oder der Arbeitgeberin bezieht und den Zeitraum eines Jahres nicht übersteigt; und
3. die Beschränkung nicht nach Gegenstand, Zeit oder Ort und im Verhältnis zu dem geschäftlichen Interesse, das der/die Arbeitgeber/in an ihrer Einhaltung hat, eine unbillige Erschwerung des Fortkommens des Arbeitnehmers oder der Arbeitnehmerin enthält.

(2) Eine Vereinbarung nach Abs. 1 ist unwirksam, wenn sie im Rahmen eines Arbeitsverhältnisses getroffen wird, bei dem das für den letzten Monat des Arbeitsverhältnisses gebührende Entgelt das Zwanzigfache der Höchstbeitragsgrundlage nach § 45 des Allgemeinen Sozialversicherungsgesetzes (ASVG), BGBl. Nr. 189/1955, nicht übersteigt. Allfällige Sonderzahlungen sind bei der Ermittlung des Entgelts im Sinne des ersten Satzes außer Acht zu lassen.

(3) Hat der/die Arbeitgeber/in durch schuldbares Verhalten dem/der Arbeitnehmer/in begründeten Anlass zum vorzeitigen Austritt oder zur Kündigung des Arbeitsverhältnisses gegeben, so kann er/sie die durch die Konkurrenzklausel begründeten Rechte gegen den/die Arbeitnehmer/in nicht geltend machen.

(4) Das gleiche gilt, wenn der/die Arbeitgeber/in das Arbeitsverhältnis löst, es sei denn, dass der/die Arbeitnehmer/in durch schuldbares Verhalten hiezu begründeten Anlass gegeben oder dass der/die Arbeitgeber/in bei der Auflösung des Arbeitsverhältnisses erklärt hat, während der Dauer der Beschränkung dem/der Arbeitnehmer/in das ihm/ihr zuletzt zukommende Entgelt zu leisten.

(5) Eine für den Fall des Zuwiderhandelns gegen die Konkurrenzklausel vereinbarte Konventionalstrafe ist nur insoweit wirksam, als diese das Sechsfache des für den letzten Monat des Arbeitsverhältnisses gebührenden Nettomonatsentgelts nicht übersteigt. Allfällige Sonderzahlungen sind bei der Berechnung des Nettoentgelts im Sinne des ersten Satzes außer Acht zu lassen. Hat der/die Arbeitnehmer/in für den Fall des Zuwiderhandelns gegen die Konkurrenzklausel eine Konventionalstrafe versprochen, so kann der/die Arbeitgeber/in nur die verwirkte Konventionalstrafe verlangen. Der Anspruch auf Erfüllung oder auf Ersatz eines weiteren Schadens ist ausgeschlossen.

Ausbildungskostenrückersatz

§ 2d. (1) Ausbildungskosten sind die vom Arbeitgeber tatsächlich aufgewendeten Kosten für jene erfolgreich absolvierte Ausbildung, die dem Arbeitnehmer Spezialkenntnisse theoretischer und praktischer Art vermittelt, die dieser auch bei anderen Arbeitgebern verwerten kann. Einschulungskosten sind keine Ausbildungskosten.

(2) Eine Rückerstattung ist nur hinsichtlich von Ausbildungskosten nach Abs. 1 in einer schriftlichen Vereinbarung zwischen Arbeitgeber und Arbeitnehmer zulässig. Die Vereinbarung der Rückforderung des während einer Ausbildung nach Abs. 1 fortgezahlten Entgelts ist hingegen zulässig, sofern der Arbeitnehmer für die Dauer der Ausbildung von der Dienstleistung freigestellt ist.

(3) Eine Verpflichtung zur Rückerstattung von Ausbildungskosten besteht insbesondere dann nicht, wenn:

1. der Arbeitnehmer im Zeitpunkt des Abschlusses der Vereinbarung minderjährig ist und nicht die Zustimmung des gesetzlichen Vertreters des Minderjährigen dazu vorliegt;
2. das Arbeitsverhältnis nach mehr als vier Jahren, in besonderen Fällen nach mehr als acht Jahren nach dem Ende der Ausbildung nach Abs. 1 oder vorher durch Fristablauf (Befristung) geendet hat, und
3. die Höhe der Rückerstattungsverpflichtung nicht aliquot, berechnet für jedes zurückgelegte Monat vom Zeitpunkt der Beendigung der Ausbildung bis zum Ende der zulässigen Bindungsdauer, vereinbart wird.

(4) Der Anspruch auf Ausbildungskostenrückersatz besteht dann nicht, wenn das Arbeitsverhältnis

1. während der Probezeit im Sinne des § 19 Abs. 2 AngG oder gleichlautender sonstiger gesetzlicher Regelungen,
2. durch unbegründete Entlassung,
3. durch begründeten vorzeitigen Austritt,
4. durch Entlassung wegen dauernder Arbeitsunfähigkeit nach § 27 Z 2 AngG oder § 82 lit. b. Gewerbeordnung 1859, RGBl. Nr. 227, oder
5. durch Kündigung durch den Arbeitgeber, es sei denn, der Arbeitnehmer hat durch schuldhaftes Verhalten dazu begründeten Anlass gegeben,

endet.

Konventionalstrafen

§ 2e. Konventionalstrafen unterliegen dem richterlichen Mäßigungsrecht.

Abrechnung der Bezüge

§ 2f. (1) Dem/Der Arbeitnehmer/in ist bei Fälligkeit des Entgelts eine schriftliche, übersichtliche, nachvollziehbare und vollständige Abrechnung von Entgelt und Aufwandsentschädigungen zu übermitteln. Die Abrechnung kann dem/der Arbeitnehmer/in auch auf elektronischem Weg zur Verfügung gestellt werden.

(2) Der/die Arbeitgeber/in hat dem/der Arbeitnehmer/in eine Kopie der Anmeldung zur Sozialversicherung gemäß § 33 ASVG unverzüglich auszuhändigen.

Entgelt bei Pauschalentgeltvereinbarungen

§ 2g. Enthält der Arbeitsvertrag oder der Dienstzettel das Entgelt als Gesamtsumme, die Grundgehalt oder -lohn und andere Entgeltbestandteile einschließt, ohne den Grundgehalt oder -lohn im Sinne des § 2 Abs. 2 Z 9 betragsmäßig anzuführen, hat dieser/diese Arbeitnehmer/in zwingend Anspruch auf den Grundgehalt oder -lohn einschließlich der branchen- und ortsüblichen Überzahlungen, der am Arbeitsort vergleichbaren Arbeitnehmer/innen von vergleichbaren Arbeitgeber/innen gebührt (Ist-Grundgehalt, Ist-Grundlohn). Der Ist-Grundgehalt oder Ist-Grundlohn ist der Berechnung der abzugeltenden Entgeltbestandteile zugrunde zu legen, soweit der Kollektivvertrag in Bezug auf die Berechnung von Entgeltbestandteilen nicht Abweichendes vorsieht, das zwingenden gesetzlichen Bestimmungen nicht entgegenstehen darf.

Homeoffice

§ 2h. (1) Arbeit im Homeoffice liegt vor, wenn eine Arbeitnehmerin oder ein Arbeitnehmer regelmäßig Arbeitsleistungen in der Wohnung erbringt.

(2) Arbeit im Homeoffice ist zwischen der Arbeitnehmerin oder dem Arbeitnehmer und der Arbeitgeberin oder dem Arbeitgeber aus Beweisgründen schriftlich zu vereinbaren.

(3) Die Arbeitgeberin oder der Arbeitgeber hat die für das regelmäßige Arbeiten im Homeoffice erforderlichen digitalen Arbeitsmittel bereitzustellen. Davon kann durch Vereinbarung abgewichen werden, wenn die Arbeitgeberin oder der Arbeitgeber die angemessenen und erforderlichen Kosten für die von der Arbeitnehmerin oder dem Arbeitnehmer für die Erbringung der Arbeitsleistung zur Verfügung gestellten digitalen Arbeitsmittel trägt. Die Kosten können auch pauschaliert abgegolten werden.

(4) Die Vereinbarung nach Abs. 2 kann von einer Arbeitsvertragspartei bei Vorliegen eines wichtigen Grundes unter Einhaltung einer Frist von einem Monat zum Letzten eines Kalendermonats gelöst werden. Die Vereinbarung kann eine Befristung sowie Kündigungsregelungen beinhalten.

Übergang von Unternehmen, Betrieben oder Betriebsteilen auf einen anderen Inhaber

§ 3. (1) Geht ein Unternehmen, Betrieb oder Betriebsteil auf einen anderen Inhaber über (Betriebsübergang), so tritt dieser als Arbeitgeber mit allen Rechten und Pflichten in die im Zeitpunkt des Überganges bestehenden Arbeitsverhältnisse ein.

(2) Abs. 1 gilt nicht im Fall eines Sanierungsverfahrens ohne Eigenverwaltung oder eines Konkursverfahrens des Veräußerers.

(3) Bei Betriebsübergang nach Abs. 1 bleiben die Arbeitsbedingungen aufrecht, es sei denn, aus den Bestimmungen über den Wechsel der Kollektivvertragsangehörigkeit (§ 4), die betrieblichen Pensionszusagen (§ 5) und die Weitergeltung von Betriebsvereinbarungen (§§ 31 und 32 des Arbeitsverfassungsgesetzes, BGBl. Nr. 22/1974) ergibt sich anderes. Der Erwerber hat dem Arbeitnehmer jede auf Grund des Betriebsüberganges erfolgte Änderung der Arbeitsbedingungen unverzüglich mitzuteilen.

(4) Der Arbeitnehmer kann dem Übergang seines Arbeitsverhältnisses widersprechen, wenn der Erwerber den kollektivvertraglichen Bestandschutz (§ 4) oder die betrieblichen Pensionszusagen (§ 5) nicht übernimmt. Der Widerspruch hat innerhalb eines Monats ab Ablehnung der Übernahme oder bei Nichtäußerung des Erwerbers zum Zeitpunkt des Betriebsüberganges innerhalb eines Monats nach Ablauf einer vom Arbeitnehmer gesetzten angemessenen Frist zur Äußerung zu erfolgen. Widerspricht der Arbeitnehmer, so bleibt sein Arbeitsverhältnis zum Veräußerer unverändert aufrecht.

(5) Werden durch den nach Betriebsübergang anzuwendenden Kollektivvertrag oder die nach Betriebsübergang anzuwendenden Betriebsvereinbarungen Arbeitsbedingungen wesentlich verschlechtert, so kann der Arbeitnehmer innerhalb eines Monats ab dem Zeitpunkt, ab dem er die Verschlechterung erkannte oder erkennen mußte, das Arbeitsverhältnis unter Einhaltung der gesetzlichen oder der kollektivvertraglichen Kündigungsfristen und –termine lösen. Dem Arbeitnehmer stehen die zum Zeitpunkt einer solchen Beendigung des Arbeitsverhältnisses gebührenden Ansprüche wie bei einer Arbeitgeberkündigung zu.

(6) Der Arbeitnehmer kann innerhalb eines Monats ab Kenntnis der Änderungen seiner Arbeitsbedingungen im Sinne des Abs. 5 auf Feststellung der wesentlichen Verschlechterung der Arbeitsbedingungen klagen. Ebenso kann ein Feststellungsverfahren nach § 54 des Arbeits- und Sozialgerichtsgesetzes, BGBl. Nr. 104/1985, innerhalb eines Monats ab Kenntnis der Änderungen der Arbeitsbedingungen eingeleitet werden. Hat das Gericht eine wesentliche Verschlechterung der Arbeitsbedingungen festgestellt, kann der Arbeitnehmer innerhalb eines Monats ab Rechtskraft des Urteils das Arbeitsverhältnis nach Abs. 5 auflösen.

Informationspflicht

§ 3a. Besteht in einem Unternehmen oder Betrieb keine Arbeitnehmervertretung, so hat der Veräußerer oder der Erwerber die vom Betriebsübergang betroffenen Arbeitnehmer im Vorhinein über

1. den Zeitpunkt bzw. den geplanten Zeitpunkt des Übergangs,
2. den Grund des Übergangs,
3. die rechtlichen, wirtschaftlichen und sozialen Folgen des Übergangs für die Arbeitnehmer sowie
4. die hinsichtlich der Arbeitnehmer in Aussicht genommenen Maßnahmen

schriftlich zu informieren. Diese Information kann auch durch Aushang an einer geeigneten, für den Arbeitnehmer leicht zugänglichen Stelle im Unternehmen oder Betrieb erfolgen.

Betriebsübergang und Kollektivvertragsangehörigkeit

§ 4. (1) Nach Betriebsübergang hat der Erwerber die in einem Kollektivvertrag vereinbarten Arbeitsbedingungen bis zur Kündigung oder zum Ablauf des Kollektivvertrages oder bis zum Inkrafttreten oder bis zur Anwendung eines anderen Kollektivvertrages in dem gleichen Maße aufrechtzuerhalten, wie sie in dem Kollektivvertrag für den Veräußerer vorgesehen waren. Die Arbeitsbedingungen dürfen zum Nachteil des Arbeitnehmers durch Einzelarbeitsvertrag innerhalb eines Jahres nach Betriebsübergang weder aufgehoben noch beschränkt werden.

(2) Durch den Wechsel der Kollektivvertragsangehörigkeit infolge des Betriebsüberganges darf das dem Arbeitnehmer vor Betriebsübergang für die regelmäßige Arbeitsleistung in der Normalarbeitszeit gebührende kollektivvertragliche Entgelt nicht geschmälert werden. Kollektivvertragliche Regelungen über den Bestandschutz des Arbeitsverhältnisses werden Inhalt des Arbeitsvertrages zwischen Arbeitnehmer und Erwerber, wenn das Unternehmen des Veräußerers im Zusammenhang mit dem Betriebsübergang nicht weiter besteht.

Betriebsübergang und betriebliche Pensionszusage

§ 5. (1) Eine auf Einzelvereinbarung beruhende betriebliche Pensionszusage wird Inhalt des Arbeitsvertrages zwischen Arbeitnehmer und Erwerber, wenn der Erwerber Gesamtrechtsnachfolger ist. Liegt keine Gesamtrechtsnachfolge vor, kann der Erwerber durch rechtzeitigen Vorbehalt die Übernahme einer solchen betrieblichen Pensionszusage ablehnen.

(2) Hat der Betriebsübergang den Wegfall der betrieblichen Pensionszusage zur Folge und hat der Arbeitnehmer dem Übergang seines Arbeitsverhältnisses im Falle des Abs. 1 Satz 2 nicht widersprochen, so endet mit dem Zeitpunkt des Betriebsüberganges der Erwerb neuer Pensionsanwartschaften. Der Arbeitnehmer hat gegen den Veräußerer Anspruch auf Abfindung der bisher erworbenen Anwartschaften als Unverfallbarkeitsbetrag im Sinne des Betriebspensionsgesetzes (BPG), Artikel I des Bundesgesetzes BGBl. Nr. 282/1990. Bei beitragsorientierten Zusagen errechnet sich dieser Betrag nach dem BPG, bei direkten Leistungszusagen, leistungsorientierten Pensionskassenzusagen oder leistungsorientierten Versicherungsverträgen (betriebliche Kollektivversicherung, Lebensversicherung) nach dem Teilwertverfahren und den bei der Bildung der Rückstellung anzuwendenden versicherungsmathematischen Grundsätzen. Für die Berechnung ist einerseits das Alter zum Zeitpunkt der Erteilung der Zusage, andererseits das Anfallsalter heranzuziehen. Der Rechnungszinssatz beträgt grundsätzlich 7%. Bei Pensionszusagen, die eine rechtsverbindliche Valorisierung vorsehen, ist jedoch der Barwert der künftigen Pensionsleistungen unter Zugrundelegung eines Rechnungszinssatzes von 3% zu berechnen. Im Fall einer leistungsorientierten Pensionskassenzusage oder eines leistungsorientierten Versicherungsvertrages wird von dem so errechneten Betrag der sich nach den Rechnungsvorschriften der Pensionskasse oder der Versicherungsunternehmung ergebende Unverfallbarkeitsbetrag nach dem BPG abgezogen.

(3) Der Arbeitnehmer kann über den Betrag nach Abs. 2 im Sinne des BPG verfügen, wobei er die Auszahlung dieses Betrages unabhängig von dessen Höhe vom Veräußerer verlangen kann.

(4) Im übrigen gelten hinsichtlich der erworbenen Anwartschaften die Vorschriften des BPG mit der Maßgabe, daß an die Stelle der Beendigung des Arbeitsverhältnisses der Betriebsübergang tritt.

Haftung bei Betriebsübergang

§ 6. (1) Sofern andere gesetzliche Regelungen oder Gläubigerschutzbestimmungen für den Arbeitnehmer nicht günstigeres bestimmen, haften für Verpflichtungen aus einem Arbeitsverhältnis zum Veräußerer, die vor dem Zeitpunkt des Übergangs begründet wurden, der Veräußerer und der Erwerber zur ungeteilten Hand, wobei hinsichtlich der Haftung des Erwerbers § 1409 ABGB anzuwenden ist. Dies gilt insbesondere für Leistungen aus betrieblichen Pensionszusagen des Veräußerers, die im Zeitpunkt des Betriebsüberganges bereits erbracht werden.

(2) Für Abfertigungsansprüche, die nach dem Betriebsübergang entstehen, haftet der Veräußerer fünf Jahre nach dem Betriebsübergang und nur mit jenem Betrag, der dem fiktiven Abfertigungsanspruch im Zeitpunkt des Betriebsübergangs entspricht. Für Ansprüche auf eine Betriebspension aus einem Leistungsfall nach dem Betriebsübergang haftet der Veräußerer fünf Jahre nach dem Betriebsübergang und nur mit jenem Betrag, der den im Zeitpunkt des Betriebsübergangs bestehenden Pensionsanwartschaften entspricht. Sofern zum Zeitpunkt des Betriebsübergangs Rückstellungen gemäß § 211 Abs. 2 des Handelsgesetzbuches für Abfertigungs- oder Pensionsanwartschaften mit der dafür nach § 14 Abs. 5 EStG oder § 11 BPG im gesetzlichen Ausmaß zu bildenden Wertpapierdeckung oder gleichwertige Sicherungsmittel auf den Erwerber übertragen werden, haftet der Veräußerer für die im ersten oder zweiten Satz genannten Beträge nur für eine allfällige Differenz zwischen dem Wert der übertragenen Sicherungsmittel und dem Wert der fiktiven Ansprüche jeweils zum Zeitpunkt des Betriebsübergangs; diese Haftung endet ein Jahr nach dem Betriebsübergang. Der Veräußerer hat die betroffenen Arbeitnehmer von der Übertragung der Sicherungsmittel zu informieren. Der Erwerber hat die vom Veräußerer übertragene Wertpapierdeckung oder die Sicherungsmittel zumindest in dem in den beiden ersten Sätzen genannten Zeitraum in seinem Vermögen zu halten. Die Wertpapierdeckung oder die Sicherungsmittel dürfen während dieses Zeitraums nur zur Befriedigung von Abfertigungs- oder Betriebspensionsansprüchen der Arbeitnehmer vermindert werden. Die übertragene Wertpapierdeckung darf während dieses Zeitraums auf die Verpflichtung des Erwerbers nach § 14 Abs. 5 oder 7 EStG nicht angerechnet werden.

(3) Bei Spaltungen im Sinne des Spaltungsgesetzes, Art. XIII des EU-Gesellschaftsrechtsänderungsgesetzes, BGBl. Nr. 304/1996, gilt als Veräußerer jene Gesellschaft, der die Verbindlichkeiten nach dem Spaltungsplan zuzuordnen sind.

Benachteiligungsverbot

§ 7. Arbeitnehmer, die von ihrem Recht auf Freizügigkeit im Sinne des Art. 45 des Vertrages über die Arbeitsweise der Europäischen Union (AEUV) und Art. 1 bis 10 der Verordnung (EU) Nr. 492/2011 Gebrauch machen, dürfen als Reaktion auf eine Beschwerde wegen einer Verletzung der durch die Freizügigkeit gemäß Art. 45 AEUV, Art. 1 bis 10 VO 492/2011 und Art. 1 RL 2014/54 gewährten Rechte oder wegen der Einleitung eines Verfahrens zur Durchsetzung dieser Rechte weder gekündigt, noch entlassen oder auf andere Weise benachteiligt werden.

Verhalten bei Gefahr

§ 8. (1) Arbeitnehmer, die bei ernster und unmittelbarer Gefahr für Leben und Gesundheit den Gefahrenbereich verlassen, dürfen deswegen nicht benachteiligt werden, insbesondere hinsichtlich des Entgelts, der Aufstiegsmöglichkeiten und der Versetzung. Das gleiche gilt, wenn sie unter Berücksichtigung ihrer Kenntnisse und der zur und Verfügung stehenden technischen Mittel selbst Maßnahmen zur Abwehr der Gefahr treffen, wenn sie die sonst zuständigen Personen nicht erreichen, es sei denn, ihre Handlungsweise war grob fahrlässig.

(2) Wird ein Arbeitnehmer wegen eines Verhaltens gemäß Abs. 1 gekündigt oder entlassen, kann er diese Kündigung oder Entlassung binnen einer Woche nach Zugang der Kündigung oder Entlassung bei Gericht anfechten. Der Kläger hat den Anfechtungsgrund glaubhaft zu machen. Die Klage ist abzuweisen, wenn bei Abwägung aller Umstände eine höhere Wahrscheinlichkeit dafür spricht, daß ein anderes vom Arbeitgeber glaubhaft gemachtes Motiv für die Kündigung ausschlaggebend war. Gibt das Gericht der Anfechtung statt, so ist die Kündigung oder Entlassung rechtsunwirksam.

Sicherheitsvertrauenspersonen, Sicherheitsfachkräfte, Arbeitsmediziner

§ 9. (1) Sicherheitsvertrauenspersonen und Arbeitnehmer, die als Sicherheitsfachkräfte, Arbeitsmediziner oder als deren Fach- oder Hilfspersonal oder als arbeitsmedizinischer Fachdienst beschäftigt sind, dürfen vom Arbeitgeber wegen der Ausübung dieser Tätigkeit, insbesondere hinsichtlich des Entgelts, der Aufstiegsmöglichkeiten und der Versetzung nicht benachteiligt werden.

(2) Wird ein in Abs. 1 genannter Arbeitnehmer, der nicht dem Kündigungsschutz nach § 105 Abs. 3 Z 1 lit. g ArbVG unterliegt, gekündigt oder entlassen, so kann er diese Kündigung oder Entlassung binnen einer Woche nach Zugang der Kündigung oder Entlassung anfechten, wenn sie wegen seiner Tätigkeit für die Sicherheit und den Gesundheitsschutz der Arbeitnehmer erfolgt ist. Der Kläger hat den Anfechtungsgrund glaubhaft zu machen. Die Klage ist abzuweisen, wenn bei Abwägung aller Umstände eine höhere Wahrscheinlichkeit dafür spricht, daß ein anderes vom Arbeitgeber glaubhaft gemachtes Motiv für die Kündigung ausschlaggebend war. Gibt das Gericht der Anfechtung statt, so ist die Kündigung oder Entlassung rechtsunwirksam.

(3) Der Arbeitgeber hat vor jeder Kündigung einer Sicherheitsvertrauensperson die zuständige gesetzliche Interessenvertretung der Arbeitnehmer nachweislich zu verständigen; bei einer Entlassung hat er diese Verständigung unverzüglich vorzunehmen. Ist keine rechtzeitige Verständigung der Interessenvertretung der Arbeitnehmer durch den Arbeitgeber erfolgt, so verlängert sich die Anfechtungsfrist nach Abs. 2 oder § 105 ArbVG für die Sicherheitsvertrauensperson um den Zeitraum der verspäteten Verständigung, längstens jedoch auf ein Monat ab Zugang der Kündigung oder Entlassung. Die Rechte des Betriebsrates nach § 105 ArbVG werden durch diese Verständigungspflicht des Arbeitgebers nicht berührt.

Kontrollmaßnahmen

§ 10. (1) Die Einführung und Verwendung von Kontrollmaßnahmen und technischen Systemen, welche die Menschenwürde berühren, ist unzulässig, es sei denn, diese Maßnahmen werden durch eine Betriebsvereinbarung im Sinne des § 96 Abs. 1 Z 3 ArbVG geregelt oder erfolgen in Betrieben, in denen kein Betriebsrat eingerichtet ist, mit Zustimmung des Arbeitnehmers.

(2) Die Zustimmung des Arbeitnehmers kann, sofern keine schriftliche Vereinbarung mit dem Arbeitgeber über deren Dauer vorliegt, jederzeit ohne Einhaltung einer Frist schriftlich gekündigt werden.

Bildungskarenz

§ 11. (1) Arbeitnehmer und Arbeitgeber können eine Bildungskarenz gegen Entfall des Arbeitsentgeltes für die Dauer von mindestens zwei Monaten bis zu einem Jahr vereinbaren, sofern das Arbeitsverhältnis ununterbrochen sechs Monate gedauert hat. Eine neuerliche Bildungskarenz kann frühestens nach dem Ablauf von vier Jahren ab dem Antritt der letzten Bildungskarenz (Rahmenfrist) vereinbart werden. Die Bildungskarenz kann auch in Teilen vereinbart werden, wobei die Dauer eines Teils mindestens zwei Monate zu betragen hat und die Gesamtdauer der einzelnen Teile innerhalb der Rahmenfrist, die mit Antritt des ersten Teils der Bildungskarenz zu laufen beginnt, ein Jahr nicht überschreiten darf. Bei der Vereinbarung über die Bildungskarenz ist auf die Interessen des Arbeitnehmers und auf die Erfordernisse des Betriebes Rücksicht zu nehmen. In Betrieben, in denen ein für den Arbeitnehmer zuständiger Betriebsrat errichtet ist, ist dieser auf Verlangen des Arbeitnehmers den Verhandlungen beizuziehen.

(1a) Arbeitnehmer und Arbeitgeber können eine Bildungskarenz für die Dauer von mindestens zwei Monaten bis zu einem Jahr auch in einem befristeten Arbeitsverhältnis in einem Saisonbetrieb (§ 53 Abs. 6 ArbVG) vereinbaren, sofern das befristete Arbeitsverhältnis ununterbrochen drei Monate gedauert hat und jeweils vor dem Antritt einer Bildungskarenz oder einer neuerlichen Bildungskarenz eine Beschäftigung zum selben Arbeitgeber im Ausmaß von mindestens sechs

Monaten vorliegt. Zeiten von befristeten Arbeitsverhältnissen zum selben Arbeitgeber, die innerhalb eines Zeitraumes von vier Jahren vor Antritt der jeweiligen Bildungskarenz und gegebenenfalls nach Rückkehr aus der mit diesem Arbeitgeber zuletzt vereinbarten Bildungskarenz liegen, sind hinsichtlich des Erfordernisses der Mindestbeschäftigungsdauer zusammenzurechnen. Abs. 1 vorletzter und letzter Satz sind anzuwenden.

(2) Für den Anspruch auf sonstige, insbesondere einmalige Bezüge (§ 67 Abs. 1 des Einkommensteuergesetzes – EStG 1988) gilt § 15 f Abs. 1 erster und zweiter Satz des Mutterschutzgesetzes (MSchG), BGBl. Nr. 221/1979 sinngemäß, für den Urlaubsanspruch gilt § 15f Abs. 2 MSchG sinngemäß. Soweit nicht anderes vereinbart ist, bleibt die Zeit der Bildungskarenz bei Rechtsansprüchen des Arbeitnehmers oder der Arbeitnehmerin, die sich nach der Dauer der Dienstzeit richten, außer Betracht.

(3) Für die Dauer eines in eine Bildungskarenz fallenden Beschäftigungsverbotes nach den §§ 3 oder 5 MSchG, einer Karenz nach dem MSchG oder Väter-Karenzgesetz (VKG), BGBl. Nr. 651/1989, oder anderen gleichartigen österreichischen Rechtsvorschriften, eines Präsenzdienstes gemäß § 19 oder eines Ausbildungsdienstes gemäß §§37ff des Wehrgesetzes 2001, BGBl. I Nr. 146/2001, oder eines Zivildienstes gemäß § 6a des Zivildienstgesetzes, BGBl. Nr. 679/1986, ist die Vereinbarung über die Bildungskarenz unwirksam.

(3a) Für die Dauer der Rahmenfrist nach Abs. 1 sind Vereinbarungen über eine Bildungsteilzeit nach § 11a und über eine Freistellung gegen Entfall des Arbeitsentgeltes nach § 12 unwirksam; davon abweichend ist ein einmaliger Wechsel von Bildungskarenz zu Bildungsteilzeit nach Maßgabe der folgenden Sätze zulässig. Wurde in der Vereinbarung die höchstzulässige Dauer der Bildungskarenz von einem Jahr nicht ausgeschöpft, kann an Stelle von Bildungskarenz für die weitere Dauer der Rahmenfrist Bildungsteilzeit höchstens im zweifachen Ausmaß des nichtausgeschöpften Teils vereinbart werden. Die Mindestdauer der Bildungsteilzeit muss vier Monate betragen.

(4) Wird das Arbeitsverhältnis während einer Bildungskarenz beendet, ist bei der Berechnung einer Abfertigung nach dem Angestelltengesetz (AngG), BGBl. Nr. 292/1921, dem Arbeiter-Abfertigungsgesetz (ArbAbfG), BGBl. Nr. 107/1979, und dem Gutsangestelltengesetz (GAngG), BGBl. Nr. 538/1923, oder der Ersatzleistung gemäß § 10 des Urlaubsgesetzes (UrlG), BGBl. Nr. 390/1976, das für den letzten Monat vor Antritt der Bildungskarenz gebührende Entgelt zugrunde zu legen; bei der Berechnung einer Abfertigung nach dem Bauarbeiter-Urlaubs- und Abfertigungsgesetz (BUAG), BGBl. Nr. 414/1972, ist für die Berechnung der Monatsentgelte § 13d Abs. 2 BUAG mit der Maßgabe anzuwenden, daß das Arbeitsverhältnis mit dem Ablauf des letzten Monats vor Antritt der Bildungskarenz als beendet gilt.

Bildungsteilzeit

§ 11a. (1) Arbeitnehmer/innen und Arbeitgeber/innen können schriftlich eine Herabsetzung der wöchentlichen Normalarbeitszeit des Arbeitnehmers oder der Arbeitnehmerin um mindestens ein Viertel und höchstens die Hälfte (Bildungsteilzeit) für die Dauer von mindestens vier Monaten bis zu zwei Jahren vereinbaren, sofern das Arbeitsverhältnis ununterbrochen sechs Monate gedauert hat. Die in der Bildungsteilzeit vereinbarte wöchentliche Normalarbeitszeit darf zehn Stunden nicht unterschreiten. Eine neuerliche Bildungsteilzeit kann frühestens nach dem Ablauf von vier Jahren ab dem Antritt der letzten Bildungsteilzeit (Rahmenfrist) vereinbart werden. Die Bildungsteilzeit kann auch in Teilen vereinbart werden, wobei die Dauer eines Teils mindestens vier Monate zu betragen hat und die Gesamtdauer der einzelnen Teile innerhalb der Rahmenfrist, die mit Antritt des ersten Teils der Bildungsteilzeit zu laufen beginnt, zwei Jahre nicht überschreiten darf.

(2) Die Vereinbarung nach Abs. 1 hat Beginn, Dauer, Ausmaß und Lage der Teilzeitbeschäftigung zu enthalten, wobei die betrieblichen Interessen und die Interessen des Arbeitnehmers oder der Arbeitnehmerin zu berücksichtigen sind. In Betrieben, in denen ein für den/die Arbeitnehmer/in zuständiger Betriebsrat eingerichtet ist, ist dieser auf Verlangen des Arbeitnehmers oder der Arbeitnehmerin den Verhandlungen beizuziehen.

(3) Für die Dauer der Rahmenfrist nach Abs. 1 sind Vereinbarungen über eine Bildungskarenz nach § 11 und über eine Freistellung gegen Entfall des Arbeitsentgeltes nach § 12 unwirksam; davon abweichend ist ein einmaliger Wechsel von Bildungsteilzeit zu Bildungskarenz nach Maßgabe der folgenden Sätze zulässig. Wurde in der Vereinbarung die höchstzulässige Dauer der Bildungsteilzeit von zwei Jahren nicht ausgeschöpft, kann an Stelle von Bildungsteilzeit für die weitere Dauer der Rahmenfrist Bildungskarenz höchstens im halben Ausmaß des nichtausgeschöpften Teils vereinbart werden. Die Mindestdauer der Bildungskarenz muss zwei Monate betragen.

(4) Fallen in ein Kalenderjahr auch Zeiten einer Bildungsteilzeit, gebühren dem/der Arbeitnehmer/in sonstige, insbesondere einmalige Bezüge im Sinne des § 67 Abs. 1 EStG 1988 in dem der Vollzeit- und Teilzeitbeschäftigung entsprechenden Ausmaß im Kalenderjahr.

(5) Im Übrigen ist § 11 Abs. 1a, Abs. 3 und Abs. 4 sinngemäß anzuwenden.

Freistellung gegen Entfall des Arbeitsentgeltes

§ 12. Eine Freistellung gegen Entfall des Arbeitsentgeltes für die Dauer von mindestens sechs Monaten bis zu einem Jahr, für die eine Förderung aus Mitteln der Arbeitslosenversicherung oder des Arbeitsmarktservice in Anspruch genommen wird, ist zwischen Arbeitgeber und Arbeitnehmer zu vereinbaren. Im übrigen gilt § 11 Abs. 2, 3 und 4.

Solidaritätsprämienmodell

§ 13. (1) Die Bedingungen für eine Herabsetzung der Normalarbeitszeit für Betriebe oder Betriebsteile unter gleichzeitiger Einstellung von Ersatzarbeitskräften durch den Arbeitgeber (Solidaritätsprämienmodell) können in einem Kollektivvertrag oder, falls ein Kollektivvertrag keine Regelung trifft oder nicht zur Anwendung kommt, in einer Betriebsvereinbarung festgelegt werden. Die Herabsetzung der Normalarbeitszeit kann nur auf Grund einer Vereinbarung zwischen dem Arbeitnehmer und dem Arbeitgeber innerhalb des vom Kollektivvertrag oder der Betriebsvereinbarung vorgegebenen Rahmens erfolgen.

(2) Hat die Herabsetzung der Normalarbeitszeit nach Abs. 1 zum Zeitpunkt der Beendigung des Arbeitsverhältnisses kürzer als zwei Jahre gedauert, so ist bei der Berechnung einer nach dem AngG, dem ArbAbfG oder dem GAngG zustehenden Abfertigung die frühere Arbeitszeit des Arbeitnehmers vor dem Wirksamwerden der Vereinbarung nach Abs. 1 zugrunde zu legen. Bei der Berechnung der Abfertigung nach dem BUAG ist bei der Berechnung der Stundenzahl nach § 13d Abs. 3 BUAG vorzugehen. Hat die Herabsetzung der Normalarbeitszeit nach Abs. 1 zum Zeitpunkt der Beendigung des Arbeitsverhältnisses länger als zwei Jahre gedauert, kann der Kollektivvertrag oder die Betriebsvereinbarung eine andere Berechnung vorsehen.

(3) Im übrigen bleibt § 19d Arbeitszeitgesetz (AZG), BGBl. Nr. 461/1969, unberührt.

Wiedereingliederungsteilzeit

§ 13a. (1) Ein Arbeitnehmer oder eine Arbeitnehmerin kann nach einer mindestens sechswöchigen ununterbrochenen Arbeitsunfähigkeit infolge Krankheit oder Unglücksfall (Anlassfall) mit dem Arbeitgeber oder der Arbeitgeberin schriftlich eine Herabsetzung der wöchentlichen Normalarbeitszeit um mindestens ein Viertel und höchstens die Hälfte (Wiedereingliederungsteilzeit) für die Dauer von mindestens einem Monat bis zu sechs Monaten vereinbaren, sofern das Arbeitsverhältnis ununterbrochen drei Monate gedauert hat. Die Wiedereingliederungsteilzeit muss spätestens einen Monat nach dem Ende der Arbeitsunfähigkeit im Sinne des ersten Satzes angetreten werden. Sofern weiterhin die arbeitsmedizinische Zweckmäßigkeit der Wiedereingliederungsteilzeit gegeben ist, kann einmalig eine Verlängerung der Wiedereingliederungsteilzeit für die Dauer von mindestens einem Monat bis zu drei Monaten schriftlich vereinbart werden. Während der Wiedereingliederungsteilzeit darf die vereinbarte wöchentliche Normalarbeitszeit zwölf Stunden nicht unterschreiten und das dem Arbeitnehmer oder der Arbeitnehmerin im Kalendermonat gebührende Entgelt muss über dem im § 5 Abs. 2 ASVG genannten Betrag liegen. Für den Abschluss einer Vereinbarung nach dem ersten Satz müssen folgende Voraussetzungen vorliegen:

1. eine Bestätigung über die Arbeitsfähigkeit des Arbeitnehmers oder der Arbeitnehmerin für die Zeit ab Beginn der Wiedereingliederungsteilzeit;
2. Beratung des Arbeitnehmers oder der Arbeitnehmerin und des Arbeitgebers oder der Arbeitgeberin über die Gestaltung der Wiedereingliederungsteilzeit im Rahmen des Case Managements nach dem Arbeit-und-Gesundheit-Gesetz (AGG), BGBl. I Nr. 111/2010; Die Beratung erstreckt sich auch auf den zwischen Arbeitnehmer oder Arbeitnehmerin und Arbeitgeber oder Arbeitgeberin zu vereinbarenden Wiedereingliederungsplan (§ 1 Abs. 2 AGG). Die Beratung kann entfallen, wenn Arbeitnehmer oder Arbeitnehmerin, Arbeitgeber oder Arbeitgeberin und der Arbeitsmediziner oder die Arbeitsmedizinerin oder das arbeitsmedizinische Zentrum nachweislich der Wiedereingliederungsvereinbarung und dem Wiedereingliederungsplan zustimmen.

Der Wiedereingliederungsplan muss bei der Gestaltung der Wiedereingliederungsteilzeit berücksichtigt werden. Der Erstellung des Wiedereingliederungsplans soll der oder die mit der arbeitsmedizinischen Betreuung nach § 79 Abs. 1 ArbeitnehmerInnenschutzgesetz, BGBl. Nr. 450/1994, betraute Arbeitsmediziner oder Arbeitsmedizinerin oder das arbeitsmedizinische Zentrum beigezogen werden. Die Wiedereingliederungsteilzeit wird frühestens mit dem auf die Zustellung der Mitteilung über die Bewilligung des Wiedereingliederungsgeldes nach § 143d ASVG folgenden Tag wirksam. Der Arbeitnehmer oder die Arbeitnehmerin kann eine vorzeitige Rückkehr zur ursprünglichen Normalarbeitszeit schriftlich verlangen, wenn die arbeitsmedizinische Zweckmäßigkeit der Wiedereingliederungsteilzeit nicht mehr gegeben ist. Die Rückkehr darf frühestens drei Wochen nach der schriftlichen Bekanntgabe des Beendigungswunsches der Wiedereingliederungsteilzeit an den Arbeitgeber oder die Arbeitgeberin erfolgen.

(2) Die Vereinbarung nach Abs. 1 hat Beginn, Dauer, Ausmaß und Lage der Teilzeitbeschäftigung zu enthalten, wobei die betrieblichen Interessen und die Interessen des Arbeitnehmers oder der Arbeitnehmerin zu berücksichtigen sind. In Betrieben, in denen ein für den Arbeitnehmer oder die Arbeitnehmerin zuständiger Betriebsrat eingerichtet ist, ist dieser den Verhandlungen beizuziehen. In der Vereinbarung nach Abs. 1 kann die wöchentliche Normalarbeitszeit für bestimmte Monate auch abweichend von der im Abs. 1 geregelten Bandbreite der Arbeitszeitreduktion festgelegt werden. Bei der Festlegung dieser abweichenden Verteilung der Arbeitszeit darf das Stundenausmaß 30 vH der ursprünglichen wöchentlichen Normalarbeitszeit nicht unterschreiten. Eine ungleichmäßige Verteilung der vereinbarten Arbeitszeit innerhalb des Kalendermonats ist nur dann zulässig, wenn das vereinbarte Arbeitszeitausmaß im Durchschnitt eingehalten und das vereinbarte Arbeitszeitausmaß in den einzelnen Wochen jeweils nicht um mehr als zehn vH unter- oder überschritten wird. Die Vereinbarung der Wiedereingliederungsteilzeit darf – abgesehen von der befristeten Änderung der Arbeitszeit – keine Auswirkungen auf die seitens des Arbeitnehmers oder der Arbeitnehmerin im Rahmen des Arbeitsvertrags geschuldeten Leistungen haben.

(3) Während einer Wiedereingliederungsteilzeit darf der Arbeitgeber oder die Arbeitgeberin weder eine Arbeitsleistung über das vereinbarte Arbeitszeitausmaß (Mehrarbeit) noch eine Änderung der vereinbarten Lage der Arbeitszeit anordnen.

(4) Nach Antritt der Wiedereingliederungsteilzeit darf im Einvernehmen zwischen Arbeitnehmer oder Arbeitnehmerin und Arbeitgeber oder Arbeitgeberin höchstens zweimal eine Änderung der Teilzeitbeschäftigung (Verlängerung, Änderung des Stundenausmaßes) erfolgen.

(5) Entfällt der Anspruch auf Auszahlung des Wiedereingliederungsgeldes, endet die Wiedereingliederungsteilzeit mit dem der Entziehung des Wiedereingliederungsgeldes folgenden Tag.

(6) Während der Wiedereingliederungsteilzeit hat der Arbeitnehmer oder die Arbeitnehmerin gegenüber dem Arbeitgeber oder der Arbeitgeberin Anspruch auf das entsprechend der Arbeitszeitreduktion aliquot zustehende Entgelt. Die Höhe des aliquot zustehenden Entgelts ist nach § 3 des Entgeltfortzahlungsgesetzes 1974, BGBl. Nr. 399/1974, zu berechnen. Wird eine Vereinbarung im Sinne des Abs. 2 zweiter Satz getroffen, ist das Entgelt gleichmäßig entsprechend dem, bezogen auf die Gesamtdauer der Wiedereingliederungsteilzeit, durchschnittlich vereinbarten Arbeitszeitausmaß zu leisten. Eine Rückforderung dieses Entgelts aufgrund einer vorzeitigen Beendigung der Wiedereingliederungsteilzeit ist nicht zulässig.

(7) Wird das Arbeitsverhältnis während der Wiedereingliederungsteilzeit beendet, so ist bei der Berechnung des Ersatzanspruchs im Sinne des § 29 AngG, § 29 GAngG, § 33 Abs. 2 Theaterarbeitsgesetz (TAG), BGBl. I Nr. 100/2010, oder § 1162b ABGB das ungeschmälerte Entgelt zugrunde zu legen, das zum Beendigungszeitpunkt ohne eine Vereinbarung im Sinne des Abs. 1 zugestanden wäre.

(8) Die §§ 11 Abs. 3 und 4 sowie 14c Abs. 4 sind sinngemäß anzuwenden. Im Übrigen darf für die Dauer einer Altersteilzeit gemäß § 27 des Arbeitslosenversicherungsgesetzes (AlVG), BGBl. Nr. 609/1977, sowie für die Dauer einer Teilpension gemäß § 27a AlVG (erweiterte Altersteilzeit) eine Wiedereingliederungsteilzeit nach Abs. 1 nicht vereinbart werden.

(9) Die Regelungen über die Wiedereingliederungsteilzeit in Bundesgesetzen sind nach Ablauf von zwei Jahren nach Inkrafttreten dieses Bundesgesetzes zu evaluieren.

Herabsetzung der Normalarbeitszeit

§ 14. (1) Zwischen dem Arbeitgeber und dem Arbeitnehmer,

1. der das 50. Lebensjahr vollendet hat, oder
2. mit nicht nur vorübergehenden Betreuungspflichten von nahen Angehörigen im Sinne des § 16 Abs. 1 letzter Satz UrlG, die sich aus der familiären Beistandspflicht ergeben, auch wenn kein gemeinsamer Haushalt gegeben ist,

kann die Herabsetzung der Normalarbeitszeit vereinbart werden. In Betrieben, in denen ein für den Arbeitnehmer zuständiger Betriebsrat errichtet ist, ist dieser auf Verlangen des Arbeitnehmers den Verhandlungen beizuziehen.

(2) Frühestens zwei Monate, längstens jedoch vier Monate nach Wegfall einer Betreuungspflicht im Sinne des Abs. 1 Z 2 kann der Arbeitnehmer die Rückkehr zu seiner ursprünglichen Normalarbeitszeit verlangen.

(3) Hat die Herabsetzung der Normalarbeitszeit nach Abs. 1 zum Zeitpunkt der Beendigung des Arbeitsverhältnisses kürzer als zwei Jahre gedauert, so ist bei der Berechnung einer nach dem AngG, dem ArbAbfG oder dem GAngG zustehenden Abfertigung die frühere Arbeitszeit des Arbeitnehmers vor dem Wirksamwerden der Vereinbarung nach Abs. 1 zugrunde zu legen. Hat die Herabsetzung der Normalarbeitszeit nach Abs. 1 zum Zeitpunkt der Beendigung des Arbeitsverhältnisses länger als zwei Jahre gedauert, so ist – sofern keine andere Vereinbarung abgeschlossen wird – bei der Berechnung einer nach dem AngG, dem ArbAbfG oder dem GAngG zustehenden Abfertigung für die Ermittlung des Monatsentgeltes vom Durchschnitt der während der für die Abfertigung maßgeblichen Dienstjahre geleisteten Arbeitszeit auszugehen. Bei der Berechnung der

Abfertigung nach dem BUAG ist bei der Berechnung der Stundenzahl nach § 13d Abs. 3 BUAG vorzugehen.

Sterbebegleitung

§ 14a. (1) Der Arbeitnehmer kann schriftlich eine Herabsetzung, eine Änderung der Lage der Normalarbeitszeit oder eine Freistellung gegen Entfall des Arbeitsentgelts zum Zwecke der Sterbebegleitung eines nahen Angehörigen im Sinne des § 16 Abs. 1 letzter Satz UrlG für einen bestimmten, drei Monate nicht übersteigenden Zeitraum unter Bekanntgabe von Beginn und Dauer verlangen, auch wenn kein gemeinsamer Haushalt mit dem nahen Angehörigen gegeben ist. Eine solche Maßnahme kann auch für die Sterbebegleitung von Geschwistern, Schwiegereltern, Schwiegerkindern, Wahl- und Pflegeeltern und von leiblichen Kindern des anderen Ehegatten oder Lebensgefährten verlangt werden. Der Arbeitnehmer kann eine Verlängerung der Maßnahme schriftlich verlangen, wobei die Gesamtdauer der Maßnahme sechs Monate nicht überschreiten darf.

(2) Der Arbeitnehmer hat den Grund für die Maßnahme und deren Verlängerung als auch das Verwandtschaftsverhältnis glaubhaft zu machen. Auf Verlangen des Arbeitgebers ist eine schriftliche Bescheinigung über das Verwandtschaftsverhältnis vorzulegen.

(3) Der Arbeitnehmer kann die von ihm nach Abs. 1 verlangte Maßnahme frühestens fünf Arbeitstage, die Verlängerung frühestens zehn Arbeitstage nach Zugang der schriftlichen Bekanntgabe vornehmen. Die Maßnahme wird wirksam, sofern nicht der Arbeitgeber binnen fünf Arbeitstagen – bei einer Verlängerung binnen zehn Arbeitstagen – ab Zugang der schriftlichen Bekanntgabe Klage gegen die Wirksamkeit der Maßnahme sowie deren Verlängerung beim zuständigen Arbeits- und Sozialgericht erhebt. Das Arbeits- und Sozialgericht hat unter Berücksichtigung der betrieblichen Erfordernisse und der Interessen des Arbeitnehmers zu entscheiden. In solchen Rechtsstreitigkeiten steht keiner Partei ein Kostenersatzanspruch an die andere zu, ist gegen ein Urteil des Gerichtes erster Instanz eine Berufung nicht zulässig und sind – unabhängig vom Wert des Streitgegenstandes – Beschlüsse des Gerichtes erster Instanz nur aus den Gründen des § 517 Abs. 1 Z 1, 4 und 6 der Zivilprozessordnung anfechtbar. Bis zur Entscheidung des Arbeits- und Sozialgerichts kann der Arbeitnehmer die von ihm verlangte Maßnahme sowie deren Verlängerung vornehmen, es sei denn, das Arbeits- und Sozialgericht untersagt auf Antrag des Arbeitgebers dem Arbeitnehmer mit einstweiliger Verfügung nach § 381 Z 2 Exekutionsordnung, RGBl. Nr. 79/1896, die Vornahme dieser Änderung. Im Übrigen sind die für einstweilige Verfügungen geltenden gesetzlichen Bestimmungen anzuwenden.

(4) Der Arbeitnehmer hat dem Arbeitgeber den Wegfall der Sterbebegleitung unverzüglich bekannt zu geben. Er kann die vorzeitige Rückkehr zu der ursprünglichen Normalarbeitszeit nach zwei Wochen nach Wegfall der Sterbebegleitung verlangen. Ebenso kann der Arbeitgeber bei Wegfall der Sterbebegleitung die vorzeitige Rückkehr des Arbeitnehmers verlangen, sofern nicht berechtigte Interessen des Arbeitnehmers dem entgegen stehen.

(5) Fallen in das jeweilige Arbeitsjahr Zeiten einer Freistellung gegen Entfall des Arbeitsentgelts, so gebührt ein Urlaub, soweit dieser noch nicht verbraucht worden ist, in dem Ausmaß, das dem um die Dauer der Freistellung von der Arbeitsleistung verkürzten Arbeitsjahr entspricht. Ergeben sich bei der Berechnung des Urlaubsausmaßes Teile von Werktagen, so sind diese auf ganze Werktage aufzurunden.

(6) Der Arbeitnehmer behält den Anspruch auf sonstige, insbesondere einmalige Bezüge im Sinne des § 67 Abs. 1 des Einkommensteuergesetzes 1988 in den Kalenderjahren, in die Zeiten einer Freistellung gegen Entfall des Arbeitsentgelts fallen, in dem Ausmaß, das dem Teil des Kalenderjahres entspricht, in den keine derartigen Zeiten fallen. Für den Arbeitnehmer günstigere Regelungen werden dadurch nicht berührt.

(7) Wird das Arbeitsverhältnis während der Inanspruchnahme der Maßnahme oder der Verlängerung beendet, ist bei der Berechnung einer gesetzlich zustehenden Abfertigung die frühere Arbeitszeit des Arbeitnehmers vor dem Wirksamwerden der Maßnahme zugrunde zu legen. Bei der Berechnung der Abfertigung nach dem BUAG ist bei der Berechnung der Stundenzahl nach § 13d Abs. 3 BUAG vorzugehen. Erfolgt die Beendigung des Arbeitsverhältnisses während einer Freistellung von der Arbeitsleistung, ist bei der Berechnung der Ersatzleistung gemäß § 10 UrlG das für den letzten Monat vor Antritt der Freistellung von der Arbeitsleistung gebührende Entgelt zugrunde zu legen.

(Anm.: Abs. 8 aufgehoben durch BGBl. I Nr. 107/2013)

Begleitung von schwersterkrankten Kindern

§ 14b. § 14a ist auch bei der Begleitung von im gemeinsamen Haushalt lebenden, schwersterkrankten Kindern (Wahl-, Pflegekindern oder leiblichen Kindern des anderen Ehegatten, des eingetragenen Partners oder Lebensgefährten) des Arbeitnehmers anzuwenden. Abweichend von § 14a Abs. 1 kann die Maßnahme zunächst für einen bestimmten, fünf Monate nicht übersteigenden Zeitraum verlangt werden; bei einer Verlängerung der Maßnahme darf die Gesamtdauer der Maßnahme neun Monate nicht überschreiten. Wurde die Maßnahme bereits voll ausgeschöpft, kann diese höchstens zweimal in der Dauer von jeweils höchstens neun Monaten verlangt werden, wenn die Maßnahme anlässlich einer weiteren medizinisch notwendigen Therapie für das schwersterkrankte Kind erfolgen soll.

Pflegekarenz

§ 14c. (1) Arbeitnehmer/innen und Arbeitgeber/innen können, sofern das Arbeitsverhältnis ununterbrochen drei Monate gedauert hat, schriftlich eine Pflegekarenz gegen Entfall des Arbeitsentgeltes zum Zwecke der Pflege oder Betreuung eines/einer nahen Angehörigen im Sinne des § 14a, dem/der zum Zeitpunkt des Antritts der Pflegekarenz Pflegegeld ab der Stufe 3 nach § 5 des Bundespflegegeldgesetzes (BPGG), BGBl. Nr. 110/1993, gebührt, für die Dauer von mindestens einem Monat bis zu drei Monaten vereinbaren. Eine solche Vereinbarung darf grundsätzlich nur einmal pro zu betreuendem/betreuender nahen Angehörigen geschlossen werden. Im Fall einer wesentlichen Erhöhung des Pflegebedarfs zumindest um eine Pflegegeldstufe (§ 9 Abs. 4 BPGG) ist jedoch einmalig eine neuerliche Vereinbarung der Pflegekarenz zulässig. Die Vereinbarung der Pflegekarenz ist auch für die Pflege und Betreuung von demenziell erkrankten oder minderjährigen nahen Angehörigen zulässig, sofern diesen zum Zeitpunkt des Antritts der Pflegekarenz Pflegegeld ab der Stufe 1 zusteht. Hat der/die Arbeitnehmer/in eine Pflegekarenz bereits angetreten, ist die Vereinbarung einer Pflegeteilzeit für dieselbe zu betreuende Person unzulässig.

(2) Die Vereinbarung nach Abs. 1 hat Beginn und Dauer der Pflegekarenz zu enthalten. Bei der Vereinbarung über die Pflegekarenz ist auf die Interessen des/der Arbeitnehmers/Arbeitnehmerin und auf die Erfordernisse des Betriebes Rücksicht zu nehmen. In Betrieben, in denen ein für den/die Arbeitnehmer/in zuständiger Betriebsrat errichtet ist, ist dieser auf Verlangen des/der Arbeitnehmers/Arbeitnehmerin den Verhandlungen beizuziehen.

(3) Der/die Arbeitnehmer/in darf die vorzeitige Rückkehr zu der ursprünglichen Normalarbeitszeit nach

1. der Aufnahme in stationäre Pflege oder Betreuung in Pflegeheimen und ähnlichen Einrichtungen,
2. der nicht nur vorübergehenden Übernahme der Pflege oder Betreuung durch eine andere Betreuungsperson sowie
3. dem Tod

des/der nahen Angehörigen verlangen. Die Rückkehr darf frühestens zwei Wochen nach der Meldung des Eintritts der im ersten Satz genannten Gründe erfolgen.

(4) Arbeitnehmer/innen und Arbeitgeber/innen können eine Pflegekarenz gemäß Abs. 1 für die Dauer von mindestens einem Monat bis zu drei Monaten auch in einem befristeten Arbeitsverhältnis in einem Saisonbetrieb (§ 53 Abs. 6 ArbVG) vereinbaren, sofern das befristete Arbeitsverhältnis ununterbrochen zwei Monate gedauert hat und jeweils vor dem Antritt einer Pflegekarenz eine Beschäftigung zum/zur selben Arbeitgeber/in im Ausmaß von mindestens drei Monaten vorliegt. Zeiten von befristeten Arbeitsverhältnissen zum/zur selben Arbeitgeber/in, die innerhalb eines Zeitraumes von vier Jahren vor Antritt der jeweiligen Pflegekarenz liegen, sind hinsichtlich des Erfordernisses der Mindestbeschäftigungsdauer zusammenzurechnen.

(4a) Unbeschadet der Bestimmungen des Abs. 1 hat der/die Arbeitnehmer/in einen Anspruch auf Pflegekarenz von bis zu zwei Wochen, wenn er/sie zum Zeitpunkt des Antritts der Pflegekarenz in einem Betrieb (§ 34 Arbeitsverfassungsgesetz – ArbVG, BGBl. Nr. 22/1974) mit mehr als fünf Arbeitnehmer/innen beschäftigt ist. Für die Ermittlung der Arbeitnehmer/innenzahl ist § 15h Abs. 3 MSchG sinngemäß anzuwenden. Sobald dem/der Arbeitnehmer/in der Zeitpunkt des Beginns der beabsichtigten Pflegekarenz bekannt ist, hat er/sie dies dem/der Arbeitgeber/in mitzuteilen. Auf Verlangen sind dem/der Arbeitgeber/in binnen einer Woche die Pflegebedürftigkeit der zu pflegenden Person nach Abs. 1 zu bescheinigen und das Angehörigenverhältnis glaubhaft zu machen. Kommt während dieser Pflegekarenz keine Vereinbarung zwischen dem/der Arbeitnehmer/in und dem/der Arbeitgeber/in über eine Pflegekarenz nach Abs. 1 zustande, so hat der/die Arbeitnehmer/in Anspruch auf Pflegekarenz für bis zu weitere zwei Wochen. Die auf Grund des Rechtsanspruchs verbrachten Zeiten der Pflegekarenz sind auf die gesetzlich mögliche Dauer der vereinbarten Pflegekarenz anzurechnen. Im Übrigen sind die Bestimmungen der Abs. 1 bis 4 sinngemäß anzuwenden.

(5) Im Übrigen ist § 11 Abs. 2, 3 und 4 sinngemäß anzuwenden.

Pflegeteilzeit

§ 14d. (1) Bei Vorliegen der Voraussetzungen nach § 14c Abs. 1 können Arbeitnehmer/innen und Arbeitgeber/innen, schriftlich eine Herabsetzung der wöchentlichen Normalarbeitszeit des/der Arbeitnehmers/Arbeitnehmerin für die Dauer von mindestens einem Monat bis zu drei Monaten vereinbaren. Die in der Pflegeteilzeit vereinbarte wöchentliche Normalarbeitszeit darf zehn Stunden nicht unterschreiten. Eine solche Vereinbarung darf grundsätzlich nur einmal pro zu betreuendem/betreuender nahen Angehörigen geschlossen werden. Im Fall einer wesentlichen Erhöhung des Pflegebedarfs zumindest um eine Pflegegeldstufe (§ 9 Abs. 4 BPGG) ist jedoch einmalig eine neuerliche Vereinbarung der Pflegeteilzeit zulässig. Hat der/die Arbeitnehmer/in eine Pflegeteilzeit bereits angetreten, ist die Vereinbarung einer Pflegekarenz für dieselbe zu betreuende Person unzulässig.

(2) Die Vereinbarung nach Abs. 1 hat Beginn, Dauer, Ausmaß und Lage der Teilzeitbeschäftigung zu enthalten, wobei die betrieblichen Interessen und die Interessen des/der Arbeitnehmers/Arbeitnehmerin zu berücksichtigen sind. In Betrieben, in denen ein für den/die Arbeitnehmer/in zuständiger Betriebsrat eingerichtet ist, ist dieser auf Verlangen des/der Arbeitnehmers/Arbeitnehmerin den Verhandlungen beizuziehen. Vereinbarungen, die Änderungen im Ausmaß der Teilzeitbeschäftigung vorsehen, sind unzulässig.

(3) Der/die Arbeitnehmer/in darf die vorzeitige Rückkehr zu der ursprünglichen Normalarbeitszeit nach

1. der Aufnahme in stationäre Pflege oder Betreuung in Pflegeheimen und ähnlichen Einrichtungen,
2. der nicht nur vorübergehenden Übernahme der Pflege oder Betreuung durch eine andere Betreuungsperson sowie
3. dem Tod

des/der nahen Angehörigen verlangen. Die Rückkehr darf frühestens zwei Wochen nach der Meldung des Eintritts der im ersten Satz genannten Gründe erfolgen.

(4) Fallen in ein Kalenderjahr auch Zeiten einer Pflegeteilzeit, gebühren dem/der Arbeitnehmer/in sonstige, insbesondere einmalige Bezüge im Sinne des § 67 Abs. 1 EStG 1988 in dem der Vollzeit- und Teilzeitbeschäftigung entsprechenden Ausmaß im Kalenderjahr.

(4a) Unbeschadet der Bestimmungen des Abs. 1 hat der/die Arbeitnehmer/in einen Anspruch auf Pflegeteilzeit von bis zu zwei Wochen, wenn er/sie zum Zeitpunkt des Antritts der Pflegekarenz in einem Betrieb (§ 34 Arbeitsverfassungsgesetz – ArbVG, BGBl. Nr. 22/1974) mit mehr als fünf Arbeitnehmer/innen beschäftigt ist. Für die Ermittlung der Arbeitnehmer/innenzahl ist § 15h Abs. 3 MSchG sinngemäß anzuwenden. Sobald dem/der Arbeitnehmer/in der Zeitpunkt des Beginns der beabsichtigten Pflegeteilzeit bekannt ist, hat er/sie dies dem/der Arbeitgeber/in mitzuteilen. Auf Verlangen sind dem/der Arbeitgeber/in binnen einer Woche die Pflegebedürftigkeit der zu pflegenden Person nach Abs. 1 zu bescheinigen und das Angehörigenverhältnis glaubhaft zu machen. Kommt während dieser Pflegeteilzeit keine Vereinbarung zwischen dem/der Arbeitnehmer/in und dem/der Arbeitgeber/in über eine Pflegeteilzeit nach Abs. 1 zustande, so hat der/die Arbeitnehmer/in Anspruch auf Pflegeteilzeit für bis zu weitere zwei Wochen. Die auf Grund des Rechtsanspruchs verbrachten Zeiten der Pflegeteilzeit sind auf die gesetzlich mögliche Dauer der vereinbarten Pflegeteilzeit anzurechnen. Im Übrigen sind die Bestimmungen der Abs. 1 bis 4 sinngemäß anzuwenden.

(5) Im Übrigen sind die §§ 11 Abs. 3 und Abs. 4 sowie 14c Abs. 4 sinngemäß anzuwenden.

Kündigung

§ 15. (1) Eine Kündigung, die wegen der Ablehnung einer Vereinbarung nach § 13a oder wegen einer beabsichtigten oder tatsächlich in Anspruch genommenen Maßnahme nach den §§ 11 bis 14, 14c und 14d ausgesprochen wird, kann bei Gericht angefochten werden. § 105 Abs. 5 ArbVG gilt sinngemäß.

(2) Läßt der Arbeitnehmer eine entgegen Abs. 1 ausgesprochene Kündigung gegen sich gelten, hat er einen Ersatzanspruch im Sinne des § 29 AngG oder des § 1162b ABGB. Bei der Berechnung dieses Ersatzanspruches ist das ungeschmälerte Entgelt zugrunde zu legen, das zum Beendigungszeitpunkt ohne eine Vereinbarung im Sinne der §§ 11 bis 14, 14c und 14d zugestanden wäre.

(3) Ein Arbeitnehmer in einem nicht betriebsratspflichtigen Betrieb, der als Arbeitnehmer den Jahrgängen 1935 bis 1942, als Arbeitnehmerin den Jahrgängen 1940 bis 1947 angehört, kann die Kündigung binnen einer Woche nach Zugang der Kündigung anfechten, wenn die Kündigung sozial ungerechtfertigt und der Arbeitnehmer bereits sechs Monate im Betrieb oder Unternehmen, dem der Betrieb angehört, beschäftigt ist. Sozial ungerechtfertigt ist eine Kündigung, die wesentliche Interessen des Arbeitnehmers beeinträchtigt, es sei denn, der Arbeitgeber erbringt den Nachweis, dass die Kündigung

1. durch Umstände, die in der Person des Arbeitnehmers gelegen sind und die betrieblichen Interessen nachteilig berühren, oder
2. durch betriebliche Erfordernisse, die einer Weiterbeschäftigung des Arbeitnehmers entgegenstehen,

begründet ist.

(4) Bei der Prüfung, ob eine Kündigung sozial ungerechtfertigt ist, sind der Umstand einer vieljährigen ununterbrochenen Beschäftigungszeit im Betrieb oder Unternehmen, dem der Betrieb angehört, sowie die wegen des höheren Lebensalters zu erwartenden Schwierigkeiten bei der Wiedereingliederung in den Arbeitsprozess besonders zu berücksichtigen.

(5) Gibt das Gericht der Anfechtungsklage statt, so ist die Kündigung rechtsunwirksam.

(6) In Rechtsstreitigkeiten nach Abs. 3 steht keiner Partei ein Kostenersatzanspruch an die andere Partei zu.

Kündigungs- und Entlassungsschutz bei Sterbebegleitung und der Begleitung schwersterkrankter Kinder

§ 15a. Der Arbeitnehmer kann ab Bekanntgabe einer in § 14a Abs. 1 vorgesehenen Maßnahme und bis zum Ablauf von vier Wochen nach deren

Ende rechtswirksam weder gekündigt noch entlassen werden. Abweichend vom ersten Satz kann eine Kündigung oder Entlassung rechtswirksam ausgesprochen werden, wenn vorher die Zustimmung des zuständigen Arbeits- und Sozialgerichts eingeholt wurde. Das Gericht hat über eine Kündigung unter Berücksichtigung der betrieblichen Erfordernisse und der Interessen des Arbeitnehmers zu entscheiden. Dasselbe gilt bei der Begleitung von schwersterkrankten Kindern.

§ 15b. (1) Bei einer vom Versicherungsträger gemäß § 367 Abs. 4 ASVG festgestellten Invalidität eines Arbeitnehmers/einer Arbeitnehmerin ruhen für die Dauer des Bezuges von Rehabilitationsgeld nach § 143a ASVG oder Umschulungsgeld nach § 39b AlVG die wechselseitigen sich aus dem Arbeitsverhältnis ergebenden Hauptleistungspflichten des Arbeitnehmers/der Arbeitnehmerin und des Arbeitgebers/der Arbeitgeberin sowie die Verpflichtung des Arbeitgebers/der Arbeitgeberin zur Fortzahlung des Entgelts, es sei denn, der Arbeitnehmer/die Arbeitnehmerin wird im Sinne des § 4 Abs. 2 des Entgeltfortzahlungsgesetzes, BGBl. Nr. 399/1974, für arbeitsfähig erklärt.

(2) § 15f Abs. 1 mit Ausnahme des letzten Satzes und Abs. 2 MSchG gilt für die Dauer des Bezuges von Rehabilitationsgeld nach § 143a ASVG oder Umschulungsgeld nach § 39b AlVG sinngemäß, es sei denn, der Arbeitnehmer/die Arbeitnehmerin wird im Sinne des § 4 Abs. 2 EFZG für arbeitsfähig erklärt.

Unabdingbarkeit

§ 16. Die Rechte, die dem Arbeitnehmer auf Grund der §§ 2 bis 15a zustehen, können durch Arbeitsvertrag oder Normen der kollektiven Rechtsgestaltung weder aufgehoben noch beschränkt werden.

Günstigere Regelungen

§ 17. Unberührt bleiben:

1. Das Journalistengesetz, StGBl. Nr. 88/1920, sofern es für die Redakteure (Schriftleiter) günstiger ist als dieses Bundesgesetz.
2. Das Theaterarbeitsgesetz, BGBl. I Nr. 100/2021, sofern es für Bühnenmitglieder günstiger ist als dieses Bundesgesetz.

Verweisungen

§ 18. Soweit in diesem Bundesgesetz auf andere Bundesgesetze verwiesen wird, sind diese in der jeweils geltenden Fassung anzuwenden.

Sprachliche Gleichbehandlung

§ 18a. Soweit in diesem Bundesgesetz personenbezogene Bezeichnungen noch nicht geschlechtsneutral formuliert sind, gilt die gewählte Form für beide Geschlechter.

Bestimmungen in Zusammenhang mit COVID-19

§ 18b. (1) Im Zeitraum zwischen dem 1. Jänner 2023 und dem 7. Juli 2023 hat der Arbeitnehmer Anspruch auf eine Sonderbetreuungszeit gegen Fortzahlung des Entgelts für die notwendige Betreuung von

1. Kindern, für die eine Betreuungspflicht besteht, wenn diese auf Grund einer Verordnung nach § 7b Epidemiegesetz (EpiG), BGBl. Nr. 186/1950, im Betreten von Lehranstalten oder Kinderbetreuungseinrichtungen beschränkt werden;
2. Kindern bis zum vollendeten 14. Lebensjahr, für die eine Betreuungspflicht besteht, wenn diese wegen der teilweisen oder vollständigen behördlichen Schließung von Lehranstalten oder Kinderbetreuungseinrichtungen diese nicht besuchen können;
3. Menschen mit Behinderungen für die eine Betreuungspflicht besteht und die in einer Einrichtung der Behindertenhilfe oder einer Lehranstalt für Menschen mit Behinderungen bzw. einer höher bildenden Schule betreut oder unterrichtet werden, wenn diese Einrichtung oder Lehranstalt bzw. höher bildende Schule auf Grund behördlicher Maßnahmen teilweise oder vollständig geschlossen wird oder aufgrund einer Verkehrsbeschränkung nach § 7b EpiG die Betreuung von Menschen mit Behinderung zu Hause erfolgt. Das Gleiche gilt für positiv auf SARS-CoV-2 getestete Menschen, für die eine Betreuungspflicht besteht und die auf Grund ihrer Behinderung keine FFP2-Maske tragen können.

Der Arbeitnehmer hat den Arbeitgeber unverzüglich über die Verkehrsbeschränkung oder die behördliche Schließung zu informieren und diese nachzuweisen sowie alles Zumutbare zu unternehmen, damit die vereinbarte Arbeitsleistung zustande kommt. Der Anspruch auf Sonderbetreuungszeit ist mit insgesamt höchstens drei Wochen im Zeitraum zwischen 1. Jänner 2023 und 7. Juli 2023 begrenzt. Ansprüche nach § 16 UrlG oder nach § 8 Abs. 3 AngG, § 1154b Abs. 5 Allgemeines bürgerliches Gesetzbuch, JGS 1811/946, oder § 8 Abs. 4 GAngG bleiben unberührt.

(1a) Arbeitgeber haben Anspruch auf Vergütung des in der Sonderbetreuungszeit an die Arbeitnehmer gezahlten Entgelts durch den Bund aus Mitteln des COVID-19-Krisenbewältigungsfonds. Der Anspruch auf Vergütung ist mit der monatlichen Höchstbeitragsgrundlage nach dem ASVG gedeckelt und binnen sechs Wochen ab dem Ende der Sonderbetreuungszeit bei der Buchhaltungsagentur geltend zu machen. Die Buchhaltungsagentur entscheidet über die Zuerkennung der Vergütung mittels Mitteilung. Der Arbeitgeber hat das Recht, binnen vier Wochen nach Zustellung dieser Mitteilung darüber einen Bescheid zu verlangen, wenn dem Antrag auf Vergütung nicht vollinhaltlich stattgegeben wird.

(1b) Eine zu Unrecht bezogene Vergütung ist zurückzuzahlen.

(1c) Abs. 1 bis 1b gelten sinngemäß auch für Arbeitnehmer, die dem Land- und Forstarbeiter-Dienstrechtsgesetz oder dem Landarbeitsgesetz 2021 unterliegen.

(1d) Abs. 1 bis 1c gelten sinngemäß auch für Arbeitnehmer, die dem Land- und Forstarbeiter-Dienstrechtsgesetz oder dem Landarbeitsgesetz 2021 unterliegen.

(Anm.: Abs. 2 aufgehoben durch BGBl. I Nr. 230/2022)

(3) Abweichend von § 11 Abs. 1 und Abs. 1a und § 11a Abs. 1 verlängern sich Rahmenfrist und höchstmögliche Dauer der Bildungskarenz oder Bildungsteilzeit um jenen Zeitraum, um den sich die Dauer einer zu einem konkreten Ausbildungsziel führenden Ausbildung auf Grund der durch die Corona-Krise bedingten Einschränkungen verlängert. Dies gilt auch für Arbeitnehmer, die den Landarbeitsordnungen der Bundesländer und in Vorarlberg dem Land- und Forstarbeitsgesetz unterliegen, die zum Zeitpunkt des Inkrafttretens dieses Gesetzes in Kraft sind.

Inkrafttreten und Vollziehung

§ 19. (1) Dieses Bundesgesetz tritt mit Ausnahme des § 2 mit 1. Juli 1993 in Kraft. § 2 tritt gleichzeitig mit dem Abkommen über den Europäischen Wirtschaftsraum [1]) in Kraft.

1. Die §§ 8 bis 10 dieses Bundesgesetzes in der Fassung des Bundesgesetzes BGBl. Nr. 450/1994 treten mit 1. Jänner 1995 in Kraft. *(Anm.: in der Aufzählung fehlt die Umbenennung der §§ 8 bis 10 in §§ 11 bis 13)*
2. § 7 Abs. 2, 4 und 5 und § 7a dieses Bundesgesetzes, in der Fassung des Bundesgesetzes BGBl. Nr. 895/1995, treten mit 1. Jänner 1996 in Kraft.
3. § 5 Abs. 2 dieses Bundesgesetzes in der Fassung des Bundesgesetzes BGBl. Nr. 754/1996 tritt mit 1. Jänner 1997 in Kraft.
4. § 9 Abs. 3 dieses Bundesgesetzes in der Fassung des Bundesgesetzes BGBl. I Nr. 9/1997 tritt mit 1. Jänner 1997 in Kraft.
5. § 1 Abs. 4 und die §§ 11 bis 15 in der Fassung des Bundesgesetzes BGBl. I Nr. 139/1997 treten mit 1. Jänner 1998 in Kraft. *(Anm.: in der Aufzählung fehlt sowohl die Umnummerierung der §§ als auch die Änderung des § 19 Abs. 1)*
6. Die §§ 7 bis 7c und 16 in der Fassung des Bundesgesetzes BGBl. I Nr. 120/1999 treten mit 1. Oktober 1999 in Kraft und sind auf Sachverhalte anzuwenden, die sich nach dem 30. September 1999 ereignen.
7. § 7b Abs. 9 in der Fassung des Bundesgesetzes BGBl. I Nr. 179/1999 tritt mit 1. Oktober 1999 in Kraft und ist auf Sachverhalte anzuwenden, die sich nach dem 30. September 1999 ereignen. § 11 Abs. 1 in der Fassung des Bundesgesetzes BGBl. I Nr. 179/1999 tritt mit 1. Jänner 2000 in Kraft.
8. § 11 Abs. 4 in der Fassung des Bundesgesetzes BGBl. I Nr. 44/2000 tritt mit 1. Jänner 2001 in Kraft.
9. § 15 Abs. 3 bis 6 in der Fassung des Bundesgesetzes BGBl. I Nr. 44/2000 tritt mit 1. Juli 2000 in Kraft und gilt für die Kündigung durch den Arbeitgeber, die nach dem 30. Juni 2000 ausgesprochen wird.
10. § 2a in der Fassung des Bundesgesetzes BGBl. I Nr. 2/2001 tritt mit 1. Jänner 2001 in Kraft.
11. § 7b Abs. 9 in der Fassung des Bundesgesetzes BGBl. I Nr. 98/2001 tritt mit 1. Jänner 2002 in Kraft und ist auf Sachverhalte anzuwenden, die sich nach dem 31. Dezember 2001 ereignen.
12. § 3a und § 6 Abs. 2 in der Fassung des Bundesgesetzes BGBl. I Nr. 52/2002 treten mit 1. Juli 2002 in Kraft und gelten für Betriebsübergänge, die sich nach dem 30. Juni 2002 ereignen.

§ 6 Abs. 2 erster und zweiter Satz in der Fassung des Bundesgesetzes BGBl. I Nr. 52/2002 gilt auch für Betriebsübergänge vor dem 1. Juli 2002 mit der Maßgabe, dass die Fünfjahresfrist mit 1. Juli 2002 zu laufen beginnt.

13. § 7b Abs. 3 und 6, die Überschrift zu § 18 sowie § 19 Abs. 2 Z 1a in der Fassung des Bundesgesetzes BGBl. I Nr. 68/2002 tritt mit 1. Juli 2002 in Kraft.
14. Die §§ 11 Abs. 2 und 3, 14a, 14b, 15a und 16 in der Fassung des Bundesgesetzes BGBl. I Nr. 89/2002 treten mit 1. Juli 2002 in Kraft.
15. § 2 Abs. 2 Z 12 und 13 in der Fassung des Bundesgesetzes BGBl. I Nr. 100/2002 tritt mit 1. Jänner 2003 in Kraft, soweit nicht durch Verordnung gemäß § 46 Abs. 1 letzter Satz des Betrieblichen Mitarbeitervorsorgegesetzes (BMVG), BGBl. I Nr. 100/2002, etwas anderes angeordnet wird.
16. § 5 Abs. 2 in der Fassung des Bundesgesetzes BGBl. I Nr. 8/2005 tritt mit 23. September 2005 in Kraft.
17. § 7b in der Fassung des Bundesgesetzes BGBl. I Nr. 103/2005 tritt mit 1. Jänner 2006 in Kraft.
18. Die §§ 1 Abs. 4, 2c und 2d samt Überschriften in der Fassung des Bundesgesetzes BGBl. I Nr. 36/2006 treten mit dem der Kundmachung folgenden Tag in Kraft und gelten für nach dem In-Kraft-Treten dieses Bundesgesetzes

neu abgeschlossene Vereinbarungen über eine Konkurrenzklausel oder den Ausbildungskostenrückersatz. Im Zeitpunkt des In-Kraft-Tretens bestehende Normen der kollektiven Rechtsgestaltung betreffend den Ausbildungskostenrückersatz werden durch die Regelungen dieses Bundesgesetzes nicht berührt.

19. § 14a Abs. 1 und § 14b in der Fassung des Bundesgesetzes BGBl. I Nr. 36/2006 treten mit dem der Kundmachung folgenden Tag in Kraft. § 14b in der Fassung des Bundesgesetzes BGBl. I Nr. 36/2006 gilt für eine Begleitung von schwersterkrankten Kindern, die nach dem In-Kraft-Treten dieses Bundesgesetzes verlangt wird. Arbeitnehmer und Arbeitgeber können bei einer Begleitung von schwersterkrankten Kindern, die vor dem In-Kraft-Treten dieses Bundesgesetzes verlangt wurde, vereinbaren, dass die Maßnahme bei ihrem Ablauf von sechs Monaten auf insgesamt höchstens neun Monate verlängert wird.
20. § 7b Abs. 4 Z 4, 9 und 10 und Abs. 5 und 9 in der Fassung des Bundesgesetzes BGBl. I Nr. 78/2007 tritt mit 1. Jänner 2008 in Kraft und ist auf Sachverhalte anzuwenden, die sich nach dem 31. Dezember 2007 ereignen.
21. § 11 Abs. 1 und 1a in der Fassung des Bundesgesetzes BGBl. I Nr. 104/2007 tritt mit 1. Jänner 2008 in Kraft und gilt für nach dem 31. Dezember 2007 vereinbarte Bildungskarenzen. Arbeitnehmer und Arbeitgeber, die bereits vor dem Inkrafttreten dieses Bundesgesetzes eine Bildungskarenz vereinbart haben, können eine neuerliche Bildungskarenz frühestens drei Jahre nach der Rückkehr aus dieser Bildungskarenz vereinbaren.
22. § 11 Abs. 1 erster und dritter Satz und Abs. 1a in der Fassung des Bundesgesetzes BGBl. I Nr. 90/2009 tritt mit 1. August 2009 in Kraft und gilt für nach dem 31. Juli 2009 vereinbarte Bildungskarenzen.
23. §§ 14a und 14b in der Fassung des Bundesgesetzes BGBl. I Nr. 135/2009 treten mit 1. Jänner 2010 in Kraft.
24. § 7b Abs. 3 in der Fassung des Bundesgesetzes BGBl. I Nr. 150/2009 tritt mit 1. Jänner 2010 in Kraft.
25. § 3 Abs. 2 in der Fassung des Bundesgesetzes BGBl. I Nr. 29/2010 tritt mit 1. Juli 2010 in Kraft und ist bei Sanierungs- und Konkursverfahren anzuwenden, die nach dem 30. Juni 2010 eröffnet oder wieder aufgenommen werden.
26. § 7a Abs. 3, § 7b Abs. 3, Abs. 4 Z 8, Abs. 5, Abs. 9 und 10 sowie die §§ 7d bis 7m samt Überschriften und § 18a samt Überschrift in der Fassung des Bundesgesetzes BGBl. I Nr. 24/2011 treten mit 1. Mai 2011 in Kraft. Die §§ 7d bis 7m sind auf Sachverhalte anzuwenden, die sich nach dem 30. April 2011 ereignen.
27. § 2 Abs. 2 Z 13 und Abs. 8, die Überschrift zu § 7a, § 7a Abs. 1, die Überschrift zu § 7b, § 7b Abs. 1 und Abs. 9, § 7j Abs. 1 und § 19 Abs. 2 in der Fassung des Bundesgesetzes BGBl. I Nr. 98/2012 treten mit 1. Jänner 2013 in Kraft.
28. § 11 Abs. 3a, § 11a samt Überschrift und § 12 in der Fassung des Bundesgesetzes BGBl. I Nr. 67/2013 treten mit 1. Juli 2013 in Kraft.
29. § 7e Abs. 6, § 7i Abs. 6 bis 8, § 7k Abs. 5, § 7l Abs. 1 erster Satz, § 7l Abs. 2 und Abs. 3 sowie Abs. 4 dritter und vierter Satz in der Fassung des Bundesgesetzes BGBl. I Nr. 71/2013 treten mit 1. Jänner 2014 in Kraft.
30. Die §§ 1 Abs. 4, 11 Abs. 3, 14c und 14d samt Überschriften sowie § 15 Abs. 1 und 2 in der Fassung des Bundesgesetzes BGBl. I Nr. 138/2013 treten mit 1. Jänner 2014 in Kraft.
31. Die §§ 7a, 7b und 7d bis 7o samt Überschriften in der Fassung des Bundesgesetzes BGBl. I Nr. 94/2014 treten mit 1. Jänner 2015 in Kraft. In Verwaltungs(straf)verfahren nach den §§ 7b Abs. 8, 7i und 7k sind auf Sachverhalte, die sich vor dem 1. Jänner 2015 ereignet haben, die vor dem Inkrafttreten des Bundesgesetzes BGBl. I Nr. 94/2014 geltenden Bestimmungen weiterhin anzuwenden. § 7i Abs. 8 und § 7k Abs. 5 in der Fassung des Bundesgesetzes BGBl. I Nr. 94/2014 sind auf Verwaltungsstrafverfahren anzuwenden, deren zugrunde liegendes Anbringen nach dem 31. Dezember 2014 bei der Behörde einlangt.
32. § 2 Abs. 2 Z 9, Abs. 5 und 6, § 2c, § 2d Abs. 3 Z 2 und 3 und § 2e samt Überschriften in der Fassung des Bundesgesetzes BGBl. I Nr. 152/2015 treten mit dem der Kundmachung dieses Bundesgesetzes folgenden Tag in Kraft und gelten für nach dem Inkrafttreten neu auszustellende Dienstzettel oder neu abgeschlossene Vereinbarungen über eine Konkurrenzklausel oder über den Ausbildungskostenrückersatz;
33. § 2f samt Überschrift in der Fassung des Bundesgesetzes BGBl. I Nr. 152/2015 tritt mit 1. Jänner 2016 in Kraft;
34. § 2g samt Überschrift in der Fassung des Bundesgesetzes BGBl. I Nr. 152/2015 tritt mit 1. Jänner 2016 in Kraft und gilt für nach dem Inkrafttreten neu abgeschlossene Pauschalentgeltvereinbarungen;
35. § 15b in der Fassung des Bundesgesetzes BGBl. I Nr. 152/2015 tritt mit 1. Jänner 2016 in Kraft;
36. §§ 2 Abs. 2 Z 9 und 2g sind im Regelungsbereich des § 14 Bundesforste-Dienstordnung, BGBl. Nr. 298/1986, nicht anzuwenden.
37. § 7n Abs. 4 in der Fassung des Bundesgesetzes BGBl. I Nr. 113/2015 gilt für nach dem Inkrafttreten dieses Bundesgesetzes gestellte Auskunftsverlangen öffentlicher Auftraggeber/innen. § 7m Abs. 2 und Abs. 8 in der Fassung des Bundesgesetzes BGBl. I

Nr. 113/2015 gilt für nach dem Inkrafttreten dieses Bundesgesetzes beantragte Sicherheitsleistungen.

38. Die §§ 7 bis 7o in der Fassung vor dem Bundesgesetz BGBl. I Nr. 44/2016 treten mit Ablauf des 31. Dezember 2016 mit der Maßgabe außer Kraft, dass diese Bestimmungen weiter auf Sachverhalte Anwendung finden, die sich vor dem 1. Jänner 2017 ereignet haben.
39. § 7 in der Fassung des Bundesgesetzes BGBl. I Nr. 44/2016 tritt mit 1. Jänner 2017 in Kraft.
40. Die § 13a samt Überschrift, § 14b sowie § 15 Abs. 1 in der Fassung des Bundesgesetzes BGBl. I Nr. 30/2017 treten mit 1. Juli 2017 in Kraft.
41. § 13a Abs. 1 in der Fassung des Bundesgesetzes BGBl. I Nr. 54/2018 tritt mit 1. Juli 2018 in Kraft.
42. § 14c Abs. 4a und § 14d Abs. 4a in der Fassung des Bundesgesetzes BGBl. I Nr. 93/2019, treten mit 1. Jänner 2020 in Kraft und gelten für nach dem Inkrafttreten angetretene Pflegekarenzen und Zeiten einer Pflegeteilzeit.
43. § 18b in der Fassung des Bundesgesetzes BGBl. I Nr. 12/2020 tritt mit dem der Kundmachung folgenden Tag in Kraft und gilt bis 31.05.2020.
44. § 18b in der Fassung des Bundesgesetzes BGBl. I Nr. 16/2020 tritt mit dem der Kundmachung folgenden Tag in Kraft. Dauert die COVID-19 Krisensituation über den 30. April 2020 hinaus an, so hat die Bundesministerin für Arbeit, Familie und Jugend durch Verordnung den in § 18b Abs. 2 festgesetzten Endtermin 30. April 2020 zu verlängern, nicht jedoch über den 31. Dezember 2020 hinaus.
45. § 18b Abs. 1 in der Fassung des Bundesgesetzes BGBl. I Nr. 23/2020 tritt mit dem der Kundmachung folgenden Tag in Kraft und gilt bis 31. Mai 2020, hinsichtlich des Vergütungsanspruchs des Arbeitgebers und dessen Abwicklung bis 30. Juni 2021.
46. § 18b Abs. 1a in der Fassung des Bundesgesetzes BGBL. I Nr. 72/2020 tritt mit dem der Kundmachung folgenden Tag in Kraft. § 18b Abs. 3 in der Fassung des Bundesgesetzes BGBl. I Nr. 72/2020 tritt rückwirkend mit 16. März 2020 in Kraft und mit 31. Dezember 2024 außer Kraft.
47. § 18b Abs. 1 in der Fassung des Bundesgesetzes BGBl. I Nr. 107/2020 tritt mit dem 1. Oktober 2020 in Kraft und gilt bis 31. Oktober 2020, hinsichtlich des Vergütungsanspruchs des Arbeitgebers und dessen Abwicklung bis 30. Juni 2022.
48. § 18b Abs. 1, Abs. 1b und Abs. 1c in der Fassung des Bundesgesetzes BGBl. I Nr. 131/2020 tritt mit 1. November 2020 in Kraft und gilt bis 9. Juli 2021, hinsichtlich des Vergütungsanspruchs des Arbeitgebers und dessen Abwicklung bis 31. Dezember 2022. Dem Arbeitnehmer ab 1. November 2020 bereits gewährte Sonderbetreuungszeit ist auf einen geltend gemachten Anspruch auf Sonderbetreuungszeit oder eine vereinbarte Sonderbetreuungszeit nach diesem Bundesgesetz anzurechnen; für die Vergütung dieser Zeiten gilt § 18b Abs. 1 in der Fassung des Bundesgesetzes BGBl. I Nr. 131/2020.
49. § 2h samt Überschrift in der Fassung des Bundesgesetzes BGBl. I Nr. 61/2021 tritt mit 1. April 2021 in Kraft.

(2) Mit der Vollziehung dieses Bundesgesetzes sind betraut:

1. hinsichtlich des § 2 Abs. 1 letzter Satz, § 7b Abs. 3 und 6 sowie des § 7f der/die Bundesminister/in für Finanzen;
2. hinsichtlich der übrigen Bestimmungen
a) für Dienstverhältnisse zum Bund der/die Bundeskanzler/in,
b) für die übrigen Arbeitsverhältnisse der/die Bundesministerin für Arbeit, Soziales und Konsumentenschutz.

50. § 18b Abs. 1, 1a. 1b und 1c in der Fassung des Bundesgesetzes BGBl. I Nr. 180/2021 treten rückwirkend mit 1. September 2021 in Kraft. § 18b Abs. 1, 1a und 1b in der Fassung des Bundesgesetzes BGBl. I Nr. 180/2021 gelten bis 31. Dezember 2021, hinsichtlich des Vergütungsanspruchs des Arbeitgebers und dessen Abwicklung bis 30. Juni 2023.
51. § 17 Z 2 in der Fassung des Bundesgesetzes BGBl. I Nr. 213/2021 tritt mit 1. Jänner 2022 in Kraft. § 18b Abs. 1 und 1a mit Ausnahme des zweiten Satzes in der Fassung des Bundesgesetzes BGBl. I Nr. 213/2021 treten mit 1. Jänner 2022 in Kraft und gelten bis 31. März 2022, hinsichtlich des Vergütungsanspruchs des Arbeitgebers und dessen Abwicklung bis 30. September 2023. Wenn dies auf Grund der epidemiologischen Gesamtsituation erforderlich ist, hat der Bundesminister für Arbeit durch Verordnung den Endtermin 31. März 2022 zu verlängern, jedoch nicht über den 8. Juli 2022 hinaus. § 18b Abs. 1a zweiter Satz der Fassung des Bundesgesetzes BGBl. I Nr. 213/2021 tritt rückwirkend mit 22. November 2021 in Kraft.
52. § 9 Abs. 1 in der Fassung des Bundesgesetzes BGBl. I Nr. 115/2022 tritt mit 1. Juli 2022 in Kraft.
53. § 18b Abs. 1, 1a, 1b, 1c und 1d in der Fassung des Bundesgesetzes BGBl. I Nr. 162/2022 treten mit 5. September 2022 in Kraft und gelten bis 31. Dezember 2022, hinsichtlich des Vergütungsanspruchs des Arbeitgebers und dessen Abwicklung bis 31. Mai 2024.
54. § 18b Abs. 1, 1a, 1b und 1c in der Fassung des Bundesgesetzes BGBl. I Nr. 230/2022 treten mit 1. Jänner 2023 in Kraft und gelten bis zum Ablauf des 7. Juli 2023, hinsichtlich des Vergütungsanspruchs des Arbeitgebers und

dessen Abwicklung bis 30. November 2024. § 18b Abs. 2 tritt mit dem der Kundmachung dieses Bundesgesetzes folgenden Tag außer Kraft.

---

[1]) Die Kundmachung des Abkommens und seines Inkrafttretens wird zu einem späteren Zeitpunkt erfolgen.

Artikel 1

(Anm.: aus BGBl. I Nr. 8/2005, zu § 5, BGBl. Nr. 459/1993)

Durch dieses Bundesgesetz wird die Richtlinie 2003/41/EG des Europäischen Parlaments und des Rates vom 3. Juni 2003 über die Tätigkeiten und die Beaufsichtigung von Einrichtungen der betrieblichen Altersversorgung (ABl. Nr. L 235 vom 23. September 2003, S 10) in Österreichisches Recht umgesetzt.

7. Hauptstück
Schluss- und Übergangsbestimmungen

Artikel 79

Inkrafttreten und Übergangsbestimmungen

(Anm.: aus BGBl. I Nr. 135/2009, zu den §§ 14a und 14b, BGBl. Nr. 459/1993)

(1) Art. 2 (Änderung des Allgemeinen Bürgerlichen Gesetzbuchs), Art. 3 (Änderung des Ehegesetzes), Art. 4 (Änderung des Fortpflanzungsmedizingesetzes), Art. 6 (Änderung der Jurisdiktionsnorm), Art. 7 (Änderung des Strafgesetzbuches), Art. 27 (Änderung des Einkommensteuergesetzes 1988), Art. 28 (Änderung des Körperschaftsteu-
ergesetzes 1988), Art. 29 (Änderung des Umsatzsteuergesetzes 1994), Art. 30 (Änderung des Bewertungsgesetzes 1955), Art. 31 (Änderung des Gebührengesetzes 1957), Art. 33 (Änderung der Bundesabgabenordnung), Art. 34 (Änderung des Alkoholsteuergesetzes), Art. 61 (Änderung des Ärztegesetzes 1998), Art. 62 (Änderung des Gehaltskassengesetzes 2002), Art. 63 (Änderung des Apothekengesetzes), Art. 72 (Änderung des Studienförderungsgesetzes), Art. 76 (Änderung des Entwicklungshelfergesetzes), Art. 77 (Änderung des Bundesgesetzes über Aufgaben und Organisation des auswärtigen Dienstes – Statut) und Art. 78 (Bundesgesetz über die Einräumung von Privilegien und Immunitäten an internationale Organisationen) treten mit 1. Jänner 2010 in Kraft.

(2) Die durch dieses Bundesgesetz geänderten Strafbestimmungen sind in Strafsachen nicht anzuwenden, in denen vor ihrem Inkrafttreten das Urteil in erster Instanz gefällt worden ist. Nach Aufhebung eines Urteils infolge Nichtigkeitsbeschwerde, Berufung, Wiederaufnahme oder Erneuerung des Strafverfahrens oder infolge eines Einspruches ist jedoch im Sinne der §§ 1 und 61 StGB vorzugehen.

18. Arbeitszeitgesetz (Auszug)

Bundesgesetz vom 11. Dezember 1969 über die Regelung der Arbeitszeit
StF: BGBl. Nr. 461/1969
Letzte Novellierung: BGBl. I Nr. 58/2022

GLIEDERUNG

STICHWORTVERZEICHNIS

ABSCHNITT 1
Geltungsbereich

§ 1. (1) Die Bestimmungen dieses Bundesgesetzes gelten für die Beschäftigung von Arbeitnehmern (Lehrlingen), die das 18. Lebensjahr vollendet haben.

(2) Ausgenommen vom Geltungsbereich dieses Bundesgesetzes sind:

1. Arbeitnehmer, die in einem Arbeitsverhältnis zu einer Gebietskörperschaft, zu einer Stiftung, zu einem Fonds oder zu einer Anstalt stehen, sofern diese Einrichtungen von Organen einer Gebietskörperschaft oder von Personen verwaltet werden, die hiezu von Organen einer Gebietskörperschaft bestellt sind; die Bestimmungen dieses Bundesgesetzes gelten jedoch für Arbeitnehmer, die nicht im Bereich der Hoheitsverwaltung tätig sind, sofern für ihr Arbeitsverhältnis ein Kollektivvertrag wirksam ist;
2. Arbeitnehmerinnen und Arbeitnehmer im Sinne des Landarbeitsgesetzes 2021, BGBl. I Nr. 78/2021;
3. Arbeitnehmer, für die die Vorschriften des Bäckereiarbeiter/innengesetzes 1996, BGBl. Nr. 410, gelten;
4. Arbeitnehmer, für die die Vorschriften des Hausgehilfen- und Hausangestelltengesetzes, BGBl. Nr. 235/1962, gelten;
5. Arbeitnehmer,

a) für die die Vorschriften des Hausbesorgergesetzes, BGBl. Nr. 16/1970, gelten;

b) denen die Hausbetreuung im Sinne des § 23 Abs. 1 Mietrechtsgesetz, BGBl. Nr. 520/1981, obliegt und die in einem Arbeitsverhältnis stehen

aa) zum Hauseigentümer oder zu einer im mehrheitlichen Eigentum des Hauseigentümers stehenden juristischen Person, soweit sich die zu betreuenden Häuser im Eigentum des Hauseigentümers befinden;

bb) zu einer im Sinne des § 7 Abs. 4b Wohnungsgemeinnützigkeitsgesetz, BGBl. Nr. 139/1979, gegründeten Gesellschaft.

Für diese Arbeitnehmer ist jedoch § 19 anzuwenden.

6. Lehr- und Erziehungskräfte an Unterrichts- und Erziehungsanstalten, soweit sie nicht unter Z 1 fallen;
7. nahe Angehörige der Arbeitgeberin bzw. des Arbeitgebers (Eltern, volljährige Kinder, im gemeinsamen Haushalt lebende Ehegattin oder Ehegatte, eingetragene Partnerin oder Partner, sowie Lebensgefährtin oder Lebensgefährte, wenn seit mindestens drei Jahren ein gemeinsamer Haushalt besteht), deren gesamte Arbeitszeit auf Grund der besonderen Merkmale der Tätigkeit

a) nicht gemessen oder im Voraus festgelegt wird, oder

b) von diesen Arbeitnehmerinnen bzw. Arbeitnehmern hinsichtlich Lage und Dauer selbst festgelegt werden kann;

8. leitende Angestellte oder sonstige Arbeitnehmerinnen und Arbeitnehmer, denen maßgebliche selbständige Entscheidungsbefugnis übertragen ist und deren gesamte Arbeitszeit auf Grund der besonderen Merkmale der Tätigkeit

a) nicht gemessen oder im Voraus festgelegt wird, oder

b) von diesen Arbeitnehmerinnen bzw. Arbeitnehmern hinsichtlich Lage und Dauer selbst festgelegt werden kann;

9. Heimarbeiter im Sinne des Heimarbeitsgesetzes, 1960, BGBl. Nr. 105/1961;
10. Dienstnehmer, die unter das Krankenanstalten-Arbeitszeitgesetz, BGBl. I Nr. 8/1997, fallen.

Regelungen durch Betriebsvereinbarung

§ 1a. Soweit im Folgenden nicht Anderes bestimmt wird, können Regelungen, zu denen der

Kollektivvertrag nach diesem Bundesgesetz ermächtigt ist, durch Betriebsvereinbarung zugelassen werden, wenn

1. der Kollektivvertrag die Betriebsvereinbarung dazu ermächtigt, oder
2. für die betroffenen Arbeitnehmer mangels Bestehen einer kollektivvertragsfähigen Körperschaft auf Arbeitgeberseite kein Kollektivvertrag abgeschlossen werden kann.

ABSCHNITT 2
Arbeitszeit
Begriff der Arbeitszeit

§ 2. (1) Im Sinne dieses Bundesgesetzes ist:

1. Arbeitszeit die Zeit vom Beginn bis zum Ende der Arbeit ohne die Ruhepausen;
2. Tagesarbeitszeit die Arbeitszeit innerhalb eines ununterbrochenen Zeitraumes von vierundzwanzig Stunden;
3. Wochenarbeitszeit die Arbeitszeit innerhalb des Zeitraumes von Montag bis einschließlich Sonntag.

(2) Arbeitszeit im Sinne des Abs. 1 Z 1 ist auch die Zeit, während der ein im übrigen im Betrieb Beschäftigter in seiner eigenen Wohnung oder Werkstätte oder sonst außerhalb des Betriebes beschäftigt wird. Werden Arbeitnehmer von mehreren Arbeitgebern beschäftigt, so dürfen die einzelnen Beschäftigungen zusammen die gesetzliche Höchstgrenze der Arbeitszeit nicht überschreiten.

(3) Soweit in diesem Bundesgesetz personenbezogene Bezeichnungen noch nicht geschlechtsneutral formuliert sind, gilt die gewählte Form für beide Geschlechter.

Normalarbeitszeit

§ 3. (1) Die tägliche Normalarbeitszeit darf acht Stunden, die wöchentliche Normalarbeitszeit vierzig Stunden nicht überschreiten, soweit im folgenden nicht anderes bestimmt wird.

(2) Aus Anlaß der mit dem Inkrafttreten dieses Bundesgesetzes eintretenden Arbeitszeitverkürzung darf das Entgelt der betroffenen Arbeitnehmer nicht gekürzt werden (Lohnausgleich). Ein nach Stunden bemessenes Entgelt ist dabei in dem gleichen Verhältnis zu erhöhen, in dem die Arbeitszeit verkürzt wird. Akkord-, Stück- und Gedinglöhne sowie auf Grund anderer Leistungslohnarten festgelegte Löhne sind entsprechend zu berichtigen. Durch Kollektivvertrag kann eine andere Regelung des Lohnausgleiches vereinbart werden.

Andere Verteilung der Normalarbeitszeit

§ 4. (1) Der Kollektivvertrag kann eine tägliche Normalarbeitszeit von bis zu zehn Stunden zulassen, soweit nach diesem Bundesgesetz eine kürzere Normalarbeitszeit vorgesehen ist. Darüber hinaus gehende Verlängerungsmöglichkeiten bleiben unberührt.

(2) Zur Erreichung einer längeren Freizeit, die mit der wöchentlichen Ruhezeit oder einer Ruhezeit gemäß § 12 zusammenhängen muss, kann die Normalarbeitszeit an einzelnen Tagen regelmäßig gekürzt und die ausfallende Normalarbeitszeit auf die übrigen Tage der Woche verteilt werden. Die Betriebsvereinbarung, für Arbeitnehmer in Betrieben, in denen kein Betriebsrat errichtet ist, das Arbeitsinspektorat, kann eine andere ungleichmäßige Verteilung der Normalarbeitszeit innerhalb der Woche zulassen, soweit dies die Art des Betriebes erfordert. Die tägliche Normalarbeitszeit darf neun Stunden nicht überschreiten.

(3) Fällt in Verbindung mit Feiertagen die Arbeitszeit an Werktagen aus, um den Arbeitnehmern eine längere zusammenhängende Freizeit zu ermöglichen, so kann die ausfallende Normalarbeitszeit auf die Werktage von höchstens 13 zusammenhängenden, die Ausfallstage einschließenden Wochen verteilt werden. Der Kollektivvertrag kann den Einarbeitungszeitraum verlängern. Die tägliche Normalarbeitszeit darf

1. bei einem Einarbeitungszeitraum von bis zu 13 Wochen zehn Stunden
2. bei einem längeren Einarbeitungszeitraum neun Stunden

nicht überschreiten.

(4) Die wöchentliche Normalarbeitszeit des Personals von Verkaufsstellen im Sinne des Öffnungszeitengesetzes 2003, BGBl. I Nr. 48/2003, und sonstiger Arbeitnehmer des Handels kann in den einzelnen Wochen eines Durchrechnungszeitraumes von vier Wochen bis auf 44 Stunden ausgedehnt werden, wenn innerhalb dieses Zeitraumes die durchschnittliche wöchentliche Normalarbeitszeit 40 Stunden bzw. die durch Kollektivvertrag festgelegte Normalarbeitszeit nicht überschreitet. Der Kollektivvertrag kann eine Verlängerung des Durchrechnungszeitraumes zulassen. Die tägliche Normalarbeitszeit darf neun Stunden nicht überschreiten.

(5) Der zur Erreichung der durchschnittlichen Normalarbeitszeit nach Abs. 4 im Durchrechnungszeitraum erforderliche Zeitausgleich ist unter Berücksichtigung der jeweiligen Betriebserfordernisse zusammenhängend zu gewähren. Ein Zeitausgleich von mehr als vier Stunden kann in zwei Teilen gewährt werden, wobei ein Teil mindestens vier Stunden zu betragen hat.

(6) Für Arbeitnehmer, die nicht unter Abs. 4 fallen, kann der Kollektivvertrag zulassen, dass in einzelnen Wochen eines Durchrechnungszeitraumes von bis zu einem Jahr die Normalarbeitszeit

1. bei einem Durchrechnungszeitraum von bis zu acht Wochen auf höchstens 50 Stunden,
2. bei einem längeren Durchrechnungszeitraum auf höchstens 48 Stunden,

ausgedehnt wird, wenn sie innerhalb dieses Zeitraumes im Durchschnitt 40 Stunden bzw. die durch Kollektivvertrag festgelegte Normalarbeitszeit nicht überschreitet. Der Kollektivvertrag kann einen längeren Durchrechnungszeitraum unter der Bedingung zulassen, dass der zur Erreichung der durchschnittlichen Normalarbeitszeit erforderliche Zeitausgleich jedenfalls in mehrwöchigen zusammenhängenden Zeiträumen verbraucht wird. Die tägliche Normalarbeitszeit darf neun Stunden nicht überschreiten.

(7) Der Kollektivvertrag kann bei einer Arbeitszeitverteilung gemäß Abs. 4 und 6 eine mehrmalige Übertragung von Zeitguthaben und Zeitschulden in die nächsten Durchrechnungszeiträume zulassen.

(8) Die Betriebsvereinbarung kann eine tägliche Normalarbeitszeit von bis zu zehn Stunden zulassen, wenn die gesamte Wochenarbeitszeit regelmäßig auf vier Tage verteilt wird. In Betrieben, in denen kein Betriebsrat errichtet ist, kann eine solche Arbeitszeitverteilung schriftlich vereinbart werden.

(9) Für Arbeitnehmer in Betrieben gemäß § 2 Abs. 2a des Bauarbeiter-Urlaubs- und Abfertigungsgesetzes, BGBl. Nr. 414/1972, gilt Abs. 3 mit der Maßgabe, dass die tägliche Normalarbeitszeit bei Verlängerung des Einarbeitungszeitraumes durch Kollektivvertrag zehn Stunden nicht überschreiten darf. Abs. 8 ist nicht anzuwenden.

Normalarbeitszeit bei Schichtarbeit

§ 4a. (1) Bei mehrschichtiger Arbeitsweise ist ein Schichtplan zu erstellen. Die wöchentliche Normalarbeitszeit darf

1. innerhalb des Schichtturnusses oder
2. bei Durchrechnung der Normalarbeitszeit gemäß § 4 Abs. 6 innerhalb des Durchrechnungszeitraumes

im Durchschnitt 40 Stunden bzw. die durch Kollektivvertrag festgelegte Normalarbeitszeit nicht überschreiten.

(2) Die tägliche Normalarbeitszeit darf neun Stunden nicht überschreiten, soweit nicht nach § 4 eine längere Normalarbeitszeit zulässig ist.

(3) Bei durchlaufender mehrschichtiger Arbeitsweise mit Schichtwechsel kann die tägliche Normalarbeitszeit bis auf zwölf Stunden ausgedehnt werden,

1. am Wochenende (Beginn der Nachtschicht zum Samstag bis zum Ende der Nachtschicht zum Montag), wenn dies durch Betriebsvereinbarung geregelt ist, oder
2. wenn dies mit einem Schichtwechsel in Verbindung steht.

(4) Der Kollektivvertrag kann zulassen, dass

1. die Normalarbeitszeit in einzelnen Wochen bis auf 56 Stunden ausgedehnt wird;
2. die tägliche Normalarbeitszeit bis auf zwölf Stunden unter der Bedingung ausgedehnt wird, dass die arbeitsmedizinische Unbedenklichkeit dieser Arbeitszeitverlängerung für die betreffenden Tätigkeiten durch einen Arbeitsmediziner festgestellt wird. Auf Verlangen des Betriebsrates, in Betrieben ohne Betriebsrat auf Verlangen der Mehrheit der betroffenen Arbeitnehmer, ist ein weiterer, einvernehmlich bestellter Arbeitsmediziner zu befassen.

Gleitende Arbeitszeit

§ 4b. (1) Gleitende Arbeitszeit liegt vor, wenn der Arbeitnehmer innerhalb eines vereinbarten zeitlichen Rahmens Beginn und Ende seiner täglichen Normalarbeitszeit selbst bestimmen kann.

(2) Die gleitende Arbeitszeit muß durch Betriebsvereinbarung, in Betrieben, in denen kein Betriebsrat errichtet ist, durch schriftliche Vereinbarung geregelt werden (Gleitzeitvereinbarung).

(3) Die Gleitzeitvereinbarung hat zu enthalten:

1. die Dauer der Gleitzeitperiode,
2. den Gleitzeitrahmen,
3. das Höchstausmaß allfälliger Übertragungsmöglichkeiten von Zeitguthaben und Zeitschulden in die nächste Gleitzeitperiode und
4. Dauer und Lage der fiktiven Normalarbeitszeit.

(4) Die tägliche Normalarbeitszeit darf zehn Stunden nicht überschreiten. Eine Verlängerung der täglichen Normalarbeitszeit auf bis zu zwölf Stunden ist zulässig, wenn die Gleitzeitvereinbarung vorsieht, dass ein Zeitguthaben ganztägig verbraucht werden kann und ein Verbrauch in Zusammenhang mit einer wöchentlichen Ruhezeit nicht ausgeschlossen ist. Die wöchentliche Normalarbeitszeit darf innerhalb der Gleitzeitperiode die wöchentliche Normalarbeitszeit gemäß § 3 im Durchschnitt nur insoweit überschreiten, als Übertragungsmöglichkeiten von Zeitguthaben vorgesehen sind.

(5) Ordnet die Arbeitgeberin bzw. der Arbeitgeber Arbeitsstunden an, die über die Normalarbeitszeit gemäß § 3 Abs. 1 hinausgehen, gelten diese als Überstunden.

Dekadenarbeit

§ 4c. (1) Für Arbeitnehmer, die auf im öffentlichen Interesse betriebenen Großbaustellen oder auf Baustellen der Wildbach- und Lawinenverbauung in Gebirgsregionen beschäftigt sind, kann der Kollektivvertrag zulassen, daß die wöchentliche Normalarbeitszeit mehr als 40 Stunden beträgt, wenn innerhalb eines Durchrechnungszeitraumes von zwei Wochen die wöchentliche Normalarbeitszeit im Durchschnitt die Normalarbeitszeit gemäß § 3 nicht überschreitet.

(2) Die tägliche Normalarbeitszeit darf neun Stunden nicht überschreiten.

Verlängerung der Normalarbeitszeit bei Arbeitsbereitschaft

§ 5. (1) Die wöchentliche Normalarbeitszeit kann bis auf 60 Stunden, die tägliche Normalarbeitszeit bis auf zwölf Stunden ausgedehnt werden, wenn

1. der Kollektivvertrag oder die Betriebsvereinbarung dies zuläßt und
2. darüber hinaus in die Arbeitszeit des Arbeitnehmers regelmäßig und in erheblichem Umfang Arbeitsbereitschaft fällt.

(2) Eine Betriebsvereinbarung gemäß Abs. 1 ist nur zulässig, wenn

1. der Kollektivvertrag die Betriebsvereinbarung dazu ermächtigt, oder
2. für die betroffenen Arbeitnehmer kein Kollektivvertrag wirksam ist.

(3) Das Arbeitsinspektorat kann für Betriebe, in denen kein Betriebsrat errichtet ist, eine Verlängerung der wöchentlichen Normalarbeitszeit bis auf 60 Stunden, der täglichen Normalarbeitszeit bis auf zwölf Stunden für Arbeitnehmer zulassen, wenn

1. für die betroffenen Arbeitnehmer kein Kollektivvertrag wirksam ist und
2. darüber hinaus in die Arbeitszeit des Arbeitnehmers regelmäßig und in erheblichem Umfang Arbeitsbereitschaft fällt.

Normalarbeitszeit bei besonderen Erholungsmöglichkeiten

§ 5a. (1) Besteht die Arbeitszeit überwiegend aus Arbeitsbereitschaft (§ 5) und bestehen für den Arbeitnehmer während der Arbeitszeit besondere Erholungsmöglichkeiten, kann der Kollektivvertrag für solche Arbeiten die Betriebsvereinbarung ermächtigen, dreimal pro Woche eine Ausdehnung der täglichen Normalarbeitszeit bis auf 24 Stunden zuzulassen, wenn durch ein arbeitsmedizinisches Gutachten festgestellt wurde, daß wegen der besonderen Arbeitsbedingungen der Arbeitnehmer im Durchschnitt nicht stärker gesundheitlich belastet wird als bei Ausübung der selben Tätigkeit im Rahmen einer Verlängerung der Normalarbeitszeit gemäß § 5.

(2) Der Kollektivvertrag und die Betriebsvereinbarung haben alle Bedingungen festzulegen, unter denen die Verlängerung der täglichen Normalarbeitszeit im Einzelfall zulässig ist.

(3) Innerhalb eines durch Kollektivvertrag festzusetzenden Durchrechnungszeitraumes darf die wöchentliche Normalarbeitszeit im Durchschnitt 60 Stunden, in einzelnen Wochen des Durchrechnungszeitraumes 72 Stunden nicht überschreiten.

(4) § 1a Z 2 ist anzuwenden.

Überstundenarbeit

§ 6. (1) Überstundenarbeit liegt vor, wenn entweder

1. die Grenzen der nach den §§ 3 bis 5a zulässigen wöchentlichen Normalarbeitszeit überschritten werden oder
2. die tägliche Normalarbeitszeit überschritten wird, die sich auf Grund der Verteilung dieser wöchentlichen Normalarbeitszeit gemäß den §§ 3 bis 5a und 18 Abs. 2 ergibt.

(1a) Am Ende einer Gleitzeitperiode bestehende Zeitguthaben, die nach der Gleitzeitvereinbarung in die nächste Gleitzeitperiode übertragen werden können, sowie am Ende eines Durchrechnungszeitraumes bestehende Zeitguthaben, die gemäß § 4 Abs. 7 in den nächsten Durchrechnungszeitraum übertragen werden können, gelten nicht als Überstunden.

(2) Arbeitnehmer dürfen zur Überstundenarbeit nur dann herangezogen werden, wenn diese nach den Bestimmungen dieses Bundesgesetzes zugelassen ist und berücksichtigungswürdige Interessen des Arbeitnehmers der Überstundenarbeit nicht entgegenstehen.

Verlängerung der Arbeitszeit bei Vorliegen eines höheren Arbeitsbedarfes

§ 7. (1) Bei Vorliegen eines erhöhten Arbeitsbedarfes darf die durchschnittliche Wochenarbeitszeit unbeschadet der Bestimmungen des § 8 über die nach den §§ 3 bis 5 zulässige Dauer innerhalb eines Durchrechnungszeitraumes von 17 Wochen 48 Stunden nicht überschreiten. Wöchentlich sind jedoch nicht mehr als zwanzig Überstunden zulässig. Die Tagesarbeitszeit darf zwölf Stunden nicht überschreiten. Die Regelungen des § 9 Abs. 4 bleiben unberührt.

(Anm.: Abs. 2 aufgehoben durch Art. 1 Z 6, BGBl. I Nr. 53/2018)

(3) Unter den Voraussetzungen des § 5 Abs. 1 und 2 kann die Wochenarbeitszeit durch Überstunden bis auf 60 Stunden, die Tagesarbeitszeit bis auf 13 Stunden ausgedehnt werden. Bei Zulassung einer Verlängerung der Arbeitszeit durch das Arbeitsinspektorat gemäß § 5 Abs. 3 sind Überstunden nach Abs. 1 nur bis zu einer Tagesarbeitszeit von 13 Stunden und einer Wochenarbeitszeit von 60 Stunden zulässig.

(Anm.: Abs. 4 und 4a aufgehoben durch Art. 1 Z 6, BGBl. I Nr. 53/2018)

(5) Darüber hinaus kann das Arbeitsinspektorat bei Nachweis eines dringenden Bedürfnisses auf Antrag des Arbeitgebers nach Anhörung der gesetzlichen Interessenvertretungen der Arbeitgeber und der Arbeitnehmer eine Arbeitszeitverlängerung bewilligen, soweit die Verlängerungsmöglichkeiten gemäß Abs. 1 und 3 ausgeschöpft sind.

Eine Tagesarbeitszeit über zwölf Stunden und eine Wochenarbeitszeit über 60 Stunden kann das Arbeitsinspektorat jedoch nur zulassen, wenn dies im öffentlichen Interesse erforderlich ist.

(6) Es steht den Arbeitnehmerinnen und Arbeitnehmern frei, Überstunden nach § 7 und § 8 Abs. 1 und 2 ohne Angabe von Gründen abzulehnen, wenn durch diese Überstunden die Tagesarbeitszeit von zehn Stunden oder die Wochenarbeitszeit von 50 Stunden überschritten wird. Sie dürfen deswegen nicht benachteiligt werden, insbesondere hinsichtlich des Entgelts, der Aufstiegsmöglichkeiten und der Versetzung. Werden Arbeitnehmerinnen und Arbeitnehmer deswegen gekündigt, können sie die Kündigung innerhalb einer Frist von zwei Wochen bei Gericht anfechten. § 105 Abs. 5 des Arbeitsverfassungsgesetzes (ArbVG), BGBl. Nr. 22/1974 gilt sinngemäß.

Verlängerung der Arbeitszeit zur Vornahme von Vor- und Abschlußarbeiten

§ 8. (1) Die für den Betrieb oder eine Betriebsabteilung zulässige Dauer der Arbeitszeit darf um eine halbe Stunde täglich, jedoch höchstens bis zu zwölf Stunden täglich in folgenden Fällen ausgedehnt werden:

a) bei Arbeiten zur Reinigung und Instandhaltung, soweit sich diese Arbeiten während des regelmäßigen Betriebes nicht ohne Unterbrechung oder erhebliche Störung ausführen lassen,
b) bei Arbeiten, von denen die Wiederaufnahme oder Aufrechterhaltung des vollen Betriebes arbeitstechnisch abhängt,
c) bei Arbeiten zur abschließenden Kundenbedienung einschließlich der damit zusammenhängenden notwendigen Aufräumungsarbeiten.

(2) Die Arbeitszeit darf in den Fällen des Abs. 1 über zwölf Stunden täglich verlängert werden, wenn eine Vertretung des Arbeitnehmers durch andere Arbeitnehmer nicht möglich ist und dem Arbeitgeber die Heranziehung betriebsfremder Personen nicht zugemutet werden kann.

(3) Durch Kollektivvertrag kann näher bestimmt werden, welche Arbeiten als Vor- und Abschlußarbeiten gelten.

(4) Die Arbeitszeit gemäß § 5a Abs. 1 kann um eine halbe Stunde ausgedehnt werden, wenn dies zur Arbeitsübergabe unbedingt erforderlich ist.

Höchstgrenzen der Arbeitszeit

§ 9. (1) Die Tagesarbeitszeit darf zwölf Stunden und die Wochenarbeitszeit 60 Stunden nicht überschreiten, sofern die Abs. 2 bis 4 nicht anderes bestimmen. Diese Höchstgrenzen der Arbeitszeit dürfen auch beim Zusammentreffen einer anderen Verteilung der wöchentlichen Normalarbeitszeit mit Arbeitszeitverlängerungen nicht überschritten werden.

(2) Die Tagesarbeitszeit darf im Falle des § 13b Abs. 2 und 3 (Verlängerung der Arbeitszeit für Lenker) und § 18 Abs. 2 (Betriebe des öffentlichen Verkehrs) zwölf Stunden überschreiten und in den Fällen des § 5a (besondere Erholungsmöglichkeiten), § 7 Abs. 3 und 5 (erhöhter Arbeitsbedarf), § 8 Abs. 2 und 4 (Vor- und Abschlussarbeiten), § 18b Abs. 6 (Schiffsdienst von Schifffahrtsunternehmen) und § 19a Abs. 2 (Apotheken) zwölf Stunden insoweit überschreiten, als dies nach diesen Bestimmungen zulässig ist.

(3) Die Wochenarbeitszeit darf im Fall des § 4c (Dekadenarbeit) 60 Stunden überschreiten und in den Fällen der §§ 5a (besondere Erholungsmöglichkeiten), 7 Abs. 5 (erhöhter Arbeitsbedarf), 18 Abs. 3 (Betriebe des öffentlichen Verkehrs) und 19a Abs. 2 und 6 (Apotheken) 60 Stunden insoweit überschreiten, als dies nach diesen Bestimmungen zulässig ist.

(4) Ist nach den Bestimmungen dieses Bundesgesetzes eine Wochenarbeitszeit von mehr als 48 Stunden zulässig, darf die durchschnittliche Wochenarbeitszeit innerhalb eines Durchrechnungszeitraumes von 17 Wochen 48 Stunden nicht überschreiten. Der Kollektivvertrag kann eine Verlängerung des Durchrechnungszeitraumes bis auf 26 Wochen zulassen. Der Kollektivvertrag kann eine Verlängerung des Durchrechnungszeitraumes bis auf 52 Wochen bei Vorliegen von technischen oder arbeitsorganisatorischen Gründen zulassen.

(5) Abs. 4 ist nicht anzuwenden bei

1. Verlängerung der Arbeitszeit bei Arbeitsbereitschaft (§§ 5 und 7 Abs. 3),
2. Verlängerung der Arbeitszeit bei besonderen Erholungsmöglichkeiten (§§ 5a und 8 Abs. 4),
3. Verlängerung der Arbeitszeit gemäß § 13b Abs. 3 und
4. Verlängerung der Arbeitszeit gemäß § 19a Abs. 2 Z 4.

Überstundenvergütung

§ 10. (1) Für Überstunden gebührt

1. ein Zuschlag von 50% oder
2. eine Abgeltung durch Zeitausgleich. Der Überstundenzuschlag ist bei der Bemessung des Zeitausgleiches zu berücksichtigen oder gesondert auszuzahlen.

(2) Der Kollektivvertrag kann festlegen, ob mangels einer abweichenden Vereinbarung eine Abgeltung in Geld oder durch Zeitausgleich zu erfolgen hat. Trifft der Kollektivvertrag keine Regelung oder kommt kein Kollektivvertrag zur Anwendung, kann die Betriebsvereinbarung diese Regelung treffen. Besteht keine Regelung, gebührt mangels einer abweichenden Vereinbarung eine Abgeltung in Geld.

(3) Der Berechnung des Zuschlages ist der auf die einzelne Arbeitsstunde entfallende Normallohn zugrunde zu legen. Bei Akkord-, Stück- und

Gedinglöhnen ist dieser nach dem Durchschnitt der letzten 13 Wochen zu bemessen. Durch Kollektivvertrag kann auch eine andere Berechnungsart vereinbart werden.

(4) Abweichend von Abs. 1 und 2 können Arbeitnehmerinnen und Arbeitnehmer für Überstunden, durch die die Tagesarbeitszeit von zehn Stunden oder die Wochenarbeitszeit von 50 Stunden überschritten wird, bestimmen, ob die Abgeltung in Geld nach Abs. 1 Z 1 oder durch Zeitausgleich nach Abs. 1 Z 2 erfolgt. Dieses Wahlrecht ist möglichst frühzeitig, spätestens jedoch am Ende des jeweiligen Abrechnungszeitraumes auszuüben.

ABSCHNITT 3
Ruhepausen und Ruhezeiten
Ruhepausen

§ 11. (1) Beträgt die Gesamtdauer der Tagesarbeitszeit mehr als sechs Stunden, so ist die Arbeitszeit durch eine Ruhepause von mindestens einer halben Stunde zu unterbrechen. Wenn es im Interesse der Arbeitnehmer des Betriebes gelegen oder aus betrieblichen Gründen notwendig ist, können anstelle einer halbstündigen Ruhepause zwei Ruhepausen von je einer Viertelstunde oder drei Ruhepausen von je zehn Minuten gewährt werden. Eine andere Teilung der Ruhepause kann aus diesen Gründen durch Betriebsvereinbarung, in Betrieben, in denen kein Betriebsrat errichtet ist, durch das Arbeitsinspektorat, zugelassen werden. Ein Teil der Ruhepause muß mindestens zehn Minuten betragen.

(2) Eine Pausenregelung gemäß Abs. 1 zweiter Satz kann, sofern eine gesetzliche Betriebsvertretung besteht, nur mit deren Zustimmung getroffen werden.

(3) Bei Arbeiten, die werktags und sonntags einen ununterbrochenen Fortgang erfordern, sind den in Wechselschichten beschäftigten Arbeitnehmern anstelle der Pausen im Sinne des Abs. 1 Kurzpausen von angemessener Dauer zu gewähren. Eine derartige Pausenregelung kann auch bei sonstiger durchlaufender mehrschichtiger Arbeitsweise getroffen werden.

(4) Arbeitnehmern, die Nachtschwerarbeit im Sinne des Art. VII Abs. 2 oder 4, einer Verordnung nach Art. VII Abs. 3 oder eines Kollektivvertrages gemäß Art. VII Abs. 6 des Nachtschwerarbeitsgesetzes (NSchG), BGBl. Nr. 354/1981, leisten, ist während jeder Nacht, in der diese Arbeit geleistet wird, jedenfalls eine Kurzpause von mindestens 10 Minuten zu gewähren. Mit dem Arbeitsablauf üblicherweise verbundene Unterbrechungen in der Mindestdauer von zehn Minuten, die zur Erholung verwendet werden können, können auf die Kurzpausen angerechnet werden.

(5) Die Betriebsvereinbarung, in Betrieben, in denen kein Betriebsrat errichtet ist, das Arbeitsinspektorat, kann eine Verkürzung der Ruhepause auf mindestens 15 Minuten zulassen, wenn es im Interesse der Arbeitnehmer gelegen oder aus betrieblichen Gründen notwendig ist. Wird die Ruhepause gemäß Abs. 1 geteilt, muß ein Teil mindestens 15 Minuten betragen.

(6) Kurzpausen im Sinne der Abs. 3 und 4 gelten als Arbeitszeit.

(Anm.: Abs. 7 aufgehoben durch Art. 3 Z 1, BGBl. I Nr. 126/2017)

(Anm.: Abs. 8 bis 10 aufgehoben durch BGBl. I Nr. 94/2014)

Ruhezeiten

§ 12. (1) Nach Beendigung der Tagesarbeitszeit ist den Arbeitnehmern eine ununterbrochene Ruhezeit von mindestens elf Stunden zu gewähren.

(2) Der Kollektivvertrag kann die ununterbrochene Ruhezeit auf mindestens acht Stunden verkürzen. Solche Verkürzungen der Ruhezeit sind innerhalb der nächsten zehn Kalendertage durch entsprechende Verlängerung einer anderen täglichen oder wöchentlichen Ruhezeit auszugleichen. Eine Verkürzung auf weniger als zehn Stunden ist nur zulässig, wenn der Kollektivvertrag weitere Maßnahmen zur Sicherstellung der Erholung der Arbeitnehmer vorsieht.

(2a) Im Gast-, Schank- und Beherbergungsgewerbe kann für Arbeitnehmerinnen und Arbeitnehmer in Küche und Service bei geteilten Diensten die tägliche Ruhezeit auf mindestens acht Stunden verkürzt werden. Ein geteilter Dienst liegt vor, wenn die Tagesarbeitszeit durch eine Ruhepause von mindestens drei Stunden unterbrochen wird. Solche Verkürzungen sind innerhalb von vier Wochen, in Saisonbetrieben nach Möglichkeit während der Saison, spätestens jedoch im Anschluss an die Saison, durch Verlängerung einer anderen täglichen Ruhezeit auszugleichen. Ist dieser Ausgleich bis zum Ende des Arbeitsverhältnisses nicht erfolgt, so gebührt den Arbeitnehmerinnen und Arbeitnehmern eine geldwerte Zahlung in Höhe des Normallohns und der Zuschläge, auf welche die Arbeitnehmerinnen und Arbeitnehmer für die während der Ruhezeit geleistete Tätigkeit Anspruch hatten.

(2b) Saisonbetriebe im Sinne des Abs. 2a sind Betriebe, die aufgrund des Jahreszeitenwechsels

1. nur zu bestimmten Zeiten im Jahr offen haben und die übrigen Zeiten geschlossen halten, oder
2. höchstens ein- oder zweimal im Jahr eine gegenüber den übrigen Zeiten deutlich verstärkte Geschäftstätigkeit entfalten, wodurch eine zusätzliche Personalaufnahme notwendig ist.

(2c) Bei Arbeiten, die werktags und sonntags einen ununterbrochenen Fortgang mit Schichtwechsel erfordern, kann die tägliche Ruhezeit einmal im Schichtturnus bei Schichtwechsel auf eine Schichtlänge, jedoch auf nicht weniger als acht Stunden verkürzt werden. Innerhalb des Schichtturnusses ist eine andere tägliche Ruhezeit entsprechend zu verlängern.

(2d) Beträgt die tägliche Normalarbeitszeit gemäß § 5a mehr als zwölf Stunden, ist abweichend von Abs. 1 eine ununterbrochene Ruhezeit von mindestens 23 Stunden zu gewähren.

(3) Den Arbeitnehmern gebührt wöchentlich eine ununterbrochene Wochenruhe von mindestens sechsunddreißig Stunden. Hievon kann in den Fällen der Schichtarbeit gemäß § 11 Abs. 3 nur insoweit abgewichen werden, als dies zur Ermöglichung des Schichtwechsels erforderlich ist.

(4) Wenn es aus betrieblichen Gründen notwendig ist, können durch Verordnung für bestimmte Arten oder Gruppen von Betrieben oder im Einzelfall durch Bewilligung des Arbeitsinspektorates Ausnahmen von der Bestimmung des Abs. 3 zugelassen werden.

ABSCHNITT 3a
Nachtarbeit
Definitionen und Arbeitszeit

§ 12a. (1) Als Nacht im Sinne dieses Bundesgesetzes gilt die Zeit zwischen 22.00 Uhr und 05.00 Uhr.

(2) Nachtarbeitnehmer im Sinne dieses Bundesgesetzes sind Arbeitnehmer, die

1. regelmäßig oder
2. sofern der Kollektivvertrag nicht anderes vorsieht, in mindestens 48 Nächten im Kalenderjahr

während der Nacht mindestens drei Stunden arbeiten.

(3) Nachtschwerarbeiter im Sinne dieses Abschnittes sind Nachtarbeitnehmer, die Nachtarbeit im Sinne des Abs. 1 unter den in Art. VII Abs. 2 oder 4, einer Verordnung nach Art. VII Abs. 3 oder eines Kollektivvertrages gemäß Art. VII Abs. 6 NSchG genannten Bedingungen leisten.

(4) Beträgt in den Fällen der Arbeitsbereitschaft gemäß § 5 die durchschnittliche tägliche Normalarbeitszeit der Nachtarbeitnehmer innerhalb eines Durchrechnungszeitraumes von 26 Wochen mehr als acht Stunden, so gebühren zusätzliche Ruhezeiten. Von der Summe aller Überschreitungen abzüglich der Summe aller Unterschreitungen der täglichen Normalarbeitszeit von acht Stunden im Durchrechnungszeitraum sind insgesamt zwei Drittel als zusätzliche Ruhezeiten zu gewähren.

(5) Soweit nach diesem Bundesgesetz eine Tagesarbeitszeit von mehr als acht Stunden zulässig ist, darf für Nachtschwerarbeiter die durchschnittliche Arbeitszeit an Nachtarbeitstagen innerhalb eines Durchrechnungszeitraumes von 26 Wochen einschließlich der Überstunden acht Stunden nur dann überschreiten, wenn dies durch Normen der kollektiven Rechtsgestaltung zugelassen wird. In diesen Fällen gebühren zusätzliche Ruhezeiten im Gesamtausmaß der Summe aller Überschreitungen abzüglich der Summe aller Unterschreitungen der Tagesarbeitszeit von acht Stunden an Nachtarbeitstagen im Durchrechnungszeitraum.

(6) Soweit die zusätzlichen Ruhezeiten nach Abs. 4 und 5 nicht bereits während des Durchrechnungszeitraumes gewährt werden, sind die zusätzlichen Ruhezeiten bis zum Ablauf von vier Kalenderwochen nach Ende des Durchrechnungszeitraumes, bei Schichtarbeit bis zum Ende des nächstfolgenden Schichtturnusses, zu gewähren. Jede zusätzliche Ruhezeit hat mindestens zwölf Stunden zu betragen und kann in Zusammenhang mit einer täglichen Ruhezeit nach § 12 oder einer wöchentlichen Ruhezeit nach dem Arbeitsruhegesetz, BGBl. Nr. 144/1983, gewährt werden.

(7) § 5 Abs. 3 ist auf Nachtarbeitnehmer nicht anzuwenden.

Untersuchungen

§ 12b. (1) Der Nachtarbeitnehmer hat Anspruch auf unentgeltliche Untersuchungen des Gesundheitszustandes gemäß § 51 ArbeitnehmerInnenschutzgesetz (ASchG), BGBl. Nr. 450/1994, und zwar vor Aufnahme der Tätigkeit und danach in Abständen von zwei Jahren, nach Vollendung des 50. Lebensjahres oder nach zehn Jahren als Nachtarbeitnehmer in jährlichen Abständen.

(2) Abweichend von § 12a Abs. 1 und 2 gelten für den Anspruch auf Untersuchungen die folgenden Definitionen:

1. als Nacht gilt die Zeit zwischen 22.00 Uhr und 06.00 Uhr;
2. Nachtarbeitnehmer sind Arbeitnehmer, die regelmäßig oder in mindestens 30 Nächten im Kalenderjahr während der Nacht mindestens drei Stunden arbeiten.

Versetzung

§ 12c. Der Nachtarbeitnehmer hat auf Verlangen Anspruch gegenüber dem Arbeitgeber auf Versetzung auf einen geeigneten Tagesarbeitsplatz entsprechend den betrieblichen Möglichkeiten, wenn

1. die weitere Verrichtung von Nachtarbeit die Gesundheit nachweislich gefährdet, oder
2. die Bedachtnahme auf unbedingt notwendige Betreuungspflichten gegenüber Kindern bis zu zwölf Jahren dies erfordert, für die Dauer dieser Betreuungspflichten.

Recht auf Information

§ 12d. Der Arbeitgeber hat sicherzustellen, dass Nachtarbeitnehmer über wichtige Betriebsgeschehnisse, die die Interessen der Nachtarbeitnehmer berühren, informiert werden.

ABSCHNITT 6a
Vertragsrechtliche Bestimmungen
Geltungsbereich

§ 19b. (1) Dieser Abschnitt gilt für Arbeitsverhältnisse aller Art.

(2) Dieser Abschnitt ist jedoch nicht auf Arbeitnehmer anzuwenden, die in einem Arbeitsverhältnis zu einer Gebietskörperschaft oder einem Gemeindeverband stehen. Die Bestimmungen dieses Abschnittes gelten jedoch für Arbeitnehmer, die in einem Arbeitsverhältnis zum Bund stehen, sofern für ihr Arbeitsverhältnis ein Kollektivvertrag wirksam ist.

(3) Ausgenommen sind weiters

1. Arbeiterinnen und Arbeiter im Sinne des LAG 2021;
2. Arbeitnehmer, für die das Hausbesorgergesetz, BGBl. Nr. 16/1970, gilt;
3. leitende Angestellte oder sonstige Arbeitnehmerinnen und Arbeitnehmer, denen maßgebliche selbständige Entscheidungsbefugnis übertragen ist und deren gesamte Arbeitszeit auf Grund der besonderen Merkmale der Tätigkeit
   a) nicht gemessen bzw. im Voraus festgelegt wird, oder
   b) von diesen Arbeitnehmerinnen bzw. Arbeitnehmern hinsichtlich Lage und Dauer selbst festgelegt werden kann;
4. Heimarbeiter im Sinne des Heimarbeitsgesetz 1960, BGBl. Nr. 105/1961;
5. nahe Angehörige der Arbeitgeberin bzw. des Arbeitgebers (Eltern, volljährige Kinder, im gemeinsamen Haushalt lebende Ehegattin oder Ehegatte, eingetragene Partnerin oder Partner, sowie Lebensgefährtin oder Lebensgefährte, wenn seit mindestens drei Jahren ein gemeinsamer Haushalt besteht), deren gesamte Arbeitszeit auf Grund der besonderen Merkmale der Tätigkeit
   a) nicht gemessen oder im Voraus festgelegt wird, oder
   b) von diesen Arbeitnehmerinnen bzw. Arbeitnehmern hinsichtlich Lage und Dauer selbst festgelegt werden kann.

(4) Von den §§ 19e und 19f sind weiters ausgenommen:

1. Arbeitnehmer, die in einem Arbeitsverhältnis zu einer Stiftung, zu einem Fonds oder zu einer Anstalt stehen, sofern diese Einrichtungen von Organen einer Gebietskörperschaft oder von Personen verwaltet werden, die hiezu von Organen einer Gebietskörperschaft bestellt sind;
2. Arbeitnehmer, für die die Vorschriften des Bäckereiarbeiter/innengesetzes 1996, BGBl. Nr. 410, gelten;
3. Arbeitnehmer, für die die Vorschriften des Hausgehilfen- und Hausangestelltengesetzes, BGBl. Nr. 235/1962, gelten;
4. Lehr- und Erziehungskräfte an Unterrichts- und Erziehungsanstalten, soweit sie nicht unter Abs. 2 fallen;
5. Arbeitnehmer, die im Rahmen des Bordpersonals von Luftverkehrsunternehmungen tätig sind;
6. Arbeitnehmer, für die die Vorschriften des Krankenanstalten-Arbeitszeitgesetzes, BGBl. I Nr. 8/1997, gelten.

Lage der Normalarbeitszeit

§ 19c. (1) Die Lage der Normalarbeitszeit und ihre Änderung ist zu vereinbaren, soweit sie nicht durch Normen der kollektiven Rechtsgestaltung festgesetzt wird.

(2) Abweichend von Abs. 1 kann die Lage der Normalarbeitszeit vom Arbeitgeber geändert werden, wenn

1. dies aus objektiven, in der Art der Arbeitsleistung gelegenen Gründen sachlich gerechtfertigt ist,
2. dem Arbeitnehmer die Lage der Normalarbeitszeit für die jeweilige Woche mindestens zwei Wochen im vorhinein mitgeteilt wird,
3. berücksichtigungswürdige Interessen des Arbeitnehmers dieser Einteilung nicht entgegenstehen und
4. keine Vereinbarung entgegensteht.

(3) Von Abs. 2 Z 2 kann abgewichen werden, wenn dies in unvorhersehbaren Fällen zur Verhinderung eines unverhältnismäßigen wirtschaftlichen Nachteils erforderlich ist und andere Maßnahmen nicht zumutbar sind. Durch Normen der kollektiven Rechtsgestaltung können wegen tätigkeitsspezifischer Erfordernisse von Abs. 2 Z 2 abweichende Regelungen getroffen werden.

Teilzeitarbeit

§ 19d. (1) Teilzeitarbeit liegt vor, wenn die vereinbarte Wochenarbeitszeit die gesetzliche Normalarbeitszeit oder eine durch Normen der kollektiven Rechtsgestaltung festgelegte kürzere Normalarbeitszeit im Durchschnitt unterschreitet. Einer Norm der kollektiven Rechtsgestaltung ist gleichzuhalten, wenn eine durch Betriebsvereinbarung festgesetzte kürzere Normalarbeitszeit mit anderen Arbeitnehmern, für die kein Betriebsrat errichtet ist, einzelvertraglich vereinbart wird.

(2) Ausmaß und Lage der Arbeitszeit und ihre Änderung sind zu vereinbaren, sofern sie nicht durch Normen der kollektiven Rechtsgestaltung festgesetzt werden. Die Änderung des Ausmaßes der regelmäßigen Arbeitszeit bedarf der Schriftform. § 19c Abs. 2 und 3 sind anzuwenden. Eine ungleichmäßige Verteilung der Arbeitszeit auf einzelne Tage und Wochen kann im Vorhinein vereinbart werden.

(2a) Die Arbeitgeberin/der Arbeitgeber hat teilzeitbeschäftigte Arbeitnehmerinnen/Arbeitnehmer bei Ausschreibung von im Betrieb frei werdenden Arbeitsplätzen, die zu einem höheren Arbeitszeitausmaß führen können, zu informieren. Die Information kann auch durch allgemeine Bekanntgabe an einer geeigneten, für die Teilzeitbeschäftigten leicht zugänglichen Stelle im Betrieb, durch geeignete elektronische Datenverarbeitung oder durch geeignete Telekommunikationsmittel erfolgen.

(3) Teilzeitbeschäftigte Arbeitnehmer sind zur Arbeitsleistung über das vereinbarte Arbeitszeitausmaß (Mehrarbeit) nur insoweit verpflichtet, als

1. gesetzliche Bestimmungen, Normen der kollektiven Rechtsgestaltung oder der Arbeitsvertrag dies vorsehen,
2. ein erhöhter Arbeitsbedarf vorliegt oder die Mehrarbeit zur Vornahme von Vor- und Abschlußarbeiten (§ 8) erforderlich ist, und
3. berücksichtigungswürdige Interessen des Arbeitnehmers der Mehrarbeit nicht entgegenstehen.

(3a) Für Mehrarbeitsstunden gemäß Abs. 3 gebührt ein Zuschlag von 25%. § 10 Abs. 3 ist anzuwenden.

(3b) Mehrarbeitsstunden sind nicht zuschlagspflichtig, wenn

1. sie innerhalb des Kalendervierteljahres oder eines anderen festgelegten Zeitraumes von drei Monaten, in dem sie angefallen sind, durch Zeitausgleich im Verhältnis 1:1 ausgeglichen werden;
2. bei gleitender Arbeitszeit die vereinbarte Arbeitszeit innerhalb der Gleitzeitperiode im Durchschnitt nicht überschritten wird. § 6 Abs. 1a ist sinngemäß anzuwenden.

(3c) Sieht der Kollektivvertrag für Vollzeitbeschäftigte eine kürzere wöchentliche Normalarbeitszeit als 40 Stunden vor und wird für die Differenz zwischen kollektivvertraglicher und gesetzlicher Normalarbeitszeit kein Zuschlag oder ein geringerer Zuschlag als nach Abs. 3a festgesetzt, sind Mehrarbeitsstunden von Teilzeitbeschäftigten im selben Ausmaß zuschlagsfrei bzw. mit dem geringeren Zuschlag abzugelten.

(3d) Sind neben dem Zuschlag nach Abs. 3a auch andere gesetzliche oder kollektivvertragliche Zuschläge für diese zeitliche Mehrleistung vorgesehen, gebührt nur der höchste Zuschlag.

(3e) Abweichend von Abs. 3a kann eine Abgeltung von Mehrarbeitsstunden durch Zeitausgleich vereinbart werden. Der Mehrarbeitszuschlag ist bei der Bemessung des Zeitausgleiches zu berücksichtigen oder gesondert auszuzahlen. Die Abs. 3b bis 3d sind auch auf die Abgeltung durch Zeitausgleich anzuwenden. § 10 Abs. 2 ist anzuwenden.

(3f) Der Kollektivvertrag kann Abweichungen von Abs. 3a bis 3e zulassen.

(4) Sofern in Normen der kollektiven Rechtsgestaltung oder Arbeitsverträgen Ansprüche nach dem Ausmaß der Arbeitszeit bemessen werden, ist bei Teilzeitbeschäftigten die regelmäßig geleistete Mehrarbeit zu berücksichtigen, dies insbesondere bei der Bemessung der Sonderzahlungen.

(Anm.: Abs. 5 aufgehoben durch Art. 41, BGBl. I Nr. 100/2018)

(6) Teilzeitbeschäftigte Arbeitnehmer dürfen wegen der Teilzeitarbeit gegenüber vollzeitbeschäftigten Arbeitnehmern nicht benachteiligt werden, es sei denn, sachliche Gründe rechtfertigen eine unterschiedliche Behandlung. Freiwillige Sozialleistungen sind zumindest in jenem Verhältnis zu gewähren, das dem Verhältnis der regelmäßig geleisteten Arbeitszeit zur gesetzlichen oder kollektivvertraglichen Normalarbeitszeit entspricht. Im Streitfall hat der Arbeitgeber zu beweisen, daß eine Benachteiligung nicht wegen der Teilzeitarbeit erfolgt.

(7) Durch Kollektivvertrag kann festgelegt werden, welcher Zeitraum für die Berechnung der regelmäßig geleisteten Mehrarbeit (Abs. 4) und für die Berechnung der Sozialleistungen (Abs. 6) heranzuziehen ist.

(8) Die Abs. 2 und 3 gelten nicht für Teilzeitbeschäftigungen gemäß Mutterschutzgesetz 1979, BGBl. Nr. 221, Väter-Karenzgesetz, BGBl. Nr. 651/1989, § 13a AVRAG oder vergleichbarer österreichischer Rechtsvorschriften.

Abgeltung von Zeitguthaben

§ 19e. (1) Besteht im Zeitpunkt der Beendigung des Arbeitsverhältnisses ein Guthaben des Arbeitnehmers an Normalarbeitszeit oder Überstunden, für die Zeitausgleich gebührt, ist das Guthaben abzugelten, soweit der Kollektivvertrag nicht die Verlängerung der Kündigungsfrist im Ausmaß des zum Zeitpunkt der Beendigung des Arbeitsverhältnisses bestehenden Zeitguthabens vorsieht und der Zeitausgleich in diesem Zeitraum verbraucht wird. Der Beendigung eines Arbeitsverhältnisses ist die Beendigung einer Arbeitskräfteüberlassung gleichzuhalten.

(2) Für Guthaben an Normalarbeitszeit gebührt ein Zuschlag von 50%. Dies gilt nicht, wenn der Arbeitnehmer ohne wichtigen Grund vorzeitig austritt. Der Kollektivvertrag kann Abweichendes regeln.

Abbau von Zeitguthaben

§ 19f. (1) Wird bei Durchrechnung der Normalarbeitszeit (§ 4 Abs. 4 und 6) mit einem Durchrechnungszeitraum von mehr als 26 Wochen der Zeitpunkt des Ausgleichs von Zeitguthaben nicht im Vorhinein festgelegt, und bestehen

1. bei einem Durchrechnungszeitraum von bis zu 52 Wochen nach Ablauf des halben Durchrechnungszeitraumes oder
2. bei einem längeren Durchrechnungszeitraum nach Ablauf von 26 Wochen

Zeitguthaben, ist der Ausgleichszeitpunkt binnen vier Wochen festzulegen oder der Ausgleich binnen 13 Wochen zu gewähren. Anderenfalls kann der Arbeitnehmer den Zeitpunkt des Ausgleichs mit einer Vorankündigungsfrist von vier Wochen selbst bestimmen, sofern nicht zwingende betriebliche Erfordernisse diesem Zeitpunkt entgegen stehen, oder eine Abgeltung in Geld verlangen. Durch Kollektivvertrag oder Betriebsvereinbarung können abweichende Regelungen getroffen werden.

(2) Wird bei Überstundenarbeit, für die Zeitausgleich gebührt, der Zeitpunkt des Ausgleichs nicht im Vorhinein vereinbart, ist

1. der Zeitausgleich für noch nicht ausgeglichene Überstunden, die bei Durchrechnung der Normalarbeitszeit (§ 4 Abs. 4 und 6) oder gleitender Arbeitszeit (§ 4b) durch Überschreitung der durchschnittlichen Normalarbeitszeit entstehen, binnen sechs Monaten nach Ende des Durchrechnungszeitraumes bzw. der Gleitzeitperiode zu gewähren;
2. in sonstigen Fällen der Zeitausgleich für sämtliche in einem Kalendermonat geleistete und noch nicht ausgeglichene Überstunden binnen sechs Monaten nach Ende des Kalendermonats zu gewähren.

Durch Kollektivvertrag können abweichende Regelungen getroffen werden.

(3) Wird der Zeitausgleich für Überstunden nicht innerhalb der Frist nach Abs. 2 gewährt, kann der Arbeitnehmer den Zeitpunkt des Zeitausgleichs mit einer Vorankündigungsfrist von vier Wochen einseitig bestimmen, sofern nicht zwingende betriebliche Erfordernisse diesem Zeitpunkt entgegen stehen, oder eine Abgeltung in Geld verlangen.

Unabdingbarkeit

§ 19g. Die dem Arbeitnehmer auf Grund dieses Abschnittes zustehenden Rechte können durch Arbeitsvertrag weder aufgehoben noch beschränkt werden.

ABSCHNITT 7
Ausnahmen

Außergewöhnliche Fälle

§ 20. (1) In außergewöhnlichen Fällen finden die Bestimmungen der §§ 3 bis 5a, 7 bis 9, 11, 12, 12a Abs. 4 bis 6, 13b bis 15b, 15e, 16, 18, 18a, 18b Abs. 1 und 3 bis 6, 18c Abs. 1, 18d, 18e, 18g bis 18i, 19d Abs. 3 Z 1 und 2, 20a und 20b Abs. 3 bis 5 keine Anwendung auf vorübergehende und unaufschiebbare Arbeiten, die

a) zur Abwendung einer unmittelbaren Gefahr für die Sicherheit des Lebens oder für die Gesundheit von Menschen oder bei Notstand sofort vorgenommen werden müssen, oder
b) zur Behebung einer Betriebsstörung oder zur Verhütung des Verderbens von Gütern oder eines sonstigen unverhältnismäßigen wirtschaftlichen Sachschadens erforderlich sind, wenn unvorhergesehene und nicht zu verhindernde Gründe vorliegen und andere zumutbare Maßnahmen zur Erreichung dieses Zweckes nicht getroffen werden können.

(2) Der Arbeitgeber hat die Vornahme von Arbeiten auf Grund des Abs. 1 ehestens, längstens jedoch binnen zehn Tagen nach Beginn der Arbeiten dem Arbeitsinspektorat schriftlich anzuzeigen. Die Anzeige hat die Gründe der Arbeitszeitverlängerung sowie die Anzahl der zur Mehrarbeit herangezogenen Arbeitnehmer zu enthalten. Die Aufgabe der Mitteilung bei der Post gilt als Erstattung der Anzeige.

Rufbereitschaft

§ 20a. (1) Rufbereitschaft außerhalb der Arbeitszeit darf nur an zehn Tagen pro Monat vereinbart werden. Der Kollektivvertrag kann zulassen, daß Rufbereitschaft innerhalb eines Zeitraumes von drei Monaten an 30 Tagen vereinbart werden kann.

(2) Leistet eine Arbeitnehmerin bzw. ein Arbeitnehmer während der Rufbereitschaft Arbeiten, kann die tägliche Ruhezeit unterbrochen werden, wenn innerhalb von zwei Wochen eine andere tägliche Ruhezeit um vier Stunden verlängert wird. Ein Teil der Ruhezeit muss mindestens acht Stunden betragen.

Reisezeit

§ 20b. (1) Reisezeit im Sinne der Abs. 2 bis 5 liegt vor, wenn der Arbeitnehmer über Auftrag des Arbeitgebers vorübergehend seinen Dienstort (Arbeitsstätte) verläßt, um an anderen Orten seine Arbeitsleistung zu erbringen, sofern der Arbeitnehmer während der Reisebewegung keine Arbeitsleistung zu erbringen hat.

(2) Durch Reisezeiten können die Höchstgrenzen der Arbeitszeit überschritten werden.

(3) Bestehen während der Reisezeit ausreichende Erholungsmöglichkeiten, kann die tägliche Ruhezeit verkürzt werden. Durch Kollektivvertrag kann festgelegt werden, in welchen Fällen ausreichende Erholungsmöglichkeiten bestehen.

(4) Bestehen während der Reisezeit keine ausreichenden Erholungsmöglichkeiten, kann die tägliche Ruhezeit durch Kollektivvertrag höchstens auf acht Stunden verkürzt werden. Ergibt sich dabei am nächsten Arbeitstag ein späterer Arbeitsbeginn als in der Vereinbarung gemäß § 19c Abs. 1 vorgesehen, ist die Zeit zwischen dem vorgesehenen und dem tatsächlichen Beginn auf die Arbeitszeit anzurechnen.

(5) Verkürzungen der täglichen Ruhezeit nach Abs. 3 und 4 sind nur zweimal pro Kalenderwoche zulässig.

(Anm.: Abs. 6 aufgehoben durch Art. 1 Z 17, BGBl. I Nr. 53/2018)

Verkürzung der Arbeitszeit und Verlängerung der Ruhezeit bei gefährlichen Arbeiten

§ 21. Für Arbeitnehmer, die bei Arbeiten beschäftigt werden, die mit einer besonderen Gefährdung der Gesundheit verbunden sind, kann durch Verordnung eine kürzere als die nach § 3 zulässige Dauer der Arbeitszeit oder die Einhaltung längerer Ruhepausen oder Ruhezeiten als in den §§ 11 und 12 vorgesehen, angeordnet werden. Insoweit Ruhepausen über das im § 11 Abs. 1 vorgesehene Ausmaß hinausgehen, gelten sie als Arbeitszeit.

Arbeitseinsatz bei Reparaturarbeiten in heißen Öfen von Eisen- oder Stahlhüttenbetrieben oder Kokereien

§ 22. (1) Bei Reparaturarbeiten (Zustellungen), die in Eisen- oder Stahlhüttenbetrieben in heißen Siemens-Martin-Öfen, heißen Schmelz-, Glüh-, Aufheiz- oder Brennöfen sowie in heißen Konvertern oder in Kokereien in heißen Kokereiöfen vorgenommen werden, darf die Wochenarbeitszeit vierzig Stunden nicht überschreiten. Wird die Arbeitszeit an einzelnen Werktagen regelmäßig verkürzt, so darf sie an den übrigen Tagen der Woche acht Stunden nicht überschreiten.

(2) Nimmt die Beschäftigung mit den im Abs. 1 genannten Arbeiten nicht eine volle Woche in Anspruch, so sind Arbeitszeiten in den im Abs. 1 angeführten heißen Öfen oder heißen Konvertern mit einem Zuschlag von 7,5 vH zu bewerten. Eine Arbeitsstunde ist daher mit 64 1/2 Minuten in Anschlag zu bringen, jedoch darf die nach § 3 zulässige Dauer der Wochenarbeitszeit nicht überschritten werden.

(3) Als heiße Öfen oder heiße Konverter im Sinne der Abs. 1 und 2 gelten solche, bei denen die Innentemperatur mehr als 30 °C beträgt.

(4) Die Bestimmungen der Abs. 1 und 2 gelten auch für Reparaturarbeiten (Zustellungen) in Hochöfen, soweit mit Kohlenstoffsteinen gearbeitet wird.

(5) Bei Einführung einer Wochenarbeitszeit von zweiundvierzig Stunden tritt an Stelle des im Abs. 2 genannten Zuschlages von 7,5 vH ein solcher von 5 vH. Eine Arbeitsstunde ist daher dann mit 63 Minuten in Anschlag zu bringen.

Ausnahmen im öffentlichen Interesse

§ 23. Wenn es das öffentliche Interesse infolge besonders schwerwiegender Umstände erfordert, können durch Verordnung für einzelne Arten oder Gruppen von Betrieben Ausnahmen von den Bestimmungen der §§ 3, 4, 9, 11, 12, 12a Abs. 4 bis 6, 13b bis 15e, 16, 18, 18a, 18b Abs. 1 und 3 bis 6, 18c Abs. 1, 18d, 18e sowie 18g bis 18i zugelassen oder abweichende Regelungen hinsichtlich der Dauer der Ruhepausen getroffen werden.

Aushangpflicht

§ 25. (1) Der Arbeitgeber hat an geeigneter, für den Arbeitnehmer leicht zugänglicher Stelle in der Betriebsstätte einen Aushang über den Beginn und das Ende der Normalarbeitszeit sowie Zahl und Dauer der Ruhepausen sowie der wöchentlichen Ruhezeit gut sichtbar anzubringen oder den Arbeitnehmern mittels eines sonstigen Datenträgers samt Ablesevorrichtung, durch geeignete elektronische Datenverarbeitung oder durch geeignete Telekommunikationsmittel zugänglich zu machen.

(2) Bei gleitender Arbeitszeit hat der Aushang abweichend von Abs. 1 den Gleitzeitrahmen, allfällige Übertragungsmöglichkeiten sowie Dauer und Lage der wöchentlichen Ruhezeit zu enthalten.

(3) Ist die Lage der Ruhepausen generell festgesetzt, ist diese in den Aushang aufzunehmen.

Aufzeichnungs- und Auskunftspflicht

§ 26. (1) Der Arbeitgeber hat zur Überwachung der Einhaltung der in diesem Bundesgesetz geregelten Angelegenheiten in der Betriebsstätte Aufzeichnungen über die geleisteten Arbeitsstunden zu führen. Der Beginn und die Dauer eines Durchrechnungszeitraumes sind festzuhalten.

(2) Ist – insbesondere bei gleitender Arbeitszeit – vereinbart, daß die Arbeitszeitaufzeichnungen vom Arbeitnehmer zu führen sind, so hat der Arbeitgeber den Arbeitnehmer zur ordnungsgemäßen Führung dieser Aufzeichnungen anzuleiten. Nach Ende der Gleitzeitperiode hat der Arbeitgeber sich diese Aufzeichnungen aushändigen zu lassen und zu kontrollieren. Werden die Aufzeichnungen vom Arbeitgeber durch Zeiterfassungssystem geführt, so ist dem Arbeitnehmer nach Ende der Gleitzeitperiode auf Verlangen eine Abschrift der Arbeitszeitaufzeichnungen zu übermitteln, andernfalls ist ihm Einsicht zu gewähren.

(2a) Wird in Saisonbetrieben eine Verkürzung der Ruhezeit im Sinne des § 12 Abs. 2a in Anspruch genommen, ist die Führung der Arbeitszeitaufzeichnungen durch die Arbeitnehmerin bzw. den Arbeitnehmer nach Abs. 2 nicht zulässig. Die Arbeitgeberin bzw. der Arbeitgeber hat in den Arbeitszeitaufzeichnungen die Inanspruchnahme des § 12 Abs. 2a sowie den Beginn und das Ende der Saison zu vermerken.

(3) Für Arbeitnehmerinnen/Arbeitnehmer, die die Lage ihrer Arbeitszeit und ihren Arbeitsort weitgehend selbst bestimmen können oder ihre Tätigkeit überwiegend in ihrer Wohnung ausüben, sind ausschließlich Aufzeichnungen über die Dauer der Tagesarbeitszeit zu führen.

(4) Durch Betriebsvereinbarungen kann festgesetzt werden, daß Arbeitnehmer gemäß Abs. 3 die

AZG

Aufzeichnungen selbst zu führen haben. In diesem Fall hat der Arbeitgeber den Arbeitnehmer zur ordnungsgemäßen Führung der Aufzeichnungen anzuleiten, sich die Aufzeichnungen regelmäßig aushändigen zu lassen und zu kontrollieren.

(5) Die Verpflichtung zur Führung von Aufzeichnungen über die Ruhepausen gemäß § 11 entfällt, wenn

1. durch Betriebsvereinbarung, in Betrieben ohne Betriebsrat durch schriftliche Einzelvereinbarung
a) Beginn und Ende der Ruhepausen festgelegt werden oder
b) es den Arbeitnehmern/Arbeitnehmerinnen überlassen wird, innerhalb eines festgelegten Zeitraumes die Ruhepausen zu nehmen, und
2. von dieser Vereinbarung nicht abgewichen wird.

(5a) Bei Arbeitnehmerinnen/Arbeitnehmern mit einer schriftlich festgehaltenen fixen Arbeitszeiteinteilung haben die Arbeitgeberinnen/Arbeitgeber lediglich deren Einhaltung zumindest am Ende jeder Entgeltzahlungsperiode sowie auf Verlangen des Arbeitsinspektorates zu bestätigen und sind nur Abweichungen von dieser Einteilung laufend aufzuzeichnen.

(6) Die Arbeitgeber haben dem Arbeitsinspektorat die erforderlichen Auskünfte zu erteilen und auf Verlangen Einsicht in die Aufzeichnungen über die geleisteten Arbeitsstunden zu geben.

(7) In der Abrechnung gemäß § 78 Abs. 5 EStG 1988 sind die geleisteten Überstunden auszuweisen.

(8) Arbeitnehmerinnen/Arbeitnehmer haben einmal monatlich Anspruch auf kostenfreie Übermittlung ihrer Arbeitszeitaufzeichnungen, wenn sie nachweislich verlangt werden.

(9) Verfallsfristen werden gehemmt,

1. solange den Arbeitnehmerinnen/Arbeitnehmern die Übermittlung gemäß Abs. 8 verwehrt wird, oder
2. wenn wegen des Fehlens von Aufzeichnungen über die geleisteten Arbeitsstunden die Feststellung der tatsächlich geleisteten Arbeitszeit unzumutbar ist.

Behördenzuständigkeit und Verfahrensvorschriften

§ 27. (1) Die nach den Bestimmungen dieses Bundesgesetzes den Arbeitsinspektoraten zustehenden Aufgaben und Befugnisse sind in den vom Wirkungsbereich der Arbeitsinspektion ausgenommenen Betrieben von den zur Wahrung des Arbeitnehmerschutzes sonst berufenen Behörden wahrzunehmen.

(2) Bescheide nach den Bestimmungen dieses Bundesgesetzes sind zu widerrufen, wenn die entsprechenden Voraussetzungen weggefallen sind.

(3) Meldungen nach § 7 Abs. 4 und § 20 Abs. 2 sind von Stempel- und Rechtsgebühren des Bundes befreit.

Strafbestimmungen

§ 28. (1) Arbeitgeber, die

1. zusätzliche Ruhezeiten nach § 12a Abs. 4 bis 6 nicht gewähren;
2. Arbeitnehmer entgegen § 19a Abs. 7 zur Rufferreichbarkeit oder § 20a Abs. 1 zur Rufbereitschaft heranziehen oder entgegen § 19a Abs. 9 beschäftigen;
3. die Meldepflichten an das Arbeitsinspektorat gemäß § 20 Abs. 2, die Auskunfts- und Einsichtspflichten gemäß § 26 Abs. 6, die Aufbewahrungspflichten gemäß § 18k, Pflichten gemäß § 18b Abs. 8 oder 9 erster Satz verletzen, oder die Aufzeichnungen gemäß § 18b Abs. 7, § 18c Abs. 2 sowie § 26 Abs. 1 bis 5 mangelhaft führen;
4. die Verpflichtungen betreffend besondere Untersuchungen gemäß § 12b Abs. 1 verletzen;
5. Bescheide gemäß § 4 Abs. 2, § 5 Abs. 3 oder § 12 Abs. 4 nicht einhalten;
6. die Informationspflicht gemäß § 19d Abs. 2a nicht einhalten,

sind, sofern die Tat nicht nach anderen Vorschriften einer strengeren Strafe unterliegt, von der Bezirksverwaltungsbehörde mit einer Geldstrafe von 20 Euro bis 436 Euro zu bestrafen.

(2) Arbeitgeber, die

1. Arbeitnehmerinnen oder Arbeitnehmer über die Höchstgrenzen der täglichen oder wöchentlichen Arbeitszeit gemäß § 2 Abs. 2, § 7, § 8 Abs. 1, 2 oder 4, § 9, § 12a Abs. 5, § 18 Abs. 2 oder 3, § 18b Abs. 5 oder 6, § 19a Abs. 2 oder 6 oder § 20a Abs. 2 Z 1 hinaus einsetzen;
2. Ruhepausen oder Kurzpausen gemäß § 11 Abs. 1, 3, 4 oder 5, § 18 Abs. 4, § 18d, § 18h oder § 19a Abs. 4 nicht gewähren;
3. Arbeitnehmerinnen und Arbeitnehmern
a) die tägliche Ruhezeit, den Ausgleich für Ruhezeitverkürzungen sowie sonstige vorgeschriebene Ausgleichsmaßnahmen gemäß § 12 Abs. 1 bis 2d, § 18a, § 18b Abs. 1 und 3, § 18c Abs. 1, § 18d, § 18g, § 19a Abs. 8, § 20a Abs. 2 Z 2 oder § 20b Abs. 4,
b) Ruhezeitverlängerungen gemäß § 19a Abs. 4, 5 oder 8 oder § 20a Abs. 2 Z 2, oder
c) die Gesamtruhezeit gemäß § 18b Abs. 4,

nicht gewähren;

4. Arbeitnehmer über die Höchstgrenzen der Fahrzeit gemäß § 18i hinaus einsetzen;
5. Verordnungen gemäß § 12 Abs. 4, § 21 oder § 23 übertreten;
6. Bescheide gemäß § 11 Abs. 1 und 5 nicht einhalten, oder
7. keine Aufzeichnungen gemäß § 18b Abs. 7, § 18c Abs. 2 sowie § 26 Abs. 1 bis 5 führen,

sind, sofern die Tat nicht nach anderen Vorschriften einer strengeren Strafe unterliegt, von der Bezirksverwaltungsbehörde mit einer Geldstrafe von 72 Euro bis 1 815 Euro, im Wiederholungsfall von 145 Euro bis 1 815 Euro zu bestrafen.

(3) Arbeitgeber, die

1. Lenker über die Höchstgrenzen der Arbeitszeit gemäß § 2 Abs. 2, § 13b Abs. 2 und 3 oder § 14 Abs. 2 hinaus einsetzen oder die Aufforderung nach § 13b Abs. 4 unterlassen;
2. Ruhepausen gemäß § 13c oder Ruhezeitverlängerungen gemäß § 14 Abs. 3 nicht gewähren;
3. Lenker über die gemäß § 14a Abs. 1 und 2 zulässige Lenkzeit hinaus einsetzen;
4. Lenkpausen gemäß § 15 oder § 15a Abs. 4 nicht gewähren;
5. die tägliche Ruhezeit gemäß § 15a Abs. 1 bis 3 oder § 15b Abs. 2 nicht gewähren;
6. die Aufzeichnungspflichten gemäß § 15d verletzen;
7. Verordnungen gemäß § 15e Abs. 1 oder § 17 Abs. 3 oder Regierungsübereinkommen gemäß § 15e Abs. 2 übertreten;
8. Lenker über die gemäß § 16 Abs. 2 bis 4 zulässige Einsatzzeit hinaus einsetzen;
9. nicht dafür sorgen, dass Lenkerinnen und Lenker das Lenkprotokoll gemäß § 17 Abs. 3 und 4 führen oder die ihre Pflichten gemäß § 17 Abs. 5 oder einer Verordnung nach § 17 Abs. 6 verletzen,

sind, sofern die Tat nicht nach anderen Vorschriften einer strengeren Strafe unterliegt, von der Bezirksverwaltungsbehörde mit einer Geldstrafe von 72 Euro bis 1 815 Euro, im Wiederholungsfall von 145 Euro bis 1 815 Euro zu bestrafen.

(3a) Arbeitgeberinnen und Arbeitgeber, die

1. die Pflichten betreffend das digitale Kontrollgerät gemäß § 17a verletzen;
2. die Aufzeichnungs- und Aufbewahrungspflichten gemäß § 17b verletzen,

sind, sofern die Tat nicht nach anderen Vorschriften einer strengeren Strafe unterliegt, von der Bezirksverwaltungsbehörde mit einer Geldstrafe von 145 Euro bis 2 180 Euro, im Wiederholungsfall von 200 Euro bis 3 600 Euro zu bestrafen.

(4) Abweichend von Abs. 2 und 3 sind Arbeitgeberinnen und Arbeitgeber, sofern die Tat nicht nach anderen Vorschriften einer strengeren Strafe unterliegt, von der Bezirksverwaltungsbehörde im Wiederholungsfall mit einer Geldstrafe von 218 Euro bis 3 600 Euro zu bestrafen, wenn

1. die Höchstgrenze der täglichen oder wöchentlichen Arbeitszeit (Abs. 2 Z 1 oder Abs. 3 Z 1) um mehr als 20% überschritten wurde, oder
2. die tägliche Ruhezeit (Abs. 2 Z 3 oder Abs. 3 Z 5) weniger als acht Stunden betragen hat, soweit nicht eine kürzere Ruhezeit zulässig ist.

(5) Arbeitgeberinnen und Arbeitgeber, die

1. Lenker über die gemäß Art. 6 Abs. 1 bis 3 der Verordnung (EG) Nr. 561/2006 zulässige Lenkzeit hinaus einsetzen;
2. Lenkpausen gemäß Art. 7 der Verordnung (EG) Nr. 561/2006 nicht gewähren;
3. die tägliche Ruhezeit gemäß Art. 8 Abs. 2, 4 oder 5 oder Art. 9 der Verordnung (EG) Nr. 561/2006 nicht gewähren;
4. die Pflichten gemäß Art. 6 Abs. 5 oder die Aufzeichnungspflichten gemäß Art. 12 der Verordnung (EG) Nr. 561/2006 verletzen;
5. die Pflichten gemäß Art. 10 Abs. 1 der Verordnung (EG) Nr. 561/2006 verletzen;
6. nicht gemäß Art. 10 Abs. 2 der Verordnung (EG) Nr. 561/2006 dafür gesorgt haben, dass die Lenkerinnen und Lenker ihre Verpflichtungen gemäß Kapitel II der Verordnung (EG) Nr. 561/2006 einhalten;
7. die Pflichten betreffend den Linienfahrplan und den Arbeitszeitplan gemäß Art. 16 Abs. 2 und 3 der Verordnung (EG) Nr. 561/2006 verletzen;
8. die Pflichten betreffend das Kontrollgerät, das Schaublatt, den Ausdruck oder die Fahrerkarte gemäß Art. 3 Abs. 1, Art. 26 ausgenommen Abs. 4, 7a und 9, Art. 27, Art. 28, Art. 29 Abs. 2 bis 5, Art. 32 Abs. 1 bis 4, Art. 33 Abs. 1 und 2 sowie Art. 34 bis 37 der Verordnung (EU) Nr. 165/2014 verletzen;
9. nicht gemäß Art. 33 Abs. 3 der Verordnung (EU) Nr. 165/2014 dafür gesorgt haben, dass die Lenkerinnen und Lenker ihre Verpflichtungen gemäß dieser Verordnung einhalten,

sind, sofern die Tat nicht nach anderen Vorschriften einer strengeren Strafe unterliegt, von der Bezirksverwaltungsbehörde mit einer Geldstrafe gemäß Abs. 6 zu bestrafen.

(6) Sind Übertretungen gemäß Abs. 5 nach Anhang III der Richtlinie 2006/22/EG als

1. leichte Übertretungen eingestuft oder in diesem Anhang nicht erwähnt, sind die Arbeitgeberinnen und Arbeitgeber
   a) in den Fällen der Z 1 bis 7 mit einer Geldstrafe von 72 Euro bis 1 815 Euro, im Wiederholungsfall von 145 Euro bis 1 815 Euro,
   b) im Fall der Z 8 mit einer Geldstrafe von 145 Euro bis 2 180 Euro, im Wiederholungsfall von 200 Euro bis 3 600 Euro;
2. schwerwiegende Übertretungen eingestuft, sind die Arbeitgeberinnen und Arbeitgeber mit einer Geldstrafe von 200 Euro bis 2 180 Euro, im Wiederholungsfall von 250 Euro bis 3 600 Euro;
3. sehr schwerwiegende Übertretungen eingestuft, sind die Arbeitgeberinnen und Arbeitgeber mit einer Geldstrafe von 300 Euro bis 2 180 Euro, im Wiederholungsfall von 350 Euro bis 3 600 Euro,

AZG

4. schwerste Übertretungen eingestuft, sind die Arbeitgeberinnen und Arbeitgeber mit einer Geldstrafe von 400 Euro bis 2 180 Euro, im Wiederholungsfall von 450 Euro bis 3 600 Euro,

zu bestrafen.

(7) Arbeitgeber, die den Bestimmungen

1. des § 18e Abs. 2,
2. der EU-Teilabschnitte FTL oder Q einschließlich österreichischer Durchführungsvorschriften, oder
3. der AOCV 2008 samt ihrer Anhänge einschließlich österreichischer Durchführungsvorschriften

zuwiderhandeln, sind, sofern die Tat nicht nach anderen Vorschriften einer strengeren Strafe unterliegt, von der Bezirksverwaltungsbehörde mit einer Geldstrafe von 218 Euro bis 2 180 Euro, im Wiederholungsfall von 360 Euro bis 3 600 Euro, zu bestrafen.

(8) Auch Verstöße gegen die Aufzeichnungspflichten gemäß § 18b Abs. 7, § 18c Abs. 2 sowie § 26 Abs. 1 bis 5 sind hinsichtlich jedes einzelnen Arbeitnehmers gesondert zu bestrafen, wenn durch das Fehlen der Aufzeichnungen die Feststellung der tatsächlich geleisteten Arbeitszeit unmöglich oder unzumutbar wird.

(9) Im Falle des § 13a Abs. 2 genügt abweichend von § 44a Z 2 des Verwaltungsstrafgesetzes 1991 (VStG), BGBl. Nr. 52, als Angabe der verletzten Verwaltungsvorschrift die Angabe des entsprechenden Gebotes oder Verbotes der Verordnung (EG) Nr. 561/2006.

(Anm.: Abs. 10 aufgehoben durch BGBl. I Nr. 94/2014)

(11) Wurden Verwaltungsübertretungen nach den Abs. 1 bis 7 nicht im Inland begangen, gelten sie als an jenem Ort begangen, an dem sie festgestellt wurden.

(12) Abs. 1 bis 7 sind nicht anzuwenden, wenn die Zuwiderhandlung von Organen einer Gebietskörperschaft begangen wurde. Besteht bei einer Bezirksverwaltungsbehörde der Verdacht einer Zuwiderhandlung durch ein solches Organ, so hat sie, wenn es sich um ein Organ des Bundes oder eines Landes handelt, eine Anzeige an das oberste Organ, dem das der Zuwiderhandlung verdächtigte Organ untersteht (Art. 20 Abs. 1 erster Satz B-VG), in allen anderen Fällen aber eine Anzeige an die Aufsichtsbehörde zu erstatten.

Weitergelten von Regelungen

§ 29. (1) Soweit Kollektivverträge, Arbeitsordnungen oder Betriebsvereinbarungen für die Arbeitnehmer günstigere Bestimmungen vorsehen oder in Betrieben günstigere Regelungen bestehen, als sich nach den Bestimmungen dieses Bundesgesetzes ergibt, werden diese durch die Bestimmungen dieses Bundesgesetzes nicht berührt.

(2) Im Zeitpunkt des Inkrafttretens dieses Bundesgesetzes bestehende kollektivvertragliche Vereinbarungen in Angelegenheiten, in denen nach den Bestimmungen der §§ 3 Abs. 3 und 4, § 4 Abs. 7 und 9, § 5 Abs. 1 und 3, § 7 Abs. 2 und 3, § 10 Abs. 2, § 12 Abs. 1, § 14 Abs. 2, § 15 Abs. 3, § 16 Abs. 3 und 4 und § 18 Abs. 2 bis 4 dieses Bundesgesetzes abweichende Regelungen durch Kollektivvertrag zugelassen sind, gelten als solche Regelungen, insoweit sie den vorgenannten Bestimmungen entsprechen.

ABSCHNITT 9
Schluß- und Übergangsbestimmungen
Aufhebung von Rechtsvorschriften

§ 30. (1) Mit dem Inkrafttreten dieses Bundesgesetzes treten für dessen Geltungsbereich alle mit den Bestimmungen dieses Bundesgesetzes in Widerspruch stehenden Vorschriften, soweit sie noch in Geltung stehen und soweit § 32 nicht anderes bestimmt, außer Kraft. Insbesondere verlieren ihre Wirksamkeit:

1. Arbeitszeitordnung vom 30. April 1938, Deutsches RGBl. I S. 447 (GBl. f. d. LÖ. Nr. 231/1939), mit Ausnahme des § 16,
2. Ausführungsverordnung zur Arbeitszeitordnung vom 12. Dezember 1938, Deutsches RGBl. I S. 1799 (GBl. f. d. LÖ. Nr. 667/1939), mit Ausnahme der Nr. 20,
3. Verordnung über die Arbeitszeit in Kokereien und Hochofenwerken vom 20. Jänner 1925, Deutsches RGBl I S. 5 (GBl. f. d. LÖ. Nr. 231/1939),
4. Verordnung über die Arbeitszeit in Gaswerken vom 9. Februar 1927, Deutsches RGBl. I S. 59 (GBl. f. d. LÖ. Nr. 231/1939),
5. Verordnung über die Arbeitszeit in Metallhütten vom 9. Februar 1927, Deutsches RGBl. I S. 59 (GBl. f. d. LÖ. Nr. 231/1939),
6. Verordnung über die Arbeitszeit in Stahlwerken, Walzwerken und anderen Anlagen der Großeisenindustrie vom 16. Juli 1927, Deutsches RGBl. I S. 221 (GBl. f. d. LÖ. Nr. 231/1939),
7. Verordnung über die Arbeitszeit in der Zementindustrie vom 26. März 1929, Deutsches RGBl. I S. 82 (GBl. f. d. LÖ. Nr. 231/1939),
8. Zweite Anordnung vom 15. Februar 1939, welche die Arbeitszeit auf Baustellen betrifft, Deutscher Reichsanzeiger und Preußischer Staatsanzeiger Nr. 45 (GBl. f. d. LÖ. Nr. 271/1939),
9. Verordnung über die Arbeitszeit in Krankenpflegeanstalten vom 13. Februar 1924, Deutsches RGBl. I S. 66, berichtigt im Deutschen RGBl. I S. 154/1924 (GBl. f. d. LÖ. Nr. 25/1940),
10. Anordnung über Arbeitszeitverkürzung für Frauen, Schwerbeschädigte und minderleistungsfähige Personen (Freizeitanordnung) vom 22. Oktober 1943, RABl. I S. 508,

11. Abschnitt III, §§ 4 bis 7 der Verordnung zur Abänderung und Ergänzung von Vorschriften auf dem Gebiete des Arbeitsrechtes vom 1. September 1939, Deutsches RGBl. I S. 1683 (GBl. f. d. LÖ. Nr. 1217/1939),
12. Verordnung über den Arbeitsschutz vom 12. Dezember 1939, Deutsches RGBl. I S. 2403,
13. Verordnung über die Sechzigstundenwoche vom 31. August 1944, Deutsches RGBl. I S. 191,
14. Verordnung des Bundesministeriums für soziale Verwaltung vom 22. Juni 1956, BGBl. Nr. 126, in der Fassung der Verordnung BGBl. Nr. 124/1959, über die Regelung der Arbeitszeit bei Reparaturarbeiten in heißen Öfen von Eisen- und Stahlhüttenbetrieben,
15. Verordnung des Bundesministeriums für soziale Verwaltung vom 25. September 1956, BGBl. Nr. 195, in der Fassung der Kundmachung vom 31. März 1966, BGBl. Nr. 49, betreffend die Zulassung von Arbeitszeitverlängerungen beim Nachweis eines dringenden Bedürfnisses.

(2) Weiters treten außer Kraft:

1. Erste Anordnung über die Vereinfachung der Lohn- und Gehaltsabrechnung vom 12. Juli 1944, deutsches RGBl I S. 166,
2. Zweite Anordnung über die Vereinfachung der Lohn- und Gehaltsabrechnung vom 2. September 1944, Deutsches RGBl. I

S. 196,

3. Anordnung gegen Arbeitsvertragsbruch und Abwerbung sowie das Fordern unverhältnismäßig hoher Arbeitsentgelte in der privaten Wirtschaft vom 20. Juli 1942, RABl. I S. 341,
4. Anordnung über die Mehrarbeitsvergütung von Angestellten in der privaten Wirtschaft während der Kriegszeit vom 15. Oktober 1942, RABl. I S. 477,
5. Anordnung zur Regelung der Vergütung von zusätzlicher Sonn- und Feiertagsarbeit der kaufmännischen und technischen Angestellten der Industrie, des Handwerks und des Handels vom 14. März 1942, RABl. I S. 168,
6. Anordnung des Reichstreuhänders der Arbeit Wien vom 24. November 1944 über die Entlohnung der aus Anlaß einer Lastenminderung der Gas- und Elektrizitätswerke geleisteten Nachtarbeitsstunden sowie der Arbeitsleistungen an Samstagnachmittagen und Sonntagen, Amtliche Mitteilungen des Präsidenten der Gauarbeitsämter und der Reichstreuhänder der Arbeit in den Donau- und Alpengauen, S. 284/1944,
7. Anordnung über die Aufhebung arbeitsfreier Tage außerhalb der gesetzlichen Sonn- und Feiertage vom 3. Mai 1944, RABl. I

S. 184,

8. Anordnung Nr. 13 zur Sicherung der Ordnung in den Betrieben vom 1. November 1943, RABl. I S. 543,
9. Zweite Anordnung zur Sicherung der Ordnung in den Betrieben vom 23. September 1944, RABl. I S. 359,
10. Anordnung zur Änderung der Anordnung Nr. 13 zur Sicherung der Ordnung in den Betrieben vom 1. November 1943, RABl. I

S. 415/1944.

Außerkrafttreten von Ausnahmegenehmigungen

§ 31. Bescheide, die auf Grund von durch dieses Bundesgesetz außer Kraft gesetzten Arbeitszeitvorschriften erlassen wurden, verlieren spätestens mit dem Ablauf von drei Monaten nach dem Inkrafttreten dieses Bundesgesetzes ihre Wirksamkeit.

Bezugnahme auf Richtlinien

§ 32. Durch dieses Bundesgesetz werden folgende Richtlinien der Europäischen Union umgesetzt:

1. Richtlinie 2003/88/EG des Rates vom 4. November 2003 über bestimmte Aspekte der Arbeitszeitgestaltung (ABl. Nr. L 299 vom 18.11.2003 S. 9);
2. Richtlinie 97/81/EG des Rates vom 15. Dezember 1997 zu der von UNICE, CEEP und EGB geschlossenen Rahmenvereinbarung über Teilzeitarbeit (ABl. Nr. L 14 vom 20.01.1998 S. 9);
3. Richtlinie 1999/63/EG des Rates vom 21. Juni 1999 zu der vom Verband der Reeder in der Europäischen Gemeinschaft (European Community Shipowners' Association ECSA) und dem Verband der Verkehrsgewerkschaften in der Europäischen Union (Federation of Transport Workers' Unions in the European Union FST) getroffenen Vereinbarung über die Regelung der Arbeitszeit von Seeleuten 2000 (ABl. Nr. L 167 vom 02.07.1999 S. 33);
4. Richtlinie 1999/95/EG des Europäischen Parlaments und des Rates zur Durchsetzung der Arbeitszeitregelung für Seeleute an Bord von Schiffen, die Gemeinschaftshäfen anlaufen, vom 13. Dezember 1999 (ABl. Nr. L 14 vom 20.01.2000 S. 29);
5. Richtlinie 2000/79/EG des Rates vom 27. November 2000 über die Durchführung der von der Vereinigung Europäischer Fluggesellschaften (AEA), der Europäischen Transportarbeiter-Föderation (ETF), der European Cockpit Association (ECA), der European Regions Airline Association (ERA) und der International Air Carrier Association (IACA) geschlossenen Europäischen Vereinbarung über die Arbeitszeitorganisation für das fliegende Personal der Zivilluftfahrt (ABl. Nr. L 302 vom 01.12.2000 S. 57);

6. Richtlinie 2002/15/EG des Europäischen Parlaments und des Rates vom 11. März 2002 zur Regelung der Arbeitszeit von Personen, die Fahrtätigkeiten im Bereich des Straßentransportes ausüben (ABl. Nr. L 80 vom 23.03.2002 S. 35);
7. Richtlinie 2005/47/EG des Europäischen Parlaments und des Rates vom 18. Juli 2005 betreffend die Vereinbarung zwischen der Gemeinschaft der Europäischen Bahnen (CER) und der Europäischen Transportarbeiter-Föderation (ETF) über bestimmte Aspekte der Einsatzbedingungen des fahrenden Personals im interoperablen grenzüberschreitenden Verkehr im Eisenbahnsektor (ABl. Nr. L 195 vom 27.07.2005, S. 15);
8. Richtlinie 2006/22/EG des Europäischen Parlaments und des Rates vom 15. März 2006 über die Mindestbedingungen für die Durchführung der Verordnungen (EWG) Nr. 3820/85 und (EWG) Nr. 3821/85 des Rates über Sozialvorschriften für Tätigkeiten im Kraftverkehr sowie zur Aufhebung der Richtlinie 88/599/EWG des Rates, ABl. Nr. L 102 vom 11.4.2006 S. 35, in der Fassung der Richtlinie (EU) Nr. 2020/1057 vom 15. Juli 2020, ABl. Nr. L 249 vom 31.07.2020 S. 49;
9. Richtlinie 2014/112/EU zur Durchführung der von der Europäischen Binnenschifffahrts Union (EBU), der Europäischen Schifferorganisation (ESO) und der Europäischen Transportarbeiter-Föderation (ETF) geschlossenen Europäischen Vereinbarung über die Regelung bestimmter Aspekte der Arbeitszeitgestaltung in der Binnenschifffahrt, ABl. Nr. L 367 vom 23.12.2014 S. 86.

Verweisungen

§ 32a. Soweit in diesem Bundesgesetz auf andere Bundesgesetze verwiesen wird, sind diese in der jeweils geltenden Fassung anzuwenden.

§ 32b. Kollektivverträge, die sich auf die Regelungen einzelner Arbeitsbedingungen beschränken und deren Wirkungsbereich sich fachlich auf die überwiegende Anzahl der Wirtschaftszweige und räumlich auf das ganze Bundesgebiet erstreckt, gelten nicht als Kollektivverträge im Sinne des § 5 Abs. 2 und 3, § 13b Abs. 2 und 3, § 13c Abs. 3, § 14 Abs. 4, § 14a Abs. 1 und 2, § 15a Abs. 5, § 16 Abs. 3 und 4 sowie § 18 Abs. 5.

Übergangsbestimmungen

§ 32c. (1) Auf Lenker von Kraftfahrzeugen, die auf Grund der Ausnahmebestimmung des Art. II Abs. 1 der 15. Kraftfahrgesetz-Novelle, BGBl. Nr. 456/1993, noch nicht mit einem Kontrollgerät im Sinne der Verordnung (EWG) Nr. 3821/85 ausgerüstet sind, ist § 28 Abs. 1b Z 2 bis zum 31. Dezember 1994 nicht anzuwenden.

(2) Für die am 1. Mai 1997 anhängigen Verwaltungsverfahren der Arbeitsinspektorate und für rechtskräftige Bescheide in Angelegenheiten, die nach den Änderungen durch das Bundesgesetz, BGBl. I Nr. 46/1997, nicht mehr der Arbeitsinspektion zugewiesen sind, sowie Bescheide gemäß § 17 Abs. 4 gilt folgendes:

1. Rechtskräftige Bescheide gemäß §§ 5 Abs. 2, 7 Abs. 5, 11 Abs. 5, 12 Abs. 2, 14 Abs. 4 und 16 Abs. 5 in der Fassung vor den Änderungen durch das Bundesgesetz BGBl. I Nr. 46/1997 bleiben unberührt.
2. Anhängige Verwaltungsverfahren gemäß § 7 Abs. 5 sind nach der neuen Rechtslage weiterzuführen. Anhängige Verwaltungsverfahren gemäß §§ 5 Abs. 2, 8 Abs. 4, 11 Abs. 5, 12 Abs. 2, 14 Abs. 4 und 16 Abs. 5 sind einzustellen.
3. Die durch Bescheid des Bundesministers für Arbeit, Gesundheit und Soziales gemäß § 17 Abs. 4 in der Fassung vor den Änderungen durch das Bundesgesetz BGBl. I Nr. 46/1997 zugelassenen Nachweise gelten als geeigneter Nachweis im Sinne des § 17 Abs. 4. Eine Übermittlung an das Arbeitsinspektorat gemäß § 17 Abs. 4 vierter Satz kann entfallen.

(3) Die Normen der kollektiven Rechtsgestaltung im Sinne des § 12a Abs. 5 sind längstens bis zum Ablauf des 31. Dezember 2002 zu erlassen oder anzupassen.

(4) Sieht ein Kollektivvertrag oder eine Betriebsvereinbarung im Rahmen der Zulassung einer Arbeitszeitverlängerung nach § 14 in der Fassung vor In-Kraft-Treten der Änderungen durch das Bundesgesetz BGBl. I Nr. 138/2006 eine Regelung vor, die nach In-Kraft-Treten dieser Änderungen nicht mehr zulässig ist, gilt diese Regelung ab diesem Zeitpunkt auf das nach § 13b Abs. 2 und 3 in der Fassung des Bundesgesetzes BGBl. I Nr. 138/2006 höchstzulässige Ausmaß eingeschränkt.

(5) Bis zum In-Kraft-Treten der Änderungen des § 28 Abs. 1a durch das Bundesgesetz BGBl. I Nr. 138/2006 sind Arbeitgeber und deren Bevollmächtigte nach § 28 Abs. 1a zu bestrafen, die

1. Lenker über die Höchstgrenzen der Arbeitszeit gemäß § 2 Abs. 2, § 13b Abs. 2 und 3 oder § 14 Abs. 2 hinaus einsetzen oder die Aufforderung nach § 13b Abs. 4 unterlassen;
2. Ruhepausen gemäß § 13c oder Ruhezeitverlängerungen gemäß § 14 Abs. 3 nicht gewähren.

(6) Als kollektivvertragliche Regelungen im Sinne des § 18j gelten auch solche, die vor dem Inkrafttreten dieser Bestimmung abgeschlossen wurden, soweit sie den Vorgaben des § 18j entsprechen.

(7) Verordnungen auf Grund dieses Bundesgesetzes können bereits von dem der Kundmachung der jeweiligen Verordnungsermächtigung folgenden Tag an erlassen werden. Sie dürfen jedoch frühestens mit dem Inkrafttreten der jeweiligen Verordnungsermächtigung in Kraft treten.

(Anm.: Abs. 8 wurde nicht vergeben)

(9) Mit Inkrafttreten der Änderungen durch das Bundesgesetz BGBl. I Nr. 126/2017 treten Bescheide nach § 11 Abs. 6 außer Kraft. Anhängige Verwaltungsverfahren sind einzustellen.

(10) Bestehende Gleitzeitvereinbarungen bleiben aufrecht. Regelungen in Kollektivverträgen und Betriebsvereinbarungen, die für die Arbeitnehmerinnen und Arbeitnehmer günstigere Bestimmungen vorsehen, werden durch die Änderungen des Bundesgesetzes BGBl. I Nr. 53/2018 nicht berührt.

Inkrafttreten und Vollziehung

§ 33. (1) Dieses Bundesgesetz tritt, soweit im folgenden nicht anderes bestimmt wird, am 5. Jänner 1970 in Kraft.

(2) Die Bestimmung des § 12 Abs. 3 betreffend die ununterbrochene Wochenruhe tritt mit der gemäß § 12 Abs. 4 zu erlassenden Verordnung in Kraft.

(3) Mit der Vollziehung dieses Bundesgesetzes sind betraut:

1. hinsichtlich § 26 Abs. 7 und § 27 Abs. 3 die Bundesministerin bzw. der Bundesminister für Finanzen;
2. hinsichtlich des § 15f die Bundesministerin bzw. der Bundesminister für Justiz;
3. hinsichtlich des § 15e Abs. 2 die Bundesregierung;
4. im Übrigen die Bundesministerin bzw. der Bundesminister für Arbeit.

(4) Die Bundesministerin bzw. der Bundesminister für Arbeit ist auch mit der Vollziehung der Verordnung (EG) Nr. 561/2006 und der Verordnung (EU) Nr. 165/2014 betraut.

Inkrafttreten von Novellen

§ 34. (1) § 11 in der Fassung des Bundesgesetzes BGBl. Nr. 473/1992 tritt mit 1. Jänner 1993 in Kraft.

(2) Die §§ 19b, 19c, 19d, 20 Abs. 1 und 32a in der Fassung des Bundesgesetzes BGBl. Nr. 833/1992 treten mit 1. Jänner 1993 in Kraft.

(3) § 19c Abs. 5a in der Fassung des Bundesgesetzes BGBl. Nr. 335/1993 tritt mit 1. Juli 1993 in Kraft.

(4) Die §§ 3 Abs. 1, 4 Abs. 1 bis 6, 8 und 9, 4a, 4b, 4c, 5, 5a, 6 Abs. 1 und 1a, 8 Abs. 5, 9, 12 Abs. 2a und 2b, 13, 14, 15, 15a bis 15e, 16, 17 Abs. 1, 2, 5, 6 und Überschrift, 18 Abs. 1 und 2, 19 Abs. 3, 20 Abs. 1 erster Halbsatz, 25, 26, 27 Abs. 2, 28, 32a, 32b, 32c und 33 Abs. 2, in der Fassung des Bundesgesetzes BGBl. Nr. 446/1994 treten mit 1. Juli 1994 in Kraft. Mit diesem Tag tritt auch § 19 Abs. 4 außer Kraft. Verordnungen gemäß § 15e können bereits vor diesem Zeitpunkt erlassen werden, sie treten jedoch frühestens gemeinsam mit § 15e in Kraft.

(5) § 24 in der Fassung des Bundesgesetzes BGBl. Nr. 446/1994 tritt mit 1. Jänner 1995 in Kraft.

(6) § 4 Abs. 8 und 9 in der Fassung des Bundesgesetzes BGBl. Nr. 417/1996 tritt mit 1. Juli 1996 in Kraft.

(7) § 1 Abs. 2 Z 9 und 10, § 9 Abs. 2 und 3, § 20 Abs. 1, § 23, § 27 Abs. 2, § 28 Abs. 1 Z 1, 2 und 7, § 29 Abs. 2 und § 32b in der Fassung des Bundesgesetzes BGBl. I Nr. 8/1997 treten mit 1. Jänner 1997 in Kraft. § 19 tritt mit Ablauf des 31. Dezember 1996 außer Kraft.

(8) § 1 Abs. 2 Z 2, 3 und 5, § 4, § 4a, § 5, § 5a Abs. 4, § 6 Abs. 1 und 1a, § 7 Abs. 2 bis 6, § 8 Abs. 2 und 4, § 9 Abs. 1 bis 3, § 10, § 11 Abs. 1 und 5, § 12 Abs. 1, 2 und 2b, § 14, § 14a, § 15, § 16, § 17 Abs. 4, § 18 Abs. 1, § 19b Abs. 3 und 4, §§ 19c bis 19g, § 20 Abs. 1, § 20a, § 20b, § 26 Abs. 1 und 7, § 27, § 28 Abs. 1, Abs. 1a Z 3 und 10, Abs. 1b Z 1, § 32a, § 32b und § 32c, in der Fassung des Bundesgesetzes BGBl. I Nr. 46/1997, treten mit 1. Mai 1997 in Kraft. Mit diesem Zeitpunkt treten § 28 Abs. 1a Z 11 und § 32 außer Kraft.

(9) § 9 Abs. 4 und 5, in der Fassung des Bundesgesetzes BGBl. I Nr. 46/1997, treten mit 1. Jänner 1998 in Kraft.

(10) § 9 Abs. 2, 3 und 5, § 19a, § 20 Abs. 1, § 27 Abs. 4 und § 28 Abs. 1 Z 1 bis 8, in der Fassung des Bundesgesetzes BGBl. I Nr. 88/1999 treten mit 1. Jänner 2000 in Kraft.

(11) § 1 Abs. 2 Z 5 und § 19 in der Fassung des Bundesgesetzes BGBl. I Nr. 37/2000 treten mit 1. Juli 2000 in Kraft.

(12) § 28 Abs. 1 bis 1b in der Fassung des Bundesgesetzes BGBl. I Nr. 98/2001 tritt mit 1. Jänner 2002 in Kraft.

(13) § 1 Abs. 2 Z 5 lit. b in der Fassung des Bundesgesetzes BGBl. I Nr. 162/2001 tritt mit 1. Jänner 2002 in Kraft.

(14) § 12a, § 12b, § 12c, § 12d, § 14 Abs. 3, § 19a Abs. 5 und 8, § 20 Abs. 1, § 23, § 24, § 25 Abs. 1, § 28 Abs. 1 sowie § 32c Abs. 3 in der Fassung des Bundesgesetzes BGBl. I Nr. 122/2002 treten mit 1. August 2002 in Kraft.

(15) § 18 Abs. 1, 4 und 5, § 18a, § 18b, § 18c, § 18d, § 20 Abs. 1, § 23, § 28 Abs. 1 Z 2, 3 und 4, sowie § 32 in der Fassung des Bundesgesetzes BGBl. I Nr. 30/2004 treten mit 1. Mai 2004 in Kraft.

(16) § 19d Abs. 8 in der Fassung des Bundesgesetzes BGBl. I Nr. 64/2004 tritt mit 1. Juli 2004 in Kraft.

(17) § 18e, § 28 Abs. 1c und 2 sowie § 32 Z 5 in der Fassung des Bundesgesetzes BGBl. I Nr. 159/2004 treten mit 1. Jänner 2005 in Kraft. Gleichzeitig tritt § 1 Abs. 2 Z 7 außer Kraft.

(18) Die §§ 13, 15d, 17 Abs. 2, 5 und 6, 17a, 17b sowie 28 Abs. 1b und 3 in der Fassung des

Bundesgesetzes BGBl. I Nr. 175/2004 treten mit 5. Mai 2005 in Kraft.

(19) Die §§ 6 Abs. 1, 9 Abs. 2, 3 und 5 Z 3, 13 Abs. 1, 13a Abs. 1, 13b, 13c, 14, 17a Abs. 1 und 3, 17c, 18 Abs. 1, 18e, 20, 23, 28 Abs. 5, 32 Z 1 und 6, 32b und 32c Abs. 4 und 5 in der Fassung des Bundesgesetzes BGBl. I Nr. 138/2006 treten mit 1. Juli 2006 in Kraft. Mit diesem Zeitpunkt tritt § 13 Abs. 4 außer Kraft.

(20) Die §§ 13 Abs. 2 und 3, 13a Abs. 2 und 3, 14a, 15 bis 15f, 16 Abs. 1, 17 Abs. 6, 24 Z 3, 28 Abs. 1a bis 4 sowie § 33 Abs. 5 in der Fassung des Bundesgesetzes BGBl. I Nr. 138/2006 treten mit 11. April 2007 in Kraft. Mit diesem Zeitpunkt tritt § 13 Abs. 5 außer Kraft.

(21) § 1a, § 4, § 4a Abs. 2 und 4, § 4b Abs. 4, § 5a Abs. 4, § 6 Abs. 1a, § 7 Abs. 4, 4a, 6 und 6a, § 9 Abs. 2, § 15f Z 3, § 18 Abs. 5, § 19d Abs. 1, 2, 3a bis 3f und 8, § 19f, § 26 Abs. 8 sowie § 28 in der Fassung des Bundesgesetzes BGBl. I Nr. 61/2007 treten mit 1. Jänner 2008 in Kraft. § 26 Abs. 8 ist nur auf Verfallsfristen anzuwenden, die ab diesem Zeitpunkt zu laufen beginnen würden.

(22) § 18 Abs. 1 Z 1, § 18a samt Überschrift, § 18e, Unterabschnitt 5a, § 20, § 23, § 24, § 32 sowie § 32c Abs. 6 in der Fassung des Bundesgesetzes BGBl. I Nr. 124/2008 treten am 16. Juli 2008 in Kraft. § 28 Abs. 1 Z 3, Abs. 2 und Abs. 7 tritt mit dem der Kundmachung folgenden Tag in Kraft.

(23) § 2 Abs. 3, § 13 Abs. 1 Z 2 und 6 und Abs. 2 bis 4, § 15e Abs. 1, § 17, § 28 Abs. 3a und 4 bis 6, § 32 Z 7 und 8 sowie § 32c Abs. 7, in der Fassung des Bundesgesetzes BGBl. I Nr. 149/2009, treten mit 1. Jänner 2010 in Kraft.

(24) § 33 Abs. 3 lit. f und g sowie Abs. 4 in der Fassung des 2. Stabilitätsgesetzes 2012, BGBl. I Nr. 35/2012, tritt mit 1. Juli 2012 in Kraft; gleichzeitig tritt § 33 Abs. 3 lit. a und b außer Kraft.

(25) Die §§ 11 Abs. 4 und 12a Abs. 3 in der Fassung des Bundesgesetzes BGBl. I Nr. 3/2013 treten mit 1. Jänner 2013 in Kraft.

(26) § 27 und § 33 Abs. 3 in der Fassung des Bundesgesetzes BGBl. I Nr. 71/2013 treten mit 1. Jänner 2014 in Kraft.

(27) § 26 Abs. 3, 5, 5a, 8 und 9 in der Fassung des Bundesgesetzes BGBl. I Nr. 94/2014 tritt mit 1. Jänner 2015 in Kraft. Mit diesem Zeitpunkt entfällt § 11 Abs. 8 bis 10.

(28) § 13 Abs. 1 Z 4 und 5 sowie § 32c Abs. 9 treten mit 2. März 2015 in Kraft.

(29) § 13 Abs. 1 Z 2 sowie Abs. 3, § 15e Abs. 1, § 17 Abs. 1, § 17a Abs. 1 Z 2 und Abs. 2, § 24 Z 4, § 28 Abs. 5 Z 6 und 8 sowie § 33 Abs. 4 in der Fassung des Bundesgesetzes BGBl. I Nr. 94/2014 treten am Tag des Inkrafttretens der Durchführungsrechtsakte der Kommission der Europäischen Union gemäß Art. 4 Abs. 8, 6 Abs. 5, 11 Abs. 1, 12 Abs. 7, 14, 21 Abs. 3, 22 Abs. 5, 31 Abs. 5 sowie 39 Abs. 3 der Verordnung (EU) Nr. 165/2014 in Kraft, frühestens jedoch mit 2. März 2016. Gleiches gilt für das Außerkrafttreten von § 32c Abs. 9. Der Bundesminister für Arbeit, Soziales und Konsumentenschutz hat den Zeitpunkt des Inkrafttretens der genannten Durchführungsrechtsakte im Bundesgesetzblatt I kundzumachen. *(Anm.: vgl. K, BGBl. I Nr. 42/2016)*

(30) § 12, § 15 Abs. 1a, § 15d, § 19d Abs. 2a, § 20 Abs. 1, § 20b Abs. 1 und 6, § 26 Abs. 2a, § 27 Abs. 3 sowie § 28 Abs. 1 und 2 in der Fassung des Bundesgesetzes BGBl. I Nr. 152/2015 treten mit 1. Jänner 2016 in Kraft.

(31) § 18e Abs. 1 Z 1 und 1a, Abs. 2 Z 1 und 2 sowie Abs. 3 und 4, § 24 Z 5 und § 28 Abs. 7 Z 2 in der Fassung BGBl. I Nr. 152/2015 treten mit 18. Februar 2016 in Kraft. Gleichzeitig tritt § 18e Abs. 5 außer Kraft.

(32) § 9 Abs. 2, § 13c Abs. 5 und 6, § 18 Abs. 1 Z 4, § 18a Abs. 2, § 18b, § 20 Abs. 1, § 23, § 28 Abs. 1 Z 3, Abs. 2 Z 1, 3 und 7, Abs. 6 und Abs. 8 sowie § 32 Z 8 und 9 in der Fassung des Bundesgesetzes BGBl. I Nr. 114/2016 treten mit 1. Jänner 2017 in Kraft.

(33) § 19d Abs. 8 in der Fassung des Bundesgesetzes BGBl. I Nr. 30/2017 tritt mit 1. Juli 2017 in Kraft.

(34) § 17c Abs. 1 in der Fassung des Deregulierungsgesetzes 2017, BGBl. I Nr. 40/2017, tritt mit 1. Juli 2017 in Kraft. § 24 samt Überschrift tritt mit Ablauf des 30. Juni 2017 außer Kraft.

(35) § 11 Abs. 6, § 20 Abs. 2, § 28 Abs. 2 Z 6 sowie § 32c Abs. 8 und 9 in der Fassung des Bundesgesetzes BGBl. I Nr. 126/2017 treten mit 1. August 2017 in Kraft. Mit diesem Zeitpunkt tritt § 11 Abs. 7 außer Kraft.

(36) § 9 Abs. 5 Z 4, die Überschrift zu § 19a, § 19a Abs. 1 bis 2d, Abs. 4 erster Satz, Abs. 5 erster Satz sowie Abs. 6 bis 9 in der Fassung des Bundesgesetzes BGBl. I Nr. 127/2017 treten mit 1. Jänner 2018 in Kraft.

(37) § 1 Abs. 2 Z 7 und 8, § 4 Abs. 7, § 4b Abs. 4 und 5, § 7 Abs. 1, 5 und 6, § 8 Abs. 1 und 2, § 9 Abs. 1 bis 3, § 10 Abs. 4, § 12 Abs. 2a, § 18 Abs. 2, § 19a Abs. 8, § 19b Abs. 3 Z 3 und 5, § 20a Abs. 2, § 26 Abs. 2a, § 28 Abs. 1 Z 3 und Abs. 2 Z 1 sowie § 32c Abs. 10, in der Fassung des Bundesgesetzes BGBl. I Nr. 53/2018, treten mit 1. September 2018 in Kraft. Mit diesem Zeitpunkt entfallen auch § 7 Abs. 2, 4 und 4a sowie § 20b Abs. 6.

(38) § 1 Abs. 2 Z 2, § 15c, § 15d Abs. 3, § 17, § 17a Abs. 1, § 17b, § 18e Abs. 3 Z 3, § 19a Abs. 8, § 19b Abs. 3, § 19f Abs. 1 Z 1, § 20 Abs. 1, § 28 Abs. 3 Z 9, § 28 Abs. 5 Z 4, 6, 8 und 9, § 28 Abs. 7 Z 3, § 32 Z 8, sowie § 33 Abs. 3 und 4 in der Fassung BGBl. I Nr. 58/2022, treten mit 1. Juni 2022, § 13 Abs. 1 Z 2 lit. a tritt mit 1. Juli 2026 in Kraft. Die Frist in § 17 Abs. 4 beträgt bis zum Ablauf des 30. Dezember 2024 28 Tage.

19. Berufsausbildungsgesetz (Auszug)

Bundesgesetz vom 26. März 1969 über die Berufsausbildung von Lehrlingen
StF: BGBl. Nr. 142/1969
Letzte Novellierung: BGBl. I Nr. 185/2022

GLIEDERUNG

STICHWORTVERZEICHNIS

Endigung des Lehrverhältnisses

§ 14. (1) Das Lehrverhältnis endet mit Ablauf der im Lehrvertrag vereinbarten Dauer der Lehrzeit.

(2) Vor Ablauf der vereinbarten Lehrzeit endet das Lehrverhältnis, wenn

a) der Lehrling stirbt;
b) der Lehrberechtigte stirbt und kein Ausbilder vorhanden ist, es sei denn, daß er ohne unnötigen Aufschub bestellt wird;
c) die Eintragung des Lehrvertrages rechtskräftig verweigert oder die Löschung der Eintragung des Lehrvertrages rechtskräftig verfügt wurde;
d) der Lehrberechtigte nicht mehr zur Ausübung der Tätigkeit befugt ist, in deren Rahmen der Lehrling ausgebildet wird oder der Lehrberechtigte auf Grund des § 4 von der Ausbildung von Lehrlingen ausgeschlossen ist,
e) der Lehrling die Lehrabschlußprüfung erfolgreich ablegt, wobei die Endigung des Lehrverhältnisses mit Ablauf der Woche in der die Prüfung abgelegt wird, eintritt,
f) ein Asylverfahren des Lehrlings mit einem rechtskräftigen negativen Bescheid beendet wurde.

(3) Wenn ein Lehrverhältnis gemäß Abs. 2 lit. d endet und der Lehrberechtigte innerhalb von sechs Monaten nach Endigung des Lehrverhältnisses seine Tätigkeit wieder aufnimmt, ist das Lehrverhältnis fortzusetzen, wenn der Lehrling innerhalb von zwei Wochen nach Verständigung von der Wiederaufnahme der Tätigkeit durch den Lehrberechtigten oder sonst innerhalb von zwei Monaten nach Wiederaufnahme der Tätigkeit eine diesbezügliche schriftliche Erklärung abgibt. Die vier Monate übersteigende Zeit zwischen der En-

BAG

digung des Lehrverhältnisses und seiner Fortsetzung ist auf die für den Lehrberuf festgesetzte Lehrzeit nicht anzurechnen.

(4) Wird ein Lehrling vom Lehrberechtigten vom Eintritt eines Endigungsgrundes gemäß Abs. 2 lit. d nicht unverzüglich informiert, hat dieser gegenüber dem Lehrberechtigten für die Dauer der fortgesetzten Beschäftigung die gleichen arbeits- und sozialrechtlichen Ansprüche wie aufgrund eines aufrechten Lehrverhältnisses (Arbeitsverhältnis). Bei Kenntnis des Lehrlings von der eingetretenen Endigung des Lehrverhältnisses endet dieses Arbeitsverhältnis ex lege. Dem Lehrling steht ein Entschädigungsanspruch entsprechend den auf das Arbeitsverhältnis anzuwendenden Bestimmungen für berechtigten vorzeitigen Austritt zu.

Vorzeitige Auflösung des Lehrverhältnisses

§ 15. (1) Während der ersten drei Monate kann sowohl der Lehrberechtigte als auch der Lehrling das Lehrverhältnis jederzeit einseitig auflösen; erfüllt der Lehrling seine Schulpflicht in einer lehrgangsmäßigen Berufsschule während der ersten drei Monate, kann sowohl der Lehrberechtigte als auch der Lehrling das Lehrverhältnis während der ersten sechs Wochen der Ausbildung im Lehrbetrieb (in der Ausbildungsstätte) jederzeit einseitig auflösen. Darüber hinaus ist die vorzeitige Auflösung des Lehrverhältnisses einvernehmlich oder bei Vorliegen eines der in Abs. 3 und 4 angeführten Gründe einseitig durch den Lehrberechtigten oder durch den Lehrling sowie die außerordentliche Auflösung gemäß § 15a zulässig.

(2) Die Auflösung bedarf zur Rechtswirksamkeit der Schriftform. Die Auflösung durch einen minderjährigen Lehrling in den Fällen der Abs. 1 und 4 sowie des § 15a bedarf überdies der Zustimmung des gesetzlichen Vertreters, jedoch keiner pflegschaftsgerichtlichen Zustimmung.

(3) Gründe, die den Lehrberechtigten zur vorzeitigen Auflösung des Lehrverhältnisses berechtigen, liegen vor, wenn

a) der Lehrling sich eines Diebstahls, einer Veruntreuung oder einer sonstigen strafbaren Handlung schuldig macht, die ihn des Vertrauens des Lehrberechtigten unwürdig macht oder der Lehrling länger als einen Monat in Haft, ausgenommen Untersuchungshaft, gehalten wird;
b) der Lehrling den Lehrberechtigten, dessen Betriebs- oder Haushaltsangehörige tätlich oder erheblich wörtlich beleidigt oder gefährlich bedroht hat oder der Lehrling die Betriebsangehörigen zur Nichtbefolgung von betrieblichen Anordnungen, zu unordentlichem Lebenswandel oder zu unsittlichen oder gesetzwidrigen Handlungen zu verleiten sucht;
c) der Lehrling trotz wiederholter Ermahnungen die ihm auf Grund dieses Bundesgesetzes, des Schulpflichtgesetzes, BGBl. Nr. 242/1962, oder des Lehrvertrages obliegenden Pflichten verletzt oder vernachlässigt;
d) der Lehrling ein Geschäfts- oder Betriebsgeheimnis anderen Personen verrät oder es ohne Zustimmung des Lehrberechtigten verwertet oder einen seiner Ausbildung abträglichen Nebenerwerb betreibt oder ohne Einwilligung des Lehrberechtigten Arbeiten seines Lehrberufes für Dritte verrichtet und dafür ein Entgelt verlangt;
e) der Lehrling seinen Lehrplatz unbefugt verläßt;
f) der Lehrling unfähig wird, den Lehrberuf zu erlernen, sofern innerhalb der vereinbarten Lehrzeit die Wiedererlangung dieser Fähigkeit nicht zu erwarten ist; oder
g) der Lehrling einer vereinbarten Ausbildung im Rahmen eines Ausbildungsverbundes infolge erheblicher Pflichtverletzung nicht nachkommt.

(4) Gründe, die den Lehrling zur vorzeitigen Auflösung des Lehrverhältnisses berechtigen, liegen vor, wenn

a) der Lehrling ohne Schaden für seine Gesundheit das Lehrverhältnis nicht fortsetzen kann;
b) der Lehrberechtigte oder der Ausbilder die ihm obliegenden Pflichten gröblich vernachlässigt, den Lehrling zu unsittlichen oder gesetzwidrigen Handlungen zu verleiten sucht, ihn mißhandelt, körperlich züchtigt oder erheblich wörtlich beleidigt oder den Lehrling gegen Mißhandlungen, körperliche Züchtigungen oder unsittliche Handlungen von seiten der Betriebsangehörigen und der Haushaltsangehörigen des Lehrberechtigten zu schützen unterläßt;
c) der Lehrberechtigte länger als einen Monat in Haft gehalten wird, es sei denn, daß ein gewerberechtlicher Stellvertreter (Geschäftsführer) oder ein Ausbilder bestellt ist;
d) der Lehrberechtigte unfähig wird, seine Verpflichtungen auf Grund der Bestimmungen dieses Bundesgesetzes oder des Lehrvertrages zu erfüllen;
e) der Betrieb oder die Werkstätte auf Dauer in eine andere Gemeinde verlegt wird und dem Lehrling die Zurücklegung eines längeren Weges zur Ausbildungsstätte nicht zugemutet werden kann, während der ersten zwei Monate nach der Verlegung; das gleiche gilt bei einer Übersiedlung des Lehrlings in eine andere Gemeinde;
f) der Lehrling von seinen Eltern oder sonstigen Erziehungsberechtigten wegen wesentlicher Änderung ihrer Verhältnisse zu ihrer Unterstützung oder zur vorwiegenden Tätigkeit in ihrem Betrieb benötigt wird;
g) der Lehrling seinen Lehrberuf aufgibt; oder

h) dem Lehrling eine vereinbarte Ausbildung im Rahmen eines Ausbildungsverbundes ohne gerechtfertigte Gründe nicht im hiefür vorgesehenen Lehrjahr vermittelt wird.

(5) Bei einvernehmlicher Auflösung des Lehrverhältnisses nach Ablauf der gemäß Abs. 1 zutreffenden Frist muß eine Amtsbestätigung eines Gerichts (§ 92 ASGG) oder eine Bescheinigung einer Kammer für Arbeiter und Angestellte vorliegen, aus der hervorgeht, daß der Lehrling über die Bestimmungen betreffend die Endigung und die vorzeitige Auflösung des Lehrverhältnisses belehrt wurde.

Ausbildungsübertritt

§ 15a. (1) Sowohl der Lehrberechtigte als auch der Lehrling können das Lehrverhältnis zum Ablauf des letzten Tages des zwölften Monats der Lehrzeit und bei Lehrberufen mit einer festgelegten Dauer der Lehrzeit von drei, dreieinhalb oder vier Jahren überdies zum Ablauf des letzten Tages des 24. Monats der Lehrzeit unter Einhaltung einer Frist von einem Monat einseitig außerordentlich auflösen.

(2) Abs. 1 ist auf Ausbildungsverträge gemäß § 8b Abs. 2 nicht anwendbar.

(3) Die außerordentliche Auflösung des Lehrverhältnisses durch den Lehrberechtigten ist nur dann wirksam, wenn der Lehrberechtigte die beabsichtigte außerordentliche Auflösung und die geplante Aufnahme eines Mediationsverfahrens spätestens am Ende des neunten bzw.

21. Lehrmonats dem Lehrling, der Lehrlingsstelle und gegebenenfalls dem Betriebsrat sowie dem Jugendvertrauensrat mitgeteilt hat und vor der Erklärung der außerordentlichen Auflösung ein Mediationsverfahren durchgeführt wurde und gemäß Abs. 6 beendet ist. Die Voraussetzung der Durchführung und Beendigung eines Mediationsverfahrens entfällt, wenn der Lehrling die Teilnahme am Mediationsverfahren schriftlich ablehnt. Diese Ablehnung kann vom Lehrling innerhalb einer Frist von 14 Tagen schriftlich widerrufen werden. Die Mitteilung hat den Namen des Lehrlings, seine Adresse, seinen Lehrberuf sowie den Beginn und das Ende der Lehrzeit zu enthalten. Die Lehrlingsstelle hat die Arbeiterkammer binnen angemessener Frist über die Mitteilung zu informieren.

(4) Auf das Mediationsverfahren ist das Zivilrechts-Mediations-Gesetz (ZivMediatG), BGBl. I Nr. 29/2003, anzuwenden.

(5) Der Lehrberechtigte hat dem Lehrling eine in der Liste gemäß § 8 ZivMediatG eingetragene Person für die Durchführung des Mediationsverfahrens vorzuschlagen. Der Lehrling kann die genannte Person unverzüglich ablehnen. In diesem Fall hat der Lehrberechtigte zwei weitere in der Liste gemäß § 8 ZivMediatG eingetragene Personen vorzuschlagen, von denen der Lehrling unverzüglich eine Person auszuwählen hat. Wählt der Lehrling keine Person aus, ist der Erstvorschlag angenommen. Der Lehrberechtigte hat den Mediator spätestens am Ende des zehnten Lehrmonats bzw. am Ende des 22. Lehrmonats zu beauftragen. In die Mediation sind der Lehrberechtigte, der Lehrling, bei dessen Minderjährigkeit auch der gesetzliche Vertreter und auf Verlangen des Lehrlings auch eine Person seines Vertrauens einzubeziehen. Zweck der Mediation ist es, die Problemlage für die Beteiligten nachvollziehbar darzustellen und zu erörtern, ob und unter welchen Vorraussetzungen eine Fortsetzung des Lehrverhältnisses möglich ist. Die Kosten des Mediationsverfahrens hat der Lehrberechtigte zu tragen.

(6) Das Mediationsverfahren ist beendet, wenn ein Ergebnis erzielt wurde. Als Ergebnis gilt die Bereitschaft des Lehrberechtigten zur Fortsetzung des Lehrverhältnisses oder die Erklärung des Lehrlings, nicht weiter auf der Fortsetzung des Lehrverhältnisses zu bestehen. Das Mediationsverfahren ist auch beendet, wenn der Mediator die Mediation für beendet erklärt. Das Mediationsverfahren endet jedenfalls mit Beginn des fünften Werktages vor Ablauf des elften bzw. 23. Lehrmonats, sofern zumindest ein Mediationsgespräch unter Beteiligung des Lehrberechtigten oder in dessen Vertretung einer mit der Ausbildung des Lehrlings betrauten Person stattgefunden hat.

(7) Im Falle der Auflösung hat der Lehrberechtigte der Lehrlingsstelle die Erklärung der außerordentlichen Auflösung des Lehrverhältnisses unverzüglich mitzuteilen. Die Lehrlingsstelle hat die regionale Geschäftstelle des Arbeitsmarktsservice von der Erklärung der außerordentlichen Auflösung eines Lehrverhältnisses unverzüglich in Kenntnis zu setzen, um einen reibungslosen Ausbildungsübertritt zu gewährleisten.

(8) Auf die außerordentliche Auflösung durch den Lehrberechtigten ist der besondere Kündigungsschutz nach dem Mutterschutzgesetz 1979, BGBl. Nr. 221, dem Väter-Karenzgesetz, BGBl. Nr. 651/1989, dem Arbeitsplatz-Sicherungsgesetz 1991, BGBl. Nr. 683, dem Behinderteneinstellungsgesetz, BGBl. Nr. 22/1979, und für Mitglieder des Jugendvertrauensrates oder Betriebsrates nach dem Arbeitsverfassungsgesetz, BGBl. Nr. 22/1974, anzuwenden. Maßgeblich ist der Zeitpunkt der Erklärung der Auflösung.

Bericht

§ 15b. (1) Der Bundesminister für Wirtschaft, Familie und Jugend hat dem Nationalrat alle zwei Jahre, beginnend mit 2010, bis längstens zum 30. Juni des jeweiligen Berichtsjahres, einen Bericht zur Situation der Jugendbeschäftigung vorzulegen. In diesem Bericht ist darzustellen, wie sich die gesetzlichen Grundlagen und die im Berichtszeitraum ergriffenen Maßnahmen auf die duale Berufsausbildung auswirken, insbesondere ob und inwieweit es zu einer Erhöhung der Zahl der in Ausbildung befindlichen Jugendlichen und der verfügbaren Lehrstellen, einer quantitativen und qualitativen Erweiterung der beruflichen Erstausbildung sowie einer Verbesserung der beruflichen Perspektiven der Jugendlichen gekommen ist und wie sich der Fachkräftebedarf der österreichischen Unternehmen entwickelt hat. Weiters ist die Anzahl der nach einem Mediationsverfahren außerordentlich aufgelösten Lehrverhältnisse anzugeben.

(2) Der Bericht gemäß Abs. 1 ist im Internet zu veröffentlichen.

Lehrzeugnis

§ 16. (1) Nach Endigung oder vorzeitiger Auflösung oder außerordentlicher Auflösung gemäß § 15a Abs. 7 hat der Lehrberechtigte auf eigene Kosten dem Lehrling ein Zeugnis (Lehrzeugnis) auszustellen. Dieses Zeugnis muß Angaben über den Lehrberuf und kalendermäßige Angaben über die Dauer des Lehrverhältnisses enthalten; es können auch Angaben über die erworbenen Fertigkeiten und Kenntnisse aufgenommen werden. Angaben, die dem Lehrling das Fortkommen erschweren könnten, sind nicht zulässig.

(2) Das Lehrzeugnis unterliegt nicht der Gebührenpflicht im Sinne des Gebührengesetzes 1957, BGBl. Nr. 267.

(3) Die Lehrlingsstelle hat die Richtigkeit der Angaben über den Lehrberuf und die Dauer des Lehrverhältnisses in Lehrzeugnissen auf Antrag des Zeugnisinhabers zu bestätigen, wenn und insoweit der dem Antrag zu Grunde liegende Lehrvertrag bei der Lehrlingsstelle eingetragen ist. Bestätigte Lehrzeugnisse begründen für die Zulassung zur Lehrabschlußprüfung, zu einer Zusatzprüfung und für einen Befähigungsnachweis im Sinne der Gewerbeordnung 1994 vollen Beweis über die so beurkundete Lehrzeit.

Lehrlingseinkommen

§ 17. (1) Dem Lehrling gebührt ein Lehrlingseinkommen, zu dessen Bezahlung der Lehrberechtigte verpflichtet ist.

(2) Liegt keine Regelung des Lehrlingseinkommens durch kollektive Rechtsgestaltung vor, so richtet sich die Höhe des Lehrlingseinkommens nach der Vereinbarung im Lehrvertrag. Bei Fehlen einer kollektiven Regelung gebührt jedenfalls das für gleiche, verwandte oder ähnliche Lehrberufe geltende Lehrlingseinkommen, im Zweifelsfalle ist auf den Ortsgebrauch Bedacht zu nehmen.

(3) Das Lehrlingseinkommen ist für die Dauer der Unterrichtszeit in der Berufsschule unter Ausschluß der Mittagspause sowie für die Dauer der Lehrabschlußprüfung und der in den Ausbildungsvorschriften vorgesehenen Teilprüfungen weiterzuzahlen.

(4) Wird der Lehrling vom Lehrberechtigten zu einer ausländischen berufsorientierten Ausbildung im Sinne des § 27c Berufsausbildungsgesetz entsandt, dann ist der Lehrberechtigte für die Zeit der Teilnahme an dieser Ausbildung zur Bezahlung des Lehrlingseinkommens verpflichtet.

Arbeitsverhinderung

§ 17a. (1) Im Falle der Arbeitsverhinderung durch Krankheit (Unglücksfall) hat der Lehrberechtigte bis zur Dauer von acht Wochen das volle Lehrlingseinkommen und bis zur Dauer von weiteren vier Wochen ein Teilentgelt in der Höhe des Unterschiedsbetrages zwischen dem vollen Lehrlingseinkommen und dem aus der gesetzlichen Krankenversicherung gebührenden Krankengeld zu gewähren.

(2) Kur- und Erholungsaufenthalte, Aufenthalte in Heil- und Pflegeanstalten, Rehabilitationszentren und Rekonvaleszentenheimen, die aus Gründen der Erhaltung, Besserung oder Wiederherstellung der Arbeitsfähigkeit von einem Träger der Sozialversicherung, dem Bundesministerium für Arbeit, Soziales und Konsumentenschutz gemäß § 12 Abs. 4 Opferfürsorgegesetz, einem Bundesamt für Soziales und Behindertenwesen oder einer Landesregierung aufgrund eines Behindertengesetzes auf deren Rechnung bewilligt oder angeordnet wurden, sind unbeschadet allfälliger Zuzahlungen durch den Versicherten (Beschädigten) der Arbeitsverhinderung gemäß Abs. 1 gleichzuhalten.

(3) Ist dieser Entgeltanspruch nach Abs. 1 und 2 innerhalb eines Lehrjahres ausgeschöpft, so gebührt bei einer weiteren Arbeitsverhinderung infolge Krankheit (Unglücksfall) innerhalb desselben Lehrjahres das volle Lehrlingseinkommen für die ersten drei Tage, für die übrige Zeit der Arbeitsunfähigkeit, längstens jedoch bis zur Dauer von weiteren sechs Wochen, ein Teilentgelt in der Höhe des Unterschiedsbetrages zwischen dem vollen Lehrlingseinkommen und dem aus der gesetzlichen Krankenversicherung gebührenden Krankengeld.

(4) Im Falle der Arbeitsverhinderung durch Arbeitsunfall oder Berufskrankheit im Sinne der Vorschriften über die gesetzliche Unfallversicherung, ist das volle Lehrlingseinkommen ohne Rücksicht auf andere Zeiten einer Arbeitsverhinderung bis zur Dauer von acht Wochen und ein Teilentgelt in der Höhe des Unterschiedsbetrages zwischen dem vollen Lehrlingseinkommen und dem aus der gesetzlichen Krankenversicherung gebührenden Krankengeld bis zur Dauer von weiteren vier Wochen zu gewähren.

(5) Wird ein in Abs. 2 genannter Aufenthalt nach einem Arbeitsunfall oder einer Berufskrankheit bewilligt oder angeordnet, so richtet sich der Anspruch nach Abs. 4.

(6) Die Verpflichtung des Lehrberechtigten zur Gewährung eines Teilentgelts besteht auch dann, wenn der Lehrling aus der gesetzlichen Krankenversicherung kein Krankengeld erhält.

(7) Die Bestimmungen des Artikels I, Abschnitt 1, § 2 Abs. 7, der §§ 3, 4, 6 und 7 sowie Abschnitt 2 Entgeltfortzahlungsgesetz (EFZG), sind anzuwenden.

(8) Wird das Lehrverhältnis während einer Arbeitsverhinderung wegen Erkrankung, Unfall, Arbeitsunfall oder Berufskrankheit durch den Lehrberechtigten gemäß § 15a aufgelöst, besteht Anspruch auf Fortzahlung des Entgelts für die nach Abs. 1 und Abs. 4 vorgesehene Dauer, wenngleich das Lehrverhältnis vorher endet.

Weiterbeschäftigung von ausgelernten Lehrlingen

§ 18. (1) Der Lehrberechtigte ist verpflichtet, den Lehrling, dessen Lehrverhältnis mit ihm gemäß § 14 Abs. 1 oder § 14 Abs. 2 lit. e endet, im Betrieb drei Monate im erlernten Beruf weiter zu beschäftigen.

(2) Hat der Lehrling bei dem Lehrberechtigten die für den Lehrberuf festgesetzte Lehrzeit bis zur Hälfte zurückgelegt, so trifft diesen Lehrberechtigten die im Abs. 1 festgelegte Verpflichtung nur im halben Ausmaß. Darüber hinaus trifft den Lehrberechtigten diese Verpflichtung in vollem Ausmaß.

(3) Die Landeskammer der gewerblichen Wirtschaft hat im Einvernehmen mit der Kammer für Arbeiter und Angestellte binnen 14 Tagen auf Antrag dem Lehrberechtigten die im Abs. 1 festgesetzte Verpflichtung zu erlassen oder die Bewilligung zur Kündigung vor Ablauf der im Abs. 1 vorgeschriebenen Beschäftigungsdauer zu erteilen, wenn diese Verpflichtung aus wirtschaftlichen Gründen, insbesondere bei Saisongewerben, nicht erfüllt werden kann. Wird die Entscheidung nicht innerhalb dieser Frist getroffen, so hat die Bezirksverwaltungsbehörde über diesen Antrag nach Anhörung der Landeskammer der gewerblichen Wirtschaft und der Kammer für Arbeiter und Angestellte endgültig zu entscheiden. Wird dem Antrag entsprochen, darf der Lehrberechtigte vor Ablauf der bezeichneten Beschäftigungsdauer keinen neuen Lehrling aufnehmen.

(4) Bestimmungen über eine allfällige vorzeitige Beendigung des Dienstverhältnisses bleiben unberührt.

20. Behinderteneinstellungsgesetz

Behinderteneinstellungsgesetz
StF: BGBl. Nr. 22/1970
Letzte Novellierung: BGBl. I Nr. 185/2022

GLIEDERUNG

STICHWORTVERZEICHNIS

Artikel II

Beschäftigungspflicht

§ 1. (1) Alle Dienstgeber, die im Bundesgebiet 25 oder mehr Dienstnehmer (§ 4 Abs. 1) beschäftigen, sind verpflichtet, auf je 25 Dienstnehmer mindestens einen begünstigten Behinderten (§ 2) einzustellen. Dieses Bundesgesetz ist nicht anzuwenden auf internationale Organisationen im Sinne des 1 Abs. 7 des Bundesgesetzes vom 14. Dezember 1977 über die Einräumung von Privilegien und Immunitäten an internationale Organisationen, BGBl. Nr. 677/1977.

(2) Der Bundesminister für Arbeit, Gesundheit und Soziales kann die Zahl der nach Abs. 1 zu beschäftigenden Behinderten (Pflichtzahl) für bestimmte Wirtschaftszweige durch Verordnung derart abändern, daß nur auf je höchstens 40 Dienstnehmer mindestens ein begünstigter Behinderter einzustellen ist. Voraussetzung hiefür ist, daß die Beschäftigung von Behinderten auf Grund der diesen Wirtschaftszweigen eigentümlichen Strukturen in dem im Abs. 1 vorgesehenen Ausmaß auch unter Nutzung aller technischen Möglichkeiten und Unterstützungsstrukturen nicht möglich ist. Ferner kann der Bundesminister für Arbeit, Gesundheit und Soziales durch Verordnung bestimmen, daß Dienstgeber Arbeitsplätze, die sich für die Beschäftigung von Behinderten besonders eignen, diesen Behinderten oder bestimmten Gruppen von Behinderten vorzubehalten haben. Auf den Bund, die Länder und die Gemeinden findet der erste Satz keine Anwendung.

(Anm.: Abs. 3 aufgehoben durch BGBl. I Nr. 17/1999)

Begünstigte Behinderte

§ 2. (1) Begünstigte Behinderte im Sinne dieses Bundesgesetzes sind österreichische Staatsbürger mit einem Grad der Behinderung von mindestens 50 vH. Österreichischen Staatsbürgern sind folgende Personen mit einem Grad der Behinderung von mindestens 50 vH gleichgestellt:

1. Unionsbürger, Staatsbürger von Vertragsparteien des Abkommens über den Europäischen Wirtschaftsraum, Schweizer Bürger und deren Familienangehörige,
2. Flüchtlinge, denen Asyl gewährt worden ist, solange sie zum dauernden Aufenthalt im Bundesgebiet berechtigt sind,
3. Drittstaatsangehörige, die berechtigt sind, sich in Österreich aufzuhalten und einer Beschäftigung nachzugehen, soweit diese Drittstaatsangehörigen hinsichtlich der Bedingungen einer Entlassung nach dem Recht der Europäischen Union österreichischen Staatsbürgern gleichzustellen sind.

(Anm.: Z 4 aufgehoben durch BGBl. I Nr. 72/2013)

(2) Nicht als begünstigte Behinderte im Sinne des Abs. 1 gelten behinderte Personen, die

a) sich in Schul- oder Berufsausbildung befinden oder
b) das 65. Lebensjahr überschritten haben und nicht in Beschäftigung stehen oder
c) nach bundes- oder landesgesetzlichen Vorschriften Geldleistungen wegen dauernder Erwerbsunfähigkeit (dauernder Berufsunfähigkeit) bzw. Ruhegenüsse oder Pensionen aus dem Versicherungsfall des Alters beziehen und nicht in Beschäftigung stehen oder
d) nicht in einem aufrechten sozialversicherungspflichtigen Dienstverhältnis stehen und infolge des Ausmaßes ihrer Funktionsbeeinträchtigungen zur Ausübung einer Erwerbstätigkeit auch auf einem geschützten Arbeitsplatz oder in einem Integrativen Betrieb (§ 11) nicht in der Lage sind.

(3) Die Ausschlussbestimmungen des Abs. 2 lit. a gelten nicht für behinderte Personen, die als Lehrlinge in Beschäftigung stehen, eine Ausbildung zum gehobenen Dienst für Gesundheits- und Krankenpflege absolvieren, an einer Hebammenakademie oder einer entsprechenden Fachhochschule ausgebildet werden oder zum Zwecke der vorgeschriebenen Ausbildung für den künftigen, eine abgeschlossene Hochschulausbildung erfordernden Beruf nach Abschluss dieser Hochschulausbildung beschäftigt werden und die Voraussetzungen des Abs. 1 erfüllen.

(4) Auf Behinderte, auf die Abs. 1 nicht anzuwenden ist, findet dieses Bundesgesetz mit Ausnahme des § 10a Abs. 3a und der §§ 7a bis 7r und 24a bis 24f nur nach Maßgabe der mit ihren Heimatstaaten getroffenen Vereinbarungen Anwendung.

Behinderung

§ 3. Behinderung im Sinne dieses Bundesgesetzes ist die Auswirkung einer nicht nur vorübergehenden körperlichen, geistigen oder psychischen Funktionsbeeinträchtigung oder Beeinträchtigung der Sinnesfunktionen, die geeignet ist, die Teilhabe am Arbeitsleben zu erschweren. Als nicht nur vorübergehend gilt ein Zeitraum von mehr als voraussichtlich sechs Monaten.

Berechnung der Pflichtzahl

§ 4. (1) Dienstnehmer im Sinne der Berechnung der Pflichtzahl sind:

a) Personen, die in einem Verhältnis persönlicher und wirtschaftlicher Abhängigkeit gegen Entgelt beschäftigt werden (ausgenommen Lehrlinge);
b) Personen, die zum Zwecke der vorgeschriebenen Ausbildung für den künftigen, eine abgeschlossene Hochschulbildung erfordernden Beruf nach Abschluß dieser Hochschulbildung beschäftigt sind;
c) Heimarbeiter.

(2) Für die Feststellung der Gesamtzahl der Dienstnehmer (Abs. 1), von der die Pflichtzahl zu berechnen ist (§ 1), sind alle Dienstnehmer, die ein Dienstgeber im Bundesgebiet beschäftigt, zusammenzufassen.

(3) Für die Berechnung der Pflichtzahl sind von der gemäß Abs. 2 festgestellten Gesamtzahl der Dienstnehmer die beschäftigten begünstigten Behinderten (§ 2) und Inhaber von Amtsbescheinigungen oder Opferausweisen (§ 5 Abs. 3) nicht einzurechnen.

(Anm.: Abs. 4 aufgehoben durch BGBl. I Nr. 17/1999)

Erfüllung der Beschäftigungspflicht

§ 5. (1) Auf die Pflichtzahl sind die beschäftigten und nach § 7 entlohnten begünstigten Behinderten, begünstigte Personen nach § 2 Abs. 3 und Dienstgeber anzurechnen, bei denen die Voraussetzungen des § 2 Abs. 1 zutreffen.

(2) Auf die Pflichtzahl werden mit dem Doppelten ihrer Zahl angerechnet:

a) Blinde;
b) die im Abs. 1 angeführten Behinderten vor Vollendung des 19. Lebensjahres;
c) die im Abs. 1 angeführten Behinderten über den in lit. b angeführten Zeitpunkt hinaus für die Dauer des Ausbildungsverhältnisses;
d) die im Abs. 1 angeführten Behinderten nach Vollendung des 50. Lebensjahres, wenn und insolange der Grad ihrer Behinderung mindestens 70 vH beträgt;
e) die im Abs. 1 angeführten Behinderten nach Vollendung des 55. Lebensjahres;
f) die im Abs. 1 angeführten Behinderten, die überwiegend auf den Gebrauch eines Krankenfahrstuhles (Rollstuhles) angewiesen sind.

(3) Inhaber einer Amtsbescheinigung oder eines Opferausweises gemäß § 4 des OpferfÜrsorgegesetzes, BGBl. Nr. 183/1947, sind auf die Pflichtzahl anzurechnen, vor Vollendung des 19. und nach Vollendung des 55. Lebensjahres mit dem Doppelten ihrer Zahl.

(Anm.: Abs. 4 entfallen; BG vom 12.12.1985, BGBl. Nr. 567/1985)

Angemessene Vorkehrungen und Förderungsmaßnahmen

§ 6. (1) Dienstgeber haben bei der Beschäftigung von begünstigten Behinderten auf deren Gesundheitszustand jede nach Beschaffenheit der Betriebsgattung und nach Art der Betriebsstätte und der Arbeitsbedingungen mögliche Rücksicht zu nehmen. Das Bundesamt für Soziales und Behindertenwesen hat einvernehmlich mit den Dienststellen des Arbeitsmarktservice und mit den übrigen Rehabilitationsträgern dahingehend zu wirken und zu beraten, daß die Behinderten in ihrer sozialen Stellung nicht absinken, entsprechend ihren Fähigkeiten und Kenntnissen eingesetzt und durch Leistungen der Rehabilitationsträger und Maßnahmen der Dienstgeber soweit gefördert werden, daß sie sich im Wettbewerb mit Nichtbehinderten zu behaupten vermögen.

(1a) Dienstgeber haben die geeigneten und im konkreten Fall erforderlichen Maßnahmen zu ergreifen, um Menschen mit Behinderungen den Zugang zur Beschäftigung, die Ausübung eines Berufes, den beruflichen Aufstieg und die Teilnahme an Aus- und Weiterbildungsmaßnahmen zu ermöglichen, es sei denn, diese Maßnahmen würden den Dienstgeber unverhältnismäßig belasten. Diese Belastung ist nicht unverhältnismäßig, wenn sie durch Förderungsmaßnahmen nach bundes- oder landesgesetzlichen Vorschriften ausreichend kompensiert werden kann.

(2) Nach Maßgabe der Richtlinien (Abs. 3) können aus den Mitteln des Ausgleichstaxfonds (§ 10 Abs. 1) Zuschüsse oder Darlehen gewährt werden, und zwar insbesondere

a) zu den Kosten der durch die Behinderung bedingten technischen Arbeitshilfen;
b) zur Schaffung von Arbeits- und Ausbildungsplätzen, die sich für begünstigte Behinderte besonders eignen;
c) zu den Lohn- und Ausbildungskosten für begünstigte Behinderte (§ 2 Abs. 1 und 3), mit denen ein Dienstverhältnis neu begründet wird (Einstellungsbeihilfen), oder die infolge ihrer Behinderung entweder die volle Leistungsfähigkeit nicht zu erreichen vermögen, oder deren Arbeits- oder Ausbildungsplatz ohne die Gewährung von Leistungen aus dem Ausgleichstaxfonds gefährdet wäre;
d) zu den Kosten von Maßnahmen beruflicher Assistenz, insbesondere Jugendcoaching, Produktionsschulen, Berufsausbildungsassistenz (§ 8b des Berufsausbildungsgesetzes, BGBl. Nr. 142/1969), Arbeitsassistenz und Job Coaching sowie anderer Assistenzmaßnahmen, insbesondere Persönliche Assistenz am Arbeitsplatz und Beratungsleistungen für Unternehmen;
e) für die Ein-, Um- oder Nachschulung, zur beruflichen Weiterbildung sowie zur Arbeitserprobung;
f) zu den sonstigen Kosten, die nachweislich mit dem Antritt oder der Ausübung einer Beschäftigung verbunden sind;
g) zur Gründung einer den Lebensunterhalt sichernden selbständigen Erwerbstätigkeit sowie zur pauschalen Abgeltung eines im laufenden Betrieb entstehenden behinderungsbedingten Mehraufwandes des behinderten Unternehmers.

(3) Der Bundesminister für Arbeit, Gesundheit und Soziales als Vertreter des Ausgleichstaxfonds hat als Grundlage für die Gewährung von Zuschüssen oder Darlehen (Abs. 2) Richtlinien, insbesondere über die Höhe und die Dauer der Zuwendungen unter Bedachtnahme auf die Leistungs- und Eingliederungsfähigkeit des begünstigten Behinderten, die besondere Eignung eines Arbeitsplatzes für die Beschäftigung begünstigter Behinderter, auf den Nutzen, der sich für den Dienstgeber aus der Durchführung der Maßnahmen ergibt, auf die finanziellen Möglichkeiten des Unternehmens und auf gleichartige Leistungen nach anderen Bundes- oder Landesgesetzen zu erlassen. Diese Richtlinien haben im Bundesamt für Soziales und Behindertenwesen zur Einsichtnahme aufzuliegen.

(4) Die Gewährung von Zuschüssen oder Darlehen kann über die nach Abs. 3 zu erlassenden Richtlinien hinaus mit weiteren Auflagen verbunden werden, um den angestrebten Erfolg zu sichern. Die Höhe laufend gewährter Zuschüsse ist bei Änderung der Voraussetzungen, ansonsten jährlich nach Überprüfung neu festzusetzen. Für den gleichen Zweck gewährte Zuschüsse oder Darlehen nach anderen Bundes- oder Landesgesetzen sind zu berücksichtigen. Offene Forderungen des Ausgleichstaxfonds sind bei Gewährung von Zuschüssen an Dienstgeber aufzurechnen.

(5) Vor der Gewährung von Leistungen nach Abs. 2 ist nach Klärung des Sachverhalts ein Team zu befassen, dem je ein Vertreter des Bundesamtes für Soziales und Behindertenwesen, der Landesgeschäftsstelle des Arbeitsmarktservice, des jeweiligen Bundeslandes (Behindertenhilfe), der Arbeiterkammer sowie der Wirtschaftskammer des jeweiligen Bundeslandes als ständige Mitglieder angehören. Falls die Sachlage es erfordert, sind Vertreter der Sozialversicherungsträger und Sachverständige insbesondere aus dem Bereich des ärztlichen und psychologischen Dienstes des Bundesamtes für Soziales und Behindertenwesen oder des Arbeitsmarktservice sowie aus dem Bereich der Arbeitsinspektion, der Landwirtschaftskammer und der Landarbeiterkammer beizuziehen.

(6) Anstelle von Zuschüssen oder Darlehen können auch Sachleistungen gewährt werden.

Entgelt

§ 7. Das Entgelt, das den im Sinne dieses Bundesgesetzes beschäftigten begünstigten Behinderten gebührt, darf aus dem Grunde der Behinderung nicht gemindert werden.

Schutz vor Diskriminierung in der Arbeitswelt – Geltungsbereich

§ 7a. (1) Die Bestimmungen der §§ 7b bis 7q gelten für den Bereich der Arbeitswelt; dazu zählen

1. Dienstverhältnisse aller Art, die auf privatrechtlichem Vertrag beruhen,
2. alle Formen und alle Ebenen der Berufsberatung, der Berufsausbildung, der beruflichen Weiterbildung und der Umschulung einschließlich der praktischen Berufserfahrung,
3. die Mitgliedschaft und Mitwirkung in einer Arbeitnehmer- oder Arbeitgeberorganisation oder einer Organisation, deren Mitglieder einer bestimmten Berufsgruppe angehören, einschließlich der Inanspruchnahme der Leistungen solcher Organisationen, und
4. die Gründung, Einrichtung oder Erweiterung eines Unternehmens sowie die Aufnahme oder Ausweitung jeglicher anderen Art von selbständiger Tätigkeit,

sofern dies in die Regelungskompetenz des Bundes fällt.

(2) Die Bestimmungen der §§ 7b bis 7q gelten weiters für

1. öffentlich-rechtliche Dienstverhältnisse zum Bund,
2. Ausbildungsverhältnisse aller Art zum Bund,
3. Beschäftigungsverhältnisse, auf die das Heimarbeitsgesetz 1960, BGBl. Nr. 105/1961, anzuwenden ist, und
4. Beschäftigungsverhältnisse von Personen, die, ohne in einem Dienstverhältnis zu stehen, im Auftrag und für Rechnung bestimmter Personen Arbeit leisten und wegen wirtschaftlicher Unselbständigkeit als arbeitnehmerähnlich anzusehen sind.

Für den Anwendungsbereich der §§ 7b bis 7q gelten die Beschäftigungsverhältnisse nach Z 2 bis 4 als Dienstverhältnisse.

(3) Ausgenommen sind Dienstverhältnisse einschließlich arbeitnehmerähnlicher Beschäftigungsverhältnisse im Sinne des Abs. 2 Z 4 zu einem Land, einem Gemeindeverband oder einer Gemeinde.

(4) Die Bestimmungen der §§ 7b bis 7q gelten auch für die Beschäftigung von Dienstnehmern, die von einem Dienstgeber ohne Sitz in Österreich

1. im Rahmen einer Arbeitskräfteüberlassung oder
2. zur fortgesetzten Arbeitsleistung

nach Österreich entsandt werden, für die Dauer der Entsendung.

Diskriminierungsverbot

§ 7b. (1) Auf Grund einer Behinderung darf im Zusammenhang mit einem Dienstverhältnis gemäß § 7a Abs. 1 Z 1, Abs. 2 und 4 sowie in der sonstigen Arbeitswelt im Sinne des § 7a Abs. 1 Z 2 bis 4 niemand unmittelbar oder mittelbar diskriminiert werden, insbesondere nicht

1. bei der Begründung des Dienstverhältnisses,
2. bei der Festsetzung des Entgelts,
3. bei der Gewährung freiwilliger Sozialleistungen, die kein Entgelt darstellen,

BEinstG

4. bei Maßnahmen der Aus- und Weiterbildung und Umschulung,
5. beim beruflichen Aufstieg, insbesondere bei Beförderungen und der Zuweisung höher entlohnter Verwendungen (Funktionen),
6. bei den sonstigen Arbeitsbedingungen,
7. bei der Beendigung des Dienstverhältnisses,
8. bei der Berufsberatung, Berufsausbildung, beruflichen Weiterbildung und Umschulung außerhalb eines Dienstverhältnisses,
9. bei der Mitgliedschaft und Mitwirkung in einer Arbeitnehmer- oder Arbeitgeberorganisation oder einer Organisation, deren Mitglieder einer bestimmten Berufsgruppe angehören, einschließlich der Inanspruchnahme der Leistungen solcher Organisationen,
10. bei der Gründung, Einrichtung oder Erweiterung eines Unternehmens sowie der Aufnahme oder Ausweitung jeglicher anderen Art von selbständiger Tätigkeit.

(2) Betriebliche Einstufungsregelungen und Normen der kollektiven Rechtsgestaltung dürfen bei der Regelung der Entlohnungskriterien keine Kriterien vorschreiben, die zu einer Diskriminierung auf Grund einer Behinderung führen.

(3) Bei der Einreihung von Verwendungen und Arbeitsplätzen der öffentlichen Verwaltung in für den Monatsbezug oder das Monatsentgelt bedeutsame Kategorien, wie Besoldungs-, Verwendungs- und Funktionsgruppen oder Dienstklassen, sind keine Kriterien für die Beurteilung der Tätigkeit zu verwenden, die zu einer Diskriminierung auf Grund einer Behinderung führen.

(4) Auf den Behinderungsbegriff der Abs. 1 bis 3 ist § 3 mit der Maßgabe anzuwenden, dass ein festgestellter Grad der Behinderung nicht erforderlich ist.

(5) Eine Diskriminierung liegt auch vor, wenn eine Person auf Grund ihres Naheverhältnisses zu einer Person wegen deren Behinderung diskriminiert wird.

(6) Jede Verletzung des Diskriminierungsverbots des Abs. 1 durch einen Bediensteten des Bundes verletzt die Verpflichtungen, die sich aus dem Dienstverhältnis ergeben, und ist nach den dienst- und disziplinarrechtlichen Vorschriften zu verfolgen.

Diskriminierung

§ 7c. (1) Eine unmittelbare Diskriminierung liegt vor, wenn eine Person auf Grund einer Behinderung in einer vergleichbaren Situation eine weniger günstige Behandlung erfährt, als eine andere Person erfährt, erfahren hat oder erfahren würde.

(2) Eine mittelbare Diskriminierung liegt vor, wenn dem Anschein nach neutrale Vorschriften, Kriterien oder Verfahren sowie Merkmale gestalteter Lebensbereiche Menschen mit Behinderungen gegenüber anderen Personen in besonderer Weise benachteiligen können, es sei denn, die betreffenden Vorschriften, Kriterien oder Verfahren sowie Merkmale gestalteter Lebensbereiche sind durch ein rechtmäßiges Ziel sachlich gerechtfertigt, und die Mittel sind zur Erreichung dieses Zieles angemessen und erforderlich.

(3) Bei Ungleichbehandlung wegen eines Merkmals, das im Zusammenhang mit einer Behinderung steht, liegt dann keine Diskriminierung vor, wenn das betreffende Merkmal auf Grund der Art einer bestimmten beruflichen Tätigkeit oder der Rahmenbedingungen ihrer Ausübung eine wesentliche und entscheidende berufliche Voraussetzung darstellt, und sofern es sich um einen rechtmäßigen Zweck und eine angemessene Anforderung handelt.

(4) Eine mittelbare Diskriminierung im Sinne von Abs. 2 liegt nicht vor, wenn die Beseitigung von Bedingungen, die eine Benachteiligung begründen, insbesondere von Barrieren, rechtswidrig oder wegen unverhältnismäßiger Belastungen unzumutbar wäre.

(5) Bei der Prüfung, ob Belastungen unverhältnismäßig sind, sind insbesondere zu berücksichtigen:
1. der mit der Beseitigung der die Benachteiligung begründenden Bedingungen verbundene Aufwand,
2. die wirtschaftliche Leistungsfähigkeit des Dienstgebers oder in Fällen des § 7b Abs. 1 Z 8 bis 10 des jeweiligen Rechtsträgers,
3. Förderungen aus öffentlichen Mitteln für die entsprechenden Maßnahmen,
4. die zwischen dem In-Kraft-Treten dieses Bundesgesetzes und der behaupteten Diskriminierung vergangene Zeit.

(6) Erweist sich die Beseitigung von Bedingungen, die eine Benachteiligung begründen, als unverhältnismäßige Belastung im Sinne des Abs. 4, liegt dann eine Diskriminierung vor, wenn verabsäumt wurde, durch zumutbare Maßnahmen zumindest eine maßgebliche Verbesserung der Situation des Betroffenen im Sinne einer größtmöglichen Annäherung an eine Gleichbehandlung zu bewirken. Bei der Prüfung der Zumutbarkeit ist Abs. 5 heranzuziehen.

(7) Bei der Beurteilung des Vorliegens einer mittelbaren Diskriminierung durch Barrieren ist auch zu prüfen, ob einschlägige auf den gegenständlichen Fall anwendbare Rechtsvorschriften zur Barrierefreiheit vorliegen und ob und inwieweit diese eingehalten wurden. Barrierefrei sind bauliche und sonstige Anlagen, Verkehrsmittel, technische Gebrauchsgegenstände, Systeme der Informationsverarbeitung sowie andere gestaltete Lebensbereiche, wenn sie für Menschen mit Behinderungen in der allgemein üblichen Weise, ohne besondere Erschwernis und grundsätzlich ohne fremde Hilfe zugänglich und nutzbar sind.

(8) Eine Diskriminierung liegt auch bei Anweisung einer Person zur Diskriminierung aus dem Grund einer Behinderung vor.

(9) Spezifische Maßnahmen zur Förderung der Gleichstellung im Berufsleben, mit denen Benachteiligungen wegen einer Behinderung verhindert oder ausgeglichen werden, gelten nicht als Diskriminierung im Sinne dieses Bundesgesetzes.

Belästigung

§ 7d. (1) Eine Diskriminierung liegt auch bei Belästigung vor, wenn eine Person

1. vom Dienstgeber selbst belästigt wird,
2. durch den Dienstgeber dadurch diskriminiert wird, indem dieser es schuldhaft unterlässt, im Falle einer Belästigung durch Dritte eine auf Grund gesetzlicher Bestimmungen, Normen der kollektiven Rechtsgestaltung oder des Arbeitsvertrages angemessene Abhilfe zu schaffen,
3. durch Dritte in Zusammenhang mit seinem Dienstverhältnis belästigt wird oder
4. durch Dritte außerhalb eines Dienstverhältnisses belästigt wird.

(2) Belästigung liegt vor, wenn im Zusammenhang mit einer Behinderung eine unerwünschte Verhaltensweise gesetzt wird,

1. die die Würde der betroffenen Person verletzt oder dies bezweckt,
2. die für die betroffene Person unerwünscht, unangebracht oder anstößig ist und
3. die ein einschüchterndes, feindseliges, entwürdigendes, beleidigendes oder demütigendes Umfeld für die betroffene Person schafft oder dies bezweckt.

(3) Eine Diskriminierung liegt auch vor

1. bei Anweisung zur Belästigung einer Person,
2. wenn die Zurückweisung oder Duldung einer Belästigung durch die belästigte Person zur Grundlage einer diese Person berührenden Entscheidung gemacht wird,
3. wenn eine Person auf Grund ihres Naheverhältnisses zu einer Person wegen deren Behinderung belästigt wird.

Rechtsfolgen der Diskriminierung bei der Begründung des Dienstverhältnisses und beim beruflichen Aufstieg

§ 7e. (1) Ist ein Dienstverhältnis wegen Verletzung des Diskriminierungsverbots des § 7b Abs. 1 Z 1 nicht begründet worden, so ist der Dienstgeber gegenüber dem Stellenwerber zum Ersatz des Vermögensschadens und zu einer Entschädigung für die erlittene persönliche Beeinträchtigung verpflichtet. Der Ersatzanspruch beträgt

1. mindestens zwei Monatsentgelte, wenn der Stellenwerber bei diskriminierungsfreier Auswahl die Stelle erhalten hätte, oder
2. bis 500 Euro, wenn der Dienstgeber nachweisen kann, dass der einem Stellenwerber durch die Diskriminierung entstandene Schaden allein darin besteht, dass die Berücksichtigung seiner Bewerbung verweigert wurde.

(2) Ist ein Dienstnehmer wegen Verletzung des Diskriminierungsverbots des § 7b Abs. 1 Z 5 nicht beruflich aufgestiegen, so ist der Dienstgeber gegenüber dem Dienstnehmer zum Ersatz des Vermögensschadens und zu einer Entschädigung für die erlittene persönliche Beeinträchtigung verpflichtet. Der Ersatzanspruch beträgt

1. wenn der Dienstnehmer bei diskriminierungsfreier Auswahl beruflich aufgestiegen wäre, die Differenz für mindestens drei Monate zwischen dem Entgelt, das der Dienstnehmer bei erfolgreichem beruflichen Aufstieg erhalten hätte, und dem tatsächlichen Entgelt, oder
2. wenn der Dienstgeber nachweisen kann, dass der dem Dienstnehmer durch die Diskriminierung entstandene Schaden allein darin besteht, dass die Berücksichtigung seiner Bewerbung verweigert wurde, bis 500 Euro.

(3) Ist ein Dienstverhältnis zum Bund wegen Verletzung des Diskriminierungsverbots des § 7b Abs. 1 Z 1 nicht begründet worden, so ist der Bund gegenüber dem Stellenwerber zum Ersatz des Vermögensschadens und zu einer Entschädigung für die erlittene persönliche Beeinträchtigung verpflichtet. Der Ersatzanspruch beträgt

1. mindestens drei Monatsbezüge des für die Gehaltsstufe 2 der Dienstklasse V der Beamten der allgemeinen Verwaltung gebührenden Betrages, wenn der Stellenwerber bei diskriminierungsfreier Auswahl die Stelle erhalten hätte, oder
2. bis zu drei Monatsbezüge des für die Gehaltsstufe 2 der Dienstklasse V der Beamten der allgemeinen Verwaltung gebührenden Betrages, wenn der Dienstgeber nachweisen kann, dass der einem Stellenwerber durch die Diskriminierung entstandene Schaden allein darin besteht, dass die Berücksichtigung seiner Bewerbung verweigert wurde.

(4) Ist ein Bundesbediensteter wegen Verletzung des Diskriminierungsverbots des § 7b Abs. 1 Z 5 nicht beruflich aufgestiegen, so ist der Bund gegenüber dem Bediensteten zum Ersatz des Vermögensschadens und zu einer Entschädigung für die erlittene persönliche Beeinträchtigung verpflichtet. Der Ersatzanspruch beträgt die Entgeltdifferenz (bei Beamten Bezugsdifferenz) zwischen dem Entgelt (bei Beamten Monatsbezug), das der Bedienstete bei erfolgreichem beruflichen Aufstieg erhalten hätte, und dem tatsächlichen Entgelt (bei Beamten Monatsbezug)

1. für mindestens drei Monate, wenn der Bedienstete bei diskriminierungsfreier Auswahl beruflich aufgestiegen wäre, oder

2. für bis zu drei Monate, wenn der Dienstgeber nachweisen kann, dass der dem Bediensteten durch die Diskriminierung entstandene Schaden allein darin besteht, dass die Berücksichtigung seiner Bewerbung verweigert wurde.

Rechtsfolgen der Diskriminierung im Zusammenhang mit der Beendigung eines Dienstverhältnisses

§ 7f. (1) Ist das Dienstverhältnis vom Dienstgeber wegen einer Behinderung des Dienstnehmers oder wegen der offenbar nicht unberechtigten Geltendmachung von Ansprüchen nach diesem Bundesgesetz gekündigt oder vorzeitig beendigt worden oder ist das Probedienstverhältnis wegen eines solchen Grundes aufgelöst worden (§ 7b Abs. 1 Z 7), so kann die Kündigung, Entlassung oder Auflösung des Probedienstverhältnisses unter der Voraussetzung des § 7k bei Gericht angefochten werden. Ist ein befristetes, auf die Umwandlung in ein unbefristetes Dienstverhältnis angelegtes Dienstverhältnis wegen einer Behinderung des Dienstnehmers oder wegen der nicht offenbar unberechtigten Geltendmachung von Ansprüchen nach diesem Bundesgesetz durch Zeitablauf beendet worden, so kann unter der Voraussetzung des § 7k auf Feststellung des unbefristeten Bestehens des Dienstverhältnisses geklagt werden. Lässt der Dienstnehmer die Beendigung gegen sich gelten, so hat er Anspruch auf Ersatz des Vermögensschadens und auf eine Entschädigung für die erlittene persönliche Beeinträchtigung.

(2) Ist das Dienstverhältnis eines Beamten wegen einer Behinderung oder wegen der offenbar nicht unberechtigten Geltendmachung von Ansprüchen nach diesem Bundesgesetz gekündigt oder vorzeitig beendigt worden, oder ist der Beamte wegen einer Behinderung amtswegig in den Ruhestand versetzt worden, so ist die Kündigung, Entlassung oder Ruhestandsversetzung auf Grund eines Antrages des betroffenen Dienstnehmers für rechtsunwirksam zu erklären.

(3) Abs. 1 und 2 sind nicht anzuwenden auf Kündigungen, für die § 8 Abs. 2 gilt.

Sonstige Rechtsfolgen der Diskriminierung im Zusammenhang mit einem Dienstverhältnis

§ 7g. (1) Erhält ein behinderter Dienstnehmer wegen Verletzung des Diskriminierungsverbots des § 7b Abs. 1 Z 2 durch den Dienstgeber für gleiche Arbeit oder für eine Arbeit, die als gleichwertig anerkannt wird, ein geringeres Entgelt als ein anderer Dienstnehmer, so hat er gegenüber dem Dienstgeber Anspruch auf Bezahlung der Differenz und eine Entschädigung für die erlittene persönliche Beeinträchtigung.

(2) Bei Verletzung des Diskriminierungsverbots des § 7b Abs. 1 Z 3 hat der Dienstnehmer Anspruch auf Gewährung der betreffenden Sozialleistung oder auf Ersatz des Vermögensschadens sowie auf eine Entschädigung für die erlittene persönliche Beeinträchtigung.

(3) Bei Verletzung des Diskriminierungsverbots des § 7b Abs. 1 Z 4 hat der Dienstnehmer Anspruch auf Einbeziehung in die entsprechenden betrieblichen Aus- und Weiterbildungs- sowie Umschulungsmaßnahmen oder auf Ersatz des Vermögensschadens sowie auf eine Entschädigung für die erlittene persönliche Beeinträchtigung.

(4) Bei Verletzung des Diskriminierungsverbots des § 7b Abs. 1 Z 6 hat der behinderte Dienstnehmer Anspruch auf Gewährung der gleichen Arbeitsbedingungen wie ein anderer Dienstnehmer oder auf Ersatz des Vermögensschadens sowie auf eine Entschädigung für die erlittene persönliche Beeinträchtigung.

Rechtsfolgen der Diskriminierung in der sonstigen Arbeitswelt

§ 7h. (1) Bei Verletzung des Diskriminierungsverbots des § 7b Abs. 1 Z 8 hat die betroffene Person Anspruch auf Einbeziehung in die entsprechenden Berufsberatungs-, Berufsausbildungs-, Weiterbildungs- und Umschulungsmaßnahmen oder auf Ersatz des Vermögensschadens sowie auf eine Entschädigung für die erlittene persönliche Beeinträchtigung.

(2) Bei Verletzung des Diskriminierungsverbots des § 7b Abs. 1 Z 9 hat die betroffene Person Anspruch auf Mitgliedschaft und Mitwirkung in der betreffenden Organisation sowie auf Inanspruchnahme der Leistungen der betreffenden Organisation oder auf Ersatz des Vermögensschadens sowie auf eine Entschädigung für die erlittene persönliche Beeinträchtigung.

(3) Bei Verletzung des Diskriminierungsverbots des § 7b Abs. 1 Z 10 hat die betroffene Person Anspruch auf Ersatz des Vermögensschadens und auf eine Entschädigung für die erlittene persönliche Beeinträchtigung.

Rechtsfolgen einer Belästigung oder bei Benachteiligung infolge einer Beschwerde

§ 7i. (1) Bei einer Belästigung (§ 7d) hat die betroffene Person gegenüber dem Belästiger, im Falle einer schuldhaften Unterlassung des Dienstgebers (§ 7d Abs. 2) auch gegenüber diesem, Anspruch auf Ersatz des erlittenen Schadens. Neben dem Ersatz eines allfälligen Vermögensschadens hat die betroffene Person zum Ausgleich der erlittenen persönlichen Beeinträchtigung Anspruch auf angemessenen, mindestens jedoch auf 1 000 € Schadenersatz.

(2) Als Reaktion auf eine Beschwerde oder auf die Einleitung eines Verfahrens zur Durchsetzung des Diskriminierungsverbots des § 7b Abs. 1 darf der betroffene Dienstnehmer durch den Dienstgeber nicht entlassen, gekündigt oder anders benachteiligt werden. Auch ein anderer Dienstnehmer,

der als Zeuge oder Auskunftsperson in einem Verfahren auftritt oder eine Beschwerde eines anderen Dienstnehmers unterstützt, darf als Reaktion auf eine Beschwerde oder auf die Einleitung eines Verfahrens zur Durchsetzung des Diskriminierungsverbots nicht entlassen, gekündigt oder anders benachteiligt werden. §§ 7e bis 7g, 7i Abs. 1, 7j bis 7m, 7o und 7p gelten sinngemäß.

Höhe des Schadenersatzes

§ 7j. Die Höhe der Entschädigung für die erlittene persönliche Beeinträchtigung ist so zu bemessen, dass dadurch die Beeinträchtigung tatsächlich und wirksam ausgeglichen wird und die Entschädigung der erlittenen Beeinträchtigung angemessen ist sowie Diskriminierungen verhindert. Dabei ist insbesondere auf die Dauer der Diskriminierung, die Schwere eines allfälligen Verschuldens, die Erheblichkeit der Beeinträchtigung und auf Mehrfachdiskriminierungen Bedacht zu nehmen.

Geltendmachung von Ansprüchen bei den ordentlichen Gerichten

§ 7k. (1) Ansprüche gemäß §§ 7e bis 7i können bei den ordentlichen Gerichten nur geltend gemacht werden, wenn in der Sache vorher beim Bundesamt für Soziales und Behindertenwesen (Sozialministeriumservice) ein Schlichtungsverfahren gemäß §§ 14 ff Bundes-Behindertengleichstellungsgesetz (BGStG), BGBl. I Nr. 82/2005, durchgeführt wurde. Die Klage ist nur zulässig, wenn nicht längstens innerhalb von drei Monaten, im Fall einer Kündigung oder Entlassung innerhalb von einem Monat ab Einleitung des Schlichtungsverfahrens eine gütliche Einigung erzielt worden ist. Der Kläger hat der Klage eine Bestätigung des Sozialministeriumservice darüber anzuschließen, dass keine gütliche Einigung erzielt werden konnte.

(2) Für die gerichtliche Geltendmachung der Ansprüche gelten folgende Fristen:

1. in Fällen nach § 7e sechs Monate ab Zugang der Ablehnung der Bewerbung oder Beförderung;
2. in Fällen von Anfechtungen oder Feststellungsklagen gemäß § 7f Abs. 1 oder § 7i Abs. 2 14 Tage ab Zugang der Kündigung, Entlassung oder Auflösung des Probedienstverhältnisses bzw. ab Beendigung des befristeten Dienstverhältnisses durch Zeitablauf;
3. im Falle der Geltendmachung von Ansprüchen gem. § 7f Abs. 1 letzter Satz sechs Monate ab Zugang der Kündigung, Entlassung oder Auflösung des Probedienstverhältnisses bzw. ab Beendigung des befristeten Dienstverhältnisses durch Zeitablauf;
4. im Falle einer Belästigung gemäß § 7i Abs. 1 ein Jahr;
5. in Fällen nach § 7g gilt die dreijährige Verjährungsfrist gemäß § 1486 des Allgemeinen Bürgerlichen Gesetzbuches (ABGB), in Fällen nach § 7h die dreijährige Verjährungsfrist gemäß § 1489 ABGB.

(3) Klagen betreffend Ansprüche nach § 7h können jedenfalls auch bei dem Gericht eingebracht werden, in dessen Sprengel sich der Wohnsitz oder der gewöhnlichen Aufenthalt der betroffenen Person befindet.

(4) Die Einleitung des Schlichtungsverfahrens (§ 14 Abs. 2 BGStG) bewirkt die Hemmung der Fristen zur gerichtlichen Geltendmachung. Die Zustellung der Bestätigung des Sozialministeriumservice an die eine Diskriminierung behauptende Person, dass keine gütliche Einigung erzielt werden konnte (§ 14 Abs. 3 BGStG), beendet die Hemmung. Die Bestätigung ist auf Antrag oder, wenn nach Ablauf der Frist gemäß Abs. 1 eine Einigung nicht mehr zu erwarten ist, amtswegig auszustellen.

(5) Nach Zustellung der Bestätigung steht der betroffenen Person im Fall einer Kündigung oder Entlassung zur Erhebung der Klage jedenfalls noch eine Frist von 14 Tagen, in allen anderen Fällen zumindest noch eine Frist von drei Monaten offen.

Geltendmachung von Ansprüchen von Beamten

§ 7l. (1) Ansprüche von Beamten gemäß §§ 7e bis 7g und gemäß § 7i Abs. 2 können bei der Dienstbehörde nur geltend gemacht werden, wenn in der Sache vorher beim Sozialministeriumservice ein Schlichtungsverfahren gemäß §§ 14 ff BGStG durchgeführt wurde. Die Geltendmachung durch Beamte bei der Dienstbehörde ist nur zulässig, wenn nicht längstens innerhalb von drei Monaten, im Fall einer Kündigung oder Entlassung innerhalb von einem Monat ab Einleitung des Schlichtungsverfahrens eine gütliche Einigung erzielt worden ist. Liegt es im Ermessen der Behörde, über die Rechtsfrage mittels Bescheides zu entscheiden, ist ein Antrag auf Bescheiderlassung erst nach Beendigung des Schlichtungsverfahrens zulässig. Die Dienstbehörde ist verpflichtet, an einer Schlichtung mitzuwirken und dem Sozialministeriumservice die erforderlichen Auskünfte zu erteilen.

(2) Die Dienstbehörde hat im Verfahren Abs. 1 und 3 bis 6 sowie §§ 7b bis 7g, 7i, 7j, 7m und 7o dieses Bundesgesetzes unmittelbar anzuwenden.

(3) Werden nach Beendigung eines Schlichtungsverfahrens Ansprüche geltend gemacht, die eine diskriminierende Entscheidung mittels Bescheides betreffen, und steht ein ordentliches Rechtsmittel offen, hat die Geltendmachung von Ansprüchen im Zuge des Rechtsmittels zu erfolgen. Entscheidet die Dienstbehörde in erster und letzter Instanz, kann die Geltendmachung binnen 14 Tagen ab Bescheidzustellung mittels Antrages

auf Erklärung der Rechtsunwirksamkeit der diskriminierenden Entscheidung erfolgen. Die Dienstbehörde hat im Fall einer diskriminierenden Entscheidung den erlassenen Bescheid aufzuheben und die Rechtsfrage neu zu entscheiden.

(4) Außer den in Abs. 3 geregelten Fällen gelten für die Geltendmachung von Ansprüchen bei der Dienstbehörde folgende Fristen:

1. in Fällen nach § 7e sechs Monate ab der Ablehnung der Bewerbung oder Beförderung;
2. im Fall einer Kündigung, Entlassung oder amtswegigen Ruhestandsversetzung gemäß § 7f oder § 7i Abs. 2 14 Tage ab Zugang;
3. in Fällen nach § 7g gilt die dreijährige Verjährungsfrist gemäß § 1486 ABGB.

(5) Die Einleitung des Schlichtungsverfahrens (§ 14 Abs. 2 BGStG) bewirkt die Hemmung der Fristen zur Geltendmachung bei der Dienstbehörde sowie ordentlicher oder außerordentlicher Rechtsmittelfristen. Die Zustellung der Bestätigung des Sozialministeriumservice an die eine Diskriminierung behauptende Person, dass keine gütliche Einigung erzielt werden konnte (§ 14 Abs. 3 BGStG), beendet die Hemmung der Fristen zur Geltendmachung. Die Bestätigung ist auf Antrag oder, wenn nach Ablauf der Frist gemäß Abs. 1 eine Einigung nicht mehr zu erwarten ist, amtswegig auszustellen.

(6) Nach Zustellung der Bestätigung steht der betroffenen Person im Fall einer Kündigung oder Entlassung zur Geltendmachung jedenfalls noch eine Frist von 14 Tagen offen. In Fällen, in denen eine ordentliche oder außerordentliche Rechtsmittelfrist gehemmt wurde, steht jedenfalls noch diese offen. In allen anderen Fällen steht zumindest noch eine Frist von drei Monaten offen.

(7) Kommt es im Schlichtungsverfahren zu keiner gütlichen Einigung, kann das Sozialministeriumservice nach Durchführung der entsprechenden Ermittlungen auf Ersuchen der betroffenen Person eine Stellungnahme über das Vorliegen einer Diskriminierung abgeben.

Geltendmachung von Ansprüchen von Beamten bei Belästigung

§ 7m. (1) Unter der Voraussetzung der Durchführung des Schlichtungsverfahrens gemäß §§ 14 ff BGStG können Ansprüche von Beamten aus einer Belästigung (§ 7i Abs. 1) gegen den Belästiger bei den ordentlichen Gerichten gemäß § 7k, gegen den Dienstgeber bei der Dienstbehörde gemäß § 7l geltend gemacht werden.

(2) Ansprüche aus einer Belästigung gegen den Belästiger sind binnen eines Jahres gerichtlich geltend zu machen.

(3) Ansprüche aus einer Belästigung gegen den Dienstgeber sind binnen eines Jahres bei der Dienstbehörde geltend zu machen.

Geltendmachung von nicht dienstrechtlichen Ansprüchen bei Diskriminierung in Vollziehung der Gesetze

§ 7n. Ansprüche gemäß § 7h Abs. 3 (die Gründung, Einrichtung oder Erweiterung eines Unternehmens sowie die Aufnahme oder Ausweitung jeglicher anderen Art von selbständiger Tätigkeit) können, wenn die Diskriminierung in Vollziehung der Gesetze erfolgt ist, nach dem Amtshaftungsgesetz (AHG), BGBl. Nr. 20/1949, geltend gemacht werden. Das Schlichtungsverfahren gemäß §§ 14 ff BGStG ersetzt dabei das Aufforderungsverfahren gemäß § 8 AHG.

Zuständigkeit bei Mehrfachdiskriminierung

§ 7o. Macht eine betroffene Person sowohl eine Verletzung des Diskriminierungsverbots des § 7b Abs. 1 nach diesem Bundesgesetz als auch eine Verletzung des Gleichbehandlungsgebots von Frauen und Männern in der Arbeitswelt bzw. des Gebots der Gleichbehandlung ohne Unterschied der ethnischen Zugehörigkeit, der Religion oder Weltanschauung, des Alters oder der sexuellen Orientierung in der Arbeitswelt im Sinne des Gleichbehandlungsgesetzes, BGBl. I Nr. 66/2004, bzw. des Bundes-Gleichbehandlungsgesetzes, BGBl. Nr. 100/1993, geltend, so sind alle Diskriminierungstatbestände im Schlichtungsverfahren gemäß §§ 14 ff BGStG abzuhandeln und können bei den ordentlichen Gerichten nur gemäß § 7k oder bei Behörden nur gemäß §§ 7l oder 7n geltend gemacht werden.

Beweislast

§ 7p. Wenn sich eine betroffene Person vor Gericht auf einen Diskriminierungstatbestand im Sinne des § 7b Abs. 1 oder eine Belästigung (§ 7d) beruft, so hat sie diesen Umstand glaubhaft zu machen. Dem Beklagten obliegt es bei Berufung auf § 7b Abs. 1 zu beweisen, dass es bei Abwägung aller Umstände wahrscheinlicher ist, dass ein anderes vom Beklagten glaubhaft gemachtes Motiv für die unterschiedliche Behandlung ausschlaggebend war. Bei Berufung auf § 7d sowie bei Berufung auf eine Diskriminierung, die durch Barrieren verursacht wird, obliegt es dem Beklagten zu beweisen, dass es bei Abwägung aller Umstände wahrscheinlicher ist, dass die vom Beklagten glaubhaft gemachten Tatsachen der Wahrheit entsprechen.

Nebenintervention

§ 7q. Die Österreichische Arbeitsgemeinschaft für Rehabilitation kann, wenn es eine betroffene Person verlangt, einem Rechtsstreit zur Durchsetzung von Ansprüchen aus einer Verletzung des

Diskriminierungsverbots des § 7b als Nebenintervenient (§§ 17 bis 19 ZPO) beitreten.

Sonderbestimmungen für Landeslehrer, Anwendungsbereich

§ 7r. Die §§ 7b bis 7q dieses Bundesgesetzes sind auf Lehrer an öffentlichen Pflichtschulen und an land- und forstwirtschaftlichen Berufs- und Fachschulen (§ 1 des Landeslehrer-Dienstrechtsgesetzes 1984, BGBl. Nr. 302, § 1 des Land- und forstwirtschaftlichen Landeslehrer-Dienstrechtsgesetzes 1985, BGBl. Nr. 296, § 1 des Landesvertragslehrergesetzes 1966, BGBl. Nr. 172 und § 1 des Land- und forstwirtschaftlichen Landesvertragslehrergesetzes, BGBl. Nr. 244/1969) mit der Maßgabe anzuwenden, dass

1. soweit darin den Dienstbehörden des Bundes Zuständigkeiten zukommen, an deren Stelle die landesgesetzlich berufenen Organe (Dienstbehörden) treten,
2. soweit darin auf das Schlichtungsverfahren gemäß §§ 14 ff BGStG verwiesen wird, ein vergleichbares Verfahren durch landesgesetzliche Bestimmungen zu regeln ist, und
3. soweit gemäß den §§ 7e bis 7h Ersatzansprüche an den Bund eingeräumt sind, diese vom Land zu tragen sind.

Sonderbestimmungen für land- und forstwirtschaftliche Arbeiter

§ 7s. (1) Die §§ 7b bis 7q dieses Bundesgesetzes sind auch auf Dienstverhältnisse der land- und forstwirtschaftlichen Arbeiter und Angestellten im Sinne des Landarbeitsgesetzes 2021, BGBl. I Nr. 78/2021, mit der Maßgabe anzuwenden, dass, soweit darin auf das Schlichtungsverfahren gemäß §§ 14ff BGStG verwiesen wird, ein vergleichbares Verfahren durch die nach den landesgesetzlichen Bestimmungen für vergleichbare Verfahren zur Geltendmachung von Ansprüchen aus einer Diskriminierung zuständigen Behörden oder Einrichtungen der Länder durchzuführen ist.

(2) Macht eine betroffene Person sowohl eine Verletzung des Diskriminierungsverbots des § 7b Abs. 1 nach diesem Bundesgesetz als auch eine Verletzung des Gebots der Gleichbehandlung von Frauen und Männern in der Arbeitswelt bzw. des Gebots der Gleichbehandlung ohne Unterschied der ethnischen Zugehörigkeit, der Religion oder Weltanschauung, des Alters oder der sexuellen Orientierung in der Arbeitswelt im Sinne des Landarbeitsgesetzes 2021, BGBl. I Nr. 78/2021, geltend, so sind alle Diskriminierungstatbestände im Verfahren gemäß Abs. 1 abzuhandeln und können bei den ordentlichen Gerichten nur gemäß § 7k mit der Maßgabe geltend gemacht werden, dass an die Stelle des Schlichtungsverfahrens gemäß §§ 14ff BGStG das Verfahren nach Abs. 1 tritt.

Kündigung

§ 8. (1) Das Dienstverhältnis eines begünstigten Behinderten darf vom Dienstgeber, sofern keine längere Kündigungsfrist einzuhalten ist, nur unter Einhaltung einer Frist von vier Wochen gekündigt werden. Ein auf Probe vereinbartes Dienstverhältnis kann während des ersten Monates von beiden Teilen jederzeit gelöst werden.

(2) Die Kündigung eines begünstigten Behinderten (§ 2) darf von einem Dienstgeber erst dann ausgesprochen werden, wenn der Behindertenausschuss (§ 12) nach Anhörung des Betriebsrates, der Behindertenvertrauensperson (Stellvertreter) oder der Personalvertretung im Sinne des Bundes-Personalvertretungsgesetzes bzw. der entsprechenden landesgesetzlichen Vorschriften zugestimmt hat; dem Dienstnehmer kommt in diesem Verfahren Parteistellung zu. Eine Kündigung ohne vorherige Zustimmung des Behindertenausschusses ist rechtsunwirksam, wenn nicht in Ausnahmefällen nachträglich die Zustimmung erteilt wird. Diese Zustimmung ist nicht zu erteilen, wenn die Zugehörigkeit zum Personenkreis der begünstigten Behinderten die Folge eines Arbeitsunfalles gemäß § 175f des Allgemeinen Sozialversicherungsgesetzes (ASVG), BGBl. Nr. 189/1955 ist. Ein Ausnahmefall, der die Zustimmung zu einer bereits ausgesprochenen Kündigung rechtfertigt, ist dann gegeben, wenn dem Dienstgeber zum Zeitpunkt des Ausspruches der Kündigung nicht bekannt war und auch nicht bekannt sein musste, dass der Dienstnehmer dem Personenkreis der begünstigten Behinderten im Sinne des § 2 angehört. Abs. 4 und 4a sind anzuwenden.

(3) Der Behindertenausschuß hat bei seiner Entscheidung über die Zustimmung zur Kündigung eines begünstigten Behinderten die besondere Schutzbedürftigkeit des Dienstnehmers zu berücksichtigen und unter Beachtung des § 6 zu prüfen, ob dem Dienstnehmer der Verlust seines Arbeitsplatzes zugemutet werden kann.

(4) Die Fortsetzung des Dienstverhältnisses wird dem Dienstgeber insbesondere dann nicht zugemutet werden können, wenn

a) der Tätigkeitsbereich des begünstigten Behinderten entfällt und der Dienstgeber nachweist, daß der begünstigte Behinderte trotz seiner Zustimmung an einem anderen geeigneten Arbeitsplatz ohne erheblichen Schaden nicht weiterbeschäftigt werden kann;,

b) der begünstigte Behinderte unfähig wird, die im Dienstvertrag vereinbarte Arbeit zu leisten, sofern in absehbarer Zeit eine Wiederherstellung der Arbeitsfähigkeit nicht zu erwarten ist und der Dienstgeber nachweist, daß der begünstigte Behinderte trotz seiner Zustimmung

BEinstG

an einem anderen geeigneten Arbeitsplatz ohne erheblichen Schaden nicht weiterbeschäftigt werden kann;

c) der begünstigte Behinderte die ihm auf Grund des Dienstverhältnisses obliegenden Pflichten beharrlich verletzt und der Weiterbeschäftigung Gründe der Arbeitsdisziplin entgegenstehen.

(4a) Bei der Entscheidung über die Zustimmung zur Kündigung eines begünstigten Behinderten ist auch das Diskriminierungsverbot des § 7b Abs. 1 zu berücksichtigen.

(5) Gesetzliche Bestimmungen, die die Beendigung des Dienstverhältnisses an zusätzliche Voraussetzungen knüpfen, bleiben unberührt. Finden auf die Kündigung eines begünstigten Behinderten die Abs. 2 bis 4 Anwendung, gelten die Bestimmungen des § 105 Abs. 2 bis 6 des Arbeitsverfassungsgesetzes, BGBl. Nr. 22/1974, bzw. die im Sinne des Landarbeitsgesetzes 2021, BGBl. I Nr. 78/2021, für land- und forstwirtschaftliche Arbeiter und Angestellte erlassenen Vorschriften nicht.

(6) Abs. 2 bis 4 finden auf das Dienstverhältnis keine Anwendung,

a) wenn dem Behinderten als Mitglied des Betriebsrates (Jugendvertrauensrates) bzw. als Personalvertreter der besondere Kündigungsschutz auf Grund der §§ 120 und 121 des Arbeitsverfassungsgesetzes bzw. der im Sinne des Landarbeitsgesetzes 2021, BGBl. I Nr. 78/2021, für land- und forstwirtschaftliche Arbeiter und Angestellte erlassenen Vorschriften oder des § 27 Abs. 2 des Bundes-Personalvertretungsgesetzes und ähnlicher landesrechtlicher Vorschriften zusteht;

b) wenn das Dienstverhältnis zum Zeitpunkt des Ausspruches der Kündigung noch nicht länger als vier Jahre bestanden hat, es sei denn die Feststellung der Begünstigteneigenschaft erfolgt innerhalb dieses Zeitraumes, wobei während der ersten sechs Monate nur die Feststellung der Begünstigteneigenschaft infolge eines Arbeitsunfalles diese Rechtsfolge auslöst, oder es erfolgt ein Arbeitsplatzwechsel innerhalb eines Konzerns.

Beendigung eines Dienstverhältnisses kraft Gesetzes

§ 8a. Soweit in dienstrechtlichen Vorschriften für Bedienstete einer Gebietskörperschaft die Beendigung des Dienstverhältnisses wegen langer Dienstverhinderung infolge Krankheit kraft Gesetzes vorgesehen ist, ist im Falle eines begünstigten Behinderten (§ 2) der Behindertenausschuß spätestens drei Monate vor Ablauf dieser Frist von Amts wegen zu verständigen. Der Behindertenausschuß hat zur Zweckmäßigkeit einer Vereinbarung über die Fortsetzung des Dienstverhältnisses Stellung zu nehmen. Die Beendigung des Dienstverhältnisses wird – ungeachtet der dienstrechtlichen Vorschriften – frühestens drei Monate nach Einlangen der Verständigung beim Behindertenausschuß wirksam.

Ausgleichstaxe

§ 9. (1) Vom Bundesamt für Soziales und Behindertenwesen ist die Entrichtung einer Ausgleichstaxe alljährlich für das jeweils abgelaufene Kalenderjahr mittels Bescheides vorzuschreiben, wenn die Beschäftigungspflicht nicht erfüllt ist.

(2) Die Ausgleichstaxe beträgt für jede einzelne Person, die zu beschäftigen wäre, ab 1. Jänner 2011 monatlich 226 Euro *(Anm. 1)*. Abweichend davon beträgt die Ausgleichstaxe für Dienstgeber, die 100 oder mehr Dienstnehmer beschäftigen, für jede Person, die zu beschäftigen wäre, ab 1. Jänner 2011 monatlich 316 Euro *(Anm. 2)* und für Dienstgeber, die 400 oder mehr Dienstnehmer beschäftigen, für jede Person, die zu beschäftigen wäre, ab 1. Jänner 2011 monatlich 336 Euro *(Anm. 3)*. Diese Beträge sind ab 1. Jänner 2012 und in der Folge mit Wirkung vom 1. Jänner eines jeden Jahres mit dem für den Bereich des Allgemeinen Sozialversicherungsgesetzes festgesetzten Anpassungsfaktor zu vervielfachen. Die vervielfachten Beträge sind auf den nächsten vollen Eurobetrag zu runden, dabei sind Beträge unter 50 Cent zu vernachlässigen und Beträge von 50 Cent an auf einen vollen Euro zu ergänzen. Die gerundeten Beträge sind der folgenden Anpassung zugrunde zu legen. Der Bundesminister für Arbeit, Soziales und Konsumentenschutz hat die jeweilige Höhe der Ausgleichstaxe mit Verordnung festzustellen. Diese Verordnung kann auch rückwirkend in Kraft gesetzt werden.

(3) Die Entrichtung der Ausgleichstaxe kann nur binnen zwei Jahren, gerechnet vom Einlangen der Abschrift des Verzeichnisses (§ 16 Abs. 2) an, falls der Dienstgeber von der Vorlage des Verzeichnisses gemäß § 16 Abs. 5 und 6 befreit war, binnen drei Jahren nach Ablauf des Jahres, für das die Ausgleichstaxe zu zahlen ist, vorgeschrieben werden. Hat der Dienstgeber der Auskunfts- und Meldepflicht (§ 16) nicht entsprochen bzw. unwahre oder unvollständige Angaben gemacht, kann die Entrichtung der Ausgleichstaxe binnen sieben Jahren, gerechnet vom Ende des Kalenderjahres an, für das keine bzw. unvollständige oder unrichtige Meldungen erstattet wurden, vorgeschrieben werden. Diese Frist beginnt durch jede Maßnahme des Bundesamtes für Soziales und Behindertenwesen, die auf Einholung der Verzeichnisabschrift oder einer wahrheitsgetreuen Meldung gerichtet ist, neu zu laufen.

(4) Die Ausgleichstaxe wird nach Ablauf von vier Wochen, gerechnet vom Eintritt der Rechtskraft des Bescheides, mit dem die Ausgleichstaxe vorgeschrieben wurde, fällig. Sie ist spätestens

bis zum Fälligkeitstag unaufgefordert an das Bundesamt für Soziales und Behindertenwesen einzuzahlen.

(5) Wird die Ausgleichstaxe nicht bis zum Fälligkeitstag (Abs. 4) eingezahlt, so sind ab dem darauffolgenden Kalendertag Zinsen in der Höhe von 4 vH über dem jeweils geltenden Basiszinssatz gemäß § 1 1. Euro-Justiz-Begleitgesetz, BGBl. I Nr. 125/1998 pro Jahr an den Ausgleichstaxfonds (§ 10) zu entrichten. Die Geltendmachung eines Zinsenanspruches hat zu unterbleiben, wenn der Zinsenbetrag 7,30 Euro nicht übersteigt.

(

Anm. 1: gemäß BGBl. II Nr. 416/2011 für 2012: 232 Euro
gemäß BGBl. II Nr. 407/2012 für 2013: 238 Euro
gemäß BGBl. II Nr. 461/2013 für 2014: 244 Euro
gemäß BGBl. II Nr. 331/2014 für 2015: 248 Euro
gemäß BGBl. II Nr. 421/2015 für 2016: 251 Euro
gemäß BGBl. II Nr. 385/2016 für 2017: 253 Euro
gemäß BGBl. II Nr. 365/2017 für 2018: 257 Euro
gemäß BGBl. II Nr. 356/2018 für 2019: 262 Euro
gemäß BGBl. II Nr. 347/2019 für 2020: 267 Euro
gemäß BGBl. II Nr. 572/2020 für 2021: 271 Euro
gemäß BGBl. II Nr. 570/2021 für 2022: 276 Euro
gemäß BGBl. II Nr. 418/2022 für 2023: 292 Euro

Anm. 2: für 2012: 325 Euro
für 2013: 334 Euro
für 2014: 342 Euro
für 2015: 348 Euro
für 2016: 352 Euro
für 2017: 355 Euro
für 2018: 361 Euro
für 2019: 368 Euro
für 2020: 375 Euro
für 2021: 381 Euro
für 2022: 388 Euro
für 2023: 411 Euro

Anm. 3: für 2012: 345 Euro
für 2013: 355 Euro
für 2014: 364 Euro
für 2015: 370 Euro
für 2016: 374 Euro
für 2017: 377 Euro
für 2018: 383 Euro
für 2019: 391 Euro
für 2020: 398 Euro
für 2021: 404 Euro
für 2021: 411 Euro
für 2021: 435 Euro)

Prämien

§ 9a. (1) Dienstgeber erhalten aus Mitteln des Ausgleichstaxfonds (§ 10) für jeden beschäftigten, in Ausbildung stehenden begünstigten Behinderten (§ 2 Abs. 3) eine Prämie in Höhe der nach § 9 Abs. 2 1. Satz festgesetzten Ausgleichstaxe.

(2) Über die Zuerkennung einer Prämie hat das Bundesamt für Soziales und Behindertenwesen in Fällen, in denen die Berechnung unter Bedachtnahme auf § 16 Abs. 4 bis 7 erfolgt, von Amts wegen, in den übrigen Fällen über Antrag des Dienstgebers zu entscheiden. Der Antrag kann nur binnen drei Jahren vom Ende des Kalenderjahres an, für das die Prämie begehrt wird, eingebracht werden.

(3) Die Prämie ist auf Forderungen des Ausgleichstaxfonds gegen den zum Empfang der Prämie berechtigten Dienstgeber anzurechnen.

Ausgleichstaxfonds

§ 10. (1) Beim Bundesministerium für Arbeit, Gesundheit und Soziales wird der Ausgleichstaxfonds gebildet. Er hat Rechtspersönlichkeit und wird vom Bundesminister für Arbeit, Gesundheit und Soziales vertreten und unter Anhörung eines Beirates gemäß Abs. 2 verwaltet. Das Vermögen des Fonds besteht aus den rechtskräftig vorgeschriebenen Ausgleichstaxen, den Zinsen und sonstigen Zuwendungen.

(1a) Aus allgemeinen Budgetmitteln sind jährlich 90 Mio. Euro für Maßnahmen der beruflichen Inklusion für Menschen mit Behinderungen zur Verfügung zu stellen. Dieser Betrag ist ausgehend vom Basisjahr 2018 jährlich ab dem Jahr 2019 nach dem für den Bereich des Allgemeinen Sozialversicherungsgesetzes festgesetzten Anpassungsfaktor zu vervielfachen. Dem Ausgleichstaxfonds fließen diese Mittel abzüglich jenes Betrages, der für Maßnahmen nach § 10a Abs. 1 lit. k zu verwenden ist, zu.

(1b) Zusätzlich zu den gemäß Abs. 1a zur Verfügung gestellten Mitteln sind aufgrund des außerordentlichen COVID–19 Krisengeschehens in den Jahren 2021 und 2022 aus allgemeinen Budgetmitteln jeweils 40 Mio. € für Maßnahmen zur beruflichen Inklusion von Menschen mit Behinderungen zur Verfügung zu stellen.

(1c) Zusätzlich zu den gemäß Abs. 1a zur Verfügung gestellten Mitteln sind zur Abfederung der Folgen der COVID–19 Pandemie sowie in Anbetracht der außerordentlichen Teuerungssituation in den Jahren 2023 und 2024 aus allgemeinen Budgetmitteln jeweils 30 Mio. € für Maßnahmen zur beruflichen Inklusion von Menschen mit Behinderungen zur Verfügung zu stellen.

(2) Der Beirat besteht aus dem Vorsitzenden, zwei Vertretern der organisierten Kriegsopfer, vier Vertretern der organisierten Behinderten und drei von den Ländern entsandten Vertretern sowie je drei Vertretern der Dienstnehmer und der

Dienstgeber, einem Vertreter der Integrativen Betriebe (§ 11) und einem Vertreter des Bundesministeriums für Finanzen. Den Vorsitz führt der Bundesminister für soziale Sicherheit und Generationen oder ein von ihm bestimmter rechtskundiger Bediensteter aus dem Stande des Bundesministeriums für soziale Sicherheit und Generationen. Die Funktionsperiode des Beirates beträgt vier Jahre. Nach Ablauf der Funktionsperiode hat der Beirat die Geschäfte so lange weiterzuführen, bis der neue Beirat zusammentritt. Die Zeit der Weiterführung der Geschäfte zählt auf die Funktionsperiode des neuen Beirates.

(3) Die im Abs. 2 genannten Mitglieder des Beirates sowie die erforderliche Anzahl von Ersatzmitgliedern werden vom Bundesminister für soziale Sicherheit und Generationen berufen. Die Vorschläge für die Bestellung der Dienstgebervertreter erstatten für je ein Mitglied und die erforderliche Anzahl von Ersatzmitgliedern die Wirtschaftskammer Österreich, die Präsidentenkonferenz der Landwirtschaftskammern Österreichs und die Vereinigung der Österreichischen Industrie. Die Vorschläge für die Bestellung der Dienstnehmervertreter erstatten für je ein Mitglied und die erforderliche Anzahl von Ersatzmitgliedern die Bundesarbeitskammer, der Österreichische Landarbeiterkammertag und der Österreichische Gewerkschaftsbund. Hinsichtlich der Erstattung der Vorschläge für die Bestellung der Vertreter der organisierten Kriegsopfer und der organisierten Behinderten sind die § 10 Abs. 1 Z 6 und § 10 Abs. 2 des Bundesbehindertengesetzes (BBG), BGBl. Nr. 283/1990, anzuwenden. Den Vorschlag für die Bestellung des Vertreters der Integrativen Betriebe erstatten diese. Die Vorschläge für die Bestellung der Vertreter der Länder erstatten die Länder gemeinsam.

(4) Der Bundesminister für Arbeit, Gesundheit und Soziales hat die Mitglieder des Beirates von ihrer Funktion zu entheben, wenn sie darum ansuchen, wenn eine der für ihre Bestellung erforderlichen Voraussetzungen nicht mehr gegeben ist oder wenn sie die Pflichten ihres Amtes gröblich vernachlässigen, im letzteren Falle nach Anhörung der Interessenvertretung, auf deren Vorschlag das Mitglied bestellt worden ist. Die Mitgliedschaft im Beirat ist ein unbesoldetes Ehrenamt. Den Mitgliedern gebührt der Ersatz der Reise- und Aufenthaltskosten sowie eine allfällige Entschädigung für Zeitversäumnis unter sinngemäßer Anwendung der für Schöffen und Geschworene geltenden Bestimmungen des Gebührenanspruchsgesetzes 1975, BGBl. Nr. 136, wenn auf Grund anderer gesetzlicher Regelungen kein gleichartiger Anspruch besteht.

(5) Der Beirat wird vom Bundesminister für Arbeit, Gesundheit und Soziales zu den Sitzungen einberufen. Die Einladungen sollen mit der Tagesordnung den Mitgliedern des Beirates spätestens acht Tage vor der Sitzung zugestellt werden. Der Beirat tagt in nichtöffentlicher Sitzung; er ist beschlußfähig, wenn mindestens die Hälfte der eingeladenen Mitglieder anwesend ist. Wurden die Mitglieder ordnungsgemäß eingeladen, so ist der Beirat auch dann beschlußfähig, wenn nach Ablauf von 30 Minuten weniger als die Hälfte der eingeladenen Mitglieder anwesend ist. Die Beschlüsse des Beirates werden mit Stimmenmehrheit gefaßt. Der Vorsitzende gibt seine Stimme zuletzt ab; bei Stimmengleichheit entscheidet seine Stimme. Über die Sitzung des Beirates ist eine Niederschrift aufzunehmen, die alle Beschlüsse im Wortlaut, die Ergebnisse der Abstimmungen und den wesentlichen Verlauf der Verhandlungen zu enthalten hat; eine Abschrift ist den Mitgliedern des Beirates zu übersenden. Der Vorsitzende ist berechtigt, dem Beirat Experten mit beratender Stimme beizuziehen.

(6) Der Beirat ist in allen wichtigen Angelegenheiten der Durchführung dieses Bundesgesetzes, insbesondere

a) vor Erlassung, Änderung oder Aufhebung von Verordnungen gemäß § 1 Abs. 2;
b) vor Erlassung, Änderung oder Aufhebung von Richtlinien über die Gewährung von Zuschüssen oder Darlehen aus den Mitteln des Ausgleichstaxfonds;
c) vor Verzicht auf die Rückzahlung eines nach § 10a Abs. 5 gewährten und fälligen Betrages sowie auf die Eintreibung einer rechtskräftig vorgeschriebenen Ausgleichstaxe

anzuhören.

(7) Dem Beirat obliegt es,

a) Empfehlungen zu grundsätzlichen Fragen der beruflichen Integration Behinderter abzugeben;
b) Vorschläge betreffend die Gewährung einer Förderung an einen Integrativen Betrieb (§ 11), die im Einzelfall den Betrag von 72 673 Euro übersteigt, zu erstatten.

(8) Den Mitgliedern des Beirates sind die für die Wahrnehmung ihrer Aufgaben erforderlichen Informationen zur Verfügung zu stellen.

(9) Für die dem Bund aus der Verwaltung des Ausgleichstaxfonds entstehenden Kosten hat der Ausgleichstaxfonds dem Bund jährlich einen Pauschalbetrag von 0,75 vH der jeweils im Vorjahr eingegangenen Ausgleichstaxen zu ersetzen.

Verwendung der Mittel des Ausgleichstaxfonds

§ 10a. (1) Die Mittel des Ausgleichstaxfonds sind insbesondere zu verwenden für

a) Zwecke der beruflichen Eingliederung für die im Sinne dieses Bundesgesetzes begünstigten Behinderten (§ 2 Abs. 1 und 3) und die in den Abs. 2 und 3 angeführten Personen; für alle diese Personen jedoch nur dann, wenn sie ihren dauernden Aufenthalt im Bundesgebiet haben oder im Bundesgebiet dauerhaft einer Erwerbstätigkeit oder Berufsausbildung nachgehen;

b) Zwecke der Fürsorge für die nach dem Kriegsopferversorgungsgesetz 1957, BGBl. Nr. 152, und Heeresversorgungsgesetz, BGBl. Nr. 27/1964, versorgungsberechtigten Personen und deren nicht selbsterhaltungsfähige Kinder sowie für die nach dem Opferfürsorgegesetz Versorgungsberechtigten (§ 6 Z 5 Opferfürsorgegesetz, BGBl. Nr. 183/1947);

c) die Gewährung von Zuschüssen und Darlehen zur Errichtung, zum Ausbau, zur Ausstattung und zum laufenden Betrieb von Integrativen Betrieben (§ 11) sowie zur Sicherung der Arbeitsplätze in Integrativen Betrieben und zur Erhaltung ihrer Wettbewerbsfähigkeit unter Berücksichtigung der vom jeweiligen Integrativen Betrieb erzielten Wertschöpfung;

d) die Gewährung von Zuschüssen und Darlehen für Maßnahmen nach § 6 Abs. 2;

e) Information und Forschung betreffend die beruflichen und sozialen Angelegenheiten von Behinderten oder von Behinderung bedrohten Personen;

f) Prämien für Dienstgeber (§ 9a);

g) den Ersatz von Reise- und Aufenthaltskosten sowie die Entschädigung für Zeitversäumnis (§§ 10 Abs. 4, 12 Abs. 8, 13d, 14 Abs. 8) und die Entschädigung für die in der Berufungskommission tätigen Richter (§ 13d) sowie den Ersatz von Barauslagen der Behindertenvertrauenspersonen (§ 22a);

h) Sonderprogramme zur Verbesserung der beruflichen Eingliederung Behinderter;

i) die Gewährung von Zuschüssen und Darlehen zur Errichtung, zum Ausbau, zur Ausstattung und zum laufenden Betrieb von sonstigen zur Vorbereitung von Behinderten auf eine berufliche Eingliederung in den offenen Arbeitsmarkt geeigneten Einrichtungen und von Ausbildungseinrichtungen (§ 11a) sowie die Gewährung von Zuschüssen für in solchen Einrichtungen tätige Behinderte;

j) nach Maßgabe von für solche Zwecke zur Verfügung stehenden Mitteln die Gewährung von Zuschüssen und Darlehen für von Betrieben durchgeführte investive Maßnahmen, die der Verbesserung der Zugänglichkeit für Menschen mit Behinderungen dienen;

k) höchstens 10 v.H. der gemäß § 10 Abs. 1a aus allgemeinen Budgetmitteln zur Verfügung gestellten Mittel sind insbesondere für Förderungen aus dem Unterstützungsfonds für Menschen mit Behinderung gemäß §§ 24 ff Bundesbehindertengesetz (BBG), für Zuwendungen zum Erwerb eines Assistenzhundes gemäß § 39a BBG und zur Finanzierung des Monitoringausschusses gemäß § 13l Abs. 1 BBG sowie für Förderungen an gemeinnützige Wohlfahrtsträger zu verwenden.

(1a) Anstelle von Zuschüssen oder Darlehen können auch Sachleistungen gewährt werden.

(2) Die im Abs. 1 aufgezählten Leistungen können nach Maßgabe der erlassenen Richtlinien (§ 6 Abs. 3) auch gewährt werden:

a) betreffend Abs. 1 lit. a, c, d, h und i Menschen mit Behinderung, die österreichische Staatsbürger oder diesen im Sinne des § 2 Abs. 1 gleichgestellt sind, deren Grad der Behinderung mindestens 30 vH beträgt, wenn diese ohne solche Leistungen einen Arbeits- oder Ausbildungsplatz nicht erlangen oder beibehalten können;

b) betreffend Abs. 1 lit. a, c, d, h und i Menschen mit Behinderung, die nicht österreichische Staatsbürger oder diesen im Sinne des § 2 Abs. 1 gleichgestellt sind, wenn der Grad ihrer Behinderung mindestens 50 vH beträgt, sie ihren dauernden Aufenthalt im Bundesgebiet haben oder im Bundesgebiet dauerhaft einer Erwerbstätigkeit nachgehen und sie ohne diese Leistungen einen Arbeitsplatz nicht erlangen oder beibehalten können;

c) betreffend Abs. 1 lit. a und d Menschen mit Behinderung, die österreichische Staatsbürger oder diesen im Sinne des § 2 Abs. 1 gleichgestellt sind, die das 15. Lebensjahr überschritten haben, deren Grad der Behinderung mindestens 50 vH beträgt, und die nicht dem im § 2 Abs. 3 angeführten Personenkreis angehören, wenn ohne diese Leistungen die Aufnahme oder Fortsetzung einer Schul- oder Berufsausbildung gefährdet wäre;

d) betreffend Abs. 1 lit. a, d, h und i österreichischen Staatsbürgern oder diesen im Sinne des § 2 Abs. 1 gleichgestellten Personen, wenn ihnen ohne diese Leistungen auf Grund der bisher ausgeübten beruflichen Tätigkeit oder Berufsausbildung eine Behinderung im Sinne des § 3 unmittelbar droht.

(3) Maßnahmen beruflicher Assistenz gemäß § 6 Abs. 2 lit. d stehen nach Maßgabe der zu erlassenden Richtlinien Jugendlichen mit Assistenzbedarf auch dann offen, wenn sie nicht dem Personenkreis gemäß Abs. 1 und 2 angehören. Jugendliche mit Assistenzbedarf im Sinne dieses Bundesgesetzes sind – ungeachtet einer Zugehörigkeit zum Personenkreis gemäß Abs. 1 und 2 – Jugendliche grundsätzlich ab dem 9. Schuljahr, denen aufgrund von auf individuell-sozialen Faktoren beruhenden Beeinträchtigungen eine längerfristige oder dauerhafte Ausgrenzung aus dem Arbeitsmarkt droht. Die Richtlinien haben insbesondere Regelungen zu treffen über

1. die förderbaren Maßnahmen für Jugendliche mit Assistenzbedarf,
2. die Voraussetzungen für die Zugehörigkeit zum förderbaren Personenkreis,
3. Altersgrenzen sowie
4. sonstige Zugangsvoraussetzungen.

(3a) Zur Bedeckung der Ausgaben für Maßnahmen im Sinne des Abs. 3 für jene Personen, die nicht dem Personenkreis gemäß Abs. 1 und 2 angehören, sind jeweils die erforderlichen Mittel aus dem Bundeshaushalt als sonstige Zuwendungen (§ 10 Abs. 1) in den Ausgleichstaxfonds einzubringen. Sie sind in der Gebarung des Fonds in einem eigenen Verrechnungskreis hinsichtlich ihrer Herkunft und ihrer Verwendung gesondert darzustellen.

(4) Die Vergabe von Sach- oder Geldleistungen aus Mitteln des Ausgleichstaxfonds ist nur zulässig, wenn die Sparsamkeit, Wirtschaftlichkeit und Zweckmäßigkeit des Einsatzes der Mittel gewährleistet sind. Die Auszahlung einer Förderung ist nur insoweit und nicht eher vorzunehmen, als sie zur Vornahme fälliger Zahlungen benötigt wird. Die Auszahlung darf zu einem früheren Zeitpunkt vorgenommen werden, wenn dies aus Gründen, die sich aus der Eigenart der Leistung ergeben, notwendig erscheint. Auf die Gewährung von Sach- oder Geldleistungen (ausgenommen Leistungen nach § 9a), Darlehen oder sonstigen Zuwendungen aus den Mitteln des Ausgleichstaxfonds besteht kein Rechtsanspruch. Bewilligte Geldleistungen sind auf offene Forderungen des Ausgleichstaxfonds gegen den Leistungsempfänger anzurechnen.

(5) Vor Gewährung einer Zuwendung aus den Mitteln des Ausgleichstaxfonds ist vorbehaltlich sonstiger bürgerlichrechtlicher Ansprüche des Bundes zu vereinbaren, daß ein Zuschuß vom Empfänger rückzuerstatten ist oder ein noch nicht zurückgezahltes Darlehen nach Kündigung vorzeitig fällig wird und beide vom Tage der Auszahlung an mit 4 vH über dem jeweils geltenden Basiszinssatz gemäß § 1 1. Euro-Justiz-Begleitgesetz pro Jahr zu verzinsen sind, wenn

a) der Empfänger wesentliche Umstände verschwiegen oder unwahre Angaben gemacht hat;
b) der Empfänger das geförderte Vorhaben nicht oder aus seinem Verschulden nicht zeitgerecht durchgeführt hat;
c) der Empfänger den Zuschuß (das Darlehen, die Sachleistung) widmungswidrig verwendet hat oder Bedingungen aus seinem Verschulden nicht eingehalten wurden;
d) der Empfänger die unverzügliche Meldung von Ereignissen, welche die Ausführung der geförderten Leistung verzögern oder unmöglich machen oder deren Abänderung erfordern würden, unterlassen hat oder
e) der Empfänger die Überprüfung der widmungsgemäßen Verwendung der Zuwendungen vereitelt hat.

Wenn bei der Durchführung des zu fördernden Vorhabens Einrichtungen oder Geräte, deren Wert (Preis) im Einzelfall 1 453 Euro übersteigt, ausschließlich aus nicht rückzahlbaren Zuwendungen aus den Mitteln des Ausgleichstaxfonds angeschafft werden sollen, kann vereinbart werden, daß der Empfänger bei Wegfall oder wesentlicher Änderung des Zuwendungszweckes entweder eine angemessene Abgeltung in Geld zu erstatten oder die Einrichtungen oder Geräte dem Ausgleichstaxfonds zwecks weiterer Verwendung zu überlassen hat. In die Vereinbarung können abweichende oder zusätzliche Bedingungen, Auflagen und Eigentumsvorbehalte zugunsten des Ausgleichstaxfonds aufgenommen werden, sofern dies die Eigenart der Förderung geboten erscheinen läßt. Die Verpflichtung zum Ersatz trifft den gesetzlichen Vertreter, wenn er an einer der in lit. a) bis e) umschriebenen Handlungen mitgewirkt hat.

(6) Ist die sofortige Rückzahlung eines entsprechend einer Vereinbarung nach Abs. 5 fällig gewordenen Betrages auf Grund der wirtschaftlichen Verhältnisse des Zahlungspflichtigen unbillig, so kann die Forderung des Ausgleichstaxfonds auf Antrag des Zahlungspflichtigen gestundet oder die Abstattung in Raten bewilligt werden. Hiebei sind Zinsen in der Höhe von 3 vH über dem jeweils geltenden Basiszinssatz gemäß § 1 1. Euro-Justiz-Begleitgesetz pro Jahr auszubedingen. Die Vorschreibung von Zinsen hat zu unterbleiben, wenn der gestundete Förderungsbetrag 1 453 Euro nicht übersteigt. Die Bewilligung zur Abstattung in Raten ist zu widerrufen und die sofortige Entrichtung aller aushaftenden Teilbeträge samt Zinsen zu verlangen, wenn der Rückzahlungspflichtige mit mindestens zwei Teilbeträgen in Verzug ist.

(7) Der Bundesminister für Arbeit, Gesundheit und Soziales als Verwalter des Ausgleichstaxfonds kann ganz oder teilweise auf die Rückzahlung eines entsprechend einer Vereinbarung nach Abs. 5 fällig gewordenen Betrages verzichten, wenn

1. alle Möglichkeiten der Einziehung erfolglos versucht worden sind und auf Grund der Sachlage auch nicht angenommen werden kann, daß Einziehungsmaßnahmen zu einem späteren Zeitpunkt zu einem Erfolg führen werden oder Einziehungsmaßnahmen von vornherein offenkundig aussichtslos sind oder
2. die Einziehung der Forderung nach der Lage des Falles, insbesondere unter Berücksichtigung der wirtschaftlichen Verhältnisse des Zahlungspflichtigen und des Ausmaßes seines allfälligen Verschuldens an der Entstehung der Forderung unbillig wäre oder
3. die Einziehung mit Kosten verbunden wäre, die in keinem Verhältnis zur Höhe der Forderung stehen.

Bei einem Verzicht auf eine Forderung ist jedenfalls auszubedingen, daß ein Widerruf zulässig ist, wenn der Verzicht durch Fälschung einer Urkunde, falsches Zeugnis oder eine andere gerichtlich strafbare Handlung oder sonstwie erschlichen worden ist.

(8) Zuwendungen aus den Mitteln des Ausgleichstaxfonds auf der Grundlage von § 10a Abs. 1 gelten nicht als Entgelt im Sinne des Umsatzsteuergesetzes 1994, BGBl. I Nr. 663.

Integrative Betriebe

§ 11. (1) Integrative Betriebe im Sinne dieses Bundesgesetzes sind die von Gebietskörperschaften, Körperschaften des öffentlichen Rechtes, von Trägern der freien Wohlfahrtspflege oder sonstigen Rechtspersonen (Rechtsträgern) geführten Einrichtungen zur Beschäftigung begünstigter Behinderter, die wegen Art und Schwere der Behinderung noch nicht oder nicht wieder auf dem allgemeinen Arbeitsmarkt tätig sein können, bei denen aber eine wirtschaftlich verwertbare Mindestleistungsfähigkeit vorliegt.

(2) Der Integrative Betrieb muß es den begünstigten Behinderten ermöglichen, ihre Leistungsfähigkeit mit dem Ziel der Eingliederung in den freien Arbeitsmarkt zu entwickeln, zu erhöhen oder wiederzugewinnen.

(3) Der Bundesminister für Arbeit, Gesundheit und Soziales als Vertreter des Ausgleichstaxfonds hat als Grundlage für die Förderung aus den Mitteln des Fonds im Rahmen eines für Arbeitsplätze in Integrativen Betrieben im Einvernehmen mit den anderen Rehabilitationsträgern zu erstellenden Bedarfsplanes Richtlinien zu erlassen.

(4) Die Förderung einer im Abs. 1 genannten Werkstätte aus Mitteln des Ausgleichstaxfonds kann insbesondere erfolgen, wenn

a) die beschäftigten begünstigten Behinderten nach dem Kollektivvertrag der jeweiligen Sparte, in der sie beschäftigt sind, entlohnt werden und nach den Bestimmungen des Allgemeinen Sozialversicherungsgesetzes als Vollversicherte pflichtversichert sind;
b) der Integrative Betrieb in baulicher und personeller Hinsicht die Voraussetzungen erfüllt, die eine wirtschaftliche Führung zulassen;
c) durch begleitende Dienste die medizinische, soziale, heilpädagogische und psychologische Betreuung der beschäftigten Behinderten sichergestellt ist;
d) Möglichkeiten für Arbeitserprobung und Arbeitstraining vorgesehen sind;
e) sich der Rechtsträger des Integrativen Betriebes verpflichtet, diese nach den Grundsätzen der Wirtschaftlichkeit und Sparsamkeit zu führen;
f) sich der Rechtsträger des Integrativen Betriebes ferner verpflichtet, im Falle einer Förderung durch den Ausgleichstaxfonds die von diesem Fonds zur Verfügung gestellten einheitlichen Grundlagen für Verrechnung und Buchführung anzuwenden, dem Fonds alljährlich die Bilanz sowie die Finanzierungspläne für das Folgejahr vorzulegen und den vom Fonds namhaft gemachten Vertretern Einsicht in alle Bücher und Unterlagen zu gewähren;
g) der Integrative Betrieb die in den Richtlinien (Abs. 3) festzulegende Mindestwertschöpfung nicht unterschreitet.

(5) Vor Aufnahme in einen Integrativen Betrieb, der Förderungsmittel aus dem Ausgleichstaxfonds erhält oder in Anspruch zu nehmen beabsichtigt, ist ein Team zu befassen, dem als Mitglieder je ein Vertreter des Arbeitsmarktservice, des Bundesamtes für Soziales und Behindertenwesen, des Landes (Behindertenhilfe) und der Leiter jenes Integrativen Betriebes angehören, in dem der begünstigte Behinderte beschäftigt werden soll. Es tagt am Sitz jener Werkstätte, in der der begünstigte Behinderte aufgenommen werden soll und ist je nach Bedarf von jenem Teammitglied einzuberufen, von dem der Vorschlag für die Aufnahme des begünstigten Behinderten in den Integrativen Betrieb ausgeht. Für die Beiziehung von weiteren Sachverständigen gilt § 6 Abs. 5 letzter Satz sinngemäß. Auf die Aufnahme eines begünstigten Behinderten in den Integrativen Betrieb besteht kein Rechtsanspruch. Die Befassung der Teammitglieder und Sachverständigen kann auch mittels elektronischer Medien erfolgen.

(6) Beim Bundesministerium für Arbeit, Gesundheit und Soziales ist ein Verzeichnis über die im Sinne dieses Bundesgesetzes aus dem Ausgleichstaxfonds geförderten Integrativen Betriebe zu führen.

(7) Bei Aufträgen im Bereich der Bundesverwaltung, die von Integrativen Betrieben im Sinne dieses Bundesgesetzes ausgeführt werden können, sind diese Integrativen Betriebe in jedem Fall zur Anbotstellung einzuladen bzw. von ihnen Angebote einzuholen.

Ausbildungseinrichtungen

§ 11a. (1) Ausbildungseinrichtungen im Sinne dieses Bundesgesetzes sind Einrichtungen gemäß § 30 des Berufsausbildungsgesetzes, BGBl. Nr. 142/1969, die Behinderte (§ 10a Abs. 3) in einem Lehrberuf ausbilden.

(2) Der Bundesminister für Arbeit, Gesundheit und Soziales ist ermächtigt, Richtlinien über Art und Höhe der Förderung aus den Mitteln des Ausgleichstaxfonds für die Ausbildungseinrichtungen nach Abs. 1 zu erlassen. Die Richtlinien haben insbesondere Angaben über die besonderen Anforderungen an das Ausbildungspersonal, die besonderen Voraussetzungen hinsichtlich des Baues und der Ausstattung der Ausbildungseinrichtung sowie Auflagen hinsichtlich der medizinischen, sozialen, heilpädagogischen und psychologischen

Betreuung der in Ausbildung befindlichen Behinderten zu enthalten.

Behindertenausschuß

§ 12. (1) Bei jeder Landesstelle des Bundesamtes für Soziales und Behindertenwesen wird ein Behindertenausschuss errichtet, der in den von diesem Bundesgesetz bestimmten Fällen zu entscheiden (§ 8) oder Stellung zu nehmen (§ 8a) hat. Der Dienstgeber ist verpflichtet, vor Einleitung eines Kündigungsverfahrens gemäß § 8 dieses Bundesgesetzes den Betriebsrat bzw. die Personalvertretung und die Behindertenvertrauensperson zu verständigen, der/die innerhalb einer Woche hiezu Stellung nehmen kann. Hat die Behindertenvertrauensperson dem Dienstgeber die Betrauung eines Stellvertreters mit der Wahrnehmung des Anhörungsrechts im Sinne dieser Bestimmung mitgeteilt, so hat der Dienstgeber diesen Stellvertreter zu verständigen. Das Bundesamt für Soziales und Behindertenwesen hat Vorsorge zu treffen, dass vor Durchführung eines Verfahrens gemäß § 8 BEinstG eine Kriseninterventlon angeboten wird.

(2) Der Behindertenausschuß besteht aus:

a) dem Landesstellenleiter oder einem von ihm bestimmten Bediensteten des Bundesamtes für Soziales und Behindertenwesen;
b) einem Vertreter der örtlich zuständigen Landesgeschäftsstelle des Arbeitsmarktservice;
c) je einem Vertreter der Dienstnehmer und Dienstgeber;
d) drei Vertretern der organisierten Behinderten.

(3) Der Vorsitzende hat zur Verhandlung des Behindertenausschusses jene Vertreter der Dienstnehmer und Dienstgeber beizuziehen, die von der für den Verhandlungsfall in Betracht kommenden Interessenvertretung vorgeschlagen wurden.

(4) Die im Abs. 2 lit. c und d genannten Mitglieder des Behindertenausschusses sowie die gleiche Zahl von Ersatzmitgliedern sind vom Bundesminister für Arbeit, Gesundheit und Soziales auf Grund von Vorschlägen der hiezu berufenen Interessenvertretungen auf die Dauer von vier Jahren zu bestellen.

(5) Je ein Vertreter der Dienstgeber ist von der Wirtschaftskammer und von der Landwirtschaftskammer, je ein Vertreter der Dienstnehmer von der Arbeiterkammer und von der Landarbeiterkammer vorzuschlagen.

(6) Zur Erstattung von Vorschlägen bezüglich der Vertreter der Behinderten (Abs. 2 lit. d) sind diejenigen Vereinigungen berufen, die von diesen Personen nach den von der Vereinsbehörde genehmigten Statuten zum Zwecke der Förderung ihrer wirtschaftlichen und sozialen Interessen gebildet sind und die Tätigkeit im Bereich der jeweiligen Landesstelle des Bundesamtes für Soziales und Behindertenwesen ausüben. Bestehen nebeneinander mehrere Vereinigungen, auf die diese Voraussetzungen zutreffen, so ist für die Aufteilung des Vorschlagsrechtes das zwischen ihnen erzielte Übereinkommen maßgebend. Kommt eine Vereinbarung über das Vorschlagsrecht nicht zustande, so entscheidet hierüber der Bundesminister für Arbeit, Gesundheit und Soziales unter Bedachtnahme auf die Mitgliederstärke der in Betracht kommenden Vereinigungen.

(7) Der Bundesminister für Arbeit, Gesundheit und Soziales hat die Mitglieder des Behindertenausschusses von ihrer Funktion zu entheben, wenn sie darum ansuchen, wenn eine der für ihre Bestellung erforderlichen Voraussetzungen nicht mehr gegeben ist oder wenn sie die Pflichten ihres Amtes gröblich vernachlässigen, im letzteren Falle nach Anhörung der Interessenvertretung, auf deren Vorschlag das Mitglied bestellt worden ist.

(8) Die Mitgliedschaft im Behindertenausschuß ist ein unbesoldetes Ehrenamt. Den Mitgliedern gebührt der Ersatz der Reise- und Aufenthaltskosten sowie die allfällige Entschädigung für Zeitversäumnis entsprechend der Bestimmung des § 10 Abs. 4.

(9) Mit beratender Stimme können dem Behindertenausschuß ein Arzt des öffentlichen Gesundheitsdienstes und ein Vertreter der Arbeitsinspektion beigezogen werden.

§ 13. (1) Der Behindertenausschuß wird vom Vorsitzenden einberufen. Die Einladungen sollen den Mitgliedern des Behindertenausschusses spätestens acht Tage vor der Sitzung unter Anschluß einer Tagesordnung nachweislich zugestellt werden.

(2) Der Behindertenausschuß tagt in nichtöffentlicher Sitzung; er ist beschlußfähig, wenn mindestens die Hälfte der Mitglieder anwesend ist. Die Beschlüsse des Behindertenausschusses werden mit Stimmenmehrheit gefaßt. Der Vorsitzende gibt seine Stimme zuletzt ab; bei Stimmengleichheit entscheidet seine Stimme. Alle Mitglieder haben ihr Stimmrecht persönlich auszuüben.

(3) Über jede Sitzung des Behindertenausschusses ist ein Protokoll zu führen, in dem die Namen aller anwesenden Mitglieder und die allfälligen Entschuldigungsgründe abwesender Mitglieder zu verzeichnen sind. Das Protokoll hat alle Beschlüsse im Wortlaut, die Ergebnisse der Abstimmungen und den wesentlichen Verlauf der Verhandlungen zu enthalten; es ist vom Vorsitzenden und dem Schriftführer zu unterfertigen. Eine Abschrift des Protokolls ist allen Mitgliedern des Behindertenausschusses zu übermitteln.

(4) Die laufenden Geschäfte des Behindertenausschusses hat die Landesstelle des Bundesamtes für Soziales und Behindertenwesen zu führen.

Feststellung der Begünstigung

§ 14. (1) Als Nachweis für die Zugehörigkeit zum Kreis der begünstigten Behinderten gilt die letzte rechtskräftige Entscheidung über die Einschätzung des Grades der Minderung der Erwerbsfähigkeit mit mindestens 50 vH

a) eines Bundesamtes für Soziales und Behindertenwesen (der Schiedskommission) bzw. des Bundesamtes für Soziales und Behindertenwesen oder der Bundesberufungskommission im Sinne des Bundesberufungskommissionsgesetzes, BGBl. I Nr. 150/2002, oder des Bundesverwaltungsgerichtes;
b) eines Trägers der gesetzlichen Unfallversicherung bzw. eines nach dem Arbeits- und Sozialgerichtsgesetz, BGBl. Nr. 104/1985, zuständigen Gerichtes;
c) eines Landeshauptmannes (des Bundesministers für Arbeit, Soziales und Konsumentenschutz) oder des Bundesamtes für Soziales und Behindertenwesen in Verbindung mit der Amtsbescheinigung gemäß § 4 des Opferfürsorgegesetzes;
d) in Vollziehung der landesgesetzlichen Unfallfürsorge (§ 3 Z 2 Beamten-Kranken- und Unfallversicherungsgesetz, BGBl. Nr. 200/1967).

Die Feststellung des Grades der Minderung der Erwerbsfähigkeit im Nachweis gilt zugleich als Feststellung des Grades der Behinderung. Die Zugehörigkeit zum Personenkreis der begünstigten Behinderten (§ 2) auf Grund der in lit. a bis d genannten Nachweise erlischt mit Ablauf des dritten Monates, der dem Eintritt der Rechtskraft der Entscheidung folgt, sofern nicht der begünstigte Behinderte innerhalb dieser Frist gegenüber dem Bundesamt für Soziales und Behindertenwesen erklärt, weiterhin dem Personenkreis der nach diesem Bundesgesetz begünstigten Personen angehören zu wollen.

(2) Liegt ein Nachweis im Sinne des Abs. 1 nicht vor, hat auf Antrag des Menschen mit Behinderung das Bundesamt für Soziales und Behindertenwesen unter Mitwirkung von ärztlichen Sachverständigen den Grad der Behinderung nach den Bestimmungen der Einschätzungsverordnung (BGBl. II Nr. 261/2010) einzuschätzen und bei Zutreffen der im § 2 Abs. 1 angeführten sonstigen Voraussetzungen die Zugehörigkeit zum Kreis der nach diesem Bundesgesetz begünstigten Behinderten (§ 2) sowie den Grad der Behinderung festzustellen. Hinsichtlich der ärztlichen Sachverständigen ist § 90 des Kriegsopferversorgungsgesetzes 1957, BGBl. Nr. 152, anzuwenden. Die Begünstigungen nach diesem Bundesgesetz werden mit dem Zutreffen der Voraussetzungen, frühestens mit dem Tag des Einlangens des Antrages beim Bundesamt für Soziales und Behindertenwesen wirksam. Sie werden jedoch mit dem Ersten des Monates wirksam, in dem der Antrag eingelangt ist, wenn dieser unverzüglich nach dem Eintritt der Behinderung (Abs. 3) gestellt wird. Die Begünstigungen erlöschen mit Ablauf des Monates, der auf die Zustellung der Entscheidung folgt, mit derder Wegfall der Voraussetzungen für die Zugehörigkeit zum Kreis der begünstigten Behinderten rechtskräftig ausgesprochen wird.

(3) Der Bundesminister für Arbeit, Gesundheit und Soziales ist ermächtigt, nach Anhörung des Bundesbehindertenbeirates gemäß § 8 BBG durch Verordnung nähere Bestimmungen über die Feststellung des Grades der Behinderung festzulegen. Diese Bestimmungen haben die Auswirkungen der Funktionsbeeinträchtigungen auf das allgemeine Erwerbsleben zu berücksichtigen und auf den Stand der medizinischen Wissenschaft Bedacht zu nehmen.

(4) Ein Antrag, der bei einer nicht zuständigen Behörde oder einem Sozialversicherungsträger eingebracht wird, ist unverzüglich an das Bundesamt für Soziales und Behindertenwesen weiterzuleiten. Der Antrag gilt als zu dem Zeitpunkt beim Bundesamt für Soziales und Behindertenwesen eingebracht, an dem er bei der nicht zuständigen Behörde eingelangt ist.

(5) Anträge von begünstigten Behinderten (§ 2) auf Neufestsetzung des Grades der Behinderung wegen Änderung des Leidenszustandes sind ohne Durchführung eines Ermittlungsverfahrens zurückzuweisen, wenn seit der letzten rechtskräftigen Feststellung noch kein Jahr verstrichen ist. Dies gilt nicht, wenn eine offenkundige Änderung des Leidenszustandes glaubhaft geltend gemacht wird.

(6) Wenn ein begünstigter Behinderter oder ein Antragswerber ohne triftigen Grund einer schriftlichen Aufforderung zum Erscheinen zu einer zumutbaren ärztlichen Untersuchung nicht entspricht oder sich weigert, die zur Durchführung des Verfahrens unerläßlichen Angaben zu machen, ist das Verfahren einzustellen oder das Erlöschen der Zugehörigkeit zum Kreis der nach diesem Bundesgesetz begünstigten Behinderten (§ 2 Abs. 1 und 3) auszusprechen. Er ist nachweislich auf die Folgen seines Verhaltens hinzuweisen.

(7) Vor der Gewährung von Leistungen aus den Mitteln des Ausgleichstaxfonds an die im § 10a Abs. 2, 2a, 3 und 3a genannten Behinderten hat sich das Bundesamt für Soziales und Behindertenwesen von Amts wegen über Art und Ausmaß der Behinderung Kenntnis zu verschaffen. Bescheide sind hierüber nicht zu erteilen.

(8) Reisekosten, die einem begünstigten Behinderten (§ 2) oder Antragwerber auf Feststellung (Abs. 2) oder auf Gewährung von Leistungen aus dem Ausgleichstaxfonds (§ 10a Abs. 1 bis 3a) dadurch erwachsen, daß er einer Ladung des Bundesamtes für Soziales und Behindertenwesen in Durchführung dieses Bundesgesetzes Folge leistet, sind in dem im § 49 des Kriegsopferversorgungsgesetzes 1957, BGBl. Nr. 152, angeführten Umfang aus den Mitteln des Ausgleichstaxfonds zu ersetzen. Die Reisekostenvergütung gebührt in gleicher Höhe auch Zeugen im Verfahren gemäß

§ 8 Abs. 2 und § 8a, wenn kein gleichartiger Anspruch nach einem anderen Bundesgesetz besteht. Der Ersatz der Reisekosten entfällt, wenn die Fahrtstrecke (Straßenkilometer) zwischen Wohnort und dem Ort der Untersuchung 50 km (einfache Strecke) nicht übersteigt.

Arbeitsvermittlung

§ 15. (1) Die Durchführung der Arbeitsvermittlung für Menschen mit Behinderungen (§ 2) obliegt den in § 4 des Arbeitsmarktförderungsgesetzes (AMFG), BGBl. Nr. 31/1969, genannten Organisationen. Diese haben im Einvernehmen mit dem Bundesamt für Soziales und Behindertenwesen dahin zu wirken, dass Menschen mit Behinderungen auf solchen Arbeitsplätzen eingestellt werden, auf denen sie trotz ihrer Behinderungen vollwertige Arbeit zu leisten vermögen. Maßnahmen der beruflichen Assistenz (insbesondere Arbeitsassistenzprojekte), die im Rahmen dieses Bundesgesetzes aus öffentlichen Mitteln gefördert werden, unterliegen nicht den Bestimmungen des § 4 AMFG.

(2) Endet das Dienstverhältnis eines begünstigten Behinderten, für den Sach- oder Geldleistungen zur Gänze oder anteilig aus den Mitteln des Ausgleichstaxfonds an den Dienstgeber erbracht wurden, ist dieser verpflichtet, die Beendigung dieses Dienstverhältnisses – ungeachtet der Vorschriften des § 8 – binnen zwei Wochen dem Bundesamt für Soziales und Behindertenwesen anzuzeigen, das unverzüglich mit der örtlich zuständigen regionalen Geschäftsstelle des Arbeitsmarktservice wegen der Vermittlung eines Behinderten nach Abs. 1 das Einvernehmen herzustellen hat.

Auskunfts- und Meldepflicht

§ 16. (1) Die Dienstgeber haben den zur Durchführung dieses Bundesgesetzes berufenen amtlichen Organen alle erforderlichen Auskünfte zu erteilen und Einblick in ihre Betriebsstätten oder Dienststellen zu gewähren, soweit dies im Interesse der begünstigten Behinderten (§ 2) erforderlich ist.

(2) Über die Beschäftigung der begünstigten Behinderten (§ 2) und Inhaber von Amtsbescheinigungen oder Opferausweisen (§ 5 Abs. 3) ist von jedem Dienstgeber ein Verzeichnis zu führen, in dem Name und Anschrift dieser Dienstnehmer, Beginn und Beendigung jedes solchen Dienstverhältnisses, die Versicherungsnummer dieser Dienstnehmer sowie die wesentlichen personenbezogenen Daten des Nachweises über die Zugehörigkeit zum Kreis der begünstigten Behinderten (§ 14) bzw. zum Kreis der politischen Opfer (§ 4 des Opferfürsorgegesetzes, BGBl. Nr. 183/1947) anzugeben sind. Dieses Verzeichnis ist über Verlangen den amtlichen Organen der regionalen Geschäftsstellen des Arbeitsmarktservice und dem Bundesamt für Soziales und Behindertenwesen vorzuweisen. Einstellungspflichtige Dienstgeber (§ 1 Abs. 1) haben eine Abschrift dieses Verzeichnisses samt den für die Berechnung der Pflichtzahl (§ 4) maßgeblichen personenbezogenen Daten über die Zahl der innerhalb eines Kalenderjahres jeweils am Ersten eines jeden Monates beschäftigten Dienstnehmer bis zum 1. Feber des darauffolgenden Jahres dem Bundesamt für Soziales und Behindertenwesen einzusenden, das die Angaben zu prüfen und bei Nichterfüllung der Beschäftigungspflicht die Ausgleichstaxe (§ 9) vorzuschreiben bzw. bei Zutreffen der Voraussetzungen Prämien (§ 9a) zu gewähren hat.

(3) Die Auskunfts- und Meldepflicht für den Bereich des Bundes obliegt dem Bundeskanzleramt, für den Bereich eines Landes dem Amt der Landesregierung und für den Bereich einer Gemeinde dem nach der Gemeindeordnung zuständigen Organ.

(4) Die im Abs. 3 genannten Gebietskörperschaften können die Meldung gemäß Abs. 2 auf maschinell verwertbaren Datenträgern erstatten.

(5) Wenn die für die Überprüfung der Erfüllung der Beschäftigungspflicht und für die Berechnung und Vorschreibung der Ausgleichstaxen bzw. für die Berechnung von Prämien erforderlichen personenbezogenen Daten von den Trägern der Sozialversicherung auf maschinell verwertbaren Datenträgern dem Bundesamt für Soziales und Behindertenwesen zur Verfügung gestellt werden (§ 22 Abs. 2), ist der Dienstgeber von der alljährlichen Vorlage der Verzeichnisse und vom Erfordernis der Antragstellung auf Gewährung von Prämien gemäß § 9a Abs. 1 zu befreien.

(6) Über die Befreiung gemäß Abs. 5 haben das Bundesamt für Soziales und Behindertenwesen dem Dienstgeber nachweislich eine Benachrichtigung zuzustellen, in der die Art und der Umfang der von den Sozialversicherungsträgern übermittelten personenbezogenen Daten und die Dauer, für die die Befreiung gilt, anzuführen sind. Die Befreiung von der Vorlage des Verzeichnisses bzw. vom Erfordernis der Antragstellung auf Prämien gemäß § 9a Abs. 1 erlischt, wenn der Dienstgeber in drei aufeinanderfolgenden Jahren nicht der Beschäftigungspflicht unterliegt.

(7) Wenn die für die Berechnung von Prämien gemäß § 9a Abs. 1 erforderlichen personenbezogenen Daten für nicht der Einstellungspflicht unterliegende Dienstgeber von den Trägern der Sozialversicherung auf maschinell verwertbaren Datenträgern dem Bundesamt für Soziales und Behindertenwesen zur Verfügung gestellt werden (§ 22 Abs. 2), kann das Bundesamt für Soziales und Behindertenwesen den Dienstgeber vom Erfordernis der jährlichen Antragstellung befreien. Diese Befreiung erlischt, wenn in drei aufeinanderfolgenden Jahren die Voraussetzungen für die Gewährung einer Prämie gemäß § 9a Abs. 1 nicht

mehr vorliegen. Für die Ausstellung der Benachrichtigung über diese Befreiung gilt Abs. 6 erster Satz sinngemäß.

(8) Die Übermittlung von personenbezogenen Daten aus dem Verzeichnis gemäß Abs.2, die den Gesundheitszustand einer Person betreffen, an andere als die im Abs. 2 genannten Empfänger ist unzulässig.

Überwachung der Beschäftigung

§ 17. Das Bundesamt für Soziales und Behindertenwesen hat die Einhaltung der Beschäftigungspflicht nach 1 Abs. 1 zu überwachen. Soweit sich die Überwachung auf die Wahrung der Rücksicht auf Leben und Gesundheit (§ 6) der im Sinne dieses Bundesgesetzes beschäftigten Personen erstreckt, hat das Bundesamt für Soziales und Behindertenwesen das Arbeitsinspektorat oder die nach Art des Betriebes sonst zuständige Aufsichtsbehörde heranzuziehen.

Stundung der Ausgleichstaxe

§ 17a. (1) Die Befugnis zum Abschluß einer Vereinbarung mit einem Schuldner über die Stundung einer rechtskräftig vorgeschriebenen und fälligen Ausgleichstaxe wird dem Bundesamt für Soziales und Behindertenwesen übertragen. Wenn der Schuldner zum Zeitpunkt der Fälligkeit der Forderung nicht in der Lage war, diese zu erfüllen, kann auf seinen Antrag die Stundung der Ausgleichstaxe bis zur Höchstdauer von zwei Jahren unter Berechnung von Zinsen in der Höhe von 3 vH über dem jeweils geltenden Basiszinssatz gemäß § 1

1. Euro-Justiz-Begleitgesetz pro Jahr ab dem Beginn des Monates, in

dem der Antrag eingebracht worden ist, vereinbart oder die Abstattung in Raten bewilligt werden. Im Falle der Nichtzahlung von mindestens zwei Teilraten ist die bewilligte Abstattung in Raten zu widerrufen und die sofortige Entrichtung aller aushaftenden Teilbeträge samt Zinsen zu verlangen.

(2) Der Bundesminister für Arbeit, Gesundheit und Soziales kann ganz oder teilweise auf die Eintreibung einer rechtskräftig vorgeschriebenen Ausgleichstaxe (zuzüglich Zinsen) verzichten, wenn

1. gegen den Schuldner ein Sanierungsverfahren eröffnet worden ist oder
2. ein Sanierungsplan gemäß § 140 der Insolvenzordnung, RGBl. Nr. 337/1914, abgeschlossen worden ist oder
3. alle Möglichkeiten der Eintreibung erfolglos versucht worden sind und auf Grund der Sachlage auch nicht angenommen werden kann, daß Eintreibungsmaßnahmen zu einem späteren Zeitpunkt zu einem Erfolg führen werden oder Eintreibungsmaßnahmen von vornherein offenkundig aussichtslos sind oder
4. die Eintreibung mit Kosten verbunden wäre, die in keinem Verhältnis zur Höhe der Forderung stehen.

Der Verzicht auf eine Forderung ist zu widerrufen, wenn er durch Fälschung einer Urkunde, falsches Zeugnis oder eine andere gerichtlich strafbare Handlung herbeigeführt oder sonstwie erschlichen worden ist.

Eintreibung der Ausgleichstaxe

§ 18. (1) Das Bundesamt für Soziales und Behindertenwesen hat die rechtskräftig vorgeschriebene und fällige Ausgleichstaxe einzutreiben. Auf die Eintreibung finden die Bestimmungen des Verwaltungsvollstreckungsgesetzes 1991 Anwendung.

(2) Eine mit Bescheid vorgeschriebene Ausgleichstaxe (zuzüglich der Zinsen gemäß § 9 Abs. 5) kann nur binnen zwei Jahren, gerechnet von dem Zeitpunkt an, in dem diese Vorschreibung keinem die Vollstreckbarkeit hemmenden Rechtszug mehr unterliegt, eingetrieben werden. Diese Frist beginnt durch jede auf Eintreibung gerichtete Maßnahme des Bundesamtes für Soziales und Behindertenwesen und durch die Gewährung von Zahlungserleichterungen jeder Art neu zu laufen.

(3) Die Eintreibung im Verwaltungsweg oder im gerichtlichen Verfahren (§ 3 des Verwaltungsvollstreckungsgesetzes 1991) darf erst nach nachweisbarer Mahnung des Schuldners erfolgen. Der Verpflichtete hat die notwendigen, durch die jeweilige Mahnung und Exekutionsführung verursachten Barauslagen und Gerichtsgebühren zu ersetzen. Diese Kosten sind zugleich mit der vorgeschriebenen Ausgleichstaxe einzutreiben; die Barauslagen fließen dem Bund zu, die Gerichtsgebühren dem Ausgleichstaxfonds.

(4) In Insolvenzverfahren ist die Ausgleichstaxe den sonstigen öffentlichen Abgaben gleichzuhalten und nach den Vorschriften der Insolvenzordnung zu behandeln.

Verfahren und Verwaltungsgerichtsbarkeit

§ 19. (1) Die Beschwerdefrist bei Verfahren gemäß §§ 8, 9, 9a und 14 Abs. 2 beträgt abweichend von den Vorschriften des Verwaltungsgerichtsverfahrensgesetzes, BGBl. I Nr. 33/2013, sechs Wochen. Die Frist zur Erlassung einer Beschwerdevorentscheidung beträgt bei Verfahren gemäß § 14 Abs. 2 zwölf Wochen. In Beschwerdeverfahren vor dem Bundesverwaltungsgericht dürfen bei Verfahren gemäß § 14 Abs. 2 neue Tatsachen und Beweismittel nicht vorgebracht werden.

(1a) Auf die Verfahren zur Geltendmachung von Ansprüchen durch Beamte bei den Dienstbehörden gemäß §§ 7l und 7m sind, soweit dieses Bundesgesetz nicht Anderes bestimmt, das Dienstrechtsverfahrensgesetz 1984, BGBl. Nr. 29, und die dazu ergangenen Verordnungen anzuwenden.

(2) Bescheidausfertigungen, die unter Verwendung elektronischer Datenverarbeitungsanlagen

hergestellt werden, bedürfen weder einer Unterschrift noch einer Beglaubigung.

(3) Unrichtigkeiten in Bescheiden, welche ihre Ursache in der fehlerhaften Anwendung elektronischer Datenverarbeitungsanlagen haben, gelten als Schreibund Rechenfehler im Sinne des § 62 Abs. 4d Allgemeinen Verwaltungsverfahrensgesetzes 1991.

(Anm.: Abs. 4 und 5 aufgehoben durch BGBl. I Nr. 150/2002)

Rechtsmittel

§ 19a. (1) Gegen Bescheide gemäß § 19 Abs. 2, die ohne Durchführung eines Ermittlungsverfahrens

1. auf Grund gespeicherter personenbezogener Daten oder
2. auf Grund von den Trägern der Sozialversicherung oder von sonstigen Institutionen auf maschinell verwertbaren Datenträgern übermittelten personenbezogenen Daten

im Wege der automationsunterstützten Datenverarbeitung erlassen worden sind, kann bei der Behörde, die den Bescheid erlassen hat, innerhalb von zwei Wochen nach Zustellung des Bescheides schriftlich Vorstellung erhoben werden. Die Behörde hat nach Prüfung der Sach- und Rechtslage die Angelegenheit neuerlich zu entscheiden. Der Vorstellung kommt aufschiebende Wirkung zu. Die Beschwerde an das Bundesverwaltungsgericht kann erst nach Entscheidung über die Vorstellung erhoben werden.

(2) Dem Ausgleichstaxfonds (§ 10 Abs. 1) kommt im Beschwerdeverfahren über Ausgleichstaxen oder Prämien Parteistellung zu.

§ 19b. (1) In Verfahren über Beschwerden in Rechtssachen in den Angelegenheiten der §§ 8, 9, 9a und 14 Abs. 2 entscheidet das Bundesverwaltungsgericht durch den Senat.

(2) Bei Senatsentscheidungen in Kündigungsverfahren (§ 8) haben zwei Vertreterinnen oder Vertreter der Arbeitgeber, eine Vertreterin oder ein Vertreter der Arbeitnehmer und eine Vertreterin oder ein Vertreter der Interessenvertretung der Menschen mit Behinderung als fachkundige Laienrichterinnen oder Laienrichter mitzuwirken.

(3) Die Vertreterinnen oder Vertreter der Arbeitgeber sind bei Senatsentscheidungen nach Abs. 2 von der Wirtschaftskammer Österreich zu entsenden. Die Vertreterin oder der Vertreter der Arbeitnehmer wird von der Bundesarbeitskammer entsandt. Die im § 10 Abs. 1 Z 6 des Bundesbehindertengesetzes genannte Vereinigung entsendet die Vertreterin oder den Vertreter der Interessenvertretung der Menschen mit Behinderung. Hinsichtlich der Aufteilung des Nominierungsrechtes auf gleichartige Vereinigungen ist § 10 Abs. 2 des Bundesbehindertengesetzes anzuwenden. Für jede Vertreterin und jeden Vertreter ist jeweils auch die erforderliche Anzahl von Ersatzmitgliedern zu entsenden.

(4) Bei Senatsentscheidungen in Verfahren gemäß §§ 9 und 9a haben je eine Vertreterin oder ein Vertreter der Arbeitgeber und der Arbeitnehmer als fachkundige Laienrichterinnen oder Laienrichter mitzuwirken.

(5) Die Vertreterin oder der Vertreter der Arbeitgeber ist bei Senatsentscheidungen nach Abs. 4 von der Wirtschaftskammer Österreich zu entsenden. Die Vertreterin oder der Vertreter der Arbeitnehmer wird von der Bundesarbeitskammer entsandt. Für jede Vertreterin und jeden Vertreter ist jeweils auch die erforderliche Anzahl von Ersatzmitgliedern zu entsenden.

(6) Bei Senatsentscheidungen in Verfahren gemäß § 14 Abs. 2 hat eine Vertreterin oder ein Vertreter der Interessenvertretung der Menschen mit Behinderung als fachkundige Laienrichterin oder fachkundiger Laienrichter mitzuwirken. Abs. 3 dritter und vierter Satz sind anzuwenden. Für die Vertreterin oder den Vertreter ist jeweils auch die erforderliche Anzahl von Ersatzmitgliedern zu entsenden.

(7) Die fachkundigen Laienrichterinnen oder Laienrichter (Ersatzmitglieder) in Verfahren nach Abs. 2, 4 und 6 haben für die jeweiligen Agenden die erforderliche Qualifikation (insbesondere Fachkunde im Bereich des Sozial- und Arbeitsrechts) aufzuweisen.

Verschwiegenheitspflicht

§ 20. Die zur Einholung von Auskünften (§ 16) befugten oder mit der Überwachung (§ 17) betrauten oder sonst an der Durchführung dieses Bundesgesetzes beteiligten Organe sind zur Geheimhaltung der zu ihrer Kenntnis gelangenden Geschäfts- und Betriebsverhältnisse verpflichtet.

Strafbestimmungen

§ 21. Wer trotz nachweislicher Aufforderung durch das Bundesamt für Soziales und Behindertenwesen die Abschrift des Verzeichnisses über die Beschäftigung von begünstigten Behinderten (§ 2) bzw. von Inhabern einer Amtsbescheinigung oder eines Opferausweises (§ 5 Abs. 3) gemäß § 16 Abs. 2 nicht vorlegt, wer in die Verzeichnisabschrift vorsätzlich unwahre Angaben aufnimmt oder wer die Anzeigeverpflichtung nach § 15 Abs. 2 verletzt, begeht, wenn die Tat nicht nach einer anderen Bestimmung mit strengerer Strafe bedroht ist, eine Verwaltungsübertretung und ist von der Bezirksverwaltungsbehörde mit einer Geldstrafe bis zu 727 Euro zu bestrafen. Die Geldstrafen fließen dem Ausgleichstaxfonds zu.

Mitwirkung bei der Durchführung des Gesetzes

§ 22. (1) Alle Behörden, Ämter, Anstalten und Körperschaften des öffentlichen Rechtes sind verpflichtet, im Ermittlungsverfahren zur Durchführung dieses Bundesgesetzes mitzuwirken.

(2) Die Mitwirkung gemäß Abs. 1 erstreckt sich bei den Trägern der Sozialversicherung auch auf die Übermittlung der gespeicherten personenbezogenen Daten über Dienstgeber und Versicherte auf maschinell verwertbaren Datenträgern, soweit diese personenbezogenen Daten für die Beurteilung der Einstellungspflicht und deren Erfüllung, die Berechnung und Vorschreibung der Ausgleichstaxen und Prämien sowie die Erfassung der begünstigten Personen (§ 2 und 5 Abs. 3) und der Förderungswerber (§ 10a Abs. 2, 3 und 3a) eine wesentliche Voraussetzung bilden.

(3) Die Mitwirkung an der Berechnung und Vorschreibung der Ausgleichstaxen und Prämien (§ 9 und 9a) sowie am Verfahren nach diesem Bundesgesetz obliegt nach Maßgabe des § 2 Abs. 1 bis 4 des Bundesgesetzes über die Bundesrechenzentrum GmbH, BGBl. Nr. 757/1996, der Bundesrechenzentrum GmbH.

(4) Das Bundesministerium für Arbeit, Soziales und Konsumentenschutz und das Bundesamt für Soziales und Behindertenwesen sind insoweit zur Verarbeitung von personenbezogenen Daten betreffend Dienstgeber, einschließlich deren Dienstnehmer, begünstigte Personen (§§ 2 und 5 Abs. 3), Förderungswerber (§ 10a), Integrative Betriebe (§ 11) sowie Ausbildungseinrichtungen (§ 11a) ermächtigt, als dies zur Erfüllung der ihnen gesetzlich übertragenen Aufgaben (§§ 1, 6, 7k, 7l, 7m, 7n, 8, 8a, 9, 9a, 10, 10a, 11, 11a, 12, 14, 15, 17, 17a, 18 und 26) eine wesentliche Voraussetzung ist. Personenbezogene Daten betreffend eine Behinderung im Sinne der Z 3 dürfen vom Bundesministerium für Arbeit, Soziales und Konsumentenschutz und dem Bundesamt für Soziales und Behindertenwesen nur für Zwecke der Angelegenheiten der Feststellung des Grades der Behinderung und der Zugehörigkeit zum Kreis der begünstigten Behinderten (§§ 2 und 14), der Schlichtungsverfahren (§§ 7k, 7l, 7m, 7n), der Zustimmung zur Kündigung (§ 8) sowie der Gewährung von Fördermaßnahmen und Unterstützungsmaßnahmen (§§ 6, 10a, 11, 11a und 15) verarbeitet werden. Für Zwecke der Angelegenheiten der Überprüfung der Beschäftigungspflicht (§§ 1, 9, 9a, 16 bis 18) dürfen vom Bundesministerium für Arbeit, Soziales und Konsumentenschutz und dem Bundesamt für Soziales und Behindertenwesen die personenbezogenen Daten im Sinne der Z 3 betreffend die Zugehörigkeit zum Kreis der begünstigten Behinderten verarbeitet werden. Verpflichtungen, die sich auf Grund anderer Rechtsvorschriften ergeben, bleiben unberührt.

Die in Frage kommenden Datenarten sind:

1. Stammdaten der begünstigten Personen, einschließlich antragstellender Personen (§§ 2 und 5 Abs. 3) und Förderungswerber (§ 10a):
a) Namen (Vornamen, Familiennamen),
b) Sozialversicherungsnummer und Geburtsdatum,
c) Geschlecht,
d) Staatsangehörigkeit, Aufenthalts- und Arbeitsberechtigungen,
e) Adresse des Wohnsitzes oder Aufenthaltsortes,
f) Telefon- und Faxnummer,
g) E-Mail-Adresse,
h) Bankverbindung und Kontonummer,

2. personenbezogene Daten über wirtschaftliche und soziale Rahmenbedingungen:
a) Familienstand (einschließlich Lebensgemeinschaft),
b) unterhaltsberechtigte Familienangehörige,
c) Ausbildung, Erwerbstätigkeit und Status der Person (erwerbstätig, arbeitslos, Pensionist, in Schul- oder Berufsausbildung, selbstversichert, Zugehörigkeit zum Kreis der begünstigten Behinderten, Inhaber einer Amtsbescheinigung oder eines Opferausweises),
d) Einkommen (eigenes Einkommen, Partnereinkommen, Haushaltseinkommen),

3. personenbezogenen Daten betreffend eine Behinderung:
a) Funktionseinschränkungen,
b) Grad der Behinderung,

4. personenbezogenen Daten über Betreuungsverläufe:
a) personenbezogenen Daten und Angaben zu Verfahren gemäß den §§ 7k, 7l, 7m und 8,
b) Art, Inhalt, Dauer und Höhe gewährter Förder- und Unterstützungsmaßnahmen,

5. Stammdaten der Arbeitgeber:
a) Namen, Firmennamen und Betriebsnamen,
b) Firmensitz und Betriebssitz sowie Gerichtsstand,
c) Betriebsgröße,
d) Branchenzugehörigkeit,
e) Sozialversicherungsdaten, Angaben zum Status, Zahl, Struktur und Stammdaten (Z 1 lit. a und b) der Beschäftigten, einschließlich der beschäftigten begünstigten Behinderten,
f) Betriebsinhaber und verantwortliche Mitglieder der Geschäftsführung,
g) Ansprechpartner,
h) Dienstgeberkontonummer und Unternehmenskennzahlen,
i) Telefon- und Faxnummer,
j) E-Mail-Adresse,
k) Bankverbindung und Kontonummer,

6. personenbezogenen Daten über Pflichtstellen:
a) Gesamtzahl, Höhe der Ausgleichstaxen,
b) offene Pflichtstellen,
c) besetzte Pflichtstellen,
d) Arbeitszeit (Lage und Ausmaß),
e) Entlohnung.

(Anm.: Abs. 4a aufgehoben durch Art. 30 Z 7, BGBl. I Nr. 32/2018)

(5) Die regionalen Geschäftsstellen des Arbeitsmarktservice haben das Bundesamt für Soziales und Behindertenwesen zu benachrichtigen, wenn ein im § 5 Abs. 2 genannter Mensch mit Behinderung auf einen Ausbildungs- oder Arbeitsplatz vermittelt wird.

Behindertenvertrauenspersonen

§ 22a. (1) Sind in einem Betrieb dauernd mindestens fünf begünstigte Behinderte (§ 2 Abs. 1 und 3) beschäftigt, so sind von diesen nach Maßgabe der nachfolgenden Bestimmungen Behindertenvertrauenspersonen (Stellvertreter) als Organ zu wählen. Sind in einem Betrieb dauernd mindestens 15 begünstigte Behinderte beschäftigt, so sind für die Behindertenvertrauensperson zwei Stellvertreter zu wählen. Sind in einem Betrieb dauernd mindestens 40 begünstigte Behinderte beschäftigt, so sind für die Behindertenvertrauensperson drei Stellvertreter zu wählen. Die Stellvertreter können im Auftrag der Behindertenvertrauensperson Aufgaben im Sinne der Abs. 7 und 8 auch im Falle der Anwesenheit der Behindertenvertrauensperson wahrnehmen. Erforderlichenfalls kann eine Geschäftsordnung erlassen werden.

(2) Die Wahl der Behindertenvertrauensperson und der Stellvertreter ist tunlichst gemeinsam mit der Betriebsratswahl durchzuführen. Gehören jeder Gruppe der Arbeitnehmer mehr als fünf begünstigte Behinderte an, so ist bei jeder Gruppe auch die Behindertenvertrauensperson (Stellvertreter) mitzuwählen. Sind mehr als fünf begünstigte Behinderte beschäftigt, die unterschiedlichen Gruppen zuzurechnen sind, und nur eine Gruppe umfaßt mehr als fünf begünstigte Behinderte, so ist bei dieser Gruppe mitzuwählen. Gehören keiner Gruppe mehr als fünf begünstigte Behinderte an, so ist die Wahl mit der Gruppe der Arbeitnehmer durchzuführen, der die größere Zahl der begünstigten Behinderten angehört, bei gleicher Zahl bei der Arbeitnehmergruppe, die mehr Betriebsratsmitglieder zu wählen hat. Wird nur ein Betriebsrat gewählt, so ist die Behindertenvertrauensperson (Stellvertreter) bei diesem mitzuwählen.

(3) Wahlberechtigt sind alle begünstigten Behinderten des Betriebes, die am Tag der Wahlausschreibung und am Tag der Wahl im Betrieb beschäftigt sind.

(4) Wählbar sind alle begünstigten Behinderten des Betriebes, die am Tag der Wahl seit mindestens sechs Monaten im Betrieb beschäftigt sind und das 18. Lebensjahr vollendet haben.

(5) Auf die Durchführung und Anfechtung der Wahl der Behindertenvertrauenspersonen (Stellvertreter) sind die Bestimmungen der § 51 Abs. 1, § 53 Abs. 3, 5 und 6 sowie §§ 55 bis 60 des Arbeitsverfassungsgesetzes, BGBl. Nr. 22/1974, sinngemäß anzuwenden. Zur Anfechtung der Wahl ist auch jeder im Betrieb bestehende Betriebsrat berechtigt. Das Ergebnis der Wahl der Behindertenvertrauenspersonen ist auch dem Bundesamt für Soziales und Behindertenwesen bekanntzugeben.

(6) Die Tätigkeitsdauer der Behindertenvertrauensperson (Stellvertreter) beträgt fünf Jahre. Sie beginnt mit dem in § 61 Abs. 1 des Arbeitsverfassungsgesetzes genannten Zeitpunkt und endet mit Ablauf der Funktionsperiode. Im übrigen sind für die vorzeitige Beendigung und das Erlöschen der Funktion §§ 62 und 64 Abs. 1 und 4 des Arbeitsverfassungsgesetzes sinngemäß anzuwenden. Die Tätigkeitsdauer endet ferner, wenn in einer Versammlung aller begünstigten Behinderten des Betriebes die Mehrheit die Enthebung ihrer Behindertenvertrauenspersonen (Stellvertreter) beschließt. Die Versammlung kann von dem an Lebensjahren ältesten begünstigten Behinderten einberufen werden.

(7) Die Behindertenvertrauensperson (Stellvertreter) ist berufen, die wirtschaftlichen, sozialen, gesundheitlichen und kulturellen Interessen der begünstigten Behinderten im Einvernehmen mit dem Betriebsrat wahrzunehmen. Die Behindertenvertrauensperson ist befugt, einmal jährlich eine Versammlung aller begünstigten Behinderten des Betriebes einzuberufen. Hat die Behindertenvertrauensperson einen Stellvertreter mit dieser Aufgabe betraut, so hat dieser die Einberufung vorzunehmen. Der Betriebsrat ist verpflichtet, der Behindertenvertrauensperson bei der Wahrnehmung der besonderen Belange der begünstigten Behinderten beizustehen und die erforderlichen Auskünfte zu erteilen.

(8) Die Behindertenvertrauensperson (Stellvertreter) ist insbesondere berufen,

a) auf die Anwendung der Bestimmungen dieses Bundesgesetzes hinzuwirken und darüber zu wachen, dass die Vorschriften, die für das Arbeitsverhältnis begünstigter Behinderter gelten, eingehalten werden;
b) über wahrgenommene Mängel dem Betriebsrat, dem Betriebsinhaber und erforderlichenfalls den zum Schutz der Arbeitnehmer geschaffenen Stellen Mitteilung zu machen und auf die Beseitigung dieser Mängel hinzuwirken;
c) Vorschläge in Fragen der Beschäftigung, der Aus- und Weiterbildung, beruflicher und medizinischer Rehabilitationsmaßnahmen zu erstatten und auf die besonderen Bedürfnisse von behinderten Arbeitnehmern hinzuweisen;
d) an allen Sitzungen des Betriebsrates und des Betriebsausschusses sowie von Ausschüssen des Betriebsrates nach § 69 Abs. 4 ArbVG mit beratender Stimme teilzunehmen, es sei denn ein Stellvertreter wurde mit der Wahrnehmung dieser Aufgabe betraut.

(9) Der Betriebsinhaber ist verpflichtet, mit der Behindertenvertrauensperson (Stellvertreter) zu beraten und die zur Erfüllung ihrer Aufgaben erforderlichen Auskünfte zu erteilen, insbesondere hat er die Behindertenvertrauensperson über substanzielle, das Arbeitsverhältnis betreffende Angelegenheiten wie Beginn, Ende und Veränderung von Arbeitsverhältnissen behinderter Arbeitnehmer, über Arbeitsunfälle sowie über Krankmeldungen von mehr als sechs Wochen pro Kalenderjahr zu informieren.

(10) Auf die persönlichen Rechte und Pflichten der Behindertenvertrauensperson (Stellvertreter) sind die Bestimmungen des 4. Hauptstückes des II. Teiles des Arbeitsverfassungsgesetzes bzw. die im Sinne des Landarbeitsgesetzes 2021, BGBl. I Nr. 78/2021, für land- und forstwirtschaftliche Arbeiter und Angestellte erlassenen Vorschriften sinngemäß anzuwenden.

(11) Besteht in einem Unternehmen ein Zentralbetriebsrat nach § 80 des Arbeitsverfassungsgesetzes, so sind von den Behindertenvertrauenspersonen und den Stellvertretern aus ihrer Mitte mit einfacher Mehrheit der abgegebenen Stimmen eine Zentralbehindertenvertrauensperson und ein Stellvertreter zu wählen. Die Wahl ist gültig, wenn zumindest die Hälfte der Wahlberechtigten anwesend ist. Wurde im Unternehmen nur eine Behindertenvertrauensperson und ein Stellvertreter gewählt, so üben diese auch die Funktion der Zentralbehindertenvertrauensperson und des Stellvertreters aus. § 57 des Arbeitsverfassungsgesetzes ist mit der Maßgabe anzuwenden, daß das Ergebnis der Wahl der Zentralbehindertenvertrauensperson und des Stellvertreters auch dem Bundesamt für Soziales und Behindertenwesen bekanntzugeben ist. Die Zentralbehindertenvertrauensperson (Stellvertreter) ist berufen, im Zentralbetriebsrat unter Beachtung der Abs. 7 und 8 die Interessen der begünstigten Behinderten wahrzunehmen. Der Zentralbetriebsrat ist verpflichtet, der Zentralbehindertenvertrauensperson (Stellvertreter) bei der Wahrnehmung der besonderen Belange der begünstigten Behinderten beizustehen und die erforderlichen Auskünfte zu erteilen. Die Zentralbehindertenvertrauensperson (Stellvertreter) ist befugt, höchstens zweimal jährlich eine Versammlung aller Behindertenvertrauenspersonen des Unternehmens einzuberufen, um über ihre Tätigkeit zu berichten und Angelegenheiten, die für die begünstigten Behinderten des Unternehmens von Bedeutung sind, zu erörtern.

(12) Die Tätigkeitsdauer der Zentralbehindertenvertrauensperson (ihres Stellvertreters) beträgt fünf Jahre; sie beginnt mit der Annahme der Wahl und endet vor Ablauf dieser Zeit, wenn

1. im Unternehmen kein Zentralbetriebsrat mehr besteht;
2. die Funktion als Behindertenvertrauensperson endet (Abs. 6);
3. die Zentralbehindertenvertrauensperson zurücktritt.

(13) Besteht in einem Konzern eine Konzernvertretung nach § 88a des Arbeitsverfassungsgesetzes, so sind von den Zentralbehindertenvertrauenspersonen und deren Stellvertretern aus ihrer Mitte mit einfacher Mehrheit der abgegebenen Stimmen eine Konzernbehindertenvertrauensperson und ein Stellvertreter zu wählen. Ist in einem Konzernunternehmen eine Zentralbehindertenvertrauensperson nicht zu wählen, so nehmen an der Wahl der Konzernbehindertenvertrauensperson die Behindertenvertrauenspersonen und deren Stellvertreter teil. Die Wahl ist gültig, wenn zumindest die Hälfte der Wahlberechtigten anwesend ist. Wurde im Konzern nur eine Zentralbehindertenvertrauensperson und ein Stellvertreter gewählt, so üben diese auch die Funktion der Konzernbehindertenvertrauensperson und des Stellvertreters aus. § 57 des Arbeitsverfassungsgesetzes ist mit der Maßgabe anzuwenden, daß das Ergebnis der Wahl der Konzernbehindertenvertrauensperson und des Stellvertreters auch dem Bundesamt für Soziales und Behindertenwesen bekanntzugeben ist. Die Konzernbehindertenvertrauensperson (Stellvertreter) ist berufen, in der Konzernvertretung unter Beachtung der Abs. 7 und 8 die Interessen der begünstigten Behinderten wahrzunehmen. Die Konzernvertretung ist verpflichtet, der Konzernbehindertenvertrauensperson (Stellvertreter) bei der Wahrnehmung der besonderen Belange der begünstigten Behinderten beizustehen und die erforderlichen Auskünfte zu erteilen. Die Konzernbehindertenvertrauensperson (Stellvertreter) ist befugt, höchstens zweimal jährlich eine Versammlung aller Zentralbehindertenvertrauenspersonen des Konzerns einzuberufen, um über ihre Tätigkeit zu berichten und Angelegenheiten, die für die begünstigten Behinderten des Konzerns von Bedeutung sind, zu erörtern.

(14) Die Tätigkeitsdauer der Konzernbehindertenvertrauensperson (ihres Stellvertreters) beträgt fünf Jahre; sie beginnt mit der Annahme der Wahl und endet vor Ablauf dieser Zeit, wenn

1. im Konzern keine Konzernvertretung mehr besteht;
2. die Funktion als Zentralbehindertenvertrauensperson endet (Abs. 12);
3. die Konzernbehindertenvertrauensperson zurücktritt.

(15) Der Behindertenvertrauensperson (Stellvertreter) sind zur ordnungsgemäßen Erfüllung ihrer Aufgaben Räumlichkeiten, Kanzlei- und Geschäftserfordernisse sowie sonstige Sacherfordernisse in einem der Größe des Betriebes und den Bedürfnissen der Behindertenvertrauensperson (Stellvertreter) angemessenen Ausmaß vom Betriebsinhaber unentgeltlich zur Verfügung zu stellen. Desgleichen hat der Betriebsinhaber unentgeltlich für die Instandhaltung der bereitgestellten Räumlichkeiten und Gegenstände zu sorgen. Die

den Behindertenvertrauenspersonen (Abs. 1, 11 und 13) in Ausübung ihrer Tätigkeit erwachsenen Barauslagen sind, sofern kein Ersatz auf Grund anderer Rechtsvorschriften geleistet werden kann, aus Mitteln des Ausgleichstaxfonds zu ersetzen. Das Bundesamt für Soziales und Behindertenwesen hat die Barauslagen nach Maßgabe der vom Bundesminister für Arbeit, Gesundheit und Soziales zu erlassenden Richtlinien zu erstatten.

Behindertenvertretung im öffentlichen Dienst

§ 22b. Für die Dienststellen des Bundes, der Länder und Gemeinden, die nicht unter die Bestimmungen des Arbeitsverfassungsgesetzes fallen, gelten unter Zugrundelegung der gesetzlichen Vorschriften über die Personalvertretung die Bestimmungen des § 22a mit der Maßgabe, dass die Tätigkeitsdauer fünf Jahre beträgt.

Gebührenfreiheit

§ 23. Alle zur Durchführung dieses Bundesgesetzes erforderlichen Amtshandlungen, Eingaben, Vollmachten, Zeugnisse, Urkunden über Rechtsgeschäfte zum Zwecke der Fürsorge oder Förderung gemäß § 10a sowie Vermögensübertragungen sind von bundesgesetzlich geregelten Gebühren, Verkehrsteuern und Verwaltungsabgaben befreit. Die Befreiung gilt auch im Verfahren vor dem Bundesverwaltungsgericht, dem Verwaltungsgerichtshof und dem Verfassungsgerichtshof.

Artikel III
Sprachliche Gleichbehandlung und Verweis auf andere Bundesgesetze

§ 24. (1) Soweit in diesem Bundesgesetz personenbezogene Bezeichnungen nur in männlicher Form angeführt sind, beziehen sie sich auf Frauen und Männer in gleicher Weise. Bei der Anwendung auf bestimmte Personen ist die jeweils geschlechtsspezifische Form zu verwenden.

(2) Soweit in diesem Bundesgesetz auf Bestimmungen anderer Bundesgesetze verwiesen wird, sind diese in ihrer jeweils geltenden Fassung anzuwenden.

Inkrafttreten

§ 25. (1) Die §§ 6 Abs. 1 und 5, 11 Abs. 5, 12 Abs. 2 lit. b, 15 Abs. 1 und 2, 16 Abs. 2 und 22 Abs. 5 in der Fassung des Bundesgesetzes BGBl. Nr. 314/1994 treten mit 1. Juli 1994 in Kraft.

(2) § 9 Abs. 2 in der Fassung des Bundesgesetzes BGBl. Nr. 201/1996 tritt mit 1. Jänner 1997 in Kraft.

(3) § 1 Abs. 3, § 2 Abs. 2 lit. d, § 3, § 4, § 6, § 8, § 8a, § 9a Abs.1, § 10, § 10a Abs. 1 lit. c, g, h und i, § 10a Abs. 2, 2a, 3a und 7, § 11, § 12 Abs. 5, § 13b Abs. 1, § 13f Abs. 4, § 14, § 15 Abs. 1, § 16, § 17a Abs. 2, § 19 Abs. 4, § 22a Abs. 11, 13 und 15, § 27, § 28 und § 29 in der Fassung des Bundesgesetzes BGBl. I Nr. 17/1999 treten mit 1. Jänner 1999 in Kraft.

(4) § 1 Abs. 2 in der Fassung des Bundesgesetzes BGBl. I Nr. 17/1999 tritt mit 1. Jänner 2000 in Kraft.

(5) § 18 Abs. 3 in der Fassung des Bundesgesetzes BGBl. I Nr. 106/1999 tritt mit 1. Oktober 1999 in Kraft.

(6) § 8 Abs. 6 lit. b und § 9 Abs. 2 treten mit 1. Juli 2001 in Kraft; § 9 Abs. 5, § 9a Abs. 2, § 10 Abs. 7, § 10a Abs. 5 und 6 und § 21 in der Fassung des Bundesgesetzes BGBl. I Nr. 60/2001 treten mit 1. Jänner 2002 in Kraft.

(7) *(Anm.: Z 1 Durch Art. 2 § 2 Abs. 2 Z 9, BGBl. I Nr. 2/2008, als nicht mehr geltend festgestellt)*

2. Artikel 7 Z 1, § 6 Abs. 3 und 5, § 9a, § 10 Abs. 2, § 10 Abs. 3, § 10a Abs. 1 lit. c, § 10a Abs. 1 lit. g, § 10a Abs. 1 lit. i, § 11 Abs. 7, § 12 Abs. 1, § 12 Abs. 2 lit. a, § 12 Abs. 6, § 13 Abs. 4, § 13b Abs. 1, § 13f Abs. 2, § 14 Abs. 1 lit. a, § 14 Abs. 8, § 16 Abs. 2, § 17a Abs. 1, § 19 Abs. 4 und 5, § 19a Abs. 2, § 22a, § 23, § 26 lit. a, § 27 Abs. 6 und 7 in der Fassung des Bundesgesetzes BGBl. I Nr. 150/2002, sowie die Aufhebung des § 19 Abs. 4 und 5 treten mit 1. Jänner 2003 in Kraft.

(8) § 10a Abs. 1 lit. j in der Fassung des Bundesgesetzes BGBl. I Nr. 158/2002 tritt mit 1. Oktober 2002 in Kraft.

(9) § 10a Abs. 1 lit. j, § 13f Abs. 2 und § 17a Abs. 1 in der Fassung des Bundesgesetzes BGBl. I Nr. 71/2003 treten mit dem der Kundmachung des genannten Bundesgesetzes folgenden Tag in Kraft.

(10) § 2 samt Überschrift, § 3, § 4 Abs. 1, § 6 samt Überschrift, §§ 7a bis 7r, § 8 Abs. 4a, § 19, § 22 Abs. 4, §§ 24 bis 24f, § 25a und § 26 samt Überschrift in der Fassung des Bundesgesetzes BGBl. I Nr. 82/2005 treten mit 1. Jänner 2006 in Kraft. Die Ausführungsgesetze der Bundesländer zu den in §§ 24a bis 24f geregelten Grundsätzen sind binnen sechs Monaten ab dem der Kundmachung folgenden Tag zu erlassen.

(11) § 2 Abs. 2 lit. d, § 7d Abs. 1, § 7e Abs. 1 Z 1, § 7f Abs. 1, § 7h Abs. 1 § 7i, § 7j, § 7k Abs. 2 Z 2 bis 5, § 7m Abs. 2 und 3 sowie § 14 Abs. 1 lit. d in der Fassung des Bundesgesetzes BGBl. I Nr. 67/2008 treten mit 1. Mai 2008 in Kraft.

(12) § 13a, § 14 Abs. 2, § 26 und § 27 Abs. 1 und 1a in der Fassung des Bundesgesetzes BGBl. I Nr. 81/2010 treten mit 1. September 2010 in Kraft.

(13) § 17a Abs. 2 Z 1 und 2 sowie § 18 Abs. 4 in der Fassung des Bundesgesetzes BGBl. I Nr. 58/2010 treten mit 1. August 2010 in Kraft.

(14) § 7b Abs. 5 und § 7i Abs. 1 in der Fassung des Bundesgesetzes BGBl. I Nr. 7/2011 treten mit 1. März 2011 in Kraft.

(15) § 2 Abs. 1 bis 3, § 6 Abs. 2 lit. d und g, § 8 Abs. 2 und Abs. 6 lit. b, § 9 Abs. 2, § 9a Abs. 1, § 10a Abs. 1 lit. a und j, § 10a Abs. 3a, § 12

Abs. 1 und 3, § 13b Abs. 2, § 14 Abs. 8, § 22a Abs. 1, 3, 4, 7, 8, 9, 10, 11, 13 und 15, § 22b, § 25a sowie § 27 Abs. 8 in der Fassung des Budgetbegleitgesetzes 2011, BGBl. I Nr. 111/2010, treten mit 1. Jänner 2011 in Kraft.

(16) Die Überschrift des § 7k, § 7m Abs. 1, § 14 Abs. 8, die Überschrift des § 19, § 19 Abs. 1, § 19a, § 19b, § 22 Abs. 4 und 4a sowie § 23 in der Fassung des Bundesgesetzes BGBl. I Nr. 71/2013 treten mit 1. Jänner 2014 in Kraft; gleichzeitig treten die §§ 13a bis 13g außer Kraft.

(17) § 2 Abs. 1 Z 3 in der Fassung des Bundesgesetzes BGBl. I Nr. 72/2013 tritt mit 1. Jänner 2014 in Kraft; gleichzeitig tritt § 2 Abs. 1 Z 4 außer Kraft.

(18) §§ 7a Abs. 1, Z 2 und 4, 7b Abs. 1 Z 8 und 10, 7d, 7f Abs. 3, 7g Abs. 3, 7j und 7n in der Fassung des Bundesgesetzes BGBl. I Nr. 107/2013 treten mit 1. August 2013 in Kraft.

(19) §§ 14 Abs. 1 und 2 sowie 19 Abs. 1 in der Fassung des Bundesgesetzes BGBl. I Nr. 57/2015 treten mit 1. Juli 2015 in Kraft.

(20) § 6 Abs. 2 lit. d und § 10 Abs. 2 bis 3a in der Fassung des Bundesgesetzes BGBl. I Nr. 62/2016 treten mit 1. August 2016 in Kraft.

(21) § 22a in der Fassung des Bundesgesetzes BGBl. I Nr. 35/2017 tritt mit 1. Jänner 2017 in Kraft und gilt für Behindertenvertrauenspersonen, deren Konstituierung nach dem 31. Dezember 2016 erfolgt, sowie für Zentralbehindertenvertrauenspersonen und Konzernbehindertenvertrauenspersonen, die ihre Wahl nach dem 31. Dezember 2016 annehmen.

(22) § 23a samt Überschrift tritt mit Ablauf des 30. Juni 2017 außer Kraft.

(23) § 10 Abs. 1a, § 10a Abs. 1 lit. k, § 10a Abs. 8, § 11 Abs. 5, § 15 Abs. 1 sowie § 25 Abs. 21 bis 23 treten mit 01. Jänner 2018 in Kraft.

(24) § 16 Abs. 2, 5, 6, 7 und 8, § 19a Abs. 1 Z 1 und 2, § 22 Abs. 2, 4 und 5 in der Fassung des Materien-Datenschutz-Anpassungsgesetzes 2018, BGBl. I Nr. 32/2018, treten mit 25. Mai 2018 in Kraft. § 22 Abs. 4a tritt mit Ablauf des 24. Mai 2018 außer Kraft.

(25) § 10 Abs. 1b in der Fassung des Bundesgesetzes BGBl. I Nr. 135/2020 tritt mit 1. Jänner 2021 in Kraft.

(26) § 7a Abs. 3, § 7s, § 8 Abs. 5 zweiter Satz, § 8 Abs. 6 lit. a, § 22a Abs. 10 und § 26 lit. d in der Fassung des Bundesgesetzes BGBl. I Nr. 78/2021 treten mit 1. Juli 2021 in Kraft.

(27) § 10 Abs. 1c in der Fassung des Budgetbegleitgesetzes 2023, BGBl. I Nr. 185/2022, tritt mit 1. Jänner 2023 in Kraft.

Umsetzungshinweis

§ 25a. (1) Durch die Bestimmungen der §§ 6 Abs. 1a, 7a bis 7r sowie 24a bis 24f dieses Bundesgesetzes wird die Richtlinie 2000/78/EG des Rates vom 27. November 2000 zur Festlegung eines allgemeinen Rahmens für die Verwirklichung der Gleichbehandlung in Beschäftigung und Beruf, ABl. Nr. L 303, für den Bereich der Menschen mit Behinderungen im Rahmen der Gesetzgebungskompetenz des Bundes umgesetzt.

(2) Durch die Bestimmungen des § 2 Abs. 1 Z 1 und 3 wird die Richtlinie 2003/109/EG des Rates vom 25. November 2003 betreffend die Rechtsstellung der langfristig aufenthaltsberechtigten Drittstaatsangehörigen, die Richtlinie 2004/38/EG des Europäischen Parlaments und des Rates vom 29. April 2004 über das Recht der Unionsbürger und ihrer Familienangehörigen, sich im Hoheitsgebiet der Mitgliedstaaten frei zu bewegen und aufzuhalten, und die Richtlinie 2011/98/EU des Europäischen Parlaments und des Rates vom 13. Dezember 2011 über ein einheitliches Verfahren zur Beantragung einer kombinierten Erlaubnis für Drittstaatsangehörige, sich im Hoheitsgebiet eines Mitgliedstaats aufzuhalten und zu arbeiten, sowie über ein gemeinsames Bündel von Rechten für Drittstaatsarbeitnehmer, die sich rechtmäßig in einem Mitgliedstaat aufhalten, umgesetzt.

Vollziehung

§ 26. Mit der Vollziehung dieses Bundesgesetzes sind betraut:

a) hinsichtlich der Bestimmungen des Art. I des Bundesgesetzes vom 27. September 1988, BGBl. Nr. 721 und des § 19a Abs. 1 (Verfassungsbestimmungen) die Bundesregierung;
b) hinsichtlich der Bestimmungen der §§ 7b bis 7k und 7o, soweit es Angelegenheiten des Bundesdienstes betrifft, die Bundesregierung;
c) hinsichtlich der Bestimmungen der §§ 7l bis 7n die Bundesregierung;
d) hinsichtlich des § 7r und des § 7s die Länder;
e) hinsichtlich der Bestimmungen des § 16 Abs. 3 und des § 23, soweit sie Verwaltungsabgaben betreffen, der Bundeskanzler;
f) hinsichtlich der Bestimmungen des § 18 Abs. 2 bis 4 der Bundesminister für Justiz;
g) hinsichtlich der Bestimmungen des § 23, soweit sie bundesgesetzlich geregelte Gebühren und Verkehrsteuern betreffen, der Bundesminister für Finanzen und
h) hinsichtlich aller übrigen Bestimmungen der Bundesminister für soziale Sicherheit, Generationen und Konsumentenschutz.

Übergangsbestimmungen

§ 27. (1) In am 1. September 2010 noch nicht rechtskräftig abgeschlossenen Verfahren sind für die Einschätzung des Grades der Behinderung die Vorschriften der §§ 7 und 9 Abs. 1 des Kriegsopferversorgungsgesetzes 1957, BGBl. Nr. 152, mit der Maßgabe anzuwenden, dass Gesundheitsschädigungen mit einem Ausmaß von weniger als 20 vH außer Betracht zu lassen sind, sofern eine solche Gesundheitsschädigung im Zusammenwirken mit einer anderen Gesundheitsschädigung keine wesentliche Funktionsbeeinträchtigung verursacht. Dies gilt bis 31. August 2013 auch für Verfahren nach § 14, sofern zum Zeitpunkt des Inkrafttretens dieses Bundesgesetzes ein rechtskräftiger Bescheid, mit dem über die Zugehörigkeit zum Personenkreis der begünstigten Behinderten abgesprochen wurde oder ein rechtskräftiger Bescheid nach den Bestimmungen der §§ 40ff des Bundesbehindertengesetzes vorliegt.

(1a) Im Falle eines Antrages auf Neufestsetzung des Grades der Behinderung nach Ablauf des 31. August 2013 hat die Einschätzung unter Zugrundelegung der Bestimmungen der Einschätzungsverordnung (BGBl. II Nr. 261/2010) zu erfolgen. Im Falle einer von Amts wegen durchgeführten Nachuntersuchung bleibt – bei objektiv unverändertem Gesundheitszustand – der festgestellte Grad der Behinderung unberührt.

(2) Nachweise der Begünstigung im Sinne des § 14 Abs. 1 in der bis zum Inkrafttreten dieses Bundesgesetzes geltenden Fassung, die bis zum 31. Dezember 1998 in Rechtskraft erwachsen sind, werden durch das Inkrafttreten des Bundesgesetzes BGBl. I Nr. 17/1999 nicht berührt.

(3) § 8 Abs. 4 ist auf Anträge auf Zustimmung zur Kündigung anzuwenden, die ab dem Inkrafttreten des Bundesgesetzes BGBl. I Nr. 17/1999 eingebracht werden.

(4) Die Bestimmung des § 8 Abs. 6 lit.b findet auf jene Dienstverhältnisse Anwendung, die nach dem Inkrafttreten des Bundesgesetzes BGBl. I Nr. 17/1999 neu begründet werden.

(5) § 8 Abs. 6 lit. b in der Fassung des Bundesgesetzes BGBl. I Nr. 60/2001 findet auf jene Dienstverhältnisse Anwendung, die nach dem Inkrafttreten dieses Bundesgesetzes neu begründet werden.

(6) Die Bestimmung des § 19a Abs. 1 in der Fassung des Bundesgesetzes BGBl. I Nr. 150/2002 ist auf zum Zeitpunkt des In-Kraft-Tretens dieses Bundesgesetzes anhängige Berufungsverfahren nicht anzuwenden. Diese Verfahren sind vom zuständigen Landeshauptmann unter Zugrundelegung der bis zum 31. Dezember 2002 geltenden Vorschriften zu Ende zu führen.

(7) Die Bestimmung des § 9a Abs. 2 in der bis zum In-Kraft-Treten des Bundesgesetzes BGBl. I Nr. 150/2002 geltenden Fassung findet auf jene Aufträge Anwendung, die bis zum 31. Dezember 2002 erteilt werden.

(8) § 8 Abs. 6 lit. b in der Fassung dieses Bundesgesetzes findet auf jene Dienstverhältnisse Anwendung, die nach dem 31. Dezember 2010 neu begründet werden.

§ 28. (1) Die in auf Grund des § 1 Abs. 2 in der bis zum Inkrafttreten des Bundesgesetzes BGBl. I Nr. 17/1999 geltenden Fassung erlassenen Verordnungen, mit denen die Pflichtzahl geändert wird (BGBl. Nr. 546/1976, 547/1976, 548/1976, 549/1976, 550/1976, 551/1976, 552/1976, 553/1976, 554/1976, 555/1976, 556/1976, 557/1976, 558/1976, 559/1976, 560/1976, 561/1976, 562/1976, 563/1976, 564/1976, 565/1976, 566/1976, 567/1976, 568/1976, 569/1976, 570/1976), abweichend von § 1 Abs. 1 festgesetzten Pflichtzahlen sind mit der Maßgabe anzuwenden, daß

1. für das Kalenderjahr 1999
a) statt einer Pflichtzahl von 45 eine solche von 41,
b) statt einer Pflichtzahl von 40 eine solche von 37,
c) statt einer Pflichtzahl von 35 eine solche von 33 und
d) statt einer Pflichtzahl von 30 eine solche von 29;
2. für das Kalenderjahr 2000
a) statt einer Pflichtzahl von 45 eine solche von 37,
b) statt einer Pflichtzahl von 40 eine solche von 34,
c) statt einer Pflichtzahl von 35 eine solche von 31 und
d) statt einer Pflichtzahl von 30 eine solche von 28;
3. für das Kalenderjahr 2001
a) statt einer Pflichtzahl von 45 eine solche von 33,
b) statt einer Pflichtzahl von 40 eine solche von 31,
c) statt einer Pflichtzahl von 35 eine solche von 29 und
d) statt einer Pflichtzahl von 30 eine solche von 27;
4. für das Kalenderjahr 2002
a) statt einer Pflichtzahl von 45 eine solche von 29,
b) statt einer Pflichtzahl von 40 eine solche von 28,
c) statt einer Pflichtzahl von 35 eine solche von 27 und
d) statt einer Pflichtzahl von 30 eine solche von 26;
5. für das Kalenderjahr 2003
a) statt einer Pflichtzahl von 45 eine solche von 25,
b) statt einer Pflichtzahl von 40 eine solche von 25,
c) statt einer Pflichtzahl von 35 eine solche von 25 und
d) statt einer Pflichtzahl von 30 eine solche von 25

gilt. Diese Verordnungen treten mit Ablauf des 31. Dezember 2003 außer Kraft. Sie sind in der bis zum Inkrafttreten des Bundesgesetzes BGBl. I Nr. 17/1999 geltenden Fassung zuletzt für den Monat Dezember 1998, in der im ersten Satz unter Z 1 angeführten Fassung zuletzt für den Monat Dezember 1999, in der im ersten Satz unter Z 2 angeführten Fassung zuletzt für den Monat Dezember 2000, in der im ersten Satz unter Z 3 angeführten Fassung zuletzt für den Monat Dezember 2001, in der im ersten Satz unter Z 4 angeführten Fassung zuletzt für den Monat Dezember 2002 und in der im ersten Satz unter Z 5 angeführten Fassung zuletzt für den Monat Dezember 2003 anzuwenden.

(2) Die Vorschriften der §§ 1, 4 Abs. 4, 9a Abs. 1 in der bis zum Inkrafttreten des Bundesgesetzes BGBl. I Nr. 17/1999 geltenden Fassung sind zuletzt für den Monat Dezember 1998 anzuwenden.

§ 29. Soweit in anderen Gesetzen auf geschützte Werkstätten verwiesen wird, gelten diese Verweisungen als Verweisungen auf Integrative Betriebe im Sinne des § 11.

Artikel II

(Anm.: aus BGBl. Nr. 96/1975, zu § 16, BGBl. Nr. 22/1970)

(1) Dieses Bundesgesetz tritt mit 1. Jänner 1976 mit der Maßgabe in Kraft, daß die Bestimmungen des § 1 Abs. 1 (Art. I Z 1), des § 4 (Art. I Z 2), des § 5 (Art. I Z 3),des § 9 Abs. 1 und 2 (Art. I Z 6) und des § 16 Abs. 4, 5 und 6 (Art. I Z 9) erstmals für die Berrechnung der Ausgleichstaxe für das Kalenderjahr 1975 anzuwenden sind.

(Anm.: Abs. 2 Vollziehungsklausel)

Artikel II

(Anm.: aus BGBl. Nr. 111/1979, zu § 1, BGBl. Nr. 22/1970)

Der Bundesminister für soziale Verwaltung ist ermächtigt, Dienstgebern, die gemäß Art. I Z 1 (§ 1 Abs. 1 zweiter Satz) privilegiert sind, die vor Inkrafttreten dieses Bundesgesetzes rechtskräftig vorgeschriebenen und noch nicht gezahlten Ausgleichstaxen (§ 9 Abs. 2) nachzulassen.

Artikel II

INKRAFTTRETEN UND VOLLZIEHUNG

(Anm.: aus BGBl. Nr. 360/1982, zu § 5, BGBl. Nr. 22/1970)

(1) Die Z 9 des Art. I, soweit sie sich auf § 10 Abs. 2 und 3 bezieht, tritt am 1. Jänner 1983, die Z 14 des Art. I tritt am 1. Juni 1985 und die übrigen Bestimmungen des Art. I dieses Bundesgesetzes treten am 1. August 1982 mit der Maßgabe in Kraft, daß Art. I Z 2 und 8 erstmalig für die Berechnung der Prämien und Ausgleichstaxen für das Kalenderjahr 1982 anzuwenden sind.

(2) (Vollziehungsklausel)

Artikel II

ÜBERGANGSBESTIMMUNGEN

(Anm.: aus BGBl. Nr. 567/1985, zu § 16, BGBl. Nr. 22/1970)

(1) Befreiungen von der Vorlage der jährlichen Verzeichnisse gemäß § 16 Abs. 5, die vor Inkrafttreten dieses Bundesgesetzes erteilt worden sind, bleiben bei Fortdauer der Voraussetzungen weiterhin mit der Maßgabe in Kraft, daß diese Befreiungen auch die Befreiung vom Erfordernis der Antragstellung auf Gewährung von Prämien (§ 9a Abs. 1 und 2) mit umfassen.

(2) Die Verpflichtung zur Zahlung von Verzugs- bzw. Stundungszinsen erstreckt sich auch auf jene Forderungen des Ausgleichstaxfonds, die vor dem Inkrafttreten dieses Bundesgesetzes entstanden aber noch unbeglichen sind. Der Zinsenlauf beginnt mit 1. Jänner 1986.

Artikel III

Übergangsbestimmungen

(Anm.: aus BGBl. Nr. 721/1988, zu §§ 14 und 3 Abs. 2, BGBl. Nr. 22/1970)

(1) Rechtskräftige Bescheide gemäß § 14 Abs. 2, die vor Inkrafttreten dieses Bundesgesetzes erlassen worden sind, werden, falls im Sachverhalt keine maßgebende Änderung eintritt, von der ab 1. Jänner 1989 geltenden Vorschrift betreffend die Einschätzung des Grades der Behinderung (§ 3 Abs. 2) nicht berührt.

(2) In den am 1. Jänner 1989 noch nicht rechtskräftig abgeschlossenen Verfahren gemäß § 14 Abs. 2 ist die Einschätzung des Grades der Behinderung nach den bis zum 31. Dezember 1988 geltenden Vorschriften für die Einschätzung des Grades der Minderung der Erwerbsfähigkeit vorzunehmen.

Artikel III

Schlußbestimmungen

(Anm.: aus BGBl. Nr. 313/1992, zu den §§ 4, 8, 10, 12, 14a, 19, und 19a, BGBl. Nr. 22/1970)

(1) Dieses Bundesgesetz tritt mit 1. Juli 1992 in Kraft.

(2) §§ 4 Abs. 2 und 19 Abs. 6 in der Fassung dieses Bundesgesetzes sind erstmals für das Kalenderjahr 1992 anzuwenden. Für frühere Kalenderjahre richtet sich die Berechnung der Pflichtzahl und die Zuständigkeit des Bundesamtes für Soziales und Behindertenwesen zur Vorschreibung einer Ausgleichstaxe oder Gewährung einer Prämie nach den bis 1. Juli 1992 geltenden Vorschriften.

(3) Für den zum Zeitpunkt des Inkrafttretens dieses Bundesgesetzes bestehenden Beirat (§ 10 Abs. 2) gilt bis zum Ablauf seiner Funktionsperiode die bisherige Rechtslage.

(4) Für die zum Zeitpunkt des Inkrafttretens dieses Bundesgesetzes bestehenden Behindertenausschüsse (§ 12) gilt bis zum Ablauf ihrer Funktionsperiode die bisherige Rechtslage.

(5) Auf bei Inkrafttreten dieses Bundesgesetzes anhängige Verfahren nach § 8 ist § 19a Abs. 2a anzuwenden. Anhängige Berufungen sind vom Landeshauptmann unverzüglich an die Berufungskommission abzutreten.

(6) Die bis zum Inkrafttreten dieses Bundesgesetzes ausgestellten Ausweise behalten für die Dauer zweier Jahre ab 1. Juli 1992 ihre Gültigkeit. Sie sind während dieses Zeitraumes bei Vorliegen der Voraussetzungen von Amts wegen gegen einen Behindertenpaß nach § 40 des Bundesbehindertengesetzes auszutauschen.

(Anm.: Abs. 7 Vollziehungsklausel)

Artikel V

INKRAFTTRETEN UND VOLLZIEHUNG

(Anm.: aus BGBl. Nr. 111/1979, zu den §§ 1, 2, 4, 5 und 16, BGBl. Nr. 22/1970)

(1) Die Art. I bis III dieses Bundesgesetzes treten am 1. Jänner 1979 mit der Maßgabe in Kraft, daß Art. I Z 1, 2, 3, 5, 6 und 19 sowie Art. III bereits für die Berechnung der Ausgleichstaxe für das Jahr 1978 anzuwenden sind. Art. IV tritt mit 1. Jänner 1980 in Kraft.

(Anm.: Abs. 2 Vollziehungsklausel)

Artikel VI

Übergangsbestimmungen

(Anm.: aus BGBl. Nr. 614/1987, zu § 22a Abs. 6, BGBl. Nr. 22/1970)

(Anm.: Abs. 1 betrifft das Kriegsopferversorgungsgesetz 1957 bzw. das Heeresversorgungsgesetz)

(Anm.: Abs. 2 und 3 betrifft das Heeresversorgungsgesetz)

(Anm.: Abs. 4 betrifft das Opferfürsorgegesetz bzw. das Kriegsopferversorgungsgesetz 1957)

(Anm.: Abs. 5 betrifft das Bundesgesetz über die Gewährung von Hilfeleistungen an Opfer von Verbrechen)

(6) Art. V gilt auch für die Funktionsperiode der im Zeitpunkt des Inkrafttretens dieses Bundesgesetzes gewählten Invalidenvertrauenspersonen (Stellvertreter). Art. III Abs. 3 des Bundesgesetzes BGBl. Nr. 394/1986, mit dem das Arbeitsverfassungsgesetz geändert wird, ist sinngemäß anzuwenden.

Artikel VIII

Inkrafttreten

(Anm.: aus BGBl. Nr. 614/1987, zu § 22a Abs. 6, BGBl. Nr. 22/1970)

(1) Art. II Z 11, 12 13 und 15 dieses Bundesgesetzes treten mit 1. Juli 1988 in Kraft. Art. V dieses Bundesgesetzes tritt, soweit nicht ein Beschluß des Betriebsrates gemäß Art. III Abs. 3 des Bundesgesetzes BGBl. Nr. 394/1986, mit dem das Arbeitsverfassungsgesetz geändert wird, vorliegt, mit 1. Jänner 1987 in Kraft.

(2) Alle übrigen Bestimmungen dieses Bundesgesetzes treten mit 1. Jänner 1988 in Kraft.

21. Betriebliches Mitarbeiter- und Selbständigenvorsorgegesetz

Betriebliches Mitarbeiter- und Selbständigenvorsorgegesetz – BMSVG
StF: BGBl. I Nr. 100/2002
Letzte Novellierung: BGBl. I Nr. 199/2021

GLIEDERUNG

STICHWORTVERZEICHNIS

1. Teil
Mitarbeitervorsorge
1. Abschnitt
Allgemeine Bestimmungen
Geltungsbereich

§ 1. (1) Die Bestimmungen des 1., 2. und 3. Teiles gelten für Arbeitsverhältnisse, die auf einem privatrechtlichen Vertrag beruhen.

(1a) Die Bestimmungen des 1. und 2. Teiles und § 48 Abs. 1 gelten für freie Dienstverhältnisse im Sinne des § 4 Abs. 4 des Allgemeinen Sozialversicherungsgesetzes (ASVG), BGBl. Nr. 189/1955, für freie Dienstverhältnisse von geringfügig beschäftigten Personen (§ 5 Abs. 2 ASVG) sowie für freie Dienstverhältnisse von Vorstandsmitgliedern im Sinne des § 4 Abs. 1 Z 6 ASVG, die auf einem privatrechtlichen Vertrag beruhen mit der Maßgabe, dass

1. an die Stelle der Begriffe „Arbeitgeber", „Arbeitnehmer" und „Arbeitsverhältnis" die Begriffe „Dienstgeber", „freier Dienstnehmer" und „freies Dienstverhältnis" in der richtigen grammatikalischen Form treten,
2. die §§ 6 Abs. 4, 7 Abs. 6 und 6a, 9 Abs. 2 4. bis 6. Satz, Abs. 3 und 4, 10 Abs. 2 und 3, 14 Abs. 2 Z 4 letzter Satz nicht anzuwenden sind,
3. für freie Dienstnehmer, welchen das Entgelt für längere Zeiträume als einen Monat gebührt, das monatliche Entgelt im Hinblick auf die Berechnung der fiktiven Bemessungsgrundlage nach § 7 Abs. 3 oder 4 nach § 44 Abs. 8 ASVG zu berechnen ist.

(2) Ausgenommen sind Arbeitsverhältnisse und freie Dienstverhältnisse

1. zu Ländern, Gemeinden und Gemeindeverbänden;
2. der land- und forstwirtschaftlichen Arbeiter im Sinne des Landarbeitsgesetzes 2021, BGBl. I Nr. 78/2021; für diese ist der 2. Teil anzuwenden;
3. zum Bund, auf die dienstrechtliche Vorschriften anzuwenden sind, die den Inhalt der Arbeitsverhältnisse zwingend regeln;
4. zu Stiftungen, Anstalten, Fonds oder sonstigen Einrichtungen, auf die das Vertragsbedienstetengesetz 1948 (VBG), BGBl. Nr. 86, gemäß § 1 Abs. 2 VBG oder auf Grund sonstiger gesetzlicher Bestimmungen anzuwenden ist;
5. die dem Kollektivvertrag gemäß § 13 Abs. 6 des Bundesforstegesetzes 1996, BGBl. Nr. 793, unterliegen.

§ 2. Für Arbeitsverhältnisse, die dem Bauarbeiter-Urlaubs- und Abfertigungsgesetz (BUAG), BGBl. Nr. 414/1972, unterliegen, gelten die Bestimmungen des 1. Teiles sowie §§ 46, 48 und 49 dieses Bundesgesetzes nach Maßgabe der Bestimmungen des BUAG.

Begriffsbestimmungen

§ 3. Im Sinne dieses Bundesgesetzes sind:

1. Altabfertigungsanwartschaft:

fiktive Abfertigung nach dem Angestelltengesetz, BGBl. Nr. 292/1921, dem Arbeiter-Abfertigungsgesetz, BGBl. Nr. 107/1979, und dem Gutsangestelltengesetz, BGBl. Nr. 538/1923, dem § 32 Abs. 5 und 6 ORF-Gesetz, BGBl. I Nr. 83/2001, fiktive Abfertigungen der Angestellten der Österreichischen Bundesbahnen, auf deren Dienstverhältnisse die allgemeinen Vertragsbedingungen für Dienstverträge bei den Österreichischen Bundesbahnen (AVB) zur Anwendung kommen, sowie fiktives außerordentliches Entgelt nach dem Hausgehilfen- und Hausangestelltengesetz, BGBl. Nr. 235/1962, zum Zeitpunkt des Übertritts nach § 47;

2. Anwartschaftsberechtigter:
der Arbeitnehmer, für den Beiträge nach §§ 6 oder 7 an die Betriebliche Vorsorgekasse (BV-Kasse) zu leisten sind oder waren oder für den Übertragungsbeträge nach § 47 gezahlt wurden;

3. Abfertigungsanwartschaft:
die in einer BV-Kasse verwalteten Ansprüche eines Anwartschaftsberechtigten; diese setzen sich zusammen aus

- den in diese BV-Kasse eingezahlten Abfertigungsbeiträgen abzüglich der einbehaltenen Verwaltungskosten und/oder einer allenfalls in diese BV-Kasse übertragenen Altabfertigungsanwartschaft abzüglich der jeweils einbehaltenen Verwaltungskosten zuzüglich
- allfälliger der BV-Kasse zugeflossener Verzugszinsen für Abfertigungsbeiträge und/oder für eine Altabfertigungsanwartschaft zuzüglich
- der allenfalls aus einer anderen BV-Kasse in diese BV-Kasse übertragenen Abfertigungsanwartschaft zuzüglich
- der zugewiesenen Veranlagungsergebnisse.

Sprachliche Gleichbehandlung

§ 4. Bei allen personenbezogenen Bezeichnungen gilt die gewählte Form für beide Geschlechter.

Verweisungen

§ 5. Soweit in diesem Bundesgesetz auf andere Bundesgesetze verwiesen wird, sind diese in der jeweils geltenden Fassung anzuwenden.

2. Abschnitt
Beitragsrecht

Beginn und Höhe der Beitragszahlung

§ 6. (1) Der Arbeitgeber hat für den Arbeitnehmer ab dem Beginn des Arbeitsverhältnisses einen laufenden Beitrag in Höhe von 1,53 vH des monatlichen Entgelts sowie allfälliger Sonderzahlungen an den für den Arbeitnehmer zuständigen Träger der Krankenversicherung nach Maßgabe des § 58 Abs. 1 bis 6 des Allgemeinen Sozialversicherungsgesetzes (ASVG), BGBl. Nr. 189/1955, zur Weiterleitung an die BV-Kasse zu überweisen, sofern das Arbeitsverhältnis länger als einen Monat dauert. Der erste Monat ist jedenfalls beitragsfrei. Wird innerhalb eines Zeitraumes von zwölf Monaten ab dem Ende eines Arbeitsverhältnisses mit dem selben Arbeitgeber erneut ein Arbeitsverhältnis geschlossen, setzt die Beitragspflicht mit dem ersten Tag dieses Arbeitsverhältnisses ein.

(1a) Der Arbeitnehmer hat für die Dauer einer mit einem Rechtsträger nach § 8 Abs. 1 des Zivildienstgesetzes 1986 (ZDG), BGBl. Nr. 679/1986, abgeschlossenen Vereinbarung nach § 7a ZDG gegen diesen als Arbeitgeber, allenfalls nach § 7 Abs. 5 und 6 gegen den Familienlastenausgleichsfonds (FLAF) Anspruch auf eine Beitragsleistung nach diesem Bundesgesetz an die vom Rechtsträger ausgewählte BV-Kasse.

(1b) Die monatliche Bemessungsgrundlage ist mit der monatlichen Beitragsgrundlagenmeldung gemäß § 34 Abs. 2 ASVG vom/von der Arbeitgeber/in an den zuständigen Träger der Krankenversicherung zu melden. Der Beginn der Beitragszahlung ist vom/von der Arbeitgeber/in mit der Anmeldung zur Sozialversicherung gemäß § 33 Abs. 1a ASVG bekanntzugeben, das Ende der Beitragszahlung mit der Abmeldung des Arbeitnehmers/der Arbeitnehmerin von der Sozialversicherung. Für die Meldungen zur Betrieblichen Vorsorge sind die Bestimmungen der §§ 33 und 34 ASVG sinngemäß anzuwenden.

(2) Für die Eintreibung nicht rechtzeitig entrichteter Beiträge und allfälliger Verzugszinsen sind die §§ 59, 62, 64 und 409 bis 417a ASVG anzuwenden. Weiters sind die §§ 65 bis 68 und 69 ASVG anzuwenden. Der zuständige Träger der Krankenversicherung hat die Einhaltung der Melde- und Beitragspflichten durch den Arbeitgeber im Zuge der Sozialversicherungsprüfung gemäß § 41a ASVG zu prüfen.

(2a) Der/Die Arbeitgeber/in hat abweichend von Abs. 1 die Wahlmöglichkeit, die Abfertigungsbeiträge aus geringfügigen Beschäftigungsverhältnissen gemäß § 5 Abs. 2 ASVG entweder monatlich oder jährlich zu überweisen. Eine Vereinbarung nach § 58 Abs. 8 ASVG gilt automatisch auch als Vereinbarung für die Beiträge zur Betrieblichen Vorsorge. Bei einer jährlichen Zahlungsweise sind zusätzlich 2,5 vH. vom zu leistenden Beitrag gleichzeitig mit diesem Betrag an den zuständigen Träger der Krankenversicherung zu überweisen. Die Fälligkeit der Beiträge ergibt sich aus § 58 ASVG. Abweichend davon sind bei einer jährlichen Zahlungsweise die Abfertigungsbeiträge bei einer Beendigung des Arbeitsverhältnisses bis zum 15. des Folgemonats zu entrichten, in den die Beendigung des Arbeitsverhältnisses fällt. Eine Änderung der Zahlungsweise ist nur zum Ende des Kalenderjahres zulässig. Der/Die Arbeitgeber/in hat eine Änderung der Zahlungsweise dem zuständigen Träger der Krankenversicherung vor dem Beitragszeitraum, für den die Änderung der Zahlungsweise vorgenommen wird, zu melden.

(3) Sind nach einer Sozialversicherungsprüfung gemäß § 41a ASVG vom Arbeitgeber noch Beiträge zu leisten, sind diese Beiträge samt Verzugszinsen an die BV-Kasse weiterzuleiten, wobei § 63 ASVG mit der Maßgabe anzuwenden ist, dass an Stelle der Wortfolge „Träger der Unfall- und Pensionsversicherung" der Begriff „BV-Kasse" tritt. Sind vom Arbeitgeber (Bund) noch Beiträge nach dem BMSVG für bereits vergangene Beitragszeiträume samt Verzugszinsen aus einem bereits beendeten Arbeitsverhältnis aufgrund eines rechtskräftigen Gerichtsurteils oder eines gerichtlichen Vergleiches (§ 204 der Zivilprozessordnung, RGBl. Nr. 113/1895) zu leisten, sind diese Beiträge samt Verzugszinsen als Abfertigung direkt an den Arbeitnehmer auszuzahlen.

(4) Für die Dauer der Inanspruchnahme der Altersteilzeit nach § 27 des Arbeitslosenversicherungsgesetzes (AlVG), BGBl. Nr. 609/1977, der Teilpension nach § 27a AlVG, der Bildungsteilzeit nach § 11a des Arbeitsvertragsrechts-Anpassungsgesetzes (AVRAG), BGBl. Nr. 459/1993, des Solidaritätsprämienmodells nach § 13 AVRAG, der Wiedereingliederungsteilzeit nach § 13a AVRAG, der Herabsetzung der Normalarbeitszeit nach den §§ 14a, 14b oder 14d AVRAG, sowie die Dauer einer Kurzarbeit oder einer Qualifizierungsmaßnahme nach den §§ 37b oder 37c des Arbeitsmarktservicegesetzes (AMSG), BGBl. Nr. 313/1994, ist als Bemessungsgrundlage für den Beitrag des Arbeitgebers das monatliche Entgelt auf Grundlage der Arbeitszeit vor der Herabsetzung der Normalarbeitszeit heranzuziehen. Wenn und solange das monatliche Entgelt – einschließlich Kurzarbeitsunterstützung – während der Kurzarbeit höher ist als das monatliche Entgelt im Sinne des ersten Satzes, ist das monatliche Entgelt – einschließlich Kurzarbeitsunterstützung – während der Kurzarbeit als Bemessungsgrundlage für den Beitrag heranzuziehen.

(5) Welche Leistungen als Entgelt im Sinne der Abs. 1 bis 4 anzusehen sind, bestimmt sich nach § 49 ASVG unter Außerachtlassung der Geringfügigkeitsgrenze nach § 5 Abs. 2 ASVG und der Höchstbeitragsgrundlage nach § 108 Abs. 3 ASVG.

Beitragsleistung in besonderen Fällen

§ 7. (1) Der Arbeitnehmer hat für die Dauer des jeweiligen Präsenz- oder Ausbildungsdienstes nach den §§ 19, 37 bis 39 des Wehrgesetzes 2001 – WG 2001, BGBl. I Nr. 146, bei weiterhin aufrechtem Arbeitsverhältnis Anspruch auf eine Beitragsleistung durch den Arbeitgeber in Höhe von 1,53 vH der fiktiven Bemessungsgrundlage in Höhe des Kinderbetreuungsgeldes gemäß § 3 Abs. 1 des Kinderbetreuungsgeldgesetzes (KBGG), BGBl. I Nr. 103/2001 in der Fassung vor dem BGBl. I Nr. 53/2016. Dies gilt nicht für den zwölf Monate übersteigenden Teil eines Wehrdienstes als Zeitsoldat gemäß § 19 Abs. 1 Z 5 WG 2001, eines Auslandseinsatzpräsenzdienstes gemäß § 19 Abs. 1 Z 9 WG 2001 oder eines Ausbildungsdienstes. In den Fällen des § 19 Abs. 1 Z 6, 8 und 9 WG 2001 hat der Arbeitnehmer für einen zwölf Monate übersteigenden Teil Anspruch auf eine Beitragsleistung durch den Bund in derselben Höhe; die Beiträge sind vom Bund im Wege der Versicherungsanstalt öffentlich Bediensteter, Eisenbahnen und Bergbau in die BV-Kasse seines bisherigen Arbeitgebers zu leisten.

(2) Der Arbeitnehmer hat für die Dauer des jeweiligen Zivildienstes nach § 6a sowie für die Dauer des Auslandsdienstes nach § 12b ZDG bei weiterhin aufrechtem Arbeitsverhältnis Anspruch auf eine Beitragsleistung durch den Arbeitgeber in Höhe von 1,53 vH der fiktiven Bemessungsgrundlage nach Abs. 1 erster Satz.

(3) Für die Dauer eines Anspruchs auf Krankengeld nach dem ASVG hat der Arbeitnehmer bei weiterhin aufrechtem Arbeitsverhältnis Anspruch auf eine Beitragsleistung durch den Arbeitgeber in Höhe von 1,53 vH einer fiktiven Bemessungsgrundlage. Diese richtet sich nach der Hälfte des für den Kalendermonat vor Eintritt des Versicherungsfalles gebührenden Entgelts. Sonderzahlungen sind bei der Festlegung der fiktiven Bemessungsgrundlage außer Acht zu lassen.

(4) Für die Dauer eines Anspruchs auf Wochengeld nach dem ASVG hat die Arbeitnehmerin bei weiterhin aufrechtem Arbeitsverhältnis Anspruch auf eine Beitragsleistung durch den Arbeitgeber in Höhe von 1,53 vH einer fiktiven Bemessungsgrundlage in Höhe eines Monatsentgeltes, berechnet nach dem in den letzten drei Kalendermonaten vor dem Versicherungsfall der Mutterschaft (§ 120 Abs. 1 Z 3 ASVG) gebührenden Entgelt, einschließlich anteiliger Sonderzahlungen, es sei denn, diese sind für die Dauer des Wochengeldbezuges fortzuzahlen. Bei einem neuerlichen Eintritt eines Beschäftigungsverbotes nach § 3 des Mutterschutzgesetzes 1979 (MSchG), BGBl. Nr. 221,

1. unmittelbar im Anschluss an eine vorherige Karenz nach dem MSchG im selben Arbeitsverhältnis oder
2. nach einer Beschäftigung im selben Arbeitsverhältnis zwischen einer Karenz und dem neuerlichen Beschäftigungsverbot nach dem MSchG, die kürzer als drei Kalendermonate dauert,
3. nach einer Beschäftigung in einem Arbeitsverhältnis, das nach der Beendigung des karenzierten Arbeitsverhältnisses und vor dem neuerlichen Beschäftigungsverbot begründet worden ist, die kürzer als drei Kalendermonate dauert,

ist als Bemessungsgrundlage das für den Kalendermonat vor dem Beschäftigungsverbot, das dieser Karenz unmittelbar vorangegangen ist, gebührende Monatsentgelt (berechnet nach dem ersten

Satz), im Fall der Z 3 das für den letzten Kalendermonat vor dem Eintritt des neuerlichen Beschäftigungsverbotes gebührende volle Monatsentgelt heranzuziehen.

(5) Für Zeiten des Kinderbetreuungsgeldbezuges hat der Arbeitnehmer oder der ehemalige Arbeitnehmer, wenn der Zeitraum zwischen dem Beginn des Kinderbetreuungsgeldbezuges und dem Ende des letzten diesem Bundesgesetz (oder gleichartigen österreichischen bundesgesetzlichen Rechtsvorschriften) unterliegenden Arbeitsverhältnis nicht mehr als drei Jahre beträgt, Anspruch auf eine Beitragsleistung zu Lasten des FLAF in Höhe von 1,53 vH des jeweils nach dem KBGG bezogenen Tagesbetrages an Kinderbetreuungsgeld.

(6) Für die Dauer einer Freistellung gegen Entfall des Entgelts nach den §§ 14a oder 14b AVRAG oder einer Pflegekarenz nach § 14c AVRAG hat der/die Arbeitnehmer/in Anspruch auf eine Beitragsleistung zu Lasten des Bundes in Höhe von 1,53 vH der fiktiven Bemessungsgrundlage in Höhe des Kinderbetreuungsgeldes gemäß § 5b Abs. 1 KBGG in der Fassung vor dem BGBl. I Nr. 53/2016.

(6a) Für die Dauer einer Bildungskarenz nach § 11 AVRAG hat der Arbeitnehmer Anspruch auf eine Beitragsleistung zu Lasten der Mittel aus der Gebarung Arbeitsmarktpolitik (§ 1 des Arbeitsmarktpolitik-Finanzierungsgesetzes – AMPFG, BGBl. Nr. 315/1994) in Höhe von 1,53 vH der Bemessungsgrundlage in Höhe des vom Arbeitnehmer bezogenen Weiterbildungsgeldes gemäß § 26 Abs. 1 des Arbeitslosenversicherungsgesetzes 1977, BGBl. Nr. 609/1977. Das Arbeitsmarktservice (AMS) hat dem zuständigen Träger der Krankenversicherung und der Urlaubs- und Abfertigungskasse die für die Beitragsleistung nach dem ersten Satz notwendigen Daten in automationsunterstützter Form zur Verfügung zu stellen.

(7) Der jeweils zuständige Träger der Krankenversicherung hat die Beiträge nach Abs. 5, 6 und 6a ohne gesonderten Antrag des Arbeitnehmers oder des ehemaligen Arbeitnehmers an die BV–Kasse, bei einem ehemaligen Arbeitnehmer an die BV–Kasse seines letzten Arbeitgebers, die Urlaubs- und Abfertigungskasse hat die Beiträge nach Abs. 5, 6 und 6a ohne gesonderten Antrag des Arbeitnehmers oder des ehemaligen Arbeitnehmers in ihrem Zuständigkeitsbereich an die Betriebliche Vorsorgekasse nach § 33b BUAG zu leisten. Bei einer Rückforderung von Kinderbetreuungsgeld nach dem KBGG sind für denselben Zeitraum auch die nach Abs. 5 geleisteten Beiträge vom Arbeitnehmer oder vom ehemaligen Arbeitnehmer zurückzufordern und an den FLAF zu überweisen.

(8) Für die Einhebung der Beiträge nach Abs. 1 bis 6a ist § 6 Abs. 1 bis 3 anzuwenden.

Verfügungs- und Exekutionsbeschränkungen

§ 8. Die Abtretung oder Verpfändung von Abfertigungsanwartschaften im Sinne des § 3 Z 3 ist rechtsunwirksam, soweit der Anwartschaftsberechtigte darüber nicht als Abfertigungsanspruch verfügen kann. Für die Pfändung gilt die Exekutionsordnung (EO), RGBl. Nr. 79/1896.

3. Abschnitt
Auswahl und Wechsel der BV-Kasse

Auswahl der BV-Kasse

§ 9. (1) Die Auswahl der BV-Kasse hat durch eine Betriebsvereinbarung nach § 97 Abs. 1 Z 1b ArbVG oder gleichartigen österreichischen Rechtsvorschriften rechtzeitig zu erfolgen, es sei denn, der Arbeitgeber war bereits zu einer Auswahl einer BV-Kasse nach § 53 Abs. 1 verpflichtet oder hat bereits eine BV-Kasse nach § 65 Abs. 1 ausgewählt und einen Beitrittsvertrag abgeschlossen.

(2) Für Arbeitnehmer, die von keinem Betriebsrat vertreten sind, hat die Auswahl der BV-Kasse durch den Arbeitgeber rechtzeitig zu erfolgen, es sei denn, der Arbeitgeber war bereits zu einer Auswahl einer BV-Kasse nach § 53 Abs. 1 verpflichtet oder hat bereits eine BV-Kasse nach § 65 Abs. 1 ausgewählt und einen Beitrittsvertrag abgeschlossen. Über die beabsichtigte Auswahl der BV-Kasse sind alle Arbeitnehmer binnen einer Woche schriftlich zu informieren. Wenn mindestens ein Drittel der Arbeitnehmer binnen zwei Wochen gegen die beabsichtigte Auswahl schriftlich Einwände erhebt, muss der Arbeitgeber eine andere BV-Kasse vorschlagen. Auf Verlangen dieser Arbeitnehmer ist eine kollektivvertragsfähige freiwillige Interessenvertretung der Arbeitnehmer zu den weiteren Beratungen über diesen Vorschlag bei zu ziehen. Wird trotz Einbeziehung einer kollektivvertragsfähigen freiwilligen Interessenvertretung der Arbeitnehmer binnen zwei Wochen kein Einvernehmen über die Auswahl der BV-Kasse erzielt, hat über Antrag eines der beiden Streitteile die Schlichtungsstelle gemäß § 144 ArbVG oder gleichartigen österreichischen Rechtsvorschriften über die Auswahl der BV-Kasse zu entscheiden. Streitteile im Sinne des § 144 ArbVG oder gleichartiger österreichischer Rechtsvorschriften in einem solchen Verfahren sind der Arbeitgeber einerseits und die kollektivvertragsfähige freiwillige Interessenvertretung der Arbeitnehmer andererseits.

(3) Der Arbeitgeber hat die Einleitung eines Verfahrens bei der Schlichtungsstelle innerhalb der Frist nach § 10 Abs. 1 dem zuständigen Träger der Krankenversicherung unverzüglich zu melden.

(4) Die Schlichtungsstelle hat die BV-Kasse und den zuständigen Träger der Krankenversicherung über die Entscheidung schriftlich zu informieren.

(5) Sind bei Beendigung des Arbeitsverhältnisses noch Beiträge nach den §§ 6 und 7 samt Verzugszinsen nach einer Sozialversicherungsprüfung gemäß § 41a ASVG zu leisten, sind diese Beiträge samt Verzugszinsen vom jeweiligen Träger der Krankenversicherung an die BV-Kasse des bisherigen Arbeitgebers weiterzuleiten.

(6) Beiträge, die mangels Auswahl einer BV-Kasse noch nicht weitergeleitet werden können, sind bis zur Weiterleitung an die BV-Kasse entsprechend § 446 ASVG zu veranlagen.

§ 10. (1) Hat der Arbeitgeber nicht spätestens nach sechs Monaten ab dem Beginn des Arbeitsverhältnisses des Arbeitnehmers, für den der Arbeitgeber erstmalig Beiträge nach den §§ 6 oder 7 zu leisten hat, mit einer BV-Kasse einen Beitrittsvertrag nach § 11 abgeschlossen, ist das Zuweisungsverfahren nach § 27a einzuleiten.

(2) Wird binnen der Frist nach Abs. 1 ein Antrag nach § 97 Abs. 2 ArbVG, § 9 Abs. 2 oder gleichartigen österreichischen Rechtsvorschriften über die Auswahl der BV-Kasse bei der Schlichtungsstelle nach § 144 ArbVG oder gleichartigen österreichischen Rechtsvorschriften eingebracht, wird der Ablauf dieser Frist für die Dauer des Verfahrens bei der Schlichtungsstelle gehemmt. Die Hemmung beginnt mit dem Tag der Antragstellung.

(3) Schließt der Arbeitgeber nicht binnen 14 Tagen nach Zugang des Beschlusses der Schlichtungsstelle oder, sofern die verbliebene Frist nach Abs. 1 länger ist, nicht innerhalb dieser Frist einen Beitrittsvertrag mit der ausgewählten BV-Kasse ab, findet § 27a Abs. 6 und 7 Anwendung.

Beitrittsvertrag und Kontrahierungszwang

§ 11. (1) Der Beitrittsvertrag ist zwischen der BV-Kasse und dem beitretenden Arbeitgeber abzuschließen.

(2) Der Beitrittsvertrag hat insbesondere zu enthalten:

1. die ausgewählte BV-Kasse;
2. Grundsätze der Veranlagungspolitik;
3. die näheren Voraussetzungen für die Kündigung des Beitrittsvertrages;
4. die Höhe der Verwaltungskosten gemäß § 29 Abs. 2 Z 5;
5. die Meldepflichten des Arbeitgebers gegenüber der BV-Kasse;
6. eine allfällige Zinsgarantie gemäß § 24 Abs. 2;
7. alle Dienstgeberkontonummern des beitretenden Arbeitgebers;
8. Art und Berechnungsweise der Barauslagen, die die BV-Kasse gemäß § 26 Abs. 3 Z 1 verrechnen darf.

(3) Lehnt die BV-Kasse ein gesetzesgemäßes Anbot eines Arbeitgebers zum Abschluss eines Beitrittvertrages ab, hat sie trotzdem, sofern der Arbeitgeber schriftlich auf einem Vertragsabschluss besteht, das Anbot anzunehmen (Kontrahierungszwang), und zwar zu den gleichen Bedingungen wie für ihre sonst üblicherweise abgeschlossenen Beitrittsverträge mit anderen Arbeitgebern, insbesondere zu den gleichen Verwaltungskosten gemäß § 29 Abs. 2 Z 5.

(4) Ist die BV-Kasse in einem Fall der Inanspruchnahme des Kontrahierungszwangs durch einen Arbeitgeber gemäß Abs. 3 der Ansicht, dass die Verwaltungskosten gemäß § 29 Abs. 2 Z 5 und/oder sonstige Vertragsbedingungen aus kaufmännischen Gründen bei diesem Arbeitgeber nicht angemessen sind, kann sie innerhalb eines halben Jahres nach erfolgtem Vertragsabschluss die Angemessenheit der Verwaltungskosten oder die sonstigen Vertragsbedingungen im Einzelfall beim örtlich zuständigen Gerichtshof in Arbeits- und Sozialrechtssachen überprüfen lassen. Der Gerichtshof hat im Einzelfall die Verwaltungskosten auf einen von der BV-Kasse nachzuweisenden angemessenen Prozentsatz und/oder angemessene Vertragsbedingungen festzusetzen. Die Differenz zwischen den vom Gerichtshof festgesetzten höheren Verwaltungskosten zu den Verwaltungskosten der BV-Kasse gemäß § 29 Abs. 2 Z 5 ist vom Arbeitgeber zu tragen.

Beendigung des Beitrittsvertrages und Wechsel der BV-Kasse

§ 12. (1) Eine Kündigung des Beitrittsvertrages durch den Arbeitgeber oder durch die BV-Kasse oder einvernehmliche Beendigung des Beitrittsvertrages ist nur rechtswirksam, wenn die Übertragung der Abfertigungsanwartschaften auf eine andere BV-Kasse sichergestellt ist. Die Kündigung oder einvernehmliche Beendigung des Beitrittsvertrages kann rechtswirksam nur für alle von diesem Beitrittsvertrag erfassten Anwartschaftsberechtigten gemeinsam erfolgen.

(2) Die Kündigung oder einvernehmliche Beendigung des Beitrittsvertrages darf nur mit Wirksamkeit zum Bilanzstichtag der BV-Kasse ausgesprochen werden. Die Frist für die Kündigung des Beitrittsvertrages beträgt sechs Monate. Die einvernehmliche Beendigung des Beitrittsvertrages wird frühestens zu dem Bilanzstichtag der BV-Kasse wirksam, der zumindest drei Monate nach der Vereinbarung der einvernehmlichen Beendigung des Beitrittsvertrages liegt.

(3) Die Übertragung der Abfertigungsanwartschaften auf die neue BV-Kasse hat binnen fünf Bankarbeitstagen nach Ende des zweiten Monats nach dem Bilanzstichtag der BV-Kasse zu erfolgen, wobei zu diesem Monatsende eine Ergebniszuweisung unter Berücksichtigung einer allfälligen Garantieleistung gemäß § 24 vorzunehmen ist. Nach Übertragung hervorkommende, noch zu diesen Abfertigungsanwartschaften gehörige

Beträge sind als Nachtragsüberweisung unverzüglich auf die neue BV-Kasse zu übertragen. Ab dem Bilanzstichtag sind die Abfertigungsbeiträge unabhängig davon, ob sie noch vor dem Bilanzstichtag gelegene Monate betreffen, an die neue BV-Kasse zu überweisen.

(4) § 9 Abs. 1 und 2 ist auf einen Wechsel der BV-Kasse (Abs. 1), der auf Verlangen des Arbeitgebers, des Betriebsrates oder in Betrieben ohne Betriebsrat eines Drittels der Arbeitnehmer erfolgt, anzuwenden.

Mitwirkungsverpflichtung

§ 13. Die Arbeitgeber sowie die Anwartschaftsberechtigten sind verpflichtet, den BV-Kassen über alle für das Vertragsverhältnis und für die Verwaltung der Anwartschaft sowie für die Prüfung von Auszahlungsansprüchen maßgebenden Umstände unverzüglich wahrheitsgemäß Auskunft zu erteilen.

4. Abschnitt
Leistungsrecht
Anspruch auf Abfertigung

§ 14. (1) Der Anwartschaftsberechtigte hat bei Beendigung des Arbeitsverhältnisses gegen die BV-Kasse Anspruch auf eine Abfertigung.

(2) Der Anspruch auf eine Verfügung nach § 17 Abs. 1 über die Abfertigung besteht nicht bei Beendigung des Arbeitsverhältnisses

1. durch Kündigung durch den Anwartschaftsberechtigten, ausgenommen bei Kündigung während einer Teilzeitbeschäftigung nach dem MSchG oder dem Väter-Karenzgesetz (VKG), BGBl. Nr. 651/1989,
2. durch verschuldete Entlassung,
3. durch unberechtigten vorzeitigen Austritt, oder
4. sofern noch keine drei Einzahlungsjahre (36 Beitragsmonate) seit der ersten Beitragszahlung gemäß § 6 oder § 7 nach der erstmaligen Aufnahme der Erwerbstätigkeit im Rahmen eines Arbeitsverhältnisses oder der letztmaligen Verfügung (ausgenommen Verfügungen nach § 17 Abs. 1 Z 2 oder Z 3 oder Abs. 2a) über eine Abfertigung vergangen sind. Beitragszeiten nach § 6 oder § 7 sind zusammenzurechnen, unabhängig davon, ob sie bei einem oder mehreren Arbeitgebern zurückgelegt worden sind. Beitragszeiten nach § 6 oder § 7 aus zum Zeitpunkt der Geltendmachung des Anspruchs weiterhin aufrechten Arbeitsverhältnissen sind nicht einzurechnen. Für Abfertigungsbeiträge auf Grund einer Kündigungsentschädigung, einer Ersatzleistung nach dem Urlaubsgesetz, BGBl. Nr. 390/1976, oder auf Grund eines nach § 9 Abs. 1 AngG oder § 5 des Entgeltfortzahlungsgesetzes, BGBl. Nr. 399/1974 fortgezahlten Entgelts sind als Beitragszeiten auch Zeiten nach der Beendigung des Arbeitsverhältnisses in dem sich aus § 11 Abs. 1 oder Abs. 2 ASVG ergebenden Ausmaß anzurechnen.

(3) Die Verfügung über diese Abfertigung (Abs. 2) kann vom Anwartschaftsberechtigten erst bei Anspruch auf Verfügung über eine Abfertigung bei Beendigung eines oder mehrerer darauf folgender Arbeitsverhältnisse verlangt werden.

(4) Die Verfügung über die Abfertigung kann, sofern der Arbeitnehmer in keinem Arbeitsverhältnis steht, jedenfalls verlangt werden

1. ab der Inanspruchnahme einer Eigenpension aus der gesetzlichen Pensionsversicherung oder gleichartigen Rechtsvorschriften der Mitgliedstaaten des Europäischen Wirtschaftsraumes (Zeitpunkt der Zustellung des rechtskräftigen Bescheides), oder
2. nach Vollendung des Anfallsalters für die vorzeitige Alterspension aus der gesetzlichen Pensionsversicherung oder nach Vollendung des 62. Lebensjahres (Korridorpension nach § 4 Abs. 2 des Allgemeinen Pensionsgesetzes – APG, BGBl. I Nr. 142/2004), wenn dieses Anfallsalter zum Zeitpunkt der Beendigung des Arbeitsverhältnisses niedriger ist als das Anfallsalter für die vorzeitige Alterspension aus der gesetzlichen Pensionsversicherung oder gleichartigen Rechtsvorschriften der Mitgliedstaaten des Europäischen Wirtschaftsraumes oder
3. wenn für den Arbeitnehmer seit mindestens fünf Jahren keine Beiträge nach diesem Bundesgesetz oder gleichartigen österreichischen Rechtsvorschriften zu leisten sind.

(4a) Besteht bei Beendigung eines Arbeitsverhältnisses, das nach Inanspruchnahme einer Eigenpension aus einer gesetzlichen Pensionsversicherung oder gleichartigen Rechtsvorschriften der Mitgliedstaaten des Europäischen Wirtschaftsraumes begründet wurde, Anspruch auf eine Abfertigung, kann nur noch eine Verfügung nach § 17 Abs. 1 Z 1 oder 4 über die Abfertigung verlangt werden, ohne dass die in Abs. 2 festgelegten Voraussetzungen für die Verfügung über die Abfertigung vorliegen müssen. Gleiches gilt bei Beendigung eines geringfügigen Beschäftigungsverhältnisses gemäß § 5 Abs. 2 ASVG nach der Inanspruchnahme einer Eigenpension aus einer gesetzlichen Pensionsversicherung oder gleichartigen Rechtsvorschriften der Mitgliedstaaten des Europäischen Wirtschaftsraumes, das vor diesem Zeitpunkt begründet wurde.

(5) Bei Beendigung des Arbeitsverhältnisses durch den Tod des Anwartschaftsberechtigten gebührt die Abfertigung unabhängig vom Vorliegen der Voraussetzungen nach Abs. 2 dem Ehegatten oder dem eingetragenen Partner sowie den Kindern (Wahl-, Pflege- und Stiefkinder) des Anwartschaftsberechtigten zu gleichen Teilen, sofern für diese Kinder zum Zeitpunkt des Todes des Anwartschaftsberechtigten Familienbeihilfe

gemäß § 2 des Familienlastenausgleichsgesetzes (FLAG), BGBl. Nr. 376/1967 bezogen wird. Die anspruchsberechtigten Personen können nur die Auszahlung der Abfertigung verlangen. Diese haben den Auszahlungsanspruch innerhalb von drei Monaten ab dem Zeitpunkt des Todes des Anwartschaftsberechtigten gegenüber der BV-Kasse schriftlich geltend zu machen. Die Abfertigung ist binnen fünf Bankarbeitstagen nach dem nächstfolgenden Monatsletzten nach Ablauf dieser Frist an die von der BV-Kasse festgestellten anspruchsberechtigten Personen mit schuldbefreiender Wirkung für die BV-Kasse auszuzahlen. Anspruchsberechtigte Personen, die ihren Anspruch innerhalb der Frist von drei Monaten gegenüber der BV-Kasse nicht geltend gemacht haben, können diesen Anspruch gegenüber dem Ehegatten oder dem eingetragenen Partner oder den Kindern im Sinne des 1. Satzes, an die eine Abfertigung im Sinne des 3. Satzes bereits ausgezahlt wurde, anteilig geltend machen. Melden sich keine anspruchsberechtigten Personen binnen der dreimonatigen Frist, fällt die Abfertigung in die Verlassenschaft gemäß § 531 des Allgemeinen Bürgerlichen Gesetzbuches, JGS. Nr. 946/1811.

(6) Der Anwartschaftsberechtigte hat die von ihm beabsichtigte Verfügung über die Abfertigung der BV-Kasse schriftlich bekannt zu geben. Darin kann der Anwartschaftsberechtigte die BV-Kasse weiters beauftragen, auch die Verfügungen im Sinne des § 17 Abs. 1 über Abfertigungen aus anderen BV-Kassen zu veranlassen.

(7) Die BV-Kasse ist verpflichtet, begründete Einwendungen eines Arbeitnehmers im Zusammenhang mit der Beitragsleistung oder dem Abfertigungsanspruch und Urgenzen hinsichtlich von Kontonachrichten zu prüfen und, sofern die Ursache dafür nicht im eigenen Bereich liegt, unverzüglich dem jeweils zuständigen Träger der Krankenversicherung zur Klärung zu übermitteln.

(8) Hat der/die Anwartschaftsberechtigte insgesamt (bei einem oder mehreren Arbeitgeber/innen) weniger als 36 Beitragsmonate erworben und wurden für diesen/diese seit mindestens zehn Jahren, gerechnet vom Zeitpunkt der letzten Einzahlung eines Beitrages nach diesem Bundesgesetz oder gleichartigen österreichischen Rechtsvorschriften, keine solchen Beiträge geleistet (Zehn-Jahres-Frist) und übersteigen die Anwartschaften zum Zeitpunkt des Ablaufs der Zehn-Jahres-Frist 2,5 vH. der 30-fachen Höchstbeitragsgrundlage gemäß § 108 Abs. 3 ASVG nicht, sind die daraus entstandenen Anwartschaften den Veranlagungserträgen in der jeweiligen BV-Kasse zum letzten Tag des auf den Ablauf der Zehn-Jahres-Frist sechstfolgenden Monats zuzuweisen, falls der/die Anwartschaftsberechtigte nicht vorher eine Auszahlung der Abfertigung als Kapitalbetrag verlangt hat.

(9) Die Zuweisung der Anwartschaften nach Maßgabe des Abs. 8 setzt voraus, dass der/die Anwartschaftsberechtigte durch die BV-Kasse, bei der die letzte Einzahlung geleistet wurde, nach Ablauf der in § 14 Abs. 4 Z 3 genannten Frist und neuerlich nach Ablauf der in Abs. 8 genannten Zehn-Jahres-Frist in dokumentierbarer Form zur Auszahlung der daraus entstandenen Abfertigungsanwartschaft aufgefordert und zugleich über die in Abs. 8 genannte Rechtsfolge (Zuweisung der betroffenen Anwartschaften nach Ablauf des der 10-Jahres-Frist sechstfolgenden Monats) informiert wurde.

Höhe der Abfertigung

§ 15. Die Höhe der Abfertigung ergibt sich aus der Abfertigungsanwartschaft zum Ende jenes Monats, zu dem ein Anspruch gemäß § 16 ermittelt wurde, einschließlich einer allfälligen Garantieleistung gemäß § 24 bei Verfügung gemäß § 17 Abs. 1 Z 1, 3 und 4, Abs. 2a oder Abs. 3.

Fälligkeit der Abfertigung

§ 16. (1) Die Abfertigung ist am Ende des zweitfolgenden Kalendermonats nach der Geltendmachung des Anspruchs gemäß § 14 Abs. 6 fällig und binnen fünf Bankarbeitstagen entsprechend der Verfügung des Arbeitnehmers/der Arbeitnehmerin nach § 17 Abs. 1 Z 1, 3 oder 4 zu leisten, wobei die Frist für die Fälligkeit frühestens mit dem Ende des Tages der Beendigung des Arbeitsverhältnisses oder dem sich aus § 14 Abs. 4 oder § 17 Abs. 2a erster Satz ergebenden Zeitpunkt zu laufen beginnt. Abweichend vom ersten Satz kann die Frist für die Fälligkeit verkürzt werden, wenn die Beiträge gemäß § 27 Abs. 8 abgeführt wurden. Nach einer Auszahlung auf Grund einer Verfügung gemäß § 17 Abs. 1 Z 1, 3 oder 4 oder einer Auszahlung nach § 17 Abs. 3 hervorkommende, noch zu dieser Abfertigungsanwartschaft gehörige Beträge sind als Nachtragszahlung unverzüglich fällig. Änderungen der monatlichen Bemessungsgrundlage innerhalb von zwölf Monaten nach Beendigung des Arbeitsverhältnisses begründen bei einer Verfügung gemäß § 17 Abs. 1 Z 1, 3 oder 4 oder nach Auszahlungen nach § 17 Abs. 3 eine Rückzahlungsverpflichtung des/der Anwartschaftsberechtigten, sofern § 69 ASVG nicht zur Anwendung kommt. Rückzahlungen des/der Anwartschaftsberechtigten, die gemäß § 69 ASVG nicht mehr an den/die Arbeitgeber/in zurückzuzahlen sind, sind den Veranlagungserträgen nach § 14 Abs. 8 zuzuweisen.

(2) Der Anwartschaftsberechtigte kann die BV-Kasse einmalig anweisen, die Durchführung von Verfügungen nach § 17 Abs. 1 Z 1, 3 oder 4 oder Abs. 2a ein bis sechs ganze Monate nach Fälligkeit gemäß Abs. 1 erster Satz vorzunehmen. An eine solche Anweisung ist die BV-Kasse nur dann gebunden, wenn sie spätestens 14 Tage vor der Auszahlung gemäß Abs. 1 bei ihr einlangt. Im Aufschubzeitraum ist die Abfertigung im Rahmen

der Veranlagungsgemeinschaft weiter zu veranlagen. Mit dem Ende des letzten vollen Monats des Aufschubzeitraumes ist eine ergänzende Ergebniszuweisung vorzunehmen.

Verfügungsmöglichkeiten des Anwartschaftsberechtigten über die Abfertigung

§ 17. (1) Nach Beendigung des Arbeitsverhältnisses kann der Anwartschaftsberechtigte, ausgenommen in den in § 14 Abs. 2 genannten Fällen,

1. die Auszahlung der gesamten Abfertigung als Kapitalbetrag verlangen;
2. die Weiterveranlagung der gesamten Abfertigung bis zum Vorliegen der Voraussetzungen des Abs. 3 weiterhin in der BV-Kasse verlangen;
3. die Übertragung der gesamten Abfertigung in die BV-Kasse des neuen Arbeitgebers oder in eine für die Selbständigenvorsorge ausgewählte BV-Kasse verlangen;
4. die Überweisung der gesamten Abfertigung

a) an ein Versicherungsunternehmen, bei dem der Arbeitnehmer bereits Versicherter im Rahmen einer betrieblichen Kollektivversicherung (§ 93 des Versicherungsaufsichtsgesetzes 2016 – VAG 2016, BGBl. I Nr. 34/2015) ist oder an ein Versicherungsunternehmen seiner Wahl als Einmalprämie für eine vom Anwartschaftsberechtigten nachweislich abgeschlossene Pensionszusatzversicherung (§ 108b des Einkommensteuergesetzes 1988 – EStG 1988, BGBl. Nr. 400) oder

b) an eine Pensionskasse oder an eine Einrichtung im Sinne des § 5 Z 4 des Pensionskassengesetzes (PKG), BGBl. Nr. 281/1990, bei der der Anwartschaftsberechtigte bereits Berechtigter im Sinne des § 5 PKG ist, als Beitrag gemäß § 15 Abs. 3 Z 10 PKG oder an eine Einrichtung der zusätzlichen Pensionsversicherung nach § 479 ASVG, in der der Anwartschaftsberechtige versichert ist,

verlangen.

(2) Gibt der Anwartschaftsberechtigte die Erklärung über die Verwendung des Abfertigungsbetrages nicht binnen sechs Monaten nach Beendigung des Arbeitsverhältnisses oder nach den sich aus § 14 Abs. 4 Z 2 oder 3 ergebenden Zeitpunkten ab, ist der Abfertigungsbetrag weiter zu veranlagen. Im Falle eines innerhalb der Verfügungsfrist eingeleiteten arbeitsgerichtlichen Verfahrens über abfertigungsrelevante Umstände (etwa Entgeltansprüche oder die Art der Beendigung des Arbeitsverhältnisses) kann der Arbeitnehmer entweder innerhalb der Frist nach dem ersten Satz oder innerhalb von sechs Monaten nach dem Eintritt der Rechtskraft des Gerichtsurteils verfügen.

(2a) Der Anwartschaftsberechtigte kann, auch wenn die Voraussetzungen des § 14 Abs. 2 für eine Verfügung über die Abfertigung nicht vorliegen, sowie nach einer Verfügung im Sinne des Abs. 1 Z 2 (abweichend von Abs. 2) eine Verfügung über die gesamte Abfertigung in der jeweiligen BV-Kasse im Sinne des Abs. 1 Z 3 verlangen, wenn die Abfertigungsanwartschaft seit der Beendigung des Arbeitsverhältnisses mindestens drei Jahre beitragsfrei gestellt ist. Die Verfügung kann frühestens nach dem Ablauf der Dreijahresfrist vorgenommen werden.

(3) Die BV-Kasse hat nach dem Ablauf von drei Monaten ab dem Zeitpunkt der Verständigung nach § 27 Abs. 4 über die Inanspruchnahme einer Eigenpension aus der gesetzlichen Pensionsversicherung oder gleichartigen Rechtsvorschriften der Mitgliedstaaten des Europäischen Wirtschaftsraumes durch den Anwartschaftsberechtigten die Abfertigung als Kapitalbetrag zum Ende des Folgemonats (Fälligkeit der Abfertigung) auszuzahlen, sofern der Anwartschaftsberechtigte nicht vorher über die Abfertigung verfügt hat.

2. Teil

Betriebliches Vorsorgekassenrecht

1. Abschnitt

Organisation der Betriebliche Vorsorgekasse

Betriebliche Vorsorgekassen

§ 18. (1) Wer berechtigt ist, Abfertigungsbeiträge und Selbstständigenvorsorgebeiträge hereinzunehmen und zu veranlagen (§ 1 Abs. 1 Z 21 Bankwesengesetz – BWG, BGBl. Nr. 532/1993; Betriebliches Vorsorgekassengeschäft) ist eine Betriebliche Vorsorgekasse (BV-Kasse) und unterliegt den Vorschriften dieses Bundesgesetzes.

(2) Die der BV-Kasse überwiesenen Abfertigungsbeiträge stehen im Eigentum der BV-Kasse, die diese treuhändig für die Anwartschaftsberechtigten hält und verwaltet (offene Verwaltungstreuhand).

(3) Die gesetzliche Interessenvertretung der BV-Kassen hat für jede BV-Kasse eine MVK-Leitzahl zu vergeben und diese sowie die Firma der BV-Kasse und allfällige Änderungen dieser Daten dem Dachverband bekannt zu geben.

Rechtsform und Geschäftsbeschränkungen

§ 19. (1) Das Betriebliche Vorsorgekassengeschäft darf nur von Aktiengesellschaften oder von Gesellschaften mit beschränkter Haftung betrieben werden.

(2) BV-Kassen dürfen nur die in § 1 Abs. 1 Z 21 BWG angeführten Geschäftstätigkeiten ausüben.

(3) BV-Kassen dürfen keine Beteiligungen an anderen Unternehmen halten, sofern diese Unternehmen nicht operative oder sonstige mit dem Betrieblichen Vorsorgekassengeschäft verbundene Aufgaben wahrnehmen.

Eigenmittel

§ 20. (1) Eine BV-Kasse muss jederzeit über anrechenbare Eigenmittel gemäß Teil 2 der Verordnung (EU) Nr. 575/2013 in Höhe von 0,25 vH der Gesamtsumme der Abfertigungsanwartschaften verfügen.

(2) Zusätzlich zu Abs. 1 ist ein Betrag in Höhe von mindestens 0,1 vH der Gesamtsumme der Abfertigungsanwartschaften einer besonderen Rücklage zuzuführen, bis 1 vH der Gesamtsumme der Abfertigungsanwartschaften erreicht sind. Diese Rücklage darf nur zur Erfüllung der Kapitalgarantie (§ 24 Abs. 1) herangezogen werden.

(3) Gewährt die BV-Kasse eine zusätzliche Zinsgarantie (§ 24 Abs. 2), so muss die BV-Kasse eine zusätzliche Rücklage in Höhe der mit dem Garantiefaktor multiplizierten Gesamtsumme der Abfertigungsanwartschaften bilden. Der Garantiefaktor wird mit der Hälfte des Garantiezinssatzes festgesetzt.

(4) Sichert die BV-Kasse die Erfüllung der Kapitalgarantie (§ 24 Abs. 1) und/oder der Zinsgarantie (§ 24 Abs. 2) vollständig durch ein Kreditinstitut gemäß § 1 Abs. 1 oder § 9 Abs. 1 BWG ab, entfällt die Pflicht zur Bildung von Rücklagen gemäß Abs. 2 und/oder Abs. 3. Die Kosten dieser Absicherung dürfen nicht dem einer Veranlagungsgemeinschaft zugeordneten Vermögen angelastet werden. Bei befristeten Absicherungen hat die Absicherung auch sicherzustellen, dass die BV-Kasse zeitgleich mit dem Auslaufen der Absicherung über Rücklagen gemäß Abs. 2 und/oder Abs. 3 verfügt, die nicht geringer sein dürfen, als diese Rücklagen zu diesem Zeitpunkt bei einer gesetzeskonformen Dotierung ohne Inanspruchnahme der Absicherungsmöglichkeit dieses Absatzes wären. Die Vollständigkeit der Absicherung ist vom Bankprüfer der BV-Kasse zu prüfen und im bankaufsichtlichen Prüfungsbericht zu erläutern.

(5) Sofern in der Bilanz der BV-Kasse ein Forderungsbetrag gemäß § 26 Abs. 3 Z 2 ausgewiesen wird, ist eine Ausschüttung nur in jenem Ausmaß zulässig, in dem die Summe aus freier Gewinnrücklage und Bilanzgewinn diesen Forderungsbetrag übersteigt.

Aufsichtsrat

§ 21. (1) Der Aufsichtsrat einer BV-Kasse besteht aus vier von der General-/Hauptversammlung gewählten Vertretern des Nennkapitals und aus zwei von einer kollektivvertragsfähigen freiwilligen Interessenvertretung der Arbeitnehmer nominierten Arbeitnehmervertreter.

(2) § 110 ArbVG gilt mit der Maßgabe, dass der Betriebsrat (Betriebsausschuss, Zentralbetriebsrat) der BV-Kasse berechtigt ist, zusätzlich zu den in Abs. 1 festgelegten Aufsichtsratssitzen einen Vertreter in den Aufsichtsrat zu entsenden.

(3) Neben den in § 95 Abs. 5 AktG geregelten Geschäften bedürfen folgende weitere Geschäfte der Zustimmung des Aufsichtsrates:

1. die Veranlagungsbestimmungen,
2. die Gewährung einer Zinsgarantie (§ 24 Abs. 2),
3. der Abschluss eines Dienstleistungsvertrages (§ 27 Abs. 1). Die Satzung/Der Gesellschaftsvertrag kann darüber hinaus weitere Geschäfte der Zustimmung des Aufsichtsrates vorbehalten.

(4) Die Arbeitnehmervertreter im Aufsichtsrat der BV-Kassen üben ihre Funktion ehrenamtlich aus. Es darf ihnen daher nur Ersatz ihrer Barauslagen gewährt werden. Den von der General-/Hauptversammlung gewählten Aufsichtsratsmitgliedern in BV-Kassen darf neben dem Ersatz der Barauslagen ein angemessenes Entgelt für ihre Tätigkeit gewährt werden. Die Höhe dieses Entgeltes ist in der General-/Hauptversammlung festzulegen.

(5) Der Aufsichtsrat hat sich regelmäßig hinsichtlich der die Veranlagungsgemeinschaften betreffenden Geschäfte zu informieren und sich gemeinsam mit dem Vorstand über die Veranlagungspolitik zu beraten.

Schutz von Bezeichnungen

§ 22. (1) Die Bezeichnungen „Betriebliche Vorsorgekasse", „BV-Kasse" oder Wortverbindungen, die diese Bezeichnungen enthalten, dürfen im Firmenwortlaut, im Geschäftsverkehr und in der Werbung nur von BV-Kassen oder von an diesen mittelbar oder unmittelbar beteiligten Unternehmen zum Zweck der Vermittlung von Betriebliche Vorsorgekassengeschäften verwendet werden.

(2) Die Werbung, die in irreführender Weise den Anschein erweckt, dass eine BV-Kasse betrieben wird, ist verboten.

Erwerbsverbote

§ 23. Geschäftsleiter oder Mitglieder des Aufsichtsrates einer BV-Kasse dürfen weder Vermögenswerte aus dem einer Veranlagungsgemeinschaft zugeordneten Vermögen erwerben, noch der BV-Kasse Vermögenswerte, die dem Vermögen einer Veranlagungsgemeinschaft zugeordnet werden sollen, verkaufen. Gleiches gilt für die Depotbank sowie deren Geschäftsleiter oder Mitglieder des Aufsichtsrates.

2. Abschnitt
Organisatorische Rahmenbedingungen

Garantie

§ 24. (1) In den Fällen des § 14 Abs. 5 und § 17 Abs. 1 Z 1, 3 und 4, Abs. 2a sowie Abs. 3 beträgt der Mindestanspruch des Anwartschaftsberechtigten gegenüber der BV-Kasse

1. die Summe der dieser BV-Kasse zugeflossenen Abfertigungsbeiträge zuzüglich
2. einer allenfalls übertragenen Altabfertigungsanwartschaft sowie
3. der allenfalls aus einer anderen BV-Kasse übertragenen Abfertigungsanwartschaft.

Bei Übertragung einer Abfertigungsanwartschaft gemäß § 12 Abs. 3 erhöht sich der Mindestanspruch gegenüber der neuen BV-Kasse im Ausmaß der der übertragenden BV-Kasse zugeflossenen Abfertigungsbeiträge.

(2) Die BV-Kasse kann eine über das Mindestausmaß gemäß Abs. 1 hinausgehende Zinsgarantie gewähren. Dieser Garantiezinssatz muss für alle Anwartschaftsberechtigten gleich sein und darf nur für ein folgendes Geschäftsjahr geändert werden.

Konten

§ 25. (1) Die BV-Kasse hat für jeden Anwartschaftsberechtigten ein Konto zu führen. Dieses Konto muss alle wesentlichen Daten enthalten und dient der Berechnung des Abfertigungsanspruches.

(2) Der/Die Anwartschaftsberechtigte ist jährlich spätestens bis zum 31. Juli zum Stand 31. Dezember des vorangegangenen Geschäftsjahres schriftlich über

1. die zum letzten Bilanzstichtag erworbene Abfertigungsanwartschaft,
2. die im Geschäftsjahr auf Grund der bis zum Bilanzstichtag bei der BV-Kasse eingelangten monatlichen Beitragsgrundlagenmeldungen für den Zeitraum 1. November des vorangegangenen Geschäftsjahres bis 31. Oktober des Geschäftsjahres verbuchten Beiträge sowie gegen welchen/welche Arbeitgeber/in Anspruch auf Zahlung dieser Beiträge bestanden hat,
3. die vom/von der Anwartschaftsberechtigten zu tragenden Barauslagen und Verwaltungskosten,
4. die zugewiesenen Veranlagungsergebnisse sowie
5. die insgesamt erworbene Abfertigungsanwartschaft

zu informieren. Wesentliche Daten sind neben Namen und Sozialversicherungsnummer des/der Anwartschaftsberechtigten die für die Erfüllung der in den Z 1 bis 5 angeführten Verpflichtungen erforderlichen Daten. Weiters hat die Information die Grundzüge der Veranlagungspolitik sowie die zum Abschlussstichtag gehaltenen Veranlagungen zu enthalten.

(3) Der/Die Anwartschaftsberechtigte ist nach Beendigung eines Arbeitsverhältnisses, die eine Verfügung nach § 17 Abs. 1 begründet, binnen eines Monats nach der Verständigung über die Beendigungsart des Arbeitsverhältnisses durch den Dachverband der Sozialversicherungsträger von der BV-Kasse schriftlich über die Verfügungsmöglichkeiten gemäß den §§ 14 Abs. 6 und 17 Abs. 1 zu informieren. Die Information hat auch einen Hinweis darauf zu enthalten, dass die Höhe der Abfertigung erst nach Vorliegen sämtlicher Bemessungsgrundlagen bei der BV-Kasse und nach der Gewinnzuweisung ermittelt werden kann. Bei Verfügungen gemäß § 17 Abs. 1 Z 1, 3 und 4 oder Auszahlungen gemäß § 17 Abs. 3 ist dem/der Anwartschaftsberechtigten zeitgleich mit der Auszahlung der Abfertigung eine schriftliche Information mit den Angaben gemäß Abs. 2 Z 1 bis 5 zu übermitteln.

(4) Nach Maßgabe der vorhandenen technischen Möglichkeiten kann nach Zustimmung des Anwartschaftsberechtigten anstelle der schriftlichen Information gemäß Abs. 2 und Abs. 3 letzter Satz auch eine gesicherte elektronische Zugriffsmöglichkeit auf diese Information bei der BV-Kasse ermöglicht werden. Die Information gemäß Abs. 3 erster und zweiter Satz kann nach Zustimmung des Anwartschaftsberechtigten und Bekanntgabe einer elektronischen Zustelladresse anstelle der schriftlichen Information auch elektronisch zugestellt werden.

(5) Die BV-Kasse haftet für die Richtigkeit der Kontonachrichten auf der Grundlage der von den Sozialversicherungsträgern im Wege des Dachverbandes zu Verfügung gestellten Beitragsgrundlagenmeldungen im Ausmaß der gemäß § 27 Abs. 8 vom jeweils zuständigen Sozialversicherungsträger überwiesenen Beiträge.

(6) Werden für eine Abfertigungsanwartschaft nach Beendigung des Arbeitsverhältnisses für einen ununterbrochenen Zeitraum von mindestens zwölf Monaten ab dem Bilanzstichtag, zu dem die letzte Kontonachricht erstellt wurde, keine Beiträge geleistet, ist dem Anwartschaftsberechtigten abweichend von Abs. 2 jeweils nach jedem dritten Bilanzstichtag, gerechnet ab jenem Bilanzstichtag, zu dem die letzte Kontonachricht erstellt wurde, eine Kontonachricht zu übermitteln. Verändert sich die Abfertigungsanwartschaft seit jenem Bilanzstichtag, zu dem die letzte Kontonachricht erstellt wurde, um mehr als 30 €, ist dem Anwartschaftsberechtigten zu diesem Bilanzstichtag eine Kontonachricht zu übermitteln. Im Falle der gesicherten elektronischen Zugriffsmöglichkeit durch den Anwartschaftsberechtigten (Abs. 4) ist jährlich ein Kontoauszug zu erstellen.

(7) Uneinbringliche Forderungen aus unterdeckten Konten in der BV-Kasse sind den Veranlagungserträgen gegenzurechnen.

Verwaltungskosten

§ 26. (1) Die BV-Kassen sind berechtigt, von den hereingenommenen Abfertigungsbeiträgen Verwaltungskosten abzuziehen. Diese Verwaltungskosten müssen prozentmäßig für sämtliche Beitragszahler einer BV-Kasse gleich sein und in einer Bandbreite zwischen 1 vH und 3,5 vH der Abfertigungsbeiträge festgesetzt werden.

(2) Wird eine Altabfertigungsanwartschaft auf eine BV-Kasse übertragen (§ 47 oder gleichartige österreichische Rechtsvorschriften), so ist die BV-Kasse berechtigt, einen einmaligen Kostenbeitrag in Höhe von höchstens 1,5 vH des Übertragungswertes einzubehalten, wobei der Prozentsatz von

der BV-Kasse einheitlich festgesetzt werden muss und der Kostenbeitrag den Betrag von 500 Euro je Altabfertigungsanwartschaft nicht übersteigen darf.

(3) Für die Veranlagung des Abfertigungsvermögens sind BV-Kassen berechtigt,

1. Barauslagen, wie Depotgebühren, Bankspesen usw., weiter zu verrechnen, sofern diese im Beitrittsvertrag (§ 11 Abs. 2 Z 8 oder vergleichbare österreichische Rechtsvorschriften) genannt sind, sowie
2. von den Veranlagungserträgen eine Vergütung für die Vermögensverwaltung einzubehalten, die 1 vH pro Geschäftsjahr und ab 1. Jänner 2005 0,8 vH pro Geschäftsjahr des veranlagten Abfertigungsvermögens nicht übersteigen darf. Soweit die Veranlagungserträge eines Geschäftsjahres für die Vergütung nicht ausreichen, ist im Jahresabschluss der BV-Kasse eine entsprechende Forderung ertragswirksam zu erfassen. Im Rechenschaftsbericht der Veranlagungsgemeinschaft ist in Höhe dieser Forderung unter den sonstigen Aktiva ein „Unterschiedsbetrag gemäß § 26 Abs. 3 Z 2 BMSVG" und eine Verbindlichkeit auszuweisen und im Formblatt C zu erläutern; eine Belastung des Abfertigungsvermögens ist nicht zulässig.

(4) Die Übertragung der Abfertigungsanwartschaft von einer BV-Kasse auf eine andere BV-Kasse sowie die Auszahlung der Abfertigungsanwartschaft hat durch die übertragende und übernehmende oder auszahlende BV-Kasse verwaltungskostenfrei zu erfolgen. Im Zuge der Überweisung oder Auszahlung anfallende Barauslagen wie Bankspesen, Kosten einer Postanweisung oder Ähnliches dürfen jedoch verrechnet und einbehalten werden.

(5) Der jeweils zuständige Träger der Krankenversicherung kann für die Einhebung und Weiterleitung der Beiträge eine Vergütung von höchstens 0,3 vH der eingehobenen Beiträge von der jeweiligen BV-Kasse einheben. Die BV-Kasse kann diese Vergütung als Barauslagen gemäß Abs. 3 Z 1 verrechnen.

(6) Die Sozialversicherungsträger sowie der Dachverband sind berechtigt, Investitionskosten sowie die laufenden Kosten für anfallende Investitionen für die Erstellung und Adaptierung der Software für die Verwaltung der Daten für die einzelnen BV-Kassen den BV-Kassen in Rechnung zu stellen, sofern vor der Erstellung oder Adaptierung im Einvernehmen mit den BV-Kassen die Notwendigkeit gemäß BMSVG, die Zweckmäßigkeit sowie die Kosten festgestellt und festgelegt wurden. Die BV-Kassen sind verpflichtet, diese festgestellten Kosten im Verhältnis ihrer Marktanteile ab Rechnungslegung binnen einem Monat zu ersetzen. Die einzelnen BV-Kassen können für diese Investitionskosten im Innenverhältnis im Wege der von ihnen gebildeten Plattform oder sonstiger gemeinsamer Einrichtungen die Modalitäten der Aufteilung nach den jeweiligen Marktanteilen festlegen, getrennt für Berechtigte nach dem 1. und 4. Teil sowie nach den Berechtigtengruppen gemäß § 62 Abs. 1 Z 1 bis 6 gesondert festlegen. Die Sozialversicherungsträger haben die notwendigen Daten der Plattform der Betrieblichen Vorsorgekassen zur Verfügung zu stellen.

Kooperation

§ 27. (1) Die BV-Kasse ist verpflichtet, mit zumindest einem Versicherungsunternehmen, das zum Betrieb der Lebensversicherung berechtigt ist, einen Dienstleistungsvertrag abzuschließen. Zweck dieses Dienstleistungsvertrages ist es, die Anwartschaftsberechtigten im Wege der BV-Kasse über die Möglichkeit der Überweisung der Abfertigung an ein Versicherungsunternehmen gemäß § 17 Abs. 1 Z 4 oder gleichartigen österreichischen Rechtsvorschriften zu informieren. Weiters sind die BV-Kassen verpflichtet, auf die Möglichkeit der Überweisung der Abfertigung auf eine Pensionskasse in den Fällen einer bestehenden Anwartschaft im Rahmen eines Pensionskassenvertrages hinzuweisen.

(2) Wenn ein Leistungsfall gemäß § 17 Abs. 1 Z 4 zu erwarten ist, ist die BV-Kasse berechtigt, dem Versicherungsunternehmen gemäß Abs. 1 jene Daten in indirekt personenbezogener Form zur Verfügung zu stellen, die für eine ausreichend konkrete Information erforderlich sind. Die vom Versicherungsunternehmen gemäß Abs. 1 erstellte Information ist von der BV-Kasse an den Anwartschaftsberechtigten rechtzeitig vor Auszahlung der Abfertigung zu übermitteln, wobei auch das die Information erstellende Unternehmen zu bezeichnen ist.

(3) Der Anwartschaftsberechtigte ist hinsichtlich der Verwendung der Information gemäß Abs. 2 völlig frei.

(4) Die Sozialversicherungsträger sind verpflichtet, die Fälle der Inanspruchnahme einer Pension aus der gesetzlichen Pensionsversicherung durch Anwartschaftsberechtigte sowie die Todesmeldungen, Stammdaten der Anwartschaftsberechtigten (Sozialversicherungsnummer, Name, Anschrift, Geburtsdatum, Geschlecht), Stammdaten des Arbeitgebers (DGNR, Firma, Anschrift), Beginn, Ende und Beendigungsgrund jedes Arbeitsverhältnisses eines Anwartschaftsberechtigten, MVK-Leitzahl pro Arbeitgeber (DGNR) in automationsunterstützter Form im Wege des Dachverbandes gegen Ersatz der Kosten den jeweils betroffenen BV-Kassen zur Verfügung zu stellen.

(5) Die Sozialversicherungsträger sind verpflichtet, die monatlichen Bemessungsgrundlagen gemäß § 34 Abs. 2 ASVG in automationsunterstützter Form im Wege des Dachverbandes gegen Ersatz der Kosten den jeweils betroffenen BV-Kassen zur Verfügung zu stellen.

(6) BV-Kassen dürfen die in Abs. 4 und 5 genannten Daten auch aus eigenem ausschließlich für Zwecke der Verwaltung der Anwartschaften sowie der Klärung und Abwicklung von Auszahlungstatbeständen von den Sozialversicherungsträgern im Wege des Dachverbandes ermitteln. Für diese Zwecke darf von den Sozialversicherungsträgern ein Online-Zugriff eingeräumt werden.

(6a) Die Sozialversicherungsträger sind verpflichtet, die BV-Kasse des Präsenzdienstleistenden, für den der Bund Beiträge nach § 7 Abs. 1 leistet, im Wege des Dachverbandes dem Bundesministerium für Landesverteidigung in automationsunterstützter Form samt den Angaben, die zur Übermittlung der Beiträge an die BV-Kasse des bisherigen Arbeitgebers notwendig sind, mitzuteilen.

(7) Die BV-Kassen sind verpflichtet, dem Dachverband auf automationsunterstütztem Wege unverzüglich den beitretenden Arbeitgeber und seine dazugehörenden Dienstgeberkontonummern sowie die Übertragung oder Auszahlung der Abfertigung für einen Arbeitnehmer zu melden.

(8) Die jeweils zuständigen Träger der Krankenversicherung sind verpflichtet, die Beiträge nach den §§ 6 und 7 jeweils am Zehnten des zweitfolgenden Kalendermonats nach deren Fälligkeit (§ 6 Abs. 1 und 2) an die BV-Kasse unabhängig davon, ob der/die Arbeitgeber/in die Beiträge ordnungsgemäß geleistet hat, zur Gänze entsprechend den monatlichen Beitragsgrundlagen gemäß § 34 Abs. 2 ASVG abzuführen.

Zuweisungsverfahren bei Nichtauswahl der BV-Kasse durch den Arbeitgeber

§ 27a. (1) Das Zuweisungsverfahren ist hinsichtlich jener Arbeitgeber unverzüglich einzuleiten, die binnen der Frist nach § 10 Abs. 1 oder gleichartigen österreichischen Rechtsvorschriften noch keinen Beitrittsvertrag mit einer BV-Kasse abgeschlossen haben oder für die noch kein Verfahren nach § 97 Abs. 2 ArbVG, § 9 Abs. 2 oder gleichartigen österreichischen Rechtsvorschriften bei der Schlichtungsstelle eingeleitet worden ist. Der zuständige Träger der Krankenversicherung hat den Arbeitgeber schriftlich oder auf elektronischem Weg nach Maßgabe der vorhandenen technischen Möglichkeiten zur Auswahl einer BV-Kasse binnen drei Monaten nach der Zusendung des Schreibens beim Arbeitgeber unter gleichzeitigem Hinweis aufzufordern, dass im Fall der Nichtauswahl einer BV-Kasse binnen dieser Frist der Arbeitgeber einer BV-Kasse zugewiesen wird.

(2) Wird binnen drei Monaten nach Zusendung des Schreibens nach Abs. 1 durch den Arbeitgeber ein Beitrittsvertrag mit der BV-Kasse abgeschlossen, endet das Zuweisungsverfahren. Wird binnen dieser Frist bei der Schlichtungsstelle ein Antrag über die Auswahl der BV-Kasse eingebracht, wird der Ablauf dieser Frist gehemmt. Der Arbeitgeber hat die Einleitung eines Verfahrens bei der Schlichtungsstelle dem Dachverband unverzüglich zu melden.

(3) Hat der Arbeitgeber binnen der Frist nach Abs. 1 noch keinen Beitrittsvertrag mit einer BV-Kasse abgeschlossen, hat der Dachverband eine Zuweisung des Arbeitgebers zu einer BV-Kasse nach dem Zuweisungsmodus nach Abs. 4 und 5 vorzunehmen.

(4) Am Zuweisungsverfahren haben alle konzessionierten BV-Kassen (§ 18 Abs. 1) teilzunehmen, es sei denn, seitens der Wirtschaftskammer Österreich werden dem Dachverband jährlich bis spätestens 30. November (Meldezeitpunkt) für das darauf folgende Jahr die am Zuweisungsverfahren teilnehmenden BV-Kassen bekannt gegeben, wobei die Anzahl der für die Teilnahme am Zuweisungsverfahren bekannt gegebenen BV-Kassen mindestens mehr als die Hälfte der konzessionierten BV-Kassen betragen muss. Die BV-Kassen können ihre Teilnahme am Zuweisungsverfahren schriftlich bei der Wirtschaftskammer Österreich jährlich bis spätestens 15. November beantragen, wobei die fristgerecht beantragte Teilnahme von der Wirtschaftskammer Österreich nicht abgelehnt werden darf. Der Antrag auf Teilnahme gilt unwiderruflich für das darauf folgende Jahr. Der Wegfall der Konzession einer BV-Kasse ist hinsichtlich des Erfordernisses der Anzahl der teilnehmenden BV-Kassen nach dem zweiten Satz unbeachtlich.

(5) Die Zuweisung der einzelnen Arbeitgeber hat nach dem folgenden Zuweisungsmodus entsprechend den zum Bilanzstichtag des vorangegangenen Geschäftsjahres bestehenden Marktanteilen der am Zuweisungsverfahren teilnehmenden BV-Kassen zu erfolgen, die nach der vom Dachverband festgestellten Anzahl der einer BV-Kasse zugeordneten Dienstgeberkontonummern zu bemessen sind: Der Dachverband hat eine Reihung aller zuzuweisenden Arbeitgeber nach dem Tag des jeweiligen Beginns des Arbeitsverhältnisses jenes Arbeitnehmers, für den der Arbeitgeber erstmalig Beiträge nach den §§ 6 oder 7 zu leisten hat, zu erstellen. Innerhalb der Gruppe der Arbeitgeber mit demselben Datum des Beginns des Arbeitsverhältnisses ist zusätzlich eine Reihung nach den Dienstgeberkontonummern der Arbeitgeber vorzunehmen. Die Zuweisung dieser Arbeitgeber zu den am Zuweisungsverfahren teilnehmenden BV-Kassen hat laufend nach der Reihung der Arbeitgeber auf die alphabetisch gereihten BV-Kassen prozentuell nach deren Marktanteilen in fiktiven Schritten zu jeweils 100 Arbeitgebern zu erfolgen. Der Dachverband hat die BV-Kasse über die Zuweisung des Arbeitgebers zu informieren.

(6) Dem Arbeitgeber ist im Fall der Zuweisung das Anbot der BV-Kasse zu einem Beitrittsvertrag nach § 11 oder gleichartigen österreichischen

Rechtsvorschriften zu übermitteln. Der Beitrittsvertrag kommt mit dem Zugang des Anbots der BV-Kasse beim Arbeitgeber zu Stande. Das Anbot der BV-Kasse hat zu den gleichen Bedingungen wie für ihre sonst üblicherweise abgeschlossenen Beitrittsverträge mit anderen Arbeitgebern, insbesondere zu den gleichen Verwaltungskosten gemäß § 29 Abs. 2 Z 5, zu erfolgen.

(Anm.: Abs. 7 aufgehoben durch BGBl. I Nr. 118/2016)

(8) Für den Beitrittsvertrag nach Abs. 6 gelten § 12 Abs. 2 oder gleichartige österreichische Rechtsvorschriften mit der Maßgabe, dass die Frist für die Kündigung des Beitrittsvertrags drei Monate beträgt. Dies gilt nur für die Kündigung des Beitrittsvertrags zum nächsten oder übernächsten Bilanzstichtag nach dem zu Stande kommen des Beitrittsvertrags.

3. Abschnitt
Veranlagung
Veranlagungsgemeinschaft

§ 28. (1) Die BV-Kasse hat für die Veranlagung der Abfertigungsbeiträge eine Veranlagungsgemeinschaft einzurichten.

(2) Die Finanzmarktaufsichtsbehörde (FMA) kann frühestens drei Jahre nach In-Kraft-Treten dieses Bundesgesetzes und nach Anhörung der Oesterreichischen Nationalbank eine Verordnung erlassen, mit der

1. die Bildung mehrerer Veranlagungsgemeinschaften durch jede BV-Kasse ermöglicht wird, wobei die zulässige Anzahl innerhalb einer Bandbreite von zwei bis vier Veranlagungsgemeinschaften festzusetzen ist, und
2. Vorschriften hinsichtlich
   a) der Mindestgröße der Veranlagungsgemeinschaften,
   b) der Auswahl einer Veranlagungsgemeinschaft sowie
   c) des Wechsels zwischen den Veranlagungsgemeinschaften innerhalb einer BV-Kasse

erlassen werden.
Verordnungen der FMA nach diesem Absatz bedürfen der Zustimmung des Bundesministers für Finanzen.

(3) Für jede Veranlagungsgemeinschaft sind Veranlagungsbestimmungen (§ 29) zu erstellen.

Veranlagungsbestimmungen

§ 29. (1) Die BV-Kasse hat Veranlagungsbestimmungen aufzustellen, die das Rechtsverhältnis der Anwartschaftsberechtigten zur BV-Kasse sowie zur Depotbank regeln. Die Veranlagungsbestimmungen sowie deren Änderungen sind nach Zustimmung des Aufsichtsrates der BV-Kasse der Depotbank zur Zustimmung vorzulegen. Die Veranlagungsbestimmungen sowie deren Änderungen bedürfen der Bewilligung der FMA. Diese Bewilligung ist zu erteilen, wenn die Veranlagungsbestimmungen den berechtigten Interessen der Anwartschaftsberechtigten nicht widersprechen.

(2) Die Veranlagungsbestimmungen haben außer den sonst in diesem Bundesgesetz vorgeschriebenen Angaben Bestimmungen darüber zu enthalten:

1. nach welchen Grundsätzen die Wertpapiere ausgewählt werden, die für das der Veranlagungsgemeinschaft zugeordnete Vermögen erworben werden;
2. welcher Anteil des der Veranlagungsgemeinschaft zugeordneten Vermögens höchstens in Bankguthaben gehalten werden darf;
3. ob und bejahendenfalls in welcher Höhe ein Mindestanteil des der Veranlagungsgemeinschaft zugeordneten Vermögens in Bankguthaben zu halten ist;
4. welche Vergütung die Depotbank bei Abwicklung des der Veranlagungsgemeinschaft zugeordneten Vermögens erhält;
5. die Höhe der Verwaltungskosten (§§ 26 und 70).

(3) Legt die BV-Kasse Bedingungen für eine genauere Zuweisung der Erträgnisse fest (§ 33 Abs. 2), so sind diese Bedingungen in die Veranlagungsbestimmungen aufzunehmen.

Veranlagungsvorschriften

§ 30. (1) Die BV-Kasse hat die Betrieblichen Vorsorgekassengeschäfte im Interesse der Anwartschaftsberechtigten zu führen und hiebei insbesondere auf die Sicherheit, Rentabilität und auf den Bedarf an flüssigen Mitteln sowie auf eine angemessene Mischung und Streuung der Vermögenswerte Bedacht zu nehmen.

(2) Die Veranlagung des einer Veranlagungsgemeinschaft zugeordneten Vermögens darf nur in folgenden Vermögensgegenständen erfolgen:

1. Guthaben bei Kreditinstituten und Kassenbestände,
2. Darlehen und Kredite, die bei Anwendung der Bestimmung des Art. 400 Abs. 1 der Verordnung (EU) Nr. 575/2013 einer Nullgewichtung unterliegen würden,
3. Forderungswertpapiere, für die kein Tilgungsbetrag geschuldet wird, der um mehr als 2 vH niedriger ist, als der Ausgabekurs,
4. sonstige Forderungswertpapiere sowie Beteiligungswertpapiere,
5. Anteilscheine von Investmentfonds gemäß § 3 Abs. 2 Z 30 Investmentfondsgesetz 2011 – InvFG 2011 (BGBl. I Nr. 77/2011);

5a. Anteilscheine von AIF, die materiell einem Spezialfonds gemäß § 163 InvFG 2011 gleichwertig sind und von einem EU-AIFM verwaltet werden, der nicht als Kapitalanlagegesellschaft gemäß § 1 Abs. 1 Z 13 BWG in Verbindung mit § 6 Abs. 2 InvFG 2011 konzessioniert ist;

6. Immobilienfonds gemäß § 1 Immobilien-Investmentfondsgesetz, BGBl. I Nr. 80/2003 (ImmoInvFG) sowie offene Immobilienfonds, die von einem EU-AIFM verwaltet werden, sofern die Fondsbestimmungen des Fonds ausschließlich die Veranlagung des Fondsvermögens in einem EWR-Mitgliedstaat oder OECD-Mitgliedstaat gelegene ertragbringende Grundstücke und Gebäude als auch Grundstücks-Gesellschaften gemäß § 23 ImmoInvFG vorsehen.
7. AIF, die gemäß §§ 29, 30, 31, 38 oder 47 Alternative Investmentfonds Manager-Gesetz – AIFMG, BGBl. I Nr. 135/2013, in Österreich zum Vertrieb an professionelle Anleger oder gemäß Art. 31, 32, 36 oder 42 der Richtlinie 2011/61/EU über die Verwalter alternativer Investmentfonds und zur Änderung der Richtlinien 2003/41/EG und 2009/65/EG und der Verordnungen (EG) Nr. 1060/2009 und (EU) Nr. 1095/2010 ABl. Nr. L 174 vom 01.07.2011 S. 1, in der Fassung der Berichtigung ABl. Nr. L 155 vom 27.04.2012 S. 35, zum Vertrieb in einem anderen Mitgliedstaat zugelassen sind und nicht zusätzlich unter Abs. 2 Z 5a oder 6 fallen;
8. sonstige AIF.

(3) Die Veranlagungen des Abs. 2 dürfen nur unter den folgenden Voraussetzungen und Beschränkungen erfolgen:

1. Vermögensgegenstände gemäß Abs. 2 Z 1 dürfen nur bis zu einer Höhe von 25 vH des der Veranlagungsgemeinschaft zugeordneten Vermögens bei der gleichen Kreditinstitutsgruppe (§ 30 BWG) gehalten werden;
2. Wertpapiere gemäß Abs. 2 Z 3 und 4, ausgenommen Wertpapiere des Bundes, eines Bundes-
landes, eines anderen EWR-Mitgliedstaates oder einer sonstigen Regionalregierung eines anderen EWR-Mitgliedstaates,
   a) müssen an einer Wertpapierbörse im Inland, in einem Mitgliedstaat oder sonstigen Vollmitgliedstaat der OECD amtlich notiert oder an einem anderen anerkannten, geregelten, für das Publikum offenen und ordnungsgemäß funktionierenden Wertpapiermarkt in einem dieser Staaten gehandelt werden und
   b) dürfen im ersten Jahr seit Beginn ihrer Ausgabe erworben werden, wenn die Ausgabebedingungen die Verpflichtung enthalten, dass die Zulassung zur amtlichen Notierung oder zum Handel an einem der unter lit. a angeführten Märkte beantragt wird;
3. abweichend von Z 2 dürfen Wertpapiere gemäß Abs. 2 Z 3 und 4, die von Unternehmen mit Sitz im Inland, in einem Mitgliedstaat oder sonstigen Vollmitgliedstaat der OECD begeben werden und deren Wert jederzeit oder zumindest in den in § 57 Abs. 3 InvFG 2011 vorgesehenen Zeitabständen genau bestimmt werden kann, bis höchstens 10 vH des der Veranlagungsgemeinschaft zugeordneten Vermögens erworben werden;
4. Veranlagungen gemäß Abs. 2 Z 5 und 5a
   a) müssen von einer Verwaltungsgesellschaft begeben werden, die ihren Sitz in einem EWR-Mitgliedstaat oder OECD-Mitgliedstaat hat,
   b) sind entsprechend der tatsächlichen Gestionierung auf die Veranlagungen gemäß Abs. 2 Z 1 bis 8 aufzuteilen,
   c) dürfen derivative Produkte gemäß § 73 InvFG 2011, die nicht zur Absicherung von Kursrisiken erworben wurden, bis zu 5 vH des der Veranlagungsgemeinschaft zugeordneten Vermögens enthalten;
   d) dürfen Anteile an Organismen für gemeinsame Anlagen (OGA) gemäß § 71 Abs. 2 und 3 InvFG 2011 bis zu 30 vH des der Veranlagungsgemeinschaft zugeordneten Vermögens enthalten;
   e) dürfen Veranlagungen gemäß § 166 Abs. 1 Z 3 InvFG 2011 bis zu 5 vH des der Veranlagungsgemeinschaft zugeordneten Vermögens enthalten;
5. Veranlagungen in Vermögenswerten gemäß Abs. 2 Z 4 sind mit höchstens 40 vH des der Veranlagungsgemeinschaft zugeordneten Vermögens begrenzt;
6. Veranlagungen in auf ausländische Währung lautenden Vermögenswerten gemäß Abs. 2 Z 1 bis 5 sind mit insgesamt höchstens 50 vH des der Veranlagungsgemeinschaft zugeordneten Vermögens begrenzt; unbeschadet dieser Grenze sowie der Grenze gemäß Z 4 sind Veranlagungen in auf ausländische Währung lautenden Vermögenswerten gemäß Abs. 2 Z 4 mit höchstens 25 vH des der Veranlagungsgemeinschaft zugeordneten Vermögens begrenzt;
7. Veranlagungen gemäß Abs. 2 Z 7 sind mit höchstens 5 vH des der Veranlagungsgemeinschaft zugeordneten Vermögens begrenzt;

7a. Veranlagungen gemäß Abs. 2 Z 8 sind mit höchstens 1 vH des der Veranlagungsgemeinschaft zugeordneten Vermögens begrenzt;

7b. Veranlagungen gemäß Abs. 2 Z 7 und 8 dürfen gemeinsam nicht mehr als 5 vH des der Veranlagungsgemeinschaft zugeordneten Vermögens betragen;

8. für Veranlagungen gemäß Abs. 2 Z 3 und 4 sind folgende Beschränkungen anzuwenden:

a) Wertpapiere desselben Ausstellers dürfen nur bis zu 10 vH des der Veranlagungsgemeinschaft zugeordneten Vermögens erworben werden, wobei der Gesamtwert der Wertpapiere von Emittenten, in deren Wertpapieren mehr als 5 vH des der Veranlagungsgemeinschaft zugeordneten Vermögens angelegt sind, 40 vH des der Veranlagungsgemeinschaft zugeordneten Vermögens nicht übersteigen darf. Wertpapiere von zwei Wertpapierausstellern, von denen der eine am Grundkapital des anderen unmittelbar oder mittelbar mit mehr als 50 vH beteiligt ist, gelten als Wertpapiere desselben Ausstellers. Optionsscheine sind dem Aussteller des Wertpapieres zuzurechnen, auf das die Option ausgeübt werden kann. Wertpapiere eines EWR-Mitgliedstaates müssen nicht mit Wertpapieren von Emittenten, an deren Gesellschaftskapital der betreffende EWR-Mitgliedstaat mittelbar oder unmittelbar zu mehr als 50 vH beteiligt ist, zusammengerechnet werden;
b) Wertpapiere, die von demselben Zentralstaat, der gemäß Teil 3 Titel II Kapitel 2 der Verordnung (EU) Nr. 575/2013 mit einem Risikogewicht von höchstens 20 vH zu versehen wäre, oder die vom Bund oder den Ländern oder von internationalen Organisationen öffentlich-rechtlichen Charakters, denen ein oder mehrere EWR-Mitgliedstaaten angehören, begeben oder garantiert werden, dürfen bis zu 35 vH des der Veranlagungsgemeinschaft zugeordneten Vermögens erworben werden;
c) Schuldverschreibungen, die von einem Kreditinstitut, das seinen Sitz in einem EWR–Vertragsstaat hat und auf Grund gesetzlicher Vorschriften zum Schutz der Inhaber dieser Schuldverschreibungen einer besonderen öffentlichen Aufsicht unterliegt, vor dem 8. Juli 2022 ausgegeben wurden, wobei die Erlöse aus der Emission dieser Schuldverschreibungen in Vermögenswerten anzulegen sind, die während der gesamten Laufzeit der Schuldverschreibungen die sich daraus ergebenden Verbindlichkeiten ausreichend decken und vorrangig für die beim Ausfall des Emittenten fällig werdende Rückzahlung des Kapitals und der Zinsen bestimmt sind, und Schuldverschreibungen gemäß Art. 3 Nummer 1 der Richtlinie (EU) 2019/2162 über die Emission gedeckter Schuldverschreibungen und die öffentliche Aufsicht über gedeckte Schuldverschreibungen und zur Änderung der Richtlinien 2009/65/EG und 2014/59/EG, ABl. Nr. L 328 vom 18.12.2019, S. 29, dürfen bis zu 25 vH des Fondsvermögens erworben werden. Übersteigt die Veranlagung in solchen Schuldverschreibungen desselben Emittenten 5 vH des Fondsvermögens, so darf der Gesamtwert solcher Schuldverschreibungen insgesamt 80 vH des Fondsvermögens nicht übersteigen.
d) die in lit. b und c genannten Wertpapiere bleiben bei der Anwendung der in lit. a vorgesehenen Grenze von 40 vH unberücksichtigt. Die Grenzen der lit. a bis c dürfen nicht kumuliert werden;
e) Stammaktien desselben Ausstellers dürfen nur bis zu 7,5 vH des Grundkapitals der ausstellenden Aktiengesellschaft erworben werden; Aktien desselben Ausstellers dürfen nur bis zu 10 vH des Grundkapitals der ausstellenden Aktiengesellschaft erworben werden; Schuldverschreibungen desselben Emittenten dürfen nur bis zu 10 vH des Gesamtemissionsvolumens des Emittenten erworben werden;
f) der Erwerb von nicht voll eingezahlten Aktien und von Bezugsrechten auf solche ist bis zu 10 vH des der Veranlagungsgemeinschaft zugeordneten Vermögens zulässig, wenn die Veranlagungsbestimmungen dies ausdrücklich für zulässig erklären;

9. Veranlagungen in Vermögenswerten gemäß Abs. 2 Z 6 sind mit höchstens 10 vH des der Veranlagungsgemeinschaft zugeordneten Vermögens begrenzt.

(4) Mit Ausnahme von Veranlagungen in Vermögenswerten des Bundes und der Länder, Guthaben bei Kreditinstituten mit Sitz in EWR-Mitgliedstaaten sowie in Schuldverschreibungen, die von einem Kreditinstitut mit Sitz in einem EWR-Mitgliedstaat ausgegeben wurden, das in Bezug auf diese Schuldverschreibungen einer besonderen staatlichen Aufsicht unterliegt, ist die Rückveranlagung bei Arbeitgebern, die Beiträge zur Veranlagungsgemeinschaft leisten, nur bei Veranlagungen gemäß Abs. 2 Z 5 zulässig.

BMSVG

(5) Wird bei Veranlagungen gemäß Abs. 2 Z 3 und 4, die auf ausländische Währung lauten, durch Kurssicherungsgeschäfte das Währungsrisiko beseitigt, so können diese Veranlagungen den auf Euro lautenden Veranlagungen zugeordnet werden.

(6) Die Höchstsätze des Abs. 3 Z 1 dürfen während des ersten Jahres ab Bildung einer Veranlagungsgemeinschaft und nach Beginn der Abwicklung des der Veranlagungsgemeinschaft zugeordneten Vermögens vorübergehend überschritten werden.

Bewertungsregeln

§ 31. (1) Die der Veranlagungsgemeinschaft zugeordneten Vermögenswerte sind mit folgenden Werten anzusetzen:

1. auf einen festen Geldbetrag lautende Forderungen dürfen, soweit in Z 3 nichts anderes bestimmt ist, höchstens zum Nennwert angesetzt werden;
2. Aktiva in fremder Währung sind mit dem Devisen-Mittelkurs anzusetzen;
3. Forderungswertpapiere und Beteiligungswertpapiere sind

a) mit dem jeweiligen Börsenkurs oder dem jeweiligen Preis am anerkannten Wertpapiermarkt anzusetzen oder
b) mit dem Marktwert zu bewerten; existiert für einen Vermögenswert kein liquider Markt, so kann als Marktwert jener rechnerische Wert herangezogen werden, der sich aus der Zugrundelegung von Marktbedingungen ergibt;

3a. Abweichend von Z 3 sind direkt oder über Spezialfonds gemäß § 163 InvFG 2011 oder vergleichbare ausländische Spezialfonds im Sinne des § 30 Abs. 2 Z 5a, bei denen die BV-Kasse einziger Anteilinhaber ist, veranlagte
a) Schuldverschreibungen des Bundes, eines Bundeslandes oder eines anderen Staates, der Vertragspartei des Abkommens über den Europäischen Wirtschaftsraum ist (Vertragsstaat), eines Gliedstaates eines anderen Vertragsstaates oder eines sonstigen Vollmitgliedstaates der Organisation für wirtschaftliche Zusammenarbeit und Entwicklung (OECD) und Wertpapiere, für deren Rückzahlung und Verzinsung der Bund, ein Bundesland, ein anderer Vertragsstaat, ein Gliedstaat eines anderen Vertragsstaates oder ein sonstiger Vollmitgliedstaat der OECD haftet, und die Veranlagung gemäß Teil 3 Titel II Kapitel 2 der Verordnung (EU) Nr. 575/2013 mit einem Risikogewicht von höchstens 20 vH zu versehen wäre,
b) Schuldverschreibungen von Kreditinstituten, die gemäß Teil 3 Titel II Kapitel 2 der Verordnung (EU) Nr. 575/2013 mit einem Risikogewicht von höchstens 20 vH zu versehen wären, und Wertpapiere, für deren Rückzahlung und Verzinsung ein Kreditinstitut, das gemäß Teil 3 Titel II Kapitel 2 der Verordnung (EU) Nr. 575/2013 mit einem Risikogewicht von höchstens 20 vH zu versehen wäre, haftet,
c) investment grade corporate bonds,

mit einer festen Laufzeit, wenn sie auf Grund einer gesonderten Widmung dazu bestimmt sind bis zur Endfälligkeit gehalten zu werden, mit ihren fortgeführten Anschaffungskosten oder ihrem fortgeführten Tageswert zum Zeitpunkt der Widmung unter Verwendung der Effektivzinsmethode zu bewerten, wenn dies in den Veranlagungsbestimmungen für zulässig erklärt wurde. Die Möglichkeit einer Fälligkeitsverschiebung nach § 22 Pfandbriefgesetz – PfandBG, BGBl. I Nr. 199/2021, steht dem Vorliegen einer festen Laufzeit nicht entgegen. Für die direkt oder indirekt über Spezialfonds gewidmeten Wertpapiere ist anhand eines vorsichtigen Liquiditätsplans die Fähigkeit als Daueranlage darzulegen; es dürfen aber höchstens 25 vH gemäß lit. c und insgesamt höchstens 60 vH des einer Veranlagungsgemeinschaft zugeordneten Vermögens gewidmet werden. Die Fondsbestimmungen von Spezialfonds haben Regelungen über die gesonderte Widmung von bestimmten Schuldverschreibungen und über den laufenden Ausweis eines weiteren Rechenwertes unter Berücksichtigung der besonderen Bewertung zu enthalten. Diese Fondsbestimmungen sind der FMA bei Widmung vorzulegen. Über ein von der BV-Kasse als Daueranlage gewidmetes Wertpapier darf vor Endfälligkeit nur bei Vorliegen besonderer Umstände und mit Bewilligung der FMA verfügt werden. Verliert ein corporate bond den Status investment grade, so ist seine Widmung als Daueranlage aufzuheben und gemäß Z 3 zu bewerten. Eine Veräußerung von über Spezialfonds gesondert gewidmeten Schuldverschreibungen ist nur bei Rückgabe von Anteilscheinen durch die BV-Kasse, die nur bei Vorliegen besonderer Umstände und mit Bewilligung der FMA erfolgen darf, zulässig. Die FMA hat in der Verordnung gemäß § 39 Abs. 3 den Ausweis der durch die HTM-Bewertung entstehenden stillen Lasten und stillen Reserven vorzuschreiben;

4. Anteilscheine von Investmentfonds sind mit dem Rückgabepreis im Sinne des § 55 Abs. 2 InvFG 2011 oder vergleichbarer Regelungen in den OECD-Mitgliedstaaten anzusetzen;
5. Anteilscheine von Immobilienfonds gemäß § 1 Abs. 1 und Immobilienspezialfonds gemäß § 1 Abs. 3 ImmoInvFG sowie von Immobilienfonds, die von einer Kapitalanlagegesellschaft mit Sitz im EWR verwaltet werden, sind mit dem Rückgabepreis im Sinne des § 11 Abs. 1 ImmoInvFG anzusetzen.

(2) Bei Ermittlung des Gesamtwertes der den Veranlagungsgemeinschaften zugeordneten Vermögenswerte zum Abschlussstichtag sind erkennbare Risiken und drohende Verluste, die in dem Geschäftsjahr oder in einem früheren Geschäftsjahr entstanden sind, zu berücksichtigen, selbst wenn diese Umstände erst zwischen dem Abschlussstichtag und dem Tag der Aufstellung des Jahresabschlusses bekannt geworden sind. Notwendige Wertberichtigungen sind bei der Bewertung der einzelnen Vermögensgegenstände selbst zu berücksichtigen.

Depotbank

§ 32. (1) Die BV-Kasse hat mit der Verwahrung der zu der Veranlagungsgemeinschaft gehörigen Wertpapiere und mit der Führung der zur Veranlagungsgemeinschaft gehörigen Konten eine Depotbank zu beauftragen. Als Depotbank kann nur ein Kreditinstitut, das zum Betrieb des Depotgeschäftes (§ 1 Abs. 1 Z 5 BWG) berechtigt ist oder eine gemäß § 9 Abs. 4 BWG errichtete inländische Zweigstelle eines EWR-Kreditinstitutes bestellt werden. Die Bestellung und der Wechsel der Depotbank bedarf der Bewilligung der FMA. Sie darf nur erteilt werden, wenn anzunehmen ist, dass das Kreditinstitut die Erfüllung der Aufgaben einer Depotbank gewährleistet. Die Bestellung und der Wechsel der Depotbank ist zu veröffentlichen, die Veröffentlichung hat den Bewilligungsbescheid anzuführen.

(2) Der Depotbank ist bei allen für ein Beitragsvermögen abgeschlossenen Geschäften unverzüglich der Gegenwert für die von ihr geführten Depots und Konten der Veranlagungsgemeinschaft zur Verfügung zu stellen. Die Depotbank zahlt die Ansprüche an die Begünstigten aus. Die der BV-Kasse nach den Veranlagungsbestimmungen für die Verwaltung zustehende Vergütung und der Ersatz für die mit der Verwaltung zusammenhängenden Aufwendungen sind von der Depotbank zu Lasten der für die Veranlagungsgemeinschaft geführten Konten zu bezahlen. Die Depotbank darf die ihr für die Verwahrung der Wertpapiere des Beitragsvermögens und für die Kontenführung zustehende Vergütung dem Beitragsvermögen anlasten. Bei diesen Maßnahmen kann die Depotbank nur auf Grund eines Auftrages der BV-Kasse handeln.

(3) Die Depotbank ist berechtigt und verpflichtet, im eigenen Namen gemäß § 37 EO durch Klage Widerspruch zu erheben, wenn auf einen zu einer Veranlagungsgemeinschaft gehörigen Vermögenswert Exekution geführt wird, sofern es sich nicht um eine gemäß § 34 begründete Forderung gegen die Veranlagungsgemeinschaft handelt.

(4) Die Depotbank hat bei der Wahrnehmung ihrer Aufgaben die Bestimmungen dieses Bundesgesetzes und die Veranlagungsbestimmungen und die Interessen der Begünstigten zu beachten. Die Depotbank haftet gegenüber der BV-Kasse und den Begünstigten für jede Schädigung, die durch ihre schuldhafte Pflichtverletzung verursacht worden ist.

Ergebniszuweisung

§ 33. (1) Die Zuweisung der Veranlagungsergebnisse auf die Konten der Anwartschaftsberechtigten hat mindestens einmal jährlich zum Bilanzstichtag zu erfolgen. Bei Auszahlung auf Grund einer Verfügung nach § 17 Abs. 1 Z 1, 3 und 4, Abs. 2a oder bei einer Auszahlung nach § 17 Abs. 3 hat eine gesonderte Zuweisung der Veranlagungsergebnisse zum Ende jenes Monats zu erfolgen, zu dem ein Anspruch nach den §§ 14 Abs. 5, 16 oder 17 Abs. 3 oder gleichartiger österreichischer Rechtsvorschriften fällig geworden ist.

(2) Die Veranlagungsergebnisse sind auf die Anwartschaftsberechtigten in jenem Ausmaß zuzuteilen, das sich aus dem Verhältnis der Abfertigungsanwartschaft zum Jahresanfang zuzüglich der Abfertigungsbeiträge bis zum Stichtag der Ergebniszuweisung jedes Anwartschaftsberechtigten zur Gesamtsumme der so ermittelten Abfertigungsanwartschaften aller Anwartschaftsberechtigten ergibt. Die BV-Kasse kann Bedingungen für eine genauere Zuweisung der Erträgnisse, insbesondere für eine monatliche Zuweisung, in den Veranlagungsbestimmungen (§ 29 Abs. 3) festlegen. Dabei ist insbesondere auf den Zeitpunkt des Zahlungseinganges sowie auf die Höhe der Abfertigungsbeiträge, der übertragenen Abfertigungsanwartschaften und der übertragenen Altabfertigungsanwartschaften abzustellen.

4. Abschnitt
Schutzbestimmungen

Haftungsverhältnisse

§ 34. (1) Zur Sicherstellung oder zur Hereinbringung von Verbindlichkeiten, die von der BV-Kasse für das der von ihr verwalteten Veranlagungsgemeinschaft zugeordnete Vermögen wirksam begründet wurden, kann nur auf dieses Exekution geführt werden.

(2) Zur Sicherstellung oder Hereinbringung von Verbindlichkeiten, die von der BV-Kasse nicht für das der von ihr verwalteten Veranlagungsgemeinschaft zugeordnete Vermögen begründet wurden, kann auf dieses nicht Exekution geführt werden.

Verfügungsbeschränkungen

§ 35. (1) Die in der Veranlagungsgemeinschaft zusammengefassten Vermögenswerte können rechtswirksam weder verpfändet oder sonst belastet noch zur Sicherung übereignet oder abgetreten werden.

(2) Kurssicherungsgeschäfte sind nur zulässig, wenn sie als Nebengeschäfte im Zusammenhang mit Veranlagungen gemäß § 30 zu deren Absicherung dienen.

(3) Forderungen gegen die BV-Kasse und Forderungen, die zu der Veranlagungsgemeinschaft gehören, können rechtswirksam nicht gegeneinander aufgerechnet werden.

Insolvenz

§ 36. (1) Die einer Veranlagungsgemeinschaft zugeordneten Vermögenswerte bilden im Konkurs eine Sondermasse (§ 48 Abs. 1 IO).

(2) Durch die Konkurseröffnung enden die Vertragsverhältnisse aus den Beitrittsverträgen.

Kurator

§ 37. (1) Das Konkursgericht hat bei Konkurseröffnung einen Kurator zur Geltendmachung der Ansprüche aus den Beitrittsverträgen gegen die BV-Kasse zu bestellen. Ansprüche aus den Beitrittsverträgen gegen die BV-Kasse können nur vom Kurator geltend gemacht werden. Der Kurator ist verpflichtet, die Begünstigten auf ihr Verlangen vor Anmeldung des Anspruches zu hören. Die aus den Büchern der BV-Kasse feststellbaren Ansprüche gelten als angemeldet.

(2) Der Masseverwalter hat dem Kurator auf Verlangen der Anwartschaftsberechtigten Einsicht in die Bücher und Aufzeichnungen des Unternehmens zu gewähren.

(3) Der Kurator hat gegen die Konkursmasse Anspruch auf Ersatz seiner Barauslagen und auf ei-

ne angemessene Vergütung seiner Mühewaltung. § 125 IO gilt sinngemäß.

Befriedigung der Ansprüche

§ 38. (1) Das Konkursgericht hat eine abschließende Aufstellung der Konten (§ 25) für den Zeitpunkt der Konkurseröffnung zu veranlassen.

(2) Die Anwartschaftsberechtigten haben auf die ihrer Veranlagungsgemeinschaft zugeordneten Vermögenswerte entsprechend dem gemäß Abs. 1 ermittelten Stand ihres Kontos Anspruch.

(3) Soweit die den Anwartschaftsberechtigten aus dem Beitrittsvertrag zustehenden Ansprüche gemäß Abs. 2 nicht zur Gänze befriedigt wurden, gehen sie den übrigen Konkursforderungen vor.

5. Abschnitt
Aufsichtsrechtliche Vorschriften

Meldungen

§ 39. (1) Ergänzend zu den in § 74 BWG vorgesehenen Meldungen haben die BV-Kassen binnen vier Wochen nach Ablauf eines jeden Kalendervierteljahres der FMA und der Oesterreichischen Nationalbank Quartalsausweise, mit denen die Einhaltung der §§ 20, 30 und 31 Abs. 1 Z 3a nachgewiesen wird, entsprechend der in der Verordnung gemäß Abs. 3 vorgesehenen Gliederung zu übermitteln.

(2) Die Oesterreichische Nationalbank hat auf Grund der Quartalsausweise zur Einhaltung der Bestimmungen des § 20 der FMA gutachtliche Äußerungen zu erstatten.

(3) Die FMA hat die Gliederung der Quartalsausweise durch Verordnung festzusetzen; bei Erlassung dieser Verordnung hat sie auf das volkswirtschaftliche Interesse an einem funktionsfähigen MV-Kassenwesen Bedacht zu nehmen. Sie ist ermächtigt, durch Verordnung auf die Übermittlung nach Abs. 1 an sie zu verzichten. Verordnungen der FMA nach diesem Absatz erfordern die Zustimmung des Bundesministers für Finanzen.

(4) Die Meldungen nach Abs. 1 sind in standardisierter Form mittels elektronischer Übermittlung oder elektronischer Datenträger zu erstatten. Die Übermittlung muss bestimmten, von der FMA nach Anhörung der Oesterreichischen Nationalbank bekannt zu gebenden Mindestanforderungen entsprechen.

(5) Vor Erlassung von Verordnungen gemäß Abs. 3 ist die Oesterreichische Nationalbank anzuhören.

Jahresabschluss und Rechenschaftsbericht

§ 40. (1) Das Geschäftsjahr der BV-Kasse und der Veranlagungsgemeinschaften ist das Kalenderjahr.

(2) Neben der Bilanz und der Gewinn- und Verlustrechnung der BV-Kasse, in der die Vermögensgegenstände, Schulden, Erträge und Aufwendungen der Veranlagungsgemeinschaft in zusammengefasster Form enthalten sind, ist für jede Veranlagungsgemeinschaft ein Rechenschaftsbericht aufzustellen. Der Rechenschaftsbericht ist vom Bankprüfer der BV-Kasse zu prüfen.

(3) Die Bilanz sowie die Gewinn- und Verlustrechnung der BV-Kasse sind entsprechend der Gliederung der in der Anlage 1 enthaltenen Formblätter aufzustellen. Der Rechenschaftsbericht jeder Veranlagungsgemeinschaft ist entsprechend der Gliederung der in der Anlage 2 enthaltenen Formblätter aufzustellen. Die FMA kann durch Verordnung die Formblätter ändern, sofern geänderte Rechnungslegungsvorschriften dies erfordern.

(4) Der Bankprüfer hat diejenigen Teile des Prüfungsberichtes über den Jahresabschluss, die sich auf die Posten Aktiva, Pos. D. und Passiva, Pos. F. der Anlage 1, Formblatt A, sowie auf Pos. A. der Anlage 1, Formblatt B, beziehen, gesondert bei den jeweiligen Veranlagungsgemeinschaften zu erläutern. Eine gesonderte Erläuterung der die Veranlagungsgemeinschaften betreffenden Posten hat im Prüfungsbericht über die Bilanz und die Gewinn- und Verlustrechnung zu unterbleiben.

(5) Sind nach dem abschließenden Ergebnis der Prüfung des Rechenschaftsberichtes der Veranlagungsgemeinschaft keine Einwendungen zu erheben, so hat der Bankprüfer dies durch folgenden Vermerk zu bestätigen: „Die Buchführung und der Abschluss entsprechen nach meiner/unserer pflichtgemäßen Prüfung den gesetzlichen Vorschriften. Der Rechenschaftsbericht vermittelt unter Beachtung der Grundsätze ordnungsgemäßer Buchführung ein möglichst getreues Bild der Lage der Veranlagungsgemeinschaft."

(6) Die geprüften Rechenschaftsberichte der Veranlagungsgemeinschaften und der Prüfungsbericht über die Rechenschaftsberichte der Veranlagungsgemeinschaften sind längstens innerhalb von sechs Monaten nach Abschluss des Geschäftsjahres der FMA vorzulegen.

(7) Die Rechenschaftsberichte der Veranlagungsgemeinschaften sind den Mitgliedern des Aufsichtsrates der BV-Kasse sowie für die jeweilige Veranlagungsgemeinschaft auf Verlangen den beitragsleistenden Arbeitgebern und den zuständigen Betriebsräten unverzüglich zu übermitteln. Darüber hinaus bestehen keine Verpflichtungen zur Offenlegung oder Veröffentlichung des Rechenschaftsberichtes.

Übertragung des einer Veranlagungsgemeinschaft zugeordneten Vermögens

§ 41. (1) Die FMA hat das einer Veranlagungsgemeinschaft zugeordnete Vermögen mittels Bescheid auf eine andere BV-Kasse nach Einholung von deren Zustimmung zu übertragen, wenn

1. die Konzession der die Veranlagungsgemeinschaft verwaltenden BV-Kasse zurückgenommen wird oder erlischt;
2. der Antrag auf Eröffnung des Konkurses der die Veranlagungsgemeinschaft verwaltenden BV-Kasse gestellt wird;
3. von der BV-Kasse die Konzession zurückgelegt wird oder
4. ein Antrag auf Auflösung der BV-Kasse bewilligt wird.

(2) Die Zurücklegung der Konzession ist nur dann rechtswirksam möglich, wenn die BV-Kasse hinsichtlich der Übertragung des einer Veranlagungsgemeinschaft zugeordneten Vermögens eine andere BV-Kasse namhaft gemacht hat und deren Zustimmung der FMA nachgewiesen wurde.

(3) Die Auflösung der BV-Kasse und die Übertragung des der Veranlagungsgemeinschaft zugeordneten Vermögens sind im Amtsblatt zur Wiener Zeitung zu verlautbaren.

(4) Die Übertragung des einer Veranlagungsgemeinschaft zugeordneten Vermögens auf eine andere BV-Kasse bewirkt deren Eintritt in alle von der früheren BV-Kasse für die Veranlagungsgemeinschaft abgeschlossenen Verträge im Wege der Gesamtrechtsnachfolge. Das einer Veranlagungsgemeinschaft zugeordnete Vermögen kann von der anderen BV-Kasse abweichend von § 28 Abs. 1 und 2 in einer eigenen Veranlagungsgemeinschaft verwaltet werden. Für diese Veranlagungsgemeinschaft ist der Abschluss neuer Beitrittsverträge gemäß § 11 Abs. 1 nicht zulässig; für zum Zeitpunkt der Übertragung bereits abgeschlossene Beitrittsverträge ist die Einbeziehung neuer Anwartschaftsberechtigter jedoch weiterhin zulässig.

(5) Die FMA hat bis zur Durchführung der Übertragung des einer Veranlagungsgemeinschaft zugeordneten Vermögens dessen provisorische Verwaltung durch eine andere BV-Kasse nach Einholung deren Zustimmung anzuordnen.

Staatskommissär

§ 42. Der Bundesminister für Finanzen hat einen Staatskommissär und dessen Stellvertreter für eine Funktionsperiode von längstens fünf Jahren zu bestellen; die Wiederbestellung ist zulässig. Der Staatskommissär und dessen Stellvertreter handeln als Organe der FMA und sind in dieser Funktion ausschließlich deren Weisungen unterworfen. § 76 Abs. 2 bis 9 BWG ist anzuwenden.

§ 42a. Der FMA stehen zur Durchsetzung der Einhaltung der Vorschriften der Verordnung (EU) 2015/2365 über die Transparenz von Wertpapierfinanzierungsgeschäften und der Weiterverwendung sowie zur Änderung der Verordnung (EU) Nr. 648/2012, ABl. Nr. L 337 vom 23.12.2015 S. 1, durch Betriebliche Vorsorgekassen die Aufsichtsbefugnisse und –mittel aus dem BWG zur Verfügung.

Verfahrens- und Strafbestimmungen

§ 43. (1) Die FMA hat den BV-Kassen, ausgenommen bei Aufsichtsmaßnahmen nach § 70 Abs. 2 BWG oder bei Überschuldung der BV-Kasse, für folgende Beträge Zinsen vorzuschreiben:

1. 2 vH der Unterschreitung der erforderlichen Eigenmittel gemäß § 20, gerechnet pro Jahr, für 30 Tage;
2. 5 vH der Überschreitung einer Veranlagungsgrenze gemäß § 30, gerechnet pro Jahr, für 30 Tage.

(2) Die nach Abs. 1 zu zahlenden Zinsen sind an den Bund abzuführen und dürfen nicht dem der Veranlagungsgemeinschaft zugeordneten Vermögen angelastet werden.

(3) Die BV-Kassen haben der FMA

1. Unterschreitungen der erforderlichen Eigenmittel gemäß § 20 sowie
2. Überschreitungen einer Veranlagungsgrenze gemäß § 30

unverzüglich bekannt zu geben.

§ 44. (1) Wer als Verantwortlicher (§ 9 Verwaltungsstrafgesetz 1991 – VStG, BGBl. Nr. 52) einer BV-Kasse seinen Meldepflichten gegenüber der FMA und der Oesterreichischen Nationalbank gemäß § 39 nicht nachkommt oder die in § 31 Abs. 1 Z 3a festgelegten Grenzen verletzt, begeht eine Verwaltungsübertretung und ist von der FMA mit Geldstrafe bis zu 60 000 Euro zu bestrafen. BMSVG

(Anm.: Abs. 2 aufgehoben durch Art. 11 Z 4, BGBl. I Nr. 107/2017)

§ 45. (1) Wer den Bestimmungen der §§ 22 und 23 zuwiderhandelt, begeht eine Verwaltungsübertretung und ist von der FMA bei vorsätzlicher

Begehung mit einer Geldstrafe bis zu 60 000 Euro, bei fahrlässiger

Begehung mit einer Geldstrafe bis zu 30 000 Euro zu bestrafen.

(2) Dem Zuwiderhandelnden ist aufzutragen, seine gesetzwidrige Handlung unverzüglich einzustellen.

(Anm.: Abs. 3 aufgehoben durch Art. 11 Z 6, BGBl. I Nr. 107/2017)

Kosten

§ 45a. (1) Die Kosten der FMA aus dem Rechnungskreis Wertpapieraufsicht (§ 19 Abs. 1 Z 3 und Abs. 4 FMABG) sind von BV-Kassen gemäß § 18 zu tragen. Die FMA hat zu diesem Zweck einen zusätzlichen gemeinsamen Subrechnungskreis für BV-Kassen, Verwaltungsgesellschaften (InvFG 2011), Kapitalanlagegesellschaften für Immobilien (ImmoInvFG) und AIFM (AIFMG) zu bilden.

(2) Die auf Kostenpflichtige gemäß Abs. 1 entfallenden Beträge sind von der FMA mit Bescheid vorzuschreiben; die Festsetzung von Pauschalbeträgen ist zulässig. Die FMA hat nähere Regelungen über diese Kostenaufteilung und ihre Vorschreibung mit Verordnung festzusetzen. Hierbei sind insbesondere zu regeln:

1. Die Bemessungsgrundlagen der einzelnen Arten von Kostenvorschreibungen;
2. die Termine für die Kostenbescheide und die Fristen für die Zahlungen der Kostenpflichtigen.

Die BV-Kassen haben der FMA alle erforderlichen Auskünfte über die Grundlagen der Kostenbemessung zu erteilen.

3. Teil
Übergangsrecht
Zeitlicher Geltungsbereich

§ 46. (1) Dieses Bundesgesetz tritt mit 1. Juli 2002 in Kraft und ist auf Arbeitsverhältnisse anzuwenden, deren vertraglich vereinbarter Beginn nach dem 31. Dezember 2002 liegt. Durch Verordnung des Bundesministers für Wirtschaft und Arbeit und des Bundesministers für Finanzen kann bei Vorliegen der organisatorischen Voraussetzungen bei den BV-Kassen und den Sozialversicherungsträgern die Einbeziehung von Arbeitsverhältnissen in den Anwendungsbereich dieses Bundesgesetzes auch hinsichtlich Abs. 2 bis 4 sowie der §§ 47 und 48 vorverlegt werden.

(2) Abweichend von Abs. 1 ist dieses Bundesgesetz auf journalistische oder programmgestaltende Arbeitnehmer im Sinne des § 32 Abs. 4 des ORF-Gesetzes, BGBl. I Nr. 83/2001, die bereits vor dem 1. Jänner 2003 erstmalig ein befristetes Arbeitsverhältnis im Sinne des § 32 Abs. 5 ORF-Gesetz mit dem ORF begonnen haben, nicht anzuwenden.

(3) Die Abfertigungsregelungen nach dem Angestelltengesetz, dem Arbeiter-Abfertigungsgesetz, dem Gutsangestelltengesetz, dem Hausgehilfen- und Hausangestelltengesetz, den allgemeinen Vertragsbedingungen für Dienstverträge bei den Österreichischen Bundesbahnen (AVB) sowie kollektivvertragliche Abfertigungsbestimmungen gelten weiter, wenn nach dem 31. Dezember 2002

1. auf Grund von Wiedereinstellungszusagen oder Wiedereinstellungsvereinbarungen unterbrochene Arbeitsverhältnisse unter Anrechnung von Vordienstzeiten bei dem selben Arbeitgeber fortgesetzt werden oder
2. Arbeitnehmer innerhalb eines Konzerns im Sinne des § 15 des Aktiengesetzes 1965, BGBl. Nr. 98, oder des § 115 des Gesetzes über Gesellschaften mit beschränkter Haftung, RGBl. Nr. 58/1906, in ein neues Arbeitsverhältnis wechseln oder
3. unterbrochene Arbeitsverhältnisse unter Anrechnung von Vordienstzeiten bei dem selben Arbeitgeber fortgesetzt werden und durch eine am 1. Juli 2002 anwendbare Bestimmung in einem Kollektivvertrag die Anrechnung von Vordienstzeiten für die Abfertigung festgesetzt wird,

es sei denn, es liegt eine Vereinbarung im Sinne des § 47 Abs. 1 vor.

(4) Wird das Dienstverhältnis eines Dienstnehmers nach dem Parlamentsmitarbeitergesetz, BGBl. Nr. 288/1992, nach dem 31. Dezember 2002 mit dem Ende der Gesetzgebungsperiode beendet und schließt dieser Dienstnehmer in den unmittelbar folgenden Gesetzgebungsperioden neuerlich ein solches Dienstverhältnis zum selben Mitglied des Nationalrates ab, gelten die Abfertigungsregelungen nach dem Angestelltengesetz weiter, es sei denn, es liegt eine Vereinbarung im Sinne des § 47 Abs. 1 vor.

Übergangsbestimmungen

§ 47. (1) Für zum 31. Dezember 2002 bestehende Arbeitsverhältnisse kann ab 1. Jänner 2003 in einer schriftlichen Vereinbarung zwischen Arbeitgeber und Arbeitnehmer ab einem zu vereinbarenden Stichtag für die weitere Dauer des Arbeitsverhältnisses die Geltung dieses Bundesgesetzes anstelle der Abfertigungsregelungen nach dem Angestelltengesetz, dem Arbeiter-Abfertigungsgesetz, dem Gutsangestelltengesetz, dem ORF-Gesetz, den allgemeinen Vertragsbedingungen für Dienstverträge bei den Österreichischen Bundesbahnen (AVB) und dem Hausgehilfen- und Hausangestelltengesetz festgelegt werden.

(2) Falls in der Vereinbarung nach Abs. 1 keine Übertragung der Altabfertigungsanwartschaft nach Abs. 3 festgelegt wird, finden auf die Altabfertigungsanwartschaft bis zum Stichtag weiterhin die Abfertigungsbestimmungen nach dem Angestelltengesetz, dem Arbeiter-Abfertigungsgesetz und dem Gutsangestelltengesetz, dem ORF-Gesetz, den allgemeinen Vertragsbedingungen für Dienstverträge bei den Österreichischen Bundesbahnen (AVB), die Bestimmungen über das außerordentliche Entgelt nach dem Hausgehilfen- und Hausangestelltengesetz sowie nach Kollektivverträgen mit der Maßgabe Anwendung, dass sich das Ausmaß der Abfertigung aus der Anzahl der zum Zeitpunkt des Stichtags fiktiv erworbenen Monatsentgelte ergibt. Der Berechnung der Abfertigung ist das für den letzten Monat des Arbeitsverhältnisses gebührende Entgelt zu Grunde zu legen.

(3) Die Übertragung von Altabfertigungsanwartschaften auf Grund von zum 31. Dezember 2002 bestehenden Arbeitsverhältnissen auf eine BV-Kasse im Sinne dieses Bundesgesetzes ist unter folgenden Voraussetzungen zulässig:

1. Die Übertragung von Altabfertigungsanwartschaften bedarf einer schriftlichen Einzelvereinbarung zwischen Arbeitgeber und Arbeitnehmer, die von den Abfertigungsbestimmungen nach dem Angestelltengesetz, dem Arbeiter-Abfertigungsgesetz, dem Gutsangestelltengesetz, dem ORF-Gesetz, den allgemeinen Vertragsbedingungen für Dienstverträge bei den Österreichischen Bundesbahnen (AVB), dem Hausgehilfen- und Hausangestelltengesetz sowie nach Kollektivverträgen abweichen kann.
2. Die Überweisung des vereinbarten Übertragungsbetrages an die BV-Kasse hat ab dem Zeitpunkt der Übertragung binnen längstens fünf Jahren zu erfolgen.
3. Die Überweisung des vereinbarten Übertragungsbetrages hat jährlich mindestens mit je einem Fünftel zuzüglich der Rechnungszinsen von 6 vH per anno des noch aushaftenden Übertragungsbetrages zu erfolgen, vorzeitige Überweisungen sind zulässig.
4. Im Falle der Beendigung des Arbeitsverhältnisses, ausgenommen die in § 14 Abs. 2 genannten Fälle, hat der Arbeitgeber den aushaftenden Teil des vereinbarten Übertragungsbetrages vorzeitig an die BV-Kasse zu überweisen.

(4) Auf in die BV-Kasse übertragene Altabfertigungsanwartschaften finden die Bestimmungen des 1. Teiles, 4. Abschnitt (Leistungsrecht), Anwendung.

(5) Soweit die in Abs. 1 genannten gesetzlichen Abfertigungsregelungen für den Anspruch auf Abfertigung das Erfordernis einer mindestens zehnjährigen ununterbrochenen Dienstzeit vorsehen, sind auch Dienstzeiten im selben Arbeitsverhältnis nach dem Übertritt nach Abs. 1 auf dieses Erfordernis anzurechnen.

(6) Im Falle eines Übertritts nach Abs. 1 und 3 sind bei der Berechnung der Einzahlungsjahre nach § 14 Abs. 2 Z 4 die bisher in diesem Arbeitsverhältnis zurückgelegten Dienstzeiten zu berücksichtigen.

Unabdingbarkeit

§ 48. (1) Die Rechte, die dem Arbeitnehmer auf Grund dieses Bundesgesetzes zustehen, können durch Arbeitsvertrag oder Normen der kollektiven Rechtsgestaltung weder aufgehoben noch beschränkt werden. Regelungen im Sinne des Abs. 2 werden dadurch nicht berührt.

(2) Im Zeitpunkt des In-Kraft-Tretens dieses Bundesgesetzes bestehende Normen der kollektiven Rechtsgestaltung oder Einzelvereinbarungen, die Abfertigungsansprüche über dem gesetzlich festgelegten Ausmaß vorsehen, werden durch die Regelungen dieses Bundesgesetzes nicht berührt. Solche Regelungen treten für Arbeitsverhältnisse, deren vertraglich vereinbarter Beginn nach dem 31. Dezember 2002, unbeschadet § 46, liegt, oder für Arbeitsverhältnisse, bei denen eine Vereinbarung gemäß § 47 Abs. 1 geschlossen wird, ab dem Zeitpunkt der Wirksamkeit dieser Vereinbarung insoweit außer Kraft, als sie nicht einen die Höhe des gesetzlichen Abfertigungsanspruches unter Anwendung der bis zu diesem Zeitpunkt geltenden gesetzlichen Abfertigungsbestimmungen übersteigenden Anspruch bezogen auf die Anzahl der zustehenden Monatsentgelte vorsehen. Wird bei einer Vereinbarung gemäß § 47 Abs. 1 und 2 dieser übersteigende Anspruch in ausdrücklicher Form berücksichtigt, treten insoweit die vorangeführten Regelungen außer Kraft. Bei Beendigung von Arbeitsverhältnissen, in denen eine Übertrittsvereinbarung gemäß § 47 Abs. 1 abgeschlossen wurde, gebührt ein solcher Mehranspruch nur in jenem Anteil, der über das zum Übertrittszeitpunkt (Stichtag) zu berücksichtigende Ausmaß (§ 47 Abs. 3) hinausgeht.

4. Teil
Selbständigenvorsorge für Personen, die der Pflichtversicherung in der Krankenversicherung nach dem GSVG unterliegen

1. Abschnitt
Allgemeine Bestimmungen

Geltungsbereich

§ 49. (Verfassungsbestimmung) (1) Die Erlassung, Änderung und Aufhebung von Vorschriften, wie sie im 4. Teil dieses Bundesgesetzes enthalten sind, sowie die Vollziehung dieser Vorschriften sind auch in jenen Belangen Bundessache, hinsichtlich deren das B-VG etwas anderes vorsieht. Die in diesen Bestimmungen geregelten Angelegenheiten können unmittelbar von Bundesbehörden vollzogen werden.

BMSVG

(2) Für die Vorsorge von Personen, die der Pflichtversicherung in der Krankenversicherung nach § 2 GSVG (mit Ausnahme der in der Pflichtversicherung in der Krankenversicherung nach den §§ 3 Abs. 1 Z 2, 14a oder 14b GSVG erfassten Personen) unterliegen, gelten die Bestimmungen des 2. Teiles (mit Ausnahme der §§ 18 Abs. 3, 25, 27 Abs. 1 bis 3 und 8) und des 4. Teiles, aufgrund dessen diese Personen zur Beitragsleistung im Rahmen der Selbständigenvorsorge verpflichtet sind.

§ 50. (1) Auf die Selbständigenvorsorge sind die Bestimmungen des 1. (ausgenommen die §§ 4, 5 und 11 Abs. 3 und 4), 3. und 5. Teiles nicht anzuwenden.

(2) Die Bestimmungen des 2. Teiles sind mit der Maßgabe anzuwenden, dass an die Stelle der Begriffe „Arbeitnehmer", „Abfertigungsbeiträge", „Abfertigungsanwartschaft" und „Abfertigung"

die Begriffe „Selbständiger“, „Selbstständigenvorsorgebeiträge“, „Anwartschaft auf eine Selbständigenvorsorge“ und „Kapitalbetrag“ in der richtigen grammatikalischen Form treten.

(3) § 27 Abs. 4 und 5 ist mit der Maßgabe anzuwenden, dass die Sozialversicherungsanstalt der Selbständigen die für Anwartschaftsberechtigte im Sinne des § 51 Z 1 nach diesen Bestimmungen relevanten Daten, wie sie nach § 27 Abs. 4 und 5 für Anwartschaftsberechtigte nach § 3 Z 2 vorgesehen sind, den jeweils betroffenen BV-Kassen in automationsunterstützter Form im Wege des Dachverbandes gegen Ersatz der Kosten zur Verfügung zu stellen hat, wobei an die Stelle des jährlichen Beitragsgrundlagennachweises der monatliche Beitragsgrundlagennachweis tritt.

(4) § 27a ist mit der Maßgabe anzuwenden, dass jene Bestimmungen, die auf die Schlichtungsstelle verweisen, nicht gelten.

Begriffsbestimmungen

§ 51. Im Sinne des 4. Teiles ist

1. ein Anwartschaftsberechtigter:

jene Person im Sinne des § 49 Abs. 2, die Beiträge nach § 52 an die BV-Kasse zu leisten hat;

2. eine Anwartschaft auf eine Selbständigenvorsorge:

die in einer BV-Kasse verwalteten Ansprüche eines Anwartschaftsberechtigten; diese setzen sich aus den in diese BV-Kasse eingezahlten Beiträgen abzüglich der einbehaltenen Verwaltungskosten, der allenfalls aus einer anderen BV-Kasse in diese BV-Kasse übertragenen Anwartschaft und den zugewiesenen Veranlagungsergebnissen zusammen.

2. Abschnitt
Beitragsrecht

Beitragsleistung

§ 52. (1) Der Anwartschaftsberechtigte hat für die Dauer der Pflichtversicherung in der Krankenversicherung nach dem GSVG (§§ 6 und 7 GSVG) einen monatlichen Beitrag in der Höhe von 1,53 vH der Beitragsgrundlage (Abs. 3) zu leisten.

(1a) Die Beitragspflicht nach Abs. 1 endet mit dem Tag vor der Inanspruchnahme einer Eigenpension aus einer gesetzlichen Pensionsversicherung, es sei denn, der Anwartschaftsberechtigte verpflichtet sich innerhalb eines Monats ab Verständigung über das Ende der Beitragspflicht schriftlich gegenüber der Sozialversicherungsanstalt der Selbständigen, weiterhin Beiträge nach Abs. 1 zu leisten. Endet die Beitragspflicht mit Inanspruchnahme der Eigenpension und fällt die Eigenpension in weiterer Folge weg, tritt die Beitragspflicht für die entsprechenden Zeiträume wieder ein.

(2) Die Sozialversicherungsanstalt der Selbständigen hat die Beiträge (Abs. 1) im übertragenen Wirkungsbereich nach § 35 GSVG vorzuschreiben und an die vom Anwartschaftsberechtigten ausgewählte BV-Kasse (oder BV-Kasse nach § 27a) zu überweisen. Die eingelangten Beiträge nach Abs. 1 sind von der Sozialversicherungsanstalt der Selbständigen jeweils bis zum Zehnten des zweitfolgenden Kalendermonates nach deren Zahlung, mit der die gesamte Beitragsschuld nach § 35 GSVG für die jeweiligen Monate der Pflichtversicherung beglichen worden ist, an die BV-Kasse abzuführen. Bereits an die BV-Kasse weitergeleitete Beiträge sind insbesondere bei einem rückwirkenden Wegfall der Pflichtversicherung im Sinne des § 49 Abs. 2 oder der Beitragspflicht gemäß Abs. 1a nicht zurückzuerstatten. Hinsichtlich der Meldepflichten des Anwartschaftsberechtigten sind die §§ 18 bis 23 GSVG anzuwenden. Für die Einziehung und Eintreibung dieser Beiträge, gelten die diesbezüglichen Regelungen nach dem GSVG. Die Feststellung der Beitragsverpflichtung dem Grunde und der Höhe nach ist Verwaltungssache nach den §§ 409 bis 417a ASVG in Verbindung mit § 194 GSVG. Weiters hat der Anwartschaftsberechtigte der Sozialversicherungsanstalt der Selbständigen, falls für die bei ihm beschäftigten Arbeitnehmer bereits eine BV-Kasse ausgewählt wurde (§ 53 Abs. 1), alle ihm zugeordneten Dienstgeberkontonummern zu melden.

(3) Als Beitragsgrundlage im Sinne des Abs. 1 ist die in der gesetzlichen Pflichtversicherung in der Krankenversicherung dieser Personen nach den §§ 25, 26 und 35b GSVG geltende Beitragsgrundlage heranzuziehen, wobei für die nach dem GSVG Pflichtversicherten im Falle der Anwendung einer vorläufigen Beitragsgrundlage gemäß § 25a GSVG diese Beitragsgrundlage ohne Nachbemessung maßgeblich ist.

(4) Die Abtretung oder Verpfändung von Anwartschaften im Sinne des § 51 Z 2 ist rechtsunwirksam, soweit der Anwartschaftsberechtigte darüber nicht verfügen kann. Für die Pfändung gilt die EO.

Beitrittsvertrag

§ 53. (1) Hat der Anwartschaftsberechtigte für die bei ihm beschäftigten Arbeitnehmer oder freien Dienstnehmer bereits eine BV-Kasse ausgewählt und einen Beitrittsvertrag abgeschlossen oder wurde ihm bereits eine BV-Kasse nach § 27a zugewiesen, hat er die Beiträge im Sinne des § 52 Abs. 1 im Wege der Sozialversicherungsanstalt der Selbständigen an diese BV-Kasse zu leisten. Hat für den Anwartschaftsberechtigten noch keine Verpflichtung zur Auswahl einer BV-Kasse nach § 9 bestanden, hat der Anwartschaftsberechtigte mit einer von ihm ausgewählten BV-Kasse einen Beitrittsvertrag abzuschließen. Kommt er der Verpflichtung zur Auswahl der BV-Kasse (2. Satz) nicht spätestens nach sechs Monaten ab dem

Beginn seiner Pflichtversicherung (§ 49 Abs. 2) nach, ist das Zuweisungsverfahren nach § 27a einzuleiten.

(2) Hat eine Schlichtungsstelle gemäß § 9 Abs. 2 über die Auswahl der BV-Kasse entschieden, hat der Anwartschaftsberechtigte eine BV-Kasse nach Abs. 1 2. Satz auszuwählen.

(3) Der Beitrittsvertrag hat insbesondere zu enthalten:

1. die ausgewählte BV-Kasse;
2. Grundsätze der Veranlagungspolitik;
3. die näheren Voraussetzungen für die Kündigung des Beitrittsvertrages;
4. die Höhe der Verwaltungskosten gemäß § 29 Abs. 2 Z 5;
5. die Meldepflichten des Selbständigen gegenüber der BV-Kasse;
6. eine allfällige Zinsgarantie gemäß § 24 Abs. 2;
7. alle Dienstgeberkontonummern des beitretenden Selbständigen;
8. Art und Berechnungsweise der Barauslagen, die die BV-Kasse gemäß § 26 Abs. 3 Z 1 verrechnen darf.

(4) Für die Kündigung des Beitrittsvertrages durch den Anwartschaftsberechtigten oder die BV-Kasse oder die einvernehmliche Beendigung des Beitrittsvertrages gilt § 12 Abs. 1 bis 3.

Mitwirkungsverpflichtung

§ 54. Der Anwartschaftsberechtigte ist verpflichtet, der BV-Kasse über alle für das Vertragsverhältnis und für die Verwaltung der Anwartschaft maßgebenden Umstände unverzüglich wahrheitsgemäß Auskunft zu erteilen.

3. Abschnitt
Leistungsrecht

Anspruch auf eine Leistung aus der Selbständigenvorsorge

§ 55. (1) Der Anwartschaftsberechtigte hat nach mindestens zwei Jahren

1. des Ruhens seiner Gewerbeausübung im Sinne des § 93 der Gewerbeordnung 1994, BGBl. Nr. 194, des Ruhens seiner selbständigen künstlerischen Erwerbstätigkeit nach § 22a des Künstler–Sozialversicherungsfondsgesetzes, BGBl. I Nr. 131/2000, oder nach dem Erlöschen der die Pflichtversicherung in der Krankenversicherung nach dem GSVG begründenden Berechtigung oder
2. nach der Beendigung der betrieblichen Tätigkeit im Falle eines nach § 2 Abs. 1 Z 4 GSVG Pflichtversicherten und

bei Vorliegen von drei Einzahlungsjahren (36 Beitragsmonate) seit der ersten Beitragszahlung gemäß § 52 Abs. 1 oder der letztmaligen Verfügung (ausgenommen Verfügungen nach § 58 Abs. 1 Z 2 oder 3 oder Abs. 3) bei einer oder mehreren BV-Kassen Anspruch auf einen Kapitalbetrag aus der Anwartschaft auf eine Selbständigenvorsorge.

(2) Die Verfügung über die Selbständigenvorsorge kann verlangt werden

1. jedenfalls ab der Inanspruchnahme einer Eigenpension aus der gesetzlichen Pensionsversicherung (Zeitpunkt der Zustellung des rechtskräftigen Bescheides) oder gleichartigen Rechtsvorschriften der Mitgliedstaaten des Europäischen Wirtschaftsraumes, oder
2. wenn der Anwartschaftsberechtigte seit mindestens fünf Jahren keine Beiträge nach diesem Bundesgesetz oder gleichartigen österreichischen Rechtsvorschriften zu leisten hat und der Anwartschaftsberechtigte die Voraussetzung nach der Z 1 oder Z 2 des Abs. 1 erfüllt.

(3) Bei Tod des Anwartschaftsberechtigten gebührt der Kapitalbetrag unabhängig vom Vorliegen der Voraussetzungen nach Abs. 1 dem Ehegatten oder dem eingetragenen Partner sowie den Kindern (Wahl-, Pflege- und Stiefkinder) des Anwartschaftsberechtigten zu gleichen Teilen, sofern für diese Kinder zum Zeitpunkt des Todes des Anwartschaftsberechtigten Familienbeihilfe gemäß § 2 FLAG bezogen wird. Die anspruchsberechtigten Personen können nur die Auszahlung des Kapitalbetrages verlangen. Diese haben den Auszahlungsanspruch innerhalb von drei Monaten ab dem Zeitpunkt des Todes des Anwartschaftsberechtigten gegenüber der BV-Kasse schriftlich geltend zu machen. Der Kapitalbetrag ist binnen fünf Bankarbeitstagen nach dem nächstfolgenden Monatsletzten nach Ablauf dieser Frist an die von der BV-Kasse festgestellten anspruchsberechtigten Personen mit schuldbefreiender Wirkung für die BV-Kasse auszuzahlen. Anspruchsberechtigte Personen, die ihren Anspruch innerhalb der Frist von drei Monaten gegenüber der BV-Kasse nicht geltend gemacht haben, können diesen Anspruch gegenüber dem Ehegatten oder dem eingetragenen Partner oder den Kindern im Sinne des 1. Satzes, an die ein Kapitalbetrag im Sinne des 3. Satzes bereits ausgezahlt wurde, anteilig geltend machen. Melden sich keine anspruchsberechtigten Personen binnen der dreimonatigen Frist, fällt der Kapitalbetrag in die Verlassenschaft gemäß § 531 des Allgemeinen Bürgerlichen Gesetzbuches, JGS. Nr. 946/1811.

(4) Der Anwartschaftsberechtigte hat die von ihm beabsichtigte Verfügung über den Kapitalbetrag der BV-Kasse schriftlich bekannt zu geben. Darin kann der Anwartschaftsberechtigte die BV-Kasse weiters beauftragen, auch die Verfügungen im Sinne des § 58 Abs. 1 über Kapitalbeträge aus anderen BV-Kassen zu veranlassen.

(5) Die BV-Kasse ist verpflichtet, begründete Einwendungen eines Anwartschaftsberechtigten im Zusammenhang mit der Beitragsleistung oder dem Anspruch auf den Kapitalbetrag und Urgenzen hinsichtlich von Kontonachrichten zu prüfen und, sofern die Ursache dafür nicht im eigenen

Bereich liegt, unverzüglich dem jeweils zuständigen Träger der Sozialversicherung zur Klärung zu übermitteln.

Höhe des Kapitalbetrages

§ 56. Die Höhe des Kapitalbetrages ergibt sich aus der Anwartschaft zum Ende jenes Monats, zu dem ein Anspruch gemäß § 57 ermittelt wurde, einschließlich einer allfälligen Garantieleistung bei einer Verfügung gemäß § 58 Abs. 1 Z 1, 3 und 4 oder Abs. 4.

Fälligkeit des Kapitalbetrages

§ 57. (1) Der Kapitalbetrag ist am Ende des zweitfolgenden Kalendermonates nach der Geltendmachung des Anspruchs gemäß § 55 Abs. 4 fällig und binnen fünf Bankarbeitstagen entsprechend der Verfügung des Anwartschaftsberechtigten nach § 58 zu leisten, wobei die Frist für die Fälligkeit frühestens mit dem Ablauf des Zeitraums nach § 55 Abs. 1 Z 1 oder 2 oder Inanspruchnahme einer Eigenpension aus der gesetzlichen Pensionsversicherung zu laufen beginnt. Abweichend vom ersten Satz kann die Frist für die Fälligkeit verkürzt werden, wenn die Beiträge gemäß § 52 Abs. 2 abgeführt wurden.

(2) Der Anwartschaftsberechtigte kann die BV-Kasse einmalig anweisen, die Durchführung von Verfügungen nach § 58 um ein bis sechs ganze Monate nach Fälligkeit gemäß Abs. 1 erster Satz vorzunehmen. An eine solche Anweisung ist die BV-Kasse nur dann gebunden, wenn sie spätestens 14 Tage vor der Auszahlung gemäß Abs. 1 bei ihr einlangt. Im Aufschubzeitraum ist der Kapitalbetrag im Rahmen der Veranlagungsgemeinschaft weiter zu veranlagen. Mit dem Ende des letzten vollen Monats des Aufschubzeitraumes ist eine ergänzende Ergebniszuweisung vorzunehmen.

Verfügungsmöglichkeiten des Anwartschaftsberechtigten über den Kapitalbetrag

§ 58. (1) Der Anwartschaftsberechtigte kann bei Vorliegen der Anspruchsvoraussetzungen nach § 55 zu den in § 55 Abs. 1 und 2 genannten Zeitpunkten

1. die Auszahlung des gesamten Kapitalbetrages verlangen,
2. die Weiterveranlagung des gesamten Kapitalbetrages bis zum Vorliegen der Voraussetzungen des Abs. 4 in der BV-Kasse verlangen,
3. die Übertragung des gesamten Kapitalbetrages in eine neue BV-Kasse nach der Wiederaufnahme der Gewerbeausübung oder der betrieblichen Tätigkeit oder eine BV-Kasse seines neuen Arbeitgebers verlangen,
4. die Überweisung des gesamten Kapitalbetrages
   a) an ein Versicherungsunternehmen seiner Wahl als Einmalprämie für eine vom Anwartschaftsberechtigten nachweislich abgeschlossene Pensionszusatzversicherung (§ 108b des Einkommensteuergesetzes 1988 – EStG 1988, BGBl. Nr. 400) oder
   b) an eine Pensionskasse, bei der der Anwartschaftsberechtigte bereits Berechtigter im Sinne des § 5 des Pensionskassengesetzes – PKG, BGBl. Nr. 281/1990, ist,

verlangen.

(2) Gibt der Anwartschaftsberechtigte die Erklärung über die Verwendung der Selbständigenvorsorge nicht binnen sechs Monaten nach den sich aus § 55 Abs. 1 und Abs. 2 Z 2 ergebenden Zeitpunkten ab, ist die Selbständigenvorsorge weiter zu veranlagen.

(3) Der Anwartschaftsberechtigte kann, auch wenn die Voraussetzungen des § 55 Abs. 2 für eine Verfügung über den Kapitalbetrag nicht vorliegen, sowie nach einer Verfügung im Sinne des Abs. 1 Z 2 (abweichend von Abs. 2) eine Verfügung über die gesamte Selbständigenvorsorge in der jeweiligen BV-Kasse im Sinne des Abs. 1 Z 3 verlangen, wenn die Selbständigenanwartschaft seit dem Ruhen der Gewerbeausübung oder Beendigung der betrieblichen Tätigkeit mindestens drei Jahre beitragsfrei gestellt ist. Die Verfügung kann frühestens nach dem Ablauf der Dreijahresfrist vorgenommen werden.

(4) Die BV-Kasse hat nach dem Ablauf von drei Monaten ab dem Zeitpunkt der Verständigung nach § 27 Abs. 4 über die Inanspruchnahme einer Eigenpension aus der gesetzlichen Pensionsversicherung oder gleichartigen Rechtsvorschriften der Mitgliedstaaten des Europäischen Wirtschaftsraumes durch den Anwartschaftsberechtigten den Kapitalbetrag zum Ende des Folgemonats (Fälligkeit der Abfertigung) auszuzahlen, sofern der Anwartschaftsberechtigte nicht vorher über den Kapitalbetrag verfügt hat.

4. Abschnitt
Verwaltung der Beiträge in der BV-Kasse

BV-Kassen

§ 59. Die BV-Kassen sind auch berechtigt, Beiträge im Sinne des 4. Teiles hereinzunehmen und zu veranlagen.

Konten

§ 60. (1) Die BV-Kasse hat für jeden Anwartschaftsberechtigten ein Konto zu führen. Dieses Konto muss alle wesentlichen Daten enthalten und dient der Berechnung des Kapitalbetrages aus der Selbständigenvorsorge.

(2) Der Anwartschaftsberechtigte ist jährlich zum Stand 31. Dezember des vorangegangenen Geschäftsjahres binnen drei Monaten, nachdem die Daten der BV-Kasse vom Dachverband zur Verfügung gestellt wurden, schriftlich über

1. die zum letzten Bilanzstichtag erworbene Anwartschaft aus der Selbständigenvorsorge,
2. die im Geschäftsjahr veranlagten Beiträge,
3. die vom Anwartschaftsberechtigten zu tragenden Barauslagen und Verwaltungskosten,
4. die zugewiesenen Veranlagungsergebnisse sowie
5. die insgesamt erworbene Anwartschaft aus der Selbständigenvorsorge

zu informieren. Wesentliche Daten sind neben Namen und Sozialversicherungsnummer des Anwartschaftsberechtigten die für die Erfüllung der in Z 1 bis 5 angeführten Verpflichtungen erforderlichen Daten. Weiters hat die Information die Grundzüge der Veranlagungspolitik sowie die zum Abschlussstichtag gehaltenen Veranlagungen zu enthalten.

(3) Der Anwartschaftsberechtigte ist zwei Jahre nach der Ruhendstellung der Gewerbeausübung, nach dem Erlöschen der die Pflichtversicherung in der Krankenversicherung nach dem GSVG begründenden Berechtigung oder der Beendigung der betrieblichen Tätigkeit, die eine Verfügung nach § 58 Abs. 1 begründet, binnen eines Monats nach der Verständigung über die Ruhendstellung oder Beendigung durch den Dachverband von der BV-Kasse schriftlich über die Verfügungsmöglichkeiten gemäß den §§ 55 Abs. 4 und 58 Abs. 1 zu informieren. Bei Verfügungen gemäß § 58 Abs. 1 oder Auszahlungen gemäß § 58 Abs. 4 ist dem Anwartschaftsberechtigten zeitgleich mit der Auszahlung des Kapitalbetrages eine schriftliche Information mit den Angaben gemäß Abs. 2 Z 1 bis 5 zu übermitteln.

(4) Nach Maßgabe der vorhandenen technischen Möglichkeiten kann nach Zustimmung des Anwartschaftsberechtigten anstelle der schriftlichen Information gemäß Abs. 2 und Abs. 3 letzter Satz auch eine gesicherte elektronische Zugriffsmöglichkeit auf diese Information bei der BV-Kasse ermöglicht werden. Die Information gemäß Abs. 3 erster und zweiter Satz kann nach Zustimmung des Anwartschaftsberechtigten und Bekanntgabe einer elektronischen Zustelladresse anstelle der schriftlichen Information auch elektronisch zugestellt werden.

(5) Die BV-Kasse haftet für die Richtigkeit der Kontonachrichten auf der Grundlage der von den Sozialversicherungsträgern im Wege des Dachverbandes zu Verfügung gestellten Daten.

(6) Werden für eine Anwartschaft nach der Ruhendstellung der Gewerbeausübung, nach dem Erlöschen der die Pflichtversicherung in der Krankenversicherung nach dem GSVG begründenden Berechtigung oder der Beendigung der betrieblichen Tätigkeit für einen ununterbrochenen Zeitraum von mindestens zwölf Monaten ab dem Bilanzstichtag, zu dem die letzte Kontonachricht erstellt wurde, keine Beiträge geleistet, ist dem Anwartschaftsberechtigten abweichend von Abs. 2 jeweils nach jedem dritten Bilanzstichtag, gerechnet ab jenem Bilanzstichtag, zu dem die letzte Kontonachricht erstellt wurde, eine Kontonachricht zu übermitteln. Verändert sich die Anwartschaft seit jenem Bilanzstichtag, zu dem die letzte Kontonachricht erstellt wurde, um mehr als 30 €, ist dem Anwartschaftsberechtigten zu diesem Bilanzstichtag eine Kontonachricht zu übermitteln. Im Falle der gesicherten elektronischen Zugriffsmöglichkeit durch den Anwartschaftsberechtigten (Abs. 4) ist jährlich ein Kontoauszug zu erstellen.

Veranlagungsgemeinschaft

§ 61. Die BV-Kasse hat die Veranlagung der Beiträge nach dem 4. Teil im Rahmen der nach § 28 bereits eingerichteten Veranlagungsgemeinschaft vorzunehmen.

5. Teil
Selbständigenvorsorge für freiberuflich Selbständige und Land- und Forstwirte
1. Abschnitt
Allgemeine Bestimmungen
Geltungsbereich

§ 62. (1) **(Verfassungsbestimmung)** Die Bestimmungen des 5. Teiles gelten für die Selbständigenvorsorge,

1. von Personen, die in der Pensionsversicherung nach § 2 GSVG pflichtversichert sind, aufgrund einer Ausnahme gemäß § 5 GSVG oder einer Pflichtversicherung in der Krankenversicherung nach dem ASVG aber nicht der Pflichtversicherung in der Krankenversicherung nach § 2 GSVG unterliegen, oder
2. von Personen, die der Pflichtversicherung in der Pensionsversicherung nach § 2 Abs. 1 des Bauern-Sozialversicherungsgesetzes (BSVG), BGBl. Nr. 559/1978, oder
3. von Personen, die der Pflichtversicherung in der Pensionsversicherung nach § 2 des Freiberuflich Selbständigen-Sozialversicherungsgesetzes (FSVG), BGBl. Nr. 624/1978, oder
4. von Notaren, die in die Vorsorge nach § 1 des Notarversorgungsgesetzes, BGBl. I Nr. 100/2018, einbezogen sind, oder
5. von Personen, die in die Liste der Rechtsanwälte (§ 5 der Rechtsanwaltsordnung – RAO, RGBl. Nr. 96/1868) oder in die Liste der niedergelassenen europäischen Rechtsanwälte (§ 9 des EIRAG, BGBl. I Nr. 27/2000) eingetragen sind, oder
6. von Ziviltechnikern (§ 1 des Ziviltechnikergesetzes 1993 – ZTG, BGBl. Nr. 156/1994).

Der Selbständige kann sich im Rahmen der Selbständigenvorsorge nach diesem Teil durch Abschluss eines Beitrittsvertrages zur Beitragsleistung an eine BV-Kasse verpflichten.

(2) Auf die Selbständigenvorsorge sind die Bestimmungen des 2. Teiles mit Ausnahme folgender Regelungen anzuwenden: §§ 18 Abs. 3, 25, 27 Abs. 1 bis 3 und 8, 27a. § 27 Abs. 4 bis 6 und 7 ist mit der sich aus § 50 Abs. 3 ergebenden Maßgabe anzuwenden, wenn die Beitragseinhebung durch einen Sozialversicherungsträger erfolgt.

(3) Auf die Selbständigenvorsorge sind die Bestimmungen des 1. (ausgenommen die §§ 4 und 5), 3. und 4. Teiles, falls nicht anderes bestimmt ist, nicht anzuwenden.

(4) Die Bestimmungen des 2. Teiles sind mit der Maßgabe anzuwenden, dass an die Stelle der Begriffe „Arbeitnehmer“, „Abfertigungsbeiträge“, „Abfertigungsanwartschaft“ und „Abfertigung“ die Begriffe „Selbständiger“, „Selbstständigenvorsorgebeiträge“, „Anwartschaft auf eine Selbständigenvorsorge“ und „Kapitalbetrag“ in der richtigen grammatikalischen Form treten.

(5) **(Verfassungsbestimmung)** Die Erlassung, Änderung und Aufhebung von Vorschriften, wie sie im 5. Teil dieses Bundesgesetzes enthalten sind, sowie die Vollziehung dieser Vorschriften sind auch in jenen Belangen Bundessache, hinsichtlich deren das B-VG etwas anderes vorsieht. Die in diesen Bestimmungen geregelten Angelegenheiten können unmittelbar von Bundesbehörden vollzogen werden.

Begriffsbestimmungen

§ 63. Im Sinne des 5. Teiles ist

1. ein Anwartschaftsberechtigter:
jene Person nach § 62 Abs. 1, die Beiträge nach § 64 an die BV-Kasse leistet;
2. eine Anwartschaft auf eine Selbständigenvorsorge:
die in einer BV-Kasse verwalteten Ansprüche eines Anwartschaftsberechtigten; diese setzen sich aus den in diese BV-Kasse eingezahlten Beiträgen abzüglich der einbehaltenen Verwaltungskosten, der allenfalls aus einer anderen BV-Kasse in diese BV-Kasse übertragenen Anwartschaft und den zugewiesenen Veranlagungsergebnissen zusammen.

2. Abschnitt
Beitragsrecht
Beitragsleistung

§ 64. (1) Der Selbständige (§ 62) kann sich bis zum 31. Dezember 2008 durch Abschluss eines Beitrittsvertrages (§ 65) zu einer monatlichen Beitragsleistung für die Dauer der Pflichtversicherung (§ 62 Abs. 1 Z 1, 2, 3 oder 6) oder der Berufsausübung (§ 62 Abs. 1 Z 4 oder 5) in Höhe von 1,53 vH der Beitragsgrundlage nach Abs. 3 an eine von ihm ausgewählte BV-Kasse verpflichten. Ein Selbständiger, dessen Pflichtversicherung oder Berufsausübung nach dem 31. Dezember 2007 beginnt, kann sich innerhalb eines Jahres nach dem erstmaligen Beginn der Pflichtversicherung oder der Berufsausübung zur Beitragsleistung im Sinne des 1. Satzes verpflichten.

(2) Ein Einstellen, Aussetzen oder Einschränken der Beitragsleistung für die Dauer der Pflichtversicherung oder der Berufsausübung bis zur Inanspruchnahme einer Eigenpension aus der gesetzlichen Pensionsversicherung oder einer Wohlfahrtseinrichtung einer Kammer der freien Berufe ist nicht zulässig.

(3) Beitragsgrundlage im Sinne des Abs. 1 ist:

1. für Selbständige im Sinne des § 62 Abs. 1 Z 1 und 3 die nach den §§ 25, 25a, 26 und 35a GSVG maßgebliche Beitragsgrundlage ohne Nachbemessung;
2. für Selbständige im Sinne des § 62 Abs. 1 Z 2 die nach den §§ 23, 23a und 33a BSVG zum Zeitpunkt der Vorschreibung in der Pensionsversicherung maßgebliche Beitragsgrundlage ohne Nachbemessung;
3. für Selbständige im Sinne des § 62 Abs. 1 Z 4 und Z 5 der sich aus § 48 GSVG ergebende Betrag;
4. für Selbständige im Sinne des § 62 Abs. 1 Z 6 die für die Pflichtversicherung in der gesetzlichen Pensionsversicherung nach dem FSVG maßgebliche Beitragsgrundlage ohne Nachbemessung.

(4) Für die Beitragseinhebung, Übermittlung der relevanten Daten und Weiterleitung der Beiträge hinsichtlich der in § 62 Abs. 1 Z 1, 3 und 6 genannten Selbständigen gilt § 52 Abs. 2.

(5) Die Sozialversicherungsanstalt der Selbständigen hat die Beiträge (Abs. 1) im übertragenen Wirkungsbereich nach § 33 BSVG vorzuschreiben und an die vom Anwartschaftsberechtigten ausgewählte BV-Kasse zu überweisen. Für die Einziehung dieser Beiträge gelten die Regelungen über die Einziehung der Beiträge nach dem BSVG. Hinsichtlich der Meldepflichten des Anwartschaftsberechtigten sind die §§ 16 bis 21 BSVG anzuwenden. Die eingelangten Beiträge nach Abs. 1 sind von der Sozialversicherungsanstalt der Selbständigen jeweils bis zum 10. des zweitfolgenden Kalendermonates nach vollständiger Bezahlung eines Beitragsmonates an die BV-Kasse abzuführen. Die Feststellung der Leistungsverpflichtung dem Grunde und der Höhe nach ist Verwaltungssache nach den §§ 409 bis 417a ASVG in Verbindung mit § 182 BSVG.

(6) Die Versorgungsanstalt des österreichischen Notariates hat die Beiträge (Abs. 1) im übertragenen Wirkungsbereich vorzuschreiben und an die vom Anwartschaftsberechtigten ausgewählte BV-Kasse zu überweisen. Für diese Beiträge gelten die nach dem Notarversorgungsgesetz anzuwendenden Vorschriften über die Fälligkeit, Einzahlung und Eintreibung der Pflichtbeiträge sowie über die Melde- und Auskunftspflichten mit der

Maßgabe, dass an die Stelle der Beiträge zur Versorgung die Beiträge an die BV-Kassen treten.

(7) Die Einhebung der Beiträge (Abs. 1) von Rechtsanwälten (§ 62 Abs. 1 Z 5) erfolgt durch die jeweils ausgewählte BV-Kasse, wobei die Überweisung der Beiträge einmal jährlich erfolgen kann.

(Anm.: Abs. 8 aufgehoben durch BGBl. I Nr. 4/2013)

(9) Die Abtretung oder Verpfändung von Anwartschaften im Sinne des § 63 Z 2 ist rechtsunwirksam, soweit der Anwartschaftsberechtigte darüber nicht verfügen kann. Für die Pfändung gilt die EO.

Beitrittsvertrag

§ 65. (1) Der Anwartschaftsberechtigte hat mit einer von ihm ausgewählten BV-Kasse einen Beitrittsvertrag abzuschließen.

(2) Der Beitrittsvertrag hat insbesondere zu enthalten:

1. die ausgewählte BV-Kasse;
2. Grundsätze der Veranlagungspolitik;
3. die näheren Voraussetzungen für die Kündigung des Beitrittsvertrages;
4. die Höhe der Verwaltungskosten gemäß § 29 Abs. 2 Z 5;
5. die Meldepflichten des Selbständigen gegenüber der BV-Kasse;
6. eine allfällige Zinsgarantie gemäß § 24 Abs. 2;
7. Art und Berechnungsweise der Barauslagen, die die BV-Kasse gemäß § 26 Abs. 3 Z 1 oder § 70 verrechnen darf.

(3) Für die Kündigung des Beitrittsvertrages durch den Anwartschaftsberechtigten oder die BV-Kasse oder die einvernehmliche Beendigung des Beitrittsvertrages gilt § 12 Abs. 1 bis 3.

Mitwirkungsverpflichtung

§ 66. Der Anwartschaftsberechtigte ist verpflichtet, der BV-Kasse über alle für das Vertragsverhältnis und für die Verwaltung der Anwartschaft maßgebenden Umstände unverzüglich wahrheitsgemäß Auskunft zu erteilen.

3. Abschnitt
Leistungsrecht

Anspruch auf eine Leistung aus der Selbständigenvorsorge

§ 67. (1) Der Anwartschaftsberechtigte hat nach mindestens zwei Jahren

1. nach dem Ende seiner Pflichtversicherung (§ 62 Abs. 1 Z 1, 3 oder 6) infolge Einstellung der betrieblichen Tätigkeit oder dem Wegfall der berufsrechtlichen Berechtigung oder
2. nach dem Ende seiner Pflichtversicherung (§ 62 Abs. 1 Z 2) infolge Einstellung der für die Pensionsversicherung nach § 2 BSVG wesentlichen betrieblichen Tätigkeit oder
3. nach der Beendigung der Berufsausübung (§ 62 Abs. 1 Z 4 oder 5) nach den jeweiligen berufsrechtlichen Regelungen

bei Vorliegen von drei Einzahlungsjahren (36 Beitragsmonate) seit der ersten Beitragszahlung gemäß § 64 Abs. 1 oder der letztmaligen Verfügung (ausgenommen Verfügungen im Sinne des § 58 Abs. 1 Z 2 oder 3 oder Abs. 3) bei einer oder mehreren BV-Kassen, Anspruch auf einen Kapitalbetrag aus der Anwartschaft auf eine Selbständigenvorsorge.

(2) Das Leistungsrecht hinsichtlich der Selbständigenvorsorge nach diesem Teil ergibt sich aus den §§ 55 Abs. 2 bis 4, 56, 57 und 58.

4. Abschnitt
Verwaltung der Beiträge in der BV-Kasse

BV-Kassen

§ 68. Die BV-Kassen sind auch berechtigt, Beiträge im Sinne des 5. Teiles hereinzunehmen und zu veranlagen.

Konten

§ 69. (1) Die BV-Kasse hat für jeden Anwartschaftsberechtigten ein Konto zu führen. Dieses Konto muss alle wesentlichen Daten enthalten und dient der Berechnung des Kapitalbetrages aus der Selbständigenvorsorge.

(2) Der Anwartschaftsberechtigte ist jährlich zum Stand 31. Dezember des vorangegangenen Geschäftsjahres binnen drei Monaten, nachdem die Daten der BV-Kasse vom Dachverband oder einer Kammer der freien Berufe, wenn eine Zustimmung des Anwartschaftsberechtigten eingeholt wurde, oder durch den Anwartschaftsberechtigten, zur Verfügung gestellt wurden, schriftlich über

1. die zum letzten Bilanzstichtag erworbene Anwartschaft aus der Selbständigenvorsorge,
2. die im Geschäftsjahr veranlagten Beiträge,
3. die vom Anwartschaftsberechtigten zu tragenden Barauslagen und Verwaltungskosten,
4. die zugewiesenen Veranlagungsergebnisse sowie
5. die insgesamt erworbene Anwartschaft aus der Selbständigenvorsorge

zu informieren. Wesentliche Daten sind neben Namen und Sozialversicherungsnummer des Anwartschaftsberechtigten die für die Erfüllung der in Z 1 bis 5 angeführten Verpflichtungen erforderlichen Daten. Weiters hat die Information die Grundzüge der Veranlagungspolitik sowie die zum Abschlussstichtag gehaltenen Veranlagungen zu enthalten.

(3) Der Anwartschaftsberechtigte ist zwei Jahre nach der Ruhendstellung der Gewerbeausübung, dem Ende seiner Pflichtversicherung infolge Einstellung der für die Pensionsversicherung nach § 2 BSVG wesentlichen betrieblichen Tätigkeit oder der Beendigung der Berufsausübung, die eine Verfügung nach § 67 begründet, binnen eines Monats nach der Verständigung über die Ruhendstellung

oder Beendigung der Pflichtversicherung oder Berufsausübung durch den Dachverband von der BV-Kasse schriftlich über die Verfügungsmöglichkeiten gemäß § 67 zu informieren. Bei Verfügungen gemäß § 67 oder Auszahlungen gemäß § 67 ist dem Anwartschaftsberechtigten zeitgleich mit der Auszahlung des Kapitalbetrages eine schriftliche Information mit den Angaben gemäß Abs. 2 Z 1 bis 5 zu übermitteln.

(4) Nach Maßgabe der vorhandenen technischen Möglichkeiten kann nach Zustimmung des Anwartschaftsberechtigten anstelle der schriftlichen Information gemäß Abs. 2 und Abs. 3 letzter Satz auch eine gesicherte elektronische Zugriffsmöglichkeit auf diese Information bei der BV-Kasse ermöglicht werden. Die Information gemäß Abs. 3 erster und zweiter Satz kann nach Zustimmung des Anwartschaftsberechtigten und Bekanntgabe einer elektronischen Zustelladresse anstelle der schriftlichen Information auch elektronisch zugestellt werden.

(5) Die BV-Kasse haftet für die Richtigkeit der Kontonachrichten auf der Grundlage der von der Sozialversicherungsträgern im Wege des Dachverbandes, einer Kammer der freien Berufe oder dem Anwartschaftsberechtigten zu Verfügung gestellten Daten.

(6) Werden für eine Anwartschaft nach der Ruhendstellung der Gewerbeausübung oder der Beendigung der betrieblichen Tätigkeit für einen ununterbrochenen Zeitraum von mindestens zwölf Monaten ab dem Bilanzstichtag, zu dem die letzte Kontonachricht erstellt wurde, keine Beiträge geleistet, ist dem Anwartschaftsberechtigten abweichend von Abs. 2 jeweils nach jedem dritten Bilanzstichtag, gerechnet ab jenem Bilanzstichtag, zu dem die letzte Kontonachricht erstellt wurde, eine Kontonachricht zu übermitteln. Verändert sich die Anwartschaft seit jenem Bilanzstichtag, zu dem die letzte Kontonachricht erstellt wurde, um mehr als 30 €, ist dem Anwartschaftsberechtigten zu diesem Bilanzstichtag eine Kontonachricht zu übermitteln. Im Falle der gesicherten elektronischen Zugriffsmöglichkeit durch den Anwartschaftsberechtigten (Abs. 4) ist jährlich ein Kontoauszug zu erstellen.

Verwaltungskosten

§ 70. Werden die Beiträge durch einen Sozialversicherungsträger eingehoben (§ 64 Abs. 4 bis 6), so ist § 26 anzuwenden, wobei der in § 26 Abs. 5 geregelte Kostenersatz dem jeweiligen Sozialversicherungsträger (§ 64) zusteht. Abweichend vom ersten Satz sind die Verwaltungskosten hinsichtlich der Beitragseinhebung, Veranlagung und Verwaltung der Beiträge von Rechtsanwälten in einem Rahmenvertrag zwischen dem Österreichischen Rechtsanwaltskammertag und der jeweiligen BV-Kasse festzulegen, wobei die Verwaltungskosten für alle Rechtsanwälte, die vom Rahmenvertrag erfasst werden, prozentmäßig gleich sein müssen.

Veranlagungsgemeinschaft

§ 71. Die BV-Kasse hat die Veranlagung der Beiträge nach dem 5. Teil im Rahmen der nach § 28 bereits eingerichteten Veranlagungsgemeinschaft vorzunehmen.

6. Teil
Schlussbestimmungen

Weisungsbindung

§ 71a. Die Versicherungsträger und der Dachverband haben die Aufgaben nach diesem Bundesgesetz im übertragenen Wirkungsbereich nach den Weisungen des Bundesministers für Arbeit, Soziales und Konsumentenschutz zu vollziehen. In den Angelegenheiten des § 27 Abs. 4 bis 6 haben der Bundesminister für Arbeit, Soziales und Konsumentenschutz und der Bundesminister für Finanzen hinsichtlich der Weisung das Einvernehmen herzustellen.

Vollziehung

§ 72. Mit der Vollziehung dieses Bundesgesetzes sind hinsichtlich

1. des 1. sowie des 3. Teiles (Übergangsrecht) der Bundesminister für Wirtschaft und Arbeit,
2. des § 11 Abs. 3 und 4 sowie des 2. Teiles der Bundesminister für Finanzen,
3. des § 6 Abs. 2, 2a und 3 und § 27a der Bundesminister für Wirtschaft und Arbeit und der Bundesminister für Soziales und Konsumentenschutz im Rahmen ihres Wirkungsbereiches,
4. der §§ 7 Abs. 3 bis 8 und 27 Abs. 8 die Bundesministerin für Gesundheit, Frauen und Jugend im Einvernehmen mit dem Bundesminister für Wirtschaft und Arbeit,
5. des § 8 der Bundesminister für Justiz,
6. des § 27 Abs. 4 bis 6 der Bundesminister für Soziales und Konsumentenschutz im Einvernehmen mit dem Bundesminister für Finanzen,
7. des § 27 Abs. 7 der Bundesminister für Soziales und Konsumentenschutz,
8. des 4. und 5. Teiles der Bundesminister für Wirtschaft und Arbeit und der Bundesminister für Finanzen im Rahmen ihres Wirkungsbereiches betraut.

Inkrafttreten

§ 73. (1) § 30 Abs. 2 Z 6, § 30 Abs. 3 Z 9, § 31 Abs. 1 Z 5 und die Anlagen 1 und 2 zu § 40 in der Fassung des Bundesgesetzes BGBl. I Nr. 80/2003 treten mit 1. September 2003 in Kraft.

(2) § 14 Abs. 4 Z 1 und 1a in der Fassung des Bundesgesetzes BGBl. I Nr. 143/2004 tritt mit 1. Jänner 2005 in Kraft.

(3) § 17 Abs. 1 Z 4 lit. a in der Fassung des Bundesgesetzes BGBl. I Nr. 8/2005 tritt mit 23. September 2005 in Kraft.

(4) Die §§ 6 Abs. 2 und 2a, 9 samt Überschrift, 10, 12 Abs. 4, 27a samt Überschrift, 42 erster Satz und 49 Z 3 in der Fassung des Bundesgesetzes BGBl. I Nr. 36/2005 treten mit 1. Juli 2005 in Kraft. Eine Änderung der Zahlungsweise nach § 6 Abs. 2a kann erst für Beitragszeiträume nach dem 31. Dezember 2005 wirksam werden. Die §§ 10 und 27a sind auch auf Beitragszeiträume nach den §§ 6 und 7 anzuwenden, die vor dem In-Kraft-Treten dieses Bundesgesetzes begonnen haben. An jene Arbeitgeber, für die der Beginn des Arbeitsverhältnisses des Arbeitnehmers, für den der Arbeitgeber erstmalig Beiträge nach den §§ 6 oder 7 zu leisten hatte, vor dem 1. Jänner 2005 liegt, sind die Aufforderungsschreiben nach § 27a Abs. 1 bis spätestens 31. August 2005 zu versenden. Die Zuweisungen dieser Arbeitgeber zu einer BV-Kasse haben nach Verstreichen der Frist von drei Monaten nach § 27a Abs. 1, spätestens aber beginnend mit 1. Dezember 2005 zu erfolgen. Für das Jahr 2005 ist eine Meldung der Wirtschaftskammer Österreich im Sinne des § 27a Abs. 4 bis spätestens 31. Juli 2005, ein Antrag der BV-Kasse im Sinne des § 27a Abs. 4 bis spätestens 15. Juli 2005, zu übermitteln.

(5) § 20 Abs. 4 letzter Satz in der Fassung des Bundesgesetzes BGBl. I Nr. 37/2005 tritt mit 1. Juli 2005 in Kraft.

(6) § 30 Abs. 3 Z 8 lit. b in der Fassung des Bundesgesetzes BGBl. I Nr. 141/2006 tritt mit 1. Jänner 2007 in Kraft.

(7) Der Titel dieses Bundesgesetzes, die Umbenennung der Mitarbeitervorsorgekasse (MV-Kasse) in Betriebliche Vorsorgekasse (BV-Kasse), das Inhaltsverzeichnis, die §§ 1 samt Überschrift, 6 Abs. 1a und 3, 7 samt Überschrift, § 9 Abs. 1 und Abs. 2 1. Satz, 14 samt Überschrift, 15, 16 samt Überschrift, 17 samt Überschrift, die Überschrift zum 2. Teil, 20 Abs. 2, 22 Abs. 1, 24 Abs. 1, 25 samt Überschrift, 26 Abs. 6, 27 Abs. 1, 2, 5 und 6a, 29 Abs. 2 Z 5, 30 Abs. 2 Z 6, 33 Abs. 1, die Überschrift zum 3. Teil, 46, 47 Abs. 3 Z 3, sowie die Anlage 2 zu § 40 in der Fassung des Bundesgesetzes BGBl. I Nr. 102/2007 treten mit 1. Jänner 2008 in Kraft. § 7 Abs. 1 gilt nur für Auslandseinsatzpräsenzdienste gemäß § 19 Abs. 1 Z 9 WG 2001, die nach dem 31. Dezember 2007 angetreten werden. § 7 Abs. 6a gilt auch für zum Zeitpunkt des Inkrafttretens dieses Bundesgesetzes laufende Bildungskarenzen. § 47 Abs. 3 Z 3 in der Fassung des Bundesgesetzes BGBl. I Nr. 102/2007 findet nur auf nach dem 31. Dezember 2007 abgeschlossene Vereinbarungen gemäß § 47 Abs. 3 Anwendung. Für zum 31. Dezember 2007 bestehende freie Dienstverhältnisse von Personen im Sinne des § 1 Abs. 1a findet § 6 Abs. 1 2. Satz keine Anwendung. § 1 Abs. 1a findet auf zum 31. Dezember 2007 bestehende freie Dienstverhältnisse mit vertraglich festgelegten Abfertigungsansprüchen sowie auf unmittelbar nachfolgende mit demselben Dienstgeber oder einem Dienstgeber im Konzern (§ 46 Abs. 3 Z 2) abgeschlossene freie Dienstverhältnisse mit solchen Abfertigungsansprüchen keine Anwendung. Die Anlage 2 zu § 40 in der Fassung des Bundesgesetzes BGBl. I Nr. 102/2007 ist auf Geschäftsjahre anzuwenden, die nach dem 31. Dezember 2007 beginnen.

(8) Der 4., 5. und 6. Teil dieses Bundesgesetzes (ausgenommen die §§ 49 und 62 Abs. 1 und 5) in der Fassung des Bundesgesetzes BGBl. I Nr. 102/2007 treten mit 1. Jänner 2008 in Kraft. Der 4. und 5. Teil gelten für Beitragszeiträume ab dem Inkrafttreten dieses Bundesgesetzes. Abweichend von § 52 Abs. 2 sind die Beiträge für die Monate Jänner bis einschließlich September 2008 gemeinsam mit den Beiträgen zur Pflichtversicherung in der Krankenversicherung nach dem GSVG gemäß § 35 GSVG vorzuschreiben. Abweichend von § 64 Abs. 4 bis 6 sind für Selbständige im Sinne des § 62 Abs. 1 Z 1 bis 4 die Beiträge für die Monate Jänner bis einschließlich September 2008 zusammen mit den Beiträgen für das 4. Quartal 2008 vorzuschreiben. Die auf Grund dieser Vorschreibungen eingelangten Beiträge für die Monate Jänner bis einschließlich Dezember 2008 samt Zinsen sind bis längstens 10. Februar 2009 an die BV-Kassen zu überweisen. Vorzeitige Überweisungen der eingezahlten Beiträge an die BV-Kassen durch die Sozialversicherungsträger sind zulässig. Abweichend von den §§ 50 Abs. 3 und 62 Abs. 2 haben die jeweiligen Sozialversicherungsträger die in diesen Bestimmungen und im § 27 Abs. 4 und 5 genannten Daten der bei ihr pensions- oder krankenversicherten Personen bis längstens 30. November 2008 den jeweils betroffenen BV-Kassen in automationsunterstützter Form im Wege des Hauptverbandes der österreichischen Sozialversicherungsträger gegen Ersatz der Kosten zur Verfügung zu stellen. Diese Beiträge sind bis zur Weiterleitung an die BV-Kasse entsprechend § 218 GSVG, § 206 BSVG oder § 78 NVG zu veranlagen.

(9) **(Verfassungsbestimmung)** Die §§ 49 und 62 Abs. 1 und 5 in der Fassung des Bundesgesetzes BGBl. I Nr. 102/2007 treten mit 1. Jänner 2008 in Kraft.

(10) § 6 Abs. 4 in der Fassung des Bundesgesetzes BGBl. I Nr. 12/2009 tritt mit 1. Februar 2009 in Kraft. Auf eine vor dem Zeitpunkt des Inkrafttretens dieses Bundesgesetzes vereinbarte Kurzarbeit nach § 27 Abs. 1 lit. b des Arbeitsmarktförderungsgesetzes, BGBl. Nr. 31/1969, findet § 6 Abs. 4 in der Fassung vor dem Bundesgesetz BGBl. I Nr. 12/2009 weiter Anwendung.

(11) § 7 Abs. 5 in der Fassung des Bundesgesetzes BGBl. I Nr. 116/2009 tritt mit 1. Jänner 2010 in Kraft.

(12) Das Inhaltsverzeichnis sowie § 71a samt Überschrift in der Fassung des Bundesgesetzes BGBl. I Nr. 147/2009 treten mit 1. Jänner 2010 in Kraft.

(13) § 14 Abs. 5 und § 55 Abs. 3 in der Fassung des Bundesgesetzes BGBl. I Nr. 135/2009 treten mit 1. Jänner 2010 in Kraft.

(14) § 30 Abs. 2 Z 2 in der Fassung des Bundesgesetzes BGBl. I Nr. 72/2010 tritt mit 31. Dezember 2010 in Kraft.

(15) Die §§ 6 Abs. 2 zweiter Satz und 55 Abs. 1 Z 1 in der Fassung des Bundesgesetzes BGBl. I Nr. 92/2010 treten mit 1. Jänner 2011 in Kraft.

(16) § 29 Abs. 1, § 30 Abs. 2 Z 5 und Abs. 3 Z 3, 4 und 7 sowie § 31 Abs. 1 Z 3a und 4 und § 44 Abs. 1 in der Fassung des Bundesgesetzes BGBl. I Nr. 77/2011 treten mit 1. September 2011 in Kraft.

(17) § 44 Abs. 1 und § 45 Abs. 1 in der Fassung des 2. Stabilitätsgesetzes 2012, BGBl. I Nr. 35/2012, treten mit 1. Mai 2012 in Kraft.

(18) § 20 Abs. 2 erster Satz und Abs. 5, § 26 Abs. 3 Z 2 letzter Satz, § 30 Abs. 2 Z 5a, § 30 Abs. 3 Z 4 und 7 sowie § 47 Abs. 5 und 6 in der Fassung des Bundesgesetzes BGBl. I Nr. 4/2013 treten mit 1 Jänner 2013 in Kraft. § 47 Abs. 5 in der Fassung vor dem Bundesgesetz BGBl. I Nr. 4/2013 tritt mit Ablauf des 31. Dezember 2012 außer Kraft, auf Grundlage dieser Bestimmung abgeschlossene Übertrittsverträge behalten ihre Gültigkeit.

(19) § 64 Abs. 1 erster Satz, Abs. 3 Z 4 und Abs. 4, § 67 Abs. 1 Z 1 und Z 3 sowie § 70 in der Fassung des Bundesgesetzes BGBl. I Nr. 4/2013 treten mit 1. Jänner 2013 in Kraft. Die §§ 64 Abs. 4 und 70 gelten für Zeiträume der Beitragspflicht ab 1. Jänner 2013 auch für jene Selbständigen gemäß § 62 Abs. 1 Z 6, deren Beitragspflicht gemäß § 64 Abs. 1 in der Fassung vor dem Bundesgesetz BGBl. I Nr. 4/2013 vor dem 1. Jänner 2013 begonnen hat. § 64 Abs. 8 in der Fassung vor dem Bundesgesetz BGBl. I Nr. 4/2013 tritt mit Ablauf des 31. Dezember 2012 außer Kraft; auf Grundlage dieser Bestimmung abgeschlossene Beitrittsverträge behalten ihre Gültigkeit.

(20) § 6 Abs. 4 in der Fassung des Bundesgesetzes BGBl. I Nr. 67/2013 tritt mit 1. Juli 2013 in Kraft.

(21) § 30 Abs. 1, § 30 Abs. 2 Z 5a, 6, 7 und 8, § 30 Abs. 3 Z 4, 7, 7a und 7b, § 31Abs. 1 Z 3a, § 44 Abs. 2 und § 45 Abs. 3 in der Fassung des Bundesgesetzes BGBl. I Nr. 135/2013 treten mit dem der Kundmachung folgenden Tag in Kraft. § 40 Abs. 6 und § 45a samt Überschrift in der Fassung des Bundesgesetzes BGBl. I Nr. 135/2013 treten mit 1. Jänner 2014 in Kraft.

(22) § 20 Abs. 1, § 30 Abs. 2 Z 2 und Abs. 3 Z 8 lit. b sowie § 31 Abs. 1 Z 3a in der Fassung des Bundesgesetzes BGBl. I Nr. 184/2013 treten mit 1. Jänner 2014 in Kraft.

(23) Die §§ 6 Abs. 4, 7 Abs. 6, 52 Abs. 1a, 52 Abs. 2 dritter Satz und 55 Abs. 2 in der Fassung des Bundesgesetzes BGBl. I Nr. 138/2013 treten mit 1. Jänner 2014 in Kraft. Diese Bestimmungen finden auf Freistellungen gegen Entfall des Entgelts oder Herabsetzungen der Normalarbeitszeit nach den §§ 14a oder 14b AVRAG Anwendung, soweit diese nach dem 31. Dezember 2013 beginnen. Auf zum Zeitpunkt des Inkrafttretens dieses Bundesgesetzes laufende Freistellungen gegen Entfall des Entgelts oder Herabsetzungen der Normalarbeitszeit nach den §§ 14a oder 14b AVRAG kommt § 7 Abs. 6 in der Fassung vor dem In-Kraft-Treten dieses Bundesgesetzes zur Anwendung. Personen, die zum Zeitpunkt des Inkrafttretens dieses Bundesgesetzes eine Eigenpension aus der gesetzlichen Pensionsversicherung beziehen und der Selbständigenvorsorge nach dem 4. Teil unterliegen, können bis zum 31. Dezember 2014 schriftlich gegenüber der Sozialversicherungsanstalt der Gewerblichen Wirtschaft erklären, keine Beiträge nach dem 4. Teil mehr zu leisten. Die Beitragspflicht endet mit Ende des Kalendermonats, in dem diese Erklärung bei der Sozialversicherungsanstalt der Gewerblichen Wirtschaft einlangt. Der Verfügungsanspruch entsteht mit dem auf das Ende der Beitragspflicht folgenden Monatsersten.

(24) § 41 Abs. 4 in der Fassung des Bundesgesetzes BGBl. I Nr. 42/2014 ist auf Geschäftsjahre anzuwenden, die nach dem 31. Dezember 2013 beginnen.

(25) § 17 Abs. 1 Z 4 lit. a in der Fassung des Bundesgesetzes BGBl. I Nr. 34/2015 tritt mit 1. Jänner 2016 in Kraft.

(26) Die §§ 6 Abs. 1b und 2a, 16 Abs. 1, 25 Abs. 2, 3 und 5, 27 Abs. 5 und 8, 60 Abs. 2 Z 2 und 69 Abs. 2 Z 2 in der Fassung des Bundesgesetzes BGBl. I Nr. 79/2015 treten mit 1. Jänner 2019 in Kraft und gelten für Beitragszeiträume nach 31. Dezember 2018. Die §§ 14 Abs. 8 und 9 und 25 Abs. 7 in der Fassung des Bundesgesetzes BGBl. I Nr. 79/2015 treten mit 1. Jänner 2019 in Kraft.

(27) Das Inhaltsverzeichnis hinsichtlich der §§ 42a bis 45 und § 42a in der Fassung des Bundesgesetzes BGBl. I Nr. 73/2016 treten mit dem der Kundmachung folgenden Tag in Kraft.

(28) § 6 Abs. 4 in der Fassung des Bundesgesetzes BGBl. I Nr. 44/2016 tritt mit 1. Jänner 2017 in Kraft.

(29) § 27 Abs. 4 in der Fassung des Bundesgesetzes BGBl. I Nr. 118/2016 tritt mit 1. Jänner 2017 in Kraft. § 27a Abs. 7 tritt mit Ablauf des 31. Dezember 2016 außer Kraft.

(30) § 6 Abs. 4 in der Fassung des Bundesgesetzes BGBl. I Nr. 30/2017 tritt mit 1. Juli 2017 in Kraft.

(31) § 7 Abs. 1 erster Satz, Abs. 5 und 6 in der Fassung des Bundesgesetzes BGBl. I Nr. 36/2017 tritt mit 1. März 2017 in Kraft. § 7 Abs. 5 in der Fassung vor dem Bundesgesetz BGBl. I Nr. 36/2017 gilt weiter für Beiträge aufgrund

von Kinderbetreuungsgeldbezug für Geburten vor dem 1. März 2017. § 7 Abs. 5 in der Fassung des Bundesgesetzes BGBl. I Nr. 36/2017 gilt für Beiträge aufgrund von Kinderbetreuungsgeldbezug für Geburten nach dem 28. Februar 2017.

(32) § 44 Abs. 1 und § 45 Abs. 1 in der Fassung des Bundesgesetzes BGBl. I Nr. 107/2017 treten mit 3. Jänner 2018 in Kraft. § 25 Abs. 2 Z 2 und Abs. 5 in der Fassung des Bundesgesetzes BGBl. I Nr. 107/2017 tritt mit 1. Jänner 2019 in Kraft und gilt für Beitragszeiträume nach 31. Dezember 2018. § 44 Abs. 2 und § 45 Abs. 3 treten mit Ablauf des 2. Jänner 2018 außer Kraft.

(33) Die §§ 7 Abs. 1, 18 Abs. 3, 25 Abs. 3 und 5, 26 Abs. 6, 27 Abs. 4, 5, 6, 6a und 7, 27a Abs. 2, 3, 4 und 5, 50 Abs. 3, 52 Abs. 1a, 2 und 3, 53 Abs. 1, 60 Abs. 2, 3 und 5, 62 Abs. 1 Z 4, 64 Abs. 5 und 6, 69 Abs. 2, 3 und 5 sowie § 71a in der Fassung des Bundesgesetzes BGBl. I Nr. 100/2018 treten mit 1. Jänner 2020 in Kraft.

(34) § 47a und § 72 Z 2 in der Fassung des Brexit-Begleitgesetzes 2019, BGBl. I Nr. 25/2019, treten mit dem Zeitpunkt des Wirksamwerdens des Austritts des Vereinigten Königreichs Großbritannien und Nordirland aus der Europäischen Union unter der Bedingung in Kraft, dass der Austritt ohne Austrittsabkommen gemäß Art. 50 Abs. 2 EUV erfolgt.

(35) § 6 Abs. 4 in der Fassung des Bundesgesetzes BGBl. I Nr. 135/2020 tritt rückwirkend mit 1. Oktober 2020 in Kraft.

(36) § 7 in der Fassung des Bundesgesetzes BGBl. I Nr. 71/2021 tritt rückwirkend mit 1. Jänner 2020 in Kraft.

(37) § 1 Abs. 2 Z 2 in der Fassung des Bundesgesetzes BGBl. I Nr. 78/2021 tritt mit 1. Juli 2021 in Kraft. Mit diesem Tag entfällt auch § 6 Abs. 4 letzter Satz.

(38) § 30 Abs. 3 Z 8 lit. c und § 31 Abs. 1 Z 3a in der Fassung des Bundesgesetzes BGBl. I Nr. 199/2021 treten mit 8. Juli 2022 in Kraft.

22. Betriebspensionsgesetz

Bundesgesetz vom 17. Mai 1990, mit dem betriebliche Leistungszusagen gesichert werden

StF: BGBl. Nr. 282/1990

Letzte Novellierung: BGBl. I Nr. 100/2018

GLIEDERUNG

STICHWORTVERZEICHNIS

BPG

ABSCHNITT 1
Geltungsbereich

§ 1. (1) Dieses Bundesgesetz regelt die Sicherung von Leistungen und Anwartschaften aus Zusagen zur die gesetzliche Pensionsversicherung ergänzenden Alters-, Invaliditäts- und Hinterbliebenenversorgung (Leistungszusagen), die dem Arbeitnehmer im Rahmen eines privatrechtlichen Arbeitsverhältnisses vom Arbeitgeber gemacht werden.

(2) Dieses Bundesgesetz gilt auch für Zusagen gemäß Abschnitt 2 oder 2a an Mitglieder von Vertretungsorganen juristischer Personen des Privatrechts, sofern

1. sie aus dieser Tätigkeit Einkünfte aus nichtselbständiger Arbeit (§ 25 EStG 1988) beziehen und
2. der Arbeitgeber Träger einer betrieblichen Pensionskasse ist oder zugunsten seiner Arbeitnehmer einer überbetrieblichen Pensionskasse beigetreten ist oder für seine Arbeitnehmer eine betriebliche Kollektivversicherung abgeschlossen hat.

(3) Dieses Bundesgesetz gilt nicht für Leistungszusagen und Leistungen

1. im Rahmen von Arbeitsverhältnissen der land- und forstwirtschaftlichen Arbeiter, im Sinne des Landarbeitsgesetzes 1984, BGBl. Nr. 287;
2. auf Grund der Bundesforste-Dienstordnung 1986, BGBl. Nr. 298;
3. die vom Arbeitgeber unmittelbar zu erfüllen, jederzeit ohne Angabe von Gründen widerruflich sind und keinen Rechtsanspruch auf Leistungen vorsehen.

(4) Für Ansprüche im Sinne des Abs. 1 aus Unterstützungs- und sonstigen Hilfskassen gelten nur die Abschnitte 5 und 6.

(5) Für Leistungen und Anwartschaften von Arbeitnehmern, die gemäß § 5 Abs. 1 Z 3 des Allgemeinen Sozialversicherungsgesetzes (ASVG), BGBl. Nr. 189/1955, oder gemäß § 38 Abs. 3 des Nationalbankgesetzes 1984, BGBl. Nr. 50, oder nach anderen vergleichbaren gesetzlichen Bestimmungen von der gesetzlichen Pensionsversicherungspflicht ausgenommen und bei natürlichen Personen oder juristischen Personen des Privatrechts beschäftigt sind, gilt dieses Bundesgesetz für jene Leistungen und Anwartschaften, welche die aufgrund von Versicherungszeiten und Bemessungsgrundlagen vergleichbaren Ansprüche nach dem ASVG übersteigen.

Arten der Leistungszusagen

§ 2. Leistungszusagen im Sinne des § 1 Abs. 1 sind Verpflichtungen des Arbeitgebers aus einseitigen Erklärungen, Einzelvereinbarungen oder aus Normen der kollektiven Rechtsgestaltung,

1. Beiträge an eine Pensionskasse oder an eine Einrichtung im Sinne des § 5 Z 4 Pensionskassengesetz (PKG), BGBl. Nr. 281/1990, zugunsten des Arbeitnehmers und seiner Hinterbliebenen zu zahlen; Prämien für eine betriebliche Kollektivversicherung an ein zum Betrieb der Lebensversicherung im Inland berechtigtes Versicherungsunternehmen (§ 93 des Versicherungsaufsichtsgesetzes 2016 – VAG 2016, BGBl. I Nr. 34/2015) zugunsten des Arbeitnehmers und seiner Hinterbliebenen zu zahlen; Pensionskassenzusagen oder betriebliche Kollektivversicherungen haben jedenfalls eine Altersversorgung und Hinterbliebenenversorgung zu enthalten;

Alterspensionen sind lebenslang, Hinterbliebenenpensionen entsprechend der im Pensionskassenvertrag oder Versicherungsvertrag festgelegten Dauer zu leisten;

2. Leistungen dem Arbeitnehmer und seinen Hinterbliebenen unmittelbar zu erbringen (direkte Leistungszusage);
3. Prämien für eine zugunsten des Arbeitnehmers und seiner Hinterbliebenen abgeschlossenen Lebensversicherung zu zahlen.

ABSCHNITT 2

Pensionskasse

Voraussetzungen für Errichtung, Beitritt und Auflösung

§ 3. (1) Die Errichtung einer betrieblichen Pensionskasse oder der Beitritt zu einer betrieblichen oder überbetrieblichen Pensionskasse bedarf mit Ausnahme der in Abs. 2 genannten Fälle nach Maßgabe des § 15 Abs. 4 PKG, zur Rechtswirksamkeit des Abschlusses einer Betriebsvereinbarung oder in den Fällen des Abs. 1a eines Kollektivvertrages. Kollektivvertrag oder Betriebsvereinbarung haben jedenfalls zu regeln:

1. Die Mitwirkung der Anwartschafts- und Leistungsberechtigten an der Verwaltung der Pensionskasse oder Einrichtung im Sinne des § 5 Z 4 PKG;
2. das Leistungsrecht, dazu gehören insbesondere die Ansprüche der Anwartschafts- und Leistungsberechtigten; die Höhe der vom/von der Arbeitgeber/in zu entrichtenden Beiträge, die im Falle beitragsorientierter Vereinbarungen mit der Pensionskasse betragsmäßig oder in fester Relation zu laufenden Entgelten oder Entgeltbestandteilen festzulegen sind; zusätzlich können bei beitragsorientierten Vereinbarungen variable Beiträge bis zur Höhe der vom/von der Arbeitgeber/in verpflichtend zu entrichtenden Beiträge oder, sofern sich der/die Arbeitgeber/in zur Leistung eines Beitrages für Arbeitnehmer/innen von mindestens 2 vH des laufenden Entgelts verpflichtet, variable Beiträge in fester Relation zu einer oder mehreren betrieblichen Kennzahlen im Sinne des Abs. 1 Z 2a bis zur Höhe des sich aus § 4 Abs. 4 Z 2 lit. a EStG 1988 ergebenden Betrages vorgesehen werden; die allfällige Verpflichtung des/der Arbeitgebers/in zur Beitragsanpassung bei Auftreten von zusätzlichen Deckungserfordernissen; die allfällige Vereinbarung von Wahlrechten gemäß § 12 Abs. 7 PKG;

2a. die der variablen Beitragsleistung zu Grunde liegende betriebliche Kennzahl: Eine betriebliche Kennzahl ist eine nachvollziehbare und allgemein zugängliche, nach objektiven Kriterien ermittelte betriebswirtschaftliche, steuerrechtliche oder unternehmensrechtliche Kennzahl, die der jeweiligen Branche des Betriebs, dem konkreten Gegenstand, der Größe und dem Umfang des Betriebs sowie dem allgemeinen Betriebsrisiko dieses Betriebs Rechnung trägt; die Vereinbarung mehrerer Kennzahlen pro Betrieb oder die Vereinbarung einer Kennzahl, die sich anteilsmäßig aus mehreren Kennzahlen zusammensetzt, ist zulässig;

3. die Voraussetzungen und die Rechtswirkungen der Auflösung einer betrieblichen Pensionskasse, wobei der Sicherung der Ansprüche der Anwartschafts- und Leistungsberechtigten der Vorrang vor anderen Leistungen der Kasse zu geben ist; die Voraussetzungen für die Arbeitgeberkündigung des Pensionskassenvertrages gemäß § 17 PKG und die Rechtswirkungen dieser Kündigung hinsichtlich der Ansprüche der Anwartschafts- und Leistungsberechtigten.

(1a) Eine Pensionskassenregelung kann in einem Kollektivvertrag vorgesehen werden, wenn

1. ein Kollektivvertrag zum Stichtag 1. Jänner 1997 eine betriebliche Alters(Hinterbliebenen)versorgung vorsieht, oder
2. eine solche für einen nicht dem II. Teil des Arbeitsverfassungsgesetzes, BGBl. Nr. 22/1974, unterliegenden Betrieb (oder ein Unternehmen) getroffen werden soll.

(1b) Bei

1. Wegfall der kollektivvertraglichen Pensionskassenzusage durch Wechsel der Kollektivvertragsangehörigkeit oder
2. Erlöschen des Kollektivvertrages durch Kündigung

werden die Regelungen des Kollektivvertrages über eine Pensionskassenzusage Inhalt des Arbeitsvertrages des Anwartschaftsberechtigten.

(1c) Bei sonstigem Erlöschen des Kollektivvertrages bleibt dem Anwartschaftsberechtigten die bis zur Beendigung seiner Nachwirkung (§ 13 ArbVG) erworbene Anwartschaft aus der Pensionskassenzusage erhalten, wobei der Anwartschaftsberechtigte zum Zeitpunkt der Beendigung der Nachwirkung dieselben Rechte (§ 6 Abs. 3) wie bei Widerruf der Beitragsleistung durch den Arbeitgeber hat.

(2) Für Arbeitnehmer, die von keinem Betriebsrat vertreten sind oder für die kein Kollektivvertrag (im Sinne der Abs. 1 und 1a) gilt, bedarf der Beitritt zu einer Pensionskasse des vorherigen Abschlusses einer Vereinbarung mit dem Arbeitgeber, die nach einem Vertragsmuster unter Berücksichtigung des § 18 zu gestalten ist. Dieses Vertragsmuster hat die in Abs. 1 genannten Angelegenheiten zu regeln.

(3) Werden Ansprüche ehemaliger Arbeitnehmer aus direkten Leistungszusagen auf eine Pensionskasse übertragen, ist Abs. 2 anzuwenden.

(4) Hat sich der Arbeitnehmer verpflichtet, eigene Beiträge zu leisten, kann er seine Beitragsleistung jederzeit einstellen oder für einen Zeitraum von mindestens zwei Jahren aussetzen oder einschränken. Der Arbeitnehmer kann seine Beitragsleistung auch dann einstellen, aussetzen oder einschränken, wenn der Arbeitgeber eine entsprechende Änderung seiner Beitragsleistung zulässigerweise vornimmt (§ 6). Die Beiträge des Arbeitnehmers dürfen die Summe der jährlichen Beiträge des Arbeitgebers nicht übersteigen, ausgenommen

1. in den in § 6 genannten Fällen oder
2. in den Fällen, in denen der Arbeitnehmer zusätzlich zu einer leistungsorientierten Zusage des Arbeitgebers eigene Beiträge (beitragsorientiert) leistet und die Beiträge des Arbeitgebers sich zulässigerweise vermindern, ohne dass die Zusage verändert wird, oder
3. der Arbeitnehmer eigene Beiträge bis zu der in § 108a des Einkommensteuergesetzes, BGBl. Nr. 400/1988, genannten Höhe leistet, wobei der Erstattungsbetrag nach § 108a EStG, der dem Konto für Arbeitnehmerbeiträge gutgeschrieben werden kann, auf diesen Betrag nicht anzurechnen ist.

Für die Dauer einer Karenz im Sinne des Mutterschutzgesetzes 1979 (MSchG), BGBl. Nr. 221, oder des Väter-Karenzgesetzes (VKG), BGBl. Nr. 651/1989, einer Bildungskarenz nach § 11 des Arbeitsvertragsrechts-Anpassungsgesetzes (AVRAG), BGBl. Nr. 459/1993, sowie einer Freistellung gegen Entfall des Entgelts nach den §§ 12, 14a oder 14b, 14c AVRAG kann der/die Arbeitnehmer/in seine/ihre Beiträge in der bisherigen Höhe weiterzahlen oder auch die Beiträge des/der Arbeitgebers/in übernehmen. Werden infolge einer Herabsetzung der Normalarbeitszeit gemäß den §§ 11a, 13, 14, 14a oder 14b, 14d AVRAG oder einer Teilzeitbeschäftigung im Sinne des MSchG oder VKG die Beiträge des/der Arbeitgebers/in vermindert, kann der/die Arbeitnehmer/in seine/ihre Beiträge in der bisherigen Höhe weiterzahlen oder für die Dauer der Arbeitszeitreduktion auch die entfallenden Beiträge des/der Arbeitgebers/in übernehmen.

Verfügungs- und Exekutionsbeschränkungen

§ 4. Die Abtretung oder Verpfändung von Anwartschaften im Sinne der §§ 5 und 6 ist rechtsunwirksam. Für die Pfändung gilt die Exekutionsordnung, RGBl. Nr. 79/1896.

Unverfallbarkeit

§ 5. (1) Bei Beendigung des Arbeitsverhältnisses vor Eintritt des Leistungsfalles wird die aus eigenen Beiträgen des Arbeitnehmers und Beiträgen des Arbeitgebers an eine Pensionskasse bisher erworbene Anwartschaft auf Alters- und Hinterbliebenenversorgung unverfallbar. In der Vereinbarung nach § 3 kann vorgesehen werden, daß die aus Arbeitgeberbeiträgen erworbene Anwartschaft erst nach Ablauf eines Zeitraumes von höchstens drei Jahren nach Beginn der Beitragszahlung des Arbeitgebers an die Pensionskasse unverfallbar wird. Diese Frist gilt nicht, wenn im Zeitpunkt einer allfälligen Übertragung einer Anwartschaft in die Pensionskasse bereits ein Rechtsanspruch auf diese Anwartschaft besteht oder die Beendigung des Arbeitsverhältnisses infolge der Insolvenz des Arbeitgebers oder infolge einer Betriebsstillegung erfolgt oder wenn im Zuge der Übertragung eines Unternehmens, Betriebes oder Betriebsteiles der neue Arbeitgeber eine Fortzahlung der Beiträge verweigert.

(1a) Aus der unverfallbaren Anwartschaft (Abs. 1) ist ein Unverfallbarkeitsbetrag zu errechnen. Dieser entspricht der auf Grund des Risikos des Alters und des Todes geschäftsplanmäßig zu bildenden Deckungsrückstellung (die dieser Berechnung zugrunde zu legende Deckungsrückstellung hat nur Veränderungen des Entgelts bis zum Zeitpunkt der Beendigung des Arbeitsverhältnisses zu berücksichtigen) und darf ab dem Inkrafttreten des Bundesgesetzes BGBl. Nr. 754/1996 nicht geringer sein

1. bei individueller Führung der Schwankungsrückstellung (§§ 24 und 24a PKG) als das Maximum aus der Deckungsrückstellung abzüglich der Verwaltungskosten für die Leistung des Unverfallbarkeitsbetrages und 95% der dem Anwartschaftsberechtigten zugeordneten Deckungsrückstellung zuzüglich 95% des Anteils an der Schwankungsrückstellung, oder
2. bei globaler Führung der Schwankungsrückstellung (§§ 24 und 24a PKG) als
   a) 100% der dem/der Anwartschaftsberechtigten zugeordneten Deckungsrückstellung oder
   b) das Maximum aus der Deckungsrückstellung abzüglich der Verwaltungskosten für die Leistung des Unverfallbarkeitsbetrages und 95 vH der dem/der Anwartschaftsberechtigten zugeordneten Deckungsrückstellung zuzüglich 95 vH des Anteils an der Schwankungsrückstellung.

(1b) Eine Änderung der Berechnung des Unverfallbarkeitsbetrages bedarf jedenfalls einer Änderung des Kollektivvertrages, der Betriebsvereinbarung oder der Vereinbarung laut Vertragsmuster.

(2) Der Arbeitnehmer kann nach Beendigung des Arbeitsverhältnisses

1. die Umwandlung des Unverfallbarkeitsbetrages gemäß Abs. 1a in eine beitragsfrei gestellte Anwartschaft verlangen; bei Eintritt des Leistungsfalles hat der Leistungsberechtigte gegen die Pensionskasse einen Anspruch aus der beitragsfrei gestellten Anwartschaft; im Falle einer beitragsorientierten Zusage sind zusätzlich die anteiligen Veranlagungserträge und anteiligen versicherungstechnischen Gewinne oder Verluste bis zum Leistungsfall zu berücksichtigen;
2. die Übertragung des Unverfallbarkeitsbetrages gemäß Abs. 1a in die Pensionskasse oder in eine Einrichtung im Sinne des § 5 Z 4 PKG oder in eine betriebliche Kollektivversicherung oder in eine Gruppenrentenversicherung eines/einer neuen Arbeitgebers/in oder in eine Rentenversicherung ohne Rückkaufsrecht, in eine Einrichtung der zusätzlichen Pensionsversicherung nach § 479 ASVG oder in eine nach dem Kapitaldeckungsverfahren gestaltete Altersversorgungseinrichtung nach § 173 Abs. 2 des Wirtschaftstreuhandberufsgesetzes (WTBG), BGBl. I Nr. 58/1999, nach § 50 Abs. 3 der Rechtsanwaltsordnung (RAO), RGBl. Nr. 96/1868, oder nach § 41 Abs. 4 des Gehaltskassengesetzes 2002, BGBl. I Nr. 154/2001, verlangen, wenn der/die Arbeitnehmer/in bei der Übertragung Anwartschafts- oder Leistungsberechtigter ist;

2a. die Übertragung des Unverfallbarkeitsbetrages gemäß Abs. 1a in eine Pensionskasse oder in eine Einrichtung im Sinne des § 5 Z 4 PKG oder in eine betriebliche Kollektivversicherung, in der für den/die Arbeitnehmer/in bereits eine unverfallbare Anwartschaft oder eine prämienfreie Versicherung veranlagt wird, verlangen, wenn der/die neue Arbeitgeber/in nicht beabsichtigt, für den/die Arbeitnehmer/in eine Pensionskassenzusage oder eine betriebliche Kollektivversicherung abzuschließen;

3. die Übertragung des Unverfallbarkeitsbetrages gemäß Abs. 1a in eine direkte Leistungszusage eines neuen Arbeitgebers verlangen, wenn ein Arbeitgeberwechsel unter Wahrung der Pensionsansprüche aus dem bisherigen Arbeitsverhältnis innerhalb eines Konzerns stattfindet;
4. die Übertragung des Unverfallbarkeitsbetrages gemäß Abs. 1a in eine ausländische Altersversorgungseinrichtung verlangen, wenn der Arbeitnehmer seinen Arbeitsort dauernd ins Ausland verlegt;
5. die Fortsetzung nur mit eigenen Beiträgen verlangen, wenn auf Grund einer Leistungszusage mindestens fünf Jahre Beiträge geleistet wurden, oder wenn ein Arbeitgeberwechsel innerhalb eines Konzerns stattfindet.

(3) Gibt der/die Arbeitnehmer/in binnen sechs Monaten keine Erklärung über die Verwendung seines/ihres Unverfallbarkeitsbetrages gemäß Abs. 1a ab, ist dieser in eine beitragsfrei gestellte Anwartschaft (Abs. 2 Z 1) umzuwandeln. Verlangt der/die Arbeitnehmer/in zu einem späteren Zeitpunkt die Übertragung dieser Anwartschaft in die Pensionskasse oder in eine Einrichtung im Sinne des § 5 Z 4 PKG oder in eine betriebliche Kollektivversicherung oder in eine Gruppenrentenversicherung eines/einer neuen Arbeitgebers/in oder in eine Rentenversicherung ohne Rückkaufsrecht, in eine Einrichtung der zusätzlichen Pensionsversicherung nach § 479 ASVG oder in eine nach dem Kapitaldeckungsverfahren gestaltete Altersversorgungseinrichtung nach § 173 Abs. 2 WTBG, nach § 50 Abs. 3 RAO, nach § 41 Abs. 4 des Gehaltskassengesetzes 2002 oder in eine ausländische Altersversorgungseinrichtung (Abs. 2 Z 4), ist die Anwartschaft neuerlich in einen Unverfallbarkeitsbetrag umzuwandeln. Dieser berechnet sich bei einer beitragsorientierten Zusage unter Berücksichtigung der anteiligen Veranlagungserträge und anteiligen versicherungstechnischen Gewinne oder Verluste bis zum Zeitpunkt der Übertragung nach denselben Rechenregeln, die bei der Berechnung des Unverfallbarkeitsbetrages bei Beendigung des Arbeitsverhältnisses zugrunde zu legen waren.

(4) Sofern der Unverfallbarkeitsbetrag gemäß Abs. 1a im Zeitpunkt der Beendigung des Arbeitsverhältnisses den sich aus § 1 Abs. 2 und 2a PKG jeweils ergebenden Betrag nicht übersteigt, kann der Arbeitnehmer abgefunden werden; über sein Verlangen ist er abzufinden. Unterbleibt eine Abfindung nach dem ersten Satz, kann bis zum Ablauf von zwölf Monaten nach dem Ende des Arbeitsverhältnisses zwischen der Pensionskasse und dem/der Arbeitnehmer/in vereinbart werden, dass die nach § 5 Abs. 3 erster Satz beitragsfrei gestellte Anwartschaft neuerlich in einen Unverfallbarkeitsbetrag umzuwandeln und abzufinden ist. Für die Berechnung des Unverfallbarkeitsbetrages gilt § 5 Abs. 3 letzter Satz sinngemäß.

(5) Der/Die Arbeitnehmer/in kann nach nachweislicher Information gemäß § 19b PKG und § 98 VAG 2016 bei Eintritt des Leistungsfalles die Übertragung des Unverfallbarkeitsbetrages gemäß Abs. 1a von der Pensionskasse in eine betriebliche Kollektivversicherung verlangen, sofern der/die Arbeitgeber/in bereits eine betrieb-

liche Kollektivversicherung gemäß § 6a abgeschlossen hat.

Wechsel in die betriebliche Kollektivversicherung im aufrechten Arbeitsverhältnis

§ 5a. (1) Der/Die Arbeitnehmer/in kann, sofern dies im Kollektivvertrag, in der Betriebsvereinbarung oder im Vertragsmuster vorgesehen ist und der/die Arbeitgeber/in bereits eine betriebliche Kollektivversicherung gemäß § 6a abgeschlossen hat, nach nachweislicher Information gemäß § 19b PKG und § 98 VAG 2016 ab dem Jahr, in dem er/sie das 55. Lebensjahr vollendet, gegenüber der Pensionskasse und dem/der Arbeitgeber/in schriftlich erklären, dass vom/von der Arbeitgeber/in zum 1. Jänner des folgenden Kalenderjahres an Stelle der Beitragsleistung an die Pensionskasse künftig die Zahlung von Prämien in derselben Höhe in die betriebliche Kollektivversicherung zu erfolgen hat. Die Pensionskasse hat zum 1. Jänner des auf die Erklärung des/der Arbeitnehmers/in folgenden Kalenderjahres den zu diesem Zeitpunkt gebührenden fiktiven Unverfallbarkeitsbetrag in die betriebliche Kollektivversicherung zu übertragen. Der fiktive Unverfallbarkeitsbetrag berechnet sich nach denselben Rechenregeln, die der Berechnung des Unverfallbarkeitsbetrages bei Beendigung des Arbeitsverhältnisses zugrunde zu legen sind.

(2) Die Erklärung des/der Arbeitnehmers/in nach Abs. 1 erster Satz muss bis 31. Oktober eines Kalenderjahres beim/bei der Arbeitgeber/in und der Pensionskasse eingehen, damit die Prämienzahlung in die betriebliche Kollektivversicherung und die Übertragung des Unverfallbarkeitsbetrages zum 1. Jänner des folgenden Kalenderjahres wirksam wird.

(3) Hat der/die Arbeitnehmer/in eigene Beiträge geleistet, hat er/sie im Fall einer Verfügung nach Abs. 1 ab dem 1. Jänner des folgenden Kalenderjahres Prämien in derselben Höhe in die betriebliche Kollektivversicherung zu leisten.

(4) Der/Die Arbeitnehmer/in kann einen Wechsel in die betriebliche Kollektivversicherung nach Abs. 1 als auch einen Wechsel in die Pensionskasse nach § 6e Abs. 1 jeweils nur einmal verlangen. Mit Eintritt des Leistungsfalls ist der Wechsel in die betriebliche Kollektivversicherung jedenfalls unwiderruflich.

Einstellen, Aussetzen oder Einschränken der Beitragsleistung

§ 6. (1) Der Arbeitgeber kann die laufenden Beitragsleistungen nur dann einstellen (Widerruf), wenn

1. dies im Kollektivvertrag, in der Betriebsvereinbarung oder im Vertragsmuster vorgesehen ist,
2. sich die wirtschaftliche Lage des Unternehmens nachhaltig so wesentlich verschlechtert, daß die Aufrechterhaltung der zugesagten Leistung eine Gefährdung des Weiterbestandes des Unternehmens zur Folge hätte und
3. in Betrieben, in denen ein zuständiger Betriebsrat besteht, mindestens drei Monate vor dem Einstellen der Beitragsleistung eine Beratung mit diesem Betriebsrat erfolgt ist. Zu dieser Beratung kann der Betriebsrat eine fachkundige Person beiziehen, die über alle ihr bekannt gewordenen Geschäfts- und Betriebsgeheimnisse Verschwiegenheit zu bewahren hat.

(2) Widerruft der Arbeitgeber, so bleibt dem Arbeitnehmer die bisher erworbene Anwartschaft erhalten. Im Zeitpunkt des Widerrufs ist ein Unverfallbarkeitsbetrag nach denselben Rechenregeln wie nach § 5 Abs. 1a zu errechnen, wobei jedoch eine allfällige Unverfallbarkeitsfrist unbeachtlich ist.

(3) Der Arbeitnehmer kann nach Widerruf

1. die Umwandlung des Unverfallbarkeitsbetrages gemäß Abs. 2 in eine beitragsfrei gestellte Anwartschaft verlangen; bei Eintritt des Leistungsfalles hat der Leistungsberechtigte gegen die Pensionskasse einen Anspruch, der sich aus der beitragsfrei gestellten Anwartschaft, im Falle einer beitragsorientierten Zusage unter Berücksichtigung der anteiligen Veranlagungserträge und anteiligen versicherungstechnischen Gewinne oder Verluste bis zum Leistungsfall ergibt;
2. die Übertragung des Unverfallbarkeitsbetrages gemäß Abs. 2 in eine Rentenversicherung ohne Rückkaufsrecht verlangen;
3. die Fortsetzung nur mit eigenen Beiträgen verlangen.

(4) Gibt der Arbeitnehmer binnen sechs Monaten keine Erklärung über die Verwendung seines Unverfallbarkeitsbetrages gemäß Abs. 2 ab, gilt § 5 Abs. 3.

(5) Sofern der Unverfallbarkeitsbetrag gemäß Abs. 2 im Zeitpunkt des Widerrufs den sich aus § 1 Abs. 2 und 2a PKG jeweils ergebenden Betrag nicht übersteigt, kann der Arbeitnehmer abgefunden werden; über sein Verlangen ist er abzufinden.

(6) Der Arbeitgeber kann die laufenden Beitragsleistungen nur dann und so lange aussetzen oder einschränken, als

1. dies im Kollektivvertrag, in der Betriebsvereinbarung oder im Vertragsmuster vorgesehen ist,
2. zwingende wirtschaftliche Gründe vorliegen und
3. in Betrieben, in denen ein zuständiger Betriebsrat besteht, mindestens drei Monate vor dem Aussetzen oder Einschränken der Beitragsleistung eine Beratung mit diesem Betriebsrat erfolgt ist. Zu dieser Beratung kann

der Betriebsrat eine fachkundige Person beiziehen, die über alle ihr bekannt gewordenen Geschäfts- und Betriebsgeheimnisse Verschwiegenheit zu bewahren hat.

(7) Werden Beiträge des Arbeitgebers ausgesetzt oder eingeschränkt, so kann der Arbeitnehmer für denselben Zeitraum

1. seine Beiträge aussetzen oder im selben Ausmaß einschränken,
2. seine Beiträge in der bisherigen Höhe weiterzahlen oder
3. auch die Beiträge des Arbeitgebers übernehmen.

(8) Durch Aussetzen oder Einschränken der Beiträge des Arbeitgebers oder Arbeitnehmers wird der Ablauf der Unverfallbarkeitsfrist (§ 5 Abs. 1 Satz 2) nicht berührt.

Abschnitt 2a

Betriebliche Kollektivversicherung

Voraussetzungen für den Abschluss einer betrieblichen Kollektivversicherung

§ 6a. (1) Der Abschluss einer betrieblichen Kollektivversicherung bedarf mit Ausnahme der in Abs. 2 genannten Fälle nach Maßgabe des § 93 VAG 2016 zur Rechtswirksamkeit des Abschlusses einer Betriebsvereinbarung oder in den Fällen des Abs. 1a eines Kollektivvertrages. Kollektivvertrag oder Betriebsvereinbarung haben jedenfalls zu regeln:

1. Die Mitwirkung der Versicherten nach § 97 VAG 2016;
2. das Leistungsrecht, dazu gehören insbesondere die Ansprüche der Versicherten; die Höhe der vom/von der Arbeitgeber/in zu entrichtenden Prämien, die im Falle beitragsorientierter Vereinbarungen mit dem Versicherungsunternehmen betragsmäßig oder in fester Relation zu laufenden Entgelten oder Entgeltbestandteilen festzulegen sind; zusätzlich können bei beitragsorientierten Vereinbarungen variable Prämien bis zur Höhe der vom/von der Arbeitgeber/in verpflichtend zu entrichtenden Prämien oder, sofern sich der/die Arbeitgeber/in zur Leistung einer Prämie für Arbeitnehmer/innen von mindestens 2 vH des laufenden Entgelts verpflichtet, variable Prämien in fester Relation zu einer oder mehreren betrieblichen Kennzahlen im Sinne des Abs. 1 Z 2a bis zur Höhe des sich aus § 4 Abs. 4 Z 2 lit. a EStG 1988 ergebenden Betrages vorgesehen werden; die allfällige Verpflichtung des/der Arbeitgebers/in zur Prämienanpassung bei Auftreten von zusätzlichen Deckungserfordernissen;

2a. die der variablen Prämienleistung zu Grunde liegende betriebliche Kennzahl: Eine betriebliche Kennzahl ist eine nachvollziehbare und allgemein zugängliche, nach objektiven Kriterien ermittelte betriebswirtschaftliche, steuerrechtliche oder unternehmensrechtliche Kennzahl, die der jeweiligen Branche des Betriebs, dem konkreten Gegenstand, der Größe und dem Umfang des Betriebs sowie dem allgemeinen Betriebsrisiko dieses Betriebs Rechnung trägt; die Vereinbarung mehrerer Kennzahlen pro Betrieb oder die Vereinbarung einer Kennzahl, die sich anteilsmäßig aus mehreren Kennzahlen zusammensetzt, ist zulässig;

3. die Voraussetzungen für die Arbeitgeberkündigung des Versicherungsvertrages gemäß § 93 VAG 2016 und die Rechtswirkungen dieser Kündigung hinsichtlich der Ansprüche der Anwartschafts- und Leistungsberechtigten.

(1a) Eine Regelung über eine betriebliche Kollektivversicherung kann in einem Kollektivvertrag vorgesehen werden, wenn

1. ein Kollektivvertrag zum Stichtag 1. Jänner 1997 eine betriebliche Alters(Hinterbliebenen)versorgung vorsieht, oder
2. eine solche für einen nicht dem II. Teil des Arbeitsverfassungsgesetzes, BGBl. Nr. 22/1974, unterliegenden Betrieb (oder ein Unternehmen) getroffen werden soll.

(1b) Bei

1. Wegfall der kollektivvertraglichen betrieblichen Kollektivversicherung durch Wechsel der Kollektivvertragsangehörigkeit oder
2. Erlöschen des Kollektivvertrages durch Kündigung

werden die Regelungen des Kollektivvertrages über eine betriebliche Kollektivversicherung Inhalt des Arbeitsvertrages des Anwartschaftsberechtigten.

(1c) Bei sonstigem Erlöschen des Kollektivvertrages bleibt dem Versicherten die bis zur Beendigung seiner Nachwirkung (§ 13 ArbVG) erworbene Anwartschaft aus der betrieblichen Kollektivversicherung erhalten, wobei der Versicherte zum Zeitpunkt der Beendigung der Nachwirkung dieselben Rechte (§ 6d Abs. 3) wie bei Widerruf der Beitragsleistung durch den Arbeitgeber hat.

(2) Für Arbeitnehmer, die von keinem Betriebsrat vertreten sind oder für die kein Kollektivvertrag (im Sinne der Abs. 1) gilt, bedarf der Beitritt zu einer betrieblichen Kollektivversicherung des vorherigen Abschlusses einer Vereinbarung mit dem Arbeitgeber, die nach einem Vertragsmuster unter Berücksichtigung des § 18 zu gestalten ist. Dieses Vertragsmuster hat die in Abs. 1 genannten Angelegenheiten zu regeln.

(3) Werden Ansprüche ehemaliger Arbeitnehmer aus direkten Leistungszusagen auf ein Versicherungsunternehmen übertragen, ist Abs. 2 anzuwenden.

(4) Hat sich der Arbeitnehmer verpflichtet, eigene Prämien zu leisten, kann er seine Prämienleistung jederzeit einstellen oder für einen Zeitraum von mindestens zwei Jahren aussetzen oder einschränken. Der Arbeitnehmer kann seine Prämienleistung auch dann einstellen, aussetzen oder

einschränken, wenn der Arbeitgeber eine entsprechende Änderung seiner Prämienleistung zulässigerweise vornimmt (§ 6d). Die Prämien des Arbeitnehmers dürfen die Summe der jährlichen Prämien des Arbeitgebers nicht übersteigen, ausgenommen

1. in den in § 6d genannten Fällen, oder
2. in den Fällen, in denen der Arbeitnehmer zusätzlich zu einer leistungsorientierten Zusage des Arbeitgebers eigene Prämien (beitragsorientiert) leistet und die Prämien des Arbeitgebers sich zulässigerweise vermindern, ohne dass die Zusage verändert wird, oder
3. der Arbeitnehmer eigene Prämien bis zu der in § 108a des Einkommensteuergesetzes, BGBl. Nr. 400/1988, genannten Höhe leistet, wobei der Erstattungsbetrag nach § 108a EStG, der dem Konto für Arbeitnehmer Prämien gutgeschrieben werden kann, auf diesen Betrag nicht anzurechnen ist.

Für die Dauer einer Karenz im Sinne des MSchG oder des VKG, einer Bildungskarenz nach § 11 AVRAG, sowie einer Freistellung gegen Entfall des Entgelts nach den §§ 12, 14a oder 14b, 14c AVRAG kann der/die Arbeitnehmer/in seine/ihre Prämien in der bisherigen Höhe weiterzahlen oder auch die Prämien des/der Arbeitgebers/in übernehmen. Werden infolge einer Herabsetzung der Normalarbeitszeit gemäß den §§ 11a, 13, 14, 14a oder 14b, 14d AVRAG oder einer Teilzeitbeschäftigung im Sinne des MSchG oder VKG die Prämien des/der Arbeitgebers/in vermindert, kann der/die Arbeitnehmer/in seine/ihre Prämien in der bisherigen Höhe weiterzahlen oder für die Dauer der Arbeitszeitreduktion auch die entfallenden Prämien des/der Arbeitgebers/in übernehmen.

Verfügungs- und Exekutionsbeschränkungen

§ 6b. Die Abtretung oder Verpfändung von Anwartschaften im Sinne der §§ 6c und 6d ist rechtsunwirksam. Für die Pfändung gilt die Exekutionsordnung, RGBl. Nr. 79/1896.

Unverfallbarkeit

§ 6c. (1) Bei Beendigung des Arbeitsverhältnisses vor Eintritt des Leistungsfalles wird der aus eigenen Beiträgen des Arbeitnehmers und Beiträgen des Arbeitgebers an ein Versicherungsunternehmen bisher erworbene Versicherungsanspruch aus dem Versicherungsvertrag (Alters- und Hinterbliebenenversorgung) unverfallbar. Der Unverfallbarkeitsbetrag entspricht der auf den einzelnen Versicherten entfallenden Deckungsrückstellung. Die Deckungsrückstellung ist nach den versicherungsmathematischen Grundlagen des Versicherungsunternehmens zu errechnen.

(2) Der Arbeitnehmer kann nach Beendigung des Arbeitsverhältnisses

1. die Umwandlung der Versicherung in eine prämienfreie Versicherung verlangen; bei Eintritt des Leistungsfalles hat der Versicherte gegenüber der Versicherung einen Anspruch, der sich aus den auf Grund des Versicherungsvertrages bis zur Beendigung des Arbeitsverhältnisses zu leistenden Prämien unter Berücksichtigung der bis zum Eintritt des Leistungsfalles auflaufenden Zinsengutschriften und Gewinnanteile ergibt;
2. die Übertragung des Unverfallbarkeitsbetrages gemäß Abs. 1 in die Pensionskasse oder in eine Einrichtung im Sinne des § 5 Z 4 PKG oder in eine betriebliche Kollektivversicherung oder in eine Gruppenrentenversicherung eines/einer neuen Arbeitgebers/in oder in eine Rentenversicherung ohne Rückkaufsrecht, in eine Einrichtung der zusätzlichen Pensionsversicherung nach § 479 ASVG oder in eine nach dem Kapitaldeckungsverfahren gestaltete Altersversorgungseinrichtung nach § 173 Abs. 2 WTBG, nach § 50 Abs. 3 RAO oder nach § 41 Abs. 4 des Gehaltskassengesetzes 2002 verlangen, wenn der/die Arbeitnehmer/in bei der Übertragung Anwartschafts- oder Leistungsberechtigter ist;

2a. die Übertragung des Unverfallbarkeitsbetrages gemäß Abs. 1 in eine betriebliche Kollektivversicherung oder in eine Pensionskasse oder in eine Einrichtung im Sinne des § 5 Z 4 PKG, in der für den/die Arbeitnehmer/in bereits eine prämienfreie Versicherung oder eine unverfallbare Anwartschaft veranlagt wird, verlangen, wenn der/die neue Arbeitgeber/in nicht beabsichtigt, für den/die Arbeitnehmer/in eine betriebliche Kollektivversicherung oder eine Pensionskassenzusage abzuschließen;

3. die Übertragung des Unverfallbarkeitsbetrages gemäß Abs. 1 in eine direkte Leistungszusage eines neuen Arbeitgebers verlangen, wenn ein Arbeitgeberwechsel unter Wahrung der Pensionsansprüche aus dem bisherigen Arbeitsverhältnis innerhalb eines Konzerns stattfindet;
4. die Übertragung des Unverfallbarkeitsbetrages gemäß Abs. 1 in eine ausländische Altersversorgungseinrichtung verlangen, wenn der Arbeitnehmer seinen Arbeitsort dauernd ins Ausland verlegt;
5. die Fortsetzung nur mit eigenen Beiträgen verlangen, wenn auf Grund einer Leistungszusage mindestens fünf Jahre Beiträge geleistet wurden, oder wenn ein Arbeitgeberwechsel innerhalb eines Konzerns stattfindet.

(3) Gibt der/die Arbeitnehmer/in binnen sechs Monaten keine Erklärung über die Verwendung seines/ihres Anspruches ab, so ist die Versicherung in eine prämienfreie Versicherung (Abs. 2 Z 1) umzuwandeln. Verlangt der/die Arbeitnehmer/in zu einem späteren Zeitpunkt die Übertragung seines/ihres Anspruches in die Pensionskasse oder in eine Einrichtung im Sinne des § 5 Z 4 PKG, in eine betriebliche Kollektivversicherung

oder in eine Gruppenrentenversicherung eines/einer neuen Arbeitgebers/in oder in eine Rentenversicherung ohne Rückkaufsrecht, in eine Einrichtung der zusätzlichen Pensionsversicherung nach § 479 ASVG oder in eine nach dem Kapitaldeckungsverfahren gestaltete Altersversorgungseinrichtung nach § 173 Abs. 2 WTBG, nach § 50 Abs. 3 RAO oder nach § 41 Abs. 4 des Gehaltskassengesetzes 2002 oder in eine ausländische Altersversorgungseinrichtung (Abs. 2 Z 4), ist die Deckungsrückstellung zu übertragen.

(4) Sofern der Unverfallbarkeitsbetrag gemäß Abs. 1 im Zeitpunkt der Beendigung des Arbeitsverhältnisses den sich aus § 1 Abs. 2 und 2a PKG jeweils ergebenden Betrag nicht übersteigt, kann der Arbeitnehmer abgefunden werden; über sein Verlangen ist er abzufinden. Unterbleibt eine Abfindung nach dem ersten Satz, kann bis zum Ablauf von zwölf Monaten nach dem Ende des Arbeitsverhältnisses zwischen dem Versicherungsunternehmen und dem/der Arbeitnehmer/in vereinbart werden, dass die nach § 6c Abs. 3 erster Satz prämienfreie Versicherung neuerlich in einen Unverfallbarkeitsbetrag gemäß § 6c Abs. 1 umzuwandeln und abzufinden ist.

(5) Der/Die Arbeitnehmer/in kann nach nachweislicher Information gemäß § 19b PKG und § 98 VAG 2016 bei Eintritt des Leistungsfalles die Übertragung des Unverfallbarkeitsbetrages gemäß Abs. 1 von der betrieblichen Kollektivversicherung in eine Pensionskasse, bei der er bereits Berechtigter im Sinne des § 5 PKG ist, verlangen.

Einstellen, Aussetzen oder Einschränken der Prämienleistung

§ 6d. (1) Der Arbeitgeber kann die laufenden Prämienleistungen nur dann einstellen (Widerruf), wenn

1. dies im Kollektivvertrag, in der Betriebsvereinbarung oder im Vertragsmuster vorgesehen ist,
2. sich die wirtschaftliche Lage des Unternehmens nachhaltig so wesentlich verschlechtert, dass die Aufrechterhaltung der zugesagten Leistung eine Gefährdung des Weiterbestandes des Unternehmens zur Folge hätte und
3. in Betrieben, in denen ein zuständiger Betriebsrat besteht, mindestens drei Monate vor dem Einstellen der Beitragsleistung eine Beratung mit diesem Betriebsrat erfolgt ist. Zu dieser Beratung kann der Betriebsrat eine fachkundige Person beiziehen, die über alle ihr bekannt gewordenen Geschäfts- und Betriebsgeheimnisse Verschwiegenheit zu bewahren hat.

(2) Widerruft der Arbeitgeber, so bleibt dem Arbeitnehmer der Anspruch auf die Versicherungsleistung auf Grund allfälliger eigener Prämien und der bis zum Widerruf fälligen Prämien des Arbeitgebers erhalten.

(3) Der Arbeitnehmer kann nach Widerruf

1. die Umwandlung des Unverfallbarkeitsbetrages gemäß Abs. 2 in eine prämienfreie Versicherung verlangen; bei Eintritt des Leistungsfalles hat der Leistungsberechtigte gegenüber der Versicherung einen Anspruch, der sich aus den auf Grund des Versicherungsvertrages bis zur Beendigung des Arbeitsverhältnisses zu leistenden Prämien unter Berücksichtigung der bis zum Eintritt des Leistungsfalles auflaufenden Zinsengutschriften und Gewinnanteile ergibt;
2. die Übertragung des Unverfallbarkeitsbetrages gemäß Abs. 2 in eine Rentenversicherung ohne Rückkaufsrecht verlangen;
3. die Fortsetzung nur mit eigenen Beiträgen verlangen.

(4) Gibt der Arbeitnehmer binnen sechs Monaten keine Erklärung über die Verwendung seines Unverfallbarkeitsbetrages gemäß Abs. 2 ab, gilt § 6c Abs. 3.

(5) Sofern der Unverfallbarkeitsbetrag gemäß Abs. 2 im Zeitpunkt des Widerrufs den sich aus § 1 Abs. 2 und 2a PKG jeweils ergebenden Betrag nicht übersteigt, kann der Arbeitnehmer abgefunden werden; über sein Verlangen ist er abzufinden.

(6) Der Arbeitgeber kann die laufenden Prämienleistungen nur dann und so lange aussetzen oder einschränken, als

1. dies im Kollektivvertrag, in der Betriebsvereinbarung oder im Vertragsmuster vorgesehen ist,
2. zwingende wirtschaftliche Gründe vorliegen und
3. in Betrieben, in denen ein zuständiger Betriebsrat besteht, mindestens drei Monate vor dem Aussetzen oder Einschränken der Beitragsleistung eine Beratung mit diesem Betriebsrat erfolgt ist. Zu dieser Beratung kann der Betriebsrat eine fachkundige Person beiziehen, die über alle ihr bekannt gewordenen Geschäfts- und Betriebsgeheimnisse Verschwiegenheit zu bewahren hat.

(7) Werden Prämien des Arbeitgebers ausgesetzt oder eingeschränkt, so kann der Arbeitnehmer für denselben Zeitraum

1. seine Prämien aussetzen oder im selben Ausmaß einschränken,
2. seine Prämien in der bisherigen Höhe weiterzahlen oder
3. auch die Prämien des Arbeitgebers übernehmen.

Wechsel in die Pensionskasse im aufrechten Arbeitsverhältnis

§ 6e. (1) Der/Die Arbeitnehmer/in kann, sofern dies im Kollektivvertrag, in der Betriebsvereinbarung oder im Vertragsmuster vorgesehen ist und der/die Arbeitgeber/in bereits einen Pensionskassenvertrag gemäß § 15 PKG abgeschlossen hat, nach nachweislicher Information gemäß § 98

VAG 2016 und § 19b PKG ab dem Jahr in dem er/sie das 55. Lebensjahr vollendet, gegenüber dem Versicherungsunternehmen und dem/der Arbeitgeber/in schriftlich erklären, dass vom/von der Arbeitgeber/in zum 1. Jänner des folgenden Kalenderjahres an Stelle der Prämienleistung in die betriebliche Kollektivversicherung die Zahlung von Beiträgen in derselben Höhe an die Pensionskasse zu erfolgen hat. Das Versicherungsunternehmen hat zum 1. Jänner des auf die Erklärung des/der Arbeitnehmers/in folgenden Kalenderjahres den Unverfallbarkeitsbetrag gemäß § 6c Abs. 1 in die Pensionskasse zu übertragen.

(2) Die Erklärung des/der Arbeitnehmers/in nach Abs. 1 erster Satz muss bis 31. Oktober eines Kalenderjahres beim/bei der Arbeitgeber/in und dem Versicherungsunternehmen eingehen, damit die Beitragszahlung in die Pensionskasse und die Übertragung des Unverfallbarkeitsbetrages zum 1. Jänner des folgenden Kalenderjahres wirksam wird.

(3) Hat der/die Arbeitnehmer/in eigene Prämien geleistet, hat er/sie im Fall einer Verfügung nach Abs. 1 ab dem 1. Jänner des folgenden Kalenderjahres Beiträge in derselben Höhe in die Pensionskasse zu leisten.

(4) Der/Die Arbeitnehmer/in kann einen Wechsel in die Pensionskasse nach Abs. 1 als auch einen Wechsel in die betriebliche Kollektivversicherung nach § 5a Abs. 1 jeweils nur einmal verlangen. Mit Eintritt des Leistungsfalls ist der Wechsel in die Pensionskasse jedenfalls unwiderruflich.

ABSCHNITT 3
Direkte Leistungszusage
Unverfallbarkeit

§ 7. (1) Mangels einer für den Arbeitnehmer günstigeren Vereinbarung wird bei Beendigung des Arbeitsverhältnisses vor Eintritt des Leistungsfalles die bisher aus einer direkten Leistungszusage erworbene Anwartschaft auf eine Alters- und Hinterbliebenenversorgung unverfallbar, wenn seit Erteilung der Leistungszusage drei Jahre vergangen sind.

(Anm.: Abs. 2 aufgehoben durch Art. 4 Z 2, BGBl. I Nr. 54/2018)

(2a) Der Unverfallbarkeitsbetrag errechnet sich, sofern im folgenden nicht anderes bestimmt ist, nach dem Teilwertverfahren und den bei der Bildung der Rückstellung anzuwendenden versicherungsmathematischen Grundsätzen; für die Berechnung ist einerseits das Alter zum Zeitpunkt der Erteilung der Zusage, andererseits das Anfallsalter heranzuziehen; der Rechnungszinssatz beträgt 7%; bei dieser Berechnung sind Veränderungen des Entgelts nur bis zum Zeitpunkt der Beendigung des Arbeitsverhältnisses zu berücksichtigen. Auch wenn in der Leistungszusage eine Berufsunfähigkeitspension (Invaliditätspension) vorgesehen ist, ist bei der Berechnung des Unverfallbarkeitsbetrages nur die Anwartschaft auf Alterspension bzw. vorzeitige Alterspension (unabhängig davon, ob der Anspruchsberechtigte das Anfallsalter als Aktiver, Invalider oder Alterspensionist erreicht) und die Anwartschaft auf Hinterbliebenenpension (unabhängig davon, ob der Anspruchsberechtigte als Aktiver, Invalider oder Alterspensionist verstirbt) zu berücksichtigen.

(2b) Bis 1. Juli 2000 ist für Arbeitnehmer, deren Arbeitsverhältnis frühestens fünf Jahre vor Erreichen des in der Leistungszusage festgelegten Pensionsanfallsalters endet, eine Vergleichsrechnung zwischen den Berechnungsvorschriften des § 7 Abs. 3 Z 1 BPG, in der Fassung des Artikels I des Bundesgesetzes BGBl. Nr. 282/1990, und dem Teilwertverfahren nach Abs. 2a anzustellen. Diese Arbeitnehmer haben Anspruch auf den sich aus der Vergleichsrechnung ergebenden höheren Betrag.

(3) Nach Beendigung des Arbeitsverhältnisses kann der Arbeitnehmer

1. die Übertragung des Unverfallbarkeitsbetrages (gemäß Abs. 2a und 2b) in die Pensionskasse, in eine betriebliche Kollektivversicherung oder in eine Gruppenrentenversicherung eines neuen Arbeitgebers oder in eine Rentenversicherung ohne Rückkaufsrecht verlangen; ist der Arbeitnehmer noch Anwartschaftsberechtigter in der Pensionskasse, betrieblichen Kollektivversicherung oder Gruppenrentenversicherung eines früheren Arbeitgebers, kann er die Übertragung des Unverfallbarkeitsbetrages in diese Pensionskasse, betriebliche Kollektivversicherung oder Gruppenrentenversicherung verlangen;
2. die Übertragung des Unverfallbarkeitsbetrages (gemäß Abs. 2a und 2b) in die direkte Leistungszusage eines neuen Arbeitgebers verlangen, wenn ein Arbeitgeberwechsel unter Wahrung der Pensionsansprüche aus dem bisherigen Arbeitsverhältnis stattfindet;
3. die Übertragung des Unverfallbarkeitsbetrages (gemäß Abs. 2a und 2b) in eine ausländische Altersversorgungseinrichtung verlangen, wenn der Arbeitnehmer seinen Arbeitsort dauernd ins Ausland verlegt;
4. die Erfüllung der Leistungszusage im Leistungsfall verlangen, wobei der Unverfallbarkeitsbetrag (gemäß Abs. 2a und 2b) in eine beitragsfrei gestellte Anwartschaft (Rechnungszinsfuß 6%) umzuwandeln ist; bei Eintritt des Leistungsfalles hat der Leistungsberechtigte einen Anspruch aus der beitragsfrei gestellten Anwartschaft, wobei eine allfällig vertraglich vereinbarte Valorisierung erst ab Eintritt des Leistungsfalles erfolgt.

(3a) Ist in der Leistungszusage eine Berufsunfähigkeitspension (Invaliditätspension) vorgesehen, kann der ehemalige Arbeitnehmer bei Eintritt der Berufsunfähigkeit (Invalidität) eine Leistung aus der beitragsfrei gestellten Anwartschaft (Abs. 3 Z 4) verlangen. Diese Leistung ergibt sich aus der versicherungsmathematischen Umwandlung der Rückstellung für die beitragsfrei gestellte Anwartschaft in eine sofort beginnende Berufsunfähigkeitspension (Invaliditätspension) unter Berücksichtigung der Hinterbliebenenansprüche.

(4) Hat der Arbeitnehmer für den Erwerb einer Anwartschaft eigene Zahlungen geleistet, so werden diese Zahlungen einschließlich der darauf entfallenden Verzinsung durch den Rechnungszinsfuß in der Höhe von 6% jedenfalls unverfallbar und sind ihm auf Verlangen nach Beendigung des Arbeitsverhältnisses zurückzuzahlen.

(5) Gibt der Arbeitnehmer binnen sechs Monaten keine Erklärung über die Verwendung seines Unverfallbarkeitsbetrages ab, ist die Leistungszusage bei Eintritt des Leistungsfalles zu erfüllen (Abs. 3 Z 4).

(6) Sofern der Unverfallbarkeitsbetrag ungeachtet allfälliger Anteile aus eigenen Zahlungen des Arbeitnehmers im Zeitpunkt der Beendigung des Arbeitsverhältnisses den sich aus § 1 Abs. 2 und 2a PKG jeweils ergebenden Betrag nicht übersteigt, kann der Arbeitnehmer abgefunden werden; über sein Verlangen ist er abzufinden.

(6a) Als Forderung im Insolvenzverfahren kann der Unverfallbarkeitsbetrag ohne betragliche Beschränkung ausbezahlt werden.

(7) Die Abtretung oder Verpfändung von Anwartschaften im Sinne der §§ 7 und 8 ist rechtsunwirksam. Für die Pfändung gilt die Exekutionsordnung.

Einstellen, Aussetzen oder Einschränken des Erwerbs künftiger Anwartschaften

§ 8. (1) Sofern Normen der kollektiven Rechtsgestaltung oder Einzelvereinbarungen, die vor Inkrafttreten dieses Bundesgesetzes abgeschlossen wurden, nicht anderes bestimmen, kann der Arbeitgeber den Erwerb künftiger Anwartschaften nur dann einstellen (Widerruf), wenn

1. dies in Normen der kollektiven Rechtsgestaltung vorgesehen ist oder schriftlich vereinbart wurde,
2. sich die wirtschaftliche Lage des Unternehmens nachhaltig so wesentlich verschlechtert, daß die Aufrechterhaltung der zugesagten Leistung eine Gefährdung des Weiterbestandes des Unternehmens zur Folge hätte und
3. in Betrieben, in denen ein zuständiger Betriebsrat besteht, mindestens drei Monate vor dem Einstellen des Erwerbs künftiger Anwartschaften eine Beratung mit diesem Betriebsrat erfolgt ist. Zu dieser Beratung kann der Betriebsrat eine fachkundige Person beiziehen, die über alle ihr bekannt gewordenen Geschäfts- und Betriebsgeheimnisse Verschwiegenheit zu bewahren hat.

(2) Dem Arbeitnehmer bleibt die seit Erteilung der Leistungszusage bis zum Widerruf erworbene Anwartschaft erhalten, wenn seit der Erteilung der Leistungszusage drei Jahre vergangen sind.

(3) Bei Eintritt des Leistungsfalles hat der Leistungsberechtigte einen Anspruch aus der im Zeitpunkt des Widerrufs beitragsfrei gestellten Anwartschaft (gemäß § 7 Abs. 2a und 2b), wobei eine allfällig vertraglich vereinbarte Valorisierung erst ab Eintritt des Leistungsfalles erfolgt.

(4) Hat der Arbeitnehmer für den Erwerb einer Anwartschaft eigene Zahlungen geleistet, so werden diese Zahlungen einschließlich der darauf entfallenden Verzinsung durch den Rechnungszinsfuß in der Höhe von 6% jedenfalls unverfallbar und sind ihm auf Verlangen nach Widerruf zurückzuzahlen.

(5) Sofern der Unverfallbarkeitsbetrag ungeachtet allfälliger Anteile aus eigenen Zahlungen des Arbeitnehmers im Zeitpunkt des Widerrufs den sich aus § 1 Abs. 2 und 2a PKG jeweils ergebenden Betrag nicht übersteigt, kann der Arbeitnehmer abgefunden werden; über sein Verlangen ist er abzufinden.

(6) Sofern Normen der kollektiven Rechtsgestaltung oder Einzelvereinbarungen, die vor Inkrafttreten dieses Bundesgesetzes abgeschlossen wurden, nicht anderes bestimmen, kann der Arbeitgeber den Erwerb künftiger Anwartschaften nur dann und so lange aussetzen oder einschränken, als

1. dies in Normen der kollektiven Rechtsgestaltung vorgesehen ist oder schriftlich vereinbart wurde,
2. zwingende wirtschaftliche Gründe vorliegen und
3. in Betrieben, in denen ein zuständiger Betriebsrat besteht, mindestens drei Monate vor dem Aussetzen oder Einschränken des Erwerbs künftiger Anwartschaften eine Beratung mit diesem Betriebsrat erfolgt ist. Zu dieser Beratung kann der Betriebsrat eine fachkundige Person beiziehen, die über alle ihr bekannt gewordenen Geschäfts- und Betriebsgeheimnisse Verschwiegenheit zu bewahren hat.

(7) Setzt der Arbeitgeber den künftigen Erwerb von Anwartschaften aus oder schränkt er ihn ein, so kann der Arbeitnehmer für denselben Zeitraum seine Beiträge aussetzen oder im selben Ausmaß einschränken.

(8) Durch das Aussetzen oder Einschränken des Erwerbs künftiger Anwartschaften wird der Ab-

lauf der Unverfallbarkeitsfrist (Abs. 2) nicht berührt.

Aussetzen oder Einschränken von Leistungen

§ 9. Sofern Normen der kollektiven Rechtsgestaltung oder Einzelvereinbarungen, die vor Inkrafttreten dieses Bundesgesetzes abgeschlossen wurden, nicht anderes bestimmen, können Leistungen nur dann und so lange ausgesetzt oder eingeschränkt werden, als die Voraussetzungen des § 8 Abs. 6 Z 1 und 2 vorliegen und wenn der Arbeitgeber von dem ihm eingeräumten Recht Gebrauch gemacht hat, den Erwerb künftiger Anwartschaften einzustellen, auszusetzen oder einzuschränken; soweit Leistungen durch Wertpapiere (§ 11) gedeckt sind, dürfen sie nicht ausgesetzt oder eingeschränkt werden; diese Wertpapiere dürfen weder verpfändet noch veräußert werden.

Wertanpassung

§ 10. Wurde die Wertanpassung weder ausgeschlossen noch etwas anderes vereinbart, so sind Leistungen aus direkten Leistungszusagen vom Arbeitgeber jährlich mit dem Anpassungsfaktor gemäß § 108f des Allgemeinen Sozialversicherungsgesetzes, BGBl. Nr. 189/1955, aufzuwerten. Diese Anpassung kann unterbleiben, wenn die wirtschaftliche Lage des Unternehmens eine Wertanpassung nicht erlaubt und in Betrieben, in denen ein zuständiger Betriebsrat besteht, eine Beratung mit diesem Betriebsrat erfolgt ist.

Wertpapierdeckung und Insolvenz

§ 11. (1) Sofern für direkte Leistungszusagen Pensionsrückstellungen nach § 211 Abs. 2 des Unternehmensgesetzbuches (UGB), dRGBl. Nr. 219/1897, zu bilden sind, sind diese in dem sich nach den Vorschriften des § 14 Abs. 7 Einkommensteuergesetz 1988 (EStG 1988), BGBl. Nr. 400, unter Berücksichtigung des § 116 Abs. 4 EStG 1988 ergebenden Ausmaß mit Wertpapieren zu decken. Die Wertpapiere bilden im Insolvenzverfahren des Arbeitgebers eine Sondermasse (§ 48 Abs. 1 der Insolvenzordnung – IO –, RGBl. Nr. 337/1914) für die Ansprüche der Anwartschafts- und Leistungsberechtigten aus einer direkten Leistungszusage.

(1a) Auf die nach Abs. 1 geforderte Wertpapierdeckung können Ansprüche aus einer vom/von der Arbeitgeber/in geschlossenen und dem § 14 Abs. 7 EStG 1988 entsprechenden Rückdeckungsversicherung in dem sich aus dieser Bestimmung ergebenden Ausmaß angerechnet werden.

(2) Die Wertpapierdeckung darf nur zur Befriedigung der Ansprüche der Anwartschafts- und Leistungsberechtigten aus der direkten Leistungszusage vermindert werden, wobei das in Abs. 1 geforderte Ausmaß nicht unterschritten werden darf. Die Wertpapiere im Sinne des Abs. 1 sind außer zur Befriedigung der Ansprüche der Anwartschafts- und Leistungsberechtigten der Exekution entzogen.

(3) Im Falle einer Insolvenz des Arbeitgebers gebührt der Erlös aus der Veräußerung der Wertpapiere insoweit dem Insolvenz-Entgelt-Fonds, als die Ansprüche gegen den Arbeitgeber gemäß § 11 Insolvenz-Entgeltsicherungsgesetz (IESG), BGBl. Nr. 324/1977, auf den Insolvenz-Entgelt-Fonds übergehen. Der übrige Verkaufserlös steht den Anwartschafts- und Leistungsberechtigten, insoweit ihre Ansprüche nicht nach § 11 IESG auf den Insolvenz-Entgelt-Fonds übergehen, entsprechend der Höhe ihrer Unverfallbarkeitsbeträge oder Leistungsansprüche zu.

(4) Die Wertpapiere im Sinne des Abs. 1 sind zum Zweck der Deckung der Pensionsrückstellungen für direkte Leistungszusagen bei einem Kreditinstitut, das gemäß der Richtlinie 2006/48/EG zur Ausübung dieser Tätigkeit ordnungsgemäß zugelassen ist, zu verwahren. Die Wertpapiere im Sinne des Abs. 1 sind jedenfalls getrennt von allfälligen weiteren Wertpapierdepots, die der/die Arbeitgeber/in bei demselben Kreditinstitut hält, zu führen.

ABSCHNITT 4
Lebensversicherung
Allgemeine Bestimmungen

§ 12. (1) Besteht die Leistungszusage im Abschluß eines Versicherungsvertrages, dessen Begünstigte der Arbeitnehmer und seine Hinterbliebenen sind, so ist eine Änderung der Bezugsberechtigung ohne Zustimmung des Arbeitnehmers rechtsunwirksam. Das Recht des Arbeitnehmers zur Benennung der bezugsberechtigten Hinterbliebenen bleibt unberührt.

(2) Die Abtretung oder Verpfändung von Ansprüchen auf Versicherungsleistungen ist rechtsunwirksam. Für die Pfändung gilt die Exekutionsordnung.

Unverfallbarkeit

§ 13. (1) Bei Beendigung des Arbeitsverhältnisses vor Eintritt des Leistungsfalles bleibt dem Arbeitnehmer der Anspruch auf die Versicherungsleistung aus dem Versicherungsvertrag erhalten. Der Arbeitnehmer kann nach Beendigung des Arbeitsverhältnisses

1. die Umwandlung der Versicherung in eine prämienfreie Versicherung verlangen; bei Eintritt des Leistungsfalles hat der Leistungsberechtigte gegenüber der Versicherung einen Anspruch, der sich aus den aufgrund des Versicherungsvertrages bis zur Beendigung des Arbeitsverhältnisses zu leistenden Prämien unter Berücksichtigung der bis zum Eintritt des Leistungsfalles auflaufenden Zinsengutschriften und Gewinnanteile ergibt;
2. die Übertragung des Rückkaufswertes im Zeitpunkt der Beendigung des Arbeitsverhältnisses in die Pensionskasse, in eine betriebliche

Kollektivversicherung oder in eine Gruppenrentenversicherung eines neuen Arbeitgebers verlangen;
3. die Übertragung des Rückkaufswertes im Zeitpunkt der Beendigung des Arbeitsverhältnisses in eine ausländische Altersversorgungseinrichtung verlangen, wenn der Arbeitnehmer seinen Arbeitsort dauernd ins Ausland verlegt;
4. die Fortsetzung der Versicherung mit eigenen Prämien verlangen.

(2) Gibt der Arbeitnehmer binnen sechs Monaten keine Erklärung über die Verwendung seines Anspruches ab, so ist die Versicherung in eine prämienfreie Versicherung (Abs. 1 Z 1) umzuwandeln.

(3) Sofern der Rückkaufswert im Zeitpunkt der Beendigung des Arbeitsverhältnisses den sich aus § 1 Abs. 2 und 2a PKG jeweils ergebenden Betrag nicht übersteigt, ist dem Arbeitnehmer auf sein Verlangen der Rückkaufswert auszuzahlen.

Einstellen, Aussetzen oder Einschränken der Prämienleistung

§ 14. (1) Der Arbeitgeber kann seine Prämienleistung nur unter den im § 8 Abs. 1 Z 1 bis 3 genannten Voraussetzungen einstellen (Widerruf). Widerruft der Arbeitgeber, so bleibt dem Arbeitnehmer der Anspruch auf die Versicherungsleistung aufgrund allfälliger eigener Prämien und der bis zum Widerruf fälligen Prämien des Arbeitgebers erhalten. Der Arbeitnehmer kann nach Widerruf

1. die Umwandlung der Versicherung in eine prämienfreie Versicherung verlangen; bei Eintritt des Leistungsfalles hat der Leistungsberechtigte gegenüber der Versicherung einen Anspruch, der sich aus den aufgrund des Versicherungsvertrages bis zum Zeitpunkt des Widerrufs zu leistenden Prämien unter Berücksichtigung der bis zum Eintritt des Leistungsfalles auflaufenden Zinsengutschriften und Gewinnanteile ergibt;
2. die Fortsetzung der Versicherung mit eigenen Prämien verlangen.

(2) Gibt der Arbeitnehmer binnen sechs Monaten keine Erklärung über die Verwendung seines Anspruches ab, so ist die Versicherung in eine prämienfreie Versicherung (Abs. 1 Z 1) umzuwandeln.

(3) Sofern der Rückkaufswert im Zeitpunkt des Widerrufs den sich aus § 1 Abs. 2 und 2a PKG jeweils ergebenden Betrag nicht übersteigt, ist dem Arbeitnehmer auf sein Verlangen der Rückkaufswert auszuzahlen.

(4) Der Arbeitgeber kann seine Prämienleistung nur unter den im § 8 Abs. 6 Z 1 bis 3 genannten Voraussetzungen aussetzen oder einschränken.

(5) Werden Prämienleistungen des Arbeitgebers ausgesetzt oder eingeschränkt, so kann der Arbeitnehmer für denselben Zeitraum

1. seine Prämien in der bisherigen Höhe weiterzahlen;
2. seine Prämienleistung aussetzen oder im selben Ausmaß einschränken oder
3. auch die Prämien des Arbeitgebers übernehmen.

(6) Hat sich der Arbeitnehmer verpflichtet, eigene Prämien zu leisten, kann er seine Prämienleistung jederzeit einstellen oder für einen Zeitraum von mindestens zwei Jahren aussetzen oder einschränken.

ABSCHNITT 5
Unterstützungs- oder sonstige Hilfskassen

§ 15. Hat der Arbeitnehmer bei Beendigung des Arbeitsverhältnisses bereits mindestens fünf Jahre zum Kreis der Begünstigten einer Unterstützungs- oder sonstigen Hilfskasse gehört, so ist er bei Eintritt des Leistungsfalles den im Unternehmen verbliebenen Arbeitnehmern gleichzustellen, wobei sich sein Anspruch aus dem Verhältnis der im Unternehmen zugebrachten Dienstzeit zum Zeitraum zwischen Eintritt in das Unternehmen und Eintritt des Leistungsfalles ergibt.

ABSCHNITT 6
Allgemeine Bestimmungen

Anrechnungs- und Auszehrungsverbot

§ 16. (1) Die in diesem Bundesgesetz geregelten Versorgungsleistungen dürfen durch Versorgungsleistungen, die auf Beiträgen der Leistungsberechtigten beruhen, nicht gemindert werden. Dies gilt nicht für Leistungen aus der gesetzlichen Pensionsversicherung, soweit sie auf Pflichtbeiträgen beruhen, sowie für Versorgungsleistungen, die zumindest zur Hälfte auf Beiträgen oder Zuschüssen des Arbeitgebers beruhen.

(2) Der Wert des vom Arbeitgeber zu erbringenden Teils der Gesamtversorgung, der sich im Zeitpunkt des Leistungsfalls ergibt, darf durch eine spätere Erhöhung von anrechenbaren Versorgungsleistungen nicht gemindert werden.

§ 16a. (1) Sofern betriebliche Pensionszusagen einen Leistungsanspruch für den Fall des Bezugs einer befristeten Invaliditäts- oder Berufsunfähigkeitspension vorsehen, gebührt dieser Anspruch auch bei Feststellung einer mindestens sechsmonatigen Invalidität oder Berufsunfähigkeit durch den Versicherungsträger gemäß § 367 Abs. 4 ASVG für die Dauer des Bezuges von Rehabilitationsgeld nach § 143a ASVG oder Umschulungsgeld nach § 39b des Arbeitslosenversicherungsgesetzes 1977, BGBl. Nr. 609/1977.

(2) Abs. 1 gilt auch für Leistungszusagen und Leistungen im Sinne des § 1 Abs. 3 Z 2.

Auskunftspflicht

§ 17. (1) Der Arbeitgeber hat dem Anwartschaftsberechtigten, ehemaligen Arbeitnehmer oder Hinterbliebenen mit einem Leistungsanspruch auf Verlangen jährlich Auskunft über das

Ausmaß der Anwartschaft zum Bilanzstichtag zu erteilen sowie darüber, in welcher Höhe er Leistungen bei Eintritt des Leistungsfalles beanspruchen kann.

(2) Die Verpflichtung zur Auskunftserteilung im Sinne des Abs. 1 trifft bei zugesagten Pensionskassenleistungen die Pensionskasse, bei Lebensversicherungen oder betrieblichen Kollektivversicherungen das Versicherungsunternehmen.

Gleichbehandlungsgebot

§ 18. (1) Der Arbeitgeber hat den arbeitsrechtlichen Gleichbehandlungsgrundsatz einzuhalten und ist verpflichtet, bei Einschränkung oder Widerruf von Rechten nach diesem Bundesgesetz Leistungs- und Anwartschaftsberechtigte nach ausgewogenen, willkürliche oder sachfremde Differenzierungen zwischen Arbeitnehmern oder Arbeitnehmergruppen ausschließenden Grundsätzen zu behandeln.

(2) Bei Leistungszusagen gemäß Abschnitt 2 oder 2a muss den Arbeitnehmern oder Arbeitnehmergruppen des Betriebes eine ausgewogene, willkürliche und sachfremde Differenzierungen ausschließende Beteiligung am Pensionskassensystem oder System der betrieblichen Kollektivversicherung ermöglicht werden.

(3) Verstöße gegen das Gleichbehandlungsgebot gemäß Abs. 1 und 2 bewirken einen Angleichungsanspruch des in seinen Rechten Geschmälerten.

Unabdingbarkeit

§ 19. Die Rechte, die dem Arbeitnehmer aufgrund der §§ 2 bis 18 zustehen, dürfen – soweit sich aus diesem Bundesgesetz nicht anderes ergibt – durch Arbeitsvertrag oder Normen der kollektiven Rechtsgestaltung weder aufgehoben noch beschränkt werden.

§ 20. (1) Zum Zeitpunkt des Inkrafttretens dieses Bundesgesetzes anhängige Verwaltungsverfahren nach § 3 Abs. 2 oder 3 in der Fassung des Artikels I des Bundesgesetzes BGBl. Nr. 282/1990 sind nach der bisherigen Rechtslage weiterzuführen.

(2) Die in diesem Bundesgesetz enthaltenen Verweise auf andere Bundesgesetze gelten als Verweis auf die jeweils geltende Fassung, soweit in den einzelnen Verweisen nicht auf eine bestimmte Fassung verwiesen wird.

(3) Soweit in diesem Bundesgesetz personenbezogene Bezeichnungen noch nicht geschlechtsneutral formuliert sind, gilt die gewählte Form für beide Geschlechter.

(4) Im Zeitpunkt des Inkrafttretens des Bundesgesetzes BGBl. Nr. 754/1996 bestehende, für die Arbeitnehmer günstigere Regelungen in Betriebsvereinbarungen oder Einzelvereinbarungen für die Übertragung eines Unverfallbarkeitsbetrages gemäß § 5 Abs. 2 werden durch die Bestimmungen des Bundesgesetzes BGBl. Nr. 754/1996 nicht berührt, sofern diese Betriebsvereinbarungen (Einzelvereinbarung) im Zeitpunkt des Inkrafttretens des Bundesgesetzes BGBl. Nr. 754/1996 für den Arbeitnehmer gegolten haben (hat).

Artikel V

Übergangs- und Schlußbestimmungen

(1) Dieses Bundesgesetz ist auf Leistungszusagen nicht anzuwenden, die vor dem 1. Jänner 1989 gemacht wurden und von Pensionskassen zu erfüllen sind, die zu diesem Zeitpunkt bereits errichtet waren.

(2) Vereinbarungen nach § 3 des Betriebspensionsgesetzes (Artikel I) können den Stichtag für Übertragung von Anwartschaften und Leistungen auf Pensionskassen rückwirkend, längstens aber auf den Beginn des laufenden Wirtschaftsjahres des Arbeitgebers festlegen.

(3) Auf Leistungszusagen, die vor Inkrafttreten dieses Bundesgesetzes gemacht wurden, ist dieses Bundesgesetz nur hinsichtlich der nach seinem Inkrafttreten erworbenen Anwartschaften anzuwenden. Für die Erfüllung der Wartezeit und des Fünfjahreszeitraums gemäß Artikel I § 7 Abs. 1 Z 2 und § 8 Abs. 2 zählen auch Anwartschaftszeiten, die vor Inkrafttreten dieses Bundesgesetzes liegen. In Unterstützungs- und sonstigen Hilfskassen, die bereits vor Inkrafttreten dieses Bundesgesetzes bestanden haben, bleiben von Artikel I § 15 abweichende Regelungen hinsichtlich der im Zeitpunkt des Inkrafttretens bereits erworbenen Anwartschaften unberührt.

(4) Vor dem 1. Jänner 1990 bestehende Regelungen in direkten Leistungszusagen, die abweichend von Artikel I dieses Bundesgesetzes

1. eine längere Wartezeit,
2. den Verlust der erworbenen Anwartschaften bei einvernehmlicher Auflösung des Arbeitsverhältnisses oder bei Arbeitgeberkündigung aufgrund eines in einem Disziplinarverfahren festgestellten schuldhaften Verhaltens des Arbeitnehmers,
3. den Widerruf von Leistungen wegen eines Verhaltens des Leistungsberechtigten, das ihn des Vertrauens seines früheren Arbeitgebers unwürdig erscheinen läßt (insbesondere wegen Verstoßes gegen bestehende Konkurrenzklauseln),

vorsehen, bleiben unberührt.

(5) Der Unverfallbarkeitsbetrag im Sinne des Artikels I § 7 ist bei direkten Leistungszusagen, die vor Inkrafttreten des Bundesgesetzes BGBl. Nr. 282/1990 (1. Juli 1990) erteilt wurden, nach den Vorschriften des § 7 Abs. 2a und 2b Betriebspensionsgesetz, in der Fassung des Bundesgesetzes BGBl. Nr. 754/1996, für den Zeitraum ab 1. Juli 1990 bis zur Beendigung des Arbeitsverhältnisses zu berechnen.

(6) Artikel I § 10 ist auf Leistungen aus direkten Leistungszusagen, die vor Inkrafttreten dieses Bundesgesetzes gemacht wurden, nicht anzuwenden.

(7) Artikel IV dieses Bundesgesetzes ist auf Insolvenzen im Sinne des § 1 Abs. 1 des Insolvenz-Entgeltsicherungsgesetzes, die vor Inkrafttreten dieses Bundesgesetzes eingetreten sind, nicht anzuwenden. Die Frist nach § 6 Abs. 1 des Insolvenz-Entgeltsicherungsgesetzes für Ansprüche nach Artikel IV Z 2 lit. a endet frühestens vier Monate nach Kundmachung dieses Bundesgesetzes.

(8) Soweit in diesem Bundesgesetz auf andere Bundesgesetze verwiesen wird, sind diese in der jeweils geltenden Fassung anzuwenden.

(9) Artikel V Abs. 5 in der Fassung des Bundesgesetzes BGBl. Nr. 754/1996 tritt mit 1. Jänner 1997 in Kraft.

(10) Ehemalige Arbeitnehmer/innen, für die zum Stichtag 31. Dezember 2012 eine beitragsfrei gestellte Anwartschaften geführt wird, können bis 30. Juni 2013 schriftlich die neuerliche Umwandlung der Anwartschaft in einen Unverfallbarkeitsbetrag und dessen Abfindung verlangen wenn:

1. der in eine beitragsfrei gestellte Anwartschaft umgewandelte Unverfallbarkeitsbetrag gemäß § 5 Abs. 1a im Zeitpunkt der Beendigung des Arbeitsverhältnisses den sich aus § 1 Abs. 2 und 2a PKG in der zum Zeitpunkt der Beendigung des Arbeitsverhältnisses geltenden Fassung jeweils ergebenden Betrag nicht überschritten hat,
2. der nach Umwandlung dieser Anwartschaft neuerlich ermittelte Unverfallbarkeitsbetrag nicht den zum 31. Dezember 2012 maßgeblichen Betrag nach § 1 Abs. 2 und 2a PKG übersteigt, und
3. der/die Arbeitnehmer/in nicht die Übertragung dieser Anwartschaft gemäß § 5 Abs. 3 zweiter Satz verlangen kann.

(11) Ehemalige Arbeitnehmer/innen, für die zum Stichtag 31. Dezember 2012 eine prämienfreie Versicherung geführt wird, können bis 30. Juni 2013 schriftlich die neuerliche Umwandlung der Anwartschaft in einen Unverfallbarkeitsbetrag und dessen Abfindung verlangen wenn:

1. der in eine prämienfreie Versicherung umgewandelte Unverfallbarkeitsbetrag gemäß § 6c Abs. 1 im Zeitpunkt der Beendigung des Arbeitsverhältnisses den sich aus § 1 Abs. 2 und 2a PKG in der zum Zeitpunkt der Beendigung des Arbeitsverhältnisses geltenden Fassung jeweils ergebenden Betrag nicht überschritten hat,
2. der nach Umwandlung dieser Anwartschaft neuerlich ermittelte Unverfallbarkeitsbetrag nicht den zum 31. Dezember 2012 maßgeblichen Betrag nach § 1 Abs. 2 und 2a PKG übersteigt, und
3. der/die Arbeitnehmer/in nicht die Übertragung dieser Versicherung gemäß § 6c Abs. 3 zweiter Satz verlangen kann.

Artikel VI
Inkrafttreten und Vollziehung

(1) 1. Dieses Bundesgesetz tritt mit 1. Juli 1990 in Kraft.

2. § 16a in der Fassung des Bundesgesetzes BGBl. Nr. 335/1993 tritt mit 1. Juli 1993 in Kraft.
3. § 1 Abs. 3, § 3, § 4, § 5, § 6, § 7, § 8 Abs. 2 bis 5, § 9 letzter Halbsatz, § 11, § 12 Abs. 2, § 13 Abs. 3, § 14 Abs. 3 und § 20 in der Fassung des Bundesgesetzes BGBl. Nr. 754/1996 treten mit 1. Jänner 1997 in Kraft.
4. Für Übertragungen gemäß § 48 PKG von Anwartschaften und Leistungsverpflichtungen aus direkten Leistungszusagen in Kollektivverträgen tritt § 3 in der Fassung des Bundesgesetzes BGBl. Nr. 754/1996 rückwirkend mit 1. Juli 1996 in Kraft, wobei für bis zum 31. Dezember 1996 begonnene Übertragungen anstelle des Stichtages 1. Jänner 1997 im § 3 Abs. 1a der 1. Jänner 1996 zu treten hat.
5. § 3 Abs. 4 vorletzter und letzter Satz in der Fassung des Bundesgesetzes BGBl. I Nr. 139/1997 treten mit 1. Jänner 1998 in Kraft.
6. § 3 Abs. 4 in der Fassung des Bundesgesetzes BGBl. I Nr. 51/2002 tritt mit 1. Jänner 2002 in Kraft.
7. Die §§ 2 Z 1, 3 Abs. 1 Z 1, 5 Abs. 2 Z 2 und Abs. 5, Abschnitt 2a, 7 Abs. 3 Z 1, 13 Abs. 1 Z 2, 17 Abs. 2 und 18 Abs. 2 in der Fassung des Bundesgesetzes BGBl. I Nr. 8/2005 treten mit 23. September 2005 in Kraft.
8. § 11 Abs. 3 in der Fassung des Bundesgesetzes BGBl. I Nr. 82/2008 tritt mit 1. Juli 2008 in Kraft.
9. § 1 Abs. 2 in der Fassung des Bundesgesetzes BGBl. I Nr. 22/2009 tritt mit 1. April 2009 in Kraft.
10. Die §§ 7 Abs. 6a und 11 Abs. 1 in der Fassung des Bundesgesetzes BGBl. I Nr. 58/2010 treten mit 1. August 2010 in Kraft. § 11 Abs. 1 in der Fassung des Bundesgesetzes BGBl. I Nr. 58/2010 gilt für Insolvenzverfahren, die nach dem 31. Juli 2010 eröffnet oder wieder aufgenommen werden.
11. § 1 Abs. 5, § 2 Z 1, § 3 Abs. 1 erster Satz und Z 2 und Z 2a und Abs. 4 vorletzter und letzter Satz, § 5 Abs. 1 zweiter Satz und Abs. 1a Z 2 und Abs. 2 Z 2 und Z 2a und Abs. 3 und Abs. 4 vorletzter und letzter Satz und Abs. 5, § 5a samt Überschrift, § 6a Abs. 1 Z 2 und Z 2a und Abs. 4 vorletzter und letzter Satz, § 6c Abs. 2 Z 2 und Z 2a und Abs. 3 bis Abs. 5, § 6e samt Überschrift, § 11 Abs. 1a und Abs. 4, § 20 Abs. 3, Artikel V Abs. 10 und 11 sowie Artikel VI Abs. 2 Z 3 in der Fassung des Bundesgesetzes BGBl. I Nr. 54/2012

treten mit 1. Jänner 2013 in Kraft. § 5 Abs. 1 zweiter Satz gilt nur für Arbeitsverhältnisse, deren vertraglich vereinbarter Beginn nach dem 31. Dezember 2012 liegt.

12. § 3 Abs. 4 und § 6a Abs. 4 in der Fassung des Bundesgesetzes BGBl. I Nr. 67/2013 treten mit 1. Juli 2013 in Kraft.
13. Die §§ 3 Abs. 4 und 6a Abs. 4 in der Fassung des Bundesgesetzes BGBl. I Nr. 138/2013 treten mit 1. Jänner 2014 in Kraft.
14. § 2 Z 1, § 5 Abs. 5, § 5a Abs. 1, § 6a Abs. 1, § 6c Abs. 5 und § 6e Abs. 1 in der Fassung des Bundesgesetzes BGBl. I Nr. 34/2015 treten mit 1. Jänner 2016 in Kraft.
15. § 16a Abs. 3a in der Fassung des Bundesgesetzes BGBl. I Nr. 152/2015 tritt mit 1. Jänner 2016 in Kraft.
16. Die §§ 7, 8 und 17 Abs. 1 in der Fassung des BGBl. I Nr. 54/2018 treten mit 21. Mai 2018 in Kraft und gelten für Beschäftigungszeiten aus direkten Leistungszusagen, die nach dem Inkrafttreten dieses Gesetzes entstehen. Für Beschäftigungszeiten aus direkten Leistungszusagen, die vor dem Inkrafttreten dieses Bundesgesetzes liegen, gelten weiterhin die Regelungen der §§ 7, 8 und 17 in der Fassung vor dem Bundesgesetz BGBl. I Nr. 54/2018.

(2) Mit der Vollziehung sind betraut:

1. hinsichtlich Artikel I § 4, § 11 Abs. 1 Satz 1 und 2 sowie Abs. 2 und § 12 Abs. 2 der Bundesminister für Justiz;
2. hinsichtlich Artikel I § 11 Abs. 3 der Bundesminister für Finanzen;
3. hinsichtlich aller übrigen Bestimmungen dieses Bundesgesetzes der Bundesminister für Arbeit, Soziales und Konsumentenschutz.

Artikel 1

(Anm.: aus BGBl. I Nr. 8/2005, zu den §§ 2, 3, 5, 6a bis 6d, 7 13, 17 und 18, BGBl. Nr. 282/1990)

Durch dieses Bundesgesetz wird die Richtlinie 2003/41/EG des Europäischen Parlaments und des Rates vom 3. Juni 2003 über die Tätigkeiten und die Beaufsichtigung von Einrichtungen der betrieblichen Altersversorgung (ABl. Nr. L 235 vom 23. September 2003, S 10) in Österreichisches Recht umgesetzt.

Artikel 1

(Anm.: aus BGBl. I Nr. 22/2009, zu § 1, BGBl. Nr. 282/1990)

Dieses Bundesgesetz dient der Umsetzung der Richtlinie 2007/44/EG des Europäischen Parlaments und des Rates vom 5. September 2007 zur Änderung der Richtlinie 92/49/EWG des Rates sowie der Richtlinien 2002/83/EG, 2004/39/EG, 2005/68/EG und 2006/48/EG in Bezug auf Verfahrensregeln und Bewertungskriterien für die aufsichtsrechtliche Beurteilung des Erwerbs und der Erhöhung von Beteiligungen im Finanzsektor (ABl. Nr. L 247 vom 21.09.2007, S. 1)

Artikel 1

Umsetzung von Richtlinien der Europäischen Union

(Anm.: aus BGBl. I Nr. 34/2015, zu den §§ 2, 5, 5a, 6a, 6c und 6e, BGBl. Nr. 282/1990)

Dieses Bundesgesetz dient der Umsetzung der Richtlinie 2009/138/EG betreffend die Aufnahme und Ausübung der Versicherungs- und der Rückversicherungstätigkeit (Solvabilität II) (Neufassung), (ABl. Nr. L 335 vom 17.12.2009 S. 1), zuletzt geändert durch die Richtlinie 2014/51/EU ABl. Nr. L 153 vom 22.05.2014 S. 1.

23. Betriebsrats-Geschäftsordnung 1974

Verordnung des Bundesministers für soziale Verwaltung vom 24. Juni 1974 über die Geschäftsführung der Betriebs(Gruppen-, Betriebshaupt)versammlung, des Betriebsrates, des Betriebsausschusses, der Betriebsräteversammlung, des Zentralbetriebsrates, der Jugendversammlung, des Jugendvertrauensrates, der Jugendvertrauensräteversammlung und des Zentraljugendvertrauensrates

StF: BGBl. Nr. 355/1974 idF BGBl. Nr. 381/1975

Letzte Novellierung: BGBl. II Nr. 230/2021

Gemäß § 161 Abs. 1 Z 3 des Arbeitsverfassungsgesetzes (ArbVG), BGBl. Nr. 22/1974, wird verordnet:

GLIEDERUNG

1. HAUPTSTÜCK
ORGANISATIONSRECHTLICHE BESTIMMUNGEN

Abschnitt 1
Betriebs(Gruppen-, Betriebshaupt)versammlung

Einberufung

§ 1. (1) Die Einberufung der Betriebs(Gruppen-, Betriebshaupt)versammlung ist, sofern Abs. 4 nicht anderes vorsieht, durch Anschlag an der Ankündigungstafel des Betriebsrates vorzunehmen. Der Anschlag hat derart zu erfolgen, daß die Arbeitnehmer des Betriebes (Arbeitnehmergruppe) ehestens von seinem Inhalt Kenntnis nehmen können. In größeren Betrieben ist der Anschlag, wenn es die Beschaffenheit des Betriebes erfordert, an mehreren Stellen durchzuführen. Bei örtlich getrennten Arbeitsstätten soll der Anschlag in jeder Arbeitsstätte erfolgen.

(2) Die erforderlichen Ankündigungstafeln sind in ausreichender Größe vom Betriebsrat anzubringen. Besteht im Betrieb noch keine Ankündigungstafel, so kann der Einberufer den Anschlag auch an einer oder an mehreren Stellen, die den Voraussetzungen nach Abs. 1 entsprechen, vornehmen.

(3) Eine Einberufung der Betriebs(Gruppen-, Betriebshaupt)versammlung gemäß Abs. 1 hat mindestens eine Woche vor deren Stattfinden zu erfolgen, sofern nicht wichtige Gründe eine sofortige Einberufung erfordern. Jede Einberufung hat den Beginn, den Ort, die Tagesordnung und, sofern in der Betriebs(Gruppen)versammlung Beschlüsse zu fassen sind, die Beschlußerfordernisse (§ 5 Abs. 3) zu enthalten. Soll in der Betriebs(Gruppen)versammlung die Wahl des Wahlvorstandes vorgenommen werden, so muß die Einberufung mindestens zwei Wochen vorher bekanntgegeben werden. Die Geschäftsordnung (§ 8) kann für die Behandlung weiterer Angelegenheiten eine längere Einberufungsfrist festsetzen.

(4) Die Einberufung kann auch durch eine sonstige geeignete schriftliche oder elektronische Mitteilung erfolgen. In Betrieben (Arbeitnehmergruppen), in denen höchstens zwei Betriebsratsmitglieder zu wählen sind, kann die Einberufung auch durch mündliche Durchsage vorgenommen werden. Der Einberufer hat, sofern die Einberufung durch schriftliche oder elektronische Mitteilung

oder Durchsage erfolgt, für die Verständigung der stimmberechtigten Arbeitnehmer zu sorgen. Nähere Bestimmungen darüber kann die Geschäftsordnung (§ 8) festlegen.

Berechtigung zur Einberufung

§ 2. (1) Die Betriebs(Gruppen)versammlung ist vom Betriebsrat, die Betriebshauptversammlung vom Betriebsausschuß einzuberufen.

(2) Nehmen, sofern kein Betriebsrat besteht oder der Betriebsrat vorübergehend funktionsunfähig ist, der an Lebensjahren älteste Arbeitnehmer oder mindestens so viele Arbeitnehmer des Betriebes (Arbeitnehmergruppe) wie Betriebsratsmitglieder zu wählen sind, die Berechtigung zur Einberufung der Betriebs(Gruppen)versammlung wahr, so hat zwischen der Einberufung und dem Stattfinden der Betriebs(Gruppen)versammlung eine Frist von mindestens zwei Wochen zu liegen. § 1 Abs. 3 zweiter bis vierter Satz und Abs. 4 ist sinngemäß anzuwenden. Wird die Einberufung von mehreren Personen vorgenommen, so haben alle die Einberufung zu unterfertigen. Eine von ihnen ist zur Entgegennahme von Anträgen als Bevollmächtigter zu bezeichnen, andernfalls gilt als solcher der Erstunterfertigte.

(3) Beabsichtigt in Betrieben, in denen dauernd mindestens 20 Arbeitnehmer (§ 36 Abs. 1 ArbVG) beschäftigt sind und in denen kein Betriebsrat besteht oder dieser vorübergehend funktionsunfähig ist, eine zuständige freiwillige Berufsvereinigung oder die gesetzliche Interessenvertretung der Arbeitnehmer die Betriebs(Gruppen)versammlung einzuberufen, so hat sie zunächst eine allen Arbeitnehmern des Betriebes zugängliche Aufforderung (§ 1 Abs. 1 und 4) an die in Abs. 2 genannten Berechtigten zu richten, die Einberufung innerhalb von zwei Wochen vorzunehmen. Wird von keinem dieser Berechtigten innerhalb dieser Frist die Einberufung der Betriebs(Gruppen)versammlung vorgenommen, so kann die zuständige freiwillige Berufsvereinigung oder gesetzliche Interessenvertretung die Einberufung vornehmen.

§ 3. Der Betriebsinhaber hat dem Einberufer (§ 2) die Namen, die Geburtsdaten und, falls erforderlich, die Gruppenzugehörigkeit der am Tag der Betriebs(Gruppen-, Betriebshaupt)versammlung voraussichtlich im Betrieb beschäftigten Arbeitnehmer vor Beginn der Betriebs(Gruppen-, Betriebshaupt)versammlung schriftlich mitzuteilen, sofern es der Einberufer zugleich mit der Einberufung der Betriebs(Gruppen-, Betriebshaupt)versammlung verlangt.

Einberufung einer außerordentlichen Betriebs(Gruppen-, Betriebshaupt)versammlung

§ 4. Verlangen auf Abhaltung einer Betriebs(Gruppen-, Betriebshaupt)versammlung, die von den Berechtigten gemäß § 43 Abs. 2 ArbVG an den Betriebsrat (Betriebsausschuß) gestellt werden, sind schriftlich an den Betriebsratsvorsitzenden (Vorsitzenden des Betriebsausschusses) zu richten. Dieser oder im Falle seiner Verhinderung der Stellvertreter hat diesem Verlangen so rechtzeitig zu entsprechen, daß die Betriebs(Gruppen-, Betriebshaupt)versammlung binnen zwei Wochen nach dem Erhalt des schriftlichen Verlangens stattfinden kann.

Durchführung der Betriebs(Gruppen-, Betriebshaupt)versammlung

§ 5. (1) Den Vorsitz in der Betriebs(Gruppen-, Betriebshaupt)versammlung führt, sofern Abs. 2 nicht anderes bestimmt, der Vorsitzende des Betriebsrates (Betriebsausschusses) oder im Falle seiner Verhinderung der Stellvertreter. Besteht der Betriebsrat nur aus einer Person, so führt diese, im Falle ihrer Verhinderung das Ersatzmitglied den Vorsitz. Der Vorsitzführende hat für die ordnungsgemäße Durchführung der Betriebs(Gruppen-, Betriebshaupt)versammlung Sorge zu tragen. Er hat bei Beginn der Betriebs(Gruppen-, Betriebshaupt)versammlung, in der Beschlüsse gefaßt werden sollen, die Beschlußfähigkeit festzustellen. Ist weniger als die Hälfte der stimmberechtigten Arbeitnehmer anwesend, so ist mit einer Beschlußfassung eine halbe Stunde zuzuwarten. Nach Ablauf dieser Zeit ist die Betriebs(Gruppen-, Betriebshaupt)versammlung auch bei Anwesenheit von weniger als der Hälfte der stimmberechtigten Arbeitnehmer beschlussfähig, sofern nicht ein Beschluss in den Angelegenheiten gemäß §§ 40 Abs. 3 und 42 Abs. 1 Z 3, 4 und 8 ArbVG zu fassen ist. Wurde die Betriebs(Gruppen-, Betriebshaupt)versammlung von der zuständigen freiwilligen Berufsvereinigung oder der gesetzlichen Interessenvertretung der Arbeitnehmer einberufen (§ 2 Abs. 3), so kann die Wahl des Wahlvorstandes (§ 42 Abs. 1 Z 2 ArbVG) nur bei Anwesenheit von mindestens einem Drittel der stimmberechtigten Arbeitnehmer vorgenommen werden. Die Enthebung des Wahlvorstandes gemäß § 42 Abs. 1 Z 5 ArbVG kann nur vorgenommen werden, wenn mindestens ein Drittel der stimmberechtigten Arbeitnehmer anwesend ist.

(2) Den Vorsitz in einer Betriebs(Gruppen-, Betriebshaupt)versammlung, die gemäß § 2 Abs. 2 und 3 einberufen wird, führt der Einberufer. Dieser kann die Vorsitzführung einem Stellvertreter aus dem Kreise der stimmberechtigten Arbeitnehmer übertragen. Stimmberechtigt ist jeder betriebs(gruppen)zugehörige Arbeitnehmer ohne Unterschied der Staatsbürgerschaft, der das 18. Lebensjahr vollendet hat und am Tag der Betriebsversammlung im Betrieb beschäftigt ist.

(3) Die Beschlüsse werden mit einfacher Mehrheit der abgegebenen Stimmen gefaßt. Beschlüsse über die Enthebung des Betriebsrates (§ 42 Abs. 1 Z 4 ArbVG) bedürfen der Mehrheit von zwei Dritteln der abgegebenen Stimmen. Beschlüsse über

die Bildung eines gemeinsamen Betriebsrates im Sinne des § 40 Abs. 3 ArbVG bedürfen der Mehrheit von zwei Drittel der für die Wahl des jeweiligen Gruppenbetriebsrates aktiv Wahlberechtigten.

(4) Die Stimmabgabe in der Betriebs(Gruppen-, Betriebshaupt)versammlung hat, sofern im folgenden nicht anders vorgesehen ist, durch Handerheben zu erfolgen. Der Vorsitzführende hat immer die Gegenprobe vorzunehmen. Abstimmungen über die Bildung eines gemeinsamen Betriebsrates und über Enthebung haben geheim mittels Stimmzettels zu erfolgen. Das gleiche gilt, wenn mindestens ein Drittel der stimmberechtigten Anwesenden eine solche Abstimmung verlangt. Der Vorsitzführende kann, sofern es ihm zweckmäßig erscheint, auch in anderen Fällen die geheime Abstimmung mittels Stimmzettels vornehmen lassen.

(5) Der Vorsitzführende hat das Stimmenverhältnis festzustellen. Er hat den ältesten der anwesenden stimmberechtigten Arbeitnehmer, der nicht dem Betriebsrat angehört, der Ermittlung des Abstimmungsergebnisses (Stimmzähler) beizuziehen. In der Geschäftsordnung (§ 8) können nähere Bestimmungen über die Heranziehung weiterer stimmberechtigter Arbeitnehmer zur Stimmzählung festgelegt werden.

(6) Bei Beschlußfassung über einen Antrag auf Enthebung des Betriebsrates ist der Zählung der Stimmzettel ein Vertreter der Antragsteller beizuziehen.

(7) Über die Betriebs(Gruppen-, Betriebshaupt)versammlung hat der vom Betriebsrat (Betriebsausschuß) gewählte Schriftführer oder falls ein solcher nicht bestellt oder anwesend ist, ein vom Vorsitzführenden zu bestellender Schriftführer eine Niederschrift zu führen, die in Kürze den Gang und die Beschlüsse der Betriebs(Gruppen-, Betriebshaupt)versammlung und die Stimmenverhältnisse der Beschlußfassung zu enthalten hat. Die Niederschrift ist vom Vorsitzführenden und vom Schriftführer zu unterschreiben und vom Betriebsrat (Betriebsausschuß, Wahlvorstand) zu verwahren.

(8) Binnen einer Woche nach der Betriebs(Gruppen-, Betriebshaupt)versammlung hat der Vorsitzführende die Niederschrift zur Einsicht für alle Arbeitnehmer des Betriebes (Arbeitnehmergruppe) aufzulegen. Auf die Möglichkeit der Einsichtnahme ist in einer entsprechenden Bekanntmachung hinzuweisen. § 1 Abs. 1 und 4 ist sinngemäß anzuwenden. Innerhalb einer Woche, gerechnet vom Tag der Bekanntmachung, kann jeder stimmberechtigte Arbeitnehmer beim Vorsitzführenden Einspruch gegen die Richtigkeit der Niederschrift erheben.

Teilversammlungen

§ 6. (1) Bei Vorliegen der Voraussetzungen des § 44 Abs. 1 ArbVG kann der Betriebsrat (Betriebsausschuß) die Abhaltung einer Betriebs(Gruppen-, Betriebshaupt)versammlung in Form von Teilversammlungen beschließen. Der Beschluß hat die Termine der Teilversammlungen so festzulegen, daß diese in einem zeitlichen Zusammenhang stehen, und den Kreis der Arbeitnehmer, die zur Teilnahme an den einzelnen Teilversammlungen und zur Stimmabgabe berechtigt sind, genau abzugrenzen. Der Beschluß hat ferner geeignete Maßnahmen (wie Ausgabe von Stimmkarten, Stimmlisten) festzulegen, die sicherstellen, daß jeder stimmberechtigte Arbeitnehmer nur einmal sein Stimmrecht ausüben kann. Die Abgrenzung der Teilnahme- und Stimmberechtigung in Teilversammlungen kann auch für künftige Betriebs(Gruppen-, Betriebshaupt)versammlungen beschlossen oder durch die autonome Geschäftsordnung des Betriebsrates (Betriebsausschusses) (§§ 19 und 24) geregelt werden. Die Einberufung hat die durch Beschluß oder Geschäftsordnung getroffene Regelung zu enthalten.

(2) Zutritt zu einer Teilversammlung haben unbeschadet des § 9 Abs. 2 und 3 nur jene Arbeitnehmer, für die nach dem Beschluß des Betriebsrates (Betriebsausschusses) oder nach der Geschäftsordnung diese Teilversammlung vorgesehen ist. Die Betriebsratsmitglieder können an jeder Teilversammlung teilnehmen. Ihr Stimmrecht können sie jedoch nur in jener Teilversammlung ausüben, die für sie vorgesehen ist. Ebenso sind sie nur auf die Zahl der Anwesenden jener Teilversammlung anzurechnen, der sie angehören.

(3) Den Vorsitz in einer Teilversammlung führt der Betriebsratsvorsitzende (Vorsitzende des Betriebsausschusses) oder ein von ihm bestimmtes Betriebsratsmitglied. Hinsichtlich der Beschlußfähigkeit gilt § 5 Abs. 1 dritter bis vorletzter Satz, hinsichtlich der Erstellung und Auflage der Niederschrift gilt § 5 Abs. 7 und 8. Die Prüfung, ob die für die Gültigkeit von Beschlüssen erforderliche Mehrheit der Stimmen in der Betriebs(Gruppen-, Betriebshaupt)versammlung gegeben ist, hat der Betriebsrat erst nach Durchführung aller Teilversammlungen und auf Grund aller Teilergebnisse vorzunehmen.

(4) Beginnt der Lauf einer Frist mit dem Tag der Betriebs(Gruppen)versammlung, so ist der Tag der ersten Teilversammlung maßgebend. Für die Stimmberechtigung eines Arbeitnehmers ist seine Beschäftigung am Tag der für ihn vorgesehenen Teilversammlung maßgebend.

Tagesordnung

§ 7. (1) Anträge auf Ergänzung der vom Einberufer mit der Einberufung der Betriebsversammlung bekanntgegebenen Tagesordnung können von jedem stimmberechtigten Arbeitnehmer gestellt werden. Bis zu Beginn der Betriebs(Gruppen-, Betriebshaupt)versammlung ist ein solcher Antrag beim Einberufer, während der Betriebs(Gruppen-, Betriebshaupt)versammlung beim Vorsitzführenden einzubringen.

(2) Wird die Betriebs(Gruppen-, Betriebshaupt)versammlung in Teilversammlungen abgehalten, so kann ein Antrag auf Ergänzung der Tagesordnung nur bis zum Ablauf der ersten Teilversammlung gestellt werden. Ein Antrag auf Ergänzung der Tagesordnung in Angelegenheiten, die nur einen Bereich betreffen, der durch die Teilversammlung repräsentiert ist und die keine Beschlußfassung erfordern, kann in jeder Teilversammlung gestellt werden.

Geschäftsordnung der Betriebs(Gruppen-, Betriebshaupt)versammlung

§ 8. Die Betriebs(Gruppen-, Betriebshaupt)versammlung kann mit einfacher Mehrheit der abgegebenen Stimmen eine Geschäftsordnung beschließen. In diese Geschäftsordnung können alle Arbeitnehmer des Betriebes (Arbeitnehmergruppe) jederzeit Einsicht nehmen.

Teilnahme des Betriebsinhabers und der überbetrieblichen Interessenvertretungen

§ 9. (1) Die Betriebs(Gruppen-, Betriebshaupt)versammlungen (Teilversammlungen) sind nicht öffentlich.

(2) Jede zuständige freiwillige Berufsvereinigung und die gesetzliche Interessenvertretung der Arbeitnehmer sind berechtigt, zu allen Betriebs(Gruppen-, Betriebshaupt)versammlungen (Teilversammlungen) Vertreter zu entsenden. Sie sind von der Einberufung schriftlich unter Bekanntgabe der Tagesordnung so rechtzeitig in Kenntnis zu setzen, daß die Entsendung eines Vertreters möglich ist.

(3) Die Einberufung hat ferner den Betriebsinhaber rechtzeitig von der beabsichtigten Abhaltung einer Betriebs(Gruppen-, Betriebshaupt)versammlung im Betrieb oder während der Arbeitszeit in Kenntnis zu setzen. Wird der Betriebsinhaber zur Teilnahme an einer Betriebsversammlung eingeladen, so ist ihm auch die Tagesordnung bekanntzugeben. Soll sich seine Teilnahme nur auf einzelne Tagesordnungspunkte beziehen, so ist ausdrücklich in der Einladung darauf hinzuweisen.

Abschnitt 2
Betriebsrat

Konstituierung des Betriebsrates

§ 10. (1) Das an Lebensjahren älteste Mitglied des neugewählten Betriebsrates hat nach Durchführung der Betriebsratswahl die übrigen gewählten Mitglieder binnen zwei Wochen zur Wahl der Organe (Funktionäre) des Betriebsrates (konstituierende Sitzung) einzuberufen. Die Einberufung hat die konstituierende Sitzung so rechtzeitig vorzusehen, daß der neugewählte Betriebsrat unmittelbar nach Ablauf der Tätigkeitsdauer des abtretenden Betriebsrates seine Tätigkeit aufnehmen kann, in jedem Fall aber ist die konstituierende Sitzung innerhalb von sechs Wochen nach Durchführung der Betriebsratswahl*(Anm. 1)* vorzusehen. Kommt das älteste Mitglied der Pflicht zur Einberufung des Betriebsrats zur konstituierenden Sitzung binnen zwei Wochen nach Durchführung der Betriebsratswahl*(Anm. 1)* nicht nach, so ist jedes Mitglied des Betriebsrates, das an erster Stelle eines Wahlvorschlags zu diesem Betriebsrat gereiht war, zur Einberufung berechtigt. Im Falle mehrerer gleichzeitiger Einberufungen gilt die Einberufung des Betriebsratsmitglieds, das auf dem Wahlvorschlag mit der größeren Anzahl der gültigen Stimmen gewählt wurde. Bei Stimmengleichheit ist jene Einberufung maßgebend, die den früheren Termin für die konstituierende Sitzung vorsieht. Auf die Einberufung ist § 14 Abs. 4 bis 6 sinngemäß mit der Maßgabe anzuwenden, daß die Verständigung über die Einberufung mindestens drei Tage vor der Sitzung zu erfolgen hat.

(2) Die Mitglieder des Betriebsrates haben zunächst unter dem Vorsitz des Einberufers aus ihrer Mitte mit einfacher Mehrheit der abgegebenen Stimmen den Vorsitzenden zu wählen. Bei Stimmengleichheit gilt jenes für die Funktion des Vorsitzenden vorgeschlagene Betriebsratsmitglied als gewählt, das auf jenem Wahlvorschlag kandidiert hat, der bei der Betriebsratswahl die meisten Stimmen auf sich vereinigt hat. Haben beide Wahlvorschläge die gleiche Stimmenzahl erreicht oder haben beide Kandidaten für die Funktion des Vorsitzenden auf den gleichen Wahlvorschlag kandidiert, so entscheidet das Los.

(3) Nach seiner Wahl hat der Vorsitzende den Vorsitz zu übernehmen und die Wahl der übrigen Funktionäre des Betriebsrates zu leiten. Bei Stimmengleichheit gilt, sofern Abs. 4 nicht anderes bestimmt, jener Kandidat als gewählt, für den der Vorsitzende gestimmt hat.

(4) Im Falle des Losentscheides bei der Wahl des Vorsitzenden (Abs. 2) ist der (erste) Vorsitzendenstellvertreter jener wahlwerbenden Gruppe zu entnehmen, die auf Grund des Losentscheides nicht den Vorsitzenden stellt.

(5) Der Betriebsrat kann weitere Stellvertreter des Vorsitzenden und erforderlichenfalls einen Schriftführer wählen. Er hat, sofern ein Betriebsratsfonds besteht, einen Kassaverwalter zu wählen. Sofern der Betriebsrat aus mindestens drei Mitgliedern besteht, dürfen die Funktionen des Vorsitzenden (Stellvertreters) und des Kassaverwalters nicht in einer Person vereinigt werden.

(6) Besteht ein Betriebsrat aus zwei Mitgliedern, so wird in der konstituierenden Sitzung mangels Einigung dasjenige Mitglied Vorsitzender, das bei der Betriebsratswahl die meisten Stimmen auf sich vereinigt hat. Liegt Stimmengleichheit vor, so entscheidet das Los. Wurden beide Betriebsratsmitglieder auf einem Wahlvorschlag gewählt, so wird in der konstituierenden Sitzung mangels

Einigung das an erster Stelle gereihte Mitglied Vorsitzender.

(

Anm. 1: Art. 2 Z 1 der Novelle BGBl. II Nr. 230/2021 lautet: „In § 10 Abs. 1 erster, dritter und vierter Satz wird der Ausdruck „nach Kundmachung des Wahlergebnisses“ durch den Ausdruck „nach Durchführung der Betriebsratswahl“ ersetzt.“. Der Ausdruck befindet sich im ersten, zweiten und dritten Satz.)

§ 11. Der Vorsitzende hat unmittelbar nach Beendigung der konstituierenden Sitzung das Ergebnis der Wahl der Betriebsratsfunktionäre sowie die Reihenfolge der Ersatzmitglieder (§ 12) dem Betriebsinhaber, den zuständigen freiwilligen Berufsvereinigungen und der zuständigen gesetzlichen Interessenvertretung der Arbeitnehmer sowie dem zuständigen Arbeitsinspektorat anzuzeigen und im Betrieb durch Anschlag an der Ankündigungstafel des Betriebsrates (§ 1 Abs. 1) oder durch eine sonstige geeignete schriftliche oder elektronische Mitteilung (§ 1 Abs. 4) kundzumachen. Das gleiche gilt bei der Neuwahl einzelner Betriebsratsfunktionäre.

Ersatzmitglieder

§ 12. (1) Die Reihenfolge des Nachrückens der Ersatzmitglieder im Falle des Erlöschens der Mitgliedschaft oder der Verhinderung eines Betriebsratsmitgliedes erfolgt nach der Reihung auf dem Wahlvorschlag. Wurde der Betriebsrat ohne Erstellung von Wahlvorschlägen mit einfacher Mehrheit der abgegebenen Stimmen gewählt (§ 55 Z 3 ArbVG), so tritt das Ersatzmitglied mit der höchsten Stimmenzahl an die Stelle des ausgeschiedenen oder verhinderten Mitgliedes. Bei gleicher Stimmenzahl entscheidet das Los.

(2) Verzichtet ein Ersatzmitglied oder verzichten mehrere Ersatzmitglieder zugleich zugunsten eines nachgereihten Ersatzmitgliedes auf das Nachrücken, so bleiben sie weiterhin als Ersatzmitglieder in der ursprünglichen Reihung. Eine solche Verzichtserklärung ist dem Betriebsratsvorsitzenden schriftlich bekanntzugeben. Sie kann nicht widerrufen werden.

Tätigkeitsdauer der Funktionäre des Betriebsrates

§ 13. (1) Die Betriebsratsfunktionäre werden für die Tätigkeitsdauer des Betriebsrates gewählt.

(2) Vor Ablauf der Tätigkeitsdauer des Betriebsrates ist die Neuwahl eines Funktionärs vorzunehmen, wenn

1. die Mehrheit der Betriebsratsmitglieder die Enthebung eines Funktionärs beschließt;
2. ein Funktionär seine Funktion zurücklegt;
3. die Mitgliedschaft eines Funktionärs zum Betriebsrat erlischt.

(3) Der Beschluß zur Enthebung eines Funktionärs bedarf der Stimmen von mehr als der Hälfte aller Betriebsratsmitglieder.

Sitzungen des Betriebsrates

§ 14. (1) Die Sitzungen des Betriebsrates sind vom Vorsitzenden, bei dessen Verhinderung vom Stellvertreter vorzubereiten und einzuberufen.

(2) Sitzungen des Betriebsrates sind mindestens einmal im Monat abzuhalten. Darüber hinaus kann der Vorsitzende, wenn er es für erforderlich erachtet, jederzeit den Betriebsrat zu einer Sitzung einberufen. Der Vorsitzende hat den Betriebsrat einzuberufen, wenn es von einem Drittel der Betriebsratsmitglieder, mindestens jedoch von zwei Mitgliedern verlangt wird.

(3) Kommt der Vorsitzende seinen Verpflichtungen gemäß Abs. 1 und 2 nicht nach, so hat das Gericht die Sitzung anzuordnen, wenn dies ein Drittel der Betriebsratsmitglieder, mindestens jedoch zwei Mitglieder beantragen. Den Vorsitz in dieser Sitzung führt das zur Stellvertretung berufene Mitglied, bei mehreren Stellvertretern nach der vorgesehenen Reihenfolge, sonst ein anderes Mitglied des Betriebsrates entsprechend dem Beschluß des Gerichtes.

(4) Die Betriebsratsmitglieder sind von der Abhaltung der Sitzung, wenn nicht besondere Gründe den sofortigen Zusammentritt des Betriebsrates erfordern, mindestens einen Tag vorher zu verständigen. Mit der Verständigung ist die Tagesordnung bekanntzugeben. Besteht im Betrieb ein Jugendvertrauensrat oder ist eine Behindertenvertrauensperson gewählt, so sind diese gleichzeitig zu verständigen.

(5) Die Mitglieder des Betriebsrates sind verpflichtet, an den Sitzungen des Betriebsrates teilzunehmen. Im Verhinderungsfalle haben sie davon den Vorsitzenden in Kenntnis zu setzen, der das vorgesehene Ersatzmitglied von der Sitzung zu verständigen hat. Ist dem Vorsitzenden die Verhinderung eines Mitgliedes bereits bei der Einberufung der Sitzung bekannt, hat er von sich aus dem in Betracht kommenden Ersatzmitglied die Einberufung mitzuteilen.

(6) Der Betriebsrat kann nur dann Beschlüsse fassen oder Wahlen durchführen, wenn alle Mitglieder unter Bedachtnahme auf Abs. 5 von der Abhaltung der Sitzung nachweisbar rechtzeitig verständigt wurden. Die unterbliebene Verständigung ist jedoch kein Hindernis für die Beschlußfassung oder Wahl, wenn das nicht oder nicht rechtzeitig geladene Mitglied anwesend ist oder wenn die rechtzeitige Verständigung der fehlenden Mitglieder nicht möglich war.

(7) Der Betriebsrat ist, abgesehen vom Erfordernis der Verständigung gemäß Abs. 6 beschlußfähig, wenn mindestens die Hälfte der Mitglieder (einschließlich der Ersatzmitglieder für die verhinderten Mitglieder) anwesend ist.

(7a) Beschlüsse durch schriftliche Stimmabgabe sind nur zulässig, wenn kein Mitglied des Betriebsrates diesem Verfahren widerspricht. Der Widerspruch ist für jeden einzelnen Beschluss möglich. Dasselbe gilt für fernmündliche oder andere vergleichbare Formen der Beschlussfassung. Der Vorsitzende hat für die Dokumentierung der Beschlussfassung zu sorgen und diese Dokumentierung den übrigen Mitgliedern des Betriebsrates zur Kenntnis zu bringen.

(8) Soweit in den §§ 68 Abs. 2 dritter Satz und Abs. 3 sowie 70 ArbVG oder in der vom Betriebsrat beschlossenen Geschäftsordnung (§ 19) keine strengeren Erfordernisse festgesetzt sind, werden Beschlüsse mit einfacher Mehrheit der abgegebenen Stimmen gefaßt. Bei Stimmengleichheit ist die Meinung angenommen, für die der Vorsitzführende gestimmt hat. Besteht ein Betriebsrat nur aus zwei Mitgliedern, kommt ein Beschluß nur bei Übereinstimmung beider Mitglieder zustande.

(9) Die Sitzungen des Betriebsrates sind nicht öffentlich. Der Betriebsrat kann außer Vertretern der im § 9 Abs. 2 genannten überbetrieblichen Interessenvertretungen bei Erledigung bestimmter Aufgaben auch Personen, die nicht dem Betriebsrat angehören, beratend zuziehen.

(10) Über die Sitzung ist vom Schriftführer eine Niederschrift zu führen, die von allen anwesenden Betriebsratsmitgliedern zu unterfertigen ist.

Übertragung von Aufgaben im Einzelfalle

§ 15. (1) Der Betriebsrat kann im Einzelfalle die Durchführung einzelner seiner Befugnisse, die keiner Beschlußfassung bedürfen, einem oder mehreren seiner Mitglieder übertragen. Der Betriebsrat kann ferner im Einzelfalle die Vorbereitung und Durchführung seiner Beschlüsse einem Ausschuß übertragen.

(2) Die Übertragung der Aufgaben gemäß Abs. 1 bedarf in jedem Einzelfall des Beschlusses des Betriebsrates. Dem Betriebsrat ist erforderlichenfalls vom Fortgang sowie vom Abschluß der übertragenen Aufgaben zu berichten.

Übertragung von Aufgaben durch Geschäftsordnung

§ 16. (1) Der Betriebsrat kann, sofern er eine Geschäftsordnung (§ 19) beschließt, in dieser einem Ausschuß in bestimmten Angelegenheiten die Vorbereitung und Durchführung seiner Beschlüsse für ständig übertragen.

(2) Einem Ausschuss sollen insbesondere

1. die Vorbereitung und Durchführung von Beschlüssen in den Angelegenheiten der Gleichbehandlung, der Frauenförderung, der Wahrnehmung der Interessen von Arbeitnehmerinnen und Arbeitnehmern mit Familienpflichten sowie der Maßnahmen gegen (sexuelle) Belästigung,
2. Angelegenheiten der Gesundheits- und Sportförderung im Betrieb und
3. Angelegenheiten der Förderung der kulturellen Integration

übertragen werden.

§ 17. (1) Sind am Tag der Wahl des Wahlvorstandes im Betrieb oder, falls getrennte Betriebsräte gewählt wurden, innerhalb der Arbeitnehmergruppe mehr als 1000 Arbeitnehmer (§ 36 Abs. 1 ArbVG) beschäftigt, so kann der Betriebsrat, sofern er eine Geschäftsordnung (§ 19) beschließt, in dieser zur selbständigen Beschlußfassung in bestimmten Angelegenheiten geschäftsführende Ausschüsse errichten. In einem solchen Ausschuß muß jede wahlwerbende Gruppe, die ein Mitglied des Betriebsrates stellt, vertreten sein.

(2) Beschlüsse, die in einem geschäftsführenden Ausschuss gefasst werden, müssen einhellig erfolgen, wobei die Beschlussfassung durch Stimmabgabe gemäß § 14 Abs. 7a zulässig ist. Der Betriebsrat ist von den gefaßten Beschlüssen unverzüglich in Kenntnis zu setzen. Kommt in einer Angelegenheit ein einhelliger Beschluß des geschäftsführenden Ausschusses nicht zustande, so hat der Vorsitzende (Stellvertreter) dieses Ausschusses diese Angelegenheit unverzüglich dem Betriebsrat zur Entscheidung vorzulegen.

(3) Das Recht auf Abschluß von Betriebsvereinbarungen und die Wahrnehmung der wirtschaftlichen Mitwirkungsrechte gemäß §§ 108 bis 112 ArbVG können nicht einem geschäftsführenden Ausschuß zur selbständigen Beschlußfassung übertragen werden.

§ 18. Die Sitzungen von Ausschüssen gemäß §§ 15 Abs. 1, 16 und 17 sind nicht öffentlich. Den Ausschüssen können außer Vertretern der im § 9 Abs. 2 genannten überbetrieblichen Interessenvertretungen auch Personen, die dem Betriebsrat nicht angehören, beratend beigezogen werden. Die Mitglieder des Betriebsrates haben das Recht, an allen Ausschußsitzungen als Beobachter teilzunehmen.

Autonome Geschäftsordnung

§ 19. (1) Der Betriebsrat kann für die Dauer seiner Tätigkeit eine Geschäftsordnung beschließen. Für einen Beschluß über die Schaffung, Änderung oder Aufhebung einer Geschäftsordnung ist die Mehrheit von zwei Drittel der Mitglieder des Betriebsrates erforderlich.

(2) In der Geschäftsordnung kann insbesondere geregelt werden:

1. Die Errichtung, Zusammensetzung und Geschäftsführung von Ausschüssen gemäß §§ 16 und 17;
2. die Bezeichnung der Angelegenheiten, in denen geschäftsführenden Ausschüsse das Recht auf selbständige Beschlußfassung zukommt;
3. die Festlegung von Art und Umfang der Vertretungsmacht der Vorsitzenden von geschäftsführenden Ausschüssen;

4. die Zahl der Stellvertreter des Betriebsratsvorsitzenden und die Reihenfolge der Stellvertretung;
5. die Beteiligung sämtlicher Betriebsratsmitglieder bei der Ausübung bestimmter Befugnisse;
6. die Festlegung strengerer Erfordernisse für das Zustandekommen gültiger Beschlüsse des Betriebsrates;
7. zusätzliche Vorschriften über die Art der Bekanntmachungen des Betriebsrates;
8. Zeit und Ort der regelmäßigen Sitzungen des Betriebsrates;
9. die Beiziehung von nicht dem Betriebsrat angehörenden Personen zu Betriebsratssitzungen;
10. die Protokollführung.

(3) Die Beschlussfassung über die Geschäftsordnung ist durch Anschlag an der Ankündigungstafel des Betriebsrates oder durch eine sonstige geeignete schriftliche oder elektronische Mitteilung kundzumachen und die Geschäftsordnung für alle Arbeitnehmer des Betriebes (der Arbeitnehmergruppe) zur Einsicht aufzulegen.

(4) Der Betriebsinhaber ist berechtigt, in die Geschäftsordnung Einsicht zu nehmen und sich eine Abschrift anfertigen zu lassen.

Vertretung nach außen

§ 20. Vertreter des Betriebsrates gegenüber dem Betriebsinhaber und nach außen ist der Vorsitzende, bei dessen Verhinderung der Stellvertreter. Wird die Zahl der Stellvertreter des Vorsitzenden erhöht, so vertreten sie den Betriebsrat in der Reihenfolge, die der Beschluß des Betriebsrates oder die Geschäftsordnung (§ 19) festlegt. Diese Stellvertretung, eine in der Geschäftsordnung für Vorsitzende (Stellvertreter) von geschäftsführenden Ausschüssen sowie für andere Betriebsratsmitglieder in Einzelfällen festgelegte Vertretungsbefugnis sind dem Betriebsinhaber umgehend mitzuteilen; sie erlangen erst mit dieser Verständigung Rechtswirksamkeit.

Bekanntmachungen des Betriebsrates

§ 21. (1) Bekanntmachungen des Betriebsrates an die Arbeitnehmer des Betriebes haben, soweit in dieser Verordnung nicht anderes bestimmt wird, durch Anschlag an der Ankündigungstafel des Betriebsrates (§ 1 Abs. 1), durch eine sonstige geeignete schriftliche oder elektronische Mitteilung (§ 1 Abs. 4) oder mündlich in der Betriebs(Gruppen)versammlung zu erfolgen.

(2) Alle Bekanntmachungen des Betriebsrates durch Anschlag oder durch sonstige schriftliche oder elektronische Mitteilung sind vom Vorsitzenden (Stellvertreter) und vom Schriftführer zu zeichnen.

(3) Die Kundmachung von Betriebsvereinbarungen durch den Betriebsrat, deren Änderung sowie deren Beendigung hat durch Anschlag an der Ankündigungstafel des Betriebsrates (§ 1 Abs. 1) zu erfolgen. Daneben kann der Betriebsrat über Betriebsvereinbarungen durch schriftliche oder elektronische Mitteilung informieren.

Beistellung von Sacherfordernissen

§ 22. Dem Betriebsrat sind zur ordnungsgemäßen Erfüllung seiner Aufgaben Räumlichkeiten samt Einrichtung, Beleuchtung und Beheizung, weiters Kanzlei- und Geschäftserfordernisse sowie sonstige Sacherfordernisse in einem der Größe des Betriebes und den Bedürfnissen des Betriebsrates angemessenen Ausmaß vom Betriebsinhaber unentgeltlich zur Verfügung zu stellen. Desgleichen hat der Betriebsinhaber unentgeltlich für die Instandhaltung der bereitgestellten Räume und Gegenstände zu sorgen. In großen Betrieben (Arbeitnehmergruppen) ist der Betriebsinhaber überdies zur zeitweisen oder dauernden Beistellung einer Schreibkraft verpflichtet, wenn der Umfang der Tätigkeit des Betriebsrates dies erforderlich macht und es dem Betriebsinhaber zumutbar ist.

Einheitlicher Betriebsrat

§ 22a. (1) Werden Betriebe oder Betriebsteile zu einem neuen Betrieb zusammengeschlossen, so bilden die Betriebsräte (Betriebsausschüsse) für diesen neuen Betrieb bis zur Neuwahl eines Betriebsrates, längstens aber bis zum Ablauf eines Jahres nach dem Zusammenschluss ein Organ der Arbeitnehmerschaft (einheitlicher Betriebsrat). Für dessen Konstituierung gilt § 10 mit der Maßgabe, dass die Einberufung zur konstituierenden Sitzung unverzüglich nach dem Zusammenschluss vorzunehmen ist und zur Einberufung jeder Vorsitzende der zum einheitlichen Betriebsrat zusammengefassten Betriebsräte (Betriebsausschüsse) berechtigt ist. Im Fall mehrerer Einberufungen gilt die Einberufung durch den Vorsitzenden jenes Betriebsrates (Betriebsausschusses), der die größere Zahl von Arbeitnehmern vertritt.

(2) Im übrigen gelten die §§ 11 bis 22.

Abschnitt 3
Betriebsausschuß
Wahl der Funktionäre

§ 23. (1) In Betrieben, in denen getrennte Betriebsräte für die Gruppen der Arbeiter und der Angestellten bestehen, ist die Sitzung zur Wahl des Vorsitzenden des Betriebsausschusses und dessen Stellvertretern von den Vorsitzenden der Betriebsräte gemeinsam einzuberufen. Hat ein Vorsitzender den anderen Vorsitzenden zur Vornahme der gemeinsamen Einberufung schriftlich aufgefordert und kommt es innerhalb von zwei Wochen nach diesem Zeitpunkt zu keiner Einigung über die gemeinsame Einberufung, so kann ein Vorsitzender allein die Einberufung vornehmen. Auf die Einberufung ist § 14 Abs. 4 bis 6 sinngemäß mit der Maßgabe anzuwenden, daß die Verständigung über die Einberufung mindestens drei Tage vor der Sitzung erfolgen soll.

(2) Den Vorsitz in dieser Sitzung führt bis zur durchgeführten Wahl des Vorsitzenden des Betriebsausschusses, sofern die Einberufung einvernehmlich erfolgte, jener Betriebsratsvorsitzende, der die größere Arbeitnehmergruppe repräsentiert, sonst der einberufende Betriebsratsvorsitzende. Für die Wahl des Vorsitzenden des Betriebsausschusses und dessen Stellvertreters ist die Anwesenheit von mindestens der Hälfte der Mitglieder jedes Betriebsrates erforderlich. Der Vorsitzende wird aus der Mitte der Mitglieder beider Betriebsräte mit einfacher Mehrheit der abgegebenen Stimmen gewählt. Der Stellvertreter ist mit einfacher Mehrheit der abgegebenen Stimmen aus der Mitte der Mitglieder jenes Betriebsrates zu wählen, dem der Vorsitzende als Mitglied nicht angehört. Erreicht bei der Wahl des Vorsitzenden keiner der Wahlwerber die einfache Mehrheit der abgegebenen Stimmen, so ist ein zweiter Wahlgang durchzuführen. Im zweiten Wahlgang können Stimmen gültig nur für die beiden Wahlwerber abgegeben werden, die im ersten Wahlgang die meisten Stimmen erhalten haben. Bei Stimmengleichheit entscheidet das Los. Das gleiche gilt für die Wahl des Stellvertreters des Vorsitzenden.

(3) In Betrieben, in denen für jede Arbeitnehmergruppe nur je ein Betriebsratsmitglied zu wählen war, gilt mangels Einigung als Vorsitzender des Betriebsausschusses jenes Mitglied, das die größere Arbeitnehmergruppe repräsentiert. Bei gleicher Gruppenstärke entscheidet das Los.

(3a) Haben die Gruppenversammlungen übereinstimmend die Errichtung eines gemeinsamen Betriebsratsfonds für beide Gruppen beschlossen, so hat der Betriebsausschuß aus seiner Mitte mit einfacher Mehrheit der abgegebenen Stimmen einen Kassaverwalter zu wählen.

(4) Hat sich infolge des Ablaufes der Tätigkeitsdauer des Betriebsrates einer Arbeitnehmergruppe ein neuer Betriebsrat konstituiert, so ist nach Beginn dessen Tätigkeitsdauer die Neuwahl des Vorsitzenden des Betriebsausschusses und dessen Stellvertreter nach den Abs. 1 bis 3 vorzunehmen. Im übrigen ist § 13 sinngemäß anzuwenden.

(5) Wurden nach den Bestimmungen der §§ 133 Abs. 2, 134 Abs. 5 und 134b Abs. 1 ArbVG mehr als zwei Betriebsräte bestellt, so gilt Abs. 1 bis 4 sinngemäß; werden in diesen Fällen auf Grund der Geschäftsordnung des Betriebsausschusses mehrere Vorsitzendenstellvertreter gewählt, so haben sie verschiedenen Betriebsräten anzugehören.

Geschäftsführung

§ 24. (1) Auf die Geschäftsführung des Betriebsausschusses sind, soweit im folgenden nicht anderes bestimmt wird, die §§ 14 bis 16, 18, 19 Abs. 1, 2 Z 1, 4 bis 10, Abs. 3 und 4 sowie §§ 20 bis 22 sinngemäß anzuwenden.

(2) Der Vorsitzende (Stellvertreter) hat den Betriebsausschuß binnen zwei Wochen einzuberufen, wenn mehr als ein Drittel der Betriebsratsmitglieder des Betriebes oder ein Betriebsrat dies verlangt.

(3) Werden bei einer Abstimmung sämtliche anwesende Mitglieder eines Betriebsrates überstimmt, so hat eine zweite Abstimmung zu erfolgen, in welcher ein Beschluß nur mit Mehrheit von zwei Drittel der abgegebenen Stimmen zustande kommen kann.

(4) Besteht jeder Betriebsrat nur aus einer Person, so bedarf es für das Zustandekommen eines Beschlusses der Übereinstimmung beider Mitglieder des Betriebsausschusses.

Abschnitt 4
Betriebsräteversammlung
Einberufung

§ 25. (1) Die Betriebsräteversammlung ist, sofern Abs. 2 nicht anderes bestimmt, vom Zentralbetriebsrat mindestens einmal in jedem Kalenderjahr einzuberufen. Den Vorsitz in der Betriebsräteversammlung führt der Vorsitzende des Zentralbetriebsrates, bei dessen Verhinderung sein Stellvertreter.

(2) Soll ein Beschluß über die Fortsetzung der Tätigkeitsdauer des Zentralbetriebsrates gemäß § 82 Abs. 4 ArbVG oder über die Enthebung des Zentralbetriebsrates gefaßt werden, so kann die Betriebsräteversammlung von jedem im Unternehmen bestellten Betriebsrat einberufen werden. Den Vorsitz in dieser Betriebsräteversammlung führt der Vorsitzende (Stellvertreter) des einberufenden Betriebsrates.

(3) Die Einberufung der Betriebsräteversammlung (Abs. 1 und 2) ist tunlichst zwei Wochen vor deren Stattfinden den Vorsitzenden der im Unternehmen bestellten Betriebsräte bekanntzugeben, die die Betriebsratsmitglieder nachweislich davon in Kenntnis zu setzen haben. Die Einberufung hat den Ort und den Zeitpunkt der Betriebsräteversammlung sowie die Tagesordnung und, sofern nicht über die Enthebung des Zentralbetriebsrates beschlossen werden soll, den Hinweis zu enthalten, daß nach Ablauf einer halben Stunde nach dem vorgesehenen Beginn die Betriebsräteversammlung ohne Rücksicht auf die Zahl der anwesenden Betriebsratsmitglieder beschlußfähig ist.

Beschlußfassung

§ 26. (1) Die Betriebsräteversammlung ist, soweit § 27 nicht anderes bestimmt, beschlussfähig, wenn mindestens die Hälfte aller Mitglieder der im Unternehmen bestellten Betriebsräte anwesend ist. Ist beim Beginn der Betriebsräteversammlung weniger als die Hälfte aller Betriebsratsmitglieder des Unternehmens anwesend, so ist mit einer Abstimmung eine halbe Stunde zuzuwarten;

nach Ablauf dieser Zeit ist die Betriebsräteversammlung ohne Rücksicht auf die Zahl der anwesenden Betriebsratsmitglieder beschlußfähig. Die Beschlüsse werden, soweit § 27 nicht anderes bestimmt, mit einfacher Mehrheit der abgegebenen Stimmen gefasst.

(2) Im übrigen sind auf die Betriebsräteversammlung § 5 Abs. 4, 5 und 7 sowie § 9 sinngemäß anzuwenden. § 5 Abs. 8 ist sinngemäß mit der Maßgabe anzuwenden, daß eine Ausfertigung der Niederschrift jedem Betriebsratsvorsitzenden zu übersenden ist, der sie zur Einsichtnahme für die Betriebsratsmitglieder aufzulegen hat.

Enthebung des Zentralbetriebsrates

§ 27. (1) Für eine Beschlußfassung über die Enthebung des Zentralbetriebsrates ist die Anwesenheit von drei Viertel aller Mitglieder der im Unternehmen bestellten Betriebsräte und eine Mehrheit von zwei Drittel der abgegebenen Stimmen erforderlich. § 26 Abs. 1 zweiter Satz findet keine Anwendung. Die Abstimmung hat mittels Stimmzettels und geheim zu erfolgen.

(2) Der Vorsitzende jedes im Unternehmen bestellten Betriebsrates hat dem Einberufer der Betriebsräteversammlung zur Enthebung des Zentralbetriebsrates unverzüglich nach Erhalt der Einberufung eine Liste der Mitglieder des Betriebsrates zu übermitteln sowie die Zahl der bei der letzten Betriebsratswahl wahlberechtigten Arbeitnehmer bekanntzugeben. Die dem Einberufer übermittelten Listen gelten als Abstimmungsverzeichnis.

(3) Zur Ermittlung der den einzelnen Stimmberechtigten zustehenden Stimmenzahl hat der Einberufer die Zahl der bei der letzten Betriebsratswahl wahlberechtigten Arbeitnehmer jedes Betriebes (Arbeitnehmergruppe) durch die Zahl der von diesen gewählten Betriebsratsmitglieder zu teilen. Jedes Betriebsratsmitglied hat so viele Stimmen wie die Zahl der gewählten Betriebsratsmitglieder in der Zahl der wahlberechtigten Arbeitnehmer enthalten ist. Bruchteile von Stimmen sind nicht zu berücksichtigen.

(4) Die Abgabe der jedem Betriebsratsmitglied zustehenden Stimmen hat in gleichgewichtigen Stimmzetteln und, soweit sich Reststimmen ergeben, in Einzelstimmen zu erfolgen. Das Stimmgewicht eines gleichgewichtigen Stimmzettels ist die um eine ganze Stimme verminderte kleinste Stimmenzahl, die ein stimmberechtigtes Betriebsratsmitglied aufweist. Die anderen stimmberechtigten Betriebsratsmitglieder haben so viele gleichwertige Stimmzettel abzugeben, wie dieses Stimmgewicht in ihrer Stimmenzahl enthalten ist. Die verbleibenden ganzen Reststimmen sind als Einzelstimmen abzugeben.

(5) Die gemäß Abs. 3 ermittelten Zahlen sind vom Einberufer auf dem Abstimmungsverzeichnis (Abs. 2) zu vermerken.

(6) Vor der Abstimmung hat der Vorsitzführende festzustellen, ob die für die Beschlußfassung erforderliche Zahl von Betriebsratsmitgliedern anwesend ist. Ist die erforderliche Zahl anwesend, so hat der Vorsitzführende jedem Betriebsratsmitglied die seiner Stimmenzahl entsprechende Anzahl von Stimmkuverts und leeren Stimmzetteln auszufolgen. Jeder Stimmzettel ist in einem eigenen Stimmkuvert abzugeben, wobei sich die Stimmkuverts für gleichgewichtige Stimmzettel von den Stimmkuverts zur Abgabe der Einzelstimmen durch Größe oder Farbe zu unterscheiden haben. Bei der Übergabe der verschlossenen Stimmkuverts an den Vorsitzführenden hat dieser die Übereinstimmung der Zahl der abgegebenen Stimmkuverts mit der Zahl der im Abstimmungsverzeichnis vermerkten Stimmzettel zu prüfen und die Stimmabgabe zu vermerken.

(7) Nach durchgeführter Abstimmung hat der Vorsitzführende die Stimmkuverts für gleichgewichtige Stimmen von denen für Einzelstimmen zu trennen und die Stimmkuverts für Einzelstimmen erst nach Abschluß der Ermittlung der gleichgewichtigen Stimmen zu eröffnen. Nach Öffnung jedes Wahlkuverts ist die dem Wahlkuvert entsprechende Stimmenzahl auf den in diesem befindlichen Stimmzettel zu übertragen. Der Vorsitzführende hat weiters die Gültigkeit der Stimmzettel zu prüfen. Ein Stimmzettel ist insbesondere ungültig, wenn er unterschrieben ist oder eine andere Aufschrift als „ja" oder „nein" trägt, oder ein Stimmkuvert mehrere Stimmzettel mit unterschiedlichen Aufschriften enthält. Enthält ein Stimmkuvert mehrere gleichlautende Stimmzettel, so kommt ihnen nur die Stimmenzahl eines Stimmzettels zu. Der Vorsitzführende hat ferner die Zahl der ungültigen Stimmzettel festzustellen, diese mit fortlaufenden Zahlen zu versehen, die gültigen Stimmzettel zu ordnen und die Zahl der für bzw. gegen den Antrag auf Enthebung des Zentralbetriebsrates gültig abgegebenen Stimmen festzustellen. Der Vorsitzführende hat der Stimmenzählung zwei Betriebsratsmitglieder beizuziehen, davon je ein Mitglied aus dem Kreise der Zentralbetriebsratsmitglieder und aus dem Kreise der Betriebsratsmitglieder, die den Antrag auf Enthebung des Zentralbetriebsrates eingebracht hatten.

(8) Der Vorsitzführende hat das Abstimmungsergebnis unverzüglich in der Betriebsräteversammlung bekanntzugeben.

§ 28. (1) Erreicht der Antrag auf Enthebung des Zentralbetriebsrates die Zustimmung der Mehrheit von zwei Drittel der abgegebenen Stimmen nicht, so gilt er als abgelehnt. Erreicht der Antrag hingegen die erforderliche Mehrheit, so ist ab dem Zeitpunkt der Bekanntgabe des Abstimmungsergebnisses durch den Vorsitzführenden (§ 27 Abs. 8) die Tätigkeitsdauer des Zentralbetriebsrates beendet.

(2) Hat die Betriebsräteversammlung die Enthebung des Zentralbetriebsrates beschlossen, so ist in der gleichen Versammlung der Wahlvorstand für die Wahl des neuen Zentralbetriebsrates zu bestellen. Auf diesen Tagesordnungspunkt ist in der Einberufung (§ 25 Abs. 3) der Betriebsräteversammlung zur Beschlußfassung über die Enthebung des Zentralbetriebsrates hinzuweisen.

(3) Die Enthebung des Zentralbetriebsrates hat der Betriebsratsvorsitzende, der in der Betriebsräteversammlung den Vorsitz geführt hat, allen Betriebsräten, der Unternehmensleitung, den zuständigen überbetrieblichen Interessenvertretungen der Arbeitnehmer sowie dem zuständigen Arbeitsinspektorat bekanntzugeben.

Abschnitt 5
Zentralbetriebsrat
Konstituierung

§ 29. (1) Für die Konstituierung des Zentralbetriebsrates gelten § 10 Abs. 1 bis 4 und § 13 sinngemäß.

(2) Für die Bekanntgabe des Ergebnisses der konstituierenden Sitzung gilt § 11 sinngemäß mit der Maßgabe, dass der Vorsitzende des Zentralbetriebsrates das Ergebnis auch allen im Unternehmen bestellten Betriebsräten bekannt zu geben hat, die für den Anschlag oder eine sonstige geeignete schriftliche oder elektronische Mitteilung in ihrem Betrieb zu sorgen haben.

Ersatzmitglieder

§ 30. Für die Reihenfolge des Nachrückens der Ersatzmitglieder ist § 12 sinngemäß anzuwenden. Enthält der Wahlvorschlag, dem das ausgeschiedene oder verhinderte Mitglied angehört, kein für ein Nachrücken in Frage kommendes Ersatzmitglied, so entsendet die wahlwerbende Gruppe ein anderes Betriebsratsmitglied in den Zentralbetriebsrat.

Geschäftsführung

§ 31. (1) Auf die Geschäftsführung des Zentralbetriebsrates sind, soweit Abs. 2 nicht anderes bestimmt, die §§ 14 bis 16, 18, 19 Abs. 1, 2 Z 1, 4 bis 10, Abs. 3 und 4 sowie §§ 20 und 22 sinngemäß anzuwenden.

(2) Die Zentralbetriebsratsmitglieder sind von der Abhaltung einer Sitzung tunlichst eine Woche vorher zu verständigen. Der Ort, an dem die Sitzungen in der Regel stattzufinden haben, kann in der Geschäftsordnung des Zentralbetriebsrates festgelegt werden.

(3) Auf Bekanntmachungen des Zentralbetriebsrates ist § 21 sinngemäß mit der Maßgabe anzuwenden, daß die Bekanntmachungen auch den Betriebsratsvorsitzenden mitzuteilen sind. Der Zentralbetriebsrat kann die Verlautbarung seiner Bekanntmachungen auch durch die Betriebsratsvorsitzenden für den Bereich ihrer Betriebe durchführen lassen.

Abschnitt 5a
Konzernvertretung
Konstituierung

§ 31a. (1) Der Einberufer der Versammlung der Vorsitzenden der Zentralbetriebsräte (Betriebsausschüsse, Betriebsräte) zur Beschlußfassung über die Zusammensetzung der Konzernvertretung (§ 48a Abs. 8 und 9 Betriebsrats-Wahlordnung 1974, BGBl. Nr. 319, in der jeweils geltenden Fassung) hat die ihm bekanntgegebenen Delegierten der Konzernvertretung unverzüglich zur Wahl der Organe (Funktionäre) der Konzernvertretung (konstituierende Sitzung) einzuberufen. Die konstituierende Sitzung hat so rechtzeitig zu erfolgen, daß die neubestellte Konzernvertretung unmittelbar nach Ablauf der Tätigkeitsdauer der abtretenden Konzernvertretung ihre Tätigkeit aufnehmen kann. Für die Einberufung und Beschlußfähigkeit gilt § 14 Abs. 4 bis 7 mit der Maßgabe, daß die Verständigung über die konstituierende Sitzung mindestens drei Tage vor der Sitzung zu erfolgen hat.

(2) Die Delegierten haben zunächst unter dem Vorsitz des Einberufers aus ihrer Mitte mit einfacher Mehrheit der abgegebenen Stimmen einen Vorsitzenden zu wählen.

(3) Nach seiner Wahl hat der Vorsitzende den Vorsitz zu übernehmen und die Wahl der übrigen Organe (Funktionäre) der Konzernvertretung zu leiten. Die Konzernvertretung hat einen oder mehrere Stellvertreter des Vorsitzenden zu wählen, wobei bei der Wahl mehrerer Stellvertreter die Reihenfolge der Vertretung festzulegen ist. Die Konzernvertretung hat nach Maßgabe der Geschäftsordnung die Mitglieder des Leitungsausschusses und des Präsidiums zu wählen.

(4) Der Vorsitzende der Konzernvertretung hat unmittelbar nach Beendigung der konstituierenden Sitzung das Ergebnis der Wahl der Organe (Funktionäre) der Konzernvertretung jedem Zentralbetriebsrat oder in Unternehmen, in denen ein Zentralbetriebsrat nicht zu errichten ist, dem Betriebsausschuß oder Betriebsrat sowie allen Konzernunternehmen und der zuständigen freiwilligen Berufsvereinigung und der zuständigen gesetzlichen Interessenvertretung der Arbeitnehmer schriftlich bekanntzugeben. Die Zentralbetriebsräte (Betriebsausschüsse, Betriebsräte) haben in ihrem Bereich für die Information der von ihnen vertretenen Arbeitnehmer zu sorgen.

(5) Für die Tätigkeitsdauer der Funktionäre der Konzernvertretung gilt § 13 sinngemäß.

Geschäftsführung

§ 31b. (1) Die Sitzungen der Konzernvertretung sind vom Vorsitzenden, bei dessen Verhinderung vom Stellvertreter vorzubereiten und einzuberufen. Sitzungen der Konzernvertretung sind mindestens einmal im Jahr einzuberufen; darüber hinaus auch, wenn es der Vorsitzende für erforderlich erachtet oder wenn es von mindestens einem Viertel der Delegierten verlangt wird.

(2) Die Delegierten sind von der Abhaltung einer Sitzung mindestens eine Woche vorher unter Bekanntgabe der Tagesordnung zu verständigen.

(3) Die Delegierten sind verpflichtet, an den Sitzungen der Konzernvertretung teilzunehmen. Bei Verhinderung haben sie den Vorsitzenden zu verständigen, der unverzüglich den vorgesehenen Ersatzdelegierten zu verständigen hat.

(4) Die Konzernvertretung ist beschlußfähig, wenn

1. alle Delegierten, im Falle des Abs. 3 Ersatzdelegierten, rechtzeitig verständigt worden sind; die unterbliebene Verständigung beeinträchtigt die Beschlußfähigkeit nicht, wenn der nicht oder nicht rechtzeitig geladene Delegierte anwesend ist oder die rechtzeitige Verständigung unmöglich war; und
2. mindestens die Hälfte der Delegierten, im Falle des Abs. 3 Ersatzdelegierten, anwesend ist.

(5) Beschlüsse werden mit einfacher Mehrheit der abgegebenen Stimmen gefaßt, sofern die Geschäftsordnung (§ 31c) keine strengeren Erfordernisse festlegt. Bei Stimmengleichheit gibt die Stimme des Vorsitzenden den Ausschlag. Die Beschlüsse über die Geschäftsordnung und über die vorzeitige Beendigung der Tätigkeitsdauer bedürfen der Mehrheit von zwei Dritteln der Delegierten.

(6) Im Übrigen gelten die §§ 14 Abs. 7a, 20 und 22 sinngemäß.

Geschäftsordnung

§ 31c. (1) Die Konzernvertretung kann mit Mehrheit von zwei Dritteln der Delegierten eine Geschäftsordnung beschließen.

(2) In der Geschäftsordnung kann insbesondere geregelt werden:

1. die Festlegung strengerer Beschlußerfordernisse;
2. Zeit und Ort der regelmäßigen Sitzungen der Konzernvertretung sowie Regelungen über die Schriftführung;
3. die Beiziehung von nicht der Konzernvertretung angehörenden Personen zu Sitzungen der Konzernvertretung;
4. die Errichtung, Zusammensetzung und Geschäftsführung eines Leitungsausschusses;
5. die Errichtung, Zusammensetzung und Geschäftsführung eines Präsidiums, wenn dies wegen der Größe des Leitungsausschusses zweckmäßig ist;
6. die Abgrenzung der Aufgabenbereiche des Leitungsausschusses und des Präsidiums einschließlich der Definition der Angelegenheiten, in denen diesen Organen eine selbständige Beschlußfassung zukommt und die Voraussetzungen für diese Beschlußfassung;
7. die Berichtspflichten dieser Organe gegenüber der Konzernvertretung und die Art und Weise der Information der Arbeitnehmerschaft im Konzern über die Tätigkeit der Konzernvertretung;
8. die Festlegung von Art und Umfang der Vertretungsbefugnis des Vorsitzenden, dessen Stellvertreter, des Leitungsausschusses und des Präsidiums.

(3) Die Geschäftsordnung ist allen im Konzern errichteten Zentralbetriebsräten (Betriebsausschüssen, Betriebsräten) und allen Konzernunternehmen schriftlich zur Kenntnis zu bringen. Dies gilt auch für allfällige Änderungen der Geschäftsordnung.

Freizeitgewährung

§ 32. Die Voraussetzungen des § 116 ArbVG liegen vor, wenn ein Betriebsratsmitglied eine dem Betriebsrat oder einzelnen Betriebsratsmitgliedern nach dem ArbVG oder nach sonstigen Gesetzen, Verordnungen oder Normen der kollektiven Rechtsgestaltung übertragene Aufgabe wahrnimmt. Insbesondere gilt auch die Durchführung von oder Teilnahme an Veranstaltungen zur Wahrung der unmittelbar betroffenen Interessen der Arbeitnehmerschaft des Betriebes, die von einer zuständigen freiwilligen Berufsvereinigung oder gesetzlichen Interessenvertretung der Arbeitnehmer organisiert werden, als Erfüllung von Obliegenheiten im Sinne des § 116 ArbVG.

Abschnitt 6
Rechtsstellung der Mitglieder des Betriebsrates

Freistellung

§ 32a. (1) Liegen die Voraussetzungen des § 117 ArbVG vor, so ist auf Antrag des Betriebsrates (Zentralbetriebsrates) die entsprechende Anzahl von Mitgliedern von der Arbeitsleistung unter Fortzahlung des Entgeltes freizustellen. Der Antrag hat die Namen der Betriebsratsmitglieder (Zentralbetriebsratsmitglieder) zu enthalten, die auf Grund eines Beschlusses des Betriebsrates (Zentralbetriebsrates) freizustellen sind. Ein freigestelltes Betriebsratsmitglied (Zentralbetriebsratsmitglied) kann auf Beschluß des Betriebsrates (Zentralbetriebsrates) jederzeit abberufen und durch ein anderes Mitglied ersetzt werden.

(2) Der Antrag auf Freistellung eines Betriebsratsmitgliedes ist dem Betriebsinhaber schriftlich mitzuteilen. Der Antrag auf Freistellung des Zentralbetriebsratsmitgliedes ist außerdem der Unternehmensleitung bekanntzugeben. Mit der Mitteilung des Antrages an den Betriebsinhaber wird die Freistellung rechtswirksam. Das gleiche gilt im Falle des Abs. 1 letzter Satz.

(3) Ein Beschluß der Konzernvertretung nach § 117 Abs. 5 ArbVG ist dem Betriebsinhaber oder der Unternehmensleitung schriftlich mitzuteilen. Dieser Beschluß sowie der Antrag gemäß Abs. 1

sind überdies der Konzernleitung bekanntzugeben.

Bildungsfreistellung

§ 33. (1) Die Freistellung gemäß § 118 ArbVG ist für die Teilnahme an Schulungs- und Bildungsveranstaltungen zu gewähren, die von einer kollektivvertragsfähigen Körperschaft der Arbeitnehmer oder der Arbeitgeber veranstaltet oder von diesen übereinstimmend als geeignet anerkannt werden und vornehmlich die Vermittlung von Kenntnissen zum Gegenstand haben, die der Ausübung der Funktion als Mitglied des Betriebsrates dienen. Hiezu zählen auch Veranstaltungen, die neben der Vermittlung solcher Kenntnisse zur Erweiterung der Ausbildung der Betriebsratsmitglieder durch Einführung in die Rechts-, Gesellschafts- und Wirtschaftsordnung oder durch die Vermittlung von Kenntnissen und Fertigkeiten in der Gesetzeshandhabung, Rhetorik und dergleichen beitragen.

(2) Das Mitglied des Betriebsrates, das eine Bildungsfreistellung in Anspruch nimmt, hat an den Betriebsrat einen schriftlichen Antrag zu stellen, aus dem Art, Gegenstand, Beginn und Dauer der Schulungs- und Bildungsveranstaltung sowie die in Aussicht gestellte Möglichkeit der Teilnahme hervorgehen. Der Antrag ist so rechtzeitig zu stellen, daß die Einhaltung der Fristen gemäß Abs. 5 und 6 gewährleistet ist. Eine Gleichschrift des Antrags ist dem Betriebsinhaber vom Mitglied des Betriebsrates gleichzeitig zu übermitteln.

(3) Die Eignung der Veranstaltung im Sinne des Abs. 1 ist durch eine dem Antrag beizuschließende Bestätigung der zuständigen kollektivvertragsfähigen Körperschaften der Arbeitnehmer und der Arbeitgeber nachzuweisen.

(4) Will das Mitglied des Betriebsrates in Ausnahmefällen bei Vorliegen eines Interesses an einer besonderen Ausbildung eine Bildungsfreistellung in der Dauer von über drei bis zu fünf Wochen in Anspruch nehmen, so sind in dem Antrag auch die Umstände darzulegen, die dieses Interesse rechtfertigen.

(5) Der Betriebsrat hat den Betriebsinhaber ohne unnötigen Aufschub, spätestens aber vier Wochen vor der beabsichtigten Freistellung in Kenntnis zu setzen.

(6) Der Betriebsinhaber ist verpflichtet, mit dem Betriebsrat über den Zeitpunkt der Freistellung binnen zehn Tagen ab Erhalt der Verständigung im Sinne des Abs. 5 zu beraten. Hat das freizustellende Mitglied des Betriebsrates an diesen Beratungen nicht selbst teilgenommen, so ist es vom Ergebnis der Beratungen durch den Betriebsrat unverzüglich zu verständigen. Ist eine Verständigung des Betriebsinhabers im Sinne des Abs. 5 nicht erfolgt, so hat das Betriebsratsmitglied vor Anrufung des Gerichtes im Sinne des Abs. 7 selbst mit dem Betriebsinhaber zu beraten. Der Betriebsinhaber ist verpflichtet, diese Beratung unverzüglich aufzunehmen.

(7) Kommt innerhalb der Frist des Abs. 6 erster Satz zwischen Betriebsrat und Betriebsinhaber oder mangels Verständigung des Betriebsinhabers im Sinne des Abs. 5 zwischen Betriebsratsmitglied und Betriebsinhaber kein Einvernehmen zustande, so hat das Gericht auf Grund einer Klage des Betriebsrates oder des freizustellenden Betriebsratsmitgliedes unter Bedachtnahme auf die Erfordernisse des Betriebes einerseits und die Interessen des Betriebsrates und des Betriebsratsmitgliedes andererseits zu entscheiden.

Erweiterte Bildungsfreistellung

§ 34. Der Antrag auf erweiterte Bildungsfreistellung gemäß § 119 ArbVG ist vom Betriebsrat beim Betriebsinhaber zu stellen. Vor der Antragstellung hat der Betriebsrat die Zustimmung des freizustellenden Betriebsratsmitgliedes einzuholen. Im übrigen findet § 33 sinngemäß mit der Maßgabe Anwendung, daß zur Klage gemäß § 33 Abs. 7 nur der Betriebsrat berechtigt ist.

Verschwiegenheitspflicht

§ 35. Die Mitglieder und Ersatzmitglieder des Betriebsrates sind verpflichtet, über alle in Ausübung ihres Amtes bekanntgewordenen Geschäfts- und Betriebsgeheimnisse, insbesondere über die ihnen als geheim bezeichneten technischen Einrichtungen, Verfahren und Eigentümlichkeiten des Betriebes Verschwiegenheit zu bewahren. Werden im Zuge der Mitwirkung in personellen Angelegenheiten Mitgliedern des Betriebsrates persönliche Verhältnisse oder Angelegenheiten der Arbeitnehmer bekannt, die ihrer Bedeutung oder ihrem Inhalt nach einer vertraulichen Behandlung bedürfen, so haben sie hierüber Verschwiegenheit zu bewahren.

Abschnitt 7

Jugendvertretung im Betrieb

Jugendversammlung

§ 36. (1) Die Jugendversammlung ist vom Jugendvertrauensrat mindestens einmal in jedem Kalenderhalbjahr einzuberufen.

(2) Im Falle der Funktionsunfähigkeit des Jugendvertrauensrates oder falls ein solcher im Betrieb noch nicht gewählt wurde, sind der an Lebensjahren älteste stimmberechtigte jugendliche Arbeitnehmer, jeder im Betrieb bestehende Betriebsrat oder jede zuständige freiwillige Berufsvereinigung oder gesetzliche Interessenvertretung der Arbeitnehmer zur Einberufung der Jugendversammlung berechtigt. Die Einberufung ist erfolgt, wenn einer der Vorgenannten von seinem Recht auf Einberufung der Jugendversammlung Gebrauch gemacht hat. Im übrigen finden die §§ 1, 3 und 4 sinngemäß Anwendung.

§ 37. (1) Auf die Durchführung der Jugendversammlung finden, soweit die Abs. 2 und 3 nicht anderes vorsehen, die §§ 5 Abs. 1, 2 erster Satz und 4 bis 8 sowie 7 bis 9 sinngemäß Anwendung. In der Jugendversammlung sind alle jugendlichen Arbeitnehmer (§ 123 Abs. 3 ArbVG) sowie die Mitglieder des Jugendvertrauensrates, die nicht jugendliche Arbeitnehmer sind, stimmberechtigt, sofern sie am Tag der Jugendversammlung im Betrieb beschäftigt sind. Zur Beschlußfassung ist die Anwesenheit von mindestens der Hälfte der stimmberechtigten jugendlichen Arbeitnehmer erforderlich. Die Beschlüsse werden mit einfacher Mehrheit der abgegebenen Stimmen gefaßt.

(2) In Betrieben, in denen dem Jugendvertrauensrat zwei Mitglieder angehören, führt, sofern eine allfällige Aufteilung der Geschäfte (§ 39 Abs. 3) nicht anderes ergibt, das an Lebensjahren ältere Mitglied den Vorsitz in der Jugendversammlung. Wurden die beiden Mitglieder des Jugendvertrauensrates gemäß § 125 Abs. 2 ArbVG getrennt gewählt, so führen sie abwechselnd den Vorsitz in der Jugendversammlung; den Vorsitz in der ersten Jugendversammlung nach der Wahl des Jugendvertrauensrates führt, sofern eine allfällige Aufteilung der Geschäfte (§ 39 Abs. 3) nicht anderes ergibt, das an Lebensjahren ältere Mitglied.

(3) Jeder im Betrieb bestehende Betriebsrat ist berechtigt, durch mindestens einen Vertreter mit beratender Stimme an der Jugendversammlung teilzunehmen. Er ist von der Einberufung einer Jugendversammlung unter Bekanntgabe der Verhandlungsgegenstände vom Einberufer so rechtzeitig in Kenntnis zu setzen, daß die Entsendung von Vertretern möglich ist.

Geschäftsordnung der Jugendversammlung

§ 38. (1) Die Jugendversammlung kann auf Grund der Vorschriften dieser Verordnung ihre Geschäftsordnung beschließen.

(2) Eine gemäß Abs. 1 beschlossene Geschäftsordnung ist zur jederzeitigen Einsicht für alle zur Teilnahme an der Jugendversammlung Berechtigten aufzulegen; sie kann nur durch Beschluß der Jugendversammlung geändert werden.

Jugendvertrauensrat

§ 39. (1) Die Tätigkeitsdauer des Jugendvertrauensrates beträgt zwei Jahre. Sie beginnt mit dem Tag der Konstituierung oder mit Ablauf der Tätigkeitsdauer des früheren Jugendvertrauensrates, wenn die Konstituierung vor diesem Zeitpunkt erfolgt.

(2) Auf die Geschäftsführung des Jugendvertrauensrates, der aus mindestens drei Mitgliedern besteht, sind die §§ 10 Abs. 1 bis 4 und 5 erster Satz, 11 bis 13, 14 Abs. 1, 2, 4 bis 7 und 8 bis 10, 19 Abs. 1, 2 Z 6 bis 10, 3 und 4 sowie 21 und 22 sinngemäß anzuwenden.

(3) Besteht der Jugendvertrauensrat aus zwei Mitgliedern, so ist auf die Wahl des Vorsitzenden § 10 Abs. 6 sinngemäß anzuwenden. Ihre Aufgaben haben sie, soweit sie nicht die Geschäfte untereinander aufteilen, gemeinsam durchzuführen. Notwendige Beschlüsse kommen auch bei einer Aufteilung der Geschäfte nur bei Übereinstimmung beider Mitglieder zustande.

(4) Die Beschlüsse des Jugendvertrauensrates sind jedem im Betrieb bestehenden Betriebsrat (Betriebsausschuß) binnen drei Tagen schriftlich zur Kenntnis zu bringen.

(5) Vertreter des Jugendvertrauensrates gegenüber dem Betriebsinhaber und nach außen ist der Vorsitzende, bei dessen Verhinderung sein Stellvertreter, es sei denn, der Jugendvertrauensrat beschließt im Einzelfall etwas anderes.

(6) Auf die Mitglieder des Jugendvertrauensrates sind die §§ 33 Abs. 1 bis 3, 5 bis 7 und 35 sinngemäß anzuwenden.

Verhältnis der im Betrieb beschäftigten jugendlichen Arbeitnehmer zu den Mitgliedern des Jugendvertrauensrates

§ 40. Die jugendlichen Arbeitnehmer des Betriebes können Anfragen, Wünsche, Beschwerden, Anzeigen oder Anregungen bei jedem Mitglied des Jugendvertrauensrates vorbringen.

Verhältnis des Jugendvertrauensrates zum Betriebsrat

§ 41. (1) Besteht im Betrieb ein Betriebsrat (Betriebsausschuß), so hat der Jugendvertrauensrat seine Aufgaben, sofern im folgenden (§ 47) nicht anderes bestimmt wird, im Einvernehmen mit dem Betriebsrat (Betriebsausschuß) wahrzunehmen.

(2) Der Jugendvertrauensrat hat den Betriebsrat (Betriebsausschuß) zu beraten und zu unterstützen, der seinerseits verpflichtet ist, dem Jugendvertrauensrat bei der Wahrnehmung der besonderen Belange der jugendlichen Arbeitnehmer beizustehen.

Teilnahme des Betriebsrates an Sitzungen des Jugendvertrauensrates

§ 42. Jeder im Betrieb bestehende Betriebsrat ist berechtigt, an den Sitzungen des Jugendvertrauensrates durch einen Vertreter mit beratender Stimme teilzunehmen. Der Betriebsrat ist von der Abhaltung einer Sitzung des Jugendvertrauensrates mindestens einen Tag vorher zu verständigen, sofern nicht besondere Gründe den sofortigen Zusammentritt des Jugendvertrauensrates erforderlich machen. Mit der Verständigung ist die Tagesordnung bekanntzugeben.

Teilnahme des Jugendvertrauensrates an Sitzungen des Betriebsrates (Betriebsausschusses)

§ 43. (1) Der Jugendvertrauensrat ist berechtigt, an den Sitzungen jedes im Betrieb bestehenden

Betriebsrates (des Betriebsausschusses) durch einen Vertreter mit beratender Stimme teilzunehmen. Der Jugendvertrauensrat ist von der Abhaltung einer Betriebsratssitzung (Sitzung des Betriebsausschusses) mindestens einen Tag vorher zu verständigen, sofern nicht besondere Gründe den sofortigen Zusammentritt des Betriebsrates (Betriebsausschusses) erforderlich machen. Mit der Verständigung ist nach Möglichkeit die Tagesordnung bekanntzugeben.

(2) Der Betriebsrat (Betriebsausschuß) hat über Beschlüsse des Jugendvertrauensrates und über Angelegenheiten der jugendlichen Arbeitnehmer in Anwesenheit des gesamten Jugendvertrauensrates oder von ihm entsendeter Mitglieder zu beraten; den anwesenden Mitgliedern des Jugendvertrauensrates ist auf Verlangen das Wort zu erteilen. Von der Abhaltung einer solchen Betriebsratssitzung (Sitzung des Betriebsausschusses) ist der Jugendvertrauensrat mindestens drei Tage vorher zu verständigen. Mit der Verständigung ist bekanntzugeben, welche Beschlüsse des Jugendvertrauensrates bzw. Angelegenheiten der jugendlichen Arbeitnehmer Gegenstand der Sitzung sein werden. Beschlüsse des Betriebsrates (Betriebsausschusses) über Angelegenheiten der jugendlichen Arbeitnehmer sind dem Jugendvertrauensrat bekanntzugeben.

(3) In Betrieben, in denen getrennte Betriebsräte bestehen und die Mitglieder des Jugendvertrauensrates gemäß § 125 Abs. 2 ArbVG getrennt gewählt werden, ist bei der Entsendung von Mitgliedern des Jugendvertrauensrates zu den Beratungen eines Betriebsrates (Abs. 1 und 2) auf die Gruppenzugehörigkeit dieser Mitglieder Bedacht zu nehmen.

(4) Werden von einem Betriebsrat, der aus weniger als drei Mitgliedern besteht, keine Sitzungen abgehalten, so sind die Angelegenheiten des Betriebes über Verlangen des Jugendvertrauensrates mit einem von diesem entsendeten Vertreter zu erörtern.

Ausübung der Befugnisse des Jugendvertrauensrates

§ 44. (1) Der Jugendvertrauensrat kann die Durchführung einzelner seiner Aufgaben einem oder mehreren seiner Mitglieder übertragen, so insbesondere die Überwachung der Einhaltung der für das Arbeitsverhältnis jugendlicher Arbeitnehmer geltenden Vorschriften.

(2) In Betrieben, in denen dem Jugendvertrauensrat sowohl Arbeiter als auch Angestellte angehören, soll die Durchführung von Angelegenheiten der Arbeiter einem Angehörigen der Gruppe der Arbeiter bzw. von Angelegenheiten der Angestellten einem Angehörigen der Gruppe der Angestellten übertragen werden.

Auskunftserteilung

§ 45. Der Betriebsinhaber und jeder im Betrieb bestehende Betriebsrat (der Betriebsausschuß) sind verpflichtet, dem Jugendvertrauensrat die zur Erfüllung seiner Aufgaben erforderlichen Auskünfte zu erteilen.

Allgemeine Intervention

§ 46. Der Jugendvertrauensrat ist berechtigt, bei allen Angelegenheiten, die die Interessen der jugendlichen Arbeitnehmer des Betriebes betreffen, beim Betriebsrat (Betriebsausschuß) und, sofern ein solcher nicht besteht, beim Betriebsinhaber entsprechende Maßnahmen zu beantragen und auf die Beseitigung von Mängeln hinzuwirken.

Überwachung der Einhaltung der für das Arbeitsverhältnis jugendlicher Arbeitnehmer geltenden Vorschriften

§ 47. (1) Der Jugendvertrauensrat hat darüber zu wachen, daß die Vorschriften, die für das Arbeitsverhältnis jugendlicher Arbeitnehmer gelten, eingehalten werden. Zu diesem Zweck hat sich der Jugendvertrauensrat die Kenntnis der für die Beschäftigung Jugendlicher geltenden Gesetze und Vorschriften zu verschaffen.

(2) Nimmt der Jugendvertrauensrat Mängel wahr, so hat er davon dem Betriebsrat (Betriebsausschuß) und dem Betriebsinhaber Mitteilung zu machen und auf die Beseitigung dieser Mängel hinzuwirken.

(3) Erforderlichenfalls hat der Jugendvertrauensrat der zuständigen freiwilligen Berufsvereinigung oder der zuständigen gesetzlichen Interessenvertretung der Arbeitnehmer, dem Arbeitsinspektorat oder den sonst zum Schutze jugendlicher Arbeitnehmer eingerichteten Stellen Mitteilung von den wahrgenommenen Mängeln zu machen und auf deren Beseitigung hinzuwirken.

(4) Der Jugendvertrauensrat hat sich an allen behördlichen Besichtigungen, die die Interessen jugendlicher Arbeitnehmer berühren, zu beteiligen. Der Betriebsinhaber hat den Jugendvertrauensrat von einer solchen behördlichen Besichtigung so rechtzeitig in Kenntnis zu setzen, daß die Entsendung eines Vertreters möglich ist.

Teilnahme an den Unterweisungen der jugendlichen Arbeitnehmer

§ 48. (1) Der Jugendvertrauensrat hat durch ein Mitglied an den Unterweisungen teilzunehmen, die vom Betriebsinhaber oder von dessen Beauftragten bei Dienstantritt der Jugendlichen durchzuführen sind, um diese

1. über die im Betrieb bestehenden Gefahren und über die zur Abwendung dieser Gefahren getroffenen Maßnahmen sowie Einrichtungen und deren Benutzung sowie

2. vor der erstmaligen Verwendung an Maschinen, zu Arbeiten mit Gasen, Chemikalien oder mit sonstigen gesundheitsschädlichen Arbeitsstoffen oder zu Arbeiten an gefährlichen Arbeitsstellen über das bei Verrichtung solcher Arbeiten notwendige Verhalten sowie über die bestehenden Schutzvorkehrungen und deren Handhabung

zu unterweisen (§ 24 Abs. 1 und 2 des Bundesgesetzes über die Beschäftigung von Kindern und Jugendlichen 1987, BGBl. Nr. 599, in der Fassung des Bundesgesetzes BGBl. I Nr. 93/2010).

(2) Ebenso hat der Jugendvertrauensrat durch ein Mitglied teilzunehmen an den Unterweisungen der Jugendlichen, die vom Betriebsinhaber oder von dessen Beauftragten vor der erstmaligen Verwendung an Maschinen, zu Arbeiten mit Gasen, Chemikalien oder mit sonstigen gesundheitsschädlichen Arbeitsstoffen oder zu Arbeiten an gefährlichen Arbeitsstellen über das bei Verrichtung solcher Arbeiten notwendige Verhalten sowie über die bestehenden Schutzvorkehrungen und deren Handhabung durchgeführt werden (§ 24 Abs. 2 des Bundesgesetzes über die Beschäftigung von Kindern und Jugendlichen).

(3) Der Betriebsinhaber hat den Jugendvertrauensrat von der Abhaltung einer Unterweisung (Abs. 1 und 2) so rechtzeitig in Kenntnis zu setzen, daß die Entsendung eines Vertreters möglich ist.

Erstattung von Vorschlägen

§ 49. (1) Der Jugendvertrauensrat ist berufen, Vorschläge in Fragen der Berufsausbildung und der beruflichen Weiterbildung jugendlicher Arbeitnehmer zu erstatten, insbesondere für die Erstellung von Richtlinien über:

1. die Auswahl der mit der Durchführung der betrieblichen Berufsausbildung betrauten Personen (Ausbilder);
2. die Auswahl der mit der Koordination der gesamten Ausbildung betrauten Personen;
3. die Ausbildung in bestimmten Lehrberufen im Hinblick auf die gemäß § 2 Abs. 6 des Berufsausbildungsgesetzes (BAG), BGBl. Nr. 142/1969, in der Fassung des Bundesgesetzes BGBl. I Nr. 40/2010, erforderliche Einrichtung und Führung des Betriebes;
4. die Auswahl von jugendlichen Arbeitnehmern für betriebliche Schulungs- und Umschulungsmaßnahmen;
5. den Abschluß von besonderen Ausbildungsverträgen;
6. den Abschluß und die rechtzeitige Ausfertigung von Lehrverträgen;
7. die Beachtung der Berufsbilder bei der Lehrlingsausbildung;
8. die Einhaltung der Verhältniszahlen (§ 8 Abs. 5 BAG).

(2) Der Betriebsinhaber hat den Jugendvertrauensrat über geplante Maßnahmen der betrieblichen Berufsausbildung sowie der betrieblichen Schulung und Umschulung jugendlicher Arbeitnehmer zum ehestmöglichen Zeitpunkt in Kenntnis zu setzen.

(3) Werden Maßnahmen betreffend die Planung und Durchführung der betrieblichen Berufsausbildung sowie der betrieblichen Schulung und Umschulung jugendlicher Arbeitnehmer vom Betriebsinhaber im Zusammenwirken mit den Dienststellen der Arbeitsmarktverwaltung durchgeführt, so hat der Betriebsinhaber den Jugendvertrauensrat von Ort, Zeit und Gegenstand der diesbezüglichen Verhandlungen vorher in Kenntnis zu setzen. Der Jugendvertrauensrat ist diesen Verhandlungen beizuziehen und zu hören.

(4) Der Jugendvertrauensrat hat sich an allen behördlichen Besichtigungen zu beteiligen, welche die Planung und Durchführung der betrieblichen Berufsausbildung berühren.

Teilnahme an Beratungen zwischen Betriebsrat (Betriebsausschuß) und Betriebsinhaber

§ 50. (1) Der Jugendvertrauensrat ist berufen, insbesondere an nachstehenden Beratungen durch ein Mitglied teilzunehmen:

1. an den gemeinsamen Beratungen über laufende Angelegenheiten, allgemeine Grundsätze der Betriebsführung in sozialer, personeller, wirtschaftlicher und technischer Hinsicht sowie über die Gestaltung der Arbeitsbeziehungen, die mindestens vierteljährlich und auf Verlangen des Betriebsrates (Betriebsausschusses) monatlich abzuhalten sind (§ 92 ArbVG);
2. an den gemeinsamen Beratungen des Betriebsinhabers mit dem Betriebsrat (Betriebsausschuß) über die Planung und Durchführung der betrieblichen Berufsausbildung sowie betrieblicher Schulungs- und Umschulungsmaßnahmen; werden solche Maßnahmen vom Betriebsinhaber im Zusammenwirken mit den Geschäftstellen des Arbeitsmarktservice durchgeführt, auch an den diesbezüglichen Verhandlungen (§ 94 ArbVG);
3. an den gemeinsamen Beratungen über Vorschläge des Betriebsrates zur Verhinderung, Beseitigung oder Milderung von für die Arbeitnehmer nachteiligen Folgen von Betriebsänderungen im Sinne des § 109 Abs. 1 ArbVG.

(2) Der Betriebsinhaber und der Betriebsrat (Betriebsausschuß) haben den Jugendvertrauensrat vom Zeitpunkt einer Beratung im Sinne des Abs. 1 mindestens einen Tag vorher zu verständigen; mit der Verständigung ist nach Möglichkeit der Gegenstand der Beratung bekanntzugeben.

Abschnitt 8
Jugendvertretung im Unternehmen
Jugendvertrauensräteversammlung

§ 51. (1) Die Jugendvertrauensräteversammlung ist mindestens einmal in jedem Kalenderjahr vom Zentraljugendvertrauensrat einzuberufen. Den Vorsitz in der Jugendvertrauensräteversammlung führt der Vorsitzende des Zentraljugendvertrauensrates, bei dessen Verhinderung sein Stellvertreter.

(2) Besteht kein Zentraljugendvertrauensrat oder ist er vorübergehend funktionsunfähig, so ist zur Einberufung das an Lebensjahren älteste Jugendvertrauensratsmitglied oder der Vorsitzende (Stellvertreter) des Zentralbetriebsrates.

(3) Zur Beschlußfassung über die Enthebung des Zentraljugendvertrauensrates kann die Jugendvertrauensräteversammlung von jedem im Unternehmen errichteten Jugendvertrauensrat einberufen werden. Die Vorsitzführung obliegt in diesem Fall dem Vorsitzenden (Stellvertreter) des einberufenden Jugendvertrauensrates.

(4) Die Einberufung der Jugendvertrauensräteversammlung ist tunlichst zwei Wochen vor ihrem Termin den Vorsitzenden der im Unternehmen errichteten Jugendvertrauensräte und jedem im Unternehmen errichteten Betriebsrat sowie dem Zentralbetriebsrat bekanntzugeben. Die Einberufung hat den Ort, den Zeitpunkt und die Tagesordnung der Jugendvertrauensräteversammlung und, sofern nicht über die Enthebung des Zentraljugendvertrauensrates beschlossen werden soll, den Hinweis zu enthalten, daß nach Ablauf einer halben Stunde nach dem vorgesehenen Beginn die Jugendvertrauensräteversammlung ohne Rücksicht auf die Zahl der anwesenden Jugendvertrauensratsmitglieder beschlußfähig ist.

(5) Für die Beschlußfassung der Jugendvertrauensräteversammlung, insbesondere über die Enthebung des Zentraljugendvertrauensrates, gelten die §§ 26, 27 und 28 Abs. 1 und 2 sinngemäß.

(6) Die Enthebung des Zentraljugendvertrauensrates hat der Vorsitzende des Jugendvertrauensrates, der in der Jugendvertrauensräteversammlung den Vorsitz geführt hat, allen Jugendvertrauensräten, dem Zentralbetriebsrat, der Unternehmensleitung, den zuständigen überbetrieblichen Interessenvertretungen der Arbeitnehmer sowie dem zuständigen Arbeitsinspektorat bekanntzugeben.

(7) Jeder im Unternehmen bestehende Betriebsrat ist berechtigt, durch mindestens zwei Vertreter mit beratender Stimme an der Jugendvertrauensräteversammlung teilzunehmen. Die Verständigung gemäß Abs. 4 hat so rechtzeitig zu erfolgen, daß den Betriebsräten die Entsendung von Vertretern möglich ist.

Zentraljugendvertrauensrat

§ 52. (1) Die Tätigkeitsdauer des Zentraljugendvertrauensrates beträgt zwei Jahre. Sie beginnt mit dem Tag der Konstituierung oder mit Ablauf der Tätigkeitsdauer des früheren Zentraljugendvertrauensrates, wenn die Konstituierung vor diesem Zeitpunkt erfolgt.

(2) Auf die Konstituierung des Zentraljugendvertrauensrat sind § 10 Abs. 1 bis 4 und § 13 sinngemäß anzuwenden. Der Vorsitzende des Zentraljugendvertrauensrat hat das Ergebnis der Wahl der Funktionäre des Zentraljugendvertrauensrates sowie die Reihenfolge der Ersatzmitglieder unverzüglich

1. der Unternehmensleitung,
2. dem Zentralbetriebsrat oder, wenn ein solcher nicht besteht, allen im Unternehmen bestehenden Betriebsräten,
3. der zuständigen freiwilligen Berufsvereinigung und der zuständigen gesetzlichen Interessenvertretung der Arbeitnehmer,
4. dem zuständigen Arbeitsinspektorat und
5. allen Jugendvertrauensräten

anzuzeigen. Die Jugendvertrauensräte haben für die Bekanntmachung jeweils für den Bereich ihrer Betriebe zu sorgen.

(3) Für die Regelung des Nachrückens von Ersatzmitgliedern gilt § 30 in Verbindung mit § 12 sinngemäß.

Berufung weiterer Mitglieder des Zentraljugendvertrauensrates

§ 52a. (1) Der Zentraljugendvertrauensrat kann für die Dauer seiner Tätigkeit die Berufung je eines weiteren Mitgliedes für jeden Jugendvertrauensrat, der nicht durch ein gewähltes Mitglied im Zentraljugendvertrauensrat vertreten ist, beschließen. Es können jedoch nur so viele weitere Mitglieder berufen werden, wie die Zahl der Jugendvertrauensräte die Zahl der gewählten Mitglieder des Zentraljugendvertrauensrat übersteigt, höchstens aber vier.

(2) Der Zentraljugendvertrauensrat hat bei der Berufung weiterer Mitglieder alle nicht durch ein gewähltes Mitglied im Zentraljugendvertrauensrat vertretenen Jugendvertrauensräte zu berücksichtigen. Übersteigt die Zahl der nicht vertretenen Jugendvertrauensräte die Zahl der weiteren Mitglieder, so sind die weiteren Mitglieder von jenen Jugendvertrauensräten zu nominieren, die die jeweils größere Anzahl von jugendlichen Arbeitnehmern vertreten.

(3) Der Beschluß des Zentraljugendvertrauensrates über die Berufung weiterer Mitglieder ist allen im Unternehmen errichteten Jugendvertrauensräten bekanntzugeben. Die Jugendvertrauensräte, die nach dem Beschluß des Zentraljugendvertrauensrates weitere Mitglieder namhaft zu machen haben, sind zugleich zur Nominierung binnen einer vom Zentraljugendvertrauensrat festzusetzenden Frist aufzufordern.

(4) Jeder nominierungsberechtigte Jugendvertrauensrat hat durch Beschluß eines seiner Mitglieder als weiteres Mitglied des Zentraljugendvertrauensrates namhaft zu machen. Die Nominierungsbeschlüsse sind dem Vorsitzenden des Zentraljugendvertrauensrates unverzüglich mitzuteilen.

(5) Mit der vom Vorsitzenden des Zentraljugendvertrauensrates festzustellenden ordnungsgemäßen Nominierung beginnt die Mitgliedschaft der weiteren Mitglieder. Sie sind der Unternehmensleitung, dem Zentralbetriebsrat, dem nach dem Sitz des Unternehmens zuständigen Arbeitsinspektorats, der zuständigen freiwilligen Berufsvereinigung und der zuständigen gesetzlichen Interessenvertretung der Arbeitnehmer sowie allen im Unternehmen errichteten Jugendvertrauensräten bekanntzugeben. Die Jugendvertrauensräte haben für die Bekanntmachung jeweils für den Bereich ihrer Betriebe zu sorgen.

(6) Die in den Zentraljugendvertrauensrat berufenen weiteren Mitglieder haben die gleichen Rechte und Pflichten wie die gewählten Mitglieder.

Vertretung und Geschäftsführung

§ 52b. (1) Die Vertretung des Zentraljugendvertrauensrates nach außen und gegenüber der Unternehmensleitung obliegt dem Vorsitzenden, bei dessen Verhinderung seinem Stellvertreter. Im Einzelfall kann der Zentraljugendvertrauensrat durch Beschluß andere seiner Mitglieder mit der Vertretung betrauen.

(2) Auf die Geschäftsführung des Zentraljugendvertrauensrates sind, soweit im folgenden nicht anderes bestimmt wird, die §§ 14, 15, 16 und 18, 19 Abs. 1, Abs. 2 Z 1, 4 bis 10, Abs. 3 und 4 sowie §§ 22 und 31 Abs. 2 anzuwenden.

(3) Für die Bekanntmachungen des Zentraljugendvertrauensrates gilt § 21 mit der Maßgabe, daß die Bekanntmachungen auch den Vorsitzenden der Jugendvertrauensräte bekanntzugeben sind. Über Veranlassung des Zentraljugendvertrauensrates haben die Vorsitzenden der Jugendvertrauensräte jeweils für den Bereich ihrer Betriebe die Bekanntmachungen zu verlautbaren.

Verhältnis des Zentraljugendvertrauensrates zum Zentralbetriebsrat

§ 52c. (1) Besteht im Unternehmen ein Zentralbetriebsrat, so hat der Zentraljugendvertrauensrat seine Aufgaben im Einvernehmen mit dem Zentralbetriebsrat wahrzunehmen. Er hat den Zentralbetriebsrat zu beraten und zu unterstützen, um eine angemessene Berücksichtigung der wirtschaftlichen, sozialen, gesundheitlichen und kulturellen Interessen der jugendlichen Arbeitnehmer im Rahmen der Vertretung der Arbeitnehmerinteressen auf Unternehmensebene zu gewährleisten. Der Zentralbetriebsrat hat seinerseits dem Zentraljugendvertrauensrat bei der Vertretung der besonderen Interessen der jugendlichen Arbeitnehmer im Unternehmen beizustehen.

(2) Der Zentralbetriebsrat ist berechtigt, an den Sitzungen des Zentraljugendvertrauensrates durch einen Vertreter mit beratender Stimme teilzunehmen. Der Zentralbetriebsrat ist von der Anberaumung einer Sitzung des Zentraljugendvertrauensrates unter Angabe von Tagungsort, Tagungszeit und Tagesordnung so rechtzeitig zu verständigen, daß ihm die Entsendung eines Vertreters möglich ist.

(3) Der Zentraljugendvertrauensrat ist berechtigt, an den Sitzungen des Zentralbetriebsrates durch einen Vertreter mit beratender Stimme teilzunehmen. Für die Ladung gilt Abs. 2 zweiter Satz sinngemäß.

(4) Die Beschlüsse des Zentraljugendvertrauensrates sind dem Zentralbetriebsrat unverzüglich bekanntzugeben.

(5) Über Beschlüsse des Zentraljugendvertrauensrates, über Angelegenheiten der jugendlichen Arbeitnehmer oder über sonstige Angelegenheiten, die jugendliche Arbeitnehmer in besonderer Weise betreffen, hat der Zentralbetriebsrat in Anwesenheit des Zentraljugendvertrauensrates oder von diesem entsandter Mitglieder zu beraten. Im übrigen gilt § 43 Abs. 2 sinngemäß.

Auskunftserteilung

§ 52d. Der Zentralbetriebsrat und die Unternehmensleitung sind verpflichtet, dem Zentraljugendvertrauensrat alle zur Erfüllung seiner Aufgaben erforderlichen Auskünfte zu erteilen.

Befugnisse des Zentraljugendvertrauensrates

§ 52e. In Wahrnehmung seiner Aufgabe kann der Zentraljugendvertrauensrat insbesondere
1. in allen Angelegenheiten, die gemeinsame Interessen der jugendlichen Arbeitnehmer des Unternehmens betreffen, beim Zentralbetriebsrat oder, wenn ein solcher nicht besteht, unmittelbar bei der Unternehmensleitung entsprechende Maßnahmen beantragen und die Beseitigung von Mängeln verlangen;
2. Vorschläge in Fragen der Berufsausbildung und der beruflichen Weiterbildung jugendlicher Arbeitnehmer erstatten, soweit solche Maßnahmen mehr als einen Betrieb betreffen; dabei ist § 49 sinngemäß anzuwenden;
3. an den Sitzungen des Zentralbetriebsrates mit beratender Stimme teilnehmen.

Konzernjugendvertretung

§ 52f. (1) Für die Konstituierung und Geschäftsführung der Konzernjugendvertretung gelten die §§ 31a bis 31c.

(2) Die Konzernjugendvertretung hat ihre Aufgaben im Einvernehmen mit einer im Konzern bestehenden Konzernvertretung wahrzunehmen. §§ 52c bis 52e gelten sinngemäß.

2. HAUPTSTÜCK
BEFUGNISSE DER ARBEITNEHMERSCHAFT
Abschnitt 1
Organzuständigkeit
Betriebsrat

§ 53. (1) Die der Arbeitnehmerschaft zustehenden Befugnisse werden, soweit im folgenden nicht anderes bestimmt ist, durch Betriebsräte ausgeübt.

(2) Der Betriebsrat kann beschließen, die Ausübung seiner Befugnisse für einzelne Fälle oder für bestimmte Angelegenheiten dem Zentralbetriebsrat mit dessen Zustimmung zu übertragen. Dem Betriebsinhaber sind diese Beschlüsse umgehend schriftlich mitzuteilen. Sie erlangen erst mit der Verständigung des Betriebsinhabers Rechtswirksamkeit. Die Übertragung gilt, sofern sie nicht befristet ist oder sich aus der Natur der übertragenen Angelegenheit eine Befristung ergibt, für die Dauer der Tätigkeit des Betriebsrates.

(3) Besteht kein Zentralbetriebsrat, so kann der Betriebsrat beschließen, der Konzernvertretung mit deren Zustimmung die Ausübung seiner Befugnisse für Angelegenheiten nach §§ 96, 96a und 97 ArbVG, die die Interessen der Arbeitnehmer mehr als eines Unternehmens betreffen und in denen eine einheitliche Vorgangsweise des Konzerns, insbesondere durch Konzernrichtlinien erfolgt, zu übertragen. Im übrigen gilt Abs. 2.

Betriebsausschuß

§ 54. (1) In Betrieben, in denen ein Betriebsausschuß errichtet ist, werden, sofern § 56 nicht anderes bestimmt, vom Betriebsausschuß folgende Befugnisse ausgeübt:

1. Beratungsrecht (§ 92 ArbVG);
2. wirtschaftliche Informations- und Interventionsrechte (§ 108 ArbVG);
3. Mitwirkung in wirtschaftlichen Angelegenheiten gemäß §§ 109 bis 112 ArbVG;
4. Abschluß, Änderung und Aufhebung von Betriebsvereinbarungen, deren Geltungsbereich alle im Betriebsausschuß vertretenen Arbeitnehmergruppen erfaßt;
5. soweit die Interessen aller im Betriebsausschuss vertretenen Arbeitnehmergruppen betroffen sind
a) Überwachung der Einhaltung der die Arbeitnehmer betreffenden Vorschriften (§ 89 ArbVG);
b) Recht auf Intervention (§ 90 ArbVG);
c) allgemeines Informationsrecht (§ 91 ArbVG);
d) Mitwirkung in Arbeitsschutzangelegenheiten (§ 92a ArbVG);
e) Mitwirkung an betriebs- und unternehmenseigenen Schulungs-, Bildungs- und Wohlfahrtseinrichtungen (§§ 94 und 95 ArbVG);
6. Entsendung von Arbeitnehmervertretern in das besondere Verhandlungsgremium (§§ 179, 180 ArbVG) und in den Europäischen Betriebsrat (§ 193 ArbVG);
7. Mitwirkung an den Unterrichtungs- und Anhörungsverfahren gemäß den nach den §§ 189, 190 oder 206 ArbVG abgeschlossenen Vereinbarungen;
8. Entsendung von Arbeitnehmervertretern in das besondere Verhandlungsgremium (§§ 217, 218 ArbVG), in den SE-Betriebsrat (§ 234 ArbVG) und in den Aufsichts- oder Verwaltungsrat der Europäischen Gesellschaft (§ 247 ArbVG);
9. Mitwirkung an den Unterrichtungs- und Anhörungsverfahren gemäß den nach den §§ 230 oder 231 ArbVG abgeschlossenen Vereinbarungen;
10. Entsendung von Arbeitnehmervertretern in das besondere Verhandlungsgremium (§ 257 ArbVG iVm §§ 217, 218 ArbVG), in den SCE-Betriebsrat (§ 257 ArbVG iVm § 234 ArbVG) und in den Aufsichts- oder Verwaltungsrat der Europäischen Genossenschaft (§ 257 ArbVG iVm § 247 ArbVG);
11. Mitwirkung an den Unterrichtungs- und Anhörungsverfahren gemäß den nach § 257 ArbVG iVm den §§ 230 oder 231 ArbVG abgeschlossenen Vereinbarungen;
12. Entsendung von Arbeitnehmervertretern in das besondere Verhandlungsgremium (§ 260 ArbVG iVm §§ 217, 218 ArbVG) oder in das besondere Entsendungsgremium (§ 261 ArbVG iVm §§ 217, 218 ArbVG) und in den Aufsichts- oder Verwaltungsrat der aus der grenzüberschreitenden Verschmelzung hervorgegangenen Gesellschaft (§ 260 ArbVG bzw. § 261 ArbVG iVm § 247 ArbVG).

(2) Befugnisse in Angelegenheiten, die ausschließlich die Interessen einer im Betriebsausschuß nicht vertretenen Arbeitnehmergruppe betreffen, können vom Betriebsausschuß nicht ausgeübt werden.

(3) Für die Übertragung von Befugnissen an den Zentralbetriebsrat oder die Konzernvertretung gilt § 53 Abs. 2 und 3.

Gemeinsamer Betriebsrat

§ 55. In Betrieben, in denen ein gemeinsamer Betriebsrat (§ 40 Abs. 3 ArbVG) errichtet ist, werden, sofern § 56 nicht anderes bestimmt, von diesem sowohl die Befugnisse gemäß § 53 als auch jene gemäß § 54 ausgeübt.

Zentralbetriebsrat

§ 56. (1) In Unternehmen, in denen ein Zentralbetriebsrat zu errichten ist, werden von diesem folgende Befugnisse ausgeübt:

1. Mitwirkung in wirtschaftlichen Angelegenheiten gemäß §§ 110 bis 112 ArbVG;
2. soweit sie nicht nur die Interessen der Arbeitnehmerschaft eines Betriebes berühren

a) Recht auf Intervention (§ 90 ArbVG);
b) allgemeines Informationsrecht (§ 91 ArbVG);
c) Beratungsrecht (§ 92 ArbVG);
d) Mitwirkung in Arbeitsschutzangelegenheiten (§ 92a ArbVG);
e) Mitwirkung an betriebs- und unternehmenseigenen Schulungs-, Bildungs- und Wohlfahrtseinrichtungen (§§ 94 und 95 ArbVG);
f) wirtschaftliche Informations- und Interventionsrechte (§ 108 ArbVG);
g) Mitwirkung bei Betriebsänderungen gemäß § 109 ArbVG;

3. Wahrnehmung der Rechte gemäß § 89 Z 3 ArbVG, BGBl. Nr. 22/1974, idF BGBl. Nr. 502/1993 hinsichtlich geplanter und in Bau befindlicher Betriebsstätten des Unternehmens, für die noch kein Betriebsrat zuständig ist;
4. Entsendung von Arbeitnehmervertretern in das besondere Verhandlungsgremium (§§ 179, 180 ArbVG) und in den Europäischen Betriebsrat (§ 193 ArbVG);
5. Mitwirkung an den Unterrichtungs- und Anhörungsverfahren gemäß den nach den §§ 189, 190 oder 206 ArbVG abgeschlossenen Vereinbarungen;
6. Abschluss von Betriebsvereinbarungen nach § 97 Abs. 1 Z 1b ArbVG;
7. Entsendung von Arbeitnehmervertretern in das besondere Verhandlungsgremium (§§ 217, 218 ArbVG), in den SE-Betriebsrat (§ 234 ArbVG) und in den Aufsichts- oder Verwaltungsrat der Europäischen Gesellschaft (§ 247 ArbVG);
8. Mitwirkung an den Unterrichtungs- und Anhörungsverfahren gemäß den nach den §§ 230 oder 231 ArbVG abgeschlossenen Vereinbarungen;
9. Entsendung von Arbeitnehmervertretern in das besondere Verhandlungsgremium (§ 257 ArbVG iVm §§ 217, 218 ArbVG), in den SCE-Betriebsrat (§ 257 ArbVG iVm § 234 ArbVG) und in den Aufsichts- oder Verwaltungsrat der Europäischen Genossenschaft (§ 257 ArbVG iVm § 247 ArbVG);
10. Mitwirkung an den Unterrichtungs- und Anhörungsverfahren gemäß den nach § 257 ArbVG iVm den §§ 230 oder 231 ArbVG abgeschlossenen Vereinbarungen;
11. Entsendung von Arbeitnehmervertretern in das besondere Verhandlungsgremium (§ 260 ArbVG iVm §§ 217, 218 ArbVG) oder in das besondere Entsendungsgremium (§ 261 ArbVG iVm §§ 217, 218 ArbVG) und in den Aufsichts- oder Verwaltungsrat der aus der grenzüberschreitenden Verschmelzung hervorgegangenen Gesellschaft (§ 260 ArbVG bzw. § 261 ArbVG iVm § 247 ArbVG).

(2) Der Zentralbetriebsrat hat vom Ergebnis der Ausübung der Befugnisse gemäß §§ 53 Abs. 2 und 54 Abs. 3, sofern es erforderlich ist, den Betriebsrat (Betriebsausschuß) in Kenntnis zu setzen.

(3) Der Zentralbetriebsrat kann beschließen, der Konzernvertretung mit deren Zustimmung die Ausübung seiner oder ihm vom Betriebsrat (Betriebsausschuß) übertragener Befugnisse für Angelegenheiten nach §§ 96, 96a und 97 ArbVG, die die Interessen der Arbeitnehmer mehr als eines Unternehmens betreffen und in denen eine einheitliche Vorgangsweise des Konzerns, insbesondere durch Konzernrichtlinien erfolgt, zu übertragen. Im übrigen gilt § 53 Abs. 2 mit der Maßgabe, daß von der Übertragung übertragener Befugnisse oder vom Widerruf der Übertragung der Betriebsinhaber jenes Betriebes zu verständigen ist, in dem der Betriebsrat (Betriebsausschuß) errichtet ist, der die Befugnis an den Zentralbetriebsrat übertragen hat.

Konzernvertretung

§ 56a. (1) In Konzernen, in denen eine Konzernvertretung errichtet ist, werden folgende Befugnisse von dieser ausgeübt:

1. Entsendung von Arbeitnehmervertretern in den Aufsichtsrat gemäß § 110 Abs. 6 b ArbVG;
2. soweit die Interessen der Arbeitnehmerschaft von mehr als einem Unternehmen im Konzern betroffen sind:

a) Recht auf Intervention (§ 90 ArbVG);
b) allgemeines Informationsrecht (§ 91 ArbVG);
c) Beratungsrecht (§ 92 ArbVG);
d) Mitwirkung an konzerneigenen Maßnahmen in Zusammenhang mit Schulungs-, Bildungs- und Wohlfahrtseinrichtungen (§§ 94 und 95 ArbVG);

3. soweit die Interessen der Arbeitnehmer mehr als eines Unternehmens im Konzern betroffen sind und eine einheitliche Vorgangsweise des Konzerns, insbesondere durch Konzernrichtlinien, erfolgt:

a) wirtschaftliche Informations-, Interventions- und Beratungsrechte (§ 108 ArbVG);
b) Mitwirkung an Betriebsänderungen gemäß § 109 ArbVG, mit der Maßgabe, daß die Befugnis zum Abschluß von Betriebsvereinbarungen nach § 109 Abs. 3 ArbVG nur bei Betriebsänderungen im Sinne des § 109 Abs. 1 Z 1 bis 4 ArbVG in die Zuständigkeit der Konzernvertretung fällt;

4. Wahrnehmung der Rechte gemäß § 89 Z 3 ArbVG hinsichtlich geplanter und im Bau befindlicher Betriebsstätten eines Unternehmens im Konzern, für das noch kein anderes Organ der Arbeitnehmerschaft zuständig ist;

5. Entsendung von Arbeitnehmervertretern in das besondere Verhandlungsgremium (§§ 179, 180 ArbVG) und in den Europäischen Betriebsrat (§ 193 ArbVG);
6. Mitwirkung an den Unterrichtungs- und Anhörungsverfahren gemäß den nach den §§ 189, 190 oder 206 ArbVG abgeschlossenen Vereinbarungen;
7. Entsendung von Arbeitnehmervertretern in das besondere Verhandlungsgremium (§§ 217, 218 ArbVG), in den SE-Betriebsrat (§ 234 ArbVG) und in den Aufsichts- oder Verwaltungsrat der Europäischen Gesellschaft (§ 247 ArbVG);
8. Mitwirkung an den Unterrichtungs- und Anhörungsverfahren gemäß den nach den §§ 230 oder 231 ArbVG abgeschlossenen Vereinbarungen;
9. Entsendung von Arbeitnehmervertretern in das besondere Verhandlungsgremium (§ 257 ArbVG iVm §§ 217, 218 ArbVG), in den SCE-Betriebsrat (§ 257 ArbVG iVm § 234 ArbVG) und in den Aufsichts- oder Verwaltungsrat der Europäischen Genossenschaft (§ 257 ArbVG iVm § 247 ArbVG);
10. Mitwirkung an den Unterrichtungs- und Anhörungsverfahren gemäß den nach § 257 ArbVG iVm den §§ 230 oder 231 ArbVG abgeschlossenen Vereinbarungen;
11. Entsendung von Arbeitnehmervertretern in das besondere Verhandlungsgremium (§ 260 ArbVG iVm §§ 217, 218 ArbVG) oder in das besondere Entsendungsgremium (§ 261 ArbVG iVm §§ 217, 218 ArbVG) und in den Aufsichts- oder Verwaltungsrat der aus der grenzüberschreitenden Verschmelzung hervorgegangenen Gesellschaft (§ 260 ArbVG bzw. § 261 ArbVG iVm § 247 ArbVG).

(2) Beratungs- und Informationsrechte der Konzernvertretung bestehen gegenüber der Konzernleitung bzw. der Unternehmensleitung des herrschenden Unternehmens in Österreich.

(3) Die Konzernvertretung kann Betriebsvereinbarungen wirksam nur mit den Konzernunternehmen (oder Betriebsinhabern) abschließen.

(4) Werden der Konzernvertretung vom Zentralbetriebsrat (Betriebsausschuß, Betriebsrat) Befugnisse übertragen, so kann diese die Konzernvertretung nur ausüben, wenn zumindest Organe der Arbeitnehmerschaft von zwei Unternehmen eine derartige Übertragung vorgenommen haben. Die Konzernvertretung hat die jeweiligen Organe der Arbeitnehmerschaft vom Ergebnis der Ausübung übertragener Befugnisse in Kenntnis zu setzen.

Abschnitt 2
Ausübung einzelner Befugnisse
Überwachung gemäß § 89 ArbVG

§ 57. Der Betriebsrat ist berechtigt, in die vom Betrieb geführten Aufzeichnungen über die Bezüge der Arbeitnehmer und die zur Berechnung dieser Bezüge erforderlichen Unterlagen Einsicht zu nehmen, sie zu überprüfen und die Auszahlung zu kontrollieren. Dies gilt auch für andere die Arbeitnehmer betreffenden Aufzeichnungen, deren Führung durch Rechtsvorschriften vorgesehen ist. Die Einsichtnahme ist in einer der Größe und technischen Ausstattung des Betriebes und den Bedürfnissen des Betriebsrates angemessenen Weise zu ermöglichen.

Beratung gemäß § 92 ArbVG

§ 58. (1) Der Zeitpunkt der regelmäßigen Beratungen (§ 92 ArbVG) ist einvernehmlich zwischen Betriebsinhaber und Betriebsrat festzusetzen. Beschließt der Betriebsrat, über diese regelmäßigen Beratungen hinaus eine Beratung oder regelmäßige monatliche Beratungen zu verlangen, so hat er dies dem Betriebsinhaber rechtzeitig mitzuteilen.

(2) Der Betriebsinhaber hat dem Betriebsrat die Beratungsgegenstände vorher bekanntzugeben und ihm auf Verlangen die zur Vorbereitung auf die Beratung erforderlichen Unterlagen zur Verfügung zu stellen. Der Betriebsrat hat ebenfalls die von ihm verlangten Beratungsgegenstände vorher dem Betriebsinhaber bekanntzugeben. Darüber hinaus können jederzeit weitere Angelegenheiten, insbesondere solche im Rahmen der Überwachungs-, Interventions- und Informationsrechte des Betriebsrates zum Gegenstand der Beratung gemacht werden.

(3) Sofern Betriebsänderungen (§ 109 ArbVG) oder ähnlich wichtige Angelegenheiten, die erhebliche Auswirkungen auf die Arbeitnehmer des Betriebes haben, Gegenstand der Beratung sein sollen, so sind Betriebsrat und Betriebsinhaber berechtigt, an ihre zuständigen kollektivvertragsfähigen Körperschaften das Ersuchen zu richten, einen Vertreter zur Teilnahme an der Beratung zu entsenden. Betriebsinhaber und Betriebsrat haben einander rechtzeitig von ihrem Ersuchen Mitteilung zu machen, um dem anderen Teil die Beiziehung seiner Interessenvertretung zu ermöglichen.

(4) Werden Angelegenheiten gemäß Abs. 3 erst während der Beratung zum Beratungsgegenstand gemacht, so können sowohl der Betriebsrat als auch der Betriebsinhaber die kurzfristige Vertagung der Beratung zum Zwecke der Beiziehung von Vertretern der zuständigen kollektivvertragsfähigen Körperschaften verlangen.

(5) Der Betriebsrat und der Betriebsinhaber können sich in der gemeinsamen Beratung zu einzelnen Beratungsgegenständen die Abgabe der endgültigen Stellungnahme für die nächste gemeinsame Beratung vorbehalten.

Errichtung und Verwaltung von Wohlfahrtseinrichtungen der Arbeitnehmer

§ 59. (1) Vor Errichtung von Unterstützungseinrichtungen und sonstigen Wohlfahrtseinrichtungen zugunsten der Arbeitnehmer und ihrer Familienangehörigen (§ 93 ArbVG) hat der Betriebsrat das Ausmaß der für die Errichtung und die laufenden Betriebskosten erforderlichen Mittel und die Sicherung ihrer Beschaffung festzustellen. Der Betriebsrat hat der Betriebsversammlung vor der Errichtung dieser Einrichtungen zu berichten.

(2) Die Verwaltung dieser Einrichtungen obliegt ausschließlich dem Betriebsrat. Dieser kann mit der Durchführung der laufenden Verwaltung auch Ausschüsse (§§ 16 und 17) beauftragen.

Mitwirkung in Angelegenheiten der betrieblichen Berufsausbildung und Schulung

§ 60. Die Art und der Umfang der Mitwirkung des Betriebsrates an der Durchführung der betrieblichen Berufsausbildung sowie der betrieblichen Schulung und Umschulung können zwischen Betriebsinhaber und Betriebsrat durch Betriebsvereinbarung geregelt werden. Insbesondere soll eine Mitwirkung des Betriebsrates vereinbart werden bei der Erstellung von Richtlinien über:

1. die Auswahl der mit der Durchführung der betrieblichen Berufsausbildung betrauten Personen (Ausbilder);
2. die Auswahl der mit der Koordination der gesamten Ausbildung betrauten Personen;
3. die Ausbildung in bestimmten Lehrberufen im Hinblick auf die gemäß § 2 Abs. 6 BAG erforderliche Einrichtung und Führung des Betriebes;
4. die Auswahl von Arbeitnehmern für betriebliche Schulungs- und Umschulungsmaßnahmen;
5. den Abschluß von besonderen Ausbildungsverträgen;
6. den Abschluß und die rechtzeitige Ausfertigung von Lehrverträgen;
7. die Beachtung der Berufsbilder bei der Lehrlingsausbildung;
8. die Einhaltung der Verhältniszahlen (§ 8 Abs. 5 BAG).

Mitwirkung an betrieblichen Wohlfahrtseinrichtungen

§ 61. (1) Der Betriebsrat (Zentralbetriebsrat) hat vor einer Beteiligung des Betriebsratsfonds (Zentralbetriebsratsfonds) am Errichtungs- oder Verwaltungsaufwand der Wohlfahrtseinrichtung eine genaue Prüfung des Gesamtaufwandes und der Sicherstellung aller zur Deckung dieses Aufwandes zur Verfügung stehenden Mittel vorzunehmen.

(2) Mit der Teilnahme an der Verwaltung kann der Betriebsrat auch Ausschüsse (§§ 16 und 17) betrauen.

Mitwirkung bei Verhängung von Disziplinarmaßnahmen

§ 62. (1) Besteht im Betrieb eine mit Zustimmung des Betriebsrates oder auf Grund eines Kollektivvertrages eingeführte Disziplinarordnung, so können Disziplinarmaßnahmen im Einzelfall, sofern darüber nicht eine mit Zustimmung des Betriebsrates eingerichtete Stelle (Disziplinarkommission oder dergleichen) entscheidet, nur mit Zustimmung des Betriebsrates verhängt werden. Der Betriebsrat hat vor Abgabe einer Zustimmungserklärung zur beabsichtigten Verhängung der Disziplinarmaßnahme eingehend den Sachverhalt zu prüfen und den betroffenen Arbeitnehmer zu hören.

(2) Sieht der Kollektivvertrag oder eine Betriebsvereinbarung eine Stelle vor, die über die Verhängung von Disziplinarmaßnahmen entscheidet, so kann diese Stelle Disziplinarmaßnahmen nur verhängen, wenn sie mit Zustimmung des Betriebsrates eingerichtet wurde. Der Zustimmung bedarf auch die personelle Zusammensetzung dieser Stelle.

Mitwirkung bei Kündigungen und Entlassungen

§ 63. (1) Der Betriebsinhaber hat vor jeder Kündigung eines Arbeitnehmers den Betriebsrat zu verständigen. Der Betriebsrat kann zu jeder beabsichtigten Kündigung eines Arbeitnehmers innerhalb einer Woche Stellung nehmen.

(2) Die Stellungnahme im Sinn des Abs. 1 kann, sofern sie nicht in Form einer ausdrücklichen Zustimmung erfolgt, auch von einem mit dieser Angelegenheit betrauten geschäftsführenden Ausschuss (§ 17) abgegeben werden. Die ausdrückliche Zustimmung zur beabsichtigten Kündigung kann hingegen nur auf Grund eines Beschlusses des Betriebsrates erfolgen, der der Mehrheit von zwei Drittel der abgegebenen Stimmen bedarf.

(3) Hat der Betriebsrat der Kündigungsabsicht ausdrücklich widersprochen, so kann er auf Verlangen des gekündigten Arbeitnehmers die Kündigung beim Gericht anfechten. Die einwöchige Anfechtungsfrist endet eine Woche nachdem der Betriebsinhaber den Betriebsrat vom Ausspruch der Kündigung verständigt hat. Ficht der Betriebsrat die Kündigung nicht an, obwohl dies der gekündigte Arbeitnehmer verlangt hat, so hat der Arbeitnehmer das Recht, innerhalb von zwei Wochen nach Ablauf der für den Betriebsrat geltenden Anfechtungsfrist die Kündigung selbst beim Gericht anzufechten. Dieses Anfechtungsrecht steht dem gekündigten Arbeitnehmer auch dann zu, wenn der Betriebsinhaber den Betriebsrat bis zu dem Zeitpunkt, in dem der Arbeitnehmer die Anfechtung vom Betriebsrat verlangt, von der erfolgten Kündigung nicht verständigt hat.

(4) Hat der Betriebsrat zur Verständigung über die beabsichtigte Kündigung innerhalb der Frist des Abs. 1 keine Stellungnahme abgegeben, so kann der Arbeitnehmer innerhalb von zwei Wochen nach Zugang der Kündigung diese beim Gericht selbst anfechten. Aus einem Anfechtungsgrund gemäß § 105 Abs. 3 Z 1 ArbVG kann der Arbeitnehmer die Kündigung innerhalb von zwei

Wochen nach deren Zugang auch dann selbst anfechten, wenn der Betriebsrat der Kündigungsabsicht ausdrücklich zugestimmt hat.

(5) Auf die Anfechtungen von Entlassungen finden die Abs. 1 bis 4 sinngemäß mit der Maßgabe Anwendung, dass die Frist gemäß Abs. 1 drei Arbeitstage beträgt. Für die Berechnung der Frist von drei Arbeitstagen sind nur solche Tage heranzuziehen, an denen auf Grund der betrieblichen Arbeitszeiteinteilung die Mehrzahl der Arbeitnehmer im Betrieb beschäftigt ist. Die Frist gemäß Abs. 1 wird in die Anfechtungsfrist (Abs. 3 und 4) nicht eingerechnet.

Wirtschaftliche Informations-, Interventions- und Beratungsrechte

§ 64. Die Übermittlung der Abschrift des Jahresabschlusses und des Anhangs mit Ausnahme der Angaben des § 239 Abs. 1 Z 2 bis 4 Unternehmensgesetzbuch (UGB) gemäß § 108 Abs. 3 ArbVG hat alljährlich, spätestens einen Monat nach der Erstellung auch ohne Verlangen des Betriebsrates zu erfolgen. Erfolgt die Übermittlung nicht binnen sechs Monaten nach dem Ende des Geschäftsjahres, so ist dem Betriebsrat durch Vorlage eines Zwischenabschlusses oder anderer geeigneter Unterlagen vorläufig Aufschluß über die wirtschaftliche und finanzielle Lage des Betriebes zu geben. Gleichzeitig sind dem Betriebsrat die erforderlichen Erläuterungen und Aufklärungen dazu zu erteilen. Ist im Konzern ein Konzernabschluß zu erstellen, so ist der Konzernabschluß samt Konzernanhang einschließlich der erforderlichen Erläuterungen und Aufklärungen dem Betriebsrat spätestens einen Monat nach Erstellung zu übermitteln.

3. HAUPTSTÜCK
BEZEICHNUNG WEIBLICHER FUNKTIONÄRE VON ORGANEN DER ARBEITNEHMERSCHAFT

§ 64a. Wird eine Frau in die Funktion des Vorsitzenden eines in dieser Verordnung genannten Organes der Arbeitnehmerschaft gewählt, so trägt sie die Bezeichnung „Vorsitzende".

4. HAUPTSTÜCK
GEMEINSAME BESTIMMUNGEN

Fristenberechnung

§ 65. (1) Bei der Berechnung der in dieser Verordnung festgesetzten Fristen, die nach Tagen bestimmt sind, wird der Tag nicht mitgerechnet, in den der Zeitpunkt oder die Ereignung fällt, wonach sich der Anfang der Frist richten soll.

(2) Nach Wochen bestimmte Fristen beginnen mit dem Tag, in den der Zeitpunkt oder die Ereignung fällt, wonach sich der Anfang der Frist richten soll, und enden mit dem Ablauf desjenigen Tages der nach der betreffenden Fristbestimmung in Betracht kommenden Woche, der durch seine Benennung dem Tag entspricht, an dem die Frist begonnen hat.

(3) Der Beginn und der Lauf einer Frist wird durch Sonn- und Feiertage, einen Samstag oder den Karfreitag nicht behindert.

(4) Fällt das Ende einer Frist auf einen Sonn- oder Feiertag, auf einen Samstag oder den Karfreitag, so endet die Frist am nächstfolgenden Werktag. Ist der betreffende Werktag ein Samstag, so endet die Frist am folgenden Montag.

(5) Die Tage des Postenlaufes werden in die Frist nicht eingerechnet.

Wirksamkeitsbeginn

§ 66. (1) Diese Verordnung tritt, sofern Abs. 2 nicht anderes bestimmt, mit 1. Juli 1974 in Kraft. §§ 5 Abs. 1 und 2, 6 Abs. 3, 31a, 31b, 32 Abs. 3, 52f, 53 Abs. 3, 54 Abs. 3, 56 Abs. 3, 56a und 63 Abs. 4 dieser Verordnung in der Fassung der Verordnung BGBl. Nr. 690/1990 treten mit 1. Dezember 1990 in Kraft. § 64 dieser Verordnung in der Fassung der Verordnung BGBl. Nr. 690/1990 ist erstmals auf Geschäftsjahre anzuwenden, die nach dem 31. Dezember 1991 beginnen.

(2) Für Betriebe, die von einer Gemeinde unmittelbar geführt werden (Regiebetriebe), tritt diese Verordnung mit 1. Juli 1975 in Kraft.

(3) § 1 Abs. 4, § 5 Abs. 1, § 11 erster Satz, § 14 Abs. 4 und 7a, § 16 Abs. 2, § 17 Abs. 2 erster Satz, § 19 Abs. 3, § 21, § 22a Abs. 1, § 26 Abs. 1, § 29 Abs. 2, § 31b Abs. 6, § 32, § 32a, § 33 Abs. 1 erster Satz, § 37 Abs. 1 erster und zweiter Satz, § 39 Abs. 2, § 48 Abs. 1, § 49 Abs. 1 Z 3 und 8, § 50 Abs. 1 Z 2, § 54 Abs. 1 und 3, § 56 Abs. 1, § 56a Abs. 1, § 57 samt Überschrift, § 60 Z 3 und 8, § 63 samt Überschrift, § 64 sowie die Anlage dieser Verordnung in der Fassung der Verordnung BGBl. II Nr. 142/2012 treten mit 1. Mai 2012 in Kraft. § 5 Abs. 2 letzter Satz, § 33 Abs. 3 zweiter Satz und § 37 Abs. 1 dritter Satz dieser Verordnung in der Fassung der Verordnung BGBl. II Nr. 142/2012 treten mit 30. April 2012 außer Kraft.

(4) § 10 Abs. 1 dieser Verordnung in der Fassung der Verordnung BGBl. II Nr. 230/2021 tritt mit 1. Juni 2021 in Kraft.

Aufhebung von Rechtsvorschriften

§ 67. (1) Mit Ablauf des 30. Juni 1974 verlieren, sofern Abs. 2 nicht anderes bestimmt, die Verordnung des Bundesministeriums für soziale Verwaltung vom 8. August 1947, BGBl. Nr. 221, über die Geschäftsordnung und Geschäftsführung der Betriebsvertretungen (Betriebsrats-Geschäftsordnung – BRGO) sowie die Verordnung des Bundesministeriums für soziale Verwaltung vom 22. Dezember 1972, BGBl. Nr. 13/1973, über die Geschäftsführung der betrieblichen Jugendvertretungen (Jugendvertrauensrats-Geschäftsordnung – JVRGO) ihre Wirksamkeit.

(2) Für Betriebe, die von einer Gemeinde unmittelbar geführt werden (Regiebetriebe), verlieren die in Abs. 1 angeführten Verordnungen mit Ablauf des 30. Juni 1975 ihre Wirksamkeit.

Anlage
(Zu § 63 iVm § 65 der Verordnung)

Beispiele für die Berechnung der einwöchigen Frist ab Verständigung des Betriebsrates von einer beabsichtigten Kündigung

Beispiel I: Die Verständigung des Betriebsrates von der beabsichtigten Kündigung erfolgt am Freitag, den 28. Jänner, um 10 Uhr.

Die einwöchige Frist endet am Freitag, den 4. Februar, um 24 Uhr.

Beispiel II: Die Verständigung des Betriebsrates von der beabsichtigten Kündigung erfolgt am Freitag, den 19. Dezember, um 14 Uhr.

Die einwöchige Frist endet am Montag, den 29. Dezember, um 24 Uhr.

24. Betriebsrats-Wahlordnung 1974

Verordnung des Bundesministers für soziale Verwaltung vom 22. Mai 1974 über die Vorbereitung und Durchführung der Wahl zum Betriebsrat, Zentralbetriebsrat, Jugendvertrauensrat und Zentraljugendvertrauensrat sowie die Bestellung und Tätigkeit von Wahlkommissionen und Wahlzeugen

StF: BGBl. Nr. 319/1974

Letzte Novellierung: BGBl. II Nr. 230/2021

Auf Grund des § 161 Abs. 1 Z 1 und 2 des Arbeitsverfassungsgesetzes (ArbVG), BGBl. Nr. 22/1974, wird verordnet:

GLIEDERUNG

1. ABSCHNITT
Betriebsrat

Errichtung von Betriebsräten

§ 1. (1) In jedem dem II. Teil des Arbeitsverfassungsgesetzes (ArbVG), BGBl. Nr. 22/1974, unterliegenden Betrieb (§§ 34, 35, 134 und 134a ArbVG), in dem dauernd mindestens fünf in der Betriebs(Gruppen-, Betriebshaupt)versammlung stimmberechtigte Arbeitnehmer (§ 49 Abs. 1 ArbVG) beschäftigt werden, ist ein Betriebsrat zu wählen. Bei der Berechnung dieser Zahl haben Heimarbeiter und die gemäß § 8 Abs. 3 Z 1 vom passiven Wahlrecht ausgeschlossenen Familienangehörigen des Betriebsinhabers außer Betracht zu bleiben.

(2) Erfüllt sowohl die Gruppe der Arbeiter als auch die Gruppe der Angestellten die Voraussetzungen des Abs. 1, so ist für jede Gruppe ein Betriebsrat zu wählen, doch können die Gruppenversammlungen in getrennten Abstimmungen gemäß § 49 Abs. 2 ArbVG die Errichtung eines gemeinsamen Betriebsrates beschließen. Getrennte Betriebsräte für Arbeitnehmergruppen innerhalb eines Betriebes sind auch bei Vorliegen der Voraussetzungen des § 133 Abs. 2 ArbvG zu wählen. Ein eigener Betriebsrat kann ferner bei Vorliegen der Voraussetzungen des § 134 Abs. 5 ArbVG gewählt werden.

(3) Erfüllt nur eine der beiden Gruppen (Abs. 2 erster Satz) die Voraussetzungen des Abs. 1 oder erfüllen sie beide Gruppen nur in ihrer Gesamtheit, so ist im Betrieb ein gemeinsamer Betriebsrat zu wählen.

(4) In einem Betrieb gemäß § 134b Abs. 1 erster Satz ArbVG, in dem dauernd mindestens zwanzig Hausbesorger und Hausbetreuer beschäftigt sind, ist von diesen ein eigener Betriebsrat zu errichten. Hinsichtlich der Hausbetreuer bleiben die Abs. 1 bis 3 unberührt.

(5) Die zuständige freiwillige Berufsvereinigung oder gesetzliche Interessenvertretung der Arbeitnehmer (§ 39 Abs. 4 ArbVG) kann jeden Arbeitnehmer der Arbeitnehmerschaft eines Betriebes im Sinne des Abs. 1 oder 4 durch geeignete Maßnahmen auf die Verpflichtung der Arbeitnehmerschaft zur Wahl eines Betriebsrates und das dabei einzuhaltende Verfahren hinweisen.

Zahl der Mitglieder des Betriebsrates

§ 2. (1) In den Betriebsrat sind zu wählen in Betrieben mit

5 bis	9 Arbeitnehmern eine Person;	
10 bis	19 Arbeitnehmern	2 Mitglieder;
20 bis	50 Arbeitnehmern	3 Mitglieder;
51 bis	100 Arbeitnehmern	4 Mitglieder;
101 bis	200 Arbeitnehmern	5 Mitglieder;
201 bis	300 Arbeitnehmern	6 Mitglieder;
301 bis	400 Arbeitnehmern	7 Mitglieder;
401 bis	500 Arbeitnehmern	8 Mitglieder;
501 bis	600 Arbeitnehmern	9 Mitglieder;
601 bis	700 Arbeitnehmern	10 Mitglieder;
701 bis	800 Arbeitnehmern	11 Mitglieder;
801 bis	900 Arbeitnehmern	12 Mitglieder;
901 bis	1000 Arbeitnehmern	13 Mitglieder;
1001 bis	1400 Arbeitnehmern	14 Mitglieder;
1401 bis	1800 Arbeitnehmern	15 Mitglieder;
1801 bis	2200 Arbeitnehmern	16 Mitglieder;

für je weitere 400 Arbeitnehmer um ein Mitglied mehr. Bruchteile von 400 werden für voll gerechnet.

(2) In Betrieben, in denen für die Gruppen der Arbeiter und Angestellten und, sofern die §§ 133, 134 und 134b ArbVG zur Anwendung kommen, auch für andere Arbeitnehmergruppen getrennte Betriebsräte gewählt werden, richtet sich die Zahl der Betriebsratsmitglieder jeder Arbeitnehmergruppe nach der Zahl der Arbeitnehmer der betreffenden Gruppe.

(3) Gleichzeitig sind Ersatzmitglieder (§ 30) zu wählen.

§ 3. (1) Die Zahl der Mitglieder des Betriebsrates bestimmt sich nach der Zahl der am Tag der Betriebs(Gruppen)versammlung zur Wahl des Wahlvorstandes, bei Teilversammlungen am Tag der letzten Teilversammlung, im Betrieb beschäftigten Arbeitnehmer.

(2) Eine Änderung der Zahl der Arbeitnehmer des Betriebes (Arbeitnehmergruppe) bis zur Wahl und während der Tätigkeitsdauer des Betriebsrates ist auf die Zahl der Betriebsratsmitglieder ohne Einfluß.

Wahlgrundsätze

§ 4. (1) Die Mitglieder des Betriebsrates sind auf Grund des gleichen, unmittelbaren und geheimen Wahlrechtes und, soweit Abs. 3 nicht anderes bestimmt, nach den Grundsätzen des Verhältniswahlrechtes zu wählen.

(2) Die Wahl hat mittels Stimmzettels durch persönliche Stimmabgabe oder in den Fällen des § 5 durch briefliche Stimmabgabe im Postwege zu erfolgen.

(3) Wird nur ein Wahlvorschlag eingebracht oder finden die Vorschriften des vereinfachten Wahlverfahrens (§ 36) Anwendung, so sind die Mitglieder des Betriebsrates mit einfacher Mehrheit der abgegebenen Stimmen zu wählen.

Recht auf briefliche Stimmabgabe

§ 5. Wahlberechtigte, die wegen Urlaubs, Karenz, Leistung des Präsenz-, Ausbildungs- oder Zivildienstes oder Krankheit am Wahltag (an den Wahltagen) an der Leistung der Dienste oder infolge Ausübung ihres Berufes oder aus anderen wichtigen, ihre Person betreffenden Gründen an der persönlichen Stimmabgabe verhindert sind, sind nach Maßgabe des § 22 zur brieflichen Stimmabgabe (§ 25) berechtigt.

Aktives Wahlrecht

§ 6. Wahlberechtigt sind alle Arbeitnehmer ohne Unterschied der Staatsbürgerschaft, die am Tag der Betriebs(Gruppen)versammlung zur Wahl des Wahlvorstandes, bei Teilversammlungen am Tag der letzten Teilversammlung, das 16. Lebensjahr vollendet haben und an diesem Tag und am Tag der Wahl im Rahmen des Betriebes beschäftigt sind.

§ 7. Werden getrennte Betriebsräte gewählt, so ist für die Wahlberechtigung auch die Gruppenzugehörigkeit (Arbeiter, Angestellte oder sonstige Arbeitnehmergruppen) erforderlich.

Passives Wahlrecht

§ 8. (1) Wählbar sind alle Arbeitnehmer, die

1. am Tag der Ausschreibung der Wahl das 18. Lebensjahr vollendet haben und
2. seit mindestens sechs Monaten im Rahmen des Betriebes oder des Unternehmens, dem der Betrieb angehört, beschäftigt sind.

(2) Bei getrennten Wahlen sind auch Angehörige der anderen Arbeitnehmergruppen wählbar.

(3) Nicht wählbar sind:

1. a) Der Ehegatte oder eingetragene Partner des Betriebsinhabers;
   b) die Kinder und Enkel des Betriebsinhabers und deren Ehegatten oder eingetragene Partner sowie die Kinder und Enkel des Ehegatten oder eingetragenen Partners des Betriebsinhabers;
   c) die Eltern und Großeltern des Betriebsinhabers sowie die Eltern und Großeltern des Ehegatten oder eingetragenen Partners des Betriebsinhabers;
   d) die Geschwister des Betriebsinhabers und deren Ehegatten oder eingetragene Partner sowie die Geschwister des Ehegatten oder eingetragenen Partners des Betriebsinhabers;
   e) Personen, die zum Betriebsinhaber im Verhältnis von Wahl- oder Pflegekind, Wahl- oder Pflegeeltern sowie Mündel oder Vormund stehen;
2. in Betrieben juristischer Personen die Ehegatten oder eingetragenen Partner von Mitgliedern des zur gesetzlichen Vertretung der juristischen Person berufenen Organs sowie Personen, die mit Mitgliedern eines solchen Vertretungsorgans im ersten Grad verwandt oder verschwägert sind;
3. Heimarbeiter.

(4) Sind mindestens vier Betriebsratsmitglieder zu wählen, so sind auch Vorstandsmitglieder und Angestellte einer zuständigen freiwilligen Berufsvereinigung der Arbeitnehmer wählbar, sofern sie mit Ausnahme der Beschäftigung im Rahmen des Betriebes oder des Unternehmens die Voraussetzungen nach Abs. 1 erfüllen. Mindestens drei Viertel der Mitglieder des Betriebsrates müssen Arbeitnehmer des Betriebes sein. Ein Vorstandsmitglied oder Angestellter einer zuständigen freiwilligen Berufsvereinigung der Arbeitnehmer kann in dieser Eigenschaft gleichzeitig nur einem Betriebsrat angehören.

(5) In neu errichteten Betrieben und in Saisonbetrieben sind auch Arbeitnehmer wählbar, die noch nicht sechs Monate im Betrieb oder Unternehmen

beschäftigt sind. Als Saisonbetriebe gelten Betriebe, die ihrer Art nach nur zu bestimmten Jahreszeiten arbeiten oder die regelmäßig zu gewissen Zeiten des Jahres erheblich verstärkt arbeiten.

(6) Die Wiederwahl ist zulässig.

Wahlvorstand

§ 9. (1) Zur Vorbereitung und Durchführung der Wahl des Betriebsrates hat die Betriebsversammlung einen Wahlvorstand zu bestellen. Werden für Gruppen von Arbeitnehmern getrennte Betriebsräte gewählt, so hat jede Gruppenversammlung einen Wahlvorstand zu bestellen.

(2) Der Wahlvorstand besteht, sofern nicht § 36 zur Anwendung kommt, aus drei Mitgliedern und drei Ersatzmitgliedern. Diese müssen wahlberechtigte Arbeitnehmer (§§ 6 und 7) sein. In Betrieben, in denen dauernd mindestens 20 Arbeitnehmer beschäftigt sind, können auch Vorstandsmitglieder oder Angestellte einer zuständigen freiwilligen Berufsvereinigung oder gesetzlichen Interessenvertretung der Arbeitnehmer in den Wahlvorstand berufen werden; zwei Mitglieder des Wahlvorstandes müssen Arbeitnehmer des Betriebes sein. Für ein Mitglied aus dem Kreise der Vorstandsmitglieder oder Angestellten einer zuständigen freiwilligen Berufsvereinigung oder gesetzlichen Interessenvertretung der Arbeitnehmer kann ein Ersatzmitglied aus dem gleichen Personenkreis berufen werden.

§ 10. (1) In neu errichteten Betrieben hat die Betriebs(Gruppen)versammlung binnen vier Wochen nach dem Tage der Aufnahme des Betriebes den Wahlvorstand für die erstmalige Wahl eines Betriebsrates zu wählen.

(2) In Betrieben, in denen ein Betriebsrat besteht, soll der Wahlvorstand nicht früher als zwölf Wochen vor Ablauf der Tätigkeitsdauer des Betriebsrates gewählt werden. Die Wahl des Wahlvorstandes ist aber so rechtzeitig vorzunehmen, daß der neugewählte Betriebsrat bei Unterbleiben einer Wahlanfechtung spätestens unmittelbar nach Ablauf der Tätigkeitsdauer des abtretenden Betriebsrates seine Konstituierung vornehmen kann.

(3) Wird die Nichtigkeit einer Wahl festgestellt oder die Tätigkeitsdauer des Betriebsrates vorzeitig beendet, so ist unverzüglich ein Wahlvorstand zu wählen.

§ 11. (1) Der Zeitpunkt der Betriebs(Gruppen)versammlung zur Wahl des Wahlvorstandes ist vom Einberufer (§ 45 ArbVG) spätestens zwei Wochen vor dem Stattfinden der Versammlung durch Anschlag im Betrieb oder durch eine sonstige geeignete schriftliche oder elektronische Mitteilung bekannt zu machen. Der Anschlag hat derart zu erfolgen, dass die Arbeitnehmer des Betriebes (Arbeitnehmergruppe) ehestens von seinem Inhalt Kenntnis nehmen können. In größeren Betrieben ist der Anschlag, wenn es die Beschaffenheit des Betriebes erfordert, an mehreren Stellen durchzuführen. Bei örtlich getrennten Arbeitsstätten soll der Anschlag in jeder Arbeitsstätte erfolgen. In Betrieben (Arbeitnehmergruppen), in denen höchstens zwei Betriebsratsmitglieder zu wählen sind, kann die Einberufung auch durch mündliche Durchsage vorgenommen werden. Der Einberufer hat, sofern die Einberufung durch schriftliche oder elektronische Mitteilung oder Durchsage erfolgt, für die Verständigung der stimmberechtigten Arbeitnehmer zu sorgen. Nähere Bestimmungen darüber kann die Geschäftsordnung (§ 8 Betriebsrats-Geschäftsordnung 1974, BGBl. Nr. 355, in der jeweils geltenden Fassung) festlegen. Der Einberufer hat zugleich den Betriebsinhaber vom Stattfinden der Betriebsversammlung schriftlich in Kenntnis zu setzen, wobei auf die Tagesordnung der Betriebsversammlung, sowie auf die Pflicht des Betriebsinhabers zur Übermittlung des Arbeitnehmerverzeichnisses an den Wahlvorstand gemäß § 14 Abs. 1 ausdrücklich hinzuweisen ist.

(2) Vorschläge für die Wahl des Wahlvorstandes sind dem Einberufer spätestens drei Tage vor der Betriebs(Gruppen)versammlung schriftlich zu übergeben. Wird die Betriebs(Gruppen)versammlung in Teilversammlungen durchgeführt, so richtet sich die Frist nach der ersten Teilversammlung.

(3) Unter Bedachtnahme auf die Reihenfolge des Einlangens der Wahlvorschläge beim Einberufer ist die Wahl durch Handerheben der wahlberechtigten Arbeitnehmer in der Betriebs(Gruppen)versammlung durchzuführen. Die Betriebs(Gruppen)versammlung kann auch beschließen, die Wahl mittels Stimmzettels vorzunehmen. Als gewählt gelten die Kandidaten jenes Vorschlages, der die meisten Stimmen auf sich vereint. Bei Stimmengleichheit entscheidet das Los. Wird nur ein Wahlvorschlag erstattet, so gelten die Kandidaten dieses Vorschlages ohne Abstimmung als gewählt.

(4) Die ersten drei Kandidaten des gewählten Vorschlages sind die Mitglieder des Wahlvorstandes, die folgenden Kandidaten sind nach Maßgabe des § 9 Abs. 2 der Reihe nach die Ersatzmitglieder.

§ 12. (1) Unmittelbar nach seiner Wahl hat der Wahlvorstand aus seiner Mitte einen Vorsitzenden zu wählen. Bleibt die Wahl ergebnislos, so hat das an Lebensjahren älteste Mitglied des Wahlvorstandes den Vorsitz zu führen.

(2) Der Vorsitzende des Wahlvorstandes hat das Ergebnis der Wahl (§ 11 Abs. 4) und den voraussichtlichen Wahltag (Wahltage) unverzüglich dem Betriebsinhaber schriftlich mitzuteilen.

(3) Beschlüsse des Wahlvorstandes werden mit Stimmenmehrheit gefaßt. Zur Beschlußfassung ist die Anwesenheit von mindestens zwei Mitgliedern (Ersatzmitgliedern) erforderlich.

(4) Beschlüsse des Wahlvorstandes können ebenso wie seine Wahl nur mit der Anfechtung der Wahl des Betriebsrates angefochten werden.

§ 13. (1) Der Wahlvorstand hat nach seiner Bestellung die Wahl unverzüglich vorzubereiten und binnen vier Wochen durchzuführen.

(2) Der Wahlvorstand hat seine Wahlvorbereitungen tunlichst ohne Störung des Betriebes vorzunehmen.

(3) Kommt der Wahlvorstand den im Abs. 1 genannten Verpflichtungen binnen acht Wochen nicht oder nur unzureichend nach, so ist er von der Betriebs(Gruppen)versammlung zu entheben. In diesem Fall kann, abweichend von § 2 der Betriebsrats-Geschäftsordnung, jeder Arbeitnehmer des Betriebes, die zuständige freiwillige Berufsvereinigung oder gesetzliche Interessenvertretung der Arbeitnehmer die Betriebs(Gruppen)versammlung einberufen. Diese hat zugleich einen neuen Wahlvorstand zu bestellen. Im Fall mehrerer Einberufungen gilt die zeitlich erste.

(4) Für die Mitglieder des Wahlvorstandes gelten die §§ 115 und 116 ArbVG, BGBl. Nr. 22/1974, in der Fassung des Budgetbegleitgesetzes BGBl. I Nr. 111/2010 sinngemäß.

Verzeichnis der Arbeitnehmer

§ 14. (1) Der Betriebsinhaber hat dem Wahlvorstand ein Verzeichnis der am Tag der Betriebs(Gruppen)versammlung zur Wahl des Wahlvorstandes – bei Teilversammlungen am Tag der letzten Teilversammlung – im Betrieb beschäftigten Arbeitnehmer binnen zwei Tagen nach Erhalt der Verständigung gemäß § 12 Abs. 2 zur Verfügung zu stellen, wenn er vom Einberufer der Betriebsversammlung zur Wahl des Wahlvorstandes auf die Pflicht zur Übermittlung des Arbeitnehmerverzeichnisses ausdrücklich hingewiesen worden ist. Dieses Verzeichnis hat Familien- und Vornamen, Geburtsdatum, den Tag des Eintrittes in den Betrieb sowie Angaben darüber zu enthalten, welche außerhalb des Hauptbetriebes gelegene Arbeitsstätten und Einsatzorte bestehen und welche Arbeitnehmer dort beschäftigt sind. Das Verzeichnis hat weiters die Wohnadressen jener Arbeitnehmer zu enthalten, die voraussichtlich wegen Urlaubs, Karenz, Leistung des Präsenz-, Ausbildungs- oder Zivildienstes, einer noch bestehenden Krankheit oder Einsatzes außerhalb des Hauptbetriebes am Wahltag an der persönlichen Stimmabgabe verhindert sein werden. Bei getrennt zu wählenden Betriebsräten ist jedem Wahlvorstand das Verzeichnis jener Arbeitnehmer zur Verfügung zu stellen, die der betreffenden Gruppe zugehörig sind.

(2) Dem Wahlvorstand sind die zur Prüfung der Richtigkeit und Vollständigkeit der Angaben im Verzeichnis, insbesondere der Voraussetzungen für die Gruppenzugehörigkeit, unbedingt notwendigen Einsichtnahmen in die Lohn- und Gehaltsunterlagen beziehungsweise Arbeitsverträge zu gewähren und die erforderlichen Auskünfte zu erteilen.

Wählerliste

§ 15. (1) Der Wahlvorstand hat an Hand des Verzeichnisses (§ 14) die Wahlberechtigten festzustellen, indem er

1. jene ausscheidet, die am Tag der Betriebs(Gruppen)versammlung zur Wahl des Wahlvorstandes noch nicht das 16. Lebensjahr vollendet haben oder aus anderen Gründen vom Wahlrecht (§§ 6 und 7) ausgeschlossen sind;
2. jene einfügt, die vom Betriebsinhaber zu Unrecht nicht in das Verzeichnis aufgenommen wurden.

(2) Auf Grund der Feststellungen nach Abs. 1 hat der Wahlvorstand binnen drei Tagen nach seiner Wahl die Wählerliste zu erstellen und gleichzeitig mit dem Anschlag der Wahlkundmachung (§ 19) zur Einsicht für alle wahlberechtigten Arbeitnehmer aufzulegen.

(3) Binnen einer Woche nach dem Anschlag der Wahlkundmachung kann jeder wahlberechtigte Arbeitnehmer beim Vorsitzenden des Wahlvorstandes gegen die Aufnahme vermeintlich Nichtwahlberechtigter oder gegen die Nichtaufnahme vermeintlich Wahlberechtigter Einspruch erheben. Verspätet eingebrachte Einwendungen sind nicht zu berücksichtigen.

(4) Sind die Einwendungen begründet, so hat der Wahlvorstand die Wählerliste richtigzustellen. Offensichtliche Irrtümer, wie Schreibfehler in der Wählerliste, können auch ohne Antrag bis zum Wahltag berichtigt werden.

Wahltermin

§ 16. (1) Der Wahlvorstand hat den Termin der Wahl so festzusetzen, daß die Ermittlung des Wahlergebnisses spätestens vier Wochen nach Bestellung des Wahlvorstandes abgeschlossen ist.

(2) Der Wahlvorstand hat ferner darüber zu entscheiden, ob die Wahl an einem oder an mehreren aufeinanderfolgenden Tagen durchgeführt werden soll und die zur Stimmabgabe bestimmten Tagesstunden festzusetzen.

Wahlort

§ 17. Der vom Wahlvorstand zu bestimmende Wahlort muß für die Durchführung der Wahl geeignet sein und soll nach Tunlichkeit im Betrieb liegen.

Wahlkommission

§ 18. (1) Der Wahlvorstand kann beschließen, daß die Stimmabgabe an mehreren Orten gleichzeitig stattzufinden hat.

(2) Für jeden Wahlort, an dem er die Wahlhandlung nicht selbst leitet, hat der Wahlvorstand eine Wahlkommission zu bestellen, die aus drei Mitgliedern zu bestehen hat. Diese müssen wahlberechtigte Arbeitnehmer des Betriebes sein. Eines

der Mitglieder der Wahlkommission ist vom Wahlvorstand als ihr Vorsitzender zu bezeichnen.

(3) Die Wahlkommission faßt ihre Beschlüsse mit Stimmenmehrheit. Der Wahlkommission stehen hinsichtlich der mit der Stimmabgabe zusammenhängenden Wahlhandlungen die gleichen Aufgaben und Befugnisse zu wie dem Wahlvorstand (§§ 25 und 26 Abs. 1).

Wahlkundmachung

§ 19. (1) Binnen drei Tagen nach seiner Bestellung hat der Wahlvorstand die Wahl in Form einer Wahlkundmachung auszuschreiben.

(2) Die Wahlkundmachung hat zu enthalten:

1. den Tag (die Tage) der Wahl und die für die Stimmabgabe bestimmten Tagesstunden;
2. den Ort (die Orte) der Stimmabgabe;
3. die Zahl der zu wählenden Betriebsratsmitglieder;
4. den Ort (die Orte) im Betrieb, an dem (an denen) die Wählerliste und ein Abdruck dieser Verordnung eingesehen werden können;
5. die Hinweise bezüglich der Erhebung von Einwendungen gegen die Wählerliste binnen einer Woche nach dem Anschlag der Wahlkundmachung beim Vorsitzenden des Wahlvorstandes und die Nichtberücksichtigung verspätet eingebrachter Einwendungen;
6. a) die Aufforderung, Wahlvorschläge (§ 20) ab Wahlkundmachung spätestens zwei Wochen vor dem (ersten) Wahltag schriftlich bei einem Mitglied des Wahlvorstandes einzubringen, widrigenfalls sie nicht berücksichtigt werden könnten;
   b) die Bestimmung, daß jeder Wahlvorschlag ein Verzeichnis von höchstens doppelt so vielen Bewerbern zu enthalten hat, wie Betriebsratsmitglieder zu wählen sind;
   c) die Zahl der gemäß § 20 Abs. 2 erforderlichen Unterstützungsunterschriften sowie die Zahl, bis zu welcher Unterschriften von Wahlwerbern angerechnet werden;
   d) die Bestimmung, daß bei Erstellung der Wahlvorschläge auf eine angemessene Vertretung der Arbeitnehmerinnen und Arbeitnehmer Bedacht genommen werden soll;
7. die Angabe, wo und wann die zugelassenen Wahlvorschläge zur Einsicht für die Wahlberechtigten aufliegen und die Namen der auf den zugelassenen Wahlvorschlägen kandidierenden Wahlwerber angeschlagen werden;
8. die Vorschrift, daß Stimmen gültig nur für zugelassene Wahlvorschläge abgegeben werden können;
9. auf welche Weise die Stimmabgabe zu erfolgen hat (§ 24);
10. die Bestimmung, daß für die Wahl ein einheitlicher Stimmzettel aufgelegt wird, oder gegebenenfalls den Beschluß des Wahlvorstandes, keinen einheitlichen Stimmzettel aufzulegen (§ 35a);
11. die Bestimmung, daß Wahlberechtigte, die wegen Urlaubs, Karenz, Leistung des Präsenz-, Ausbildungs- oder Zivildienstes oder Krankheit am Wahltag an der Leistung der Dienste oder infolge Ausübung ihres Berufes oder aus anderen wichtigen, ihre Person betreffenden Gründen an der persönlichen Stimmabgabe verhindert sind, spätestens bis zum Ablauf des achten Tages vor dem (ersten) Wahltag beim Vorsitzenden des Wahlvorstandes die Ausstellung einer Wahlkarte beantragen können und daß sie, sofern diese ausgestellt wird, den Stimmzettel in dem vom Wahlvorstand übermittelten Umschlag (Wahlkuvert), der zu schließen ist, gemeinsam mit der Wahlkarte in einem zweiten Umschlag (Briefumschlag) dem Wahlvorstand im Postwege einsenden können (§§ 22 und 25);
12. allenfalls die Festsetzung einer anderen als in Z 11 genannten Frist zur Antragstellung für bestimmte Personengruppen (§ 22 Abs. 6);
13. den Hinweis, daß der Wahlberechtigte auch nach Ausstellung einer Wahlkarte zur persönlichen Stimmabgabe berechtigt bleibt, wenn er die ihm ausgestellte Wahlkarte dem Wahlvorstand (Wahlkommission) übergibt.

(3) Die Wahlkundmachung ist vom Vorsitzenden des Wahlvorstandes zu unterschreiben und im Sinne des § 11 Abs. 1 anzuschlagen.

Wahlvorschläge

§ 20. (1) Wählergruppen, die Wahlwerber aufzustellen beabsichtigen, haben ihre Wahlvorschläge spätestens zwei Wochen vor dem (ersten) Wahltag schriftlich bei einem Mitglied des Wahlvorstandes einzureichen, das den Empfang unter Angabe des Zeitpunktes der Empfangnahme zu bestätigen hat.

(2) Der Wahlvorschlag muß in Betrieben mit weniger als 101 Arbeitnehmern von mindestens doppelt so vielen wahlberechtigten Arbeitnehmern unterschrieben sein, wie Betriebsratsmitglieder zu wählen sind. In Betrieben ab 101 Arbeitnehmern ist für je weitere 100 Arbeitnehmer, in Betrieben ab 1001 Arbeitnehmern für je weitere 400 Arbeitnehmer eine weitere Unterschrift erforderlich. Bruchteile von 100 und 400 werden für voll gerechnet. Unterschriften von Wahlwerbern werden nur bis zur Hälfte der Zahl der erforderlichen Unterstützungsunterschriften angerechnet. Ist diese Hälftezahl keine ganze Zahl, so werden Unterschriften von Wahlwerbern bis zur nächstniedrigeren ganzen Zahl angerechnet.

(2a) Der Wahlvorschlag muß weiters

1. ein Verzeichnis von höchstens doppelt so vielen Wahlwerbern, wie Betriebsratsmitglieder zu wählen sind, enthalten, und zwar in der beantragten Reihenfolge und unter Angabe des Familien- und Vornamens sowie des Geburtsdatums;

2. einen der Unterzeichneten als Vertreter des Wahlvorschlages anführen, anderenfalls der Erstunterzeichnete als Vertreter gilt.

(2b) Der Wahlvorschlag soll auf eine angemessene Vertretung der Arbeitnehmerinnen und Arbeitnehmer Bedacht nehmen.

(3) Der Wahlvorschlag ist mit einer gegenüber anderen Wahlvorschlägen unterscheidbaren Bezeichnung zu versehen. Diese Bezeichnung kann insbesonders der Name einer bestimmten Organisation, einer wahlwerbenden Gruppe oder eines Wahlwerbers oder die Namen mehrerer Wahlwerber sein. Der Bezeichnung kann eine Kurzbezeichnung beigefügt werden.

(4) Die Verbindung (Koppelung) von Wahlvorschlägen ist unzulässig.

§ 21. (1) Der Wahlvorstand hat die innerhalb der Einreichungsfrist überreichten Wahlvorschläge zu prüfen und vorhandene Bedenken umgehend dem Vertreter des Wahlvorschlages mitzuteilen. Dieses Verfahren ist insbesondere auch dann einzuleiten, wenn eine in einem Wahlvorschlag genannte Person auf Grund eines Einspruches gegen die Aufnahme in den Wahlvorschlag von diesem gestrichen wird. Zur Behebung der Mängel ist eine Frist von mindestens 48 Stunden zu setzen. Änderungen im Wahlvorschlag oder dessen Zurückziehung sind dem Wahlvorstand spätestens bis zum Ablauf des zwölften Tages vor dem Beginn der Wahlhandlung vom Vertreter des Wahlvorschlages mitzuteilen. Änderungen im Wahlvorschlag sowie dessen Zurückziehung müssen von sämtlichen Arbeitnehmern, die den seinerzeitigen Wahlvorschlag unterzeichnet haben, unterschrieben sein. Im übrigen können Arbeitnehmer, die einen Wahlvorschlag unterschrieben haben, nach dessen Überreichung ihre Unterschriften nicht mehr zurückziehen.

(2) Nicht zuzulassen sind Wahlvorschläge, die verspätet überreicht wurden; ferner Wahlvorschläge, die nicht die erforderliche Anzahl von Unterschriften tragen oder keinen einzigen wählbaren Wahlwerber enthalten, sofern das Berichtigungsverfahren gemäß Abs. 1 erfolglos geblieben ist.

(3) Wahlwerber, denen die Wählbarkeit fehlt, sind vom Wahlvorstand aus dem zugelassenen Wahlvorschlag zu streichen. Ebenso sind die Namen jener Personen zu streichen, die ungeachtet des nach Abs. 1 durchgeführten Berichtigungsverfahrens so unvollständig bezeichnet sind, daß über ihre Identität Zweifel bestehen, oder die gegenüber dem Wahlvorstand schriftlich erklären, gegen ihren Willen in den Wahlvorschlag aufgenommen worden zu sein. Die Streichung stellt keine Änderung im Wahlvorschlag im Sinne des Abs. 1 dar.

(3a) Weist der Wahlvorschlag keine Bezeichnung auf, so hat der Wahlvorstand den Vertreter des Wahlvorschlages aufzufordern, eine Wahlvorschlagsbezeichnung bekanntzugeben. Kommt der Vertreter des Wahlvorschlages dieser Aufforderung nicht nach, so ist der Wahlvorschlag nach dem an erster Stelle vorgeschlagenen Bewerber zu benennen.

(4) Wird kein Wahlvorschlag überreicht oder reichen alle eingebrachten Wahlvorschläge nicht dazu aus, den Betriebsrat funktionsfähig zu besetzen, so ist das Wahlverfahren vom Wahlvorstand mittels einer neuen Wahlkundmachung unverzüglich von neuem einzuleiten.

(5) Während der letzten drei Tage vor Beginn der Wahlhandlung sind die zugelassenen Wahlvorschläge samt den Unterschriften gemäß § 20 Abs. 2 Z 1 an der in der Wahlkundmachung bezeichneten Stelle zur Einsicht für die Wahlberechtigten aufzulegen und die Namen der auf den zugelassenen Wahlvorschlägen kandidierenden Wahlwerber anzuschlagen (§ 11 Abs. 1).

Einheitlicher Stimmzettel

§ 21a. (1) Der Wahlvorstand hat unverzüglich nach Feststellung der zugelassenen Wahlvorschläge einen Stimmzettel aufzulegen, der sämtliche zugelassenen Wahlvorschläge in einer vom Wahlvorstand zu beschließenden Reihenfolge zu enthalten hat (einheitlicher Stimmzettel).

(2) Die Größe des einheitlichen Stimmzettels ist vom Wahlvorstand unter Beachtung der Anzahl der zugelassenen Wahlvorschläge festzulegen.

(3) Der einheitliche Stimmzettel hat ein einheitliches Schriftbild, ohne Unterschiede in der Farbgebung, aufzuweisen und ist insgesamt so zu gestalten, daß alle zugelassenen Wahlvorschläge in gleicher Weise aufscheinen, den gleichen Raum zur Verfügung haben und keine Bevorzugung eines Wahlvorschlages daraus hervorgeht. Der Stimmzettel hat neben jedem Wahlvorschlag in angemessenem Abstand einen Kreis aufzuweisen.

(4) Die Wahlvorschläge sind unter der Vorschlagsbezeichnung, allenfalls einschließlich einer Kurzbezeichnung, auf dem Stimmzettel anzuführen.

Wahlkarte

§ 22. (1) Über die Berechtigung zur brieflichen Stimmabgabe (§ 5) hat der Wahlvorstand auf Antrag des Wahlberechtigten oder einer der wahlwerbenden Gruppen oder, sofern ihm die maßgeblichen Umstände bekannt geworden sind (§ 14), von sich aus eine auf den Namen des Wahlberechtigten lautende Wahlkarte auszustellen. Der Antrag auf Ausstellung einer Wahlkarte hat spätestens bis zum Ablauf des achten Tages vor dem (ersten) Wahltag beim Vorsitzenden des Wahlvorstandes einzulangen. Der Wahlvorstand hat über die eingelangten Anträge spätestens am siebten Tag vor dem (ersten) Wahltag zu entscheiden.

(2) Jede Wählergruppe, deren Wahlvorschlag zugelassen wurde, hat das Recht, zu den Beratungen über die Feststellung der zur brieflichen Stimmabgabe Berechtigten einen Beobachter zu entsenden.

Der Wahlvorstand hat den Vertretern der Wahlvorschläge spätestens einen Tag vor Abhaltung dieser Beratungen Zeitpunkt und Ort derselben bekanntzugeben.

(3) Der Wahlvorstand hat ein Verzeichnis der zur brieflichen Stimmabgabe zugelassenen Wahlberechtigten anzufertigen; dieses Verzeichnis hat Familien- und Vornamen, die Anschrift am Aufenthaltsort und den Grund der Verhinderung an der persönlichen Stimmabgabe der zur brieflichen Stimmabgabe Berechtigten zu enthalten.

(4) Wahlberechtigte, denen eine Wahlkarte ausgestellt wurde, sind in der Wählerliste gesondert zu kennzeichnen.

(5) Spätestens am sechsten Tag vor dem (ersten) Wahltag hat der Wahlvorstand den zur brieflichen Stimmabgabe Berechtigten mittels eingeschriebenen Briefes die auf deren Namen lautende Wahlkarte zu übermitteln oder diesen nachweislich persönlich auszuhändigen, sofern sie zum Zeitpunkt der beabsichtigten Übermittlung im Betrieb anwesend sind. Der Wahlkarte ist ein Stimmzettel (§ 21a), ein wie für die übrigen Wähler aufliegender leerer Umschlag (Wahlkuvert, § 24 Abs. 3) sowie ein bereits frankierter und mit der Adresse des Wahlvorstandes versehener zweiter Umschlag (Briefumschlag) beizufügen.

(5a) Die Wahlkarte kann auch als verschließbarer Briefumschlag, der an den Wahlvorstand adressiert ist, hergestellt werden. Der Wahlkarte sind ein amtlicher Stimmzettel (§ 21a) und ein Wahlkuvert (§ 24 Abs. 3) anzuschließen. Die Ausmaße der Wahlkarte sind so festzulegen, dass ein Wahlkuvert eingelegt werden kann.

(6) Ergibt sich aus der Art des Betriebes, daß für eine größere Anzahl von Arbeitnehmern bei Einhaltung der in den Abs. 1 und 5 festgelegten Fristen die Ausübung des Wahlrechtes im Hinblick auf die Länge des Postweges nicht gewährleistet erscheint, so kann der Wahlvorstand in der Wahlkundmachung für diese Arbeitnehmer die Fristen entsprechend verkürzen. In diesem Fall kann der Wahlvorstand frühestens am Tag nach der Ausschreibung der Wahl (§ 19) über die Berechtigung zur brieflichen Stimmabgabe entscheiden und die Übermittlung der Wahlkarten vornehmen. Der Wahlkarte ist anstelle eines einheitlichen Stimmzettels ein leerer Stimmzettel, der in Größe und Farbe dem einheitlichen Stimmzettel zu entsprechen hat, beizufügen, wenn der einheitliche Stimmzettel noch nicht erstellt worden ist.

Wahlzeugen

§ 23. Jede Wählergruppe, deren Wahlvorschlag zugelassen wurde, ist berechtigt, dem Wahlvorstand für jeden Wahlort höchstens zwei Wahlzeugen zu bezeichnen, denen das Recht zusteht, die Wahlhandlung zu beobachten; ein Einfluß auf den Gang der Wahlhandlung steht ihnen nicht zu. Als Wahlzeugen können außer wahlberechtigten Arbeitnehmern auch Vorstandsmitglieder oder Angestellte einer zuständigen freiwilligen Berufsvereinigung oder gesetzlichen Interessenvertretung der Arbeitnehmer namhaft gemacht werden.

Stimmabgabe

§ 24. (1) Der Wahlvorstand (Wahlkommission) hat vor Beginn der Wahlhandlung zu prüfen, ob die Wahlurne leer ist; er hat dafür zu sorgen, daß eine, im Bedarfsfall mehrere Wahlzellen am Wahlort vorhanden sind. Die Wahlzelle ist derart herzustellen, daß der Wähler in der Zelle unbeobachtet von allen anderen im Wahllokal anwesenden Personen den Stimmzettel ausfüllen und in das Wahlkuvert geben kann. Im übrigen gilt für die Einrichtung der Wahlzelle § 57 der Nationalrats-Wahlordnung 1992, BGBl. Nr. 471.

(2) Die Wahl wird, soweit § 25 nicht anderes bestimmt, durch persönliche Abgabe des Stimmzettels am Wahlort vorgenommen. Jeder Wähler hat eine Stimme.

(2a) Blinde oder schwer sehbehinderte Personen dürfen sich von einer Begleitperson, die sie selbst auswählen können, führen und sich bei der Wahlhandlung helfen lassen. In allen anderen Fällen darf die Wahlzelle stets nur vom Wähler allein betreten werden. Über die Zulässigkeit der Inanspruchnahme einer Begleitperson entscheidet im Zweifelsfall der Wahlvorstand. Jede Stimmabgabe mit Hilfe einer Begleitperson ist in der Niederschrift festzuhalten.

(3) Der Wähler hat dem Wahlvorstand (Wahlkommission) seinen Namen zu nennen, worauf ihm vom Vorsitzenden ein undurchsichtiger leerer Umschlag (Wahlkuvert) und ein Stimmzettel (§ 21a) auszufolgen ist. Die Wahlkuverts müssen die gleiche Größe und Farbe haben und dürfen keinerlei Aufschriften tragen, die auf die Person des Wählers schließen lassen. In der Wahlzelle hat der Wähler den ihm vom Vorsitzenden ausgefolgten Stimmzettel auszufüllen und in das Wahlkuvert zu legen. Verwendet der Wähler zur Stimmabgabe einen anderen Stimmzettel, so soll dieser in der Größe dem einheitlichen entsprechen. Der geschlossene Umschlag ist dem Vorsitzenden zu übergeben, der ihn ungeöffnet in die Wahlurne zu legen hat. Die Abgabe der Stimme ist in der Wählerliste durch Abstreichen des Namens des Wählers kenntlich zu machen und in ein Abstimmungsverzeichnis unter Beifügung der fortlaufenden Zahl der Wählerliste einzutragen. Wurde dem Wahlberechtigten eine Wahlkarte ausgestellt, so ist er nur dann zur persönlichen Stimmabgabe zuzulassen, wenn er die ihm ausgestellte Wahlkarte dem Wahlvorstand (Wahlkommission) übergibt. Die Abgabe der Stimme ist im Abstimmungsverzeichnis mit dem Hinweis „Wahlkartenwähler“ einzutragen; die Wahlkarte ist den Wahlakten beizufügen.

(4) Im Zweifel hat der Wähler seine Identität in geeigneter Weise (durch Urkunden oder Zeugen) nachzuweisen.

(5) Der Wähler kann seine Stimme gültig nur für einen der zugelassenen Wahlvorschläge abgeben.

(5a) Der Stimmzettel (§ 21a) ist gültig ausgefüllt, wenn aus ihm eindeutig zu erkennen ist, welchen Wahlvorschlag der Wähler wählen wollte. Dies ist dann der Fall, wenn der Wille des Wählers durch Ankreuzen, Unterstreichen oder andere Kennzeichnung eines Wahlvorschlages durch Durchstreichen der übrigen Wahlvorschläge oder auf sonstige Weise eindeutig zu erkennen ist.

(5b) Bei Verwendung eines leeren Stimmzettels (§§ 22 Abs. 6, 35a) oder eines anderen Stimmzettels (Abs. 3) erfolgt eine gültige Stimmabgabe, wenn aus dem Stimmzettel eindeutig zu erkennen ist, welchen Wahlvorschlag der Wähler wählen wollte. Dies ist insbesonders der Fall, wenn auf dem Stimmzettel der Wahlvorschlag durch die Bezeichnung (§ 20 Abs. 3) oder durch Angabe eines oder mehrerer Wahlwerber eindeutig bezeichnet wird.

(6) Der Stimmzettel ist ungültig, wenn

1. kein Wahlvorschlag gekennzeichnet bzw. kein Wahlvorschlag oder Wahlwerber eindeutig bezeichnet wurde;
2. zwei oder mehrere Wahlvorschläge gekennzeichnet bzw. bezeichnet wurden;
3. der Stimmzettel so beschädigt wurde, daß nicht mehr eindeutig hervorgeht, welchen Wahlvorschlag der Wähler wählen wollte;
4. der Stimmzettel unterschrieben ist;
5. aus der vom Wähler angebrachten Kennzeichnung bzw. Bezeichnung nicht eindeutig hervorgeht, welchen Wahlvorschlag er wählen wollte.

(7) Enthält ein Wahlkuvert mehrere Stimmzettel, die auf verschiedene Wahlvorschläge lauten, so sind sie ungültig. Enthält ein Wahlkuvert mehrere Stimmzettel, die auf denselben Wahlvorschlag lauten, so zählen sie als eine gültige Stimme.

(8) Leere Wahlkuverts gelten als ungültige Stimmabgabe.

§ 25. (1) Wahlberechtigte, denen gemäß § 22 eine Wahlkarte ausgestellt wurde, können ihre Stimmzettel dem Wahlvorstand einsenden. Der Stimmzettel muß sich in dem vom Wahlvorstand übermittelten Wahlkuvert befinden, das keinerlei Aufschrift oder Zeichen tragen darf, die auf die Person des Wählers schließen lassen. Das Wahlkuvert ist gemeinsam mit der vom Wahlvorstand ausgestellten Wahlkarte in den vom Wahlvorstand übermittelten Briefumschlag oder in die als Briefumschlag hergestellte Wahlkarte (§ 22 Abs. 5a) zu legen und im Postwege über die Post oder einen anderen Universaldienstbetreiber gemäß § 6 Abs. 1 bis 3 des Postmarktgesetzes, BGBl. I Nr. 123/2009, in der Fassung des Budgetbegleitgesetzes BGBl. I Nr. 111/2010, dem Wahlvorstand einzusenden.

(2) Die Übermittlung des verschlossenen Briefumschlages hat so zeitgerecht zu erfolgen, daß er spätestens bis zum Ablauf der für die Stimmabgabe festgesetzten Zeit beim Wahlvorstand einlangt.

(3) Der Vorsitzende (Stellvertreter) des Wahlvorstandes hat auf den einlangenden Briefumschlägen Datum und Uhrzeit des Einlangens zu vermerken. Die eingelangten Briefumschläge sind von ihm bis zu deren Öffnung unter Verschluß aufzubewahren.

(4) Frühestens nach Beginn der Wahlhandlung (§ 24 Abs. 1), spätestens jedoch vor der Ermittlung des Wahlergebnisses (§ 26 Abs. 2), hat der Wahlvorstand die ihm übermittelten Briefumschläge zu öffnen; er hat zu prüfen, ob ihnen eine gültige Wahlkarte beiliegt und, falls dies zutrifft, diese Tatsache in dem Verzeichnis gemäß § 22 Abs. 3 zu vermerken. Anschließend hat der Wahlvorstand jedes Wahlkuvert, dem eine gültige Wahlkarte beilag, in die Wahlurne zu legen. Die Abgabe der Stimme ist im Abstimmungsverzeichnis (§ 24 Abs. 3) mit dem Hinweis „Wahlkartenwähler" einzutragen. Die Wahlkarte ist vom Wahlvorstand zu den Wahlakten zu nehmen. Wahlkuverts, denen keine für den betreffenden Wahlberechtigten ausgestellte Wahlkarte beiliegt, sind ungeöffnet mit dem Vermerk „ohne Wahlkarte eingelangt" zu den Wahlakten zu legen. Der Vorgang ist in der Niederschrift zu vermerken. Verspätet eingelangte Briefumschläge sind gleichfalls uneröffnet vom Vorsitzenden des Wahlvorstandes mit dem Vermerk über den Zeitpunkt ihres Einlangens den Wahlakten beizufügen.

Ermittlung des Wahlergebnisses

§ 26. (1) Mit dem Ablauf der in der Wahlkundmachung festgesetzten Zeit (§ 19 Abs. 2 Z 1) hat der Wahlvorstand die Stimmabgabe für beendet zu erklären.

(2) Unmittelbar nach Beendigung der Stimmabgabe hat der Wahlvorstand die in der Wahlurne befindlichen Wahlkuverts zu mischen, anschließend die Wahlurne zu leeren, die Wahlkuverts zu zählen und das Übereinstimmen dieser Zahl mit der Zahl der im Abstimmungsverzeichnis vermerkten Wähler zu überprüfen. Danach hat der Wahlvorstand die Wahlkuverts zu öffnen, die Gültigkeit der Stimmzettel (§ 24 Abs. 5 bis 8) zu prüfen, die Zahl der ungültigen Stimmzettel festzustellen, die ungültigen Stimmzettel mit fortlaufenden Zahlen zu versehen, die gültigen Stimmzettel nach den Wahlvorschlägen zu ordnen und die Zahl der für jeden zugelassenen Wahlvorschlag gültig abgegebenen Stimmen festzustellen.

(3) Wurde die Wahlhandlung von einer Wahlkommission (§ 18) geleitet, so hat diese unmittelbar nach Beendigung der Stimmabgabe die Wahlurne zu versiegeln und diese mit den Wahlakten

unverzüglich dem Wahlvorstand zur Ermittlung des Wahlergebnisses zu übergeben.

§ 27. (1) Der Wahlvorstand hat die Zahl der auf die zugelassenen Wahlvorschläge entfallenden Mitglieder des Betriebsrates mittels der Wahlzahl zu ermitteln. Die Wahlzahl ist wie folgt zu berechnen: Die Summen der für jeden Wahlvorschlag abgegebenen gültigen Stimmen sind, nach ihrer Größe geordnet, nebeneinander zu schreiben; unter jede dieser Summen ist ihre Hälfte, unter diese ihr Drittel, Viertel und nach Bedarf auch ihr Fünftel, Sechstel usw. zu schreiben, wobei diese Zahlen (Teilzahlen) zunächst auch unter Außerachtlassung eventueller Dezimalstellen als ganze Zahlen errechnet werden können. Sind drei Betriebsratsmitglieder zu wählen, so gilt als Wahlzahl die drittgrößte, sind vier Betriebsratsmitglieder zu wählen, so gilt als Wahlzahl die viertgrößte usw. der angeschriebenen Zahlen. Jedem Wahlvorschlag sind so viele Mitgliedstellen zuzuteilen, als die Wahlzahl in der Summe der für ihn abgegebenen Stimmen enthalten ist.

(2) Ergibt sich bei einer Errechnung der Teilzahlen unter Außerachtlassung eventueller Dezimalstellen, daß zwei oder mehrere gleich große Teilzahlen die Wahlzahl bilden, so sind, sofern bei dieser Wahlzahl mehrere Wahlvorschläge den gleichen Anspruch auf eine Mitgliedstelle hätten, diese Teilzahlen auf Dezimalstellen zu errechnen und damit die Wahlzahl zu ermitteln. Haben auch nach dieser Berechnung mehrere Wahlvorschläge den gleichen Anspruch auf eine Mitgliedstelle, so entscheidet das Los.

§ 28. (1) Den in dem Wahlvorschlag angegebenen Wahlwerbern werden die auf den Wahlvorschlag entfallenden Mitgliedstellen in der Reihenfolge ihrer Nennung zugeteilt.

(2) Erscheint ein Wahlwerber, der in mehreren Wahlvorschlägen genannt ist, als mehrfach gewählt, so hat er über Aufforderung des Wahlvorstandes binnen drei Tagen zu erklären, für welche Vorschlagsliste er sich entscheidet; auf den anderen Listen wird er nach Abgabe seiner Erklärung gestrichen. Unterläßt er die fristgerechte Erklärung, so ist er auf sämtlichen Listen zu streichen.

(3) Erscheint ein Wahlwerber, der gleichzeitig auf einen Wahlvorschlag für die Wahl des Betriebsrates einer anderen Arbeitnehmergruppe des Betriebes gewählt wurde, als gewählt, so hat er über Aufforderung des Wahlvorstandes binnen drei Tagen zu erklären, für welche Arbeitnehmergruppe er sich entscheidet. Unterläßt er die fristgerechte Erklärung, so ist er auf sämtlichen Listen zu streichen.

(4) Erscheint ein Wahlwerber, der Mitglied des Betriebsrates einer anderen Arbeitnehmergruppe des Betriebes ist, auf einen Wahlvorschlag als gewählt, so hat er über Aufforderung des Wahlvorstandes binnen drei Tagen zu erklären, ob er das Mandat annimmt. Nimmt er das Mandat an, so erlischt seine Mitgliedschaft zum Betriebsrat der anderen Arbeitnehmergruppe.

§ 29. (1) Wird nur ein gültiger Wahlvorschlag eingebracht, so sind die Betriebsratsmitglieder mit einfacher Mehrheit der abgegebenen Stimmen zu wählen.

(2) Erreicht dieser Wahlvorschlag die einfache Mehrheit der abgegebenen Stimmen nicht, so hat der Wahlvorstand das Wahlverfahren mittels einer neuen Wahlkundmachung unverzüglich von neuem einzuleiten.

Ersatzmitglieder

§ 30. Die auf einem Wahlvorschlag den gewählten Mitgliedern des Betriebsrates folgenden Wahlwerber sind die Ersatzmitglieder, die im Falle des Erlöschens der Mitgliedschaft oder der Verhinderung von Betriebsratsmitgliedern an deren Stelle zu treten haben.

Wahlakten

§ 31. Über die Wahlhandlung (Stimmabgabe) und Stimmenzählung (Feststellung des Wahlergebnisses) hat der Wahlvorstand eine Niederschrift aufzunehmen, die von den Mitgliedern des Wahlvorstandes zu unterschreiben ist. Die Wahlakten (Niederschrift über die Betriebs(Gruppen)versammlung zur Wahl des Wahlvorstandes einschließlich der Wahlvorschläge gemäß § 11, Wahlkundmachung, Wählerliste, Wahlvorschläge, Verzeichnis der Wahlkartenwähler, Abstimmungsverzeichnis, Stimmzettel, Berechnung des Wahlergebnisse und Niederschrift) sind in einem Umschlag zu verwahren, der vom Wahlvorstand zu versiegeln ist. Sobald das Wahlergebnis rechtskräftig geworden ist, sind die Wahlakten dem Vorsitzenden des gewählten Betriebsrates zu übergeben, der sie bis zur Beendigung der Tätigkeitsdauer aufzubewahren hat.

§ 32. (1) Unmittelbar nach der Feststellung des Wahlergebnisses hat der Wahlvorstand die Gewählten von ihrer Wahl zu verständigen. Erklärt ein Gewählter nicht binnen drei Tagen, daß er die Wahl ablehnt, so gilt sie als angenommen.

(2) Lehnt ein Gewählter die Wahl ab, so tritt das nach § 30 berufene Ersatzmitglied an seine Stelle.

Kundmachung des Wahlergebnisses

§ 33. Der Wahlvorstand hat das Ergebnis der Wahl im Betrieb durch Anschlag oder durch eine sonstige geeignete schriftliche oder elektronische Mitteilung (§ 11 Abs. 1) kundzumachen und dem Betriebsinhaber, dem nach dem Standort des Betriebes zuständigen Arbeitsinspektorat, den zuständigen freiwilligen Berufsvereinigungen und der zuständigen gesetzlichen Interessenvertretung der Arbeitnehmer schriftlich mitzuteilen.

Anfechtung

§ 34. (1) Die einzelnen Wahlberechtigten und jede wahlwerbende Gruppe sind berechtigt, binnen Monatsfrist vom Tage der Kundmachung des

Wahlergebnisses an gerechnet die Wahl beim Gericht anzufechten, wenn wesentliche Bestimmungen des Wahlverfahrens oder leitende Grundsätze des Wahlrechtes verletzt wurden und hiedurch das Wahlergebnis beeinflußt werden konnte. Ein Anfechtungsgrund liegt auch dann vor, wenn einheitliche Stimmzettel nicht aufgelegt werden, obgleich der Wahlvorstand einen Beschluß im Sinne des § 35a Abs. 1 nicht gefaßt hat. Ein Anfechtungsgrund liegt jedoch nicht vor, wenn trotz eines aufgelegten einheitlichen Stimmzettels Wahlberechtigte mittels anderer Stimmzettel wählen.

(2) Die in Abs. 1 genannten Anfechtungsberechtigten sowie der Betriebsinhaber sind berechtigt, binnen Monatsfrist vom Tage der Kundmachung, der Betriebsinhaber vom Tag der Mitteilung des Wahlergebnisses an gerechnet die Wahl beim Gericht anzufechten, wenn die Wahl

1. ihrer Art nach, wie bei einer den Bestimmungen über die Bildung der Organe der Arbeitnehmerschaft (§ 40 ArbVG) nicht entsprechenden Wahl eines Betriebsrates;
2. ihrem Umfang nach, wie bei Überschreiten der Zahl der gewählten Betriebsratsmitglieder über die in § 2 festgesetzte Zahl hinaus;
3. mangels Vorliegens eines Betriebes (§§ 34, 134 und 134b ArbVG) oder einer gemäß § 35 ArbVG gleichgestellten Arbeitsstätte

nicht durchzuführen gewesen wäre.

Nichtigkeit der Wahl

§ 35. Die Nichtigkeit der Wahl kann bei Vorliegen eines rechtlichen Interesses jederzeit auch durch Klage auf Feststellung beim Gericht geltend gemacht werden. Das Urteil des Gerichts über die Nichtigkeit der Wahl hat bindende Wirkung.

Absehen von der Verwendung eines einheitlichen Stimmzettels

§ 35a. (1) In Betrieben (Arbeitnehmergruppen), in denen erstmals ein Betriebsrat gewählt werden soll, oder in denen nicht mehr als 150 Arbeitnehmer wahlberechtigt sind, kann der Wahlvorstand beschließen, keinen einheitlichen Stimmzettel aufzulegen. Eine erstmalige Betriebsratswahl liegt dann vor, wenn im selben Betrieb für dieselbe Arbeitnehmergruppe im Zeitraum von sechs Monaten vor der Wahl des Wahlvorstandes kein funktionsfähiger Betriebsrat bestanden hat.

(2) Der Beschluß des Wahlvorstandes ist in der Wahlkundmachung anzuführen. Im Beschluß ist auch das Ausmaß des leeren Stimmzettels festzulegen.

(3) Zur Stimmabgabe ist dem Wähler vom Vorsitzenden des Wahlvorstandes (Wahlkommission) anstelle eines einheitlichen Stimmzettels ein leerer Stimmzettel auszufolgen; zur brieflichen Stimmabgabe ist dem Wähler anstelle eines einheitlichen Stimmzettels ein leerer Stimmzettel zu übermitteln oder auszuhändigen.

Vereinfachtes Wahlverfahren

§ 36. (1) In Betrieben (Arbeitnehmergruppen), in denen bis zu zwei Betriebsratsmitglieder zu wählen sind, ist die Wahl unter Bedachtnahme auf die Wahlgrundsätze (§ 4) nach Maßgabe der Abs. 2 bis 6 durchzuführen.

(2) Der Wahlvorstand besteht aus einem wahlberechtigten Arbeitnehmer. Ein weiterer wahlberechtigter Arbeitnehmer ist als Ersatzmitglied zu wählen. Im übrigen sind die §§ 9 Abs. 1, 10, 11 Abs. 1 bis 3, 12 Abs. 2 sowie 13 bis 15 sinngemäß anzuwenden. § 18 ist nicht anzuwenden.

(3) Der Wahlvorstand hat nach der Erstellung der Wählerliste den Wahlort und den Wahltag mit genauer Angabe des Beginnes der Wahlhandlung zu bestimmen und durch Anschlag einer vereinfachten Wahlkundmachung im Betrieb (§ 11 Abs. 1) die Wahl auszuschreiben. Der Wahlvorstand hat den Termin der Wahl so festzusetzen, daß der Tag der Stimmabgabe binnen zwei Wochen nach dem Tag der Ausschreibung stattfindet. Die Fristen für die Einbringung, Änderung und Zurückziehung von Wahlvorschlägen sowie für die Beantragung und Übermittlung einer Wahlkarte sind entsprechend festzusetzen.

(4) Der Einbringung von Wahlvorschlägen (§ 20) bedarf es nicht. Werden Wahlvorschläge eingebracht, so sind auf diese die Bestimmungen der §§ 20 und 21 sinngemäß anzuwenden.

(5) Wurden Wahlvorschläge eingebracht (Abs. 4), so gilt jener Wahlvorschlag als gewählt, der die Mehrheit der abgegebenen Stimmen erhalten hat. Erreicht keiner der Wahlvorschläge die Mehrheit, so ist unmittelbar anschließend ein zweiter Wahlgang durchzuführen. In diesem können Stimmen gültig nur für die beiden Wahlvorschläge abgegeben werden, die im ersten Wahlgang die meisten Stimmen erhalten haben. Als gewählt gilt jener Wahlvorschlag, der die meisten gültigen Stimmen erhalten hat; bei Stimmengleichheit entscheidet das Los. Im übrigen gelten die §§ 21a bis 25, 26 Abs. 1 und 2, 30 und 35a. Wurde nur ein Wahlvorschlag eingebracht und erreicht dieser nicht die Mehrheit der abgegebenen Stimmen, so gilt § 29 Abs. 2 sinngemäß

(6) Wurden keine Wahlvorschläge eingebracht, so können Stimmen gültig für jeden wählbaren Arbeitnehmer (Wahlwerber) abgegeben werden. Für jedes Betriebsratsmitglied und für jedes Ersatzmitglied ist ein gesonderter Wahlgang durchzuführen. Als gewählt gilt jener Wahlwerber, der die Mehrheit der abgegebenen Stimmen erhalten hat. Erreicht keiner der Wahlwerber die Mehrheit, so sind unmittelbar anschließend die einzelnen Wahlgänge neu durchzuführen. In jedem Wahlgang der

zweiten Wahl können Stimmen gültig nur für jene beiden Wahlwerber abgegeben werden, die in dem betreffenden Wahlgang der ersten Wahl die meisten Stimmen erhalten haben. Als gewählt gilt jeweils jener Wahlwerber, der die meisten gültigen Stimmen erhalten; bei Stimmengleichheit entscheidet das Los. Zur Stimmabgabe ist dem Wähler ein leerer Stimmzettel auszufolgen. Von der Verwendung eines einheitlichen Stimmzettels kann ohne weiteres abgesehen werden, auch wenn dies in der Wahlkundmachung nicht ausdrücklich festgelegt worden ist. Als gewählt gilt jeweils jener Wahlwerber, der die meisten gültigen Stimmen erhalten; bei Stimmengleichheit entscheidet das Los. Im übrigen gelten die §§ 22, 24, 25 und 26 Abs. 2 sinngemäß.

(7) Auf das vereinfachte Wahlverfahren sind die §§ 31 bis 35 sinngemäß anzuwenden.

2. ABSCHNITT
Zentralbetriebsrat

Errichtung von Zentralbetriebsräten

§ 37. Umfaßt ein Unternehmen mindestens zwei Betriebe im Sinne des § 1 Abs. 1, die eine wirtschaftliche Einheit bilden und vom Unternehmen zentral verwaltet werden (§ 40 Abs. 4 ArbVG, so ist ein Zentralbetriebsrat zu wählen.

Zahl der Mitglieder des Zentralbetriebsrates

§ 38. (1) In den Zentralbetriebsrat sind zu wählen in Unternehmen

bis zu 1000	Arbeitnehmern 4 Mitglieder;
mit 1001 bis	1500 Arbeitnehmern 5 Mitglieder;
mit 1501 bis	2000 Arbeitnehmern 6 Mitglieder;
mit 2001 bis	2500 Arbeitnehmern 7 Mitglieder;
mit 2501 bis	3000 Arbeitnehmern 8 Mitglieder;
mit 3001 bis	3500 Arbeitnehmern 9 Mitglieder,
mit 3501 bis	4000 Arbeitnehmern 10 Mitglieder;
mit 4001 bis	4500 Arbeitnehmern 11 Mitglieder;
mit 4501 bis	5000 Arbeitnehmern 12 Mitglieder;
mit 5001 bis	6000 Arbeitnehmern 13 Mitglieder;
mit 6001 bis	7000 Arbeitnehmern 14 Mitglieder;

für je weitere 1000 Arbeitnehmer um ein Mitglied mehr. Bruchteile von 1000 werden für voll gerechnet.

(2) Die Zahl der Mitglieder des Zentralbetriebsrates bestimmt sich nach der Zahl der am Tag der Wahlkundmachung (§ 45) im Unternehmen beschäftigten Arbeitnehmer. Im übrigen ist § 3 sinngemäß anzuwenden.

Wahlgrundsätze

§ 39. (1) Die Mitglieder des Zentralbetriebsrates sind von der Gesamtheit der Mitglieder der im Unternehmen errichteten Betriebsräte aus ihrer Mitte geheim und, sofern in Abs. 4 nicht anderes bestimmt wird, nach den Grundsätzen des Verhältniswahlrechtes zu wählen.

(2) Jedem Betriebsratsmitglied kommen so viele Stimmen zu, als der Zahl der bei der letzten Betriebsratswahl in dem betreffenden Betrieb (Arbeitnehmergruppe) wahlberechtigten Arbeitnehmer, geteilt durch die Zahl der Gewählten, entspricht.

(3) Die Wahl hat mittels Stimmzettels, und zwar durch persönliche Stimmabgabe oder durch briefliche Stimmabgabe im Postwege zu erfolgen.

(4) Wird nur ein Wahlvorschlag eingebracht, so sind die Mitglieder des Zentralbetriebsrates mit einfacher Mehrheit der abgegebenen Stimmen zu wählen.

Aktives und passives Wahlrecht

§ 40. Wahlberechtigt und wählbar sind alle am Tag der Wahl (§ 45) in Funktion stehenden Mitglieder der im Unternehmen bestellten Betriebsräte.

Wahlvorstand

§ 41. (1) Zur Vorbereitung und Durchführung der Wahl des Zentralbetriebsrates ist ein Wahlvorstand zu bestellen.

(2) Der Wahlvorstand besteht aus mindestens drei Betriebsratsmitgliedern. Sofern im folgenden nicht anderes bestimmt wird, hat jeder im Unternehmen bestehende Betriebsrat eines seiner Mitglieder in den Wahlvorstand zu entsenden. Die Entsendung ist dem Vorsitzenden des nach der Zahl der Mitglieder stärksten Betriebsrates, bei gleicher Mitgliederzahl dem Vorsitzenden des Betriebsrates, der die meisten Arbeitnehmer repräsentiert, anzuzeigen; dieser Betriebsratsvorsitzende hat auch den Wahlvorstand zur konstituierenden Sitzung einzuberufen.

(3) Bestehen in den Betrieben des Unternehmens insgesamt nur zwei in verschiedenen Betrieben bestellte Betriebsräte, so sind zwei Mitglieder des Wahlvorstandes vom Betriebsrat des nach der

Zahl der Arbeitnehmer größeren Betriebes zu entsenden. Weisen beide Betriebe die gleiche Zahl von Arbeitnehmern auf, so entscheidet das Los.

(4) Bestehen im Unternehmen mehr als drei Betriebsräte, so kann die Zahl der Mitglieder des Wahlvorstandes mit Zustimmung aller im Unternehmen bestellten Betriebsräte bis auf drei herabgesetzt werden.

§ 42. (1) In Unternehmen, in denen ein Zentralbetriebsrat besteht, soll der Wahlvorstand nicht früher als zwölf Wochen vor Ablauf der Tätigkeitsdauer des Zentralbetriebsrates bestellt werden. Die Bestellung des Wahlvorstandes hat aber so rechtzeitig zu erfolgen, daß der neugewählte Zentralbetriebsrat bei Unterbleiben einer Wahlanfechtung spätestens unmittelbar nach Ablauf der Tätigkeitsdauer des abtretenden Zentralbetriebsrates seine Konstituierung vornehmen kann. Wird die Nichtigkeit der Zentralbetriebsratswahl festgestellt oder die Tätigkeitsdauer des Zentralbetriebsrates vorzeitig beendet, so ist der Wahlvorstand unverzüglich zu bestellen.

(2) In Unternehmen, in denen noch kein Zentralbetriebsrat besteht, ist der Wahlvorstand binnen einer Woche nach dem Zeitpunkt, in dem alle im Unternehmen errichteten Betriebsräte konstituiert sind, zu bestellen.

§ 43. Der Wahlvorstand hat aus seiner Mitte mit einfacher Mehrheit der Stimmen einen Vorsitzenden zu wählen. Bleibt die Wahl ergebnislos, so hat das an Lebensjahren älteste Mitglied des Wahlvorstandes den Vorsitz zu führen. Der Wahlvorstand faßt seine Beschlüsse mit Stimmenmehrheit; bei Stimmengleichheit gilt die Meinung als angenommen, für die der Vorsitzende gestimmt hat. Zur Beschlußfassung ist die Anwesenheit von mindestens der Hälfte der Mitglieder erforderlich. § 13 ist sinngemäß anzuwenden.

Vorbereitung der Wahl

§ 44. (1) Der Vorsitzende jedes im Unternehmen bestellten Betriebsrates hat dem Wahlvorstand eine Liste der Mitglieder des Betriebsrates zu übermitteln sowie die Zahl der bei der letzten Betriebsratswahl wahlberechtigten Arbeitnehmer bekanntzugeben.

(2) Die dem Wahlvorstand gemäß Abs. 1 übermittelten Listen gelten als Wählerliste.

§ 45. Der Wahlvorstand hat die Wahl unverzüglich nach seiner Bestellung (§ 42) vorzubereiten und innerhalb von vier Wochen durchzuführen. Der Wahltag sowie der Wahlort sind den Vorsitzenden aller im Unternehmen errichteten Betriebsräte schriftlich mitzuteilen, die Wahltag und Wahlort den Mitgliedern des Betriebsrates bekanntzugeben haben.

Wahlvorschläge

§ 46. (1) Gruppen von Betriebsratsmitgliedern, die Wahlwerber aufzustellen beabsichtigen, haben ihre Wahlvorschläge spätestens eine Woche vor dem Wahltag schriftlich dem Vorsitzenden des Wahlvorstandes zu überreichen, der den Empfang unter Angabe der Zeit der Empfangnahme zu bestätigen hat.

(2) Die Wahlvorschläge müssen von mindestens drei wahlberechtigten Betriebsratsmitgliedern unterschrieben sein, die nicht dem gleichen Betriebsrat angehören müssen. Betriebsratsmitglieder mehrerer oder aller Betriebe des Unternehmens können einen gemeinsamen Wahlvorschlag überreichen. Der Erstunterzeichnete des Wahlvorschlages gilt als dessen Vertreter.

(3) Der Wahlvorschlag soll doppelt soviele Wahlwerber enthalten, als Mitglieder in den Zentralbetriebsrat zu wählen sind.

(4) Bei Erstellung der Wahlvorschläge soll auf eine angemessene Vertretung der Arbeitnehmerinnen und Arbeitnehmer, der Gruppen der Arbeiter und Angestellten und der einzelnen Betriebe des Unternehmens im Zentralbetriebsrat Bedacht genommen werden.

(5) Der Wahlvorschlag kann durch Aufschrift als Vorschlag einer bestimmten Organisation oder wahlwerbenden Gruppe bezeichnet werden.

(6) Auf die Zulassung der Wahlvorschläge findet § 21 Abs. 1 bis 4 sinngemäß Anwendung. Der Wahlvorstand hat die zugelassenen Wahlvorschläge unverzüglich den Vorsitzenden aller im Unternehmen errichteten Betriebsräte schriftlich zur Kenntnis zu bringen. Die Betriebsratsvorsitzenden haben diese Mitteilung des Wahlvorstandes zur Einsicht für alle Mitglieder des Betriebsrates aufzulegen.

Stimmgewichtung

§ 47. (1) Zur Ermittlung der den einzelnen Wahlberechtigten zustehenden Stimmenzahl hat der Wahlvorstand die Zahl der bei der letzten Betriebsratswahl wahlberechtigten Arbeitnehmer jedes Betriebes (Arbeitnehmergruppe) durch die Zahl der von diesen gewählten Betriebsratsmitglieder zu teilen. Jedes Betriebsratsmitglied hat so viele Stimmen wie die Zahl der gewählten Betriebsratsmitglieder in der Zahl der wahlberechtigten Arbeitnehmer enthalten ist. Bruchteile von Stimmen sind nicht zu berücksichtigen.

(2) Die Abgabe der jedem Betriebsratsmitglied zustehenden Stimmen hat in gleichgewichtigen Stimmzetteln und, soweit sich Reststimmen ergeben, in Einzelstimmen zu erfolgen. Das Stimmgewicht eines gleichgewichtigen Stimmzettels ist die um eine ganze Stimme verminderte kleinste Stimmenzahl, die ein wahlberechtigtes Betriebsratsmitglied aufweist. Die anderen wahlberechtigten Betriebsratsmitglieder können so viele gleichgewichtige Stimmzettel abgeben, wie dieses Stimmgewicht in ihrer Stimmenzahl enthalten ist. Die verbleibenden ganzen Reststimmen können nur als Einzelstimmen abgegeben werden.

(3) Die gemäß Abs. 2 ermittelten Zahlen sind vom Wahlvorstand auf den von den (Vorsitzenden) der Betriebsräte übermittelten Listen (§ 44) zu vermerken.

Durchführung der Wahl

§ 48. (1) Für die Stimmabgabe gilt § 24 mit der Maßgabe, daß der Wahlvorstand dem Wahlberechtigten die seiner Stimmenzahl entsprechende Anzahl von Wahlkuverts und leeren Stimmzetteln ausfolgt. Jeder Stimmzettel ist in einem eigenen Wahlkuvert abzugeben, wobei sich die Wahlkuverts für gleichgewichtige Stimmzettel von den Wahlkuverts zur Abgabe der Einzelstimmen durch Größe oder Farbe zu unterscheiden haben. Enthält ein Wahlkuvert mehrere auf denselben Wahlvorschlag lautende Stimmzettel, so kommt ihnen nur die Stimmenzahl eines Stimmzettels zu.

(2) Die Stimmabgabe kann auch im Postwege erfolgen. Auf die briefliche Stimmabgabe sind die §§ 22 Abs. 1, 3 erster Halbsatz, 4 bis 6 und 25, jedoch ohne Beschränkung auf bestimmte Verhinderungsgründe, sinngemäß anzuwenden.

(3) Auf die Ermittlung des Wahlergebnisses sind die §§ 26 bis 28 mit der Maßgabe, daß der Wahlvorstand die Wahlkuverts für gleichgewichtige Stimmen von denen für Einzelstimmen zu trennen hat und die Wahlkuverts für Einzelstimmen erst nach Abschluß der Ermittlung der gleichgewichtigen Stimmen zu eröffnen hat, sinngemäß anzuwenden. Nach Öffnung jedes Wahlkuverts ist die dem Wahlkuvert entsprechende Stimmenzahl auf den in diesem befindlichen Stimmzettel zu übertragen.

(4) Im übrigen sind auf die Wahl des Zentralbetriebsrates die §§ 18, 23, 30 bis 35 sinngemäß anzuwenden.

3. Abschnitt
Konzernvertretung
Errichtung

§ 48a. (1) In einem Konzern im Sinne des § 15 des Aktiengesetzes 1965 oder des § 115 des Gesetzes über Gesellschaften mit beschränkter Haftung, in dem in mehr als einem Unternehmen Betriebsräte bestehen, kann eine Konzernvertretung errichtet werden.

(2) Die Errichtung der Konzernvertretung bedarf der Zustimmung von mindestens zwei Dritteln der Zentralbetriebsräte, die zusammen mehr als die Hälfte der im Konzern beschäftigten Arbeitnehmer repräsentieren.

(3) Ist in einem Unternehmen des Konzerns ein Zentralbetriebsrat nicht zu errichten, so nimmt der Betriebsausschuß an der Errichtung teil; besteht kein Betriebsausschuß, so nimmt der Betriebsrat an der Errichtung teil.

(4) Für die Ermittlung der Zahl der im Konzern beschäftigten Arbeitnehmer sind die Zahlen der bei den jeweils letzten Zentralbetriebsratswahlen im Unternehmen beschäftigten Arbeitnehmer heranzuziehen (§ 38 Abs. 2). Im Falle des Abs. 3 sind die Zahlen der bei den jeweils letzten Betriebsratswahlen am Tag der Betriebsversammlung zur Wahl des Wahlvorstandes im Betrieb beschäftigten Arbeitnehmer (§ 3 Abs. 1) heranzuziehen. Ist in einem Unternehmen trotz Vorliegens der gesetzlichen Voraussetzungen ein Zentralbetriebsrat (Betriebsausschuß, Betriebsrat) nicht errichtet, so ist die Zahl der in diesem Unternehmen am zeitlich letzten der im ersten und zweiten Satz angeführten Stichtage beschäftigten Arbeitnehmer heranzuziehen. Eine nachträgliche Änderung der Zahl der Arbeitnehmer bis zur Konstituierung und während der Tätigkeitsdauer der Konzernvertretung ist unbeachtlich.

(5) Über Vorschlag eines Vorsitzenden eines Zentralbetriebsrates oder eines gemäß Abs. 3 zuständigen Betriebsausschusses oder Betriebsrates (im folgenden: Einberufer) haben die Zentralbetriebsräte (Betriebsausschüsse, Betriebsräte) über die Errichtung der Konzernvertretung zu beschließen. Bei mehreren gleichzeitigen Vorschlägen gilt der mit dem früheren Poststempel. Der Vorschlag kann eine Frist festsetzen, innerhalb der die Beschlußfassung erfolgen soll. Für die Beschlussfassung gilt § 31 Abs. 1 in Verbindung mit § 14 Abs. 7, 7a und 8 der Betriebsrats-Geschäftsordnung 1974, BGBl. Nr. 355, in der jeweils geltenden Fassung. Die Beschlüsse sind dem Einberufer mitzuteilen. Gleichzeitig ist die Zahl der vom jeweiligen Organ vertretenen Arbeitnehmer (Abs. 4) bekanntzugeben.

(6) Der Einberufer hat die Versammlung der Vorsitzenden der Zentralbetriebsräte (Betriebsausschüsse, Betriebsräte) im Konzern einzuberufen. Ihm obliegt die Leitung der Versammlung sowie die Sammlung der Beschlüsse nach Abs. 5 und die Ermittlung der sonstigen für die Beschlußfassung nach Abs. 7 relevanten Umstände.

(7) Die Versammlung der Vorsitzenden hat durch Beschluß festzustellen, daß die gemäß Abs. 2 erforderlichen Zustimmungsbeschlüsse vorliegen und die Konzernvertretung errichtet ist. Die für den Beschluß notwendigen Feststellungen der Zahlen der

1. Arbeitnehmer im Konzern,
2. Zentralbetriebsräte und nach Abs. 3 teilnahmeberechtigten Betriebsausschüsse oder Betriebsräte,
3. Zentralbetriebsräte (Betriebsausschüsse, Betriebsräte), die der Errichtung einer Konzernvertretung durch Beschluß zugestimmt haben und
4. von diesen jeweils vertretenen Arbeitnehmer

sind vom Einberufer vorzubereiten. Die Leitungen der Konzernunternehmen sind verpflichtet, die notwendigen Auskünfte zu geben.

(8) Nach der Errichtung der Konzernvertretung hat die Versammlung der Vorsitzenden die Zahl der jeweiligen Delegierten und Ersatzdelegierten (§ 48b) durch Beschluß festzustellen. Der Einberufer hat einen Termin festzusetzen, bis zu dem ihm die Vorsitzenden der Zentralbetriebsräte (Betriebsausschüsse, Betriebsräte) die Delegierten (Ersatzdelegierten) unter Angabe des Familien- und Vornamens, des Geburtsdatums und des Zentralbetriebsrates (Betriebsausschusses, Betriebsrates), dem sie angehören, schriftlich bekanntzugeben haben.

(9) Spätestens drei Monate vor Ablauf der Tätigkeitsdauer der Konzernvertretung hat deren Vorsitzender die Versammlung der Vorsitzenden der Zentralbetriebsräte (Betriebsausschüsse, Betriebsräte) zur Beschlußfassung über die Zahl der Delegierten und Ersatzdelegierten (§ 48b) für die nächste Funktionsperiode einzuberufen. Im übrigen gilt Abs. 8.

(10) Abs. 9 gilt auch im Fall der vorzeitigen Beendigung der Tätigkeitsdauer der Konzernvertretung gemäß § 88b Abs. 5 Z 4 und 5 ArbVG mit der Maßgabe, daß die Einberufung der Versammlung unverzüglich zu erfolgen hat und auch von einem Vorsitzenden eines Zentralbetriebsrates (Betriebsausschusses, Betriebsrates) vorgenommen werden kann, wenn der Vorsitzende der Konzernvertretung seiner Verpflichtung nicht nachkommt.

Zusammensetzung

§ 48b. (1) Jeder im Konzern errichtete Zentralbetriebsrat oder nach § 48a Abs. 3 teilnahmeberechtigte Betriebsausschuß oder Betriebsrat oder jede Teilkonzernvertretung nach § 48d hat in die Konzernvertretung zu entsenden:

für bis zu 500 vertretene Arbeitnehmer 2 Delegierte,

für bis zu 1 000 vertretene Arbeitnehmer 3 Delegierte,

für bis zu 1 500 vertretene Arbeitnehmer 4 Delegierte,

für bis zu 2 000 vertretene Arbeitnehmer 5 Delegierte,

sowie für je weitere 500 vertretene Arbeitnehmer je einen weiteren Delegierten. Bruchteile von 500 werden für voll gerechnet.

(2) Für die Ermittlung der Zahl der vertretenen Arbeitnehmer gilt § 48a Abs. 4.

(3) Für jeden Delegierten ist ein Ersatzdelegierter zu bestellen. Ist aus Gründen der Koordination oder Arbeitsaufteilung innerhalb des entsendenden Organs die Bestellung mehrerer Ersatzdelegierter zweckmäßig, so ist dies nur unter gleichzeitiger Festlegung einer Reihenfolge der Vertretung zulässig.

(4) Der Zentralbetriebsrat (Betriebsausschuß, Betriebsrat) hat über die aus seiner Mitte zu entsendenden Delegierten (Ersatzdelegierten) zu beschließen, wobei er an die Nominierungsvorschläge der nach dem d'Hondtschen System jeweils vorschlagsberechtigten wahlwerbenden Gruppen gebunden ist. §§ 2 bis 8 der Verordnung über die Entsendung von Arbeitnehmervertretern in den Aufsichtsrat, BGBl. Nr. 343/1974, in der jeweils geltenden Fassung, sind für die Durchführung der Nominierung und Entsendung sinngemäß anzuwenden.

(5) Bei der Nominierung und Entsendung der Delegierten (Ersatzdelegierten) soll auf eine angemessene Vertretung der Arbeiter und Angestellten sowie der Arbeitnehmerinnen und der Arbeitnehmer und – bei Entsendung durch den Zentralbetriebsrat – der einzelnen Betriebe des Unternehmens Bedacht genommen werden.

(6) Für die Abberufung gilt Abs. 4 sinngemäß. Wird ein Delegierter während der Tätigkeitsdauer der Konzernvertretung abberufen oder scheidet er aus anderen Gründen aus der Konzernvertretung aus und rückt kein Ersatzdelegierter nach, so hat der jeweilige Zentralbetriebsrat (Betriebsausschuß, Betriebsrat) unverzüglich über die Entsendung eines neuen Delegierten zu beschließen.

(7) Wird während der Tätigkeitsdauer der Konzernvertretung der Konzern um ein Unternehmen erweitert, so ist der dort errichtete Zentralbetriebsrat oder im Falle des § 48a Abs. 3 der Betriebsausschuß oder Betriebsrat berechtigt, nach Maßgabe der Abs. 1 bis 5 Delegierte (Ersatzdelegierte) in die Konzernvertretung zu entsenden. Dies gilt auch, wenn sich während der Tätigkeitsdauer der Konzernvertretung herausstellt, daß bei Errichtung der Konzernvertretung ein zum Konzern gehörendes Unternehmen nicht berücksichtigt worden ist oder der in einem zum Konzern gehörenden Unternehmen errichtete Zentralbetriebsrat (Betriebsausschuß, Betriebsrat) an der Errichtung gemäß § 48a nicht teilgenommen hat.

Errichtung und Entsendung der Delegierten im schriftlichen Verfahren

§ 48c. (1) Die Beschlußfassung über die Errichtung der Konzernvertretung und über die Zahl der Delegierten (Ersatzdelegierten) sowie die Festsetzung des Termins für die Bekanntgabe der Delegierten (Ersatzdelegierten) kann auch in einem schriftlichen Verfahren erfolgen. Dieses ist von einem Vorsitzenden eines Zentralbetriebsrates (Betriebsausschusses, Betriebsrates; im folgenden: Einberufer) einzuleiten und durchzuführen.

(2) Die Vorsitzenden der Zentralbetriebsräte (Betriebsausschüsse, Betriebsräte) haben dem Einberufer die Beschlüsse über die Errichtung der Konzernvertretung sowie die Zahl der von ihnen jeweils vertretenen Arbeitnehmer schriftlich mitzuteilen. Der Einberufer hat nach Ermittlung der Zahlen nach § 48a Abs. 7 Z 1 bis 4 festzustellen,

ob die erforderliche Zustimmung zur Errichtung der Konzernvertretung vorliegt. Diese Feststellung ist auf Grund von nachprüfbaren, schriftlich niedergelegten Ermittlungen zu treffen.

(3) Sodann hat der Einberufer schriftlich und nachprüfbar die Zahl der Delegierten und Ersatzdelegierten festzustellen und einen Termin für deren Bekanntgabe festzusetzen (§ 48a Abs. 8). Diese Feststellung ist zusammen mit der nach Abs. 2 jedem im Konzern errichteten Zentralbetriebsrat, im Falle des § 48a Abs. 3 dem Betriebsausschuß oder Betriebsrat, schriftlich mitzuteilen.

(4) Die Beschlüsse gemäß § 48a Abs. 7 und 8 gelten dann als zustandegekommen, wenn nicht binnen 14 Tagen ab Zugang der Mitteilung des Einberufers von einem Zentralbetriebsrat (Betriebsausschusses, Betriebsrat) begründete Einwendungen dagegen erhoben werden. Werden solche Einwendungen erhoben, so hat der Einberufer diese und seine allenfalls korrigierten Feststellungen nach Abs. 2 und 3 jedem Zentralbetriebsrat (Betriebsausschuß, Betriebsrat) schriftlich mitzuteilen. Für diese korrigierten Feststellungen gelten wiederum der erste und zweite Satz. Der Einberufer kann erforderlichenfalls das schriftliche Verfahren abbrechen und das Verfahren nach § 48a einleiten. Der Einberufer hat die Zentralbetriebsräte (Betriebsausschüsse, Betriebsräte) über das endgültige Zustandekommen der Beschlüsse zu informieren. Nach diesem Zeitpunkt sind die Delegierten (Ersatzdelegierten) gemäß § 48a Abs. 8 bekanntzugeben.

(5) Abs. 3 und 4 gelten auch für die Neubeschickung der Konzernvertretung (§ 48a Abs. 9).

Teilkonzerne

§ 48d. Bestehen in einem Konzern im Sinne des § 15 des Aktiengesetzes 1965 oder des § 115 des Gesetzes über Gesellschaften mit beschränkter Haftung Teilkonzerne und sind in diesen Konzernvertretungen errichtet, so nehmen an der Errichtung der Konzernvertretung auf Ebene des Oberkonzerns die in den Teilkonzernen errichteten Konzernvertretungen und deren Vorsitzende nach Maßgabe der §§ 48a bis 48c teil.

Anfechtung der Errichtung

§ 48e. (1) Die Errichtung der Konzernvertretung sowie der Beschluß über die Zahl der Delegierten und Ersatzdelegierten (§ 48a Abs. 8) kann binnen eines Monats nach der Konstituierung der Konzernvertretung (§ 31a Betriebsrats-Geschäftsordnung 1974, BGBl. Nr. 355, in der jeweils geltenden Fassung) durch Klage bei Gericht angefochten werden.

(2) Anfechtungsberechtigt sind

1. jeder im Konzern errichtete Zentralbetriebsrat (Betriebsausschuß, Betriebsrat, Konzernvertretung eines Teilkonzerns),
2. hinsichtlich des Beschlusses nach § 48a Abs. 8 auch jede in einem Organ nach Z 1 vertretene wahlwerbende Gruppe,
3. jedes von der Errichtung betroffene Konzernunternehmen.

(3) Ein Anfechtungsgrund im Sinne des Abs. 1 ist insbesondere gegeben, wenn

1. im Zeitpunkt der Errichtung der Konzernvertretung kein Konzern nach § 48a Abs. 1 vorgelegen ist oder
2. die Errichtung nicht oder nur auf Grund unrichtiger Ermittlung der Zahl der im Konzern beschäftigten Arbeitnehmer die nach § 48a Abs. 2 erforderliche Zustimmung erreicht hat oder
3. die Zahl der jeweiligen Delegierten und Ersatzdelegierten unrichtig beschlossen worden ist.

Auflösung

§ 48f. Für die Auflösung der Konzernvertretung gelten die § 48a sowie §§ 48c und 48d sinngemäß.

4. ABSCHNITT
Jugendvertrauensrat

Errichtung von Jugendvertrauensräten

§ 49. (1) In jedem dem II. Teil des Arbeitsverfassungsgesetzes unterliegenden Betrieb (§§ 34 und 35 ArbVG), in dem dauernd mindestens fünf jugendliche Arbeitnehmer beschäftigt werden, ist ein Jugendvertrauensrat zu wählen. Bei Berechnung dieser Zahl haben die gemäß § 8 Abs. 3 Z 1 vom passiven Wahlrecht ausgeschlossenen Familienangehörigen des Betriebsinhabers außer Betracht zu bleiben.

(Anm.: Abs. 2 aufgehoben durch Art. 1 Z 4, BGBl. II Nr. 230/2021)

(3) Umfaßt ein Unternehmen mehrere Betriebe, so ist für jeden dieser Betriebe, der die Voraussetzungen des Abs. 1 erfüllt, ein Jugendvertrauensrat zu wählen.

Jugendliche Arbeitnehmer

§ 50. (1) Jugendliche Arbeitnehmer im Sinne dieser Verordnung sind Arbeitnehmer einschließlich Heimarbeitern, die das 18. Lebensjahr noch nicht vollendet haben, sowie Lehrlinge, die das 21. Lebensjahr noch nicht vollendet haben.

(2) Sofern Bestimmungen dieser Verordnung auf die Zugehörigkeit zur Gruppe der Angestellten abstellen, sind Lehrlinge, die in einem Lehrberuf ausgebildet werden, dessen Tätigkeiten üblicherweise von Angestellten ausgeübt werden, der Gruppe der Angestellten zuzuzählen. Die übrigen Lehrlinge zählen zur Gruppe der Arbeiter. Im Falle einer Doppellehre ist eine Zuordnung zur Gruppe der Angestellten dann vorzunehmen, wenn der Lehrling auch nur in einem Lehrberuf

ausgebildet wird, dessen Tätigkeiten üblicherweise von Angestellten ausgeübt werden.

Zahl der Mitglieder des Jugendvertrauensrates

§ 51. (1) In den Jugendvertrauensrat sind, soweit Abs. 2 nicht anderes bestimmt, zu wählen in Betrieben mit

5 bis 10 jugendlichen Arbeitnehmern ein Jugendvertreter;

11 bis 30 jugendlichen Arbeitnehmern 2 Mitglieder;

31 bis 50 jugendlichen Arbeitnehmern 3 Mitglieder;

51 bis 100 jugendlichen Arbeitnehmern 4 Mitglieder;

101 bis 200 jugendlichen Arbeitnehmern 5 Mitglieder;

201 bis 300 jugendlichen Arbeitnehmern 6 Mitglieder;

301 bis 400 jugendlichen Arbeitnehmern 7 Mitglieder;

401 bis 500 jugendlichen Arbeitnehmern 8 Mitglieder;

501 bis 600 jugendlichen Arbeitnehmern 9 Mitglieder;

601 bis 700 jugendlichen Arbeitnehmern 10 Mitglieder;

701 bis 800 jugendlichen Arbeitnehmern 11 Mitglieder;

801 bis 900 jugendlichen Arbeitnehmern 12 Mitglieder;

901 bis 1000 jugendlichen Arbeitnehmern 13 Mitglieder;

1001 bis 1500 jugendlichen Arbeitnehmern 14 Mitglieder;

1501 bis 2000 jugendlichen Arbeitnehmern 15 Mitglieder;

für je weitere 500 jugendliche Arbeitnehmer um ein Mitglied mehr, wobei Bruchteile von 500 für voll gerechnet werden.

(2) In Betrieben, in denen sowohl der Gruppe der Arbeiter als auch der Gruppe der Angestellten dauernd mindestens fünf jugendliche Arbeitnehmer angehören, sind die Mitglieder des Jugendvertrauensrates von den jugendlichen Arbeitnehmern jeder Gruppe getrennt zu wählen. Die Zahl der von jeder Gruppe zu wählenden Mitglieder ergibt sich aus der getrennten Anwendung der Zahlengrenzen des Abs. 1 auf die Zahl der jugendlichen Gruppenangehörigen. In diesem Fall setzt sich der Jugendvertrauensrat aus der Gesamtheit der von den beiden Gruppen gewählten Mitglieder zusammen.

(3) Gleichzeitig sind Ersatzmitglieder zu wählen. § 30 ist sinngemäß anzuwenden.

§ 52. Die Zahl der Mitglieder des Jugendvertrauensrates bestimmt sich nach der Zahl der am Tag der Ausschreibung der Wahl des Jugendvertrauensrates im Betrieb beschäftigten jugendlichen Arbeitnehmer. Als Tag der Wahlausschreibung gilt der Tag, an dem die Wahlkundmachung (§ 58) angeschlagen wird. § 3 Abs. 2 ist sinngemäß anzuwenden.

Wahlgrundsätze

§ 53. (1) Die Mitglieder des Jugendvertrauensrates sind auf Grund des gleichen, unmittelbaren und geheimen Wahlrechtes und, soweit Abs. 3 nicht anderes bestimmt, nach den Grundsätzen des Verhältniswahlrechtes zu wählen.

(2) Die Wahl hat mittels Stimmzettels durch persönliche Stimmabgabe oder in den Fällen des § 5 durch briefliche Stimmabgabe im Postwege zu erfolgen.

(3) Wird nur ein Wahlvorschlag eingebracht, so sind die Mitglieder des Jugendvertrauensrates mit einfacher Mehrheit der abgegebenen Stimmen zu wählen.

(4) In Betrieben, in denen der Jugendvertrauensrat nur aus einem Jugendvertreter besteht, werden dieser und der Ersatz-Jugendvertreter mit einfacher Mehrheit der abgegebenen Stimmen gewählt. Das gleiche gilt, wenn auf eine Gruppe gemäß § 51 Abs. 2 nur ein Mitglied des Jugendvertrauensrates entfällt.

(5) Für die getrennte Wahl des Jugendvertrauensrates gemäß § 51 Abs. 2 sind nach der Gruppe der Arbeiter und der Gruppe der Angestellten getrennte Wahlvorschläge einzubringen. Die Wahl ist jedoch am selben Ort und zur gleichen Zeit durchzuführen.

Aktives Wahlrecht

§ 54. Wahlberechtigt sind alle Arbeitnehmer des Betriebes, die am Tag der Wahlausschreibung (§ 52) das 18. Lebensjahr noch nicht vollendet haben, sowie Lehrlinge, die das 21. Lebensjahr noch nicht vollendet haben, und die an diesem Tag sowie am Tag der Wahl im Betrieb beschäftigt sind.

Passives Wahlrecht

§ 55. Wählbar sind alle Arbeitnehmer des Betriebes, die

1. am Tag der Wahlausschreibung das 23. Lebensjahr noch nicht vollendet haben und
2. am Tag der Wahl seit mindestens sechs Monaten im Betrieb beschäftigt sind.

Wahlvorstand

§ 56. (1) Zur Vorbereitung und Durchführung der Wahl des Jugendvertrauensrates hat die Jugendversammlung einen Wahlvorstand zu bestellen.

(2) Der Wahlvorstand besteht aus drei Mitgliedern. Soweit im folgenden nicht anderes bestimmt

wird, sind zwei dieser Mitglieder Arbeitnehmer, die entweder die Wahlberechtigung (§ 54) oder die Wählbarkeit (§ 55) zum Jugendvertrauensrat besitzen müssen. Das dritte Mitglied ist ein vom Betriebsrat – bei Bestehen getrennter Betriebsräte vom Betriebsausschuß – entsandtes Betriebsratsmitglied.

(3) Besteht im Betrieb kein Betriebsrat oder macht er von seinem Entsendungsrecht nicht oder nicht bis zum Beginn der Jugendversammlung, in der die Bestellung des Wahlvorstandes erfolgen soll, Gebrauch, so sind drei Arbeitnehmer, die die Wahlberechtigung oder die Wählbarkeit zum Jugendvertrauensrat besitzen müssen, in den Wahlvorstand zu wählen. In diesem Falle können auch Vorstandsmitglieder oder Angestellte einer zuständigen freiwilligen Berufsvereinigung oder gesetzlichen Interessenvertretung der Arbeitnehmer in den Wahlvorstand berufen werden; zwei Mitglieder des Wahlvorstandes müssen jedoch Arbeitnehmer des Betriebes sein.

(4) In Betrieben, in denen gemäß § 51 Abs. 2 die Mitglieder des Jugendvertrauensrates getrennt zu wählen sind, haben dem Wahlvorstand je ein zum Jugendvertrauensrat wahlberechtigter oder wählbarer Arbeitnehmer aus der Gruppe der Arbeiter und der Angestellten anzugehören. In den Fällen des Abs. 3 hat die Jugendversammlung mit einfacher Mehrheit der abgegebenen Stimmen zu entscheiden, ob das dritte Mitglied entweder der Gruppe der Arbeiter oder der Gruppe der Angestellten zu entnehmen ist oder ob als drittes Mitglied ein Vorstandsmitglied bzw. ein Angestellter einer zuständigen freiwilligen Berufsvereinigung oder gesetzlichen Interessenvertretung berufen werden soll. Unter Berücksichtigung dieser Entscheidung der Jugendversammlung können die eingebrachten Wahlvorschläge für die Wahl des Wahlvorstandes noch vor der Abstimmung ergänzt werden.

(5) Auf die Wahl der Mitglieder des Wahlvorstandes, die Arbeitnehmer sind, ist § 11 sinngemäß anzuwenden. Sind die Mitglieder des Jugendvertrauensrates gemäß § 51 Abs. 2 getrennt zu wählen, so können Stimmen gültig nur für solche Vorschläge für die Wahl des Wahlvorstandes abgegeben werden, die Angehörige beider Gruppen enthalten. Der zweite Arbeitnehmer des Vorschlages mit der größten Stimmenzahl gilt nur dann als gewählt, wenn er einer anderen Gruppe angehört als der erste. Gehören beide Arbeitnehmer der gleichen Gruppe an, so gilt an Stelle des zweitgereihten der bestgereihte der anderen Gruppe innerhalb des gleichen Vorschlages als gewählt. Das gleiche gilt für die Wahl der Ersatzmitglieder.

(6) Besteht im Betrieb kein Betriebsrat oder macht er von seinem Entsendungsrecht nicht oder nicht rechtzeitig Gebrauch, so sind nach Maßgabe der Abs. 3 und 4 die im gewählten Vorschlag der Reihenfolge nach bezeichneten ersten drei Arbeitnehmer die Mitglieder des Wahlvorstandes, die nächsten drei Arbeitnehmer ihre Ersatzmitglieder. Im übrigen findet Abs. 5 sinngemäß Anwendung.

(7) Wird nur ein Vorschlag überreicht, so gelten, ohne daß eine Abstimmung stattfindet, die Kandidaten dieses Vorschlages nach Maßgabe der Abs. 5 und 6 als gewählt.

Verzeichnis der Arbeitnehmer und Wählerliste

§ 57. Auf die Verpflichtung des Betriebsinhabers, dem Wahlvorstand Verzeichnisse der jugendlichen Arbeitnehmer des Betriebes zur Verfügung zu stellen und auf die Erstellung der Wählerliste sind die §§ 14 und 15 sinngemäß anzuwenden. Wird gemäß § 51 Abs. 2 getrennt gewählt, so hat der Wahlvorstand zwei Wählerlisten zu verfassen.

Wahlkundmachung

§ 58. Auf die Wahlkundmachung ist § 19 sinngemäß anzuwenden. In den Fällen des § 51 Abs. 2 hat die Wahlkundmachung überdies zu enthalten:

1. die Bestimmung, daß nach der Gruppe der Arbeiter und der Angestellten getrennte Wahlvorschläge einzubringen sind, wobei die Wahlvorschläge nur von Angehörigen der eigenen Gruppe unterfertigt werden können, sowie
2. die Vorschrift, daß der Wähler seine Stimme gültig nur für einen der für seine Gruppe zugelassenen Wahlvorschläge abgeben kann.

Wahlvorschläge

§ 59. Auf die Erstellung der Wahlvorschläge sind die §§ 20 und 21 sinngemäß mit der Maßgabe anzuwenden, daß bei getrennter Wahl gemäß § 51 Abs. 2 nach der Gruppe der Arbeiter und der Angestellten getrennte Wahlvorschläge einzubringen sind.

Einheitlicher Stimmzettel

§ 59a. Auf die Erstellung des Stimmzettels ist § 21a mit der Maßgabe anzuwenden, daß bei getrennter Wahl gemäß § 51 Abs. 2 nach Gruppen gesonderte Stimmzettel aufzulegen sind.

Briefliche Stimmabgabe

§ 60. Auf die briefliche Stimmabgabe sind die §§ 5 und 22 sinngemäß anzuwenden. Wird gemäß § 51 Abs. 2 getrennt gewählt, so hat der Wahlvorstand zwei Verzeichnisse gemäß § 22 Abs. 3 anzufertigen und Wahlkuverts zu verwenden, die durch Farbe, Aufdruck oder dergleichen eindeutig die Gruppenzugehörigkeit des Wählers erkennen lassen.

Wahlkommission

§ 61. (1) Sofern im folgenden nicht anderes bestimmt wird, haben der Wahlkommission zwei vom Wahlvorstand bestellte Arbeitnehmer, die die Wahlberechtigung oder die Wählbarkeit zum Jugendvertrauensrat besitzen müssen, und ein vom Betriebsrat – bei Bestehen getrennter Betriebsräte vom Betriebsausschuß – entsandtes Betriebsratsmitglied anzugehören.

(2) Besteht im Betrieb kein Betriebsrat oder macht er von seinem Entsendungsrecht nicht spätestens bis zum Ablauf des sechsten Tages vor dem (ersten) Wahltag Gebrauch, so haben der Wahlkommission drei vom Wahlvorstand zu bestellende wahlberechtigte oder wählbare Arbeitnehmer anzugehören.

(3) In Betrieben, in denen gemäß § 51 Abs. 2 getrennt zu wählen ist, haben der Wahlkommission je ein zum Jugendvertrauensrat wahlberechtigter oder wählbarer Arbeitnehmer aus der Gruppe der Arbeiter und der Angestellten anzugehören. In den Fällen des § 56 Abs. 4 hat der Wahlvorstand zu entscheiden, welcher Gruppe das dritte Mitglied der Wahlkommission zu entnehmen ist.

(4) Im übrigen ist § 18 Abs. 1, 2 erster und letzter Satz und 3 sinngemäß anzuwenden.

Stimmabgabe

§ 62. Auf die Stimmabgabe sind die §§ 24 und 25 sinngemäß anzuwenden; wird gemäß § 51 Abs. 2 getrennt gewählt, so hat der Wahlvorstand überdies Wahlkuverts zu verwenden, die durch Farbe, Aufdruck oder dergleichen eindeutig die Gruppenzugehörigkeit des Wählers erkennen lassen.

Ermittlung des Wahlergebnisses

§ 63. (1) Auf die Ermittlung des Wahlergebnisses sind die §§ 26, 27 und 28 sinngemäß anzuwenden.

(2) Wird gemäß § 51 Abs. 2 getrennt gewählt, so hat der Wahlvorstand die Wahlkuverts nach der Gruppenzugehörigkeit des Wählers zu trennen und die Wahlkuverts der zweiten Gruppe erst nach Abschluß der Stimmenermittlung der ersten Gruppe zu öffnen. Die §§ 27 und 28 sind auf jede der beiden Gruppen getrennt anzuwenden.

§ 64. Im übrigen sind auf die Durchführung und Anfechtung der Wahl des Jugendvertrauensrates die §§ 10, 12 bis 14, 16, 17, 23 und 29 bis 35a anzuwenden. Zur Anfechtung der Wahl ist auch jeder im Betrieb bestehende Betriebsrat berechtigt.

5. ABSCHNITT

Zentraljugendvertrauensrat

Errichtung von Zentraljugendvertrauensräten

§ 64a. Umfaßt ein Unternehmen mindestens zwei Betriebe im Sinne des § 49 Abs. 1, die eine wirtschaftliche Einheit bilden und vom Unternehmen zentral verwaltet werden, so ist ein Zentraljugendvertrauensrat zu wählen.

Zahl der Mitglieder des Zentraljugendvertrauensrates

§ 64b. (1) In den Zentraljugendvertrauensrat sind in Unternehmen mit bis zu 250 jugendlichen Arbeitnehmern (§ 50) vier Mitglieder, in Unternehmen von 251 bis 500 jugendlichen Arbeitnehmern fünf Mitglieder und in Unternehmen mit mehr als 500 jugendlichen Arbeitnehmern sechs Mitglieder zu wählen.

(2) Die Zahl der Mitglieder des Zentraljugendvertrauensrates bestimmt sich nach der Zahl der am Tag der Wahlkundmachung (§ 64g Abs. 3) im Unternehmen beschäftigten jugendlichen Arbeitnehmer. § 3 Abs. 2 ist sinngemäß anzuwenden.

(3) Für die Berufung weiterer Mitglieder (§ 131b Abs. 3 ArbVG, BGBl. Nr. 22/1974, idF BGBl. Nr. 502/1993) gilt § 52a Betriebsrats-Geschäftsordnung 1974, BGBl. Nr. 355, in der jeweils geltenden Fassung.

Wahlgrundsätze

§ 64c. (1) Die Mitglieder des Zentraljugendvertrauensrates sind von der Gesamtheit der im Unternehmen errichteten Jugendvertrauensräte aus ihrer Mitte geheim und nach den Grundsätzen des Verhältniswahlrechts zu wählen. Wird nur ein Wahlvorschlag eingebracht, so sind die Mitglieder des Zentraljugendvertrauensrates mit einfacher Mehrheit der abgegebenen Stimmen zu wählen.

(2) Jedem Jugendvertrauensratsmitglied kommen so viele Stimmen zu, wie es der Zahl der bei der letzten Jugendvertauensratswahl im jeweiligen Betrieb bzw. im Falle des § 51 Abs. 2 in der Arbeitnehmergruppe wahlberechtigten jugendlichen Arbeitnehmer, geteilt durch die Zahl der Gewählten, entspricht.

(3) Die Wahl hat mittels Stimmzettel durch persönliche Stimmabgabe oder durch briefliche Stimmabgabe im Postwege zu erfolgen.

Aktives und passives Wahlrecht

§ 64d. Wahlberechtigt und wählbar sind alle am Tag der Wahl (§ 64g Abs. 3) in Funktion stehenden Mitglieder der im Unternehmen errichteten Jugendvertrauensräte.

Wahlvorstand

§ 64e. (1) Zur Vorbereitung und Durchführung der Wahl des Zentraljugendvertrauensrates ist ein Wahlvorstand zu bestellen. Der Wahlvorstand besteht aus mindestens zwei Jugendvertrauensratsmitgliedern und einem vom Zentralbetriebsrat zu entsendenden Zentralbetriebsratsmitglied.

(2) Soweit Abs. 3 nicht anderes bestimmt, hat jeder im Unternehmen bestehende Jugendvertrauensrat eines seiner Mitglieder in den Wahlvorstand zu entsenden. Die Entsendung ist dem Vorsitzenden des nach der Anzahl der Mitglieder größten Jugendvertrauensrates, bei gleicher Mitgliederzahl dem Vorsitzenden jenes Jugendvertrauensrates, der die meisten jugendlichen Arbeitnehmer repräsentiert, anzuzeigen. Dieser Jugendvertrauensratsvorsitzende hat auch den Wahlvorstand zur konstituierenden Sitzung einzuberufen.

(3) Bestehen im Unternehmen mehr als zwei Jugendvertrauensräte, so kann mit Zustimmung aller im Unternehmen errichteter Jugendvertrauensräte die Zahl der von den Jugendvertrauensräten in den Wahlvorstand zu entsendenden Mitglieder bis auf zwei herabgesetzt werden.

(4) Besteht in einem Unternehmen kein Zentralbetriebsrat oder entsendet er trotz schriftlicher Aufforderung durch den für die Entgegennahme der Entsendungsanzeigen zuständigen Jugendvertrauensratsvorsitzenden (Abs. 2) bis zur konstituierenden Sitzung kein Mitglied in den Wahlvorstand, so ist in den Fällen, in denen für den Wahlvorstand nur zwei von Jugendvertrauensräten entsandte Mitglieder vorgesehen sind (Abs. 3), ein drittes Mitglied von einem Jugendvertrauensrat des Unternehmens in den Wahlvorstand zu entsenden. Bestehen im Unternehmen nur zwei Jugendvertrauensräte, so kommt dieses Entsendungsrecht dem Jugendvertrauensrat zu, der die größere Zahl von jugendlichen Arbeitnehmern repräsentiert; bei Größengleichheit entscheidet das Los. Bestehen im Unternehmen mehr als zwei Jugendvertrauensräte, so ist die Entsendung des dritten Wahlvorstandmitglieds mit Zustimmung aller Jugendvertrauensräte einem Jugendvertrauensrat aufzutragen, der noch kein Mitglied in den Wahlvorstand entsandt hat.

§ 64f. (1) Besteht in einem Unternehmen ein Zentraljugendvertrauensrat, so soll der Wahlvorstand nicht früher als zwölf Wochen vor Ablauf der Tätigkeitsdauer des Zentraljugendvertrauensrates bestellt werden. Die Bestellung des Wahlvorstandes hat aber so rechtzeitig zu erfolgen, daß der neugewählte Zentraljugendvertrauensrat bei Unterbleiben einer Wahlanfechtung spätestens unmittelbar nach Ablauf der Tätigkeitsdauer des abtretenden Zentraljugendvertrauensrates seine Konstituierung vornehmen kann. Der Wahlvorstand ist unverzüglich zu bestellen, wenn die Nichtigkeit der Wahl vom Zentraljugendvertrauensrat festgestellt oder die Tätigkeit des Zentraljugendvertrauensrates vorzeitig beendet wird.

(2) Besteht in einem Unternehmen kein Zentraljugendvertrauensrat, so ist der Wahlvorstand binnen einer Woche nach erfolgter Konstituierung aller Jugendvertrauensräte des Unternehmens zu bestellen.

(3) In der konstituierenden Sitzung hat der Wahlvorstand aus seiner Mitte mit einfacher Mehrheit einen Vorsitzenden zu wählen. Bleibt die Wahl ergebnislos, so hat das älteste der von den Jugendvertrauensräten entsandten Mitglieder des Wahlvorstandes den Vorsitz zu führen.

Vorbereitung der Wahl

§ 64g. (1) Der Vorsitzende jedes im Unternehmen bestellten Jugendvertrauensrates hat dem Wahlvorstand eine Liste der Mitglieder des Jugendvertrauensrats zu übermitteln und die Zahl der bei der letzten Jugendvertrauensratswahl wahlberechtigten jugendlichen Arbeitnehmer bekanntzugeben.

(2) Die gemäß Abs. 1 übermittelten Listen bilden die Wählerliste.

(3) Der Wahlvorstand hat die Wahl unverzüglich nach seiner Bestellung (§ 64f) vorzubereiten und innerhalb von vier Wochen durchzuführen. Der Tag und der Ort der Wahl sind den Vorsitzenden aller im Unternehmen bestellten Jugendvertrauensräte schriftlich bekanntzugeben; diese haben den Wahltag und den Wahlort den Mitgliedern der Jugendvertrauensräte zur Kenntnis zu bringen.

Wahlvorschläge und Stimmgewichtung

§ 64h. Auf die Erstellung und Behandlung von Wahlvorschlägen sind die Bestimmungen des § 46, auf die Ermittlung der den Wahlberechtigten zustehenden Stimmenzahl nach dem Grundsatz der Stimmgewichtung die Bestimmungen des § 47 sinngemäß anzuwenden.

Durchführung der Wahl

§ 64i. Auf die Durchführung der Wahl ist § 48 sinngemäß anzuwenden. Zur Anfechtung der Wahl zum Zentraljugendvertrauensrat ist auch der Zentralbetriebsrat berechtigt.

6. Abschnitt
Konzernjugendvertretung

§ 64j. (1) In einem Konzern im Sinne des § 15 des Aktiengesetzes 1965 oder des § 115 des Gesetzes über Gesellschaften mit beschränkter Haftung, in dem in mehr als einem Unternehmen Jugendvertrauensräte errichtet sind, kann eine Konzernjugendvertretung gebildet werden. Dazu ist die Zustimmung von mindestens zwei Dritteln der Zentraljugendvertrauensräte erforderlich, die zusammen mehr als die Hälfte der im Konzern beschäftigten jugendlichen Arbeitnehmer (§ 50) repräsentieren.

(2) Für die Errichtung und Zusammensetzung bzw. deren Anfechtung und die Auflösung der Konzernjugendvertretung gelten die Bestimmungen des 3. Abschnittes sinngemäß.

7. ABSCHNITT
Bezeichnung weiblicher Funktionäre von Organen der Arbeitnehmerschaft

§ 64k. Wird eine Frau in die Funktion des Vorsitzenden eines in dieser Verordnung genannten Organs der Arbeitnehmerschaft gewählt, so trägt sie die Bezeichnung „Vorsitzende“.

8. ABSCHNITT
Gemeinsame Bestimmungen
Beistellung von Sacherfordernissen

§ 65. Dem Wahlvorstand (§§ 9, 41, 56, 64e) sind zur ordnungsgemäßen Erfüllung seiner Aufgaben Räumlichkeiten, Kanzlei- und Geschäftserfordernisse sowie sonstige Sacherfordernisse in einem der Größe des Betriebes und den Bedürfnissen des Wahlvorstandes angemessenen Ausmaß vom Betriebsinhaber unentgeltlich zur Verfügung zu stellen. Zu den Sacherfordernissen zählen insbesondere der Aufwand führ Wählerlisten, Stimmzettel, Wahlkuverts, Wahlkarten sowie die Portokosten.

Fristenberechnung

§ 66. (1) Bei der Berechnung der in dieser Verordnung festgesetzten Fristen, die nach Tagen bestimmt sind, wird der Tag nicht mitgerechnet, in den der Zeitpunkt oder die Ereignung fällt, wonach sich der Anfang der Frist richten soll.

(2) Nach Wochen bestimmte Fristen beginnen mit dem Tag, in den der Zeitpunkt oder die Ereignung fällt, wonach sich der Anfang der Frist richten soll, und enden mit dem Ablauf desjenigen Tages der nach der betreffenden Fristbestimmung in Betracht kommenden Woche, der durch seine Benennung dem Tag entspricht, an dem die Frist begonnen hat

(3) Der Beginn und der Lauf einer Frist wird durch Sonn- und Feiertage, einen Samstag oder den Karfreitag nicht behindert.

(4) Fällt das Ende einer Frist auf einen Sonn- oder Feiertag, auf einen Samstag oder den Karfreitag, so endet die Frist am nächstfolgenden Werktag. Ist der betreffende Werktag ein Samstag, so endet die Frist am folgenden Montag.

(5) Die Tage des Postenlaufes werden in die Frist nicht eingerechnet.

Wirksamkeitsbeginn

§ 67. (1) Diese Verordnung tritt, sofern Abs. 2 nicht anderes bestimmt, mit 1. Juli 1974 in Kraft. § 11 Abs. 1, § 14 Abs. 1, § 15 Abs. 2, § 16 Abs. 1, § 19 Abs. 1 und Abs. 2 Z 6, 10 und 11, § 20 Abs. 1, 2, 2a und 3, § 21 Abs. 1 und 3a, § 21a, § 22 Abs. 1, 5 und 6, § 24 Abs. 3 und Abs. 5 bis 8, § 26 Abs. 2, § 34 Abs. 1, § 35a, § 36 Abs. 3, 5 und 6, § 59a und § 64 erster Satz dieser Verordnung in der Fassung der Verordnung BGBl. Nr. 690/1990 treten mit 1. Dezember 1990 in Kraft. Die Bestimmungen über die Fristen des Wahlverfahrens in §§ 11 Abs. 1, 14 Abs. 1, 15 Abs. 2, 19 Abs. 1 und Abs. 2 Z 6 und 11, § 20 Abs. 1, § 21 Abs. 1 sowie § 22 Abs. 1 und 5 dieser Verordnung in der Fassung der Verordnung BGBl. Nr. 690/1990 gelten für Wahlen, bei denen die Betriebsversammlung zur Wahl des Wahlvorstandes nach dem 30. November 1990 stattgefunden hat.

(1a) § 8 Abs. 1 und § 55 in der Fassung der Verordnung BGBl. Nr. 814/1993 treten gleichzeitig mit dem Abkommen über den Europäischen Wirtschaftsraum *) in Kraft.

(2) Für Betriebe, die von einer Gemeinde unmittelbar geführt werden (Regiebetriebe), tritt diese Verordnung mit 1. Juli 1975 in Kraft.

(3) § 1 Abs. 5, § 3 Abs. 1, § 5, § 6, § 8 Abs. 1 und 3, § 11 Abs. 1, § 13 Abs. 3 und 4, § 14 Abs. 1, § 19 Abs. 2 Z 11, § 20 Abs. 2a Z 1, § 22 Abs. 3 und 5a, § 24 Abs. 2a, § 25 Abs. 1, § 33, § 48a Abs. 5 und 8, § 49 Abs. 1, § 50 Abs. 1, § 54 samt Überschrift, § 55 samt Überschrift sowie die Anlagen 1 bis 14 dieser Verordnung in der Fassung der Verordnung BGBl. II Nr. 142/2012 treten mit 1. Mai 2012 in Kraft. § 6 Abs. 2 tritt mit Ablauf des 30. April 2012 außer Kraft.

(4) § 6, § 14 Abs. 1, § 15 Abs. 1 Z 1, § 20 Abs. 2a Z 1, § 22 Abs. 3, § 48a Abs. 8 und § 49 Abs. 2 sowie die Anlagen 1, 2, 3, 8, 9 und 10 dieser Verordnung in der Fassung der Verordnung BGBl. II Nr. 230/2021 treten mit 1. Juni 2021 in Kraft. § 49 Abs. 2 tritt mit Ablauf des 31. Mai 2021 außer Kraft.

---

*) Die Kundmachung des Abkommens und seines Inkrafttretens wird zu einem späteren Zeitpunkt erfolgen.

Aufhebung von Rechtsvorschriften

§ 68. (1) Mit Ablauf des 30. Juni 1974 verlieren, sofern Abs. 2 nicht anderes bestimmt, die Verordnung des Bundesministeriums für soziale Verwaltung vom 24. Juli 1947, BGBl. Nr. 211, über die Wahl der Betriebsräte und Vertrauensmänner (Betriebsrats-Wahlordnung – BRWO) sowie die Verordnung des Bundesministers für soziale Verwaltung vom 7. Dezember 1972, BGBl. Nr. 475, über die Wahl des Jugendvertrauensrates (Jugendvertrauensrats-Wahlordnung – JVRWO) ihre Wirksamkeit.

(2) Für Betriebe, die von einer Gemeinde unmittelbar geführt werden (Regiebetriebe), verlieren die in Abs. 1 angeführten Verordnungen mit Ablauf des 30. Juni 1975 ihre Wirksamkeit.

Anlage 1
(Zu § 15 der Verordnung)

Muster für die Wähler/innen/liste

WÄHLER/INNEN/LISTE

für die Wahl des Betriebsrates der Arbeiterinnen/Arbeiter*) oder Angestellten*) im Betrieb
...

Fortl. Zahl	Familien- und Vornamen(Anm. 1)	Geburts-datum	Beschäftigt im Betrieb seit	Anmerkung

Die/Der Vorsitzende des Wahlvorstandes:

......................., den ....
(Ort) (Datum) (Unterschrift)

*) Nichtzutreffendes streichen

(______________

Anm. 1: Art. 1 Z 5 der Novelle BGBl. I Nr. 230/2021 lautet: „In den Anlagen 1, 2, 3, 8, 9 und 10 wird der Ausdruck „Familien- bzw. Nach- und Vornamen" durch den Ausdruck „Familien- und Vornamen" ersetzt. Der zu ersetzende Ausdruck lautet richtig: „Familien-/Nach- und Vorname".)

Anlage 2
(Zu § 24 der Verordnung)

Muster für das Abstimmungsverzeichnis
ABSTIMMUNGSVERZEICHNIS
für die Wahl des Betriebsrates der Arbeiterinnen/Arbeiter*) oder Angestellten*) im Betrieb
...

Fortl. Zahl	Familien- und Vornamen(Anm. 1)	Fortl. Zahl der Wähler/innen/liste	Anmerkung

Die/Der Vorsitzende des Wahlvorstandes:

......................, den ....
(Ort) (Datum) (Unterschrift)

*) Nichtzutreffendes streichen

(________________
Anm. 1: Art. 1 Z 5 der Novelle BGBl. I Nr. 230/2021 lautet: „In den Anlagen 1, 2, 3, 8, 9 und 10 wird der Ausdruck „Familien- bzw. Nach- und Vornamen“ durch den Ausdruck „Familien- und Vornamen“ ersetzt. Der zu ersetzende Ausdruck lautet richtig: „Familien-/Nach- und Vorname“.)

BRWO

Anlage 3
(Zu § 22 der Verordnung)

Muster für das Verzeichnis der Wahlkartenwähler/innen

WAHLKARTENWÄHLER/INNEN

für die Wahl des Betriebsrates der Arbeiterinnen/Arbeiter*) oder Angestellten*) im Betrieb
...

Fortl. Zahl	**Familien- und Vornamen**[Anm. 1]	**Fortl. Zahl der Wähler-/innen/liste**	**Anschrift am Aufenthaltsort**	**Grund für die Verhinderung an der persönlichen Stimmabgabe**	**Anmerkung**

Die/Der Vorsitzende des Wahlvorstandes:

......................., den ....
(Ort) (Datum) (Unterschrift)

*) Nichtzutreffendes streichen

(________________

Anm. 1: Art. 1 Z 5 der Novelle BGBl. I Nr. 230/2021 lautet: „In den Anlagen 1, 2, 3, 8, 9 und 10 wird der Ausdruck „Familien- bzw. Nach- und Vornamen“ durch den Ausdruck „Familien- und Vornamen“ ersetzt. Der zu ersetzende Ausdruck lautet richtig: „Familien-/Nach- und Vorname“.)

Anlage 4
(Zu § 19 der Verordnung)

Muster einer Wahlkundmachung

KUNDMACHUNG

für die Wahl des Betriebsrates der Arbeiterinnen/Arbeiter*) oder Angestellten*) im Betrieb

...

1. In den Betriebsrat der Arbeiterinnen/Arbeiter* oder Angestellten* sind .. Mitglieder zu wählen.
2. Die Liste der Wahlberechtigten liegt nebst einem Abdruck der Betriebsrats-Wahlordnung 1974 im .... zur Einsicht für alle im Betrieb beschäftigten Arbeitnehmerinnen/Arbeitnehmer auf.
3. Einwendungen gegen die Wählerliste können von jeder/jedem einzelnen im Betrieb beschäftigten wahlberechtigten Arbeitnehmerin/Arbeitnehmer bis zum .... bei der/dem unterzeichneten Vorsitzenden des Wahlvorstandes eingebracht werden; verspätet eingebrachte Einwendungen bleiben unberücksichtigt.
4. Wahlvorschläge, welche die Wahlwerberinnen/Wahlwerber genau bezeichnen müssen, sind ab Wahlkundmachung schriftlich bis zum .... bei einem Mitglied des Wahlvorstandes einzureichen. Verspätet eingebrachte Wahlvorschläge bleiben unberücksichtigt. Jeder Wahlvorschlag muss ein Verzeichnis von höchstens doppelt so vielen Wahlwerberinnen/Wahlwerbern, als Mitglieder des Betriebsrates zu wählen sind, enthalten. Ein Wahlvorschlag ist nur dann gültig, wenn er von mindestens Arbeitnehmerinnen/Arbeitnehmern unterfertigt ist; hierbei werden auf die erforderliche Anzahl von Unterschriften die allfälligen Unterschriften von Wahlwerberinnen/Wahlwerbern nur bis zu einer Höhe von .... angerechnet. Eine/Einer der Unterzeichnerinnen/Unterzeichner des Wahlvorschlages ist als Vertreterin/Vertreter desselben anzuführen. Der Wahlvorschlag ist mit einer unterscheidenden Bezeichnung (Fraktions-, Listenname) zu versehen.
5. Die zur Wahlhandlung zugelassenen Wahlvorschläge werden vom . bis zum Wahltag im . zur Einsicht der Wahlberechtigten aufliegen.
6. Die Stimmabgabe findet am .... im .... von .... bis .... Uhr statt.
7. Es sind nur jene Stimmen gültig, die für einen zur Wahlhandlung zugelassenen Wahlvorschlag abgegeben werden. Der Wahlvorschlag ist im Stimmzettel anzukreuzen, zu unterstreichen oder auf sonstige Weise, wie z. B. durch Durchstreichen aller übrigen Wahlvorschläge oder durch Angabe einer/eines Wahlwerberin/Wahlwerbers oder mehrerer Wahlwerberinnen/Wahlwerber, eindeutig zu bezeichnen. Die Stimmabgabe erfolgt in der Weise, dass die Wählerin/der Wähler in der Wahlzelle den ausgefüllten Stimmzettel in den ihr/ihm von der/dem Vorsitzenden des Wahlvorstandes (Wahlkommission) übergebenen Umschlag legt und den Umschlag sodann geschlossen der/dem Vorsitzenden übergibt, die/der ihn ungeöffnet in die Urne legt.
8. Für die Stimmabgabe wird ein einheitlicher Stimmzettel aufgelegt.*) Für die Stimmabgabe wird gemäß Beschluss des Wahlvorstandes vom .... kein einheitlicher Stimmzettel aufgelegt.*)
9. Wahlberechtigte, die wegen Urlaubs, Karenz, Leistung des Präsenz-, Ausbildungs- oder Zivildienstes oder Krankheit am Wahltag (an den Wahltagen) an der Leistung der Dienste oder infolge Ausübung ihres Berufes an der persönlichen Stimmabgabe verhindert sind, können zur Wahrung ihres Wahlrechtes spätestens bis .... bei der/dem Vorsitzenden des Wahlvorstandes die Ausstellung einer Wahlkarte beantragen. Dasselbe gilt, wenn Wahlberechtigte aus anderen wichtigen ihre Person betreffenden Gründen an der Dienstleistung und damit an der persönlichen Stimmabgabe verhindert sind. Wird diese ausgestellt, können sie den Stimmzettel in den vom Wahlvorstand ausgehändigten oder übermittelten Umschlag (Wahlkuvert), der keine Aufschrift oder Zeichen tragen darf, die auf die Person der Wählerin/des Wählers schließen lassen, geben und diesen Umschlag geschlossen gemeinsam mit der vom Wahlvorstand ausgestellten Wahlkarte in einen Briefumschlag legen und diesen sodann verschlossen im Postwege dem Wahlvorstand übermitteln. Wird die Wahlkarte als Briefumschlag hergestellt, haben sie den Stimmzettel in das Wahlkuvert und dieses in die als Briefumschlag hergestellte Wahlkarte zu legen und diese sodann verschlossen im Postwege dem Wahlvorstand zu übermitteln. Die Einsendung hat so zeitgerecht zu erfolgen, dass das Wahlkuvert spätestens am .... bis .... Uhr beim Wahlvorstand einlangt. Ohne Wahlkarte oder verspätet eingelangte Stimmzettel sind ungültig. Auch nach Ausstellung einer Wahlkarte bleibt die/der Wahlberechtigte zur persönlichen Stimmabgabe berechtigt, doch ist sie/er nur dann zur persönlichen Stimmabgabe zugelassen, wenn sie/er die ihr/ihm ausgestellte Wahlkarte dem Wahlvorstand übergibt.
10. Mitglieder des Wahlvorstandes sind:

....

Die/Der Vorsitzende des Wahlvorstandes:

......................., den ....

(Ort) (Datum) (Unterschrift)

*) Nichtzutreffendes streichen

Anlage 5
(Zu § 31 der Verordnung)

Muster für die Niederschrift des Wahlvorstandes (der Wahlkommission)
NIEDERSCHRIFT
über die Vorgänge bei der Wahl des Betriebsrates der Arbeiterinnen/Arbeiter*) oder Angestellten*)

im Betrieb ....
am ....**20..**

Wahllokal ....
Beginn der Wahlhandlung ....
Anwesende Mitglieder des Wahlvorstandes (der Wahlkommission):
1. Vorsitzende/r ....
2. ....
3. ....

Anwesende Wahlzeug/innen:

Für die Wähler/innengruppe: ....
Für die Wähler/innengruppe: ....

....

Vor Beginn der Wahl wurde festgestellt, dass die Wahlurne leer war.

Es gaben zunächst die wahlberechtigten Mitglieder des Wahlvorstandes (der Wahlkommission), danach die Wahlzeug/innen, sofern sie wahlberechtigt sind, sodann die übrigen Wähler/innen nach der Reihenfolge ihres Erscheinens ihre Stimme ab; schließlich wurden die von den abwesenden Wähler/innen eingesendeten Wahlkuverts in die Wahlurne gelegt.

Beschlüsse des Wahlvorstandes (der Wahlkommission)

N.N. (fortlaufende Zahl des Wählerverzeichnisses) wurde zur Stimmabgabe nicht zugelassen, weil ....

....

....

Besondere Vorfälle und getroffene Verfügungen ....

....

....

Nachdem die für die Wahlbehandlung festgesetzte Wahlzeit abgelaufen ist, alle bis dahin erschienenen Wähler/innen ihre Stimmen abgegeben hatten und die gültig eingesendeten Wahlkuverts der zur brieflichen Stimmabgabe Berechtigten in die Wahlurne gelegt wurden, wurde die Wahlhandlung um .... Uhr für geschlossen erklärt.

Im Wahllokal verblieben nur die Mitglieder des Wahlvorstandes (der Wahlkommission) und die Wahlzeugen.

Die Wahlurne wurde versiegelt.

Nach Entleerung der Wahlurne und Zählung der abgegebenen Wahlkuverts wurde die Übereinstimmung der Anzahl derselben mit der Zahl der im Wählerverzeichnis eingetragenen Wähler/innen festgestellt.

Oder:

.... wurde festgestellt, dass die Anzahl derselben um .... größer/kleiner*) ist als die Zahl der im Wahlverzeichnis eingetragenen Wähler/innen. Dieser Unterschied dürfte darauf zurückzuführen sein, dass ....

....

Es wurden somit insgesamt .... Wahlkuverts abgegeben.

Sodann wurden die Wahlkuverts geöffnet, anschließend die Stimmzettel entfaltet.

Mit Beschluss des Wahlvorstandes wurden folgende Stimmzettel als ungültig erklärt:

Fortlaufende Zahl: 1, weil ....

Fortlaufende Zahl: 2, weil ....

Gesamtsumme der ungültigen Stimmen ....

Von den gültigen .... Stimmzetteln lauten:

1. Auf den Wahlvorschlag ....
.... Stimmen

2. Auf den Wahlvorschlag ....
.... Stimmen

3. Auf den Wahlvorschlag ....
.... Stimmen

Auf Grund der beiliegenden Berechnung erscheinen nachstehende Wahlwerber/innen gewählt:

Wahlvorschlag .... N.N.
N.N.
N.N.

Wahlvorschlag .... N.N.
N.N.

Wahlvorschlag .... N.N.

Da die Mehrheit der abgegebenen gültigen Stimmen auf den Wahlvorschlag entfällt, erscheinen die Wahlwerber/innen dieses Wahlvorschlages gewählt.

Der Niederschrift sind angeschlossen:

....

....

Die/Der Vorsitzende des Wahlvorstandes:

........................, den ....
(Ort) (Datum) (Unterschrift)

*) Nichtzutreffendes streichen

Anlage 6
(Zu § 27 der Verordnung)

Beispiele für die Berechnung des Wahlergebnisses

Beispiel I: Die Zahl der im Betrieb (Arbeitnehmer/innengruppe) Beschäftigten beträgt 348. Es sind somit sieben Mitglieder des Betriebsrates zu wählen. Von den 340 gültigen abgegebenen Stimmen entfallen auf den Wahlvorschlag A 210, auf den Wahlvorschlag B 112 und auf den Wahlvorschlag C 18.

Um die auf die einzelnen Wahlvorschläge entfallende Anzahl von Mandaten zu ermitteln, werden diese Summen zunächst nach ihrer Größe geordnet nebeneinander geschrieben, unter jede Summe wird die Hälfte derselben geschrieben, darunter das Drittel (der ersten Summe), dann das Viertel und so nach Bedarf weiter, wobei diese Zahlen zunächst unter Außerachtlassung eventueller Dezimalstellen als ganze Zahlen errechnet werden können.

Es ergibt sich also folgendes Bild:

	A	B	C
	210	112	18
1/2 =	105	56	9
1/3 =	70	37	6
1/4 =	52	28	4
1/5 =	42		
1/6 =	35		

Nun muss die Wahlzahl ermittelt werden; als solche gilt bei sieben zu vergebenden Mandaten die siebentgrößte der so angeschriebenen Zahlen.

Dies ist hier die Zahl 42 (210, 112, 105, 70, 56, 52, 42).

Auf jeden Wahlvorschlag entfallen nun so viele Mandate, als die Wahlzahl in der Summe der für ihn abgegebenen Stimmen enthalten ist.

Es entfallen also

auf den Wahlvorschlag A: 210 : 42 = 5 Mandate,

auf den Wahlvorschlag B: 112 : 42 = 2 Mandate,

auf den Wahlvorschlag C: 18 : 42 = 0, also kein Mandat.

Beispiel II: Gesamtzahl der gültigen Stimmen 189. Zahl der Mandate 5. Die Stimmen verteilen sich auf die einzelnen Wahlvorschläge wie folgt:

	A	B	C	D	E
	56	38	36	30	29
1/2 =	28				

Da die fünftgrößte Zahl der Stimmenanzahl des Wahlvorschlages mit den geringsten Stimmen entspricht (die Hälfte des ersten Wahlvorschlages ist bereits kleiner), ergibt sich, dass jeder Wahlvorschlag ein Mandat erhält.

Beispiel III: Gesamtzahl der gültigen Stimmen 184. Zahl der Mandate 5. Die Stimmen verteilen sich auf die einzelnen Wahlvorschläge wie folgt:

	A	B	C
	106	52	26
1/2 =	53	26	13
1/3 =	35	17	8
1/4 =	26	13	6

Wahlzahl ist bei fünf zu vergebenden Mandaten die fünftgrößte der so angeschriebenen Zahlen.

Dies ist hier die Zahl 26 (106, 53, 52, 35, 26).

Da auf jeden Wahlvorschlag so viele Mandate entfallen, als die Wahlzahl in der Summe der für ihn abgegebenen Stimmen enthalten ist, würden also entfallen

auf den Wahlvorschlag A: 106 : 26 = 4 Mandate,

auf den Wahlvorschlag B: 52 : 26 = 2 Mandate,

auf den Wahlvorschlag C: 26 : 26 = 1 Mandat.

Da nur fünf Mandate zu vergeben sind und die unter Außerachtlassung eventueller Dezimalstellen errechnete Wahlzahl als Teilzahl in allen drei Wahlvorschlägen aufscheint, so ist die Wahlzahl auf Dezimalstellen zu errechnen.

	A		B	C	
	106		52	26	= 26,00
1/4 =	26,50	1/2 =	26,00		

BRWO

Sohin ergibt sich, dass die Wahlzahl als fünfgrößte der angeschriebenen Teilzahlen (106, 53, 52, 35, 26,50) 26,50 ist.

Es entfallen somit

auf den Wahlvorschlag A: 106 : 26,50 = 4 Mandate,

auf den Wahlvorschlag B: 52 : 26,50 = 1 Mandat,

auf den Wahlvorschlag C: 26 : 26,50 = 0, also kein Mandat.

B e i s p i e l IV: Gesamtzahl der gültigen Stimmen 184. Zahl der Mandate 5. Die Stimmen verteilen sich auf die einzelnen Wahlvorschläge wie folgt:

	A	B	C	
	106	53	25	Wahlzahl ist bei fünf zu vergebenden Mandaten die fünftgrößte der so angeschriebenen Zahlen.
1/2 =	53	26	12	
1/3 =	35	17	8	
1/4 =	26	13	6	Dies ist hier die Zahl 26 (106, 53, 53, 35, 26).

Da auf jeden Wahlvorschlag so viele Mandate entfallen, als die Wahlzahl in der Summe der für ihn abgegebenen Stimmen enthalten ist, würden also entfallen

auf den Wahlvorschlag A: 106 : 26 = 4 Mandate,

auf den Wahlvorschlag B: 53 : 26 = 2 Mandate,

auf den Wahlvorschlag C: 25 : 26 = 0, also kein Mandat.

Da nur fünf Mandate zu vergeben sind und die unter Außerachtlassung eventueller Dezimalstellen errechnete Wahlzahl als Teilzahl in zwei Wahlvorschlägen aufscheint, so ist die Wahlzahl auf Dezimalstellen zu errechnen.

	A		B
	106		53
1/4 =	26,50	1/2 =	26,50

Da auch bei einer unter Berücksichtigung der Dezimalstellen berechneten Wahlzahl beide Wahlvorschläge den gleichen Anspruch auf das fünfte Mandat haben, entscheidet zwischen beiden Wahlvorschlägen das Los.

Anlage 7
(Zu § 47 der Verordnung)

Beispiele für die Berechnung Stimmgewichtung in der Zentralbetriebsratswahl

1. Die Zahl der Wahlberechtigten im Betrieb (Arbeitnehmer/innengruppe) A beträgt 191, die Zahl der Betriebsratsmandate 5, das ergibt 38 ganze Stimmen pro Mandat.
2. Die Zahl der Wahlberechtigten im Betrieb (Arbeitnehmer/innengruppe) B beträgt 642, die Zahl der Betriebsratsmandate 10, das ergibt 64 ganze Stimmen pro Mandat.
3. Die Zahl der Wahlberechtigten im Betrieb (Arbeitnehmer/innengruppe) C beträgt 47, die Zahl der Betriebsratsmandate 3, das ergibt 15 ganze Stimmen pro Mandat.

Die kleinste Stimmenzahl, die ein Betriebsratsmitglied aufweist, ist 15. Daher beträgt das Stimmgewicht aller gleichgewichtigen Stimmzettel 15 – 1 = 14.

Es können daher Betriebsratsmitglieder des Betriebsrates

A 2 Stimmzettel mit dem Stimmgewicht 14 und 10 Einzelstimmen

B 4 Stimmzettel mit dem Stimmgewicht 14 und 8 Einzelstimmen

C 1 Stimmzettel mit dem Stimmgewicht 14 und 1 Einzelstimmen

abgeben.

Anlage 8
(Zu § 57 der Verordnung)

Muster für die Wähler/innen/liste

WÄHLER/INNEN/LISTE

für die Wahl des Jugendvertrauensrates im Betrieb

....

Arbeiterinnen/Arbeiter*) oder Angestellte*)

Fortl. Zahl	**Familien- und Vornamen***(Anm. 1)*	**Geburts-datum**	**Beschäftigt im Betrieb seit**	**Anmerkung**

Die/Der Vorsitzende des Wahlvorstandes:

......................., den ....
(Ort) (Datum) (Unterschrift)

*) Nichtzutreffendes streichen

(________________

Anm. 1: Art. 1 Z 5 der Novelle BGBl. I Nr. 230/2021 lautet: „In den Anlagen 1, 2, 3, 8, 9 und 10 wird der Ausdruck „Familien- bzw. Nach- und Vornamen“ durch den Ausdruck „Familien- und Vornamen“ ersetzt. Der zu ersetzende Ausdruck lautet richtig: „Familien-/Nach- und Vorname“.)

Anlage 9
(Zu § 62 der Verordnung)

Muster für das Abstimmungsverzeichnis
ABSTIMMUNGSVERZEICHNIS
für die Wahl des Jugendvertrauensrates im Betrieb

....

Arbeiterinnen/Arbeiter*) oder Angestellte*)

Fortl. Zahl	**Familien- und Vornamen**(Anm. 1)	**Fortl. Zahl der Wähler/innen/liste**	**Anmerkung**

Die/Der Vorsitzende des Wahlvorstandes:

......................., den ....
(Ort) (Datum) (Unterschrift)

*) Nichtzutreffendes streichen

(______________

Anm. 1: Art. 1 Z 5 der Novelle BGBl. I Nr. 230/2021 lautet: „In den Anlagen 1, 2, 3, 8, 9 und 10 wird der Ausdruck „Familien- bzw. Nach- und Vornamen" durch den Ausdruck „Familien- und Vornamen" ersetzt. Der zu ersetzende Ausdruck lautet richtig: „Familien-/Nach- und Vorname".)

BRWO

Anlage 10
(Zu § 60 der Verordnung)

Muster für das Verzeichnis der Wahlkartenwähler/innen
WAHLKARTENWÄHLER/INNEN
bei der Wahl des Jugendvertrauensrates im Betrieb

....

Arbeiterinnen/Arbeiter*) oder Angestellte*)

Fortl. Zahl	**Familien- und Vornamen**(Anm. 1)	**Fortl. Zahl der Wähler-/innen/liste**	**Anschrift am Aufenthaltsort**	**Grund für die Verhinderung an der persönlichen Stimmabgabe**	**Anmerkung**

Die/Der Vorsitzende des Wahlvorstandes:

......................, den ....
(Ort) (Datum) (Unterschrift)

*) Nichtzutreffendes streichen

(

Anm. 1: Art. 1 Z 5 der Novelle BGBl. I Nr. 230/2021 lautet: „In den Anlagen 1, 2, 3, 8, 9 und 10 wird der Ausdruck „Familien- bzw. Nach- und Vornamen" durch den Ausdruck „Familien- und Vornamen" ersetzt. Der zu ersetzende Ausdruck lautet richtig: „Familien-/Nach- und Vorname".)

Anlage 11
(Zu § 58 der Verordnung)

Muster einer Wahlkundmachung
KUNDMACHUNG
über die Wahl des Jugendvertrauensrates für den Betrieb

..

1. In den Jugendvertrauensrat sind .... Mitglieder zu wählen.
2. Die Liste der Wahlberechtigten liegt nebst einem Abdruck der Betriebsrats-Wahlordnung 1974 im ....zur Einsicht für alle im Betrieb beschäftigten wahlberechtigten jugendlichen Arbeitnehmerinnen/Arbeitnehmer auf.
3. Einwendungen gegen die Wählerliste können von jeder/jedem im Betrieb beschäftigten wahlberechtigten jugendlichen Arbeitnehmerin/Arbeitnehmer bis zum ....bei der/dem unterzeichneten Vorsitzenden des Wahlvorstandes eingebracht werden; verspätet eingebrachte Einwendungen bleiben unberücksichtigt.
4. Wahlvorschläge, welche die Wahlwerberinnen/Wahlwerber genau bezeichnen müssen, sind ab Wahlkundmachung schriftlich bis zum .. bei einem Mitglied des Wahlvorstandes einzureichen. Verspätet eingebrachte Wahlvorschläge bleiben unberücksichtigt. Jeder Wahlvorschlag muss ein Verzeichnis von höchstens doppelt so vielen Wahlwerberinnen/Wahlwerbern, als Mitglieder des Jugendvertrauensrates zu wählen sind, enthalten. Ein Wahlvorschlag ist nur dann gültig, wenn er von mindestens .... wahlberechtigten jugendlichen Arbeitnehmerinnen/Arbeitnehmern unterfertigt ist; hierbei werden auf die erforderliche Anzahl von Unterschriften die allfälligen Unterschriften von Wahlwerberinnen/Wahlwerbern nur bis zu einer Höhe von .... angerechnet. Eine/Einer der Unterzeichnerinnen/Unterzeichner des Wahlvorschlages ist als Vertreterin/Vertreter desselben anzuführen. Der Wahlvorschlag ist mit einer unterscheidenden Bezeichnung (Fraktions-, Listenname) zu versehen.
5. Die zur Wahlhandlung zugelassenen Wahlvorschläge werden vom angefangen im zur Einsicht der Wahlberechtigten aufliegen.
6. Die Stimmabgabe findet am ....im ....von ....bis .... Uhr statt.
7. Es sind nur jene Stimmen gültig, die für einen zur Wahlhandlung zugelassenen Wahlvorschlag abgegeben werden. Der Wahlvorschlag ist im Stimmzettel anzukreuzen, zu unterstreichen oder auf sonstige Weise, wie z. B. durch Durchstreichen aller übrigen Wahlvorschläge oder durch Angabe einer/eines Wahlwerberin/Wahlwerbers oder mehrerer Wahlwerberinnen/Wahlwerber, eindeutig zu bezeichnen. Die Stimmabgabe erfolgt in der Weise, dass die Wählerin/der Wähler in der Wahlzelle den ausgefüllten Stimmzettel in den ihr/ihm von der/dem Vorsitzenden des Wahlvorstandes (Wahlkommission) übergebenen Umschlag legt und den Umschlag sodann geschlossen der/dem Vorsitzenden übergibt, die/der ihn ungeöffnet in die Urne legt.
8. Für die Stimmabgabe wird ein einheitlicher Stimmzettel aufgelegt.*) Für die Stimmabgabe wird gemäß Beschluss des Wahlvorstandes vom .... kein einheitlicher Stimmzettel aufgelegt.*)
9. Wahlberechtigte, die wegen Urlaubs, Karenz, Leistung des Präsenz-, Ausbildungs- oder Zivildienstes oder Krankheit am Wahltag an der Leistung der Dienste oder infolge Ausübung ihres Berufes an der persönlichen Stimmabgabe verhindert sind, können zur Wahrung ihres Wahlrechtes spätestens bis .... bei der/dem Vorsitzenden des Wahlvorstandes die Ausstellung einer Wahlkarte beantragen. Dasselbe gilt, wenn Wahlberechtigte aus anderen wichtigen ihre Person betreffenden Gründen an der Dienstleistung und damit an der persönlichen Stimmabgabe verhindert sind. Wird eine Wahlkarte ausgestellt, kann die/der Wahlberechtigte den Stimmzettel in den vom Wahlvorstand ausgehändigten oder übermittelten Umschlag (Wahlkuvert), der keinerlei Aufschrift oder Zeichen tragen darf, die auf die Person der Wählerin/des Wählers schließen lassen, geben, diesen Umschlag geschlossen gemeinsam mit der vom Wahlvorstand ausgestellten Wahlkarte in einen Briefumschlag legen und diesen sodann verschlossen im Postwege dem Wahlvorstand übermitteln. Wird die Wahlkarte als Briefumschlag hergestellt, haben sie den Stimmzettel in das Wahlkuvert und dieses in die als Briefumschlag hergestellte Wahlkarte zu legen und diese sodann verschlossen im Postwege dem Wahlvorstand zu übermitteln. Die Einsendung hat so zeitgerecht zu erfolgen, dass das Wahlkuvert spätestens am ...... bis ...... Uhr beim Wahlvorstand einlangt. Ohne Wahlkarte oder verspätet eingelangte Stimmzettel sind ungültig. Auch nach Ausstellung einer Wahlkarte bleibt die/der Wahlberechtigte zur persönlichen Stimmabgabe berechtigt, doch ist sie/er nur dann zur persönlichen Stimmabgabe zugelassen, wenn sie/er die ihr/ihm ausgestellte Wahlkarte dem Wahlvorstand übergibt.
10. Mitglieder des Wahlvorstandes sind:

....

Die/Der Vorsitzende des Wahlvorstandes:

......................., den ....

(Ort) (Datum) (Unterschrift)

*) Nichtzutreffendes streichen

Anlage 12
(Zu § 58 der Verordnung)

Muster einer Wahlkundmachung*)
KUNDMACHUNG
über die Wahl des Jugendvertrauensrates für den Betrieb

....

1. In den Jugendvertrauensrat sind . Mitglieder zu wählen. Die Gruppe der Arbeiterinnen/Arbeiter hat .... Mitglieder, die Gruppe der Angestellten .... Mitglieder zu wählen.
2. Die Liste der Wahlberechtigten liegt nebst einem Abdruck der Betriebsrats-Wahlordnung 1974 im ....zur Einsicht für alle im Betrieb beschäftigten wahlberechtigten jugendlichen Arbeitnehmerinnen/Arbeitnehmer auf.
3. Einwendungen gegen die Wählerliste können von jeder/jedem im Betrieb beschäftigten wahlberechtigten jugendlichen Arbeitnehmerin/Arbeitnehmer bis zum ....bei der/dem unterzeichneten Vorsitzenden des Wahlvorstandes eingebracht werden; verspätet eingebrachte Einwendungen bleiben unberücksichtigt.
4. Die nach der Gruppe der Arbeiterinnen/Arbeiter und Angestellten getrennt einzubringenden Wahlvorschläge, welche die Wahlwerberinnen/Wahlwerber genau bezeichnen müssen, sind ab Wahlkundmachung schriftlich bis zum ....bei einem Mitglied des Wahlvorstandes einzureichen. Verspätet eingereichte Wahlvorschläge bleiben unberücksichtigt. Jeder Wahlvorschlag einer Gruppe muss ein Verzeichnis von höchstens doppelt so vielen Wahlwerberinnen/Wahlwerbern, als diese Gruppe Mitglieder des Jugendvertrauensrates zu wählen hat, enthalten. Ein Wahlvorschlag einer Gruppe ist nur dann gültig, wenn er von mindestens .... jugendlichen Arbeitnehmerinnen/Arbeitnehmern dieser Gruppe unterfertigt ist; hierbei werden auf die erforderliche Anzahl von Unterschriften die allfälligen Unterschriften von Wahlwerberinnen/Wahlwerbern nur bis zur Höhe von .... angerechnet. Eine/Einer der Unterzeichnerinnen/Unterzeichner des Wahlvorschlages ist als Vertreterin/Vertreter desselben anzuführen. Der Wahlvorschlag ist mit einer unterscheidenden Bezeichnung (Fraktions-, Listenname) zu versehen.
5. Die zur Wahlhandlung zugelassenen Wahlvorschläge werden vom . Bis zum Wahltag im . zur Einsicht der Wahlberechtigten aufliegen.
6. Die Stimmabgabe findet am ....im ....von ....bis .... Uhr statt.
7. Ein/e Wählerin/Wähler kann ihre/seine Stimme nur für einen der für ihre/seine Gruppe zugelassenen Wahlvorschläge abgeben. Der Wahlvorschlag ist im Stimmzettel anzukreuzen, zu unterstreichen oder auf sonstige Weise, z. B. durch Durchstreichen aller übrigen Wahlvorschläge oder durch Angabe einer/eines Wahlwerberin/Wahlwerbers oder mehrerer Wahlwerberinnen/Wahlwerber, eindeutig zu bezeichnen. Die Stimmabgabe erfolgt in der Weise, dass die Wählerin/der Wähler in der Wahlzelle den ausgefüllten Stimmzettel in den ihr/ihm von der/dem Vorsitzenden des Wahlvorstandes (Wahlkommission) übergebenen Umschlag legt und den Umschlag sodann geschlossen der/dem Vorsitzenden übergibt, die/der ihn ungeöffnet in die Urne legt.
8. Für die Stimmabgabe wird für jede Gruppe ein einheitlicher Stimmzettel aufgelegt.**) Für die Stimmabgabe wird gemäß Beschluss des Wahlvorstandes vom ..kein einheitlicher Stimmzettel aufgelegt.**)
9. Wahlberechtigte, die wegen Urlaubs, Karenz, Leistung des Präsenz-, Ausbildungs- oder Zivildienstes oder Krankheit am Wahltag an der Leistung der Dienste oder infolge Ausübung ihres Berufes an der persönlichen Stimmabgabe verhindert sind, können zur Wahrung ihres Wahlrechtes spätestens bis ....bei der/dem Vorsitzenden des Wahlvorstandes die Ausstellung einer Wahlkarte beantragen. Dasselbe gilt, wenn Wahlberechtigte aus anderen wichtigen, ihre Person betreffenden Gründen an der Dienstleistung und damit an der persönlichen Stimmabgabe verhindert sind. Wird eine Wahlkarte ausgestellt, so kann die/der Wahlberechtigte den Stimmzettel dem Wahlvorstand im Postwege übermitteln. Die/Der Wahlberechtigte hat in diesem Fall den Stimmzettel in den vom Wahlvorstand ausgehändigten oder übermittelten Umschlag (Wahlkuvert) zu geben, diesen Umschlag geschlossen gemeinsam mit der vom Wahlvorstand ausgestellten Wahlkarte in einen Briefumschlag zu legen und diesen sodann verschlossen im Postwege dem Wahlvorstand zu übermitteln. Wird die Wahlkarte als Briefumschlag hergestellt, haben sie den Stimmzettel in das Wahlkuvert und dieses in die als Briefumschlag hergestellte Wahlkarte zu legen und diese sodann verschlossen im Postwege dem Wahlvorstand zu übermitteln. Das vom Wahlvorstand übermittelte Wahlkuvert muss zwar durch Farbe, Aufdruck oder dergleichen eindeutig die Gruppenzugehörigkeit der Wählerin/des Wählers erkennen lassen, darf aber keinerlei

Aufschrift oder Zeichen tragen, die auf die Person der Wählerin/des Wählers schließen lassen. Die Einsendung hat so zeitgerecht zu erfolgen, dass das Wahlkuvert spätestens am ....bis .... Uhr beim Wahlvorstand einlangt. Ohne Wahlkarte oder verspätet eingelangte Stimmzettel sind ungültig. Auch nach Ausstellung einer Wahlkarte bleibt die/der Wahlberechtigte zur persönlichen Stimmabgabe berechtigt, doch ist sie/er nur dann zur persönlichen Stimmabgabe zuzulassen, wenn sie/er die ihr/ihm ausgestellte Wahlkarte dem Wahlvorstand übergibt.

10. Mitglieder des Wahlvorstandes sind:

....

Die/Der Vorsitzende des Wahlvorstandes:

......................., den ....

(Ort) (Datum) (Unterschrift)

*) Bei Wahl gemäß § 51 Abs. BRWO

**) Nichtzutreffendes streichen

Anlage 13
(Zu § 31 in Verbindung
mit § 64 der Verordnung)

Muster für die Niederschrift des Wahlvorstandes (der Wahlkommission)
NIEDERSCHRIFT
über die Vorgänge bei der Wahl des Jugendvertrauensrates im Betrieb ....

..
am ....20..

Wahllokal ....
Beginn der Wahlhandlung ....
Anwesende Mitglieder des Wahlvorstandes (der Wahlkommission):
1. Vorsitzende/r ....
2. ....
3. ....

Anwesende Wahlzeug/innen:

Für die Wähler/innengruppe: ....
Für die Wähler/innengruppe: ....

....

Vor Beginn der Wahl wurde festgestellt, dass die Wahlurne leer war.

Es gaben zunächst die wahlberechtigten Mitglieder des Wahlvorstandes (der Wahlkommission), danach die Wahlzeug/innen, sofern sie wahlberechtigt sind, sodann die übrigen Wähler/innen nach der Reihenfolge ihres Erscheinens ihre Stimme ab; schließlich wurden die von den abwesenden Wähler/innen eingesendeten Wahlkuverts in die Wahlurne gelegt.

Beschlüsse des Wahlvorstandes (der Wahlkommission)

N.N. (fortlaufende Zahl des Wählerverzeichnisses) wurde zur Stimmabgabe nicht zugelassen, weil ....

....

....

Besondere Vorfälle und getroffene Verfügungen ....

....

....

Nachdem die für die Wahlbehandlung festgesetzte Wahlzeit abgelaufen war, alle bis dahin erschienenen Wähler/innen ihre Stimmen abgegeben hatten und die gültig eingesendeten Wahlkuverts der zur brieflichen Stimmabgabe Berechtigten in die Wahlurne gelegt wurden, wurde die Wahlhandlung um .... Uhr für geschlossen erklärt.

Im Wahllokal verblieben nur die Mitglieder des Wahlvorstandes (der Wahlkommission) und die Wahlzeugen.

Die Wahlurne wurde versiegelt.

Nach Entleerung der Wahlurne und Zählung der abgegebenen Wahlkuverts wurde die Übereinstimmung der Anzahl derselben mit der Zahl der im Wählerverzeichnis eingetragenen Wähler/innen festgestellt.

Oder:

... wurde festgestellt, dass die Anzahl derselben um ... größer/kleiner*) war als die Zahl der im Wahlverzeichnis eingetragenen Wähler/innen. Dieser Unterschied dürfte darauf zurückzuführen sein, dass ....

....

Es wurden somit insgesamt .... Wahlkuverts abgegeben.

Sodann trennte der Wahlvorstand die Wahlkuverts nach deren Zugehörigkeit zur Gruppe der Arbeiter/innen oder der Angestellten.**)

A. Gruppe der Arbeiter/innen**)**

Zunächst wurden die Wahlkuverts geöffnet, anschließend die Stimmzettel entfaltet.

Mit Beschluss des Wahlvorstandes wurden folgende Stimmzettel als ungültig erklärt:

Fortlaufende Zahl: 1, weil ....

....

Fortlaufende Zahl: 2, weil ....

....

Gesamtsumme der ungültigen Stimmzettel ....

Von den gültigen .... Stimmzetteln lauten:

1. Auf den Wahlvorschlag ....
.... Stimmen

2. Auf den Wahlvorschlag ....
.... Stimmen

3. Auf den Wahlvorschlag ....
.... Stimmen

Auf Grund der beiliegenden Berechnung erscheinen nachstehende Wahlwerber/innen gewählt:

Wahlvorschlag .... N.N.
N.N.
N.N.

Wahlvorschlag .... N.N.
N.N.

Wahlvorschlag .... N.N.

Da die Mehrheit der abgegebenen gültigen Stimmen auf den Wahlvorschlag entfällt, erscheinen die Wahlwerber/innen dieses Wahlvorschlages gewählt.

B. Gruppe der Angestellten**)**

Zunächst wurden die Wahlkuverts geöffnet, anschließend die Stimmzettel entfaltet.

Mit Beschluss des Wahlvorstandes wurden folgende Stimmzettel als ungültig erklärt:

Fortlaufende Zahl: 1, weil ....

....

Fortlaufende Zahl: 2, weil ....

....

Gesamtsumme der ungültigen Stimmzettel ....

Von den gültigen .... Stimmzetteln lauten:

1. Auf den Wahlvorschlag ....
.... Stimmen

2. Auf den Wahlvorschlag ....
.... Stimmen

3. Auf den Wahlvorschlag ....
.... Stimmen

Auf Grund der beiliegenden Berechnung erscheinen nachstehende Wahlwerber/innen gewählt:

Wahlvorschlag .... N.N.

N.N.

N.N.

Wahlvorschlag .... N.N.

N.N.

Wahlvorschlag .... N.N.

Da die Mehrheit der abgegebenen gültigen Stimmen auf den Wahlvorschlag entfällt, erscheinen die Wahlwerber/innen dieses Wahlvorschlages gewählt.

Der Niederschrift sind angeschlossen:

....

....

Der Wahlvorstand:

............................, den ....

(Ort) (Datum) ....

....

(Unterschriften)

*) Nichtzutreffendes streichen

**) In Betrieben, in denen nicht gemäß § 51 Abs. 2 getrennt gewählt wird, entfällt die Unterscheidung in Punkt A und B. Zur Niederschrift der Ermittlung des Wahlergebnisses wird nur Punkt A verwendet.

Anlage 14
(Zu § 63 der Verordnung)

Beispiele für die Berechnung des Wahlergebnisses

Beispiel I: Die Zahl der im Betrieb beschäftigten jugendlichen Arbeitnehmer/innen beträgt 58. Davon gehören der Gruppe der Arbeiter/innen 34 jugendliche Arbeitnehmer/innen, der Gruppe der Angestellten 24 jugendliche Arbeitnehmer/innen an.

Die Gruppe der Arbeiter/innen hat somit drei Mitglieder des Jugendvertrauensrates, die Gruppe der Angestellten zwei Mitglieder des Jugendvertrauensrates zu wählen; insgesamt gehören dem Jugendvertrauensrat fünf Mitglieder an.

Von den 55 abgegebenen gültigen Stimmen entfallen auf die Gruppe der Arbeiter/innen 32, auf die Gruppe der Angestellten 23.

A. Gruppe der Arbeiter/innen:

Von den 32 gültig abgegebenen Stimmen entfallen auf den Wahlvorschlag A 20, auf den Wahlvorschlag B 8 und auf den Wahlvorschlag C 4 Stimmen. Um die auf die einzelnen Wahlvorschläge entfallende Anzahl von Mandaten zu ermitteln, werden diese Summen zunächst nach ihrer Größe geordnet nebeneinander geschrieben, unter jede Summe wird die Hälfte derselben geschrieben, darunter ein Drittel (der ersten Summe), dann das Viertel und so nach Bedarf weiter, wobei diese Zahlen zunächst unter Außerachtlassung eventueller Dezimalstellen als ganze Zahlen errechnet werden können.

Es ergibt sich also folgendes Bild:

	A	B	C
	20	8	4
1/2 =	10	4	2
1/3 =	6	2	1
1/4 =	5	2	1

Nun muss die Wahlzahl ermittelt werden; als solche gilt bei drei zu vergebenden Mandaten die drittgrößte der so angeschriebenen Zahlen.

Dies ist hier die Zahl 8 (20, 10, 8).

Auf jeden Wahlvorschlag entfallen nun so viele Mandate, als die Wahlzahl in der Summe der für ihn abgegebenen Stimmen enthalten ist.

Es entfallen also

auf den Wahlvorschlag A: 20 : 8 = 2 Mandate,

auf den Wahlvorschlag B: 8 : 8 = 1 Mandate,

auf den Wahlvorschlag C: 4 : 8 = 0, also kein Mandat.

B. Gruppe der Angestellten:

Von den 23 gültig abgegebenen Stimmen entfallen auf den Wahlvorschlag A 12, auf den Wahlvorschlag B 8 und auf den Wahlvorschlag C 3 Stimmen.

	A	B	C
	12	8	3
1/2 =	6	4	1
1/3 =	4	2	1

Wahlzahl ist hier die Zahl 8 (12, 8).

Da auf jeden Wahlvorschlag so viele Mandate entfallen, als die Wahlzettel in der Summe der für ihn abgegebenen Stimmen enthalten ist, entfallen also

auf den Wahlvorschlag A: 12 : 8 = 1 Mandat,

auf den Wahlvorschlag B: 8 : 8 = 1 Mandat,

auf den Wahlvorschlag C: 3 : 8 = 0, also kein Mandat.

Beispiel II: Gesamtzahl der im Betrieb beschäftigten jugendlichen Arbeitnehmer/innen: 269; Gruppe der Arbeiter/innen 176, Gruppe der Angestellten 93. Gültig abgegebene Stimmen: 263; Gruppe der Arbeiter/innen 174, Gruppe der Angestellten 89. Gesamtzahl der Mandate 9, davon Gruppe der Arbeiter/innen 5, Gruppe der Angestellten 4.

A. Gruppe der Arbeiter/innen (5 Mandate):

	A	B	C
	110	55	9
1/2 =	55	27	4
1/3 =	36	18	3
1/4 =	27	13	2

Wahlzahl ist bei fünf zu vergebenden Mandaten die fünfgrößte der so angeschriebenen Zahlen. Dies ist hier die Zahl 27 (110, 55, 55, 36, 27).

Da auf jeden Wahlvorschlag so viele Mandate entfallen, als die Wahlzettel in der Summe der für ihn abgegebenen Stimmen enthalten ist, würden also entfallen

auf den Wahlvorschlag A: 110 : 27 = 4 Mandate,

auf den Wahlvorschlag B: 55 : 27 = 2 Mandate,

auf den Wahlvorschlag C: 9 : 27 = 0, also kein Mandat.

Da nur fünf Mandate zu vergeben sind und die unter Außerachtlassung eventueller Dezimalstellen errechnete Wahlzahl als Teilzahl in zwei Wahlvorschlägen aufscheint, so ist die Wahlzahl auf Dezimalstellen zu errechnen.

	A		B
	110		55
1/4 =	27,50	1/2 =	27,50

Da auch bei einer unter Berücksichtigung der Dezimalstellen errechneten Wahlzahl beide Wahlvorschläge den gleichen Anspruch auf das fünfte Mandat haben, entscheidet zwischen beiden Wahlvorschlägen das Los.

B. Gruppe der Angestellten (4 Mandate):

	A	B	C
	46	30	13
1/2 =	23	15	6
1/3 =	15	10	4
1/4 =	11	7	3

Wahlzahl ist die viergrößte der so angeschriebenen Zahlen (46, 30, 23, 15), also zunächst 15.

Da auf jeden Wahlvorschlag so viele Mandate entfallen, als die Wahlzahl in der Summe der für ihn abgegebenen Stimmen enthalten ist, würden daher entfallen

auf den Wahlvorschlag A: 46 : 15 = 3 Mandate,

auf den Wahlvorschlag B: 30 : 15 = 2 Mandate,

auf den Wahlvorschlag C: 13 : 15 = 0, also kein Mandat.

Da nur vier Mandate zu vergeben sind und die unter Außerachtlassung eventueller Dezimalstellen errechnete Wahlzahl als Teilzahl in zwei Wahlvorschlägen aufscheint, ist die Wahlzahl auf Dezimalstellen zu errechnen.

	A		B
	46		30
1/4 =	15,33	1/2 =	15

Sohin ergibt sich, dass die Wahlzahl als viertgrößte der angeschriebenen Teilzahlen (46, 30, 23, 15,33) 15,33 ist.

Es entfallen sohin

auf den Wahlvorschlag A: 46 : 15,33 = 3 Mandate,

auf den Wahlvorschlag B: 30 : 15,33 = 1 Mandate,

auf den Wahlvorschlag C: 13 : 15,33 = 0, also kein Mandat.

25. Bundes-Verfassungsgesetz (Auszug)

Bundes-Verfassungsgesetz
StF: BGBl. Nr. 1/1930
Letzte Novellierung: BGBl. I Nr. 222/2022

Artikel 7. (1) Alle Staatsbürger sind vor dem Gesetz gleich. Vorrechte der Geburt, des Geschlechtes, des Standes, der Klasse und des Bekenntnisses sind ausgeschlossen. Niemand darf wegen seiner Behinderung benachteiligt werden. Die Republik (Bund, Länder und Gemeinden) bekennt sich dazu, die Gleichbehandlung von behinderten und nichtbehinderten Menschen in allen Bereichen des täglichen Lebens zu gewährleisten.

(2) Bund, Länder und Gemeinden bekennen sich zur tatsächlichen Gleichstellung von Mann und Frau. Maßnahmen zur Förderung der faktischen Gleichstellung von Frauen und Männern insbesondere durch Beseitigung tatsächlich bestehender Ungleichheiten sind zulässig.

(3) Amtsbezeichnungen können in der Form verwendet werden, die das Geschlecht des Amtsinhabers oder der Amtsinhaberin zum Ausdruck bringt. Gleiches gilt für Titel, akademische Grade und Berufsbezeichnungen.

(4) Den öffentlich Bediensteten, einschließlich der Angehörigen des Bundesheeres, ist die ungeschmälerte Ausübung ihrer politischen Rechte gewährleistet.

Artikel 10. (1) Bundessache ist die Gesetzgebung und die Vollziehung in folgenden Angelegenheiten:

1. Bundesverfassung, insbesondere Wahlen zum Nationalrat, und Volksbegehren, Volksabstimmungen und Volksbefragungen auf Grund der Bundesverfassung; Verfassungsgerichtsbarkeit; Verwaltungsgerichtsbarkeit mit Ausnahme der Organisation der Verwaltungsgerichte der Länder;

1a. Wahlen zum Europäischen Parlament; Europäische Bürgerinitiativen;

2. äußere Angelegenheiten mit Einschluss der politischen und wirtschaftlichen Vertretung gegenüber dem Ausland, insbesondere Abschluss von Staatsverträgen, unbeschadet der Zuständigkeit der Länder nach Art. 16 Abs. 1; Grenzvermarkung; Waren- und Viehverkehr mit dem Ausland; Zollwesen;

3. Regelung und Überwachung des Eintrittes in das Bundesgebiet und des Austrittes aus ihm; Ein- und Auswanderungswesen einschließlich des Aufenthaltsrechtes aus berücksichtigungswürdigen Gründen; Passwesen; Aufenthaltsverbot, Ausweisung und Abschiebung; Asyl; Auslieferung;

4. Bundesfinanzen, insbesondere öffentliche Abgaben, die ausschließlich oder teilweise für den Bund einzuheben sind; Monopolwesen;

5. Geld-, Kredit-, Börse- und Bankwesen; Maß- und Gewichts-, Normen- und Punzierungswesen;

6. Zivilrechtswesen einschließlich des wirtschaftlichen Assoziationswesens, jedoch mit Ausschluss von Regelungen, die den Grundstücksverkehr für Ausländer und den Verkehr mit bebauten oder zur Bebauung bestimmten Grundstücken verwaltungsbehördlichen Beschränkungen unterwerfen, einschließlich des Rechtserwerbes von Todes wegen durch Personen, die nicht zum Kreis der gesetzlichen Erben gehören; Privatstiftungswesen; Strafrechtswesen mit Ausschluss des Verwaltungsstrafrechtes und des Verwaltungsstrafverfahrens in Angelegenheiten, die in den selbständigen Wirkungsbereich der Länder fallen; Justizpflege; Einrichtungen zum Schutz der Gesellschaft gegen verbrecherische oder sonstige gefährliche Personen; Urheberrecht; Pressewesen; Enteignung, soweit sie nicht Angelegenheiten betrifft, die in den selbständigen Wirkungsbereich der Länder fallen; Angelegenheiten der Notare, der Rechtsanwälte und verwandter Berufe; außergerichtliche Vermittlung von Streitigkeiten in den Angelegenheiten des Zivilrechtswesens und des Strafrechtswesens;

7. Aufrechterhaltung der öffentlichen Ruhe, Ordnung und Sicherheit einschließlich der ersten allgemeinen Hilfeleistung, jedoch mit Ausnahme der örtlichen Sicherheitspolizei; Vereins- und Versammlungsrecht; Personenstandsangelegenheiten einschließlich des Matrikenwesens und der Namensänderung; Fremdenpolizei und Meldewesen; Waffen-, Munitions- und Sprengmittelwesen, Schießwesen;

8. Angelegenheiten des Gewerbes und der Industrie; öffentliche Agentien und Privatgeschäftsvermittlungen; Bekämpfung des unlauteren Wettbewerbes; Kartellrecht; Patentwesen sowie Schutz von Mustern, Marken und anderen Warenbezeichnungen; Angelegenheiten der Patentanwälte; Ingenieur- und Ziviltechnikerwesen; Kammern für Handel, Gewerbe und Industrie; Einrichtung beruflicher Vertretungen, soweit sie sich auf das ganze Bundesgebiet erstrecken, mit Ausnahme solcher auf land- und forstwirtschaftlichem Gebiet;

9. Verkehrswesen bezüglich der Eisenbahnen und der Luftfahrt sowie der Schifffahrt, soweit diese nicht unter Art. 11 fällt; Kraftfahrwesen; Angelegenheiten der wegen ihrer Bedeutung für den Durchzugsverkehr durch Bundesgesetz als Bundesstraßen erklärten Straßenzüge außer der Straßenpolizei; Strom- und Schifffahrtspolizei, soweit sie nicht unter Art. 11 fällt; Post- und Fernmeldewesen; Umweltverträglichkeitsprüfung für Bundesstraßen und Eisenbahn-Hochleistungsstrecken, bei denen mit erheblichen Auswirkungen auf die Umwelt zu rechnen ist;
10. Bergwesen; Forstwesen einschließlich des Triftwesens; Wasserrecht; Regulierung und Instandhaltung der Gewässer zum Zweck der unschädlichen Ableitung der Hochfluten oder zum Zweck der Schifffahrt und Flößerei; Wildbachverbauung; Bau und Instandhaltung von Wasserstraßen; Normalisierung und Typisierung elektrischer Anlagen und Einrichtungen, Sicherheitsmaßnahmen auf diesem Gebiet; Starkstromwegerecht, soweit sich die Leitungsanlage auf zwei oder mehrere Länder erstreckt; Dampfkessel- und Kraftmaschinenwesen; Vermessungswesen;
11. Arbeitsrecht, soweit es nicht unter Art. 11 fällt, jedoch einschließlich des Arbeiterrechtes sowie des Arbeiter- und Angestelltenschutzes der Dienstnehmer in Sägen, Harzverarbeitungsstätten, Mühlen und Molkereien, die von land- und forstwirtschaftlichen Erwerbs- und Wirtschaftsgenossenschaften betrieben werden, sofern in diesen eine bundesgesetzlich zu bestimmende Anzahl von Dienstnehmern dauernd beschäftigt ist; für diese Dienstnehmer gelten die für die Dienstnehmer in gewerblichen Betrieben bestehenden Rechtsvorschriften; Sozial- und Vertragsversicherungswesen; Pflegegeldwesen; Sozialentschädigungsrecht; Ausbildungspflicht für Jugendliche; Kammern für Arbeiter und Angestellte, mit Ausnahme solcher auf land- und forstwirtschaftlichem Gebiet, jedoch auch für die Dienstnehmer in Sägen, Harzverarbeitungsstätten, Mühlen und Molkereien, die von land- und forstwirtschaftlichen Erwerbs- und Wirtschaftsgenossenschaften betrieben werden, sofern in diesen eine bundesgesetzlich zu bestimmende Anzahl von Dienstnehmern dauernd beschäftigt ist;
12. Gesundheitswesen mit Ausnahme des Leichen- und Bestattungswesens sowie des Gemeindesanitätsdienstes und Rettungswesens, hinsichtlich der Heil- und Pflegeanstalten, des Kurortewesens und der natürlichen Heilvorkommen jedoch nur die sanitäre Aufsicht; Maßnahmen zur Abwehr von gefährlichen Belastungen der Umwelt, die durch Überschreitung von Immissionsgrenzwerten entstehen; Luftreinhaltung, unbeschadet der Zuständigkeit der Länder für Heizungsanlagen; Abfallwirtschaft hinsichtlich gefährlicher Abfälle, hinsichtlich anderer Abfälle nur soweit ein Bedürfnis nach Erlassung einheitlicher Vorschriften vorhanden ist; Veterinärwesen; Ernährungswesen einschließlich der Nahrungsmittelkontrolle; Regelung des geschäftlichen Verkehrs mit Saat- und Pflanzgut, Futter-, Dünge- und Pflanzenschutzmitteln sowie mit Pflanzenschutzgeräten, einschließlich der Zulassung und bei Saat- und Pflanzgut auch der Anerkennung;

12a. Universitäts- und Hochschulwesen sowie das Erziehungswesen betreffend Studentenheime in diesen Angelegenheiten;
13. wissenschaftlicher und fachtechnischer Archiv- und Bibliotheksdienst; Angelegenheiten der künstlerischen und wissenschaftlichen Sammlungen und Einrichtungen des Bundes; Angelegenheiten der Bundestheater mit Ausnahme der Bauangelegenheiten; Denkmalschutz; Angelegenheiten des Kultus; Volkszählungswesen sowie – unter Wahrung der Rechte der Länder, im eigenen Land jegliche Statistik zu betreiben – sonstige Statistik, soweit sie nicht nur den Interessen eines einzelnen Landes dient; allgemeine Angelegenheiten des Schutzes personenbezogener Daten; Stiftungs- und Fondswesen, soweit es sich um Stiftungen und Fonds handelt, die nach ihren Zwecken über den Interessenbereich eines Landes hinausgehen und nicht schon bisher von den Ländern autonom verwaltet wurden;
14. Organisation und Führung der Bundespolizei; Regelung der Errichtung und der Organisierung sonstiger Wachkörper mit Ausnahme der Gemeindewachkörper; Regelung der Bewaffnung der Wachkörper und des Rechtes zum Waffengebrauch;
15. militärische Angelegenheiten; Angelegenheiten des Zivildienstes; Kriegsschadenangelegenheiten; Fürsorge für Kriegsgräber; aus Anlass eines Krieges oder im Gefolge eines solchen zur Sicherung der einheitlichen Führung der Wirtschaft notwendig erscheinende Maßnahmen, insbesondere auch hinsichtlich der Versorgung der Bevölkerung mit Bedarfsgegenständen;
16. Einrichtung der Bundesbehörden und sonstigen Bundesämter; Dienstrecht und Personalvertretungsrecht der Bundesbediensteten;
17. Bevölkerungspolitik.

(Anm.: Z 18 aufgehoben durch BGBl. I Nr. 12/2012)

(2) In Bundesgesetzen über das bäuerliche Anerbenrecht sowie in den nach Abs. 1 Z 10 ergehenden Bundesgesetzen kann die Landesgesetzgebung ermächtigt werden, zu genau zu bezeichnenden einzelnen Bestimmungen Ausführungsbestimmungen zu erlassen. Für diese Landesgesetze sind die Bestimmungen des Art. 15 Abs. 6 sinngemäß anzuwenden. Die Vollziehung der in solchen

Fällen ergehenden Ausführungsgesetze steht dem Bund zu, doch bedürfen die Durchführungsverordnungen, soweit sie sich auf die Ausführungsbestimmungen des Landesgesetzes beziehen, des vorherigen Einvernehmens mit der betreffenden Landesregierung.

(3) Bevor der Bund Staatsverträge, die Durchführungsmaßnahmen im Sinne des Art. 16 erforderlich machen oder die den selbständigen Wirkungsbereich der Länder in anderer Weise berühren, abschließt, hat er den Ländern Gelegenheit zur Stellungnahme zu geben. Liegt dem Bund eine einheitliche Stellungnahme der Länder vor, so ist der Bund beim Abschluss des Staatsvertrages an diese Stellungnahme gebunden. Der Bund darf davon nur aus zwingenden außenpolitischen Gründen abweichen; er hat diese Gründe den Ländern unverzüglich mitzuteilen.

(Anm.: Abs. 4 bis 6 aufgehoben durch BGBl. Nr. 1013/1994)

Artikel 11. (1) Bundessache ist die Gesetzgebung, Landessache die Vollziehung in folgenden Angelegenheiten:

1. Staatsbürgerschaft;
2. berufliche Vertretungen, soweit sie nicht unter Art. 10 fallen, jedoch mit Ausnahme jener auf land- und forstwirtschaftlichem Gebiet sowie auf dem Gebiet des Berg- und Schiführerwesens und des in den selbständigen Wirkungsbereich der Länder fallenden Sportunterrichtswesens;
3. Volkswohnungswesen mit Ausnahme der Förderung des Wohnbaus und der Wohnhaussanierung;
4. Straßenpolizei;
5. Assanierung;
6. Binnenschifffahrt hinsichtlich der Schifffahrtskonzessionen, Schifffahrtsanlagen und Zwangsrechte an solchen Anlagen, soweit sie sich nicht auf die Donau, den Bodensee, den Neusiedlersee und auf Grenzstrecken sonstiger Grenzgewässer bezieht; Strom- und Schifffahrtspolizei auf Binnengewässern mit Ausnahme der Donau, des Bodensees, des Neusiedlersees und der Grenzstrecken sonstiger Grenzgewässer;
7. Umweltverträglichkeitsprüfung für Vorhaben, bei denen mit erheblichen Auswirkungen auf die Umwelt zu rechnen ist; soweit ein Bedürfnis nach Erlassung einheitlicher Vorschriften als vorhanden erachtet wird, Genehmigung solcher Vorhaben;
8. Tierschutz, soweit er nicht nach anderen Bestimmungen in Gesetzgebung Bundessache ist, jedoch mit Ausnahme der Ausübung der Jagd oder der Fischerei;
9. Arbeiterrecht sowie Arbeiter- und Angestelltenschutz, soweit es sich um land- und forstwirtschaftliche Arbeiter und Angestellte handelt.

(2) Soweit ein Bedürfnis nach Erlassung einheitlicher Vorschriften als vorhanden erachtet wird, werden das Verwaltungsverfahren, die allgemeinen Bestimmungen des Verwaltungsstrafrechtes, das Verwaltungsstrafverfahren und die Verwaltungsvollstreckung auch in den Angelegenheiten, in denen die Gesetzgebung den Ländern zusteht, durch Bundesgesetz geregelt; abweichende Regelungen können in den die einzelnen Gebiete der Verwaltung regelnden Bundes- oder Landesgesetzen nur dann getroffen werden, wenn sie zur Regelung des Gegenstandes erforderlich sind.

(3) Die Durchführungsverordnungen zu den nach den Abs. 1 und 2 ergehenden Bundesgesetzen sind, soweit in diesen Gesetzen nicht anderes bestimmt ist, vom Bund zu erlassen. Die Art der Kundmachung von Durchführungsverordnungen, zu deren Erlassung die Länder in den Angelegenheiten des Abs. 1 Z 4 und 6 bundesgesetzlich ermächtigt werden, kann durch Bundesgesetz geregelt werden.

(4) Die Handhabung der gemäß Abs. 2 ergehenden Gesetze und der hiezu erlassenen Durchführungsverordnungen steht dem Bund oder den Ländern zu, je nachdem, ob die den Gegenstand des Verfahrens bildende Angelegenheit der Vollziehung nach Bundes- oder Landessache ist.

(5) Soweit ein Bedürfnis nach Erlassung einheitlicher Vorschriften vorhanden ist, können durch Bundesgesetz einheitliche Emissionsgrenzwerte für Luftschadstoffe festgelegt werden. Diese dürfen in den die einzelnen Gebiete der Verwaltung regelnden Bundes- und Landesvorschriften nicht überschritten werden.

(6) Soweit ein Bedürfnis nach Erlassung einheitlicher Vorschriften als vorhanden erachtet wird, werden auch das Bürgerbeteiligungsverfahren für bundesgesetzlich zu bestimmende Vorhaben, die Beteiligung an den einem Bürgerbeteiligungsverfahren nachfolgenden Verwaltungsverfahren und die Berücksichtigung der Ergebnisse des Bürgerbeteiligungsverfahrens bei der Erteilung der für die betroffenen Vorhaben erforderlichen Genehmigungen sowie die Genehmigung der in Art. 10 Abs. 1 Z 9 genannten Vorhaben durch Bundesgesetz geregelt. Für die Vollziehung dieser Vorschriften gilt Abs. 4.

(7) In den in Abs. 1 Z 7 und 8 genannten Angelegenheiten stehen der Bundesregierung und den einzelnen Bundesministern gegenüber der Landesregierung die folgenden Befugnisse zu:

1. die Befugnis, durch Bundesorgane in die Akten der Landesbehörden Einsicht zu nehmen;
2. die Befugnis, die Übermittlung von Berichten über die Vollziehung der vom Bund erlassenen Gesetze und Verordnungen zu verlangen;
3. die Befugnis, alle für die Vorbereitung der Erlassung von Gesetzen und Verordnungen durch den Bund notwendigen Auskünfte über die Vollziehung zu verlangen;

4. die Befugnis, in bestimmten Fällen Auskünfte und die Vorlage von Akten zu verlangen, soweit dies zur Ausübung anderer Befugnisse notwendig ist.

Artikel 18. (1) Die gesamte staatliche Verwaltung darf nur auf Grund der Gesetze ausgeübt werden.

(2) Jede Verwaltungsbehörde kann auf Grund der Gesetze innerhalb ihres Wirkungsbereiches Verordnungen erlassen.

(3) Wenn die sofortige Erlassung von Maßnahmen, die verfassungsgemäß einer Beschlussfassung des Nationalrates bedürfen, zur Abwehr eines offenkundigen, nicht wieder gutzumachenden Schadens für die Allgemeinheit zu einer Zeit notwendig wird, in der der Nationalrat nicht versammelt ist, nicht rechtzeitig zusammentreten kann oder in seiner Tätigkeit durch höhere Gewalt behindert ist, kann der Bundespräsident auf Vorschlag der Bundesregierung unter seiner und deren Verantwortlichkeit diese Maßnahmen durch vorläufige gesetzändernde Verordnungen treffen. Die Bundesregierung hat ihren Vorschlag im Einvernehmen mit dem vom Hauptausschuss des Nationalrates einzusetzenden ständigen Unterausschuss (Art. 55 Abs. 3) zu erstatten. Eine solche Verordnung bedarf der Gegenzeichnung der Bundesregierung.

(4) Jede nach Abs. 3 erlassene Verordnung ist von der Bundesregierung unverzüglich dem Nationalrat vorzulegen, den der Bundespräsident, falls der Nationalrat in diesem Zeitpunkt keine Tagung hat, während der Tagung aber der Präsident des Nationalrates für einen der der Vorlage folgenden acht Tage einzuberufen hat. Binnen vier Wochen nach der Vorlage hat der Nationalrat entweder an Stelle der Verordnung ein entsprechendes Bundesgesetz zu beschließen oder durch Beschluss das Verlangen zu stellen, dass die Verordnung von der Bundesregierung sofort außer Kraft gesetzt wird. Im letzterwähnten Fall muss die Bundesregierung diesem Verlangen sofort entsprechen. Zum Zweck der rechtzeitigen Beschlussfassung des Nationalrates hat der Präsident die Vorlage spätestens am vorletzten Tag der vierwöchigen Frist zur Abstimmung zu stellen; die näheren Bestimmungen trifft das Bundesgesetz über die Geschäftsordnung des Nationalrates. Wird die Verordnung nach den vorhergehenden Bestimmungen von der Bundesregierung aufgehoben, treten mit dem Tag des Inkrafttretens der Aufhebung die gesetzlichen Bestimmungen wieder in Kraft, die durch die Verordnung aufgehoben worden waren.

(5) Die im Abs. 3 bezeichneten Verordnungen dürfen nicht eine Abänderung bundesverfassungsgesetzlicher Bestimmungen bedeuten und weder eine dauernde finanzielle Belastung des Bundes, noch eine finanzielle Belastung der Länder oder Gemeinden, noch finanzielle Verpflichtungen der Staatsbürger, noch eine Veräußerung von Bundesvermögen, noch Maßnahmen in den im Art. 10 Abs. 1 Z 11 bezeichneten Angelegenheiten, noch endlich solche auf dem Gebiet des Koalitionsrechtes oder des Mieterschutzes zum Gegenstand haben.

B. Sonstige Selbstverwaltung

Artikel 120a. (1) Personen können zur selbständigen Wahrnehmung öffentlicher Aufgaben, die in ihrem ausschließlichen oder überwiegenden gemeinsamen Interesse gelegen und geeignet sind, durch sie gemeinsam besorgt zu werden, durch Gesetz zu Selbstverwaltungskörpern zusammengefasst werden.

(2) Die Republik anerkennt die Rolle der Sozialpartner. Sie achtet deren Autonomie und fördert den sozialpartnerschaftlichen Dialog durch die Einrichtung von Selbstverwaltungskörpern.

26. Dienstnehmerhaftpflichtgesetz

Bundesgesetz vom 31. März 1965 über die Beschränkung der Schadenersatzpflicht der Dienstnehmer
StF: BGBl. Nr. 80/1965
Letzte Novellierung: BGBl. I Nr. 61/2021

STICHWORTVERZEICHNIS

Artikel I

§ 1. (1) Die Vorschriften dieses Bundesgesetzes gelten für Dienstnehmer (Lehrlinge) in einem privatrechtlichen oder in einem öffentlich-rechtlichen Dienst(Lehr)verhältnis (im folgenden als Dienstnehmer bezeichnet). Sie sind auf Heimarbeiter und Personen, die gemäß § 3 des Heimarbeitsgesetzes 1960 den Entgeltschutz für Heimarbeit genießen, ferner auf sonstige Personen, die, ohne in einem Dienstverhältnis zu stehen, im Auftrag und für Rechnung bestimmter anderer Personen Arbeit leisten und wegen wirtschaftlicher Unselbständigkeit als arbeitnehmerähnlich anzusehen sind, im Verhältnis zu ihren Auftraggebern sinngemäß anzuwenden.

(2) Ausgenommen vom Geltungsbereich dieses Bundesgesetzes sind Dienstnehmer, soweit sie als Organe der im Artikel 23 Abs. 1 des Bundes-Verfassungsgesetzes in der Fassung von 1929 genannten Rechtsträger in Vollziehung der Gesetze dem Rechtsträger oder einem Dritten einen Schaden zugefügt haben.

§ 2. (1) Hat ein Dienstnehmer bei Erbringung seiner Dienstleistungen dem Dienstgeber durch ein Versehen einen Schaden zugefügt, so kann das Gericht aus Gründen der Billigkeit den Ersatz mäßigen oder, sofern der Schaden durch einen minderen Grad des Versehens zugefügt worden ist, auch ganz erlassen.

(2) Bei der Entscheidung über die Ersatzpflicht im Sinn des Abs. 1 hat das Gericht vor allem auf das Ausmaß des Verschuldens des Dienstnehmers und außerdem insbesondere auf folgende Umstände Bedacht zu nehmen:

1. auf das Ausmaß der mit der ausgeübten Tätigkeit verbundenen Verantwortung,
2. inwieweit bei der Bemessung des Entgelts ein mit der ausgeübten Tätigkeit verbundenes Wagnis berücksichtigt worden ist,
3. auf den Grad der Ausbildung des Dienstnehmers,
4. auf die Bedingungen, unter denen die Dienstleistung zu erbringen war und
5. ob mit der vom Dienstnehmer erbrachten Dienstleistung erfahrungsgemäß die nur schwer vermeidbare Möglichkeit oder Wahrscheinlichkeit des Eintritts eines Schadens verbunden ist.

(3) Für eine entschuldbare Fehlleistung haftet der Dienstnehmer nicht.

(4) Wird der Dienstgeberin oder dem Dienstgeber durch im gemeinsamen Haushalt mit der Dienstnehmerin oder dem Dienstnehmer lebende Personen im Zusammenhang mit Arbeiten im Homeoffice ein Schaden zugefügt, so sind die Bestimmungen dieses Gesetzes sinngemäß anzuwenden. DHG

§ 3. (1) Wird ein Dienstnehmer zum Ersatz des Schadens herangezogen, den er bei Erbringung seiner Dienstleistungen einem Dritten zugefügt hat, so hat er dies dem Dienstgeber unverzüglich mitzuteilen und ihm im Falle der Klage den Streit zu verkündigen.

(2) Hat der Dienstnehmer im Einverständnis mit dem Dienstgeber oder auf Grund eines rechtskräftigen Urteils dem Dritten den durch ein Versehen zugefügten Schaden ersetzt, so kann er die Vergütung des solcherart Geleisteten und der ihm erwachsenen notwendigen Prozeß- und Exekutionskosten zum Teil oder, sofern der Schaden durch einen minderen Grad des Versehens zugefügt worden ist, zur Gänze vom Dienstgeber verlangen, wenn der Dienstgeber auf Grund der §§ 1313a bis

1316 des allgemeinen bürgerlichen Gesetzbuches oder auf Grund einer anderen gesetzlichen Verpflichtung vom Dritten zum Ersatz des Schadens in Anspruch hätte genommen werden können und das Verlangen des Dienstnehmers der Billigkeit entspricht. § 2 Abs. 2 ist anzuwenden.

(3) Hat der Dienstnehmer im Einverständnis mit dem Dienstgeber oder auf Grund eines rechtskräftigen Urteils dem Dritten den durch eine entschuldbare Fehlleistung zugefügten Schaden ersetzt, so kann er jedoch die Vergütung des solcherart Geleisteten und der ihm erwachsenen notwendigen Prozeß- und Exekutionskosten zur Gänze vom Dienstgeber verlangen, wenn dieser auf Grund der §§ 1313a bis 1316 des allgemeinen bürgerlichen Gesetzbuches oder auf Grund einer anderen gesetzlichen Verpflichtung von Dritten zum Ersatz des Schadens in Anspruch hätte genommen werden können.

(4) Unterläßt es der Dienstnehmer, dem Dienstgeber den Streit zu verkündigen, so verliert er zwar nicht das Recht auf Vergütung gegenüber dem Dienstgeber, doch kann ihm dieser alle wider den Dritten unausgeführt gebliebenen Einwendungen entgegensetzen und sich dadurch von der Verfügung in dem Maße befreien, als erkannt wird, daß diese Einwendungen, wenn von ihnen der gehörige Gebrauch gemacht worden wäre, eine andere Entscheidung gegen den Dritten veranlaßt hätten.

§ 4. (1) Wird ein Dienstgeber auf Grund der §§ 1313a bis 1316 des allgemeinen bürgerlichen Gesetzbuches oder auf Grund einer anderen gesetzlichen Verpflichtung vom Dritten zum Ersatz des Schadens herangezogen, den sein Dienstnehmer bei Erbringung seiner Dienstleistungen einem Dritten zugefügt hat, so hat er dies dem Dienstnehmer unverzüglich mitzuteilen und ihm im Falle der Klage den Streit zu verkündigen.

(2) Hat der Dienstgeber im Einverständnis mit dem Dienstnehmer oder auf Grund eines rechtskräftigen Urteils dem Dritten den Schaden ersetzt, so hat er einen die Vergütung des solcherart Geleisteten und der ihm erwachsenen notwendigen Prozeß- und Exekutionskosten umfassenden Rückgriffsanspruch gegen den Dienstnehmer, es sei denn, daß der Dienstnehmer den Schaden durch ein Versehen zugefügt hat und das Gericht aus Gründen der Billigkeit den Rückersatz mäßigt oder, sofern der Schaden durch einen minderen Grad des Versehens zugefügt worden ist, ganz erläßt. § 2 Abs. 2 ist anzuwenden.

(3) Hat der Dienstgeber dem Dritten den Schaden ersetzt, den der Dienstnehmer dem Dritten durch eine entschuldbare Fehlleistung zugefügt hat, so hat der Dienstgeber jedoch gegen den Dienstnehmer keinen Rückgriffsanspruch.

(4) Unterläßt es der Dienstgeber, dem Dienstnehmer den Streit zu verkündigen, so verliert er zwar nicht das Recht auf Vergütung gegenüber dem Dienstnehmer, doch kann ihm dieser (alle) wider den Dritten unausgeführt gebliebenen Einwendungen entgegensetzen und sich dadurch von der Vergütung in dem Maße befreien, als erkannt wird, daß diese Einwendungen, wenn von ihnen der gehörige Gebrauch gemacht worden wäre, eine andere Entscheidung gegen den Dritten veranlaßt hätten.

§ 5. Die Rechte des Dienstnehmers, die sich aus den §§ 2 bis 4 ergeben, können nur durch Kollektivvertrag aufgehoben oder beschränkt werden.

§ 6. Auf einem minderen Grad des Versehens beruhende Schadenersatz- oder Rückgriffsansprüche zwischen Dienstgeber und Dienstnehmer (§ 2 Abs. 1, § 3 Abs. 2 bis 4, § 4 Abs. 2 und 4) erlöschen, wenn sie nicht binnen sechs Monaten nach Ablauf des Tages, an dem sie erhoben werden können, gerichtlich geltend gemacht werden.

§ 7. (1) Während des aufrechten Bestandes des Dienstverhältnisses ist eine Aufrechnung von Ansprüchen gegen den Dienstnehmer nach diesem Bundesgesetz nur zulässig, wenn der Dienstnehmer nicht innerhalb von 14 Tagen ab Zugehen der Aufrechnungserklärung dieser widerspricht.

(2) Abs. 1 gilt nicht für eine Aufrechnung auf Grund eines rechtskräftigen Urteils.

§ 8. § 2 Abs. 4 in der Fassung des Bundesgesetzes BGBl. I Nr. 61/2021 tritt mit 1. April 2021 in Kraft.

Artikel II

(1) Auf Schadensfälle, die vor dem Inkrafttreten dieses Bundesgesetzes eingetreten sind, sind die bisherigen Bestimmungen anzuwenden.

(2) Die Rechte des Dienstnehmers, die sich aus den §§ 2 bis 4 ergeben, können nur durch einen Kollektivvertrag aufgehoben oder beschränkt werden, der nach dem Inkrafttreten dieses Bundesgesetzes abgeschlossen worden ist.

Artikel III

Mit der Vollziehung dieses Bundesgesetzes ist das Bundesministerium für Justiz betraut.

27. Entgeltfortzahlungsgesetz (Auszug)

Bundesgesetz vom 26. Juni 1974 über die Fortzahlung des Entgelts bei Arbeitsverhinderung durch Krankheit (Unglücksfall), Arbeitsunfall oder Berufskrankheit

StF: BGBl. Nr. 399/1974

Letzte Novellierung: BGBl. I Nr. 100/2018

GLIEDERUNG

STICHWORTVERZEICHNIS

Artikel I

ABSCHNITT 1

ENTGELTFORTZAHLUNG

Geltungsbereich

§ 1. (1) Die Vorschriften dieses Bundesgesetzes gelten, soweit im folgenden nicht anderes bestimmt ist, für Arbeitnehmer, deren Arbeitsverhältnis auf einem privatrechtlichen Vertrag beruht.

(2) Ausgenommen vom Geltungsbereich dieses Bundesgesetzes sind Arbeitnehmer, deren Arbeitsverhältnis dem 1. Angestelltengesetz, BGBl. Nr. 292/1921,
2. Gutsangestelltengesetz, BGBl. Nr. 538/1923,
3. Journalistengesetz, StGBl. Nr. 88/1920,
4. Theaterarbeitsgesetz (TAG), BGBl. I Nr. 100/2010,
5. Landarbeitsgesetz, BGBl. Nr. 140/1948, oder
6. Heimarbeitsgesetz 1960, BGBl. Nr. 105/1961,

in der jeweils geltenden Fassung unterliegt.

(3) Ausgenommen vom Geltungsbereich dieses Bundesgesetzes sind ferner Arbeitnehmer, die in einem der nachstehend angeführten Arbeitsverhältnisse stehen:

1. Arbeitsverhältnisse zum Bund mit Ausnahme derer, die auf kollektivvertraglichen Vereinbarungen oder ausschließlich auf dem ABGB beruhen;
2. Arbeitsverhältnisse zu einem Land, zu einem Gemeindeverband oder zu einer Gemeinde, so-

EFZG

fern die Arbeitnehmer behördliche Aufgaben zu besorgen haben;

3. Arbeitsverhältnisse

a) zu einem Land, zu einem Gemeindeverband oder zu einer Gemeinde, sofern die Arbeitnehmer keine behördlichen Aufgaben zu besorgen haben,

b) zu einer Stiftung, Anstalt oder zu einem Fonds, sofern diese Einrichtungen von Organen einer Gebietskörperschaft oder von Personen (Personengemeinschaften) verwaltet werden, die hiezu von Organen einer Gebietskörperschaft bestellt sind,

c) zu einer juristischen Person öffentlichen Rechts, soweit sie nicht bereits in lit. b erfaßt sind,

sofern auf diese Arbeitsverhältnisse gesetzliche oder dienst- und besoldungsrechtliche Vorschriften Anwendung finden, die den Anspruch auf Entgeltfortzahlung zwingend zumindest genauso günstig regeln wie dieses Bundesgesetz.

(4) Ausgenommen vom Geltungsbereich dieses Bundesgesetzes sind auch Arbeitnehmer, deren Arbeitsverhältnis dem

1. Hausgehilfen- und Hausangestelltengesetz, BGBl. Nr. 235/1962,
2. Hausbesorgergesetz, BGBl. Nr. 16/1970, oder
3. Berufsausbildungsgesetz, BGBl. Nr. 142/1969,

in der jeweils geltenden Fassung, unterliegt, sofern die Artikel II, III und IV nicht anderes bestimmen.

Anspruch auf Entgeltfortzahlung

§ 2. (1) Ist ein Arbeitnehmer nach Antritt des Dienstes durch Krankheit (Unglücksfall) an der Leistung seiner Arbeit verhindert, ohne dass er die Verhinderung vorsätzlich oder durch grobe Fahrlässigkeit herbeigeführt hat, so behält er seinen Anspruch auf das Entgelt bis zur Dauer von sechs Wochen. Der Anspruch auf das Entgelt erhöht sich auf die Dauer von acht Wochen, wenn das Arbeitsverhältnis ein Jahr, von zehn Wochen, wenn es 15 Jahre und von zwölf Wochen, wenn es 25 Jahre ununterbrochen gedauert hat. Durch jeweils weitere vier Wochen behält der Arbeitnehmer den Anspruch auf das halbe Entgelt.

(2) Kur- und Erholungsaufenthalte, Aufenthalte in Heil- und Pflegeanstalten, Rehabilitationszentren und Rekonvaleszentenheimen, die aus Gründen der Erhaltung, Besserung oder Wiederherstellung der Arbeitsfähigkeit von einem Träger der Sozialversicherung, dem Bundesministerium für soziale Verwaltung gemäß § 12 Abs. 4 Opferfürsorgegesetz, einem Landesinvalidenamt oder einer Landesregierung aufgrund eines Behindertengesetzes auf deren Rechnung bewilligt oder angeordnet wurden, sind unbeschadet allfälliger Zuzahlungen durch den Versicherten (Beschädigten) der Arbeitsverhinderung gemäß Abs. 1 gleichzuhalten.

(3) Für die Bemessung der Dauer des Anspruches gemäß Abs. 1 und 5 sind Dienstzeiten bei demselben Arbeitgeber, die keine längeren Unterbrechungen als jeweils 60 Tage aufweisen, zusammenzurechnen. Diese Zusammenrechnung unterbleibt jedoch, wenn die Unterbrechung durch eine Kündigung des Arbeitsverhältnisses seitens des Arbeitnehmers oder einen Austritt ohne wichtigen Grund oder eine vom Arbeitnehmer verschuldete Entlassung eingetreten ist.

(3a) Dienstzeiten aus einem vorausgegangenen Arbeitsverhältnis zu einem anderen Arbeitgeber sind für die Bemessung der Dauer des Anspruches gemäß Abs. 1 und 5 anzurechnen, wenn

1. der Arbeitgeberwechsel durch den Übergang des Unternehmens, Betriebes oder Betriebsteiles, in dem der Arbeitnehmer beschäftigt ist, erfolgte,
2. die Anrechnung der im vorausgegangenen Arbeitsverhältnis zurückgelegten Dienstzeit für die Bemessung der Dauer des Urlaubes, der Kündigungsfrist sowie der Entgeltfortzahlung vereinbart wurde,
3. die Dienstzeiten keine längere Unterbrechung als 60 Tage aufweisen und
4. das vorausgegangene Arbeitsverhältnis nicht durch eine Kündigung seitens des Arbeitnehmers, einen Austritt ohne wichtigen Grund oder eine vom Arbeitnehmer verschuldete Entlassung beendet worden ist.

(4) Bei wiederholter Arbeitsverhinderung durch Krankheit (Unglücksfall) innerhalb eines Arbeitsjahres besteht ein Anspruch auf Fortzahlung des Entgelts nur insoweit, als die Dauer des Anspruches gemäß Abs. 1 noch nicht erschöpft ist.

(5) Wird ein Arbeitnehmer durch Arbeitsunfall oder Berufskrankheit im Sinne der Vorschriften über die gesetzliche Unfallversicherung an der Leistung seiner Arbeit verhindert, ohne daß er die Verhinderung vorsätzlich oder durch grobe Fahrlässigkeit herbeigeführt hat, so behält er seinen Anspruch auf das Entgelt ohne Rücksicht auf andere Zeiten einer Arbeitsverhinderung bis zur Dauer von acht Wochen. Der Anspruch auf das Entgelt erhöht sich auf die Dauer von zehn Wochen, wenn das Arbeitsverhältnis 15 Jahre ununterbrochen gedauert hat. Bei wiederholten Arbeitsverhinderungen, die im unmittelbaren ursächlichen Zusammenhang mit einem Arbeitsunfall oder einer Berufskrankheit stehen, besteht ein Anspruch auf Fortzahlung des Entgelts innerhalb eines Arbeitsjahres nur insoweit, als die Dauer des Anspruches nach dem ersten oder zweiten Satz noch nicht erschöpft ist. Ist ein Arbeitnehmer gleichzeitig bei mehreren Arbeitgebern beschäftigt, so entsteht ein Anspruch nach diesem Absatz nur gegenüber jenem Arbeitgeber, bei dem die Arbeitsverhinderung im Sinne dieses Absatzes eingetreten ist; gegenüber den anderen Arbeitgebern entstehen Ansprüche nach Abs. 1.

(6) In Abs. 2 genannte Aufenthalte, die wegen eines Arbeitsunfalles oder einer Berufskrankheit bewilligt oder angeordnet werden, sind einer Arbeitsverhinderung gemäß Abs. 5 gleichzuhalten.

(7) Die Leistungen für die in Abs. 2 genannten Aufenthalte gelten auch dann als auf Rechnung einer in Abs. 2 genannten Stelle erbracht, wenn hiezu ein Kostenzuschuß mindestens in der halben Höhe der gemäß § 45 Abs. 1 des ASVG geltenden Höchstbeitragsgrundlage für jeden Tag des Aufenthaltes gewährt wird.

(8) Durch Kollektivvertrag oder durch Betriebsvereinbarung im Sinne des § 97 Abs. 1 Z 21 Arbeitsverfassungsgesetz (ArbVG) kann vereinbart werden, daß sich der Anspruch auf Entgeltfortzahlung nicht nach dem Arbeitsjahr, sondern nach dem Kalenderjahr richtet. Solche Vereinbarungen können vorsehen, daß

a) Arbeitnehmer, die während des Kalenderjahres eintreten, Anspruch auf Entgeltfortzahlung nur bis zur Hälfte der in Abs. 1 und 5 genannten Dauer haben, sofern die Dauer des Arbeitsverhältnisses im Kalenderjahr des Eintritts weniger als sechs Monate beträgt;
b) der jeweils höhere Anspruch nach Abs. 1 zweiter Satz und Abs. 5 zweiter Satz erstmals in jenem Kalenderjahr gebührt, in das der überwiegende Teil des Arbeitsjahres fällt;
c) die Ansprüche der im Zeitpunkt der Umstellung im Betrieb beschäftigten Arbeitnehmer für den Umstellungszeitraum (Beginn des Arbeitsjahres bis Ende des folgenden Kalenderjahres) gesondert berechnet werden. Jedenfalls muß für den Umstellungszeitraum dem Arbeitnehmer ein voller Anspruch und ein zusätzlicher aliquoter Anspruch entsprechend der Dauer des Arbeitsjahres im Kalenderjahr vor der Umstellung abzüglich jener Zeiten, für die bereits Entgeltfortzahlung wegen Arbeitsverhinderung wegen Krankheit (Unglücksfall) gewährt wurde, zustehen.

Höhe des fortzuzahlenden Entgelts

§ 3. (1) Ein nach Wochen, Monaten oder längeren Zeiträumen bemessenes Entgelt darf wegen einer Arbeitsverhinderung für die Anspruchsdauer gemäß § 2 nicht gemindert werden.

(2) In allen anderen Fällen bemißt sich der Anspruch gemäß § 2 nach dem regelmäßigen Entgelt.

(3) Als regelmäßiges Entgelt im Sinne des Abs. 2 gilt das Entgelt, das dem Arbeitnehmer gebührt hätte, wenn keine Arbeitsverhinderung eingetreten wäre.

(4) Bei Akkord-, Stück- oder Gedinglöhnen, akkordähnlichen oder sonstigen leistungsbezogenen Prämien oder Entgelten bemißt sich das fortzuzahlende Entgelt nach dem Durchschnitt der letzten 13 voll gearbeiteten Wochen unter Ausscheidung nur ausnahmsweise geleisteter Arbeiten.

(5) Durch Kollektivvertrag im Sinne des § 18 Abs. 4 Arbeitsverfassungsgesetz, BGBl. Nr. 22/1974, kann geregelt werden, welche Leistungen des Arbeitgebers als Entgelt nach diesem Gesetz anzusehen sind. Die Berechnungsart für die Ermittlung der Höhe des Entgelts kann durch Kollektivvertrag abweichend von Abs. 3 und 4 geregelt werden.

Mitteilungs- und Nachweispflicht

§ 4. (1) Der Arbeitnehmer ist verpflichtet, ohne Verzug die Arbeitsverhinderung dem Arbeitgeber bekanntzugeben und auf Verlangen des Arbeitgebers, das nach angemessener Zeit wiederholt werden kann, eine Bestätigung des zuständigen Krankenversicherungsträgers oder eines Gemeindearztes über Beginn, voraussichtliche Dauer und Ursache der Arbeitsunfähigkeit vorzulegen. Diese Bestätigung hat einen Vermerk darüber zu enthalten, daß dem zuständigen Krankenversicherungsträger eine Arbeitsunfähigkeitsanzeige mit Angabe über Beginn, voraussichtliche Dauer und Ursache der Arbeitsunfähigkeit übermittelt wurde.

(2) Wird der Arbeitnehmer durch den Kontrollarzt des zuständigen Krankenversicherungsträgers für arbeitsfähig erklärt, so ist der Arbeitgeber von diesem Krankenversicherungsträger über die Gesundschreibung sofort zu verständigen. Diese Pflicht zur Verständigung besteht auch, wenn sich der Arbeitnehmer ohne Vorliegen eines wichtigen Grundes der für ihn vorgesehenen ärztlichen Untersuchung beim zuständigen Krankenversicherungsträger nicht unterzieht.

(3) In den Fällen des § 2 Abs. 2 und 6 hat der Arbeitnehmer eine Bescheinigung über die Bewilligung oder Anordnung sowie über den Zeitpunkt des in Aussicht genommenen Antrittes und die Dauer des die Arbeitsverhinderung begründenden Aufenthaltes vor dessen Antritt vorzulegen.

(4) Kommt der Arbeitnehmer einer seiner Verpflichtungen nach Abs. 1 oder Abs. 3 nicht nach, so verliert er für die Dauer der Säumnis den Anspruch auf Entgelt. Das gleiche gilt, wenn sich der Arbeitnehmer ohne Vorliegen eines wichtigen Grundes der für ihn vorgesehenen ärztlichen Untersuchung beim zuständigen Krankenversicherungsträger nicht unterzieht.

Beendigung des Arbeitsverhältnisses

§ 5. Wird der Arbeitnehmer während einer Arbeitsverhinderung gemäß § 2 gekündigt, ohne wichtigen Grund vorzeitig entlassen oder trifft den Arbeitgeber ein Verschulden an dem vorzeitigen Austritt des Arbeitnehmers, so bleibt der Anspruch auf Fortzahlung des Entgelts für die nach diesem Bundesgesetz vorgesehene Dauer bestehen, wenngleich das Arbeitsverhältnis früher endet. Der Anspruch auf Entgeltfortzahlung bleibt auch bestehen, wenn das Arbeitsverhältnis während einer Arbeitsverhinderung gemäß § 2 oder im Hinblick auf eine Arbeitsverhinderung gemäß § 2 einvernehmlich beendet wird.

Unabdingbarkeit

§ 6. Die Rechte, die dem Arbeitnehmer auf Grund dieses Bundesgesetzes zustehen, können durch Arbeitsvertrag, Arbeits(Dienst)ordnung, Betriebsvereinbarung oder, soweit in diesem Bundesgesetz nicht anderes bestimmt ist, durch Kollektivvertrag weder aufgehoben noch beschränkt werden.

Günstigere Regelungen

§ 7. Gesetzliche Vorschriften, Kollektivverträge, Arbeits(Dienst)ordnungen, Betriebsvereinbarungen, Arbeitsverträge, die den Anspruch auf Fortzahlung des Entgelts bei Arbeitsverhinderung durch Krankheit (Unglücksfall) sowie Arbeitsunfall oder Berufskrankheit hinsichtlich Verschuldensgrad (§ 2 Abs. 11 und 5) oder Anspruchsdauer (§ 2 Abs. 1, 4 und 5) günstiger regeln, bleiben insoweit unberührt. Jedoch gelten für die Anspruchsdauer nach diesem Bundesgesetz dessen Bestimmungen an Stelle anderer Regelungen.

Inkrafttreten

§ 20. (1) § 8 Abs. 7 und § 19 dieses Bundesgesetzes in der Fassung Bundesgesetzes BGBl. Nr. 833/1992 tritt mit 1. Jänner 1993 in Kraft.

(2) § 17 Abs. 1 erster bis dritter Satz, Abs. 1 Z 3 und Abs. 3 in der Fassung des Bundesgesetzes BGBl. Nr. 411/1996 tritt rückwirkend 1. Jänner 1996 in Kraft.

(3) Die §§ 8 Abs. 1 lit. a und 13 Abs. 2 in der Fassung des Bundesgesetzes BGBl. Nr. 600/1996 treten mit 1. Jänner 1997 in Kraft.

(4) Die §§ 8 Abs. 1 lit. a und 13 Abs. 2 in der Fassung des Bundesgesetzes BGBl. I Nr. 139/1997 treten mit 1. Jänner 1998 in Kraft.

(5) § 15 Abs. 5 in der Fassung des Bundesgesetzes BGBl. I Nr. 112/1998 tritt mit 1. Juli 1998 in Kraft und mit Ablauf des 31. Dezember 1999 außer Kraft.

(6) § 19a in der Fassung des Bundesgesetzes BGBl. I Nr. 44/2000 tritt mit 1. Juli 2000 in Kraft.

(7) § 2 Abs. 1 und 3a und § 7 in der Fassung des Bundesgesetzes BGBl. I Nr. 44/2000 treten mit 1. Jänner 2001 in Kraft und sind auf Arbeitsverhinderungen anzuwenden, die in nach dem 31. Dezember 2000 begonnenen Arbeitsjahren eingetreten sind. Die verlängerte Anspruchsdauer nach § 2 Abs. 1 in der Fassung des Bundesgesetzes BGBl. I Nr. 44/2000 bewirkt keine Verlängerung einer in Kollektivverträgen, Betriebsvereinbarungen oder Arbeitsverträgen vorgesehenen längeren Anspruchsdauer. Sehen Kollektivverträge, Betriebsvereinbarungen oder Arbeitsverträge einen zusätzlichen Anspruch im Anschluss an den Anspruch nach § 2 Abs. 1 vor, wird die Gesamtdauer der Ansprüche nicht verlängert.

(8) § 19a Abs. 5 bis 9 in der Fassung des Bundesgesetzes BGBl. I Nr. 142/2000 tritt mit 1. Jänner 2001 in Kraft.

(9) § 1 Abs. 2 Z 4 in der Fassung des Bundesgesetzes BGBl. I. Nr. 100/2010 tritt mit 1. Jänner 2011 in Kraft.

(10) § 2 Abs. 1 in der Fassung des Bundesgesetzes BGBl. I Nr. 153/2017 tritt mit 1. Juli 2018 in Kraft und ist auf Arbeitsverhinderungen anzuwenden, die in nach dem 30. Juni 2018 begonnenen Arbeitsjahren, im Falle des § 2 Abs. 8 nach dem 31. Dezember 2018 eingetreten sind. Für zu diesem Zeitpunkt laufende Arbeitsverhinderungen gilt § 2 Abs. 1 in der Fassung des Bundesgesetzes BGBl. I Nr. 153/2017 ab Beginn dieses Arbeitsjahres bzw. Kalenderjahres.

(11) § 5 in der Fassung des Bundesgesetzes BGBl. I Nr. 153/2017 tritt mit 1. Juli 2018 in Kraft und ist auf einvernehmliche Beendigungen von Arbeitsverhältnissen während einer Arbeitsverhinderung gemäß § 2 oder im Hinblick auf eine Arbeitsverhinderung gemäß § 2 anzuwenden, die eine Auflösung des Arbeitsverhältnisses nach dem 30. Juni 2018 bewirken.

Artikel VII

Übergangsbestimmungen

(Anm.: gegenstandslos)

(1) Der Bund hat an den beim Hauptverband gemäß Art. I § 15 errichteten Erstattungsfonds einen einmaligen Zuschuß wie folgt zu leisten:

a) am 15. September 1974 und am 15. Dezember 1974 für die Zeit vom 1. September 1974 bis 31. Dezember 1974 einen Betrag von je 150 Millionen Schilling,
b) am 15. Feber 1975 und am 15. August 1975 für das Jahr 1975 einen Betrag von je 125 Millionen Schilling,
c) am 15. Feber 1976 und am 15. August 1976 für das Jahr 1976 einen Betrag von je 100 Millionen Schilling.

(2) Die Träger der Krankenversicherung haben an den beim Hauptverband errichteten Erstattungsfonds (Art. I § 15) einen einmaligen Zuschuß wie folgt zu leisten:

a) am 15. September 1974 einen Betrag von 100 Millionen Schilling,
b) im Jahre 1975 einen Betrag von 300 Millionen Schilling,
c) im Jahre 1976 einen Betrag von 300 Millionen Schilling.

Der Hauptverband hat für die Aufteilung dieses Zuschusses auf die einzelnen Träger der Krankenversicherung einen Schlüssel festzusetzen, der unter Bedachtnahme auf den bei den einzelnen Trägern der Krankenversicherung im Jahresdurchschnitt des vorangegangenen Kalenderjahres ausgewiesenen Stand an Versicherten der im § 51 Abs. 1 Z 1 lit. b des Allgemeinen Sozialversicherungsgesetzes bezeichneten Art zu ermitteln ist.

Die Zuschüsse sind für die Jahre 1975 und 1976 in gleichen Teilbeträgen jeweils mit dem Beginn der in Betracht kommenden Kalendervierteljahre zu überweisen.

(3) Art. I § 14 ist

a) für das Geschäftsjahr 1974 mit der Maßgabe anzuwenden, daß nur ein Überschuß, der ein Achtel der Aufwendungen für Erstattungsbeträge in diesem Geschäftsjahr übersteigt, an den Hauptverband abzuführen ist;
b) für das Geschäftsjahr 1975 mit der Maßgabe anzuwenden, daß nur ein Überschuß, der ein Siebentel der Aufwendungen für Erstattungsbeträge Erstattungsbeträge im vorangegangenen Geschäftsjahr übersteigt, an den Hauptverband abzuführen ist.

(4) Der Beitrag des Bundes an den Erstattungsfonds nach dem Entgeltfortzahlungsgesetz ist im Jahre 1974 bei dem neu zu eröffnenden finanzgesetzlichen Ausgabenansatz 1/15677 „Beitrag des Bundes an den Erstattungsfonds" zu verrechnen.

(5) Die Bedeckung für die Mehrausgaben aus dem zu Lasten des finanzgesetzlichen Ansatzes 1/15677 bereitzustellenden Betrag von 300 Millionen Schilling ist in den beim finanzgesetzlichen Ansatz 2/52014 zu erwartenden Mehreinnahmen zu finden.

Artikel IX

Inkrafttreten und Vollziehung

(1) Dieses Bundesgesetz tritt hinsichtlich des Art. I § 13 und des Art. VI Z 1 und 2 mit dem Beginn des Beitragszeitraumes (§ 44 Abs. 2 ASVG) September 1974, im übrigen mit 1. September 1974 in Kraft.

(2) Im Arbeits(Kalender)jahr, in das der Geltungsbeginn dieses Bundesgesetzes fällt, sind auf die Anspruchsdauer gemäß § 2 Zeiten, für die vor dem Inkrafttreten dieses Bundesgesetzes volles oder Teilentgelt für Arbeitsverhinderungen gegen Krankheit (Unglücksfall), Arbeitsunfall oder Berufskrankheit bezogen wurde, zur Hälfte anzurechnen.

(3) Mit der Vollziehung dieses Bundesgesetzes sind betraut:

1. der Bundesminister für Wirtschaft und Arbeit hinsichtlich der §§ 1 bis 7;
2. die Bundesministerin für soziale Sicherheit und Generationen hinsichtlich der §§ 8 bis 19;
3. der Bundesminister für Wirtschaft und Arbeit im Einvernehmen mit der Bundesministerin für soziale Sicherheit und Generationen hinsichtlich des § 19a.

28. Epidemiegesetz 1950 (Auszug)

Epidemiegesetz 1950
StF: BGBl. Nr. 186/1950
Letzte Novellierung: BGBl. I Nr. 195/2022

GLIEDERUNG

I. HAUPTSTÜCK.
Ermittlung der Krankheit.
Anzeigepflichtige Krankheiten

§ 1. (1) Der Anzeigepflicht unterliegen:

1. Verdachts-, Erkrankungs- und Todesfälle an Cholera, Gelbfieber, virusbedingtem hämorrhagischem Fieber, infektiöser Hepatitis (Hepatitis A, B, C, D, E), Hundebandwurm (Echinococcus granulosus) und Fuchsbandwurm (Echinococcus multilocularis), Infektionen mit dem Influenzavirus A/H5N1 oder einem anderen Vogelgrippevirus, Kinderlähmung, bakteriellen und viralen Lebensmittelvergiftungen, Lepra, Leptospiren-Erkrankungen, Masern, MERS-CoV (Middle East Respiratory Syndrome Coronavirus/*„neues Corona-Virus“*), Milzbrand, Psittakose, Paratyphus, Pest, Pocken, Rickettsiose durch R. prowazekii, Rotz, übertragbarer Ruhr (Amöbenruhr), SARS (Schweres Akutes Respiratorisches Syndrom), transmissiblen spongiformen Enzephalopathien, Tularämie, Typhus (Abdominaltyphus), Puerperalfieber, Wutkrankheit (Lyssa) und Bissverletzungen durch wutkranke oder -verdächtige Tiere,
2. Erkrankungs- und Todesfälle an Bang'scher Krankheit, Chikungunya-Fieber, Dengue-Fieber, Diphtherie, Hanta-Virus-Infektionen, virusbedingten Meningoenzephalitiden, invasiven bakteriellen Erkrankungen (Meningitiden und Sepsis), Keuchhusten, Legionärskrankheit, Malaria, Röteln, Scharlach, Rückfallfieber, Trachom, Trichinose, West-Nil-Fieber, schwer verlaufenden Clostridium difficile assoziierten Erkrankungen und Zika-Virus-Infektionen.

(2) Der Bundesminister für Gesundheit und Frauen kann, wenn dies aus epidemiologischen Gründen gerechtfertigt oder auf Grund internationaler Verpflichtungen erforderlich ist, durch Verordnung weitere übertragbare Krankheiten der Meldepflicht unterwerfen oder bestehende Meldepflichten erweitern.

Erstattung der Anzeige

§ 2. (1) Jede Erkrankung, jeder Sterbefall an einer anzeigepflichtigen Krankheit, in den Fällen des § 1 Abs. 1 Z 1 auch jeder Verdacht einer solchen Erkrankung, ist der Bezirksverwaltungsbehörde (Gesundheitsamt), in deren Gebiet sich der Kranke oder Krankheitsverdächtige aufhält oder der Tod eingetreten ist, unter Angabe des Namens, des Alters und der Wohnung und, soweit tunlich, unter Bezeichnung der Krankheit binnen 24 Stunden anzuzeigen.

(2) Binnen der gleichen Frist sind Personen, die, ohne selbst krank zu sein, Erreger der bakteriellen Lebensmittelvergiftung, des Paratyphus, der übertragbaren Ruhr oder des Typhus ausscheiden, der Bezirksverwaltungsbehörde (Gesundheitsamt) bekanntzugeben.

(Anm.: Abs. 3 aufgehoben durch BGBl. I Nr. 63/2016)

Zur Anzeige verpflichtete Personen

§ 3. (1) Zur Erstattung der Anzeige sind verpflichtet:

1. Der zugezogene Arzt, in Kranken-, Gebär- und sonstigen Humanitätsanstalten der Leiter der Anstalt oder der durch besondere Vorschriften hiezu verpflichtete Vorstand einer Abteilung;
1a. jedes Labor, das den Erreger einer meldepflichtigen Krankheit diagnostiziert;
2. die zugezogene Hebamme;
3. die berufsmäßigen Pflegepersonen, die mit der Wartung des Kranken befaßt sind;
4. der Haushaltungsvorstand (Leiter einer Anstalt) oder die an seiner Stelle mit der Führung des Haushaltes (der Leitung der Anstalt) betraute Person;
5. die Vorsteher öffentlicher und privater Lehranstalten und Kindergärten in bezug auf die ihrer Leitung unterstehenden Schüler, Lehrpersonen und Schulbediensteten;
6. der Wohnungsinhaber oder die an seiner Stelle mit der Obsorge für die Wohnung betraute Person;
7. Inhaber von Gast- und Schankgewerben sowie deren behördlich genehmigte Stellvertreter bezüglich der von ihnen beherbergten oder bei ihnen bediensteten Personen;
8. der Hausbesitzer oder die mit der Handhabung der Hausordnung betraute Person;
9. bei Milzbrand, Psittakose, Rotz, Puerpalfieber und Wutkrankheit (Lyssa) und Bissverletzungen durch wutkranke oder – verdächtige Tiere, Tularämie, Bang'scher Krankheit, Trichinose, Leptospiren-Erkrankungen und Infektionen mit dem Influenzavirus A/H5N1 oder einem anderen Vogelgrippevirus auch Tierärzte, wenn sie in Ausübung ihres Berufes von der erfolgten Infektion eines Menschen oder dem Verdacht einer solchen Kenntnis erlangen;
10. der Totenbeschauer.

(2) Die Verpflichtung zur Anzeige obliegt den unter Z 2 bis 8 bezeichneten Personen nur dann, wenn ein in der obigen Aufzählung unter Z 1 bis 7 früher genannter Verpflichteter nicht vorhanden ist.

II. HAUPTSTÜCK.

Vorkehrungen zur Verhütung und Bekämpfung anzeigepflichtiger Krankheiten Einleitung von Vorkehrungen bei Auftreten anzeigepflichtiger Krankheiten.

§ 6. (1) Über jeden Fall einer anzeigepflichtigen Krankheit sowie über jeden Verdachtsfall einer solchen Krankheit sind, neben den nach § 5 etwa erforderlichen Erhebungen, ohne Verzug die zur Verhütung der Weiterverbreitung der betreffenden Krankheit notwendigen Vorkehrungen im Sinne der folgenden Bestimmungen für die Dauer der Ansteckungsgefahr zu treffen.

(2) Verordnungen der Bezirksverwaltungsbehörden sind in elektronischer Form auf der Internetseite der Behörde, sofern aber landesgesetzliche Vorschriften betreffend die Kundmachung von Verordnungen der Behörde bestehen, nach diesen Vorschriften kundzumachen; sie können ohne Auswirkung auf die Kundmachung auch in anderer Form bekannt gemacht werden, insbesondere durch Anschlag an der Amtstafel der Behörde oder an der Amtstafel der Gemeinden des betroffenen Gebiets.

Absonderung Kranker.

§ 7. (1) Durch Verordnung werden jene anzeigepflichtigen Krankheiten bezeichnet, bei denen für kranke, krankheitsverdächtige oder ansteckungsverdächtige Personen Absonderungsmaßnahmen oder Verkehrsbeschränkungen verfügt werden können.

(1a) Zur Verhütung der Weiterverbreitung einer in einer Verordnung nach Abs. 1 angeführten anzeigepflichtigen Krankheit können kranke, krankheitsverdächtige oder ansteckungsverdächtige Personen abgesondert oder im Verkehr mit der Außenwelt beschränkt werden, sofern nach der Art der Krankheit und des Verhaltens des Betroffenen eine ernstliche und erhebliche Gefahr für die Gesundheit anderer Personen besteht, die nicht durch gelindere Maßnahmen beseitigt werden kann. In Fällen unmittelbar drohender Gefahr der Weiterverbreitung kann die Absonderung auch ohne vorausgegangenes Verfahren und vor Erlassung eines Bescheides erfolgen. Hierüber ist innerhalb von 48 Stunden ein schriftlicher Bescheid zu erlassen, widrigenfalls die Absonderung endet.

(2) Kann eine zweckentsprechende Absonderung im Sinne der getroffenen Anordnungen in der Wohnung des Kranken nicht erfolgen oder wird die Absonderung unterlassen, so ist die Unterbringung des Kranken in einer Krankenanstalt oder einem anderen geeigneten Raume durchzuführen, falls die Überführung ohne Gefährdung des Kranken erfolgen kann.

(3) Zum Zwecke der Absonderung sind, wo es mit Rücksicht auf die örtlichen Verhältnisse geboten erscheint, geeignete Räume und zulässig erkannte Transportmittel rechtzeitig bereitzustellen, beziehungsweise transportable, mit den nötigen Einrichtungen und Personal ausgestattete Barackenspitäler einzurichten.

(4) Abgesehen von den Fällen der Absonderung eines Kranken im Sinne des Abs. 2 kann die Überführung aus der Wohnung, in der er sich befindet, nur mit behördlicher Genehmigung und unter genauer Beobachtung der hiebei von der Behörde anzuordnenden Vorsichtsmaßregeln erfolgen.

(5) Diese Genehmigung ist nur dann zu erteilen, wenn eine Gefährdung öffentlicher Rücksichten hiedurch nicht zu besorgen steht und der Kranke entweder in eine zur Aufnahme solcher Kranker bestimmte Anstalt gebracht werden soll oder die Überführung nach der Sachlage unbedingt geboten erscheint.

Rechtsschutz bei Absonderungen

§ 7a. (1) Personen, die gemäß § 7 abgesondert werden oder abgesondert wurden oder denen gegenüber eine Absonderung angeordnet wurde, haben das Recht, das Landesverwaltungsgericht mit der Behauptung, in ihren Rechten verletzt zu sein, anzurufen.

(2) Gegen die Anordnung der Absonderung mittels Mandatsbescheids (§ 57 Abs. 1 AVG) ist eine Vorstellung nicht zulässig.

(3) Für Beschwerden gemäß Abs. 1 gelten die für Beschwerden gemäß Art. 130 Abs. 1 Z 2 B-VG anwendbaren Bestimmungen des VwGVG mit der Maßgabe, dass die belangte Behörde jene Behörde ist, die den angefochtenen Bescheid erlassen hat oder der die Absonderung zuzurechnen ist. Örtlich zuständig ist das Landesverwaltungsgericht jenes Landes, in dem die belangte Behörde ihren Sitz hat. Das Landesverwaltungsgericht hat die belangte Behörde umgehend über das Einlangen der Beschwerde zu informieren.

(4) Die Entscheidung des Landesverwaltungsgerichtes über die Rechtmäßigkeit der Absonderung hat binnen einer Woche zu ergehen, es sei denn, die Absonderung hätte vorher geendet. Hat das Landesverwaltungsgericht dem Beschwerdeführer gemäß § 13 Abs. 3 AVG aufgetragen, innerhalb bestimmter Frist einen Mangel der Beschwerde zu beheben, wird die Zeit bis zur Behebung des Mangels oder bis zum fruchtlosen Ablauf der Frist in die Entscheidungsfrist nicht einberechnet.

(5) Sofern die Absonderung noch andauert, hat das Landesverwaltungsgericht jedenfalls festzustellen, ob zum Zeitpunkt seiner Entscheidung die für die Fortsetzung der Absonderung maßgeblichen Voraussetzungen vorliegen.

(6) Soll eine Absonderung länger als 14 Tage dauern, ist sie dem Landesverwaltungsgericht von der Bezirksverwaltungsbehörde, die sie verfügt hat, unverzüglich anzuzeigen. Das Landesverwaltungsgericht hat in längstens vierwöchigen Abständen ab der Absonderung oder der letzten Überprüfung über die Notwendigkeit der Absonderung zu entscheiden. Die Bezirksverwaltungsbehörde, die die Absonderung verfügt hat, hat die Verwaltungsakten so rechtzeitig vorzulegen, dass dem Landesverwaltungsgericht eine Woche zur Entscheidung vor den gegenständlichen Terminen bleibt, und hat darzulegen, warum die Aufrechterhaltung der Absonderung notwendig ist. Mit Vorlage der Verwaltungsakten gilt die Beschwerde als für die abgesonderte Person eingebracht. Das Landesverwaltungsgericht hat jedenfalls festzustellen, ob zum Zeitpunkt seiner Entscheidung die für die Absonderung maßgeblichen Voraussetzungen vorliegen und ob die Aufrechterhaltung der Absonderung verhältnismäßig ist. Diese Überprüfung hat zu entfallen, soweit eine Beschwerde nach Abs. 1 bereits eingebracht wurde.

Verkehrsbeschränkungen

§ 7b. (1) Der für das Gesundheitswesen zuständige Bundesminister kann bei Auftreten einer in einer Verordnung nach § 7 Abs. 1 angeführten anzeigepflichtigen Krankheit durch Verordnung Verkehrsbeschränkungen für kranke, krankheitsverdächtige oder ansteckungsverdächtige Personen festlegen.

(2) Verkehrsbeschränkungen nach Abs. 1 dürfen nur erlassen werden, wenn Art und Ausmaß der Krankheit keine Absonderung gemäß § 7 Abs. 1a erfordern und die Verkehrsbeschränkungen erforderlich sind, um die Weiterverbreitung der in einer Verordnung nach § 7 Abs. 1 angeführten anzeigepflichtigen Krankheit zu verhindern.

(3) Verkehrsbeschränkungen gemäß Abs. 1 sind insbesondere:

1. Voraussetzungen und Auflagen für das Betreten und Befahren von Betriebsstätten, Arbeitsorten, Alten- und Pflegeheimen sowie stationären Wohneinrichtungen der Behindertenhilfe, bestimmten Orten und öffentlichen Orten in ihrer Gesamtheit, für das Benutzen von Verkehrsmitteln und für Zusammenkünfte.
2. die Untersagung des Betretens und Befahrens von Betriebsstätten, Arbeitsorten, Alten- und Pflegeheimen sowie stationären Wohneinrichtungen der Behindertenhilfe und bestimmten Orten, des Benutzens von Verkehrsmitteln und von Zusammenkünften, sofern Maßnahmen nach Z 1 nicht ausreichen, wobei solche Maßnahmen erforderlichenfalls nebeneinander zu ergreifen sind.

(4) Voraussetzungen gemäß Abs. 3 Z 1 sind insbesondere bestimmte Arten oder Zwecke der Nutzung von Orten und Verkehrsmitteln.

(5) Als Auflagen gemäß Abs. 3 Z 1 kommen insbesondere in Betracht:

1. das Erfordernis eines Nachweises über eine lediglich geringe epidemiologische Gefahr,
2. die Verpflichtung zum Tragen einer den Mund- und Nasenbereich abdeckenden mechanischen Schutzvorrichtung und
3. Abstandsregeln.

(6) Bestimmte Orte gemäß Abs. 3 sind bestimmte öffentliche und bestimmte private Orte mit Ausnahme des privaten Wohnbereichs.

(7) Öffentliche Orte gemäß Abs. 3 sind solche, die von einem nicht von vornherein bestimmten

Personenkreis betreten oder befahren werden können.

Ausschließung einzelner Personen von Lehranstalten.

§ 9. (1) Bewohner von Ortschaften oder Häusern, in denen eine anzeigepflichtige Krankheit aufgetreten ist, können vom Besuche von Lehranstalten, Kindergärten und ähnlichen Anstalten ausgeschlossen werden.

(2) Von der erfolgten Ausschließung ist die Leitung der Anstalt zu verständigen.

(3) Für die Beobachtung dieses Verbotes sind sowohl die ausgeschlossenen Personen selbst, bei Unmündigen deren gesetzliche Vertreter, als auch die zur Überwachung des Besuches der Anstalt berufenen Organe derselben verantwortlich.

Maßnahmen gegen das Zusammenströmen größerer Menschenmengen.

§ 15. (1) Sofern und solange dies im Hinblick auf Art und Umfang des Auftretens einer meldepflichtigen Erkrankung zum Schutz vor deren Weiterverbreitung unbedingt erforderlich ist, sind Veranstaltungen, die ein Zusammenströmen größerer Menschenmengen mit sich bringen,

1. einer Bewilligungspflicht zu unterwerfen,
2. an die Einhaltung bestimmter Voraussetzungen oder Auflagen zu binden oder
3. auf bestimmte Personen- oder Berufsgruppen einzuschränken.

Erforderlichenfalls sind die Maßnahmen gemäß Z 1 bis 3 nebeneinander zu ergreifen. Reichen die in Z 1 bis 3 genannten Maßnahmen nicht aus, sind Veranstaltungen zu untersagen.

(2) Voraussetzungen oder Auflagen gemäß Abs. 1 können je nach epidemiologischen Erfordernissen insbesondere sein:

1. Vorgaben zu Abstandsregeln,
2. Verpflichtungen zum Tragen einer mechanischen Mund-Nasen-Schutzvorrichtung,
3. Beschränkung der Teilnehmerzahl,
4. Anforderungen an das Vorhandensein und die Nutzung von Sanitäreinrichtungen sowie Desinfektionsmitteln,

(Anm.: Z 5 mit Ablauf des 31.12.2021 außer Kraft getreten)

6. ein Präventionskonzept zur Minimierung des Infektions- sowie des Ausbreitungsrisikos. Ein Präventionskonzept ist eine programmhafte Darstellung von Regelungen zur Verhinderung der Weiterverbreitung einer näher bezeichneten meldepflichtigen Erkrankung im Sinne dieses Bundesgesetzes.

(3) Voraussetzungen oder Auflagen im Sinne des Abs. 1 dürfen nicht die Verwendung von Contact -Tracing-Technologien umfassen. Dies gilt nicht für die Kontaktdatenerhebung gemäß § 5c.

(4) Beschränkungen auf Personen- oder Berufsgruppen gemäß Abs. 1 Z 3 dürfen nicht auf Geschlecht, Behinderung, ethnische Zugehörigkeit, Alter, Religion, Weltanschauung, sexuelle Orientierung oder auf das Bestehen einer allfälligen Zuordnung zu einer Risikogruppe einer meldepflichtigen Erkrankung abstellen.

(5) Die Bezirksverwaltungsbehörde kann die Einhaltung von Voraussetzungen und Auflagen – auch durch Überprüfung vor Ort – kontrollieren. Dazu sind die Organe der Bezirksverwaltungsbehörde und die von ihnen herangezogenen Sachverständigen berechtigt, Veranstaltungsorte zu betreten und zu besichtigen, sowie in alle Unterlagen, die mit der Einhaltung von Voraussetzungen und Auflagen nach diesem Bundesgesetz im Zusammenhang stehen, Einsicht zu nehmen und Beweismittel zu sichern. Der Veranstalter hat den Organen der Bezirksverwaltungsbehörde und den von diesen herangezogenen Sachverständigen das Betreten und die Besichtigung des Veranstaltungsortes zu ermöglichen, diesen die notwendigen Auskünfte zu erteilen und die erforderlichen Unterlagen vorzulegen.

(6) Wird aufgrund des Abs. 1 eine Verordnung erlassen oder geändert und hat dies zur Folge, dass eine Veranstaltung nicht mehr bewilligt werden könnte, darf eine bereits erteilte Bewilligung für die Dauer der Geltung dieser Rechtslage nicht ausgeübt werden. In dieser Verordnung kann abweichend vom ersten Satz angeordnet werden, dass bestehende Bewilligungen unter Einhaltung der Anordnungen dieser Verordnung, die im Zeitpunkt der Erteilung der Bewilligung nicht gegolten haben und hinreichend bestimmt sind, ausgeübt werden dürfen. In einem solchen Fall gelten die Bewilligungen für die Dauer der Geltung der neuen Rechtslage als entsprechend der Verordnung geändert. § 68 Abs. 3 AVG bleibt unberührt.

(7) Wird auf Grund des Abs. 1 eine Verordnung erlassen oder geändert und hat dies zur Folge, dass eine allfällige Bewilligung in einer für den Veranstalter günstigeren Weise erteilt werden könnte, so kann die Behörde einen neuen Antrag auf Bewilligung nicht wegen entschiedener Sache zurückweisen.

(Anm.: Abs. 8 aufgehoben durch § 50 Abs. 21 idF BGBl. I Nr. 90/2021)

(Anm.: Abs. 9 aufgehoben durch Art. 1 Z 7, BGBl. I Nr. 90/2021)

Überwachung bestimmter Personen.

§ 17. (1) Personen, die als Träger von Krankheitskeimen einer anzeigepflichtigen Krankheit anzusehen sind, können einer besonderen sanitätspolizeilichen Beobachtung oder Überwachung unterworfen werden. Sie dürfen nach näherer Anordnung der Bezirksverwaltungsbehörde (Gesundheitsamt) nicht bei der Gewinnung oder Behandlung von Lebensmitteln in einer Weise tätig sein, welche die Gefahr mit sich bringt, daß Krankheitskeime auf andere Personen oder auf Lebensmittel übertragen werden. Für diese Personen kann eine besondere Meldepflicht, die periodische ärztliche Untersuchung sowie erforderlichenfalls die Desinfektion und Absonderung in ihrer Wohnung angeordnet werden; ist die Absonderung in der Wohnung in zweckmäßiger Weise nicht durchführbar, so kann die Absonderung und Verpflegung in eigenen Räumen verfügt werden.

(2) Bezieht sich der Ansteckungsverdacht auf die Übertragung des Flecktyphus, der Blattern, der Asiatischen Cholera oder der Pest, so ist die sanitätspolizeiliche Beobachtung und Überwachung der ansteckungsverdächtigen Person im Sinne des vorhergehenden Absatzes jedenfalls durchzuführen.

(3) Für Personen, die sich berufsmäßig mit der Krankenbehandlung, der Krankenpflege oder Leichenbesorgung beschäftigen, und für Hebammen ist die Beobachtung besonderer Vorsichten anzuordnen. Für solche Personen können Verkehrs- und Berufsbeschränkungen sowie Schutzmaßnahmen, insbesondere Schutzimpfungen, angeordnet werden.

(4) Sofern dies im Hinblick auf Art und Umfang des Auftretens einer meldepflichtigen Erkrankung zum Schutz vor deren Weiterverbreitung unbedingt erforderlich ist, kann die Bezirksverwaltungsbehörde im Einzelfall für bestimmte gefährdete Personen die Durchführung von Schutzimpfungen oder die Gabe von Prophylaktika anordnen.

(5) Für Absonderungen gemäß Abs. 1 gilt § 7a sinngemäß.

Betriebsbeschränkung oder Schließung gewerblicher Unternehmungen.

§ 20. (1) Beim Auftreten von Scharlach, Diphtherie, Abdominaltyphus, Paratyphus, bakterieller Lebensmittelvergiftung, Flecktyphus, Blattern, Asiatischer Cholera, Pest oder Milzbrand kann die Schließung von Betriebsstätten, in denen bestimmte Gewerbe ausgeübt werden, deren Betrieb eine besondere Gefahr für die Ausbreitung dieser Krankheit mit sich bringt, für bestimmt zu bezeichnende Gebiete angeordnet werden, wenn und insoweit nach den im Betriebe bestehenden Verhältnissen die Aufrechterhaltung desselben eine dringende und schwere Gefährdung der Betriebsangestellten selbst sowie der Öffentlichkeit überhaupt durch die Weiterverbreitung der Krankheit begründen würde. *(BGBl. Nr. 449/1925, Artikel III Abs. 2, und BGBl. Nr. 151/1947, Artikel II Z 5 lit. h.)*

(2) Beim Auftreten einer der im ersten Absatz angeführten Krankheiten kann unter den sonstigen dort bezeichneten Bedingungen der Betrieb einzelner gewerbsmäßig betriebener Unternehmungen mit fester Betriebsstätte beschränkt oder die Schließung der Betriebsstätte verfügt sowie auch einzelnen Personen, die mit Kranken in Berührung kommen, das Betreten der Betriebsstätten untersagt werden.

(3) Die Schließung einer Betriebsstätte ist jedoch erst dann zu verfügen, wenn ganz außerordentliche Gefahren sie nötig erscheinen lassen.

(4) Inwieweit die in den Abs. 1 bis 3 bezeichneten Vorkehrungen auch beim Auftreten einer anderen anzeigepflichtigen Krankheit getroffen werden können, wird durch Verordnung bestimmt.

Vergütung für den Verdienstentgang.

§ 32. (1) Natürlichen und juristischen Personen sowie Personengesellschaften des Handelsrechtes ist wegen der durch die Behinderung ihres Erwerbes entstandenen Vermögensnachteile dann eine Vergütung zu leisten, wenn und soweit

1. sie gemäß §§ 7 oder 17 abgesondert worden sind, oder
2. ihnen die Abgabe von Lebensmitteln gemäß § 11 untersagt worden ist, oder
3. ihnen die Ausübung einer Erwerbstätigkeit gemäß § 17 untersagt worden ist, oder
4. sie in einem gemäß § 20 im Betrieb beschränkten oder geschlossenen Unternehmen beschäftigt sind, oder
5. sie ein Unternehmen betreiben, das gemäß § 20 in seinem Betrieb beschränkt oder gesperrt worden ist, oder
6. sie in Wohnungen oder Gebäuden wohnen, deren Räumung gemäß § 22 angeordnet worden ist, oder
7. sie in einem Epidemiegebiet, über das Verkehrsbeschränkungen gemäß § 24 verhängt worden sind, aufhältig sind oder Beschränkungen hinsichtlich des Betretens unterworfen sind,

und dadurch ein Verdienstentgang eingetreten ist.

(1a) Abweichend von Abs. 1 Z 1 und Z 3 ist für die Dauer der Pandemie mit COVID-19 eine Vergütung nach Abs. 1 auch dann zu leisten, wenn bei einer natürlichen Person der Nachweis einer befugten Stelle über ein positives Ergebnis eines molekularbiologischen Tests auf SARS-CoV-2 vorliegt. Die Vergütung ist für jeden Tag zu leisten, für den eine Maßnahme gemäß § 7 oder § 17 angeordnet worden wäre. Ebenso ist eine Vergütung zu leisten, wenn einer Person aufgrund einer Verordnung nach § 7b Abs. 1 Verkehrsbeschränkungen auferlegt wurden und ihr deshalb durch die Behinderung ihres Erwerbes ein Vermögensnachteil entstanden ist.

(2) Die Vergütung ist für jeden Tag zu leisten, der von der in Abs. 1 genannten behördlichen Verfügung umfaßt ist.

(3) Die Vergütung für Personen, die in einem Arbeitsverhältnis stehen, ist nach dem regelmäßigen Entgelt im Sinne des Entgeltfortzahlungsgesetzes,

BGBl. Nr. 399/1974, zu bemessen. Die Arbeitgeber haben ihnen den gebührenden Vergütungsbetrag an den für die Zahlung des Entgelts im Betrieb üblichen Terminen auszuzahlen. Der Anspruch auf Vergütung gegenüber dem Bund geht mit dem Zeitpunkt der Auszahlung auf den Arbeitgeber über. Der für die Zeit der Erwerbsbehinderung vom Arbeitgeber zu entrichtende Dienstgeberanteil in der gesetzlichen Sozialversicherung und der Zuschlag gemäß § 21 des Bauarbeiterurlaubsgesetzes 1972, BGBl. Nr. 414, ist vom Bund zu ersetzen.

(3a) Der Anspruch auf Vergütung gegenüber dem Bund gemäß Abs. 3 besteht ungeachtet privatrechtlicher oder öffentlich-rechtlicher Verpflichtungen zur Fortzahlung des Entgelts beziehungsweise der Bezüge.

(4) Für selbständig erwerbstätige Personen und Unternehmungen ist die Entschädigung nach dem vergleichbaren fortgeschriebenen wirtschaftlichen Einkommen zu bemessen.

(5) Auf den gebührenden Vergütungsbetrag sind Beträge anzurechnen, die dem Vergütungsberechtigten wegen einer solchen Erwerbsbehinderung nach sonstigen Vorschriften oder Vereinbarungen sowie aus einer anderweitigen während der Zeit der Erwerbsbehinderung aufgenommenen Erwerbstätigkeit zukommen. Dies gilt nicht im Falle der Fortzahlung des Entgelts bzw. der Bezüge gemäß Abs. 3a.

(6) Der für das Gesundheitswesen zuständige Bundesminister kann, wenn und soweit dies zur Gewährleistung einer einheitlichen Verwaltungsführung erforderlich ist, durch Verordnung nähere Vorgaben zur Berechnung der Höhe der Entschädigung oder Vergütung des Verdienstentgangs erlassen.

(7) Auf Grund dieser Bestimmung erlassene Bescheide, denen unrichtige Angaben eines Antragstellers über anspruchsbegründende Tatsachen zugrunde liegen, leiden an einem mit Nichtigkeit bedrohten Fehler im Sinne des § 68 Abs. 4 Z 4 AVG.

Frist zur Geltendmachung des Anspruches auf Entschädigung oder Vergütung des Verdienstentganges.

§ 33. Der Anspruch auf Entschädigung gemäß § 29 ist binnen sechs Wochen nach erfolgter Desinfektion oder Rückstellung des Gegenstandes oder nach Verständigung von der erfolgten Vernichtung, der Anspruch auf Vergütung des Verdienstentganges gemäß § 32 binnen sechs Wochen vom Tage der Aufhebung der behördlichen Maßnahmen bei der Bezirksverwaltungsbehörde, in deren Bereich diese Maßnahmen getroffen worden, geltend zu machen, widrigenfalls der Anspruch erlischt.

Kostenbestreitung aus dem Bundesschatz.

§ 36. (1) Aus dem Bundesschatz sind zu bestreiten:

a) die Kosten von Screeningprogrammen auf Grund einer Verordnung gemäß § 5a Abs. 1a;
b) die Kosten der in staatlichen Untersuchungsanstalten nach § 5 vorgenommenen Untersuchungen;
c) die Kosten der Vertilgung von Tieren, durch die Krankheitskeime verbreitet werden können (§ 14);
d) die Kosten der Überwachung und Absonderung ansteckungsverdächtiger Personen (§ 17);
e) die Kosten für die Beistellung von Unterkünften (§ 22);
f) die Kosten der Vorkehrungen für Verkehrsbeschränkungen in Bezug auf Epidemiegebiete (§ 24);
g) die Gebühren der Epidemieärzte (§ 27);
h) die Entschädigungen für die bei einer Desinfizierung beschädigten oder vernichteten Gegenstände (§§ 29 bis 31);
i) die Vergütungen für den Verdienstentgang (§ 32) und die Behandlungskosten gemäß § 33a Abs. 2;
k) die Ruhe- und Versorgungsgenüsse für Ärzte und ihre Hinterbliebenen (§ 34);
l) die Ruhe- und Versorgungsgenüsse für Pflegepersonen und ihre Hinterbliebenen (§ 35);
m) die Kosten der von den staatlichen Behörden und Organen aus Anlaß der Durchführung dieses Gesetzes zu pflegenden Amtshandlungen;
n) die Kosten für die Beauftragungen nach § 5 Abs. 4 und § 27a.

(2) Über Ansprüche, die nach Abs. 1 erhoben werden, entscheidet die Bezirksverwaltungsbehörde.

(3) Die Kosten des gerichtlichen Verfahrens trägt der Bund.

IV. HAUPTSTÜCK.

Strafbestimmungen.

Verletzung einer Anzeige- oder Meldepflicht.

§ 39.[a] (1) Wer den in diesem Bundesgesetz enthaltenen oder auf Grund desselben erlassenen Anordnungen über die Erstattung von Anzeigen und Meldungen zuwiderhandelt, macht sich einer Verwaltungsübertretung schuldig und ist mit Geldstrafe von 218 Euro bis zu 2 180 Euro, im Wiederholungsfall bis zu 4 360 Euro, im Nichteinbringungsfall mit Freiheitsstrafe bis zu sechs Wochen zu bestrafen.

(2) Die Strafverfolgung tritt nicht ein, wenn die Anzeige zwar nicht von den zunächst Verpflichteten, jedoch rechtzeitig gemacht worden ist.

[a] Tritt mit Ablauf des 30. Juni 2023 außer Kraft.

IV. HAUPTSTÜCK.
Strafbestimmungen.
Verletzung einer Anzeige- oder Meldepflicht.

§ 39.[a)] (1) Wer den in diesem Bundesgesetz enthaltenen oder auf Grund desselben erlassenen Anordnungen über die Erstattung von Anzeigen und Meldungen zuwiderhandelt, macht sich einer Verwaltungsübertretung schuldig und ist mit Geldstrafe bis zu 2 180 Euro, im Nichteinbringungsfall mit Freiheitsstrafe bis zu sechs Wochen zu bestrafen.

(2) Die Strafverfolgung tritt nicht ein, wenn die Anzeige zwar nicht von den zunächst Verpflichteten, jedoch rechtzeitig gemacht worden ist.

[a)] Tritt mit 1. Juli 2023 in Kraft.

Sonderbestimmung für die Dauer der Pandemie mit SARS-CoV-2

§ 49.[a)] (1) Abweichend von § 33 ist der Anspruch auf Vergütung des Verdienstentganges, der aufgrund einer wegen des Auftretens von SARS-CoV-2 ergangenen behördlichen Maßnahme besteht, binnen drei Monaten vom Tag der Aufhebung der behördlichen Maßnahmen bei der Bezirksverwaltungsbehörde, in deren Bereich diese Maßnahmen getroffen wurden, geltend zu machen.

(1a) Abweichend von § 33 ist der Anspruch auf Vergütung des Verdienstentganges gemäß § 32 Abs. 1a binnen drei Monaten vom Tag, an dem eine Maßnahme gemäß § 7 oder § 17 aufgehoben worden wäre oder eine Verkehrsbeschränkung gemäß § 7b geendet hat, bei der Bezirksverwaltungsbehörde, in deren Sprengel sich der Wohnsitz (Sitz) des Antragstellers befindet, geltend zu machen.

(2) Bereits vor Inkrafttreten dieser Bestimmung laufende und abgelaufene Fristen beginnen mit Inkrafttreten des Bundesgesetzes BGBl. I Nr. 62/2020 neu zu laufen.

(3) Die Bezirksverwaltungsbehörde ist verpflichtet, über Anträge auf Vergütung des Verdienstentganges gemäß § 32, die auf Grund einer wegen des Auftretens von SARS–CoV–2 ergangenen behördlichen Maßnahme eingebracht werden, ohne unnötigen Aufschub, spätestens aber zwölf Monate nach deren Einlangen zu entscheiden.

(4) Ein bei der örtlich unzuständigen Behörde fristgerecht eingebrachter Antrag auf Vergütung des Verdienstentganges gemäß § 32, der aus einem in der Sphäre der Behörde liegenden Umstand nicht innerhalb der Frist gemäß Abs. 1 und 2 bei der örtlich zuständigen Behörde eingelangt ist (§ 6 Abs. 1 AVG), gilt als rechtzeitig eingebracht.

(5) Fristgerecht eingebrachte Anträge auf Vergütung des Verdienstentganges gemäß § 32 dürfen während eines anhängigen Verfahrens auch nach Ablauf der Frist gemäß Abs. 1 und 2 zur Geltendmachung von Ansprüchen auf Grundlage einer nach § 32 Abs. 6 erlassenen Verordnung der Höhe nach ausgedehnt werden.

(6) Der Anspruch auf Vergütung von Sonderzahlungen (13. und 14. Monatsbezug) gemäß § 32 Abs. 3, der sich auf bis 30.09.2021 aufgehobene behördliche Maßnahmen bezieht, kann unbeschadet bereits eingetretener Rechtskraft bis 30.09.2022 geltend gemacht werden.

[a)] Tritt mit Ablauf des 30. Juni 2023 außer Kraft.

Sonderbestimmung für die Dauer der Pandemie mit SARS-CoV-2

§ 49.[a)] (1) Abweichend von § 33 ist der Anspruch auf Vergütung des Verdienstentganges, der aufgrund einer wegen des Auftretens von SARS-CoV-2 ergangenen behördlichen Maßnahme besteht, binnen drei Monaten vom Tag der Aufhebung der behördlichen Maßnahmen bei der Bezirksverwaltungsbehörde, in deren Bereich diese Maßnahmen getroffen wurden, geltend zu machen.

(Anm.: Abs. 1a mit Ablauf des 30.6.2023 außer Kraft getreten)

(2) Bereits vor Inkrafttreten dieser Bestimmung laufende und abgelaufene Fristen beginnen mit Inkrafttreten des Bundesgesetzes BGBl. I Nr. 62/2020 neu zu laufen.

(Anm.: Abs. 3 mit Ablauf des 30.6.2023 außer Kraft getreten)

(4) Ein bei der örtlich unzuständigen Behörde fristgerecht eingebrachter Antrag auf Vergütung des Verdienstentganges gemäß § 32, der aus einem in der Sphäre der Behörde liegenden Umstand nicht innerhalb der Frist gemäß Abs. 1 und 2 bei der örtlich zuständigen Behörde eingelangt ist (§ 6 Abs. 1 AVG), gilt als rechtzeitig eingebracht.

(5) Fristgerecht eingebrachte Anträge auf Vergütung des Verdienstentganges gemäß § 32 dürfen während eines anhängigen Verfahrens auch nach Ablauf der Frist gemäß Abs. 1 und 2 zur Geltendmachung von Ansprüchen auf Grundlage einer nach § 32 Abs. 6 erlassenen Verordnung der Höhe nach ausgedehnt werden.

(6) Der Anspruch auf Vergütung von Sonderzahlungen (13. und 14. Monatsbezug) gemäß § 32 Abs. 3, der sich auf bis 30.09.2021 aufgehobene behördliche Maßnahmen bezieht, kann unbeschadet bereits eingetretener Rechtskraft bis 30.09.2022 geltend gemacht werden.

[a)] Tritt mit 1. Juli 2023 in Kraft.

29. Europäische Menschenrechtskonvention (Auszug)

(Übersetzung)

KONVENTION ZUM SCHUTZE DER MENSCHENRECHTE UND GRUNDFREIHEITEN

StF: BGBl. Nr. 210/1958

Letzte Novellierung: BGBl. III Nr. 68/2021

Artikel 8 – Recht auf Achtung des Privat- und Familienlebens

(1) Jedermann hat Anspruch auf Achtung seines Privat- und Familienlebens, seiner Wohnung und seines Briefverkehrs.

(2) Der Eingriff einer öffentlichen Behörde in die Ausübung dieses Rechts ist nur statthaft, insoweit dieser Eingriff gesetzlich vorgesehen ist und eine Maßnahme darstellt, die in einer demokratischen Gesellschaft für die nationale Sicherheit, die öffentliche Ruhe und Ordnung, das wirtschaftliche Wohl des Landes, die Verteidigung der Ordnung und zur Verhinderung von strafbaren Handlungen, zum Schutz der Gesundheit und der Moral oder zum Schutz der Rechte und Freiheiten anderer notwendig ist.

Artikel 9 – Gedanken-, Gewissens- und Religionsfreiheit

(1) Jedermann hat Anspruch auf Gedanken-, Gewissens- und Religionsfreiheit; dieses Recht umfaßt die Freiheit des einzelnen zum Wechsel der Religion oder der Weltanschauung sowie die Freiheit, seine Religion oder Weltanschauung einzeln oder in Gemeinschaft mit anderen öffentlich oder privat, durch Gottesdienst, Unterricht, Andachten und Beachtung religiöser Gebräuche auszuüben.

(2) Die Religions- und Bekenntnisfreiheit darf nicht Gegenstand anderer als vom Gesetz vorgesehener Beschränkungen sein, die in einer demokratischen Gesellschaft notwendige Maßnahmen im Interesse der öffentlichen Sicherheit, der öffentlichen Ordnung, Gesundheit und Moral oder für den Schutz der Rechte und Freiheiten anderer sind.

Artikel 10 – Freiheit der Meinungsäußerung

(1) Jedermann hat Anspruch auf freie Meinungsäußerung. Dieses Recht schließt die Freiheit der Meinung und die Freiheit zum Empfang und zur Mitteilung von Nachrichten oder Ideen ohne Eingriffe öffentlicher Behörden und ohne Rücksicht auf Landesgrenzen ein. Dieser Artikel schließt nicht aus, daß die Staaten Rundfunk-, Lichtspiel- oder Fernsehunternehmen einem Genehmigungsverfahren unterwerfen.

(2) Da die Ausübung dieser Freiheiten Pflichten und Verantwortung mit sich bringt, kann sie bestimmten, vom Gesetz vorgesehenen Formvorschriften, Bedingungen, Einschränkungen oder Strafdrohungen unterworfen werden, wie sie in einer demokratischen Gesellschaft im Interesse der nationalen Sicherheit, der territorialen Unversehrtheit oder der öffentlichen Sicherheit, der Aufrechterhaltung der Ordnung und der Verbrechensverhütung, des Schutzes der Gesundheit und der Moral, des Schutzes des guten Rufes oder der Rechte anderer unentbehrlich sind, um die Verbreitung von vertraulichen Nachrichten zu verhindern oder das Ansehen und die Unparteilichkeit der Rechtsprechung zu gewährleisten.

Artikel 11 – Versammlungs- und Vereinigungsfreiheit

(1) Alle Menschen haben das Recht, sich friedlich zu versammeln und sich frei mit anderen zusammenzuschließen, einschließlich des Rechts, zum Schutze ihrer Interessen Gewerkschaften zu bilden und diesen beizutreten.

(2) Die Ausübung dieser Rechte darf keinen anderen Einschränkungen unterworfen werden als den vom Gesetz vorgesehenen, die in einer demokratischen Gesellschaft im Interesse der nationalen und öffentlichen Sicherheit, der Aufrechterhaltung der Ordnung und der Verbrechensverhütung, des Schutzes der Gesundheit und der Moral oder des Schutzes der Rechte und Freiheiten anderer notwendig sind. Dieser Artikel verbietet nicht, daß die Ausübung dieser Rechte durch Mitglieder der Streitkräfte, der Polizei oder der Staatsverwaltung gesetzlichen Einschränkungen unterworfen wird.

Artikel 1 – Schutz des Eigentums

Jede natürliche oder juristische Person hat ein Recht auf Achtung ihres Eigentums. Niemandem darf sein Eigentum entzogen werden, es sei denn, daß das öffentliche Interesse es verlangt, und nur unter den durch Gesetz und durch die allgemeinen Grundsätze des Völkerrechts vorgesehenen Bedingungen.

Die vorstehenden Bestimmungen beeinträchtigen jedoch in keiner Weise das Recht des Staates, diejenigen Gesetze anzuwenden, die er für die Regelung der Benutzung des Eigentums in Übereinstimmung mit dem Allgemeininteresse oder zur Sicherung der Zahlung der Steuern, sonstiger Abgaben oder von Geldstrafen für erforderlich hält.

Artikel 2 – Recht auf Bildung

Das Recht auf Bildung darf niemandem verwehrt werden. Der Staat hat bei Ausübung der von ihm auf dem Gebiete der Erziehung und des Unterrichts übernommenen Aufgaben das Recht der Eltern zu achten, die Erziehung und den Unterricht entsprechend ihren eigenen religiösen und weltanschaulichen Überzeugungen sicherzustellen.

Artikel 3 – Recht auf freie Wahlen

Die Hohen Vertragschließenden Teile verpflichten sich, in angemessenen Zeitabständen freie und geheime Wahlen unter Bedingungen abzuhalten, die die freie Äußerung der Meinung des Volkes bei der Wahl der gesetzgebenden Organe gewährleisten.

Artikel 4 – Räumlicher Geltungsbereich

Jeder der Hohen Vertragschließenden Teile kann im Zeitpunkt der Unterzeichnung oder Ratifikation oder in der Folge zu jedem anderen Zeitpunkt an den Generalsekretär des Europarates eine Erklärung darüber richten, in welchem Umfang er sich zur Anwendung der Bestimmungen dieses Protokolls auf die in dieser Erklärung angegebenen Gebiete, für deren internationale Beziehungen er verantwortlich ist, verpflichtet.

Jeder der Hohen Vertragschließenden Teile, der eine Erklärung gemäß dem vorstehenden Absatz abgegeben hat, kann von Zeit zu Zeit eine weitere Erklärung abgeben, die den Inhalt einer früheren Erklärung ändert oder die Anwendung der Bestimmungen dieses Protokolls auf irgend einem Gebiet beendet.

Eine im Einklang mit diesem Artikel abgegebene Erklärung gilt als eine gemäß Artikel 56 Abs. 1 der Konvention abgegebene Erklärung.

Artikel 5 – Verhältnis zur Konvention

Die Hohen Vertragschließenden Teile betrachten die Bestimmungen der Artikel 1, 2, 3 und 4 dieses Protokolls als Zusatzartikel zur Konvention; alle Vorschriften der Konvention sind dementsprechend anzuwenden.

Artikel 6 – Unterzeichnung und Ratifikation

Dieses Protokoll steht den Mitgliedern des Europarates, die die Konvention unterzeichnet haben, zur Unterzeichnung offen; es wird gleichzeitig mit der Konvention oder zu einem späteren Zeitpunkt ratifiziert. Es tritt nach der Hinterlegung von zehn Ratifikationsurkunden in Kraft. Für jeden Unterzeichnerstaat, dessen Ratifikation später erfolgt, tritt das Protokoll am Tage der Hinterlegung seiner Ratifikationsurkunde in Kraft.

Die Ratifikationsurkunden werden beim Generalsekretär des Europarates hinterlegt, der allen Mitgliedern die Namen der Staaten, die das Protokoll ratifiziert haben, mitteilt.

Geschehen zu Paris am 20. März 1952 in englischer und französischer Sprache, wobei die beiden Texte in gleicher Weise authentisch sind, in einer einzigen Ausfertigung, die in den Archiven des Europarates hinterlegt wird. Der Generalsekretär wird allen Signatarstaaten beglaubigte Abschriften übermitteln.

30. Exekutionsordnung (Auszug)

Gesetz vom 27. Mai 1896, über das Exekutions- und Sicherungsverfahren
StF: RGBl. Nr. 79/1896
Letzte Novellierung: BGBl. I Nr. 61/2022
Mit Zustimmung beider Häuser des Reichsrathes finde Ich anzuordnen, wie folgt:

GLIEDERUNG

STICHWORTVERZEICHNIS

EO

Unpfändbare Forderungen

§ 290. (1) Unpfändbar sind Forderungen auf folgende Leistungen:

1. Aufwandsentschädigungen, soweit sie den in Ausübung der Berufstätigkeit tatsächlich erwachsenden Mehraufwand abgelten, insbesondere für auswärtige Arbeiten, für Arbeitsmaterial und Arbeitsgerät, das vom Arbeitnehmer selbst beigestellt wird, sowie für Kauf und Reinigen typischer Arbeitskleidung;
2. gesetzliche Beihilfen und Zulagen, die zur Abdeckung des Mehraufwands wegen körperlicher oder geistiger Behinderung, Hilflosigkeit oder Pflegebedürftigkeit zu gewähren sind, wie zB das Pflegegeld;
3. Beihilfen des Arbeitsmarktservice, soweit sie nicht unter § 290a Abs. 1 Z 8 fallen, sowie einem Versehrten gewährte berufliche Maßnahmen der Rehabilitation, die die Fortsetzung der Erwerbstätigkeit ermöglichen;
4. Ersatz der Kosten, die der Arbeitnehmer für seine Vertretung aufwenden muss;
5. Beiträge für Bestattungskosten;
6. Rückersätze und Kostenvergütungen für Sachleistungsansprüche sowie Kostenersätze aus der gesetzlichen Sozialversicherung und Entschädigungen für aufgewendete Heilungskosten;
7. Leistungen aus dem Unterstützungsfonds und besondere Unterstützungen nach den Sozialversicherungsgesetzen;
8. gesetzliche Beihilfen zur Zahlung des Mietzinses oder zur Deckung des sonstigen Wohnungsaufwands;
9. gesetzliche Familienbeihilfe einschließlich Mehrkindzuschlag und Schulfahrtbeihilfe sowie die nach den jeweils geltenden einkommensteuerrechtlichen Bestimmungen zur Abgeltung gesetzlicher Unterhaltsverpflichtungen gegenüber Kindern auszuzahlenden Absetzbeträge;
10. gesetzliche Leistungen, die aus Anlass der Geburt eines Kindes zu gewähren sind, soweit sie nicht unter § 290a Abs. 1 Z 6 fallen, insbesondere das pauschale Kinderbetreuungsgeld und die Beihilfe zum pauschalen Kinderbetreuungsgeld;
11. Beihilfen und Stipendien, die Schülern und Studenten gewährt werden;

(Anm.: Z 12 und 13 aufgehoben durch BGBl. Nr. 624/1994)

14. Leistungen nach dem Kriegsopferversorgungsgesetz und dem Opferfürsorgegesetz;
15. Leistungen der Tuberkulosehilfe, soweit es sich nicht um regelmäßige Geldbeihilfen handelt;
16. Ansprüche auf die Arbeitsvergütung nach dem Strafvollzugsgesetz und daraus herrührende Beträge während der Haft, soweit sie nicht unter § 291d fallen.

(2) Die Unpfändbarkeit gilt nicht, wenn die Exekution wegen einer Forderung geführt wird, zu deren Begleichung die Leistung widmungsgemäß bestimmt ist.

(3) Die Unpfändbarkeit von Renten und Beihilfen nach Abs. 1 Z 14 gilt nicht bei einer Exekution wegen einer Forderung nach § 291b Abs. 1 Z 1.

Beschränkt pfändbare Forderungen

§ 290a. (1) Forderungen auf folgende Leistungen dürfen nur nach Maßgabe des § 291a oder des § 291b gepfändet werden:

1. Einkünfte aus einem privat- oder öffentlichrechtlichen Arbeitsverhältnis, einem Lehroder sonstigen Ausbildungsverhältnis und die gesetzlichen Leistungen an Präsenz- oder Ausbildungs- oder Zivildienstleistende;
2. sonstige wiederkehrende Vergütungen für Arbeitsleistungen aller Art, die die Erwerbstätigkeit des Verpflichteten vollständig oder zu einem wesentlichen Teil in Anspruch nehmen;

3. Bezüge, die ein Arbeitnehmer zum Ausgleich für Wettbewerbsbeschränkungen für die Zeit nach Beendigung seines Arbeitsverhältnisses beanspruchen kann;
4. Ruhe-, Versorgungs- und andere Bezüge für frühere Arbeitsleistungen, wie zB die Pensionen aus der gesetzlichen Sozialversicherung einschließlich der Ausgleichszulagen und die gesetzlichen Leistungen an Kleinrentner;
5. gesetzliche Leistungen und satzungsgemäße Mehrleistungen, die aus Anlass einer Beeinträchtigung der Arbeits- oder Erwerbsfähigkeit zu gewähren sind und Entgeltersatzfunktion haben, insbesondere solche der Sozialversicherung; das sind vor allem

a) Versehrtenrente,
b) Versehrtengeld,
c) Übergangsrente,
d) Übergangsgeld,
e) Familien- und Taggeld,
f) Krankengeld,
g) Rehabilitationsgeld;

6. Leistungen der gesetzlichen Sozialversicherung aus dem Versicherungsfall der Mutterschaft, insbesondere das Wochengeld und die Betriebshilfe, sowie das Kinderbetreuungsgeld als Ersatz des Erwerbseinkommens nach dem Kinderbetreuungsgeldgesetz;
7. Leistungen, die für die Dauer der Arbeitslosigkeit zu gewähren sind, wie das Arbeitslosengeld, die Notstandshilfe, die Überbrückungshilfe und die erweiterte Überbrückungshilfe nach dem Überbrückungshilfegesetz, das Weiterbildungsgeld sowie die Sonderunterstützung nach dem Sonderunterstützungsgesetz;
8. Beihilfen des Arbeitsmarktservice, die zur Deckung des Lebensunterhalts gewährt werden;
9. wiederkehrende Leistungen aus Versicherungsverträgen, wenn diese Verträge zur Versorgung des Versicherungsnehmers oder seiner unterhaltsberechtigten Angehörigen eingegangen sind;
10. gesetzliche Unterhaltsleistungen;
11. wiederkehrende Leistungen, die auf Grund eines Ausgedingsvertrags oder eines Unterhaltszwecken dienenden Leibrentenvertrags zu gewähren sind;
12. Leistungen wegen Minderung der Erwerbsfähigkeit, für Verdienstentgang, zur Sicherung des Lebensunterhalts und an die Hinterbliebenen für entgangenen Unterhalt, die wegen Tötung, Körperverletzung, Gesundheitsschädigung oder Krankheit zu gewähren sind, insbesondere Schadenersatzrenten.

(2) Die Pfändung der in Abs. 1 genannten Leistungen umfasst alle Beträge, die im Rahmen des der gepfändeten Forderung zugrunde liegenden Rechtsverhältnisses geleistet werden; insbesondere umfassen die in Abs. 1 Z 1 und 2 genannten Leistungen alle Vorteile aus diesen Tätigkeiten ohne Rücksicht auf ihre Benennung und Berechnungsart.

(3) Gesetzliche Ansprüche auf Vorschüsse sowie der Anspruch auf Insolvenz-Entgelt sind wie die Leistungen, für die der Vorschuss gewährt wird, pfändbar.

Sonderzahlungen

§ 290b. Auch vom 14. Monatsbezug (Urlaubszuschuss, Urlaubsbeihilfe, Renten- oder Pensionssonderzahlung, die zu den im April oder Mai bezogenen Renten bzw. Pensionen gebührt, und dergleichen) und vom 13. Monatsbezug (Weihnachtszuwendung, Weihnachtsremuneration, Renten- oder Pensionssonderzahlung, die zu den im September oder Oktober bezogenen Renten bzw. Pensionen gebührt, und dergleichen) hat dem Verpflichteten ein unpfändbarer Freibetrag nach § 291a zu verbleiben. Wird die Sonderzahlung in Teilzahlungen geleistet, so ist der unpfändbare Freibetrag auf die Teilzahlungen entsprechend deren Höhe aufzuteilen.

Vorschüsse und Nachzahlungen

§ 290c. (1) Der Drittschuldner kann für die Einbringung eines dem Verpflichteten gewährten Vorschusses den Betrag, der sich aus dem Unterschied zwischen den in § 292 Abs. 4 genannten Beträgen und dem unpfändbaren Freibetrag ergibt, abziehen. Soweit der Vorschuss daraus nicht gedeckt wird, steht dem Drittschuldner auch ein Abzug vom pfändbaren Betrag zu. Der unpfändbare Freibetrag ist so zu berechnen, als ob kein Vorschuss geleistet worden wäre.

(2) Beträge zur Rückzahlung eines vom Drittschuldner zugezählten Gelddarlehens sind den Beträgen zur Einbringung eines Vorschusses gleichzuhalten.

(3) Nachzahlungen sind für den Zeitraum zu berücksichtigen, auf den sie sich beziehen.

Ermittlung der Berechnungsgrundlage

§ 291. (1) Bei der Ermittlung der Berechnungsgrundlage für den unpfändbaren Freibetrag (§ 291a) sind vom Gesamtbezug abzuziehen:

1. Beträge, die unmittelbar auf Grund steuer- oder sozialrechtlicher Vorschriften zur Erfüllung gesetzlicher Verpflichtungen des Verpflichteten abzuführen sind;

1a. Beiträge nach dem Betrieblichen Mitarbeitervorsorgegesetz;

2. die der Pfändung entzogenen Forderungen und Forderungsteile;
3. Beiträge, die der Verpflichtete an seine betrieblichen und überbetrieblichen Interessenvertretungen zu entrichten hat und auch entrichtet;
4. Beiträge, die der Verpflichtete zu einer Versicherung, deren Leistungen nach Art und Umfang jenen der gesetzlichen Sozialversicherung entsprechen, für sich oder seine unterhaltsberechtigten Angehörigen leistet, sofern

EO

kein Schutz aus der gesetzlichen Pflichtversicherung besteht.

(2) Der sich nach Abs. 1 ergebende Betrag ist abzurunden, und zwar bei Auszahlung für Monate auf einen durch 20, bei Auszahlung für Wochen auf einen durch fünf teilbaren Betrag und bei Auszahlung für Tage auf einen ganzen Betrag.

Unpfändbarer Freibetrag („Existenzminimum")

§ 291a. (1) Beschränkt pfändbare Forderungen, bei denen der sich nach § 291 ergebende Betrag (Berechnungsgrundlage) bei monatlicher Leistung den Ausgleichszulagenrichtsatz für alleinstehende Personen (§ 293 Abs. 1 lit. a sublit. bb ASVG) nicht übersteigt, haben dem Verpflichteten zur Gänze zu verbleiben (allgemeiner Grundbetrag).

(2) Der Betrag nach Abs. 1 erhöht sich

1. um ein Sechstel, wenn der Verpflichtete keine Leistungen nach § 290b erhält (erhöhter allgemeiner Grundbetrag),
2. um 20% für jede Person, der der Verpflichtete gesetzlichen Unterhalt gewährt (Unterhaltsgrundbetrag); höchstens jedoch für fünf Personen.

(3) Übersteigt die Berechnungsgrundlage den sich aus Abs. 1 und 2 ergebenden Betrag, so verbleiben dem Verpflichteten neben diesem Betrag

1. 30% des Mehrbetrags (allgemeiner Steigerungsbetrag) und
2. 10% des Mehrbetrags für jede Person, der der Verpflichtete gesetzlichen Unterhalt gewährt; höchstens jedoch für fünf Personen (Unterhaltssteigerungsbetrag).

Der Teil der Berechnungsgrundlage, der das Vierfache des Ausgleichszulagenrichtsatzes (Höchstberechnungsgrundlage) übersteigt, ist jedenfalls zur Gänze pfändbar.

(4) Bei täglicher Leistung ist für die Ermittlung des unpfändbaren Freibetrags nach den vorhergehenden Absätzen der 30. Teil des Ausgleichszulagenrichtsatzes, bei wöchentlicher Leistung das Siebenfache des täglichen Betrags heranzuziehen.

(5) Die Grundbeträge sind auf volle Euro abzurunden; der Betrag nach Abs. 3 letzter Satz ist nach § 291 Abs. 2 zu runden.

Besonderheiten bei Exekutionen wegen Unterhaltsansprüchen

§ 291b. (1) Bei einer Exekution wegen

1. eines gesetzlichen Unterhaltsanspruchs,
2. eines gesetzlichen Unterhaltsanspruchs, der auf Dritte übergegangen ist,
3. eines Anspruchs auf Ersatz von Aufwendungen, die der Verpflichtete auf Grund einer gesetzlichen Unterhaltspflicht selbst hätte machen müssen (§ 1042 ABGB), sowie wegen
4. der Prozess- und Exekutionskosten samt allen Zinsen, die durch die Durchsetzung eines Anspruchs nach Z 1 bis 3 entstanden sind,

gilt Abs. 2.

(2) Dem Verpflichteten haben 75% des unpfändbaren Freibetrags nach § 291a zu verbleiben, wobei dem Verpflichteten für jene Personen, die Exekution wegen einer Forderung nach Abs. 1 führen, ein Unterhaltsgrund- und ein Unterhaltssteigerungsbetrag nicht gebührt.

(3) Aus dem Betrag, der sich aus dem Unterschied zwischen den unpfändbaren Freibeträgen bei einer Exekution wegen einer Forderung nach Abs. 1 einerseits und wegen einer sonstigen Forderung andererseits ergibt, sind vorweg die laufenden gesetzlichen Unterhaltsansprüche unabhängig von dem für sie begründeten Pfandrang verhältnismäßig nach der Höhe der laufenden monatlichen Unterhaltsleistung zu befriedigen. Aus dem Rest des Unterschiedsbetrags sind die übrigen in Abs. 1 genannten Forderungen zu befriedigen.

(4) Gläubigern, die Exekution wegen einer Forderung nach Abs. 1 führen, stehen Zahlungen aus dem nach § 291a pfändbaren Betrag, aus dem Forderungen nach Abs. 1 und sonstige Forderungen rangmäßig zu befriedigen sind, nur zu, soweit ihre Forderungen aus dem in Abs. 3 genannten Unterschiedsbetrag nicht gedeckt werden.

Besonderheiten bei Exekutionen wegen wiederkehrender Leistungen

§ 291c. (1) Die Exekution wegen Forderungen auf wiederkehrende Leistungen, die künftig fällig werden, ist nur bei Forderungen

1. nach § 291b Abs. 1 oder
2. auf wiederkehrende Leistungen, die aus Anlass einer Verletzung am Körper oder an der Gesundheit dem Verletzten oder wegen Tötung seinen Hinterbliebenen zu entrichten sind,

zulässig, wenn überdies die Exekution zugleich für bereits fällige Ansprüche dieser Art bewilligt wird.

(2) Die Exekution nach Abs. 1 ist auf Antrag des Verpflichteten einzustellen, wenn er

1. alle fälligen Forderungen gezahlt hat und
2. bescheinigt, dass er künftig seiner Zahlungspflicht nachkommen wird. Das ist insbesondere dann anzunehmen, wenn er die Forderungen für die kommenden zwei Monate
   a) entweder auch schon gezahlt oder
   b) zugunsten des Gläubigers gerichtlich erlegt hat. Vor der Entscheidung ist der betreibende Gläubiger einzuvernehmen (§ 55 Abs. 1).

(3) Auf Antrag des betreibenden Gläubigers hat das Gericht bei einer neuerlichen Bewilligung der Exekution auszusprechen, dass das Pfandrecht den ursprünglich begründeten Pfandrang, dessen Datum das Gericht anzugeben hat, erhält.

Beschränkt pfändbare einmalige Leistungen

§ 291d. (1) Von allen einmaligen Leistungen zusammen, die dem Verpflichteten bei Beendigung seines Arbeitsverhältnisses vom Arbeitgeber gebühren, insbesondere von der Abfertigung, aber mit Ausnahme der Kündigungsentschädigung, hat dem Verpflichteten ein unpfändbarer Freibetrag nach § 291a zu verbleiben, wobei der erhöhte allgemeine Grundbetrag nach § 291a Abs. 2 Z 1 maßgebend ist. Die Höchstberechnungsgrundlage nach § 291a Abs. 3 vervielfacht sich mit der Anzahl der Monate, für die die Leistung zusteht. Bei einer Abfertigung nach dem Betrieblichen Mitarbeitervorsorgegesetz erhöht sich die Höchstberechnungsgrundlage ab dem vierten Jahr pro Jahr um ein Drittel. Auf Antrag des Verpflichteten hat ihm jenes Vielfache des unpfändbaren Freibetrags zu verbleiben, das der Anzahl der Monate entspricht, für die diese Leistungen nach dem Gesetz zustehen, wenn die Voraussetzungen für eine Zusammenrechnung nicht vorliegen. Der pfändbare Betrag ist dem betreibenden Gläubiger erst nach vier Wochen auszuzahlen.

(2) Von einmaligen Leistungen, die gewährt werden, wenn kein Anspruch auf eine wiederkehrende Leistung besteht, oder die kraft Gesetzes an die Stelle von wiederkehrenden Leistungen treten, wie insbesondere von

1. der Abfindung für eine Hinterbliebenenpension,
2. der Abfertigung für eine Witwer- oder Witwenpension,
3. der Abfertigung für eine Witwer- oder Witwenrente,
4. der Gesamtvergütung für eine vorläufige Versehrtenrente,
5. dem Versehrtengeld aus der Unfallversicherung und
6. dem Übergangsbetrag,

hat dem Verpflichteten jenes Vielfache des unpfändbaren Freibetrags zu verbleiben, das der Anzahl der Monate, für die diese einmalige Leistung gewährt wird, entspricht, mindestens jedoch der unpfändbare Freibetrag für einen Monat.

(3) Abs. 1 Satz 1 ist auch auf sonstige einmalige Leistungen anzuwenden, wenn diese beschränkt pfändbare Forderungen im Sinn des § 290a sind, die nicht von § 290a Abs. 2 erfasst werden.

(4) Vom Anspruch auf Auszahlung des Entlassungsgeldes (§ 54 Abs. 5, § 150 Abs. 3 und § 156 Abs. 3 StVG) hat dem Verpflichteten das Sechsfache des unpfändbaren Freibetrags nach § 291a Abs. 2 zu verbleiben.

Einmalige Vergütung für persönlich geleistete Arbeiten

§ 291e. (1) Ist eine nicht wiederkehrende Vergütung für persönlich geleistete Arbeiten, die die Erwerbstätigkeit des Verpflichteten vollständig oder zu einem wesentlichen Teil in Anspruch nehmen, gepfändet, so hat das Exekutionsgericht dem Verpflichteten auf seinen Antrag so viel zu belassen, wie er während eines angemessenen Zeitraums für seinen notwendigen Unterhalt sowie den Unterhalt der Personen, denen er gesetzlichen Unterhalt gewährt, bedarf. Bei der Entscheidung sind die wirtschaftlichen Verhältnisse des Verpflichteten, insbesondere seine sonstigen Verdienstmöglichkeiten, frei zu würdigen. Dem Verpflichteten ist nicht mehr zu belassen, als ihm nach freier Überzeugung im Sinn des § 273 ZPO verbleiben würde, wenn er Einkünfte im Sinn des § 290a in der Höhe der Vergütung hätte. Der Antrag des Verpflichteten ist insoweit abzuweisen, als die Gefahr besteht, dass der betreibende Gläubiger dadurch schwer geschädigt werden könnte.

(2) Abs. 1 gilt entsprechend für gepfändete Vergütungen, die dem Verpflichteten für die Gewährung einer Wohngelegenheit oder für die sonstige Benützung einer Sache geschuldet werden, aber zu einem nicht unwesentlichen Teil auch als Entgelt für Arbeitsleistungen, die vom Verpflichteten erbracht wurden, anzusehen sind.

Nebenleistungen und Abgabenguthaben

§ 291f. (1) Von sonstigen wiederkehrenden Vergütungen für Arbeitsleistungen aller Art, die die Erwerbstätigkeit des Verpflichteten weder vollständig noch zu einem wesentlichen Teil in Anspruch nehmen, sowie von dem Abgabenguthaben im Rahmen der Arbeitnehmerveranlagung haben dem Verpflichteten 30% und 10% für jede Person, der der Verpflichtete gesetzlichen Unterhalt gewährt, höchstens jedoch für fünf Personen, zu verbleiben. Der pfändbare Betrag ist dem betreibenden Gläubiger erst nach vier Wochen auszuzahlen.

(2) Auf Antrag des Verpflichteten ist der unpfändbare Betrag nach Abs. 1 zu erhöhen, soweit er die unpfändbaren Grundbeträge von einem anderen Bezug nicht erhalten hat.

Zusammenrechnung – Sachleistungen

§ 292. (1) Hat der Verpflichtete gegen einen Drittschuldner mehrere beschränkt pfändbare Geldforderungen oder beschränkt pfändbare Geldforderungen und Ansprüche auf Sachleistungen, so hat sie der Drittschuldner zusammenzurechnen.

(2) Hat der Verpflichtete gegen verschiedene Drittschuldner beschränkt pfändbare Geldforderungen oder beschränkt pfändbare Geldforderungen und Ansprüche auf Sachleistungen, so hat

das Gericht auf Antrag die Zusammenrechnung anzuordnen.

(3) Bei der Zusammenrechnung mehrerer beschränkt pfändbarer Geldforderungen gegen verschiedene Drittschuldner sind die unpfändbaren Grundbeträge in erster Linie für die Forderung zu gewähren, die die wesentliche Grundlage der Lebenshaltung des Verpflichteten bildet. Das Gericht hat den Drittschuldner zu bezeichnen, der die unpfändbaren Grundbeträge zu gewähren hat.

(3a) Übersteigt keine der beschränkt pfändbaren Geldforderungen die unpfändbaren Grundbeträge, so hat das Gericht die unpfändbaren Grundbeträge aufzuteilen und die Höhe des von den Drittschuldnern zu gewährenden Teils festzulegen. Ist ein Unterschreiten des zu gewährenden Teils der unpfändbaren Grundbeträge zu erwarten, so hat das Gericht dem Drittschuldner aufzutragen, ein solches Unterschreiten bekanntzugeben. Das Gericht hat sodann die unpfändbaren Grundbeträge von Amts wegen neu aufzuteilen. Beantragt der Verpflichtete bei seiner Einvernahme eine Erhöhung des unpfändbaren Betrages wegen zu erwartender Steuermehrbelastungen, so ist darüber zugleich mit dem Zusammenrechnungsbeschluss zu entscheiden.

(4) Bei der Zusammenrechnung von beschränkt pfändbaren Geldforderungen mit Ansprüchen auf Sachleistungen vermindert sich der unpfändbare Freibetrag der Gesamtforderung um den Wert der dem Verpflichteten verbleibenden Sachleistungen. Dem Verpflichteten hat jedoch von den Geldforderungen mindestens der halbe allgemeine Grundbetrag nach § 291a Abs. 1 oder § 291b Abs. 2 in Verbindung mit § 291a Abs. 1 zu verbleiben.

(5) Das Exekutionsgericht hat den Wert der Sachleistungen bei einer Zusammenrechnung

1. nach Abs. 1 auf Antrag,
2. nach Abs. 2 von Amts wegen zugleich mit der Anordnung der Zusammenrechnung

nach freier Überzeugung im Sinn des § 273 ZPO festzulegen, wobei der gesetzliche Naturalunterhalt so zu bewerten ist, als ob der Unterhalt in Geld zu leisten wäre.

31. Gewerbeordnung 1994 (Auszug)

Gewerbeordnung 1994 – GewO 1994
StF: BGBl. Nr. 194/1994
Letzte Novellierung: BGBl. I Nr. 204/2022

GLIEDERUNG

§ 2. (1) Dieses Bundesgesetz ist – unbeschadet weiterer ausdrücklich angeordneter Ausnahmen durch besondere bundesgesetzliche Vorschriften – auf die in den nachfolgenden Bestimmungen angeführten Tätigkeiten nicht anzuwenden:

1. die Land- und Forstwirtschaft (Abs. 2 und 3);
2. die Nebengewerbe der Land- und Forstwirtschaft (Abs. 4);
3. die Vermittlung von im Abs. 4 Z 4 bis 8 angeführten Leistungen durch Vereine im Sinne des Vereinsgesetzes 1951, BGBl. Nr. 233, deren satzungsgemäßer Zweck diese Vermittlungstätigkeit umfaßt, zwischen ihren Mitgliedern;
4. die nachstehenden Tätigkeiten land- und forstwirtschaftlicher Erwerbs- und Wirtschaftsgenossenschaften nach Maßgabe des Abs. 7, soweit der Geschäftsbetrieb dieser Genossenschaften im wesentlichen der Förderung des Erwerbes oder der Wirtschaft ihrer Mitglieder dient:

a) der Betrieb von Sägen, Mühlen, Molkereien, Brennereien, Keltereien und sonstigen nach altem Herkommen üblichen Zweigen der Verarbeitung land- und forstwirtschaftlicher Erzeugnisse;
b) die Vermittlung des Einkaufes und Verkaufes sowie die Versteigerung von Zuchtvieh;
c) der Verkauf unverarbeiteter pflanzlicher Erzeugnisse – ausgenommen Getreide und Kartoffeln – sowie von Ferkeln, Fischen, Geflügel, Eiern und Honig, auch im Wege der Versteigerung;
d) der im Zusammenhang mit den Tätigkeiten gemäß lit. c vorgenommene Einkauf von Verpackungen und Umhüllungen für die von der lit. c erfaßten Erzeugnisse;
e) die Züchtung, Vermehrung, Bearbeitung, Verwertung und Beschaffung von Saatgut;
f) die Nutzung von land- und forstwirtschaftlichen Grundstücken und ortsfesten land- und forstwirtschaftlichen Betriebseinrichtungen, sofern diese Tätigkeit der Hervorbringung und Gewinnung pflanzlicher Erzeugnisse (Abs. 3 Z 1) oder dem Halten von Nutztieren (Abs. 3 Z 2) dient, sowie die Nutzung von Kühlanlagen, diese jedoch nur für den Eigenverbrauch der Mitglieder;
g) die Wahrnehmung der Rechte der Mitglieder hinsichtlich der Ausübung von Nutzungsrechten im Sinne des Grundsatzgesetzes 1951 über die Behandlung der Wald- und Weidenutzungsrechte sowie besonderer Felddienstbarkeiten, BGBl. Nr. 103;

(Anm.: lit. h aufgehoben durch BGBl. I Nr. 111/2002)

5. den Buschenschank (Abs. 9);
6. den Bergbau (Abs. 10);
7. die literarische Tätigkeit, die Ausübung der schönen Künste (Abs. 11) sowie die Ausübung des Selbstverlages der Urheber;
8. die gegen Stunden- oder Taglohn oder gegen Werksentgelt zu leistenden Verrichtungen einfachster Art;
9. die nach ihrer Eigenart und ihrer Betriebsweise in die Gruppe der häuslichen Nebenbeschäftigungen fallenden und durch die gewöhnlichen Mitglieder des eigenen Hausstandes betriebenen Erwerbszweige;
10. die zur Berufsausübung zählenden und in deren Rahmen vorgenommenen Tätigkeiten der Rechtsanwälte, Notare, Verteidiger in Strafsachen, Ziviltechniker, Patentanwälte, Versicherungstechniker, Wirtschaftstreuhänder, Bilanzbuchhalter, Personalverrechner, Buchhalter und Börsesensale, den Betrieb von autorisierten Untersuchungs-, Erprobungs- und Materialprüfungsanstalten und den Betrieb von akkreditierten (zugelassenen) Prüf-, Überwachungs- und Zertifizierungsstellen und von öffentlichen Wäg- und Messanstalten sowie die Tätigkeiten sonstiger Personen oder Anstalten, die von der Behörde hiefür besonders bestellt und in Pflicht genommen wurden, die Revision und die damit im Zusammenhang ausgeübte Beratung von Erwerbs- und Wirtschaftsgenossenschaften und ihnen gleichgestellten Vereinen, alle Auswanderungsgeschäfte;
11. die Ausübung der Heilkunde, der Psychotherapie und des psychologischen Berufes im Bereich des Gesundheitswesens, die zur Berufsausübung zählenden und in deren Rahmen vorgenommenen Tätigkeiten der Dentisten, Hebammen, der Tierärzte sowie der Apotheker, die

Krankenpflegefachdienste, die medizinisch-technischen Dienste sowie die Sanitätshilfsdienste, den Betrieb von Kranken- und Kuranstalten, die in Anstalten zur Wiederherstellung der Arbeitsfähigkeit oder im Rahmen von Rehabilitationsprogrammen öffentlich-rechtlicher Körperschaften zu leistenden gewerblichen Arbeiten;
12. die Ausübung der Erwerbszweige des Privatunterrichtes und der Erziehung und den Betrieb jener Anstalten, die diesen Aufgaben dienen, ferner die gewerblichen Arbeiten von öffentlichen Schulen oder mit dem Öffentlichkeitsrecht ausgestatteten Privatschulen;
13. die gewerblichen Arbeiten von Anstalten, die von öffentlichen Wohlfahrts- und Fürsorgeeinrichtungen betrieben werden, ferner von Integrativen Betrieben im Rahmen der Behindertenhilfe sowie von Anstalten für den Vollzug von Freiheitsstrafen und von mit Freiheitsentzug verbundenen vorbeugenden Maßnahmen;
14. den Betrieb von Bankgeschäften einschließlich der nach dem Wertpapieraufsichtsgesetz 2018 erbrachten Dienstleistungen mit Ausnahme der Tätigkeiten eines vertraglich gebundenen Vermittlers gemäß § 1 Z 44 oder eines Wertpapiervermittlers gemäß § 1 Z 45 des Wertpapieraufsichtsgesetzes 2018 – WAG 2018, BGBl. I Nr. 107/2007, den Betrieb von Versicherungsunternehmen sowie den Betrieb von Pensionskassen, Zahlungsinstituten oder E-Geld-Instituten. Soweit das BWG nicht besondere Regelungen vorsieht, gelten für die Ausübung der Versicherungsvermittlung durch Kreditinstitute die Bestimmungen dieses Bundesgesetzes, ausgenommen die Bestimmungen über Betriebsanlagen;
15. den Betrieb von Eisenbahnunternehmen und von deren Hilfseinrichtungen sowie deren Hilfstätigkeiten einschließlich des Betriebes von Seilbahnen im Sinne des Seilbahngesetzes 2003, BGBl. I Nr. 103, im Falle der Gegenseitigkeit die Bewirtschaftung von Speisewagen und Schlafwagen in- und ausländischer Eisenbahnunternehmen durch ausländische Unternehmen bei Fahrten vom Ausland aus durch Österreich oder vom Ausland aus nach Österreich oder umgekehrt, den Betrieb von Schiffahrtsunternehmen mit Wasserfahrzeugen, im Falle der Gegenseitigkeit die Bewirtschaftung von Schiffsrestaurants und -buffets auf Wasserfahrzeugen ausländischer Schiffahrtsunternehmen durch ausländische Unternehmen bei Fahrten vom Ausland aus durch Österreich oder vom Ausland aus nach Österreich oder umgekehrt, den Betrieb von Fähren (Überfuhren) und von Kraftfahrlinienunternehmen;
16. den Betrieb von Luftverkehrsunternehmen (Luftbeförderungsunternehmen und Luftfahrzeug-Vermietungsunternehmen), von Zivilflugplatzunternehmen sowie von Hilfsbetrieben der Luftbeförderungs- und Zivilflugplatzunternehmen;
17. den Betrieb von Theatern und Lichtspieltheatern und von Unternehmen öffentlicher Belustigungen und Schaustellungen aller Art, musikalische und literarische Darbietungen;
18. die Herausgabe, das Herstellen und das Verbreiten periodischer Druckwerke durch das Medienunternehmen des Medieninhabers sowie den Kleinverkauf solcher Druckwerke;
19. die Tätigkeit der Berg- und Schiführer;
20. den Betrieb von Elektrizitätsunternehmen (§ 7 Z 11 Elektrizitätswirtschafts- und –organisationsgesetz 2010 – ElWOG 2010) und jenen Erdgasunternehmen (§ 7 Abs. 1 Z 16 Gaswirtschaftsgesetz 2011 – GWG 2011), die nicht Erdgashändler (§ 7 Abs. 1 Z 14 GWG 2011) sind;
21. die unter das Sprengmittelgesetz 2010 – SprG fallenden Erzeugungs-, Verarbeitungs- und Verkaufstätigkeiten;
22. die Vermittlung und den Abschluß von Wetten aus Anlaß sportlicher Veranstaltungen (Tätigkeit der Totalisateure und Buchmacher);
23. die vom Arbeitsmarktservice oder gemeinnützigen Einrichtungen durchgeführte Arbeitsvermittlung und Berufsberatung;
24. den Betrieb der dem Bund zustehenden Monopole und Regalien sowie die Erzeugung von Blatternimpfstoff;
25. die Verabreichung von Speisen und der Ausschank von Getränken im Rahmen und Umfang von Veranstaltungen im Sinne des § 5 Z 12 des Körperschaftsteuergesetzes 1988 durch Körperschaften des öffentlichen Rechtes sowie sonstige juristische Personen, die im Sinne der §§ 34 BAO gemeinnützig, kirchlich tätig sind, und durch deren Dienststellen sowie juristische Personen, die gemäß § 1 Abs. 3 Z 2 und § 5 Z 12 lit. b und c des Körperschaftsteuergesetzes 1988 wie Körperschaften des öffentlichen Rechts zu behandeln sind. Diese Veranstalter haben § 112 Abs. 4 und 5 und § 114 sowie die einschlägigen gesundheits-, lebensmittel-, wasser- und abfallrechtlichen Vorschriften einzuhalten.

(2) Die Ausnahme der Land- und Forstwirtschaft von den Bestimmungen dieses Bundesgesetzes (Abs. 1 Z 1) gilt nicht für die Bestimmungen des § 53 Abs. 5 und § 367 Z 19.

(3) Zur Land- und Forstwirtschaft im Sinne dieses Bundesgesetzes (Abs. 1 Z 1) gehören
1. die Hervorbringung und Gewinnung pflanzlicher Erzeugnisse mit Hilfe der Naturkräfte, einschließlich des Wein- und Obstbaues, des Gartenbaues und der Baumschulen; hinsichtlich des Weinbaues ferner der Zukauf von höchstens 1 500 l aus dem EWR stammenden

Wein oder 2 000 kg aus dem EWR stammenden Trauben pro Hektar bewirtschafteter Betriebsfläche und Kalenderjahr; im Bundesland Steiermark der Zukauf von höchstens 3 000 kg Trauben pro Hektar bewirtschafteter Betriebsfläche und Kalenderjahr, die insgesamt aus demselben Weinbaugebiet (§ 25 Abs. 3 des Weingesetzes 1985) stammen, in dem der Betrieb gelegen ist; hinsichtlich aller Betriebszweige mit Ausnahme des Weinbaues ferner der Zukauf von aus dem EWR stammenden Erzeugnissen des jeweiligen Betriebszweiges, wenn deren Einkaufswert nicht mehr als 25 vH des Verkaufswertes aller Erzeugnisse des jeweiligen Betriebszweiges beträgt;

hinsichtlich aller Betriebszweige ferner der Zukauf von aus dem EWR stammenden Erzeugnissen des jeweiligen Betriebszweiges im ernteausfallsbedingten Umfang;

2. das Halten von Nutztieren zur Zucht, Mästung oder Gewinnung tierischer Erzeugnisse;
3. Jagd und Fischerei,
4. das Einstellen von höchstens 25 Einstellpferden, sofern höchstens 2 Einstellpferde pro ha landwirtschaftlich genutzter Fläche gehalten werden und diese Flächen sich in der Region befinden.

(3a) Der Bundesminister für Wirtschaft und Arbeit hat im Einvernehmen mit dem Bundesminister für Land- und Forstwirtschaft, Umwelt und Wasserwirtschaft, dem Bundesminister für soziale Sicherheit und Generationen und dem Bundesminister für Finanzen durch Verordnung festzulegen, welche von Land- und Forstwirten hergestellten Produkte der land- und forstwirtschaftlichen Urproduktion zugehörig sind. Dabei ist vom alten Herkommen, der langjährigen Übung, der Abnehmererwartung hinsichtlich Angebotsform und -zustand des Produktes, der sich wandelnden Auffassung über eine Vermarktungsfähigkeit und den Erfordernissen einer Sicherung der Nahversorgung im ländlichen Raum auszugehen.

(4) Unter Nebengewerbe der Land- und Forstwirtschaft im Sinne dieses Bundesgesetzes (Abs. 1 Z 2) sind zu verstehen:

1. die Verarbeitung und Bearbeitung überwiegend des eigenen Naturproduktes unter der Voraussetzung, daß der Charakter des jeweiligen Betriebes als land- und forstwirtschaftlicher Betrieb gewahrt bleibt; die Be- und Verarbeitung kann auch durch einen befugten Gewerbetreibenden im Lohnverfahren erfolgen; der Wert der allenfalls mitverarbeiteten Erzeugnisse muß gegenüber dem Wert des bearbeiteten oder verarbeiteten Naturproduktes untergeordnet sein;
2. das Verarbeiten von Wein zu Sekt (Obstschaumwein), wenn dies durch einen gewerblich befugten Schaumweinerzeuger im Lohnverfahren erfolgt;
3. der Abbau der eigenen Bodensubstanz;
4. Dienstleistungen, ausgenommen Fuhrwerksdienste (Z 5 und 6), mit land- und forstwirtschaftlichen Betriebsmitteln, die im eigenen Betrieb verwendet werden, für andere land- und forstwirtschaftliche Betriebe in demselben oder einem angrenzenden Verwaltungsbezirk; mit Mähdreschern vorgenommene Dienstleistungen nur für landwirtschaftliche Betriebe in demselben Verwaltungsbezirk oder in einer an diesen Verwaltungsbezirk angrenzenden Ortsgemeinde; Dienstleistungen
   a) zur Kulturpflege im ländlichen Raum (Mähen von Straßenrändern und -böschungen sowie von öffentlichen Grünflächen, Pflege von Biotopen, Kulturpflege der Rasenflächen von Sportanlagen, Stutzen von Hecken im Zusammenhang mit den vorstehend angeführten Tätigkeiten, Abtransport des bei diesen Tätigkeiten anfallenden Mähgutes usw.),
   b) zur Verwertung von organischen Abfällen (Sammeln und Kompostieren von fremden, kompostierbaren Abfällen mit den in der Land- und Forstwirtschaft üblichen Methoden),
   c) für den Winterdienst (Schneeräumung, einschließlich Schneetransport und Streuen von Verkehrsflächen, die hauptsächlich der Erschließung land- und forstwirtschaftlich genutzter Grundflächen dienen);
5. Fuhrwerksdienste mit hauptsächlich im eigenen land- und forstwirtschaftlichen Betrieb verwendeten selbstfahrenden Arbeitsmaschinen, Zugmaschinen, Motorkarren und Transportkarren, die ihrer Leistungsfähigkeit nach den Bedürfnissen des eigenen land- und forstwirtschaftlichen Betriebes entsprechen, für andere land- und forstwirtschaftliche Betriebe in demselben Verwaltungsbezirk oder in einer an diesen Verwaltungsbezirk angrenzenden Ortsgemeinde zur Beförderung von land- und forstwirtschaftlichen Erzeugnissen, von Gütern zur Bewirtschaftung land- und forstwirtschaftlich genutzter Grundstücke oder von Gütern, die der Tierhaltung dienen, zwischen Wirtschaftshöfen und Betriebsgrundstücken oder zwischen diesen und der nächstgelegenen Abgabe-, Übernahme-, Verarbeitungs- oder Verladestelle;
6. Fuhrwerksdienste mit anderen als Kraftfahrzeugen sowie das Vermieten und Einstellen von Reittieren; wird die landwirtschaftliche Einstellpferdehaltung gemäß Abs. 3 Z 4 als Urproduktion und nicht als Nebengewerbe ausgeübt, ist lediglich das Einstellen von anderen Reittieren als Einstellpferden im Nebengewerbe möglich.
7. das Vermieten von land- und forstwirtschaftlichen Betriebsmitteln, die im eigenen land- und forstwirtschaftlichen Betrieb verwendet

werden, an andere land- und forstwirtschaftliche Betriebe in demselben oder in einem angrenzenden Verwaltungsbezirk für andere als Beförderungszwecke;

8. das Vermieten von land- und forstwirtschaftlichen Betriebsmitteln, die im eigenen land- und forstwirtschaftlichen Betrieb verwendet werden, an andere land- und forstwirtschaftliche Betriebe in demselben Verwaltungsbezirk oder in einer an diesen Verwaltungsbezirk angrenzenden Ortsgemeinde für Beförderungszwecke im Umfang der Z 5,
9. der Betrieb von Anlagen zur Erzeugung und Lieferung von Wärme aus Biomasse mit einer Brennstoffwärmeleistung bis einschließlich vier MW durch natürliche Personen, Gesellschaften bürgerlichen Rechts oder land- und forstwirtschaftlichen Erwerbs- und Wirtschaftsgenossenschaften, wenn in dem betreffenden Gebiet im Zeitpunkt des Einlangens des Ansuchens gemäß § 353 bei der Behörde keine leitungsgebundenen Energieträger, ausgenommen elektrische Energie, vorhanden sind. Der Landeshauptmann kann für bestimmte örtlich begrenzte Gebiete, in denen leitungsgebundene Energieträger vorhanden sind, durch Verordnung festlegen, dass solche Anlagen diesem Bundesgesetz nicht unterliegen, wenn dies im Interesse einer ökologisch sinnvollen Nutzung von Energie und im Interesse der Verbesserung der Energieversorgung der in dem betreffenden Gebiet ansässigen Bevölkerung liegt,
10. die Verabreichung und das Ausschenken selbsterzeugter Produkte sowie von ortsüblichen, in Flaschen abgefüllten Getränken im Rahmen der Almbewirtschaftung.

(5) Werden für ein land- und forstwirtschaftliches Nebengewerbe Anlagen eingesetzt, die weder für den Betrieb der Land- und Forstwirtschaft im Sinne des Abs. 1 Z 1 noch für den Betrieb von Nebengewerben, die bis zum Inkrafttreten des Bundesgesetzes BGBl. I Nr. 63/1997 als land- und forstwirtschaftliches Nebengewerbe anerkannt sind, verwendet werden, gelten für diese Anlagen die Bestimmungen über die Betriebsanlagen und die zusammenhängenden Bestimmungen dieses Bundesgesetzes (§§ 74 bis § 84p, 333 bis 338, 353 bis 360, 362, 366 bis 369 und 371 bis 373); dies aber nur unter der Voraussetzung, daß der Kapitaleinsatz zur Bearbeitung und Verarbeitung im Vergleich zum Kapitaleinsatz, der im Rahmen der Land- und Forstwirtschaft (Abs. 1 Z 1) erfolgt, unverhältnismäßig hoch ist oder wenn fremde Arbeitskräfte überwiegend für die Be- und Verarbeitung der Naturprodukte beschäftigt werden.

(Anm.: Abs. 6 aufgehoben durch BGBl. Nr. 691/1995)

(7) Wird eine der im Abs. 1 Z 4 lit. a bis c angeführten Tätigkeiten gemeinsam mit einer den Bestimmungen dieses Bundesgesetzes unterworfenen Tätigkeit ausgeübt, so unterliegt die land- und forstwirtschaftliche Erwerbs- und Wirtschaftsgenossenschaft auch hinsichtlich der Tätigkeiten gemäß Abs. 1 Z 4 lit. a bis d den Bestimmungen dieses Bundesgesetzes.

(8) Die Ausnahme von Tätigkeiten land- und forstwirtschaftlicher Erwerbs- und Wirtschaftsgenossenschaften von den Bestimmungen dieses Bundesgesetzes (Abs. 1 Z 4) gilt nicht für die Bestimmungen über das Feilbieten im Umherziehen, die Bestimmungen über das Sammeln und die Entgegennahme von Bestellungen, die Schutzbestimmungen und die Bestimmungen über die Betriebsanlagen (§§ 53 bis 62, §§ 69 bis 84h, 333 bis 338, 353 bis 360, 362, 366 bis 369 und 371 bis 373).

(9) Unter Buschenschank im Sinne dieses Bundesgesetzes (Abs. 1 Z 5) ist der buschenschankmäßige Ausschank von Wein und Obstwein, von Trauben- und Obstmost und von Trauben- und Obstsaft sowie von selbstgebrannten geistigen Getränken durch Besitzer von Wein- und Obstgärten, soweit es sich um deren eigene Erzeugnisse handelt, zu verstehen; im Rahmen des Buschenschankes ist auch die Verabreichung von kalten Speisen und der Ausschank von Mineralwasser und kohlensäurehältigen Getränken zulässig, jedoch nur unter der Voraussetzung, daß diese Tätigkeiten dem Herkommen im betreffenden Bundesland in Buschenschenken entsprechen. Die Verabreichung von warmen Speisen auf Grund dieser Ausnahmebestimmung ist nicht zulässig. Die Buschenschankbetreiber haben den § 114 einzuhalten.

(10) Inwieweit der Bergbau (Abs. 1 Z 6) vom Anwendungsbereich dieses Bundesgesetzes ausgenommen ist, ergibt sich aus den bergrechtlichen Vorschriften.

(11) Unter Ausübung der schönen Künste im Sinne dieses Bundesgesetzes (Abs. 1 Z 7) ist die eigenschöpferische Tätigkeit in einem Kunstzweig zu verstehen. Die Restaurierung von Kunstwerken ist dann Ausübung der schönen Künste, wenn für die Wiederherstellung eine nachgestaltende künstlerische Fähigkeit erforderlich ist.

(12) Auf die Anlagen der dem Bund zustehenden Monopole und Regalien sowie zur Erzeugung von Blatternimpfstoff (Abs. 1 Z 24) finden – sofern andere Rechtsvorschriften keine diesbezüglichen Bestimmungen enthalten – die Bestimmungen über die Betriebsanlagen und die damit zusammenhängenden Bestimmungen dieses Bundesgesetzes (§§ 74 bis 84h, 333 bis 338, 353 bis 360, 362, 366 bis 369 und 371 bis 373) Anwendung.

(13) Für in den Anwendungsbereich dieses Bundesgesetzes fallende Tätigkeiten, die ohne die erforderliche Gewerbeberechtigung ausgeübt werden, gelten die die Ausübung dieser Tätigkeit regelnden Vorschriften dieses Bundesgesetzes oder

von auf Grund dieses Bundesgesetzes erlassenen Verordnungen sinngemäß. Normen der kollektiven Rechtsgestaltung, die für Arbeitsverhältnisse zu Arbeitgebern gelten, welche ihre Tätigkeiten auf Grund von Gewerbeberechtigungen ausüben, haben auch für Arbeitsverhältnisse zu jenen Arbeitgebern Geltung, welche diese Tätigkeiten ohne die erforderliche Gewerbeberechtigung ausüben. Dasselbe gilt auch für Arbeitsverhältnisse zu jenen Arbeitgebern, die diese Tätigkeiten auf Grund eines sonstigen Rechts gemäß § 32 Abs. 1a in einem eigenen Betrieb oder einer organisatorisch und fachlich abgegrenzten Betriebsabteilung (§ 9 Abs. 2 ArbVG) ausüben, sofern ansonsten für diese Arbeitsverhältnisse keine Norm der kollektiven Rechtsgestaltung gelten würde.

(14) Die Ausnahme der in Abs. 1 angeführten Tätigkeiten von diesem Bundesgesetz gilt nicht für Tätigkeiten, wodurch Waren (§ 69 Abs. 1) oder Maschinen, Geräte, Ausrüstungen oder deren Teile und Zubehör (§ 71), von denen wegen der Bauart oder Wirkungsweise Gefahren für das Leben oder die Gesundheit der Benützer herbeigeführt werden können und für die Verordnungen über das Inverkehrbringen und über grundlegende Sicherheitsanforderungen erlassen wurden, in Verkehr gebracht werden, auch wenn sie für den Eigengebrauch erzeugt, zusammengefügt oder eingeführt werden.

(15) Wird eine ausländische Reisegesellschaft von einem befugten Reisebetreuer (Reiseleiter) aus dem Ausland dauernd in der Weise begleitet, dass der Reisebetreuer (Reiseleiter) die Gruppe durchgehend vom ausländischen Ausgangspunkt der Reise bis zum ausländischen Endpunkt der Reise betreut, ist auf dessen Tätigkeit als Reisebetreuer dieses Bundesgesetz nicht anzuwenden.

(16) Auf Anlagen zur Erzeugung oder Verarbeitung von Schieß- und Sprengmitteln im Sinne des § 3 Abs. 1 Z 1 und Z 4 des Sprengmittelgesetzes 2010, BGBl. I Nr. 121/2009, zuletzt geändert durch das Bundesgesetz BGBl. I Nr. 161/2013, die die Kriterien der Z 4.6 der **Anlage 3** erfüllen oder auf Anlagen zur Erzeugung, Verarbeitung und bzw. oder Lagerung von Schieß- und Sprengmitteln, in denen gefährliche Stoffe in Mengen vorhanden sind, die den in **Anlage 5** Teil 1 Spalte 2 oder in **Anlage 5** Teil 2 Spalte 2 genannten Mengen entsprechen oder diese überschreiten, finden die Bestimmungen über die Betriebsanlagen und die damit zusammenhängenden Bestimmungen dieses Bundesgesetzes (§§ 74 bis 84p, 333 bis 338, 353 bis 360, 362, 366 und 371 bis 373) Anwendung. Auf diese Anlagen sind die Bestimmungen des Schieß- und Sprengmittelrechts unbeschadet des § 376 Z 48 nicht anzuwenden.

2. Einteilung der Gewerbe

§ 5. (1) Soweit dieses Bundesgesetz hinsichtlich einzelner Gewerbe nicht anderes bestimmt, dürfen Gewerbe bei Erfüllung der allgemeinen und der bei einzelnen Gewerben vorgeschriebenen besonderen Voraussetzungen auf Grund der Anmeldung des betreffenden Gewerbes (§ 339) ausgeübt werden.

(2) Freie Gewerbe sind Tätigkeiten im Sinne des § 1 Abs. 1, die nicht als reglementierte Gewerbe (§ 94) oder Teilgewerbe (§ 31) ausdrücklich angeführt sind. Unbeschadet allfälliger Ausübungsvorschriften ist für freie Gewerbe kein Befähigungsnachweis zu erbringen.

a) Gewerberechtlicher Geschäftsführer

§ 39. (1) Der Gewerbeinhaber kann für die Ausübung seines Gewerbes einen Geschäftsführer bestellen, der dem Gewerbeinhaber gegenüber für die fachlich einwandfreie Ausübung des Gewerbes und der Behörde (§ 333) gegenüber für die Einhaltung der gewerberechtlichen Vorschriften verantwortlich ist. Der Gewerbeinhaber hat einen Geschäftsführer zu bestellen, wenn er den Befähigungsnachweis nicht erbringen kann oder wenn er keinen Wohnsitz im Inland hat. Für Gewerbeinhaber, die keinen Wohnsitz im Inland haben, entfällt die Verpflichtung, einen Geschäftsführer zu bestellen, wenn

1. die Zustellung der Verhängung und die Vollstreckung von Verwaltungsstrafen durch Übereinkommen sichergestellt sind, oder
2. es sich um Staatsangehörige eines Vertragsstaates des EWR handelt, die ihren Wohnsitz in einem Vertragsstaat des EWR haben, oder
3. es sich um Staatsangehörige der Schweizerischen Eidgenossenschaft handelt, die ihren Wohnsitz in der Schweiz oder in einem Vertragsstaat des EWR haben.

(2) Der Geschäftsführer muss den für die Ausübung des Gewerbes vorgeschriebenen persönlichen Voraussetzungen entsprechen und in der Lage sein, sich im Betrieb entsprechend zu betätigen, insbesondere dem Abs. 1 entsprechende, selbstverantwortliche Anordnungsbefugnis besitzen. Er muß der Erteilung der Anordnungsbefugnis und seiner Bestellung nachweislich zugestimmt haben. Handelt es sich um ein Gewerbe, für das die Erbringung eines Befähigungsnachweises vorgeschrieben ist, so muß der gemäß § 9 Abs. 1 zu bestellende Geschäftsführer einer juristischen Person außerdem

1. dem zur gesetzlichen Vertretung berufenen Organ der juristischen Person angehören oder
2. ein mindestens zur Hälfte der wöchentlichen Normalarbeitszeit im Betrieb beschäftigter, nach den Bestimmungen des Sozialversicherungsrechtes voll versicherungspflichtiger Arbeitnehmer sein.

Diese Bestimmung gilt nicht für die im § 7 Abs. 5 angeführten Gewerbe, die in der Form eines Industriebetriebes ausgeübt werden. Innerhalb eines Konzerns kann eine Bestellung zum Geschäftsführer auch für mehrere Konzernunternehmen erfolgen, wenn der Geschäftsführer Arbeitnehmer im Sinne des dritten Satzes zumindest bei einem der Konzernunternehmen ist. Der gemäß Abs. 1 für die Ausübung eines Gewerbes, für das die Erbringung eines Befähigungsnachweises vorgeschrieben ist, zu bestellende Geschäftsführer muß ein mindestens zur Hälfte der wöchentlichen Normalarbeitszeit im Betrieb beschäftigter, nach den Bestimmungen des Sozialversicherungsrechtes voll versicherungspflichtiger Arbeitnehmer sein. Die bis zum Zeitpunkt des Inkrafttretens des Bundesgesetzes BGBl. Nr. 29/1993 geltenden Bestimmungen des § 39 Abs. 2 gelten für Personen, die am 1. Juli 1993 als Geschäftsführer bestellt waren, bis zum Ablauf des 31. Dezember 1998 weiter.

(2a) Der Geschäftsführer muss seinen Wohnsitz im Inland haben. Dies gilt nicht, sofern

1. die Zustellung der Verhängung und die Vollstreckung von Verwaltungsstrafen durch Übereinkommen sichergestellt sind, oder
2. es sich um Staatsangehörige eines Vertragsstaates des EWR oder der Schweizerischen Eidgenossenschaft handelt, die ihren Wohnsitz in einem Vertragsstaat des EWR oder in der Schweiz haben, oder
3. es sich um Drittstaatsangehörige handelt, denen ein Aufenthaltstitel „Daueraufenthalt-EG“ oder „Daueraufenthalt-Familienangehöriger“ erteilt wurde und die ihren Wohnsitz in einem Vertragsstaat des EWR oder in der Schweiz haben.

(3) In den Fällen, in denen ein Geschäftsführer zu bestellen ist, muß der Gewerbeinhaber sich eines Geschäftsführers bedienen, der sich im Betrieb entsprechend betätigt.

(4) Der Gewerbeinhaber hat die Bestellung und das Ausscheiden des Geschäftsführers der Bezirksverwaltungsbehörde anzuzeigen (§ 345 Abs. 1). Die zuständige Behörde hat in jenen Fällen, in denen dieses Bundesgesetz die Bestellung eines Geschäftsführers vorschreibt und ein Arbeitnehmer als Geschäftsführer angezeigt oder genehmigt (§ 176) wird, die Bestellung oder das Ausscheiden mit Sozialversicherungs- und Dienstgeberkontonummer auf automationsunterstütztem Weg dem Dachverband der Sozialversicherungsträger zur Weiterleitung an den Versicherungsträger (§ 321 ASVG) anzuzeigen. Der Versicherungsträger hat das Ende der Pflichtversicherung eines ihm angezeigten und nicht ausgeschiedenen Geschäftsführers möglichst auf automationsunterstütztem Weg der Bezirksverwaltungsbehörde anzuzeigen.

(5) Der Gewerbeinhaber ist von seiner Verantwortung für die Einhaltung der gewerberechtlichen Vorschriften im Rahmen des § 370 nur befreit, wenn er die Bestellung eines dem Abs. 2 entsprechenden Geschäftsführers gemäß Abs. 4 angezeigt hat.

(Anm.: Abs. 6 aufgehoben durch BGBl. I Nr. 111/2002)

32. Gewerbeordnung 1859 - Gewerbliches Hilfspersonal (Auszug)

Kaiserliches Patent vom 20. December 1859, womit eine Gewerbe-Ordnung für den ganzen Umfang des Reiches, mit Ausnahme des venetianischen Verwaltungsgebietes und der Militärgränze, erlassen, und vom 1. Mai 1860 angefangen in Wirksamkeit gesetzt wird.

StF: RGBl. Nr. 227/1859

Letzte Novellierung: BGBl. I Nr. 153/2017

GLIEDERUNG

STICHWORTVERZEICHNIS

VI. Hauptstück.
Gewerbliches Hilfspersonale.
1. Allgemeine Bestimmungen.

§. 72.

Die Festsetzung der Verhältnisse zwischen den selbstständigen Gewerbetreibenden und ihren Hilfsarbeitern ist innerhalb der durch die Gesetze gezogenen Gränzen Gegenstand freier Uebereinkunft.

Schriftliche Ausfertigungen derartiger Vereinbarungen sind von Stempel- und Rechtsgebühren befreit.

In Ermanglung einer Uebereinkunft entscheiden zunächst die dafür erlassenen besonderen Vorschriften, dann das allgemeine bürgerliche Gesetzbuch.

§. 73.

Hilfsarbeiter.

Unter Hilfsarbeitern werden in diesem Gesetze alle Arbeitspersonen, welche bei Gewerbsunternehmungen in regelmäßiger Beschäftigung stehen, ohne Unterschied des Alters und Geschlechtes verstanden, und zwar:

a) Gehilfen (Handlungsgehilfen, Gesellen, Kellner, Kutscher bei Fuhrgewerben und dergl.);
b) Fabriksarbeiter;
c) Lehrlinge;
d) jene Arbeitspersonen, welche zu untergeordneten Hilfsdiensten beim Gewerbe verwendet werden [ohne zu den im Artikel V, lit. d) des Einführungsgesetzes zur Gewerbeordnung bezeichneten Personen gehören].

Zu den Hilfsarbeitern gehören auch die Arbeitspersonen, welche bei solchen Gewerbsunternehmungen regelmäßig beschäftigt sind, die von den im Artikel V des Einführungsgesetzes zur Gewerbeordnung aufgeführten physischen oder moralischen Personen neben den der Gewerbeordnung nicht unterliegenden Beschäftigungen oder Unternehmungen dieser Personen betrieben werden.

Die für höhere Dienstleistungen in der Regel mit Jahres- oder Monatsgehalt angestellten Individuen, wie: Werkführer, Mechaniker, Factoren, Buchhalter, Cassiere, Expedienten, Zeichner, Chemiker und dergl. werden unter Hilfsarbeitern nicht begriffen.

§. 76.
Pflichten der Hilfsarbeiter.

Die Hilfsarbeiter sind verpflichtet dem Gewerbsinhaber Treue, Folgsamkeit und Achtung zu erweisen, sich anständig zu betragen, die bedungene oder ortsübliche Arbeitszeit einzuhalten, die ihnen anvertrauten gewerblichen Verrichtungen nach besten Kräften zu besorgen, über die Betriebsverhältnisse Verschwiegenheit zu beobachten, sich gegen die übrigen Hilfsarbeiter und Hausgenossen verträglich zu benehmen und die Lehrlinge, sowie die unter der Aufsicht der Hilfsarbeiter arbeitenden Kinder gut zu behandeln. Zur Leistung von häuslichen Arbeiten, insofern diese nicht zum Gewerbsbetriebe gehören, sind die Hilfsarbeiter vorbehaltlich anderweitiger Vereinbarung nicht verpflichtet.

§. 78.
Lohnzahlungen.

Die Gewerbsinhaber sind verpflichtet, die Löhne der Hilfsarbeiter in barem Gelde auszuzahlen.

Sie können jedoch den Arbeitern Wohnung, Feuerungsmaterial, Benützung von Grundstücken, Arzneien und ärztliche Hilfe, sowie Werkzeuge und Stoffe zu den von ihnen anzufertigenden Erzeugnissen unter Anrechnung bei der Lohnzahlung nach vorausgegangener Vereinbarung zuwenden.

Die Verabfolgung von Lebensmitteln oder der regelmäßigen Bekostigung auf Rechnung des Lohnes kann zwischen dem Gewerbsinhaber und dem Hilfsarbeiter vereinbart werden, sofern sie zu einem die Beschaffungskosten nicht übersteigenden Preise erfolgt.

Dagegen darf nicht vereinbart werden, daß die Hilfsarbeiter Gegenstände ihres Bedarfes aus gewissen Verkaufstätten beziehen müssen.

Gewerbsinhaber dürfen den Arbeitern andere als die obbezeichneten Gegenstände oder Waaren und insbesondere geistige Getränke auf Rechnung des Lohnes nicht creditiren.

Die Auszahlung der Löhne in den Wirthshäusern und Schanklocalitäten ist untersagt.

§. 78a.

Die Bestimmungen des §. 78 finden auch auf diejenigen Hilfsarbeiter Anwendung, welche außerhalb der Werkstätten für Gewerbsinhaber die zu deren Gewerbsbetriebe nöthigen Ganz- und Halbfabrikate anfertigen oder solche an sie absetzen, ohne aus dem Verkaufe dieser Waaren an Consumenten ein Gewerbe zu machen.

§. 78b.

Die rücksichtlich der Gewerbsinhaber in den §§. 78 und 78a getroffenen Bestimmungen finden auch Anwendung auf Familienglieder, Gehilfen, Beauftragte, Geschäftsführer, Aufseher und Factoren der Gewerbsinhabern, sowie auf andere Gewerbetreibende, bei deren Geschäfte eine der hier erwähnten Personen unmittelbar oder mittelbar betheiligt ist.

§. 78c.
Richtigkeit von Verträgen.

Vertragsbestimmungen und Verabredungen, welche den Anordnungen der §§. 78 78a und 78b zuwiderlaufen, sind nichtig.

§. 78d.
Folgen der Nicht-Barzahlungen an Hilfsarbeiter.

Hilfsarbeiter, deren Forderungen entgegen den Vorschriften der §§. 78, 78a und 78b anders als durch Barzahlung berichtigt wurden, können zu jeder Zeit die Bezahlung ihrer Forderungen in barem Gelde verlangen, ohne daß ihnen eine Einrede aus dem an Zahlungsstatt Gegebenen entgegengesetzt werden kann. Soweit das an Zahlungsstatt Gegebene bei dem Empfänger vorhanden ist, oder dieser daraus noch bereichert erscheint, fällt dasselbe oder dessen Werth der Krankenkasse zu die zur Durchführung der Krankenversicherung der Hilfsarbeiter gesetzlich berufen ist.

§. 78e.
Nichtklagbarkeit der Forderungen für creditirte Waaren.

Forderungen für Gegenstände oder Waaren, welche ungeachtet des in den §§. 78, 78a und 78b enthaltenen Verbotes den Hilfsarbeitern creditirt wurden, können von Gewerbsinhabern und den ihnen gleichgestellten Personen weder eingeklagt, noch durch Anrechnung oder in anderer Weise geltend gemacht werden, ohne Unterschied, ob sie zwischen den Betheiligten unmittelbar entstanden sind oder mittelbar erworben wurden.

Dagegen fallen dergleichen Forderungen den im §. 78d bezeichneten Anstalten für ihre gesetzlichen Zwecke zu.

§. 82.

Auflösung des Arbeitsverhältnisses.

Vor Ablauf der ausdrücklich oder stillschweigend bedungenen Dauer des Arbeitsverhältnisses kann ein Hilfsarbeiter ohne Kündigung in folgenden Fällen sofort entlassen werden, wenn er:

a) bei Abschluß des Arbeitsvertrages den Gewerbsinhaber durch Vorzeigung falscher oder verfälschter Ausweiskarten oder Zeugnisse hintergangen oder ihn über das Bestehen eines anderen den Hilfsarbeiter gleichzeitig verpflichtenden Arbeitsverhältnisses in einen Irrthum versetzt hat;
b) zu der mit ihm vereinbarten Arbeit unfähig befunden wird;
c) der Trunksucht verfällt, und wiederholt fruchtlos verwarnt wurde;
d) sich eines Diebstahls, einer Veruntreuung oder einer sonstigen strafbaren Handlung schuldig macht, welche ihn des Vertrauens des Gewerbsinhabers unwürdig erscheinen läßt;
e) ein Geschäfts- oder Betriebsgeheimnis verräth oder ohne Einwilligung des Gewerbsinhabers ein der Verwendung beim Gewerbe abträgliches Nebengeschäft betreibt;
f) die Arbeit unbefugt verlassen hat oder beharrlich seine Pflichten vernachlässigt, oder die übrigen Hilfsarbeiter oder die Hausgenossen zum Ungehorsam, zur Auflehnung gegen den Gewerbsinhaber, zu unordentlichem Lebenswandel oder zu unsittlichen oder gesetzwidrigen Handlungen zu verleiten sucht;
g) sich einer groben Ehrenbeleidigung, Körperverletzung oder gefährlichen Drohung gegen den Gewerbsinhaber oder dessen Hausgenossen, oder gegen die übrigen Hilfsarbeiter schuldig macht, oder ungeachtet vorausgegangener Verwarnung mit Feuer und Licht unvorsichtig umgeht;
h) mit einer abschreckenden Krankheit behaftet ist, oder durch eigenes Verschulden arbeitsunfähig wird;
i) durch länger als vierzehn Tage gefänglich angehalten wird.

§. 82a.

Vor Ablauf der vertragsmäßigen Zeit und ohne Kündigung kann ein Hilfsarbeiter die Arbeit verlassen:

a) wenn er ohne erweislichen Schaden für seine Gesundheit die Arbeit nicht fortsetzen kann;
b) wenn der Gewerbsinhaber sich einer thätlichen Misshandlung oder einer groben Ehrenbeleidigung gegen ihn oder dessen Angehörige schuldig macht;
c) wenn der Gewerbsinhaber oder dessen Angehörige den Hilfsarbeiter oder dessen Angehörige zu unsittlichen oder gesetzwidrigen Handlungen zu verleiten suchen;
d) wenn der Gewerbsinhaber ihm die bedungenen Bezüge ungebührlich vorenthält oder andere wesentliche Vertragsbestimmungen verletzt;
e) wenn der Gewerbsinhaber außer Stande ist, oder sich weigert, dem Hilfsarbeiter Verdienst zu geben.

§. 83.

Durch das Aufhören des Gewerbsbetriebes oder durch den Tod des Hilfsarbeiters erlischt das Arbeitsverhältnis von selbst.

Doch ist im Falle der vorzeitigen Entlassung des Hilfsarbeiters, sei es in Folge freiwilligen Aufgebens des Gewerbes oder in Folge einer Verschuldens des Gewerbsinhabers oder eines diesen treffenden Zufalls der Hilfsarbeiter berechtigt, für den Entgang der Kündigungsfrist Schadloshaltung zu beanspruchen.

§. 84.

Wenn der Gewerbsinhaber ohne einen gesetzlich zulässigen Grund (§§. 82 und 101) einen Hilfsarbeiter vorzeitig entläßt oder durch Verschulden von seiner Seite dem letzteren Grund zur vorzeitigen Auflösung des Arbeitsverhältnisses gibt (§. 82a), so ist er verpflichtet dem Hilfsarbeiter den Lohn und die sonst vereinbarten Genüsse für die ganze Kündigungsfrist, beziehungsweise für den noch übrigen Theil der Kündigungsfrist zu vergüten.

§. 86.

Wenn ein Hilfsarbeiter ohne gesetzlich zulässigen Grund (§§ 82 und 101) das Arbeitsverhältnis vorzeitig auflöst, so haftet für den gemäß § 1162a des allgemeinen bürgerlichen Gesetzbuches dem Hilfsarbeiter obliegenden Schadenersatz auch jener Gewerbeinhaber, der ihn zum Vertragsbruche verleitet hat oder ihn vor rechtmäßiger Beendigung des früheren Arbeitsverhältnisses in Kenntnis der unrechtmäßigen Lösung in Verwendung nimmt oder in Arbeit behält.

§. 88.

Arbeiterverzeichnisse.

In jeder Gewerbsunternehmung ist über alle Hilfsarbeiter ein Verzeichnis in Buchform mit Angabe des Vor- und Zunamens, des Alters, der Heimatsgemeinde, der Gemeinde, welche die Ausweiskarte ausgestellt hat, des Eintrittes in die Gewerbsunternehmung, des Namens des Gewerbsinhabers, bei dem der Hilfsarbeiter zuletzt in Arbeit stand, der Verwendungsart im Gewerbe, der Krankencasse, welcher der Hilfsarbeiter angehört, und des Austrittes aus der Gewerbsunternehmung, zu führen und den behördlichen Organen auf jedesmaliges Verlangen vorzuweisen.

Die polizeilichen Meldungsvorschriften bleiben durch dieses Gesetz unberührt.

§. 90.

Conventional-Geldstrafen.

Die Conventional-Geldstrafen, welchen die Hilfsarbeiter bei Uebertretungen der Arbeitsordnung unterworfen wurden, sowie deren Verwendung, sind in ein Verzeichnis einzutragen, dessen Einsichtnahme der Behörde und den Hilfsarbeitern offen steht, und dessen Vorlage an die Gewerbsbehörde zu erfolgen hat, wenn sich ein Hilfsarbeiter durch die Einhebung oder Verwendung der Conventional-Geldstrafe für beschwert erachtet.

§. 91.

Stellvertreter der Gewerbsinhaber.

Was in diesem Abschnitte von Gewerbsinhabern als Arbeitgebern oder Lehrherren gesagt ist, gilt auch von deren Stellvertretern, insoweit nicht einzelne Bestimmungen der Natur der Sache nach nur auf die Person des Gewerbsinhabers Anwendung finden.

§. 92.

Kaufmännisches Hilfspersonale.

Auf die Handlungsgehilfen, Handlungslehrlinge und Handlungsdiener finden die Bestimmungen dieses Hauptstückes nur insoferne Anwendung, als in dem Handelsgesetzbuche nicht etwas Anderes angeordnet ist.

33. Gleichbehandlungsgesetz

Bundesgesetz über die Gleichbehandlung
StF: BGBl. I Nr. 66/2004
Letzte Novellierung: BGBl. I Nr. 16/2020

GLIEDERUNG

I. Teil
Gleichbehandlung von Frauen und Männern in der Arbeitswelt
Geltungsbereich

§ 1. (1) Die Bestimmungen des I. Teiles gelten für den Bereich der Arbeitswelt, dazu zählen
1. Arbeitsverhältnisse aller Art, die auf privatrechtlichem Vertrag beruhen;
2. alle Formen und alle Ebenen der Berufsberatung, der Berufsausbildung, der beruflichen Weiterbildung und der Umschulung einschließlich der praktischen Berufserfahrung;
3. die Mitgliedschaft und Mitwirkung in einer Arbeitnehmer/innen/- oder Arbeitgeber/innen/organisation oder einer Organisation, deren Mitglieder einer bestimmten Berufsgruppe angehören, einschließlich der Inanspruchnahme der Leistungen solcher Organisationen;
4. die Gründung, Einrichtung oder Erweiterung eines Unternehmens sowie die Aufnahme oder Ausweitung jeglicher anderen Art von selbständiger Tätigkeit,

sofern dies in die Regelungskompetenz des Bundes fällt.

(2) Ausgenommen sind Arbeitsverhältnisse
1. der land- und forstwirtschaftlichen Arbeiter/innen im Sinne des Landarbeitsgesetzes 1984, BGBl. Nr. 287;
2. zu einem Land, einem Gemeindeverband oder einer Gemeinde;
3. zum Bund.

(3) Die Bestimmungen des I. Teiles gelten auch
1. für Beschäftigungsverhältnisse, auf die das Heimarbeitsgesetz 1960, BGBl. Nr. 105/1961, anzuwenden ist, und
2. für Beschäftigungsverhältnisse von Personen, die, ohne in einem Arbeitsverhältnis zu stehen, im Auftrag und für Rechnung bestimmter Personen Arbeit leisten und wegen wirtschaftlicher Unselbständigkeit als arbeitnehmerähnlich anzusehen sind.

Für den Anwendungsbereich dieses Gesetzes gelten die Beschäftigungsverhältnisse nach Z 1 und 2 als Arbeitsverhältnisse.

(4) Die Bestimmungen des I. Teiles gelten auch für die Beschäftigung von Arbeitnehmer/inne/n, die von einem/einer Arbeitgeber/in ohne Sitz in Österreich
1. im Rahmen einer Arbeitskräfteüberlassung oder
2. zur fortgesetzten Arbeitsleistung

nach Österreich entsandt werden, für die Dauer der Entsendung.

Gleichstellung

§ 2. Ziel dieses Abschnittes ist die Gleichstellung von Frauen und Männern.

Gleichbehandlungsgebot im Zusammenhang mit einem Arbeitsverhältnis

§ 3. Auf Grund des Geschlechtes, insbesondere unter Bezugnahme auf den Familienstand oder den Umstand, ob jemand Kinder hat, darf im Zusammenhang mit einem Arbeitsverhältnis niemand unmittelbar oder mittelbar diskriminiert werden, insbesondere nicht
1. bei der Begründung des Arbeitsverhältnisses,
2. bei der Festsetzung des Entgelts,
3. bei der Gewährung freiwilliger Sozialleistungen, die kein Entgelt darstellen,
4. bei Maßnahmen der Aus- und Weiterbildung und Umschulung,
5. beim beruflichen Aufstieg, insbesondere bei Beförderungen,
6. bei den sonstigen Arbeitsbedingungen,
7. bei der Beendigung des Arbeitsverhältnisses.

Gleichbehandlungsgebot in der sonstigen Arbeitswelt

§ 4. Auf Grund des Geschlechtes, insbesondere unter Bezugnahme auf den Familienstand oder den Umstand, ob jemand Kinder hat, darf niemand unmittelbar oder mittelbar diskriminiert werden
1. bei der Berufsberatung, Berufsausbildung, beruflichen Weiterbildung und Umschulung außerhalb eines Arbeitsverhältnisses,

2. bei der Mitgliedschaft und Mitwirkung in einer Arbeitnehmer/innen/- oder Arbeitgeber/innen/organisation oder einer Organisation, deren Mitglieder einer bestimmten Berufsgruppe angehören, einschließlich der Inanspruchnahme der Leistungen solcher Organisationen,
3. bei der Gründung, Einrichtung oder Erweiterung eines Unternehmens sowie der Aufnahme oder Ausweitung jeglicher anderen Art von selbständiger Tätigkeit.

Begriffsbestimmungen

§ 5. (1) Eine unmittelbare Diskriminierung liegt vor, wenn eine Person auf Grund ihres Geschlechtes in einer vergleichbaren Situation eine weniger günstige Behandlung erfährt, als eine andere Person erfährt, erfahren hat oder erfahren würde.

(2) Eine mittelbare Diskriminierung liegt vor, wenn dem Anschein nach neutrale Vorschriften, Kriterien oder Verfahren Personen, die einem Geschlecht angehören, in besonderer Weise gegenüber Personen des anderen Geschlechtes benachteiligen können, es sei denn, die betreffenden Vorschriften, Kriterien oder Verfahren sind durch ein rechtmäßiges Ziel sachlich gerechtfertigt und die Mittel sind zur Erreichung dieses Zieles angemessen und erforderlich.

(3) Eine Diskriminierung liegt auch bei Anweisung einer Person zur Diskriminierung vor.

(4) Eine Diskriminierung liegt auch vor, wenn eine Person auf Grund ihres Naheverhältnisses zu einer Person wegen deren Geschlechts diskriminiert wird.

Sexuelle Belästigung

§ 6. (1) Eine Diskriminierung auf Grund des Geschlechtes liegt auch vor, wenn eine Person
1. vom/von der Arbeitgeber/in selbst sexuell belästigt wird,
2. durch den/die Arbeitgeber/in dadurch diskriminiert wird, indem er/sie es schuldhaft unterlässt, im Falle einer sexuellen Belästigung durch Dritte (Z 3) eine auf Grund gesetzlicher Bestimmungen, Normen der kollektiven Rechtsgestaltung oder des Arbeitsvertrages angemessene Abhilfe zu schaffen,
3. durch Dritte in Zusammenhang mit seinem/ihrem Arbeitsverhältnis belästigt wird oder
4. durch Dritte außerhalb eines Arbeitsverhältnisses (§ 4) belästigt wird.

(2) Sexuelle Belästigung liegt vor, wenn ein der sexuellen Sphäre zugehöriges Verhalten gesetzt wird, das die Würde einer Person beeinträchtigt oder dies bezweckt, für die betroffene Person unerwünscht, unangebracht oder anstößig ist und
1. eine einschüchternde, feindselige oder demütigende Arbeitsumwelt für die betroffene Person schafft oder dies bezweckt oder
2. der Umstand, dass die betroffene Person ein der sexuellen Sphäre zugehöriges Verhalten seitens des/der Arbeitgebers/Arbeitgeberin oder von Vorgesetzten oder Kolleg/inn/en zurückweist oder duldet, ausdrücklich oder stillschweigend zur Grundlage einer Entscheidung mit Auswirkungen auf den Zugang dieser Person zur Berufsausbildung, Beschäftigung, Weiterbeschäftigung, Beförderung oder Entlohnung oder zur Grundlage einer anderen Entscheidung in der Arbeitswelt gemacht wird.

(3) Eine Diskriminierung liegt auch bei Anweisung zur sexuellen Belästigung einer Person vor.

(4) Eine Diskriminierung liegt auch vor, wenn eine Person auf Grund ihres Naheverhältnisses zu einer Person wegen deren Geschlechts sexuell belästigt wird.

Belästigung

§ 7. (1) Eine Diskriminierung auf Grund des Geschlechtes liegt auch vor, wenn eine Person durch geschlechtsbezogene Verhaltensweisen
1. vom/von der Arbeitgeber/in selbst belästigt wird,
2. durch den/die Arbeitgeber/in dadurch diskriminiert wird, indem er/sie es schuldhaft unterlässt, im Falle einer Belästigung durch Dritte (Z 3) eine auf Grund gesetzlicher Bestimmungen, Normen der kollektiven Rechtsgestaltung oder des Arbeitsvertrages angemessene Abhilfe zu schaffen,
3. durch Dritte in Zusammenhang mit seinem/ihrem Arbeitsverhältnis belästigt wird oder
4. durch Dritte außerhalb eines Arbeitsverhältnisses (§ 4) belästigt wird.

(2) Geschlechtsbezogene Belästigung liegt vor, wenn ein geschlechtsbezogenes Verhalten gesetzt wird, das die Würde einer Person beeinträchtigt oder dies bezweckt, für die betroffene Person unerwünscht ist und
1. eine einschüchternde, feindselige oder demütigende Arbeitsumwelt für die betroffene Person schafft oder dies bezweckt oder
2. der Umstand, dass die betroffene Person eine geschlechtsbezogene Verhaltensweise seitens des/der Arbeitgebers/Arbeitgeberin oder Vorgesetzten oder Kolleg/inn/en zurückweist oder duldet, ausdrücklich oder stillschweigend zur Grundlage einer Entscheidung mit Auswirkungen auf den Zugang dieser Person zur Berufsausbildung, Beschäftigung, Weiterbeschäftigung, Beförderung und Entlohnung oder zur Grundlage einer anderen Entscheidung in der Arbeitswelt gemacht wird.

(3) Eine Diskriminierung liegt auch bei Anweisung zur Belästigung einer Person vor.

(4) Eine Diskriminierung liegt auch vor, wenn eine Person auf Grund ihres Naheverhältnisses zu

einer Person wegen deren Geschlechts belästigt wird.

Positive Maßnahmen

§ 8. Die in Gesetzen, in Verordnungen, in Instrumenten der kollektiven Rechtsgestaltung oder in generellen mehrere Arbeitnehmer/innen umfassende Verfügungen des/der Arbeitgebers/Arbeitgeberin getroffenen Maßnahmen zur Förderung der Gleichstellung von Frauen und Männern, insbesondere durch Beseitigung tatsächlich bestehender Ungleichheiten im Sinne des Art. 7 Abs. 2 B-VG, gelten nicht als Diskriminierungen im Sinne dieses Gesetzes. Dies gilt auch für Maßnahmen zur Förderung der Gleichstellung von Frauen und Männern in den in § 4 genannten Bereichen. Der Bund kann für besondere Aufwendungen, die Arbeitgeber/inne/n bei der Durchführung solcher Maßnahmen entstehen, Förderungen gewähren.

Gebot der geschlechtsneutralen Stellenausschreibung

§ 9. (1) Der/die Arbeitgeber/in oder private/r Arbeitsvermittler/in gemäß den §§ 2 ff des Arbeitsmarktförderungsgesetzes, BGBl. Nr. 31/1969, oder eine mit der Arbeitsvermittlung betraute juristische Person öffentlichen Rechts darf einen Arbeitsplatz weder öffentlich noch innerhalb des Betriebes (Unternehmens) nur für Männer oder nur für Frauen ausschreiben oder durch Dritte ausschreiben lassen, es sei denn, ein bestimmtes Geschlecht ist unverzichtbare Voraussetzung für die Ausübung der vorgesehenen Tätigkeit. Die Ausschreibung darf auch keine zusätzlichen Anmerkungen enthalten, die auf ein bestimmtes Geschlecht schließen lassen.

(2) Der/die Arbeitgeber/in oder private Arbeitsvermittler/in gemäß den §§ 2 ff des Arbeitsmarktförderungsgesetzes oder eine mit der Arbeitsvermittlung betraute juristische Person öffentlichen Rechts ist verpflichtet, in der Ausschreibung das für den ausgeschriebenen Arbeitsplatz geltende kollektivvertragliche oder das durch Gesetz oder andere Normen der kollektiven Rechtsgestaltung geltende Mindestentgelt anzugeben und auf die Bereitschaft zur Überzahlung hinzuweisen, wenn eine solche besteht. Dies gilt sinngemäß für Arbeitsverträge in Wirtschaftsbereichen, in denen es kein kollektivvertraglich oder durch Gesetz oder andere Normen der kollektiven Rechtsgestaltung geregeltes Mindestentgelt gibt, ausgenommen Arbeitnehmer/innen gemäß § 10 Abs. 2 Z 2 Arbeiterkammergesetz 1992, BGBl. Nr. 626/1991. In der Stellenausschreibung ist jenes Entgelt anzugeben, das als Mindestgrundlage für die Arbeitsvertragsverhandlungen zur Vereinbarung des Entgelts dienen soll.

Strafbestimmungen

§ 10. (1) Wer als Arbeitsvermittler/in entgegen den Bestimmungen des § 9 Abs. 1 einen Arbeitsplatz nur für Männer oder Frauen ausschreibt, ist auf Antrag eines/einer Stellenwerbers/Stellenwerberin, des/der Anwalts/Anwältin für die Gleichbehandlung von Frauen und Männern in der Arbeitswelt oder des/der Regionalanwalts/Regionalanwältin von der Bezirksverwaltungsbehörde mit Geldstrafe bis 360 Euro zu bestrafen.

(2) Wer als Arbeitsvermittler/in entgegen den Bestimmungen des § 9 Abs. 2 in die Stellenausschreibung die in Abs. 2 angeführten Angaben nicht aufnimmt, ist auf Antrag eines/einer Stellenwerbers/Stellenwerberin, des/der Anwalts/Anwältin für die Gleichbehandlung von Frauen und Männern in der Arbeitswelt oder des/der Regionalanwalts/Regionalanwältin beim ersten Verstoß von der Bezirksverwaltungsbehörde zu ermahnen und bei weiteren Verstößen mit Geldstrafe bis 360 Euro zu bestrafen.

(3) Wer als Arbeitgeber/in

1. entgegen den Bestimmungen des § 9 Abs. 1 einen Arbeitsplatz nur für Männer oder Frauen ausschreibt oder
2. entgegen den Bestimmungen des § 9 Abs. 2 in die Stellenausschreibung die in darin angeführten Angaben nicht aufnimmt,

ist auf Antrag eines/einer Stellenwerbers/Stellenwerberin, des/der Anwalts/Anwältin für die Gleichbehandlung von Frauen und Männern in der Arbeitswelt oder des/der Regionalanwalts/Regionalanwältin beim ersten Verstoß von der Bezirksverwaltungsbehörde zu ermahnen und bei weiteren Verstößen mit Geldstrafe bis 360 Euro zu bestrafen.

(4) In einem auf Antrag des/der Anwalts/Anwältin für die Gleichbehandlung von Frauen und Männern in der Arbeitswelt oder des/der Regionalanwalts/Regionalanwältin eingeleiteten Verwaltungsstrafverfahren wegen Verletzung des § 9 ist diese/r Partei. Dem/der Anwalt/Anwältin oder dem/der Regionalanwalt/Regionalanwältin steht das Recht auf Beschwerde gegen Bescheide und Einspruch gegen Strafverfügungen zu.

Entlohnungskriterien

§ 11. Betriebliche Einstufungsregelungen und Normen der kollektiven Rechtsgestaltung haben bei der Regelung der Entlohnungskriterien den Grundsatz des gleichen Entgelts für gleiche Arbeit oder eine Arbeit, die als gleichwertig anerkannt wird, zu beachten und dürfen weder Kriterien für die Beurteilung der Arbeit der Frauen einerseits und der Arbeit der Männer andererseits vorschreiben, die zu einer Diskriminierung führen.

Einkommensbericht

§ 11a. (1) Jede/r Arbeitgeber/in, der/die dauernd die in § 63 Abs. 6 festgelegte Zahl von Arbeitnehmern/Arbeitnehmerinnen beschäftigt, ist verpflichtet, alle zwei Jahre einen Bericht zur Entgeltanalyse zu erstellen. Dieser Bericht hat Angaben über

1. die Anzahl der Frauen und die Anzahl der Männer in den jeweiligen kollektivvertraglichen oder – wenn verfügbar – betrieblichen Verwendungsgruppen;
2. die Anzahl der Frauen und die Anzahl der Männer in den – wenn verfügbar – einzelnen Verwendungsgruppenjahren der anzuwendenden Verwendungsgruppen;
3. das Durchschnitts- oder Medianarbeitsentgelt von Frauen und von Männern im Kalenderjahr in den jeweiligen kollektivvertraglichen oder – wenn verfügbar – betrieblichen Verwendungsgruppen und – wenn verfügbar – Verwendungsgruppenjahren

zu enthalten. Das Arbeitsentgelt von Teilzeitbeschäftigten ist auf Vollzeitbeschäftigung und das von unterjährig Beschäftigten auf Jahresbeschäftigung hochzurechnen. Gibt es kein anzuwendendes kollektivvertragliches oder betriebliches Verwendungsgruppenschema, so sind anstelle von Verwendungsgruppen Funktionsgruppen entsprechend der betrieblichen Tätigkeitsstruktur zu bilden.

(2) Der Bericht ist in anonymisierter Form zu erstellen. Der Bericht darf keine Rückschlüsse auf Einzelpersonen zulassen.

(3) Der Bericht ist dem Zentralbetriebsrat oder – wenn kein Zentralbetriebsrat besteht – den Betriebsausschüssen oder – soweit kein Betriebsausschuss errichtet ist – den Betriebsräten im ersten Quartal des auf das Berichtsjahr folgenden Kalenderjahres zu übermitteln. Der (Zentral–)Betriebsrat bzw. Betriebsausschuss kann eine Beratung darüber verlangen. In Unternehmen, die dem Post-Betriebsverfassungsgesetz, BGBl. Nr. 326/1996, unterliegen, kommen diese Befugnisse dem Zentralausschuss, wenn ein solcher nicht besteht, den Personalausschüssen, soweit solche nicht bestehen, den Vertrauenspersonenausschüssen zu. Die Organe der Arbeitnehmerschaft können im Rahmen ihrer Tätigkeit Auskunft an die Arbeitnehmer/innen über die für sie relevanten Informationen erteilen. Besteht in einem Betrieb kein Organ der Arbeitnehmerschaft oder besteht ein solches Organ für eine Gruppe von Arbeitnehmer/inne/n nicht, ist der Bericht im Betrieb in einem allen Arbeitnehmer/inne/n oder allen gruppenzugehörigen Arbeitnehmer/innen zugänglichen Raum aufzulegen und darauf in einer Betriebskundmachung hinzuweisen. § 13 gilt sinngemäß.

(4) Über den Inhalt des Einkommensberichtes ist der/die Arbeitnehmer/in zur Verschwiegenheit verpflichtet. Dem stehen die Einholung von Rechtsauskünften oder Rechtsberatung durch Interessenvertretungen und sonstige Personen oder Einrichtungen, die ihrerseits einer Verschwiegenheitspflicht unterliegen, sowie die Einleitung eines Verfahrens zur Durchsetzung von Ansprüchen nach diesem Bundesgesetz oder eines Verfahrens vor der Gleichbehandlungskommission nicht entgegen.

(5) Bei Verstößen gegen die Verschwiegenheitspflicht gemäß Abs. 4 ist der/die Arbeitnehmer/in, sofern die Tat nach anderen Gesetzen nicht einer strengeren Strafe unterliegt, von der Bezirksverwaltungsbehörde mit einer Geldstrafe bis zu 360 Euro zu bestrafen, wenn der/die Arbeitgeber/in binnen sechs Wochen ab Kenntnis von dem Verstoß und der Person des/der Täters/Täterin bei der zuständigen Bezirksverwaltungsbehörde einen Strafantrag stellt (Privatankläger/in). Auf das Strafverfahren ist § 56 Abs. 2 bis 4 des Verwaltungsstrafgesetzes 1991, BGBl. Nr. 52, anzuwenden. Die Behörde kann ohne weiteres Verfahren von der Verhängung einer Strafe absehen, wenn das Verschulden des/der Arbeitnehmers/Arbeitnehmerin geringfügig ist und die Folgen der Verletzung der Verschwiegenheitspflicht unbedeutend sind. Sie kann den/die Arbeitnehmer/in jedoch gleichzeitig unter Hinweis auf die Rechtswidrigkeit des Verhaltens mit Bescheid ermahnen, sofern dies erforderlich ist, um den/die Arbeitnehmer/in von weiteren Verletzungen der Verschwiegenheitspflicht nach Abs. 5 abzuhalten.

(6) Die in Abs. 3 genannten Organe der Arbeitnehmerschaft haben oder – soweit diese nicht bestehen – der/die Arbeitnehmer/in hat nach Maßgabe des Abs. 3 Anspruch auf Erstellung und Übermittlung bzw. Information über den Einkommensbericht. Der Anspruch ist gerichtlich geltend zu machen. Es gilt die dreijährige Verjährungsfrist gemäß § 1486 des Allgemeinen Bürgerlichen Gesetzbuches, wobei die Frist mit dem Ablauf des ersten Quartals des auf das Berichtsjahr folgenden Kalenderjahres zu laufen beginnt.

Rechtsfolgen der Verletzung des Gleichbehandlungsgebotes

§ 12. (1) Ist das Arbeitsverhältnis wegen Verletzung des Gleichbehandlungsgebotes des § 3 Z 1 nicht begründet worden, so ist der/die Arbeitgeber/in gegenüber dem/der Stellenwerber/in zum Ersatz des Vermögensschadens und zu einer Entschädigung für die erlittene persönliche Beeinträchtigung verpflichtet. Der Ersatzanspruch beträgt

1. mindestens zwei Monatsentgelte, wenn der/die Stellenwerber/in bei diskriminierungsfreier Auswahl die Stelle erhalten hätte, oder
2. bis 500 Euro, wenn der/die Arbeitgeber/in nachweisen kann, dass der einem/einer Stellenwerber/in durch die Diskriminierung entstandene Schaden nur darin besteht, dass die Berücksichtigung seiner/ihrer Bewerbung verweigert wird.

(2) Erhält ein/e Arbeitnehmer/in wegen Verletzung des Gleichbehandlungsgebotes des § 3 Z 2 durch den/die Arbeitgeber/in für gleiche Arbeit oder für eine Arbeit, die als gleichwertig anerkannt wird, ein geringeres Entgelt als ein/e Arbeitnehmer/in des anderen Geschlechtes, so hat er/sie gegenüber dem/der Arbeitgeber/in Anspruch auf Bezahlung der Differenz und eine Entschädigung für die erlittene persönliche Beeinträchtigung.

(3) Bei Verletzung des Gleichbehandlungsgebotes des § 3 Z 3 hat der/die Arbeitnehmer/in Anspruch auf Gewährung der betreffenden Sozialleistung oder Ersatz des Vermögensschadens und auf eine Entschädigung für die erlittene persönliche Beeinträchtigung.

(4) Bei Verletzung des Gleichbehandlungsgebotes des § 3 Z 4 hat der/die Arbeitnehmer/in Anspruch auf Einbeziehung in die entsprechenden betrieblichen Aus- und Weiterbildungsmaßnahmen oder auf Ersatz des Vermögensschadens und auf eine Entschädigung für die erlittene persönliche Beeinträchtigung.

(5) Ist ein/e Arbeitnehmer/in wegen Verletzung des Gleichbehandlungsgebotes des § 3 Z 5 nicht beruflich aufgestiegen, so ist der/die Arbeitgeber/in gegenüber dem/der Arbeitnehmer/in zum Ersatz des Vermögensschadens und zu einer Entschädigung für die erlittene persönliche Beeinträchtigung verpflichtet. Der Ersatzanspruch beträgt,

1. die Entgeltdifferenz für mindestens drei Monate, wenn der/die Arbeitnehmer/in bei diskriminierungsfreier Auswahl beruflich aufgestiegen wäre, oder
2. bis 500 Euro, wenn der/die Arbeitgeber/in nachweisen kann, dass der einem/einer Arbeitnehmer/in durch die Diskriminierung entstandene Schaden nur darin besteht, dass die Berücksichtigung seiner/ihrer Bewerbung verweigert wird.

(6) Bei Verletzung des Gleichbehandlungsgebotes des § 3 Z 6 hat der/die Arbeitnehmer/in Anspruch auf Gewährung der gleichen Arbeitsbedingungen wie ein/e Arbeitnehmer/in des anderen Geschlechtes oder auf Ersatz des Vermögensschadens und auf eine Entschädigung für die erlittene persönliche Beeinträchtigung.

(7) Ist das Arbeitsverhältnis vom/von der Arbeitgeber/in wegen des Geschlechtes des/der Arbeitnehmers/Arbeitnehmerin oder wegen der nicht offenbar unberechtigten Geltendmachung von Ansprüchen nach diesem Gesetz gekündigt oder vorzeitig beendigt worden oder ist das Probearbeitsverhältnis wegen eines solchen Grundes aufgelöst worden (§ 3 Z 7), so kann die Kündigung, Entlassung oder Auflösung des Probearbeitsverhältnisses bei Gericht angefochten werden. Ist ein befristetes, auf die Umwandlung in ein unbefristetes Arbeitsverhältnis angelegtes Arbeitsverhältnis wegen des Geschlechtes des/der Arbeitnehmers/in oder wegen der nicht offenbar unberechtigten Geltendmachung von Ansprüchen nach diesem Gesetz durch Zeitablauf beendet worden, so kann auf Feststellung des unbefristeten Bestehens des Arbeitsverhältnisses geklagt werden. Lässt der/die Arbeitnehmer/in die Beendigung gegen sich gelten, so hat er/sie Anspruch auf Ersatz des Vermögensschadens und auf eine Entschädigung für die erlittene persönliche Beeinträchtigung.

(8) Bei Verletzung des Gleichbehandlungsgebotes des § 4 Z 1 hat die betroffene Person Anspruch auf Einbeziehung in die entsprechenden Berufsberatungs-, Berufsausbildungs-, Weiterbildungs- und Umschulungsmaßnahmen oder auf Ersatz des Vermögensschadens und auf eine Entschädigung für die erlittene persönliche Beeinträchtigung.

(9) Bei Verletzung des Gleichbehandlungsgebotes des § 4 Z 2 hat die betroffene Person Anspruch auf Mitgliedschaft und Mitwirkung in der betroffenen Organisation sowie auf Inanspruchnahme der Leistungen der betreffenden Organisation oder Ersatz des Vermögensschadens und auf eine Entschädigung für die erlittene persönliche Beeinträchtigung.

(10) Bei Verletzung des Gleichbehandlungsgebotes des § 4 Z 3 hat die betroffene Person Anspruch auf Ersatz des Vermögensschadens und eine Entschädigung für die erlittene persönliche Beeinträchtigung.

(11) Bei einer sexuellen Belästigung nach § 6 oder einer geschlechtsbezogenen Belästigung nach § 7 hat die betroffene Person gegenüber dem/der Belästiger/in und im Fall des § 6 Abs. 1 Z 2 oder § 7 Abs. 1 Z 2 auch gegenüber dem/der Arbeitgeber/in Anspruch auf Ersatz des erlittenen Schadens. Soweit der Nachteil nicht nur in einer Vermögenseinbuße besteht, hat die betroffene Person zum Ausgleich der erlittenen persönlichen Beeinträchtigung Anspruch auf angemessenen, mindestens jedoch auf 1 000 Euro Schadenersatz.

(12) Insoweit sich im Streitfall die betroffene Person auf einen Diskriminierungstatbestand im Sinne der §§ 3, 4, 6 oder 7 beruft, hat er/sie diesen glaubhaft zu machen. Dem/der Beklagten obliegt es bei Berufung auf §§ 3 oder 4 zu beweisen, dass es bei Abwägung aller Umstände wahrscheinlicher ist, dass ein anderes vom/von der Beklagten glaubhaft gemachtes Motiv für die unterschiedliche Behandlung ausschlaggebend war oder das andere Geschlecht unverzichtbare Voraussetzung für die auszuübende Tätigkeit ist oder ein Rechtfertigungsgrund im Sinne des § 5 Abs. 2 vorliegt. Bei Berufung auf §§ 6 oder 7 obliegt es dem/der Beklagten zu beweisen, dass es bei Abwägung aller Umstände wahrscheinlicher ist, dass die vom/von der Beklagten glaubhaft gemachten Tatsachen der Wahrheit entsprechen.

(13) Liegt eine Mehrfachdiskriminierung vor, so ist darauf bei der Bemessung der Höhe der

Entschädigung für die erlittene persönliche Beeinträchtigung Bedacht zu nehmen.

(14) Die Höhe der Entschädigung für die erlittene persönliche Beeinträchtigung ist so zu bemessen, dass dadurch die Beeinträchtigung tatsächlich und wirksam ausgeglichen wird und die Entschädigung der erlittenen Beeinträchtigung angemessen ist sowie Diskriminierungen verhindert.

Benachteiligungsverbot

§ 13. Als Reaktion auf eine Beschwerde darf ein/e Arbeitnehmer/in durch den/die Arbeitgeber/in innerhalb des betreffenden Unternehmens (Betriebes) oder auf die Einleitung eines Verfahrens zur Durchsetzung des Gleichbehandlungsgebotes nicht entlassen, gekündigt oder anders benachteiligt werden. Auch ein/e andere/r Arbeitnehmer/in, der/die als Zeuge/Zeugin oder Auskunftsperson in einem Verfahren auftritt oder eine Beschwerde eines/einer anderen Arbeitnehmers/Arbeitnehmerin unterstützt, darf als Reaktion auf eine solche Beschwerde oder auf die Einleitung eines solchen Verfahrens zur Durchsetzung des Gleichbehandlungsgebotes nicht entlassen, gekündigt oder anders benachteiligt werden. § 12 gilt sinngemäß.

Förderungsmaßnahmen

§ 14. Die Richtlinien über die Vergabe von Förderungen des Bundes an Unternehmen haben Förderungen nur für Unternehmen vorzusehen, die die Bestimmungen des I. Teiles beachten.

Fristen für die Geltendmachung von Ansprüchen

§ 15. (1) Ansprüche nach § 12 Abs. 1 und 5 sind binnen sechs Monaten gerichtlich geltend zu machen. Die Frist zur Geltendmachung der Ansprüche nach § 12 Abs. 1 und 5 beginnt mit der Ablehnung der Bewerbung oder Beförderung. Ansprüche nach § 12 Abs. 11 wegen geschlechtsbezogener Belästigung sind binnen eines Jahres, Ansprüche nach § 12 Abs. 11 wegen sexueller Belästigung sind binnen drei Jahren gerichtlich geltend zu machen. Für Ansprüche nach § 12 Abs. 2, 3, 4, 6, 8, 9 und 10 gilt die dreijährige Verjährungsfrist gemäß § 1486 des Allgemeinen Bürgerlichen Gesetzbuches.

(1a) Eine Kündigung, Entlassung oder Auflösung des Probearbeitsverhältnisses gemäß § 12 Abs. 7 ist binnen 14 Tagen ab ihrem Zugang bei Gericht anzufechten; eine Feststellungsklage nach § 12 Abs. 7 zweiter Satz ist binnen 14 Tagen ab Beendigung des Arbeitsverhältnisses durch Zeitablauf bei Gericht einzubringen. Ansprüche nach § 12 Abs. 7 letzter Satz sind binnen 6 Monaten ab Zugang der Kündigung, Entlassung oder Auflösung des Probearbeitsverhältnisses oder Beendigung des Arbeitsverhältnisses durch Zeitablauf gerichtlich geltend zu machen.

(2) Die Einbringung eines Antrages auf Prüfung der Verletzung des Gleichbehandlungsgebotes oder ein amtswegiges Tätigwerden der Kommission zur Prüfung der Verletzung des Gleichbehandlungsgebotes bewirken die Hemmung der Fristen zur gerichtlichen Geltendmachung.

(3) Wird dem/der Arbeitnehmer/in nachweislich

1. ein Prüfungsergebnis der Kommission im Einzelfall oder
2. ein Schreiben der Geschäftsführung der Kommission, aus dem hervorgeht, dass die Voraussetzungen für die Prüfung einer Verletzung des Gleichbehandlungsgebotes im Einzelfall nicht bzw. nicht mehr vorliegen,

zugestellt, beendet die Zustellung die Hemmung der Fristen zur gerichtlichen Geltendmachung. Nach der Zustellung steht dem/der Arbeitnehmer/in zur Erhebung der Klage zumindest noch eine Frist von drei Monaten offen. War die ursprüngliche Frist kürzer, so steht dem/der Arbeitnehmer/in nur diese offen.

(4) Ansprüche nach § 12, die neben einem in diesem Bundesgesetz erfassten Diskriminierungsgrund auch auf den Diskriminierungsgrund der Behinderung gestützt werden, können nur nach vorheriger Durchführung eines Schlichtungsverfahrens beim Bundesamt für Soziales und Behindertenwesen gerichtlich geltend gemacht werden. Für die Geltendmachung dieser Ansprüche gelten die §§ 7k, 7n und 7o Behinderteneinstellungsgesetz, BGBl. Nr. 22/1970.

II.Teil

Gleichbehandlung in der Arbeitswelt ohne Unterschied der ethnischen Zugehörigkeit, der Religion oder Weltanschauung, des Alters oder der sexuellen Orientierung (Antidiskriminierung)

Geltungsbereich

§ 16. (1) Die Bestimmungen des II. Teiles gelten für den Bereich der Arbeitswelt, dazu zählen

1. Arbeitsverhältnisse aller Art, die auf privatrechtlichem Vertrag beruhen;
2. alle Formen und alle Ebenen der Berufsberatung, der Berufsausbildung, der beruflichen Weiterbildung und der Umschulung einschließlich der praktischen Berufserfahrung;
3. die Mitgliedschaft und Mitwirkung in einer Arbeitnehmer/innen/- oder Arbeitgeber/innen/organisation oder einer Organisation, deren Mitglieder einer bestimmten Berufsgruppe angehören, einschließlich der Inanspruchnahme der Leistungen solcher Organisationen;
4. die Gründung, Einrichtung oder Erweiterung eines Unternehmens sowie die Aufnahme oder Ausweitung jeglicher anderen Art von selbständiger Tätigkeit,

sofern dies in die Regelungskompetenz des Bundes fällt.

(2) Ausgenommen sind Arbeitsverhältnisse

1. der land- und forstwirtschaftlichen Arbeiter/innen im Sinne des Landarbeitsgesetzes 1984, BGBl. Nr. 287;
2. zu einem Land, einem Gemeindeverband oder einer Gemeinde;
3. zum Bund.

(3) Die Bestimmungen des II. Teiles gelten auch

1. für Beschäftigungsverhältnisse, auf die das Heimarbeitsgesetz 1960, BGBl. Nr. 105/1961, anzuwenden ist, und
2. für Beschäftigungsverhältnisse von Personen, die, ohne in einem Arbeitsverhältnis zu stehen, im Auftrag und für Rechnung bestimmter Personen Arbeit leisten und wegen wirtschaftlicher Unselbständigkeit als arbeitnehmerähnlich anzusehen sind.

Für den Anwendungsbereich dieses Gesetzes gelten die Beschäftigungsverhältnisse nach Z 1 und 2 als Arbeitsverhältnisse.

(4) Die Bestimmungen des II. Teiles gelten auch für die Beschäftigung von Arbeitnehmer/inne/n, die von einem/einer Arbeitgeber/in ohne Sitz in Österreich

1. im Rahmen einer Arbeitskräfteüberlassung oder
2. zur fortgesetzten Arbeitsleistung

nach Österreich entsandt werden, für die Dauer der Entsendung.

Gleichbehandlungsgebot im Zusammenhang mit einem Arbeitsverhältnis

§ 17. (1) Auf Grund der ethnischen Zugehörigkeit, der Religion oder Weltanschauung, des Alters oder der sexuellen Orientierung darf im Zusammenhang mit einem Arbeitsverhältnis niemand unmittelbar oder mittelbar diskriminiert werden, insbesondere nicht

1. bei der Begründung des Arbeitsverhältnisses,
2. bei der Festsetzung des Entgelts,
3. bei der Gewährung freiwilliger Sozialleistungen, die kein Entgelt darstellen,
4. bei Maßnahmen der Aus- und Weiterbildung und Umschulung,
5. beim beruflichen Aufstieg, insbesondere bei Beförderungen,
6. bei den sonstigen Arbeitsbedingungen,
7. bei der Beendigung des Arbeitsverhältnisses.

(2) Abs. 1 berührt nicht die Vorschriften und die Bedingungen für die Einreise von Staatsangehörigen dritter Staaten oder staatenloser Personen oder deren Aufenthalt sowie eine Behandlung, die sich aus der Rechtsstellung von Staatsangehörigen dritter Staaten oder staatenloser Personen ergibt.

Gleichbehandlungsgebot in der sonstigen Arbeitswelt

§ 18. Aus den im § 17 genannten Gründen darf niemand unmittelbar oder mittelbar diskriminiert werden

1. bei der Berufsberatung, Berufsausbildung, beruflichen Weiterbildung und Umschulung außerhalb eines Arbeitsverhältnisses,
2. bei der Mitgliedschaft und Mitwirkung in einer Arbeitnehmer/innen/- oder Arbeitgeber/innen/organisation oder einer Organisation, deren Mitglieder einer bestimmten Berufsgruppe angehören, einschließlich der Inanspruchnahme der Leistungen solcher Organisationen,
3. bei der Gründung, Einrichtung oder Erweiterung eines Unternehmens sowie der Aufnahme oder Ausweitung jeglicher anderen Art von selbständiger Tätigkeit.

Begriffsbestimmungen

§ 19. (1) Eine unmittelbare Diskriminierung liegt vor, wenn eine Person auf Grund eines in § 17 genannten Grundes in einer vergleichbaren Situation eine weniger günstige Behandlung erfährt, als eine andere Person erfährt, erfahren hat oder erfahren würde.

(2) Eine mittelbare Diskriminierung liegt vor, wenn dem Anschein nach neutrale Vorschriften, Kriterien oder Verfahren Personen, die einer ethnischen Gruppe angehören, oder Personen mit einer bestimmten Religion oder Weltanschauung, eines bestimmten Alters oder mit einer bestimmten sexuellen Orientierung gegenüber anderen Personen in besonderer Weise benachteiligen können, es sei denn, die betreffenden Vorschriften, Kriterien oder Verfahren sind durch ein rechtmäßiges Ziel sachlich gerechtfertigt und die Mittel sind zur Erreichung dieses Zieles angemessen und erforderlich.

(3) Eine Diskriminierung liegt auch bei Anweisung einer Person zur Diskriminierung vor.

(4) Eine Diskriminierung liegt auch vor, wenn eine Person auf Grund ihres Naheverhältnisses zu einer Person wegen deren ethnischer Zugehörigkeit, deren Religion oder Weltanschauung, deren Alters oder deren sexueller Orientierung diskriminiert wird.

Ausnahmebestimmungen

§ 20. (1) Bei Ungleichbehandlung wegen eines Merkmals, das im Zusammenhang mit einem der in § 17 genannten Diskriminierungsgründe steht, liegt keine Diskriminierung vor, wenn das betreffende Merkmal auf Grund der Art einer bestimmten beruflichen Tätigkeit oder der Rahmenbedingungen ihrer Ausübung eine wesentliche und entscheidende berufliche Voraussetzung darstellt und sofern es sich um einen rechtmäßigen Zweck und eine angemessene Anforderung handelt.

(2) Eine Diskriminierung auf Grund der Religion oder Weltanschauung liegt in Bezug auf berufliche Tätigkeiten innerhalb von Kirchen oder anderen öffentlichen oder privaten Organisationen, deren Ethos auf religiösen Grundsätzen oder Weltanschauungen beruht, nicht vor, wenn die Religion oder die Weltanschauung dieser Person

nach der Art dieser Tätigkeiten oder der Umstände ihrer Ausübung eine wesentliche, rechtmäßige und gerechtfertigte berufliche Anforderung angesichts des Ethos der Organisation darstellt.

(3) Eine Diskriminierung auf Grund des Alters liegt nicht vor, wenn die Ungleichbehandlung

1. objektiv und angemessen ist,
2. durch ein legitimes Ziel, insbesondere rechtmäßige Ziele aus den Bereichen Beschäftigungspolitik, Arbeitsmarkt und berufliche Bildung, gerechtfertigt ist und
3. die Mittel zur Erreichung dieses Zieles angemessen und erforderlich sind.

(4) Ungleichbehandlungen nach Abs. 3 können insbesondere einschließen

1. die Festlegung besonderer Bedingungen für den Zugang zur Beschäftigung und zur beruflichen Bildung sowie besonderer Beschäftigungs- und Arbeitsbedingungen, einschließlich der Bedingungen für Entlassung und Entlohnung, um die berufliche Eingliederung von Jugendlichen, älteren Arbeitnehmer/inne/n und Personen mit Fürsorgepflichten zu fördern oder ihren Schutz sicherzustellen,
2. die Festlegung von Mindestanforderungen an das Alter, die Berufserfahrung oder des Dienstalters für den Zugang zur Beschäftigung oder für bestimmte mit der Beschäftigung verbundenen Vorteile,
3. die Festsetzung eines Höchstalters für die Einstellung auf Grund der spezifischen Ausbildungsanforderungen eines bestimmten Arbeitsplatzes oder auf Grund der Notwendigkeit einer angemessenen Beschäftigungszeit vor dem Eintritt in den Ruhestand.

(5) Eine Diskriminierung auf Grund des Alters liegt auch nicht vor bei den betrieblichen Systemen der sozialen Sicherheit durch Festsetzung von Altersgrenzen als Voraussetzung für die Mitgliedschaft oder den Bezug von Altersrente oder von Leistungen bei Invalidität einschließlich der Festsetzung unterschiedlicher Altersgrenzen im Rahmen dieser Systeme für bestimmte Beschäftigte oder Gruppen oder Kategorien von Beschäftigten und die Verwendung im Rahmen dieser Systeme von Alterskriterien für versicherungsmathematische Berechnungen, sofern dies nicht zu Diskriminierungen auf Grund des Geschlechtes führt.

Belästigung

§ 21. (1) Eine Diskriminierung nach § 17 liegt auch vor, wenn eine Person

1. vom/von der Arbeitgeber/in selbst belästigt wird,
2. durch den/die Arbeitgeber/in dadurch diskriminiert wird, indem er/sie es schuldhaft unterlässt, im Falle einer Belästigung durch Dritte (Z 3) eine auf Grund gesetzlicher Bestimmungen, Normen der kollektiven Rechtsgestaltung oder des Arbeitsvertrages angemessene Abhilfe zu schaffen,
3. durch Dritte in Zusammenhang mit seinem/ihrem Arbeitsverhältnis belästigt wird oder
4. durch Dritte außerhalb eines Arbeitsverhältnisses (§ 18) belästigt wird.

(2) Belästigung liegt vor, wenn eine unerwünschte Verhaltensweise, die mit einem der Gründe nach § 17 im Zusammenhang steht, gesetzt wird,

1. die die Würde der betroffenen Person verletzt oder dies bezweckt,
2. die für die betroffene Person unerwünscht, unangebracht oder anstößig ist und
3. die ein einschüchterndes, feindseliges, entwürdigendes, beleidigendes oder demütigendes Umfeld für die betroffene Person schafft oder dies bezweckt.

(3) Eine Diskriminierung liegt auch bei Anweisung zur Belästigung einer Person vor.

(4) Eine Diskriminierung liegt auch vor, wenn eine Person auf Grund ihres Naheverhältnisses zu einer Person wegen deren ethnischer Zugehörigkeit, deren Religion oder Weltanschauung, deren Alters oder deren sexueller Orientierung belästigt wird.

Positive Maßnahmen

§ 22. Die in Gesetzen, in Verordnungen, in Instrumenten der kollektiven Rechtsgestaltung oder in generellen mehrere Arbeitnehmer/innen umfassende Verfügungen des/der Arbeitgebers/Arbeitgeberin getroffenen spezifischen Maßnahmen zur Förderung der Gleichstellung im Berufsleben, mit denen Benachteiligungen wegen eines Diskriminierungsgrundes nach § 17 verhindert oder ausgeglichen werden, gelten nicht als Diskriminierung im Sinne dieses Gesetzes. Dies gilt auch für Maßnahmen zur Förderung der Gleichstellung im Berufsleben in den in § 18 genannten Bereichen.

Gebot der diskriminierungsfreien Stellenausschreibung

§ 23. (1) Der/die Arbeitgeber/in oder private/r Arbeitsvermittler/in gemäß den §§ 2 ff des Arbeitsmarktförderungsgesetzes, BGBl. Nr. 31/1969, oder eine mit der Arbeitsvermittlung betraute juristische Person öffentlichen Rechts darf einen Arbeitsplatz weder öffentlich noch innerhalb des Betriebes (Unternehmens) in diskriminierender Weise ausschreiben oder durch Dritte ausschreiben lassen, es sei denn, das betreffende Merkmal stellt auf Grund der Art einer bestimmten beruflichen Tätigkeit oder der Bedingungen ihrer Ausübung eine wesentliche und entscheidende berufliche Anforderung dar, sofern es sich um einen rechtmäßigen Zweck und eine angemessene Anforderung handelt.

(2) Der/die Arbeitgeber/in oder private Arbeitsvermittler/in gemäß den §§ 2 ff des Arbeitsmarktförderungsgesetzes oder eine mit der Arbeitsvermittlung betraute juristische Person öffentlichen Rechts ist verpflichtet, in der Ausschreibung das für den ausgeschriebenen Arbeitsplatz geltende kollektivvertragliche oder das durch Gesetz oder andere Normen der kollektiven Rechtsgestaltung geltende Mindestentgelt anzugeben und auf die Bereitschaft zur Überzahlung hinzuweisen, wenn eine solche besteht. Dies gilt sinngemäß für Arbeitsverträge in Wirtschaftsbereichen, in denen es kein kollektivvertraglich oder durch Gesetz oder andere Normen der kollektiven Rechtsgestaltung geregeltes Mindestentgelt gibt, ausgenommen Arbeitnehmer/innen gemäß § 10 Abs. 2 Z 2 Arbeiterkammergesetz 1992, BGBl. Nr. 626/1991. In der Stellenausschreibung ist jenes Entgelt anzugeben, das als Mindestgrundlage für die Arbeitsvertragsverhandlungen zur Vereinbarung des Entgelts dienen soll.

Strafbestimmungen

§ 24. (1) Wer als Arbeitsvermittler/in entgegen den Bestimmungen des § 23 Abs. 1 einen Arbeitsplatz in diskriminierender Weise ausschreibt, ist auf Antrag eines/einer Stellenwerbers/Stellenwerberin, des/der Anwalts/Anwältin für die Gleichbehandlung ohne Unterschied der ethnischen Zugehörigkeit, der Religion oder der Weltanschauung, des Alters oder der sexuellen Orientierung in der Arbeitswelt oder des/der Regionalanwalts/Regionalanwältin von der Bezirksverwaltungsbehörde mit Geldstrafe bis 360 Euro zu bestrafen.

(2) Wer als Arbeitsvermittler/in entgegen den Bestimmungen des § 23 Abs. 2 in die Stellenausschreibung die in Abs. 2 angeführten Angaben nicht aufnimmt, ist auf Antrag eines/einer Stellenwerbers/Stellenwerberin, des/der Anwalts/Anwältin für die Gleichbehandlung ohne Unterschied der ethnischen Zugehörigkeit, der Religion oder der Weltanschauung, des Alters oder der sexuellen Orientierung in der Arbeitswelt oder des/der Regionalanwalts/Regionalanwältin beim ersten Verstoß von der Bezirksverwaltungsbehörde zu ermahnen und bei weiteren Verstößen mit Geldstrafe bis 360 Euro zu bestrafen.

(3) Wer als Arbeitgeber/in

1. entgegen den Bestimmungen des § 23 Abs. 1 einen Arbeitsplatz in diskriminierender Weise ausschreibt oder
2. entgegen den Bestimmungen des § 23 Abs. 2 in die Stellenausschreibung die darin angeführten Angaben nicht aufnimmt,

ist auf Antrag eines/einer Stellenwerbers/Stellenwerberin, des/der Anwalts/Anwältin für die Gleichbehandlung ohne Unterschied der ethnischen Zugehörigkeit, der Religion oder der Weltanschauung, des Alters oder der sexuellen Orientierung in der Arbeitswelt oder des/der Regionalanwalts/Regionalanwältin beim ersten Verstoß von der Bezirksverwaltungsbehörde zu ermahnen und bei weiteren Verstößen mit Geldstrafe bis 360 Euro zu bestrafen.

(4) In einem auf Antrag des/der Anwalts/Anwältin für die Gleichbehandlung ohne Unterschied der ethnischen Zugehörigkeit, der Religion oder der Weltanschauung, des Alters oder der sexuellen Orientierung in der Arbeitswelt oder des/der Regionalanwalts/Regionalanwältin eingeleiteten Verwaltungsstrafverfahren ist diese/r Partei. Dem/der Anwalt/Anwältin oder dem/der Regionalanwalt/Regionalanwältin steht das Recht auf Beschwerde gegen Bescheide und Einspruch gegen Strafverfügungen zu.

Entlohnungskriterien

§ 25. Betriebliche Einstufungsregelungen und Normen der kollektiven Rechtsgestaltung haben bei der Regelung der Entlohnungskriterien den Grundsatz des gleichen Entgelts für gleiche Arbeit oder eine Arbeit, die als gleichwertig anerkannt wird, zu beachten und dürfen keine Kriterien vorschreiben, die zu einer Diskriminierung wegen eines in § 17 genannten Grundes führen.

Rechtsfolgen der Verletzung des Gleichbehandlungsgebotes

§ 26. (1) Ist das Arbeitsverhältnis wegen Verletzung des Gleichbehandlungsgebotes des § 17 Abs. 1 Z 1 nicht begründet worden, so ist der/die Arbeitgeber/in gegenüber dem/der Stellenwerber/in zum Ersatz des Vermögensschadens und zu einer Entschädigung für die erlittene persönliche Beeinträchtigung verpflichtet. Der Ersatzanspruch beträgt

1. mindestens zwei Monatsentgelte, wenn der/die Stellenwerber/in bei diskriminierungsfreier Auswahl die Stelle erhalten hätte, oder
2. bis 500 Euro, wenn der/die Arbeitgeber/in nachweisen kann, dass der einem/einer Stellenwerber/in durch die Diskriminierung entstandene Schaden nur darin besteht, dass die Berücksichtigung seiner/ihrer Bewerbung verweigert wird.

(2) Erhält ein/e Arbeitnehmer/in wegen Verletzung des Gleichbehandlungsgebotes des § 17 Abs. 1 Z 2 durch den/die Arbeitgeber/in für gleiche Arbeit oder für eine Arbeit, die als gleichwertig anerkannt wird, ein geringeres Entgelt als ein/e Arbeitnehmer/in, bei dem/der eine Diskriminierung wegen eines in § 17 genannten Grundes nicht erfolgt, so hat er/sie gegenüber dem/der Arbeitgeber/in Anspruch auf Bezahlung der Differenz und eine Entschädigung für die erlittene persönliche Beeinträchtigung.

(3) Bei Verletzung des Gleichbehandlungsgebotes des § 17 Abs. 1 Z 3 hat der/die Arbeitnehmer/in Anspruch auf Gewährung der betreffenden

Sozialleistung oder Ersatz des Vermögensschadens und auf eine Entschädigung für die erlittene persönliche Beeinträchtigung.

(4) Bei Verletzung des Gleichbehandlungsgebotes des § 17 Abs. 1 Z 4 hat der/die Arbeitnehmer/in Anspruch auf Einbeziehung in die entsprechenden betrieblichen Aus- und Weiterbildungsmaßnahmen oder auf Ersatz des Vermögensschadens und auf eine Entschädigung für die erlittene persönliche Beeinträchtigung.

(5) Ist ein/e Arbeitnehmer/in wegen Verletzung des Gleichbehandlungsgebotes des § 17 Abs. 1 Z 5 nicht beruflich aufgestiegen, so ist der/die Arbeitgeber/in gegenüber dem/der Arbeitnehmer/in zum Ersatz des Vermögensschadens und zu einer Entschädigung für die erlittene persönliche Beeinträchtigung verpflichtet. Der Ersatzanspruch beträgt,

1. die Entgeltdifferenz für mindestens drei Monate, wenn der/die Arbeitnehmer/in bei diskriminierungsfreier Auswahl beruflich aufgestiegen wäre, oder
2. bis 500 Euro, wenn der/die Arbeitgeber/in nachweisen kann, dass der einem/einer Arbeitnehmer/in durch die Diskriminierung entstandene Schaden nur darin besteht, dass die Berücksichtigung seiner/ihrer Bewerbung verweigert wird.

(6) Bei Verletzung des Gleichbehandlungsgebotes des § 17 Abs. 1 Z 6 hat der/die Arbeitnehmer/in Anspruch auf Gewährung der gleichen Arbeitsbedingungen wie ein/e Arbeitnehmer/in, bei dem/der eine Diskriminierung wegen eines in § 17 genannten Grundes nicht erfolgt, oder auf Ersatz des Vermögensschadens und auf eine Entschädigung für die erlittene persönliche Beeinträchtigung.

(7) Ist das Arbeitsverhältnis vom/von der Arbeitgeber/in wegen eines in § 17 genannten Grundes oder wegen der nicht offenbar unberechtigten Geltendmachung von Ansprüchen nach diesem Gesetz gekündigt oder vorzeitig beendigt worden oder ist das Probearbeitsverhältnis wegen eines solchen Grundes aufgelöst worden (§ 17 Abs. 1 Z 7), so kann die Kündigung, Entlassung oder Auflösung des Probearbeitsverhältnisses bei Gericht angefochten werden. Ist ein befristetes, auf die Umwandlung in ein unbefristetes Arbeitsverhältnis angelegtes Arbeitsverhältnis wegen eines in § 17 genannten Grundes oder wegen der nicht offenbar unberechtigten Geltendmachung von Ansprüchen nach diesem Gesetz durch Zeitablauf beendet worden, so kann auf Feststellung des unbefristeten Bestehens des Arbeitsverhältnisses geklagt werden. Lässt der/die Arbeitnehmer/in die Beendigung gegen sich gelten, so hat er/sie Anspruch auf Ersatz des Vermögensschadens und auf eine Entschädigung für die erlittene persönliche Beeinträchtigung.

(8) Bei Verletzung des Gleichbehandlungsgebotes des § 18 Z 1 hat die betroffene Person Anspruch auf Einbeziehung in die entsprechenden Berufsberatungs-, Berufsausbildungs-, Weiterbildungs- und Umschulungsmaßnahmen oder auf Ersatz des Vermögensschadens und auf eine Entschädigung für die erlittene persönliche Beeinträchtigung.

(9) Bei Verletzung des Gleichbehandlungsgebotes des § 18 Z 2 hat die betroffene Person Anspruch auf Mitgliedschaft und Mitwirkung in der betroffenen Organisation sowie auf Inanspruchnahme der Leistungen der betreffenden Organisation oder Ersatz des Vermögensschadens und auf eine Entschädigung für die erlittene persönliche Beeinträchtigung.

(10) Bei Verletzung des Gleichbehandlungsgebotes des § 18 Z 3 hat die betroffene Person Anspruch auf Ersatz des Vermögensschadens und eine Entschädigung für die erlittene persönliche Beeinträchtigung.

(11) Bei einer Belästigung nach § 21 hat die betroffene Person gegenüber dem/der Belästiger/in und im Fall des § 21 Abs. 1 Z 2 auch gegenüber dem/der Arbeitgeber/in Anspruch auf Ersatz des erlittenen Schadens. Soweit der Nachteil nicht nur in einer Vermögenseinbuße besteht, hat die betroffene Person zum Ausgleich der erlittenen persönlichen Beeinträchtigung Anspruch auf angemessenen, mindestens jedoch auf 1 000 Euro Schadenersatz.

(12) Insoweit sich im Streitfall die betroffene Person auf einen Diskriminierungstatbestand im Sinne der §§ 17, 18, oder 21 beruft, hat er/sie diesen glaubhaft zu machen. Dem/der Beklagten obliegt es bei Berufung auf §§ 17 oder 18 zu beweisen, dass es bei Abwägung aller Umstände wahrscheinlicher ist, dass ein anderes vom/von der Beklagten glaubhaft gemachtes Motiv für die unterschiedliche Behandlung ausschlaggebend war oder ein Rechtfertigungsgrund im Sinne der §§ 19 Abs. 2 oder 20 vorliegt. Bei Berufung auf § 21 obliegt es dem/der Beklagten zu beweisen, dass es bei Abwägung aller Umstände wahrscheinlicher ist, dass die vom/von der Beklagten glaubhaft gemachten Tatsachen der Wahrheit entsprechen.

(13) Liegt eine Mehrfachdiskriminierung vor, so ist darauf bei der Bemessung der Höhe der Entschädigung für die erlittene persönliche Beeinträchtigung Bedacht zu nehmen.

(14) Die Höhe der Entschädigung für die erlittene persönliche Beeinträchtigung ist so zu bemessen, dass dadurch die Beeinträchtigung tatsächlich und wirksam ausgeglichen wird und die Entschädigung der erlittenen Beeinträchtigung angemessen ist sowie Diskriminierungen verhindert.

Benachteiligungsverbot

§ 27. Als Reaktion auf eine Beschwerde darf ein/e Arbeitnehmer/in durch den/die Arbeitgeber/in innerhalb des betreffenden Unternehmens

(Betriebes) oder auf die Einleitung eines Verfahrens zur Durchsetzung des Gleichbehandlungsgebotes nicht entlassen, gekündigt oder anders benachteiligt werden. Auch ein/e andere/r Arbeitnehmer/in, der/die als Zeuge/Zeugin oder Auskunftsperson in einem Verfahren auftritt oder eine Beschwerde eines/einer anderen Arbeitnehmers/Arbeitnehmerin unterstützt, darf als Reaktion auf eine solche Beschwerde oder auf die Einleitung eines solchen Verfahrens zur Durchsetzung des Gleichbehandlungsgebotes nicht entlassen, gekündigt oder anders benachteiligt werden. § 26 gilt sinngemäß.

Förderungsmaßnahmen

§ 28. Die Richtlinien über die Vergabe von Förderungen des Bundes an Unternehmen haben Förderungen nur für Unternehmen vorzusehen, die die Bestimmungen des II. Teils beachten.

Fristen für die Geltendmachung von Ansprüchen

§ 29. (1) Ansprüche nach § 26 Abs. 1 und 5 sind binnen sechs Monaten gerichtlich geltend zu machen. Die Frist zur Geltendmachung der Ansprüche nach § 26 Abs. 1 und 5 beginnt mit der Ablehnung der Bewerbung oder Beförderung. Ansprüche nach § 26 Abs. 11 sind binnen eines Jahres gerichtlich geltend zu machen. Für Ansprüche nach § 26 Abs. 2, 3, 4, 6, 8, 9 und 10 gilt die dreijährige Verjährungsfrist gemäß § 1486 des Allgemeinen Bürgerlichen Gesetzbuches.

(1a) Eine Kündigung, Entlassung oder Auflösung des Probearbeitsverhältnisses gemäß § 26 Abs. 7 ist binnen 14 Tagen ab ihrem Zugang bei Gericht anzufechten; eine Feststellungsklage nach § 26 Abs. 7 zweiter Satz ist binnen 14 Tagen ab Beendigung des Arbeitsverhältnisses durch Zeitablauf bei Gericht einzubringen. Ansprüche nach § 26 Abs. 7 letzter Satz sind binnen 6 Monaten ab Zugang der Kündigung, Entlassung oder Auflösung des Probearbeitsverhältnisses oder Beendigung des Arbeitsverhältnisses durch Zeitablauf gerichtlich geltend zu machen.

(2) Die Einbringung des Antrages oder das Einlangen eines Verlangens eines Organs der Gleichbehandlungsanwaltschaft auf Prüfung der Verletzung des Gleichbehandlungsgebotes oder ein amtswegiges Tätigwerden der Kommission zur Prüfung der Verletzung des Gleichbehandlungsgebotes bewirken die Hemmung der Fristen zur gerichtlichen Geltendmachung.

(3) Wird dem/der Arbeitnehmer/in nachweislich

1. ein Prüfungsergebnis der Kommission im Einzelfall oder
2. ein Schreiben der Geschäftsführung der Kommission, aus dem hervorgeht, dass die Voraussetzungen für die Prüfung einer Verletzung des Gleichbehandlungsgebotes im Einzelfall nicht bzw. nicht mehr vorliegen,

zugestellt, beendet die Zustellung die Hemmung der Fristen zur gerichtlichen Geltendmachung. Nach der Zustellung steht dem/der Arbeitnehmer/in zur Erhebung der Klage zumindest noch eine Frist von drei Monaten offen. War die ursprüngliche Frist kürzer, so steht dem/der Arbeitnehmer/in nur diese offen.

(4) Ansprüche nach § 26, die neben einem in diesem Bundesgesetz erfassten Diskriminierungsgrund auch auf den Diskriminierungsgrund der Behinderung gestützt werden, können nur nach vorheriger Durchführung eines Schlichtungsverfahrens beim Bundesamt für Soziales und Behindertenwesen gerichtlich geltend gemacht werden. Für die Geltendmachung dieser Ansprüche gelten die §§ 7k, 7n und 7o Behinderteneinstellungsgesetz, BGBl. Nr. 22/1970.

III. Teil

Gleichbehandlung ohne Unterschied des Geschlechts oder der ethnischen Zugehörigkeit in sonstigen Bereichen

1. Abschnitt

Geltungsbereich

§ 30. (1) Für das Merkmal des Geschlechts gelten die Bestimmungen dieses Abschnittes für Rechtsverhältnisse einschließlich deren Anbahnung und Begründung und für die Inanspruchnahme oder Geltendmachung von Leistungen außerhalb eines Rechtsverhältnisses beim Zugang zu und bei der Versorgung mit Gütern und Dienstleistungen, die der Öffentlichkeit zur Verfügung stehen, einschließlich Wohnraum, sofern dies in die unmittelbare Regelungskompetenz des Bundes fällt.

(2) Für das Merkmal der ethnischen Zugehörigkeit gelten die Bestimmungen dieses Abschnittes für Rechtsverhältnisse einschließlich deren Anbahnung und Begründung und für die Inanspruchnahme oder Geltendmachung von Leistungen außerhalb eines Rechtsverhältnisses beim Zugang zu und bei der Versorgung mit Gütern und Dienstleistungen, die der Öffentlichkeit zur Verfügung stehen, einschließlich Wohnraum, sowie für Rechtsverhältnisse einschließlich deren Anbahnung und Begründung und für die Inanspruchnahme oder Geltendmachung von Leistungen außerhalb eines Rechtsverhältnisses

1. beim Sozialschutz, einschließlich der sozialen Sicherheit und der Gesundheitsdienste,
2. bei sozialen Vergünstigungen,
3. bei der Bildung,

sofern dies in die unmittelbare Regelungskompetenz des Bundes fällt.

(3) Die Bestimmungen dieses Abschnittes gelten nicht für Rechtsverhältnisse einschließlich deren Anbahnung und Begründung oder für die Inanspruchnahme oder Geltendmachung von Leistungen im Sinne des Abs. 1, die

1. in den Bereich des Privat- und Familienlebens fallen,
2. den Inhalt von Medien und Werbung betreffen.

(4) Soweit für Versicherungsverträge das Versicherungsvertragsgesetz, BGBl. Nr. 2/1959, und das Versicherungsaufsichtsgesetz 2016, BGBl. I Nr. 34/2015, besondere Regelungen enthalten, sind diese anzuwenden.

Gleichbehandlungsgebot

§ 31. (1) Auf Grund des Geschlechts, insbesondere unter Bezugnahme auf den Familienstand oder den Umstand, ob jemand Kinder hat, oder der ethnischen Zugehörigkeit darf niemand unmittelbar oder mittelbar beim Zugang zu und bei der Versorgung mit Gütern und Dienstleistungen, die der Öffentlichkeit zur Verfügung stehen, einschließlich Wohnraum, diskriminiert werden. Diskriminierungen von Frauen auf Grund von Schwangerschaft oder Mutterschaft sind unmittelbare Diskriminierungen auf Grund des Geschlechts.

(2) Ziel ist die Gleichstellung von Frauen und Männern sowie der Abbau von sonstigen Diskriminierungen.

(3) Auf Grund der ethnischen Zugehörigkeit darf darüber hinaus niemand unmittelbar oder mittelbar diskriminiert werden

1. beim Sozialschutz, einschließlich der sozialen Sicherheit und der Gesundheitsdienste,
2. bei sozialen Vergünstigungen,
3. bei der Bildung.

(4) Abs. 1 und 3 berühren nicht die Vorschriften und die Bedingungen für die Einreise von Staatsangehörigen dritter Staaten oder staatenloser Personen oder deren Aufenthalt sowie eine Behandlung, die sich aus der Rechtsstellung von Staatsangehörigen dritter Staaten oder staatenloser Personen ergibt.

Begriffsbestimmungen

§ 32. (1) Eine unmittelbare Diskriminierung liegt vor, wenn eine Person auf Grund eines in § 31 genannten Grundes in einer vergleichbaren Situation eine weniger günstige Behandlung erfährt, als eine andere Person erfährt, erfahren hat oder erfahren würde.

(2) Eine mittelbare Diskriminierung liegt vor, wenn dem Anschein nach neutrale Vorschriften, Kriterien oder Verfahren Personen eines Geschlechts oder Personen, die einer ethnischen Gruppe angehören, in besonderer Weise benachteiligen können, es sei denn, die betreffenden Vorschriften, Kriterien oder Verfahren sind durch ein rechtmäßiges Ziel sachlich gerechtfertigt und die Mittel sind zur Erreichung dieses Zieles angemessen und erforderlich.

(3) Eine Diskriminierung liegt auch bei Anweisung einer Person zur Diskriminierung vor.

(4) Eine Diskriminierung liegt auch vor, wenn eine Person auf Grund ihres Naheverhältnisses zu einer Person wegen deren Geschlechts oder deren ethnischer Zugehörigkeit diskriminiert wird.

Ausnahmebestimmungen

§ 33. Die Bereitstellung von Gütern oder Dienstleistungen, einschließlich Wohnraum, ausschließlich oder überwiegend für Personen eines Geschlechts ist keine Diskriminierung, wenn dies dem Grundsatz der Verhältnismäßigkeit entspricht, also durch ein rechtmäßiges Ziel gerechtfertigt ist und die Mittel zur Erreichung dieses Ziels angemessen und erforderlich sind.

Positive Maßnahmen

§ 34. Die in Gesetzen, in Verordnungen oder auf andere Weise getroffenen Maßnahmen zur Förderung der Gleichstellung, mit denen Benachteiligungen auf Grund eines in § 31 genannten Grundes verhindert oder ausgeglichen werden, gelten nicht als Diskriminierung im Sinne dieses Gesetzes.

Belästigung und sexuelle Belästigung

§ 35. (1) Unerwünschte, unangebrachte oder anstößige Verhaltensweisen, die im Zusammenhang mit einem der Gründe nach § 31 oder der sexuellen Sphäre stehen, und bezwecken oder bewirken,

1. dass die Würde der betroffenen Person verletzt wird und
2. ein einschüchterndes, feindseliges, entwürdigendes, beleidigendes oder demütigendes Umfeld für die betroffene Person geschaffen wird,

gelten als Diskriminierung.

(2) Eine Diskriminierung liegt auch vor

1. bei Anweisung zur Belästigung oder sexuellen Belästigung oder
2. wenn die Zurückweisung oder Duldung einer Belästigung oder sexuellen Belästigung durch die belästigte Person zur Grundlage einer diese Person berührenden Entscheidung gemacht wird.

(3) Eine Diskriminierung liegt auch vor, wenn eine Person auf Grund ihres Naheverhältnisses zu einer Person wegen deren Geschlechts oder wegen deren ethnischer Zugehörigkeit belästigt oder sexuell belästigt wird.

Gebot des diskriminierungsfreien Inserierens von Wohnraum

§ 36. Niemand darf Wohnraum in diskriminierender Weise inserieren oder durch Dritte inserieren lassen. Eine Diskriminierung liegt nicht vor, wenn die Anforderung an das betreffende Merkmal durch ein legitimes Ziel gerechtfertigt ist und die Mittel zur Erreichung dieses Ziels angemessen und erforderlich sind. Eine Diskriminierung liegt insbesondere dann nicht vor, wenn durch die Bereitstellung von Wohnraum ein besonderes Nahe-

oder Vertrauensverhältnis der Parteien oder ihrer Angehörigen begründet wird.

Strafbestimmungen

§ 37. (1) Wer Wohnraum entgegen den Bestimmungen des § 36 in diskriminierender Weise inseriert, ist auf Antrag eines/einer Interessenten/Interessentin, des/der Anwalts/Anwältin für die Gleichbehandlung ohne Unterschied des Geschlechts oder der ethnischen Zugehörigkeit in sonstigen Bereichen oder des/der Regionalanwaltes/Regionalanwältin beim ersten Verstoß von der Bezirksverwaltungsbehörde zu ermahnen und bei weiteren Verstößen mit Geldstrafe bis 360 Euro zu bestrafen.

(2) In einem auf Antrag des/der Anwalts/Anwältin für die Gleichbehandlung ohne Unterschied des Geschlechts oder der ethnischen Zugehörigkeit in sonstigen Bereichen oder des/der Regionalanwaltes/Regionalanwältin eingeleiteten Verwaltungsstrafverfahren wegen Verletzung des § 36 ist dieser/diese Anwalt/Anwältin oder dieser/diese Regionalanwalt/Regionalanwältin Partei. Diesem/dieser Anwalt/Anwältin oder diesem/dieser Regionalanwalt/Regionalanwältin steht das Recht auf Beschwerde gegen Bescheide und Einspruch gegen Strafverfügungen zu.

Rechtsfolgen der Verletzung des Gleichbehandlungsgebotes

§ 38. (1) Bei Verletzung des Gleichbehandlungsgebotes des § 31 hat die betroffene Person Anspruch auf Ersatz des Vermögensschadens und eine Entschädigung für die erlittene persönliche Beeinträchtigung.

(2) Bei einer Belästigung oder sexuellen Belästigung nach § 35 hat die betroffene Person gegenüber dem/der Belästiger/in Anspruch auf Ersatz des erlittenen Schadens. Soweit der Nachteil nicht nur in einer Vermögenseinbuße besteht, hat die betroffene Person zum Ausgleich der erlittenen persönlichen Beeinträchtigung Anspruch auf angemessenen, mindestens jedoch auf 1 000 Euro Schadenersatz.

(3) Insoweit sich im Streitfall die betroffene Person auf einen Diskriminierungstatbestand im Sinne der §§ 31 oder 35 beruft, hat er/sie diesen glaubhaft zu machen. Dem/der Beklagten obliegt es bei Berufung auf § 31 zu beweisen, dass es bei Abwägung aller Umstände wahrscheinlicher ist, dass ein anderes vom/von der Beklagten glaubhaft gemachtes Motiv für die unterschiedliche Behandlung ausschlaggebend war oder ein Rechtfertigungsgrund im Sinne des § 32 Abs. 2 oder des § 33 vorliegt. Bei Berufung auf § 35 obliegt es dem/der Beklagten zu beweisen, dass es bei Abwägung aller Umstände wahrscheinlicher ist, dass die vom/von der Beklagten glaubhaft gemachten Tatsachen der Wahrheit entsprechen.

(4) Die Einbringung eines Antrages auf Prüfung der Verletzung des Gleichbehandlungsgebotes oder ein amtswegiges Tätigwerden der Kommission zur Prüfung der Verletzung des Gleichbehandlungsgebotes bewirken die Hemmung der Fristen zur gerichtlichen Geltendmachung.

(5) Wird dem/der von der Diskriminierung Betroffenen nachweislich

1. ein Prüfungsergebnis der Kommission im Einzelfall oder
2. ein Schreiben der Geschäftsführung der Kommission, aus dem hervorgeht, dass die Voraussetzungen für die Prüfung einer Verletzung des Gleichbehandlungsgebotes im Einzelfall nicht bzw. nicht mehr vorliegen,

zugestellt, beendet die Zustellung die Hemmung der Fristen zur gerichtlichen Geltendmachung. Nach der Zustellung steht dem/der Betroffenen zur Erhebung der Klage zumindest noch eine Frist von drei Monaten offen. War die ursprüngliche Frist kürzer, so steht dem/der Betroffenen nur diese offen.

(6) Ansprüche nach Abs. 1 und 2, die auch auf den Diskriminierungsgrund der Behinderung gestützt
werden, können nur nach vorheriger Durchführung eines Schlichtungsverfahrens beim Bundesamt für Soziales und Behindertenwesen gerichtlich geltend gemacht werden. Für die Geltendmachung dieser Ansprüche gelten die §§ 10 und 11 des Bundes-Behindertengleichstellungsgesetzes, BGBl. I Nr. 82/2005.

(7) Die Höhe der Entschädigung für die erlittene persönliche Beeinträchtigung ist so zu bemessen, dass dadurch die Beeinträchtigung tatsächlich und wirksam ausgeglichen wird und die Entschädigung der erlittenen Beeinträchtigung angemessen ist sowie Diskriminierungen verhindert.

Benachteiligungsverbot

§ 39. Als Reaktion auf eine Beschwerde oder auf die Einleitung eines Verfahrens zur Durchsetzung des Gleichbehandlungsgebotes darf der/die Einzelne nicht benachteiligt werden. Auch eine andere Person, die als Zeuge/Zeugin oder Auskunftsperson in einem Verfahren auftritt oder die Beschwerde unterstützt, darf als Reaktion auf eine solche Beschwerde oder die Einleitung eines solchen Verfahrens zur Durchsetzung des Gleichbehandlungsgebotes nicht benachteiligt werden. § 38 gilt sinngemäß.

Förderungsmaßnahmen

§ 40. Die Richtlinien über die Vergabe von Förderungen des Bundes an natürliche oder juristische Personen haben Förderungen nur für natürliche oder juristische Personen vorzusehen, die die Bestimmungen des III. Teiles beachten.

2. Abschnitt
Grundsätze für die Regelung der Gleichbehandlung ohne Unterschied der ethnischen Zugehörigkeit in sonstigen Bereichen

Für die Regelung der Gleichbehandlung ohne Unterschied der ethnischen Zugehörigkeit in sonstigen Bereichen, soweit dies in die Grundsatzgesetzgebungskompetenz des Bundes fällt, werden die folgenden Grundsätze aufgestellt:

Geltungsbereich

§ 40a. Die Bestimmungen dieses Abschnittes gelten für Rechtsverhältnisse einschließlich deren Anbahnung und Begründung und für die Inanspruchnahme oder Geltendmachung von Leistungen außerhalb eines Rechtsverhältnisses

1. beim Sozialschutz, einschließlich der sozialen Sicherheit und der Gesundheitsdienste,
2. bei sozialen Vergünstigungen,
3. bei der Bildung,
4. beim Zugang zu und Versorgung mit Gütern und Dienstleistungen, die der Öffentlichkeit zur Verfügung stehen, einschließlich von Wohnraum,

sofern dies in die Grundsatzgesetzgebungskompetenz des Bundes fällt.

Gleichbehandlungsgebot, Begriffsbestimmungen, Rechtsfolgen

§ 40b. §§ 31 bis 35 und 38 bis 39 sind anzuwenden.

Verpflichtung zur Schaffung oder Benennung einer unabhängigen Stelle

§ 40c. (1) Zur Förderung, Analyse, Beobachtung und Unterstützung der Verwirklichung des Grundsatzes der Gleichbehandlung aller Personen ohne Diskriminierung auf Grund der ethnischen Zugehörigkeit in sonstigen Bereichen sind durch Landesgesetzgebung unabhängige Stellen zu schaffen oder zu benennen.

(2) Durch Landesgesetzgebung ist sicherzustellen, dass es zu den Zuständigkeiten der in Abs. 1 genannten Stellen gehört

1. jene Personen, die sich im Sinne des Abs. 1 diskriminiert fühlen, zu beraten und zu unterstützen,
2. unabhängige Untersuchungen zum Thema Diskriminierung durchzuführen,
3. unabhängige Berichte zu veröffentlichen und Empfehlungen zu allen die Diskriminierung berührenden Fragen abzugeben.

IV. Teil
Grundsätze für die Regelung der Gleichbehandlung im Arbeitsleben in der Land- und Forstwirtschaft

Für die Regelung der Gleichbehandlung im Arbeitsleben in der Land- und Forstwirtschaft werden gemäß Art. 12 Abs. 1 Z 6 des Bundesverfassungsgesetzes die folgenden Grundsätze aufgestellt:

Geltungsbereich

§ 41. Die Bestimmungen des IV. Teiles gelten für Arbeitsverhältnisse der land- und forstwirtschaftlichen Arbeiter/innen im Sinne des Landarbeitsgesetzes 1984, BGBl. Nr. 287.

Gleichstellung

§ 42. Ziel ist die Gleichstellung zwischen Frauen und Männern sowie der Abbau von sonstigen Diskriminierungen.

Gleichbehandlungsgebot

§ 43. (1) Auf Grund des Geschlechtes, insbesondere unter Bezugnahme auf den Familienstand oder den Umstand, ob jemand Kinder hat, darf im Zusammenhang mit einem Arbeitsverhältnis niemand unmittelbar oder mittelbar diskriminiert werden, insbesondere nicht

1. bei der Begründung des Arbeitsverhältnisses,
2. bei der Festsetzung des Entgelts,
3. bei der Gewährung freiwilliger Sozialleistungen, die kein Entgelt darstellen,
4. bei Maßnahmen der Aus- und Weiterbildung und Umschulung,
5. beim beruflichen Aufstieg, insbesondere bei Beförderungen,
6. bei den sonstigen Arbeitsbedingungen,
7. bei der Beendigung des Arbeitsverhältnisses.

(2) Auf Grund der ethnischen Zugehörigkeit, der Religion oder Weltanschauung, des Alters oder der sexuellen Orientierung darf im Zusammenhang mit einem Arbeitsverhältnis niemand unmittelbar oder mittelbar diskriminiert werden, insbesondere nicht

1. bei der Begründung des Arbeitsverhältnisses,
2. bei der Festsetzung des Entgelts,
3. bei der Gewährung freiwilliger Sozialleistungen, die kein Entgelt darstellen,
4. bei Maßnahmen der Aus- und Weiterbildung und Umschulung,
5. beim beruflichen Aufstieg, insbesondere bei Beförderungen,
6. bei den sonstigen Arbeitsbedingungen,
7. bei der Beendigung des Arbeitsverhältnisses.

(3) Abs. 2 gilt nicht für unterschiedliche Behandlungen aus Gründen der Staatsangehörigkeit sowie eine Behandlung, die sich aus der Rechtsstellung von Staatsangehörigen dritter Staaten oder staatenloser Personen ergibt

Begriffsbestimmungen

§ 44. (1) Eine unmittelbare Diskriminierung liegt vor, wenn eine Person auf Grund ihres Geschlechtes oder auf Grund eines in § 43 Abs. 2 genannten Grundes in einer vergleichbaren Situation eine weniger günstige Behandlung erfährt, als eine andere Person erfährt, erfahren hat oder erfahren würde.

(2) Eine mittelbare Diskriminierung liegt vor, wenn dem Anschein nach neutrale Vorschriften, Kriterien oder Verfahren Personen eines bestimmten Geschlechtes, oder Personen, die einer ethnischen Gruppe angehören, oder Personen mit einer bestimmten Religion oder Weltanschauung, einem bestimmten Alter oder mit einer bestimmten sexuellen Orientierung gegenüber anderen Personen in besonderer Weise benachteiligen können, es sei denn, die betreffenden Vorschriften, Kriterien oder Verfahren sind durch ein rechtmäßiges Ziel sachlich gerechtfertigt und die Mittel sind zur Erreichung dieses Zieles angemessen und erforderlich.

(3) Eine Diskriminierung liegt auch bei Anweisung einer Person zur Diskriminierung vor.

(4) Eine Diskriminierung liegt auch vor, wenn eine Person auf Grund ihres Naheverhältnisses zu einer Person wegen deren Geschlechts, deren ethnischer Zugehörigkeit, deren Religion oder Weltanschauung, deren Alters oder deren sexuellen Orientierung diskriminiert wird.

Ausnahmebestimmungen

§ 45. (1) Bei Ungleichbehandlung wegen eines Merkmals, das im Zusammenhang mit einem der in § 43 Abs. 2 genannten Diskriminierungsgründe steht, liegt keine Diskriminierung vor, wenn das betreffende Merkmal auf Grund der Art einer bestimmten beruflichen Tätigkeit oder der Rahmenbedingungen ihrer Ausübung eine wesentliche und entscheidende berufliche Voraussetzung darstellt und sofern es sich um einen rechtmäßigen Zweck und eine angemessene Anforderung handelt.

(2) Eine Diskriminierung auf Grund der Religion oder Weltanschauung liegt in Bezug auf berufliche Tätigkeiten innerhalb von Kirchen oder anderen öffentlichen oder privaten Organisationen, deren Ethos auf religiösen Grundsätzen oder Weltanschauungen beruht, nicht vor, wenn die Religion oder die Weltanschauung dieser Person nach der Art dieser Tätigkeiten oder der Umstände ihrer Ausübung eine wesentliche, rechtmäßige und gerechtfertigte berufliche Anforderung angesichts des Ethos der Organisation darstellt.

(3) Eine Diskriminierung auf Grund des Alters liegt nicht vor, wenn die Ungleichbehandlung

1. objektiv und angemessen ist,
2. durch ein legitimes Ziel, insbesondere rechtmäßige Ziele aus den Bereichen Beschäftigungspolitik, Arbeitsmarkt und berufliche Bildung gerechtfertigt ist und
3. die Mittel zur Erreichung dieses Zieles angemessen und erforderlich sind.

(4) Ungleichbehandlungen nach Abs. 3 können insbesondere einschließen

1. die Festlegung besonderer Bedingungen für den Zugang zur Beschäftigung und zur beruflichen Bildung sowie besonderer Beschäftigungs- und Arbeitsbedingungen, einschließlich der Bedingungen für Entlassung und Entlohnung, um die berufliche Eingliederung von Jugendlichen, älteren Arbeitnehmer/inne/n und Personen mit Fürsorgepflichten zu fördern oder ihren Schutz sicherzustellen,
2. die Festlegung von Mindestanforderungen an das Alter, die Berufserfahrung oder des Dienstalters für den Zugang zur Beschäftigung oder für bestimmte mit der Beschäftigung verbundenen Vorteile,
3. die Festsetzung eines Höchstalters für die Einstellung auf Grund der spezifischen Ausbildungsanforderungen eines bestimmten Arbeitsplatzes oder auf Grund der Notwendigkeit einer angemessenen Beschäftigungszeit vor dem Eintritt in den Ruhestand.

(5) Eine Diskriminierung auf Grund des Alters liegt auch nicht vor bei den betrieblichen Systemen der sozialen Sicherheit durch Festsetzung von Altersgrenzen als Voraussetzung für die Mitgliedschaft oder den Bezug von Altersrente oder von Leistungen bei Invalidität einschließlich der Festsetzung unterschiedlicher Altersgrenzen im Rahmen dieser Systeme für bestimmte Beschäftigte oder Gruppen oder Kategorien von Beschäftigten und die Verwendung im Rahmen dieser Systeme von Alterskriterien für versicherungsmathematische Berechnungen, sofern dies nicht zu Diskriminierungen wegen des Geschlechtes führt.

Sexuelle Belästigung

§ 46. (1) Eine Diskriminierung auf Grund des Geschlechtes liegt auch vor, wenn eine Person

1. vom/von der Arbeitgeber/in selbst sexuell belästigt wird,
2. durch den/die Arbeitgeber/in dadurch diskriminiert wird, indem er/sie es schuldhaft unterlässt, im Falle einer sexuellen Belästigung durch Dritte (Z 3) eine auf Grund gesetzlicher Bestimmungen, Normen der kollektiven Rechtsgestaltung oder des Arbeitsvertrages angemessene Abhilfe zu schaffen oder
3. durch Dritte in Zusammenhang mit seinem/ihrem Arbeitsverhältnis belästigt wird.

(2) Sexuelle Belästigung liegt vor, wenn ein der sexuellen Sphäre zugehöriges Verhalten gesetzt wird, das die Würde einer Person beeinträchtigt oder dies bezweckt, für die betroffene Person unerwünscht, unangebracht oder anstößig ist und

1. eine einschüchternde, feindselige oder demütigende Arbeitsumwelt für die betroffene Person schafft oder dies bezweckt oder
2. der Umstand, dass die betroffene Person ein der sexuellen Sphäre zugehöriges Verhalten seitens des/der Arbeitgebers/Arbeitgeberin oder Vorgesetzten oder Kolleg/inn/en zurückweist oder duldet, ausdrücklich oder stillschweigend zur Grundlage einer Entscheidung mit Auswirkungen auf den Zugang dieser

Person zur Berufsausbildung, Beschäftigung, Weiterbeschäftigung, Beförderung oder Entlohnung oder zur Grundlage einer anderen Entscheidung in der Arbeitswelt gemacht wird.

(3) Eine Diskriminierung liegt auch bei Anweisung zur sexuellen Belästigung einer Person vor.

(4) Eine Diskriminierung liegt auch vor, wenn eine Person auf Grund ihres Naheverhältnisses zu einer Person wegen deren Geschlechts sexuell belästigt wird.

Belästigung

§ 47. (1) Eine Diskriminierung liegt auch vor, wenn eine Person in der Arbeitswelt durch geschlechtsbezogene oder mit einem der Gründe nach § 43 Abs. 2 in Zusammenhang stehende Verhaltensweisen

1. vom/von der Arbeitgeber/in selbst belästigt wird,
2. durch den/die Arbeitgeber/in dadurch diskriminiert wird, indem er/sie es schuldhaft unterlässt, im Falle einer Belästigung durch Dritte eine auf Grund gesetzlicher Bestimmungen, Normen der kollektiven Rechtsgestaltung oder des Arbeitsvertrages angemessene Abhilfe zu schaffen oder
3. durch Dritte in Zusammenhang mit seinem/ihrem Arbeitsverhältnis belästig wird.

(2) Belästigung liegt vor, wenn ein geschlechtsbezogenes oder mit einem der Gründe nach § 43 Abs. 2 in Zusammenhang stehendes Verhalten gesetzt wird, das die Würde einer Person beeinträchtigt oder dies bezweckt, für die betroffene Person unerwünscht ist und

1. eine einschüchternde, feindselige oder demütigende Arbeitsumwelt für die betroffene Person schafft oder dies bezweckt oder
2. der Umstand, dass die betroffene Person eine solche Verhaltensweise seitens des/der Arbeitgebers/Arbeitgeberin oder Vorgesetzten oder Kolleg/inn/en zurückweist oder duldet, ausdrücklich oder stillschweigend zur Grundlage einer Entscheidung mit Auswirkungen auf den Zugang dieser Person zur Berufsausbildung, Beschäftigung, Weiterbeschäftigung, Beförderung und Entlohnung oder zur Grundlage einer anderen Entscheidung in der Arbeitswelt gemacht wird.

(3) Eine Diskriminierung liegt auch bei Anweisung zur Belästigung einer Person vor.

(4) Eine Diskriminierung liegt auch vor, wenn eine Person auf Grund ihres Naheverhältnisses zu einer Person wegen deren Geschlechts, deren ethnischer Zugehörigkeit, deren Religion oder Weltanschauung, deren Alters oder deren sexueller Orientierung belästigt wird.

Positive Maßnahmen

§ 48. Die in Gesetzen, in Verordnungen, in Instrumenten der kollektiven Rechtsgestaltung oder in generellen mehrere Arbeitnehmer/innen umfassende Verfügungen des/der Arbeitgebers/Arbeitgeberin getroffenen spezifischen Maßnahmen zur Förderung der Gleichstellung im Berufsleben, mit denen Benachteiligungen wegen des Geschlechtes oder eines Diskriminierungsgrundes nach § 43 Abs. 2 verhindert oder ausgeglichen werden, gelten nicht als Diskriminierung im Sinne dieses Gesetzes.

Gebot der geschlechtsneutralen und diskriminierungsfreien Stellenausschreibung

§ 49. (1) Der/die Arbeitgeber/in darf einen Arbeitsplatz weder öffentlich noch innerhalb des Betriebes (Unternehmens) nur für Männer oder nur für Frauen ausschreiben oder durch Dritte ausschreiben lassen, es sei denn, ein bestimmtes Geschlecht ist unverzichtbare Voraussetzung für die Ausübung der vorgesehenen Tätigkeit. Die Ausschreibung darf auch keine zusätzlichen Anmerkungen enthalten, die auf ein bestimmtes Geschlecht schließen lassen.

(2) Der/die Arbeitgeber/in darf einen Arbeitsplatz weder öffentlich noch innerhalb des Betriebes (Unternehmens) in sonst diskriminierender Weise ausschreiben oder durch Dritte ausschreiben lassen, es sei denn, das betreffende Merkmal stellt auf Grund der Art einer bestimmten beruflichen Tätigkeit oder der Bedingungen ihrer Ausübung eine wesentliche und entscheidende berufliche Anforderung dar, sofern es sich um einen rechtmäßigen Zweck und eine angemessene Anforderung handelt.

(3) Das Gebot der geschlechtsneutralen und diskriminierungsfreien Stellenausschreibung richtet sich in gleicher Weise an private Arbeitsvermittler/innen gemäß §§ 2 ff des Arbeitsmarktförderungsgesetzes und an mit der Arbeitsvermittlung betraute juristische Personen öffentlichen Rechts.

(4) Der/die Arbeitgeber/in oder private Arbeitsvermittler/in gemäß den §§ 2 ff des Arbeitsmarktförderungsgesetzes oder eine mit der Arbeitsvermittlung betraute juristische Person öffentlichen Rechts ist verpflichtet, in der Ausschreibung das für den ausgeschriebenen Arbeitsplatz geltende kollektivvertragliche oder das durch Gesetz oder andere Normen der kollektiven Rechtsgestaltung geltende Mindestentgelt anzugeben und auf die Bereitschaft zur Überzahlung hinzuweisen, wenn eine solche besteht. § 9 Abs. 2 vorletzter und letzter Satz gelten sinngemäß.

Entlohnungskriterien

§ 50. Betriebliche Einstufungsregelungen und Normen der kollektiven Rechtsgestaltung haben bei der Regelung der Entlohnungskriterien den Grundsatz des gleichen Entgelts für gleiche Arbeit oder eine Arbeit, die als gleichwertig anerkannt wird, zu beachten und dürfen weder Kriterien für die Beurteilung der Arbeit der Frauen einerseits und der Arbeit der Männer andererseits vorschreiben, die zu einer Diskriminierung führen, noch

Kriterien vorschreiben, die zu einer Diskriminierung wegen eines in § 43 Abs. 2 genannten Grundes führen.

Rechtsfolgen der Verletzung des Gleichbehandlungsgebotes

§ 51. (1) Ist das Arbeitsverhältnis wegen Verletzung des Gleichbehandlungsgebotes des § 43 Abs. 1 Z 1 oder des § 43 Abs. 2 Z 1 nicht begründet worden, so ist der/die Arbeitgeber/in gegenüber dem/der Stellenwerber/in zum Ersatz des Vermögensschadens und zu einer Entschädigung für die erlittene persönliche Beeinträchtigung verpflichtet. Der Ersatzanspruch beträgt

1. mindestens zwei Monatsentgelte, wenn der/die Stellenwerber/in bei diskriminierungsfreier Auswahl die Stelle erhalten hätte, oder
2. bis 500 Euro, wenn der/die Arbeitgeber/in nachweisen kann, dass der einem/einer Stellenwerber/in durch die Diskriminierung entstandene Schaden nur darin besteht, dass die Berücksichtigung seiner/ihrer Bewerbung verweigert wird.

(2) Erhält ein/e Arbeitnehmer/in wegen Verletzung des Gleichbehandlungsgebotes des § 43 Abs. 1 Z 2 oder des § 43 Abs. 2 Z 2 durch den/die Arbeitgeber/in für gleiche Arbeit oder für eine Arbeit, die als gleichwertig anerkannt wird, ein geringeres Entgelt als ein/e Arbeitnehmer/in des anderen Geschlechtes oder ein geringeres Entgelt als ein/e Arbeitnehmer/in, bei dem/der eine Diskriminierung wegen eines in § 43 Abs. 2 genannten Grundes nicht erfolgt, so hat er/sie gegenüber dem/der Arbeitgeber/in Anspruch auf Bezahlung der Differenz und eine Entschädigung für die erlittene persönliche Beeinträchtigung.

(3) Bei Verletzung des Gleichbehandlungsgebotes des § 43 Abs. 1 Z 3 oder des § 43 Abs. 2 Z 3 hat der/die Arbeitnehmer/in Anspruch auf Gewährung der betreffenden Sozialleistung oder Ersatz des Vermögensschadens und auf eine Entschädigung für die erlittene persönliche Beeinträchtigung.

(4) Bei Verletzung des Gleichbehandlungsgebotes des § 43 Abs. 1 Z 4 oder des § 43 Abs. 2 Z 4 hat der/die Arbeitnehmer/in Anspruch auf Einbeziehung in die entsprechenden betrieblichen Aus- und Weiterbildungsmaßnahmen oder auf Ersatz des Vermögensschadens und auf eine Entschädigung für die erlittene persönliche Beeinträchtigung.

(5) Ist ein/e Arbeitnehmer/in wegen Verletzung des Gleichbehandlungsgebotes des § 43 Abs. 1 Z 5 oder des § 43 Abs. 2 Z 5 nicht beruflich aufgestiegen, so ist der/die Arbeitgeber/in gegenüber dem/der Arbeitnehmer/in zum Ersatz des Vermögensschadens und zu einer Entschädigung für die erlittene persönliche Beeinträchtigung verpflichtet. Der Ersatzanspruch beträgt,

1. die Entgeltdifferenz für mindestens drei Monate, wenn der/die Arbeitnehmer/in bei diskriminierungsfreier Auswahl beruflich aufgestiegen wäre, oder
2. bis 500 Euro, wenn der/die Arbeitgeber/in nachweisen kann, dass der einem/einer Arbeitnehmer/in durch die Diskriminierung entstandene Schaden nur darin besteht, dass die Berücksichtigung seiner/ihrer Bewerbung verweigert wird.

(6) Bei Verletzung des Gleichbehandlungsgebotes des § 43 Abs. 1 Z 6 oder des § 43 Abs. 2 Z 6 hat der/die Arbeitnehmer/in Anspruch auf Gewährung der gleichen Arbeitsbedingungen wie ein/e Arbeitnehmer/in des anderen Geschlechtes oder wie ein/e Arbeitnehmer/in, bei dem/der eine Diskriminierung wegen eines in § 43 Abs. 2 genannten Grundes nicht erfolgt, oder auf Ersatz des Vermögensschadens und auf eine Entschädigung für die erlittene persönliche Beeinträchtigung.

(7) Ist das Arbeitsverhältnis vom/von der Arbeitgeber/in wegen des Geschlechtes des/der Arbeitnehmers/Arbeitnehmerin oder wegen eines in § 43 Abs. 2 genannten Grundes oder wegen der nicht offenbar unberechtigten Geltendmachung von Ansprüchen nach diesem Gesetz gekündigt oder vorzeitig beendigt worden oder ist das Probearbeitsverhältnis wegen eines solchen Grundes aufgelöst worden (§ 43 Abs. 1 Z 7 oder § 43 Abs. 2 Z 7), so kann die Kündigung, Entlassung oder Auflösung des Probearbeitsverhältnisses bei Gericht angefochten werden. Ist ein befristetes, auf die Umwandlung in ein unbefristetes Arbeitsverhältnis angelegtes Arbeitsverhältnis wegen des Geschlechtes des/der Arbeitnehmers/Arbeitnehmerin oder wegen eines in § 43 Abs. 2 genannten Grundes oder wegen der nicht offenbar unberechtigten Geltendmachung von Ansprüchen nach diesem Gesetz durch Zeitablauf beendet worden, so kann auf Feststellung des unbefristeten Bestehens des Arbeitsverhältnisses geklagt werden. Lässt der/die Arbeitnehmer/in die Beendigung gegen sich gelten, so hat er/sie Anspruch auf Ersatz des Vermögensschadens und auf eine Entschädigung für die erlittene persönliche Beeinträchtigung.

(8) Bei einer sexuellen Belästigung nach § 46 oder einer Belästigung nach § 47 hat der/die Arbeitnehmer/in gegenüber dem/der Belästiger/in und im Fall des § 46 Abs. 1 Z 2 oder 47 Abs. 1 Z 2 auch gegenüber dem/der Arbeitgeber/in Anspruch auf Ersatz des erlittenen Schadens. Soweit der Nachteil nicht nur in einer Vermögenseinbuße besteht, hat die betroffene Person zum Ausgleich der erlittenen persönlichen Beeinträchtigung Anspruch auf angemessenen, mindestens jedoch auf 1 000 Euro Schadenersatz.

(9) Insoweit sich im Streitfall die betroffene Person auf einen Diskriminierungstatbestand im Sinne der §§ 43, 46, oder 47 beruft, hat er/sie diesen glaubhaft zu machen. Dem/der Beklagten obliegt es bei Berufung auf § 43 zu beweisen, dass

es bei Abwägung aller Umstände wahrscheinlicher ist, dass ein anderes vom/von der Beklagten glaubhaft gemachtes Motiv für die unterschiedliche Behandlung ausschlaggebend war oder das andere Geschlecht unverzichtbare Voraussetzung für die auszuübende Tätigkeit ist oder ein Rechtfertigungsgrund im Sinne der §§ 44 Abs. 2 oder 45 vorliegt. Bei Berufung auf §§ 46 oder 47 obliegt es dem/der Beklagten zu beweisen, dass es bei Abwägung aller Umstände wahrscheinlicher ist, dass die vom/von der Beklagten glaubhaft gemachten Tatsachen der Wahrheit entsprechen.

(10) Liegt eine Mehrfachdiskriminierung vor, so ist darauf bei der Bemessung der Höhe der Entschädigung für die erlittene persönliche Beeinträchtigung Bedacht zu nehmen.

(11) Die Höhe der Entschädigung für die erlittene persönliche Beeinträchtigung ist so zu bemessen, dass dadurch die Beeinträchtigung tatsächlich und wirksam ausgeglichen wird und die Entschädigung der erlittenen Beeinträchtigung angemessen ist sowie Diskriminierungen verhindert.

Benachteiligungsverbot

§ 52. Als Reaktion auf eine Beschwerde darf ein/e Arbeitnehmer/in durch den/die Arbeitgeber/in innerhalb des betreffenden Unternehmens (Betriebes) oder auf die Einleitung eines Verfahrens zur Durchsetzung des Gleichbehandlungsgebotes nicht entlassen, gekündigt oder anders benachteiligt werden. Auch ein/e andere/r Arbeitnehmer/in, der/die als Zeuge/Zeugin oder Auskunftsperson in einem Verfahren auftritt oder eine Beschwerde eines/einer anderen Arbeitnehmers/Arbeitnehmerin unterstützt, darf als Reaktion auf eine Beschwerde oder auf die Einleitung eines Verfahrens zur Durchsetzung des Gleichbehandlungsgebotes nicht entlassen, gekündigt oder anders benachteiligt werden. § 51 gilt sinngemäß.

Aufgaben einer Gleichbehandlungskommission

§ 53. (1) Soweit die Landesgesetzgebung eine Gleichbehandlungskommission vorsieht, hat sich diese mit allen die Diskriminierung im Sinne der §§ 43 bis 47 berührenden Fragen zu befassen.

(2) Die Kommission kann Gutachten über Fragen der Diskriminierung im Sinne der §§ 43 bis 47 erstatten. Gutachten sind insbesondere bei Verletzung des Gleichbehandlungsgebotes durch Regelungen der kollektiven Rechtsgestaltung zu erstatten.

§ 54. (1) Die Kommission kann im Einzelfall prüfen, ob eine Verletzung des Gleichbehandlungsgebotes vorliegt. Stellt die Kommission eine Verletzung des Gleichbehandlungsgebotes fest, so kann sie den/die Arbeitgeber/in davon benachrichtigen und ihn/sie zur Beendigung der Diskriminierung auffordern.

(2) Die Landesgesetzgebung hat vorzusehen, dass der/die Arbeitnehmer/in das Recht hat, sich im Verfahren vor der Kommission durch eine Person seines/ihres Vertrauens, insbesondere eine/n Vertreter/in einer Interessenvertretung oder einer Nichtregierungsorganisation, vertreten zu lassen; weiters, dass die Kommission auf Antrag des/der Arbeitnehmers/Arbeitnehmerin eine/n Vertreter/in einer von dieser Person namhaft gemachten Nichtregierungsorganisation als Auskunftsperson beizuziehen hat und die Kommission den/die Arbeitnehmer/in zugleich mit der Einleitung der jeweiligen Einzelfallprüfung über dieses Antragsrecht ausdrücklich zu belehren hat.

(3) Kommt der/die Arbeitgeber/in der Aufforderung der Kommission nach Abs. 1 nicht nach, so können die zuständigen kollektivvertragsfähigen Körperschaften oder die Anwältin für Gleichbehandlung oder ein/e Gleichbehandlungsbeauftragte/r die gerichtliche Feststellung der Verletzung des Gleichbehandlungsgebotes begehren.

(4) Die Kommission kann im Falle einer Vermutung der Verletzung des Gleichbehandlungsgebotes den/die Arbeitgeber/in zur Erstattung eines schriftlichen Berichtes auffordern. Der Bericht hat alle zur Beurteilung der Einhaltung des Gleichbehandlungsgebotes notwendigen Angaben zu enthalten.

Anwältin für Gleichbehandlung; Gleichbehandlungsbeauftragte/r

§ 55. (1) Wenn die Landesgesetzgebung vorsieht, dass der Gleichbehandlungskommission als unabhängige Stelle eine Anwältin für Gleichbehandlung oder ein/e Gleichbehandlungsbeauftragte/r angehört, ist diese zuständig für die Beratung und Unterstützung von Personen, die sich im Sinne dieses Gesetzes diskriminiert fühlen. Die Landesgesetzgebung kann diese Institutionen auch anders benennen.

(2) Der/die Arbeitgeber/in, der Betriebsrat und alle Beschäftigten des betroffenen Betriebes sind durch die Landesgesetzgebung zu verpflichten, einer Anwältin für Gleichbehandlung oder einem/einer Gleichbehandlungsbeauftragten die für die Durchführung ihrer Aufgaben erforderlichen Auskünfte zu erteilen.

(3) Wenn eine Anwältin für Gleichbehandlung oder ein/e Gleichbehandlungsbeauftragte/r die Vermutung der Nichteinhaltung des Gleichbehandlungsgebotes hat und der Kommission die behaupteten Umstände glaubhaft macht, hat die Kommission von Amts wegen ein Verfahren einzuleiten.

(4) Die Landesgesetzgebung hat vorzusehen, dass eine Anwältin für Gleichbehandlung oder eine/e Gleichbehandlungsbeauftragte im Auftrag der Kommission berechtigt ist, die betrieblichen Räume zu betreten, in die Unterlagen der Betriebe Einsicht zu nehmen und Abschriften oder Ablichtungen der Unterlagen anzufertigen.

(5) Die Landesgesetzgebung hat vorzusehen, dass eine Anwältin für Gleichbehandlung oder

ein/e Gleichbehandlungsbeauftragte/r bei der Ermittlungstätigkeit den Betriebsrat zur Mitwirkung heranzuziehen hat.

Veröffentlichung

§ 56. Die Landesgesetzgebung kann vorsehen, dass die Kommission ihre Gutachten sowie rechtskräftige Urteile, die Verletzungen des Gleichbehandlungsgebotes feststellen, in einem Publikationsorgan des Landes zu veröffentlichen hat. Diese Veröffentlichung kann auch im Falle der Nichtbeachtung der Aufforderung gemäß § 54 Abs. 3 durch den Arbeitgeber vorgesehen werden.

Auskunftspflicht

§ 57. Die Arbeitgeber/innen und alle Beschäftigten der betroffenen Betriebe sind durch die Landesgesetzgebung zu verpflichten, einer Gleichbehandlungskommission die für die Durchführung ihrer Aufgaben erforderlichen Auskünfte zu erteilen.

Strafbestimmungen

§ 58. Die Ausführungsgesetzgebung hat zu bestimmen, dass Stellenausschreibungen entgegen den in Ausführung des § 49 ergangenen landesgesetzlichen Bestimmungen durch private Arbeitsvermittler/innen gemäß den §§ 2 ff des Arbeitsmarktförderungsgesetzes oder durch mit der Arbeitsvermittlung betraute juristische Personen öffentlichen Rechts oder durch eine/n Arbeitgeber/in von der Bezirksverwaltungsbehörde auf Antrag des/der Stellenwerbers/Stellenwerberin oder der Anwältin für Gleichbehandlung oder eines/einer Gleichbehandlungsbeauftragten, sofern eine solche durch die Landesgesetzgebung vorgesehen ist, mit Geldstrafe zu bestrafen sind. Deren Höhe ist von der Ausführungsgesetzgebung festzusetzen.

V. Teil
Schlussbestimmungen

Verweisungen

§ 59. Soweit in diesem Bundesgesetz auf andere Bundesgesetze verwiesen wird, sind diese in der jeweils geltenden Fassung anzuwenden.

Bestimmungen in Zusammenhang mit COVID-19

§ 60. Der Fortlauf einer am 16. März 2020 laufenden oder nach diesem Tag zu laufen beginnenden 14-tägigen Frist nach §§ 15 Abs. 1a oder 29 Abs. 1a wird bis 30. April 2020 gehemmt. Dies gilt sinngemäß auch für Arbeitnehmer, die den Landarbeitsordnungen der Bundesländer und in Vorarlberg dem Land- und Forstarbeitsgesetz sowie dem Land- und Forstarbeiter-Dienstrechtsgesetz BGBl. Nr. 280/1980 unterliegen, die zum Zeitpunkt des Gesetzes in Kraft sind.

Begründungspflicht des Gerichtes

§ 61. In einem gerichtlichen Verfahren wegen Verletzung des Gleichbehandlungsgebotes hat sich das Gericht mit einem Gutachten oder einem Prüfungsergebnis der Gleichbehandlungskommission im Einzelfall zu befassen und ein davon abweichendes Urteil zu begründen.

Nebenintervention

§ 62. Der Klagsverband zur Durchsetzung der Rechte von Diskriminierungsopfern kann, wenn es ein/e Betroffene/r verlangt, einem Rechtsstreit zur Durchsetzung von Ansprüchen nach diesem Bundesgesetz als Nebenintervenient (§§ 17 bis 19 ZPO) beitreten.

Dialog mit Nichtregierungsorganisationen

§ 62a. Der Bundeskanzler/die Bundeskanzlerin führt mindestens ein Mal pro Jahr einen Dialog mit Nichtregierungsorganisationen, deren Zielsetzung es ist, Diskriminierungen im Sinne dieses Gesetzes zu bekämpfen und die Einhaltung des Gleichbehandlungsgrundsatzes zu fördern.

Inkrafttreten

§ 63. (1) Dieses Bundesgesetz tritt mit 1. Juli 2004 in Kraft.

(2) Die Ausführungsgesetze der Bundesländer zu den im III. Teil, 2. Abschnitt und im IV. Teil geregelten Grundsätzen sind binnen sechs Monaten ab dem der Kundmachung folgenden Tag zu erlassen.

(3) §§ 12 Abs. 12, 22, 26 Abs. 12, 35 Abs. 3, 41, 44 Abs. 1 und 2, 48, 49 Abs. 3, 51 Abs. 9 sowie 58 in der Fassung des Bundesgesetzes BGBl. I Nr. 82/2005 treten mit 1. Juli 2004 in Kraft, §§ 15 Abs. 4, 29 Abs. 4 sowie 35 Abs. 4 in der Fassung des Bundesgesetzes BGBl. I Nr. 82/2005 treten mit 1. Jänner 2006 in Kraft. Die Ausführungsgesetze zu §§ 41, 44 Abs. 1 und 2, 48, 49 Abs. 3, 51 Abs. 9 und 58 sind binnen sechs Monaten ab dem der Kundmachung folgenden Tag zu erlassen.

(4) §§ 6 Abs. 2, 7 Abs. 2, 8, 12 Abs. 1 Z 1, 7, 8, 11 und 13, 13 letzter Satz, 15 Abs. 1 und 1a, 17 Abs. 2, 21 Abs. 2, 22, 26 Abs. 1 Z 1, 7, 8, 11 und 13, 27, 29 Abs. 1 und 1a, 31 Abs. 2, 35 Abs. 2, 5 und 6, 36, der IIIa. Teil sowie §§ 46 Abs. 2, 47 Abs. 2, 51 Abs. 1 Z 1, 7, 8 und 10 sowie § 52 letzter Satz in der Fassung des Bundesgesetzes BGBl. I Nr. 98/2008 treten mit 1. August 2008 in Kraft. Die Ausführungsgesetze zu §§ 46 Abs. 2, 47 Abs. 2, 51 Abs. 1 Z 1, 7, 8 und 10 sowie § 52 letzter Satz sind binnen sechs Monaten ab dem der Kundmachung folgenden Tag zu erlassen.

(5) Das Inhaltsverzeichnis, § 5 Abs. 4, § 6 Abs. 4, § 7 Abs. 4, § 9, § 10 Abs. 1, Abs. 3 Z 1 und Abs. 4, § 11a, § 12 Abs. 11 letzter Satz, § 19 Abs. 4, § 21 Abs. 4, § 23, § 24 Abs. 1, Abs. 3 Z 1 und Abs. 4, § 26 Abs. 11 letzter Satz, der III. Teil sowie § 44 Abs. 4, § 46 Abs. 4, § 47 Abs. 4, § 49 Abs. 3 und 4, § 51 Abs. 8 letzter Satz, § 58, die Überschrift zu § 63 und § 64, in der Fassung des Bundesgesetzes BGBl. I Nr. 7/2011 treten mit 1. März 2011 in Kraft. § 10 Abs. 2 und Abs. 3 Z 2 sowie § 24 Abs. 2 und Abs. 3 Z 2 treten mit

1. Jänner 2012 in Kraft. Der IIIa. Teil tritt mit Ablauf des 28. Februar 2011 außer Kraft. Die Ausführungsgesetze zu § 44 Abs. 4, § 46 Abs. 4, § 47 Abs. 4, § 49 Abs. 3 und 4, § 51 Abs. 8 letzter Satz und § 58 sind binnen sechs Monaten ab dem der Kundmachung folgenden Tag zu erlassen.

(6) Für Arbeitgeber/innen, die dauernd mehr als 1 000 Arbeitnehmer/innen beschäftigen, tritt die Verpflichtung zur Erstellung eines Einkommensberichts nach § 11a in der Fassung des Bundesgesetzes BGBl. I Nr. 7/2011 mit 1. März 2011 in Kraft; der Bericht ist für das Jahr 2010 zu erstellen. Der Bericht für das Berichtsjahr 2010 ist bis spätestens 31. Juli 2011 in der in § 11a Abs. 3 geregelten Weise zu übermitteln bzw. aufzulegen. Für Arbeitgeber/innen, die dauernd weniger als 1 001, aber mehr als 500 Arbeitnehmer/innen beschäftigen, tritt die Verpflichtung zur Erstellung eines Einkommensberichts nach § 11a in der Fassung des Bundesgesetzes BGBl. I Nr. 7/2011 mit 1. Jänner 2012 in Kraft; der Bericht ist für das Jahr 2011 zu erstellen. Für Arbeitgeber/innen, die dauernd weniger als 501, aber mehr als 250 Arbeitnehmer/innen beschäftigen, tritt die Verpflichtung zur Erstellung eines Einkommensberichts nach § 11a in der Fassung des Bundesgesetzes BGBl. I Nr. 7/2011 mit 1. Jänner 2013 in Kraft; der Bericht ist für das Jahr 2012 zu erstellen. Für Arbeitgeber/innen, die dauernd weniger als 251, aber mehr als 150 Arbeitnehmer/innen beschäftigen, tritt die Verpflichtung zur Erstellung eines Einkommensberichts nach § 11a in der Fassung des Bundesgesetzes BGBl. I Nr. 7/2011 mit 1. Jänner 2014 in Kraft; der Bericht ist für das Jahr 2013 zu erstellen.

(7) § 10 Abs. 4, § 24 Abs. 4 und § 37 Abs. 2 in der Fassung des Bundesgesetzes BGBl. I Nr. 71/2013 treten mit 1. Jänner 2014 in Kraft.

(8) Das Inhaltsverzeichnis, § 1 Abs. 1 Z 2 und 4, § 3, § 4, § 9 Abs. 2, § 10, § 12 Abs. 14, § 15 Abs. 1 und 2, § 16 Abs. 1 Z 2 und 4, § 18 Z 1 und 3, § 23 Abs. 2, § 24 Abs. 1 bis 4, § 26 Abs. 14, § 31 Abs. 1, § 37, § 38 Abs. 4, 6 und 7, § 43 Abs. 1, § 49 Abs. 4 letzter Satz, § 51 Abs. 11, § 62, § 62a sowie § 64 Abs. 1 Z 1 und 2a in der Fassung des Bundesgesetzes BGBl. I Nr. 107/2013 treten mit 1. August 2013 in Kraft. Die Ausführungsgesetze zu § 43 Abs. 1, § 49 Abs. 4 letzter Satz und § 51 Abs. 11 sind binnen sechs Monaten ab dem der Kundmachung folgenden Tag zu erlassen.

(9) § 30 Abs. 4 in der Fassung des Bundesgesetzes BGBl. I Nr. 34/2015 tritt mit 1. Jänner 2016 in Kraft.

(10) Das Inhaltsverzeichnis in der Fassung des Deregulierungsgesetzes 2017, BGBl. I Nr. 40/2017, tritt mit 1. Juli 2017 in Kraft. § 60 samt Überschrift tritt mit Ablauf des 30. Juni 2017 außer Kraft.

(11) § 60 in der Fassung des Bundesgesetzes BGBl. I Nr. 16/2020 tritt mit dem der Kundmachung folgenden Tag in Kraft. Dauert die COVID-19 Krisensituation über den 30. April 2020 hinaus an, so hat die Bundesministerin für Arbeit, Familie und Jugend durch Verordnung den in § 60 festgesetzten Endtermin 30. April 2020 zu verlängern, nicht jedoch über den 31. Dezember 2020 hinaus.

Vollziehung

§ 64. (1) Mit der Vollziehung dieses Bundesgesetzes sind betraut

1. hinsichtlich der §§ 14, 28 und 40 der/die jeweils für die Förderungen zuständige Bundesminister/in,
2. hinsichtlich der §§ 61 und 62 der/die Bundesminister/in für Justiz,

2a. hinsichtlich des § 62a der/die Bundeskanzler/in,

3. im Übrigen der/die Bundesminister/in für Arbeit, Soziales und Konsumentenschutz.

(2) Mit der Wahrnehmung der dem Bund nach Art. 15 Abs. 8 B-VG hinsichtlich des III. Teiles, 2. Abschnitt, zustehenden Rechte ist der/die Bundesminister/in für Arbeit, Soziales und Konsumentenschutz betraut. Mit der Wahrnehmung der dem Bund nach Art. 15 Abs. 8 B-VG hinsichtlich des IV. Teiles zustehenden Rechte ist hinsichtlich des § 54 Abs. 3 der/die Bundesminister/in für Justiz, im Übrigen der/die Bundesminister/in für Arbeit, Soziales und Konsumentenschutz betraut.

34. Grundrechtecharta der EU (Auszug)

Das Europäische Parlament, der Rat und die Kommission proklamieren feierlich den nachstehenden Text als Charta der Grundrechte der Europäischen Union.

CHARTA DER GRUNDRECHTE DER EUROPÄISCHEN UNION

Die Völker Europas sind entschlossen, auf der Grundlage gemeinsamer Werte eine friedliche Zukunft zu teilen, indem sie sich zu einer immer engeren Union verbinden.

In dem Bewusstsein ihres geistig-religiösen und sittlichen Erbes gründet sich die Union auf die unteilbaren und universellen Werte der Würde des Menschen, der Freiheit, der Gleichheit und der Solidarität. Sie beruht auf den Grundsätzen der Demokratie und der Rechtsstaatlichkeit. Sie stellt den Menschen in den Mittelpunkt ihres Handelns, indem sie die Unionsbürgerschaft und einen Raum der Freiheit, der Sicherheit und des Rechts begründet.

Die Union trägt zur Erhaltung und zur Entwicklung dieser gemeinsamen Werte unter Achtung der Vielfalt der Kulturen und Traditionen der Völker Europas sowie der nationalen Identität der Mitgliedstaaten und der Organisation ihrer staatlichen Gewalt auf nationaler, regionaler und lokaler Ebene bei. Sie ist bestrebt, eine ausgewogene und nachhaltige Entwicklung zu fördern und stellt den freien Personen-, Dienstleistungs-, Waren- und Kapitalverkehr sowie die Niederlassungsfreiheit sicher.

Zu diesem Zweck ist es notwendig, angesichts der Weiterentwicklung der Gesellschaft, des sozialen Fortschritts und der wissenschaftlichen und technologischen Entwicklungen den Schutz der Grundrechte zu stärken, indem sie in einer Charta sichtbarer gemacht werden.

Diese Charta bekräftigt unter Achtung der Zuständigkeiten und Aufgaben der Union und des Subsidiaritätsprinzips die Rechte, die sich vor allem aus den gemeinsamen Verfassungstraditionen und den gemeinsamen internationalen Verpflichtungen der Mitgliedstaaten, aus der Europäischen Konvention zum Schutz der Menschenrechte und Grundfreiheiten, aus den von der Union und dem Europarat beschlossenen Sozialchartas sowie aus der Rechtsprechung des Gerichtshofs der Europäischen Union und des Europäischen Gerichtshofs für Menschenrechte ergeben. In diesem Zusammenhang erfolgt die Auslegung der Charta durch die Gerichte der Union und der Mitgliedstaaten unter gebührender Berücksichtigung der Erläuterungen, die unter der Leitung des Präsidiums des Konvents zur Ausarbeitung der Charta formuliert und unter der Verantwortung des Präsidiums des Europäischen Konvents aktualisiert wurden.

Die Ausübung dieser Rechte ist mit Verantwortung und mit Pflichten sowohl gegenüber den Mitmenschen als auch gegenüber der menschlichen Gemeinschaft und den künftigen Generationen verbunden.

Artikel 11
Freiheit der Meinungsäußerung und Informationsfreiheit

(1) Jede Person hat das Recht auf freie Meinungsäußerung. Dieses Recht schließt die Meinungsfreiheit und die Freiheit ein, Informationen und Ideen ohne behördliche Eingriffe und ohne Rücksicht auf Staatsgrenzen zu empfangen und weiterzugeben.

(2) Die Freiheit der Medien und ihre Pluralität werden geachtet.

Artikel 12
Versammlungs- und Vereinigungsfreiheit

(1) Jede Person hat das Recht, sich insbesondere im politischen, gewerkschaftlichen und zivilgesellschaftlichen Bereich auf allen Ebenen frei und friedlich mit anderen zu versammeln und frei mit anderen zusammenzuschließen, was das Recht jeder Person umfasst, zum Schutz ihrer Interessen Gewerkschaften zu gründen und Gewerkschaften beizutreten.

(2) Politische Parteien auf der Ebene der Union tragen dazu bei, den politischen Willen der Unionsbürgerinnen und Unionsbürger zum Ausdruck zu bringen.

Artikel 15
Berufsfreiheit und Recht zu arbeiten

(1) Jede Person hat das Recht, zu arbeiten und einen frei gewählten oder angenommenen Beruf auszuüben.

(2) Alle Unionsbürgerinnen und Unionsbürger haben die Freiheit, in jedem Mitgliedstaat Arbeit zu suchen, zu arbeiten, sich niederzulassen oder Dienstleistungen zu erbringen.

(3) Die Staatsangehörigen dritter Länder, die im Hoheitsgebiet der Mitgliedstaaten arbeiten dürfen, haben Anspruch auf Arbeitsbedingungen, die denen der Unionsbürgerinnen und Unionsbürger entsprechen.

Artikel 16

Unternehmerische Freiheit

Die unternehmerische Freiheit wird nach dem Unionsrecht und den einzelstaatlichen Rechtsvorschriften und Gepflogenheiten anerkannt.

Artikel 21

Nichtdiskriminierung

(1) Diskriminierungen insbesondere wegen des Geschlechts, der Rasse, der Hautfarbe, der ethnischen oder sozialen Herkunft, der genetischen Merkmale, der Sprache, der Religion oder der Weltanschauung, der politischen oder sonstigen Anschauung, der Zugehörigkeit zu einer nationalen Minderheit, des Vermögens, der Geburt, einer Behinderung, des Alters oder der sexuellen Ausrichtung sind verboten.

(2) Unbeschadet besonderer Bestimmungen der Verträge ist in ihrem Anwendungsbereich jede Diskriminierung aus Gründen der Staatsangehörigkeit verboten.

Artikel 23

Gleichheit von Frauen und Männern

Die Gleichheit von Frauen und Männern ist in allen Bereichen, einschließlich der Beschäftigung, der Arbeit und des Arbeitsentgelts, sicherzustellen.

Der Grundsatz der Gleichheit steht der Beibehaltung oder der Einführung spezifischer Vergünstigungen für das unterrepräsentierte Geschlecht nicht entgegen.

Artikel 26

Integration von Menschen mit Behinderung

Die Union anerkennt und achtet den Anspruch von Menschen mit Behinderung auf Maßnahmen zur Gewährleistung ihrer Eigenständigkeit, ihrer sozialen und beruflichen Eingliederung und ihrer Teilnahme am Leben der Gemeinschaft.

TITEL IV

SOLIDARITÄT

Artikel 27

Recht auf Unterrichtung und Anhörung der Arbeitnehmerinnen und Arbeitnehmer im Unternehmen

Für die Arbeitnehmerinnen und Arbeitnehmer oder ihre Vertreter muss auf den geeigneten Ebenen eine rechtzeitige Unterrichtung und Anhörung in den Fällen und unter den Voraussetzungen gewährleistet sein, die nach dem Unionsrecht und den einzelstaatlichen Rechtsvorschriften und Gepflogenheiten vorgesehen sind.

Artikel 28

Recht auf Kollektivverhandlungen und Kollektivmaßnahmen

Die Arbeitnehmerinnen und Arbeitnehmer sowie die Arbeitgeberinnen und Arbeitgeber oder ihre jeweiligen Organisationen haben nach dem Unionsrecht und den einzelstaatlichen Rechtsvorschriften und Gepflogenheiten das Recht, Tarifverträge auf den geeigneten Ebenen auszuhandeln und zu schließen sowie bei Interessenkonflikten kollektive Maßnahmen zur Verteidigung ihrer Interessen, einschließlich Streiks, zu ergreifen.

Artikel 29

Recht auf Zugang zu einem Arbeitsvermittlungsdienst

Jeder Mensch hat das Recht auf Zugang zu einem unentgeltlichen Arbeitsvermittlungsdienst.

Artikel 30

Schutz bei ungerechtfertigter Entlassung

Jede Arbeitnehmerin und jeder Arbeitnehmer hat nach dem Unionsrecht und den einzelstaatlichen Rechtsvorschriften und Gepflogenheiten Anspruch auf Schutz vor ungerechtfertigter Entlassung.

Artikel 31

Gerechte und angemessene Arbeitsbedingungen

(1) Jede Arbeitnehmerin und jeder Arbeitnehmer hat das Recht auf gesunde, sichere und würdige Arbeitsbedingungen.

(2) Jede Arbeitnehmerin und jeder Arbeitnehmer hat das Recht auf eine Begrenzung der Höchstarbeitszeit, auf tägliche und wöchentliche Ruhezeiten sowie auf bezahlten Jahresurlaub.

Artikel 32

Verbot der Kinderarbeit und Schutz der Jugendlichen am Arbeitsplatz

Kinderarbeit ist verboten. Unbeschadet günstigerer Vorschriften für Jugendliche und abgesehen von begrenzten Ausnahmen darf das Mindestalter für den Eintritt in das Arbeitsleben das Alter, in dem die Schulpflicht endet, nicht unterschreiten.

Zur Arbeit zugelassene Jugendliche müssen ihrem Alter angepasste Arbeitsbedingungen erhalten und vor wirtschaftlicher Ausbeutung und vor jeder Arbeit geschützt werden, die ihre Sicherheit, ihre Gesundheit, ihre körperliche, geistige, sittliche oder soziale Entwicklung beeinträchtigen oder ihre Erziehung gefährden könnte.

Artikel 33

Familien- und Berufsleben

(1) Der rechtliche, wirtschaftliche und soziale Schutz der Familie wird gewährleistet.

(2) Um Familien- und Berufsleben miteinander in Einklang bringen zu können, hat jeder Mensch das Recht auf Schutz vor Entlassung aus einem mit der Mutterschaft zusammenhängenden Grund

sowie den Anspruch auf einen bezahlten Mutterschaftsurlaub und auf einen Elternurlaub nach der Geburt oder Adoption eines Kindes.

Artikel 34

Soziale Sicherheit und soziale Unterstützung

(1) Die Union anerkennt und achtet das Recht auf Zugang zu den Leistungen der sozialen Sicherheit und zu den sozialen Diensten, die in Fällen wie Mutterschaft, Krankheit, Arbeitsunfall, Pflegebedürftigkeit oder im Alter sowie bei Verlust des Arbeitsplatzes Schutz gewährleisten, nach Maßgabe des Unionsrechts und der einzelstaatlichen Rechtsvorschriften und Gepflogenheiten.

(2) Jeder Mensch, der in der Union seinen rechtmäßigen Wohnsitz hat und seinen Aufenthalt rechtmäßig wechselt, hat Anspruch auf die Leistungen der sozialen Sicherheit und die sozialen Vergünstigungen nach dem Unionsrecht und den einzelstaatlichen Rechtsvorschriften und Gepflogenheiten.

(3) Um die soziale Ausgrenzung und die Armut zu bekämpfen, anerkennt und achtet die Union das Recht auf eine soziale Unterstützung und eine Unterstützung für die Wohnung, die allen, die nicht über ausreichende Mittel verfügen, ein menschenwürdiges Dasein sicherstellen sollen, nach Maßgabe des Unionsrechts und der einzelstaatlichen Rechtsvorschriften und Gepflogenheiten.

Artikel 35

Gesundheitsschutz

Jeder Mensch hat das Recht auf Zugang zur Gesundheitsvorsorge und auf ärztliche Versorgung nach Maßgabe der einzelstaatlichen Rechtsvorschriften und Gepflogenheiten. Bei der Festlegung und Durchführung der Politik und Maßnahmen der Union in allen Bereichen wird ein hohes Gesundheitsschutzniveau sichergestellt.

Artikel 36

Zugang zu Dienstleistungen von allgemeinem wirtschaftlichen Interesse

Die Union anerkennt und achtet den Zugang zu Dienstleistungen von allgemeinem wirtschaftlichen Interesse, wie er durch die einzelstaatlichen Rechtsvorschriften und Gepflogenheiten im Einklang mit den Verträgen geregelt ist, um den sozialen und territorialen Zusammenhalt der Union zu fördern.

35. Insolvenz-Entgeltsicherungsgesetz

Bundesgesetz vom 2. Juni 1977 über die Sicherung von Arbeitnehmeransprüchen im Falle der Insolvenz des Arbeitgebers

StF: BGBl. Nr. 324/1977

Letzte Novellierung: BGBl. I Nr. 185/2022

GLIEDERUNG

STICHWORTVERZEICHNIS

Voraussetzungen des Anspruches

§ 1. (1) Anspruch auf Insolvenz-Entgelt haben Arbeitnehmer, freie Dienstnehmer im Sinne des § 4 Abs. 4 des Allgemeinen Sozialversicherungsgesetzes (ASVG), BGBl. Nr. 189/1955, Heimarbeiter und ihre Hinterbliebenen sowie ihre Rechtsnachfolger von Todes wegen (Anspruchsberechtigte) für die nach Abs. 2 gesicherten Ansprüche, wenn sie in einem Arbeitsverhältnis (freien Dienstverhältnis, Auftragsverhältnis) stehen oder gestanden sind und gemäß § 3 Abs. 1 oder Abs. 2 lit. a bis d ASVG als im Inland beschäftigt gelten (galten) und über das Vermögen des Arbeitgebers (Auftraggebers) im Inland ein Verfahren nach der Insolvenzordnung (IO), RGBl. Nr. 337/1914 eröffnet wird. Den Verfahren nach der IO (im folgenden „Insolvenzverfahren") stehen gleich:

1. die Anordnung der Geschäftsaufsicht,
2. die Nichteröffnung des Insolvenzverfahrens mangels kostendeckenden Vermögens,
3. die Ablehnung der Eröffnung des Insolvenzverfahrens gemäß § 68 IO wegen Vermögenslosigkeit,
4. die Löschung gemäß § 40 oder § 42 des Firmenbuchgesetzes (FBG), BGBl. Nr. 10/1991, wegen Vermögenslosigkeit,
5. die Zurückweisung des Antrags auf Eröffnung des Insolvenzverfahrens gemäß § 63 IO,
6. der Beschluss gemäß § 153 Abs. 1 oder § 154 Abs. 1 des Außerstreitgesetzes (AußStrG), BGBl. I Nr. 111/2003.

Hat ein ausländisches Gericht eine Entscheidung getroffen, die

– nach der Verordnung (EU) Nr. 848/2015 vom 20. Mai 2015 über Insolvenzverfahren (Neufassung), ABl. Nr. L 141 vom 5.6.2015 S. 19, oder
– gemäß § 240 IO oder
– nach den §§ 243 bis 251 IO (betreffend Kreditinstitute und Versicherungsunternehmen)

im Inland anerkannt wird, besteht nach Maßgabe dieses Bundesgesetzes gleichfalls Anspruch auf Insolvenz-Entgelt, wenn die Voraussetzungen

– des ersten Satzes mit Ausnahme der Eröffnung des Insolvenzverfahrens im Inland und
– des Art. 2 Abs. 1 der Richtlinie 2008/94/EG vom 22. Oktober 2008 über den Schutz der Arbeitnehmer bei Zahlungsunfähigkeit des Arbeitgebers, ABl. Nr. L 283 vom 28.10.2008 S. 36, erfüllt sind.

(2) Gesichert sind aufrechte, nicht verjährte und nicht ausgeschlossene Ansprüche (Abs. 3) aus dem Arbeitsverhältnis, auch wenn sie gepfändet, verpfändet oder übertragen worden sind, und zwar:

1. Entgeltansprüche, insbesondere auf laufendes Entgelt und aus der Beendigung des Arbeitsverhältnisses,
2. Schadenersatzansprüche,
3. sonstige Ansprüche gegen den Arbeitgeber und
4. die zur zweckentsprechenden Rechtsverfolgung notwendigen Kosten. Dies sind insbesondere:

a) Prozesskosten, die dem Arbeitnehmer zur Durchsetzung der Ansprüche nach Z 1 bis 3 rechtskräftig zugesprochen oder im Fall eines Insolvenzverfahrens gemäß § 109 IO festgestellt wurden;
b) rechtskräftig zugesprochene Kosten der gemäß § 110 IO geführten Prüfungsprozesse;
c) rechtskräftig zugesprochene Exekutionskosten zur Hereinbringung der Ansprüche des Arbeitnehmers gegen den Arbeitgeber;
d) tarifmäßige Prozesskosten, die dem Arbeitnehmer in einem Verfahren zur Durchsetzung seiner Ansprüche nach Abs. 2 Z 1 bis 3 entstanden sind und deren Ersatz ihm auf Grund eines rechtswirksamen gerichtlichen oder außergerichtlichen Vergleiches oder Anerkenntnisses zusteht, sowie Prozesskosten, die dem Arbeitnehmer in einem derartigen Gerichtsverfahren entstanden sind, das gemäß § 7 Abs. 1 IO unterbrochen worden ist;
e) Barauslagen und Kosten für den Rechtsvertreter, die dem Arbeitnehmer anlässlich eines außergerichtlichen Vergleiches oder Anerkenntnisses über Ansprüche nach Abs. 2 Z 1 bis 3 entstanden sind, Kosten für den Rechtsvertreter jedoch nur bis zu der in der Tarifpost 2 des Rechtsanwaltstarifsgesetzes, BGBl. Nr. 189/1969, festgesetzten Höhe;
f) tarifmäßige Verfahrenskosten und Barauslagen, die dem Arbeitnehmer im Zuge der Beantragung und der Teilnahme an einem Verfahren nach Abs. 1 erwachsen sind;
g) tarifmäßige Verfahrenskosten und Barauslagen für eine nachträgliche Prüfungstagsatzung hinsichtlich von Forderungen, die nach der allgemeinen Prüfungstagsatzung entstanden oder fällig geworden sind;
h) die dem Arbeitnehmer zugesprochenen Kosten, wenn dieser vom Arbeitgeber die Ausstellung eines Dienstzeugnisses begehrt hat;
i) Prozesskosten, die der Arbeitgeber als Kläger dem Arbeitnehmer als Beklagten in einem

Verfahren über Forderungen, die im Zusammenhang mit dem Arbeitsverhältnis stehen, zu ersetzen hat, soweit der Arbeitgeber diese wegen der Eröffnung eines Insolvenzverfahrens oder Vorliegens eines anderen Insolvenztatbestandes nach Abs. 1 nicht mehr zahlen kann. Dies gilt nicht für Kosten in einem Verfahren nach § 7 Abs. 7.

(3) Insolvenz-Entgelt gebührt nicht (ausgeschlossener Anspruch):

1. für Ansprüche nach Abs. 2, die durch eine im Sinn der §§ 438 ff EO bzw. der Insolvenzordnung anfechtbare Rechtshandlung erworben wurden;

1a. für Ansprüche nach Abs. 2, wenn der Anspruchsberechtigte im Zusammenhang mit der Insolvenz nach Abs. 1 wegen einer im § 11 Abs. 3 angeführten Straftat verurteilt wird;

2. Für Ansprüche, die auf einer Einzelvereinbarung beruhen, die

a) nach dem Antrag auf Eröffnung des Insolvenzverfahrens oder auf Anordnung der Geschäftsaufsicht oder

b) in den letzten sechs Monaten vor der Eröffnung des Insolvenzverfahrens oder der Anordnung der Geschäftsaufsicht bzw. vor der Kenntnis vom Beschluss nach Abs. 1 Z 2 bis 6

abgeschlossen wurde, soweit die Ansprüche über den durch Gesetz, Kollektivvertrag oder Betriebsvereinbarung [§ 97 Abs. 1 des Arbeitsverfassungsgesetzes (ArbVG), BGBl. Nr. 22/1974] zustehenden Anspruch oder die betriebsübliche Entlohnung hinausgehen oder auf sonstigen Besserstellungen beruhen, wenn die höhere Entlohnung sachlich nicht gerechtfertigt ist;

3. für Ansprüche auf Kündigungsentschädigung, sofern dieser Anspruch das Entgelt für den Zeitraum von drei Monaten übersteigt, hinsichtlich jenes Betrages, den der Arbeitnehmer infolge des Unterbleibens der Arbeitsleistung erspart oder durch anderweitige Verwendung erworben oder zu erwerben absichtlich versäumt hat;

3a. für Ansprüche auf laufendes Entgelt, wenn für denselben Zeitraum Anspruch auf Kündigungsentschädigung nach Z 3 besteht, es sei denn, dass im Insolvenzverfahren die Insolvenzmasse, ansonsten der Arbeitgeber nicht in der Lage ist, das laufende Entgelt zum Teil oder zur Gänze dem Anspruchsberechtigten zu zahlen, höchstens jedoch bis zum Zeitpunkt des arbeitsrechtlich frühestmöglichen Austritts wegen Vorenthaltung des gebührenden Entgeltes;

4. für Entgeltansprüche – ausgenommen solche nach Abs. 4a –, wenn der als Insolvenz-Entgelt begehrte Bruttobetrag im Zeitpunkt der bedungenen Zahlung den Grenzbetrag nach Maßgabe des Abs. 4 übersteigt.

5. für Ansprüche nach Abs. 2, sofern auf Grund gesetzlicher Anordnung ein anderer als der Arbeitgeber (ehemaliger Arbeitgeber) zur Zahlung verpflichtet ist;

6. für Ansprüche nach dem Betriebspensionsgesetz (BPG), BGBl. Nr. 282/1990, gegenüber einer Pensionskasse im Sinne des Pensionskassengesetzes (PKG), BGBl. Nr. 281/1990 oder einem Unternehmen gemäß § 1 Abs. 1 Z 1, 2, 4 oder 5 des Versicherungsaufsichtsgesetzes 2016, BGBl. I Nr. 34/2015.

(4) Als Grenzbetrag gemäß Abs. 3 Z 4 gilt der zweifache Betrag der Höchstbeitragsgrundlage gemäß § 45 Abs. 1 des Allgemeinen Sozialversicherungsgesetzes (ASVG), BGBl. Nr. 189/1955, der

1. bei Entgeltansprüchen, die nach Zeiträumen bemessen werden, mit der Anzahl der Tage des jeweiligen Entlohnungszeitraumes zu vervielfachen ist;

2. bei Entgeltansprüchen, die nicht nach Zeiträumen bemessen werden, mit der Anzahl der Tage des jeweiligen Kalendervierteljahres zu vervielfachen ist, in welchem der Anspruch abzurechnen gewesen wäre.

3. Abweichend von Z 1 und Z 2 gilt für Ansprüche auf Auszahlung von fällig gewordenem Entgelt aus Überstunden- oder Mehrarbeit, für die Zeitausgleich vereinbart war, aus Zeitguthaben oder Zeitzuschlägen als Grenzbetrag für jede abzugeltende Stunde ein Viertel der täglichen Höchstbeitragsgrundlage gemäß § 45 Abs. 1 ASVG zum Zeitpunkt der Fälligkeit. Diese Ansprüche gelten abweichend von § 44 Abs. 7 ASVG für jenen Kalendermonat als erworben, in dem sie fällig geworden sind; als monatliche Höchstbeitragsgrundlage gilt für diese Ansprüche der 30-fache Betrag der täglichen Höchstbeitragsgrundlage gemäß § 45 Abs. 1 ASVG zum Zeitpunkt der Fälligkeit.

Der jeweilige Grenzbetrag ist um die, vom Arbeitgeber bzw. der Masse auf den Einzelanspruch geleisteten Zahlungen zu vermindern.

(4a) Besteht Anspruch auf Abfertigung nach den §§ 23 und 23a AngG oder einer anderen gleichartigen österreichischen Rechtsvorschrift, gebührt Insolvenz-Entgelt hiefür

a) bis zum Ausmaß der einfachen Höchstbeitragsgrundlage nach Abs. 4 pro Monatsbetrag Abfertigung in voller Höhe

b) und, soweit ein höherer Anspruch zusteht, bis zum Ausmaß der zweifachen Höchstbeitragsgrundlage nach Abs. 4 pro Monatsbetrag Abfertigung in halber Höhe.

(5) Sofern der gesicherte Anspruch auf Grund der insolvenzrechtlichen Vorschriften angemeldet werden kann, besteht Anspruch auf Insolvenz-Entgelt nur dann, wenn der gesicherte Anspruch als Forderung in einem solchen Insolvenzverfahren angemeldet worden ist, es sei denn, daß dem

Anspruchsberechtigten die Anmeldung nicht möglich war. Wird Insolvenz-Entgelt auf Grund einer ausländischen Entscheidung beantragt, hat der Antragsteller eine nach dem jeweiligen ausländischen Recht erforderliche Forderungsanmeldung der Insolvenz-Entgelt-Fonds-Service GmbH (IEF-Service GmbH) zur Kenntnis zu bringen.

(6) Keinen Anspruch auf Insolvenz-Entgelt haben:

1. Arbeitnehmer, die in einem Dienstverhältnis zum Bund, zu einem Bundesland, zu einer Gemeinde, zu einem Gemeindeverband oder zu einem Arbeitgeber stehen, der entweder nach den allgemein anerkannten Regeln des Völkerrechtes oder gemäß völkerrechtlichen Verträgen oder auf Grund des Bundesgesetzes über die Einräumung von Privilegien und Immunitäten an internationale Organisationen, BGBl. Nr. 677/1977, Immunität genießt, aus diesem Dienstverhältnis;
2. Gesellschafter, denen ein beherrschender Einfluß auf die Gesellschaft zusteht, auch wenn dieser Einfluß ausschließlich oder teilweise auf der treuhändigen Verfügung von Gesellschaftsanteilen Dritter beruht oder durch treuhändige Weitergabe von Gesellschaftsanteilen ausgeübt wird;
3. Personen, die nach § 66a des Arbeitslosenversicherungsgesetzes 1977, BGBl. Nr. 609 der Arbeitslosenversicherungspflicht unterliegen.

Insolvenz-Entgelt für Abfertigung wegen Verschlechterung der Wirtschaftslage und bei überschuldetem Nachlass

§ 1a. (1) Insolvenz-Entgelt gebührt auch für eine Abfertigung, wenn der Arbeitgeber auf Grund eines Urteiles, in dem die Prüfung ergab, daß sich seine persönliche Wirtschaftslage derart verschlechtert hat, daß ihm die Erfüllung der Zahlung der Abfertigung zum Teil oder zur Gänze billigerweise nicht zugemutet werden kann, gemäß § 23 Abs. 2 des Angestelltengesetzes (AngG), BGBl. Nr. 292/1921, oder des § 22 Abs. 2 des Gutsangestelltengesetzes, BGBl. Nr. 538/1923, oder einer anderen gleichartigen österreichischen Rechtsvorschrift von der Zahlung einer Abfertigung zum Teil oder zur Gänze befreit wurde.

(2) Der Anspruch auf Insolvenz-Entgelt umfaßt den Teil der Abfertigung, den der Arbeitgeber im Sinne des Abs. 1 dem Anspruchsberechtigten nicht ausbezahlen muß, und die dem Arbeitnehmer diesbezüglich erwachsenen tarifmäßigen Verfahrenskosten und Barauslagen sowie die von ihm zu ersetzenden Prozeßkosten.

(3) Insolvenz-Entgelt gebührt für gesicherte Ansprüche nach § 1 Abs. 2 hinsichtlich jenes Teils, für den der Anspruchsberechtigte vom bedingt erbserklärten Erben wegen der auf Grund eines Urteils feststehenden nicht ausreichenden Nachlassaktiva keine Zahlung erhalten kann. In diesem Fall gebührt dem Arbeitnehmer Insolvenz-Entgelt auch für die ihm erwachsenen tarifmäßigen Verfahrenskosten und Barauslagen sowie die von ihm an diesen Erben zu ersetzenden Prozesskosten.

(4) Im übrigen gelten die Bestimmungen dieses Bundesgesetzes mit der Maßgabe, daß

1. das Vorliegen eines Insolvenztatbestandes im Sinne des § 1 Abs. 1 nicht erforderlich ist,
2. die Antragsfrist gemäß § 6 Abs. 1 mit der Zustellung des dem Anspruchsberechtigten gegenüber rechtskräftig gewordenen Urteiles zu laufen beginnt und
3. ein Übergang des Anspruches (§ 11) nicht stattfindet.

Insolvenz-Entgelt für Übertragungsbeträge

§ 1b. (1) Insolvenz-Entgelt gebührt auch für Übertragungsbeträge nach § 47 Abs. 3 des Betrieblichen Mitarbeiter- und Selbständigenvorsorgegesetzes (BMSVG), BGBl. I Nr. 100/2002, bei Vorliegen eines Insolvenztatbestandes nach § 1 Abs. 1.

(2) Der Anspruch auf Insolvenz-Entgelt umfasst die zum Stichtag (§ 3 Abs. 1) noch aushaftenden Übertragungsbeträge, soweit diese die zum Stichtag fiktiv bei Anwendung der im § 47 Abs. 1 BMSVG angeführten Rechtsvorschriften oder Vertragsbedingungen gebührenden Monatsentgelte an Abfertigung unter Beachtung der Grenzbeträge gemäß § 1 Abs. 4a nicht übersteigen.

(3) Die BV-Kasse hat dem Arbeitnehmer auf sein Verlangen eine schriftliche Bestätigung über die vom Arbeitgeber bis zum Stichtag (§ 3 Abs. 1) einbezahlten Übertragungsbeträge auszufolgen. Wird die BV-Kasse innerhalb von sechs Monaten nach dem Stichtag um die Ausfolgung einer solchen schriftlichen Bestätigung ersucht, beginnt die Frist zur Beantragung von Insolvenz-Entgelt für aushaftende Übertragungsbeträge mit der Zustellung dieser Bestätigung zu laufen. Der Arbeitnehmer hat diese Bestätigung und die Vereinbarung gemäß § 47 Abs. 1 BMSVG der IEF–Service GmbH vorzulegen.

(4) Das für Übertragungsbeträge zuerkannte Insolvenz-Entgelt ist an die BV-Kasse zu zahlen; der BV-Kasse ist auch eine Abschrift des Zuerkennungsbescheides zu übermitteln.

Sprachliche Gleichbehandlung und Verweisungen

§ 2. (1) Soweit in diesem Bundesgesetz personenbezogene Bezeichnungen nur in männlicher Form angeführt sind, beziehen sie sich auf Frauen und Männer in gleicher Weise, es sei denn, daß ausdrücklich anderes angeordnet ist.

(2) Soweit in diesem Bundesgesetz auf andere Bundesgesetze verwiesen wird, sind diese in ihrer jeweils geltenden Fassung anzuwenden.

Ausmaß des Insolvenz-Entgelts

§ 3. (1) Das Insolvenz-Entgelt gebührt, vorbehaltlich § 3d, in inländischer Währung in der Höhe des gesicherten Anspruches, vermindert um die Dienstnehmerbeitragsanteile zur gesetzlichen Sozialversicherung, unbeschadet § 13a Abs. 1, und vermindert um jene gesetzlichen Abzüge, die von anderen öffentlich-rechtlichen Körperschaften im Insolvenzverfahren geltend zu machen sind. Ist dieser Anspruch nicht auf eine Geldleistung gerichtet oder ist sein Geldbetrag unbestimmt oder nicht in inländischer Währung festgesetzt, so ist der Schätzwert zum Zeitpunkt der Eröffnung des Insolvenzverfahrens oder der Anordnung der Geschäftsaufsicht bzw. zum Zeitpunkt eines Beschlusses nach § 1 Abs. 1 Z 2 bis 6 (Stichtag) maßgebend. Betagte Forderungen gelten als fällig. Betagte unverzinsliche Forderungen können nur in dem Betrag geltend gemacht werden, der mit Hinzurechnung der gesetzlichen Zinsen von dem im zweiten Satz genannten Zeitpunkt bis zur Fälligkeit dem vollen Betrag der Forderung gleichkommt.

(2) Insolvenz-Entgelt für Zinsen gebührt für die gemäß § 1 Abs. 2 Z 1 bis 3 gesicherten Ansprüche ab der Fälligkeit dieser Ansprüche bis zum Stichtag (§ 3 Abs. 1).

(3) Der Berechnung des Insolvenz-Entgelts für gesicherte Ansprüche sind unbeschadet des zweiten Satzes nur die gesetzlichen oder kollektivvertraglichen Kündigungsfristen unter Bedachtnahme auf die Kündigungstermine und die gesetzlichen Kündigungsbeschränkungen zugrunde zu legen. Eine einzelvertragliche Anrechnung von Vordienstzeiten ist unter Bedachtnahme auf § 1 Abs. 3 Z 2 der Berechnung des Insolvenz-Entgelts nur insoweit zugrunde zu legen, als es sich um die Anrechnung von tatsächlich geleisteten Beschäftigungszeiten handelt oder solche Zeiten nicht bereits bei früheren Beendigungsansprüchen berücksichtigt wurden. Der erste und zweite Satz finden auch auf befristete Arbeitsverhältnisse Anwendung; der erste Satz jedoch nur dann, wenn das Arbeitsverhältnis nicht vorher durch Fristablauf endet.

für Entgelt und Ansprüche aus nicht ausgeglichenen Zeitguthaben vor der Insolvenz

§ 3a.

(1) Insolvenz-Entgelt gebührt für das dem Arbeitnehmer gebührende Entgelt einschließlich der gebührenden Sonderzahlungen, das in den letzten sechs Monaten vor dem Stichtag (§ 3 Abs. 1) oder, wenn das Arbeitsverhältnis vor dem Stichtag geendet hat, in den letzten sechs Monaten vor dessen arbeitsrechtlichem Ende fällig geworden ist. Die Frist von sechs Monaten gilt nicht, soweit Ansprüche auf Entgelt binnen sechs Monaten nach ihrer Fälligkeit gerichtlich oder im Rahmen eines gesetzlich oder in Normen der kollektiven Rechtsgestaltung vorgesehenen Schlichtungsverfahrens oder eines Verfahrens vor der Gleichbehandlungskommission zulässigerweise geltend gemacht wurden und das diesbezügliche Verfahren gehörig fortgesetzt wird oder soweit eine Differenz zwischen unterkollektivvertraglicher und kollektivvertraglicher Entlohnung beantragt wird.

bei Eröffnung des Insolvenzverfahrens im Inland

(2) Insolvenz-Entgelt gebührt im Fall der Eröffnung des Insolvenzverfahrens für Ansprüche auf Entgelt einschließlich der gebührenden Sonderzahlungen

1. bis zur jeweiligen Berichtstagsatzung;
2. bis zum rechtlichen Ende des Arbeitsverhältnisses, wenn dieses vor der Berichtstagsatzung gelöst wird;
3. bis zum Ende des Zeitraumes nach Abs. 5, wenn keine Berichtstagsatzung stattfindet;
4. bis zum rechtlichen Ende des Arbeitsverhältnisses, wenn es innerhalb eines Monates nach der Berichtstagsatzung, auf der kein Beschluss über die Fortführung des Unternehmens gefasst wurde, nach § 25 IO gelöst wird;
5. bis zum rechtlichen Ende des Arbeitsverhältnisses als Ausfallshaftung (Abs. 4), wenn nach der Berichtstagsatzung oder – findet keine solche statt – nach Ablauf des Zeitraums nach Abs. 5 oder Abs. 6 bis zur Aufhebung des Insolvenzverfahrens der Arbeitnehmer infolge der ersten nicht vollständigen Zahlung des ihm zukommenden Entgelts wegen der ungebührlichen Schmälerung oder Vorenthaltung des gebührenden Entgelts seinen berechtigten vorzeitigen Austritt erklärt oder das Arbeitsverhältnis aus anderen Gründen gelöst wird. Diese Austrittsobliegenheit gilt nicht für Sonderzahlungen und bestrittene Ansprüche. Abs. 4 findet jedoch keine Anwendung für jenes Entgelt, wegen dessen ungebührlicher Schmälerung oder Vorenthaltung der Austritt erklärt wurde.

bei Anordnung der Geschäftsaufsicht

(3) Insolvenz-Entgelt gebührt im Fall der Anordnung der Geschäftsaufsicht für Ansprüche auf Entgelt einschließlich der gebührenden Sonderzahlungen, die bis zum Ende des Monats, in dem die Anordnung der Geschäftsaufsicht erfolgt, entstehen. Ab diesem Zeitpunkt besteht Anspruch auf Insolvenz-Entgelt für Entgelt einschließlich der anteiligen Sonderzahlungen gemäß § 3 Abs. 1 nur dann, wenn der Arbeitnehmer infolge der ersten nicht vollständigen Zahlung des ihm zukommenden Entgelts wegen ungebührlicher Schmälerung oder Vorenthaltung des gebührenden Entgelts seinen berechtigten vorzeitigen Austritt erklärt. Auf

Abs. 2 Z 5 vorletzter Satz ist hierbei Bedacht zu nehmen. Insolvenz-Entgelt gebührt längstens bis zum Ablauf der Frist nach Abs. 5.

als Ausfallshaftung bei Eröffnung des Insolvenzverfahrens

(4) Anspruch auf Insolvenz-Entgelt in den Fällen des Abs. 2 Z 5 und des Abs. 3 gebührt nur dann und insoweit, als der zuständige Verwalter entweder schriftlich erklärt, dass die Insolvenzmasse bzw. der Arbeitgeber zur Zahlung nicht oder nicht vollständig in der Lage ist oder die Masseunzulänglichkeit nach § 124a IO dem Insolvenzgericht angezeigt hat.

in den übrigen Fällen und bei Insolvenzfällen im Ausland

(5) Insolvenz-Entgelt gebührt im Fall eines Beschlusses nach § 1 Abs. 1 Z 2 bis 6, soweit nicht anderes bestimmt ist, für Entgelt einschließlich der gebührenden Sonderzahlungen, die bis zum Ende des dritten Monats entstanden sind, der auf den Stichtag (§ 3 Abs. 1) folgt.

(6) Abs. 5 gilt auch bei Vorliegen eines ausländischen Insolvenztitels nach § 1 Abs. 1 letzter Satz, sofern nicht hinsichtlich desselben Arbeitgebers (Auftraggebers) im Inland ein Sekundärinsolvenzverfahren nach Art. 3 Abs. 3 der EU-Insolvenzverordnung oder ein Partikularverfahren nach Art. 3 Abs. 2 und 4 der EU-Insolvenzverordnung anhängig ist; dies mit der Maßgabe, dass für die in Abs. 5 erster Satz genannten Ansprüche Insolvenz-Entgelt bis zum Ende des vierten Monats, der auf den Stichtag folgt, gebührt. Wird auf Antrag des ausländischen Insolvenzverwalters die Fortführung des Unternehmens in der Insolvenzdatei schon vor Ablauf dieser Frist bekannt gemacht, gebührt Insolvenz-Entgelt einschließlich der gebührenden Sonderzahlungen nur bis zum Ende des Monats, in dem die Bekanntmachung in der Insolvenzdatei erfolgt ist.

Für weitere Ansprüche

§ 3b. Insolvenz-Entgelt gebührt – mit Ausnahme der Ansprüche gemäß § 3a – für folgende gesicherte Ansprüche:

1. für Ansprüche, sofern diese spätestens bis zum Ablauf der jeweiligen Frist nach § 3a Abs. 2 Z 1 bis 4, Abs. 3, 5 oder 6 entstanden sind;
2. für Ansprüche, sofern spätestens bis zum Ablauf der jeweiligen Frist nach § 3a Abs. 2 Z 1 bis 4, Abs. 3, 5 oder 6
   a) die Kündigung des Arbeitsverhältnisses ausgesprochen,
   b) die einvernehmliche Lösung des Arbeitsverhältnisses vereinbart,
   c) die vorzeitige Auflösung des Arbeitsverhältnisses ausgesprochen oder
   d) bei einem, einen besonderen Kündigungs- und Entlassungsschutz genießenden Arbeitnehmer die Klage auf Zustimmung zur Kündigung oder vorzeitigen Auflösung beim zuständigen Gericht erhoben bzw. die Zustimmung zur Kündigung oder vorzeitigen Auflösung des Arbeitsverhältnisses bei der zuständigen Behörde beantragt wurde;
3. für Ansprüche aus der Beendigung des Arbeitsverhältnisses bei Fortführung des Unternehmens nach der Berichtstagsatzung bis zur Aufhebung des Insolvenzverfahrens, wenn der Arbeitnehmer wegen der ungebührlichen Schmälerung oder Vorenthaltung des ihm zukommenden Entgelts seinen berechtigten vorzeitigen Austritt erklärt, sofern die Voraussetzungen für die Ausfallshaftung nach § 3a Abs. 4 vorliegen;
4. für Ansprüche aus der Beendigung des Arbeitsverhältnisses, die bis zur Aufhebung des Insolvenzverfahrens entstehen, sofern das Arbeitsverhältnis aus anderen Gründen als gemäß Z 3 gelöst wird und die Voraussetzungen für die Ausfallshaftung nach § 3a Abs. 4 vorliegen;
5. für Kosten gemäß § 1 Abs. 2 Z 4.

Bei besonderem Kündigungs- und Entlassungsschutz

§ 3c. Arbeitnehmern mit besonderem Kündigungs- und Entlassungsschutz nach dem Mutterschutzgesetz, BGBl. Nr. 221/1979, dem Eltern-Karenzurlaubsgesetz, BGBl. Nr. 651/1989, oder dem Arbeitsplatzsicherungsgesetz, BGBl. Nr. 683/1991, oder gleichartigen österreichischen Rechtsvorschriften, gebührt Insolvenz-Entgelt für gesicherte Ansprüche (§ 1 Abs. 2), wenn

1. der Arbeitnehmer den berechtigten vorzeitigen Austritt nach § 23a Abs. 3 und 4 AngG oder nach § 22a Abs. 3 und 4 des Gutsangestelltengesetzes oder gleichartigen österreichischen Rechtsvorschriften erklärt hat oder
2. das Arbeitsverhältnis bis unmittelbar nach Ablauf des jeweiligen besonderen Kündigungsschutzes gelöst wurde oder
3. infolge Betriebsstillegung der Arbeitnehmer zum Zeitpunkt des Wiederantritts nach Beendigung des Karenzurlaubs oder Präsenz- oder Ausbildungs- oder Zivildienstes nicht beschäftigt wird,

auch nach dem Stichtag (§ 3 Abs. 1). Insolvenz-Entgelt gebührt im Fall des aufrechten Insolvenzverfahrens nur unter den Voraussetzungen für die Ausfallshaftung nach § 3a Abs. 4.

Für Betriebspensionen

§ 3d. (1) Besteht zum Stichtag

1. bereits ein Anspruch auf Zahlung einer Pension aus einer Leistungszusage gemäß § 2 Z 2

BPG in Verbindung mit Art. V Abs. 3 des Bundesgesetzes BGBl. Nr. 282/1990, so gebührt als Insolvenz-Entgelt für die nach dem Stichtag gebührenden Leistungen ausschließlich eine Zahlung in der Höhe von 24 Monatsbeträgen;

2. noch kein Anspruch auf Leistungen aus einer Leistungszusage gemäß § 2 Z 2 BPG in Verbindung mit Art. V Abs. 3 des Bundesgesetzes BGBl. Nr. 282/1990, so gebührt für den Unverfallbarkeitsbetrag gemäß § 7 Abs. 1 bis 2b BPG als Insolvenz-Entgelt eine Zahlung in der Höhe von 24 Monatsbeträgen, wobei sich die Höhe des Monatsbetrages aus dem Unverfallbarkeitsbetrag entsprechend den Berechnungsvorschriften des § 7 Abs. 3 Z 4 BPG ergibt;

unbeachtlich ist, ob eine Verfügung gemäß § 7 Abs. 3 Z 1 bis 3 BPG erfolgt oder die unverfallbare Anwartschaft gemäß § 7 Abs. 6 BPG abgefunden wird;

3. ein Anspruch auf Leistung eines Abfindungsbetrages nach § 5 Abs. 2 des Arbeitsvertragsrechtsanpassungsgesetzes, BGBl. Nr. 459/1993, so gebührt für den Abfindungsbetrag eine Zahlung von 24 Monatsbeträgen, wobei sich die Höhe des Monatsbetrages aus dem Abfindungsbetrag unter sinngemäßer Anwendung der Berechnungsvorschriften des § 7 Abs. 3 Z 4 BPG ergibt; dasselbe gilt, wenn in einem Insolvenzverfahren der Anspruch auf Abfindung wegen eines Betriebsüberganges entsteht.

(2) Besteht am Stichtag Anspruch auf Zahlung einer Pension aus einer Leistungszusage, die nicht dem Betriebspensionsgesetz unterliegt, gebührt als Insolvenz-Entgelt für nach dem Stichtag gebührende Leistungen ausschließlich eine einmalige Zahlung von zwölf Monatsbeträgen.

(3) Soweit durch die Obergrenzen gemäß Abs. 1 und Abs. 2 die auf Grund der Richtlinie 2008/94/EG über den Schutz der Arbeitnehmer bei Zahlungsunfähigkeit des Arbeitgebers zwingend gebotene Mindestabsicherung nicht gewährleistet ist, gebührt als Insolvenz-Entgelt zumindest

1. die Hälfte des Barwerts des Anspruches auf eine Pension aus einer direkten Leistungszusage nach § 2 Z 2 BPG in Verbindung mit Art. V Abs. 3 des Bundesgesetzes BGBl. Nr. 282/1990 oder des Anspruchs aus einer Leistungszusage, die nicht dem BPG unterliegt, oder
2. die Hälfte des Unverfallbarkeitsbetrages gemäß § 7 Abs. 1 bis 2b BPG oder des Abfindungsbetrages gemäß § 5 Abs. 2 AVRAG.

Gewährung von Insolvenz-Entgelt bei Vorliegen berücksichtigungswürdiger Gründe

§ 4. Bei Vorliegen berücksichtigungswürdiger Gründe hat die IEF–Service GmbH über den Antrag auf Insolvenz-Entgelt des Anspruchsberechtigten besonders rasch zu entscheiden. Berücksichtigungswürdige Gründe liegen insbesondere vor, wenn der Anspruchsberechtigte glaubhaft macht, dass er sich in einer die Existenz gefährdenden Situation befindet und die Deckung des Lebensunterhaltes in anderer zumutbarer Weise nicht gewährleistet ist.

§ 5. (1) Für das Verfahren nach diesem Bundesgesetz ist die IEF–Service GmbH zuständig.

(2) Der Antrag auf Insolvenz-Entgelt kann bei der IEF–Service GmbH in einem ihrer Standorte eingebracht werden. Wird der Antrag beim Insolvenzgericht (§ 104 Abs. 1 IO) eingebracht, so ist der Antrag als an die IEF–Service GmbH gerichtet anzusehen und an diese weiterzuleiten.

Antrag

§ 6. (1) Der Antrag auf Insolvenz-Entgelt ist bei sonstigem Ausschluss jeweils binnen sechs Monaten ab Eröffnung eines Insolvenzverfahrens nach § 1 Abs. 1 oder eines Sekundärinsolvenzverfahrens nach Art. 3 Abs. 3 der EU-Insolvenzverordnung im Inland oder binnen sechs Monaten ab Kenntnis von einem Beschluss nach § 1 Abs. 1 Z 2 bis 6 zu stellen. Diese Frist beginnt neuerlich zu laufen, wenn

1. das Arbeitsverhältnis nach dem im ersten Satz maßgeblichen Zeitpunkt endet, mit dessen Ende;
2. der Anspruchsberechtigte vor Ablauf der Frist nach dem ersten Satz stirbt;
3. hinsichtlich von Ansprüchen nach § 1 Abs. 2 ein Gerichtsverfahren bis längstens zum Ablauf der Frist nach dem ersten Satz anhängig gemacht wird, mit der rechtskräftigen Beendigung dieses Verfahrens bzw. hinsichtlich von Ansprüchen im Sinne des § 7 Abs. 7 mit der Zustellung der Klage bzw. der Übermittlung der schriftlichen Aufforderung ohne nachfolgende Klage an den Arbeitnehmer;
4. Kosten nach Ablauf der Frist nach dem ersten Satz entstehen bzw. festgestellt werden, hinsichtlich des Antrages auf diese Kosten.

Ist der Antrag auf Insolvenz-Entgelt nach Ablauf der in Frage kommenden vorstehenden Frist gestellt worden, so sind von Amts wegen die Rechtsfolgen der Fristversäumung bei Vorliegen von berücksichtigungswürdigen Gründen nachzusehen. Berücksichtigungswürdige Gründe liegen insbesondere vor, wenn dem Arbeitnehmer billigerweise die Kenntnis von der Eröffnung des Insolvenzverfahrens nach § 1 Abs. 1 nicht zugemutet werden konnte oder ihm die betragsmäßige Angabe seiner Ansprüche nicht rechtzeitig möglich war. Eine solche Nachsicht ist nicht mehr möglich, wenn seit der Eröffnung des Insolvenzverfahrens bzw. seit dem Beschluß nach § 1 Abs. 1 Z 2 bis 6 mehr als drei Jahre verstrichen sind.

(2) Der Antrag ist mit einem bundeseinheitlich aufgelegten Formular zu stellen; nach Maßgabe der technischen Möglichkeiten kann dieses oder ein inhaltlich übereinstimmendes Formular auch telegrafisch, fernschriftlich, mit Telefax, im Wege automationsunterstützter Datenübertragung oder in jeder anderen technisch möglichen Weise übermittelt werden. In ihm sind der Betrag der Forderung (Höhe des Bruttoanspruches, der Dienstnehmerbeitragsanteile zur gesetzlichen Sozialversicherung und der gesetzlichen Abzüge, die von anderen öffentlich-rechtlichen Körperschaften im Insolvenzverfahren geltend zu machen sind) und die Tatsachen, auf die sie sich gründet, anzugeben, die Beweismittel, die zum Nachweis der behaupteten Forderung beigebracht werden, zu bezeichnen und bei Forderungen, über die ein Rechtsstreit anhängig war oder ist, auch das Prozessgericht und das Aktenzeichen anzugeben und ein allenfalls vorhandener Exekutionstitel anzuschließen. Wenn das Insolvenzverfahren eröffnet wurde und der gesicherte Anspruch Gegenstand der Anmeldung ist, sind ein Stück der Forderungsanmeldung (§ 103 IO) und Abschriften der ihr angeschlossenen Urkunden beizufügen; der zweite Halbsatz des ersten Satzes gilt entsprechend.

(3) Die IEF–Service GmbH hat die Forderungen in ein Verzeichnis einzutragen (Forderungsverzeichnis). Die Forderungen sind nur dann gruppenweise entsprechend den Vorschriften der Insolvenzordnung zu verzeichnen, wenn ein Insolvenzverfahren anhängig ist. Das Forderungsverzeichnis ist dem Arbeitgeber, bei Anhängigkeit eines Insolvenzverfahrens dem Sanierungsverwalter bzw. Insolvenzverwalter (im folgenden „zuständiger Verwalter"), in zweifacher Ausfertigung zuzustellen. Dem zuständigen Verwalter sind überdies auf sein Verlangen die Anträge und ihre Beilagen zu übersenden, soweit sie sich auf Forderungen beziehen, die nicht Gegenstand der Anmeldung (§ 103 IO) sind. Die Übermittlung des Forderungsverzeichnisses an den zuständigen Verwalter kann auch telegrafisch, fernschriftlich, mit Telefax, im Wege automationsunterstützter Datenübertragung oder in jeder anderen technisch möglichen Weise erfolgen. Dies gilt in der Folge auch für dessen Stellungnahme an die IEF–Service GmbH.

(4) Ist ein Insolvenzverfahren nicht anhängig, so hat der Arbeitgeber binnen 14 Tagen ab eigenhändiger Zustellung einer Aufforderung der IEF–Service GmbH oder des Gerichts zu jeder Forderung eine bestimmte Erklärung über ihre Richtigkeit und Höhe nach Maßgabe des § 3 Abs. 1 erster Satz abzugeben; Vorbehalte sind unzulässig. Dem Arbeitgeber ist hiezu auf sein Verlangen Einsicht in die Anträge und ihre Beilagen zu gewähren.

(5) Ist ein Insolvenzverfahren anhängig, so hat der zuständige Verwalter die Erklärung nach Abs. 4 abzugeben. Die Erklärungsfrist kann auf Antrag des zuständigen Verwalters verlängert werden, wenn die zur Überprüfung notwendigen Aufzeichnungen des Schuldners nicht vorhanden oder mangelhaft sind oder sonst die Abgabe der Erklärung binnen 14 Tagen unzumutbar ist. Soweit die Forderung Gegenstand der Anmeldung ist, tritt an die Stelle der Erklärung nach Abs. 4 die unverzügliche Übersendung eines Auszugs (einer Abschrift) aus dem Anmeldeverzeichnis (§ 108 IO) durch den zuständigen Verwalter.

(6) Die Abs. 2 bis 5 sind bei Anordnung der Geschäftsaufsicht sinngemäß anzuwenden; an die Stelle des zuständigen Verwalters tritt die Aufsichtsperson.

(7) Wird Insolvenz-Entgelt auf Grund eines Beschlusses gemäß § 1 Abs. 1 Z 3, 4, 5 oder 6 begehrt, so sind die Abs. 3 und 4 nicht anzuwenden.

(8) Die Berechtigung zur Antragstellung kommt nur dem Anspruchsberechtigten zu. Werden der Anspruch auf Insolvenz-Entgelt oder die nach § 1 Abs. 2 gesicherten Ansprüche gepfändet, verpfändet oder übertragen, ist der Anspruchsberechtigte zur Antragstellung hinsichtlich des pfändbaren Teils der gesicherten Ansprüche verpflichtet. Kommt der Anspruchsberechtigte der Verpflichtung zur Antragstellung nicht innerhalb der Antragsfrist nach Abs. 1 nach, so ist der Gläubiger zur Antragstellung hinsichtlich des pfändbaren Teils der gesicherten Ansprüche berechtigt, wenn er gegen den Anspruchsberechtigten einen rechtskräftigen Exekutionstitel betreffend die Verpflichtung zur Antragstellung erwirkt hat und diesen gemeinsam mit einem den Erfordernissen des Abs. 2 entsprechenden Antrag binnen sechs Monaten nach dem Ende der Antragsfrist nach Abs. 1 vorlegt. Die Verfahrensrechte und –pflichten eines antragsberechtigten Gläubigers entsprechen jener des Anspruchsberechtigten. Der Ablauf der Antragsfrist des Gläubigers ist während des Verfahrens zur Erlangung des Exekutionstitels betreffend die Verpflichtung des Anspruchsberechtigten zur Antragstellung gehemmt. Eine durch Nachsicht ermöglichte verspätete Antragstellung des betroffenen Anspruchsberechtigten ist auf jenen Teil der gesicherten Ansprüche beschränkt, der nicht bereits anderen Personen zuerkannt wurde.

Entscheidung und Auszahlung

§ 7. (1) Die IEF–Service GmbH ist bei der Beurteilung des Vorliegens eines gesicherten Anspruches an die hierüber ergangenen gerichtlichen Entscheidungen gebunden, die gegenüber dem Antragsteller rechtskräftig geworden sind. Diese Bindung tritt nicht ein, wenn der gerichtlichen Entscheidung kein streitiges Verfahren vorangegangen ist oder ein Anerkenntnisurteil gefällt wurde, sofern diese Gerichtsentscheidung vor weniger als sechs Monaten vor Eröffnung des Insolvenzverfahrens oder vor Erlassung eines nach § 1 Abs. 1 gleichzuhaltenden Gerichtsbeschlusses rechtskräftig geworden ist. Soweit der dritte Satz des § 6 Abs. 5 anzuwenden ist, hat die IEF–Service GmbH dem Antrag ohne weitere Prüfung insoweit stattzugeben, als nach dem übersendeten Auszug (Abschrift) des Anmeldungsverzeichnisses der gesicherte Anspruch im Insolvenzverfahren festgestellt ist, es sei denn, daß die gerichtliche Feststellung auf einer nicht bindenden gerichtlichen Entscheidung im Sinne des zweiten Satzes beruht. Im übrigen sind die §§ 45 bis 55 AVG anzuwenden. Zur Ermittlung des Nettoanspruches nach § 3 Abs. 1 erster Satz ist die IEF–Service GmbH berechtigt, einen Steuerberater heranzuziehen, wenn hiezu der Arbeitgeber nach § 6 Abs. 4 nicht in der Lage ist. Durch den fristgerechten Antrag (§ 6 Abs. 1) werden Verjährungs- und Verfallfristen unterbrochen.

(1a) Durch die Übermittlung einer Scheinunternehmerverdachtsmeldung nach § 8 Abs. 4 des Sozialbetrugsbekämpfungsgesetzes (SBBG), BGBl. I Nr. 113/2015, an die IEF-Service GmbH wird das Verfahren über die Zuerkennung von Insolvenz-Entgelt gegenüber den in dieser Verdachtsmeldung namentlich angeführten Antragstellerinnen und Antragstellern bis zur Klärung des Sachverhaltes ausgesetzt.

(2) Die IEF–Service GmbH hat über Anträge auf Insolvenz-Entgelt mit schriftlichem Bescheid abzusprechen. Sie hat über die abzuweisenden und die zuzuerkennenden Ansprüche gesonderte Bescheide zu erlassen. Hiebei sind die zuzuerkennenden Einzelbeträge kaufmännisch auf volle Eurobeträge zu runden.

(3) Ausfertigungen, die im Wege elektronischer Datenverarbeitungsanlagen oder in einem ähnlichen Verfahren hergestellt werden, bedürfen weder einer Unterschrift noch einer Beglaubigung.

(4) Die IEF–Service GmbH hat Ausfertigungen der Bescheide, tunlichst gesammelt, dem Arbeitgeber (ehemaligen Arbeitgeber), im Fall der Anhängigkeit eines Insolvenzverfahrens jedoch dem zuständigen Verwalter zuzustellen. Nach Maßgabe der technischen Möglichkeiten können die Bescheide auch telegrafisch, fernschriftlich, mit Telefax, im Weg automationsunterstützter Datenübertragung oder in jeder anderen technisch möglichen Weise zugestellt werden.

(5) Zahlungen sind dem Anspruchsberechtigten, sofern er handlungsunfähig ist, seinem gesetzlichen Vertreter, auf postalischem Weg zu leisten. Auf Antrag des Anspruchsberechtigten sind Zahlungen auf ein von ihm oder seinem ausgewiesenen bevollmächtigten Vertreter im Antrag angegebenes Scheckkonto der Österreichischen Postsparkasse oder auf ein Girokonto bei einem anderen inländischen Kreditinstitut oder einer Postsparkasse oder eines Kreditinstitutes eines anderen Staates, in dem der Euro gesetzliches Zahlungsmittel ist, zu überweisen.

(6) Im Falle der Pfändung, Verpfändung oder Übertragung der gesicherten Ansprüche sind die entsprechenden Teilbeträge des Insolvenz-Entgelts dem Berechtigten zu zahlen, sofern die diesbezüglichen Urkunden oder gerichtlichen Entscheidungen der IEF–Service GmbH vor der Erlassung des Bescheides vorgelegt werden. § 8 Abs. 1 ist sinngemäß anzuwenden.

(6a) Trotz der Voraussetzungen des Abs. 6 ist die Pfändung, Verpfändung oder Übertragung gegenüber dem Insolvenz-Entgelt-Fonds rechtsunwirksam und daher die Auszahlung an den Anspruchsberechtigten vorzunehmen, wenn gesicherte Ansprüche (§ 1 Abs. 2) für den Gläubiger oder Zessionar erkennbar zur Vorfinanzierung des Entgelts für vor dem Stichtag (§ 3 Abs. 1) liegende Ansprüche gepfändet, verpfändet oder übertragen worden sind, es sei denn, daß diese Vorfinanzierung nach einem Reorganisationsplan oder mit Zustimmung des Reorganisationsprüfers im Sinne des Unternehmensreorganisationsgesetzes, BGBl. I Nr. 106/1997, erfolgt. Stellt das Gericht das Reorganisationsverfahren wegen Zahlungsunfähigkeit oder Überschuldung ein, so sind nach dem Einstellungsbeschluß fällig werdende Ansprüche an den Anspruchsberechtigten auszuzahlen.

(7) Ist unter Bedachtnahme auf § 1 Abs. 3 Z 1 der Anspruchsberechtigte aufgrund eines Urteiles nach der Insolvenzordnung oder der §§ 438 ff EO verpflichtet, erhaltene Zahlungen für Ansprüche aus dem Arbeitsverhältnis (freien Dienstverhältnis, Auftragsverhältnis) zurückzuerstatten, so geht diese Verpflichtung mit der rechtzeitigen Beantragung (§ 6 Abs. 1) auf den Insolvenz-Entgelt-Fonds über. Diese Verpflichtung besteht auch dann, wenn der Anspruchsberechtigte aufgrund einer nachweislich ihm zugegangenen schriftlichen Aufforderung solche Zahlungen für Ansprüche aus dem Arbeitsverhältnis (freien Dienstverhältnis, Auftragsverhältnis) zurückzuerstatten hat.

(8) Insolvenz-Entgelt für Pensionskassenbeiträge oder für Prämien in eine betriebliche Kollektivversicherung, die den Arbeitnehmern als Teil des laufenden Entgelts bis zur Beendigung des Arbeitsverhältnisses oder im Rahmen der Kündigungsentschädigung, Ersatzleistung für Urlaubsentgelt (Urlaubsabfindung, Urlaubsentschädigung) oder der Sonderzahlungen gebühren, ist in die Pensionskasse oder das Versicherungsunternehmen einzuzahlen.

Pfändung, Verpfändung und Übertragung

§ 8. (1) Die Exekutionsordnung, RGBl. Nr. 79/1896, regelt, inwieweit Ansprüche auf Insolvenz-Entgelt übertragen, verpfändet und gepfändet werden können.

(2) Im Falle der Pfändung, Verpfändung bzw. Übertragung gemäß Abs. 1, bei denen der Insolvenz-Entgelt-Fonds Drittschuldner ist, sind die diesbezüglichen Urkunden oder gerichtlichen

Entscheidungen der IEF–Service GmbH als anweisende Stelle im Sinne des § 297 der Exekutionsordnung zuzustellen.

Widerruf und Rückforderung

§ 9. (1) Sofern der Bezug von Insolvenz-Entgelt durch unwahre Angaben oder durch Verschweigung maßgebender Tatsachen herbeigeführt wurde oder der Empfänger erkennen mußte, daß die Zahlung nicht oder nicht in dieser Höhe gebührte, ist die zu Unrecht bezogene Leistung mit Bescheid zu widerrufen und rückzufordern. Gleiches gilt, wenn eine Verurteilung gemäß § 1 Abs. 3 Z 1a vorliegt. Die Erlassung eines Rückforderungsbescheides ist nicht mehr zulässig, wenn seit der Kenntnis des maßgeblichen Sachverhaltes durch die IEF–Service GmbH mehr als fünf Jahre vergangen sind.

(2) Ausfertigungen der Bescheide nach Abs. 1 sind auch dem Arbeitgeber (ehemaligen Arbeitgeber), im Fall eines Insolvenzverfahrens jedoch dem zuständigen Verwalter zuzustellen.

Streit über den Anspruch auf Insolvenz-Entgelt

§ 10. Bei Streit über den Anspruch auf Insolvenz-Entgelt sind die Bestimmungen des Arbeits- und Sozialgerichtsgesetzes sinngemäß anzuwenden. Dabei tritt an die Stelle des Versicherungsträgers die IEF–Service GmbH. Die Gerichte erster Instanz haben den § 7 Abs. 4 sinngemäß anzuwenden.

Übergang der Ansprüche

§ 11. (1) Die diesem Bundesgesetz unterliegenden gesicherten Ansprüche gegen den Arbeitgeber (gegen die Insolvenzmasse) gehen, soweit sie nicht bestritten sind, auf den Insolvenz-Entgelt-Fonds mit der Antragstellung (§ 6 Abs. 1), sind die gesicherten Ansprüche nach § 1 Abs. 5 anzumelden, mit dieser Anmeldung über. Bestrittene Ansprüche gehen mit der Zahlung zuerkannten Insolvenz-Entgeltes auf den Insolvenz-Entgelt-Fonds über. Mit dem Forderungsübergang gehen auch sämtliche vertragliche Rechte des Anspruchsberechtigten gegenüber Dritten hinsichtlich der gesicherten Ansprüche unter Bedachtnahme auf Abs. 3 über, soweit für sie Insolvenz-Entgelt gewährt wurde. Mit dem Übergang ist unbeschadet § 47 Abs. 2 IO keine Änderung des Rechtsgrundes, des Ranges oder der Bevorrechtung der Forderung verbunden. Die gleichen Rechtsfolgen treten mit der Zustellung des rechtskräftigen Urteils (§ 10) ein.

(2) Im Falle eines Widerrufes (§ 9 Abs. 1) tritt der Forderungsübergang in der Höhe des Widerrufungsbetrages außer Kraft. Zahlungen, die der Arbeitgeber (der zuständige Verwalter) bis zur Zustellung dieses Bescheides (§ 9 Abs. 2) an den Insolvenz-Entgelt-Fonds geleistet hat, wirken schuldbefreiend; diese Zahlungen sind einem Rückzahlungspflichtigen anzurechnen.

(3) Ist jedoch der Anspruch nach Abs. 1 auf den Insolvenz-Entgelt-Fonds übergegangen, so ist ein Zugriff auf künftiges Vermögen, das der Arbeitgeber nach der Aufhebung des Insolvenzverfahrens erworben hat, insoweit ausgeschlossen. Das gleiche gilt sinngemäß in den im § 1 Abs. 1 Z 1 bis 6 angeführten Fällen, jedoch nicht, wenn die nach dem Sanierungsplan, Zahlungsplan oder Abschöpfungsverfahren dem Insolvenz-Entgelt-Fonds zustehenden Zahlungen (Quotenzahlungen, Abschöpfungserträge), einschließlich solcher allenfalls noch aushaftender Masseforderungen, noch nicht erfolgt sind. Wird der Arbeitgeber bzw. dessen Organ im Zusammenhang mit der Insolvenz nach § 1 allerdings wegen schweren Betruges (§ 147 StGB), wegen gewerbsmäßigen Betruges (§ 148 StGB), wegen Vorenthaltens von Dienstnehmerbeiträgen zur Sozialversicherung (§ 153c StGB), wegen betrügerischen Vorenthaltens von Sozialversicherungsbeiträgen und Zuschlägen nach dem Bauarbeiter-Urlaubs- und Abfertigungsgesetz (§ 153d StGB), wegen organisierter Schwarzarbeit (§ 153e StGB), wegen Sachwuchers (§ 155 StGB), wegen betrügerischer Krida (§ 156 StGB), wegen Schädigung fremder Gläubiger (§ 157 StGB) oder wegen Begünstigung eines Gläubigers (§ 158 StGB) verurteilt, so ist der Insolvenz-Entgelt-Fonds berechtigt, zur Hereinbringung der auf ihn übergegangenen und nicht hereingebrachten Forderungen auf das Vermögen des Verurteilten zu greifen.

Aufbringung der Mittel und Deckung des Aufwandes

§ 12. (1) Die Ausgaben des Insolvenz-Entgelt-Fonds werden bestritten aus:

1. Mitteln, die dem Insolvenz-Entgelt-Fonds auf Grund übergegangener Ansprüche (§ 11) zufließen,
2. Eingänge der gemäß § 16 Abs. 1 verhängten Geldstrafen,
3. Zinsen aus dem Geldverkehr,
4. einem vom Arbeitgeber zu tragenden Zuschlag zu dem vom Dienstgeber zu leistenden Anteil des Arbeitslosenversicherungsbeitrages gemäß § 2 des Arbeitsmarktpolitik-Finanzierungsgesetzes (AMPFG), BGBl. Nr. 315/1994, und
5. sonstigen dem Insolvenz-Entgelt-Fonds zufließenden Mitteln.

(2) Die Arbeitgeber von Personen im Sinne des § 1 Abs. 6 haben für diese Personen keinen Zuschlag gemäß Abs. 1 Z 4 zu entrichten. Für Lehrlinge ist für die gesamte Lehrzeit kein Zuschlag zu entrichten. Für Personen, die das 63. Lebensjahr vollendet haben, ist ab Beginn des folgenden Kalendermonates kein Zuschlag zu entrichten.

(3) Der Zuschlag gemäß Abs. 1 Z 4 beträgt ab dem Beitragsjahr 2015 0,45 vH. Der Bundesminister für Arbeit, Soziales und Konsumentenschutz hat darauf zu achten, dass eine ausgeglichene Gebarung des Insolvenz-Entgelt-Fonds gewährleistet ist und den Zuschlag

1. zu erhöhen, wenn der voraussichtliche Leistungsaufwand des laufenden Jahres oder des Folgejahres unter Berücksichtigung allfälliger Reserven und der Kreditmöglichkeiten gemäß § 13 Abs. 3 nicht gedeckt ist,
2. zu senken, wenn sich unter Berücksichtigung des Ergebnisses der Bilanz des Vorjahres sowie des voraussichtlichen Gebarungsabschlusses des laufenden Jahres und des Folgejahres laut Voranschlag ein Überschuss ergibt, der 20 vH des durchschnittlichen Leistungsaufwandes dieser Jahre übersteigt.

(4) Die Erhöhung des Zuschlages gemäß Abs. 3 Z 1 ist so zu bemessen, dass nach Abdeckung allfälliger Kredite (§ 13 Abs. 3) die voraussichtliche Gebarung des laufenden Jahres und des Folgejahres laut Voranschlag ausgeglichen ist. Allfällige Kredite sind dabei jeweils nur insoweit anteilig zu berücksichtigen, als sie in den betreffenden Jahren abzudecken sind.

(5) Für die Einhebung und Abfuhr des Zuschlages gemäß Abs. 1 Z 4 findet § 5 AMPFG Anwendung. Der Zuschlag ist auf ein Konto des Insolvenz-Entgelt-Fonds (§ 13 Abs. 6) abzuführen.

(6) Die Geschäftsführung der IEF-Service GmbH hat den Bundesminister für Arbeit, Soziales und Konsumentenschutz regelmäßig über die Entwicklung der Einnahmen und Ausgaben des Insolvenz-Entgelt-Fonds zu informieren. Der Bundesminister für Arbeit, Soziales und Konsumentenschutz hat unter Berücksichtigung der Erfahrungen über die Einnahmen- und Ausgabenentwicklung des Fonds und der Prognosen über die zu erwartende wirtschaftliche Entwicklung zu prüfen, ob die Voraussetzungen für eine Veränderung der Höhe des Zuschlages gemäß Abs. 3 vorliegen.

(7) Die Mittel des Insolvenz-Entgelt-Fonds sind für die gesetzlich übertragenen Aufgaben zweckgebunden.

Insolvenz-Entgelt-Fonds

§ 13. (1) Die Mittel gemäß § 12 Abs. 1 sind dem Insolvenz-Entgelt-Fonds (im folgenden „Fonds“) zuzuführen. Dieser Fonds besitzt Rechtspersönlichkeit. Sein Sitz ist in Wien. Der Fonds wird durch den Bundesminister für Arbeit, Soziales und Konsumentenschutz vertreten.

(2) Der Fonds hat für jedes Geschäftsjahr (Kalenderjahr) einen Voranschlag und eine Bilanz zu erstellen sowie einen Geschäftsbericht zu verfassen. Dem Voranschlag ist jeweils eine Vorschau über das folgende Jahr anzuschließen. Der Voranschlag ist bis Mitte Oktober des dem Geschäftsjahr vorangehenden Kalenderjahres, die Bilanz und der Geschäftsbericht bis Mitte Oktober des dem Geschäftsjahr folgenden Kalenderjahres vorzulegen. Die Bilanz ist zu veröffentlichen.

(3) Der Fonds ist ermächtigt, zur Überbrückung finanzieller Bedeckungsschwierigkeiten Kredite aufzunehmen.

(4) Unbeschadet der Vertretung durch die Finanzprokuratur sind der Fonds und im hoheitlichen Bereich die IEF-Service GmbH ermächtigt, insbesondere für die Geltendmachung und weitere Verfolgung ihrer Ansprüche im Sinne des § 11 Abs. 1 geeignete physische oder juristische Personen zu beauftragen. Die diesbezüglichen Kosten trägt der Fonds. Die Vereinbarung zur Pauschalabgeltung der Vertretungskosten mit dem jeweiligen Rechtsvertreter ist zulässig.

(4a) Die Bundesrechenzentrum GmbH hat IT-Aufgaben im Sinne des § 2 Abs. 2 des Bundesgesetzes über die Bundesrechenzentrum GmbH (BRZ GmbH), BGBl. Nr.757/1996, für die IEF-Service GmbH, soweit dies für die Vollziehung der ihr nach diesem Bundesgesetz und nach dem IEF-Service-GmbH-Gesetz (IEFG), BGBl. I Nr. 88/2001, übertragenen Aufgaben eine wesentliche Voraussetzung bildet, auf deren Verlangen gegen Entgelt zu erbringen.

(5) Der Fonds kann seine Forderungen (§§ 9 und 11) stunden, deren Abstattung in Raten bewilligen und auf seine Forderungen ganz oder teilweise verzichten, wobei die einschlägigen haushaltsrechtlichen Vorschriften des Bundes unter Bedachtnahme auf die §§ 222 Abs. 3, 235 und 236 der Bundesabgabenordnung, BGBl. Nr. 194/1961, sinngemäß anzuwenden sind; der Fonds ist berechtigt, Stundungszinsen zu verrechnen, es sei denn, es handelt sich um nach § 58 Z 1 IO ausgeschlossene Ansprüche.

(6) Die Mittel des Fonds sind derart anzulegen, daß sie zur Deckung des Aufwandes jederzeit herangezogen werden können.

(7) Der Fonds ist von den Stempel- und Rechtsgebühren sowie den Gerichts- und Justizverwaltungsgebühren befreit.

(8) Hinsichtlich der nachstehenden Angelegenheiten von grundsätzlicher Bedeutung sind die gesetzlichen Interessenvertretungen der Arbeitgeber und Arbeitnehmer zu hören:

1. zum Voranschlag und zur Vorschau sowie zur Bilanz und zum Geschäftsbericht gemäß Abs. 2;
2. vor jeder Veränderung der Zuschlagshöhe durch Verordnung gemäß § 12 Abs. 3;

(Anm.: Z 3 aufgehoben durch BGBl. I Nr. 218/2021)

4. vor Erlassung von Durchführungsrichtlinien grundsätzlicher Art, insbesondere hinsichtlich der gesicherten Ansprüche im Sinne des § 1 Abs. 2 Z 4;
5. vor Erlassung von Richtlinien des Insolvenz-Entgelt-Fonds über die Verrechnung von Stundungszinsen für auf diesen nach § 11 übergegangene Forderungen.

Dienstnehmer-Beitragsanteile zur gesetzlichen Sozialversicherung

§ 13a. (1) Der Anspruch des Anspruchsberechtigten umfasst auch die auf den Dienstnehmer entfallenden Beitragsanteile zur gesetzlichen Sozialversicherung (im folgenden „Dienstnehmerbeitragsanteile").

(2) Dienstnehmerbeitragsanteile zur gesetzlichen Sozialversicherung, die für gesicherte Ansprüche fällig werden und Dienstnehmerbeitragsanteile, soweit diese bis längstens zwei Jahre vor der Eröffnung des Insolvenzverfahrens bzw. vor jenen Zeitpunkten, welche dieser gemäß § 1 Abs. 1 gleichgestellt sind, rückständig sind, schuldet der Insolvenz-Entgelt-Fonds dem zur Beitragseinhebung zuständigen Sozialversicherungsträger. Die Verrechnung hat zwischen diesem Sozialversicherungsträger und dem Fonds nach Maßgabe der folgenden Bestimmungen im direkten Wege zu erfolgen.

(3) Die von den Sozialversicherungsträgern im beantragten oder durchgeführten Insolvenzverfahren oder durch die Verwertung von Absonderungs- und diesen gleichgestellten Rechten sowie von Aussonderungsrechten nicht hereinbringbaren Dienstnehmerbeitragsanteile für die in Abs. 2 genannten Zeiträume sind vom zuständigen Sozialversicherungsträger für alle im laufenden Kalenderjahr im nachstehenden Sinne beendeten Insolvenzfälle dem Fonds bis Ende April des Folgejahres bekanntzugeben. Auch hinsichtlich der Dienstnehmerbeitragsanteile, die nach § 67a Abs. 2 und Abs. 13 ASVG nicht einbringlich gemacht werden konnten, hat der zur Beitragseinhebung zuständige Sozialversicherungsträger zuerst nach dem ersten Satz vorzugehen. Als Beendigung der Insolvenz gelten:

1. die Aufhebung des Insolvenzverfahrens, im Fall eines Sanierungsplans dessen Erfüllung;
2. das Erlöschen bzw. die Aufhebung der Geschäftsaufsicht;
3. die Nichteröffnung des Insolvenzverfahrens mangels kostendeckenden Vermögens,
4. die Ablehnung der Eröffnung des Insolvenzverfahrens gemäß § 68 IO wegen Vermögenslosigkeit,
5. die Löschung gemäß § 40 oder § 42 des Firmenbuchgesetzes (FBG), BGBl. Nr. 10/1991, wegen Vermögenslosigkeit,
6. die Zurückweisung des Antrags auf Eröffnung des Insolvenzverfahrens gemäß § 63 IO,
7. der Beschluss gemäß § 153 Abs. 1 oder § 154 Abs. 1 des Außerstreitgesetzes (AußStrG), BGBl. I Nr. 111/2003.

(4) Wird ein Sanierungsplan nicht erfüllt, so hat die Verrechnung nach den Abs. 2 und 3 erst mit der Beendigung des Insolvenzverfahrens nach Abs. 3 Z 1 und bei der Ablehnung des Antrages auf Eröffnung des Insolvenzverfahrens mangels hinreichenden Vermögens nach Abs. 3 Z 3 zu erfolgen. Erlischt die Geschäftsaufsicht durch Eröffnung des Insolvenzverfahrens, so hat die Verrechnung erst mit der Beendigung des Insolvenzverfahrens nach Abs. 3 Z 1 zu erfolgen. Wird ein Sekundärinsolvenzverfahren (§ 6 Abs. 1) eröffnet, beziehen sich die im Abs. 3 Z 1 bis 7 genannten Zeitpunkte auf dieses Sekundärinsolvenzverfahren.

(5) Auf die Jahresabrechnung nach Abs. 3 hat der Fonds dem Sozialversicherungsträger monatlich Abschlagszahlungen im Ausmaß von je einem Zwölftel der Summe der Vorjahresabrechnungen zu gewähren.

Dienstnehmer-Beitragsanteile zur gesetzlichen Sozialversicherung

§ 13a. (1) Der Anspruch des Anspruchsberechtigten umfasst auch die auf den Dienstnehmer entfallenden Beitragsanteile zur gesetzlichen Sozialversicherung (im folgenden „Dienstnehmerbeitragsanteile").

(2) Dienstnehmerbeitragsanteile zur gesetzlichen Sozialversicherung, die für gesicherte Ansprüche fällig werden und Dienstnehmerbeitragsanteile, soweit diese bis längstens zwei Jahre vor der Eröffnung des Insolvenzverfahrens bzw. vor jenen Zeitpunkten, welche dieser gemäß § 1 Abs. 1 gleichgestellt sind, rückständig sind, schuldet der Insolvenz-Entgelt-Fonds dem zur Beitragseinhebung zuständigen Sozialversicherungsträger. Im Fall des § 1 Abs. 1 Z 6 bezieht sich der Zeitpunkt für den abrechenbaren Rückstandszeitraum auf den Todestag des Einzelunternehmers. Die Verrechnung hat zwischen diesem Sozialversicherungsträger und dem Fonds nach Maßgabe der folgenden Bestimmungen im direkten Wege zu erfolgen.

(3) Die von den Sozialversicherungsträgern im beantragten oder durchgeführten Insolvenzverfahren oder durch die Verwertung von Absonderungs- und diesen gleichgestellten Rechten sowie von Aussonderungsrechten nicht einbringbaren Dienstnehmerbeitragsanteile für die in Abs. 2 genannten Zeiträume sind vom zuständigen Sozialversicherungsträger gesammelt für alle im laufenden Kalenderjahr beendeten Insolvenzfälle dem Fonds längstens bis Ende April des Folgejahres bekanntzugeben, wobei sich später ergebende Nachverrechnungen längstens bis Ende April des zweitfolgenden Jahres zulässig sind. Als Beendigung der Insolvenz gelten:

1. die Aufhebung des Insolvenzverfahrens, im Fall eines Entschuldungsverfahrens (Sanierungsplan, Zahlungsplan oder Abschöpfungsverfahren) dessen Erfüllung oder Erteilung der Restschuldbefreiung;
2. das Erlöschen bzw. die Aufhebung der Geschäftsaufsicht;
3. die Nichteröffnung des Insolvenzverfahrens mangels kostendeckenden Vermögens,
4. die Ablehnung der Eröffnung des Insolvenzverfahrens gemäß § 68 IO wegen Vermögenslosigkeit,
5. die Löschung gemäß § 40 oder § 42 des Firmenbuchgesetzes (FBG), BGBl. Nr. 10/1991, wegen Vermögenslosigkeit,
6. die Zurückweisung des Antrags auf Eröffnung des Insolvenzverfahrens gemäß § 63 IO,
7. der Beschluss gemäß § 153 Abs. 1 oder § 154 Abs. 1 des Außerstreitgesetzes (AußStrG), BGBl. I Nr. 111/2003.

(4) Wird eine festgelegte Entschuldungsquote nicht erfüllt, so hat die Verrechnung nach den Abs. 2 und 3 erst mit der Beendigung des Insolvenzverfahrens nach Abs. 3 Z 1 und bei der Ablehnung des Antrages auf Eröffnung des Insolvenzverfahrens mangels hinreichenden Vermögens nach Abs. 3 Z 3 zu erfolgen. Erlischt die Geschäftsaufsicht durch Eröffnung des Insolvenzverfahrens, so hat die Verrechnung erst mit der Beendigung des Insolvenzverfahrens nach Abs. 3 Z 1 zu erfolgen. Wird ein Sekundärinsolvenzverfahren (§ 6 Abs. 1) eröffnet, beziehen sich die im Abs. 3 Z 1 bis 7 genannten Zeitpunkte auf dieses Sekundärinsolvenzverfahren.

(5) Auf die Jahresabrechnung nach Abs. 3 hat der Fonds dem Sozialversicherungsträger monatlich Abschlagszahlungen im Ausmaß von je einem Zwölftel der Summe der Vorjahresabrechnungen zu gewähren.

Zuschläge nach dem Bauarbeiter-Urlaubs- und Abfertigungsgesetz

§ 13b. (1) Vom Arbeitgeber zu leistende Zuschläge nach dem BUAG schuldet der Insolvenz-Entgelt-Fonds der Bauarbeiter-Urlaubs- und Abfertigungskasse, soweit diese längstens zwei Jahre vor der Eröffnung des Insolvenzverfahrens oder einem gemäß § 1 Abs. 1 gleichgestellten Beschluss rückständig sind und nicht Beschäftigungszeiten betreffen, für die der Arbeitnehmer keinen Anspruch gegenüber der Bauarbeiter-Urlaubs- und Abfertigungskasse (§§ 4a und 8 sowie §§ 13c Abs. 1 und 13j Abs. 1 Z 5 BUAG) erwirbt. Die Verrechnung hat zwischen der Bauarbeiter-Urlaubs- und Abfertigungskasse und dem Fonds nach Maßgabe der folgenden Bestimmungen im direkten Wege zu erfolgen.

(2) § 13a Abs. 3 und 4 gelten mit der Maßgabe, dass an die Stelle der Sozialversicherungsträger und der Dienstnehmerbeitragsanteile die Bauarbeiter-Urlaubs- und Abfertigungskasse und die Zuschläge treten. Auf die Jahresabrechnungen nach § 13a Abs. 3 hat der Fonds der Bauarbeiter-Urlaubs- und Abfertigungskasse vierteljährliche Abschlagszahlungen im Ausmaß von je einem Viertel der Summe der Vorjahresabrechnungen zu gewähren.

Ansprüche eines bevorrechteten Gläubigerschutzverbandes bei Vertretung von Anspruchsberechtigten

§ 13c. (1) Wird der Anspruchsberechtigte (§ 1 Abs. 1) im Verfahren nach diesem Bundesgesetz vor der IEF–Service GmbH durch einen bevorrechteten Gläubigerschutzverband vertreten, der statutengemäß in einem solchen Verfahren Anspruchsberechtigten ausnahmslos unentgeltlichen Rechtsschutz gewährt, schuldet der Fonds einem solchen Rechtsvertreter insbesondere für die im Zusammenhang mit der Ermittlung des Anspruches auf Insolvenz-Entgelt nach § 3 Abs. 1 erster Satz aufgelaufenen Unkosten je vertretenem Anspruchsberechtigten eine pauschalierte Abgeltung von 59 Euro zuzüglich Umsatzsteuer; daran ändert nichts, dass ein solcher Gläubigerschutzverband sich diesbezüglich auf eigene Kosten eines Rechtsvertreters bzw. eines Steuerberaters bedient.

(2) Der im Abs. 1 genannte Pauschalbetrag ist mit Wirkung ab 1. Jänner des Jahres 2003 und jedes darauffolgenden Jahres mit der Aufwertungszahl (§ 108a ASVG) des jeweiligen Kalenderjahres zu vervielfachen und kaufmännisch auf einen vollen Eurobetrag zu runden. Der neue Pauschalbetrag gilt hinsichtlich der in diesem Kalenderjahr vertretenen Anspruchsberechtigten.

Beiträge nach dem Betrieblichen Mitarbeiter- und Selbständigenvorsorgegesetz

§ 13d. (1) Für die vom Arbeitgeber zu leistenden Beiträge gemäß § 6 Abs. 1 BMSVG oder nach gleichartigen österreichischen Rechtsvorschriften gilt § 13a mit der Maßgabe, dass an die Stelle der Dienstnehmerbeitragsanteile zur gesetzlichen Sozialversicherung die BV-Kassenbeiträge treten.

(2) Abs. 1 gilt für die dem Sachbereich der Abfertigungsregelung nach dem Bauarbeiter-Urlaubs- und Abfertigungsgesetz unterliegenden Arbeitnehmer (Lehrlinge) und die diese beschäftigenden Betriebe (Unternehmungen) mit der Maßgabe, dass an die Stelle des Sozialversicherungsträgers die Bauarbeiter-Urlaubs- und Abfertigungskasse tritt.

Gehaltskassenumlagen nach dem Gehaltskassengesetz 2002

§ 13f. (1) Der Insolvenz-Entgelt-Fonds schuldet der Pharmazeutischen Gehaltskasse für Österreich (§ 1 des Gehaltskassengesetzes 2002, BGBl. I Nr. 154/2001, in der Fassung des Bundesgesetzes BGBl. I Nr. 128/2021) die vom Arbeitgeber gemäß § 9 des Gehaltskassengesetzes 2002 zu leistenden Gehaltskassenumlagen, soweit diese längstens zwei Jahre vor der Eröffnung des Insolvenzverfahrens rückständig sowie uneinbringbar sind und nach dem IESG gesicherte Ansprüche der angestellten Aspiranten oder Apotheker betreffen.

(2) Die Verrechnung hat zwischen der Gehaltskasse und dem Fonds direkt zu erfolgen. Die Bestimmungen des § 13a Abs. 3 und 4 sind sinngemäß anzuwenden.

Rechtshilfe und Auskunftspflicht

§ 14. (1) Die Verwaltungsbehörden, die Träger der Sozialversicherung, die Bauarbeiter-Urlaubs- und Abfertigungskasse, die Pharmazeutische Gehaltskasse für Österreich sowie die gesetzlichen Interessenvertretungen der Arbeitgeber und der Arbeitnehmer sind verpflichtet, die IEF-Service GmbH sowie die Gerichte bei der Erfüllung ihrer Aufgaben nach diesem Bundesgesetz zu unterstützen. Ebenso haben die IEF-Service GmbH und die Gerichte einander zu unterstützen.

(2) Der Arbeitgeber, der Arbeitnehmer und die Personen, die Einblick in die Arbeitsentgeltunterlagen haben oder hatten, sowie alle Behörden, Ämter, Träger der Sozialversicherung, die Bauarbeiter-Urlaubs- und Abfertigungskasse und die Pharmazeutische Gehaltskasse für Österreich sind verpflichtet, dem zuständigen Verwalter unverzüglich alle Auskünfte zu erteilen, die er für Erklärungen nach § 6 Abs. 5 benötigt.

(3) Der Arbeitgeber, der zuständige Verwalter, die Arbeitnehmer sowie die Personen, die Einblick in die Arbeitsentgeltunterlagen haben oder hatten, sind verpflichtet, der IEF–Service GmbH und deren Beauftragten sowie den Gerichten alle Auskünfte zu erteilen, die zur Durchführung dieses Bundesgesetzes erforderlich sind.

(4) Der Dachverband der Sozialversicherungsträger (Dachverband) ist verpflichtet, auf automationsunterstütztem Wege gespeicherte Daten (§ 31 Abs. 4 Z 3 ASVG) über die Versicherungszeiten, Beitragsgrundlagen, Qualifikationen und Dienstgeber von natürlichen Personen der IEF-Service GmbH, den Gerichten und dem Bundesministerium für Arbeit, Soziales, Gesundheit und Konsumentenschutz offen zu legen, soweit dies für die Vollziehung der diesen Stellen jeweils gesetzlich übertragenen Aufgaben erforderlich ist. Für Zwecke der Prüfung des Vorliegens von Betriebsübergängen (§ 3 AVRAG) und des Verdachts auf Sozialbetrug sind vom Dachverband auf automationsunterstütztem Wege auch die zu bestimmten Stichtagen jeweils beschäftigten Personen je Dienstgeber offen zu legen.

(5) Der Bundesminister für Inneres hat der IEF-Service GmbH die Meldedaten, die für diese zur Wahrnehmung der ihnen gesetzlich, insbesondere nach diesem Bundesgesetz und nach dem IEFG übertragenen Aufgaben eine wesentliche Voraussetzung bilden, im Wege automationsunterstützter Datenübermittlung aus dem Zentralen Melderegister (ZMR) gemäß § 16a Abs. 4 des Meldegesetzes 1991, BGBl. Nr. 9/1992, in der Weise zur Verfügung zu stellen, dass diese den Gesamtdatensatz bestimmter Personen im Datenfernverkehr ermitteln können.

(6) Die zentrale Koordinationsstelle für die Kontrolle der illegalen Beschäftigung des Amtes für Betrugsbekämpfung ist verpflichtet, der IEF-Service GmbH alle zur Wahrnehmung der gesetzlich übertragenen Aufgaben notwendigen Daten, die sie im Rahmen von Kontrollen oder bei der Führung der zentralen Verwaltungsstrafevidenz erhoben hat, in einer für die IEF-Service GmbH technisch geeigneten Form zur Verfügung zu stellen.

(7) Wurde ein (vorerst) Anspruchsberechtigter, der Arbeitgeber oder ein Organ des Arbeitgebers wegen einer der in § 11 Abs. 3 letzter Satz genannten Straftaten im Zusammenhang mit der Insolvenz verurteilt, so haben die Strafgerichte die IEF–Service GmbH unter Anführung der gegenständlichen Insolvenz zu informieren.

Zusammenarbeit mit ausländischen Einrichtungen

§ 14a. (1) Ist der insolvente Arbeitgeber auch in einem anderen EWR-Staat tätig, so hat die IEF-Service GmbH der zuständigen ausländischen öffentlichen Verwaltung oder Garantieeinrichtung (im Folgenden ausländische Einrichtung) den allenfalls vorhandenen inländischen Gerichtsbeschluss im Sinne des § 1 Abs. 1 und die im Zusammenhang mit Anträgen auf Insolvenz-Entgelt ergangenen Entscheidungen mitzuteilen, soweit diese zur Aufgabenerfüllung der ausländischen Einrichtung unbedingt erforderlich sind. Nach Maßgabe der technischen Möglichkeiten können entsprechende Daten gemäß § 5 Abs. 5 auch telegrafisch, fernschriftlich, mit Telefax, im Wege automationsunterstützter Datenübertragung oder in jeder anderen technisch möglichen Weise übermittelt werden. Näheres kann durch eine Vereinbarung zwischen der IEF-Service GmbH und der jeweiligen ausländischen Einrichtung bestimmt werden. In der Vereinbarung kann auch geregelt werden, dass die jeweilige ausländische Einrichtung die IEF-Service GmbH und den Insolvenz-Entgelt-Fonds insbesondere zur Wahrnehmung der sich nach § 11 ergebenden Rechte vertritt oder auch die IEF-Service GmbH eine solche ausländische Einrichtung im Inland vertritt. Eine derartige Vereinbarung bedarf der Zustimmung des Bundesministers für Arbeit, Soziales und Konsumentenschutz.

(2) Abs. 1 gilt auch dann, wenn die IEF-Service GmbH bei Anträgen auf Insolvenz-Entgelt, die sich auf § 1 Abs. 1 letzter Satz stützen, die erforderlichen Informationen von der ausländischen Einrichtung benötigt.

(3) Abs. 1 und 2 gelten auch für Vereinbarungen zwischen der IEF-Service GmbH und ausländischen Einrichtungen in Staaten außerhalb des EWR, wenn diese Staaten das Übereinkommen betreffend den Schutz der Forderungen der Arbeitnehmer bei Zahlungsunfähigkeit ihres Arbeitgebers, BGBl. III Nr. 49/1997, ratifiziert haben. In einer solchen Vereinbarung ist auch festzulegen, dass die Übermittlung und Überlassung von Daten gemäß § 5 Abs. 5 nur erfolgen kann, wenn die im § 13 Abs. 2 des Datenschutzgesetzes 2000 genannten Voraussetzungen vorliegen.

Stempel- und Gebührenfreiheit

§ 15. (1) Die im Verfahren nach diesem Bundesgesetz erforderlichen Eingaben und deren Beilagen, Ausfertigungen, Niederschriften, Entscheidungen, Vollmachten und Zeugnisse sind von den Stempel- und Rechtsgebühren befreit.

(2) Die §§ 76 bis 78 AVG 1950 und die auf Grund dieser Bestimmungen erlassenen Verordnungen sind im Verfahren nach diesem Bundesgesetz nicht anzuwenden.

Strafbestimmungen

§ 16. (1) Arbeitgeber, die wissentlich unwahre Angaben machen oder vorsätzlich die Erklärung nach § 6 Abs. 4 grundlos verweigern oder ihrer Auskunftspflicht nach § 14 Abs. 3 vorsätzlich nicht nachkommen, begehen, sofern die Tat nicht mit strengerer Strafe bedroht ist, eine Verwaltungsübertretung und sind von der Bezirksverwaltungsbehörde mit Geldstrafe von 365 Euro bis 1 455 Euro zu bestrafen.

(2) Für mehrere danach strafbare Handlungen ist nur auf eine einzige Strafe zu erkennen.

(3) Die Eingänge aus den gemäß Abs. 1 verhängten Geldstrafen fließen dem Insolvenz-Entgelt-Fonds zu.

Übergangsbestimmungen

§ 17. (1) Dieses Bundesgesetz ist erstmals anzuwenden, wenn das Insolvenzverfahren über das Vermögen des Arbeitgebers (ehemaligen Arbeitgebers) nach dem 31. Dezember 1975 eröffnet und am 31. Dezember 1977 noch nicht abgeschlossen worden ist. § 1 Abs. 1 Z 1 bis 3 gelten entsprechend.

(2) Ansprüche im Sinne des § 1 Abs. 2 aus der Zeit vor dem Inkrafttreten dieses Bundesgesetzes sind so weit gesichert, als die Fälligkeit nach dem 31. Dezember 1974 eingetreten ist.

(3) Die Frist nach § 6 Abs. 1 endet frühestens 90 Tage nach dem Inkrafttreten dieses Bundesgesetzes. Anträge nach diesem Bundesgesetz können jedoch bereits ab dem 1. Oktober 1977 gestellt werden.

(4) Ist ein Insolvenzverfahren vor dem Inkrafttreten dieses Bundesgesetzes eröffnet worden, so hat das Bundesamt für Soziales und Behindertenwesen die zur Beurteilung des Anspruches notwendigen Unterlagen von Amts wegen zu beschaffen, sofern deren Beibringung dem Antragsteller unzumutbar ist.

(5) Der vom Arbeitgeber zu tragende Zuschlag gemäß § 12 Abs. 1 Z 4 wird bis zum Inkrafttreten der gemäß § 12 Abs. 1 Z 4 erstmals zu erlassenden Verordnung mit 0,1 v. H. festgesetzt.

(6) Der Reservefonds der Arbeitslosenversicherung (§ 64 AlVG 1958) hat bis zu 200 Millionen Schilling je nach Bedarf auf das Konto des Insolvenz-Ausfallgeld-Fonds im Jahre 1978 zu überweisen. Bei dieser Überweisung handelt es sich um ein verzinsliches Darlehen, das bis spätestens 31. Dezember 1981 zurückzuzahlen ist. Die Zinsen sind in der Höhe des jeweiligen Eckzinssatzes bei zweijähriger Bindung zu leisten. Bei der Festsetzung des Beitragszuschlages ist auf die Rückzahlung des Darlehens entsprechend Bedacht zu nehmen.

Novellen; Inkrafttreten und Übergangsbestimmungen

§ 17a. (1) § 1 Abs. 1 Z 3, § 1a, § 3 Abs. 2 Z 1 und Abs. 3a, § 6 Abs. 1 Z 3 und Z 4, der an § 7 Abs. 1 angefügte Satz, § 7 Abs. 6 letzter Satz, § 7 Abs. 7 und die im § 13 Abs. 4 anstelle des letzten Satzes tretenden Sätze in der Fassung des Bundesgesetzes BGBl. Nr. 835/1992 treten mit 1. Jänner 1993 in Kraft.

(2) Der mit Bundesgesetz BGBl. Nr. 799/1993 eingefügte § 1 Abs. 6 Z 4 tritt mit 1. Jänner 1994 in Kraft.

(3) § 1 Abs. 3 Z 4 und § 1 Abs. 4a in der Fassung des Bundesgesetzes BGBl. Nr. 817/1993 treten mit 1. Jänner 1994 in Kraft. Sie sind auf Beschlüsse über die Eröffnung eines Insolvenzverfahrens nach § 1 Abs. 1 bzw. über einen anderen Insolvenztatbestand nach § 1 Abs. 1 Z 3 bis 7, die vor dem 1. Jänner 1994 gefaßt wurden, nicht anzuwenden.

(4) § 1 Abs. 2 Z 4 lit. g, § 1 Abs. 3 Z 2, § 1 Abs. 3 Z 3a, § 1 Abs. 4, § 5 Abs. 4, § 6 Abs. 1, § 7 Abs. 1, § 7 Abs. 6a, § 11 Abs. 3 und § 13 Abs. 5 in der Fassung des Bundesgesetzes BGBl. Nr. 153/1994 treten mit 1. März 1994 in Kraft. Sie sind, mit Ausnahme des § 5 Abs. 4, nicht anzuwenden, wenn der Beschluß über die Eröffnung oder der sonst nach § 1 Abs. 1 Z 1 bis 7 maßgebliche Beschluß vor dem genannten Zeitpunkt gefaßt worden ist. § 7 Abs. 6a in der Fassung des Bundesgesetzes BGBl. Nr. 153/1994 ist überdies nur für Vorfinanzierungen, die für Zeiträume nach dem 28. Februar 1994 gewährt wurden, anzuwenden.

(5) Die §§ 1a Abs. 3, 4, 5, 6 Abs. 1, 3 und 4, 7 Abs. 1, 2, 4 und 6, 8 Abs. 2, 10, 13 Abs. 5, 14 Abs. 1, 3, und 4 und 17 Abs. 4 in der Fassung des Bundesgesetzes BGBl. Nr. 314/1994 treten mit 1. Juli 1994 in Kraft. Bis zum Inkrafttreten des § 5

Z 2 lit. a des Bundessozialämtergesetzes (Art. 33 des Arbeitsmarktservice-Begleitgesetzes, BGBl. Nr. 314/1994) obliegen die Aufgaben und Befugnisse der Bundesämter für Soziales und Behindertenwesen den jeweiligen regionalen Geschäftsstellen und Landesgeschäftsstellen des Arbeitsmarktservice.

(6) § 1 Abs. 6 Z 3, 4 und 5, § 12 Abs. 1 Z 5 und Abs. 4 sowie § 13 Abs. 2 in der Fassung des Bundesgesetzes BGBl. Nr. 297/1995 treten mit 1. Mai 1995 in Kraft. Sie sind, mit Ausnahme des § 12 Abs. 1 Z 5 und Abs. 4 sowie § 13 Abs. 2 nicht anzuwenden, wenn der Beschluß über die Eröffnung eines Insolvenzverfahrens nach § 1 Abs. 1 bzw. über einen anderen Insolvenztatbestand nach § 1 Abs. 1 Z 3 bis 7 vor dem 1. Mai 1995 gefaßt wurde.

(7) § 3 Abs. 5 und 6 und § 7 Abs. 8 in der Fassung des Bundesgesetzes BGBl. Nr. 754/1996 treten mit 1. Jänner 1997 in Kraft. Sie sind auf Beschlüsse über die Eröffnung eines Insolvenzverfahrens nach § 1 Abs. 1 oder über einen anderen Insolvenztatbestand nach § 1 Abs. 1 Z 3 bis 7 nicht anzuwenden, die vor dem 1. Jänner 1997 gefaßt wurden.

(8) § 12 Abs. 1, § 12 Abs. 2, § 12 Abs. 4, § 12 Abs. 5, § 13 Abs. 5, § 13 Abs. 8 Z 1, § 13b und § 14 Abs. 4 in der Fassung des Bundesgesetzes BGBl. Nr. 754/1996 treten mit Beginn der Beitragsperiode 1997 in Kraft. Gewährte Darlehen nach § 12 Abs. 1 Z 4 in Verbindung mit § 13 Abs. 5 in der Fassung vor dem Bundesgesetz BGBl. Nr. 754/1996 sind nach den bisherigen Bestimmungen abzuwickeln.

(9) Der vom Arbeitgeber zu tragende Zuschlag gemäß § 12 Abs. 1 Z 4 in der Fassung des Bundesgesetzes BGBl. Nr. 754/1996 wird für das Beitragsjahr 1997 mit 0,7 vH festgesetzt.

(10) § 1 Abs. 1, 3 und 5, § 2, § 3, § 3a Abs. 2 bis 4, § 3b, § 3c, § 3d, § 5 Abs. 1, § 6 Abs. 1, 4 und 7, § 7 Abs. 1, 6a und 7, § 11 Abs. 3 und § 13a Abs. 3 in der Fassung des Bundesgesetzes BGBl. I. Nr. 107/1997 treten mit 1. Oktober 1997 in Kraft und sind anzuwenden, wenn der Beschluß über die Eröffnung eines Insolvenzverfahrens nach § 1 Abs. 1 bzw. der sonst nach § 1 Abs. 1 maßgebende Beschluß nach dem 30. September 1997 gefaßt wurde. § 1 Abs. 1, 3 und 5, § 2, § 3, § 5 Abs. 1, § 6 Abs. 1, 4 und 7, § 7 Abs. 1, 6a und 7, § 11 Abs. 3 und § 13a Abs. 3 in der Fassung vor dem Bundesgesetz BGBl. I Nr. 107/1997 sind weiterhin anzuwenden, wenn der Beschluß über die Eröffnung eines Insolvenzverfahrens nach § 1 Abs. 1 bzw. der sonst nach § 1 Abs. 1 maßgebende Beschluß vor dem 1. Oktober 1997 gefaßt wurde. § 1 Abs. 1 Z 5, § 1 Abs. 3 Z 2 lit. a und § 13a Abs. 3 Z 6 in der Fassung vor dem Bundesgesetz BGBl. I Nr. 107/1997 sind weiterhin anzuwenden, sofern die Eröffnung des Vorverfahrens vor dem 1. Oktober 1997 erfolgt ist.

(11) § 3a Abs. 1 in der Fassung des Bundesgesetzes BGBl. I Nr. 107/1997 tritt mit 1. April 1998 in Kraft und ist nicht anzuwenden, wenn der Beschluß über die Eröffnung eines Insolvenzverfahrens nach § 1 Abs. 1 bzw. der sonst nach § 1 Abs. 1 maßgebende Beschluß vor dem 1. April 1998 gefaßt wurde.

(12) § 1 Abs. 6 Z 5, § 1a Abs. 1, § 2, § 3 Abs. 2, § 5 Abs. 4, § 12 Abs. 1 Z 4 und § 13b in der Fassung des Bundesgesetzes BGBl. I Nr. 107/1997 treten mit 1. Oktober 1997 in Kraft. Bis zur Erlassung der Verordnung gemäß Abs. 13 ist § 3 Abs. 2 mit der Maßgabe anzuwenden, daß Insolvenz-Ausfallgeld für Zinsen für Zeiträume ab dem nach § 6 Abs. 1 in Frage kommenden Zeitpunkt im Ausmaß von sechs Monaten gebührt.

(13) § 13 Abs. 5 und Abs. 8 Z 5 in der Fassung des Bundesgesetzes BGBl. I Nr. 107/1997 treten mit 1. Jänner 2004 in Kraft.

(14) § 13 Abs. 1 fünfter bis achter Satz, § 13 Abs. 2 und § 13 Abs. 8 Z 3 in der Fassung des Bundesgesetzes BGBl. I Nr. 107/1997 treten mit 1. September 1997 mit der Maßgabe in Kraft, daß abweichend von § 13 Abs. 1 letzter Satz in den Geschäftsjahren des Insolvenz-Ausfallgeld-Fonds 1998 bis einschließlich 2002 der gesamte Gegenwert der gemäß § 13 Abs. 1 fünfter Satz zulässigen finanziellen Mittel den 175fachen Jahresbezug nach dem fünften Satz nicht überschreiten darf. Der Plan gemäß § 13 Abs. 1 fünfter Satz in der Fassung des Bundesgesetzes BGBl. I Nr. 107/1997 für das Geschäftsjahr 1998 ist bis spätestens 1. Jänner 1998 zu erstellen.

(15) § 3c Z 3 in der Fassung des Bundesgesetzes BGBl. I Nr. 30/1998 tritt mit 1. Jänner 1998 in Kraft.

(16) § 3a Abs. 1 erster Satz, § 6 Abs. 1 Z 5, § 6 Abs. 2 erster Satz, § 7 Abs. 4 zweiter Satz und § 7 Abs. 7 in der Fassung des Bundesgesetzes BGBl. I Nr. 73/1999 treten mit 1. Mai 1999 in Kraft. Sie sind, mit Ausnahme des § 6 Abs. 2 erster Satz und § 7 Abs. 4 zweiter Satz, nicht anzuwenden, wenn der Beschluß über die Eröffnung eines Insolvenzverfahrens nach § 1 Abs. 1 bzw. über einen anderen Insolvenztatbestand nach § 1 Abs. 1 Z 3 bis 6 vor dem 1. Mai 1999 gefaßt wurde.

(17) § 13c samt Überschrift in der Fassung des Bundesgesetzes BGBl. I Nr. 73/1999 tritt mit 1. Mai 1999 in Kraft und ist auch auf zu diesem Zeitpunkt anhängige Rechtsvertretungen im Sinne des § 13c Abs. 1 anzuwenden. Die erstmalige Anpassung nach § 13c Abs. 2 hat für das Kalenderjahr 2000 zu erfolgen.

(18) § 12 Abs. 6 in der Fassung des Bundesgesetzes BGBl. I Nr. 26/2000 tritt mit 1. Juni 2000 in Kraft.

(19) § 7 Abs. 8 in der Fassung des Bundesgesetzes BGBl. I Nr. 44/2000 tritt mit 1. Jänner 2001 in Kraft.

(20) § 13b in der Fassung des Bundesgesetzes BGBl. I Nr. 44/2000 tritt mit 1. Jänner 2001 in Kraft und ist anzuwenden, wenn der Beschluss über die Eröffnung eines Insolvenzverfahrens nach § 1 Abs. 1 bzw. über einen anderen Insolvenztatbestand nach § 1 Abs. 1 Z 3 bis 6 nach dem 31. Dezember 2000 gefasst wurde.

(21) Der Insolvenz-Ausfallgeld-Fonds hat der Bauarbeiter-Urlaubs- und Abfertigungskasse die Abfertigungszahlungen gemäß § 13b in der Fassung vor dem Bundesgesetz BGBl. I Nr. 44/2000 auch nach dem 31. Dezember 2000 zu ersetzen, wenn der Beschluss über die Eröffnung eines Insolvenzverfahrens nach § 1 Abs. 1 bzw. über einen anderen Insolvenztatbestand nach § 1 Abs. 1 Z 3 bis 6 vor dem 1. Jänner 2001 gefasst wurde.

(22) Im Zeitraum bis 31. Dezember 2002 sind die vierteljährlichen Abschlagszahlungen gemäß § 13b Abs. 2 zweiter Satz in der Fassung des Bundesgesetzes BGBl. I Nr. 44/2000 in der Höhe von 80 vH der von der Bauarbeiter-Urlaubs- und Abfertigungskasse im vorhergehenden Quartal in Insolvenzverfahren nach § 1 Abs. 1 angemeldeten Zuschläge zu gewähren.

(23) § 3 Abs. 2, die Überschrift zu § 3a und § 3a Abs. 1 in der Fassung des Bundesgesetzes BGBl. I Nr. 142/2000 treten mit 1. Jänner 2001 in Kraft und sind auf Insolvenzverfahren anzuwenden, wenn der Beschluss über die Eröffnung eines Insolvenzverfahrens nach § 1 Abs. 1 oder der sonst nach § 1 maßgebende Beschluss nach dem 31. Dezember 2000 gefasst wird.

(24) § 6 Abs. 2, § 12 Abs. 7 und § 13 Abs. 1 in der Fassung des Bundesgesetzes BGBl. I Nr. 142/2000 treten mit 1. Jänner 2001 in Kraft.

(25) § 1a Abs. 3 Z 2, § 4, § 6 Abs. 3 und 4, § 7 Abs. 1, 4 und 6, § 8 Abs. 2, § 13 Abs. 8 Z 3 und § 14 Abs. 1, 3 und 4 in der Fassung des Bundesgesetzes BGBl. I Nr. 88/2001 treten mit 1. August 2001 in Kraft.

(26) § 5 und § 7 Abs. 2 erster und zweiter Satz treten mit 1. August 2001 in Kraft und gelten mit der Maßgabe, dass die am 31. Juli 2001 bei den Bundesämtern für Soziales und Behindertenwesen anhängigen Geschäftsfälle mit 1. August 2001 auf die jeweils gemäß § 5 Abs. 1 bis 3 in der Fassung des Bundesgesetzes BGBl. I Nr. 88/2001 zuständigen Geschäftsstellen übergehen.

(27) § 7 Abs. 2 dritter Satz und Abs. 5, § 13c und § 16 Abs. 1 in der Fassung des Bundesgesetzes BGBl. I Nr. 88/2001, treten mit 1. Jänner 2002 in Kraft und sind auf Sachverhalte anzuwenden, die sich nach Ablauf des 31. Dezember 2001 ereignen.

(28) § 9 Abs. 2 in der Fassung des Bundesgesetzes BGBl. I Nr. 88/2001 tritt mit 1. Jänner 2003 in Kraft.

(29) § 10 in der Fassung des Bundesgesetzes BGBl. I Nr. 88/2001 tritt mit 1. August 2001 mit der Maßgabe in Kraft, dass Klagen im Sinne des § 67 des Arbeits- und Sozialgerichtsgesetzes, die vor dem 1. August 2001 gegen ein Bundesamt für Soziales und Behindertenwesen erhoben wurden, ab dem 1. August 2001 als gegen jene Geschäftsstelle der Insolvenz-Ausfallgeld-Fonds GmbH gerichtet gelten, in deren Sprengel das bisher zuständige Bundesamt für Soziales und Behindertenwesen seinen Sitz hat. Die örtliche Zuständigkeit der Landesgerichte, des Arbeits- und Sozialgerichtes Wien und der Oberlandesgerichte richtet sich in solchen Fällen nach der des ursprünglich beklagten Bundesamtes für Soziales und Behindertenwesen. Klagen gegen Bescheide, die vor dem 1. August 2001 erlassen werden oder zu erlassen gewesen wären, sind gegen jene Geschäftsstelle zu richten, in deren Sprengel das bisher zuständige Bundesamt für Soziales und Behindertenwesen seinen Sitz hat.

(30) § 12 Abs. 1 und 5 sowie § 13 Abs. 4 gelten ab dem Finanzjahr 2001, das mit 1. August 2001 beginnt und mit 31. Dezember 2001 endet. § 13 Abs. 4 letzter Satz in der Fassung vor dem Bundesgesetz BGBl. I Nr. 88/2001 ist bis zum Ablauf des 31. Juli 2001 mit der Maßgabe anzuwenden, dass sieben Zwölftel der festgesetzten Jahresvergütung zu entrichten sind; sie ist spätestens am 1. September 2001 an die Finanzprokuratur zu überweisen.

(31) § 13 Abs. 1 und 2 in der Fassung des Bundesgesetzes BGBl. I Nr. 88/2001 tritt mit 1. August 2001 in Kraft. In die gemäß § 13 Abs. 1 sechster Satz in der Fassung vor dem Bundesgesetz BGBl. I Nr. 88/2001 vom Insolvenz-Ausfallgeld-Fonds abgeschlossenen Rechtsgeschäfte tritt die Insolvenz-Ausfallgeld-Fonds-Service GmbH ein. § 13 Abs. 1 siebenter Satz in der Fassung vor dem Bundesgesetz BGBl. I Nr. 88/2001 ist bis Ablauf des 31. Juli 2001 mit der Maßgabe anzuwenden, dass sieben Zwölftel der festgesetzten Jahresvergütung zu entrichten sind; sie ist spätestens am 1. September 2001 an den Bund zu überweisen.

(32) § 12 Abs. 1 Z 4 und Abs. 8 in der Fassung des Bundesgesetzes BGBl. I Nr. 158/2002 und § 13d in der Fassung der Bundesgesetze BGBl. I Nr. 100/2002 und BGBl. I Nr. 158/2002 treten mit 1. Jänner 2003 in Kraft.

(33) § 12 Abs. 1 Z 4 in der Fassung des Bundesgesetzes BGBl. I Nr. 71/2003 tritt mit Beginn des Beitragszeitraumes 2004 in Kraft.

(34) § 13d in der Fassung des Bundesgesetzes BGBl. I Nr. 128/2003 tritt rückwirkend mit 1. Jänner 2003 in Kraft.

(35) § 12 Abs. 8 in der Fassung des Bundesgesetzes BGBl. I Nr. 128/2003 tritt mit 1. Jänner 2004 in Kraft.

(36) § 13 Abs. 4a und § 14 Abs. 5 in der Fassung des Bundesgesetzes BGBl. I Nr. 77/2004 treten mit 1. August 2004 in Kraft.

(37) § 1 Abs. 1 Z 6 und § 13a Abs. 3 Z 7 in der Fassung des Bundesgesetzes BGBl. I Nr. 77/2004 treten mit 1. Jänner 2005 in Kraft und sind auf Verlassenschaftsverfahren anzuwenden, die nach dem 31. Dezember 2004 erstmals bei Gericht oder beim Gerichtskommissär anhängig gemacht wurden, sofern sie nicht schon früher eingeleitet hätten werden können. Sonst sind § 1 Abs. 1 Z 6 und § 13a Abs. 3 Z 7 in der Fassung vor dem Bundesgesetz BGBl. I Nr. 77/2004 weiter anzuwenden.

(38) Die §§ 1 Abs. 3 Z 6 und 7 Abs. 8 in der Fassung des Bundesgesetzes BGBl. I Nr. 8/2005 treten mit 23. September 2005 in Kraft.

(39) § 1b und § 13d in der Fassung des Bundesgesetzes BGBl. I Nr. 36/2005 treten mit 1. Juli 2005 in Kraft und sind auf Beschlüsse über die Eröffnung eines Insolvenzverfahrens nach § 1 Abs. 1 oder über einen anderen Insolvenztatbestand nach § 1 Abs. 1 Z 3 bis 6 anzuwenden, die nach dem 30. Juni 2005 gefasst wurden. Die Geltendmachung der ausstehenden Übertragungsbeträge gemäß § 13d Abs. 2 in der Fassung vor dem Bundesgesetz BGBl. I Nr. 36/2005 gegenüber dem Insolvenz-Ausfallgeld-Fonds endet in den im § 13a Abs. 2 und 3 angeführten Insolvenzfällen frühestens mit Ablauf des 30. April 2006.

(40) Der Entfall des § 1 Abs. 6 Z 3 in der Fassung vor dem Bundesgesetz BGBl. I Nr. 102/2005 tritt rückwirkend mit 1. Mai 1995 in Kraft und ist auf Anträge auf Insolvenz-Ausfallgeld anzuwenden, die mit Ablauf des 30. September 2005 noch nicht rechtskräftig entschieden sind.

(41) § 1 Abs. 1 Z 4 und § 12 in der Fassung des Bundesgesetzes BGBl. I Nr. 102/2005 treten mit 1. August 2005 in Kraft.

(42) § 1 Abs. 1, 5 und 6, § 5 Abs. 3, § 6 Abs. 1, § 9 Abs. 1 dritter Satz und § 13a Abs. 3 und 4 in der Fassung des Bundesgesetzes BGBl. I Nr. 102/2005 treten mit 1. Oktober 2005 in Kraft und sind auf inländische Beschlüsse über die Eröffnung eines Insolvenzverfahrens nach § 1 Abs. 1 oder über einen anderen Insolvenztatbestand nach § 1 Abs. 1 Z 3 bis 6 und auf ausländische Entscheidungen nach § 1 Abs. 1 letzter Satz anzuwenden, die nach dem 30. September 2005 gefasst wurden.

(43) Für Personen, die gemäß § 1 Abs. 6 in der Fassung des Bundesgesetzes BGBl. I Nr. 102/2005 nicht mehr vom Anspruch auf Insolvenz-Ausfallgeld ausgeschlossen sind, haben deren Arbeitgeber den Zuschlag nach Maßgabe des § 12 Abs. 1 Z 4 ab dem Beginn der Beitragsperiode 2006 zu entrichten.

(44) § 14a in der Fassung des Bundesgesetzes BGBl. I Nr. 102/2005 tritt mit 1. Oktober 2005 in Kraft.

(45) § 1 Abs. 3 Z 1a, § 9 Abs. 1 zweiter Satz und § 11 Abs. 3 in der Fassung des Bundesgesetzes BGBl. I Nr. 102/2005 treten mit 1. Oktober 2005 in Kraft und sind auf Tatbestände anzuwenden, die nach dem 30. September 2005 verwirklicht wurden.

Wirksamkeitsbeginn und Vollziehung

§ 18. (1) Dieses Bundesgesetz tritt mit 1. Jänner 1978 in Kraft.

(2) Die Verordnungen auf Grund dieses Bundesgesetzes können vor dem Inkrafttreten der entsprechenden Bestimmungen erlassen werden, jedoch frühestens mit diesen in Kraft treten.

(3) Mit der Vollziehung dieses Bundesgesetzes sind betraut:

1. Hinsichtlich der Bestimmungen des § 6 Abs. 4 bis 6, des § 11 Abs. 1 bis 3 und des § 14 Abs. 1 und 3 der Bundesminister für Arbeit, Soziales und Konsumentenschutz im Einvernehmen mit dem Bundesminister für Justiz;
2. hinsichtlich der Bestimmungen des § 17 Abs. 6 der Bundesminister für Arbeit, Soziales und Konsumentenschutz im Einvernehmen mit dem Bundesminister für Finanzen;
3. hinsichtlich der Bestimmungen des § 8 und des § 10 der Bundesminister für Justiz;
4. hinsichtlich der Bestimmung des § 13 Abs. 7 und des § 15 Abs. 1 der Bundesminister für Finanzen sowie der Bundesminister für Justiz im Einvernehmen mit dem Bundesminister für Finanzen;
5. hinsichtlich der Bestimmungen des § 15 Abs. 2 der Bundeskanzler;
6. hinsichtlich der übrigen Bestimmungen der Bundesminister für Arbeit, Soziales und Konsumentenschutz.

Sonderbestimmungen

§ 19. (1) Die Höhe der Zuschläge gemäß § 12 Abs. 1 Z 4 für jene Anlassfälle, auf die gemäß Art. 139 Abs. 6 B-VG die auf Grund des Erkenntnisses des Verfassungsgerichtshofes vom 13. Oktober 2005, G 39/05, V 25-31/05-12, G 40/05, V 32-37/05-10, G 82/05, V 56-63/05-9, BGBl. II Nr. 380/2005, aufgehobenen Verordnungen nicht mehr anzuwenden sind, wird wie folgt festgesetzt:

1. für das Jahr 2000 ab Beginn der Beitragsperiode 2000 mit 0,4 vH,
2. für das Jahr 2001 ab Beginn der Beitragsperiode 2001 mit 0,4 vH,
3. für das Jahr 2002 ab Beginn der Beitragsperiode 2002 mit 0,4 vH,
4. für das Jahr 2003 ab Beginn der Beitragsperiode 2003 mit 0,6 vH,
5. für das Jahr 2004 ab Beginn der Beitragsperiode 2004 mit 0,7 vH,
6. für das Jahr 2005 ab Beginn der Beitragsperiode 2005 mit 0,7 vH.

(2) Die Differenz zwischen den auf Grund der Verordnungen BGBl. II Nr. 511/1999, BGBl. II Nr. 410/2000, BGBl. II Nr. 452/2001, BGBl. II Nr. 454/2002, BGBl. II Nr. 560/2003 und BGBl. II Nr. 503/2004 eingehobenen Zuschlägen von jeweils 0,7 vH und den für die jeweilige Beitragsperiode gemäß Abs. 1 für die Anlassfälle festgesetzten Zuschlägen zuzüglich gesetzlicher Zinsen in der Höhe von 4 vH ist den betroffenen Dienstgebern für die jeweils betroffenen Teile dieser Beitragsperioden rückzuerstatten.

(3) Die Träger der Krankenversicherung haben die Rückerstattungen nach Abs. 2 innerhalb von drei Monaten, nachdem ihnen der neu erlassene Bescheid zugestellt wurde, zu leisten.

(4) Die Träger der Krankenversicherung sind berechtigt, die rückerstatteten Zuschläge einschließlich der gesetzlichen Zinsen von der Summe der an den Insolvenz-Entgelt-Fonds abzuführenden Zuschläge abzuziehen.

(5) Abweichend von § 12 Abs. 3 und 4 ist die Höhe des mit 0,55 vH festgesetzten Zuschlages in den Jahren 2011 und 2012 nicht zu verändern. Eine Überprüfung gemäß § 12 Abs. 6 hat dennoch stattzufinden; eine Veränderung der Höhe des Zuschlages ist frühestens mit Wirksamkeit ab 2013 festzulegen.

Inkrafttreten

§ 20. (1) § 1b, die Überschrift vor § 13d und § 13d Abs. 1 in der Fassung des Bundesgesetzes BGBl. I Nr. 104/2007 treten mit 1. Jänner 2008 in Kraft.

(2) § 2a in der Fassung des Bundesgesetzes BGBl. I Nr. 104/2007 tritt mit 1. Jänner 2008 in Kraft und ist auf Beschlüsse über die Eröffnung eines Insolvenzverfahrens nach § 1 Abs. 1 oder einen anderen Insolvenztatbestand nach § 1 Abs. 1 Z 3 bis 6 anzuwenden, die nach dem 31. Dezember 2007 gefasst werden.

(3) Der Zuschlag gemäß § 12 Abs. 1 Z 4 ist für freie Dienstnehmer ab dem Beitragsjahr 2008 zu entrichten.

Inkrafttreten und Übergangsbestimmungen zur Novelle BGBl. I Nr. 82/2008

§ 21. (1) § 6 Abs. 2 und § 13e in der Fassung des Bundesgesetzes BGBl. I Nr. 82/2008 treten mit 28. Juni 2008 in Kraft.

(2) § 12, § 13 Abs. 2 und Abs. 8 Z 2 in der Fassung des Bundesgesetzes BGBl. I Nr. 82/2008 treten mit 28. Juni 2008 in Kraft und sind erstmalig im Zusammenhang mit der Festsetzung des Zuschlages gemäß § 12 Abs. 1 Z 4 ab 2009 anzuwenden.

(3) Die Ersetzung der Bezeichnungen in § 1 Abs. 1, 3, 4a, 5 und 6, § 1a Abs. 1, Abs. 2 und Abs. 3 Z 2, in der Überschrift vor § 1b, im § 1b Abs. 1 bis 4, in der Überschrift vor § 3, § 3 Abs. 1 bis 3, § 3a Abs. 1 bis 5, § 3b, § 3c, § 3d Abs. 1 Z 1 und 2 und Abs. 2, § 4, § 5 Abs. 4 und 5, § 6 Abs. 1 und 7, § 7 Abs. 2, 6, 6a, 7 und 8, § 8 Abs. 1 und 2, § 9 Abs. 1, § 10, § 11, § 12 Abs. 1 Einleitungssatz, Z 1 und Z 4, Abs. 2 und Abs. 4, in der Überschrift vor § 13, im § 13 Abs. 1, Abs. 4, Abs. 4a und Abs. 8 Z 5, § 13a Abs. 2, § 13b Abs. 1, § 13c Abs. 1, § 14 Abs. 1, 3, 4 und 5, § 14a, § 16 Abs. 3 und § 19 Abs. 4 sowie die Anfügung des § 14 Abs. 6 durch das Bundesgesetz BGBl. I Nr. 82/2008 treten mit 1. Juli 2008 in Kraft.

Inkrafttreten der Novelle BGBl. I Nr. 90/2009

§ 22. (1) § 13e Abs. 1 und 4 in der Fassung des Bundesgesetzes BGBl. I Nr. 90/2009 tritt rückwirkend mit 1. Juni 2009 in Kraft.

(2) § 6 Abs. 8 in der Fassung des Bundesgesetzes BGBl. I Nr. 90/2009 tritt mit 1. August 2009 in Kraft.

(3) Die Bezeichnungsänderungen im § 12 Abs. 5, § 13a Abs. 1 und § 19 Abs. 4 in der Fassung des Bundesgesetzes BGBl. I Nr. 90/2009 treten mit 1. Juli 2008 in Kraft.

Inkrafttreten und Übergangsbestimmungen zur Novelle BGBl. I Nr. 70/2009

§ 23. § 13b Abs. 1 in der Fassung des Bundesgesetzes BGBl. I Nr. 70/2009 tritt mit 1. Oktober 2010 in Kraft.

Inkrafttreten und Übergangsbestimmungen zur Novelle BGBl. I Nr. 148/2009

§ 24. § 13e Abs. 1 dritter Satz in der Fassung des Bundesgesetzes BGBl. I Nr. 148/2009 tritt rückwirkend mit 15. Dezember 2009 in Kraft.

Inkrafttreten und Übergangsbestimmungen zur Novelle BGBl. I Nr. 29/2010

§ 25. (1) § 1, § 3 Abs. 1, § 3a samt Überschriften, § 3c, § 4 samt Überschrift, § 5, § 6 Abs. 1, Abs. 2, Abs. 3 erster und zweiter Satz und Abs. 4 bis Abs. 7, § 7, § 9, § 10, § 11, § 13 Abs. 5, § 13a Abs. 2 und Abs. 4, § 13b, § 14 Abs. 2 und § 17 Abs. 1 in der Fassung des Bundesgesetzes BGBl. I Nr. 29/2010 treten mit 1. Juli 2010 in Kraft und sind auf Insolvenzverfahren und auf gleichzuhaltende andere Beschlüsse nach § 1 Abs. 1 Z 1 bis 6 anzuwenden, die nach dem 30. Juni 2010 gefasst werden.

(2) § 1a Abs. 3 und Abs. 4 in der Fassung des Bundesgesetzes BGBl. I Nr. 29/2010 tritt mit 1. Juli 2010 mit der Maßgabe in Kraft, dass diese Bestimmungen auf Klagen von Anspruchsberechtigten gegen Erben anzuwenden sind, die nach dem 30. Juni 2010 bei Gericht eingebracht werden.

(3) § 13a Abs. 3 zweiter Satz in der Fassung des Bundesgesetzes BGBl. I Nr. 29/2010 tritt nach Maßgabe des § 635 Abs. 1 ASVG (BGBl. I Nr. 91/2008) in Kraft.

(4) Die Überschriften vor § 1a und § 10, § 6 Abs. 2, Abs. 3 dritter und vierter Satz sowie § 13 Abs. 8 und § 14 Abs. 7 in der Fassung des Bundesgesetzes BGBl. I Nr. 29/2010 treten mit 1. Juli 2010 in Kraft.

(5) § 2a samt Überschrift in der Fassung vor dem Bundesgesetz BGBl. I Nr. 29/2010 tritt mit Ablauf des 30. Juni 2010 mit der Maßgabe außer Kraft, dass diese Bestimmung weiterhin auf Insolvenzverfahren und auf gleichzuhaltende andere Beschlüsse nach § 1 Abs. 1 Z 1 bis 6 anzuwenden ist, die vor dem 1. Juli 2010 gefasst werden.

Inkrafttreten der Novelle BGBl. I Nr. 111/2010

§ 26. § 12 Abs. 3 in der Fassung des Budgetbegleitgesetzes 2011, BGBl. I Nr. 111/2010, tritt mit 1. Jänner 2011 in Kraft.

Inkrafttreten der Novelle BGBl. I Nr. 24/2011

§ 27. § 11 Abs. 3 in der Fassung des Lohn- und Sozialdumping – Bekämpfungsgesetzes, BGBl. I Nr. 24/2011, tritt mit 1. Mai 2011 in Kraft und ist auf Tatbestände anzuwenden, die nach dem 30. April 2011 verwirklicht werden.

Inkrafttreten der Novelle BGBl. I Nr. 39/2011

§ 28. § 5 Abs. 2, § 12, § 13 Abs. 1, § 14 Abs. 4, § 14a Abs. 1, § 18 Abs. 3 Z 1, 2 und 6 sowie § 19 Abs. 5 in der Fassung des Bundesgesetzes BGBl. I Nr. 39/2011 treten mit 1. Juli 2011 in Kraft.

Inkrafttreten der Novelle BGBl. I Nr. 35/2012

§ 29. § 12 Abs. 2 in der Fassung des 2. Stabilitätsgesetzes 2012, BGBl. I Nr. 35/2012, tritt mit 1. Jänner 2013 in Kraft und gilt für Personen, die nach dem 31. Dezember 1952 geboren sind.

Inkrafttreten der Novelle BGBl. I Nr. 30/2014

§ 30. § 12 Abs. 3 und Abs. 6 sowie § 13 Abs. 2 und Abs. 8 Z 1 und 2 in der Fassung des Bundesgesetzes BGBl. I Nr. 30/2014 treten mit 1. Mai 2014 in Kraft.

Inkrafttreten der Novelle BGBl. I Nr. 34/2015

§ 31. § 1 Abs. 3 Z 6 in der Fassung des Bundesgesetzes BGBl. I Nr. 34/2015 tritt mit 1. Jänner 2016 in Kraft.

Inkrafttreten der Novelle BGBl. I Nr. 113/2015

§ 32. § 3d Abs. 3, § 5 Abs. 1 und 2 sowie § 7 Abs. 1a in der Fassung des Bundesgesetzes BGBl. I Nr. 113/2015 treten mit 1. Jänner 2016 in Kraft. Eine Verordnung gemäß § 5 Abs. 2 kann bereits ab dem Tag nach der Kundmachung dieses Bundesgesetzes erlassen werden, aber frühestens mit 1. Jänner 2016 in Kraft treten. Bis zum Inkrafttreten dieser Verordnung gelten § 5 Abs. 1 und 2 in der Fassung vor diesem Bundesgesetz weiter.

Inkrafttreten der Novelle BGBl. I Nr. 122/2017

§ 33. § 1 Abs. 1 letzter Satz in der Fassung des Bundesgesetzes BGBl. I Nr. 122/2017 tritt mit 26. Juni 2017 in Kraft und ist auf Insolvenzverfahren (Konkursverfahren, Sanierungsverfahren) anzuwenden, die nach dem 25. Juni 2017 eröffnet oder wieder aufgenommen (§ 158 Abs. 2 IO) werden. Auf Insolvenzverfahren (Konkursverfahren, Sanierungsverfahren), die vor dem 26. Juni 2017 eröffnet oder wieder aufgenommen (§ 158 Abs. 2 IO) wurden, sind die vor diesem Zeitpunkt geltenden Bestimmungen weiterhin anzuwenden.

Inkrafttreten der Novelle BGBl. I Nr. 123/2017

§ 34. § 1 Abs. 4 Z 3, die Überschrift vor § 3a, § 3a Abs. 1, 2, 3 und 5 sowie § 3b in der Fassung des Bundesgesetzes BGBl. I Nr. 123/2017 treten mit 1. August 2017 in Kraft und sind auf Beschlüsse über die Eröffnung eines Insolvenzverfahrens nach § 1 Abs. 1 oder einen anderen Insolvenztatbestand nach § 1 Abs. 1 Z 1 bis 6, die nach dem 31. Juli 2017 gefasst werden, anzuwenden. § 14 Abs. 1 und 4 in der Fassung des Bundesgesetzes BGBl. I Nr. 123/2017 tritt mit 1. August 2017 in Kraft.

Inkrafttreten der Novelle BGBl. I Nr. 154/2017

§ 35. § 13e Abs. 5 in der Fassung des Bundesgesetzes BGBl. I Nr. 154/2017 tritt mit 1. Jänner 2018 in Kraft.

Inkrafttreten der Novelle BGBl. I Nr. 32/2018

§ 36. § 14 Abs. 4 in der Fassung des Materien-Datenschutz-Anpassungsgesetzes 2018, BGBl. I Nr. 32/2018, tritt mit 25. Mai 2018 in Kraft. § 5 Abs. 5 tritt mit Ablauf des 24. Mai 2018 außer Kraft.

Inkrafttreten der Novelle BGBl. I Nr. 16/2019

§ 37. § 13e Abs. 5 in der Fassung des Bundesgesetzes BGBl. I Nr. 16/2019 tritt rückwirkend mit 1. Jänner 2018 in Kraft.

Inkrafttreten der Novelle BGBl. I Nr. 100/2018

§ 38. § 3d Abs. 1 Z 2 und § 14 Abs. 4 in der Fassung des Bundesgesetzes BGBl. I Nr. 100/2018 treten mit 1. Jänner 2020 in Kraft.

Inkrafttreten der Novelle BGBl. I Nr. 104/2019

§ 39. § 14 Abs. 6 in der Fassung des Bundesgesetzes BGBl. I Nr. 104/2019 tritt mit 1. Juli 2020 in Kraft.

Inkrafttreten der Novelle BGBl. I Nr. 98/2020

§ 40. § 13e tritt mit Ablauf des 31. Dezember 2022 außer Kraft.

Inkrafttreten der Novelle BGBl. I Nr. 86/2021

„**§ 41.** § 1 Abs. 3 Z 1, § 7 Abs. 7 und § 8 Abs. 2 in der Fassung des Bundesgesetzes Gesamtreform des Exekutionsrechts – GREx, BGBl. I Nr. 86/2021, treten mit 1. Juli 2021 in Kraft.

Inkrafttreten der Novelle BGBl. I Nr. 218/2021

§ 42. § 1 Abs. 5, § 1a Abs. 4, § 1b Abs. 3, § 4, § 5, § 6 Abs. 3 und 4, § 7 Abs. 1, 2, 4 und 6, § 8 Abs. 2, § 9 Abs. 1, § 10, § 13 Abs. 8, § 13a Abs. 2, 3 und 4, § 13c Abs. 1, § 13f samt Überschrift sowie § 14 in der Fassung des Bundesgesetzes BGBl. I Nr. 218/2021 treten mit 1. Juli 2022 in Kraft.

Inkrafttreten der Novelle BGBl. I Nr. 185/2022

§ 43. § 12 Abs. 1 in der Fassung des Budgetbegleitgesetzes 2023, BGBl. I Nr. 185/2022, tritt mit 1. Jänner 2023 in Kraft.

36. Insolvenzordnung (Auszug)

Bundesgesetz über das Insolvenzverfahren
StF: RGBl. Nr. 337/1914
Letzte Novellierung: BGBl. I Nr. 199/2021

GLIEDERUNG

STICHWORTVERZEICHNIS

Rechtshandlungen des Schuldners

§ 3. (1) Rechtshandlungen des Schuldners nach der Eröffnung des Insolvenzverfahrens, welche die Insolvenzmasse betreffen, sind den Insolvenzgläubigern gegenüber unwirksam. Dem anderen Teil ist die Gegenleistung zurückzustellen, soweit sich die Masse durch sie bereichern würde.

(2) Durch Zahlung einer Schuld an den Schuldner nach der Eröffnung des Insolvenzverfahrens wird der Verpflichtete nicht befreit, es sei denn, daß das Geleistete der Insolvenzmasse zugewendet worden ist oder daß dem Verpflichteten zur Zeit der Leistung die Eröffnung des Insolvenzverfahrens nicht bekannt war und daß die Unkenntnis nicht auf einer Außerachtlassung der gehörigen Sorgfalt beruht (bekannt sein mußte).

Erfüllung von zweiseitigen Rechtsgeschäften

a) im allgemeinen

§ 21. (1) Ist ein zweiseitiger Vertrag von dem Schuldner und dem anderen Teil zur Zeit der Eröffnung des Insolvenzverfahrens noch nicht oder nicht vollständig erfüllt worden, so kann der Insolvenzverwalter entweder an Stelle des Schuldners den Vertrag erfüllen und vom anderen Teil Erfüllung verlangen oder vom Vertrag zurücktreten.

(2) Der Insolvenzverwalter muß sich darüber spätestens binnen einer vom Insolvenzgericht auf Antrag des anderen Teiles zu bestimmenden Frist erklären, widrigens angenommen wird, daß der Insolvenzverwalter vom Geschäfte zurücktritt. Die vom Insolvenzgericht zu bestimmende Frist darf frühestens drei Tage nach der Berichtstagsatzung enden. Im Falle des Rücktrittes kann der andere Teil den Ersatz des ihm verursachten Schadens als Insolvenzgläubiger verlangen. Ist der Schuldner zu einer nicht in Geld bestehenden Leistung verpflichtet, mit deren Erfüllung er in Verzug ist, so muss sich der Insolvenzverwalter unverzüglich nach Einlangen des Ersuchens des Vertragspartners, längstens aber innerhalb von fünf Arbeitstagen erklären. Erklärt er sich nicht binnen dieser Frist, so wird angenommen, dass er vom Geschäft zurücktritt.

(3) Ist der andere Teil zur Vorausleistung verpflichtet, so kann er seine Leistung bis zur Bewirkung oder Sicherstellung der Gegenleistung verweigern, wenn ihm zur Zeit des Vertragsabschlusses die schlechten Vermögensverhältnisse des Schuldners nicht bekannt sein mußten.

(4) Sind die geschuldeten Leistungen teilbar und hat der Gläubiger die ihm obliegende Leistung zur Zeit der Eröffnung des Insolvenzverfahrens bereits teilweise erbracht, so ist er mit dem der Teilleistung entsprechenden Betrag seiner Forderung auf die Gegenleistung Insolvenzgläubiger.

d) Arbeitsverträge

§ 25. (1) Ist der Schuldner Arbeitgeber, so übt der Insolvenzverwalter die Rechte und Pflichten des Arbeitgebers aus. Ist das Arbeitsverhältnis bereits angetreten worden, so kann es

1. im Schuldenregulierungsverfahren innerhalb eines Monats nach Eröffnung des Schuldenregulierungsverfahrens,
2. sonst innerhalb eines Monats nach
a) öffentlicher Bekanntmachung des Beschlusses, mit dem die Schließung des Unternehmens oder eines Unternehmensbereichs angeordnet, bewilligt oder festgestellt wird, oder
b) der Berichtstagsatzung, es sei denn, das Gericht hat dort die Fortführung des Unternehmens beschlossen, oder
3. im vierten Monat nach Eröffnung des Insolvenzverfahrens, wenn bis dahin keine Berichtstagsatzung stattgefunden hat und die Fortführung des Unternehmens nicht öffentlich bekannt gemacht wurde,

vom Arbeitnehmer durch vorzeitigen Austritt, wobei die Eröffnung des Insolvenzverfahrens als wichtiger Grund gilt, und vom Insolvenzverwalter unter Einhaltung der gesetzlichen, kollektivvertraglichen oder der zulässigerweise vereinbarten kürzeren Kündigungsfrist unter Bedachtnahme auf die gesetzlichen Kündigungsbeschränkungen gelöst werden.

(1a) Bei Arbeitnehmern mit besonderem gesetzlichem Kündigungsschutz ist die Frist des Abs. 1 gewahrt, wenn die Klage bzw. der Antrag auf Zustimmung zur Kündigung durch den Insolvenzverwalter fristgerecht eingebracht worden ist. Gleiches gilt auch für die Anzeigeverpflichtung nach § 45a AMFG.

(1b) Wurde nicht die Schließung des gesamten Unternehmens, sondern nur eines Unternehmensbereichs angeordnet, bewilligt oder festgestellt, so stehen das Austrittsrecht und das Kündigungsrecht nach Abs. 1 nur den Arbeitnehmern bzw. nur in Bezug auf die Arbeitnehmer zu, die in dem betroffenen Unternehmensbereich beschäftigt sind. Hat das Gericht in der Berichtstagsatzung die Fortführung des Unternehmens beschlossen, so kann der Insolvenzverwalter nur Arbeitnehmer, die in einzuschränkenden Bereichen beschäftigt sind, innerhalb eines Monats nach der Berichtstagsatzung nach Abs. 1 kündigen. Dem gekündigten Arbeitnehmer steht ein Austrittsrecht nach Abs. 1 zu.

(1c) Im Sanierungsverfahren mit Eigenverwaltung kann der Schuldner Arbeitnehmer, die in einzuschränkenden Bereichen beschäftigt sind, überdies innerhalb eines Monats nach der öffentlichen Bekanntmachung des Eröffnungsbeschlusses mit Zustimmung des Sanierungsverwalters nach Abs. 1 kündigen, wenn die Aufrechterhaltung des Arbeitsverhältnisses das Zustandekommen oder die Erfüllbarkeit des Sanierungsplans oder die Fortführung des Unternehmens gefährden könnte. Dem gekündigten Arbeitnehmer steht ein Austrittsrecht nach Abs. 1 zu. Abs. 1a zweiter Satz ist nicht anzuwenden.

(2) Wird das Arbeitsverhältnis nach Abs. 1 gelöst, so kann der Arbeitnehmer den Ersatz des verursachten Schadens als Insolvenzforderung verlangen.

(3) Nach Eröffnung des Insolvenzverfahrens ist ein Austritt unwirksam, wenn er nur darauf gestützt wird, dass dem Arbeitnehmer das vor Eröffnung des Insolvenzverfahrens zustehende Entgelt ungebührlich geschmälert oder vorenthalten wurde.

(4) Bestimmungen besonderer Gesetze über den Einfluß der Eröffnung des Insolvenzverfahrens auf das Arbeitsverhältnis bleiben unberührt.

Auflösung von Verträgen durch Vertragspartner des Schuldners

§ 25a. (1) Wenn die Vertragsauflösung die Fortführung des Unternehmens gefährden könnte, können Vertragspartner des Schuldners mit dem Schuldner geschlossene Verträge bis zum Ablauf von sechs Monaten nach Eröffnung des Insolvenzverfahrens nur aus wichtigem Grund auflösen. Nicht als wichtiger Grund gilt

1. eine Verschlechterung der wirtschaftlichen Situation des Schuldners und
2. Verzug des Schuldners mit der Erfüllung von vor Eröffnung des Insolvenzverfahrens fällig gewordenen Forderungen.

(2) Die Beschränkungen des Abs.1 gelten nicht,

1. wenn die Auflösung des Vertrags zur Abwendung schwerer persönlicher oder wirtschaftlicher Nachteile des Vertragspartners unerlässlich ist,
2. bei Ansprüchen auf Auszahlung von Krediten und
3. bei Arbeitsverträgen.

Unwirksame Vereinbarungen

§ 25b. (1) Auf Vereinbarungen, wodurch die Anwendung der §§ 21 bis 25a im Verhältnis zwischen Gläubiger und Schuldner im voraus ausgeschlossen oder beschränkt wird, können sich die Vertragsteile nicht berufen.

(2) Die Vereinbarung eines Rücktrittsrechts oder der Vertragsauflösung für den Fall der Eröffnung eines Insolvenzverfahrens ist unzulässig, außer bei Verträgen nach § 20 Abs. 4.

Masseforderungen

§ 46. Masseforderungen sind:

1. die Kosten des Insolvenzverfahrens;
2. alle Auslagen, die mit der Erhaltung, Verwaltung und Bewirtschaftung der Masse verbunden sind, einschließlich der Forderungen von Fonds und anderen gemeinsamen Einrichtungen der Arbeitnehmer und der Arbeitgeber, sofern deren Leistungen Arbeitnehmern als Entgelt oder gleich diesem zugute kommen, sowie der die Masse treffenden Steuern, Gebühren,

Zölle, Beiträge zur Sozialversicherung und anderen öffentlichen Abgaben, wenn und soweit der die Abgabepflicht auslösende Sachverhalt während des Insolvenzverfahrens verwirklicht wird. Hiezu gehören auch die nach persönlichen Verhältnissen des Gemeinschuldners bemessenen öffentlichen Abgaben; soweit jedoch diese Abgaben nach den verwaltungsbehördlichen Feststellungen auf ein anderes als das für die Insolvenzmasse nach der Eröffnung des Insolvenzverfahrens erzielte Einkommen entfallen, ist dieser Teil auszuscheiden. Inwieweit im Insolvenzverfahren eines Unternehmers die im ersten Satz bezeichneten Forderungen von Fonds und von anderen gemeinsamen Einrichtungen sowie die auf Forderungen der Arbeitnehmer (arbeitnehmerähnlichen Personen) entfallenden öffentlichen Abgaben Masseforderungen sind, richtet sich nach der Einordnung der Arbeitnehmerforderung;

3. Forderungen der Arbeitnehmer (arbeitnehmerähnlichen Personen) auf laufendes Entgelt (einschließlich Sonderzahlungen) für die Zeit nach der Eröffnung des Insolvenzverfahrens;

3a. Beendigungsansprüche, wenn

a) das Beschäftigungsverhältnis vor Eröffnung des Insolvenzverfahrens eingegangen worden ist und danach, jedoch nicht nach § 25, durch den Insolvenzverwalter oder– wenn die Beendigung auf eine Rechtshandlung oder ein sonstiges Verhalten des Insolvenzverwalters, insbesondere die Nichtzahlung des Entgelts, zurückzuführen ist– durch den Arbeitnehmer (die arbeitnehmerähnliche Person) gelöst wird; das gilt auch, wenn nach Eintritt der Masseunzulänglichkeit Entgelt nicht bezahlt wird;

b) das Beschäftigungsverhältnis während des Insolvenzverfahrens vom Insolvenzverwalter neu eingegangen wird;

4. unbeschadet der Z 3 und des § 21 Abs. 4 Ansprüche auf Erfüllung zweiseitiger Verträge, in die der Insolvenzverwalter eingetreten ist;

5. unbeschadet der Z 3 alle Ansprüche aus Rechtshandlungen des Insolvenzverwalters;

6. die Ansprüche aus einer grundlosen Bereicherung der Masse;

7. die Kosten einer einfachen Bestattung des Schuldners;

8. die Belohnung der bevorrechteten Gläubigerschutzverbände.

§ 47. (1) Aus der Insolvenzmasse sind vor allem die Masseforderungen, und zwar aus der Masse, auf die sie sich beziehen, zu berichtigen.

(2) Können die Masseforderungen nicht vollständig befriedigt werden, so sind sie nacheinander wie folgt zu zahlen:

1. die unter § 46 Z 1 fallenden, vom Insolvenzverwalter vorschußweise bestrittenen Barauslagen,
2. die übrigen Kosten des Verfahrens nach § 46 Z 1,
3. der von Dritten erlegte Kostenvorschuß, soweit er zur Deckung der Kosten des Insolvenzverfahrens benötigt wurde,
4. die Forderungen der Arbeitnehmer (arbeitnehmerähnlichen Personen) auf laufendes Entgelt, soweit sie nicht nach dem Insolvenz-Entgeltsicherungsgesetz gesichert sind,
5. Beendigungsansprüche der Arbeitnehmer (arbeitnehmerähnlichen Personen), soweit sie nicht nach dem Insolvenz Entgeltsicherungsgesetz gesichert sind, und
6. die übrigen Masseforderungen.

Innerhalb gleicher Gruppen sind die Masseforderungen verhältnismäßig zu befriedigen. Geleistete Zahlungen können nicht zurückgefordert werden.

(3) Im Zweifel, ob sich Masseforderungen auf die gemeinschaftliche oder auf eine besondere Masse beziehen, gilt das erste. Darüber entscheidet das Insolvenzgericht nach Vornahme der erforderlichen Erhebungen (§ 254 Abs. 5) unter Ausschluß des Rechtsweges.

Insolvenzforderungen

§ 51. (1) Insolvenzforderungen sind Forderungen von Gläubigern, denen vermögensrechtliche Ansprüche an den Schuldner zur Zeit der Eröffnung des Insolvenzverfahrens zustehen (Insolvenzgläubiger).

(2) Insolvenzforderungen sind auch

1. aus dem Gesetz gebührende Unterhaltsansprüche für die Zeit nach der Eröffnung des Insolvenzverfahrens, soweit der Schuldner als Erbe des Unterhaltspflichtigen haftet;
2. Ansprüche aus der Beendigung des Beschäftigungsverhältnisses

a) nach § 25, auch wenn während der Kündigungsfrist das Arbeitsverhältnis wegen Nichtzahlung des Entgelts beendet wurde, oder

b) wenn die Auflösungserklärung vor Eröffnung des Insolvenzverfahrens rechtswirksam abgegeben wurde oder

c) wenn das Beschäftigungsverhältnis nach Eröffnung des Insolvenzverfahrens nicht nach § 25 vom Arbeitnehmer (arbeitnehmerähnliche Person) gelöst wird und dies nicht auf eine Rechtshandlung oder ein sonstiges Verhalten des Insolvenzverwalters zurückzuführen ist.

Bekanntmachung der Eröffnung des Insolvenzverfahrens

§ 74. (1) Die Eröffnung des Insolvenzverfahrens ist durch ein Edikt öffentlich bekanntzumachen, wobei das Verfahren ausdrücklich entweder als Konkursverfahren oder als Sanierungsverfahren zu bezeichnen ist.

(2) Das Edikt hat zu enthalten:

1. das Datum der Eröffnung des Insolvenzverfahrens,
2. das Gericht, das das Insolvenzverfahren eröffnet hat, und das Aktenzeichen des Verfahrens,
3. die Art des eröffneten Insolvenzverfahrens,

4. bei einer eingetragenen Personengesellschaft oder einer juristischen Person die Firma, gegebenenfalls frühere Firmen, die Firmenbuchnummer oder ZVR-Zahl, den Sitz und, sofern davon abweichend, die Geschäftsanschrift des Schuldners sowie die Anschriften der Niederlassungen,
5. bei einer natürlichen Person den Namen, die Wohn- und Geschäftsanschrift und das Geburtsdatum des Schuldners, gegebenenfalls die Firma und Firmenbuchnummer und frühere Namen sowie, falls die Anschrift geschützt ist, den Geburtsort des Schuldners,
6. den Namen, die Anschrift, die Telefonnummer und die E-Mail-Adresse des Insolvenzverwalters und, wenn eine juristische Person bestellt wurde, der Person, die sie bei Ausübung der Insolvenzverwaltung vertritt, und ob dem Schuldner die Eigenverwaltung zusteht,
7. den Ort, die Zeit und den Zweck der ersten Gläubigerversammlung mit der Aufforderung an die Gläubiger, die Belege für die Glaubhaftmachung ihrer Forderungen mitzubringen,
8. die Frist für die Anmeldung der Forderungen und die Aufforderung an die Insolvenzgläubiger, ihre Forderungen innerhalb dieser Frist anzumelden,
9. die Aufforderung an die Aussonderungsberechtigten und Absonderungsgläubiger an einer Forderung auf Einkünfte aus einem Arbeitsverhältnis oder auf sonstige wiederkehrende Leistungen mit Einkommensersatzfunktion, ihre Aussonderungs- oder Absonderungsrechte innerhalb der Anmeldungsfrist geltend zu machen,
10. eine kurze Belehrung über die Folgen einer Versäumung der Anmeldungsfrist und
11. den Ort und die Zeit der allgemeinen Prüfungstagsatzung.

(3) Die erste Gläubigerversammlung ist in der Regel nicht über 14 Tage, die allgemeine Prüfungstagsatzung in der Regel auf 60 bis 90 Tage nach der Eröffnung des Insolvenzverfahrens und die Anmeldungsfrist in der Regel auf 14 Tage vor der allgemeinen Prüfungstagsatzung anzuordnen.

§ 75. (1) Ausfertigungen des Ediktes sind zuzustellen:
1. jedem Insolvenzgläubiger, dessen Anschrift bekannt ist;
2. jedem im Unternehmen errichteten Organ der Belegschaft.
3. auf die nach den zur Verfügung stehenden technischen Mitteln schnellste Art der Oesterreichischen Nationalbank, wenn das Insolvenzverfahren vom Gerichtshof erster Instanz eröffnet wurde.

(2) Ausfertigungen des Ediktes sind, wenn der Schuldner Unternehmer ist, der für ihn und der für seine Arbeitnehmer zuständigen gesetzlichen Interessenvertretung zuzustellen. Hat der Schuldner das Vermögensverzeichnis und die Bilanz (§ 100) bereits vorgelegt, so sind sie anzuschließen.

Anhörung der gesetzlichen Interessenvertretungen und des Landesarbeitsamts

§ 76. Die gesetzlichen Interessenvertretungen (§ 75 Abs. 2) und das Bundesamt für Soziales und Behindertenwesen sowie die Landesgeschäftsstelle des Arbeitsmarktservice können sich innerhalb dreier Wochen über die im § 81a Abs. 1 bezeichneten Umstände äußern. Die Äußerungen sind dem Insolvenzverwalter und dem Gläubigerausschuß zur Kenntnis zu bringen. Wenn die hiefür notwendigen Abschriften beigebracht werden, sind die Äußerungen auf Verlangen der Äußerungsberechtigten auch den Gläubigern zuzustellen.

37. Kinderbetreuungsgeldgesetz

Kinderbetreuungsgeldgesetz
StF: BGBl. I Nr. 103/2001
Letzte Novellierung: BGBl. I Nr. 225/2022

GLIEDERUNG

Abschnitt 1
Leistungsarten

§ 1. Als Leistungen werden nach Maßgabe dieses Bundesgesetzes gewährt:

1. das pauschale Kinderbetreuungsgeld als Konto;
2. das Kinderbetreuungsgeld als Ersatz des Erwerbseinkommens;
3. die Beihilfe zum pauschalen Kinderbetreuungsgeld;
4. der Partnerschaftsbonus.

Der Bezug von pauschalem Kinderbetreuungsgeld als Konto schließt einen Bezug von Kinderbetreuungsgeld als Ersatz des Erwerbseinkommens aus und umgekehrt.

Abschnitt 2
Pauschales Kinderbetreuungsgeld als Konto
Anspruchsberechtigung

§ 2. (1) Anspruch auf Kinderbetreuungsgeld hat ein Elternteil (Adoptivelternteil, Pflegeelternteil) für sein Kind (Adoptivkind, Pflegekind) bzw. eine Krisenpflegeperson für ein Krisenpflegekind, sofern

1. für dieses Kind Anspruch auf Familienbeihilfe nach dem Familienlastenausgleichsgesetz 1967, BGBl. Nr. 376, besteht und Familienbeihilfe für dieses Kind tatsächlich bezogen wird,
2. der Elternteil mit diesem Kind im gemeinsamen Haushalt lebt,
3. der Gesamtbetrag der maßgeblichen Einkünfte (§ 8 Abs. 1) des Elternteiles im Kalenderjahr den absoluten Grenzbetrag von 18 000 € oder den höheren individuellen Grenzbetrag nach § 8b nicht übersteigt,
4. der Elternteil und das Kind den Mittelpunkt der Lebensinteressen im Bundesgebiet haben und
5. der Elternteil und das Kind sich nach §§ 8 und 9 des Niederlassungs- und Aufenthaltsgesetzes (NAG), BGBl. I Nr. 100/2005, oder nach § 54 des Asylgesetzes 2005 (AsylG 2005), BGBl. I Nr. 100/2005 idF BGBl. I Nr. 87/2012, rechtmäßig in Österreich aufhalten, es sei denn, es handelt sich

a) um österreichische Staatsbürger oder
b) Personen, denen Asyl nach dem Asylgesetz 2005 (AsylG 2005), BGBl. I Nr. 100, gewährt wurde, oder
c) Personen, denen der Status des subsidiär Schutzberechtigten nach dem Asylgesetz 2005 zuerkannt wurde und für die kein Anspruch auf Leistungen aus der Grundversorgung oder Mindestsicherung besteht und die unselbständig oder selbständig erwerbstätig sind, oder
d) Personen, denen der Status der Vertriebenen nach § 62 Abs. 1 Asylgesetz in Verbindung mit der Verordnung der Bundesregierung über ein vorübergehendes Aufenthaltsrecht für aus der Ukraine Vertriebene (Vertriebenen-VO), BGBl. II Nr. 92/2022, zuerkannt wurde.

Für nachgeborene Kinder wird das Kinderbetreuungsgeld rückwirkend gewährt. Gleiches gilt für Adoptiv- und Pflegekinder, rückwirkend bis zur Begründung des Mittelpunktes der Lebensinteressen im Bundesgebiet durch den Elternteil und das Kind. Als nachgeborene Kinder gelten jene Kinder, die nach dem Zeitpunkt der Erteilung des Aufenthaltstitels oder der Zuerkennung des Status des Asylberechtigten oder des subsidiär Schutzberechtigten an den zusammenführenden Fremden geboren werden.

(2) Für ein Kind ist ein gleichzeitiger Bezug von Kinderbetreuungsgeld durch beide Elternteile ausgeschlossen.

(3) In Zweifelsfällen hat das Vorrecht auf Kinderbetreuungsgeld derjenige Elternteil, der die Betreuung des Kindes, für das Kinderbetreuungsgeld bezogen wird, überwiegend durchführt.

(4) Bei Mehrlingsgeburten gebührt Kinderbetreuungsgeld gemäß § 3a nur, wenn die Anspruchsvoraussetzungen nach diesem Bundesgesetz für jedes Mehrlingskind erfüllt sind.

(5) Auf den Anspruch auf Kinderbetreuungsgeld kann verzichtet werden, wodurch sich der Anspruchszeitraum (§ 8) um den Zeitraum des Verzichts verkürzt. Ein Verzicht ist nur für ganze Kalendermonate möglich. Zeitpunkt und Dauer müssen im Vorhinein bekanntgegeben werden. Der Verzicht kann widerrufen werden. Ein Widerruf ist nur für ganze Kalendermonate und maximal für 182 Tage rückwirkend möglich.

(6) Ein gemeinsamer Haushalt im Sinne dieses Gesetzes liegt nur dann vor, wenn der Elternteil und das Kind in einer dauerhaften (mindestens 91 Tage durchgehend) Wohn- und Wirtschaftsgemeinschaft an derselben Wohnadresse leben und beide an dieser Adresse auch hauptwohnsitzlich gemeldet sind. Eine höchstens bis zu 10 Tage verspätet (§ 3 Abs. 1 MeldeG) erfolgte Hauptwohnsitzmeldung des Kindes an dieser Wohnadresse schadet nicht. Der gemeinsame Haushalt gilt bei mehr als 91-tägiger tatsächlicher oder voraussichtlicher Dauer einer Abwesenheit des Elternteiles oder des Kindes als aufgelöst. Bei einem 91 Tage übersteigenden Krankenhausaufenthalt des Kindes wird bei persönlicher Pflege und Betreuung des Kindes durch diesen Elternteil im Mindestausmaß von durchschnittlich vier Stunden täglich ausnahmsweise der gemeinsame Haushalt des Kindes mit diesem Elternteil im Sinne dieses Absatzes angenommen. Eine Krisenpflegeperson hat unabhängig davon, dass nie eine dauerhafte Wohn- und Wirtschaftsgemeinschaft mit dem Krisenpflegekind vorliegt, Anspruch auf Kinderbetreuungsgeld für dieses Krisenpflegekind, sofern sie es mindestens 91 Tage durchgehend in einer Wohn- und Wirtschaftsgemeinschaft betreut.

(7) Bei getrennt lebenden Eltern muss der antragstellende Elternteil, der mit dem Kind im gemeinsamen Haushalt lebt, obsorgeberechtigt sein und die Anspruchsvoraussetzung nach Abs. 1 Z 1 in eigener Person erfüllen.

(8) Als Tage im Sinne dieses Bundesgesetzes sind Kalendertage zu verstehen.

§ 2a. (1) Krisenpflegepersonen im Sinne dieses Bundesgesetzes sind Personen, die im Auftrag des zuständigen Kinder- und Jugendhilfeträgers ausgebildet und von diesem mit der vorübergehenden Pflege und Erziehung eines Kindes für die Dauer der Gefährdungsabklärung betraut wurden. Krisenpflegepersonen sind keine Pflegeeltern im Sinne dieses Gesetzes, die auf Pflegeeltern anzuwendenden Bestimmungen sind jedoch auf Krisenpflegepersonen sinngemäß anzuwenden, es sei denn, dieses Gesetz sieht abweichende Bestimmungen für Krisenpflegepersonen vor.

(2) Krisenpflegekinder im Sinne dieses Bundesgesetzes sind Kinder, die aufgrund einer akut gefährdenden Lebenssituation kurzfristig von Krisenpflegepersonen betreut werden. Krisenpflegekinder sind keine Pflegekinder im Sinne dieses Gesetzes, die auf Pflegekinder anzuwendenden Bestimmungen sind jedoch auf Krisenpflegekinder sinngemäß anzuwenden, es sei denn, dieses Gesetz sieht abweichende Bestimmungen für Krisenpflegekinder vor.

Höhe und Anspruchsdauer

§ 3. (1) Das Kinderbetreuungsgeld beträgt bei einer Anspruchsdauer von bis zu 365 Tagen ab der Geburt des Kindes 33,88 Euro *(Anm. 1)* täglich. Eine kürzere Inanspruchnahme erhöht nicht den Tagesbetrag. Eine verlängerte Inanspruchnahme ist gemäß § 5 möglich.

(1a) Mit Wirksamkeit ab 1. Jänner eines jeden Jahres, erstmals mit 1. Jänner 2023, ist das Kinderbetreuungsgeld (Abs. 1 erster Satz) mit dem Anpassungsfaktor des § 108f des Allgemeinen Sozialversicherungsgesetzes (ASVG), BGBl. Nr. 189/1955, zu vervielfachen. Der Vervielfachung ist der Betrag zugrunde zu legen, der am 31. Dezember des vorangegangenen Jahres in Geltung steht. Der vervielfachte Betrag ist kaufmännisch auf zwei Dezimalstellen zu runden.

(2) Der Bezug von Kinderbetreuungsgeld nach Abs. 1 kann abwechselnd durch beide Elternteile erfolgen, wodurch sich die Anspruchsdauer über den 365. Tag ab der Geburt hinaus um die bereits bezogenen Tage des jeweils anderen Elternteiles verlängert, maximal jedoch auf bis zu 456 Tage ab der Geburt des Kindes. Jedem Elternteil ist hierbei eine Anspruchsdauer von 91 Tagen unübertragbar vorbehalten. Pro Kind ist nur ein zweimaliger Wechsel zwischen den Elternteilen zulässig.

(3) Ist der beziehende Elternteil durch ein unvorhersehbares und unabwendbares Ereignis für eine nicht bloß verhältnismäßig kurze Zeit verhindert, das Kind im gemeinsamen Haushalt (§ 2 Abs. 6) zu betreuen, kann ein Wechsel über das in Abs. 2 angeführte Ausmaß erfolgen.

(4) Werden die im § 7 Abs. 2 vorgesehenen Mutter-Kind-Pass-Untersuchungen nicht bis zu den vorgesehenen Zeitpunkten nachgewiesen, so reduziert sich der Anspruch auf Kinderbetreuungsgeld für jeden Elternteil um 1 300 Euro.

(5) Das Kinderbetreuungsgeld kann stets, also unabhängig von einem Wechsel, jeweils nur in Blöcken von mindestens 61 Tagen beansprucht werden. Als beansprucht gelten ausschließlich Zeiträume des tatsächlichen Bezuges der Leistung.

(6) Der Anspruch auf Kinderbetreuungsgeld endet spätestens mit Ablauf jenes Tages, welcher der Geburt eines weiteren Kindes bzw. der Adoption (In-Pflege-Nahme) eines jüngeren Kindes vorangeht. Endet der Anspruch für das weitere Kind vorzeitig, lebt der Anspruch für jenes Kind, für welches davor Kinderbetreuungsgeld bezogen wurde, wieder auf.

(____________________

Anm. 1: gemäß BGBl. II Nr. 413/2022 für 2023: 35,85 €)

Mehrlingsgeburten

§ 3a. (1) Bei Mehrlingsgeburten erhöht sich das Kinderbetreuungsgeld für das zweite und jedes weitere Kind um 50 % des Betrages gemäß § 3 Abs. 1. Voraussetzung für den Anspruch auf den Erhöhungsbetrag ist, dass ein Anspruch auf Auszahlung des Kinderbetreuungsgeldes besteht.

(2) Werden für das zweite oder weitere Mehrlingskind die in § 7 Abs. 2 vorgesehenen Mutter-Kind-Pass-Untersuchungen nicht bis zu den vorgesehenen Zeitpunkten nachgewiesen, so reduziert sich das Kinderbetreuungsgeld für jeden Elternteil um 650 Euro pro weiterem Mehrlingskind.

Bezugsbeginn

§ 4. (1) Das Kinderbetreuungsgeld gebührt auf Antrag, frühestens ab dem Tag der Geburt des Kindes, bei Adoptiv- und Pflegekindern frühestens ab dem Tag, ab dem das Kind in Pflege genommen wird.

(2) Wird der Antrag erst später gestellt, so gebührt das Kinderbetreuungsgeld rückwirkend bis zum Höchstausmaß von 182 Tagen.

Bezugsende

§ 4a. (1) Der Anspruch auf Kinderbetreuungsgeld endet mit Ablauf des letzten Tages der beantragten Dauer, spätestens jedoch nach der in diesem Bundesgesetz festgelegten Höchstanspruchsdauer.

(2) Der Bezug des Kinderbetreuungsgeldes kann durch Verzicht (§ 2 Abs. 5, § 24b Abs. 7) vorübergehend oder durch gesonderte Meldung vorzeitig

beendet werden. Im Fall der vorzeitigen Beendigung ist ein neuerlicher Bezug nur nach erneuter Antragstellung und nach Ablauf einer Frist von mindestens einem Kalendermonat möglich. Der Beendigungszeitpunkt muss im Vorhinein bekanntgegeben werden.

Flexible Inanspruchnahme

§ 5. (1) Die Anspruchsdauer nach § 3 Abs. 1 kann auf bis zu 851 Tage ab Geburt des Kindes verlängert werden, wodurch sich der Tagesbetrag im gleichen Verhältnis verringert. § 3a Abs. 1 ist sinngemäß und verhältnismäßig anzuwenden.

(2) Der Bezug von Kinderbetreuungsgeld nach Abs. 1 kann abwechselnd durch beide Elternteile erfolgen, § 3 Abs. 2 erster und zweiter Satz ist dabei sinngemäß und verhältnismäßig anzuwenden. Die Anspruchsdauer verlängert sich maximal auf bis zu 1063 Tage ab der Geburt des Kindes.

(3) § 3 Abs. 3 bis 6 und § 3a Abs. 2 sind anzuwenden.

Festlegung und Änderung der Anspruchsdauer

§ 5a. (1) Die Anspruchsdauer (§ 3 Abs. 1 und 2, § 5 Abs. 1 und 2) ist bei der erstmaligen Antragstellung verbindlich festzulegen. Nicht in Anspruch genommene Tage verfallen ausnahmslos. Der antragstellende Elternteil ist an den sich aus dieser gewählten Anspruchsdauer ergebenden Tagesbetrag gebunden. Der andere Elternteil ist ebenfalls an diesen Tagesbetrag gebunden. Der Anspruch besteht nur für volle Tage.

(2) Eine spätere Änderung der festgelegten Anspruchsdauer ist nur einmal pro Kind auf Antrag und nur bis spätestens 91 Tage vor Ablauf der ursprünglich beantragten Anspruchsdauer möglich. Die Änderung kann nur auf Antrag des beziehenden Elternteiles erfolgen. Die Änderung bindet auch den anderen Elternteil. Die Änderung der Anspruchsdauer ist nur unter Einhaltung der Reziprozität und aller gesetzlichen Bedingungen möglich und sie ist ausgeschlossen, sofern dadurch vergangene Bezugszeiträume nachträglich geändert werden sollen. Die Änderung bewirkt, dass die Eltern so zu stellen sind, wie sie stünden, wenn von Anfang an die nun geänderte Anspruchsdauer festgelegt worden wäre, weshalb die durch die Änderung ausgelöste Neubemessung des Tagesbetrages einen Nachzahlungsanspruch oder eine Rückzahlungsverpflichtung für vergangene Zeiträume auslöst. Im Falle einer Rückzahlungsverpflichtung ist die Änderung nur dann wirksam, sofern binnen 61 Tagen ab Antragstellung der gesamte Rückzahlungsbetrag beim Krankenversicherungsträger einlangt. Hat der andere Elternteil bereits Kinderbetreuungsgeld bezogen, so ist eine Änderung nur bei ausdrücklicher Zustimmung dieses Elternteiles möglich; weiters ist im Falle einer Rückzahlungsverpflichtung die Änderung nur dann wirksam, sofern binnen 61 Tagen ab Beantragung der Änderung die gesamten Rückzahlungsbeträge beider Elternteile beim Krankenversicherungsträger einlangen. Eine unwirksame Änderung eröffnet keine weitere Änderungsmöglichkeit.

Partnerschaftsbonus

§ 5b. Haben die Eltern das Kinderbetreuungsgeld für dasselbe Kind zu annähernd gleichen Teilen, mindestens jedoch im Ausmaß von je 124 Tagen, beansprucht, so gebührt jedem Elternteil nach Ende des Anspruchszeitraumes auf Antrag ein Partnerschaftsbonus in Höhe von 500 Euro als Einmalzahlung. Zu annähernd gleichen Teilen im Sinne dieses Bundesgesetzes beziehen Eltern nur dann, wenn der eine Elternteil mindestens 40 % und der andere Elternteil maximal 60 % bezieht. Nach Auszahlung des Partnerschaftsbonus besteht kein Anspruch mehr auf Kinderbetreuungsgeld für dieses Kind, weder für künftige, noch für vergangene Zeiträume. Der Anspruch besteht pro Kind nur einmal, wobei den Vorrang jene Eltern haben, die zuerst bezogen haben. Der Antrag ist spätestens binnen 124 Tagen ab Ende des letzten Bezugsteiles beim Krankenversicherungsträger zu stellen. In Angelegenheiten des Partnerschaftsbonus ist jener Krankenversicherungsträger zuständig, bei dem zuletzt Kinderbetreuungsgeld für dieses Kind bezogen worden ist. Eine Rückforderung von zu Unrecht bezogenem Kinderbetreuungsgeld für dieses Kind bei einem Elternteil löst zugleich eine Rückforderung der beiden Partnerschaftsboni aus, sofern dadurch die geforderte Anspruchsdauer eines Elternteiles oder die vorgeschriebene Aufteilungsquote nicht mehr vorliegt.

Härtefälleverlängerung

§ 5c. (1) Ist ein Elternteil aufgrund eines unabwendbaren und unvorhersehbaren Ereignisses, dessen Dauer den Wegfall des gemeinsamen Haushaltes mit dem Kind bewirkt, am Bezug des pauschalen Kinderbetreuungsgeldes für dieses Kind verhindert, so verlängert sich die Bezugsdauer des anderen Elternteiles im Zeitraum der Verhinderung auf Antrag um die Anzahl der Verhinderungstage, maximal aber um 91 Tage. Ein unvorhersehbares und unabwendbares Ereignis im Sinne dieses Gesetzes liegt nur vor bei:

1. Tod,
2. Aufenthalt in einer Heil- und Pflegeanstalt,
3. Gerichtlich oder behördlich festgestellter häuslicher Gewalt sowie Aufenthalt im Frauenhaus aufgrund häuslicher Gewalt,
4. Verbüßung einer Freiheitsstrafe sowie bei einer anderweitigen auf gerichtlicher oder behördlicher Anordnung beruhenden Anhaltung.

Hat der verhinderte Elternteil bereits Kinderbetreuungsgeld für dieses Kind bezogen, so werden seine Bezugstage auf den Verlängerungszeitraum des anderen Elternteiles angerechnet. Der andere Elternteil hat Beginn und (voraussichtliche) Dauer der Verhinderung des verhinderten Elternteiles bekannt zu geben und die anspruchsbegründenden Umstände nachzuweisen. Die Verlängerung nach diesem Absatz endet bei vorzeitigem Ende der Verhinderung. Der Wegfall des gemeinsamen Haushaltes mit dem Kind ist nur bei einer nicht bloß vorübergehenden Dauer des Ereignisses anzunehmen (§ 2 Abs. 6). Dem Wegfall des gemeinsamen Haushaltes mit dem Kind gleichzustellen ist der Wegfall des gemeinsamen Haushaltes mit der mit diesem Kind schwangeren Frau. Kein Anspruch auf Verlängerung besteht, sofern der nicht verhinderte Elternteil eine Ehe oder nicht-eheliche Lebensgemeinschaft mit einer anderen Person als der Kindesmutter oder dem Kindesvater eingeht.

(2) Eine Verlängerung im Sinne des Abs. 1 erfolgt auch dann, wenn ein alleinstehender Elternteil (§ 11 Abs. 1) einen Antrag auf Festsetzung des Unterhaltes für das Kind, für das Kinderbetreuungsgeld bezogen wird, gestellt hat, jedoch noch kein tatsächlicher Unterhalt geleistet wird oder ein vom Gericht vorläufig zugesprochener Unterhalt 100 Euro nicht übersteigt, sofern während der letzten 121 Tage vor der Verlängerung sowie während der 91 Verlängerungstage das Einkommen des alleinstehenden Elternteiles im monatlichen Durchschnitt den Betrag von 1 400 Euro netto nicht übersteigt. Ab einer dritten und weiteren im gemeinsamen Haushalt lebenden Person, für die aufgrund einer rechtlichen oder sittlichen Pflicht vom alleinstehenden Elternteil Unterhalt geleistet wird, erhöht sich dieser Betrag um jeweils 300 Euro monatlich. Zum Einkommen zählen alle Einkünfte gemäß § 2 Abs. 3 EStG 1988, Leistungen aus der gesetzlichen und freiwilligen Pensionsversicherung, Leistungen aus der Arbeitslosenversicherung, dem Kinderbetreuungsgeldgesetz, die Familienbeihilfe, der Ehegattenunterhalt sowie einkommensähnliche bundes- oder landesgesetzlich geregelte Beihilfen und Zuschüsse (z. B. Mindestsicherung). Die Einkommenssituation der letzten 121 Tage ist bereits zum Zeitpunkt der Antragstellung nachzuweisen, für den Verlängerungszeitraum ist die Glaubhaftmachung zum Zeitpunkt der Antragstellung vorläufig ausreichend.

Gleichzeitiger Bezug

§ 5d. Abweichend von § 2 Abs. 2 können die Eltern aus Anlass des erstmaligen Wechsels gleichzeitig Kinderbetreuungsgeld in der Dauer von bis zu 31 Tagen in Anspruch nehmen, wodurch sich die Anspruchsdauer um diese Tage reduziert.

Ruhen

§ 6. (1) Der Anspruch auf Kinderbetreuungsgeld ruht, sofern ein Anspruch auf Wochengeld gemäß § 162 des Allgemeinen Sozialversicherungsgesetzes (ASVG), BGBl. Nr. 189/1955, oder vergleichbare Leistungen nach anderen österreichischen oder ausländischen Rechtsvorschriften besteht, in der Höhe des Wochengeldes bzw. in der Höhe der vergleichbaren Leistungen.

(1a) Der Anspruch auf Kinderbetreuungsgeld ruht, sofern ein Anspruch auf eine Leistung gemäß § 102a des Gewerblichen Sozialversicherungsgesetzes (GSVG), BGBl. Nr. 560/1978, oder § 98 des Bauern-Sozialversicherungsgesetzes (BSVG), BGBl. Nr. 559/1978, oder vergleichbare Leistungen nach anderen österreichischen oder ausländischen Rechtsvorschriften besteht, in der Höhe des Wochengeldes gemäß § 102a Abs. 5 GSVG.

(2) Der Anspruch auf Kinderbetreuungsgeld für ein Kind ruht für den Vater nicht, sofern für die Mutter ein Anspruch gemäß Abs. 1 anlässlich der Geburt eines weiteren Kindes besteht.

(3) Der Anspruch auf Leistungen nach diesem Bundesgesetz ruht, sofern Anspruch auf ausländische Familienleistungen besteht, in der Höhe der ausländischen Leistungen. Der Differenzbetrag zwischen den ausländischen Familienleistungen und den Leistungen nach diesem Bundesgesetz wird nach Ende der ausländischen Familienleistungen auf die laufenden Leistungen nach diesem Bundesgesetz angerechnet. Das Ruhen und die Anrechnung erfolgen jedoch jeweils nur in der Höhe, in der sie nicht bereits eine andere österreichische Familienleistung zum Ruhen gebracht und auf diese angerechnet wurden.

Mutter-Kind-Pass-Untersuchungen

§ 7. (1) Im Zusammenhang mit der Geburt eines Kindes sowie der Gewährung des Kinderbetreuungsgeldes hat die Bundesministerin für Gesundheit im Einvernehmen mit der Bundesministerin für Familien und Jugend ein Mutter-Kind-Pass-Untersuchungsprogramm für die Schwangere und das Kind mittels Verordnung festzulegen und einen Mutter-Kind-Pass aufzulegen. Die Verordnung hat den Umfang, die Art und den Zeitpunkt der ärztlichen Untersuchungen sowie der Hebammenberatung zu bestimmen, wobei auf den jeweiligen Stand der medizinischen Erkenntnisse zur Sicherung der Gesundheit der Schwangeren und des Kindes Bedacht zu nehmen ist. In der Verordnung sind die Untersuchungen der Schwangeren und weitere Untersuchungen des Kindes bis zur Vollendung des 62. Lebensmonats sowie eine einstündige Beratung durch eine Hebamme innerhalb der 18. bis 22. Schwangerschaftswoche vorzusehen. Für den Nachweis der ärztlichen Untersuchungen sowie der Hebammenberatung hat der Mutter-Kind-Pass einen entsprechenden Vordruck zu enthalten.

(2) Anspruch auf Kinderbetreuungsgeld in voller Höhe besteht nur, sofern

1. die fünf Untersuchungen während der Schwangerschaft sowie die erste Untersuchung des Kindes nach der in Abs. 1 genannten Verordnung vorgenommen und bei der Beantragung des Kinderbetreuungsgeldes durch Vorlage der entsprechenden Untersuchungsbestätigungen nachgewiesen werden und
2. die zweite bis fünfte Untersuchung des Kindes bis zur Vollendung des 14. Lebensmonates nach der in Abs. 1 genannten Verordnung vorgenommen und spätestens bis zur Vollendung des 15. Lebensmonates des Kindes durch Vorlage der entsprechenden Untersuchungsbestätigungen nachgewiesen werden.

(3) Ungeachtet des Abs. 2 besteht Anspruch auf Kinderbetreuungsgeld in voller Höhe, wenn

1. die Vornahme oder der Nachweis der Untersuchungen nur aus Gründen, die nicht von den Eltern zu vertreten sind, unterbleibt oder
2. die jeweiligen Nachweise bis spätestens zur Vollendung des 18. Lebensmonates des Kindes nachgebracht werden.

(Anm.: Abs. 4 aufgehoben durch BGBl. I Nr. 53/2016)

Gesamtbetrag der maßgeblichen Einkünfte

§ 8. (1) Maßgebliche Einkünfte sind die Einkünfte gemäß § 2 Abs. 3 Z 1 bis 4 des Einkommensteuergesetzes 1988 (EStG 1988), BGBl. Nr. 400. Der Gesamtbetrag der maßgeblichen Einkünfte ist wie folgt zu ermitteln:

1. Soweit im Gesamtbetrag der maßgeblichen Einkünfte solche aus nichtselbständiger Arbeit (§ 25 EStG 1988) enthalten sind, ist von jenen Einkünften auszugehen, die während der Kalendermonate mit Anspruch auf Auszahlung des Kinderbetreuungsgeldes (Anspruchszeitraum) erzielt werden und gemäß § 19 EStG 1988 diesem Anspruchszeitraum zuzuordnen sind. Sonstige Bezüge im Sinne des § 67 EStG 1988 bleiben außer Ansatz. Der danach ermittelte Betrag ist um 30 % zu erhöhen und sodann auf einen Jahresbetrag umzurechnen. Besteht der Anspruch auf Auszahlung des Kinderbetreuungsgeldes für den ganzen Kalendermonat, so zählt dieser Kalendermonat zum Anspruchszeitraum, andernfalls ist dieser Kalendermonat nicht in den Anspruchszeitraum einzubeziehen. Leistungen aus der Arbeitslosenversicherung gelten als Einkünfte aus nichtselbständiger Arbeit, abweichend vom vorletzten Satz ist der ermittelte Betrag um 15 % zu erhöhen. Dem Wochengeld gleichartige Leistungen bleiben außer Ansatz. Die auf Grund von völkerrechtlichen Verträgen steuerbefreiten Einkünfte sowie die einem Abgeordneten zum Europäischen Parlament oder seinem Hinterbliebenen nach Artikel 9 des Abgeordnetenstatuts des Europäischen Parlaments gebührenden Bezüge sind bei der Ermittlung des Gesamtbetrages der maßgeblichen Einkünfte wie steuerpflichtige Einkünfte zu behandeln.
2. Andere maßgebliche Einkünfte (§§ 21 bis 23 EStG 1988) sind mit jenem Betrag zu berücksichtigen, der in die Ermittlung des Einkommens für das betreffende Kalenderjahr eingeht. Einkünfte aus Betätigungen, die die Grundlage für Pflichtbeiträge in der gesetzlichen Sozialversicherung darstellen, sind um 30 % zu erhöhen. Wird bis zum Ablauf des zweiten auf das betreffende Kalenderjahr folgenden Kalenderjahres dem Krankenversicherungsträger nachgewiesen, in welchem Ausmaß Einkünfte vor Beginn oder nach Ende des Anspruchszeitraumes (Z 1) angefallen sind, sind nur jene Einkünfte zu berücksichtigen, die während des Anspruchszeitraumes angefallen sind. Im Falle eines derartigen Nachweises, der den steuerrechtlichen Bestimmungen zu entsprechen hat, sind die während des Anspruchszeitraumes angefallenen Einkünfte auf einen Jahresbetrag umzurechnen. Z 1 vierter Satz ist anzuwenden.

(2) Wird auf den Anspruch auf Kinderbetreuungsgeld oder auf den Anspruch auf Beihilfe zum pauschalen Kinderbetreuungsgeld verzichtet (§ 2 Abs. 5 und § 9 Abs. 4), so bleiben die während der Dauer des Verzichtes erzielten Einkünfte bei der Ermittlung des Gesamtbetrages der maßgeblichen Einkünfte gemäß Abs. 1 außer Ansatz.

Einschleifregelung

§ 8a. (1) Übersteigt der Gesamtbetrag der maßgeblichen Einkünfte gemäß § 8 den Grenzbetrag nach § 2 Abs. 1 Z 3 bzw. § 24 Abs. 1 Z 3, so verringert sich das für das betreffende Kalenderjahr gebührende Kinderbetreuungsgeld um den übersteigenden Betrag.

(2) Übersteigt der Gesamtbetrag der maßgeblichen Einkünfte gemäß § 8 den Grenzbetrag nach § 9 Abs. 3 oder § 12, so verringert sich die für das betreffende Kalenderjahr gebührende Beihilfe zum pauschalen Kinderbetreuungsgeld um die Summe der übersteigenden Beträge, sofern beide Grenzbeträge jeweils um nicht mehr als 15 % überstiegen werden. Bei einer Überschreitung auch nur eines Grenzbetrages von mehr als 15 %, ist die gesamte in dem Kalenderjahr bezogene Beihilfe zurückzuzahlen.

Individueller Grenzbetrag

§ 8b. (1) Der individuelle Grenzbetrag beträgt 60 % des Gesamtbetrages der maßgeblichen Einkünfte. Maßgebliche Einkünfte sind die Einkünfte gemäß § 2 Abs. 3 Z 1 bis 4 des EStG 1988. Der Gesamtbetrag der maßgeblichen Einkünfte nach dieser Bestimmung ist wie folgt zu ermitteln:

1. Soweit im Gesamtbetrag der maßgeblichen Einkünfte solche aus nichtselbständiger Arbeit (§ 25 EStG 1988) enthalten sind, ist von jenen Einkünften auszugehen, die für das letzte Kalenderjahr vor der Geburt des Kindes, in dem kein Kinderbetreuungsgeld bezogen wurde, maximal jedoch in dem für das der Geburt drittvorangegangenen Kalenderjahr (relevanter Zeitraum), in dem zum Zeitpunkt der Antragstellung geltenden Einkommensteuerbescheid für das betreffende Kalenderjahr ausgewiesen sind. Liegt zum Zeitpunkt der Antragstellung noch kein Einkommensteuerbescheid für das betreffende Kalenderjahr vor, so ist der erste erlassene Einkommensteuerbescheid für das betreffende Kalenderjahr heranzuziehen. Sonstige Bezüge im Sinne des § 67 EStG 1988 bleiben außer Ansatz. Der danach ermittelte Betrag ist um 30 % zu erhöhen. Leistungen aus der Arbeitslosenversicherung gelten als Einkünfte aus nichtselbständiger Arbeit, abweichend vom letzten Satz ist der ermittelte Betrag um 15% zu erhöhen. Dem Wochengeld gleichartige Leistungen bleiben außer Ansatz. Die auf Grund von völkerrechtlichen Verträgen steuerbefreiten Einkünfte sowie die einem Abgeordneten zum Europäischen Parlament oder seinem Hinterbliebenen nach Artikel 9 des Abgeordnetenstatuts des Europäischen Parlaments gebührenden Bezüge sind bei der Ermittlung des individuellen Grenzbetrages wie steuerpflichtige Einkünfte zu behandeln.
2. Andere maßgebliche Einkünfte (§§ 21 bis 23 EStG 1988) sind mit jenem Betrag zu berücksichtigen, der in die Ermittlung des Einkommens für den relevanten Zeitraum (Z 1) eingeht und der im zum Zeitpunkt der Antragstellung geltenden Einkommensteuerbescheid für das betreffende Kalenderjahr ausgewiesen ist. Z 1 zweiter Satz ist anzuwenden. Einkünfte aus Betätigungen, die Grundlage für Pflichtbeiträge in der gesetzlichen Sozialversicherung darstellen, sind um 30 % zu erhöhen.

(2) Spätere Abänderungen und Aufhebungen des nach Z 1 und 2 relevanten Einkommensteuerbescheides (insbesondere nach den §§ 276 Absatz 1, 293 bis 303 Bundesabgabenordnung (BAO), BGBl. Nr. 194/1961) wirken sich bei der Überprüfung der Einhaltung des Grenzbetrages nur dann aus, sofern dies bis spätestens zum Ende des Leistungsbezuges ausdrücklich verlangt wird oder eine von Amts wegen eingeleitete Überprüfung ergibt, dass die Abänderung und Aufhebung des Bescheides nicht auf ein überwiegendes Verschulden der Abgabenbehörde zurückzuführen ist. Liegt binnen drei Jahren ab Bezugsbeginn kein Einkommensteuerbescheid vor, ist der Grenzbetrag von 18 000 € maßgeblich.

Abschnitt 3
Beihilfe zum pauschalen Kinderbetreuungsgeld

Anspruch auf Beihilfe

§ 9. (1) Anspruch auf Beihilfe zum pauschalen Kinderbetreuungsgeld haben

1. alleinstehende Elternteile (§ 11),
2. verheiratete Mütter oder verheiratete Väter nach Maßgabe des § 12,
3. nicht alleinstehende Mütter oder Väter nach Maßgabe des § 13 und
4. Frauen oder Männer, die allein oder gemeinsam mit dem anderen Elternteil ein Kind, welches das dritte Lebensjahr noch nicht vollendet hat, an Kindes Statt angenommen oder in Pflege genommen haben, nach Maßgabe der §§ 11, 12 oder 13.

(2) Voraussetzung für den Anspruch auf Beihilfe zum pauschalen Kinderbetreuungsgeld für ein Kind ist, dass für dieses Kind ein Anspruch auf Auszahlung des pauschalen Kinderbetreuungsgeldes besteht. Während Verlängerungszeiten nach § 5c Abs. 1 und 2 gebührt keine Beihilfe zum pauschalen Kinderbetreuungsgeld. § 4 Abs. 2 gilt sinngemäß auch für die Beihilfe.

(3) Ausgeschlossen von der Beihilfe sind Personen, deren Gesamtbetrag der maßgeblichen Einkünfte (§ 8) den Grenzbetrag von 7 800 Euro übersteigt.

(4) Auf den Anspruch auf Beihilfe kann verzichtet werden, wodurch sich der Anspruchszeitraum (§ 8) um den Zeitraum des Verzichtes verkürzt. § 2 Abs. 5 und § 4a Abs. 2 gelten sinngemäß.

Höhe Beihilfe

§ 10. Die Beihilfe beträgt 6,06 € täglich.

Alleinstehende

§ 11. (1) Alleinstehende Elternteile im Sinne dieses Bundesgesetzes sind Mütter oder Väter, die ledig, geschieden oder verwitwet sind und nicht unter § 13 fallen. Ferner gelten Mütter und Väter als alleinstehend, wenn der getrenntlebende Ehegatte erwiesenermaßen für den Unterhalt des Kindes nicht sorgt.

(2) Alleinstehende Elternteile haben nur Anspruch auf Beihilfe zum Kinderbetreuungsgeld, wenn sie eine Urkunde vorlegen, aus der der andere Elternteil hervorgeht. In Ermangelung einer derartigen Urkunde haben sie eine entsprechende Erklärung abzugeben. Weiters haben alleinstehende Elternteile eine Erklärung abzugeben, aus der hervorgeht, dass sie nicht unter § 13 fallen.

Ehegatten

§ 12. Verheiratete Mütter bzw. Väter erhalten eine Beihilfe, sofern der Gesamtbetrag der maßgeblichen Einkünfte (§ 8) ihres Ehegatten nicht mehr als 18 000 € (Freigrenze) beträgt.

Nicht Alleinstehende

§ 13. (1) Eine Beihilfe erhalten nicht alleinstehende Mütter bzw. Väter, das sind Mütter bzw. Väter, die ledig, geschieden oder verwitwet sind und mit dem Vater bzw. der Mutter des Kindes nach den Vorschriften des Meldegesetzes 1991 an derselben Adresse angemeldet sind oder anzumelden wären.

(2) Weiters gelten als nicht alleinstehend Mütter bzw. Väter, die in nicht ehelicher Lebensgemeinschaft mit einer anderen Person als der Kindesmutter oder dem Kindesvater leben.

(3) Hinsichtlich der Einkünfte gilt § 12 entsprechend.

Dauer

§ 14. Die Beihilfe gebührt längstens für 365 Tage ab erstmaliger Antragstellung und nur solange Anspruch auf pauschales Kinderbetreuungsgeld besteht. Steht diese Leistung nur für einzelne Tage eines Monats zu, gebührt die Beihilfe nur anteilig. Bezugsunterbrechungen, Verzicht auf die Beihilfe oder ein abwechselnder Bezug der Elternteile bewirken keine Verlängerung der Bezugsdauer, weiters kann die Beihilfe jeweils nur in Blöcken von mindestens 61 Tagen beansprucht werden.

Erklärung

§ 15. Der zuständige Krankenversicherungsträger hat den Partner des Elternteiles (§§ 12, 13) von der Gewährung der Beihilfe zum Kinderbetreuungsgeld an einen Elternteil samt Hinweis auf die Freigrenze (§ 12, § 13 Abs. 3) und Hinweis auf die mögliche Rückforderung im Falle der Überschreitung der Freigrenze (§ 31 Abs. 3) zu verständigen.

Informationspflicht

§ 16. Von der Gewährung eines Zuschusses zum Kinderbetreuungsgeld an einen alleinstehenden Elternteil gemäß § 11 Abs. 2 sowie von der Einstellung oder Rückforderung (§ 31) dieses Zuschusses hat der zuständige Krankenversicherungsträger den anderen, zur Rückzahlung gemäß § 18 verpflichteten Elternteil zu verständigen.

Datenübermittlung

§ 17. Die Krankenversicherungsträger haben den Abgabenbehörden die Daten, die für die Finanzämter zur Wahrnehmung der ihnen durch dieses Gesetz übertragenen Aufgaben eine wesentliche Voraussetzung bilden, im Wege automationsunterstützter Datenübermittlung mitzuteilen. Dies sind insbesondere Name, Sozialversicherungsnummer, Geschlecht und Adresse der bezugsberechtigten Person, Name und Sozialversicherungsnummer des Kindes, für welches Kinderbetreuungsgeld bezogen wird, Anspruchsvoraussetzung gemäß § 9, die Höhe des Auszahlungsbetrages, die Länge des Bezugszeitraumes dieser Leistung sowie Name, Geschlecht und Sozialversicherungsnummer des zweiten Elternteils bei Abgabepflicht gemäß § 18 Abs. 1 Z 1 und 2.

Abschnitt 5
Kinderbetreuungsgeld als Ersatz des Erwerbseinkommens

Anspruchsberechtigung

§ 24. (1) Anspruch auf Kinderbetreuungsgeld nach diesem Abschnitt hat ein Elternteil (Adoptivelternteil, Pflegeelternteil) für sein Kind (Adoptivkind, Pflegekind), sofern

1. die Anspruchsvoraussetzungen nach § 2 Abs. 1 Z 1, 2, 4 und 5 erfüllt sind,
2. dieser Elternteil in den letzten 182 Kalendertagen unmittelbar vor der Geburt des Kindes, für das Kinderbetreuungsgeld bezogen werden soll, durchgehend erwerbstätig gemäß Abs. 2 war sowie in diesem Zeitraum keine Leistungen aus der Arbeitslosenversicherung erhalten hat, wobei sich Unterbrechungen von insgesamt nicht mehr als 14 Kalendertagen nicht anspruchsschädigend auswirken, und
3. der Gesamtbetrag der maßgeblichen Einkünfte (§ 8 Abs. 1) dieses Elternteiles im Kalenderjahr den absoluten Grenzbetrag von 7 800 Euro nicht übersteigt und dieser Elternteil während des Bezuges keine Leistungen aus der Arbeitslosenversicherung erhält.

(2) Unter Erwerbstätigkeit im Sinne dieses Bundesgesetzes versteht man die tatsächliche Ausübung einer in Österreich sozialversicherungspflichtigen (kranken- und pensionsversicherungspflichtigen) Erwerbstätigkeit. Als der Ausübung einer sozialversicherungspflichtigen Erwerbstätigkeit gleichgestellt gelten Zeiten der vorübergehenden Unterbrechung dieser zuvor mindestens 182 Kalendertage andauernden Erwerbstätigkeit während eines Beschäftigungsverbotes nach dem Mutterschutzgesetz 1979 (MSchG), BGBl. Nr. 221, oder gleichartigen anderen österreichischen Rechtsvorschriften, sowie Zeiten der vorübergehenden Unterbrechung dieser zuvor mindestens 182 Kalendertage andauernden Erwerbstätigkeit zum Zwecke der Kindererziehung während Inanspruchnahme einer Karenz nach dem MSchG oder Väter-Karenzgesetz (VKG), BGBl. Nr. 651/1989, oder gleichartigen anderen österreichischen Rechtsvorschriften, bis maximal zum Ablauf des zweiten Lebensjahres eines Kindes.

(3) Nur bei Erfüllung der nationalen Gleichstellungserfordernisse des Abs. 2 zweiter Satz liegt eine gleichgestellte Situation im Sinne des Art. 68 iVm Art. 1 lit. a der Verordnung (EG) Nr. 883/2004 zur Koordinierung der Systeme der sozialen Sicherheit, ABl. Nr. L 166 vom 30.04.2004 S. 1, zuletzt geändert durch die Verordnung (EU) Nr. 1372/2013, ABl. Nr. L 346 vom 20.12.2013 S. 27, vor, wobei diese der Ausübung einer Erwerbstätigkeit gleichgestellte Situation

für alle Eltern spätestens mit Ablauf des zweiten Lebensjahres eines Kindes endet. Eine Scheinkarenz löst keine österreichische Zuständigkeit aus, dasselbe gilt für Zeiten, in denen mangels Erfüllung der gesetzlichen Voraussetzungen kein gesetzlicher Anspruch auf die österreichische Karenz besteht, etwa bei gleichzeitiger Inanspruchnahme einer in- oder ausländischen Karenzzeit durch den anderen Elternteil.

Höhe

§ 24a. (1) Das Kinderbetreuungsgeld beträgt täglich

1. für eine Wochengeldbezieherin 80 % des auf den Kalendertag entfallenden Wochengeldes nach österreichischen Rechtsvorschriften, welches anlässlich der Geburt jenes Kindes, für welches Kinderbetreuungsgeld beantragt wird, gebührt,
2. für eine Beamtin 80 % des auf den Kalendertag entfallenden fiktiv zu berechnenden Wochengeldes, welches anlässlich der Geburt jenes Kindes, für welches Kinderbetreuungsgeld beantragt wird, einer Vertragsbediensteten an ihrer Stelle gebühren würde,
3. für einen Vater, sofern nicht Z 4 gilt, 80 % des auf den Kalendertag entfallenden fiktiv zu berechnenden Wochengeldes, welches anlässlich der Geburt jenes Kindes, für welches Kinderbetreuungsgeld beantragt wird, einer Frau an seiner Stelle gebühren würde,
4. für einen Beamten 80 % des auf den Kalendertag entfallenden fiktiv zu berechnenden Wochengeldes, welches anlässlich der Geburt jenes Kindes, für welches Kinderbetreuungsgeld beantragt wird, einer Vertragsbediensteten an seiner Stelle gebühren würde oder
5. sofern Z 1 bis 4 nicht anwendbar sind:

$$\frac{\text{Summe der maßgeblichen Einkünfte x } 0{,}62 + 4000}{365}$$

Die Berechnung des fiktiven Wochengeldes nach Z 3 und 4 erfolgt mit der Maßgabe, dass auf den Zeitraum vor den letzten acht Wochen vor Geburt des Kindes und nicht auf den Eintritt des Versicherungsfalles der Mutterschaft abzustellen ist.

(2) Das Kinderbetreuungsgeld nach Abs. 1 beträgt in jedem Fall mindestens den Tagsatz nach Abs. 1 Z 5, höchstens jedoch 66 € *(Anm. 1)* täglich.

(2a) Mit Wirksamkeit ab 1. Jänner eines jeden Jahres, erstmals mit 1. Jänner 2023, ist der Höchstbetrag (Abs. 2) mit dem Anpassungsfaktor des § 108f ASVG zu vervielfachen. Der Vervielfachung ist der Betrag zugrunde zu legen, der am 31. Dezember des vorangegangenen Jahres in Geltung steht. Der vervielfachte Betrag ist kaufmännisch auf zwei Dezimalstellen zu runden.

(3) Maßgebliche Einkünfte sind jene Einkünfte gemäß § 2 Abs. 3 Z 1 bis 3 des EStG 1988 sowie Einkünfte gemäß § 2 Abs. 3 Z 4 des EStG 1988, wenn sie auf Grund eines bestehenden Dienstverhältnisses erzielt wurden, die im zum Zeitpunkt der Antragstellung geltenden Einkommensteuerbescheid für das letzte Kalenderjahr vor der Geburt des Kindes ausgewiesen sind. Liegt zum Zeitpunkt der Antragstellung noch kein Einkommensteuerbescheid für dieses Kalenderjahr vor, ist der erste erlassene Einkommensteuerbescheid für dieses Kalenderjahr heranzuziehen. Bis zur Feststellung der tatsächlichen Höhe gebührt Kinderbetreuungsgeld vorläufig in der nach § 33 Abs. 5 festgelegten Höhe. Abweichend von § 30 erfolgt eine Berichtigung der Leistungshöhe aufgrund späterer Abänderungen und Aufhebungen dieses Einkommensteuerbescheides (insbesondere nach den §§ 276 Abs. 1, 293 bis 303 BAO), sofern die Berichtigung ausdrücklich verlangt wird oder eine von Amts wegen eingeleitete Überprüfung ergibt, dass die Abänderung und Aufhebung des Bescheides nicht auf ein überwiegendes Verschulden der Abgabenbehörde zurückzuführen ist.

(4) Werden die in § 24c vorgesehenen Mutter-Kind-Pass-Untersuchungen nicht bis zu den vorgesehen Zeitpunkten nachgewiesen, so reduziert sich der Anspruch auf Kinderbetreuungsgeld für jeden Elternteil um 1 300 Euro.

(

Anm. 1: gemäß BGBl. II Nr. 413/2022 für 2023: 69,83 €)

Anspruchsdauer

§ 24b. (1) Das Kinderbetreuungsgeld als Ersatz des Erwerbseinkommens gebührt einem Elternteil längstens für 365 Tage ab Geburt des Kindes.

(2) Der Bezug kann abwechselnd durch beide Elternteile erfolgen, wodurch sich die Anspruchsdauer über den 365. Tag ab der Geburt hinaus um die bereits in Anspruch genommenen Tage des jeweils anderen Elternteiles verlängert, maximal jedoch auf bis zu 426 Tage ab der Geburt des Kindes. Jedem Elternteil ist hierbei eine Anspruchsdauer von 61 Tagen unübertragbar vorbehalten. Pro Kind ist nur ein zweimaliger Wechsel zwischen den Elternteilen zulässig. Nicht in Anspruch genommene Tage verfallen ausnahmslos. Eine kürzere Inanspruchnahme ist möglich, erhöht aber nicht den Tagesbetrag.

(3) Für ein Kind ist ein gleichzeitiger Bezug von Kinderbetreuungsgeld als Ersatz des Erwerbseinkommens durch beide Elternteile ausgeschlossen. Abweichend davon können die Eltern aus Anlass des erstmaligen Wechsels gleichzeitig Kinderbetreuungsgeld in der Dauer von bis zu 31 Tagen in

Anspruch nehmen, wodurch sich die Anspruchsdauer um diese Tage reduziert.

(4) Das Kinderbetreuungsgeld kann stets, also unabhängig von einem Wechsel, jeweils nur in Blöcken von mindestens 61 Tagen beansprucht werden. Als beansprucht gelten ausschließlich Zeiträume des tatsächlichen Bezuges der Leistung.

(5) Ist der beziehende Elternteil durch ein unvorhersehbares und unabwendbares Ereignis für eine nicht bloß verhältnismäßig kurze Zeit verhindert, das Kind im gemeinsamen Haushalt (§ 2 Abs. 6) zu betreuen, kann ein Wechsel über das in Abs. 2 angeführte Ausmaß erfolgen.

(6) In Zweifelsfällen hat das Vorrecht auf Kinderbetreuungsgeld derjenige Elternteil, der die Betreuung des Kindes, für das Kinderbetreuungsgeld bezogen wird, überwiegend durchführt.

(7) Auf den Anspruch auf Kinderbetreuungsgeld kann verzichtet werden, wodurch sich der Anspruchszeitraum (§ 8) um den Zeitraum des Verzichtes verkürzt. Ein Verzicht ist nur für ganze Kalendermonate möglich. Der Verzicht kann widerrufen werden. Ein Widerruf ist nur für ganze Kalendermonate und maximal für 182 Tage rückwirkend möglich. Zeitpunkt und Dauer müssen im Vorhinein bekanntgegeben werden.

(8) Der Anspruch auf Kinderbetreuungsgeld endet spätestens mit Ablauf jenes Tages, welcher der Geburt eines weiteren Kindes bzw. der Adoption (In-Pflege-Nahme) eines jüngeren Kindes vorangeht. Endet der Anspruch für das weitere Kind vorzeitig, lebt der Anspruch für jenes Kind, für welches davor Kinderbetreuungsgeld bezogen wurde, wieder auf.

Mutter-Kind-Pass-Untersuchungen

§ 24c. (1) Anspruch auf Kinderbetreuungsgeld in voller Höhe besteht nur, sofern

1. die fünf Untersuchungen während der Schwangerschaft sowie die erste Untersuchung des Kindes nach der in § 7 Abs. 1 genannten Verordnung vorgenommen und bei der Beantragung des Kinderbetreuungsgeldes durch Vorlage der entsprechenden Untersuchungsbestätigungen nachgewiesen werden und
2. die zweite bis fünfte Untersuchung des Kindes bis zur Vollendung des 14. Lebensmonates nach der in § 7 Abs. 1 genannten Verordnung vorgenommen und spätestens bis zur Vollendung des 15. Lebensmonates des Kindes durch Vorlage der entsprechenden Untersuchungsbestätigungen nachgewiesen werden.

(2) Ungeachtet des Abs. 2 besteht Anspruch auf Kinderbetreuungsgeld in voller Höhe, wenn

1. die Vornahme oder der Nachweis der Untersuchungen nur aus Gründen, die nicht von den Eltern zu vertreten sind, unterbleibt oder
2. die jeweiligen Nachweise bis spätestens zur Vollendung des 18. Lebensmonates des Kindes nachgebracht werden.

Sonderleistungen

§ 24d. (1) Liegt der nach § 24a Abs. 1 ermittelte Tagesbetrag unter 33,88 Euro *(Anm. 1)* oder erfüllt der Elternteil die Anspruchsvoraussetzungen nach § 24 Abs. 1 Z 2 nicht, so gebührt bei Erfüllung sämtlicher anderer Anspruchsvoraussetzungen auf Antrag des Elternteiles ein Kinderbetreuungsgeld als Ersatz des Erwerbseinkommens in Höhe von 33,88 Euro *(Anm. 1)* täglich. Mit Wirksamkeit ab 1. Jänner eines jeden Jahres, erstmals mit 1. Jänner 2023, ist diese Sonderleistung mit dem Anpassungsfaktor des § 108f ASVG zu vervielfachen, dasselbe gilt für den Grenzbetrag nach Abs. 1 erster Halbsatz. Der Vervielfachung ist der Betrag zugrunde zu legen, der am 31. Dezember des vorangegangenen Jahres in Geltung steht. Der vervielfachte Betrag ist kaufmännisch auf zwei Dezimalstellen zu runden.

(2) Wurde gegen die Ablehnung des Kinderbetreuungsgeldes als Ersatz des Erwerbseinkommens mangels Erfüllung des Erfordernisses der tatsächlichen Ausübung einer sozialversicherungspflichtigen Erwerbstätigkeit Klage erhoben, so hat der Krankenversicherungsträger bei Erfüllung sämtlicher anderer Anspruchsvoraussetzungen auf Antrag des klagenden Elternteiles ein Kinderbetreuungsgeld als Ersatz des Erwerbseinkommens in Höhe von 33 Euro täglich zu gewähren. Diese Leistung ist auf das nach rechtskräftiger Beendigung des Gerichtsverfahrens allfällig zu gewährende Kinderbetreuungsgeld anzurechnen.

(

Anm. 1: gemäß BGBl. II Nr. 413/2022 für 2023: 35,85 €)

Anzuwendende Bestimmungen

§ 24e. § 1, § 2 Abs. 6 bis 8, § 4, § 4a, § 5b, § 6, § 7 Abs. 1, § 8, § 8a Abs. 1 sowie Abschnitte 5a bis 12 sind neben dem pauschalen Kinderbetreuungsgeld als Konto auch auf das Kinderbetreuungsgeld als Ersatz des Erwerbseinkommens anzuwenden. Ein Umstieg von Kinderbetreuungsgeld als Ersatz des Erwerbseinkommens auf das pauschale Kinderbetreuungsgeld als Konto oder umgekehrt ist ausgenommen im Fall des § 26a dritter Satz nicht möglich. Abweichend von § 42 gilt das Kinderbetreuungsgeld nach diesem Abschnitt als Einkommen des beziehenden Elternteiles und mindert dessen Unterhaltsansprüche.

Abschnitt 5a
Zuständigkeit und Verfahren

Zuständigkeit

§ 25. (1) In Angelegenheiten des Kinderbetreuungsgeldes sowie der Beihilfe zu dieser Leistung ist jener gesetzliche Krankenversicherungsträger zuständig, dessen Zuständigkeit sich aus § 28 für die Durchführung der Krankenversicherung ergibt.

(2) Die Krankenversicherungsträger sowie die Österreichische Gesundheitskasse in ihrer Funktion als Kompetenzzentrum und Verbindungsstelle (Abs. 3) haben die ihnen nach diesem Bundesgesetz übertragenen Aufgaben im übertragenen Wirkungsbereich nach den Weisungen des Bundeskanzlers zu vollziehen.

(3) Für die finanzielle Abwicklung und die Koordinierung der Krankenversicherungsträger in Angelegenheiten der Leistungen nach diesem Bundesgesetz wird die Österreichische Gesundheitskasse als Kompetenzzentrum unter Bedachtnahme auf Abs. 4 und als Verbindungsstelle im Sinne der Verordnung (EG) Nr. 987/2009 des Europäischen Parlaments und des Rates zur Festlegung der Modalitäten für die Durchführung der Verordnung (EG) Nr. 883/2004 über die Koordinierung der Systeme der sozialen Sicherheit eingerichtet. Der Österreichischen Gesundheitskasse obliegt auch die Auszahlung dieser Leistungen. Die Durchführung des Verfahrens obliegt dem nach Abs. 1 zuständigen Krankenversicherungsträger.

(4) Der Dachverband der Sozialversicherungsträger hat den Betrieb eines entsprechenden Datennetzes bis längstens 1. Oktober 2001 sicherzustellen.

Verfahren

§ 25a. Soweit dieses Bundesgesetz nichts anderes bestimmt, sind die für Leistungssachen in der Krankenversicherung geltenden verfahrensrechtlichen Bestimmungen des ASVG, GSVG, BSVG und Beamten-Kranken- und Unfallversicherungsgesetzes (B-KUVG), BGBl. Nr. 200/1967, anzuwenden.

Geltendmachung und Prüfung des Anspruches

§ 26. (1) Für die Geltendmachung des Anspruches ist ein bundeseinheitliches Antragsformular zu verwenden. Der Krankenversicherungsträger hat dem Antragsteller oder seinem Vertreter auf deren Verlangen das Einlangen des Antrages zu bestätigen.

(2) Wird der Bezug einer Leistung nach diesem Bundesgesetz unterbrochen oder ruht der Anspruch und ist das Ende des Unterbrechungs- oder Ruhenszeitraumes ungewiss, so ist der Fortbezug der Leistung durch Wiedermeldung geltend zu machen. § 4 Abs. 2 gilt auch für die Wiedermeldung. Nach einer vorzeitigen Beendigung (§ 4a Abs. 2) ist für einen weiteren Bezug ein neuer Antrag zu stellen, eine bloße Wiedermeldung reicht nicht aus.

Wahl der Leistungsart

§ 26a. Die Wahl der Leistungsart (Abschnitt 2 oder Abschnitt 5) ist bei der erstmaligen Antragstellung zu treffen. Diese Entscheidung bindet neben dem antragstellenden Elternteil auch den anderen Elternteil. Eine spätere Änderung dieser getroffenen Entscheidung ist nicht möglich, es sei denn, der antragstellende Elternteil gibt dem zuständigen Krankenversicherungsträger die, einmal mögliche, Änderung binnen 14 Kalendertagen ab der erstmaligen Antragstellung bekannt.

Entscheidung

§ 27. (1) Besteht Anspruch auf eine Leistung nach diesem Bundesgesetz, so ist dem Antragsteller eine Mitteilung auszustellen, aus der insbesondere Beginn, voraussichtliches Ende und Höhe des Leistungsanspruches hervorgehen. Die Mitteilung hat eine Aufschlüsselung der Leistungen zu enthalten.

(2) Der Mitteilung über den Anspruch auf Kinderbetreuungsgeld ist eine von der Bundesministerin für Familien und Jugend zu erstellende Information, aus der insbesondere Rechte und Pflichten der Bezugsberechtigten hervorgehen, anzuschließen.

(3) Ein Bescheid ist auszustellen,

1. wenn ein Anspruch auf eine Leistung gar nicht oder nur teilweise anerkannt wird oder
2. bei Rückforderung einer Leistung gemäß § 31 oder
3. bei Widerruf oder rückwirkender Berichtigung einer Leistung gemäß § 30 Abs. 2, wenn die Bescheiderstellung ausdrücklich verlangt wird.

(4) Abweichend von § 67 Abs. 1 Z 2 Arbeits- und Sozialgerichtsgesetz (ASGG), BGBl. Nr. 104/1985, liegt eine Säumnis des Krankenversicherungsträgers nur dann vor, wenn die Sache entscheidungsreif ist, also insbesondere wesentliche Vorfragen rechtskräftig geklärt sind und Mitwirkungspflichten erfüllt wurden.

Abschnitt 6
Krankenversicherung

Krankenversicherung der Leistungsbezieher

§ 28. (1) Die Bezieher von Kinderbetreuungsgeld sind in der gesetzlichen Krankenversicherung teilversichert, sofern nicht eine Leistungszugehörigkeit zu einer Krankenfürsorgeeinrichtung im Sinne des § 2 Abs. 1 Z 2 B-KUVG besteht. Zur Durchführung der Krankenversicherung sind in folgender Reihenfolge zuständig:

1. jener Krankenversicherungsträger, der dem Kinderbetreuungsgeldbezieher Wochengeld oder Betriebshilfe leistet oder geleistet hat;
2. jener Krankenversicherungsträger, bei dem der Kinderbetreuungsgeldbezieher versichert ist oder zuletzt versichert war;
3. sonst die Österreichische Gesundheitskasse.

Als versichert im Sinne der Z 2 gelten auch Angehörige, für die Anspruch auf Leistungen der Krankenversicherung besteht oder bestanden hat oder die selbst anspruchsberechtigt sind oder selbst anspruchsberechtigt waren.

(2) Unterliegt ein Kinderbetreuungsgeldbezieher der Krankenversicherung nach zwei oder mehreren Bundesgesetzen, so ist jener Krankenversicherungsträger zuständig, bei dem der Antrag auf Kinderbetreuungsgeld gestellt wird.

(3) Ist die Zuständigkeit eines Krankenversicherungsträgers begründet, dann besteht sie so lange, als Kinderbetreuungsgeld bezogen wird.

Abschnitt 7
Allgemeine Bestimmungen
Mitteilungspflichten

§ 29. Der Leistungsbezieher hat jede für das Fortbestehen und das Ausmaß des Anspruches bedeutsame Änderung ohne Verzug, spätestens jedoch zwei Wochen nach dem Eintritt des Ereignisses, dem zuständigen Krankenversicherungsträger anzuzeigen.

Berichtigung

§ 30. (1) Wenn eine der Voraussetzungen für den Anspruch auf eine Leistung nach diesem Bundesgesetz wegfällt, ist die Leistung einzustellen; wenn sich eine für das Ausmaß des Leistungsanspruches maßgebende Voraussetzung ändert, ist die Leistung neu zu bemessen.

(2) Wenn sich die Zuerkennung oder die Bemessung einer Leistung nach diesem Bundesgesetz nachträglich als gesetzlich nicht begründet herausstellt, ist die Zuerkennung zu widerrufen oder die Bemessung rückwirkend zu berichtigen.

Rückforderung

§ 31.[a)] (1) Bei Einstellung, Herabsetzung, Widerruf oder Berichtigung einer Leistung ist der Leistungsbezieher zum Ersatz des unberechtigt Empfangenen zu verpflichten, wenn er den Bezug durch unrichtige Angaben oder durch Verschweigung von Tatsachen herbeigeführt hat oder wenn er erkennen musste, dass die Leistung nicht oder nicht in dieser Höhe gebührte.

(2) Die Verpflichtung zum Ersatz der empfangenen Leistung besteht auch dann, wenn hervorkommt, dass eine oder mehrere Anspruchsvoraussetzungen bereits zum Zeitpunkt der Antragstellung nicht vorgelegen oder nachträglich weggefallen sind, oder die Auszahlung von Leistungen irrtümlich erfolgte, oder die zur Ermittlung des Gesamtbetrages der maßgeblichen Einkünfte (§§ 8, 8b) erforderliche Mitwirkung trotz Aufforderung innerhalb angemessener Frist verweigert wird. Der Empfänger einer Leistung nach diesem Bundesgesetz ist auch dann zum Ersatz des unberechtigt Empfangenen zu verpflichten, wenn sich ohne dessen Verschulden auf Grund des von der Abgabenbehörde an die Österreichische Gesundheitskasse übermittelten Gesamtbetrages der maßgeblichen Einkünfte ergibt, dass die Leistung nicht oder nicht in diesem Umfang gebührt hat.

(3) Wenn eine dritte Person eine Anzeige unterlassen oder falsche Angaben gemacht und hiedurch einen unberechtigten Bezug verursacht oder ermöglicht hat, kann sie zum Ersatz verpflichtet werden.

(3a) Wird der Tod des Kindes nicht rechtzeitig gemeldet und ist daraus ein unrechtmäßiger Bezug einer Leistung nach diesem Bundesgesetz entstanden, so ist von Amts wegen von der Rückforderung abzusehen, sofern die Meldung binnen 31 Tagen ab dem Tod des Kindes erfolgt.

(3b) Der Partner kann bis zur Hälfte zum Ersatz unberechtigt bezogener Leistungen nach diesem Bundesgesetz verpflichtet werden, soweit der unberechtigte Bezug während aufrechter Wirtschaftsgemeinschaft mit dem beziehenden Elternteil erfolgte. Hat der Partner den unberechtigten Bezug jedoch ermöglicht oder sogar verursacht, kann er zum vollen Ersatz der unberechtigt bezogenen Leistungen verpflichtet werden. Hat der Partner den unberechtigten Bezug der Beihilfe zum pauschalen Kinderbetreuungsgeld verursacht, kann er zum Ersatz der Leistung verpflichtet werden. § 31 Abs. 2 gilt sinngemäß auch für den Partner.

(3c) Rückforderungen nach dem FamZeitbG werden auf die diesem Elternteil nach diesem Bundesgesetz zu erbringenden Leistungen voll, dem anderen Elternteil bis zur Hälfte aufgerechnet, sie vermindern den Leistungsanspruch nach diesem Bundesgesetz entsprechend.

(4) Rückforderungen, die gemäß den Abs. 1 bis 3 vorgeschrieben wurden, können auf die zu erbringenden Leistungen bis zur Hälfte derselben aufgerechnet werden; sie vermindern den Leistungsanspruch entsprechend. Zum Zwecke der Forderungssicherung kann eine vorläufige Aufrechnung bis zur Hälfte der zu erbringenden Leistungen erfolgen. Der Krankenversicherungsträger kann unter Berücksichtigung der Familien-, Einkommens- und Vermögensverhältnisse des Empfängers

1. die Erstattung des zu Unrecht gezahlten Betrages in Teilbeträgen (Ratenzahlungen) zulassen,
2. die rechtskräftige Rückforderung stunden,
3. auf die rechtskräftige Rückforderung ganz oder teilweise verzichten.

Dabei sind die §§ 72 bis 74 des Bundeshaushaltsgesetzes 2013 (BHG 2013), BGBl. I Nr. 139/2009, anzuwenden, sofern in diesem Bundesgesetz keine abweichenden Regelungen vorgesehen sind. Abweichend von § 89 Abs. 4 ASGG obliegt den Gerichten in Angelegenheiten der Leistungen nach diesem Bundesgesetz nicht das Recht, die Erstattung des zu Unrecht gezahlten Betrages in Teilbeträgen anzuordnen und auch nicht das Recht, die Rückersatzpflicht zum Teil oder zur Gänze entfallen zu lassen, sondern ist dies ausschließlich dem Krankenversicherungsträger im nachgeschalteten Verwaltungsverfahren vorbehalten.

(5) Ratenzahlungen sind zu gewähren, wenn auf Grund der wirtschaftlichen Verhältnisse des Schuldners die Hereinbringung der rechtskräftigen Forderung in einem Betrag nicht möglich ist. Die Höhe der Raten ist unter Berücksichtigung der wirtschaftlichen Verhältnisse des Schuldners festzusetzen.

(6) Werden Ratenzahlungen bewilligt oder Rückforderungen gestundet, so dürfen keine Zinsen ausbedungen werden.

(7) Die Ausstellung von Bescheiden über Rückforderungen von Leistungen nach diesem Bundesgesetz ist nur binnen 7 Jahren, gerechnet ab Ablauf des Kalenderjahres, in welchem diese Leistungen zu Unrecht bezogen wurden, zulässig. Ein Bescheid über eine Rückforderung tritt nach Ablauf von 3 Jahren ab dem Eintritt der Rechtskraft außer Kraft, wenn er bis zu diesem Zeitpunkt nicht vollzogen wurde; § 68 Abs. 2 ASVG zweiter und dritter Satz gelten sinngemäß. Das Recht auf Berichtigung (§ 30) der vorläufigen Auszahlung gemäß § 33 Abs. 5 mangels Vorliegen eines erlassenen Einkommensteuerbescheides für das betreffende Kalenderjahr sowie das Recht auf Berichtigung aufgrund Abänderungen und Aufhebungen des Einkommensteuerbescheides nach § 24a Abs. 2 verjähren nach Ablauf von 3 Jahren ab Bezugsbeginn.

[a] Tritt mit Ablauf des 31. Oktober 2023 außer Kraft.

Rückforderung

§ 31.[a] (1) Bei Einstellung, Herabsetzung, Widerruf oder Berichtigung einer Leistung ist der Leistungsbezieher zum Ersatz des unberechtigt Empfangenen zu verpflichten, wenn er den Bezug durch unrichtige Angaben oder durch Verschweigung von Tatsachen herbeigeführt hat oder wenn er erkennen musste, dass die Leistung nicht oder nicht in dieser Höhe gebührte.

(2) Die Verpflichtung zum Ersatz der empfangenen Leistung besteht auch dann, wenn hervorkommt, dass eine oder mehrere Anspruchsvoraussetzungen bereits zum Zeitpunkt der Antragstellung nicht vorgelegen oder nachträglich weggefallen sind, oder die zur Ermittlung des Gesamtbetrages der maßgeblichen Einkünfte (§§ 8, 8b) erforderliche Mitwirkung trotz Aufforderung innerhalb angemessener Frist verweigert wird. Der Empfänger einer Leistung nach diesem Bundesgesetz ist auch dann zum Ersatz des unberechtigt Empfangenen zu verpflichten, wenn sich ohne dessen Verschulden auf Grund des von der Abgabenbehörde an die Österreichische Gesundheitskasse übermittelten Gesamtbetrages der maßgeblichen Einkünfte ergibt, dass die Leistung nicht oder nicht in diesem Umfang gebührt hat.

(3) Wenn eine dritte Person eine Anzeige unterlassen oder falsche Angaben gemacht und hiedurch einen unberechtigten Bezug verursacht oder ermöglicht hat, kann sie zum Ersatz verpflichtet werden.

(3a) Wird der Tod des Kindes nicht rechtzeitig gemeldet und ist daraus ein unrechtmäßiger Bezug einer Leistung nach diesem Bundesgesetz entstanden, so ist von Amts wegen von der Rückforderung abzusehen, sofern die Meldung binnen 31 Tagen ab dem Tod des Kindes erfolgt.

(3b) Der Partner kann bis zur Hälfte zum Ersatz unberechtigt bezogener Leistungen nach diesem Bundesgesetz verpflichtet werden, soweit der unberechtigte Bezug während aufrechter Wirtschaftsgemeinschaft mit dem beziehenden Elternteil erfolgte. Hat der Partner den unberechtigten Bezug jedoch ermöglicht oder sogar verursacht, kann er zum vollen Ersatz der unberechtigt bezogenen Leistungen verpflichtet werden. Hat der Partner den unberechtigten Bezug der Beihilfe zum pauschalen Kinderbetreuungsgeld verursacht, kann er zum Ersatz der Leistung verpflichtet werden. § 31 Abs. 2 gilt sinngemäß auch für den Partner.

(3c) Rückforderungen nach dem FamZeitbG werden auf die diesem Elternteil nach diesem Bundesgesetz zu erbringenden Leistungen voll, dem anderen Elternteil bis zur Hälfte aufgerechnet, sie vermindern den Leistungsanspruch nach diesem Bundesgesetz entsprechend.

(4) Rückforderungen, die gemäß den Abs. 1 bis 3 vorgeschrieben wurden, können auf die zu erbringenden Leistungen bis zur Hälfte derselben aufgerechnet werden; sie vermindern den Leistungsanspruch entsprechend. Zum Zwecke der Forderungssicherung kann eine vorläufige Aufrechnung bis zur Hälfte der zu erbringenden Leistungen erfolgen. Der Krankenversicherungsträger kann unter Berücksichtigung der Familien-, Einkommens- und Vermögensverhältnisse des Empfängers

1. die Erstattung des zu Unrecht gezahlten Betrages in Teilbeträgen (Ratenzahlungen) zulassen,
2. die rechtskräftige Rückforderung stunden,
3. auf die rechtskräftige Rückforderung ganz oder teilweise verzichten.

Dabei sind die §§ 72 bis 74 des Bundeshaushaltsgesetzes 2013 (BHG 2013), BGBl. I Nr. 139/2009, anzuwenden, sofern in diesem Bundesgesetz keine abweichenden Regelungen vorgesehen sind. Abweichend von § 89 Abs. 4 ASGG obliegt den Gerichten in Angelegenheiten der Leistungen nach diesem Bundesgesetz nicht das Recht, die Erstattung des zu Unrecht gezahlten Betrages in Teilbeträgen anzuordnen und auch nicht das Recht, die Rückersatzpflicht zum Teil oder zur Gänze entfallen zu lassen, sondern ist dies ausschließlich dem Krankenversicherungsträger im nachgeschalteten Verwaltungsverfahren vorbehalten.

(5) Ratenzahlungen sind zu gewähren, wenn auf Grund der wirtschaftlichen Verhältnisse des Schuldners die Hereinbringung der rechtskräftigen Forderung in einem Betrag nicht möglich ist. Die Höhe der Raten ist unter Berücksichtigung der wirtschaftlichen Verhältnisse des Schuldners festzusetzen.

(6) Werden Ratenzahlungen bewilligt oder Rückforderungen gestundet, so dürfen keine Zinsen ausbedungen werden.

(7) Die Ausstellung von Bescheiden über Rückforderungen von Leistungen nach diesem Bundesgesetz ist nur binnen 7 Jahren, gerechnet ab Ablauf des Kalenderjahres, in welchem diese Leistungen zu Unrecht bezogen wurden, zulässig. Ein Bescheid über eine Rückforderung tritt nach Ablauf von 3 Jahren ab dem Eintritt der Rechtskraft außer Kraft, wenn er bis zu diesem Zeitpunkt nicht vollzogen wurde; § 68 Abs. 2 ASVG zweiter und dritter Satz gelten sinngemäß. Das Recht auf Berichtigung (§ 30) der vorläufigen Auszahlung gemäß § 33 Abs. 5 mangels Vorliegen eines erlassenen Einkommensteuerbescheides für das betreffende Kalenderjahr sowie das Recht auf Berichtigung aufgrund Abänderungen und Aufhebungen des Einkommensteuerbescheides nach § 24a Abs. 2 verjähren nach Ablauf von 3 Jahren ab Bezugsbeginn.

[a)] Tritt mit 1. November 2023 in Kraft.

Mitwirkungspflichten

§ 32. (1) Der Antragsteller, der andere Elternteil sowie der mit dem Antragsteller im gemeinsamen Haushalt lebende Partner haben bei der Feststellung des für den Anspruch auf Leistungen nach diesem Bundesgesetz maßgeblichen Sachverhaltes mitzuwirken.

(2) Dienstgeber (§ 35 ASVG, § 13 B-KUVG) und sonstige meldepflichtige Personen und Stellen (§ 36 ASVG) sowie der zuständige Kinder- und Jugendhilfeträger sind verpflichtet, den Krankenversicherungsträgern alle für den Vollzug dieses Bundesgesetzes erforderlichen Auskünfte zu erteilen.

(3) Wer seinen Mitteilungs- oder Mitwirkungspflichten (§ 29, § 32 Abs. 1 und 2) trotz Aufforderung nicht oder nicht gehörig nachkommt, kann zum Ersatz der dadurch ausgelösten Verwaltungs- und Verfahrenskosten (§ 77 Abs. 3 ASGG) dem Krankenversicherungsträger gegenüber verpflichtet werden.

(4) Kommt der antragstellende Elternteil trotz zweimaliger, schriftlicher Aufforderung seinen persönlichen Mitwirkungs- oder Mitteilungspflichten nicht nach und wird hierdurch die Aufklärung des Sachverhalts erheblich erschwert oder verhindert, kann der Krankenversicherungsträger den Leistungsanspruch ohne weitere Ermittlungen ablehnen. Dieser Elternteil kann einen neuen Antrag stellen, der jedoch nur dann nicht sofort zurückgewiesen wird, wenn gleichzeitig mit der Antragstellung die Mitwirkungs- und Meldepflichten in vollem Umfang erfüllt werden; § 4 Abs. 2 gilt auch für den neuen Antrag.

Abschnitt 8
Auszahlung der Leistungen
Art der Auszahlung

§ 33. (1) Die Auszahlung der Leistungen nach diesem Bundesgesetz erfolgt jeweils monatlich im Nachhinein auf ein Konto bei einem Zahlungsdienstleister, für das Art. 9 der Verordnung (EU) Nr. 260/2012 zur Festlegung der technischen Vorschriften und der Geschäftsanforderungen für Überweisungen und Lastschriften in Euro, ABl. Nr. L 94 vom 30.03.2012 S. 22 gilt, oder per Post an eine inländische Adresse bis zum Zehnten des Folgemonats.

(2) In besonders berücksichtigungswürdigen Fällen, wie zB im Falle einer besonderen finanziellen Notlage oder einer Rückbuchung, kann eine vorzeitige Auszahlung im Höchstausmaß von einem Monatsbetrag unter Bedachtnahme auf die vorliegenden Anspruchstage erfolgen. Diese kann auch vor der Zuerkennung des Anspruches erfolgen, sofern mit der Zuerkennung gerechnet werden kann. Eine wiederholte Vorauszahlung ist jedoch nicht vorzunehmen, wenn sie in der Absicht begehrt wird, die im Abs. 1 festgelegte monatliche Auszahlung zu umgehen.

(3) Soweit die nach diesem Bundesgesetz gebührenden Beträge Bruchteile eines Cents ergeben, sind diese kaufmännisch auf einen Cent zu runden.

(4) Das von den Leistungsbeziehern zu entrichtende Service-Entgelt für die e–card (§ 31c Abs. 2 und 3 ASVG) ist mit den Leistungen nach diesem Bundesgesetz aufzurechnen.

(5) Kann die Höhe des Kinderbetreuungsgeldes nach § 24a Abs. 1 nicht binnen angemessener Frist ermittelt werden, so wird bis zu deren Feststellung ein vorläufiges Kinderbetreuungsgeld in der nach § 24a Abs. 1 Z 1 bis 4 berechneten Höhe, mindestens jedoch in Höhe von 33 € täglich ausgezahlt.

(6) Die Bundesministerin für Frauen, Familie, Integration und Medien hat jedes Jahr für das folgende Kalenderjahr die vervielfachten Beträge (§ 3 Abs. 1a, § 24a Abs. 2a und § 24d Abs. 1 letzter Satz) bis spätestens 15. November eines jeden

Jahres zu ermitteln und per Verordnung kundzumachen.

Besondere Umstände

§ 34. (1) Ist der Bezugsberechtigte handlungsunfähig, so ist die Leistung dessen gesetzlichem Vertreter oder dessen Bevollmächtigtem zur Verwendung für das Kind, für welches Kinderbetreuungsgeld bezogen wird, auszuzahlen.

(2) Ist der Bezugsberechtigte trunk-, spiel- oder rauschgiftsüchtig, so kann die Leistung verlässlichen Familienangehörigen oder der Aufenthaltsgemeinde zur Verwendung für das Kind, für das Kinderbetreuungsgeld bezogen wird, ausgezahlt werden.

Abschnitt 9

Mutter-Kind-Pass-Verfahren

§ 35. (1) Die gemäß § 7 vorgesehenen ärztlichen Untersuchungen sind von den Trägern der gesetzlichen Krankenversicherung durchzuführen, und zwar

1. bei Personen, die in der gesetzlichen Krankenversicherung pflichtversichert oder freiwillig versichert sind, vom Träger dieser Krankenversicherung, bei mehrfacher Krankenversicherung von dem Versicherungsträger, der zuerst in Anspruch genommen wird;
2. bei Personen, für die als Angehörige ein Anspruch auf Leistungen der gesetzlichen Krankenversicherung besteht, von dem Versicherungsträger, gegen den sich dieser Leistungsanspruch richtet;
3. bei allen übrigen Personen von der Österreichischen Gesundheitskasse.

(2) Für die Durchführung der Untersuchungen kommen insbesondere Vertragsärzte, Einrichtungen der Vertragsärzte oder sonstige Vertragspartner, Schwangeren- oder Mütter- und Elternberatungsstellen der Länder oder eigene Einrichtungen der Krankenversicherungsträger in Betracht.

(3) Zwischen dem Dachverband der Sozialversicherungsträger und der Österreichischen Ärztekammer mit Vollmacht und mit Zustimmung der Ärztekammern in den Bundesländern ist ein Gesamtvertrag abzuschließen, der die Durchführung der gemäß § 7 vorgesehenen ärztlichen Untersuchungen und die Vergütung der ärztlichen Leistungen regelt. Der Gesamtvertrag bedarf nicht der Zustimmung der Träger der gesetzlichen Krankenversicherung. Die Bestimmungen der §§ 338 bis 351 ASVG, des § 181 BSVG, des § 193 GSVG und des § 128 B-KUVG gelten sinngemäß. Der Gesamtvertrag bedarf zu seiner Gültigkeit der Genehmigung der Bundesministerin für Gesundheit im Einvernehmen mit der Bundesministerin für Familien und Jugend. Die Genehmigung ist zu versagen, wenn die im Vertrag vorgesehene Vergütung der ärztlichen Leistungen, gemessen an der Vergütung vergleichbarer Leistungen in der gesetzlichen Krankenversicherung, unangemessen ist. Bis zum Abschluss eines neuen Vertrages gilt der bezugnehmend auf § 39e Abs. 6 FLAG 1967 in der am 31. Dezember 2001 geltenden Fassung abgeschlossene Gesamtvertrag weiter.

(3a) Zwischen dem Dachverband der Sozialversicherungsträger und dem Österreichischen Hebammengremium ist ein Gesamtvertrag abzuschließen, der die Durchführung der gemäß § 7 vorgesehenen Hebammenberatung und deren Vergütung regelt. Der Gesamtvertrag bedarf nicht der Zustimmung der Träger der gesetzlichen Krankenversicherung. Die Bestimmungen des § 349 ASVG, des § 181 BSVG, des § 193 GSVG und des § 128 B-KUVG gelten sinngemäß. Der Gesamtvertrag bedarf zu seiner Gültigkeit der Genehmigung der Bundesministerin für Gesundheit im Einvernehmen mit der Bundesministerin für Familien und Jugend. Die Genehmigung ist zu versagen, wenn die im Vertrag vorgesehene Vergütung, gemessen an der Vergütung vergleichbarer Leistungen in der gesetzlichen Krankenversicherung, unangemessen ist. Bis zum Abschluss einer entsprechenden Vereinbarung gilt § 131b ASVG sinngemäß.

(4) Die Kosten für die gemäß § 7 vorgesehenen ärztlichen Untersuchungen sind für die im Abs. 1 Z 3 genannten Personen zur Gänze vom Ausgleichsfonds für Familienbeihilfen zu tragen; für die übrigen Personen sind die Untersuchungskosten zu zwei Dritteln vom Ausgleichsfonds für Familienbeihilfen und zu einem Drittel von den Trägern der gesetzlichen Krankenversicherung zu tragen. Die vom Ausgleichsfonds für Familienbeihilfen zu tragenden Kosten sind gegen Rechnungslegung dem Dachverband der Sozialversicherungsträger zu überweisen, welcher die Aufteilung auf die einzelnen Träger der gesetzlichen Krankenversicherung vorzunehmen hat. Der vom Ausgleichsfonds für Familienbeihilfen zu leistende Kostenersatz kann pauschaliert werden. Auf den Kostenersatz können angemessene Vorschüsse geleistet werden.

(5) Die gemäß § 7 vorgesehenen ärztlichen Untersuchungen können bei den im § 2 Abs. 1 Z 2 B-KUVG genannten Personen und deren Angehörigen, für die Krankenfürsorge seitens einer Krankenfürsorgeeinrichtung eines öffentlich-rechtlichen Dienstgebers vorgesehen ist, auch von dieser durchgeführt werden. Die Kosten für die Untersuchungen werden den Krankenfürsorgeeinrichtungen zu zwei Dritteln vom Ausgleichsfonds für Familienbeihilfen ersetzt, soweit sie die zwischen dem Dachverband der Sozialversicherungsträger und der Österreichischen Ärztekammer vereinbarten Untersuchungskosten nicht überschreiten (Abs. 3). Der vom Ausgleichsfonds für Familienbeihilfen zu leistende Kostenersatz kann pauschaliert werden. Auf den Kostenersatz können angemessene Vorschüsse geleistet werden.

(6) Die Kosten für den Mutter-Kind-Pass (§ 7) sind vom Ausgleichsfonds für Familienbeihilfen zu tragen.

(7) Die Bundesministerin für Gesundheit und die Bundesministerin für Familien und Jugend sowie von diesen beauftragte Experten sind im Sinne des Datenschutzgesetzes 2000, BGBl. I Nr. 165/1999, zur Ermittlung und Verarbeitung von persönlichen gesundheitsbezogenen Daten von Müttern und Kindern im Zusammenhang mit dem Mutter-Kind-Pass-Untersuchungsprogramm ermächtigt. Dabei können zum ausschließlichen Zweck der Evaluierung Auskünfte über die Mutter-Kind-Pass-Untersuchungen einschließlich der Vorlage des Mutter-Kind-Passes verlangt werden. Eine Weitergabe personenbezogener Daten ist untersagt.

(8) Der Dachverband der Sozialversicherungsträger hat auf Verlangen die in seinem Wirkungsbereich befindlichen Daten betreffend das Mutter-Kind-Pass-Untersuchungsprogramm der Bundesministerin für Gesundheit und der Bundesministerin für Familien und Jugend oder von diesen Bundesministerinnen beauftragten Experten für den ausschließlichen Zweck der Evaluierung des Mutter-Kind-Pass-Untersuchungsprogrammes zur Verfügung zu stellen. Eine Weitergabe personenbezogener Daten ist untersagt.

(9) Die Träger der gesetzlichen Krankenversicherung haben Personen gemäß § 35 Abs. 1 eine einstündige Beratung mit einer Hebamme gemäß § 7 Abs. 1 insbesondere durch Vertragshebammen zu ermöglichen. Die Kosten für die Beratung sind zu zwei Dritteln vom Familienlastenausgleichsfonds und zu einem Drittel von den Trägern der gesetzlichen Krankenversicherung zu tragen. Die vom Familienlastenausgleichsfonds zu tragenden Kosten sind dem Dachverband der Sozialversicherungsträger gegen Rechnungslegung zu überweisen.

Abschnitt 10
Daten
Kinderbetreuungsgeld-Datenbank

§ 36. (1) Für die Verarbeitung der für die Wahrnehmung der nach diesem Bundesgesetz übertragenen Aufgaben erforderlichen personenbezogenen Daten wird eine Datenbank (Kinderbetreuungsgeld-Datenbank) eingerichtet.

(2) Als erforderliche personenbezogene Daten im Sinne des Abs. 1 gelten insbesondere folgende Daten der antragstellenden Person, des zweiten Elternteiles, des Partners, der Kinder und sonstiger relevanter Personen:

1. Namen, Titel, Anschrift, Telefonnummer und E-Mail-Adresse;
2. Geburtsdatum und Sozialversicherungsnummer;
3. Staatsangehörigkeit samt aufenthaltsrechtlichem Status bei nichtösterreichischer Staatsangehörigkeit;
4. Familienstand und Geschlecht;
5. Beruf bzw. Tätigkeit;
6. Firmenbuchnummern, Namen und Anschrift des Dienstgebers;
7. Anspruchs- und Berechnungsgrundlagen;
8. Art, Umfang und Stand der Verfahren;
9. Bescheide;
10. Bankverbindung und Kontonummer;
11. Vertreter, Zahlungsempfänger sowie die Art und Dauer der Vollmacht;
12. Zahlungsbeträge.

(3) Die Österreichische Gesundheitskasse in ihrer Funktion als Kompetenzzentrum (§ 25 Abs. 3) ist Verantwortliche gemäß Art. 4 Z 7 der Verordnung (EU) Nr. 679/2016 zum Schutz natürlicher Personen bei der Verarbeitung personenbezogener Daten, zum freien Datenverkehr und zur Aufhebung der Richtlinie 95/46/EG (Datenschutz-Grundverordnung), ABl. Nr. L 119 vom 27.04.2016 S. 1 (DSGVO).

(4) Umsetzungskosten im Sinne des Abs. 1 sowie Kosten für die laufende Wartung und Entwicklung trägt der Familienlastenausgleichsfonds.

Datenübermittlung

§ 37. (1) Die Krankenversicherungsträger sind verpflichtet, alle erforderlichen personenbezogenen Daten (§ 36 Abs. 2) elektronisch an die Datenbank zu übermitteln.

(2) Die Österreichische Gesundheitskasse in ihrer Funktion als Kompetenzzentrum und Verbindungsstelle (§ 25 Abs. 3) ist verpflichtet, alle erforderlichen personenbezogenen Daten (§ 36 Abs. 2) elektronisch an die Datenbank zu übermitteln.

(3) Der Dachverband der Sozialversicherungsträger hat alle ihm zur Verfügung stehenden und für die Wahrnehmung der den Krankenversicherungsträgern und der Österreichischen Gesundheitskasse in ihrer Funktion als Kompetenzzentrum sowie als Verbindungsstelle (§ 25 Abs. 3) nach diesem Bundesgesetz übertragenen Aufgaben erforderlichen personenbezogenen Daten (§ 36 Abs. 2) elektronisch an die Datenbank zu übermitteln.

(4) Die Abgabenbehörden haben alle für die Wahrnehmung der den Krankenversicherungsträgern und der Österreichischen Gesundheitskasse als Kompetenzzentrum sowie als Verbindungsstelle (§ 25 Abs. 3) nach diesem Bundesgesetz übertragenen Aufgaben erforderlichen personenbezogenen Daten (§ 36 Abs. 2) elektronisch an die Datenbank zu übermitteln. Der Bundesminister für Finanzen wird ermächtigt, im Einvernehmen mit dem Bundeskanzler Art und Weise des Verfahrens der elektronischen Übermittlung durch Verordnung festzulegen.

Weitere Datenverarbeitung

§ 37a. (1) Die Krankenversicherungsträger sind berechtigt, alle erforderlichen personenbezogenen Daten (§ 36 Abs. 2) der Datenbank zu verarbeiten.

(2) Die Österreichischen Gesundheitskasse in ihrer Funktion als Kompetenzzentrum und Verbindungsstelle (§ 25 Abs. 3) ist berechtigt, alle erforderlichen personenbezogenen Daten (§ 36 Abs. 2) aus der Datenbank zu verarbeiten.

(3) Die Österreichischen Gesundheitskasse in ihrer Funktion als Kompetenzzentrum (§ 25 Abs. 3) hat dem Bundeskanzler Daten zur automatisierten Besorgung der Statistik zu übermitteln.

(4) Die Österreichischen Gesundheitskasse in ihrer Funktion als Verbindungsstelle (§ 25 Abs. 3) hat dem Bundeskanzler folgende Daten zur jährlichen Weiterleitung an die Europäische Kommission zu übermitteln:

1. Anzahl aller Bezieher, Anzahl aller Kinder, für die Leistungen bezogen wurden und die Gesamtsumme der diesbezüglichen Auszahlungen,
2. Anzahl der Bezieher und Anzahl der Kinder, für die Leistungen bezogen wurden mit Wohnort in einem anderen Mitgliedstaat, und die Gesamtsumme der diesbezüglichen Auszahlungen, aufgeschlüsselt nach Wohnort der Kinder sowie vorrangiger und nachrangiger Zuständigkeit Österreichs nach den Bestimmungen der Verordnung (EG) Nr. 883/2004,

jeweils bezogen auf das von der Europäischen Kommission abgefragte Jahr.

Datenlöschung

§ 37b. Die Österreichischen Gesundheitskasse in ihrer Funktion als Kompetenzzentrum (§ 25 Abs. 3) hat die personenbezogenen Daten (§ 36 Abs. 2) in der Datenbank zu löschen, sobald diese nicht mehr benötigt werden, frühestens jedoch 7 Jahre nach Ablauf des Kalenderjahres, in welchem eine Leistung nach diesem Bundesgesetz zuletzt bezogen worden ist.

Abschnitt 11
Finanzierung
Deckung des Aufwandes

§ 38. (1) Für die finanzielle Abwicklung dieses Bundesgesetzes sind eigene Rechnungskreise einzurichten, die eine Zuordnung des erforderlichen Aufwandes der Krankenversicherungsträger unter Berücksichtigung der Grundsätze der Sparsamkeit, Wirtschaftlichkeit und Zweckmäßigkeit eindeutig ermöglichen. Der Ausgleichsfonds für Familienbeihilfen hat der Österreichischen Gesundheitskasse die nachgewiesenen, erforderlichen und zuordenbaren Aufwendungen für die Leistungen, die Verfahrenskosten, die Zustellgebühren, den entsprechenden Anteil an den Verwaltungsaufwendungen sowie die sonstigen Aufwendungen nach diesem Bundesgesetz zu ersetzen.

(2) Die anteiligen Verwaltungsaufwendungen einschließlich der Kosten für den Betrieb des Kompetenzzentrums und der Verbindungsstelle gemäß 25 Abs. 3 können pauschal ermittelt und in der Höhe der festgesetzten Pauschalbeträge ersetzt werden. Die Bundesministerin für Familien und Jugend hat die Pauschalbeträge nach Anhörung des Dachverbandes der Sozialversicherungsträger im Einvernehmen mit dem Bundesminister für Finanzen durch Verordnung festzusetzen. Die Pauschalbeträge sind neu festzusetzen, wenn die anteiligen Verwaltungsaufwendungen, insbesondere auf Grund von Gesetzesänderungen, um mehr als 5 vH zu- oder abnehmen. Mit Wirkung ab 1. Jänner eines jeden Jahres sind die Pauschalbeträge mit der Aufwertungszahl des jeweiligen Kalenderjahres (§ 108a ASVG) zu vervielfachen und auf einen Cent zu runden.

(3) Der Ausgleichsfonds für Familienbeihilfen hat der Österreichischen Gesundheitskasse den nachgewiesenen, für die Herstellung der Voraussetzungen zur Vollziehung dieses Bundesgesetzes, auch im Falle von Gesetzesänderungen, unter Berücksichtigung der Grundsätze der Sparsamkeit, Wirtschaftlichkeit und Zweckmäßigkeit erforderlichen einmaligen Aufwand einschließlich der Implementierungskosten aller Krankenversicherungsträger zu ersetzen. Die anteiligen erforderlichen und zuordenbaren Errichtungs- und Entwicklungskosten des Datennetzes sind dem Dachverband der Sozialversicherungsträger zu ersetzen.

(4) Für nachträgliche Anpassungen oder Investitionen insbesondere technischer Natur, die anlässlich der Vollziehung oder von Änderungen dieses Bundesgesetzes erforderlich werden, ist Abs. 3 singemäß anzuwenden.

Verrechnung

§ 39. Der Ausgleichsfonds für Familienbeihilfen kann der Österreichischen Gesundheitskasse die Aufwendungen aller zuständigen Krankenversicherungsträger für die Leistungen nach diesem Bundesgesetz bevorschussen. Die Endabrechnung ist jährlich im Nachhinein vorzunehmen.

Abschnitt 12
Schlussbestimmungen
Rechtshilfe

§ 41. (1) Die Verwaltungsbehörden, das Arbeitsmarktservice und die Gerichte sind verpflichtet, den in Vollziehung dieses Bundesgesetzes an sie ergehenden Ersuchen der Krankenversicherungsträger im Rahmen ihrer sachlichen und örtlichen Zuständigkeit zu entsprechen.

(2) Barauslagen, die der ersuchten Stelle aus der Hilfeleistung erwachsen, mit Ausnahme von Portokosten, sind von der ersuchenden Stelle zu erstatten.

(3) Die Krankenversicherungsträger sind berechtigt, auf automationsunterstütztem Weg Einsicht in das automationsunterstützt geführte Grundbuch, in das zentrale Gewerberegister und in das automationsunterstützt geführte Firmenbuch zu nehmen, soweit dies zur Erfüllung der Aufgaben

nach diesem Bundesgesetz notwendig ist. Die Berechtigung zur Einsicht in das Grundbuch umfasst auch die Einsichtnahme in das Personenverzeichnis. Die Berechtigung zur Einsicht in das Firmenbuch umfasst auch die bundesweite Suche nach im Zusammenhang mit den Rechtsträgern gespeicherten Personen.

Unterhaltsanspruch

§ 42. Das Kinderbetreuungsgeld, der Partnerschaftsbonus zum pauschalen Kinderbetreuungsgeld und die Beihilfe zum pauschalen Kinderbetreuungsgeld gelten weder als eigenes Einkommen des Kindes noch des beziehenden Elternteils und mindern nicht deren Unterhaltsansprüche.

Pfändungsverbot und Steuerbefreiung

§ 43. (1) Das pauschale Kinderbetreuungsgeld, der Partnerschaftsbonus zum pauschalen Kinderbetreuungsgeld und die Beihilfe zum pauschalen Kinderbetreuungsgeld sind gemäß § 290 der Exekutionsordnung (EO), RGBl. Nr. 79/1896, nicht pfändbar.

(2) Das Kinderbetreuungsgeld und die Beihilfe zum pauschalen Kinderbetreuungsgeld sind von der Einkommensteuer befreit und gehören auch nicht zur Bemessungsgrundlage für sonstige Abgaben und öffentlich-rechtliche Beiträge.

Gebührenfreiheit

§ 44. (1) Die im Verfahren nach diesem Bundesgesetz erforderlichen Eingaben, Vollmachten und Ausfertigungen sind von den Stempelgebühren und Verwaltungsabgaben des Bundes befreit. Die §§ 76 bis 78 des Allgemeinen Verwaltungsverfahrensgesetzes 1991 (AVG 1991), BGBl. Nr. 51, sind im Verfahren nach diesem Bundesgesetz nicht anzuwenden.

(2) Der Ersatz des Aufwandes gemäß § 38 stellt kein Entgelt im Sinne des Umsatzsteuergesetzes 1994 (UStG 1994), BGBl. Nr. 663, dar.

Verwaltungsstrafbestimmung

§ 45. Personen,

1. die grob fahrlässig oder vorsätzlich unwahre Angaben gemacht haben oder maßgebliche Tatsachen verschwiegen haben und dadurch
   a) zu Unrecht eine Leistung nach diesem Bundesgesetz bezogen haben oder
   b) einer anderen Person zum unrechtmäßigen Bezug einer Leistung nach diesem Bundesgesetz verholfen haben oder
2. die ihren Mitteilungs- und Mitwirkungspflichten (§§ 29, 32 Abs. 1 und 2) nicht oder nicht gehörig nachgekommen sind,

sind, sofern die Tat nicht den Tatbestand einer in die Zuständigkeit der Gerichte fallenden Handlung bildet oder nach anderen Verwaltungsstrafbestimmungen mit strengerer Strafe bedroht ist, von der Bezirksverwaltungsbehörde mit einer Geldstrafe bis zu 2 000 € zu bestrafen.

Sprachliche Gleichbehandlung

§ 46. Soweit in diesem Bundesgesetz personenbezogene Bezeichnungen nur in männlicher Form angeführt sind, beziehen sie sich auf Frauen und Männer in gleicher Weise. Bei der Anwendung auf bestimmte Personen ist die jeweils geschlechtsspezifische Form zu verwenden.

Verweisungen

§ 47. Soweit in diesem Bundesgesetz auf Bestimmungen anderer Bundesgesetze verwiesen wird, sind diese, soweit nicht ausdrücklich anderes bestimmt ist, in der jeweils geltenden Fassung anzuwenden.

Vollzug

§ 48. Mit der Vollziehung dieses Bundesgesetzes sind betraut

1. hinsichtlich des § 37 Abs. 1 und 2 der Bundesminister für Finanzen,
2. hinsichtlich der übrigen Bestimmungen die Bundesministerin für Familien und Jugend.

In-Kraft-Treten

§ 49. (1) Dieses Bundesgesetz tritt – mit Ausnahme der §§ 24 Abs. 4 und 38 Abs. 3 – am 1. Jänner 2002 in Kraft und ist für Geburten nach dem 31. Dezember 2001 anzuwenden.

(2) Auf Geburten zwischen dem 1. Jänner 2002 und 30. Juli 2002 ist § 3 Abs. 2 mit der Maßgabe anzuwenden, dass vom Nachweis der Untersuchungen während der Schwangerschaft abgesehen wird.

(3) § 24 Abs. 4 tritt mit dem der Kundmachung dieses Gesetzes folgenden Tag in Kraft.

(4) § 38 Abs. 3 tritt mit 1. September 2001 in Kraft.

(5) § 2 Abs. 6, § 3a, § 7 Abs. 2 und 3, § 9 Abs. 3, § 33 Abs. 3 und § 36 Abs. 2 Z 5 in der Fassung des Bundesgesetzes BGBl. I Nr. 58/2003 treten mit 1. Jänner 2004 in Kraft.

(6) Auf Geburten bis 31. Oktober 2003 ist § 3a Abs. 2 nicht anzuwenden.

(7) Die §§ 7 Abs. 3, 8 Abs. 2, 9 Abs. 1 Z 4, 9 Abs. 2, 9 Abs. 4, 31 Abs. 2 erster Satz und 33 Abs. 1 in der Fassung des Bundesgesetzes BGBl. I Nr. 122/2003 treten mit 1. Jänner 2004 in Kraft.

(8) § 20 in der Fassung des Bundesgesetzes BGBl. I Nr. 34/2004 tritt am 1. Jänner 2002 in Kraft und ist für Geburten nach dem 31. Dezember 2001 anzuwenden.

(9) Die §§ 2 Abs. 1 Z 2 bis 5, 2 Abs. 2 bis 5, 5 Abs. 6, 6 und 8 Abs. 2 in der Fassung des Bundesgesetzes BGBl. I Nr. 100/2005, treten mit 1. Jänner 2006, nach Maßgabe der Übergangsbestimmungen des Niederlassungs- und Aufenthaltsgesetzes (NAG), BGBl. I Nr. 100/2005, sowie des Asylgesetzes 2005 (AsylG 2005), BGBl. I Nr. 100, in Kraft.

(10) § 3a Abs. 2 und 3 in der Fassung des Bundesgesetzes BGBl. I Nr. 97/2006 tritt mit

1. Jänner 2007 in Kraft und ist auf Geburten nach dem 31. Dezember 2006 anzuwenden. § 33 Abs. 4 in der Fassung des Bundesgesetzes BGBl. I Nr. 97/2006 tritt mit 1. Juli 2006 in Kraft.

(11) § 2 Abs. 1 Z 5 in der Fassung des Bundesgesetzes BGBl. I Nr. 168/2006 tritt mit 1. Juli 2006 in Kraft.

(12) Abweichend von § 4 Abs. 2 können Anträge auf rückwirkende Gewährung des Kinderbetreuungsgeldes in den Fällen des § 2 Abs. 1 Z 5 für Kinder, die nach Ablauf des 31. Dezember 2005 und vor dem 1. Jänner 2007 geboren werden, längstens bis 1. Juli 2007 wirksam gestellt werden.

(13) §§ 2 Abs. 1 Z 1 und 3, 2 Abs. 5, 3a Abs. 1 bis 3, 5 Abs. 5, 5a, 5b, 6 Abs. 3, 7 Abs. 3 und 4, 9 Abs. 2 bis 4, 12, 19 Abs. 2, 24 Abs. 1, 26a, 31 Abs. 4, 36 Abs. 2 Z 5, 42, 43 und 45 in der Fassung des Bundesgesetzes BGBl. I Nr. 76/2007 treten mit 1. Jänner 2008 in Kraft.

(14) §§ 8 Abs. 1 Z 1, 8a und 31 Abs. 7 treten mit 1. Jänner 2008 in Kraft und sind auf Bezugszeiträume nach dem Jahr 2007 anzuwenden.

§ 3 Abs. 2 und 7 Abs. 2 treten mit 1. Jänner 2008 in Kraft und sind auf Geburten nach dem 31. Dezember 2007 anzuwenden.

(15) Mit Ablauf des 31. Dezember 2007 tritt die Verordnung des Bundesministers für soziale Sicherheit und Generationen, mit der die Kriterien für Härtefälle nach dem Kinderbetreuungsgeldgesetz festgelegt werden (KBGG-Härtefälle-Verordnung), BGBl. II Nr. 405/2001 idF BGBl. II Nr. 91/2004, außer Kraft. Auf Anspruchsüberprüfungen der Kalenderjahre 2002 bis 2007 ist sie jedoch weiter anzuwenden.

(16) Für Geburten vor 2008 kann trotz bereits erfolgter Antragstellung und Bezug des Kinderbetreuungsgeldes ab 1. Jänner 2008 einmalig auf das Kinderbetreuungsgeld als Kurzleistung (§ 5a oder § 5b) umgestiegen werden. Hiezu ist eine gesonderte Antragstellung spätestens bis 30. Juni 2008 nötig. § 26a zweiter und dritter Satz sowie § 4 Abs. 2 gelten sinngemäß.

(17) Das Recht, die Abgabe gemäß Abschnitt 4 festzusetzen, verjährt für die Jahre 2002 und 2003 frühestens Ende 2008.

(18) § 19 Abs. 1 in der Fassung des Bundesgesetzes BGBl. I Nr. 76/2007 und § 21 in der Fassung des Bundesgesetzes BGBl. I Nr. 24/2009 treten mit 1. Jänner 2002 in Kraft und sind auf Geburten nach dem 31. Dezember 2001 anzuwenden.

(19) Die §§ 2 Abs. 1 Z 3, 2 Abs. 6, 3a Abs. 1 erster Satz, 3a Abs. 2, 5 Abs. 2 und 4, 5a Abs. 3, 5b Abs. 3, 8 samt Überschrift, 8a, 8b samt Überschrift, 31 Abs. 2, 31 Abs. 4 Z 2 und 3, 31 Abs. 5 und 7, 32 Abs. 2 und 37 Abs. 2 in der Fassung des Bundesgesetzes BGBl. I Nr. 116/2009 treten mit 1. Jänner 2010 in Kraft.

(20) Die §§ 36 Abs. 2 Z 1, 4 bis 6 und 38 Abs. 2 in der Fassung des Bundesgesetzes BGBl. I Nr. 116/2009 treten mit 1. Jänner 2010 in Kraft und sind für Zeiträume ab 1. Oktober 2009 anzuwenden.

(21) Abschnitt 3 samt Überschrift und § 31 Abs. 3 in der Fassung des Bundesgesetzes BGBl. I Nr. 116/2009 treten mit 1. Jänner 2010 in Kraft und sind auf Geburten nach dem 31. Dezember 2009 anzuwenden.

(22) § 1, die Überschrift des Abschnitts 2, §§ 3a Abs. 3, §§ 5 Abs. 4a und b, 5c, 7 Abs. 3 und 4, Abschnitt 5 samt Überschrift, die Überschrift des Abschnitts 5a, §§ 25 und 25a, § 26a und 33 Abs. 5 in der Fassung des Bundesgesetzes BGBl. I Nr. 116/2009 treten mit 1. Jänner 2010 in Kraft und sind auf Geburten nach dem 30. September 2009 anzuwenden, sofern 2009 kein Antrag auf Kinderbetreuungsgeld für Zeiträume nach dem 30. September 2009 und vor dem 1. Jänner 2010 gestellt worden ist; wird 2010 rückwirkend Kinderbetreuungsgeld für Zeiträume zwischen 1. Oktober 2009 und 31. Dezember 2009 beantragt, so besteht kein Anspruch auf Auszahlung von Kinderbetreuungsgeld für diese Zeiträume.

(23) Die §§ 1, 8 Abs. 2, 8a, Abschnitt 3 und 4, §§ 24 und 25 jeweils in der Fassung BGBl. I Nr. 24/2009 treten mit Ablauf des 31. Dezember 2009 außer Kraft, sind jedoch auf Geburten bis 31. Dezember 2009 weiter anzuwenden. Letzteres gilt nur, sofern kein Anwendungsfall des Abs. 22 vorliegt. Abgaben im Sinne des § 18 in der Fassung vor dem Bundesgesetz BGBl. I Nr. 116/2009, für die der Abgabenanspruch gemäß § 21 in der Fassung vor dem Bundesgesetz BGBl. I Nr. 116/2009 mit Ablauf des Kalenderjahres 2015 oder 2016 entstanden ist, sind nicht festzusetzen; im Fall der bereits erfolgten Festsetzung ist von Amts wegen der Festsetzungsbescheid aufzuheben und der festgesetzte Betrag zurückzuzahlen.

(24) § 6 Abs. 2 in der Fassung des Bundesgesetzes BGBl. I Nr. 116/2009 tritt mit 1. Jänner 2010 in Kraft und ist auf Geburten nach dem 30. September 2009 anzuwenden.

§ 50. (1) §§ 24a Abs. 1, 25 Abs. 2 und 3, 31 Abs. 4, 32 Abs. 1 und 3, 36 Abs. 2, 37 Abs. 1, 38 Abs. 2 und 3, 42 und 43 samt Überschriften sowie 45 in der Fassung des Bundesgesetzes BGBl. I Nr. 139/2011 treten mit 1. Jänner 2012 in Kraft.

(2) §§ 8 Abs. 1 Z 2, 8b Abs. 1 Z 1 und 2, 24 Abs 1 Z 2 und Abs. 2 sowie 24a Abs. 3 in der Fassung des Bundesgesetzes BGBl. I Nr. 139/2011 treten mit 1. Jänner 2012 in Kraft und sind für Geburten nach dem 31. Dezember 2011 anzuwenden.

(3) §§ 8 Abs. 1 Z 1, 9 Abs. 3 und 24 Abs. 1 Z 3 in der Fassung des Bundesgesetzes BGBl. I Nr. 139/2011 treten mit 1. Jänner 2012 in Kraft und sind auf Bezugszeiträume ab 1. Jänner 2012 anzuwenden.

(4) § 40 samt Überschrift in der Fassung des Bundesgesetzes BGBl. I Nr. 11/2011 tritt mit Ablauf des 31. Dezember 2011 außer Kraft, ist jedoch für Geburten bis 31. Dezember 2009 weiter anzuwenden.

(5) § 48 samt Überschrift in der Fassung des Bundesgesetzes BGBl. I Nr. 139/2011 tritt mit 1. Jänner 2012 in Kraft, ist jedoch in der Fassung des Bundesgesetzes BGBl. I Nr. 11/2011 für Geburten bis 31. Dezember 2009 weiter anzuwenden.

(6) § 8 Abs. 1 Z 1 in der Fassung des Bundesgesetzes BGBl. I Nr. 117/2013 tritt mit 1. Jänner 2010 in Kraft und ist auf Bezugszeiträume ab 1. Jänner 2010 anzuwenden.

(7) §§ 9 Abs. 3 und 24 Abs. 1 Z 3 in der Fassung des Bundesgesetzes BGBl. I Nr. 117/2013 treten mit 1. Jänner 2014 in Kraft und sind auf Bezugszeiträume ab 1. Jänner 2014 anzuwenden.

(8) §§ 24d Abs. 2, 26a und 36 Abs. 2 in der Fassung des Bundesgesetzes BGBl. I Nr. 117/2013 treten mit 1. Jänner 2014 in Kraft und sind auf erstmalige Antragstellungen ab 1. Jänner 2014 anzuwenden.

(9) § 31 Abs. 4 in der Fassung des Bundesgesetzes BGBl. I Nr. 117/2013 tritt mit 1. Jänner 2013 in Kraft.

(10) § 7 Abs. 1, § 35 Abs. 3a und § 35 Abs. 9 in der Fassung des Bundesgesetzes BGBl. I Nr. 197/2013 treten mit 1. November 2013 in Kraft.

(11) § 2 Abs. 1 Z 5 in der Fassung des Bundesgesetzes BGBl. I Nr. 35/2014 tritt mit 1. Jänner 2014 in Kraft.

(12) § 33 Abs. 1 in der Fassung des Bundesgesetzes BGBl. I Nr. 35/2014 tritt mit 31. März 2012 in Kraft.

(13) § 9 Abs. 3 und § 24 Abs. 1 Z 3 in der Fassung BGBl. I Nr. 53/2016 treten mit 1. Jänner 2017 in Kraft und gelten für Bezugszeiträume ab 1. Jänner 2017.

(14) § 1, die Überschrift des Abschnittes 2, § 2 Abs. 5, § 2 Abs. 7 und 9, § 3, § 3a, § 4 Abs. 2, § 4a, § 5, § 5a bis § 5d, § 7 Abs. 2 und 3, § 8 Abs. 1, § 8b Abs. 1, § 9 Abs. 2 und 4, § 14, § 24 Abs. 1 Z 2, § 24 Abs. 2, § 24a Abs. 3 und 4, § 24b bis 24d, § 26 Abs. 2, § 26a, § 27 Abs. 2, § 36 Abs. 1 Z 3, § 36 Abs. 2 und 3, § 42, § 43 Abs. 1 in der Fassung BGBl. I Nr. 53/2016 treten mit 1. März 2017 in Kraft und gelten für Geburten nach dem 28. Februar 2017.

(15) § 2 Abs. 1 Z 5 lit. c, § 6, § 7 Abs. 1, § 24 Abs. 3, § 25a, § 27 Abs. 4, § 31 Abs. 1 bis 4, § 32 Abs. 3 und 4, § 35 Abs. 3 und 3a, § 35 Abs. 7 und 8, die Überschrift des Abschnittes 10, § 37 Abs. 1, § 38 Abs. 2, § 43 Abs. 2, § 48 Z 2 in der Fassung BGBl. I Nr. 53/2016 treten mit 1. März 2017 in Kraft.

(16) § 24e in der Fassung BGBl. I Nr. 53/2016 tritt mit 1. März 2017 in Kraft und ist hinsichtlich des § 2 Abs. 6 und 8 für Bezugszeiträume ab 1. Jänner 2017 und hinsichtlich des § 1, § 2 Abs. 7 und 9, § 4, § 4a, § 5b, § 26 Abs. 2, § 26a, § 27 Abs. 2, § 36 Abs. 1 Z 3, § 36 Abs. 2 und 3, § 42 und § 43 Abs. 1 für Geburten nach dem 28. Februar 2017 anzuwenden.

(17) § 24d Abs. 1 in der Fassung BGBl. I Nr. 35/2014 tritt mit 1. März 2017 außer Kraft, ist jedoch hinsichtlich des § 1, § 2 Abs. 2, 3 und 5, § 4, § 5 Abs. 3, 4, 5 und 6, § 26 Abs. 2, § 26a, § 27 Abs. 2, § 36 Abs. 1 Z 3, § 36 Abs. 2, § 42 und § 43 Abs. 1 jeweils in der Fassung BGBl. I Nr. 35/2014 für Geburten bis 28. Februar 2017 weiterhin anzuwenden.

(18) § 7 Abs. 4 und § 24d Abs. 2 in der Fassung BGBl. I Nr. 35/2014 treten mit 1. März 2017 außer Kraft, sind jedoch für Geburten bis 28. Februar 2017 weiterhin anzuwenden.

(19) § 2 Abs. 6 und 8 in der Fassung BGBl. I Nr. 53/2016 tritt mit 1. Jänner 2017 in Kraft und gilt für Bezugszeiträume ab 1. Jänner 2017.

(20) § 38 Abs. 3 zweiter Satz in der Fassung BGBl. I Nr. 35/2014 tritt mit 1. Jänner 2017 außer Kraft.

(21) § 25 Abs. 2, § 36 samt Überschrift, § 37 sowie die §§ 37a und 37b samt Überschriften in der Fassung des Materien-Datenschutz-Anpassungsgesetzes 2018, BGBl. I Nr. 32/2018, treten mit 25. Mai 2018 in Kraft.

(22) Die §§ 25 Abs. 2 bis 4, 28 Abs. 1 Z 3, 31 Abs. 2, 35 Abs. 1 Z 3 und Abs. 3, 3a, 4, 5, 8 und 9, 36 Abs. 3, 37 Abs. 2 bis 4, 37a Abs. 2 bis 4, 37b, 38 Abs. 1 bis 3 sowie 39 in der Fassung des Bundesgesetzes BGBl. I Nr. 100/2018 treten mit 1. Jänner 2020 in Kraft.

(23) § 2 Abs. 1 und 6, § 2a und § 32 in der Fassung des Bundesgesetzes BGBl. I Nr. 24/2019 treten mit 1. Juli 2018 in Kraft.

(24) Für Geburten von 1. Jänner 2012 bis 28. Februar 2017 kann der Nachweis der Abgrenzung der Einkünfte nach § 8 Abs. 1 Z 2 des Elternteils, der das pauschale Kinderbetreuungsgeld, das Kinderbetreuungsgeld als Ersatz des Erwerbseinkommens und die Beihilfe zum pauschalen Kinderbetreuungsgeld bezogen hat, bis zum 31. Dezember 2025 erbracht werden. Die Krankenversicherungsträger haben in den genannten Fällen, sofern sie im laufenden Prüfverfahren aufgrund der Jahreseinkünfte eine Überschreitung des Grenzbetrages feststellen und andere maßgebliche Einkünfte nach § 8 Abs. 1 Z 2 enthalten sind, den Elternteil individuell auf die Möglichkeit zur Vorlage des Abgrenzungsnachweises hinzuweisen. Der Elternteil hat den Nachweis binnen zwei Monaten vorzulegen, eine spätere Vorlage ist in diesem Fall nicht mehr möglich. Dies gilt sinngemäß auch für Personen im Sinne der §§ 12 und 13.

(25) § 24 Abs. 1 Z 3 in der Fassung der Z 2 und § 9 Abs. 3 in der Fassung des Bundesgesetzes BGBl. I Nr. 75/2019 treten mit 1. Jänner 2020 in Kraft.

(26) Für Geburten ab dem 1. Jänner 2021 bis 31. Dezember 2021 ist § 24a Abs. 3 COVID–19 bedingt ausnahmsweise mit der Maßgabe anzuwenden, dass die maßgeblichen Einkünfte aus dem zum Zeitpunkt der Antragstellung geltenden Einkommensteuerbescheid für das Kalenderjahr 2019 heranzuziehen sind, wenn sich dadurch für den Elternteil ein höherer Tagsatz ergibt.

(27) § 9 Abs. 3 und § 24 Abs. 1 Z 3 in der Fassung des Bundesgesetzes BGBl. I Nr. 221/2021 treten mit 1. Jänner 2022 in Kraft.

(28) § 31 Abs. 4 in der Fassung des Bundesgesetzes BGBl. I Nr. 61/2022 tritt mit 1. Mai 2022 in Kraft.

(29) Aus der Ukraine Vertriebene (§ 62 Asylgesetz 2005) haben während ihres Aufenthaltes im Bundesgebiet im Sinne der Vertriebenen–VO zumindest für die Zeit des bewaffneten Konflikts in der Ukraine den Mittelpunkt ihrer Lebensinteressen nach § 2 Abs. 1 Z 4 im Bundesgebiet.

(30) § 2 Abs. 1 Z 5 lit. c und d sowie § 50 Abs. 29 und 30 in der Fassung BGBl. I Nr. 154/2022 treten rückwirkend mit 12. März 2022 in Kraft und mit dem Tag der Beendigung des Aufenthaltsrechtes nach § 4 Vertriebenen–VO, spätestens jedoch mit 4. März 2024, außer Kraft.

(31) § 3 Abs. 1a, § 24a Abs. 2a und § 24d Abs. 1 in der Fassung BGBl. I Nr. 174/2022 treten mit dem der Kundmachung dieses Bundesgesetzes folgenden Tag in Kraft; die Anpassung hat erstmals für Bezugszeiträume ab 1. Jänner 2023 zu erfolgen.

(32) § 2 Abs. 7 bis 8 und § 24e in der Fassung BGBl. I Nr. 174/2022 treten mit 1. Jänner 2023 in Kraft und sind für Geburten nach dem 31. Dezember 2022 anzuwenden.

(33) § 2 Abs. 7 und § 24e in der Fassung BGBl. I Nr. 61/2022 treten mit 31. Dezember 2022 außer Kraft und sind für Geburten bis 31. Dezember 2022 weiter anzuwenden.

(34) § 33 Abs. 6 in der Fassung BGBl. I Nr. 174/2022 tritt mit 1. November 2022 in Kraft.

(35) § 2 Abs. 1 Z 3 und § 8b Abs. 2 in der Fassung BGBl. I Nr. 174/2022 treten mit 1. Jänner 2023 in Kraft und sind für Bezugszeiträume ab 1. Jänner 2023 anzuwenden.

(36) § 9 Abs. 3, § 12 und § 24 Abs. 1 Z 3 in der Fassung des Bundesgesetzes BGBl. I Nr. 225/2022 treten mit 1. Jänner 2023 in Kraft.

38. Kinder- und Jugendlichen-Beschäftigungsgesetz 1987

Bundesgesetz über die Beschäftigung von Kindern und Jugendlichen 1987
StF: BGBl. Nr. 599/1987
Letzte Novellierung: BGBl. I Nr. 58/2022

GLIEDERUNG

STICHWORTVERZEICHNIS

Abschnitt 1
Geltungsbereich

§ 1. (1) Dieses Bundesgesetz gilt für die Beschäftigung von

1. Kindern mit Arbeiten jeder Art und
2. Jugendlichen bis zur Vollendung des 18. Lebensjahres, die in einem Dienstverhältnis, einem Lehr- oder sonstigen Ausbildungsverhältnis stehen.

(1a) Abweichend von Abs. 1 Z 2 gelten für Lehrlinge, die das 18. Lebensjahr vollendet haben,

1. § 14 Abs. 2 mit der Maßgabe, daß für die Berechnung des Grundlohnes und des Überstundenzuschlages der niedrigste im Betrieb vereinbarte Facharbeiterlohn bzw. Angestelltengehalt heranzuziehen ist;
2. § 11 Abs. 4, 5, 6 Z 1 und 3, Abs. 7 und 8, § 21 und § 25 Abs. 1 und 2 sinngemäß.

(2) Dieses Bundesgesetz ist, unbeschadet des Abs. 3 Z 1, nicht anzuwenden auf vereinzelte, geringfügige, aus Gefälligkeit erwiesene leichte Hilfeleistungen von Kindern, sofern eine solche Hilfeleistung nur von kurzer Dauer ist, ihrer Art nach nicht einer Dienstleistung von Dienstnehmern, Lehrlingen oder Heimarbeitern entspricht, die Kinder hiebei keinen Unfallgefahren ausgesetzt und weder in ihrer körperlichen und geistigen Gesundheit und Entwicklung noch in ihrer Sittlichkeit gefährdet sind.

(3) Dieses Bundesgesetz ist nicht anzuwenden auf die Beschäftigung von

1. Kindern und Jugendlichen, für die das Landarbeitsgesetz 2021, BGBl. I Nr. 78/2021, gilt;
2. Jugendlichen in privaten Haushalten.

(4) Auf die Beschäftigung von Jugendlichen, für die das Bäckereiarbeiter/innengesetz 1996 (BäckAG 1996), BGBl. Nr. 410/1996, gilt, sind die §§ 11 Abs. 1 bis 3a, 15, 17 Abs. 2 und 27 Abs. 1 nicht anzuwenden.

(5) Soweit in diesem Bundesgesetz personen- oder funktionsbezogene Bezeichnungen noch nicht geschlechtsneutral formuliert sind, gilt die gewählte Form für beide Geschlechter.

Begriffsbestimmungen

§ 2. (1) Kinder im Sinne dieses Bundesgesetzes sind Minderjährige

1. bis zur Vollendung des 15. Lebensjahres oder
2. bis zur späteren Beendigung der Schulpflicht.

(1a) Für Minderjährige (Abs. 1 Z 1), die die Schulpflicht vollendet haben und

1. in einem Lehrverhältnis oder
2. im Rahmen eines Ferialpraktikums (§ 20 Abs. 4 des Schulunterrichtsgesetzes, BGBl. Nr. 472/1986) oder
3. im Rahmen eines Pflichtpraktikums nach dem Schulorganisationsgesetz, BGBl. Nr. 242/1962 oder
4. im Rahmen eines Ausbildungsverhältnisses gemäß § 8b Abs. 2 Berufsausbildungsgesetz, BGBl. Nr. 142/1969,

beschäftigt werden, gelten die Bestimmungen der Abschnitte 3 bis 5 für Jugendliche.

(2) Als eigene Kinder im Sinne dieses Bundesgesetzes gelten Kinder (Abs. 1), die mit jenem, der sie beschäftigt, im gemeinsamen Haushalt leben und mit ihm bis zum dritten Grad verwandt oder verschwägert sind oder zu ihm im Verhältnis von Stiefkindern oder Wahlkindern stehen. Alle übrigen Kinder gelten als fremde Kinder.

§ 3. Jugendliche im Sinne dieses Bundesgesetzes sind Personen bis zur Vollendung des 18. Lebensjahres, die nicht als Kinder im Sinne des § 2 Abs. 1 gelten.

Abschnitt 2
Begriff der Kinderarbeit

§ 4. (1) Als Kinderarbeit im Sinne dieses Bundesgesetzes gilt die Beschäftigung von Kindern mit Arbeiten jeder Art.

(2) Als Kinderarbeit gilt nicht die Beschäftigung von Kindern, die ausschließlich zu Zwecken des Unterrichts oder der Erziehung erfolgt, und die

Beschäftigung eigener Kinder mit leichten Leistungen von geringer Dauer im Haushalt.

(BGBl. Nr. 113/1962, Art. I Z 3)

Beschränkung der Beschäftigung von Kindern

(BGBl. Nr. 113/1962, Art. I Z 4)

§ 5. Kinder dürfen, soweit in diesem Bundesgesetz nicht anderes bestimmt ist, zu Arbeiten irgendwelcher Art nicht herangezogen werden.

Beschäftigung von Kindern, die das 13. Lebensjahr vollendet haben

§ 5a. (1) Kinder, die das 13. Lebensjahr vollendet haben, dürfen außerhalb der für den Schulbesuch vorgesehenen Stunden beschäftigt werden

1. mit Arbeiten in Betrieben, in denen ausschließlich Mitglieder der Familie des Betriebsinhabers beschäftigt sind, sofern es sich hiebei um Kinder handelt, die mit dem Betriebsinhaber bis zum dritten Grad verwandt sind oder zu ihm im Verhältnis eines Stief- oder Wahlkindes stehen sowie mit ihm im gemeinsamen Haushalt leben; Kinder, die mit dem Betriebsinhaber im dritten Grad verwandt sind, dürfen nur dann beschäftigt werden, wenn ihr gesetzlicher Vertreter mit der Beschäftigung einverstanden ist,
2. mit Arbeiten in einem Privathaushalt,
3. mit Botengängen, mit Handreichungen auf Sport- und Spielplätzen, mit dem Sammeln von Blumen, Kräutern, Pilzen und Früchten sowie mit den diesen Arbeiten im einzelnen jeweils gleichwertigen Tätigkeiten,

sofern es sich hiebei um leichte und vereinzelte Arbeiten handelt und die unter Z 3 angeführten Arbeiten weder in einem Betrieb gewerblicher Art geleistet werden noch ein Dienstverhältnis vorliegt.

(2) Vereinzelte Arbeiten gelten dann nicht als leichte Arbeiten im Sinne des Abs. 1, wenn bei deren Ausführung das dem Kind zumutbare Leistungsausmaß unter Berücksichtigung des durch das Alter und die persönliche Veranlagung bedingten unterschiedlichen Leistungsvermögens überschritten wird; dies wird beispielsweise und im Sinne von Durchschnittswerten der Fall sein, wenn Lasten ohne mechanische Hilfsmittel bewegt oder befördert werden, die mehr als ein Fünftel des Körpergewichtes des Kindes betragen.

(3) Kinder dürfen mit vereinzelten leichten Arbeiten im Sinne des Abs. 1 nur insoweit beschäftigt werden, als sie dadurch

1. weder in ihrer körperlichen und geistigen Gesundheit und Entwicklung noch in ihrer Sittlichkeit gefährdet, keinen Unfallgefahren und keinen schädlichen Einwirkungen von Hitze, Kälte oder Nässe und im Falle des Abs. 1 Z 1 außerdem auch keinen schädlichen Einwirkungen von gesundheitsgefährlichen Stoffen oder Strahlen, von Staub, Gasen oder Dämpfen ausgesetzt,
2. im Besuch der Schule und in der Möglichkeit, dem Schulunterricht mit Nutzen zu folgen, nicht behindert und in der Erfüllung ihrer religiösen Pflichten nicht beeinträchtigt werden sowie
3. sowohl an Schultagen wie an schulfreien Tagen nicht mehr als zwei Stunden in Anspruch genommen sind, wobei die Gesamtzahl der dem Schulunterricht und den leichten Arbeiten gewidmeten Stunden keinesfalls mehr als sieben betragen darf; nach Schluß des Unterrichts und bei geteiltem Unterricht nach Schluß jedes Unterrichtsabschnittes ist ohne Anrechnung auf die für den Schulweg aufgewendete Zeit eine Stunde arbeitsfrei zu halten, es sei denn, daß es sich ausschließlich um eine Beschäftigung mit einem Botengang handelt.

(4) Die Beschäftigung von Kindern mit vereinzelten leichten Arbeiten im Sinne des Abs. 1 ist verboten

1. an Sonntagen und gesetzlichen Feiertagen,
2. in der Zeit zwischen 20 Uhr und acht Uhr, wobei auch der Zeitaufwand für den Weg zur und von der Arbeitsstätte nicht in diesen Zeitraum fallen darf.

(5) Die Beschäftigung eines Kindes mit Arbeiten nach Abs. 1 ist nur mit Zustimmung des gesetzlichen Vertreters des Kindes zulässig; dieser darf die Zustimmung nur erteilen, wenn er sich darüber vergewissert hat, daß gegen die Beschäftigung des Kindes weder vom gesundheitlichen noch vom schulischen Standpunkt aus Bedenken bestehen. Die Zustimmung des gesetzlichen Vertreters gilt als erteilt, wenn der das Kind Beschäftigende nach den gegebenen Umständen eindeutig annehmen muß, daß der gesetzliche Vertreter des Kindes über die Beschäftigung unterrichtet wurde und dieser zugestimmt hat.

Verwendung und Beschäftigung von Kindern bei öffentlichen Schaustellungen

§ 6. (1) Der Landeshauptmann kann die Verwendung von Kindern bei Musikaufführungen, Theatervorstellungen und sonstigen Aufführungen sowie bei Foto-, Film-, Fernseh- und Tonaufnahmen bewilligen. Die Bewilligung darf nur erteilt werden, wenn

1. ein besonderes Interesse der Kunst, der Wissenschaft oder des Unterrichts vorliegt oder es sich um Werbeaufnahmen handelt und
2. die Beschaffenheit und Eigenart der betreffenden Beschäftigung es rechtfertigen.

Die Verwendung von Kindern in Varietes, Kabaretts, Bars, Sexshops, Tanzlokalen, Diskotheken und ähnlichen Betrieben darf nicht bewilligt werden.

(2) Der Landeshauptmann kann die Bezirksverwaltungsbehörden ermächtigen, die Bewilligung zur Verwendung von Kindern nach Abs. 1 zu erteilen, wenn es sich nicht um erwerbsmäßige Aufführungen handelt.

(3) Handelt es sich um erwerbsmäßige Aufführungen, so hat der Landeshauptmann das nach dem Standort des Betriebes zuständige Arbeitsinspektorat zu hören.

(4) Die Bewilligung darf nur erteilt werden, wenn der gesetzliche Vertreter des Kindes schriftlich zustimmt. Bei erwerbsmäßigen Aufführungen muss die körperliche Eignung des Kindes für die Beschäftigung amtsärztlich oder durch Ärztinnen/Ärzte für Allgemeinmedizin oder Fachärztinnen/Fachärzten für Kinder- und Jugendheilkunde festgestellt sein. Im Falle der Beschäftigung bei Film- und Fernsehaufnahmen oder vergleichbaren Aufnahmen darf die Bewilligung nur erteilt werden, wenn das Gutachten eines Facharztes für Augenheilkunde bescheinigt, dass gegen eine solche Beschäftigung keine Bedenken bestehen.

(5) Die Bewilligung kann für eine bestimmte Aufführung oder jeweils für einen begrenzten Zeitraum erteilt werden. Handelt es sich um erwerbsmäßige Aufführungen, so sind in den Bewilligungsbescheid Bestimmungen über Dauer und Lage der Arbeitszeit und der Ruhepausen und über etwaige Sonn- und Feiertagsarbeit aufzunehmen. Diese Bedingungen hat das zuständige Arbeitsinspektorat dem Landeshauptmann in der gutächtlichen Äußerung (Abs. 3) bekanntzugeben.

(6) Der Landeshauptmann hat Abschriften seiner Bewilligungsbescheide der nach dem Beschäftigungsort des Kindes zuständigen Bezirksverwaltungsbehörde zu übermitteln. Bei erwerbsmäßigen Aufführungen hat der Landeshauptmann eine weitere Bescheidabschrift dem örtlich zuständigen Arbeitsinspektorat zu übermitteln.

(7) Die Verwendung von Kindern bei Musikaufführungen, Theatervorstellungen und sonstigen Aufführungen, die von der Schule oder einer Schulbehörde veranstaltet werden, bedarf der Bewilligung im Sinne der Abs. 1 bis 6 nicht. In diesen Fällen ist die schriftliche Zustimmung des gesetzlichen Vertreters des Kindes erforderlich.

(Anm.: Abs. 8 aufgehoben durch BGBl. I Nr. 71/2013)

§ 7. (1) Kinder dürfen nur insoweit verwendet werden, als sie dadurch in ihrer Gesundheit, in ihrer körperlichen und geistigen Entwicklung oder in der Sittlichkeit nicht gefährdet, im Besuch der Schule und in der Möglichkeit, dem Schulunterricht mit Nutzen zu folgen, nicht behindert und in der Erfüllung ihrer religiösen Pflichten nicht beeinträchtigt werden.

(2) Für die Beschäftigung von Kindern nach § 6 gelten folgende weitere Beschränkungen:

1. Kinder dürfen nur in der Zeit zwischen acht und 23 Uhr und nicht vor dem Vormittagsunterricht beschäftigt werden; in diesen Grenzen muß auch die für den Weg zur und von der Arbeitsstätte aufzuwendende Zeit liegen.
2. Nach dem Vormittagsunterricht ist eine mindestens zweistündige, nach dem Nachmittagsunterricht eine mindestens einstündige ununterbrochene arbeitsfreie Zeit zu gewähren; in diese Freizeiten sind die Zeiten, die zur Zurücklegung des Weges zur und von der Schule erforderlich sind, nicht einzurechnen.
3. Die Beschäftigung von Kindern während der Schulferien ist nach Maßgabe des § 6 zulässig, wenn durch die Bewilligung sichergestellt ist, daß die Kinder höchstens während eines Drittels der Schulferien und nur im unbedingt erforderlichen Ausmaß beschäftigt werden, die Aufführungen oder Foto-, Film-, Fernseh- und Tonaufnahmen von besonderem kulturellem oder volksbildnerischem Wert sind und nicht außerhalb der Schulferien durchgeführt werden können. Im Falle von Auslandstourneen kann in begründeten Fällen von der Beschränkung der Beschäftigung auf ein Drittel der Schulferien abgesehen werden.
4. Die Bewilligung darf nur erteilt werden, wenn der Veranstalter einen guten Leumund aufweist und von der Gemeinde, in der die Aufführung oder Aufnahme stattfindet, eine Unbedenklichkeitserklärung vorliegt. Eine Abschrift des Bewilligungsbescheides ist dem örtlich zuständigen Arbeitsinspektorat zu übermitteln.

Lohnschutz

§ 8. (1) Insoweit das Entgelt für die Arbeit fremder Kinder in Geldlohn besteht, dürfen in Anrechnung auf diesen Geldlohn nur Wohnung, Kleidung und Lebensmittel zugewendet werden. Der hiebei angerechnete Preis darf die Beschaffungskosten nicht übersteigen.

(2) Die Verabreichung von Alkohol und von Tabak an Kinder als Entgelt für ihre Arbeit ist untersagt. Alkoholische Getränke aller Art und Tabak dürfen Kindern während oder anläßlich der Arbeit nicht verabreicht werden.

Aufsicht

§ 9. (1) Die Überwachung der Einhaltung der Vorschriften dieses Bundesgesetzes über die Verwendung von Kindern obliegt den Bezirksverwaltungsbehörden im Zusammenwirken mit den Arbeitsinspektoraten (Arbeitsinspektoren für Kinderarbeit, Jugend- und Lehrlingsschutz), den Gemeindebehörden und den Schulleitungen. (Art. VI Abs. 2 der Kundmachung)

(2) Die Lehrer an öffentlichen Schulen, an Schulen mit Öffentlichkeitsrecht und an Privatschulen, die Ärzte und die Organe der privaten Jugendfürsorge sowie aller Körperschaften, in deren Aufgabengebiet Angelegenheiten der Jugendfürsorge

fallen, sind verpflichtet, Wahrnehmungen über die Verletzung von Vorschriften über die Kinderarbeit der zuständigen Bezirksverwaltungsbehörde mitzuteilen; auf Verlangen der Bezirksverwaltungsbehörde sind sie verpflichtet, Auskünfte über die Kinderarbeit im allgemeinen und über besondere Fälle der Verwendung von Kindern zu erteilen. (Art. VI Abs. 3 der Kundmachung)

(3) Gelangt die Bezirksverwaltungsbehörde zur Kenntnis von Mißständen, so hat sie entsprechende Abhilfe zu treffen. Unbeschadet des § 30 ist einem Dienstgeber, dem eine Bewilligung zur Verwendung von Kindern gemäß § 6 erteilt wurde, durch die bewilligende Behörde die weitere Verwendung der Kinder zu verbieten, wenn der Dienstgeber keine Gewähr bietet, daß die Bedingungen des Bewilligungsbescheides und § 7 eingehalten werden.

Abschnitt 3

Arbeitszeit

§ 10. (1) Tägliche Arbeitszeit ist die Zeit vom Beginn bis zum Ende der Arbeit ohne Einrechnung der Ruhepausen (§ 15). Wochenarbeitszeit ist die Arbeitszeit innerhalb des Zeitraumes von Montag bis einschließlich Sonntag.

(2) Werden Jugendliche von mehreren Dienstgebern beschäftigt, so darf die Gesamtdauer der einzelnen Beschäftigungen zusammengerechnet die in den folgenden Bestimmungen vorgesehene Höchstgrenze der Arbeitszeit nicht überschreiten.

(3) Im Falle des Abs. 2 ist der Jugendliche verpflichtet, jedem seiner Dienstgeber mitzuteilen, in welchem Ausmaß er jeweils in den einzelnen Betrieben beschäftigt ist.

§ 11. (1) Die tägliche Arbeitszeit der Jugendlichen darf acht Stunden, ihre Wochenarbeitszeit 40 Stunden nicht überschreiten, soweit im folgenden nicht anderes bestimmt wird.

(2) Die nach Abs. 1 zulässige Wochenarbeitszeit kann zur Erreichung einer längeren Freizeit, die mit der Wochenfreizeit zusammenhängen muß, abweichend von der nach Abs. 1 zulässigen täglichen Arbeitszeit verteilt werden. Der Kollektivvertrag kann zulassen, daß die nach Abs. 1 zulässige Wochenarbeitszeit auf die Werktage abweichend von der nach Abs. 1 zulässigen täglichen Arbeitszeit aufgeteilt wird.

(2a) Die Arbeitszeit kann in den einzelnen Wochen eines mehrwöchigen Durchrechnungszeitraumes ausgedehnt werden, wenn innerhalb dieses Durchrechnungszeitraumes die Wochenarbeitszeit im Durchschnitt 40 Stunden nicht übersteigt und

1. der Kollektivvertrag dies zuläßt,
2. für vergleichbare erwachsene Arbeitnehmer des Betriebes eine solche Arbeitszeiteinteilung besteht und
3. eine abweichende Arbeitszeiteinteilung für Jugendliche dem Arbeitgeber nicht zugemutet werden kann.

(2b) Fällt in Verbindung mit Feiertagen die Arbeitszeit an Werktagen aus, um den Jugendlichen eine längere zusammenhängende Freizeit zu ermöglichen, so kann die ausfallende Normalarbeitszeit auf die übrigen Werktage von höchstens sieben, die Ausfallstage einschließenden Wochen verteilt werden. Der Einarbeitungszeitraum kann durch Betriebsvereinbarung auf höchstens 13 Wochen verlängert werden.

(3) Bei einer Verteilung der Arbeitszeit nach Abs. 2 bis 2b darf die Tagesarbeitszeit neun Stunden und die Arbeitszeit in den einzelnen Wochen des Durchrechnungs- bzw. Einarbeitungszeitraumes 45 Stunden nicht überschreiten.

(3a) Reisezeit liegt vor, wenn die/der Jugendliche über Auftrag der Arbeitgeberin/des Arbeitgebers vorübergehend ihren/seinen Dienstort (Arbeitsstätte) verlässt, um an anderen Orten ihre/seine Arbeitsleistung zu erbringen, sofern während der Reisebewegung keine Arbeitsleistung erbracht wird. Durch Reisezeiten kann die Tagesarbeitszeit auf bis zu zehn Stunden ausgedehnt werden, wenn die/der Jugendliche in einem Lehr- oder sonstigen Ausbildungsverhältnis steht und das 16. Lebensjahr vollendet hat.

(4) Den Jugendlichen ist die zur Erfüllung der gesetzlichen Berufsschulpflicht erforderliche Zeit freizugeben. Für die Unterrichtszeit ist der Lohn (Lehrlingsentschädigung) weiterzuzahlen.

(5) Die Unterrichtszeit in der Berufsschule, zu deren Besuch der Jugendliche gesetzlich verpflichtet ist, ist auf die Dauer der wöchentlichen Arbeitszeit anzurechnen.

(6) In die Unterrichtszeit im Sinne der Abs. 4 und 5 sind einzurechnen:

1. die Pausen in der Berufsschule, mit Ausnahme der Mittagspause;
2. der Besuch von Freigegenständen und unverbindlichen Übungen im Ausmaß von höchstens zwei Unterrichtsstunden, Förderunterricht und Schulveranstaltungen in der Berufsschule im Sinne der §§ 12 und 13 des Schulunterrichtsgesetzes, BGBl. Nr. 472/1986;
3. an ganzjährigen und saisonmäßigen Berufsschulen einzelne an einem Schultag entfallene Unterrichtsstunden oder an lehrgangsmäßigen Berufsschulen der bis zu zwei aufeinanderfolgenden Werktagen entfallene Unterricht, wenn es in jedem dieser Fälle wegen des Verhältnisses zwischen der im Betrieb zu verbringenden Zeit und der Wegzeit nicht zumutbar ist, daß der Jugendliche während dieser unterrichtsfreien Zeit den Betrieb aufsucht;
4. Förderkurse im Sinne des Art. II § 2 der 5. Schulorganisationsgesetz-Novelle, BGBl. Nr. 323/1975.

(7) Beträgt die Unterrichtszeit an einem Schultag mindestens acht Stunden, so ist eine Beschäftigung im Betrieb nicht mehr zulässig. Beträgt die Unterrichtszeit weniger als acht Stunden, so ist eine Beschäftigung nur insoweit zulässig, als die Unterrichtszeit, die notwendige Wegzeit zwischen Betrieb und Schule und die im Betrieb zu verbringende Zeit die gesetzliche Arbeitszeit nicht überschreitet.

(8) Besucht ein Jugendlicher eine lehrgangsmäßige oder saisonmäßige Berufsschule, darf er während des tatsächlichen Besuchs des Lehrganges bzw. der saisonmäßigen Berufsschule nicht im Betrieb beschäftigt werden.

(9) Die Lenkzeit Jugendlicher, die auf Grund des Berufsausbildungsgesetzes, BGBl. Nr. 142/1969, zu Berufskraftfahrern ausgebildet werden, darf vier Stunden täglich und 20 Stunden wöchentlich nicht überschreiten. Fahrten, die im Rahmen der Berufsausbildung in einer Fahrschule absolviert werden, sind in die Lenkzeit einzurechnen.

§ 11a. Den Schülervertretern (§ 59 des Schulunterrichtsgesetzes, BGBl. Nr. 472/1986) und den Mitgliedern der Landes- und Bundesschülervertretung (§§ 6 und 21 des Schülervertretungengesetzes, BGBl. Nr. 284/1990) ist während der Unterrichtszeit die zur Erfüllung ihrer gesetzlichen Obliegenheiten, darüber hinaus die für die in die Arbeitszeit fallende Teilnahme an Landes- und Bundesschülervertretungssitzungen erforderliche Freizeit unter Fortzahlung des Entgelts zu gewähren.

§ 12. (1) Werden Jugendliche zu Vor- und Abschlußarbeiten herangezogen, so ist die auf diese Arbeiten entfallende Zeit grundsätzlich durch frühere Beendigung, beziehungsweise späteren Beginn der eigentlichen Betriebsarbeit entsprechend auszugleichen; der Ausgleich ist tunlichst in der gleichen, spätestens jedoch in der folgenden Kalenderwoche durchzuführen.

(2) Wenn zwingende betriebliche Gründe es erfordern, darf zwecks Durchführung von Vor- und Abschlußarbeiten die nach § 11 zulässige Dauer der Arbeitszeit für Jugendliche über 16 Jahre um eine halbe Stunde täglich in folgenden Fällen ausgedehnt werden:

1. bei Arbeiten zur Reinigung und Instandhaltung, soweit sich diese Arbeiten während des regelmäßigen Betriebes nicht ohne Unterbrechung oder erhebliche Störung ausführen lassen;
2. bei Arbeiten, von denen die Wiederaufnahme oder Aufrechterhaltung des vollen Betriebes arbeitstechnisch abhängt;
3. bei Arbeiten zur abschließenden Kundenbedienung einschließlich der damit zusammenhängenden notwendigen Aufräumungsarbeiten.

(3) Die Dauer der Mehrarbeitsleistungen nach Abs. 2 darf insgesamt drei Stunden in der Woche nicht überschreiten. Die sich aus Abs. 2 und § 11 ergebende tägliche Arbeitszeit darf keinesfalls neuneinhalb Stunden überschreiten.

(4) Das Arbeitsinspektorat bestimmt in Zweifelsfällen, welche Arbeiten als Vor- und Abschlußarbeiten gelten und ob die Voraussetzungen des Abs. 2 vorliegen. Der Beschwerde gegen den Bescheid des Arbeitsinspektorates kommt keine aufschiebende Wirkung zu.

§ 13. (1) Für Personen unter 15 Jahren, die im Rahmen eines Ferialpraktikums oder eines Pflichtpraktikums beschäftigt werden (§ 2 Abs. 1a Z 2 und 3), gelten die §§ 11 und 12 mit folgenden Abweichungen.

(2) Während unterrichtsfreier Zeiten von mindestens einer Woche darf die tägliche Arbeitszeit sieben Stunden und die Wochenarbeitszeit 35 Stunden nicht überschreiten. In dieser Zeit sind eine abweichende Verteilung der Arbeitszeit (§ 11 Abs. 2 bis 3) und eine Arbeitszeitverlängerung durch Vor- und Abschlußarbeiten (§ 12 Abs. 2 und 3) nicht zulässig.

(3) Beträgt die Unterrichtszeit an einem Schultag mindestens sieben Stunden oder in einer Schulwoche mindestens 35 Stunden, so ist eine Beschäftigung im Betrieb nicht mehr zulässig. Beträgt die Unterrichtszeit weniger als sieben Stunden, so ist eine Beschäftigung nur im folgenden Ausmaß zulässig:

1. Die Unterrichtszeit, die notwendige Wegzeit zwischen Betrieb und Schule und die im Betrieb zu verbringende Zeit darf sieben Stunden nicht überschreiten.
2. Die im Betrieb zu verbringende Zeit darf zwei Stunden nicht überschreiten.

§ 14. (1) Als Überstunde gilt jede Arbeitsleistung, die über die nach § 11 Abs. 1 und 3 festgelegte Wochenarbeitszeit hinausgeht.

(2) Für Überstunden gebührt den Jugendlichen ein Zuschlag. Er beträgt 50 vH des auf die Zeit der Überstundenleistung entfallenden Normallohnes (Lehrlingsentschädigung).

(BGBl. Nr. 229/1982, Art. I Z 6)

Ruhepausen und Ruhezeiten

§ 15. (1) Beträgt die Gesamtdauer der Tagesarbeitszeit mehr als viereinhalb Stunden, so ist die Arbeitszeit durch eine Ruhepause von mindestens einer halben Stunde zu unterbrechen.

(2) Die Ruhepause ist spätestens nach sechs Stunden zu gewähren.

(3) Das Arbeitsinspektorat kann für Betriebe oder Betriebsteile oder für bestimmte Arbeiten über Abs. 1 hinausgehende Ruhepausen anordnen, wenn die Schwere der Arbeit oder der sonstige Einfluß der Arbeit auf die Gesundheit der Jugendlichen dies erfordert.

(4) Während der Ruhepausen darf den Jugendlichen keinerlei Arbeit gestattet werden, sie dürfen auch nicht zur Arbeitsbereitschaft verpflichtet werden. Für den Aufenthalt während der Ruhepausen sind nach Möglichkeit besondere Aufenthaltsräume oder freie Plätze bereitzustellen. Der Aufenthalt in den Arbeitsräumen darf nur gestattet werden, wenn dadurch die notwendige Erholung nicht beeinträchtigt wird.

(5) Jugendlichen, die zu Berufskraftfahrern ausgebildet werden, muß bei Lehrfahrten nach einer ununterbrochenen Lenkzeit (§ 11 Abs. 9) von höchstens zwei Stunden eine Lenkpause von einer halben Stunde gewährt werden.

(6) Die Lenkpause (Abs. 5) ist auf die Arbeitszeit anzurechnen. Fällt die Lenkpause mit der für den Jugendlichen geltenden Mittagspause zusammen, so ist sie nicht zusätzlich zu gewähren.

§ 16. (1) Nach Beendigung der täglichen Arbeitszeit ist

1. Personen unter 15 Jahren (§ 2 Abs. 1a) eine ununterbrochene Ruhezeit von mindestens 14 Stunden zu gewähren;
2. den Jugendlichen eine ununterbrochene Ruhezeit von mindestens zwölf Stunden zu gewähren.

(2) Diese Ruhezeit ist innerhalb von 24 Stunden nach Arbeitsbeginn zu gewähren. Für die Beschäftigung von Jugendlichen (Abs. 1 Z 2) im Gastgewerbe ist Satz 1 nicht anzuwenden.

Nachtruhe

§ 17. (1) Jugendliche dürfen in der Nachtzeit von 20 bis sechs Uhr nicht beschäftigt werden.

(2) Im Gastgewerbe dürfen Jugendliche über 16 Jahre bis 23 Uhr beschäftigt werden.

(3) In mehrschichtigen Betrieben dürfen Jugendliche über 16 Jahre im wöchentlichen Wechsel bis 22 Uhr beschäftigt werden.

(3a) In mehrschichtigen Betrieben dürfen Jugendliche ab 5 Uhr beschäftigt werden, wenn bei einem späteren Arbeitsbeginn keine zumutbare Möglichkeit zur Erreichung des Betriebes gegeben ist. Dies gilt nicht für Personen unter 15 Jahren (§ 2 Abs. 1a).

(4) Bei Musikaufführungen, Theatervorstellungen, sonstigen Aufführungen und bei Foto-, Film-, Fernseh- und Tonaufnahmen dürfen Jugendliche bis 23 Uhr beschäftigt werden.

(5) In Backwaren-Erzeugungsbetrieben, die nicht unter das Bäckereiarbeiter/innengesetz 1996 fallen, dürfen Lehrlinge im Lehrberuf „Bäcker", die das 15. Lebensjahr vollendet haben, ab 4 Uhr mit Arbeiten, die der Berufsausbildung dienen, beschäftigt werden.

(6) Jugendliche, die im gehobenen Dienst für Gesundheits- und Krankenpflege nach dem Gesundheits- und Krankenpflegegesetz, BGBl. I Nr. 108/1997, ausgebildet werden, dürfen im letzten Jahr ihrer Ausbildung, soweit dies für die Erreichung des Ausbildungszweckes erforderlich ist, unter folgenden Voraussetzungen während der Nachtzeit beschäftigt werden (Nachtdienst):

1. die Höchstzahl der Nachtdienste darf im Ausbildungsjahr nicht mehr als 30 betragen;
2. die Höchstzahl der Nachtdienste darf pro Monat nicht mehr als fünf betragen;
3. die Leistung aufeinanderfolgender Nachtdienste ist nicht zulässig;
4. Nachtdienst darf nur unter Aufsicht einer diplomierten Gesundheits- und Krankenschwester oder eines diplomierten Gesundheits- und Krankenpflegers geleistet werden;
5. nach dem Nachtdienst ist eine Ruhezeit von mindestens zwölf Stunden zu gewähren.

(7) Soweit die Abs. 2 und 3a bis 6 eine Beschäftigung zwischen 22 und 6 Uhr zulassen, dürfen Jugendliche in dieser Zeit regelmäßig nur beschäftigt werden, wenn vor Aufnahme dieser Arbeiten und danach in jährlichen Abständen eine Jugendlichenuntersuchung gemäß § 132a ASVG oder eine dieser Untersuchung vergleichbare ärztliche Untersuchung, vorzugsweise durch Ärzte mit arbeitsmedizinischer Ausbildung, durchgeführt wurde.

Sonn- und Feiertagsruhe

§ 18. (1) An Sonntagen und an den gesetzlichen Feiertagen (§ 1 des Feiertagsruhegesetzes 1957, BGBl. Nr. 153, in der jeweils geltenden Fassung) dürfen Jugendliche nicht beschäftigt werden.

(2) Das Verbot des Abs. 1 gilt nicht im Gastgewerbe, in Krankenpflegeanstalten und Pflegeheimen, bei Musikaufführungen, Theatervorstellungen, sonstigen Aufführungen und für Arbeiten auf Sport- und Spielplätzen.

(3) In den Fällen des Abs. 2 muß jeder zweite Sonntag arbeitsfrei bleiben.

(3a) Durch Kollektivvertrag kann für das Gastgewerbe abweichend von Abs. 3 die Beschäftigung Jugendlicher an aufeinanderfolgenden Sonntagen innerhalb eines vom Kollektivvertrag festzulegenden Zeitraumes von höchstens 23 Wochen pro Kalenderjahr zugelassen werden. Innerhalb eines Kalenderjahres dürfen die Jugendlichen jedoch höchstens an 23 Sonntagen beschäftigt werden. In diese Zahl ist die Hälfte der Sonntage einzurechnen, die in die Zeit des Besuchs einer lehrgangs- oder saisonmäßigen Berufsschule fallen.

(4) In Betrieben, auf die das Feiertagsruhegesetz Anwendung findet, gilt für die Bezahlung der Feiertage und der an Feiertagen geleisteten Arbeit, soweit sie nach diesem Bundesgesetz oder den hiezu erlassenen Durchführungsvorschriften zugelassen ist, das Feiertagsruhegesetz.

Sonderregelung für den 8. Dezember

§ 18a. Die Beschäftigung von Jugendlichen am 8. Dezember in Verkaufsstellen gemäß § 1 Abs. 1

und 3 des Öffnungszeitengesetzes 2003, BGBl. I Nr. 48, kann durch Kollektivvertrag zugelassen werden, wenn der 8. Dezember auf einen Werktag fällt. Der Jugendliche hat das Recht, die Beschäftigung am 8. Dezember auch ohne Angabe von Gründen abzulehnen. Kein Jugendlicher darf wegen der Weigerung, am 8. Dezember der Beschäftigung nachzugehen, benachteiligt werden.

Wochenfreizeit

§ 19. (1) Den Jugendlichen ist wöchentlich eine ununterbrochene Freizeit von zwei Kalendertagen zu gewähren. Diese Wochenfreizeit hat den Sonntag zu umfassen, soweit an diesem Sonntag nicht die Beschäftigung gemäß § 18 zulässig ist, und – mit Ausnahme von Tätigkeiten gemäß § 18 Abs. 2 – spätestens um 13 Uhr am Samstag, für Jugendliche, die mit unbedingt notwendigen Abschlußarbeiten gemäß § 12 Abs. 2 beschäftigt sind, spätestens um 15 Uhr am Samstag zu beginnen.

(1a) Wenn dies aus organisatorischen Gründen notwendig oder im Interesse der Jugendlichen gelegen ist, müssen die beiden Kalendertage der Wochenfreizeit nicht aufeinanderfolgen. Soweit der Kollektivvertrag nicht anderes bestimmt, muß jener Teil der Wochenfreizeit, in den der Sonntag fällt, mindestens 43 Stunden betragen. Die Teilung von Wochenfreizeiten gemäß Abs. 3 ist unzulässig.

(2) Werden Jugendliche – abgesehen von den Fällen des Abs. 1a – am Samstag beschäftigt, so dürfen diese Jugendlichen am Montag in der darauffolgenden Kalenderwoche nicht beschäftigt werden. Ist der Montag Berufsschultag, dürfen Jugendliche an einem anderen Arbeitstag (Dienstag bis Freitag) der auf die Samstagsarbeit folgenden Kalenderwoche nicht beschäftigt werden. Jugendliche, die in der auf die Samstagsarbeit folgenden Woche zur Gänze die Berufsschule besuchen, dürfen in der Kalenderwoche vor oder nach dem Ende des Berufsschulbesuchs an einem anderen Arbeitstag (Montag bis Freitag) dieser Kalenderwoche nicht beschäftigt werden.

(3) Jugendliche, die am Samstag und gemäß § 18 Abs. 2 unmittelbar darauf auch am Sonntag beschäftigt werden, haben Anspruch auf eine ununterbrochene Freizeit in der der Sonntagsarbeit folgenden Woche von zwei zusammenhängenden Kalendertagen. Jugendliche, die gemäß § 18 Abs. 2 nur am Sonntag beschäftigt werden, haben Anspruch auf eine ununterbrochene Freizeit in der der Sonntagsarbeit folgenden Woche von 43 Stunden.

(4) Jugendliche im Gastgewerbe haben Anspruch auf eine ununterbrochene wöchentliche Freizeit von zwei zusammenhängenden Kalendertagen. Dies gilt nicht, wenn eine Wochenfreizeit von mindestens 43 Stunden, in die der Sonntag fällt, eingehalten wird und in die folgende Arbeitswoche ein betrieblicher Sperrtag fällt, an dem der Jugendliche nicht beschäftigt wird.

(5) Für Jugendliche, die in den Lehrberufen Bäcker, Konditor, Fleischer oder Molkereifachmann ausgebildet und überwiegend mit der Be- oder Verarbeitung von frischen Lebensmitteln beschäftigt werden, kann der Kollektivvertrag eine Verkürzung der Wochenfreizeit gemäß Abs. 1 und 2 zulassen, wenn durch andere Maßnahmen die Erholungsbedürfnisse der Jugendlichen sichergestellt sind. Dabei darf in den einzelnen Wochen die zusammenhängende Ruhezeit 43 Stunden nicht unterschreiten. Abs. 1 zweiter Satz ist anzuwenden.

(6) Kommt ein Kollektivvertrag gemäß Abs. 5 für Jugendliche zur Anwendung, die in Betrieben ausgebildet werden, in denen auch Tätigkeiten des Gastgewerbes im Sinne des § 94 Z 27 der Gewerbeordnung 1994, BGBl. Nr. 194, ausgeübt werden, ist zu vereinbaren, ob für den jeweiligen Jugendlichen entweder

1. die Sonderregelung des Kollektivvertrags nach Abs. 5 oder
2. die Sonderregelungen für das Gastgewerbe des § 18 Abs. 2 und 3a sowie § 19 Abs. 4

zur Anwendung kommt. Die Vereinbarung ist im Verzeichnis der Jugendlichen (§ 26) festzuhalten.

(7) Für Jugendliche, die nicht unter Abs. 4 oder 5 fallen, kann der Kollektivvertrag abweichend von Abs. 1 bis 2 zulassen, daß bei Vorliegen organisatorischer Gründe oder im Interesse der Jugendlichen das Ausmaß der Wochenfreizeit in einzelnen Wochen auf 43 zusammenhängende Stunden verkürzt werden kann, wenn die durchschnittliche Wochenfreizeit in einem durch Kollektivvertrag festzulegenden Durchrechnungszeitraum mindestens 48 Stunden beträgt. Abs. 1 zweiter Satz ist anzuwenden.

Sonderregelungen für Verkaufsstellen

§ 19a. (1) Abweichend von § 19 Abs. 1 dürfen Jugendliche am Samstag nach 13 Uhr in Verkaufsstellen im Sinne des § 1 Abs. 1 bis 3 des Öffnungszeitengesetzes 2003, BGBl. I Nr. 48, beschäftigt werden, soweit die jeweils geltenden Öffnungszeitenvorschriften ein Offenhalten dieser Verkaufsstellen vorsehen.

(2) Wird ein Jugendlicher gemäß Abs. 1 an einem Samstag nach 13 Uhr beschäftigt, hat der folgende Samstag zur Gänze arbeitsfrei zu bleiben, soweit die Abs. 3 bis 5 nicht anderes bestimmen.

(3) Ein Jugendlicher darf am folgenden Samstag beschäftigt werden, wenn er nach 13 Uhr beschäftigt wurde mit

1. Verkaufstätigkeiten an den letzten vier Samstagen vor dem 24. Dezember,
2. der Kundenbedienung nach § 12 Abs. 2 Z 3 bis 15 Uhr,
3. Abschlußarbeiten gemäß § 12 Abs. 2 Z 1 und 2 bis 15 Uhr.

(4) Die Betriebsvereinbarung, in Betrieben, in denen kein Betriebsrat errichtet ist, die schriftliche Einzelvereinbarung mit Zustimmung der Erziehungsberechtigten, kann zulassen, daß innerhalb eines Zeitraumes von vier Wochen die Beschäftigung an zwei Samstagen zulässig ist. In diesem Fall haben die übrigen Samstage dieses Zeitraumes arbeitsfrei zu bleiben.

(5) Der Kollektivvertrag kann weitere Abweichungen zulassen.

Ausnahmen

§ 20. (1) Bei vorübergehenden Arbeiten, die bei Notstand sofort vorgenommen werden müssen und für die keine erwachsenen Arbeitnehmer zur Verfügung stehen, findet für Jugendliche über 16 Jahre die Bestimmung des § 17 keine Anwendung. In diesen Fällen können für Jugendliche über 16 Jahre

1. die Grenzen der regelmäßigen Arbeitszeit gemäß § 11 überschritten werden. Innerhalb von drei Wochen hat ein entsprechender Ausgleich zu erfolgen;
2. Ruhepausen (§ 15) und Ruhezeiten (§ 16) verkürzt werden. Innerhalb von drei Wochen ist eine Ruhezeit entsprechend zu verlängern.

(2) Der Dienstgeber hat die Vornahme solcher Arbeiten dem Arbeitsinspektorat unverzüglich anzuzeigen.

Verbot der Akkordarbeit

§ 21. Jugendliche, die das 16. Lebensjahr noch nicht vollendet haben oder in einem Lehr- oder sonstigen, mindestens einjährigen Ausbildungsverhältnis stehen, dürfen nicht zu Akkordarbeiten, akkordähnlichen Arbeiten, leistungsbezogenen Prämienarbeiten und sonstigen Arbeiten, bei denen durch ein gesteigertes Arbeitstempo ein höheres Entgelt erzielt werden kann, wie beispielsweise Arbeiten, für die Entgelt gebührt, das auf

Arbeits(Persönlichkeits)bewertungsverfahren, statistischen Verfahren, Datenerfassungsverfahren, Kleinstzeitverfahren oder ähnlichen Entgeltfindungsmethoden beruht, sowie zu Fließarbeiten mit vorgeschriebenem Arbeitstempo herangezogen werden. Dieses Verbot gilt nicht für Jugendliche, die als Heimarbeiter beschäftigt werden.

(BGBl. Nr. 331/1973, Art. I Z 8)

Beförderung höherer Geld- oder Sachwerte (Art. VI Abs. 7 der Kundmachung)

§ 21a. Außerhalb des Betriebes dürfen Jugendliche nicht zur Beförderung höherer Geld- oder Sachwerte unter eigener Verantwortung herangezogen werden.

(BGBl. Nr. 229/1982, Art. I Z 12)

Maßregelungsverbot

§ 22. (1) Körperliche Züchtigung oder erhebliche wörtliche Beleidigung sind verboten.

(2) Disziplinarmaßnahmen dürfen über Jugendliche nur verhängt werden, wenn dies in einem Kollektivvertrag oder in einer Betriebsvereinbarung im Sinne des § 97 Abs. 1 Z 24 des Arbeitsverfassungsgesetzes, BGBl. Nr. 22/1974, vorgesehen ist. Geldstrafen dürfen als Disziplinarmaßnahmen nicht verhängt werden.

(BGBl. Nr. 229/1982, Art. I Z 13)

Gesundheits- und Sittlichkeitsschutz

§ 23. (1) Der Dienstgeber hat vor Beginn der Beschäftigung und bei jeder bedeutenden Änderung der Arbeitsbedingungen die für die Sicherheit und Gesundheit des Jugendlichen sowie für die Sittlichkeit bestehenden Gefahren zu ermitteln. Dabei sind insbesondere zu berücksichtigen:

1. Die Einrichtung und Gestaltung der Arbeitsstätte und des Arbeitsplatzes;
2. die Gestaltung, die Auswahl und der Einsatz von Arbeitsmitteln;
3. die Verwendung von Arbeitsstoffen;
4. die Gestaltung der Arbeitsverfahren und der Arbeitsvorgänge und deren Zusammenwirken und
5. Körperkraft, Alter und Stand der Ausbildung und der Unterweisung der Jugendlichen.

(1a) Der Dienstgeber hat alle erforderlichen Maßnahmen zum Schutz der Sicherheit, der Gesundheit und der Sittlichkeit zu treffen.

(1b) Der Dienstgeber hat die Präventivdienste (7. Abschnitt ASchG oder vergleichbare österreichische Rechtsvorschriften) bei der Ermittlung der Gefährdung und der Festsetzung von Schutzmaßnahmen heranzuziehen.

(2) Durch Verordnung kann die Beschäftigung von Jugendlichen in bestimmten Betrieben, mit bestimmten Arbeiten oder unter bestimmten Einwirkungen, die mit besonderen Gefahren für die Sicherheit, Gesundheit oder Sittlichkeit verbunden sind, untersagt oder von Bedingungen abhängig gemacht werden.

(3) Unabhängig von Abs. 2 kann das Arbeitsinspektorat in einzelnen Fällen die Beschäftigung Jugendlicher mit gefährlichen Arbeiten untersagen oder von Bedingungen abhängig machen.

(Anm.: Abs. 4 aufgehoben durch BGBl. I Nr. 79/2003)

§ 24. (1) Jugendliche sind vor der Arbeitsaufnahme unter Verantwortung des Dienstgebers über die im Betrieb bestehenden Gefahren und über die zur Abwendung dieser Gefahren getroffenen Maßnahmen sowie Einrichtungen und deren Benützung zu unterweisen. Bei Personen unter 15 Jahren (§ 2 Abs. 1a) sind auch die gesetzlichen Vertreter zu unterrichten.

(2) Jugendliche sind unter Verantwortung des Dienstgebers vor der erstmaligen Verwendung

an Maschinen, zu Arbeiten mit Gasen, Chemikalien oder mit sonstigen gesundheitsschädlichen Arbeitsstoffen oder zu Arbeiten an gefährlichen Arbeitsstellen über das bei Verrichtung solcher Arbeiten notwendige Verhalten sowie über die bestehenden Schutzvorkehrungen und deren Handhabung zu unterweisen.

(3) Die Unterweisungen nach Abs. 1 und 2, denen ein Mitglied des Betriebsrates (Jugendvertrauensrates) beizuziehen ist, sind in nach den Verhältnissen des Betriebes entsprechend angemessenen Zeiträumen, mindestens jedoch in jährlichen Abständen zu wiederholen.

§ 25. (1) Der Dienstgeber hat die Jugendlichen über die Durchführung von Jugendlichenuntersuchungen gemäß § 132a ASVG rechtzeitig zu informieren, sie über den Sinn dieser Untersuchungen zu belehren und sie zur Teilnahme anzuhalten. Den Jugendlichen ist die für die Durchführung der Jugendlichenuntersuchungen erforderliche Freizeit unter Fortzahlung des Entgelts zu gewähren.

(1a) Ergibt die Beurteilung gemäß § 23 Abs. 1 eine Gefahr für die Sicherheit oder Gesundheit des Jugendlichen, so hat der Dienstgeber dafür Sorge zu tragen, daß in jährlichen Abständen eine Untersuchung gemäß § 132a ASVG stattfindet.

(2) Die Jugendlichenuntersuchungen gemäß § 132a ASVG sind bei Jugendlichen, die erstmalig eine Beschäftigung angetreten haben, tunlichst binnen zwei Monaten durchzuführen. Wenn dies der Wahrnehmung der Belange des Arbeitnehmerschutzes dient, kann durch Verordnung bestimmt werden, daß die Ergebnisse dieser erstmaligen Jugendlichenuntersuchungen noch vor ihrer Auswertung im Sinne des § 132a Abs. 6 ASVG der für die Durchführung des Arbeitnehmerschutzes jeweils zuständigen Behörde zuzuleiten sind.

(3) Durch Verordnung können für Jugendliche, die in Betrieben beschäftigt sind, für die das ArbeitnehmerInnenschutzgesetz, BGBl. Nr. 450/1994, nicht gilt, unter sinngemäßer Anwendung des 5. Abschnittes des ArbeitnehmerInnenschutzgesetzes Vorschriften über gesundheitsgefährdende Tätigkeiten, Eignungsuntersuchungen und die Überwachung des Gesundheitszustandes erlassen werden.

Abschnitt 4
Verzeichnis der Jugendlichen

§ 26. (1) In jedem Betrieb, in dem Jugendliche beschäftigt werden, ist ein Verzeichnis der Jugendlichen zu führen. Das Verzeichnis hat zu enthalten:

(BGBl. Nr. 45/1952, Art. I Z 2)

1. Familiennamen und Vornamen sowie Wohnort der Jugendlichen,
2. Tag und Jahr der Geburt,
3. Tag des Eintrittes in den Betrieb,
4. Art der Beschäftigung,
5. Aufzeichnungen über die geleisteten Arbeitsstunden und deren Entlohnung (§ 26 Abs. 1 des Arbeitszeitgesetzes (AZG), BGBl. Nr. 461/1969), (BGBl. Nr. 229/1982, Art. I Z 17 lit. a)
6. die Zeit, während der den Jugendlichen Urlaub gewährt wurde, (BGBl. Nr. 229/1982, Art. I Z 17 lit. b)
7. Namen und Wohnort der gesetzlichen Vertreter der Jugendlichen. (BGBl. Nr. 229/1982, Art. I Z 17 lit. b)

(2) Das Verzeichnis ist jeweils richtigzustellen. Bei Neuanlage des Verzeichnisses sind die vorher geführten Verzeichnisse bis zum Ablauf von zwei Jahren nach der letzten Eintragung aufzubewahren.

(3) Den Organen der Arbeitnehmerschaft des Betriebes ist auf Verlangen Einsicht in das Verzeichnis zu gewähren. (Art. VI Abs. 10 der Kundmachung)

Jugendliche Berufskraftfahrerinnen und Berufskraftfahrer

§ 26a. (1) Werden in einem Betrieb Jugendliche zu Berufskraftfahrerinnen oder Berufskraftfahrern ausgebildet und diese ausschließlich oder teilweise auf einem Fahrzeug mit eingebautem Kontrollgerät gemäß § 13 Abs. 1 Z 4 oder 5 AZG eingesetzt, so hat die Aufzeichnung der Lenkzeiten und Lenkpausen auf solchen Fahrzeugen mittels Ausdruck vom digitalen Kontrollgerät oder Schaublättern zu erfolgen. Verfügt die bzw. der Jugendliche über eine Fahrerkarte, hat sie bzw. er diese zu verwenden. § 17a AZG ist anzuwenden.

(2) Werden die Jugendlichen ausschließlich auf Fahrzeugen ohne eingebautem Kontrollgerät eingesetzt, so ist für jede und jeden Jugendlichen über ihre bzw. seine Lenkzeiten und Lenkpausen ein Wochenberichtsblatt zu führen. Werden die Jugendlichen teilweise auf solchen Fahrzeugen eingesetzt, sind in das Wochenberichtsblatt nur jene Lenkzeiten und Lenkpausen einzutragen, die nicht durch Ausdrucke, Schaublätter oder gegebenenfalls durch die Daten von der Fahrerkarte gemäß Abs. 1 dokumentiert werden können.

(3) Arbeitgeberinnen und Arbeitgeber haben die Jugendlichen während der Arbeitszeit ausreichend und nachweislich in der Handhabung der Kontrollgeräte zu unterweisen oder die ausreichende Unterweisung nachweislich sicher zu stellen.

(4) Während der Fahrten sind Ausdrucke, Schaublätter und Wochenberichtsblätter der vorangegangen 56 Tage sowie gegebenenfalls die Fahrerkarte mitzuführen und den Kontrollorganen auf Verlangen vorzuweisen. Auf all diese Aufzeichnungen ist auch § 17b AZG anzuwenden.

(5) Nähere Bestimmungen über die Form, den Inhalt und die Vorschriften über die Führung des

Wochenberichtsblattes sind durch Verordnung zu treffen.

Aushänge

§ 27. (1) In Betrieben, in denen keine Betriebsvereinbarungen im Sinne des § 97 Abs. 1 Z 2 des Arbeitsverfassungsgesetzes bestehen, muß vom Dienstgeber an einer für die Arbeitnehmer des Betriebes leicht zugänglichen Stelle ein Aushang über den Beginn und das Ende der Normalarbeitszeit und der Ruhepausen sowie über die Dauer der Wochenruhezeit der Jugendlichen gut sichtbar angebracht werden.

(2) Die Aushangpflicht nach Abs. 1 wird auch dann erfüllt, wenn die Arbeitszeiteinteilung den Jugendlichen mittels eines sonstigen Datenträgers samt Ablesevorrichtung, durch geeignete elektronische Datenverarbeitung oder durch geeignete Telekommunikationsmittel zugänglich gemacht wird.

Anzeigepflicht

§ 27a. (1) Der Dienstgeber hat die Beschäftigung von Jugendlichen an aufeinanderfolgenden Sonntagen gemäß § 18 Abs. 3a dem Arbeitsinspektorat anzuzeigen. Diese Anzeige hat zu enthalten:

1. Den Zeitraum, für den die Beschäftigung an aufeinanderfolgenden Sonntagen vorgesehen ist sowie jenen Zeitraum, in dem die Jugendlichen an Sonntagen und an betrieblichen Sperrtagen im Sinne des § 19 Abs. 4 nicht beschäftigt werden,
2. Zeiten des Besuches einer lehrgangs- oder saisonmäßigen Berufsschule, soweit diese in den Zeitraum gemäß § 18 Abs. 3a fallen,
3. Familien- und Vornamen der Jugendlichen sowie das Geburtsdatum.

(2) Die Anzeige gemäß Abs. 1 hat spätestens zwei Wochen vor Beginn der Beschäftigung Jugendlicher gemäß § 18 Abs. 3a zu erfolgen.

(3) Das Arbeitsinspektorat hat Anzeigen gemäß Abs. 1 auf Verlangen den gesetzlichen Interessenvertretungen der Arbeitgeber und Arbeitnehmer zugänglich zu machen.

Gebührenfreiheit

§ 27b. Anzeigen gemäß § 20 Abs. 2 und § 27a sind von Stempel- und Rechtsgebühren des Bundes befreit.

Abschnitt 5

Anhörung der Jugendschutzstellen

§ 28. Die Arbeitsinspektorate sowie die Landeshauptmänner und die Bezirksverwaltungsbehörden haben vor Bewilligung von Ausnahmen und vor Erlassung von Verfügungen nach diesem Bundesgesetz die Jugendschutzstelle der zuständigen Arbeiterkammer und der zuständigen gesetzlichen Interessenvertretung der Dienstgeber zu hören.

(BGBl. Nr. 229/1982, Art. I Z 19)

Behördenzuständigkeit

§ 29. Die Aufgaben und Befugnisse, die nach diesem Bundesgesetz den Arbeitsinspektoraten zukommen, haben in Betrieben, die vom Wirkungsbereich der Arbeitsinspektion nach dem Arbeitsinspektionsgesetz 1993, BGBl. Nr. 27, ausgenommen sind, die zur Wahrnehmung des Dienstnehmerschutzes sonst berufenen Behörden auszuüben.

Strafbestimmungen

§ 30. (1) Wer den Bestimmungen des Abschnittes 2 dieses Bundesgesetzes zuwiderhandelt, ist, sofern die Tat nicht nach anderen Gesetzen einer strengeren Strafe unterliegt, von der Bezirksverwaltungsbehörde mit einer Geldstrafe von 72 Euro bis 1 090 Euro, im Wiederholungsfall von 218 Euro bis 2 180 Euro zu bestrafen.

(2) Ebenso sind Dienstgeber und deren Bevollmächtigte zu bestrafen, die den Bestimmungen der Abschnitte 3 und 4 dieses Bundesgesetzes oder einer auf Grund einer Bestimmung dieser Abschnitte erlassenen Verordnung zuwiderhandeln.

(3) Wurden Verwaltungsübertretungen nach den Abs. 1 bis 2 nicht im Inland begangen, gelten sie als an jenem Ort begangen, an dem sie festgestellt wurden.

Verbot der Beschäftigung Jugendlicher

§ 31. (1) Dienstgebern und deren Bevollmächtigten, die wiederholt wegen Übertretungen nach § 30 bestraft wurden, kann die Bezirksverwaltungsbehörde auf Antrag des Arbeitsinspektorates oder der zur Wahrnehmung des Dienstnehmerschutzes sonst berufenen Behörde die Beschäftigung von Jugendlichen auf bestimmte Zeit oder dauernd untersagen.

(2) Außer in den im Abs. 1 bezeichneten Fällen kann die Bezirksverwaltungsbehörde, nach Anhörung der gesetzlichen Interessenvertretungen der Dienstgeber und der Dienstnehmer, Dienstgebern und deren Bevollmächtigten die Beschäftigung von Jugendlichen auf bestimmte Zeit oder dauernd verbieten, wenn sie sich grober Pflichtverletzungen gegen die bei ihnen beschäftigten Jugendlichen schuldig gemacht haben oder gegen sie Tatsachen vorliegen, die sie in sittlicher Beziehung zur Beschäftigung Jugendlicher ungeeignet erscheinen lassen.

Urlaub der Jugendlichen

§ 32. (1) Der Anspruch der Jugendlichen auf Urlaub richtet sich nach den für sie jeweils geltenden Urlaubsvorschriften.

(2) Auf Verlangen des Jugendlichen ist der Verbrauch des Urlaubes im Ausmaß von mindestens zwölf Werktagen für die Zeit zwischen 15. Juni und 15. September zu vereinbaren.

(BGBl. Nr. 81/1983, Art. IV)

Abschnitt 6
Verweisungen

§ 33. Soweit in diesem Bundesgesetz auf andere Bundesgesetze verwiesen wird, sind diese in ihrer jeweils geltenden Fassung anzuwenden.

Vollziehung

§ 34. (1) Mit der Vollziehung dieses Bundesgesetzes sind betraut:

1. hinsichtlich der §§ 11 Abs. 6 und 11a die Bundesministerin bzw. der Bundesminister für Bildung Wissenschaft und Forschung im Einvernehmen mit der Bundesministerin bzw. dem Bundesminister für Arbeit;
2. hinsichtlich des § 17 Abs. 6 und 7 die Bundesministerin bzw. der Bundesminister für Arbeit im Einvernehmen mit der Bundesministerin bzw. dem Bundesminister für Kunst, Kultur, öffentlichen Dienst und Sport;
3. hinsichtlich des § 27b die Bundesministerin bzw. der Bundesminister für Finanzen;
4. hinsichtlich aller anderen Bestimmungen die Bundesministerin bzw. der Bundesminister für Arbeit.

(2) Die §§ 18 Abs. 3a, 19 Abs. 2 und 3 sowie § 27a, in der Fassung des Bundesgesetzes BGBl. Nr. 175/1992, treten mit 1. Mai 1992 in Kraft.

(3) § 6 Abs. 8 in der Fassung des Bundesgesetzes BGBl. Nr. 257/1993 tritt mit 1. Juli 1993 in Kraft. Auf zu diesem Zeitpunkt anhängige Verfahren ist er jedoch noch nicht anzuwenden.

(4) § 1 Abs. 4 in der Fassung des Bundesgesetzes BGBl. Nr. 410/1996 tritt mit 1. Juli 1996 in Kraft. Mit diesem Zeitpunkt tritt § 17 Abs. 5 außer Kraft.

(5) § 1 Abs. 1 und 1a, § 2 Abs. 1 und 1a, § 3, § 5a Abs. 1, § 6 Abs. 1, § 7 Abs. 2 Z 3, § 11 Abs. 2, 2a, 2b, 3 und 8, § 11a, § 12 Abs. 3, § 13, § 15 Abs. 1 und 2, § 16, § 17 Abs. 3a bis 7, § 19, § 19a, § 20, § 23 Abs. 1, 1a, 1b und 2, § 24, § 25 Abs. 1 und 1a, § 27b, § 29 und § 33 und § 34 Abs. 1 Z 2a in der Fassung des Bundesgesetzes BGBl. I Nr. 79/1997 treten mit 1. Juli 1997 in Kraft.

(6) § 30 in der Fassung des Bundesgesetzes BGBl. I Nr. 98/2001 tritt mit 1. Jänner 2002 in Kraft.

(7) Die §§ 2 Abs. 1a Z 4, 17 Abs. 3a und 7, 19 Abs. 6, 25 Abs. 3 und 27 Abs. 3 in der Fassung des Bundesgesetzes BGBl. I Nr. 79/2003 treten mit 1. Juli 2003 in Kraft. Gleichzeitig tritt § 23 Abs. 4 außer Kraft.

(8) Die Überschrift zu § 5a, § 5a Abs. 1 und § 30 Abs. 3 in der Fassung des Bundesgesetzes BGBl. I Nr. 93/2010 treten mit 1. November 2010 in Kraft.

(9) § 34 Abs. 1 Z 4 in der Fassung vor dem 2. Stabilitätsgesetz 2012, BGBl. I Nr. 35/2012, tritt mit Ablauf des 30. Juni 2012 außer Kraft.

(10) § 6 und § 12 Abs. 4 in der Fassung des Bundesgesetzes BGBl. I Nr. 71/2013 treten mit 1. Jänner 2014 in Kraft.

(11) § 6 Abs. 3 und 4 in der Fassung des Bundesgesetzes BGBl. I Nr. 138/2013 tritt mit 1. August 2013 in Kraft, ist aber auf zu diesem Zeitpunkt bereits anhängige Verfahren nicht anzuwenden.

(12) § 1 Abs. 4 und § 11 Abs. 3a in der Fassung des Bundesgesetzes BGBl. I Nr. 152/2015 treten mit 1. Jänner 2016 in Kraft.

(13) § 1 Abs. 4, § 27 sowie § 30 Abs. 2 in der Fassung des Deregulierungsgesetzes 2017, BGBl. I Nr. 40/2017, treten mit 1. Juli 2017 in Kraft.

(14) § 1 Abs. 3 Z 1, § 26 Abs. 1 Z 5, § 26a samt Überschrift und § 34 Abs. 1, in der Fassung des Bundesgesetzes, BGBl. I Nr. 58/2022, treten mit 1. Juni 2022 in Kraft. Die Frist in § 26a Abs. 4 beträgt bis zum Ablauf des 30. Dezember 2024 28 Tage.

39. Koalitionsgesetz

Gesetz vom 7. April 1870, wodurch unter Aufhebung der §§. 479, 480 und 481 des allgemeinen Strafgesetzes in Betreff der Verabredungen von Arbeitgebern oder Arbeitnehmern zur Erzwingung von Arbeitsbedingungen, und von Gewerbsleuten zur Erhöhung des Preises einer Waare zum Nachtheile des Publikums besondere Bestimmungen erlassen werden.

StF: RGBl. Nr. 43/1870

Letzte Novellierung: BGBl. Nr. 422/1974

Mit Zustimmung beider Häuser des Reichsrathes finde Ich zu verordnen, wie folgt:

STICHWORTVERZEICHNIS

§ 1. Die Bestimmungen der §§. 479, 480 und 481 des allgemeinen Strafgesetzes vom 27. Mai 1852, R. G. Bl. Nr. 117, treten außer Wirksamkeit.

§ 2. Verabredungen von Arbeitgebern (Gewerbsleuten, Dienstgebern, Leitern von Fabriks-, Bergbau-, Hüttenwerks-, landwirthschaftlichen oder anderen Arbeitsunternehmungen), welche bezwecken, mittelst Einstellung des Betriebes oder Entlassung von Arbeitern diesen eine Lohnverringerung oder überhaupt ungünstigere Arbeitsbedingungen aufzuerlegen; - sowie Verabredungen von Arbeitnehmern (Gesellen, Gehilfen, Bediensteten, oder sonstigen Arbeitern um Lohn), welche bezwecken, mittelst gemeinschaftlicher Einstellung der Arbeit von den Arbeitgebern höheren Lohn oder überhaupt günstigere Arbeitsbedingungen zu erzwingen; - endlich alle Vereinbarungen zur Unterstützung derjenigen, welche bei den erwähnten Verabredungen ausharren, oder zur Benachtheiligung derjenigen, welche sich davon lossagten, haben keine rechtliche Wirkung.

§ 3. Wer, um das Zustandekommen, die Verbreitung oder die zwangsweise Durchführung einer der in dem §. 2 bezeichneten Verabredungen zu bewirken, Arbeitgeber oder Arbeitnehmer an der Ausführung ihres freien Entschlusses, Arbeit zu geben oder zu nehmen, durch Mittel der Einschüchterung oder Gewalt hindert oder zu hindern versucht, ist, sofern seine Handlung nicht unter eine strengere Bestimmung des Strafgesetzbuches fällt, von dem Gerichte mit Freiheitsstrafe bis zu drei Monaten wahlweise mit Geldstrafe bis zu 180 Tagessätzen zu bestrafen.

§ 4. Die in den §§. 2 und 3 enthaltenen Bestimmungen finden auch auf Verabredungen von Gewerbsleuten zu dem Zwecke, um den Preis einer Waare zum Nachtheile des Publikums zu erhöhen, Anwendung.

§ 5. Dieses Gesetz tritt mit dem Tage seiner Kundmachung in Wirksamkeit. Mit dem Vollzuge desselben sind die Minister der Justiz, des Handels und des Innern beauftragt.

Wien, am 7. April 1870.

40. Lohn- und Sozialdumping-Bekämpfungsgesetz

Bundesgesetz, mit dem ein Gesetz zur Bekämpfung von Lohn- und Sozialdumping erlassen wird

StF: BGBl. I Nr. 44/2016

Letzte Novellierung: BGBl. I Nr. 111/2022

Der Nationalrat hat beschlossen:

GLIEDERUNG

STICHWORTVERZEICHNIS

1. Hauptstück
Allgemeine Bestimmungen
Geltungsbereich

§ 1. (1) Dieses Bundesgesetz gilt für

1. Arbeitsverhältnisse, die auf einem privatrechtlichen Vertrag beruhen,
2. die Beschäftigung von Arbeitskräften im Sinne des § 3 Abs. 4 des Arbeitskräfteüberlassungsgesetzes (AÜG), BGBl. Nr. 196/1988,
3. Beschäftigungsverhältnisse, auf die das Heimarbeitsgesetz 1960, BGBl. Nr. 105/1961, anzuwenden ist.

(2) Ausgenommen sind

1. Arbeitsverhältnisse zum Bund, auf die dienstrechtliche Vorschriften anzuwenden sind, welche den Inhalt der Arbeitsverhältnisse zwingend regeln,
2. Arbeitsverhältnisse zu Ländern, Gemeindeverbänden und Gemeinden,
3. die Überlassung von Arbeitskräften im Sinne des § 3 Abs. 4 AÜG durch den Bund, ein Land, eine Gemeinde oder einen Gemeindeverband,
4. Arbeitsverhältnisse zu Stiftungen, Anstalten oder Fonds, auf die gemäß § 1 Abs. 2 des Vertragsbedienstetengesetzes (VBG), BGBl. Nr. 86/1948, die Bestimmungen des VBG sinngemäß anzuwenden sind,
5. Arbeitsverhältnisse zu einer öffentlich-rechtlichen Körperschaft eines Mitgliedstaates des Europäischen Wirtschaftsraums (EWR), der schweizerischen Eidgenossenschaft oder eines sonstigen Drittstaats, auf die im Sinne der Z 1 und Z 2 gleichartige dienstrechtliche Vorschriften anzuwenden sind, welche den Inhalt der Arbeitsverhältnisse zwingend regeln.

(3) **(Verfassungsbestimmung)** Dieses Bundesgesetz findet mit Ausnahme der §§ 3 bis 6, 8 Abs. 2 und 20 Abs. 3 auf Arbeitsverhältnisse der land- und forstwirtschaftlichen Arbeiter im Sinne des Landarbeitsgesetzes 2021 (LAG 2021), BGBl. I Nr. 78/2021 Anwendung; die §§ 3 bis 6 finden nur Anwendung, soweit diese die Entsendung von land- und forstwirtschaftlichen Arbeitern betreffen. Die Zulässigkeit der Überlassung von land- und forstwirtschaftlichen Arbeitern im Sinne des LAG 2021 bestimmt sich nach Maßgabe des LAG 2021.

(4) Soweit im Folgenden nichts anderes bestimmt ist, gilt dieses Bundesgesetz unbeschadet des auf das Arbeitsverhältnis sonst anzuwendenden Rechts auch für aus der Europäischen Union (EU), dem Europäischen Wirtschaftsraum (EWR), der schweizerischen Eidgenossenschaft oder aus einem sonstigen Drittstaat zur Erbringung einer Arbeitsleistung nach Österreich entsandte Arbeitnehmer oder grenzüberschreitend überlassene Arbeitskräfte im Sinne des § 3 Abs. 4 AÜG. Die Entsendung von Arbeitnehmern oder die grenzüberschreitende Überlassung von Arbeitskräften aus der Schweizerischen Eidgenossenschaft ist wie die Überlassung oder Entsendung aus dem EWR zu behandeln. Das dritte Hauptstück, ausgenommen § 41, findet auf aus der Schweizerischen Eidgenossenschaft entsandte Arbeitnehmer oder überlassene Arbeitskräfte keine Anwendung. Die §§ 17 bis 21, 23 und 26 und das dritte Hauptstück, ausgenommen § 41, finden auf die Entsendung von Arbeitnehmern oder die Überlassung von Arbeitskräften aus Drittstaaten keine Anwendung.

(5) Dieses Bundesgesetz findet keine Anwendung, wenn der Arbeitnehmer ausschließlich zur Erbringung folgender Arbeiten von geringem Umfang und kurzer Dauer nach Österreich entsandt wird:

1. geschäftliche Besprechungen ohne Erbringung von weiteren Dienstleistungen oder
2. die Teilnahme an Seminaren und Vorträgen ohne Erbringung von weiteren Dienstleistungen oder
3. die Teilnahme an Messen und messeähnlichen Veranstaltungen im Sinne des § 17 Abs. 3 bis 6 des Arbeitsruhegesetzes (ARG), BGBl. Nr. 144/1983, mit der Maßgabe, dass die Untergrenze des § 17 Abs. 4 ARG nicht gilt, ausgenommen Vorbereitungs- und Abschlussarbeiten für die Veranstaltung (Auf- und Abbau der Ausstellungeinrichtungen und An- und Ablieferung des Messegutes), oder
4. der Besuch von und die Teilnahme an Kongressen und Tagungen oder
5. die Teilnahme an und die Abwicklung von kulturellen Veranstaltungen aus den Bereichen Musik, Tanz, Theater oder Kleinkunst und vergleichbaren Bereichen, die im Rahmen einer

Tournee stattfinden, bei welcher der Veranstaltung (den Veranstaltungen) in Österreich lediglich eine untergeordnete Bedeutung zukommt, soweit der Arbeitnehmer seine Arbeitsleistung zumindest für einen Großteil der Tournee zu erbringen hat, oder

6. die Teilnahme an und die Abwicklung von internationalen Wettkampfveranstaltungen (Internationale Meisterschaften) im Sinne des § 3 Z 5 des Bundes-Sportförderungsgesetzes 2017 (BSFG 2017), BGBl. I Nr. 100/2017, ausgenommen Vorbereitungs- und Abschlussarbeiten für die Veranstaltung (Auf- und Abbau der im Zusammenhang mit der Veranstaltung stehenden Einrichtungen) sowie Verabreichung von Speisen und Ausschank von Getränken im Rahmen der Veranstaltung.

(6) Dieses Bundesgesetz findet auf vorübergehende Konzernentsendungen im Sinne der Richtlinie 96/71/EG über die Entsendung von Arbeitnehmern im Rahmen der Erbringung von Dienstleistungen, ABl. Nr. L 18 vom 21.01.1997 S. 1, in der Fassung der Richtlinie (EU) 2018/957 zur Änderung der Richtlinie 96/71/EG über die Entsendung von Arbeitnehmern im Rahmen der Erbringung von Dienstleistungen, ABl. Nr. L 173 vom 09.07.2018 S. 16, einer besonderen Fachkraft nach Österreich innerhalb eines Konzerns im Sinne des § 15 des Aktiengesetzes (AktG), BGBl. Nr. 98/1955 und des § 115 des GmbH-Gesetzes (GmbHG), RGBl. Nr. 58/1906, die insgesamt zwei Monate je Kalenderjahr nicht übersteigen dürfen, keine Anwendung, wenn die Einsätze konzernintern

1. zum Zweck der Forschung und Entwicklung, der Abhaltung von Ausbildungen durch die Fachkraft, der Planung der Projektarbeit oder
2. zum Zweck des Erfahrungsaustausches, der Betriebsberatung, des Controlling oder der Mitarbeit im Bereich von für mehrere Länder zuständigen Konzernabteilungen mit zentraler Steuerungs- und Planungsfunktion oder
3. für Arbeiten bei Lieferung, Inbetriebnahme (und damit verbundenen Schulungen), Wartung, Servicearbeiten und Reparatur von Maschinen, Anlagen und EDV–Systemen

erfolgen.

(7) Dieses Bundesgesetz findet keine Anwendung auf nach Österreich für längere Dauer zu Schulungszwecken entsandte Arbeitnehmer oder überlassene Arbeitskräfte, wenn

1. der ausländische Arbeitgeber oder Vertragspartner dem inländischen Betrieb keine Arbeitsleistung schuldet und der Einsatz des Arbeitnehmers oder der Arbeitskraft dessen Einschulung oder Weiterbildung auf der Grundlage eines Schulungs- oder Weiterbildungsprogrammes des Arbeitgebers oder österreichischen Unternehmens dient, und
2. die allenfalls vom Arbeitnehmer oder der Arbeitskraft schulungsbedingt durchgeführten Tätigkeiten oder erstellten Produkte, Dienstleistungen und Zwischenergebnisse für den Produktionsprozess und das Betriebsergebnis in dem Betrieb, in dem die Schulung stattfindet, unwesentlich sind, und
3. soweit der zu schulende Arbeitnehmer oder die Arbeitskraft im Schulungsbetrieb nicht länger tätig ist, als dies für den Erwerb der geforderten Kenntnisse und Fähigkeiten erforderlich ist.

(8) Dieses Bundesgesetz findet keine Anwendung auf

1. die Tätigkeit als mobiler Arbeitnehmer im Sinne des Abs. 9 in der grenzüberschreitenden Güter- und Personenbeförderung (Transportbereich), sofern die Arbeitsleistung ausschließlich im Rahmen des Transitverkehrs erbracht wird und nicht der gewöhnliche Arbeitsort in Österreich liegt; bei mobilen Arbeitnehmern im Straßenverkehr finden jedoch § 21a und § 26a Abs. 1 Z 3 und Abs. 2 Anwendung;
2. die Tätigkeit als Arbeitnehmer, der in den letzten zwei Entgeltperioden vor der Entsendung oder Überlassung und während der Entsendung oder Überlassung nachweislich eine monatliche Bruttoentlohnung von durchschnittlich mindestens 120 vH des Dreißigfachen der Höchstbeitragsgrundlage für den Kalendertag gemäß § 108 Abs. 3 des Allgemeinen Sozialversicherungsgesetzes (ASVG), BGBl. Nr. 189/1955, erhält;
3. die Tätigkeit als Arbeitnehmer im Sinne des § 14 Abs. 1 Z 1 und 2, der nachweislich eine monatliche Bruttoentlohnung von mindestens 120vH des Dreißigfachen der Höchstbeitragsgrundlage für den Kalendertag gemäß § 108 Abs. 3 ASVG erhält;
4. auf Entsendungen oder Überlassungen im Rahmen von Austausch-, Aus- und Weiterbildungs- oder Forschungsprogrammen oder als entsandter oder überlassener Vortragender an Universitäten im Sinne des Universitätsgesetzes 2002, BGBl. I Nr. 120/2002, an pädagogischen Hochschulen im Sinne des Hochschulgesetzes 2005, BGBl. I Nr. 30/2006, oder Fachhochschulen im Sinne des Fachhochschulgesetzes, BGBl. Nr. 340/1993;
5. Lieferung von Waren durch entsandte Arbeitnehmer des Verkäufers oder Vermieters sowie das Abholen von Waren durch entsandte Arbeitnehmer des Käufers oder Mieters;
6. Tätigkeiten, die für die Inbetriebnahme und Nutzung von gelieferten Gütern unerlässlich sind und von entsandten Arbeitnehmern des Verkäufers oder Vermieters mit geringem Zeitaufwand durchgeführt werden.

Weitere Ges.

(9) Im Sinne dieses Bundesgesetzes sind mobile Arbeitnehmer Personen, die als Fahrer oder als Begleitpersonal in der Personen- und Güterbeförderung tätig sind, sowie Arbeitnehmer eines Arbeitgebers, der in einer anderen Branche als der Personen- und Güterbeförderung tätig ist, der aber die Arbeitnehmer in Österreich vorwiegend in der Personen- und Güterbeförderung einsetzt. Dies gilt auch für jene Bestimmungen dieses Bundesgesetzes, die in Umsetzung der Richtlinie (EU) 2020/1057 zur Festlegung besonderer Regeln im Zusammenhang mit der Richtlinie 96/71/EG und der Richtlinie 2014/67/EU für die Entsendung von Kraftfahrern im Straßenverkehrssektor und zur Änderung der Richtlinie 2006/22/EG bezüglich der Durchsetzungsanforderungen und der Verordnung (EU) Nr. 1024/2012, ABl. Nr. L 249 vom 31.07.2020 S. 49, und von Anhang 31 Teil A Abschnitt 2 des Abkommens über Handel und Zusammenarbeit zwischen der Europäischen Union und der Europäischen Atomgemeinschaft einerseits und dem Vereinigten Königreich Großbritannien und Nordirland andererseits, ABl. Nr. L 149 vom 30.04.2021 S. 10 (im Folgenden: Abkommen mit dem Vereinigten Königreich Großbritannien und Nordirland) erlassen wurden.

Zusätzliche Bestimmungen zum Geltungsbereich im Straßenverkehr für den Anwendungsbereich der Richtlinie (EU) 2020/1057 und des Anhangs 31 Teil A Abschnitt 2 des Abkommens mit dem Vereinigten Königreich Großbritannien und Nordirland

§ 1a. (1) Ein mobiler Arbeitnehmer, der bei einem in einem EU-Mitgliedstaat oder EWR-Staat oder der Schweizerischen Eidgenossenschaft niedergelassenen Verkehrsunternehmer beschäftigt ist, gilt nicht als nach Österreich entsandt, wenn er – im Rahmen einer Entsendung nach Art. 1 Abs. 3 lit. a der Richtlinie 96/71/EG – bilaterale Beförderungen von Gütern oder Fahrgästen oder kombinierten Verkehr im Sinne des Art. 1 Abs. 3 oder 4 oder 6 der Richtlinie (EU) 2020/1057 durchführt. Gleiches gilt für einen mobilen Arbeitnehmer, der bei einem in einem EU-Mitgliedstaat niedergelassenen Verkehrsunternehmer beschäftigt ist, wenn er – im Rahmen einer Entsendung nach Art. 1 Abs. 3 lit. a der Richtlinie 96/71/EG – über eine bilaterale Beförderung hinaus zusätzliche Tätigkeiten der Be- und/oder Entladung von Gütern oder des Aufnehmens oder Absetzens von Fahrgästen vornimmt, auf die nach Art. 1 Abs. 3 oder 4 der Richtlinie (EU) 2020/1057 die Ausnahme für bilaterale Beförderungen anzuwenden ist.

(2) Eine – die Entsendung nach Österreich ausschließende – bilaterale Beförderung von Gütern im Sinne des Abs. 1 erster Satz bedeutet die Verbringung von Gütern auf der Grundlage eines Beförderungsvertrags von einem EU-Mitgliedstaat oder EWR-Staat oder von der Schweizerischen Eidgenossenschaft, jeweils als Niederlassungsmitgliedstaat im Sinne des Art. 2 Z 8 der Verordnung (EG) Nr. 1071/2009 zur Festlegung gemeinsamer Regeln für die Zulassung zum Beruf des Kraftverkehrsunternehmers, ABl. Nr. L 300 vom 14.11.2009 S. 51, zuletzt geändert durch die Verordnung (EU) 2020/1055, ABl. Nr. L 249 vom 31.07.2020 S. 17, in einen anderen der vorgenannten Staaten oder einen Drittstaat oder von einem anderen der vorgenannten Staaten oder einem Drittstaat in den Niederlassungsmitgliedstaat.

(3) Eine – die Entsendung nach Österreich ausschließende – zusätzliche Tätigkeit der Be- oder Entladung von Gütern im Sinne des Abs. 1 zweiter Satz liegt vor, wenn der Fahrer über eine bilaterale Beförderung hinaus in den Mitgliedstaaten oder Drittstaaten, durch die er fährt, eine Tätigkeit der Be- und/oder Entladung vornimmt, sofern der Fahrer die Waren nicht in demselben Mitgliedstaat lädt und entlädt.

(4) Erfolgt im Anschluss an eine bilaterale Beförderung von Gütern, die im Niederlassungsmitgliedstaat beginnt und während der keine zusätzliche Tätigkeit im Sinne des Abs. 3 ausgeführt wird, eine bilaterale Beförderung von Gütern in den Niederlassungsmitgliedstaat, so umfassen die über die bilaterale Beförderung hinausgehenden – die Entsendung nach Österreich ausschließenden – zusätzlichen Tätigkeiten im Sinne des Abs. 1 zweiter Satz höchstens zwei zusätzliche Tätigkeiten der Be- und/oder Entladung, sofern der Fahrer die Waren nicht in demselben Mitgliedstaat lädt und entlädt.

(5) Eine – die Entsendung nach Österreich ausschließende – zusätzliche Tätigkeit nach Abs. 1 zweiter Satz und den Abs. 3 und 4 liegt nur bis zu dem Tag vor, ab dem Fahrzeuge, die in einem Mitgliedstaat erstmals zugelassen werden, gemäß Artikel 8 Absatz 1 Unterabsatz 4 der Verordnung (EU) Nr. 165/2014 über den Fahrtenschreiber im Straßenverkehr, ABl. Nr. L 60 vom 28.02.2014 S. 1, in der Fassung der Verordnung (EU) 2020/1054 zur Änderung der Verordnung (EG) Nr. 561/2006 und der Verordnung (EU) Nr. 165/2014, ABl. Nr. L 249 vom 31.07.2020 S. 1, mit intelligenten Fahrtenschreibern ausgerüstet sein müssen, die die Anforderungen an die Aufzeichnung von Grenzüberschreitungen und zusätzlichen Tätigkeiten gemäß Artikel 8 Absatz 1 Unterabsatz 1 der Verordnung (EU) Nr. 165/2014 erfüllen. Ab diesem Tag gelten die Ausnahmeregelungen für zusätzliche Tätigkeiten im Sinne des Abs. 1 zweiter Satz und der Abs. 3 und 4 nur noch für mobile Arbeitnehmer, die Fahrzeuge nutzen, die mit intelligenten Fahrtenschreibern gemäß den Art. 8, 9 und 10 der Verordnung (EU) Nr. 165/2014 ausgestattet sind.

(6) Eine – die Entsendung nach Österreich ausschließende – bilaterale Beförderung von Fahrgästen im Sinne des Abs. 1 erster Satz ist

im grenzüberschreitenden Gelegenheits- oder Linienverkehr im Sinne der Verordnung (EG) Nr. 1073/2009 über gemeinsame Regeln für den Zugang zum grenzüberschreitenden Personenkraftverkehrsmarkt, ABl. Nr. L 300 vom 14.11.2009 S. 88, zuletzt geändert durch die Verordnung (EU) Nr. 517/2013, ABl. Nr. L 158 vom 10.06.2013 S. 1, berichtigt durch ABl. Nr. L 272 vom 16.10.2015 S. 15, dann gegeben, wenn ein Fahrer eine der folgenden Tätigkeiten ausführt:

1. Fahrgäste in einem EU-Mitgliedstaat oder EWR-Staat oder der Schweizerischen Eidgenossenschaft, jeweils als Niederlassungsmitgliedstaat, aufnimmt und in einem anderen der vorgenannten Staaten oder in einem Drittstaat wieder absetzt, oder
2. Fahrgäste in einem EU-Mitgliedstaat oder EWR-Staat oder in der Schweizerischen Eidgenossenschaft oder in einem Drittland aufnimmt und sie in einem EU-Mitgliedstaat oder EWR-Staat oder der Schweizerischen Eidgenossenschaft, jeweils als Niederlassungsmitgliedstaat, wieder absetzt, oder
3. Fahrgäste in einem EU-Mitgliedstaat oder EWR-Staat oder der Schweizerischen Eidgenossenschaft, jeweils als Niederlassungsmitgliedstaat, aufnimmt und wieder absetzt, um örtliche Ausflüge in einen anderen Mitgliedstaat oder in ein Drittland gemäß der Verordnung (EG) Nr. 1073/2009 durchzuführen.

(7) Eine – die Entsendung nach Österreich ausschließende – zusätzliche Tätigkeit in Bezug auf Fahrgäste im Sinne des Abs. 1 zweiter Satz liegt vor, wenn der Fahrer zusätzlich zu einer bilateralen Beförderung einmal Fahrgäste aufnimmt; und/oder einmal in den EU–Mitgliedstaaten oder Drittstaaten, durch die er fährt, Fahrgäste wieder absetzt, sofern der Fahrer keine Beförderung von Fahrgästen zwischen zwei Orten innerhalb des Durchfuhrmitgliedstaats anbietet. Dasselbe gilt für die Rückfahrt.

(8) Eine – die Entsendung nach Österreich ausschließende – zusätzliche Tätigkeit nach Abs. 1 zweiter Satz und Abs. 7 liegt nur bis zu dem Tag vor, ab dem Fahrzeuge, die in einem EU–Mitgliedstaat erstmals zugelassen werden, mit einem den in Art. 8 Abs. 1 Unterabs. 1 der Verordnung (EU) Nr. 165/2014 genannten Spezifikationen entsprechenden intelligenten Fahrtenschreiber ausgerüstet sein müssen, der die in Art. 8 Abs. 1 Unterabs. 4 derselben Verordnung genannten Anforderungen an die Aufzeichnung von Grenzüberschreitungen und zusätzlichen Tätigkeiten erfüllt. Ab diesem Tag gilt die Ausnahmeregelung für zusätzliche Tätigkeiten nach Abs. 1 zweiter Satz und Abs. 7 nur noch für mobile Arbeitnehmer, die Fahrzeuge nutzen, die mit intelligenten Fahrtenschreibern im Sinne der Art. 8, 9 und 10 der genannten Verordnung ausgestattet sind.

(9) Eine – die Entsendung nach Österreich ausschließende – Beförderung im kombinierten Verkehr im Sinne des Abs. 1 erster Satz liegt vor, wenn der Fahrer im Sinne der Richtlinie 92/106/EWG über die Festlegung gemeinsamer Regeln für bestimmte Beförderungen im kombinierten Güterverkehr zwischen Mitgliedstaaten, ABl. Nr. L 368 vom 17.12.1992 S. 38, zuletzt geändert durch die Richtlinie 2013/22/EU zur Anpassung bestimmter Richtlinien im Bereich Verkehr aufgrund des Beitritts der Republik Kroatien, ABl. Nr. L 158 vom 10.06.2013 S. 356, die Zu- oder Ablaufstrecke auf der Straße zurücklegt, sofern die auf der Straße zurückgelegte Teilstrecke selbst aus bilateralen Beförderungen im Sinne von Art. 1 Abs. 3 der Richtlinie (EU) 2020/1057 besteht.

(10) Ein Kraftfahrer, der eine Kabotagebeförderung im Sinne der Verordnung (EG) Nr. 1072/2009 über gemeinsame Regeln für den Zugang zum Markt des grenzüberschreitenden Güterkraftverkehrs, ABl. Nr. L 300 vom 14.11.2009 S. 72, zuletzt geändert durch die Verordnung (EU) 2020/1055, ABl. Nr. L 249 vom 31.07.2020 S. 17, oder der Verordnung (EG) Nr. 1073/2009, durchführt, gilt als entsandt im Sinne dieses Bundesgesetzes.

(11) Ein mobiler Arbeitnehmer, der bei einem Verkehrsunternehmer mit Sitz im Vereinigten Königreich Großbritannien und Nordirland beschäftigt ist, gilt nicht als entsandt, wenn er Beförderungen auf der Grundlage eines Beförderungsvertrags im Sinne des Art. 462 Absatz 1 Buchstabe a des Abkommens mit dem Vereinigten Königreich Großbritannien und Nordirland durchführt.

Wahrer wirtschaftlicher Gehalt – Beurteilungsmaßstab

§ 2. (1) Für die Beurteilung, ob ein Arbeitsverhältnis, eine grenzüberschreitende Entsendung oder Überlassung im Sinne dieses Bundesgesetzes vorliegt, ist der wahre wirtschaftliche Gehalt und nicht die äußere Erscheinungsform des Sachverhalts maßgebend.

(2) Für die Beurteilung, ob eine Überlassung von Arbeitskräften vorliegt, sind insbesondere die §§ 3 und 4 AÜG oder vergleichbare österreichische Rechtsvorschriften maßgebend.

(3) Überschreitet die tatsächliche Entsendung oder Überlassung eines Arbeitnehmers aus dem EWR oder der Schweiz die Dauer von zwölf Monaten, finden auf solche Arbeitsverhältnisse ab diesem Zeitpunkt die österreichischen gesetzlichen und durch Verordnung oder Kollektivvertrag festgelegten Arbeitsrechtsnormen zur Gänze Anwendung, soweit diese Normen günstiger sind, als die entsprechenden Normen des Entsendestaates. Dabei ist jener Kollektivvertrag heranzuziehen, der am Arbeitsort für vergleichbare Arbeitnehmer von vergleichbaren Arbeitgebern gilt. Ausgenommen davon sind die Regelungen des Betrieblichen Mitarbeiter- und Selbständigenvorsorgege-

setzes (BMSVG), BGBl. I Nr. 100/2002 oder vergleichbaren österreichischen Rechtsvorschriften und des Betriebspensionsgesetzes (BPG), BGBl. Nr. 282/1990 sowie Verfahren, Formalitäten und Bedingungen für den Abschluss und die Beendigung des Arbeitsvertrages einschließlich von Wettbewerbsverboten. Legt der Arbeitgeber eine mit einer Begründung versehene Mitteilung in deutscher oder englischer Sprache vor, verlängert sich der Zeitraum nach dem ersten Satz auf 18 Monate. Bei der Berechnung der Entsendungsdauer ist die Dauer einer Entsendung eines ersetzten Arbeitnehmers zu berücksichtigen. Die Mitteilung ist gegebenenfalls mit einer Änderungsmeldung im Sinne des § 19 zu übermitteln.

(3a) Eine Entsendung im Sinne der Richtlinie (EU) 2020/1057 gilt in Hinblick auf Abs. 3 als beendet, wenn der mobile Arbeitnehmer Österreich im Rahmen einer grenzüberschreitenden Güter- oder Personenbeförderung verlässt. Dieser Entsendezeitraum ist nicht mit früheren Entsendezeiträumen im Zusammenhang mit solchen grenzüberschreitenden Beförderungen desselben mobilen Arbeitnehmers oder eines anderen mobilen Arbeitnehmers, den er ersetzt, zusammenzurechnen.

(4) Abs. 3 gilt nicht für Arbeitnehmer im Sinne von § 33d des Bauarbeiter-Urlaubs- und Abfertigungsgesetzes (BUAG), BGBl. Nr. 414/1972.

(5) Arbeitgeber sind dafür verantwortlich, sicherzustellen, dass ihre Fahrer Kenntnis über ihre Rechte und Pflichten gemäß der Richtlinie (EU) 2020/1057 erlangen.

2. Hauptstück
Arbeitsrechtliche Ansprüche und Maßnahmen zu ihrem Schutz

1. Abschnitt
Arbeitsrechtliche Ansprüche

Anspruch auf Mindestentgelt, Aufwandersatz und Bedingungen für angemessene Unterkünfte

§ 3. (1) Ein Arbeitnehmer mit gewöhnlichem Arbeitsort in Österreich hat zwingend Anspruch auf das nach Gesetz, Verordnung oder Kollektivvertrag zustehende Entgelt.

(2) Ein Arbeitnehmer mit gewöhnlichem Arbeitsort in Österreich, dessen Arbeitgeber seinen Sitz nicht in Österreich hat und nicht Mitglied einer kollektivvertragsfähigen Körperschaft in Österreich ist, hat zwingend Anspruch auf jenes gesetzliche, durch Verordnung festgelegte oder kollektivvertragliche Entgelt, das am Arbeitsort vergleichbaren Arbeitnehmern von vergleichbaren Arbeitgebern gebührt.

(3) Ein durch einen Arbeitgeber mit Sitz in einem EU-Mitgliedstaat, EWR-Staat oder einem Drittstaat nach Österreich zur Arbeitsleistung entsandter Arbeitnehmer hat unbeschadet des auf das Arbeitsverhältnis anzuwendenden Rechts für die Dauer der Entsendung zwingend Anspruch auf zumindest jenes gesetzliche, durch Verordnung festgelegte oder kollektivvertragliche Entgelt (ausgenommen Beiträge nach § 6 des Betrieblichen Mitarbeiter- und Selbständigenvorsorgegesetzes – BMSVG, BGBl. I Nr. 100/2002 oder vergleichbaren österreichischen Rechtsvorschriften und Beiträge oder Prämien nach dem Betriebspensionsgesetz – BPG, BGBl. Nr. 282/1990), das am Arbeitsort vergleichbaren Arbeitnehmern von vergleichbaren Arbeitgebern gebührt.

(4) Sind nach Gesetz, Verordnung oder Kollektivvertrag Sonderzahlungen vorgesehen, hat der Arbeitgeber diese dem entsandten Arbeitnehmer oder der grenzüberschreitend überlassenen Arbeitskraft aliquot für die jeweilige Lohnzahlungsperiode zusätzlich zum laufenden Entgelt (Fälligkeit) zu leisten.

(5) Für einen entsandten Arbeitnehmer, der in Österreich im Zusammenhang mit der Lieferung einer im Ausland durch den Arbeitgeber oder einen mit diesem in einem Konzern im Sinne des § 15 AktG und des § 115 GmbHG verbundenen Arbeitgeber gefertigten Anlage an einen inländischen Betrieb mit Montagearbeiten, der Inbetriebnahme und damit verbundenen Schulungen oder mit Reparatur- und Servicearbeiten dieser Anlagen, die von inländischen Arbeitnehmern nicht erbracht werden können, beschäftigt wird, gilt Abs. 3 nicht, wenn diese Arbeiten in Österreich insgesamt jeweils nicht länger als drei Monate dauern.

(6) Für entsandte Arbeitnehmer, die mit Bauarbeiten, die der Errichtung, der Instandsetzung, der Instandhaltung, dem Umbau oder dem Abriss von Bauwerken dienen, insbesondere mit Aushub, Erdarbeiten, Bauarbeiten im engeren Sinne, Errichtung und Abbau von Fertigbauelementen, Einrichtung oder Ausstattung, Umbau, Renovierung, Reparatur, Abbauarbeiten, Abbrucharbeiten, Wartung, Instandhaltung (Maler- und Reinigungsarbeiten) oder Sanierung sowie mit Reparaturen und Installationen an Anlagen in Kraftwerken beschäftigt sind, gelten die Abs. 3 und 4 jedenfalls ab dem ersten Tag der Beschäftigung in Österreich.

(7) Ein entsandter Arbeitnehmer hat unbeschadet des auf das Arbeitsverhältnis anzuwendenden Rechts für die Dauer der Entsendung zwingend Anspruch auf zumindest jenen gesetzlichen, durch Verordnung festgelegten oder kollektivvertraglichen Aufwandersatz für Reise-, Unterbringungs- oder Verpflegungskosten, die während der Entsendung in Österreich anfallen, der am Arbeitsort vergleichbaren Arbeitnehmern von vergleichbaren Arbeitgebern gebührt. Dieser Aufwandersatz umfasst Kosten anlässlich von Reisebewegungen, wenn der Arbeitnehmer von einem regelmäßigen

Arbeitsplatz im Inland zu einem anderen Arbeitsplatz im Inland reist.

Urlaubsanspruch

§ 4. (1) Arbeitnehmer mit gewöhnlichem Arbeitsort in Österreich haben unbeschadet des auf das Arbeitsverhältnis anzuwendenden Rechts zwingend Anspruch auf bezahlten Urlaub.

(2) Entsandte Arbeitnehmer und grenzüberschreitend überlassene Arbeitskräfte haben für die Dauer der Entsendung oder Überlassung zwingend Anspruch auf bezahlten Urlaub nach § 2 des Urlaubsgesetzes (UrlG), BGBl. Nr. 390/1976, oder vergleichbaren österreichischen Vorschriften, sofern das Urlaubsausmaß nach den Rechtsvorschriften des auf das Arbeitsverhältnis anzuwendenden Rechts geringer ist. Nach Beendigung der Entsendung oder Überlassung behält der entsandte Arbeitnehmer oder die überlassene Arbeitskraft den der Dauer der Entsendung oder Überlassung entsprechenden aliquoten Teil der Differenz zwischen dem nach österreichischem Recht höheren Urlaubsanspruch und dem Urlaubsanspruch, der ihm nach den Rechtsvorschriften des auf das Arbeitsverhältnis anzuwendenden Rechts zusteht.

(3) Abs. 2 gilt nicht für einen entsandten Arbeitnehmer, der in Österreich mit insgesamt nicht länger als acht Kalendertage dauernden Montagearbeiten im Sinne des § 3 Abs. 5 beschäftigt wird.

(4) Abs. 2 gilt für entsandte Arbeitnehmer, die mit Bauarbeiten im Sinne des § 3 Abs. 6 in Österreich beschäftigt sind, jedenfalls ab dem ersten Tag der Beschäftigung in Österreich.

(5) Die Abs. 1 bis 4 gelten nicht für Arbeitnehmer, auf die die §§ 33d bis 33i des Bauarbeiter-Urlaubs und Abfertigungsgesetzes (BUAG), BGBl. Nr. 414/1972, anzuwenden sind.

Anspruch auf Einhaltung der Arbeitszeit und der Arbeitsruhe

§ 5. Für entsandte Arbeitnehmer gelten unbeschadet des anzuwendenden Rechts zwingend die Höchstarbeits- und die Mindestruhezeiten einschließlich der kollektivvertraglich festgelegten Arbeitszeit- und Arbeitsruheregelungen, die am Arbeitsort für vergleichbare Arbeitnehmer von vergleichbaren Arbeitgebern gelten.

Regelungen für die grenzüberschreitende Arbeitskräfteüberlassung

§ 6. (1) Eine Arbeitskraft, die aus dem Ausland nach Österreich überlassen wird, hat unbeschadet des auf das Arbeitsverhältnis anzuwendenden Rechts für die Dauer der Überlassung zwingend Anspruch auf

1. Entgeltfortzahlung bei Krankheit oder Unfalleinschließlich der Ansprüche bei Beendigung des Arbeitsverhältnisses, bei Feiertagen und bei Dienstverhinderung aus sonstigen wichtigen persönlichen Gründen in der für vergleichbare Arbeitnehmer gültigen Dauer und Höhe,
2. Beachtung der für vergleichbare Arbeitnehmer gültigen Kündigungsfristen und Kündigungstermine sowie der Normen über den besonderen Kündigungs- und Entlassungsschutz und
3. Kündigungsentschädigung,

soweit dies günstiger ist als die Ansprüche nach den Rechtsvorschriften des auf das Vertragsverhältnis anzuwendenden Rechts.

(2) Die für gewerblich überlassene Arbeitskräfte in Österreich geltenden Kollektivverträge sind auch auf aus dem Ausland nach Österreich überlassene Arbeitskräfte anzuwenden.

(3) Das AÜG oder vergleichbare österreichische Rechtsvorschriften gelten auch für grenzüberschreitend überlassene Arbeitskräfte.

Kollektivverträge

§ 7. Die Kollektivvertragsparteien haben die von ihnen abgeschlossenen Kollektivverträge in elektronischer Form zugänglich zu machen. Sofern es sich um Bautätigkeiten handelt, wird die Informations- und Auskunftstätigkeit von der Bauarbeiter-Urlaubs- und Abfertigungskasse wahrgenommen.

2. Abschnitt
Haftungsbestimmungen

Haftung für Entgeltansprüche gegen Arbeitgeber mit Sitz in einem Drittstaat

§ 8. (1) Der Auftraggeber als Unternehmer haftet für die sich nach § 3 ergebenden Entgeltansprüche von entsandten Arbeitnehmern eines Arbeitgebers mit Sitz in einem Drittstaat im Rahmen des Auftrags als Bürge und Zahler nach § 1357 des Allgemeinen Bürgerlichen Gesetzbuches (ABGB), JGS Nr. 946/1811.

(2) Für den Bereich der Arbeitskräfteüberlassung sind § 14 AÜG oder vergleichbare österreichische Rechtsvorschriften anzuwenden, soweit dies in diesem Gesetz nicht ausdrücklich ausgeschlossen ist.

Haftungsbestimmungen für den Baubereich

§ 9. (1) Der Auftraggeber haftet als Bürge und Zahler nach § 1357 ABGB für Ansprüche auf das nach Gesetz, Verordnung oder Kollektivvertrag unter Beachtung der jeweiligen Einstufungskriterien gebührende Entgelt der entsandten oder grenzüberschreitend überlassenen Arbeitnehmer seines Auftragnehmers für Arbeitsleistungen im Rahmen der Beauftragung von Bauarbeiten im Sinne des § 3 Abs. 6 in Österreich. Der Auftraggeber, der selbst nicht Auftragnehmer der beauftragten Bauarbeiten ist, haftet nur dann, wenn er vor der Beauftragung von der Nichtzahlung des

Entgelts wusste oder diese auf Grund offensichtlicher Hinweise ernsthaft für möglich halten musste und sich damit abfand.

(2) Voraussetzungen für die Begründung der Haftung des Auftraggebers nach Abs. 1 sind, dass

1. der Arbeitnehmer die Bauarbeiter-Urlaubs- und Abfertigungskasse spätestens acht Wochen nach Fälligkeit des Entgelts über seine Forderung nach ausstehendem Entgelt unter Angabe eines konkreten Betrages und Lohnzahlungszeitraumes informiert,
2. die Information des Arbeitnehmers Angaben über seinen Arbeitgeber, das Vorliegen eines Arbeitsverhältnisses, den Ort und die Zeit der Erbringung der Arbeitsleistungen aus der Beauftragung sowie die Art seiner Tätigkeit umfasst,
3. die Bauarbeiter-Urlaubs- und Abfertigungskasse den Auftraggeber nach Beendigung der Erhebungen nach Abs. 3 darüber unter Angabe eines konkreten Betrages schriftlich informiert und
4. das ausstehende Entgelt weder verfallen noch verjährt ist.

Die Haftung des Auftraggebers wird zum Zeitpunkt des Zugangs der schriftlichen Information nach der Z 3 bei ihm begründet. Die Haftung endet neun Monate nach der Fälligkeit des jeweiligen Entgelts, es sei denn, der Arbeitnehmer macht seine Forderung gegenüber dem Auftraggeber innerhalb dieses Zeitraums gerichtlich geltend. Die Haftung ist mit der Höhe des in der Information angeführten Betrages begrenzt.

(3) Die Bauarbeiter-Urlaubs- und Abfertigungskasse hat auf der Basis der Angaben im Sinne des Abs. 2 Z 1 und 2 eine Prüfung des Vorliegens eines Arbeitsverhältnisses sowie der vom Arbeitnehmer erhobenen Forderung vorzunehmen. Die §§ 23b und 23c BUAG sind anzuwenden. Die Bauarbeiter-Urlaubs- und Abfertigungskasse hat die Information nach Abs. 2 Z 3 dem Auftraggeber, dem Auftragnehmer und dem Arbeitnehmer zu übermitteln, wobei mit der Übermittlung an den Auftragnehmer eine außergerichtliche Geltendmachung zur Vermeidung des Verfalls oder der Verjährung des Anspruchs auf das ausstehende Entgelt erfolgt. Sie kann begründete Zweifel über das Bestehen des Arbeitsverhältnisses oder des Anspruches in die Information an den Auftraggeber aufnehmen.

(4) Ab der Begründung der Haftung des Auftraggebers nach Abs. 1 kann dieser für die Dauer der Haftung die Leistung des Werklohns verweigern, den er dem Auftragnehmer im Sinne des Abs. 1 aus dem gegenständlichen oder einem anderen Auftrag schuldet. Das Leistungsverweigerungsrecht ist mit der Höhe des in der Information nach Abs. 2 letzter Satz angeführten Betrages zuzüglich eines angemessenen Betrages für allfällige Kosten eines gerichtlichen Verfahrens begrenzt. Die Eröffnung des Insolvenzverfahrens über den Auftragnehmer beeinträchtigt nicht das Entstehen oder den Weiterbestand des Leistungsverweigerungsrechts des Auftraggebers. Soweit der Auftraggeber die Schuld des Auftragnehmers zahlt, wird der Auftraggeber von seiner Schuld gegenüber dem Auftragnehmer befreit. Zahlt der Auftraggeber auf Grund einer gegen ihn ergangenen vollstreckbaren gerichtlichen Entscheidung und hat er den Auftragnehmer von dem Rechtsstreit derart benachrichtigt (§ 21 der Zivilprozessordnung – ZPO, RGBl. Nr. 113/1895) oder die ihm zumutbaren Schritte für eine solche Benachrichtigung gesetzt, dass oder damit der Auftragnehmer Einwendungen gegen die erhobene Forderung in einer seine Interessen wahrenden Weise erheben konnte, wirkt die Zahlung einschließlich des Betrages für die Kosten des gerichtlichen Verfahrens gegenüber dem Auftragnehmer schuldbefreiend. Die Zahlung wirkt nicht schuldbefreiend, soweit der in der gerichtlichen Entscheidung angeführte Betrag auf einen Mutwillen des Auftraggebers zurückzuführen ist. Die Zahlung des Auftraggebers wirkt weiters insoweit schuldbefreiend, als sie in einer gegen den Auftragnehmer ergangenen vollstreckbaren gerichtlichen Entscheidung Deckung findet.

(5) Hat der Auftraggeber den Werklohn geleistet, kann er vom Auftragnehmer Ersatz für die anstelle des Auftragnehmers geleistete Schuld fordern (§ 1358 ABGB). Zahlt der Auftraggeber auf Grund einer gegen ihn ergangenen vollstreckbaren gerichtlichen Entscheidung und hat er den Auftragnehmer von dem Rechtsstreit derart benachrichtigt (§ 21 ZPO) oder die ihm zumutbaren Schritte für eine solche Benachrichtigung gesetzt, dass oder damit der Auftragnehmer Einwendungen gegen die erhobene Forderung in einer seine Interessen wahrenden Weise erheben konnte, kann er vom Auftragnehmer Ersatz für die von ihm geleistete Zahlung einschließlich des Betrages für die Kosten des gerichtlichen Verfahrens fordern. Ein Ersatz steht nicht zu, soweit der in der gerichtlichen Entscheidung angeführte Betrag auf einen Mutwillen des Auftraggebers zurückzuführen ist. Die Zahlung des Auftraggebers bewirkt weiters einen Ersatzanspruch, wenn sie in einer gegen den Auftragnehmer ergangenen vollstreckbaren gerichtlichen Entscheidung Deckung findet.

(6) Im Anwendungsbereich des Abs. 1 bis 5 haben sämtliche Auftraggeber der Bauarbeiter-Urlaubs- und Abfertigungskasse wahrheitsgemäß längstens binnen 14 Tagen ab Zugang des Auskunftsbegehrens Auskunft über die von ihnen beauftragten Unternehmen und über die Weitergabe der Bauleistungen zu erteilen. Zum Zweck der Geltendmachung der Ansprüche durch den Arbeitnehmer ist die Bauarbeiter-Urlaubs- und Abfertigungskasse berechtigt, die erteilten Auskünfte und die im Zusammenhang mit der unterbliebenen Auskunft stehenden Daten an den Arbeit-

nehmer zu übermitteln. Zu diesem Zweck hat die Bauarbeiter-Urlaubs- und Abfertigungskasse dem Arbeitnehmer sämtliche ihr bekannten Auftraggeber (Name und Anschrift) zu nennen.

(7) Erteilt eine auskunftspflichtige Person der Bauarbeiter-Urlaubs- und Abfertigungskasse keine Auskunft, so gilt sie, so lange die erforderliche Auskunft nicht erteilt wird, bezüglich der weitergegebenen Bauleistungen oder sonstigen Beauftragungen jedenfalls als Auftrag gebendes Unternehmen aller nachfolgend beauftragten Unternehmen.

(8) Die Haftung des Auftraggebers erstreckt sich auf den Arbeitnehmer jedes weiteren Auftragnehmers, wenn die Auftragserteilung als Rechtsgeschäft anzusehen ist, das darauf abzielt, die Haftung zu umgehen (Umgehungsgeschäft), und der Auftraggeber dies wusste oder auf Grund offensichtlicher Hinweise ernsthaft für möglich halten musste und sich damit abfand.

(9) Werden grenzüberschreitend überlassene Arbeitnehmer von einem Auftraggeber mit Bauarbeiten im Sinne des Abs. 1 beschäftigt, sind im Verhältnis zum Auftraggeber als Beschäftiger die Abs. 1 bis 8 anzuwenden. § 14 AÜG ist diesfalls nicht anzuwenden.

(10) Der Auftraggeber nach dem Abs. 1 haftet als Bürge und Zahler nach § 1357 ABGB auch für Zuschläge, die sein Auftragnehmer im Rahmen des Auftragsverhältnisses für dessen Arbeitnehmer gemäß § 33d BUAG an die Urlaubs- und Abfertigungskasse zu entrichten hat, soweit diese nicht verjährt sind. Die Bauarbeiter-Urlaubs- und Abfertigungskasse hat den Auftraggeber nach dem Abs. 1 über den Eintritt der Haftung und die Höhe der zu entrichtenden Zuschläge schriftlich zu informieren. Die Haftung des Auftraggebers nach dem Abs. 1 ist mit der Höhe des in der Information angeführten Betrages begrenzt. Sie wird zum Zeitpunkt des Zugangs der schriftlichen Information begründet und endet neun Monate nach der Fälligkeit der Zuschläge, es sei denn, die Bauarbeiter-Urlaubs- und Abfertigungskasse macht die Forderung gegenüber dem Auftraggeber innerhalb dieses Zeitraumes gerichtlich geltend. Im Übrigen sind die Abs. 4 bis 9 anzuwenden.

Haftung des Generalunternehmers für Entgeltansprüche gegen Auftragnehmer mit Sitz in einem EU-Mitgliedstaat oder EWR-Staat oder der Schweizerischen Eidgenossenschaft

§ 10. (1) Generalunternehmer ist, wer als Auftragnehmer eines öffentlichen Auftraggebers oder Sektorenauftraggebers im Rahmen seiner Unternehmertätigkeit die Erbringung zumindest eines Teiles einer auf Grund eines Auftrages geschuldeten Leistung an einen anderen Unternehmer (Subunternehmer), ausgenommen Arbeitgeber mit Sitz in einem Drittstaat, weitergibt. Hat der Generalunternehmer einen Auftrag oder einen Teil eines Auftrages in einer nach den Bestimmungen des Bundesvergabegesetzes 2006 (BVergG 2006), BGBl. I Nr. 17/2006, oder anderen gleichartigen Rechtsvorschriften unzulässigen Weise oder entgegen vertraglichen Vereinbarungen weitergegeben, so haftet er nach § 1357 ABGB als Bürge und Zahler für Ansprüche auf das gesetzliche, durch Verordnung festgelegte oder kollektivvertragliche Entgelt der vom Subunternehmer zur Leistungserbringung eingesetzten Arbeitnehmer, das diesen während ihrer Tätigkeit im Rahmen der vereinbarten Leistungserbringung gebührt. Gleiches gilt für einen Subunternehmer, wenn dieser einen Auftrag oder einen Teil eines Auftrages in unzulässiger Weise weitergibt.

(2) Im Anwendungsbereich des Abs. 1 haben sämtliche Auftraggeber dem Arbeitnehmer wahrheitsgemäß längstens binnen 14 Tagen ab Zugang des Auskunftsbegehrens Auskunft über die von ihnen beauftragten Unternehmen, über die Weitergaben der Beauftragungen und deren jeweiligen Vertragsgegenstand zu erteilen. Im Baubereich hat die Bauarbeiter-Urlaubs- und Abfertigungskasse dem Arbeitnehmer sämtliche ihr bekannten Auftraggeber (Name und Anschrift) zu nennen. Erteilt eine auskunftspflichtige Person keine Auskunft, so gilt sie, so lange die erforderliche Auskunft nicht erteilt wird, bezüglich der weitergegebenen Bauleistungen oder sonstigen Beauftragungen jedenfalls als Auftrag gebendes Unternehmen aller nachfolgend beauftragten Unternehmen. Der öffentliche Auftraggeber hat dem Arbeitnehmer über die Zulässigkeit der Weitergabe des Auftrages Auskunft zu geben.

(3) Die Haftung des Auftraggebers erstreckt sich auf den Arbeitnehmer jedes weiteren Auftragnehmers, wenn die Auftragserteilung als Rechtsgeschäft anzusehen ist, das darauf abzielt, die Haftung zu umgehen (Umgehungsgeschäft), und der Auftraggeber dies wusste oder auf Grund offensichtlicher Hinweise ernsthaft für möglich halten musste und sich damit abfand.

3. Abschnitt

Behörden

Behörden und Stellen

§ 11. (1) Folgende Behörden und Stellen sind im Rahmen der Vollziehung des LSD-BG tätig:

1. das Amt für Betrugsbekämpfung mit Sachverhaltsermittlungen in Bezug auf Arbeitnehmer mit gewöhnlichem Arbeitsort außerhalb Österreichs, die nicht dem ASVG unterliegen;
2. die Österreichische Gesundheitskasse als Kompetenzzentrum Lohn- und Sozialdumpingbekämpfung (Kompetenzzentrum LSDB) mit der Wahrnehmung der nach § 13 übertragenen Aufgaben, insbesondere der Lohnkontrolle in Bezug auf Arbeitnehmer, die nicht dem ASVG unterliegen;

3. die Träger der Krankenversicherung mit der Wahrnehmung der nach § 14 übertragenen Aufgaben in Bezug:
a) auf Arbeitnehmer, die dem ASVG unterliegen,
b) auf Arbeitnehmer mit gewöhnlichem Arbeitsort in Österreich, die nicht dem ASVG unterliegen, sowie
c) auf dem ASVG unterliegende Heimarbeiter im Sinne des Heimarbeitsgesetzes;
4. die Bauarbeiter-Urlaubs- und Abfertigungskasse mit der Wahrnehmung der nach § 15 übertragenen Aufgaben im Baubereich;
5. die Bezirksverwaltungsbehörden mit der Durchführung von Verwaltungsstrafverfahren nach diesem Bundesgesetz;
6. die
Zentrale Koordinationsstelle für die Kontrolle der illegalen Beschäftigung nach dem Ausländerbeschäftigungsgesetz und dem Lohn- und Sozialdumping-Bekämpfungsgesetz des Amtes für Betrugsbekämpfung (Zentrale Koordinationsstelle) mit der Erfassung und Bearbeitung einer Entsendemeldung oder Meldung einer Arbeitskräfteüberlassung.

(2) Das Amt für Betrugsbekämpfung übt bei der Verwendung von Daten im Zusammenhang mit Erhebungen hinsichtlich der §§ 12 und 29 die Funktion eines Auftragsverarbeiters im Sinne von Art. 4 Z 8 der Verordnung (EU) 2016/679 zum Schutz natürlicher Personen bei der Verarbeitung personenbezogener Daten, zum freien Datenverkehr und zur Aufhebung der Richtlinie 95/46/EG (Datenschutz-Grundverordnung), ABl. Nr. L 119 vom 4.5.2016 S. 1, (im Folgenden: DSGVO) aus.

(3) Das Kompetenzzentrum LSDB übt im Zusammenhang mit seinen Tätigkeiten nach § 13 die Funktion eines Verantwortlichen im Sinne von Art. 4 Z 7 DSGVO aus.

(4) Die vom Amt für Betrugsbekämpfung im Zuge von Erhebungen nach § 12 ermittelten personenbezogenen Daten sind nach Ablauf von fünf Jahren ab dem Beginn der Erhebungen zu einem bestimmten Sachverhalt zu löschen. Diese Frist verlängert sich um zehn Jahre, wenn in Bezug auf den Sachverhalt ein Strafbescheid erlassen wird. Ist ersichtlich, dass im Hinblick auf den Sachverhalt kein strafbares Verhalten vorliegt, sind die personenbezogenen Daten unverzüglich zu löschen.

(5) Das Verwenden von personenbezogenen Daten ist nur zulässig, soweit dies die Erfüllung der sich aus diesem Bundesgesetz ergebenden Aufgaben zwingend erfordert.

Erhebungen des Amtes für Betrugsbekämpfung

§ 12. (1) Das Amt für Betrugsbekämpfung ist berechtigt, das Bereithalten der Unterlagen nach den §§ 21, 21a und 22 zu überwachen sowie in Bezug auf Arbeitnehmer mit gewöhnlichem Arbeitsort außerhalb Österreichs, die nicht dem ASVG unterliegen, die zur Kontrolle des unter Beachtung der jeweiligen Einstufungskriterien zustehenden Entgelts (Lohnkontrolle) im Sinne des § 29 erforderlichen Erhebungen durchzuführen. Die Organe des Amtes für Betrugsbekämpfung sind berechtigt,

1. die Betriebsstätten, Betriebsräume und auswärtigen Arbeitsstätten oder Arbeitsstellen sowie die Aufenthaltsräume der Arbeitnehmer ungehindert zu betreten und Wege zu befahren, auch wenn dies sonst der Allgemeinheit untersagt ist,
2. von den dort angetroffenen Personen Auskünfte über alle für die Erhebung nach Abs. 1 maßgebenden Tatsachen zu verlangen, wenn Grund zur Annahme besteht, dass es sich bei diesen Personen um Arbeitgeber oder um Arbeitnehmer handelt,
3. in die zur Erhebung erforderlichen Unterlagen (§§ 21, 21a und 22) Einsicht zu nehmen, Ablichtungen dieser Unterlagen anzufertigen und – soweit kein Einsatz mobiler Arbeitnehmer im Sinne der Richtlinie (EU) 2020/1057 oder von Anhang 31 Teil A Abschnitt 2 des Abkommens mit dem Vereinigten Königreich Großbritannien und Nordirland vorliegt – die Übermittlung dieser Unterlagen zu fordern, wobei die Unterlagen bis zum Ablauf des der Aufforderung zweitfolgenden Werktages abzusenden sind. Erfolgt bei innerhalb eines Arbeitstages wechselnden Arbeits(Einsatz)orten die Kontrolle nicht am ersten Arbeits(Einsatz)ort, sind die Unterlagen dem Amt für Betrugsbekämpfung nachweislich zu übermitteln, wobei die Unterlagen bis zum Ablauf des der Aufforderung zweitfolgenden Werktages abzusenden sind. Für die Übermittlung gebührt kein Ersatz der Aufwendungen,
4. die Übermittlung von im § 22 aufgezählten Lohnunterlagen auch bis zu einem Monat nach der Beendigung der Entsendung oder Überlassung zu verlangen. Diese Unterlagen sind vom Arbeitgeber oder Überlasser binnen 14 Tagen ab dem Zugang des Verlangens beim Arbeitgeber zu übermitteln,
5. im Falle der Entsendung mobiler Arbeitnehmer im Sinne der Richtlinie (EU) 2020/1057 nach Österreich
die Übermittlung folgender Unterlagen nach der Beendigung der Entsendung über die mit dem Binnenmarkt-Informationssystem (IMI) nach der Verordnung (EU) Nr. 1024/2012 über die Verwaltungszusammenarbeit mit Hilfe des Binnenmarkt-Informationssystems und zur Aufhebung der Entscheidung 2008/49/EG der Kommission („IMI-Verordnung"), ABl. Nr. L 316 vom 14.11.2012 S. 1, zuletzt geändert durch die Verordnung (EU) 2020/1055, ABl. Nr. L 249 vom 31.07.2020 S. 17, und die

Richtlinie (EU) 2020/1057, verbundene öffentliche Schnittstelle zu verlangen:

a) die in § 21a Abs. 2 aufgezählten Unterlagen,
b) den Arbeitsvertrag oder gleichwertige Unterlagen im Sinne des Art. 3 der Richtlinie 91/533/EWG über die Pflicht des Arbeitgebers zur Unterrichtung des Arbeitnehmers über die für seinen Arbeitsvertrag oder sein Arbeitsverhältnis geltenden Bedingungen, ABl. Nr. L 288 vom 18.10.1991 S. 32, sowie – für den Kalendermonat oder die Kalendermonate der Entsendung – Lohnzettel, Lohnzahlungsnachweise oder Banküberweisungsbelege, Unterlagen betreffend die Lohneinstufung und Arbeitszeitaufzeichnungen.

Diese Unterlagen sind vom Verkehrsunternehmer binnen acht Wochen nach dem Tag der Aufforderung über die mit dem Binnenmarkt-Informationssystem (IMI) verbundene öffentliche Schnittstelle zu übermitteln.

6. im Falle der Entsendung mobiler Arbeitnehmer im Sinne des Abkommens mit dem Vereinigten Königreich Großbritannien und Nordirland nach Österreich die Übermittlung folgender Unterlagen nach der Beendigung der Entsendung über die mit dem Binnenmarkt-Informationssystem (IMI) verbundene öffentliche Schnittstelle zu verlangen:

a) die in § 21a Abs. 2 aufgezählten Unterlagen,
b) den Arbeitsvertrag oder ein gleichwertiges Dokument, sowie – für den Kalendermonat oder die Kalendermonate der Entsendung – Lohnzettel, Lohnzahlungsnachweise oder Banküberweisungsbelege, Unterlagen betreffend die Lohneinstufung und Arbeitszeitaufzeichnungen.

Diese Unterlagen sind vom Verkehrsunternehmer binnen acht Wochen nach dem Tag der Aufforderung über die mit dem Binnenmarkt-Informationssystem (IMI) verbundene öffentliche Schnittstelle zu übermitteln.

7. Einsicht in die Datenbank im Kompetenzzentrum LSDB zu nehmen;
8. Einsicht in die Datenbank des Dachverbandes der Sozialversicherungsträger zu nehmen, die der Speicherung der im Zusammenhang mit der Ausstellung eines PD A1 nach den Verordnungen (EG) Nr. 883/2004 und Nr. 987/2009 übermittelten Informationen dient.
9. Einsicht in die Entsendemeldungen nach § 19a zu nehmen.

(2) Das Amt für Betrugsbekämpfung hat die Ergebnisse der Erhebungen in Bezug auf die Lohnkontrolle dem Kompetenzzentrum LSDB zu übermitteln und auf Ersuchen des Kompetenzzentrums LSDB konkret zu bezeichnende weitere Erhebungen zu übermittelten Erhebungsergebnissen oder Erhebungen auf Grund von begründeten Mitteilungen durch Dritte durchzuführen.

Kompetenzzentrum LSDB

§ 13. (1) Für die Kontrolle des dem nicht dem ASVG unterliegenden Arbeitnehmer mit gewöhnlichem Arbeitsort außerhalb Österreichs nach Gesetz, Verordnung oder Kollektivvertrag in Österreich unter Beachtung der jeweiligen Einstufungskriterien zustehenden Entgelts im Sinne des § 29 Abs. 1 wird das Kompetenzzentrum LSDB eingerichtet.

(2) Das Kompetenzzentrum LSDB hat im übertragenen Wirkungsbereich nach den Weisungen des Bundesministers für Arbeit, Soziales und Konsumentenschutz die folgenden Aufgaben wahrzunehmen:

1. Entgegennahme der Erhebungsergebnisse des Amtes für Betrugsbekämpfung,
2. Ersuchen an das Amt für Betrugsbekämpfung, konkret zu bezeichnende weitere Erhebungen zu übermittelten Erhebungsergebnissen oder Erhebungen auf Grund von begründeten Mitteilungen durch Dritte durchzuführen,
3. Erstattung der Strafanzeige nach Abs. 4,
4. Führung der Verwaltungs(straf)evidenz und Auskunftserteilung nach § 35,
5. Wahrnehmung der Parteistellung und der damit verbundenen Berechtigungen nach § 32 Abs. 1,
6. Information des Arbeitnehmers über eine sein Arbeitsverhältnis betreffende Anzeige nach Abs. 4 in Verfahren nach § 29 Abs. 1, soweit die Anschrift in der Meldung gemäß § 19 angeführt ist.

(3) Die Aufwendungen des Kompetenzzentrums LSDB trägt der Bund.

(4) Stellt das Kompetenzzentrum LSDB fest, dass der Arbeitgeber dem Arbeitnehmer im Sinne des Abs. 1 nicht zumindest das nach Abs. 1 zustehende maßgebliche Entgelt unter Beachtung der jeweiligen Einstufungskriterien leistet, hat es Anzeige an die zuständige Bezirksverwaltungsbehörde zu erstatten. Mit der Anzeige ist ein bestimmtes Strafausmaß zu beantragen. Die Anzeige ist dem Amt für Betrugsbekämpfung zum Zwecke der Nachverrechnung von Abgaben elektronisch zur Kenntnis zu übermitteln. Entgeltzahlungen, die das nach Gesetz, Verordnung oder Kollektivvertrag gebührende Entgelt übersteigen, sind auf allfällige Unterentlohnungen im jeweiligen Lohnzahlungszeitraum anzurechnen.

(5) Das Kompetenzzentrum LSDB kann die Kollektivvertragspartner, die den für den Arbeitnehmer maßgeblichen Kollektivvertrag abgeschlossen haben, zu Entgeltfragen, insbesondere zur Ermittlung des dem Arbeitnehmer unter Beachtung der Einstufungskriterien nach Abs. 1 zustehenden Entgelts, anhören. Erhebt ein Arbeitgeber begründete Einwendungen gegen das vom

Kompetenzzentrum LSDB angenommene Entgelt, insbesondere die angenommene Einstufung, hat das Kompetenzzentrum LSDB die Kollektivvertragspartner anzuhören. Eine Stellungnahme der Kollektivvertragspartner hat eine gemeinsame zu sein. Aufwandersätze und Sachbezüge dürfen, soweit der Kollektivvertrag nicht anderes bestimmt, für die Zwecke der Bestimmung des kollektivvertraglichen Entgelts nicht angerechnet werden.

(6) Stellt das Kompetenzzentrum LSDB fest, dass der Arbeitgeber dem Arbeitnehmer die Differenz zwischen dem tatsächlich geleisteten und dem dem Arbeitnehmer nach Abs. 1 gebührenden Entgelt nach Mitteilung des Kompetenzzentrums LSDB binnen einer vom Kompetenzzentrum LSDB festzusetzenden Frist nachweislich leistet, und

1. die Unterschreitung des nach Abs. 1 maßgeblichen Entgelts unter Beachtung der jeweiligen Einstufungskriterien gering ist, oder
2. das Verschulden des Arbeitgebers oder des zur Vertretung nach außen Berufenen (§ 9 Abs. 1 des Verwaltungsstrafgesetzes 1991 – VStG, BGBl. Nr. 52/1991) oder des verantwortlichen Beauftragten (§ 9 Abs. 2 oder 3 VStG) leichte Fahrlässigkeit nicht übersteigt,

hat es von einer Anzeige an die zuständige Bezirksverwaltungsbehörde abzusehen. Ebenso ist von einer Anzeige abzusehen, wenn der Arbeitgeber das dem Arbeitnehmer nach den österreichischen Rechtsvorschriften gebührende Entgelt vor der Mitteilung durch das Kompetenzzentrum LSDB nachweislich leistet und die übrigen Voraussetzungen nach dem ersten Satz vorliegen. § 25 Abs. 3 VStG, ist nicht anzuwenden. Von einer Anzeige ist auch abzusehen, wenn ein Strafaufhebungsgrund nach § 29 Abs. 2 vorliegt.

(7) Das Kompetenzzentrum LSDB ist berechtigt, gegen Kostenersatz die Landesstellen der Österreichischen Gesundheitskasse mit der Vertretung im Namen des Kompetenzzentrums LSDB vor der Bezirksverwaltungsbehörde und dem Verwaltungsgericht zu beauftragen.

Feststellungen von Übertretungen durch den Träger der Krankenversicherung

§ 14. (1) Stellt der zuständige Träger der Krankenversicherung im Rahmen seiner Tätigkeit fest, dass

1. der Arbeitgeber einem dem ASVG unterliegenden Arbeitnehmer oder
2. der Arbeitgeber dem Arbeitnehmer, der seinen gewöhnlichen Arbeitsort in Österreich hat, ohne dem ASVG zu unterliegen, oder
3. der Auftraggeber nach dem Heimarbeitsgesetz 1960 dem nach § 4 Abs. 1 Z 7 ASVG versicherten Heimarbeiter

nicht zumindest das ihm nach Gesetz, Verordnung oder Kollektivvertrag in Österreich unter Beachtung der jeweiligen Einstufungskriterien zustehende Entgelt im Sinne des § 29 Abs. 1 leistet, so gilt § 13 Abs. 4 bis 6 mit der Maßgabe, dass an die Stelle des Kompetenzzentrums LSDB die Träger der Krankenversicherung treten.

(2) Der zuständige Träger der Krankenversicherung ist berechtigt, in die für die Tätigkeit nach Abs. 1 erforderlichen Unterlagen Einsicht zu nehmen und Ablichtungen dieser Unterlagen anzufertigen. Auf Verlangen haben Arbeitgeber die erforderlichen Unterlagen oder Ablichtungen zu übermitteln, wobei die Unterlagen oder Ablichtungen bis zum Ablauf des der Aufforderung zweitfolgenden Werktages abzusenden sind. Für die Übermittlung gebührt kein Ersatz der Aufwendungen.

(3) Der zuständige Träger der Krankenversicherung hat den Arbeitnehmer über eine sein Arbeitsverhältnis betreffende Anzeige in Verfahren nach § 29 Abs. 1 zu informieren.

Feststellung von Übertretungen durch die Bauarbeiter-Urlaubs- und Abfertigungskasse

§ 15. (1) Stellt die Bauarbeiter-Urlaubs- und Abfertigungskasse im Rahmen ihrer Tätigkeit fest, dass der Arbeitgeber dem Arbeitnehmer im Sinne des Abschnitts I BUAG oder im Sinne des § 33d BUAG nicht zumindest das ihm nach Gesetz, Verordnung oder Kollektivvertrag gebührende Entgelt im Sinne des § 29 Abs. 1 unter Beachtung der jeweiligen Einstufungskriterien leistet, gilt § 13 Abs. 4, Abs. 5 letzter Satz und Abs. 6 mit der Maßgabe, dass an die Stelle des Kompetenzzentrums LSDB die Bauarbeiter-Urlaubs- und Abfertigungskasse tritt.

(2) Die Bauarbeiter-Urlaubs- und Abfertigungskasse ist im Rahmen ihrer Tätigkeit berechtigt, die Bereithaltung der Unterlagen nach den §§ 21 und 22 zu überwachen, Einsicht zu nehmen und Ablichtungen dieser Unterlagen anzufertigen und deren Übermittlung zu fordern, wobei die Unterlagen bis zum Ablauf des der Aufforderung zweitfolgenden Werktages abzusenden sind. Erfolgt bei innerhalb eines Arbeitstages wechselnden Arbeits(Einsatz)orten die Kontrolle nicht am ersten Arbeits(Einsatz)ort, sind die Unterlagen der Bauarbeiter-Urlaubs- und Abfertigungskasse nachweislich zu übermitteln, wobei die Unterlagen bis zum Ablauf des der Aufforderung zweitfolgenden Werktages abzusenden sind. Für die Übermittlung gebührt kein Ersatz der Aufwendungen. Die Bauarbeiter-Urlaubs- und Abfertigungskasse ist berechtigt, entsprechend § 12 Abs. 1 Z 4 und 7 die Vorlage von Unterlagen zu verlangen

und Einsicht in die Datenbank im Kompetenzzentrum LSDB zu nehmen.

Zusammenarbeit der Behörden im Inland im Bereich der Arbeitskräfteüberlassung

§ 16. (1) Alle Behörden und alle öffentlich-rechtlichen Körperschaften, insbesondere die gesetzlichen Interessenvertretungen der Arbeitgeber und der Arbeitnehmer und die Träger der Sozialversicherung, haben im Rahmen ihres Wirkungsbereiches den Bundesminister für Arbeit, Soziales und Konsumentenschutz, die Bundesfinanzverwaltung, die Gewerbebehörden, die Arbeitsinspektorate und die sonst zur Wahrnehmung des Arbeitnehmerschutzes berufenen Behörden bei der Erfüllung ihrer Aufgaben nach diesem Bundesgesetz, dem AÜG oder vergleichbaren österreichischen Rechtsvorschriften zu unterstützen.

(2) Diese Unterstützung besteht insbesondere auch darin, dass sie den in Abs. 1 genannten zuständigen Behörden

1. den Namen, die Geburtsdaten, die Anschrift, das Geschlecht, die Staatsbürgerschaft, den Beschäftigungsort, die Arbeits- und Vertragsbedingungen sowie die Pensions-, Unfall- und Krankenversicherungsdaten des überlassenen Arbeitnehmers oder arbeitnehmerähnlichen Person,
2. den Namen, die Geburtsdaten, die Anschrift, den Betriebsgegenstand und den Sitz des Betriebes des Überlassers und
3. den Namen, die Geburtsdaten, die Anschrift, die gesetzliche Interessenvertretung, den Fachverband oder die Berufsvereinigung sowie deren allfällige fachliche Untergliederungen und den Sitz des Betriebes des Beschäftigers

übermitteln.

Zusammenarbeit mit Behörden anderer EU-Mitgliedstaaten und EWR-Staaten und gegenseitige Amtshilfe

§ 17. (1) Jeweils im Rahmen ihrer Zuständigkeit sind die nachfolgend angeführten Behörden und Stellen dazu berechtigt, Behörden oder Stellen anderer EU-Mitgliedstaaten und EWR-Staaten, die für die Kontrolle der Einhaltung arbeitsrechtlicher Vorschriften zuständig sind, Amtshilfe zu leisten und mit ihnen zusammenzuarbeiten:

1. die in § 42 Z 2 bis 4 genannten Gerichte,
2. die Bauarbeiter-Urlaubs- und Abfertigungskasse,
3. die Bezirksverwaltungsbehörden,
4. das Amt für Betrugsbekämpfung,
5. das Kompetenzzentrum LSDB,
6. die Zentrale Koordinationsstelle,
7. das Bundesministerium für Arbeit, Soziales und Konsumentenschutz und
8. das Bundesministerium für Finanzen.

Die in Z 1 bis 8 angeführten Behörden und Stellen sind im Rahmen ihrer Zuständigkeit zu derjenigen Amtshilfe und Zusammenarbeit mit Behörden oder Stellen anderer EU-Mitgliedstaaten oder EWR-Staaten verpflichtet, die entsprechend dem Ersuchen einer dieser Behörden oder Stellen notwendig ist, um die Einhaltung arbeitsrechtlicher Vorschriften zu unterstützen.

(2) Die gegenseitige Amtshilfe und Zusammenarbeit nach Abs. 1 umfasst die Einholung und Erteilung von Auskünften sowie das Ersuchen um behördliche Handlungen und deren Vornahme, die

1. zur Durchführung von Kontrollen der Einhaltung arbeitsrechtlicher Vorschriften oder
2. für weitere Ermittlungen bei Verdacht der Übertretung einer arbeitsrechtlichen Vorschrift oder
3. zur Vorbereitung der Zustellung oder Vollstreckung einer Entscheidung nach dem dritten Hauptstück dieses Bundesgesetzes

notwendig sind. Die gegenseitige Amtshilfe und Zusammenarbeit schließt die Zustellung behördlicher Schriftstücke ein, mit Ausnahme der Zustellung der Dokumente inländischer Verwaltungsbehörden (§ 41) und der Entscheidungen anderer EU- oder EWR-Vertragsstaaten, die jeweils im dritten Hauptstück geregelt sind.

(3) Für die gegenseitige Amtshilfe und Zusammenarbeit nach Abs. 1 und 2 ist das Binnenmarkt-Informationssystem (IMI) im Sinne der Verordnung (EU) Nr. 1024/2012 über die Verwaltungszusammenarbeit mit Hilfe des Binnenmarkt-Informationssystems und zur Aufhebung der Entscheidung 2008/49/EG der Kommission (im Folgenden: „IMI“) zu verwenden, soweit nicht in Staatsverträgen anderes vorgesehen ist.

(4) Die in Abs. 1 Z 1 bis 8 angeführten Behörden und Stellen sind verpflichtet, Auskunftsersuchen der Behörden anderer EWR-Staaten unverzüglich, in ausdrücklich als dringend bezeichneten Fällen innerhalb von zwei Arbeitstagen, in den übrigen Fällen innerhalb von längstens 25 Arbeitstagen zu entsprechen.

(5) Die in Abs. 1 Z 1 bis 8 angeführten Behörden und Stellen dürfen Informationen, die ihnen im Rahmen der gegenseitigen Amtshilfe und Zusammenarbeit bekannt werden, nur im Zusammenhang mit der Angelegenheit verwenden, für die die Informationen angefordert wurden.

(6) Ein Ersatz für den aus der gegenseitigen Amtshilfe und Zusammenarbeit entstehenden Aufwand darf von anderen EU-Mitgliedstaaten oder EWR-Staaten nicht gefordert werden.

Zusammenarbeit mit Behörden anderer EU-Mitgliedstaaten und gegenseitige Amtshilfe im Straßenverkehr nach der Richtlinie (EU) 2020/1057

§ 17a. (1) Das Amt für Betrugsbekämpfung hat mit den zuständigen Behörden und Stellen anderer EU–Mitgliedstaaten bei den Aufgaben gemäß Art. 1 Abs. 11 lit. c und Unterabs. 2 und 3 der Richtlinie (EU) 2020/1057 zusammenzuarbeiten. Diese Zusammenarbeit umfasst im Wege der Amtshilfe die Bereitstellung von Unterlagen und das Ersuchen um entsprechende Bereitstellung nach Art. 1 Abs. 11 lit. c und Unterabs. 2 und 3 der Richtlinie (EU) 2020/1057.

(2) Im Falle eines von einer zuständigen Behörde oder Stelle eines anderen EU–Mitgliedstaates oder EWR-Staates an das Amt für Betrugsbekämpfung gerichteten Ersuchens nach Art. 1 Abs. 11 lit. c und Unterabs. 2 der Richtlinie (EU) 2020/1057 hat dieses die angeforderten Unterlagen innerhalb von längstens 25 Arbeitstagen nach dem Zeitpunkt des Ersuchens über das Binnenmarkt-Informationssystem (IMI) bereitzustellen.

(3) Im Übrigen bleibt § 17 unberührt.

Zusammenarbeit mit Behörden und gegenseitige Amtshilfe im Straßenverkehr nach dem Abkommen mit dem Vereinigten Königreich Großbritannien und Nordirland

§ 17b. (1) Das Amt für Betrugsbekämpfung hat mit den zuständigen Behörden und Stellen des Vereinigten Königreiches Großbritannien und Nordirland bei den Aufgaben gemäß Art. 6 Abs. 1 Buchstabe c und Unterabs. 2 und 3 von Anhang 31 Teil A Abschnitt 2 des Abkommens mit dem Vereinigten Königreich Großbritannien und Nordirland zusammenzuarbeiten. Diese Zusammenarbeit umfasst im Wege der Amtshilfe die Bereitstellung von Unterlagen und das Ersuchen um entsprechende Bereitstellung nach Art. 6 Abs. 1 lit. c und Unterabs. 2 und 3 von Anhang 31 Teil A Abschnitt 2 des vorgenannten Abkommens.

(2) Im Falle eines an das Amt für Betrugsbekämpfung gerichteten Ersuchens nach Art. 6 Abs. 1 lit. c und Unterabs. 2 von Anhang 31 Teil A Abschnitt 2 des Abkommens mit dem Vereinigten Königreich Großbritannien und Nordirland hat dieses die angeforderten Unterlagen innerhalb von längstens 25 Arbeitstagen nach dem Zeitpunkt des Ersuchens über das Binnenmarkt-Informationssystem (IMI) bereitzustellen.

Informationsverpflichtung von Arbeitgebern mit Sitz im Inland

§ 18. Arbeitgeber mit Sitz im Inland haben den in § 17 Abs. 1 genannten Behörden und Stellen auf schriftliches Verlangen nach Maßgabe der datenschutzrechtlichen Bestimmungen Informationen zur Verfügung zu stellen, die für Zwecke der gegenseitigen Amtshilfe oder Zusammenarbeit nach § 17 benötigt werden, soweit diese Behörden und Stellen die Auskünfte nicht aufgrund anderweitiger Vorschriften oder aus anderen gleichwertigen Informationsquellen erlangen können.

Informationsverpflichtung von Verkehrsunternehmern

§ 18a. Verkehrsunternehmer mit Niederlassung im Inland haben nach Aufforderung durch das Amt für Betrugsbekämpfung diesem binnen einer Woche jene Unterlagen zur Verfügung zu stellen, die erforderlich sind, damit das Amt für Betrugsbekämpfung einem Amtshilfeersuchen im Sinne des § 17a oder § 17b nachkommen kann.

4. Abschnitt
Formale Verpflichtungen bei grenzüberschreitendem Arbeitseinsatz

Meldepflicht bei Entsendung oder Überlassung aus einem EU-Mitgliedstaat oder EWR-Staat oder der Schweizerischen Eidgenossenschaft

§ 19. (1) Arbeitgeber und Überlasser mit Sitz in einem EU–Mitgliedstaat oder EWR–Staat oder der Schweizerischen Eidgenossenschaft haben die Beschäftigung von nach Österreich entsandten Arbeitnehmern und nach Österreich überlassenen Arbeitskräften zu melden. Die Meldung hat für jede Entsendung oder Überlassung gesondert zu erfolgen. Nachträgliche Änderungen bei den Angaben gemäß Abs. 3 oder Abs. 4 sind unverzüglich zu melden (Änderungsmeldung). Ein Beschäftiger, der einen Arbeitnehmer zu einer Arbeitsleistung nach Österreich entsendet, gilt in Bezug auf die Meldepflichten nach diesem Absatz und den Abs. 2 und 3 als Arbeitgeber.

(2) Die Entsendung oder Überlassung im Sinne des Abs. 1 ist vor der jeweiligen Arbeitsaufnahme der Zentralen Koordinationsstelle zu melden. Im Fall von mobilen Arbeitnehmern im Transportbereich (§ 1 Abs. 9) ist die Meldung vor der Einreise in das Bundesgebiet zu erstatten. Die Meldung hat ausschließlich automationsunterstützt über die elektronischen Formulare des Bundesministeriums für Finanzen zu erfolgen. Arbeitgeber haben im Fall einer Entsendung der Ansprechperson nach § 23 oder, sofern nur ein Arbeitnehmer entsandt wird, diesem die Meldung in Abschrift auszuhändigen oder in elektronischer Form zur Verfügung zu stellen.

(3) Die Meldung nach Abs. 1 hat für jede Entsendung gesondert zu erfolgen und hat folgende Angaben zu enthalten; nachträgliche Änderungen bei den Angaben sind unverzüglich zu melden:

1. Name, Anschrift und Gewerbeberechtigung oder Unternehmensgegenstand des Arbeitgebers im Sinne des Abs. 1, Umsatzsteueridentifikationsnummer,
2. Name und Anschrift der zur Vertretung nach außen Berufenen des Arbeitgebers,

3. Name und Anschrift der Ansprechperson nach § 23 aus dem Kreis der nach Österreich entsandten Arbeitnehmer oder der in Österreich niedergelassenen zur berufsmäßigen Parteienvertretung befugten Personen (§ 21 Abs. 2 Z 4),
4. Name und Anschrift des Auftraggebers (Generalunternehmers),
5. die Namen, Anschriften, Geburtsdaten, Sozialversicherungsnummern und zuständigen Sozialversicherungsträger sowie die Staatsangehörigkeit der nach Österreich entsandten Arbeitnehmer,
6. Zeitraum der Entsendung insgesamt sowie Beginn und voraussichtliche Dauer der Beschäftigung der einzelnen Arbeitnehmer in Österreich, Dauer und Lage der vereinbarten Normalarbeitszeit der einzelnen Arbeitnehmer,
7. die Höhe des dem einzelnen Arbeitnehmer nach den österreichischen Rechtsvorschriften gebührenden Entgelts und Beginn des Arbeitsverhältnisses beim Arbeitgeber,
8. Ort (genaue Anschrift) der Beschäftigung in Österreich (auch andere Einsatzorte in Österreich),
9. in den Fällen des § 21 Abs. 2 Angabe der Person (genaue Anschrift) oder der Zweigniederlassung (genaue Anschrift), bei der die Melde-, Sozialversicherungs- und Lohnunterlagen bereitgehalten werden,
10. die Art der Tätigkeit und Verwendung des Arbeitnehmers unter Berücksichtigung des maßgeblichen österreichischen Kollektivvertrages,
11. sofern für die Beschäftigung der entsandten Arbeitnehmer im Sitzstaat des Arbeitgebers eine behördliche Genehmigung erforderlich ist, jeweils die ausstellende Behörde sowie die Geschäftszahl, das Ausstellungsdatum und die Geltungsdauer oder eine Abschrift der Genehmigung,
12. sofern die entsandten Arbeitnehmer im Sitzstaat des Arbeitgebers eine Aufenthaltsgenehmigung benötigen, jeweils die ausstellende Behörde sowie die Geschäftszahl, das Ausstellungsdatum und die Geltungsdauer oder eine Abschrift der Genehmigung.

(4) Die Meldung nach Abs. 1 hat für jede Überlassung gesondert zu erfolgen und hat folgende Angaben zu enthalten; nachträgliche Änderungen bei den Angaben sind unverzüglich zu melden:

1. Name und Anschrift des Überlassers,
2. Name und Anschrift des zur Vertretung nach außen Berufenen des Überlassers,
3. Name und Anschrift des Beschäftigers sowie dessen Umsatzsteueridentifikationsnummer und dessen Gewerbebefugnis oder Unternehmensgegenstand,
4. Name, Anschriften, Geburtsdaten, Sozialversicherungsnummern und Sozialversicherungsträger sowie Staatsangehörigkeit der überlassenen Arbeitnehmer oder arbeitnehmerähnlichen Personen,
5. Beginn und voraussichtliche Dauer der Beschäftigung der einzelnen überlassenen Arbeitnehmer oder arbeitnehmerähnliche Personen beim Beschäftiger,
6. Orte der Beschäftigung, jeweils unter genauer Angabe der Anschrift, in Österreich,
7. in den Fällen des § 21 Abs. 3 Angabe der Person (genaue Anschrift) oder der Zweigniederlassung (genaue Anschrift), bei der die Melde-, Sozialversicherungs- und Lohnunterlagen bereitgehalten werden,
8. Höhe des jedem einzelnen Arbeitnehmer oder arbeitnehmerähnlichen Person nach den österreichischen Rechtsvorschriften gebührenden Entgelts,
9. Art der Tätigkeit und Verwendung der einzelnen Arbeitnehmer oder arbeitnehmerähnlichen Personen unter Berücksichtigung des maßgeblichen österreichischen Kollektivvertrages,
10. sofern für die Beschäftigung der überlassenen Arbeitnehmer oder arbeitnehmerähnlichen Personen im Sitzstaat des Überlassers eine behördliche Genehmigung erforderlich ist, jeweils die ausstellende Behörde sowie die Geschäftszahl, das Ausstellungsdatum und die Geltungsdauer oder eine Abschrift der Genehmigung,
11. sofern die überlassenen Arbeitnehmer oder arbeitnehmerähnlichen Personen im Sitzstaat des Überlassers eine Aufenthaltsgenehmigung benötigen, jeweils die ausstellende Behörde sowie die Geschäftszahl, das Ausstellungsdatum und die Geltungsdauer oder eine Abschrift der Genehmigung.

(5) Ist in Erfüllung von Dienstleistungsverträgen, von Dienstverschaffungsverträgen oder innerhalb eines Konzerns im Sinne des § 15 AktG und des § 115 GmbHG der wiederholte grenzüberschreitende Einsatz von Arbeitnehmern vereinbart, kann abweichend von Abs. 1 und Abs. 2 vor der erstmaligen Arbeitsaufnahme eine Meldung der Entsendungen oder Überlassungen in Bezug auf einen inländischen Auftraggeber oder Beschäftiger jeweils für einen Zeitraum von bis zu sechs Monaten (Rahmenzeitraum) erstattet werden. Der Beschäftigungsort im Sinn des Abs. 3 Z 8 oder Abs. 4 Z 6 ist für jeden Auftraggeber oder Beschäftiger gesondert zu melden. Die Unterlagen nach den §§ 19, 21 und 22 sind für die Dauer des Rahmenzeitraums am Arbeits(Einsatz)ort bereitzuhalten oder unmittelbar an diesem Ort und im Zeitpunkt der Erhebung elektronisch zugänglich zu machen. § 21 Abs. 2 ist anzuwenden.

(5a) Abs. 5 gilt nicht für Arbeitnehmer im Sinne des § 33d BUAG.

(6) Erfasst der grenzüberschreitende Einsatz des Arbeitnehmers die Erfüllung von mit mehreren Auftraggebern geschlossenen gleichartigen Dienstleistungsverträgen, können in der Meldung nach Abs. 1 alle Auftraggeber angeführt werden, sofern die Erfüllung der Dienstleistungsverträge durchgehend im Bundesgebiet und innerhalb einer Woche erfolgt.

(7) Die Meldung der Entsendung nach Abs. 1 von mobilen Arbeitnehmern im Transportbereich (§ 1 Abs. 9) hat ausschließlich nach diesem Absatz für jeweils einen Zeitraum von sechs Monaten zu erfolgen und hat folgende Angaben zu enthalten; nachträgliche Änderungen bei den Angaben sind unverzüglich zu melden:

1. Name, Anschrift und Gewerbeberechtigung oder Unternehmensgegenstand des Arbeitgebers im Sinne des Abs. 1, Umsatzsteueridentifikationsnummer,
2. Name und Anschrift der zur Vertretung nach außen Berufenen des Arbeitgebers,
3. sofern nicht der jeweilige Lenker des Fahrzeuges Ansprechperson ist (§ 23 zweiter Satz), Name und Anschrift der Ansprechperson nach § 23 aus dem Kreis der in Österreich niedergelassenen zur berufsmäßigen Parteienvertretung befugten Personen (§ 21 Abs. 2 Z 4), hinsichtlich von Ansprechpersonen bei anderen Transportmitteln gilt Abs. 3 Z 3,
4. die Namen, Anschriften, Geburtsdaten, Sozialversicherungsnummern und zuständigen Sozialversicherungsträger sowie die Staatsangehörigkeit der nach Österreich innerhalb des Meldezeitraums voraussichtlich in Österreich tätigen Arbeitnehmer,
5. behördliche Kennzeichen der von den in der Z 4 genannten Arbeitnehmern verwendeten Fahrzeuge,
6. die Höhe des dem einzelnen Arbeitnehmer nach den österreichischen Rechtsvorschriften gebührenden Entgelts und Beginn des Arbeitsverhältnisses beim Arbeitgeber,
7. die Art der Tätigkeit und Verwendung des Arbeitnehmers unter Berücksichtigung des maßgeblichen österreichischen Kollektivvertrages,
8. sofern für die Beschäftigung der entsandten Arbeitnehmer im Sitzstaat des Arbeitgebers eine behördliche Genehmigung erforderlich ist, jeweils die ausstellende Behörde sowie die Geschäftszahl, das Ausstellungsdatum und die Geltungsdauer oder eine Abschrift der Genehmigung,
9. sofern die entsandten Arbeitnehmer im Sitzstaat des Arbeitgebers eine Aufenthaltsgenehmigung benötigen, jeweils die ausstellende Behörde sowie die Geschäftszahl, das Ausstellungsdatum und die Geltungsdauer oder eine Abschrift der Genehmigung.

(8) Abs. 1 bis 3 und 5 bis 7 gelten nicht für die Entsendung mobiler Arbeitnehmer im Sinne der Richtlinie (EU) 2020/1057.

Meldepflicht bei Entsendung von mobilen Arbeitnehmern im Straßenverkehr

§ 19a. (1) Verkehrsunternehmer mit Niederlassung in einem EU–Mitgliedstaat haben die Entsendung bei ihnen beschäftigter mobiler Arbeitnehmer im Sinne der Richtlinie (EU) 2020/1057 nach Österreich unter Verwendung des Standardformulars der öffentlichen Schnittstelle des Binnenmarkt-Informationssystem (IMI) nach der Verordnung (EU) Nr. 1024/2012 über die Verwaltungszusammenarbeit mit Hilfe des Binnenmarkt-Informationssystems und zur Aufhebung der Entscheidung 2008/49/EG der Kommission, zu melden. Die Meldung ist spätestens bei Beginn der Entsendung vorzunehmen und hat folgende Angaben zu enthalten; nachträgliche Änderungen bei den Angaben sind unverzüglich zu melden:

1. die Identität des Unternehmens, zumindest in Form der Nummer der Gemeinschaftslizenz, sofern diese verfügbar ist,
2. die Kontaktangaben eines Verkehrsleiters oder einer anderen Person im Niederlassungsmitgliedstaat, der/die als Ansprechpartner für die zuständigen österreichischen Behörden zur Verfügung steht und Dokumente oder Mitteilungen versendet und in Empfang nimmt,
3. die Identität (Name, Geburtsdatum, Sozialversicherungsnummer und die Staatsangehörigkeit), die Wohnanschrift und die Führerscheinnummer des mobilen Arbeitnehmers,
4. den Beginn des Arbeitsvertrags des mobilen Arbeitnehmers und das auf diesen Vertrag anwendbare Recht,
5. das geplante Datum des Beginns und des Endes der Entsendung für einen Zeitraum von mindestens einem Tag und höchstens sechs Monaten,
6. die amtlichen Kennzeichen der Kraftfahrzeuge,
7. ob es sich bei den Verkehrsdienstleistungen um Güterbeförderung, Personenbeförderung, grenzüberschreitende Beförderung oder Kabotage handelt.

(2) Verkehrsunternehmer mit Sitz im Vereinigten Königreich Großbritannien und Nordirland haben die Entsendung mobiler Arbeitnehmer im Sinne von Anhang 31 Teil A Abschnitt 2 des Abkommens mit dem Vereinigten Königreich Großbritannien und Nordirland nach Österreich unter Verwendung des Standardformulars der öffentlichen Schnittstelle des Binnenmarkt-Informationssystem (IMI) nach der Verordnung (EU) Nr. 1024/2012 zu melden. Die Meldung ist spätestens bei Beginn der Entsendung vorzunehmen und hat folgende Angaben zu enthalten; nachträgliche Änderungen bei den Angaben sind unverzüglich zu melden:

1. die Identität des Unternehmens, zumindest in Form der Nummer der gültigen Lizenz, sofern diese verfügbar ist,
2. die Kontaktdaten eines Verkehrsleiters oder einer anderen Kontaktperson auf dem Gebiet des Vereinigten Königreiches,
3. die Identität (Name, Geburtsdatum, Sozialversicherungsnummer und die Staatsangehörigkeit), die Wohnanschrift und die Führerscheinnummer des mobilen Arbeitnehmers,
4. den Beginn des Arbeitsvertrags des mobilen Arbeitnehmers und das auf diesen Vertrag anwendbare Recht,
5. das geplante Datum des Beginns und des Endes der Entsendung für einen Zeitraum von mindestens einem Tag und höchstens sechs Monaten, sowie
6. die amtlichen Kennzeichen der Kraftfahrzeuge.

Information der Behörden

§ 20. (1) Die Zentrale Koordinationsstelle hat die Meldung einer Entsendung nach § 19 Abs. 3, 5 und 6 an den zuständigen Träger der Krankenversicherung und sofern es sich um Bautätigkeiten handelt, der Bauarbeiter-Urlaubs- und Abfertigungskasse elektronisch zu übermitteln.

(2) Die Zentrale Koordinationsstelle hat die Meldung einer Überlassung nach § 19 Abs. 4 an:
1. den zuständigen Krankenversicherungsträger,
2. die Bauarbeiter-Urlaubs- und Abfertigungskasse, und
3. den Bundesminister für Arbeit, Soziales und Konsumentenschutz

elektronisch zu übermitteln.

(3) Die Zentrale Koordinationsstelle hat dem Sozial- und Weiterbildungsfonds gemäß § 22a AÜG oder einem von diesem beauftragten Dienstleister für die Einhebung von Beiträgen nach Maßgabe des § 22d Abs. 2 und 4 AÜG und für die Erbringung von Leistungen für aus dem Ausland überlassene Arbeitnehmer die Daten gemäß § 19 Abs. 4 zur Verfügung zu stellen.

(4) Das Bundesministerium für Arbeit, Soziales und Konsumentenschutz ist im Rahmen der Erfüllung der ihm übertragenen Aufgaben für Zwecke der Arbeitsmarktpolitik berechtigt, auf automationsunterstütztem Weg Einsicht in die von der Zentralen Koordinationsstelle hinsichtlich der Meldungen einer Entsendung nach § 19 Abs. 3 geführte Datenbank zu nehmen, wobei die Befugnis zur Einsichtnahme folgende Daten umfasst: Betriebsdaten (Firmenname und –adresse), Arbeitnehmerdaten der entsandten Person (Name, Geburtsdatum, Sozialversicherungsnummer, Sozialversicherungsträger, Wohnsitz, ausgeübte Tätigkeit, Entgelthöhe, Beschäftigungsdauer, Beschäftigungsort), Daten inländischer Auftraggeber (Firmenname und Adresse des Beschäftigerbetriebs oder des Generalunternehmers in Österreich) sowie genehmigungspflichtige Beschäftigung.

Bereithaltung von Meldeunterlagen, Sozialversicherungsunterlagen und behördlicher Genehmigung

§ 21. (1) Arbeitgeber mit Sitz in einem EU–Mitgliedstaat oder EWR–Staat oder der Schweizerischen Eidgenossenschaft haben folgende Unterlagen am Arbeits(Einsatz)ort im Inland während des Entsendezeitraums bereitzuhalten oder diese dem Amt für Betrugsbekämpfung oder der Bauarbeiter-Urlaubs- und Abfertigungskasse unmittelbar vor Ort und im Zeitpunkt der Erhebung in elektronischer Form zugänglich zu machen:
1. Unterlagen über die Anmeldung des Arbeitnehmers zur Sozialversicherung (Sozialversicherungsdokument E 101 nach der Verordnung (EWG) Nr. 1408/71, oder Sozialversicherungsdokument A 1 nach der Verordnung (EG) Nr. 883/04 zur Koordinierung der Systeme der sozialen Sicherheit), sofern für den entsandten Arbeitnehmer in Österreich keine Sozialversicherungspflicht besteht; kann der Arbeitgeber zum Zeitpunkt der Erhebung durch Nachweise in deutscher oder englischer Sprache belegen, dass ihm die Erwirkung der Ausstellung dieser Dokumente durch den zuständigen Sozialversicherungsträger vor der Entsendung nicht möglich war, sind gleichwertige Unterlagen in deutscher oder englischer Sprache (Antrag auf Ausstellung des Sozialversicherungsdokuments E 101 oder A 1 und Dokumente, aus denen sich ergibt, dass der Arbeitnehmer für die Dauer der Entsendung der ausländischen Sozialversicherung unterliegt) bereitzuhalten;
2. die Meldung gemäß § 19;
3. die behördliche Genehmigung der Beschäftigung der entsandten Arbeitnehmer im Sitzstaat des Arbeitgebers gemäß § 19 Abs. 3 Z 11 oder Abs. 7 Z 8, sofern eine solche erforderlich ist.

Bei innerhalb eines Arbeitstages wechselnden Arbeits(Einsatz)orten sind die erforderlichen Unterlagen am ersten Arbeits(Einsatz)ort bereitzuhalten oder in elektronischer Form zugänglich zu machen. Bei mobilen Arbeitnehmern im Transportbereich sind die vorgenannten Unterlagen bereits ab Einreise in das Bundesgebiet im Fahrzeug bereitzuhalten oder in elektronischer Form zugänglich zu machen. Ein Beschäftiger, der einen Arbeitnehmer zu einer Arbeitsleistung nach Österreich entsendet, gilt in Bezug auf die Verpflichtung nach dieser Bestimmung als Arbeitgeber.

(2) Abweichend von Abs. 1 sind, ausgenommen im Fall eines mobilen Arbeitnehmers im Transportbereich, die Unterlagen im Inland bei
1. der in der Meldung nach § 19 Abs. 3 Z 3 genannten Ansprechperson, oder

2. einer im Inland eingetragenen Zweigniederlassung, an der der ausländische Arbeitgeber seine Tätigkeit nicht nur gelegentlich ausübt, oder
3. einer inländischen selbständigen Tochtergesellschaft oder der inländischen Muttergesellschaft eines Konzerns im Sinne des § 15 AktG oder § 115 GmbHG oder
4. einem im Inland niedergelassenen berufsmäßigen Parteienvertreter im Sinne des Wirtschaftstreuhandberufsgesetzes 2017 (WTBG), BGBl. I Nr. 137/2017, der Rechtsanwaltsordnung (RAO), RGBl. Nr. 96/1868 und der Notariatsordnung (NO), RGBl. Nr. 75/1871,

bereitzuhalten oder unmittelbar an den in den Z 1 bis 4 genannten Orten und im Zeitpunkt der Erhebung in elektronischer Form zugänglich zu machen, sofern dies in der Meldung nach § 19 Abs. 3 Z 9 angeführt ist. Erfolgt die Erhebung des Amtes für Betrugsbekämpfung oder der Bauarbeiter-Urlaubs- und Abfertigungskasse außerhalb der Geschäftszeiten des berufsmäßigen Parteienvertreters, hat dieser nach Aufforderung durch das Amt für Betrugsbekämpfung oder der Bauarbeiter-Urlaubs- und Abfertigungskasse die Unterlagen bis zum Ablauf des zweitfolgenden Werktages zu übermitteln. Für die Übermittlung gebührt kein Ersatz der Aufwendungen.

(3) Der Beschäftiger hat für jede überlassene Arbeitskraft für die Dauer der Überlassung folgende Unterlagen am Arbeits(Einsatz)ort im Inland bereitzuhalten oder diese dem Amt für Betrugsbekämpfung oder der Bauarbeiter-Urlaubs- und Abfertigungskasse unmittelbar vor Ort und im Zeitpunkt der Erhebung in elektronischer Form zugänglich zu machen:

1. Unterlagen über die Anmeldung der Arbeitskraft zur Sozialversicherung (Sozialversicherungsdokument E 101 oder A 1), sofern für die überlassene Arbeitskraft keine Sozialversicherungspflicht in Österreich besteht; kann der Überlasser zum Zeitpunkt der Erhebung durch Nachweise in deutscher oder englischer Sprache belegen, dass ihm die Erwirkung der Ausstellung dieser Dokumente durch den zuständigen Sozialversicherungsträger vor der Überlassung nicht möglich war, sind gleichwertige Unterlagen in deutscher oder englischer Sprache (Antrag auf Ausstellung des Sozialversicherungsdokuments E 101 oder A 1 und Dokumente, aus denen sich ergibt, dass der Arbeitnehmer für die Dauer der Entsendung der ausländischen Sozialversicherung unterliegt) bereitzuhalten;
2. die Meldung gemäß § 19 Abs. 1 und 4;
3. die behördliche Genehmigung der Beschäftigung der überlassenen Arbeitskräfte im Sitzstaat des Überlassers gemäß § 19 Abs. 4 Z 10, sofern eine solche erforderlich ist.

Abs. 2 findet sinngemäß Anwendung.

Bereithaltung von Unterlagen im Straßenverkehr

§ 21a. (1) Verkehrsunternehmer im Sinne des § 19a Abs. 1 und Abs. 2 haben vor Beginn der Entsendung von mobilen Arbeitnehmern dem Fahrer die Meldung nach § 19a in Papierform oder elektronischer Form bereitzustellen. Der Fahrer hat die ihm bereitgestellte Meldung während des Entsendezeitraums bereitzuhalten oder dem Amt für Betrugsbekämpfung unmittelbar vor Ort und im Zeitpunkt der Erhebung in elektronischer Form zugänglich zu machen.

(2) Fahrer, die ihren gewöhnlichen Arbeitsort nicht in Österreich haben und bei in einem EU–Mitgliedstaat niedergelassenen Verkehrsunternehmer oder bei einem Verkehrsunternehmer mit Sitz im Vereinigten Königreich Großbritannien und Nordirland beschäftigt sind, haben – unabhängig davon, ob eine Entsendung nach Österreich vorliegt und unbeschadet des Abs. 1 – folgende vom Verkehrsunternehmer bereitgestellte Unterlagen bereitzuhalten oder dem Amt für Betrugsbekämpfung unmittelbar vor Ort und im Zeitpunkt der Erhebung in elektronischer Form zugänglich zu machen:

1. Belege, aus denen
   a) im Falle einer Güterbeförderung das beförderte Gut, der Be- und Entladeort und der Auftraggeber, oder
   b) im Falle einer Personenbeförderung der Aufnahme- und Absetzort der beförderten Fahrgäste

   ersichtlich sind, wie etwa im Falle der lit. a einen elektronischen Frachtbrief (e–CMR) oder die in Art. 8 Abs. 3 der Verordnung (EG) Nr. 1072/2009 genannten Belege, und
2. Aufzeichnungen des Fahrtenschreibers gemäß den Vorschriften über die Aufzeichnung und Aufbewahrung der Verordnungen (EG) Nr. 561/2006 über die Harmonisierung bestimmter Sozialvorschriften im Straßenverkehr, ABl. Nr. L 102 vom 11.04.2006 S. 1, zuletzt geändert durch die Verordnung (EU) 2020/1054, ABl. Nr. L 249 vom 31.07.2020 S. 1, und (EU) Nr. 165/2014, oder in Teil B Abschnitte 2 und 4 von Anhang 31 des Abkommens mit dem Vereinigten Königreich Großbritannien und Nordirland.

Verkehrsunternehmer haben die vorgenannten Unterlagen in Papierform oder elektronischer Form dem Fahrer bereitzustellen. Die Verpflichtung nach diesem Absatz gilt sowohl bei Entsendungen nach Österreich als auch in jenen Fällen, in denen keine Entsendung nach Österreich vorliegt, beispielsweise nach § 1a oder wegen eines Transits durch Österreich.

(3) § 21 Abs. 1 bleibt im Übrigen unberührt.

Bereithaltung von Lohnunterlagen

§ 22. (1) Arbeitgeber im Sinne der §§ 3 Abs. 2, 8 Abs. 1 oder 19 Abs. 1 haben während der Dauer der Beschäftigung (im Inland) oder des Zeitraums der Entsendung insgesamt oder des Rahmenzeitraums (§ 19) den

1. Arbeitsvertrag oder Dienstzettel im Sinne der Richtlinie 91/533 über die Pflicht des Arbeitgebers zur Unterrichtung des Arbeitnehmers über die für seinen Arbeitsvertrag oder sein Arbeitsverhältnis geltenden Bedingungen, ABl. Nr. L 288 vom 18.10.1991 S. 32,
2. Lohnzettel, Lohnzahlungsnachweise oder Banküberweisungsbelege, Lohnaufzeichnungen für die aufgrund konkreter Tätigkeiten oder des konkreten Einsatzes zustehenden Zulagen und Zuschläge,
3. Arbeitszeitaufzeichnungen und Unterlagen betreffend die Lohneinstufung, sofern sich die Einstufung nicht aus anderen Lohnunterlagen ergibt

zur Überprüfung des dem entsandten Arbeitnehmer für die Dauer der Beschäftigung nach den österreichischen Rechtsvorschriften gebührenden Entgelts in deutscher oder englischer Sprache am Arbeits(Einsatz)ort bereitzuhalten oder diese dem Amt für Betrugsbekämpfung oder der Bauarbeiter-Urlaubs- und Abfertigungskasse unmittelbar vor Ort und im Zeitpunkt der Erhebung in elektronischer Form zugänglich zu machen, auch wenn die Beschäftigung des einzelnen Arbeitnehmers in Österreich früher geendet hat. Bei innerhalb eines Arbeitstages wechselnden Arbeits(Einsatz)orten sind die Lohnunterlagen am ersten Arbeits(Einsatz)ort bereitzuhalten oder in elektronischer Form zugänglich zu machen. Ein Beschäftiger, der einen Arbeitnehmer zu einer Arbeitsleistung nach Österreich entsendet, gilt in Bezug auf die Verpflichtung nach dieser Bestimmung als Arbeitgeber. § 21 Abs. 2 findet sinngemäß Anwendung.

(1a) Bei der Entsendung von mobilen Arbeitnehmern im Transportbereich (§ 1 Abs. 9) sind abweichend von Abs. 1 der Arbeitsvertrag oder Dienstzettel und Arbeitszeitaufzeichnungen (Aufzeichnungen im Sinne von Art. 36 der Verordnung (EU) Nr. 165/2014) bereits ab der Einreise in das Bundesgebiet im Fahrzeug bereitzuhalten oder diese dem Amt für Betrugsbekämpfung unmittelbar vor Ort und im Zeitpunkt der Erhebung in elektronischer Form zugänglich zu machen. Lohnzettel, Lohnzahlungsnachweise oder Banküberweisungsbelege und Unterlagen betreffend die Lohneinstufung sowie Arbeitszeitaufzeichnungen für den mobilen Arbeitnehmer im Transportbereich sind auf Verlangen des Amtes für Betrugsbekämpfung für das Kalendermonat, in dem die Kontrolle stattgefunden hat, und für das diesem Kalendermonat vorangehende Kalendermonat, wenn der Arbeitnehmer im vorangehenden Kalendermonat in Österreich tätig war, innerhalb einer Frist von 14 Kalendertagen nach dem Ende des Kalendermonats, in dem die Kontrolle erfolgt ist, zu übermitteln. Langen die Lohnunterlagen nach dem zweiten Satz innerhalb dieser Frist bei dem Amt für Betrugsbekämpfung nicht oder nicht vollständig ein, gilt dies als Nichtbereithalten der Lohnunterlagen.

(1b) Bei Entsendungen von Arbeitnehmern, die nicht länger als 48 Stunden dauern und nicht mobile Arbeitnehmer betreffen, sind abweichend von Abs. 1 während des Zeitraums der Entsendung der Arbeitsvertrag oder Dienstzettel und Arbeitszeitaufzeichnungen bereitzuhalten oder diese dem Amt für Betrugsbekämpfung unmittelbar vor Ort und im Zeitpunkt der Erhebung in elektronischer Form zugänglich zu machen. Bei der Berechnung der Entsendungsdauer ist die Dauer einer im Rahmen einer Entsendung von einem anderen Arbeitnehmer bereits zurückgelegten Entsendungsdauer zu berücksichtigen. Im Übrigen ist Abs. 1a zweiter und dritter Satz anzuwenden.

(1c) Abs. 1 bis 1b gilt nicht für die Entsendung mobiler Arbeitnehmer im Sinne der Richtlinie (EU) 2020/1057 oder von Anhang 31 Teil A Abschnitt 2 des Abkommens mit dem Vereinigten Königreich Großbritannien und Nordirland.

(2) Bei einer grenzüberschreitenden Arbeitskräfteüberlassung trifft die Verpflichtung zur Bereithaltung der Lohnunterlagen nach Abs. 1 den inländischen Beschäftiger. Der Überlasser hat dem Beschäftiger die Lohnunterlagen nach Abs. 1 nachweislich bereitzustellen. § 21 Abs. 2 findet sinngemäß Anwendung.

Ansprechperson

§ 23. (1) Die in der Meldung nach § 19 Abs. 3 Z 3 genannte Ansprechperson hat nach den Bestimmungen dieses Bundesgesetzes Unterlagen bereitzuhalten, Dokumente entgegenzunehmen und Auskünfte zu erteilen. Die Ansprechperson hat dem Kreis der nach Österreich entsandten Arbeitnehmer anzugehören oder eine in Österreich niedergelassene und zur berufsmäßigen Parteienvertretung befugte Person (§ 21 Abs. 2 Z 4) zu sein. Bei der Entsendung von mobilen Arbeitnehmern im Transportbereich ist der jeweilige Lenker des Kraftfahrzeuges Ansprechperson, es sei denn, der Arbeitgeber meldet eine zur berufsmäßigen Parteienvertretung befugte Person (§ 21 Abs. 2 Z 4) als Ansprechperson.

(2) Abs. 1 gilt nicht für mobile Arbeitnehmer, die im Sinne der Richtlinie (EU) 2020/1057 nach Österreich entsandt sind.

Verantwortliche Beauftragte

§ 24. (1) Die Bestellung von verantwortlichen Beauftragten gemäß § 9 Abs. 2 letzter Satz und 3 VStG für die Einhaltung dieses Bundesgesetzes wird erst rechtswirksam, nachdem

1. bei der Zentralen Koordinationsstelle durch Arbeitgeber im Sinne §§ 3 Abs. 2, 8 Abs. 1 oder 19 Abs. 1, durch einen Beschäftiger im Sinne des § 19 Abs. 1 letzter Satz oder durch Überlasser mit Sitz im Ausland, oder
2. beim zuständigen Träger der Krankenversicherung durch Arbeitgeber oder Beschäftiger mit Sitz im Inland

eine schriftliche Mitteilung über die Bestellung samt einem Nachweis der Zustimmung des Bestellten eingelangt ist. Dies gilt nicht für die Bestellung von verantwortlichen Beauftragten auf Verlangen der Behörde gemäß § 9 Abs. 2 VStG. Eingegangene Mitteilungen nach Z 1 sind an das Kompetenzzentrum LSDB, eingegangene Mitteilungen nach den Z 1 und 2 für den Baubereich (Abschnitt I oder § 33d BUAG) sind auch an die Bauarbeiter-Urlaubs- und Abfertigungskasse weiterzuleiten.

(2) Der Arbeitgeber, Beschäftiger im Sinne des § 19 Abs. 1 letzter Satz, der Überlasser oder der Beschäftiger hat den Widerruf der Bestellung oder das Ausscheiden von verantwortlichen Beauftragten nach Abs. 1 unverzüglich schriftlich der Einrichtung mitzuteilen, bei welcher die Mitteilung der Bestellung nach Abs. 1 einzubringen war.

5. Abschnitt
Strafbestimmungen, Untersagung der Dienstleistung und Evidenz über Verwaltungs(straf)verfahren

Ort der Verwaltungsübertretung

§ 25. Bei grenzüberschreitender Entsendung oder Arbeitskräfteüberlassung gilt die Verwaltungsübertretung als in dem Sprengel der Bezirksverwaltungsbehörde begangen, in dem der Arbeits(Einsatz)ort der nach Österreich entsandten oder überlassenen Arbeitnehmer liegt, bei wechselnden Arbeits(Einsatz)Orten als am Ort der Kontrolle begangen.

§ 25a. Fehlen auf der nach Art. 5 der Richtlinie 2014/67/EU zur Durchsetzung der Richtlinie 96/71/EG über die Entsendung von Arbeitnehmern im Rahmen der Erbringung von Dienstleistungen und zur Änderung der Verordnung (EU) Nr. 1024/2012 über die Verwaltungszusammenarbeit mit Hilfe des Binnenmarkt-Informationssystems („IMI-Verordnung"), ABl. Nr. L 159 vom 28.05.2014 S. 11, einzurichtenden Website Informationen, welche innerstaatlichen gesetzlichen Normen auf Entsendungen oder Überlassungen anzuwenden sind, ist dies in Verwaltungsstrafverfahren nach diesem Bundesgesetz als Milderungsgrund im Sinne des § 19 VStG zu werten.

Verstöße im Zusammenhang mit den Melde- und Bereithaltungspflichten bei Entsendung oder Überlassung

§ 26. (1) Wer als Arbeitgeber oder Überlasser im Sinne des § 19 Abs. 1

1. die Meldung oder die Meldung über nachträgliche Änderungen bei den Angaben (Änderungsmeldung) entgegen § 19 nicht, nicht rechtzeitig oder nicht vollständig erstattet oder
2. in der Meldung oder Änderungsmeldung vorsätzlich unrichtige Angaben erstattet oder
3. die erforderlichen Unterlagen entgegen § 21 Abs. 1 oder Abs. 2 nicht bereithält oder dem Amt für Betrugsbekämpfung oder der Bauarbeiter-Urlaubs- und Abfertigungskasse vor Ort nicht unmittelbar in elektronischer Form zugänglich macht,

begeht unabhängig von der Anzahl der von der Verwaltungsübertretung betroffenen Arbeitnehmer eine einzige Verwaltungsübertretung und ist von der Bezirksverwaltungsbehörde mit Geldstrafe bis zu 20 000 Euro zu bestrafen.

(1a) Entgegen Abs. 1 Z 1 gilt die Meldung als vollständig erstattet, wenn bei einer Meldung nach § 19 Abs. 1 irrtümlich anstelle des Formulars mit den nach § 19 Abs. 3 vorgesehenen Angaben das Formular mit den nach § 19 Abs. 4 vorgesehenen Angaben oder umgekehrt verwendet wird.

(2) Wer als Beschäftiger im Falle einer grenzüberschreitenden Arbeitskräfteüberlassung die erforderlichen Unterlagen entgegen § 21 Abs. 3 nicht bereithält oder zugänglich macht, begeht unabhängig von der Anzahl der von der Verwaltungsübertretung betroffenen Arbeitnehmer eine einzige Verwaltungsübertretung und ist von der Bezirksverwaltungsbehörde mit Geldstrafe bis zu 20 000 Euro zu bestrafen.

Verstöße im Zusammenhang mit den Melde- und Bereithaltungspflichten bei Entsendung im Straßenverkehr

§ 26a. (1) Wer als Verkehrsunternehmer im Sinne des § 19a oder des § 21a

1. die Meldung oder die Meldung über nachträgliche Änderungen bei den Angaben (Änderungsmeldung) entgegen § 19a nicht, nicht rechtzeitig oder nicht vollständig erstattet oder
2. in der Meldung oder Änderungsmeldung vorsätzlich unrichtige Angaben erstattet oder
3. die erforderlichen Unterlagen entgegen § 21a nicht dem Fahrer bereitstellt,

begeht unabhängig von der Anzahl der von der Verwaltungsübertretung betroffenen Arbeitnehmer eine einzige Verwaltungsübertretung und ist von der Bezirksverwaltungsbehörde mit Geldstrafe bis zu 20 000 Euro zu bestrafen.

(2) Wer als Fahrer die erforderlichen und ihm bereitgestellten Unterlagen entgegen § 21a nicht bereithält oder nicht unmittelbar in elektronischer Form zugänglich macht, begeht unabhängig von der Anzahl der von der Verwaltungsübertretung betroffenen Arbeitnehmer eine einzige Verwaltungsübertretung und ist von der Bezirksverwaltungsbehörde mit Geldstrafe bis zu 1 000 Euro zu bestrafen.

Vereitelungshandlungen im Zusammenhang mit der Lohnkontrolle

§ 27. (1) Wer als Arbeitgeber, Überlasser oder Beschäftiger die erforderlichen Unterlagen entgegen § 12 Abs. 1 Z 3 nicht übermittelt, begeht unabhängig von der Anzahl der von der Verwaltungsübertretung betroffenen Arbeitnehmer eine einzige Verwaltungsübertretung und ist von der Bezirksverwaltungsbehörde mit Geldstrafe bis zu 40 000 Euro zu bestrafen. Ebenso ist zu bestrafen, wer entgegen den §§ 14 Abs. 2 oder 15 Abs. 2 die Unterlagen nicht übermittelt.

(2) Wer entgegen § 12 Abs. 1 den Zutritt zu den Betriebsstätten, Betriebsräumen und auswärtigen Arbeitsstätten oder Arbeitsstellen sowie den Aufenthaltsräumen der Arbeitnehmer und das damit verbundene Befahren von Wegen oder die Erteilung von Auskünften verweigert oder die Kontrolle sonst erschwert oder behindert, begeht unabhängig von der Anzahl der von der Verwaltungsübertretung betroffenen Arbeitnehmer eine einzige Verwaltungsübertretung und ist von der Bezirksverwaltungsbehörde mit Geldstrafe bis zu 40 000 Euro zu bestrafen.

(3) Wer als Arbeitgeber, Überlasser oder Beschäftiger die Einsichtnahme in die Unterlagen nach den §§ 21 oder 22 verweigert, begeht unabhängig von der Anzahl der von der Verwaltungsübertretung betroffenen Arbeitnehmer eine einzige Verwaltungsübertretung und ist von der Bezirksverwaltungsbehörde mit Geldstrafe bis zu 40 000 Euro zu bestrafen.

(4) Ebenso ist nach Abs. 3 zu bestrafen, wer als Arbeitgeber entgegen § 14 Abs. 2 die Einsichtnahme in die Unterlagen verweigert.

Vereitelungshandlungen im Zusammenhang mit der Kontrolle bei Entsendung im Straßenverkehr

§ 27a. Wer als Verkehrsunternehmer im Sinne des § 19a die erforderlichen Unterlagen entgegen § 12 Abs. 1 Z 5 oder 6 nicht übermittelt, begeht unabhängig von der Anzahl der von der Verwaltungsübertretung betroffenen Arbeitnehmer eine einzige Verwaltungsübertretung und ist von der Bezirksverwaltungsbehörde mit Geldstrafe bis zu 40 000 Euro zu bestrafen.

§ 27b. (1) Wer als Versender, Spediteur, Auftragnehmer oder Unterauftragnehmer eine Verkehrsdienstleistung in Auftrag gibt, obwohl er wusste oder angesichts aller relevanten Umstände hätte wissen müssen, dass der Verkehrsunternehmer oder der Fahrer in Zusammenhang mit der Verkehrsdienstleistung den Bestimmungen des § 19a oder des § 21a zuwiderhandelt, begeht unabhängig von der Anzahl der von der Verwaltungsübertretung betroffenen Arbeitnehmer eine einzige Verwaltungsübertretung und ist von der Bezirksverwaltungsbehörde mit Geldstrafe bis zu 20 000 Euro zu bestrafen.

(2) Wer als Versender, Spediteur, Auftragnehmer oder Unterauftragnehmer eine Verkehrsdienstleistung in Auftrag gibt, obwohl er wusste oder angesichts aller relevanten Umstände hätte wissen müssen, dass der Verkehrsunternehmer oder der Fahrer in Zusammenhang mit der Verkehrsdienstleistung den Bestimmungen des § 12 Abs. 1 Z 5 oder 6 zuwiderhandelt, begeht unabhängig von der Anzahl der von der Verwaltungsübertretung betroffenen Arbeitnehmer eine einzige Verwaltungsübertretung und ist von der Bezirksverwaltungsbehörde mit Geldstrafe bis zu 40 000 Euro zu bestrafen.

§ 27c. Wer als Verkehrsunternehmer entgegen § 18a dem Amt für Betrugsbekämpfung nicht die erforderlichen Unterlagen zur Verfügung stellt, begeht unabhängig von der Anzahl der von der Verwaltungsübertretung betroffenen Arbeitnehmer eine einzige Verwaltungsübertretung und ist von der Bezirksverwaltungsbehörde mit Geldstrafe bis zu 40 000 Euro zu bestrafen.

Nichtbereithalten und Nichtübermitteln der Lohnunterlagen

§ 28. Wer als

1. Arbeitgeber entgegen § 22 Abs. 1, Abs. 1a oder 1b die Lohnunterlagen nicht bereithält, oder
2. Überlasser im Falle einer grenzüberschreitenden Arbeitskräfteüberlassung nach Österreich entgegen § 22 Abs. 2 die Lohnunterlagen dem Beschäftiger nicht nachweislich bereitstellt, oder
3. Beschäftiger im Falle einer grenzüberschreitenden Arbeitskräfteüberlassung entgegen § 22 Abs. 2 die Lohnunterlagen nicht bereithält oder
4. Arbeitgeber oder Überlasser entgegen § 12 Abs. 1 Z 4 die Lohnunterlagen nicht übermittelt,

begeht unabhängig von der Anzahl der von der Verwaltungsübertretung betroffenen Arbeitnehmer eine einzige Verwaltungsübertretung und ist von der Bezirksverwaltungsbehörde mit Geldstrafe bis zu 20 000 Euro, im Wiederholungsfall bis zu 40 000 Euro, zu bestrafen.

Unterentlohnung

§ 29. (1) Wer als Arbeitgeber einen oder mehrere Arbeitnehmer beschäftigt oder beschäftigt hat, ohne ihm oder ihnen zumindest das nach Gesetz, Verordnung oder Kollektivvertrag gebührende Entgelt unter Beachtung der jeweiligen Einstufungskriterien, ausgenommen die in § 49 Abs. 3 ASVG angeführten Entgeltbestandteile, zu leisten, begeht unabhängig von der Anzahl der von der Verwaltungsübertretung betroffenen Arbeitnehmer eine einzige Verwaltungsübertretung und ist von der Bezirksverwaltungsbehörde mit einer Geldstrafe bis zu 50 000 Euro zu bestrafen. Ist im Erstfall bei Arbeitgebern mit bis zu neun Arbeitnehmern die Summe des vorenthaltenen Entgelts geringer als 20 000 Euro beträgt die Geldstrafe bis zu 20 000 Euro. Ist die Summe des vorenthaltenen Entgelts höher als 50 000 Euro, beträgt die Geldstrafe bis zu 100 000 Euro. Ist die Summe des vorenthaltenen Entgelts höher als 100 000 Euro beträgt die Geldstrafe bis zu 250 000 Euro. Ist die Summe des vorenthaltenen Entgelts höher als 100 000 Euro und wurde das Entgelt in Lohnzahlungszeiträumen der Unterentlohnung vorsätzlich um durchschnittlich mehr als 40 vH des Entgelts vorenthalten, beträgt die Geldstrafe bis zu 400 000 Euro. Wirkt der Arbeitgeber bei der Aufklärung zur Wahrheitsfindung unverzüglich und vollständig mit, ist anstelle des Strafrahmens bis 100 000 Euro oder bis 250 000 Euro der jeweils niedrigere Strafrahmen anzuwenden. Bei Unterentlohnungen, die durchgehend mehrere Lohnzahlungszeiträume umfassen, liegt eine einzige Verwaltungsübertretung vor. Entgeltzahlungen, die das nach Gesetz, Verordnung oder Kollektivvertrag gebührende Entgelt übersteigen, sind auf allfällige Unterentlohnungen im jeweiligen Lohnzahlungszeitraum anzurechnen. Hinsichtlich von Sonderzahlungen für Arbeitnehmer im Sinne des § 14 Abs. 1 Z 1 und 2 liegt eine Verwaltungsübertretung nach dem ersten Satz nur dann vor, wenn der Arbeitgeber die Sonderzahlungen nicht oder nicht vollständig bis spätestens 31. Dezember des jeweiligen Kalenderjahres leistet. Ebenso ist zu bestrafen, wer als Auftraggeber im Sinne des § 14 Abs. 1 Z 3 einen Heimarbeiter beschäftigt oder beschäftigt hat, ohne ihm zumindest das nach Gesetz oder Verordnung gebührende Entgelt unter Beachtung der jeweiligen Einstufungskriterien, ausgenommen die in § 49 Abs. 3 ASVG angeführten Entgeltbestandteile, zu leisten.

(2) Die Strafbarkeit nach Abs. 1 ist nicht gegeben, wenn der Arbeitgeber vor einer Erhebung der zuständigen Einrichtung nach den §§ 12, 14 und 15 die Differenz zwischen dem tatsächlich geleisteten und dem dem Arbeitnehmer nach Gesetz, Verordnung oder Kollektivvertrag gebührenden Entgelt nachweislich leistet.

(3) Stellt die Bezirksverwaltungsbehörde fest, dass der Arbeitgeber dem Arbeitnehmer die Differenz zwischen dem tatsächlich geleisteten und dem dem Arbeitnehmer nach Gesetz, Verordnung oder Kollektivvertrag gebührenden Entgelt binnen einer von der Behörde festzusetzenden Frist nachweislich leistet, und

1. die Unterschreitung des nach Abs. 1 maßgeblichen Entgelts unter Beachtung der jeweiligen Einstufungskriterien gering ist oder
2. das Verschulden des Arbeitgebers oder des zur Vertretung nach außen Berufenen (§ 9 Abs. 1 VStG) oder des verantwortlichen Beauftragten (§ 9 Abs. 2 oder 3 VStG) leichte Fahrlässigkeit nicht übersteigt,

hat sie von der Verhängung einer Strafe abzusehen. Ebenso ist von der Verhängung einer Strafe abzusehen, wenn der Arbeitgeber dem Arbeitnehmer die Differenz zwischen dem tatsächlich geleisteten und dem dem Arbeitnehmer nach Gesetz, Verordnung oder Kollektivvertrag gebührenden Entgelt vor der Aufforderung durch die Bezirksverwaltungsbehörde nachweislich leistet und die übrigen Voraussetzungen nach dem ersten Satz vorliegen. Ist die Entscheidung der Bezirksverwaltungsbehörde von der Klärung einer Vorfrage im Sinne des § 38 des Allgemeinen Verwaltungsverfahrensgesetzes 1991 – AVG, BGBl. Nr. 51/1991, abhängig, die den Gegenstand eines beim zuständigen Gericht anhängigen oder gleichzeitig anhängig gemachten Verfahrens bildet, hat die Bezirksverwaltungsbehörde das Verwaltungsstrafverfahren bis zur rechtskräftigen Entscheidung der Vorfrage auszusetzen; das verwaltungsbehördliche Strafverfahren gilt als unterbrochen, die Parteien sind davon in Kenntnis zu setzen. In Verwaltungsstrafverfahren nach Abs. 1 ist § 45 Abs. 1 Z 4 und letzter Satz VStG nicht anzuwenden. Weist der Arbeitgeber der Bezirksverwaltungsbehörde nach, dass er die Differenz zwischen dem tatsächlich geleisteten und dem dem Arbeitnehmer nach Gesetz, Verordnung oder Kollektivvertrag gebührenden Entgelt geleistet hat, ist dies bei der Strafbemessung strafmildernd zu berücksichtigen.

(4) Die Frist für die Verfolgungsverjährung (§ 31 Abs. 1 VStG) beträgt drei Jahre ab der Fälligkeit des Entgelts. Bei Unterentlohnungen, die durchgehend mehrere Lohnzahlungszeiträume umfassen, beginnt die Frist für die Verfolgungsverjährung im Sinne des ersten Satzes ab der Fälligkeit des Entgelts für den letzten Lohnzahlungszeitraum der Unterentlohnung. Die Frist für die Strafbarkeitsverjährung (§ 31 Abs. 2 VStG) beträgt bei Unterentlohnungen fünf Jahre; für den Beginn des Laufs der Strafbarkeitsverjährung sind erster und zweiter Satz maßgeblich. Hinsichtlich von Sonderzahlungen beginnen die Verfolgungs- und Strafbarkeitsverjährungsfristen ab dem Ende des jeweiligen Kalenderjahres (Abs. 1 dritter Satz) zu laufen.

(5) Für den Fall, dass der Arbeitgeber das gebührende Mindestentgelt für den betroffenen Zeitraum der Unterentlohnung nach Abs. 1 nachträglich leistet, beträgt die Dauer der Fristen nach § 31

Abs. 1 und 2 VStG ein Jahr (Verfolgungsverjährung) oder drei Jahre (Strafbarkeitsverjährung), soweit nicht aufgrund des Abs. 4 die Verjährung zu einem früheren Zeitpunkt eintritt; der Fristenlauf beginnt mit der Nachzahlung.

Unterlassung einer Änderungsmeldung zur Person des verantwortlichen Beauftragten

§ 30. Wer als Arbeitgeber, Überlasser oder als Beschäftiger im Sinne des § 19 Abs. 1 den Widerruf der Bestellung oder das Ausscheiden von verantwortlichen Beauftragten entgegen § 24 Abs. 2 nicht meldet, begeht eine Verwaltungsübertretung und ist von der Bezirksverwaltungsbehörde mit Geldstrafe von 41 Euro bis 4.140 Euro, im Wiederholungsfall mit Geldstrafe von 83 Euro bis 4.140 Euro zu bestrafen.

Untersagung der Dienstleistung

§ 31. (1) Die zuständige Bezirksverwaltungsbehörde hat dem Arbeitgeber im Sinne der §§ 3 Abs. 2, 8 Abs. 1 oder 19 Abs. 1, bei einer grenzüberschreitenden Überlassung dem Überlasser, die Ausübung der den Gegenstand der Dienstleistung bildenden Tätigkeit für die Dauer von mindestens einem Jahr und höchstens fünf Jahren zu untersagen, wenn der Arbeitgeber gemäß

1. den §§ 26 Abs. 1 Z 1 oder Z 2 oder 27 Abs. 2 oder 3 wiederholt oder
2. den §§ 28 oder 29 Abs. 1 in Bezug auf mehr als drei Arbeitnehmer oder im Wiederholungsfall nach den §§ 28 oder 29 Abs. 1

rechtskräftig bestraft wurde oder ihm eine solche Bestrafung zuzurechnen ist. Eine Bestrafung ist dem Arbeitgeber dann zuzurechnen, wenn diese Bestrafung gegen den Arbeitgeber selbst oder gegen den zur Vertretung nach außen Berufenen (§ 9 Abs. 1 VStG) oder gegen den verantwortlich Beauftragten (§ 9 Abs. 2 oder 3 VStG) rechtskräftig verhängt wurde. § 19 VStG (ausgenommen § 19 Abs. 2 letzter Satz VStG) ist für die Bemessung des Zeitraums der Untersagung sinngemäß anzuwenden. Der Bescheid über die Untersagung der Dienstleistung ist dem Bundesminister für Wissenschaft, Forschung und Wirtschaft im Hinblick auf die §§ 373a bis 373e der Gewerbeordnung 1994, BGBl. Nr. 194/1994, sowie der Zentralen Koordinationsstelle elektronisch zu übermitteln.

(2) Von einer Untersagung nach Abs. 1 ist abzusehen, wenn der Arbeitgeber oder der Überlasser glaubhaft macht, dass er konkrete technische, organisatorische oder personelle Maßnahmen getroffen hat, die geeignet sind, die nochmalige Begehung der Verwaltungsübertretung zu verhindern und die Einbringung der verhängten Geldstrafe erfolgt ist. Als derartige Maßnahmen gelten etwa

1. die Einführung eines qualitativ hochwertigen Berichts- und Kontrollwesens,
2. die Einschaltung eines Organs der inneren Revision zur regelmäßigen Überprüfung der Einhaltung der maßgeblichen Vorschriften,
3. die Einführung von internen Haftungs- und Schadenersatzregelungen zur Einhaltung der maßgeblichen Vorschriften.

(3) Die Bezirksverwaltungsbehörde hat bei der Beurteilung nach Abs. 2 das Vorbringen des Arbeitgebers oder des Überlassers zu prüfen und die von diesem gesetzten Maßnahmen in ein Verhältnis zur Anzahl und zur Schwere der begangenen Verwaltungsübertretungen zu setzen. Bei der Beurteilung der Schwere der Verwaltungsübertretungen ist insbesondere die Zahl der betroffenen Arbeitnehmer und bei einer Verwaltungsübertretung nach § 29 Abs. 1 das Ausmaß der Unterentlohnung zu berücksichtigen.

(4) Wer trotz Untersagung nach Abs. 1 eine Tätigkeit erbringt, begeht eine Verwaltungsübertretung und ist von der Bezirksverwaltungsbehörde mit einer Geldstrafe von 2 000 Euro bis 20 000 Euro zu bestrafen.

(5) § 18 AÜG oder vergleichbare österreichische Rechtsvorschriften bleiben unberührt.

Parteistellung in Verwaltungs(straf)verfahren

§ 32. (1) Parteistellung in Verwaltungs(straf)verfahren hat:

1. nach den §§ 26, 27 Abs. 1, 2 oder 3, 28 das Amt für Betrugsbekämpfung, in den Fällen des § 29 Abs. 1 in Verbindung mit § 13 das Kompetenzzentrum LSDB,
2. nach den § 29 Abs. 1 in Verbindung mit § 14 und in den Fällen des § 27 Abs. 1 zweiter Satz und § 27 Abs. 4 der zuständige Träger der Krankenversicherung,
3. nach den §§ 26, 27 Abs. 1 zweiter Satz, § 27 Abs. 2 und 27 Abs. 3, 28 und 29 Abs. 1 in Verbindung mit § 15 die Bauarbeiter-Urlaubs- und Abfertigungskasse,

auch wenn die Anzeige nicht durch die in den Z 1 bis 3 genannten Einrichtungen erfolgt. Diese können gegen den Bescheid einer Verwaltungsbehörde Beschwerde beim Verwaltungsgericht und gegen das Erkenntnis oder den Beschluss eines Verwaltungsgerichts Revision beim Verwaltungsgerichtshof erheben.

(2) In Verwaltungs(straf)verfahren nach § 31 Abs. 1 und 4 haben das Kompetenzzentrum LSDB, das Amt für Betrugsbekämpfung und die Bauarbeiter-Urlaubs- und Abfertigungskasse im Baubereich (Abschnitt I oder § 33d des BUAG) Parteistellung; diese können gegen den Bescheid einer Verwaltungsbehörde Beschwerde beim Verwaltungsgericht und gegen das Erkenntnis oder den Beschluss eines Verwaltungsgerichts Revision beim Verwaltungsgerichtshof erheben.

Vorläufige Sicherheit

§ 33. (1) Liegt der begründete Verdacht einer Verwaltungsübertretung nach den §§ 26, 27, 28,

29 Abs. 1 oder 31 Abs. 4 vor und ist im Einzelfall auf Grund bestimmter Tatsachen anzunehmen, dass die Strafverfolgung oder der Strafvollzug aus Gründen, die in der Person des Arbeitgebers (Auftragnehmers) oder in der Person des Überlassers liegen, unmöglich oder wesentlich erschwert sein wird, ist das Amt für Betrugsbekämpfung ermächtigt, eine vorläufige Sicherheit bis zum Höchstmaß der angedrohten Geldstrafe festzusetzen und einzuheben. Soweit der Tätigkeitsbereich der Bauarbeiter-Urlaubs- und Abfertigungskasse betroffen ist, hat das Amt für Betrugsbekämpfung diese über die Einhebung einer vorläufigen Sicherheit zu verständigen. Die Ansprechperson im Sinne des § 19 Abs. 3 Z 3 gilt als Vertreter des Arbeitgebers, falls dieser oder ein von ihm bestellter Vertreter bei der Amtshandlung nicht anwesend ist. Auf nach dem ersten Satz eingehobene vorläufige Sicherheiten sind § 37 Abs. 4 letzter Satz, § 37a Abs. 3 und 4 und § 50 Abs. 6 erster Satz VStG sinngemäß anzuwenden. Das Amt für Betrugsbekämpfung ist ermächtigt, dem Arbeitgeber (Auftragnehmer) oder Überlasser zu gestatten, die vorläufige Sicherheit auch in bestimmten fremden Währungen oder mit Scheck oder Kreditkarte zu entrichten. Mit der Überweisung nach § 34 Abs. 4 oder der Erlegung einer Sicherheit nach § 34 Abs. 9 ist eine Beschlagnahme aufzuheben.

(2) § 34 Abs. 9 findet sinngemäß Anwendung. Die vorläufige Sicherheit in Form einer Beschlagnahme ist auch dann für frei zu erklären, wenn die gegen den Auftragnehmer oder den Überlasser verhängte Strafe vollzogen ist.

(3) Die Bezirksverwaltungsbehörde hat die vorläufige Sicherheit für verfallen zu erklären, sobald sich die Strafverfolgung des Auftragnehmers oder des Überlassers als unmöglich erweist. Die vorläufige Sicherheit in Form einer Beschlagnahme ist auch dann für verfallen zu erklären, sobald sich der Vollzug der Strafe als unmöglich erweist; § 37 Abs. 6 VStG findet Anwendung.

Zahlungsstopp – Zahlungsverbot – Sicherheitsleistung

§ 34. (1) Liegt der begründete Verdacht einer Verwaltungsübertretung nach den §§ 26, 27, 28, 29 Abs. 1 oder 31 Abs. 4 vor und ist im Einzelfall auf Grund bestimmter Tatsachen anzunehmen, dass die Strafverfolgung oder der Strafvollzug aus Gründen, die in der Person des Arbeitgebers (Auftragnehmers) oder in der Person des Überlassers liegen, unmöglich oder wesentlich erschwert sein wird, kann das Amt für Betrugsbekämpfung in Verbindung mit den Erhebungen nach § 12 sowie die Bauarbeiter-Urlaubs- und Abfertigungskasse dem inländischen oder ausländischen Auftraggeber, bei einer Überlassung dem Beschäftiger schriftlich auftragen, den noch zu leistenden Werklohn oder das noch zu leistende Überlassungsentgelt oder Teile davon nicht zu zahlen (Zahlungsstopp). Gegen die Verhängung eines Zahlungsstopps ist kein Rechtsmittel zulässig. Der Zahlungsstopp ist in jenem Ausmaß nicht wirksam, in dem der von ihm genannte Betrag höher ist als der noch zu leistende Werklohn oder das noch zu leistende Überlassungsentgelt. Der Zahlungsstopp darf nicht höher sein als das Höchstmaß der angedrohten Geldstrafe. Falls der im Zahlungsstopp genannte Betrag niedriger ist als der noch zu leistende Werklohn oder das noch zu leistende Überlassungsentgelt, umfasst der Zahlungsstopp – bis zu dem in ihm genannten Betrag – jenen Teil oder jene Teile des Werklohns oder des Überlassungsentgelts, der oder die zunächst fällig wird oder werden.

(2) Leistet der Auftraggeber oder der Beschäftiger entgegen dem Zahlungsstopp den Werklohn oder das Überlassungsentgelt, gilt in Verfahren nach Abs. 4 und 4a der Werklohn oder das Überlassungsentgelt als nicht geleistet. Das Amt für Betrugsbekämpfung darf einen Zahlungsstopp nur dann auftragen, soweit eine vorläufige Sicherheit nach § 33 nicht festgesetzt oder nicht eingehoben werden konnte. Die Bauarbeiter-Urlaubs- und Abfertigungskasse darf einen Zahlungsstopp nicht verhängen, wenn sie vom Amt für Betrugsbekämpfung über die Einhebung einer vorläufigen Sicherheit nach § 33 verständigt wurde. Leistet der Auftragnehmer oder der Überlasser die vorläufige Sicherheit nachträglich oder eine Sicherheit, ohne dass eine solche festgesetzt wurde, aus eigenem, ist der Zahlungsstopp von der Bezirksverwaltungsbehörde durch sofort wirksamen Bescheid aufzuheben, wobei auf diese Sicherheiten die Abs. 9 und 10 sinngemäß Anwendung finden; ein allfälliges Verfahren nach Abs. 4 ist einzustellen.

(3) Das Amt für Betrugsbekämpfung und die Bauarbeiter-Urlaubs- und Abfertigungskasse haben nach Verhängung eines Zahlungsstopps nach Abs. 1 binnen drei Arbeitstagen bei der Bezirksverwaltungsbehörde die Erlegung einer Sicherheit nach Abs. 4 zu beantragen, widrigenfalls der Zahlungsstopp außer Kraft tritt. Die Bezirksverwaltungsbehörde hat innerhalb von einer Woche nach Einlangen des Antrages die an den Auftragnehmer oder den Überlasser gerichtete und eine Frist beinhaltende Aufforderung zur Stellungnahme an den Zustelldienst zu übergeben oder zu versuchen, die Zustellung durch eigene Bedienstete – etwa an der Abgabestelle nach § 41 – vorzunehmen, widrigenfalls der Zahlungsstopp außer Kraft tritt. Nach Einlangen einer Stellungnahme durch den Auftragnehmer oder den Überlasser hat die Bezirksverwaltungsbehörde innerhalb von drei Wochen über den Antrag zu entscheiden, widrigenfalls der Zahlungsstopp außer Kraft tritt. In diesen Verfahren haben die im ersten Satz genannten Einrichtungen Parteistellung, soweit diese den Antrag auf Erlegung einer Sicherheit gestellt haben. Diese

können gegen den Bescheid einer Verwaltungsbehörde Beschwerde beim Verwaltungsgericht und gegen das Erkenntnis oder den Beschluss eines Verwaltungsgerichts Revision beim Verwaltungsgerichtshof erheben.

(4) Stellt die für das Verwaltungsstrafverfahren zuständige Bezirksverwaltungsbehörde nach Durchführung eines Ermittlungsverfahrens fest, dass der begründete Verdacht einer Verwaltungsübertretung nach den §§ 26, 27, 28, 29 Abs. 1 oder 31 Abs. 4 vorliegt und ist auf Grund bestimmter Tatsachen anzunehmen, dass die Strafverfolgung oder der Strafvollzug aus Gründen, die in der Person des Arbeitgebers (Auftragnehmers) oder in der Person des Überlassers liegen, unmöglich oder wesentlich erschwert sein werde, kann die Bezirksverwaltungsbehörde dem inländischen oder ausländischen Auftraggeber, bei einer Überlassung dem Beschäftiger durch Bescheid auftragen, den noch zu leistenden Werklohn oder das noch zu leistende Überlassungsentgelt oder einen Teil davon als Sicherheit zu jenem Zeitpunkt oder jenen Zeitpunkten zu erlegen, zu dem oder zu denen der Werklohn oder das Überlassungsentgelt oder Teile davon zunächst zivilrechtlich fällig ist oder sind. Zivilrechtliche Zurückbehaltungsrechte, Einreden, Schadenersatzansprüche oder vergleichbare Rechte gegenüber dem Auftragnehmer oder Überlasser, die sich auf die zivilrechtliche Forderung (dem Grunde, der Höhe oder der Fälligkeit nach) auswirken, bleiben vom Bescheid unberührt. Dieser Bescheid beinhaltet keine Frist zur Ausführung der Leistung und ist nicht vollstreckbar. Der Bescheid hat zur Folge, dass der Auftraggeber oder der Beschäftiger bis zu dem darin genannten Betrag den Werklohn oder das Überlassungsentgelt nur an die Bezirksverwaltungsbehörde, nicht aber an den Auftragnehmer oder den Überlasser zahlen darf (Zahlungsverbot). Für Verfahren nach Abs. 4a gilt Abs. 2 erster Satz sinngemäß. Über Aufforderung der Bezirksverwaltungsbehörde hat der Auftraggeber den Werkvertrag oder der Beschäftiger die Überlassungsvereinbarung vorzulegen. Die §§ 37 und 37a VStG sind in diesen Fällen, sofern in dieser Bestimmung nichts anderes vorgesehen ist, nicht anzuwenden. Mit Erlassung des Bescheides gegenüber dem Auftraggeber oder dem Beschäftiger fällt der Zahlungsstopp (des Amtes für Betrugsbekämpfung oder der Bauarbeiter-Urlaubs- und Abfertigungskasse) nach Abs. 1 weg, wobei es auf die Rechtskraft dieses Bescheides nicht ankommt. Falls der Antrag nach Abs. 3 abgewiesen wird, hat die Behörde im Bescheid den Auftraggeber oder den Beschäftiger auf den Wegfall des Zahlungsstopps nach Abs. 1 hinzuweisen. Die Bezirksverwaltungsbehörde hat den Auftragnehmer oder den Überlasser über erlegte Beträge zu verständigen. Der Auftraggeber oder der Beschäftiger und der Auftragnehmer oder der Überlasser haben Parteistellung.

(4a) Erlegt der Auftraggeber oder der Beschäftiger entgegen einem rechtskräftigen Bescheid nach Abs. 4 die Sicherheit nicht, hat die Behörde nach Maßgabe der zivilrechtlichen Fälligkeit des Werklohns oder des Überlassungsentgelts dem Auftraggeber oder dem Beschäftiger durch Bescheid aufzutragen, einen konkreten Betrag als Sicherheit zu erlegen. Der Auftraggeber oder der Beschäftiger und der Auftragnehmer oder der Überlasser haben Parteistellung. Ist der Werklohn oder das Überlassungsentgelt dem Grunde, der Höhe oder seiner Fälligkeit nach strittig, kann die Bezirksverwaltungsbehörde im strittigen Ausmaß von der Erlassung des Bescheides absehen. Der Bescheid nach Abs. 4 wird durch dieses Absehen nicht berührt. Unabhängig von einem Bescheid nach diesem Absatz kann auch der Auftragnehmer oder der Überlasser den Werklohn oder das Überlassungsentgelt gerichtlich geltend machen, jedoch hat der Auftraggeber oder der Beschäftiger einen allfällig zugesprochenen Betrag an die Bezirksverwaltungsbehörde zu erlegen.

(5) Als Werklohn oder als Überlassungsentgelt gilt das gesamte für die Erfüllung des Auftrages oder der Überlassung zu leistende Entgelt.

(6) Die Überweisung nach Abs. 4 oder Abs. 4a wirkt für den Auftraggeber oder den Beschäftiger gegenüber dem Auftragnehmer oder dem Überlasser im Ausmaß der Überweisung schuldbefreiend.

(7) Die Sicherheitsleistung darf nicht höher sein als das Höchstmaß der angedrohten Geldstrafe. Der Auftraggeber oder der Beschäftiger ist verpflichtet, auf Anfrage der Bezirksverwaltungsbehörde die Höhe und Fälligkeit des Werklohnes oder des Überlassungsentgeltes bekannt zu geben. Können aus dem noch zu leistenden Werklohn oder Überlassungsentgelt die Sicherheitsleistung sowie der sich aus § 67a ASVG und § 82a Einkommensteuergesetz 1988 (EStG), BGBl. Nr. 400/1988, ergebende Haftungsbetrag nicht bedeckt werden, kann der Auftraggeber oder der Beschäftiger von seinem Recht zur Leistung des Werklohns an das Dienstleistungszentrum (§ 67c ASVG) jedenfalls Gebrauch machen.

(8) Beschwerden gegen Bescheide nach Abs. 4 haben keine aufschiebende Wirkung, auch nicht in Bezug auf das Zahlungsverbot; der Auftraggeber oder der Beschäftiger hat den Werklohn oder das Überlassungsentgelt oder Teile davon nach Eintritt der zivilrechtlichen Fälligkeit an die Bezirksverwaltungsbehörde zu erlegen. Davon abweichend hat das Landesverwaltungsgericht der Beschwerde auf Antrag aufschiebende Wirkung zuzuerkennen, wenn mit der Umsetzung des angefochtenen Bescheides für die beschwerdeführende Partei ein unverhältnismäßiger Nachteil verbunden wäre. Darauf ist in der Rechtsmittelbelehrung

zum Bescheid nach Abs. 4 hinzuweisen. Im Falle eines Antrages auf Zuerkennung der aufschiebenden Wirkung hat die Behörde, sofern die Beschwerde nicht als verspätet oder unzulässig zurückzuweisen ist, dem Verwaltungsgericht die Beschwerde unter Anschluss der Akten des Verfahrens unverzüglich vorzulegen. Das Verwaltungsgericht hat über den Antrag auf Zuerkennung der aufschiebenden Wirkung unverzüglich mit Beschluss zu entscheiden und der Behörde, wenn diese nicht von der Erlassung einer Beschwerdevorentscheidung absieht, die Akten des Verfahrens zurückzustellen.

(9) Die Bezirksverwaltungsbehörde hat die Sicherheit ohne Erlassung eines Bescheides für frei zu erklären, wenn das Strafverfahren eingestellt wird, wobei es auf die Rechtskraft der Einstellung nicht ankommt, oder nicht binnen fünf Jahren ab Erlegung der Verfall ausgesprochen wurde. Frei gewordene Sicherheiten sind unverzüglich an den Auftragnehmer oder den Überlasser auszuzahlen. Im Falle einer rechtskräftigen Bestrafung ist die Sicherheit zur Abdeckung der Geldstrafe und der Kosten des Strafverfahrens zu verwenden, worüber der Auftragnehmer oder der Überlasser zu informieren ist; ein Restbetrag ist an den Auftragnehmer oder den Überlasser auszuzahlen.

(10) Die Bezirksverwaltungsbehörde hat die Sicherheit für verfallen zu erklären, sobald sich die Strafverfolgung des Auftragnehmers oder des Überlassers als unmöglich erweist. Für die Widmung der verfallenen Sicherheit gelten dieselben Vorschriften wie für Geldstrafen.

Evidenz über Verwaltungs(straf)verfahren nach den §§ 26, 26a, 27, 27a bis 27c, 28, 29 Abs. 1, 31 und 34

§ 35. (1) Für Zwecke der Beantragung eines Strafausmaßes, der Strafbemessung, der Untersagung der Dienstleistung nach § 31 Abs. 1 und der Feststellung der Ausübung einer Dienstleistung trotz Untersagung sowie für die Zwecke der Evaluierung der Strafverfolgung oder des Strafvollzugs sowie für die Zwecke der Beauskunftung öffentlicher Auftraggeber und Sektorenauftraggeber hat das Kompetenzzentrum LSDB eine Evidenz über rechtskräftige Bescheide und Erkenntnisse in Verwaltungs(straf)verfahren nach den §§ 26, 26a, 27, 27a bis 27c, 28, 29 Abs. 1, 31 und 34 zu führen. Diese kann automationsunterstützt geführt werden.

(2) Die Bezirksverwaltungsbehörden und die Verwaltungsgerichte der Länder haben Ausfertigungen rechtskräftiger Bescheide und Erkenntnisse, die sie oder der Verwaltungsgerichtshof in Strafverfahren oder Verfahren gemäß den §§ 26, 26a, 27, 27a bis 27c, 28, 29 Abs. 1, 31 und 34 erlassen haben, in automationsunterstützter Form samt Datum der Rechtskraft unverzüglich dem Kompetenzzentrum LSDB zu übermitteln. Desgleichen haben sie Ausfertigungen rechtskräftiger Bescheide und Erkenntnisse, mit denen eine Strafe gemäß den §§ 26, 26a, 27, 27a bis 27c, 28 oder 29 Abs. 1 gegen verantwortliche Beauftragte im Sinne von § 9 Abs. 2 letzter Satz und Abs. 3 VStG verhängt wurde, jenem Unternehmen zuzustellen, dem diese Bestrafung gemäß Abs. 4 zweiter Satz zuzurechnen ist. Im Bescheid oder im Erkenntnis ist ein Hinweis darauf aufzunehmen, dass mit der rechtskräftigen Bestrafung die Eintragung des/der Beschuldigten und jenes Unternehmens, dem die Bestrafung zuzurechnen ist, in die Evidenz verbunden ist.

(3) Das Kompetenzzentrum LSDB hat Daten eines Strafverfahrens fünf Jahre nach Eintritt der Rechtskraft des jeweiligen Bescheides oder Erkenntnisses zu löschen. Das Kompetenzzentrum LSDB hat Daten eines Verfahrens über die Untersagung einer Dienstleistung drei Jahre nach Ablauf des Zeitraums der Untersagung zu löschen.

(4) Das Kompetenzzentrum LSDB hat der Bezirksverwaltungsbehörde, dem Verwaltungsgericht des Landes, dem Träger der Krankenversicherung, dem Amt für Betrugsbekämpfung oder der Bauarbeiter-Urlaubs- und Abfertigungskasse auf Verlangen binnen zwei Wochen zur Beantragung des Strafausmaßes, zur Strafbemessung, zur Untersagung der Dienstleistung oder zur Feststellung, dass trotz Untersagung eine Dienstleistung ausgeübt wird, Auskunft darüber zu geben, ob hinsichtlich des im Auskunftsersuchen genannten Arbeitgebers oder Beschäftigers eine rechtskräftige Bestrafung oder Entscheidung gemäß den §§ 26, 26a, 27, 27a bis 27c, 28, 29 Abs. 1 oder 31 vorliegt oder ihm eine solche Bestrafung zuzurechnen ist. Zuzurechnen ist dem Arbeitgeber eine Bestrafung dann, wenn diese Bestrafung gegen den Arbeitgeber selbst oder gegen den zur Vertretung nach außen Berufenen (§ 9 Abs. 1 VStG) oder gegen den verantwortlichen Beauftragten (§ 9 Abs. 2 oder 3 VStG) rechtskräftig verhängt wurde. In der Auskunft sind die Anzahl der Bestrafungen und gegebenenfalls die maßgeblichen Daten der Strafbescheide und Straferkenntnisse, der Bescheide, mit denen eine Ermahnung erteilt wurde, sowie der Bescheide und Erkenntnisse in Verfahren nach § 31 anzugeben oder festzustellen, dass keine Bestrafung, keine Untersagung der Dienstleistung oder Daten für eine Auskunft vorliegen. Bei der Auskunftserteilung im Zusammenhang mit Verfahren nach § 31 sind zu nennen: Behörde, Aktenzahl, Bescheid-, Erkenntnis- und Rechtskraftdatum, Name und Geburtsdatum der Person, auf die sich der Bescheid oder das Erkenntnis bezieht und der es zuzurechnen ist, verhängte Geldstrafen, Dauer/Zeitraum der Untersagung der Dienstleistung. Fünf Jahre nach Eintritt der Rechtskraft des jeweiligen Strafbescheides oder Straferkenntnisses sowie drei Jahre nach Ablauf des Zeitraums der Untersagung der Dienstleistung darf in Bezug auf diesen Bescheid oder dieses Erkenntnis eine Auskunft nicht mehr erteilt werden.

(5) Weiters hat das Kompetenzzentrum LSDB dem öffentlichen Auftraggeber oder Sektorenauftraggeber auf Verlangen binnen zwei Wochen Auskunft darüber zu geben, ob hinsichtlich des im Auskunftsersuchen genannten Arbeitgebers eine rechtskräftige Bestrafung oder Entscheidung gemäß den §§ 28, 29 Abs. 1 oder 31 Abs. 1 vorliegt oder ihm eine solche Bestrafung oder Entscheidung zuzurechnen ist. Abs. 4 vorletzter Satz ist sinngemäß anzuwenden. Für Auskünfte an öffentliche Auftraggeber und Sektorenauftraggeber gilt § 28b Abs. 2 zweiter und dritter Satz AuslBG mit der Maßgabe, dass an die Stelle des Begriffs „Bestrafung" der Begriff „Bestrafung oder Entscheidung" tritt. Für Auskünfte an öffentliche Auftraggeber und Sektorenauftraggeber zählen rechtskräftige Bestrafungen oder Entscheidungen gemäß den §§ 28, 29 Abs. 1 oder 31 Abs. 1, deren Spruch sich auf mehrere Arbeitnehmer bezieht oder verschiedene Verwaltungsübertretungen erfasst, als eine Bestrafung oder Entscheidung.

(Anm.: Abs. 6 aufgehoben durch Art. 1 Z 29, BGBl. I Nr. 174/2021)

3. Hauptstück

Durchsetzung von Maßnahmen zum Schutz arbeitsrechtlicher Ansprüche bei grenzüberschreitendem Arbeitseinsatz

1. Abschnitt

Allgemeine Bestimmungen

Anwendungsbereich

§ 36. Das dritte Hauptstück regelt im Zusammenhang mit der Übertretung arbeitsrechtlicher Vorschriften oder einer Vorschrift nach diesem Bundesgesetz

1. in seinem zweiten Abschnitt die Zustellung inländischer behördlicher Dokumente an ausländische Arbeitgeber im Inland (§ 41);
2. in seinem dritten Abschnitt die Erwirkung
   a) der Zustellung (§§ 43 bis 46) und
   b) der Vollstreckung (§§ 43, 44 und 47 bis 50)

von Straferkenntnissen und –verfügungen der in § 42 genannten Verwaltungsbehörden und Gerichte in einem anderen EU- oder EWR-Vertragsstaat;

3. in seinem vierten Abschnitt
   a) die Zustellung gerichtlicher und verwaltungsbehördlicher Entscheidungen (§§ 52, 53, 55 sowie 56 bis 58),
   b) die Vollstreckung verwaltungsbehördlicher Entscheidungen (§§ 52 bis 55 sowie 59 bis 64) und
   c) die Vollstreckung gerichtlicher Entscheidungen (§§ 52 bis 55 sowie §§ 65 bis 67)

auf Ersuchen eines anderen EU- oder EWR-Vertragsstaats im Inland.

Bestimmung der Begriffe „inländische Behörde" und „inländische Behörden"

§ 37. Soweit sich aus dem jeweiligen Zusammenhang nicht anderes ergibt, sind im Sinne des dritten Hauptstücks „inländische Behörden" die in § 42 Z 1 bis 4 genannten Verwaltungsbehörden und Gerichte und ist „inländische Behörde" eine der in § 42 Z 1 genannten Verwaltungsbehörden oder eines der in § 42 Z 2 bis 4 genannten Gerichte.

Aufwand der Strafverfolgung bei grenzüberschreitender Rechtsdurchsetzung

§ 38. Inländische Behörden haben bei der Entscheidung über die Einstellung eines nach diesem Hauptstück geführten Verwaltungsstrafverfahrens die Tatsache zu berücksichtigen, dass die Rechtsdurchsetzung und Strafverfolgung in Fällen des § 36 wegen ihrer Beziehung zu mehr als einem Staat einen vergleichsweise höheren Aufwand erfordern kann. Diese Tatsache allein rechtfertigt die Einstellung eines Verwaltungsstrafverfahrens nach § 45 Abs. 1 Z 6 VStG nicht.

Verwendung des Binnenmarkt-Informationssystems (IMI)

§ 39. Inländische Verwaltungsbehörden und Gerichte, die gemäß § 36 Z 2 oder 3 mit dem Ersuchen oder Entsprechen von Ersuchen um Zustellung und Vollstreckung von Entscheidungen befasst sind, haben zu diesem Zweck IMI zu verwenden.

Ämter der Landesregierung als zentrale Behörden

§ 40. (1) Ersuchen um Zustellung und Vollstreckung inländischer Straferkenntnisse oder -verfügungen in einem anderen EU-Mitgliedstaat oder EWR-Staat entsprechend § 36 Z 2 sind von den inländischen Behördenselbst zu stellen.

(2) Ersuchen um Zustellung und Vollstreckung von Entscheidungen anderer EU-Mitgliedstaaten oder EWR-Staaten entsprechend § 36 Z 3 sind von den Ämtern der Landesregierung entgegenzunehmen und weiterzuleiten. Für diesen Zweck werden die Ämter der Landesregierung der Kommission gegenüber entsprechend Artikel 14 der Richtlinie 2014/67/EU zur Durchsetzung der Richtlinie 96/71/EG über die Entsendung von Arbeitnehmern im Rahmen der Erbringung von Dienstleistungen und zur Änderung der Verordnung (EU) Nr. 1024/2012 über die Verwaltungszusammenarbeit mit Hilfe des Binnenmarkt-Informationssystems („IMI-Verordnung"), ABl. Nr. L 159 vom 28.05.2014 S. 11, als die zentralen Behörden benannt.

(3) Bei Schwierigkeiten bei einer Zustellung oder Vollstreckung nach Abs. 1 oder 2 kann eine inländische Verwaltungsbehörde oder ein inländisches Gericht nach Maßgabe dieses Hauptstücks

das örtlich zuständige Amt der Landesregierung um Unterstützung ersuchen, insbesondere wenn die Behörde keinen Zugang zum IMI hat. In solchen Fällen ist das örtlich zuständige Amt der Landesregierung Verbindungsstelle im Sinne des § 15 Abs. 2, Abs. 3 Z 1 und 3, Abs. 5 und Abs. 6 DLG und zur Unterstützung verpflichtet.

(4) Örtlich zuständig für Vorkehrungen nach dem dritten Abschnitt (§§ 43, 44, 46, 48 und 49) ist dasjenige Amt der Landesregierung, in dessen Sprengel die um Zustellung oder Vollstreckung ersuchende Behörde ihren Sitz hat. Örtlich zuständig für Vorkehrungen nach dem vierten Abschnitt (§§ 53 bis 56, 58 Abs. 2, §§ 59 und 65) ist dasjenige Amt der Landesregierung, in dessen Sprengel die Person, gegen die sich die Entscheidung richtet, ihren Sitz oder Wohnsitz hat.

2. Abschnitt
Zustellung an ausländische Arbeitgeber im Inland

§ 41. (1) Für die Anwendung dieses Bundesgesetzes gilt als Abgabestelle im Sinne des § 2 Z 4 des Zustellgesetzes (ZustG), BGBl. Nr. 200/1982, auch die im Inland gelegene Betriebsstätte, Betriebsräumlichkeit, auswärtige Arbeitsstelle oder Arbeitsstätte, an der der Arbeitnehmer tätig ist. Für eine Zustellung an dieser Abgabestelle kann sowohl die Person, für die das Dokument inhaltlich bestimmt ist (Empfänger im materiellen Sinn) als auch die in § 19 Abs. 3 Z 3 bezeichnete Ansprechperson als Empfänger im Sinne des § 2 Z 1 ZustG bezeichnet werden. An dieser Abgabestelle darf der in § 19 Abs. 3 Z 3 bezeichneten Ansprechperson auch dann zugestellt werden, wenn der Empfänger im materiellen Sinn als Empfänger im Sinne des § 2 Z 1 ZustG bezeichnet wurde oder der Empfänger im materiellen Sinn sich nicht regelmäßig an der Abgabestelle aufhält. Wurde entgegen § 19 Abs. 3 Z 3 keine Ansprechperson bezeichnet oder kann der aus dem Kreis der nach Österreich entsandten Arbeitnehmer bezeichneten Ansprechperson nicht zugestellt werden, darf Arbeitnehmern des ausländischen Arbeitgebers zugestellt werden, wobei es auf den regelmäßigen Aufenthalt des Empfängers im materiellen Sinn oder des Empfängers im Sinne des § 2 Z 1 ZustG nicht ankommt. Die in § 19 Abs. 3 Z 3 bezeichnete Ansprechperson kann auch für Zustellungen außerhalb dieser Abgabestelle als Empfänger im Sinne des § 2 Z 1 ZustG bezeichnet werden.

(1a) Abs. 1 ist auf den Einsatz mobiler Arbeitnehmer im Sinne der Richtlinie (EU) 2020/1057 oder von Anhang 31 Teil A Abschnitt 2 des Abkommens mit dem Vereinigten Königreich Großbritannien und Nordirland mit der Maßgabe anzuwenden, dass anstelle der Ansprechperson dem Fahrer zugestellt werden darf.

(2) Liegt der begründete Verdacht einer Verwaltungsübertretung nach den §§ 26, 27, 28, 29 Abs. 1 oder 31 Abs. 4 vor und ist auf Grund bestimmter Tatsachen anzunehmen, dass die Zustellung von Dokumenten aus Gründen, die in dem Empfänger im materiellen Sinn oder in der in § 19 Abs. 3 Z 3 bezeichneten Ansprechperson liegen, unmöglich oder wesentlich erschwert sein wird, kann die Bezirksverwaltungsbehörde dem Empfänger im materiellen Sinn durch Bescheid auftragen, innerhalb einer Frist von mindestens zwei Wochen für das gegenständliche Verfahren einen Zustellungsbevollmächtigten namhaft zu machen. Unter den im ersten Satz genannten Voraussetzungen kann das Amt für Betrugsbekämpfung dem Empfänger im materiellen Sinn auftragen, innerhalb einer Frist von mindestens zwei Wochen für aus der Erhebung resultierende Verfahren einen Zustellungsbevollmächtigten namhaft zu machen. § 10 Abs. 1 zweiter bis vierter Satz und Abs. 2 ZustG ist sinngemäß anzuwenden; die Abgabestelle nach Abs. 1 gilt nicht als Abgabestelle nach § 10 Abs. 2 Z 2 ZustG.

3. Abschnitt
Erwirkung der Zustellung und Vollstreckung der Entscheidungen inländischer Behörden in einem anderen EU-Mitgliedstaat oder EWR-Staat

1. Unterabschnitt
Allgemeine Bestimmungen

Anwendungsbereich

§ 42. Der dritte Abschnitt regelt die Erwirkung der Zustellung und Vollstreckung

1. von Strafbescheiden der Bezirksverwaltungsbehörden,
2. von Erkenntnissen der Verwaltungsgerichte der Länder,
3. von Erkenntnissen des Bundesverwaltungsgerichts und
4. von Erkenntnissen des Verwaltungsgerichtshofs

im EU-Mitgliedstaat oder EWR-Staat, in dem der Beschuldigte, gegen den eine Geldstrafe verhängt wurde, seinen Sitz oder Wohnsitz hat.

Übermittlung eines Ersuchens um Zustellung oder Vollstreckung

§ 43. (1) Ämter der Landesregierung und inländische Behörden, die um Zustellung oder Vollstreckung eines inländischen Straferkenntnisses oder einer inländischen Strafverfügung ersuchen, haben die § 46 Abs. 2 bzw. § 48 Abs. 2 entsprechenden Angaben in das einheitliche Formular einzutragen, das über IMI für solche Ersuchen zur Verfügung gestellt wird. Ist die um Zustellung oder Vollstreckung ersuchende inländische Behörde selbst nicht in IMI registriert, hat sie das gemäß § 40 Abs. 4 örtlich zuständige Amt der Landesregierung um Weiterleitung des Ersuchens um Zustellung oder Vollstreckung zu ersuchen und die entsprechend § 46 bzw. § 48 benötigten Angaben und Beilagen zur Verfügung zu stellen.

(2) Zusammen mit den in § 46 Abs. 3 bzw. § 48 Abs. 3 genannten Beilagen ist das Formular ausgefüllt oder, soweit ein Formular nicht zur Verfügung steht, das Ersuchen als solches an diejenige Behörde bzw. an eine der Behörden weiterzuleiten, die der andere Mitgliedstaat nach Artikel 14 der Richtlinie 2014/67/EU als zuständig benannt hat.

Mitteilung der weiteren Behandlung eines Ersuchens um Zustellung oder Vollstreckung

§ 44. (1) Ein Amt der Landesregierung oder eine inländische Behörde, das oder die Informationen über die weitere Behandlung eines Ersuchens gemäß § 46 bzw. § 48 erlangt hat, hat diese Information an das gemäß § 40 Abs. 4 örtlich zuständige Amt der Landesregierung weiterzuleiten. Das örtlich zuständige Amt der Landesregierung hat seinerseits die Informationen an die inländische Behörde, die das Ersuchen veranlasst hat, weiterzuleiten, soweit die inländische Behörde nicht über die Informationen verfügt.

(2) Teilt die gemäß § 43 um Zustellung oder Vollstreckung ersuchte ausländische Behörde nicht innerhalb eines Monats mit, welche weiteren Maßnahmen sie veranlasst, hat das gemäß § 40 Abs. 4 örtlich zuständige Amt der Landesregierung bzw. die inländische Behörde, das oder die gemäß § 43 um Zustellung oder Vollstreckung ersucht hat, die ausländische Behörde um entsprechende Auskunft zu ersuchen.

2. Unterabschnitt
Erwirkung der Zustellung der Entscheidungen inländischer Behörden in einem anderen EU-Mitgliedstaat oder EWR-Staat
Grundsätze

§ 45. Die inländische Behörde, die eine in § 42 genannte Entscheidung gefällt hat, hat zu veranlassen, dass diese Entscheidung einem Beschuldigten mit Sitz oder Wohnsitz in einem anderen EU-Mitgliedstaat oder EWR-Staat zugestellt wird. Erscheint die Zustellung im Inland nach § 41 und den Regelungen des Zustellgesetzes im Vorhinein aussichtslos oder erweist sie sich als unmöglich, ist eine Zustellung im Mitgliedstaat, in dem der Beschuldigte seinen Sitz oder Wohnsitz hat, entsprechend § 46 zu veranlassen.

Ersuchen um Zustellung in einem anderen EU-Mitgliedstaat oder EWR-Staat

§ 46. (1) Die Zustellung einer Entscheidung in einem anderen EU-Mitgliedstaat oder EWR-Staat ist durch die inländische Behörde, die die Entscheidung gefällt hat, entweder selbst oder im Weg eines Ersuchens an das gemäß § 40 Abs. 4 örtlich zuständige Amt der Landesregierung zu veranlassen.

(2) Das Ersuchen um Veranlassung einer Zustellung muss folgende Angaben enthalten:

1. den Namen und die Anschrift des Empfängers und alle weiteren bekannten Daten zur Identifizierung des Empfängers;
2. die Kontaktdaten der inländischen Behörde, die die zuzustellende Entscheidung gefällt hat;
3. die ausdrückliche Bezeichnung der inländischen Behörde, die die Entscheidung gefällt hat, als „Gericht“ oder als „Verwaltungsbehörde“;
4. eine Zusammenfassung des Sachverhalts;
5. Angaben, gegen welche arbeitsrechtliche Vorschrift verstoßen wurde;
6. die Angabe der Höhe der Geldstrafe;
7. das Datum, bis zu dem spätestens die Entscheidung zugestellt werden sollte.

(3) Dem Ersuchen sind beizufügen:

1. die zuzustellende Entscheidung;
2. eine Übersetzung der zuzustellenden Entscheidung in eine Amtssprache des EU-Mitgliedstaats oder EWR-Staats, in dem der Beschuldigte seinen Sitz oder Wohnsitz hat.

3. Unterabschnitt
Erwirkung der Vollstreckung der Entscheidungen inländischer Behörden in einem anderen EU-Mitgliedstaat oder EWR-Staat
Grundsätze

§ 47. Ist eine in § 42 genannte Entscheidung gegen einen Verpflichteten mit Sitz oder Wohnsitz in einem anderen EU-Mitgliedstaat oder EWR-Staat in Rechtskraft erwachsen, so ist zunächst ihre Vollstreckung im Inland zu versuchen. Bei der Bestimmung der für eine Vollstreckung im Inland örtlich zuständigen Bezirksverwaltungsbehörde oder des dafür örtlich zuständigen Gerichts ist der Ort maßgebend, an dem sich Vermögen des Verpflichteten befindet, in das die Entscheidung vollstreckt werden soll. Erscheint die Vollstreckung im Inland aussichtslos, ist sie nicht möglich oder wäre sie mit einem unverhältnismäßigen Aufwand verbunden, so ist der EU-Mitgliedstaat oder EWR-Staat, in dem der Beschuldigte seinen Sitz oder Wohnsitz hat, nach § 48 um Vollstreckung zu ersuchen.

Ersuchen um Vollstreckung in einem anderen EU-Mitgliedstaat oder EWR-Staat

§ 48. (1) Die Vollstreckung einer Entscheidung in einem anderen EU-Mitgliedstaat oder EWR-Staat ist durch die inländische Behörde, die die Entscheidung gefällt hat, entweder selbst oder im Weg eines Ersuchens an das gemäß § 40 Abs. 4 örtlich zuständige Amt der Landesregierung zu veranlassen.

(2) Das Ersuchen um Veranlassung einer Vollstreckung muss folgende Angaben enthalten:

1. den Namen und die Anschrift des Verpflichteten und alle weiteren bekannten Daten zur Identifizierung des Verpflichteten;
2. die Kontaktdaten der inländischen Behörde, die die zu vollstreckende Entscheidung gefällt hat;
3. die ausdrückliche Bezeichnung der inländischen Behörde, die die Entscheidung gefällt hat, als „Gericht" oder als „Verwaltungsbehörde";
4. eine Zusammenfassung des Sachverhalts;
5. Angaben, gegen welche arbeitsrechtliche Vorschrift verstoßen wurde;
6. die Angabe der Höhe der Geldstrafe;
7. Angaben über die allfällige vorherige Zustellung der Entscheidung;
8. das Datum, an dem die Entscheidung vollstreckbar oder rechtskräftig wurde;
9. die Vollstreckungsmittel;
10. die Vollstreckbarkeitsbestätigung.

(3) Dem Ersuchen sind beizufügen:

1. die zu vollstreckende Entscheidung;
2. eine Übersetzung der zu vollstreckenden Entscheidung in eine Amtssprache des EU-Mitgliedstaats oder EWR-Staats, in dem der Beschuldigte seinen Sitz oder Wohnsitz hat.

Benachrichtigung der um Vollstreckung ersuchten Behörde eines anderen EU-Mitgliedstaats oder EWR-Staats

§ 49. (1) Die gemäß § 48 um Vollstreckung ersuchende inländische Behörde hat die ersuchte Behörde des anderen EU-Mitgliedstaats oder EWR-Staats oder das gemäß § 40 Abs. 4 örtlich zuständige Amt der Landesregierung unverzüglich von Umständen zu verständigen, aufgrund deren die Vollstreckung des Straferkenntnisses oder der Strafverfügung einzuschränken oder aufzuschieben ist oder die Vollstreckbarkeit erlischt, insbesondere wenn

1. der Verpflichtete die Geldstrafe vollständig oder teilweise gezahlt hat,
2. gegen das Straferkenntnis oder die Strafverfügung ein außerordentliches Rechtsmittel (Antrag auf Wiederaufnahme des Verfahrens oder auf Wiedereinsetzung in den vorigen Stand) ergriffen wird,
3. das Straferkenntnis, die Strafverfügung oder dessen oder deren Vollstreckbarkeit nachträglich aufgehoben, abgeändert oder das Ausmaß der Geldstrafe herabgesetzt worden ist, oder
4. die Vollstreckung aus anderen Gründen nicht mehr begehrt wird.

(2) Ist das Ersuchen um Vollstreckung gemäß § 48 Abs. 1 im Weg des gemäß § 40 Abs. 4 örtlich zuständigen Amts der Landesregierung ergangen, so hat dieses Amt der Landesregierung die Behörde, die der andere EU-Mitgliedstaat oder EWR-Staat nach Artikel 14 der Richtlinie 2014/67/EU als zuständig benannt hat, von den in Abs. 1 genannten Umständen zu benachrichtigen.

Folgen des Ersuchens um Vollstreckung in einem anderen EU-Mitgliedstaat oder EWR-Staat für die Vollstreckung im Inland

§ 50. Eine gemäß § 48 mit dem Ersuchen um Vollstreckung übermittelte Entscheidung darf im Inland nicht vollstreckt werden. Die Vollstreckung im Inland ist wieder zulässig, wenn der um Vollstreckung ersuchte andere EU-Mitgliedstaat oder EWR-Staat dem Ersuchen nicht nachkommt.

4. Abschnitt

Zustellung und Vollstreckung der Entscheidung einer Behörde eines anderen EU-Mitgliedstaats oder EWR-Staats im Inland

1. Unterabschnitt

Allgemeine Bestimmungen

Anwendungsbereich

§ 51. Der vierte Abschnitt regelt, mit welchen Maßnahmen Ersuchen einer Behörde eines anderen EU-Mitgliedstaats oder EWR-Staats um

1. Zustellung und
2. Vollstreckung

der Entscheidung eines Gerichts oder einer Verwaltungsbehörde dieses EU-Mitgliedstaats oder EWR-Staats im Inland wegen Verletzung einer arbeitsrechtlichen Vorschrift zu entsprechen ist, wenn das Ersuchen an ein Amt der Landesregierung, an eine sonstige inländische Verwaltungsbehörde oder an ein inländisches Gericht ergangen ist.

Anerkennung und Gleichbehandlung der Entscheidung eines anderen EU-Mitgliedstaats oder EWR-Staats

§ 52. Liegt kein Grund für die Ablehnung der Zustellung (§ 58) oder der Vollstreckung (§ 54) einer Entscheidung vor, um die ein anderer EU-Mitgliedstaat oder EWR-Staat ersucht hat, ist die Entscheidung als solche anzuerkennen und wie eine inländische verwaltungsbehördliche oder gerichtliche Strafentscheidung zu behandeln.

Weiterleitung bei Unzuständigkeit

§ 53. (1) Eine zur Zustellung oder Vollstreckung übermittelte Entscheidung ist von Amts wegen von der Behörde, die sie erhalten hat, unverzüglich dem gemäß § 40 Abs. 4 örtlich zuständigen Amt der Landesregierung zu übermitteln, wenn die Entscheidung erging

1. an eine inländische Verwaltungsbehörde oder an ein inländisches Gericht, die oder das für die Zustellung oder Vollstreckung selbst nicht zuständig ist oder
2. an ein Amt der Landesregierung, das nach § 40 Abs. 4 örtlich nicht zuständig ist.

Das gemäß § 40 Abs. 4 örtlich zuständige Amt der Landesregierung hat nach § 56 bzw. nach § 59 oder § 65 vorzugehen.

(2) Inländische Verwaltungsbehörden und Gerichte, die direkt um Zustellung bzw. Vollstreckung einer Entscheidung ersucht wurden und die dafür zuständig sind, haben nach § 55 und dem zweiten Unterabschnitt bzw. nach §§ 54, 55, dem dritten und vierten Unterabschnitt vorzugehen.

Ablehnung der Vollstreckung

§ 54. (1) Die oder das gemäß § 53 Abs. 2, § 59 oder § 65 mit einem Vollstreckungsersuchen befasste inländische Verwaltungsbehörde oder Gericht hat das Vollstreckungsersuchen auf das Vorliegen eines der in Abs. 3 genannten Gründe für eine Ablehnung zu überprüfen. Ergibt die Überprüfung, dass einer der in Abs. 3 Z 4 bis 6 genannten Ablehnungsgründe vorliegt, hat die inländische Verwaltungsbehörde oder das Gericht der ersuchenden Behörde des anderen EU-Mitgliedstaats oder EWR-Staats die Ablehnung des Ersuchens und die Gründe dafür mitzuteilen. Bei Vorliegen eines der in Abs. 3 Z 1 bis 3 genannten Ablehnungsgründe ist der ersuchenden Behörde des anderen EU-Mitgliedstaats oder EWR-Staats mitzuteilen, dass die Vollstreckung abgelehnt werde, wenn nicht innerhalb einer bestimmten Frist Angaben oder Unterlagen nachgereicht oder vervollständigt werden, die zur Behebung der in Abs. 3 Z 1 bis 3 genannten Mängel benötigt werden.

(2) Die Mitteilung an die um Vollstreckung ersuchende Behörde des anderen EU-Mitgliedstaats oder EWR-Staats nach Abs. 1 hat entweder im Weg des gemäß § 40 Abs. 4 örtlich zuständigen Amts der Landesregierung oder durch die inländische Verwaltungsbehörde oder das Gericht zu erfolgen, die oder das über die Ablehnung entschieden hat.

(3) Die Vollstreckung ist abzulehnen, wenn das Ersuchen um Vollstreckung

1. nicht alle in § 48 Abs. 2 genannten Angaben enthält oder
2. ohne die zu vollstreckende Entscheidung übermittelt wird oder
3. offenkundig nicht mit der zugrunde liegenden Entscheidung übereinstimmt oder
4. die voraussichtlichen Kosten oder Mittel der Vollstreckung im Vergleich mit der Höhe der zu vollstreckenden Geldstrafe oder Geldbuße unverhältnismäßig wären oder
5. die zu vollstreckende Geldstrafe oder Geldbuße unter 350 Euro oder dem Gegenwert dieses Betrags liegt oder
6. die Vollstreckung mit verfassungsgesetzlich gewährleisteten Rechten oder sonstigen Grundwertungen der österreichischen Rechtsordnung nicht vereinbar wäre.

Benachrichtigung der ersuchenden Behörde eines anderen EU-Mitgliedstaats oder EWR-Staats

§ 55. (1) Abgesehen von der in § 58 bzw. § 54 geregelten Ablehnung einer Zustellung bzw. Vollstreckung ist der um Zustellung oder Vollstreckung ersuchenden Behörde eines anderen EU-Mitgliedstaats oder EWR-Staats mitzuteilen,

1. welche Maßnahmen in Durchführung des zweiten bis vierten Unterabschnitts getroffen wurden und
2. welche tatsächlichen oder rechtlichen Hindernisse diesen Maßnahmen entgegenstehen.

(2) Entsprechend Abs. 1 mitzuteilen sind jedenfalls

1. Datumsangaben zur Behandlung des Ersuchens wie das Datum der Zustellung, des Vollzugs oder der Einstellung der Vollstreckung,
2. die Verweigerung der Annahme einer zuzustellenden Entscheidung gemäß § 12 ZustG,
3. die Einbringung eines Rechtsmittels im Vollstreckungsverfahren,
4. die Uneinbringlichkeit der Geldstrafe.

(3) Die Mitteilung an die um Zustellung oder Vollstreckung ersuchende Behörde des anderen EU-Mitgliedstaats oder EWR-Staats nach Abs. 1 und 2 hat entweder im Weg des gemäß § 40 Abs. 4 örtlich zuständigen Amts der Landesregierung oder durch die inländische Verwaltungsbehörde oder das Gericht zu erfolgen, die oder das die Maßnahmen gesetzt hat, auf die sich die gemäß Abs. 1 und 2 mitzuteilenden Umstände beziehen.

2. Unterabschnitt
Zustellung gerichtlicher und verwaltungsbehördlicher Entscheidungen eines anderen EU-Mitgliedstaats oder EWR-Staats im Inland

Veranlassung der Zustellung

§ 56. Ein Amt der Landesregierung, das um Zustellung einer Entscheidung ersucht wurde, hat bei örtlicher Zuständigkeit gemäß § 40 Abs. 4 die Zustellung der Entscheidung und, soweit sie angefertigt wurde, ihrer Übersetzung an die im Ersuchen angeführte Adresse des Beschuldigten über die zuständige inländische Verwaltungsbehörde oder über das zuständige inländische Gericht zu veranlassen.

Anzuwendendes Verfahrensrecht

§ 57. Auf die Zustellung von Entscheidungen der Behörden anderer EU-Mitgliedstaaten oder EWR-Staaten nach diesem Unterabschnitt ist das ZustG anzuwenden.

Ablehnung der Zustellung

§ 58. (1) Die oder das nach § 53 Abs. 2 oder § 56 mit einem Zustellersuchen befasste zuständige inländische Verwaltungsbehörde oder Gericht hat das Zustellersuchen auf das Vorliegen eines der in Abs. 3 genannten Gründe für eine Ablehnung zu überprüfen. Ergibt die Überprüfung, dass ein Ablehnungsgrund vorliegt, ist der ersuchenden Behörde des anderen EU-Mitgliedstaats oder EWR-Staats mitzuteilen, dass die Zustellung abgelehnt werde, wenn nicht innerhalb einer bestimmten Frist Angaben oder Unterlagen nachgereicht oder vervollständigt werden, die zur Behebung der in Abs. 3 genannten Mängel benötigt werden.

(2) Die Mitteilung an die um Zustellung ersuchende Behörde des anderen EU-Mitgliedstaats oder EWR-Staats nach Abs. 1 hat entweder im Weg des gemäß § 40 Abs. 4 örtlich zuständigen Amts der Landesregierung oder durch die inländische Verwaltungsbehörde oder das Gericht, die oder das mit dem Zustellersuchen befasst wurden, zu erfolgen.

(3) Die Zustellung ist abzulehnen, wenn das Ersuchen um Zustellung

1. nicht alle in § 46 Abs. 2 genannten Angaben enthält oder
2. ohne die zuzustellende Entscheidung übermittelt wird oder
3. offenkundig nicht mit der zugrunde liegenden Entscheidung übereinstimmt.

3. Unterabschnitt
Vollstreckung verwaltungsbehördlicher Entscheidungen eines anderen EU-Mitgliedstaats oder EWR-Staats im Inland

Veranlassung der Vollstreckung

§ 59. Ein Amt der Landesregierung, das entsprechend § 51 Z 2 um Vollstreckung der Entscheidung einer Verwaltungsbehörde ersucht wurde, hat bei örtlicher Zuständigkeit die Bezirksverwaltungsbehörde, die als Vollstreckungsbehörde für den im Ersuchen angeführten Wohnsitz oder Sitz des Verpflichteten örtlich zuständig ist, um Vollstreckung der Entscheidung zu ersuchen.

Anzuwendendes Verfahrensrecht

§ 60. Auf das Verfahren der Vollstreckung verwaltungsbehördlicher Entscheidungen anderer EU-Mitgliedstaaten oder EWR-Staaten sind das Verwaltungsvollstreckungsgesetz 1991 (VVG), BGBl Nr. 53/1991, und § 6 des EU-Verwaltungsstrafvollstreckungsgesetzes (EU-VStVG), BGBl. I Nr. 3/2008, anzuwenden.

Aufschub der Vollstreckung

§ 61. Die Vollstreckungsbehörde hat die Vollstreckung aufzuschieben, sobald ihr bekannt wird, dass die der Vollstreckung unterliegende Entscheidung der Behörde des anderen EU-Mitgliedstaats oder EWR-Staats in diesem angefochten wird.

Beendigung der Vollstreckung

§ 62. Die Vollstreckungsbehörde hat die Vollstreckung einzustellen, sobald ihr bekannt wird, dass aufgrund einer im ersuchenden EU-Mitgliedstaat oder EWR-Staat getroffenen Entscheidung oder Maßnahme das Vollstreckungsersuchen gegenstandslos geworden ist.

Erlös aus der Vollstreckung

§ 63. Der Erlös aus einer Vollstreckung fließt dem Rechtsträger zu, der den Aufwand der Vollstreckungsbehörde zu tragen hat.

Kosten

§ 64. Unbeschadet ihrer Einbringung beim Verpflichteten sind die Kosten von dem nach § 63 zuständigen Rechtsträger zu tragen.

4. Unterabschnitt
Vollstreckung gerichtlicher Entscheidungen eines anderen EU-Mitgliedstaats oder EWR-Staats im Inland

Veranlassung der Vollstreckung

§ 65. Ein Amt der Landesregierung das entsprechend § 51 Z 2 um Vollstreckung der Entscheidung eines Gerichts ersucht wurde, hat, wenn es nach § 40 Abs. 4 örtlich zuständig ist, das Landesgericht, das für den im Ersuchen angeführten Wohnsitz oder Sitz des Verpflichteten örtlich zuständig ist, um Veranlassung der Vollstreckung der Entscheidung zu ersuchen.

Anzuwendendes Verfahrensrecht

§ 66. Auf das Verfahren der Vollstreckung gerichtlicher Entscheidungen anderer EU-Mitgliedstaaten oder EWR-Staaten sind die §§ 53d, 53f, 53h und 53j des Bundesgesetzes über die justizielle Zusammenarbeit in Strafsachen mit den Mitgliedstaaten der Europäischen Union (EU-JZG), BGBl I Nr. 36/2004, sowie das Gerichtliche Einbringungsgesetz 1962 (GEG 1962), BGBl Nr. 288/1962, anzuwenden.

Aufschub der Vollstreckung

§ 67. Das gemäß § 53 Abs. 2 oder § 65 zuständige Landesgericht hat die Vollstreckung aufzuschieben,

1. sobald ihm bekannt wird, dass die der Vollstreckung unterliegende Entscheidung der Behörde des anderen EU-Mitgliedstaats oder EWR-Staats in diesem angefochten wird;
2. solange über eine gemäß § 53d Abs. 4 EU-JZG erhobene Beschwerde nicht rechtskräftig entschieden wurde;
3. für die Dauer der vom Gericht für erforderlich erachteten, auf seine Kosten anzufertigenden Übersetzung der Entscheidung;
4. bis zum Einlangen der von der Behörde des Entscheidungsstaates begehrten ergänzenden Informationen.

4. Hauptstück
Schlussbestimmungen
Verweisungen

§ 68. (1) Soweit in diesem Bundesgesetz auf andere Bundesgesetze verwiesen wird, sind diese in der jeweils geltenden Fassung anzuwenden.

(2) Soweit in anderen Bundesgesetzen auf die §§ 7 bis 7o des Arbeitsvertragsrechts-Anpassungsgesetzes (AVRAG), BGBl. Nr. 459/1993 in der Fassung vor dem BGBl. I Nr. 44/2016 oder die §§ 10 und 10a AÜG in der Fassung vor BGBl. I Nr. 44/2016 verwiesen wird, gilt dieser Verweis als Verweis auf die entsprechenden Bestimmungen dieses Bundesgesetzes.

Kontrollplan – Tätigkeitsbericht

§ 69. Der Bundesminister für Arbeit, Soziales und Konsumentenschutz hat in Zusammenarbeit mit dem Bundesminister für Finanzen nach Maßgabe der jeweiligen Zuständigkeit unter dem Gesichtspunkt einer wirksamen Kontrolle und auf Basis von Risikobewertungen und statistischen Daten sowie unter Berücksichtigung der spezifischen Risiken besonderer Branchen jährlich einen Kontrollplan zu erstellen. Im Kontrollplan ist auch zu dokumentieren, inwieweit das für die Kontrolle nach § 12 zuständige Amt für Betrugsbekämpfung im Hinblick auf die Anzahl der nach Österreich entsandten Arbeitnehmer und effizienten Kontrollen ausreichend mit Personal ausgestattet ist. Der Bundesminister für Finanzen hat dementsprechend für eine ausreichende Personalausstattung zu sorgen. Der Kontrollplan ist erstmalig für das Jahr 2018 zu erstellen. Der Bundesminister für Finanzen hat jährlich bis zum 30. Juni des Folgejahres einen Bericht über die Durchführung des Kontrollplanes zu erstellen und gemeinsam mit dem Bundesminister für Arbeit, Soziales und Konsumentenschutz dem Nationalrat vorzulegen und der Öffentlichkeit zugänglich zu machen.

Sprachliche Gleichbehandlung

§ 70. Bei allen personenbezogenen Bezeichnungen gilt die gewählte Form für beide Geschlechter.

Vollziehungsbestimmungen

§ 71. Mit der Vollziehung dieses Bundesgesetzes sind betraut:

1. hinsichtlich des § 12, § 19 Abs. 2, § 20 Abs. 3 der Bundesminister für Finanzen;
2. hinsichtlich des § 69 der Bundesminister für Arbeit, Soziales und Konsumentenschutz und der Bundesminister für Finanzen;
3. hinsichtlich der übrigen Bestimmungen der Bundesminister für Arbeit, Soziales und Konsumentenschutz.

Inkrafttreten

§ 72. (1) Dieses Bundesgesetzes tritt mit 1. Jänner 2017 in Kraft und ist auf Sachverhalte anzuwenden, die sich nach dem 31. Dezember 2016 ereignen.

(2) **(Verfassungsbestimmung)** § 1 Abs. 3 dieses Bundesgesetzes tritt mit 1. Jänner 2017 in Kraft und ist auf Sachverhalte anzuwenden, die sich nach dem 31. Dezember 2016 ereignen.

(3) Die §§ 53 Abs. 1, 53 Abs. 2 und 67 in der Fassung des Bundesgesetzes BGBl. I Nr. 30/2017 treten mit 1. Jänner 2017 in Kraft.

(4) § 13 Abs. 2 Z 6, § 19 Abs. 7, § 20 Abs. 1 und 2, § 21 Abs. 1 Z 2 und 3, § 22 Abs. 1 und 1a, § 23 letzter Satz und § 28 Z 1 in der Fassung des Bundesgesetzes BGBl. I Nr. 64/2017 treten mit 1. Juni 2017 in Kraft und sind auf Sachverhalte anzuwenden, die sich nach dem 31. Mai 2017 ereignen. Meldungen gemäß § 19 für mobile Arbeitnehmer im Transportbereich in der Fassung vor dem Bundesgesetz BGBl. I Nr. 64/2017, die vor dem 1. Juni 2017 erstattet wurden, gelten weiter. § 22 Abs. 1 in der Fassung vor dem Bundesgesetz BGBl. I Nr. 64/2017 gilt für Entsendungen von mobilen Arbeitnehmern im Transportbereich, die vor dem 1. Juni 2017 gemeldet wurden.

(5) § 11 Abs. 2 bis 4 in der Fassung des Materien-Datenschutz-Anpassungsgesetzes 2018, BGBl. I Nr. 32/2018, tritt mit 25. Mai 2018 in Kraft.

(6) Die §§ 11 Abs. 1, 13 Abs. 7, 14 samt Überschrift, 20 Abs. 1, 32 Abs. 1 und 35 Abs. 4 in der Fassung des Bundesgesetzes BGBl. I Nr. 100/2018 treten mit 1. Jänner 2020 in Kraft. Zum Zeitpunkt des Inkrafttretens dieses Bundesgesetzes anhängige Prüfverfahren nach § 14 in der Fassung vor dem Bundesgesetz BGBl. I Nr. 100/2018 sind vom Prüfdienst für lohnabhängige Abgaben und Beiträge fortzuführen.

(7) § 11 Abs. 1 Z 1 und 6, Abs. 2 und 4, § 12 Abs. 1 und 2 samt Überschrift, § 13 Abs. 2 Z 1 und 2, Abs. 4, § 16 Abs. 1, § 17 Abs. 1 Z 4, § 22 Abs. 1a, § 32 Abs. 1 Z 1 und Abs. 2, § 33, § 34 Abs. 1 bis 3, § 35 Abs. 4, § 41 Abs. 2 und § 69, jeweils in der Fassung des Bundesgesetzes BGBl. I Nr. 104/2019, treten mit 1. Jänner 2021 in Kraft.

(8) § 12 Abs. 1 in der Fassung des Bundesgesetzes BGBl. I Nr. 104/2019 tritt nicht in Kraft.

(9) § 12 Abs. 1 in der Fassung des Bundesgesetzes BGBl. I Nr. 99/2020 tritt mit 1. Jänner 2021 in Kraft.

(10) Die §§ 1 Abs. 2, 3, 5 bis 9, 2 Abs. 2, 3 und 4, 3 Abs. 5 und 7, 12 Abs. 1 Z 3 bis 6, 14 samt Überschrift, 15 Abs. 2, 19, 21, 22, 24 Abs. 1 erster Satz, 25a, 26 bis 28 samt Überschriften, 29 Abs. 1, 33, 34 samt Überschrift, 35 Abs. 2 und 4 und die Überschrift zu § 3 in der Fassung des Bundesgesetzes BGBl. I Nr. 174/2021 treten mit 1. September 2021 in Kraft und sind auf

Entsendungen und Überlassungen anzuwenden, die nach dem 31. August 2021 begonnen haben. Die §§ 2 Abs. 3 und 35 Abs. 6 in der Fassung vor dem Bundesgesetz BGBl. I Nr. 174/2021 treten mit Ablauf des 31. August 2021 außer Kraft und sind auf Sachverhalte anzuwenden, die sich vor dem 1. September 2021 ereignet haben. Die §§ 2 Abs. 3 und 3 Abs. 7 in der Fassung des Bundesgesetzes BGBl. I Nr. 174/2021 gelten nicht für Arbeitnehmer im Sinne des § 1 Abs. 9. Die §§ 11 Abs. 1 Z 3, 20 Abs. 1 und 2 Z 1, 32 Abs. 1 Z 2 in der Fassung des Bundesgesetzes BGBl. I Nr. 174/2021 treten mit Ablauf des Tages der Kundmachung dieses Bundesgesetzes in Kraft. Die §§ 26 bis 29 in der Fassung des Bundesgesetzes BGBl. I Nr. 174/2021 sind auf alle zum Zeitpunkt des Inkrafttretens dieser Bestimmungen anhängigen Verfahren einschließlich von Verfahren vor dem Verwaltungsgerichtshof und Verfassungsgerichtshof anzuwenden.

(11) § 1 Abs. 9, § 1a samt Überschrift, § 2 Abs. 3a und die §§ 17a, 17b und 18a samt Überschriften sowie § 19 Abs. 8 in der Fassung des Bundesgesetzes BGBl. I Nr. 111/2022 treten mit 2. Februar 2022 in Kraft. § 1 Abs. 8 Z 1, § 2 Abs. 5, § 12 Abs. 1, § 15 Abs. 2, § 19a samt Überschrift, § 21a samt Überschrift, § 22 Abs. 1a und 1c, § 23, § 26a samt Überschrift, §§ 27a bis 27c samt Überschrift, § 35 Abs. 1, 2 und 4 und § 41 Abs. 1a in der Fassung des Bundesgesetzes BGBl. I Nr. 111/2022 treten mit Ablauf des Tages ihrer Kundmachung in Kraft und sind auf Entsendungen anzuwenden, die nach dem Tag ihrer Kundmachung begonnen haben. Meldungen nach § 19 Abs. 7, die für mobile Arbeitnehmer im Sinne der Richtlinie (EU) 2020/1057 vor Inkrafttreten des Bundesgesetzes BGBl. I Nr. 111/2022 erstattet wurden, gelten für den in der Meldung genannten Zeitraum weiter.

(12) § 2 Abs. 3 und § 3 Abs. 7 in der Fassung des Bundesgesetzes BGBl. I Nr. 174/2021 gelten ab dem 2. Februar 2022 auch für Arbeitnehmer im Sinne des § 1 Abs. 9.

41. Mutterschutzgesetz 1979

Mutterschutzgesetz 1979 - MSchG
StF: BGBl. Nr. 221/1979
Letzte Novellierung: BGBl. I Nr. 87/2022

GLIEDERUNG

STICHWORTVERZEICHNIS

Abschnitt 1

Geltungsbereich

§ 1. (1) Dieses Bundesgesetz gilt für

1. Dienstnehmerinnen,
2. Heimarbeiterinnen.

(2) Dieses Bundesgesetz ist nicht anzuwenden auf

1. Dienstnehmerinnen, für deren Dienstverhältnis das Landarbeitsgesetz 1984, BGBl. Nr. 287, gilt,
2. Dienstnehmerinnen, die in einem Dienstverhältnis zu einem Land, einer Gemeinde oder einem Gemeindeverband stehen, sofern sie nicht in Betrieben tätig sind.

(3) Abweichend von Abs. 2 Z 2 ist dieses Bundesgesetz auf Dienstnehmerinnen anzuwenden, deren Dienstrecht gemäß Art. 14 Abs. 2 oder Art. 14a Abs. 3 lit. b B-VG gesetzlich vom Bund zu regeln ist.

(4) Die in diesem Bundesgesetz für Dienstnehmerinnen getroffenen Regelungen gelten auch für weibliche Lehrlinge, die für Dienstgeber getroffenen Regelungen auch für Auftraggeber im Sinne des Heimarbeitsgesetzes 1960, BGBl. Nr. 105/1961.

(5) Auf freie Dienstnehmerinnen im Sinne des § 4 Abs. 4 des Allgemeinen Sozialversicherungsgesetzes (ASVG), BGBl. Nr. 189/1955 sind § 3 sowie § 5 Abs. 1 und 3 anzuwenden.

§ 2. Abschnitte 2 bis 7 dieses Bundesgesetzes gelten

1. für Dienstnehmerinnen, die in einem der in § 18 genannten Dienstverhältnisse stehen, mit den in Abschnitt 8 vorgesehenen Abweichungen;
2. für die in privaten Haushalten beschäftigten Dienstnehmerinnen mit den in Abschnitt 9 vorgesehenen Abweichungen;
3. für Heimarbeiterinnen mit den in Abschnitt 10 vorgesehenen Abweichungen.

Abschnitt 2

Evaluierung

Ermittlung, Beurteilung und Verhütung von Gefahren, Pflichten des Dienstgebers

§ 2a. (1) Der Dienstgeber hat bei der Beschäftigung von Dienstnehmerinnen über die nach dem ArbeitnehmerInnenschutzgesetz – ASchG, BGBl. Nr. 450/1994, vorgesehenen Pflichten hinaus für Arbeitsplätze, an denen Frauen beschäftigt werden, die Gefahren für die Sicherheit und Gesundheit von werdenden und stillenden Müttern und ihre Auswirkungen auf die Schwangerschaft oder das Stillen zu ermitteln und zu beurteilen.

(2) Bei dieser Ermittlung und Beurteilung sind insbesondere Art, Ausmaß und Dauer der Einwirkung auf und Belastung für werdende bzw. stillende Mütter durch

1. Stöße, Erschütterungen oder Bewegungen;
2. Bewegen schwerer Lasten von Hand, gefahrenträchtig insbesondere für den Rücken- und Lendenwirbelbereich;
3. Lärm;
4. ionisierende und nicht ionisierende Strahlungen;
5. extreme Kälte und Hitze;
6. Bewegungen und Körperhaltungen, geistige und körperliche Ermüdung und sonstige mit der Tätigkeit der Dienstnehmerin verbundene körperliche Belastung;
7. biologische Arbeitsstoffe im Sinne des § 40 Abs. 5 Z 2 bis 4 ASchG, soweit bekannt ist, daß diese Stoffe oder die im Falle einer durch sie hervorgerufenen Schädigung anzuwendenden therapeutischen Maßnahmen die Gesundheit der werdenden Mutter oder des werdenden Kindes gefährden;
8. gesundheitsgefährdende Arbeitsstoffe;

(Anm.: Z 9 aufgehoben durch BGBl. I Nr. 60/2015)

10. Bergbauarbeiten unter Tage;
11. Arbeiten in Druckluft (Luft mit einem Überdruck von mehr als 0,1 bar), insbesondere in Druckkammern und beim Tauchen

zu berücksichtigen.

(3) Die Ermittlung und Beurteilung der Gefahren ist den sich ändernden Gegebenheiten anzupassen. Eine Überprüfung und erforderlichenfalls eine Anpassung hat insbesondere

1. bei Einführung neuer Arbeitsmittel, Arbeitsstoffe oder Arbeitsverfahren,
2. bei neuen Erkenntnissen über den Stand der Technik und auf dem Gebiet der Arbeitsgestaltung oder
3. auf begründetes Verlangen des Arbeitsinspektorates

zu erfolgen.

(4) Bei der Ermittlung und Beurteilung der Gefahren und der Festlegung der Maßnahmen sind erforderlichenfalls Sicherheitsfachkräfte und Arbeitsmediziner heranzuziehen. Diese können auch mit der Ermittlung und Beurteilung der Gefahren beauftragt werden.

(5) Der Dienstgeber ist verpflichtet, die Ergebnisse der Ermittlung und Beurteilung der Gefahren sowie die zu ergreifenden Maßnahmen nach § 2b schriftlich festzuhalten (Sicherheits- und Gesundheitsschutzdokumente) und alle Dienstnehmerinnen oder den Betriebsrat und die Sicherheitsvertrauenspersonen über die Ergebnisse und Maßnahmen zu unterrichten.

Maßnahmen bei Gefährdung

§ 2b. (1) Ergibt die Beurteilung Gefahren für die Sicherheit oder Gesundheit von werdenden oder stillenden Müttern oder mögliche nachteilige Auswirkungen auf die Schwangerschaft oder das Stillen, so hat der Dienstgeber diese Gefahren und Auswirkungen durch Änderung der Beschäftigung auszuschließen.

(2) Ist eine Änderung der Arbeitsbedingungen aus objektiven Gründen nicht möglich oder dem Dienstgeber oder der Dienstnehmerin nicht zumutbar, so ist die Dienstnehmerin auf einem anderen Arbeitsplatz zu beschäftigen. Besteht kein geeigneter Arbeitsplatz, so ist die Dienstnehmerin von der Arbeit freizustellen.

Abschnitt 3
Beschäftigungsverbote

Beschäftigungsverbote für werdende Mütter

§ 3. (1) Werdende Mütter dürfen in den letzten acht Wochen vor der voraussichtlichen Entbindung (Achtwochenfrist) nicht beschäftigt werden.

(2) Die Achtwochenfrist (Abs. 1) ist auf Grund eines ärztlichen Zeugnisses zu berechnen. Erfolgt die Entbindung früher oder später als im Zeugnis angegeben, so verkürzt oder verlängert sich diese Frist entsprechend.

(3) Über die Achtwochenfrist (Abs. 1) hinaus darf eine werdende Mutter auch dann nicht beschäftigt werden, wenn nach einem von ihr vorgelegten fachärztlichen Zeugnis Leben oder Gesundheit von Mutter oder Kind bei Fortdauer der Beschäftigung gefährdet wäre. Der Bundesminister für Arbeit hat durch Verordnung festzulegen,
1. bei welchen medizinischen Indikationen ein Freistellungszeugnis auszustellen ist,
2. welche Fachärzte ein Freistellungszeugnis ausstellen können,
3. nähere Bestimmungen über Ausstellung, Form und Inhalt des Freistellungszeugnisses.

Eine Freistellung wegen anderer als der in dieser Verordnung genannter medizinischer Indikationen ist im Einzelfall auf Grund eines Zeugnisses eines Arbeitsinspektionsarztes oder eines Amtsarztes vorzunehmen.

(4) Werdende Mütter haben, sobald ihnen ihre Schwangerschaft bekannt ist, dem Dienstgeber hievon unter Bekanntgabe des voraussichtlichen Geburtstermines Mitteilung zu machen. Darüber hinaus sind sie verpflichtet, innerhalb der vierten Woche vor dem Beginn der Achtwochenfrist (Abs. 1) den Dienstgeber auf deren Beginn aufmerksam zu machen. Auf Verlangen des Dienstgebers haben werdende Mütter eine ärztliche Bescheinigung über das Bestehen der Schwangerschaft und den voraussichtlichen Zeitpunkt ihrer Entbindung vorzulegen. Bei einem vorzeitigen Ende der Schwangerschaft ist der Dienstgeber zu verständigen.

(5) Allfällige Kosten für einen weiteren Nachweis der Schwangerschaft und des voraussichtlichen Zeitpunktes der Entbindung, der vom Dienstgeber verlangt wird, hat der Dienstgeber zu tragen.

(6) Der Dienstgeber ist verpflichtet, unverzüglich nach Kenntnis von der Schwangerschaft einer Dienstnehmerin (Heimarbeiterin) oder, wenn er eine ärztliche Bescheinigung darüber verlangt hat (Abs. 4), unverzüglich nach Vorlage dieser Bescheinigung dem zuständigen Arbeitsinspektorat schriftlich Mitteilung zu machen. Hiebei sind Name, Alter, Tätigkeit und der Arbeitsplatz der werdenden Mutter sowie der voraussichtliche Geburtstermin anzugeben. Ist der Betrieb vom Wirkungsbereich der Arbeitsinspektion ausgenommen, so hat der Dienstgeber die Mitteilung über die Schwangerschaft einer Dienstnehmerin an die gemäß § 35 Abs. 1 berufene Behörde zu richten. Eine Abschrift der Meldung an die Arbeitsinspektion oder die sonst zuständige Behörde ist der Dienstnehmerin (Heimarbeiterin) vom Dienstgeber zu übergeben. Ist in einem Betrieb eine eigene arbeitsmedizinische Betreuung eingerichtet, so hat der Dienstgeber auch den Leiter der arbeitsmedizinischen Betreuung über die Schwangerschaft einer Dienstnehmerin zu informieren.

(7) Dienstgeber gemäß § 3 Abs. 2 des Arbeitskräfteüberlassungsgesetzes, BGBl. Nr. 196/1988, sind darüber hinaus verpflichtet, dem zuständigen Arbeitsinspektorat den Wechsel des Beschäftigers einer schwangeren Dienstnehmerin oder die Tatsache des häufigen, kurzfristigen Wechsels anzuzeigen.

(8) Ist die werdende Mutter durch notwendige schwangerschaftsbedingte Vorsorgeuntersuchungen, insbesondere solche nach der Mutter-Kind-Paß-Verordnung, BGBl. II Nr. 470/2001, die außerhalb der Arbeitszeit nicht möglich oder nicht zumutbar sind, an der Dienstleistung verhindert, hat sie Anspruch auf Fortzahlung des Entgelts.

Sonderfreistellung COVID–19

§ 3a. *(Anm.: Abs. 1 bis 6 mit Ablauf 31.12.2022 außer Kraft getreten)*

(7) Abweichend von § 39 Abs. 1 ist mit der Vollziehung der Abs. 3 bis 5 für Dienstnehmerinnen

nach Abs. 6 Z 2 und 3 die Landesregierung betraut.

(8) Die Krankenversicherungsträger sind im übertragenen Wirkungsbereich unter Bindung an die Weisungen des Bundesministers für Arbeit tätig.

(9) Abweichend von § 39 Abs. 2 und 3 ist zur Erlassung der Verordnung hinsichtlich der Dienstnehmerinnen nach Abs. 6 Z 2 der Bundesminister für Arbeit im Einvernehmen mit der Bundesministerin bzw. dem Bundesminister für Soziales, Gesundheit, Pflege und Konsumentenschutz betraut.

(10) Abs. 1 bis 9 in der Fassung des Bundesgesetzes BGBl. I Nr. 87/2022 treten mit 1. Juli 2022 in Kraft. Abs. 1 bis 6 treten mit Ablauf des 31. Dezember 2022 außer Kraft. Die Abs. 5, 6, 7 und 8 sind jedoch weiterhin auf erfolgte Sonderfreistellungen gemäß Abs. 1 anzuwenden. Die Verordnung nach Abs. 1 in der Fassung des Bundesgesetzes BGBl. I Nr. 87/2022 kann mit Ablauf des Tages der Kundmachung dieses Bundesgesetzes erlassen werden. Sie kann frühestens mit 1. Juli 2022 in Kraft gesetzt werden.

(11) § 3a Abs. 1 bis 3 und 5 bis 8 in der bis zum Ablauf des 30. Juni 2022 geltenden Fassung ist auch nach Ablauf des 30. Juni 2022 weiterhin auf alle schwangeren Dienstnehmerinnen anzuwenden, deren Schwangerschaft vor dem Ablauf des 30. Juni 2022 eingetreten ist und sich über den 1. Juli 2022 hinaus erstreckt.

§ 4. (1) Werdende Mütter dürfen keinesfalls mit schweren körperlichen Arbeiten oder mit Arbeiten oder in Arbeitsverfahren beschäftigt werden, die nach der Art des Arbeitsvorganges oder der verwendeten Arbeitsstoffe oder –geräte für ihren Organismus oder für das werdende Kind schädlich sind.

(2) Als Arbeiten im Sinne des Abs. 1 sind insbesondere anzusehen:

1. Arbeiten, bei denen regelmäßig Lasten von mehr als 5 kg Gewicht oder gelegentlich Lasten von mehr als 10 kg Gewicht ohne mechanische Hilfsmittel von Hand gehoben oder regelmäßig Lasten von mehr als 8 kg Gewicht oder gelegentlich Lasten von mehr als 15 kg Gewicht ohne mechanische Hilfsmittel von Hand bewegt oder befördert werden; wenn größere Lasten mit mechanischen Hilfsmitteln gehoben, bewegt oder befördert werden, darf die körperliche Beanspruchung nicht größer sein als bei vorstehend angeführten Arbeiten;
2. Arbeiten, die von werdenden Müttern überwiegend im Stehen verrichtet werden müssen, sowie Arbeiten, die diesen in ihrer statischen Belastung gleichkommen, es sei denn, daß Sitzgelegenheiten zum kurzen Ausruhen benützt werden können; nach Ablauf der 20. Schwangerschaftswoche alle derartigen Arbeiten, sofern sie länger als vier Stunden verrichtet werden, auch dann, wenn Sitzgelegenheiten zum kurzen Ausruhen benützt werden können;
3. Arbeiten, bei denen die Gefahr einer Berufserkrankung im Sinne der einschlägigen Vorschriften des Allgemeinen Sozialversicherungsgesetzes, BGBl. Nr. 189/1955, gegeben ist;
4. Arbeiten, bei denen werdende Mütter Einwirkungen von gesundheitsgefährdenden Stoffen, gleich ob in festem, flüssigem, staub-, gas- oder dampfförmigem Zustand, gesundheitsgefährdenden Strahlen, gesundheitsgefährdenden elektromagnetischen Feldern oder schädlichen Einwirkungen von Hitze, Kälte oder Nässe ausgesetzt sind, bei denen eine Schädigung nicht ausgeschlossen werden kann;
5. die Bedienung von Geräten und Maschinen aller Art, sofern damit eine hohe Fußbeanspruchung verbunden ist;
6. die Bedienung von Geräten und Maschinen mit Fußantrieb, sofern damit eine hohe Fußbeanspruchung verbunden ist;
7. die Beschäftigung auf Beförderungsmitteln;
8. das Schälen von Holz mit Handmessern;
9. Akkordarbeiten, akkordähnliche Arbeiten, Fließarbeiten mit vorgeschriebenem Arbeitstempo, leistungsbezogene Prämienarbeiten und sonstige Arbeiten, bei denen durch gesteigertes Arbeitstempo ein höheres Entgelt erzielt werden kann, wie beispielsweise Arbeiten, für die Entgelt gebührt, das auf Arbeits(Persönlichkeits)bewertungsverfahren, statistischen Verfahren, Datenerfassungsverfahren, Kleinstzeitverfahren oder ähnlichen Entgeltfindungsmethoden beruht, wenn die damit verbundene durchschnittliche Arbeitsleistung die Kräfte der werdenden Mutter übersteigt. Nach Ablauf der 20. Schwangerschaftswoche sind Akkordarbeiten, akkordähnliche Arbeiten, leistungsbezogene Prämienarbeiten sowie Fließarbeiten mit vorgeschriebenem Arbeitstempo jedenfalls untersagt; Arbeiten, für die Entgelt gebührt, das auf Arbeits(Persönlichkeits)bewertungsverfahren, statistischen Verfahren, Datenerfassungsverfahren, Kleinstzeitverfahren oder ähnlichen Entgeltfindungsmethoden beruht, können im Einzelfall vom zuständigen Arbeitsinspektorat untersagt werden;
10. Arbeiten, die von werdenden Müttern ständig im Sitzen verrichtet werden müssen, es sei denn, daß ihnen Gelegenheit zu kurzen Unterbrechungen ihrer Arbeit gegeben wird;
11. Arbeiten mit biologischen Arbeitsstoffen im Sinne des § 40 Abs. 5 Z 2 bis 4 ASchG, soweit bekannt ist, daß diese Stoffe oder die im Falle einer durch sie hervorgerufenen Schädigung anzuwendenden therapeutischen Maßnahmen

die Gesundheit der werdenden Mutter oder des werdenden Kindes gefährden;
12. Bergbauarbeiten unter Tage;
13. Arbeiten in Druckluft (Luft mit einem Überdruck von mehr als 0,1 bar), insbesondere in Druckkammern und beim Tauchen.

(3) Werdende Mütter dürfen nicht mit Arbeiten beschäftigt werden, bei denen sie mit Rücksicht auf ihre Schwangerschaft besonderen Unfallsgefahren ausgesetzt sind.

(4) Im Zweifelsfall entscheidet das Arbeitsinspektorat, ob eine Arbeit unter ein Verbot gemäß den Abs. 1 bis 3 fällt.

(5) Werdende Mütter dürfen mit Arbeiten,

1. bei denen sie sich häufig übermäßig strecken oder beugen oder bei denen sie häufig hocken oder sich gebückt halten müssen, sowie
2. bei denen der Körper übermäßigen Erschütterungen oder
3. bei denen die Dienstnehmerin besonders belästigenden Gerüchen oder besonderen psychischen Belastungen ausgesetzt ist,

nicht beschäftigt werden, wenn das Arbeitsinspektorat auf Antrag der Dienstnehmerin oder von Amts wegen entscheidet, daß diese Arbeiten für den Organismus der werdenden Mutter oder für das werdende Kind schädlich sind und im Fall der Z 3 dies auch von einem Gutachten eines Arbeitsinspektions- oder Amtsarztes bestätigt wird.

(6) Werdende Mütter, die selbst nicht rauchen, dürfen, soweit es die Art des Betriebes gestattet, nicht an Arbeitsplätzen beschäftigt werden, bei denen sie der Einwirkung von Tabakrauch ausgesetzt werden. Wenn eine räumliche Trennung nicht möglich ist, hat der Dienstgeber durch geeignete Maßnahmen dafür Sorge zu tragen, daß andere Dienstnehmer, die im selben Raum wie die werdende Mutter beschäftigt sind, diese nicht der Einwirkung von Tabakrauch aussetzen.

Beschäftigungsverbote für stillende Mütter

§ 4a. (1) Stillende Mütter haben bei Wiederantritt des Dienstes dem Dienstgeber Mitteilung zu machen, daß sie stillen und auf Verlangen des Dienstgebers eine Bestätigung eines Arztes oder einer Mutterberatungsstelle vorzulegen.

(2) Stillende Mütter dürfen keinesfalls mit Arbeiten oder Arbeitsverfahren gemäß § 4 Abs. 2 Z 1, 3, 4, 9, 12 und 13 beschäftigt werden.

(3) Im Zweifelsfall entscheidet das Arbeitsinspektorat, ob eine Arbeit unter ein Verbot gemäß Abs. 2 fällt.

(4) Die Dienstnehmerin hat dem Dienstgeber mitzuteilen, wenn sie nicht mehr stillt.

Beschäftigungsverbote nach der Entbindung

§ 5. (1) Dienstnehmerinnen dürfen bis zum Ablauf von acht Wochen nach ihrer Entbindung nicht beschäftigt werden. Bei Frühgeburten, Mehrlingsgeburten oder Kaiserschnittentbindungen beträgt diese Frist mindestens zwölf Wochen. Ist eine Verkürzung der Achtwochenfrist (§ 3 Abs. 1) vor der Entbindung eingetreten, so verlängert sich die Schutzfrist nach der Entbindung im Ausmaß dieser Verkürzung, höchstens jedoch auf 16 Wochen.

(2) Dienstnehmerinnen dürfen nach ihrer Entbindung über die in Abs. 1 festgelegten Fristen hinaus zu Arbeiten nicht zugelassen werden, solange sie arbeitsunfähig sind. Die Dienstnehmerinnen sind verpflichtet, ihre Arbeitsunfähigkeit ohne Verzug dem Dienstgeber anzuzeigen und auf Verlangen des Dienstgebers eine ärztliche Bestätigung über die voraussichtliche Dauer der Arbeitsunfähigkeit vorzulegen. Kommt eine Dienstnehmerin diesen Verpflichtungen nicht nach, so verliert sie für die Dauer der Säumnis den Anspruch auf das Entgelt.

(3) Dienstnehmerinnen dürfen bis zum Ablauf von zwölf Wochen nach ihrer Entbindung nicht mit den in § 4 Abs. 2 Z 1, 2, 3, 4, 8, 9, 12 und 13 genannten Arbeiten beschäftigt werden.

(4) Über die Bestimmungen der Abs. 1 bis 3 hinaus kann die gemäß § 36 zuständige Verwaltungsbehörde für eine Dienstnehmerin, die nach dem Zeugnis eines Arbeitsinspektionsarztes oder eines Amtsarztes in den ersten Monaten nach ihrer Entbindung nicht voll leistungsfähig ist, dem Dienstgeber die zum Schutz der Gesundheit der Dienstnehmerin notwendigen Maßnahmen auftragen.

(Anm.: Abs. 5 aufgehoben durch BGBl. Nr. 434/1995)

Verbot der Nachtarbeit

§ 6. (1) Werdende und stillende Mütter dürfen – abgesehen von den durch die Abs. 2 und 3 zugelassenen Ausnahmen – von zwanzig bis sechs Uhr nicht beschäftigt werden.

(2) Werdende und stillende Mütter, die im Verkehrswesen, bei Musikaufführungen, Theatervorstellungen, öffentlichen Schaustellungen, Darbietungen, Lustbarkeiten, Filmaufnahmen und in Lichtspieltheatern oder als Krankenpflegepersonal in Kranken-, Heil-, Pflege- oder Wohlfahrtsanstalten oder in mehrschichtigen Betrieben beschäftigt sind, dürfen bis zweiundzwanzig Uhr, Dienstnehmerinnen im Sinne des § 1 Abs. 1 und 2 des Theaterarbeitsgesetzes (TAG), BGBl. I Nr. 100/2010, bis vierundzwanzig Uhr beschäftigt werden, sofern im Anschluß an die Nachtarbeit eine ununterbrochene Ruhezeit von mindestens elf Stunden gewährt wird.

(3) Auf Antrag des Dienstgebers kann das Arbeitsinspektorat im Einzelfall die Beschäftigung werdender und stillender Mütter im Gastgewerbe bis zweiundzwanzig Uhr, bei Musikaufführungen, Theatervorstellungen, öffentlichen Schaustellungen, Darbietungen, Lustbarkeiten und in Lichtspieltheatern bis dreiundzwanzig Uhr, soweit nicht nach Abs. 2 eine längere Beschäftigung

zulässig ist, bewilligen, wenn dies aus betrieblichen Gründen notwendig ist und es der Gesundheitszustand der Dienstnehmerin erlaubt. Diese Bewilligung darf nur erteilt werden, wenn der Dienstnehmerin im Anschluß an die Nachtarbeit eine ununterbrochene Ruhezeit von mindestens elf Stunden gesichert ist.

(4) Die Ausnahmen der Abs. 2 und 3 gelten nur insoweit, als Nachtarbeit für Dienstnehmerinnen nicht auf Grund anderer Vorschriften verboten ist.

Verbot der Sonn- und Feiertagsarbeit

§ 7. (1) Werdende und stillende Mütter dürfen – abgesehen von den durch die Abs. 2 und 3 zugelassenen Ausnahmen – an Sonn- und gesetzlichen Feiertagen nicht beschäftigt werden.

(2) Das Verbot nach Abs. 1 gilt nicht

1. für die Beschäftigung bei Musikaufführungen, Theatervorstellungen, öffentlichen Schaustellungen, Darbietungen, Lustbarkeiten, Filmaufnahmen, im Gastgewerbe und in Betrieben, in denen ununterbrochen mit Schichtwechsel gearbeitet wird, im Rahmen der sonst zulässigen Sonn- und Feiertagsarbeit;
2. für die Beschäftigung in Betrieben, für die Sonn- und Feiertagsarbeit zugelassen ist, wenn die wöchentliche Ruhezeit für die gesamte Belegschaft auf einen bestimmten Werktag fällt;
3. für die Beschäftigung in Betrieben, für die Sonn- und Feiertagsarbeit zugelassen ist, wenn im Betrieb insgesamt nicht mehr als fünf Dienstnehmer regelmäßig beschäftigt sind und außer der werdenden oder stillenden Mutter nur noch ein Dienstnehmer beschäftigt ist, der eine gleichartige Beschäftigung ausüben kann;
4. für die Beschäftigung von Dienstnehmerinnen, die vor der Meldung der Schwangerschaft ausschließlich an Samstagen, Sonntagen oder Feiertagen beschäftigt wurden, im bisherigen Ausmaß.

(3) Auf Antrag des Dienstgebers kann das Arbeitsinspektorat im Einzelfall weitere Ausnahmen bewilligen, wenn dies aus betrieblichen Gründen unerläßlich ist.

(4) Die Dienstnehmerin hat in der auf die Sonntagsarbeit folgenden Kalenderwoche Anspruch auf eine ununterbrochene Ruhezeit von mindestens 36 Stunden (Wochenruhe), in der auf die Feiertagsarbeit folgenden Woche Anspruch auf eine ununterbrochene Ruhezeit von mindestens 24 Stunden im Anschluß an eine Nachtruhe. Die Ruhezeit hat einen ganzen Wochentag einzuschließen. Während dieser Ruhezeit darf die Dienstnehmerin nicht beschäftigt werden.

(5) Die Ausnahmen der Abs. 2 und 3 gelten nur, soweit Sonn- und Feiertagsarbeit für Dienstnehmerinnen nicht auf Grund anderer Vorschriften verboten ist.

Verbot der Leistung von Überstunden

§ 8. Werdende und stillende Mütter dürfen über die gesetzlich oder in einem Kollektivvertrag festgesetzte tägliche Normalarbeitszeit hinaus nicht beschäftigt werden. Keinesfalls darf die tägliche Arbeitszeit neun Stunden, die wöchentliche Arbeitszeit 40 Stunden übersteigen.

Ruhemöglichkeit

§ 8a. Werdenden und stillenden Müttern, die in Arbeitsstätten sowie auf Baustellen beschäftigt sind, ist es zu ermöglichen, sich unter geeigneten Bedingungen hinzulegen und auszuruhen.

Stillzeit

§ 9. (1) Stillenden Müttern ist auf Verlangen die zum Stillen ihrer Kinder erforderliche Zeit freizugeben. Diese Freizeit hat an Tagen, an denen die Dienstnehmerin mehr als viereinhalb Stunden arbeitet, fünfundvierzig Minuten zu betragen; bei einer Arbeitszeit von acht oder mehr Stunden ist auf Verlangen zweimal eine Stillzeit von je fünfundvierzig Minuten oder, wenn in der Nähe der Arbeitsstätte keine Stillgelegenheit vorhanden ist, einmal eine Stillzeit von neunzig Minuten zu gewähren.

(2) Durch die Gewährung der Stillzeit darf kein Verdienstausfall eintreten. Die Stillzeit darf von stillenden Müttern nicht vor- oder nachgearbeitet und nicht auf die in anderen gesetzlichen Vorschriften oder kollektivvertraglichen Bestimmungen vorgesehenen Ruhepausen angerechnet werden.

(3) Die gemäß § 36 zuständige Verwaltungsbehörde kann dem Dienstgeber im Rahmen der Abs. 1 und 2 eine bestimmte Verteilung der Stillzeiten auftragen, wenn es die besonderen Verhältnisse des Einzelfalls erfordern.

(4) Weiters kann die gemäß § 36 zuständige Verwaltungsbehörde die Einrichtung von Stillräumen vorschreiben, wenn es die Verhältnisse des Einzelfalls erfordern.

Abschnitt 4

Kündigungs- und Entlassungsschutz, Entgelt

Kündigungsschutz

§ 10. (1) Dienstnehmerinnen kann während der Schwangerschaft und bis zum Ablauf von vier Monaten nach der Entbindung rechtswirksam nicht gekündigt werden, es sei denn, daß dem Dienstgeber die Schwangerschaft beziehungsweise Entbindung nicht bekannt ist.

(1a) Eine Kündigung ist bis zum Ablauf von vier Wochen nach einer erfolgten Fehlgeburt rechtsunwirksam. Auf Verlangen des Dienstgebers hat die Dienstnehmerin eine ärztliche Bescheinigung über die Fehlgeburt vorzulegen.

(2) Eine Kündigung ist auch rechtsunwirksam, wenn die Schwangerschaft beziehungsweise Entbindung dem Dienstgeber binnen fünf Arbeitstagen nach Ausspruch der Kündigung, bei schriftlicher Kündigung binnen fünf Arbeitstagen nach deren Zustellung, bekanntgegeben wird. Die schrift-

liche Bekanntgabe der Schwangerschaft beziehungsweise Entbindung ist rechtzeitig, wenn sie innerhalb der Fünftagefrist zur Post gegeben wird. Wendet die Dienstnehmerin die Schwangerschaft beziehungsweise Entbindung innerhalb der Fünftagefrist ein, so hat sie gleichzeitig durch eine Bestätigung des Arztes die Schwangerschaft oder die Vermutung der Schwangerschaft nachzuweisen oder die Geburtsurkunde des Kindes vorzuweisen. Kann die Dienstnehmerin aus Gründen, die nicht von ihr zu vertreten sind, dem Dienstgeber die Schwangerschaft beziehungsweise Entbindung nicht innerhalb der Fünftagefrist bekanntgeben, so ist die Bekanntgabe rechtzeitig, wenn sie unmittelbar nach Wegfall des Hinderungsgrundes nachgeholt wird.

(3) Abweichend von den Abs. 1 und 2 kann eine Kündigung rechtswirksam ausgesprochen werden, wenn vorher die Zustimmung des Gerichts eingeholt wurde. Der Dienstgeber hat gleichzeitig mit der Einbringung der Klage dem Betriebsrat hierüber Mitteilung zu machen. Die Zustimmung zur Kündigung ist nur dann zu erteilen, wenn der Dienstgeber das Dienstverhältnis wegen einer Einschränkung oder Stillegung des Betriebes oder der Stillegung einzelner Betriebsabteilungen nicht ohne Schaden für den Betrieb weiter aufrechterhalten kann oder wenn sich die Dienstnehmerin in der Tagsatzung zur mündlichen Streitverhandlung nach Rechtsbelehrung der Parteien durch den Vorsitzenden über den Kündigungsschutz nach diesem Bundesgesetz mit der Kündigung einverstanden erklärt. Nach Stillegung des Betriebes ist eine Zustimmung des Gerichts zur Kündigung nicht erforderlich.

(4) Bei Inanspruchnahme einer Karenz im zweiten Lebensjahr des Kindes oder bei Teilzeitbeschäftigung im zweiten, dritten und vierten Lebensjahr des Kindes kann das Gericht die Zustimmung zur Kündigung, wenn die Klage auf Zustimmung zur Kündigung nach Ablauf des ersten Lebensjahres des Kindes gestellt wurde, auch dann erteilen, wenn der Dienstgeber den Nachweis erbringt, dass die Kündigung durch Umstände, die in der Person der Dienstnehmerin gelegen sind und die betrieblichen Interessen nachteilig berühren oder durch betriebliche Erfordernisse, die einer Weiterbeschäftigung der Dienstnehmerin entgegenstehen, begründet ist und die Aufrechterhaltung des Dienstverhältnisses dem Dienstgeber unzumutbar ist.

(5) Wurde einer Dienstnehmerin wegen Stilllegung des Betriebes gekündigt (Abs. 3) und nimmt dieser Betrieb bis zum Ablauf von vier Monaten nach der Entbindung der Dienstnehmerin seine Tätigkeit wieder auf, so ist die seinerzeitige Kündigung als rechtsunwirksam anzusehen, wenn die Dienstnehmerin dies beim Dienstgeber beantragt. Ein solcher Antrag muss innerhalb von zwei Monaten nach Wiederaufnahme der Tätigkeit des Betriebes gestellt werden. Mit der Antragstellung hat sich die Dienstnehmerin beim Dienstgeber zur Wiederaufnahme der Arbeit zu melden. Besteht zur Zeit der Antragstellung für die Dienstnehmerin ein Beschäftigungsverbot nach diesem Bundesgesetz (§ 3 Abs. 1 bis 3 und § 5 Abs. 1 und 2) oder nimmt die Dienstnehmerin eine Karenz (§ 15) in Anspruch, so hat sie dies dem Dienstgeber bei der Antragstellung mitzuteilen und nach Wegfall des Beschäftigungsverbotes beziehungsweise nach Beendigung der Karenz die Arbeit aufzunehmen.

(6) Eine entgegen den Abs. 1 bis 4 ausgesprochene Kündigung ist rechtsunwirksam.

(7) Eine einvernehmliche Auflösung des Dienstverhältnisses ist nur dann rechtswirksam, wenn sie schriftlich vereinbart wurde. Bei minderjährigen Dienstnehmerinnen muß dieser Vereinbarung überdies eine Bescheinigung eines Gerichts (§ 92 ASGG) oder einer gesetzlichen Interessenvertretung der Dienstnehmer beigeschlossen sein, aus der hervorgeht, daß die Dienstnehmerin über den Kündigungsschutz nach diesem Bundesgesetz belehrt wurde.

(8) Die Kündigung einer freien Dienstnehmerin im Sinne des § 4 Abs. 4 ASVG, die wegen ihrer Schwangerschaft oder eines Beschäftigungsverbots bis vier Monate nach der Geburt ausgesprochen wird, kann bei Gericht binnen zwei Wochen nach Ausspruch der Kündigung angefochten werden. Die freie Dienstnehmerin hat den Anfechtungsgrund glaubhaft zu machen. Die Klage ist abzuweisen, wenn bei Abwägung aller Umstände eine höhere Wahrscheinlichkeit dafür spricht, dass ein anderes vom Dienstgeber glaubhaft gemachtes Motiv für die Kündigung ausschlaggebend war. Lässt die freie Dienstnehmerin die Kündigung gegen sich gelten, so ist § 1162b erster Satz ABGB anzuwenden. In einem Anfechtungsverfahren steht keiner Partei ein Kostenersatzanspruch zu. Ansprüche auf Grund des Gleichbehandlungsgesetzes, BGBl. I Nr. 66/2004 bleiben unberührt.

Befristete Dienstverhältnisse

§ 10a. (1) Der Ablauf eines auf bestimmte Zeit abgeschlossenen Dienstverhältnisses wird von der Meldung der Schwangerschaft bis zu dem Beginn des Beschäftigungsverbots nach § 3 Abs. 1 oder dem Beginn eines auf Dauer ausgesprochenen Beschäftigungsverbots nach § 3 Abs. 3 gehemmt, es sei denn, daß die Befristung aus sachlich gerechtfertigten Gründen erfolgt oder gesetzlich vorgesehen ist.

(2) Eine sachliche Rechtfertigung der Befristung liegt vor, wenn diese im Interesse der Dienstnehmerin liegt, oder wenn das Dienstverhältnis für die Dauer der Vertretung an der Arbeitsleistung verhinderter Dienstnehmer, zu Ausbildungszwecken, für die Zeit der Saison oder zur Erprobung abgeschlossen wurde, wenn aufgrund der in der vorgesehenen Verwendung erforderlichen Qualifikation eine längere Erprobung als die gesetzliche

oder kollektivvertragliche Probezeit notwendig ist.

(3) Wird der Ablauf des Arbeitsverhältnisses gemäß Abs. 1 gehemmt, so besteht bei einem Beschäftigungsverbot gemäß den §§ 4 oder 6 Anspruch auf Wochengeld gemäß den Bestimmungen des ASVG.

§ 11. Der Ablauf der Beschäftigungsbewilligung, der Arbeitserlaubnis oder des Befreiungsscheines (nach dem Ausländerbeschäftigungsgesetz, BGBl. Nr. 218/1975) einer Ausländerin wird im Falle der Schwangerschaft und der Entbindung bis zu dem Zeitpunkt gehemmt, in dem ihr Dienstverhältnis nach den §§ 10 Abs. 1, 3 und 4, 10a Abs. 1, 15 Abs. 4, 15a Abs. 5, 15d Abs. 1 erster Satz in Verbindung mit Abs. 5 und § 15n Abs. 1 und den dafür sonst geltenden gesetzlichen oder vertraglichen Bestimmungen rechtsgültig beendet werden kann.

Entlassungsschutz

§ 12. (1) Dienstnehmerinnen können während der Schwangerschaft und bis zum Ablauf von vier Monaten nach der Entbindung rechtswirksam nur nach vorheriger Zustimmung des Gerichts entlassen werden. Ebenso darf eine Entlassung bis zum Ablauf von vier Wochen nach einer erfolgten Fehlgeburt nur nach vorheriger Zustimmung des Gerichts erfolgen.

(2) Das Gericht darf die Zustimmung zur Entlassung nur erteilen, wenn die Dienstnehmerin

1. die ihr auf Grund des Arbeitsverhältnisses obliegenden Pflichten schuldhaft gröblich verletzt, insbesondere wenn sie ohne einen rechtmäßigen Hinderungsgrund während einer den Umständen nach erheblichen Zeit die Arbeitsleistung unterläßt;
2. im Dienst untreu ist oder sich in ihrer Tätigkeit ohne Wissen des Dienstgebers von dritten Personen unberechtigt Vorteile zuwenden läßt;
3. ein Geschäfts- oder Betriebsgeheimnis verrät oder ohne Einwilligung des Dienstgebers ein der Verwendung im Betrieb (Haushalt) abträgliches Nebengeschäft betreibt;
4. sich Tätlichkeiten oder erhebliche Ehrverletzungen gegen den Dienstgeber, dessen im Betrieb (Haushalt) tätige oder anwesende Familienangehörige oder Dienstnehmer des Betriebes (Haushalts) zuschulden kommen läßt;
5. sich einer gerichtlich strafbaren Handlung, die nur vorsätzlich begangen werden kann und mit einer mehr als einjährigen Freiheitsstrafe bedroht ist, oder einer mit Bereicherungsvorsatz begangenen gerichtlich strafbaren Handlung schuldig macht.

(3) In den Fällen des Abs. 2 Z 1 und 4 ist der durch die Schwangerschaft bzw. durch die Entbindung oder Fehlgeburt der Dienstnehmerin bedingte außerordentliche Gemütszustand zu berücksichtigen.

(4) In den Fällen des Abs. 2 Z 4 und 5 kann die Entlassung der Dienstnehmerin gegen nachträgliche Einholung der Zustimmung des Gerichts ausgesprochen werden. Weist das Gericht die Klage auf Zustimmung zur Entlassung ab, so ist die Entlassung rechtsunwirksam.

§ 13. Im gerichtlichen Verfahren nach den §§ 10 Abs. 3 und 4, 12 und 22 sowie im Verwaltungsverfahren nach § 4 Abs. 2 Z 9, Abs. 4 und 5, § 4a Abs. 3, § 5 Abs. 4, § 6 Abs. 3, § 7 Abs. 3 und § 9 Abs. 3 ist die Dienstnehmerin Partei.

Weiterzahlung des Arbeitsentgelts

§ 14. (1) Macht die Anwendung des § 2b, des § 4, des § 4a, des § 5 Abs. 3 und 4 oder des § 6, soweit § 10a Abs. 3 nicht anderes bestimmt, eine Änderung der Beschäftigung im Betrieb erforderlich, so hat die Dienstnehmerin Anspruch auf das Entgelt, das dem Durchschnittsverdienst gleichkommt, den sie während der letzten 13 Wochen des Dienstverhältnisses vor dieser Änderung bezogen hat. Fallen in diesen Zeitraum Zeiten, während derer die Dienstnehmerin infolge Erkrankung oder Kurzarbeit nicht das volle Entgelt bezogen hat, so verlängert sich der Zeitraum von dreizehn Wochen um diese Zeiten; diese Zeiten bleiben bei der Berechnung des Durchschnittsverdienstes außer Betracht. Die vorstehende Regelung gilt auch, wenn sich durch die Änderung der Beschäftigung der Dienstnehmerin eine Verkürzung der Arbeitszeit ergibt, mit der Maßgabe, daß der Berechnung des Entgelts die Arbeitszeit zugrunde zu legen ist, die für die Dienstnehmerin ohne Änderung der Beschäftigung gelten würde. Bei Saisonarbeit in einer im § 4 Abs. 2 Z 9 bezeichneten Art ist der Durchschnittsverdienst der letzten dreizehn Wochen nur für die Zeit weiterzugewähren, während der solche Arbeiten im Betrieb verrichtet werden; für die übrige Zeit ist das Entgelt weiterzugewähren, das die Dienstnehmerin ohne Vorliegen der Schwangerschaft erhalten hätte.

(2) Dienstnehmerinnen, die gemäß § 3 Abs. 3 nicht beschäftigt werden dürfen, und Dienstnehmerinnen, für die auf Grund des § 2b, des § 4, des § 4a, des § 5 Abs. 3 und 4 oder des § 6 keine Beschäftigungsmöglichkeit im Betrieb besteht, haben Anspruch auf ein Entgelt, für dessen Berechnung Abs. 1 mit der Maßgabe anzuwenden ist, dass im Falle des § 3 Abs. 3 der Durchschnittsverdienst nach den letzten 13 Wochen vor Eintritt des Beschäftigungsverbotes zu berechnen ist.

(3) Der Anspruch nach Abs. 1 und 2 besteht nicht für Zeiten, während derer Wochengeld oder Krankengeld nach dem Allgemeinen Sozialversicherungsgesetz bezogen werden kann; ein Anspruch auf einen Zuschuß des Dienstgebers zum Krankengeld wird hiedurch nicht berührt.

(4) Die Dienstnehmerin behält den Anspruch auf sonstige, insbesondere einmalige Bezüge im

Sinne des § 67 Abs. 1 des Einkommensteuergesetzes 1988, BGBl. Nr. 400, in den Kalenderjahren, in die Zeiten des Bezuges von Wochengeld nach dem Allgemeinen Sozialversicherungsgesetz fallen, in dem Ausmaß, das dem Teil des Kalenderjahres entspricht, in den keine derartigen Zeiten fallen.

Abschnitt 5
Karenz
Anspruch auf Karenz

§ 15. (1) Der Dienstnehmerin ist auf ihr Verlangen im Anschluss an die Frist des § 5 Abs. 1 und 2 Karenz gegen Entfall des Arbeitsentgelts bis zum Ablauf des zweiten Lebensjahres des Kindes, soweit im Folgenden nicht anderes bestimmt ist, zu gewähren, wenn sie mit dem Kind im gemeinsamen Haushalt lebt. Das gleiche gilt, wenn anschließend an die Frist nach § 5 Abs. 1 und 2 ein Gebührenurlaub verbraucht wurde oder die Dienstnehmerin durch Krankheit oder Unglücksfall an der Dienstleistung verhindert war.

(1a) Eine gleichzeitige Inanspruchnahme von Karenz durch beide Elternteile ist ausgenommen im Falle des § 15a Abs. 2 nicht zulässig.

(2) Die Karenz muss mindestens zwei Monate betragen.

(3) Die Dienstnehmerin hat Beginn und Dauer der Karenz dem Dienstgeber bis zum Ende der Frist des § 5 Abs. 1 bekannt zu geben. Die Dienstnehmerin kann ihrem Dienstgeber spätestens drei Monate, dauert die Karenz jedoch weniger als drei Monate, spätestens zwei Monate vor dem Ende ihrer Karenz bekannt geben, dass sie die Karenz verlängert und bis wann. Hat der andere Elternteil keinen Anspruch auf Karenz, kann die Dienstnehmerin Karenz auch zu einem späteren Zeitpunkt in Anspruch nehmen. In diesem Fall hat sie ihrem Dienstgeber Beginn und Dauer der Karenz spätestens drei Monate vor dem Antritt der Karenz bekannt zu geben. Unbeschadet des Ablaufs dieser Fristen kann Karenz nach Abs. 1 vereinbart werden.

(4) Wird Karenz nach Abs. 1 und 3 in Anspruch genommen, so erstreckt sich der Kündigungs- und Entlassungsschutz nach den §§ 10 und 12 bis zum Ablauf von vier Wochen nach Beendigung der Karenz. Hat der andere Elternteil keinen Anspruch auf Karenz und nimmt die Dienstnehmerin Karenz zu einem späteren Zeitpunkt in Anspruch, so beginnt der Kündigungs- und Entlassungsschutz mit der Bekanntgabe, frühestens jedoch vier Monate vor Antritt der Karenz.

Teilung der Karenz zwischen Mutter und Vater

§ 15a. (1) Die Karenz kann zweimal mit dem Vater geteilt werden. Jeder Teil der Karenz der Dienstnehmerin muss mindestens zwei Monate betragen. Er ist in dem in § 15 Abs. 1 festgelegten Zeitpunkt oder im unmittelbaren Anschluss an eine Karenz des Vaters anzutreten.

(2) Aus Anlass des erstmaligen Wechsels der Betreuungsperson kann die Mutter gleichzeitig mit dem Vater Karenz in der Dauer von einem Monat in Anspruch nehmen, wobei der Anspruch auf Karenz ein Monat vor dem in § 15 Abs. 1 bzw. § 15b Abs. 1 genannten Zeitpunkt endet.

(3) Nimmt die Dienstnehmerin ihre Karenz im Anschluss an eine Karenz des Vaters, hat sie spätestens drei Monate vor Ende der Karenz des Vaters ihrem Dienstgeber Beginn und Dauer der Karenz bekannt zu geben. Beträgt die Karenz des Vaters im Anschluss an das Beschäftigungsverbot gemäß § 5 Abs. 1 jedoch weniger als drei Monate, so hat die Dienstnehmerin Beginn und Dauer ihrer Karenz spätestens zum Ende der Frist gemäß § 5 Abs. 1 zu melden. Unbeschadet des Ablaufs dieser Fristen kann Karenz nach Abs. 1 vereinbart werden.

(4) Der Kündigungs- und Entlassungsschutz gemäß den §§ 10 und 12 beginnt im Falle des Abs. 3 mit der Bekanntgabe, frühestens jedoch vier Monate vor Antritt des Karenzteiles.

(5) Der Kündigungs- und Entlassungsschutz gemäß den §§ 10 und 12 endet vier Wochen nach dem Ende ihres jeweiligen Karenzteiles.

Aufgeschobene Karenz

§ 15b. (1) Die Dienstnehmerin kann mit dem Dienstgeber vereinbaren, dass sie drei Monate ihrer Karenz aufschiebt und bis zum Ablauf des siebenten Lebensjahres des Kindes verbraucht, sofern im Folgenden nicht anderes bestimmt ist. Dabei sind die Erfordernisse des Betriebes und des Anlasses der Inanspruchnahme zu berücksichtigen. Aufgeschobene Karenz kann jedoch nur dann genommen werden, wenn die Karenz nach den §§ 15 oder 15a spätestens

1. mit Ablauf des 21. Lebensmonates des Kindes,
2. wenn auch der Vater aufgeschobene Karenz in Anspruch nimmt, mit Ablauf des 18. Lebensmonates des Kindes

geendet hat.

(2) Ist die noch nicht verbrauchte aufgeschobene Karenz länger als der Zeitraum zwischen dem Schuleintritt und dem Ablauf des siebenten Lebensjahres des Kindes oder erfolgt der Schuleintritt erst nach Ablauf des siebenten Lebensjahres des Kindes, kann aus Anlass des Schuleintritts der Verbrauch der aufgeschobenen Karenz vereinbart werden. Die Geburt eines weiteren Kindes hindert nicht die Vereinbarung über den Verbrauch der aufgeschobenen Karenz.

(3) Die Absicht, aufgeschobene Karenz in Anspruch zu nehmen, ist dem Dienstgeber zu den in §§ 15 Abs. 3 oder 15a Abs. 3 genannten Zeitpunkten bekannt zu geben. Kommt innerhalb von zwei Wochen ab Bekanntgabe keine Einigung zustande, kann der Dienstgeber binnen weiterer zwei

Wochen wegen der Inanspruchnahme der aufgeschobenen Karenz Klage beim zuständigen Gericht einbringen, widrigenfalls die Zustimmung als erteilt gilt. Die Dienstnehmerin kann bei Nichteinigung oder im Fall der Klage bekannt geben, dass sie anstelle der aufgeschobenen Karenz Karenz bis zum Ablauf des zweiten Lebensjahres des Kindes in Anspruch nimmt. Gleiches gilt, wenn der Klage des Dienstgebers stattgegeben wird.

(4) Der Beginn des aufgeschobenen Teiles der Karenz ist dem Dienstgeber spätestens drei Monate vor dem gewünschten Zeitpunkt bekannt zu geben. Kommt innerhalb von zwei Wochen ab Bekanntgabe keine Einigung zustande, kann die Dienstnehmerin die aufgeschobene Karenz zum gewünschten Zeitpunkt antreten, es sei denn, der Dienstgeber hat binnen weiterer zwei Wochen wegen des Zeitpunktes des Antritts der aufgeschobenen Karenz die Klage beim zuständigen Gericht eingebracht.

(5) In Rechtsstreitigkeiten nach Abs. 3 und 4 steht keiner Partei ein Kostenersatzanspruch an die andere zu, ist gegen ein Urteil des Gerichtes erster Instanz eine Berufung nicht zulässig und sind – unabhängig vom Wert des Streitgegenstandes – Beschlüsse des Gerichtes erster Instanz nur aus den Gründen des § 517 ZPO sowie wegen Nichtzulassung einer Klagsänderung anfechtbar.

(6) Wird die aufgeschobene Karenz im Rahmen eines anderen Dienstverhältnisses als jenem, das zur Zeit der Geburt des Kindes bestanden hat, in Anspruch genommen, bedarf es vor Antritt der aufgeschobenen Karenz jedenfalls einer Vereinbarung mit dem neuen Dienstgeber.

Karenz der Adoptiv- oder Pflegemutter

§ 15c. (1) Eine Dienstnehmerin, die ein Kind, welches das zweite Lebensjahr noch nicht vollendet hat,

1. an Kindes Statt angenommen hat (Adoptivmutter) oder
2. ein Kind in unentgeltliche Pflege genommen hat (Pflegemutter)

und die mit dem Kind im selben Haushalt lebt, hat Anspruch auf Karenz.

(2) Die §§ 15 bis 15b sind mit folgenden Abweichungen anzuwenden:

1. Die Karenz nach den §§ 15 und 15a beginnt mit dem Tag der Annahme an Kindes Statt oder der Übernahme in unentgeltliche Pflege oder im Anschluss an eine Karenz des anderen Elternteils, Adoptiv- oder Pflegeelternteils, im Falle des § 15 Abs. 3 dritter Satz auch zu einem späteren Zeitpunkt;
2. nimmt die Dienstnehmerin ihre Karenz nach den §§ 15 und 15a unmittelbar ab dem Tag der Annahme an Kindes Statt oder der Übernahme in unentgeltliche Pflege in Anspruch, hat sie Beginn und Dauer der Karenz dem Dienstgeber unverzüglich bekannt zu geben;
3. nimmt eine Dienstnehmerin ein Kind nach Ablauf des 18. Lebensmonates, jedoch vor Vollendung des zweiten Lebensjahres an Kindes Statt an oder in unentgeltliche Pflege, kann sie Karenz bis zu sechs Monaten auch über das zweite Lebensjahr hinaus in Anspruch nehmen;
4. an die Stelle des Begriffes „Vater" in der jeweils verwendeten grammatikalischen Form tritt der Begriff „anderer Elternteil" in der jeweils richtigen grammatikalischen Form.

(3) Nimmt die Dienstnehmerin ein Kind nach Ablauf des zweiten Lebensjahres, jedoch vor Ablauf des siebenten Lebensjahres des Kindes an Kindes Statt an oder in unentgeltliche Pflege, hat die Dienstnehmerin Anspruch auf Karenz in der Dauer von sechs Monaten. Die Karenz beginnt mit dem Tag der Annahme an Kindes Statt oder der Übernahme in unentgeltliche Pflege oder im Anschluss an eine Karenz des anderen Elternteils, Adoptiv- oder Pflegeelternteils, im Falle des § 15 Abs. 3 dritter Satz auch zu einem späteren Zeitpunkt.

(4) Die §§ 10, 11, 12 Abs. 1, 2 und 4, 13 und 16 sind auf Karenz nach Abs. 1 und 3 mit der Maßgabe anzuwenden, dass anstelle der Bekanntgabe der Schwangerschaft (§ 10 Abs. 2) die Mitteilung von der Annahme an Kindes Statt oder von der Übernahme in Pflege tritt; in beiden Fällen muss mit der Mitteilung das Verlangen auf Gewährung einer Karenz verbunden sein.

Karenz bei Verhinderung des anderen Elternteils

§ 15d. (1) Ist der andere Elternteil, Adoptiv- oder Pflegeelternteil durch ein unvorhersehbares und unabwendbares Ereignis für eine nicht bloß verhältnismäßig kurze Zeit verhindert, das Kind selbst zu betreuen, so ist der Dienstnehmerin auf ihr Verlangen für die Dauer der Verhinderung, längstens jedoch bis zum Ablauf des zweiten Lebensjahres des Kindes eine Karenz zu gewähren. Dasselbe gilt bei Verhinderung eines anderen Elternteils, Adoptiv- oder Pflegeelternteils, der zulässigerweise nach Ablauf des zweiten Lebensjahres des Kindes Karenz in Anspruch nimmt.

(2) Ein unvorhersehbares und unabwendbares Ereignis liegt nur vor bei:

1. Tod,
2. Aufenthalt in einer Heil- und Pflegeanstalt,
3. Verbüßung einer Freiheitsstrafe sowie bei einer anderweitigen auf behördlicher Anordnung beruhenden Anhaltung,
4. schwerer Erkrankung,
5. Wegfall des gemeinsamen Haushaltes des anderen Elternteils, Adoptiv- oder Pflegeelternteils mit dem Kind oder der Betreuung des Kindes.

(3) Die Dienstnehmerin hat Beginn und voraussichtliche Dauer der Karenz unverzüglich bekannt zu geben und die anspruchsbegründenden Umstände nachzuweisen.

(4) Der Anspruch auf Karenz steht auch dann zu, wenn die Dienstnehmerin bereits Karenz verbraucht, eine vereinbarte Teilzeitbeschäftigung angetreten oder beendet oder für einen späteren Zeitpunkt Karenz oder Teilzeitbeschäftigung angemeldet hat.

(5) Besteht Kündigungs- und Entlassungsschutz gemäß den §§ 10 und 12 nicht bereits auf Grund anderer Bestimmungen dieses Bundesgesetzes, so beginnt der Kündigungs- und Entlassungsschutz bei Inanspruchnahme einer Karenz oder einer Teilzeitbeschäftigung wegen Verhinderung des anderen Elternteils, Adoptiv- oder Pflegeelternteils mit der Meldung und endet vier Wochen nach Beendigung der Karenz oder der Teilzeitbeschäftigung.

Beschäftigung während der Karenz

§ 15e. (1) Die Dienstnehmerin kann neben ihrem karenzierten Dienstverhältnis eine geringfügige Beschäftigung ausüben, bei der das gebührende Entgelt im Kalendermonat den im § 5 Abs. 2 Z 2 des Allgemeinen Sozialversicherungsgesetzes genannten Betrag nicht übersteigt. Eine Verletzung der Arbeitspflicht bei solchen Beschäftigungen hat keine Auswirkungen auf das karenzierte Dienstverhältnis. Der Zeitpunkt der Arbeitsleistung im Rahmen solcher Beschäftigungen ist zwischen Dienstnehmerin und Dienstgeber vor jedem Arbeitseinsatz zu vereinbaren.

(2) Weiters kann die Dienstnehmerin neben ihrem karenzierten Dienstverhältnis mit ihrem Dienstgeber für höchstens 13 Wochen im Kalenderjahr eine Beschäftigung über die Geringfügigkeitsgrenze hinaus vereinbaren. Wird Karenz nicht während des gesamten Kalenderjahres in Anspruch genommen, kann eine solche Beschäftigung nur im aliquoten Ausmaß vereinbart werden.

(3) Mit Zustimmung des Dienstgebers kann eine Beschäftigung im Sinne des Abs. 2 auch mit einem anderen Dienstgeber vereinbart werden.

Sonstige gemeinsame Vorschriften zur Karenz

§ 15f. (1) Die Dienstnehmerin behält den Anspruch auf sonstige, insbesondere einmalige Bezüge im Sinne des § 67 Abs. 1 des Einkommensteuergesetzes 1988 in den Kalenderjahren, in die Zeiten einer Karenz fallen, in dem Ausmaß, das dem Teil des Kalenderjahres entspricht, in den keine derartigen Zeiten fallen. Für die Dienstnehmerin günstigere Regelungen werden dadurch nicht berührt. Zeiten der Karenz werden bei Rechtsansprüchen, die sich nach der Dauer der Dienstzeit richten, für jedes Kind in vollem in Anspruch genommenen Umfang bis zur maximalen Dauer gemäß den §§ 15 Abs. 1 und 15c Abs. 2 Z 3 und Abs. 3 angerechnet.

(2) Fallen in das jeweilige Dienstjahr Zeiten einer Karenz, so gebührt ein Urlaub, soweit dieser noch nicht verbraucht worden ist, in dem Ausmaß, das dem um die Dauer der Karenz verkürzten Dienstjahr entspricht. Ergeben sich bei der Berechnung des Urlaubsausmaßes Teile von Werktagen, so sind diese auf ganze Werktage aufzurunden.

(3) Der Dienstgeber hat der Dienstnehmerin auf Verlangen eine von der Dienstnehmerin mit zu unterfertigende Bestätigung auszustellen,

1. dass sie keine Karenz in Anspruch nimmt, oder
2. über Beginn und Dauer der Karenz.

(4) Die Karenz endet vorzeitig, wenn der gemeinsame Haushalt mit dem Kind aufgehoben wird und der Dienstgeber den vorzeitigen Antritt des Dienstes begehrt.

(5) Die Dienstnehmerin hat ihrem Dienstgeber den Wegfall des gemeinsamen Haushaltes mit dem Kind unverzüglich bekannt zu geben und über Verlangen des Dienstgebers ihren Dienst wieder anzutreten.

Recht auf Information

§ 15g. Während einer Karenz hat der Dienstgeber die Dienstnehmerin über wichtige Betriebsgeschehnisse, die die Interessen der karenzierten Dienstnehmerin berühren, insbesondere Insolvenzverfahren, betriebliche Umstrukturierungen und Weiterbildungsmaßnahmen zu informieren.

Abschnitt 6

Teilzeitbeschäftigung und Änderung der Lage der Arbeitszeit

Anspruch auf Teilzeitbeschäftigung

§ 15h. (1) Die Dienstnehmerin hat einen Anspruch auf Teilzeitbeschäftigung längstens bis zum Ablauf des siebenten Lebensjahres oder einem späteren Schuleintritt des Kindes, wenn

1. das Dienstverhältnis zum Zeitpunkt des Antritts der Teilzeitbeschäftigung ununterbrochen drei Jahre gedauert hat,
2. die Dienstnehmerin zu diesem Zeitpunkt in einem Betrieb (§ 34 Arbeitsverfassungsgesetz – ArbVG, BGBl. Nr. 22/1974) mit mehr als 20 Dienstnehmern und Dienstnehmerinnen beschäftigt ist und
3. die wöchentliche Normalarbeitszeit um mindestens 20 vH reduziert wird und zwölf Stunden nicht unterschreitet (Bandbreite).

Beginn, Dauer, Ausmaß und Lage der Teilzeitbeschäftigung sind mit dem Dienstgeber zu vereinbaren, wobei die betrieblichen Interessen und die Interessen der Dienstnehmerin zu berücksichtigen sind. Dienstnehmerinnen haben während eines Lehrverhältnisses keinen Anspruch auf Teilzeitbeschäftigung.

(2) Alle Zeiten, die die Dienstnehmerin in unmittelbar vorausgegangenen Dienstverhältnissen zum selben Dienstgeber zurückgelegt hat, sind bei der Berechnung der Mindestdauer des Dienstverhältnisses nach Abs. 1 Z 1 zu berücksichtigen. Ebenso zählen Zeiten von unterbrochenen Dienstverhältnissen, die auf Grund von Wiedereinstellungszusagen oder Wiedereinstellungsvereinbarungen beim selben Dienstgeber fortgesetzt werden, für die Mindestdauer des Dienstverhältnisses. Zeiten einer Karenz nach diesem Bundesgesetz werden abweichend von § 15f Abs. 1 dritter Satz auf die Mindestdauer des Dienstverhältnisses angerechnet.

(3) Für die Ermittlung der Dienstnehmerzahl nach Abs. 1 Z 2 ist maßgeblich, wie viele Dienstnehmer und Dienstnehmerinnen regelmäßig im Betrieb beschäftigt werden. In Betrieben mit saisonal schwankender Dienstnehmerzahl gilt das Erfordernis der Mindestanzahl der Dienstnehmer und Dienstnehmerinnen als erfüllt, wenn die Dienstnehmerzahl im Jahr vor dem Antritt der Teilzeitbeschäftigung durchschnittlich mehr als 20 Dienstnehmer und Dienstnehmerinnen betragen hat.

(4) In Betrieben mit bis zu 20 Dienstnehmern und Dienstnehmerinnen kann in einer Betriebsvereinbarung im Sinne des § 97 Abs. 1 Z 25 ArbVG insbesondere festgelegt werden, dass die Dienstnehmerinnen einen Anspruch auf Teilzeitbeschäftigung nach Abs. 1 haben. Auf diese Teilzeitbeschäftigung sind sämtliche Bestimmungen anzuwenden, die für eine Teilzeitbeschäftigung nach Abs. 1 gelten. Die Kündigung einer solchen Betriebsvereinbarung ist nur hinsichtlich der Dienstverhältnisse jener Dienstnehmerinnen wirksam, die zum Kündigungstermin keine Teilzeitbeschäftigung nach der Betriebsvereinbarung schriftlich bekannt gegeben oder angetreten haben.

Vereinbarte Teilzeitbeschäftigung

§ 15i. Die Dienstnehmerin, die keinen Anspruch auf Teilzeitbeschäftigung nach § 15h Abs. 1 oder 4 hat, kann mit dem Dienstgeber eine Teilzeitbeschäftigung einschließlich Beginn, Dauer, Ausmaß und Lage längstens bis zum Ablauf des vierten Lebensjahres des Kindes vereinbaren, bei der die wöchentliche Normalarbeitszeit um mindestens 20 vH reduziert wird und zwölf Stunden nicht unterschreitet (Bandbreite).

Gemeinsame Bestimmungen zur Teilzeitbeschäftigung

§ 15j. (1) Voraussetzung für die Inanspruchnahme einer Teilzeitbeschäftigung nach den §§ 15h und 15i ist, dass die Dienstnehmerin mit dem Kind im gemeinsamen Haushalt lebt oder eine Obsorge nach den §§ 177 Abs. 4 oder 179 des Allgemeinen bürgerlichen Gesetzbuchs, JGS Nr. 946/1811, gegeben ist und sich der Vater nicht gleichzeitig in Karenz befindet.

(2) Die Dienstnehmerin kann die Teilzeitbeschäftigung für jedes Kind nur einmal in Anspruch nehmen. Dieses Recht wird durch das Zurückziehen eines Teilzeitantrages nach § 15h Abs. 1 oder § 15i nicht verwirkt. Die Teilzeitbeschäftigung muss mindestens zwei Monate dauern.

(3) Die Teilzeitbeschäftigung kann frühestens im Anschluss an die Frist gemäß § 5 Abs. 1 und 2, einen daran anschließenden Gebührenurlaub oder eine Dienstverhinderung wegen Krankheit (Unglücksfall) angetreten werden. In diesem Fall hat die Dienstnehmerin dies dem Dienstgeber einschließlich Dauer, Ausmaß und Lage der Teilzeitbeschäftigung schriftlich bis zum Ende der Frist nach § 5 Abs. 1 bekannt zu geben.

(4) Beabsichtigt die Dienstnehmerin die Teilzeitbeschäftigung zu einem späteren Zeitpunkt anzutreten, hat sie dies dem Dienstgeber einschließlich Beginn, Dauer, Ausmaß und Lage der Teilzeitbeschäftigung schriftlich spätestens drei Monate vor dem beabsichtigten Beginn bekannt zu geben. Beträgt jedoch der Zeitraum zwischen dem Ende der Frist gemäß § 5 Abs. 1 und dem Beginn der beabsichtigten Teilzeitbeschäftigung weniger als drei Monate, so hat die Dienstnehmerin die Teilzeitbeschäftigung schriftlich bis zum Ende der Frist nach § 5 Abs. 1 bekannt zu geben.

(5) Die Dienstnehmerin kann sowohl eine Änderung der Teilzeitbeschäftigung (Verlängerung, Änderung des Ausmaßes oder der Lage) innerhalb der Bandbreite nach § 15h Abs. 1 Z 3 oder § 15i als auch eine vorzeitige Beendigung jeweils nur einmal verlangen. Sie hat dies dem Dienstgeber schriftlich spätestens drei Monate, dauert die Teilzeitbeschäftigung jedoch weniger als drei Monate, spätestens zwei Monate vor der beabsichtigten Änderung oder Beendigung bekannt zu geben.

(6) Der Dienstgeber kann sowohl eine Änderung der Teilzeitbeschäftigung (Änderung des Ausmaßes oder der Lage) innerhalb der Bandbreite nach § 15h Abs. 1 Z 3 oder § 15i als auch eine vorzeitige Beendigung jeweils nur einmal verlangen. Er hat dies der Dienstnehmerin schriftlich spätestens drei Monate, dauert die Teilzeitbeschäftigung jedoch weniger als drei Monate, spätestens zwei Monate vor der beabsichtigten Änderung oder Beendigung bekannt zu geben.

(7) Fallen in ein Kalenderjahr auch Zeiten einer Teilzeitbeschäftigung, gebühren der Dienstnehmerin sonstige, insbesondere einmalige Bezüge im Sinne des § 67 Abs. 1 EStG 1988 in dem der Vollzeit- und Teilzeitbeschäftigung entsprechenden Ausmaß im Kalenderjahr.

(8) Der Dienstgeber ist verpflichtet, der Dienstnehmerin auf deren Verlangen eine Bestätigung über Beginn und Dauer der Teilzeitbeschäftigung

oder die Nichtinanspruchnahme der Teilzeitbeschäftigung auszustellen. Die Dienstnehmerin hat diese Bestätigung mit zu unterfertigen.

(9) Die Teilzeitbeschäftigung der Dienstnehmerin endet vorzeitig mit der Inanspruchnahme einer Karenz oder Teilzeitbeschäftigung nach diesem Bundesgesetz für ein weiteres Kind.

(10) Kommt es zu einer Vereinbarung über ein Teilzeitmodell außerhalb der Bandbreite, liegt dennoch eine Teilzeitbeschäftigung im Sinne des § 15h oder § 15i vor.

Verfahren beim Anspruch auf Teilzeitbeschäftigung

§ 15k. (1) In Betrieben, in denen ein für die Dienstnehmerin zuständiger Betriebsrat errichtet ist, ist dieser auf Verlangen der Dienstnehmerin den Verhandlungen über Beginn, Dauer, Ausmaß oder Lage der Teilzeitbeschäftigung nach § 15h Abs. 1 beizuziehen. Kommt binnen zwei Wochen ab Bekanntgabe keine Einigung zu Stande, können im Einvernehmen zwischen Dienstnehmerin und Dienstgeber Vertreter der gesetzlichen Interessenvertretungen der Dienstnehmer und der Dienstgeber den Verhandlungen beigezogen werden. Der Dienstgeber hat das Ergebnis der Verhandlungen schriftlich aufzuzeichnen. Diese Ausfertigung ist sowohl vom Dienstgeber als auch von der Dienstnehmerin zu unterzeichnen; eine Ablichtung ist der Dienstnehmerin auszuhändigen.

(2) Kommt binnen vier Wochen ab Bekanntgabe keine Einigung über Beginn, Dauer, Ausmaß oder Lage der Teilzeitbeschäftigung zu Stande, kann die Dienstnehmerin die Teilzeitbeschäftigung zu den von ihr bekannt gegebenen Bedingungen antreten, sofern der Dienstgeber nicht binnen weiterer zwei Wochen beim zuständigen Arbeits- und Sozialgericht einen Antrag nach § 433 Abs. 1 ZPO zur gütlichen Einigung gegebenenfalls im Rahmen eines Gerichtstages stellt. Dem Antrag ist das Ergebnis der Verhandlungen nach Abs. 1 anzuschließen.

(3) Kommt binnen vier Wochen ab Einlangen des Antrags beim Arbeits- und Sozialgericht keine gütliche Einigung zu Stande, hat der Dienstgeber binnen einer weiteren Woche die Dienstnehmerin auf Einwilligung in die von ihm vorgeschlagenen Bedingungen der Teilzeitbeschäftigung beim zuständigen Arbeits- und Sozialgericht zu klagen, andernfalls kann die Dienstnehmerin die Teilzeitbeschäftigung zu den von ihr bekannt gegebenen Bedingungen antreten. Findet der Vergleichsversuch erst nach Ablauf von vier Wochen statt, beginnt die Frist für die Klagseinbringung mit dem auf den Vergleichsversuch folgenden Tag. Das Arbeits- und Sozialgericht hat der Klage des Dienstgebers dann stattzugeben, wenn die betrieblichen Erfordernisse die Interessen der Dienstnehmerin überwiegen. Gibt das Arbeits- und Sozialgericht der Klage des Dienstgebers nicht statt, wird die von der Dienstnehmerin beabsichtigte Teilzeitbeschäftigung mit der Rechtskraft des Urteils wirksam.

(4) Beabsichtigt die Dienstnehmerin eine Änderung oder vorzeitige Beendigung der Teilzeitbeschäftigung, ist Abs. 1 anzuwenden. Kommt binnen vier Wochen ab Bekanntgabe keine Einigung zu Stande, kann der Dienstgeber binnen einer weiteren Woche dagegen Klage beim zuständigen Arbeits- und Sozialgericht erheben. Bringt der Dienstgeber keine Klage ein, wird die von der Dienstnehmerin bekannt gegebene Änderung oder vorzeitige Beendigung der Teilzeitbeschäftigung wirksam. Das Arbeits- und Sozialgericht hat der Klage dann stattzugeben, wenn die betrieblichen Erfordernisse gegenüber den Interessen der Dienstnehmerin im Hinblick auf die beabsichtigte Änderung oder vorzeitige Beendigung überwiegen.

(5) Beabsichtigt der Dienstgeber eine Änderung der Teilzeitbeschäftigung oder eine vorzeitige Beendigung, ist Abs. 1 anzuwenden. Kommt binnen vier Wochen ab Bekanntgabe keine Einigung zu Stande, kann der Dienstgeber binnen einer weiteren Woche Klage auf die Änderung oder vorzeitige Beendigung beim Arbeits- und Sozialgericht erheben, andernfalls die Teilzeitbeschäftigung unverändert bleibt. Das Arbeits- und Sozialgericht hat der Klage dann stattzugeben, wenn die betrieblichen Erfordernisse gegenüber den Interessen der Dienstnehmerin im Hinblick auf die beabsichtigte Änderung oder vorzeitige Beendigung überwiegen.

(6) In Rechtsstreitigkeiten nach Abs. 3 bis 5 steht keiner Partei ein Kostenersatzanspruch an die andere zu. Gegen ein Urteil des Gerichtes erster Instanz ist eine Berufung nicht zulässig und sind – unabhängig vom Wert des Streitgegenstandes – Beschlüsse des Gerichtes erster Instanz nur aus den Gründen des § 517 Abs. 1 Z 1, 4 und 6 ZPO anfechtbar.

Verfahren bei der vereinbarten Teilzeitbeschäftigung

§ 15l. (1) In Betrieben, in denen ein für die Dienstnehmerin zuständiger Betriebsrat errichtet ist, ist dieser auf Verlangen der Dienstnehmerin den Verhandlungen über die Teilzeitbeschäftigung nach § 15i, deren Beginn, Dauer, Lage und Ausmaß beizuziehen.

(2) Kommt binnen zwei Wochen ab Bekanntgabe keine Einigung zu Stande, so kann die Dienstnehmerin den Dienstgeber auf Einwilligung in eine Teilzeitbeschäftigung einschließlich deren Beginn, Dauer, Lage und Ausmaß klagen. Das Arbeits- und Sozialgericht hat die Klage insoweit abzuweisen, als der Dienstgeber aus sachlichen Gründen die Einwilligung in die begehrte Teilzeitbeschäftigung verweigert hat.

(3) Beabsichtigt die Dienstnehmerin eine Änderung oder vorzeitige Beendigung der Teilzeitbeschäftigung, ist Abs. 1 anzuwenden. Kommt binnen zwei Wochen ab Bekanntgabe keine Einigung zu Stande, kann die Dienstnehmerin binnen einer weiteren Woche Klage auf eine Änderung oder vorzeitige Beendigung der Teilzeitbeschäftigung beim zuständigen Arbeits- und Sozialgericht erheben. Das Arbeits- und Sozialgericht hat die Klage dann abzuweisen, wenn die betrieblichen Erfordernisse gegenüber den Interessen der Dienstnehmerin im Hinblick auf die beabsichtigte Änderung oder vorzeitige Beendigung überwiegen.

(4) Beabsichtigt der Dienstgeber eine Änderung der Teilzeitbeschäftigung oder eine vorzeitige Beendigung, ist Abs. 1 anzuwenden. Kommt binnen zwei Wochen ab Bekanntgabe keine Einigung zu Stande, kann der Dienstgeber binnen einer weiteren Woche Klage auf eine Änderung oder vorzeitige Beendigung beim zuständigen Arbeits- und Sozialgericht erheben, andernfalls die Teilzeitbeschäftigung unverändert bleibt. Das Arbeits- und Sozialgericht hat der Klage dann stattzugeben, wenn die betrieblichen Erfordernisse gegenüber den Interessen der Dienstnehmerin im Hinblick auf die beabsichtigte Änderung oder vorzeitige Beendigung überwiegen.

(5) § 15k Abs. 6 ist anzuwenden.

Karenz an Stelle von Teilzeitbeschäftigung

§ 15m. (1) Kommt zwischen der Dienstnehmerin und dem Dienstgeber keine Einigung über eine Teilzeitbeschäftigung nach den §§ 15h und 15i zu Stande, kann die Dienstnehmerin dem Dienstgeber binnen einer Woche bekannt geben, dass sie

1. an Stelle der Teilzeitbeschäftigung oder
2. bis zur Entscheidung des Arbeits- und Sozialgerichtes Karenz, längstens jedoch bis zum Ablauf des zweiten Lebensjahres des Kindes,

in Anspruch nimmt.

(2) Gibt das Gericht der Klage des Dienstgebers in einem Rechtsstreit nach § 15k Abs. 3 statt oder der Klage der Dienstnehmerin nach § 15l Abs. 2 nicht statt, kann die Dienstnehmerin binnen einer Woche nach Zugang des Urteils dem Dienstgeber bekannt geben, dass sie Karenz längstens bis zum Ablauf des zweiten Lebensjahres des Kindes in Anspruch nimmt.

Kündigungs- und Entlassungsschutz bei einer Teilzeitbeschäftigung

§ 15n. (1) Der Kündigungs- und Entlassungsschutz gemäß den §§ 10 und 12 beginnt grundsätzlich mit der Bekanntgabe, frühestens jedoch vier Monate vor dem beabsichtigten Antritt der Teilzeitbeschäftigung. Er dauert bis vier Wochen nach dem Ende der Teilzeitbeschäftigung, längstens jedoch bis vier Wochen nach dem Ablauf des vierten Lebensjahres des Kindes. Die Bestimmungen über den Kündigungs- und Entlassungsschutz gelten auch während eines Verfahrens nach den §§ 15k und 15l.

(2) Dauert die Teilzeitbeschäftigung länger als bis zum Ablauf des vierten Lebensjahres des Kindes oder beginnt sie nach dem Ablauf des vierten Lebensjahres des Kindes, kann eine Kündigung wegen einer beabsichtigten oder tatsächlich in Anspruch genommenen Teilzeitbeschäftigung bei Gericht angefochten werden. § 105 Abs. 5 ArbVG ist anzuwenden.

(3) Wird während der Teilzeitbeschäftigung ohne Zustimmung des Dienstgebers eine weitere Erwerbstätigkeit aufgenommen, kann der Dienstgeber binnen acht Wochen ab Kenntnis entgegen Abs. 1 und 2 eine Kündigung wegen dieser Erwerbstätigkeit aussprechen.

Teilzeitbeschäftigung der Adoptiv- oder Pflegemutter

§ 15o. Die §§ 15h bis 15n gelten auch für eine Adoptiv- oder Pflegemutter mit der Maßgabe, dass die Teilzeitbeschäftigung frühestens mit der Annahme oder der Übernahme des Kindes beginnen kann. Beabsichtigt die Dienstnehmerin die Teilzeitbeschäftigung zum frühest möglichen Zeitpunkt, hat sie dies dem Dienstgeber einschließlich Beginn, Dauer, Ausmaß und Lage unverzüglich bekannt zu geben. § 15j Abs. 1 ist weiters mit der Maßgabe anzuwenden, dass an Stelle des Ausdrucks „der Vater“ der Ausdruck „der andere Elternteil“ tritt.

Änderung der Lage der Arbeitszeit

§ 15p. Die §§ 15h bis 15o sind auch für eine von der Dienstnehmerin beabsichtigte Änderung der Lage der Arbeitszeit mit der Maßgabe anzuwenden, dass das Ausmaß der Arbeitszeit außer Betracht bleibt.

Spätere Geltendmachung der Karenz

§ 15q. (1) Lehnt der Dienstgeber des anderen Elternteils eine Teilzeitbeschäftigung ab und nimmt der andere Elternteil keine Karenz für diese Zeit in Anspruch, so kann die Dienstnehmerin für diese Zeit, längstens bis zum Ablauf des zweiten Lebensjahres des Kindes Karenz in Anspruch nehmen.

(2) Die Dienstnehmerin hat Beginn und Dauer der Karenz unverzüglich nach der Ablehnung der Teilzeitbeschäftigung durch den Dienstgeber des anderen Elternteils bekannt zu geben und die anspruchsbegründenden Umstände nachzuweisen.

Abschnitt 7
Sonstige Bestimmungen

Austritt aus Anlass der Geburt eines Kindes

§ 15r. Die Dienstnehmerin kann

1. nach der Geburt eines lebenden Kindes während der Schutzfrist nach § 5 Abs. 1,

2. nach der Annahme eines Kindes, welches das zweite Lebensjahr noch nicht vollendet hat, an Kindes Statt (§ 15c Abs. 1 Z 1) oder nach Übernahme eines solchen Kindes in unentgeltliche Pflege (§ 15c Abs. 1 Z 2) innerhalb von acht Wochen,
3. bei Inanspruchnahme einer Karenz nach §§ 15, 15a, 15c, 15d oder 15q bis spätestens drei Monate vor Ende der Karenz,
4. bei Inanspruchnahme einer Karenz von weniger als drei Monaten bis spätestens zwei Monate vor dem Ende der Karenz

ihren vorzeitigen Austritt aus dem Dienstverhältnis erklären.

Dienst(Werks)wohnung

§ 16. Vereinbarungen, durch die der Anspruch der Dienstnehmerin auf eine beigestellte Dienst(Werks)wohnung oder sonstige Unterkunft berührt wird, müssen während der Dauer des Kündigungs- und Entlassungsschutzes gemäß §§ 10, 12, 15 Abs. 4, 15a Abs. 4 und 5, 15c Abs. 4, 15d Abs. 5, 15n Abs. 1, um rechtswirksam zu sein, vor Gericht (§ 92 ASGG) nach Rechtsbelehrung der Dienstnehmerin getroffen werden.

Abschnitt 8

Sonderbestimmungen für Bedienstete in bestimmten Zweigen des öffentlichen Dienstes

§ 18. Die Abschnitte 2 bis 7 gelten mit den in den §§ 18a bis 23 enthaltenen Abweichungen für Dienstnehmerinnen, die in einem Dienstverhältnis

1. zum Bund,
2. zu einem Land, einer Gemeinde oder einem Gemeindeverband, sofern die Dienstnehmerin in einem Betrieb tätig ist,
3. gemäß Art. 14 Abs. 2 B-VG,
4. gemäß Art. 14a Abs. 3 B-VG

stehen, weiters für Dienstnehmerinnen in einem Dienstverhältnis zu einer Stiftung, einer Anstalt oder einem Fonds, auf das nach dem Vertragsbedienstetengesetz 1948, BGBl. Nr. 86, dessen § 1 Abs. 2 sinngemäß anzuwenden ist.

§ 18a. (1) §§ 2a Abs. 5, 15k Abs. 1 und 15l Abs. 1 ist für Dienststellen, die nicht unter den II. Teil des Arbeitsverfassungsgesetzes, BGBl. Nr. 22/1974, fallen, mit der Maßgabe anzuwenden, daß an die Stelle des Betriebsrates die Personalvertretung tritt.

(2) § 2b Abs. 1 und Abs. 2 Satz 1 ist für öffentlich-rechtliche Dienstnehmerinnen mit der Maßgabe anzuwenden, daß die Dienstnehmerin an einem ihrer bisherigen dienstrechtlichen Stellung zumindest entsprechenden Arbeitsplatz zu verwenden ist.

§ 19. (1) § 3 Abs. 6 ist mit der Maßgabe anzuwenden, daß die Meldung über die Schwangerschaft einer Dienstnehmerin in Dienststellen des Bundes, auf die das Bundes-Bedienstetenschutzgesetz, BGBl. I Nr. 70/1999, anzuwenden ist, dem Arbeitsinspektorat zu übermitteln ist.

(2) Das Arbeitsinspektorat hat dem Dienststellenleiter in den Angelegenheiten der §§ 4, 4a, 5 Abs. 4 und 9 Abs. 3 und 4 Empfehlungen zu erteilen. § 89 des Bundes-Bedienstetenschutzgesetzes ist anzuwenden.

§ 20. (1) § 10 Abs. 3 bis 7 ist nicht anzuwenden.

(2) Während der Dauer des in den §§ 10, 15, 15a, 15c und 15d geregelten Kündigungsschutzes und bis zum Ablauf von vier Monaten nach dem Aufhören dieses Schutzes kann ein Rechtsanspruch auf die Umwandlung eines kündbaren Dienstverhältnisses in ein unkündbares (definitives) Dienstverhältnis nicht erworben werden.

(2a) Abweichend von Abs. 2 kann die Beamtin während der Inanspruchnahme einer Karenz gemäß § 15a durch den anderen Elternteil einen Rechtsanspruch auf Umwandlung eines kündbaren in ein unkündbares (definitives) Dienstverhältnis erwerben.

(2b) Während der Dauer einer aufgeschobenen Karenz kann ein Rechtsanspruch auf Umwandlung eines kündbaren in ein unkündbares (definitives) Dienstverhältnis nicht erworben werden.

(3) Die Definitivstellung nach Ablauf der im Abs. 2 genannten Frist wirkt auf den Zeitpunkt zurück, in dem sie ohne die Aufschiebung im Sinne des Abs. 2 erfolgt wäre.

(4) § 10 Abs. 8 ist mit der Maßgabe anzuwenden, dass Ansprüche auf Grund des Bundes-Gleichbehandlungsgesetzes (B-GlBG), BGBl. Nr. 100/1993, unberührt bleiben.

§ 21. Eine einvernehmliche Auflösung des Dienstverhältnisses während der Dauer des Kündigungsschutzes ist nur dann rechtswirksam, wenn sie schriftlich vereinbart wurde. Bei Minderjährigen muß dieser Vereinbarung eine Bescheinigung eines Gerichtes (§ 92 ASGG), der Personalvertretung oder des Betriebsrates beigeschlossen sein, aus der hervorgeht, daß die Dienstnehmerin über den Kündigungsschutz nach diesem Bundesgesetz belehrt wurde.

§ 22. (1) § 12 ist nicht anzuwenden, wenn die Entlassung der Bediensteten durch das rechtskräftige Erkenntnis einer auf Grund gesetzlicher oder anderer dienstrechtlicher Vorschriften gebildeten Disziplinarkommission (Disziplinargericht) verfügt wird oder das Dienstverhältnis kraft Gesetzes erlischt.

(2) Unbeschadet der im § 12 Abs. 2 angeführten Entlassungsgründe kann das Gericht die Zustimmung zur Entlassung erteilen, wenn sich nachträglich herausstellt, daß die Vertragsbedienstete die Aufnahme in das Dienstverhältnis durch unwahre Angaben, ungültige Urkunden oder durch Verschweigen von Umständen erschlichen hat, die

ihre Aufnahme nach den Bestimmungen des Vertragsbedienstetengesetzes oder anderer österreichischer Rechtsvorschriften ausgeschlossen hätten.

§ 22a. Beamtinnen und Vertragsbedienstete, die gemäß § 3 Abs. 3 nicht beschäftigt werden dürfen, haben keinen Anspruch nach § 14 Abs. 2 für Zeiten, während derer ein Anspruch nach § 13d Gehaltsgesetz 1956 (GehG), BGBl Nr. 54 oder § 24b VBG besteht.

§ 23. (1) § 15 Abs. 3 letzter Satz und § 15a Abs. 3 letzter Satz sind mit der Maßgabe anzuwenden, dass Karenz gewährt werden kann, sofern nicht zwingende dienstliche Gründe entgegenstehen.

(2) § 15b ist mit der Maßgabe anzuwenden, dass die Beamtin aufgeschobene Karenz zu dem von ihr gewünschten Zeitpunkt in Anspruch nehmen kann.

(3) § 15b Abs. 3 zweiter bis letzter Satz und Abs. 4 zweiter Satz ist auf Bundesbeamtinnen, Landeslehrerinnen (§ 1 Abs. 1 LDG 1984), Land- und forstwirtschaftliche Landeslehrerinnen (§ 1 Abs. 1 LLDG 1985), Klassenlehrerinnen, Richteramtsanwärterinnen und Richterinnen nicht anzuwenden.

(4) Lehrerinnen können aufgeschobene Karenz nicht in den letzten vier Monaten des Schuljahres in Anspruch nehmen.

(5) § 15f Abs. 1 letzter Satz ist anzuwenden, soweit dienst- und besoldungsrechtliche Vorschriften nicht anderes bestimmen.

(6) § 15e Abs. 2 ist auf Lehrerinnen, die eine im § 8 Abs. 1 BDG 1979, BGBl. Nr. 333, im § 55 Abs. 4 oder 5 LDG 1984, BGBl. Nr. 302, oder im § 56 LLDG 1985, BGBl. Nr. 296, angeführte Leitungsfunktion ausüben oder mit einer Schulaufsichtsfunktion betraut sind, auf Beamtinnen des Schulaufsichtsdienstes, auf Bedienstete des Schulqualitätsmanagements und auf Bedienstete in der Schulevaluation nicht anzuwenden.

(7) Eine Beschäftigung im Sinne des § 15e Abs. 3 bedarf der Genehmigung durch die Dienstbehörde (Personalstelle). § 56 Abs. 4 BDG 1979 ist anzuwenden.

(8) § 15h Abs. 1 ist auf Bundesbeamtinnen, Landeslehrerinnen (§ 1 Abs. 1 LDG 1984), Land- und forstwirtschaftliche Landeslehrerinnen (§ 1 Abs. 1 LLDG 1985) und Klassenlehrerinnen mit der Maßgabe anzuwenden, dass diese Beamtinnen einen Anspruch auf Teilzeitbeschäftigung längstens bis zum Ablauf des siebenten Lebensjahres oder einem späteren Schuleintritt des Kindes haben. Die Bestimmungen des § 15h Abs. 1 betreffend Ausmaß und Lage der Teilzeitbeschäftigung und § 15j Abs. 5 und 6 sind mit folgenden Abweichungen anzuwenden:

1. Eine Teilzeitbeschäftigung ist im Ausmaß einer Herabsetzung
   a) bis auf die Hälfte der für eine Vollbeschäftigung vorgesehenen Wochendienstzeit (Lehrverpflichtung bzw. Jahresnorm) oder
   b) unter die Hälfte der für eine Vollbeschäftigung vorgesehenen Wochendienstzeit (Lehrverpflichtung bzw. Jahresnorm) für die beantragte Dauer, während der die Mutter Anspruch auf Kinderbetreuungsgeld hat,

   zu gewähren.
2. Das Ausmaß der Herabsetzung ist so festzulegen, dass die verbleibende regelmäßige Wochendienstzeit (Lehrverpflichtung bzw. Jahresnorm) ein ganzzahliges Stundenausmaß (bei Lehrerinnen ganze Unterrichtsstunden) umfasst. Die verbleibende regelmäßige Wochendienstzeit (Lehrverpflichtung bzw. Jahresnorm) gemäß Z 1 lit. a
   a) darf nicht unter der Hälfte der für eine Vollbeschäftigung erforderlichen regelmäßigen Wochendienstzeit (Lehrverpflichtung bzw. Jahresnorm) und
   b) muss unter der für eine Vollbeschäftigung erforderlichen regelmäßigen Wochendienstzeit (Lehrverpflichtung bzw. Jahresnorm)

   liegen.
3. Eine Teilzeitbeschäftigung darf von der Dienstbehörde nur dann abgelehnt werden, wenn die Beamtin infolge der Teilzeitbeschäftigung aus wichtigen dienstlichen Gründen weder im Rahmen ihres bisherigen Arbeitsplatzes noch auf einem anderen ihrer dienstrechtlichen Stellung zumindest entsprechenden Arbeitsplatz verwendet werden könnte.
4. Die Bestimmungen über den Kündigungs- und Entlassungsschutz gelten auch während eines Rechtsmittelverfahrens betreffend die Ablehnung der Teilzeitbeschäftigung.
5. Im § 15n Abs. 1 ist die Verweisung auf die §§ 10 und 12 mit den Änderungen anzuwenden, die sich aus den §§ 20 bis 22 ergeben.
6. Bei der stundenmäßigen Festlegung der Zeiträume, in denen die Beamtin Dienst zu versehen hat, ist auf die persönlichen Verhältnisse der Beamtin, insbesondere auf die Gründe, die zur Teilzeitbeschäftigung geführt haben, so weit Rücksicht zu nehmen, als nicht wichtige dienstliche Interessen entgegenstehen.
7. Die Dienstbehörde kann auf Antrag der Beamtin eine Änderung des Ausmaßes oder die vorzeitige Beendigung der Teilzeitbeschäftigung verfügen, wenn keine wichtigen dienstlichen Interessen entgegenstehen.
8. Auf Landeslehrerinnen, die Teilzeitbeschäftigung in Anspruch nehmen, ist § 47 Abs. 3 und 3a LDG 1984 anzuwenden.

(9) Lassen bei den in Abs. 8 angeführten Beamtinnen die besonderen Umstände des Dienstes eine genaue Einhaltung eines ganzzahligen Ausmaßes an Stunden (bei Lehrerinnen an Unterrichtsstunden) nicht zu, so ist es so weit zu überschreiten, als es nötig ist, um seine Unterschreitung zu vermeiden.

(9a) Die Bestimmungen über die Bandbreite bei der Teilzeitbeschäftigung sind auf Vertragslehrpersonen nach dem VBG, Landesvertragslehrpersonen nach dem Landesvertragslehrpersonengesetz 1966 – LVG, BGBl. Nr. 172/1966, und dem Land- und forstwirtschaftlichen Landesvertragslehrpersonengesetz – LLVG, BGBl. Nr. 244/1969, mit der Maßgabe anzuwenden, dass die für eine Vollbeschäftigung vorgesehene Lehrverpflichtung bzw. Jahresnorm um mindestens 20 vH reduziert wird und 30 vH nicht unterschreitet.

(10) Eine im Abs. 8 angeführte Beamtin kann über die für sie maßgebende Wochendienstzeit hinaus zur Dienstleistung nur herangezogen werden, wenn die Dienstleistung zur Vermeidung eines Schadens unverzüglich notwendig ist und ein Bediensteter, dessen Wochendienstzeit (Lehrverpflichtung bzw. Jahresnorm) nicht herabgesetzt ist, nicht zur Verfügung steht. Die Zeit einer solchen zusätzlichen Dienstleistung ist entweder durch Freizeit auszugleichen oder nach den besoldungsrechtlichen Vorschriften abzugelten. Bei Lehrerinnen ist ein solcher Freizeitausgleich unzulässig. Der erste Satz ist auf Lehrerinnen nicht anzuwenden, deren Lehrverpflichtung um höchstens 25% herabgesetzt ist.

(10a) Abs. 10 ist auf Vertragsbedienstete und auf Landesvertragslehrpersonen nach dem Landesvertragslehrpersonengesetz 1966 (LVG), BGBl. Nr. 172 und dem Land- und forstwirtschaftlichen Landesvertragslehrpersonengesetz (LLVG), BGBl. Nr. 244/1969 sinngemäß anzuwenden.

(11) § 15h Abs. 1 ist auf Richteramtsanwärterinnen und Richterinnen mit der Maßgabe anzuwenden, dass sie Anspruch auf Teilzeitbeschäftigung längstens bis zum Ablauf des siebenten Lebensjahres oder einem späteren Schuleintritt des Kindes haben. Die Bestimmungen des § 15h Abs. 1 betreffend Ausmaß der Teilzeitbeschäftigung und des § 15j Abs. 5 und 6 sind auf Richteramtsanwärterinnen und Richterinnen mit folgenden Abweichungen anzuwenden:

1. An die Stelle der Teilzeitbeschäftigung tritt die Teilauslastung. Unter Teilauslastung ist eine Ermäßigung des regelmäßigen Dienstes bis auf die Hälfte zu verstehen.
2. Für die vorzeitige Beendigung einer Teilauslastung gilt § 76c RStDG.

(12) Auf die übrigen von den Abs. 6, 8 und 11 nicht erfassten Bediensteten ist § 15n Abs. 2 letzter Satz nicht und §§ 15h, 15i und 15j Abs. 10 mit der Maßgabe anzuwenden, dass

1. eine Teilzeitbeschäftigung jedenfalls nicht zulässig ist, wenn die Bedienstete infolge der Teilzeitbeschäftigung aus wichtigen dienstlichen Gründen weder im Rahmen ihres bisherigen Arbeitsplatzes noch auf einem anderen ihrer dienstrechtlichen Stellung zumindest entsprechenden Arbeitsplatz verwendet werden könnte, und
2. im § 15n Abs. 1 die Verweisung auf die §§ 10 und 12 mit den Änderungen anzuwenden ist, die sich aus den §§ 20 bis 22 ergeben.

(13) § 15f Abs. 4 ist nicht anzuwenden. Wird der gemeinsame Haushalt der Mutter mit dem Kind aufgehoben, so endet die Karenz nach diesem Bundesgesetz. Die Bedienstete gilt ab diesem Zeitpunkt bis zum Ende der ursprünglich nach diesem Bundesgesetz gewährten Karenz als gegen Entfall der Bezüge im Sinne der dienstrechtlichen Vorschriften beurlaubt. Wenn es der Dienstgeber jedoch begehrt, hat die Bedienstete vorzeitig den Dienst anzutreten.

(14) § 15e Abs. 2 ist auf Richterinnen nicht anzuwenden.

(15) § 15r ist nicht anzuwenden auf

1. öffentlich-rechtliche Dienstnehmerinnen und
2. Vertragsbedienstete,

deren Dienstverhältnis vor dem 1. Jänner 2003 begonnen hat, soweit nicht durch Verordnung gemäß § 46 Abs. 1 letzter Satz des Betrieblichen Mitarbeiter- und Selbständigenvorsorgegesetzes (BMSVG), BGBl. I Nr. 100/2002, etwas anderes angeordnet wird.

(16) §§ 15i, 15j Abs. 10, 15k, 15n Abs. 2 letzter Satz und 15p sind auf öffentlich-rechtliche Dienstnehmerinnen nicht anzuwenden.

(17) § 15m ist auf Beamtinnen mit der Maßgabe anzuwenden, dass bei Ablehnung der Teilzeitbeschäftigung durch die Dienstbehörde gemäß Abs. 8 Z 3 die Dienstnehmerin an Stelle der Teilzeitbeschäftigung oder bis zur rechtskräftigen Bescheiderlassung Karenz beanspruchen kann. Wurde die Teilzeitbeschäftigung rechtskräftig abgelehnt, kann die Beamtin binnen einer Woche nach Rechtskraft bekannt geben, dass sie Karenz längstens bis zum Ablauf des zweiten Lebensjahres des Kindes in Anspruch nimmt.

Abschnitt 9

Sonderbestimmungen für die in privaten Haushalten beschäftigten Dienstnehmerinnen, die in die Hausgemeinschaft aufgenommen sind

Personenkreis

§ 24. Die Abschnitte 2 bis 7 gelten mit den in den §§ 25 und 27 enthaltenen Abweichungen für Dienstnehmerinnen, die unter das Hausgehilfen- und Hausangestelltengesetz, BGBl. Nr. 235/1962, fallen, in privaten Haushalten beschäftigt und in die Hausgemeinschaft des Dienstgebers aufgenommen sind.

§ 25. Die §§ 7 (Verbot der Sonn- und Feiertagsarbeit) und 16 (Dienst/Werkswohnung) sind nicht anzuwenden. Die §§ 15 bis 15d, 15m und § 15q (Karenz) gelten unter der Voraussetzung, dass für die Dauer der Karenz die Hausgemeinschaft aufgelöst wird.

Kündigungsschutz

§ 27. Die Zustimmung zur Kündigung ist abweichend von § 10 Abs. 3 nur dann zu erteilen, wenn der Dienstgeber wegen Änderung seiner wirtschaftlichen Verhältnisse nicht in der Lage ist, eine Arbeitskraft im Haushalt zu beschäftigen, oder der Grund, der für ihre Beschäftigung maßgebend war, weggefallen ist, oder wenn sich die Dienstnehmerin in der Tagsatzung zur mündlichen Streitverhandlung nach Rechtsbelehrung der Parteien durch den Vorsitzenden über den Kündigungsschutz nach diesem Bundesgesetz mit der Kündigung einverstanden erklärt. Eine entgegen diesen Vorschriften ausgesprochene Kündigung ist rechtsunwirksam.

Abschnitt 10
Sonderbestimmungen für Heimarbeiterinnen

§ 31. (1) Die Abschnitte 2 bis 7 gelten für Heimarbeiterinnen mit den in den Abs. 2 und 3 enthaltenen Abweichungen hinsichtlich ihrer Beschäftigung mit Heimarbeit.

(2) Die §§ 6 bis 8 gelten mit der Maßgabe, daß auf einen Ausgabe- und Abrechnungsnachweis keine größere Arbeitsmenge ausgegeben werden darf, als durch eine vollwertige Arbeitskraft ohne Hilfskräfte bei Einhaltung einer achtstündigen täglichen Arbeitszeit bewältigt werden kann. Die Lieferfristen sind so zu bemessen, daß Aufträge ohne Nachtarbeit, das heißt ohne Arbeit in der Zeit zwischen zwanzig Uhr und sechs Uhr, und ohne Sonn- und Feiertagsarbeit ausgeführt werden können. Ist eine Heimarbeiterin für mehrere Auftraggeber tätig, so darf die gesamte Arbeitsmenge das angeführte Ausmaß nicht überschreiten. Die Heimarbeiterin hat, falls sie für mehrere Auftraggeber tätig ist, dies jedem ihrer Auftraggeber mitzuteilen. Auf Antrag des Auftraggebers, der Mittelsperson oder der Heimarbeiterin hat das Arbeitsinspektorat darüber zu entscheiden, welche Arbeitsmenge ausgegeben werden darf. (BGBl. Nr. 342/1978, Art. I Z 16)

(3) Die §§ 10 und 12 gelten sinngemäß mit der Maßgabe, daß der Ausschluß von der Ausgabe von Heimarbeit einer Kündigung oder Entlassung gleichzuhalten ist.

(4) Über den Abs. 3 hinaus dürfen Heimarbeiterinnen während der Schwangerschaft und bis zum Ablauf von vier Monaten nach der Entbindung mit Ausnahme jener Zeiträume, während deren die Ausgabe von Heimarbeit auf Grund der Beschäftigungsverbote nach diesem Bundesgesetz untersagt ist, bei der Ausgabe von Heimarbeit im Vergleich zu den anderen Heimarbeiterinnen des gleichen Auftraggebers nicht benachteiligt werden. § 10 Abs. 7 ist sinngemäß anzuwenden.

(5) Heimarbeiterinnen, die entgegen Abs. 4 bei der Ausgabe von Heimarbeit benachteiligt worden sind, können auf Leistung des dadurch entgangenen Entgelts klagen. Der Berechnung des entgangenen Entgelts ist das Entgelt zugrunde zu legen, das die Heimarbeiterin in den letzten dreizehn Wochen vor Eintritt der Benachteiligung erzielt hat oder das ihr bei Bestehen eines Heimarbeitsgesamtvertrages oder eines Heimarbeitstarifes gebührt hätte.

Abschnitt 11
Gemeinsame Vorschriften und Schlußbestimmungen
Behördenzuständigkeit und Verfahrensvorschriften

§ 35. (1) Die nach diesem Bundesgesetz den Arbeitsinspektoraten zustehenden Aufgaben und Befugnisse sind in den vom Wirkungsbereich der Arbeitsinspektion ausgenommenen Betrieben von den zur Wahrnehmung des Dienstnehmerschutzes sonst berufenen Behörden wahrzunehmen.

(2) Bescheide gemäß § 6 Abs. 3 und § 7 Abs. 3 sind zu befristen. Bescheide gemäß § 6 Abs. 3 und § 7 Abs. 3 sind zu widerrufen oder abzuändern, wenn die Voraussetzungen nicht mehr vorliegen. Beschwerden gegen Bescheide gemäß § 4 Abs. 2 Z 9, Abs. 4 und 5, § 5 Abs. 4 und § 9 Abs. 3 kommt keine aufschiebende Wirkung zu.

(3) Zeugnisse gemäß § 3 Abs. 3, Bestätigungen gemäß den §§ 4a Abs. 1, 15f Abs. 3, 15j Abs. 8 sowie Amtshandlungen gemäß § 3 Abs. 3 und § 31 Abs. 2 letzter Satz sind von Stempelgebühren und Bundesverwaltungsabgaben befreit.

§ 36. Zuständige Verwaltungsbehörde im Sinne des § 5 Abs. 4 und § 9 Abs. 3 und 4 ist für die dem Arbeitsinspektionsgesetz 1993 unterliegenden Betriebe und für Privathaushalte die Bezirksverwaltungsbehörde.

Strafbestimmungen

§ 37. (1) Dienstgeber oder deren Bevollmächtigte, die den § 2a, § 2b, § 3 Abs. 1, 3, 6 und 7, § 4 Abs. 1 bis 3, 5 und 6, § 4a, § 5 Abs. 1 bis 3, §§ 6 bis 8a, § 9 Abs. 1 und 2, § 31 Abs. 2, § 32 oder einem Bescheid nach § 4 Abs. 2 Z 9 und Abs. 5, § 5 Abs. 4, § 9 Abs. 3 und 4 zuwiderhandeln, sind, wenn die Tat nicht nach anderen Vorschriften mit strengerer Strafe bedroht ist, von der Bezirksverwaltungsbehörde mit einer Geldstrafe von 70 Euro bis 1 820 Euro, im Wiederholungsfalle von 220 Euro bis 3 630 Euro zu bestrafen.

(2) Abs. 1 ist nicht anzuwenden, wenn die Zuwiderhandlung vom Organ einer Gebietskörperschaft begangen worden ist. Besteht bei einer Bezirksverwaltungsbehörde der Verdacht einer Zuwiderhandlung durch ein solches Organ, so hat sie, wenn es sich um ein Organ des Bundes oder

eines Landes handelt, eine Anzeige an das oberste Organ, dem das der Zuwiderhandlung verdächtige Organ untersteht (Art. 20 Abs. 1 erster Satz B-VG), zu erstatten, in allen anderen Fällen aber an die Aufsichtsbehörde.

Weitergeltung von Vorschriften

§ 38. Bestimmungen in Kollektivverträgen, Betriebsvereinbarungen und Arbeitsordnungen, die den Dienstnehmerinnen vor und nach ihrer Entbindung einen weitergehenden Schutz als dieses Bundesgesetz gewähren, werden durch dieses Bundesgesetz nicht berührt. (BGBl. Nr. 342/1978, Art. I Z 19)

Verweisungen

§ 38a. Soweit in diesem Bundesgesetz auf andere Bundesgesetze verwiesen wird, sind diese in ihrer jeweils geltenden Fassung anzuwenden.

Übergangsbestimmungen

§ 38b. (1) Ansprüche, die durch das Bundesgesetz BGBl. Nr. 833/1992 neu geschaffen wurden, haben nur Eltern, Adoptiv- oder Pflegeeltern, wenn das Kind nach dem 31. Dezember 1992 geboren wurde. Die Meldefristen für die Inanspruchnahme von Karenzurlauben oder von zu vereinbarenden Teilzeitbeschäftigungen verlängern sich nach Geburten, die zwischen dem 1. Jänner 1993 und der Kundmachung des Bundesgesetzes BGBl. Nr. 833/1992 erfolgen, um vier Wochen nach der Kundmachung dieses Bundesgesetzes. Ansprüche von Eltern, Adoptiv- oder Pflegeeltern, deren Kind vor dem 1. Jänner 1993 geboren wurde, richten sich nach den gesetzlichen Bestimmungen, die unmittelbar vor ihrer Änderung durch dieses Bundesgesetz gegolten haben.

(2) Bestehende Regelungen in Normen der kollektiven Rechtsgestaltung oder in Einzelvereinbarungen über die Anrechnung von Zeiten eines Karenzurlaubes für Ansprüche, die sich nach der Dauer der Dienstzeit richten, werden auf den Anspruch nach § 15e Abs. 2 letzter Satz angerechnet.

(3) Ansprüche, die durch das Bundesgesetz BGBl. I Nr. 153/1999 neu geschaffen wurden, haben nur Mütter (Adoptiv- oder Pflegemütter), wenn das Kind nach dem 31. Dezember 1999 geboren wurde. Ansprüche von Eltern (Adoptiv- oder Pflegeeltern), deren Kind vor dem 1. Jänner 2000 geboren wurde, richten sich nach den gesetzlichen Bestimmungen, die unmittelbar vor ihrer Änderung durch dieses Bundesgesetz gegolten haben.

§ 38c. In Arbeitsstätten, die vor Inkrafttreten dieses Bundesgesetzes errichtet wurden und die über keine Ruhemöglichkeiten im Sinne des § 8a verfügen, sind solche Ruhemöglichkeiten bis spätestens 1. Jänner 1996 herzustellen.

Übergangsbestimmungen (Option) für Geburten nach dem 30. Juni 2000, jedoch vor dem 1. Jänner 2002

§ 38d. (1) Mütter, deren Kinder nach dem 30. Juni 2000, jedoch vor dem Tag der Kundmachung des Bundesgesetzes BGBl. I Nr. 103/2001 geboren wurden, können, wenn sich entweder Mutter oder Vater am Tag der Kundmachung in Karenz befindet oder einen Teil der Karenz aufgeschoben haben, binnen drei Monaten ab Kundmachung ihrem Dienstgeber bekannt geben, ob sie Karenz bis zum Ablauf des zweiten Lebensjahres des Kindes nach den Bestimmungen dieses Bundesgesetzes in der Fassung BGBl. I Nr. 103/2001 in Anspruch nehmen.

(2) Mütter, deren Kinder nach dem 30. Juni 2000, jedoch vor dem 1. Jänner 2002 geboren wurden, können ab 1. Jänner 2002 eine Beschäftigung im Sinne des § 15e Abs. 2 und 3 dieses Bundesgesetzes in der Fassung BGBl. I Nr. 103/2001 vereinbaren.

(3) Vor dem 1. Jänner 2002 vereinbarte Teilzeitbeschäftigungen nach den Bestimmungen dieses Bundesgesetzes in der Fassung BGBl. I Nr. 153/1999 bleiben aufrecht, soweit Dienstgeber und Dienstnehmerin nicht anderes vereinbaren.

(4) Vor dem 1. Jänner 2002 bescheidmäßig festgelegte Teilzeitbeschäftigungen nach den Bestimmungen dieses Bundesgesetzes in der Fassung des Bundesgesetzes BGBl. I Nr. 153/1999 bleiben aufrecht, soweit nicht auf Antrag der Beamtin durch Bescheid eine Abänderung verfügt wird.

Inkrafttreten und Vollziehung

§ 39. (1) Mit der Vollziehung dieses Bundesgesetzes sind betraut:

1. für Dienstverhältnisse zum Bund der Bundeskanzler, soweit jedoch der Wirkungsbereich der Arbeitsinspektion betroffen ist, im Einvernehmen mit dem Bundesminister für Arbeit; in Angelegenheiten, die nur den Wirkungsbereich eines Bundesministers betreffen, dieser Bundesminister, soweit jedoch der Wirkungsbereich der Arbeitsinspektion betroffen ist, im Einvernehmen mit dem Bundesminister für Arbeit; soweit finanzielle Angelegenheiten betroffen sind, ist im Einvernehmen mit dem Bundesminister für Finanzen vorzugehen;
2. für Dienstverhältnisse zu den Ländern, Gemeinden und Gemeindeverbänden, soweit es sich um Bedienstete handelt, die in Betrieben tätig sind, der Bundesminister für Arbeit; soweit finanzielle Angelegenheiten betroffen sind, ist im Einvernehmen mit dem Bundesminister für Finanzen vorzugehen;

3. für Dienstverhältnisse der Lehrer und Erzieher für die in Art. 14a Abs. 2 lit. a bis d B-VG genannten Einrichtungen der Bundesminister für Landwirtschaft, Regionen und Tourismus im Einvernehmen mit dem Bundeskanzler; soweit finanzielle Angelegenheiten betroffen sind, ist im Einvernehmen mit dem Bundesminister für Finanzen vorzugehen;
4. für sonstige Dienstverhältnisse der Bundesminister für Arbeit.

(2) Für Dienstverhältnisse der Lehrer für öffentliche Pflichtschulen (Art. 14 Abs. 2 B-VG) sowie der Lehrer für öffentliche land- und forstwirtschaftliche Berufs- und Fachschulen und der Erzieher für öffentliche Schülerheime, die ausschließlich oder vorwiegend für Schüler der öffentlichen land- und forstwirtschaftlichen Berufs- und Fachschulen bestimmt sind (Art. 14a Abs. 3 B-VG), obliegt die Vollziehung dieses Bundesgesetzes, soweit nicht die Erlassung von Durchführungsverordnungen dem Bund vorbehalten ist, den Ländern.

(3) Verordnungen auf Grund dieses Bundesgesetzes sind für die Dienstverhältnisse der Lehrer für öffentliche Pflichtschulen (Art. 14 Abs. 2 B-VG) vom Bundesminister für Bildung, Wissenschaft und Forschung im Einvernehmen mit dem Bundeskanzler, für die Dienstverhältnisse der Lehrer für öffentliche land- und forstwirtschaftliche Berufs- und Fachschulen und der Erzieher für öffentliche Schülerheime, die ausschließlich oder vorwiegend für Schüler der öffentlichen land- und forstwirtschaftlichen Berufs- und Fachschulen bestimmt sind (Art. 14a Abs. 3 B-VG), vom Bundesminister für Landwirtschaft, Regionen und Tourismus im Einvernehmen mit dem Bundeskanzler zu erlassen; soweit finanzielle Angelegenheiten betroffen sind, ist im Einvernehmen mit dem Bundesminister für Finanzen vorzugehen.

(4) Mit der Wahrnehmung der dem Bund gemäß Art. 14 Abs. 8 B-VG zustehenden Rechte ist der Bundesminister für Bildung, Wissenschaft und Forschung im Einvernehmen mit dem Bundeskanzler betraut. Mit der Wahrnehmung der dem Bund gemäß Art. 14a Abs. 6 B-VG zustehenden Rechte ist für die im Art. 14a Abs. 3 lit. b B-VG genannten Personen der Bundesminister für Landwirtschaft, Regionen und Tourismus betraut.

(5) Soweit § 35 Abs. 3 eine Befreiung von den Stempelgebühren vorsieht, ist der Bundesminister für Finanzen und soweit diese Bestimmung eine Befreiung von den Bundesverwaltungsabgaben vorsieht, der Bundesminister für Arbeit im Einvernehmen mit dem Bundesminister für Finanzen mit der Vollziehung betraut.

§ 40. (1) Die §§ 3 Abs. 4, 6 und 7, 4 Abs. 2 Z 2, 4, 9 und 10, 4 Abs. 5 und 6, 5 Abs. 1 und 5, 8, 10 Abs. 4 und 6, 10a, 11, 12, 14 Abs. 1 und 4, 15 Abs. 2, 15c Abs. 2 bis 6, 15d Abs. 1, 19, 21, 22, 23 Abs. 2, 24, 25, 27, 29 Abs. 1, 35, 36, 37 Abs. 1, 39 Abs. 1 Z 4 lit. c und 38a sowie der Entfall der §§ 26 und 28, in der Fassung des Bundesgesetzes BGBl. Nr. 833/1992 treten mit 1. Jänner 1993 in Kraft.

(2) § 36 und die Bezeichnung des früheren § 39 Abs. 6 als § 40 Abs. 1 in der Fassung des Bundesgesetzes BGBl. Nr. 257/1993 treten mit 1. Juli 1993 in Kraft. Auf zu diesem Zeitpunkt anhängige Verfahren sind sie jedoch noch nicht anzuwenden.

(3) Die §§ 1 Abs. 2 Z 1, § 3 Abs. 7 und 8, § 4 Abs. 1, Abs. 2 Z 3, 10 und 11 und Abs. 5 Z 2, § 4a, § 8a, § 9 Abs. 3 und 4, § 11, § 13, § 14 Abs. 1 und 2, § 15 Abs. 6 erster Halbsatz, § 15c Abs. 6 Satz 2, § 18, § 18a, § 19 Abs. 2, § 24, § 27, § 31 Abs. 4, § 35 Abs. 3, § 36, § 37 Abs. 1, § 38a, § 38b, § 38c und § 39 Abs. 5 in der Fassung des Bundesgesetzes, BGBl. Nr. 434/1995, treten mit 1. Juli 1995 in Kraft.

(4) Die §§ 2a und 2b treten für Arbeitsstätten, in denen regelmäßig mehr als 250 Dienstnehmer beschäftigt werden, mit 1. Juli 1995, im übrigen mit 1. Jänner 1997 in Kraft. § 102 Abs. 3 ASchG ist anzuwenden.

(4a) Die Umsetzung der in den §§ 2a und 2b festgelegten Pflichten des Dienstgebers muß spätestens fertiggestellt sein:
1. für Arbeitsstätten, in denen regelmäßig mehr als 100 Dienstnehmer beschäftigt werden, mit 1. Juli 1997,
2. für Arbeitsstätten, in denen regelmäßig 51 bis 100 Dienstnehmer beschäftigt werden, mit 1. Juli 1998,
3. für Arbeitsstätten, in denen regelmäßig elf bis 50 Dienstnehmer beschäftigt werden, mit 1. Juli 1999,
4. für Arbeitsstätten, in denen regelmäßig bis zu zehn Dienstnehmer beschäftigt werden, mit 1. Juli 2000.

§ 102 Abs. 3 ASchG ist anzuwenden.

(5) Abweichend von Abs. 4 muß die Umsetzung der in den §§ 2a und 2b festgelegten Pflichten für Dienststellen des Bundes, die dem Bundes-Bedienstetenschutzgesetz unterliegen, spätestens fertiggestellt sein:
1. für Dienststellen (Dienststellenteile) mit einem hohen und mittleren Gefährdungspotential mit 31. Dezember 2000,
2. für Dienststellen (Dienststellenteile) mit einem
geringen Gefährdungspotential mit 30. Juni 2001.

(6) Mit Ablauf des 30. Juni 1995 treten die §§ 5 Abs. 5, 29, 30, 33 und 34 außer Kraft.

(7) § 23 Abs. 3 bis 8 in der Fassung des Bundesgesetzes BGBl. I Nr. 61/1997 tritt mit 1. Juli 1997 in Kraft.

(8) § 23 Abs. 3 in der Fassung des Bundesgesetzes BGBl. I Nr. 123/1998 tritt mit 1. Juli 1998 in Kraft.

Weitere Ges.

(9) § 19 Abs. 1 und 2 zweiter Satz und § 40 Abs. 5 in der Fassung des Bundesgesetzes BGBl. I Nr. 70/1999 tritt mit 1. Juni 1999 in Kraft.

(10) § 3 Abs. 8, § 11, §13, §§15 bis 15i, § 16, § 20 Abs. 2 bis 2b, § 23 Abs. 1 bis 2d, 3, 4, 7 bis 9, § 25, § 35 Abs. 3 und § 38b Abs. 2 und 3 in der Fassung des Bundesgesetzes BGBl. I Nr. 153/1999 treten mit 1. Jänner 2000 in Kraft.

(11) § 2a Abs. 2, § 4 Abs. 2, § 4a Abs. 2, § 5 Abs. 3, § 36 und § 39 Abs. 1 Z 4 in der Fassung des Bundesgesetzes BGBl. I Nr. 98/2001 treten mit 1. August 2001 in Kraft. Gleichzeitig treten außer Kraft:

1. das Gesetz vom 28. Juli 1919, StGBl. Nr. 406, über die Beschäftigung von jugendlichen und weiblichen Arbeitern, dann über die Arbeitszeit und die Sonntagsruhe beim Bergbau (Bergarbeitergesetz);
2. das Bundesgesetz über das Verbot der Verwendung von Frauen zu Untertagearbeiten beim Bergbau, BGBl. Nr. 70/1937.

(12) § 37 Abs. 1 in der Fassung des Bundesgesetzes BGBl. I Nr. 98/2001 tritt mit 1. Jänner 2002 in Kraft.

(13) § 10, §§ 15 bis 15j, 20 Abs. 2a und 2b, 23 und § 25 in der Fassung des Bundesgesetzes BGBl. I Nr. 103/2001 treten mit 1. Jänner 2002 in Kraft und gelten, soweit § 38d nicht anderes bestimmt, für Mütter, deren Kinder nach dem 31. Dezember 2001 geboren werden.

(14) § 15k und § 23 Abs. 15 in der Fassung des Bundesgesetzes BGBl. I Nr. 100/2002 treten mit 1. Jänner 2003 in Kraft, soweit nicht durch Verordnung gemäß § 46 Abs. 1 letzter Satz BMVG etwas anderes angeordnet wird.

(15) § 23 Abs. 7 und 8 Z 1 und 2 in der Fassung des Bundesgesetzes BGBl. I Nr. 130/2003 treten mit 1. Jänner 2004 in Kraft und sind auf Mütter anzuwenden, deren Kinder nach dem 31. Dezember 2001 geboren sind.

(16) Die §§ 11, 15d Abs. 5, 15h bis 15r, 16, 18a und 23 Abs. 8, 11, 12, 15 bis 17 in der Fassung des Bundesgesetzes BGBl. I Nr. 64/2004 treten mit 1. Juli 2004 in Kraft und gelten für Mütter (Adoptiv- oder Pflegemütter), deren Kinder nach dem 30. Juni 2004 geboren werden. Für Mütter (Adoptiv- oder Pflegemütter), deren Kinder vor dem 1. Juli 2004 geboren wurden, gelten weiterhin die Bestimmungen der §§ 11, 15d Abs. 5, 15h bis 15k, 16, 18a und 23 in der Fassung vor dem Bundesgesetz BGBl. I Nr. 64/2004. Abweichend davon kann eine Teilzeitbeschäftigung oder eine Änderung der Lage der Arbeitszeit nach den §§ 15h bis 15r und 23 Abs. 8, 11, 12, 15 bis 17 in der Fassung des Bundesgesetzes BGBl. I Nr. 64/2004 verlangt werden von einer

1. Mutter (Adoptiv- oder Pflegemutter), wenn sie oder der Vater (Adoptiv- oder Pflegevater) des Kindes sich am 1. Juli 2004 in Karenz nach diesem Bundesgesetz, dem VKG, gleichartigen österreichischen Rechtsvorschriften oder einer gleichartigen Rechtsvorschrift eines Mitgliedstaates des Europäischen Wirtschaftsraumes befindet, wobei eine Teilzeitbeschäftigung oder eine Änderung der Lage der Arbeitszeit nach dem Bundesgesetz BGBl. I Nr. 64/2004 frühestens nach Ablauf der Karenz angetreten werden kann;
2. Mutter (Adoptiv- oder Pflegemutter), wenn sie oder der Vater (Adoptiv- oder Pflegevater) des Kindes sich am 1. Juli 2004 in Teilzeitbeschäftigung nach diesem Bundesgesetz, dem VKG, gleichartigen österreichischen Rechtsvorschriften oder einer gleichartigen Rechtsvorschrift eines Mitgliedstaates des Europäischen Wirtschaftsraumes befindet, wobei eine Teilzeitbeschäftigung oder eine Änderung der Lage der Arbeitszeit nach dem Bundesgesetz BGBl. I Nr. 64/2004 frühestens nach Ablauf der ursprünglich vereinbarten Teilzeitbeschäftigung angetreten werden kann;
3. Mutter, die sich am 1. Juli 2004 in einem Beschäftigungsverbot nach § 5 Abs. 1 und 2 befindet;
4. Mutter, die am 1. Juli 2004 im Anschluss an die Frist nach § 5 Abs. 1 und 2 einen Gebührenurlaub verbraucht oder durch Krankheit oder Unglücksfall an der Dienstleistung verhindert ist und Karenz oder Teilzeitbeschäftigung nach diesem Bundesgesetz bereits geltend gemacht hat, wobei eine Teilzeitbeschäftigung oder eine Änderung der Lage der Arbeitszeit nach dem Bundesgesetz BGBl. I Nr. 64/2004 frühestens nach Ablauf der Karenz bzw. der ursprünglich vereinbarten Teilzeitbeschäftigung angetreten werden kann.

(17) § 15g in der Fassung des Bundesgesetzes BGBl. I Nr. 58/2010 tritt mit 1. August 2010 in Kraft.

(18) § 35 Abs. 1, § 36 sowie § 39 Abs. 1 Z 1, 2 und 4 und Abs. 5 in der Fassung des 2. Stabilitätsgesetzes 2012, BGBl. I Nr. 35/2012, treten mit 1. Juli 2012 in Kraft.

(19) In der Fassung des Bundesgesetzes BGBl. I Nr. 120/2012 treten in Kraft:

1. § 23 Abs. 11 Z 1 mit 1. Jänner 2013,
2. § 23 Abs. 6 mit 1. September 2013,
3. § 22a, § 23 Abs. 10a, § 23 Abs. 11 Z 2, § 23 Abs. 15 und17 mit dem der Kundmachung des Bundesgesetzes BGBl. I Nr. 120/2012 folgenden Tag.

(20) § 35 Abs. 2 in der Fassung des Bundesgesetzes BGBl. I Nr. 71/2013 tritt mit 1. Jänner 2014 in Kraft.

(21) § 15c, § 15d, § 15o sowie § 15q in der Fassung des Bundesgesetzes BGBl. I Nr. 138/2013 treten mit 1. August 2013 in Kraft und gelten für

Mütter, deren Kinder nach dem 31. Juli 2013 adoptiert oder in unentgeltliche Pflege genommen werden.

(22) § 2a Abs. 2 Z 7, § 3 Abs. 6 und § 4 Abs. 2 Z 11 in der Fassung des Bundesgesetzes BGBl. I Nr. 60/2015 treten mit 1. Juni 2015 in Kraft. § 2a Abs. 2 Z 9 in der Fassung des Bundesgesetzes BGBl. I Nr. 60/2015 tritt mit Ablauf des 31. Mai 2015 außer Kraft.

(23) § 23 Abs. 3 und 8 in der Fassung des Bundesgesetzes BGBl I Nr. 65/2015 tritt mit 1. September 2015 in Kraft.

(24) § 15c Abs. 1 und 3 in der Fassung des Bundesgesetzes BGBl. I Nr. 162/2015 tritt mit 1. Jänner 2016 in Kraft.

(25) § 1 Abs. 5, § 10 Abs. 1a und 8, § 12 Abs. 1 und 3, § 14 Abs. 2, § 15 Abs. 3 und 4, § 15c Abs. 2 sowie § 20 Abs. 4 in der Fassung des Bundesgesetzes BGBl. I Nr. 149/2015 treten mit 1. Jänner 2016 in Kraft.

(26) § 15h Abs. 1, § 15i, § 15j Abs. 2, 5, 6 und 10, § 15k Abs. 1, § 15l Abs. 1 sowie § 23 Abs. 9a, 12 und 16 in der Fassung des Bundesgesetzes BGBl. I Nr. 149/2015 treten mit 1. Jänner 2016 in Kraft und gelten für Mütter (Adoptiv- oder Pflegemütter), deren Kinder ab diesem Zeitpunkt geboren (adoptiert oder in unentgeltliche Pflege genommen) werden.

(27) § 17 samt Überschrift und § 32 treten mit Ablauf des 30. Juni 2017 außer Kraft. § 25 in der Fassung des Deregulierungsgesetzes 2017, BGBl. I Nr. 40/2017, tritt mit 1. Juli 2017 in Kraft.

(28) § 4 Abs. 2 Z 4, § 6 Abs. 2 und 3 sowie § 7 Abs. 2 Z 3 und 4 in der Fassung des Bundesgesetzes BGBl. I Nr. 126/2017 treten mit 1. August 2017 in Kraft. § 3 Abs. 3 in der Fassung des Bundesgesetzes BGBl. I Nr. 126/2017 tritt mit 1. Jänner 2018 in Kraft. Verordnungen auf Grund des § 3 Abs. 3 können bereits von dem seiner Kundmachung folgenden Tag an erlassen werden, dürfen jedoch frühestens mit 1. Jänner 2018 in Kraft gesetzt werden.

(29) § 15f Abs. 1 in der Fassung des Bundesgesetzes BGBl. I Nr. 68/2019 ritt mit 1. August 2019 in Kraft und gilt für Mütter (Adoptiv- oder Pflegemütter), deren Kind ab diesem Zeitpunkt geboren (adoptiert oder in unentgeltliche Pflege genommen) wird.

(30)

§ 23 Abs. 6 in der Fassung der 3. Dienstrechts-Novelle 2019, BGBl. I Nr. 112/2019, tritt mit dem der Kundmachung folgenden Tag in Kraft.

(31) § 23 Abs. 5 in der Fassung der Dienstrechts-Novelle 2020, BGBl. I Nr. 153/2020, tritt mit 1. August 2019 in Kraft und gilt für Mütter (Adoptiv- oder Pflegemütter), deren Kinder ab diesem Zeitpunkt geboren (adoptiert oder in unentgeltliche Pflege genommen) werden.

42. Niederlassungs- und Aufenthaltsgesetz (Auszug)

Bundesgesetz über die Niederlassung und den Aufenthalt in Österreich

StF: BGBl. I Nr. 100/2005

Letzte Novellierung: BGBl. I Nr. 221/2022

GLIEDERUNG

1. TEIL
ALLGEMEINER TEIL
1. Hauptstück
Geltungsbereich und Begriffsbestimmungen
Geltungsbereich

§ 1. (1) Dieses Bundesgesetz regelt

1. die Erteilung, Versagung und Entziehung von Aufenthaltstiteln von Drittstaatsangehörigen, die sich länger als sechs Monate im Bundesgebiet aufhalten oder aufhalten wollen,
2. die Erteilung, Versagung und Entziehung von Aufenthaltstiteln „ICT" (§ 58) und „Mobile ICT" (§ 58a) von Drittstaatsangehörigen, die sich länger als 90 Tage im Bundesgebiet aufhalten oder aufhalten wollen, sowie
3. die Dokumentation des unionsrechtlichen Aufenthaltsrechts.

(2) Dieses Bundesgesetz gilt nicht für Fremde, die

1. nach dem Asylgesetz 2005 (AsylG 2005), BGBl. I Nr. 100, oder nach vorigen asylgesetzlichen Bestimmungen zum Aufenthalt berechtigt sind oder faktischen Abschiebeschutz genießen oder sich nach Stellung eines Folgeantrages (§ 2 Abs. 1 Z 23 AsylG 2005) im Zulassungsverfahren (§ 28 AsylG 2005) befinden, soweit dieses Bundesgesetz nicht anderes bestimmt;
2. nach § 5 des Amtssitzgesetzes (ASG), BGBl I Nr. 54/2021, über einen Lichtbildausweis verfügen oder
3. nach § 24 FPG zur Ausübung einer bloß vorübergehenden Erwerbstätigkeit berechtigt sind, soweit dieses Bundesgesetz nicht anderes bestimmt.

Begriffsbestimmungen

§ 2. (1) Im Sinne dieses Bundesgesetzes ist

1. Fremder: wer die österreichische Staatsbürgerschaft nicht besitzt;
2. Reisedokument: ein Reisepass, Passersatz oder ein sonstiges durch Bundesgesetz, Verordnung oder auf Grund zwischenstaatlicher Vereinbarungen für Reisen anerkanntes Dokument; ausländische Reisedokumente genießen den strafrechtlichen Schutz inländischer öffentlicher Urkunden nach §§ 224, 224a, 227 Abs. 1 und 231 des Strafgesetzbuches (StGB), BGBl. Nr. 60/1974;
3. ein Reisedokument gültig: wenn es von einem hiezu berechtigten Völkerrechtssubjekt ausgestellt wurde, die Identität des Inhabers zweifelsfrei wiedergibt, zeitlich gültig ist und sein

Geltungsbereich die Republik Österreich umfasst; außer bei Konventionsreisepässen und Reisedokumenten, die für Staatenlose oder für Personen mit ungeklärter Staatsangehörigkeit ausgestellt werden, muss auch die Staatsangehörigkeit des Inhabers zweifelsfrei wiedergegeben werden; die Anbringung von Zusatzblättern im Reisedokument muss bescheinigt sein;

4. EWR-Bürger: ein Fremder, der Staatsangehöriger einer Vertragspartei des Abkommens über den Europäischen Wirtschaftsraum (EWR-Abkommen) ist;
5. Mitgliedstaat: jeder Staat, der Vertragspartei des Vertrages über die Europäische Union in der Fassung BGBl. III Nr. 85/1999, geändert durch BGBl. III Nr. 4/2003 und BGBl. III Nr. 54/2004, ist;
6. Drittstaatsangehöriger: ein Fremder, der nicht EWR-Bürger oder Schweizer Bürger ist;
7. eine bloß vorübergehende selbständige Erwerbstätigkeit: eine solche, die innerhalb von zwölf Monaten nicht länger als sechs Monate ausgeübt wird, wenn ein Wohnsitz im Drittstaat aufrecht erhalten wird, der weiterhin den Mittelpunkt der Lebensinteressen bildet, und es sich um keinen Fall der Pflichtversicherung des § 2 im Sinne des Gewerblichen Sozialversicherungsgesetzes (GSVG), BGBl. Nr. 560/1978, handelt;
8. eine bloß vorübergehende unselbständige Erwerbstätigkeit: eine solche, bei der eine Berechtigung oder sonstige Bestätigung nach dem Ausländerbeschäftigungsgesetz (AuslBG), BGBl. Nr. 218/1975, mit einer sechs Monate nicht übersteigenden Gültigkeit vorhanden ist oder innerhalb von zwölf Monaten nicht länger als sechs Monate eine unselbständige Erwerbstätigkeit auf Grund einer Ausnahme nach § 1 Abs. 2 bis 4 AuslBG ausgeübt wird;
9. Familienangehöriger: wer Ehegatte oder minderjähriges lediges Kind, einschließlich Adoptiv- oder Stiefkind, ist (Kernfamilie); dies gilt weiters auch für eingetragene Partner; Ehegatten und eingetragene Partner müssen das 21. Lebensjahr zum Zeitpunkt der Antragstellung bereits vollendet haben; lebt im Fall einer Mehrfachehe bereits ein Ehegatte gemeinsam mit dem Zusammenführenden im Bundesgebiet, so sind die weiteren Ehegatten keine anspruchsberechtigten Familienangehörigen zur Erlangung eines Aufenthaltstitels;
10. Zusammenführender: ein Drittstaatsangehöriger, der sich rechtmäßig im Bundesgebiet aufhält oder von dem ein Recht im Sinne dieses Bundesgesetzes abgeleitet wird;
11. Verlängerungsantrag: der Antrag auf Verlängerung des gleichen oder Erteilung eines anderen Aufenthaltstitels (§ 24) nach diesem Bundesgesetz;
12. Zweckänderungsantrag: der Antrag auf Erteilung eines Aufenthaltstitels mit anderem Zweckumfang während der Geltung eines Aufenthaltstitels (§ 26);
13. Erstantrag: der Antrag, der nicht Verlängerungs- oder Zweckänderungsantrag (Z 11 und 12) ist;
14. unionsrechtliches Aufenthaltsrecht: das auf Grund der Freizügigkeitsrichtlinie gewährte Recht eines EWR-Bürgers und seiner Angehörigen sich im Bundesgebiet für mehr als drei Monate oder auf Dauer aufzuhalten;
15. Haftungserklärung: die von einem österreichischen Notar oder einem inländischen Gericht beglaubigte Erklärung Dritter mit mindestens fünfjähriger Gültigkeitsdauer, dass sie für die Erfordernisse einer Unterkunft und entsprechender Unterhaltsmittel aufkommen und für den Ersatz jener Kosten haften, die einer Gebietskörperschaft bei der Durchsetzung einer Rückkehrentscheidung, eines Aufenthaltsverbotes, einer Ausweisung, einer Zurückschiebung, der Vollziehung der Schubhaft oder als Aufwendung für den Einsatz gelinderer Mittel, sowie aus dem Titel der Sozialhilfe oder eines Bundes- oder Landesgesetzes, das die Grundversorgungsvereinbarung nach Art. 15a B-VG, BGBl. I Nr. 80/2004, umsetzt, entstehen, und die Leistungsfähigkeit des Dritten zum Tragen der Kosten zum Zeitpunkt der Erklärung nachgewiesen wird;
16. Berufsvertretungsbehörde: eine mit konsularischen Aufgaben und der berufsmäßigen Vertretung Österreichs im Ausland betraute Behörde;
17. unbegleiteter Minderjähriger: Ein minderjähriger Fremder, der sich nicht in Begleitung eines für ihn gesetzlich verantwortlichen Volljährigen befindet;

(Anm.: Z 18 aufgehoben durch BGBl. I Nr. 87/2012)

19. Freizügigkeitsrichtlinie: die Richtlinie 2004/38/EG über das Recht der Unionsbürger und ihrer Familienangehörigen, sich im Hoheitsgebiet der Mitgliedstaaten frei zu bewegen und aufzuhalten, zur Änderung der Verordnung (EWG) Nr. 1612/68 und zur Aufhebung der Richtlinien 64/221/EWG, 68/360/EWG, 72/194/EWG, 73/148/EWG, 75/34/EWG, 75/35/EWG, 90/364/EWG, 90/365/EWG und 93/96/EWG, ABl. Nr. L 158 vom 30.04.2004 S. 77 in der Fassung der Berichtigung ABl. Nr. L 229 vom 29.06.2004 S. 35;
20. Freizügigkeitsabkommen EG-Schweiz: das Abkommen zwischen der Europäischen Gemeinschaft und ihren Mitgliedstaaten einerseits und der Schweizerischen Eidgenossenschaft andererseits über die Freizügigkeit, ABl. Nr. L 114 vom 30.04.2002 S. 6 und BGBl. III Nr. 133/2002;

21. DSGVO: die Verordnung (EU) Nr. 679/2016 zum Schutz natürlicher Personen bei der Verarbeitung personenbezogener Daten, zum freien Datenverkehr und zur Aufhebung der Richtlinie 95/46/EG (Datenschutz–Grundverordnung), ABl. L 119 vom 04.05.2016 S. 1, in der geltenden Fassung;
22. Unions- oder multilaterale Programme mit Mobilitätsmaßnahmen: von der Europäischen Union oder der Republik Österreich finanzierte Programme, die die Mobilität von Drittstaatsangehörigen in der Europäischen Union oder in Österreich fördern.

(2) Niederlassung ist der tatsächliche oder zukünftig beabsichtigte Aufenthalt im Bundesgebiet zum Zweck

1. der Begründung eines Wohnsitzes, der länger als sechs Monate im Jahr tatsächlich besteht;
2. der Begründung eines Mittelpunktes der Lebensinteressen oder
3. der Aufnahme einer nicht bloß vorübergehenden Erwerbstätigkeit.

(3) Der rechtmäßige Aufenthalt eines Fremden auf Grund einer Aufenthaltsbewilligung (§ 8 Abs. 1 Z 12) gilt nicht als Niederlassung im Sinne des Abs. 2.

(4) Im Sinne dieses Bundesgesetzes ist

1. die Minderjährigkeit nach den Bestimmungen des Allgemeinen Bürgerlichen Gesetzbuches (ABGB), JGS Nr. 946/1811;
2. die Annahme an Kindesstatt, in deren Folge eine Aufenthaltsberechtigung nach diesem Bundesgesetz erteilt werden soll, ausschließlich nach den Bestimmungen des österreichischen Rechts und
3. ein Unterhaltsanspruch zum Nachweis der Unterhaltsmittel nicht nur nach dessen Rechtgrundlage, sondern auch nach der tatsächlichen Höhe und der tatsächlichen Leistung

zu beurteilen.

(5) Im Sinne dieses Bundesgesetzes sind erkennungsdienstliche Daten: Lichtbilder, Papillarlinienabdrücke der Finger, äußerliche körperliche Merkmale und die Unterschrift.

(6) Für einen Antrag auf Erteilung oder Verlängerung eines Aufenthaltstitels ist die Vorlage nur jeweils einer Haftungserklärung (Abs. 1 Z 15) zulässig. Treten mehrere Personen als Verpflichtete in einer Erklärung auf, dann haftet jeder von ihnen für den vollen Haftungsbetrag zur ungeteilten Hand.

(7) Kurzfristige Inlands- und Auslandsaufenthalte, insbesondere zu Besuchszwecken, unterbrechen nicht die anspruchsbegründende oder anspruchsbeendende Dauer eines Aufenthalts oder einer Niederlassung. Gleiches gilt für den Fall, dass der Fremde das Bundesgebiet in Folge einer nachträglich behobenen Entscheidung nach dem FPG verlassen hat.

2. Hauptstück
Behördenzuständigkeiten
Sachliche Zuständigkeit

§ 3. (1) Behörde nach diesem Bundesgesetz ist der örtlich zuständige Landeshauptmann. Der Landeshauptmann kann, wenn dies im Interesse der Einfachheit, Zweckmäßigkeit oder Sparsamkeit der Verwaltung gelegen ist, die Bezirksverwaltungsbehörden mit Verordnung ermächtigen, alle oder bestimmte Fälle zu entscheiden.

(2) Über Beschwerden gegen Entscheidungen nach diesem Bundesgesetz entscheidet das örtlich zuständige Verwaltungsgericht des Landes. Eine schriftliche Ausfertigung des Erkenntnisses oder des Beschlusses ist auch dem Bundesminister für Inneres zuzustellen.

(3) Wird ein Antrag im Ausland gestellt (§ 22), ist die örtlich zuständige Berufsvertretungsbehörde zur Entgegennahme des Antrags zuständig. Gegen die Einstellung eines Verfahrens aus formalen Gründen gemäß § 22 Abs. 2 ist kein ordentliches Rechtsmittel zulässig.

(4) Strafbehörde in den Fällen des § 77 ist die örtlich zuständige Bezirksverwaltungsbehörde.

(5) Der Bundesminister für Inneres kann die Erteilung eines Aufenthaltstitels (§ 8) und die Ausstellung einer Dokumentation des unionsrechtlichen Aufenthalts- und Niederlassungsrechts (§ 9) in Ausübung seines Aufsichtsrechtes nach § 68 Abs. 4 Z 4 AVG mit Bescheid als nichtig erklären, wenn die Erteilung oder Ausstellung

1. trotz Vorliegens eines Erteilungshindernisses gemäß § 11 Abs. 1 Z 1, 2 oder 4 oder
2. trotz Fehlens einer besonderen Voraussetzung des 2. Teiles erfolgte oder
3. durch Fälschung einer Urkunde, falsches Zeugnis oder eine gerichtlich strafbare Handlung herbeigeführt oder sonst wie erschlichen worden ist.

In den Fällen der Z 1 und 2 ist die Nichtigerklärung nur binnen drei Jahren nach Erteilung oder Ausstellung zulässig.

3. Hauptstück
Aufenthalts- und Niederlassungsberechtigungen
Arten und Form der Aufenthaltstitel

§ 8. (1) Aufenthaltstitel werden erteilt als:

1. Aufenthaltstitel „Rot-Weiß-Rot – Karte", der zur befristeten Niederlassung und zur Ausübung einer Erwerbstätigkeit, für die eine schriftliche Mitteilung oder ein Gutachten gemäß § 20d Abs. 1 Z 1 bis 4 oder 6 oder § 24 AuslBG erstellt wurde, berechtigt;
2. Aufenthaltstitel „Rot-Weiß-Rot – Karte plus", der zur befristeten Niederlassung und zur Ausübung einer selbständigen Erwerbstätigkeit und einer unselbständigen Erwerbstätigkeit gemäß § 17 AuslBG berechtigt;

3. Aufenthaltstitel „Blaue Karte EU", der zur befristeten Niederlassung und, unbeschadet des § 20d Abs. 2a AuslBG, zur Ausübung einer Erwerbstätigkeit, für die eine schriftliche Mitteilung gemäß § 20d Abs. 1 Z 5 AuslBG erstellt wurde, berechtigt;
4. „Niederlassungsbewilligung", die zur befristeten Niederlassung und zur Ausübung einer selbständigen Erwerbstätigkeit berechtigt;
5. „Niederlassungsbewilligung – ausgenommen Erwerbstätigkeit", die zur befristeten Niederlassung ohne Ausübung einer Erwerbstätigkeit berechtigt;
6. „Niederlassungsbewilligung – Angehöriger", die zur befristeten Niederlassung ohne Ausübung einer Erwerbstätigkeit berechtigt; die Ausübung einer Erwerbstätigkeit ist nur auf Grund einer nachträglichen quotenpflichtigen Zweckänderung erlaubt;
7. Aufenthaltstitel „Daueraufenthalt – EU" für die Dokumentation des unbefristeten Niederlassungsrechts, unbeschadet der Gültigkeitsdauer des Dokuments;
8. Aufenthaltstitel „Familienangehöriger" für die befristete Niederlassung mit der Möglichkeit, anschließend einen Aufenthaltstitel „Daueraufenthalt – EU" (Z 7) zu erhalten;
9. Aufenthaltstitel „Niederlassungsbewilligung – Künstler", der zur befristeten Niederlassung und zur Ausübung einer unselbständigen Erwerbstätigkeit, für die eine schriftliche Mitteilung gemäß § 20d Abs. 1 Z 6 AuslBG erstellt wurde, oder einer selbständigen Erwerbstätigkeit berechtigt;
10. Aufenthaltstitel „Niederlassungsbewilligung – Sonderfälle unselbständiger Erwerbstätigkeit", der zur befristeten Niederlassung und zur Ausübung einer Erwerbstätigkeit, die gemäß § 1 Abs. 2 lit. b, c, d, f, g oder i AuslBG vom Anwendungsbereich des AuslBG ausgenommen ist oder die in einer Verordnung des Bundesministers für Inneres gemäß § 43b Abs. 2 genannt ist, berechtigt;
11. Aufenthaltstitel „Niederlassungsbewilligung – Forscher", der zur befristeten Niederlassung und zur Ausübung einer unselbständigen Erwerbstätigkeit für eine Forschungseinrichtung berechtigt;
12. „Aufenthaltsbewilligung" für einen vorübergehenden befristeten Aufenthalt im Bundesgebiet zu einem bestimmten Zweck (§§ 58 bis 69);
13. Aufenthaltstitel „Artikel 50 EUV", der zur befristeten oder unbefristeten Niederlassung und zur Ausübung einer selbständigen sowie unselbständigen Erwerbstätigkeit berechtigt.

(2) Der Bundesminister für Inneres legt das Aussehen und den Inhalt der Aufenthaltstitel nach Abs. 1 durch Verordnung fest. Die Aufenthaltstitel haben insbesondere Name, Vorname, Geburtsdatum, Lichtbild, ausstellende Behörde und Gültigkeitsdauer zu enthalten; sie gelten als Identitätsdokumente.

(3) Die Aufenthaltsbewilligung (Abs. 1 Z 12) von Ehegatten, eingetragenen Partnern und minderjährigen ledigen Kindern hängt vom Bestehen der Aufenthaltsbewilligung des Zusammenführenden ab (§ 69).

(4) Unbeschadet der §§ 32 und 33 ergibt sich der Berechtigungsumfang eines Aufenthaltstitels aus dem 2. Teil.

4. Hauptstück
Allgemeine Voraussetzungen
Allgemeine Voraussetzungen für einen Aufenthaltstitel

§ 11. (1) Aufenthaltstitel dürfen einem Fremden nicht erteilt werden, wenn

1. gegen ihn ein aufrechtes Einreiseverbot gemäß § 53 FPG oder ein aufrechtes Aufenthaltsverbot gemäß § 67 FPG besteht;
2. gegen ihn eine Rückführungsentscheidung eines anderen EWR-Staates oder der Schweiz besteht;
3. gegen ihn eine durchsetzbare Rückkehrentscheidung erlassen wurde und seit seiner Ausreise nicht bereits achtzehn Monate vergangen sind, sofern er nicht einen Antrag gemäß § 21 Abs. 1 eingebracht hat, nachdem er seiner Ausreiseverpflichtung freiwillig nachgekommen ist;
4. eine Aufenthaltsehe, Aufenthaltspartnerschaft oder Aufenthaltsadoption (§ 30 Abs. 1 oder 2) vorliegt;
5. eine Überschreitung der Dauer des erlaubten visumfreien oder visumpflichtigen Aufenthalts im Zusammenhang mit § 21 Abs. 6 vorliegt oder
6. er in den letzten zwölf Monaten wegen Umgehung der Grenzkontrolle oder nicht rechtmäßiger Einreise in das Bundesgebiet rechtskräftig bestraft wurde.

(2) Aufenthaltstitel dürfen einem Fremden nur erteilt werden, wenn

1. der Aufenthalt des Fremden nicht öffentlichen Interessen widerstreitet;
2. der Fremde einen Rechtsanspruch auf eine Unterkunft nachweist, die für eine vergleichbar große Familie als ortsüblich angesehen wird;
3. der Fremde über einen alle Risken abdeckenden Krankenversicherungsschutz verfügt und diese Versicherung in Österreich auch leistungspflichtig ist;
4. der Aufenthalt des Fremden zu keiner finanziellen Belastung einer Gebietskörperschaft führen könnte;

5. durch die Erteilung eines Aufenthaltstitels die Beziehungen der Republik Österreich zu einem anderen Staat oder einem anderen Völkerrechtssubjekt nicht wesentlich beeinträchtigt werden;
6. der Fremde im Fall eines Verlängerungsantrages (§ 24) das Modul 1 der Integrationsvereinbarung gemäß § 9 Integrationsgesetz (IntG), BGBl. I Nr. 68/2017, rechtzeitig erfüllt hat, und
7. in den Fällen der §§ 58 und 58a seit der Ausreise in einen Drittstaat gemäß § 58 Abs. 5 mehr als vier Monate vergangen sind.

(3) Ein Aufenthaltstitel kann trotz Vorliegens eines Erteilungshindernisses gemäß Abs. 1 Z 3, 5 oder 6 sowie trotz Ermangelung einer Voraussetzung gemäß Abs. 2 Z 1 bis 7 erteilt werden, wenn dies zur Aufrechterhaltung des Privat- und Familienlebens im Sinne des Art. 8 der Konvention zum Schutze der Menschenrechte und Grundfreiheiten (Europäische Menschenrechtskonvention – EMRK), BGBl. Nr. 210/1958, geboten ist. Bei der Beurteilung des Privat- und Familienlebens im Sinne des Art. 8 EMRK sind insbesondere zu berücksichtigen:

1. die Art und Dauer des bisherigen Aufenthalts und die Frage, ob der bisherige Aufenthalt des Drittstaatsangehörigen rechtswidrig war;
2. das tatsächliche Bestehen eines Familienlebens;
3. die Schutzwürdigkeit des Privatlebens;
4. der Grad der Integration;
5. die Bindungen zum Heimatstaat des Drittstaatsangehörigen;
6. die strafgerichtliche Unbescholtenheit;
7. Verstöße gegen die öffentliche Ordnung, insbesondere im Bereich des Asyl-, Fremdenpolizei- und Einwanderungsrechts;
8. die Frage, ob das Privat- und Familienleben des Drittstaatsangehörigen in einem Zeitpunkt entstand, in dem sich die Beteiligten ihres unsicheren Aufenthaltsstatus bewusst waren;
9. die Frage, ob die Dauer des bisherigen Aufenthaltes des Fremden in den Behörden zurechenbaren überlangen Verzögerungen begründet ist.

(4) Der Aufenthalt eines Fremden widerstreitet dem öffentlichen Interesse (Abs. 2 Z 1), wenn

1. sein Aufenthalt die öffentliche Ordnung oder Sicherheit gefährden würde oder
2. der Fremde ein Naheverhältnis zu einer extremistischen oder terroristischen Gruppierung hat und im Hinblick auf deren bestehende Strukturen oder auf zu gewärtigende Entwicklungen in deren Umfeld extremistische oder terroristische Aktivitäten derselben nicht ausgeschlossen werden können, oder auf Grund bestimmter Tatsachen anzunehmen ist, dass er durch Verbreitung in Wort, Bild oder Schrift andere Personen oder Organisationen von seiner gegen die Wertvorstellungen eines europäischen demokratischen Staates und seiner Gesellschaft gerichteten Einstellung zu überzeugen versucht oder versucht hat oder auf andere Weise eine Person oder Organisation unterstützt, die die Verbreitung solchen Gedankengutes fördert oder gutheißt.

(5) Der Aufenthalt eines Fremden führt zu keiner finanziellen Belastung einer Gebietskörperschaft (Abs. 2 Z 4), wenn der Fremde feste und regelmäßige eigene Einkünfte hat, die ihm eine Lebensführung ohne Inanspruchnahme von Sozialhilfeleistungen der Gebietskörperschaften ermöglichen und der Höhe nach den Richtsätzen des § 293 des Allgemeinen Sozialversicherungsgesetzes (ASVG), BGBl. Nr. 189/1955, entsprechen. Feste und regelmäßige eigene Einkünfte werden durch regelmäßige Aufwendungen geschmälert, insbesondere durch Mietbelastungen, Kreditbelastungen, Pfändungen und Unterhaltszahlungen an Dritte nicht im gemeinsamen Haushalt lebende Personen. Dabei bleibt einmalig ein Betrag bis zu der in § 292 Abs. 3 zweiter Satz ASVG festgelegten Höhe unberücksichtigt und führt zu keiner Erhöhung der notwendigen Einkünfte im Sinne des ersten Satzes. Bei Nachweis der Unterhaltsmittel durch Unterhaltsansprüche (§ 2 Abs. 4 Z 3) oder durch eine Haftungserklärung (§ 2 Abs. 1 Z 15) ist zur Berechnung der Leistungsfähigkeit des Verpflichteten nur der das pfändungsfreie Existenzminimum gemäß § 291a der Exekutionsordnung (EO), RGBl. Nr. 79/1896, übersteigende Einkommensteil zu berücksichtigen. In Verfahren bei Erstanträgen sind soziale Leistungen nicht zu berücksichtigen, auf die ein Anspruch erst durch Erteilung des Aufenthaltstitels entstehen würde, insbesondere Sozialhilfeleistungen oder die Ausgleichszulage.

(6) Die Zulässigkeit, den Nachweis einer oder mehrerer Voraussetzungen des Abs. 2 Z 2 und 4 mit einer Haftungserklärung (§ 2 Abs. 1 Z 15) erbringen zu können, muss ausdrücklich beim jeweiligen Aufenthaltszweck angeführt sein.

(7) Der Fremde hat bei der Erstantragstellung ein Gesundheitszeugnis vorzulegen, wenn er auch für die Erlangung eines Visums (§ 21 FPG) ein Gesundheitszeugnis gemäß § 23 FPG benötigen würde.

Quotenpflichtige Niederlassung

§ 12. (1) Den Regelungen über die Quotenpflicht unterliegen gemäß § 13:

1. die erstmalige Erteilung eines Aufenthaltstitels gemäß §§ 44 Abs. 1, 46 Abs. 1 Z 2, Abs. 4 und 5, 47 Abs. 4 und 49 Abs. 1, 2 und 4 und
2. die Zweckänderung eines gültigen Aufenthaltstitels, soweit der beantragte Aufenthaltstitel bei erstmaliger Erteilung quotenpflichtig wäre.

Weitere Ges.

(2) Anträge innerhalb eines Quotenjahres auf Erteilung eines der Quotenpflicht unterliegenden Aufenthaltstitels sind nach dem Datum und der Uhrzeit der Antragstellung bei der Behörde in ein nach Quotenjahren und Quotenarten zu führendes Register, das vom Landeshauptmann zu führen ist, aufzunehmen und diesem Quotenjahr zuzuordnen. Sofern ein Antrag abweichend von § 19 Abs. 1 nicht persönlich gestellt wird, ist im Falle der Behebung des Mangels für die Eintragung in das Register der Zeitpunkt des tatsächlichen persönlichen Erscheinens des Antragstellers bei der Behörde maßgeblich. In einem Quotenjahr gestellte Anträge sind unbeschadet des Erledigungszeitpunktes auf dieses Quotenjahr so lange anzurechnen, wie Quotenplätze im Register vorhanden sind.

(3) Unbeschadet der sonstigen Voraussetzungen für die Erteilung des Aufenthaltstitels darf ein solcher nur dann erteilt werden, wenn ein aus dem Register nach Abs. 2 zugeordneter Quotenplatz zur Verfügung steht. Die Erteilung eines Aufenthaltstitels verringert die im Register nach Abs. 2 vorhandene Anzahl von Plätzen. Die konkrete Zuteilung eines Quotenplatzes erfolgt mit Erteilung des Aufenthaltstitels und in den Fällen des § 23 Abs. 2 mit Beauftragung der zuständigen Berufsvertretungsbehörde.

(4) Steht zum Zeitpunkt der Antragstellung oder zum Zeitpunkt der Entscheidung über den Antrag in diesem Quotenjahr kein Quotenplatz im Register nach Abs. 2 mehr zur Verfügung, so ist – ausgenommen in Fällen der Familienzusammenführung nach § 46 Abs. 1 Z 2 oder Abs. 4 – der Antrag ohne weiteres Verfahren zurückzuweisen, wobei die Zurückweisungsentscheidung Angaben über die Reihung und die Gesamtzahl der bis zum Entscheidungszeitpunkt gestellten Anträge im Quotenjahr und der zur Verfügung stehenden Quotenplätze zu enthalten hat.

(5) Kann auf Grund der Reihung im Register nach Abs. 2 ein Antrag auf Erteilung eines Aufenthaltstitels nicht zurückgewiesen werden, weil noch nicht alle verfügbaren Quotenplätze der betreffenden Quotenart rechtskräftig vergeben worden sind, ist die Erledigung dieses Antrages bis zum Freiwerden eines Quotenplatzes der betreffenden Quotenart oder bis zur Ausschöpfung der betreffenden Quotenart aufzuschieben. Der Aufschub hemmt den Ablauf der Fristen gemäß § 8 Verwaltungsgerichtsverfahrensgesetz (VwGVG), BGBl. I Nr. 33/2013.

(6) Wurde der Antrag auf Erteilung eines Aufenthaltstitels abgewiesen oder zurückgewiesen und wurde dagegen Beschwerde erhoben, hat dies keinen Einfluss auf die Reihungen von anderen Anträgen im Register nach Abs. 2. Liegt eine abweisende oder zurückweisende Entscheidung des Verwaltungsgerichtes des Landes – ausgenommen eine Zurückverweisung gemäß § 28 VwGVG – vor, wird der betreffende Quotenplatz frei.

(7) Ist in Fällen der Familienzusammenführung gemäß § 46 Abs. 1 Z 2 oder Abs. 4 die Anzahl der Quotenplätze in einem Land ausgeschöpft oder – wenn auch nicht rechtskräftig – zugeteilt, hat die Behörde die Entscheidung über den Antrag aufzuschieben, bis ein Quotenplatz vorhanden ist, sofern sie den Antrag nicht aus anderen Gründen zurückzuweisen oder abzuweisen hat. Ein solcher Aufschub hemmt den Ablauf der Fristen gemäß § 8 VwGVG. Der Fremde oder der Zusammenführende hat zum Stichtag des Aufschubes einen Anspruch auf Mitteilung über den Platz in der Reihung des Registers. Die Mitteilung über die Reihung ist auf Antrag des Fremden einmalig in Bescheidform zu erteilen. Weitere Reihungsmitteilungen können auch in anderer technisch geeigneten Weise, die den Schutz personenbezogener Daten wahrt, ergehen. Drei Jahre nach Antragstellung ist ein weiterer Aufschub nicht mehr zulässig und die Quotenpflicht nach Abs. 1 erlischt.

(8) Aufenthaltstitel für Kinder, die gemäß § 31 Abs. 4 FPG rechtmäßig aufhältig sind, und Fremde, denen gemäß § 7 Abs. 1 Z 2 AsylG 2005 der Status eines Asylberechtigten rechtskräftig aberkannt wurde und die weiterhin im Bundesgebiet niedergelassen sind, unterliegen nicht der Quotenpflicht. Dies gilt ebenso für Kinder, die im Zeitraum zwischen der Antragstellung der Mutter und der Erteilung des Aufenthaltstitels geboren wurden.

Niederlassungsverordnung

§ 13. (1) Die Bundesregierung erlässt über Vorschlag des Bundesministers für Inneres im Einvernehmen mit dem Hauptausschuss des Nationalrates eine Verordnung, mit der für jeweils ein Kalenderjahr die Anzahl der Aufenthaltstitel gemäß §§ 44 Abs. 1, 46 Abs. 1 Z 2, Abs. 4 und 5, 47 Abs. 4 und 49 Abs. 1, 2 und 4 festgelegt wird (Niederlassungsverordnung).

(2) In der Niederlassungsverordnung ist getrennt nach Quotenarten die Anzahl der Aufenthaltstitel festzulegen, die

1. Familienangehörigen gemäß § 46 Abs. 1 Z 2,
2. Familienangehörigen von Drittstaatsangehörigen in den Fällen des § 46 Abs. 4,
3. Drittstaatsangehörigen, die im Besitz einer „Niederlassungsbewilligung – Angehöriger" sind und eine Zweckänderung auf einen Aufenthaltstitel „Rot-Weiß-Rot – Karte plus" anstreben (§ 47 Abs. 4),
4. Drittstaatsangehörigen und deren Familienangehörigen, die sich ohne Erwerbsabsicht (§§ 44 Abs. 1 und 46 Abs. 5) auf Dauer in Österreich niederlassen dürfen und
5. Drittstaatsangehörigen, die im Besitz eines Aufenthaltstitels „Daueraufenthalt – EU" eines anderen Mitgliedstaates sind und zur Ausübung einer selbständigen oder unselbständigen Erwerbstätigkeit oder in den Fällen des § 49 Abs. 1 nach Österreich kommen wollen,

in dem Kalenderjahr, für das die Verordnung erlassen wird (Quotenjahr), höchstens erteilt werden dürfen. Die Bundesregierung hat dabei die Entwicklung eines geordneten Arbeitsmarktes sicherzustellen und in der Niederlassungsverordnung die Aufenthaltstitel so auf die Länder aufzuteilen, wie es deren Möglichkeiten und Erfordernissen entspricht.

(3) Vor Erlassung der Niederlassungsverordnung gemäß Abs. 2 sind die Wirtschaftskammer Österreich, die Bundesarbeitskammer, die Präsidentenkonferenz der Landwirtschaftskammern Österreichs, der Österreichische Gemeindebund, der Österreichische Städtebund, der Österreichische Gewerkschaftsbund, die Österreichische Industriellenvereinigung und das Österreichische Wirtschaftsforschungsinstitut zu hören. Den Ländern ist die Möglichkeit zu geben, konkrete Vorschläge für die Zahl der im jeweiligen Land benötigten Aufenthaltstitel zu erstatten (Abs. 2 Z 1 bis 5); die Länder haben hiefür die bestehenden Möglichkeiten im Schul- und Gesundheitswesen sowie – nach Anhörung der maßgeblichen Gemeinden – die Entwicklung auf dem Wohnungsmarkt und – nach Anhörung der Interessenvertretungen der Arbeitgeber und der Arbeitnehmer auf Landesebene – die Lage und Entwicklung des Arbeitsmarktes zu berücksichtigen.

(Anm.: Abs. 4 aufgehoben durch Art. 2 Z 2, BGBl. I Nr. 217/2021)

(5) Bei Erlassung der Niederlassungsverordnung hat die Bundesregierung hinsichtlich der Quotenarten nach Abs. 2 Z 1 bis 3 und 5 unter Bedachtnahme auf die Lage und Entwicklung des Arbeitsmarktes abzuwägen, in welchem Ausmaß bei Vorrang der Integration der ansässigen erwerbsbereiten Fremden in den Arbeitsmarkt weitere erwerbsbereite Fremde zu unselbständiger Erwerbstätigkeit zugelassen werden können. Hierbei kann die Bundesregierung Gruppen ansässiger Drittstaatsangehöriger bezeichnen, denen in Hinblick auf ihre fortgeschrittene Integration der Familiennachzug bevorzugt ermöglicht werden soll. Außerdem kann die Bundesregierung Gruppen von Familienangehörigen bezeichnen, denen auf Grund bestimmter, die Integration erleichternder Umstände, wie etwa der bevorstehende Eintritt der Schulpflicht, der Familiennachzug bevorzugt ermöglicht werden soll.

(6) **(Verfassungsbestimmung)** Die Bundesregierung hat bei Erlassung der Niederlassungsverordnung auf die Aufnahmefähigkeit des inländischen Arbeitsmarktes und die Vorschläge der Länder Bedacht zu nehmen; eine zahlenmäßige Überschreitung eines solchen Vorschlages ist nur mit Zustimmung des betroffenen Landes zulässig. Die Zustimmung gilt als erteilt, wenn der Landeshauptmann nicht innerhalb von acht Wochen nach dem Tag, an dem der Verordnungsbeschluss beim Amt der Landesregierung eingelangt ist, dem den Verordnungsbeschluss übermittelnden Bundesminister mitgeteilt hat, dass die Zustimmung verweigert wird. Vor Ablauf dieser Frist darf die Kundmachung des Verordnungsbeschlusses nur erfolgen, wenn die Landeshauptmänner der beteiligten Länder die ausdrückliche Zustimmung des Landes mitgeteilt haben.

(7) Die Niederlassungsverordnung ist jeweils so rechtzeitig zu erlassen, dass sie mit Beginn des folgenden Kalenderjahres in Kraft treten kann. Wird sie nicht rechtzeitig erlassen, ist die im Vorjahr geltende Verordnung mit der Maßgabe anzuwenden, dass in jedem Monat höchstens ein Zwölftel der Anzahl der Aufenthaltstitel erteilt werden darf.

(8) Sofern eine wesentliche Änderung der Umstände dies notwendig macht, hat die Bundesregierung die Niederlassungsverordnung auch während ihrer Geltungsdauer unter Beachtung der Abs. 2 und 6 abzuändern.

Gültigkeitsdauer von Aufenthaltstiteln

§ 20.[a)] (1) Befristete Aufenthaltstitel sind für die Dauer von zwölf Monaten oder für die in diesem Bundesgesetz bestimmte längere Dauer auszustellen, es sei denn, es wurde jeweils eine kürzere Dauer des Aufenthaltstitels beantragt oder das Reisedokument weist nicht die entsprechende Gültigkeitsdauer auf.

(1a) Aufenthaltstitel gemäß § 8 Abs. 1 Z 2, 4, 5, 6, 8, 9 oder 10 sind für die Dauer von drei Jahren auszustellen, wenn der Fremde

1. das Modul 1 der Integrationsvereinbarung (§ 9 IntG) erfüllt hat und
2. in den letzten zwei Jahren durchgehend rechtmäßig im Bundesgebiet niedergelassen war,

es sei denn, es wurde eine kürzere Dauer des Aufenthaltstitels beantragt oder das Reisedokument weist nicht die entsprechende Gültigkeitsdauer auf.

(2) Die Gültigkeitsdauer eines Aufenthaltstitels beginnt mit dem Ausstellungsdatum, die Gültigkeitsdauer eines verlängerten Aufenthaltstitels mit dem auf den letzten Tag des letzten Aufenthaltstitels folgenden Tag, wenn seither nicht mehr als sechs Monate vergangen sind. Der rechtmäßige Aufenthalt im Bundesgebiet im Zeitraum zwischen Ablauf des letzten Aufenthaltstitels und Beginn der Gültigkeitsdauer des verlängerten Aufenthaltstitels ist gleichzeitig mit dessen Erteilung von Amts wegen gebührenfrei mit Bescheid festzustellen.

(2a) Bei Erteilung eines Aufenthaltstitels an Inhaber eines Visums C gemäß § 24 FPG beginnt die Gültigkeitsdauer des Aufenthaltstitels frühestens mit Ablauf der Gültigkeitsdauer des Visums.

(3) Inhaber eines Aufenthaltstitels „Daueraufenthalt – EU" (§ 45) sind in Österreich – unbeschadet der befristeten Gültigkeitsdauer des diesen Aufenthaltstiteln entsprechenden Dokuments – unbefristet niedergelassen. Dieses Dokument ist für

einen Zeitraum von fünf Jahren auszustellen und, soweit keine Maßnahmen nach dem Fremdenpolizeigesetz 2005 durchsetzbar sind, abweichend von § 24 auch nach Ablauf auf Antrag zu verlängern.

(4) Ein Aufenthaltstitel nach Abs. 3 erlischt, wenn sich der Fremde länger als zwölf aufeinander folgende Monate außerhalb des EWR-Gebietes aufhält. Aus besonders berücksichtigungswürdigen Gründen, wie einer schwerwiegenden Erkrankung, der Erfüllung einer sozialen Verpflichtung oder der Leistung eines der allgemeinen Wehrpflicht oder dem Zivildienst vergleichbaren Dienstes, kann sich der Fremde bis zu 24 Monate außerhalb des EWR-Gebietes aufhalten. Liegt ein berechtigtes Interesse des Fremden vor, hat die Behörde auf Antrag festzustellen, dass der Aufenthaltstitel nicht erloschen ist. Der Nachweis des Aufenthalts im EWR-Gebiet obliegt dem Fremden.

(4a) Abweichend von Abs. 4 erster Satz erlischt der Aufenthaltstitel „Daueraufenthalt – EU", der einem Inhaber eines Aufenthaltstitels „Blaue Karte EU" oder dessen Familienangehörigen erteilt wurde erst, wenn sich der Fremde länger als 24 aufeinander folgende Monate außerhalb des EWR-Gebietes aufhält.

(5) Abs. 4 gilt nicht für Inhaber eines Aufenthaltstitels Daueraufenthalt – EU, wenn

1. sein Ehegatte, eingetragener Partner oder Elternteil Österreicher ist, der in einem Dienstverhältnis zu einer inländischen Gebietskörperschaft steht und dessen Dienstort im Ausland liegt, oder
2. sein Ehegatte, eingetragener Partner oder Elternteil Österreicher ist, der in einem Dienstverhältnis zu einer inländischen Körperschaft öffentlichen Rechts steht und dessen Dienstort im Ausland liegt, soweit die Tätigkeit dieser Körperschaft im Ausland im Interesse der Republik liegt und

er die beabsichtigte Aufgabe der Niederlassung (§ 2 Abs. 2) der Behörde vorher mitgeteilt hat. Das Vorliegen der Voraussetzungen gemäß Z 1 oder 2 hat der Fremde nachzuweisen. Der Aufenthaltstitel „Daueraufenthalt – EU" ist auch nach Aufgabe der Niederlassung auf Antrag zu verlängern.

[a] Tritt mit Ablauf des 30. September 2023 außer Kraft.

Gültigkeitsdauer von Aufenthaltstiteln

§ 20.[a] (1) Befristete Aufenthaltstitel sind für die Dauer von zwölf Monaten oder für die in diesem Bundesgesetz bestimmte längere Dauer auszustellen, es sei denn, es wurde jeweils eine kürzere Dauer des Aufenthaltstitels beantragt oder das Reisedokument weist nicht die entsprechende Gültigkeitsdauer auf.

(1a) Aufenthaltstitel gemäß § 8 Abs. 1 Z 2, 4, 5, 6, 8, 9 oder 10 sind für die Dauer von drei Jahren auszustellen, wenn der Fremde

1. das Modul 1 der Integrationsvereinbarung (§ 9 IntG) erfüllt hat und
2. in den letzten zwei Jahren durchgehend rechtmäßig im Bundesgebiet niedergelassen war,

es sei denn, es wurde eine kürzere Dauer des Aufenthaltstitels beantragt oder das Reisedokument weist nicht die entsprechende Gültigkeitsdauer auf.

(2) Die Gültigkeitsdauer eines Aufenthaltstitels beginnt mit dem Ausstellungsdatum, die Gültigkeitsdauer eines verlängerten Aufenthaltstitels mit dem auf den letzten Tag des letzten Aufenthaltstitels folgenden Tag, wenn seither nicht mehr als sechs Monate vergangen sind. Der rechtmäßige Aufenthalt im Bundesgebiet im Zeitraum zwischen Ablauf des letzten Aufenthaltstitels und Beginn der Gültigkeitsdauer des verlängerten Aufenthaltstitels ist gleichzeitig mit dessen Erteilung von Amts wegen gebührenfrei mit Bescheid festzustellen.

(2a) Bei Erteilung eines Aufenthaltstitels an Inhaber eines Visums C gemäß § 24 FPG beginnt die Gültigkeitsdauer des Aufenthaltstitels frühestens mit Ablauf der Gültigkeitsdauer des Visums.

(3) Inhaber eines Aufenthaltstitels „Daueraufenthalt – EU" (§ 45) sind in Österreich – unbeschadet der befristeten Gültigkeitsdauer des diesen Aufenthaltstiteln entsprechenden Dokuments – unbefristet niedergelassen. Dieses Dokument ist für einen Zeitraum von fünf Jahren auszustellen und, soweit keine Maßnahmen nach dem Fremdenpolizeigesetz 2005 durchsetzbar sind, abweichend von § 24 auch nach Ablauf auf Antrag zu verlängern.

(4) Ein Aufenthaltstitel nach Abs. 3 erlischt, wenn sich der Fremde länger als zwölf aufeinander folgende Monate außerhalb des EWR-Gebietes aufhält. Aus besonders berücksichtigungswürdigen Gründen, wie einer schwerwiegenden Erkrankung, der Erfüllung einer sozialen Verpflichtung oder der Leistung eines der allgemeinen Wehrpflicht oder dem Zivildienst vergleichbaren Dienstes, kann sich der Fremde bis zu 24 Monate außerhalb des EWR-Gebietes aufhalten, wenn er dies der Behörde vorher mitgeteilt hat. Liegt ein berechtigtes Interesse des Fremden vor, hat die Behörde auf Antrag festzustellen, dass der Aufenthaltstitel nicht erloschen ist. Der Nachweis des Aufenthalts im EWR-Gebiet obliegt dem Fremden.

(4a) Abweichend von Abs. 4 erster Satz erlischt der Aufenthaltstitel „Daueraufenthalt – EU", der einem Inhaber eines Aufenthaltstitels „Blaue Karte EU" oder dessen Familienangehörigen erteilt wurde erst, wenn sich der Fremde länger als 24 aufeinander folgende Monate außerhalb des EWR-Gebietes aufhält.

(5) Abs. 4 gilt nicht für Inhaber eines Aufenthaltstitels Daueraufenthalt – EU, wenn
1. sein Ehegatte, eingetragener Partner oder Elternteil Österreicher ist, der in einem Dienstverhältnis zu einer inländischen Gebietskörperschaft steht und dessen Dienstort im Ausland liegt, oder
2. sein Ehegatte, eingetragener Partner oder Elternteil Österreicher ist, der in einem Dienstverhältnis zu einer inländischen Körperschaft öffentlichen Rechts steht und dessen Dienstort im Ausland liegt, soweit die Tätigkeit dieser Körperschaft im Ausland im Interesse der Republik liegt und

er die beabsichtigte Aufgabe der Niederlassung (§ 2 Abs. 2) der Behörde vorher mitgeteilt hat. Das Vorliegen der Voraussetzungen gemäß Z 1 oder 2 hat der Fremde nachzuweisen. Der Aufenthaltstitel „Daueraufenthalt – EU" ist auch nach Aufgabe der Niederlassung auf Antrag zu verlängern.

[a)] Tritt mit 1. Oktober 2023 in Kraft.

Nachweis von Deutschkenntnissen

§ 21a. (1) Drittstaatsangehörige haben mit der Stellung eines Erstantrages auf Erteilung eines Aufenthaltstitels gemäß § 8 Abs. 1 Z 2, 4, 5, 6, 8, 9 oder 10 Kenntnisse der deutschen Sprache nachzuweisen. Dieser Nachweis hat mittels eines allgemein anerkannten Sprachdiploms einer durch Verordnung gemäß Abs. 6 oder 7 bestimmten Einrichtung zu erfolgen, in welchem diese schriftlich bestätigt, dass der Drittstaatsangehörige über Kenntnisse der deutschen Sprache zumindest zur elementaren Sprachverwendung auf einfachstem Niveau verfügt. Das Sprachdiplom darf zum Zeitpunkt der Vorlage nicht älter als ein Jahr sein.

(2) Abs. 1 gilt auch für Drittstaatsangehörige, die einen Antrag auf erstmalige Erteilung eines Aufenthaltstitels gemäß § 8 Abs. 1 Z 2, 4, 5, 6, 8, 9 oder 10 im Zuge eines Verfahrens gemäß § 24 Abs. 4 oder § 26 stellen.

(3) Der Nachweis gilt überdies als erbracht, wenn
1. die Voraussetzungen zur Erfüllung des Moduls 1 oder 2 der Integrationsvereinbarung (§§ 9 und 10 IntG) vorliegen oder
2. der Drittstaatsangehörige die Erteilung eines Aufenthaltstitels „Niederlassungsbewilligung – Künstler" gemäß § 43a für die Ausübung einer künstlerischen Tätigkeit in einer der unter § 2 Abs. 1 Z 1 bis 3 Kunstförderungsgesetz, BGBl. I Nr. 146/1988, genannten Kunstsparte anstrebt; bei Zweifeln über das Vorliegen einer solchen Tätigkeit ist eine diesbezügliche Stellungnahme des zuständigen Bundesministers einzuholen.

(4) Abs. 1 gilt nicht für Drittstaatsangehörige,
1. die zum Zeitpunkt der Antragstellung unmündig sind,
2. denen auf Grund ihres physischen oder psychischen Gesundheitszustandes die Erbringung des Nachweises nicht zugemutet werden kann; dies hat der Drittstaatsangehörige durch ein amtsärztliches Gutachten oder ein Gutachten eines Vertrauensarztes einer österreichischen Berufsvertretungsbehörde nachzuweisen; steht kein oder kein geeigneter Vertrauensarzt zur Verfügung, hat der Drittstaatsangehörige diesen Nachweis durch ein Gutachten eines sonstigen von der österreichischen Berufsvertretungsbehörde bestimmten Arztes oder einer von dieser bestimmten medizinischen Einrichtung zu erbringen,
3. die Familienangehörige von Inhabern eines Aufenthaltstitels gemäß §§ 41 Abs. 1, 42, 43c oder 45 Abs. 1, letztere sofern der Zusammenführende ursprünglich einen Aufenthaltstitel gemäß §§ 41 Abs. 1, 42 oder 43c innehatte, sind,
4. die Familienangehörige von Asylberechtigten sind und einen Aufenthaltstitel „Rot–Weiß–Rot – Karte plus" gemäß § 46 Abs. 1 Z 2 lit. c beantragen oder
5. die gemäß § 9 Abs. 5 Z 3 IntG auf die Stellung eines weiteren Verlängerungsantrages nach dem ersten Verlängerungsantrag unwiderruflich verzichten.

(5) Die Behörde kann auf begründeten Antrag eines Drittstaatsangehörigen von einem Nachweis nach Abs. 1 absehen:
1. im Fall eines unbegleiteten Minderjährigen (§ 2 Abs. 1 Z 17) zur Wahrung des Kindeswohls, oder
2. zur Aufrechterhaltung des Privat- und Familienlebens im Sinne des Art. 8 EMRK (§ 11 Abs. 3).

Die Stellung eines solchen Antrages ist nur bis zur Erlassung des Bescheides zulässig. Über diesen Umstand ist der Drittstaatsangehörige zu belehren; § 13 Abs. 3 AVG gilt.

(5a) Beabsichtigt die Behörde den Antrag nach Abs. 5 zurück- oder abzuweisen, so hat die Behörde darüber im verfahrensabschließenden Bescheid abzusprechen.

(6) Durch Verordnung des Bundesministers für Inneres sind jene Einrichtungen zu bestimmen, deren Sprachdiplome als Nachweis gemäß Abs. 1 gelten.

(7) Der Bundesminister für Europa, Integration und Äußeres kann im Einvernehmen mit dem Bundesminister für Inneres für den örtlichen Wirkungsbereich einer österreichischen Berufsvertretungsbehörde im Ausland durch Verordnung auch andere als in der Verordnung gemäß Abs. 6 genannte Einrichtungen bestimmen, deren Sprachdiplome als Nachweis gemäß Abs. 1 gelten, wenn

Weitere Ges.

diese Einrichtungen mit den in der Verordnung gemäß Abs. 6 genannten Einrichtungen vergleichbare Standards einhalten. Solche Verordnungen sind durch Anschlag an der Amtstafel der jeweiligen Berufsvertretungsbehörde kundzumachen und gelten für den Zeitraum eines Jahres ab Kundmachung.

2. TEIL
BESONDERER TEIL
1. Hauptstück
Niederlassung von Drittstaatsangehörigen
Aufenthaltstitel „Rot-Weiß-Rot – Karte"

§ 41. (1) Drittstaatsangehörigen kann ein Aufenthaltstitel „Rot-Weiß-Rot – Karte" erteilt werden, wenn sie die Voraussetzungen des 1. Teiles mit Ausnahme des § 11 Abs. 2 Z 2 und 4 erfüllen und eine schriftliche Mitteilung der regionalen Geschäftsstelle des Arbeitsmarktservice gemäß § 20d Abs. 1 Z 1 AuslBG vorliegt.

(2) Drittstaatsangehörigen kann ein Aufenthaltstitel „Rot-Weiß-Rot – Karte" erteilt werden, wenn sie die Voraussetzungen des 1. Teiles mit Ausnahme des § 11 Abs. 2 Z 2 und 4 erfüllen und

1. eine schriftliche Mitteilung der regionalen Geschäftsstelle des Arbeitsmarktservice gemäß § 20d Abs. 1 Z 2 AuslBG,
2. eine schriftliche Mitteilung der regionalen Geschäftsstelle des Arbeitsmarktservice gemäß § 20d Abs. 1 Z 3 AuslBG,
3. eine schriftliche Mitteilung der regionalen Geschäftsstelle des Arbeitsmarktservice gemäß § 20d Abs. 1 Z 4 AuslBG,

3a. eine schriftliche Mitteilung der regionalen Geschäftsstelle des Arbeitsmarktservice gemäß § 20d Abs. 1 Z 6 AuslBG,

4. ein Gutachten der Landesgeschäftsstelle des Arbeitsmarktservice gemäß § 24 Abs. 1 iVm Abs. 3 AuslBG, oder
5. ein Gutachten der Landesgeschäftsstelle des Arbeitsmarktservice gemäß § 24 Abs. 2 iVm Abs. 3 AuslBG

vorliegt.

(3) Entscheidungen über die Erteilung eines Aufenthaltstitels „Rot-Weiß-Rot – Karte" sind von der zuständigen Niederlassungs- und Aufenthaltsbehörde und der zuständigen Behörde gemäß §§ 20d oder 24 AuslBG unverzüglich, längstens jedoch binnen acht Wochen ab Einbringung des Antrages, zu treffen. Von der Einholung einer schriftlichen Mitteilung der regionalen Geschäftsstelle oder eines Gutachtens der Landesgeschäftsstelle des Arbeitsmarktservice ist abzusehen, wenn der Antrag

1. wegen eines Formmangels oder Fehlens einer Voraussetzung gemäß §§ 19 bis 24 zurück- oder abzuweisen ist oder
2. wegen zwingender Erteilungshindernisse (§ 11 Abs. 1) abzuweisen ist.

(4) Erwächst die negative Entscheidung der regionalen Geschäftsstelle des Arbeitsmarktservice über die Zulassung in den Fällen des § 20d AuslBG in Rechtskraft, ist das Verfahren ohne weiteres einzustellen. Ist das Gutachten der Landesgeschäftsstelle des Arbeitsmarktservice in einem Verfahren über den Antrag zur Zulassung im Fall des § 24 AuslBG negativ, ist der Antrag ohne weiteres abzuweisen.

(5) Der Aufenthaltstitel „Rot-Weiß-Rot – Karte" ist für die Dauer von zwei Jahren auszustellen. Weist der Arbeitsvertrag im Falle des Abs. 1 oder Abs. 2 Z 1 bis 3a eine kürzere Dauer auf, ist der Aufenthaltstitel für einen um drei Monate über die Dauer des Arbeitsvertrags hinausgehenden Zeitraum, längstens jedoch für zwei Jahre auszustellen.

Aufenthaltstitel „Rot-Weiß-Rot – Karte plus"

§ 41a. (1) Drittstaatsangehörigen kann in einem Verfahren gemäß § 24 Abs. 4 oder § 26 ein Aufenthaltstitel „Rot-Weiß-Rot – Karte plus" erteilt werden, wenn

1. sie bereits zwei Jahre einen Aufenthaltstitel gemäß § 41 Abs. 1 oder 2 Z 1 bis 3a besitzen,
2. sie die Voraussetzungen des 1. Teiles erfüllen und
3. eine Mitteilung gemäß § 20e Abs. 1 Z 2 AuslBG vorliegt.

(2) Drittstaatsangehörigen kann in einem Verfahren gemäß § 24 Abs. 4 oder § 26 ein Aufenthaltstitel „Rot-Weiß-Rot – Karte plus" erteilt werden, wenn

1. sie bereits zwei Jahre einen Aufenthaltstitel gemäß § 42 oder § 50a Abs. 1 besitzen,
2. sie die Voraussetzungen des 1. Teiles erfüllen und
3. eine Mitteilung gemäß § 20e Abs. 1 Z 3 AuslBG vorliegt.

(3) Drittstaatsangehörigen ist von Amts wegen ein Aufenthaltstitel „Rot-Weiß-Rot – Karte plus" zu erteilen, wenn eine Mitteilung des Bundesamtes für Fremdenwesen und Asyl gemäß § 59 Abs. 4 AsylG 2005 vorliegt. Der Aufenthaltstitel ist unverzüglich, längstens jedoch binnen acht Wochen ab Zustellung der Mitteilung des Bundesamtes für Fremdenwesen und Asyl, zu erteilen. § 20 Abs. 2 gilt sinngemäß.

(4) Drittstaatsangehörigen kann in einem Verfahren gemäß § 24 Abs. 4 oder § 26 ein Aufenthaltstitel „Rot-Weiß-Rot – Karte plus" erteilt werden, wenn sie

1. die Voraussetzungen des 1. Teiles erfüllen und
2. mindestens zwei Jahre über eine Niederlassungsbewilligung gemäß § 43c verfügt haben.

(5) Der Aufenthaltstitel „Rot-Weiß-Rot – Karte plus“ ist an Drittstaatsangehörige im Fall der Rückstufung gemäß § 28 zu erteilen, wenn die Voraussetzungen des 1. Teiles erfüllt sind.

(6) Drittstaatsangehörigen kann ein Aufenthaltstitel „Rot-Weiß-Rot – Karte plus“ erteilt werden, wenn sie

1. die Voraussetzungen des 1. Teiles erfüllen und
2. über einen Aufenthaltstitel gemäß § 45 verfügt haben und dieser gemäß § 20 Abs. 4 oder 4a erloschen ist oder gemäß § 10 Abs. 3 Z 3 oder Z 4 gegenstandslos wurde.

(7) Drittstaatsangehörigen kann in einem Verfahren gemäß § 24 Abs. 4 oder § 26 ein Aufenthaltstitel „Rot-Weiß-Rot – Karte plus“ erteilt werden, wenn

1. sie die Voraussetzungen des 1. Teiles erfüllen,
2. sie über eine „Niederlassungsbewilligung“ verfügen und
3. eine schriftliche Mitteilung der regionalen Geschäftsstelle des Arbeitsmarktservice gemäß § 20e Abs. 1 Z 1 AuslBG vorliegt.

(7a) Drittstaatsangehörigen kann in einem Verfahren gemäß § 24 Abs. 4 oder § 26 ein Aufenthaltstitel „Rot-Weiß-Rot – Karte plus“ erteilt werden, wenn

1. sie bereits zwei Jahre einen Aufenthaltstitel „Rot-Weiß-Rot – Karte“ gemäß § 41 Abs. 2 Z 5 besitzen,
2. sie die Voraussetzungen des 1. Teiles erfüllen und
3. eine schriftliche Mitteilung der Landesgeschäftsstelle des Arbeitsmarktservice gemäß § 24 Abs. 4 AuslBG vorliegt.

(8) Im Bundesgebiet aufhältigen Drittstaatsangehörigen ist auf Antrag ohne weiteres ein Aufenthaltstitel „Rot-Weiß-Rot – Karte plus“ zu erteilen, wenn ein Fall des § 59 Abs. 2 StbG vorliegt und ein Aufenthaltstitel „Daueraufenthalt – EU“ (§ 45 Abs. 10) nicht zu erteilen ist.

(9) Im Bundesgebiet aufhältigen Drittstaatsangehörigen ist ein Aufenthaltstitel „Rot-Weiß-Rot – Karte plus“ zu erteilen, wenn sie

1. für einen Zeitraum von zwölf Monaten über eine „Aufenthaltsberechtigung plus“ gemäß §§ 55 Abs. 1 oder 56 Abs. 1 AsylG 2005,
2. für einen Zeitraum von zwölf Monaten über eine „Aufenthaltsberechtigung“ gemäß §§ 55 Abs. 2 oder 56 Abs. 2 AsylG 2005 oder
3. über eine Niederlassungsbewilligung gemäß § 43 Abs. 3

verfügen und das Modul 1 der Integrationsvereinbarung (§ 9 IntG) erfüllt haben oder zum Entscheidungszeitpunkt eine Erwerbstätigkeit ausüben, mit deren Einkommen die monatliche Geringfügigkeitsgrenze (§ 5 Abs. 2 Allgemeines Sozialversicherungsgesetz – ASVG BGBl. Nr. 189/1955 erreicht wird.

(10) Im Bundesgebiet aufhältigen Drittstaatsangehörigen ist trotz Vorliegens eines Erteilungshindernisses gemäß § 11 Abs. 1 Z 4 bis 6 sowie trotz Ermangelung einer Voraussetzung gemäß § 11 Abs. 2 von Amts wegen oder auf begründeten Antrag, der bei der örtlich zuständigen Behörde im Inland einzubringen ist, ein Aufenthaltstitel „Rot-Weiß-Rot – Karte plus“ zu erteilen, wenn es sich um einen unbegleiteten minderjährigen Fremden handelt und sich der Minderjährige auf Grund eines Gerichtsbeschlusses, kraft Gesetzes oder einer Vereinbarung der leiblichen Eltern mit dem Kinder- und Jugendhilfeträger zum Schutz des Kindeswohles nicht bloß vorübergehend in Obhut von Pflegeeltern oder des Kinder- und Jugendhilfeträgers befindet. Die Pflegeeltern gelten diesfalls als gesetzliche Vertreter im Sinne des § 19. Dieser Aufenthaltstitel ist gebührenfrei zu erteilen.

(11) In den Fällen der Abs. 1, 2, 7 und 7a ist von der Einholung einer schriftlichen Mitteilung der regionalen Geschäftsstelle oder eines Gutachtens der Landesgeschäftsstelle des Arbeitsmarktservice abzusehen, wenn der Antrag

1. wegen eines Formmangels oder Fehlens einer Voraussetzung gemäß §§ 19 bis 24 zurück- oder abzuweisen ist oder
2. wegen zwingender Erteilungshindernisse gemäß § 11 Abs. 1 abzuweisen ist.

Erwächst die negative Entscheidung der regionalen Geschäftsstelle des Arbeitsmarktservice über die Zulassung in den Fällen des § 20e Abs. 1 AuslBG in Rechtskraft, ist das Verfahren ohne weiteres einzustellen.

Aufenthaltstitel „Blaue Karte EU“

§ 42. (1) Drittstaatsangehörigen ist ein Aufenthaltstitel „Blaue Karte EU“ zu erteilen, wenn

1. sie die Voraussetzungen des 1. Teiles mit Ausnahme des § 11 Abs. 2 Z 2 und 4 erfüllen und
2. eine schriftliche Mitteilung der regionalen Geschäftsstelle des Arbeitsmarktservice gemäß § 20d Abs. 1 Z 5 AuslBG vorliegt.

(1a) Drittstaatsangehörigen, die einen Aufenthaltstitel „Rot-Weiß-Rot – Karte“ innehaben, ist in einem Verfahren nach § 26 ein Aufenthaltstitel „Blaue Karte EU“ zu erteilen, wenn

1. sie die Voraussetzungen des 1. Teiles mit Ausnahme des § 11 Abs. 2 Z 2 bis 4 erfüllen und
2. eine schriftliche Mitteilung der regionalen Geschäftsstelle des Arbeitsmarktservice gemäß §§ 20d Abs. 1 Z 5 iVm 12c Abs. 5 AuslBG vorliegt.

(2) Entscheidungen über die Erteilung eines Aufenthaltstitels „Blaue Karte EU“ sind überdies von der zuständigen Niederlassungs- und Aufenthaltsbehörde und der zuständigen Behörde gemäß

§ 20d Abs. 1 AuslBG unverzüglich, längstens jedoch binnen acht Wochen zu treffen. Von der Einholung einer schriftlichen Mitteilung der regionalen Geschäftsstelle des Arbeitsmarktservice ist abzusehen, wenn der Antrag

1. wegen eines Formmangels oder Fehlens einer Voraussetzung gemäß §§ 19 bis 24 zurück- oder abzuweisen ist oder
2. wegen zwingender Erteilungshindernisse (§ 11 Abs. 1) abzuweisen ist.

(3) Erwächst die negative Entscheidung der regionalen Geschäftsstelle des Arbeitsmarktservice gemäß § 20d Abs. 1 AuslBG über die Zulassung zur Beschäftigung als Schlüsselkraft in Rechtskraft, ist das Verfahren ohne weiteres einzustellen.

(4) Der Aufenthaltstitel „Blaue Karte EU" ist für die Dauer von zwei Jahren auszustellen, es sei denn, der Arbeitsvertrag weist eine kürzere Dauer auf. In diesen Fällen ist der Aufenthaltstitel für einen um drei Monate über die Dauer des Arbeitsvertrages hinausgehenden Zeitraum auszustellen.

(5) Abs. 1 gilt auch für Drittstaatsangehörige, denen der Status des Asylberechtigten (§ 3 AsylG 2005) oder des subsidiär Schutzberechtigten (§ 8 AsylG 2005) zukommt. Wird dem Inhaber eines Aufenthaltstitels „Blaue Karte EU" der Status des Asylberechtigten oder des subsidiär Schutzberechtigten gemäß §§ 7 oder 9 AsylG 2005 aberkannt, so ist ihm bei weiterem Vorliegen der Voraussetzungen nach Abs. 1 oder 1a von Amts wegen und gebührenfrei ein Aufenthaltstitel „Blaue Karte EU" ohne Eintragung als international Schutzberechtigter bis zum Ende der Gültigkeitsdauer des ursprünglich ausgestellten Aufenthaltstitels auszustellen.

„Niederlassungsbewilligung"

§ 43. (1) Drittstaatsangehörigen mit einem Aufenthaltstitel gemäß § 41 Abs. 2 Z 4 kann eine „Niederlassungsbewilligung" erteilt werden, wenn sie

1. die Voraussetzungen des 1. Teiles erfüllen, und
2. in den letzten zwei Jahren eine Tätigkeit gemäß § 24 Abs. 1 AuslBG ausgeübt haben und diese weiter ausgeübt werden soll.

(2) Drittstaatsangehörigen, denen auf Grund eines Rechtsaktes der Europäischen Union Niederlassungsfreiheit zukommt, kann für die Ausübung einer selbständigen Erwerbstätigkeit eine „Niederlassungsbewilligung" erteilt werden, wenn sie die Voraussetzungen des 1. Teiles erfüllen.

(3) Im Bundesgebiet aufhältigen Drittstaatsangehörigen ist ein Aufenthaltstitel „Niederlassungsbewilligung" zu erteilen, wenn sie seit zwölf Monaten über

1. eine „Aufenthaltsberechtigung plus" gemäß § 55 Abs. 1 AsylG 2005,
2. eine „Aufenthaltsberechtigung plus" gemäß § 56 Abs. 1 AsylG 2005,
3. eine „Aufenthaltsberechtigung" gemäß § 55 Abs. 2 AsylG 2005 oder
4. eine „Aufenthaltsberechtigung" gemäß § 56 Abs. 2 AsylG 2005

verfügen.

(4) Drittstaatsangehörigen mit einem Aufenthaltstitel gemäß § 41 Abs. 1 oder 2 Z 1 bis 3a oder 5 kann eine „Niederlassungsbewilligung" erteilt werden, wenn

1. sie die Voraussetzungen des 1. Teiles erfüllen,
2. ein Fall des § 41a Abs. 1 oder 7a nicht vorliegt, und
3. sie in den letzten zwei Jahren eine Tätigkeit gemäß §§ 12 bis 12b, 12d oder 24 Abs. 2 AuslBG ausgeübt haben.

(Anm.: Abs. 5 aufgehoben durch *BGBl. I Nr. 87/2012)*

„Niederlassungsbewilligung – Künstler"

§ 43a. (1) Drittstaatsangehörigen kann eine „Niederlassungsbewilligung – Künstler" ausgestellt werden, wenn sie die Voraussetzungen des 1. Teiles erfüllen und

1. im Fall der Unselbständigkeit eine schriftliche Mitteilung der regionalen Geschäftsstelle des Arbeitsmarktservice gemäß § 20d Abs. 1 Z 6 AuslBG vorliegt oder
2. im Fall der Selbständigkeit deren Tätigkeit überwiegend durch Aufgaben der künstlerischen Gestaltung bestimmt ist, sofern ihr Unterhalt durch das Einkommen gedeckt wird, das sie aus ihrer künstlerischen Tätigkeit beziehen.

(2) Eine Haftungserklärung ist zulässig. § 47 Abs. 5 gilt sinngemäß.

„Niederlassungsbewilligung – Sonderfälle unselbständiger Erwerbstätigkeit"

§ 43b. (1) Drittstaatsangehörigen kann eine „Niederlassungsbewilligung – Sonderfälle unselbständiger Erwerbstätigkeit" zur Ausübung einer unselbständigen Erwerbstätigkeit bei einem bestimmten Arbeitgeber ausgestellt werden, wenn

1. sie die Voraussetzungen des 1. Teiles erfüllen,
2. sie eine Tätigkeit, die gemäß § 1 Abs. 2 lit. b, c, d, f, g oder i AuslBG vom sachlichen Geltungsbereich des AuslBG ausgenommen ist, ausüben und
3. die zuständige regionale Geschäftsstelle des Arbeitsmarktservice bei begründeten Zweifeln auf Anfrage der Behörde das Vorliegen einer Tätigkeit gemäß Z 2 festgestellt hat.

(2) Der Bundesminister für Inneres kann mit Verordnung weitere Tätigkeiten, die gemäß der AuslBVO vom sachlichen Geltungsbereich des

AuslBG ausgenommen sind, als Tätigkeiten im Sinne des Abs. 1 Z 2 festlegen.

„Niederlassungsbewilligung – Forscher“

§ 43c. (1) Drittstaatsangehörigen ist eine „Niederlassungsbewilligung – Forscher“ zu erteilen, wenn

1. sie die Voraussetzungen des 1. Teiles mit Ausnahme des § 11 Abs. 2 Z 2 erfüllen,
2. sie eine Tätigkeit, die gemäß § 1 Abs. 2 lit. h AuslBG vom sachlichen Geltungsbereich des AuslBG ausgenommen ist, für eine Forschungseinrichtung ausüben,
3. sie eine mit einer Forschungseinrichtung (§ 71 Abs. 1) abgeschlossene Aufnahmevereinbarung (§ 43d) nachweisen und
4. die zuständige regionale Geschäftsstelle des Arbeitsmarktservice bei begründeten Zweifeln auf Anfrage der Behörde das Vorliegen einer Tätigkeit gemäß Z 2 festgestellt hat.

(2) Drittstaatsangehörigen, die eine Forschungstätigkeit gemäß Abs. 1 Z 2 abgeschlossen haben und die nochmalige Erteilung eines Aufenthaltstitels gemäß § 43c oder die Erteilung eines Aufenthaltstitels gemäß § 41 oder § 42 anstreben, kann die „Niederlassungsbewilligung – Forscher“ im Rahmen eines Verfahrens nach § 24 Abs. 1 einmalig zum Zweck der Arbeitssuche oder der Unternehmensgründung für die Dauer von zwölf Monaten (§ 20 Abs. 1) verlängert werden, sofern die Voraussetzungen des 1. Teiles mit Ausnahme des § 11 Abs. 2 Z 2 weiter vorliegen.

(3) Die Änderung des Aufenthaltszwecks als Inhaber einer „Niederlassungsbewilligung – Forscher“ gemäß Abs. 2 im Rahmen eines Zweckänderungsverfahrens (§ 26) oder eines Verfahrens gemäß § 24 Abs. 4 ist nur in den Fällen der §§ 41, 42, 43c oder 47 Abs. 2 zulässig.

(4) Entscheidungen über die Erteilung einer „Niederlassungsbewilligung – Forscher“ sind von der zuständigen Niederlassungs- und Aufenthaltsbehörde unverzüglich, längstens jedoch binnen acht Wochen zu treffen.

(5) Die „Niederlassungsbewilligung – Forscher“ ist für die Dauer von zwei Jahren auszustellen, es sei denn, die Aufnahmevereinbarung weist eine kürzere Dauer auf. In diesen Fällen ist der Aufenthaltstitel für einen um drei Monate über die Dauer der Aufnahmevereinbarung hinausgehenden Zeitraum auszustellen.

Aufnahmevereinbarung

§ 43d. Die Forschungseinrichtung hat vor Abschluss einer Aufnahmevereinbarung die Qualifikation des Forschers für das konkrete Forschungsprojekt zu prüfen. Diese hat jedenfalls zu enthalten:

1. die Vertragspartner;
2. den Zweck, die Dauer und die Finanzierung des konkreten Forschungsprojektes;
3. Angaben über das monatliche Bruttoentgelt oder diesem gleichzusetzende Einkünfte;
4. die Zusage der Forschungseinrichtung zur Aufnahme des Drittstaatsangehörigen;
5. die Zusage des Forschers, dass er sich bemühen wird, die Forschungstätigkeit abzuschließen;
6. gegebenenfalls Angaben zu einem beabsichtigten Aufenthalt als Forscher in einem weiteren Mitgliedstaat, falls dieser zum Zeitpunkt der Antragstellung bereits bekannt ist.

In der Aufnahmevereinbarung ist ferner vorzusehen, dass diese automatisch endet, wenn das Rechtsverhältnis zwischen dem Forscher und der Forschungseinrichtung beendet, der Antrag auf Erteilung einer „Niederlassungsbewilligung – Forscher“ rechtskräftig ab- oder zurückgewiesen oder die „Niederlassungsbewilligung – Forscher“ rechtskräftig entzogen wurde.

„Niederlassungsbewilligung – ausgenommen Erwerbstätigkeit“

§ 44. (1) Drittstaatsangehörigen kann eine „Niederlassungsbewilligung – ausgenommen Erwerbstätigkeit“ erteilt werden, wenn

1. sie die Voraussetzungen des 1. Teiles erfüllen,
2. ein Quotenplatz vorhanden ist und
3. deren feste und regelmäßige monatliche Einkünfte der Höhe nach dem Zweifachen der Richtsätze des § 293 ASVG entsprechen.

(2) Drittstaatsangehörigen kann im unmittelbaren Anschluss an ihren Aufenthalt als Träger von Privilegien und Immunitäten (§ 5 ASG) eine „Niederlassungsbewilligung – ausgenommen Erwerbstätigkeit“ erteilt werden, wenn sie

1. die Voraussetzungen des 1. Teiles erfüllen und
2. in den Ruhestand versetzt worden sind.

Besondere Verfahrensbestimmungen

§ 44a. In einem Verfahren auf Erteilung eines Aufenthaltstitels gemäß § 41a Abs. 9 Z 1 oder 2 oder § 43 Abs. 3 sind § 24 Abs. 1 und 2 sowie § 20 Abs. 2 sinngemäß anzuwenden.

Aufenthaltstitel „Daueraufenthalt – EU“

§ 45. (1) Drittstaatsangehörigen, die in den letzten fünf Jahren ununterbrochen tatsächlich niedergelassen waren, kann ein Aufenthaltstitel „Daueraufenthalt – EU“ erteilt werden, wenn sie

1. die Voraussetzungen des 1. Teiles erfüllen und
2. das Modul 2 der Integrationsvereinbarung (§ 10 IntG) erfüllt haben.

(2) Zur Niederlassung berechtigten Drittstaatsangehörigen ist die Zeit eines unmittelbar vorangehenden rechtmäßigen Aufenthalts im Bundesgebiet auf Grund einer Aufenthaltsbewilligung (§ 8 Abs. 1 Z 12) oder eines Aufenthaltstitels „Aufenthaltsberechtigung besonderer Schutz“ (§ 57 AsylG 2005) zur Hälfte auf die Fünfjahresfrist gemäß Abs. 1 anzurechnen. Zur Niederlassung berechtigten Drittstaatsangehörigen ist die

Zeit eines unmittelbar vorangehenden rechtmäßigen Aufenthaltes im Bundesgebiet aufgrund einer „Aufenthaltsberechtigung plus“ (§ 54 Abs. 1 Z 1 AsylG 2005) oder einer „Aufenthaltsberechtigung“ (§ 54 Abs. 1 Z 2 AsylG 2005) zur Gänze auf die Fünfjahresfrist anzurechnen.

(3) Nach zwei Jahren ununterbrochener Niederlassung eines Inhabers eines Aufenthaltstitels „Blaue Karte EU“ gemäß § 50a Abs. 1 ist sein zuvor rechtmäßiger und ununterbrochener Aufenthalt in einem anderen Mitgliedstaat

1. mit einem Aufenthaltstitel „Blaue Karte EU“ oder einem sonstigen Aufenthaltstitel, der nach dem nationalen Recht des anderen Mitgliedstaates für die Ausübung einer hochqualifizierten Beschäftigung ausgestellt wird,
2. mit einem Aufenthaltstitel „Forscher“ eines anderen Mitgliedstaats,
3. als Asylberechtigter oder subsidiär Schutzberechtigter oder
4. mit einem Aufenthaltstitel „Student“ eines anderen Mitgliedstaats

auf die Fünfjahresfrist gemäß Abs. 1 anzurechnen, wobei die Anrechnung in den Fällen der Z 1 bis 3 zur Gänze und im Falle der Z 4 zur Hälfte erfolgt.

(4) Die Fünfjahresfrist gemäß Abs. 1 wird durchbrochen, wenn sich der Drittstaatsangehörige innerhalb dieser Frist insgesamt länger als zehn Monate oder durchgehend mehr als sechs Monate außerhalb des Bundesgebietes aufgehalten hat. In diesen Fällen beginnt die Frist ab der letzten rechtmäßigen Einreise neuerlich zu laufen.

(4a) Abweichend von Abs. 4 letzter Satz können bei Inhabern eines Aufenthaltstitels „Familienangehöriger“ die Zeiten einer rechtmäßigen Niederlassung vor Eintreten der Unterbrechung der Fünfjahresfrist gemäß Abs. 1 auf diese angerechnet werden, wenn

1. sein Ehegatte, eingetragener Partner oder Elternteil Österreicher ist, der in einem Dienstverhältnis zu einer inländischen Gebietskörperschaft steht und dessen Dienstort im Ausland liegt, oder
2. sein Ehegatte, eingetragener Partner oder Elternteil Österreicher ist, der in einem Dienstverhältnis zu einer inländischen Körperschaft öffentlichen Rechts steht und dessen Dienstort im Ausland liegt, soweit die Tätigkeit dieser Körperschaft im Ausland im Interesse der Republik liegt und

er die beabsichtigte Aufgabe der Niederlassung (§ 2 Abs. 2) der Behörde vorher mitgeteilt hat. Das Vorliegen der Voraussetzungen gemäß Z 1 oder 2 hat der Fremde nachzuweisen.

(5) Abweichend von Abs. 4 wird bei Inhabern eines Aufenthaltstitels „Blaue Karte EU“ die Fünfjahresfrist gemäß Abs. 1 erst durchbrochen, wenn sich der Drittstaatsangehörige innerhalb dieser Frist insgesamt länger als 18 Monate oder durchgehend mehr als zwölf Monate außerhalb des EWR-Gebietes aufgehalten hat. In diesen Fällen beginnt die Frist ab der letzten rechtmäßigen Einreise neuerlich zu laufen.

(6) Aus besonders berücksichtigungswürdigen Gründen, wie einer schwerwiegenden Erkrankung, der Erfüllung einer sozialen Verpflichtung oder der Leistung eines der allgemeinen Wehrpflicht vergleichbaren Dienstes, kann sich der Drittstaatsangehörige innerhalb der Fünfjahresfrist bis zu 24 Monate außerhalb des Bundesgebietes aufhalten, ohne sie zu unterbrechen, wenn er dies der Behörde nachweislich mitgeteilt hat.

(7) Weiters wird die Fünfjahresfrist nicht unterbrochen, wenn sich der Drittstaatsangehörige im Rahmen seiner beruflichen Tätigkeit, insbesondere zur grenzüberschreitenden Erbringung von Dienstleistungen, außerhalb des Bundesgebietes aufhält.

(8) Liegt eine Verständigung des Bundesamtes für Fremdenwesen und Asyl oder des Bundesverwaltungsgerichtes gemäß § 7 Abs. 3 AsylG 2005 vor, ist dem betreffenden Fremden ein Aufenthaltstitel „Daueraufenthalt – EU“ von Amts wegen zu erteilen. Diese Amtshandlungen unterliegen nicht der Gebührenpflicht. Das Bundesamt für Fremdenwesen und Asyl oder das Bundesverwaltungsgericht ist von der rechtskräftigen Erteilung des Aufenthaltstitels zu verständigen.

(9) Liegt ein Fall des § 41a Abs. 6 vor, verkürzt sich die Fünfjahresfrist gemäß Abs. 1 auf 30 Monate.

(10) Im Bundesgebiet aufhältigen Drittstaatsangehörigen ist auf Antrag ohne weiteres ein Aufenthaltstitel „Daueraufenthalt – EU“ zu erteilen, wenn ein Fall des § 59 Abs. 2 StbG vorliegt und sie in den letzten fünf Jahren zur Niederlassung berechtigt waren.

(11) Abs. 1 gilt auch für Drittstaatsangehörige, denen in den letzten fünf Jahren ununterbrochen das unionsrechtliche Aufenthaltsrecht zugekommen ist, eine Aufenthaltsbeendigung trotz Verlusts dieses Aufenthaltsrechts jedoch unterblieben ist.

(12) Asylberechtigten, die in den letzten fünf Jahren ununterbrochen über den Status des Asylberechtigten (§ 3 AsylG 2005) verfügten und subsidiär Schutzberechtigten, die in den letzten fünf Jahren ununterbrochen aufgrund einer Aufenthaltsberechtigung als subsidiär Schutzberechtigter (§ 8 Abs. 4 AsylG 2005) rechtmäßig aufhältig waren, kann ein Aufenthaltstitel „Daueraufenthalt – EU“ erteilt werden, wenn sie

1. die Voraussetzungen des 1. Teiles erfüllen und
2. das Modul 2 der Integrationsvereinbarung (§ 10 IntG) erfüllt haben.

Der Zeitraum zwischen Einbringung des Antrages auf internationalen Schutz (§ 17 Abs. 2 AsylG 2005) und Zuerkennung des Status des Asylberechtigten oder des subsidiär Schutzberechtigten ist zur Hälfte, sofern dieser Zeitraum 18 Monate übersteigt zur Gänze, auf die Fünfjahresfrist anzurechnen.

43. Patentgesetz 1970 (Auszug)

Patentgesetz 1970
StF: BGBl. Nr. 259/1970
Letzte Novellierung: BGBl. I Nr. 61/2022

GLIEDERUNG

STICHWORTVERZEICHNIS

I. ALLGEMEINE BESTIMMUNGEN

Patentierbare Erfindungen

§ 1. (1) Für Erfindungen auf allen Gebieten der Technik werden, sofern sie neu sind (§ 3), sich für den Fachmann nicht in nahe liegender Weise aus dem Stand der Technik ergeben und gewerblich anwendbar sind, auf Antrag Patente erteilt.

(2) Erfindungen, die die Voraussetzungen des Abs. 1 erfüllen, können auch dann patentiert werden, wenn sie ein Erzeugnis, das aus biologischem Material besteht oder dieses enthält, oder ein Verfahren, mit dem biologisches Material hergestellt, bearbeitet oder verwendet wird, zum Gegenstand haben, wobei biologisches Material ein Material ist, das genetische Informationen enthält und sich selbst reproduzieren oder in einem biologischen System reproduziert werden kann. Zu diesen patentierbaren Erfindungen zählen auch

1. biologisches Material, das mit Hilfe eines technischen Verfahrens aus seiner natürlichen Umgebung isoliert oder hergestellt wird, auch wenn es in der Natur schon vorhanden war;
2. ein isolierter Bestandteil des menschlichen Körpers oder ein auf andere Weise durch ein technisches Verfahren gewonnener Bestandteil, einschließlich der Sequenz oder Teilsequenz eines Gens, selbst wenn der Aufbau dieses Bestandteils mit dem Aufbau eines natürlichen Bestandteils identisch ist.

(3) Als Erfindungen werden insbesondere nicht angesehen:

1. Entdeckungen sowie wissenschaftliche Theorien und mathematische Methoden;
2. der menschliche Körper in den einzelnen Phasen seiner Entstehung und Entwicklung;
3. die bloße Entdeckung eines Bestandteils des menschlichen Körpers, einschließlich der Sequenz oder Teilsequenz eines Gens;
4. ästhetische Formschöpfungen;
5. Pläne, Regeln und Verfahren für gedankliche Tätigkeiten, für Spiele oder für geschäftliche Tätigkeiten sowie Programme für Datenverarbeitungsanlagen;
6. die Wiedergabe von Informationen.

(4) Abs. 3 steht der Patentierung der dort genannten Gegenstände oder Tätigkeiten nur entgegen, soweit für sie als solche Schutz begehrt wird.

Ausnahmen von der Patentierbarkeit

§ 2. (1) Patente werden nicht erteilt für:

1. Erfindungen, deren Verwertung gegen die öffentliche Ordnung oder die guten Sitten verstoßen würde; ein solcher Verstoß kann nicht allein daraus hergeleitet werden, dass die Verwertung der Erfindung durch Rechts- oder Verwaltungsvorschriften verboten ist; als nicht pa-

tentierbar gelten in diesem Sinne unter anderem:

a) Verfahren zum Klonen von menschlichen Lebewesen;
b) Verfahren zur Veränderung der genetischen Identität der Keimbahn des menschlichen Lebewesens;
c) die Verwendung von menschlichen Embryonen;
d) die Herstellung und Verwertung von hybriden Lebewesen, die aus Keimzellen, totipotenten Zellen oder Zellkernen von Menschen und Tieren entstehen;
e) Verfahren zur Veränderung der genetischen Identität von Tieren, die geeignet sind, Leiden dieser Tiere ohne wesentlichen medizinischen Nutzen für den Menschen oder das Tier zu verursachen, sowie die mit Hilfe solcher Verfahren erzeugten Tiere;

2. Verfahren zur chirurgischen oder therapeutischen Behandlung des menschlichen oder tierischen Körpers und Diagnostizierverfahren, die am menschlichen oder tierischen Körper vorgenommen werden; dies gilt nicht für Erzeugnisse, insbesondere Stoffe oder Stoffgemische, zur Anwendung in einem dieser Verfahren.

(2) Patente werden nicht erteilt für Pflanzensorten oder Tierrassen sowie für im Wesentlichen biologische Verfahren zur Züchtung von Pflanzen oder Tieren und die ausschließlich durch solche Verfahren gewonnenen Pflanzen oder Tiere. Der Begriff der Pflanzensorte wird durch Artikel 5 der Verordnung (EG) Nr. 2100/94 über den gemeinschaftlichen Sortenschutz, ABl. Nr. L 227 vom 1. September 1994 S. 1, in der Fassung der Verordnung (EG) Nr. 2506/95, ABl. Nr. L 258 vom 28. Oktober 1995 S. 3, definiert. Ein Verfahren zur Züchtung von Pflanzen oder Tieren ist im wesentlichen biologisch, wenn es vollständig auf natürlichen Phänomenen wie Kreuzung oder Selektion beruht. Erfindungen, deren Gegenstand Pflanzen oder Tiere sind, können patentiert werden, wenn die Ausführung der Erfindung technisch nicht auf eine bestimmte Pflanzensorte oder Tierrasse beschränkt ist. Satz 1 Teil 2, wonach Patente nicht für im wesentlichen biologische Verfahren zur Züchtung von Pflanzen oder Tieren erteilt werden, berührt nicht die Patentierbarkeit von Erfindungen, die ein mikrobiologisches oder sonstiges technisches Verfahren oder ein durch diese Verfahren gewonnenes Erzeugnis zum Gegenstand haben, wobei ein mikrobiologisches Verfahren jedes Verfahren ist, bei dem mikrobiologisches Material verwendet, ein Eingriff in mikrobiologisches Material durchgeführt oder mikrobiologisches Material hervorgebracht wird.

(3) Bei der Anwendung des Abs. 1 Z 1 lit. a bis c sind die entsprechenden Vorschriften des Fortpflanzungsmedizingesetzes, BGBl. Nr. 275/1992, in der zum Zeitpunkt des In-Kraft-Tretens dieses Gesetzes gültigen Fassung zu beachten.

Neuheit

§ 3. (1) Eine Erfindung gilt als neu, wenn sie nicht zum Stand der Technik gehört. Den Stand der Technik bildet alles, was der Öffentlichkeit vor dem Prioritätstag der Anmeldung durch schriftliche oder mündliche Beschreibung, durch Benützung oder in sonstiger Weise zugänglich gemacht worden ist.

(2) Als Stand der Technik gilt auch der Inhalt prioritätsälterer

1. Patentanmeldungen auf Grund dieses Bundesgesetzes,
2. Gebrauchsmusteranmeldungen auf Grund des Gebrauchsmustergesetzes, BGBl. Nr. 211/1994,
3. internationaler Anmeldungen im Sinne des § 1 Z 6 des Patentverträge-Einführungsgesetzes, BGBl. Nr. 52/1979, wenn die Voraussetzungen gemäß § 16 Abs. 2 des Patentverträge-Einführungsgesetzes erfüllt sind,
4. europäischer Patentanmeldungen im Sinne des § 1 Z 4 des Patentverträge-Einführungsgesetzes, und
5. europäischer Patentanmeldungen im Sinne des § 1 Z 4 des Patentverträge-Einführungsgesetzes, wenn die europäische Patentanmeldung aus einer internationalen Anmeldung hervorgegangen ist, aber nur sofern die Voraussetzungen des Artikels 153 Abs. 5 des Europäischen Patentübereinkommens, BGBl. Nr. 350/1979, erfüllt sind,

in der ursprünglich eingereichten Fassung, deren Inhalt erst am Prioritätstag der jüngeren Anmeldung oder danach amtlich veröffentlicht worden ist. Bei der Beurteilung der Frage, ob sich die Erfindung für den Fachmann nicht in nahe liegender Weise aus dem Stand der Technik ergibt, werden solche prioritätsälteren Anmeldungen nicht in Betracht gezogen.

(3) Die Patentierbarkeit von Stoffen oder Stoffgemischen, die zum Stand der Technik gehören, wird durch die Abs. 1 und 2 nicht ausgeschlossen, sofern sie zur Anwendung in einem Verfahren nach § 2 Abs. 1 Z 2 bestimmt sind und ihre Anwendung in einem dieser Verfahren nicht zum Stand der Technik gehört. Ebenso wenig wird die Patentierbarkeit der genannten Stoffe oder Stoffgemische zur spezifischen Anwendung in einem der genannten Verfahren durch die Abs. 1 und 2 ausgeschlossen, wenn diese Anwendung nicht zum Stand der Technik gehört.

(4) Für die Anwendung der Abs. 1 und 2 bleibt eine Offenbarung der Erfindung außer Betracht, die nicht früher als sechs Monate vor Einreichung der Anmeldung erfolgt ist und unmittelbar oder mittelbar zurückgeht

1. auf einen offensichtlichen Missbrauch zum Nachteil des Anmelders oder seines Rechtsvorgängers oder
2. darauf, dass der Anmelder oder sein Rechtsvorgänger die Erfindung auf amtlichen oder amtlich anerkannten Ausstellungen im Sinne des Übereinkommens über internationale Ausstellungen, BGBl. Nr. 445/1980, zur Schau gestellt hat.

(5) Abs. 4 Z 2 ist nur anzuwenden, wenn der Anmelder bei der Einreichung der Anmeldung angibt, daß die Erfindung bei der Ausstellung zur Schau gestellt worden ist, und hierüber innerhalb von vier Monaten nach der Einreichung eine Bestätigung der Ausstellungsleitung vorlegt. Darin ist der Tag der Ausstellungseröffnung und, sofern die erstmalige Offenbarung nicht gleichzeitig erfolgt ist, auch deren Tag anzugeben. Der Bestätigung ist eine Darstellung der Erfindung beizufügen, die mit einem Beglaubigungsvermerk der Ausstellungsleitung versehen ist.

Anspruch auf ein Patent

§ 4. (1) Auf die Erteilung des Patentes hat nur der Erfinder oder sein Rechtsnachfolger Anspruch. Bis zum Beweis des Gegenteils wird als Erfinder der erste Anmelder angesehen.

(2) Wird die Verbesserung oder sonstige weitere Ausbildung einer bereits durch Patent geschützten oder zur Patentierung angemeldeten und hiezu führenden Erfindung von dem Inhaber des Stammpatentes oder von dessen Rechtsnachfolger angemeldet, so steht es diesem frei, für die Verbesserung oder sonstige weitere Ausbildung entweder ein selbständiges Patent oder ein vom Stammpatent abhängiges Zusatzpatent zu erwirken.

(Anm.: Abs. 3 aufgehoben durch BGBl. I Nr. 149/2004)

§ 5. (1) Der erste Anmelder hat jedoch keinen Anspruch auf Erteilung des Patentes, wenn er nicht der Erfinder oder dessen Rechtsnachfolger ist oder wenn der wesentliche Inhalt seiner Anmeldung den Beschreibungen, Zeichnungen, Modellen, Gerätschaften oder Einrichtungen eines anderen oder einem von diesem angewendeten Verfahren ohne dessen Einwilligung entnommen ist.

(2) Ist die Erfindung der Reihe nach von einem Erfindungsbesitzer dem anderen ohne Einwilligung entnommen worden, so geht im Falle des Widerstreites der frühere Erfindungsbesitzer dem späteren vor.

Erfindungen von Dienstnehmern

§ 6. (1) Dienstnehmer haben auch für die von ihnen während des Bestandes des Dienstverhältnisses gemachten Erfindungen den Anspruch auf die Erteilung des Patentes (§ 4), wenn nicht durch Vertrag (§ 7 Abs. 1) oder auf Grund des § 7 Abs. 2 etwas anderes bestimmt ist.

(2) Als Dienstnehmer gelten Angestellte und Arbeiter jeder Art.

§ 7. (1) Vereinbarungen zwischen Dienstgebern und Dienstnehmern, nach denen künftige Erfindungen des Dienstnehmers dem Dienstgeber gehören sollen oder dem Dienstgeber ein Benützungsrecht an solchen Erfindungen eingeräumt werden soll, haben nur dann rechtliche Wirkung, wenn die Erfindung eine Diensterfindung (Abs. 3) ist. Die Vereinbarung bedarf zu ihrer Gültigkeit der schriftlichen Form, der auch Genüge geleistet ist, wenn darüber ein Kollektivvertrag (§ 2 Abs. 1 des Arbeitsverfassungsgesetzes, BGBl. Nr. 22/1974) vorliegt.

(2) Ist das Dienstverhältnis ein öffentlichrechtliches, so kann der Dienstgeber, ohne daß es einer Vereinbarung mit dem Dienstnehmer bedarf, dessen Diensterfindungen zur Gänze oder ein Benützungsrecht an solchen Erfindungen für sich in Anspruch nehmen; das Benützungsrecht ist auch gegen Dritte wirksam. In diesen Fällen finden die Bestimmungen des folgenden Absatzes und der §§ 8 bis 17 und des § 19 sinngemäß Anwendung.

(3) Eine Diensterfindung ist die Erfindung eines Dienstnehmers, wenn sie ihrem Gegenstande nach in das Arbeitsgebiet des Unternehmens, in dem der Dienstnehmer tätig ist, fällt und wenn
a) entweder die Tätigkeit, die zu der Erfindung geführt hat, zu den dienstlichen Obliegenheiten des Dienstnehmers gehört oder
b) wenn der Dienstnehmer die Anregung zu der Erfindung durch seine Tätigkeit in dem Unternehmen erhalten hat oder
c) das Zustandekommen der Erfindung durch die Benützung der Erfahrungen oder der Hilfsmittel des Unternehmers wesentlich erleichtert worden ist.

§ 8. (1) Dem Dienstnehmer gebührt in jedem Falle für die Überlassung einer von ihm gemachten Erfindung an den Dienstgeber sowie für die Einräumung eines Benützungsrechtes hinsichtlich einer solchen Erfindung eine angemessene besondere Vergütung.

(2) Wenn der Dienstnehmer jedoch ausdrücklich zur Erfindertätigkeit im Unternehmen des Dienstgebers angestellt und auch tatsächlich damit vorwiegend beschäftigt ist und wenn die ihm obliegende Erfindertätigkeit zu der Erfindung geführt hat, so gebührt ihm eine besondere Vergütung nur insoweit, als nicht schon in dem ihm auf Grund des Dienstverhältnisses im Hinblick auf seine Erfindertätigkeit zukommenden höheren Entgelt eine angemessene Vergütung für die Erfindung gelegen ist.

§ 9. Bei der Bemessung der Vergütung (§ 8) ist nach den Umständen des Falles insbesondere Bedacht zu nehmen
a) auf die wirtschaftliche Bedeutung der Erfindung für das Unternehmen;

b) auf eine sonst etwa erfolgte Verwertung der Erfindung im Inland oder Ausland;
c) auf den Anteil, den Anregungen, Erfahrungen, Vorarbeiten oder Hilfsmittel des Unternehmens des Dienstgebers oder dienstliche Weisungen an dem Zustandekommen der Erfindung gehabt haben.

§ 10. (1) Die Vergütung kann nachträglich auf Antrag eines der Beteiligten nach billigem Ermessen geändert werden, wenn eine wesentliche Änderung der für die Angemessenheit der Vergütung maßgebenden Verhältnisse eingetreten ist. Keinesfalls sind jedoch Leistungen zurückzuerstatten, die der Dienstnehmer auf Grund der früheren Festsetzung empfangen hat. Ebensowenig sind Leistungen, die auf Grund der früheren Festsetzung bereits bewirkt oder fällig geworden sind, nachträglich zu ergänzen, es sei denn, daß die Vergütung in einer einmaligen Leistung besteht.

(2) Der Anspruch auf Änderung der Vergütung steht dem Dienstnehmer auch im Fall der Übertragung der Erfindung durch den Dienstgeber auf einen Dritten dann zu, wenn der vom Dienstgeber bei dieser Übertragung erzielte Erlös in auffälligem Mißverhältnis zu der dem Dienstnehmer gewährten Vergütung steht oder wenn der Dienstgeber an der Ausnützung der Erfindung beteiligt bleibt und hiebei ein Erträgnis erzielt, das in auffälligem Mißverhältnis zu der dem Dienstnehmer gewährten Vergütung steht.

(3) Der Antrag (Abs. 1 und 2) kann erst nach Ablauf eines Jahres nach der letzten Festsetzung der Vergütung gestellt werden.

§ 11. (1) Wenn das Ausmaß der Vergütung (§§ 8 bis 10) von der Benützung der Erfindung durch den Dienstgeber abhängig gemacht ist und dieser es unterläßt, die Erfindung in einem ihrer wirtschaftlichen Bedeutung für das Unternehmen angemessenen Umfang zu benützen, so ist die Vergütung so zu bemessen, als hätte der Dienstgeber die Erfindung in dem ihrer wirtschaftlichen Bedeutung für das Unternehmen angemessenen Umfang benützt.

(2) In gleicher Weise ist die Vergütung zu bemessen, wenn der Dienstgeber die Erfindung auf einen Dritten übertragen oder in anderer Weise über sie verfügt hat, es sei denn, daß der Dienstnehmer einer solchen Übertragung oder Verfügung zugestimmt hat und der Dienstnehmer nicht beweist, daß diese Übertragung oder Verfügung nur zum Schein geschehen ist.

(3) Der Dienstgeber wird von der im Abs. 1 festgesetzten Verbindlichkeit zur Leistung der Vergütung befreit, wenn er sich verpflichtet, einem vom Dienstnehmer zu bezeichnenden Dritten das Recht zur Benützung der Erfindung einzuräumen. Der Dritte, dem das Benützungsrecht eingeräumt wird, hat dem Dienstgeber für dessen unter Berücksichtigung der Vorschriften des § 9 lit. c zu ermittelnden Anteil an der Erfindung eine Vergütung zu leisten. In Ansehung dieser Vergütung kann gemäß § 10 nachträglich Abänderung gefordert werden.

(4) Der Anspruch (Abs. 1 und 2) ist ausgeschlossen, wenn dem Dienstgeber unter billiger Berücksichtigung der Umstände des Falles eine Benützung der Erfindung überhaupt nicht oder nicht in einem größeren Umfang, als sie stattgefunden hat, zugemutet werden kann oder, falls eine Übertragung oder eine andere Verfügung unterblieben wäre, zugemutet werden könnte. Wenn jedoch der Dienstgeber aus der Erfindung Nutzen zieht, ohne sie auszuüben, so gebührt dem Dienstnehmer eine angemessene Vergütung.

§ 12. (1) Wenn eine Vereinbarung besteht, nach der künftige Erfindungen des Dienstnehmers dem Dienstgeber gehören sollen (§ 7), so hat der Dienstnehmer jede Erfindung, die er macht, ausgenommen solche, die offenbar nicht unter die Vereinbarung fallen, dem Dienstgeber unverzüglich mitzuteilen. Der Dienstgeber hat binnen vier Monaten nach dem Tag, an dem er diese Mitteilung erhalten hat, dem Dienstnehmer zu erklären, ob er die Erfindung auf Grund der bestehenden Vereinbarung als Diensterfindung für sich in Anspruch nimmt.

(2) Versäumt der Dienstnehmer diese Mitteilung, so haftet er dem Dienstgeber, unbeschadet des diesem zustehenden Anspruches auf die Erfindung, für den Ersatz des Schadens, der auch den entgangenen Gewinn umfaßt. Versäumt der Dienstgeber die Erklärung oder gibt er eine verneinende Erklärung ab, so verbleibt die Erfindung dem Dienstnehmer.

§ 13. (1) Der Dienstgeber und der Dienstnehmer sind zur Geheimhaltung der Erfindungen verpflichtet, die den Gegenstand der im § 12 Abs. 1 vorgesehenen Mitteilung und Erklärung bilden.

(2) Die Geheimhaltungspflicht des Dienstnehmers erlischt
a) wenn der Dienstgeber die im § 12 Abs. 1 vorgesehene Erklärung versäumt hat oder wenn er innerhalb der Frist eine verneinende Erklärung abgegeben hat;
b) wenn der Dienstgeber die Erfindung rechtzeitig für sich in Anspruch genommen (§ 12 Abs. 1) und die Geheimhaltung aufgegeben hat.

(3) Durch das Erlöschen der Geheimhaltungspflicht nach der vorstehenden Bestimmung wird die Geheimhaltungspflicht, soweit sie sonst dem Dienstnehmer obliegt, nicht berührt.

(4) Die Geheimhaltungspflicht des Dienstgebers erlischt, wenn er die Erfindung rechtzeitig für sich in Anspruch genommen (§ 12 Abs. 1) und der Dienstnehmer dagegen keinen Widerspruch erhoben hat.

(5) Die Geheimhaltungspflicht hindert den Dienstgeber und den Dienstnehmer nicht, zur

Wahrung ihrer Rechte hinsichtlich der Erfindung die Patentanmeldung zu bewirken sowie die sonst erforderlichen Schritte zu unternehmen.

(6) Der Dienstgeber oder der Dienstnehmer, der die Geheimhaltungspflicht verletzt, ist zum Ersatz des Schadens, der auch den entgangenen Gewinn umfaßt, an den anderen Teil verpflichtet.

§ 14. Wenn der Dienstgeber dem Dienstnehmer für eine Diensterfindung eine Vergütung geleistet hat und dann hervorkommt, daß nicht dieser Dienstnehmer, sondern ein anderer Dienstnehmer desselben Dienstgebers die Erfindung gemacht hat oder daß ein anderer Dienstnehmer desselben Dienstgebers an der Erfindung mitgewirkt hat, so kann der Dienstgeber dem Berechtigten gegenüber die dem Nichtberechtigten geleistete Vergütung ganz oder in dem dem Anteil des Berechtigten an der Erfindung entsprechenden Verhältnis aufrechnen, wenn er im guten Glauben geleistet hat und die Erfindung auch nach dem mit dem Berechtigten bestehenden Rechtsverhältnis dem Dienstgeber gehört.

§ 15. (1) Wenn der Dienstgeber mit dem Dienstnehmer Vereinbarungen wegen einer Diensterfindung getroffen hat, so kann er dennoch jederzeit erklären, auf seine Rechte an der Erfindung ganz oder zum Teil zu verzichten. Der Dienstnehmer kann in einem solchen Fall verlangen, daß die Rechte des Dienstgebers an der Erfindung, soweit der Verzicht reicht, auf ihn übertragen werden.

(2) Wenn der Dienstgeber auf seine Rechte an der Erfindung ganz verzichtet, so hört die Verpflichtung zur Leistung der Vergütung mit dem Zeitpunkt der Abgabe der Verzichtserklärung auf. Im Fall eines Teilverzichtes kann der Dienstgeber eine entsprechende Herabsetzung der Vergütung verlangen, sofern eine gesonderte Verwertung der auf den Dienstnehmer übertragenen Rechte möglich ist.

(3) Die Verpflichtung zur Leistung einer auf die Zeit bis zur Abgabe der Verzichtserklärung entfallenden Vergütung bleibt unberührt.

§ 16. Die nach den Bestimmungen der §§ 6 bis 15 begründeten Rechte des Dienstgebers und des Dienstnehmers werden durch die Auflösung des Dienstverhältnisses nicht berührt.

§ 17. Die Rechte, die dem Dienstnehmer auf Grund der Bestimmungen der §§ 6 bis 16 zustehen, können durch Vereinbarung weder aufgehoben noch beschränkt werden.

§ 19. Ansprüche von Dienstgebern und Dienstnehmern nach den Bestimmungen der §§ 7 bis 15 verjähren in drei Jahren.

Anspruch auf Erfindernennung

§ 20. (1) Der Erfinder hat Anspruch auf Nennung als Erfinder.

(2) Der Anspruch kann nicht übertragen werden und geht nicht auf die Erben über. Ein Verzicht auf den Anspruch ist ohne rechtliche Wirkung.

(3) Die Nennung als Erfinder geschieht auf Antrag durch Anführung in der Veröffentlichung der Anmeldung, in der Bekanntmachung der Veröffentlichung, in der Bekanntmachung der Patenterteilung, in der Patentschrift, in der Patenturkunde und durch Eintragung in das Patentregister. Ist die Bekanntmachung der Patenterteilung schon erfolgt und ist die Patenturkunde bereits ausgefertigt, so ist auf Antrag eine besondere Bescheinigung über die Nennung als Erfinder auszufertigen und eine besondere Bekanntmachung im Patentblatt zu veröffentlichen. Die Nennung als Erfinder ist auch in die vom Patentamt auszustellenden Prioritätsbelege aufzunehmen.

(4) Der Antrag kann sowohl vom Erfinder als auch vom Anmelder oder vom Patentinhaber gestellt werden. Sind zur Stellung des Antrages mehrere Personen berechtigt, so hat, wenn der Antrag nicht von allen Berechtigten gemeinsam gestellt wird, der Antragsteller die Zustimmung der übrigen Berechtigten nachzuweisen. Soll ein anderer als der bereits als Erfinder Genannte neben diesem oder an seiner Stelle als Erfinder genannt werden, so ist auch die Zustimmung des bisher als Erfinder Genannten nachzuweisen.

(5) Verweigert der Anmelder, der Patentinhaber oder der bereits als Erfinder Genannte die Zustimmung, so hat das Patentamt auf Antrag über den Anspruch auf Nennung als Erfinder zu entscheiden.

(6) Über den Antrag (Abs. 5) wird nach den Verfahrensvorschriften für den Anfechtungsstreit verhandelt. Die Erteilung des Patentes wird durch die Anhängigkeit des Verfahrens über einen solchen Antrag nicht aufgeschoben. Auf Grund der dem Antrag stattgebenden rechtskräftigen Entscheidung ist auf Antrag des Berechtigten nach Abs. 3 vorzugehen.

44. Staatsgrundgesetz (Auszug)

Staatsgrundgesetz vom 21. December 1867, über die allgemeinen Rechte der Staatsbürger für die im Reichsrathe vertretenen Königreiche und Länder.

StF: RGBl. Nr. 142/1867

Letzte Novellierung: BGBl. Nr. 684/1988

Mit Zustimmung beider Häuser des Reichsrathes finde Ich das nachstehende Staatsgrundgesetz über die allgemeinen Rechte der Staatsbürger zu erlassen, und anzuordnen, wie folgt:

Artikel 6. Jeder Staatsbürger kann an jedem Orte des Staatsgebietes seinen Aufenthalt und Wohnsitz nehmen, Liegenschaften jeder Art erwerben und über dieselben frei verfügen, sowie unter den gesetzlichen Bedingungen jeden Erwerbszweig ausüben.

Für die todte Hand sind Beschränkungen des Rechtes, Liegenschaften zu erwerben und über sie zu verfügen, im Wege des Gesetzes aus Gründen des öffentlichen Wohles zulässig.

Artikel 12. Die österreichischen Staatsbürger haben das Recht, sich zu versammeln und Vereine zu bilden. Die Ausübung dieser Rechte wird durch besondere Gesetze geregelt.

45. Tabak- und NichtraucherInnenschutzgesetz (Auszug)

Bundesgesetz über das Herstellen und Inverkehrbringen von Tabakerzeugnissen und verwandten Erzeugnissen sowie die Werbung für Tabakerzeugnisse und verwandte Erzeugnisse und den Nichtraucherinnen- bzw. Nichtraucherschutz

StF: BGBl. Nr. 431/1995

Letzte Novellierung: BGBl. I Nr. 66/2019

GLIEDERUNG

Umfassender Nichtraucherinnen- und Nichtraucherschutz

§ 12. (1) Rauchverbot gilt in Räumen für

1. Unterrichts- und Fortbildungszwecke,
2. Verhandlungszwecke,
3. schulsportliche Betätigung, schulische oder solche Einrichtungen, in denen Kinder oder Jugendliche beaufsichtigt, aufgenommen oder beherbergt werden, einschließlich der dazugehörigen Freiflächen, und
4. die Herstellung, Verarbeitung, Verabreichung oder Einnahme von Speisen oder Getränken sowie die in Gastronomiebetrieben für alle den Gästen zur Verfügung stehenden Bereiche, ausgenommen Freiflächen.

(2) Rauchverbot gilt auch in Mehrzweckhallen bzw. Mehrzweckräumen. Miterfasst sind auch nicht ortsfeste Einrichtungen, insbesondere Festzelte.

(3) Rauchverbot gilt auch in Räumen, in denen Vereinstätigkeiten im Beisein von Kindern und Jugendlichen ausgeübt werden, sowie in Räumen, in denen Vereine Veranstaltungen, auch ohne Gewinnerzielungsabsicht, abhalten. Es ist dabei unbeachtlich, ob der Zutritt nur auf einen im Vorhinein bestimmten Personenkreis beschränkt ist. Darüber hinaus gilt Rauchverbot für Vereine dann, wenn durch die Vereinsaktivitäten eine Umgehung der Bestimmungen gemäß Abs. 1 oder 2 erfolgt.

(4) Rauchverbot gilt auch für geschlossene öffentliche und private Verkehrsmittel zur entgeltlichen oder gewerblichen Personenbeförderung. Dies gilt auch in nicht der entgeltlichen oder gewerblichen Personenbeförderung dienenden Verkehrsmitteln, wenn sich im Fahrzeug eine Person befindet, die das 18. Lebensjahr noch nicht vollendet hat.

(5) Die Regelungen des Rauchverbotes im Sinne dieser Bestimmung erstrecken sich auch auf die Verwendung von verwandten Erzeugnissen und von Wasserpfeifen.

(6) Abs. 1 bis 5 gelten nicht in ausschließlich privaten Zwecken dienenden Räumen.

Nichtraucherinnen- und Nichtraucherschutz in sonstigen Räumen öffentlicher Orte

§ 13. (1) Sofern nicht arbeitsrechtliche Bestimmungen ein Rauchverbot vorsehen oder Räume von § 12 erfasst sind, gilt ein Rauchverbot auch in sonstigen Räumen öffentlicher Orte, doch kann in den allgemein zugänglichen Bereichen ein Nebenraum als Raucherraum eingerichtet werden, sofern gewährleistet ist, dass aus diesem Nebenraum weder Tabakrauch in den mit Rauchverbot belegten Bereich dringt, noch das Rauchverbot dadurch umgangen wird.

(2) In Hotels und vergleichbaren Beherbergungsbetrieben gilt Rauchverbot. In den allgemein zugänglichen Bereichen kann, falls nicht § 12 Abs. 1 bis 3 zur Anwendung kommt, ein Nebenraum als Raucherraum eingerichtet werden, sofern gewährleistet ist, dass aus diesem Nebenraum der Tabakrauch nicht in den mit Rauchverbot belegten Bereich dringt, das Rauchverbot dadurch nicht umgangen wird und in dem Raucherraum auch keine Speisen und Getränke hergestellt, verarbeitet, verabreicht oder eingenommen werden.

(3) Das Rauchverbot gilt nicht in Tabaktrafiken, sofern gewährleistet ist, dass Tabakrauch nicht in den mit Rauchverbot belegten Bereich dringt. Ausgenommen von der Möglichkeit, Rauchen zu erlauben, sind jene Tabaktrafiken, die Postpartner sind.

(4) Die Regelungen des Rauchverbotes im Sinne dieser Bestimmung erstrecken sich auch auf die Verwendung von verwandten Erzeugnissen und von Wasserpfeifen.

46. Urlaubsgesetz

Bundesgesetz vom 7. Juli 1976 betreffend die Vereinheitlichung des Urlaubsrechtes und die Einführung einer Pflegefreistellung

StF: BGBl. Nr. 390/1976

Letzte Novellierung: BGBl. I Nr. 167/2022

GLIEDERUNG

STICHWORTVERZEICHNIS

Abschnitt 1
Erholungsurlaub
Geltungsbereich

§ 1. (1) Die Bestimmungen dieses Abschnittes gelten für Arbeitnehmer aller Art, deren Arbeitsverhältnis auf einem privatrechtlichen Vertrag beruht.

(2) Ausgenommen sind

1. Arbeitsverhältnisse der land- und forstwirtschaftlichen Arbeiter, auf die das Landarbeitsgesetz, BGBl. Nr. 140/1948, anzuwenden ist;
2. Heimarbeiter, auf die das Heimarbeitsgesetz 1960, BGBl. Nr. 105/1961, anzuwenden ist;
3. Arbeitsverhältnisse zu einem Land, einem Gemeindeverband oder einer Gemeinde;
4. Arbeitsverhältnisse zum Bund, auf die dienstrechtliche Vorschriften anzuwenden sind, die den Urlaubsanspruch zwingend regeln;
5. Arbeitsverhältnisse zu Stiftungen, Anstalten oder Fonds, auf die das Vertragsbedienstetengesetz 1948, BGBl. Nr. 86, gemäß § 1 Abs. 2 VBG sinngemäß anzuwenden ist;
6. Arbeitsverhältnisse, auf die das Bauarbeiter-Urlaubsgesetz 1972, BGBl. Nr. 414/1972, anzuwenden ist;
7. Arbeitnehmer im Sinne des § 1 Abs. 1 des Theaterarbeitsgesetzes (TAG), BGBl. I. Nr. 100/2010.

§ 2. (1) Dem Arbeitnehmer gebührt für jedes Arbeitsjahr ein ununterbrochener bezahlter Urlaub. Das Urlaubsausmaß beträgt bei einer Dienstzeit von weniger als 25 Jahren 30 Werktage und erhöht sich nach Vollendung des 25. Jahres auf 36 Werktage.

(2) Der Anspruch auf Urlaub entsteht in den ersten sechs Monaten des ersten Arbeitsjahres im Verhältnis zu der im Arbeitsjahr zurückgelegten Dienstzeit, nach sechs Monaten in voller Höhe. Ab dem zweiten Arbeitsjahr entsteht der gesamte Urlaubsanspruch mit Beginn des Arbeitsjahres. Der Urlaubsanspruch wird durch Zeiten, in denen kein Anspruch auf Entgelt besteht, nicht verkürzt, sofern gesetzlich nicht ausdrücklich anderes bestimmt wird.

(3) Alle Zeiten, die der Arbeitnehmer in unmittelbar vorangegangenen Arbeits(Lehr)verhältnissen zum selben Arbeitgeber zurückgelegt hat, gelten für die Erfüllung der Wartezeit, die Bemessung des Urlaubsausmaßes und die Berechnung des Urlaubsjahres als Dienstzeiten.

(4) Durch Kollektivvertrag, Betriebsvereinbarung oder in Betrieben ohne Betriebsrat durch schriftliche Einzelvereinbarung kann anstelle des Arbeitsjahres das Kalenderjahr oder ein anderer Jahreszeitraum als Urlaubsjahr vereinbart werden. Solche Vereinbarungen können abweichend von § 12 vorsehen, daß

1. Arbeitnehmer, deren Arbeitsvertrag im laufenden Urlaubsjahr begründet wurde und welche die Wartezeit zu Beginn des neuen Urlaubsjahres noch nicht erfüllt haben, für jeden begonnenen Monat ein Zwölftel des Jahresurlaubes erhalten; ist die Wartezeit erfüllt, gebührt der volle Urlaub;
2. ein höheres Urlaubsausmaß erstmals in jenem Kalenderjahr (Jahreszeitraum) gebührt, in das (in den) der überwiegende Teil des Arbeitsjahres fällt;
3. die Ansprüche der zu Beginn des neuen Urlaubsjahres mindestens ein Jahr beim selben Arbeitgeber beschäftigten Arbeitnehmer für den Umstellungszeitraum gesondert berechnet werden.

Umstellungszeitraum ist der Zeitraum vom Beginn des Arbeitsjahres bis zum Ende des folgenden Kalenderjahres oder des sonstigen vereinbarten Jahreszeitraumes. Jedenfalls muß für den Umstellungszeitraum dem Arbeitnehmer ein voller Urlaubsanspruch und ein zusätzlicher aliquoter Anspruch für den Zeitraum vom Beginn des Arbeitsjahres bis zum Beginn des neuen Urlaubsjahres zustehen. Auf den Urlaubsanspruch im Umstellungszeitraum ist ein für das Arbeitsjahr vor der Umstellung gebührender und bereits verbrauchter Urlaub anzurechnen.

Anrechnungsbestimmungen

§ 3. (1) Für die Bemessung des Urlaubsausmaßes sind Dienstzeiten bei demselben Arbeitgeber, die keine längeren Unterbrechungen als jeweils drei Monate aufweisen, zusammenzurechnen. Diese Zusammenrechnung unterbleibt jedoch, wenn die Unterbrechung durch eine Kündigung des Arbeitsverhältnisses seitens des Arbeitnehmers, durch einen vorzeitigen Austritt ohne wichtigen Grund oder eine vom Arbeitnehmer verschuldete Entlassung eingetreten ist.

(2) Für die Bemessung des Urlaubsausmaßes sind anzurechnen:

1. die in einem anderen Arbeitsverhältnis oder einem Beschäftigungsverhältnis im Sinne des Heimarbeitsgesetzes 1960, BGBl. Nr. 105/61, im Inland zugebrachte Dienstzeit, sofern sie mindestens je sechs Monate gedauert hat;

2. die über die Erfüllung der allgemeinen Schulpflicht hinausgehende Zeit eines Studiums an einer inländischen allgemeinbildenden höheren oder einer berufsbildenden mittleren oder höheren Schule oder einer Akademie im Sinne des Schulorganisationsgesetzes 1962, BGBl. Nr. 242, oder an einer diesen gesetzlich geregelten Schularten vergleichbaren Schule, in dem für dieses Studium nach den schulrechtlichen Vorschriften geltenden Mindestausmaß, höchstens jedoch im Ausmaß von vier Jahren. Als Zeitpunkt des möglichen Studienabschlusses ist bei Studien, die mit dem Schuljahr enden, der 30. Juni und bei Studien, die mit dem Kalenderjahr enden, der 31. Dezember anzusehen. Zeiten des Studiums an einer vergleichbaren ausländischen Schule sind wie inländische Schulzeiten anzurechnen, wenn das Zeugnis einer solchen ausländischen Schule im Sinne der Europäischen Konvention über die Gleichwertigkeit von Reifezeugnissen (BGBl. Nr. 44/1957) oder eines entsprechenden internationalen Abkommens für die Zulassung zu den Universitäten als einem inländischen Reifezeugnis gleichwertig anzusehen ist oder wenn es nach den Bestimmungen des Schulunterrichtsgesetzes (Bundesgesetz vom 6. Februar 1974, BGBl. Nr. 139) über die Nostrifikation ausländischer Zeugnisse nostrifiziert werden kann;
3. die gewöhnliche Dauer eines mit Erfolg abgeschlossenen Hochschulstudiums bis zum Höchstausmaß von fünf Jahren;
4. Zeiten, für welche eine Haftentschädigung gemäß § 13a Abs. 1 oder § 13c Abs. 1 des Opferfürsorgegesetzes 1947, BGBl. Nr. 183, gebührt. Diese Anrechnung findet nicht statt, soweit ein Arbeitsverhältnis während der Haft aufrecht geblieben und aus diesem Grunde für die Urlaubsdauer zu berücksichtigen ist;
5. Zeiten der Tätigkeit als Entwicklungshelfer für eine Organisation im Sinne des § 1 Abs. 2 des Entwicklungshilfegesetzes 1974, BGBl. Nr. 474, in der Fassung BGBl. Nr. 579/1989, oder im Sinne des § 3 Abs. 2 des Entwicklungszusammenarbeitsgesetzes, BGBl. I Nr. 49/2002;
6. Zeiten einer im Inlande zugebrachten selbständigen Erwerbstätigkeit, sofern sie mindestens je sechs Monate gedauert hat.

(3) Zeiten nach Abs. 2 Z 1, 5 und 6 sind insgesamt nur bis zum Höchstausmaß von fünf Jahren anzurechnen. Zeiten nach Z 2 sind darüber hinaus bis zu einem Höchstausmaß von weiteren zwei Jahren anzurechnen.

(4) Fallen anrechenbare Zeiten zusammen, so sind sie für die Bemessung der Urlaubsdauer nur einmal zu berücksichtigen.

Verbrauch des Urlaubes

§ 4. (1) Der Zeitpunkt des Urlaubsantrittes ist zwischen dem Arbeitgeber und dem Arbeitnehmer unter Rücksichtnahme auf die Erfordernisse des Betriebes und die Erholungsmöglichkeiten des Arbeitnehmers zu vereinbaren. Die Vereinbarung hat so zu erfolgen, daß der Urlaub möglichst bis zum Ende des Urlaubsjahres, in dem der Anspruch entstanden ist, verbraucht werden kann.

(2) Für Zeiträume, während deren ein Arbeitnehmer aus einem der im § 2 Entgeltfortzahlungsgesetz 1974, BGBl. Nr. 399, genannten Gründe an der Arbeitsleistung verhindert ist, während deren er Anspruch auf Pflegefreistellung oder während deren er sonst Anspruch auf Entgeltfortzahlung bei Entfall der Arbeitsleistung hat, darf der Urlaubsantritt nicht vereinbart werden, wenn diese Umstände bereits bei Abschluß der Vereinbarung bekannt waren. Geschieht dies dennoch, gilt der Zeitraum der Arbeitsverhinderung nicht als Urlaub.

(3) Der Urlaub kann in zwei Teilen verbraucht werden, doch muß ein Teil mindestens sechs Werktage betragen.

(4) Hat der Arbeitnehmer in Betrieben, in denen ein für ihn zuständiger Betriebsrat errichtet ist, den von ihm gewünschten Zeitpunkt für den Antritt seines Urlaubes oder eines Urlaubsteiles in der Dauer von mindestens zwölf Werktagen dem Arbeitgeber mindestens drei Monate vorher bekanntgegeben und kommt eine Einigung zwischen dem Arbeitgeber und dem Arbeitnehmer nicht zustande, so sind die Verhandlungen unter Beiziehung des Betriebsrates fortzusetzen. Kommt auch dann keine Einigung zustande, so kann der Arbeitnehmer den Urlaub zu dem von ihm vorgeschlagenen Zeitpunkt antreten, es sei denn, der Arbeitgeber hat während eines Zeitraumes, der nicht mehr als acht und nicht weniger als sechs Wochen vor dem vom Arbeitnehmer vorgeschlagenen Zeitpunkt des Urlaubsantrittes liegen darf, wegen des Zeitpunktes des Urlaubsantrittes die Klage beim zuständigen Arbeitsgericht eingebracht.

(5) Der Urlaubsanspruch verjährt nach Ablauf von zwei Jahren ab dem Ende des Urlaubsjahres, in dem er entstanden ist. Diese Frist verlängert sich bei Inanspruchnahme einer Karenz gemäß dem Väter-Karenzgesetz (VKG), BGBl. Nr. 651/1989, oder gemäß dem Mutterschutzgesetz 1979 (MSchG), BGBl. Nr. 221/1979, um den Zeitraum der Karenz.

Erkrankung während des Urlaubes

§ 5. (1) Erkrankt (verunglückt) ein Arbeitnehmer während des Urlaubes, ohne dies vorsätzlich oder grob fahrlässig herbeigeführt zu haben, so werden auf Werktage fallende Tage der Erkrankung, an denen der Arbeitnehmer durch die Erkrankung arbeitsunfähig war, auf das Urlaubsausmaß nicht angerechnet, wenn die Erkrankung länger als drei Kalendertage gedauert hat.

(2) Übt ein Arbeitnehmer während seines Urlaubes eine dem Erholungszweck widersprechende

Erwerbstätigkeit aus, so findet Abs. 1 keine Anwendung, wenn die Erkrankung (der Unglücksfall) mit dieser Erwerbstätigkeit in ursächlichem Zusammenhang steht.

(3) Der Arbeitnehmer hat dem Arbeitgeber nach dreitägiger Krankheitsdauer die Erkrankung unverzüglich mitzuteilen. Ist dies aus Gründen, die nicht vom Arbeitnehmer zu vertreten sind, nicht möglich, so gilt die Mitteilung als rechtzeitig erfolgt, wenn sie unmittelbar nach Wegfall des Hinderungsgrundes nachgeholt wird. Bei Wiederantritt des Dienstes hat der Arbeitnehmer ohne schuldhafte Verzögerung ein ärztliches Zeugnis oder eine Bestätigung des zuständigen Krankenversicherungsträgers über Beginn, Dauer und Ursache der Arbeitsunfähigkeit vorzulegen. Erkrankt der Arbeitnehmer während eines Urlaubes im Ausland, so muß dem ärztlichen Zeugnis eine behördliche Bestätigung darüber beigefügt sein, daß es von einem zur Ausübung des Arztberufes zugelassenen Arzt ausgestellt wurde. Eine solche behördliche Bestätigung ist nicht erforderlich, wenn die ärztliche Behandlung stationär oder ambulant in einer Krankenanstalt erfolgte und hierüber eine Bestätigung dieser Anstalt vorgelegt wird. Kommt der Arbeitnehmer diesen Verpflichtungen nicht nach, so ist Abs. 1 nicht anzuwenden.

Urlaubsentgelt

§ 6. (1) Während des Urlaubes behält der Arbeitnehmer den Anspruch auf das Entgelt nach Maßgabe der folgenden Bestimmungen.

(2) Ein nach Wochen, Monaten oder längeren Zeiträumen bemessenes Entgelt darf für die Urlaubsdauer nicht gemindert werden.

(3) In allen anderen Fällen ist für die Urlaubsdauer das regelmäßige Entgelt zu zahlen. Regelmäßiges Entgelt ist jenes Entgelt, das dem Arbeitnehmer gebührt hätte, wenn der Urlaub nicht angetreten worden wäre.

(4) Bei Akkord-, Stück- oder Gedinglöhnen, akkordähnlichen oder sonstigen leistungsbezogenen Prämien oder Entgelten ist das Urlaubsentgelt nach dem Durchschnitt der letzten dreizehn voll gearbeiteten Wochen unter Ausscheidung nur ausnahmsweise geleisteter Arbeiten zu berechnen.

(5) Durch Kollektivvertrag im Sinne des § 18 Abs. 4 Arbeitsverfassungsgesetz, BGBl. Nr. 22/1974, kann geregelt werden, welche Leistungen des Arbeitgebers als Urlaubsentgelt anzusehen sind. Die Berechnungsart für die Regelung der Höhe des Urlaubsentgeltes kann durch Kollektivvertrag abweichend von Abs. 3 und 4 geregelt werden.

(6) Das Urlaubsentgelt ist bei Antritt des Urlaubes für die ganze Urlaubsdauer im voraus zu zahlen.

Ablöseverbot

§ 7. Vereinbarungen zwischen Arbeitgeber und Arbeitnehmer, die für den Nichtverbrauch des Urlaubes Geld oder sonstige vermögenswerte Leistungen des Arbeitgebers vorsehen, sind rechtsunwirksam.

Aufzeichnungen

§ 8. (1) Der Arbeitgeber hat Aufzeichnungen zu führen, aus denen hervorgeht

1. der Zeitpunkt des Dienstantrittes des Arbeitnehmers, die angerechneten Dienstzeiten und die Dauer des dem Arbeitnehmer zustehenden bezahlten Urlaubes;
2. die Zeit, in welcher der Arbeitnehmer seinen bezahlten Urlaub genommen hat;
3. das Entgelt, das der Arbeitnehmer für die Dauer des bezahlten Urlaubes erhalten hat, und der Zeitpunkt der Auszahlung;
4. wenn das Urlaubsjahr nicht nach dem Arbeitsjahr berechnet wird, der Zeitpunkt, ab dem die Umstellung gilt, und die Norm, auf Grund der die Umstellung erfolgt ist, sowie das Ausmaß der dem Arbeitnehmer für den Umstellungszeitraum gebührenden Urlaubsansprüche und der Zeitraum, in dem dieser Urlaub verbraucht wurde.

(2) Die Verpflichtung nach Abs. 1 ist auch dann erfüllt, wenn diese Angaben aus Aufzeichnungen hervorgehen, die der Arbeitgeber zum Nachweis der Erfüllung anderer Verpflichtungen führt.

Ansprüche bei Beendigung des Arbeitsverhältnisses

§ 10. (1) Dem Arbeitnehmer gebührt für das Urlaubsjahr, in dem das Arbeitsverhältnis endet, zum Zeitpunkt der Beendigung des Arbeitsverhältnisses eine Ersatzleistung als Abgeltung für den der Dauer der Dienstzeit in diesem Urlaubsjahr im Verhältnis zum gesamten Urlaubsjahr entsprechenden Urlaub. Bereits verbrauchter Jahresurlaub ist auf das aliquote Urlaubsausmaß anzurechnen. Urlaubsentgelt für einen über das aliquote Ausmaß hinaus verbrauchten Jahresurlaub ist nicht rückzuerstatten, außer bei Beendigung des Arbeitsverhältnisses durch

1. unberechtigten vorzeitigen Austritt oder
2. verschuldete Entlassung.

Der Erstattungsbetrag hat dem für den zu viel verbrauchten Urlaub zum Zeitpunkt des Urlaubsverbrauchs erhaltenen Urlaubsentgelt zu entsprechen.

(2) Abweichend von Abs. 1 gebührt im Fall eines unberechtigten vorzeitigen Austritts keine Ersatzleistung für die fünfte und sechste Woche des Anspruchs auf Urlaub aus dem laufenden Urlaubsjahr.

(3) Für nicht verbrauchten Urlaub aus vorangegangenen Urlaubsjahren gebührt anstelle des noch ausständigen Urlaubsentgelts eine Ersatzleistung in vollem Ausmaß des noch ausständigen Urlaubsentgelts, soweit der Urlaubsanspruch noch nicht verjährt ist.

(4) Endet das Arbeitsverhältnis während einer Teilzeitbeschäftigung gemäß VKG oder MSchG oder Herabsetzung der Normalarbeitszeit nach den §§ 14a und 14b Arbeitsvertragsrechts-Anpassungsgesetz, BGBl. Nr. 459/1993, durch

1. Entlassung ohne Verschulden des Arbeitnehmers,
2. begründeten vorzeitigen Austritt des Arbeitnehmers,
3. Kündigung seitens des Arbeitgebers oder
4. einvernehmliche Auflösung,

ist der Berechnung der Ersatzleistung im Sinne des Abs. 1 jene Arbeitszeit zugrunde zu legen, die in dem Urlaubsjahr, in dem der Urlaubsanspruch entstanden ist, vom Arbeitnehmer überwiegend zu leisten war.

(5) Die Ersatzleistung im Sinne der Abs. 1, 3 und 4 gebührt den Erben, wenn das Arbeitsverhältnis durch Tod des Arbeitnehmers endet.

(6) Für den Zusatzurlaub bei Nachtschwerarbeit gilt § 10a.

Zusatzurlaub bei Nachtschwerarbeit

§ 10a. (1) Arbeitnehmer haben für jedes Arbeitsjahr, in dem sie mindestens 50mal in der Zeit zwischen 22,00 Uhr und 6,00 Uhr mindestens sechs Stunden Schwerarbeit im Sinne des Art. VII Abs. 2 oder 4, einer Verordnung gemäß Art. VII Abs. 3 oder eines Kollektivvertrages gemäß Art. VII Abs. 6 des Nachtschwerarbeitsgesetzes (NSchG), BGBl. Nr. 354/1981, geleistet haben, Anspruch auf Zusatzurlaub im Ausmaß von zwei Werktagen. Der Anspruch auf Zusatzurlaub erhöht sich auf vier Werktage, wenn sie fünf Jahre, und auf sechs Werktage, wenn sie 15 Jahre solche Arbeiten geleistet haben.

(1a) Hat ein Arbeitnehmer in einem Urlaubsjahr weniger als 50mal, mindestens jedoch 40mal Nachtschwerarbeit geleistet, hat er für dieses Urlaubsjahr Anspruch auf einen Zusatzurlaub in dem sich nach Abs. 1 ergebenden Ausmaß, wenn er in diesem und im unmittelbar vorangegangenen Urlaubsjahr insgesamt mindestens 100mal Nachtschwerarbeit geleistet hat.

(1b) Hat ein Arbeitnehmer zusätzlich zu Nachtschwerarbeit, die zu einem Zusatzurlaub nach Abs. 1 oder Abs. 1a geführt hat, mindestens 50mal Nachtschwerarbeit geleistet, gebührt ihm ein zusätzlicher Urlaubstag.

(1c) In jedem Urlaubsjahr gebührt jedoch nur ein zusätzlicher Urlaubstag nach Abs. 1b. Nachtschwerarbeit darf für die Berechnung eines Zusatzurlaubs nur einmal herangezogen werden. Drei Jahre nach Ablauf des Urlaubsjahres, in dem Nachtschwerarbeit geleistet wurde, ist diese Nachtschwerarbeit bei der Berechnung eines Zusatzurlaubs nach Abs. 1b nicht mehr heranzuziehen.

(2) § 3 Abs. 2 bis 4, §§ 9, 10 und 14 finden auf den Zusatzurlaub keine Anwendung.

(3) § 3 Abs. 1 ist mit der Maßgabe anzuwenden, daß für die Bemessung des Urlaubsausmaßes Dienstzeiten bei demselben Arbeitgeber, die unter den Voraussetzungen des Abs. 1 geleistet wurden, zusammenzurechnen sind.

(4) Für die Entstehung des Anspruches auf Zusatzurlaub werden nicht abgefundene Nachtschwerarbeiten, die in dem der Unterbrechung unmittelbar vorangegangenen Arbeitsverhältnis bei demselben Arbeitgeber geleistet wurden, angerechnet, sofern es sich um eine Unterbrechung gemäß § 3 Abs. 1 handelt und die Voraussetzung des § 2 Abs. 2 erfüllt ist.

(5) Für die Bemessung des Urlaubsausmaßes ist weiters die in einem anderen Arbeitsverhältnis im Inland zugebrachte Dienstzeit, sofern sie unter den Voraussetzungen des Abs. 1 geleistet wurde und mindestens sechs Monate gedauert hat, bis zum Höchstausmaß von fünf Jahren anzurechnen.

(6) Für die Bemessung des Urlaubsausmaßes werden nur volle Arbeitsjahre berücksichtigt. Nicht volle Arbeitsjahre werden voll berücksichtigt, wenn die Voraussetzungen der Abs. 1 und 5 erfüllt sind.

(7) Dem Arbeitnehmer gebührt eine Entschädigung in der höhe des noch ausstehenden Urlaubsentgeltes, wenn das Arbeitsverhältnis nach Entstehung des Anspruches auf Zusatzurlaub, jedoch vor dessen Verbrauch endet. Die Entschädigung gebührt nicht, wenn der Arbeitnehmer ohne wichtigen Grund vorzeitig austritt.

(8) Dem Arbeitnehmer gebührt eine Abfindung in der Höhe des halben Urlaubsentgelts, wenn er im Arbeitsjahr mindestens 25mal Nachtschwerarbeit geleistet hat und das Arbeitsverhältnis durch Kündigung seitens des Arbeitgebers, einvernehmliche Lösung oder durch den Tod des Arbeitnehmers endet, sofern die Voraussetzung des § 2 Abs. 2 erfüllt ist.

(9) Der Arbeitnehmer, der in insgesamt 20 Arbeitsjahren Anspruch auf Zusatzurlaub im Sinne des Abs. 1 hatte, behält – wenn er wegen Berufskrankheit oder Arbeitsunfall nicht mehr Nachtschwerarbeit leisten kann – den Anspruch auf Zusatzurlaub in dem vor der Erkrankung oder dem Unfall zuletzt zustehenden Ausmaß. Pfändungsschutz

Unabdingbarkeit

§ 12. Die Rechte, die dem Arbeitnehmer auf Grund der §§ 2 bis 10 zustehen, können durch Arbeitsvertrag, Arbeits-(Dienst)ordnung oder, soweit in diesem Bundesgesetz nicht anderes bestimmt ist, durch Kollektivvertrag oder Betriebsvereinbarung weder aufgehoben noch beschränkt werden.

Strafbestimmungen

§ 13. Arbeitgeber oder deren gesetzliche Vertreter, die den Bestimmungen des § 8 zuwiderhandeln, sind, sofern die Tat nicht nach anderen Vorschriften einer strengeren Strafe unterliegt, von der Bezirksverwaltungsbehörde mit einer Geldstrafe bis 218 Euro zu bestrafen.

Weitergelten von Regelungen

§ 14. (1) Im Zeitpunkt des Inkrafttretens dieses Abschnittes bestehende, für die Arbeitnehmer günstigere Regelungen in Kollektivverträgen, Arbeits(Dienst)ordnungen, Betriebsvereinbarungen oder Arbeitsverträgen werden durch die Bestimmungen dieses Bundesgesetzes nicht berührt.

(2) Im Zeitpunkt des Inkrafttretens dieses Abschnittes bestehende Vereinbarungen durch Kollektivvertrag oder Betriebsvereinbarung in Angelegenheiten, in denen nach den Bestimmungen der §§ 2 Abs. 4 oder 6 Abs. 5 abweichende Regelungen durch Kollektivvertrag oder Betriebsvereinbarung zulässig sind, gelten als solche Regelungen, soweit sie den vorgenannten Bestimmungen entsprechen.

Abschnitt 2
Pflegefreistellung
Geltungsbereich

§ 15. (1) Die Bestimmungen dieses Abschnittes gelten für Arbeitnehmer aller Art, deren Arbeitsverhältnis auf einem privatrechtlichen Vertrag beruht.

(2) Ausgenommen sind

1. Arbeitsverhältnisse der land- und forstwirtschaftlichen Arbeiter, auf die das Landesarbeitsgesetz 1948, BGBl. Nr. 140, anzuwenden ist;
2. Heimarbeiter, auf die das Heimarbeitsgesetz 1960, BGBl. Nr. 105/1961, anzuwenden ist;
3. Arbeitsverhältnisse zu einem Land, einem Gemeindeverband oder einer Gemeinde;
4. Arbeitsverhältnisse zum Bund, auf die dienstrechtliche Vorschriften anzuwenden sind, welche den wesentlichen Inhalt des Arbeitsverhältnisses zwingend regeln;
5. Arbeitsverhältnisse zu Stiftungen, Anstalten oder Fonds, auf die das Vertragsbedienstetengesetz 1948, BGBl. Nr. 86, gemäß § 1 Abs. 2 VBG sinngemäß anzuwenden ist.

Pflegefreistellung

§ 16. (1) Ist der Arbeitnehmer nach Antritt des Arbeitsverhältnisses an der Arbeitsleistung

1. wegen der notwendigen Pflege eines im gemeinsamen Haushalt lebenden erkrankten nahen Angehörigen oder
2. wegen der notwendigen Betreuung seines Kindes (Wahl- oder Pflegekindes) oder eines im gemeinsamen Haushalt lebenden leiblichen Kindes des anderen Ehegatten, des eingetragenen Partners oder Lebensgefährten infolge eines Ausfalls einer Person, die das Kind ständig betreut hat, aus den Gründen des § 15d Abs. 2 Z 1 bis 5 des Mutterschutzgesetzes 1979, BGBl. Nr. 221, in der jeweils geltenden Fassung, oder
3. wegen der Begleitung seines erkrankten Kindes (Wahl- oder Pflegekindes) oder eines im gemeinsamen Haushalt lebenden leiblichen Kindes des anderen Ehegatten, des eingetragenen Partners oder Lebensgefährten bei einem stationären Aufenthalt in einer Heil- und Pflegeanstalt, sofern das Kind das zehnte Lebensjahr noch nicht vollendet hat,

nachweislich verhindert, so hat er Anspruch auf Fortzahlung des Entgelts bis zum Höchstausmaß seiner regelmäßigen wöchentlichen Arbeitszeit innerhalb eines Arbeitsjahres. Als nahe Angehörige im Sinne dieses Bundesgesetzes sind der Ehegatte, der eingetragene Partner und Personen anzusehen, die mit dem Arbeitnehmer in gerader Linie verwandt sind, ferner Wahl- und Pflegekinder, im gemeinsamen Haushalt lebende leibliche Kinder des anderen Ehegatten oder des eingetragenen Partners oder Lebensgefährten sowie die Person, mit der der Arbeitnehmer in Lebensgemeinschaft lebt.

(2) Darüber hinaus besteht Anspruch auf Freistellung von der Arbeitsleistung bis zum Höchstausmaß einer weiteren regelmäßigen wöchentlichen Arbeitszeit innerhalb eines Arbeitsjahres, wenn der Arbeitnehmer den Freistellungsanspruch gemäß Abs. 1 verbraucht hat, wegen der notwendigen Pflege seines im gemeinsamen Haushalt lebenden erkrankten Kindes (Wahl- oder Pflegekindes) oder im gemeinsamen Haushalt lebenden leiblichen Kindes des anderen Ehegatten oder eingetragenen Partners oder Lebensgefährten, welches das zwölfte Lebensjahr noch nicht überschritten hat, an der Arbeitsleistung neuerlich verhindert ist, und ihm für diesen Zeitraum der Dienstverhinderung kein Anspruch auf Entgeltfortzahlung wegen Dienstverhinderung aus wichtigen in seiner Person gelegenen Gründen auf Grund anderer gesetzlicher Bestimmungen, Normen der kollektiven Rechtsgestaltung oder des Arbeitsvertrages zusteht.

(3) Ist der Anspruch auf Entgeltfortzahlung bei Entfall der Arbeitsleistung aus einem der in Abs. 1 und 2 genannten Dienstverhinderungsgründe erschöpft, kann zu einem in Abs. 2 genannten Zweck Urlaub ohne vorherige Vereinbarung mit dem Arbeitgeber angetreten werden.

(4) Im Fall der notwendigen Pflege seines erkrankten Kindes (Wahl- oder Pflegekindes) hat auch jener Arbeitnehmer Anspruch auf Freistellung von der Arbeitsleistung nach Abs. 1 Z 1, Abs. 2 und 3, der nicht mit seinem erkrankten Kind (Wahl- oder Pflegekind) im gemeinsamen Haushalt lebt.

Unabdingbarkeit

§ 17. Die Rechte, die dem Arbeitnehmer auf Grund des § 16 zustehen, können durch Arbeitsvertrag, Arbeits(Dienst)ordnung, Betriebsvereinbarung oder Kollektivvertrag weder aufgehoben noch beschränkt werden.

Günstigere Regelungen

§ 18. Gesetzliche Vorschriften, Kollektivverträge, Arbeits- (Dienst)ordnungen, Betriebsvereinbarungen oder Arbeitsverträge, die den Anspruch auf Pflegefreistellung im Sinne des § 16 günstiger regeln, bleiben insoweit unberührt.

Inkrafttreten

§ 19. (1) § 16 dieses Bundesgesetzes in der Fassung des Bundesgesetzes BGBl. Nr. 833/1992 tritt mit 1. Jänner 1993 in Kraft.

(2) § 2 Abs. 2 und § 9 Abs. 1 Z 5 und 6 dieses Bundesgesetzes in der Fassung des Bundesgesetzes BGBl. Nr. 502/1993 treten mit 1. August 1993 in Kraft.

(3) § 2 Abs. 2, § 9 Abs. 1 und § 10 Abs. 1 dieses Bundesgesetzes in der Fassung des Bundesgesetzes BGBl. Nr. 832/1995 treten mit 1. Dezember 1995 in Kraft und gelten ab dem Urlaubsjahr, das im Jahr 1994 begonnen hat.

(4) Die §§ 10a und 16 Abs. 1 Z 2 in der Fassung des Bundesgesetzes BGBl. I Nr. 181/1999 treten mit 1. Jänner 2000 in Kraft. § 10a ist erstmals auf jenes Urlaubsjahr anzuwenden, das nach dem 1. Jänner 2000 beginnt, wobei im Falle der Berechnung nach § 10a Abs. 1a Nachtschwerarbeit, die im 1999 begonnenen Urlaubsjahr geleistet wurde, heranzuziehen ist.

(5) § 10 samt Überschrift in der Fassung des Bundesgesetzes BGBl. I Nr. 44/2000 tritt mit 1. Jänner 2001 in Kraft und gilt ab dem Urlaubsjahr, das nach dem 31. Dezember 2000 beginnt.

(6) § 9 samt Überschrift tritt mit Ablauf des 31. Dezember 2000 außer Kraft, ausgenommen für jenes Urlaubsjahr, das vor dem 1. Jänner 2001 begonnen hat.

(7) § 16 Abs. 2 in der Fassung des Bundesgesetzes BGBl. I Nr. 44/2000 tritt mit 1. Oktober 2000 in Kraft. Bis zum 30. September 2000 entstandene Erstattungsansprüche nach § 16 Abs. 2 letzter Satz richten sich nach den Bestimmungen des Abschnittes 2 des Entgeltfortzahlungsgesetzes, BGBl. Nr. 399/ 1974, in der Fassung BGBl. I Nr. 44/2000.

(8) § 13 in der Fassung des Bundesgesetzes BGBl. I Nr. 98/2001 tritt mit 1. Jänner 2002 in Kraft und ist auf Sachverhalte anzuwenden, die sich nach dem 31. Dezember 2001 ereignen.

(9) Die §§ 4 Abs. 5 letzter Satz, 10 Abs. 4 und 16 Abs. 1 Z 2 in der Fassung des Bundesgesetzes BGBl. I Nr. 89/2002 treten mit 1. Juli 2002 in Kraft.

(10) § 16 Abs. 1 letzter Satz in der Fassung des Bundesgesetzes BGBl. I Nr. 135/2009 tritt mit 1. Jänner 2010 in Kraft.

(11) § 1 Abs. 2 Z 7 in der Fassung des Bundesgesetzes BGBl. I. Nr. 100/2010 tritt mit 1. Jänner 2011 in Kraft.

(12) § 2 Abs. 4 erster Satz, § 10a Abs. 1 sowie § 16 Abs. 1, 2 und 4 in der Fassung des Bundesgesetzes BGBl. I Nr. 3/2013 treten mit 1. Jänner 2013 in Kraft.

(13) § 10 Abs. 2 in der Fassung des Bundesgesetzes BGBl. I Nr. 167/2022 tritt mit dem der Kundmachung folgenden Tag in Kraft.

47. Bundesgesetz gegen den unlauteren Wettbewerb (Auszug)

Bundesgesetz gegen den unlauteren Wettbewerb 1984 – UWG
StF: BGBl. Nr. 448/1984
Letzte Novellierung: BGBl. I Nr. 204/2022

GLIEDERUNG

I. ABSCHNITT
ZIVILRECHTLICHE UND STRAFRECHTLICHE BESTIMMUNGEN

1. Handlungen unlauteren Wettbewerbes

Unlautere Geschäftspraktiken

§ 1. (1) Wer im geschäftlichen Verkehr

1. eine unlautere Geschäftspraktik oder sonstige unlautere Handlung anwendet, die geeignet ist, den Wettbewerb zum Nachteil von Unternehmen nicht nur unerheblich zu beeinflussen, oder
2. eine unlautere Geschäftspraktik anwendet, die den Erfordernissen der beruflichen Sorgfalt widerspricht und in Bezug auf das jeweilige Produkt geeignet ist, das wirtschaftliche Verhalten des Durchschnittsverbrauchers, den sie erreicht oder an den sie sich richtet, wesentlich zu beeinflussen,

kann auf Unterlassung und bei Verschulden auf Schadenersatz im Sinne des § 16 in Anspruch genommen werden.

(2) Wendet sich eine Geschäftspraktik an eine Gruppe von Verbrauchern, so ist Durchschnittsverbraucher das durchschnittliche Mitglied dieser Gruppe. Geschäftspraktiken gegenüber Verbrauchern, die voraussichtlich in einer für den Unternehmer vernünftigerweise vorhersehbaren Art und Weise das wirtschaftliche Verhalten nur einer eindeutig identifizierbaren Gruppe von Verbrauchern wesentlich beeinflussen, die auf Grund von geistigen oder körperlichen Gebrechen, Alter oder Leichtgläubigkeit im Hinblick auf diese Praktiken oder die ihnen zugrundeliegenden Produkte besonders schutzbedürftig sind, sind aus der Sicht eines durchschnittlichen Mitglieds dieser Gruppe zu beurteilen.

(3) Unlautere Geschäftspraktiken sind insbesondere solche, die

1. aggressiv im Sinne des § 1a oder
2. irreführend im Sinne des § 2

sind.

(4) Im Sinne dieses Gesetzes bedeutet

1. „Produkt“ jede Ware oder Dienstleistung, einschließlich Immobilien, digitaler Dienstleistungen und digitaler Inhalte, Rechten und Verpflichtungen;
2. „Geschäftspraktik“ jede Handlung, Unterlassung, Verhaltensweise oder Erklärung, kommerzielle Mitteilung einschließlich Werbung und Marketing eines Unternehmens, die unmittelbar mit der Absatzförderung, dem Verkauf oder der Lieferung eines Produkts zusammenhängt;
3. „wesentliche Beeinflussung des wirtschaftlichen Verhaltens des Verbrauchers“ die Anwendung einer Geschäftspraktik, um die Fähigkeit

des Verbrauchers, eine informierte Entscheidung zu treffen, spürbar zu beeinträchtigen und damit den Verbraucher zu einer geschäftlichen Entscheidung zu veranlassen, die er andernfalls nicht getroffen hätte;

4. „Verhaltenskodex“ eine Vereinbarung oder einen Vorschriftenkatalog, die bzw. der nicht durch die Rechts- und Verwaltungsvorschriften eines Mitgliedstaates der Europäischen Union vorgeschrieben ist und das Verhalten der Unternehmen definiert, die sich in Bezug auf eine oder mehrere spezielle Geschäftspraktiken oder Wirtschaftszweige zur Einhaltung dieses Kodex verpflichten;
5. „Aufforderung zum Kauf“ jede kommerzielle Kommunikation, welche die Merkmale des Produkts und den Preis in einer Weise angibt, die den Mitteln der verwendeten kommerziellen Kommunikation angemessen ist und den Verbraucher dadurch in die Lage versetzt, einen Kauf zu tätigen;
6. „unzulässige Beeinflussung eines Verbrauchers“ die Ausnutzung einer Machtposition gegenüber dem Verbraucher zur Ausübung von Druck – auch ohne die Anwendung oder Androhung von körperlicher Gewalt –, wodurch die Fähigkeit des Verbrauchers, eine informierte Entscheidung zu treffen, wesentlich eingeschränkt wird;
7. „geschäftliche Entscheidung eines Verbrauchers“ jede Entscheidung dessen darüber, ob, wie und unter welchen Bedingungen er einen Kauf tätigen, eine Zahlung insgesamt oder teilweise leisten, ein Produkt behalten oder abgeben oder ein vertragliches Recht im Zusammenhang mit dem Produkt ausüben will, unabhängig davon, ob der Verbraucher beschließt, tätig zu werden oder ein Tätigwerden zu unterlassen;
8. „berufliche Sorgfalt“ den Standard an Fachkenntnissen und Sorgfalt, bei dem billigerweise davon ausgegangen werden kann, dass ihn der Unternehmer gemäß den anständigen Marktgepflogenheiten in seinem Tätigkeitsbereich anwendet;
9. „Ranking“ die relative Hervorhebung von Produkten, wie sie vom Unternehmer dargestellt, organisiert oder kommuniziert wird, unabhängig von den technischen Mitteln, die für die Darstellung, Organisation oder Kommunikation verwendet werden;
10. „Online-Marktplatz“ ein Dienst, der es Verbrauchern durch die Verwendung von Software, einschließlich einer Website, eines Teils einer Website oder einer Anwendung, die vom oder im Namen des Unternehmers betrieben wird, ermöglicht, Fernabsatzverträge mit anderen Unternehmern oder Verbrauchern, abzuschließen.

(5) Der Unternehmer hat in Verfahren auf Unterlassung oder Schadenersatz nach Abs. 1 bis 3 die Richtigkeit der Tatsachenbehauptungen im Zusammenhang mit einer Geschäftspraktik zu beweisen, wenn ein solches Verlangen unter Berücksichtigung der berechtigten Interessen des Unternehmers und anderer Marktteilnehmer wegen der Umstände des Einzelfalls angemessen erscheint.

§ 12. (1) Wer die ihm im geschäftlichen Verkehr anvertrauten Vorlagen oder Vorschriften technischer Art zu Zwecken des Wettbewerbes unbefugt verwertet oder anderen mitteilt, ist vom Gericht mit Freiheitsstrafe bis zu drei Monaten oder mit Geldstrafe bis zu 180 Tagessätzen zu bestrafen. *(BGBl. Nr. 120/1980, Art. I Z 7)*

(2) Abs. 1 ist nicht anzuwenden, wenn die Vorlagen oder Vorschriften vom Inhaber eines Unternehmens seinem Bediensteten anvertraut worden sind.

(3) Die Verfolgung findet nur auf Verlangen des Verletzten statt.

Zivilrechtliche Ansprüche im Falle des § 10

§ 13. Wer dem § 10 zuwiderhandelt, kann außerdem auf Unterlassung und Schadenersatz im Sinne des § 16 Abs. 2 in Anspruch genommen werden.

2. Allgemeine Bestimmungen

Anspruch auf Unterlassung

§ 14. (1) In den Fällen der §§ 1, 1a, 2, 2a, 3 und 10 kann der Anspruch auf Unterlassung von jedem Unternehmer, der Waren oder Leistungen gleicher oder verwandter Art herstellt oder in den geschäftlichen Verkehr bringt (Mitbewerber), oder von Vereinigungen zur Förderung wirtschaftlicher Interessen von Unternehmern geltend gemacht werden, soweit diese Vereinigungen Interessen vertreten, die durch die Handlung berührt werden. In den Fällen der §§ 1, 1a, 2 und 2a kann der Anspruch auf Unterlassung auch von der Bundeskammer für Arbeiter und Angestellte, der Wirtschaftskammer Österreich, der Präsidentenkonferenz der Landwirtschaftskammern Österreichs, vom Österreichischen Gewerkschaftsbund oder von der Bundeswettbewerbsbehörde geltend gemacht werden. In den Fällen aggressiver oder irreführender Geschäftspraktiken nach § 1 Abs. 1 Z 2, Abs. 2 bis 4, §§ 1a oder 2 kann der Unterlassungsanspruch auch vom Verein für Konsumenteninformation geltend gemacht werden.

(2) Liegt der Ursprung des Verstoßes in den Fällen aggressiver oder irreführender Geschäftspraktiken nach § 1 Abs. 1 Z 2, Abs. 2 bis 4, §§ 1a oder 2 in Österreich, so kann der Anspruch auf Unterlassung auch von jeder der im Amtsblatt der Europäischen Gemeinschaften von der Kommission gemäß Art. 4 Abs. 3 der Richtlinie 98/27/EG über Unterlassungsklagen zum Schutz der Verbraucherinteressen, ABl. Nr. L 166 vom 11. Juni

1998, S 51, veröffentlichten Stellen und Organisationen eines anderen Mitgliedstaates der Europäischen Union geltend gemacht werden, sofern

1. die von dieser Einrichtung geschützten Interessen in diesem Mitgliedstaat beeinträchtigt werden und
2. der in der Veröffentlichung angegebene Zweck der Einrichtung diese Klagsführung rechtfertigt.

(3) Die Veröffentlichung nach Abs. 2 ist bei Klagseinbringung nachzuweisen.

Ausschließung der Öffentlichkeit der Verhandlung

§ 26. Die Öffentlichkeit der Verhandlung über eine Anklage oder einen zivilrechtlichen Anspruch auf Grund dieses Gesetzes kann auf Antrag ausgeschlossen werden, wenn durch die Öffentlichkeit der Verhandlung ein Geschäfts- oder Betriebsgeheimnis gefährdet würde.

3. Zivilrechtliche Sonderbestimmungen zum Schutz von Geschäftsgeheimnissen

Geltungsbereich

§ 26a. (1) Die Bestimmungen dieses Unterabschnitts enthalten zivil- und zivilverfahrensrechtliche Sonderbestimmungen für den Schutz von Geschäftsgeheimnissen.

(2) Folgende Vorschriften bleiben von den Bestimmungen dieses Unterabschnitts unberührt:

1. Vorschriften, nach denen die Inhaber von Geschäftsgeheimnissen verpflichtet sind, aus Gründen des öffentlichen Interesses Informationen, auch Geschäftsgeheimnisse, gegenüber der Öffentlichkeit oder den Verwaltungsbehörden oder den Gerichten offenzulegen, damit diese ihre Aufgaben wahrnehmen können;
2. Vorschriften, die den Organen und Einrichtungen der Union oder den nationalen Behörden vorschreiben oder gestatten, von Unternehmen vorgelegte Informationen offenzulegen, über die diese Organe, Einrichtungen oder Behörden in Einhaltung der Pflichten und gemäß den Rechten, die im Unionsrecht oder im nationalen Recht niedergelegt sind, verfügen;
3. Vorschriften über Sozialpartner und ihr Recht, Kollektivverträge einzugehen.

Begriffsbestimmungen

§ 26b. (1) Geschäftsgeheimnis ist eine Information, die

1. geheim ist, weil sie weder in ihrer Gesamtheit noch in der genauen Anordnung und Zusammensetzung ihrer Bestandteile den Personen in den Kreisen, die üblicherweise mit dieser Art von Informationen zu tun haben, allgemein bekannt noch ohne weiteres zugänglich ist,
2. von kommerziellem Wert ist, weil sie geheim ist, und
3. Gegenstand von den Umständen entsprechenden angemessenen Geheimhaltungsmaßnahmen durch die Person ist, welche die rechtmäßige Verfügungsgewalt über diese Informationen ausübt.

(2) Inhaber eines Geschäftsgeheimnisses ist jede natürliche oder juristische Person, welche die rechtmäßige Verfügungsgewalt über ein Geschäftsgeheimnis besitzt.

(3) Rechtsverletzer ist jede natürliche oder juristische Person, die rechtswidrig Geschäftsgeheimnisse erwirbt, nutzt oder offenlegt.

(4) Rechtsverletzende Produkte sind Produkte, deren Konzeption, Merkmale, Funktionsweise, Herstellungsprozess oder Marketing in erheblichem Umfang auf rechtswidrig erworbenen, genutzten oder offengelegten Geschäftsgeheimnissen beruhen.

Rechtswidriger Erwerb, rechtswidrige Nutzung und rechtswidrige Offenlegung von Geschäftsgeheimnissen

§ 26c. (1) Der Erwerb eines Geschäftsgeheimnisses ist rechtswidrig, wenn er erfolgt durch

1. unbefugten Zugang zu, unbefugte Aneignung oder unbefugtes Kopieren von Dokumenten, Gegenständen, Materialien, Stoffen oder elektronischen Dateien, die der rechtmäßigen Verfügungsgewalt durch den Inhaber des Geschäftsgeheimnisses unterliegen und die das Geschäftsgeheimnis enthalten oder aus denen sich das Geschäftsgeheimnis ableiten lässt;
2. jedes sonstige Verhalten, das unter den jeweiligen Umständen mit einer seriösen Geschäftspraktik nicht vereinbar ist.

(2) Die Nutzung oder Offenlegung eines Geschäftsgeheimnisses ist rechtswidrig, wenn sie durch eine Person erfolgt, die

1. das Geschäftsgeheimnis auf rechtswidrige Weise erworben hat oder
2. gegen eine Vertraulichkeitsvereinbarung oder eine vertragliche oder sonstige Verpflichtung, das Geschäftsgeheimnis nicht offenzulegen oder nur beschränkt zu nutzen, verstößt.

(3) Der Erwerb, die Nutzung oder die Offenlegung eines Geschäftsgeheimnisses ist weiters rechtswidrig, wenn eine Person zum Zeitpunkt des Erwerbs, der Nutzung oder der Offenlegung wusste oder unter den gegebenen Umständen hätte wissen müssen, dass ihr das Geschäftsgeheimnis unmittelbar oder mittelbar über eine andere Person, die dieses rechtswidrig im Sinne des Abs. 2 genutzt oder offengelegt hat, bekannt geworden ist.

(4) Das Herstellen, Anbieten oder Inverkehrbringen von rechtsverletzenden Produkten oder die Einfuhr, Ausfuhr oder Lagerung von rechtsverletzenden Produkten für diese Zwecke ist ebenfalls eine rechtswidrige Nutzung eines Geschäftsgeheimnisses, wenn die Person, die diese Tätig-

keiten durchführt, wusste oder unter den gegebenen Umständen hätte wissen müssen, dass das Geschäftsgeheimnis rechtswidrig im Sinne des Abs. 2 genutzt oder offengelegt wurde.

Rechtmäßiger Erwerb, rechtmäßige Nutzung und rechtmäßige Offenlegung von Geschäftsgeheimnissen sowie Ausnahmen

§ 26d. (1) Mit Zustimmung des Inhabers eines Geschäftsgeheimnisses sind der Erwerb, die Nutzung und Offenlegung eines Geschäftsgeheimnisses rechtmäßig.

(2) Der Erwerb eines Geschäftsgeheimnisses ist rechtmäßig, wenn das Geschäftsgeheimnis

1. durch unabhängige Entdeckung oder Schöpfung,
2. durch Beobachtung, Untersuchung, Rückbau oder Testen eines Produkts oder Gegenstands, das bzw. der öffentlich verfügbar gemacht wurde oder sich im rechtmäßigen Besitz des Erwerbers der Information befindet, der keiner rechtsgültigen Pflicht zur Beschränkung des Erwerbs des Geschäftsgeheimnisses unterliegt,
3. durch Inanspruchnahme des Rechts der Arbeitnehmer oder Arbeitnehmervertreter auf Information und Anhörung gemäß den bestehenden Vorschriften oder
4. durch jede andere Vorgehensweise, die unter den gegebenen Umständen mit einer seriösen Geschäftspraktik vereinbar ist,

bekannt wird.

(3) Der Erwerb, die Nutzung oder die Offenlegung eines Geschäftsgeheimnisses ist rechtmäßig, wenn dies

1. durch Unionsrecht oder nationales Recht vorgeschrieben oder erlaubt ist, oder
2. in einem der folgenden Fälle erfolgt:

a) zur Ausübung des Rechts der Freiheit der Meinungsäußerung und Informationsfreiheit gemäß der Charta der Grundrechte der Europäischen Union, einschließlich der Achtung der Freiheit und der Pluralität der Medien;
b) zur Aufdeckung einer rechtswidrigen Handlung in Verbindung mit einem beruflichen Fehlverhalten oder einer illegalen Tätigkeit im Zusammenhang mit dem Geschäftsgeheimnis, sofern die Person, welche das Geschäftsgeheimnis erwirbt, nutzt oder offenlegt, in der Absicht gehandelt hat, das allgemeine öffentliche Interesse zu schützen;
c) durch die Offenlegung von Arbeitnehmern gegenüber ihren Vertretern im Rahmen der rechtmäßigen Erfüllung der Aufgaben dieser Vertreter gemäß dem Unionsrecht oder dem nationalen Recht, sofern die Offenlegung zur Erfüllung dieser Aufgaben erforderlich war;
d) zum Schutz eines durch das Unionsrecht oder das nationale Recht anerkannten legitimen Interesses.

Zivilrechtliche Ansprüche zum Schutz von Geschäftsgeheimnissen, Verjährung

§ 26e. (1) Wer Geschäftsgeheimnisse rechtswidrig erwirbt, nutzt oder offenlegt, kann auf Unterlassung, Beseitigung und bei Verschulden auf Schadenersatz in Anspruch genommen werden. Darüber hinaus kann der Geschädigte vom Rechtsverletzer einen immateriellen Schadenersatz verlangen, wenn dies der Billigkeit entspricht, den entgangenen Gewinn sowie etwaige durch den Rechtsverletzer erzielte Gewinne aus dem rechtswidrigen Erwerb, der rechtswidrigen Nutzung oder rechtswidrigen Offenlegung des Geschäftsgeheimnisses fordern. Zur Klage ist der Inhaber des Geschäftsgeheimnisses berechtigt.

(2) Unabhängig vom Nachweis der Höhe des Schadens kann der Inhaber des Geschäftsgeheimnisses als Ersatz des ihm schuldhaft zugefügten Vermögensschadens das Entgelt begehren, das ihm im Falle seiner Einwilligung in den Erwerb, die Nutzung oder Offenlegung gebührt hätte.

(3) Auf Antrag der Person, gegen die sich ein Unterlassungs- oder Beseitigungsbegehren nach Abs. 1 richtet, kann das Gericht dem Beklagten anstelle der Unterlassung oder Beseitigung die Zahlung einer angemessenen Entschädigung für die Fortsetzung der rechtswidrigen Nutzung des Geschäftsgeheimnisses auftragen, wenn

1. der Nutzer oder Offenleger erst nach Beginn der Nutzung oder Offenlegung Kenntnis von Tatsachen erlangt, aufgrund derer er wusste oder hätte wissen müssen, dass ihm das Geschäftsgeheimnis unmittelbar oder mittelbar über eine andere Person, die dieses rechtswidrig genutzt oder offengelegt hat, bekannt geworden ist,
2. dem Nutzer oder Offenleger durch die Unterlassung oder Beseitigung ein unverhältnismäßig großer Schaden entsteht und
3. diese Entschädigung für den Kläger ein angemessener Ersatz für den Unterlassungsanspruch ist.

(4) Ansprüche nach diesem Unterabschnitt verjähren in drei Jahren ab Kenntnis der Gesetzesverletzung und der Person des Rechtsverletzers, längstens aber nach sechs Jahren.

Unterlassungsanspruch und dessen Erlöschen

§ 26f. (1) Der Unterlassungsanspruch kann sich gegen die bereits erfolgte oder drohende rechtswidrige Verletzung eines Geschäftsgeheimnisses durch dessen Erwerb, Nutzung oder Offenlegung richten. Er umfasst auch das Verbot des Herstellens, Anbietens, Vermarktens oder der Nutzung rechtsverletzender Produkte und das Verbot der Einfuhr, Ausfuhr oder Lagerung rechtsverletzender Produkte für diese Zwecke.

(2) Der Anspruch auf Unterlassung erlischt, sobald die betroffenen Informationen aus Gründen,

die dem Rechtsverletzer nicht zuzurechnen sind, kein Geschäftsgeheimnis mehr darstellen.

Beseitigungsanspruch

§ 26g. (1) Im Rahmen des Beseitigungsanspruchs kann der Inhaber des Geschäftsgeheimnisses verlangen, dass auf Kosten des Rechtsverletzers die rechtsverletzenden Produkte und die Dokumente, Gegenstände, Materialien, Stoffe oder elektronischen Dateien, die das Geschäftsgeheimnis enthalten oder verkörpern, vernichtet werden. Er kann überdies den Rückruf der rechtsverletzenden Produkte vom Markt und die Beseitigung der rechtsverletzenden Qualität der rechtsverletzenden Produkte verlangen.

(2) Enthalten die in Abs. 1 genannten Gegenstände Teile, deren unveränderter Bestand und deren Gebrauch das Geschäftsgeheimnis nicht verletzen, so hat das Gericht diese Teile in dem die Vernichtung aussprechenden Urteil zu bezeichnen. Bei der Vollstreckung sind diese Teile, soweit es möglich ist, von der Vernichtung auszunehmen, wenn der Verpflichtete die damit verbundenen Kosten im Voraus bezahlt.

(3) Bei der Beurteilung eines Anspruchs nach Abs. 1 ist zu prüfen, ob die beantragten Maßnahmen nach den besonderen Umständen des Falls verhältnismäßig sind. Kann der dem Gesetz widerstreitende Zustand durch eine andere als die in Abs. 1 genannte, mit keiner oder einer geringeren Wertvernichtung verbundene Art beseitigt werden, so kann der Inhaber des Geschäftsgeheimnisses nur Maßnahmen dieser Art begehren.

(4) Statt der Vernichtung von Gegenständen sowie beim Rückruf der rechtsverletzenden Produkte vom Markt kann der Inhaber des Geschäftsgeheimnisses verlangen, dass ihm die Gegenstände überlassen werden, wobei das Gericht dem Rechtsverletzer auf dessen Antrag unter Berücksichtigung der Verhältnismäßigkeit gemäß den besonderen Umständen des Falls eine angemessene, die Herstellungskosten nicht übersteigende Vergütung zusprechen kann.

(5) Der Beseitigungsanspruch richtet sich gegen den Rechtsverletzer, soweit ihm die Verfügung über die Gegenstände zusteht.

Wahrung der Vertraulichkeit von Geschäftsgeheimnissen im Verlauf von Gerichtsverfahren

§ 26h. (1) Die Information, von welcher der Inhaber behauptet, dass sie ein Geschäftsgeheimnis sei, ist im Verfahren zunächst nur so weit offenzulegen, als es unumgänglich ist, um das Vorliegen der Voraussetzungen eines Geschäftsgeheimnisses sowie seiner Verletzung glaubhaft darzulegen. In dem erstmals das Vorliegen eines Geschäftsgeheimnisses behauptenden Schriftsatz ist es hinreichend, wenn das Vorliegen eines Geschäftsgeheimnisses von der Partei vorgebracht wird und das Vorbringen zumindest soweit substanziiert ist, dass sich das Vorliegen eines Geschäftsgeheimnisses und der geltend gemachte Anspruch daraus schlüssig ableiten lassen.

(2) Das Gericht hat auf Antrag oder von Amts wegen Maßnahmen zu treffen, dass der Verfahrensgegner und Dritte keine Informationen über das Geschäftsgeheimnis erhalten, welche über ihren bisherigen diesbezüglichen Wissensstand hinausgehen. Die allenfalls zu treffenden Maßnahmen können auch umfassen, dass die Offenlegung des behaupteten Geschäftsgeheimnisses nur gegenüber einem vom Gericht bestellten Sachverständigen erfolgt. Der bestellte Sachverständige ist anzuweisen, dem Gericht eine Zusammenfassung vorzulegen, die keine vertraulichen Informationen über das Geschäftsgeheimnis enthält. Darüber hinaus hat er dem Gericht zur Beurteilung sämtliche Unterlagen, den Befund und das Gutachten zu den Geschäftsgeheimnissen vorzulegen und Geschäftsgeheimnisse als solche zu kennzeichnen. Diese Aktenbestandteile sind vom Recht auf Akteneinsicht ausgenommen. Das Gericht hat unbeschadet des Abs. 3 diese schriftlichen Aufzeichnungen über ein Geschäftsgeheimnis in einem gesonderten Aktenteil zu verwahren, der weder dem Verfahrensgegner noch Dritten zugänglich ist.

(3) Auf begründeten Antrag einer Partei kann das Gericht die Offenlegung des behaupteten Geschäftsgeheimnisses im Verfahren auftragen, wenn die Kenntnis für die eigene Rechtsverfolgung oder Rechtsverteidigung im Interesse eines fairen Verfahrens oder zur Durchsetzung legitimer Interessen dieser Partei erforderlich ist. Dabei ist insbesondere auch der mögliche Schaden zu berücksichtigen, der einer Partei und gegebenenfalls etwaigen Dritten durch die Gewährung oder Ablehnung dieser Offenlegung entsteht. Die Entscheidung, in der die Offenlegung angeordnet wird, kann von dem zur Offenlegung Verpflichteten angefochten werden.

(4) Alle Personen, die ausschließlich aufgrund der Teilnahme an dem Verfahren oder des Zugangs zu den Dokumenten von einem Geschäftsgeheimnis oder einem behaupteten Geschäftsgeheimnis Kenntnis erlangen, sind verpflichtet, das Geschäftsgeheimnis oder behauptete Geschäftsgeheimnis geheim zu halten. Dies gilt auch nach Abschluss des Gerichtsverfahrens. Die betroffenen Personen sind vom Gericht über die Verpflichtung zu belehren, dass das Geschäftsgeheimnis weder genutzt noch offengelegt werden darf. Das Gericht hat die Vornahme der Belehrung im Akt festzuhalten.

(5) Die Verpflichtung zur Geheimhaltung nach Abs. 4 besteht auch noch nach Abschluss des Gerichtsverfahrens. Diese Verpflichtung endet jedoch, wenn durch rechtskräftige Entscheidung festgestellt wird,

1. dass kein Geschäftsgeheimnis vorliegt, oder

2. im Laufe der Zeit die in Frage stehenden Informationen für Personen in den Kreisen, die üblicherweise mit der betreffenden Art von Informationen umgehen, allgemein bekannt oder ohne weiteres zugänglich werden.

(6) Bei der Beurteilung des berechtigten Interesses nach § 25 Abs. 3 auf Urteilsveröffentlichung und deren Verhältnismäßigkeit ist den besonderen Umständen des Falls Rechnung zu tragen.

(7) Das Gericht hat von der schriftlichen Abfassung der Entscheidung auch eine Fassung herzustellen, in der die Geschäftsgeheimnisse enthaltenden Passagen gelöscht werden. Diese nicht vertrauliche Fassung ist als solche zu kennzeichnen und auch für Personenkreise außerhalb des Inhabers des Geschäftsgeheimnisses und des Gerichts zu verwenden bzw. der Veröffentlichung zugrunde zu legen.

Einstweilige Verfügung zur Sicherung vor Eingriffen in Geschäftsgeheimnisse

§ 26i. (1) Der Anspruch auf Unterlassung des rechtswidrigen Erwerbs, der rechtswidrigen Nutzung oder der rechtswidrigen Offenlegung eines Geschäftsgeheimnisses kann entsprechend § 24 mittels einstweiliger Verfügung insbesondere durch folgende Mittel gesichert werden:

1. Anordnung der Einstellung oder Verbot der Nutzung oder Offenlegung des Geschäftsgeheimnisses,
2. Verbot des Herstellens, Anbietens, Vermarktens oder der Nutzung rechtsverletzender Produkte oder der Ausfuhr oder Lagerung rechtsverletzender Produkte für diese Zwecke,
3. Beschlagnahme oder Herausgabe der rechtsverletzenden Produkte, einschließlich eingeführter Produkte, um deren Inverkehrbringen oder ihren Umlauf im Markt zu verhindern.

Sofern in diesem Gesetz nichts anderes geregelt ist, sind die §§ 379 bis 402 EO anzuwenden. Die einstweilige Verfügung kann auch zur Sicherung von Beweismitteln erlassen werden. § 26h gilt singgemäß.

(2) Die Vollziehung der einstweiligen Verfügung ist auch dann zulässig, wenn seit deren Bewilligung mehr als ein Monat vergangen ist.

(3) Das Gericht kann anstelle der in Abs. 1 genannten Maßnahmen die Fortsetzung der behaupteten rechtswidrigen Nutzung eines Geschäftsgeheimnisses vom Erlag einer Sicherheit abhängig machen, die die Entschädigung des Inhabers des Geschäftsgeheimnisses sicherstellen soll. Die Offenlegung eines Geschäftsgeheimnisses gegen die Stellung von Sicherheiten darf nicht erlaubt werden.

Voraussetzungen für Antragstellung der einstweiligen Verfügung sowie Sicherungsmittel

§ 26j. (1) Der Antragsteller nach § 26i Abs. 1 hat zu bescheinigen, dass

1. ein Geschäftsgeheimnis vorliegt,
2. er Inhaber dieses Geschäftsgeheimnisses ist und
3. das Geschäftsgeheimnis rechtswidrig erworben, genutzt oder offengelegt wurde oder eine solche Verletzung droht.

(2) Bei der Entscheidung über den Antrag und die Beurteilung der Verhältnismäßigkeit ist den besonderen Umständen des Falls Rechnung zu tragen.

(3) Die einstweilige Verfügung darf bei nicht ausreichender Bescheinigung des Anspruchs nicht gegen eine Sicherheitsleistung erlassen werden.

(4) Die einstweilige Verfügung ist auf Antrag des Antragsgegners aufzuheben, wenn die in Frage stehenden Informationen aus Gründen, die dem Antragsgegner nicht zuzurechnen sind, nicht mehr die in § 26b Abs. 1 genannten Kriterien erfüllen.

(5) Wenn die in § 26i genannten Maßnahmen auf der Grundlage von § 391 Abs. 2 EO aufgehoben oder aufgrund einer Handlung oder Unterlassung des Antragstellers hinfällig werden oder in der Folge festgestellt wird, dass das Geschäftsgeheimnis nicht rechtswidrig erworben, genutzt oder offengelegt wurde und eine solche Verletzung auch nicht drohte, hat das Gericht auf Antrag des Antragsgegners oder eines unmittelbar geschädigten Dritten anzuordnen, dass der Antragsteller dem Antragsgegner oder dem geschädigten Dritten angemessenen Ersatz für den durch diese Maßnahmen entstandenen Schaden zu leisten hat.

48. Väter-Karenzgesetz

Bundesgesetz, mit dem Karenz für Väter geschaffen wird

StF: BGBl. Nr. 651/1989

Letzte Novellierung: BGBl. I Nr. 153/2020

GLIEDERUNG

STICHWORTVERZEICHNIS

Abschnitt 1
Geltungsbereich

§ 1. (1) Dieses Bundesgesetz gilt für

1. alle Arbeitsverhältnisse und Dienstverhältnisse, die auf einem privatrechtlichen Vertrag beruhen,
2. Beschäftigungsverhältnisse, auf die das Heimarbeitsgesetz 1960, BGBl. Nr. 105/1961, anzuwenden ist,
3. öffentlich-rechtliche Dienstverhältnisse zum Bund,
4. Dienstverhältnisse gem. Art. 14 Abs. 2 und Art. 14a Abs. 3 B-VG, die gesetzlich vom Bund zu regeln sind.

(1a) Dieses Bundesgesetz gilt sinngemäß auch für das Arbeitsverhältnis einer Frau, die gemäß § 144 Abs. 2 und 3 des Allgemeinen bürgerlichen Gesetzbuches, JGS Nr. 946/1811, Elternteil ist.

(2) Ausgenommen sind

1. Arbeitsverhältnisse der land- und forstwirtschaftlichen Arbeiter im Sinne des Landarbeitsgesetzes 1984, BGBl. Nr. 287,
2. Dienstverhältnisse zu einem Land, einem Gemeindeverband oder einer Gemeinde, soweit sie nicht gesetzlich vom Bund zu regeln sind.

Abschnitt 1a
Anspruch auf Freistellung anlässlich der Geburt eines Kindes

§ 1a. (1) Unbeschadet des Anspruchs auf Karenz nach den §§ 2ff ist dem Arbeitnehmer auf sein Verlangen für den Zeitraum von der Geburt seines Kindes bis zum Ablauf des Beschäftigungsverbotes der Mutter nach der Geburt des Kindes (§ 5 Abs. 1 des Mutterschutzgesetzes 1979, BGBl. Nr. 221, gleichartige österreichische Rechtsvorschriften oder gleichartige Rechtsvorschriften der Mitgliedsstaaten des Europäischen Wirtschaftsraumes) Freistellung in der Dauer von einem Monat zu gewähren, wenn er mit dem Kind im gemeinsamen Haushalt lebt.

(2) Hat die Mutter keinen Anspruch auf Karenz, endet der in Abs. 1 vorgesehene Zeitraum für die Inanspruchnahme der Freistellung anlässlich der Geburt eines Kindes spätestens mit dem Ablauf von acht bzw. bei Früh-, Mehrlings- oder Kaiserschnittgeburten zwölf Wochen nach der Geburt; bezieht die Mutter Betriebshilfe (Wochengeld) nach § 102a Gewerbliches Sozialversicherungsgesetz (GSVG), BGBl. Nr. 560/1978, oder nach § 98 Bauern-Sozialversicherungsgesetz (BSVG), BGBl. Nr. 559/1978, und verkürzt sich die Achtwochenfrist vor der Entbindung, endet der Zeitraum für die Inanspruchnahme mit dem in den §§ 102a Abs. 1 Satz 4 GSVG und 98 Abs. 1 Satz 4 BSVG genannten Zeitpunkt.

(3) Beabsichtigt der Arbeitnehmer, eine Freistellung nach Abs. 1 in Anspruch zu nehmen, hat er spätestens drei Monate vor dem errechneten Geburtstermin seinem Arbeitgeber unter Bekanntgabe des Geburtstermins den voraussichtlichen Beginn der Freistellung anzukündigen (Vorankündigung). Der Arbeitnehmer hat den Arbeitgeber unverzüglich von der Geburt seines Kindes zu verständigen und spätestens eine Woche nach der Geburt den Antrittszeitpunkt der Freistellung bekannt zu geben. Kann die Vorankündigung der Freistellungsabsicht auf Grund einer Frühgeburt nicht erfolgen, hat er dem Arbeitgeber die Geburt unverzüglich anzuzeigen und den Antrittszeitpunkt der Freistellung nach Abs. 1 spätestens eine Woche nach der Geburt bekannt zu geben. Unbeschadet des Ablaufs dieser Fristen kann eine Freistellung nach Abs. 1 vereinbart werden.

(4) Die Freistellung nach Abs. 1 beginnt frühestens mit dem auf die Geburt des Kindes folgenden Kalendertag. Ein gesetzlicher, kollektivvertraglicher oder einzelvertraglicher Anspruch auf Dienstfreistellung anlässlich der Geburt eines Kindes ist

auf die Freistellung nach Abs. 1 nicht anzurechnen.

(5) Tritt während der Freistellung nach Abs. 1 die Verhinderung der Mutter im Sinne von § 6 ein, kann der Arbeitnehmer im unmittelbaren Anschluss an die Freistellung Karenz nach § 6 verlangen, sofern die Verhinderung über das Ende der Freistellung andauert. Er hat die voraussichtliche Dauer unverzüglich bekannt zu geben und die anspruchsbegründenden Umstände nachzuweisen.

(6) Der Arbeitnehmer, der die Freistellung nach Abs. 1 in Anspruch nimmt, darf weder gekündigt noch entlassen werden. Der Kündigungs- und Entlassungsschutz beginnt mit der Vorankündigung oder einer späteren Vereinbarung gemäß Abs. 3, frühestens jedoch vier Monate vor dem errechneten Geburtstermin. Bei Entfall der Vorankündigung auf Grund einer Frühgeburt beginnt er mit der Meldung des Antrittszeitpunktes. Der Kündigungs- und Entlassungsschutz endet vier Wochen nach dem Ende der Freistellung. § 10 Abs. 3, 5 und 7 MSchG, § 13 MSchG sowie für Heimarbeiter § 31 Abs. 3 MSchG sowie § 7 Abs. 2 sind anzuwenden. Eine Entlassung kann nur nach Zustimmung des Gerichtes ausgesprochen werden. § 12 Abs. 2 und 4 MSchG ist anzuwenden.

(7) Bei Wegfall des gemeinsamen Haushalts mit dem Kind ist § 2 Abs. 7 und 8 sinngemäß anzuwenden. Für das Recht auf Information gilt § 7a und für den Anspruch auf eine Dienstwohnung während der Dauer des Kündigungs- und Entlassungsschutzes § 16 MSchG. Ferner sind für eine Freistellung gemäß Abs. 1 die Bestimmungen des § 15f Abs. 1 und 2 MSchG sinngemäß anzuwenden.

Abschnitt 2
Karenz
Anspruch auf Karenz

§ 2. (1) Dem Arbeitnehmer ist auf sein Verlangen Karenz gegen Entfall des Arbeitsentgelts bis zum Ablauf des zweiten Lebensjahres seines Kindes, sofern im Folgenden nicht anderes bestimmt ist, zu gewähren, wenn er mit dem Kind im gemeinsamen Haushalt lebt; eine gleichzeitige Inanspruchnahme von Karenz durch beide Elternteile ist ausgenommen im Falle des § 3 Abs. 2 nicht zulässig.

(2) Hat die Mutter einen Anspruch auf Karenz, beginnt die Karenz des Arbeitnehmers frühestens mit dem Ablauf eines Beschäftigungsverbotes der Mutter nach Geburt eines Kindes (§ 5 Abs. 1 des Mutterschutzgesetzes 1979, BGBl. Nr. 221, gleichartige österreichische Rechtsvorschriften oder gleichartige Rechtsvorschriften der Mitgliedstaaten des Europäischen Wirtschaftsraumes).

(3) Hat die Mutter keinen Anspruch auf Karenz, beginnt die Karenz des Arbeitnehmers frühestens mit dem Ablauf von acht bzw. bei Früh-, Mehrlings- oder Kaiserschnittgeburten zwölf Wochen nach der Geburt. Bezieht die Mutter Betriebshilfe (Wochengeld) nach § 102a Gewerbliches Sozialversicherungsgesetz (GSVG), BGBl. Nr. 560/1978, oder nach § 98 Bauern-Sozialversicherungsgesetz (BSVG), BGBl. Nr. 559/1978, und verkürzt sich die Achtwochenfrist vor der Entbindung, so beginnt die Karenz frühestens mit dem in den §§ 102a Abs. 1 Satz 4 GSVG und 98 Abs. 1 Satz 4 BSVG genannten Zeitpunkt.

(4) Die Karenz muss mindestens zwei Monate betragen.

(5) Nimmt der Arbeitnehmer Karenz zum frühestmöglichen Zeitpunkt (Abs. 2 oder 3) in Anspruch, hat er seinem Arbeitgeber spätestens acht Wochen nach der Geburt des Kindes Beginn und Dauer der Karenz bekannt zu geben. Der Arbeitnehmer kann seinem Arbeitgeber spätestens drei Monate, dauert die Karenz jedoch weniger als drei Monate, spätestens zwei Monate vor dem Ende seiner Karenz, bekannt geben, dass er die Karenz verlängert und bis wann. Hat die Mutter keinen Anspruch auf Karenz, kann der Arbeitnehmer Karenz auch zu einem späteren Zeitpunkt in Anspruch nehmen. In diesem Fall hat er seinem Arbeitgeber Beginn und Dauer der Karenz spätestens drei Monate vor dem Antritt der Karenz bekannt zu geben. Unbeschadet des Ablaufs dieser Fristen kann Karenz nach Abs. 1 vereinbart werden.

(6) Der Arbeitgeber ist verpflichtet, seinem Arbeitnehmer auf dessen Verlangen jeweils eine Bestätigung über Beginn und Dauer der Karenz auszustellen. Die Bestätigung ist vom Arbeitnehmer mit zu unterfertigen. Derartige Bestätigungen sind von Stempelgebühren und Bundesverwaltungsabgaben befreit.

(7) Der Arbeitnehmer hat seinem Arbeitgeber den Wegfall des gemeinsamen Haushaltes mit dem Kind unverzüglich bekannt zu geben und über Verlangen des Arbeitgebers seinen Dienst wieder anzutreten.

(8) Die Karenz endet vorzeitig, wenn der gemeinsame Haushalt mit dem Kind aufgehoben wird und der Arbeitgeber den vorzeitigen Antritt des Dienstes begehrt.

Teilung der Karenz zwischen Vater und Mutter

§ 3. (1) Die Karenz nach § 2 kann zweimal geteilt und abwechselnd mit der Mutter in Anspruch genommen werden. Ein Karenzteil muss mindestens zwei Monate betragen und beginnt zu dem in § 2 Abs. 2 oder 3 vorgesehenen Zeitpunkt oder im unmittelbaren Anschluss an eine Karenz der Mutter.

(2) Aus Anlass des erstmaligen Wechsels der Betreuungsperson kann der Arbeitnehmer gleichzeitig mit der Mutter Karenz in der Dauer von

einem Monat in Anspruch nehmen, wobei der Anspruch auf Karenz ein Monat vor dem im § 2 Abs. 1 oder § 4 Abs. 1 dritter Satz vorgesehenen Zeitpunkt endet.

(3) Nimmt der Arbeitnehmer Karenz im Anschluss an eine Karenz der Mutter in Anspruch, hat er spätestens drei Monate vor Ende der Karenz der Mutter seinem Arbeitgeber Beginn und Dauer seiner Karenz bekannt zu geben. Beträgt die Karenz der Mutter im Anschluss an das Beschäftigungsverbot gemäß § 5 Abs. 1 des Mutterschutzgesetzes 1979, BGBl. Nr. 221, gleichartiger österreichischer Rechtsvorschriften oder gleichartiger Rechtvorschriften der Mitgliedstaaten des Europäischen Wirtschaftsraumes jedoch weniger als drei Monate, so hat der Arbeitnehmer Beginn und Dauer seiner Karenz spätestens zum Ende der Frist gemäß § 2 Abs. 2 zu melden. Unbeschadet des Ablaufs dieser Fristen kann Karenz nach Abs. 1 vereinbart werden.

(4) Im Übrigen gilt § 2 Abs. 6 bis 8.

Aufgeschobene Karenz

§ 4. (1) Der Arbeitnehmer kann mit dem Arbeitgeber vereinbaren, dass er drei Monate seiner Karenz aufschiebt und bis zum Ablauf des siebenten Lebensjahres des Kindes verbraucht, sofern im Folgenden nicht anderes bestimmt ist. Dabei sind die Erfordernisse des Betriebes und des Anlasses der Inanspruchnahme zu berücksichtigen. Aufgeschobene Karenz kann jedoch nur dann genommen werden, wenn die Karenz nach den §§ 2 oder 3 spätestens mit Ablauf des 21. Lebensmonates des Kindes, wenn auch die Mutter aufgeschobene Karenz in Anspruch nimmt, spätestens mit Ablauf des 18. Lebensmonates des Kindes geendet hat.

(2) Ist die noch nicht verbrauchte aufgeschobene Karenz länger als der Zeitraum zwischen dem Schuleintritt und dem Ablauf des siebenten Lebensjahres des Kindes oder erfolgt der Schuleintritt erst nach Ablauf des siebenten Lebensjahres des Kindes, kann aus Anlass des Schuleintritts der Verbrauch der aufgeschobenen Karenz vereinbart werden. Die Geburt eines weiteren Kindes hindert nicht die Vereinbarung über den Verbrauch der aufgeschobenen Karenz.

(3) Die Absicht, aufgeschobene Karenz in Anspruch zu nehmen, ist dem Arbeitgeber zu den in §§ 2 Abs. 5 oder 3 Abs. 3 genannten Zeitpunkten bekannt zu geben. Kommt innerhalb von zwei Wochen ab Bekanntgabe keine Einigung zustande, kann der Arbeitgeber binnen weiterer zwei Wochen wegen der Inanspruchnahme der aufgeschobenen Karenz Klage beim zuständigen Gericht einbringen, widrigenfalls die Zustimmung als erteilt gilt. Der Arbeitnehmer kann bei Nichteinigung oder im Fall der Klage bekannt geben, dass er anstelle der aufgeschobenen Karenz Karenz bis zum zweiten Lebensjahr des Kindes in Anspruch nimmt. Gleiches gilt, wenn der Klage des Arbeitgebers stattgegeben wird.

(4) Der Beginn des aufgeschobenen Teiles der Karenz ist dem Arbeitgeber spätestens drei Monate vor dem gewünschten Zeitpunkt bekannt zu geben. Kommt innerhalb von zwei Wochen ab Bekanntgabe keine Einigung zustande, kann der Arbeitnehmer die aufgeschobene Karenz zum gewünschten Zeitpunkt antreten, es sei denn, der Arbeitgeber hat binnen weiterer zwei Wochen wegen des Zeitpunktes des Antritts der aufgeschobenen Karenz die Klage beim zuständigen Gericht eingebracht.

(5) In Rechtsstreitigkeiten nach Abs. 3 und 4 steht keiner Partei ein Kostenersatzanspruch an die andere zu, ist gegen ein Urteil des Gerichtes erster Instanz eine Berufung nicht zulässig und sind – unabhängig vom Wert des Streitgegenstandes – Beschlüsse des Gerichtes erster Instanz nur aus den Gründen des § 517 ZPO sowie wegen Nichtzulassung einer Klagsänderung anfechtbar.

(6) Wird die aufgeschobene Karenz im Rahmen eines anderen Arbeitsverhältnisses als jenem, das zur Zeit der Geburt des Kindes bestanden hat, in Anspruch genommen, bedarf es vor Antritt der aufgeschobenen Karenz jedenfalls einer Vereinbarung mit dem neuen Arbeitgeber.

(7) Im Übrigen gilt § 2 Abs. 6 bis 8.

Karenz des Adoptiv- oder Pflegevaters

§ 5. (1) Anspruch auf Karenz unter den in den §§ 2, 3 und 4 genannten Voraussetzungen und Bedingungen hat, sofern im Folgenden nicht anderes bestimmt ist, auch ein Arbeitnehmer, der ein Kind, welches das zweite Lebensjahr noch nicht vollendet hat,

1. an Kindes Statt angenommen hat (Adoptivvater);
2. in unentgeltliche Pflege genommen hat (Pflegevater).

(2) Bei Annahme an Kindes Statt oder der Übernahme in unentgeltliche Pflege beginnt die Karenz mit dem Tag der Annahme, der Übernahme oder im Anschluss an eine Karenz des anderen Elternteils, Adoptiv- oder Pflegeelternteils, im Falle des § 2 Abs. 5 dritter Satz auch zu einem späteren Zeitpunkt.

(3) Nimmt der Arbeitnehmer Karenz zum frühest möglichen Zeitpunkt in Anspruch, hat er seinem Arbeitgeber unverzüglich Beginn und Dauer der Karenz nach §§ 2 oder 3 bekannt zu geben. Unbeschadet des Ablaufs dieser Frist kann Karenz nach den §§ 2 oder 3 vereinbart werden.

(4) Nimmt ein Arbeitnehmer ein Kind nach Ablauf des 18. Lebensmonates, jedoch vor Vollendung des zweiten Lebensjahres an Kindes Statt an oder in unentgeltliche Pflege, kann er Karenz im Ausmaß bis zu sechs Monaten auch über das zweite Lebensjahr des Kindes in Anspruch nehmen.

(5) Nimmt ein Arbeitnehmer ein Kind nach Ablauf des zweiten Lebensjahres, jedoch vor Vollendung des siebenten Lebensjahres an Kindes Statt an oder in unentgeltliche Pflege, hat er aus Anlass der Adoption oder Übernahme in unentgeltliche Pflege Anspruch auf Karenz im Ausmaß von sechs Monaten. Im Übrigen gelten die §§ 2 und 3.

(6) Die §§ 3 und 4 sind mit der Maßgabe anzuwenden, dass an die Stelle des Begriffs „ die Mutter" in der jeweils verwendeten grammatikalischen Form der Begriff „ der andere Elternteil" in der jeweils richtigen grammatikalischen Form tritt.

Karenz bei Verhinderung des anderen Elternteils

§ 6. (1) Ist der andere Elternteil, Adoptiv- oder Pflegeelternteil durch ein unvorhersehbares und unabwendbares Ereignis für eine nicht bloß verhältnismäßig kurze Zeit verhindert, das Kind selbst zu betreuen, ist dem Arbeitnehmer (Vater, Adoptiv- oder Pflegevater im Sinne des § 5 Abs. 1) auf sein Verlangen für die Dauer der Verhinderung, längstens jedoch bis zum Ablauf des zweiten Lebensjahres des Kindes, jedenfalls Karenz zu gewähren, wenn er mit dem Kind im gemeinsamen Haushalt lebt. Dasselbe gilt bei Verhinderung eines anderen Elternteils, Adoptiv- oder Pflegeelternteils, der zulässigerweise nach Ablauf des zweiten Lebensjahres des Kindes Karenz in Anspruch nimmt.

(2) Ein unvorhersehbares und unabwendbares Ereignis liegt nur vor bei:

1. Tod,
2. Aufenthalt in einer Heil- und Pflegeanstalt,
3. Verbüßung einer Freiheitsstrafe sowie bei einer anderweitigen auf behördlicher Anordnung beruhenden Anhaltung,
4. schwerer Erkrankung,
5. Wegfall des gemeinsamen Haushaltes des anderen Elternteils, Adoptiv- oder Pflegeelternteils mit dem Kind oder der Betreuung des Kindes.

(3) Der Anspruch auf Karenz steht auch dann zu, wenn der Arbeitnehmer bereits Karenz verbraucht, eine vereinbarte Teilzeitbeschäftigung angetreten oder beendet oder für einen späteren Zeitpunkt Karenz oder Teilzeitbeschäftigung angemeldet hat.

(4) Der Arbeitnehmer hat Beginn und voraussichtliche Dauer der Karenz seinem Arbeitgeber unverzüglich bekannt zu geben und die anspruchsbegründenden Umstände nachzuweisen.

(5) Die §§ 7 bis 7c sind mit der Maßgabe anzuwenden, dass an die Stelle des Begriffs „ die Mutter" in der jeweils verwendeten grammatikalischen Form der Begriff „ der andere Elternteil" in der jeweils richtigen grammatikalischen Form tritt.

Kündigungs- und Entlassungsschutz bei Karenz

§ 7. (1) Der Arbeitnehmer, der Karenz nach den §§ 2, 3 oder 5 in Anspruch nimmt, darf weder gekündigt noch entlassen werden, sofern Abs. 3 nicht anderes bestimmt. Der Kündigungs- und Entlassungsschutz beginnt mit der Bekanntgabe, frühestens jedoch vier Monate vor Antritt einer Karenz, nicht jedoch vor Geburt des Kindes. Der Kündigungs- und Entlassungsschutz endet vier Wochen

1. nach dem Ende einer Karenz oder eines Karenzteiles,
2. nach dem Ende einer Karenz oder einer Teilzeitbeschäftigung, die infolge der Verhinderung der Mutter, Adoptiv- oder Pflegemutter in Anspruch genommen wird.

(2) Der Ablauf der Beschäftigungsbewilligung, der Arbeitserlaubnis oder des Befreiungsscheines nach dem Ausländerbeschäftigungsgesetz, BGBl. Nr. 218/1975, eines Ausländers wird bis zu dem Tag gehemmt, zu dem das Arbeitsverhältnis unter Bedachtnahme auf den Kündigungs- und Entlassungsschutz rechtsgültig beendet werden kann.

(3) Die §§ 10 Abs. 3 bis 7 und 13 MSchG, sowie für Heimarbeiter § 31 Abs. 3 MSchG sind anzuwenden. Eine Entlassung kann nur nach Zustimmung des Gerichts ausgesprochen werden. § 12 Abs. 2 und 4 MSchG ist anzuwenden.

Recht auf Information

§ 7a. Während einer Karenz hat der Arbeitgeber den Arbeitnehmer über wichtige Betriebsgeschehnisse, die die Interessen des karenzierten Arbeitnehmers berühren, insbesondere Insolvenzverfahren, betriebliche Umstrukturierungen und Weiterbildungsmaßnahmen zu informieren.

Beschäftigung während der Karenz

§ 7b. (1) Der Arbeitnehmer (Vater, Adoptiv- oder Pflegevater) kann neben seinem karenzierten Arbeitsverhältnis eine geringfügige Beschäftigung ausüben, bei der das gebührende Entgelt im Kalendermonat den im § 5 Abs. 2 Z 2 des Allgemeinen Sozialversicherungsgesetzes, BGBl. Nr. 189/1955 (ASVG) genannten Betrag nicht übersteigt. Eine Verletzung der Arbeitspflicht bei solchen Beschäftigungen hat keine Auswirkungen auf das karenzierte Arbeitsverhältnis. Die Arbeitsleistung im Rahmen solcher Beschäftigungen ist zwischen Arbeitnehmer und Arbeitgeber vor jedem Arbeitseinsatz zu vereinbaren.

(2) Weiters kann der Arbeitnehmer neben seinem karenzierten Arbeitsverhältnis mit seinem Arbeitgeber für höchstens 13 Wochen im Kalenderjahr eine Beschäftigung über die Geringfügigkeitsgrenze hinaus vereinbaren. Wird Karenz nicht während des gesamten Kalenderjahres in

Weitere Ges.

Anspruch genommen, kann eine solche Beschäftigung nur im aliquoten Ausmaß vereinbart werden.

(3) Mit Zustimmung des Arbeitgebers kann eine Beschäftigung im Sinne des Abs. 2 auch mit einem anderen Arbeitgeber vereinbart werden.

Anwendung sonstiger Bestimmungen des Mutterschutzgesetzes

§ 7c. Für den Anspruch auf sonstige, insbesondere einmalige Bezüge (§ 67 Abs. 1 des Einkommensteuergesetzes 1988) und für Rechtsansprüche des Arbeitnehmers, die sich nach der Dauer der Dienstzeit richten, gilt § 15f Abs. 1 MSchG, für den Urlaubsanspruch § 15f Abs. 2 MSchG und für den Anspruch auf eine Dienstwohnung gilt während der Dauer seines Kündigungs- und Entlassungsschutzes § 16 MSchG.

Abschnitt 3

Teilzeitbeschäftigung und Änderung der Lage der Arbeitszeit

Anspruch auf Teilzeitbeschäftigung

§ 8. (1) Der Arbeitnehmer hat einen Anspruch auf Teilzeitbeschäftigung längstens bis zum Ablauf des siebenten Lebensjahres oder einem späteren Schuleintritt des Kindes, wenn

1. das Arbeitsverhältnis zum Zeitpunkt des Antritts der Teilzeitbeschäftigung ununterbrochen drei Jahre gedauert hat,
2. der Arbeitnehmer zu diesem Zeitpunkt in einem Betrieb (§ 34 Arbeitsverfassungsgesetz – ArbVG, BGBl. Nr. 22/1974, oder § 139 Landarbeitsgesetz 1984 – LAG) mit mehr als 20 Arbeitnehmern und Arbeitnehmerinnen beschäftigt ist und
3. die wöchentliche Normalarbeitszeit um mindestens 20 vH reduziert wird und zwölf Stunden nicht unterschreitet (Bandbreite).

Beginn, Dauer, Ausmaß und Lage der Teilzeitbeschäftigung sind mit dem Arbeitgeber zu vereinbaren, wobei die betrieblichen Interessen und die Interessen des Arbeitnehmers zu berücksichtigen sind. Arbeit-nehmer haben während eines Lehrverhältnisses keinen Anspruch auf Teilzeitbeschäftigung.

(2) Alle Zeiten, die der Arbeitnehmer in unmittelbar vorausgegangenen Arbeitsverhältnissen zum selben Arbeitgeber zurückgelegt hat, sind bei der Berechnung der Mindestdauer des Arbeitsverhältnisses nach Abs. 1 Z 1 zu berücksichtigen. Ebenso zählen Zeiten von unterbrochenen Arbeitsverhältnissen, die auf Grund von Wiedereinstellungszusagen oder Wiedereinstellungsvereinbarungen beim selben Arbeitgeber fortgesetzt werden, für die Mindestdauer des Arbeitsverhältnisses. Zeiten einer Karenz nach diesem Bundesgesetz werden abweichend von § 7c iVm § 15f Abs. 1 dritter Satz auf die Mindestdauer des Arbeitsverhältnisses angerechnet.

(3) Für die Ermittlung der Arbeitnehmerzahl nach Abs. 1 Z 2 ist maßgeblich, wie viele Arbeitnehmer und Arbeitnehmerinnen regelmäßig im Betrieb beschäftigt werden. In Betrieben mit saisonal schwankender Arbeitnehmerzahl gilt das Erfordernis der Mindestanzahl der Arbeitnehmer und der Arbeitnehmerinnen als erfüllt, wenn die Arbeitnehmerzahl im Jahr vor dem Antritt der Teilzeitbeschäftigung durchschnittlich mehr als 20 Arbeitnehmer und Arbeitnehmerinnen betragen hat.

(4) In Betrieben mit bis zu 20 Arbeitnehmern und Arbeitnehmerinnen kann in einer Betriebsvereinbarung im Sinne des § 97 Abs. 1 Z 25 ArbVG oder § 202 Abs. 1 Z 24 LAG insbesondere festgelegt werden, dass die Arbeitnehmer einen Anspruch auf Teilzeitbeschäftigung nach Abs. 1 haben. Auf diese Teilzeitbeschäftigung sind sämtliche Bestimmungen anzuwenden, die für eine Teilzeitbeschäftigung nach Abs. 1 gelten. Die Kündigung einer solchen Betriebsvereinbarung ist nur hinsichtlich der Arbeitsverhältnisse jener Arbeitnehmer wirksam, die zum Kündigungstermin keine Teilzeitbeschäftigung nach der Betriebsvereinbarung schriftlich bekannt gegeben oder angetreten haben.

Vereinbarte Teilzeitbeschäftigung

§ 8a. Der Arbeitnehmer, der keinen Anspruch auf Teilzeitbeschäftigung nach § 8 Abs. 1 oder 4 hat, kann mit dem Arbeitgeber eine Teilzeitbeschäftigung einschließlich Beginn, Dauer, Ausmaß und Lage längstens bis zum Ablauf des vierten Lebensjahres des Kindes vereinbaren, bei der die wöchentliche Normalarbeitszeit um mindestens 20 vH reduziert wird und zwölf Stunden nicht unterschreitet (Bandbreite).

Gemeinsame Bestimmungen zur Teilzeitbeschäftigung

§ 8b. (1) Voraussetzung für die Inanspruchnahme einer Teilzeitbeschäftigung nach den §§ 8 und 8a ist, dass der Arbeitnehmer mit dem Kind im gemeinsamen Haushalt lebt oder eine Obsorge nach den §§ 177 Abs. 4 oder 179 des Allgemeinen bürgerlichen Gesetzbuchs, JGS Nr. 946/1811, gegeben ist und sich die Mutter nicht gleichzeitig in Karenz befindet.

(2) Der Arbeitnehmer kann die Teilzeitbeschäftigung für jedes Kind nur einmal in Anspruch nehmen. Dieses Recht wird durch das Zurückziehen eines Teilzeitantrages nach § 8 Abs. 1 oder § 8a nicht verwirkt. Die Teilzeitbeschäftigung muss mindestens zwei Monate dauern.

(3) Die Teilzeitbeschäftigung kann frühestens

1. mit dem Ablauf eines Beschäftigungsverbotes der Mutter nach der Geburt eines Kindes (§ 5 Abs. 1 MSchG oder gleichartige österreichische Rechtsvorschriften, gleichartige Rechtsvorschriften der Mitgliedstaaten des Europäischen Wirtschaftsraumes) oder

2. mit dem Ablauf von acht bzw. bei Früh-, Mehrlings- oder Kaiserschnittgeburten zwölf Wochen nach der Geburt, wenn die Mutter nicht Arbeitnehmerin ist (Fälle des § 2 Abs. 1 Z 2),

angetreten werden. In diesem Fall hat der Arbeitnehmer dies dem Arbeitgeber einschließlich Dauer, Ausmaß und Lage der Teilzeitbeschäftigung schriftlich spätestens acht Wochen nach der Geburt des Kindes bekannt zu geben. § 2 Abs. 3 zweiter Satz ist anzuwenden.

(4) Beabsichtigt der Arbeitnehmer den Antritt der Teilzeitbeschäftigung zu einem späteren Zeitpunkt, hat er dies dem Arbeitgeber einschließlich Beginn, Dauer, Ausmaß und Lage der Teilzeitbeschäftigung schriftlich spätestens drei Monate vor dem beabsichtigten Beginn bekannt zu geben. Beträgt jedoch der Zeitraum zwischen dem Ende der Frist gemäß Abs. 3 und dem Beginn der beabsichtigten Teilzeitbeschäftigung weniger als drei Monate, so hat der Arbeitnehmer die Teilzeitbeschäftigung schriftlich spätestens acht Wochen nach der Geburt des Kindes bekannt zu geben.

(5) Der Arbeitnehmer kann sowohl eine Änderung der Teilzeitbeschäftigung (Verlängerung, Änderung des Ausmaßes oder der Lage) innerhalb der Bandbreite nach § 8 Abs. 1 Z 3 oder § 8a als auch eine vorzeitige Beendigung jeweils nur einmal verlangen. Er hat dies dem Arbeitgeber schriftlich spätestens drei Monate, dauert die Teilzeitbeschäftigung jedoch weniger als drei Monate, spätestens zwei Monate vor der beabsichtigten Änderung oder Beendigung bekannt zu geben.

(6) Der Arbeitgeber kann sowohl eine Änderung der Teilzeitbeschäftigung (Änderung des Ausmaßes oder der Lage) innerhalb der Bandbreite nach § 8 Abs. 1 Z 3 oder § 8a als auch eine vorzeitige Beendigung jeweils nur einmal verlangen. Er hat dies dem Arbeitnehmer schriftlich spätestens drei Monate, dauert die Teilzeitbeschäftigung jedoch weniger als drei Monate, spätestens zwei Monate vor der beabsichtigten Änderung oder Beendigung bekannt zu geben.

(7) Fallen in ein Kalenderjahr auch Zeiten einer Teilzeitbeschäftigung, gebühren dem Arbeitnehmer sonstige, insbesondere einmalige Bezüge im Sinne des § 67 Abs. 1 EStG 1988 in dem der Vollzeit- und Teilzeitbeschäftigung entsprechenden Ausmaß im Kalenderjahr.

(8) Der Arbeitgeber ist verpflichtet, seinem Arbeitnehmer auf dessen Verlangen eine Bestätigung über Beginn und Dauer der Teilzeitbeschäftigung oder die Nichtinanspruchnahme der Teilzeitbeschäftigung auszustellen. Diese Bestätigung ist vom Arbeitnehmer mit zu unterfertigen. Derartige Bestätigungen sind von Stempelgebühren und Bundesverwaltungsabgaben befreit.

(9) Die Teilzeitbeschäftigung des Arbeitnehmers endet vorzeitig mit der Inanspruchnahme einer Karenz oder Teilzeitbeschäftigung nach diesem Bundesgesetz für ein weiteres Kind.

(10) Kommt es zu einer Vereinbarung über ein Teilzeitmodell außerhalb der Bandbreite, liegt dennoch eine Teilzeitbeschäftigung im Sinne des § 8 oder § 8a vor.

Verfahren beim Anspruch auf Teilzeitbeschäftigung

§ 8c. (1) In Betrieben, in denen ein für den Arbeitnehmer zuständiger Betriebsrat errichtet ist, ist dieser auf Verlangen des Arbeitnehmers den Verhandlungen über Beginn, Dauer, Ausmaß oder Lage der Teilzeitbeschäftigung nach § 8 Abs. 1 beizuziehen. Kommt binnen zwei Wochen ab Bekanntgabe keine Einigung zu Stande, können im Einvernehmen zwischen Arbeitnehmer und Arbeitgeber Vertreter der gesetzlichen Interessenvertretungen der Arbeitnehmer und der Arbeitgeber den Verhandlungen beigezogen werden. Der Arbeitgeber hat das Ergebnis der Verhandlungen schriftlich aufzuzeichnen. Diese Ausfertigung ist sowohl vom Arbeitgeber als auch vom Arbeitnehmer zu unterzeichnen; eine Ablichtung ist dem Arbeitnehmer auszuhändigen.

(2) Kommt binnen vier Wochen ab Bekanntgabe keine Einigung über Beginn, Dauer, Ausmaß oder Lage der Teilzeitbeschäftigung zu Stande, kann der Arbeitnehmer die Teilzeitbeschäftigung zu den von ihm bekannt gegebenen Bedingungen antreten, sofern der Arbeitgeber nicht binnen zwei Wochen beim zuständigen Arbeits- und Sozialgericht einen Antrag nach § 433 Abs. 1 ZPO zur gütlichen Einigung gegebenenfalls im Rahmen eines Gerichtstages stellt. Dem Antrag ist das Ergebnis der Verhandlungen nach Abs. 1 anzuschließen.

(3) Kommt binnen vier Wochen ab Einlangen des Antrags beim Arbeits- und Sozialgericht keine gütliche Einigung zu Stande, hat der Arbeitgeber binnen einer weiteren Woche dem Arbeitnehmer auf Einwilligung in die von ihm vorgeschlagenen Bedingungen der Teilzeitbeschäftigung beim zuständigen Arbeits- und Sozialgericht zu klagen, andernfalls kann der Arbeitnehmer die Teilzeitbeschäftigung zu den von ihm bekannt gegebenen Bedingungen antreten. Findet der Vergleichsversuch erst nach Ablauf von vier Wochen statt, beginnt die Frist für die Klagseinbringung mit dem auf den Vergleichsversuch folgenden Tag. Das Arbeits- und Sozialgericht hat der Klage des Arbeitgebers dann stattzugeben, wenn die betrieblichen Erfordernisse die Interessen des Arbeitnehmers überwiegen. Gibt das Arbeits- und Sozialgericht der Klage des Arbeitgebers nicht statt, wird die vom Arbeitnehmer beabsichtigte Teilzeitbeschäftigung mit der Rechtskraft des Urteils wirksam.

(4) Beabsichtigt der Arbeitnehmer eine Änderung oder vorzeitige Beendigung der Teilzeitbeschäftigung, ist Abs. 1 anzuwenden. Kommt binnen vier Wochen ab Bekanntgabe keine Einigung

zu Stande, kann der Arbeitgeber binnen einer weiteren Woche dagegen Klage beim zuständigen Arbeits- und Sozialgericht erheben. Bringt der Arbeitgeber keine Klage ein, wird die vom Arbeitnehmer bekannt gegebene Änderung oder vorzeitige Beendigung der Teilzeitbeschäftigung wirksam. Das Arbeits- und Sozialgericht hat der Klage dann stattzugeben, wenn die betrieblichen Erfordernisse gegenüber den Interessen des Arbeitnehmers im Hinblick auf die beabsichtigte Änderung oder vorzeitige Beendigung überwiegen.

(5) Beabsichtigt der Arbeitgeber eine Änderung der Teilzeitbeschäftigung oder eine vorzeitige Beendigung, ist Abs. 1 anzuwenden. Kommt binnen vier Wochen ab Bekanntgabe keine Einigung zu Stande, kann der Arbeitgeber binnen einer weiteren Woche Klage auf die Änderung oder vorzeitige Beendigung beim Arbeits- und Sozialgericht erheben, andernfalls die Teilzeitbeschäftigung unverändert bleibt. Das Arbeits- und Sozialgericht hat der Klage dann stattzugeben, wenn die betrieblichen Erfordernisse gegenüber den Interessen des Arbeitnehmers im Hinblick auf die beabsichtigte Änderung oder vorzeitige Beendigung überwiegen.

(6) In Rechtsstreitigkeiten nach Abs. 3 bis 5 steht keiner Partei ein Kostenersatzanspruch an die andere zu. Gegen ein Urteil des Gerichtes erster Instanz ist eine Berufung nicht zulässig und sind – unabhängig vom Wert des Streitgegenstandes – Beschlüsse des Gerichtes erster Instanz nur aus den Gründen des § 517 Abs. 1 Z 1, 4 und 6 ZPO anfechtbar.

Verfahren bei der vereinbarten Teilzeitbeschäftigung

§ 8d. (1) In Betrieben, in denen ein für den Arbeitnehmer zuständiger Betriebsrat errichtet ist, ist dieser auf Verlangen des Arbeitnehmers den Verhandlungen über die Teilzeitbeschäftigung nach § 8a, deren Beginn, Dauer, Lage und Ausmaß beizuziehen.

(2) Kommt binnen zwei Wochen ab Bekanntgabe keine Einigung zu Stande, so kann der Arbeitnehmer den Arbeitgeber auf Einwilligung in eine Teilzeitbeschäftigung einschließlich deren Beginn, Dauer, Lage und Ausmaß klagen. Das Gericht hat die Klage insoweit abzuweisen, als der Arbeitgeber aus sachlichen Gründen die Einwilligung in die begehrte Teilzeitbeschäftigung verweigert hat.

(3) Beabsichtigt der Arbeitnehmer eine Änderung oder vorzeitige Beendigung der Teilzeitbeschäftigung, ist Abs. 1 anzuwenden. Kommt binnen zwei Wochen ab Bekanntgabe keine Einigung zu Stande, kann der Arbeitnehmer binnen einer weiteren Woche Klage auf eine Änderung oder vorzeitige Beendigung der Teilzeitbeschäftigung beim zuständigen Arbeits- und Sozialgericht erheben. Das Arbeits- und Sozialgericht hat die Klage dann abzuweisen, wenn die betrieblichen Erfordernisse gegenüber den Interessen des Arbeitnehmers im Hinblick auf die beabsichtigte Änderung oder vorzeitige Beendigung überwiegen.

(4) Beabsichtigt der Arbeitgeber eine Änderung der Teilzeitbeschäftigung oder eine vorzeitige Beendigung, ist Abs. 1 anzuwenden. Kommt binnen zwei Wochen ab Bekanntgabe keine Einigung zu Stande, kann der Arbeitgeber binnen einer weiteren Woche Klage auf eine Änderung oder vorzeitige Beendigung beim zuständigen Arbeits- und Sozialgericht erheben, andernfalls die Teilzeitbeschäftigung unverändert bleibt. Das Arbeits- und Sozialgericht hat der Klage dann stattzugeben, wenn die betrieblichen Erfordernisse gegenüber den Interessen des Arbeitnehmers im Hinblick auf die beabsichtigte Änderung oder vorzeitige Beendigung überwiegen.

(5) § 8c Abs. 6 ist anzuwenden.

Karenz an Stelle von Teilzeitbeschäftigung

§ 8e. (1) Kommt zwischen dem Arbeitnehmer und dem Arbeitgeber keine Einigung über eine Teilzeitbeschäftigung nach den §§ 8 und 8a zu Stande, kann der Arbeitnehmer dem Arbeitgeber binnen einer Woche bekannt geben, dass er

1. an Stelle der Teilzeitbeschäftigung oder
2. bis zur Entscheidung des Arbeits- und Sozialgerichtes Karenz, längstens jedoch bis zum Ablauf des zweiten Lebensjahres des Kindes, in Anspruch nimmt.

(2) Gibt das Gericht der Klage des Arbeitgebers in einem Rechtsstreit nach § 8c Abs. 3 oder der Klage des Arbeitnehmers nach § 8d Abs. 2 nicht statt, kann der Arbeitnehmer binnen einer Woche nach Zugang des Urteils dem Arbeitgeber bekannt geben, dass er Karenz längstens bis zum Ablauf des zweiten Lebensjahres des Kindes in Anspruch nimmt.

Kündigungs- und Entlassungsschutz bei einer Teilzeitbeschäftigung

§ 8f. (1) Der Kündigungs- und Entlassungsschutz beginnt grundsätzlich mit der Bekanntgabe der Teilzeitbeschäftigung, frühestens jedoch vier Monate vor dem beabsichtigten Antritt der Teilzeitbeschäftigung, nicht jedoch vor der Geburt des Kindes. Er dauert bis vier Wochen nach dem Ende der Teilzeitbeschäftigung, längstens jedoch bis vier Wochen nach dem Ablauf des vierten Lebensjahres des Kindes. § 7 Abs. 3 ist anzuwenden. Die Bestimmungen über den Kündigungs- und Entlassungsschutz gelten auch während eines Verfahrens nach den §§ 8c und 8d dieses Bundesgesetzes.

(2) Dauert die Teilzeitbeschäftigung länger als bis zum Ablauf des vierten Lebensjahres des Kindes oder beginnt sie nach dem Ablauf des vierten Lebensjahres des Kindes, kann eine Kündigung

wegen einer beabsichtigten oder tatsächlich in Anspruch genommenen Teilzeitbeschäftigung bei Gericht angefochten werden. § 105 Abs. 5 ArbVG ist anzuwenden.

(3) Wird während der Teilzeitbeschäftigung ohne Zustimmung des Arbeitgebers eine weitere Erwerbstätigkeit aufgenommen, kann der Arbeitgeber binnen acht Wochen ab Kenntnis entgegen Abs. 1 und 2 eine Kündigung wegen dieser Erwerbstätigkeit aussprechen.

Teilzeitbeschäftigung des Adoptiv- oder Pflegevaters

§ 8g. Die §§ 8 bis 8f gelten auch für einen Adoptiv- oder Pflegevater mit der Maßgabe, dass die Teilzeitbeschäftigung frühestens mit der Annahme oder der Übernahme des Kindes beginnen kann. Beabsichtigt der Arbeitnehmer die Teilzeitbeschäftigung zum frühest möglichen Zeitpunkt, hat er dies dem Arbeitgeber einschließlich Beginn, Dauer, Ausmaß und Lage unverzüglich bekannt zu geben. § 8b Abs. 1 ist weiters mit der Maßgabe anzuwenden, dass an Stelle des Ausdrucks „die Mutter“ der Ausdruck „der andere Elternteil“ tritt.

Änderung der Lage der Arbeitszeit

§ 8h. Die §§ 8 bis 8g sind auch für eine vom Arbeitnehmer beabsichtigte Änderung der Lage der Arbeitszeit mit der Maßgabe anzuwenden, dass das Ausmaß der Arbeitszeit außer Betracht bleibt.

Abschnitt 4
Sonstige Bestimmungen

Spätere Geltendmachung der Karenz

§ 9. (1) Lehnt der Arbeitgeber des anderen Elternteils, Adoptiv- oder Pflegeelternteils eine Teilzeitbeschäftigung ab und nimmt der andere Elternteil keine Karenz für diese Zeit in Anspruch, so kann der Arbeitnehmer für diese Zeit, längstens bis zum Ablauf des zweiten Lebensjahres des Kindes, Karenz in Anspruch nehmen.

(2) Der Arbeitnehmer hat Beginn und Dauer der Karenz unverzüglich nach Ablehnung der Teilzeitbeschäftigung durch den Arbeitgeber des anderen Elternteils bekannt zu geben und die anspruchsbegründenden Umstände nachzuweisen.

Austritt aus Anlass der Geburt eines Kindes

§ 9a. Der Arbeitnehmer kann bei Inanspruchnahme einer Karenz nach §§ 2, 3, 5, 6 oder 9 bis spätestens drei Monate vor Ende der Karenz seinen vorzeitigen Austritt aus dem Arbeitsverhältnis erklären. Dauert die Karenz weniger als drei Monate hat der Arbeitnehmer seinen vorzeitigen Austritt spätestens zwei Monate vor dem Ende der Karenz zu erklären.

Abschnitt 5
Sonderbestimmungen für Bedienstete des öffentlichen Dienstes

§ 10. (1) Für Bedienstete, die in einem

1. Dienstverhältnis zum Bund,
2. in § 1 Abs. 1 Z 4 angeführten Dienstverhältnis,
3. Dienstverhältnis gemäß § 1 Abs. 2 des Vertragsbedienstetengesetzes 1948, BGBl. Nr. 86,

stehen, gelten die Abweichungen der folgenden Absätze.

(1a) Abschnitt 1a ist nicht anzuwenden.

(2) § 2 Abs. 5 letzter Satz und § 5 Abs. 3 letzter Satz ist mit der Maßgabe anzuwenden, dass Karenz gewährt werden kann, sofern nicht zwingende dienstliche Gründe entgegenstehen.

(3) Lehrer können aufgeschobene Karenz nicht in den letzten vier Monaten des Schuljahres in Anspruch nehmen.

(4) § 2 Abs. 8 ist nicht anzuwenden. Wird der gemeinsame Haushalt des Vaters mit dem Kind aufgehoben, so endet die Karenz nach diesem Bundesgesetz. Der Bedienstete gilt ab diesem Zeitpunkt bis zum Ende der ursprünglich nach diesem Bundesgesetz gewährten Karenz als gegen Entfall der Bezüge im Sinne der dienstrechtlichen Vorschriften beurlaubt. Wenn es der Dienstgeber jedoch begehrt, hat der Bedienstete vorzeitig den Dienst anzutreten.

(5) § 4 ist mit der Maßgabe anzuwenden, dass der Beamte aufgeschobene Karenz zu dem von ihm gewünschten Zeitpunkt in Anspruch nehmen kann.

(6) § 4 Abs. 3 zweiter bis letzter Satz und Abs. 4 zweiter Satz ist auf Bundesbeamte, Landeslehrer (§ 1 Abs. 1 LDG 1984), Land- und forstwirtschaftliche Landeslehrer (§ 1 Abs. 1 LLDG 1985), Klassenlehrer, Richteramtsanwärter und Richter nicht anzuwenden.

(7) Statt § 7 Abs. 3 sind die §§ 20 bis 22 MSchG anzuwenden.

(8) § 7b Abs. 2 ist auf Lehrer, die eine im § 8 Abs. 1 BDG 1979, BGBl. Nr. 333, im § 55 Abs. 4 oder 5 LDG 1984, BGBl. Nr. 302, oder im § 56 LLDG 1985, BGBl. Nr. 296, angeführte Leitungsfunktion ausüben oder mit einer Schulaufsichtsfunktion betraut sind, auf Beamte des Schulaufsichtsdienstes, auf Bedienstete des Schulqualitätsmanagements und auf Bedienstete in der Schulevaluation nicht anzuwenden.

(9) Eine Beschäftigung im Sinne des § 7b Abs. 3 bedarf der Genehmigung durch die Dienstbehörde (Personalstelle). § 56 Abs. 4 BDG 1979 ist anzuwenden.

(9a) § 7c ist mit den Änderungen anzuwenden, die sich aus § 23 Abs. 5 MSchG ergeben.

(10) § 8 Abs. 1 ist auf Bundesbeamte, Landeslehrer (§ 1 Abs. 1 LDG 1984), Land- und forstwirtschaftliche Landeslehrer (§ 1 Abs. 1 LLDG 1985) und Klassenlehrer mit der Maßgabe anzuwenden, dass diese Beamten einen Anspruch auf Teilzeitbeschäftigung längstens bis zum Ablauf des siebenten Lebensjahres oder einem späteren Schuleintritt des Kindes haben. Die Bestimmungen des § 8 Abs. 1 betreffend Ausmaß und Lage der Teilzeitbeschäftigung und § 8b Abs. 5 und 6 sind mit folgenden Abweichungen anzuwenden:

1. Eine Teilzeitbeschäftigung ist im Ausmaß einer Herabsetzung
   a) bis auf die Hälfte der für eine Vollbeschäftigung vorgesehenen Wochendienstzeit (Lehrverpflichtung bzw. Jahresnorm) oder
   b) unter die Hälfte der für eine Vollbeschäftigung vorgesehenen Wochendienstzeit (Lehrverpflichtung bzw. Jahresnorm) für die beantragte Dauer, während der der Vater Anspruch auf Kinderbetreuungsgeld hat,

   zu gewähren.
2. Das Ausmaß der Herabsetzung ist so festzulegen, dass die verbleibende regelmäßige Wochendienstzeit (Lehrverpflichtung bzw. Jahresnorm) ein ganzzahliges Stundenausmaß (bei Lehrerinnen ganze Unterrichtsstunden) umfasst. Die verbleibende regelmäßige Wochendienstzeit (Lehrverpflichtung bzw. Jahresnorm) gemäß Z 1 lit. a
   a) darf nicht unter der Hälfte der für eine Vollbeschäftigung erforderlichen regelmäßigen Wochendienstzeit (Lehrverpflichtung bzw. Jahresnorm) und
   b) muss unter der für eine Vollbeschäftigung erforderlichen regelmäßigen Wochendienstzeit (Lehrverpflichtung bzw. Jahresnorm)

   liegen.
3. Eine Teilzeitbeschäftigung darf von der Dienstbehörde nur dann abgelehnt werden, wenn der Beamte infolge der Teilzeitbeschäftigung aus wichtigen dienstlichen Gründen weder im Rahmen seines bisherigen Arbeitsplatzes noch auf einem anderen seiner dienstrechtlichen Stellung zumindest entsprechenden Arbeitsplatz verwendet werden könnte.
4. Die Bestimmungen über den Kündigungs- und Entlassungsschutz gelten auch während eines Rechtsmittelverfahrens betreffend die Ablehnung der Teilzeitbeschäftigung.
5. § 8f ist mit den Änderungen anzuwenden, die sich aus den §§ 20 bis 22 MSchG ergeben.
6. Bei der stundenmäßigen Festlegung der Zeiträume, in denen der Beamte Dienst zu versehen hat, ist auf die persönlichen Verhältnisse des Beamten, insbesondere auf die Gründe, die zur Teilzeitbeschäftigung geführt haben, so weit Rücksicht zu nehmen, als nicht wichtige dienstliche Interessen entgegenstehen.
7. Die Dienstbehörde kann auf Antrag des Beamten eine Änderung des Ausmaßes oder die vorzeitige Beendigung der Teilzeitbeschäftigung verfügen, wenn keine wichtigen dienstlichen Interessen entgegenstehen.
8. Auf Landeslehrer, die Teilzeitbeschäftigung in Anspruch nehmen, ist § 47 Abs. 3 und 3a LDG 1984 anzuwenden.

(11) Lassen bei den in Abs. 10 angeführten Beamten die besonderen Umstände des Dienstes eine genaue Einhaltung eines ganzzahligen Ausmaßes an Stunden (bei Lehrern an Unterrichtsstunden) nicht zu, so ist es so weit zu überschreiten, als es nötig ist, um seine Unterschreitung zu vermeiden.

(11a) Die Bestimmungen über die Bandbreite bei der Teilzeitbeschäftigung sind auf Vertragslehrpersonen nach dem VBG, Landesvertragslehrpersonen nach dem Landesvertragslehrpersonengesetz 1966 – LVG, BGBl. Nr. 172/1966, und dem Land- und forstwirtschaftlichen Landesvertragslehrpersonengesetz – LLVG, BGBl. Nr. 244/1969, mit der Maßgabe anzuwenden, dass die für eine Vollbeschäftigung vorgesehene Lehrverpflichtung bzw. Jahresnorm um mindestens 20 vH reduziert wird und 30 vH nicht unterschreitet.

(12) Ein im Abs. 10 angeführter Beamter kann über die für ihn maßgebende Wochendienstzeit hinaus zur Dienstleistung nur herangezogen werden, wenn die Dienstleistung zur Vermeidung eines Schadens unverzüglich notwendig ist und ein Bediensteter, dessen Wochendienstzeit (Lehrverpflichtung bzw. Jahresnorm) nicht herabgesetzt ist, nicht zur Verfügung steht. Die Zeit einer solchen zusätzlichen Dienstleistung ist entweder durch Freizeit auszugleichen oder nach den besoldungsrechtlichen Vorschriften abzugelten. Bei Lehrern ist ein solcher Freizeitausgleich unzulässig. Der erste Satz ist auf Lehrer nicht anzuwenden, deren Lehrverpflichtung um höchstens 25% herabgesetzt ist.

(12a) Abs. 12 ist auf Vertragsbedienstete und auf Landesvertragslehrpersonen nach dem Landesvertragslehrpersonengesetz 1966 (LVG), BGBl. Nr. 172 und dem Land- und forstwirtschaftlichen Landesvertragslehrpersonengesetz (LLVG), BGBl. Nr. 244/1969 sinngemäß anzuwenden.

(13) § 8 Abs. 1 ist auf Richteramtsanwärter und Richter mit der Maßgabe anzuwenden, dass sie Anspruch auf Teilzeitbeschäftigung längstens bis zum Ablauf des siebenten Lebensjahres oder einem späteren Schuleintritt des Kindes haben. Die Bestimmungen des § 8 Abs. 1 betreffend Ausmaß der Teilzeitbeschäftigung und des § 8b Abs. 5 und 6 sind auf Richteramtsanwärter und Richter mit folgenden Abweichungen anzuwenden:

1. An die Stelle der Teilzeitbeschäftigung tritt die Teilauslastung. Unter Teilauslastung ist eine Ermäßigung des regelmäßigen Dienstes bis auf die Hälfte zu verstehen.

2. Für die vorzeitige Beendigung einer Teilauslastung gilt § 76c RStDG.

(14) Auf die übrigen von Abs. 8, 10 und 13 nicht erfassten Bediensteten ist § 8f Abs. 2 letzter Satz nicht und §§ 8, 8a und 8b Abs. 10 mit der Maßgabe anzuwenden, dass

1. eine Teilzeitbeschäftigung jedenfalls nicht zulässig ist, wenn der Bedienstete infolge der Teilzeitbeschäftigung aus wichtigen dienstlichen Gründen weder im Rahmen seines bisherigen Arbeitsplatzes noch auf einem anderen seiner dienstrechtlichen Stellung zumindest entsprechenden Arbeitsplatz verwendet werden könnte, und
2. § 8f mit den Änderungen anzuwenden ist, die sich aus den §§ 20 bis 22 MSchG ergeben.

(15) § 7b Abs. 2 ist auf Richter nicht anzuwenden.

(16) § 9a ist nicht anzuwenden auf

1. öffentlich-rechtliche Dienstnehmer und
2. Vertragsbedienstete,

deren Dienstverhältnis vor dem 1. Jänner 2003 begonnen hat, soweit nicht durch Verordnung gemäß § 46 Abs. 1 letzter Satz des Betrieblichen Mitarbeiter- und Selbständigenvorsorgegesetzes (BMSVG), BGBl. I Nr. 100/2002, etwas anderes angeordnet wird.

(17) §§ 8a, 8b Abs. 10, 8c, 8f Abs. 2 letzter Satz und 8h sind auf öffentlich-rechtliche Dienstnehmer nicht anzuwenden.

(18) §§ 8c Abs. 1 und 8d Abs. 1 sind für Dienststellen, die nicht unter den II. Teil des Arbeitsverfassungsgesetzes, BGBl. Nr. 22/1974, fallen, mit der Maßgabe anzuwenden, dass an die Stelle des Betriebsrates die Personalvertretung tritt.

(19) § 8e ist auf Beamte mit der Maßgabe anzuwenden, dass bei Ablehnung der Teilzeitbeschäftigung durch die Dienstbehörde gemäß Abs. 10 Z 3 der Dienstnehmer an Stelle der Teilzeitbeschäftigung oder bis zur rechtskräftigen Bescheiderlassung Karenz beanspruchen kann. Wurde die Teilzeitbeschäftigung rechtskräftig abgelehnt, kann der Beamte binnen einer Woche nach Rechtskraft bekannt geben, dass er Karenz längstens bis zum Ablauf des zweiten Lebensjahres des Kindes in Anspruch nimmt.

Abschnitt 6
Schlussbestimmungen

Verweisungen

§ 11. Soweit in diesem Bundesgesetz auf andere Bundesgesetze verwiesen wird, sind diese in der jeweils geltenden Fassung anzuwenden.

Unabdingbarkeit

§ 11a. Die Rechte, die dem Arbeitnehmer auf Grund der §§ 2 bis 11 sowie § 12 Abs. 2 zustehen, dürfen – soweit sich aus diesem Bundesgesetz nicht anderes ergibt – durch Arbeitsvertrag oder Normen der kollektiven Rechtsgestaltung weder aufgehoben noch beschränkt werden.

Übergangsbestimmungen

§ 12. (1) Ansprüche, die durch das Bundesgesetz BGBl. Nr. 833/1992 neu geschaffen wurden, haben nur Eltern, Adoptiv- oder Pflegeeltern, wenn das Kind nach dem 31. Dezember 1992 geboren wurde. Die Meldefristen für die Inanspruchnahme von Karenzurlauben oder von zu vereinbarenden Teilzeitbeschäftigungen verlängern sich nach Geburten, die zwischen dem 1. Jänner 1993 und der Kundmachung des Bundesgesetzes BGBl. Nr. 833/1992 erfolgen, um vier Wochen nach der Kundmachung dieses Bundesgesetzes. Ansprüche von Eltern, Adoptiv- oder Pflegeeltern, deren Kind vor dem 1. Jänner 1993 geboren wurde, richten sich nach den gesetzlichen Bestimmungen, die unmittelbar vor ihrer Änderung durch dieses Bundesgesetz gegolten haben.

(2) Bestehende Regelungen in Normen der kollektiven Rechtsgestaltung oder in Einzelvereinbarungen über die Anrechnung von Zeiten eines Karenzurlaubes für Ansprüche, die sich nach der Dauer der Dienstzeit richten, werden auf den Anspruch nach § 7 (§ 15 Abs. 2 letzter Satz MSchG) angerechnet.

(3) Ansprüche, die durch das Bundesgesetz BGBl. I Nr. 153/1999, neu geschaffen werden, haben nur Arbeitnehmer (Väter, Adoptiv- und Pflegeväter), wenn das Kind nach dem 31. Dezember 1999 geboren wurde. Ansprüche von Arbeitnehmern (Vätern, Adoptiv- und Pflegevätern), deren Kind vor dem 1. Jänner 2000 geboren wurde, richten sich nach den gesetzlichen Bestimmungen, die unmittelbar vor ihrer Änderung durch dieses Bundesgesetz gegolten haben.

Übergangsbestimmungen (Option) für Geburten nach dem 30. Juni 2000, jedoch vor dem 1. Jänner 2002

§ 12a. (1) Arbeitnehmer (Väter, Adoptiv- und Pflegeväter), deren Kinder nach dem 30. Juni 2000, jedoch vor dem Tag der Kundmachung des Bundesgesetzes BGBl. I Nr. 103/2001 geboren wurden, können, wenn sich entweder Mutter oder Vater am Tag der Kundmachung in Karenz befindet oder einen Teil der Karenz aufgeschoben haben, binnen drei Monaten ab Kundmachung ihrem Arbeitgeber bekannt geben, ob sie Karenz bis zum Ablauf des zweiten Lebensjahres des Kindes nach den Bestimmungen dieses Bundesgesetzes in der Fassung BGBl. I Nr. 103/2001 in Anspruch nehmen.

(2) Arbeitnehmer, deren Kinder nach dem 30. Juni 2000, jedoch vor dem 1. Jänner 2002 geboren wurden, können ab 1. Jänner 2002 eine Beschäftigung im Sinne des § 7b Abs. 2 und 3 dieses Bundesgesetzes in der Fassung BGBl. I Nr. 103/2001 vereinbaren.

(3) Vor dem 1. Jänner 2002 vereinbarte Teilzeitbeschäftigungen nach den Bestimmungen dieses Bundesgesetzes in der Fassung BGBl. I Nr. 153/1999 bleiben aufrecht, soweit Arbeitgeber und Arbeitnehmer nicht anderes vereinbaren.

(4) Vor dem 1. Jänner 2002 bescheidmäßig festgelegte Teilzeitbeschäftigungen nach den Bestimmungen dieses Bundesgesetzes in der Fassung des Bundesgesetzes BGBl. I Nr. 153/1999 bleiben aufrecht, soweit nicht auf Antrag des Beamten durch Bescheid eine Abänderung verfügt wird.

Vollziehung

§ 13. Mit der Vollziehung dieses Bundesgesetzes sind betraut:

1. für Dienstverhältnisse zum Bund die Bundesregierung, in Angelegenheiten jedoch, die nur den Wirkungsbereich eines Bundesministers betreffen, dieser Bundesminister;

2. a) für Dienstverhältnisse der Lehrer für öffentliche Pflichtschulen (Art. 14 Abs. 2 B-VG) und

b) für Dienstverhältnisse der Lehrer für öffentliche land- und forstwirtschaftliche Berufs- und Fachschulen und Erzieher für öffentliche Schülerheime, die ausschließlich oder vorwiegend für Schüler der öffentlichen land- und forstwirtschaftlichen Berufs- und Fachschulen bestimmt sind (Art. 14a Abs. 3 B-VG), das Land;

3. hinsichtlich der Befreiung von Stempelgebühren (§ 4 Abs. 2) der Bundesminister für Finanzen,

4. im übrigen der Bundesminister für Arbeit und Soziales, hinsichtlich der Befreiung von Bundesverwaltungsabgaben im Einvernehmen mit dem Bundesminister für Finanzen.

Inkrafttreten

§ 14. (1) § 8 Abs. 2 bis 5, § 8 Abs. 6 zweiter Satz, § 9 Abs. 1, §§ 12 und 13 dieses Bundesgesetzes in der Fassung des Bundesgesetzes BGBl. Nr. 833/1992 treten mit 1. Jänner 1993 in Kraft.

(2) § 10 Abs. 10 in der Fassung des Bundesgesetzes BGBl. Nr. 665/1994 tritt mit 1. Juli 1992 in Kraft.

(3) § 6 Abs. 4, § 8 Abs. 10, § 10 Abs. 7 Z 4 und Abs. 9 Z 2 sowie § 11a, in der Fassung des Bundesgesetzes BGBl. Nr. 434/1995, treten mit 1. Juli 1995 in Kraft.

(4) § 10 Abs. 6 bis 11 in der Fassung des Bundesgesetzes BGBl. I Nr. 61/1997 tritt mit 1. Juli 1997 in Kraft.

(5) § 10 Abs. 6 in der Fassung des Bundesgesetzes BGBl. I Nr. 123/1998 tritt mit 1. Juli 1998 in Kraft.

(6) Die §§ 2 bis 8a, § 10 Abs. 2 bis 6, 10 und 11 sowie § 12 Abs. 3 dieses Bundesgesetzes in der Fassung des Bundesgesetzes BGBl. I Nr. 153/1999 treten mit 1. Jänner 2000 in Kraft.

(7) § 10 Abs. 5 und 7 in der Fassung des Bundesgesetzes BGBl. I Nr. 6/2000 tritt mit 1. Jänner 2000 in Kraft.

(8) §§ 2 bis 10 in der Fassung des Bundesgesetzes BGBl. I Nr. 103/2001 treten mit 1. Jänner 2002 in Kraft und gelten, soweit § 12a nicht anderes bestimmt, für Arbeitnehmer, deren Kinder nach dem 31. Dezember 2001 geboren werden.

(9) § 9a und § 10 Abs. 16 in der Fassung des Bundesgesetzes BGBl. I Nr. 100/2002 treten mit 1. Jänner 2003 in Kraft, soweit nicht durch Verordnung gemäß § 46 Abs. 1 letzter Satz BMVG etwas anderes angeordnet wird.

(10) § 10 Abs. 9 und 10 Z 1 und 2 in der Fassung des Bundesgesetzes BGBl. I Nr. 130/2003 treten mit 1. Jänner 2004 in Kraft und sind auf Väter anzuwenden, deren Kinder nach dem 31. Dezember 2001 geboren sind.

(11) Die §§ 7 Abs. 1 Z 2, 8 bis 8h und 10 Abs. 10, 13, 14, 17 bis 19 in der Fassung des Bundesgesetzes BGBl. I Nr. 64/2004 treten mit 1. Juli 2004 in Kraft und gelten für Väter (Adoptiv- oder Pflegeväter), deren Kinder nach dem 30. Juni 2004 geboren werden. Für Väter (Adoptiv- oder Pflegeväter), deren Kinder vor dem 1. Juli 2004 geboren wurden, gelten weiterhin die Bestimmungen der §§ 7 Abs. 1 Z 2, 8, 8a und 10 in der Fassung vor dem Bundesgesetz BGBl. I Nr. 64/2004. Abweichend davon kann eine Teilzeitbeschäftigung oder eine Änderung der Lage der Arbeitszeit nach den §§ 8 bis 8h und 10 Abs. 10, 13, 14, 17 bis 19 in der Fassung des Bundesgesetzes BGBl. I Nr. 64/2004 verlangt werden von einem

1. Vater (Adoptiv- oder Pflegevater), wenn er oder die Mutter (Adoptiv- oder Pflegemutter) des Kindes sich am 1. Juli 2004 in Karenz nach diesem Bundesgesetz, dem MSchG, gleichartigen österreichischen Rechtsvorschriften oder einer gleichartigen Rechtsvorschrift eines Mitgliedstaates des Europäischen Wirtschaftsraumes befindet, wobei eine Teilzeitbeschäftigung oder eine Änderung der Lage der Arbeitszeit nach dem Bundesgesetz BGBl. I Nr. 64/2004 frühestens nach Ablauf der Karenz angetreten werden kann;
2. Vater (Adoptiv- oder Pflegevater), wenn er oder die Mutter (Adoptiv- oder Pflegemutter) des Kindes sich am 1. Juli 2004 in Teilzeitbeschäftigung nach diesem Bundesgesetz, dem MSchG, gleichartigen österreichischen Rechtsvorschriften oder einer gleichartigen Rechtsvorschrift eines Mitgliedstaates des Europäischen Wirtschaftsraumes befindet, wobei eine Teilzeitbeschäftigung oder eine Änderung der Lage der Arbeitszeit nach dem Bundesgesetz BGBl. I Nr. 64/2004 frühestens nach Ablauf der ursprünglich vereinbarten Teilzeitbeschäftigung angetreten werden kann;

3. Vater, wenn sich die Mutter des Kindes am 1. Juli 2004 in einem Beschäftigungsverbot nach § 5 Abs. 1 und 2 MSchG, gleichartigen österreichischen Rechtsvorschriften oder einer gleichartigen Rechtsvorschrift eines Mitgliedstaates des Europäischen Wirtschaftsraumes befindet;
4. Vater, wenn sich die Mutter des Kindes am 1. Juli 2004 im Anschluss an die Frist nach § 5 Abs. 1 und 2 MSchG, gleichartigen österreichischen Rechtsvorschriften oder einer gleichartigen Rechtsvorschrift eines Mitgliedstaates des Europäischen Wirtschaftsraumes einen Gebührenurlaub verbraucht oder durch Krankheit oder Unglücksfall an der Dienstleistung verhindert ist und Karenz oder Teilzeitbeschäftigung nach dem MSchG, gleichartigen österreichischen Rechtsvorschriften oder einer gleichartigen Rechtsvorschrift eines Mitgliedstaates des Europäischen Wirtschaftsraumes bereits geltend gemacht hat, wobei eine Teilzeitbeschäftigung oder eine Änderung der Lage der Arbeitszeit nach dem Bundesgesetz BGBl. I Nr. 64/2004 frühestens nach Ablauf der Karenz bzw. der ursprünglich vereinbarten Teilzeitbeschäftigung angetreten werden kann.

(12) § 7a in der Fassung des Bundesgesetzes BGBl. I Nr. 58/2010 tritt mit 1. August 2010 in Kraft.

(13) In der Fassung des Bundesgesetzes BGBl. I Nr. 120/2012 treten in Kraft:

1. § 10 Abs. 13 Z 1 mit 1. Jänner 2013,
2. § 10 Abs. 8 mit 1. September 2013,
3. § 10 Abs. 12a, § 10 Abs. 13 Z 2 sowie § 10 Abs. 16 und 19 mit dem der Kundmachung des Bundesgesetzes BGBl. I Nr. 120/2012 folgenden Tag.

(14) § 5, § 6, § 8g sowie § 9 in der Fassung des Bundesgesetzes BGBl. I Nr. 138/2013 treten mit 1. August 2013 in Kraft und gelten für Väter, deren Kinder nach dem 31. Juli 2013 adoptiert oder in unentgeltliche Pflege genommen werden.

(15) § 10 Abs. 6 und 10 in der Fassung des Bundesgesetzes BGBl I Nr. 65/2015 tritt mit 1. September 2015 in Kraft.

(16) § 5 Abs. 1, 4 und 5 in der Fassung des Bundesgesetzes BGBl. I Nr. 162/2015 tritt mit 1. Jänner 2016 in Kraft.

(17) § 1 Abs. 1a, § 2 Abs. 5 und § 5 Abs. 2 in der Fassung des Bundesgesetzes BGBl. I Nr. 149/2015 treten mit 1. Jänner 2016 in Kraft.

(18) § 8 Abs. 1, § 8a, § 8b Abs. 2, 5, 6 und 10, § 8c Abs. 1, § 8d Abs. 1 sowie § 10 Abs. 11a, 14 und 17 in der Fassung des Bundesgesetzes BGBl. I Nr. 149/2015 treten mit 1. Jänner 2016 in Kraft und gelten für Väter (Adoptiv- oder Pflegeväter), deren Kinder ab diesem Zeitpunkt geboren (adoptiert oder in unentgeltliche Pflege genommen) werden.

(19) § 1a samt Überschrift in der Fassung des Bundesgesetzes BGBl. I Nr. 73/2019 tritt mit 1. September 2019 in Kraft und gilt für Geburten, deren errechneter Geburtstermin frühestens drei Monate nach dem Inkrafttreten liegt. § 1a gilt auch für Geburten, deren errechneter Geburtstermin zwischen dem Inkrafttreten dieses Bundesgesetzes und drei Monate nach dessen Inkrafttreten liegt, mit der Maßgabe, dass die drei Monatsfrist des § 1a Abs. 3 unterschritten werden darf.

(20) § 10 Abs. 1a und 8 in der Fassung der 3. Dienstrechts-Novelle 2019, BGBl. I Nr. 112/2019, tritt mit dem der Kundmachung folgenden Tag in Kraft. Bei Verlangen nach Freistellungen nach Abschnitt 1a, die vor diesem Zeitpunkt gestellt wurden, ist Abschnitt 1a weiter anzuwenden.

(21) § 10 Abs. 9a in der Fassung der Dienstrechts-Novelle 2020, BGBl. I Nr. 153/2020, tritt mit 1. August 2019 in Kraft und gilt für Väter (Adoptiv- oder Pflegeväter), deren Kinder ab diesem Zeitpunkt geboren (adoptiert oder in unentgeltliche Pflege genommen) werden.

Artikel XVIII
Inkrafttreten

(1) Die Art. I bis IV, VI bis XVI dieses Bundesgesetzes treten am 1. Jänner 1990 in Kraft.

(2) Art. V dieses Bundesgesetzes tritt gegenüber den Ländern für die Ausführungsgesetzgebung mit dem Tag der Kundmachung in Kraft. Die Ausführungsgesetze der Länder sind binnen sechs Monaten ab dem der Kundmachung folgenden Tag zu erlassen.

(3) Väter, Adoptiv- oder Pflegeväter haben nur dann Anspruch auf Karenzurlaub nach Art. I, wenn das Kind, zu dessen Betreuung Karenzurlaub genommen wird, nach dem 31. Dezember 1989 geboren wurde.

(4) Väter, Adoptiv- oder Pflegeväter haben nur dann Anspruch auf Karenzurlaubsgeld nach Art. VI oder VIII, wenn das Kind, das Anlaß für die Gewährung des Karenzurlaubsgeldes ist, nach dem 31. Dezember 1989 geboren wurde.

Artikel XIX
Vollziehung

(1) Mit der Vollziehung des Art. I dieses Bundesgesetzes sind betraut:

1. für Dienstverhältnisse zum Bund die Bundesregierung, in Angelegenheiten jedoch, die nur den Wirkungsbereich eines Bundesministers betreffen, dieser Bundesminister;
2. a) für Dienstverhältnisse der Lehrer für öffentliche Pflichtschulen (Art. 14 Abs. 2 B-VG) und
2. b) für Dienstverhältnisse der Lehrer für öffentliche land- und forstwirtschaftliche Berufs- und Fachschulen und Erzieher für öffentliche Schülerheime, die ausschließlich oder vorwiegend

Weitere Ges.

für Schüler der öffentlichen land- und forstwirtschaftlichen Berufs- und Fachschulen bestimmt sind (Art. 14a Abs. 3 B-VG),

das Land;

3. hinsichtlich der Befreiung von Stempelgebühren (§ 4 Abs. 2) der Bundesminister für Finanzen,
4. im übrigen der Bundesminister für Arbeit und Soziales, hinsichtlich der Befreiung von Bundesverwaltungsabgaben im Einvernehmen mit dem Bundesminister für Finanzen.

(2) Mit der Vollziehung des Art. XVII (Übergangsbestimmung zum ASVG) ist der Bundesminister für Arbeit und Soziales betraut.

(3) Mit der Wahrnehmung der dem Bund gemäß Art. 15 Abs. 8 B-VG zustehenden Rechte hinsichtlich des Art. V dieses Bundesgesetzes ist der Bundesminister für Arbeit und Soziales betraut.

49. Kollektivvertrag der Elektro- und Elektronikindustrie

ABKÜRZUNGEN

ABGB................................Allgemeines Bürgerliches Gesetzbuch
AMFG...............................Arbeitsmarktförderungsgesetz
AngG................................Angestelltengesetz
ArbVG...............................Arbeitsverfassungsgesetz
ARG.................................Arbeitsruhegesetz
ASchG..............................ArbeitnehmerInnenschutzgesetz
ASVG...............................Allgemeines Sozialversicherungsgesetz
AVRAG.............................Arbeitsvertragsrechts-Anpassungsgesetz
AZG.................................Arbeitszeitgesetz
BG-J.................................Beschäftigungsgruppenjahre
BMSVG............................Betriebliches Mitarbeiter- und Selbständigenvorsorgegesetz
BR....................................Betriebsrat
EFZG...............................Entgeltfortzahlungsgesetz
EStG................................Einkommensteuergesetz
FEEI.................................Fachverband der Elektro- und Elektronikindustrie
KVAngEEI........................Kollektivvertrag für Angestellte der Elektro- und Elektronikindustrie
KVArbEEI.........................Kollektivvertrag für Arbeiterinnen und Arbeiter der Elektro- und Elektronikindustrie
UrlG.................................Urlaubsgesetz

HINWEISE

Im Kollektivvertragstext hellgrau hervorgehobene Passagen gelten nur für Angestellte, dunkelgrau hervorgehobene nur für Arbeiterinnen und Arbeiter.

Alle im Kollektivvertrag erwähnten **Gesetze** sind abrufbar unter https://www.ris.bka.gv.at/Bund/

Kollektivverträge der Elektro- und Elektronikindustrie aus früheren Jahren sind abrufbar unter www.feei.at 🔍 „Kollektivverträge des FEEI ab 2001“.

Die gesammelten und thematisch geordneten **Erläuterungen** des FEEI zu den Kollektivvertrags-Abschlüssen ab 2006 sind abrufbar unter www.feei.at 🔍 „KV-Erläuterungen“.

ABSCHNITT 1
KOLLEKTIVVERTRAGSPARTEIEN UND GELTUNGSBEREICH

Kollektivvertragsparteien

1. Dieser Kollektivvertrag wird abgeschlossen zwischen dem
- Fachverband der Elektro- und Elektronikindustrie und dem
- Österreichischen Gewerkschaftsbund, Gewerkschaft GPA/Gewerkschaft PRO-GE.

Räumlicher, fachlicher und persönlicher Geltungsbereich

2. Dieser Kollektivvertrag gilt
- **räumlich** für das Gebiet der Republik Österreich;
- **fachlich** für alle Mitglieder des Fachverbandes der Elektro- und Elektronikindustrie;

[KVAngEEI:]
- **persönlich** für alle dem Angestelltengesetz unterliegenden Arbeitnehmerinnen und Arbeitnehmer sowie für kaufmännische Lehrlinge und technische Zeichner-Lehrlinge. Für Pflichtpraktikantinnen und Pflichtpraktikanten gilt ausschließlich Abschnitt 6 Punkt 67.

Dieser Kollektivvertrag gilt nicht:
- für Vorstandsmitglieder, Direktorinnen und Direktoren, Geschäftsführerinnen und Geschäftsführer von Gesellschaften mit beschränkter Haftung, soweit vorgenannte nicht arbeiterkammerumlagepflichtig sind;
- für Volontärinnen und Volontäre; diese sind Personen, die zum Zweck einer beruflichen (technischen, kaufmännischen oder administrativen) Vor- oder Ausbildung beschäftigt werden, sofern dieser Umstand bei der Einstellung ausdrücklich festgelegt worden ist und sie nicht länger als ein halbes Jahr in einem Unternehmen beschäftigt werden.

[KVArbEEI:]
- **persönlich** für alle in diesen Betrieben beschäftigten Arbeiterinnen und Arbeiter sowie für die gewerblichen Lehrlinge, im Folgenden Arbeitnehmerinnen und Arbeitnehmer genannt.

Geltungsbeginn und Geltungsdauer

3. Dieser Kollektivvertrag tritt am 1.5.2022 in Kraft.

Er wird auf unbestimmte Zeit abgeschlossen und kann von jeder Vertragspartei unter Einhaltung einer 3-monatigen Kündigungsfrist zum Letzten eines Kalendermonats mit eingeschriebenem Brief gekündigt werden.

Während der Kündigungsfrist sind Verhandlungen über einen neuen Kollektivvertrag aufzunehmen.

ABSCHNITT 2
BEGINN UND ENDE DES ARBEITSVERHÄLTNISSES

Beginn des Arbeitsverhältnisses

1. Der Arbeitnehmerin bzw. dem Arbeitnehmer ist ein schriftlicher Arbeitsvertrag oder Dienstzettel[1] über die wesentlichen Rechte und Pflichten aus dem Arbeitsverhältnis auszufolgen. Beschäftigungszeiten in anderen Unternehmen in Beschäftigungsgruppe F sind anzuführen.

---

[1] Muster in Anhang 3 (Seite 65); Änderungen des Dienstzettels sind jedenfalls in den in Abschnitt 6 Punkt 10 (Seite 21) genannten Fällen vorzunehmen.

2. Ein Arbeitsverhältnis auf Probe kann für die Höchstdauer von einem Monat vereinbart und während dieser Zeit von jeder Vertragspartei jederzeit gelöst werden.

Beendigung des Arbeitsverhältnisses

Kündigungsfristen[2]

[KVArbEEI:[3]]

3. Die **Arbeitnehmerin** bzw. der **Arbeitnehmer** kann das Arbeitsverhältnis unter Einhaltung nachstehender Fristen zum Ende der Arbeitswoche durch Kündigung lösen.

Die Kündigungsfrist beträgt:

Jahre der Betriebszugehörigkeit	Kündigungsfrist
bis zu 1	1 Woche
über 1 bis 5	2 Wochen
über 5 bis 10	4 Wochen
über 10	6 Wochen

Die Dauer einer Lehrzeit, die nach dem 1.1.2002 begonnen hat, ist bei der Berechnung der Kündigungsfrist nicht zu berücksichtigen.

4. Das **Unternehmen** kann das Arbeitsverhältnis unter Beachtung der gesetzlichen Bestimmungen und unter Einhaltung nachstehender Fristen zum Letzten eines Kalendermonats durch Kündigung lösen. Das gilt auch für alle über den 30.9.2021 hinaus bestehenden sowie später neu begründeten Arbeitsverhältnisse.

Die Kündigungsfrist beträgt:

Jahre der Betriebszugehörigkeit	Kündigungsfrist
bis zu 2	6 Wochen
über 2 bis 5	2 Monate
über 5 bis 15	3 Monate
über 15 bis 25	4 Monate
über 25	5 Monate

Die Dauer einer Lehrzeit, die nach dem 1.1.2002 begonnen hat, ist bei der Berechnung der Kündigungsfrist nicht zu berücksichtigen.

Entgeltfortzahlung bei Beendigung

5. Wird eine Arbeitnehmerin bzw. ein Arbeitnehmer während einer Arbeitsverhinderung gekündigt, ohne wichtigen Grund vorzeitig entlassen oder trifft das Unternehmen ein Verschulden an dem vorzeitigen Austritt, bleibt der Anspruch auf Fortzahlung des Entgeltes [KVArbEEI:] einschließlich des Krankengeldzuschusses bis zur Ausschöpfung des Anspruches bestehen, wenngleich das Arbeitsverhältnis früher endet.

Bei Erkrankung während der Kündigungsfrist enden alle Ansprüche aus dem Kollektivvertrag mit dem letzten Tag der Kündigungsfrist.[4]

---

2 Die Berücksichtigung von Zeiten [KVAngEEI:] als Arbeiterin bzw. Arbeiter/[KVArbEEI:] im Angestelltenverhältnis sowie von Zeiten der gesetzlichen Elternkarenz bei der Ermittlung der Kündigungsfrist ist in schnitt 3 (Seite 4) geregelt.

3 Hinweis des FEEI: Für Angestellte gilt § 20 des Angestelltengesetzes.

4 Bei Tod der Arbeitnehmerin bzw. des Arbeitnehmers gilt Punkt 8.

Freizeit anlässlich der Beendigung

6. Bei Kündigung durch das Unternehmen hat die Arbeitnehmerin bzw. der Arbeitnehmer während der Kündigungsfrist in jeder Arbeitswoche Anspruch auf jedenfalls einen freien Arbeitstag, mindestens jedoch 8 Stunden (bei Teilzeitbeschäftigung auf den aliquoten Teil), unter Fortzahlung des Entgeltes. [KVArbEEI:] Bei Kündigung durch die Arbeitnehmerin bzw. den Arbeitnehmer beträgt die Freizeit mindestens 4 Stunden (bei Teilzeitbeschäftigung gebührt der aliquote Teil). Dies gilt nicht

- bei Verzicht auf die Arbeitsleistung,
- für Kündigungen bei Erreichen des Pensionsalters, wenn ein Anspruch auf eine Pension aus der gesetzlichen Pensionsversicherung besteht, sofern eine Bescheinigung über die vorläufige Krankenversicherung ausgestellt wurde (§ 22 Abs. 2 AngG).

An welchem Tag die Freizeit beansprucht werden kann, ist zu vereinbaren. Kommt eine Vereinbarung nicht zustande, sind die letzten 8 (bzw. 4) Stunden der Arbeitswoche frei (bei Teilzeitbeschäftigung der aliquote Teil).

Im Falle von Schichtarbeit gelten diese Bestimmungen sinngemäß.

Information bei Befristung

7. Wenn mit der Arbeitnehmerin bzw. dem Arbeitnehmer ein befristetes Arbeitsverhältnis von über 2 Monaten Dauer (einschließlich eines allfälligen Probemonats) vereinbart wurde und das Unternehmen dieses nicht über den Ablauf der Befristung hinaus fortsetzen möchte, hat es dies spätestens 2 Wochen vor diesem Termin mitzuteilen.

Diese Mitteilung kann unterbleiben, wenn

- die Arbeitnehmerin bzw. der Arbeitnehmer bereits die zustehende Freizeit anlässlich der Beendigung des Arbeitsverhältnisses verlangt hat oder
- von vornherein Klarheit darüber besteht, dass eine Verlängerung nicht beabsichtigt ist oder
- die Arbeitnehmerin bzw. der Arbeitnehmer dem Unternehmen mitgeteilt hat, das Arbeitsverhältnis nicht über die Befristung hinaus fortsetzen zu wollen.

Erfolgt die Mitteilung nicht oder verspätet, sind mindestens 3 freie Tage zu vereinbaren. Nicht konsumierte freie Tage sind abzugelten.

Todesfallunterstützung

8. Im Fall des Todes der Arbeitnehmerin bzw. des Arbeitnehmers hat jede gesetzliche Erbin bzw. jeder gesetzliche Erbe, zu deren bzw. dessen Erhaltung die Erblasserin bzw. der Erblasser gesetzlich verpflichtet war, Anspruch auf eine Todesfallunterstützung im Ausmaß eines Monatsentgeltes. Gibt es mehr als 3 anspruchsberechtigte Hinterbliebene, gebühren insgesamt 3 Monatsentgelte; diese sind nach Köpfen aufzuteilen. Hat nur ein Kind diesen Anspruch und war die Verstorbene Alleinerzieherin bzw. der Verstorbene Alleinerzieher (ohne Ehe- bzw. eingetragene Partnerin oder eingetragenen Partner), gebühren diesem Kind 2 Monatsentgelte.

Weiterverwendungszeit von Lehrlingen

9. Lehrlinge sind nach ordnungsgemäßer Beendigung der Lehrzeit 6 Monate im erlernten Beruf weiterzuverwenden; wenn diese Weiterverwendungszeit nicht mit dem Letzten eines Kalendermonates endet, ist sie auf diesen zu erstrecken. Möchte das Unternehmen das Arbeitsverhältnis nicht über die Weiterverwendungszeit hinaus fortsetzen, hat es dieses unter Einhaltung einer 6-wöchigen Kündigungsfrist zum Ende der Weiterverwendungszeit zu kündigen.

Hat der Lehrling beim Unternehmen weniger als die Hälfte der für den Lehrberuf festgesetzten Lehrzeit zurückgelegt, verkürzt sich auch die kollektivvertragliche Weiterverwendungszeit auf die Hälfte (3 Monate und Erstreckung bis zum Monatsletzten).

Durch einvernehmliche Erklärung der Wirtschaftskammer des jeweiligen Bundeslandes und der Landesgeschäftsstelle der Gewerkschaft GPA/des Landesvorstandes der Gewerkschaft PRO-GE kann die kollektivvertragliche Weiterverwendungszeit bei Vorliegen der Voraussetzungen gemäß § 18 Abs. 3 des Berufsausbildungsgesetzes verkürzt werden.[5]
Konnte die Arbeitnehmerin bzw. der Arbeitnehmer in der verkürzten Zeit aus Gründen, die nicht sie bzw. er zu vertreten hat, nicht zur Lehrabschlussprüfung antreten, ist sie bzw. er in allen Fällen bis zum erstanberaumten Termin der Lehrabschlussprüfung, längstens aber 6 Monate, im erlernten Beruf weiterzuverwenden.

ABSCHNITT 3
BETRIEBSZUGEHÖRIGKEIT, ELTERNKARENZEN,[6] FAMILIENZEIT

Betriebszugehörigkeit

1. Für alle Ansprüche der Arbeitnehmerin bzw. des Arbeitnehmers, die von der ununterbrochenen Dauer eines Arbeitsverhältnisses abhängen, sind die Dienstzeiten in Betrieben desselben Unternehmens, die ab [KVAngEEI:]1.5.2012/[KVArbEEI:] 1.7.1988 nicht länger als 90 Tage (vorher nicht länger als 60 Tage) unterbrochen wurden, zusammenzurechnen. Dies gilt auch, wenn eine Arbeiterin bzw. ein Arbeiter in ein Angestelltenverhältnis wechselt oder umgekehrt, wobei die jeweils angerechneten Vordienstzeiten zu berücksichtigen sind.

Der Anspruch auf Zusammenrechnung entfällt, wenn das vorhergehende Arbeitsverhältnis durch Entlassung aus Verschulden der Arbeitnehmerin bzw. des Arbeitnehmers oder durch Austritt ohne wichtigen Grund beendet wurde.

Anrechnung von Elternkarenzen[7]

2. Für den Anspruch auf Abfertigung Alt sind im Arbeitsverhältnis in Anspruch genommene gesetzliche Elternkarenzen,
- die am 1.1.2003 oder später begonnen haben, im vollen Ausmaß,
- die vor dem 1.1.2003 begonnen haben, im Ausmaß von insgesamt bis zu 10 Monaten

anzurechnen.

Für alle anderen Ansprüche, die von der ununterbrochenen Dauer des Arbeitsverhältnisses abhängen, sind im Arbeitsverhältnis in Anspruch genommene gesetzliche Elternkarenzen,
- die am 1.5.2017 oder später begonnen haben, pro Kind im Ausmaß von bis zu 22 Monaten,
- die vor dem 1.5.2017 begonnen haben, im Ausmaß von insgesamt bis zu 22 Monaten

anzurechnen. Voraussetzung ist eine mindestens 3-jährige Dauer des Arbeitsverhältnisses, wobei gesetzliche Elternkarenzen einzurechnen sind.

---

5 Die gesetzliche Weiterverwendungszeit kann gemäß § 18 Abs. 3 des Berufsausbildungsgesetzes verkürzt werden.

6 Die Anrechnung bestimmter Zeiten für das Urlaubsausmaß ist in § 3 des Urlaubsgesetzes sowie in Abschnitt 14 Punkt 1 (Seite 54) geregelt, die Anrechnung von Zeiten als Lehrling für die Abfertigung Alt in § 23 Abs. 1 des Angestelltengesetzes.

7 Die Anrechnung gesetzlicher Elternkarenzen für Vorrückungen [KVArbEEI:] sowie die Kompetenzzulage ist in Abschnitt 6 Punkt 19 (Seite 25) bzw. Abschnitt 6c Punkt 1 (Seite 34) geregelt.

Information bei Elternkarenz

3. Im Fall einer gesetzlichen Elternkarenz mit einer Dauer von mehr als 10 Monaten hat das Unternehmen im 6. oder 5. Monat vor dem Ende der Karenz den karenzierten Elternteil schriftlich zu informieren, zu welchem Zeitpunkt die Karenz endet.

Erfolgt

- die Verständigung verspätet, kann die Arbeitnehmerin bzw. der Arbeitnehmer bis zu 4 Wochen nach der Verständigung die Arbeit antreten, jedoch frühestens mit Ende der Karenz, oder den Austritt erklären.[8]
- keine Verständigung, muss der Arbeitsantritt oder der Austritt spätestens mit Ablauf des Anspruchs auf Kinderbetreuungsgeld (wenn dieser über das Ende der Karenz hinausgeht) erfolgen. Erfolgt der Arbeitsantritt nach dem Ende der Karenz, aber vor Ablauf des Anspruches auf Kinderbetreuungsgeld, hat die Arbeitnehmerin bzw. der Arbeitnehmer diesen mindestens 4 Wochen vorher anzukündigen, sofern nichts anderes vereinbart wird.

Unterliegt die Arbeitnehmerin bzw. der Arbeitnehmer nicht den Bestimmungen des BMSVG (Abfertigung Neu), besteht im Fall eines solchen Austrittes ein Anspruch auf Abfertigung Alt gemäß [KVArbEEI:] § 2 des Arbeiter-Abfertigungsgesetzes in Verbindung mit § 23a Abs. 3 und 4 AngG.

Die Unterlassung der Arbeit zwischen dem Ende der gesetzlichen Karenz und dem Wiederantritt der Arbeit gilt in jenen Fällen als nicht pflichtwidrig, in denen die rechtzeitige Verständigung unterblieben ist. Es besteht kein Kündigungsschutz über die gesetzliche Dauer hinaus.

Familienzeit-Sonderurlaub

4. Arbeitnehmerinnen bzw. Arbeitnehmer haben Anspruch auf einen unbezahlten Sonderurlaub im Ausmaß von bis zu 31 Tagen für eine Familienzeit, wenn sie diesen spätestens 3 Monate vor dem voraussichtlichen Geburtstermin des Kindes schriftlich beantragen. Die Lage der Familienzeit innerhalb des Zeitraumes von 91 Tagen ab der voraussichtlichen Geburt ist mit dem Unternehmen zu vereinbaren.

Ansprüche, die von der Dauer des Arbeitsverhältnisses abhängen (wie Vorrückungen, Dienstjubiläen, Urlaubsausmaß, Abfertigung alt), werden durch den Sonderurlaub nicht geschmälert.

ABSCHNITT 4
ARBEITSZEIT

Normalarbeitszeit – Grundsätze

1. Die wöchentliche Normalarbeitszeit beträgt ausschließlich der Pausen 38,5 Stunden. Bestehende kürzere Normalarbeitszeiten bleiben aufrecht.

Die Normalarbeitszeit ist nach Möglichkeit auf 5 Tage zu verteilen.

Die tägliche Normalarbeitszeit beträgt ausschließlich der Pausen grundsätzlich bis zu 8 Stunden. Bei gleitender Arbeitszeit beträgt die tägliche Normalarbeitszeit bis zu 10 Stunden.

---

[8] Das gesetzliche Austrittsrecht (bis zu 3 Monate vor Karenzende) wird dadurch nicht eingeschränkt.

Festsetzung der Lage der Arbeitszeit

2. Die Verteilung der Normalarbeitszeit sowie die Lage der Pausen sind im Einvernehmen mit dem Betriebsrat festzulegen; in Betrieben ohne Betriebsrat durch Einzelvereinbarung.

Vereinbarkeit von Beruf und Familie, Interessenabwägung

3. Bei der Verteilung der Normalarbeitszeit, insbesondere bei Schicht- und Nachtarbeit, sind sowohl betriebliche Erfordernisse als auch wichtige persönliche Interessen der Arbeitnehmerinnen und Arbeitnehmer zu berücksichtigen. Insbesondere ist darauf zu achten, dass die Vereinbarkeit von Beruf und Familie gewährleistet wird.

Dies gilt auch bei der zulässigen Anordnung von Voll- bzw. Teilzeitmehrarbeit, Überstunden sowie Dienstreisen. Arbeitnehmerinnen und Arbeitnehmer können auch die Befolgung von arbeitsvertraglich zulässigen Anordnungen verweigern, denen nachweisbar wichtige persönliche Interessen entgegenstehen. Voll- bzw. Teilzeitmehrarbeit sowie Überstunden am selben Tag können jedenfalls abgelehnt werden, außer in unvorhersehbaren Fällen.

Der Betriebsrat ist zu verständigen, wenn Überstunden für Gruppen von Arbeitnehmerinnen und Arbeitnehmern angeordnet werden. Ist die vorherige Verständigung nicht möglich, ist sie unmittelbar nach Wegfall des Hinderungsgrundes nachzuholen.

Während der Arbeitszeit dürfen Lebensmittel konsumiert werden, wenn dies ohne Unterbrechung des Arbeitsflusses und Beeinträchtigung der Produktqualität möglich sowie hygienisch zulässig ist.

Tägliche Ruhezeit

4. Nach Beendigung der Tagesarbeitszeit hat die Arbeitnehmerin bzw. der Arbeitnehmer Anspruch auf eine ununterbrochene Ruhezeit von mindestens 11 Stunden.

Bei freiwilligem Schichttausch und in vergleichbaren Fällen kann die tägliche Ruhezeit bis auf 10 Stunden gekürzt werden.

Bestehen auf Dienstreisen während der Reisezeit ausreichende Erholungsmöglichkeiten, kann die tägliche Ruhezeit höchstens zweimal pro Kalenderwoche gekürzt werden. Bestehen keine ausreichenden Erholungsmöglichkeiten, darf diese Kürzung nicht auf unter 8 Stunden und nicht an 2 aufeinanderfolgenden Tagen erfolgen.

Mehrleistungen

Vollzeitmehrarbeit

5. Die Vollzeitmehrarbeit kann wöchentlich bis zu 1,5 Stunden betragen. In jenen Betrieben, in denen vor dem 1.11.1986 eine kürzere wöchentliche Normalarbeitszeit als 40 Stunden gegolten hat, verkürzt sich die Vollzeitmehrarbeit entsprechend (z.B. verbleiben bei einer ursprünglichen wöchentlichen Normalarbeitszeit von 39 Stunden 0,5 Stunden Vollzeitmehrarbeit).

Durch Vollzeitmehrarbeit darf die tägliche Arbeitszeit 9 Stunden nicht überschreiten; bei Einarbeiten in Verbindung mit Feiertagen mit einem Durchrechnungszeitraum von bis zu 13 Wochen sowie bei 4-Tage-Woche 10 Stunden. Arbeitszeiten, für die ein Überstundenzuschlag von mehr als 50% gebührt, sind nicht Vollzeitmehrarbeit, sondern Überstunden.

Vollzeitmehrarbeit ist auf das gesetzlich erlaubte Überstundenausmaß nicht anzurechnen.

Teilzeitmehrarbeit

6. Teilzeitmehrarbeit ist jene Arbeitszeit, die außerhalb der jeweils mit den Teilzeitbeschäftigten vereinbarten Arbeitszeit liegt, sofern es sich nicht um Vollzeitmehrarbeit oder Überstunden handelt. Auch für Teilzeitbeschäftigte liegt Vollzeitmehrarbeit erst dann vor, wenn

38,5 Wochenstunden oder die für Vollzeitbeschäftigte geltende tägliche Normalarbeitszeit überschritten wird.

Überstunden, Pause bei langer Arbeitszeit

7. Überstunden sind Arbeitszeiten, die vor Beginn oder nach Ende der gemäß Punkt 2 für Vollzeitbeschäftigte festgelegten Normalarbeitszeit liegen, sofern es sich nicht um Vollzeit- bzw. Teilzeitmehrarbeit handelt. Dies gilt auch für Teilzeitbeschäftigte, wobei die Arbeitszeitverteilung vergleichbarer Vollzeitbeschäftigter zugrunde zu legen ist. Gibt es im Betrieb keine vergleichbaren Vollzeitbeschäftigten, liegen Überstunden erst dann vor, wenn Überstundenarbeit im Sinn des AZG vorliegt.

Wenn die Tagesarbeitszeit aufgrund von Überstunden voraussichtlich mindestens 11 Stunden dauern wird, ist die Arbeit zwischen der 8. und der 11. Arbeitsstunde durch eine bezahlte Pause von mindestens 15 Minuten zu unterbrechen. Bezahlte Pausen, die im Arbeitszeitgesetz nicht vorgesehen sind und aufgrund von betrieblichen Regelungen gewährt werden, die bereits vor dem 1.5.2019 bestanden haben, sind darauf anzurechnen.

Umwandlung von Geldansprüchen in Zeitguthaben

7a. Die Umwandlung von Geldansprüchen in Zeitguthaben kann durch Betriebsvereinbarung, die der schriftlichen Zustimmung der Kollektivvertragsparteien bedarf, bzw. in Betrieben ohne Betriebsrat durch schriftliche Vereinbarung mit den Kollektivvertragsparteien (Rahmenvereinbarung) in folgenden Fällen zugelassen werden:

- Erhöhungen des Ist-Gehaltes bzw. -Lohnes [KVArbEEI:] oder der Kompetenzzulage aus dem Leistungsvolumen,
- Jubiläumsgeld und Prämien,
- Zulagen und Zuschläge (z.B. Montage-, Schicht-, Nachtarbeits-, Schmutz-, Erschwernis oder Gefahrenzulagen, Zuschlag für Vorarbeiterinnen und Vorarbeiter),
- Reise- und Lenkentgelt.

Die Umwandlung kann nur aufgrund einer Einzelvereinbarung innerhalb des von der Rahmenvereinbarung vorgegebenen Rahmens erfolgen. Durch die Umwandlung von Geldansprüchen in Zeitguthaben kommt es nicht zur Vereinbarung von Teilzeitbeschäftigung.

Das Zeitguthaben kann entweder durch Verkürzung der täglichen bzw. wöchentlichen Normalarbeitszeit oder durch die Vereinbarung von ganztägigem Zeitausgleich (z.B. bei Schichtarbeit durch Freischichten) konsumiert werden. Bei Vollzeitbeschäftigung ist für die Berechnung einer Stunde Zeitguthaben pro Monat das Ist-Gehalt bzw. der Ist-Lohn durch 167 zu dividieren. Bei Teilzeitbeschäftigung ist das Ist-Gehalt bzw. der Ist-Lohn durch 4,33 sowie die vereinbarte Wochenstundenzahl zu dividieren.

24. und 31. Dezember

8. Der 24. und 31. Dezember sind ganztags arbeitsfrei. Bei Schichtarbeit endet die Normalarbeitszeit der Nachtschicht vom 23. auf den 24. sowie vom 30. auf den 31. Dezember spätestens um 6 Uhr. Es gebührt die Fortzahlung des Entgeltes für die Normalarbeitszeit.

Wird aus betrieblichen Erfordernissen an diesen Tagen gearbeitet, gebührt innerhalb der durch Betriebsvereinbarung oder Arbeitsvertrag für diesen Wochentag ansonsten festgelegten Normalarbeitszeit zusätzlich am 24. und 31. Dezember ein Zuschlag von 100%.

Nachtarbeit

Vereinbarung

9. Nachtarbeit ist nur zulässig, soweit eine freiwillig abgeschlossene schriftliche Vereinbarung vorliegt. Lehnt die Arbeitnehmerin bzw. der Arbeitnehmer eine solche Vereinbarung ab, darf das Arbeitsverhältnis bei sonstiger Rechtsunwirksamkeit aus diesem Grund nicht beendet werden, wobei die Glaubhaftmachung genügt. Eine unzulässige Beendigung liegt

nicht vor, wenn eine höhere Wahrscheinlichkeit für ein anderes glaubhaft gemachtes Beendigungsmotiv spricht. Unkenntnis von der Ablehnung kann nicht geltend gemacht werden. Die Rechtsunwirksamkeit kann nur gerichtlich
- binnen 14 Tagen ab Zugang der Beendigungserklärung oder
- unverzüglich nach Wegfall eines Hinderungsgrundes

geltend gemacht werden.

Ärztliche Untersuchung

10. Arbeitnehmerinnen und Arbeitnehmer können sich auf eigenen Wunsch ärztlich untersuchen lassen:
- vor Aufnahme der Nachtarbeit,
- bei Nachtarbeit im Sinn des § 12b Abs. 2 AZG[9] in regelmäßigen Abständen, d.h. alle 2 Jahre bzw. nach Vollendung des 50. Lebensjahres oder nach 10 Jahren Nachtarbeit jährlich.

Allfällige Kosten hat das Unternehmen zu ersetzen. Für die allenfalls nötige Freizeit hat die Arbeitnehmerin bzw. der Arbeitnehmer Anspruch auf Entgeltfortzahlung.

Versetzung

11. Wird im Betrieb ein Tagesarbeitsplatz frei, ist dieser innerbetrieblich auszuschreiben. Kann eine Arbeitnehmerin bzw. ein Arbeitnehmer, die bzw. der Nachtarbeit leistet, die Tätigkeit am frei werdenden Arbeitsplatz – allenfalls nach zumutbarer Umschulung – verrichten, ist sie bzw. er bevorzugt zu berücksichtigen.

Arbeitnehmerinnen und Arbeitnehmer, die regelmäßig Nachtarbeit leisten, sind auf ihren Wunsch sowie nach den betrieblichen Möglichkeiten für die Dauer folgender Hinderungsgründe auf einen geeigneten Tagesarbeitsplatz zu versetzen,
- wenn ihre Gesundheit durch die Nachtarbeit gefährdet ist (dazu ist ein ärztliches Attest vorzulegen) oder
- die Betreuung eines im gemeinsamen Haushalt lebenden Kindes bis zum vollendeten 12. Lebensjahr während der Nachtarbeit und für mindestens 8 Stunden während des Tages nicht gewährleistet ist oder
- wegen der Betreuung einer bzw. eines pflegebedürftigen nahen Angehörigen (gemäß § 16 UrlG) ab der Pflegestufe 3.

Die beiden letzteren Gründe können nicht herangezogen werden, wenn im gemeinsamen Haushalt eine andere Person lebt, die eine entsprechende Betreuung bzw. Pflege durchführen kann. Weitere gleichwertige Gründe für eine vorübergehende Versetzung auf einen Tagesarbeitsplatz können durch Betriebsvereinbarung geregelt werden.

Wenn die Gründe, die zu einer vorübergehenden Versetzung auf einen Tagesarbeitsplatz berechtigen, bereits bei Abschluss der Vereinbarung über die Leistung von Nachtarbeit vorgelegen sind, können diese nicht mehr herangezogen werden.

Ist eine vorübergehende Versetzung auf einen anderen geeigneten Tagesarbeitsplatz aus betrieblichen Gründen nicht möglich oder erfolgt sie nicht innerhalb von 14 Tagen, ist die Arbeitnehmerin bzw. der Arbeitnehmer zum vorzeitigen Austritt berechtigt.

Berufliche Weiterbildung

12. Bei der Einteilung der Nachtarbeit sind die Bedürfnisse einer Arbeitnehmerin bzw. eines Arbeitnehmers, die bzw. der eine berufsbildende Weiterbildungseinrichtung oder Schule besucht oder dies beabsichtigt, nach den betrieblichen Möglichkeiten zu berücksichtigen.

---

9 Regelmäßig oder in 30 Nächten im Kalenderjahr in der Zeit von 22 bis 6 Uhr jeweils mindestens 3 Stunden.

Beschäftigung von Jugendlichen

13. Die zulässige Wochenarbeitszeit von Arbeitnehmerinnen bzw. Arbeitnehmern bis zur Vollendung des 18. Lebensjahres (Jugendliche) kann auf die einzelnen Werktage einer Woche unterschiedlich verteilt werden.

Werden Durchrechnungsmodelle (Punkt 14 bis 26) auch für Jugendliche angewendet, kann die Wochenarbeitszeit innerhalb eines mehrwöchigen Zeitraumes so verteilt werden, dass sie in einzelnen Wochen 45 und im Durchschnitt die Normalarbeitszeit von 38,5 Wochenstunden nicht überschreitet.

Die tägliche Arbeitszeit darf 9 Stunden (einschließlich Überstunden) nicht überschreiten.

Durchrechnungsmodelle

Erhöhte Normalarbeitszeit

14. Bei betrieblicher Notwendigkeit kann durch Betriebsvereinbarung die durchschnittliche wöchentliche Normalarbeitszeit in bis zu 6 zusammenhängenden Wochen auf bis zu 40 Stunden ausgedehnt werden; in Betrieben ohne Betriebsrat durch schriftliche Vereinbarung mit den Arbeitnehmerinnen bzw. Arbeitnehmern. Innerhalb dieses Zeitraumes darf die Normalarbeitszeit in einzelnen Wochen 45 Stunden, die tägliche Normalarbeitszeit 9 Stunden nicht überschreiten. Der Ausgleich auf die durchschnittliche wöchentliche Normalarbeitszeit von 38,5 Stunden hat innerhalb von bis zu weiteren 3 Monaten nach Ende der Periode mit erhöhter Normalarbeitszeit zu erfolgen.

Einarbeitung ganzer Tage

15. Zur Einarbeitung ganzer Tage kann die wöchentliche Normalarbeitszeit im vereinbarten Durchrechnungszeitraum auf bis zu 40 Stunden ausgedehnt werden. Die durchschnittliche wöchentliche Normalarbeitszeit darf im Durchrechnungszeitraum 38,5 Stunden, die tägliche Normalarbeitszeit 9 Stunden nicht überschreiten.

Die Einarbeitung ganzer Tage ist durch Betriebsvereinbarung festzulegen. Dabei ist ein Durchrechnungszeitraum von bis zu einem Jahr zulässig. In Betrieben ohne Betriebsrat kann die Einarbeitung mit den Arbeitnehmerinnen bzw. Arbeitnehmern schriftlich vereinbart werden. Dabei ist ein Durchrechnungszeitraum von bis zu 3 Monaten zulässig. Dieser kann auf bis zu ein Jahr ausgedehnt werden, wenn die eingearbeiteten ganzen Tage ausschließlich unmittelbar vor oder nach einem Urlaub, Feiertag oder sonstigen bezahlten freien Tag verbraucht werden.

Die Lage der freien Tage ist vor oder während des Durchrechnungszeitraumes einvernehmlich festzulegen. Wenn nicht alle Zeitguthaben während des Durchrechnungszeitraumes konsumiert werden, sind die zuletzt erworbenen Zeitguthaben als Überstunden mit dem jeweiligen Zuschlag abzugelten. Die Arbeitnehmerin bzw. der Arbeitnehmer kann stattdessen den Zeitpunkt des Zeitausgleiches (samt Zuschlag) mit einer Vorankündigungsfrist von 4 Wochen festlegen.

Einarbeitung in Verbindung mit Feiertagen

16. Zur Einarbeitung in Verbindung mit Feiertagen kann die wöchentliche Normalarbeitszeit um bis zu 5 Stunden (unter Einschluss der Vollzeitmehrarbeit gemäß Punkt 5 ergeben sich bis zu 6,5 Stunden) ausgedehnt werden. Die einzuarbeitende Arbeitszeit ist grundsätzlich gleichmäßig auf die Wochen des Durchrechnungszeitraumes zu verteilen.

Die Einarbeitung in Verbindung mit Feiertagen ist durch Betriebsvereinbarung, in Betrieben ohne Betriebsrat mit den Arbeitnehmerinnen bzw. Arbeitnehmern, schriftlich zu vereinbaren. Festgelegt werden kann ein Durchrechnungszeitraum von bis zu

- 13 Wochen, wobei die tägliche Normalarbeitszeit 10 Stunden nicht überschreiten darf;
- einem Jahr, wobei die tägliche Normalarbeitszeit 9 Stunden nicht überschreiten darf.

Die Lage der freien Tage ist vor Beginn des Durchrechnungszeitraumes einvernehmlich festzulegen. Wenn nicht alle Zeitguthaben während des Durchrechnungszeitraumes konsumiert werden, sind die zuletzt erworbenen Zeitguthaben als Überstunden mit dem jeweiligen Zuschlag abzugelten. Die Arbeitnehmerin bzw. der Arbeitnehmer kann stattdessen den Zeitpunkt des Zeitausgleiches (samt Zuschlag) mit einer Vorankündigungsfrist von 4 Wochen festlegen.

Sabbatical

16a. Auf Wunsch der Arbeitnehmerin bzw. des Arbeitnehmers kann Teilzeit (z.B. zum Zweck einer längeren Ausbildung oder Erholungsphase) vereinbart werden, die in geblockter Form abgewickelt wird. Dazu wird in der Ansparphase die wöchentliche Normalarbeitszeit durch Teilzeit- bzw. Vollzeitmehrarbeit erhöht.[10]

Bandbreite

Allgemeine Bestimmungen

17. Die wöchentliche Normalarbeitszeit kann im Durchrechnungszeitraum unterschiedlich verteilt werden; sie darf zwischen 32 und 45 Stunden betragen (Bandbreite). Ein Unterschreiten der 32 Stunden pro Woche ist dann möglich, wenn der Zeitausgleich in ganzen Tagen erfolgt.

Im Durchschnitt darf die wöchentliche Normalarbeitszeit 38,5 Stunden nur insoweit überschreiten, als Übertragungsmöglichkeiten von Zeitguthaben (Punkt 24) vorgesehen sind. Die tägliche Normalarbeitszeit darf 9 Stunden nicht überschreiten.

Die Bestimmungen über die Vollzeitmehrarbeit sind nicht anzuwenden.

Zulässigkeit und Durchrechnungszeitraum

18. Die Einführung der Bandbreite bedarf der Zustimmung des Betriebsrates. Die Bandbreite ist auf deren Grundlage durch Betriebsvereinbarung zu regeln. Der Durchrechnungszeitraum kann bis zu 18 Monate betragen.

In Betrieben ohne Betriebsrat kann die Bandbreite durch schriftliche Vereinbarung mit den Arbeitnehmerinnen bzw. Arbeitnehmern festgelegt werden, wobei der Durchrechnungszeitraum höchstens 3 Monate betragen kann.

Zusätzliche Arbeit im Rahmen der Bandbreite darf nicht für Zeiten zwischen 22 und 6 Uhr, für Samstage ab 14 Uhr sowie für Sonn- und Feiertage festgelegt werden.

Kombination mit anderen Arbeitszeitmodellen

19. Eine Kombination der Bandbreite mit Schichtarbeit (Punkt 27) ist nur dann zulässig, wenn der zugrunde liegende Schichtplan eine wöchentlich gleiche Normalarbeitszeit vorsieht. Zeitguthaben können dadurch erworben oder verbraucht werden, dass Abweichungen vom Schichtplan durch Freischichten, Zusatzschichten bzw. eine Verkürzung oder Verlängerung einzelner Schichten erfolgen.

Eine Kombination von Bandbreite mit 4-Tage-Woche, Gleitzeit oder Durchrechnungsmodellen ist nicht zulässig.

Lage der Normalarbeitszeit

20. Vor Beginn des Durchrechnungszeitraumes sind die Arbeitnehmerinnen und Arbeitnehmer über die voraussichtliche Entwicklung des Arbeitszeitbedarfes zu informieren. Die tatsächliche Lage der Normalarbeitszeit an den einzelnen Tagen bzw. Wochen ist spätestens 2 Wochen vor der jeweiligen Arbeitswoche festzulegen. Die 2-Wochen-Frist kann in Aus-

[10] Zum Entfall des Teilzeitmehrarbeitszuschlages siehe Abschnitt 7 Punkt 9 lit. c (Seite 38).

nahmefällen im Einvernehmen mit dem Betriebsrat verkürzt werden; in diesem Fall können die Arbeitnehmerinnen bzw. Arbeitnehmer Änderungen der Lage der Arbeitszeit aus berücksichtigungswürdigen Interessen im Sinn des § 6 Abs. 2 AZG ablehnen.

Entlohnung

21. Während des Durchrechnungszeitraumes gebühren das Ist-Gehalt bzw. der Ist-Lohn [KVArbEEI:], der Zuschlag für Vorarbeiterinnen und Vorarbeiter und alle pauschalierten Ansprüche ungekürzt. Auf Stunden bezogene Teile des Entgeltes (z.B. Zulagen, Zuschläge) sind nach den tatsächlich geleisteten Stunden abzurechnen.

Bei regelmäßiger Montagearbeit ist davon abweichend die Montagezulage zu pauschalieren. Regelmäßigkeit liegt vor, wenn in den letzten 3 Monaten vor Beginn des Durchrechnungszeitraumes in mindestens 7 Wochen ein Anspruch auf Montagezulage bestand. Würde infolge von Zeitausgleich Reise- bzw. Lenkentgelt wegfallen, ist es fortzuzahlen.[11] Es gebührt der auf einen Tag entfallende Durchschnittswert der letzten 3 Monate[12], in denen im Ausmaß der vereinbarten Normalarbeitszeit gearbeitet wurde und keine Fehlzeit angefallen ist.

Bei Akkord- bzw. Prämienarbeiten gemäß Abschnitt 6a bzw. 6b ist eine Regelung zu treffen, die ein Schwanken des Verdienstes durch die Bandbreite möglichst vermeidet.

Zeitzuschläge, Überstunden, Zeitkonto

22. Nach der 40. bis einschließlich der 45. Wochenstunde gebührt ein Zeitzuschlag von 25%. Anstelle dieses Zeitzuschlages kann eine gleichwertige Verkürzung der Wochenarbeitszeit mit Gehalts- bzw. Lohnausgleich vereinbart werden.

Entsprechend Punkt 7 fallen auch in Wochen mit weniger als 38,5 Stunden Normalarbeitszeit Überstunden an, wenn die aufgrund der Bandbreite in dieser Woche geltende tägliche oder wöchentliche Normalarbeitszeit überschritten wird.

Zeitguthaben, Zeitzuschläge sowie Zeitschulden sind auf einem Zeitkonto zu erfassen, das der Arbeitnehmerin bzw. dem Arbeitnehmer monatlich zu übermitteln ist.

Höchstausmaß des Zeitguthabens

23. Während des Durchrechnungszeitraumes darf das Zeitguthaben einschließlich der Zeitzuschläge 80 Stunden nicht überschreiten. Das Zeitguthaben kann einschließlich der Zeitzuschläge bis zu 120 Stunden betragen, wenn der Zeitausgleich für die 80 Stunden übersteigende Stundenzahl in ganzen Wochen erfolgt.

Übertragung von Zeitguthaben

24. Besteht am Ende eines Durchrechnungszeitraumes von bis zu 12 Monaten ein Zeitguthaben, können davon bis zu 40 Stunden (einschließlich Zeitzuschlägen) in den nächsten Durchrechnungszeitraum übertragen werden. Ist kein weiterer vereinbart, kann der Zeitausgleich innerhalb einer dreimonatigen Nachfrist erfolgen. Der Zeitpunkt des Zeitausgleiches ist in derartigen Fällen am Ende des Durchrechnungszeitraumes festzulegen.

Bei Durchrechnungszeiträumen über 12 Monaten ist eine Übertragung von Zeitguthaben in den nächsten Durchrechnungszeitraum nicht zulässig. Das Zeitguthaben darf innerhalb einer allfälligen Nachfrist verbraucht werden. Diese muss innerhalb des höchstzulässigen Durchrechnungszeitraumes von 18 Monaten liegen.

---

[11] Beispielsweise ergibt sich bei wöchentlicher An- und Abreise durch einen arbeitsfreien Tag kein Ausfall und daher auch kein Fortzahlungsanspruch. Bei täglicher An- und Abreise würde ein ganztägiger Zeitausgleich hingegen einen Ausfall bewirken, der durch den Fortzahlungsanspruch vermieden wird.

[12] Übergangsrecht in Anhang 2 Punkt 4 (Seite 64).

Nicht übertragene bzw. nicht in der Nachfrist ausgeglichene Zeitguthaben (Grundstunde und Zeitzuschlag) sind als Überstunden mit einem Zuschlag von 50% auszubezahlen.

Teilzeitbeschäftigte

25. Werden Teilzeitbeschäftigte in die Bandbreite einbezogen, schließt die zuschlagsfreie Vollzeitmehrarbeit (Punkt 5) unmittelbar an die vereinbarte wöchentliche Normalarbeitszeit an. Für darüber hinausgehende Arbeitszeiten bis einschließlich der 40. Wochenstunde sind ausschließlich die Bestimmungen über die Teilzeitmehrarbeit (Abschnitt 7 Punkt 7 bis 9) anzuwenden.

Für Arbeitsleistungen nach der 40. bis einschließlich der 45. Wochenstunde gelten die Bestimmungen über die Bandbreite. Das Unterschreiten der Untergrenze von 32 Stunden pro Woche (Punkt 17) ist auch dann möglich, wenn mit dem Teilzeitbeschäftigten eine Normalarbeitszeit von weniger als 35 Wochenstunden vereinbart wurde.

Sonstige Bestimmungen

26. Pflegefreistellungen für jene Stunden, die 38,5 Wochenstunden überschreiten, sind auf das Ausmaß des gesetzlichen Pflegefreistellungsanspruches nicht anzurechnen.

Wird in Zusammenhang mit dem Abschluss einer Betriebsvereinbarung über Bandbreite eine Betriebs(teil)versammlung einberufen, haben die Arbeitnehmerinnen und Arbeitnehmer für die erforderliche Dauer Anspruch auf Entgeltfortzahlung ohne Anrechnung auf bestehende Vereinbarungen bzw. betriebliche Übungen.

Soweit keine allgemeine Betriebsvereinbarung über die Beschäftigung überlassener Arbeitnehmerinnen und Arbeitnehmer besteht, kann die Bandbreite nur vereinbart werden, wenn die Bandbreiten-Betriebsvereinbarung Bestimmungen über eine allfällige Beschäftigung überlassener Arbeitnehmerinnen und Arbeitnehmer in den betroffenen und den mit diesen in einem Arbeitszusammenhang stehenden Bereichen enthält.

Schichtarbeit

27. Bei mehrschichtiger oder kontinuierlicher Arbeitseinteilung ist aufgrund einer Betriebsvereinbarung ein Schichtplan zu erstellen. In Betrieben ohne Betriebsrat kann Schichtarbeit mit den Arbeitnehmerinnen bzw. Arbeitnehmern nur schriftlich und mit Zustimmung der Kollektivvertragsparteien eingeführt werden. Die Arbeitszeit ist so einzuteilen, dass im Durchschnitt eine wöchentliche Normalarbeitszeit von 38,5 Stunden innerhalb eines Schichtturnusses nicht überschritten wird. Die tägliche Normalarbeitszeit darf 9 Stunden, bei einer 4-Tage-Woche 10 Stunden sowie in den Fällen des § 4a Abs. 3 AZG 12 Stunden nicht überschreiten.

Durch Betriebsvereinbarung können innerhalb eines Durchrechnungszeitraumes von bis zu einem Jahr Schichtturnusse mit einer durchschnittlichen wöchentlichen Normalarbeitszeit von bis zu 40 Stunden vorgesehen werden. Die Überschreitungen der wöchentlichen Normalarbeitszeit von 38,5 Stunden sind durch Freischichten bzw. eine Verkürzung einzelner Schichten auszugleichen. Ansprüche aus dem Nachtschwerarbeitsgesetz werden durch Freischichten nicht berührt. In Betrieben ohne Betriebsrat kann diese Durchrechnung mit den Arbeitnehmerinnen bzw. Arbeitnehmern schriftlich vereinbart werden. Dabei ist ein Durchrechnungszeitraum von bis zu 3 Monaten zulässig. Dieser kann auf bis zu ein Jahr ausgedehnt werden, wenn der Zeitausgleich ausschließlich unmittelbar vor oder nach einem Urlaub, Feiertag oder sonstigen bezahlten freien Tag verbraucht wird.

Für Arbeitnehmerinnen bzw. Arbeitnehmer in vollkontinuierlichen Betrieben kann die wöchentliche Normalarbeitszeit in einzelnen Wochen auf bis zu 56 Stunden ausgedehnt werden, wenn am Wochenende eine oder 2 Schichten von 10 bis 12 Stunden Dauer im Schichtplan vorgesehen sind und mindestens 3 von 5 Wochenenden vollkommen arbeitsfrei sind.

Sonntags- und Dekadenarbeit

28. Bei vollkontinuierlicher Schichtarbeit bzw. Dekadenarbeit gilt der Sonntag als Werktag und der dafür zustehende arbeitsfreie Tag als Sonntag, wenn dieser Ersatzsonntag aus der Arbeitszeiteinteilung klar hervorgeht. Dies gilt nicht, wenn bestehende Vereinbarungen anderes vorsehen. Fällt ein gesetzlicher Feiertag auf den Ersatzsonntag, gebührt für die an diesem Tag erbrachte Arbeit ein Zuschlag gemäß Abschnitt 7 Punkt 11.[13]

29. Für im öffentlichen Interesse betriebene Großbaustellen oder Baustellen der Wildbach- und Lawinenverbauung im Hochgebirge kann mittels Betriebsvereinbarung Dekadenarbeit (§ 4c AZG) vereinbart werden (in der Regel 10 aufeinanderfolgende Arbeitstage und 4 arbeitsfreie Tage).

Die wöchentliche Normalarbeitszeit darf auf bis zu 59 Stunden ausgedehnt werden. Innerhalb eines 2-wöchigen Durchrechnungszeitraumes dürfen jedoch 38,5 Stunden im Durchschnitt nicht überschritten werden. Die tägliche Normalarbeitszeit darf bis zu 9 Stunden betragen.

Innerhalb eines 4-wöchigen Durchrechnungszeitraumes hat die Arbeitnehmerin bzw. der Arbeitnehmer Anspruch auf eine durchschnittliche wöchentliche Ruhezeit von mindestens 36 Stunden. Für die Berechnung dieser durchschnittlichen wöchentlichen Ruhezeit dürfen nur jene Ruhezeiten herangezogen werden, die mindestens 24 zusammenhängende Stunden umfassen. Zwischen 2 aufeinanderfolgenden Dekaden muss jeweils eine Ruhezeit von mindestens 36 Stunden liegen.

Für die Dauer der Zuteilung zur Dekadenarbeit gilt diese für die Arbeitnehmerinnen und Arbeitnehmer als Festlegung ihrer Normalarbeitszeit. Durch die Dekadenarbeit darf keine Entgeltschmälerung eintreten.

4-Tage-Woche

30. Die tägliche Normalarbeitszeit kann bei regelmäßiger Verteilung der gesamten wöchentlichen Arbeitszeit auf 4 Tage bis zu 10 Stunden betragen. Dies ist durch Betriebsvereinbarung festzulegen; in Betrieben ohne Betriebsrat durch schriftliche Vereinbarung mit den Arbeitnehmerinnen bzw. Arbeitnehmern. Der arbeitsfreie Tag darf nicht auf einen Feiertag fallen.

Durch Betriebsvereinbarung kann zugelassen werden, dass die Arbeitszeit an den Arbeitstagen durch die Leistung von Überstunden auf bis zu 12 Stunden ausgedehnt wird; in Betrieben ohne Betriebsrat nur, wenn die arbeitsmedizinische Unbedenklichkeit festgestellt wurde.

Rufbereitschaft

31. Rufbereitschaft außerhalb der Arbeitszeit darf innerhalb eines Zeitraumes von 3 Monaten an bis zu 30 Tagen vereinbart werden, wenn die Bezahlung der Rufbereitschaft durch Betriebsvereinbarung geregelt ist. In Betrieben ohne Betriebsrat ist die Bezahlung der Rufbereitschaft mit den Arbeitnehmerinnen bzw. Arbeitnehmern schriftlich zu vereinbaren.

Altersteilzeit

Grundsätze

32. Wird mit einer Arbeitnehmerin bzw. einem Arbeitnehmer Altersteilzeit im Sinn des § 27 des Arbeitslosenversicherungsgesetzes vereinbart, gelten folgende Regelungen, solange

---

[13] Seite 38.

diese gesetzliche Bestimmung auf laufende Altersteilzeit-Vereinbarungen anzuwenden ist:[14]

a) Die Arbeitnehmerin bzw. der Arbeitnehmer hat bis zur Höchstbeitragsgrundlage (§ 45 ASVG) Anspruch auf Gehalts- bzw. Lohnausgleich von mindestens 50% der Differenz zwischen dem im letzten Jahr vor der Herabsetzung der Normalarbeitszeit gebührenden durchschnittlichen Entgelt und dem der verringerten Arbeitszeit entsprechenden Entgelt. Bei der Feststellung des Entgeltes vor Herabsetzung der Arbeitszeit sind pauschale oder regelmäßige Zulagen, Zuschläge und Überstunden gemäß den Richtlinien des Arbeitsmarktservice einzubeziehen.
b) Sieht die Vereinbarung unterschiedliche wöchentliche Normalarbeitszeiten vor (insbesondere bei geblockter Arbeitszeit), ist das Entgelt für die durchschnittliche Normalarbeitszeit fortlaufend zu bezahlen.
c) Das Unternehmen hat die Sozialversicherungsbeiträge entsprechend der Beitragsgrundlage vor der Herabsetzung der Normalarbeitszeit zu entrichten.
d) Die Berechnung eines Jubiläumsgeldes ist auf der Grundlage der Normalarbeitszeit vor deren Herabsetzung vorzunehmen.
e) Hat eine Arbeitnehmerin bzw. ein Arbeitnehmer eine Freizeitoption in Anspruch genommen, gebührt während der Altersteilzeit der der herabgesetzten Arbeitszeit entsprechende Freizeitanspruch.
f) Eine bei Beendigung des Arbeitsverhältnisses zustehende Abfertigung Alt ist auf der Grundlage der Arbeitszeit vor deren Herabsetzung zu berechnen. In die Berechnung der Abfertigung Alt sind regelmäßige Entgeltbestandteile (z.B. Überstunden) in jenem Ausmaß einzubeziehen, in dem sie vor Herabsetzung der Arbeitszeit geleistet wurden.
g) Vor Abschluss der Altersteilzeit-Vereinbarung ist der Betriebsrat zu informieren.

Geblockte Altersteilzeit

33. Wenn die Altersteilzeit-Vereinbarung vorsieht, dass so lange im Ausmaß der Normalarbeitszeit gearbeitet wird (Einarbeitungsphase), bis ausreichend Zeitguthaben erworben wurden, um anschließend durch den Verbrauch dieser Zeitguthaben den Entfall der Arbeitsleistung bis zur Beendigung der Altersteilzeit zu ermöglichen (Freistellungsphase), gilt:

a) Mangels einer Einigung über den Zeitpunkt des Verbrauches von Urlaub, der während der Einarbeitungsphase entstanden ist, kann dieser Urlaub unmittelbar vor Ende der Einarbeitungsphase angetreten werden.
   Die Kollektivvertragsparteien empfehlen, eine Regelung für den Urlaub in der Freistellungsphase zu treffen. Beispielsweise kann für jede Urlaubswoche, die in der Freistellungsphase entstehen wird, die Einarbeitungsphase um die vereinbarte durchschnittliche wöchentliche Normalarbeitszeit verkürzt werden. Für die Zeiträume, die dadurch nicht eingearbeitet sind, wird der Urlaubsverbrauch vereinbart.[15]
b) Fallen in die Einarbeitungsphase Abwesenheitszeiten ohne bzw. mit halbem Entgeltanspruch, werden dafür keine bzw. nur die halben Zeitguthaben erworben. Die Einarbeitungsphase verlängert sich, bis ausreichend Zeitguthaben für die Freistellungsphase erworben wurden.
c) Wenn die Arbeitnehmerin bzw. der Arbeitnehmer die Freizeitoption gewählt hat, entsteht der volle Freizeitanspruch in der Einarbeitungsphase. In der Freistellungsphase entsteht kein Freizeitanspruch aus der Freizeitoption. Die Kollektivvertragsparteien empfehlen,

---

[14] Zum Teilzeitmehrarbeitszuschlag bei Altersteilzeit siehe Abschnitt 7 Punkt 9 lit. c (Seite 38).

[15] Hinweis des FEEI: Der OGH (8 ObA 23/09d) hat entschieden, dass bei geblockter Altersteilzeit auch in den Urlaubswochen der Einarbeitungsphase ein Zeitguthaben für die Freistellungsphase („Urlaubszeitguthaben") entsteht. Der Urlaubsanspruch der Freistellungsphase wird durch den Konsum dieses „Urlaubszeitguthabens" verbraucht. Aus diesem OGH-Urteil folgt, dass es nicht notwendig ist, den Urlaub der Freistellungsphase in die Einarbeitungsphase vorzuverlegen.

das Freizeitguthaben aus der Freizeitoption vor Beginn der Freistellungsphase zu verbrauchen.

d) Bestehen zum Ende des Arbeitsverhältnisses Zeitguthaben an Normalarbeitszeit, sind diese auf der Grundlage des zu diesem Zeitpunkt gebührenden Stundenentgeltes zu bezahlen; der Gehalts- bzw. Lohnausgleich ist nur einzubeziehen, wenn das Arbeitsverhältnis aus betrieblichen Gründen oder durch berechtigten vorzeitigen Austritt (auch gemäß § 25 Insolvenzordnung, jedoch nicht wegen dauernder Dienstunfähigkeit bzw. Gesundheitsgefährdung) beendet wird. Es gebührt kein Zuschlag im Sinn des § 19e AZG. Endet das Arbeitsverhältnis durch den Tod der Arbeitnehmerin bzw. des Arbeitnehmers, gebührt diese Abgeltung den Erbinnen bzw. Erben.

Empfehlungen der Kollektivvertragsparteien

34. Die Kollektivvertragsparteien empfehlen,

- im Falle eines Anspruches auf eine Zusatzpension eine Regelung zu treffen, die eine Minderung der Versorgung vermeidet;
- eine Regelung zu vereinbaren, die eine Rückkehr zur Vollzeitbeschäftigung aus außerordentlich wichtigen persönlichen Gründen ermöglicht (wirtschaftliche Notlage z.B. aus familiären Gründen), soweit das Unternehmen dadurch keine Pflicht zur Rückzahlung der bereits aufgrund der Altersteilzeit erhaltenen Leistungen trifft und betriebliche Gründe der Rückkehr nicht entgegenstehen.

Verkürzung der Normalarbeitszeit, Kurzarbeit

35. Die Verkürzung der wöchentlichen Normalarbeitszeit für alle oder für Gruppen von Arbeitnehmerinnen und Arbeitnehmern kann in Betrieben mit Betriebsrat nur einvernehmlich mit dem Betriebsrat erfolgen. In Betrieben ohne Betriebsrat kann dies mit den Arbeitnehmerinnen bzw. Arbeitnehmern nur schriftlich und mit Zustimmung der Kollektivvertragsparteien vereinbart werden.

Werden Beihilfen nach dem Arbeitsmarktservicegesetz beantragt, ist in allen Fällen eine Vereinbarung der Kollektivvertragsparteien erforderlich.

Geringere Normalarbeitszeiten als 38,5 Wochenstunden gelten dann nicht als Teilzeit, wenn sie für den ganzen Betrieb oder Betriebsteile gelten und nicht erheblich von den 38,5 Wochenstunden abweichen.

Arbeitszeit für besondere Berufsgruppen

36. Für weibliche bzw. männliche Portiere, hauptberufliches Bewachungspersonal, hauptberufliche Werksfeuerwehren, Arbeitnehmerinnen bzw. Arbeitnehmer im Sanitätsdienst und weibliche bzw. männliche Chauffeure kann die wöchentliche Normalarbeitszeit auf bis zu 60 Stunden ausgedehnt werden, wenn regelmäßig Arbeitsbereitschaft besteht und diese mindestens 40% der Arbeitszeit beträgt. Unter dieser Voraussetzung kann eine tägliche Normalarbeitszeit von bis zu 12 Stunden vereinbart werden; dies gilt nicht für weibliche bzw. männliche Chauffeure.

Mit diesen Arbeitnehmerinnen bzw. Arbeitnehmern kann bis zu einer wöchentlichen Normalarbeitszeit von 60 Stunden eine Pauschalentlohnung vereinbart werden. Ab 38,5 Stunden gebührt ein Zuschlag von mindestens 30% des Stundengehaltes bzw. -lohnes gemäß Abschnitt 6 Punkt 6.[16] Bei Pauschalentlohnungen von

- weiblichen bzw. männlichen Portieren, hauptberuflichem Bewachungspersonal, hauptberuflichen Werksfeuerwehren und Arbeitnehmerinnen bzw. Arbeitnehmern im Sanitätsdienst gebührt für in das Pauschale einbezogene Sonntags- und Nachtarbeit keine zusätzliche Vergütung;

---

[16] Stundengehalt/-lohn = Monatsgehalt/-lohn (auf Basis 38,5 Stunden) : 167.

- weiblichen bzw. männlichen Chauffeuren dürfen Arbeitszeiten an Sonn- und Feiertagen sowie an Werktagen zwischen 22 und 6 Uhr nicht in das Pauschale einbezogen werden.

Für Arbeitszeiten, die durch das Pauschale nicht abgegolten sind, gelten die Bestimmungen über die Überstundenentlohnung.

Bei regelmäßiger Beschäftigung an Sonntagen gebührt in jeder Woche eine Wochenruhe im Sinn des § 4 ARG von mindestens 36 Stunden, in der ein ganzer Tag eingeschlossen sein muss. Die Wochenruhe hat jede 3. Woche einen Sonntag einzuschließen.

Für weibliche bzw. männliche Chauffeure darf die tägliche Lenkzeit zwischen 2 Ruhezeiten bis zu 9 Stunden betragen. In unvorhergesehenen Fällen ist zur Ermöglichung der Rückkehr eine Lenkzeit von bis zu 10 Stunden zulässig.

Für weibliche bzw. männliche Chauffeure, in deren Arbeitszeit nicht regelmäßig und im Ausmaß von mindestens 40% Arbeitsbereitschaft fällt, kann die wöchentliche Arbeitszeit auf bis zu 52 Stunden ausgedehnt werden, wenn zumindest in der über 48 Stunden hinausgehenden Arbeitszeit Arbeitsbereitschaft geleistet wird. Alle über die Normalarbeitszeit von 38,5 Wochenstunden und die Vollzeitmehrarbeit hinausgehenden Arbeitszeiten sind Überstunden.

Zeitguthaben und -schulden bei Beendigung des Arbeitsverhältnisses

37. Besteht vor dem Ende eines Arbeitsverhältnisses ein Zeitguthaben bzw. eine Zeitschuld, soll diese(s) nach Möglichkeit abgebaut werden.

Bestehen am Ende eines Arbeitsverhältnisses Zeitguthaben aus durchgerechneter Normalarbeitszeit (z.B. Gleitzeit, Bandbreite, Einarbeitungen, Schichtarbeit), Vollzeitmehrarbeit oder Überstundenarbeit, sind die zuletzt erworbenen Zeitguthaben als Überstunden mit dem jeweiligen Zuschlag abzugelten. Wurde der Überstundenzuschlag im Zeitguthaben bereits berücksichtigt oder ausbezahlt, gebührt für das Zeitguthaben nur die Grundvergütung. Bei Entlassung aus Verschulden der Arbeitnehmerin bzw. des Arbeitnehmers oder Austritt ohne wichtigen Grund entfällt bei durchgerechneter Normalarbeitszeit und Vollzeitmehrarbeit der Überstundenzuschlag.

Bestehen am Ende eines Arbeitsverhältnisses Zeitguthaben aus Teilzeitmehrarbeit, gebührt die Grundvergütung mit einem Zuschlag von 50% (§ 19e AZG). Wurde der Teilzeitmehrarbeitszuschlag

- ausbezahlt, gebührt ein Zuschlag von 25%;
- im Zeitguthaben bereits berücksichtigt, gebührt ein Zuschlag von 20%.

Besteht am Ende eines Arbeitsverhältnisses ein Zeitguthaben aus der Umwandlung von Geldansprüchen,[17] ist dieses als Normalarbeitszeit in sinngemäßer Anwendung von Punkt 7a abzugelten.

Bestehen am Ende eines Arbeitsverhältnisses Zeitschulden aus durchgerechneter Normalarbeitszeit (z.B. Gleitzeit, Bandbreite, Einarbeitungen, Schichtarbeit), wird bei Entlassung aus Verschulden der Arbeitnehmerin bzw. des Arbeitnehmers oder Austritt ohne wichtigen Grund das zu viel erhaltene Gehalt bzw. der zu viel erhaltene Lohn auf Basis der Bezahlung für Normalarbeitszeit gegen offene Forderungen gegengerechnet bzw. hat die Arbeitnehmerin oder der Arbeitnehmer den noch offenen Betrag zurückzuzahlen. In allen anderen Fällen der Beendigung des Arbeitsverhältnisses verfällt die Zeitschuld.

---

[17] Hinsichtlich nicht verbrauchter Zeitguthaben aus der Freizeitoption siehe Anhang 1 (Seite 61).

ABSCHNITT 5
FREISTELLUNG UND ENTGELTFORTZAHLUNG

Aus- und Weiterbildung

1. Arbeitnehmerinnen und Arbeitnehmer haben ab dem vollendeten 1. Jahr der Beschäftigung im Unternehmen pro Kalenderjahr Anspruch auf Dienstfreistellung unter Fortzahlung des Entgeltes für Bildungsmaßnahmen im Ausmaß ihrer wöchentlichen Normalarbeitszeit.

Unter Bildungsmaßnahmen sind Aus- und Weiterbildungsveranstaltungen zu verstehen, die Kenntnisse, Fertigkeiten und Fähigkeiten vermitteln, die für die betriebliche Tätigkeit der Arbeitnehmerin bzw. des Arbeitnehmers und/oder für angestrebte zukünftige Tätigkeiten im Unternehmen Verwendung finden können. Inhalt der Bildungsmaßnahmen kann auch die Vermittlung sozialer Fähigkeiten oder von Maßnahmen zur Förderung von Sicherheit und Gesundheit bei der Arbeit sein. Innerbetriebliche Bildungsmaßnahmen haben grundsätzlich Vorrang vor externen Bildungsmaßnahmen. Das Unternehmen hat auf eine ausgewogene Teilnahme von Männern und Frauen entsprechend ihrer Anzahl im Betrieb besonders Bedacht zu nehmen.

Inhalt und Zeitpunkt der Bildungsmaßnahmen sind zu vereinbaren. Wenn es zu keiner Einigung über die Bildungsmaßnahme kommt, ist der Betriebsrat beizuziehen.

Die Genehmigung einer beantragten Dienstfreistellung für eine Bildungsmaßnahme bedeutet nicht, dass Kosten der Veranstaltung oder einer damit verbundenen Reise vom Unternehmen getragen werden.

[KVAngEEI:] Der Betriebsrat ist über Vereinbarungen über die Rückerstattung von Ausbildungskosten zu informieren, wenn er dies verlangt.

Prüfungsvorbereitung

2. Arbeitnehmerinnen bzw. Arbeitnehmer erhalten auf Verlangen zur Vorbereitung und Ablegung von Prüfungen im Rahmen einer facheinschlägigen Weiterbildung an einer berufsbildenden mittleren oder höheren Schule, einer Fachhochschule oder Universität sowie für die Berufsreifeprüfung unbezahlte Freizeit im Ausmaß von bis zu 2 Wochen pro Kalenderjahr. Kommt es zu keiner Einigung über den Verbrauch, gelten die Schlichtungsregeln des § 4 UrlG. Diese unbezahlte Freizeit unterbricht das Arbeitsverhältnis nicht.

Arbeitsverhinderung

3. Arbeitnehmerinnen bzw. Arbeitnehmer haben Anspruch auf Freistellung von der Arbeit unter Fortzahlung des Entgeltes bei:

a) eigener Eheschließung .... 3 Arbeitstage;
b) Eheschließung eines Kindes, Stief- oder Adoptivkindes, eines Elternteiles sowie von Geschwistern, wenn die Hochzeit auf einen Arbeitstag fällt .... 1 Arbeitstag;
c) Entbindung der Ehe- bzw. Lebenspartnerin .... 1 Arbeitstag;
d) Wohnungswechsel im Fall eines bereits bestehenden eigenen Haushaltes oder im Fall der Gründung eines eigenen Haushaltes .... 2 Arbeitstage;
e) Tod der Ehepartnerin bzw. des Ehepartners oder eines Elternteiles .... 2 Arbeitstage;
f) Tod der Lebenspartnerin bzw. des Lebenspartners, wenn ein gemeinsamer Haushalt bestanden hat .... 2 Arbeitstage;
g) Tod eines Kindes .... 2 Arbeitstage;
h) Tod eines Geschwister-, Stief-, Groß- oder Schwiegerelternteiles .... 1 Arbeitstag;
i) Teilnahme an dem Begräbnis in den Fällen der lit. e bis h, wenn der Tag des Begräbnisses auf einen Arbeitstag fällt .... 1 weiterer Arbeitstag;

j) Teilnahme an Abordnungen zu Begräbnissen, wenn eine solche im Einvernehmen mit der zuständigen Führungskraft erfolgt .... die notwendige Zeit;

k) Begräbnis innerhalb der Europäischen Union außerhalb des Wohnortes der Arbeitnehmerin bzw. des Arbeitnehmers in den Fällen der lit. e bis h:
die notwendige Zeit für die Hin- und Rückfahrt zum Begräbnisort im Höchstausmaß eines weiteren Arbeitstages.

Ansprüche im Sinn der lit. a sowie c bis h bestehen auch dann, wenn das jeweilige Ereignis auf einen ohnedies arbeitsfreien Tag der Arbeitnehmerin bzw. des Arbeitnehmers fällt. Sie müssen jedoch im Zusammenhang mit dem Ereignis konsumiert werden.

Die eingetragene Partnerschaft ist der Ehe gleichzuhalten.

Der Eintritt eines derartigen Ereignisses ist dem Unternehmen nachzuweisen und, soweit möglich, vorher mitzuteilen.

4. Arbeitnehmerinnen bzw. Arbeitnehmer behalten ferner den Anspruch auf das Entgelt, wenn sie durch andere wichtige, ihre Person betreffende Gründe ohne ihr Verschulden während einer verhältnismäßig kurzen Zeit an der Leistung ihrer Dienste verhindert sind. Dies gilt insbesondere für das Aufsuchen einer Ärztin bzw. eines Arztes oder Ambulatoriums, für Behördenwege sowie zum 1. Antritt zur Führerscheinprüfung (ausgenommen die Klasse A), falls dies außerhalb der Arbeitszeit nicht möglich ist.

Keine Entgeltfortzahlung gebührt, wenn die Arbeitnehmerin bzw. der Arbeitnehmer aufgrund öffentlichrechtlicher Vorschriften vollen Ersatz erhält.

Entgeltansprüche aus Gründen, die nicht von der Arbeitnehmerin bzw. vom Arbeitnehmer zu vertreten sind (§ 1155 ABGB)[18]

5. Auch für Arbeitsleistungen, die nicht zustande gekommen sind, gebührt dem Arbeitnehmer das Entgelt, wenn er zur Leistung bereit war und durch Umstände, die auf der Seite des Arbeitgebers liegen, daran verhindert worden ist; er muss sich jedoch, außer bei Verzicht auf die Arbeitsleistung während der Kündigungsfrist, anrechnen lassen, was er sich infolge Unterbleibens der Arbeitsleistung erspart oder durch anderweitige Verwendung erworben oder zu erwerben absichtlich versäumt hat.

Wurde er infolge solcher Umstände durch Zeitverlust bei der Arbeitsleistung verkürzt, so gebührt ihm angemessene Entschädigung.

Der Arbeitnehmer ist jedoch verpflichtet, dann, wenn die gänzliche oder teilweise Stilllegung des Betriebes, einzelner Abteilungen oder einzelner Arbeitsplätze notwendig ist, oder – wenn diese Tatsache einvernehmlich zwischen dem Arbeitgeber oder dessen Vertreter und dem Betriebsrat festgestellt wird – die Arbeitsleistung durch Witterungseinflüsse nicht erbracht werden kann, vorübergehend auch andere als seinem Arbeitsvertrag entsprechende, jedoch zumutbare Arbeiten zu verrichten.

[KVArbEEI:]

Erkrankung

Entgeltanspruch bei Erkrankung

6. Über die Anspruchsdauer des Entgeltfortzahlungsgesetzes hinaus besteht unter den Voraussetzungen des § 2 Abs. 1, 2, 4 und § 4 Entgeltfortzahlungsgesetz Anspruch auf einen kollektivvertraglichen Krankengeldzuschuss. Dieser gebührt pro Arbeitsjahr bei einer

---

18 Im Hinblick auf die Anlehnung an die zugrunde liegende Bestimmung des § 1155 ABGB wurde eine beide Geschlechter berücksichtigende Formulierung unterlassen.

Dauer des Arbeitsverhältnisses
- unter 5 Jahren für 5 Wochen,
- ab 5 Jahren für 7 Wochen,
- ab 15 Jahren für 9 Wochen,
- ab 25 Jahren für 11 Wochen

über die jeweilige Anspruchsdauer des EFZG hinaus.

7. Dieser Zuschuss gebührt in der Höhe des Unterschiedsbetrages zwischen dem Bruttoentgelt (abzüglich der bei vollem Entgelt an die Gesundheitskasse zu entrichtenden Arbeitnehmerbeiträge) und dem vollen Krankengeld, auch wenn die Arbeitnehmerin bzw. der Arbeitnehmer kein oder nur ein gekürztes Krankengeld von der Gesundheitskasse bezieht.

Durch Betriebsvereinbarung können abweichende, jedoch gleichwertige Berechnungsarten festgelegt werden. Für die Berechnung des Entgeltes gilt der Entgeltbegriff des EFZG in Verbindung mit dem Generalkollektivvertrag. Bei Berechnung des Krankengeldzuschusses ist auch das für arbeitsfreie Tage bezahlte Krankengeld anzurechnen. Die Höhe des Zuschusses darf jedoch 49% des vollen Entgeltes im Sinn des EFZG nicht übersteigen.

Fallen die ersten 3 Tage einer Erkrankung in den Zeitraum eines Anspruches auf Krankengeldzuschuss und wird gemäß § 138 Abs. 1 ASVG kein Krankengeld bezahlt, hat die Arbeitnehmerin bzw. der Arbeitnehmer Anspruch auf volle Entgeltfortzahlung.

8. Über die Anspruchsdauer des EFZG hinaus besteht ferner unter den Voraussetzungen des § 2 Abs. 5 und 6 EFZG Anspruch auf einen Krankengeldzuschuss bei Arbeitsunfällen (Berufskrankheit). Dieser gebührt pro Arbeitsjahr bei einer Dauer des Arbeitsverhältnisses
- unter 5 Jahren für 2 Wochen,
- ab 5 Jahren für 4 Wochen,
- ab 25 Jahren für 6 Wochen

über die jeweilige Anspruchsdauer des EFZG hinaus. Für seine Berechnung gilt Punkt 7. Nach Erschöpfung dieses Anspruches hat die Arbeitnehmerin bzw. der Arbeitnehmer auch bei Arbeitsunfällen (Berufskrankheit) Anspruch auf den in Punkt 6 geregelten Krankengeldzuschuss, soweit dieser noch nicht verbraucht ist. Er kann in unmittelbarem Anschluss an den in diesem Punkt geregelten Krankengeldzuschuss verbraucht werden.

9. Ist die Arbeitsunfähigkeit der Arbeitnehmerin bzw. des Arbeitnehmers Folge eines von einer dritten Person schuldhaft verursachten Unfalles, der kein Arbeitsunfall ist, erhält die Arbeitnehmerin bzw. der Arbeitnehmer Krankenentgelt im Sinn dieses Kollektivvertrages als Vorschuss. Dieser ist zurückzuzahlen, wenn von der dritten Person Schadenersatz geleistet wird. Kommt es nur zu einer teilweisen Erfüllung der Schadenersatzansprüche, ist dieser Vorschuss anteilmäßig zurückzuzahlen.

Zur Verfolgung von Schadenersatzansprüchen ist die Arbeitnehmerin bzw. der Arbeitnehmer nicht verpflichtet. Auf Verlangen sind die Ansprüche an das Unternehmen abzutreten. Dieses kann die Ansprüche auf seine Gefahr und Kosten verfolgen.

Gemeinsame Bestimmungen

10. Für Ansprüche aus dem Entgeltfortzahlungsgesetz und dieses Kollektivvertrages gelten im Sinn des Generalkollektivvertrages über den Begriff des Entgeltes Überstunden dann als regelmäßig, wenn sie in den letzten 3 Monaten[19] vor der Arbeitsverhinderung durch mindestens 7 Wochen geleistet wurden.

Zur Berechnung des Durchschnittes des Entgeltes sowie des Krankengeldzuschusses gemäß Punkt 6 und 7 sind jene 3 abgeschlossenen Beitragszeiträume vor der Erkrankung heranzuziehen, die zeitlich mit dem für die Ermittlung der Ansprüche auf Berücksichtigung

---

[19] Übergangsrecht in Anhang 2 Punkt 4 (Seite 64).

der Überstunden maßgebenden Zeitraum zusammenfallen. Zeiten ohne Entgeltanspruch sind auszuscheiden.

Durch Betriebsvereinbarung kann festgelegt werden, dass Überstunden dann als regelmäßig gelten, wenn in mindestens 7 der 12 Monate vor der Arbeitsverhinderung Überstunden geleistet worden sind. Diesfalls sind für die Ermittlung des Durchschnittes die letzten 12 Monate heranzuziehen. Auf zwischenzeitige Lohnerhöhungen ist Bedacht zu nehmen. Im Übrigen gelten die vorstehenden Bestimmungen sinngemäß.

11. Wird der Anspruch gemäß Entgeltfortzahlungsgesetz durch Betriebsvereinbarung auf das Kalenderjahr umgestellt, ist § 2 Abs. 8 Entgeltfortzahlungsgesetz anzuwenden.

Nachweispflicht

12. Arbeitnehmerinnen bzw. Arbeitnehmer sind nicht verpflichtet, für eine Arbeitsunfähigkeit von bis zu 3 Tagen Dauer sowie für Abwesenheiten wegen Arztbesuches, Behördenwegen udgl. Nachweise zu erbringen, es sei denn, dass von der Mehrzahl der Angestellten des Betriebes ein solcher Nachweis gefordert wird. § 8 Abs. 5 EFZG bleibt unberührt.

ABSCHNITT 6
ENTLOHNUNG

Allgemeine Bestimmungen

1. Die Höhe der Mindestgehälter bzw. -löhne wird bestimmt durch
- die Einstufung in eine bestimmte Beschäftigungsgruppe und
- die Anzahl der erworbenen bzw. anrechenbaren Beschäftigungsgruppenjahre.

2. In den Beschäftigungsgruppen B bis K werden bei Vollendung des 2., 4., 7. und 10. Beschäftigungsgruppenjahres das Mindest- und Ist-Gehalt bzw. der Mindest- und Ist-Lohn der betreffenden Arbeitnehmerin bzw. des betreffenden Arbeitnehmers um den jeweiligen Vorrückungswert erhöht.

3. Darüber hinaus werden in jedem Kalenderjahr die Ist-Gehälter bzw. -Löhne bestimmter Arbeitnehmerinnen und Arbeitnehmer um einen Anteil aus dem Leistungsvolumen[20] erhöht.

4. Die kollektivvertragliche Ist-Gehalts- bzw. Ist-Lohn-Erhöhung ist in Anhang 1[21] geregelt.

5. In der Folge ist unter „Mindestgehalt" das Mindestgrundgehalt und unter „Ist-Gehalt" das Ist-Grundgehalt zu verstehen (auch wenn dieses dem Mindestgehalt entspricht) bzw. unter „Mindestlohn" der Mindestgrundlohn und unter „Ist-Lohn" der Ist-Grundlohn (auch wenn dieser dem Mindestlohn entspricht).

6. Zur Berechnung des Stundengehaltes bzw. -lohnes ist bei einer wöchentlichen Normalarbeitszeit von 38,5 Stunden das Ist-Gehalt bzw. der Ist-Lohn durch 167 zu teilen; bei Teilzeitbeschäftigten ist das Ist-Gehalt bzw. der Ist-Lohn durch 4,33 und durch die vereinbarte Wochenstundenzahl zu teilen.

[KVArbEEI:]
6a. Die nachstehenden Regelungen bilden ein für Arbeiterinnen bzw. Arbeiter und Angestellte einheitliches Entlohnungssystem. Die Formulierungen wurden daher ungeachtet des persönlichen Geltungsbereiches dieses Kollektivvertrages gewählt.

---
[20] Seite 28 (Individuelle Erhöhungen).

[21] Seite 58.

Beschäftigungsgruppen

Einstufung

7. Die Arbeitnehmerinnen und Arbeitnehmer sind unter Mitwirkung des Betriebsrates in eine der 11 Beschäftigungsgruppen einzustufen.

8. Die Einstufung hat unter Berücksichtigung
- der Gesamtheit der verrichteten Tätigkeiten sowohl hinsichtlich der Dauer der einzelnen Tätigkeiten als auch deren Bedeutung für das Unternehmen,
- wo vorgesehen, einer abgeschlossenen (Berufs-)Ausbildung,
- wo vorgesehen, einer Projektleitungs- oder Führungsaufgabe

zu erfolgen.

9. Die Einstufung darf nicht dazu führen, dass gleiche oder gleichwertige Tätigkeiten, die vorwiegend Männer bzw. Frauen verrichten, unterschiedlich eingestuft oder bezahlt werden.

10. Die Einstufung in die Beschäftigungsgruppe, die Anzahl der angerechneten Beschäftigungsgruppenjahre und die Höhe des Mindest- und des Ist-Gehaltes bzw. -Lohnes sowie allfällige Änderungen sind den Arbeitnehmerinnen bzw. Arbeitnehmern mittels Dienstzettels mitzuteilen.[22]

11. [KVArbEEI:] Im Hinblick auf die Regelung des Zuschlages für Vorarbeiterinnen und Vorarbeiter (Abschnitt 7 Punkt 20[23]) ist die Einstufung aufgrund von Führungs- oder Projektleitungsaufgaben nicht anwendbar.

Beschäftigungsgruppendefinitionen

12. Die Beschäftigungsgruppen sind wie folgt definiert:

Beschäftigungsgruppe A

Arbeitnehmerinnen und Arbeitnehmer, die sehr einfache, schematische Tätigkeiten ausführen. Die Abfolge der Arbeitsschritte ist vorgegeben.
Die Arbeitnehmerinnen und Arbeitnehmer benötigen keine Zweckausbildung.

Beschäftigungsgruppe B

Arbeitnehmerinnen und Arbeitnehmer, die einfache schematische Tätigkeiten nach Richtlinien und Anweisungen ausführen. Die Abfolge der Arbeitsschritte ist im Wesentlichen vorgegeben.
Die Arbeitnehmerinnen und Arbeitnehmer benötigen eine Zweckausbildung.

Weiters Arbeitnehmerinnen und Arbeitnehmer ohne Zweckausbildung, die für mehrere Tätigkeiten der Beschäftigungsgruppe A herangezogen werden oder besondere Fertigkeiten anwenden.

Ferner Arbeitnehmerinnen und Arbeitnehmer der Beschäftigungsgruppe A nach 3 Jahren Betriebszugehörigkeit.

Beschäftigungsgruppe C

Arbeitnehmerinnen und Arbeitnehmer, die einfache Tätigkeiten nach Richtlinien und Anweisungen ausführen. Die Abfolge der Arbeitsschritte kann von ihnen im Rahmen der Richtlinien und Anweisungen variiert werden.
Die Arbeitnehmerinnen und Arbeitnehmer benötigen eine Zweckausbildung und Arbeitserfahrung.

---

[22] Muster in Anhang 3 Punkt 2 (Seite 66).

[23] Seite 40.

*Beschäftigungsgruppe **D***

Arbeitnehmerinnen und Arbeitnehmer, die Tätigkeiten nach allgemeinen Richtlinien und Anweisungen ausführen.

Arbeitnehmerinnen und Arbeitnehmer mit abgeschlossener Berufsausbildung (insbesondere Lehrabschlussprüfung oder Abschlussprüfungszeugnis über das Erlernen „wesentlicher Teile eines Lehrberufes" bei einer Berufsausbildung gemäß § 8b des Berufsausbildungsgesetzes), auch solche mit einer Lehrabschlussprüfung in technologisch verwandten bzw. technologisch ähnlichen Berufen, wenn diese Qualifikation zumindest für Teile der Tätigkeit von Bedeutung ist.

Weiters Arbeitnehmerinnen und Arbeitnehmer, die gleichwertige Kenntnisse und Fertigkeiten durch eine qualifizierte Ausbildung in einem Betrieb und einschlägige Arbeitserfahrung erworben haben.

Für Berufsanfängerinnen und Berufsanfänger nach Abschluss der Schulausbildung kann das Mindestgehalt bzw. der Mindestlohn dieser Beschäftigungsgruppe für höchstens 12 Monate um bis zu 5% unterschritten werden.

*Beschäftigungsgruppe **E***

Arbeitnehmerinnen und Arbeitnehmer, die Tätigkeiten nach allgemeinen Richtlinien und Anweisungen selbständig ausführen.
Für diese Tätigkeiten sind Kenntnisse und Fertigkeiten erforderlich, die typischerweise durch eine mehrjährige fachliche Schul- oder Berufsausbildung sowie praktische Arbeitserfahrung oder durch qualifizierte Ausbildung in einem Betrieb und längere einschlägige Arbeitserfahrung erworben wurden.

Ferner Absolventinnen und Absolventen von berufsbildenden höheren Schulen, wenn diese Qualifikation für erhebliche Teile der Tätigkeit von Bedeutung ist. Bei diesen Arbeitnehmerinnen und Arbeitnehmern kann, sofern noch keine Berufstätigkeit verrichtet wurde, während der ersten 18 Monate das Mindestgehalt bzw. der Mindestlohn dieser Beschäftigungsgruppe um bis zu 5% unterschritten werden.

*Beschäftigungsgruppe **F***

Arbeitnehmerinnen und Arbeitnehmer, die schwierige Tätigkeiten selbständig ausführen.
Für diese Tätigkeiten sind vertiefte Fachkenntnisse und längere praktische Arbeitserfahrung erforderlich.

Ferner Absolventinnen und Absolventen von berufsbildenden höheren Schulen, wenn sie die für schwierige und selbständig ausgeführte Tätigkeiten erforderliche Arbeitserfahrung erworben haben.

*Beschäftigungsgruppe **G***

Arbeitnehmerinnen und Arbeitnehmer, die schwierige und verantwortungsvolle Tätigkeiten selbständig ausführen.
Für diese Tätigkeiten sind besondere Fachkenntnisse erforderlich, die typischerweise Arbeitnehmerinnen und Arbeitnehmer besitzen, die

a) - eine Berufsausbildung (Lehrabschlussprüfung) absolviert und
- eine langjährige Arbeitserfahrung in Beschäftigungsgruppe F erworben haben,
- entsprechende Verantwortung tragen und
- praktische und theoretische Fachkenntnisse besitzen, die über das im Rahmen der Berufsausbildung (Lehrabschlussprüfung) vermittelte Fachwissen hinausgehen
  oder

b) eine berufsbildende höhere Schule absolviert und die für die selbständige Ausführung schwieriger und verantwortungsvoller Tätigkeiten erforderliche Arbeitserfahrung erworben haben.

Ferner Arbeitnehmerinnen und Arbeitnehmer, die mit der dauernden Führung von mindestens 3 Arbeitnehmerinnen bzw. Arbeitnehmern betraut sind, von denen mindestens 2 der Beschäftigungsgruppe F angehören.[24]
Weiters Arbeitnehmerinnen und Arbeitnehmer, die in beträchtlichem Ausmaß mit der Leitung von Projekten betraut sind und dabei im Sinn der Tätigkeitsmerkmale der Beschäftigungsgruppe tätig werden.[24]

Für Berufsanfängerinnen und Berufsanfänger nach Abschluss eines Fachhochschul-, Hochschul- oder Universitätsstudiums kann das Mindestgehalt bzw. der Mindestlohn dieser Beschäftigungsgruppe für höchstens 18 Monate um bis zu 5% unterschritten werden.

*Beschäftigungsgruppe **H**[25]*

Arbeitnehmerinnen und Arbeitnehmer, die schwierige und verantwortungsvolle Aufgaben mit beträchtlichem Entscheidungsspielraum selbständig ausführen.
Für diese Aufgaben sind umfangreiche Fachkenntnisse und längere einschlägige Arbeitserfahrung erforderlich.

Ferner Arbeitnehmerinnen und Arbeitnehmer, die mit der dauernden Führung von mindestens 4 Arbeitnehmerinnen bzw. Arbeitnehmern betraut sind, von denen mindestens eine bzw. einer der Beschäftigungsgruppe G und mindestens 2 der Beschäftigungsgruppe F angehören.
Weiters Arbeitnehmerinnen und Arbeitnehmer, die in beträchtlichem Ausmaß mit der Leitung von Projekten betraut sind und dabei im Sinn der Tätigkeitsmerkmale der Beschäftigungsgruppe tätig werden.
Sowie als Meisterin bzw. Meister oder als Montageleiterin bzw. Montageleiter eingesetzte Arbeitnehmerinnen und Arbeitnehmer, die
- eine facheinschlägige berufsbildende mittlere oder höhere Schule oder
- einen facheinschlägigen 4-semestrigen Werkmeisterkurs mit mindestens 8 Wochenstunden Kursdauer oder
- eine facheinschlägige Meister- bzw. Konzessionsprüfung

erfolgreich absolviert haben und im Sinn der Tätigkeitsmerkmale der Beschäftigungsgruppe tätig sind.

*Beschäftigungsgruppe **I**[25]*

Arbeitnehmerinnen und Arbeitnehmer, die schwierige und besonders verantwortungsvolle Aufgaben mit hohem Entscheidungsspielraum oder solche Aufgaben mit Ergebnisverantwortung für ihren Bereich selbständig ausführen.

Ferner Arbeitnehmerinnen und Arbeitnehmer, die mit der dauernden Führung von mindestens 6 Arbeitnehmerinnen bzw. Arbeitnehmern betraut sind, von denen mindestens eine bzw. einer der Beschäftigungsgruppe H und mindestens 2 der Beschäftigungsgruppe G oder mindestens 4 der Beschäftigungsgruppe F angehören.
Weiters Arbeitnehmerinnen und Arbeitnehmer, die in beträchtlichem Ausmaß mit der Leitung von Projekten betraut sind und dabei im Sinn der Tätigkeitsmerkmale der Beschäftigungsgruppe tätig werden.

---

[24] [KVArbEEI:] Auf Arbeiterinnen und Arbeiter nicht anwendbar (Abschnitt 6 Punkt 11, Seite 21).

[25] Hinweis des FEEI: Die Tätigkeiten der Beschäftigungsgruppen H bis K sind wegen des jeweiligen Anforderungsprofils Angestellten-Tätigkeiten.

*Beschäftigungsgruppe **J**[25]*

Arbeitnehmerinnen und Arbeitnehmer, die mit einem eigenen Aufgabengebiet mit Ergebnisverantwortung und sehr hohem Entscheidungsspielraum betraut sind.

Ferner Arbeitnehmerinnen und Arbeitnehmer, die mit der dauernden Führung von mindestens 8 Arbeitnehmerinnen bzw. Arbeitnehmern betraut sind, von denen mindestens 2 der Beschäftigungsgruppe I und mindestens 3 der Beschäftigungsgruppe H oder mindestens 6 der Beschäftigungsgruppe G angehören.
Weiters Arbeitnehmerinnen und Arbeitnehmer, die in beträchtlichem Ausmaß mit der Leitung von Projekten betraut sind und dabei im Sinn der Tätigkeitsmerkmale der Beschäftigungsgruppe tätig werden.

*Beschäftigungsgruppe **K**[25]*

Arbeitnehmerinnen und Arbeitnehmer in leitender, das Unternehmen in ihrem Wirkungsbereich entscheidend beeinflussender Stellung. Weiters Arbeitnehmerinnen und Arbeitnehmer mit verantwortungsreicher, schöpferischer Tätigkeit.

13. Nach erfolgreicher Ablegung der Lehrabschlussprüfung ist die Arbeitnehmerin bzw. der Arbeitnehmer mindestens in Beschäftigungsgruppe D einzustufen.

Können Arbeitnehmerinnen bzw. Arbeitnehmer nach Beendigung der Lehrzeit aus Gründen, die sie nicht zu vertreten haben, nicht zur Lehrabschlussprüfung antreten, haben sie ab Beendigung der Lehrzeit Anspruch auf Bezahlung des Mindestgehaltes bzw. -lohnes der Beschäftigungsgruppe C. Nach erfolgreicher Ablegung der Lehrabschlussprüfung sind sie mindestens in Beschäftigungsgruppe D einzustufen. Bei Bestehen der Lehrabschlussprüfung beim ersten Antreten ist die Differenz zwischen dem Entgelt auf Basis der Beschäftigungsgruppe D und dem bezahlten Entgelt ab Beendigung der Lehrzeit nachzuzahlen.

14. Die kollektivvertraglichen Beschäftigungsgruppen können durch Betriebsvereinbarung erweitert werden. Dabei ist es möglich, über die Mindestgehälter bzw. -löhne der darüber liegenden Beschäftigungsgruppen hinaus zu gehen. Bei jeder betrieblichen Beschäftigungsgruppe müssen die Mindestbestimmungen des Kollektivvertrages eingehalten werden. Insbesondere dürfen die Mindestgehälter bzw. -löhne der jeweiligen Beschäftigungsgruppe nicht unterschritten werden. Weiters müssen Gehalts- bzw. Lohnerhöhungen mindestens um die jeweiligen Vorrückungswerte vorgesehen werden, und zwar spätestens zu den im Kollektivvertrag festgelegten Zeitpunkten. Es ist eine Beschäftigungsgruppenbezeichnung zu wählen, die den Zusammenhang mit der entsprechenden kollektivvertraglichen Beschäftigungsgruppe klar sichtbar macht.

Vorrückungsstufen

Allgemeines

15. In den Beschäftigungsgruppen B bis K gibt es jeweils eine Grundstufe und 4 Vorrückungsstufen. Die Vorrückungsstufen werden nach 2, 4, 7 und 10 Beschäftigungsgruppenjahren erreicht.

Beschäftigungsgruppenjahre

16. Beschäftigungsgruppenjahre sind jene Zeiten, in denen eine Arbeitnehmerin bzw. ein Arbeitnehmer im Unternehmen in der jeweiligen Beschäftigungsgruppe eingestuft ist, sowie anrechenbare Vordienstzeiten. Zeiten der Einstufung in einer höheren Beschäftigungsgruppe sind auch für die Einstufung in eine niedrigere Beschäftigungsgruppe anzurechnen.

Wechselt ein Betrieb oder Betriebsteil in den Geltungsbereich dieses Kollektivvertrages, sind unmittelbar vor dem Kollektivvertragswechsel in diesem zurückgelegte Beschäftigungszeiten nach den Regeln des Punktes 20 (Vordienstzeiten) anzurechnen. Abweichendes kann durch Betriebsvereinbarung mit Zustimmung der Kollektivvertragsparteien festgelegt werden; in Betrieben ohne Betriebsrat durch Vereinbarung mit den Kollektivvertragsparteien.

17. Dienstzeiten als Vorarbeiterin bzw. Vorarbeiter, die im Unternehmen vor der Übernahme als Meisterin bzw. Meister zurückgelegt wurden, sind zur Hälfte als Beschäftigungsgruppenjahre für jene Beschäftigungsgruppe anzurechnen, in die die Arbeitnehmerin bzw. der Arbeitnehmer erstmals als Meisterin bzw. Meister eingestuft wird. Jedoch können höchstens 5 Beschäftigungsgruppenjahre angerechnet werden.

18. Zeiten des Präsenz-, Ausbildungs- und Zivildienstes, während derer das Arbeitsverhältnis bestanden hat, sind in jenem Ausmaß anzurechnen, welches § 8 Arbeitsplatzsicherungsgesetz für die Berücksichtigung eines österreichischen Präsenz-, Ausbildungs- und Zivildienstes vorsieht.

19. Zeiten von im Arbeitsverhältnis in Anspruch genommenen gesetzlichen Elternkarenzen,
- die am 1.5.2017 oder später begonnen haben, sind jeweils im Ausmaß von bis zu 22 Monaten,
- die am 1.5.2011 oder später begonnen haben, sind jeweils im Ausmaß von bis zu 16 Monaten,
- die vor dem 1.5.2011 begonnen haben, jeweils im Ausmaß von bis zu 10 Monaten

anzurechnen. Nimmt ein Elternteil für dasselbe Kind mehrere Elternkarenzen in Anspruch, werden dafür insgesamt höchstens 22 bzw. 16 bzw. 10 Monate angerechnet.

Anrechnung von Vordienstzeiten

20. Beschäftigungszeiten bei anderen in- oder ausländischen Unternehmen bzw. im öffentlichen Dienst sind anzurechnen, wenn die dort erfüllte Aufgabe der Tätigkeitsbeschreibung der jeweiligen oder einer höheren Beschäftigungsgruppe entsprochen hat.

Es dürfen höchstens 6 Beschäftigungsgruppenjahre angerechnet werden.

21. Arbeitnehmerinnen bzw. Arbeitnehmer haben anrechenbare Zeiten beim Eintritt in das Unternehmen auf Aufforderung bekannt zu geben und innerhalb von 4 Monaten durch erforderlichenfalls übersetzte Dokumente (z.B. Zeugnis, Arbeitsbestätigung) nachzuweisen.

Mindestgehalt bzw. -lohn

Höhe, Vorrückungszeitpunkt

22. Mindestgehalts- bzw. Mindestlohntabelle (Monatswerte in €, 1.5.2022)

BG	Grundstufe	nach 2 BG-J	nach 4 BG-J	nach 7 BG-J	nach 10 BG-J	Vorrückungswerte 2,4 BG-J	Vorrückungswerte 7,10 BG-J
A	2 037,00	-	-	-	-	-	-
B	2 058,00	2 091,40	2 132,41	2 152,92	2 173,43	41,01[26]	20,51
C	2 250,45	2 317,97	2 385,49	2 419,25	2 453,01	67,52	33,76
D	2 401,38	2 473,44	2 545,50	2 581,53	2 617,56	72,06	36,03
E	2 751,84	2 861,91	2 971,98	3 027,02	3 082,06	110,07	55,04
F	3 102,45	3 226,55	3 350,65	3 412,70	3 474,75	124,10	62,05
G	3 568,05	3 710,79	3 853,53	3 924,90	3 996,27	142,74	71,37
H	3 913,80	4 070,36	4 226,92	4 305,20	4 383,48	156,56	78,28
I	4 788,69	4 980,27	5 171,85	5 267,64	5 363,43	191,58	95,79
J	5 257,58	5 467,90	5 678,22	5 783,38	5 888,54	210,32	105,16
						2 BG-J	4,7,10 BG-J
K	6 950,63	7 228,64	7 367,65	7 506,66	7 645,67	278,01	139,01

26 Dieser Vorrückungswert gilt nur für die Vorrückung nach 4 BG-J.

23. Bei Teilzeitbeschäftigten sind das Mindestgehalt bzw. der Mindestlohn und die Vorrückungswerte durch 38,5 zu teilen und mit der vereinbarten Wochenstundenzahl zu vervielfachen.

24. Die Vorrückung in die nächsthöhere Vorrückungsstufe findet am Ersten jenes Kalendermonats statt, in dem die dafür erforderliche Anzahl an Beschäftigungsgruppenjahren erreicht wird.

Fällt der Geltungsbeginn einer neuen kollektivvertraglichen Mindestgehalts- bzw. Mindestlohntabelle mit dem Zeitpunkt einer Vorrückung zusammen, ist der Vorrückungswert der neuen Mindestgehalts- bzw. Mindestlohntabelle heranzuziehen.

Anrechnungen auf das Mindestgehalt bzw. den Mindestlohn

25. Auf das Mindestgehalt bzw. den Mindestlohn sind Sozialzulagen (z.B. Familien-, Haushalts-, Kinderzulagen) und sonstige Zulagen anrechenbar. Diese gelten als Bestandteil des Ist-Gehaltes bzw. -Lohnes. Regelmäßige Überzahlungen, die unter die Akkord- bzw. Prämienbestimmungen (Abschnitte 6a bzw. 6b[27] [KVAngEEI:] des Kollektivvertrages für Arbeiterinnen und Arbeiter der Elektro- und Elektronikindustrie) fallen oder Zulagen, die Arbeitsbelastungen abgelten (z.B. SEG-Zulagen, Abgeltung für Rufbereitschaft), sowie Fahrtkosten- und Essenszuschüsse sind nicht Bestandteil des Ist-Gehaltes bzw. -Lohnes und sind daher auf das Mindestgehalt bzw. den Mindestlohn nicht anrechenbar.

26. Anrechenbar sind ferner regelmäßige Provisionen. Am Ende eines jeden Kalenderjahres ist zu prüfen, ob der Jahresbezug der Arbeitnehmerin bzw. des Arbeitnehmers (einschließlich Fixum, Provisionen, Sonderzahlungen etc.) die Summe der in diesem Kalenderjahr gebührenden Mindestgehälter bzw. -löhne zuzüglich des 2-fachen Dezember-Mindestgehaltes bzw. -lohnes zumindest erreicht. Ist dies nicht der Fall, ist der Differenzbetrag unverzüglich nachzuzahlen. Sofern bereits während des laufenden Kalenderjahres ersichtlich wird, dass eine erhebliche Nachzahlungspflicht entstehen wird, ist eine Akontierung vorzunehmen. Diese Akontierung kann mit künftigen Bezügen gegenverrechnet werden.

27. Auf den Jahresbezug sind solche Teile von Remunerationen anrechenbar, durch die das Weihnachtsgeld und das Urlaubsgeld (gemäß Abschnitt 9[28]) um mehr als das Dezembergehalt bzw. den Dezemberlohn überschritten werden.

Ist-Gehalt bzw. -Lohn

Wirkung von Vorrückungen

28. Zum Zeitpunkt der Vorrückung in die nächsthöhere Vorrückungsstufe ist auch das Ist-Gehalt bzw. der Ist-Lohn um den jeweiligen Vorrückungswert zu erhöhen. Punkt 23 (Teilzeitbeschäftigte) gilt sinngemäß.

Wird von den Ausnahmeregelungen des Punktes 30 und/oder 31 Gebrauch gemacht, ist dennoch die Vorrückung hinsichtlich des Mindestgehaltes bzw. -lohnes vorzunehmen.

Ausnahmen von der Erhöhung der Ist-Gehälter bzw. -Löhne

29. Punkt 28 gilt nicht für:
- Provisionsvertreterinnen und Provisionsvertreter,
- jene Arbeitnehmerinnen und Arbeitnehmer, die vor der Vorrückung selbst gekündigt haben, es sei denn, es handelt sich um eine Kündigung, bei der ein Anspruch auf Abfertigung im Sinn des Angestelltengesetzes/Arbeiter-Abfertigungsgesetzes entsteht.

---

[27] [KVArbEEI:] Seite 34.

[28] Seite 41.

30. Jeweils zum Ende des Kalenderjahres ist die Zahl jener Arbeitnehmerinnen und Arbeitnehmer zu ermitteln, für die im folgenden Kalenderjahr eine Erhöhung der Ist-Gehälter bzw. -Löhne aufgrund einer Vorrückung in die nächsthöhere Vorrückungsstufe vorgesehen ist. Von dieser Zahl sind Arbeitnehmerinnen und Arbeitnehmer gemäß Punkt 29 abzuziehen. Von der verbleibenden Personenzahl können jeweils bis zu 5% ausgenommen werden (5%-Klausel). Die ermittelte Zahl ist bei Reststellen von mindestens 0,5 aufzurunden, anderenfalls abzurunden.

Anstelle der Kalenderjahre können durch Betriebsvereinbarung auch andere Zeiträume festgelegt werden; in Betrieben ohne Betriebsrat durch Vereinbarung mit den Arbeitnehmerinnen bzw. Arbeitnehmern.

Bei der Auswahl jener Arbeitnehmerinnen bzw. Arbeitnehmer, die von der Vorrückung ausgenommen werden, sind folgende Kriterien zu berücksichtigen:
- unterdurchschnittliche Leistung und/oder
- überdurchschnittliche Überzahlung.

Die 2-malige aufeinanderfolgende Ausnahme einer Arbeitnehmerin bzw. eines Arbeitnehmers ist nur in besonderen Fällen zulässig.

Jeweils zum Ende des Kalenderjahres ist die Zahl der möglichen Ausnahmen für das Folgejahr festzustellen; sodann sind die betroffenen Arbeitnehmerinnen bzw. Arbeitnehmer auszuwählen. In Unternehmen mit Betriebsrat ist diesem eine Namensliste bis spätestens 31. Dezember zu übermitteln. Erfolgt diese Mitteilung nicht oder nicht rechtzeitig, kann niemand ausgenommen werden. Auf Wunsch des Betriebsrates oder Betroffener ist eine Beratung durchzuführen.

31. Durch Betriebsvereinbarung können in wirtschaftlich begründeten Fällen weitere Ausnahmen oder ein Aufschub von der ist-gehalts- bzw. ist-lohn-wirksamen Vorrückung in die nächsthöhere Vorrückungsstufe festgelegt werden. In Betrieben ohne Betriebsrat kann eine entsprechende Vereinbarung mit den zuständigen Kollektivvertragsparteien abgeschlossen werden.

32. Frühestens 6 Monate nach Beginn des Arbeitsverhältnisses kann anlässlich einer Erhöhung des Ist-Gehaltes bzw. -Lohnes vereinbart werden, diese Erhöhung auf bis zu 2 unmittelbar nachfolgende Vorrückungen anzurechnen. Höchstens kann die Anrechnung auf
- die 1. und 2.,
- die 2. und 3.,
- nur die 3. oder
- nur die 4.

Vorrückung vereinbart werden. Ist die Erhöhung des Ist-Gehaltes bzw. -Lohnes geringer als der Vorrückungswert bzw. die Summe der Vorrückungswerte, sind die kollektivvertraglichen Vorrückungen zu den vorgesehenen Terminen in der verbleibenden Resthöhe durchzuführen. Weitergehende Anrechnungsvereinbarungen sowie Anrechnungen von Erhöhungen aus dem Leistungsvolumen (Punkt 37 bis 62) oder aus einer sonstigen kollektivvertraglichen Regelung sind nichtig.

Umstufung

Vorrückungsstufe

33. Liegt das bisherige Mindestgehalt unter dem Mindestgehalt der Grundstufe der neuen Beschäftigungsgruppe oder entspricht es diesem bzw. der bisherige Mindestlohn unter dem Mindestlohn der Grundstufe der neuen Beschäftigungsgruppe oder entspricht er diesem, ist die Arbeitnehmerin bzw. der Arbeitnehmer in die Grundstufe einzureihen.

34. Liegt das bisherige Mindestgehalt über dem Mindestgehalt der Grundstufe der neuen Beschäftigungsgruppe bzw. der bisherige Mindestlohn über dem Mindestlohn der Grund-

stufe der neuen Beschäftigungsgruppe, kann die Arbeitnehmerin bzw. der Arbeitnehmer
a) in die Grundstufe eingereiht werden;
b) in die Vorrückungsstufe nach 2 Beschäftigungsgruppenjahren eingereiht werden.

Das Ist-Gehalt bzw. der Ist-Lohn darf nicht niedriger sein als jenes/jener, welches/welcher bei Verbleib in der bisherigen Beschäftigungsgruppe unter Berücksichtigung von Vorrückungen und Änderungen der Mindestgehälter bzw. -löhne gebührt hätte.

Durch Betriebsvereinbarung kann eine einheitliche Vorgehensweise (Variante a oder b) geregelt werden.

35. Liegt das Ist-Gehalt über dem Mindestgehalt der Vorrückungsstufe nach 2 Beschäftigungsgruppenjahren der neuen Beschäftigungsgruppe bzw. der Ist-Lohn über dem Mindestlohn der Vorrückungsstufe nach 2 Beschäftigungsgruppenjahren der neuen Beschäftigungsgruppe, kann die Arbeitnehmerin bzw. der Arbeitnehmer in die Vorrückungsstufe nach 2 Beschäftigungsgruppenjahren eingereiht werden. Ihr bzw. sein Ist-Gehalt bzw. -Lohn ändert sich dadurch nicht.

In diesem Fall sind anlässlich der Umstufung und bis zu 6 Monate danach abgeschlossene Anrechnungsvereinbarungen gemäß Punkt 32 nichtig.

Beginn der neuen Beschäftigungsgruppenjahre

36. Erfolgt die Umstufung in eine andere Beschäftigungsgruppe nicht zum Zeitpunkt einer Vorrückung, gilt bei Umstufung

- aus der Grundstufe oder der Vorrückungsstufe „nach 2 BG-Jahren": Die seit der letzten Vorrückung verstrichene Dienstzeit in der bisherigen Beschäftigungsgruppe ist anzurechnen; erfolgte noch keine Vorrückung, ist die Zeit der Beschäftigungsgruppenzugehörigkeit anzurechnen;
- nach dem 4. bzw. 7. Beschäftigungsgruppenjahr: 2/3 der Dienstzeit seit der letzten Vorrückung in der bisherigen Beschäftigungsgruppe sind anzurechnen;
- nach dem 10. Beschäftigungsgruppenjahr: Die 1. Vorrückung erfolgt 2 Jahre nach der Umstufung;
- von der Beschäftigungsgruppe A in eine höhere Beschäftigungsgruppe: 2/3 der Zeit der Betriebszugehörigkeit sind anzurechnen.

Erfolgt die Umstufung zum Zeitpunkt einer Vorrückung, ist die Vorrückung der bisherigen Beschäftigungsgruppe zu zahlen.

Individuelle Erhöhungen

Allgemeine Bestimmungen

37. Einmal jährlich ist ein Anteil der Gehalts- bzw. Lohnsumme zu ermitteln (Leistungsvolumen) und ausschließlich für individuelle Gehalts- bzw. Lohnerhöhungen bzw. bei Leistungslöhnen für Erhöhungen der Kompetenzzulagen zu verwenden; in Ausnahmefällen kann mit Zustimmung des Betriebsrates das Leistungsvolumen auch für Erhöhungen des Akkordrichtsatzes verwendet werden.

38. Mit Zustimmung des Betriebsrates der Arbeiterinnen und Arbeiter sowie des Betriebsrates der Angestellten kann durch Betriebsvereinbarung eine gemeinsame Berechnung und Ausschüttung des Leistungsvolumens für beide Gruppen von Arbeitnehmerinnen und Arbeitnehmern eingeführt werden.

Leistungsvolumen

Bemessungsgrundlage

39. a) Die Bemessungsgrundlage zur Ermittlung des Leistungsvolumens bilden die Ist-Gehälter bzw. -Löhne (bei All-in-Bezügen/Pauschalbezügen diese) für September aller am

30. September (Ermittlungsstichtag) im Betrieb beschäftigten Arbeitnehmerinnen und Arbeitnehmer. Die Ist-Gehälter bzw. -Löhne jener Arbeitnehmerinnen und Arbeitnehmer, die sich im gesamten September in jeglicher Art von Karenz, Präsenz- oder Zivildienst von (voraussichtlich) mindestens 6-monatiger Dauer befinden, sind nicht in die Bemessungsgrundlage einzubeziehen.

b) Bei Jahresbezugsvereinbarungen ist 1/14 des Jahresbezuges für die Ermittlung des Leistungsvolumens heranzuziehen.

c) Bei Teilzeitbeschäftigten sind Mehrstunden mit der im Durchschnitt der letzten 12 Kalendermonate (September des Vorjahres bis einschließlich August) geleisteten Anzahl zu berücksichtigen.

d) Die Ist-Gehälter bzw. -Löhne von Arbeitnehmerinnen und Arbeitnehmern, deren Arbeitsverhältnisse im September begonnen haben, sind auf den vollen Kalendermonat hochzurechnen. Die Ist-Gehälter bzw. -Löhne jener Arbeitnehmerinnen und Arbeitnehmer, deren Arbeitsverhältnisse am 30. September geendet haben, sind nicht einzubeziehen.

e) Bei Provisionsbezieherinnen und Provisionsbeziehern ist jeweils das vereinbarte Fixum für September heranzuziehen, mindestens aber das jeweilige Mindestgehalt bzw. der jeweilige Mindestlohn für September.

f) Bei Arbeitnehmerinnen und Arbeitnehmern, die Akkordlöhne oder akkordähnliche Prämien erhalten, ist 1/3 der Summe der in den Monaten Juli bis September erzielten Grund- und Leistungslöhne heranzuziehen. Die Kompetenzzulagen sind mit der im September gebührenden Höhe in die Bemessungsgrundlage einzubeziehen.

Ausmaß

40. Das Leistungsvolumen beträgt, sofern nicht Günstigeres vereinbart ist,
- 0,35% der Bemessungsgrundlage gemäß Punkt 39 lit. a bis e sowie
- 0,27% der Bemessungsgrundlage gemäß Punkt 39 lit. f.

Auswahl- und Aufteilungskriterien

41. Die Auswahl der Arbeitnehmerinnen und Arbeitnehmer für individuelle Erhöhungen aus dem Leistungsvolumen ist nach folgenden Kriterien vorzunehmen:

a) Leistung (z.B. Quantität, Qualität, fachliche und soziale Kompetenz);

b) Verbesserung der Struktur der Gehälter bzw. Löhne, insbesondere in Hinblick auf die Gleichstellung von Frauen und Männern, gegebenenfalls auch die Berücksichtigung niedriger Einkommen.

c) Mindestens 15% der über den 30. September hinaus beschäftigten Arbeitnehmerinnen und Arbeitnehmer müssen eine Erhöhung ihrer Gehälter bzw. Löhne aus dem Leistungsvolumen erhalten.

d) Eine Arbeitnehmerin bzw. ein Arbeitnehmer, die bzw. der bereits im letzten und vorletzten Kalenderjahr eine Erhöhung des Ist-Gehaltes bzw. -Lohnes aus dem Leistungsvolumen erhalten hat, darf nicht ausgewählt werden. Dies gilt nicht bei Leistungslohn.

42. Bei der Aufteilung des Leistungsvolumens ist das Ist-Gehalt bzw. der Ist-Lohn einer Arbeitnehmerin bzw. eines Arbeitnehmers höchstens um 7% zu erhöhen. Die einzelnen Erhöhungen müssen zueinander in einem ausgewogenen Verhältnis stehen.

43. Wird das Leistungsvolumen zur Erhöhung von Akkordrichtsätzen verwendet, ist das 1,3-fache des auf die Erhöhung des Akkordrichtsatzes entfallenden Wertes, multipliziert mit der Anzahl der Betroffenen, die Leistungslohn beziehen, auf das Ausmaß des Leistungsvolumens anzurechnen.

44. Durch Betriebsvereinbarung können ergänzend weitere Auswahl- und/oder Aufteilungsbestimmungen geschaffen und/oder die obigen Bestimmungen vertieft werden.

Information der Arbeitnehmerinnen und Arbeitnehmer

45. Die Erhöhungen sind schriftlich mitzuteilen. In der Mitteilung ist darauf hinzuweisen, dass die Erhöhung aus dem kollektivvertraglichen Leistungsvolumen stammt.

Verfahren zur Ermittlung und Aufteilung des Leistungsvolumens

46. Das Unternehmen hat das Verfahren zur Ermittlung und Aufteilung des Leistungsvolumens jeweils am 1. Oktober einzuleiten und bis 31. Dezember desselben Kalenderjahres abzuschließen.

47. Die Gehälter bzw. Löhne der im Zuge des Verfahrens ausgewählten Arbeitnehmerinnen und Arbeitnehmer sind jeweils zum 1. Jänner des folgenden Kalenderjahres zu erhöhen.

48. In Betrieben mit Betriebsrat ist das Leistungsvolumen bis spätestens 25. Oktober dem Betriebsrat mitzuteilen.

Bis 31. Dezember des betreffenden Jahres ist eine Betriebsvereinbarung abzuschließen, in der die ausgewählten Arbeitnehmerinnen und Arbeitnehmer (entweder allgemein oder namentlich) und die Erhöhung ihrer Gehälter bzw. Löhne anzuführen sind.

49. In Betrieben ohne Betriebsrat ist eine Namensliste mit Angabe der Erhöhungen der Gehälter bzw. Löhne der einzelnen Arbeitnehmerinnen und Arbeitnehmer zu erstellen und zu Kontrollzwecken aufzubewahren. Die Höhe des Leistungsvolumens sowie die Personenzahl laut Namensliste ist den Arbeitnehmerinnen und Arbeitnehmern (z.B. durch Aushang) mitzuteilen.

50. Scheiden ausgewählte Arbeitnehmerinnen bzw. Arbeitnehmer bis 31. Dezember aus, ist der entsprechende Teil des Leistungsvolumens spätestens bis 31. Jänner des folgenden Kalenderjahres an andere Arbeitnehmerinnen bzw. Arbeitnehmer zu vergeben. Die sich daraus ergebenden Erhöhungen sind – allenfalls rückwirkend – mit Wirkung ab 1. Jänner vorzunehmen. Dies gilt nicht bei der Verwendung des Leistungsvolumens für Erhöhungen des Akkordrichtsatzes.

51. Wird bis 31. Dezember keine Betriebsvereinbarung abgeschlossen oder bereits im Vorfeld eine rechtzeitige Einigung vom Unternehmen oder dem Betriebsrat bezweifelt, ist auf Wunsch einer der beiden Seiten eine Vermittlung gemäß Punkt 53 bis 56 einzuleiten.

In Betrieben ohne Betriebsrat ist auf Verlangen einer Kollektivvertragspartei, die den begründeten Verdacht hat, dass die Bestimmungen zur Ermittlung des Leistungsvolumens bzw. die Auswahl- oder die Aufteilungskriterien verletzt wurden, eine Vermittlung einzuleiten.

52. Durch Betriebsvereinbarung kann der Beginn des Verfahrens vorverlegt werden. Der weitere Verfahrensablauf ist entsprechend anzupassen. Wenn dadurch zwischen den Stichtagen der Ermittlung des Leistungsvolumens und der Erhöhung der Ist-Gehälter bzw. -Löhne eine kollektivvertragliche Erhöhung liegt, ist das Leistungsvolumen entsprechend aufzuwerten.

Vermittlung durch die Kollektivvertragsparteien

53. Die Vermittlung hat durch fachkundige Vertreterinnen bzw. Vertreter der Kollektivvertragsparteien zu erfolgen. Diese sind zur Verschwiegenheit über alles zu verpflichten, was ihnen im Rahmen der Vermittlung bekannt wird.

54. Unternehmen und Betriebsrat haben die Vermittlerinnen bzw. Vermittler bei ihrer Tätigkeit zu unterstützen. Die zur Vermittlung notwendigen Unterlagen (z.B. Unterlagen zur Ermittlung der Höhe des Leistungsvolumens, Namensliste mit Angabe der geplanten Erhöhungen der Ist-Gehälter bzw. -Löhne der einzelnen Arbeitnehmerinnen bzw. Arbeitnehmer) sind zur Verfügung zu stellen und die Gründe für die Auswahl zu nennen.

55. Wenn die Auswahl- oder Aufteilungskriterien nicht beachtet wurden, wirken die Vermittlerinnen bzw. Vermittler (Punkt 51 Abs. 2) auf das Unternehmen ein, das Leistungsvolumen gemäß den Bestimmungen dieses Kollektivvertrages auszuschütten. Diese Ausschüttung ist – allenfalls rückwirkend – mit Wirkung ab 1. Jänner (gemäß Punkt 47) vorzunehmen.

56. Wurde nicht das gesamte Leistungsvolumen ausgeschüttet, gilt:

a) Vom Unternehmen, in Betrieben mit Betriebsrat mittels Betriebsvereinbarung, sind die Gehälter bzw. Löhne allenfalls auch weiterer Arbeitnehmerinnen und Arbeitnehmer so zu erhöhen, dass das Leistungsvolumen vollständig ausgeschüttet wird. Die Erhöhungen sind – allenfalls rückwirkend – mit Wirkung ab 1. Jänner (gemäß Punkt 47) vorzunehmen.

b) Ferner hat das Unternehmen eine Einmalzahlung zu leisten. Zunächst ist das 42-fache des ursprünglich nicht ausgeschütteten Teiles des Leistungsvolumens zu ermitteln. Dieser Betrag ist sodann auf die zum Ausschüttungszeitpunkt beschäftigten, nicht (auch nicht nachträglich gemäß lit. a) ausgewählten Arbeitnehmerinnen und Arbeitnehmer nach Köpfen aufzuteilen und spätestens bis 30. Juni des Folgejahres auszuzahlen.

Anpassung des Leistungsvolumens wegen erheblicher betrieblicher Veränderungen

57. Ist die Zahl der Arbeitnehmerinnen und Arbeitnehmer am 31. Dezember um mehr als 20% höher oder tiefer als am 30. September, ist die Ermittlung und Aufteilung des Leistungsvolumens an die geänderten Verhältnisse anzupassen. In einem solchen Fall ist unter sinngemäßer Anwendung von Punkt 46 bis 52 ein neues Ermittlungs- und Aufteilungsverfahren durchzuführen. Dem Verfahren sind die Verhältnisse im Kalendermonat nach dem Eintritt der Änderung der Zahl der Arbeitnehmerinnen und Arbeitnehmer zugrunde zu legen. Die Gehalts- bzw. Lohnerhöhungen sind – allenfalls rückwirkend – mit Wirkung ab 1. Jänner (Punkt 47) vorzunehmen.

58. Dies gilt nicht im Fall des Zusammenschlusses von Betrieben bzw. Betriebsteilen im Sinn des § 31 Abs. 6 ArbVG (Zusammenschluss zu einem neuen Betrieb).

Eintritt eines Unternehmens oder Betrieb(steil)es in den Geltungsbereich des Kollektivvertrages

59. Tritt ein Unternehmen, Betrieb oder Betriebsteil im Zeitraum vom 1. Oktober bis 31. Dezember in den Geltungsbereich des Kollektivvertrages ein, ist unter sinngemäßer Anwendung von Punkt 46 bis 52 ein Verfahren durchzuführen. Dem Verfahren sind die Verhältnisse im Kalendermonat nach Geltungsbeginn des Kollektivvertrages zugrunde zu legen. Die Gehalts- bzw. Lohnerhöhungen sind – allenfalls rückwirkend – mit Wirkung ab 1. Jänner vorzunehmen.

Verringerung des Leistungsvolumens aus zwingenden wirtschaftlichen Gründen

60. Liegen zwingende wirtschaftliche Gründe (insbesondere Existenzgefährdung) vor, kann das Leistungsvolumen des betreffenden Jahres entsprechend der wirtschaftlichen Notwendigkeit – erforderlichenfalls bis auf Null – reduziert und/oder die Durchführung der Erhöhungen aufgeschoben werden.

61. In Betrieben mit Betriebsrat ist darüber eine Betriebsvereinbarung abzuschließen und – bei sonstiger Rechtsunwirksamkeit – an die Kollektivvertragsparteien zu übermitteln.

62. In Betrieben ohne Betriebsrat kann das Unternehmen die Kollektivvertragsparteien um Zustimmung zur Verringerung des Leistungsvolumens und/oder Aufschiebung der Erhöhungen ersuchen. Den Kollektivvertragsparteien sind die zur Beurteilung der wirtschaftlichen Lage des Unternehmens bzw. Betriebes notwendigen Unterlagen vorzulegen. Die Kollektivvertragsparteien haben die Unterlagen vertraulich zu behandeln und so rasch als möglich zu entscheiden, ob bzw. in welcher Höhe das Leistungsvolumen reduziert bzw. die Erhöhungen aufgeschoben werden können.

Lehre, duales Studium

Lehrlingseinkommen

63. Das monatliche Lehrlingseinkommen beträgt in € (1.5.2022):

Lehrjahr	I	II
1. Lehrjahr	1 000,00	1 250,00
2. Lehrjahr	1 250,00	1 625,00
3. Lehrjahr	1 500,00	1 875,00
4. Lehrjahr	1 950,00	2 071,88

Die Spalte II gilt für Lehrlinge, deren Lehrverhältnis nach bestandener Reifeprüfung begonnen hat.

Das monatliche Lehrlingseinkommen beträgt bei einer Berufsausbildung gemäß § 8b des Berufsausbildungsgesetzes in € (1.5.2022):

Lehrjahr	Verlängerung um bis zu		Teil-qualifizierung
	1 Lehrjahr	2 Lehrjahre	
1. Lehrjahr	1 000,00	1 000,00	1 000,00
2. Lehrjahr	1 142,86	1 071,43	1 035,71
3. Lehrjahr	1 428,57	1 285,71	1 085,71
4. Lehrjahr	1 771,43	1 542,86	-
5. Lehrjahr	1 950,00	1 857,14	-
6. Lehrjahr	-	1 950,00	-

Bei nachträglicher Verlängerung bleibt das Lehrlingseinkommen so lange unverändert, bis sich nach der vorstehenden Tabelle ein Anspruch auf das Lehrlingseinkommen eines höheren Lehrjahres ergibt. Kollektivvertragliche Erhöhungen des Lehrlingseinkommens sind jedoch vorzunehmen.

Arbeitnehmerinnen und Arbeitnehmer, die
- eine Reifeprüfung an einer allgemein- bzw. berufsbildenden Schule abgelegt haben und
- eine vertraglich vereinbarte Ausbildung im Unternehmen absolvieren, die den Inhalten einer verkürzten Lehrausbildung entspricht und mit einer Lehrabschlussprüfung gemäß § 23 Abs. 5 des Berufsausbildungsgesetzes abgeschlossen werden soll, und
- gleichzeitig eine Ausbildung an einer Fachhochschule, Hochschule oder Universität absolvieren,

erhalten für die Dauer der verkürzten Lehrausbildung bei einer Normalarbeitszeit von 38,5 Wochenstunden einen Mindestlohn bzw. ein Mindestgehalt von € 2 071,88 pro Monat.

Anrechnung von teilqualifizierender Ausbildung

64. Wird die teilqualifizierende Ausbildung (einschließlich der Berufsschule im Sinn der Anforderungen des Berufsausbildungsgesetzes) erfolgreich zurückgelegt, ist sie bei späterer Absolvierung einer Lehrausbildung im gleichen oder einem verwandten Lehrberuf mindestens im Ausmaß des 1. Lehrjahres anzurechnen. Besteht kein Anspruch auf diese Anrechnung, darf das spätere Lehrlingseinkommen jedenfalls nicht niedriger sein, als die während der teilqualifizierenden Ausbildung zuletzt bezahlte.

Internatskosten, Fahrtkosten

65. Die Internatskosten, die durch den Aufenthalt eines Lehrlings oder Teilqualifizierungslehrlings in einem für die Schülerinnen und Schüler der Berufsschule bestimmten Heim zur Erfüllung der Berufsschulpflicht entstehen, hat das Unternehmen zu bevorschussen und zu ersetzen. Wenn nachweisbar kein Platz im Heim verfügbar ist, sind Quartierkosten gegen

Beleg zu bevorschussen und zu ersetzen; dieser Anspruch ist mit der Höhe der Kosten des Heimes begrenzt.[29]

Zusätzliche Kosten des günstigsten öffentlichen Verkehrsmittels, die Lehrlingen durch die Anreise zur bzw. Abreise von der in Internatsform geführten Berufsschule bis zu einmal pro Kalenderwoche nachweislich entstehen, sind vom Unternehmen zu ersetzen. Voraussetzung für diesen Anspruch auf Fahrtkostenersatz ist der Bezug der Familienbeihilfe. Bei Verringerung oder Wegfall öffentlicher Förderungen für derartige Fahrtkosten bleibt der anteilige Fahrtkostenersatz unverändert.

Erfolgsprämie

66. Absolviert der Lehrling die Lehrabschlussprüfung beim erstmaligen Antritt und erhält das Unternehmen eine Förderung gemäß der Richtlinie zu § 19c des Berufsausbildungsgesetzes, ist diesem Lehrling eine zusätzliche Prämie zu zahlen; sie beträgt bei

- gutem Erfolg .... € 100,-,
- ausgezeichnetem Erfolg ...... € 125,-.

Wird dem Unternehmen die Förderung wegen eines in der Richtlinie genannten Ausschlussgrundes (z.B. schwerwiegende Übertretung des Berufsausbildungsgesetzes) nicht bezahlt, hat der Lehrling dennoch Anspruch auf die Erfolgsprämie.

Praktika

Pflichtpraktikum

67. Pflichtpraktikantinnen und Pflichtpraktikanten sind Schülerinnen und Schüler, die aufgrund schulrechtlicher Vorschriften ein Pflichtpraktikum einer berufsbildenden mittleren oder höheren Schule absolvieren (in der Regel bis zu 1 Monat, bei Betriebspraxis in der Regel 10 Wochen pro Kalenderjahr). [KVArbEEI:] Ihr Monatslohn beträgt abweichend von Punkt 1 bis 62 bzw. [KVAngEEI:] ihre monatliche Vergütung beträgt bei einer Normalarbeitszeit von 38,5 Wochenstunden mindestens € 928,26. Dies gilt auch, wenn nur eine teilweise Arbeitspflicht besteht.

[KVAngEEI:]

Pflichtpraktikantinnen und Pflichtpraktikanten sind weiters Studentinnen und Studenten, die aufgrund studienrechtlicher Vorschriften ein Pflichtpraktikum einer Fachhochschule, Hochschule oder Universität absolvieren. Ihre monatliche Vergütung beträgt bei einer Normalarbeitszeit von 38,5 Wochenstunden mindestens € 1 254,56. Dies gilt auch, wenn nur eine teilweise Arbeitspflicht besteht.

Ferialpraktikum

68. Ferialpraktikantinnen und Ferialpraktikanten sind Arbeitnehmerinnen und Arbeitnehmer, die ohne Vorliegen schulrechtlicher Vorschriften während der Schulferien mit vereinbarten Ausbildungsanteilen beschäftigt werden. Ihr monatliches Mindestgehalt beträgt bei einer Normalarbeitszeit von 38,5 Wochenstunden für längstens 1 Monat in € mindestens (1.5. 2022):

	ohne Matura	mit Matura
erstmalige Beschäftigung ohne Berufserfahrung bzw. kein vorher absolviertes Pflichtpraktikum	698,51	928,26
in allen anderen Fällen	928,26	1 254,56

[KVArbEEI:]

[29] Hinweis des FEEI: Der Lehrberechtigte kann einen Ersatz dieser Kosten bei der für ihn zuständigen Lehrlingsstelle beantragen (§ 9 Abs. 5 Berufsausbildungsgesetz).

ABSCHNITT 6a
AKKORDARBEIT

Der Text dieses Abschnittes ist abrufbar unter www.feei.at ⚲ „KVEEI 2021".

ABSCHNITT 6b
PRÄMIENARBEIT

Der Text dieses Abschnittes ist abrufbar unter www.feei.at ⚲ „KVEEI 2021".

ABSCHNITT 6c
KOMPETENZZULAGE

Kompetenzzulage

1. Arbeitnehmerinnen und Arbeitnehmer, die Anspruch auf Entlohnung im Akkord oder auf akkordähnlichen Prämienlohn (in weiterer Folge „Leistungslohn") bzw. auf Weiterzahlung des Akkord- oder Prämiendurchschnittslohnes haben, erhalten die Vorrückungen als Kompetenzzulage. Der Akkordrichtsatz bzw. Grundlohn bleibt unverändert.

Die Vorrückungsstufen werden nach 2, 5 und 8 Jahren Zugehörigkeit zur Beschäftigungsgruppe erreicht. Die Höhe der Kompetenzzulage beträgt:

Kompetenzzulagen-Tabelle[31]

Beschäftigungs-gruppe	Kompetenzzulage in € (1.5.2022)		
	nach 2 BG-J	nach 5 BG-J	nach 8 BG-J
B	41,01	61,52	82,03
C	67,52	101,28	135,04
D	72,06	108,09	144,12
E	110,07	165,11	220,15
F	124,10	186,15	248,20
G	142,74	214,11	285,48

Für die Bemessung der Beschäftigungsgruppenjahre gelten Abschnitt 6 Punkte 16 bis 19,[32] für die Anrechnung von Vordienstzeiten die Punkte 20 und 21 und für die Vorrückung in die nächsthöhere Vorrückungsstufe Punkt 24 sinngemäß. Für Teilzeitbeschäftigte ist Punkt 23 sinngemäß anzuwenden.

Bei Umstufungen in eine höhere Beschäftigungsgruppe entfällt die bisherige Kompetenzzulage. Der Anspruch auf Kompetenzzulage in der neuen Beschäftigungsgruppe entsteht zu jenem Zeitpunkt, der sich bei sinngemäßer Anwendung von Abschnitt 6 Punkt 36[33] ergibt (Umstufung aus der Grundstufe: volle Anrechnung; nach dem 2. und 5. Beschäftigungsgruppenjahr: 2/3-Regelung; nach dem 8. Beschäftigungsgruppenjahr: 1. Vorrückung 2 Jahre nach der Umstufung).

Die Kompetenzzulage gilt hinsichtlich aller Ansprüche (z.B. Dienstjubiläum) als Bestandteil des Grundlohnes.

Wechsel vom Zeitlohn in den Leistungslohn

2. Werden im Zeitlohn beschäftigte Arbeitnehmerinnen bzw. Arbeitnehmer in ein Leistungslohnsystem mit individuellen Grundlöhnen versetzt, ist ihr Lohn um die darin enthaltenen

---

[30] Übergangsrecht in Anhang 2 Punkt 4 (Seite 64).

[31] Übergangsrecht in Anhang 2 Punkt 1.20 (Seite 63).

[32] Seite 24.

[33] Seite 28 (Beginn der neuen Beschäftigungsgruppenjahre).

Vorrückungswerte zu verringern; bei Arbeitnehmerinnen bzw. Arbeitnehmern, deren Arbeitsverhältnisse vor dem 1.5.2004 begonnen haben, jedoch höchstens um die tatsächlich erhaltenen Vorrückungen (um deren Wert zum Zeitpunkt des Wechsels in den Leistungslohn). Werden sie hingegen in ein Leistungslohnsystem versetzt, in dem der Lohn auf der Grundlage gleicher Akkordrichtsätze oder Ähnlichem ermittelt wird, gelten diese auch für die versetzten Arbeitnehmerinnen bzw. Arbeitnehmer. Die erreichten Beschäftigungsgruppenjahre (Abschnitt 6 Punkt 16[34]) sind für die Höhe der Kompetenzzulage bis zum Höchstausmaß von 5 Beschäftigungsgruppenjahren zu berücksichtigen.

Wechsel einzelner Arbeitnehmerinnen bzw. Arbeitnehmer vom Leistungslohn in den Zeitlohn

3. Werden einzelne im Leistungslohn beschäftigte Arbeitnehmerinnen bzw. Arbeitnehmer in den Zeitlohn versetzt und endet der Anspruch auf Fortzahlung des Akkord- bzw. Prämiendurchschnittslohnes, entfällt die Kompetenzzulage. Lohn, Vorrückungsstufe und Vorrückungsstichtag sind so festzusetzen, wie diese Werte bei Arbeitnehmerinnen und Arbeitnehmern betriebsüblich sind, die ähnliche Tätigkeiten verrichten und eine vergleichbare Dauer der Betriebszugehörigkeit aufweisen. Dies gilt nicht, wenn Punkt 4 anzuwenden ist. Auf Wunsch des Unternehmens und/oder des Betriebsrates ist eine Vermittlung durch die Kollektivvertragsparteien durchzuführen; in Betrieben ohne Betriebsrat auf Wunsch der Arbeitnehmerin bzw. des Arbeitnehmers.

Wechsel vom Leistungslohn in den Zeitlohn (Einzelner oder Gruppen) bei Weiterzahlung des Akkord- bzw. Prämiendurchschnittslohnes

4. Besteht nach dem Wechsel vom Leistungs- in den Zeitlohn ein Anspruch auf Zeitlohn in der Höhe des Akkord- bzw. Prämiendurchschnittslohnes der letzten 12 Monate zuzüglich der letzterreichten Kompetenzzulage, sind alle Vorrückungen in dieser Beschäftigungsgruppe abgegolten; die Einreihung erfolgt in die Vorrückungsstufe „nach 10 BG-J". Ist noch keine Kompetenzzulage angefallen, erfolgt die Einreihung in die Vorrückungsstufe „nach 7 BG-J"; in diesem Fall erfolgt die Vorrückung in die Vorrückungsstufe „nach 10 BG-J" zu jenem Zeitpunkt, zu dem die Kompetenzzulage bei Verbleib im Leistungslohn angefallen wäre.

Mehrmaliger Wechsel zwischen Zeit- und Leistungslohn

5. Bei Versetzung vom Leistungs- in den Zeitlohn und späterer Rückversetzung in den Leistungslohn gilt: Bei der Ermittlung des Kompetenzzulagen-Anspruches und des Akkordrichtsatzes bzw. Prämiengrundlohnes ist so vorzugehen, als wäre eine durchgehende Beschäftigung im Leistungslohn vorgelegen.

Bei Versetzung vom Zeit- in den Leistungslohn und späterer Rückversetzung in den Zeitlohn gilt: Bei der Ermittlung der Lohnhöhe und der nächsten Vorrückung ist so vorzugehen, als wäre eine durchgehende Beschäftigung im Zeitlohn vorgelegen.

Überkollektivvertragliche Kompetenzzulage

6. Wird eine höhere Kompetenzzulage als in der Kompetenzzulagen-Tabelle (Punkt 1) angeführt gezahlt, ist die Überzahlung bei der Vorrückung in die nächste(n) Kompetenzzulagenstufe(n) betraglich aufrecht zu halten, soweit keine Anrechnung im Sinn des Abschnittes 6 Punkt 32 vereinbart wurde.

Abschnitt 6 Punkt 31[35] (Ausnahme oder der Aufschub von Vorrückungen in wirtschaftlich begründeten Fällen), ist sinngemäß anwendbar; die Mindest-Kompetenzzulage (Punkt 1)

---

[34] Seite 24.

[35] Seite 27.

darf jedoch nicht unterschritten werden.

ABSCHNITT 7
VERGÜTUNG FÜR MEHRLEISTUNGEN, SONN- UND FEIERTAGSARBEIT SOWIE ZULAGEN UND ZUSCHLÄGE

Grundvergütung für Vollzeitmehrarbeit, Überstunden-, Sonn- und Feiertagsarbeit

1. Die Grundvergütung für eine Stunde Vollzeitmehrarbeit, Sonn- und Feiertagsarbeit sowie für Überstunden ist zu berechnen bei

- Vollzeitbeschäftigung durch Teilung des Ist-Gehaltes bzw. -Lohnes durch 143;[36]
- Teilzeitbeschäftigung durch Teilung des Ist-Gehaltes bzw. -Lohnes durch 4,33 sowie die vereinbarte Wochenstundenzahl und Multiplikation mit 1,168.
- [KVArbEEI:] leistungsbezogenen Entgelten gemäß § 96 Abs. 1 Ziffer 4 ArbVG durch Multiplikation des Akkord- bzw. Prämienlohnes pro Stunde mit 1,168.

Der Zuschlag für Vorarbeiterinnen und Vorarbeiter ist dabei jedenfalls in den Ist-Lohn (Akkord- oder Prämienlohn) einzurechnen. Fällt dieser Zuschlag nicht regelmäßig an, ist er für jene Stunden voll zu berücksichtigen, in denen die Tätigkeit als Vorarbeiterin bzw. Vorarbeiter (Punkt 20) ausgeübt wird. In die Grundvergütung sind weitere Gehalts- bzw. Lohnbestandteile einzubeziehen, die für die Normalarbeitszeit unter anderen Begriffen dauernd bezahlt werden.

Mit dieser Berechnungsart werden die für Vollzeitmehrarbeit, Überstunden sowie den Sonntagszuschlag und die Feiertagsarbeit gebührenden Sonderzahlungen (Urlaubs- und Weihnachtsgeld) abgegolten.

Durch Betriebsvereinbarung kann eine andere Berechnungsart festgelegt werden, sofern sie zumindest gleichwertig ist; in Betrieben ohne Betriebsrat durch schriftliche Vereinbarung mit den Arbeitnehmerinnen bzw. Arbeitnehmern.

Vergütung für Vollzeitmehrarbeit und Überstunden

2. Die Vergütung für Vollzeitmehrarbeit und Überstunden setzt sich aus der Grundvergütung und einem Zuschlag zusammen.

Zuschlag bzw. Zeitausgleich für Vollzeitmehrarbeit

3. Der Zuschlag für Vollzeitmehrarbeit beträgt 50% der Grundvergütung. Wird Vollzeitmehrarbeit durch Zeitausgleich abgegolten, gebührt dieser im Verhältnis 1:1.

Zuschlag für Überstunden

4. Der Überstundenzuschlag beträgt 50% der Grundvergütung.

Ein Überstundenzuschlag von 100% gebührt hingegen für folgende Überstunden:
a) Überstunden zwischen 20 und 6 Uhr;
b) die 3. und folgende Überstunde an einem Tag, soweit sie nach 19 Uhr liegt; für die Zählung dieser Stunden ist an diesem Tag geleistete Vollzeitmehrarbeit einzubeziehen;
c) bei mehrschichtiger Arbeit für die 3. und folgende Überstunde, die außerhalb des Zeitraumes der 1. Schicht fallen; für die Zählung dieser Stunden ist an diesem Tag geleistete Vollzeitmehrarbeit einzubeziehen;
d) Überstunden nach Beendigung der Nachtschicht;
e) Überstunden an Sonntagen;[37]
f) Überstunden an Feiertagen sowie am 24. bzw. 31. Dezember[38] (das sind jene Stunden,

---

[36] 38,5 x 52 : 14 = 143.

[37] Bei vollkontinuierlicher Schichtarbeit bzw. Dekadenarbeit ist Abschnitt 4 Punkt 28 (Seite 13) zu beachten.

[38] Arbeitszeit und Zuschläge für Arbeit am 24. und 31. Dezember sind in Abschnitt 4 Punkt 8 (Seite 7) geregelt.

die außerhalb der durch Betriebsvereinbarung oder Arbeitsvertrag für diesen Wochentag ansonsten festgelegten Normalarbeitszeit liegen);

g) Überstunden, die Arbeitnehmerinnen und Arbeitnehmer leisten, wenn sie nach dem Verlassen des Betriebes bzw. des Einsatzortes und vor Ablauf der Ruhezeit (§ 12 AZG) zurückberufen wurden;

h) Überstunden, wenn die Tagesarbeitszeit 10 bzw. die Wochenarbeitszeit 50 Stunden übersteigt, ausgenommen bei Gleitzeit.

Zeitausgleich für Überstunden

5. Anstelle der Bezahlung von Überstunden kann aufgrund einer Betriebs- bzw. Einzelvereinbarung eine Abgeltung durch Zeitausgleich erfolgen. Wurde für Überstunden Zeitausgleich vereinbart, gilt:

- Für Überstunden mit einem Zuschlag von 50% gebührt ein Zeitausgleich im Verhältnis 1:1,5;
- für Überstunden mit einem Zuschlag von 100% im Verhältnis 1:2.
- Erfolgt die Abgeltung von Überstunden durch Zeitausgleich im Verhältnis 1:1, ist der Überstundenzuschlag auszubezahlen.

Verbrauch von Zeitguthaben aus Vollzeitmehrarbeit, Überstunden und der Umwandlung von Geldansprüchen

6. Soweit der Zeitraum des Ausgleiches von Zeitguthaben nicht durch Betriebsvereinbarung festgelegt ist, ist er zu vereinbaren. Kommt keine Vereinbarung zustande, kann der Ausgleich des Zeitguthabens vor oder nach dem nächsten Urlaub, Feiertag oder einer Freistellung gemäß Abschnitt 5 angetreten werden. Aus zwingenden betrieblichen Erfordernissen kann das Unternehmen verlangen, dass der Zeitausgleich frühestens 4 Wochen später in einem von der Arbeitnehmerin bzw. vom Arbeitnehmer gewählten Zeitraum verbraucht wird; stattdessen kann auch die Abgeltung in Geld verlangt werden.

Vergütung für Teilzeitmehrarbeit

7. Die Vergütung für Teilzeitmehrarbeit setzt sich aus der Grundvergütung und dem Teilzeitmehrarbeitszuschlag zusammen.

Grundvergütung für Teilzeitmehrarbeit

8. Die Grundvergütung für eine Stunde ist bei Teilzeitbeschäftigten durch Teilung des Ist-Gehaltes bzw. -Lohnes durch 4,33 sowie die vereinbarte Wochenstundenzahl zu berechnen. [KVArbEEI:] Der Zuschlag für Vorarbeiterinnen und Vorarbeiter ist dabei jedenfalls in den Ist-Lohn einzurechnen. Fällt dieser nicht regelmäßig an, ist er für jene Stunden voll zu berücksichtigen, in denen die Tätigkeit als Vorarbeiterin bzw. Vorarbeiter (Punkt 20) ausgeübt wird.

In die Grundvergütung sind weitere Gehalts- bzw. Lohnbestandteile einzubeziehen, die für die Normalarbeitszeit unter anderen Begriffen dauernd bezahlt werden.

Die Grundvergütung für Teilzeitmehrarbeit ist

- entweder um 16,8% zu erhöhen und der Teilzeitmehrarbeitszuschlag von diesem erhöhten Betrag zu berechnen oder
- zuzüglich des Teilzeitmehrarbeitszuschlages mit dem Durchschnittsbetrag der letzten 12 Kalendermonate vor dem Auszahlungsmonat in das Urlaubs- und Weihnachtsgeld einzubeziehen. Hat das Arbeitsverhältnis (die Teilzeitbeschäftigung) noch nicht 12 Kalendermonate gedauert, ist der Durchschnitt des Zeitraumes seit Beginn des Arbeitsverhältnisses (der Teilzeitbeschäftigung) zugrunde zu legen.

Durch Betriebsvereinbarung kann eine andere Berechnungsart festgelegt werden, sofern sie zumindest gleichwertig ist.

Mit diesen Berechnungsarten werden die für Teilzeitmehrarbeit gebührenden Sonderzahlungen (Urlaubs- und Weihnachtsgeld) abgegolten.

[KVArbEEI:] Bei leistungsbezogenen Entgelten gemäß § 96 Abs. 1 Ziffer 4 ArbVG ist die Grundvergütung der um 16,8% erhöhte Akkord- bzw. Prämienlohn pro Stunde. Durch Betriebsvereinbarung kann eine andere Berechnungsart festgelegt werden, sofern sie zumindest gleichwertig ist.

Teilzeitmehrarbeitszuschlag

9. Der Teilzeitmehrarbeitszuschlag beträgt 25% der Grundvergütung. Er fällt nicht an

a) wenn aufgrund einer Betriebs- oder Einzelvereinbarung die Teilzeitmehrarbeit innerhalb des Kalendervierteljahres oder eines anderen – durch Betriebsvereinbarung oder in Betrieben ohne Betriebsrat mit Zustimmung der Kollektivvertragsparteien – festgelegten Zeitraumes von bis zu 3 Monaten, in dem sie angefallen ist, durch Zeitausgleich abgegolten wird;

b) bei Gleitzeit,
   - wenn die vereinbarte Arbeitszeit innerhalb der Gleitzeitperiode im Durchschnitt nicht überschritten wird;
   - für jene Zeitguthaben, die in die nächste Gleitzeitperiode übertragen werden können;

c) bei
   - Einarbeitung in Verbindung mit Feiertagen,
   - Altersteilzeit für in der Altersteilzeitvereinbarung im Vorhinein festgelegte über die durchschnittliche Normalarbeitszeit hinaus geleistete Stunden (insbesondere bei geblockter Altersteilzeit),
   - auf Wunsch der Arbeitnehmerin bzw. des Arbeitnehmers vereinbarten Sabbatical-Modellen[39] (z.B. zum Zweck einer längeren Ausbildung oder Erholungsphase). Der Teilzeitmehrarbeitszuschlag entfällt nur, wenn die genaue zeitliche Lage der Vollzeit- und Freizeitphase sowie die Lage der Teilzeitmehrarbeit und des Zeitausgleiches von Anfang an feststehen.

Pauschale

10. Wird eine Pauschale für Vollzeitmehrarbeit bzw. Überstunden vereinbart, sind bei dessen Berechnung die durchschnittlich geleisteten Stunden zu berücksichtigen, wobei die jeweiligen Zuschläge einzubeziehen sind.

Sonntagszuschlag

11. Für jede an einem Sonntag in der Normalarbeitszeit erbrachte Arbeit gebührt

- neben dem Ist-Gehalt bzw. -Lohn
- pro Stunde ein Zuschlag in der Höhe der Grundvergütung für eine Überstunde gemäß Punkt 1 zuzüglich jener anfallenden Zulagen und Zuschläge, die in der Grundvergütung nicht berücksichtigt sind.[40]

Dies gilt nicht für Pauschalvereinbarungen, durch die Sonntagsarbeit ausdrücklich abgegolten ist.

Feiertagsentlohnung

12. Für jede an einem gesetzlichen Feiertag innerhalb der durch Betriebsvereinbarung oder Arbeitsvertrag für diesen Wochentag ansonsten festgelegten Normalarbeitszeit erbrachte Arbeitsleistung gebühren:

---

[39] Abschnitt 4 Punkt 16a (Seite 10).

[40] Bei vollkontinuierlicher Schichtarbeit bzw. Dekadenarbeit ist Abschnitt 4 Punkt 28 (Seite 13) zu beachten.

- das Feiertagsentgelt (§ 9 Abs. 2 bis 4 ARG) und
- das Feiertagsarbeitsentgelt (§ 9 Abs. 5 ARG), und zwar pro Stunde in der Höhe der Grundvergütung für eine Überstunde gemäß Punkt 1 zuzüglich jener anfallenden Zulagen und Zuschläge, die in der Grundvergütung nicht berücksichtigt sind.

Zusammentreffen von Zuschlägen

13. Beim Zusammentreffen mehrerer Zuschläge gemäß Punkt 4, 11 und 12 gebührt nur der jeweils höchste Zuschlag.

Weitergeltung bestehender Regelungen

14. Soweit bisher Überstundenvergütungen ab einer kürzeren Normalarbeitszeit bezahlt wurden, bleiben diese Regelungen unberührt, wenn sie nicht durch Betriebsvereinbarung geändert werden. Gleiches gilt für bisher höhere Mehrarbeits- und Überstundenvergütungen sowie Vergütungen für Sonn- und Feiertagsarbeit.

Schichtzulage bei Arbeiten in Wechselschichten

15. Arbeitnehmerinnen und Arbeitnehmer erhalten bei Schichtarbeit für die
- 2. Schicht pro Stunde mindestens .... € 0,511
- 3. Schicht pro Stunde mindestens .... € 3,010.

Nachtarbeitszulage

16. Für Arbeit in der Zeit zwischen 22 und 6 Uhr ist Arbeitnehmerinnen und Arbeitnehmern eine Nachtarbeitszulage zu zahlen, sofern es sich nicht um Überstunden handelt. Besteht ein Anspruch auf die Nachtarbeitszulage, gebührt keine Schichtzulage. Die Nachtarbeitszulage beträgt pro Stunde mindestens .... € 3,010.

Schmutz-, Erschwernis- und Gefahrenzulagen (SEG-Zulagen)[41]

Definition und Anspruch

17. a) **Schmutzzulage**: Für Arbeiten, die im Vergleich zu den allgemein üblichen Arbeitsbedingungen eine außerordentliche Verschmutzung von Körper und Bekleidung zwangsläufig bewirken, gebührt eine Schmutzzulage. Diese beträgt pro Stunde mindestens € 0,583.

b) **Erschwerniszulage:** Für Arbeiten, die im Vergleich zu den allgemein üblichen Arbeitsbedingungen eine außerordentliche Erschwernis mit sich bringen, gebührt eine Erschwerniszulage. Diese beträgt pro Stunde mindestens € 0,583.

c) **Gefahrenzulage**: Für Arbeiten, die infolge schädlicher Einwirkungen von gesundheitsgefährdenden Stoffen oder Strahlen, von Hitze, Kälte oder Nässe, von Gasen, Dämpfen, Säuren, Laugen, Staub oder Erschütterungen oder infolge einer Sturzgefahr oder anderer Gefahren zwangsläufig eine Gefährdung von Leben, Gesundheit oder körperlicher Sicherheit mit sich bringen, gebührt eine Gefahrenzulage. Diese beträgt pro Stunde mindestens € 0,583.

Gemeinsame Bestimmungen zu SEG-Zulagen

18. Die Zulagen gebühren nur für arbeitsbedingte Belastung und werden nur für jene Arbeitszeiten bezahlt, in denen entsprechende Arbeiten geleistet werden.[42]

---

[41] [KVArbEEI:] Zu beachten ist auch die „Empfehlung betreffend besondere Erschwernis- und Gefahrenzulagen“ (Anhang 7, Seite 71).

[42] Eine Pauschalierung der SEG-Zulagen ist nach Maßgabe der Günstigkeit zulässig. Steuerrechtlich bleibt der Nachweis der anspruchsbegründenden Tätigkeit zumindest für die jeweilige Gruppe von Arbeitnehmerinnen und Arbeitnehmern notwendig.

Wenn ein Arbeitsplatzbewertungssystem Schmutz, Erschwernis bzw. Gefahr bereits mindestens in kollektivvertraglicher Höhe berücksichtigt, sind die Zulagen gemäß Punkt 17 nicht zusätzlich zu bezahlen.

Kommt es im Betrieb zu keiner Einigung über die Frage, ob eine SEG-Zulage für eine bestimmte Tätigkeit zusteht, ist vor Anrufung des Arbeits- und Sozialgerichtes eine Vermittlung durch fachkundige Vertreterinnen bzw. Vertreter der Kollektivvertragsparteien durchzuführen.

Regelungen über SEG-Zulagen können in Betriebsvereinbarungen getroffen werden.

[KVAngEEI:] Die Zulagen gebühren nur, wenn die Arbeit unter der Belastung im Sinn des Punktes 17 am jeweiligen Arbeitstag länger als 2 Stunden dauert.

[KVArbEEI:]

Montagezulage

19. Für Montagen – Montage, Demontage, Erhaltung oder Reparatur von Anlagen jeglicher Art außerhalb der Betriebsstätte (Abschnitt 10 Punkt 1[43]) – gebührt eine Zulage für jede Arbeitsstunde von mindestens € 0,897.

Zuschlag für Vorarbeiterinnen und Vorarbeiter

20. Vorarbeiterinnen und Vorarbeitern gebührt ein Zuschlag in der Höhe von 10% ihres Lohnes (Akkord- bzw. Prämiendurchschnittslohn). Dieser Zuschlag gebührt auch Arbeitnehmerinnen bzw. Arbeitnehmern für jene Zeit, in der ihnen bei Montagearbeiten sowie bei anderen Beschäftigungen außerhalb der Betriebsstätte wenigstens 3, bei Arbeiten innerhalb der Betriebsstätte wenigstens 6 Arbeitnehmerinnen bzw. Arbeitnehmer unterstellt sind.

ABSCHNITT 8
ALIQUOTE GEHALTS- BZW. LOHNANSPRÜCHE

1. [KVArbEEI:] Im Eintritts- bzw. Beendigungsmonat sind die Stunden mit Lohnanspruch (bei Vollzeitbeschäftigung pro Stunde 1/167 des Monatslohnes), höchstens aber der volle Monatslohn zu zahlen. Beginnt das Arbeitsverhältnis nicht am Monatsersten, sondern am ersten betriebsüblichen Arbeitstag eines Monats, steht das ungekürzte Monatsgehalt bzw. der ungekürzte Monatslohn zu. Gleiches gilt sinngemäß bei Beendigung des Arbeitsverhältnisses.

2. Besteht [KVAngEEI:] während des Arbeitsverhältnisses/[KVArbEEI:] außerhalb des Eintritts- bzw. Beendigungsmonats nicht für alle Tage eines Kalendermonats Anspruch auf Gehalt bzw. Lohn, ist pro Kalendertag mit Gehalts- bzw. Lohnanspruch 1/30 des Monatsgehaltes bzw. -lohnes zu zahlen. Für einzelne Stunden ohne Gehalts- bzw. Lohnanspruch ist bei Vollzeitbeschäftigten pro Stunde 1/167 vom Monatsgehalt bzw. -lohn abzuziehen.

Variable Entgeltbestandteile können nach tatsächlicher Leistung oder unter Berücksichtigung obiger Regelungen abgerechnet werden.

3. Davon abweichende, jedoch gleichwertige Regelungen können durch Betriebsvereinbarung festgelegt werden, in Betrieben ohne Betriebsrat durch schriftliche Vereinbarung mit den Kollektivvertragsparteien.

---

[43] Seite 43.

ABSCHNITT 9
SONDERZAHLUNGEN (URLAUBS- UND WEIHNACHTSGELD)

1. Arbeitnehmerinnen und Arbeitnehmer haben in jedem Kalenderjahr Anspruch auf Urlaubs- und Weihnachtsgeld.

Höhe der Sonderzahlungen

2. Als Urlaubs- sowie Weihnachtsgeld gebühren jeweils
- das monatliche Ist-Gehalt bzw. der monatliche Ist-Lohn bzw. das Lehrlingseinkommen und
- der Monatswert der SEG-, Schicht- und Nachtarbeitszulagen [KVArbEEI:] sowie der Montagezulage und des Zuschlages für Vorarbeiterinnen und Vorarbeiter auf der Grundlage des Durchschnittes der letzten 3 Monate.[44] Zeiten ohne vollen Entgeltanspruch sind auszuscheiden. Dieser Zeitraum verlängert sich um diese ausgeschiedenen Zeiten.

Leistungsbezogene Entgelte gemäß § 96 Abs. 1 Z. 4 Arbeitsverfassungsgesetz und sonstige Prämien im Sinn des Abschnittes 6b auf Montage- und Baustellen sind mit dem Durchschnitt der letzten 3 Monate[44] auf der Basis der Normalarbeitszeit zuzüglich der Kompetenzzulage einzubeziehen.

Für weibliche und männliche Portiere, hauptberufliches Bewachungspersonal und hauptberufliche Werksfeuerwehren, Arbeitnehmerinnen und Arbeitnehmer im Sanitätsdienst und weibliche und männliche Chauffeure ist im Falle einer vereinbarten längeren Wochenarbeitszeit diese zugrunde zu legen.

Bezieherinnen und Beziehern von Provisionen gebührt das monatliche Fixum, mindestens jedoch das monatliche Mindestgehalt bzw. der monatliche Mindestlohn.[45]

Fälligkeit

Urlaubsgeld

3. Das Urlaubsgeld gebührt neben dem gesetzlichen Urlaubsentgelt und ist spätestens mit der Abrechnung für Juni vollständig zu zahlen. Wird vor der Juni-Abrechnung ein mindestens 5-tägiger Urlaub angetreten, ist jeweils aliquotes Urlaubsgeld zu zahlen (z.B. bei 25 Arbeitstagen Urlaubsanspruch pro Urlaubsjahr gebührt pro Urlaubstag 1/25 des Urlaubsgeldes).

Durch Betriebsvereinbarung kann ein einheitlicher Zeitpunkt der Auszahlung des Urlaubsgeldes ohne Rücksicht auf den tatsächlichen Urlaubsverbrauch festgelegt werden; spätestens ist das Urlaubsgeld jedoch am 30. Juni zu zahlen. In Betrieben ohne Betriebsrat können derartige Vereinbarungen mit den Arbeitnehmerinnen bzw. Arbeitnehmern schriftlich getroffen werden.

Weihnachtsgeld

4. Das Weihnachtsgeld ist spätestens am 30. November zu zahlen.

Aliquote Sonderzahlungen

5. Beginnt das Arbeitsverhältnis während des laufenden Kalenderjahres, gebühren das Urlaubs- und Weihnachtsgeld aliquot (1/52 pro begonnene Kalenderwoche). Das aliquote Urlaubsgeld ist gemäß Punkt 3 fällig, spätestens jedoch mit dem Weihnachtsgeld. Für nach dem 30. November eintretende Arbeitnehmerinnen bzw. Arbeitnehmer sind das aliquote

---

[44] Übergangsrecht in Anhang 2 Punkt 4 (Seite 64).

[45] [KVAngEEI:] Am Ende eines jeden Kalenderjahres ist gemäß Abschnitt 6 Punkt 26 (Seite 26) eine Deckungsprüfung durchzuführen. / [KVArbEEI:] Anrechnung von Sonderzahlungen auf Mindestlöhne von Bezieherinnen bzw. Beziehern von Provisionen in Abschnitt 6 Punkt 26 (Seite 26).

Urlaubs- und Weihnachtsgeld mit dem Monatsgehalt bzw. -lohn für den Dezember zu zahlen.

6. [KVAngEEI:] Endet das Arbeitsverhältnis während des Kalenderjahres, gebühren das Urlaubs- und Weihnachtsgeld aliquot (1/52 pro begonnene Kalenderwoche). Wurde das Urlaubs- bzw. Weihnachtsgeld bereits bezahlt, ist der auf den restlichen Teil des Kalenderjahres entfallende Teil bei der Endabrechnung abzuziehen. Wurde das Urlaubs- bzw. Weihnachtsgeld noch nicht oder nur zum Teil bezahlt, ist der fehlende Teil bei der Endabrechnung zu zahlen.

[KVArbEEI:] Endet das Arbeitsverhältnis während des Kalenderjahres und wurde das Urlaubs- bzw. Weihnachtsgeld bereits bezahlt, ist der auf den restlichen Teil des Kalenderjahres entfallende Teil zurückzuzahlen bzw. wird dieser Teil bei der Endabrechnung abgezogen (1/52 pro begonnene Kalenderwoche), wenn das Arbeitsverhältnis durch
- Kündigung durch die Arbeitnehmerin bzw. den Arbeitnehmer,
- Entlassung aus Verschulden der Arbeitnehmerin bzw. des Arbeitnehmers oder
- Austritt ohne wichtigen Grund

aufgelöst wird.

Endet das Arbeitsverhältnis während des Kalenderjahres und wurde das Urlaubs- bzw. Weihnachtsgeld noch nicht bezahlt, gebührt die betreffende Sonderzahlung aliquot (1/52 pro begonnene Kalenderwoche). Dieser Anspruch entfällt bei
- Entlassung aus Verschulden der Arbeitnehmerin bzw. des Arbeitnehmers,
- Austritt ohne wichtigen Grund.

Zeiten ohne Entgeltanspruch

7. Zeiten ohne Entgeltanspruch vermindern das Urlaubs- und Weihnachtsgeld aliquot (je vollendete Woche 1/52) nur
- in den gesetzlich ausdrücklich angeführten Fällen (z.B. Präsenz- oder Zivildienst, Wochengeld- oder Rehabilitationsgeld-Bezug, Karenz im Sinn des Mutterschutz- bzw. Väter-Karenzgesetzes, Freistellung gegen Entfall des Arbeitsentgeltes[46] oder erweiterte Betriebsrats-Bildungsfreistellung[47]) oder
- bei ungerechtfertigtem Fernbleiben oder
- wenn die Arbeitnehmerin bzw. der Arbeitnehmer aufgrund öffentlich-rechtlicher Vorschriften vollen Entgeltersatz einschließlich Sonderzahlungen erhält.

Für Zeiten, in denen aufgrund einer Vereinbarung Arbeitsleistung und Entgeltanspruch entfallen, kann der Entfall des Urlaubs- und Weihnachtsgeldes vereinbart werden. Für unbezahlten Urlaub für eine Betriebsrats-Bildungsfreistellung im Sinn des § 118 ArbVG kann die aliquote Verminderung des Urlaubs- und Weihnachtsgeldes jedoch nicht wirksam vereinbart werden.

Notwendige Korrekturen des Urlaubsgeldes sind mit dem Weihnachtsgeld vorzunehmen (Nachzahlung bzw. Gegenverrechnung).

Änderung der Normalarbeitszeit

8. Für Arbeitnehmerinnen bzw. Arbeitnehmer, die während des laufenden Kalenderjahres von einer Vollzeit- in eine Teilzeitbeschäftigung bzw. umgekehrt wechseln oder deren Teilzeitbeschäftigungsausmaß sich ändert, sind das Urlaubs- und Weihnachtsgeld auf der Grundlage des durchschnittlichen Beschäftigungsausmaßes während des Kalenderjahres zu berechnen. Wurde das Urlaubsgeld vor der Änderung der Normalarbeitszeit gezahlt, ist

---

[46] § 12 Arbeitsvertragsrechts-Anpassungsgesetz.

[47] § 119 Abs. 3 Arbeitsverfassungsgesetz.

die Korrektur mit dem Weihnachtsgeld vorzunehmen (Nachzahlung bzw. Gegenverrechnung).[48]

ABSCHNITT 10
DIENSTREISE UND MONTAGE

Dienstreisebegriff

1. Eine Dienstreise bzw. Montage (im Folgenden: „Dienstreise") liegt vor, wenn die Arbeitnehmerin bzw. der Arbeitnehmer im Auftrag des Unternehmens die Betriebsstätte oder den Wohnsitz verlässt; sie beginnt mit diesem Zeitpunkt und endet, wenn sie bzw. er im Auftrag des Unternehmens dorthin zurückkehrt. Zeiten einer Reisebewegung außerhalb der Normalarbeitszeit sind in dem in Punkt 18 bis 22 festgesetzten Ausmaß Zeiten einer Dienstreise. Heimfahrten im Sinn von Punkt 29 bis 34 sind gleichfalls Dienstreisen. Reisen von Lehrlingen in die (Internats-)Berufsschule gelten nicht als Dienstreisen.

Werden mit der Arbeitnehmerin bzw. dem Arbeitnehmer Arbeitsleistungen in mehreren Betriebsstätten vereinbart, ist eine bestimmte Betriebsstätte einvernehmlich als Ausgangspunkt für Dienstreisen schriftlich festzulegen (Stamm-Betriebsstätte). Reisen zu anderen Betriebsstätten sind daher Dienstreisen.

2. Durch Betriebsvereinbarung kann für Dienstreisen
- ein einheitlicher Ausgangspunkt für alle an einem Dienstort Tätigen (z.B. in Wien der Stephansdom) oder
- der Wohnsitz der Arbeitnehmerin bzw. des Arbeitnehmers als Ausgangspunkt

festgesetzt werden. In Betrieben ohne Betriebsrat kann dies mittels schriftlicher Einzelvereinbarung geschehen.

3. Kann betrieblich kein Einvernehmen über das Vorliegen einer Betriebsstätte erzielt werden, ist auf Wunsch des Unternehmens, des Betriebsrates bzw. in Betrieben ohne Betriebsrat auf Wunsch einer betroffenen Arbeitnehmerin bzw. eines betroffenen Arbeitnehmers eine Vermittlung durch die Kollektivvertragsparteien durchzuführen. Baustellen gelten nicht als Betriebsstätten.

Für Arbeitnehmerinnen und Arbeitnehmer, die für räumlich fortschreitende Arbeiten (z.B. Fernleitungsbau) aufgenommen werden, gilt das jeweils für das Baulos zuständige Bau- bzw. Montagebüro (Bauleitung) als Betriebsstätte.

4. Die Dienstreise-Bestimmungen bilden ein für Arbeiterinnen bzw. Arbeiter und für Angestellte einheitliches Dienstreiserecht. Die Formulierungen wurden daher ungeachtet des persönlichen Geltungsbereiches dieses Kollektivvertrages gewählt.

Reiseaufwandsentschädigung

Allgemeines

5. Für den zusätzlichen Aufwand, der sich bei einer Dienstreise ergibt, gebührt eine Reiseaufwandsentschädigung. Diese besteht aus einem Taggeld und einem Nächtigungsgeld.

Dienstreisen innerhalb der EU[49]

Taggeld

6. Das Taggeld beträgt € 55,83[50] für jeweils 24 Stunden einer Dienstreise.

---

[48] Berechnungsbeispiel in Anhang 4 Punkt 1 (Seite 68).

[49] EU-Staaten (Stand 1.5.2015, somit einschließlich UK) und Liechtenstein, Norwegen sowie Schweiz.

[50] Übergangsrechts-Werte für Kroatien, Liechtenstein und Schweiz auf Seite 84.

Dauert die Dienstreise weniger als 24 Stunden, gebührt für
- bis zu 5 Stunden .... kein Taggeld;
- mehr als 5 bis höchstens 8 Stunden .... 1/3 des Taggeldes (€ 18,61);
- mehr als 8 bis höchstens 12 Stunden .... 2/3 des Taggeldes (€ 37,22);
- mehr als 12 Stunden .... volles Taggeld (€ 55,83).

Für die das Vielfache von 24 Stunden überschreitende Zeit gilt diese Aliquotierungsregel ebenfalls.

Nahbereichstaggeld in Österreich

7. Wenn die Beschäftigung ausschließlich innerhalb eines Umkreises von 10 km Luftlinie um die Betriebsstätte (Nahbereich) erfolgt, beträgt das Taggeld abweichend von Punkt 6 bei einer Reisedauer von
- mehr als 5 bis höchstens 8 Stunden .... € 13,47;
- mehr als 8 bis höchstens 11 Stunden .... € 16,90;
- mehr als 11 Stunden .... € 27,91.

Keinen Anspruch auf Nahbereichstaggeld haben Arbeitnehmerinnen und Arbeitnehmer
- der Beschäftigungsgruppen H bis K oder
- die zu einer anderen Betriebsstätte des Unternehmens reisen; für Montagearbeiten bzw. Arbeiten auf Baustellen gebührt das Nahbereichstaggeld jedoch.

[KVAngEEI:] Ferner besteht kein Anspruch auf Nahbereichstaggeld für Dienstreisen, die überwiegend für technische und kaufmännische Beratung, Softwareentwicklung, Geschäftsanbahnung im Ein- und/oder Verkauf, Abwicklung von Behördenverfahren und damit zusammenhängender Tätigkeiten erfolgen, sowie für Dienstreisen zu vergleichbaren Zwecken.

Werden Mittag- und/oder Abendessen einschließlich der Getränke kostenlos beigestellt oder die Kosten erstattet, entfällt bei einer Dauer der Tätigkeit von bis zu 11 Stunden das Nahbereichstaggeld. Dauert die Tätigkeit mehr als 11 Stunden, ist es um 50% pro Mahlzeit zu kürzen. Beigestellte Mahlzeiten müssen angemessen sein; gesundheitliche oder religiöse Gründe der Arbeitnehmerin bzw. des Arbeitnehmers dürfen nicht entgegenstehen.

Nächtigungsgeld

8. Wenn eine Nächtigung angeordnet wird oder erforderlich ist, gebührt Nächtigungsgeld.

Dieses beträgt in Österreich € 18,82 pro Nacht; für die ersten 7 Kalendertage einer Dienstreise € 30,96 pro Nacht.

In den übrigen EU-Staaten (Stand 1.5.2015) und Liechtenstein, Norwegen sowie Schweiz besteht Anspruch auf Nächtigungsgeld in der Höhe der Gebührenstufe 3 der Bundesbediensteten für den betreffenden Staat, jedoch mindestens € 18,82 pro Nacht; für die ersten 7 Kalendertage einer Dienstreise mindestens € 30,96 pro Nacht.[50] Ab dem 29. Tag der Dienstreise darf das Nächtigungsgeld der Gebührenstufe 3 für den jeweiligen EU-Staat um 10% verringert werden, jedoch € 18,82 nicht unterschreiten.[51]

Verlässt die Arbeitnehmerin bzw. der Arbeitnehmer das Reiseziel wegen Wochenendruhe (Wochen-, Ersatzruhe), Feiertagsruhe, Zeitausgleich, Urlaub, Krankheit, Dienstverhinderung aus wichtigen persönlichen Gründen oder zur höchstens eintägigen Berichterstattung, beginnt die Zählung der Kalendertage nach der Rückkehr zum Reiseziel nicht neu. Dies gilt auch dann, wenn während solcher Zeiten kein Nächtigungsgeld bezahlt wird. Die Zählung der Kalendertage beginnt hingegen neu, wenn die Dienstreise an einem anderen Ort fortgesetzt wird.

---

[51] Siehe Tabellen auf den Seiten 84 und 85.

Ist die Arbeitnehmerin bzw. der Arbeitnehmer nicht in der Lage, um das Nächtigungsgeld ein angemessenes Quartier zu erhalten, sind die Nächtigungskosten gegen Beleg zu erstatten, wobei die Kosten so gering als möglich zu halten sind.

Dienstreisen in Drittstaaten[52]

9. Als Reiseaufwandsentschädigung für Dienstreisen in Drittstaaten gebühren die jeweiligen Tag- und Nächtigungsgelder der Gebührenstufe 3 der Bundesbediensteten[53] für jene Staaten, in die die Arbeitnehmerin bzw. der Arbeitnehmer zur Erfüllung des Auftrages reist (Zielländer). Für die Durchreise durch einen Staat auf dem Weg in das Zielland gebührt die Reiseaufwandsentschädigung des Ziellandes.

Ab dem 29. Tag der Dienstreise dürfen die jeweiligen Tag- und Nächtigungsgelder um 10% verringert werden.

Erfolgt die Dienstreise mit dem Flugzeug, gilt als Zeitpunkt des Grenzübertrittes der tatsächliche Abflugszeitpunkt vom zuletzt benützten Flughafen innerhalb der EU (Stand 1.5.2015), Norwegens oder der Schweiz im jeweiligen Staat; bei der Rückkehr der Ankunftszeitpunkt am 1. Flughafen innerhalb der EU (Stand 1.5.2015), Norwegens oder der Schweiz. Zwischenlandungen auf der Durchreise sind nicht zu berücksichtigen (siehe Abs. 1).

10. Volles Drittstaaten-Taggeld für den betreffenden Staat gebührt für jeweils 24 Stunden.

Dauert der Aufenthalt im betreffenden Staat weniger als 24 Stunden, gebührt für
- bis zu 5 Stunden .... kein Drittstaaten-Taggeld,
- mehr als 5 bis höchstens 8 Stunden .... 1/3 Drittstaaten-Taggeld,
- mehr als 8 bis höchstens 12 Stunden .... 2/3 Drittstaaten-Taggeld,
- mehr als 12 Stunden .... volles Drittstaaten-Taggeld.

Für die das Vielfache von 24 Stunden überschreitende Zeit gilt diese Aliquotierungsregel ebenfalls.

11. Für die gesamte Reisezeit abzüglich der vom Drittstaaten-Taggeld abgedeckten Reiseanteile steht das Taggeld gemäß Punkt 6 zu. Für die durch das Drittstaaten-Taggeld abgedeckten Reiseanteile sind folgende Stunden abzuziehen:
- 1/3 Drittstaaten-Taggeld .... 4 Stunden,
- 2/3 Drittstaaten-Taggeld .... 8 Stunden,
- volles Drittstaaten-Taggeld .... 24 Stunden.

Gemeinsame Bestimmungen für EU- und Drittstaaten-Dienstreisen[54]

12. Sonstige mit der Auslandsdienstreise im Zusammenhang stehende Aufwendungen (z.B. Porto, Telefon, Kleiderreinigung) sind im notwendigen Ausmaß zu vergüten.

13. Die Reiseaufwandsentschädigung gebührt grundsätzlich in EURO. Die Bezahlung in Fremdwährung ist in Betrieben mit Betriebsrat im Einvernehmen mit diesem, sonst im Einvernehmen mit den Arbeitnehmerinnen bzw. Arbeitnehmern schriftlich zu regeln, wobei auf länderspezifische Besonderheiten bzw. auftragsbezogene Bedingungen Rücksicht zu nehmen ist.

14. Werden Mittag- und/oder Abendessen einschließlich der Getränke kostenlos beigestellt oder die Kosten erstattet, kann das Taggeld pro Mahlzeit um 30% gekürzt werden (Abweichendes gilt gemäß Punkt 7 für das Nahbereichstaggeld). Wird außerhalb Österreichs das Frühstück erstattet oder kostenlos beigestellt, kann das Taggeld um 15% gekürzt werden.

---

52 Staaten außerhalb: EU (Stand 1.5.2015, somit einschließlich UK), Liechtenstein, Norwegen, Schweiz.

53 https://www.ris.bka.gv.at/Dokumente/BgblPdf/2001_434_2/2001_434_2.pdf

54 Tag- und Nächtigungsgeld im Krankheitsfall bzw. bei Spitalsaufenthalt sind in Abschnitt 10 Punkt 32 (Seite 49) geregelt.

Beigestellte Mahlzeiten müssen nach inländischem Standard angemessen sein; gesundheitliche oder religiöse Gründe dürfen nicht entgegenstehen.

Für Aus- und Weiterbildungsveranstaltungen, die vollständig als Dienstzeit bezahlt werden und bei denen das Unternehmen die Kosten aller Mahlzeiten und Nebenleistungen trägt, kann das Taggeld um 90% gekürzt werden.

15. Ein Anspruch auf Taggeld und/oder Nächtigungsgeld besteht nicht
- bei unberechtigtem Fernbleiben;
- wenn eine Dienstverhinderung bzw. Arbeitsunfähigkeit vorsätzlich oder grob fahrlässig herbeigeführt wird. Bei einem Arbeitsunfall entfällt das Taggeld nur bei vorsätzlicher Herbeiführung, das Nächtigungsgeld entfällt nicht.

16. Ein Anspruch auf Nächtigungsgeld besteht nicht, wenn
- ein Hotelzimmer oder angemessenes Quartier beigestellt wird;
- die Kosten der Nächtigung – gegen Beleg – erstattet werden;
- in die Zeit von 22 bis 6 Uhr mindestens 3 Stunden der Reisebewegung fallen und ein Schlafwagen oder First Class-Flug, Business Class-Flug bzw. ein Flug in einer Kategorie mit ähnlichem Sitzkomfort in Anspruch genommen wird;
- die Arbeitnehmerin bzw. der Arbeitnehmer trotz vom Unternehmen vorgesehener auswärtiger Nächtigung zu Hause nächtigt. In diesem Fall gebührt ein Fahrtkostenersatz (Kilometergeld) für die Strecke vom Reiseziel nach Hause und zurück, der mit dem jeweiligen Nächtigungsgeld begrenzt ist. Ist der Fahrtkostenersatz niedriger als das Nächtigungsgeld, gebührt die Differenz als pauschaler Auslagenersatz.

17. Wird kein (angemessenes) Quartier beigestellt, hat die Arbeitnehmerin bzw. der Arbeitnehmer ein angemessenes Quartier zu wählen, welches möglichst nahe zum nicht ständigen Arbeitsplatz liegt.

Ein Quartier ist angemessen, wenn es den Bestimmungen des ArbeitnehmerInnenschutzgesetzes und der Arbeitsstättenverordnung entspricht. Darüber hinaus sind folgende Erfordernisse zu erfüllen: Ein- oder gegebenenfalls Zweibettzimmer mit getrennten Betten und mindestens 8 m^2 Wohnfläche pro Person, WC, Einrichtungen zum Zubereiten und Erwärmen von Speisen (ausgenommen in Hotels), Tisch, versperrbarer Kasten mit Ablage und Aufhängemöglichkeiten, Vorhänge oder andere Einrichtungen, die vor dem Einblick von außen schützen, nach Möglichkeit gemeinschaftliche Aufenthaltsräume, regelmäßige Reinigung des Zimmers und der Bettwäsche.

Reisen außerhalb der Normalarbeitszeit

Reiseentgelt

18. Für Zeiten der Reisebewegung (einschließlich notwendiger Wartezeiten) außerhalb der Normalarbeitszeit gebührt der aliquote Teil des Ist-Gehaltes bzw. -Lohnes[55] [KVArbEEI:] (Akkord- bzw. Prämiendurchschnittslohnes) ohne Zulagen und Zuschläge; es besteht kein Anspruch auf Überstundenvergütung. Die Berechnungsgrundlage für das Reiseentgelt ist mit dem Mindestgehalt bzw. -lohn der Grundstufe der Beschäftigungsgruppe G[56] begrenzt. Für Reisen an Sonn- und Feiertagen gebührt ein Zuschlag von 50%.

Für Bahnfahrten und Flüge, bei denen mindestens 3 Reisestunden in die Zeit zwischen 22 und 6 Uhr fallen, gebührt diese Vergütung nur bis 22 Uhr bzw. ab 6 Uhr.

---

[55] Minutengenaue Berechnung bei Vollzeitbeschäftigung:
Ist-Grundgehalt/-lohn : 167 = Ist-Stundengehalt/-lohn;
Ist-Stundengehalt/-lohn : 60 = Ist-Minutengehalt/-lohn.

[56] [KVArbEEI:] Übergangsrecht in Anhang 2 Punkt 2 (Seite 63).

Lenkentgelt

19. Wenn die Arbeitnehmerin bzw. der Arbeitnehmer während einer Dienstreise ein Fahrzeug im Auftrag des Unternehmens selbst lenkt, gebührt für die außerhalb der Normalarbeitszeit geleistete Lenkzeit anstelle des Reiseentgeltes die Überstundenvergütung.[57] Der Berechnung der Überstundenvergütung ist höchstens das Mindestgehalt bzw. der Mindestlohn der Grundstufe der Beschäftigungsgruppe H[58] zugrunde zu legen.

Gemeinsame Bestimmungen für Reise- und Lenkentgelt

20. Für Reise- bzw. Lenkzeiten außerhalb der Normalarbeitszeit gebührt mindestens ein Stundengehalt bzw. -lohn [KVArbEEI:] (Akkord- bzw. Prämiendurchschnittslohn) bzw. die Vergütung für eine Überstunde. Wenn der Hin- oder der Rückweg innerhalb der Normalarbeitszeit zurückgelegt wird, gebührt mindestens eine halbe (Über-) Stunde. Liegen sowohl Hin- als auch Rückweg zur Gänze innerhalb der Normalarbeitszeit, besteht kein Anspruch auf Reise- bzw. Lenkentgelt.

Innerhalb eines Umkreises von 10 km Luftlinie um die Betriebsstätte gilt:
- Unabhängig von der tatsächlichen Reise- bzw. Lenkzeit ist höchstens eine (Über-) Stunde zu bezahlen. Bei größerer Differenz zwischen der Luftlinie und der kürzesten Wegstrecke ist eine betriebliche Regelung zu vereinbaren.
- Für Reisen zwischen Betriebsstätten des Unternehmens gebührt kein Reise- bzw. Lenkentgelt; für Fahrten zu Montagearbeiten bzw. Arbeiten auf Baustellen hingegen schon.

Bei Nächtigung bzw. Nächtigungsmöglichkeit innerhalb von 2 km Luftlinie vom nicht ständigen Arbeitsplatz besteht kein Anspruch auf Reise- bzw. Lenkentgelt für die Strecke zwischen Quartier und diesem Arbeitsplatz.

21. Mit Arbeitnehmerinnen bzw. Arbeitnehmern,
- deren Tätigkeit überwiegend mit Reisen verbunden ist und die ihre Arbeitszeit sowie den Arbeitsort weitgehend selbst bestimmen (z.B. Vertriebsmitarbeiterinnen bzw. -mitarbeiter) oder
- die in Beschäftigungsgruppe K eingestuft sind,

kann Abweichendes schriftlich vereinbart werden. Dabei sind die tatsächlich erforderlichen und geleisteten Reise-/Lenkzeiten ausreichend zu berücksichtigen.

22. Durch Betriebsvereinbarung kann festgelegt werden, dass die Berechnung des Reise- bzw. Lenkentgeltes auf Basis des Mindestgehaltes bzw. -lohnes der Grundstufe der jeweiligen Beschäftigungsgruppe erfolgt. In Betrieben ohne Betriebsrat kann eine solche Vereinbarung mit den Kollektivvertragsparteien getroffen werden.[58]

Arbeitnehmerinnen bzw. Arbeitnehmern, deren Arbeitsverhältnisse vor dem In-Kraft-Treten der Betriebsvereinbarung begonnen haben, gebührt in diesem Fall das Reise- bzw. Lenkentgelt mindestens auf der Basis des am Tag des In-Kraft-Tretens der Betriebsvereinbarung zustehenden Grundgehaltes bzw. -lohnes, erhöht um die jeweiligen kollektivvertraglichen (Ist-)Gehalts- bzw. (Ist-)Lohnerhöhungen, jedoch ohne Berücksichtigung von Vorrückungen und freiwilligen Gehalts- bzw. Lohnerhöhungen, bis sich aus der Betriebsvereinbarung eine höhere Berechnungsgrundlage ergibt.

Verkehrsmittel, Fahrtkosten, Kilometergeld

23. Ist auf der Dienstreise ein Verkehrsmittel zu benützen, hat das Unternehmen dieses Verkehrsmittel unter Bedachtnahme auf die Interessen der Arbeitnehmerin bzw. des Arbeitnehmers zu bestimmen und die daraus entstehenden Kosten zu übernehmen.

---

[57] Lenkzeit während einer Dienstreise ist Arbeitszeit.

[58] [KVArbEEI:] Übergangsrecht in Anhang 2 Punkt 2, „Weitergeltung“ (Seite 64).

24. Die Fahrtkosten der Bahn 2. Klasse bzw. des Autobusses sind zu ersetzen. Bei Bahnfahrten sind die Fahrtkosten 1. Klasse zu ersetzen
- bei Fahrten über 200 Bahn-km zwischen Ausgangs- und Zielbahnhof oder
- wenn mindestens 3 Fahrtstunden in die Zeit zwischen 22 und 6 Uhr fallen.

Nur wenn die Benützung vorher ausdrücklich bewilligt wurde, sind die Kosten von Schlafwagen-, Schiffsfahrten, Flügen oder Fahrten mit Zügen mit besonderen Zuschlägen (z.B. ICE, TGV) zu ersetzen.

25. Wenn die Verwendung eines Privatautos vor Beginn der Dienstreise bewilligt wurde, steht Kilometergeld zu.

Die Höhe des Kilometergeldes ist nach der innerhalb eines Jahres (Kalender-, Geschäftsjahr oder sonstiger Jahreszeitraum) für Dienstreisen zurückgelegten Strecke gestaffelt und beträgt:
- für die ersten 15 000 km ...... € 0,420 pro km,
- über 15 000 km .... € 0,395 pro km.

Trägt das Unternehmen einen Teil des Aufwandes direkt (z.B. Treibstoff, Versicherung, Reparatur, Park-, Mautgebühren), kann das Kilometergeld entsprechend verringert werden. Bei der Verringerung ist der von der Statistik Austria erstellte „Warenkorb Privater PKW-Verkehr" in der jeweils aktuellen Fassung zu berücksichtigen.

Die Kollektivvertragsparteien empfehlen, dass bei einem gravierenden Missverhältnis zwischen dem Kilometergeld und den Kosten für Park- oder Mautgebühren das Unternehmen diese Kosten direkt trägt.

26. Aus der Genehmigung der Verrechnung von Kilometergeld kann kein dienstlicher Auftrag zur Verwendung des Privatautos abgeleitet werden. Die Kilometergeldverrechnung bedingt keine Ansprüche über das Kilometergeld hinaus sowie keinerlei Haftung des Unternehmens für Schäden, die aus der Benützung des Privatautos durch die Arbeitnehmerin bzw. den Arbeitnehmer entstehen. Wenn jedoch Tätigkeiten so angeordnet werden, dass die Benützung des Privatautos notwendig ist,
- bleiben bei Unfallschäden die Ansprüche aus dem ABGB und dem Dienstnehmerhaftpflichtgesetz aufrecht;
- gebührt das Kilometergeld für die gesamte Strecke (Wohnsitz – Reiseziel – Wohnsitz).

27. Die Abrechnung der Kilometergelder hat nach Wunsch des Unternehmens entweder nach jeder einzelnen Fahrt oder in Form eines Fahrtenbuches zu erfolgen. Fahrtenbücher sind auf Verlangen, jedenfalls aber am Ende des Jahres sowie bei Beendigung des Arbeitsverhältnisses zu übergeben.

28. Mit Arbeitnehmerinnen und Arbeitnehmern, die aufgrund ihrer Tätigkeit regelmäßig mit dem Privatauto reisen (z.B. Monteure, Vertriebsmitarbeiter), können andere gleichwertige Vereinbarungen über den Fahrtkostenersatz schriftlich getroffen werden.

Heimfahrten

Heimfahrt

29. Arbeitnehmerinnen und Arbeitnehmer haben Anspruch auf eine Heimfahrt zum ständigen inländischen Wohnsitz für jeweils
- 2 Dienstreise-Monate, wenn das Reiseziel über 70 km Luftlinie von der Betriebsstätte entfernt ist und innerhalb Europas liegt;
- 9 Dienstreise-Monate, wenn das Reiseziel außerhalb Europas liegt, sofern die Beendigung dieser Dienstreise nicht innerhalb der nächsten 3 Monate zu erwarten ist.

Der Anspruch entsteht jeweils mit Ablauf von 2 bzw. 9 Dienstreise-Monaten.

Für die Heimfahrt sind vom Unternehmen die Ansprüche gemäß Punkt 5 bis 28 zu erfüllen.

30. Wird die Heimfahrt nicht spätestens 2 Monate nach Ablauf der 2 bzw. 9 Dienstreise-Monate angetreten, verfällt der Anspruch. Wenn die Heimfahrt aus betrieblichen Gründen nicht angetreten werden kann, gebührt bis zu einer Heimfahrt für jeden darüber hinausgehenden vollen Dienstreise-Monat die Hälfte bzw. 1/9 der Ansprüche als finanzielle Abgeltung. Abgegoltene Monate zählen nicht für den Anspruch auf Heimfahrt.

31. Anlässlich jeder Heimfahrt besteht Anspruch auf 48 Stunden Freizeit ohne Schmälerung des Entgeltes. Liegt das Reiseziel der Dienstreise außerhalb Europas, besteht Anspruch auf einen anschließenden Urlaub.

Heimfahrt aus besonderen Gründen

32. Arbeitnehmerinnen bzw. Arbeitnehmer haben Anspruch auf eine Heimfahrt zum ständigen inländischen Wohnsitz, wenn
- sie erkranken und die Heimfahrt nachweislich ärztlich empfohlen wurde;
- sie einen mindestens einwöchigen Urlaub antreten oder
- eine nahe Familienangehörige bzw. ein naher Familienangehöriger (Ehe- bzw. Lebenspartnerin oder -partner, Kind, Adoptiv- bzw. Stiefkind, Eltern) schwer erkrankt oder stirbt.

Bleiben erkrankte Arbeitnehmerinnen bzw. Arbeitnehmer am Reiseziel oder in dessen näherer Umgebung in Pflege, sind volles Tag- und gegebenenfalls Nächtigungsgeld zu bezahlen. Ist ein Spitalsaufenthalt erforderlich, ist 1/3 des Taggeldes zu bezahlen; unvermeidliche Quartierkosten hat das Unternehmen gegen Nachweis zu ersetzen.

Bei einer Heimfahrt aus besonderen Gründen sind vom Unternehmen die Ansprüche gemäß Punkt 5 bis 28 zu erfüllen. Bei Urlaubsantritt werden diese Ansprüche auch dann vergütet, wenn keine Heimreise erfolgt.

Fahrtkostenersatz im Inland

33. Wenn das Reiseziel innerhalb Österreichs liegt und mehr als 70 km Luftlinie von der Betriebsstätte entfernt ist, sind nach dem 1. Dienstreise-Monat in jenen Monaten, in denen keine Heimfahrt gemäß Punkt 29 bis 32 in Anspruch genommen wurde, die Fahrtkosten für eine Hin- und Rückfahrt mit öffentlichen Verkehrsmitteln (Bahn 2. Klasse) zu ersetzen.

Kein Anspruch auf diesen Fahrtkostenersatz besteht für jene Dienstreise-Monate, für die ein Anspruch auf eine Abgeltung wegen einer verzögerten Heimreise gemäß Punkt 30 gebührt.

Rücktransport im Todesfall

34. Stirbt die Arbeitnehmerin bzw. der Arbeitnehmer während einer Dienstreise, hat das Unternehmen auf Verlangen einer bzw. eines nahen Familienangehörigen (Punkt 32) vorschussweise die notwendigen Kosten des Rücktransportes bis zu einer Höhe von € 8 000,- zu übernehmen. Soweit Dritte (z.B. Versicherungen) diese Kosten tragen, sind sie dem Unternehmen zurückzuzahlen. Auf Verlangen einer bzw. eines nahen Angehörigen hat das Unternehmen auch bei der administrativen Abwicklung des Rücktransportes behilflich zu sein.

Sonderbestimmungen für Auslandsdienstreisen

Reisevorbereitungen

35. Vor Antritt einer Auslandsdienstreise ist die zur Vorbereitung erforderliche Zeit freizugeben; notwendige und unvermeidliche Aufwendungen (wie z.B. Visa-Gebühren, Kosten von Impfungen) sind zu ersetzen.

Dienstzettel

36. Vor Beginn einer über einmonatigen Auslandsdienstreise sind der Arbeitnehmerin bzw. dem Arbeitnehmer mittels Dienstzettels insbesondere mitzuteilen:

- Beginn und voraussichtliches Ende der Dienstreise,
- Höhe des Tag- und Nächtigungsgeldes,
- allfällige besondere Bezüge (z.B. Auslandszulage),
- Art der Verkehrsmittel,
- Überweisungsart und Währung des Entgeltes,
- Entlohnungs- und Abrechnungszeiträume,
- Art und Höhe der Versicherung.

Diese Mitteilung kann entfallen, wenn aufgrund betriebsinterner Regelungen keine Notwendigkeit dazu besteht.

Sondervereinbarungen

37. Es können insgesamt gleichwertige Sondervereinbarungen für einzelne Auslandsdienstreisen getroffen werden. Vom Kollektivvertrag bzw. betrieblichen Regelungen abweichende oder diese ergänzende Punkte sind schriftlich festzuhalten (z.B. in Form einer Ergänzung des Dienstzettels). Der Betriebsrat ist darüber zu informieren.

Verteilung der Arbeitszeit, Wochen(end)ruhe

38. Die Verteilung der in Österreich geltenden täglichen und wöchentlichen Normalarbeitszeit kann für Arbeitnehmerinnen und Arbeitnehmer, die im Ausland tätig sind, abweichend geregelt werden, soweit sich dies aus den Gesetzen und Übungen in dem betreffenden Staat sowie aus der Zusammenarbeit mit Arbeitnehmerinnen und Arbeitnehmern dieses Auslandsstaates oder sonstigen Erfordernissen ergibt.

Gilt in dem betreffenden ausländischen Staat nicht der Sonntag als wöchentlicher Ruhetag, sondern ein anderer Wochentag, tritt dieser an die Stelle des Sonntages.

Vorschuss, Kreditkarte

39. Arbeitnehmerinnen bzw. Arbeitnehmer können vom Unternehmen einen Vorschuss auf die voraussichtlichen Reisekosten (Reiseaufwandsentschädigung, Fahrtkosten) verlangen, der gegen die nachherige Reisekostenabrechnung verrechnet wird.

Anstelle eines Vorschusses kann auch eine Firmenkreditkarte ausgegeben werden, sofern das Unternehmen das Haftungsrisiko (z.B. bei Verlust) trägt. Erfolgt die Kreditkarten-Abbuchung nicht vom Konto des Unternehmens, hat dieses die Reiseaufwendungen vor der Abbuchung durch das Kreditkartenunternehmen zu ersetzen.

Unfall- und Krankenrücktransportversicherung

40. Das Unternehmen hat die Kosten einer Unfall- und Krankenrücktransportversicherung für die Dauer der Auslandsdienstreise zu ersetzen. Dieser Kostenersatz entfällt oder verringert sich entsprechend, wenn das Unternehmen auf eine andere Art und Weise für die Abdeckung dieser Risken gesorgt hat (z.B. durch eine eigene Versicherungsdeckung). Von dieser anderweitigen Vorsorge sind die Arbeitnehmerinnen und Arbeitnehmer schriftlich zu informieren. Die Mitteilung pro Auslandsdienstreise kann entfallen, wenn aufgrund betriebsinterner Regelungen keine Notwendigkeit dazu besteht.

Die Deckungssummen der Unfallversicherung sind mindestens:
- dauernde Invalidität .... € 45 000,-;
- Tod .... € 22 500,-.

Die Unfallversicherung hat nur jene Risken zu erfassen, die nach den österreichischen Versicherungsbedingungen unter das normale Unfallrisiko fallen und von der österreichischen Sozialversicherung nicht gedeckt sind.

Wenn das Unternehmen Arbeitnehmerinnen bzw. Arbeitnehmern oder deren Angehörigen Vorschüsse auf Versicherungsleistungen gewährt hat, sind diese Ansprüche gegen Dritte (z.B. Versicherungen) bis zur Höhe des jeweiligen Vorschusses an das Unternehmen (auf Verlangen) abzutreten.

Höhere Gewalt

41. Bei einer konkreten persönlichen Gefährdung (durch Krieg, Unruhen etc.) sind Arbeitnehmerinnen bzw. Arbeitnehmer berechtigt, die Heimreise anzutreten. Dabei haben sie möglichst vor Antritt der Heimreise das Einvernehmen mit dem Unternehmen bzw. der örtlichen Führungskraft herzustellen. Ist dies nicht möglich, ist das Unternehmen vom Antritt der Heimreise so bald als möglich zu verständigen.

42. Werden Arbeitnehmerinnen bzw. Arbeitnehmer durch höhere Gewalt an der Heimreise gehindert und verlieren sie dadurch die Verfügungsmöglichkeit über ihr Gehalt bzw. ihren Lohn, hat das Unternehmen den Angehörigen auf ihr Verlangen für die Dauer von bis zu 6 Monaten jenes Gehalt bzw. jenen Lohn vorschussweise als Überbrückungshilfe zu zahlen, das bzw. den die Arbeitnehmerinnen bzw. Arbeitnehmer ohne Auslandsdienstreise erhalten hätten. Für bis zu weitere 6 Monate ist den Angehörigen auf ihr Verlangen vorschussweise ein Betrag in der Höhe des auf dieser Basis berechneten pfändungsfreien Einkommens zu zahlen. Nach der Heimkehr kann das Unternehmen die Überbrückungshilfe gegen Ansprüche der Arbeitnehmerinnen bzw. Arbeitnehmer verrechnen.
Angehörige im Sinn dieser Bestimmung sind Ehe- bzw. Lebenspartnerin und -partner, die mit der Arbeitnehmerin bzw. dem Arbeitnehmer unmittelbar vor Beginn der Dienstreise im gemeinsamen Haushalt gewohnt haben; mangels solcher – in dieser Reihenfolge – Kinder und Adoptivkinder, Eltern, Geschwister, Stiefkinder.

Nachgewiesene gesetzliche Unterhaltsansprüche hat das Unternehmen auf Verlangen vorschussweise zu erfüllen; die ausgezahlten Beträge vermindern den Vorschuss gemäß Absatz 1.

Sondervereinbarungen, betriebliche Regelungen

43. Für Arbeitnehmerinnen und Arbeitnehmer,
- deren Tätigkeit überwiegend mit Reisen verbunden ist und die ihre Arbeitszeit sowie den Arbeitsort weitgehend selbst bestimmen (z.B. Mitarbeiterinnen bzw. Mitarbeiter im Vertrieb) oder
- die zu länger dauernden Auslandstätigkeiten entsandt werden oder
- die in Beschäftigungsgruppe K eingestuft sind oder
- in Betrieben ohne Betriebsrat

können einvernehmlich andere, den kollektivvertraglichen Ansprüchen insgesamt gleichwertige Formen der Entschädigung schriftlich vereinbart werden (z.B. Pauschalen, Auslandszulagen oder andere Vergütungen).

44. Über die Anpassung bestehender oder die Gestaltung neuer betrieblicher Regelungen für Dienstreisen bzw. Montage (insbesondere bei Pauschalierung) können Betriebsvereinbarungen abgeschlossen werden. In Betrieben ohne Betriebsrat kann das Unternehmen mit den Kollektivvertragsparteien derartige Regelungen treffen.

Rechnungslegung, Verfall

45. Die schriftliche Abrechnung von Ansprüchen aus Dienstreisen hat für jeden abgelaufenen Kalendermonat bis zum Ende des nächsten Kalendermonats zu erfolgen. Die Ansprüche verfallen, wenn diese Abrechnung nicht innerhalb von 6 Kalendermonaten nach Rückkehr von der Dienstreise erfolgt. Im Fall unverschuldeter Verhinderung an der Abrechnung beginnt diese Frist ab Wegfall des Hinderungsgrundes.

ABSCHNITT 11
JUBILÄUMSGELD

1. Nach einer ununterbrochenen Dauer des Arbeitsverhältnisses gebühren zum
- 25-jährigen Dienstjubiläum ...... 1 Monatsgehalt bzw. -lohn,
- 35-jährigen Dienstjubiläum ...... 2 Monatsgehälter bzw. -löhne,
- 45-jährigen Dienstjubiläum ...... 3 Monatsgehälter bzw. -löhne

als Jubiläumsgeld.

Bei Beendigung des Arbeitsverhältnisses zwischen dem vollendeten 40. und 45. Dienstjahr gebührt ein der zurückgelegten Dienstzeit in diesem 5-Jahres-Zeitraum entsprechender aliquoter Anteil von 3 Monatsgehältern bzw. -löhnen; dieser Anspruch besteht nicht, wenn das Arbeitsverhältnis durch verschuldete Entlassung oder Austritt ohne wichtigen Grund endet.

2. Bestehen betriebliche Regelungen über Jubiläumszahlungen oder andere nur von der Dauer des Arbeitsverhältnisses abhängige, nicht laufend gewährte besondere Zahlungen, gelten diese statt der obigen Regelung, soweit sie insgesamt zumindest gleich günstig sind.

ABSCHNITT 12
DIENSTERFINDUNGEN, VERBESSERUNGSVORSCHLÄGE

1. Diensterfindungen im Sinn des § 7 Abs. 3 des Patentgesetzes sind dem Unternehmen anzubieten. Das Unternehmen hat innerhalb von 3 Monaten vom Tag der Anbietung an zu erklären, ob es die Erfindung für sich in Anspruch nimmt. Bis zur Anmeldung der Patentrechte ist das Unternehmen zur Geheimhaltung der Erfindung verpflichtet. Bei Inanspruchnahme der Erfindung hat es die gesetzlich vorgesehene Entschädigung an die Erfinderin bzw. den Erfinder und die Patentgebühren zu zahlen. Die Arbeitnehmerin bzw. der Arbeitnehmer ist auf Verlangen bei der Eintragung in das Patentregister als Erfinderin bzw. Erfinder zu nennen.

2. Über die Vergütung für Verbesserungsvorschläge können Betriebsvereinbarungen abgeschlossen werden.

ABSCHNITT 13
FÄLLIGKEIT UND ABRECHNUNG

Fälligkeit

1. Gehalt bzw. Lohn [KVArbEEI:], Kompetenzzulage, ständig zustehender Zuschlag für Vorarbeiterinnen und Vorarbeiter und alle pauschalierten Ansprüche sind spätestens am Letzten des laufenden Kalendermonats zu zahlen.

Arbeitnehmerinnen und Arbeitnehmern, die nicht ständig oder noch nicht 13 Wochen in Akkord- oder akkordähnlicher Prämienarbeit beschäftigt sind, ist spätestens am Letzten des laufenden Kalendermonats der Ist-Lohn zu zahlen; den ständig in Akkord- oder akkordähnlicher Prämienarbeit beschäftigten Arbeitnehmerinnen und Arbeitnehmern der letztgültige Akkord- bzw. Prämiendurchschnittslohn (Abschnitt 6a Punkt 18;[59] Abschnitt 6b Punkt 12[60]). In beiden Fällen ist die Entgeltdifferenz zum erarbeiteten Lohn spätestens am Letzten des Folgemonats abzurechnen.

---

[59] Seite 34.
[60] Seite 34.

Ansprüche aus Dienstreisen, deren schriftliche Abrechnung bis zum 20. eines Monats erfolgt, sind spätestens am Monatsletzten zu zahlen, bei späterer Abrechnung am Letzten des Folgemonats.

Für die Fälligkeit der Abfertigung Alt gelten die Bestimmungen des Angestelltengesetzes bzw. Arbeiter-Abfertigungsgesetzes (§ 23 Abs. 4 AngG, § 2 Abs. 1 ArbAbfG).

Alle anderen Ansprüche sind spätestens am Letzten des Folgemonats zu zahlen, insbesondere:
- Vergütungen für Überstunden, Voll- und Teilzeitmehrarbeit,
- Zulagen, Zuschläge [KVArbEEI:] (z.B. nicht ständig zustehender Zuschlag für Vorarbeiterinnen und Vorarbeiter), Prämien etc.

Abweichende, jedoch gleichwertige Regelungen können durch Betriebsvereinbarung getroffen werden. Ferner kann durch Betriebsvereinbarung die Fälligkeit bis zum 15. des Folgemonats hinausgeschoben werden, wenn bis dahin der Ist-Lohn und alle variablen Entgelt-Bestandteile für den vorangehenden Kalendermonat vollständig bezahlt werden.

Abrechnung

2. Der Abrechnungszeitraum ist der Kalendermonat. Für variable Entgeltbestandteile kann ein abweichender monatlicher Abrechnungszeitraum (z.B. jeweils bis zum 20. des Monats) durch Betriebsvereinbarung festgelegt werden; in Betrieben ohne Betriebsrat durch schriftliche Vereinbarung mit den Arbeitnehmerinnen bzw. Arbeitnehmern.

3. [KVArbEEI:] Die Arbeitnehmerin bzw. der Arbeitnehmer hat Anspruch auf eine übersichtliche schriftliche Abrechnung. Diese hat insbesondere auszuweisen:
- den Abrechnungszeitraum,
- den monatlichen Ist- bzw. Akkordlohn,
- Mehrarbeits- und Überstundenvergütung,
- Zulagen und Zuschläge,
- Provisionen und Prämien,
- Entgeltleistungen bei Arbeitsverhinderungen, Urlaub etc.,
- Sonderzahlungen,
- sonstige Entgelte,
- Abzüge und deren Bemessungsgrundlage,
- Aufschlüsselung verwendeter Abkürzungen bzw. Codenummern.

Die Auszahlung ist so zu regeln, dass dadurch keine Verlängerung der Arbeitszeit eintritt.

Information über Zeitguthaben bzw. -schulden

4. Wenn bei
- der Anwendung flexibler Arbeitszeitmodelle,
- der Abgeltung von Voll- bzw. Teilzeitmehrarbeit oder von Überstunden durch Zeitausgleich,
- der Umwandlung von Geldansprüchen in Zeitguthaben

die Lage und Dauer des Zeitausgleiches nicht festgelegt sind, ist die Arbeitnehmerin bzw. der Arbeitnehmer monatlich im Nachhinein über die Differenz zwischen der Normalarbeitszeit und der tatsächlich geleisteten Arbeitszeit des Abrechnungszeitraumes sowie über den Gesamtsaldo (Zeitguthaben bzw. -schuld) schriftlich zu informieren.

Rundung betrieblicher Beträge

5. Bei der Erhöhung von in betrieblichen Regelungen vorgesehenen Beträgen von weniger als 5 Euro sind diese auf mindestens 3 Nachkommastellen kaufmännisch zu runden, soweit durch Betriebsvereinbarung nichts anderes vorgesehen ist. Kann die Gehalts- bzw. Lohnverrechnung von Betrieben ohne Betriebsrat nur 2 Nachkommastellen berücksichtigen, ist auf diese kaufmännisch zu runden.

ABSCHNITT 14
URLAUB

1. Das Urlaubsausmaß beträgt bei einer Dienstzeit von weniger als 25 Jahren 30 Werktage und erhöht sich – unter Einbeziehung allenfalls gemäß § 3 UrlG anzurechnender Vorzeiten – nach Vollendung des 25. Jahres auf 36 Werktage. Nach 2-jähriger Dauer des Arbeitsverhältnisses sind 3 Jahre einer Schulausbildung anzurechnen, die erfolgreich mit Reifeprüfung (Matura) abgeschlossen wurde.[61] Fallen derartige Schulzeiten und Zeiten von Arbeitsverhältnissen zusammen, ist diese Zeit nur einmal zu berücksichtigen.

2. Bei der Bemessung des Urlaubsentgeltes gilt der Generalkollektivvertrag über den Begriff des Entgeltes gemäß § 6 UrlG.[62]

Regelmäßig geleistete Überstunden sind bei der Bemessung des Urlaubsentgeltes in der Regel zu berücksichtigen. Als regelmäßig gelten Überstunden dann, wenn sie in mindestens 7 der letzten 12 Kalendermonate vor Urlaubsantritt geleistet wurden. Kalendermonate, in denen die Arbeitnehmerin bzw. der Arbeitnehmer überwiegend berechtigt abwesend war (z.B. wegen Krankheit, Urlaub oder sonstiger bezahlter Dienstverhinderung), sind auszuscheiden. Der Rückrechnungszeitraum ist um ausgeschiedene Monate zu verlängern. Regelmäßig geleistete Überstunden sind nicht zu berücksichtigen, wenn sie infolge einer wesentlichen Änderung des Arbeitsanfalles (z.B. wegen Auslaufens eines Auftrages) nicht oder nur in geringerem Ausmaß zu leisten gewesen wären.

Am 30.4.2011 bestehende, davon abweichende Berechnungsmethoden bleiben aufrecht, so lange nicht durch Betriebsvereinbarung der Übergang zur Regelung des vorstehenden Absatzes vereinbart wird; in Betrieben ohne Betriebsrat durch schriftliche Vereinbarung mit den Arbeitnehmerinnen bzw. Arbeitnehmern.

3. Während des Urlaubes dürfen Arbeitnehmerinnen und Arbeitnehmer keine dem Erholungszweck des Urlaubes widersprechende Erwerbstätigkeit leisten. Zum Verbrauch von Urlaub während der Kündigungsfrist können sie nicht verpflichtet werden.

ABSCHNITT 15
BILDSCHIRMBRILLE, TELEARBEIT

1. Arbeitnehmerinnen und Arbeitnehmern, die bei einem nicht unwesentlichen Teil ihrer Arbeit ein Bildschirmgerät benutzen, ist aufgrund einer ärztlichen Verordnung eine Bildschirmbrille zur Verfügung zu stellen bzw. sind die notwendigen Kosten zu ersetzen.[63]

2. Telearbeit liegt vor, wenn sich der Arbeitsplatz ganz oder teilweise in einer außerbetrieblichen Arbeitsstätte (z.B. Wohnung) befindet und elektronische Kommunikations- sowie Bürotechnologie für die Tätigkeit bestimmend ist.

Telearbeit ist nur aufgrund einer schriftlichen Vereinbarung mit den Arbeitnehmerinnen bzw. Arbeitnehmern möglich.

Über die Bedingungen der Telearbeit können Betriebsvereinbarungen abgeschlossen werden. Wenn keine Betriebsvereinbarung gilt, sind Vereinbarungen insbesondere über Arbeitsstätte, Arbeitszeit, Arbeitsmittel, allfällige Aufwandserstattungen, Haftungsregelungen, über den Kontakt zum Betrieb und eine Beendigung der Telearbeit zu treffen. Der von

---

[61] Durch diese Bestimmung wird die Höchstanrechnung von 2 Schuljahren neben Dienstzeiten gemäß § 3 Abs. 3 UrlG erweitert.

[62] https://www.wko.at/service/kollektivvertrag/generalkollektivvertraege.html

[63] Weitere Regelungen zur Bildschirmarbeit enthält § 68 ASchG.

den Kollektivvertragsparteien ausgearbeitete Muster-Dienstzettel ist dabei zu Grunde zu legen.[64]

ABSCHNITT 16
ABFERTIGUNG

Abfertigung Neu

1. Für Arbeitsverhältnisse, die dem Betrieblichen Mitarbeiter- und Selbständigenvorsorgegesetz (BMSVG) unterliegen, gelten die kollektivvertraglichen Bestimmungen über die Abfertigung Alt nicht.

Nach Vereinbarung eines Übertrittes von der Abfertigung Alt zur Abfertigung Neu ist die Arbeitnehmerin bzw. der Arbeitnehmer berechtigt, innerhalb eines Monats ab Unterzeichnung der Übertrittsvereinbarung ohne Angabe von Gründen von dieser zurückzutreten. Dies gilt nicht, wenn die Übertrittsvereinbarung inhaltlich durch eine Betriebsvereinbarung gemäß § 97 Abs. 1 Z. 26 ArbVG[65] bestimmt ist.

Abfertigung Alt

Abfertigung Alt bei Teilzeit bzw. Elternteilzeit

2. Wenn

- innerhalb von 5 Jahren vor einer abfertigungswahrenden Beendigung des Arbeitsverhältnisses an Stelle einer Vollzeit- eine Teilzeitbeschäftigung vereinbart bzw. das Ausmaß der Teilzeitbeschäftigung verringert wird oder
- Arbeitnehmerinnen bzw. Arbeitnehmer kündigen, die sich in gesetzlicher Elternteilzeit befinden, deren Ausmaß unter der vorher vereinbarten Normalarbeitszeit liegt,

erfolgt die Berechnung des Monatsentgeltes für die Bemessung der Abfertigung Alt wie folgt:[66]

- Es ist das durchschnittliche Beschäftigungsausmaß während der gesamten Dauer der Betriebszugehörigkeit zu ermitteln. Wurde vor der letzten Herabsetzung der Arbeitszeit überwiegend Vollzeit gearbeitet, ist für die Berechnung des Durchschnittes die gesamte Dienstzeit vor der letzten Herabsetzung als Vollzeit zu berücksichtigen. Anrechenbare Karenzen bzw. Präsenzdienste sind mit jenem Beschäftigungsausmaß zu berücksichtigen, welches vor ihrem Antritt vereinbart war. Nicht anrechenbare Zeiten sind aus der Berechnung auszuscheiden.
- Durch Aufwertung des letzten Entgeltes (einschließlich der Sonderzahlungen) im Verhältnis der zuletzt vereinbarten Stundenzahl pro Woche zu diesem durchschnittlichen Beschäftigungsausmaß ist ein fiktives Entgelt zu berechnen. Wurde anlässlich der Verringerung der Normalarbeitszeit das auf die Stunde bezogene Entgelt erhöht, ist diese Erhöhung abzuziehen.

Wurde anlässlich einer Verringerung der Normalarbeitszeit eine Abfertigung Alt gezahlt, gelten diese Bestimmungen nicht.

Geringere Normalarbeitszeiten als 38,5 Wochenstunden gelten nicht als Teilzeit, wenn sie für den ganzen Betrieb oder jenen Betriebsteil gelten, in dem die Arbeitnehmerin bzw. der Arbeitnehmer zuletzt beschäftigt war.

3. Wird das Arbeitsverhältnis während einer gesetzlichen Elternteilzeit vom Unternehmen gekündigt oder durch unverschuldete Entlassung, begründeten Austritt, einvernehmlich

---

[64] [KVAngEEI:] Anhang 3 Punkt 3 (Seite 66).

[65] „Festlegung von Rahmenbedingungen für die … Übertrittsmöglichkeit in das Abfertigungsrecht nach dem BM[S]VG."

[66] Berechnungsbeispiel in Anhang 4 Punkt 2 (Seite 68).

oder durch Zeitablauf beendet, ist bei der Ermittlung des Entgeltes für die Bemessung der Abfertigung die frühere Normalarbeitszeit zugrunde zu legen.[67]

Abfertigung Alt bei Pensionsantritt bzw. Erreichung des Regelpensionsalters

4. Anspruch auf die Abfertigung Alt haben Arbeitnehmerinnen und Arbeitnehmer, deren Arbeitsverhältnis mindestens 5 Jahre ununterbrochen gedauert hat und von diesen

- wegen Inanspruchnahme der vorzeitigen Alterspension gemäß § 253b in Verbindung mit § 607 ASVG bzw. Artikel X Nachtschwerarbeitsgesetz oder
- wegen Erreichen des Regelpensionsalters (derzeit bei Männern Vollendung des 65., bei Frauen des 60. Lebensjahres)

unter Einhaltung der Kündigungsfrist und des Kündigungstermins gekündigt wird.

Anrechenbarkeit der Abfertigung Alt auf andere Leistungen

5. Werden anlässlich der Auflösung des Arbeitsverhältnisses Firmenpensionen, Pensionszuschüsse oder ähnliche Leistungen vom Unternehmen erbracht, ruhen diese Leistungen während des Abfertigungszeitraumes (d.h. für die Anzahl der Abfertigungsmonate, die gemäß § 23 Abs. 1 AngG aufgrund der Dienstzeit vorgesehen ist).[68]

Abfertigung Alt bei zusammengerechneten Arbeitsverhältnissen

6. Werden Arbeitsverhältnisse gemäß Abschnitt 3 Punkt 1[69] zusammengerechnet, vermindert sich der Anspruch auf Abfertigung Alt um jene Anzahl von Monatsentgelten, die [KV-AngEEI:] nach dem 1.5.2012 bereits als Abfertigung für zusammengerechnete Arbeitsverhältnisse gezahlt wurde.

[KVArbEEI:]

Einbeziehung von Leistungslohn in die Abfertigung Alt

7. Leistungsbezogene Entgelte gemäß § 96 Abs. 1 Ziffer 4 ArbVG sind mit deren Durchschnitt der letzten 3 Monate[70] auf Basis der Normalarbeitszeit in die Berechnung der Abfertigung einzubeziehen.

Abfertigung Alt im Todesfall

8. Sind unter den gesetzlichen Erbinnen bzw. Erben, zu deren Erhaltung die Erblasserin bzw. der Erblasser gesetzlich verpflichtet war, Minderjährige, die zum Zeitpunkt des Todes der Arbeitnehmerin bzw. des Arbeitnehmers das 18. Lebensjahr noch nicht vollendet haben, gebührt die volle Abfertigung. Dies gilt auch, wenn derartige gesetzliche Erbinnen bzw. Erben das 18. Lebensjahr vollendet haben, jedoch in einem Ausbildungsverhältnis stehen und gemäß § 2 Abs. 1 lit. b oder c Familienlastenausgleichsgesetz Anspruch auf Familienbeihilfe besteht. Die Abfertigung gebührt in diesen Fällen den gesetzlichen Erbinnen bzw. Erben, zu deren Erhaltung die Erblasserin bzw. der Erblasser im Zeitpunkt des Todes verpflichtet war, und der Witwe oder dem Witwer gemeinsam und wird unter diesen nach Köpfen zu gleichen Teilen aufgeteilt. Keinesfalls gebührt im Todesfall insgesamt mehr als die volle Abfertigung.

Ist eine Ehepartnerin bzw. ein Ehepartner, jedoch keine minderjährige Angehörige bzw. kein minderjähriger Angehöriger in obigem Sinn, zum Zeitpunkt des Todes der Arbeitnehmerin bzw. des Arbeitnehmers vorhanden, erhöht sich der Anspruch auf die halbe Abfertigung gemäß Arbeiter-Abfertigungsgesetz auf 70% der vollen Abfertigung. Dieser Anspruch

---

[67] [KVArbEEI:] § 2 des Arbeiter-Abfertigungsgesetzes in Verbindung mit § 23 Abs. 8 AngG.

[68] Die Anrechnung von Versorgungsleistungen auf Abfertigungsansprüche bzw. umgekehrt kann gemäß [KVArbEEI:] § 2 des Arbeiter-Abfertigungsgesetzes in Verbindung mit § 23 AngG vereinbart werden.

[69] Seite 4.

[70] Übergangsrecht in Anhang 2 Punkt 4 (Seite 64).

besteht, gleichgültig ob die überlebende Ehepartnerin bzw. der überlebende Ehepartner zum Zeitpunkt des Todes der Arbeitnehmerin bzw. des Arbeitnehmers unterhaltsberechtigt war oder nicht. Voraussetzung ist jedoch, dass die Ehe zum Zeitpunkt des Ablebens der Arbeitnehmerin bzw. des Arbeitnehmers 3 Jahre gedauert hat.

Die eingetragene Partnerschaft ist der Ehe gleichzuhalten.

ABSCHNITT 17
VERFALL VON ANSPRÜCHEN

1. Für die Verjährung und den Verfall aller Ansprüche aus dem Arbeitsverhältnis gelten ausschließlich die gesetzlichen Vorschriften. Auch für die Rückforderung zu Unrecht geleisteter Entgelte gilt die 3-jährige Verjährungsfrist.

2. Abweichend davon müssen
- Vergütungen für Teilzeit- bzw. Vollzeitmehrarbeit sowie Überstunden,
- Sonntagszuschläge,
- Schmutz-, Erschwernis- und Gefahrenzulagen

bei sonstigem Verfall binnen 6 Monaten nach ihrer Fälligkeit bzw. Bekanntwerden mündlich oder schriftlich geltend gemacht werden; dies gilt nicht soweit sie Teil von Gleichbehandlungsansprüchen im Sinn des Gleichbehandlungsgesetzes sind.[71]

Bei einer Pauschale für Vollzeitmehrarbeit bzw. Überstunden läuft die Verfallsfrist ab dem Ende jenes für die Ermittlung der durchschnittlichen Überstundenzahl maßgeblichen Betrachtungszeitraumes, in dem die Überstundenleistung erfolgte. Wurde kein Betrachtungszeitraum vereinbart, läuft die Verfallsfrist ab dem Ende des Kalenderjahres.

3. Eine Verzichtserklärung der Arbeitnehmerin bzw. des Arbeitnehmers bei Beendigung des Arbeitsverhältnisses auf ihre bzw. seine Ansprüche kann innerhalb von 5 Arbeitstagen nach Aushändigung der Endabrechnung rechtswirksam widerrufen werden.

ABSCHNITT 18
VERMITTLUNG DURCH DIE KOLLEKTIVVERTRAGSPARTEIEN

Bei grundsätzlichen Fragen der Auslegung dieses Kollektivvertrages, die über den Anlassfall hinaus von Bedeutung sind, soll vor Anrufung des Arbeits- und Sozialgerichtes eine Vermittlung durch fachkundige Vertreterinnen bzw. Vertreter der Kollektivvertragsparteien erfolgen. Diese sind zur Verschwiegenheit über alles verpflichtet, was ihnen im Rahmen der Vermittlung bekannt wird.

Unternehmen und Betriebsrat haben die Vermittlerinnen bzw. Vermittler bei ihrer Tätigkeit zu unterstützen, die zur Vermittlung notwendigen Unterlagen zur Verfügung zu stellen und die Gründe für die jeweiligen Entscheidungen zu nennen, über die die Vermittler zu befinden haben.

ABSCHNITT 19
GÜNSTIGKEITSKLAUSEL, AUFHEBUNG GELTENDER VORSCHRIFTEN

Bestehende betriebliche Vereinbarungen, welche die Arbeitnehmerinnen und Arbeitnehmer günstiger stellen als dieser Kollektivvertrag, bleiben unberührt.

Dieser Kollektivvertrag ersetzt den am 1.5.2021 in Kraft getretenen Kollektivvertrag.

---

[71] Der Verfall von Ansprüchen aus Dienstreisen ist in Abschnitt 10 Punkt 45 (Seite 51) geregelt.

ANHÄNGE

ANHANG 1
ERHÖHUNGEN MIT 1.5.2022

Mindestgehälter bzw. -löhne, -zulagen, -reiseaufwandsentschädigungen, Lehrlingseinkommen

1. Mindestgehälter bzw. -löhne,[72] Lehrlingseinkommen,[73] Mindestzulagen[74] und Mindestreiseaufwandsentschädigungen[75] ergeben sich aus den jeweiligen Abschnitten des Kollektivvertrages.

Ist-Gehälter bzw. -Löhne

2. Die tatsächlichen Monatsgehälter bzw. -löhne (Ist-Gehälter bzw. -Löhne), ausgenommen die Lehrlingseinkommen, sind um 4,8%, mindestens 130 € (bei Vollzeitbeschäftigung),[76] zu erhöhen (sofern nicht ein Optionsmodell gemäß Punkt 3 oder 4 angewandt wird). Erreichen die so erhöhten Ist-Gehälter bzw. -Löhne nicht die neuen Mindestgehälter bzw. -löhne, sind sie entsprechend anzuheben. Überstundenpauschalen sind um den Prozentsatz zu erhöhen, um den sich das jeweilige Ist-Gehalt bzw. der jeweilige Ist-Lohn erhöht.

Einmalzahlungsoption

3. Statt der Erhöhung gemäß Punkt 2 kann durch eine bis 31.7.2022 abzuschließende Betriebsvereinbarung festgelegt werden, dass eine Erhöhung der Ist-Gehälter bzw. -Löhne um 4,6% und eine Einmalzahlung erfolgen. Erreichen die so erhöhten Ist-Gehälter bzw. -Löhne nicht die neuen Mindestgehälter bzw. -löhne, sind sie entsprechend anzuheben. Überstundenpauschalen sind um den Prozentsatz zu erhöhen, um den sich das jeweilige Ist-Gehalt bzw. der jeweilige Ist-Lohn erhöht.

Höhe der Einmalzahlung

Zusätzlich zu der Ist-Gehalts- bzw. Ist-Lohnerhöhung gebührt eine Einmalzahlung in der Höhe von mindestens 8,4% des

a) Ist-Gehaltes bzw. -Lohnes im April 2022 der bzw. des einzelnen Angestellten/der einzelnen Arbeiterin bzw. des einzelnen Arbeiters oder
b) durchschnittlichen Ist-Gehaltes bzw. -Lohnes im April 2022 der Angestellten/Arbeiterinnen und Arbeiter (ausgenommen der im Akkord oder in Prämienentlohnung beschäftigten Arbeiterinnen und Arbeiter) im Betrieb oder
c) durchschnittlichen Ist-Lohnes/-Gehaltes im April 2022 aller Arbeiterinnen, Arbeiter (ausgenommen der im Akkord oder in Prämienentlohnung beschäftigten Arbeiterinnen und Arbeiter) und Angestellten im Betrieb.

Wahl der Einmalzahlungsvariante

In der Betriebsvereinbarung ist festzulegen, welche Variante zur Anwendung gelangt. Im Falle von Variante c ist die Zustimmung des Betriebsrates der Arbeiterinnen und Arbeiter sowie des Betriebsrates der Angestellten erforderlich. Die Gehälter bzw. Löhne von Teilzeitbeschäftigten sind im Falle der Varianten b und c für die Berechnung des Durchschnittes außer Betracht zu lassen. Teilzeitbeschäftigte haben Anspruch auf den ihrem Beschäfti-

---

[72] Abschnitt 6 Punkt 22 (Seite 25).

[73] Abschnitt 6 Punkt 63 (Seite 32).

[74] Abschnitt 7 Punkt 15 bis 17 [KVArbEEI:], 19 (Seite 39).

[75] Abschnitt 10 Punkt 6 bis 8 (Seite 43).

[76] Der Mindestbetrag gilt für alle Mitarbeiterinnen und Mitarbeiter, da ein Mindestgehalt immer auch ein Ist-Gehalt ist.

gungsausmaß – einschließlich der im Durchschnitt im Zeitraum von Jänner bis einschließlich April 2022 geleisteten Mehrarbeit – entsprechenden aliquoten Teil der Einmalzahlung. In Altersteilzeit Beschäftigte haben Anspruch auf den ihrem vereinbarten durchschnittlichen Beschäftigungsausmaß entsprechenden aliquoten Teil der Einmalzahlung zuzüglich des Anteiles, der dem Lohnausgleich entspricht.

Anspruchsberechtigte

Anspruchsberechtigt sind alle Arbeitnehmerinnen bzw. Arbeitnehmer, die am 30.9.2021 in einem Arbeitsverhältnis standen, das am 15.9.2022 aufrecht ist; ferner jene, die am 30.9.2021 in einem Lehrverhältnis und am 15.9.2022 in einem Arbeitsverhältnis beim selben Unternehmen stehen.

In der Betriebsvereinbarung ist festzulegen, ob die Ist-Gehälter bzw. -Löhne von Arbeitnehmerinnen bzw. Arbeitnehmern, deren Arbeitsverhältnis nach dem 30.9.2021, aber vor dem 1.5.2022 begonnen hat und am 15.9.2022 aufrecht ist,
a) gemäß Punkt 2 zu erhöhen sind und keine Einmalzahlung gebührt oder
b) gemäß Punkt 3 Abs. 1 zu erhöhen sind und eine Einmalzahlung gebührt.

Auf Arbeitnehmerinnen bzw. Arbeitnehmer, die am 1.5.2022 und am 15.9.2022
a) in gesetzlicher Elternkarenz sind oder
b) Präsenz- oder Ausbildungsdienst nach dem Wehrgesetz bzw. Zivildienst leisten
ist die Einmalzahlungsoption nicht anzuwenden; für sie gilt Punkt 2.

Information

Die angestrebte Wahl der Einmalzahlungsoption ist bis 23.5.2022 im Betrieb bekannt zu geben (z.B. durch Aushang).

Auszahlung

Ab 1.5.2022 sind die Gehälter bzw. Löhne gemäß Punkt 3 Abs. 1 zu erhöhen. Die Einmalzahlung ist bis 30.9.2022 zu zahlen. Kommt entgegen der ursprünglichen Absicht keine Betriebsvereinbarung zustande, ist die Differenz zwischen der Erhöhung der Gehälter bzw. Löhne gemäß Punkt 2 und Punkt 3 Abs. 1 für die Monate ab Mai 2022 bis zum 31.7.2022 nachzuzahlen.

Verteilungsoption

4. Statt der Erhöhung gemäß Punkt 2 kann durch eine bis 31.7.2022 abzuschließende Betriebsvereinbarung festgelegt werden, dass eine Erhöhung der Ist-Gehälter bzw. -Löhne um 4,6% und zusätzlich eine individuelle Erhöhung der Gehälter bzw. Löhne einzelner Arbeitnehmerinnen bzw. Arbeitnehmer erfolgt. Erreichen die so erhöhten Ist-Gehälter nicht die neuen Mindestgehälter bzw. die so erhöhten Ist-Löhne nicht die neuen Mindestlöhne, sind sie entsprechend anzuheben, wobei diese Erhöhung auf den Verteilungsbetrag nicht anrechenbar ist. Überstundenpauschalen sind um den Prozentsatz zu erhöhen, um den sich das jeweilige Ist-Gehalt bzw. der jeweilige Ist-Lohn erhöht.

Zusätzlich zu der Ist-Gehalts- bzw. Ist-Lohnerhöhung sind mindestens 0,4% der Gehalts- bzw. Lohnsumme zur innerbetrieblichen Verteilung in Form von Ist-Gehalts- bzw. Ist-Lohnerhöhungen zu verwenden (Verteilungsbetrag).

Ab 1.5.2022 ist die Erhöhung gemäß Punkt 4 Abs. 1 vorzunehmen. Die Entgeltdifferenz aufgrund der Betriebsvereinbarung oder gemäß Punkt 2 ist rückwirkend ab 1.5.2022 zu berechnen und bis 31.7.2022 zu zahlen. Kommt entgegen der ursprünglichen Absicht keine Betriebsvereinbarung zustande, ist die Differenz zwischen der Erhöhung der Gehälter bzw. Löhne gemäß Punkt 2 und Punkt 4 Abs. 1 für die Monate ab Mai 2022 bis zum 31.7.2022 nachzuzahlen.

Die Gehalts- bzw. Lohnsumme des Monats April 2022 ist unter sinngemäßer Anwendung der Bestimmungen über die Bemessungsgrundlage des Leistungsvolumens (Abschnitt 6 Punkt 39 lit. a bis e[77]) zu ermitteln.

Die Betriebsvereinbarung hat entweder allgemein oder im Einzelnen die Anspruchsberechtigten anzuführen, die Art und Weise der Verteilung zu bezeichnen und die Überprüfbarkeit sicherzustellen.

Die Verteilungsoption soll zur Verbesserung der Gehalts- bzw. Lohnstruktur beitragen. Insbesondere niedrige und einvernehmlich als zu niedrig angesehene Gehälter bzw. Löhne sollen stärker berücksichtigt werden. Dieser Umstand kann sich sowohl aus der Gehalts- bzw. Lohnhöhe als auch aus dem Verhältnis Gehalts- bzw. Lohnhöhe zu erbrachter Leistung bzw. zur Qualifikation ergeben. Es sind auch Aspekte der Kaufkraft zu berücksichtigen.

Die angestrebte Wahl der Verteilungsoption ist bis 23.5.2022 im Betrieb bekannt zu geben (z.B. durch Aushang).

Freizeitoption

5. Statt eines Teiles oder der gesamten Erhöhung der Ist-Gehälter bzw. -Löhne gemäß Punkt 2 kann durch eine Betriebsvereinbarung die Möglichkeit geschaffen werden, bezahlte Freizeit zu vereinbaren; in Betrieben ohne Betriebsrat durch schriftliche Vereinbarung mit den Kollektivvertragsparteien (Rahmenvereinbarung):

- Bei Vollzeitbeschäftigung und vollständiger Nutzung der Freizeitoption entsteht pro Monat ein Freizeitanspruch von mindestens 8 Stunden;
- bei Teilzeitbeschäftigung gebührt der aliquote Anteil davon.
- Besondere Berufsgruppen (Abschnitt 4 Punkt 36) erhalten eine ihrer Normalarbeitszeit entsprechend angepasste Freizeit.
- Für Dienstzeiten ohne Entgeltanspruch entsteht kein Freizeitanspruch (z.B. Präsenz-, Zivildienst, Wochengeld- oder Rehabilitationsgeld-Bezug, gesetzliche Elternkarenz, Familienzeit, Freistellung gegen Entfall des Arbeitsentgeltes, erweiterte Betriebsrats-Bildungsfreistellung, ungerechtfertigtes Fernbleiben, Arbeitsunfähigkeit ohne Entgeltfortzahlungsanspruch).
- Die Freizeit ist auf einem eigenen Zeitkonto zu erfassen, dessen Stand der Arbeitnehmerin bzw. dem Arbeitnehmer monatlich zu übermitteln ist.
- Ein Vorgriff auf noch nicht erworbene Freizeit ist ausgeschlossen.
- Die Freizeit verfällt nicht durch Zeitablauf;
- auf die Freizeit kann die Arbeitnehmerin bzw. der Arbeitnehmer nicht verzichten.
- Durch die Anwendung dieser Option kommt es nicht zu einer Vereinbarung von Teilzeitbeschäftigung.

Die Freizeit ist im Einvernehmen zwischen der Arbeitnehmerin bzw. dem Arbeitnehmer und dem Unternehmen stundenweise, ganztägig oder ganzwöchig zu konsumieren. Während der Freizeit ist für jede Stunde 1/167 des gemäß Abschnitt 9 Punkt 2 (Berechnung der Sonderzahlung) ermittelten Monatswertes zu zahlen. Kommt kein Einvernehmen zustande, kann der Verbrauch der Freizeit vor oder nach dem nächsten Urlaub, Feiertag oder einer Freistellung gemäß Abschnitt 5 angetreten werden. Aus zwingenden betrieblichen Erfordernissen kann das Unternehmen verlangen, dass die Freizeit frühestens 4 Wochen später in einem von der Arbeitnehmerin bzw. vom Arbeitnehmer gewählten Zeitraum verbraucht wird.

Für Zeiträume, in denen aufgrund gesetzlicher oder kollektivvertraglicher Bestimmungen Anspruch auf Entgeltfortzahlung besteht, kann der Verbrauch der Freizeit aus der Freizeitoption nicht vereinbart werden.

---

[77] Seite 28.

Ablauf:
- Die Ist-Gehälter bzw. -Löhne aller Arbeitnehmerinnen und Arbeitnehmer sind mit 1.5. 2022 gemäß Punkt 2 zu erhöhen.
- Der angestrebte Abschluss einer Betriebsvereinbarung ist bis 30.6.2022 im Betrieb bekannt zu geben (z.B. durch Aushang).
- Die Arbeitnehmerinnen bzw. Arbeitnehmer haben bis 15.9.2022 die Möglichkeit, gegenüber dem Unternehmen die Absicht zu bekunden, diese Option zu wählen.
- Bis 31.8.2022 kann eine Betriebsvereinbarung über die Rahmenbedingungen der Freizeitoption abgeschlossen werden.
- Wird bis 31.8.2022 eine solche Betriebsvereinbarung abgeschlossen, besteht für jene Arbeitnehmerinnen bzw. Arbeitnehmer, die ihr Interesse bekundet haben, die Möglichkeit, bis 15.11.2022 einzelvertraglich die Anwendung der Freizeitoption zu vereinbaren.
- Kommt bis 15.11.2022 eine derartige Einzelvereinbarung zustande, ist das Ist-Gehalt bzw. der Ist-Lohn der betroffenen Arbeitnehmerin bzw. des betroffenen Arbeitnehmers mit 1.1.2023 um die Erhöhung gemäß Punkt 2 zu verringern. Ab diesem Zeitpunkt sind die Freizeitgutschriften vorzunehmen.

Für die schriftliche Vereinbarung mit den Kollektivvertragsparteien in Betrieben ohne Betriebsrat gilt dies sinngemäß.

Arbeitnehmerinnen bzw. Arbeitnehmer, deren Gehalt bzw. Lohn bei Anwendung der Freizeitoption unter das Mindestgehalt bzw. den Mindestlohn zum 1.5.2022 sinken würde, können diese nicht in Anspruch nehmen. Während eines Arbeitsverhältnisses darf eine Arbeitnehmerin bzw. ein Arbeitnehmer insgesamt bis zu viermal die Freizeitoption wählen, davon vor dem 50. Geburtstag bis zu zweimal.

Wird mit einer Arbeitnehmerin bzw. einem Arbeitnehmer nach Anwendung der Freizeitoption eine Änderung des Ausmaßes der Normalarbeitszeit vereinbart, gilt:
- Die Entstehung des Freizeitanspruches ist ab dem Zeitpunkt der Änderung der Normalarbeitszeit im Verhältnis des Ausmaßes der Änderung der Arbeitszeit anzupassen.
- Der zu diesem Zeitpunkt bestehende Freizeitanspruch aus der Freizeitoption ist weder bei einer Verringerung noch bei einer Erhöhung des Ausmaßes der Normalarbeitszeit anzupassen.

Nicht konsumierte Freizeit ist vor dem Ende des Arbeitsverhältnisses nach Möglichkeit zu verbrauchen. Verbleibende Ansprüche sind in voller Höhe zuschlagsfrei abzugelten. Zur Berechnung des Wertes der nicht konsumierten Freizeit ist für jede Stunde 1/167 des gemäß Abschnitt 9 Punkt 2 (Berechnung der Sonderzahlung) ermittelten Monatswertes heranzuziehen.

Anwendung mehrerer Optionen

6. Verteilungs-, Einmalzahlungs- und Freizeitoption können im Betrieb nebeneinander angewendet werden. Werden in einem Betrieb die Verteilungsoption und andere Optionen nebeneinander angewendet, sind jene Arbeitnehmerinnen und Arbeitnehmer, auf die die Einmalzahlungs- bzw. Freizeitoption angewendet wird, weder in die Ermittlung der Gehalts- bzw. Lohnsumme des Monats April 2022 noch in die individuellen Erhöhungen der Gehälter bzw. Löhne für die Verteilungsoption einzubeziehen.

Zulagen

7. Die Zulagen, soweit diese im Kollektivvertrag namentlich angeführt sind, werden um 4,8% erhöht. Nach durchgeführter Erhöhung ist zu prüfen, ob die kollektivvertraglichen Mindestbeträge erreicht werden. Ist dies nicht der Fall, ist auf diese aufzustocken.

[KVAngEEI:]

Provisionsvertreterinnen und -vertreter

8. Liegt bei Provisionsvertreterinnen bzw. -vertretern das Fixum unter dem bisherigen kollektivvertraglichen Mindestgehalt, ist es um den Eurobetrag zu erhöhen, um den sich das vor dem 1.5.2022 anzuwendende kollektivvertragliche Mindestgehalt aufgrund der kollektivvertraglichen Gehaltserhöhung erhöht. Bei nicht vollzeitbeschäftigten Vertreterinnen bzw. Vertretern verringert sich diese Erhöhung entsprechend dem zeitlichen Anteil der vereinbarten Arbeitszeit an der kollektivvertraglichen Normalarbeitszeit.

Andere Bezugsformen

9. Andere Bezugsformen als das Monatsgehalt (Fixum), wie z.B. Provisionsbezüge, Mindestprovisionen, Mindestgarantien bei Provisionsbezieherinnen bzw. -beziehern, Prämien, Sachbezüge etc., bleiben unverändert.

[KVArbEEI:]

Akkord

9. Bei Akkord im Sinn des Abschnittes 6a ist wie folgt vorzugehen:
a) Die betrieblichen Akkordrichtsätze sind gemäß Punkt 2 zu erhöhen.
b) Liegen die danach ermittelten Beschäftigungsgruppen-Akkorddurchschnittslöhne (ohne Kompetenzzulage) nicht 30% über dem jeweiligen Mindestlohn der Grundstufe der jeweiligen Beschäftigungsgruppe, sind die Akkordrichtsätze neuerlich zu erhöhen.
c) Die am 1.5.2022 geltenden 3-Monate- bzw. 13-Wochen-Durchschnittsverdienste sind im selben Ausmaß wie die Akkordrichtsätze der jeweiligen Beschäftigungsgruppe zu erhöhen.

Prämienentlohnung

10. Bei Prämienentlohnung im Sinn des Abschnittes 6b ist wie folgt vorzugehen:
a) Der Grundlohn ist gemäß Punkt 2 zu erhöhen.
b) Ist die Prämie in einem Prozentsatz des Grundlohnes festgelegt, ist die Prämie unter Beibehaltung des bisherigen Prozentsatzes in Zukunft vom neuen Grundlohn zu berechnen.
c) Die in fixen Beträgen festgelegten Prämiensätze sind gemäß Punkt 2 zu erhöhen.

Schlussbestimmung

10. Die Erhöhungen gemäß Punkt 1 bis 4, 7, 8 und 9 sind mit Wirkung ab 1.5.2022 vorzunehmen. Nach der termingerechten Durchführung gelten diese Punkte als erfüllt.

ANHANG 2
ÜBERGANGSRECHT

1. EINFÜHRUNG DES EINHEITLICHEN ENTLOHNUNGSSYSTEMS (Abschnitt 6 „Entlohnung“)

Die vollständigen Übergangsrechts-Texte der Angestellten sowie der Arbeiterinnen und Arbeiter sind abrufbar unter www.feei.at „KVArbEEI, KVAngEEI 2005“.

[KVArbEEI:] ...

Zeitpunkt und Höhe der Kompetenzzulage

18. Alle am 1.5.2004 in die Grund- bzw. in eine der 3 Vorrückungsstufen eingereihten Arbeitnehmer erhalten die Kompetenzzulage und deren Erhöhung jeweils ab demselben Zeitpunkt.

19. Bei Einreihung in die Grundstufe ist die Höhe der Kompetenzzulagen nach 2, 5 und 8 BG-Jahren durch Abzug des Anrechnungsbetrages von den in der Kompetenzzulagen-Tabelle genannten Werten zu ermitteln. …

20. Bei Einreihung in die Vorrückungsstufen „nach 2 BG-J", „nach 5 BG-J" oder „nach 8 BG-J" richten sich Zeitpunkt und Höhe der Kompetenzzulage nach folgender Tabelle:[78]

BG	Kompetenzzulage in € (1.5.2022) bei Einstufung am 1.5.2004 in		
	nach 2 BG-J	nach 5 BG-J	nach 8 BG-J
B	41,01	25,64	25,64
C	67,52	42,20	42,20
D	72,06	45,04	45,04
E	110,07	68,80	68,80
F	124,10	77,56	77,56
G	142,74	89,21	89,21

Überkollektivvertragliche Kompetenzzulagen

21. Wird eine höhere Kompetenzzulage als in den Kompetenzzulagen-Tabellen (Punkt 19 und 20) angeführt bezahlt, ist die Überzahlung bei der Vorrückung in die nächste(n) Kompetenzzulagenstufe(n) betraglich aufrecht zu erhalten, soweit keine Anrechnung im Sinn des Abschnittes 6 Punkt 32 vereinbart wurde.

Die Ausnahmebestimmung in Abschnitt 6 Punkt 30 (5%-Klausel) gilt für die Kompetenzzulage nicht; Abschnitt 6 Punkt 31 (Ausnahme oder Aufschub von Vorrückungen in wirtschaftlich begründeten Fällen) ist sinngemäß anwendbar; die Mindest-Kompetenzzulage (Punkt 19 und 20) darf jedoch nicht unterschritten werden. …

2. EINFÜHRUNG DES EINHEITLICHEN DIENSTREISERECHTES (Abschnitt 10 „Dienstreise und Montage")

Reiseaufwandsentschädigungen bei Reisen nach Kroatien, Liechtenstein, Norwegen und Schweiz

Die Tag- und Nächtigungsgelder der Gebührenstufe 3 der Bundesbediensteten sind für Kroatien, Liechtenstein, Norwegen und Schweiz ab 1.1.2016 schrittweise um jeweils € 3,00 pro Kalenderjahr anzuheben, bis der Wert des Tag- bzw. Nächtigungsgeldes für Dienstreisen innerhalb der EU erreicht ist.

So lange diese Taggelder unter dem Taggeld für Dienstreisen innerhalb der EU liegen, gilt ab dem 29. Tag der Dienstreise ein um 10% abgesenkter Wert.

Ab dem 29. Tag der Dienstreise gilt ein um 10% unter dem Nächtigungsgeld der Gebührenstufe 3 der Bundesbediensteten liegender Wert; dieser darf jedoch das ab dem 8. Tag gebührende Nächtigungsgeld innerhalb der EU nicht unterschreiten.

[KVArbEEI:]

Reiseentgelt

Für Arbeitnehmer, die am 30.4.2006 im Unternehmen beschäftigt waren und deren Grundlohn im April 2006 über dem Mindestlohn der Grundstufe der Beschäftigungsgruppe G lag, gilt: Der dem jeweiligen Arbeitnehmer im April 2006 gebührende Grundlohn wird so lange als Berechnungsbasis für das Reiseentgelt beibehalten, bis der Mindestlohn der Grundstufe

[78] Für Arbeitnehmerinnen bzw. Arbeitnehmern, die am 1.5.2004 in die „Grundstufe" eingereiht worden sind, gilt ein eigenes Übergangsrecht. Seit 1.5.2011 ändert sich der Wert der zu diesem Zeitpunkt geltenden Kompetenzzulage nur mehr jeweils zum 1.5. jeden Jahres um die kollektivvertragliche Mindestlohn-Erhöhung.

der Beschäftigungsgruppe G höher ist.

Lenkentgelt

Für Arbeitnehmer, die am 30.4.2006 im Unternehmen beschäftigt waren und deren Grundlohn im April 2006 über dem Mindestlohn der Grundstufe der Beschäftigungsgruppe H lag, gilt: Der dem jeweiligen Arbeitnehmer im April 2006 gebührende Grundlohn wird so lange als Berechnungsbasis der für Lenkzeiten gebührenden Überstundenvergütung beibehalten, bis der Mindestlohn der Grundstufe der Beschäftigungsgruppe H höher ist.

Weitergeltung

Für Betriebe, in denen eine Betriebsvereinbarung gemäß Abschnitt VIII Punkt 6a des Kollektivvertrages für die Arbeiter der Elektro- und Elektronikindustrie in der Fassung vom 1.5.2005 abgeschlossen wurde, bleibt Abschnitt VIII Punkt 6a in dieser Fassung[79] in Kraft.

3. VERWEISUNGEN IN BETRIEBSVEREINBARUNGEN UND ARBEITSVERTRÄGEN

Verweisungen in Betriebsvereinbarungen oder Arbeitsverträgen auf den Kollektivvertrag in der am 30.4.2012 geltenden Fassung sind seit 1.5.2012 sinngemäß auf die entsprechenden neu gegliederten Kollektivvertragsbestimmungen anzuwenden.

4. BERECHNUNG VON ENTGELT-DURCHSCHNITTEN

[KVAngEEI:] Abschnitt 9 Punkt 2 „Sonderzahlungen": Für Unternehmen, die gemäß § 18 Abs. 2 KVAngEEI (Fassung 1.5.2011) die Berechnung des Durchschnittes der Zulagen bis zum 30.4.2012 nicht auf der Basis des Betrachtungszeitraumes der letzten 3 Monate vorgenommen haben, ist dies weiterhin zulässig.

[KVArbEEI:]

Anlässlich der Umstellung auf 3-Monate-Durchschnitte in Abschnitt 4 Punkt 21, Abschnitt 5 Punkt 10, Abschnitt 6a Punkt 18, Abschnitt 6b Punkte 10 und 12, Abschnitt 9 Punkt 4, Abschnitt 16 Punkt 7 gilt:

Für Unternehmen, die die Berechnung einzelner dieser Entgelt-Durchschnitte bis zum 30.4.2012 auf der Basis von 13 Wochen vorgenommen haben, ist dies weiterhin zulässig. Der Wechsel zur Berechnung auf Basis von 3-Monate-Durchschnitten ist in diesen Fällen mittels Betriebsvereinbarung vorzunehmen; in Betrieben ohne Betriebsrat mit Zustimmung der Kollektivvertragsparteien.

[KVAngEEI:]

5. MEISTERINNEN UND MEISTER

Die Gehälter von Meisterinnen und Meistern, Obermeisterinnen und Obermeistern sowie Montagleiterinnen und Montageleitern, die vor dem 1.5.2012 bereits als solche tätig waren, müssen den Mindestlohn der bzw. des am höchsten eingestuften ihnen unterstellten Arbeiterin bzw. Arbeiters um 10% (Meisterinnen bzw. Meister oder Montageleiterin bzw. Montageleiter) bzw. 15% (Obermeisterin bzw. Obermeister) übersteigen. Darüber hinaus müssen die Gehälter dieser Personen mindestens den Akkordrichtsatz der unterstellten Personen erreichen.

Dienstzeiten von Hilfsmeisterinnen und Hilfsmeistern, die am 30.4.2012 in Beschäftigungsgruppe F eingestuft waren, sind bei einer Umstufung in die Beschäftigungsgruppe G oder H zur Hälfte als Beschäftigungsgruppenjahre anzurechnen. Jedoch können höchstens 5 Beschäftigungsgruppenjahre angerechnet werden.

---

[79] www.feei.at 🔍 „KVArbEEI, KVAngEEI 2005".

ANHANG 3
DIENSTZETTEL-MUSTER

1. DIENSTZETTEL GEMÄSS § 2 AVRAG[80]

Dienstzettel

1. **Unternehmen**
Firma: ....
Anschrift: ....

2. **Arbeitnehmerin bzw. Arbeitnehmer**
Name: .... geboren am: ....
Anschrift: ....

3. **Beginn** des Arbeitsverhältnisses: ....
Die Probezeit dauert bis* ....
Das Arbeitsverhältnis ist unbefristet / bis .... befristet.*

4. Für die **Kündigung** des Arbeitsverhältnisses gelten die Bestimmungen des [KVAngEEI:] Angestelltengesetzes/[KVArbEEI:] Kollektivvertrages.
Kündigungstermine:* ....

5. Vorgesehene **Verwendung**: ....

6. **Einstufung**:
- Beschäftigungsgruppe: .... Vorrückungs-/Kompetenzzulagenstufe:* ....
- angerechnete Beschäftigungsgruppenjahre: ....
- voraussichtlich nächste Vorrückung am: ....
- bei Einstellung nachgewiesene Verwendungszeiten in Beschäftigungsgruppe F:*.....

7. Das **Bruttogehalt**/Fixum */Der **Bruttolohn** beträgt € .... pro Monat.
Fälligkeit: ....
Provisionsregelung/Prämie:* ....
Allfällige sonstige Entgeltbestandteile:* ....
Die Bezüge werden auf das von der Arbeitnehmerin bzw. dem Arbeitnehmer bekanntgegebene Konto überwiesen.

8. Gewöhnlicher **Arbeitsort** (Einsatzort): ....

9. Die wöchentliche **Normalarbeitszeit** beträgt laut Kollektivvertrag .... Stunden. *
Bei Teilzeitbeschäftigung: Die wöchentliche Arbeitszeit beträgt .... Stunden.*

10. Das Ausmaß des jährlichen **Erholungsurlaubes** richtet sich nach den Bestimmungen des Urlaubsgesetzes und allenfalls anzuwendenden Bestimmungen des Nachtschwerarbeitsgesetzes sowie des Kollektivvertrages.

11. Für das vorliegende Arbeitsverhältnis gilt das **Angestelltengesetz**. Weiters gelten der Kollektivvertrag für Angestellte/Arbeiterinnen und Arbeiter der Elektro- und Elektronikindustrie sowie die Betriebsvereinbarungen*. Diese sind (Ort) .... zur Einsichtnahme aufgelegt.

12. Name und Anschrift der **Betrieblichen Vorsorgekasse**: ....

.... , am ....

* Nicht Zutreffendes streichen.

[80] Kann auch als Dienst- bzw. Arbeitsvertragsmuster verwendet werden.

2. DIENSTZETTEL GEMÄSS ABSCHNITT 6 PUNKT 10

Dienstzettel

Name: ....

Gemäß Abschnitt 6 Punkt 10 des Kollektivvertrages für Angestellte/Arbeiterinnen und Arbeiter der Elektro- und Elektronikindustrie werden Sie ab … in die Beschäftigungsgruppe … nach … Beschäftigungsgruppenjahren eingestuft.

Die nächste Vorrückung innerhalb der Beschäftigungsgruppe findet voraussichtlich am … statt.

Ihr Mindestgehalt/Mindestlohn beträgt: € …,..
Ihr Ist-Gehalt/Ist-Lohn beträgt: € …,..

.... , am ....

[KVAngEEI:]

3. ERGÄNZENDER DIENSTZETTEL FÜR TELEARBEIT GEMÄSS ABSCHNITT 15

Ergänzender Dienstzettel für Telearbeit

Zwischen... (Unternehmen)
und Herrn/Frau* .... (Arbeitnehmerin bzw. Arbeitnehmer)
wurde Telearbeit im Sinn des Abschnittes 15 des Kollektivvertrages für Angestellte der Elektro- und Elektronikindustrie ab ....vereinbart.

1. Außerbetriebliche Arbeitsstätte

Adresse: ....

2. Arbeitszeit

Normalarbeitszeit:
Die Lage der Normalarbeitszeit richtet sich nach der betrieblichen Normalarbeitszeit.*
Abweichend von der betrieblichen Normalarbeitszeit wird folgende Lage der Normalarbeitszeit vereinbart: .... *
Die Normalarbeitszeit wird wie folgt zwischen betrieblicher und außerbetrieblicher Arbeitszeit aufgeteilt: .... *

Anmerkung: Eine von der betrieblichen Arbeitszeit abweichende Verteilung der Arbeitszeit oder Gleitzeit kann vereinbart werden. Die Mitbestimmungsrechte des Betriebsrates bleiben aufrecht.

Mehrarbeit: Überstunden und Mehrarbeit an der außerbetrieblichen Arbeitsstätte werden nur vergütet, wenn sie ausdrücklich angeordnet werden.*

Arbeitszeitaufzeichnungen: Die Arbeitszeit ist von der Arbeitnehmerin bzw. vom Arbeitnehmer aufzuzeichnen. Privat bedingte Unterbrechungen der Arbeitszeit sind dabei festzuhalten. Die Arbeitnehmerin bzw. der Arbeitnehmer hat die Aufzeichnungen unmittelbar nach dem Monatsletzten vorzulegen.*

3. Folgende **Tätigkeiten** werden in Telearbeit verrichtet: ....
....

4. Arbeitsmittel*

Folgende für die Arbeitsleistung notwendige dem ergonomischen und sicherheitstechnischen Standard entsprechende Arbeitsmittel werden vom Unternehmen für die Zeit der Tätigkeit an der außerbetrieblichen Arbeitsstätte zur Verfügung gestellt: ....
Diese Arbeitsmittel werden vom Unternehmen installiert und gewartet.
Die Arbeitnehmerin bzw. der Arbeitnehmer ist verpflichtet, diese Arbeitsmittel nur im Rahmen der vereinbarten Telearbeit zu benutzen und die Benützung durch Dritte auszuschließen. Die zur Verfügung gestellten Arbeitsmittel sind so zu verwahren, dass eine Beschädigung durch Dritte möglichst ausgeschlossen ist.

Die zur Verfügung gestellten Arbeitsmittel sind bei Beendigung der Telearbeit bzw. über Aufforderung dem Unternehmen unverzüglich zurückzustellen bzw. ist ihm zu ermöglichen, die Arbeitsmittel zu übernehmen.

5. Aufwandserstattung*

Folgende durch die außerbetriebliche Arbeitsstätte erforderlichen Aufwendungen werden der Arbeitnehmerin bzw. dem Arbeitnehmer erstattet: .... *
Der Aufwandsersatz wird, wie folgt, pauschaliert: .... *

6. Datenschutz, Haftung

Auf den Schutz von Daten und Informationen ist in gleicher Weise zu achten und zu sorgen, wie dies für den Betrieb vorgesehen ist. Vertrauliche Daten, Informationen und Passwörter sind so zu schützen, dass Dritte keine Einsicht und keinen Zugriff nehmen können. Für Schäden, die die Arbeitnehmerin bzw. der Arbeitnehmer dem Unternehmen im Zusammenhang mit dem Betrieb der außerbetrieblichen Arbeitsstätte zufügt, haftet sie bzw. er nach den Bestimmungen des Dienstnehmerhaftpflichtgesetzes. Dies gilt auch für die im gemeinsamen Haushalt lebenden Personen.

7. Kontakt zum Betrieb

Das Unternehmen ist verpflichtet, Telearbeitnehmerinnen bzw. -arbeitnehmer an einem vorhandenen, gemeinsamen betrieblichen Informationssystem teilnehmen zu lassen und sie über das betriebliche Aus- und Weiterbildungsangebot zu informieren.

8. Beendigung der Telearbeit

Die Telearbeit kann bei Weiterbestand des Arbeitsverhältnisses von beiden Seiten unter Einhaltung einer 3-monatigen Ankündigungsfrist eingestellt werden. Aus wichtigen Gründen, wie Verlust der Wohnung vor diesem Zeitpunkt, verkürzt sich die Ankündigungsfrist.

Anmerkung: Gilt nur in Fällen, in denen die Telearbeit während eines aufrechten Angestelltenverhältnisses im Betrieb vereinbart wird und die Arbeitnehmerin bzw. der Arbeitnehmer die Räumlichkeit für die außerbetriebliche Arbeitsstätte zur Verfügung stellt.

9. Sonstiges

....

.................................., am ....

Anmerkung: Ein Dienstzettel kann entfallen oder entsprechend verkürzt werden, wenn die obigen Gegenstände durch Betriebsvereinbarung geregelt sind.

* Nicht Zutreffendes streichen.

ANHANG 4
BERECHNUNGSBEISPIELE

1. Berechnung der Sonderzahlungen bei Änderung der Normalarbeitszeit (Abschnitt 9 Punkt 8)

Jänner bis März: 38,5 Wochenstunden
April bis Dezember: 20 Wochenstunden

3 (Monate) x 38,5 Std. = 115,5 Stunden
9 (Monate) x 20 Std. = 180,0 Stunden
Summe: 295,5 Stunden

295,5 Stunden : 12 (Monate) = 24,63 Wochenstunden im Jahresdurchschnitt.

Beträgt die Teilzeitbeschäftigung im Auszahlungsmonat 20 Wochenstunden, ist das Monatsgehalt bzw. der Monatslohn durch 20 zu teilen und mit 24,63 zu vervielfachen, um das Urlaubsgeld zu berechnen. Gegebenenfalls ist regelmäßig geleistete Teilzeitmehrarbeit mit jenem Euro-Betrag zusätzlich zu berücksichtigen, der sich aus dem Durchschnittsbetrag der in den letzten 12 Kalendermonaten ausbezahlten Vergütung von Teilzeitmehrarbeit (einschließlich Teilzeitmehrarbeitszuschlag) ergibt.

2. Abfertigung nach Verringerung der Normalarbeitszeit (Abschnitt 16 Punkt 2)

Beispiel:

a) Dauer des Arbeitsverhältnisses 15 Jahre 3 Monate (= 183 Monate), davon
- 159 Monate: 38,5 Wochenstunden
- 24 Monate: 20 Wochenstunden

⇨ durchschnittliches Beschäftigungsausmaß:
159 Monate x 38,5 Std. + 24 Monate x 20 Std. = 6 601,5 Std.
6 601,5 Std. : 183 Monate = 36,07 Std.

b) Letztes Ist-Gehalt: € 1 300,00
⇨ Fiktives Ist-Gehalt:
€ 1 300,00 : 20 Std. = € 65,00
€ 65 x 36,07 Std. = € 2 344,55

Berücksichtigung der Sonderzahlungen (Urlaubs- und Weihnachtsgeld):
€ 2 344,55 x 14 : 12 Monate = € 2 735,31

c) Abfertigung ab 15 Dienstjahren: 6 Monatsentgelte
⇨ 6 x € 2 735,31 = € 16 411,86

Sind regelmäßige Entgeltsbestandteile (z.B. Mehrleistungsstunden) zu berücksichtigen, ist wie bei einer Abfertigung nach Vollzeitbeschäftigung (Basis letztes Ist-Gehalt) vorzugehen. Maßgeblich sind die Verhältnisse vor der Beendigung des Arbeitsverhältnisses.

Wurde aufgrund der Umstellung von Voll- auf Teilzeit eine relative Gehaltserhöhung vorgenommen (kein dem Teilzeitausmaß entsprechend aliquotiertes, sondern ein höheres Gehalt), ist der seinerzeitige auf die Stunde bezogene Erhöhungsbetrag von dem letzten Ist-Gehalt abzuziehen.

Beispiel:

aliquotes Ist-Gehalt: € 1 300,-
freiwillige Erhöhung: € 300,-
letztes Ist-Gehalt: € 1 600,-
⇨ € 1 600,00 - € 300 = € 1 300,-

ANHANG 5
GEMEINSAME ERKLÄRUNGEN DER KOLLEKTIVVERTRAGSPARTEIEN

1. Erprobung betrieblicher Arbeitszeitmodelle

Die Kollektivvertragsparteien beabsichtigen, im Rahmen des Arbeitszeitgesetzes mit einigen Betrieben Arbeitszeitmodelle zu erarbeiten und dort befristet zu erproben. Sie werden Betriebe auswählen, die für die Elektro- und Elektronikindustrie charakteristisch sind.

Zu diesem Zweck können mit Zustimmung der Kollektivvertragsparteien Betriebsvereinbarungen abgeschlossen werden, die im Rahmen des Arbeitszeitgesetzes von den kollektivvertraglichen Bestimmungen befristet abweichen. In solchen Betriebsvereinbarungen können darüber hinaus Regelungen getroffen werden, die laut Arbeitszeitgesetz vom Kollektivvertrag ausdrücklich zugelassen werden müssen.

2. Aus- und Weiterbildung

Die Kollektivvertragsparteien betonen die Wichtigkeit von Aus- und Weiterbildungsmaßnahmen der Unternehmen und der ArbeitnehmerInnen. Sie empfehlen, Bildungsinteressen der ArbeitnehmerInnen zu fördern und betrieblich mögliche Rücksicht zu nehmen. Sie heben hervor, dass die diskriminierungsfreie Einbeziehung gerade von Frauen in Aus- und Weiterbildungsmaßnahmen ein wichtiges gemeinsames Anliegen ist. Ebenso wichtig ist es, durch rechtzeitige Weiterqualifizierung zur Verbesserung der Beschäftigungsfähigkeit älterer ArbeitnehmerInnen beizutragen.

3. Bildungskarenz (§ 11 Arbeitsvertragsrechts-Anpassungsgesetz)

Die Kollektivvertragsparteien kommen überein, das durch Gesetz eingeführte neue Instrument der Bildungskarenz durch gemeinsame Empfehlungen zu unterstützen.

Die Einzelheiten der Bildungskarenz sollen betrieblich durch Betriebsvereinbarung geregelt werden. Der Zugang zu den Maßnahmen der Bildungskarenz soll innerbetrieblich so geregelt werden, dass eine weitestmögliche Übereinstimmung zwischen den Unternehmenszielen und einer entsprechenden im Betrieb umsetzbaren Ausbildung mit dem Bildungs- und Qualifikationsinteresse der Arbeitnehmer erreicht wird.

In diesem Sinn sollen in erster Linie Karenzierungen zur Ausbildung unterstützt werden, bei denen aufgrund der Ausbildungsinhalte und der Ausbildungszeit eine hohe Wahrscheinlichkeit besteht, dass nach Beendigung der Ausbildung eine Verbesserung des Bildungs- und Qualifikationsniveaus vorliegt.

Die Kollektivvertragsparteien sind darin einig, die Möglichkeiten der Bildungskarenz insbesondere bei Wiedereinstieg in eine berufliche Tätigkeit vorzusehen. Bestehende Kündigungsschutzbestimmungen sollen dabei auch während der Bildungskarenz aufrechterhalten werden.

Der Arbeitgeber soll Anträge der Arbeitnehmer auf Bildungskarenz genehmigen und eine entsprechende Vereinbarung abschließen, wenn das betriebliche Interesse nicht nachteilig berührt wird und aufgrund der Ausbildung eine Gewähr dafür besteht, dass die facheinschlägige Weiterbildung im Unternehmen verwendbar ist.

In diesem Fall soll das Unternehmen nach einer zu vereinbarenden Weiterverwendungszeit allfällig aufgelaufene Kosten für Sozialversicherung und sonstige Aufwendungen im Zusammenhang mit der Bildungskarenz übernehmen. Unter diesen Voraussetzungen soll die Karenzzeit auch bei Ansprüchen, die sich nach der Dienstzeit richten, angerechnet werden.

4. Frühwarnsystem (§ 45a Arbeitsmarktförderungsgesetz)

Die Kollektivvertragsparteien empfehlen eine möglichst rechtzeitige Vorgangsweise im Sinn des § 45a AMFG (gesetzliche Mindestmeldefrist 30 Tage) zur Unterstützung der zur Vermeidung von Arbeitslosigkeit vorgesehenen Maßnahmen.

5. Freizeitoption

Die Kollektivvertragsparteien kommen überein, dass die Freizeitoption in der in Anhang 1 Punkt 5 verankerten Form Teil der Kollektivvertragsabschlüsse der Jahre 2016 bis einschließlich 2025 sein wird.

6. Erfolgsprämien

Die Kollektivvertragsparteien kommen überein: Wird der „Praxistest während der Lehrzeit" wieder eingeführt, tritt die Bestimmung über Erfolgsprämien (Abschnitt 6 Punkt 66) in der am 1.5.2015 geltenden Fassung wieder in Kraft.

7. Arbeitskräfteüberlassung

Die Kollektivvertragsparteien erklären, dass die Flexibilität durch Arbeitskräfteüberlassung für die Unternehmen der Elektro- und Elektronikindustrie große Bedeutung hat und dabei geltendes Recht jedenfalls einzuhalten ist.

Aus diesem Grund wirken sie auf die Unternehmen dahingehend ein, Verträge nur mit Arbeitskräfteüberlassern abzuschließen, von denen angenommen werden kann, dass sie die Bestimmungen des AÜG sowie die sonstigen kollektivvertraglichen und gesetzlichen Vorschriften einhalten.

Unternehmen, die einen Rechtsverstoß eines Arbeitskräfteüberlassers wahrnehmen, sollen diesen auffordern, sich rechtskonform zu verhalten. Kommt der Arbeitskräfteüberlasser dieser Aufforderung nicht nach, soll der Überlassungsvertrag aufgelöst werden.

Nehmen die Kollektivvertragsparteien einen Verstoß gegen die einschlägigen Rechtsvorschriften wahr, werden die Kollektivvertragsparteien den Sachverhalt nach Möglichkeit prüfen, bewerten und nötigenfalls gemeinsam auf die Unternehmen einwirken, dass ein rechtskonformer Zustand hergestellt wird.

[KVAngEEI:]

8. Pauschalentlohnungsvereinbarungen („All-in-Vereinbarungen")

Die Kollektivvertragsparteien betrachten Pauschalentlohnungsvereinbarungen (All-in-Vereinbarungen) prinzipiell als sinnvolles Element der Vertragsgestaltung.

Durch den Abschluss von Pauschalentlohnungsvereinbarungen (All-in-Vereinbarungen) dürfen gesetzliche oder kollektivvertragliche Ansprüche nicht geschmälert werden.

Bei Pauschalentlohnungsvereinbarungen (All-in-Vereinbarungen) ist die tatsächlich erforderliche und geleistete Mehrarbeit ausreichend zu berücksichtigen. Über das Gehalt hinaus gehende sonstige überkollektivvertragliche Bezüge und eine allfällige Berücksichtigung bei den Sonderzahlungen sind anrechenbar.

Bei der Gesamtwürdigung der Umstände im Einzelfall ist das Ausmaß der faktischen Gestaltungsmöglichkeit der Angestellten hinsichtlich der Lage und des Ausmaßes der Arbeitsleistung zu berücksichtigen.

ANHANG 6
WOCHENEND- UND FEIERTAGSARBEIT – MUSTER FÜR KOLLEKTIVVERTRAG GEMÄSS § 12a ARG

Aufgrund des § 12a ARG wird für … von … bis … Sonntags- und Feiertagsarbeit zugelassen, sofern eine Betriebsvereinbarung dies vorsieht und zumindest die Verteilung der Arbeitszeit (Schichtplan), eine Zulage für Wochenendarbeit und die Beschäftigung von Leiharbeitnehmerinnen und -arbeitnehmern regelt. Dabei muss die Samstags- und Sonntagsarbeit grundsätzlich gleichmäßig auf alle Arbeitnehmerinnen bzw. Arbeitnehmer aufgeteilt werden (insbesondere sind „stehende Wochenendschichten" unzulässig). Diese Betriebsvereinbarung bedarf zu ihrer Rechtswirksamkeit der Zustimmung der Kollektivvertragsparteien.

Allen Arbeitnehmerinnen und Arbeitnehmern, die auf Grundlage dieses Kollektivvertrages Sonntagsarbeit leisten, gebührt für jede Arbeitsstunde an einem Samstag ein Zeitzuschlag von mindestens 50%, an einem Sonntag von mindestens 100%.

Aus wichtigen persönlichen Interessen, insbesondere der Vereinbarkeit von Beruf und Familie, kann die Aufnahme bzw. weitere Erbringung von Sonntagsarbeit abgelehnt werden.

[KVArbEEI:]

ANHANG 7
EMPFEHLUNG BETREFFEND BESONDERE ERSCHWERNIS- UND GEFAHRENZULAGEN

Die Kollektivvertragsparteien empfehlen, die in den bestehenden Betriebsvereinbarungen enthaltenen besonderen Erschwernis- und Gefahrenzulagen mit 1.5.2022 auf die unten folgenden Beträge zu erhöhen bzw. die unten folgenden Bestimmungen, soweit sie ihrem Wesen nach für die Unternehmen in Betracht kommen, in Betriebsvereinbarungen aufzunehmen, die nach dem 30.4.2022 neu abgeschlossen werden.

Die besonderen Erschwernis- und Gefahrenzulagen sollen nur dann gewährt werden, wenn tatsächlich außerordentliche Erschwernisse entstehen bzw. Gefahren herrschen, die zwangsläufig eine Gefährdung von Leben, Gesundheit oder körperlicher Sicherheit mit sich bringen; dies ist der Fall, wenn die unten festgelegten Voraussetzungen vorliegen.

1. Besondere Erschwerniszulagen

(laut Kollektivvertrag Abschnitt 7 Punkt 17 mit mindestens € 0,583)

Seehöhenzulage

Diese Zulage beträgt ab einer Seehöhe von 1 600 m € 1,479 pro Stunde.

Prosekturenzulage

Diese Zulage gebührt bei im Betrieb stehenden Prosekturen, Bestattungshallen und Verbrennungsstätten. Die Zulage beträgt € 1,857 pro Stunde.

Bei der Errichtung bzw. bei im Bau befindlichen Anlagen ist keine Prosekturenzulage zu entrichten.

Grubenzulage

In Gruben und Kavernen sowie bei U-Bahnbau unter Tag gebührt bei Arbeiten in Röhren und bei im Bau befindlichen und außerhalb von Stationen durchgeführten Tätigkeiten eine Grubenzulage, diese beträgt € 1,249 pro Stunde.

Nach Fertigstellung einer U-Bahn fällt bei Arbeiten in Stationen oder Nebenräumen sowie auf öffentlich zugänglichen Flächen und in Betriebsräumen keine Grubenzulage an.

2. Besondere Gefahrenzulagen

(laut Kollektivvertrag Abschnitt 7 Punkt 17 mindestens € 0,583)

Zulage für Arbeiten in gefährlicher Höhe

Diese Zulage gebührt für Arbeiten auf Gerüsten, Leitern, auf schwebenden Montagebühnen, auf Freileitungsmasten für die Zeit, während der sich die Arbeitnehmerin bzw. der Arbeitnehmer in dieser Lage befindet und beträgt bei allen Arbeiten mit einer Standhöhe (Höhe über begehbarem Boden):

- von 6 – 15 m .... € 0,693 pro Stunde,
- über 15 – 40 m ... € 2,311 pro Stunde,
- über 40 – 70 m ... € 3,484 pro Stunde,
- über 70 m .... € 4,578 pro Stunde.

Zulage für Arbeiten an Fahrleitungs- und Signalanlagen

Für Arbeiten an Fahrleitungs- und Signalanlagen im Gleis- bzw. Straßenbereich, wo unter Spannung gearbeitet wird, und bei Arbeiten an bereits fertig gestellten Anlagen gebührt bis zu einer Standhöhe von 15 m eine Zulage von € 0,867 pro Stunde.

Bei Neutrassierungen und an Plätzen, die noch nicht dem öffentlichen Verkehr übergeben wurden bzw. bei Arbeiten an noch nicht im Betrieb befindlichen Anlagen ist diese Zulage nicht zu entrichten, es sei denn, die Neutrassierung usw. erfolgt im Gefahrenbereich einer im Betrieb befindlichen Anlage (insbesondere Neutrassierung neben einer bestehenden Strecke).

Zulage für Arbeiten mit kartuschenbetriebenen Geräten

Für Arbeiten mit Bolzensetzgeräten, die mit Kartuschen betrieben werden, gebührt eine Zulage von € 0,583 pro Stunde.

Zulage für Arbeiten an Einrichtungen für Straßenbeleuchtung und Verkehrsregelung

Für Arbeiten an Straßenbeleuchtungsanlagen, Verkehrssignal- und Hinweiseinrichtungen, Oberleitungen von Straßenbahnen und O-Bussen gebührt eine Zulage von € 1,725 pro Stunde.

Sie gebührt nur dann, wenn diese Arbeiten auf Straßen und Plätzen der Bundeshauptstadt und der Landeshauptstädte, sowie auf allen Bundesstraßen, Vorrangstraßen, Autobahnen, Schnell- und Durchzugstraßen, Unterfahrungen, Tunnels, Brücken und im Bereich aller Kreuzungen, ferner auf allen Straßen mit Straßenbahn-, O-Bus- oder sonstigem regelmäßigen Linienbetrieb durchgeführt werden.

Voraussetzung ist jedoch, dass bei Durchführung dieser Arbeiten die Fahrbahn betreten werden muss.

Wird diese Gefahrenzulage gewährt, entfällt die Zulage für Arbeiten in gefährlicher Höhe.

Wien, am 6.5.2022

Fachverband der Elektro- und Elektronikindustrie

KR Ing. Wolfgang Hesoun
Obmann

Mag. Marion Mitsch
Geschäftsführerin

Österreichischer Gewerkschaftsbund

Gewerkschaft GPA

Barbara Teiber, MA
Vorsitzende

Karl Dürtscher
Bundesgeschäftsführer

Harald Zebedin
Wirtschaftsbereichsvorsitzender

Eva Scherz
Wirtschaftsbereichssekretärin

Gewerkschaft PRO-GE

Rainer Wimmer
Bundesvorsitzender

Reinhold Binder
Bundessekretär

BEILAGEN

ERLÄUTERUNGEN DES FEEI ZUM KOLLEKTIVVERTRAGSABSCHLUSS

1. ERHÖHUNGEN MIT 1.5.2022

Mindestgehälter bzw. -löhne und -ausbildungsbezüge

Die Mindestgehälter bzw. -löhne sowie die Praktikums-Vergütungen, -Gehälter bzw. -Löhne sind um 5,0% gestiegen; Lehrlingseinkommen sowie Gehälter dual Studierender um rund 9%.

Ist-Gehälter bzw. -Löhne

Um den betrieblichen Gegebenheiten optimal Rechnung zu tragen, stehen für die Erhöhung der Ist-Grundgehälter bzw. -löhne der vor dem 1.5.2022 aufgenommenen Mitarbeitenden folgende Varianten **zur Wahl:**

- Erhöhung um **4,8%, aber mindestens 130 €** bei Vollzeitbeschäftigung; bei Teilzeitbeschäftigung gilt ein im Verhältnis der vereinbarten wöchentlichen Normalarbeitszeit zu 38,5 Wochenstunden verringerter Mindestbetrag. Der Mindestbetrag gilt auch für Mitarbeitende ohne Überzahlung, da jeder Mindestbezug zugleich ein Ist-Bezug ist. Kein Mindestbetrag gilt für Lehrlinge sowie Personen mit sonstigen kollektivvertraglich geregelten Ausbildungsbezügen (Praktikantinnen und Praktikanten, dual Studierende). Leiharbeitskräften steht der Mindestbetrag nicht zu, weil die jährlichen Ist-Erhöhungen des Beschäftiger-Kollektivvertrages laut einem Urteil des Obersten Gerichtshofes nicht in den Schutzbereich des § 10 Abs 1 Satz 3 des Arbeitskräfteüberlassungsgesetzes fallen.
- **Verteilungsoption**: Erhöhung um 4,6% und zusätzlich 0,4% Verteilungsbetrag für individuelle Erhöhungen für einzelne Mitarbeitende.
- **Einmalzahlungsoption**: Erhöhung um 4,6% und zusätzlich 8,4% des April-Gehaltes bzw. -Lohnes als Einmalzahlung für jede Mitarbeiterin und jeden Mitarbeiter.
- **Freizeitoption:** Statt der Erhöhung des Lohnes bzw. Gehaltes um 4,8%, aber mindestens 130 € bei Vollzeitbeschäftigung, erhalten jene Mitarbeitenden, die diesbezüglich eine Einzelvereinbarung abgeschlossen haben, ab 1.1.2023 monatlich eine Freizeitgutschrift im Ausmaß von 8 Stunden. Auch eine Teilumwandlung der Erhöhung ist möglich (z.B. kann der halbe Erhöhungsbetrag vom 1.5.2022 mit 1.1.2023 in 4 Stunden Freizeitgutschrift pro Monat umgewandelt werden).
  Sobald geplant wird, die Freizeitoption anzuwenden, ist es wichtig, die Mitarbeitenden unverzüglich über die Rahmenbedingen zu informieren. Vor allem folgende Fragen sind zu klären:
  a) Eintrittsbedingungen:
  Dürfen sich alle Mitarbeitenden für Freizeitgutschriften entscheiden oder nur jene, die bestimmte Voraussetzungen erfüllen, z.B. zu einem bestimmten Stichtag nur ein geringes Gleitzeit- und/oder Urlaubsguthaben haben?
  b) Freizeitausgleichs-Bedingungen:
  Kann ein Freizeitausgleich ohne Vorliegen eines besonderen Anlasses vereinbart werden bzw. soll das erworbene Freizeitguthaben immer möglichst bald verbraucht werden? Oder wird der Verbrauch von Freizeitguthaben nur zu bestimmten Anlässen (z.B. vor dem Ausscheiden aus dem Berufsleben) genehmigt?

Die kollektivvertraglichen Mindestgehälter bzw. -löhne sind bei allen Optionen zu beachten.

Die Nutzung der Optionen erfordert grundsätzlich den Abschluss einer **Betriebsvereinbarung**. Betriebe ohne Betriebsrat können daher die Einmalzahlungs- und die Verteilungsoption nicht anwenden; nur bei der Freizeitoption können solche Betriebe mit den Kollektivvertragsparteien eine Rahmenvereinbarung abschließen. **Muster** für Options-Betriebsvereinbarungen sind abrufbar unter www.feei.at 🔍 „Option".

Zulagen

Die kollektivvertraglichen Schmutz-, Erschwernis-, Gefahren-, Schicht-, Nachtarbeits- und Montagezulagen sind um 4,8% gestiegen.

Reiseaufwandsentschädigungen

Die Reiseaufwandsentschädigungen (Tag- und Nächtigungsgeld) für Dienstreisen in „EU-Staaten" wurden um 3,5% erhöht. Das Taggeld für jeweils 24 Stunden beträgt nunmehr € 55,83.

Für die Ermittlung des **Reiseentgeltes** ist die Grundstufe der Beschäftigungsgruppe G (seit 1.5.2022: € 3 568,05) die Obergrenze der Berechnungsgrundlage. Nur für jene Arbeiterinnen und Arbeiter, deren Grundlohn im April 2006 € 3 568,05 überschritten hat, bleibt der Grundlohn vom April 2006 die Berechnungsbasis.

Für die Berechnung des **Lenkentgeltes** ist die Grundstufe der Beschäftigungsgruppe H (seit 1.5.2022: € 3 913,80) die Obergrenze der Berechnungsgrundlage. Nur für jene Arbeiterinnen und Arbeiter, deren Grundlohn im April 2006 € 3 913,80 überschritten hat, bleibt der Grundlohn vom April 2006 die Berechnungsbasis.

Folgende Übergangsrechts-Bestimmung ist zu beachten:
Die Taggelder für **Kroatien, Liechtenstein und Schweizer Grenzorte** werden jährlich mit Wirkung ab 1. Jänner um jeweils € 3 angehoben, bis der Betrag des EU-Taggeldes erreicht ist. Die Taggelder für **Norwegen** und die **übrige Schweiz** (ohne Grenzorte) entsprechen bereits dem EU-Taggeld.
Die Nächtigungsgelder für diese Staaten entsprechen teils dem EU-Nächtigungsgeld, teils liegen sie darüber und gelten daher noch so lange, bis sie vom EU-Nächtigungsgeld „eingeholt" werden.

Für Fragen stehen wir Ihnen gerne zur Verfügung.

Dr. Bernhard Gruber	Mag. Monika Jeglitsch	Dr. Peter Winkelmayer
+43 1 588 39-56	+43 1 588 39 65	+ 43 1 588 39 55
gruber@feei.at	jeglitsch@feei.at	winkelmayer@feei.at
		(bis 30.6.2022)

REISEAUFWANDSENTSCHÄDIGUNGEN

**ÜBERGANGSRECHT FÜR
KROATIEN, LIECHTENSTEIN, NORWEGEN UND SCHWEIZ
(WERTE IN €)**

Geänderte Werte sind in Fettdruck hervorgehoben.

<table>
<tr><th rowspan="2">STAAT</th><th colspan="2">TAGGELD 1.5.-31.12.2022</th><th colspan="3">NÄCHTIGUNGSGELD 1.5.-31.12.2022</th></tr>
<tr><th>1. – 28. Tag</th><th>ab 29. Tag</th><th>1. – 7. Tag</th><th>8. – 28. Tag</th><th>ab 29. Tag</th></tr>
<tr><td>KROATIEN</td><td>52,00</td><td>46,80</td><td rowspan="2">30,96</td><td>23,30</td><td>20,97</td></tr>
<tr><td>LIECHTENSTEIN</td><td>51,70</td><td>46,53</td><td colspan="2">18,82</td></tr>
<tr><td>NORWEGEN</td><td rowspan="2" colspan="2">55,83</td><td colspan="2">41,40</td><td>37,26</td></tr>
<tr><td rowspan="2">SCHWEIZ
Grenzorte*</td><td colspan="2">32,70</td><td>29,43</td></tr>
<tr><td>51,70</td><td>46,53</td><td>30,96</td><td colspan="2">18,82</td></tr>
</table>

<table>
<tr><th rowspan="2">STAAT</th><th colspan="2">TAGGELD 1.1.-30.4.2023</th><th colspan="3">NÄCHTIGUNGSGELD 1.1.-30.4.2023</th></tr>
<tr><th>1. – 28. Tag</th><th>ab 29. Tag</th><th>1. – 7. Tag</th><th>8. – 28. Tag</th><th>ab 29. Tag</th></tr>
<tr><td>KROATIEN</td><td>55,00</td><td>49,50</td><td rowspan="2">30,96</td><td>23,30</td><td>20,97</td></tr>
<tr><td>LIECHTENSTEIN</td><td>54,70</td><td>49,23</td><td colspan="2">18,82</td></tr>
<tr><td>NORWEGEN</td><td rowspan="2" colspan="2">55,83</td><td colspan="2">41,40</td><td>37,26</td></tr>
<tr><td rowspan="2">SCHWEIZ
Grenzorte*</td><td colspan="2">32,70</td><td>29,43</td></tr>
<tr><td>54,70</td><td>49,23</td><td>30,96</td><td colspan="2">18,82</td></tr>
</table>

EU-REISEAUFWANDSENTSCHÄDIGUNGEN AB 1.5.2022 (WERTE IN €)

Geänderte Werte sind in Fettdruck hervorgehoben.

Das Taggeld beträgt € **55,83**.

BIS 30.4.2013 BEIGETRETENE STAATEN	NÄCHTIGUNGSGELDER		
ÖSTERREICH	1. – 7. TAG	ab 8. TAG	
	30,96	**18,82**	
	1. – 7. Tag	8. – 28. Tag	ab 29. Tag
BELGIEN	**30,96**	22,70	20,43
Brüssel	32,00		28,80
BULGARIEN	**30,96**	22,70	20,43
DÄNEMARK	41,40		37,26
DEUTSCHLAND	**30,96**	27,90	25,11
Grenzorte*		**18,82**	
ESTLAND	31,00		27,90
FINNLAND	41,40		37,26
FRANKREICH	**30,96**	24,00	21,60
Paris, Straßburg	32,70		29,43
GRIECHENLAND	**30,96**	23,30	20,97
IRLAND	33,10		29,79
ITALIEN	**30,96**	27,90	25,11
Rom, Mailand	36,40		32,76
Grenzorte*	**30,96**	**18,82**	
LETTLAND	31,00		27,90
LITAUEN			
LUXEMBURG		22,70	20,43
MALTA		30,10	27,09
NIEDERLANDE		27,90	25,11
POLEN	**30,96**	25,10	22,59
PORTUGAL		22,70	20,43
RUMÄNIEN		27,30	24,57
SCHWEDEN	41,40		37,26
SLOWAKEI		**18,82**	
Pressburg		24,40	21,96
SLOWENIEN		23,30	20,97
Grenzorte*		**18,82**	
SPANIEN	**30,96**	30,50	27,45
TSCHECHIEN		24,40	21,96
Grenzorte*		**18,82**	
UNGARN		26,60	23,94
Grenzorte*		**18,82**	
VER. KÖNIGREICH (UK)	36,40		32,76
London	41,40		37,26
ZYPERN	**30,96**	30,50	27,45

* Orte, deren Ortsgrenze von der österreichischen Grenze nicht mehr als 15 km Luftlinie entfernt ist (§ 25 Abs. 3 Reisegebührenvorschrift 1955).

MINDESTGEHÄLTER BZW. -LÖHNE AB 1.5.2022 (WERTE IN €)

BG	Grund-stufe	nach 2 BG-J	nach 4 BG-J	nach 7 BG-J	nach 10 BG-J	Vorrückungswerte	
						2, 4 BG-J	7, 10 BG-J
A	2 037,00	–	–	–	–	–	–
B	2 058,00	2 091,40	2 132,41	2 152,92	2 173,43	41,01 nur für 4 BG-J	20,51
C	2 250,45	2 317,97	2 385,49	2 419,25	2 453,01	67,52	33,76
D	2 401,38	2 473,44	2 545,50	2 581,53	2 617,56	72,06	36,03
E	2 751,84	2 861,91	2 971,98	3 027,02	3 082,06	110,07	55,04
F	3 102,45	3 226,55	3 350,65	3 412,70	3 474,75	124,10	62,05
G	3 568,05	3 710,79	3 853,53	3 924,90	3 996,27	142,74	71,37
H	3 913,80	4 070,36	4 226,92	4 305,20	4 383,48	156,56	78,28
I	4 788,69	4 980,27	5 171,85	5 267,64	5 363,43	191,58	95,79
J	5 257,58	5 467,90	5 678,22	5 783,38	5 888,54	210,32	105,16
						2 BG-J	**4,7,10 BG-J**
K	6 950,63	7 228,64	7 367,65	7 506,66	7 645,67	278,01	139,01